DICCIONARIO DE IDEAS AFINES

FERNANDO CORRIPIO

DICCIONARIO DE IDEAS AFINES

Herder

Revisión y actualización: Antoni Martínez-Riu
Diseño de la cubierta: Claudio Bado

2.ª edición, 4ª impresión, 2020

© 1996, Herder Editorial, S.L., Barcelona

ISBN: 978-84-254-2500-4

Imprenta: Liberdúplex
Depósito legal : B - 28745 - 2011
Printed in Spain – Impreso en España

Herder
www.herdereditorial.com

NOTA DE LA SEGUNDA EDICIÓN

La presente edición ha sido revisada y ampliada incluyendo los términos e ideas afines más actuales. De este modo, el diccionario tiene en cuenta, por ejemplo, las últimas modificaciones aprobadas por la RAE en cuanto a la ortografía de los préstamos adaptados o la ordenación alfabética aprobada con la reforma ortográfica de 1994.

Por ser éste un *Diccionario de ideas afines*, la afinidad entre las palabras puede surgir, como ya indica el autor en la introducción, por tratarse de palabras sinónimas, antónimas, de mera relación ideológica, o inclusive a veces por cierto tipo de conexión asociativa sin referencias ideológicas.

En este último caso, pueden producirse asociaciones de palabras con cierto carácter de inexactitud o con sentido peyorativo, lo cual evidentemente no pretende ofender a ningún usuario del diccionario. Por esta razón, en la presente edición se han añadido las siguientes marcas en dichas entradas: *desp* (despectivo), *vulg* (vulgar) y *coloq* (coloquial), para aclarar las connotaciones de las ideas afines que pudieran herir la sensibilidad de algún usuario.

INTRODUCCIÓN

Una ausencia inexcusable se hacía notar, de siempre, en nuestro idioma; resultaba imperiosa la necesidad de contar con un buen diccionario de ideas afines, o ideológico, que ayudase a los que escriben o se expresan verbalmente a encontrar rápida y eficazmente una idea, un tema o un vocablo olvidados o ignorados. Ha motivado esta ausencia el que de entre las muy diversas variedades de diccionarios, el de ideas afines sea tal vez el más complejo y el que presenta mayores dificultades para su realización, debido a lo enormemente complicado de su estructura y a las innumerables ramificaciones y conexiones lexicográficas que van surgiendo con la asociación de ideas.

Son múltiples los problemas que deben vencerse, y por ello, aunque hay ya en este ámbito algunas obras de encomiable erudición, en la práctica éstas presentan defectos fundamentales, como son la gran dificultad para encontrar con prontitud y eficacia la idea que se busca, y unos artículos principales poco desarrollados y en número insuficiente.

Semejante laguna se ha llenado con el *Diccionario de ideas afines* que presentamos y que posee notables ventajas sobre sus homólogos, no sólo por el mayor número y extensión de los artículos básicos y de las referencias cruzadas, sino también por la facilidad y eficacia de su manejo. Se debe esto último, en gran medida, al sistema de numeración que se empleó para dividir cada uno de los artículos principales, con lo que se crearon una serie de secciones numeradas dentro de dichos artículos. Ello permite que partiendo de otro vocablo se encuentre el concepto que se busca con rapidez y precisión. No se trata aquí de la simple enumeración de unas pocas acepciones, como hay en algunos diccionarios de la lengua (BANCO.—1. Asiento. 2. Establecimiento de crédito), sino de una división analítica y ordenada, en partes y secciones, de cada tema o artículo básico, lo cual evita que quien hace una consulta se pierda en un interminable y desordenado fárrago de vocablos, sobre todo en artículos de gran extensión, como **vegetales, medicamentos, automóvil** y muchos otros.

Para ello, reiteramos, hubo que superar incontables dificultades, por lo que la redacción del diccionario exigió largos años de dedicación continua y exclusiva a esta empresa, así como otros años previos de planificación y estudio.

Un ejemplo nos dará en principio una idea somera sobre la utilidad y el uso de la presente obra, según ha sido concebida:

Se está escribiendo o tratando, por ejemplo, acerca de bailes antiguos. Recordamos, quizá, sólo el minué y la polca, pero necesitamos más nombres. Buscando entonces en cualquiera de esas dos danzas, en ambas referencias hallamos: V. BAILE 5. Ese artículo y número corresponden al apartado **Danzas antiguas,** donde encontramos: pavana, polonesa, chacona, zarabanda, pasacalle, mazurca, gallarda, jiga, gavota, rigodón, y así hasta 26 nombres.

Si se trata de bailes modernos, en el apartado 6 del mismo artículo vemos: milonga, pasodoble, swing, twist, rock and roll, bolero, rumba, hasta 25 nombres.

Igualmente se enumeran en otras secciones los bailes folclóricos, los españoles, los pasos y figuras de las danzas corrientes, el ballet, también con sus pasos y figuras, etc.

Lo mismo ocurre con los artículos **flor, árbol, automóvil, mineral, enfermedad, perro, alimento, queso, piedras preciosas,** y los más variados e importantes temas de nuestro idioma. Además, con frecuencia se han solucionado dificultades que se presentan a menudo, como es el caso de hallar los nombres latinos y griegos de las principales deidades mitológicas grecorromanas. En **Mitología 3,** se proporcionan los nombres de más de un centenar de esas deidades, la mayoría con sus nombres griego y latino, lo que no es fácil de encontrar incluso en enciclopedias muy extensas. Y es que un diccionario ideológico debe ser, en cierto modo, como una pequeña y manejable enciclopedia que posea una enorme gama de vocablos e ideas de rápida localización. (Más ejemplos e instrucciones sobre el empleo del libro pueden hallarse en las páginas siguientes: «Uso del diccionario».)

En los artículos cortos, que envían a otro principal, se incluyen unos pocos términos, generalmente tres, que son afines, más que sinónimos. Y ello porque, sobre todo en el diccionario ideológico, un reducido número de voces afines determina mejor una idea y sus acepciones, perfila mejor su semántica, que la definición, a veces compleja, que suelen proporcionar los diccionarios de la lengua.

Además, el que busca cierta idea o palabra no tiene en ocasiones noción clara del concepto requerido; por medio de las pocas voces del artículo corto se lo orienta y dicho concepto se concreta y establece con mayor claridad. Repitamos que esos vocablos no son siempre sinónimos, sino ideas afines; así en musulmán encontramos: **sarraceno, mahometano, moro** *desp,* V. ÁRABE 1. cuando **árabe** no es en realidad un sinónimo de los demás términos, pero se los agrupa así por su indudable afinidad ideológica.

Semejante inclusión de unos pocos vocablos en los artículos cortos, para determinar mejor la idea, no es aquí, en cambio, una innovación —a diferencia de las muchas de este diccionario—, sino que se encuentra ya en obras similares extranjeras, especialmente en lengua inglesa.

En cuanto al contenido de los artículos básicos o principales, hemos seguido el sistema de las ideas «núcleos», independientes de las que les siguen en el orden del libro, es decir, alfabéticamente. Este es un procedimiento distinto del método de correlación o encadenamiento de ideas, en que unos artículos principales van siguiendo en el texto a otros por orden ideológico.

Por lo que atañe a las referencias cruzadas (vocablos acompañados de la indicación V.: VÉASE), son empleadas en abundancia, y es obvio decir que resultan imprescindibles y son la única forma de que pueda existir un diccionario de esta naturaleza, al proporcionar innumerables conexiones ideológicas y evitar constantes repeticiones de apartados y términos, que harían desmesurada la extensión del libro. Por el contrario, esa abundancia de referencias cruzadas acrecienta la utilidad de la obra, pues de una referencia a otra, el que consulta puede llegar a abarcar un panorama ideológico de riqueza y amplitud casi ilimitados.

Individualmente los vocablos, tanto en los grupos de referencias cruzadas como dentro de los artículos y sus apartados, no van por orden alfabético (tarea asimismo infructuosa en la que se afanan bastantes autores de obras similares en varios idiomas), sino por grupos ideológicos, como debe ser, y por orden de importancia y afinidad respecto al concepto principal que tratan. A tal objeto, en cada sección o apartado de un artículo, esos grupos afines suelen ir separados por punto y coma o por punto y seguido.

Los artículos básicos o principales van encabezados a veces por un sustantivo, pero en otros casos también por un verbo o un adjetivo, los que en no pocas ocasiones tienen más importancia o son de mayor uso que el correspondiente sustantivo. Por ello encabezan, por ejemplo, **deuda, detalle** (sustantivos), pero asimismo **aceptar, extender** (verbos), e **incomprensible, tosco** (adjetivos).

Ha sido estructurado el diccionario en una única parte, la lista alfabética de vocablos, lo que simplifica considerablemente la consulta. La mayoría de los diccionarios ideológicos, en cambio, constan de varias secciones, una de ellas la de ideas afines, y otra un índice general, lo que siempre obliga a hacer como mínimo dos consultas, duplicando así el tiempo y el esfuerzo requeridos. Y aún hay diccionarios ideológicos que añaden un diccionario de la lengua, de mayor extensión, incluso, que la parte analógica, lo cual incrementa considerablemente el volumen y el precio de la obra, y resulta superfluo, pues la persona que usa un diccionario ideológico suele poseer ya uno de la lengua.

La elección de un determinado vocablo como artículo básico o principal se realiza aquí, por lo común, teniendo en cuenta la mayor amplitud ideológica y funcional de ese término; por ello se ha elegido, por ejemplo, **osadía,** en lugar de **valentía,** pues osadía posee a un tiempo el sentido de **valor** y **audacia,** y además tiene verbo (osar), y adjetivo (osado), en tanto que **valentía** es más restringida en su alcance y carece de verbo.

En no pocos casos la afinidad de ideas hace que se reúnan en un artículo voces que no son del todo equivalentes. Un **fraile** no es evidentemente un **sacerdote,** pero se incluye **fraile** en este último artículo, así como las órdenes religiosas de frailes, por la notoria afinidad de ideas y para mayor facilidad de consulta. Lo mismo puede decirse de **musulmán** y **árabe.**

Y el artículo **educación** comprende asimismo **enseñanza, alumno, profesor, escuela, estudio** y otros conceptos que se hallan muy interrelacionados y constituyen una unidad ideológica homogénea.

En cuanto a los americanismos, el autor, que vivió bastantes años en América y estudió en la Universidad de Buenos Aires, para más tarde regresar a España, conoce muy bien (y hasta es ocioso decirlo) el valor que en nuestra lengua poseen hoy día tales voces, debido al crecido y creciente número de hispanohablantes en las naciones del continente americano.

De ahí que se haya incluido una importante relación de esos americanismos en el vocabulario general, aunque lógicamente tampoco es posible ofrecer una lista exhaustiva.

En éste, como en muchos otros aspectos, se ha seguido en primer lugar esa autoridad inestimable que es el Diccionario de la Real Academia Española, y se añadieron además americanismos de diccionarios especializados americanos.

Respecto a las palabras extranjeras y las incorrecciones más usuales, resulta muy útil su inclusión en este diccionario, a fin de proporcionar las equivalencias correctas. Dichas voces incorrectas o extranjeras van entre comillas en el texto, cuando debieran ir en cursiva, porque este último tipo de letra se emplea mucho para encabezar apartados secundarios dentro de un artículo principal. Pero en el artículo **golf,** por ejemplo, ni siquiera se ponen comillas debido a la abundancia de términos ingleses.

Se ha prestado, igualmente, especial atención en esta obra a los temas de ciencia y tecnología, como puede apreciarse revisando, entre muchos otros, los artículos que empiezan con los prefijos **geo-** y **tele-.** Tales disciplinas científicas son fundamentales en la vida moderna, y resulta inexcusable su abundante presencia en un diccionario ideológico actualizado.

Debe comprenderse, en otro orden de cosas, que una labor de semejante magnitud como es este Diccionario de ideas afines, forzosamente debe presentar algunas deficiencias, aunque sean de menor trascendencia, y ello pese a la ardua tarea que supuso la minuciosa revisión de los artículos, las referencias cruzadas y los números que envían a un apartado de un artículo principal. Serán solventadas esas dificultades en ediciones sucesivas.

Aclaremos que este diccionario en modo alguno es un diccionario de sinónimos. Se trata, obvio es decirlo, de una obra de alcance mucho más amplio y ambicioso, que abarca no sólo voces sinónimas, sino en especial otras temáticamente relacionadas pero que pueden en su semántica no tener nada que ver con aquéllas.

Además, la estructura del diccionario, con sus artículos principales y secundarios, sus divisiones numéricas —tan esenciales—, y sus abundantes referencias cruzadas, es distinta y mucho más compleja, siendo el objeto perseguido por el que consulta asimismo diferente y más específico que en el diccionario de sinónimos. No obstante, en los artículos básicos y las secciones numeradas de esos artículos, pueden hallarse en esta obra muchas más voces sinónimas y acepciones que en las entradas equivalentes de tales diccionarios de sinónimos, por constituir grupos de ideas relacionadas, con lo que también en este aspecto los aventaja.

Tal vez el experto o técnico en determinada materia eche de menos algunos términos en los artículos relativos a su especialidad; ello es inevitable, pues de incluirse un vocabulario exhaustivo de cada ciencia o ámbito del saber, se necesitarían varios tomos como el presente, y aún iba a quedar sin cumplir el utópico objetivo, aparte de que resultaría excesivo para el público en general.

Ello no obstante, además de haber tomado como referencia numerosos tratados especializados, se efectuaron consultas con expertos en diversas disciplinas, quienes asimismo revisaron los artículos de mayor complejidad a fin de no omitir las voces usuales o interesantes dentro de cada materia.

Diremos, por último, que el diccionario cuenta con unos 3.000 artículos principales y aproximadamente 25.000 entradas secundarias. Suman en conjunto, en la totalidad del texto, más de 400.000 las voces agrupadas por ideas. Todo ello es mucho más de lo que aparece en obras similares.

En resumen, se ha procurado que este *Diccionario de ideas afines,* con sus numerosas innovaciones y ventajas, y que se hacía tan necesario, suponga una ayuda inapreciable para todo el que debe expresarse, bien sea por escrito u oralmente, en nuestro rico y cada vez más difundido idioma.

F. CORRIPIO

USO DEL DICCIONARIO

Esta obra permite, en primer término, hallar o recordar uno o varios vocablos o ideas específicos, necesarios al redactar o al expresarse verbalmente. En segundo lugar, facilita a quien trata un tema determinado, gran cantidad de conceptos y voces afines, lo que unido a las numerosas referencias cruzadas incrementa la riqueza y el ámbito ideológicos del tema hasta límites sorprendentes. En tercer lugar, ofrece una división analítica de cada una de las distintas materias, contribuyendo a aclarar y concretar su sentido y alcance.

Unos ejemplos servirán para ilustrar lo antedicho y dar una breve noción del uso de este diccionario, ampliando lo que escuetamente se adelantó en la introducción.

Se está escribiendo o tratando, por ejemplo, acerca de barcos de vela; recordamos, quizá, los términos fragata y galeón, pero no nos acordamos de otras voces similares. Entonces se busca cualquiera de esos dos nombres, y la referencia nos indica: V. BARCO 2. En esa entrada vemos: **2. Barcos de vela,** y hallamos, entre otros: galera, carabela, bergantín, corbeta, goleta, cúter, balandro, yate, sampán, y así hasta 42 nombres de veleros.

Además, el artículo **barco** nos ofrece otros temas afines, cada uno con su correspondiente numeración, como **3. Barcos mercantes:** carguero, transatlántico, motonave, petrolero, ballenero, así hasta 40 nombres. O bien, **6. Barcos de guerra:** portaaviones, acorazado, crucero, destructor, torpedero, minador, barreminas, monitor, cañonera, buque hospital, hasta 37 barcos de guerra en total.

Igualmente, las respectivas secciones numeradas tratan de las partes del barco, del cuarto de máquinas, el velamen, la enumeración y graduación de los tripulantes, tanto de marina de guerra (n.º 19), como de marina mercante (n.º 20), etc. En total, el artículo **barco** consta de 24 secciones numeradas, lo que proporciona una muy amplia y ordenada visión del tema y su terminología.

Si se desea conocer o recordar los nombres de diversos indios americanos, entramos con el vocablo **indio,** y en el número 6 hallamos los de América del Norte: sioux, cheyenes, dakotas, navajos, comanches, mohicanos, iraqueses, etc. (más de 25 nombres). En **indio 8** figuran los de América del Sur: guaraníes, araucanos, coyas, jíbaros, chibchas, charrúas (unos 30 vocablos).

En otro aspecto, si escribimos específicamente sobre un tema determinado, como, por ejemplo, **ejército,** en los apartados de ese mismo artículo se enumeran los distintos contingentes armados: cuerpo de ejército, división, brigada, regimiento, batallón, sección, pelotón, etc., por orden decreciente de importancia, lo mismo que la graduación de los militares: mariscal, capitán general, teniente general, general de división, general de brigada, coronel... capitán, teniente, etc. Otra sección nos proporciona una lista de los soldados antiguos: húsar, granadero, dragón, lancero, coracero, arcabucero, mosquetero, y así más de 40 nombres. Con éstos y muchos otros apartados del concepto **ejército,** el que consulta dispone de un campo temático de notable riqueza.

De igual manera pueden consultarse otros temas, como **astronomía, imprenta, enfermedad, instrumentos musicales, esgrima, sexo** y otros de índole abstracta: **egoísmo, bondad, ambición** y como éstas, innumerables y variadas materias, todo ello bien identificado y clasificado en secciones numéricas distintas. Dentro de cada una de esas secciones numeradas se hacen diversas separaciones, a su vez, ya sea por medio de punto y seguido o de punto y coma, con lo que se indican diferencias ideológicas más o menos acentuadas.

Además, si lo que se busca son sólo simples sinónimos de un término, el diccionario posee una gran abundancia de éstos, aumentada con la extensa gama de voces afines.

Aunque el vocabulario es muy amplio, no pueden incluirse en la lista general voces muy especializadas, que harían mucho más voluminosa la obra. Así, no se hallará en esa relación alfabética, por ejemplo, el término **tetraciclina,** pero en cambio se encontrarán **estreptomicina** (más usual) y **antibiótico.** En este último, que es precisamente el artículo principal del tema, sí aparecen enumeradas en grupo **tetraciclina, aureomicina, terramicina, penicilina** y bastantes más medicamentos de esa clase.

Si en otros artículos cortos no se hallara la idea o término buscados en la voz de referencia (la precedida de V.), se consultará en la lista alfabética alguno de los tres vocablos afines precedentes, lo que puede conducir a un resultado positivo.

Cuando una palabra incluida en un grupo lleva un asterisco, ello indica que al consultar esa voz hallaremos un artículo largo o principal, que nos proporcionará numerosos términos afines al mismo. Muchas voces no llevan asterisco aunque corresponden a términos principales, porque el sentido con el que aparecen en ese grupo es diferente del que posee el artículo básico.

Cada número dentro de un artículo principal indica un apartado con identidad propia respecto a los demás, en el conjunto del tema general. Pero cuando ese número va precedido de un guión, se trata de una acepción o variedad de la sección numerada anterior, o bien del término principal. En el contexto de cada artículo o apartado se colocan primero, casi siempre, las voces más usuales o relacionadas con la idea básica.

Por último, y lo que es muy importante, procúrese leer por completo todo el apartado o artículo, antes de desistir de una consulta. La palabra o idea buscadas pueden aparecer al final.

ABREVIATURAS

adj	adjetivo
alem	alemán
Am	América
Arg	Argentina
barb	barbarismo
Chi	Chile
coloq	coloquial
Cub	Cuba
desp	despectivo
fr	francés
galic	galicismo
incorr	incorrecto
ingl	inglés
ital	italiano
Méx	México
Par	Paraguay
Per	Perú
sust	sustantivo
Ur	Uruguay
vulg	vulgar

A

ababol. Papaverácea, amapola, adormidera. V. FLOR 5, VEGETAL 20.

abacá. 1. Planta musácea, pita, palma. V. VEGETAL 18.
— **2.** Filamento, fibra, cabuya. V. CUERDA 3.

abacería. Comercio*, comestibles, puesto. V. TIENDA 3.

abacero. Comerciante*, tendero, vendedor*. V. TIENDA 5.

abacial. Abadengo, monástico, eclesiástico. V. CONVENTO 6.

ábaco. 1. Contador, anotador, tablero. V. CÁLCULO 8.
— **2.** Remate, coronamiento, adorno*. V. COLUMNA 5.

abad. Superior, prior, monje. V. SACERDOTE 2.

abadesa. Priora, superiora, rectora. V. MONJA 1.

abadía. Cartuja, cenobio, monasterio. V. CONVENTO 1.

abajo. Infra, bajo, en la parte inferior. V. DEBAJO.

abalanzarse. Acometer, arremeter, atacar. V. EMBESTIR 1.

abalorio. Bolita, cuentecilla, esferita. V. ADORNO 1.

abanderado. 1. Portaestandarte, alférez, oficial. V. BANDERA 4.
— **2.** Paladín, abogado*, defensor. V. PROTECCIÓN 5.

abanderar. 1. Encabezar, dirigir, acaudillar. V. GUÍA 5.
— **2.** Inscribir, matricular, registrar un barco*. V. LISTA 3.

abandonado. 1. Negligente, desaliñado, sucio. V. SUCIEDAD 5.
— **2.** Desolado, despoblado, desierto*. V. AISLAMIENTO 6.
— **3.** Inerme, desvalido, perdido. V. DESAMPARO 2.

abandonar. 1. Alejarse, irse, partir. V. MARCHAR 2.
— **2.** Desatender, dejar; prescindir. V. DESAMPARAR, RENUNCIAR.

abandono. 1. Dejadez, negligencia, apatía. V. DESCUIDO 1.
— **2.** Aislamiento, desolación, soledad. V. DESAMPARO 1.
— **3.** Dejación, deserción, cesión. V. RENUNCIA 1.

abanicar. V. ABANICO 4.

ABANICO. 1. Pantalla, flabelo, aventador, ventalle, paipay, soplillo, perico, adminículo.
2. Clases. Abanico plegable, no plegable, de palma, de tela, de cartón, de plástico.
3. Partes. Varillas, varillaje, país, papel*, tela, guía, guardas, anilla, clavito.
4. Abanicar. Airear, aventar, ventilar, refrescar, darse aire*, apantallar, mover, agitar. V. VESTIMENTA, ADORNO, AIRE.

abaratamiento. Disminución, rebaja, devaluación. V. BARATO 3.

abaratar. Rebajar, disminuir, devaluar. V. BARATO 5.

abarca. Alpargata, zapatilla, sandalia. V. CALZADO 1.

abarcar. 1. Ceñir, rodear, estrechar. V. ABRAZAR 1.
— **2.** Englobar, comprender, ocupar. V. CABER 1.

abarquillar. Combar, alabear, pandear. V. CURVA 5.

abarrotar. Atestar, atiborrar, colmar. V. LLENAR 1.

abarrote. Mercancía, géneros, mercadería. V. PRODUCCIÓN 2.

abastecedor. V. ABASTECIMIENTO 3.

abastecer. V. ABASTECIMIENTO 4.

abastecido. V. ABASTECIMIENTO 5.

ABASTECIMIENTO. 1. Provisión, suministro, acopio, avituallamiento, racionamiento, avío, abasto, «stock», dotación, prevención, mantenimiento, socorro* (v. 2).
— **2.** *Equipo,* abastecimiento, pertrechos, surtido, provisiones, comestibles, suministros, munición, víveres, ultramarinos, alimentos, vituallas, depósito, despensa, subsistencia, prevención, repuesto, socorro*, pienso, forraje, mantenimiento, parque, tren (v. 1).
3. Abastecedor. Aprovisionador, proveedor, distribuidor, suministrador, despensero, asentador, abastero, agente, comisionista, intermediario, consignatario, furriel, veedor, municionero, mayorista, tratante, almacenista.
4. Abastecer. Suministrar, proporcionar, proveer, aprovisionar, avituallar, distribuir, consignar, entregar*, pertrechar, almacenar, racionar, surtir, equipar, dotar, aviar, alimentar*, prevenir, mantener, socorrer*, reponer, guarnecer, facilitar, armar, depositar, ahorrar*, acopiar,

reunir, acumular*, juntar, acaparar, atesorar, apilar, apañar, allegar, recolectar.

5. Abastecido. Suministrado, proporcionado, provisto (v. 4).

Contr.: Descuidar*, derrochar*.

V. ENTREGAR, ACUMULAR, SOCORRER.

abasto. V. ABASTECIMIENTO 1.

abate. Cura, eclesiástico, clérigo extranjero. V. SACERDOTE 1.

abatido. Decaído, desalentado, descorazonado. V. DESÁNIMO 2.

abatimiento. Desaliento, descorazonamiento, decaimiento. V. DESÁNIMO 1.

abatir. 1. Voltear, derribar, tirar. V. TUMBAR 1.
— **2.** Desalentar, descorazonar, desanimar. V. DESÁNIMO 4.

abdicación. Abandono, cesión, dimisión. V. RENUNCIA 1.

abdicar. Abandonar, dimitir, renunciar. V. RENUNCIA 2.

abdomen. Barriga, tripa, intestinos. V. VIENTRE 1.

abdominal. Intestinal, ventral, visceral. V. VIENTRE 6.

abducción. Rapto, captura, retención. V. SECUESTRO 1.

abecé, abecedario. Alfabeto, cartilla, silabario. V. LETRA 6.

abedul. Planta, vegetal*, betulácea. V. ÁRBOL 6.

ABEJA. 1. Insecto, ápido, himenóptero, apis mellifica, bicho, obrera, etc. (v. 2, 3).

2. Abejas. Reina, machiega, madre, maestra, zángano o macho, obrera, nodriza, recolectora, defensora; pollo, príncipe, larva, cresa, ninfa, crisálida. Variedades: abeja común, parda, negra, alemana, italiana, amarilla, de colmena, social, solitaria, parásita*.

3. Partes. Cabeza (v. 4), tórax, abdomen (v. 5), patas (v. 6), alas.

4. Cabeza. Antenas, ojos, ojo compuesto: faceta, cono, cristalino, córnea, célula pigmentaria, nervio óptico; glándulas salivares, mandíbula, labro, labio, palpo, lengua.

5. Abdomen. Tubo digestivo, molleja, ganglio, ano, orificio sexual, aguijón: gancho, vaina, punta, glándula del veneno*, vejiga del veneno.

6. Pata. Cestillo o saco del polen, cepillo, gancho, pinza, tarso, fémur, tibia.

7. Colmena. Abejera, abejar, colmenar, enjambre, jabardo, avispero, apicultura, panal, celda, celdilla, alvéolo, cera, huevo, miel, polen, bastidor, rejilla, separador, red, cámara de incubación, copete, panal para crías, enjambradera, castillo, cruz, aguja, vasillo, potro, corcho, barba, tojo, piquera, torzal, tajada, candela, vasija, tarro, envase* (v. 8).

8. Miel. Miel virgen, silvestre, de romero, melcocha, aguamiel, hidromiel, jarabe, jugo*, jalea, arrope, dulce, confite*, propóleos, ámago, macón, cera, reseco, betón, bresca (v. 7).

9. Apicultor, apicultura. Abejero, colmenero, criador, industrial, experto, productor, fabricante*, granjero. Apicultura, ciencia*, arte, fabricación*, industria, cría*, estudio, explotación de la abeja, producción de la miel.

10. Accesorios. Careta, máscara, pipa ahumadora, guantes, sombrero, velo, cuchillo de desopercular, castradera, batidera, cortadera, aparato para dentado, cogedera, desagitadera, cruz, malagueña.

11. Acción, explotación. Empollar, encastillar, ajabardar, melificar, pavordear, enmelar, escamochar, arrebozar, blanquear; desmelar, robar, castrar, descerar, brescar, enjambrar, encobijar, empotrar, frezar, envirar, escarzar, marcear, polinizar, fecundar.

V. INSECTO, CRÍA, CONFITE.

abejorro. Moscardón, abejón, himenóptero. V. INSECTO 3.

aberración. Desviación, descarrío, extravío. V. VICIO 1.

abertura. Rendija, resquicio, hueco*. V. AGUJERO 1.

abeto. Conífera, pino, pinabete. V. ÁRBOL 8.

abierto. 1. Descorrido, al descubierto, revelado. V. ABRIR 5.
— **2.** Despejado, libre, expedito. V. TRÁNSITO 5.
— **3.** Agrietado, cuarteado, rajado. V. HENDEDURA 2.
— **4.** Cordial, franco, leal. V. SINCERIDAD 2.

abigarrado. 1. Sobrecargado, llamativo, barroco. V. VULGAR 1.
— **2.** Heterogéneo, confuso, variado*. V. MEZCLA 7.

abisal. V. ABISMO 2.

abisinio. Etíope, africano. V. ETNIAS 2, 6.

abismado. Meditabundo, enfrascado, absorto. V. PENSAR 12.

abismal. V. ABISMO 2.

abismar. 1. Sumergir, hundir*, profundizar*. V. ABISMO 3.
— **2.** *Abismarse*, enfrascarse, ensimismarse, abstraerse. V. PENSAR 1.

ABISMO. 1. Hondonada, piélago, precipicio, sima, profundidad*, fosa, depresión, despeñadero, barranco, acantilado, talud, farallón, escarpa, arrecife*, oquedad, seno, cuenca, cueva*, caverna, agujero*, inmensidad; averno, báratro, orco, tártaro, infierno.

2. Abismal. Abisal, insondable, profundo*, inmenso, hondo, pelágico, oceánico, sumergido, hundido*, bajo, recóndito, deprimido, vasto.

3. Abismar(se). Sumergir(se), hundir*, ahondar, sumir, despeñar, descender, profundizar, irse a pique, bajar, caer, tirar, arrojar, zozobrar, naufragar*.

Contr.: Altura, superficie, exterior.

V. PROFUNDIDAD, CUEVA, MAR, AGUJERO.

abjuración. V. abjurar.

abjurar. Apostatar, renegar, retractarse. V. ARREPENTIMIENTO 4.

ablación. Extirpación, escisión, amputación. V. CORTAR 4.

ablandamiento. Reblandecimiento, suavidad, terneza. V. BLANDO 3.

ablandar. 1. Suavizar, reblandecer, esponjar. V. BLANDO 5.

— **2.** Convencer, conmover, dulcificar. V. EMOCIÓN 4.

ablución. Enjuague, baño*, purificación*. V. LAVAR 2.

abnegación. Altruismo, generosidad*, renuncia*. V. SACRIFICIO 2.

abnegado. Sacrificado, bondadoso*, altruista. V. GENEROSIDAD 2.

abochornado. V. abochornar.

abochornar(se). Avergonzar(se), sofocar, ridiculizar*. V. VERGÜENZA 7.

abocinado. Ensanchado, acampanado, amplio. V. AMPLITUD 2.

abofetear. Pegar, dar guantazos, castigar*. V. BOFETADA 2.

abogacía. V. ABOGADO 3.

ABOGADO. 1. Letrado, jurista, jurisconsulto, legista, criminalista, defensor, acusador*, asesor, jurisperito, licenciado, consejero*, legisperito, doctor en Derecho, doctor en leyes, abogado del Estado, abogadillo, tinterillo, picapleitos, rábula, leguleyo, pasante, tinterillo; paladín, protector*, campeón, defensor. Fiscal, acusador.
2. Pleito. Proceso, causa, juicio, litigio, caso, debate, defensa, acusación*, querella, interpelación, demanda, procedimiento, apelación, recurso, instrucción, sumario, contencioso, litigioso.
3. Abogacía. Defensa, jurisprudencia, leyes*, derecho* (v. 2).
4. Bufete. Estudio legal, despacho, escritorio, oficina*, asesoría, ayudantía, pasantía.
5. Abogar. Respaldar, proteger*, defender, apoyar, interceder, mediar, amparar, patrocinar, fundar, sostener, probar, demostrar, pleitear, litigar, proceder, causar, actuar*, instruir, pedir justicia, poner pleito, encartar, acusar*, recurrir, apelar, demandar, querellarse, recusar, suplicar, interpelar, entablar proceso.
Contr.: Fiscal.
V. TRIBUNAL, LEY, DERECHO, ACUSACIÓN, PROTECCIÓN.

abogar. V. ABOGADO 5.

abolengo. Estirpe, alcurnia, casta. V. ARISTOCRACIA 1.

abolición. Cancelación, supresión, derogación. V. ANULAR 4.

abolir. Suprimir, derogar, revocar. V. ANULAR 1.

abollado. V. abollar.

abolladura. Golpe*, hundimiento*, deformación*. V. APLASTAR 3.

abollar. Hundir*, deteriorar*, deformar. V. APLASTAR 1.

abombar. Alabear, combar, arquear. V. CURVA 5.

abominable. Odioso, execrable, aborrecible. V. ODIO 3.

abominación. Iniquidad, infamia, espanto. V. VIL 3.

abominar. Execrar, detestar, maldecir*. V. ODIO 2.

abonado. V. ABONO 7-9.

abonanzar. Apaciguarse, despejar, mejorar. V. BONANZA 4.

abonar. V. ABONO 4-6.

ABONO. 1. Desembolso, saldo, liquidación. V. PAGAR 4.
— **2.** Suscripción, inscripción, registro. V. LISTA 1.
3. Fertilizante. Abono, humus, estiércol, boñiga, mantillo, guano, heces, excrementos*, fiemo, bosta. Nitrato, superfosfato, abonos orgánicos, animales*, vegetales*, mixtos, harinas de pescados, de huesos; abonos químicos o minerales, nitrogenados, fosfatados, potásicos.
4. Abonar. Fertilizar, enriquecer, estercolar, fecundar, meteorizar, preparar, extender, echar abono.
— **5.** Desembolsar, liquidar, saldar. V. PAGAR 1.
— **6.** *Abonarse*, suscribirse, inscribirse, registrarse. V. LISTA.
7. Abonado. Fertilizado, enriquecido (v. 4).
— **8.** Saldado, desembolsado, liquidado. V. PAGAR.
— **9.** Suscrito, inscrito, registrado. V. LISTA.
V. AGRICULTURA, EXCREMENTO.

abordaje. 1. Asalto, toma, ocupación de un barco*. V. ATAQUE 3.
— **2.** Colisión, choque, siniestro naval. V. GOLPE 2.

abordar. 1. Asaltar, tomar, ocupar un barco*. V. ATAQUE 5.
— **2.** Topar, colisionar, chocar un buque. V. GOLPE 10.
— **3.** Iniciar, empezar, emprender. V. PRINCIPIO 9.
— **4.** Aproximarse, acercarse, hablar*. V. CERCA 7.

aborigen. 1. Nativo, indígena. V. ETNIAS 8.
— **2.** Autóctono, originario, nativo. V. ORIGEN 6.

aborrecer. Detestar, despreciar*, repugnar*. V. ODIO 2.

aborrecimiento. Aversión, ojeriza, rencor. V. ODIO 1.

abortar. 1. Defraudar, malograr, fallar. V. FRACASO 3.
— **2.** Interrumpir, malparir. V. EMBARAZO 11.

aborto. 1. Feto, cosa abortada; interrupción, malparto. V. NACIMIENTO 12.
— **2.** Malogro, descalabro. V. FRACASO 1.
— **3.** Engendro. V. MONSTRUO.

abotagado. Inflamado, tumefacto, embotado. V. HINCHAZÓN 4.

abotagarse. V. abotagado.

abotonar. Ajustar, prender, abrocharse. V. BROCHE 2.

abovedado. Combado, curvado*, arqueado. V.
BÓVEDA 5.
abra. 1. Rada, cala, ensenada. V. BAHÍA 1.
— **2.** Quebrada, vaguada, paso. V. DESFILA-
DERO 1.
abracadabra. Palabra* mágica, conjuro, hechizo.
V. HECHICERÍA 1, 4.
abrasador. Calcinante, ardiente, caliente. V. FUE-
GO 7.
abrasar. Arder, quemar, calcinar. V. FUEGO 6.
abrasión. Fricción, desgaste*, pulimento. V. FRO-
TAR 2.
abrasivo. Pulimentador, esmeril, lija. V. PULIR 3.
abrazadera. Zuncho, anillo, sujetador. V. ARO 2.
ABRAZAR. 1. Abarcar, enlazar, envolver*, ceñir,
acariciar, mimar*, encerrar, cercar, sujetar,
estrechar, rodear, apretar, oprimir, presionar*,
estrujar, ahogar, aplastar*, ajustar, englobar,
comprender, caber.
2. Abrazo. Estrujón, enlace, sujeción, apretón,
presión*, opresión, cariño, mimo*, caricia*,
beso, sobo, manoseo, carantoña, arrumaco,
terneza, halago, estrechamiento, cerco, apretura, aplastamiento*.
3. Abrazado. Abarcado, enlazado, ceñido (v.
1).
Contr.: Soltar, rechazar*.
V. PRESIÓN, CARICIA, MIMO, APLASTAMIEN-
TO, ENVOLVER.
abrazo. V. abrazar 2.
abrelatas. Accesorio, adminículo, enser. V. CO-
CINA 5.
abrevadero. Artesa, pila; meandro. V. RECEPTÁ-
CULO 4; RÍO 2.
abrevar. Trasegar, beber, saciar la sed. V. BEBI-
DA 7.
abreviación. V. ABREVIAR 4.
abreviado. V. ABREVIAR 3.
ABREVIAR. 1. Sintetizar, extractar, acortar, compendiar, resumir, recapitular, reducir, condensar, refundir, cortar*, censurar, compilar,
recopilar, apocopar, simplificar, contraer, dis-
minuir*, podar, esquematizar.
— **2.** *Apresurar,* urgir*, solucionar*, resolver,
allanar, simplificar, apremiar, acelerar, activar,
estimular*, apurar, precipitar, avivar, aligerar,
agilizar (v. rapidez*).
3. Abreviado. Compendiado, resumido, reducido, escaso, simplificado, sintetizado, sintético, lapidario, extractado, lacónico, breve*, conciso, escueto, sucinto, telegráfico, contraído, apo-
copado, cortado*, recortado, esquemático,
sinóptico, resuelto, allanado, solucionado*,
compilado, condensado, podado, disminuido,
censurado; apresurado, acelerado, veloz, acti-
vado, rápido*, urgente*.
4. Abreviación. Compendio, reducción, abreviatura (v. 5), contracción, apócope, sigla, epítome, extracto, reserva, recensión, resumen,
sumario, síntesis, simplificación, parquedad,
laconismo, concisión, sobriedad, brevedad, sen-

cillez, solución*, corte*, censura, sinopsis, se-
lección*, acortamiento, recorte, condensación,
compilación, digesto, recopilación, esquema;
manual, guía*, prontuario, libro*.
5. Abreviatura. Contracción, apócope, signo*,
sigla, iniciales, anagrama, letras, abreviatura (v.
4). *Abreviaturas usuales:*
a área
(a) alias
a. de J.C. antes de Jesucristo
a.C. antes de Cristo
A.D. Anno Dómini: después de Cristo
a.m. ante merídiem: por la mañana
atto. atento
b.l.m. besa la mano
BOE Boletín oficial del Estado
cm³ centímetro cúbico
cg centigramo(s)
Cía. compañía
cl centilitro(s)
cm centímetro(s)
cta. cte. c/c cuenta corriente
cts. céntimos
D. Don
D.ª Doña
D.m. Dios mediante
d/v. días vista
dag decagramo(s)
dcho. dcha. derecho, derecha
dg decigramo(s)
dim. diminutivo
Dl decalitro(s)
dl decilitro(s)
Dm decámetro(s)
dm decímetro(s)
Dr. Dra. Dr.ª doctor, doctora
dto. descuento
E Este
EE. UU. Estados Unidos
ENE Estenordeste
entlo. entresuelo
ESE Estesudeste
etc. etcétera
Exc.ª Excelencia
Excmo. Excma. Excelentísimo, Excelentísima
F.C., FF.CC. ferrocarril, ferrocarriles
f.o.b. del inglés «free on board»: franco a
bordo
Fr. fray
g gramo(s)
gen. general
geogr. geografía
geol. geología
geom. geometría
ha. hectárea(s)
hg hectogramo(s)
hl hectolitro(s)
hm hectómetro(s)
ib., ibíd. ibidem
íd. ídem
Ilmo. Ilma. Ilustrísimo, Ilustrísima

lltre. llustre
izq. izquierda
J.C. Jesucristo
kg kilogramo(s)
kl kilolitro(s)
km kilómetro(s)
l; L litro(s)
lb. libras
m metro(s)
mg miligramo(s)
min minuto(s)
ml mililitro(s)
mm milímetro(s)
Mm miriámetro(s)
Mons. Monseñor
N Norte
n.º número
N.B. Nota bene: nota
N.S. Nuestro Señor
ntro., ntra. nuestro, nuestra
NE Nordeste
NO Noroeste
núm. número
O Oeste
O.P. Obras Públicas
p.ej. por ejemplo
P. Padre, Papa
p.pdo. próximo pasado
P.D. posdata
p.m. post merídiem: por la tarde
p.o. por orden
p.p. por poder
P.S. post scríptum: posdata
pág. página
Pbro. presbítero
pl. plural
pral. principal
prof. profesor
prov. provincia
q.b.s.m. que besa su mano
q.D.g. que Dios guarde
q.e.p.d. que en paz descanse
q.e.s.m. que estrecha su mano
Qm quintal(s) métrico(s)
R.D. Real decreto
R.e Récipe, receta.
R.I.P. Requiéscat in pace: descanse en paz
R.O. Real Orden
Rev. Rev.ª reverendo, reverenda
S Sur
S. San, Santo
S.A. Su Alteza; sociedad anónima
S.A.R. Su Alteza Real
S.E. Su Excelencia
s.e. u o. salvo error u omisión
S.J. jesuita
S.L. Sociedad limitada
S.M. Su Majestad
S.P. servicio público
S.R.L. Sociedad de Responsabilidad Limitada
S.S. Su Santidad

S.S.ª su Señoría
s.s.s. Su seguro servidor
Sdad. Sociedad
SE Sudeste
Smo. Santísimo
SO Sudoeste
Sr. Sra. Sr.ª Señor, Señora
Srta. Señorita
SS.AA. Sus Altezas
SS.MM. Sus Majestades
Sto. Sta. Santo, Santa
TV televisión
tm tonelada(s) métrica(s)
Ud. Uds. Usted, Ustedes
v. véase
V.º B.º visto bueno
V.E. Vuestra Excelencia
v.g. v.gr. verbigracia
V.I. Usía Ilustrísima
V.M. Vuestra Majestad
V.S. Vuestra señoría; Usía
Vd. Usted
Vda. viuda
Contr.: Alargar, ampliar*.
V. DISMINUIR, URGENCIA, CORTAR.
abreviatura. V. ABREVIAR 5.
abrigado. V. ABRIGAR 5, 6.
ABRIGAR. 1. Envolver*, tapar*, resguardar, arrebujar, arropar, someter, cubrir, vestir*, arrebozar, embozar, ataviar, poner, colocar, endosar.
— **2.** *Proteger**, abrigar, cobijar, amparar, resguardar, ayudar*, socorrer*, auxiliar, ocultar*, esconder, albergar, defender.
3. Abrigo. Sobretodo, capote, gabán, capa, paletó, pelliza, ropón, manto, manta, sarape, poncho, tabardo, zamarra, macferlán, impermeable*, chubasquero, comando, gabardina, trinchera, albornoz, chilaba.
4. *Cobijo*, abrigo, amparo, refugio, resguardo, protección*, socorro*, ayuda*, auxilio, escondite, defensa, albergue, ocultación*.
5. Abrigado. Envuelto*, tapado*, cubierto, arropado, sometido, embozado, ataviado, puesto, arrebozado, arrebujado, vestido*, resguardado.
— **6.** *Amparado*, abrigado, cobijado, resguardado, protegido*, socorrido*, oculto*, escondido, defendido, albergado, ayudado*.
Contr.: Destapar, desamparar.
V. TAPAR, PROTEGER, SOCORRER, AYUDAR.
abrigo. V. ABRIGAR 3, 4.
abrillantar. Pulir*, lustrar, frotar. V. BRILLO 4.
ABRIR. 1. Cascar, partir, destrozar. V. HENDEDURA 3.
— **2.** Comenzar, inaugurar, estrenar. V. PRINCIPIO 9.
— **3.** *Destapar*, abrir, entreabrir, separar*, revelar, mostrar, desenvolver, entrecerrar, entornar, exhibir*, enseñar, dejar ver, despejar, arrimar, quitar, levantar, exteriorizar, ampliar, allanar.

4. Abierto. Cascado, partido, inaugurado (v. 1 y 2).

— **5.** *Destapado*, abierto, entreabierto, desenvuelto, entrecerrado, separado, revelado, entornado, libre*, despejado, arrimado, quitado, exteriorizado, levantado, expedito, llano, amplio*, raso.

Contr.: Cerrar, tapar*, terminar, finalizar*.
V. SEPARAR, EXHIBIR, LIBERAR, EXTENDER.

abrochar. Ajustar, abotonar, prender. V. BROCHE 2.

abrogar. Revocar, abolir, derogar. V. ANULAR 1.

abrojo. Ortiga, cardo, zarza. V. HIERBA 1, MATORRAL 1.

abroncar. Increpar, abuchear, insultar. V. GRITO 4.

abrumador. Agobiante, opresivo, pesado. V. FATIGA 6.

abrumar. Oprimir, cansar, entristecer. V. FATIGA 4, AFLICCIÓN 3.

abrupto. 1. Fragoso, escabroso, accidentado. V. MONTAÑA 5.

— **2.** Rápido*, rudo, brusco. V. REPENTINO 1.

absceso. Flemón, forúnculo, hinchazón*. V. GRANO 1.

abscisa. Coordenada, eje, vector. V. LÍNEA 1.

ábside. Cúpula, cimborrio, domo. V. BÓVEDA 1.

absolución. Indulgencia, gracia, indulto. V. PERDÓN 1.

absolutismo. Extremismo, despotismo, tiranía. V. DOMINACIÓN 1.

absolutista. V. absolutismo.

absoluto. 1. Categórico, terminante, claro. V. TOTAL 2.

— **2.** Dictatorial, autocrático, ilimitado. V. DOMINACIÓN 3.

absolver. Eximir, indultar, liberar. V. PERDÓN 2.

absorber. 1. Impregnar, embeber, empapar. V. MOJAR 1.

— **2.** Abstraer, atraer, pensar*. V. INTERÉS 9.

absorción. V. absorber.

absorto. Embebido, enfrascado, meditabundo. V. PENSAR 12.

abstemio. Morigerado, abstinente, continente. V. MODERACIÓN 4.

abstención. Inhibición, abstinencia, no intervención. V. RENUNCIA 1.

abstenerse. V. abstención.

abstinencia. Frugalidad, ayuno, continencia. V. MODERACIÓN 2, DIETA 1.

abstracción. V. ABSTRACTO 2.

ABSTRACTO. 1. Intangible, inconcreto, inmaterial, teórico, complejo, leve, etéreo, espiritual*, incorpóreo, irreal, genérico, ideal, indeterminado, puro*, incierto, fantástico*, imaginario, ilusorio, hipotético, metafísico, aparente, quimérico, utópico, especulativo, figurado, interior, anímico, abstruso, ininteligible, incomprensible*.

2. Abstracción. Teoría, imaginación*, fantasía*, irrealidad, inmaterialidad, metafísica, hipótesis, creencia*, quimera, utopía, idea, pensamiento*, ficción, especulación, sueño*,

espejismo, ilusión, entelequia, alucinación, idealismo, mito, representación, suposición, conjetura, posibilidad (v. 3).

— **3.** Enfrascamiento, ensimismamiento, reflexión. V. PENSAR 7.

4. Abstraer. Teorizar, imaginar*, especular, idear, fantasear*, elucubrar o lucubrar, discurrir, pensar*, figurarse, suponer, soñar, evocar, idealizar, alucinarse, ilusionarse, antojarse, contemplar, examinar.

— **5.** *Abstraerse*, enfrascarse, meditar, ensimismarse. V. PENSAR 1.

6. Abstraído. Meditabundo, absorto, ensimismado. V. PENSAR 12.

Contr.: Real, material, concreto.
V. FANTÁSTICO, ESPIRITUAL, INCOMPRENSIBLE.

abstraer(se). V. ABSTRACTO 4, 5.

abstraído. V. ABSTRACTO 6.

abstruso. Difícil*, oscuro, ininteligible. V. INCOMPRENSIBLE 1.

absuelto. V. absolver.

absurdo. 1. Necedad, incoherencia, ridiculez*. V. DISPARATE 1.

— **2.** Ilógico, descabellado, desatinado. V. DISPARATE 2.

abuchear. Desaprobar*, protestar*, silbar. V. GRITO 4.

abucheo. V. abuchear.

abuela. Nana, yaya; antepasado. V. ANCIANO 1, FAMILIA 2.

abuelo. Yayo; antecesor, ascendiente. V. ANCIANO 1, FAMILIA 2.

abulia. Desgana, apatía, desinterés. V. INDIFERENCIA 1.

abultado. V. ABULTAMIENTO 2.

ABULTAMIENTO. 1. Protuberancia, dilatación, bulto, saliente, curva*, abombamiento, redondez, sinuosidad, saledizo, resalte, remate, relieve, nódulo, nudo, abullonamiento, rodillera, turgencia, carnosidad*, pólipo, vegetación, carúncula, tumor, cáncer*, lóbulo, pezón, excrecencia, hinchazón*, grano*, chichón, callo, giba, gibosidad, joroba, ensanchamiento, prominencia, circunvolución, abolladura, bollo, alabeo, acumulación*, masa, concreción, realce, eminencia, elevación, convexidad, reborde, ribete, altura, panza, vientre*, gordura*.

2. Abultado. Saliente, dilatado, protuberante, abombado, turgente, curvado*, redondo, carnoso*, abullonado, abollado, combado, convexo, pandeado, alabeado, resaltado, giboso, jorobado, ensanchado, hinchado*, gordo*, tumefacto, prominente, saltón, realzado, elevado, alto*, ancho, amplio*, grande*, crecido, pesado, voluminoso, ingente, corpulento.

3. Abultar. Dilatar, aumentar, ensanchar, hinchar*, agrandar, ampliar*, acrecentar, dilatar, recargar, salir, sobresalir, elevarse, descollar, proyectarse, resaltar, destacar, culminar, inflar, crecer, abombar, abollar, abullonar.

abuso

— **4.** Ponderar, extremar, exagerar. V. EXAGE-
RACIÓN 5.
Contr.: Liso, hundido.
V. HINCHAZÓN, GRANO, ACUMULACIÓN,
CURVA, GORDO.
abultar. V. ABULTAMIENTO 3.
ABUNDANCIA. 1. Cantidad*, plétora, riqueza*,
exceso, raudal, exageración*, abundamiento,
superabundancia, profusión, colmo, exuberancia, plenitud, demasía, prodigalidad, jauja,
ganga, montón, mucho, afluencia, sobra,
opulencia, feracidad, fecundidad, fertilidad,
caterva, plaga, diluvio, lluvia, riada, oleada,
enjambre, masa, miríada, hervidero, caudal,
cúmulo, sinnúmero, enormidad, diversidad,
aumento, pluralidad, infinidad, sinfín, inmensidad, suficiencia, frondosidad, hojarasca, pesadez, saciedad, hartura, acopio, muchedumbre,
multitud, grupo*, concurrencia*, incremento,
desarrollo*, reproducción, extensión.
2. Abundante. Pródigo, copioso, rico, mucho,
muy, tanto, numeroso, múltiple, profuso, pleno, pletórico, excesivo, exagerado*, cuantioso,
desmesurado, superabundante, en cantidad*,
colmado, repleto, innumerable, ilimitado, infinito, incalculable, incontable, inmenso, multitudinario, demasiado, exuberante, fecundo*, feraz,
fértil, opulento, opimo, excedente, remanente,
sobrante, supernumerario, frondoso, sobrado,
abigarrado, desbordante, rebosante, atestado,
plagado, recargado, lleno, afluente, caudaloso, diverso, aumentado, plural, considerable,
suficiente, harto, saciado, nutrido, prolífico,
ubérrimo, inagotable, pantagruélico, opíparo,
dilatado, abarrotado, incrementado, desarrollado*, extendido, reproducido, crecido, sin
envase, a granel, suelto (v. 4).
3. Abundar. Proliferar, cundir, prodigarse, rebosar, colmar, sobrar, pulular, atestar, atiborrar,
llenar, abarrotar, inundar, superabundar, exceder, rebasar, fecundar, exagerar*, aumentar*,
hartar, dilatar, nutrir, saciar, enriquecer, afluir,
manar, hervir, bullir, agolparse, multiplicarse,
diluviar, llover, incrementarse, desarrollarse*,
reproducirse, extenderse, plagar, bastar, amontonarse, acumularse*.
4. Abundantemente. Pródigamente, copiosamente (v. 2), cuantiosamente, ricamente, en
exceso, en cantidad, excesivamente, sobradamente, ampliamente, en gran manera, en grado superlativo, mucho, muchísimo, muy, tanto,
bastante, con creces, demasiado, excesivo, exagerado*, largo y tendido, a espuertas, a porrillo,
a cántaros, a granel, por mayor, en grueso, a
puñados, a millares, sobremanera (v. 2).
Contr.: Escasez, falta.
V. CANTIDAD, EXAGERACIÓN, AUMENTO,
DESARROLLO, RIQUEZA.
abundante. V. ABUNDANCIA 2.
abundar. V. ABUNDANCIA 3.
aburrido, aburridor. V. ABURRIMIENTO 2, 3.

ABURRIMIENTO. 1. Hastío, tedio, cansancio, monotonía, pesadez, fatiga*, fastidio, empalago,
impaciencia*, hojarasca, fárrago, trivialidad,
lata, monserga, tabarra, rollo, gaita, murga, tostón, cantilena, matraca, pejiguera, rutina, saturación, saciedad, enfado, malhumor, desgana,
estragamiento, aversión, irritación, disgusto*,
molestia*, indiferencia*, desinterés, apatía, hartura, sopor, sosería, insustancialidad*, engorro,
desazón, suspiro, bostezo.
2. Que aburre. Aburridor, aburrido, pesado,
empalagoso, tedioso, árido, cansador, fatigoso*, agotador, monótono, repetido, rutinario,
latoso, farragoso, enfadoso, irritante, fastidioso,
importuno, insoportable, molesto*, cargante,
estomagante, soporífero, abrumador, plúmbeo,
gris, soso, frío, insípido, insulso, insustancial*,
largo*, interminable (v. 3).
3. Que se aburre. Aburrido, cansado, fastidiado, fatigado*, estragado, harto, hastiado,
empalagado, impaciente, disgustado*, malhumorado, desganado, indiferente*, apático,
desinteresado, molesto*, enfadado, irritado,
saturado, estomagado, importunado, empalagado, jeringado (v. 2).
4. Aburrir. Cansar, hastiar, hartar, fatigar*,
cargar, estomagar, importunar, fastidiar, pesar,
malhumorar, disgustar*, impacientar*, empalagar, irritar, enfadar, molestar*, desinteresar,
jeringar, amolar, estomagar, saturar.
— **5.** *Aburrirse*, bostezar, suspirar, cansarse
(v. 4).
Contr.: Diversión, entretenimiento.
V. INSUSTANCIALIDAD, INDIFERENCIA, MOLES-
TIA, FATIGA.
aburrir(se). V. ABURRIMIENTO 4, 5.
abusador. V. ABUSO.
abusar. V. ABUSO.
abusivo. V. ABUSO.
ABUSO. 1. Arbitrariedad, exceso, extralimitación,
injusticia*, ilegalidad*, cabildada, alcaldada,
explotación, atropello, tropelía, ultraje, violencia*, violación (v. 2), barbaridad*, iniquidad,
desmán, vicio*, despotismo, tiranía, dictadura,
corrupción, sinrazón, exageración*, irregularidad, nepotismo, favoritismo, antojo, capricho*, exigencia*, usura, lucro, robo*, estafa*,
delito*, desorden*, vulneración, desafuero,
atentado, secuestro*, autoritarismo, improcedencia, trampa.
2. Abusivo. Arbitrario, excesivo, injusto*, ex-
tralimitado, inicuo, violento*, ilegal*, ilegítimo,
exagerado*, tiránico, despótico, caprichoso*,
antojadizo, irregular, desordenado*, delictivo*,
vulnerador, abusador (v. 4, 5).
3. Abusador. Explotador, déspota, tirano, dictador, negrero sanguijuela, usurero, logrero,
estafador*, tramposo, especulador*, egoísta*,
avaro*, ventajista*, exigente*, abusón, aprovechado, injusto*, abusivo (v. 3); violador (v. 5).

4. Abusar. Extralimitarse, excederse, propasarse, exagerar*, descarriarse, desmandarse, desobedecer, pasarse, atropellar, explotar, violentar*, desvirgar (v. 7), tiranizar, exigir*, antojarse, encapricharse, desposeer, robar*, quitar*, despojar, defraudar, estafar*, lucrarse, explotar, vulnerar, secuestrar*, atentar, desflorar (v. 7).

5. Abusivamente. Arbitrariamente, excesivamente, injustamente (v. 3).
Contr.: Justicia, respeto.
V. ILEGALIDAD, INJUSTICIA, VIOLENCIA, BARBARIDAD, VICIO, ESTAFA, ROBO, DELITO, DESORDEN, SECUESTRO, EXAGERACIÓN.

abusón. V. ABUSO.

abyección. Indignidad, ruindad, infamia. V. VIL 3.

abyecto. Bajo, infame, miserable. V. VIL 1.

acá. Aquí, inmediato, cercano. V. CERCA 1.

acabado. 1. Terminado, concluido, perfecto*. V. FIN 6.
— **2.** Arruinado, caduco. V. DETERIORO 3.

acabar. 1. Completar, terminar, concluir. V. FIN 4.
— **2.** Extinguirse, consumirse, morir. V. MUERTE 13.

acabose. Colmo, exceso, barbaridad*. V. DISPARATE 1.

acacia. Planta, leguminosa, árbol*. V. VEGETAL 20.

academia. 1. Escuela, instituto, colegio. V. EDUCACIÓN 9.
— **2.** Corporación, sociedad, institución. V. ASOCIACIÓN 8.

académico. 1. Estudioso, erudito, profesor. V. SABIDURÍA 2.
— **2.** Clásico, correcto, prestigioso. V. PERFECTO 1.

acaecer. Ocurrir, producirse, acontecer. V. SUCESO 2.

acaecimiento. Hecho, incidente, acontecimiento. V. SUCESO 1.

acallar. Intimidar, enmudecer, serenar. V. SILENCIO 4, TRANQUILIDAD 9.

acalorado. V. acalorarse.

acaloramiento. Ardor, vehemencia, exaltación. V. APASIONAMIENTO 1.

acalorarse. Exaltarse, excitarse, arrebatarse. V. APASIONAMIENTO 4.

acampada. V. ACAMPAR 2.

acampanado. Abocinado, ancho, atrompetado. V. AMPLITUD 2.

ACAMPAR. 1. Instalarse, alojarse*, vivaquear, establecerse, habitar*, sentar los reales, hacer alto, h. «camping», h. turismo, ir de excursión, situarse, refugiarse, veranear, apostarse, acantonarse, acuartelarse, emplazar, colonizar*, detenerse, pernoctar, descansar*, albergarse, acomodarse.

2. Acampada. Campamento, «camping», alojamiento*, reserva, albergue, refugio*, habitación*, instalación, establecimiento, emplazamiento, descanso*, acomodo, acuartelamiento, cuartel*, vivac, vivaque, acantonamiento, reales, excursión, turismo, colonia*, zona acotada, parque acotado, p. cercado, p. vallado*, puesto, posición, aduar, ranchería.

3. Partes. Campamento, tienda de campaña (v. 4), cocina* al aire libre, instalaciones, oficinas*, servicios, letrinas, accesos.

4. Tienda de campaña. Tienda, toldo, refugio*, habitáculo, habitación*, carpa, instalación, albergue, acampada (v. 1). *Tipos:* Vivac, canadiense, canadiense simple, c. doble techo, c. gemelada, tipo chalé, chalé familiar, de un palo, de dos palos, de armadura, cuadrada, neumática, tienda refugio. *Partes:* Palo o mástil, armadura, toldo, lona, tela, doble techo, visera, toldo delantero, viento o cuerda tensora, estaquilla, fiador, bordillo o alero, ábside, gallardete.

5. Accesorios. Catre, c. de campaña, c. de tijera, saco de dormir, colchón neumático o de aire, sábana-saco, hamaca, manta, fogón, bombona de gas butano, hornillo, barbacoa, asador, depósito de agua, d. de goma, d. de tela o de plástico, mesa y sillas plegables, quitasol, botiquín, linterna, mazo, hacha, cuchillo de monte, navaja, pala-azadón, ollas, cubiertos, platos y vasos de cartón, nevera portátil, despensa portátil (v. cocina*), ducha portátil (v. baño*), cubo de tela cauchutada, cantimplora, macuto, mochila.

6. Acampador. Excursionista, viajero*, turista, veraneante, batidor, soldado, colono, «boy scout», explorador, montañero*, deportista*, trashumante.
V. CUARTEL, ALOJAMIENTO, HABITACIÓN, VIAJE, DESCANSO.

acanalado. Estriado, corrugado, ondulado. V. CURVA 4.

acanalar. V. acanalado.

acantilado. Despeñadero, farallón, abismo*. V. ARRECIFE 1.

acantonamiento. V. ACAMPAR 2.

acantonar. V. ACAMPAR 1.

acaparador. Estraperlista, especulador, agiotista. V. ESPECULACIÓN 3.

acaparamiento. V. acaparador.

acaparar. Monopolizar, almacenar*, amontonar. V. ACUMULAR 1, ESPECULACIÓN 4.

acaramelado. Empalagoso, obsequioso, solícito. V. CARICIA 3.

acariciador. Tierno, suave, dulce. V. CARICIA 3.

acariciar. Rozar, sobar, mimar. V. CARICIA 2.

ácaro. Parásito*, arador, arácnido. V. ARTRÓPODO 2.

acarrear. Trasladar*, portear, enviar*. V. TRANSPORTE 11.

acarreo. Traslado*, envío*, porte. V. TRANSPORTE 1.

acartonado. Reseco, avellanado, apergaminado. V. MARCHITO 1.

acartonar(se). V. acartonado.

acaso. Albur, ventura, sino. V. AZAR 1.

acatamiento. Sometimiento, sumisión, pleitesía. V. OBEDIENCIA 1.

acatar. Acceder, someterse, transigir. V. OBEDIENCIA 3.

acatarrado. Griposo, afiebrado, constipado. V. RESFRIADO 2.

acatarrarse. Enfriarse, constiparse, enfermar*. V. RESFRIADO 4.

acato. V. acatamiento.

acaudalado. Adinerado, próspero*, pudiente. V. RIQUEZA 3.

acaudillar. Capitanear, mandar, encabezar. V. JEFE 10.

acceder. Transigir, admitir, aprobar*. V. ACEPTAR 2.

accesible. 1. Cómodo, alcanzable, próximo. V. CERCA 1.

— **2.** Fácil, comprensible, inteligible. V. INTELIGENCIA 7.

accésit. Recompensa, segundo premio, galardón. V. PREMIO 1.

acceso. 1. Ingreso, entrada, comunicación. V. ENTRAR 3.

— **2.** Ataque, síncope, indisposición*. V. DESMAYO 1.

accesorio. 1. Recambio, repuesto, artefacto. V. PIEZA 1.

— **2.** Complementario, secundario, episódico. V. CIRCUNSTANCIA 2.

accidentado. V. ACCIDENTE 3, 5.

accidental. V. ACCIDENTE 6.

accidentar(se). V. ACCIDENTE 2.

ACCIDENTE. 1. Contratiempo, avería, siniestro, percance, incidente, revés, desastre*, desgracia*, emergencia, daño, contingencia, trastorno, suceso*, perjuicio, mal, catástrofe, tragedia, peripecia, imprevisto, lesión*, desmayo*, ataque, indisposición*, descarrilamiento, choque, colisión, abordaje, atropello, arrollamiento, derribo, caída, incendio*, inundación, naufragio*, muerte*, fatalidad.

2. Accidentar(se). Siniestrar(se), averiar, dañar, enfermar*, lesionar*, herir, desgraciar, trastornar, chocar, colisionar, abordar, descarrilar, volcar, atropellar, arrollar, caer, electrocutar, incendiar*, inundar, naufragar*, morir, estropear, deteriorar*, lisiar, dejar inválido*, perjudicar, desmayar*, indisponerse*.

3. Accidentado. Siniestrado, víctima, baja, herido, lesionado*, desmayado, enfermo*, averiado, deteriorado* (v. 2).

— **4.** Irregular, abrupto, montañoso. V. MONTAÑA 5.

— **5.** Turbulento, agitado, borrascoso. V. DIFICULTAD 3.

6. Accidental. Imprevisto, casual, fortuito. V. AZAR 3.

Contr.: Normalidad, suerte.

V. DESASTRE, SUCESO, INDISPOSICIÓN, MUERTE, INCENDIO, ENFERMEDAD, LESIÓN, DESGRACIA.

acción. 1. Actividad, movimiento*, lucha*. V. ACTUACIÓN 1.

— **2.** V. accionar.

— **3.** *Acciones,* bonos, valores, títulos mobiliarios. V. BOLSA 5.

accionar. Manotear, gesticular, menear las manos. V. GESTO 4.

accionista. Bolsista, rentista, inversor. V. BOLSA 4.

acechar. V. ACECHO 2.

ACECHO. 1. Atisbo, atisbadura, observación, vigilancia*, espera*, atención, ojeo, escudriñamiento, vista, cautela, alerta, guardia, vigilia, custodia, cuidado*, asechanza, contemplación, vela, estratagema, espionaje*, emboscada, trampa, celada, ardid, intriga, conspiración, ocultación*, escondite, añagaza, mirada*, caza*, persecución*.

2. Acechar. Observar, escudriñar, atisbar, espiar*, mirar*, examinar, vigilar*, custodiar, atender, cuidar*, aguardar, esperar*, velar, guardar*, emboscarse, esconderse, ocultarse*, apostarse, aguantar, amaitinar, avizorar, atalayar, ojear, escrutar, maquinar, conspirar*, curiosear*, ver, cazar*, perseguir*.

3. Acechador. Observador, vigilante*, atisbador, escudriñador, espía*, guardián, custodio, apostado, oculto*, escondido, emboscado, atento, ojeador, cazador*, perseguidor*, cauteloso, alerta, intrigante, conjurado, conspirador*.

V. ESPERA, MIRADA, CONSPIRACIÓN, VIGILANCIA, CAZA, PERSECUCIÓN, OCULTAR, ESPÍA.

acedia, acedía. Indolencia, gandulería, pereza. V. HOLGAZÁN 2.

acedía. Agrura, acidez, acritud. V. ÁCIDO 3.

acéfalo. Caótico, desorganizado, anárquico. V. DESORDEN 2.

aceitar. V. ACEITE 14.

ACEITE. 1. Lípido, óleo, grasa*, oleína, sebo, margarina, unto*, butiro, crasitud, viscosidad, pringue, churre, mancha, líquido graso, l. aceitoso.

2. Clases. Aceite vegetal (v. 3), a. animal (v. 4), a. mineral (v. 5), a. lubrificante, multigrado, monograado, esencial o volátil, de vitriolo o ácido sulfúrico, secante, medicinal, comestible, lampante.

3. Aceites vegetales. De oliva o aceituna (v. 8, 9), de maíz, girasol, soja o soya, cacahuete o maní, coco, copra, almendra, sésamo, nuez, colza, ricino, palma, linaza, avellana, algodón, cada o enebro, cedro, chalmugra, germen de trigo, alcanfor, aguarrás.

4. Aceites animales. De castor, pescado, hígado de bacalao, h. de tiburón, h. de arenque, ballena, hipogloso, halibut, foca, visón, pezuña de buey, pata de carnero.

5. Aceites minerales y derivados. Petróleo*, aceite pesado, mazut, diesel, fueloil, gasoil o gasóleo, nafta, gasolina, queroseno, bencina, benceno, creosota, hidrocarburos minerales, combustibles*, parafina, vaselina.

6. Propiedades. Acidez, viscosidad, densidad*, consistencia, untuosidad, color, aroma, oleoso, oleaginoso, viscoso, denso*, aceitoso, lubrificante, aromático, volátil, graso, rancio, comestible, purgante, medicinal.

7. Utilización. Emulsión, embrocación, unto, medicina*, cosmético*, brillantina, crema, alimentación*, cocina*, fritos, aliño, lubricación, engrase, iluminación, combustión*, energía*.

8. Aceituna. Oliva, fruto*, f. del olivo. *Clases:* Manzanilla, gordal, de la reina, zapatera, verdial, tetuda, picudilla, zorzaleña, arbequina, picual o marteña. *Partes:* Pulpa, hueso, almendra.

9. Fabricación del aceite de oliva. *Artefactos:* Almazara, molino, prensa, trujal, lavadora, batidora, trituradora, deshuesadora, bomba, condensador, depósito, lagar, fuelle, capacho.

10. Residuos, fases. Orujo, hollejo, borujo, bagazo, aguaza, alpechín, turbios, terrón, murga, jámila, cuesco, bejina, hijuela.

11. Olivo. Manzanillo, acebuche, aceituno, empeltre, lechín, zambullo, árbol*, oleácea.

12. Aceitoso. Oleaginoso, oleoso, graso, grasiento*, grasoso, craso, untuoso*, viscoso, denso*, lipoideo, seboso, sebáceo, cremoso, lubricante, lubrificante, resbaladizo, pegajoso, mantecoso, espeso.

13. Aceitera. Alcuza, recipiente, vinagrera. V. RECEPTÁCULO 3.

14. Aceitar. Ungir, engrasar, lubricar, lubrificar, untar*, pringar, manchar*, bañar, ensuciar, churretear.

V. UNTAR, GRASA, MANCHA, COCINA, ALIMENTO, PETRÓLEO, DENSO.

aceitera. V. ACEITE 13.

aceitoso. V. ACEITE 12.

aceituna. V. ACEITE 8.

aceitunado. Cetrino, oliváceo, verdoso. V. MORENO 1.

aceituno. Olivo, árbol, acebuche. V. ACEITE 11.

aceleración. Celeridad, aumento, incremento de la velocidad. V. RAPIDEZ 1.

acelerador. Dispositivo, pedal, mecanismo. V. AUTOMÓVIL 5.

acelerar. Aumentar la velocidad, apresurar, activar. V. RAPIDEZ 5.

acelga. Planta hortense, verdura, vegetal*. V. HORTALIZA 2.

acémila. 1. Cuadrúpedo, mula, animal*. V. CABALLERÍA 11.

— **2.** Zopenco, cafre, tonto*. V. BRUTO 2.

acendrado. Impoluto, limpio*, intachable. V. PURO 1.

acento. 1. Apóstrofo, tilde, signo ortográfico. V. ORTOGRAFÍA 2.

— **2.** Tonillo, entonación, deje. V. PRONUNCIACIÓN 1.

acentuado. V. acentuar 1, 2.

acentuar. 1. Marcar, tildar, señalar*. V. ESCRIBIR 1.

— **2.** Resaltar, recalcar, subrayar. V. REPETICIÓN 4.

acepción. Alcance, extensión, sentido. V. SIGNIFICADO 1.

acepillar. Lijar, alisar, raspar. V. PULIR 1.

aceptable. V. ACEPTAR 7.

aceptación. V. ACEPTAR 4.

ACEPTAR. 1. Acoger, coger, tomar, admitir*, recibir*, haber, tener, tolerar*, acceder (v. 2), autorizar, readmitir, reponer, alcanzar, adquirir, acaparar, adueñarse, absorber, amparar, asilar, proteger*, adoptar, apropiarse, recoger, percibir.

— **2.** *Acceder,* aceptar, tolerar*, consentir, asentir, afirmar, admitir, aprobar*, aplaudir, ratificar, reconocer, conceder, conformarse, convenir, dignarse, someterse, confesar, resignarse, condescender, transigir, amoldarse, avenirse, plegarse, permitir, ceder, contentarse, prestarse, doblegarse, comprometerse, obligarse*.

3. Ser aceptable. Convenir*, favorecer*, beneficiar*, corresponder, encajar, incumbir*, bastar, cuadrar, venir bien, alcanzar, llegar.

4. Aceptación. Pláceme, beneplácito, aprobación*, aquiescencia, consentimiento, tolerancia* (v. 5), afirmación, asentimiento, asenso, permiso, conformidad, aplauso, venia, admisión, elogio, acogida, anuencia, condescendencia, visto bueno, sí.

— **5.** *Tolerancia,* aceptación, transigencia, resignación*, sometimiento, aguante*, amoldamiento, doblegamiento; confesión, reconocimiento.

6. Que acepta. Transigente, conforme, gustoso. V. TOLERANCIA 2.

7. Aceptable. Admisible*, pasadero, correcto, tolerable*, conveniente*, útil*, suficiente, regular, mediano*, pasable, adecuado, apropiado, apto, bueno, beneficioso*, aprobado, grato, agradable*, oportuno*, pertinente, verosímil, acertado, cómodo*, satisfactorio*, permitido, conforme, plausible, elogiable, permisible, lógico, real, verdadero*, válido, razonable.

Contr.: Rechazar*, negar*.

V. ADMITIR, APROBAR, RECIBIR, TOLERAR, INCUMBIR, BENEFICIAR, PROTEGER, RESIGNARSE.

acequia. Reguero, zanja, cauce. V. CANAL 2.

acera. Andén, lateral, bordillo. V. CALLE 2.

acerado. Tenaz, resistente*, fuerte. V. DURO 1.

acerbo. 1. Agrio, amargo, desagradable*. V. ÁCIDO 1.

— **2.** Implacable, riguroso, intransigente. V. CRUELDAD 2.

acerca de. Respecto a, tocante a, relativo a. V. INCUMBIR.

acercamiento. Avecinamiento, aproximación, proximidad. V. CERCA 6.

acercar. Arrimar, juntar, aproximar. V. CERCA 7.

acería. Fundición, siderurgia, factoría. V. META-LURGIA 1.

acerico. Alfiletero, almohadilla, útil de costura. V. COSTURA 7.

acero. 1. Metal*, amalgama, aleación. V. META-LURGIA 3.
— **2.** Estoque, hoja, tizona. V. ESPADA 1.

acérrimo. Fanático, intransigente*, sectario*. V. INTRANSIGENCIA 2.

acertado. V. ACERTAR 3.

ACERTAR. 1. Lograr, atinar, dar con, dar en, dar en el blanco, d. en el clavo, d. en la tecla, d. en el quid, hacer diana, pegar, puntuar, ganar, tropezar, encontrar, hallar*, adivinar*, averiguar, descubrir, conseguir, triunfar*, vencer, cazar*, atrapar, alcanzar, sacar, agenciarse, aventajar, superar*.
2. Acierto. Puntería, vista, ojo, destreza, tino, pulso, habilidad*, exactitud*, seguridad, firmeza, mano, muñeca, tacto, tiento, blanco, diana, centro*, quid, éxito, beneficio*, lucro, ganga, provecho, rendimiento, ganancia*, ventaja*, puntuación, punto, tanto, descubrimiento, casualidad, fortuna, suerte, chiripa, azar*, adivinación*, clarividencia, coincidencia, prudencia, cordura.
3. Acertado. Logrado, conseguido, justo, preciso, conveniente*, beneficioso*, oportuno, provechoso, atinado, apropiado, rematado, perfecto*, acabado, lucrativo, rendidor, afortunado, adivinado*, adivino*, clarividente, prudente, cuerdo, certero (v. 4).
— **4.** Certero, atinado, seguro*, justo, hábil*, ducho, ejercitado, diestro, experto*, clavado, infalible, adivino*, intuitivo, firme, fatal, indefectible, inevitable, efectivo, cierto, preciso, exacto*, acertado (v. 3).
Contr.: Desacierto, error, pifia, equivocación*. V. EXACTITUD, HABILIDAD, TRIUNFO, VENTAJA, AZAR, ADIVINACIÓN, BENEFICIO, SEGURIDAD.

acertijo. Rompecabezas, charada, adivinanza. V. ADIVINAR 5.

acervo. Caudal, base, patrimonio. V. PROPIEDAD 1.

acetileno. Hidrocarburo, combustible*, fluido. V. GAS 2.

acetona. Líquido* volátil, l. inflamable, producto químico. V. QUÍMICA 5.

acezar. Resollar, jadear, resoplar. V. RESPIRACIÓN 2.

achacar. Reprochar, inculpar, acusar. V. ATRIBUIR 1.

achacoso. Delicado, enfermizo, senil. V. ENFERMEDAD 3; ANCIANO 1.

achantarse. Soportar, doblegarse, acoquinarse. V. AGUANTAR 1.

achaparrado. Retaco, rollizo, rechoncho. V. GORDO 1, PEQUEÑO 1.

achaque. Indisposición, dolencia, afección. V. ENFERMEDAD 1.

achatado, achatamiento. V. achatar.

achatar. Redondear, alisar, despuntar. V. LISO 3.

achicar. 1. Reducir, acortar, empequeñecer. V. DISMINUCIÓN 2.
— **2.** Achicarse, arredrarse, atemorizarse, intimidarse. V. COBARDÍA 5.

achicharrar. Quemar, asar, tostar. V. FUEGO 6.

achicoria. 1. Planta compuesta, p. comestible. V. VEGETAL 21.
— **2.** Infusión, sucedáneo, café*. V. BEBIDA 4.

achispado. Alegre*, ebrio, bebido. V. BORRACHERA 2.

achisparse. V. achispado.

achuchar. Empujar*, estrujar, incomodar. V. MOLESTIA 6.

aciago. Infortunado, funesto, fatídico. V. DESGRACIA 2.

acíbar. 1. Pena, amargura, pesar. V. AFLICCIÓN 1.
— **2.** Sustancia ácida, acre, amarga. V. ÁCIDO 5.

acicalado, acicalamiento. V. acicalar.

acicalar. Arreglar, atildar, emperifollar. V. ADORNO 3.

acicate. Aliciente, ánimo*, incentivo. V. ESTÍMULO 1.

acicatear. Animar*, incitar, espolear. V. ESTÍMULO 5.

acidez. V. ÁCIDO 3.

acidia. V. acedia.

acidificar. V. ÁCIDO 8.

ÁCIDO. 1. Acerbo, agrio, acidulado, acibarado, acre, áspero*, fuerte, picante, acedo, avinagrado, agriado, agridulce, amargo, quemante, corrosivo, anhidro, destructor, fermentado, cáustico, ulcerante, mordiente, crudo, verde, desagradable*; ácido sulfúrico, clorhídrico, etc. (v. 5).
— **2.** Mordaz, virulento, sarcástico. V. IRONÍA 2.
3. Acidez. Agrura, acerbidad, acritud, hiperclorhidria, acedía, acidosis, causticidad, corrosión, amargor, mal gusto*, sabor, fermentación*, aspereza*, verdura, crudeza, picor*, picazón, cosquilleo, quemazón.
— **4.** Mordacidad, virulencia, sarcasmo. V. IRONÍA 1.
5. Ácidos. Sustancia ácida, acíbar, sustancia corrosiva, s. química*, acerba, agria (v. 1); ácido sulfúrico o vitriolo, clorhídrico o sal fumante, acético, nítrico o agua fuerte, carbónico, bórico, cianhídrico, prúsico, pícrico, cítrico, fénico o fenol, fluorhídrico, láctico, fórmico, oxálico, muriático, acetilsalicílico, butírico, esteárico, úrico, tartárico, ascórbico, pantoténico; ácido mineral, á. orgánico.
6. Varios. Hidrácido, oxácido, carboxilo, ión H, reactivo, papel tornasol, ph, base, álcali, salificación, sal, acetato, sulfato, neutralización, esterificación, oxidrilo, basicidad, acidímetro, acidimetría.
7. Cosas ácidas. Fruto verde, f. agrio, cítrico, limón, naranja, pomelo, agraz, acedera, vinagre, fermento*, solución ácida.
8. Acidificar(se). Agriar(se), acidular, avinagrar, acedar, picarse, amargar, acibarar, en-

ranciar, fermentar*, atufar, revenir, encurtir, dar dentera, alargar los dientes, corromperse, estropearse, pudrirse, heder.
Contr.: Dulce, agradable*.
V. QUÍMICA, GUSTO, FERMENTO.

acierto. V. ACERTAR 2.

ácimo. Sin levadura, ázimo, pan sin levadura. V. PAN 3.

ACLAMACIÓN. 1. Ovación, viva, aplauso, palmoteo, palmas, salva, vítor, loa, alabanza, interjección, exclamación*, grito*, voz*, clamor, chillido, vociferación, arrebato, entusiasmo*, ánimo*, delirio, apasionamiento*, fanatismo, admiración, homenaje, exaltación, celebración, honra, glorificación, aprobación*, beneplácito, adulación*, elogio* (v. 2).
2. Aclamaciones. ¡Viva!, ¡bravo!, ¡hurra!, ¡ole!, ¡olé!, ¡aúpa!, ¡upa!, ¡arriba!, ¡vamos!, ¡adelante!, ¡magnífico!, ¡estupendo!, ¡soberbio!, ¡muy bien!, ¡sí, señor!, ¡así!, ¡eso!, ¡más!, ¡mejor!, ¡salud!, ¡bueno!, ¡ea!, ¡hala!, ¡hale!
3. Aclamar. Aplaudir, ovacionar, vitorear, loar, palmotear, homenajear, exaltar, proferir, prorrumpir, alabar, exclamar*, gritar*, vocear, chillar, vociferar, clamorear, apasionarse*, delirar, animar*, entusiasmarse*, fanatizarse, admirar, aprobar, glorificar, honrar, celebrar, adular*, elogiar*, lanzar, emitir.
4. Que aclama. Entusiasta*, vociferante, gritón*, chillón, fanático, frenético, apasionado*, admirador, partidario, delirante, glorificador, vocinglero, adulador*, panegirista.
Contr.: Silenciar, criticar.
V. EXCLAMACIÓN, GRITO, APASIONAMIENTO, ENTUSIASMO.

aclamar. V. ACLAMACIÓN 3.

aclaración. Puntualización, información, justificación. V. EXPLICACIÓN 1.

aclarar. 1. Justificar, especificar, puntualizar. V. EXPLICACIÓN 2.
— **2.** Serenar, escampar, mejorar. V. BONANZA 4.
— **3.** Enjuagar, mojar*, escurrir. V. LAVAR 1.

aclimatación. V. aclimatar.

aclimatar(se). Asentar, arraigar, acostumbrar. V. HABITACIÓN 5.

acné. Comedón, erupción, barrillo. V. GRANO 1.

acobardado. Pusilánime, miedoso, amedrentado. V. COBARDÍA 2.

acobardar(se). Atemorizar(se), desanimar, amedrentar. V. COBARDÍA 4, 5.

acogedor. Altruista, hospitalario, benefactor. V. GENEROSIDAD 2.

acoger. Amparar, albergar, admitir. V. PROTECCIÓN 3; RECIBIR 1, 2.

acogida. Saludo*, hospitalidad, recepción. V. RECIBIR 3.

acogotar. Vencer, matar, sujetar. V. DOMINACIÓN 9, MUERTE 14.

acolada. Respaldo, espaldarazo, confirmación. V. APROBAR 3.

acolchar. Tapizar, almohadillar, forrar. V. RECUBRIMIENTO 2.

acólito. 1. Clérigo, sacristán, monaguillo. V. SACERDOTE 1.
— **2.** Asistente, ayudante*, compinche. V. COMPAÑERO 1.

acometer. Abalanzarse, arremeter, atacar. V. EMBESTIR 1.

acometida. Asalto, arremetida, ataque*. V. EMBESTIR 2.

acometividad. Energía*, agresividad, ánimo. V. DINAMISMO 1.

acomodación. V. acomodar.

acomodadizo. V. acomodaticio.

acomodado. Acaudalado, adinerado, pudiente. V. RIQUEZA 3.

acomodador. Auxiliar, empleado* de cine, portero. V. CINE 10.

acomodar. 1. Disponer, ordenar*, arreglar. V. ORDEN 9.
— **2.** Situar, instalar, poner. V. COLOCAR 1.
— **3.** *Acomodarse*, repantigarse, arrellanarse, sentarse. V. ASIENTO 5.
— **4.** Amoldarse, conformarse, habituarse. V. HÁBITO 4.

acomodaticio. Transigente, conformista, flexible. V. TOLERANCIA 2.

acomodo. 1. Acuerdo, componenda, arreglo. V. PACTO 1.
— **2.** Empleo*, cargo, puesto. V. TRABAJO 1.

acompañamiento. Comitiva, escolta*, compañía. V. COMPAÑERO 5.

acompañante. Amigo, escolta*, acólito. V. COMPAÑERO 1.

acompañar. Conducir, seguir, escoltar*. V. COMPAÑERO 6.

acompasado. Cadencioso, rítmico, regular. V. RITMO 2.

acompasar. Mesurar, medir, regular. V. MODERACIÓN 6.

acomplejado. Tímido, raro, maniático. V. COMPLEJO 6.

acomplejar(se). Empequeñecer(se), disminuir, rehuir. V. COMPLEJO 7.

acondicionado. V. acondicionar.

acondicionar. Acomodar, disponer, ordenar. V. ORDEN 9.

acongojado. Angustiado, apenado, entristecido. V. AFLICCIÓN 5.

acongojar(se). Apenar(se), apesadumbrar, entristecer. V. AFLICCIÓN 4.

aconsejable. Apropiado, adecuado, conveniente. V. BENEFICIO 3.

aconsejar. Aleccionar, sugerir, recomendar. V. CONSEJO 4.

acontecer. Sobrevenir, suceder, ocurrir. V. SUCESO 2.

acontecimiento. Incidente, hecho, acaecimiento. V. SUCESO 1.

acopiar. V. acopio.

acopio. Reserva, almacenamiento, provisión. V. ACUMULAR 3.

ACOPLAMIENTO. 1. Unión, ajuste, junta, ensambladura, ensamble, ensamblaje, conexión, enlace, empalme, enchufe, clavija, pieza*, incrustación, enganche, engranaje*, embrague, montaje, colocación*, construcción*, taracea, imbricación, soldadura*, engaste, encaje, encastre, engarce, trabazón, vínculo, diente, saliente, hueco*, resalte, juntura, bisagra, coyuntura, juego, sínfisis, artejo, articulación*.
— **2.** Apareamiento, ayuntamiento, unión de animales*. V. COITO 1.
3. Acoplar(se). Articular(se), enlazar, unir*, embutir, encajar, encastrar, ensamblar, reunir, juntar, ajustar, armar, montar, construir*, empalmar, engranar, enganchar, sujetar, atar, incrustar, introducir*, enchufar, conectar, soldar, engastar, imbricar, taracear, engarzar, embragar, vincular, endentar, machihembrar, alojar, colocar*, ordenar*, acomodar, arreglar, trabar. Acostumbrarse, habituarse*.
4. Acoplado. Unido*, ajustado, ensamblado (v. 1).
— **5.** Acostumbrado, aclimatado, familiarizado. V. HABITUADO.
Contr.: Separación*, desunión.
V. UNIÓN, ARTICULACIÓN, CONSTRUCCIÓN, ENGRANAJE, COLOCACIÓN, SOLDADURA.

acoplar(se). V. ACOPLAMIENTO 3.

acoquinar(se). Amedrentar(se), intimidar, acobardar. V. COBARDÍA 5.

acorazado. 1. Navío, buque, barco de guerra*. V. BARCO 6.
— **2.** Resguardado, defendido, blindado. V. PROTECCIÓN 7.

acorazar. Reforzar, revestir, blindar. V. PROTECCIÓN 4.

acordar. 1. Convenir, ajustar, tratar. V. PACTO 4.
— **2.** Ofrecer, dispensar, conferir. V. ENTREGAR 1.
— **3.** *Acordarse*, evocar, rememorar, recordar. V. MEMORIA 6.

acorde. 1. Sonido*, estrofa, armonía. V. MÚSICA 2.
— **2.** Ajustado, adecuado, equivalente. V. SEMEJANZA 2.

ACORDEÓN. 1. Bandoneón, concertina, instrumento de viento, instrumento musical*, i. portátil, i. de orquesta*.
2. Partes. Fuelle, teclados, t. de mano derecha (canto y melodía), t. de mano izquierda (acompañamiento y acordes), registros, teclado de piano, t. de botones o cromático.
V. INSTRUMENTO MUSICAL, ORQUESTA.

acordonar. Rodear, limitar*, incomunicar. V. CERCAR 1.

acorralar. Envolver, encerrar, hostigar. V. CERCAR 1.

acortamiento. V. acortar.

acortar. Aminorar, achicar, reducir. V. DISMINUCIÓN 2.

acosar. Acorralar, amenazar, perseguir*. V. HOSTIGAR 1.

acoso. Rastreo, persecución, amenaza*. V. HOSTIGAR 2.

acostar(se). Extender(se), echar, tender. V. TUMBAR 1, 2.

acostumbrado. V. acostumbramiento.

acostumbramiento. Aclimatación, familiarización, endurecimiento. V. HÁBITO 2.

acostumbrar. 1. Soler, frecuentar, hacer*. V. HÁBITO 4.
— **2.** *Acostumbrarse*, amoldarse, aclimatarse, endurecerse. V. HÁBITO 4.

acotación. Puntualización, observación, explicación*. V. NOTA 2.

acotar. Circunscribir, rodear, señalar*. V. LÍMITE 5.

ácrata. Nihilista, anarquista. V. POLÍTICA 4.

acre. 1. Medida inglesa, m. agraria, m. de superficie. V. MEDIDA 7.
— **2.** Agrio, acerbo, áspero. V. ÁCIDO 1.

acrecentamiento. V. acrecentar.

acrecentar. Incrementar, agrandar, ampliar*. V. AUMENTAR 2.

acreditado. 1. Apreciado, afamado, destacado. V. PRESTIGIO 2.
— **2.** Probado, garantizado*, justificado. V. DEMOSTRACIÓN 3.

acreditar. 1. Afamar, autorizar, avalar. V. PRESTIGIO 3.
— **2.** Probar, justificar, garantizar*. V. DEMOSTRACIÓN 2.

acreedor. 1. Reclamante, pretendiente, demandante. V. DEUDA 4.
— **2.** Meritorio, digno, loable. V. MERECER 3.

acribillar. Perforar, horadar; hostigar*. V. AGUJERO 2.

acrimonia. Acritud, causticidad, rudeza. V. ASPEREZA 4, IRONÍA 1.

acriollado. Aclimatado, afincado, familiarizado*. V. HÁBITO 5.

acrisolado. Acendrado, puro*, probado. V. COMPROBAR 5.

acrisolar. V. acrisolado.

acritud. V. acrimonia.

acrobacia. Piruetas, cabriolas, saltos*. V. EQUILIBRIO 4, AVIÓN 7.

acróbata. Gimnasta, trapecista, funámbulo. V. EQUILIBRIO 8.

acrobático. Gimnástico, ágil, ligero. V. GIMNASIA 9.

acrópolis. Baluarte, fortificación*, colina. V. MONUMENTO 2, MONTAÑA 2.

acróstico. Poema, verso, estrofa. V. POESÍA 5, 7.

acta. Reseña, relación, memoria. V. DOCUMENTO 1.

actitud. 1. Porte, posición, aire. V. POSTURA 1.
— **2.** Disposición, humor, modo. V. CARÁCTER 1.

activar. Agilizar, acelerar, apresurar. V. RAPIDEZ 5.

actividad. 1. Diligencia, celeridad, rapidez. V. DINAMISMO 1.
— **2.** Tarea, labor, ocupación. V. TRABAJO 1.
activista. Propagandista, agitador, prosélito. V. REVOLUCIÓN 4.
activo. Laborioso, rápido, diligente. V. DINAMISMO 2.
acto. 1. Ceremonia, función, gala. V. SOLEMNE 7.
— **2.** Hecho, diligencia, acción. V. ACTUACIÓN 1.
— **3.** Cuadro, parte, episodio. V. TEATRO 3.
ACTOR. 1. Artista, protagonista, personaje, intérprete, héroe*, actriz (v. 3), astro, estrella, figura, f. principal, f. secundaria, f. de reparto, galán, trágico, divo, ejecutante, representante, cantante*, comediante, cómico*, histrión, bufo, bufón, payaso, caricato, burlesco, mimo, imitador, animador, actor cinematográfico*, a. teatral*, a. de carácter, a. dramático, a. trágico, a. de reparto, primer actor, galán joven, cómico de la legua, ventrílocuo, ilusionista, saltimbanqui, titiritero, funámbulo, equilibrista*, comparsa, corista, farandulero, figurante, especialista, partiquino, extra (v. 3).
— **2.** Farsante, impostor, cuentista. V. SIMULACIÓN 5.
3. Actriz. Artista, protagonista, personaje, heroína, estrella (v. 1), «vedette», diva, figuranta, corista, farandulera, cómica*, dama, dama joven, actriz de carácter, prima donna (v. 1).
4. Actuación artística. Interpretación, recital, intervención, papel, rol, actuación, representación, r. teatral*, r. cinematográfica*, función, trabajo, comedia*, exhibición*, gala, «show», espectáculo*, demostración, presentación, fiesta*, protagonismo, ejecución, declamación, recitación, animación, imitación, mímica, guión, realización, incorporación.
5. Actuar. Representar, protagonizar, interpretar, ejecutar, desempeñar, declamar, decir, recitar, animar, imitar, realizar, incorporar, presentar, exhibir*, trabajar, intervenir, destacar, figurar, bordar, meter (una) morcilla, improvisar, salir a escena, hacer mutis por el foro.
V. TEATRO, CINE, COMEDIA, CIRCO, ESPECTÁCULO.
actriz. V. ACTOR 3.
ACTUACIÓN. 1. Intervención, actividad, operación, hecho, decisión, disposición, solución*, reglas, acción, iniciativa, comportamiento*, conducta, movimiento, lucha*, maniobra, medida, diligencia, procedimiento, proceder, medio, modo*, provisión, ejercicio, proceso, realización, curso, régimen, tarea, labor, misión, trabajo*, plan*, proyecto, ocupación, obra, profesión, resultado, creación, auto, función, menester, desempeño, ejecución, esfuerzo, práctica, implicación, poder, mandato, orden*, norma, táctica, pauta, costumbre, hábito*, modos, confección, promoción, apoyo, ayuda*, respaldo; informe, hoja de servicios, currículum vítae (v. dato 1).

— **2.** Actuación artística, representación, papel. V. ACTOR 4.
3. Actuar. Proceder, hacer*, ejecutar, intervenir, oficiar, protagonizar, realizar, conducirse, operar, diligenciar, maniobrar, ejercitar, funcionar, marchar, obrar, regir, estar vigente, influir, contribuir, ocuparse, participar, tomar parte, trabajar*, laborar, comportarse*, desempeñar, practicar, esforzarse, apoyar, ayudar*, promocionar, respaldar, activar, perpetrar, poder, usar, cumplir, confeccionar, promover, crear*, verificar, cumplir consumar, representar (v. 5).
— **4.** Protagonizar, actuar artísticamente, representar. V. ACTOR 5.
5. Que actúa. Realizador, activo, diligente, operativo, operador, protagonista, actuante, promotor, causante, ejecutor, actor* (v. 6), implicado, participante, autor, forjador, creador*, ejecutante, ejecutivo, agente, mano, interventor, constructor, celebrante, práctico.
— **6.** Artista, astro, protagonista. V. ACTOR 1.
Contr.: Inactividad, abstención.
V. COMPORTAMIENTO, TRABAJO, AYUDA, SOLUCIÓN, CREACIÓN, HACER.
ACTUAL. 1. Presente, existente, coexistente, moderno, contemporáneo, imperante, vigente, reinante, dominante*, prevaleciente, gobernante*, nuevo*, joven*, original*, simultáneo, coetáneo, corriente, reciente, usual, coincidente, sincrónico, último, fresco, flamante, juvenil, rejuvenecido, vanguardista, adelantado, pionero, innovado, de hoy, de hogaño, de vanguardia, de ahora, de moda*, en boga, al día, al uso, coyuntural, real, popular, renovado, restablecido, restaurado, reeditado, remozado, reemplazado, reformado, inédito, final*.
2. Actualidad. Hoy, ahora, al presente, ya, hogaño, nuestros días, nuestro tiempo, este momento, nuestra época, actualmente (v. 6).
3. Modernidad. Innovación, novedad, contemporaneidad, simultaneidad, realidad, oportunidad, frescura, juventud, coincidencia, uso, boga, moda*, existencia, vigencia, coexistencia, modernismo, presencia, coyuntura, restablecimiento, renovación, restauración (v. 6).
4. Actualizar. Remozar, renovar, reeditar, restablecer, modernizar, variar*, rejuvenecer, reconstruir, restaurar, innovar, reformar, transformar, cambiar*, modificar, poner al día, refrescar (v. 5).
5. Ser actual. Existir, coexistir, vivir, ser, hacer*, permanecer*, conservarse, mantenerse, simultanear, presenciar, acostumbrar, hallarse, estar, durar (v. 4).
6. Actualmente. Contemporáneamente, modernamente, simultáneamente, corrientemente, recientemente, usualmente, últimamente, finalmente*, hoy, ahora, ya, hace poco, al presente, en este momento, en nuestros días (v. 2).
Contr.: Pasado, antiguo*.

V. JOVEN, NUEVO, ORIGINAL, TIEMPO, MODA, CAMBIO.

actualidad. V. ACTUAL 2.

actualizar. V. ACTUAL 4.

actualmente. V. ACTUAL 6.

actuar. V. ACTUACIÓN 3, ACTOR 4.

actuario. Escribano, asesor legal, perito estadístico. V. ESCRITOR 2.

acuarela. Lámina, cuadro, aguada. V. PINTURA 1, 3.

ACUARIO. 1. Pecera, recipiente, receptáculo*, depósito, tanque, cubeta, vaso, vasija, globo de cristal. *Clases:* acuario de agua dulce, de a. fría, de a. de mar o salada, de a. caliente o tropical, rectangular, esférico.
— **2.** Signo del Zodiaco, elemento astronómico. V. ASTROLOGÍA 4, ASTRONOMÍA 4.
3. Partes. Armazón metálico, cristales, bomba de aire o compresor, difusor, filtro, termómetro, calentador eléctrico, termostato, tubos de plástico, pantalla, luces, red o salabre, arena, piedras, peces (v. 4), plantas (v. 5).
4. Peces. *Tropicales:* guppy, escalar, tetra, neón, rifo, gurami, danio, beta o combatiente. *De agua fría:* pez dorado, p. rojo, carassius auratus, carpa, pez de colores.
5. Plantas. Vallisneria, cabomba, miriophyllum, cryptocoryne, aponogeton, sagittaria, hygrophila, elodea; plantas artificiales, de plástico.
V. PEZ, RECEPTÁCULO.

acuartelamiento. Campamento, reducto, acantonamiento. V. CUARTEL 1.

acuartelar. Vivaquear, acampar*, acantonar. V. CUARTEL 3.

acuático. Fluvial, marítimo*, hidrológico. V. AGUA 6.

acuatizar. Descender, amarar, posarse. V. AVIÓN 6.

acuchillar. Rajar, apuñalar, herir. V. CUCHILLO 6.

acuciar. Apresurar, apremiar, hostigar. V. URGENCIA 3.

acuclillarse. Agazaparse, inclinarse*, encogerse. V. AGACHARSE 1.

acudir. Asistir, presentarse, concentrarse. V. CONCURRENCIA 3.

acueducto. Cauce, conducto, conducción. V. CANAL 2.

acuerdo. 1. Alianza, arreglo, convenio. V. PACTO 1.
— **2.** Concordia, armonía, conformidad. V. PAZ 1.

acuicultura. Estudio, técnica, cultivo de plantas y animales marinos. V. MODO 1.

acumulación. V. ACUMULAR 3, 4.

acumulador. Batería, pilas en serie, artefacto. V. PILA 1.

ACUMULAR. 1. Acopiar, reunir, aglomerar, juntar, unir*, almacenar*, amontonar, apilar, agrupar, recoger, hacinar, acaparar, monopolizar, especular*, guardar, depositar, coleccionar*, acrecentar, reservar, conservar*, ahorrar*, atesorar, agolpar, estancar, represar, contener, empantanar, rebalsar.

— **2.** *Acumularse,* decantarse, posarse, depositar, precipitar, separarse, posar, sedimentar, asentarse, atascar(se), trabar, embozar, obstruir*, estancar, contener, represar (v. 1).
3. Acumulación. Acopio, amontonamiento, almacenamiento*, aglomeración, conglomerado, hacinamiento, pila, montón, rimero, masa, porrada, raudal, cúmulo, colección*, reserva, conservación*, mercancías, existencias, mercaderías, provisiones, vituallas, hacina, grupo*, recogida, cosecha, monopolio, especulación*, estraperlo, atesoramiento, ahorro*, multitud, cantidad*, bulto, repuesto, bastimento.
— **4.** *Decantación,* acumulación, poso, sedimento, precipitado, depósito, separación, residuo*, heces, sarro, precipitación, separación, estancamiento, remanente.
5. Que acumula. Ahorrador*, coleccionista*, depositario, conservador*, acaparador, monopolizador, almacenista, estraperlista, especulador, traficante, agiotista, avaro*, codicioso.
6. Acumulador. Batería, pilas en serie, artefacto. V. PILA 1.
Contr.: Desperdigar, separar, repartir.
V. ALMACENAR, UNIR, COLECCIONAR, CONSERVAR, AHORRAR, ESPECULAR.

acuñar. Troquelar, imprimir*, estampar. V. SELLAR 1.

acuoso. Húmedo, aguado*, fluido. V. LÍQUIDO 2.

acupuntura. Terapéutica, curación*, clavar agujas*. V. MEDICINA 3.

acurrucarse. V. acuclillarse.

ACUSACIÓN. 1. Censura, incriminación, inculpación, recriminación, represión*, reprimenda, diatriba, invectiva, insinuación, denuncia, confidencia, soplo, delación, difamación, calumnia*, cargo, reproche, crítica, imputación, tacha, desaprobación*, condena, queja, querella, tilde, apercibimiento, consejo*, sermón, reparo, anatema, regañina, riña; proceso, juicio (v. tribunal*).
2. Acusar. Inculpar, culpar, censurar, denunciar (v. 3), recriminar, incriminar, criticar, reprochar, condenar*, procesar, encartar, encausar, desaprobar*, tachar, imputar, sindicar, reprender*, flagelar*, achacar, cargar, tildar, querellarse, quejarse, apercibir, aconsejar, insinuar, sermonear, reñir, regañar, anatematizar, delatar (v. 3).
— **3.** *Denunciar,* acusar, delatar, chivarse, avisar, descubrir, soplar, calumniar*, confesar, declarar, señalar*, revelar, desenmascarar, divulgar, murmurar*, indicar, identificar, inculpar (v. 2).
4. Acusado. Procesado, encartado, inculpado, encausado, rebelde*, incriminado, reo, delincuente*, culpable*, condenado*, denunciado, difamado, calumniado*, desenmascarado, delatado, sermoneado, apercibido, reprendido, criticado, imputado, tachado, infractor, ejecutor, convicto, violador, malhechor.

5. Que acusa. Acusador, abogado*, fiscal, denunciante, querellante, crítico, censor, quejoso, víctima, murmurador*, detractor, oponente, contrario, ofendido*, delator (v. 6).

— **6.** *Delator*, acusador, chivato, acusón, soplón, sicofante, murmurador*, confidente, denunciante, difamador, calumniador*, cotilla, chismoso*.
Contr.: Rehabilitación, alabanza, disculpa.
V. DESAPROBACIÓN, REPRENSIÓN, CALUMNIA, CONDENA, TRIBUNAL.

acusado. V. ACUSACIÓN 4.

acusador. V. ACUSACIÓN 5-6, ABOGADO 1.

acusar. V. ACUSACIÓN 2, 3.

acusativo. Caso, declinación. V. GRAMÁTICA 5.

acusón. Chivato, soplón, confidente. V. ACUSACIÓN 6.

acústica. 1. Resonancia, sonoridad, eco. V. SONIDO 1.

— **2.** Tratado, ciencia*, disciplina. V. SONIDO 11.

adagio. Dicho, proverbio, sentencia. V. REFRÁN 1.

adalid. Cabecilla, caudillo, guía*. V. JEFE 1.

adán. Desastrado, desaseado, indolente. V. SUCIEDAD 5.

adaptable. Adecuado, dúctil, amoldable. V. ÚTIL 1.

adaptación. 1. Familiarización, aclimatación, arraigo. V. HÁBITO 2.

— **2.** Arreglo, mejora*, transformación. V. REPARACIÓN 1.

adaptar. 1. Cambiar*, arreglar, transformar. V. REPARACIÓN 3.

— **2.** Adecuar, amoldar, familiarizar. V. HÁBITO 4.

adarga. Broquel, rodela, pavés. V. ESCUDO 1.

adarme. Menudencia, nadería, pequeñez*. V. INSIGNIFICANTE 3.

adecentar. Arreglar, acomodar, asear. V. LIMPIEZA 4.

adecuación. Propiedad, oportunidad, ajuste. V. CONVENIENCIA 1.

adecuado. Correcto, oportuno, apropiado. V. CONVENIENCIA 2.

adecuar. Adaptar, acomodar, reparar*. V. ORDEN 9.

adefesio. Espantajo, hazmerreír, esperpento. V. RIDÍCULO 2.

adelantado. 1. Avanzado, floreciente, pujante. V. PROSPERIDAD 3.

— **2.** Prometedor, aventajado, desarrollado*. V. PRECOZ 1.

— **3.** Conquistador*, descubridor, capitán. V. CONQUISTA 4.

adelantamiento. V. ADELANTAR 1.

adelantar. 1. Rebasar, aventajar, sobrepasar. V. CARRERA 4.

— **2.** Desarrollar*, mejorar*, superar. V. PROSPERIDAD 5.

adelante. Delante, al comienzo, al empezar. V. PRINCIPIO 1, 6.

adelanto. 1. Perfeccionamiento*, mejora, invento*. V. MEJOR 5.

— **2.** Progreso, evolución, prosperidad*. V. DESARROLLO 1.

— **3.** Avance, adelantamiento, rebasamiento. V. CARRERA 5.

— **4.** Préstamo, sobresueldo, anticipo. V. PRESTAR 4.

adelgazamiento. Escualidez, enflaquecimiento, desnutrición. V. DELGADEZ 1.

adelgazar. 1. Demacrarse, desmejorar, enflaquecer. V. DELGADEZ 5.

— **2.** Afilar, afinar, rebajar. V. PUNTA 3.

ademán. Mueca, seña, visaje. V. GESTO 1.

además. Asimismo, por otra parte, también, incluso, inclusive, etcétera, etc., ítem, igualmente, al mismo tiempo, sobre, amén, sobrentendido, y con, demás, y otros más, conjuntamente, del mismo modo, de esta manera, aún, de igual forma, máxime, hasta, todavía, sin embargo, aunque. V. AÑADIR.

adentrarse. Pasar, introducirse, penetrar. V. ENTRAR 1.

adentro. Interiormente, internamente, dentro. V. CENTRO 4.

adepto. Partidario, incondicional, seguidor. V. ADHERIR 8.

aderezar. 1. Arreglar, acicalar, hermosear*. V. ADORNO 3.

— **2.** Adobar, guisar, sazonar. V. CONDIMENTO 5.

aderezo. 1. Tocado, gala, atavío. V. ADORNO 1.

— **2.** Adobo, aliño, salsa*. V. CONDIMENTO 1.

adeudar. Comprometerse, deber, entramparse. V. DEUDA 5.

adherencia. V. ADHERIR 6.

adherente. V. ADHERIR 3, 4, 8.

ADHERIR. 1. Fijar, encolar, engomar, unir*, pegar, sujetar, ligar, asegurar, aglutinar, juntar, prender, adosar, arrimar, aplicar, untar, cohesionar, soldar, consolidar, engrudar.

— **2.** Adherirse, asociarse, afiliarse, solidarizarse (v. 9).

3. Adhesivo. Adherente (v. 4), goma, cola, pegamento, aglutinante, engrudo, pasta, liga, resina, gelatina, pez, fijador, mucílago, unto*, coloide (v. 5).

— **4.** *Pegajoso*, adhesivo, untuoso, cohesivo, adherente, gelatinoso, mucilaginoso, aglutinante, viscoso (v. 3).

5. Clases de adhesivos. Colas vegetales, c. animales, c. sintéticas. *Colas vegetales:* goma arábiga, engrudo, cola de almidón, de algas, agar-agar, de patata, de dextrina, de soja. *Colas animales:* de gelatina, de piel, de huesos, de cartílagos, de cuero, de pescado, de caseína, de albúmina. *Colas sintéticas:* cola celulósica, c. fría, c. de resina sintética.

6. Adherencia. Encolado, encolamiento, sujeción, adhesividad, pegado, fijación, unión*, liga, aglutinación, engomado, soldadura, aplicación, contacto, unto, cohesión, consolidación, afinidad, consistencia, resistencia, superposición, empaste.

7. Adhesión. Simpatía*, apoyo, apego, inclinación, tendencia, devoción, fidelidad, solidaridad, unión*, compañerismo*, amistad, propensión, ratificación, aprobación, concordia, conformidad, asentimiento, consentimiento, confirmación, favor, estima, afecto, asociación*, inscripción, afiliación, ingreso, incorporación, agrupación, hermanamiento, sometimiento, gregarismo, fanatismo, apandillamiento, proselitismo, sectarismo, servilismo.

8. Adherente. Adicto, adepto, partidario, simpatizante*, seguidor, devoto, amigo, compañero*, fiel, solidario, incondicional, adherido, apegado, entusiasta*, correligionario, socio, asociado, inscrito, miembro, neófito, incorporado, afiliado, acérrimo, prosélito, gregario, acólito, esbirro, fanático, militante, secuaz, satélite.

9. Adherirse. Asociarse*, afiliarse, incorporarse, unirse *, ingresar, inscribirse, anotarse, iniciarse, hermanarse*, congregarse, someterse, apandillarse, juntarse, agruparse, sumarse, solidarizarse, conformarse, secundar, ratificar, aprobar, seguir, consentir, propender, corear, tolerar*, respaldar, apoyar, aceptar*, tender, patrocinar, asentir, apegarse, inclinarse.

10. Adherido. Fijado, encolado (v. 1), asociado, afiliado (v. 9).

Contr.: Despegar, separar, alejarse.

V. UNIR, COMPAÑERISMO, SIMPATÍA, ASOCIACIÓN, HERMANDAD.

adhesión. V. ADHERIR 7.

adhesividad. V. ADHERIR 6.

adhesivo. V. ADHERIR 3.

ad hoc. Adecuado, a propósito, ajustado. V. CONVENIENCIA 2.

adición. Aumento, suma, incremento. V. AÑADIR 3.

adicional. Aumentado, agregado, sumado. V. AÑADIR 6.

adicionar. Incrementar, agregar, sumar. V. AÑADIR 1.

adicto. Partidario, incondicional, simpatizante*. V. ADHERIR 8.

adiestrado. V. adiestrar.

adiestramiento. Entrenamiento, instrucción, aprendizaje. V. EDUCACIÓN 1.

adiestrar. Enseñar, instruir, entrenar. V. EDUCACIÓN 11.

adinerado. Acaudalado, pudiente, opulento. V. DINERO 3.

adiós. 1. Separación, partida, alejamiento. V. DESPEDIDA 1.

— 2. Hasta pronto, abur, hasta luego. V. DESPEDIDA 2.

adiposo. Grueso, obeso, grasiento. V. GORDO 1.

aditamento. Apéndice, incremento, complemento. V. AÑADIR 3-5.

aditivo. Añadido, agregado, sustancia. V. AÑADIR 3.

adivina. V. ADIVINAR 2.

adivinación. V. ADIVINAR 3.

adivinanza. V. ADIVINAR 5.

ADIVINAR. 1. Augurar, pronosticar, presagiar, vaticinar, predecir, profetizar, imaginar*, prever, anunciar, agorar, sentir, presentir, predestinar, vislumbrar, notar, percibir, anticipar, avanzar, aventurar, esperar, fantasear*, evocar, invocar, suponer, conjeturar, divagar, idear, atinar, resolver, descifrar, intuir, comprender, pensar*, auspiciar, revelar, barruntar, sospechar*, ver, descubrir, estar escrito, interpretar, echar las cartas, decir la buenaventura, leer los astros, consultar los astros.

2. Adivino, adivina. Vaticinador, profeta, pronosticador, vidente, augur, profético, anticipado, inspirado, médium, espiritista, ocultista, agorero, mago, hechicero*, brujo, nigromante, cabalista, clarividente, astrólogo*, oráculo, iluminado, arúspice, quiromántico, zahorí, rabdomante, encantador; pitonisa, sibila, profetisa, sacerdotisa, echadora de cartas.

3. Adivinación. Profecía, augurio, pronóstico, intuición, oráculo, anticipación, adelanto, predicción, anuncio, vaticinio, cábala, premonición, presagio, presentimiento, corazonada, clarividencia, instinto, agüero, previsión, fantasía*, imaginación*, vislumbre, visión, perspicacia, conjetura, suposición, evocación, idea, invocación, pensamiento*, auspicio, revelación, telepatía, parapsicología, barrunto, sospecha, descubrimiento, interpretación, suerte, buenaventura, magia, ocultismo, hechicería*, encantamiento, brujería, sortilegio, superstición*, iluminación (v. 4).

4. Tipos de adivinación. Astrología*, quiromancia*, cartomancia, tarot, ceraunomancia, nigromancia, ornitomancia, oniromancia, aruspicina, genetlíaca o genetlíaca, necromancia, piromancia, hidromancia, geomancia (v. 3).

5. Adivinanza. Rompecabezas, charada, enigma, acertijo, diversión, juego*, pasatiempo, entretenimiento, jeroglífico, crucigrama o palabras cruzadas, logogrifo, problema, solitario, truco, clave, trabalenguas, adivinación (v. 3).

Contr.: Fallar, ignorar, equivocarse*.

V. HECHICERÍA, ASTROLOGÍA, QUIROMANCIA, SUPERSTICIÓN, IMAGINACIÓN, FANTASÍA, PENSAMIENTO.

adivino. V. ADIVINAR 2.

adjetivar. V. ADJETIVO 3.

ADJETIVO. 1. Apelativo, calificativo, apodo, epíteto, título, nombre*, calificación, dicterio, improperio, ofensa*, designación, determinación, predicado, atributo, nota*.

2. Clasificación. Adjetivo calificativo, determinativo, demostrativo, posesivo, indefinido, aumentativo, diminutivo, numeral, cardinal, ordinal, positivo, comparativo, superlativo, partitivo, múltiple, interrogativo, exclamativo, despectivo, gentilicio.

3. Adjetivar. Designar, determinar, calificar, apodar, titular, nombrar*, establecer, especificar, concordar, demostrar, aumentar, disminuir, comparar.
V. GRAMÁTICA, NOMBRE.

adjudicación. Otorgamiento, donación, cesión. V. ENTREGAR 4.

adjudicar. 1. Conferir, conceder, otorgar. V. ENTREGAR 1.
— **2.** Achacar(se), asignar, arrogar. V. ATRIBUIR 1.

adjudicatario. Favorecido, beneficiado, agraciado. V. BENEFICIO 5.

adjuntar. Acompañar, mandar, remitir. V. ENVIAR 1, AÑADIR 1.

adjunto. 1. Agregado, auxiliar, anexo. V. AYUDA 4.
— **2.** Remitido, acompañado, agregado. V. ENVIAR 5.

adlátere. Acompañante, camarada, compinche. V. COMPAÑERO 1.

adminículo. Accesorio, utensilio, artefacto. V. APARATO 1.

ADMINISTRACIÓN. 1. Dirección, manejo, gestión, distribución, vigilancia*, gobierno*, regencia, gerencia, comercio*, intendencia, guía*, jefatura*, tesorería, caja, contabilidad*, contaduría, mandato, conducción, trámite*, negocio, asunto*, régimen, misión, organización, red, sistema, servicio, procedimiento, burocracia, papeleo, patrocinio, tutela, custodia, economía*, ahorro*, orden*, ayuda*, cuidado* (v. 2, 3).
— **2.** Despacho, agencia, secretaría. V. OFICINA 1.
— **3.** Estado, gabinete, ministerio*. V. GOBIERNO 2.
— **4. Administrar.** Dirigir, supervisar, guiar*, mandar, regir, gestionar, regentar, asesorar, cuidar*, vigilar*, gobernar*, supervisar, ordenar*, economizar, ahorrar*, tutelar, tramitar*, procurar, representar, ayudar*, negociar.
— **5.** Proporcionar, suministrar, ofrecer. V. ENTREGAR 1.
6. Administrador. Gerente, supervisor, director, agente, vigilante*, dirigente, empresario, jefe*, rector, mandatario, gobernador, gobernante*, cuidador*, custodio, consejero, encargado, delegado*, asesor, consultor, auditor, interventor, tesorero, cajero, contable*, contador, regente, vocal, síndico, intendente, superintendente, gestor, ayudante*, representante, apoderado, procurador, tutor, curador, protector*, negociante, comerciante*, burócrata, empleado*, administrativo.
Contr.: Desorden*, gasto*.
V. GOBIERNO, ORDEN, CUIDADO, COMERCIO, CONTABILIDAD, GUÍA, JEFATURA, AHORRO, VIGILANCIA, TRÁMITE.

administrador. V. ADMINISTRACIÓN 6.

administrar. V. ADMINISTRACIÓN 4, 5.

administrativo. V. GOBIERNO 13, ADMINISTRACIÓN 6.

admirable. Asombroso, magnífico, soberbio. V. MARAVILLA 2.

admiración. 1. Sorpresa, entusiasmo, estupor. V. ASOMBRO 1.
— **2.** Deslumbramiento, encanto, maravilla*. V. EMBELESO 1.

admirado. 1. Entusiasmado, asombrado, maravillado*. V. ASOMBRO 3.
— **2.** Amado, dilecto, apreciado. V. AMOR 10.

admirador. Incondicional, adepto, simpatizante. V. SIMPATÍA 5.

admirar. 1. Asombrar, encantar, entusiasmar. V. MARAVILLA 4.
— **2.** Contemplar, observar, ver. V. MIRAR 1.
— **3.** Loar, elogiar, ensalzar. V. ELOGIO 2.

admirativo. V. admirable.

admisible. V. ADMITIR 4.

admisión. V. ADMITIR 3.

ADMITIR. 1. Permitir, consentir, acoger, aceptar*, recoger, amparar, ayudar*, adoptar, tomar, captar, recibir, adquirir, absorber, proteger*, asilar, albergar, introducir, afiliar, registrar, inscribir, asociar*, ingresar, tolerar*, aguantar*, soportar, conformarse (v. 2).
— **2.** *Asentir,* admitir, confesar, acceder, aceptar*, aprobar, pasar, acreditar, autorizar, ratificar, confirmar, avalar, avenirse, acordar, conceder, reconocer, convenir, afirmar, descubrir, revelar (v. 1).
3. Admisión. Permiso, consentimiento, conformidad, aprobación, aceptación, acogida, apoyo, transigencia, aval, recepción, adopción, recogida, albergue, asilo, protección*, amparo, registro, inscripción, afiliación, asociación*, autorización, ingreso, reconocimiento, ratificación, confirmación, asentimiento, acuerdo, introducción*, penetración, acceso, entrada*.
4. Admisible. Razonable, válido, correcto, adecuado, tolerable*, aceptable, lógico, conveniente*, grato, regular, pasadero, pasable, mediano*, pertinente, propio, apto, verosímil, bueno, suficiente, aprobado*, acertado, real, verdadero*, apropiado, oportuno, conforme, cómodo, justo, ajustado.
Contr.: Negar*, prohibir*, incorrecto.
V. ACEPTAR, TOLERAR, ASOCIAR, PERMISO.

admonición. Recriminación, reprimenda, regaño. V. REPRENDER 1.

adobar. Sazonar, aderezar, guisar. V. COCINA 7, CONDIMENTO 5.

adobe. Arcilla, barro, ladrillo. V. CONSTRUCCIÓN 7.

adobo. Aderezo, salsa, aliño. V. CONDIMENTO 1.

adocenado. Manido, ordinario, chabacano. V. VULGAR 1.

adoctrinamiento. V. adoctrinar.

adoctrinar. Adiestrar, instruir, enseñar. V. EDUCACIÓN 11.

adolecer. Padecer, poseer, tener. V. SUFRIMIEN-
TO 5.
adolescencia. Mocedad, pubertad, juventud. V.
JOVEN 5.
adolescente. Muchacho, chico, mozo. V. JOVEN 1.
adonde. Hacia donde. V. DONDE 1.
adónde. Hacia dónde, a qué parte, hacia qué sitio
V. DONDE 1.
adondequiera. Doquiera, por doquier, en cualquier sitio. V. DONDE 2.
adonis. Apuesto, apolíneo, joven* hermoso. V.
HERMOSURA 3.
adopción. Ahijamiento, legitimación, prohijamiento. V. HUÉRFANO 5.
adoptar. 1. Apadrinar, amparar, prohijar. V.
HUÉRFANO 8.
— **2.** Acoger, admitir, apropiarse. V. ACEPTAR 1.
adoptivo. De adopción, apadrinado, adoptado.
V. HUÉRFANO 7.
adoquín. Losa, empedrado, ladrillo. V. PIEDRA 1.
adoquinado. Empedrado, pavimento, calzada.
V. SUELO 2.
adoquinar. Empedrar, pavimentar, mejorar. V.
SUELO 7.
adorable. Cautivante, encantador, delicioso. V.
ADORACIÓN 6.
ADORACIÓN. 1. Devoción, admiración, fervor, veneración, idolatría, glorificación, unción, cariño,
amor*, afecto, apego, fanatismo, misticismo,
piedad, exaltación, religiosidad*, fe, pasión, culto, apasionamiento, ceguera, éxtasis, sumisión,
fidelidad, recogimiento, contemplación, inclinación, interés*, ardor, sectarismo*, delirio, celo,
entusiasmo*, simpatía*.
2. Adorar. Idolatrar, exaltar, reverenciar,
amar, honrar, venerar, apasionarse*, cegarse,
contemplar, enceguecerse, entusiasmarse*,
interesarse*, apegarse, glorificar, simpatizar*,
querer, estimar, respetar, ensalzar.
— **3.** *Orar*, adorar, suplicar, rezar*, rogar,
arrodillarse, postrarse, inclinarse, prosternarse,
rendir culto, hacer votos, humillarse*, mortificarse.
4. Adorador. Ferviente, venerador, fiel, feligrés,
devoto, religioso*, místico, fervoroso, admirador, idólatra, fanático, exaltado, apasionado*,
ciego, extático, sumiso, apegado, sectario*,
entusiasta*, simpatizante*, delirante, celoso,
ardoroso, interesado*, inclinado, recogido, ensimismado, piadoso, cariñoso, amador, amante,
amoroso*, encariñado, enceguecido, contem-
plador, contemplativo.
— **5.** *Orante*, adorador, suplicante, prosternado, arrodillado, humillado*, mortificado, postrado, inclinado*, ensimismado, contemplativo,
religioso*, piadoso, recogido.
6. Adorable. Delicioso, cautivante, encantador,
precioso, bonito, atractivo*, atrayente, amoroso, hermoso*, seductor, fascinante, exquisito,
sugestivo, maravilloso*, espléndido.
Contr.: Profanación, desprecio*, odio*.

V. AMOR, APASIONAMIENTO, RELIGIOSIDAD,
INTERÉS, SECTARISMO, ENTUSIASMO, SIM-
PATÍA.
adorador. V. ADORACIÓN 4.
adorar. V. ADORACIÓN 2.
adormecedor. Tranquilizador*, soporífero, somnífero. V. SUEÑO 7, 11.
adormecer. 1. Aletargar, entumecer, amodorrar.
V. SUEÑO 6.
— **2.** *Adormecerse*, dormitar, amodorrarse,
dormirse. V. SUEÑO 6.
— **3.** Serenar(se), calmar, apaciguar. V. TRAN-
QUILIDAD 9.
adormecimiento. Modorra, sopor, letargo. V.
SUEÑO 1.
adormidera. Papaverácea, planta, opio. V. VE-
GETAL 20.
adormilado. Adormecido, amodorrado, aletargado. V. SUEÑO 5.
adormilarse. V. adormecer 2.
adornado. V. ADORNO 4.
adornar. V. ADORNO 3.
ADORNO. 1. Ornato, gala, arreglo, perifollo, aderezo, ornamento, decoración*, aliño, arreo,
atavío, acicalamiento, artesanía, realce, atildamiento, lustre, aparejo, labor, compostura,
apariencia, oropel, lujo*, afeite, maquillaje,
cosmético*, engalanamiento, vestimenta*,
arrequives, perejiles, perendengues; tocado,
peinado*, postizo, moño, copete, flequillo;
cinta, tira*, lazo, lazada, bordado*, encaje*,
franja, galón, festón, lentejuela, mostacilla, pa-
samanerías, hilo*, trenza, trencilla, sardineta,
cordón, fleco, alamar, cairel, borla, madroño,
pompón, bolita, colgante, cimera, penacho,
plumero, guirnalda, corona de flores, ramo,
vivo, greca, orifrés, borde*, orla, ribete, banda,
galga, balduque, lemnisco, florón, escarapela,
filigrana; dije, joya*, alhaja, gema, pinjante,
broche, alfiler, damasquinado, fileteado, incrustación, taraceado, marquetería, repujado,
esgrafiado, presea, medalla, baratija, fruslería,
chuchería, abalorio, cuentecilla; arabesco, voluta, espiral, dibujo*, pintura*, friso (v. 2).
— **2.** *Friso*, adorno, moldura, artesonado, maderamen*, cuarterón, panel, borde*, franja,
cornisamento, paramento, chapitel, capitel,
arquitrabe, columna*(v. 1).
3. Adornar. Aderezar, decorar*, ornamentar,
acicalar, ornar, engalanar, arreglar, realzar,
atusar, exornar, atildar, hermosear*, alhajar,
componer, emperifollar, emperejilar, cuidar*,
preparar, colocar*, embellecer, recargar, aliñar,
afiligranar, ribetear, orlar, asear, limpiar*, guar-
nir, peinar*, trenzar, orlar, festonear, ribetear,
filetear, bordar*, enjaezar, empavesar, tapizar*,
enjoyar, taracear, esgrafiar, esmaltar, damasquinar, repujar, clavetear, cincelar, esculpir,
tachonar, trabajar, embutir, iluminar, pintar*,
dibujar*.

4. Adornado. Aderezado, decorado*, ornamentado, ornado, enjoyado, realzado, emperifollado, atildado, embellecido, recamado, constelado, compuesto, peripuesto, engalanado, acicalado, bordado* (v. 3), decorativo, estético, lucido, lujoso*, atractivo*, galano, pulido, enjaezado, empavesado, rococó, churrigueresco, esmaltado, vistoso, artístico*, primoroso, atrayente*, rozagante, flamante, aseado; recargado, chillón, charro, profuso, vulgar*.
Contr.: Sobriedad, sencillez.
V. DECORACIÓN, ARTE, LUJO, BORDADO, ENCAJE, DIBUJO, PINTURA, ESTILO, COLUMNA, VESTIMENTA, TIRA, BORDE, JOYA, ATRACTIVO.

adosar. Acercar, arrimar, juntar. V. CERCA 7.

adquirir. 1. Mercar, comerciar*, comprar. V. COMPRA 4.
— 2. Lograr, procurarse, conseguir. V. OBTENER 1.

adquisición. Transacción, negocio, logro. V. COMPRA 1, OBTENER 3.

adrede. Aposta, deliberadamente, premeditado. V. VOLUNTAD 10.

adrenalina. Secreción, alcaloide, hormona. V. GLÁNDULA 3.

ADUANA. 1. Puesto fronterizo, puesto, paso, frontera, divisoria, límite*, control, registro, resguardo, despacho, administración*, oficina*, o. de recaudación, del fisco*, de hacienda, fielato, aduana comarcal; puerto*, puerto franco, zona franca, aeropuerto*; unión aduanera, zona de libre cambio, Dirección General de Aduanas, Ministerio* de Hacienda, fisco* (v. 5).
2. Documentos. Pasaporte, visado, declaración, manifiesto, guía*, pasavante, sobordo, marchamo, póliza, resguardo, columna, c. única, c. doble, precinto.
3. Aranceles. Derechos, derecho de entrada, d. arancelario, d. de navegación*, d. de paso, d. de tránsito, d. de consumo, d. transitorio, d. de importación, d. ad valorem, impuesto, tarifa, t. aduanera, t. preferencial, tasa fiscal, sobretasa, peaje, pagos*, pago al Estado, pago al fisco*.
4. Generalidades. Formalidades aduaneras, franquicia, exención, valija diplomática, libre cambio, proteccionismo, exportación, importación, divisas, mercadería en tránsito, admisión temporal; vigilancia costera, escampavía, guardacostas, policía*, aduaneros (v. 6).
5. Recinto aduanero. Aduana central, principal, terrestre, marítima, de aeropuerto*, interior; frontera, recinto, puesto aduanero, poste fronterizo, línea divisoria, barrera, sala de reconocimiento, s. de equipajes, rampas, muelles, vallas, oficinas*, despachos, almacenes*, depósitos, zona franca, depósito franco, puerto* franco.
6. Personas. Aduanero, carabinero, guardia, g. civil, policía*, vigilante*, funcionario, inspector, resguardo, cabo, matrona, vista, v. de aduana,

oficial, registrador, agente de aduanas, importador, exportador; contrabandista (v. 9). Director general de Aduanas, ministro de Hacienda.
7. Acción. Declarar, despachar, controlar, registrar, revisar, examinar, reconocer, verificar, entrar, introducir, sacar, pasar, contrabandear (v. 10), sellar*, marchamar, visar, precintar, confiscar, aprehender, decomisar, multar, recaudar, cobrar, imponer; importar, exportar, comerciar*.
8. Contrabando. Fraude, alijo, matute, tráfico clandestino, t. ilegal*, comercio ilegal, contravención, delito*, estraperlo, transbordo, desembarco, introducción, mercancía ilegal, género i., artículos i., defraudación, estafa*, piratería*, contrabando de armas*, c. de drogas*.
9. Contrabandista. Traficante, alijero, matutero, contraventor, delincuente, defraudador, agiotista, estafador*, pirata*, gatunero, bandido, ladrón*, estraperlista, bodoquero, paquetero.
10. Contrabandear. Matutear, traficar, pasar, alijar, contravenir, delinquir, defraudar, piratear*, estafar*, robar*, escurrir, meter ilegalmente*, introducir i., transbordar i., desembarcar i.
11. Represión del contrabando. Confiscación, decomiso, aprehensión, multa, prohibición*, condena*, castigo*, ronda, vigilancia*, v. en puertos*, en aeropuertos*, estaciones ferroviarias*, costas*, fronteras; aduaneros, policía (v. 6); buque guardacostas, escampavía, patrullera, lancha patrullera, servicio de guardacostas.
V. FISCO, PUERTO, AEROPUERTO, DELITO, PIRATERÍA, ESTAFA, ROBO.

aduanero. V. ADUANA 6.

aduar. Campamento, ranchería, poblado de beduinos. V. ACAMPAR 2, ALDEA 1.

aducir. Manifestar, alegar, argumentar. V. EXPLICACIÓN 2.

adueñarse. Quitar, apoderarse, conseguir. V. APROPIARSE 1.

ADULACIÓN. 1. Lisonja, elogio*, zalamería, melifluidad, halago, aplauso, alabanza, loa, coba, panegírico, apología, encomio, glorificación, exageración, exaltación, ditirambo, embeleco, encarecimiento, enaltecimiento, ensalzamiento, importancia, bombo, jabón, unto, pelotilla, lagotería, engatusamiento, incienso, zalema, camelo, celebración, loor, aleluya, piropo, requiebro, engaño*, felicitación, falsedad*, hipocresía*, astucia*, afectación*, sumisión.
2. Adulador. Alabancero, lisonjero, adulón, cobista, engatusador, halagador, zalamero, glorificador, encomiástico, panegirista, engatusador, lagotero, pelotillero, ensalzador, piropeador, engañoso*, hipócrita*, falso*, rastrero, servil, untuoso, abyecto, despreciable, tiralevitas, lameculos, lavacaras, quitamotas, obsequioso, melifluo, elogioso*, astuto*.

3. Adular. Alabar, exaltar, halagar, lisonjear, elogiar*, aplaudir, glorificar, encomiar, embelecar, ensalzar, enaltecer, encarecer, loar, engatusar, engañar*, incensar, camelar, celebrar, requebrar, piropear, felicitar, aclamar, dar jabón, dar coba, dar bombo, hacer la pelotilla, lavar la cara, lamer el culo, tirar de la levita.
Contr.: Crítica, franqueza, sinceridad*.
V. ELOGIO, HIPOCRESÍA, ENGAÑO, FALSEDAD, ASTUCIA.

adulador, adulón. V. ADULACIÓN 2.

adular. V. ADULACIÓN 3.

adulón. V. adulador.

adúltera. V. ADULTERIO 3.

adulteración. Fraude, engaño*, falsificación. V. FALSO 7.

adulterar. Imitar, mixtificar, falsificar. V. FALSO 9.

adulterino. V. ADULTERIO 5.

ADULTERIO. 1. Infidelidad, engaño*, amancebamiento, concubinato, amasiato, barraganería, bigamia, poligamia, abarraganamiento, lío, amontonamiento, cohabitación, encornudamiento, contubernio, enredo, entendimiento, arrimo, apaño, convivencia*, traición*. (En España, despenalización del adulterio y del amancebamiento el 30 de mayo de 1978.)
2. Adúltero. Infiel, amante, querido, amigo, compañero*, abarraganado, amancebado, liado, bígamo, polígamo, amontonado, apañado, arrimado, enredado, encornudado, engañoso*, traicionero*, malcasado (v. 3).
3. Adúltera. Infiel, amante, querida, amiga, compañera*, entretenida, concubina, barragana, manceba, malcasada, malmaridada, amasia, mantenida (v. 2).
4. Cornudo. Consentido, engañado*, cabrón, cabrito, sufrido, cuclillo, paciente, comblezo, novillo, gurrumino, predestinado, marido complaciente.
5. Adulterino. Extramatrimonial, bastardo, ilegítimo, natural, fornecino, espurio.
6. Amancebarse. Liarse, entenderse, dársela, pegársela, engañar*, poner los cuernos, abarraganarse, amontonarse, convivir, juntarse, cohabitar, apañarse, arrimarse, enredarse, encornudar, traicionar*, faltar, poner el gorro.
Contr.: Fidelidad.
V. ENGAÑO, TRAICIÓN, COITO.

adúltero. V. ADULTERIO 2.

adulto. Individuo mayor, maduro, desarrollado*. V. MADURAR 5.

adusto. Austero, severo, taciturno. V. SEVERIDAD 2.

advenedizo. Arribista, intruso, ricacho. V. PRINCIPIO 8.

advenimiento. Aparición, llegada*, venida. V. LLEGAR 5.

adventicio. Fortuito, eventual, accesorio. V. CIRCUNSTANCIA 2.

adventista. Cristiano*. V. PROTESTANTE.

ADVERBIO. 1. Parte invariable, p. de la oración, función gramatical*, complemento circunstancial.
2. Clases. Adverbio de lugar (encima, cerca), de modo (alto, así), de tiempo (hoy, nunca), de orden (últimamente, después), de cantidad (mucho, poco), de afirmación (sí, también), de negación (no, nunca), de duda (acaso, quizá), diminutivos (tardecito, prontito), demostrativos (aquí, así), relativos (donde, cuando), interrogativos (dónde, cuándo); simple, derivado, compuesto (alegremente, enfrente); locuciones adverbiales (de memoria); grado comparativo (más, menos), grado superlativo (buenísimamente). V. GRAMÁTICA.

adversario. Contrario, antagonista, enemigo. V. RIVALIDAD 2.

adversidad. Fatalidad, desventura, infortunio. V. DESGRACIA 1.

adverso. Contrario, hostil, desgraciado*. V. OPOSICIÓN 4.

ADVERTENCIA. 1. Aviso, indicación, recomendación, insinuación, observación, opinión*, consejo*, prevención, manifestación, comunicación, aclaración, explicación*, sugerencia, exhortación, intimación, ultimátum, propuesta, informe*, orientación, participación, notificación, alerta, alarma, revelación, sermón, admonición, reprensión*, apercibimiento, amonestación, amenaza*, reto, provocación; nota, prefacio, prólogo*.
2. Advertir. Indicar, sugerir, avisar, insinuar, aconsejar, opinar*, observar, pedir, aclarar, comunicar, decir, manifestar, alertar (v. 3), precaver, prevenir, proponer, informar*, exhortar, exigir, ordenar*, explicar*, revelar, notificar, participar, orientar, apercibir, amonestar, retar, aleccionar, regañar, reprender*.
— **3.** *Alertar*, advertir, prevenir, avisar, alarmar, comunicar, convocar, precaver, llamar.
— **4.** *Percatarse*, advertir, apreciar, percibir*, notar, observar, comprobar, ver, mirar, escrutar, darse cuenta, comprender, entender, reparar en.
5. Advertido. Informado, apercibido, prevenido, aconsejado, avisado, notificado, amonestado, aleccionado, reprendido* (v. 2).
Contr.: Callar, silenciar.
V. EXPLICACIÓN, CONSEJO, REPRENSIÓN, OPINIÓN, AMENAZA.

advertir. V. ADVERTENCIA 2.

Adviento. Tiempo santo, fecha, conmemoración. V. FIESTA 6.

advocación. Patronazgo, designación, título. V. NOMBRE 1.

adyacente. Inmediato, lindante, vecino. V. CERCA 1.

aéreo. 1. Volador, volátil, acrobático. V. VUELO 7.
— **2.** Etéreo, sutil, vaporoso. V. LEVE 1.

aerodinámica. Ciencia*, disciplina, estudio. V. FÍSICA 4.

aerodinámico. Perfilado, esbelto, ahusado. V. DELGADEZ 4.

aeródromo. Campo de aterrizaje, c. de aviación, terminal. V. AEROPUERTO 1.

aerolito. Bólido, meteorito, exhalación. V. ASTRONOMÍA 10.

aeronauta. Piloto, aviador, navegante*. V. AVIÓN 5.

aeronáutica. Navegación aérea, aviación, vuelo. V. AVIÓN 9.

aeronave. Aeroplano, aparato, aeróstato. V. AVIÓN 1, GLOBO 2, DIRIGIBLE 1.

aeroplano. Aparato, aeronave, reactor. V. AVIÓN 1.

AEROPUERTO. 1. Aeródromo, campo de aviación, c. de aterrizaje, aeroparque, terminal, estación aérea (v. 2). **2. Clases.** Aeropuerto civil, a. militar, nacional, internacional, transoceánico, base aérea, helipuerto, aeroparque, aeroclub. **3. Partes.** Terminal, estación terminal (v. 6), pistas de aterrizaje (v. 4), torre de control (v. 5), hangares, almacenes*, talleres, administración, oficinas*, estación meteorológica*, dirección de vuelo, edificio de carga, servicios de abastecimiento, s. de bomberos, zona de servicios, pasillos de embarque, p. telescópicos. **4. Pistas.** Pista de aterrizaje, de despegue, principal, secundaria, de aproximación, de rodaje, de emergencia, tangencial, paralela; zona de estacionamiento, z. de aparcamiento, rampas, «fingers», balizaje, balizas, baliza de aproximación. **5. Torre de control.** Radiogoniómetro, radiofaro, radionavegación, radar, equipo de radar, pantalla de radar, servicios de radio, central de télex, control de tráfico, anemómetro, manga de viento, estación meteorológica*. **6. Estación terminal.** Terminal de pasajeros, t. de carga, administración, oficinas*, departamento de Aduana*, de policía*, de bomberos, compañías aéreas, despacho de billetes, restaurante*, «catering», cinta transportadora, carretilla de equipajes*, servicios, lavabos, baños*, altavoces*, talleres, revisión, barredora automática, camión* cisterna, camión guía, autobús* de embarque, escalerilla, depósito de combustible*, extintores* de incendios, mangueras. **7. Personal.** Personal de tierra: director, jefe de tráfico, controladores de vuelo, operador de radar*, despachador de vuelo, bomberos, mecánicos, azafata de tierra, personal de las compañías, p. auxiliar, p. de limpieza*, camareros. Personal de vuelo: capitán, piloto, copiloto, navegante, azafata, a. de vuelo. **8. Varios.** Reglas de vuelo, plan de vuelo, rutas aéreas, tráfico aéreo, posición de espera, buena visibilidad, mala visibilidad, situación bajo mínimos, desvío de rumbo, aterrizaje forzoso, aterrizaje a ciegas. V. AVIÓN, VUELO.

aeróstato, aerostato. Aeronave, aparato, artefacto. V. GLOBO 2, DIRIGIBLE 1.

aerotécnica. Ciencia*, técnica, disciplina. V. AVIÓN 9.

afabilidad. Cariño, afecto, cordialidad. V. AMABILIDAD 1.

afable. Cordial, afectuoso, cariñoso. V. AMABILIDAD 2.

afamado. Renombrado, acreditado, conocido. V. CÉLEBRE 1.

afán. Trajín, ajetreo, desvelo. V. DINAMISMO 1, DESEO 1.

afanarse. Bregar, luchar, trabajar. V. DINAMISMO 3.

afanoso. Atareado, esforzado, hacendoso. V. DINAMISMO 2.

afear. 1. Censurar, criticar, reprochar. V. REPRENDER 1. **— 2.** Hacerse feo, volverse f., estropearse. V. FEALDAD 4.

afección. Padecimiento, achaque, dolencia. V. ENFERMEDAD 1.

AFECTACIÓN. 1. Artificio, melindre, fingimiento, rebuscamiento, convencionalismo, formulismo, simulación*, amaneramiento, hipocresía*, capricho*, santurronería, mojigatería, gazmoñería, remilgo*, disimulo, frivolidad*, cursilería, ñoñería, almibaramiento, melifluidad, obsequiosidad, doblez, falsedad*, disfraz, comedia, pose, impostura, farsa, drama, ficción, teatralidad, engaño*, simulacro, presunción, vanidad, pomposidad, pedantería*, petulancia, ostentación, extravagancia, afeminamiento, dengue, timidez*, cortedad, aspaviento, pamplina, mimo*, chinchorrería, esnobismo, delicadeza, necedad, ridiculez*. **2. Afectado.** Rebuscado, melindroso, fingido, forzado, remilgado*, cursi, artificial, artificioso, ficticio, innatural, sofisticado, aparente, amanerado, pedante*, estilista, gongorino, purista, gazmoño, mojigato, santurrón, hipócrita*, caprichoso*, simulador*, comediante, actor*, disfrazado*, falso*, ñoño, coqueto, frívolo*, lechuguino, gomoso, pisaverde, dandi, elegante*, presumido, figurín, petimetre, disimulado*, teatral*, farsante, impostor, dramático, espectacular, relamido, peripuesto, pomposo, vanidoso*, petulante, extravagante, empalagoso, almibarado, melifluo, obsequioso, zalamero, servil, dengoso, tímido*, mimoso*, amaricado, amujerado, afeminado, aspaventero, pamplinoso, quisquilloso, chinchorrero, esnob, ridículo*, necio, delicado, dulce, suave*, exagerado*, fanfarrón*. **— 3.** Dañado, aquejado, lesionado*. V. PERJUICIO 3. **4. Afectar.** Aparentar, pretender, presumir, amanerarse, remilgarse, falsear*, disfrazar*, simular*, encapricharse, forzar, coquetear, mimar*, disimular, dramatizar, afeminarse, ocultar*, engañar*, fanfarronear*, exagerar*, representar, desfigurar, encubrir, complicarse, viciar*, copiar*, imitar.

— **5.** Lesionar*, dañar, damnificar. V. PERJUI-
CIO 4.
— **6.** Impresionar, apenar, angustiar. V. AFLIC-
CIÓN 3.
— **7.** Atañer, concernir, influir. V. INCUMBIR 1.
Contr.: Sencillez, naturalidad, sinceridad*.
V. SIMULACIÓN, HIPOCRESÍA, REMILGO, CA-
PRICHO, ENGAÑO, PEDANTERÍA, FRIVOLIDAD,
FALSEDAD, VANIDAD, FANFARRONERÍA, RIDI-
CULEZ, TIMIDEZ.
afectado. V. AFECTACIÓN 2.
afectar. V. AFECTACIÓN 4-7.
afectividad. V. afecto.
afectivo. Afable, sensible, cariñoso. V. AMOR
13.
afecto. Estima, aprecio, cariño. V. AMOR 1.
afectuoso. Amistoso, cordial, cariñoso. V. AMA-
BILIDAD 2.
afeitado. Rasuración, afeitadura, rapado. V. BAR-
BA 8.
afeitar. Rapar, rasurar, apurar. V. BARBA 7.
afeite. Crema, maquillaje, embellecedor. V. COS-
MÉTICO 1.
afelpado. Lanoso, aterciopelado, velludo. V.
SUAVE 1.
afeminado. Amanerado, amujerado. V. AFEC-
TACIÓN 2.
afeminarse. Amanerarse. V. AFECTACIÓN 4.
aféresis. Supresión, sinalefa, metaplasmo. V. GRA-
MÁTICA 16.
aferrar. Agarrar, retener, asir. V. COGER 1, 2.
affaire. fr Escándalo, suceso,* caso. V. EMBRO-
LLO 1.
afianzar. Asegurar, consolidar, fortalecer. V. RE-
FORZAR 1.
AFICIÓN. 1. Tendencia, inclinación, apego, pasatiempo (v. 2, 3), propensión, afinidad, gusto,
simpatía*, fuerte, flaco, proclividad, entusiasmo*, apasionamiento*, interés*, vocación,
atracción, afecto, devoción, amor*, costumbre,
hábito*, manía*, debilidad*, predisposición, vicio*, instinto (v. 2).
2. Pasatiempo. Distracción, diversión*, «hobby», violín de Ingres, recreo, juego*, coleccionismo*, deporte*, esparcimiento, solaz, placer
(v. 3).
3. Pasatiempos. Crucigrama o palabras cruzadas, acertijo, adivinanza*, rompecabezas,
charada, jeroglífico, solitario, naipes*, coleccionismo*, filatelia*, numismática, bibliofilia,
coleccionismo de vitolas, de armas*, de minerales*, herbolario, jardinería*, bricolaje, trabajos manuales, carpintería*, cerámica*, pintura*,
escultura*, música*, fotografía*, cine*, viajes*,
astronomía*, encuadernación*, cría* de animales*, peces de acuario*, caza*, deportes*,
juego*, diversión (v. 2).
4. Aficionarse. Gustar, apasionarse*, tender,
interesarse*, acostumbrarse, entusiasmarse*,
inclinarse, predisponerse, apegarse, propender,
simpatizar*, enviciarse, habituarse*, atraer*,

prendarse, encariñarse, enamorarse, amar; distraerse, divertirse*, recrearse, pasar el tiempo,
jugar*, coleccionar*.
5. Aficionado. Entusiasta*, apasionado*, simpatizante*, devoto, experto, entendido, «amateur», diletante, no profesional, deportista*,
admirador, interesado*, encariñado, enviciado,
vicioso*, acostumbrado, propenso, prono, inclinado, prendado, predispuesto, maniático*, apegado, afín, proclive, enamorado, coleccionista*,
filatélico*, numismático, bibliófilo, aficionado a
la pintura*, a la música*, etc. (v. 3).
Contr.: Desinterés, indiferencia*.
V. APASIONAMIENTO, DIVERSIÓN, JUEGO,
DEPORTE, COLECCIONISMO, INTERÉS, MA-
NÍA, SIMPATÍA.
aficionado. V. AFICIÓN 5.
aficionarse. V. AFICIÓN 4.
afiebrado. Calenturiento, febril, sofocado. V.
FIEBRE 6.
afijo. Prefijo, sufijo, interfijo, partícula añadida.
(V. morfema).
afilado. Punzante, agudo, cortante. V. CORTAR 7.
afilalápices. Sacapuntas, adminículo, utensilio de
escritorio. V. OFICINA 2.
afilar. Afinar, aguzar, adelgazar. V. PUNTA 3.
afiliado. Socio, adherido, miembro. V. ASOCIA-
CIÓN 12.
afiliarse. Adherirse, inscribirse, incorporarse. V.
ASOCIACIÓN 12.
afín. Parecido, similar, análogo. V. SEMEJANZA 2.
afinado. 1. V. afilado.
— **2.** Entonado, ajustado, armonioso. V. MÚ-
SICA 13.
afinar. 1. Aguzar, afilar, adelgazar. V. PUNTA 3.
— **2.** Ajustar, templar, perfeccionar. V. PERFEC-
TO 3, PIANO 6.
afincarse. Radicarse, domiciliarse, establecerse. V.
HABITACIÓN 5.
afinidad. Similitud, parecido, parentesco. V. SE-
MEJANZA 1.
afirmación. 1. Asentimiento, confirmación, aprobación. V. APROBAR 3.
— **2.** Aseveración, aserto, manifestación. V.
EXPLICACIÓN 1.
afirmar. 1. Asentir, decir sí, confirmar. V. APRO-
BAR 1.
— **2.** Aseverar, manifestar, declarar. V. EXPLI-
CACIÓN 2.
— **3.** Fortalecer, robustecer, apuntalar. V. RE-
FORZAR 1.
afirmativo. Cierto, verdadero, positivo. V. APRO-
BAR 5.
AFLICCIÓN. 1. Pesadumbre, tristeza, pena, disgusto*, sufrimiento, mal, dolor*, pesar, resentimiento, sinsabor, amargura, sentimiento,
desconsuelo, duelo, luto, condolencia, manifestación, pésame (v. 2), desolación, cuita,
desdicha, preocupación, ansiedad, angustia,
emoción, añoranza, arrepentimiento*, remordimiento, nostalgia, abatimiento, congoja,

contrariedad, desesperación, tribulación, desgracia*, martirio, tormento, tortura*, agonía, agobio, carga, quebranto, herida, inquietud, intranquilidad*, nerviosidad*, consternación, desamparo, melancolía, zozobra, desengaño, desaliento, desazón, dramatismo, drama, tragedia, patetismo, mortificación (v. 2).

— **2.** *Duelo*, aflicción, luto, sentimiento, dolor, manifestación, condolencia, pésame, lágrimas, llanto, lloro*, plañido, queja (v. 1); ropa de luto, atuendo, paños, velos, vestimenta*, atavíos negros; sepelio, funeral, ceremonia, entierro* (v. 1).

3. Afligir. Atribular, apenar, lamentar, deplorar, preocupar, desconsolar, arrepentirse*, apesadumbrar, mortificar, doler, entristecer, consternar, acongojar, angustiar, trastornar, martirizar, atormentar, torturar*, amargar, sufrir*, intranquilizarse*, ponerse nervioso*, molestar*, anonadar, abrumar, descorazonar, aquejar, abatir, desesperar, afectar, desolar, pesar, inquietar, contrariar, enlutar, desengañarse, añorar, amohinar, compungir, escocer, apesarar, disgustarse (v. 4).

— **4.** *Afligirse*, quejarse, llorar*, plañir, sufrir, aguantar, reconcomerse, penar, padecer, guardar luto, atribularse (v. 3).

5. Afligido. Acongojado, atribulado, triste, angustiado, dolorido*, lastimero, penoso, apenado, desconsolado, desolado, flébil, amargado, consternado, pesaroso, ansioso, cuitado, compungido, sufrido, desgraciado*, infeliz, entristecido, apesadumbrado, inconsolable, nostálgico, abatido, desesperado, contrariado, desazonado, arrepentido*, martirizado, atormentado, torturado*, desamparado, inquieto, intranquilo*, nervioso*, herido, lesionado*, agobiado, disgustado, descontento, desalentado, desengañado, melancólico, mortificado, transido, abatido, decaído, cabizbajo, cariacontecido, abrumado, mohíno, mártir, amohinado, añorante, mustio, enlutado, lloroso*, quejoso, plañidero.

6. Aflictivo. Lamentable, deplorable, desgraciado*, triste, penoso, angustioso, dramático, trágico, conmovedor, patético, tragicómico, melodramático, agobiante, desconsolador, doloroso*, acongojante, pesaroso, folletinesco, lacrimógeno, lacrimoso, ingrato, desolador, entristecedor, desesperante, inquietante, torturante*, martirizante, desalentador, hiriente, lesivo*, mortificante, intranquilizador*, amargo, consternador, abrumador (v. 5).

Contr.: Alegría*, optimismo.

V. DOLOR, DESGRACIA, SUFRIMIENTO, INTRANQUILIDAD, NERVIOSIDAD, ARREPENTIMIENTO, DISGUSTO, TORTURA, LLORO.

aflictivo. V. AFLICCIÓN 6.
afligido. V. AFLICCIÓN 5.
afligir. V. AFLICCIÓN 3.
aflojar. Distender, soltar, ceder. V. RELAJAR 1.

aflorar. Salir, surgir, brotar*. V. APARECER 1.
afluencia. Profusión, cantidad, exceso. V. ABUNDANCIA 1, CONCURRENCIA 1.
afluente. Río secundario, r. tributario, corriente. V. RÍO 1.
afluir. Congregarse, acudir, reunirse. V. CONCURRENCIA 3.
afonía. Falta, carencia de voz, ronquera. V. SILENCIO 1.
afónico. Ronco, sin voz, mudo. V. SILENCIO 3.
aforismo. Máxima, adagio, proverbio. V. REFRÁN 1.
aforo. Capacidad, contenido, cabida. V. CABER 2.
afortunado. Dichoso, venturoso, feliz. V. FELICIDAD 2.
afrenta. Agravio, deshonra*, vejación. V. OFENSA 1.
afrentar. Deshonrar*, ofender, humillar*. V. OFENSA 4, 5.
afrentoso. Insultante, deshonroso*, ignominioso. V. OFENSA 6.
africano. 1. V. ETNIAS 6.
— **2.** Tropical, ecuatorial, tórrido. V. CALOR 5, GEOGRAFÍA.
afrodisíaco, afrodisiaco. Erótico, excitante, estimulante. V. DROGA 1, 2.
afrontar. Aguantar*, resistir, enfrentar. V. OPOSICIÓN 6.
afta. Llaga, pústula, úlcera. V. GRANO 1.
aftosa (fiebre). Enfermedad del ganado*, glosopeda, epidemia. V. VETERINARIA 3.
afuera. Fuera, externo, al exterior. V. EXTERIOR 3.
afueras. Arrabales, cercanías, suburbio. V. BARRIO 2.
agachado. V. AGACHARSE 2.
AGACHARSE. 1. Encorvarse, inclinarse*, agazaparse, acurrucarse, encogerse, doblarse, hincarse, arrodillarse, humillarse*, acuclillarse, postrarse, prosternarse, echarse, tumbarse, apelotonarse, contraerse, bajarse, ponerse en cuclillas, acechar*, emboscarse, esconderse, ocultarse*, desaparecer, achicarse, disimularse, protegerse*.
2. Agachado. Encogido, acurrucado, agazapado, inclinado*, doblado, echado, postrado, prosternado, acuclillado, arrodillado, humillado*, hincado, genuflexo, en cuclillas, de hinojos, de rodillas, contraído, apelotonado, tumbado*, oculto*, escondido, emboscado, acechante*, protegido*, disimulado.
3. Inclinación*. Genuflexión, prosternación, ocultación, acecho*, postura en cuclillas, encogido (v. 2).
Contr.: Erguirse, levantarse, subirse*.
V. INCLINARSE, TUMBARSE, OCULTARSE, ACECHAR, PROTEGERSE, HUMILLARSE.
agalla. 1. Branquia, órgano. V. PEZ 3.
— **2.** *Agallas*, coraje, valentía, atrevimiento. V. OSADÍA 1.
ágape. Festín, convite, comida. V. BANQUETE 1.
agareno. Musulmán, mahometano, sarraceno. V. ÁRABE 1.

agarrada. Disputa, riña, gresca. V. PELEA 1.

agarradera, agarradero. Asidero, empuñadura, mango. V. ASA 1.

agarrado. Tacaño, mezquino, roñoso. V. AVARICIA 2.

agarrar. Empuñar, tomar, sujetar. V. COGER 1.

agarrotado. Envarado, contraído, tieso. V. RIGIDEZ 3.

agarrotamiento. V. agarrotar.

agarrotar. 1. Ahogar, ajustar, oprimir. V. PRESIÓN 3.

— **2.** Acalambrarse, encogerse, endurecerse. V. RIGIDEZ 5.

agasajar. Ofrecer, festejar, obsequiar. V. HOMENAJE 3.

agasajo. Invitación, convite, fiesta*. V. HOMENAJE 1.

ágata. Cuarzo, gema, ónix. V. PIEDRA PRECIOSA 2.

agazapado. V. AGACHARSE 2.

agazaparse. V. AGACHARSE 1.

agencia. Sucursal, representación, administración. V. DELEGACIÓN 2.

agenciar(se). Lograr, alcanzar, conseguir. V. OBTENER 1.

agenda. Libreta, memorándum, dietario. V. CUADERNO 1.

agente. 1. Factor, principio*, base. V. ELEMENTO 1.

— **2.** Representante, encargado, delegado. V. DELEGACIÓN 4.

— **3.** Corredor, comisionista, viajante. V. COMERCIO 6.

— **4.** Vigilante, investigador*, detective. V. POLICÍA 2, ESPÍA 1.

agigantarse. Incrementar, crecer, agrandar. V. ALTO 6.

ágil. Veloz, activo, ligero. V. RAPIDEZ 2.

agilidad. Prontitud, ligereza, actividad. V. RAPIDEZ 1.

agilizar. Avivar, activar, aligerar. V. DINAMISMO 3.

agio. Lucro, beneficio, usura. V. ESPECULACIÓN 1.

agiotista. Traficante, especulador, acaparador. V. ESPECULACIÓN 3.

agitación. 1. Meneo, zarandeo, vibración. V. SACUDIDA.

— **2.** Excitación, inquietud, nerviosidad*. V. INTRANQUILIDAD 1.

— **3.** Sublevación, alboroto, levantamiento. V. REVOLUCIÓN 1.

agitador. Alborotador, activista, revoltoso. V. REVOLUCIÓN 4.

agitar. 1. Zarandear, mover*, sacudir. V. SACUDIDA 2.

— **2.** Trastornar, apasionar, excitar. V. INTRANQUILIDAD 2.

— **3.** Soliviantar, sublevar, alborotar. V. REVOLUCIÓN 6.

aglomeración. 1. Muchedumbre, multitud, turba. V. GRUPO 3.

— **2.** Amontonamiento, hacinamiento, masa. V. ACUMULAR 3.

aglomerar. 1. Reunir, juntar, amontonar. V. ACUMULAR 1.

— **2.** *Aglomerarse*, concentrarse, congregarse, amontonarse. V. CONCURRENCIA 3.

aglutinación. Unión, contacto, adhesión. V. ADHERIR 6, 7.

aglutinante. Cohesivo, adherente, afín. V. UNIR 15, 16.

aglutinar. Fijar, juntar, reunir. V. UNIR 1-7.

agnado. Consanguíneo, deudo, pariente. V. FAMILIA 2.

agobiante. Abrumador, agotador, fastidioso. V. MOLESTIA 3.

agobiar. Cansar, angustiar, fastidiar. V. MOLESTIA 6.

agobio. Pesadumbre, fastidio, fatiga*. V. MOLESTIA 1.

agolparse. Reunirse, aglomerarse, congregarse. V. CONCURRENCIA 3.

agonía 1. Fin, estertor, expiración. V. MUERTE 1.

— **2.** Congoja, mortificación, sufrimiento. V. AFLICCIÓN 1.

agonizante. Agónico, semidifunto, moribundo. V. MUERTE 16.

agonizar. Extinguirse, expirar, perecer. V. MUERTE 13.

ágora. Foro, reunión, plaza. V. ASAMBLEA 1.

agorar. Augurar, profetizar, pronosticar. V. ADIVINAR 1.

agorero. 1. Infausto, fatídico, luctuoso. V. DESGRACIA 2, 3.

— **2.** Gafe, cenizo, aguafiestas. V. DESGRACIA 4.

agostarse. Secarse, amarillear, amustiarse. V. MARCHITO 3.

agotado. Extenuado, exhausto, débil*. V. FATIGA 5.

agotador. Abrumador, cansador, extenuante. V. FATIGA 6.

agotamiento. Postración, fatiga, cansancio. V. FATIGA 1.

agotar. 1. Extenuar, cansar, agobiar. V. FATIGA 4.

— **2.** Terminar, concluir, acabar. V. FIN 4.

agraciada. 1. Guapo, apuesto, bello. V. HERMOSURA 3.

— **2.** Afortunado, venturoso, premiado*. V. FELICIDAD 2.

agraciar. Recompensar, conceder, otorgar. V. PREMIO 2.

AGRADABLE. 1. Encantador, placentero, grato, satisfactorio*, beneficioso*, favorable, interesante*, atrayente, atractivo*, cautivante, acogedor, cordial, amistoso, simpático*, risueño, alegre*, bello, bonito, hermoso*, lindo, mono, gracioso, fino, vistoso, lozano*, tranquilo*, apacible, suave*, sereno, afectuoso, bondadoso*, bueno, tratable, sabroso, dulce, rico, delicioso, gustoso*, cómodo*, ventajoso*, confortable, fresco, estimulante, vigorizante*.

2. Agrado. Encanto, interés*, primor, maravilla*, placer*, satisfacción*, exquisitez, atrac-

ción, atractivo*, cordialidad, amistad, simpatía*, alegría*, diversión*, belleza, hermosura*,
vistosidad, apacibilidad, serenidad, calma,
tranquilidad*, gracia, amenidad, complacencia,
bondad*, afecto, suavidad*, confort, comodidad*, delicia, deleite, sabor, gusto*.
3. Agradar. Satisfacer*, encantar, seducir,
deleitar, maravillar*, gustar*, complacer, interesar*, alegrar*, regocijar, entusiasmar*, animar*, atraer*, cautivar, simpatizar*, divertir*,
beneficiar*, favorecer, embelesar, confortar,
saborear, tranquilizar*, agraciar, acomodar.
Contr.: Desagradable*, antipático*, feo*.
V. SATISFACTORIO, SIMPÁTICO, HERMOSO,
CÓMODO, ATRACTIVO, ALEGRE, TRANQUILO,
BONDADOSO, BENEFICIOSO, INTERESANTE,
SUAVE, VENTAJOSO.
agradar. V. AGRADABLE 3.
agradecer. V. AGRADECIMIENTO 2.
agradecido. V. AGRADECIMIENTO 3.
AGRADECIMIENTO. 1. Reconocimiento, gratitud,
gracias, satisfacción*, compromiso, conformidad, demostración, complacencia, gratificación,
expresión, contento, obligación*, retribución,
correspondencia, devolución*, bendición,
compensación, lealtad*, ofrenda*, homenaje,
ofrecimiento*, voto, exvoto, tedéum, acción
de gracias, dedicación, presente, donación,
premio*, pago*, recompensa, nobleza, fidelidad, amistad.
2. Agradecer. Retribuir, reconocer, gratificar,
satisfacer*, demostrar, contentar, expresar,
devolver*, corresponder, obligarse*, bendecir,
compensar, ofrecer*, ofrendar, dedicar, manifestar, presentar, donar, premiar*, recompensar, pagar*, dar gracias, portarse, complacer,
tomar en cuenta, tener presente, recordar.
3. Agradecido. Complacido, comprometido,
reconocido, obligado*, satisfecho*, gratificado,
contento, compensado, leal*, dedicado, conforme, fiel, amistoso, noble.
Contr.: Ingratitud*, indiferencia*.
V. PREMIO, PAGO, LEALTAD, DEVOLUCIÓN,
OFRENDA, OBLIGACIÓN.
agrado. V. AGRADABLE 2.
agrandamiento. Incremento, ampliación, expansión. V. AUMENTAR 4.
agrandar. Acrecentar, incrementar, ampliar. V.
AUMENTAR 1.
agrario. V. AGRICULTURA 9.
agravación, agravamiento. Deterioro, desmejoramiento, declive. V. EMPEORAMIENTO 1.
agravante. Desventaja, inconveniente, circunstancia desventajosa. V. DELITO 8.
agravar. 1. Complicar, dificultar*, entorpecer. V.
PERJUICIO 4.
— **2.** *Agravarse*, desmejorar, debilitarse*, enfermar. V. EMPEORAMIENTO 2.
agraviante. V. agraviar.
agraviar. Insultar, afrentar, humillar*. V. OFEN-
SA 4.

agravio. Injuria, deshonra*, ultraje. V. OFENSA 1.
agraz. Disgusto, sinsabor, amargura. V. AFLIC-
CIÓN 1.
agredido. Acometido, golpeado, víctima. V. GOL-
PE 14, 15.
agredir. Acometer, golpear, dañar. V. GOLPE
10-12.
agregar. Incorporar, complementar, aumentar*.
V. AÑADIR 1.
agremiar(se). Afiliar(se), sindicar, reunir. V. ASO-
CIACIÓN 13.
agresión. Daño, acometida, asalto. V. ATAQUE 3.
agresividad. Acometividad, mordacidad, provocación. V. VIOLENCIA 1.
agresivo. Belicoso, pendenciero, ofensivo. V.
VIOLENCIA 5.
agresor. Provocador, asaltante, delincuente. V.
ATAQUE 7.
agreste. Salvaje, rudo, rústico. V. SILVESTRE.
agriado. 1. Agrio, acre, avinagrado. V. ÁCIDO 1.
— **2.** Irritable, amargado, disgustado. V. AN-
TIPATÍA 2.
agriar. 1. Avinagrar(se), acidular, cortar. V. ÁCI-
DO 8.
— **2.** Amargar(se), disgustarse, irritarse. V.
ENOJO 2.
agrícola. V. AGRICULTURA 9.
agricultor. V. AGRICULTURA 8.
AGRICULTURA. 1. Labranza, laboreo, labor (v. 3),
cultivo, agronomía, agro, botánica, granjería,
arada, explotación, faena, plantación, siembra
(v. 3), colonización, labranza, horticultura, silvicultura, arboricultura, viticultura, jardinería*,
floricultura, edafología, geoponía, oleicultura,
ecología.
2. El terreno, la granja. Finca, hacienda, estancia, campo*, propiedad*, tierra, terreno,
suelo*, agro, terruño, rancho, granja, huerto,
huerta, casa de campo, alquería, caserío, aparcería, quinta, chacra, cortijo, masada, masía,
lote, parcela, latifundio, minifundio, cultivo,
sementera, sembrado, sembradío, almácigo,
vivero, semillero, invernadero, regadío, labrantío, plantación, plantío, plantel, prado, pradera, campiña, predio, vergel, villoría, barbecho,
secano.
3. Trabajo, laboreo. Surco, caballón, zanja,
loba, acequia, besana, amelga, terraza, bancal, terrón, gleba, lindero, mojón, seto, cultivo,
arada, labrado, laboreo, roturado, escardadura,
barbecho, cavado, siembra, sementera, plantación, faena, binadura, gradeo, labor, abono,
deshierba, riego, recolección, cosecha, siega,
criba, poda, injerto*, rastrillado, trilla, rotación
de cultivos (v. 4).
4. Acción. Cultivar, plantar, sembrar, labrar,
trabajar*, roturar, arar, explotar, trasplantar,
colonizar*, repoblar, faenar, escardar, binar,
abonar*, cavar, excavar*, remover, barbechar,
regar, rastrillar, dallar, desbarbillar, desherbar,
desterronar, carpir, beneficiar, abancalar, asur-

car, desfondar, alomar, bieldar, escarificar, injertar*, cosechar, recolectar, segar, aventar, trillar, cribar, podar, crecer, brotar*, desarrollar*.

5. Partes de la granja. Casa* (v. 2), granero, silo, henil, pajar, almiar, almacén, hórreo, troje, cuadra, establo, caballeriza*, corral, gallinero*, redil, aprisco, majada, pocilga, chiquero, porqueriza, pesebre, palomar, perrera*, abrevadero, pila, pilón, bomba* de agua*, carreta, carro, carretilla, tajo, pila de leña, muela de afilar, pozo*, depósito de agua, estercolero, estiércol, abono*, ganado*, caballerías*, tronco de caballos*, yunta de bueyes, animales*.

6. Herramientas*. Pala, azada, azadón, rastrillo, almocafre, hoz, guadaña (hoja, filo, talón, astil, manija, guarda, afiladera), aporcador, horca, horquilla, ventadora, bieldo, tridente, binador, escardadera, escardillo, piocha, pico, piqueta, escarificador, carpidor, podadera; cesta*, canasto, mayal.

7. Máquinas. Arado*, tractor*, sembradora, cosechadora, segadora, trilladora, reja, rodillo, rulo, grada, pulverizadora, gavilladora, máquina de abonar, niveladora, escarificadora, binadora, fumigadora; carretilla, carro, carreta, camión*, vehículo*.

8. Personas. Agricultor, labrador, cultivador, campesino, labriego, segador, ranchero, hacendado, latifundista, terrateniente, estanciero, propietario*, plantador, cortijero, caporal, mayoral, agrónomo, ingeniero agrónomo, silvicultor, horticultor, viticultor, arboricultor, floricultor, cosechero, recolector, granjero, colono, labrantín, terrajero, veguero, quintero, quiñonero, aparcero, hortelano, paisano, huertano, arrendatario, capataz, peón, mozo, bracero, collazo, gañán, jornalero, destripaterrones.

9. Agrícola. Agrario, rural, campesino*, campestre, pastoral, bucólico, agronómico, agropecuario, fitológico, del campo (v. campo 1), botánico, hortense, silvestre*, boscoso.

10. Medidas. Hectárea, área, fanega, vara cuadrada, acre.
V. CAMPO, JARDÍN, BOSQUE, INJERTO, ARADO, SILVESTRE.

agridulce. V. agrio.

agrietamiento. Resquebrajamiento, cuarteamiento, grieta. V. HENDEDURA 1.

agrietar. Cuartear, resquebrajar, rajar. V. HENDEDURA 3.

agrimensor. Perito, técnico catastral, geómetra. V. TOPOGRAFÍA 4.

agrimensura. Ciencia, técnica catastral, especialidad. V. TOPOGRAFÍA 1.

agrio. 1. Acidulado, avinagrado, acre. V. ÁCIDO 1.
— **2.** Hosco, desagradable*, antipático*. V. ÁSPERO 2.

agro. Suelo, tierra, cultivo. V. AGRICULTURA 1, 2.

agronomía. Explotación, horticultura, cultivo. V. AGRICULTURA 1.

agrónomo. Cultivador, horticultor, agricultor. V. AGRICULTURA 8.

agropecuario. Agrícola, rural, ganadero*. V. AGRICULTURA 9, GANADO 6.

agrumarse. Apelmazarse, apelotonarse, coagular. V. DENSO 3.

agrupación. 1. Congregación, corporación, sociedad. V. ASOCIACIÓN 1.
— **2.** Reunión, concentración, aglomeración. V. UNIR 16, CONCURRENCIA.

agrupar. Concentrar, asociar*, juntar. V. UNIR 7.

agrura. 1. Acrimonia, acidez, acritud. V. ÁCIDO 3.
— **2.** Acedía, acidez estomacal, enfermedad*. V. ESTÓMAGO 6.

AGUA. 1. Fluido, líquido*, humor, licor, acuosidad, linfa, caldo, humedad, diluente, disolvente, infusión, jugo*, zumo, corriente, circulación, flujo, líquido elemento, solución, disolución, bebida*.
2. Formas. Gota, lágrima, partícula líquida, gotera, lluvia*, chorro, corriente, remolino, rápido, torrente, río*, arroyo, lago*, estanque, laguna, charca, balsa, catarata, cascada, fuente, surtidor, manantial, cuenca, embalse, presa*, canal*, capa, bolsa, poza, mar*, océano, ola, onda, estela, vorágine, tromba, remolino, diluvio, pantano, marjal, fangal* (v. 3).
3. Estados. Líquido*, fluido, vapor*, gas*, sólido, hielo, helada, nieve, granizo, cristales, escarcha, lluvia*, rocío, relente, sereno, nube*, niebla, borbotón, burbuja, gota (v. 2).
4. Clases. Agua dulce, potable, pura, fresca, bebible, de mesa, gaseosa, de manantial, de fuente*, mineral, mineromedicinal, termal, dura, calcárea, salobre, salada, caliente, fría, de Seltz, sódica, cálcica, alcalina, clorurada, sulfurosa, ferruginosa, acidulada, arsenical, magnésica, radiactiva, contaminada, turbia, polucionada, artesiana, pluvial, natural, oxigenada, pesada, fuerte, de colonia, bendita, regia, continental, jurisdiccional, subterránea, volcánica, residual, aguas menores, mayores, vivas, muertas.
5. Ciencias y generalidades. Hidrología, hidráulica, hidrografía, hidrostática, hidrodinámica, hidroterapia, hidroquímica, hidrognosia, hidromancia, hidrotecnia, hidroelectricidad; ósmosis, capilaridad, absorción, adsorción, menisco, metacentro.
6. Relativo al agua. Acuático, náutico, marino*, oceánico, marítimo, fluvial, de río* lacustre, ribereño, costero*, líquido*, hídrico, hidrológico, aguado, mojado*, húmedo, diluido, fluido, bañado*, bautizado, licuado, desleído, disuelto, lluvioso, inundado, anegado, hidratado, regado, encharcado, estancado, embalsado, represado, sumergido, irrigado, hervido, filtrado, decantado, depurado, esterilizado.
7. Acción. Licuar, diluir, aguar, desleír, disolver, rebajar, mezclar, adulterar, falsificar*, humedecer, mojar*, salpicar, lavar*, bañar*, hidratar,

deshidratar, inundar, anegar, encharcar, hundir*, sumergir, fluir, brotar, surgir, manar, verter, vaciar, bautizar, filtrar, regar, irrigar, chapotear, embalsar, represar, decantar, depurar, esterilizar, airear, precipitar, escaldar, llover, granizar, nevar, helar.

8. Humedecer. Hidratar, salpicar, inundar. V. MOJAR 1.

9. Construcciones, artefactos. Acueducto, canal*, acequia, regadío, conducción de aguas, puente*, dique*, malecón, rompeolas, puerto*, presa*, embalse, estanque, depósito*, aljibe, cisterna, cauce, conductor, alcantarilla*, cloaca, colector, desagüe, letrina, baño*, sifón, acuario*, piscina*, vivero, fuente, pozo*, pozo artesiano, pila, pileta, recipiente, receptáculo*, noria, azud, máquina hidráulica, rueda hidráulica, bomba* de agua, tubería, espita, grifo*, manga, manguera, turbina, rosca de Arquímedes, clepsidra, contador*, flotador, paleta, hélice, álabe, barco*

10. Depuración de aguas. Aguas residuales, a. negras, depuración mecánica, bomba*, filtro, rejilla, atomizador, fosa séptica, digestor, depuración biológica, estanque de aireación, e. de sedimentación, limo, impurezas, cloro, aireador, depósito* de agua, torre de agua, conducción, alcantarillado*.

11. Deidades. Neptuno o Poseidón, Océano, Tetis, Anfitrita, ondina, náyade, nereida, sirena, oceánida, tritón.

Contr.: Seco, árido, desierto*.

V. MOJAR, LAVAR, LÍQUIDO, JUGO, BEBIDA, RÍO, MAR, LAGO, FUENTE, BAÑO, LLUVIA.

aguacate. Palta, fruta; árbol* americano. V. FRUTO 5.

aguacero. Chubasco, diluvio, chaparrón. V. LLUVIA 1.

aguado. Disuelto, diluido, adulterado. V. LÍQUIDO 2.

aguafiestas. Rezongón, agorero, pesimista. V. DESÁNIMO 2, 3.

aguafuerte. Lámina, grabado, dibujo*. V. ESTAMPA 1.

aguamanil. Jofaina, lavamanos, jarro. V. RECEPTÁCULO 1.

aguamarina. Gema, berilo, alhaja. V. PIEDRA PRECIOSA 1.

aguanieve. Llovizna, cellisca, lluvia helada. V. LLUVIA 1.

aguantable. V. AGUANTAR 4.

aguantador. V. AGUANTAR 5.

AGUANTAR. 1. Soportar* (v. 2), resistir*, tolerar*, padecer, conformarse, sufrir*, resignarse*, reprimirse, callarse, tener paciencia, sobrellevar, permanecer, transigir, dominarse*, condescender, vencerse, aceptar, apechugar, pasar, disimular, humillarse*, achantarse, complacer, contemporizar, acceder, prestarse, plegarse, someterse, prosternarse, arrastrarse, afligirse*,

digerir, capear, tragar, amoldarse, doblegarse, renunciar*.

— **2.** Sostener, sustentar, sujetar. V. SOPORTE 3.

3. Aguante. Conformidad, tolerancia*, transigencia, paciencia, resignación*, resistencia*, entereza, valor, carácter*, ánimo*, padecimiento, sufrimiento*, condescendencia, dominio, contemporización, complacencia, achantamiento, humillación*, disimulo, sometimiento, doblegamiento, amoldamiento, aflicción, renuncia*.

4. Aguantable. Soportable, tolerable*, sufrible, digerible, pasable, aceptable*, grato, agradable*, admisible, razonable, pasadero, regular, mediocre, mediano*.

5. Aguantador. Tolerante*, resistente*, sufrido, resignado*, callado, complaciente, paciente, transigente; calzonazos, borrego.

Contr.: Enfrentarse, oponerse, rechazar.

V. TOLERAR, SUFRIR, RESISTIR, SOPORTAR, RESIGNARSE, HUMILLACIÓN.

aguante. V. AGUANTAR 3.

aguar. Rebajar, diluir, adulterar. V. AGUA 7.

aguardar. 1. Permanecer, quedarse, esperar. V. ESPERA 2.

— **2.** Creer, tener fe, t. esperanza. V. CONFIANZA 4.

aguardentoso. De voz cavernosa, bronca, áspera. V. VOZ 6.

aguardiente. Cordial, bebida alcohólica, ginebra. V. BEBIDA 2.

aguarrás. Aceite volátil, esencia de trementina, disolvente. V. DISOLVER 6.

agudeza. 1. Intuición, sagacidad, perspicacia. V. INTELIGENCIA 1.

— **2.** Chispa, gracia, ocurrencia. V. COMICIDAD 1.

agudizar. Empeorar, agravar, desmejorar. V. ENFERMEDAD 5.

agudo. 1. Punzante, afilado, puntiagudo. V. PUNTA 2.

— **2.** Sagaz, penetrante, perspicaz. V. INTELIGENCIA 3.

agüero. Augurio, vaticinio, presagio. V. ADIVINAR 3.

aguerrido. Curtido, avezado; valiente. V. HABITUADO; OSADO.

aguijón. Dardo, púa, punta. V. PINCHAR 6.

aguijonazo. Punzada, picadura, pinchazo. V. PINCHAR 4.

águila. Ave de presa, de rapiña, rapaz. V. AVE 8.

aguileño. Aquilino, encorvado, ganchudo. V. NARIZ 3.

aguilón. Puntal, pescante, madero*. V. SOPORTE 1.

aguilucho. Cría*, pollo del águila, aguililla. V. AVE 8.

aguinaldo. Gratificación, recompensa, regalo*. V. PAGAR 4.

aguja. 1. Pincho, púa, alfiler. V. PINCHAR 6.
— **2.** Manecilla, segundero, minutero. V. RELOJ 2.

agujerear. V. AGUJERO 2.

AGUJERO. 1. Perforación, boquete, orificio, abertura, taladro*, barreno, ojo, ojal, ojete, boca, poro, hueco*, salida, entrada, oquedad, respiradero, cráter, cavidad, túnel, paso, galería*, conducto*, carcoma, fosa, sima, caverna, cueva*, abismo*, foramen, meato, escotadura, brecha, hendedura* o hendidura, corte*, grieta, resquicio, pozo*, hoyo, excavación*, tragaluz, ventana*, gatera, puerta*, ahondamiento, sondeo, profundidad*, intersticio, rendija.
2. Agujerear. Perforar, atravesar, traspasar, taladrar*, horadar, ensartar, pinchar*, abrir, barrenar, penetrar, cortar*, fresar, escariar, punzonar, entrar*, ahuecar, pasar, agrietar, hender* o hendir, escotar, excavar*, profundizar, sondear, ahondar, calar, apolillar, carcomer, acribillar, roer, consumir, ulcerar, corroer, trepanar, zapar, ojalar.
3. Agujereado. Perforado, atravesado, traspasado (v. 2).
4. Que agujerea. Perforador, perforadora, taladro*, taladradora, barreno, fresa, escariadora, punzón, punta*, pincho*, pico, berbiquí, buril, sacabocados, formón, cincel, herramienta*.
V. HUECO, HENDEDURA, EXCAVACIÓN, VENTANA, PUERTA, CUEVA, ABISMO, GALERÍA, CONDUCTO, TALADRO, PINCHO, PUNTA.

agujetas. Pinchazos, punzadas, hormigueo. V. PICOR 1.

agusanado. Descompuesto, putrefacto, corrompido. V. PODRIDO 1.

agutí. Roedor americano, animal, mamífero*. V. ROEDOR 2.

aguzado. Punzante, afilado, puntiagudo. V. PUNTA 2.

aguzar. Adelgazar, afinar, afilar. V. PUNTA 3.

aherrojar. Sujetar, encadenar, esclavizar. V. INMÓVIL 3.

ahí. Allá, allí, en ese sitio. V. CERCA 1.

ahijado. Hijo adoptivo, adoptado, apadrinado. V. HIJO 4.

ahínco. Voluntad, esfuerzo, tesón. V. PERSEVERANCIA 1.

ahíto. Empachado, harto, atiborrado. V. SACIAR 3.

ahogado. V. AHOGAR 5.

AHOGAR. 1. Asfixiar, sofocar, apretar, estrujar, agarrotar, ejecutar, ajusticiar, colgar, jadear (v. 3), acogotar, ahorcar, estrangular, abrumar, dominar*, oprimir, tapar; sumergir, zambullir, anegar, hundir*, mojar* (v. 3).
— **2.** Sofocar, extinguir, apagar. V. DOMINACIÓN 9.
— **3.** Ahogarse, jadear, resollar, sofocarse, respirar*, atascarse, taponarse, atorarse, atragantarse, estancarse, ocluirse (v. 1, 4).
4. Ahogo. Sofoco, sofocación, asfixia, jadeo, opresión, presión, asma, fatiga, sofocamiento,

estrangulación, ahorcamiento, agarrotamiento, estrujamiento, acogotamiento, bochorno, calor*, acaloramiento, aflicción*, angustia, miseria, congoja, agobio, aprieto; inmersión, ahogamiento, sumersión, hundimiento*.
5. Ahogado. Asfixiado, anhelante, sofocado, asmático, jadeante, sumergido, hundido (v. 1, 4).
6. Que ahoga. Asfixiante, sofocante, opresivo, viciado, bochornoso, impuro, irrespirable, enrarecido (v. 1, 4).
Contr.: Respirar*, aflojar.
V. MOJAR, AGUA, RESPIRACIÓN, DOMINAR.

ahogo. V. AHOGAR 4.

ahondar. Penetrar, profundizar, excavar. V. PROFUNDO 5.

ahora. Ya, hoy, en este momento. V. ACTUAL 2.

ahorcamiento. Ejecución, ahorcadura, ajusticiamiento. V. AHOGAR 4, CASTIGO 2.

ahorcar. Ejecutar, ajusticiar, colgar. V. AHOGAR 1, CASTIGO 8.

ahorrador. V. AHORRO 5.

ahorrar. V. AHORRO 3.

ahorrativo. V. AHORRO 5.

AHORRO. 1. Previsión, reserva, economía, administración, sobriedad, moderación*, prudencia, precaución, cautela, cuidado*, prevención, acopio, abasto, provisión, avío, racionamiento, almacenamiento*, depósito, limitación, providencia, parvedad, frugalidad, estrechez, mezquindad, cicatería, sordidez, miseria, avaricia* (v. 2).
— **2.** Ahorros, bienes, peculio, fondos, caudales, capital, tesoro, reservas, riqueza*, fortuna, hucha, propiedades*, dinero*.
3. Ahorrar. Reservar, economizar, administrar*, guardar*, prever, cuidar*, precaver, moderarse*, depositar, ahuchar, entalegar, acumular, almacenar*, poner, racionar, atesorar, reunir, aviar, acopiar, prevenir, restringir, limitar, apartar, destinar, tasar, cicatear, privarse, ser tacaño, s. avaro* (v. 5).
— **4.** Impedir, librar, evitar. V. SOLUCIÓN 3.
5. Ahorrador. Ahorrativo, sobrio, económico, administrador*, previsor, moderado*, prudente, cuidadoso*, precavido, cauteloso, providente, prevenido, parvo, frugal, sensato, interesado, egoísta, cicatero, sórdido, miserable, avaro*, mezquino, estrecho.
Contr.: Despilfarro, gasto.
V. MODERACIÓN, CUIDADO, ALMACENAMIENTO, DINERO, EGOÍSMO, AVARICIA.

ahuecamiento. Oquedad, amplitud, ensanchamiento. V. HUECO 1.

ahuecar. Agrandar, ensanchar, ampliar. V. HUECO 4.

ahumar. Tiznar, ennegrecer, curar. V. MANCHA 5.

ahusado. Fusiforme, fino, aguzado. V. DELGADEZ 4.

ahuyentar. 1. Alejar, repeler, poner en fuga. V. RECHAZAR 1.
— **2.** Asustar, espantar, atemorizar. V. TEMOR 3.

aimara. Indio americano, originario, nativo. V. INDIO 8.

airado. Iracundo, violento*, colérico. V. ENOJO 4.

AIRE. 1. Éter, gas*, fluido, masa gaseosa, espacio, ambiente, atmósfera*, estratosfera, elementos, meteoros, viento* (v. 4), cielo, empíreo, vacío, azul, universo*, bóveda celeste, efluvio, aliento, vapor*, soplo, miasma, emanación, hálito, onda, oxígeno (v. 5), capa, manto (v. 4).
— **2.** Talante, apariencia, porte. V. ASPECTO 1.
— **3.** Melodía, canción, tonada. V. CANTAR 1, MÚSICA 1.
4. Viento*. Céfiro, brisa, airecillo, vientecillo, soplo, ráfaga, aura, racha, ventisca, ventolera, vendaval, galerna, ventarrón, tromba, ciclón*, huracán, tornado, baguío, tifón, remolino, tormenta*, altas presiones, bajas presiones.
5. Composición del aire. Oxígeno (21%), nitrógeno o ázoe (78%), ozono, anhídrido carbónico, vapor* de agua*, argón, criptón, neón, xenón, helio (v. atmósfera*).
6. Clases. Aire puro, limpio, sano, vital, libre, campestre, refrescante, sereno, encalmado, bonancible, viciado, impuro, irrespirable, enrarecido, mefítico, cargado, hediondo; comprimido, líquido, acondicionado, marino, de montaña, popular, musical, de suficiencia.
7. Ciencias. Meteorología*, aerodinámica, aerofísica, aerografía, aerometría, aeroscopia, aeronáutica, aerostática, aerotecnia, aeroterapia.
8. Acción. Airear, ventilar, oxigenar, purificar*, vivificar, sanear, orear, acondicionar, renovar, aventar, higienizar*, abrir, refrescar; enrarecer, viciar, cargar; comprimir, soplar, hinchar*, rachear, ventear, arremolinarse, girar; inflar, desinflar.
9. Aireación. Ventilación, oreo, climatización, acondicionamiento de aire, oxigenación, purificación*, vivificación, saneamiento, renovación, higienización*, refresco, fresco, viento*, tiro, corriente, soplo.
10. Instrumentos meteorológicos. Anemómetro, veleta, barómetro*, barógrafo, manga de viento*, globo sonda, radar-viento. Otros instrumentos: manómetro, aerómetro.
11. Aparatos*, objetos. Fuelle*, abanico*, ventilador*, extractor, ventosa, aerosol, bomba neumática, molinete, aspirador, compresor, condensador, aeronave, aeroplano, avión*, aeróstato, globo*, dirigible*, zepelín, paracaídas*, instrumentos musicales*, i. de viento*, acondicionador de aire, molino de viento, freno de aire, f. neumático.
12. Relativo al aire. Aerobio, anaerobio, eólico, aéreo, aerodinámico, aeronáutico, aeronaval, aerotécnico, aerostático, neumático, etéreo.
13. Deidades. Eolo, sílfide, silfo, Aquilón, Bóreas.
14. Aireado. Ventilado, climatizado, oreado (v. 9).

Contr.: Vacío*, calma chicha.
V. ATMÓSFERA, METEOROLOGÍA, VIENTO.
aireación. V. AIRE 9.
aireado. V. AIRE 14.
airear. 1. Oxigenar. V. AIRE 8.
— **2.** Divulgar, propalar, difundir. V. INFORME 3.
airón. Penacho, plumero, cimera. V. PLUMA 5.
airoso. Donoso, gallardo, elegante*. V. GARBO 2.
aislado. V. AISLAMIENTO 6, 7.
aislador. V. AISLAMIENTO 8.
AISLAMIENTO. 1. Incomunicación, apartamiento, soledad, recogimiento, intimidad, vida interior, v. privada, retiro, alejamiento, exclusión, separación*, desamparo*, abandono, rechazo*, repudio, ocultación*, localización, limitación, límite*, boicot, desdén, desprecio*, segregación, silencio, clausura, claustro, cierre, cuarentena, harén*, encierro, prisión*, reclusión, castigo*, confinamiento, olvido*, arrinconamiento; misoginia, retraimiento, ascetismo, misantropía, timidez*, esquivez; asedio, cerco*, bloqueo, sitio; impermeabilidad*, impenetrabilidad, estanqueidad, recubrimiento, hermetismo.
— **2.** Cierre, obturación, impermeabilidad*. V. CERRAR 5.
3. Aislar. Apartar, incomunicar, confinar, encerrar, encarcelar, recluir, internar, retirar, alejar, abandonar*, repudiar, rechazar*, desamparar, excluir, limitar*, localizar, centrar, separar*, ocultar*, boicotear, desdeñar, despreciar*, segregar, silenciar, clausurar, olvidar*, arrinconar; impermeabilizar*, cerrar*, recubrir*, hacer hermético, emparedar, tapiar; rodear, sitiar, cercar*, asediar, bloquear.
4. *Aislarse*, recluirse, retraerse, esquivar*, encerrarse, desligarse, recogerse, retirarse, desvincularse, separarse*, apartarse, incomunicarse (v. 1).
— **5.** Obturar, impermeabilizar*, ocluir. V. CERRAR 1.
6. Aislado. Incomunicado, apartado, recogido, separado, retirado, encerrado (v. 1), misántropo, ascético, anacoreta, ermitaño, monje, insociable, solitario, recoleto, apacible, silencioso, deshabitado, desierto, solo, muerto, ignoto, remoto, agreste, desconocido, abandonado, despoblado, desolado, huraño, hosco*, triste, melancólico, amargado.
— **7.** Hermético, obturado, impermeable*. V. CERRAR 7.
8. Aislador, aislante. Dieléctrico, material aislante, m. mal conductor, porcelana, accesorio, amianto, asbesto, empaquetadura, impermeable*.
Contr.: Comunicación, trato, permeabilidad.
V. SEPARACIÓN, DESAMPARO, CASTIGO, ABANDONO, OLVIDO, RECHAZO, LÍMITE, CERCO.
aislante. V. AISLAMIENTO 8.
aislar. V. AISLAMIENTO 3, 5.
ajado. Mustio, deslucido, sobado. V. MARCHITO 1.

ajamiento. Desgaste, deterioro, resecamiento. V. MARCHITO 2.

ajar(se). Estropear(se), manosear, deslucir. V. MARCHITO 3.

ajedrecista. V. AJEDREZ 6, 7.

AJEDREZ. 1. Trebejos, escaques, juego*, entretenimiento, diversión*, deporte*, afición*, pasatiempo, ciencia*, arte*.

2. Tablero. Casillas (64), blancas, negras, escaques, cuadros, fila, columna, diagonal, centro, esquinas, alas, calle, casa, notación. Reloj* doble para torneos.

3. Piezas. Trebejos, figuras. Rey, reina (dama), torre o roque, alfil, caballo, peón.

4. El juego. Jugada, lance, movimiento*, salida, apertura, enroque, e. largo, e. corto, jaque, j. al rey, j. mate, tablas, ventaja, sacrificio, cambio, final, táctica, tiempo; apertura Andersen, a. escocesa, a. holandesa, a. india, a. española o de Ruy López, a. de peón dama, «fianchetto», gambito, g. suizo, g. Evans, g. Tartakower, g. danés, defensa holandesa, d. Philidor.

5. Acción. Comer, comer al paso, tomar, atacar, cubrir, descubrir, tocar, mover, saltar, dominar, rectificar, coronar, cambiar, clavar, encerrar, ahogar, abrir el juego, hacer tablas, dar mate, mate, en dos, en tres jugadas, enrocar.

6. Ajedrecista. Jugador*, aficionado*, deportista*, profesional, campeón, maestro, gran maestro, experto* (v. 7).

7. Ajedrecistas. Ruy López, Philidor, Andersen, Morphy, Lasker, Tartakower, Capablanca, Alekhine, Euwe, Botvinnik, Smyslov, Keres, Pomar, Fischer, Spassky, Karpov, Kasparov.
V. JUEGO, DAMAS, DIVERSIÓN, AFICIÓN, DEPORTE.

ajenjo. Absenta, bebida alcohólica, licor. V. BEBIDA 2.

ajeno. Impropio, aparte, extraño. V. DISTANCIA 4.

ajetreado. 1. Agitado, inquieto, trepidante. V. DINAMISMO 2.

— **2.** Avezado, curtido, acostumbrado. V. HÁBITO 5.

ajetreo. Brega, trajín, movimiento*. V. DINAMISMO 1.

ají. Guindilla, pimiento, fruto*. V. HORTALIZA 2.

ajimez. Balconcillo, mirador, hueco. V. VENTANA 1.

ajo. Bulbo, liliácea, planta hortense. V. HORTALIZA 2, CONDIMENTO 2.

ajorca. Argolla, pulsera, brazalete. V. JOYA 2.

ajuar. 1. Ropa, indumentaria, equipo*. V. VESTIMENTA 1.

— **2.** Pertenencias, bienes, utensilios. V. EQUIPO 1.

ajustado. 1. Apretado, angosto, ceñido. V. ESTRECHO 1.

— **2.** Adecuado, cabal, preciso. V. ÚTIL 1.

ajustador. Operario, obrero, montador. V. MÁQUINA 6.

ajustar. 1. Ceñir, estrechar, apretar. V. PRESIÓN 3.

— **2.** Encajar, embutir, unir*. V. ACOPLAMIENTO 3.

— **3.** Concertar, acordar, arreglar. V. PACTO 4; ORDEN 9.

— **4.** *Ajustarse*, adaptarse, amoldarse, acomodarse. V. HÁBITO 4.

ajuste. 1. Acuerdo, trato, colocación. V. PACTO 1, ORDEN 1.

— **2.** V. ajustar.

ajusticiar. Matar, eliminar, ejecutar. V. MUERTE 14.

ALA. 1. Alón, aleta, alerón, plano, pala, paleta, extremidad, remo, apéndice*, miembro, élitro, membrana (v. 3).

— **2.** Flanco, sector, costado. V. LADO 1.

3. Ala de ave. Brazo, antebrazo, mano; húmero, cúbito, radio.

Plumas: coberteras, pequeñas coberteras, coberteras primarias, c. secundarias, remeras, remeras primarias, r. secundarias.

4. Ala de avión*. V. AVIÓN 4.

5. Aleteo. Aletada, alada, aletazo, alazo, vuelo*, impulso, golpe de ala.

6. Aletear. Cernerse, volar, impulsarse, deslizarse, planear, alear, revolotear, mover, batir, agitar las alas. V. AVE, PLUMA, AVIÓN.

Alá. Dios en el Islam, ser supremo, divinidad. V. DIOS 1, 2, ÁRABE 3.

alabancero. Zalamero, pelotillero, tiralevitas. V. ADULACIÓN 2.

alabancioso. Presumido, fatuo, jactancioso. V. VANIDAD 2.

alabanza. Lisonja, encomio, loa. V. ELOGIO 1, ADULACIÓN 1.

alabar. 1. Encomiar, celebrar, ensalzar. V. ELOGIO 2, ADULACIÓN 3.

— **2.** *Alabarse*, alardear, pavonearse, envanecerse. V. VANIDAD 3.

alabarda. Lanza, pica, asta. V. ARMA 3.

alabardero. Soldado, militar, lancero. V. EJÉRCITO 6.

alabastrino. Diáfano, translúcido, transparente. V. CLARO 1, 2.

alabastro. Piedra*, jaspe, mármol. V. MINERAL 5.

álabe. V. alabeo.

alabeado. Pandeado, curvado, arqueado. V. CURVA 4.

alabear. Combar, abarquillar, pandear. V. CURVA 5.

alabeo. Flexión, combadura, arqueamiento. V. CURVA 2.

alacena. Despensa, trinchero, aparador. V. ARMARIO 1.

alacrán. Artrópodo*, arácnido, bicho. V. ESCORPIÓN 1.

alacridad. Vivacidad, presteza, prontitud. V. RAPIDEZ 1.

aladares. Guedejas, cabellos, mechones. V. PELO 2.

alado. Raudo, ágil, veloz. V. RAPIDEZ 2.

alamar. Trencilla, entorchado, presilla. V. TIRA 1.

alambique. Redoma, destilador, retorta. V. LABORATORIO 2.

alambrada. Barrera, estacada, cerco. V. VALLA 1.

alambrar. Rodear, acotar, cercar. V. VALLA 3.

alambre. Hilo, cable, filamento metálico. V. METALURGIA 5.

alameda. Arboleda, paseo, bosque*. V. CAMINO 1.

álamo. Planta, chopo, vegetal*. V. ÁRBOL 4.

alancear. Rejonear, herir, picar. V. PINCHAR 1.

alano. Perro grande, danés, can. V. PERRO 2.

alarde. Presunción, vanagloria, ostentación. V. FANFARRONERÍA 1.

alardear. Vanagloriarse, presumir, alabarse. V. FANFARRONERÍA 3.

alargado. Amplio, extenso, prolongado. V. LARGO 1.

alargamiento. Extensión, ampliación, postergación. V. LARGO 3, DEMORA 2.

alargar. 1. Agrandar, ampliar, prolongar. V. LARGO 4.
— **2.** Postergar, retrasar, aplazar. V. DEMORA 3.

alarido. Aullido, chillido, lamento. V. GRITO 1.

alarma. 1. Sobresalto, susto, intranquilidad. V. TEMOR 1.
— **2.** Rebato, aviso, señal. V. LLAMADA 5, 7.

alarmado. Preocupado, atemorizado, inquieto. V. TEMOR 4.

alarmante. Angustioso, intranquilizador*, impresionante. V. TEMOR 6.

alarmar. Preocupar, atemorizar, inquietar. V. TEMOR 3.

alarmista. Agorero, pesimista, insidioso. V. DESÁNIMO 2.

alazán. De pelo tostado, canela, rojizo. V. CABALLO 5.

alba. Alborada, madrugada, aurora. V. AMANECER 2.

albacea. Custodio, representante, testamentario. V. HERENCIA 5.

albañal. Sumidero, cloaca, colector. V. ALCANTARILLADO 2.

albañil. Trabajador, operario, obrero. V. CONSTRUCCIÓN 9.

albañilería. Técnica, obra, arte. V. CONSTRUCCIÓN 1.

albarán. Comprobante, nota de entrega, factura. V. COMERCIO 5.

albarda. Arreo, montura, silla. V. CABALLO 14.

albaricoque. Albérchigo, damasco, fruta. V. FRUTO 5.

albatros. Palmípeda, ave oceánica, a. marina*. V. AVE 4.

albedrío. Arbitrio, decisión, deseo, libertad. V. VOLUNTAD 1.

alberca. 1. Pila, depósito, cisterna. V. ESTANQUE 1.
— **2.** Pileta, natatorio, instalación deportiva. V. PISCINA 1.

albérchigo. Melocotón, albaricoque, fruta. V. FRUTO 5.

albergar. Cobijar, hospedar, amparar. V. ALOJAMIENTO 4.

albergue. Hospedaje, refugio, posada. V. ALOJAMIENTO 2.

albino. Descolorido, cano, blanquecino. V. PELO 6, PIEL 4.

albo. Níveo, blanco, inmaculado. V. CLARO 1.

albóndiga. Bola de carne, pelota, albondiguilla. V. CARNE 4.

albor. 1. Albura, blancura, claridad. V. CLARO 8.
— **2.** Albores, origen*, comienzo, infancia. V. PRINCIPIO 1.

alborada. Aurora, madrugada, alba. V. AMANECER 2.

alborear. Despuntar, clarear, rayar el alba. V. AMANECER 1.

albores. V. albor 2.

albornoz. Bata, chilaba, manto. V. CAMISA 2.

alborotado. V. ALBOROTO 5.

alborotador. V. ALBOROTO 4.

alborotar. V. ALBOROTO 2, 3.

ALBOROTO. 1. Confusión, revuelo, desorden*, escándalo, tumulto, barullo, ruido, bulla, jaleo, tremolina, torbellino, cisco, tiberio, zipizape, jolgorio, jollín, marimorena, revoltijo, guirigay, lío, caos, anarquía*, revolución*, tropel, inquietud, agitación, perturbación*, conmoción, zambra, zarabanda, fandango, vocerío, voz*, gritos*, estrépito, sonido*, barahúnda, batahola, algarabía, alegría*, algazara, alharaca, bullicio, juerga, estruendo, aturdimiento, vocinglería, bochinche, griterío, pandemónium, aquelarre, pelotera, gresca, trifulca, altercado, disputa, pelea*, pendencia, reyerta.
2. Alborotar. Escandalizar, vociferar, vocear, gritar*, perturbar, molestar*, chillar, aullar, ensordecer, atronar, jalear, disputar, revolucionar*, trastornar, aturdir*, desordenar*, pelear*, reñir, armarla, amenazar, altercar, agredir (v. 3).
— **3.** Alborotarse, exaltarse, encresparse, sublevarse, revolucionarse*, amotinarse, desmandarse, desmelenarse, enfurecerse, picarse, amoscarse, enojarse*, irritarse, perder los estribos (v. 2).
4. Alborotador. Escandaloso, vocinglero, perturbador*, molesto*, atronador, ruidoso, ensordecedor, tumultuario, bullanguero, bullicioso, estrepitoso, aullador, vociferante, chillón, gritón, reñidor, peleador*, jaranero, festivo, alegre*, pendenciero, camorrista, matón, agresivo, exaltado, encrespado, sublevado, amotinado, revolucionario*, desmandado, desmelenado, enfurecido, irritado, enojado* (v. 5).
5. Alborotado. Aturdido*, excitado, confuso, desordenado*, revuelto, tumultuoso (v. 1),

exaltado, atolondrado, perturbado*, irreflexivo, inquieto, agitado, alterado, imprudente*, nervioso* (v. 4).
Contr.: Tranquilidad*, calma, silencio*.
V. DESORDEN, PELEA, VOZ, SONIDO, GRITO, ENOJO, PERTURBACIÓN, REVOLUCIÓN, ALEGRÍA, ATURDIMIENTO.

alborozado. Regocijado, jubiloso, entusiasmado*. V. ALEGRÍA 6.

alborozo. Regocijo, júbilo, entusiasmo. V. ALEGRÍA 1.

albricias. Enhorabuena, plácemes, alegría*. V. FELICITACIÓN 1.

albufera. Charca, laguna, marisma. V. LAGO 1.

álbum. Clasificador, libreta, libro*. V. CUADERNO 1.

albúmina. Clara de huevo, aminoácido, proteína. V. ALIMENTO 7.

albuminoide. Sustancia orgánica, proteína, principio alimenticio. V. ALIMENTO 7.

albur. Suerte, riesgo, destino. V. AZAR 1.

albura. Pureza, nitidez, blancura. V. CLARO 8, 9.

alcachofa. Verdura, alcaucil, legumbre. V. HORTALIZA 2.

alcahueta. Comadre, mediadora, celestina. V. PROSTITUCIÓN 7.

alcahuete. 1. Proxeneta, rufián, chulo. V. PROSTITUCIÓN 7.

— **2.** Soplón, correveidile, enredador. V. CHISME 3.

alcahuetería. Cotilleo, habladuría, comadreo. V. CHISME 1.

alcaide. Guardián, carcelero, director. V. PRISIÓN 5.

alcaldada. Arbitrariedad, atropello, abuso. V. INJUSTICIA 1.

alcalde. V. ALCALDÍA 4.

ALCALDÍA. 1. Municipalidad, municipio, ayuntamiento, corporación, corporación municipal, administración*, intendencia, cabildo, capítulo, concejalía, regiduría, corregiduría, concejo, consejo, consistorio, bailía, burgo, comuna, comunidad, mancomunidad, cámara, gobernación, diputación, junta, asamblea*, Casa consistorial, oficina*, delegación*, despacho, secretaría, centro, departamento, ciudad*, zona* (v. 2).

2. Zonas*. Municipio, ayuntamiento, distrito, circunscripción, jurisdicción, barrio*, término, t. municipal, unidad territorial, alfoz, partido, concejo, división, tenencia de alcaldía, alcaldía de barrio* (v. 1).

3. Delegaciones, servicios. Delegación de servicios, d. de transportes*, de sanidad, de impuestos, de hacienda, de educación*, de vivienda, de obras públicas, etc. (v. ministerio*); consejo municipal (v. 1).

4. Alcalde. Regidor, corregidor, administrador*, magistrado, intendente, i. municipal, funcionario, alcalde presidente, baile, burgomaestre, lord mayor, decurión, edil, capitular,

rector, gobernador, teniente de alcalde, alcalde de barrio*, concejal (v. 5).

5. Funcionarios. Alcalde (v. 4), delegado de servicios, d. de transportes*, de sanidad, de impuestos, de hacienda, de educación, de vivienda, de obras públicas, etc. (v. ministerio*); concejal, edil, consejero, cabildante, capitular, veinticuatro, secretario, oficial, macero, guardia, guardia urbano, pregonero, empleado*, funcionario.

6. Varios. Bienes comunales; atributos: maza, vara, dalmática, silla curul, tabardo; senara, trecenato, derecho municipal, fuero.

7. Municipal. Comunal, edilicio, corporativo, urbano, ciudadano*, administrativo*, consistorial, departamental.
V. ASAMBLEA, GOBIERNO, ADMINISTRACIÓN, CIUDAD, ZONA, DELEGACIÓN, BARRIO, MINISTERIO.

álcali. Sustancia, base, óxido. V. QUÍMICA 5.

alcaloide. Estupefaciente, veneno*, tóxico. V. DROGA 2.

alcance 1. Trayectoria, camino, recorrido. V. DISTANCIA 2.

— **2.** Consecuencia, trascendencia, efecto. V. RESULTADO 1.

alcancía. Hucha, cofre, receptáculo*. V. CAJA 1.

alcanfor. Sustancia aromática, volátil, cristalina. V. QUÍMICA 5.

alcantarilla. V. ALCANTARILLADO 2.

ALCANTARILLADO. 1. Sistema, servicios, infraestructura, red de alcantarillas, r. de aguas residuales, alcantarilla (v. 2); fontanería*, higiene*.

2. Alcantarilla. Colector, galería*, cloaca, sumidero, desagüe, drenaje, zanja, conducto*, conducción, albañal, sentina, imbornal, caño, cañería, tubo*, tubería, atarjea, coluvie, aliviadero, vertedero, suciedad*, escurridero, canalón (v. 3).

3. Partes. Boca de alcantarilla, rejilla, imbornal, tapa de registro, sifón, colector, c. de cieno, c. general, cloaca, arenero, instalación depuradora, estación elevadora, aliviadero, depósito de sedimentación, ventilación, cámara, desagüe.

4. Personas. Pocero, albañil, peón; fontanero*.
V. CALLE, GALERÍA, TUBO, FONTANERÍA, HIGIENE, SUCIEDAD.

alcanzar. 1. Conseguir, lograr, agenciarse. V. OBTENER 1.

— **2.** Igualar, sobrepasar, rebasar. V. SUPERIOR 6.

— **3.** Aferrar, atrapar, sujetar. V. COGER 1.

alcaucil. V. ALCACHOFA.

alcazaba. V. ALCÁZAR.

alcatraz. Pelícano americano, pájaro, palmípeda. V. AVE 4.

alcázar. Reducto, fortaleza, fuerte. V. CASTILLO 1.

alce. Anta, ciervo, gamo. V. RUMIANTE 5.

alcoba. Aposento, dormitorio, cámara. V. HABITACIÓN 1.

alcohol. 1. Antiséptico, esterilizante, abstergente. V. DESINFECTANTE 2, QUÍMICA 5.
— **2.** Aguardiente, bebida alcohólica, espirituosa. V. BEBIDA 2.
alcohólico. Beodo, embriagado, ebrio. V. BORRACHERA 2.
alcoholismo. Ebriedad, embriaguez, curda. V. BORRACHERA 1.
alcoholizado. V. alcohólico.
alcor. Altozano, colina, loma. V. MONTAÑA 2.
alcornoque. 1. Roble, encina, chaparro. V. ÁRBOL 4.
— **2.** Torpe, zopenco, zote. V. BRUTO 2.
alcurnia. Estirpe, abolengo, casta. V. ARISTOCRACIA 1.
alcuza. Vinagrera, aceitera, recipiente. V. MESA (SERVICIO DE) 7.
aldaba. Aldabón, anilla, argolla. V. LLAMAR 8.
aldabonazo. Llamada, golpazo, aldabazo. V. GOLPE 1.
ALDEA. 1. Caserío, pueblo, población, poblado, lugar, villorrio, villa, pago, burgo, aldehuela, aldeorrio, lugarejo, poblacho, ranchería, aduar, campamento, villar, ínsula, puebla, localidad, partido, parroquia, municipio, ciudad*, merindad, arrabal, suburbio, barrio*.
2. Aldeano. Poblador, habitante*, lugareño, vecino, pueblerino, paisano, rústico, pardal, campesino.
V. CIUDAD, BARRIO.
aldeano. V. ALDEA 2.
aleación. Amalgama, fundición, combinación. V. METAL 7.
aleatorio. Incierto, fortuito, aventurado. V. AZAR 3.
aleccionador. Ejemplar, instructivo, edificante. V. EDUCACIÓN 18.
aleccionar. Aconsejar, adiestrar, instruir. V. CONSEJO 4.
aledaño. 1. Adyacente, contiguo, cercano*. V. LÍMITE 3.
— **2.** Aledaños, alrededores, afueras, cercanías. V. CERCA 4, 5.
alegar. Testimoniar, manifestar, declarar. V. EXPLICACIÓN 2.
alegato. Exposición, declaración, testimonio. V. EXPLICACIÓN 1.
alegoría. Emblema, imagen, representación. V. SÍMBOLO 1.
alegórico. Alusivo, representativo, simbólico. V. SÍMBOLO 6.
alegrar(se). V. ALEGRÍA 3.
alegre. V. ALEGRÍA 6, 7.
ALEGRÍA. 1. Júbilo, contento, jovialidad, alborozo, regocijo, gozo, goce, gusto, risa (v. 2), animación, euforia, bullicio, jolgorio, optimismo, entusiasmo*, humor, buen humor, diversión*, gracia, comicidad*, chiste, esparcimiento, felicidad*, dicha, aleluya, satisfacción*, complacencia, placer, desahogo, regodeo, broma*, burla, exaltación, exultación, fiesta*, festejo,

bulla, algazara, barahúnda, alboroto*, algarabía, juerga (v. 2).
2. Risa. Hilaridad, carcajeo, carcajada, alegría (v. 1), animación, risotada, risita, rictus, risa desbordante, r. contagiosa, sonrisa, mueca, expresión, esbozo (v. 1).
3. Alegrar(se). Divertir(se)*, solazarse, regocijarse*, alborozarse, contentarse, animarse, gozar, disfrutar, entusiasmar*, esparcirse, gustar*, regodearse, desahogarse, complacerse, satisfacerse*, carcajear, reír (v. 5), sonreír, festejar, palmotear, aplaudir, vitorear, aclamar, celebrar, exultar, exaltarse, animarse*, burlar, bromear*, alborotar*, ufanarse, recrearse, holgar, esbozar una sonrisa, animarse* el rostro.
— **4.** Alegrar, agradar, encantar, deleitar, gustar (v. 3).
5. Reír. Desternillarse, alegrarse (v. 3), carcajear, descoyuntarse, deslomarse, descuajaringarse, celebrar, estallar, reventar, escandalizar, alborotar* (v. 3).
6. Alegre. Jubiloso, contento, gozoso, risueño, animado*, radiante, jovial, regocijado, divertido*, humorístico, cómico*, jocoso, chistoso, gracioso, optimista, exultante, jocundo, reidor, riente, carcajeante, hilarante, sonriente, alborozado, solazado, carnavalesco, extravagante, distraído, entusiasmado*, gayo, jacarandoso, bullanguero, satisfecho*, complacido, dichoso, feliz*, eufórico, ufano, exaltado, placentero, bromista*, festivo, chancero, burlón, desenvuelto, saleroso, juguetón*, agradable*, grato, vivaz.
— **7.** Achispado, bebido, alumbrado. V. BORRACHERA 2.
8. Alegremente. Jubilosamente, jovialmente, alborozadamente, regocijadamente, gozosamente, animadamente, humorísticamente (v. 6).
9. Exclamaciones de alegría. ¡Viva!, ¡bravo!, ¡albricias!, ¡ole!, ¡olé!, ¡hurra!, ¡bien!, ¡qué bien!, ¡aleluya!, ¡magnífico!, ¡espléndido!, ¡maravilloso!, ¡estupendo!
Contr.: Tristeza, aflicción*, dolor*.
V. DIVERSIÓN, COMICIDAD, FELICIDAD, FIESTA, BROMA, SATISFACCIÓN, PLACER, ENTUSIASMO, ALBOROTO.
alejado. V. ALEJAR 4.
alejamiento. V. ALEJAR 3.
ALEJAR. 1. Distanciar, rechazar*, repeler, marcharse* (v. 2), apartar, desviar, retirar, eludir, echar, quitar*, arrinconar, excluir, despedir, eliminar, exiliar, desterrar, expulsar, empujar, ahuyentar; desunir, enzarzar, separar*, dividir, enemistar* (v. 2).
— **2.** Alejarse, irse, huir*, fugarse, marcharse*, desviarse, derivar, perderse, pasar, salir, partir, dejar, despedirse*, evacuar, ausentarse, emigrar, largarse, retirarse, abandonar, escabullirse, desvanecerse, perderse de vista.

3. Alejamiento. Distanciamiento, apartamiento, retirada, separación*, divergencia, bifurcación, rechazo*, abandono, desviación*, retiro, marcha*, huida*, evacuación, éxodo, ida, salida, partida, despedida*, fuga, ausencia, emigración, desvinculación, descarrío, extravío, arrinconamiento, exclusión, eliminación, exilio, destierro, expulsión; desunión, enzarzamiento, enemistad*, división.

4. Alejado. Retirado, apartado, ausente, solitario, desierto*, lejano, distanciado, separado* (v. 3).
Contr.: Atraer, acercar.
V. RECHAZAR, ENEMISTAR, MARCHAR, HUIR, DESPEDIR, SEPARAR.

alelado. Aturdido, embobado, pasmado. V. TONTO 1.

alelamiento. Necedad, desconcierto, atolondramiento. V. TONTO 4.

alelarse. Aturdirse, embobarse, pasmarse. V. TONTO 6.

alelí. V. alhelí.

¡aleluya! Voz* de regocijo, alborozo, júbilo. V. ALEGRÍA 9.

alemán. Teutón, germano, tudesco. V. EUROPEO 2.

alentador. Reconfortante, consolador, optimista. V. ÁNIMO 4.

alentar. Confortar, animar, apoyar. V. ÁNIMO 6.

alerce. Conífera, abietácea, vegetal*. V. ÁRBOL 8.

alergia. Rechazo, reacción, sensibilidad. V. ENFERMEDAD 12, 22.

alérgico. Sensible, susceptible, afectado. V. ENFERMEDAD 2.

alero. Saliente, alerón, resalte. V. TECHO 3.

alerón. V. aleta.

alerta. 1. Alarma, rebato, señal. V. TEMOR 1.
— **2.** ¡Atención!, ¡ojo!, ¡cuidado! V. EXCLAMACIÓN 8.
— **3.** Avizor, preparado, atento. V. VIGILANCIA 2.

alertar. Avisar, prevenir, alarmar. V. ADVERTENCIA 3.

aleta. Extremidad, pala, alerón. V. ALA 1.

aletargado. Amodorrado, adormilado, somnoliento. V. SUEÑO 5.

aletargamiento. Somnolencia, sopor, adormecimiento. V. SUEÑO 4.

aletargarse. Amodorrarse, adormilarse, adormecerse. V. SUEÑO 6.

aletear. Agitar las alas, batirlas, revolotear. V. ALA 6.

aleteo. Aletazo, golpe de ala, vuelo*. V. ALA 5.

alevín. Cría*, pececillo, retoño. V. PEZ 11.

alevosía. Insidia, intriga, villanía. V. TRAICIÓN 1.

alevoso. Ingrato, villano, intrigante. V. TRAICIÓN 2.

alfabetizar. Educar, enseñar, instruir. V. EDUCACIÓN 11.

alfabeto. Abecé, abecedario, grafías. V. LETRA 6.

alfajor. Golosina, dulce, masa con manjar blanco. V. CONFITERÍA 3.

alfalfa. Leguminosa, planta, forraje. V. VEGETAL 5.

alfanje. Cimitarra, sable, arma* blanca. V. ESPADA 1.

alfarería. Arte, industria, taller. V. CERÁMICA 1.

alfarero. Artesano, cacharrero, ceramista. V. CERÁMICA 4.

alféizar. Reborde, saliente, vuelta de ventana. V. VENTANA 2.

alfeñique. Endeble, canijo, enclenque. V. DÉBIL 6.

alférez. Abanderado, subteniente, oficial subalterno. V. EJÉRCITO 7.

alfil. Pieza* de ajedrez, trebejo, elemento. V. AJEDREZ 3.

alfiler. Aguja, punta, clavillo. V. PINCHAR 6.

alfilerazo. Aguijonazo, punzada, picadura. V. PINCHAR 4.

alfiletero. Almohadilla, acerico, adminículo. V. COSTURA 7.

ALFOMBRA. 1. Felpudo, estera, moqueta, alfombrado, enmoquetado, alfombrilla, esterilla, limpiabarros, cubierta, recubrimiento*, tapiz*, forro, colgadura*, repostero, guarnición, paramento, peludo, ruedo, camino, antecama, petate, lado, baleo, fieltro, carpeta, linóleo, hule, galería.
2. Clases. Alfombra de nudo, de moqueta, de esparto, de Oriente, de Esmirna, persa, turca, «kilim».
3. Partes. Trama, tejido, dibujo*, motivo, fondo, encuadre, bordado*, franja, borde*, colores*.
4. Alfombrar. Esterar, recubrir*, tapizar*, forrar, revestir, guarnecer, acolchar, enguatar, proteger, tapar, colgar*.
V. TAPIZ, RECUBRIMIENTO, COLGADURA.

alfombrar. V. ALFOMBRA 4.

alfóncigo. Árbol frutal, pistacho, fruta. V. ÁRBOL 5, FRUTO 7.

alforfón. Gramínea, grano, cereal. V. SEMILLA 2.

alforja. Zurrón, bolsa, talego. V. SACO 1.

alforza. Dobladillo, doblez, pliegue. V. COSTURA 2.

ALGA. 1. Criptógama, talófita, planta acuática, sargazo, fuco, vegetal*, vegetal acuático, vegetal marino*; (clasificación moderna) vegetales ficófitos.
2. Clases. Algas acuáticas, marinas*, terrestres o líquenes, unicelulares, pluricelulares, algas azules (cianofíceas), a. verdes (clorofíceas), a. pardas (feofíceas), a. rojas (rodofíceas); diatomáceas. *Especies:* volvox, ulva lactuca (lechuga de mar), cladofora, carácea, fucus vesiculosus, fucus serratus, ulva latissima; navícula, ova, sargazo.
3. Generalidades. Pigmento, cromatóforo, clorofila, anhídrido carbónico, carbono, oxígeno, cal, sílice, talo, cinta, filamento, ramificación, plancton, fitoplancton, zooplancton, colonias, reproducción sexual, r. asexual; algología, ficología.
V. VEGETAL, HONGO, MAR.

algaida. Bosque denso, espesura, matorral*. V. BOSQUE 1.

algarabía. Vocerío, bullicio, confusión. V. ALBO-ROTO 1.

algarada. Levantamiento, desorden*, asonada. V. REVOLUCIÓN 1.

algarroba. Leguminosa, vaina, planta. V. VEGE-TAL 5, 20.

algarrobo. Árbol papilionáceo, planta, vegetal. V. ÁRBOL 5.

algazara. V. algarabía.

ÁLGEBRA. 1. Parte de las matemáticas*, estudio, disciplina, materia, tratado, texto, cálculo*.
2. Elementos. Número*, letra*, fórmula, ecuación, datos*, incógnitas, notación, signos, s. positivo, s. negativo, paréntesis, corchete, valor numérico, número algebraico, magnitud, teorema, regla de los signos, signo contrario, igual signo, expresión algebraica, equivalencia, monomio, binomio, trinomio, polinomio, coeficiente, parte literal, término, expresión racional, e. irracional, e. entera, e. fraccionaria, ecuación de primer grado, e. de segundo grado, incógnitas, progresiones, p. geométrica, p. aritmética, logaritmos.
V. MATEMÁTICAS, NÚMERO, CÁLCULO.

álgido. Crítico, crucial, culminante. V. IMPOR-TANCIA 3.

algo. Poco, un poco, limitado. V. ESCASEZ 2, 4.

ALGODÓN. 1. Malvácea, algodonero, planta, vegetal*; hilado, tejido, tela* (v. 4), guata, tamo, borra; apósito, torunda, compresa, algodón en rama, a. hidrófilo, a. mercerizado, a. pólvora.
2. Generalidades. Fibras, semillas, algodón de fibra corta, a. de fibra larga, bala, paca, borra, b. filamentosa, guata, tamo, empeine, manta.
3. Preparación. Limpieza, desmotado, separación, cardado, estirado, peinado, hilado, retorcido, apresto, vaporización, bobinado, urdidura, encolado, tejido mecánico. Rueca, huso, bobina, hilado, mecha.
4. Uso. *Telas:* Percal, madapolán, chintz, calicó, popelín, oxford, organdí, madrás, cretona, franela. *Varios:* Semillas*, aceite*, explosivos* (fulmicotón, nitrocelulosa, piroxilo, algodón pólvora), algodón hidrófilo, a. en rama, a. mercerizado, a. transgénico, papel*.
5. Algodonoso. Felpudo, mullido, blando*, flojo, fofo, aterciopelado, peludo, afelpado, velludo, velloso, suave*, fino.
V. TELA, VEGETAL, SEMILLA.

algoritmo. Método de cálculo, signo, notación. V. CÁLCULO 1, NÚMERO 1.

alguacil. Vigilante*, delegado*, funcionario. V. POLICÍA 2.

alguien. V. alguno.

alguno. Alguien, cualquiera, cierto. V. PERSONA 1.

alhaja. Adorno*, aderezo, gema. V. JOYA 1.

alhajar. Hermosear, engalanar, acicalar. V. ADOR-NO 3.

alharaca. Escándalo, algarabía, aspaviento. V. ALBOROTO 1.

alhelí. Planta, crucífera, vegetal*. V. FLOR 4.

aliado. Coligado, amigo, confederado. V. PAC-TO 3.

alianza. 1. Coalición, confederación, liga. V. PAC-TO 2.
— 2. Boda, matrimonio, compromiso. V. CA-SAMIENTO 1.

aliarse. Coligarse, federarse, unirse*. V. PACTO 4.

alias. Sobrenombre, apodo, mote. V. NOMBRE 2.

alicaído. Decaído, triste, afligido. V. DESÁNIMO 2.

alicates. Tenazas, pinzas, utensilio. V. HERRA-MIENTA 6.

aliciente. Atractivo*, acicate, incentivo. V. ESTÍ-MULO 1.

alícuota. Distributivo, proporcional, parte*. V. EQUILIBRIO 6.

alienación. 1. Desvarío, enajenación, demencia. V. LOCURA 1.
— 2. Venta, cesión, entrega*. V. VENDER 3.

alienado. Loco, enajenado, demente. V. LOCU-RA 4.

alienar. Ceder, enajenar, transferir. V. VENDER 1.

alienista. Especialista, psiquiatra, loquero. V. LO-CURA 5.

aliento. Soplo, hálito, aire. V. RESPIRACIÓN 1.

alifafe. Malestar, indisposición, achaque. V. EN-FERMEDAD 1.

aligerar. 1. Aminorar, aliviar, disminuir el peso. V. DESCARGAR 1.
— 2. Activar, apresurar, abreviar*. V. RAPIDEZ 5.

alijo. Matute, contrabando, tráfico ilegal. V. ADUANA 8.

alimaña. Bestia, bicho, animal*. V. FIERA 1.

alimentación. V. ALIMENTO 5.

alimentado. V. ALIMENTO 26.

alimentar(se). V. ALIMENTO 11.

alimenticio. V. ALIMENTO 9.

ALIMENTO. 1. Sustento, comida, nutriente, alimentación, manutención, mantenimiento, pitanza, yantar, vianda, manjar, exquisitez, golosina, delicia, confite*, plato, subsistencia, sostén, nutrición, nutrimento, maná, sustancia, régimen, dieta, ingrediente, aperitivo (v. 13), ración, colación, refacción, piscolabis, refrigerio, tentempié, condumio, manduca, manducatoria, comestibles, ultramarinos, coloniales, víveres, provisiones, vituallas, sobrealimentación, engorde, cebo, carnada, puchero, pan, avío, rancho, menú, minuta, lista, l. de platos, carta, compra, cesta, despensa, bodrio, potingue, bazofia, comilona (v. 2).
2. Banquete*. Ágape, convite, comilona, festín, fiesta*, agasajo, homenaje, comida (v. 3), cena, tragantona, invitación, gaudeamus, francachela, orgía, cuchipanda, simposio, hartazgo, pipiripao; gula, hambre*, apetito, voracidad.
3. Comidas del día. Desayuno o almuerzo, refrigerio, comida o almuerzo, merienda, cena. Tentempié, piscolabis, refacción, colación, bocado, bocadillo, ambigú, «lunch», «snack» (v. 5).

4. Partes de la comida. Aperitivo, entrada, entremeses, principio, primer plato, segundo plato, tercer plato, plato principal, plato fuerte, quesos*, fruta*, postres, dulces, café*, c. y copa, bebida*, vino*.

5. Alimentación. Nutrición, dietética, bromatología, ciencia*, comida, sustento, manutención, alimento (v. 1), gastronomía, sibaritismo, buena mesa, cocina*, digestión*, dieta*, higiene* de la alimentación, régimen, r. alimenticio, ayuno, abstinencia, vegetarianismo, macrobiótica. Ingestión, deglución, masticación (v. 6).

6. Generalidades. Apetito, hambre*, masticación, deglución, ingestión, consumición, toma, comida (v. 1), digestión*, absorción, asimilación, anabolismo, catabolismo, excreción*, eliminación; trago, bocado, mordisco*, alimento (v. 1), bolo alimenticio, quilo, quimo, frugalidad, sobriedad, moderación*, glotonería, gula, indigestión, empacho, (v. digestión*); omnívoro, carnívoro, vegetariano, frugívoro, granívoro, herbívoro.

7. Sustancias alimenticias. Principios alimenticios: proteínas o prótidos (albúminas, aminoácidos), hidratos de carbono o glúcidos (almidones, azúcares, féculas), grasas o lípidos (aceites*, grasas*), vitaminas*, sales minerales, agua*, fibras vegetales. Minerales: calcio, fósforo, hierro, magnesio, sodio, potasio, azufre, cobalto, yodo, flúor, cobre, cinc, arsénico, bromo, níquel, aluminio (v. 8).

8. Clases de alimentos. Simples, compuestos, plásticos (proteínas), energéticos (hidratos de carbono, grasas), vegetales*, animales*, acidógenos, alcalinógenos, nutritivos (v. 9), indigestos (v. 10).

9. Alimento grato. Nutritivo, alimenticio, alimentario, apetitoso, sustancioso, suculento, jugoso, comestible, aprovechable, gastronómico, coquinario, opíparo, copioso, abundante*, pantagruélico, nutricio, dietético, digerible, asimilable, ligero, delicado, fino, sabroso, apetecible, exquisito, gustoso*, delicioso, rico, carnoso, vigorizante*, completo, reconstituyente, reconfortante, vitaminado*, reparador, sazonado, dulce, grato, agradable*; exquisitez, delicadeza, golosina, gollería, delicia, manjar. Culinario, de la cocina*.

10. Alimento desagradable. Mejunje, potingue, bazofia, comistrajo, guisote, desperdicios, sobras, bodrio, basura*, brebaje, mezcla*; alimento indigesto, pesado, fuerte, graso*, repugnante*, incomestible, rancio, podrido*, empalagoso, estomagante, dulzón, agrio, amargo, desagradable, salado, insípido, desabrido.

11. Alimentar(se). Comer, nutrirse, gustar*, degustar, saborear, probar, tomar, consumir, mantenerse, atiborrar, engordar, cebar, criar, yantar, tragar, ingerir, zampar, embuchar, devorar, engullir, mascar, masticar, triturar, roer, manducar, deglutir, pasar, ingurgitar, atracarse,

embutirse, hartarse, subsistir, apiparse, atestarse, sobrealimentarse, sustentarse, mamar*, sorber, chupar, lamer, absorber, digerir, asimilar, matar el hambre, m. el gusanillo, aviarse, reconfortarse, recuperar fuerzas, recuperar energía, reparar fuerzas, vitaminizarse*, sazonar, cocinar*, desayunar, almorzar, comer, merendar, cenar; excretar*, eliminar.

12. Personas. Comensal, invitado, convidado, huésped, contertulio, participante, asistente, compañero de mesa, presente; gastrónomo, sibarita, «gourmet», epicúreo, entendido, experto*, especialista, conocedor, regalado, goloso, delicado, apetente, ávido; dietista, dietético, bromatólogo, especialista, higienista*; voraz, hambriento*, necesitado, famélico, hambrón, insaciable, glotón, comilón, laminero, tragaldabas, heliogábalo, gargantúa, devorador, comedor, ansioso, intemperante, deseoso*, transido de hambre; alimentado (v. 26), carnívoro, omnívoro, vegetariano, frugívoro, granívoro, herbívoro. Cocinero, chef o jefe de cocina, pinche, marmitón (v. cocina*).

13. Entremeses. Entrada, aperitivo, fiambres, embutidos*; jamón, chorizo, salchichas, piscolabis, tentempié, refrigerio, merienda, bocado, colación, canapés, emparedados, caviar, «foie-gras» o paté o pasta de hígado, croquetas, empanada, empanadillas, buñuelos, enchiladas, ensaladilla, e. rusa, salpicón, picadillo, pinchos, broquetas, tapas, platillos, bocados, encurtidos, bocadillos (v. 18).

14. Pastas, sopas. Fideos, espaguetis, tallarines, macarrones, canelones, lasaña, sémola, fécula, harina, tapioca. *Sopas:* caldo, consomé, sustancia, puré, sopa de fideos, de cebolla, de ajo, de huevos, de pan, de puerros, de rabo de buey, de verduras, de tomate, de pescado, marinera, bullabesa, gazpacho, sopa juliana, de tapioca, de puchero, de cocido, crema de espárragos, de champiñones, de espinacas, de zanahorias, puré de guisantes, de lentejas, de garbanzos, de patatas, de judías.

15. Potajes, guisos, arroces. Potaje de garbanzos, de espinacas, de arroz y patatas, cocido, c. madrileño, pote gallego, puchero, menestra, guiso, olla podrida, estofado de judías, judías con chorizo, fabada, paella, arroz blanco, a. a la cubana, a. con tomate, patatas guisadas, p. fritas, p. al horno, p. rellenas.

16. Verduras, vegetales. Espárragos en salsa, e. con mayonesa, alcachofas a la vinagreta, a. en salsa, espinacas con bechamel, berenjenas al gratén o al gratín, calabacines al horno, pisto, fritada, patatas fritas, p. a la inglesa, cebollas rellenas, coles de Bruselas rehogadas, coliflor rehogada, guisantes con jamón, judías verdes con tocino, pimientos rellenos, repollo al jugo, tomates al horno, champiñones al ajillo, setas gratinadas, ensalada, guarnición, complemento (v. hortalizas*).

17. Carnes*. Carne asada, c. a la plancha, c. guisada, c. frita, bistec, chuleta, filetes empanados, milanesas, escalopes, solomillo con champiñones, filetes a caballo, rollo de carne, hamburguesas, albóndigas, picadillo, callos a la madrileña, gratinado de carne, asado a la bourgignon, ragú, «ossobuco», fricandó, «goulash», cuscús, estofado, lomo con tomate, cochinillo asado, pierna de cordero; pollo al ajillo, p. en pepitoria, p. asado, p. en salsa, salpicón, perdiz escabechada, pato a la naranja, pavo relleno (v. carne*).

18. Fiambres, bocadillos. Bocadillo, emparedado, canapé, sándwich, panecillo, tentempié, piscolabis, entremeses. Jamón serrano, j. de York, j. dulce, salchichón, longaniza, chorizo, ch. de Cantimpalos, ch. de Salamanca, ch. de Jabugo, salchicha, s. de Viena, s. de Fráncfort, «frankfurt», mortadela, butifarra, galantina, cabeza de jabalí, chicharrones, paté de foie (v. 1), salami (v. embutidos*).

19. Pescados, mariscos. Lubina al horno, besugo al horno, bullabesa, anguila a la marinera, bacalao con espinacas, b. al pilpil, b. en salsa verde, b. con patatas, bonito con cebolla, filetes de lenguado, merluza rebozada, mero en salsa verde, salmón asado, salmonetes al horno, sardinas fritas, truchas con jamón. Almejas a la marinera, calamares en su tinta, cangrejos con bechamel, gambas al ajillo, langosta a la americana, langostinos a la plancha, mejillones en vinagreta, mejillones al «curry», ostras, caviar (v. pescados*, mariscos*).

20. Huevos. Huevo frito, cocido, duro, pasado por agua, escalfado, al plato, mimosa, en salsa cazadora, a la cazuela, a la flamenca, revueltos, estrellado, mejido, batido, en tortilla, t. a la francesa, a la española o de patatas, de jamón, de atún, de champiñones.

21. Salsas*. Salsa besamel o bechamel, s. bearnesa, s. «curry», s. vinagreta, s. mayonesa o mahonesa, s. verde, s. romesco, s. financiera, s. blanca, s. tártara, alioli, s. de tomate, «ketchup», s. inglesa (v. condimento*).

22. Postres. Fruta*, queso*; natillas, pasteles, tartas (v. confitería 2).

23. Bebidas. Vinos*, aperitivos, etc. V. BEBIDA 2.

24. Procesos culinarios. Asado, cocido, frito, etc. V. COCINA 8.

25. Cocinar, preparar. Asar, cocer, freír. V. COCINA 7.

26. Alimentado. Nutrido, engordado, plétorico, rollizo, gordo*, robusto, vigoroso, fuerte, cebón, capón, cebado, harto, satisfecho, rozagante, lozano, saludable*.
V. QUESO, VINO, CONFITERÍA, HORTALIZA, FRUTA, CARNE, EMBUTIDO, PESCADO, MARISCOS, CONDIMENTO, COCINA, DIGESTIÓN, VITAMINAS, BEBIDA.

alineación. Ordenación*, colocación, línea. V. FILA 1.

alinear. Colocar, ordenar*, enfilar. V. FILA 3.

aliñar. Aderezar, sazonar, adobar. V. CONDIMENTO 5.

aliño. Adobo, sazonado, aderezo. V. CONDIMENTO 1.

alisar. 1. Planchar, allanar, aplanar. V. LISO 3.
— **2.** Pulimentar, lijar, cepillar. V. PULIR 1.

alisio. Ráfaga, aire, vendaval. V. VIENTO 1, 2.

alistamiento. Reclutamiento, enganche, enrolamiento. V. EJÉRCITO 12.

alistar. Enrolar, incorporar, reclutar. V. EJÉRCITO 13.

aliviar. 1. Calmar, confortar, socorrer. V. TRANQUILIDAD 9, AYUDA 3.
— **2.** *Aliviar(se)*, restablecer(se), mejorar, sanar. V. CURAR 1, 3.

alivio. 1. Consuelo, paliativo, desahogo. V. TRANQUILIDAD 1.
— **2.** Mejoría, salud*, remedio. V. CURAR 4.

aljibe. Tanque, depósito, cisterna. V. RECEPTÁCULO 4.

allá. V. allí.

allanamiento. Registro, entrada, acceso. V. ENTRAR 3.

allanar. 1. Igualar, nivelar, aplanar. V. LISO 3.
— **2.** Superar, zanjar, resolver. V. SOLUCIÓN 3.
— **3.** Registrar, penetrar, irrumpir. V. ENTRAR 1.

allegado. Emparentado, deudo, pariente. V. FAMILIAR 2.

allegar. Reunir, acumular, arrimar. V. UNIR 3.

allende. V. allí.

allí. En aquel lugar, allá, lejos. V. DISTANCIA 4.

alma. Psique, ánima, corazón*. V. ESPÍRITU 1.

ALMACÉN. 1. Cobertizo, pabellón, barraca, barracón, depósito, edificio, recinto, dependencia, local, nave, habitación*, cuarto, pieza, tinglado, techado, cubierta, tapadizo, galpón, hangar, casa*, tienda* (v. 2), establecimiento, factoría, fábrica*, obrador, taller, carbonera, silo, granero, pajar, troj, troje, henil, almiar, hórreo; despensa, alacena, armario*, pósito, bodega, sótano, cueva*, bastimento.
— **2.** *Tienda**, almacén, comercio*, galerías, grandes almacenes, establecimiento, bazar, negocio, estanco, autoservicio, supermercado, ultramarinos, colmado, coloniales, comestibles, provisiones.
3. Almacenamiento. Almacenaje, aprovisionamiento, acopio, acumulación*, aglomeración, apilamiento, amontonamiento, provisión, depósito, reservas, víveres, recolección, cosecha, existencias, avituallamiento, retención, surtido, abasto, «stock», mercadería, despensa, repuesto, recambio, ocultación, acaparamiento, estraperlo, mercado negro, montón, pila, cúmulo.
4. Almacenar. Aprovisionar, acumular*, depositar, juntar, hacinar, acopiar, amontonar, apilar, aglomerar, concentrar, reservar, surtir, avituallar, reponer, atesorar, ocultar, acaparar,

apiñar, recoger, reunir, recolectar, retener, estancar*, represar, rebalsar, empantanar.
Contr.: Desparramar, repartir.
V. ACUMULACIÓN, CASA, TIENDA, HABITACIÓN.

almacenamiento. V. ALMACÉN 3.

almacenar. V. ALMACÉN 4.

almácigo. Vivero, semillero, sementera. V. AGRICULTURA 2.

almadía. Jangada, balsa, barcaza. V. BARCO 5.

almanaque. Agenda, anuario, efemérides o efeméride. V. CALENDARIO 1.

almeja. Bivalvo, concha, marisco. V. MOLUSCO 4.

almena. Defensa, parapeto, fortificación*. V. CASTILLO 2.

almendra. Drupa, semilla, alloza. V. FRUTO 7.

almendro. Almendrero, rosácea, vegetal*. V. ÁRBOL 5.

almete. Morrión, casco, yelmo. V. ARMADURA 3.

almiar. Henil, montón, pajar. V. AGRICULTURA 5.

almíbar. Arrope, licor, jarabe. V. CONFITERÍA 7.

almibarado. Dulzón, meloso, empalagoso*. V. CONFITERÍA 10; AFECTACIÓN 2.

almibarar. Endulzar, recubrir, confitar. V. CONFITERÍA 11.

almidón. Fécula, gluten, polvillo. V. SEMILLA 6.

almidonado. Planchado, duro, tieso. V. RIGIDEZ 3.

alminar. Minarete, atalaya, torre. V. CASA 3.

almirante. Oficial superior, jefe supremo, comandante de la Armada. V. BARCO 19.

almirez. Mortero, machacador, majador. V. COCINA 5.

almizcle. Sustancia odorífera, aromática, algalia. V. PERFUME 4.

almohada. Almohadón, cojín, cabezal. V. CAMA 3.

almohadillado. Recubierto, tapizado, acolchado. V. RECUBRIMIENTO 3.

almoneda. Compraventa, subasta, ocasión. V. VENDER 3.

almorranas. Hemorroides, estancamiento venoso, varices rectales. V. CIRCULATORIO (APARATO) 7.

almorzar. Nutrirse, desayunar, comer. V. ALIMENTO 11.

almud. Celemín, media fanega, medida antigua de áridos. V. MEDIDA 9.

almuerzo. Refrigerio, desayuno, comida. V. ALIMENTO 3.

alocado. Tarambana, atolondrado, imprudente. V. ATURDIMIENTO 2.

alocución. Perorata, sermón, arenga. V. DISCURSO 1.

ALOJAMIENTO. 1. Habitación*, hospedaje, cobijo, hotel* (v. 2), domicilio, dirección, señas, residencia, internado, pupilaje, hospicio, asilo (v. 7), albergue, refugio, morada, aposento, piso, casa*, apartamento, techo, vivienda, edificio, instalación, establecimiento, recinto, acampamiento, acantonamiento, acuartelamiento, cuartel*, vivac, retén, reales, reducto, fortín, fortificación*, castillo*, orfanato, escondite.

2. Posada. Hotel*, hospedaje, hostería, fonda, hospedería, figón, mesón, venta, parador, hostal, pensión, pupilaje, ventorro, restaurante*, taberna, bar, acomodo (v. 1).

3. Alojar(se). Residir, domiciliarse, vivir, morar, hospedarse, albergarse, instalarse, cobijarse, acomodarse, pernoctar, parar, afincarse, meterse, aposentarse, establecerse, esconderse, ocultarse*, refugiarse, abrigarse, vivaquear (v.4).

4. Alojar. Acomodar, albergar, acuartelar, recibir, acoger, recoger, acantonar, acampar, meter, recluir, internar, asilar, proteger, amparar (v. 3).

5. Alojado. Residente, morador, inquilino, alquilado, invitado, huésped, albergado, domiciliado, habitante*, hospedado, cobijado, refugiado, instalado, establecido, acampado, acantonado, acuartelado, fortificado*, escondido, pensionista, pupilo, acomodado, huérfano, asilado (v. 8).

6. Que aloja. Anfitrión, huésped, invitador, propietario*, hospedador, hospedero, amo, patrón, dueño, posadero, mesonero, ventero, cantinero, fondista, casero, hotelero*, hostelero, restaurador, aposentador, generoso*, rumboso.

7. Asilo. Orfanato, orfelinato, hospicio, albergue, residencia, refugio, inclusa, casa de expósitos, casa cuna, residencia de ancianos, establecimiento benéfico, hospital*, alojamiento (v. 1).

8. Asilado. Hospiciano, huérfano, expósito, inclusero, pobre, menesteroso, anciano*, viejo, recluido, internado, amparado, protegido*, acogido, refugiado, residente, alojado, albergado (v. 5).

Contr.: Desamparo, vagabundeo.
V. CASA, HABITACIÓN, HOTEL, HOSPITAL.

alojar. V. ALOJAMIENTO 3, 4.

alondra. Copetuda, calandria, pájaro. V. AVE 15.

alopecia. Calvicie, pelada, entradas. V. PELO 13.

alpaca. Camélido, llama, mamífero. V. RUMIANTE 3.

alpargata. Zapatilla, abarca, sandalia. V. CALZADO 1.

alpinismo. Escalamiento, deporte*, ascensión. V. MONTAÑISMO 1.

alpinista. Escalador, excursionista, montañero. V. MONTAÑISMO 4.

alpiste. Grano, gramínea, cereal. V. SEMILLA 2.

alquería. Caserío, granja, cortijo. V. AGRICULTURA 2.

alquilado. V. ALQUILER 5.

alquilar. V. ALQUILER 2.

ALQUILER. 1. Locación, arrendamiento, arriendo, renta, inquilinato, traspaso, transferencia, cesión, subarriendo, realquiler, contrato, flete, fletamento, transmisión, entrega, operación, convenio, pacto*, trato, estipulación, ocupación.

2. Alquilar. Rentar, arrendar, traspasar, subalquilar, subarrendar, realquilar, ceder, transferir, transmitir, contratar, fletar, operar, convenir, pactar*, prestar.

3. El que da en alquiler. Arrendador, locador, casero, patrono, propietario*, amo, dueño, alquilador, administrador*, encargado, hacendado, latifundista, minifundista, terrateniente.

4. Inquilino. Alquilado, arrendatario, locatario, vecino, habitante*, ocupante, realquilado, subarrendado, subalquilado, administrado, morador, colocado*, instalado.

5. Alquilado. Transferido, traspasado, arrendado, locado, instalado*, colocado*, ubicado, rentado, cedido, contratado, estipulado, ocupado, habitado*, subalquilado, subarrendado (v. 3, 4).

Contr.: Vender, regalar.

V. PROPIEDAD, PACTO, HABITACIÓN, ADMINISTRACIÓN.

ALQUIMIA. 1. Crisopeya, transmutación, taumaturgia, ocultismo, transformación, metamorfosis, química*, q. mágica, magia, archimagia, hechicería*, brujería, hermetismo, doctrina oculta, arte quimérico, efusión, superstición*, magia blanca.

2. Elementos. Piedra filosofal, panacea universal, quintaesencia, elixir de la larga vida, magisterio, gran obra o ars magna, pequeña obra, argiropeya, espargiro, arcano, régulo, mercurio animado.

3. Ingredientes. Azufre, mercurio, oro, plata, plomo, arsénico, sal, hierro, estaño, cobre, orina, bilis de toro, menstruo.

4. Utensilios. Alambique, retorta, alquitara, redoma, atanor, hornillo de atanor, crisol, sublimador (v. laboratorio*).

5. Operaciones. Destilación, purificación, calcinación, amalgamación, ceración, fusión, sublimación.

6. Descubrimientos de la alquimia. Alcohol, ácido sulfúrico o vitriolo, ácido nítrico, ácido fluorhídrico, fósforo, bismuto, éter.

7. Personas. Alquimista, quimista, iniciado, alambicador, archimago, mago, hechicero*, brujo, adepto, filósofo hermético, sabio*.

8. Alquimistas famosos. Rogerio Bacon, Hermes Trimegisto, Avicena, Enrique de Villena, Arnaldo de Vilanova, Nicolás Flamel, Jorge Ripley, Basilio Valentín, Paracelso, Pico de la Mirandola, Van Helmont, Cornelio Agripa, Newton.

9. Libros. *Tabula Smaragdina, Tesoro de los tesoros, Rosario de los filósofos, El ritual de la Alquimia, Paragrano.*

V. HECHICERÍA, QUÍMICA, LABORATORIO, FARMACIA.

alquimista. V. ALQUIMIA 7.

alquitrán. Brea, resina, pez. V. PETRÓLEO 2.

alrededor. 1. En torno, junto a, próximo a. V. CERCA 1.

— **2.** Casi, a ojo, aproximadamente. V. CERCA 3.

— **3.** *Alrededores,* cercanías, extrarradio, arrabal. V. BARRIO 2.

alta. 1. Restablecimiento, convalecencia, curación. V. CURAR 4.

— **2.** Admisión, acceso, ingreso. V. ENTRAR 5.

— **3.** V. ALTO 1, 2.

alta costura. Moda, arte, actividad. V. COSTURA 10.

altanería. Altivez, orgullo, soberbia. V. VANIDAD 1.

altanero. V. altanería.

ALTAR. 1. Ara, retablo, tabernáculo, piedra, tabla, mesa, mesa del Señor, templete, monumento, grada, estrado, peana, capilla, sagrario, presbiterio, sanctasanctórum, recinto.

2. Partes. Antealtar, trasaltar, cáliz, Hostia, Sagrada Forma, custodia, sagrario, patena, cirio, misal, Biblia, crucifijo, viril, campanilla, copón, hisopo, mantel, sábana, sacra, palio, dosel, baldaquín, ornamentos, antipendio, camarín, grada, escalones, mesa, sepulcro, paramentos, imagen, frontal, fóculo, calvario, vía crucis, hornacina.

V. TEMPLO, MISA, SACERDOTE.

ALTAVOZ. 1. Altoparlante, amplificador, megáfono, bocina, artefacto, aparato* electromagnético, bafle; micrófono, radio*.

2. Partes. Imán, núcleo, chasis, membrana, bocina, cono difusor.

3. Clases. Omnidireccional o no direccional, bidireccional, unidireccional; dinámico, electroestático, piezoeléctrico; cine en casa (home cinema).

V. RADIO, SONIDO.

alteración. 1. Modificación, variación, transformación. V. CAMBIO 3.

— **2.** Trastorno, conmoción, irritación. V. INTRANQUILIDAD 1.

alterar. 1. Modificar, variar, transformar. V. CAMBIO 6.

— **2.** Trastornar, conmocionar, irritar. V. PERTURBAR 1.

— **3.** Adulterar, mixtificar, corromper. V. FALSO 3.

altercado. Controversia, gresca, pelea*. V. DISCUSIÓN 1.

alternador. Generador, aparato, máquina. V. DÍNAMO 1.

alternar. 1. Trocar, transformar, turnar. V. VARIAR 1.

— **2.** Tratar, codearse, relacionarse. V. CONVIVENCIA 2.

alternativa. 1. Disyuntiva, dilema, problema. V. DUDA 1.

— **2.** Confirmación, venia, espaldarazo. V. APROBAR 2.

alternativo. Electivo, optativo, cambiante*. V. VARIAR 7.

alterno. Intermitente, discontinuo, irregular. V. VARIAR 7.

alteza. Elevación, nobleza; príncipe. V. TRATA-
MIENTO 3, ARISTOCRACIA 1, 2.
altibajos. Contingencia, eventualidad, problema.
V. SUCESO 1.
altiplanicie. Meseta, páramo, desierto*. V. LLA-
NURA 1.
altisonante. Rimbombante, sonoro, pomposo. V.
PEDANTE 1.
altitud. Eminencia, elevación, encumbramiento.
V. ALTO 3.
altivez. Soberbia, arrogancia, orgullo. V. VANI-
DAD 1.
altivo. Orgulloso, engreído, presuntuoso. V. VA-
NIDAD 2.
ALTO. 1. Elevado, encumbrado, crecido, alzado,
levantado, cimero, grande*, gigante (v. 2), gigantesco, desarrollado*, larguirucho, desgarbado, zanquilargo, espigado, talludo, corpulento,
fornido, mocetón, grandullón, mozallón, chicarrón, buen mozo, esbelto, jayán, acrecentado,
incrementado, aumentado, descollante, culminante, prominente, subido, dilatado, superior,
supremo, exagerado, inmenso, enorme, colosal,
monumental, descomunal, grandioso, empinado, desmedido, destacado, dominante, hercúleo, titánico, ciclópeo, piramidal, monstruoso,
imponente, desmesurado.
— **2.** *Gigante*, alto, hércules, titán, sansón,
Goliat, coloso, Cíclope, Polifemo, superhombre, héroe*, semidiós, monstruo* (v. 1), (v.
mitología 3).
3. Altura. Estatura, talla, alzada, medida*,
dimensión, alto, encumbramiento, elevación,
nivel, altitud, marca, línea*, cota, punto, rasante, ras, límite*, capa, estrato, piso, planta, crecimiento (v. 4), grandeza*, eminencia,
enormidad, inmensidad, esbeltez, corpulencia,
gigantismo, desarrollo, largo, imponencia, colosalismo, monstruosidad*, aumento, alcance,
grado, culminación, incremento, prominencia,
montaña* (v. 5), superioridad*, supremacía*,
exageración*, exceso, pináculo, remate, ápice.
— **4.** *Crecimiento*, aumento, incremento, adición, ampliación, progresión, agrandamiento,
añadido, suma, engrosamiento, refuerzo, acrecentamiento, subida*, desarrollo*, formación.
— **5.** *Monte*, altura, cerro, otero, montículo,
promontorio, eminencia, pico, risco, colina,
loma, altozano, alto, sierra (v. montaña*).
6. Elevar(se). Crecer, desarrollarse*, aumentar*, agrandar, engrosar, espigarse, descollar,
sobresalir, ganar, madurar, medrar, dominar,
encumbrarse, subir*, alzarse, auparse, levantarse, empinarse, formarse, criarse, agigantar(se),
remontarse, ascender, incrementar, adicionar,
ampliar, añadir, acrecentar, reforzar, exceder,
exagerar (v. 4).
Contr.: Pequeño*, insignificante*, inferior*.
V. GRANDE, EXAGERADO, SUBIDO, SUPERIOR,
MONSTRUOSO.

alto horno. Cuba, crisol, receptáculo. V. META-
LURGIA 2.
altoparlante. V. ALTAVOZ 1.
altozano. Loma, colina, cerro. V. MONTAÑA 2.
altruismo. Desinterés, filantropía, humanidad. V.
GENEROSIDAD 1.
altruista. Abnegado, humanitario, magnánimo. V.
GENEROSIDAD 2.
altura. V. ALTO 3.
alubia. Habichuela, judía, fríjol, frijol o fréjol. V.
LEGUMBRE 3.
alucinación. Visión, espejismo, engaño*. V. FAN-
TASÍA 1.
alucinado. Trastornado, deslumbrado, fanático.
V. ENGAÑO 6.
alucinante. Impresionante, fantástico*, espantoso*. V. ASOMBRO 2.
alucinar. Deslumbrar, cegar, impresionar. V.
ASOMBRO 4.
alucinógeno. Hipnótico, estupefaciente, fármaco.
V. DROGA 1, 2.
alud. Avalancha, desplome, desprendimiento. V.
DERRUMBAR 3.
aludido. Antedicho, citado, expresado. V. MEN-
CIONAR 3.
aludir. Referirse, señalar, citar. V. MENCIONAR 1.
alumbrado. Instalación, luminotecnia, iluminación.
V. LÁMPARA 5.
alumbramiento. Parto, origen, embarazo*. V.
NACIMIENTO 1.
alumbrar. 1. Iluminar, emitir, enfocar. V. LUZ 8.
— **2.** Dar a luz, traer al mundo, parir. V. NA-
CIMIENTO 5.
aluminio. Alúmina, bauxita, aleación. V. METAL 6.
alumno. Escolar, estudiante, colegial. V. EDUCA-
CIÓN 13.
alusión. Cita, referencia, indicación. V. MENCIO-
NAR 2.
alusivo. Concerniente, relativo, referente. V. MEN-
CIONAR 3.
aluvión. 1. Desbordamiento, inundación, crecida.
V. RÍO 1.
— **2.** Depósito, acumulación, sedimento. V.
GEOLOGÍA 7.
alvéolo, alveolo. Fosita, celdilla, cavidad. V.
HUECO 1.
alza. 1. Incremento, crecimiento, encarecimiento.
V. AUMENTAR 4, 5.
— **2.** Mira, accesorio, pieza. V. FUSIL 2.
alzada. Altura, talla, estatura. V. ALTO 3.
alzamiento. Sublevación, revuelta, motín. V. RE-
VOLUCIÓN 1.
alzar. 1. Elevar, izar, levantar. V. SUBIR 2.
— **2.** *Alzarse*, rebelarse, insurreccionarse, amotinarse. V. REVOLUCIÓN 6.
— **3.** Erguirse, encaramarse, auparse. V. SU-
BIR 1.
ama. 1. Niñera, nodriza, aya. V. NIÑO 5.
— **2.** Señora, dueña, patrona. V. PROPIEDAD 6.
— **3.** Acompañante, doncella, carabina. V.
COMPAÑERO 1.

AMABILIDAD. 1. Cortesía, educación, cordialidad, afabilidad, dulzura, suavidad*, finura, modales, modos, maneras, ademanes, crianza, urbanidad, solicitud, sencillez, consideración, respeto, miramiento, cuidado*, corrección, gentileza, tacto, civilidad, cultura, diplomacia, caballerosidad*, protección, política, delicadeza, atención, trato, refinamiento*, generosidad, simpatía*, nobleza, congratulación, comedimiento, mesura, moderación, sociabilidad, gracia, afecto, amor*, efusión, complacencia, humildad*, benevolencia, humanidad, familiaridad, expresividad, saludo*, reverencia, inclinación, besamanos, sombrerazo, venia, abrazo, fineza, detalle, elogio*, encomio, cumplido, loa, alabanza, ponderación, lisonja, adulación*, zalamería.
2. Amable. Educado, urbano, afable, cortés, cumplido, dulce, suave, cordial, atento, fino, cariñoso, servicial, amistoso, simpático*, solícito, propicio, civilizado, gentil, bien criado, correcto, considerado, galante, delicado, cuidadoso*, político, prudente, caballeroso*, diplomático, culto, refinado*, pulcro, mesurado, moderado*, modoso, comedido, respetuoso, noble, tratable, sencillo, humilde*, complaciente, bonachón, afectuoso, gracioso, sociable, civil, sensible, benévolo, efusivo, expresivo, familiar, humano, generoso*, protector*, elogioso*, encomiástico, lisonjero, adulador*, zalamero, empalagoso, acaramelado, obsequioso.
3. Ser amable. Agradar, ponderar, elogiar*, encomiar, adular*, expresar, cuidar*, atender, desvelarse, proteger*, mimar*, derretirse, desvivirse, despepitarse, defender, velar, esmerarse, regalar*, obsequiar, acoger, favorecer, abrazar, besar, saludar*.
Contr.: Grosería, descortesía*, rudeza.
V. SIMPATÍA, CABALLEROSIDAD, RESPETO, ELOGIO, ADULACIÓN, SALUDO, CUIDADO, GENEROSIDAD, AMOR, MIMAR.
amable. V. AMABILIDAD 2.
amado. Querido, apreciado, adorado. V. AMOR 10.
amador. Enamorado, amante, galán. V. AMOR 12.
amaestrado. V. amaestrar.
amaestrar. Domesticar, adiestrar, amansar. V. DOMINACIÓN 11.
amagar. Hacer ademán, amenazar, fintar o fintear. V. GESTO 4.
amago. 1. Finta, ademán, amenaza. V. GESTO 1.
— **2.** Indicio, señal, comienzo. V. PRINCIPIO 1.
amainar. Calmarse, escampar, ceder. V. BONANZA 4.
amalgama. Combinación, mixtura, unión. V. MEZCLA 1.
amamantar. Dar el pecho, criar, dar de mamar. V. CRÍA 6.
amancebamiento. Concubinato, cohabitación, convivencia. V. ADULTERIO 1.

amancebarse. Entenderse, cohabitar, juntarse. V. ADULTERIO 6.
AMANECER. 1. Alborear, despuntar, clarear, apuntar el sol*, a. la aurora, aclarar, madrugar, rayar el día*, r. el alba, salir el sol*, aparecer el sol, hacerse de día.
2. Aurora. Alborada, alba, madrugada, mañana, amanecida, crepúsculo, rosicler, matutino, albores, resplandor, entre dos luces, al cantar el gallo, antes del día*, a primera luz, maitines, oraciones, temprano, de mañanita, salida del sol*.
3. Matutino. Mañanero, matinal, diurno, tempranero, de madrugada, amanecido, crepuscular, madrugador, adelantado, temprano, anticipado, trabajador*, previsor, diligente.
Contr.: Anochecer, oscurecer, noche*.
V. DÍA, TIEMPO, SOL.
amanecida. V. AMANECER 2.
amanerado. Cursi, afeminado, remilgado*. V. AFECTACIÓN 2.
amaneramiento. Artificio, remilgo*, rebuscamiento, V. AFECTACIÓN 1.
amansar. 1. Amaestrar, domar, domesticar. V. DOMINACIÓN 9.
— **2.** Calmar, apaciguar, aplacar. V. TRANQUILIDAD 9.
amante. 1. Enamorado, galán, adorador. V. AMOR 12.
— **2.** Querido, amigo; querida, amiga. V. ADULTERIO 2, 3.
— **3.** Cariñoso, afectuoso, considerado. V. AMABILIDAD 2.
amanuense. Copista, escribano, escribiente. V. ESCRITOR 2.
amañar. Arreglar, engañar, apañar. V. FALSO 8.
amapola. Papaverácea, adormidera, ababol. V. FLOR 5.
amar. Adorar, querer, apreciar. V. AMOR 6.
amarar. Posarse, descender, acuatizar. V. AVIÓN 6.
amargar. 1. Enranciar, acibarar, agriar. V. ÁCIDO 8.
— **2.** Afligir, entristecer, apenar. V. AFLICCIÓN 3.
amargo. 1. Acre, acibarado, acerbo. V. ÁCIDO 1.
— **2.** Aflictivo, ingrato, penoso. V. AFLICCIÓN 6.
amargor. 1. Acritud, amargazón, desagrado*. V. ÁCIDO 3.
— **2.** V. amargura.
amargura. Tribulación, disgusto, pena. V. AFLICCIÓN 1.
amarillear. Amustiarse, ajarse, palidecer. V. MARCHITO 3.
amarillo. Gualdo, pajizo, leonado. V. COLOR 7.
amarra. Maroma, atadura, soga. V. CUERDA 1.
amarradero. Muelle, desembarcadero, malecón. V. PUERTO 1.
amarrar. Ligar, atar, enlazar. V. SUJETAR, NUDO 5.
amartelado. Acaramelado, enamorado, cariñoso, V. AMOR 11.
amasar. Mezclar*, sobar, masajear. V. MASAJE 5.
amasijo. Masa, revoltijo, desorden*. V. MEZCLA 3.

amateur. *fr* No profesional, entusiasta, deportista*. V. AFICIÓN 5.

amatista. Piedra fina, gema, alhaja. V. PIEDRA PRECIOSA 2.

amatorio. Sentimental, erótico, pasional. V. AMOR 13.

amazona. 1. Caballista, cabalgadora, cazadora. V. CABALLO 15.

— 2. Marimacho *coloq*, hombruna *coloq*. V. MUJER 4.

ambages. Ambigüedad, rodeos, sutileza. V. IMPRECISIÓN 1.

ámbar. Resina fósil, materia preciosa, perfume suave. V. PERFUME 4, PIEDRA PRECIOSA 2.

ambarino. Translúcido, pálido, amarillento. V. COLOR 7, TRANSPARENCIA 2.

AMBICIÓN. 1. Afán, apetencia, deseo*, ansia, avaricia, avidez, sed, hambre, apetito, egoísmo*, envidia*, gana, anhelo, codicia*, esperanza*, pretensiones, aspiración, objetivo, fin*, norte, meta, sueño, s. dorado, ánimo*, empeño, pasión, voluntad*, esfuerzo*, intención, interés*, ardor, prurito, inclinación, capricho*, reconcomio, apasionamiento*, intriga, maniobra, cálculo, especulación, conspiración.
2. Ambicioso. Ansioso, ávido, afanoso, apetente, codicioso*, anhelante, deseoso*, animoso*, sediento, hambriento, esperanzado*, insatisfecho, voluntarioso*, interesado*, preocupado, empeñoso, apasionado*, egoísta*, envidioso*, aprovechado, calculador, especulador, conspirador, maniobrero, insaciable, aventurero, vividor, oportunista, arribista, intrigante, caprichoso*, ardoroso, pretendiente, aspirante, esforzado.
3. Ambicionar. Aspirar, ansiar, pretender, desear*, codiciar*, apetecer, afanarse, querer, preocuparse, esperanzarse*, tener hambre de, tener sed de, animarse*, anhelar, envidiar*, interesarse*, pirrarse, empeñarse, esforzarse, apasionarse*, aprovechar, calcular, especular, conspirar, intrigar, urdir, maniobrar, arder en, encapricharse.
Contr.: Desinterés, generosidad*, humildad*.
V. DESEO, CODICIA, EGOÍSMO, ENVIDIA, ESPERANZA, INTERÉS, ÁNIMO, APASIONAMIENTO, VOLUNTAD.

ambicionar. V. AMBICIÓN 3.

ambicioso. V. AMBICIÓN 2.

ambidextro. Diestro, zurdo.

ambientar(se). Familiarizar(se), acostumbrar, aclimatar. V. HÁBITO 4.

ambiente. 1. Medio, ámbito, círculo. V. LUGAR 1.

— 2. Espacio, atmósfera, éter. V. AIRE 1.

ambigüedad. Vaguedad, equívoco, confusión. V. IMPRECISIÓN 1.

ambiguo. Indeterminado, incierto, dudoso. V. IMPRECISIÓN 2.

ámbito. V. ambiente.

ambos. Uno y otro, los dos. V. GRUPO 12.

ambrosía. Néctar, manjar, elixir. V. GUSTO 13.

ambulancia. Asistencia, camioneta, vehículo. V. SOCORRO 4, AUTOMÓVIL 1.

ambulante. Movedizo, errante, callejero. V. VAGABUNDO 1.

ambulatorio. Dispensario, consultorio, clínica. V. HOSPITAL 1.

ameba. Protozoo, animálculo, microbio. V. MICROORGANISMO 1.

amedrentar. Atemorizar, asustar, intimidar. V. TEMOR 3.

amén. Así sea, asentimiento, conformidad. V. APROBAR 3, REZO 4.

AMENAZA. 1. Reto, provocación, desafío*, enfrentamiento, conminación, intimidación, mandato, exigencia, amago, chantaje, extorsión, peligro* (v. 2), orden*, apercibimiento, amonestación, imposición, lance, obligación, fuerza, enemistad*, agresividad, violencia*, intranquilidad*, persecución, jactancia, bravata, oposición*, finta, maldición*, pelea*, fanfarronada*, aviso, advertencia*, ultimátum (v. 2).
— 2. *Peligro**, amenaza, riesgo, apuro, trance, aventura, conflicto, contingencia, inminencia, azar*, desgracia*, urgencia*, apremio, presagio, profecía, adivinación*.
3. Amenazar. Provocar, retar, bravuconear, fanfarronear*, atemorizar, intranquilizar*, desafiar*, conminar, enfrentar, amagar, chantajear, extorsionar, exigir, ordenar*, profetizar, presagiar, adivinar*, mandar, intimar, intimidar, imponer, amonestar, apercibir, violentar*, forzar, obligar*, pelear*, maldecir*, blasfemar, oponerse*, jactarse, advertir, avisar, acosar, perseguir, importunar, inquietar, apremiar, encañonar, apuntar.
4. Amenazador. Inquietante, amenazante, dañino, maligno, peligroso*, arriesgado, inminente, contingente, conflictivo, aventurado, importuno, apurado, azaroso*, desgraciado*, urgente*, apremiante, profético, provocador, fanfarrón, intimidante, peleador*, oponente*, bravucón, desafiante*, conminatorio, exigente, retador, chantajista, extorsionista, perseguidor, maldiciente*, blasfemador, agresivo, violento*, intranquilizante*, malitencionado, enemigo*, perverso.
— 5. *Torvo*, amenazador, ceñudo, mal encarado, patibulario, avieso, siniestro, espantable, horroroso, feo*, lúgubre*,
Contr.: Pacífico, inofensivo.
V. PELIGRO, DESGRACIA, AZAR, MALDICIÓN, VIOLENCIA, PELEA, FANFARRONADA, ENEMISTAD, URGENCIA.

amenazador. V. AMENAZA 4.

amenazar. V. AMENAZA 3

amenidad. Distracción, esparcimiento, entretenimiento. V. DIVERSIÓN 1.

amenizar. Distraer, entretener, alegrar. V. DIVERSIÓN 4.

ameno. Variado, distraído, animado. V. DIVERSIÓN 6.

americana. Prenda, cazadora, vestimenta*. V. CHAQUETA 1.

americanismo. Locución, giro, modismo. V. PALABRA 5.

americanizar. V. AMERICANO 3.

AMERICANO 1. Criollo, iberoamericano, hispanoamericano, hispano, hispánico, latinoamericano, mexicano, centroamericano, sudamericano o suramericano, colombiano, argentino, etc., gaucho, acriollado; mestizo, amestizado, indio*, aindiado, amerindio, aborigen, americanizado, colonial. Norteamericano, estadounidense, angloamericano, yanqui, gringo.
2. Indio americano. V. INDIO 2.
3. Americanizar. Acriollar, mestizar, cruzar, mezclar*, adaptar, acostumbrar, radicar, enraizar, habituar*.
V. ETNIAS, INDIO.

AMETRALLADORA. 1. Arma*, a. automática, a. de fuego, ingenio de guerra. *Clases:* ametralladora ligera, a. de aviación, fusil ametrallador, metralleta, pistola ametralladora, subfusil.
2. Partes. Cañón, refrigeración por aire, r. por agua, afuste, trípode, soporte, empuñadura, gatillo, culata, banda de cartuchos, cerrojo, recámara, percutor, extractor, expulsor, muelle, caja, alza, mira, proyectil*, calibre, regulador de velocidad, mecanismo de automatismo, m. de puntería en alcance, m. de puntería de dirección.
3. Marcas. Maxim, Gatling, Thomson, Sten, CETME Ameli.
4. Ametrallamiento. Disparos, ráfaga, descarga. V. TIRO 1.
5. Ametrallar. Disparar, tirar, acribillar, agujerear*, horadar, perforar, matar, herir, abatir, tirotear, hacer fuego.
V. ARMA, FUSIL, PISTOLA, PROYECTIL, TIRO.

ametrallar. V. AMETRALLADORA 5.

amianto. Asbesto, material aislante, empaquetadura. V. AISLAMIENTO 8.

amiba. V. ameba.

amiga. 1. Compañera, camarada, compañía. V. COMPAÑERO 1.
— 2. Querida, amante. V. ADULTERIO 2.

amigable. Amistoso, afectuoso, fraterno. V. COMPAÑERO 2.

amigar(se). Acercar(se), unir, olvidar. V. SIMPATÍA 6.

amígdala. Carnosidad, tonsila, excrecencia. V. GARGANTA 4.

amigo. 1. Conocido, camarada, compinche. V. COMPAÑERO 1.
— 2. Querido, amante. V. ADULTERIO 2.

amilanado. Amedrentado, acobardado, pusilánime. V. TEMOR 4.

amilanar(se). Amedrentar(se), asustar, acoquinar. V. TEMOR 3.

aminorar. Rebajar, reducir, atenuar. V. DISMINUCIÓN 2.

amistad. Fraternidad, afecto, camaradería. V. COMPAÑERO 4.

amistoso. V. amigable.

amnesia. Falta de memoria, ausencia de m., pérdida de m. V. OLVIDO 1.

amnistía. Gracia, clemencia, indulto. V. PERDÓN 1.

amnistiar. Conmutar, indultar, dispensar. V. PERDÓN 2.

amo. Señor, patrono, dueño. V. PROPIEDAD 6.

amodorrado. Adormilado, soñoliento, aletargado. V. SUEÑO 5.

amodorramiento. Sopor, modorra, adormecimiento. V. SUENO 1.

amodorrarse. Adormecerse, aletargarse, dormitar. V. SUEÑO 6.

amohinado. Disgustado, mustio, enfadado. V. ENOJO 3, AFLICCIÓN 5.

amojamado. Acartonado, apergaminado, ajado. V. MARCHITO 1.

amojamar(se). V. amojamado.

amojonar. Delimitar, deslindar, marcar. V. LÍMITE 5.

amolar. Importunar, irritar, incomodar. V. MOLESTIA 6.

amoldar(se). Adaptar(se), acostumbrar, conformar. V. HÁBITO 4.

amonestación. Regañina, sermón, reprimenda. V. REPRENDER 2.

amonestar. Sermonear, regañar, advertir. V. REPRENDER 1.

amoniaco, amoníaco. Gas compuesto, fluido, líquido amoniacal. V. GAS 2.

amontonamiento. Montón, hacinamiento, pila. V. ACUMULAR 3.

amontonar. Apilar, juntar, hacinar. V. ACUMULAR 1.

AMOR. 1. Ternura, afecto, querer, cariño, aprecio, estima, apego, consideración, devoción, predilección, adoración, pasión, interés*, querencia, ley, enamoramiento, apasionamiento*, idilio (v. 2), afición, inclinación, lascivia (v. 3), voluntad, idolatría, adhesión, propensión, benevolencia, cordialidad, simpatía*, amistad, piedad (v. 4), ceguera, entusiasmo, llama, arrebato, caricia* (v. 5), fervor, admiración, efusión, éxtasis, reverencia (v. 2).
— 2. *Idilio*, amor, amorío, devaneo, flirteo, galanteo, coqueteo, corte, cortejo, festejo, enamoramiento, noviazgo, relaciones, compromiso, seducción, conquista, engatusamiento, capricho*, chifladura, chaladura, flechazo, requiebro, amartelamiento, aventura, a. amorosa, romance.
— 3. Acto sexual, relación s., cópula. V. SEXO 3, COITO.
— 4. Piedad, caridad, humanidad. V. COMPASIÓN 1.
5. Caricia*. Mimo, carantoña, terneza, zalamería, abrazo*, beso, roce, sobo, toque, manoseo, arrumaco, baboseo, zalema.

6. Amar. Adorar, apreciar, querer, venerar, apasionarse*, estimar, enamorarse, prendarse, idolatrar, encariñarse, apegarse, chalarse, flirtear, chiflarse, colarse, desvivirse, interesarse, preferir*, enternecerse, aficionarse*, pirrarse, perder la cabeza, inclinarse, encelarse, morirse, suspirar, despepitarse, perecerse, deshacerse, derretirse, exaltarse, reverenciar, simpatizar*, encapricharse, cortejar (v. 7), besar (v. 8).

7. Enamorar. Cortejar, rondar, coquetear, galantear, enamorarse (v. 6), flirtear, seducir, conquistar, atraer, cautivar, flechar, arrullar, declararse, hablar, solicitar, comprometerse, requebrar, piropear, amartelarse, festejar, corresponderse, engatusar, copular (v. 9), castigar, camelar, encandilar, arrastrar (v. 6).

— **8.** *Acariciar*, amar, besar, mimar, abrazar*, sobar, rozar, tocar, manosear (v. caricia*).

— **9.** *Copular*, amar, fornicar, ayuntarse (v. coito 6), entenderse, amancebarse, abarraganarse, convivir, casarse (v. casamiento*).

10. Amado. Querido, adorado, predilecto, preferido*, idolatrado, entrañable, venerado, caro, bienquisto, dilecto, estimado, preciado, apreciado, admirado, festejado, galanteado, cortejado, seducido, conquistado, ídolo (v. 11).

11. Enamorado. Encariñado, prendado, flechado, interesado (v. 10), prometido, festejante, pretendiente, novio, tórtolo, futuro, cortejador, púber, núbil, conyugable, casadero, marido, casado, interesado, apasionado, pasional, chalado, acaramelado, amartelado, enamoradizo, encaprichado (v. 12).

12. Amador. Galán, donjuán, tenorio, casanova, conquistador, mujeriego*, seductor, enamoradizo, galanteador, cortejador, festejante, enamorado, pretendiente, burlador, faldero, castigador, amante, tórtolo, adorador; vampiresa, coqueta, frívola, seductora (v. 10).

13. Amoroso. Cariñoso, tierno, afectuoso, amatorio, entrañable, afable, sensible, afectivo, íntimo, devoto, adorable, amable*, cordial, efusivo (v. 10, 11, 12), apegado, pasional, sentimental, apasionado*, erótico, sexual*, volcánico (v. 14).

14. Clases de amor. Ardiente, volcánico, apasionado, acendrado, profundo, intenso, platónico, tierno, acrisolado, eterno, desinteresado, inagotable, entrañable, desdeñoso, tibio, altanero, frío, despectivo, burlón, frágil, frívolo, ingrato, celoso.

15. Deidades. Venus o Afrodita, Eros, Cupido, Astarté.

Contr.: Odio, repulsión, repugnancia*.

V. AMABILIDAD, SIMPATÍA, INTERÉS, APASIONAMIENTO, AFICIÓN, ABRAZO, CARICIA, SEXO, EROTISMO, COITO.

amoral. Inmoral, desvergonzado*, indiferente. V. INDECENCIA 2.

amoratado. Tumefacto, violáceo, cárdeno. V. GOLPE 15.

amordazar. Acallar, intimidar, enmudecer. V. SILENCIO 4.

amorfo. Desproporcionado, informe, malhecho. V. DEFORMACIÓN 3.

amorío. V. AMOR 2.

amoroso. V. AMOR 13.

amortajar. Preparar, cubrir, componer el cadáver. V. MUERTE 13.

amortiguador. Ballesta, resorte, muelle. V. AUTOMÓVIL 12.

amortiguar. Suavizar, aminorar, disminuir. V. MODERACIÓN 6.

amortizar. Abonar, saldar, liquidar. V. PAGAR 1.

amoscarse. Mosquearse, desconfiar, escamarse. V. SOSPECHA 6.

amotinado. Sedicioso, insurrecto, rebelde. V. REVOLUCIÓN 4.

amotinamiento. Rebelión, sublevación, motín. V. REVOLUCIÓN 1.

amotinarse. Rebelarse, insurreccionarse, sublevarse. V. REVOLUCIÓN 1.

amparar. Defender, escudar, ayudar. V. PROTECCIÓN 3.

amparo. Resguardo, socorro, refugio. V. PROTECCIÓN 1.

amperímetro. Medidor, voltímetro, aparato. V. ELECTRICIDAD 11.

amperio. Unidad eléctrica, u. de intensidad. V. ELECTRICIDAD 4.

ampliable. V. AMPLITUD 6.

ampliación. V. AMPLITUD 4.

ampliamente. V. AMPLITUD 5.

ampliar. V. AMPLITUD 3.

amplificador. Megáfono, altoparlante, micrófono. V. ALTAVOZ 1.

amplificar. V. AMPLITUD 3.

amplio. V. AMPLITUD 2.

AMPLITUD. 1. Extensión*, capacidad, espacio, ancho, anchura, holgura, vuelo, grueso, grosor, espesor, alto*, largo*, medida*, distancia, vastedad, expansión, envergadura, magnitud, abertura, diámetro, paso, calibre, ensanche, desarrollo*, profundidad*, hondura, difusión, agrandamiento, dilatación, abultamiento, crecimiento, ampliación, aumento*, bulto, masa, desahogo, libertad, desembarazo, soltura, abundancia*, exceso, exageración*, exuberancia, enormidad, grandeza*.

2. Amplio. Espacioso, abierto, despejado, libre*, holgado, vasto, extenso*, ancho, grueso, abultado*, espeso, expandido, capaz, largo*, alto*, difundido, profundo*, bajo, escotado, inmenso, infinito, desmesurado, inacabable, interminable, ilimitado, incalculable, hondo, desarrollado*, aumentado*, crecido, abocardado, abocinado, ensanchado, acampanado, campaniforme, apaisado, alargado, horizontal, dilatado, excesivo, exagerado*, abundante*, suelto, desembarazado, exuberante, enorme, colosal, gigantesco, grande*, copioso, caudaloso, ingente, fabuloso, monumental, considerable, mayúsculo.

3. Ampliar. Ensanchar, acrecentar, aumentar*, incrementar, abrir, despejar, franquear, librar, extender*, expandir, añadir, agrandar, engrosar, espesar, espaciar, expansionar, desahogar, distanciar, alargar, difundir, profundizar*, bajar, escotar, ahondar, desarrollar*, crecer, soltar, exagerar*, exceder, dilatar, desembarazar, completar, magnificar, modificar, cambiar*.

4. Ampliación. Incremento, crecimiento, agrandamiento (v. 3), engrandecimiento, ensanchamiento, añadido*, extensión (v. 1).

5. Ampliamente. Espaciosamente, holgadamente, vastamente, extensamente (v. 2).

6. Ampliable. Extensible, agrandable, dilatable, alargable, ensanchable, desarrollable, modificable, adaptable, cambiable*, transformable, variable*, mudable, alterable.

Contr.: Estrechez*, pequeñez*.

V. MEDIDA, LARGO, ABUNDANCIA, ABULTAMIENTO, PROFUNDIDAD, AUMENTO, DESARROLLO, AÑADIDO, EXAGERACIÓN, ALTO, GRANDE.

ampolla. 1. Vesícula, llaga, vejiguilla. V. HINCHAZÓN 1.

— 2. Cristal, ampolleta, vial. V. BOTELLA 1.

ampulosidad. V. ampuloso.

ampuloso. Pomposo, grandilocuente, rimbombante. V. PEDANTE 1.

amputación. Resección, ablación, mutilación. V. CORTAR 4, CIRUGÍA 4.

amputar. Cercenar, mutilar, seccionar. V. CORTAR 1, CIRUGÍA 10.

amueblar. Equipar, pertrechar, adornar. V. COLOCAR 1, DECORACIÓN 8.

amujerado. Afeminado, amanerado, amaricado *desp.*

amuleto. Talismán, mascota, fetiche. V. SUPERSTICIÓN 3.

amurallado. Defendido, protegido, reforzado. V. FORTIFICACIÓN 6.

amurallar. Defender, atrincherar, fortificar. V. FORTIFICACIÓN 5.

amustiar. Ajar, decolorar, marchitar. V. MARCHITO 3.

anabaptista. V. PROTESTANTE 2.

anacarado. Iridiscente, tornasolado, perlino. V. COLOR 5.

anaconda. Boa, reptil*, ofidio. V. SERPIENTE 2.

anacoreta. Asceta, ermitaño, penitente. V. SACERDOTE 2.

anacrónico. Anticuado, extemporáneo, trasnochado. V. ANTIGUO 1.

anacronismo. Inconveniencia, absurdo, antigualla. V. ANTIGUO 6.

ánade. Ganso, oca, pato. V. AVE 4.

anafilaxia. Susceptibilidad sanguínea, reacción, «shock». V. SANGRE 3.

anagrama. Alteración, cambio, transposición de letras; símbolo. V. LETRA 1; SIGNO 1.

anales. Memorias, relaciones, crónicas. V. NARRACIÓN 1.

analfabetismo. Incultura, atraso, rusticidad. V. IGNORANCIA 1.

analfabeto. 1. Inculto, iletrado, atrasado. V. IGNORANCIA 2.

— 2. Rudo, obtuso, zoquete. V. BRUTO 1.

analgésico. Sedante, calmante, lenitivo. V. DOLOR 12.

análisis. 1. Observación, estudio, examen. V. EDUCACIÓN 4.

— 2. Investigación*, comprobación, diagnóstico. V. LABORATORIO 3.

analítico. Metódico, científico, ordenado. V. CIENCIA 7.

analizar. V. análisis 1, 2.

analogía. Similitud, equivalencia, parecido. V. SEMEJANZA 1.

análogo. Parecido, similar, afín. V. SEMEJANZA 2.

ananá, ananás. Piña, piña americana, fruta. V. FRUTO 5.

anaquel. Repisa, aparador, estante. V. ARMARIO 2.

anaranjado. Rojizo, azafranado, naranja. V. COLOR 6, 7.

anarquía. Nihilismo, desorganización, confusión. V. DESORDEN 1.

anárquico. Desorganizado, confuso, revolucionario*. V. DESORDEN 2.

anarquista. Ácrata, nihilista. V. REVOLUCIÓN 4.

anatema. Imprecación, condena, excomunión. V. MALDICIÓN 1, DESAPROBAR 4.

ANATOMÍA. 1. Morfología, somatología, organología, descripción, disección, vivisección (animales*), estudio del cuerpo, de la estructura orgánica, corporal.

2. División. Anatomía descriptiva, topográfica, comparada, macroscópica, microscópica o histológica*, patológica, humana, animal, vegetal.

3. Estudio del cuerpo*. Osteología (huesos*), miología (músculos*), esplacnología (vísceras, órganos, tórax*, vientre*), neurología (nervioso*, sistema), artrología (articulaciones*), citología, histología* (células*, tejidos).

4. Anatómico. Orgánico, morfológico, corporal, visceral, físico, esplácnico (v. 3).

5. Anatomista. Anatómico, especialista, profesor, sabio, disector, médico*.

6. Generalidades. Anfiteatro, disección, bisturí, escalpelo, sonda acanalada, legra, pinzas de Kocher, formol, mesa, mármol, cátedra, depósito de cadáveres, morgue, autopsia, cadáver, pieza anatómica, disector, anatomista, alumno, a. de medicina.

7. Órganos, elementos. Véase cada uno de ellos, como sigue:

V. CUERPO, HUESOS, MÚSCULOS, CÉLULA, PIERNA, BRAZO, ARTICULACIONES, CIRCULATORIO (APARATO), CORAZÓN, NERVIOSO (SISTEMA), CEREBRO, OJO, OÍDO, ETC.

8. Acción. Disecar, escindir, dividir, investigar, vivisecar (v. cortar*).
anatómico. V. ANATOMÍA 4.
anatomista. V. ANATOMÍA 5.
anca. Flanco, grupa, cadera. V. PIERNA 1.
ancestral. Tradicional, hereditario*, atávico. V. TRADICIÓN 3.
ancestro. Antepasado, familiar*, antecesor. V. FAMILIA 2.
ancho. 1. Extenso*, espacioso, vasto. V. AMPLITUD 2.
— **2.** V. anchura.
anchoa. Salazón, boquerón, sardina V. PEZ 8.
anchura. Holgura, espacio, extensión*. V. AMPLITUD 1.
anchuroso. V. ancho.
ancianidad. V. ANCIANO 5.
ANCIANO. 1. Abuelo, veterano, viejo, decano, patriarca, senador, sabio*, antepasado, antecesor, familiar*, antañón, matusalén, mayor, maduro*, grande*, vejete, viejecito, jubilado, retirado, pensionista*, superviviente, supérstite, longevo, entrado en años, de edad madura, de e. avanzada, de la tercera edad, persona mayor, sexagenario, septuagenario, octogenario, nonagenario, centenario, sesentón, setentón, ochentón, talludo; viejo, vejestorio *desp,* carcamal *desp,* vejarrón *desp,* cotorrón *desp,* cascajo *desp,* zancarrón *desp,* calamocano *desp,* momia* *desp,* fósil* *desp,* vejancón *desp.*
— **2.** *Adjetivos:* Anciano, senil, añoso, viejo, venerable, patriarcal, maduro*, noble, conservado, tradicional*, majestuoso, fósil*, antiguo*, decrépito, talludo, longevo, jubilado, retirado, pensionista*, emérito, pasivo, de clases pasivas, caduco, chocho, alelado, provecto, achacoso, envejecido, valetudinario, vetusto, decadente, rancio, perdurable, estropeado, desdentado, grande*, viejo verde, ajado, marchito*, acartonado, senescente, clueco, arrugado (v. 6).
3. Antiguo*. Pretérito, arcaico, viejo, anticuado, remoto, añejo, añoso, trasnochado, pasado, desfasado, obsoleto, primitivo, primero, antediluviano, prehistórico*, fósil*, inmemorial, arqueológico*, estropeado, raído, desvencijado, destartalado, vetusto, apolillado, ajado, marchito*, prístino (v. 4).
4. Antigüedad, antiguamente, antigualla. V. ANTIGUO.
5. Ancianidad. Madurez, longevidad, senectud, vejez, edad, e. madura, e. provecta, e. avanzada, mayor edad, tercera edad, veteranía, ocaso, tiempo, años, canas, vetustez, senilidad, mayoría, decanato, supervivencia, duración, clases pasivas, progeria, experiencia, ranciedad, solera, abolengo, perennidad, conservación, envejecimiento, decrepitud, chochez, decadencia, momificación*, ajamiento, acartonamiento, marchitamiento*, uso, desgaste (v. 7).
6. Características seniles. Maduro, experimentado, avejentado, ajado, seco, marchito*, momificado, amojamado, arrugado, consumido, caquéctico, acartonado, apergaminado, menopáusico, chocho, senil, trabajado, agotado.
7. Dolencias, achaques. Arrechuchos, alifafes, males, enfermedades*. Asma, insomnio, demencia senil, enfermedad de Parkinson, arrugas, calvicie, canas, caída de dientes, consunción, caquexia, delgadez*, encorvamiento, parálisis, vista cansada, cataratas, glaucoma, ceguera, menopausia, climaterio, apoplejía, arteriosclerosis, colesterol, hipertensión, impotencia, reuma, ciática, gota, artritis, artrosis, atrofia, sordera, diabetes, hemorroides, varices.
8. Envejecer. Encanecer, declinar, caducar, avejentarse, decaer, aviejarse, durar, perdurar, entrar en años, conservarse, mantenerse, acabarse, degenerar, menguar, peinar canas, gastarse, ajarse, marchitarse*, arrugarse, amojamarse, momificarse, fosilizarse, secarse, consumirse, adelgazar, chochear, atontarse, reblandecerse, claudicar, madurar, anticuarse, añejarse, pasarse, atrofiarse, desfasarse, trasnocharse, estropearse, deteriorarse*, apolillarse, encorvarse, temblar, cojear, paralizarse, agotarse, enceguecer, retirarse, jubilarse, descansar.
9. Generalidades. Geriatría, gerontología, fisiología*, terapéutica, hormonas, procaína, KH3 (procaína-hematoporfirina), gerovital, injerto de glándulas, terapia celular, método de Voronoff, de Bogomoletz, de Steinach, de Brown-Séquard, de Niehans, de Metchnikov, de Aslan; jubilación, retiro, pensión*, seguridad, social, seguro de vida; residencia de ancianos, hogar, asilo, hospicio, albergue, alojamiento*; senado, consejo de ancianos, decanato, sanedrín, gerontocracia; Matusalén, Néstor.
Contr.: Joven*, nuevo*.
V. ANTIGUO, DETERIORADO, MARCHITO, EXPERIENCIA, ARQUEOLOGÍA, VIDA, MUERTE, FISIOLOGÍA, ENFERMEDAD.
ANCLA. 1. Rezón, áncora, arpeo, anclote, rejón, artefacto, aparejo; ancla de reserva o de esperanza, de cepo, de codera, de escobén, de capa o flotante, de bote, de leva, antigua, almirantazgo, de Hall.
2. Partes. Caña, cepo, cabeza, arganeo, brazo, diamante, uña, mapa, pico de loro, oreja, estopor, mordaza; cadena, grillete, eslabón, cable.
Otros elementos: Cabrestante, entalingadura, orinque, serviola, varadero, amura, boya.
3. Maniobras. Anclar, recalar, fondear, atracar, amarrar, bornear, echar, largar anclas, maniobrar, detener, inmovilizar*; gobernar sobre el ancla, aguantar al ancla, aferrar, garrear, abatir, abozar, aclarar, encepar, engalgar, entalingar, bitar, agarrar, desentalingar, descepar, levar anclas.
4. Fondeadero. Rada, ensenada, abra, cala, recaladero, amarradero, dársena, puerto*, ancón, cala, caleta, surgidero, bahía*.
V. BARCO, PUERTO, BAHÍA.

anclar. V. ANCLA 3.

ancón. V. ANCLA 4.

áncora. V. ANCLA 1.

andadura. Desplazamiento, camino, paso. V. MARCHAR 4.

ANDAMIO. 1. Andamiaje, maderamen, armazón, entramado, montura, castillejo, plataforma, guindola, barbacoa, tablado, tablazón, bastidor, soporte*, sustentáculo.
2. Partes. Poste, madero*, viga, baranda de protección, encañizado protector, puntal, p. diagonal, riostra, puente, carrera, plataforma, pasarela, tablones, maderos*, maderamen, ligadura, paral, pie derecho.
V. MADERA, SOPORTE, CONSTRUCCIÓN.

andanada. Salva, descarga, disparo. V. TIRO 1.

andante. Paseante, andarín, errante. V. MARCHAR 8.

andanza. Aventura, correría, peripecia. V. SUCESO 1.

andar. Avanzar, caminar, errar. V. MARCHAR 1.

andares. Contoneo, paso, movimiento*. V. MARCHAR 4.

andariego, andarín. Caminante, paseante, peatón. V. MARCHAR 8.

andas. Angarillas, litera, parihuelas. V. CAMA 2.

andén. Muelle, apeadero, pasillo. V. GALERÍA 1, FERROCARRIL 11.

andinismo. Alpinismo, deporte*, ascensión. V. MONTAÑISMO 1.

andinista. V. andinismo.

ANDRAJO. 1. Harapo, piltrafa, guiñapo, colgajo, jirón, pingo, pingajo, descosido, trapajo, retal, retazo, trapo, argamandel, roto, siete, desgarrón, rasgón, rasgadura, calandrajo, tira*, remiendo, tejido, tela*.
2. Andrajoso. Desarrapado o desarrapado, descosido, roto, harapiento, astroso, zarrapastroso, desaliñado, desastrado, dejado, adán, pingajoso, sucio*, desaseado, sórdido, indecente, mísero, pobre*, descamisado, desidioso, mugriento.
V. SUCIEDAD, POBREZA, TELA.

andrajoso. V. ANDRAJO 2.

andrógino. Bisexual, hermafrodita, ambiguo. V. SEXO.

andurrial. Vericueto, lugarejo, paraje remoto. V. LUGAR 1.

anécdota. Suceso, historieta, relato. V. NARRACIÓN 1.

anegar. Sumergir, inundar, encharcar. V. MOJAR 1.

anejo. Agregado, dependiente, adyacente. V. CERCA 1.

anélido. Lombriz, verme, invertebrado. V. GUSANO 1.

anemia. Extenuación, decaimiento, enfermedad*. V. DEBILIDAD 2, SANGRE 5.

anémico. Flojo, decaído, pálido. V. DEBILIDAD 4.

anémona, anemona. 1. Planta, vegetal, ranunculácea. V. FLOR 4.
— 2. Actinia, pólipo, invertebrado. V. ANIMAL 6.

ANESTESIA. 1. Adormecimiento, insensibilidad, sueño*, letargo, inconsciencia, sopor, parálisis, inmovilidad*, entorpecimiento, narcosis, analgesia, anestésico (v. 3), sedación, hipnosis, relajación muscular, atontamiento, modorra, embotamiento, inmovilidad*, desmayo*, colapso, privación, anulación del dolor*.
2. Clases. Anestesia general, local, intravenosa, intrarraquídea, epidural, troncular, por frío (v. 3).
3. Anestésico. Sedante, narcótico, droga*, medicamento*, soporífero, hipnótico, somnífero, insensibilizante, adormecedor, aletargante, analgésico, barbitúrico, relajante (v. 4).
4. Clases de anestésicos. Anestesia general: éter, cloroformo, ciclopropano, pentotal, etileno, protóxido de nitrógeno, cloruro de etilo, evertina, morfina, derivados de la morfina, d. del curare. A. local: Novocaína, procaína, cocaína, lidocaína, percaína, tropacocaína, alipina, frío local.
5. Aparatos e instrumentos. Máscara de éter, balón de goma, cilindro de oxígeno, cilindro de gas hilarante, botella de éter, botella de ácido carbónico, anestesímetro, balón de control de respiración, abrebocas, pinza tiralenguas, cánula de Mayo, electrocardiógrafo, electrocardiograma. Quirófano, anfiteatro, sala de operaciones.
6. Personas. Anestesista, anestesiólogo, especialista, médico*, cirujano, enfermero.
7. Anestesiar. Narcotizar, sedar, adormecer, cloroformizar, insensibilizar, medicar, hipnotizar*, aletargar, relajar, dormir, entorpecer, drogar*, paralizar, inmovilizar*, atontar, amodorrar, embotar, privar, colapsar, desmayar*.
Contr.: Estimulante, dolor*.
V. SUEÑO, INMOVILIDAD, DESMAYO, DOLOR, CIRUGÍA, DROGA, MEDICAMENTO.

anestesiar. V. ANESTESIA 7.

anestésico. V. ANESTESIA 3.

anestesista. V. ANESTESIA 6.

aneurisma. Ensanchamiento aórtico, dilatación. V. CIRCULATORIO (APARATO) 7.

anexión. Incorporación, fusión, unión. V. AÑADIR 3.

anexionar. V. anexión.

anexo. 1. Dependiente, agregado, adyacente. V. CERCA 1.
— 2. Filial, sucursal, dependencia. V. DELEGACIÓN 2.

ANFIBIO. 1. Múltiple, transformable, versátil, plural, diverso, de tierra y agua, de aire y agua, terrestre y acuático, aéreo y acuático; animal*, batracio (v. 2) Aparatos anfibios: hidroavión, hidroplano, lancha de desembarco, carro de asalto anfibio, tanque a., vehículo a. Operación anfibia, desembarco.
2. Animal* anfibio. Batracio, vertebrado. Clasificación: anuros (v. 3), ápodos (v. 4), urodelos (v. 5), otros (v. 6). Reptil*, pez*.

— **3.** *Anuros:* rana, rana verde, r. temporaria, r. dalmantina, r. arbórea o de San Antón, sapo, s. partero, renacuajo, escuerzo, batracio.
— **4.** *Ápodos:* cecilia.
— **5.** *Urodelos:* salamandra, s. terrestre, s. maculosa, tritón.
— **6.** *Otros:* salamanquesa, escuerzo, cuchareta, zapatero, renacuajo, samarugo, gallipato.
7. Generalidades. Huevo, larva, sangre fría, respiración branquial (larvas), r. pulmonar (adultos), piel viscosa, secreción venenosa.
V. ANIMAL, REPTIL, PEZ; AVIÓN.

anfibología. Ambigüedad, doble sentido, equívoco. V. IMPRECISIÓN 1.

anfiteatro. Tribuna, hemiciclo, graderío. V. TEATRO 9.

anfitrión. Huésped, amo, que convida. V. INVITACIÓN 5.

ánfora. Jarrón, vasija, cántaro. V. RECEPTÁCULO 3.

anfractuosidad. Depresión, grieta, cavidad. V. HENDEDURA 1.

anfractuoso. Desigual, tortuoso, escabroso. V. MONTAÑOSO, HENDEDURA 2.

angarillas. Andas, parihuelas, litera. V. CAMA 2.

ÁNGEL. 1. Serafín, espíritu celestial, querubín, arcángel, enviado del Señor, mensajero de Dios, angelote, angelito, espíritu alado, querube (v. 2); encanto.
2. Ángeles: Miguel (vence al demonio), Gabriel (anunciación de María), Rafael (guió a Tobías), ángel bueno, á. custodio, á. de la guarda. Á. malo, á. de tinieblas, á. caído, demonio*, diablo, Belcebú, Asmodeo, Lucifer, Satanás, Luzbel.
3. Jerarquías. 1) Serafines, querubines, tronos. 2) Dominaciones, virtudes, potestades. 3) Principados, arcángeles, ángeles.
4. Angelical. Seráfico, puro*, angélico, cándido, bendito, beato, justo, candoroso, impecable, inocente, inmaculado, ingenuo, espiritual*, etéreo, casto, virgen*, limpio, virtuoso, honroso*.
V. DIOS, CRISTO, RELIGIÓN, ESPÍRITU, DEMONIO; ATRACTIVO.

angelical. V. ÁNGEL 4.

ángelus. Toque, oración, llamada. V. REZO 2.

angina. 1. Faringitis, congestión, inflamación. V. GARGANTA 6.
— **2.** *Angina de pecho,* infarto, ataque cardíaco, dolor* cardíaco. V. CORAZÓN 7.

anglicano. V. PROTESTANTE 2.

anglicismo. Incorrección, extranjerismo, vicio de lenguaje. V. GRAMÁTICA 18.

angosto. Ceñido, apretado, escaso. V. ESTRECHO 1.

angostura. 1. Apretura, escasez, estrechez. V. ESTRECHO 3.
— **2.** Quebrada, cañada, garganta. V. DESFILADERO 1.

ANGUILA. 1. Pez* de agua dulce, serpentiforme, murénido, fisóstomo, congrio, morena, murena, lamprea, gimnoto, angula.
2. Generalidades. Mar de los Sargazos, desove, huevo, larva, leptocéfalo, angula, Gulf Stream, banco, cardumen, corriente, río; piel viscosa, escurridiza, mucosidad.
V. PEZ.

angula. V. ANGUILA 2.

angular. V. ÁNGULO 7.

ÁNGULO. 1. Intersección, canto, esquina*, bisel, arista, cantón, esconce, comisura, margen, borde*, chaflán, filo, corte*, sesgo, oblicuidad, inclinación*, recoveco, rincón, vuelta, revuelta, meandro, curva*, sinuosidad, recodo, codo.
2. Clases. Ángulo recto, agudo, obtuso, complementario, suplementario, alternos internos, a. externos, correspondientes, opuestos por el vértice, consecutivos, adyacentes, ángulo diedro, poliedro, cóncavo, convexo, llano, plano, entrante, saliente, rectilíneo, curvilíneo, sólido, esférico.
3. Instrumentos. Escuadra, transportador, gnomon, cuadrante, norma, falsa escuadra, falsa regla, limbo, goniómetro, teodolito, alidada, sextante, astrolabio.
4. Medidas, varios. Grado, minuto, segundo, radián; sexagesimal, centesimal, trigonometría.
5. Figuras con ángulos. Triángulo*, paralelogramo, pentágono, hexágono, polígono, cuadrilátero, trapecio, etc.
6. Otros ángulos. Ángulo de tiro, de mira, facial, cenital, horario, muerto, de escora, de incidencia, del ojo o comisura, óptico, de reflexión, de refracción, visual.
7. Anguloso. Angular, triangular, biselado, achaflanado, inclinado*, oblicuo, sesgado, esquinado; aguileño, alargado, pronunciado, curvo*, afilado.
Contr.: Recta.
V. GEOMETRÍA, TRIÁNGULO, LÍNEA, CURVA, ESQUINA, BORDE.

anguloso. V. ÁNGULO 7.

angustia. Sufrimiento, congoja, mortificación. V. AFLICCIÓN 1.

angustiado. Apenado, desesperado, inquieto. V. AFLICCIÓN 5.

angustiar(se). Inquietar(se), apenar, desesperar. V. AFLICCIÓN 3, 4.

angustioso. Penoso, doloroso, alarmante. V. AFLICCIÓN 6.

anhelante. Expectante, esperanzado, inquieto. V. DESEO 7.

anhelar. Ambicionar, pretender, aspirar. V. DESEO 4.

anhelo. Aspiración, ambición*, pretensión. V. DESEO 1.

anheloso. V. anhelante.

anidar. Instalarse, refugiarse, establecerse. V. HABITACIÓN 5.

anilina. Tinte, colorante, pigmento. V. COLOR 16.
anillo. Sortija, joya, arandela. V. ARO 1, 2.
ánima. Alma, esencia, aliento. V. ESPÍRITU 1.
animación. Vivacidad, dinamismo*, vitalidad. V. ÁNIMO 10.
animado. Movido*, bullicioso, vivaz. V. ÁNIMO 5.
animador. Locutor, presentador, artista. V. RADIO 9.
animadversión. Odio*, ojeriza, enemistad. V. ANTIPATÍA 1.
ANIMAL. 1. Criatura, ser vivo, orgánico, organizado, irracional, racional, organismo, ente, individuo, bestia, bruto (v. 2), fiera*, alimaña, bicho, res, ganado*, mula, caballería*, macho, semental, verraco, padrillo, garañón, padre, morueco, reproductor, cuadrúpedo, bípedo, bicha, animalejo, sabandija (v. 3), fauna (v. 4).
— **2.** *Bruto*, animal, zopenco, rudo, tosco, torpe, burro, asno, mulo, acémila, bestia, negado, lerdo, ignorante*, zafio, grosero, obtuso, cernícalo, palurdo, patán, ordinario.
3. Animalejo, animálculo. Bicharraco, bicho, animalucho, animalillo, gusarapo, sabandija, bestezuela, alimaña, musaraña, gorgojo, bicha, parásito*, renacuajo, larva, lombriz, gusano*, insecto*, microbio, microorganismo*, bacteria, protozoo, bacilo.
4. Clasificación o taxonomía. Reino animal: reino, tipo, clase, orden, familia, género, especie, variedad, raza, ejemplar. Fauna. Clasificación: *Protozoos* (v. 5): flagelados, rizópodos, amebas, infusorios, ciliados, esporozoos. *Invertebrados* (v. 6): equinodermos, gusanos*, celentéreos, moluscos*, artrópodos*. *Procordados* (v. 7): tunicados, anfioxos, ascidias. *Vertebrados* (v. 8): mamíferos*, aves*, reptiles*, anfibios*, peces (v. pez*). Clasificación moderna: Mesozoos, parazoos, animales radiados, a. acelomados, pseudocelomados y celomados: protóstomos y deuteróstomos (los protozoos se adscriben al reino protistas).
5. Protozoos. *Flagelados:* euglena, tripanosoma; *rizópodos:* ameba, arcella, acanthomera; *infusorios, ciliados:* paramecio, vorticela, balantidium; *esporozoos:* coccidium, gregarina.
6. Invertebrados. A) EQUINODERMOS: asteroideos o estrellas de mar, ofiuros, crinoideos o lirios de mar, equinoideos o erizos de mar, holoturias o pepinos de mar. B) GUSANOS*: *anélidos:* lombriz, sanguijuela; *platelmintos:* tenia, cestodos, trematodos, nemertinos; *nematelmintos:* nematodos, lombriz intestinal, triquina, áscaris, oxiuro, anquilostoma, filaria. C) CELENTÉREOS: corales, cnidarios, madréporas, hidra, pólipo, polípero, actinia, anémona, medusa; esponjas. D) MOLUSCOS*: *cefalópodos:* octópodos, decápodos, pulpo, calamar, jibia o sepia, nautilo; *gasterópodos:* caracoles, babosas, lapa; *lamelibranquios:* ostra, mejillón, almeja, madreperla. E) ARTRÓPODOS: *arácni-*

dos: arañas*, alacranes o escorpiones*, ácaros, garrapatas; *crustáceos:* langostino, langosta, cangrejo, percebe; *miriápodos:* ciempiés, escolopendra; *insectos* (v. este artículo).
7. Procordados. Tunicados, anfioxos, ascidias.
8. Vertebrados. A) mamíferos*; B) aves*; C) reptiles*; D) anfibios*; E) peces (v. pez*). (Véanse cada uno de estos artículos y los nombres de animales comunes: perro*, caballo*, vaca*, gato*, mono*, gallina*, tiburón*, etc.)
9. Características de los animales. Diurno, nocturno, acuático, marino, abisal, fluvial, lacustre, anfibio, terrestre, arborícola, trepador, montaraz, rastrero, reptador, volador, volátil, corredor, horadador, parásito, doméstico, sedentario, manso, amaestrado, silvestre, salvaje, bravío, cazador, migratorio; vivíparo, ovíparo, ovovivíparo; herbívoro, rumiante, omnívoro, frugívoro, vegetariano, carnívoro, carnicero, insectívoro, roedor, necrófago, piscívoro, ictiófago, parásito, caníbal, antropófago, coprófago; vertebrado, mamífero, invertebrado, anélido, bípedo, cuadrúpedo, cuadrumano, plantígrado, digitígrado, áptero, díptero, hemíptero, quiróptero, articulado, anuro, edentado, gasterópodo, cefalópodo, de sangre fría, de sangre caliente, nocivo, venenoso, útil, beneficioso, macho, hembra, hermafrodita, híbrido, mestizo, puro, de labor, de carga, de tiro, de montura, de corral, solitario, gregario.
10. Partes, órganos especiales. Antena, tentáculo, trompa, artejo, garra, pinzas, quelícero, cuerno, concha, caparazón, ventosa, agallas, branquias, ocelo, vejiga natatoria, ala*, élitro, articulación*, membrana nictitante, miembro, pezuña, hocico, colmillo, pelaje, piel*, pelo, pluma.
11. Grupos* de animales. Fauna, conjunto, tropel, rebaño, piara, manada, ganado*, recua, reata, pareja, yunta, tropilla, hato, bandada, enjambre, camada, lechigada, banco, cardumen, grupo*.
12. Lugares, guaridas. Hábitat, zona de distribución, cubil, madriguera, cueva*, covacha, nido, abrigo, gazapera, ratonera, topera, huronera, zorrera, gallinero, corral, palomar, perrera*, caballeriza*, cuadra, pesebre, pocilga, jaula, abrevadero, bebedero, hormiguero*, avispero, abejar, panal, colmena, zoológico*, acuario*, pecera, criadero*, vivero.
13. Ciencias, actividades. Zoología, ciencia*, estudio de los animales, taxonomía (v. 4), fauna, biología*, ciencias naturales, historia natural, anatomía*, fisiología*, paleontología, embriología*, genética, zoogeografía, zootecnia*, veterinaria*, ecología*, avicultura*, apicultura, ganadería*, piscicultura, ictiología, taxidermia, vivisección.
14. Personas. Zoólogo, veterinario*, ecólogo, ganadero*, avicultor, apicultor, piscicultor, ic-

tiólogo, paleontólogo, entomólogo, naturalista, zootécnico, taxidermista, ganadero*, criador*, pastor, vaquero, torero*, jinete, domador.

15. Enfermedades. V. VETERINARIA 3, V. EL ANIMAL CORRESPONDIENTE.

16. Animales prehistóricos. Dinosaurios: diplodoco, iguanodonte, tiranosaurio, triceratops, plesiosaurio, estegosaurio, megalosaurio, braquiosaurio, tracodonte. *Otros fósiles:* alosaurio, plesiosaurio, brontosaurio, dinoterio, gliptodonte, megaterio; eohipo, mastodonte, mamut, arqueopterix, terodáctilo, ictiosaurio, hesperornis. No extinguido: celacanto.

17. Animales legendarios. Ave fénix, centauro, minotauro, unicornio, esfinge, fauno, grifo, hipogrifo, basilisco, dragón, tritón, salamandra, lamia, leviatán, hidra, medusa, gorgona, cerbero, cancerbero, anfisbena, kraken, vampiro, monstruo* del Lago Ness, Loup Garou.

18. Animalada. Bestialidad, asnada, burrada, barbaridad, disparate*, salvajada, desatino, brutalidad*, tontería*, atrocidad, torpeza, grosería.

V. MAMÍFERO, AVE, REPTIL, ANFIBIO, PEZ, INSECTO, ABEJA, VACA, GALLINA, CABALLO, PERRO (Y DEMÁS ANIMALES IMPORTANTES).

animalada. V. ANIMAL 18.

animalejo, animálculo. V. ANIMAL 3.

animar. V. ÁNIMO 6.

anímico. Psíquico, interior, espiritual. V. ESPÍRITU 4.

ÁNIMO. 1. Resolución, energía*, brío, entereza, aliento, fuerza, vigor*, ímpetu, empuje, corazón, optimismo, confianza, ilusión, esperanza, arrestos, decisión, espíritu*, alma, denuedo, consuelo (v. 2), carácter*, fortaleza, impavidez, firmeza, coraje, atrevimiento, valor, valentía, osadía*, audacia, ardor, impulso, arranque, tranquilidad*, serenidad, flema, calma, estímulo, eficacia, nervio, fibra, reciedumbre, tenacidad, perseverancia*, esfuerzo*, dinamismo*, vehemencia, entusiasmo*, apasionamiento*, temple, violencia*, acometividad, aguijón, espuela, apremio, persuasión, gallardía, arrojo.

— **2.** *Consuelo*, ánimo, consolación, aliento, alivio, esperanza*, ayuda*, respaldo, exhortación, estímulo*, tranquilidad*, interés*, confortamiento, pacificación, socorro*, protección*, amparo, paliativo, cooperación, refuerzo.

3. Animoso. Decidido, resuelto, brioso, impetuoso, fuerte, entero, enérgico*, intrépido, denodado, vigoroso*, pujante, ardoroso, osado*, valiente, valeroso, atrevido, corajudo, animado, consolado (v. 2), firme, calmoso, flemático, sereno, tranquilo*, impulsivo, esforzado, perseverante*, tenaz, eficaz, acometedor, violento*, templado, vehemente, apasionado*, dinámico*, emprendedor, persuasivo, apremiante, esperanzado*, indomable, bravo. Contrario, opuesto, enemigo* (v. 4).

4. Que anima. Animador, confortador, confortante, consolador, esperanzador*, estimu-

lante*, optimista, tranquilizador*, calmante, protector*, alentador, reconfortante, fortalecedor, reanimador, restaurador, vigorizante*, vivificante (v. 3). Animador, locutor, mantenedor, moderador, presentador, artista*.

5. Animado. Movido, bullicioso, alegre*, festivo, concurrido*, colorista, costumbrista, cosmopolita, mundano*, mundanal, divertido*, verbenero, ruidoso, ajetreado, variopinto, internacional, universal*.

6. Animar. Alentar, ilusionar, incitar, inducir, entonar, estimular*, consolar (v. 7), impulsar, impeler, aplaudir, jalear, acelerar, espolear, pinchar*, azuzar, aguijonear, avivar, picar, esperanzar, confortar, reconfortar, forzar, empujar*, vigorizar*, decidir, osar*, fortalecer, levantar, espabilar, galvanizar, arrebatar, unir, esforzar, acometer, persuadir, exhortar, apremiar, enfervorizar, entusiasmar*, convencer, colaborar, cooperar, respaldar (v. 7, 8).

— **7.** *Consolar*, animar, ayudar*, respaldar, alentar, reconfortar, confortar, aliviar, calmar, esperanzar*, serenar, tranquilizar*, pacificar, socorrer*, proteger*, amparar, paliar, sosegar, levantar, vivificar (v. 6).

— **8.** *Animarse*, atreverse, arriesgarse, decidirse, proponerse, afrontar, osar*, emprender, lanzarse, aventurarse, resolver, envalentonarse, determinarse.

— **9.** Contentarse, divertirse*, entusiasmarse*. V. ALEGRÍA 3.

10. Animación. Vivacidad, alegría*, vitalidad, movimiento*, bullicio, bulla, diversión*, algazara, ruido, alboroto*, dinamismo*, colorido, actividad, energía, ajetreo.

11. Animado. Movido*, bullicioso, bullanguero, vivaz, divertido*, concurrido*, ruidoso, vital, alegre*, alborotado*, activo, dinámico*, enérgico, ajetreado, excitado, contento, agitado, alentado, espoleado (v. 5).

Contr.: Desánimo, abatimiento.

V. ESPÍRITU, VIGOR, OSADÍA, TRANQUILIDAD, DINAMISMO, ESFUERZO, INTERÉS, ALEGRÍA, PERSEVERANCIA, AYUDA.

animosidad. Ojeriza, antipatía, inquina. V. ODIO 1.

animoso. V. ÁNIMO 3.

aniñado. Candoroso, ingenuo, infantil. V. INOCENCIA 4.

aniquilar. 1. Eliminar, inmolar, exterminar. V. MUERTE 14.

— **2.** Devastar, arruinar, arrasar. V. DESTRUIR 1.

anís. 1. Planta umbelífera, aromática, semilla aromática. V. VEGETAL 20.

— **2.** Licor, aguardiente anisado, anisete. V. BEBIDA 2.

aniversario. Festejo, conmemoración, celebración. V. FIESTA 1.

ano. Orificio, recto, esfínter. V. CULO 2.

anoche. La noche anterior, ayer, recientemente. V. TIEMPO 7.

anochecer. 1. Oscurecer, ocaso, atardecer. V. NOCHE 1.
— **2.** Caer en noche, oscurecer, atardecer. V. NOCHE 4.
anodino. Pueril, inofensivo, insignificante*. V. INSUSTANCIAL 2.
anomalía. V. ANORMALIDAD 1.
anómalo. V. ANORMALIDAD 2.
anonadar. 1. Abrumar, abatir, descorazonar. V. AFLICCIÓN 3.
— **2.** Arruinar, aniquilar, exterminar. V. DESTRUIR 1.
anonimato. V. ANÓNIMO 1.
anónimo. 1. Secreto, desconocido, incógnito. V. IGNORANCIA 3.
— **2.** Mensaje, misiva, nota anónima. V. CARTA 1.
anorak. Chaquetón, cazadora, prenda. V. CHAQUETA 1.
anormal. V. ANORMALIDAD 2.
ANORMALIDAD. 1. Rareza*, paradoja, irregularidad*, singularidad, anomalía, imperfección*, particularidad, desproporción, teratología, defecto*, tara, asimetría, desigualdad, originalidad*, fenómeno, exceso, exageración*, prodigio, infrecuencia, excepción, quimera, anacronismo, absurdo, disparate*, ridiculez*, excentricidad, curiosidad*, tacha, error, alteración, degeneración, estigma, asombro*, falta, carencia, privación, deficiencia, variación*.
2. Anormal. Defectuoso, imperfecto*, anómalo, infrecuente, irregular*, singular, paradójico, raro*, defectuoso, desproporcionado, contrahecho, particular, original*, desigual, asimétrico, teratológico, prodigioso, exagerado*, excesivo, fenomenal, absurdo, disparatado*, anacrónico, quimérico, excepcional, extraordinario, peregrino, infrahumano, sobrehumano, excéntrico, especial, increíble, inaudito, único, nunca visto, ridículo, disparatado, alterado, asombroso*, escaso*, falto, carente, privado, deficiente, insólito, variado*.
Contr.: Perfección*, corrección.
V. IMPERFECCIÓN, DEFECTO, IRREGULARIDAD, RAREZA, EXAGERACIÓN, DISPARATE, ESCASEZ, RIDÍCULO.
anotación. Inscripción, apunte, registro. V. NOTA 1.
anotar. Inscribir, comentar, apuntar. V. NOTA 5.
anquilosado. Tullido, lisiado, paralizado. V. INVÁLIDO 1.
anquilosar, anquilosis. V. anquilosado.
ánsar. Ánade, oca, ganso. V. AVE 4.
ansia. Afán, anhelo, codicia. V. DESEO 1.
ansiar. Anhelar, ambicionar*, codiciar. V. DESEO 4.
ansiedad. Preocupación, angustia, incertidumbre. V. INTRANQUILIDAD 1.
ansioso. Afanoso, ávido, inquieto. V. DESEO 7, INTRANQUILIDAD 3.
anta. V. ANTE 1.
antagónico, antagonista. Contrario, adversario, opuesto. V. RIVALIDAD 2.

antagonismo. Disparidad, rivalidad*, diferencia. V. OPOSICIÓN 1.
antaño. En otros tiempos, antes, antiguamente. V. ANTERIOR 2.
antártico. Polar, austral, del extremo sur. V. POLO 2.
ante. 1. Ciervo, alce, antílope. V. RUMIANTE 5.
— **2.** Badana, cuero, gamuza. V. PIEL 6.
anteanoche. Antes de anoche, noche previa, anterior a anoche. V. TIEMPO 7.
anteayer. Antes de ayer, día previo, anterior a ayer. V. TIEMPO 7.
antecámara. Vestíbulo, recibidor, antesala. V. HABITACIÓN 1.
antecedentes. Historial, referencias, precedentes. V. DATO 1.
anteceder. Anteponer, adelantar, preceder. V. ANTERIOR 4.
antecesor. Predecesor, antepasado, ascendiente. V. FAMILIAR 2.
antedicho. Referido, citado, aludido. V. MENCIONAR 3.
antediluviano. Arcaico, remoto, antiquísimo. V. ANTIGUO 1, PREHISTORIA 7.
antelación. Previsión, anticipación, adelanto. V. ANTERIOR 3.
antemano (de). Previamente, anticipadamente, por adelantado. V. ANTERIOR 2.
ANTENA. 1. Alambre, cable, soporte, varilla, armazón, conductor, torre. *Elementos:* Sistema conductor, circuito oscilante, ondas electromagnéticas, ondas hertzianas, radio*, emisor, receptor. *Clases:* antena interior, exterior, dipolar, armónica, aperiódica, de cuadro, de abanico, compensadora, orientada, unifilar, de mástil, de jaula, horizontal, vertical; antena de radar, a. de telefonía móvil.
2. Antena de animales. Palpo, tentáculo, apéndice*, prolongación, cuerno, órgano sensorial, ó. segmentado, ó. móvil, órgano de insectos*, miriápodos, crustáceos. Un par, dos pares; olfato, tacto.
V. RADIO, INSECTO, ARTRÓPODO, ANIMAL.
ANTEOJO. 1. Telescopio*, t. de Newton, catalejo, anteojo de larga vista, instrumento óptico*, anteojo astronómico, a. de Galileo, a. meridiano, a. refractor, a. relector, a. marino, a. terrestre, a. de caza, teleobjetivo.
2. Anteojos. Binoculares, gemelos, prismáticos*, binóculos; anteojos, gafas*, lentes, quevedos, antiparras, impertinentes, espejuelos, monóculo. Telémetro, microscopio*, periscopio.
3. Elementos del anteojo. Tubos cilíndricos, lentes*, objetivo (lente convergente), ocular (lente divergente o convergente), espejo, imagen, i. real, i. invertida, foco, distancia focal, rayos luminosos, aumentos, montura, trípode, soporte.
V. TELESCOPIO, LENTE, PRISMÁTICOS, GAFAS, ÓPTICA, ASTRONOMÍA.
anteojos. V. ANTEOJO 2.

antepasado. Antecesor, predecesor, ascendiente. V. FAMILIA 2.

antepecho. Reborde, pretil, barandilla. V. VENTANA 2, PARED 1.

anteponer. Resaltar, distinguir, colocar*. V. ANTERIOR 4.

anteproyecto. Planteamiento, preliminares, esbozo. V. PLAN 1.

ANTERIOR. 1. Preliminar, inicial, primero, previo, delantero, frontal, exterior, externo, antepuesto, superficial, superior, visible, descollante, saliente, conspicuo, primordial, fundamental, básico, principal, antecedente, precedente, inaugural, preparatorio, precursor, antiguo*, pasado, primitivo, fundacional, retroactivo, antepasado, original*, pionero, de vanguardia, avanzado, anticipado, primigenio, madrugador, preconcebido, preexistente, preestablecido, conocido, planeado*, previsto, proyectado, dispuesto, lejano, añejo, acaecido, ocurrido, sucedido*; mencionado, antedicho, aludido, susodicho (v. 2).

2. Anteriormente. Antes, primeramente, primitivamente, pronto, temprano, hace poco, ayer, el día anterior, entonces, recientemente, actualmente*, hoy, hogaño, en nuestros días, hace tiempo, h. mucho, antiguamente*, antaño, remotamente, en otras épocas, en otros tiempos, en aquellos días, de antemano, inicialmente, previamente, anticipadamente, por adelantado, originalmente, principalmente, exteriormente, superficialmente, superiormente, visiblemente, frontalmente.

3. Anterioridad. Preexistencia, prioridad, antelación, adelanto, prelación, precedencia, anticipación, principio*, previsión, antecedencia, anteposición, predestinación, antedata, antevíspera, ayer, antes, antiguamente, pasado, antaño, antigüedad, delantera, superioridad, anteriormente (v. 2).

4. Estar, hacer antes. Preceder, anteceder, anticipar(se), anteponer, adelantar, resaltar, distinguir, colocar*, preferir, aventajar, predominar, superar*, descollar, iniciar, empezar, comenzar, principiar*, inaugurar, preparar, fundar, originar*, madrugar, preexistir, establecer, preestablecer, prefijar, preconcebir, prejuzgar, aventurar, enjuiciar, errar, planear, prever, proyectar, disponer, suceder*, mencionar*, predestinar.

Contr.: Posterior, último, final*.

V. ANTIGUO, PRINCIPIO, COLOCACIÓN, ORIGEN.

anterioridad. V. ANTERIOR 3.

anteriormente. V. ANTERIOR 2.

antes. V. ANTERIOR 2.

antesala. Vestíbulo, antecámara, estancia. V. HABITACIÓN 1.

ANTIBIÓTICOS. 1. Antibiótico, medicina, medicamento*, droga*, hongo, inyectable, inyección*, agente químico*, a. terapéutico, a. bactericida, a. bacteriostático, a. quimioterapéutico, desinfectante*, polvillo; sulfamida.

2. Enumeración, acción. Penicilina (difteria, tétanos, sífilis), estreptomicina (tuberculosis), tirotricina (sinusitis), cloromicetina o cloranfenicol (pulmonía), aureomicina (conjuntivitis), terramicina (pulmonía, faringitis, bronquitis), bacitracina (sífilis, difteria), tetraciclina (conjuntivitis, pulmonía), neomicina (bacterias), eritromicina (virus). Sulfamidas.

3. Generalidades. Quimioterapia, terapéutica, farmacología, curación*, bacteria, microorganismo*, microbio, agente patógeno, hongo*, cultivo, c. antibacteriano, infección*, epidemia, septicemia, inyección* intramuscular, i. intravenosa, concentración sanguínea, nivel bacteriostático, millones de unidades, espectro antibacteriano, clorhidrato, sulfato, ampolla, suero fisiológico, germen resistente, g. grampositivo, g. gramnegativo; vacuna*, enfermedad*, resistencia a los antibióticos. Fleming, Waksman.

V. MEDICAMENTO, DROGA, INYECCIÓN, VACUNA, MICROORGANISMO, INFECCIÓN, ENFERMEDAD.

anticiclón. Zona de máximo barométrico, z. de altas presiones. V. METEOROLOGÍA 3.

anticipación. 1. Adelanto, previsión, precedencia. V. ANTERIOR 3.

— **2.** Previsión, profecía, pronóstico. V. ADIVINAR 3.

anticipado. Adelantado, previo, primero. V. ANTERIOR 1.

anticipar. 1. Presagiar, predecir, pronosticar. V. ADIVINAR 1.

— **2.** *Anticiparse*, aventajar, superar*, adelantarse. V. ANTERIOR 4.

anticipo. 1. Empréstito, ayuda*, adelanto. V. PRESTAR 4.

— **2.** V. anticipación.

anticlerical. Irreligioso. V. RELIGIÓN 7.

anticonceptivo. Anticoncepcional, píldora, medicamento*. V. EMBARAZO 12.

anticonstitucional. Ilegítimo, atentatorio, prohibido. V. ILEGAL 1.

anticuado. V. ANTIGUO 1.

anticuario. Experto, coleccionista*, perito. V. COMERCIANTE 6.

anticuarse. Caducar, gastarse, envejecer. V. ANTIGUO 7.

anticuerpo. Elemento sanguíneo, defensivo, orgánico. V. SANGRE 2.

antideportivo. Fanático, incorrecto, sucio. V. DESHONRA 2.

antídoto. Antitóxico, contraveneno, revulsivo. V. VENENO 7.

antiestético. Repulsivo, deforme, desagradable*. V. FEALDAD 2.

antifaz. Careta, máscara, mascarilla. V. DISFRAZ 4.

antigualla. V. ANTIGUO 6.

antiguamente. V. ANTIGUO 3.

antigüedad. V. ANTIGUO 4.

ANTIGUO. 1. Viejo, añoso, vetusto, pretérito, arcaico, anciano* (v. 2), anticuado, pasado, anterior, precursor, centenario, rancio, añejo, de solera, veterano, histórico*, tradicional*, prístino, noble, venerable, linajudo, aristocrático*, respetable, primero, inicial, decano, honroso*, solariego, lejano, distante*, antiquísimo, experimentado, experto*, acostumbrado, habitual*, inmemorial, remoto, primitivo, original*, anticipado, arraigado, desfasado, primario, rudimentario, rutinario, inveterado, anacrónico, extemporáneo, trasnochado, tosco, obsoleto, obsolescente, envejecido, decadente, degenerado, desusado, usado, ajado, raído, marchito*, apolillado, carcomido, caduco, pobre*, subdesarrollado, anquilosado, atrasado, achacoso, decrépito, estropeado, deteriorado*, oxidado, podrido*, provecto, maltratado, desvencijado, prehistórico*, fósil*, paleolítico, troglodítico, arqueológico*, milenario, antediluviano, del año de la nana, del tiempo de Maricastaña.
— **2.** Sexagenario, longevo, abuelo. V. ANCIANO 1.
3. Antiguamente. Antes, anteriormente*, antaño, ayer, pasado, primeramente, primero, al principio*, de atrás, de antiguo, otrora, entonces, tradicionalmente, antiquísimamente, venerablemente, inicialmente, primitivamente, originalmente*, inveteradamente, anacrónicamente, rudimentariamente, atrasadamente, remotamente, en otras épocas, en otros tiempos, en tiempo pasado, en tiempos heroicos, en tiempos inmemoriales, de largo, antañazo, en tiempos remotos, en t. de Maricastaña, en el pasado, en la prehistoria, antes del Diluvio, en la época de las cavernas.
4. Antigüedad. Vejez, veteranía, vetustez, ancianidad*, años, ventaja, prioridad (v. 5), ocaso, declive, decadencia, fin*, anterioridad*, arcaísmo, ranciedad, pasado, linaje, nobleza, aristocracia*, tradicionalismo, lejanía, decanato, hábito*, costumbre, primitivismo, antigualla*, anacronismo, antigualla (v. 6), rutina, envejecimiento, obsolescencia, desuso, caducidad, marchitamiento*, decrepitud, inutilidad*, uso, desgaste, olvido*, deslucimiento; prehistoria, edad de las cavernas, tiempos de Maricastaña, tiempos heroicos, tiempos inmemoriales, tiempos remotos, antañazo, año de la nana (v. 3).
— **5.** Prioridad, antigüedad, primacía, preferencia*, ventaja, práctica, experiencia*, hábito*, pericia, costumbre, privilegio, precedencia, anterioridad, preeminencia, antelación, anticipación, delantera, adelanto, superioridad.
6. Antigualla. Reliquia, anacronismo, inconveniencia, ranciedad, estafermo, estantigua, fiambre, resto, residuo, vestigio, despojo, esperpento, absurdo, ridiculez*, vejestorio, fósil* (v. 4).
7. Hacerse antiguo. Envejecer, aviejarse, anticuarse, caducar, añejarse, ennoblecerse, preterir, enranciarse, pasarse, trasnocharse, acostumbrarse, habituarse*, estropearse, usarse, deteriorarse*, empobrecerse, oxidarse, ajarse, marchitarse*, raerse, gastarse, desgastarse, pudrirse, atrasarse, anquilosarse, fosilizarse, amojamarse, acartonarse, apolillarse, degenerar, decaer, degradarse, deslucirse, afearse, perder, empeorar, debilitarse*.
Contr.: Joven*, moderno, flamante.
V. ANCIANO, MARCHITO, DETERIORADO, HABITUADO, ARQUEOLOGÍA, FÓSIL, PRINCIPIO, ANTERIOR.
antihigiénico. Malsano, insalubre, sucio*. V. PERJUICIO 2.
antílope. Gacela, ciervo, gamuza. V. RUMIANTE 6.
antimilitarista. Apaciguador, pacifista, pacificador. V. PAZ 4.
antimonio. Metal blanco, brillante. V. METAL 6.
antinatural. Artificial, adulterado, ficticio. V. FALSO 3, 4.
antiparras. Gafas, quevedos, impertinentes. V. ANTEOJO 2.
ANTIPATÍA. 1. Aversión, animadversión, repulsión, tirria, asco, repugnancia*, incompatibilidad, oposición*, manía*, desagrado*, odio*, animosidad, rivalidad*, enemistad*, aborrecimiento, fobia, rencor, desamor, ojeriza, resentimiento, hostilidad, mala voluntad, prevención, antagonismo, vanidad*, disconformidad, desdén*, desprecio*, frialdad, descortesía*, vileza*, menosprecio, hosquedad*, incomprensión, intolerancia, intransigencia*, enojo*, enfado, roce, fastidio, desafecto, orgullo, encono, diferencia, crueldad*, saña, envidia*.
2. Antipático. Molesto*, odioso*, fastidioso, desagradable*, opuesto, incompatible, repugnante*, aborrecible, hostil, antagónico, enemigo*, rival*, enojoso, enconado, cruel*, violento*, irascible, sañudo, torvo, hosco*, agriado, bronco, áspero, avinagrado, rudo, atrabiliario, amargado, quisquilloso, salvaje, intratable, insociable, ceñudo, huraño, arisco, triste*, retraído, grosero, descortés*, maniático, rencoroso, resentido, desdeñoso, intolerante, insufrible, repelente, atravesado, intransigente*, envidioso*, vil*, frío, despreciativo*, orgulloso, vanidoso*, pesado, pelma, insoportable, engorroso.
3. Tenerse antipatía. Aborrecerse, antipatizar, odiarse*, rivalizar*, repelerse, desagradarse*, enojarse*, oponerse, enfrentarse, repugnarse*, resentirse, enemistarse*, enfadarse, hostilizarse, desdeñarse, despreciarse*, enfriarse, menospreciarse, enconarse, rozar, chocar, envidiar*, querer mal, molestarse*, picarse, retraerse, fastidiarse.
Contr.: Simpático*, agradable*, cariñoso, amable*.
V. ODIO, DESCORTESÍA, VANIDAD, DESPRECIO, DESAGRADO, ENEMISTAD, RIVALIDAD, ENOJO, VIL, HOSCO, REPUGNANTE, MOLESTO.
antipático. V. ANTIPATÍA 2.

antipatizar. V. ANTIPATÍA 3.

antípoda. Opuesto, contrario, lejano. V. GEO-GRAFÍA 7.

antirreglamentario. Injusto, ilegítimo, prohibido. V. ILEGAL 1.

antisemita. Intolerante, racista, fanático. V. INTRANSIGENCIA 2.

antiséptico. Higiénico, esterilizante, antimicrobiano. V. DESINFECTANTE 1.

antítesis. Contraste, desigualdad, antagonismo. V. OPOSICIÓN 1.

antitóxico, antitoxina. Contraveneno, antídoto, revulsivo. V. VENENO 7.

antojadizo. Malcriado, voluble, tornadizo. V. CAPRICHO 2.

antojarse. Querer, desear, encapricharse. V. CAPRICHO 3.

antojo. Rareza, veleidad, extravagancia. V. CAPRICHO 1.

antología. Compendio, recopilación, selección de escritos. V. LITERATURA 5.

antónimo. Opuesto, antagónico, contrario. V. OPOSICIÓN 4, PALABRA 4.

antonomasia (por). Por excelencia, como ejemplo, como modelo. V. EJEMPLO 3, 4.

antorcha. Tea, cirio, hachón. V. LUZ 3.

antracita. Hulla, carbón fósil, c. mineral. V. CARBÓN 1.

ántrax. Forúnculo, inflamación, tumor. V. GRANO 1.

antro. Refugio, cuchitril, guarida. V. TUGURIO.

antropófago. Caníbal, cruel*, salvaje. V. BÁRBARO 1.

antropoide. Cuadrumano, primate, antropomorfo. V. MONO 1.

ANTROPOLOGÍA. 1. Etnografía, etnología, estudio, ciencia* del hombre*. (V. ETNIAS 10)

2. Generalidades. Antropometría, craneología, craneometría, índice cefálico, dolicocéfalo, branquicéfalo, mesocéfalo, índice facial, prognatismo, osteometría, talla, piel, pelo, antropología criminal (de Lombroso), criminología, antropología descriptiva, a. cultural, a. general, a. prehistórica.

3. Personas. Antropólogo, etnólogo, etnógrafo, científico (v. 1). Linneo, Buffon, Blumenbach, Darwin, Cuvier, Lombroso, Dubois, Woodward, Claude Lévi-Strauss, Radcliffe-Brown, Bronislaw Malinowski.

4. Hombres fósiles. «Pithecantropus erectus», hombre de Heidelberg, «homo antecessor» (hombre de Atapuerca), hombre de Neanderthal, h. de Cromagnon («homo sapiens»), h. de Pekín, h. de Piltdown (falso), h. de Rodesia, h. mono de Java; h. prehistórico, troglodita.

5. Instrumentos. Goniómetro mandibular, compás de espesor, antropómetro, compás de corredera.

6. Antropológico. Etnográfico, antropométrico, científico*, histórico*, racial, criminológico (v. 1).

V. ETNIAS, HOMBRE, PREHISTORIA, FÓSIL, HISTORIA, GEOLOGÍA.

antropológico. V. ANTROPOLOGÍA 6.

antropólogo. V. ANTROPOLOGÍA 3.

anual. Anuo, periódico, repetido*. V. AÑO 3.

anualidad. Cuota, contribución, cantidad. V. PAGAR 4.

anuario. Agenda, almanaque, efemérides o efeméride. V. CALENDARIO 1.

anubarrado. Encapotado, tormentoso, nublado. V. NUBE 2.

anudar. Ligar, enlazar, atar. V. NUDO 5.

anuencia. Beneplácito, consentimiento, autorización. V. APROBAR 3.

anulación. V. ANULAR 4.

ANULAR. 1. Cancelar, suprimir, tachar, rayar, corregir, derogar, abrogar, extinguir, revocar, abolir, suspender, liquidar, eliminar, rescindir, quitar, prohibir*, incapacitar, descalificar, invalidar, expulsar*, erradicar, extirpar, cortar*, inhabilitar, impedir, conjurar, evitar, dejar, borrar, marcar, rectificar, cambiar*, reformar, inutilizar*, proscribir, neutralizar, finiquitar, finalizar*, terminar, concluir, desautorizar, censurar, expurgar, desmembrar, desaconsejar, retractarse, arrepentirse*, volverse atrás, dejar sin efecto.

— **2.** *Amilanar*, acobardar, humillar*, atemorizar, acoquinar, arredrar, asustar.

— **3.** *Dedo*, d. anular, d. de la mano, cuarto dedo, d. del anillo.

4. Anulación. Cancelación, derogación, abolición, nulidad, liquidación, supresión, suspensión, contraorden, retractación, revocación, invalidación, incapacitación, prohibición*, rescisión, borrón, tachadura, raya, marca, plumazo, eliminación, abrogación, inhabilitación, cierre, cerrojazo, clausura, rectificación, cambio*, reforma, inutilización*, destrucción*, caducidad, terminación, prescripción, conclusión, fin*, censura, desautorización, arrepentimiento*, vuelta atrás, contraorden.

5. Anulado. Nulo, abolido, revocado, suprimido, rescindido, inutilizado, derogado, cancelado, cambiado* (v. 3).

Contr.: Aprobar*, permitir*.

V. PROHIBIR, INUTILIZAR, FINALIZAR, CAMBIAR, ARREPENTIRSE.

Anunciación. Revelación, misterio, augurio. V. CRISTO 2, FIESTA 6.

anunciador, anunciante. V. ANUNCIO 6.

anunciar. V. ANUNCIO 4.

ANUNCIO. 1. Publicación, aviso, inserción, nota*, cartel, letrero*, inscripción, leyenda, rótulo, propaganda, publicidad*, reclamo, escrito*, impreso*, octavilla, papel*, hoja, circular.

— **2.** *Informe*, anuncio, noticia*, manifiesto, proclama, orden*, edicto, bando, nota, escrito, advertencia, aclaración, notificación, enunciado, explicación*, comunicación, divulgación, declaración, nueva, manifestación.

— **3.** *Profecía*, anuncio, presagio, presentimiento, adivinación*, agüero, pronóstico, vaticinio, predicción, revelación, confesión, augurio, adelanto.

4. Anunciar. Insertar, imprimir, publicar, editar, pagar*, fijar; divulgar, pregonar, avisar, notificar, hacer circular; escribir*, propagar, informar*, advertir, enunciar, aclarar, declarar, comunicar, explicar*, proclamar, promulgar, decretar, manifestar, ordenar*, decir, participar, relatar*, contar, mostrar.

— **5.** *Vaticinar*, anunciar, profetizar, predecir, revelar, prever, adivinar*, agorar, presagiar, presentir, augurar, confesar, adelantar.

6. Que anuncia. Interesado, anunciante, anunciador, solicitante, informante, informador*, testigo, cliente, declarante, comunicante, pregonero, avisador.

Contr.: Callar, silenciar*.

V. INFORME, NOTICIA, EXPLICACIÓN, ADIVINACIÓN, LETRERO.

anuo. V. anual.

anverso. Frente, faz, cara*. V. DELANTE 2.

anzuelo. 1. Garfio, gancho, arponcillo. V. PESCA 6.

— **2.** Aliciente, señuelo, embeleco. V. ATRACTIVO 1.

añadido. V. AÑADIR 5, 6.

añadidura. V. AÑADIR 3.

AÑADIR. 1. Adicionar, ampliar*, agregar, incrementar, engrosar, reunir, adjuntar, unir*, extender*, aumentar*, agrandar, prolongar, continuar*, superponer, sobreponer, equilibrar*, intercalar (v. 2), completar, totalizar, perfeccionar*, complementar, suplementar, terminar, rematar, finalizar*; acercar, enfrentar, yuxtaponer, acoplar*, cubrir, poner, fijar, pegar, adherir*, acrecentar, sumar, anexionar, englobar, ensanchar, alargar, dilatar, enriquecer, mejorar*, desarrollar, multiplicar, renovar, cambiar*, arreglar, apañar, reparar*, recubrir, tapar*.

— **2.** *Intercalar*, añadir, interpolar, aplicar, implantar, insertar, colocar, meter, interponer, introducir*, barajar, anteponer, introducir*, barajar, interlinear, alternar, traslapar, entremezclar, entreverar, engranar, acoplar*, superponer, sobreponer, cubrir, poner, yuxtaponer, intercambiar (v. 1).

3. Añadidura. Agregado, agregación, adición, agrandamiento, apéndice*, complemento, suplemento, extra, perfeccionamiento*, remate, accesorio, integridad, aditamento, añadido* (v. 5), aditivo, aumento*, ampliación*, acrecentamiento, incremento, ensanchamiento, alargamiento, reunión, unión*, engrosamiento, superposición, acoplamiento*, intercalación (v. 4), continuación*, prolongación, extensión*, fijación, pegado, adherencia*, pegote, mazacote, parche, chapuza, acercamiento, anexión, incorporación, apropiación*, suma, desarrollo*, multiplicación, enriquecimiento, dilatación, ter-

minación, fin*, apaño, arreglo, cambio*, renovación, reparación* (V. 4-6).

— **4.** *Intercalación*, añadido, inserción, interpolación, alteración, interposición, introducción*, alternancia, transposición, interlineación, metido, entremezcla, engrane, yuxtaposición, superposición, intercambio.

5. Añadido, apéndice*. Extremidad, prolongación, fin, final*, remate, punta*, cola, rabo, miembro, parte, pieza, moño, postizo, peluquín (v. pelo*), remiendo, parche, apaño, trozo*, fragmento*, ribete, borde*, anexo, aumento, coletilla, colofón, epílogo, posdata, nota*, suplemento, complemento (v. 3, 6).

6. Añadido, adicionado. Agregado, aumentado, incrementado, engrosado, suplementario, complementario, subsidiario, secundario, segundo, adicional, accesorio, circunstancial, extra, sumado, unido*, extendido*, anejo, anexo, anexionado, limítrofe*, adyacente, cercano*, colateral, indirecto, sinuoso, yuxtapuesto, ampliado (v. 1).

— **7.** *Intercalado*, añadido, interpuesto, interpolado, insertado (v. 2).

Contr.: Restar, quitar.

V. UNIR, EXTENDER, AUMENTAR, ACOPLAR, INTRODUCIR, AMPLIAR, PERFECCIONAR, DESARROLLAR, APÉNDICE.

añagaza. Artimaña, treta, señuelo. V. ENGAÑO 1.

añejo. Rancio, de solera, viejo. V. ANTIGUO 1.

añicos. Trizas, partículas, pedazos. V. FRAGMENTO 1.

añil. Azul, índigo, tinte. V. COLOR 8.

AÑO. 1. Anualidad, añada, período, lapso, tiempo*, ciclo, intervalo, espacio, división, parte*, primaveras, abriles, navidades.

2. Períodos. Bienio, trienio, cuatrienio, año bisiesto, quinquenio, lustro, decenio, década, cincuentenario, centenario, siglo, centuria, milenio, milenario. Semestre, trimestre, mes, día*, hora* (v. 1).

3. Frecuencia. Anual, anuo, bienal, bianual, trienal, cuatrienal, bisiesto, quincenal, decenal; semestral, trimestral, diario*, horario*, periódico, regular, repetido*.

4. Enumeración. Año civil, eclesiástico, sideral, astronómico, anomalístico, económico, escolar, lunar, solar, académico, nuevo, Santo, de Gracia, «anno domini», del Señor, olímpico, bisiesto, juliano, gregoriano, de luz.

5. Varios. Almanaque, calendario*, anuario, agenda, efemérides o efeméride, estaciones, equinoccio, solsticio, fecha, tiempo*, cronología, fiesta*, aniversario, jubileo, reloj*.

V. TIEMPO, DÍA, HORA, FIESTA, CALENDARIO, RELOJ.

AÑORANZA. 1. Evocación, nostalgia, remembranza, memoria*, falta, presencia, melancolía, recuerdo, reminiscencia, recapitulación, recapacitación, rememoración, meditación, cuita, pena, tristeza, abandono, soledad, aislamiento*, pesar, aflicción*, morriña, desamparo*, queja, lamento, pesadumbre, hipocondría, desconsuelo, arrepentimiento*, invocación, resurrección.

2. Añorar. Rememorar, recordar, evocar, extrañar, revivir, memorizar*, faltar, despertar recuerdos, sentir, nostalgia, echar de menos, sentirse solo, echar en falta, invocar, repasar, notar, apenarse, arrepentirse, afligirse*, apesadumbrarse, entristecerse, meditar, acordarse, reconstruir, desenterrar, resucitar, recapitular, recapacitar, quejarse, lamentar.

3. Que añora. Nostálgico, pesaroso, triste, apenado, melancólico, evocador, reminiscente, cuitado, meditabundo, afligido*, aislado*, solo, solitario, abandonado, desamparado*, invocador, hipocondríaco, desconsolado, arrepentido*, quejoso, apesadumbrado.

Contr.: Olvido*, indiferencia*.

V. AFLICCIÓN, MEMORIA, DESAMPARO, ARREPENTIMIENTO, AISLAMIENTO.

añorar. V. AÑORANZA 2.

añoso. Viejo, vetusto, longevo. V. ANCIANO 1, 2.

aojo. Mal de ojo, encantamiento, maldición. V. HECHICERÍA 1.

aorta. Vaso, conducto sanguíneo, arteria. V. CIRCULATORIO (APARATO) 3.

apabullar. Abrumar, aturdir*, desconcertar. V. TURBACIÓN 4.

apacentar. Pacer, pastorear, cebar. V. GANADO 9.

apache. 1. Indio de Norteamérica, indígena, piel roja. V. INDIO 6.

— **2.** Malhechor, delincuente, hampón. V. DELITO 3.

apacible. Pacífico, sosegado, plácido. V. TRANQUILIDAD 4.

apaciguar. Calmar, aplacar, sosegar. V. TRANQUILIDAD 9.

apadrinar. Adoptar, prohijar, patrocinar. V. FAMILIA 7.

apagado. 1. V. apagar 1, 2.

— **2.** Decaído, callado, apocado. V. TIMIDEZ 2.

apagar. 1. Sofocar, extinguir, aminorar. V. DEBILIDAD 8-10.

— **2.** Cerrar, interrumpir*, cortar*. V. INTERRUPCIÓN 2.

apagón. Corte, falta de luz, extinción. V. OSCURIDAD 1, INTERRUPCIÓN 1.

apaisado. Alargado, ancho, horizontal. V. AMPLITUD 2.

apalabrar. Acordar, convenir, prometer*. V. PACTO 4.

apalear. Zurrar, vapulear, maltratar. V. GOLPE 11.

apañar. 1. Arreglar, acomodar, reparar. V. ORDEN 9.

— **2.** Engañar*, fingir, embaucar. V. FALSO 8.

— **3.** *Apañárselas*, desenvolverse, agenciárselas, arreglárselas. V. SOLUCIÓN 3.

apaño. Lío, enredo, engaño*. V. EMBROLLO 1.

aparador. Trinchero, estante, alacena. V. ARMARIO 1.

APARATO. 1. Artilugio, artificio, artefacto, armatoste (v. 2), ingenio, máquina*, mecanismo, dispositivo, utensilio, instrumento, maquinaria, herramienta*, aparejo, enser, engranaje, tramoya, adminículo, accesorio, hierro*, pieza*, arma*, arnés, apero, avío, pertrecho, material, invención, invento*, perfeccionamiento, elemento, objeto, juego, medio.

— **2.** *Cacharro*, aparato, cachivache, trasto, bártulos, cascajo, armatoste, mamotreto, chirimbolo, chisme, trebejo, objeto, artilugio, artefacto (v. 1).

— **3.** Ostentación, pompa, boato. V. LUJO 1.

V. MÁQUINA, HERRAMIENTA, INVENTO, PIEZA; LUJO.

aparato circulatorio. Sistema arterial, sistema venoso, corazón*. V. CIRCULATORIO (APARATO).

aparato digestivo. Intestinos, estómago*, vientre*. V. DIGESTIVO (APARATO).

aparatoso. Dramático, teatral, espectacular. V. ESPECTÁCULO 8.

aparcamiento. Estacionamiento, zona*, lugar* para estacionar. V. GARAJE 1.

aparcar. Detener, situar, estacionar. V. COLOCAR 1.

aparcero. Participante, copartícipe, asociado*. V. AGRICULTURA 8.

apareamiento. Cópula, ayuntamiento, emparejamiento. V. COITO 1.

aparear. 1. Emparejar, comparar*, juntar*. V. UNIR 1, 3.

— **2.** Ayuntar, cubrir. V. COITO 6.

APARECER. 1. Comparecer, mostrarse, asomar, salir*, acudir, asistir, personarse, presentarse, manifestarse, materializarse, revelarse, concretarse, surgir, venir, llegar*, arribar, exhibirse*, entrar*, ingresar, acceder, hallarse*, estar, encontrarse, levantarse, subir*, alzarse, dejarse ver, despuntar, brotar*, manar, nacer, alumbrar, emerger, florecer*, iniciar, comenzar, empezar, principiar*, inaugurar, concurrir*.

2. Aparición. Llegada*, comparecencia, presencia, venida, arribada, presentación, manifestación, salida*, entrada*, exhibición*, arribo, surgimiento, alzamiento, encuentro, revelación, ingreso, acceso, asistencia, concurrencia*, estancia, emergencia, alumbramiento, nacimiento, vista, inauguración, comienzo, iniciación, principio*, despunte, brote*, florecimiento*.

— **3.** *Duende*, aparición, espíritu, aparecido, espantajo, visión, fantasma*, engendro, ánima, alma en pena, sombra, fantasía*.

Contr.: Desaparecer*, marcharse, esfumarse.

V. HALLARSE, SALIR, EXHIBIRSE, ENTRAR, SUBIR, FLORECER, LLEGAR, PRINCIPIAR, NACIMIENTO.

aparecido. V. APARECER 3.

aparejador. Técnico, constructor*, experto. V. CONSTRUCCIÓN 9.

aparejar. Aprestar, disponer, prevenir. V. PREPARAR 1.

aparejo. 1. V. APARATO 1.
— **2.** Arboladura, velamen, jarcia. V. BARCO 14.
aparentar. Figurar, fingir, representar. V. SIMULACIÓN 8.
aparente. Ficticio, falso, simulado*. V. ENGAÑO 4.
aparición. V. APARECER 2, 3.
apariencia. Porte, facha, forma*. V. ASPECTO 1.
apartado. Remoto, aislado, lejano. V. DISTANCIA 4.
apartamento. Vivienda, piso, casa. V. HABITACIÓN 2.
apartar. Retirar, aislar, alejar. V. SEPARAR 1.
aparte. V. apartado.
apasionadamente. V. APASIONAMIENTO 5.
apasionado. V. APASIONAMIENTO 2.
APASIONAMIENTO. 1. Exaltación, vehemencia, entusiasmo*, pasión, emoción*, ardor, calor, fuego, llama, impulso, ímpetu, fervor, efervescencia, agitación, viveza, amor*, éxtasis, embeleso*, enajenación, rapto, asombro*, admiración, simpatía*, pasmo, ilusión, contento, alegría*, delirio, encendimiento, acaloramiento, enojo*, arrebato, furia, violencia*, enardecimiento, acceso, arranque, desenfreno, virulencia, excitación, fanatismo, locura*, ceguera, xenofobia, chovinismo o chauvinismo, favoritismo, injusticia*, intransigencia*, sectarismo*, obcecación, obstinación*, terquedad, fogosidad, impulsividad, fiebre, efusión, verborrea, frenesí; propensión, inclinación, partidismo, tendencia, preferencia*, simpatía*, interés*.
2. Apasionado. Entusiasmado, exaltado, arrebatado, agitado, ferviente, fervoroso, entusiasta*, amoroso*, amante, vehemente, violento*, impetuoso, vertiginoso, impulsivo, torbellino, expansivo, comunicativo, efervescente, fogoso, acalorado, congestionado, encendido, ardiente, volcánico, precipitado, excitado, emocionado*, admirado, asombrado*, enajenado, pasmado, embelesado*, extático, alegre*, contento, ilusionado, delirante, furioso, enojado*, irritado, desaforado, desmandado, ciego, virulento, loco*, desenfrenado, frenético, fanático, xenófobo, chovinista o chauvinista, inclinado, proclive, favorecedor, injusto*, intransigente*, sectario*, obcecado, obstinado*, terco, temperamental, afiebrado, efusivo, verboso, propenso, partidario, tendiente, simpatizante*, interesado* (v. 3).
3. Apasionante. Emocionante*, estimulante, interesante*, arrebatador, efervescente, maravilloso*, excitante, admirable, asombroso*, embelesador*, enardecedor, encantador, violento*, vivo, simpático*, absorbente, conmovedor, embriagador, espléndido, enloquecedor, elocuente, sonoro, vibrante (v. 2).
4. Apasionar(se). Entusiasmar(se)*, exaltar, conmover, excitar, incitar, estimular, enamorar, enfervorizar, agitar, acalorar, inflamar, emocionar, admirar, asombrar*, enajenar, embelesar*,

violentar, enardecer, enfurecer, arrebatar, vibrar, encender, alegrar*, contentar, ilusionar, embriagar, embobar, atormentar, pasmar, desenfrenar, fanatizar, enceguecer, inclinar, trastornar, favorecer, obcecar, afiebrar, enojar*, obstinar*, propender, tender, preferir*, interesar*, simpatizar*.
5. Apasionadamente. Vehementemente, exaltadamente, entusiásticamente, emocionadamente, ardientemente (v. 2).
Contr.: Indiferencia*, calma, desánimo.
V. ENTUSIASMO, EMOCIÓN, AMOR, INTERÉS, PREFERENCIA, SIMPATÍA, ALEGRÍA, VIOLENCIA, INJUSTICIA, OBSTINACIÓN, ENOJO, LOCURA.
apasionante. V. APASIONAMIENTO 3.
apasionar. V. APASIONAMIENTO 4.
apatía. Desidia, abandono, holgazanería*. V. INDIFERENCIA 1.
apático. Indolente, desganado, desidioso. V. INDIFERENCIA 2.
apátrida. Sin patria, errante, paria. V. VAGABUNDO 1.
apeadero. Andén, estación, detención. V. FERROCARRIL 10.
apearse. Bajar, salir*, desmontar. V. DESCENDER 1.
apechugar. Tolerar, sufrir, soportar. V. AGUANTAR 1.
apedrear. Descalabrar, maltratar, lapidar. V. GOLPE 11.
apego. Cariño, simpatía*, afición. V. AMOR 1.
apelación. Demanda, recurso, revisión. V. RECLAMACIÓN 1, TRIBUNAL 7.
apelar. Demandar, solicitar, recurrir. V. RECLAMACIÓN 2, TRIBUNAL 10.
apelativo. Designación, denominación, apellido. V. NOMBRE 1.
apellidarse. Llamarse, designarse, apodarse. V. NOMBRE 10.
apellido. Designación, denominación, apelativo. V. NOMBRE 1.
apelmazado. Comprimido, apretado, compacto. V. DENSO 1.
apelotonarse. Amontonarse, atascarse, apelmazarse. V. OBSTRUIR 1.
apenado. Triste, atribulado, inconsolable. V. AFLICCIÓN 5.
apenar. Angustiar, acongojar, atribular. V. AFLICCIÓN 3.
apenas. Ligeramente, poco, levemente. V. ESCASEZ 4.
APÉNDICE. 1. Aditamento, prolongación, extremidad, parte, miembro, punta*, límite, borde*, final*, extremo, excrecencia, protuberancia, abultamiento, bulto, anexo, añadido*, ensanchamiento, ampliación, engrosamiento, dilatación, saliente, alargamiento, suplemento, pieza, pedículo, tallo, rabillo, pedúnculo, órgano, carnosidad, carúncula, rabadilla, cola, rabo, pene, verga, falo, brazo, pierna, pata, pie*, pinza, órgano prensil, trompa, muñón, pezón, mano*, dedo*, uña, garra, nariz, oreja, tentáculo, pal-

po, antena, cuerno, cornamenta, pitón, asta, ala*, espolón, aguijón, pico, pincho*, diente*, colmillo, cresta, copete, penacho, moño, pluma, pelo, cabellera, crin, coleta, complemento, epílogo, colofón (v. 2).
— **2.** *Suplemento*, apéndice, apartado, sección, epílogo, colofón, anexo (v. 2).
— **3.** Apéndice ileocecal, a. intestinal, a. vermiforme. V. INTESTINOS 2.
Contr.: Centro*, cuerpo*.
V. AÑADIDO, PIE, MANO, DEDO, ALA, PINCHO, PUNTA, FINAL, NOTA, INTESTINOS.

apendicitis. Peritonitis, ataque, inflamación. V. DIGESTIVO (APARATO) 2.

apercibimiento. Advertencia, aviso, amonestación. V. REPRENDER 2.

apercibir. Advertir, amonestar, recomendar. V. REPRENDER 1.

apergaminado. Ajado, arrugado, reseco. V. MARCHITO 1.

apergaminarse. V. apergaminado.

aperitivo. 1. Entremeses, platillo, bocado. V. ALIMENTO 13.
— **2.** Vermut, trago, estimulante. V. BEBIDA 2.

aperos. Útiles, enseres, aparejos. V. EQUIPO 1.

aperreado. Ajetreado, agobiado, deslomado. V. MOLESTIA 5.

apertura. Estreno, comienzo, inauguración. V. PRINCIPIO 2.

apesadumbrado. Acongojado, angustiado, apenado. V. AFLICCIÓN 5.

apestado. Contagiado, atacado, enfermo*. V. INFECCIÓN 6.

apestar. 1. Contagiar, enfermar*, atacar. V. INFECCIÓN 7.
— **2.** Atufar, heder, oler mal. V. HEDOR 3.

apestoso. Pestilente, fétido, maloliente. V. HEDOR 2.

apetecer. Ansiar, gustar, ambicionar*. V. DESEO 4.

apetecible. 1. Apetitoso, sabroso, delicioso. V. GUSTO 7.
— **2.** Deseable, codiciable, ambicionado. V. DESEO 8.

apetencia. Ambición*, anhelo, aspiración. V. DESEO 1.

apetito. 1. Voracidad, glotonería, avidez. V. HAMBRE 1.
— **2.** V. apetencia.

apetitoso. V. apetecible 1.

apiadarse. Enternecerse, compadecer, apenarse. V. COMPASIÓN 2.

ápice. Extremidad, vértice, cúspide. V. PUNTA 1.

apicultor. Criador, abejero, experto. V. ABEJA 9.

apicultura. Arte, ciencia, cría* de abejas. V. ABEJA 9.

apilar. Juntar, agrupar, amontonar. V. ACUMULAR 1.

apiñarse. 1. Aglomerarse, congregarse, agruparse. V. GRUPO 13.
— **2.** V. apilar.

apio. Planta, umbelífera, verdura. V. HORTALIZA 2.

apisonadora. Aplanadora, niveladora, máquina*. V. APLASTAR 6.

apisonar. V. APLASTAR 1.

aplacar. Mitigar, calmar, moderar. V. TRANQUILIDAD 9.

aplanado. 1. Extenuado, abatido, desanimado. V. DEBILIDAD 5.
— **2.** V. aplastado.

aplanadora. Niveladora, apisonadora, tractor*. V. APLASTAR 6.

aplanamiento. Extenuación, abatimiento, desánimo. V. DEBILIDAD 1.

aplanar. 1. V. APLASTAR 1.
— **2.** Extenuarse, v. aplanamiento.

aplastado. V. APLASTAR 4.

aplastamiento. V. APLASTAR 3.

aplastante. V. APLASTAR 5.

APLASTAR. 1. Prensar, aplanar, comprimir, estrujar, apretar, reventar, presionar*, cascar, triturar, machacar, romper, fragmentar*, pulverizar, deshacer, moler, desmenuzar, apelmazar, oprimir, exprimir, apisonar, allanar, nivelar, extender, abollar, deformar*, achatar, destripar, despanzurrar, despachurrar, chafar, hundir*, destrozar*, deteriorar*, estrellar, destruir, despuntar, embotar, quebrantar, desbaratar, estrechar, laminar, arrugar, pisotear.
— **2.** *Anonadar*, aplastar, confundir, desconcertar, apabullar, aturdir*; aniquilar, dominar, exterminar, arrollar, conquistar*, vencer, derrotar*.
3. Aplastamiento. Aplanamiento, achatamiento, compresión, presión*, estrujamiento, apretón, estrujón, prensado, laminación, abolladura, hundimiento, nivelación, allanamiento, apisonamiento, deformación*, machacamiento, golpe*, trituración, pulverización, destrozo, destrucción*, rotura, despachurramiento, reventón, molienda, desbaratamiento, quebrantamiento, opresión, apelmazamiento, cascadura, arruga, plasta, torta.
4. Aplastado. Prensado, achatado, aplanado, plano, liso*, despuntado, embotado, romo, llano, mocho, raso, chato, laminado, fino, delgado*, estrujado, comprimido, apretado, presionado* (v. 1).
5. Aplastante. Abrumador, arrollador, invencible. V. TRIUNFO 2.
6. Que aplasta. Prensa, estampadora, laminadora, compresora, troqueladora, máquina*, herramienta*, tractor*, aplanadora, apisonadora, niveladora, trituradora, molino*.
Contr.: Ensanchar, levantar.
V. DEFORMAR, PRESIONAR, DESTROZAR, DESTRUIR, DERROTAR.

aplaudir. Palmotear, vitorear, ovacionar. V. ACLAMACIÓN 3.

aplauso. Vítor, palmoteo, ovación. V. ACLAMACIÓN 1.

aplazamiento. Postergación, retraso, prórroga. V. DEMORA 2.

aplazar. Diferir, prorrogar, retrasar. V. DEMORA 3.

aplicación. 1. Manejo, uso, empleo. V. ÚTIL 6.

— **2.** Afán, tesón, diligencia. V. ESFUERZO 4.

aplicado. Estudioso, laborioso, tesonero. V. ESFUERZO 4.

aplicar. 1. Usar, manejar, emplear. V. ÚTIL 7.

— **2.** Fijar, arrimar, pegar. V. ADHERIR 1.

— **3.** *Aplicarse*, consagrarse, afanarse, esmerarse. V. TRABAJO 11.

aplique. Ornamento, adorno*, candelabro adosado. V. DECORACIÓN 3.

aplomado. V. aplomo.

aplomo. Desenvoltura, compostura, seguridad*. V. CONFIANZA 2.

apocado. Pusilánime, medroso, infeliz. V. TIMIDEZ 2.

apocalipsis. Hecatombe, tragedia, catástrofe. V. DESASTRE 1.

apocalíptico. Pavoroso, catastrófico, aterrador. V. DESASTRE 4.

apocamiento. Indecisión, cobardía*, cortedad. V. TIMIDEZ 1.

apócope. Contracción, reducción, supresión de letras. V. ABREVIAR 4.

apócrifo. Adulterado, ficticio, falsificado. V. FALSO 3.

apodar. Designar, llamar, denominar. V. NOMBRE 10.

apoderado. Administrador*, encargado, representante. V. DELEGACIÓN 4.

apoderarse. Tomar, adueñarse, quitar*. V. APROPIARSE 1.

apodo. Sobrenombre, mote, alias. V. NOMBRE 2.

apogeo. Florecimiento, cúspide, auge. V. CULMINACIÓN 1.

apolillado. Carcomido, estropeado, roído, V. DESGASTE 2.

apolillar(se). Carcomer(se), estropear, roer. V. DESGASTE 3.

apolíneo. Guapo, bello, apuesto. V. HERMOSURA 3.

apología. Alabanza, encomio, protección*. V. ELOGIO 1.

apoltronado. Apático, indolente, gandul. V. HOLGAZÁN 1.

apoltronarse. Abandonarse, tumbarse, haraganear. V. HOLGAZÁN 3.

apoplejía. Colapso, congestión, parálisis. V. INDISPOSICIÓN 1.

aporrear. Percutir, pegar, atronar. V. GOLPE 10.

aportación. Contribución, participación, cuota. V. AYUDA 1, PAGAR 4.

aportar. Cooperar, asistir, sufragar. V. AYUDA 3, PAGAR 1.

aposentar. Hospedar, albergar, acomodar. V. ALOJAMIENTO 3, 4.

aposento. Alcoba, cuarto, sala. V. HABITACIÓN 1.

apósito. Compresa, gasa, vendaje. V. VENDA 1.

aposta. Ex profeso, intencionadamente, adrede. V. VOLUNTAD 10.

apostar. 1. Arriesgar, envidar, desafiar. V. JUEGO 11.

— **2.** Apostarse, aguardar, atisbar, esconderse. V. ACECHO 2.

apostasía. Deserción, renuncia, negación. V. RELIGIÓN 7.

apóstata. Descreído, renegado, perjuro. V. RELIGIÓN 7.

apostatar. Repudiar, retractarse, renegar. V. ARREPENTIMIENTO 4.

apostilla. Aclaración, comentario, nota. V. EXPLICACIÓN 1.

apostillar. V. apostilla.

APÓSTOL. 1. Discípulo, predicador, evangelista, evangelizador, predicante, catequista, misionero, sacerdote*, fraile, propagador, divulgador, propagandista, informador*, enviado, ministro, defensor, paladín, protector*.

2. Los apóstoles. Doce apóstoles: Juan, Pedro, Bartolomé, Judas Iscariote (apóstol infiel), Judas Tadeo, Santiago *el Mayor*, Santiago *el Menor*, Simón, Tomás, Felipe, Andrés, Mateo. (Después:) Matías, Pablo (Apóstol de los Gentiles).

3. Apostolado. Misión, propaganda, evangelio, buena nueva, evangelización, divulgación, explicación*, información*, prédica, defensa, ideal, propagación, proselitismo, publicidad*, conversión, cristianización*, bautizo, tarea, trabajo*, afán, objetivo, cometido, campaña, ministerio, catecismo, defensa, protección*.

4. Apostólico. Catequístico, propagandístico, religioso, jacobeo, papal, cristiano*, católico, misionero (v. 1).

5. Varios. Padres apostólicos, obispos, Pentecostés, epístolas, credo, símbolos*, cordero, paloma, actos de los apóstoles, colegio apostólico, bendición apostólica, ideal, pobreza, humildad.

6. Acción. Evangelizar, convertir, apostolizar, propagar, informar*, divulgar, difundir, predicar, catequizar, congregar, defender, proteger*, amparar, atraer.

V. RELIGIÓN, CRISTO, PROTECCIÓN, INFORMACIÓN, PUBLICIDAD, EXPLICACIÓN.

apostolado. V. APÓSTOL 3.

apostólico. V. APÓSTOL 4.

apostrofar. Increpar, insultar, acusar. V. OFENSA 4.

apóstrofe. 1. Insulto, increpación, invectiva. V. OFENSA 2.

— **2.** Acento, v. apóstrofo.

apóstrofo. Tilde, acento, signo ortográfico. V. ORTOGRAFÍA 2.

apostura. Donaire, belleza, gallardía. V. HERMOSURA 1.

apoteósico. Delirante, jubiloso, apasionante. V. ENTUSIASMO 5.

apoteosis. Exaltación, delirio, culminación. V. ENTUSIASMO 1.

apoyado. V. APOYAR 5.

APOYAR. 1. Apoyar(se), acostar(se), adosar, afianzar, poner, colocar*, acodarse, reclinarse,

sostenerse, descansar*, recostarse, sujetarse, echarse, gravitar, arrimar, cargar*, descargar, aplicar, acercar, tocar, unir*, soportar*, afirmar, asentar, sustentar, apuntalar, reforzar, retrepar, juntar, hincar, pegar, adherir*, yuxtaponer, amparar (v. 2).
— **2.** *Amparar*, apoyar, ayudar*, auxiliar, respaldar, ratificar, aprobar*, defender, proteger*, socorrer*, patrocinar, animar*, recomendar, auspiciar, enchufar, favorecer, secundar, fomentar, impulsar, tutelar, apadrinar, suscribir, preconizar, ponderar, aconsejar, elogiar*, alentar, avalar, confirmar, abogar, propugnar (v. 1).
3. Apoyo. Afianzamiento, refuerzo, sostén, sustentáculo, gravitación, apuntalamiento, pivote, centro*, sujeción, carga*, asiento, yuxtaposición, base, puntal, soporte*, columna*, viga, madero*, poste, pilar, pilastra, cimiento, estribo, entibo, armazón, fundamento, respaldo, descanso*, contrafuerte, arbotante.
— **4.** *Amparo*, apoyo, auxilio, defensa, protección*, impulso, ayuda*, tutela, respaldo, fomento, patrocinio, socorro*, aval, aliento, ánimo*, auspicio, favor, proselitismo, sectarismo, fanatismo, partidismo, propaganda, afiliación.
5. Apoyado. Recostado, adosado, acodado, echado, arrimado, unido*, afianzado, hincado, cargado, puesto, colocado*, apuntalado, reforzado, soportado*, yuxtapuesto, adherido*, junto, reclinado, retrepado, asentado, descansado*.
— **6.** Amparado, protegido*, defendido (v. 2). *Contr.*: Separar*.
V. SOPORTE, COLUMNA*, PROTECCIÓN, AYUDA, UNIR.

apoyo. V. APOYAR 3.

apreciable. Querido, considerado, estimable. V. AMOR 10.

apreciación. Estimación, juicio, cálculo*. V. EVALUAR 3.

apreciado. V. apreciable.

apreciar. 1. Estimar, venerar, querer. V. AMOR 6.
— **2.** Comprobar, advertir, evaluar*. V. PERCIBIR 1.

aprecio. Consideración, cariño, afecto. V. AMOR 1.

aprehender. Atrapar, tomar, asir. V. COGER 2.

aprehensión. Detención, captura, prendimiento. V. COGER 6.

apremiante. Acuciante, inaplazable, perentorio. V. URGENCIA 2.

apremiar. Apurar, acuciar, acelerar. V. URGENCIA 3.

apremio. Apresuramiento, prisa, premura. V. URGENCIA 1.

aprender. Instruirse, estudiar, asimilar. V. EDUCACIÓN 12.

aprendiz. Novicio, principiante, novato. V. PRINCIPIO 8.

aprendizaje. Adiestramiento, estudio, instrucción. V. EDUCACIÓN 4.

aprensión. Recelo, prejuicio, manía. V. TEMOR 1.

aprensivo. Maniático, receloso, pusilánime. V. MANÍA 7.

apresar. Detener, atrapar, capturar. V. COGER 2.

aprestar. Acondicionar, arreglar, disponer. V. PREPARAR 1.

apresurado. Activo, veloz, atareado. V. RAPIDEZ 2.

apresuramiento. Celeridad, apremio, urgencia. V. RAPIDEZ 1.

apresurar. 1. Activar, apremiar, acelerar. V. URGENCIA 3.
— **2.** *Apresurarse*, correr, darse prisa, moverse. V. RAPIDEZ 5.

apretado. Estrecho, oprimido, justo. V. ESTRECHO 1.

apretar. Estrujar, prensar, oprimir. V. PRESIÓN 3.

apretón. Compresión, estrujón, aplastamiento. V. PRESIÓN 1.

apretura. 1. V. apretón.
— **2.** Escasez, privación, estrechez. V. DIFICULTAD 1, POBRE 7.

aprieto. Trance, apuro, problema. V. DIFICULTAD 1.

aprisa. Apresuradamente, velozmente, urgentemente. V. RAPIDEZ 4.

aprisionar. 1. Asir, empuñar, aferrar. V. COGER 1.
— **2.** Detener, encerrar, encarcelar. V. PRISIÓN 7.

aprobación. V. APROBAR 3.

aprobado. V. APROBAR 5.

APROBAR. 1. Autorizar, asentir, acceder, consentir, sancionar, permitir*, dejar, certificar, promulgar, decretar, legalizar, admitir, afirmar, aceptar*, dignarse, capacitar, habilitar, convalidar, reconocer, ratificar, asegurar, revalidar, reafirmar, confirmar, suscribir, corroborar, respaldar, refrendar, rubricar, pasar, avalar, visar, otorgar, garantizar, demostrar*, , tolerar*, conceder, ceder, transigir, agradar*, prestarse, conformarse, ayudar*, acoger, adherirse, condescender, abonar, apoyar*, avenirse, contentarse, amoldarse, dar la razón, dar el visto bueno, decir sí, pactar*.
— **2.** *Elogiar*, aprobar, celebrar, alabar, loar, aplaudir, encomiar, ponderar, exagerar*, enaltecer.
3. Aprobación. Asentimiento, afirmación, sí, claro, en efecto, desde luego, amén, afirmativamente, ya, sanción, autorización, permiso*, consentimiento, venia, aquiescencia, anuencia, conformidad, confirmación, concesión, otorgamiento, visado, firma, aval, pase, decreto, promulgación, unanimidad, aceptación, certificación, visto bueno, agrado*, respaldo, reafirmación, convalidación, corroboración, alternativa, admisión, ayuda*, ratificación, reconocimiento, garantía, demostración*, tolerancia*, transigencia, apoyo, prestación, adhesión, acogida, acolada, espaldarazo, razón, avenencia, pacto*, beneplácito, pláceme, plácet, así sea, aliento, complacencia, aplauso, fama.

— **4.** *Elogio**, aprobación, aplauso, aliento, alabanza, loa, ponderación, encomio, enaltecimiento, exageración*.

5. Aprobado. Autorizado, permitido*, acorde, unánime, admitido, conforme, concordante, concedido, otorgado, visado, lícito, legítimo, legal*, garantizado, aceptable*, formado, afirmativo, sí, positivo, de acuerdo, está bien, vale, avalado, cierto, verdadero, real, sancionado, tolerado* (v. 3); competente, capacitado, experto, calificado, suficiente, apto, idóneo, conveniente, hábil*.

6. Que aprueba. Transigente, aquiescente, comprensivo, tolerante*, condescendiente, indulgente, benévolo, conforme, complaciente, aprobador.

Contr.: Negar, prohibir*.

V. PERMITIR, TOLERAR, AGRADAR, ELOGIAR, ACEPTAR.

aprontar. Disponer, aprestar, prevenir. V. PREPARAR 1.

apropiación. V. APROPIARSE 2.

apropiado. Correcto, pertinente, adecuado. V. CONVENIENTE 2.

APROPIARSE. 1. Adueñarse, adjudicarse, apoderarse, alcanzar, conseguir, dominar*, obtener, tomar, recobrar, reintegrar, quitar*, despojar, desposeer, coger*, arrebatar, guardar, quedarse, usurpar, privar, embargar, expropiar, requisar, confiscar, incautarse, decomisar, retener, conservar, nacionalizar, enseñorear, socializar, absorber, reivindicar, anexionar(se), incorporar, ampliar, añadir*, unir, ocupar, capturar, conquistar*, extraer, arramblar, apresar, arrancar, rebañar, robar*, birlar, apandar, hurtar, expoliar, saquear, acaparar, escamotear, plagiar, engañar*, arrogarse, atribuirse*.

2. Apropiación. Expropiación, obtención, desposeimiento, despojo, engaño*, robo*, ocupación, usurpación, retención, apresamiento, adquisición, privación, anexión, incorporación, fusión, unión*, añadido, aprehensión, conquista*, toma, captura, asimilación, absorción, acaparamiento, expolio, expoliación, latrocinio, hurto, sisa, escamoteo, apaño, rapacidad, sustracción, saqueo, botín, plagio, incautación, decomiso, requisa, confiscación.

3. Que se apropia. Usurpador, expoliador, defraudador, saqueador, anexionista, tramposo, engañoso*, estafador*, vencedor*, conquistador*, poderoso*, déspota, tirano, abusador*, bandido, bandolero, ladrón*, caco, plagiario, acaparador.

Contr.: Dar, entregar*, regalar*, devolver*.

V. QUITAR, COGER, ROBAR, ENGAÑAR, ESTAFAR, CONQUISTAR, ABUSAR.

aprovechable. Conveniente, productivo, válido. V. ÚTIL 1.

aprovechado. 1. V. aprovechable.

— **2.** Oportunista, abusador, codicioso. V. EGOÍSMO 2.

aprovechamiento. Conveniencia, ganancia, utilización. V. ÚTIL 6.

aprovechar. 1. Usar, explotar, obtener. V. ÚTIL 7.

— **2.** *Aprovecharse*, lucrarse, explotar, engañar*. V. BENEFICIO 7.

aprovisionar. Suministrar, avituallar, proveer. V. ABASTECIMIENTO 4.

aproximación. Avecinamiento, acercamiento, cercanía. V. CERCA 4.

aproximadamente. Alrededor de, casi, cerca de. V. CERCA 3.

aproximado. 1. Próximo, contiguo, parecido. V. CERCA 1.

— **2.** Inseguro, incierto, indeterminado. V. IMPRECISIÓN 2.

aproximar(se). Juntar(se), arrimar, acercar. V. CERCA 7.

aptitud. Destreza, capacidad, competencia. V. HÁBIL 3.

apto. 1. Preparado, idóneo, diestro. V. HÁBIL 1.

— **2.** Adecuado, correcto, apropiado. V. ÚTIL 1.

apuesta. Jugada, envite, postura. V. JUEGO 9.

apuesto. Guapo, garboso, gallardo. V. HERMOSURA 3.

apuntación. V. apunte.

apuntador. Traspunte, ayudante; anotador. V. TEATRO 7.

apuntalamiento. Reforzamiento, apoyo, consolidación. V. REFORZAR 3.

apuntalar. Asegurar, afirmar, consolidar. V. REFORZAR 1.

apuntar. 1. Inscribir, anotar, registrar. V. ESCRIBIR 1.

— **2.** Encañonar, asestar, amenazar. V. ORIENTACIÓN 3.

apunte. 1. Inscripción, anotación, escrito*. V. NOTA 1.

— **2.** Bosquejo, croquis, esbozo. V. DIBUJO 1.

apuñalar. Acuchillar, asestar, herir. V. CUCHILLO 6.

apurado. 1. Abrumado, angustiado, pobre*. V. AFLICCIÓN 5.

— **2.** Arduo, comprometido, difícil. V. DIFICULTAD 3.

apurar. 1. Agotar, consumir, acabar. V. FIN 4.

— **2.** Apresurar, apremiar, urgir. V. URGENCIA 3.

— **3.** *Apurarse*, angustiarse, inquietarse, intranquilizarse. V. AFLICCIÓN 3.

apuro. Problema, conflicto, aprieto. V. DIFICULTAD 1.

aquejar. Padecer, afligir, inquietar. V. SUFRIMIENTO 5.

aquelarre. Alboroto*, reunión de brujos. V. HECHICERÍA 4.

aquí. En este lugar, acá, junto. V. CERCA 1.

aquiescencia. Consentimiento, autorización, permiso. V. APROBAR 3.

aquietar. Serenar, apaciguar, calmar. V. TRANQUILIDAD 9.

aquilatar. Determinar, establecer, valorar. V. EVALUAR 1.

aquilino. Anguloso, aguileño, encorvado. V. CURVA 4.

ÁRABE. 1. Arábigo, mahometano, musulmán, muslime, agareno, sarraceno, islamita, islámico, moro *desp*, chiita, mauritano, norteafricano, rifeño, berberisco, bereber o beréber, ismaelita, almohade, almorávide, abencerraje, druso, mudéjar, morisco, moruno, númida, magrebí, marroquí, argelino, tunecino, tuareg, beduino, hombre azul. Mozárabe, almogávar.
2. Personajes. *Jefes**: Califa, jalifa, sultán, jeque o «sheik», jedive o «khedive», bey, nabab, bajá o pachá, emir, caíd, cadí, visir, gran visir, jerife, valí. *Religiosos:* Imán o ayatola, derviche, santón, profeta, agá, agá kan, muecín, almuédano, alfaquí, ulema, calender, morabito, creyente, alcoranista, muftí. *Otros:* Odalisca, hurí, morisma, cabila, taifa.
3. Religión*. Alá, Mahoma, profeta, Corán o Alcorán, Islam, islamismo, mahometismo, hégira, ramadán, media luna, creciente, guerra santa, peregrinos, la Meca, la Kaaba, la piedra negra.
4. Templos. Mezquita, rábida, morabito, almacabra, aljama, mihrab, alminar o minarete, zaguía, macsura.
5. Vestimenta. Chilaba, albornoz, turbante, fez, babucha, alquicel, marlota, velo, hiyab, nikab, burka, tul, túnica.
6. Varios. Harén* o serrallo o gineceo, «hamman» (baño), «guad» (río), «erg» (duna), «madrassa» (escuela), arabesco, filigrana, cerámica, vidrio esmaltado, cordobán, zoco, mercado; *comida:* alcuzcuz o cuscús, arroz pilaf, carnero, pinchos morunos.
V. RELIGIÓN, ETNIAS.

arabesco. Ornato, decoración, voluta. V. ADORNO 1.
arábigo. V. ÁRABE 1.
arácnido. V. ARAÑA 1.
ARADO. 1. Roturador, binador, reja, hierro, herramienta*, aparato*, apero.
2. Clases. Romano, timonero, de disco, de vertedera, múltiple, viñador, patatero.
3. Partes. Reja, hierro, palo, timón, mancera, esteva, telera, cama, dental, clavijero, cuchilla, talón, vertedera, orejera, calce, apuntadura, enrejada, yugo, cincha, vara de tiro, gancho, bastidor, grada, puente, antetrén, cadenas de tiro, cama, rueda del surco, r. del macizo.
4. Arar. Roturar, labrar, binar, aladrar, cultivar, laborear, cavar, romper, surcar, trabajar*, remover (v. agricultura* 4).
V. AGRICULTURA, HERRAMIENTA, APARATO.

arancel. Tasa, impuesto, arbitrio. V. FISCO 3.
arandela. Anilla, pieza, disco. V. ARO 2.
ARAÑA. 1. Arácnido, artrópodo*, tarántula, tejedora, aracnoidea, bicho, sabandija, invertebrado; insecto* (no es insecto), (v. 3).
— **2.** Luz*, fanal, foco. V. LÁMPARA 1.

3. Elementos. Abdomen, cefalotórax, ojos, quelíceros, pinzas, uñas, glándulas venenosas, pedipalpos, patas, tráquea, saco pulmonar; glándula de la seda, ganglio nervioso. Líquido viscoso, seda, tela; telaraña; red, malla, hileras.
4. Clases. Araña doméstica, común, de jardín, de agua, del lino, tarántula, mígala, araña pollito, a. lobo, peluda, saltadora, viuda negra, picacaballos.
5. Arácnidos. Alacrán, escorpión*, escorpión africano (mortífero), ácaro, garrapata, arador de la sarna.
V. ARTRÓPODO, ESCORPIÓN, INSECTO, ANIMAL.
arañar. Rayar, rasguñar, marcar. V. RASPAR 1, LESIÓN 7.
arañazo. Zarpazo, rasguño, marca. V. LESIÓN 1, RASPAR 2.
arar. Roturar, labrar, trabajar. V. ARADO 4.
arbitraje. Fallo, participación, intercesión. V. MEDIACIÓN 1.
arbitrar. Dictaminar, interceder, pactar*. V. MEDIACIÓN 3.
arbitrariedad. Abuso, desafuero, atropello. V. INJUSTICIA 1.
arbitrario. Ilegal*, abusivo*, caprichoso. V. INJUSTICIA 2.
arbitrio. 1. Facultad, autoridad, voluntad*. V. PODER 1.
— **2.** *Arbitrios*, contribución, tasa, impuesto. V. FISCO 3.
árbitro. Intermediario, juez, intercesor. V. MEDIACIÓN 2.
ÁRBOL. 1. Planta leñosa, perenne, arbusto, arbolillo; fronda, espesura, bosque (v. 10).
2. Partes. Raíces, tronco o fuste, ramas, hojas*, copa o cima. *Raíz:* raíz primitiva, secundaria, adventicia, raicilla; zona pilífera, pelos absorbentes, cuello, región suberosa, extremo, cofia. *Tronco:* (Corte:) corteza, libar, cambium, albura, duramen, médula, anillos concéntricos, círculos anuales. *Hoja*:* (Véase este artículo) *Varios:* Nudo, madera*, cepa, leño, tocón, toza, savia, flor*, fruto, arborescencia, retoño, brote, axila, hoja*. *Rama:* bifurcación, horca, horquilla. *Copa:* copa colgante (sauce), de pirámide (abeto), de parasol (pino), esférica (encina).
3. Clases de árboles. *Clasificación:* Gimnospermas o árboles de hojas perennes (coníferas, cedro, abeto, pino, alerce, secoya). Angiospermas o árboles de hojas caducas (sauce, álamo, nogal, castaño). Árboles forestales, maderables (v. 4), frutales (v. 5), ornamentales (v. 6), medicinales (v. 7), varios (v. 8), arbustos (v. 9). *Otra clasificación:* árboles de hoja caduca, á. de hoja perenne, coníferas y palmeras. *Otras clases:* Árbol resinoso, de sombra, frondoso, copudo, pelado, desnudo, acopado, ahilado, exótico, indígena, enano. Conífera, cupulífera, juglandácea.

4. Árboles forestales, maderables. Encina, roble, nogal, alcornoque, haya; baobab, acacia, teca, pino, abeto, sicomoro o sicómoro, palisandro, ébano, okume, castaño, ciprés, fresno, cedro, alerce, campeche, caoba, chopo, álamo, quebracho.

5. Árboles frutales. Melocotonero, duraznero, albaricoquero, peral, manzano, ciruelo, cerezo, higuera, granado, naranjo, limonero, olivo, avellano, almendro, alfóncigo, castaño, nogal, encina, níspero, caqui, membrillo, mango, árbol del pan, coco, cocotero, palmera, palma, datilera, platanero, plátano, bananero, banano, guayabo, algarrobo, aguacate.

6. Árboles ornamentales. Ciprés, eucalipto, laurel, sicomoro o sicómoro, fresno, plátano de sombra, acacia, olmo, aliso, abedul, terebinto, azalea, magnolia, sauce.

7. Árboles medicinales. Árbol de la quina, laurel, tilo, alcanforero, eucalipto.

8. Otros árboles. Sándalo, abeto, alerce, arce, araucaria, secoya o secuoya, enebro, tejo, lentisco, tamarindo, mirobálano, azalea, ciclamor, cinamomo, arraclán, baobab, anacardo, cafeto, ombú, jaborandi, ceibo, palma. Árbol genealógico, á. de Navidad, á. de la Vida.

9. Arbusto. Arbolillo, mata, seto, soto, matorral*, matojo, cercado, macizo, bejuco, trepadora, brezo, jara, maleza, zarzal, zarza, zarzamora, chaparro; monte, monte bajo. *Arbustos:* lila, hiedra, madreselva, jazmín, heliotropo, rosal, fucsia, gardenia, hortensia, adelfa, rododendro, camelia, alheña, ligustro, boj, mirto, arrayán, retama, madroño, mimbre, saúco, vid, parra, frambueso, agracejo, grosellero, mandioca, yuca, jara, espino, zarza, zarzamora, morera, moral, brezo, chaparro, añil, té, cafeto, espliego, tomillo, romero, lavándula, agraz, almácigo, lentisco, pimentero, vainilla, zarzaparrilla (v. 1).

10. Bosque, selva. Arboleda, bosque*, fronda, floresta, follaje, parque, jardín*, boscaje, enramada, espesura, soto, seto, algaida, carrascal, monte, bosquecillo, oasis, vivero, alcorque, macizo, sobral, arbolado, terreno arbolado, avenida, alameda, pinar, palmar, olivar, robledal, manzanal, naranjal, etc. (v. 5), selva, selva virgen, selva ecuatorial, manigua, jungla, fragosidad, parque nacional.

11. Arboricultura. Silvicultura, repoblación forestal, siembra, trasplante, injerto, aporcado, cultivo, plantación, tala, poda, destroncamiento, despalme, destetillado, acodo, ahorquillado, rodrigón, tutor, cortafuego (v. bosque*).

12. Enfermedades del árbol. Procesionaria, oruga, griseta, pata de gallina, aceбolladura, lobanillo.

13. Personas. Ingeniero de montes, i. agrónomo, silvicultor, conservador, capataz, ayudante, guardabosques, guarda forestal, leñador, talador, peón, podador. *Mitología:* fauno, sátiro, dríada, hamadría o hamadríada, oréade.

14. Frondoso. Arborescente, arbóreo, arbolado, denso, boscoso*, tupido, umbrío, sombrío, selvático, agreste, espeso, impenetrable*, exuberante, lujuriante, poblado.

V. ÁRBOL, MADERA, HOJA, BOSQUE, MATORRAL, VEGETAL.

arbolado. Umbrío, frondoso, boscoso. V. BOSQUE 14.

arboladura. Mástiles, palos, aparejos. V. BARCO 14.

arboleda. V. ÁRBOL 10.

arbóreo, arborescente. Umbrío, boscoso, frondoso. V. ÁRBOL 14.

arboricultura. V. ÁRBOL 11.

arbotante. Soporte, arcada, contrafuerte. V. ARCO 1.

arbusto. V. ÁRBOL 9.

arca. 1. Baúl, cofre, receptáculo. V. CAJA 1.

— **2.** Embarcación, nave, pontón. V. BARCO 5.

arcabuz. Escopeta, mosquete, carabina. V. FUSIL 1.

arcada. 1. Náusea, vómito, mareo. V. INDISPOSICIÓN 1.

— **2.** Arquería, bóveda, curvatura. V. ARCO 1.

arcaico. Vetusto, viejo, pretérito. V. ANTIGUO 1.

arcaísmo. Ranciedad, incorrección gramatical, modismo. V. GRAMÁTICA 18.

arcángel. Mensajero, espíritu celeste, e. bienaventurado. V. ÁNGEL 1.

arcano. Recóndito, impenetrable, secreto. V. MISTERIO 3.

arce. Árbol aceráceo, planta, vegetal*. V. ÁRBOL 8.

arcén. Margen, costado, borde*. V. CARRETERA 3.

archipiélago. Islas, islotes, grupo de islas. V. ISLA 1.

archivador. Legajo, carpeta, registro. V. CLASIFICACIÓN 3.

archivar. Registrar, guardar, ordenar. V. CLASIFICACIÓN 4.

archivero. Funcionario, encargado de archivo, clasificador. V. EMPLEO 7.

archivo. Padrón, registro, mueble*. V. CLASIFICACIÓN 3.

arcilla. Arena, marga, greda. V. SUELO 3.

arcipreste. Párroco, eclesiástico, presbítero. V. SACERDOTE 1.

ARCO. 1. Parte de curva, curva*, arcada, ojiva, arquería, bóveda*, vuelta, vano, hueco*, luz, ventana*, ábside, curvatura, refuerzo, pilar, cimbra, dovela, arbotante, contrafuerte.

— **2.** Arma, arma que arroja flechas (v. 8).

— **3.** Arco de violín. V. VIOLÍN 2.

4. Partes del arco arquitectónico. Dovela, clave, salmer, línea de imposta, arranque, vértice, flecha, luz, tímpano, intradós, trasdós, costilla, gálibo, archivolta.

5. Clases. Arco de medio punto, adintelado, apuntado, rebajado, peraltado, de herradura, ojiva, ojival, gótico, románico, mitral, conopial, abocinado, escarzano, lobulado, deprimido, de descarga, por tranquil, Tudor, escocés, elíptico, toral, túmido.

6. Varios. Arco de Triunfo, a. cigomático, a. iris, a. voltaico.

7. Arqueado, arquear. V. CURVA.

8. Arco, arma. Tiro con arco, deporte*. Arco, arma* que arroja flechas, ballesta. Partes: empuñadura, visor, soporte de flecha, correa, pala del arco, cuerda, c. de dacrón; flecha (v. 9), carcaj, bracera. Elevación, ángulo de tiro, tirada, campo de tiro, diana; arquero, tirador, saetero, ballestero, infante, soldado, peón (v. ejército 6). Flechazo, impacto, disparo, golpe*, ballestazo, tiro, lanzamiento, herida, lesión*. Tirar, lanzar, apuntar, disparar, dar en la diana, d. en el blanco, acertar, asaetear (v. 9).

9. Flecha. Saeta, dardo, venablo, arma arrojadiza. Partes: punta, asta o astil, aletas o plumas (v. 8).
V. CURVA, BÓVEDA; ARMA.

arco iris. Espectro luminoso, espectro solar, iris. V. ESPECTRO 2.

arcón. V arca 1.

arder. Inflamarse, prender, quemar. V. FUEGO 6.

ardid. Trampa, treta, artimaña. V. ENGAÑO 1.

ardiente. 1. Abrasador, inflamado, incendiario. V. FUEGO 7.

— **2.** Caluroso, tórrido, sofocante. V. CALOR 5.

— **3.** Impetuoso, fogoso, vehemente. V. APASIONAMIENTO 2.

ardilla. Mamífero, petigrís (piel*), animal*. V. ROEDOR 2.

ardite. Moneda; menudencia, bledo. V. INSIGNIFICANTE 3.

ardor. 1. Entusiasmo, vehemencia, fogosidad. V. APASIONAMIENTO 1.

— **2.** Molestia, quemazón, acidez. V. DOLOR 3.

ardoroso. V. ardiente 3.

arduo. Peliagudo, trabajoso, intrincado. V. DIFICULTAD 3.

área. 1. Amplitud, superficie, extensión. V. ZONA 1.

— **2.** Zona, comarca, región. V. LUGAR 1.

— **3.** Medida de superficie. V. MEDIDA 7.

arena. Grava, polvo, tierra. V. SUELO 3.

arenal. Terreno arenoso, duna, playa. V. DESIERTO 1.

arenga. Perorata, prédica, alocución. V. DISCURSO 1.

arengar. Sermonear, perorar, predicar. V. DISCURSO 3.

arenoso. Desértico, polvoriento*, pedregoso. V. SUELO 8.

arenque. Pescado, anchoa, sardina. V. PEZ 8.

areola, aréola. Tetilla, mamelón, círculo. V. MAMA 2.

arete. Anillo, zarcillo, pendiente. V. ARO 1, JOYA 2.

argamasa. Mortero, cemento, hormigón. V. CONSTRUCCIÓN 7.

argentino. 1. Sonido vibrante, cristalino, sonoro. V. SONIDO 4.

— **2.** Rioplatense, criollo, porteño. V. AMERICANO 1.

argolla. Sortija, anilla, arandela. V. ARO 1, 2.

argot. Jerigonza, jerga, germanía. V. IDIOMA 1.

argucia. Treta, trampa, artimaña. V. ENGAÑO 1.

argüir. V. argumentar.

argumentar. Exponer, demostrar, razonar. V. EXPLICACIÓN 2.

argumento. 1. Motivo, razonamiento, manifestación. V. EXPLICACIÓN 1.

— **2.** Tema, guión, libreto. V. LITERATURA 6.

aria. Tonada, aire, canción. V. CANTAR 1.

aridez. V. árido.

árido. 1. Seco, estéril, infecundo. V. DESIERTO 2.

— **2.** Tedioso, cansado, fastidioso. V. ABURRIMIENTO 2.

— **3.** *Áridos*, granos, cereales, semillas. V. MEDIDA 9.

Aries. Signo del Zodiaco. V. ASTROLOGÍA 4.

ariete. Puntal, espolón, artefacto. V. MADERA 2.

ario. Occidental, indoeuropeo, caucásico. V. EUROPEO 1.

arisco. Huraño, bravío, rebelde. V. HOSCO 1.

arista. Canto, esquina, saliente. V. BORDE 1.

ARISTOCRACIA. 1. Alcurnia, abolengo, señorío, estirpe, nobleza, familia*, sangre azul, linaje, casta, dinastía, monarquía, realeza, sociedad, prosapia, hidalguía, patriciado, patricios, próceres, gran mundo, grandeza, crema, títulos, pergaminos, lustre, solar, procedencia, ascendencia, historia*, solera, origen*, tronco, árbol genealógico, cuna, nacimiento, patrimonio, cepa, genealogía, blasón*, raigambre, esplendor, caballería, ricahombría, infanzonía, progenie.

2. Aristócratas, nobles. Emperador, rey*, príncipe, p. de Asturias, infante, grande de España, duque, marqués, conde, vizconde, barón; virrey, príncipe heredero, príncipe de la sangre, delfín, alteza (v. 3), gran duque, archiduque, «kronprinz», diádoco, par, lord, «baronet», «sir», «earl», «gentleman», «esquire», boyardo, hospodar, «Junker», «Graf», landgrave, margrave, elector, cortesano, castellano, gentilhombre, caballero*, ricohombre, infanzón, hidalgo, noble, comendador, prócer, patricio, aristócrata (v. 4), señor, dignatario, heraldo, rey de armas, faraute, escudero, macero, senescal, valvasor, orejón, guzmán, godo, tagarote, ricahembra, hidalgo de privilegio, de ejecutoria, de braguetta, de solar conocido, de devengar quinientos sueldos (v. 4).

3. Títulos. Von, van, zu, de, d', of. Alteza, excelencia, etc. V. TRATAMIENTO.

4. Aristócrata, aristocrático. Prócer, patricio, caballero*, señor, noble, hidalgo, gentilhombre, palaciego, cortesano (v. 2), ilustre, prohombre, linajudo, godo, gótico, titulado, blasonado, ennoblecido, ancestral, solariego, señorial, preclaro, bien nacido; granado, selecto, notable, encopetado, de alto rango, de altos vuelos, de alto copete, grande.

5. Elementos. Blasón*, escudo, heráldica, armas, título, pergamino, documento*, tratamiento*, árbol genealógico, sangre azul, limpieza de sangre, casa solariega, solar, corona, espuela, condecoración*, mayorazgo, privilegio, investidura, espaldarazo, ennoblecimiento, coronación, orden de caballería, o. militar, libro de oro, nobiliario, Gotha.

6. Heredad. Imperio, reino, principado, ducado, marquesado, condado, baronía, castellana, señorío, feudo, solar, cuna, propiedad*, territorio, zona*.

7. Acción. Coronar, entronizar, ennoblecer, armar caballero, investir, dar el espaldarazo, titular, honrar*, condecorar*, dar lustre, descender.

Contr.: Plebeyo, villano.

V. BLASÓN, REY, ORDEN MILITAR, TRATAMIENTO, CONDECORACIÓN, HONOR, PRESTIGIO, TRADICIÓN, FAMILIA.

aristócrata, aristocrático. V. ARISTOCRACIA 4.

aritmética. Operaciones, ciencia, algoritmia. V. CÁLCULO 6.

arlequín. Personaje teatral, bufón, farsante. V. COMEDIA 5.

ARMA. 1. Armamento, ingenio, artefacto, instrumento defensivo, i. ofensivo, pertrechos, equipo, bastimento, aparato*, mecanismo, artilugio, dispositivo, herramienta*, adminículo.

2. Clasificación. Armas blancas (v. 3), armas de fuego (v. 4). *Armas blancas* ofensivas, defensivas, contundentes, arrojadizas, arrojadoras, de puño, de asta, escudos*, cotas, armaduras*. *Armas de fuego* portátiles, largas, cortas, automáticas, lisas, rayadas, bocas de fuego, artillería*, tanques* o carros de combate, proyectiles* teledirigidos, proyectiles nucleares, misiles, arma nuclear, bombas*.

3. Armas blancas. OFENSIVAS. Contundentes: hacha*, maza, mangual, clava, palo, macana, cachiporra, martillo, plomada, azote. *Arrojadizas:* piedra*, bumerán, boleadoras, cerbatana, flecha, saeta, dardo, venablo, arpón, chuzo. *Arrojadoras:* honda, tiragomas, tirador, arco*, ballesta*, catapulta, balista. *De puño, de corte:* espada* (hoja, filo, espiga, empuñadura, pomo, gavilán, cazoleta), sable, mandoble, montante, espadón, florete, machete, cimitarra, alfanje, yatagán, puñal, daga, cuchillo*, gumía, estoque, verduguillo, espetón, estilete, puntilla, hoz. *De asta:* lanza, alabarda, pica, puya, partesana, chuzo, jabalina, dardo, venablo; espetón, horquilla, bidente, tridente, guadaña. ARMAS BLANCAS DEFENSIVAS. Escudo*, broquel, rodela, placa, adarga, pavés, tarja, armadura*, coraza, loriga, cota de malla. Panoplia.

4. Armas de fuego. *Cortas:* pistola*, revólver, «derringer», matagatos, pistolete, cachorrillo, pistola ametralladora. *Largas:* rifle, carabina,

fusil*, mosquetón, escopeta, máuser, mosquete, arcabuz, espingarda, trabuco, naranjera, bocarda, tercerola, cuarterola, fusil ametralladora, metralleta, ametralladora*. *Armas de artillería*:* cañón (de costa, de buque, de campaña, antiaéreo, anticarro), mortero, obús, bombarda, falconete, culebrina, carronada, sacre, basilisco. *Proyectiles*:* bala, munición, granada, cartucho, bomba*, obús, perdigón, posta, torpedo*, cohete*, proyectil teledirigido, misil o mísil, proyectil atómico. *Acción:* cargar, montar, amartillar, encañonar, descargar, disparar, apuntar, encasquillarse.

5. Personas. Armero, artesano, fabricante*, experto, comerciante*, traficante. Macero, hachero, hondero, arquero, saetero, ballestero, espadachín, esgrimista, lancero, piquero, alabardero, escudero, coracero; pistolero, riflero, carabinero, fusilero, mosquetero, escopetero, arcabucero, ametrallador, artillero*, bombardero, granadero, torpedero, cohetero.

6. Acción. Armar(se), preparar, pertrechar, defender, proteger*, militarizar, guerrear*, alistar, reclutar, incorporar, luchar*, atacar, disparar, tirar, ametrallar, fusilar, cargar, encañonar, cañonear, bombardear*, acuchillar, estoquear, alancear.

7. Armería. Almacén*, museo*, cuartel*, depósito, barracón, bastimento, santabárbara, polvorín. Panoplia, escudo, colección* de armas, de trofeos.

8. Rearme. Armamento, producción, refuerzo, militarización, fabricación* de armas, incremento, aumento, pertrecho, equipamiento; moratoria nuclear.

V. ARMADURA, ESCUDO, HACHA, ARCO, BALLESTA, ESPADA, CUCHILLO, PISTOLA, FUSIL, AMETRALLADORA, ARTILLERÍA, BOMBA, PROYECTIL, TANQUE, EJÉRCITO, GUERRA.

armada. Escuadra, convoy, flota. V. BARCO 7.

armadillo. Desdentado, mamífero americano, animal*. V. MAMÍFERO 14.

armado. Blindado, equipado, ofensivo. V. PROTECCIÓN 7.

armador. Naviero, fletador, consignatario. V. BARCO 20.

ARMADURA. 1. Arnés, protección*, defensa, coraza, cota, indumentaria de guerra, de batalla, placas, piezas metálicas, escudo*.

2. Clases. Coraza de cuero, de hierro, de bronce, loriga de escamas, cota de malla; armadura de justa, de guerra*, de parada, de punta en blanco, del siglo XIV, del s. XV, del s. XVI.

3. Partes. *Cabeza:* casco, yelmo, capacete, morrión, casquete, almete, bacinete, borgoñota, gálea, celada; partes: visera, mentonera, orejera, babera, cimera, airón, cubrenuca, cresta. *Cuello:* gola, gorguera. *Cuerpo:* coraza, peto, coselete, espaldar, hombrera, ristre, bufa, escarcela, faldón, tonelete, sobreveste, camisote, gambax, jubón, almilla, malla, cota, cota de

malla, loriga. *Brazo:* brazal, guardabrazo, codal, codera, avambrazo. *Mano:* guantelete, manopla. *Pierna:* quijote, cuja, rodillera, espinillera, canillera, graba. *Pie:* escarpe, escarpín. *Todo el cuerpo:* cota de malla (v. 1).
4. Armas. *Defensivas:* escudo*, rodela, tarja, broquel, adarga, pavés. *Ofensivas:* espada*, mandoble, montante, espadón, daga, hacha, lanza, maza, mangual, martillo, azote, plomada (v. 1).
5. Armadura del caballo. Arnés, testera, cervicales, capizana, pechera, petral, barda pectoral, barda de grupa, grupera, gualdrapa.
V. ESCUDO, ESPADA, PROTECCIÓN, ARMA.

armamento. V. ARMA 1.

armar. V. ARMA 6.

ARMARIO. 1. Ropero, guardarropa, mueble*, alacena, despensa, cómoda, aparador, estante (v. 2), bufete, trinchero, vasar, tocador, hornacina, vitrina, bargueño, arca, arcón, armario de luna, armario ropero, botiquín, mesilla, mesa* (v. 2).
2. Estante. Repisa, anaquel, estantería, compartimiento, casillero, consola, soporte*, rinconera, aparador, vasar, ménsula, tabla, maderamen*, plúteo, cajón, gaveta (v. 1).
3. Partes del armario. Cuerpo, patas, luna, espejo, estantes, anaqueles, cajones, gavetas, puertas, cerradura, perchas, barra, tablas, casillas, molduras, listones.
V. MUEBLE, MESA.

armatoste. Cacharro, artefacto, trasto. V. APARATO 1, 2.

armazón. Entramado, sustentáculo, sostén. V. SOPORTE 1.

armella. Anilla, argolla, escarpia. V. ARO 2, CLAVO 1.

armería. Depósito, museo, guadarnés. V. ARMA 7.

armero. Artesano, fabricante*, comerciante*. V. ARMA 5.

armiño. 1. Carnívoro, marta, mamífero. V. MAMÍFERO 11.
— **2.** Pelaje, cuero, forro. V. PIEL 7.

armisticio. Tratado, tregua, convenio. V. PACTO 1.

armonía. 1. Melodía, acorde, consonancia. V. MÚSICA 2.
— **2.** Cordialidad, avenencia, paz*. V. CONCORDIA 1.
— **3.** Proporción, simetría, concordancia. V. EQUILIBRIO 2.

armónica. Instrumento de viento. V. INSTRUMENTO MUSICAL 4.

armonio. Instrumento de teclado, de viento. V. ÓRGANO 4.

armonioso. Melódico, sonoro, musical. V. MÚSICA 13.

armonizar. Conciliar, arreglar, avenir. V. SIMPATÍA 6, SOLUCIÓN 3.

arnés. Arreos, guarnición, equipo. V. CABALLO 14.

árnica. Linimento, fricción, tintura. V. MEDICAMENTO 5.

ARO. 1. Argolla, sortija, anillo, a. de boda, a. de compromiso, joya*, alhaja, arandela (v. 2), sello, alianza, tresillo, cintillo, solitario, zarcillo, pendiente, ajorca, pulsera, brazalete, collar, gargantilla, dogal, círculo* (v. 2).
— **2.** *Arandela,* aro, armella, zuncho, abrazadera, anilla, anillo, argolla, sujetador, agarradera, disco, corona*, pieza*, placa, dogal, manija, manilla, esposa, hierro*, círculo*, arete, cáncamo, gancho, cerco, virola, vuelta, mosquetón, rodaja, presilla, gaza, fleje, cincho, ficha, colgadero, llavero, vilorta, eslabón, arganeo, estrinque, volante, rueda*.
V. JOYA, PIEZA, HIERRO, CÍRCULO.

aroma. Efluvio, olor, fragancia. V. PERFUME 1.

aromático. Oloroso, perfumado, fragante. V. PERFUME 1.

arpa. Cítara, lira, instrumento de cuerdas. V. INSTRUMENTO MUSICAL 3.

arpegio. Cadencia, acorde, melodía. V. MÚSICA 2.

arpía. Bruja, mujer malvada; mujer fea; furia. V. FEALDAD 2.

arpillera. Saco, tejido basto, estopa. V. TELA 11.

arpón. Dardo, venablo, gancho. V. PINCHAR 6.

arponear. Cazar*, ensartar, atravesar. V. PINCHAR 1.

arqueado. V. arqueamiento.

arqueamiento. Curvatura, flexión, combadura. V. CURVA 2.

arquear. Flexionar, torcer, combar. V. CURVA 5.

arqueo. 1. Comprobación, balance, medida*. V. CÁLCULO 3.
— **2.** V. arqueamiento.

ARQUEOLOGÍA. 1. Investigación*, ciencia*, estudio de lo antiguo*.
2. Divisiones. Arqueología prehistórica*, histórica*, egipcia o egiptología*, asiria, babilónica, nórdica, germánica, clásica, oriental, medieval, americana, antropología*, etnografía, dendrocronología, metrología, paleografía, epigrafía, numismática, iconografía.
3. Monumentos*. Megalito, dolmen, menhir, crómlech o crónlech, talayot, monolito, obelisco, mastaba, pirámide*, hipogeo, esfinge, palafito, túmulo, sepultura, tumba*, cámara mortuoria, cenotafio, columbario, sarcófago, catacumba, panteón, acrópolis, capitolio, arco triunfal, coliseo, templo*, acueducto, viaducto, muralla, foso, fortificación*, castillo*.
4. Vestigios. Bajorrelieve, inscripción, estela, ánfora, cerámica, pintura* rupestre, hallazgo*, tesoro, joya*, adorno*, moneda, trofeo, microlito, ceraunia, sílex, piedra*, pedernal, hueso, herramienta*, utensilio, arma*, hacha*, puñal, cuchillo*, collar, mosaico, losa.
5. Edades. PERÍODO ANTEDILUVIANO: PREHISTORIA. *Edad de piedra:* paleolítico (piedra tallada), mesolítico, neolítico (piedra pulimentada). *Edad de los metales:* Edad del bronce, Edad del

hierro. HISTORIA. Edad Antigua, Edad Media (Alta E. Media, Baja E. Media), Edad Moderna, Edad Contemporánea.

6. Investigación*. Excavación*, sondeo, prospección, rescate, depósito, aluvión, pozo, estrato, capa, sedimento.

7. Instrumentos. Pico, pala, cincel, martillo, nivel, brújula, teodolito, magnetómetro (contador Geiger), máquina fotográfica, envases, embalaje.

8. Lugares. Stonehenge, Troya, Altamira, Valle de los Reyes, Abu Simbel, Ur, Cnossos, Pompeya, Machu Picchu, Angkor, Zimbabue.

9. Arqueólogo. Científico, investigador*, experto, explorador. *Arqueólogos:* Schliemann (Troya, Micenas), Evans (Creta), Carter (tumba de Tutankhamon), Carnarvon (Valle de los Reyes, en Egipto), Wooley (Ur), Leakey, Wheeler, Breuil, Cerralbo, Pitt Rivers, Lewis Binford, David L. Clarke, Collin Renfrew, Ian Hodder.
V. PREHISTORIA, EDAD, GEOLOGÍA, FÓSIL, TIEMPO, MONUMENTO, PIRÁMIDE, EGIPTOLOGÍA, EXCAVACIÓN.

arqueólogo. V. ARQUEOLOGÍA 9.
arqueológico. Fósil*, prehistórico*, arcaico. V. ANTIGUO 1.
arquería. Arcada, serie de arcos, corredor. V. BÓVEDA 1.
arquero. Soldado, ballestero, infante. V. ARCO 8, EJÉRCITO 6.
arqueta. Arca, baúl, receptáculo*. V. CAJA 1.
arquetipo. Ideal, dechado, modelo. V. EJEMPLO 3.
arquitecto. V. ARQUITECTURA 7.
ARQUITECTURA. 1. Construcción*, obra, edificación, erección, proyecto, estudio, diseño, reconstrucción, urbanización, edificio (v. 3).
2. Clasificación. Arquitectura civil, religiosa, militar, naval, funeraria, prehistórica, histórica, egipcia, oriental, americana, egea, cretense, micénica, griega, etrusca, romana, bizantina, románica, visigótica, árabe, gótica u ojival, renacentista, barroca, moderna, funcional.
3. Edificaciones. Edificio, casa*, vivienda, inmueble, mansión, residencia, construcción*, habitación*, pirámide*, mastaba, sala hipóstila, laberinto, dédalo, acrópolis, torre, templo*, capilla, iglesia, catedral, basílica, convento*, abadía, altar, palacio*, castillo*, fortificación*, alcázar, coliseo, circo*, estadio*, canal*, viaducto, acueducto, capitolio, arco de triunfo, puerta, panteón, parlamento, teatro*, hospital*, academia, colegio, museo*, ministerio*, rascacielos, cuartel*, estación, hotel*, balneario, puerto*, dique*, puente*, cloaca, alcantarilla*.
4. Cuerpo de edificio. Cimientos, muro, medianera, tabique, pared, sótano, bodega, zócalo, planta baja, primer piso, ala, desván, buhardilla, techo, tejado, alero, terraza, chimenea, canalón, ventana*, balcón, antepecho, barandilla, puerta*, escalera*, habitación*, nave, sala, vestíbulo, frontis, fachada*, pórtico,

torre, aguja, campanario, espadaña, arco*, cúpula, bóveda*, ábside, crucero, galería*, crujía, arbotante, contrafuerte.
5. Ornamentos. Moldura, artesonado, relieve, friso, adorno*, archivolta, arabesco, voluta, greca, guirnalda, festón, gota, palmeta, filete, orla, dentillón, medallón, florón, atlante, cariátide, gárgola, mascarón, columna*, esgrafiado, bajorrelieve, estatua, escultura*, decoración*.
6. Estilos. *Edad Antigua:* Estilo egipcio, mesopotámico, asirio, persa, clásico, egeo, griego (orden dórico, jónico, corintio), etrusco, romano, paleocristiano, bizantino, celta, germano, escandinavo. *Edad Media:* Estilo islámico, prerrománico, merovingio, carolingio, visigótico, longobardo, mozárabe, mudéjar, románico, gótico u ojival. *Edad Moderna:* Estilo renacimiento, Luis XIV, Luis XV, Luis XVI, barroco, plateresco, churrigueresco, rococó, regencia, neoclásico. *Edad Contemporánea:* Estilo restauración, Luis Felipe, neogótico, modernista, funcionalista. *América:* Estilo precolombino, colonial. *Oriente:* Estilo chino, japonés, indo (v. arte 6).
7. Personas. Arquitecto, urbanista, aparejador, ingeniero técnico, empresario, maestro de obras, constructor, capataz, albañil, peón.
8. Acción. Construir*, edificar, erigir, levantar, proyectar, dibujar*, calcular*, urbanizar, abovedar, techar, cimentar, tabicar, labrar, achaflanar, apear, abocinar, triangular, apuntalar, replantear, restaurar, esculpir, ornamentar, decorar*.
9. Monumentos. Stonehenge, Esfinge y pirámides de Gizeh, Abu Simbel, templo de Tenochtitlán, Angkor-Wat, Coliseo romano, acueducto de Segovia, el Partenón.
10. Albañilería, construcción. V. CONSTRUCCIÓN.
V. CASA, CONSTRUCCIÓN, CASTILLO, TEMPLO, ESCALERA, ARCO, BÓVEDA, VENTANA, PUERTA, COLUMNA, ESCULTURA, ARTE.
arrabal. Extrarradio, afueras, suburbio. V. BARRIO 2.
arrabalero. Ordinario, grosero, descortés*. V. VULGAR 1.
arracada. Pendiente, zarcillo, arete. V. JOYA 2.
arracimarse. Aglomerarse, apiñarse, agruparse. V. GRUPO 13.
arraigar. Enraizar, habitar*, aclimatarse. V. PERMANECER 1.
arraigo. 1. Abolengo, solera, linaje. V. TRADICIÓN.
— **2.** Posición, dignidad, solvencia. V. PROSPERIDAD 1, 2.
arramblar. Apandar, despojar, apañar. V. COGER 1.
arrancada. V. arranque 1.
arrancamiento. Separación, erradicación, extirpación. V. EXTRAER 3.
arrancar. 1. Quitar, eliminar, extirpar. V. EXTRAER 1.
— **2.** Partir, alejarse, acelerar. V. SALIR 2.

— **3.** Iniciar, empezar, comenzar. V. PRINCI-PIO 8.

arranque. 1. Aceleración, comienzo, salida. V. SALIR 8, PRINCIPIO 1.

— **2.** Arrebato, rapto, ímpetu. V. APASIONA-MIENTO 1.

arrapiezo. Crío, golfo, chiquillo. V. NIÑO 1.

arras. Señal, prenda, monedas. V. GARANTÍA 1.

arrasar. Devastar, arruinar, desmantelar. V. DES-TRUIR 1.

arrastrado. Arduo, miserable, penoso. V. MO-LESTIA 5.

arrastrar. 1. Tirar de, trasladar, remolcar. V EM-PUJAR 1.

— **2.** Convencer, atraer, inducir. V. PERSUA-DIR 1.

— **3.** *Arrastrarse*, moverse, serpentear, reptar. V. DESLIZARSE 1.

— **4.** Doblegarse, rebajarse, degradarse. V. HUMILLACIÓN 6.

arrastre. Traslado, impulso, transporte*. V. EMPU-JAR 3, DESLIZAR 3.

¡arre! ¡Ria!, ¡so!, ¡jo! V. CABALLO 19, EXCLA-MACIÓN 8.

arrear. 1. Aguijonear, azuzar, fustigar. V. ESTÍ-MULO 5.

— **2.** Atizar, sacudir, zurrar. V. GOLPE 11.

arrebañar. Apurar, limpiar*, apañar. V. QUITAR 1.

arrebatado. Fogoso, impetuoso, excitado. V. APA-SIONAMIENTO 2.

arrebatador. Arrobador, maravilloso, conmove-dor. V. APASIONAMIENTO 3.

arrebatamiento. V. arrebato.

arrebatar. 1. Arrancar, quitar, despojar. V. QUI-TAR 2.

— **2.** Seducir, conmover, apasionar. V. EMBE-LESO 2.

— **3.** *Arrebatarse*, excitarse, alterarse, encoleri-zarse. V. ENOJO 2.

arrebato. Pasión, furia, ímpetu. V. APASIONA-MIENTO 1.

arrebol. Colorado, carmín, encarnado. V. COLOR 6.

arrebujar. Cubrir, arropar, envolver. V. ABRIGAR 1.

arrechucho. Acceso, malestar, achaque. V. INDIS-POSICIÓN 1.

arreciar. Crecer, empeorar, aumentar. V. INTEN-SIDAD 4.

ARRECIFE. 1. Bajío, escollo, banco, acantilado, rompiente, bajo, peñasco, piedra*, roca, ato-lón, barra, farallón, cayo, barrera, obstáculo, encalladero, madrépora, coral, pólipero, vara-dero, sirte, médano, punta, cabo, promontorio, isla*, isleta, islote.

2. Naufragio*. Varada, abordaje, encallamien-to, hundimiento, anegamiento; irse a pique, zo-zobrar, hundirse, encallar, naufragar*, abordar; pecio, derrelicto. V. ISLA, COSTA, PIEDRA, MAR, BARCO, NAU-FRAGIO.

arredrarse. Amilanarse, amedrentarse, acobardar-se. V. TEMOR 3.

arreglado. V. arreglar.

arreglar. 1. Colocar, disponer, acomodar. V. OR-DEN 9.

— **2.** Componer, restaurar, acondicionar. V. REPARACIÓN 3.

— **3.** *Arreglarse*, conformarse, apañarse, resig-narse. V. TOLERANCIA 4.

— **4.** *Arreglárselas*, valerse, apañárselas, agen-ciárselas. V. SOLUCIÓN 3.

arreglo. 1. Acuerdo, convenio, compromiso. V. PACTO 1.

— **2.** Restauración, reforma, compostura. V. REPARACIÓN 1.

— **3.** Colocación, disposición, acomodo. V. ORDEN 1.

arrellanarse. Colocarse, acomodarse, repantigar-se. V. ASIENTO 5.

arremangada (nariz). Respingada, recogida, le-vantada. V. NARIZ 3.

arremangado. V. arremangar.

arremangar. Levantar, enrollar, recoger la manga. V. ENVOLVER 1.

arremeter. Abalanzarse, acometer, atacar*. V. EMBESTIR 1.

arremetida. Embate, asalto, ataque*. V. EMBES-TIR 2.

arremolinarse. Aglomerarse, apretujarse, apiñar-se. V. GRUPO 13.

arrendador. Casero, dueño, patrono. V. ALQUI-LER 3.

arrendamiento. Arriendo, locación, inquilinato. V. ALQUILER 1.

arrendar. Ceder, traspasar, rentar. V. ALQUILER 2.

arrendatario. Inquilino, ocupante, alquilado. V. ALQUILER 4.

arreo. 1. Ornato, aderezo, gala. V. ADORNO 1.

— **2.** *Arreos*, arnés, guarniciones, aperos. V. CABALLO 14.

arrepentido. V. ARREPENTIMIENTO 5.

ARREPENTIMIENTO. 1. Pesar, remordimiento, sentimiento, aflicción*, disgusto, angustia, pena, escrúpulos, conciencia, delicadeza, pesa-dumbre, agobio, abatimiento, nostalgia, recuer-do, añoranza, intranquilidad*, sufrimiento*, atrición, dolor*, contrición, penitencia, duelo, pecado, confesión, reconcomio, inquietud, la-mento, desazón, desasosiego, preocupación.

— **2.** *Rectificación*, arrepentimiento, negación, retractación, denegación, marcha atrás, revoca-miento, anulación*, rescisión, desdecimiento, cambio*, variación*.

3. Arrepentirse. Remorder, disgustarse, lamen-tar, apenarse, rectificar (v. 4), afligirse*, intran-quilizarse*, sufrir*, sentir, deplorar, preocupar, pesar, abatirse, agobiarse, apesararse, doler, tener escrúpulos, tener conciencia, penar, con-fesar, reconcomerse, inquietarse, angustiarse, desasosegarse, lamentar, compungirse, llorar*, temer (v. 4).

— **4.** *Rectificar*, arrepentirse, negar, retractarse, revocar, echarse atrás, contradecirse, denegar,

renegar, cambiar*, variar*, enmendar, desdecirse, rescindir, anular*, apostatar, abjurar, renunciar, declinar, privarse, rechazar (v. 3).
5. Arrepentido. Pesaroso, apesadumbrado,
contrito, disgustado, afligido*, apenado, dolido, apesarado, agobiado, acongojado, abatido,
consciente, temeroso, lloroso*, compungido,
angustiado, desasosegado, sufrido*, intranquilo*, preocupado, inquieto, reconcomido,
dolorido*, abrumado, suplicante, penitente,
sentido, resentido.
Contr.: Reincidencia, contumacia, despreocupación.
V. AFLICCIÓN, SUFRIMIENTO, INTRANQUILI-
DAD, CAMBIO, VARIACIÓN.
arrepentirse. V. ARREPENTIMIENTO 3, 4.
arrestar. Detener, encarcelar, prender. V. PRI-
SIÓN 7.
arresto. Captura, detención, encarcelamiento. V.
PRISIÓN 2.
arrestos. Coraje, valentía, audacia. V. OSADÍA 1.
arriar. Soltar, bajar, recoger. V. DESCENDER 1.
arriate. Parterre, macizo, jardinillo. V. JARDÍN 2.
arriba. En lo alto, por lo alto, en lo superior. V.
ENCIMA 1.
arribada. V. arribo.
arribar. Aparecer*, acudir, presentarse. V. LLE-
GAR 1.
arribista. Oportunista, advenedizo, ambicioso*.
V. AMBICIÓN 2.
arribo. Aparición, venida, presencia. V. LLEGAR 5.
arriendo. Locación, inquilinato, arrendamiento.
V. ALQUILER 1.
arriero. Mulero, acemilero, carretero. V. CABA-
LLO 15.
arriesgado. 1. Comprometido, expuesto, aventurado. V. PELIGRO 2.
— **2.** Valiente, atrevido, intrépido. V. OSADÍA 3.
arriesgar. Atreverse, aventurarse, exponerse. V.
OSADÍA 5.
arrimar. Adosar, aproximar, juntar. V. CERCA 7.
arrinconado. 1. Postergado, confinado, aislado.
V. OLVIDO 7.
— **2.** Asediado, encerrado, acorralado. V. CER-
CAR 6.
arrinconar. V. arrinconado.
arriscado. Temerario, intrépido, audaz. V. OSA-
DÍA 3, 4.
arritmia. Intermitencia, desigualdad, irregularidad
cardiaca. V. IRREGULAR 3, CORAZÓN 7.
arroba. Medida de peso, cantidad, magnitud. V.
PESO 3.
arrobado. Extasiado, embobado, absorto. V. EM-
BELESO 3.
arrobador. Seductor, maravilloso*, fascinante. V.
EMBELESO 4.
arrobamiento. V. arrobo.
arrobar. Extasiar, maravillar*, entusiasmar. V.
EMBELESO 2.
arrobo. Hechizo, éxtasis, rapto. V. EMBELESO 1.

arrodillarse. Agacharse, prosternarse, hincarse.
V. INCLINAR 2.
arrogancia. 1. Altivez, orgullo, soberbia. V. VA-
NIDAD 1.
— **2.** Gallardía, apostura, donaire. V. ELEGAN-
CIA 1.
arrogante. 1. Despreciativo, altanero, presumido.
V. VANIDAD 2.
— **2.** Garboso, donairoso, apuesto. V. ELE-
GANCIA 2.
arrogarse. Achacarse, asignarse, aplicarse. V.
ATRIBUIR 2.
arrojado. Audaz, intrépido, valiente. V. OSADÍA 3.
arrojar. 1. Tirar, expulsar, echar. V. LANZAR 1.
— **2.** Arrojarse, arremeter, precipitarse, abalanzarse. V. EMBESTIR 1.
arrojo. Intrepidez, valor, audacia. V. OSADÍA 1.
arrollador. Invencible, incontenible, irresistible. V.
TRIUNFO 2.
arrollar. 1. Enrollar, liar, girar*. V. ENVOLVER 1.
— **2.** Dominar, aniquilar, desbaratar. V. DE-
RROTA 5.
— **3.** Derribar, atropellar, herir. V. EMBESTIR 1.
arropar. Someter, cubrir, tapar*. V. ABRIGAR 1.
arrope. Dulce, almíbar, jarabe. V. CONFITERÍA 2.
arrostrar. Enfrentarse, desafiar, oponerse. V.
OPOSICIÓN 6.
arroyo. Corriente, riachuelo, riacho. V. RÍO 1.
arroz. Gramínea, grano, cereal. V. SEMILLA 2.
arruga. Surco, repliegue, rugosidad. V. PLIEGUE 1.
arrugado. Ajado, plegado, rugoso. V. PLIEGUE 2,
MARCHITO 1.
arrugar. 1. Fruncir, doblar, plegar. V. PLIEGUE 3.
— **2.** Arrugarse, resecarse, ajarse, acartonarse.
V. MARCHITO 3.
arruinado. 1. Infortunado, empobrecido, menesteroso. V. POBRE 1.
— **2.** Desmantelado, destrozado, destruido. V.
DETERIORO 3.
arruinar. 1. Dañar, destruir, perjudicar. V. DETE-
RIORO 2.
— **2.** Arruinarse, fracasar, empobrecerse, malograrse. V. POBRE 10.
arrullar. 1. Canturrear, susurrar, acunar. V. CAN-
TAR 15.
— **2.** Cortejar, mimar, galantear. V. AMOR 7.
arrullo. V. arrullar.
arrumaco. Zalamería, caricia*, carantoña. V. MI-
MAR 4.
arrumbar. Menospreciar, desechar, apartar. V.
OLVIDO 4.
arsenal. Depósito, almacén de municiones, santabárbara. V. ARTILLERÍA 12.
arsénico. Tóxico, ponzoña, metaloide. V. VENE-
NO 1, 2.
ARTE. 1. Creación, inspiración, fantasía, musas,
soplo, imaginación, estro, capacidad creadora,
obras artísticas (v. 5).
— **2.** Ciencia*, arte, técnica, sistema, disciplina,
oficio, norma, orden, industria, regla, método,
procedimiento.

— **3.** Pericia, destreza, competencia. V. HÁBIL 3.
— **4.** Maña, astucia, artificio. V. ENGAÑO 1.
5. Artes. Literatura*, poesía*, teatro*, cine*
o séptimo arte, música*, dibujo*, baile*, coreografía, pintura*, grabado, cerámica*, escultura*, arquitectura*, decoración*, fotografía*,
orfebrería, joyería*, tapicería*, ebanistería, bellas artes, artes plásticas, decorativas, aplicadas,
científicas, liberales, industriales, arte mecánica,
a. culinaria, a. suntuaria, a. taurina, a. tormentaria, a. científica.
6. Estilos artísticos. *Prehistoria:* estilo primitivo. *Edad Antigua:* estilo egipcio; mesopotámico: sumerio, caldeo, asirio, babilónico; persa
(aqueménida), egeo, cretense, micénico, clásico, helénico o griego (orden dórico, jónico,
corintio), etrusco, romano (orden compuesto,
o. toscano); paleocristiano, bizantino, celta,
germano, escandinavo, persa (sasánida). *Edad
Media:* estilo prerrománico, visigótico, merovingio, carolingio, longobardo, árabe o islámico,
mozárabe, mudéjar, románico, gótico u ojival.
Edad Moderna: estilo renacentista o renacimiento, herreriano, plateresco, churrigueresco,
barroco, rococó, Luis XIV, Luis XV, Luis XVI. Regencia, neoclásico. *Edad contemporánea:* estilo
Restauración, Luis Felipe, neogótico, modernista, futurista, figurativo, funcional, orgánico,
abstracto, dadaísta, cubista, romántico, surrea-
lista, realista, impresionismo, expresionismo,
cubismo, fauvismo, manierismo. *Otros estilos:*
indio, chino, japonés, precolombino, colonial (v.
arquitectura 6).
7. Musas. Nueve musas: Clío (historia*), Euterpe (música*), Talía (comedia), Melpómene
(tragedia), Terpsícore (danza), Erato (elegía),
Polimnia (poesía* lírica), Urania (astronomía*),
Calíope (elocuencia). Deidades, Apolo, Parnaso,
Olimpo.
8. Artista. Virtuoso, artífice, maestro, artesano, experto, creador, ejecutante, autor, padre,
inventor*, productor, precursor. Comediante,
protagonista, actor* (v. 9).
9. Artistas. Pintor*, dibujante*, grabador, escultor*, ceramista, decorador, orfebre, arquitecto*, joyero*, fotógrafo*, literato*, escritor*,
poeta*, dramaturgo, cineasta*, director de cine,
comediante, actor*, músico*, compositor, cantante*, bailarín*, coreógrafo. Afines: maestro,
mecenas, académico, aficionado o diletante,
crítico, empresario, representante (v. 8).
10. Artístico. Decorativo, elevado, estético,
pictórico, ilustrativo, gráfico, atractivo*, ornamental, agradable*, hermoso*, bello, primoroso, adornado*, lucido, noble, puro, depurado,
clásico, espiritual, fino, gracioso, garboso*,
interesante*, de buen gusto, fantástico*, magistral, exquisito.
11. Cualidades artísticas. Inspiración, creación, fantasía*, imaginación, ideal, vocación,
fuego sagrado, genio, don, gusto, talento, es-

tilo, destreza, estética, originalidad, sensibilidad,
belleza, temperamento, carácter*, virtuosismo,
habilidad*, práctica, oficio, cultura artística,
ciencia*, técnica.
12 Creación. Alegoría*, obra de arte, o. maestra, creación, composición, producción, repertorio (v. 5).
13. Instituciones. Academia, ateneo, conservatorio, escuela de bellas artes, museo, exposición, galería, pinacoteca, salón, taller, t. de restauración, estudio, seminario, Dirección General
de Bellas Artes, Ministerio de Cultura.
V. POESÍA, TEATRO, CINE, DIBUJO, PINTURA,
CERÁMICA, ESCULTURA, DECORACIÓN, AR-
QUITECTURA, FOTOGRAFÍA, JOYERÍA, CANTO,
BAILE, MUSEO.
artefacto. Artificio, ingenio, armatoste. V. APA-
RATO 1.
arteria. Vaso sanguíneo, tubo, conducto arterial.
V. CIRCULATORIO (APARATO) 3.
artero. Ladino, astuto*, traidor*. V. ENGAÑO 3.
arteriosclerosis. Esclerosis, endurecimiento de
las arterias, enfermedad*. V. CIRCULATORIO
(APARATO) 7.
artesa. Pila, batea, cajón. V. RECEPTÁCULO 4.
artesanía. Labor, obra, arte. V. TRABAJO 1.
artesano. Operario, obrero, asalariado. V. TRA-
BAJO 5.
artesonado. Relieve, friso, moldura. V. ARQUI-
TECTURA 5.
ártico. Norte, septentrional, boreal. V. POLO 2.
ARTICULACIÓN. 1. Coyuntura, acoplamiento*,
gozne, bisagra (v. 8), unión*, juntura, juego,
artejo, unión de huesos (v. 3), enlace, junta,
vínculo, enganche, conexión.
— **2.** Modulación, enunciación, habla*. V. PRO-
NUNCIACIÓN 1.
3. Articulación de huesos. Artejo, ligamento,
coyuntura, juego, juntura, unión* de huesos.
Clases: sincondrosis, sínfisis, sutura, diartrosis,
anfiartrosis, sinartrosis, articulación troclear, a.
trocoide.
4. Partes. Cápsula, cartílago, ligamento, tendón, menisco, membrana sinovial, sinovia o
humor sinovial, hueso*, cóndilo, tróclea, tejido fibroso, rótula, sutura, acetábulo, cavidad
glenoidea.
5. Órganos articulados. Hombro, codo, muñeca, dedos (nudillos), clavícula, maxilares, vértebras, cadera, rodilla, rótula, tobillo, dedos de
los pies (v. 3).
6. Enfermedades. Esguince, luxación, lesión*,
artritis, reumatismo, r. articular, artrocele, gota,
anquilosis, coxalgia, tofo, nodo, artralgia, artro-
patía, atrofia, traumatismo.
7. Articulaciones mecánicas. Articulación de
cardán, de biela y cigüeñal, de disco, de nuez,
plana, por leva y excéntrica, pernio, gozne, bisagra (v. 8).
8. Bisagra. Gozne, charnela, pernio, articulación mecánica, plana, acoplamiento*, charneta,

unión*, juego. *Partes:* planchitas, eje, pernio, tornillos (v. 7).

9. Articular(se). Encajar, enlazar, acoplarse*, unirse*, juntarse, relacionarse, vincularse, ajustar, conectar, enchufar, ensamblar, engranar, embragar.

— **10.** Vocalizar, proferir, modular. V. PRONUNCIACIÓN 7.

11. Articulado. Encajado, enlazado, acoplado (v. 9).

— **12.** Invertebrado, crustáceo, insecto*. V. ARTRÓPODO 1.

V. ACOPLAMIENTO, UNIÓN, PRONUNCIACIÓN.

articulado. V. ARTICULACIÓN 10-12.

articular. 1. Enlazar, encajar, acoplar*. V. ARTICULACIÓN 9.

— **2.** Vocalizar, proferir, modular. V. PRONUNCIACIÓN 7.

articulista. Cronista, escritor*, periodista. V. PERIODISMO 1.

ARTÍCULO. 1. Parte de la oración. *Clases:* Artículo definido o determinado: el, la, lo, los, las. Artículo indefinido o indeterminado: un, una, unos, unas.

— **2.** Capítulo, título, división. V. ESCRIBIR 4.

— **3.** Gacetilla, crónica, suelto. V. ESCRIBIR 3.

— **4.** Mercadería, género, mercancía. V. PRODUCCIÓN 2.

5. Otros artículos. Artículo de fe, de primera necesidad, de la muerte, de fondo. V. GRAMÁTICA.

artífice. 1. Virtuoso, artista, artesano. V. ARTE 8.

— **2.** Autor, productor, promotor. V. CREAR 4.

artificial. 1. Adulterado, imitado, sintético. V. FALSO 4.

— **2.** V. artificioso 1.

artificio. 1. Artimaña, disimulo, treta. V. ENGAÑO 1.

— **2.** Dispositivo, ingenio, artefacto. V. APARATO 1.

artificioso. 1. Fingido, aparente, engañoso. V. AFECTACIÓN 2.

— **2.** V. artificial.

ARTILLERÍA. 1. Cuerpo militar, arma, arte tormentaria, técnica artillera, servicio, pirobalística, balística, parque de artillería, material de guerra, boca de fuego, pieza, cañón (v. 3), grupo de cañones, piezas, armas* pesadas.

2. Clasificación de la artillería. Artillería de campaña, de costa, de plaza, de trinchera, de montaña, naval, ligera, pesada, antiaérea, antitanque, anticarro, de tiro rápido, de tiro curvo, de tiro rasante, de todo terreno, autopropulsada, acorazada, de asalto, atómica, de avancarga, de retrocarga, de ánima lisa, de ánima rayada, de bronce, de hierro forjado, de acero; proyectiles teledirigidos.

3. Piezas de artillería. Boca de fuego, ingenio, pieza, batería, máquina de guerra, arma*, arma

pesada, piezas modernas (v. 4), piezas antiguas (v. 5), artefactos precursores (v. 6).

4. Piezas modernas. Cañón, obús, mortero, morterete, piezas antiaéreo, antitanque, anticarro, de campaña, de costa, etc. (v. 2). *Otros ingenios:* «bazooka» o bazuca, proyectil teledirigido, misil o mísil, cohete*, c. de cabeza nuclear, balístico, intercontinental, tierra-aire, tierra-tierra, aire-tierra, carga de profundidad, torpedo*, casamata, torreta acorazada, torreta doble, triple, cuádruple. Otros artefactos: petardo, fuego de artificio (v. 5).

5. Piezas antiguas. Bombarda, lombarda, basilisco, carronada, cañón, culebrina, falcón, falconete, trueno, sacre, gerifalte, mortero, morterete, esmerejón (v. 4).

6. Artefactos precursores. Catapulta, balista, petraria, escorpión, pedrero, ariete, ballesta*, onagro, petardo, artilugio, máquina* de guerra*.

7. Partes de la pieza. Tubo o cañón, ánima, recámara, mecanismo de cierre, percutor, cepo, zuncho de arrastre, cilindro deslizante, caña, brocal, rayado del ánima, estrías, freno, recuperador, cuña, manguito, muñones, palanca de dirección, cordón de disparo, palanca de cierre, extractor, escudo, piquete de puntería, goniómetro, telémetro. Cureña, avantrén, armón, banco, asiento del apuntador, mástil, afuste, plataforma, armazón.

8. Proyectiles. Bala, granada, bomba*, obús, metralla, mixto, petardo, munición, torpedo*, cohete*, misil o mísil; flecha, saeta, dardo. *Partes:* ojiva, espoleta, carga (v. proyectil*).

9. Disparos. Salva, cañonazo, andanada, tiro, fogonazo, estampido, tableteo, zambombazo, explosión*, retumbo, bombazo, detonación, estallido, fragor, trueno, estruendo (v. proyectil*).

10. Acción. Disparar, tirar, bombardear, cañonear, abrir fuego, ametrallar, descargar, batir, castigar, demoler, abrir brecha, aniquilar; apuntar, visar, montar, desmontar, engrasar, artillar, preparar.

11. Personas. Artillero, servidor, apuntador, cargador, condestable, soldado, marinero, especialista, experto, perito, cañonero, armero, fabricante.

12. Recintos. Arsenal, santabárbara, depósito de municiones, almacén de municiones, maestranza, parque de artillería, fortificación*, castillo*, cuartel*.

13. Varios. Ángulo de tiro, á. de mira, alcance, blanco, trayectoria, objetivo, balística.

V. PROYECTIL, ARMA, EJÉRCITO, AMETRALLADORA, COHETE, TORPEDO, FORTIFICACIÓN.

artillero. V. ARTILLERÍA 11.

artilugio. Dispositivo, ingenio, artefacto. V. APARATO 1.

artimaña. Treta, intriga, ardid. V. ENGAÑO 1.

asamblea

artista. 1. Protagonista, comediante, intérprete. V. ACTOR 1.
— **2.** Artesano, artífice, virtuoso. V. ARTE 8.
artístico. Primoroso, exquisito, estético. V. ARTE 10.
artritis. Inflamación articular, artritismo, tumefacción. V. ARTICULACIÓN 6.
ARTRÓPODO. 1. Invertebrado, animal*, articulado, insecto*, arácnido, crustáceo*, etc. (v. 2).
2. Clasificación. *Arácnidos:* araña*, escorpión* o alacrán, ácaro, garrapata, arador de la sarna, hydrachna. *Insectos*:* mosca, escarabajo, mariposa*, etc. (v. insecto*). *Crustáceos*:* langosta de mar, cangrejo, etc. (v. crustáceo*). *Miriápodos:* Ciempiés, escolopendra, milpiés.
3. Partes. Segmentos, artejos, caparazón, dermatoesqueleto, quitina, sales cálcicas, sistema nervioso ganglionar, cabeza, tórax, abdomen, cefalotórax, antena, quelícero, ojos compuestos, ocelos, branquias, tráquea.
V. ARAÑA, ESCORPIÓN, CRUSTÁCEO, INSECTO, ANIMAL.
arúspice. Vidente, hechicero*, pronosticador. V. ADIVINAR 2.
arveja. Guisante, leguminosa, semilla*. V. LEGUMBRE 3.
arzobispado. Diócesis, territorio, jurisdicción. V. ZONA 2.
arzobispo. Mitrado, prelado, metropolitano. V. SACERDOTE 1.
as. 1. Ganador, campeón, vencedor. V. TRIUNFO 2.
— **2.** Carta, palo, baraja número uno. V. NAIPES 2, 3.
ASA. 1. Empuñadura, agarradero, agarradera, asidero, brazo, puño, remate, mango, manija, manivela, palanca, manubrio, asidor, extremidad, tirador, pomo, perilla, bola, culata, cacha, prolongación, chapa, apéndice*, guarnición, falleba, picaporte, astil, manecilla, cogedero, anilla, argolla, aro*.
2. Asir. Agarrar, empuñar, coger*, blandir, sujetar, aferrar, aprisionar, retener, enarbolar, apoderarse, apretar.
Contr.: Soltar, aflojar.
V. APÉNDICE, ARO, COGER.
asado. 1. Churrasco, carne asada, c. tostada. V. CARNE 4.
— **2.** Horneado, cocinado, dorado. V. COCINA 8.
asador. Espetón, astil, barra. V. HIERRO 7, COCINA 5.
asaduras. Vísceras, bofe, entrañas. V. CUERPO 6.
asaetear. Disparar, lanzar, acribillar. V. PINCHAR 1.
asalariado. Obrero, productor, empleado. V. TRABAJO 5.
asaltante. Salteador, delincuente*, atracador. V. LADRÓN 1.
asaltar. 1. Atracar, desvalijar, despojar. V. ROBO 2.
— **2.** V. asalto 2.
asalto. 1. Atraco, desvalijamiento, despojo. V. ROBO 1.

— **2.** Acometida, ataque, embate. V. EMBESTIR 2.
ASAMBLEA. 1. Legislatura, reunión, parlamento, cámara, c. legislativa, congreso, conferencia, congregación, junta, cortes, concurrencia*, ágora, foro, hemiciclo, tribuna, cuerpo, c. legislativo, capitolio, tribunal, magistratura, consejo, convención, mitin, cuerpo legislativo, poder legislativo, agrupación, grupo*, multitud, corro, cenáculo, asociación*, público, auditorio, delegación*, representación, estamento, simposio, conciliábulo, sesión, s. general, pleno, rueda, deliberación, tertulia, corporación, capítulo, cabildo, comicios, comité, comisión, audiencia, conversaciones, rueda de prensa, mesa redonda, jefatura, directiva (v. 2).
2. Asambleas especiales. Concilio, cónclave, consistorio, sínodo, cortes, cámara baja (diputados), cámara alta (senadores), cámara de los comunes, cámara de los lores, dieta, duma, soviet, Reichstag, audiencia, ayuntamiento, alcaldía*, diputación, cabildo, anfictionía, asamblea constituyente, a. deliberante, poder legislativo, cuerpo legislativo (v. 2).
3. Edificios, partes. Capitolio, palacio, p. del congreso, p. del senado, p. de las cortes, p. de la diputación, parlamento, salón de sesiones, hemiciclo, tribuna, escaño, banco, b. azul, presidencia, mesa, m. de taquígrafos, salón de pasos perdidos, pasillos, tablero de votos; dalmática, maza, sistema de traducción simultánea.
4. Elementos. Mayoría, minoría, quórum, asistentes, mesa, presidencia, oposición, centro, derecha, izquierda, inmunidad parlamentaria, inviolabilidad parlamentaria, dietas, mandato, diario de sesiones, acta, comisión especial, mensaje de la Corona, régimen parlamentario, sistema unicameral, bicameral (v. 5).
5. Sesiones. Reunión, debate, discurso*, discusión, ponencia, moción, uso de la palabra, intervención, interpelación, interrupción, obstrucción, deliberación, enmienda, aprobación, sanción, rechazo, voto, v. de confianza, v. de censura, elección, votación, votación secreta, v. nominal, escrutinio, recuento, aprobación, acuerdo, consenso, coalición, rechazo, orden del día, anteproyecto, proyecto de ley, proposición, voz, turno, suplicatorio, pleno, sesión plenaria, s. pública, s. secreta (v. 4).
6. Personas. Asambleísta, congresista, legislador, parlamentario, tribuno, diputado, senador, procurador en Cortes, miembro, consejero, delegado*, representante, señoría, prócer, padre de la patria, síndico, vocal, corporativo, capitular, conciliar, auditor, concejal, regidor, edil, interpelante, comisionado, ponente, proponente, oponente, votante, enmendante, elector, deliberante, orador, padre conciliar, lord, par. Ujier, taquígrafo, intérprete, traductor, macero.
7. Acción. Legislar, representar, delegar*, deliberar, debatir, discutir, interpelar, intervenir,

hacer uso de la palabra, proyectar, proponer, plantear, exponer, tomar en consideración, presidir, votar, aprobar, acordar, elegir, sancionar, alegar, polemizar, rechazar, rectificar, enmendar, censurar, pactar*, informar*, investigar*, tratar, ratificar. V. DELEGACIÓN, ASOCIACIÓN, CONCURRENCIA, GRUPO, DISCURSO.

asambleísta. V. ASAMBLEA 6.

asar. Tostar, calentar, dorar. V. COCINA 7.

ascáride. Lombriz, verme, helminto. V. GUSANO 1.

ascendencia. 1. Predecesores, ascendientes, progenie. V. FAMILIA 1.
— **2.** Alcurnia, abolengo, linaje. V. ARISTOCRACIA 1.

ascender. 1. Elevarse, remontar, trepar. V. SUBIR 1.
— **2.** Adelantar, promover, progresar. V. MEJOR 2.

ascendiente. 1. Antecesor, predecesor, antepasado. V. FAMILIA 2.
— **2.** Autoridad, influjo, predominio. V. PODER 1.

ascensión. V. ascenso.

ascenso. 1. Ascensión, escalamiento, avance. V. SUBIR 5.
— **2.** Progreso, promoción, aumento. V. MEJOR 5.

ASCENSOR. 1. Elevador, montacargas, artefacto, aparato*, máquina*, m. elevadora.
2. Clases. Ascensor eléctrico, hidráulico (antiguo), paternóster (de rosario o de múltiples cabinas), ascensor de pasajeros, de carga o montacargas; escalera* mecánica.
3. Partes. Motor, polea de arrastre, caja de mandos, regulador de velocidad, cables, cabina, botones de mando (botón de alarma, b. de parada); contrapeso, guías de la cabina, guías del contrapeso, patines de guía, topes elásticos, paracaídas, cuña de bloqueo, mando de frenado.
4. Ascensorista. Encargado, empleado*, subalterno, portero, auxiliar, trabajador*. V. MÁQUINA, APARATO, ESCALERA, SUBIR.

ascensorista. V. ASCENSOR 4.

asceta. Cenobita, anacoreta, ermitaño. V. SACERDOTE 2.

ascético. Austero, sobrio, espiritual. V. MODERACIÓN 4.

ascetismo. Frugalidad, castidad, pobreza. V. MODERACIÓN 2.

asco. 1. Aborrecimiento, aversión, repulsión. V. REPUGNANCIA 1.
— **2.** Arcada, vómito, náusea. V. INDISPOSICIÓN 1.

ascua. Rescoldo, lumbre, brasa. V. FUEGO 2.

aseado. Pulcro, lavado, higiénico. V. LIMPIEZA 2.

asear. Lavar, higienizar, fregar. V. LIMPIEZA 4.

asechanza. Intriga, estratagema, maldad. V. ENGAÑO 1.

asediar. 1. Bloquear, sitiar, rodear. V. CERCAR 1.
— **2.** Importunar, insistir, hostigar. V. MOLESTIA 4.

asedio. Sitio, bloqueo, ataque*. V. CERCAR 3.

asegurado. V. asegurar.

asegurar. 1. Afianzar, consolidar, fortalecer. V. REFORZAR 1.
— **2.** Prevenir, amparar, proteger*. V. SEGURO 16.
— **3.** Afirmar, manifestar, declarar. V. EXPLICACIÓN 2.
— **4.** *Asegurarse*, convencerse, cerciorarse, confirmar. V. COMPROBAR 1.

asemejar(se). Equiparar(se), parecerse, igualarse. V. SEMEJANZA 4.

asenso. V. asentimiento.

asentaderas. Posaderas, trasero, nalgas. V. CULO 1.

asentado. Serio, juicioso, sensato. V. FORMAL 1.

asentar. 1. Poner, instalar, establecer. V. COLOCAR 1.
— **2.** *Asentarse*, instalarse, establecerse, habitar. V. HABITACIÓN 5.

asentimiento. Conformidad, consentimiento, afirmación. V. APROBAR 3.

asentir. Afirmar, aceptar, acceder. V. APROBAR 1.

aseo. Lavado*, higiene*, pulcritud. V. LIMPIEZA 1.

asepsia. Esterilización, higiene*, limpieza*. V. DESINFECTANTE 4.

asequible. Posible, fácil*, factible. V. REALIZAR 5.

aserción. V. aserto.

aserradero. Serrería, taller, carpintería*. V. MADERA 8.

aserrado. Cortado, dentado, puntiagudo. V. PUNTA 2, CORTAR 10.

aserrar. Serrar, partir, seccionar. V. CORTAR 1.

aserrín. Serrín, virutas, fragmentos. V. RESIDUO 1.

aserto. Declaración, afirmación, aseveración. V. EXPLICACIÓN 1.

asesinar. V. ASESINATO 3.

ASESINATO. 1. Homicidio, crimen, violencia*, delito, muerte*, atentado, culpa*, muerte violenta, occisión, eliminación, agresión, ataque, castigo*, crueldad*, barbarie*, salvajismo; parricidio, fratricidio (v. 2).
2. Clases. Homicidio, parricidio, fratricidio, magnicidio, regicidio, tiranicidio, atentado, infanticidio, filicidio, uxoricidio, conyugicidio, matricidio (v. 1); asesinato sexual, a sangre fría, apuñalamiento, envenenamiento, etc. (v. 3).
3. Asesinar. Eliminar, matar, liquidar, despachar, aniquilar, apuñalar, envenenar, ensangrentar, estrangular, ahorcar, asfixiar, acogotar, apiolar, acochinar, decapitar, degollar, disparar, tirar, defenestrar, lanzar al vacío, arrojar al agua, desnucar, golpear*, electrocutar, gasear, quemar, enterrar, linchar, destripar, lapidar, apedrear, inyectar, drogar (v. muerte*).
4. Asesino. Criminal, delincuente*, reo, culpable*, homicida, parricida, fratricida, infanticida, filicida, uxoricida, conyugicida, matricida, tiranicida, regicida, magnicida, asesino sexual, sádico,

psicópata o sicópata, envenenador, degollador, destripador, estrangulador, lapidador, violento, matador, bandido, agresivo, atacante, cruel*, salvaje, bárbaro*; verdugo, ejecutor.

5. Penas. Cadena perpetua, trabajos forzados, prisión*, pena capital, pena de muerte (abolida en España para los delitos comunes en 1978 y para todos los delitos en 1995; cap. 1, art. 2.2, Carta de los derechos fundamentales de la Unión Europea, 2000/C 364/01), silla eléctrica, cámara de gas, fusilamiento, garrote vil, horca, guillotina, decapitación (v. castigo 2).

6. Juicio. Causa, proceso, litigio, sumario, acusación, fiscal, defensa, abogado defensor, testigos, magistrado, juez, criminalista, jurado, agravantes, atenuantes, pruebas, veredicto, condena (v. tribunal*).
V. DELITO, MUERTE, CASTIGO, VIOLENCIA, CRUELDAD, PRISIÓN, TRIBUNAL.

asesino. V. ASESINATO 4.

asesor. Guía*, monitor, supervisor. V. CONSEJO 3.

asesorar. Orientar, aconsejar, explicar*. V. CONSEJO 4.

asesoría. Consejería*; asesoramiento, orientación. V. CONSEJO 1.

asestar. Pegar, atizar, descargar. V. GOLPE 10, 11.

aseveración. Declaración, afirmación, manifestación. V. EXPLICACIÓN 1.

aseverar. V. aseveración.

asfaltar. Recubrir, pavimentar, alquitranar. V. SUELO 7.

asfalto. Revestimiento, pavimento, alquitrán. V. SUELO 2, 6.

asfixia. Sofocación, estrangulación, presión. V. AHOGAR 4.

asfixiante. Irrespirable, enrarecido, sofocante. V. AHOGAR 6.

asfixiar. V. asfixia.

ASÍ. Precisamente, de esta manera, de este modo, de esta forma, justamente, de tal suerte, mismamente, realmente, debidamente, como es debido, como se debe, como corresponde, como conviene, exactamente*, fielmente, puntualmente, cabalmente, textualmente, de acuerdo, de conformidad, perfectamente*, convenientemente*, efectivamente, naturalmente, verdaderamente*, ciertamente.
V. EXACTAMENTE, VERDADERAMENTE, PERFECTAMENTE.

asiático. Oriental. V. ETNIAS.

asidero. Empuñadura, mango, manija. V. ASA 1.

asiduo. Acostumbrado, habitual*, reiterado. V. HÁBITO 6.

ASIENTO. 1. Silla, butaca, sillón, mueble*, sofá, diván, canapé, tresillo, hamaca, tumbona, mecedora, columpio, balancín, triclinio, otomana, trono, cátedra, poltrona, sitial, solio, sede, tribuna (v. 3), confidente, puf, banco, banqueta, banquillo, escaño, escabel, reclinatorio, taburete, poyo, peana, alzapiés, pescante,

traspuntín, trasportín, sillín, palanquín, silla de manos, litera, angarillas, camilla, silla gestatoria, parihuelas, andas; lugar, sitio, puesto, entrada, localidad.
— **2.** Inscripción, relación, registro. V. LISTA 1.
3. Conjuntos. Tresillo, juego, palco, tribuna, anfiteatro, grada, estrado, hemiciclo, sillería, galería, coro, gallinero, paraíso, platea, tendido.
4. Partes. Espaldar, respaldo, almohadón, cojín, tapicería, muelles, funda, borra, relleno, pata, travesaño, brazo, dosel, rejilla, mimbre.
5. Sentarse. Tomar asiento, acomodarse, descansar*, instalarse, colocarse, situarse, posarse, arrellanarse, retreparse, despatarrarse, ponerse cómodo, repantigarse, relajarse; vegetar, holgazanear*.
6. Sentado. Acomodado, cómodo*, descansado*, instalado, colocado, posado, situado, repantigado, arrellanado, despatarrado, relajado, tumbado*, echado.
Contr.: Levantarse, incorporarse, subir*.
V. MUEBLE, DESCANSO.

asignación. Sueldo, cantidad, entrega*. V. PAGAR 4.

asignar. Estipular, conceder, entregar*. V. ATRIBUIR 1, PAGAR 1.

asignatura. Texto, tratado, materia. V. EDUCACIÓN 5.

asilado. Internado, recluido, hospiciano. V. ALOJAMIENTO 8.

asilar. Internar, recluir, albergar. V. ALOJAMIENTO 4.

asilo. Hospicio, orfanato, albergue benéfico. V. ALOJAMIENTO 7.

asimetría. Desproporción, deformidad, desigualdad. V. IRREGULAR 3.

asimétrico. Deforme*, desproporcionado, desigual. V. IRREGULAR 1.

asimilación, asimilable. V. asimilar.

asimilar. 1. Nutrirse, absorber, aprovechar. V. DIGESTIVO (APARATO) 6.
— **2.** Parangonar, equiparar, igualar. V. SEMEJANZA 4.
— **3.** Entender, captar, percibir. V. INTELIGENCIA 9.

asimismo. Incluso, también, igualmente. V. ADEMÁS.

asir. Agarrar, atrapar, tomar. V. COGER 1.

asistencia. 1. Amparo, socorro, cooperación. V. AYUDA 1.
— **2.** V. asistir.

asistenta. Doméstica, fámula, criada. V. SERVIDOR 2.

asistente. 1. Colaborador, agregado, auxiliar. V. AYUDA 4.
— **2.** *Asistentes*, auditorio, presentes, espectadores*. V. CONCURRENCIA 1.

asistir. 1. Cooperar, colaborar, secundar. V. AYUDA 3.
— **2.** Auxiliar, proteger*, cuidar*. V. SOCORRO 5.

— **3.** Presenciar, estar, presentarse. V. CON-CURRENCIA 3.

asma. Jadeo, sofoco, ahogo. V. RESPIRACIÓN 7.

asmático. Anhelante, sofocado, jadeante. V. AHO-GAR 5, RESPIRACIÓN 9.

asno. 1. Pollino, jumento, burro. V. CABALLERÍA 11.

— **2.** Zopenco, necio, bruto*. V. IGNORANCIA 2.

ASOCIACIÓN. 1. Agrupación, corporación, sociedad, empresa, establecimiento, institución, medio, conducto, entidad, organismo, organización, órgano, mancomunidad, cámara, junta, comisión, comité, delegación*, colectividad, red, conjunto, sistema, cuerpo, compañía, comunidad, grupo*, alianza, hermandad, fundación, secta*, congregación, círculo, unión*, federación, coalición, pacto*, asociación de naciones (v. 2), asociación política (v. 3), a. comercial (v. 4), a. laboral, benéfica (v. 5), a. recreativa (v. 7), a. familiar (v. 6), a. cultural (v. 8), a. religiosa (v. 9), a. militar (v. 10), a. delictiva (v. 11).

2. Asociación de organizaciones. Federación, confederación, alianza, pacto*, liga, coalición, concordato, comunidad, mancomunidad, anfictionía, Hansa, organismo, organización, Organización de Naciones Unidas (ONU), Comunidad Económica Europea (CEE) Unión Europea (UE, desde 1992), Commonwealth, Organización de los Estados Americanos (OEA), Organización del Tratado del Atlántico Norte (OTAN), Pacto de Varsovia (disolución, 1 de julio de 1991), (v. 1).

3. Asociación política. Partido, grupo*, coalición, alianza, parlamento, congreso, asamblea*, senado, cortes, camarilla, secta*, pandilla, corrillo, reunión, mitin, sesión, comisión, comité, taifa, bandería, masonería*, socialismo, comunismo, izquierdas*, tradicionalismo, derechas*, partido político* (v. 1), (v. política*).

4. Asociación comercial. Compañía, empresa, razón social, firma, sociedad, s. anónima, s. limitada, s. en comandita, cámara, casa, corporación, monopolio, consejo, entidad, multinacional, trust, «holding», consorcio, cartel, Hansa mutualidad, cooperativa, mutua, economato, pósito, comercio*, tienda*, industria, fábrica*, explotación, red, organización, sistema (v. 1).

5. Asociación laboral, benéfica. Sindicato, gremio, unión, hermandad*, grupo*, sociedad, cofradía, patronato, cuerpo, colegio, corporación, congregación, fundación, mutualidad, montepío, cooperativa, igualatorio, socorros mutuos, pósito, economato, entidad, colectividad, comunidad, confederación, liga, junta, empresa, afiliación (v. 1).

6. Asociación familiar. Tribu, clan, familia*, parentela, casta, grupo*, dinastía, estirpe, población, pueblo, linaje, rama, ascendientes, descendientes (v. 1).

7. Asociación recreativa. Centro, círculo, club, casa, casino, timba, garito, c. de juego*, socie-

dad, ateneo (v. 8), tertulia, cenáculo, reunión, grupo*, peña, corro, corrillo (v. 1).

8. Asociación cultural. Academia, ateneo, grupo*, instituto, institución, organismo, seminario, liceo, conservatorio, corporación, establecimiento, fundación, patronato, institución, centro, colegio, cenáculo, tertulia (v. 7), pléyade, escuela, estudio, facultad, universidad*, Unesco (v. 1, 2).

9. Asociación religiosa. Cónclave, concilio, comunidad, congregación, grupo*, orden religiosa, convento*, seminario, noviciado, misión, capítulo, cofradía, hermandad, cabildo catedralicio, Opus Dei, iglesia, parroquia, feligresía, catedral, templo* (v. 1).

10. Asociación militar. Ejército*, hueste, tropa, milicia, mesnada, falange, guerrilla, cruzada, horda, bando, regimiento, compañía, batallón, avanzada, destacamento, órdenes militares* (v. 1).

11. Asociación delictiva. Banda, pandilla, cuadrilla, partida, horda, cáfila, tropa, caterva, turba, chusma, conspiración*, conjura, confabulación, Mafia, Cosa Nostra, Camorra, Mano Negra.

12. Asociado. Socio, consocio, compañero*, colega, miembro, adepto, cofrade, hermano*, partícipe, copartícipe, copropietario, condueño, participante, colaborador, inscrito, registrado, suscriptor, abonado, adherido, agremiado, afiliado, sindicalista, militante, sindicado, mutualista, beneficiario, asegurado, corporativo, integrante, componente, liceísta, ateneísta, camarada, compadre, acompañante, consejero, aliado, federado, confederado, coligado, colegiado, congregante, cabildante, parlamentario, asambleísta*, congresista. Socios: directivo, presidente, secretario, tesorero, vocal, síndico, socio, benefactor, s. honorario, s. vitalicio, s. supernumerario.

13. Asociar(se). Unir(se), agrupar, mancomunar, aliar, afiliar, vincular, federar, sindicar, agremiar, confederar, coligar, reunir, ligarse, pactar*, organizarse, apoyar*, respaldar, adoctrinar, admitir, aceptar, hermanar, colegiar, congregarse, ingresar, adherirse, entrar, iniciar, incorporar, inscribirse, suscribirse, abonarse, registrarse, apuntarse, alistarse, agregarse, fusionarse, juntarse, solidarizarse, participar, conspirar*, conjurar, confabularse, conchabarse, amancebarse.

14. Varios. Reglamentos, estatutos, ordenanzas, disposiciones, normas, memoria, balance.

15. Asociativo. Corporativo, colectivo, empresarial, comunitario, oficial, asociado, gremial, sindical, agrupado, laboral, institucional, federativo, representativo.

V. SECTA, ASAMBLEA, PACTO, FAMILIA, COMPAÑERO.

asociado. V. ASOCIACIÓN 12.

asociar(se). V. ASOCIACIÓN 13.

asociativo. V. ASOCIACIÓN 15.

asolar. Arruinar, devastar, arrasar. V. DESTRUIR 1.

asomar. Surgir, mostrarse, salir. V. APARECER 1.

asombrado. V. ASOMBRO 3.

asombrar. V. ASOMBRO 4.

ASOMBRO. 1. Sorpresa, admiración, pasmo, extrañeza, estupor, duda*, embobamiento, estupefacción, desconcierto, aturdimiento*, impresión, confusión, encandilamiento, deslumbramiento, alelamiento, turbación*, embarazo, atolondramiento, conmoción, choque, «shock», fascinación, arrobo, embeleso*, éxtasis, encanto, interés*, aspaviento, gesto*, exclamación*, gozo, alegría*, entusiasmo*, apasionamiento*, interjección, susto, espanto, miedo, temor*, embebecimiento, sobresalto; alarma, sobrecogimiento, consternación, enajenamiento, desengaño, decepción*. Maravilla*, portento, rareza*, fenómeno, milagro, prodigio, quimera.

2. Asombroso. Sorprendente, admirable, extraño, pasmoso, raro*, extraordinario, impresionante, deslumbrador, turbador, conmovedor, fascinante, encantador, maravilloso*, portentoso, colosal, gigantesco, grande*, milagroso, prodigioso, embelesador, confuso, desconcertante, insólito, infrecuente, desusado, interesante*, fantástico*, curioso*, anormal, magnífico, superior*, fenomenal, tremendo, espantable, espantoso*, pavoroso, inconcebible, indescriptible, inenarrable, increíble, inusitado, inverosímil, llamativo, inaudito, decepcionante*.

3. Asombrado. Estupefacto, admirado, maravillado*, atónito, turbado*, aturdido*, patitieso, turulato, perplejo, asombradizo, conmovido, fascinado, pasmado, confundido, desconcertado, extrañado, sorprendido, embobado, embarazado, boquiabierto, alelado, arrobado, incrédulo, impresionado, deslumbrado, encantado, embelesado*, enajenado, patidifuso, suspenso, encandilado, sobresaltado, estremecido, alarmado, espantado, asustado, consternado, chasqueado, desengañado, decepcionado*.

4. Asombrar(se). Pasmar(se), fascinar, embobar, maravillar*, extrañar, asombrarse (v. 5), sorprender, chocar, encandilar, deslumbrar, confundir, aturdir*, admirar, impresionar, petrificar, helar, suspender, desconcertar, atolondrar, despampanar, embarazar, turbar, alelar, conmover, embelesar*, encantar, arrobar, alarmar, atemorizar, sobresaltar, asustar, espantar, sobrecoger, consternar, enajenar, desengañar, decepcionar*, chasquear.

— 5. Asombrarse, gesticular, exclamar*, temer, expresar, clamar, protestar, alabar, gritar, santiguarse, persignarse, hacerse cruces, pasmarse (v. 4).

6. Exclamaciones* de asombro. ¡Oh!, ¡ah!, ¡cáspita!, ¡cuerno!, ¡diablo!, ¡diantre!, ¡demonio!, ¡atiza!, ¡válgame!, ¡caracoles!, ¡mecachis!, ¡anda!, ¡vaya!, ¡caray!, ¡caramba!, ¡cómo!

Contr.: Desinterés, indiferencia*.

V. ATURDIMIENTO, TURBACIÓN, INTERÉS, APASIONAMIENTO, EMBELESO, MARAVILLA, RAREZA, DECEPCIÓN, ALEGRÍA, EXCLAMACIÓN.

asombroso. V. ASOMBRO 2.

asomo. Vestigio, muestra, indicio. V. SEÑAL 2.

asonada. Disturbio, algarada, levantamiento. V. REVOLUCIÓN 1.

aspa. Signo, equis, figura*. V. CRUZ 1.

aspaviento. Gesticulación, ademán, queja. V. GESTO 1.

ASPECTO. 1. Apariencia, aire, facha, traza, estado, condición, tendencia, rumbo, catadura, talante, cariz, gradación, vitola, viso, conformación, continente, naturaleza, figura*, porte, pinta, fachada, parecer, semejanza*, parecido, exterior, talle, palmito, planta, físico, cuerpo*, envoltura, estampa, imagen, presencia, forma*, actitud, empaque, pelaje, ver, buen ver, mal ver, hermosura*, fealdad*, cara*, fisonomía, estructura, constitución, complexión, tez, fase, perspectiva, circunstancia, situación, sesgo, vista, gesto*, materialidad, color*, tono, matiz, gama, tinte, tonalidad.

— 2. *Tema*, aspecto, materia, asunto*, motivo, punto, cuestión, trama, empresa, operación, objeto, objetivo, fin*.

V. FIGURA, CUERPO, GESTO, SEMEJANZA, COLOR, HERMOSURA, FEALDAD; ASUNTO.

aspereza. V. ÁSPERO 3.

ÁSPERO. 1. Rugoso, desigual, irregular, imperfecto, rústico, basto, burdo, fragoso, abrupto, inaccesible, infranqueable, intransitable, insalvable, difícil, insuperable, escabroso, sinuoso, escarpado, montañoso*, tortuoso, agreste, salvaje, empinado, desparejo, accidentado, intrincado, granuloso, arrugado, plegado, surcado, estriado, replegado, fibroso, nervudo, correoso, coriáceo, acartonado, duro*, sarmentoso, nudoso, reseco, deteriorado*, defectuoso, tosco, rudo, desnivelado, anguloso, erizado, dentado, rayado, espinoso, sin pulir, hosco (v. 2).

— 2. Hosco, áspero, huraño, insociable, tímido*, esquivo, retraído, torvo, austero, rudo, severo*, tosco*, bronco, bruto*, agresivo, descortés*, tajante, seco, brusco, cortante, autoritario, inclemente, intratable, desagradable*, antipático, agrio, malhumorado, gruñón, bravío, agreste, salvaje, adusto, indócil, arisco, montaraz, ceñudo, enojadizo*, desabrido, desapacible, difícil, airado, intempestivo, violento*.

3. Aspereza. Rugosidad*, rusticidad, bastedad, tosquedad, rudeza, desigualdad, imperfección, fragosidad, escabrosidad, desnivel, dificultad*, montuosidad, sinuosidad, ondulación, irregularidad, cuesta, accidente, pliegue*, repliegue, arruga, surco, estría, fibrosidad, acartonamiento, dureza*, sequedad, deterioro*, angulosidad, granulosidad, frondosidad, hosquedad (v. 4).

— 4. *Hosquedad*, aspereza, severidad*, tosquedad, rudeza, austeridad, crudeza, insociabilidad, huraña, descortesía*, agresividad, brutalidad*, violencia*, dureza, destemplanza, timidez*, retraimiento, esquivez, misantropía, cortedad, sequedad, acritud, acidez, antipatía*, inclemencia, adustez, salvajismo, malhumor, brusquedad, desabrimiento, enojo*, ceño, indocilidad, desapacibilidad, dificultad, autoritarismo, despotismo, cerrilidad

Contr.: Liso*, igual, fino; amable, simpático*, dócil.

V. RUGOSO, IRREGULAR, MONTAÑOSO, SALVAJE; SEVERO, BRUTO, ENOJADIZO, VIOLENTO, DESCORTÉS, ANTIPÁTICO.

aspersión. Riego, salpicadura, rociadura. V. MOJAR 4.

áspid. Culebra, víbora, ofidio. V. SERPIENTE 2.

aspiración. 1. Pretensión, anhelo, esperanza*. V. DESEO 1.

— **2.** Inspiración, aliento, inhalación. V. RESPIRACIÓN 1.

aspirador, aspiradora. Aparato*, artefacto, enser doméstico. V. ELECTRODOMÉSTICOS (APARATOS) 2.

aspirante. Postulante, candidato, pretendiente. V. PEDIR 4.

aspirar. 1. Esperar, anhelar, pretender. V. DESEO 4.

— **2.** Inspirar, inhalar, alentar. V. RESPIRACIÓN 2.

aspirina. Antidoloroso, analgésico, calmante. V. DOLOR 12, MEDICAMENTO 6.

asquear. Desagradar, ofender, repeler. V. REPUGNANCIA 4.

asquerosidad. Inmundicia, mugre, porquería. V. REPUGNANCIA 2.

asqueroso. Repulsivo, inmundo, nauseabundo. V. REPUGNANCIA 3.

asta. 1. Vara, pértiga, madero. V. PALO 1.

— **2.** Pitón, cornamenta, defensa. V. CUERNO 1.

astenia. Cansancio, agotamiento, debilidad*. V. FATIGA 1.

asterisco. Notación, estrellita, símbolo. V. SIGNO 1.

asteroide. Astro diminuto, planetoide, roca sideral. V. ASTRONOMÍA 3, 15.

astigmatismo. Defecto, deformación, anomalía ocular. V. OJO 10.

astil. 1. Vara, pértiga, madero*. V. PALO 1.

— **2.** Asidero, brazo, mango. V. ASA 1.

astilla. Trozo, esquirla, pedazo de madera. V. MADERA 10.

astillero. Factoría, taller, atarazana. V. BARCO 23.

astracán. Lana, caracul, cordero. V. PIEL 7.

astracanada. Bufonada, vulgaridad, necedad. V. RIDÍCULO 4.

astral. Cósmico, celeste, sideral. V. UNIVERSO 5.

astringente. Que estrecha, que contrae, que encoge. V. ESTRECHO 6.

astro. Mundo, cuerpo celeste, estrella*. V. ASTRONOMÍA 3.

ASTROLOGÍA. 1. Astromancia, cábala, adivinación*, vaticinio (por los astros), augurio, pronosticación, ocultismo, estrellería, astronomía*,

previsión, superstición*, astrología judicial, a. natural, horóscopo (v. 3).

2. Elementos. Horóscopo (v. 3), casa celeste, mansión astrológica, atacir, cuadrante, signos, signos de aire, de tierra, de agua, de fuego. Zodiaco (v. 4), astros, planetas, estrellas, constelaciones, regente, posición, oposición, oriente, conjunción, cuadrado, trígono, estado celeste, figura celeste, tema celeste, compatibilidad, incompatibilidad, dominio, gobierno, influjo o augurio benéfico, maléfico, nefasto, oculto, sobrenatural, misterioso, masculino, femenino, fecha de nacimiento, elemento dominante, e. imperante, plantilla, cuadrante occidental, c. oriental, c. vernal, c. hiemal, c. meridiano, c. senil, c. viril, c. pueril, c. melancólico.

3. Horóscopo. Lectura de los astros, consulta, predicción, observación, augurio, oráculo, adivinación*, profecía, vaticinio de la suerte (v. 1), horóscopo favorable, h. desfavorable.

4. Zodiaco. Signos del Zodiaco, signos astrológicos: Aries (21 marzo-20 abril), Tauro (21 abril-20 mayo), Géminis (21 mayo-20 junio), Cáncer (21 junio-20 julio), Leo (21 julio-21 agosto), Virgo (22 agosto-22 septiembre), Libra (23 septiembre-22 octubre), Escorpión (23 octubre-22 noviembre), Sagitario (23 noviembre-20 diciembre), Capricornio (21 diciembre-19 enero), Acuario (20 enero-18 febrero), Piscis (19 febrero-20 marzo).

5. Instrumentos. Astrolabio, círculo graduado, alidada, arganel, atacir.

6. Personas. Astrólogo, astronomiano, esferista, astronomiático, cabalista, ocultista, vaticinador, estrellero, adivino*, hechicero*, mago, astrónomo*.

7. Acción. Consultar los astros, observar, adivinar*, vaticinar, pronosticar, leer, augurar por los astros, hacer un horóscopo, predecir el destino, p. el porvenir, alzar la figura, levantar la figura, regentar, dominar, influir.

V. ASTRONOMÍA, ADIVINACIÓN, SUPERSTICIÓN, HECHICERÍA.

astrólogo. V. ASTROLOGÍA 6.

astronauta. V. ASTRONÁUTICA 2.

ASTRONÁUTICA. 1. Cosmonáutica, espacionáutica, aeronáutica, navegación espacial, n. sideral, n. cósmica, n. celeste, n. astral; astronomía*.

2. Astronauta. Cosmonauta, piloto, navegante espacial, n. sideral, n. cósmico. *Rusos:* Gagarin, Titov, Leonov, Terechkova. *Americanos:* Glenn, Carpenter, Grissom, Armstrong, Conrad, Young (Luna); Collins, Aldrin. *Españoles:* Pedro Duque. *Traje espacial:* casco o escafandra, sistema umbilical, tubo de oxígeno, t. de ventilación y enfriamiento, radio*, antena, mochila, purificador de oxígeno.

3. Astronave. Cohete*, cosmonave, nave espacial, n. cósmica, n. sideral, vehículo espacial, cápsula espacial, satélite artificial, sonda espacial, estación espacial. *Partes:* cabina, módulo, primera etapa, segunda e., tercera e., combustible, oxígeno, cámara de combustión, motor, turbina, tobera, escotilla, escudo térmico, antenas, radar. *Cosmonaves rusas:* Sputnik, Lunik, Vostok, Soyuz, Salyud, Cosmos, Venusik. *Astronaves americanas:* Mariner, Mercury, Apolo, Apolo XI (alunizaje), Gémini, Discoverer, Explorer, Pájaro del Alba, Vanguard, Surveyor, Columbia I (1981, transbordador espacial) Challenger; Saturno, Júpiter, Titán, Atlas (cohetes*), Mars Global Surveyor, Mars Reconnaissance Orbiter. Estación espacial MIR, Estación espacial internacional ISS.

4. Lanzamiento. Plataforma, rampa, torre de lanzamiento, cuenta atrás, disparo, despegue, propulsión, impulso, ascensión (v. 5).

5. Vuelo. Aceleración, trayectoria, gravitación, ingravidez, puesta en órbita, separación, velocidad orbital, v. de escape, parábola, curva, rayos cósmicos, radiaciones, meteoritos, fuerza centrífuga, acoplamiento, maniobras, aterrizaje, alunizaje, estabilización, frenado, campo magnético, amaraje, descenso, recogida de muestras, (v. 4).

V. ASTRONOMÍA, COHETE, LUNA.

astronave. V. ASTRONÁUTICA 3.

ASTRONOMÍA. 1. Cosmografía, uranología, uranometría, uranografía, cosmogonía, mecánica celeste, estudio del cosmos, astrofísica, ciencia astral, radioastronomía, astrofotografía; astrología*, meteorología*.

2. Cosmos. Cielo, firmamento, orbe, éter, bóveda celeste, esfera celeste, universo*, vacío, espacio cósmico, e. sideral, creación, infinito.

3. Cuerpos celestes. Astro, luminaria, mundo, planeta (v. 14), Tierra (v. geografía* 3), Luna* (v. 8), satélite (v. 15), asteroide (v. 15), Sol* (v. 9), estrella* (v. 10), cometa* (v. 12), constelación (v. 11), Vía Láctea, galaxia, (v. 13), nebulosa (v. 13), nova, supernova, «quasar», pulsar, agujero negro.

4. Círculos, medidas. Eclíptica, círculo ecuatorial, hemisferio, eje, polos, cenit, nadir, vertical, azimut, arco, latitud, longitud, Zodiaco, horizonte, ecuador celeste, meridiano c., paralelo c., equinoccios, solsticios, cuadrante, coluro, trópico, almicantarat, ápside, declinación, ascensión recta, elongación, altura, coordenada, grado, minuto, segundo, año luz, parsec (v. 5).

5. Fenómenos, movimientos. Rotación, traslación, revolución, órbita, eclíptica, trayectoria, curso, orto, amanecer, ocaso, anochecer, culminación, ciclo, declinación, ocultación, eclipse, fase, paso, precesión, retrogradación, elongación, conjunción, cuadratura, oposición, solsticios, equinoccios, afelio, perihelio, apogeo, perigeo, gravitación, precesión de los equinoccios, nutación, sicigia, expansión del universo (v. 4).

6. Instrumentos, elementos. Telescopio*, anteojo* (objetivo, ocular, distancia focal), a. me-

ridiano, a. reflector, a. refractor, a. ecuatorial, radiotelescopio, espectroscopio*, colimador, cronómetro, cronógrafo, cámara fotográfica*, sextante, teodolito, astrolabio, esfera celeste, esfera armilar, planisferio, almanaque astronómico, anuario a., atlas a. Observatorio, complejo astronómico, dependencia, instalación, cúpula. Telescopio espacial Hubble.

7. Astrónomos. Eratóstenes, Tales de Mileto, Tolomeo, Galileo, Copérnico, Tycho-Brahe, Kepler, Newton, Leverrier, Laplace, Herschell, Halley, Hoyle.

8. Luna*. Satélite, astro, Diana. *Fases:* cuarto creciente, luna llena o plenilunio, cuarto menguante, luna nueva o novilunio; cuernos, eclipse, rotación, revolución, traslación, sicigia, libración. *Superficie lunar:* Mar de la Tranquilidad, de la Serenidad, de la Fecundidad; monte de Copérnico, Kepler, Platón; alunizaje, astronauta, Armstrong, selenita, mareas, lunático (v. Luna*).

9. Sol*. Astro, estrella, astro Rey, Apolo, Febo, Ra; disco, limbo, superficie, fotosfera, cromosfera, corona, fácula, mácula, mancha, protuberancia, halo, rayos, radiaciones, gases; orto, salida, amanecer, aurora, alba, Oriente; ocaso, puesta, anochecer, poniente, Occidente; solsticio, equinoccio, afelio, perihelio, espectro solar, eclipse (v. Sol*).

10. Estrella*. Lucero, luminaria, astro, cuerpo celeste; estrella simple, doble, fija, fugaz, variable, nova, supernova, gigante, enana, de primera magnitud, de segunda, etc., «quasar», pulsar. *Estrellas:* Sirio, Vega, Capella, Rigel, Proción, Altair, Aldebarán, Antares, Polar, Próxima Centauro; salida, puesta, orto, ocaso, centelleo, titilación, parpadeo, brillo. *Estrellas fugaces:* e. errantes, meteorito, aerolito, bólido, astrolito, exhalación, enjambre, Perseidas, Cefeidas, Leónidas (v. estrella*).

11. Constelaciones. Boreales o del Norte: Andrómeda, Aguila, Cochero, Boyero, Casiopea, Cabellera de Berenice, Osa Mayor, Osa Menor, Pegaso, Lira, Cisne; Australes o del Sur: Cruz del Sur, Can Mayor, Can Menor, Ballena, Centauro, Orión, Tucán, Pez Austral (v. estrella*).

12. Cometas*. Cabeza (núcleo, cabellera), cola; gases, vapores, polvo, partículas, órbita elíptica, ó. parabólica. *Cometas:* Biela, Encke, Halley (v. cometa*).

13. Nebulosas, galaxias. Vía Láctea, conglomerado estelar, cúmulo e., universo, universo isla, nube cósmica, cuerpo astral, nebulosas galácticas, n. extragalácticas, n. planetarias, n. o galaxias espirales, barradas, elípticas, resolubles, no resolubles. *Nombres:* Andrómeda, Orión, Saco de Carbón, Cabeza de Caballo, Osa Mayor, Pléyades, Nubes de Magallanes, M31, M51.

14. Planetas. Mercurio, Venus, Tierra, Marte, Júpiter, Saturno, Urano, Neptuno (8 planetas por resolución de la Unión Astronómica Internacional en su asamblea en Praga en agosto de 2006); Plutón (planeta enano); astro (v. 3), asteroides, planetas interiores, p. exteriores, eclíptica. Ley de Bode, anillos (Saturno), canales, casquetes polares (Marte).

15. Satélites. Luna* (Tierra); Phobos, Deimos (Marte); Europa, Ganímedes, Io, Calixto, etc. (Júpiter); Titania, Oberón, etc. (Urano), Tritón, Nereida (Neptuno). *Asteroides:* Ceres, Palas, Juno, Vesta, Apolo, Hermes, Astrea, Adonis, etc.

16. Astronómico. Cósmico, sideral, astral, celeste, universal*, planetario, galáctico, etéreo, infinito, científico, cosmológico, cosmogónico, astrofísico, astrológico*, meteorológico*.

17. Extraterrestres. Selenita, lunar, alienígena, marciano, venusiano, jupiteriano, mercuriano, saturniano, plutoniano, neptuniano, galáctico, extragaláctico, forastero*, habitante* de Júpiter, de Saturno, etc.

V. UNIVERSO, LUNA, SOL, ESTRELLA, COMETA, GEOGRAFÍA, ASTRONÁUTICA, ASTROLOGÍA, METEOROLOGÍA.

astronómico. V. ASTRONOMÍA 16.

astrónomo. V. ASTRONOMÍA 7.

astroso. Mugriento, desastrado, andrajoso. V. SUCIEDAD 5.

ASTUCIA. 1. Sagacidad, picardía, pillería*, habilidad*, sutileza, cautela, arte, tiento, prudencia, precaución*, inteligencia, malicia, socarronería, cazurrería, disimulo*, perfidia, perversidad, artería, engaño*, artimaña, zorrería, hipocresía*, marrullería, política, diplomacia, cuquería, olfato, instinto, intuición, sospecha*, lucidez, agudeza, ingenio, destreza.

— **2.** Trampa, treta, ardid. V. ENGAÑO 1.

3. Astuto. Ladino, pícaro, pillo*, sutil, hábil, sagaz, listo, inteligente*, lúcido, agudo, ingenioso, diestro, intuitivo, socarrón, malicioso, prudente, cauteloso, precavido*, taimado, hipócrita*, pérfido, engañoso*, artero, intrigante, maquinador, maniobrero, calculador, perverso, disimulado*, cazurro, socarrón, marrullero, lince, zorro, lagarto, tramposo, cuco, diplomático, político, maquiavélico.

4. Ser astuto. Disimular*, engañar, intuir, prever, adivinar*, maliciar, sospechar*, maniobrar, disfrazar, enmascarar, desfigurar, urdir, intrigar, tramar, planear*, callar, silenciar, omitir, ocultar.

Contr.: Inocencia*, ingenuidad, llaneza, sinceridad*.

V. INTELIGENCIA, HABILIDAD, PILLERÍA, PRECAUCIÓN, DISIMULO, ENGAÑO, HIPOCRESÍA.

astuto. V. ASTUCIA 3.

asueto. Descanso*, festividad, vacación. V. FIESTA 3.

asumir. Admitir, contraer, lograr. V. ACEPTAR 1, 2.

ASUNTO. 1. Cuestión, punto, materia, tópico, tema (v. 2), objeto, motivo, sujeto, particular, objetivo, plan*, idea, ideal, tesis, factor, cosa, hecho, elemento, fondo, ente, programa, propósito, fin*, hito, pacto*, proyecto, razón, mira, empresa, intención, blanco, quid, nudo, meollo, centro*, incumbencia, ocupación, tarea, menester, labor, trabajo*, intervención, problema (v. 2).

— **2.** *Tema*, asunto, argumento, sujeto, disciplina, materia, trama, cuestión, motivo, texto, idea, contexto, libreto, guión, escrito*, narración*, sinopsis, resumen, contenido, relación, tesis, esquema, «Leitmotiv», artificio, enredo, intriga, tópico (v. 1).

3. Quehacer. Negocio, operación, asunto, tarea, trabajo*, labor, ocupación, transacción, venta, compra*, convenio, pacto*, trato, ejercicio, actuación*, diligencia, trámite*, gestión, expediente, compromiso, comercio*, empresa, intercambio, manipulación, chanchullo, especulación, lío, embrollo*, servicio (v. 1).

V. TRABAJO, PLAN, ACTUACIÓN, EMBROLLO, ESCRITO.

asustadizo. Pusilánime, cobarde*, tímido*. V. ESPANTO 7.

asustado. Atemorizado, impresionado, despavorido. V. ESPANTO 7.

asustar. 1. amedrentar, atemorizar, acobardar, V. ESPANTO 4.

— **2.** *Asustarse*, temer, recelar, temblar*. V. ESPANTO 6.

atabal. Tambor, tamboril, instrumento de percusión. V. INSTRUMENTO MUSICAL 5.

atacante. V. ATAQUE 7.

atacar. V. ATAQUE 5.

atado. 1. Fardo, paquete, bulto. V. ENVOLVER 5.

— **2.** V. atar.

atadura. 1. Lazo, ligadura, sujeción. V. NUDO 1.

— **2.** Sujeción, obstáculo, dificultad*. V. SUJETAR 4.

atajar. Impedir, obstaculizar, dificultar. V. INTERRUPCIÓN 2.

atajo. 1. Caminillo, senda, vericueto. V. CAMINO 1.

— **2.** Simplificación, reducción, acortamiento. V. SOLUCIÓN 1.

atalaya. Torreón, torre, altura. V. CASA 3.

atañer. Corresponder, competer, concernir. V. INCUMBIR 1.

ATAQUE. 1. Síncope, patatús, desvanecimiento. V. INDISPOSICIÓN 1.

— **2.** Insulto, enfrentamiento, hostigamiento*. V. OFENSA 1, 2.

— **3.** *Incursión*, ataque, invasión, ocupación, conquista*, ofensiva, asalto, agresión, irrupción, toma, atraco, provocación, violencia, golpe, atentado, intentona, delito*, infracción, arremetida, acometida, empuje, hostilidad, combate, lucha*, pelea*, correría, «raid», marcha, rebato, batida, razia, redada, contraataque, embestida*, abordaje, desembarco, sitio, cerco, asedio, persecución*, avance, bloqueo, saqueo, embate, acometimiento, entrada, choque, colisión, precipitación, arrojo, carga, c. cerrada, c. abierta, c. de caballería, carga a la bayoneta (v. guerra*).

4. Contraataque. Contragolpe, contraofensiva, rechazo, resistencia, oposición, reacción, avance, recuperación, maniobra, estrategia.

5. Atacar. Irrumpir, asaltar, entrar, contraatacar, desembarcar, invadir, ocupar, agredir, atentar, asesinar, avanzar, incursionar, atracar, cerrar, luchar*, pelear*, combatir, guerrear, marchar, envolver, cercar*, tomar la ofensiva, saquear, sitiar, asediar, bloquear, hostigar, perseguir, arremeter, embestir, acometer, empujar, golpear*, colisionar, chocar, cargar, arrojarse, abalanzarse, estrellarse, rehacerse, rechazar, resistir, oponerse.

— **6.** Insultar, enfrentarse, oponerse. V. OFENSA 4.

7. Atacante. Invasor, acometedor, asaltante, agresor, ocupante, conquistador*, asediador, bloqueador, perseguidor, provocador, dominador, hostigador*, combatiente, luchador*, peleador*, contrincante, guerrero*, enemigo*, rival*, oponente, saqueador, usurpador, salteador, atracador, bandido, delincuente*, victorioso, triunfante*.

— **8.** Oponente, ofensivo, enemigo*. V. HOSTIGAR 3.

Contr.: Defensa, retirada.

V. GUERRA, PELEA, LUCHA, ENEMISTAD, HOSTIGAMIENTO; INDISPOSICIÓN.

atar. 1. Enlazar, ligar, sujetar*. V. NUDO 5.

— **2.** Entorpecer, estorbar, reprimir. V. DOMINACIÓN 9.

atardecer. Oscurecer, ocaso, crepúsculo. V. NOCHE 1.

atareado. Activo, ocupado, diligente. V. TRABAJO 6.

atascamiento. V. atasco.

atascar. 1. Tapar, obturar, cegar. V. OBSTRUIR 1.

— **2.** Impedir, estorbar, obstaculizar. V. DIFICULTAD 5.

atasco. Estorbo, impedimento, embotellamiento. V. OBSTRUIR 2, DIFICULTAD 1.

ataúd. Caja, féretro, sarcófago. V. TUMBA 2.

ataviar. Engalanar(se), ponerse, llevar. V. VESTIMENTA 16.

atávico. Afín, ancestral, hereditario. V. HERENCIA 13.

atavío. Atuendo, indumentaria, ropaje. V. VESTIMENTA 1.

atavismo. Instinto, afinidad, tendencia. V. HERENCIA 11.

ateísmo. Irreligiosidad, escepticismo, incredulidad. V. RELIGIÓN 3.

atelaje. Arreos, arnés, tiro de caballerías*. V. CABALLO 14.

atemorizar. Acobardar, intimidar, amedrentar. V. TEMOR 3.

atemperar. Atenuar, suavizar, calmar. V. MODERACIÓN 6.

atenazar. Apretar, aferrar, inmovilizar. V. SUJETAR 1.

atención. 1. Vigilancia, cuidado*, esmero. V. INTERÉS 1.

— **2.** Reflexión, meditación, interés*. V. PENSAMIENTO 6-8.

— **3.** Deferencia, cortesía, consideración. V. AMABILIDAD 1.

atender. V. atención 1 y 2.

ateneo. Sociedad, agrupación, centro. V. ASOCIACIÓN 8.

atenerse. Ceñirse, circunscribirse, ajustarse. V. LÍMITE 7.

atentado. Tentativa, violencia, agresión. V. ATAQUE 3.

atentamente. V. atento.

atentar. 1. Vulnerar, infringir, contravenir. V. INCUMPLIR 1.

— **2.** Agredir, atacar*, asesinar*. V. ATAQUE 5.

atento. Servicial, educado, cortés. V. AMABILIDAD 2.

atenuante. 1. Justificación, defensa, coartada. V. DISCULPA 1.

— **2.** Favorable, propiciatorio, beneficioso. V. BENEFICIO 3.

atenuar. Amortiguar, reducir, aminorar. V. DISMINUCIÓN 2.

ateo. Irreligioso, escéptico, incrédulo. V. HEREJÍA 3.

aterciopelado. Terso, afelpado, fino. V. SUAVE 1.

aterido. Helado, rígido, transido. V. FRÍO 5.

aterir(se). Helarse, entumecerse, amoratarse. V. FRÍO 6.

aterrador. Horrible, pavoroso, espeluznante. V. ESPANTO 3.

aterrar. V. aterrorizar.

aterrizaje. Planeo, descenso, llegada. V. AVIÓN 7.

aterrizar. Tomar tierra, planear, posarse. V. AVIÓN 6.

aterrorizar. Horrorizar, horripilar, amedrentar. V. ESPANTO 4.

atesorar. Guardar, acaparar, amontonar. V. ACUMULAR 1.

atestado. 1. Atiborrado, colmado, repleto. V. LLENAR 4.

— **2.** Testimonio, declaración, escrito. V. DOCUMENTO 1.

atestar. Saturar, rellenar, colmar. V. LLENAR 1.

atestiguar. Declarar, manifestar, testimoniar. V. INFORME 3.

atezado. Cetrino, cobrizo, oscuro. V. MORENO 1.

atiborrado. V. atiborrar.

atiborrar. 1. V. atestar.

— **2.** *Atiborrarse*, atracarse, llenarse, hartarse. V. SACIAR(SE) 1.

ático. Piso superior, altillo, buhardilla. V. CASA 4.

atildado. Pulido, peripuesto, pulcro. V. LIMPIEZA 2.

atinado. Conveniente, apropiado, oportuno. V. ACERTAR 3.

atinar. 1. Descubrir, lograr, dar con. V. ACERTAR 1.
— **2.** Dar en el blanco, hacer diana, ganar. V. ACERTAR 1.
atiplado. Agudo, alto, aflautado. V. VOZ 6.
atisbar. Acechar, escudriñar, observar. V. MIRAR 1.
atisbo. Barrunto, muestra, indicio. V. SEÑAL 2.
atizador. Espetón, hurgón, varilla. V. HIERRO 7, CHIMENEA 4.
atizar. 1. Remover, avivar, incitar. V. ESTÍMULO 5.
— **2.** Pegar, sacudir, propinar. V. GOLPE 11.
atlántico. Marítimo, marinero, oceánico. V. MAR 10.
atlas. Guía, colección de planos, c. de mapas. V. MAPA 2.
atleta. V. ATLETISMO 2.
atlético. V. ATLETISMO 5.
ATLETISMO. 1. Gimnasia*, deporte*, participación, prueba, competición, competencia, ejercicio, práctica, preparación, entrenamiento, adiestramiento, carreras*, saltos, lanzamientos, pruebas (v. 4).
2. Atleta. Competidor, deportista*, gimnasta*, participante, corredor*, velocista, fondista, discóbolo, lanzador, l. de jabalina, l. de peso, tirador, saltador*, acróbata, jugador, luchador*, púgil, boxeador*, gladiador. Juez, árbitro, cronometrador, entrenador, preparador, masajista.
3. Estadio*. Tribunas, fosos, arena, campo, pistas, calles, vallas, listón, pértiga, plataforma, línea de lanzamiento, base, sector, meta, cinta de llegada, valla protectora, pista de ceniza, pista de tartán, línea de salida, bloque de salida, curva, banderines; zapatillas con clavos (v. estadio*).
4. Pruebas. *Carreras:* c. de velocidad (100, 200, 400 m), c. de medio fondo (800, 1.500 m), c. de fondo (5.000, 10.000 m), maratón (42 km 195 m), c. de vallas (110, 400 m), c. de obstáculos, c. de campo traviesa o «cross-country», c. de relevos (testigo, 4x100, 4x400 m). *Saltos:* Salto de altura, s. de longitud, triple salto, salto con pértiga. *Lanzamientos:* Jabalina, disco, bala o peso, martillo. *Otros:* Pentatlón, decatlón.
5. Atlético. Gimnástico, deportivo, competitivo, vigoroso, fornido, corpulento, recio, hercúleo, pujante, robusto, forzudo, macizo, poderoso, ágil, flexible, resistente, entrenado, ejercitado, adiestrado.
V. GIMNASIA, DEPORTE, CARRERA, ESTADIO.
ATMÓSFERA. 1. Aire*, espacio, éter, cielo, vacío*, envoltura, masa gaseosa, esfera g., capa g., fluido gaseoso, ambiente, elemento, estrato (v. 2).
2. Capas. Troposfera (hasta 12 km), estratosfera (h. 60 km), ionosfera (h. 600 km), exosfera (h. 1.200 km), (v. 1).
3. Composición. (A nivel del mar) Nitrógeno (78 %), oxígeno (21 %), argón (1 %), ozono, dióxido de carbono, neón, hidrógeno, helio, criptón, xenón, polvo, vapor de agua.

4. Generalidades. Radiaciones, rayos ultravioletas, r. infrarrojos, r. cósmicos, rayos X, ultrarradiaciones, ondas cortas, o. medias, o. largas, bandas de radiación de Van Allen, partículas cósmicas, átomo, protón, electrón, mesón, neutrón, meteorito, bólido, estrella fugaz, meteoro, aurora boreal, meteorología*, presión atmosférica, hectopascal (hPa), isobara, temperatura, isoterma, frente, depresión, altas presiones, bajas presiones, ciclón*, remolino, torbellino, nubes*, circulación atmosférica, humedad, rayo*, trueno, lluvia*, nieve, granizo, etc. (v. meteorología*).
5. Aparatos. Globo sonda, satélite artificial, barómetro, barógrafo, etc. (v. meteorología*).
6. Tiempo. Bonancible, sereno, apacible, seco, ventoso, tormentoso, lluvioso, revuelto, húmedo, bochornoso, cargado, enrarecido, etc. (v. meteorología*).
7. Atmosférico. Ambiental, espacial, cósmico, celeste, aéreo, meteorológico*, estratosférico, etéreo, gaseoso*.
V. METEOROLOGÍA, AIRE, NUBES.
atmosférico. V. ATMÓSFERA 7.
atolladero. Tropiezo, enredo, obstáculo. V. DIFICULTAD 1.
atolón. Escollo, rompiente, islote. V. ARRECIFE 1.
atolondrado. Alocado, tarambana, distraído. V. ATURDIMIENTO 2.
atolondrarse. Aturdirse, atropellarse, azorarse. V. ATURDIMIENTO 4.
atómico. V. ÁTOMO 5.
atomizar. Desintegrar, pulverizar, desmenuzar. V. POLVO 6, 7, ÁTOMO 6.
ÁTOMO. 1. Partícula, elemento, unidad elemental, u. de la materia*, corpúsculo, isótopo, ión, ente indivisible; fragmento*, pizca, trozo, insignificancia* (v. 2).
2. Partes, elementos. Electrón, núcleo (protón, neutrón); mesón, mesotrón, positrón, fotón, neutrino, hiperón, deuterón, partícula alfa, isótopo, ión, anión, catión; muones, leptones y quarks. Molécula, corpúsculo, partícula (v. 1).
3. Generalidades. Peso atómico, número atómico, valencia, radical, carga eléctrica, c. positiva, c. negativa, energía atómica, afinidad, cohesión, fisión, fusión, escisión, desintegración, reacción en cadena, radiactividad, átomo gramo, masa, m. atómica, número de Avogadro.
4. Aparatos, material. Ciclotrón, sincrotrón, acelerador de partículas, pila atómica, reactor nuclear, central nuclear, c. atómica, bomba de cobalto, buque atómico, submarino* a., bomba* nuclear, b. atómica, b. de hidrógeno, b. de neutrones, uranio, uranio enriquecido, plutonio.
5. Atómico. Nuclear, del átomo, isótopo, molecular, elemental, básico, indivisible, desintegrado, iónico, radiactivo.

6. Acción. Atomizar, desintegrar, acelerar, escindir, fusionar, reaccionar, dividir, ionizar. V. FÍSICA, MATERIA; FRAGMENTO.

atonía. Flojera, decaimiento, flaccidez. V. DEBILIDAD 1, 2.

atónito. Boquiabierto, estupefacto, maravillado*. V. ASOMBRO 3.

atontado. 1. Pasmado, papanatas, necio. V. TONTO 1.

— 2. V. atónito.

atontamiento. Pasmo, azoramiento; mareo. V. ATURDIMIENTO 1, INDISPOSICIÓN 1.

atontarse(se). Atolondrar(se), desconcertar; marear. V. ATURDIMIENTO 4, INDISPOSICIÓN 3.

atorar. Atrancar, tupir, atascar. V. OBSTRUIR 1.

atormentar. Angustiar, molestar*; martirizar. V. AFLICCIÓN 3, TORTURA 6.

atornillar. Ajustar, enroscar, acoplar. V. UNIR 2.

atorrante. Vago, andrajoso*, desgraciado*. V. VAGABUNDO 2.

atosigar. Fastidiar, importunar, molestar*. V. HOSTIGAR 1.

atrabiliario. Violento*, irascible, desagradable*. V. ANTIPATÍA 2.

atracadero. Desembarcadero, muelle, malecón. V. DIQUE 1.

atracador. Bandido, asaltante, delincuente*. V. LADRÓN 1.

atracar. 1. Fondear, amarrar, anclar*. V. PUERTO 7.

— 2. Desvalijar, asaltar, saquear. V. ROBO 2.

— 3. Atracarse, atiborrarse, hartarse, llenarse. V. SACIAR 1.

atracción. 1. V. ATRACTIVO 1.

— 2. Gravitación, cohesión, fuerza. V. EMPUJAR 3.

atracciones (parque de). V. PARQUE DE ATRACCIONES.

atraco. Saqueo, asalto, ataque. V. ROBO 1.

atracón. Empacho, panzada, hartazgo. V. SACIAR 2.

ATRACTIVO. 1. Atracción, encanto, sugestión, seducción, fascinación, hechizo, admiración, interés*, don, gracia, ángel, carisma, aliciente, simpatía*, anzuelo, gancho, señuelo, engaño*, trampa, exquisitez, hermosura*, artificio, imán, belleza, embeleso*, preciosidad, lindeza, perfección, portento, delicia, «glamour», reclamo, llamada*, cualidad*, mérito, captación, hechicería*, asombro*, cordialidad, agrado*, donaire, elegancia*, garbo*, tentación, vistosidad, afinidad, hipnosis*.

2. Atrayente. Encantador, atractivo, fascinante, maravilloso*, deslumbrador, hechicero, sugestivo, sugerente, seductor, hermoso*, bonito, mono, guapo, lindo, embellecedor*, delicioso, incitante, excitante, raro*, interesante*, primoroso, exquisito, precioso, perfecto*, llamativo, admirable, asombroso*, cautivante, cautivador, elegante*, enamoradizo, donjuán, vampiresa, conquistador, mágico, gracioso, placentero, agradable*, afín, simpático*, arrebatador, chis-

toso, coqueto, coquetón, vistoso, retrechero, inquietante, perturbador, provocativo, sexual*, «sexy», tentador, espectacular, espléndido, sensacional, grandioso, ostentoso.

3. Atraer. Cautivar, fascinar, hechizar, seducir, sugestionar, encantar, interesar*, embelesar*, maravillar*, asombrar*, admirar, embobar, llamar, conquistar, congraciarse, ganarse, captar, polarizar, concentrar, absorber, enamorar, coquetear, galantear, engatusar, camelar, engañar*, simpatizar*, agradar*, arrebatar, tentar, perturbar, inquietar, deslumbrar, encandilar, sugestionar,hipnotizar*, alucinar, aojar, ofuscar, aturdir* (v. 4).

— 4. Atraerse, captarse, ganarse, granjearse, apoderarse (v. 3).

Contr.: Repugnancia*, antipatía, rechazo*.

V. SIMPATÍA, HERMOSURA, ELEGANCIA, INTERÉS, MARAVILLA, AGRADO, EMBELESO, ASOMBRO.

atraer. V. ATRACTIVO 3.

atragantarse. Asfixiarse, atascarse, taponarse. V. AHOGAR 1, 3.

atrancar. 1. Afianzar, cerrar, asegurar. V. REFORZAR 1.

— 2. Atrancarse, detenerse, atascarse, pararse. V. OBSTRUIRSE 1.

atrapar. Detener, sujetar, agarrar. V. COGER 1.

atraque. Fondeo, anclaje, amarre. V. PUERTO 8.

atrás. A espaldas, allá, tras. V. DETRÁS.

atrasado. 1. Pasado, vetusto, anticuado. V. ANTIGUO 1.

— 2. Retrógrado, mísero, inculto. V. POBRE 6, IGNORANCIA 2.

atrasar. 1. Retrasar, aplazar, relegar. V. DEMORA 3.

— 2. Atrasarse, rezagarse, quedarse atrás, demorarse. V. DEMORA 3.

atraso. 1. Incultura, subdesarrollo, tosquedad. V. POBREZA, IGNORANCIA 1.

— 2. Retraso, aplazamiento, alargamiento. V. DEMORA 1.

— 3. Empeño, morosidad, trampa. V. DEUDA 1.

atravesado. 1. Avieso, malintencionado, tozudo. V. OBSTINACIÓN 2.

— 2. Oblicuo, transversal, cruzado. V. INCLINAR 6.

atravesar. 1. Perforar, horadar, traspasar. V. AGUJERO 2.

— 2. Atravesarse, obstaculizar, interponerse, cruzarse. V. CRUCE 5.

atrayente. Seductor, sugestivo, encantador. V. ATRACTIVO 2.

atreverse. Intentar, arriesgarse, aventurarse. V. OSADÍA 5.

atrevido. Intrépido, valiente, desvergonzado*. V. OSADÍA 3.

atrevimiento. 1. Audacia, valentía, intrepidez. V. OSADÍA 1.

— 2. Descaro, insolencia, frescura. V. DESVERGÜENZA 1.

atribución. V. ATRIBUIR 3.
ATRIBUIR. 1. Achacar, imputar, adjudicar, suponer, aplicar, cargar, asignar, arrogar, reputar, tener por, señalar, conceder, dedicar, acusar*, declarar, culpar*, tildar, confesar, denunciar, incriminar, reprochar, endosar, colgar, dar, enjaretar, encasquetar (v. 2).
— **2.** *Atribuirse*, arrogarse, achacarse, imputarse, aplicarse, asignarse (v. 1), reivindicar, reclamar, detentar, apoderarse, usurpar, despojar, apropiarse*, arrebatar, robar* (v. 1).
3. Atribución. Atributo, prerrogativa, capacidad, poder*, potestad, poderío, derecho, facultad, albedrío, jurisdicción, autoridad, arbitrio, mando, exención, soberanía, privilegio, libertad, fuerza, permiso*, exención, ventaja*, señorío, imperio, superioridad*.
4. Atribuido. Presunto, achacado, supuesto (v. 1).
Contr.: Disculpar*, defender*.
V. ACUSAR, CULPAR, APROPIARSE.
atribulado. Apenado, desconsolado, afligido. V. AFLICCIÓN 5.
atribular(se). V. atribulado.
atributo. 1. V. ATRIBUIR 3.
— **2.** Cualidad, particularidad, propiedad. V. CARACTERÍSTICA 1.
— **3.** Distintivo, emblema, signo*. V. SÍMBOLO 1.
atril. Sostén, apoyo, peana. V. ORQUESTA 4, SOPORTE 1.
atrincheramiento. Reducto, defensa, baluarte. V. FORTIFICACIÓN 1.
atrincherarse. Protegerse, parapetarse, resguardarse. V. FORTIFICACIÓN 5.
atrio. Pórtico, arcada, columnata. V. COLUMNA 6.
atrocidad. Barbaridad, horror, salvajismo. V. CRUELDAD 1.
atrofia. Consunción, raquitismo, anquilosamiento. V. DEBILIDAD 2.
atrofiado. Canijo, anquilosado, esmirriado. V. DEBILIDAD 5, 6.
atrofiar(se). Anquilosarse, consumirse, debilitarse. V. DEBILIDAD 9.
atronador. Ensordecedor, retumbante, resonante. V. SONIDO 5, 6.
atronar. V. atronador.
atropellado. Atolondrado, descuidado*, precipitado. V. ATURDIMIENTO 2.
atropellar. 1. Derribar, herir, arrollar. V. EMBESTIR 1.
— **2.** V. atropello.
atropello. 1. Ultraje, injusticia*, violación. V. ABUSO.
— **2.** Arrollamiento, siniestro, derribo. V. ACCIDENTE 1.
atroz. Inhumano, terrible, aterrador. V. ESPANTO 3.
atuendo. Ropaje, prenda, atavío. V. VESTIMENTA 1.
atún. Bonito, caballa, pescado azul. V. PEZ 9.
aturdido. V. ATURDIMIENTO 2.

ATURDIMIENTO. 1. Atolondramiento, alocamiento, precipitación, prisa, apresuramiento, inconsciencia, negligencia, imprudencia*, aturullamiento, nerviosidad*, intranquilidad*, ansiedad, angustia, impetuosidad, atropello, ofuscación, distracción, olvido*, inadvertencia, descuido*, irreflexión, desorientación, trastorno, torpeza, pasmo, perturbación, turbación*, confusión, ligereza, azoramiento, conmoción, desconcierto, vergüenza, apabullamiento, asombro*, enajenamiento, consternación, atontamiento, embarazo, indecisión, perplejidad, incertidumbre, timidez*; mareo, indisposición*.
2. Aturdido. Atolondrado, desconcertado, ofuscado, precipitado, alocado, mequetrefe, chiquilicuatro, botarate, tonto*, necio, tarambana, irreflexivo, descuidado*, desorientado, distraído, olvidadizo*, apresurado, impetuoso, impulsivo, atropellado, trastornado, perturbado, nervioso*, intranquilo*, torpe, trasto, inútil*, embotado, inconsciente, imprudente*, confuso, turbado*, asombrado*, conmocionado, ligero, enajenado, desquiciado, pasmado, atontado, tímido*, perplejo, embarazado, indeciso, dudoso*, aturullado, apabullado.
— **3.** Mareado, descompuesto, indispuesto. V. INDISPOSICIÓN 5.
4. Aturdir(se). Azorar(se), desquiciarse, alocarse, precipitarse, turbarse, ofuscarse, desconcertarse, atolondrarse, apresurarse, olvidarse*, distraerse, desorientarse, descuidarse*, perturbarse, trastornarse, atropellarse, entorpecerse, embotarse, entumecerse, inmovilizarse*, paralizarse, intranquilizarse*, conmocionarse, asombrarse*, apabullarse, cegarse, confundirse, enajenarse, embarazarse, atontarse, pasmarse, estar en Babia; marearse, indisponerse*.
— **5.** *Aturdir*, ensordecer, atronar, marear. V. SONIDO 8.
Contr.: Serenidad, tranquilidad*, aplomo.
V. NERVIOSIDAD, INTRANQUILIDAD, DESCUIDO, OLVIDO, ASOMBRO, TURBACIÓN, IMPRUDENCIA, TIMIDEZ.
aturdir(se). V. ATURDIMIENTO 4.
aturullar(se). V. ATURDIMIENTO 4.
atusar. Alisar, acariciar, acicalar. V. PELO 8.
audacia. Intrepidez, atrevimiento, valentía. V. OSADÍA 1.
audaz. Arriesgado, decidido, intrépido. V. OSADÍA 3.
audible. Que puede oírse, que puede escucharse, perceptible. V. OÍDO 8.
audición. Función, sesión, concierto. V. ESPECTÁCULO 1.
audiencia. 1. Cita, conversación, reunión. V. ENTREVISTA 1.
— **2.** Público, asistentes, auditorio. V. CONCURRENCIA 1.
— **3.** Magistratura, juzgado, sala. V. TRIBUNAL 1.

audífono. Aparato*, auricular, accesorio para sordos. V. SONIDO 12.

auditor. Juez; asesor, interventor. V. TRIBUNAL 4; ADMINISTRACIÓN 6.

auditorio. Público, asistentes, audiencia. V. CONCURRENCIA 1.

auge. Florecimiento, apogeo, esplendor. V. CULMINACIÓN 1.

augur. Vaticinador, vidente. V. ADIVINAR 2.

augurar. 1. Vaticinar, profetizar, predecir. V. ADIVINAR 1.

— **2.** Expresar, anhelar, desear. V. FELICITACIÓN 2.

augurio. 1. Predicción, profecía, vaticinio. V. ADIVINAR 3.

— **2.** Anhelo, esperanza, parabién. V. FELICITACIÓN 1.

augusto. Majestuoso, venerable, solemne. V. RESPETO 4.

aula. Clase, salón, cátedra. V. EDUCACIÓN 10.

aullar. Rugir, bramar, chillar. V. GRITO 4.

aullido. Chillido, rugido, bramido. V. GRITO 1.

AUMENTAR. 1. Agrandar, ampliar*, incrementar, encarecer (v. 2), amplificar, crecer, expandir, ensanchar, engrosar, extender*, criarse*, desarrollarse*, ganar, alargar, abultar*, reforzar, intensificar*, redoblar, reproducir, agregar, añadir, engrandecer, elevar, adicionar, sumar, duplicar, doblar, triplicar, cuadruplicar, etc., multiplicar, copiar, mejorar*, progresar, prosperar*, ascender, medrar, generalizar, acrecentar, agigantar, acentuar, hinchar, agudizar, agravar, complementar, suplementar.

— **2.** *Encarecer*, aumentar, subir el precio, elevar, e. el valor, actualizar, ajustar, alzar, incrementar, acrecentar, cargar, recargar, sobrecargar, valorizar, revalorizar, imponer, especular, abusar*, traficar, negociar.

— **3.** Extremar, abultar, hinchar. V. EXAGERACIÓN 5.

4. Aumento. Agrandamiento, extensión*, ampliación*, incremento, crecimiento, intensificación*, adición, añadido*, añadidura, agregado, carga, sobrecarga, apéndice*, suma, engrosamiento, alargamiento, abultamiento*, ensanchamiento, hinchazón*, expansión, refuerzo, mejora*, desenvolvimiento, agregación, repetición, multiplicación, agigantamiento, suplemento, complemento, generalización, agravación, agudización, acentuación, acrecentamiento, ascenso, progreso, prosperidad*, desarrollo*, elevación, engrandecimiento, ganancia, beneficio* (v. 5).

— **5. Subida**, aumento, a. fiscal, ajuste, incremento, reajuste, encarecimiento, sobreprecio, recargo, impuesto, ascenso, premio, mejora*, pago*, recompensa, alza, elevación, plusvalía, carga, sobrecarga, valorización, actualización, especulación*, abuso*, escalada, agio, negocio, imposición (v. 4).

6. Aumentado. Encarecido, caro*, elevado, desarrollado*, extendido*, incrementado, subido, agrandado, ampliado* (v. 1).

7. Que aumenta. Creciente, en desarrollo*, gradual, en aumento, progresivo, renovado, aumentado (v. 6), que se agranda, que se amplía (v. 1).

Contr.: Disminuir, bajar.

V. AMPLIAR, EXTENDER, MEJORAR, PROGRESAR, DESARROLLAR, PROSPERAR, INTENSIFICAR, AÑADIR, PAGAR.

aumento. V. AUMENTAR 4.

aun. Incluso, pero, inclusive.

aún. V. todavía.

aunar. Juntar, combinar, congregar. V. UNIR 7.

aunque. Por más que, sin embargo, si bien. V. TODAVÍA.

aupar. Alzar, empinar, levantar. V. SUBIR 2.

aura. 1. Brisa, céfiro, airecillo. V. VIENTO 1.

— **2.** Reputación, celebridad, fama. V. PRESTIGIO 1.

áureo. Resplandeciente, dorado, fulgurante. V. BRILLO 2.

aureola. 1. Halo, fulgor, nimbo. V. CORONA 1.

— **2.** Reputación, fama, celebridad. V. PRESTIGIO 1.

aureolado. Célebre, famoso, renombrado. V. PRESTIGIO 2.

aurícula. Cavidad, oquedad, hueco cardíaco. V. CORAZÓN 5.

auricular. Accesorio, pieza, receptor. V. TELÉFONO 2.

auriga. Conductor, cochero, postillón. V. CARRUAJE 5.

aurora. Madrugada, alba, mañana. V. AMANECER 2.

auscultar. Reconocer, explorar, diagnosticar. V. MEDICINA 8.

ausencia. 1. Partida, viaje, alejamiento*. V. MARCHAR 5.

— **2.** Falta, carencia, vacío. V. ESCASEZ 1.

ausentarse. Irse, partir, alejarse. V. MARCHAR 2.

ausente. 1. Retirado, lejano, viajero. V. ALEJAR 4.

— **2.** Insuficiente, falto, omitido. V. INEXISTENCIA 2.

auspiciar. Fomentar, favorecer, proteger. V. AYUDA 3.

auspicio. Apoyo, respaldo, protección. V. AYUDA 1.

auspicioso. Propicio, favorable, benéfico. V. BENEFICIO 3.

austeridad. Sobriedad, severidad, frugalidad. V. MODERACIÓN 2.

austero. Frugal, parco, sobrio. V. MODERACIÓN 4.

austral. Sur, meridional, del mediodía. V. GEOGRAFÍA 4.

autarquía. Autonomía, separación, independencia. V. LIBERTAD 1.

autenticar. V. autentificar.

autenticidad. V. auténtico.

auténtico. 1. Puro*, real, genuino. V. VERDAD 4.
— **2.** Legítimo, autorizado, permitido. V. LE-
GAL 1.
autentificar. Legitimar, autorizar, legalizar. V.
LEGAL 4.
auto. 1. Vehículo*, coche, automotor. V. AUTO-
MÓVIL 1.
— **2.** Drama, representación, obra breve. V.
TEATRO 2.
— **3.** Resolución, expediente, decisión. V. SEN-
TENCIA 1.
autobiografía. Memorias, confesiones, vida. V.
BIOGRAFÍA 1.
autobombo. Elogio de sí mismo, alabanza exage-
rada*, panegírico. V. ELOGIO 1.
autobús. Camioneta, ómnibus, vehículo*. V. CA-
MIÓN 1.
autocar. V. autobús.
autocracia. Tiranía, dictadura, despotismo. V.
DOMINACIÓN 1.
autócrata. Tirano, déspota, dictador. V. DOMI-
NACIÓN 4.
autóctono. Vernáculo, indígena, natural. V. NA-
CIÓN 6.
autodeterminación. V. autonomía.
autodidacta. Que estudia, que aprende solo,
alumno libre. V. EDUCACIÓN 13.
autódromo. Circuito, pista, estadio. V. AUTO-
MÓVIL 21.
autogiro. Ingenio volador, aparato, aeroplano. V.
HELICÓPTERO 1.
autógrafo. Firma, signatura, rúbrica. V. NOMBRE 3.
autómata. Androide, máquina*, calculadora*. V.
ROBOT 1.
automático. 1. Inconsciente, instintivo, involuntario. V. ESPONTÁNEO 2.
— **2.** Mecánico, mecanizado, automotriz. V.
MÁQUINA 7.
AUTOMÓVIL. 1. Auto, coche, vehículo*, carro,
carruaje*, móvil, automotor, máquina, ingenio
automotriz, carricoche, taxi, taxímetro, autobús,
autocar, trolebús, camión*, camioneta, furgón,
furgoneta, ambulancia, tractor*, remolque, caravana, «roulotte» (v. 2).
2. Clases. Sedán, berlina, cupé, monovolumen,
turismo, utilitario, descapotable, convertible,
gran turismo, cabriolé, limusina, «sport», gran
«sport», faetón, «roadster», rubia, ranchera,
campera, rural, camioneta*, «jeep», «pick-up»,
todoterreno, coche de carreras, de fórmula 1,
de competición (v. 1).
3. Marcas. *Estados Unidos:* Ford, Mercury, Lincoln, Chevrolet, Oldsmobile, Cadillac, Chrys-
ler, Dodge, Packard. *Inglaterra:* Jaguar, Aston
Martin, Austin, MG, Rolls Royce, Bentley, Riley.
Francia: Citroën, Renault, Peugeot, Simca, De
Dion-Bouton, Delage, Matra. *Italia:* Lamborghi-
ni, Ferrari, Maseratti, Fiat, Alfa Romeo. *Alemania:* Mercedes, Volkswagen, BMW, Auto-Unión,
Porsche. *España:* Hispano-Suiza, ENASA, Pega-

so, Seat, Volkswagen. *Japón:* Toyota, Datsun,
Honda, Subaru, Mazda.
4. Partes del automóvil. Carrocería (v. 5), chasis (v. 6), motor (v. 7), carburador (v. 8), instalación eléctrica (v. 9), refrigeración (v. 10), transmisión (v. 11), embrague (v. 11), suspensión (v.
12), frenos (v. 13), ruedas (v. 14), dirección (v.
15); ABS (alemán, «Antiblockiersystem», Sistema de antibloqueo), BA (Asistente de frenada
de emergencia), EBV o EBD (Sistema electrónico de reparto de frenada), VSC + TRC (Vehicle
«Stability Control», Control de estabilidad;
«Traction Control», Control de tracción).
5. Carrocería. Habitáculo, cabina, compartimento. Carrocería monocasco, autoportante,
chasis (v. 6), patente, matrícula, guardabarros,
aletas, parachoques, maletero, baúl, capó,
capota, toldo, lona, techo, accesorios, baca,
portaequipajes, portezuelas, puertas, mane-
cillas, ventanillas, cristales, cristal derivabrisas,
parabrisas, limpiaparabrisas, luces de posición, l.
de dirección (intermitentes), faros, luces de carretera (largas), l. de cruce (cortas), l. de niebla,
l. de freno, l. de retroceso, matrícula (patente),
maletero, tapa del maletero, espejo retrovisor,
e. r. interior, e. r. exterior, asiento, reposaca-
bezas, trasportín, traspuntín, cinturón de seguridad, volante, barra de dirección, bocina
o claxon, palanca de cambio, freno de mano,
pedales, pedal de embrague, p. de freno, p.
acelerador, parasoles, guantera, bandeja, salpi-
cadero, apoyabrazos, asideros, cenicero, estárter, palanca de luces exteriores, p. de luces de
dirección, conmutadores, interruptores; cuadro
de instrumentos: velocímetro, indicadores óp-
ticos, cuentakilómetros, cuentarrevoluciones,
termómetro, voltímetro, reloj; depósito de gasolina, d. de agua, batería.
6. Chasis; herramientas. *Chasis:* bastidor, largueros, ejes delanteros, e. traseros, armazón,
cuadro tubular, bastidor autoportante. *Herramientas**: cric o gato, llave inglesa, ll. fija, ll. de
bujías, ll. de estrella, destornilladores, destornillador de estrella, alicates, martillo, medidor de
presión del aire, extintor de incendios.
7. Motor. Bloque, cilindros, pistón, émbolo,
segmentos, biela, cigüeñal, culata, bujía, válvulas, cojinetes, cárter, junta, eje de levas, varillas,
balancines, taqué, palier, mangueta, manguito,
cruceta, bomba de aceite, b. de agua, carburador (v. 8), distribuidor (delco), engranaje, motor
de arranque, camisa, escape, colector de escape, silenciador, tubo de escape, filtro de aceite,
f. de aire, radiador, ventilador, correa. *Clases:*
Motor de explosión, m. de dos tiempos, m. de
cuatro tiempos (admisión, compresión, explosión, escape), motor en línea, m. en V, m. de
cilindros opuestos, m. de cuatro cilindros, m.
de ocho, etc.; motor diésel. *Varios:* Cilindrada,
potencia fiscal, caballos de vapor (CV, HP), calibre, carrera.

8. Carburador. Dispositivo, mecanismo, aparato* mezclador. Partes: flotador, difusor (venturi), surtidor, válvula, aguja, calibre, depósito, cubeta, estrangulador, estárter, mariposa, chiclé o «gicleur», diafragma, entrada de aire, e. de gasolina, muelle, membrana, mezcla combustible, tornillo de reglaje, mecanismo de ralentí, regulador de paso, doble carburador, filtro de aire.

9. Instalación eléctrica. Batería: placas, sulfato de plomo, sulfatación, agua acidulada, ácido sulfúrico, carga y descarga, voltaje, bornes; dinamo, alternador, bobina, disyuntor, regulador, distribuidor (delco), ruptor, platinos, masa, muelle, condensador; bujía: electrodo, e. central, e. de masa, chispa, aislante; faros, f. antiniebla, f. de xenón, luces (v. 5), fusibles.

10. Refrigeración. Refrigeración por agua, r. por aire, radiador, bomba de agua, termostato, ventilador, correa del ventilador, circuito abierto, circuito cerrado, depósito de agua.

11. Transmisión. Cambio de velocidades, manual, automático, embrague, árbol de transmisión, diferencial; cambio de velocidades: palanca de cambio, corredera, horquilla, engranajes, piñones, platos, mecanismo.

12. Suspensión. Amortiguador, a. hidráulico, a. telescópico, ballesta, muelle de espiral, estabilizador, barra de torsión.

13. Frenos. Frenos de zapata, f. de disco, f. de tambor, f. hidráulico, f. de mano, doble circuito de frenos, forros, tambor, zapata, tubería flexible, líquido de frenos, tensado de f., purga de f.

14. Ruedas*. Disco de ruedas, tapacubos, llanta; neumático,: cubierta, cámara, caucho, banda de rodadura, perfil, dibujo, válvula de aire; neumático con cámara, n. sin cámara, n. radial; equilibrado de ruedas, presión, adherencia, desgaste, banda de rodamiento, pinchazo, reventón, recauchutado, gato (v. rueda 3).

15. Dirección. Volante, v. regulable, barra de dirección, rótulas, bielas de acoplamiento, brazos de acoplamiento, tornillo sinfín, piñón, cremallera, engranaje*.

16. Combustible*. Gasolina, hidrocarburos, benzol, gasolina normal, g. súper, g. sin plomo, octanaje, octanos (sin plomo 95, 97 súper, 98), gasóleo (gasoil), fueloil, antidetonante, aditivos, depósito de combustible, tapón del depósito, bomba de gasolina, tuberías.

17. Automovilista. Conductor, chófer, motorista, piloto, guía, experto, taxista, camionero*, mecánico, cochero, usuario, carrerista, competidor.

18. Conducir. Guiar*, gobernar, manejar, pilotar, llevar, acarrear, transportar*, trasladar*, viajar*, rodar, maniobrar; arrancar, embragar, desembragar, acelerar, pisar, dar marcha atrás, frenar, recalentarse, enfriarse, estacionar, aparcar, girar, virar, cambiar de velocidad, poner la primera, la segunda, la tercera, la cuarta, la quinta, poner en punto muerto, adelantar, tomar una curva, hacer doble embrague, punta-tacón; aparcar en estacionamiento en línea, en batería, estar en rodaje. Patinar, derrapar, deslizarse, bloquearse, calarse.

19. Accidentes*, averías. Choque*, colisión, siniestro, accidente*, atropello, arrollamiento, alcance, encontronazo, reventón, pinchazo, patinazo, derrape, despiste, pérdida de control. Airbags.

20. Documentación. Permiso de conducción, p. de circulación, célula de identificación fiscal, patente, comprobante del seguro, licencia de conducción, carné de conducir.

21. Automovilismo. Carrera, prueba, competición, «rally», «gymkhana», Gran Premio, Grand Prix, Campeonato Mundial de Fórmula 1, Copa, prueba de velocidad, p. de resistencia, «kart», «karting»; precintado, señales, banderín (rojo, amarillo, verde, de cuadros, etc.), aprovisionamiento, extintores*, boxes, autódromo, circuito permanente, c. urbano (v. 23).

22. Coches de carrera. Bugatti, Alfa Romeo, Ferrari, Maseratti, Bentley, Talbot, Mercedes Benz, Auto-Unión, Porsche, Matra, Jaguar, Lotus, Cooper, Brabham, McLaren Mercedes, Renault. Monoplaza, biplaza (v.23).

23. Corredores, circuitos. Pilotos: Nuvolari, Caracciola, Villoresi, Varzi, Fangio, Portago, Jim Clark, J. Stewart, Graham Hill, Fittipaldi, Nicky Lauda, Juan Pablo Montoya, Rubens Barrichello, M. Schumacher, Fernando Alonso. Circuitos: Monza, Le Mans, Jarama, Nürburgring, Mónaco, Silverstone, Indianápolis.
V. VEHÍCULO, CARRUAJE, CAMIÓN, TRACTOR, CARRETERA.

automovilismo. V. AUTOMÓVIL 21.

automovilista. V. AUTOMÓVIL 17.

autonomía. Emancipación, independencia, soberanía. V. LIBERTAD 1.

autonómico, autónomo. V. autonomía.

autopista. Autovía, vía, camino*. V. CARRETERA 1.

autopsia. Investigación, necropsia, disección. V. MUERTE 11.

autor. 1. Literato, novelista, argumentista. V. ESCRITOR 1.

— **2.** Descubridor, inventor*, productor. V. CREAR 4.

— **3.** Ejecutor, causante, culpable. V. CULPA 4.

autoridad. 1. Dominio, mando, potestad. V. PODER 1.

— **2.** Mandatario, superior, jerarquía. V. JEFE 1.

autoritario. Despótico, arbitrario, imperioso. V. DOMINACIÓN 3.

autorización. 1. Asentimiento, beneplácito, aquiescencia. V. PERMISO 1.

— **2.** Salvoconducto, licencia, certificado. V. PERMISO 2.

autorizado. Permitido, consentido, concedido. V. PERMISO 6.

autorizar. Otorgar, conceder, licenciar. V. PERMISO 3.

auxiliar. 1. Asistente, ayudante, colaborador. V. AYUDA 4.
— **2.** Secundario, complementario, suplementario. V. CIRCUNSTANCIA 2.
— **3.** Asistir, colaborar, socorrer*. V. AYUDA 3.

auxilio. Asistencia, protección*, socorro*. V. AYUDA 1.

aval. Crédito, firma, fianza. V. GARANTÍA 1.

avalancha. Alud, hundimiento, desprendimiento. V. DERRUMBAR 3.

avalar. Respaldar, endosar, obligarse. V. GARANTÍA 2.

avance. 1. Adelantamiento, recorrido, rebasamiento. V. MARCHAR 4, SUPERIOR 6.
— **2.** Florecimiento, adelanto, prosperidad. V. DESARROLLO 1.

avanzada. Delantera, destacamento, vanguardia. V. DELANTE 3.

avanzado. Evolucionado, adelantado, progresista. V. DESARROLLO 7.

avanzar. 1. Recorrer, adelantarse, superar*. V. MARCHAR 1.
— **2.** Progresar, evolucionar, prosperar*. V. DESARROLLO 3.
— **3.** Predecir, anticipar, pronosticar. V. ADIVINAR 1.

AVARICIA. 1. Mezquindad, tacañería, sordidez, codicia*, egoísmo*, atesoramiento, roñosería, roña, usura, lucro, ambición*, economía*, ahorro, frugalidad, deseo*, parquedad, ruindad, miseria, afán, anhelo, avidez, ansia, cicatería, envidia*, pasión, abuso*, pobreza, rapacidad, especulación*, aprovechamiento, estrechez, apetito, gana, hambre*, sed, acaparamiento, amontonamiento, acumulación*, explotación, ocultación*, conservación, gorronería.
2. Avaro. Agarrado, usurero, tacaño, avaricioso, sórdido, mezquino, roñoso, codicioso*, egoísta*, parco, económico, ahorrativo, ambicioso*, cicatero, frugal, ansioso, ávido, anhelante, afanoso, mísero, miserable, pobre*, ruin, rapaz, gorrón, pedigüeño*, aprovechador, especulador, aprovechado, abusador, envidioso*, acaparador, sediento, hambriento, estrecho, manicorto, cutre, explotador, negrero, sanguijuela, urraca, prendero, prestamista*, agiotista.
3. Ser avaro. Atesorar, reunir, guardar*, economizar, ahorrar*, amasar, apilar, amontonar, acumular*, escatimar, cicatear, regatear, negar, entalegar, embolsar, almacenar, reservar, tasar, restringir, ahuchar, explotar, abusar, ansiar, anhelar, ambicionar*, especular, acaparar, traficar, esconder, lucrarse, aprovecharse, gorronear, apartar, embaucar, retener, recaudar, conservar, ocultar, defender, pedir*.
Contr.: Generosidad, desprendimiento, despilfarro.

V. AHORRO, EGOÍSMO, AMBICIÓN, DESEO, POBREZA, VILEZA.

avaro. V. AVARICIA 2.

avasallador. Impetuoso, dictatorial, arbitrario. V. DOMINACIÓN 3.

avasallar. Sojuzgar, abusar, oprimir. V. DOMINACIÓN 9.

avatares. Altibajos, alternativas, vicisitudes. V. SUCESO 1.

AVE. 1. Volátil, pájaro (v. 14), voladora, bípedo alado, b. volador, vertebrado, ovíparo, pajarraco, avechucho, volatería, animal* que vuela. *Cría:* pollo, pichón, palomo, avecilla, pajarillo, perdigón, cigoñino, pavezno, aguilucho; pollada, nidada.
2. Partes. *Esqueleto:* Cráneo, pico, columna vertebral, hombro, hueso coracoides, brazo, antebrazo, mano, costillas, espoleta, quilla, cadera, fémur, pata, dedo, uña, garra, espolón. *Aparato digestivo:* Buche o papo, molleja, intestinos, cloaca, ano. *Alas*:* Pluma* (cálamo, barbas, barbillas, barbicelos, raquis, hiporraquis), plumas pequeñas coberteras, coberteras primarias, secundarias, remeras primarias, secundarias. *Cola:* Plumas supracaudales, caudales, timoneras (v. pluma*). *Varios:* Cresta, copete, carúncula, membrana nictitante (párpado), bolsa o saco aéreo, siringa, oviducto, obispillo.
3. Clasificación. Ornitología, ciencia*, estudio de las aves. Aves palmípedas (v. 4), corredoras (v. 5), gallináceas (v. 6), zancudas (v. 7), rapaces (v. 8), trepadoras (v. 9), palomas (v. 10), parleras (v. 11), canoras (v. 15), comestibles (v. 12), extinguidas (v. 13), fantásticas (v. 18), sedentarias, nómadas, migratorias, de paso; pájaros (v. 14).
4. Palmípedas. Pato, ganso, oca, ánsar, ánade, cisne, gaviota, cerceta, albatros, golondrina de mar, fragata, alcatraz, petrel, cormorán, pingüino, pájaro bobo, corvejón, cuervo marino, negreta, somorgujo, flamenco, carnero del Cabo, pelícano, onocrótalo, ave de cuchara, agachona.
5. Corredoras. Avestruz, casuario, ñandú o avestruz americano.
6. Gallináceas. Gallina, gallo, g. silvestre, pavo, p. real, gallipavo, pavón, urogallo, faisán, perdiz, pintada, codorniz, paují, francolín, guaco, guacharaca, chorla, colín, ganga, figana, coquito, chacha, chorla, ortega, churra (v. avicultura*).
7. Zancudas. Flamenco, cigüeña (cigoñino), marabú, garza, g. real, avutarda, avoceta, ibis, espátula, frailecillo, avefría, grulla, chorlito, polla de agua, alcaraván, chocha, becada, becardón, agachadiza, quincineta, sisa, sisón, martinete, gallina de río, fúlica, picudilla, gallareta, avetoro, chochaperdiz, pintada, gallineta, airón, teruteru, chajá.
8. Rapaces. Ave rapaz, a. de presa, a. de rapiña, a. carnívora; falcónido, halcón, h. peregrino,

águila, á. real, á. imperial, á. caudal, á. barbuda, á. bastarda, á. pescadora, aguilucho, gavilán, milano, gerifalte, azor, neblí, esparaván, esparvel, buitre, cóndor, quebrantahuesos, osífraga, alcaudón, cernícalo, alcotán, sacre, esmerejón, vilano, verdugo, esparvel, terzuelo, alimoche, gallinazo, serpentario, culebrera, halieto, zopilote, guaco, caburé, borní, verdugo, tagarote, cerorrinco. *Rapaces nocturnas:* Búho, lechuza, mochuelo, autillo, buharro, corneja, carancho, cárabo, gran duque, alucón, estucurú, estrige, siguapa, cucubá, tecolote, zumaya, chova, tuco.

9. Trepadoras. (O aves prensoras) Loro, cotorra, papagayo, cacatúa, guacamayo, periquito, tucán, cálao, cuco o cuclillo, quetzal, tui, guara, paraguay, loro del Brasil, maracaná, picamaderos o pájaro carpintero, camaronero, catarinita, engañabobos, chotacabras, azulejo, abejaruco, abejero, martín pescador, arañero, alción.

10. Palomas. (O colúmbidas) Paloma, zurita, tórtola, tojosita, paloma torcaz, paloma mensajera; pichón, palomo, palomino.

11. Parleras y córvidos. Loro, cotorra, cacatúa, papagayo, periquito, arrendajo, grajo, chova, urraca, cuervo, córvido, mirlo.

12. Comestibles. Pavo, pato, ganso, gallina, perdiz, codorniz, faisán, paloma, gallineta, tordo, guaco, sisón, avutarda.

13. Extinguidas, varios. Arqueoptérix, dinornis, ictiornis, odontoptérix, dronte. Peterodáctilo (reptil volador). Murciélago, ardilla voladora, pez volador (v. 18).

14. Pájaros. Pájaro, ave pequeña, volátil, avecilla, pajarito, pajarillo, pajarraco, avechucho, animal* volador, ovíparo, vertebrado, bípedo, pájaro cantor (v. 15), pájaro no cantor (v. 16).

15. Pájaros cantores. *Fringílidos:* canario, pinzón, jilguero, verderón, pardillo, cardenal, gorrión, piñonero, piquituerto, cagachín, verdecillo. *Aláudidos:* alondra, calandria, copetuda, cogujada, totovía, terrerilla. *Túrdidos:* tordo (zorzal), cagaaceite (charla), ruiseñor, mirlo, petirrojo, sacristán, cerrojillo, curruca, busqueta, sinsote, pechiazul, almendrita, mosquetero, picofino. *Páridos:* herrerillo (cerrajerillo), reyezuelo, carbonerito (pájaro carbonero), herreruelo (garrapinos), capuchino, bigotudo, pendulino. *Córvidos:* cuervo, grajo o arrendajo, corneja, grajilla, urraca, partenueces, chova. *Hirundídidos:* golondrina, g. de ribera, g. acerada, g. vizcachera, avión, tapara. *Otros cantores:* estornino, picabueyes, oropéndola, ave del paraíso, alcaudón real, desollador, pájaro arañero, zarcillero, aguzanieves, pitpit, cerillo, hortelano, pájaro tejedor, viuda.

16. Pájaros no cantores. Colibrí o pájaro mosca o picaflor, ave lira, gallito de roca, campanero, bienteveo, pitirre real, hornero, leñatero.

17. Otras clasificaciones de pájaros. (Rostro = pico) *Dentirrostros:* alondra, mirlo, ave del paraíso; *tenuirrostros:* ruiseñor, martín pescador, abadejo; *fisirrostros:* golondrina, martinete, chotacabras; *conirrostros:* gorrión, jilguero, pinzón; *coracirrostros:* cuervo, urraca, estornino.

18. Aves fantásticas y alegóricas. Ave fénix, paloma de la paz, águila bicefálica, águila imperial (v. 13).

19. Nido, nidada. *Nido*, ponedero, hueco*, refugio*, celdilla, nidal, cavidad, escondite, escondrijo, guarida, agujero, casa, casilla, caseta, encierro, alojamiento, palomar, pajarera, jaula, gallinero, corral, granja avícola (v. avicultura*). *Nidada*, pollada, puesta, pollos, crías*, avecillas, pajarillos, capón, huevos*.

20. Bandada. Averío, conjunto, multitud, grupo*, caterva, montón, formación, reunión de aves*.

21. Cantar. Piar, trinar, gorjear, llamar, silbar, gorgoritear, modular, reclamar, graznar, crascitar, cacarear, cloquear, gañir, ulular, clamar, emitir.

22. Trino. Canto, gorjeo, llamada (v. 21).

23. Volar. Planear, aletear, evolucionar. V. VUELO 6.

24. Vuelo*. Planeo, aleteo, evolución. V. VUELO 1.

V. AVICULTURA, ALA, PLUMA, ANIMAL, HUEVO, VUELO.

avecinarse. 1. Arrimarse, acercarse, aproximarse. V. CERCA 7.
— **2.** V. avecindarse.

avecindarse. Afincarse, radicarse, establecerse. V. HABITACIÓN 5.

avejentado. V. avejentar.

avejentar. Ajar, apergaminar, envejecer. V. MARCHITO 3.

avellana. Fruto seco, fruto del avellano. V. FRUTO 7.

avellano. Planta, vegetal, árbol frutal. V. ÁRBOL 5.

avemaría. Plegaria, oración, ángelus. V. REZO 2.

avena. Grano, gramínea, cereal. V. SEMILLA 2.

avenencia. Arreglo, acuerdo, comprensión. V. PACTO 1.

avenida. Vía, paseo, bulevar. V. CALLE 1.

avenirse. 1. Congeniar, comprenderse, simpatizar*. V. CONVIVENCIA 2.
— **2.** Acceder, aceptar, transigir. V. TOLERANCIA 4.

aventajado. Aprovechado, adelantado, estudioso. V. INTELIGENCIA 3.

aventajar. Rebasar, adelantar, pasar. V. SUPERIOR 6.

aventar. Orear, lanzar, arrojar al aire. V. LANZAR 1.

aventura. Andanza, lance, riesgo. V. SUCESO 1.

aventurado. Incierto, arriesgado, peligroso*. V. AZAR 3.

aventurar. Probar, arriesgar, intentar. V. OSADÍA 5.

aventurero. 1. Errabundo, trotamundos, viajero. V. VIAJE 4.
— **2.** Intrigante, ambicioso, oportunista. V. AMBICIÓN 2.

avergonzado. V. avergonzar.

avergonzar. 1. Abochornar, desconcertar, ultrajar. V. VERGÜENZA 7.

— **2.** Avergonzarse, sonrojarse, ruborizarse, azorarse. V. VERGÜENZA 8.

avería. Daño, accidente, desperfecto. V. DETERIORO 1

averiar(se). Dañar(se), estropear, arruinar. V. DETERIORO 2.

averiguación. Indagación, pesquisa, búsqueda. V. INVESTIGACIÓN 1.

averiguar. Informarse, buscar, indagar. V. INVESTIGACIÓN 4.

averno. Infierno, tártaro, abismo. V. DEMONIO 4.

aversión. Repulsión, hostilidad, odio*. V. ANTIPATÍA 1.

avestruz. Ave corredora, casuario, ñandú. V. AVE 5.

avezado. Experimentado, fogueado, veterano. V. EXPERIENCIA 4.

aviación. Aeronáutica, navegación aérea, fuerzas aéreas. V. AVIÓN 9.

aviador. Piloto, navegante, aeronauta. V. AVIÓN 5.

aviar. Disponer, arreglar, prevenir. V. PREPARAR 1.

AVICULTURA. 1. Cría* de aves, crianza, explotación, reproducción, fomento, aprovechamiento, desarrollo, industria.

2. Gallina. Ave doméstica, a. de corral, gallinácea, volátil, pita, polla, pollita, clueca, faisánida. Gallo (v. 3). *Razas:* gallina Leghorn, Dorking, menorquina, castellana, Rhode Island, Plymouth Rock, Orpington, de Guinea, Houdan, holandesa, Brahma, Bantam, Java. *Partes:* cresta, pico, buche, molleja, menudillos, vísceras, pechuga, muslo o zanca, plumaje*, plumón, remeras, alas*, cola. *Varios:* incubación, gallina clueca, g. que empolla, huevos*, pollos, polluelos; cloqueo, clo-clo, pita-pita (v. 3).

3. Gallo. Gallo de corral (v. 2), gallo de pelea, g. inglés de pelea, g. de Cochinchina, pollo, gallito, capón. *Partes:* cresta, pico, mejilla, barbillas, pechuga, muslo, espolón, plumaje*, plumón, alas*, remeras, cola (v. 2).

4. Pato. Ganso, ánade, oca, ánsar, auca, cerceta, anátida, palmípeda, ave doméstica, a. de corral. *Razas:* pato de río, p. marino, p. real, porrón, Eider, pato almizclado, p. mandarín, pequinés, serreta, negrón.

5. Otras aves de corral. Pavo, faisán, cisne, paloma.

6. Ponedero. Corral, gallinero (v. 7), nidal, nido, palomar, casilla, caseta, refugio, casa, pajarera, jaula, granja avícola, criadero*.

7. Granja avícola. Gallinero, jaulas, comedero, bebedero, ponedero, perchas, incubadora, i. eléctrica, estufa, criadora de polluelos, calefacción de butano, desplumadora eléctrica, clasificadora y pesadora de huevos, ovoscopio (v. 6).

8. Alimentación. Avena, cebada, trigo sarraceno, centeno, maíz, trébol, alfalfa, berza, harina de pescado, h. de huesos; hormonas.

9. Personas. Avicultor, criador*, industrial, ingeniero agrónomo, veterinario*, perito, experto, capataz, peón.

10. Enfermedades. Peste aviar, moquillo o coriza, tuberculosis, viruela, tifus, cólera.

11. Criar. Empollar, poner, incubar, anidar, calentar, proteger*, cuidar*. V. AVE, HUEVO, PLUMA, CRÍA.

avicultor. V. AVICULTURA 9.

avidez. Ansia, afán, apetito. V. DESEO 1, HAMBRE 1.

ávido. Codicioso, insaciable, voraz. V. DESEO 7, HAMBRE 2.

avieso. Perverso, abyecto, maligno. V. VIL 1, 2.

avinagrado. Amargado, quisquilloso, intratable. V. ANTIPATÍA 2.

avío. Arreglo, apresto, preparación. V. PREPARAR 5.

avíos. Arreos, aperos, enseres. V. EQUIPO 1.

AVIÓN. 1. Aeronave, aeroplano, ingenio, aparato, artefacto, máquina voladora, m. volante, m. más pesada que el aire.

2. Clases. Monoplano, biplano, triplano; monomotor, bimotor, trimotor, cuatrimotor; de ala baja, ala alta, ala en flecha, ala en delta, ala volante; de motor, de hélice, de turbohélice, de reacción, reactor, birreactor; hidroavión, hidroplano (flotadores), anfibio, autogiro, helicóptero*, avioneta, a. deportiva, de vuelo acrobático, avión nodriza, a. fumigador, planeador*; monoplaza, biplaza, avión comercial, a. de transporte, aerobús o «airbus», a. de carga, a. de pasajeros. *Avión militar, de combate:* caza, bombardero, cazabombardero, de reconocimiento, de observación, nodriza, avión espía, a. escuela, de bombardeo en picado, fortaleza volante, superfortaleza, helicóptero* (v. 3).

3. Nombres. *Antiguos:* Fokker, Bristol, Morane-Saulnier, Sopwith, Spad, Ansaldo, Caproni, Breguet, Vickers, Curtiss, De Havilland, Junkers, Mustang, Spitfire, Avro-Lancaster, Fortaleza Volante, Messerschmidt, Heinkel, Stuka, Focke-Wulf, Mitsubishi, Zero. *Modernos:* Mig, Sabre, Mirage, Northrop, Lockheed. *Comerciales modernos:* Boeing, B-747, Jumbo, Douglas, DC-10, DC-3, Convair, De Havilland, Comet, Caravelle, Concorde, Tupolev, Airbus. *Avionetas:* Pipar, Cessna, Beechcraft.

4. Partes del avión. *Ala*:* alerón, alerón compensador, alerón de aterrizaje o flap, faros de aterrizaje, luces de posición, reactores o motores, hélices, depósitos de combustible (alas), ruedas, tren de aterrizaje. *Fuselaje:* motor*, reactor, hélices, cabina, c. de mando, carlinga (militar), habitáculo, morro, cúpula del radar, ruedas gemelas del morro, escotilla de carga, cabina de primera clase, c. de clase turista, «office», aseos, guardarropa, salón. *Mandos y aparatos:* palanca de mando (para timón de

profundidad y alerones), pedal (para timón de dirección), doble mando, palanca del tren de aterrizaje, palanca del gas, cuadro de mando, tablero de instrumentos, interruptores, pantalla de radar, piloto automático, altímetro, indicador de velocidad, indicador de viraje, inclinómetro, horizonte artificial, variómetro, cronómetro, manómetro, tacómetro, cuentarrevoluciones, termómetro, radio, radiogoniómetro, antena de radio, giróscopo o girocompás, brújula magnética, antenas de radio, bomba de inyección, extintores. *Cola:* Timón de dirección, t. de profundidad, estabilizador vertical, e. horizontal, alerones, a. compensadores, luz de posición. *Avión militar:* (v. 4 y además): carlinga, mira, escotilla de lanzamiento, ametralladoras, cañones, bombas, cohetes, asiento eyectable.
5. Tripulación. Tripulantes, dotación; aviador, aeronauta, tripulante, piloto, copiloto, capitán, navegante, radiotelegrafista, mecánico, azafatas, personal auxiliar. *Avión militar:* comandante, piloto, copiloto, ametrallador, bombardero, navegante, radiotelegrafista, mecánico. *En tierra:* controlador de vuelo, azafata de tierra, personal de tierra.
6. Acción. Pilotar, tripular, gobernar, calentar el motor, despegar, salir, iniciar carrera de despegue, remontarse, alzar, levantar el vuelo, ascender, tomar altura, volar, navegar, planear, cernerse, evolucionar, deslizarse, estabilizarse, sobrevolar, picar, descender, bajar, posarse, aterrizar, tomar tierra, acuatizar, amarar, parar el motor, repostar, cargar combustible; capotar, colisionar, chocar, entrar en barrena, caer en picado (v. 7).
7. Vuelo. Vuelo planeado, v. rasante, v. picado, v. sin escalas, despegue, carrera de despegue, partida, pilotaje, navegación, orientación, planeo, sobrevuelo, descenso, picado, evolución, estabilización, aterrizaje, acuatizaje, amaraje. *Acrobacia aérea:* tonel, rizo o «looping», rizo invertido, pérdida de velocidad, barrena, campana, ascenso empinado, restablecimiento. Bombardeo, «raid», incursión, bombardeo nocturno, b. diurno, b. en picado; altitud, techo, turbulencia, bache, viento contrario, v. ascendente, v. de cola.
8. Grupos de aviones. Escuadrilla, escuadrón, escuadra, unidad aérea, ala, formación, f. de vuelo, f. de combate, fuerzas aéreas (v. 9).
9. Aviación. Aeronáutica, navegación aérea, fuerza aérea, arma aérea, ejército del aire, vuelo*, pilotaje, tripulación, gobierno del avión, aerostación, viaje a vela (v. planeador*), aerotécnica, ingeniería aérea, técnica aeroespacial, astronáutica*.
10. Aeródromo. V. AEROPUERTO 1.
V. HELICÓPTERO, MOTOR, AEROPUERTO, VUELO, PARACAÍDAS, GLOBO, DIRIGIBLE, ASTRONÁUTICA.
avioneta. V. AVIÓN 2.

avisado. Discreto, sagaz, listo. V. INTELIGENCIA 3.
avisar. Notificar, advertir, indicar. V. INFORME 3.
aviso. 1. Comunicación, advertencia*, consejo*. V. INFORME 1.
— **2.** Inscripción, cartel, letrero*. V. ANUNCIO 1.
avispa. Himenóptero, véspido, abejorro. V. INSECTO 3.
avispado. Perspicaz, listo, despierto. V. INTELIGENCIA 3.
avisparse. Ingeniárselas, arreglárselas, apañarse. V. SOLUCIÓN 3.
avispero. Lío, enredo, confusión. V. DESORDEN 1.
avistar. Percibir, vislumbrar, divisar. V. MIRAR 1.
avituallar. Suministrar, proveer, entregar. V. ABASTECIMIENTO 4.
avivar. 1. Espolear, acelerar, incitar. V. ÁNIMO 6.
— **2.** *Avivarse*, v. avisparse.
avizor. Alerta, vigilante, atento. V. VIGILANCIA 2.
avizorar. Atisbar, vislumbrar, divisar. V. MIRAR 1.
avutarda. Grulla, zancuda, sisón. V. AVE 7.
axial. Mediano, del eje, central. V. CENTRO 4.
axila. Sobaco, hueco, oquedad del brazo. V. BRAZO 2.
axioma. Principio, verdad*, adagio. V. REFRÁN 1.
axiomático. Indiscutible, indudable, cierto. V. VERDAD 3.
¡ay! ¡Huy!, ¡oh!, ¡ah! V. EXCLAMACIÓN 5.
aya. Nodriza, ama, niñera, tutora, cuidadora. V. EDUCACIÓN 15, SERVIDOR.
ayer. Antes, el día anterior, recientemente. V. TIEMPO 7.
ayo. Tutor, preceptor, cuidador*. V. EDUCACIÓN 15, SERVIDOR.
AYUDA. 1. Colaboración, apoyo, auxilio, socorro*, protección*, amparo, defensa, asistencia, favor, remedio, sostén, puntal, base, fundamento, alivio, refuerzo, pago* (v. 2), servicio, tributo, prestación, participación, asociación*, cooperación, aporte, aportación, contribución, concurso, soporte, respaldo, influencia, recomendación, favoritismo, suplencia, reemplazo, sustitución*, reciprocidad, compañerismo*, patrocinio, ofrecimiento, alianza, pacto*, concurrencia, mediación*, preferencia*, parcialidad, préstamo* (v. 2).
— **2.** *Subsidio*, ayuda, subvención, préstamo*, anticipo, pago*, entrega*, cuota, crédito, manutención, pensión*, dádiva, donación, donativo, limosna, caridad, socorro*, óbolo, auxilio, beneficencia, obsequio, regalo*, patrocinio, sufragio, contribución, asignación, aporte, desarrollo*, fomento, impulso (v. 1).
3. Ayudar. Amparar, asistir, socorrer*, proteger*, auxiliar, favorecer, respaldar, auspiciar, fomentar, apoyar, colaborar, secundar, reforzar, aliviar, sostener, remediar, preferir, defender, contribuir, prestarse, aportar, incluir, cooperar, asociarse*, participar, servir*, subordinarse, reemplazar, relevar, suplir, imitar, ofrecer, soportar, mantener, mediar*, concurrir, pactar*, aliarse, prestar*, regalar*, subvencionar,

pagar*, entregar*, dar, pensionar*, sufragar, patrocinar, hacer el bien, ofrecerse, promover, desarrollar*, organizar, impulsar, coadyuvar, encubrir.
4. Que ayuda. Ayudante, asistente, suplente, sustituto, auxiliar, eventual, esbirro (v. 5), adjunto, colaborador, participante, contribuyente, concurrente, agregado, sirviente, criado, servidor*, subordinado, agente, refuerzo, apoyo, asociado*, coadjutor, compañero*, mecenas (v. 6), brazo derecho, mano derecha, edecán, cooperador, aprendiz, meritorio, pasante, pinche, azafata, agregado, delegado*, segundo, teniente, reemplazante, mediador*, aliado, soporte (v. 5).
— **5.** *Cómplice*, ayudante, esbirro, secuaz, encubridor, protector*, coautor, partícipe, copartícipe, implicado, complicado, partidario, paniaguado, sicario, sayón, segundón, satélite, incondicional, sectario*, gregario, asalariado, fanático, ferviente, compañero*, lacayo (v. 4).
— **6.** *Mecenas*, ayudante, filántropo, protector*, defensor*, patrocinador, impulsor, organizador, promotor, favorecedor, influyente, dadivoso, generoso*, padrino, fiador, benefactor, auspicioso, tutor, bienhechor, caritativo (v. 4).
Contr.: Traba, perjuicio*, daño.
V. SOCORRO, PROTECCIÓN, SERVICIO, PRÉSTAMO, REGALO, PAGO, COMPAÑIA, PACTO, MEDIACIÓN.
ayudante. V. AYUDA 4.
ayudar. V. AYUDA 3.
ayunador. Santón, faquir, asceta*. V. SANTO 11.
ayunar. Privarse, abstenerse, sacrificarse. V. DIETA 6.
ayuno. Privación, abstinencia, hambre*. V. DIETA 1.
ayuntamiento. Municipio, corporación, municipalidad. V. ALCALDÍA 1.
azabache. Renegrido, negro, endrino. V. COLOR 12.
AZADA. 1. Azadón, almocafre, azadilla, escarda, escardador, zapapico, fesoria, binador, garabato, cavadera, escardillo, raedera, picaza, coa, zarcillo, escabuche, herramienta*, e. agrícola, instrumento, apero, enser, útil de labranza.
2. Partes. Astil o mango, pala o plancha, ojo, corte o borde, peto, mocho, boca.
3. Acción. Cavar, excavar, escardar, sachar, desyerbar, lampear, binar, recaer; azadonada, azadonazo, azadazo, escardadura.
V. HERRAMIENTA, AGRICULTURA.
azadón. V. AZADA 1.
azafata. Auxiliar de vuelo, cabinera, camarera. V. AYUDA 4, AVIÓN 5.
azafrán. Planta, hebra, colorante. V. CONDIMENTO 2, VEGETAL 18.
azahar. Flor del limonero, del naranjo, perfume*. V. FLOR 4.

azalea. Flor sin perfume, arbusto, ericácea. V. FLOR 4.
AZAR. 1. Acaso, sino, ventura, hado, casualidad (v. 2), destino, suerte, juego* de azar, providencia, aventura, coincidencia, incertidumbre, voluntad divina, fortuna, porvenir, estrella, futuro*, signo, albur, duda*, fatalidad, desgracia*, adversidad, riesgo, peligro*, vicisitud, predestinación, circunstancia*, eventualidad, imponderable, contingencia, hecho, suceso*, caso, acontecimiento, emergencia, lance, trance, situación, altibajo, probabilidad, posibilidad, accidente*, peripecia, imprevisto (v. 2).
— **2.** *Casualidad*, azar, suerte, racha, chamba, bamba, acierto, chiripa, ocasión, capricho*, ramalazo, fortuna, eventualidad, ventura, felicidad*, coincidencia, puntería, habilidad*, potra, estrella, buena estrella, éxito, chance, carambola, (v. 1).
3. Azaroso. Incierto, imprevisto, imprevisible, accidental, circunstancial*, aleatorio, imponderable, involuntario, episódico, ocasional, casual, fortuito, interino, inseguro, dudoso*, esporádico, relativo, elegido, providencial, feliz*, afortunado, aventurado, arriesgado, peligroso*, fatal, desgraciado*, adverso, fatalista, fatídico, aciago, predestinado, contingente, eventual, impreciso, improbable, repentino, espontáneo, sorprendente, inesperado, inoportuno, inopinado, insospechado, caprichoso*, acertado.
4. Elementos. Augurio, vaticinio, adivinación*, horóscopo, astrología*, los astros, oráculo, profecía, presentimiento, superstición*, cábala, ocultismo, magia, brujería, hechicería*, juego*, quiromancia, taumaturgia, cartomancia, nigromancia; oráculo de Delfos, las tres Parcas: Cloto, Láquesis, Atropo.
5. Vaticinar. Augurar, profetizar, presagiar. V. ADIVINAR 1.
6. Casualmente. Accidentalmente, imprevistamente, inciertamente (v. 3).
Contr.: Certidumbre, seguridad.
V. FUTURO, ADIVINACIÓN, HECHICERIA, CIRCUNSTANCIA, SUCESO, JUEGO, DUDA, CAPRICHO, PELIGRO, DESGRACIA, FELICIDAD, SUPERSTICIÓN.
azaramiento. V. azoramiento.
azararse. V. azorarse.
azaroso. V. AZAR 3.
ázimo. Ácimo, pan sin levadura, masa horneada. V. PAN 3.
ázoe. Nitrógeno, cuerpo simple, elemento. V. AIRE 5.
azogado. Sobresaltado, inquieto, tembloroso. V. INTRANQUILIDAD 3.
azogue. Mercurio, hidrargirio o hidragiro, elemento. V. METAL 6.
azor. Milano, ave de presa, a. de rapiña. V. AVE 8.
azorado. Atolondrado, ofuscado, confundido. V. TURBACIÓN 2.

azoramiento. Desorientación, embarazo, rubor. V. TURBACIÓN 1.
azorarse. Ofuscarse, desorientarse, alterarse. V. TURBACIÓN 4.
azotaina. Paliza, tunda, zurra. V. GOLPE 4.
azotar. Fustigar, vapulear, castigar. V. FLAGELAR 1.
azote. 1. Flagelo, disciplinas, látigo. V. FLAGELAR 3.
— **2.** Palmada, nalgada, manotazo. V. GOLPE 4.
— **3.** Calamidad, desgracia*, plaga. V. DESASTRE 1.
azotea. Terraza, terrado, tejado. V. TECHO 1.
azteca. Mexicano, indígena de México, indio americano. V. ETNIAS 5.
AZÚCAR. 1. Almíbar, sustancia dulce, caramelo, confite*, guarapo, jarabe, arrope, hidrato de carbono, glúcido, glucosa, sacarosa, sacarina, dextrosa, levulosa, fructosa, galactosa, maltosa (v. 2).
2. Clases, afines. Azúcar de caña, de remolacha, de frutas, de leche, de uva, de malta, de piedra, cuadradillo, cortadillo, pilón, cande, refino, flor, azúcar negro, moreno, blanquillo, refinado, cristalizado, en terrones, en polvo, melaza, meladura, jarabe, miel, confite* (v. 1).
3. Subproductos. Bagazo, guarapo, melaza, meladura, caldo, melcocha, cachaza, mazacote, jarabe, azúcar moreno, caramelo.
4. Proceso. Cosecha, recolección de caña, zafra. Lavado, corte, rebanado, clarificación, depuración, evaporación, cocción, concentración, cristalización, turbinado, centrifugación, refinado, decoloración, recocido, moldeado, secado.
5. Instalaciones, aparatos. Refinería, trapiche, zafra, molino, prensa, factoría, fábrica,

lavadora, elevador, transportador, rebanadora, evaporadora, difusor, planta de cocción, horno, caldera, cristalizadora, clarificadora, tacha, centrífuga, turbina, envasadora, horma; sacarímetro, glucómetro.
6. Azucarado. Almibarado, endulzado, dulce, dulzón, exquisito, gustosa*, sabroso, goloso, delicioso, agradable, rico, edulcorado, suave, delicado, confitado*, acaramelado, sacarino, meloso, empalagoso, melificado, pringoso, dulzarrón.
7. Azucarar. Edulcorar, almibarar, endulzar, dulcificar, melificar, sacarificar, acaramelar, confitar, golosinar.
8. Confite, dulce. Pastel, golosina, repostería. V. CONFITERÍA 2.
Contr.: Amargo, insípido.
V. CONFITERÍA, GUSTO.
azucarado. V. AZÚCAR 6.
azucarar. V. AZÚCAR 7.
azucarero. Recipiente, cacharro, pote. V. MESA (SERVICIO DE) 7.
azucena. Liliácea, planta, vegetal*. V. FLOR 4.
azud. Rueda, noria, cangilón. V. MOLINO 3.
azufre. Metaloide, cuerpo simple, elemento químico. V. QUÍMICA 4.
azul. Índigo, añil, garzo. V. COLOR 8.
azulejo. Mosaico, baldosa, alicatado. V. CERÁMICA 2.
azulino. V. azul.
azumbre. Medida de capacidad, m. antigua. V. MEDIDA 9.
azur. V. azul.
azuzar. Incitar, acosar, aguijonear. V. HOSTIGAR 1.

B

baba. Saliva, secreción, humor. V. EXCRECIÓN 2, LÍQUIDO 1.
babear. Pringar, gotear, salivar. V. MOJAR 1.
babel. Caos, desbarajuste, confusión. V. DESORDEN 1.
babero. Lienzo, babador, servilleta. V. NIÑO 6.
Babia (estar en). Atolondrarse, atontarse, distraerse. V. ATURDIMIENTO 4.
babieca. Bobo, pasmado, lelo. V. TONTO 1.
babor. Izquierda, banda, costado del buque. V. BARCO 8.
babosa. Gasterópodo, babaza, limazo. V. MOLUSCO 5.

baboso. 1. Empalagoso, mimoso, almibarado. V. CARICIA 3.
— **2.** Pringoso, chorreado, húmedo. V. MOJAR 7.
babucha. Chinela, pantufla, chancleta. V. CALZADO 1.
baca. Soporte, portaequipajes, plataforma. V. AUTOMÓVIL 5.
bacalao. Pez anacantino, abadejo, pez azul. V. PEZ 7.
bacanal. Orgía, juerga, francachela. V. FIESTA 2.
bacante. Mujer disoluta, libertina, ebria. V. DESVERGÜENZA 2.

bacará. Juego de naipes, de cartas, bacarrá, baccarat. V. NAIPES 3.

bache. Socavón, zanja, cavidad. V. EXCAVAR 2.

bachiller. 1. Licenciado, graduado, diplomado. V. EDUCACIÓN 14.

— **2.** V. bachillerato.

bachillerato. Segunda enseñanza, estudios medios, enseñanza media. V. EDUCACIÓN 7.

bacilo. V. bacteria.

bacinete. Yelmo, almete, morrión. V. ARMADURA 3.

bacinilla. Chata, orinal, vaso de noche. V. ORINA 6.

bacteria. Microbio, protozoo, germen. V. MICROORGANISMO 1.

bactericida. Antiséptico, germicida, microbicida. V. DESINFECTANTE 1.

bacteriología. Ciencia, virología, disciplina. V. MICROORGANISMO 7.

bacteriólogo. Científico, investigador, microbiólogo. V. MICROORGANISMO 8.

báculo. Cayado, palo, vara. V. BASTÓN 1.

badajo. Pieza de campana, martillo. V. CAMPANA 2.

badana. Cuero, piel curtida, pellejo. V. PIEL 6.

badén. Desnivel, zanja, cuneta. V. EXCAVAR 2, CARRETERA 3.

badulaque. Necio, majadero, pasmado. V. TONTO 1.

bagaje. 1. Arreos, equipo*, pertrechos. V. EQUIPAJE 1.

— **2.** Patrimonio, acervo, fondos. V. PROPIEDAD 1.

bagatela. Nimiedad, minucia, fruslería. V. INSIGNIFICANTE 3.

baguío. Tornado, huracán, tormenta. V. CICLÓN 1.

¡bah! ¡uf!, ¡vaya!, ¡pche! V. EXCLAMACIÓN 6.

BAHÍA. 1. Golfo, rada, abra, ensenada, cala, caleta, ría, desembocadura, estuario, abrigo, refugio, protección*, fiordo, entrante, ancón, concha, angra, seno, regolfo, puerto*, fondeadero, amarradero, desembarcadero, ancladero, recaladero.

2. Anclar. Fondear, arribar, recalar, entrar, llegar*, refugiarse, protegerse, cobijarse, amarrar, desembarcar, anclar, echar anclas, buscar abrigo.

V. PUERTO, COSTA, NAVEGACIÓN, MAR.

bailable. V. BAILE 1.

bailar. V. BAILE 10.

bailarín, bailarina. V. BAILE 12.

BAILE. 1. Danza, coreografía, baileteo, «ballet» (v. 9), meneo, movimiento*, m. cadencioso, zapateo, taconeo, ritmo, evolución, salto*, brinco, pirueta, retozo, giro, bailete, paso (v. 4), bailable, pantomima, representación, arte, espectáculo*, exhibición*, cadencia, festejo (v. 2).

— **2.** Fiesta*, festejo, velada, gala, zambra, festín, sarao, reunión, guateque, té danzante, «soirée», juerga, bacanal, recepción, romería, verbena.

— **3.** Vibración, estremecimiento, sacudida*. V. TEMBLOR 1.

4. Elementos. Paso, figura, floreo, trenzado, lazo, solo, contrapaso, cadencia, sostenido, mudanza, borneo, cabriola, carrera, doble, balancé, girada, gambeta, quebradillo, carrerilla, desplante, cruzado, cimbrado, batimán, cargado, cadena, arabesco, pirueta, reverencia, zapateado, taconeo, paso de dos, de tres, etc., de seis, picado, molinete, cortado, actitud, paso de «ballet» (v. 9).

5. Danzas antiguas. *Lentas:* Pavana, polonesa, marcha, entrada, chacona, zarabanda, pasacalle. *Movidas:* Minué o minueto, mazurca, paspié, vals, gallarda, saltarello, jiga, gavota, «musette», rigodón, contradanza, polca, «czarda», galop, «ländler», «branle», «bourrée»; cancán.

6. Bailes modernos. Charlestón, foxtrot, «madison», «swing», «blue», «one-step», «rock and roll», «twist», «boogie-woogie» o «bugui», «jitterbug», «java», «slow»; vals, tango, milonga, chotis, pasodoble (v. 8), samba, «baion», bolero, rumba, mambo, conga; cancán (v. 7);salsa, merengue, cha-cha-chá, hip-hop, funky, jazz (v. 1).

7. Bailes folclóricos y otros. Tarantela, carmañola, lanceros, cancán, zapateado, habanera, guajira, danzón, guaracha, joropo, pericón, cueca, cielito, zamba, vidalita, malambo, danza zíngara, baile ruso, indio, caucasiano, escocés, chino, del vientre (v. 8), (v. 1).

8. Bailes españoles. Bailable, pieza popular, jota, fandango, pasodoble, sevillanas, soleares, malagueñas, seguidillas, zapateado, bulerías, alegrías, zarabanda, zorcico, sardana, muñeira, folía, chotis, bolero, jácara (v. 1).

9. Ballet. Bailete, danza clásica. Posiciones y pasos: primera posición, segunda, tercera, cuarta, quinta, «plié», «battement», «developé», «arabesco», «sauté», «balloté», «grand jetté», «pas de sisonne», «fouetté», «pas à deux», «pas à trois», «pirouette», «glissade», «assemblé», «pas de chat» (v. 1).

10. Bailar. Danzar, trenzar, evolucionar, girar, valsar, zapatear, taconear, repiquetear, moverse*, menearse, bailotear, saltar*, brincar, piruetear, retozar, festejar, florear, trenzar, cruzar, cortar, cimbrear, gambetear, patalear, jalear, bornear, correr, quebrar, hacer reverencia, saludar, picar.

— **11.** Vibrar, sacudirse, estremecerse. V. TEMBLOR 4.

12. Bailarín, bailarina. Danzarín, danzante, danzador, divo, artista*, primer bailarín, bailador, bailaor, acompañante, pareja, «partenaire», corista, figurante, comparsa, zapateador, tanguero, milonguero; ágil, saltarín*; danzarina, bayadera, bacante, geisha.

13. Conjuntos. Compañía, «ballet», grupo*, g. folclórico, g. artístico, agrupación; conjuntos

ballesta

musicales: orquesta*, banda, «jazz-band», orquestina, comparsa, grupo musical, charanga, murga, ejecutantes, músicos*.

14. Sala de baile. Cabaré, baile, sala de fiestas, salón, discoteca, «dancing», «boîte», «night club», café cantante, teatro*.

15. Bailable. Movido, rítmico, acompasado, sincopado, vivaz, movedizo, alegre, cadencioso, estremecido, sacudido*, vibrante.
V. MÚSICA, ARTE, MOVIMIENTO, SALTO, SACUDIDA, FIESTA.

baja. 1. Mengua, pérdida, descenso. V. DESCENDER 5.
— **2.** Accidentado*, víctima, herido. V. LESIÓN 10.

bajá. Dignatario, notable, jefe turco. V. ÁRABE 2.

bajada. 1. Pendiente, declive, subida. V. CUESTA 1.
— **2.** Devaluación, disminución, caída. V. DESCENDER 5.

bajamar. Marea, reflujo, descenso de las aguas. V. MAR 3.

bajar. 1. Declinar, decaer, decrecer. V. DESCENDER 2.
— **2.** Resbalar, desplazarse, caer. V. DESLIZARSE 1.
— **3.** Apearse, descender, desmontar. V. SALIR 1.
— **4.** Bajarse, agacharse, esconderse, ocultarse. V. INCLINAR 2.

bajel. Embarcación, nave, navío. V. BARCO 1.

bajeza. Indignidad, infamia, ruindad. V. VIL 3.

bajío. Rompiente, escollo, banco. V. ARRECIFE 1.

bajo. 1. Chico, menudo, corto. V. PEQUEÑO 1.
— **2.** Modesto, sencillo. V. HUMILDAD 2.
— **3.** Soez, infame, ruin. V. VIL 1.
— **4.** V. bajío.

bajón. Mengua, caída, disminución. V. DESCENDER 5.

bajorrelieve. Talla, labrado, trabajo escultórico. V. ESCULTURA 2.

bala. 1. Munición, tiro, disparo. V. PROYECTIL 1.
— **2.** Bulto, paca, fardo. V. ENVOLVER 5.

balada. Oda, poema, cántico. V. POESÍA 4.

baladí. Trivial, pueril, nimio. V. INSIGNIFICANTE 1.

baladronada. Jactancia, bravata, bravuconada. V. FANFARRONERÍA 1.

balance. 1. Recuento, cómputo, arqueo. V. CÁLCULO 3, COMERCIO 4.
— **2.** V. balanceo.

balancearse. Mecerse, columpiarse, moverse*. V. OSCILACIÓN 4.

balanceo. Mecimiento, vaivén, movimiento. V. OSCILACIÓN 1.

balancín. Mecedora, hamaca, columpio. V. ASIENTO 1.

balandro. Barca, chalupa, bote*. V. BARCO 2, 5.

BALANZA. 1. Báscula, aparato*, a. para pesar*, para medir*, romana, pesacartas, instrumento, artefacto, balanza de precisión, de platillos, de Roverbal, automática, de Mohr, de resortes,

hidrostática, registradora, médica, tragaperras, de cuchilla, dinamómetro.

2. Partes. Palanca o cruz, fiel, aguja, escala graduada, brazos iguales, cuchilla, platillos, tornillo de ajuste, lengüeta, pesas, plomo; Roverbal: barras, palancas; romana: barra, pilón, pesa; dinamómetro: resorte, escala, índice, elasticidad; báscula: sistema de palancas, plancha, brazo de romana, pilón, escala, contrapeso.

3. Varios. Fulcro, plomo, contraste, equilibrio, tara, carga, sobrecarga, contrapeso.

4. Pesar. Equilibrar, cargar, contrapesar, abalanzar, comprobar, determinar (v. peso*).
V. PESO, MEDIDA, APARATO.

balar. Berrear, balitar, gemir. V. VOZ 8.

balasto. Cascajo, grava, guijo. V. PIEDRA 2.

balaustrada. Antepecho, pretil, baranda. V. VENTANA 2.

balazo. Descarga, detonación, disparo. V. TIRO 1.

balbuceante. Chapurreante, entrecortado, tartajoso. V. TARTAMUDO 1.

balbucear. Tartamudear, chapurrear, murmurar*. V. TARTAMUDO 3.

balbuceo. Chapurreo, tartamudez, murmullo*. V. TARTAMUDO 2.

balbuciente. V. balbuceante.

balbucir. V. balbucear.

balcón. Ventanal, galería, mirador. V. VENTANA 1.

baldado. Tullido, impedido, lisiado. V. INVÁLIDO 1.

baldadura. Inutilidad*, parálisis, anquilosamiento. V. INVÁLIDO 2.

baldaquín, baldaquino. Dosel, toldo, palio. V. COLGAR 6.

baldar. Tullir, lisiar, paralizar. V. INVÁLIDO 3.

balde. Barreño, cubo, recipiente. V. RECEPTÁCULO 1.

balde (de). Sin cargo, gratis, regalado. V. REGALO 4.

baldear. Regar, fregar, limpiar. V. LAVAR 1.

baldío. Infecundo, árido, yermo. V. DESIERTO 2.

baldón. Oprobio, mancha, ofensa*. V. DESHONRA 1.

baldosa. Azulejo, mosaico, mayólica. V. CERÁMICA 2.

balear. Disparar, tirar, ametrallar. V. PROYECTIL 6.

balido. Berrido, gemido, gamitido. V. VOZ 4.

balística. Arte, técnica de los proyectiles, artillería*. V. PROYECTIL 5.

baliza. Boya, marca, señal. V. INDICADOR 1, PUERTO 4.

ballena. Mamífero* marino, cachalote, animal* acuático. V. CETÁCEO 1.

BALLESTA. 1. Resorte, amortiguador, suspensión, muelle, pieza, hierro*, fleje; lámina de acero, ojete, anillo.
2. Arma. Arco, artefacto, ballestón, saetón, artilugio de guerra, arma portátil.
3. Partes. Caja (astil, palo o cureña), canal, muelle, cuerda, gafa, nuez, disparador, estribo, bodoquera, antepecho, fiel, pulguera.

4. Proyectiles*. Flecha, saeta, saetón, rallón, lance, bodoque, tiro, disparo.

5. Acción. Armar, encabalgar, engafar, desarmar, empulgar, desempulgar, disparar, acertar, errar.

6. Ballestero. Arquero, soldado, infante, guerrero* (v. ejército 6).
V. ARMA, ARCO, EJÉRCITO.

ballestero. V. BALLESTA 6.

ballet. fr Danza, representación, coreografía. V. BAILE 1.

balneario. 1. Baños, orilla, playa. V. COSTA 1.
— **2.** Termas, caldas, manantial. V. FUENTE 1.

balompié. Competición, deporte, juego. V. FÚTBOL 1.

balón. Esférico, bola, cuero. V. PELOTA 1.

BALONCESTO. 1. Básquet, «basketball», juego de pelota*, j. de competición, j. de enceste, deporte*.

2. Cancha. Tablero, cesta (aro, red), canasta, círculo central, línea de tiro libre, l. de fondo, l. de banda, balón, pelota*, cronómetro, marcador; estadio.

3. Jugadores. Delanteros (2), centro o pívot (1), defensas o aleros (2). Posiciones actuales: base (posición 1), escolta (posición 2), alero (posición 3), ala-pivot (posición 4), pívot (posición 5). Otros: árbitro, ayudante, cronometrador, marcador, operador, jueces de línea.

4. Juego. Puesta en juego, enceste, encestar, retención, retener, «dribbling», driblar, correr la pelota, detener, tiro libre, tiro franco, falta personal.
V. DEPORTE, PELOTA.

BALONMANO. «Handball», juego de pelota*, j. de competición, deporte*. Cancha o campo, portería, línea de golpe franco, l. media, l. de gol, área de puerta, golpe franco, saque de esquina, lanzamiento, parar, centrar, sacar, lanzar. Delanteros, defensas, porteros, árbitro.
V. DEPORTE, PELOTA.

BALONVOLEA. «Volleyball», voleibol, deporte*, juego de pelota*, j. de competición. Campo, cancha, red, línea de ataque, l. de fondo, juego, saque, tanto. Delanteros, zagueros, capitán, líbero, árbitro.
V. DEPORTE, PELOTA.

balsa. 1. Almadía, barcaza, jangada. V. BARCO 5.
— **2.** Alberca, laguna, estanque. V. LAGO 1.

balsámico. Suavizante, calmante, aromático. V. PERFUME 5, CURAR 6.

bálsamo. Remedio, lenitivo, ungüento. V. MEDICAMENTO 1.

baluarte. 1. Ciudadela, fortín, bastión. V. FORTIFICACIÓN 1.
— **2.** Centro, cimiento, soporte*. V. PROTECCIÓN 1.

bambalina. Lienzo, decorado, colgadura. V. TEATRO 9.

bambolearse. Tambalearse, mecerse, balancearse. V. OSCILACIÓN 4.

bamboleo. Balanceo, vaivén, tambaleo. V. OSCILACIÓN 1.

bambolla. Aparato, boato, ostentación. V. LUJO 1, FANFARRONERÍA 1.

bambú. Caña, gramínea, bejuco. V. VEGETAL 18.

banal. Nimio, común, trivial. V. INSIGNIFICANTE 1.

banana. Plátano, banano, producto vegetal. V. FRUTO 5.

bananero. Banano, plátano, platanero. V. ÁRBOL 5.

banano. V. bananero.

banasta. Canasta, cuévano, cesto. V. CESTA 1.

banca. V. BANCO 1, 2.

bancal. Parcela, huerto, sembrado. V. AGRICULTURA 2, 3.

bancario. V. BANCO 9.

bancarrota. Ruina, quiebra, embargo. V. PERDER 4.

BANCO. 1. Escaño, taburete, escabel. V. ASIENTO 1.

2. Banca. Establecimiento bancario, e. de crédito, institución bancaria, i. crediticia, i. financiera, casa de banca, agencia, sucursal bancaria.

3. Clases. Banco comercial, de crédito, industrial, agrícola, rural, de negocios, popular, de inversión, de fomento, hipotecario, de emisión, de depósito, de descuento, banco local, exterior, central, nacional, del Estado.

4. Secciones. Sede, s. social, central, subcentral, oficina principal, agencia, sucursal, oficina; sección de cuentas corrientes, ventanillas, mostrador, caja, ingresos, pagos, caja de ahorros, cartera, valores, bolsa, cambio, extranjero, cámara de compensación, departamento de créditos, d. de cobranza, d. de arbitraje, d. de valores en custodia, cajas de alquiler, caja fuerte, c. de caudales, cámara acorazada, puerta blindada, tablero de cotizaciones de bolsa, pupitres.

5. Personas. Banquero, gobernador, administrador*, accionista, financiero, negociante, capitalista, potentado, cambista, economista, presidente del consejo de administración, apoderado, consejero, director, jefe de sucursal, j. de sección, agente de bolsa, tesorero, cajero, empleado, guarda jurado, vigilante, conserje, ordenanza, botones; cuentacorrentista, cliente, imponente, beneficiario, acreedor, deudor.

6. Efectos bancarios. Billete, papel moneda, cheque (cruzado, al portador, nominativo, a la orden), talón, giro, libranza, título, acción, obligación, cupón, dividendo, anualidad, bono del tesoro, resguardo, recibo, póliza, abonaré, pagaré, crédito, préstamo, matriz, letra, l. de cambio, valores, v. fiduciarios, cartera, carpeta, talonario de cheques, efectos públicos (v. 7).

7. Elementos. Depósito, crédito, préstamo, cuenta, c. corriente, reintegro, intereses, réditos, renta, prima, descuento, beneficios*, pérdidas, déficit, capital, capitalización, inversión, fondos, fondo de reserva, impuestos, tasas, arbitraje, cambio, compensación, liquidación,

bañar

transacción, suscripción, transferencia, orden, reembolso, emisión, amortización, compra, venta, especulación, alza, baja, cotización, realización, protesto, tasa de descuento, endoso, aval, debe, haber, saldo, seguro*, inventario, desembolso, bancarrota, arqueo, agio, finanzas.

8. Acción. Depositar, ingresar, retirar, reintegrar, descontar, invertir, capitalizar, arbitrar, compensar, suscribir, transferir, emitir, amortizar, comprar, vender, cambiar, especular, subir, bajar, cotizar, rembolsar o reembolsar, protestar, realizar, endosar, firmar, cruzar, avalar, abonar, cargar, saldar, liquidar, desembolsar, financiar, negociar, acreditar, girar, aceptar.

9. Bancario. Financiero, crediticio, mercantil, banquero, comercial*, amortizable, especulativo, negociable, capitalizable, rentable, lucrativo, productivo, especulativo.

V. COMERCIO, FISCO, DINERO, ECONOMÍA.

banda. 1. Agrupación musical, charanga, orquestina. V. ORQUESTA 2.

— **2.** Horda, turba, pandilla. V. GRUPO 4.

— **3.** Parte, sitio, borde*. V. LADO 1, 2.

— **4.** Faja, cenefa, cinta. V. TIRA 1.

bandada. Conjunto de aves, averío, formación. V. AVE 20.

bandazo. Vaivén, balanceo, tumbo. V. OSCILACIÓN 1.

bandearse. Apañárselas, valerse, desenvolverse. V. SOLUCIÓN 3.

bandeja. Recipiente, fuente, plato. V. MESA (SERVICIO DE) 7.

BANDERA. 1. Pabellón, enseña, pendón, estandarte, divisa, insignia, lienzo, tela, colores, c. nacionales, oriflama, gallardete, banderín, banderola, gonfalón, grímpola, lábaro, guión, veleta, flámula, corneta, gallardetón, cataviento, señal, jirón, guía, blasón, empavesado, trofeo, distintivo, símbolo*, enseña bicolor, e. tricolor.

2. Clases. Bandera blanca (paz, rendición), amarilla (enfermedad contagiosa), roja (explosivos, peligro), negra (de muerte, de sangre), a media asta (duelo), cuadrada o de insignia (jefe de escuadra), de combate, de guerra, mercante, de contraseña, de corso, de parlamento, de inteligencia, de proa, de recluta, repetidora.

3. Partes. Lienzo, tela, baluma, orilla, gaza, vaina, paño, costura, empalomaduras, colores, blasón, escudo, varón, rabiza, driza, cabo, cuerda. Asta, mástil, palo, astil, pértiga, verga.

4. Personas. Abanderado, alférez, portaestandarte, oficial, militar, confaloniero, portaenseña, aquilífero, dragonario, corneta, signífero, portaguión, portabandera.

5. Acción. Ondear, ondular, tremolar, flamear, campear, embanderar, engalanar, enarbolar, izar, decorar*, empavesar, afianzar, lucir, adornar*, flotar, fluctuar, agitar, mover*, mecer, sacudir, exhibir*, arriar, rendir, retirar, bajar, batir

banderas (inclinar), a banderas desplegadas; abanderar, registrar, inscribir.
V. SÍMBOLO, BLASÓN.

bandería. Bando, pandilla, partido. V. SECTA 1.

banderilla. Vara, dardo, rehilete. V. TOREO 3.

banderillero. Diestro, lidiador, torero. V. TOREO 2.

banderín, banderola. Guión, gallardete. V. BANDERA 1.

bandidaje. Delincuencia, bandolerismo, criminalidad. V. DELITO 1, 2.

bandido. Forajido, malhechor, delincuente. V. DELITO 3.

bando. 1. Camarilla, facción, partido. V. SECTA 1.

— **2.** Decreto, proclama, edicto. V. LEY 1.

bandolero. V. bandido.

bandoneón. Acordeón, concertina, instrumento de viento. V. INSTRUMENTO MUSICAL 4.

bandurria. Vihuela, mandolina, instrumento de cuerdas. V. GUITARRA 1.

banjo. Vihuela, instrumento de cuerdas. V. GUITARRA 1.

banquero. Financiero, cambista, economista. V. BANCO 5.

banqueta. V. banquillo.

BANQUETE. 1. Convite, ágape, comida, comilona, festejo, festín, fiesta*, agasajo, reunión, cuchipanda, alimento*, tragantona, hartazgo, saciedad*, colación, refacción, gaudeamus, francachela, bacanal, orgía, invitación, homenaje*, ofrecimiento, pipiripao, almuerzo, cena, merienda, merendola, brindis, ronda.

2. Partes. Aperitivo, entrada, entremeses, principio, consomé, sopa, primer plato, segundo plato, tercer plato, plato principal, plato fuerte, quesos*, fruta*, postres, café*, copa; vinos*, licores, bebidas*.

3. Convidado. Comensal, invitado*, asistente*, concurrente*, huésped, homenajeado, agasajado, contertulio, participante, compañero*, presente; saciado*, harto, ahíto.

4. Convidador. Anfitrión, invitador*, hospedador, amo, dueño, propietario*, convocador; rumboso, generoso*, hospitalario, espléndido, pródigo.

5. Banquetear. Celebrar, convidar, festejar, invitar*, agasajar, ofrecer, dar, homenajear*, comer, hartarse, saciarse*, alimentarse, almorzar, cenar, brindar, reunirse, concurrir*.

Contr.: Hambre.

V. FIESTA, INVITACIÓN, HOMENAJE, ALIMENTO, BEBIDA, SACIEDAD.

banquetear. V. BANQUETE 5.

banquillo. Taburete, banqueta, escabel. V. ASIENTO 1.

bañador. Calzón, traje de baño, pantaloncito. V. PANTALÓN 1.

bañar. 1. Humedecer, lavar, rociar. V. BAÑO 5.

— **2.** Niquelar, platear, tratar. V. METALURGIA 10.

— **3.** *Bañarse*, sumergirse, mojarse*, nadar*. V. BAÑO 6.

bañera. V. BAÑO 3.

bañero. Vigilante, cuidador, socorrista. V. SOCO-
RRO 6.

bañista. Deportista, veraneante, nadador. V. NA-
DAR 7.

BAÑO. 1. Lavado*, rociado, ducha, mojadura*,
remojo, remojón, chapuzón, inmersión, buceo*, natación, riego, chorreo, higienización,
higiene*, limpieza*, humedecimiento, empapamiento, salpicadura, rociada, caladura, impregnación, saturación, inundación. Baño turco, de
vapor, sauna, termas, caldas, balneario, baños
termales.
— **2.** Capa, revestimiento, plateado. V. META-
LURGIA 8.
3. Baño (cuarto de). Lavabos, servicios (v. 4).
Partes, elementos: Lavabo, tocador, consola,
«toilette», jofaina, palangana, bidé, bañera
(tina, artesa, barreño, pila, cubeta, recipiente),
inodoro, cisterna, cadena, rollo de papel higiénico, grifo, caño, desagüe, tapón, báscula de
baño, calentador, alfombrilla, percha, tocador,
espejo, toallero, toalla, jabonera, botiquín, armario de baño, jabón*, cepillo, peine, esponja,
cepillo de dientes, dentífrico, desodorante, perfume*, sales de baño, fontanería*.
4. Retrete. Letrina, excusado, servicios, lavabos, evacuatorio, mingitorio, urinario, inodoro,
váter, «water-closet», «toilette», reservado, común, cuarto de aseo, c. de baño (v. 3).
5. Bañar. Lavar*, fregar, mojar, remojar, humedecer, salpicar, rociar, duchar, regar, chorrear,
higienizar, empapar, calar, impregnar, saturar,
inundar, nadar* (v. 6).
— **6.** *Bañarse,* nadar*, chapuzarse, sumergirse,
bucear*, flotar, disfrutar, chapotear, lavarse*
(v. 5).
7. Bañista, bañero. V. NADAR 7.
Contr.: Suciedad*.
V. MOJAR, LAVAR, NADAR, LIMPIAR, FONTA-
NERÍA.

baobab. Árbol africano, planta, vegetal*. V. ÁR-
BOL 4.

baptisterio. Oratorio, capilla; pila bautismal. V.
TEMPLO 1, 4.

baqueano. V. baquiano.

baquelita. Resina sintética, materia plástica, m.
artificial. V. PLÁSTICOS 2.

baqueta. Vara, barra, varilla. V. PALO 1.

baqueteado. Curtido, veterano, ducho. V. HÁ-
BITO 5.

baquiano. Experto, conocedor, práctico. V. GUÍA 2.

bar. Café, cantina, cervecería. V. BEBIDA 10.

barahúnda. Batahola, escándalo, algarabía. V.
ALBOROTO 1

baraja. Cartas, entretenimiento, juego*. V. NAI-
PES 1.

barajar. Revolver, mezclar, repartir. V. NAIPES 4.

baranda. Balaustrada, antepecho, pasamano. V.
ESCALERA 3.

baratería. Defraudación, desfalco, engaño. V.
ESTAFA 1.

baratija. V. BARATO 4.

baratillo. 1. V. BARATO 3.
— **2.** Cambalache, tenderete, quiosco. V. TIEN-
DA 1.

BARATO. 1. Económico, abaratado, rebajado, conveniente, módico, asequible, devaluado, ganga
(v. 3),*desvalorizado, razonable, acomodado,
menguado, regalado*, reducido, liquidado, bajado, tirado, quemado, realizado, depreciado,
saldado, restante, sobrante, de ocasión, de lance, de segunda mano, de bajo costo, de poco
precio, de escaso valor, ajustado, moderado*,
descontado, oportuno, ventajoso*, provechoso,
útil (v. 3).
— **2.** Ramplón, malo, defectuoso. V. IMPER-
FECCIÓN 2.
3. Baratura. Economía, abaratamiento, rebaja,
baja, devaluación, desvalorización, deducción,
descuento, ocasión, reducción, descenso,
mengua, aminoración, moderación*, negocio,
negocio redondo, saldo, beneficio*, ventaja*,
ganga, bicoca, regalo, breva, oportunidad,
momio, provecho, utilidad*, conveniencia,
sobrante, resto, baratillo, liquidación, quema,
bajón, depreciación, disminución*, realización,
merma, derroche (v. 4).
4. Baratija. Bagatela, chuchería, quincalla,
pacotilla, nadería, fruslería, perendengue, insignificancia*, menudencia, nonada, bicoca,
faramalla, quincallería, oropel, bisutería (v. 3).
5. Abaratar. Desvalorizar, devaluar, depreciar,
disminuir*, rebajar, restar, bajar, descontar, saldar, liquidar, regalar*, realizar, moderar*, aminorar, menguar, descender, reducir, deducir,
beneficiar*, redondear, aprovechar, quemar,
tirar, derrochar, mermar, malvender, negociar,
vender, subestimar, desestimar (v. 6).
6. Regatear. Chalanear, trapichear, cambalachear, tratar, negociar, comerciar*, trajinar,
porfiar, discutir* (v. 5).
Contr.: Caro, costoso.
V. BENEFICIOSO, REGALADO, MODERADO,
INSIGNIFICANTE.

baratura. V. BARATO 3.

baraúnda. V. barahúnda

BARBA. 1. Pelo*, pelo facial, vello, pera, perilla,
chiva (v. 2), barbita, cerda, crin, patilla, bigote
(v. 6). *Partes:* bulbo, raíz (v. pelo*).
2. Clases. Barba en punta, de chivo, de chuleta,
larga y cerrada, larga y partida, cuadrada, de
abanico, sotabarba a collar, mosca, de boca de
hacha, corrida, a lo Van Dick, a lo Quevedo, a lo
Velázquez, a lo Napoleón III, a lo Francisco José,
a lo Luchana; patillas, bigote (v. 6).
3. Colores. Barbirrubio, barbinegro, barbimo-
reno, barbirrojo, barbitaheño, barbicastaño,
barbicano, barbiblanco, barbiteñido.
4. Mucha barba. Barbudo, barbón, barbado,
barbiluengo, barbicerrado, barbiespeso, hirsu-

to, peludo, velludo, piloso, cerrado de barba, cerdoso, enmarañado; bigotudo, mostachudo, abigotado, enhiesto, tieso.

5. Sin barba. Lampiño, barbilampiño, carilampiño, imberbe, pelón, rapagón, desbarbado, barbirrapado.

6. Bigote. Mostacho, guías, pelo*, vello, bozo, cepillo, cerda, crin.

7. Acción. Afeitar, rapar, rasurar, desbarbar, raer, cortar*, recortar, pelar, apurar, arreglar, retocar, igualar, asentar, enjabonar, jabonar, peinar, atusar, mesarse las barbas.

8. Afeitado, rapadura. Afeitada, afeitadura, rapado, rasuración, rapamiento, desbarbado, rasura, igualado, retoque, recorte, arreglo, enjabonado, jabonado, asentado.

9. Personas. Barbero, peluquero, oficial, aprendiz, rapador, fígaro, alfajeme, afeitador; rapabarbas, desuellacaras, rapista.

10. Barbería. Peluquería, salón, tienda*, local, negocio.

11. Elementos. Tijeras, peine, navaja, brocha, jabonera, bacía, suavizador, asentador, afilador, maquinilla, hojilla de afeitar, maquinilla eléctrica (de cabezal giratorio, de cabezal de vaivén), loción, masaje, champú, fricción, perfume*. V. PELO.

barbacana. Torre, bastión, garita. V. FORTIFICACIÓN 2, CASTILLO 2.

barbacoa. Asador, cocinilla, parrilla. V. COCINA 3.

barbado. V. BARBA 4.

barbaridad. 1. Necedad, tontería*, desatino. V. DISPARATE 1.
— **2.** Salvajada, bestialidad, crueldad*. V. BÁRBARO 4.

barbarie. 1. V. bárbaro 4.
— **2.** Atraso, oscurantismo, incultura. V. IGNORANCIA 1.

barbarismo. Error, solecismo, incorrección. V. GRAMÁTICA 18.

BÁRBARO. 1. Fiero, salvaje, atroz, bestial, cruel*, brutal*, bruto*, sanguinario, inhumano, violento*, energúmeno, fiera*, bestia, primitivo, ogro, vandálico, destructor, destructivo, devastador, irracional, rudo, tosco*, impío, vil*, implacable, cafre.
— **2.** Invasor, conquistador*, ocupante, usurpador, colonizador*, triunfador*, dominador*, vencedor, victorioso, opresor, tirano, saqueador, asaltante, atacante, guerrero* (v. 3).
3. Bárbaros. España: godos, visigodos, vándalos, suevos, alanos. Otros: germanos, teutones, cimbros, helvecios, ostrogodos, hérulos, gépidos, francos, salios, burgundos, borgoñones, sajones, anglos, normandos, marcomanos, jutlandeses, hunos, tártaros, mongoles, sármatas (v. 2).
4. Barbarie. Salvajismo, atrocidad, brutalidad*, crueldad*, bestialidad, fiereza, vileza*, impiedad, tosquedad, rudeza, vandalismo, devastación, primitivismo, violencia*, cafrería.

— **5.** Invasión, incursión, correría, migración, ocupación, irrupción, asalto, colonización*, dominación*, despojo, botín, saqueo, ataque, pillaje, guerra*, victoria, triunfo*, opresión, tiranía.
6. Horda. Banda, turba, tropel, cáfila, pandilla, cuadrilla, caterva, masa, partida, cabila, hato, facción, grupo*, falange, hueste, guerrilla, mesnada, ejército*, mercenarios, combatientes, guerreros*, soldados.
7. Invadir. Saquear, pillar, conquistar*, usurpar, ocupar, colonizar*, dominar*, vencer, triunfar*, oprimir, tiranizar, entrar, arrollar, asaltar, atacar, guerrear*.
Contr.: Civilizado, educado*, refinado*.
V. BRUTO, CRUEL, VIOLENTO, VIL, IGNORANTE, TOSCO, GUERRERO, CONQUISTADOR, TRIUNFADOR, DOMINADOR.

barbecho. Rastrojo, erial, páramo. V. CAMPO 1.

barbería. V. BARBA 10.

barbero. V. BARBA 9.

barbián. Bizarro, desenvuelto, hermoso*. V. GARBO 2.

barbilampiño. V. BARBA 5.

barbilla. Mentón, mandíbula, perilla. V. CARA 3.

barbiquejo. V. barboquejo.

barbitúrico. Somnífero, narcótico, hipnótico. V. DROGA 2.

barbo. Carpa, pescado, pez de río. V. PEZ 11.

barboquejo. Cinta, sostén, carrillera. V. TIRA 2.

barbotar. Balbucir, farfullar, murmurar*. V. TARTAMUDO 3.

barbudo. V. BARBA 4.

barca. Falúa, lancha, canoa. V. BOTE 1.

barcaza. Gabarra, pontón, lanchón. V. BARCO 5.

BARCO. 1. Embarcación, nave, bajel, navío, buque, nao, bastimento, unidad, velero (v. 2), vapor, carguero, transatlántico (v. 8), paquebote, paquete, buque correo, motonave, turbonave, buque mercante (v. 3), barco pesquero (v. 4), crucero, acorazado, barco de guerra (v. 6), lancha, bote*.
2. Barcos de vela. Velero, galera, galera egipcia, birreme, trirreme romano (remos y vela), dragón vikingo, galeaza, galeón, carabela, nao, carraca, bergantín, corbeta, fragata, goleta, bergantín goleta, bricbarca, clíper, cúter, pailebote, buque de línea (velero de guerra); yate: balandro, ketch, yawl; polacra, falucho, queche, yola, jabeque, jábega, pesquero (v. 4), cárabo, quechemarín, escampavía, laúd, lugre, tartana, patache, dorna, sampán, junco. Velamen: v. 15, 16. (V. regata 3)
3. Barcos mercantes. Buque mercante, de carga, carguero, de cabotaje, de altura, navío mercante, «tramp», transatlántico, paquebote, paquete, buque de pasajeros, buque correo, buque de carga y pasaje, mixto, de ruedas, de hélice, de vapor, motonave, turbonave, buque de energía atómica, transbordador o «ferry», portacontenedores, de carga a granel o «bulk-

carrier», petrolero, buque tanque, buque cisterna, frutero, platanero, frigorífico, ballenero,
buque factoría, rompehielos, aliscafo, hidroala,
aerodeslizadores, «hovercraft», catamarán, buque faro, cablero, escampavía, oceanográfico,
remolcador (v. 1, 5).
4. Barcos de pesca. Bou, buque de arrastre,
trainera, jábega, jabeque, palangrero, bacaladero, ballenero, buque factoría (v. 1).
5. Embarcaciones menores y varias. Lancha, lanchón, gabarra, barca, barcaza, pinaza,
chalana, gánguil, pontón, arca, batel, esquife,
ballenera, bote*, motora, gasolinera, chalupa,
falúa, canoa, piragua, kayak, yola, trainera,
chinchorro, góndola, batel; jangada, balsa, almadía, armadía, maderamen*, tablazón (v. 1).
(V. bote 1, regata 3)
6. Barcos de guerra. Portaaviones, portahe-
licópteros, portaaeronaves, acorazado, a. de
bolsillo, crucero, c. pesado, c. de batalla, destructor, torpedero, cazatorpedero, fragata, f.
lanzacohetes o lanzamisiles, corbeta, minador,
dragaminas o barreminas, aviso, cañonero,
cañonera, guardacostas, monitor, escampavía,
navío de línea (antiguo), buque escuela, submarino*, sumergible, submarino atómico, buque
de transporte, b. hospital, b. tanque, buque
y lancha de desembarco, lancha torpedera,
l. rápida, l. de vigilancia*, l. patrullera (v. 1).
(*Partes:* v. 13)
7. Flota. Agrupación naval, armada, escuadra,
marina, flotilla, convoy, unidad, fuerza, expedición, escuadrilla, navíos, naves, buques (v. 1),
bajeles, embarcaciones, barcos de guerra.
8. Partes del barco, medidas. Proa, popa, babor (izquierda), estribor (derecha); barlovento,
sotavento; eslora (longitud), manga (ancho),
calado (profundidad), puntal (altura); casco (v.
12), superestructura, castillo de proa, castillo de
popa, puentes, puente de mando (v. 9), cam-
bés, cubiertas, cubierta principal, c. de abrigo,
c. de puente, c. de botes; pescantes de los botes, bitas, ventiladores, borda, camarotes, salo-
nes, sollado, pañol, compartimiento, escotillas,
bodegas, cuarto de máquinas (v. 10), portalón,
ojo de buey, portillo.
Transatlántico: Cubierta principal, c. de deportes, c. de paseo, c. de sol, c. de botes, c. A,
B, C, comedor, c. de primera clase, c. de clase
turista, bar, camarotes, peluquería, salón, oficinas, cine, auditorio, veranda, solárium, piscina,
gimnasio, capilla, tienda, cocinas, «office»,
lavandería, cámara frigorífica, despensa, depósito de equipajes, perreras, ascensores, central
eléctrica, grupo electrógeno, acondicionadores
de aire, central de teléfonos y telégrafos, estabilizadores. *Nombres:* Queen Mary, Normandie,
Mauritania, United States, Andrea Doria, Tita-
nic, Queen Mary.
9. Puente de mando. Cuarto de derrota, rueda del timón o gobernalle, columna de la rueda,

bitácora, aguja magnética o brújula o compás
(rosa de los vientos), transmisor de órdenes o
telégrafo (para máquinas, maniobras), radar,
pantalla de radar*, campana, cronómetro,
barómetro, compás giroscópico o girocompás
(giróscopo), corredera, sextante* (con arco graduado, limbo, nonius, tornillo, alidada, espejos,
empuñadura, anteojo), sonda, escandallo, sonar, radiogoniómetro, Loran, Decca, cabina de
radio, cuaderno de bitácora, diario de a bordo,
carta náutica (mapa*).
10. Cuarto de máquinas. Calderas, máquinas
de vapor, motores diésel, generadores, turbinas, árbol o eje de la hélice, mecanismo de
distribución, servomotor (del timón), motores
auxiliares, bombas, manómetros, indicadores,
válvulas.
11. Bodegas, varios. Escotillas, tapas, sentina,
tanques de depósitos. *Castillo de proa:* ventiladores, cabrestante del ancla, escobén, ancla,
bitas. *Cubierta:* palos, estayes, drizas, plumas,
cabria, maquinilla, cabrestante, chigre, malacate, torno, bitas.
12. Estructura del casco. Casco, cuerpo de
la nave; compartimientos estancos, mamparos, baos, puntales, quilla, q. plana, q. vertical,
planchas, cuadernas, forro exterior, doble fondo, sentina, pantoque, vagras, varengas, roda
(proa), tajamar, codaste (popa), timón, pala del
timón, hélice.
13. Partes del barco de guerra. Torres (torre-
tas) dobles, triples, cañones, artillería* pesada,
a. ligera, a. antiaérea, puente de combate,
puente de mando y navegación, cofa, verga de
señales, puesto director de tiro, proyectores,
puente bajo, chimenea, sombrerete, guardacal-
or, cintura protegida (coraza o blindaje), planchas, santabárbara, sollados, pañoles, mástil,
trípode, tubo lanzatorpedos, telémetro, rompeolas, catapulta, grúa de aviones, hidroavión
de reconocimiento (en grandes navíos).
14. Mástiles, arboladura. Aparejo, jarcia,
palo o mástil, palo mayor, trinquete, mesana,
bauprés, masteleros, mastelerillos, vergas, v.
mayores, v. de gavia, v. de juanete, v. de sobrejuanete, botalón, botavara, pico de la cangreja,
cofa; velas (v. 15).
15. Velas. Vela, trapo, lienzo, velamen. Vela
latina, de cuchillo o triangular, de cruz o cuadra, Marconi, árabe, al tercio. Foque, petifoque,
contrafoque, gavia, juanete, sobrejuanete, mayor, velacho, mesana, sobremesana, estay de
juanete, e. de mayor, e. mesana, cangreja, trinquete, escandalosa, perico (v. 17).
16. La vela. Pujamen, empuñidura, caída, refuerzo, envergadura, grátil, rizo, puño (v. 2).
17. Cabos, jarcia, cordaje. Aparejo, driza,
estay, obenque, bolina, apagapenol, escota,
contraescota, brandal (v. 14).
18. Marinos. Tripulación, dotación, oficiali-
dad, marinería, gente de mar, equipo, perso-

nal. *Marino:* marino de guerra (v. 19), marino mercante (v. 20), tripulante, marinero (v. 21), argonauta, mareante, lobo de mar, hombre de mar, navegante, capitán, comandante, oficial, piloto (v. 19).

19. Marinos de guerra. Estado Mayor, almirantazgo; capitán general de la Armada, comandante de la flota, almirante, vicealmirante, contraalmirante, capitán de navío, c. de fragata, c. de corbeta, teniente de navío, alférez de navío, a. de fragata, guardia marina, cadete, comandante del buque, médico, capellán, contador, jefe de máquinas, oficial de artillería, o. de torpedos, o. de derrota, o. de guardia, o. de infantería de marina, o. de transmisiones, o. del Cuerpo General, o. de Estado Mayor, especialista, mecánico, marinero (v. 21).

20. Marinos mercantes. Oficial de puente, piloto; oficial de máquinas. Capitán, primer oficial (segundo de a bordo), segundo oficial, tercer oficial, alumno de náutica o agregado, médico, radiotelegrafista, jefe de máquinas, primer maquinista, segundo m., tercer m., alumno de máquinas, sobrecargo, contramaestre, marinero (v. 21); patrón, patrón de cabotaje, p. de yate, capitán de yate, motorista. *Otros:* armador, naviero, fletador, consignatario, propietario, despachante de Aduanas. Arquitecto naval, técnico, perito, carpintero de ribera.

21. Marinería. Tripulación (v. 18), marinero, botero*, barquero, lanchero, remero, pescador*, batelero, timonel, mecánico, electricista, carpintero, pañolero, calderetero, engrasador, fogonero, mayordomo, cocinero, camarero, despensero, marmitón, pinche, mozo, grumete, paje.

22. Instalaciones portuarias. Dique, desembarcadero, faro*, etc. V. PUERTO 3.

23. Astillero. Atarazana, gradas, carraca, factoría, taller, t. de ribera, instalaciones navales, cobertizo, tinglado, almacén*.

24. Maniobras, navegación. ¡Todo a estribor!, ¡a toda máquina!, ¡avante!, maniobras, pilotaje, etc. (v. navegación*).
V. NAVEGACIÓN, BOTE, REGATAS, PUERTO, FARO, MAR, COSTA.

bardo. Rapsoda, vate, juglar. V. POESÍA 8.

baremo. Escala, tabla, índice. V. LISTA 1.

bargueño. Cómoda, aparador, arcón. V. ARMARIO 1.

bario. Metal blanco. V. METAL 6.

barítono. Cantor, intérprete, divo. V CANTAR 10, 11.

barniz. Tinte, esmalte, lustre. V. PINTURA 2.

barnizar. Teñir, esmaltar, lustrar. V. PINTURA 7.

BARÓMETRO. 1. Aparato medidor, a. meteorológico*, instrumento, indicador*, i. barométrico, barógrafo, registrador. *Clases:* Barómetro aneroide, metálico, de cubeta, de mercurio, de Torricelli, de Fortín, de Bourdon, de sifón, registrador, barógrafo, altímetro.

2. Partes. *Barómetro aneroide:* caja metálica, vacío, resorte, aguja indicadora, escala graduada: buen tiempo, variable, lluvia, tempestad. *B. de mercurio:* tubo, cubeta, mercurio, flotador, aguja, escala graduada.

3. Varios. Presión atmosférica, alta presión, baja presión, zona de altas presiones, z. de bajas p., barometría, barógrafo, isobaras, depresión, variaciones, anticiclón, ciclón, gradiente, milibares, milimetros, frente frío, frente cálido, mapa* del tiempo, borrasca, tormenta*; hectopascal (hPa).
V. METEOROLOGÍA, CICLÓN, TORMENTA.

barón. Noble, caballero, hidalgo. V. ARISTOCRACIA 2, 4.

barquero. Remero, botero, marinero. V. BOTE 5.

barquichuelo. Lancha, barca, embarcación menor. V. BOTE 1, BARCO 5.

barquilla. Compartimiento, cabina, cesto. V. GLOBO 3, DIRIGIBLE 2.

barquillo. Golosina, galleta, oblea. V. CONFITERÍA 3.

barra. 1. Eje, viga, palanca. V. HIERRO 7.
— **2.** Banco de arena. bajío, bajo. V. ARRECIFE 1.

barrabás. Revoltoso, perverso, travieso. V. PILLO 1.

barrabasada. Diablura, jugarreta, travesura. V. PILLO 3.

barraca. 1. Tinglado, nave, cobertizo. V. ALMACÉN 1.
— **2.** Choza, cabaña, caseta. V. CASA 2.

barragana. Concubina, mantenida, amante. V. ADULTERIO 2.

barranco. Quebrada, garganta, cañada. V. DESFILADERO 1.

barrar. Tachar, suprimir, anular. V. LÍNEA 5.

barrena. Trépano, broca, perforadora. V. TALADRO 1.

barrenar. Perforar, agujerear, horadar. V. TALADRO 3.

barrendero. Peón de limpieza, limpiador, servidor público. V. BASURA 3.

barrenero. Cantero, dinamitero, minero. V. MINA 5.

barreno. Carga, petardo; orificio. V. EXPLOSIÓN 5, AGUJERO 1.

barreño. Artesa, tina, vasija. V. RECEPTÁCULO 4.

barrer. 1. Limpiar, arrastrar, asear. V. ESCOBA 3.
— **2.** Arrollar, atropellar, eliminar. V. DESTRUIR 1.

barrera. 1. V. barricada.
— **2.** Traba, estorbo, obstáculo. V. DIFICULTAD 2.

barriada. V. BARRIO 1.

barrica. Tonel, pipa, cuba. V. BARRIL 1.

barricada. Defensa, valladar*, parapeto. V. FORTIFICACIÓN 2.

barriga. Abdomen, tripa, panza. V. VIENTRE 1.

barrigón. Rollizo, panzudo, gordo*. V. VIENTRE 5.

BARRIL. 1. Cuba, tonel, barrica, casco, tina, pipa, bocoy, cubeta, recipiente, receptáculo*, vasija, barrilete, pipote, tercerola, cuñete, cubeta, bordelesa, envase*, tinaja, garrafa, bombona, candiota; odre, pellejo, cuero.

2. Partes. Tapa, fondo, fleje, zuncho, aro de hierro, duela, duelas (maderas* curvas), espita, canilla, espiche.

3. Herramientas*. Doladera, cuchillón, gato, sacafondos, argallera, abonador.

4. Artesanos. Tonelero, barrilero, cubero, carralero, candiotero, experto, operario.
V. RECEPTÁCULO, ENVASE.

barrilete. Juguete, cometa. V. JUEGO 15.

BARRIO. 1. Arrabal, término, distrito, d. urbano, d. metropolitano, afueras (v. 2), feligresía, sector, parroquia, jurisdicción, barriada, hábitat, urbanización, colonia, ensanche, división, cuartel, demarcación, división administrativa, tenencia de alcaldía, morería, aljama, judería, gueto, barrio judío, ciudad*, c. satélite, c. dormitorio, zona*, concejo; barrio bajo, b. residencial, b. comercial, b. industrial, centro, extrarradio (v. 2).

2. Afueras. Contornos, suburbio, inmediaciones, arrabal, periferia, barriada, alrededores, aledaños, cercanías, extramuros, extrarradio (v. 1).

3. Del barrio. Suburbano, suburbial, periférico, limítrofe*, aledaño, parroquial, metropolitano, urbano, municipal, ciudadano*, jurisdiccional, residencial.
V. ZONA, CIUDAD, ALCALDÍA.

barrizal. Lodazal, ciénaga, cenagal. V. FANGO 2.

barro. Cieno, légamo, lodo. V. FANGO 1.

barroco. Rococó, plateresco, churrigueresco. V. ARTE 6.

barroso. Fangoso, cenagoso, lodoso. V. FANGO 3.

barrote. Barra, tranca, tirante. V. HIERRO 7.

barruntar. Intuir, presentir, adivinar*. V. SOSPECHA 6.

barrunto. Suposición, presentimiento, recelo. V. SOSPECHA 1.

bartola (a la). Descuidadamente, despreocupadamente, desidiosamente. V. DESCUIDO 8.

bártulos. Enseres, cacharros, trastos. V. APARATO 2.

barullo. 1. Barahúnda, escándalo, tumulto. V. ALBOROTO 1.
— **2.** Desbarajuste, confusión, lío. V. DESORDEN 1.

basalto. Piedra, feldespato, roca volcánica. V. MINERAL 5.

basamento. Cimiento, base, pedestal. V. SOPORTE 1.

basar. Apoyar, probar, fundamentar. V. BASE 4.

basca. Náusea, vómito, arcada. V. INDISPOSICIÓN 1.

báscula. Romana, instrumento, aparato*. V. BALANZA 1.

bascular. Bambolearse, tambalearse, balancearse. V. OSCILACIÓN 4.

BASE. 1. Cimiento, pedestal, sostén. V. SOPORTE 1.
2. Fundamento. Principio*, esencia, motivo, razón, fondo, causa*, antecedente, sustancia,

polo, raíz, centro*, meollo, médula, génesis, fuente, origen, quid, lógica, sostén, apoyo, alma, razonamiento, prueba, demostración*, cauce, pie, asiento, substrato, entidad, naturaleza, enjundia, semilla, germen, derivación, punto de partida, arranque, prioridad, procedencia, comienzo, inicio, brote, paternidad, justificante.

3. Básico. Primordial, principal, capital, esencial, elemental, importante*, fundamental, trascendental, cardinal, primero, prioritario, preferente, destacado, medular, imprescindible, indispensable, radical, causal, sustancial, central*, enjundioso, inicial, original, demostrativo*, justificado, motivado.

4. Basar(se). Fundamentar, fundar(se), demostrar*, justificar, establecer, estribar, radicar, apoyarse, inspirarse, comprobar, probar, mostrar, afirmar, explicar*, determinar*, cimentar, motivar, alegar, razonar, instituir, respaldar.

5. Básicamente. Principalmente, primordialmente, esencialmente (v. 3).
V. PRINCIPIO, IMPORTANCIA, CENTRO.

baseball. ingl Deporte*, «pelota base», juego*. V. BÉISBOL 1.

básicamente. V. BASE 5.

básico. V. BASE 3.

basílica. Catedral, santuario, iglesia. V. TEMPLO 1.

basilisco. Reptil, animal fabuloso. V. ANIMAL 17.

basketball ingl Básquetbol, básquet. V. BALONCESTO 1.

bastante. Mucho, sobrado, suficiente. V. CANTIDAD 3.

bastar. Cuadrar, venir bien, alcanzar. V. CONVENIENCIA 3.

bastardilla. Letra cursiva, de mano, inclinada. V. LETRA 4.

bastardo. 1. Adulterino, ilegítimo. V. ADULTERIO 5.
— **2.** Espurio, adulterado. V. FALSO 3, 4.
— **3.** Mal nacido, maldito, canalla. V. VIL 2.

bastedad. Ordinariez, rudeza, rusticidad. V. TOSCO 4.

bastidor. Entramado, armazón, sostén. V. SOPORTE 1.

bastión. Ciudadela, defensa, baluarte. V. FORTIFICACIÓN 1, CASTILLO 1.

basto. 1. Rústico, rudo, ordinario. V. TOSCO 1.
— **2.** Áspero, imperfecto, granuloso. V. RUGOSO 1.

BASTÓN. 1. Báculo, vara, cayado, palo*, apoyo*, a. ortopédico*, sostén, soporte*, muleta, tirso, bordón, caduceo, puntero, emblema, atributo, cetro, tranca, clava, estaca, caña, tiento, garrote, garrota, macana, porra, cachiporra, chuzo, pica, barra, arrimo, rodrigón, fuste, esteva, rama.

2. Partes. Puño, empuñadura, vara, punta, contera, regatón, casquete, casquillo, cuento.

3. Bastonazo. Trancazo, garrotazo, estacazo, varapalo, varazo, golpe*, palo*, porrazo, cachiporrazo.

4. Acción. Aporrear, apalear, dar palos*, d. bastonazos, d. garrotazos, d. trancazos, d. estacazos, d. varazos, d. porrazos, sacudir, tundir, golpear*.
V. PALO, GOLPE.

bastonazo. V. BASTÓN 3.

BASURA. 1. Sobras, desperdicios, restos, desechos, despojos, residuos*, broza, escoria, porquería, suciedad*, inmundicia, sobrantes, bazofia, barreduras, escombros, roña, cochambre, mugre, fiemo, humus, estiércol, heces, excrementos*, detritus, deyecciones, podredumbre*, polución, contaminación.
2. Basurero. Albañal, vertedero, muladar, estercolero, sentina, sumidero, cloaca, alcantarilla*, corral, zahúrda, chiquero, cochiquero, pocilga, colector, pozo negro, cuadra, barrizal, fangal*, cenagal. Estación depuradora, tratamiento de basuras, reciclaje, compost.
3. Personas. Basurero, trapero, barrendero, peón, limpiador, operario; botellero, casquero, tripicallero; mendigo, vagabundo*.
Contr.: Limpieza, higiene*.
V. SUCIEDAD, RESIDUOS, EXCREMENTOS, ALCANTARILLA.

basurero. V. BASURA 2, 3.

bata. Delantal, guardapolvo, peinador. V. CAMISA 2.

batacazo. Trastazo, porrazo, costalada. V. GOLPE 2, 3.

batahola. Estrépito, bulla, barahúnda. V. ALBOROTO 1.

batalla. 1. Combate, operación, conflicto armado. V. GUERRA 1.
— **2.** Riña, lucha trifulca. V. PELEA 1.

batallador. 1. Belicoso, combativo, guerrero. V. GUERRA 7.
— **2.** V. batallar 2, 3.

batallar. 1. Atacar, combatir, luchar. V. GUERRA 8.
— **2.** Reñir, disputar, discutir. V. PELEA 2.
— **3.** Afanarse, empeñarse, insistir. V. PERSEVERANCIA 2.

batallón. Compañía, grupo, escuadrón. V. EJÉRCITO 4.

batán. Máquina, curtiduría, curtiembre. V. PIEL 8.

batata. Boniato, rizoma, raíz. V. TUBÉRCULO 3.

bate. Garrote, mazo, cachiporra. V. PALO 1.

batea. Artesa, bandeja, fuente. V. RECEPTÁCULO 1, 4.

batel. Barca, chalupa, lancha. V. BOTE 1.

batería. 1. Grupo*, conjunto, combinación. V. EQUIPO 1.
— **2.** Cazos, peroles, cacharros. V. COCINA 5.
— **3.** Conjunto de cañones, piezas, armas pesadas. V. ARTILLERÍA 1, 3.
— **4.** Acumulador, generador, condensador. V. PILA 1.
— **5.** Conjunto de bombo, tambor, platillos. V. JAZZ 3.

batiburrillo. Revoltijo, confusión, mezcolanza. V. DESORDEN 1.

batida. Caza*, acoso, rastreo. V. PERSECUCIÓN 1.

batido. Bebida refrescante, refresco, mezcla. V. BEBIDA 3.

batidor. 1. Explorador, observador, soldado. V. GUÍA 2.
— **2.** V. batidora.

batidora. Mezcladora, molinillo, licuadora. V. ELECTRODOMÉSTICOS (APARATOS) 2.

batiente. Persiana, puerta, hoja. V. VENTANA 2.

batín. V. bata.

batintín. Tantán, «gong», platillo. V. INSTRUMENTO MUSICAL 5.

batir. 1. Revolver, mover, agitar. V. MEZCLA 4.
— **2.** Ganar, arrollar, vencer. V. DERROTA 5.
— **3.** *Batirse*, combatir, luchar, batallar. V. PELEA 2.

batista. Tejido, lienzo, género. V. TELA 7.

batracio. Vertebrado, animal, bicho. V. ANFIBIO 2.

batuta. Varilla, bastón, madera. V. PALO 1.

baúl. Arca, maleta, cofre. V. EQUIPAJE 2.

bauprés. Palo, mástil, arboladura. V. BARCO 14.

bautismo. V. BAUTIZO 1.

bautisterio. Capilla, oratorio; pila. V. TEMPLO 1.

bautizar. V. BAUTIZO 2.

BAUTIZO. 1. Bautismo, sacramento, ceremonia, fiesta, misa*, bendición, cristianización, administración, infusión, ablución, aspersión, conversión, gracia, confirmación, denominación, nombre*, n. de pila, santo, s. patrón, onomástica, compadrazgo; bautizo de fuego, b. de sangre.
2. Bautizar. Cristianar, sacramentar, administrar, bendecir, nombrar*, apodar, denominar, batear, confirmar, crismar, convertir, apadrinar, exorcizar, rociar, asperjar, mojar*, sacar de pila; botar un barco*; aguar, mezclar*, falsificar*.
3. Personas. Bautizado, neófito, cristianado, bendecido, converso, confirmado, catecúmeno, cristiano nuevo, ahijado. Padrino, madrina, compadre, comadre, sacerdote*, celebrante, bautizante, bautista; baptista, anabaptista, protestante*.
4. Elementos. Pila, fuente bautismal, agua bautismal, agua bendita, crisma, crismero, baptisterio, bautisterio, capilla, bateo, puntero. Partida de bautismo, registro parroquial, r. civil.
V. NOMBRE, NIÑO, FIESTA, MISA.

bauxita. Mineral de aluminio. V. MINERAL 7.

baya. Fruta, bolita carnosa, grosella. V. FRUTO 6.

bayadera. Danzarina, bailarina, oriental. V. BAILE 12.

bayeta. Lienzo, trapo, paño. V. TELA 11.

bayo. Pelaje blanco amarillento. V. CABALLO 5.

bayoneta. Hoja, arma blanca, machete. V. CUCHILLO 1.

baza. Tanto, mano, juego*. V. NAIPES 4.

bazar. Establecimiento, local, comercio*. V. TIENDA 1.

bazo. Víscera, bofe, órgano. V. VIENTRE 3.

bazofia. 1. Mejunje, potingue, comistrajo. V. ALI-
MENTO 10.
— **2.** Porquería, sobras, basura*. V. MEZCLA 3.
beata. Mojigata, santurrona; virtuosa, devota. V.
REMILGO; SANTA.
beatería. Puritanismo, mojigatería, santurronería.
V. REMILGO 1.
beatificar. Canonizar, venerar, declarar. V. SAN-
TO 9.
beatitud. Bienaventuranza, dicha; santidad. V.
FELICIDAD 1; SANTO 10.
beato. Mojigato, santurrón; devoto, virtuoso, venerable, bienaventurado. V. REMILGO; SANTO 1.
bebé. Nene, criatura, rorro. V. NIÑO 1.
bebedero. Pila, fuente, abrevadero. V. RECEP-
TÁCULO 4.
bebedizo. V. BEBIDA 5.
bebedor. Catador, alcohólico, borracho*. V. BE-
BIDA 8.
beber. V. BEBIDA 7.
bebible. V. BEBIDA 9.
BEBIDA. 1. Brebaje, líquido*, elixir, libación, consumición, licor, agua*, zumo, jugo*, extracto,
caldo, jarabe, refresco (v. 3), sustancia, esencia,
concentrado, fluido, linfa, acuosidad, solución,
disolución, alcohol, bebida alcohólica (v. 2), estimulante, cordial, bebedizo, bebistrajo (v. 5),
medicamento*, trago (v. 6), saboreo, prueba,
cata, succión, leche, café, té, hierbas*, tisana,
cocción, infusión (v. 4).
2. Bebidas alcohólicas. Bebida espiritosa, b.
destilada, b. fermentada, alcohol, cordial, estimulante*, reconfortante, licor; vino*, v. espumoso, champaña, jerez, manzanilla, coñac,
«brandy», ron, aguardiente, ginebra, «whisky»
o güisqui, oporto, madeira, cerveza, anís, anisete, anisado, cazalla, marrasquino, benedictino,
«bénédictine», «chartreuse», curasao, crema de
café, c. de cacao, ajenjo, cúmel, «Kirsch», jengibre, licor de menta, cóctel, vermut, aperitivo,
combinación, combinado, tónico, bíter, vodka,
sake, «tokay», caña, tequila, pulque, pisco, chicha, grog, ponche, sidra, sangría, «amaro».
3. Refrescos. Bebida sin alcohol, bebida refrescante, jugo*, zumo, extracto, naranjada, limonada, gaseosa, soda, agua del Seltz, sangría,
sorbete, agua de cebada, zarzaparrilla, bebida
de cola, granizado, horchata, batido, granadina, hidromiel, hidromel, aguamiel, jarabe, leche
de almendras, mazagrán.
4. Infusiones, varios. Tisana, brebaje (v. 5),
cocción, cocimiento, hierbas*, manzanilla,
camomila, tila, té, mate, menta, poleo, boldo,
hierbabuena, malva, café, achicoria, chocolate,
leche.
5. Bebistrajo. Brebaje, bebedizo, potingue,
mejunje, mezcla*, mezcolanza, combinación,
aguachirle, calducho, cocimiento, infusión (v.
4), enjuague, filtro, narcótico, poción, tósigo,
pócima, veneno*, medicina, medicamento*.

6. Trago. Sorbo, libación, sorbetón, chupada*,
chupetón, chupito, bocanada, mamada*, cata,
toma, consumición, chisguete, trasiego, gusto*,
saboreo, degustación, paladeo, prueba, vaso,
copa, brindis, ronda, aperitivo, copetín, cóctel,
buche, latigazo, ingestión, deglución, ingurgi-
tación, trallazo, agasajo, copeo, convite, invitación*, escancia, borrachera*, ebriedad.
7. Beber. Tomar, tragar, catar, sorber, ingerir, libar, saborear, probar, trasegar, paladear,
gustar*, degustar, consumir, invitar*, convidar,
escanciar, servir, echar, derramar, volcar, verter, vaciar*, refrescarse, absorber, ingurgitar,
abrevar, remojar, brindar, chingar, despachar,
pimplar, copear, trincar, soplar, atizarse, saciar,
quitar, matar, apagar la sed, echar al coleto,
empinar el codo, mojar el gañote, echar un
trago, chupar*, succionar, mamar*.
8. Bebedor. Catador, libador, trasegador, saboreador, probador, paladeador, consumidor,
cliente, convidado, invitado*, escanciador, borracho*, dipsómano, bebido, beodo, embriagado, alcohólico, ebrio, alegre, achispado.
9. Bebible. Potable, bebestible, bebedero, rico,
estimulante, sabroso, delicioso, cordial, puro*,
depurado, límpido, fresco, higiénico, inodoro,
transparente, cristalino.
10. Bar. Cantina, taberna, cervecería, vinatería, bodega (v. 11), bodegón, tasca, pulpería,
aguaducho, café, cafetería, sidrería, horchate-
ría, bufet o bufé, «pub», local público, restaurante*, fonda, tugurio*, figón, quiosco, puesto,
establecimiento, tienda*.
11. Destilería; bodega. Destilería, instalación,
factoría, nave, industria, fábrica*, establecimiento, local. Bodega, cava, sótano, cueva*,
silo, lagar, subterráneo.
12. Tabernero. Bodeguero, cantinero, barman,
vinatero, horchatero, pulpero, cervecero, posadero, fondero, mesonero, fondista, figonero,
hotelero*, quiosquero, tendero, escanciador,
camarero, mozo, anfitrión.
13. Sed. Deseo*, ansia, avidez, necesidad, n.
fisiológica, deseo de agua*, gana, polidipsia,
anadipsia, apetito, hambre*, vehemencia.
Contr.: Sed (v. 13).
V. VINO, LÍQUIDO, AGUA, JUGO, BORRACHE-
RA.
bebido. V. BEBIDA 8.
bebistrajo. V. BEBIDA 5.
beca. Subsidio, subvención, ayuda. V. PENSIÓN 1.
becario. Subvencionado, pensionado, estudiante.
V. PENSIÓN 3.
becerra. Vaquilla, ternera, recental. V. VACA 1.
becerrada. Novillada, corrida, tienta. V. TOREO 1.
becerro. Recental, ternero, novillo. V. TORO 1.
bechamel. Salsa blanca, besamel, aderezo. V.
SALSA 2.
bedel. Conserje, portero, ordenanza. V. SERVI-
DOR 1.

beduino. Berberisco, nómada, bereber o beréber. V. ÁRABE 1.

beefsteak. *ingl* Bistec, filete, chuleta. V. CARNE 2.

befa. Escarnio, burla, mofa. V. BROMA 2.

begonia. Angiosperma, vegetal*, begoniácea. V. FLOR 4.

beige. *fr* Color pajizo, leonado, café con leche. V. COLOR 13.

BÉISBOL. 1. «Baseball» (pelota base), deporte*, juego*, j. de pelota*, competición.

2. Campo. Campo exterior («outfield»), campo interior (diamante o «infield»), la base, 2ª base, 3ª base, meta («home», casa), pistas de carrera, plataforma de lanzamiento, área de jugador, á. de receptor, círculos del bateador de turno, cajón del receptor, cajones del bateador, línea de tres pies, «backstop», cajones de los guías.

3. Jugadores, árbitros. Beisbolista, «beisbolero», jugador, deportista*, lanzador («pitcher»), receptor («catcher»), bateador, hombres de cuadro («infielders»), exteriores («outfielders»), corredores. Árbitro principal, árbitro base, jueces de campo, anotadores. Mánager, entrenador.

4. Accesorios. Bate, pelota, gorra de visera, guante forrado, careta protectora (del «catcher»), protector de piernas, p. del cuerpo, zapatos de béisbol, base (almohadilla).

5. Juego. Entrada («inning»), carrera, «home run».

V. DEPORTE, JUEGO, PELOTA.

bejuco. Enredadera, liana, planta trepadora. V. VEGETAL 22.

Belcebú. Satanás, Lucifer, diablo. V. DEMONIO 1.

beldad. 1. Belleza, perfección*, guapura. V. HERMOSURA 1.

— **2.** Bella, preciosa, guapa. V. HERMOSURA 2.

belén. Nacimiento, escena bíblica, diorama. V. CRISTO 2.

belfo. Hocico, labio, morro. V. BOCA 1, 3.

belicismo. V. belicosidad.

belicista, bélico. V. belicoso.

belicosidad. Provocación, agresividad, combatividad. V. VIOLENCIA 1.

belicoso. Pendenciero, batallador, agresivo. V. VIOLENCIA 5.

beligerancia. Lucha, contienda, conflicto. V. GUERRA 1.

beligerante. Adversario, enemigo, combatiente. V. GUERRA 6, 7.

belitre. Perillán, bergante, truhán. V. PILLO 1.

bella. Agraciada, guapa, bonita. V. HERMOSURA 2.

bellaco. Bergante, villano, pícaro. V. PILLO 1, VIL 2.

bellaquería. Ruindad, truhanería, granujada. V. PILLO 3, VIL 3.

belleza. Apostura, encanto, atractivo. V. HERMOSURA 1.

bello. Agraciado, guapo, apuesto. V. HERMOSURA 3.

bellota. Fruto de la encina. V. FRUTO 7.

bemol. Signo musical, nota, alteración. V. MÚSICA 8.

bencina. Hidrocarburo, carburante, gasolina. V. PETRÓLEO 2.

bendecir. Enaltecer, consagrar; desear. V. SANTO 9; DESEO 5.

bendición. 1. Gracia, don, felicidad*. V. BENEFICIO 1.

— **2.** Seña, signo; ademán. V. GESTO 1.

bendito. Bienaventurado, santificado, consagrado. V. SANTO 1.

benedictino. Religioso, fraile, hermano. V. SACERDOTE 3.

benefactor. V. BENEFICIO 4.

beneficiencia. Auxilio, filantropía, subvención. V. AYUDA 2.

beneficiado. V. BENEFICIO 5.

beneficiar. V. BENEFICIO 6.

beneficiario. V. BENEFICIO 5.

BENEFICIO. 1. Ventaja*, utilidad*, provecho, producto, logro, ganancia, riqueza, lucro, conveniencia, prerrogativa, privilegio, bula, monopolio, gracia, bendición, don, excepción, exención, regalía, negocio, granjería, producción, ganga*, breva, momio, filón, jauja, felicidad*, ocasión, oportunidad, saldo, rebaja, enchufe, recomendación, influencia, canonjía, prebenda, sinecura, gaje, usufructo, disfrute, valor, ayuda*, favor (v. 2), dádiva, regalo*, rendimiento, margen, rédito, usura, estafa*, comisión, porcentaje, derecho, interés, dividendo, superávit, exceso, sobrante, renta, dispensa, franquicia, cobro, jugo, fruto, remuneración, honorarios, retribución, pago*, subvención, prima, participación, compensación, corretaje, premio, recompensa, comercio*, especulación, triunfo*, conquista*, poder* (v. 2).

— **2.** *Favor*, beneficio, ayuda*, don, merced, beneficencia, caridad, perdón*, cuidado*, bien, regalo*, limosna (v. 1).

3. Beneficioso. Benéfico, ventajoso*, eficaz, útil*, bueno, conveniente, auspicioso, adecuado, satisfactorio*, atenuante, rentable, propicio, provechoso, fructífero, fructuoso, oportuno, correcto, conforme, favorable, rendidor, jugoso, abundante*, pingüe, lucrativo, productivo, remunerador, compensador, constructivo, retributivo, especulativo, comercial*, social, mutuo, regalado*, rebajado, saldado, valioso, interesante, cómodo*, apreciado, inapreciable, inestimable, insustituible, higiénico, saludable, sano, salutífero, privilegiado, beneficiado, protector*, defensor, profiláctico, preventivo (v. 5).

4. Benefactor. Filántropo, protector*, defensor, mecenas, generoso*, tutor, bienhechor, altruista, ayuda*, sostén, dadivoso, caritativo, espléndido, patrocinador, favorecedor (v. 3).

5. Beneficiado. Afortunado, agraciado, receptor, favorecido, adjudicatario, heredero, beneficiario, cesionario, retribuido, patrocinado,

protegido*, remunerado, pagado*, regalado*, premiado*, subvencionado, privilegiado, distinguido, elegido, escogido, predilecto, atendido, cuidado*, ayudado*, impune, amparado, concedido, enriquecido, dispensado, favorito, socorrido*, auxiliado, otorgado, aprovechado, lucrado, mimado, perdonado, enchufado, enchufista, parásito; solicitante, peticionario.
6. Beneficiar. Conceder, agraciar, amparar, favorecer, dispensar, atender, cuidar*, proteger*, asistir, compensar, rentar, aprovechar, dar, producir, fructificar, remunerar, retribuir, rendir, recompensar, primar, pagar*, apoyar, ayudar*, socorrer*, auxiliar, patrocinar, respaldar, premiar*, regalar*, legar, donar, ofrecer*, subvencionar, otorgar; rebajar, perdonar*, condonar, indultar, amnistiar, conmutar, absolver, liberar (v. 7).
— **7.** *Beneficiarse*, ganar, lograr, conseguir, percibir, obtener, lucrarse, aprovecharse, cobrar*, participar, negociar, comerciar*, especular, triunfar*, conquistar*, monopolizar, recolectar, recoger, recibir, progresar, enriquecerse, utilizar*, servirse, enchufarse, recomendar, aventajar, rendir, poder (v. 6).
Contr.: Perjuicio*, pérdida, desventaja.
V. VENTAJA, UTILIDAD, AYUDA, PREMIO, GANGA, REGALO, PAGO, COBRO, CUIDADO, PERDÓN.
beneficioso. V. BENEFICIO 3.
benéfico. 1. Beneficioso. V. BENEFICIO 3.
— **2.** Benefactor. V. BENEFICIO 4.
benemérito. Meritorio, elogiable, loable. V. ELOGIO 3.
beneplácito. Conformidad, consentimiento, permiso. V. APROBAR 3.
benevolencia. Benignidad, afabilidad, indulgencia. V. BONDAD 1.
benévolo. Clemente, generoso*, complaciente. V. BONDAD 3.
bengala. Luminaria, aviso, cohete. V. FUEGOS ARTIFICIALES 2.
benignidad. V. benevolencia.
benigno. 1. V. benévolo.
— **2.** Clima cálido, templado, suave. V. BONANZA 3.
benjamín. Hijo menor, pequeño, último. V. HIJO 4.
benjuí. Aroma, resina, bálsamo. V. PERFUME 3.
beodo. Embriagado, bebido, ebrio. V. BORRACHERA 2.
berberecho. Almeja, bivalvo, marisco. V. MOLUSCO 4.
berberisco. Bereber o beréber, rifeño, moro *desp.* V. ÁRABE 1.
berbiquí. Barrena, perforador, herramienta. V. TALADRO 1.
bereber, beréber. V. berberisco.
berenjena. Planta solanácea, fruto carnoso, comestible. V. FRUTO 8.
berenjenal. Barullo, lío, enredo. V. EMBROLLO 1.
bergamota. Variedad de pera, fruta. V. FRUTO 5.

bergante. Granuja, perillán, truhán. V. PILLO 1.
bergantín. Goleta, fragata, velero. V. BARCO 2.
beriberi. Avitaminosis, carencia vitamínica B, enfermedad*. V. VITAMINA 5.
berilo. Piedra fina, variedad de esmeralda, gema. V. PIEDRA PRECIOSA 2.
berlina. Cupé, vehículo, coche. V. CARRUAJE 1.
bermejo. Encarnado, rojizo, colorado. V. COLOR 6.
bermellón. V. bermejo.
berrear. Chillar, gemir, llorar*. V. GRITO 4.
berreo, berrido. Rugido, mugido, bramido. V. GRITO 1.
berrinche. Arrebato, rabieta, cólera. V. ENOJO 1.
berro. Mastuerzo, planta, crucífera. V. VEGETAL 20.
berza. Col, brécol, repollo. V. HORTALIZA 2.
besamanos. Inclinación, venia, reverencia. V. SALUDO 2.
besamel. Salsa blanca, bechamel, aderezo. V. SALSA 2.
besar. Acariciar, besuquear, mimar. V. CARICIA 2.
beso. Ósculo, besuqueo, mimo. V. CARICIA 1.
bestia. 1. Irracional, cuadrúpedo, fiera*. V. ANIMAL 1.
— **2.** V. bestial.
bestial. Inhumano, salvaje, brutal*. V. BÁRBARO 1.
bestialidad. Atrocidad, salvajismo, barbaridad. V. CRUELDAD 1, DISPARATE 1.
besucón. Mimoso, sobón, acariciador. V. CARICIA 3.
besugo. Pescado, acantopterigio, pez blanco. V. PEZ 9.
besuquear. Querer, mimar, acariciar. V. CARICIA 2.
besuqueo. V. beso.
betún. 1. Alquitrán, pez, brea. V. COMBUSTIBLE 2.
— **2.** Crema, pomada, cera para zapatos. V. CALZADO 3.
biberón. Frasco, recipiente, receptáculo*. V. BOTELLA 1.
bibelot. Chuchería, figurilla*, juguete. V. MUÑECO 1.
BIBLIA. 1. Sagrada Escritura, Escrituras, Libros Sagrados. L. Santos, Textos Sagrados, Letras Divinas, Palabra de Dios, Historia Sagrada, colección canónica, libros canónicos. Antiguo Testamento (v. 3), Nuevo Testamento (v. 4).
2. Diversas Biblias. Vulgata, Biblia Vulgata o B. clementina, Vetus latina, B. Políglota, B. Complutense, B. de los Setenta o B. alejandrina, B. alfonsina, B. rabínica o judía, B. mazarina, B. cristiana, B. católica, B. Reina-Valera o Biblia del Oso.
3. Antiguo Testamento. *Pentateuco:* Génesis, Éxodo, Levítico, Números, Deuteronomio, Josué, Jueces, Rut, Samuel (I y II), Reyes (I y II), Crónicas o Paralipómenos (I y II), Esdras, Nehemías, Tobías, Judit, Ester, Macabeos (I y II). *Libros sapienciales:* Job, Salmos, Proverbios, Eclesiastés, Cantar de los Cantares, Sabiduría, Eclesiástico. *Libros proféticos:* Isaías, Jeremías, Lamentaciones, Baruc, Ezequiel, Daniel, Oseas,

Joel, Amós, Abdías, Jonás, Miqueas, Nahum, Habacuc, Sofonías, Ageo, Zacarías, Malaquías. **4. Nuevo Testamento.** Evangelios: Mateo, Marcos, Lucas, Juan. Hechos de los Apóstoles. Epístolas de San Pablo: Romanos, Corintios (I y II), Gálatas, Efesios, Filipenses, Colosenses, Tesalonicenses (I y II), Timoteo (I y II), Tito, Filemón, Hebreos. Epístola de Santiago, Epístolas de Pedro (I y II), Epístolas de Juan (I, II y III), Carta de Judas Tadeo, Apocalipsis o Revelación. **5. Personas.** Samaritano, publicano, fariseo, nazareno, jerosolimitano, ismaelita, galileo, filisteo, efraimita, aaronita, agareno, betlemita, arameo. Exégeta o exegeta, hagiógrafo, rabino, intérprete, comentarista, expositor, evangelista, doctor de la Ley, escriturario, Rey mago, Padre de la Iglesia, patriarca, profeta. **6. Bíblico.** Histórico*, sagrado, santo, antiguo*, profético, apocalíptico, venerable, evangélico, escrito, divino, canónico, textual, sapiencial. **7. Varios.** Capítulo, libro, versículo, epístola, parábola, comentario, crítica, exégesis, hagiografía, glosa, hermenéutica, cábala, tradición hebrea, liturgia, ley escrita, edén, paraíso terrenal, árbol de la vida, a. de la ciencia del bien y del mal, Diluvio, Arca de Noé, éxodo, maná, Tierra Prometida, hebreo, griego, arameo, manuscritos del Mar Muerto, catecismo, dogma, fe. **8. Otros libros sagrados.** Talmud (judaísmo), Corán (islamismo) Sagas y Edda (escandinavos), Vedas (brahmanismo), Tantras, Ramayana, Mahabharata (hinduismo), Shinto (sintoísmo), Zend-Avesta (persas), Tao te king (taoísmo), Mahawansa (budismo). V. DIOS, CRISTO, RELIGIÓN, LIBRO.

bíblico. V. BIBLIA 6.

bibliófilo. V. BIBLIOTECA 7.

bibliografía. V. BIBLIOTECA 8.

BIBLIOTECA. 1. Anaquel, estantería, estante, librería*, repisa, gaveta, armario*, vitrina, mueble*, rinconera, bargueño, colección*, grupo, archivo, serie de libros*, edificio (v. 2). **2. Organismo.** Local, entidad cultural, e. pública, dependencia, librería*, registro, edificio, centro, archivo, almacén, depósito* de libros*. **3. Clases.** Biblioteca nacional, municipal, popular, circulante, pública, privada, especializada, hemeroteca, ambulante o bibliobús, colección*, archivo. Discoteca, filmoteca, pinacoteca, gliptoteca (v. colección*). **4. Elementos.** Volumen, tomo, libro*, ejemplar, manuscrito, códice, incunable, pergamino, ficha, signatura, registro, clasificación, título, autor, tema, índice, catálogo, c. de autores, c. de materias, c. diccionario. Clasificación decimal universal: 0. Generalidades, obras generales; 1. Filosofía; 2. Religión, teología; 3. Derecho, Ciencias sociales; 4. Filología; 5. Ciencias puras; 6. Ciencias aplicadas, Tecnología, Medicina, Indus-

tria, Agricultura; 7. Bellas Artes; 8. Literatura; 9. Historia, Geografía, Biografía. Biblioteconomía, bibliotecnia, servicio de préstamos, papeleta, ficha de préstamo, sala de lectura, pupitres, estanterías, librerías, ficheros. **5. Bibliotecas.** Alejandría, Pérgamo, Ambrosiana (Milán), del Museo Británico (Londres), Nacional de París, Nacional de Madrid, del Escorial, del Congreso (Washington), Nacional de Moscú. **6. Bibliotecario.** Funcionario, archivero, conservador, curador, empleado*, cuidador, experto, bibliófilo (v. 7). **7. Bibliófilo.** Bibliómano, coleccionista*, experto, entendido, aficionado*, coleccionador, bibliotecario (v. 6). **8. Bibliografía.** Enumeración, ordenación*, lista*, descripción, estudio, catálogo, fichero, archivo, relación de libros. V. LIBRO, ESCRITO, COLECCIÓN, MUEBLE.

bibliotecario. V. BIBLIOTECA 6.

bicarbonato. Remedio, antiácido, medicina. V. MEDICAMENTO 5.

bíceps. Músculo largo, m. de dos cabezas. V. MÚSCULO 7.

bicho. Bestia, alimaña, sabandija. V. ANIMAL 1.

BICICLETA. 1. Ciclo, biciclo, velocípedo, triciclo, monociclo, bici, tándem, máquina, velomotor, celerífero, motoneta, «scooter», motocicleta*, artefacto, vehículo*. **2. Partes.** Cuadro, árbol o tubo de dirección, horquilla, barra, tubos, t. horizontal, t. oblicuo, sillín (muelles, tubo soporte, cartera de herramientas), manillar o manubrio (timbre, guía, palanca del freno, farol), rueda (radios o rayos, llanta, neumático, cámara, válvula, eje, cojinete de bolas, rodamiento, piñón, guardabarros), pedal, eje del pedal, plato, piñón grande, freno, cable del freno, cadena, cubrecadena, palanca de cambio, bomba de aire, luz piloto, portaequipajes, dínamo. **3. Tipos.** Bicicleta de paseo, de carreras, de competición, de turismo, de mujer, de niño, plegable , estática, Bicicleta Todo Terreno o de montaña, de cross o BMX (Bicycle Motocross), (v. 4). **4. Ciclismo.** Deporte*, prueba, competición, carrera de distancia en carretera, c. contra reloj, c. por etapas, c. de relevos, c. campo través («cross»); c. en pista: c. tras moto, c. de persecución, c. con salida lanzada, c. eliminatorias (v. 7); Campeonato mundial de ciclismo en ruta, Campeonato mundial de ciclismo en pista, Copa del mundo; tour, vuelta, volta, giro. **5. Velódromo.** Circuito, estadio*, tribuna, pista, curva, peralte, marcador, cabinas; cronometradores, jueces, entrenadores. **6. Accesorios.** Jersey, malla o maillot, calzón corto, guantes, gorro, casco protector, zapatos flexibles.

7. Ciclista. Deportista*, corredor, competidor, campeón, aficionado o «amateur», profesional, escapado, rey de la montaña, esprínter, «routier»; Coppi, Bartali, Trueba, Cañardo, Bahamontes, Merckx, Induráin, Armstrong. Cronometradores, jueces, entrenadores.
8. Carrera*. Pedalear, atacar, escapar; «sprint», descenso a tumba abierta, codo a codo, pelotón, clasificación, bonificación, penalización, eliminación, descalificación, retirada, meta volante, serpiente multicolor.
V. CARRERA, DEPORTE, MOTOCICLETA, VEHÍCULO*.

bicoca. 1. Ganga, ocasión, breva. V. BARATO 3.
— **2.** Bagatela, insignificancia*, fruslería. V. BARATO 4.

bidé. Receptáculo*, mueble, cubeta. V. BAÑO 3.

bidón. Recipiente, lata, barril*. V. RECEPTÁCULO 4.

biela. Eje, barra, palanca. V. MOTOR 3.

bien. 1. Adecuado, apropiado, beneficioso. V. ACEPTAR 7.
— **2.** Favor, don, merced. V. BENEFICIO 2.
— **3.** *Bienes*, propiedades*, v. bienes.

bienal. Que sucede cada dos años, que dura dos años. V. TIEMPO 6.

bienaventurado. Bendito, venerable, elegido. V. SANTO 1.

bienaventuranza. Salvación, gloria, beatitud. V. SANTO 10.

bienes. Fortuna, riqueza, dinero*. V. PROPIEDAD 1.

bienestar. Desahogo; fortuna, felicidad*. V. PROSPERIDAD 1.

bienhechor. Filántropo, generoso*, humanitario. V. BONDAD 3.

bienio. Tiempo de dos años, plazo, lapso. V. TIEMPO 2.

bienquisto. Querido, apreciado, estimado. V. AMOR 10.

bienvenida. Acogida, agasajo, recibimiento. V. SALUDO 1.

bies. Oblicuidad, diagonal, sesgo. V. INCLINAR 3.

bife *Arg, Chi, Par, Per, Ur* **1.** V. bisté, bistec.
— **2.** V. BOFETADA*.

bífido. Bifurcado, rasgado, partido. V. CORTAR 10.

bifurcado. Dividido, desviado, divergente. V. SEPARAR 1.

bifurcación. Desvío, ramificación, intersección. V. CRUCE 1.

bifurcar. Dividir, divergir, desviar. V. SEPARAR 1.

bigamia. Duplicidad de matrimonio, matrimonio ilegal. V. CASAMIENTO 2.

bígamo. Casado dos veces, bínubo. V. CASAMIENTO 8.

bigote. Mostacho, pelo, bozo. V. BARBA 6.

bigotudo. Peludo, hirsuto, velludo. V. BARBA 4.

bigudí. Ondulador, rizador, accesorio. V. PELO 11.

bikini. Bañador femenino, traje de baño, pantaloncito. V. PANTALÓN 1.

bilis. 1. Humor, secreción, hiel. V. GLÁNDULA 4.
— **2.** Irritación, amargura, cólera. V. ENOJO 1.

BILLAR. 1. Juego*, diversión*, competición, deporte*; mesa (v. 2).
2. Mesa. Banda, paño, tronera, tablero, barra, bolillo, cabaña, maza, tabla, bolas, bola blanca, b. roja o mingo, b. de marfil, palos, palillos.
3. Sala. Taco (suela, cuero, mango), soporte de tacos, taquera, reloj de control, tiza, contador, tablero, lámpara.
4. Modalidades. Billar francés o de carambola, billar americano o «pool»; carambolas, partida a tres bandas, partida rusa, treinta y una, chapó, guerra, guerra de bolas, guerra de palos, juego de palos, coto, rueda, morito, dobles. *Campeonatos:* libre, a tres bandas, a la banda, fantasía clásica, cuadro 47/2, cuadro 71/2.
5. Juego. Carambola, billa, billa limpia, billa sucia, corbata, efecto, tacada, pifia, bola llena, media bola, «massé», retruque, pasabola, doblete, recodo, retroceso, chamba, chiripa, bamba.
6. Jugar. Tirar, picar, pifiar, doblar, aplomar, retrucar, entronerar, retacar, quedarse, carambolear, retroceder, chiripear.
7. Billarista. Jugador*, aficionado, competidor, maestro, experto, participante.
V. DEPORTE, JUEGO, DIVERSIÓN.

billarista. V. BILLAR 7.

billete. 1. Papel moneda, divisa, efecto legal. V. DINERO 1, 3.
— **2.** Entrada, boleto, vale. V. COMPROBAR 3.

billetera, billetero. Monedero, bolso, bolsi110. V. CARTERA 2.

bimensual. Dos veces al mes, quincenal. V. TIEMPO 6.

bimestral. Cada dos meses, de un bimestre. V. TIEMPO 6.

bimestre. Tiempo de dos meses, plazo, lapso. V. TIEMPO 2.

binoculares, binóculo. Gemelos, anteojos, lentes. V. PRISMÁTICOS 1.

binomio. Expresión algebraica, e. matemática. V. ÁLGEBRA 2.

binza. Membrana, pellejo, corteza. V. CÁSCARA 1.

BIOGRAFÍA. 1. Relato, historia*, narración*, vida*, escrito*, crónica, novela, diario, memorias, autobiografía, actuación, conducta, hagiografía, vida de los santos, documento*, carrera, epopeya, existencia, relación, acontecimientos, investigación*, recuerdos, remembranzas, confesiones, hechos, anales, sucesos*, hazañas, aventuras, apuntes, testimonio, texto, resumen, estudio, gesta, confidencias, revelaciones, comentarios, literatura*.
2. Biógrafo. Historiador*, cronista, escritor*, narrador*, novelista, ensayista, hagiógrafo o biógrafo de santos, autobiógrafo, comentarista, investigador*, autor, literato*.
3. Biográfico. Autobiográfico, narrativo, histórico*, personal, vivido, real, auténtico, hagio-

gráfico, documentado*, testimonial, confidencial, revelado, comentado, escrito*.
4. Hacer biografía. Narrar*, escribir*, relatar, historiar, biografiar, relacionar, revelar, confesar, recordar, autobiografiar, resumir, documentar, testimoniar, estudiar, investigar*, comentar, analizar, novelar.
V. HISTORIA, ESCRITO, NARRACIÓN, LITERATURA*, DOCUMENTO, SUCESO, VIDA.
biográfico. V. BIOGRAFÍA 3.
biógrafo. V. BIOGRAFÍA 2.
BIOLOGÍA. 1. Ciencia*, estudio, historia natural, disciplina, investigación*, leyes de la vida.
2. Clasificación. Zoología*, botánica, anatomía*, histología*, taxonomía (clasificación), paleontología, evolución, genética, biometría, embriología*, fisiología*, patología, psicología*, sociología, medicina*, ecología, biogeografía.
3. Elementos. Vida*, materia orgánica, organismo, órgano, tejido, célula*, aparato, sistema, medio ambiente, reproducción, herencia*, regeneración, función, f. vital, fotosíntesis, simbiosis, parasitismo, vida vegetativa, supervivencia, evolución, darwinismo, mendelismo, evolucionismo, lucha por la existencia, selección natural, atavismo, regresión, salto atrás, nacimiento*, desarrollo, muerte*, genotipo, fenotipo, gametos, genes, cromosomas, disección, vivisección, ovíparo, vivíparo, ovovíparo, principio vital, actividad orgánica.
4. Biólogo. Científico*, investigador*, estudioso, sabio*, genetista, evolucionista, naturalista. *Biólogos:* Vesalio, Servet, Buffon, Malpighi, Linneo, Cuvier, Mendel, Darwin, Claude Bernard, James Watson, Francis Crick.
5. Biológico. Vital, orgánico, celular*, ambiental, heredado*, vegetativo, evolutivo, atávico, regresivo, fisiológico*, anatómico*, celular*.
V. VIDA, FÓSIL, VEGETAL, ANIMAL, ÓRGANO, HERENCIA, CÉLULA, NACIMIENTO, MUERTE, HISTOLOGÍA, ANATOMÍA, FISIOLOGÍA.
biológico. V. BIOLOGÍA 5.
biólogo. V. BIOLOGÍA 4.
biombo. Mampara, pantalla, bastidor. V. MUEBLE 2.
biopsia. Examen, corte, análisis. V. CIRUGÍA 3, CÁNCER 6.
bioquímica. Química biológica, ciencia*, estudio. V. QUÍMICA 2.
birlar. Despojar, sustraer, hurtar. V. ROBO 2.
birrete. Bonete, gorro, casquete. V. SOMBRERO 1.
birria. 1. Espantajo, mamarracho, adefesio. V. FEALDAD 2.
— **2.** Canijo, ridículo, enclenque. V. DEBILIDAD 6, INSIGNIFICANTE 1.
bis. Insistencia, reiteración, duplicación. V. REPETICIÓN 1.
bisabuelo. Abuelo, antepasado, familiar. V. FAMILIA 3.
bisagra. Gozne, charnela, pernio. V. ARTICULACIÓN 8.

bisbisar, bisbisear. Cuchichear, susurrar, musitar. V. MURMULLO 3.
bisel. Filo, arista, sesgo. V. ESQUINA 1.
biselar. Sesgar, achaflanar, rebajar. V. ESQUINA 3.
bisexual. Homosexual*, heterosexual; hermafrodita. V. SEXO 11.
bisiesto. Anual, cuatrienal, periódico. V. TIEMPO 2, AÑO 3, 4.
bisonte. Bóvido, búfalo, bisonte americano. V. RUMIANTE 8.
bisoñé. Peluquín, peluca, postizo. V. PELO 15.
bisoño. Inexperto, novato, aprendiz. V. PRINCIPIO 8.
bisté, bistec. Filete, chuleta, solomillo. V. CARNE 2.
bisturí. Escalpelo, lanceta, cuchillo*. V. CIRUGÍA 8.
bisutería. Fruslería, imitación, baratija*. V. JOYA 1.
bitácora. Brújula, compás, aguja. V. BARCO 9.
bitoque. *Méx* Espita, válvula, llave. V. GRIFO 1.
bivalvo. De dos valvas, almeja, ostra. V. MOLUSCO 4.
bizantino. Baladí, infructuoso, fútil. V. INÚTIL 1.
bizarría. V. bizarro.
bizarro. 1. Gallardo, apuesto, elegante*. V. GARBO 2.
— **2.** Intrépido, audaz, valiente. V. OSADÍA 3.
bizco. Estrábico, bisojo. V. OJO 12.
bizcocho. Bollo, galleta, golosina. V. CONFITERÍA 2.
biznieto. Bisnieto, descendiente, familiar. V. FAMILIA 3.
blanco. 1. Níveo, pálido, albo. V. CLARO 1.
— **2.** Caucásico, occidental. V. EUROPEO 1.
— **3.** Diana, acierto, centro. V. ACERTAR 2.
blancura. Albor, albura, candor. V. CLARO 8.
blancuzco. Blanco, níveo, albo. V. CLARO 1.
blandir. Aferrar, levantar, empuñar. V. COGER 1, MOVIMIENTO 6.
BLANDO. 1. Mórbido, mullido, suave*, tierno, flojo, esponjoso, reblandecido, espumoso, laxo, lacio, fláccido, fofo, hueco*, deformable, fino, sutil, tenue, leve*, débil*, almohadillado, cómodo, delicado, ahuecado, flexible*, elástico, muelle, carnoso, pulposo, mollar, jugoso*, maduro*, fluido, blancuzco, blandujo, blanducho, flexuoso, inconsistente, blandengue, pastoso, pultáceo, plástico, moldeable, modelable, maleable, mantecoso, rollizo, gordo*.
— **2.** Apocado, débil*, bonachón. V. TIMIDEZ 2.
3. Blandura. Morbidez, suavidad*, flexibilidad*, flaccidez, elasticidad, esponjosidad, terneza, laciedad, laxitud, debilidad*, reblandecimiento, ablandamiento, ahuecamiento, levedad, tenuidad, finura, madurez*, jugosidad*, carnosidad*, elasticidad, moldeabilidad, plasticidad, pastosidad, pulposidad, blanduguería, maleabilidad, mantecosidad, gordura*.
— **4.** Apocamiento, debilidad*, bondad. V. TIMIDEZ 1.
5. Ablandar. Enternecer, reblandecer, suavizar, esponjar, aflojar, mullir, molificar, debilitar*, deformar, aplastar*, estrujar, prensar, comprimir,

machacar, ahuecar, almohadillar, madurar, moldear, modelar, machacar, golpear*, macerar. Enternecer, debilitar* (v. 6).

— **6.** *Ablandar(se)*, enternecer(se), apiadarse, humillarse*. V. TIMIDEZ 3.

Contr.: Duro*, cruel*.

V. LEVE, SUAVE, FLEXIBLE, CARNE, APLASTAR, TIMIDEZ.

blandura. V. BLANDO 3.

blanquear. Enjalbegar, enlucir; aclarar. V. PINTURA 7, CLARO 12.

blanquecino. Blanco, níveo, albo. V. CLARO 1.

blasfemar. Imprecar, maldecir. V. MALDICIÓN 9.

blasfemia. Imprecación, palabrota. V. MALDICIÓN 3.

blasfemo. Malhablado, imprecador, irreverente. V. MALDICIÓN 7.

BLASÓN. 1. Escudo de armas, divisa, heráldica, insignia, emblema, símbolo*, alegoría, figura*, efigie, armas, armería, arte, ciencia del blasón, genealogía.

2. Formas del escudo. Francés, español, alemán, italiano, inglés, polaco, eclesiástico, mesnadero, de viudas y doncellas.

3. Divisiones. Cantón, flanco, centro, jefe, punta; cantón diestro del jefe, centro del jefe, cantón siniestro del jefe, flanco diestro, centro (corazón o abismo), flanco siniestro, cantón diestro de la punta, punta o centro de la punta, cantón siniestro de la punta.

4. Colores. *Metales:* oro, plata. *Esmaltes:* azur (azul), gules (rojo), sable (negro), sinople (verde); púrpura, anaranjado.

5. Forros. Armiños, contraarmiños, veros, contraveros, verados, contraverados, veros en punta, veros en ondas.

6. Particiones y reparticiones. Sotuer, escusón, cheurón, cruz, palo, jefe, palio, manto, bordura, orla, roeles, burelas, besantes, cuadrados, losanges, pieza honorable. Escudo cortado, partido, tajado, tronchado, acuartelado, acuartelado de sotuer, jironado, palo, faja, seis cuarteles, ocho cuarteles, cortinado, pila, embrazado, acolado, potenzado, mantelado, contrapalado, endentado, vestido, encajado, equipolado, ajedrezado, losanjado, fuselado, enclavado, flanqueado, mantelado, adiestrado, billetado.

7. Figuras. (Muebles) Castillo, torre, león, león rampante, águila, árbol, crecientes, conchas, estrellas, trompa, gonfalón, nave, caballo, corazón, perro lebrel, lambel, cabeza de moro, brazo, pierna, escarpín, espuela, cordero pascual, mirlas, lance, flor de lis, grifo, unicornio, dragón, salamandra, sirena, delfín, llave, sol, luna, ángel, paloma, lagarto, serpiente, fénix, rosa, florón, casco, dragante, lobo, espada, puente.

8. Blasón completo. Manto o pabellón, lambrequín, listel (lugar del grito de guerra), timbre (casco, yelmo, cimera, corona, capelo, bonete, toca), tenantes (personas), soportes (animales, objetos), armas propiamente dichas, banderola (lugar de la divisa). Corona de barón, conde, marqués, duque, príncipe, rey, emperador (v. aristocracia*).

9. Varios. Heraldo, rey de armas, macero, linaje, estirpe, honor, genealogía, nobleza, aristocracia*, solar, alcurnia, dinastía, feudalismo*, caballería*, órdenes de caballería, órdenes militares*, nobiliario, título de nobleza, tratamiento*, rey*, aristócrata*, noble, caballero, guerrero, escudero, paje.

V. ARISTOCRACIA, ÓRDENES MILITARES, FEUDALISMO, TRATAMIENTO.

blasonado. Linajudo, patricio, noble. V. ARISTOCRACIA 4.

blasonar. Alabarse, vanagloriarse, jactarse. V. FANFARRONERÍA 4.

bledo. Comino, ardite, minucia. V. INSIGNIFICANTE 3.

blenorragia. Gonorrea, flujo, dolencia venérea. V. VENÉREA (ENFERMEDAD) 4, 5.

blindado. V. blindar.

blindaje. Plancha, coraza, defensa. V. PROTECCIÓN 2.

blindar. Recubrir*, forrar, acorazar. V. PROTECCIÓN 4.

bloc. Libreta, taco, agenda. V. CUADERNO 1.

blocao. Baluarte, reducto, fortín. V. FORTIFICACIÓN 1.

blonda. Calado, puntilla, bordado*. V. ENCAJE 1.

blondo. Rubio, pajizo, dorado. V. PELO 6.

bloque. 1. Cubo, sillar, cuerpo compacto. V. PIEDRA 1.

— **2.** Libreta, taco, bloc. V. CUADERNO 1.

bloquear. 1. Sitiar, asediar, acorralar. V. CERCAR 1.

— **2.** Impedir, obstaculizar, cerrar. V. INTERRUPCIÓN 2.

bloqueo. Sitio, acorralamiento, asedio. V. CERCAR 3.

bluff. *ingl* Farol, bravata, fanfarronería. V. ENGAÑO 1.

blusa. Blusón, prenda, vestidura. V. CAMISA 1.

boa. Pitón, reptil*, ofidio. V. SERPIENTE 2.

boato. Fastuosidad, pompa, esplendor. V. LUJO 1.

bobada. V. bobería.

bobalicón. V. bobo.

bobear. Disparatar, hacer necedades, hacer estupideces. V. TONTO 5.

bobería. Necedad, idiotez, estupidez. V. TONTO 3.

bobina. 1. Canilla, carrete, hilo arrollado. V. COSTURA 7.

— **2.** Generador, transformador, inductor. V. DINAMO 1.

bobo. Mentecato, necio, idiota. V. TONTO 1.

BOCA. 1. Cavidad bucal, hocico, morro, jeta, fauces, rostro, bocaza, boquita, garganta, tragaderas, faringe, tarasca, pico, belfos, labios (v. 3).

— **2.** Agujero*, orificio, entrada. V. HUECO 1.

3. Partes. Labios, belfos, labio superior, l. inferior, comisura, parte anterior del vestíbulo, pa-

redes laterales, mucosa, encías, arco dentario,
a. d. superior, a. d. inferior, dientes* (incisivos,
caninos, premolares, molares), lengua (mucosa,
papilas gustativas, frenillo), hueso hioides, cavidad oral, c. bucal, bóveda palatina, cielo de la
boca, paladar, velo del paladar, úvula o campanilla, mejillas, amígdalas o tonsilas, vegetaciones
adenoideas, fauces, istmo de las fauces, laringe
(epiglotis, cartílago tiroides), tráquea, faringe,
rinofaringe, esófago, mandíbula, maxilares,
maxilar superior, m. inferior, glándulas salivares,
g. sublinguales, saliva.

4. Acción. Besar, chupar*, mamar*, sorber, comer, alimentarse*, beber, soplar, silbar, cantar,
hablar*, vocear, gritar*, enjuagarse, boquear,
jadear, respirar*, eructar, amordazar, morder*,
masticar, roer, desgarrar. Bocado, mordisco,
mordedura, tarascada, dentellada, masticación,
insalivación, salivazo, escupitajo, buche.

5. Bocudo. Bocón, jetudo, bocazas, hocicudo,
belfudo, morrazos, morrudo, charlatán, boquiabierto, boquiangosto, boquiancho, boqui-
torcido, boquifruncido, boquirrubio, boquiseco,
boquirroto.

6. Bucal. Faríngeo, labial, labiodental, lingual,
palatino, dental, vocal, consonante, oral, hablado*, sonoro, pronunciado*, digestivo, alimenticio*.

7. Enfermedades. Aftas, estomatitis, gingivitis, piorrea, caries, flemón, lengua saburral,
amigdalitis, glositis, faringitis, anginas, laringitis, afasia, mudez, tartamudez, difteria, ránula,
trismo, labio leporino, chancro, goma sifilítico,
epitelioma, quiste.

8. Expresiones. A bocajarro, a pedir de boca,
andar de boca en boca, boca abajo, b. arriba,
callar la boca, como b. de lobo, coserse la b.,
hablar por la b. de otro, hacer boca, irse de
boca.
V. DIENTE, CHUPAR, MAMAR, AGUJERO, HA-
BLA, PRONUNCIACIÓN.

bocacalle. Intersección, cruce, recodo. V. ESQUI-
NA 1.

bocadillo. Emparedado, canapé, sándwich. V.
ALIMENTO 18.

bocado. Dentellada, mordisco, tarascada. V.
MORDER 2.

bocajarro (a). De cerca, a quemarropa, de improviso. V. REPENTINO 2.

bocamina. Entrada, embocadura, acceso a la
mina. V. MINA 3.

bocanada. Ráfaga, soplo, vaharada. V. VIENTO 1.

bocazas. Parlanchín, charlatán, indiscreto. V. HA-
BLAR 8.

bocel. Saliente, moldura, resalto. V. COLUMNA 5.

boceto. Croquis, bosquejo, esbozo. V. DIBUJO 1.

bocha. Boliche, bola, esfera. V. BOLOS 2.

bochinche. Escándalo, jaleo, barullo. V. ALBO-
ROTO 1.

bochorno. 1. Sofocación, canícula, temperatura.
V. CALOR 2.

— **2.** Rubor, turbación, sonrojo. V. VERGÜEN-
ZA 1.

bochornoso. 1. Caluroso, sofocante, canicular.
V. CALOR 5.

— **2.** Ignominioso, penoso, vergonzoso. V.
DESHONRA 2.

bocina. Claxon, corneta, trompeta. V. AUTOMÓ-
VIL 5.

bocio. Bulto, hinchazón*, hipertiroidismo. V.
GLÁNDULA 3.

bocudo. Morrudo, jetudo, hocicudo. V. BOCA 5.

boda. Ceremonia, enlace, matrimonio. V. CASA-
MIENTO 1.

bodega. Sótano, cava, cueva. V. VINO 6.

bodegón. Tasca, taberna, fonda. V. BEBIDA 10.

bodrio. Mejunje, bazofia, porquería. V. MEZCLA 3.

bofes. Pulmones, vísceras, asaduras. V. RESPIRA-
CIÓN 5.

BOFETADA. 1. Bofetón, moquete, sopapo, torta,
tortazo, guantazo, guantada, golpe*, cachete,
cachetada, soplamocos, mojicón, trompada,
mamporro, galleta, trompazo, puñetazo, puñada, tapaboca, chuleta, revés, cate, pescozón,
voleo, porrazo, manotazo, palmada, metido,
coscorrón, morrada, capirotazo, capón, zurra,
sobo, castigo*.

2. Abofetear. Pegar, dar, propinar, zurrar, sopa-
pear, cachetear, sacudir, sobar, aporrear, asestar, tundir, cascar, calentar, golpear*, azotar,
atizar, manotear, meter, maltratar, castigar*,
dar tortazos, bofetadas (v. 1) marcar los dedos.
Contr.: Caricia*, mimo*.
V. GOLPE, CASTIGO, LESIÓN.

bofetón. V. BOFETADA 1.

boga. Uso, actualidad, costumbre. V. MODA 1.

bogar. Remar, avanzar, ciar. V. BOTE 6.

bohemio. De vida desordenada. V. DESORDEN 3.

bohío. Rancho, cabaña, choza. V. CASA 2.

boicot. V. boicoteo.

boicotear. Excluir, aislar, expulsar. V. RECHAZAR 1.

boicoteo. Expulsión, desprecio, exclusión. V. RE-
CHAZAR 5.

boina. Bonete, chapela, gorra. V. SOMBRERO 1.

boîte. fr Salón de baile, s. de fiestas, cabaré. V.
BAILE 14.

boj. Seto, arbusto, mata. V. ÁRBOL 9.

bol. Cuenco, taza, tazón. V. RECEPTÁCULO 3.

bola. 1. Globo, pelota, balón. V. ESFERA 1.

— **2.** Mentira, embuste, trola. V. ENGAÑO 1.

bolchevique. Marxista, leninista, comunista. V.
IZQUIERDAS 3.

bolchevismo. V. bolchevique.

boldo. Tisana, infusión, té. V. BEBIDA 4.

boleadoras. Arma arrojadiza. V. ARMA 3.

bolera. Cancha, local, pista. V. BOLOS 2.

bolero. Canción, ritmo, danza. V. CANTAR 6,
BAILE 6.

boletín. Publicación, periódico, gaceta. V. PERIO-
DISMO 2.

boleto. Billete, papeleta, vale. V. COMPROBAR 3.

boliche. 1. V. BOLOS 2.
— **2.** Puesto, tugurio*, tenducho. V. TIENDA 1.
bólido. 1. Meteorito, aerolito, estrella fugaz. V. ASTRONOMÍA 10.
— **2.** Coche de carreras, de Fórmula 1, de competición. V. AUTOMÓVIL 2, 22.
BOLÍGRAFO. 1. Pluma, instrumento de escritura, esferográfica, rotulador, rotulador de nailon, de fieltro, esferógrafo, artículo de escritorio, lápiz, estilográfica.
2. Partes. Bola giratoria (tungsteno), tubo capilar, punta, cartucho, depósito intercambiable, tinta pastosa, cuerpo del bolígrafo, capuchón, clip o sujetador. V. ESTILOGRÁFICA, ESCRITURA.
bollo. Rosca, bizcocho, panecillo. V. CONFITERÍA 3.
BOLOS. 1. Deporte*, juego*, pasatiempo*, competición, bochas, boliche (v. 2), «bowling» (v. 3).
2. Elementos. Bolas, bolos, boliche, esfera, bocha, emboque. *Bolera:* cancha, local, pista, salón, instalación. Caja, línea de tiro, banda lateral de la mano, b. l. del pulgar, banda de tope de tiro, b. t. de birle, campo de tiro, c. de birle. *Juego:* tirar, birlar, trabajar, hacer emboque, juego libre, j. de concurso, tirada, bola pasa, bola queda, partida; juez, árbitro, jugadores, competidores.
3. Bowling. Bolera americana, pista de bolos, bolos, bola, tarjeta de anotaciones, zapatillas de «bowling», pista de lanzamiento, línea de falta, pista de deslizamiento (carrilera), listones, canales laterales, canal de retorno, puente de bolos. *Juego:* bola recta, b. curva, b. de gancho, b. de retroceso, efecto; pleno («strike»), «spare», jugadas («frame»), partido («game»), fallo («miss»), «split», «foul» (v. 2). V. DEPORTE.
BOLSA. 1. Talega, fardo, costal. V. SACO 1.
2. Bolsa de valores. Lonja, bolsín, bolsa de contratación, cámara, entidad, organismo financiero, mercado de valores, institución mercantil, i. de transacciones.
3. Edificio. Parqué, corros, tablero de cotizaciones, pupitres de los agentes, cabinas telefónicas.
4. Personas. Bolsista, especulador, inversor, accionista, financiero, rentista, jugador, alcista, bajista, anunciador; síndico, síndico presidente, vicesíndico, corredor colegiado, no colegiado (zurupeto), agente oficial, agente de Cambio y Bolsa, apoderado, junta sindical.
5. Generalidades. Transacción, oferta, demanda, cotización, títulos, valores, v. mobiliarios, acciones (títulos de renta variable), obligaciones, bonos, fondos públicos (títulos de renta fija), resguardo, serie, cupón, póliza, inversión, rentabilidad, liquidabilidad, liquidez, capital, dividendos, intereses, volumen de contratación, cartera de valores, baja, alza, orden de compra, o. de venta, fluctuaciones, cambio bursátil, crac, «boom», inflación, derecho de suscripción, deuda pública, contrapartida, corretaje, club de inversiones, apertura de la Bolsa, cierre de la B., arbitraje, ampliación de capital, amortización, vencimiento, valores públicos, prima, por lo mejor, a la par, preferente, doy, tomo, papel, dinero, «holding», especulación, índices, índice Dow-Jones, Ibex 35 («Iberia index»), Euribor («Europe Interbank Offered Rate», Tipo europeo de oferta interbancaria).
6. Acción. Invertir, jugar, comprar, vender, arbitrar, amortizar, capitalizar, fluctuar, ampliar, contratar, ofrecer, especular, financiar, alzar, bajar. V. COMERCIO, BANCO.
bolsillo. Bolso, saquillo, faltriquera. V. SACO 1.
bolsista. V. BOLSA 4.
bolso. Mochila, bolsa, morral. V. CARTERA 1, SACO 1.
BOMBA. 1. Explosivo*, granada, proyectil*, arma*, artefacto, munición, pieza, carga, detonador, obús, cohete*, misil o mísil, torpedo*, disparo, tiro*, lanzamiento (v. 3).
— **2.** Bomba hidráulica (v. 8).
3. Clases. Bomba aérea, de aviación (v. 4), explosiva, rompedora, rompemanzanas, de expansión, de metralla, de fragmentación, blindada, incendiaria, de napalm, de fósforo, de gases, cohete*, misil o mísil, bomba volante, V-1, V-2, bomba atómica (v. 5), nuclear o de hidrógeno o termonuclear (v. 5), de neutrones o limpia, biológica, química, superbomba, de iluminación, trazadora, de mano, de relojería, de tiempo, de plástico, cóctel Molotov, de profundidad (carga), granada. Bomba de cobalto.
4. Bomba de aviación. Envoltura metálica, carga explosiva (trinitrotolueno), aletas estabilizadoras, detonador, espoleta, e. de percusión, e. de tiempo, percutor (v. 1).
5. Bomba atómica. Bomba de fisión, carga de plutonio o uranio 235, envoltura de plomo, tabique de berilio, paracaídas; fisión, fusión, masa crítica, reacción en cadena. *Bomba de hidrógeno, bomba nuclear de fusión o bomba termonuclear:* Explosivo nuclear, detonador de la bomba nuclear, pantalla, hidrógeno líquido, isótopos del hidrógeno líquido, megatón, kilotón (v. 1).
6. Bombardeo. Ataque*, agresión, incursión, lanzamiento, ofensiva, castigo, fuego, destrucción*, aniquilación, arrasamiento, amenaza, alarma, atentado, cañoneo, ametrallamiento, bombazo, explosión*, estallido, voladura.
7. Bombardear. Arrasar, atacar*, lanzar, agredir, castigar, incursionar, amenazar, atentar, aniquilar, destruir*, cañonear, ametrallar, demoler, hostigar.
8. Bomba hidráulica. Aparato*, artefacto, mecanismo para elevar líquidos, sacabuche, mecanismo aspirante, impelente. *Clases:* bomba aspirante, impelente, aspirante-impelente, de émbolo, de vapor, de brazo, eléctrica, contra incendios, rotativa, neumática, de doble efecto, de efecto simple, de engranajes, de cadena,

de membrana, de aletas, turbobomba, bomba Mamut.

9. Partes. Cilindro, tuberías, tubo de aspiración, t. de impulsión, émbolo, válvulas, v. de succión, v. de compresión, filtro, brazo o palanca motor.

10. Bombear. Extraer*, trasvasar, vaciar*, sacar, impulsar, empujar*, impeler, desagotar, succionar.
V. ARTILLERÍA, PROYECTIL, TIRO, ARMA, APARATO.

bombacha(s), bombacho(s). Prenda, calzón, vestimenta*. V. PANTALÓN 1.

bombarda. Mortero, cañón, pieza de artillería. V. ARTILLERÍA 5.

bombardear. V. BOMBA 7.

bombardeo. V. BOMBA 6.

bombazo. V. BOMBA 6.

bombear. V. BOMBA 10.

bombeo. Extracción, trasvase, vaciado*. V. BOMBA 10.

bombero. Experto, auxiliar, miembro de un cuerpo. V. INCENDIO 5.

bombilla. Lamparilla, bulbo, globo. V. LÁMPARA 3.

bombín. Galera, hongo, prenda. V. SOMBRERO 1.

bombo. 1. Tambor, caja, timbal. V. INSTRUMENTO MUSICAL 5.
— **2.** Loa, exageración, importancia. V. ADULACIÓN 1, FANFARRONERÍA 1.

bombón. Chocolate*, golosina, dulce. V. CONFITERÍA 2.

bombona. Botellón, recipiente, vasija. V. RECEPTÁCULO 3.

bonachón. Amable, sencillo, inocente*. V. BONDAD 3.

bonancible. V. BONANZA 3.

BONANZA. 1. Escampada, quietud, tranquilidad*, calma, mejoría, sereno, paz, suavidad, placidez, reposo, calma chicha, inmovilidad, aplacamiento, tersura.
— **2.** Progreso, auge, bienestar. V. PROSPERIDAD 1.
3. Bonancible. Escampado, despejado, encalmado, sereno, claro*, raso, estrellado, limpio*, tranquilo, suave, hermoso, quieto, liso, terso, bueno, apacible, plácido, cálido, templado, benigno, agradable.
4. Abonanzar. Despejar, escampar, aclarar el cielo, calmar, mejorar*, aplacarse, levantar, serenar, abrir, limpiar, tranquilizar, aquietar, encalmar, apaciguar.
Contr.: Tormenta*, tempestad, ciclón*.
V. METEOROLOGÍA, NUBE, VIENTO, ATMÓSFERA.

BONDAD. 1. Benevolencia, benignidad, desinterés, generosidad*, amor*, cariño, afecto, altruismo, abnegación, compasión*, piedad, humanidad, indulgencia, clemencia, virtud, nobleza, caridad, misericordia, perdón*, esplendidez, desprendimiento, renuncia, entrega, sacrificio*, educación, amabilidad*, cortesía, cordialidad,

gracia, dulzura, gentileza, excelencia, magnanimidad, tolerancia*, lenidad, blandura, pasividad, corazón, filantropía, simpatía*, afabilidad, sencillez, fidelidad, perfección*, obediencia*, mansedumbre, docilidad, sumisión.
— **2.** Excelencia, superioridad, corrección. V. PERFECTO 2.
3. Bondadoso. Benigno, bueno, magnánimo, benévolo, generoso*, desinteresado, cariñoso, amable*, considerado, afectuoso, amoroso*, altruista, abnegado, clemente, virtuoso, humano, piadoso, compasivo*, sacrificado*, desprendido, bienhechor, espléndido, caritativo, filántropo, noble, gentil, dulce, gracioso, cordial, tolerante*, simpático*, afable, educado, complaciente, bonachón, indulgente, excelente, fiel, sencillo, obediente*, inocente*, manso, dócil, sumiso, maternal, paternal.
4. Ser bondadoso. Favorecer, beneficiar*, sacrificarse*, privarse, dar, ofrecer, sufrir, renunciar, regalar*, entregarse, ayudar*, socorrer*, amparar, proteger*, aliviar, perdonar*, enternecerse, apiadarse, encariñarse, amar, simpatizar*, obedecer*.
Contr.: Maldad, vileza*, crueldad*.
V. AMOR, GENEROSIDAD, AMABILIDAD, SIMPATÍA, AYUDA, SACRIFICIO, COMPASIÓN, OBEDIENCIA, INOCENCIA, PERDÓN.

bondadoso. V. BONDAD 3.

bonete. Gorro, boina, birrete. V. SOMBRERO 1.

bongó. Tamboril, tambor antillano, instrumento de percusión. V. INSTRUMENTO MUSICAL 5.

boniato. Batata, raíz, planta. V. TUBÉRCULO 3.

bonificación. Rebaja, descuento, beneficio*. V. BARATO 3.

bonificar. V. bonificación.

bonito. 1. Agraciado, bello, lindo. V. HERMOSURA 3.
— **2.** Atún, acantopterigio, pescado azul. V. PEZ 9.

bono. Papeleta, vale, comprobante. V. COMPROBAR 3.

bonzo. Religioso, santón, monje budista. V. SACERDOTE 4.

boñiga. Estiércol, heces, guano. V. ABONO 3, EXCRECIÓN 3.

boom. *ingl* Apogeo, éxito, auge. V. PROSPERIDAD 1.

boqueada. Resuello, jadeo, ahogo. V. RESPIRACIÓN 1.

boquear. Resollar, jadear, respirar. V. RESPIRACIÓN 2.

boquerón. Anchoa, sardina, pescado azul. V. PEZ 8.

boquete. Orificio, perforación, abertura. V. AGUJERO 1.

boquiabierto. Alelado, embobado, aturdido. V. ASOMBRO 3.

boquilla. Cánula, canuto, cilindro. V. TUBO 1.

borbotear. Burbujear, espumajear, borboritar. V. HERVIR 1.

borboteo. Burbujeo, ebullición, hervor. V. HERVIR 2.

borbotón. Burbuja, borboteo, burbujeo. V. HERVIR 2.

borceguí. Escarpín, botín, bota. V. CALZADO 1.

borda. Balaustrada, baranda, pasamanos. V. BARCO 8.

BORDADO. 1. Labor de aguja, costura*, recamado, entredós, vainica, encaje*, puntilla, filtiré, pasamanería, adorno*, cordoncillo, artesanía, entorchado, hilván, tira*, ribeteado, festoneado, cosido, bordadura, calado.
2. Clases. Bordado de realce, de relieve, de escarapela, de nudo, de Holbein, de coral, de canutillo, de cadeneta levantada, de tambor, plano, inglés, pasadillo, festón, entredós, canario, mallorquín, rumano, Richelieu, lagartera, punto, p. sombra, p. de cruz, p. plomo, de uña, de cordón, de espiga, de escapulario.
3. Útiles. Bastidor, tambor, marcador, tijeras, aguja, hilo, cañamazo, dibujo, trazado, patrón, abalorio, mostacilla, lentejuela, canutillo.
4. Acción. Bordar, recamar, coser, marcar, labrar, festonear, estofar, embastar, trepar, adornar*, calar, ribetear, hilvanar.
V. ENCAJE, COSTURA, ADORNO, TIRA.

bordar. V. BORDADO 4.

BORDE. 1. Arista, margen, orilla, banda, canto, costado, contorno, exterior, lado*, periferia, derredor, circunferencia, vera, bordillo, esquina*, acera, chaflán, linde, límite*, tope, ángulo*, unión*, comisura, extremo, fin*, final, término, remate, arcén, guarda, guarnición, frontera, franja, faja, orla, zona*, línea*, reborde, refuerzo, ruedo, cresta, saledizo, alero, cornisa, saliente, labio, espolón, prominencia, punta*, relieve, resalte, realce, abultamiento*, festón, solapa, ribete, nervadura, rebaba, cenefa, adorno*, pestaña, moldura, vivo, friso, flanco, lateral, perfil, mano, ala, anverso, reverso.
2. Bordear. Contornear, circundar, limitar*, flanquear, orillar, colindar, confinar, tocarse, rayar, ladear, circunvalar, rodear, zigzaguear, serpentear, alejarse, desviarse, separarse*, esquivar, eludir, rehuir.
3. Del borde. Lateral, marginal, final*, terminal, extremo, limítrofe*, lindero, frontero, saliente, ribeteado.
Contr.: Centro*, núcleo, interior.
V. LADO, FIN, UNIÓN, ZONA, LÍMITE, ÁNGULO, PUNTA, ESQUINA, ADORNO, TIRA.

bordear. V. BORDE 2.

bordillo. V. BORDE 1.

bordo (a). Embarcado, en el buque, en el barco. V. BARCO 1.

bordón. 1. Cayado, vara, palo. V. BASTÓN 1.
— **2.** Repetición, estribillo, verso. V. POESÍA 4.
— **3.** Cuerda gruesa, c. grave, tripa. V. GUITARRA 2.

bordonear. Rasguear, pulsar, tocar. V. GUITARRA 3.

boreal. Norte, ártico, septentrional. V. GEOGRAFÍA 4.

borla. Pompón, bolita, colgante. V. ADORNO 1.

borne. Terminal, conexión, tornillo. V. UNIR 11.

borra. 1. Lanilla, pelusa, guata. V. TELA 11.
— **2.** Poso, sedimento, resto. V. RESIDUO 1.

BORRACHERA. 1. Ebriedad, curda, embriaguez, achispamiento, mona, alcoholismo, dipsomanía, beodez, emborrachamiento, temulencia, delírium trémens, merluza, cogorza, moña, turca, tablón, tranca, manta, trompa, melopea, tajada, papalina, pítima, zamacuco, bomba, alegría, mareo, indisposición*, resaca.
2. Borracho. Bebido, beodo, temulento, ebrio, embriagado, emborrachado, alegre, alcoholizado, bebedor, dipsómano, curda, mamado, mareado, alumbrado, borrachín, pellejo, cuba, odre, bacante, catavinos, achispado, alumbrado, calamocano, ahumado, indispuesto*.
3. Emborracharse. Beber, embriagarse, alcoholizarse, achisparse, alegrarse, tomar, mamarse, marearse, encurdelarse, alumbrarse, catar, probar, ahumarse, indisponerse*, encandilarse, empinar el codo, subirse a la cabeza, pescar una merluza, dormir la mona, tener resaca.
Contr.: Sobriedad, templanza, abstinencia, moderación*.
V. BEBIDA, VINO, INDISPOSICIÓN.

borracho. V. BORRACHERA 2.

borrador. Apunte, proyecto, esbozo. V. ESCRIBIR 3, PLAN 1.

borrar. Corregir, suprimir, tachar. V. ANULAR 1.

borrasca. Tempestad, galerna, temporal. V. TORMENTA 1.

borrascoso. Inclemente, turbulento, tempestuoso. V. TORMENTA 4.

borrego. 1. Ternasco, cordero, ovino. V. OVEJA 1.
— **2.** Sumiso, calzonazos, timorato. V. TIMIDEZ 2.

borrico. 1. Burro, jumento, asno. V. CABALLERÍA 12.
— **2.** Torpe, zopenco, ignorante*. V. BRUTO 2.

borrón. Chafarrinón, marca, suciedad. V. MANCHA 1.

borronear. Manchar, emborronar, ensuciar. V. MANCHA 5.

borroso. Impreciso, velado, opaco*. V. TURBIO 1.

boscaje. V. BOSQUE 1.

boscoso. V. BOSQUE 4.

BOSQUE. 1. Arboleda*, espesura, floresta, enramada, selva (v. 3), jungla, manigua, pantano, taiga, fronda, frondosidad, boscaje, algaida, arbolado, follaje, parque, p. nacional, reserva, oasis, palmar, vergel, jardín*, macizo, seto, ramaje, verde, verdor, zarzal, monte, soto, monte bajo, monte alto, hojarasca, broza, coscoja, matorral*, maleza, carrascal, chaparral (v. 2).
2. Clases. Pinar, encinar, robledal, fresneda, castañar, olivar, alameda, avellanal, madroñal, manzanal, naranjal, limonar, etc. (v. árbol 10).

3. Selva. Espesura, jungla, boscaje, manigua, fronda (v. 1), selva virgen, s. ecuatorial. *Elementos:* bejuco, liana, enredadera, maleza, matorral*, liquen, helecho, hongo, orquídea, claro, remanso, abrevadero, estación seca, e. de las lluvias. *Árboles:* ébano, caobo, secoya o secuoya, mangle, acacia, baobab, abeto, encina, cedro, pino, palmera, cocotero, plátano, banano, okume, teca, palisandro, campeche. *Fauna:* mono*, pantera, tigre, leopardo, ardilla, iguana, lagarto, serpiente*, loro, guacamayo, tucán, colibrí o pájaro mosca, araña, escorpión*, insectos*, mosquito*, tábano, sapo, piraña. *Selvas:* Amazonas, Centroamérica, Indochina, Nueva Guinea, Congo, África Ecuatorial.
4. Boscoso, forestal. Frondoso, selvático, tupido, espeso, cerrado, denso, fértil, impenetrable, enmarañado, exuberante, poblado, agreste, lujuriante, silvestre, inculto, rústico, abrupto, inhóspito; forestal, maderero*.
5. Varios. Silvicultura, repoblación, r. forestal, cultivo, vivero, claro, calva, calvero, cortafuego, tala, poda, desmonte.
6. Personas. Silvicultor, ingeniero de montes, i. agrónomo, capataz, guarda, guardabosque, guarda forestal, ayudante, leñador, hachero, podador, jornalero, peón, leñero, talador. *Mitología:* fauno, sátiro, dríada, hamadríada, oréada, ninfa, náyade.
Contr.: Desierto, campo*.
V. ÁRBOL, MADERA, VEGETAL, MATORRAL.
bosquejar. 1. Diseñar, delinear, esbozar. V. DIBUJO 5.
— **2.** Concebir, idear, planificar. V. PLAN 3.
bosquejo. 1. Croquis, esbozo, esquema. V. DIBUJO 1.
— **2.** Idea, proyecto, concepción. V. PLAN 1.
bosta. Boñiga, excremento de ganado, fiemo. V. ABONO 1.
bostezar. Desentumecerse, desperezarse, despertar. V. ESTIRAR(SE) 2.
bostezo. Aspiración, boqueada, suspiro. V. RESPIRACIÓN 1.
bota. 1. Botín, borceguí, zapato alto. V. CALZADO 1.
— **2.** Odre, cuero, cuba. V. RECEPTÁCULO 1, BARRIL 1.
botadura. Apadrinamiento, lanzamiento de un barco*, ceremonia. V. LANZAR 3.
botánica. Flora, agronomía, agricultura*. V. VEGETAL 23.
botánico. 1. Agrónomo, fitólogo, especialista. V. VEGETAL 25.
— **2.** Agronómico, litológico, agrícola*. V. AGRICULTURA 9.
botar. 1. Brincar, rebotar, impulsar. V. SALTO 5.
— **2.** Apadrinar un buque, echar, impulsar. V. LANZAR 1.
botarate. Majadero, necio, atolondrado. V. TONTO 1.
botavara. Pértiga, percha, palo*. V. BARCO 14.

BOTE. 1. Canoa, piragua, barca, lancha, barquichuelo, barco*, embarcación, e. menor, esquife, bote deportivo (v. 7), falúa, kayak, K-1, K-2, K-4, batel, ballenera, chalupa, trainera, chinchorro, góndola, motora, gasolinera, lancha de motor, bote de goma, b. salvavidas, b. neumático, barcaza, pinaza, lanchón, gabarra, pontón, chalana, dorna, patache, lugre, queche, yola, yate, balsa, jangada, almadía.
— **2.** Lata, tarro, recipiente. V. ENVASE 1.
— **3.** Brinco, rechazo, rebote. V. SALTO 1.
4. Partes. Proa (roda), castillo, popa (espejo), timón (caña, pala), quilla, cámara, chupeta, bancada, cuadernas, palmejares, falca, regala, tolete, pie de amigo, boza, remo (mango, talón, vástago, pala, hoja), paleta, pala, espadilla.
5. Personas. Botero, barquero, marinero, lanchero, batelero, remero, gondolero, deportista*, sirgador, pescador*, patrón, timonel, proel.
6. Acción. Remar, bogar, sirgar, avanzar, impulsar, ciar, retroceder, estrepar, amarrar, fondear, atracar, salir. Estrepada, inmersión, salida, repaleo, tirón, retorno (v. navegación*, regatas*).
7. Botes deportivos. Piragua (v. 8), canoa, canoa canadiense, kayak (v. 8), «outrigger» (v. 9), esquife, yola, trainera (v. 10), ballenera.
8. Piragua. *Canoa:* canoa canadiense (C-1, C-2, C-8); apoyo, a. de pie delantero, cojín de rodilla, apoyo de pie trasero, quilla anterior, pala de una hoja. *Kayak:* K-1, K-2, K-4, cubierta, pozo de asiento, apoyo de los pies, barra de dirección, cables, timón, pala de dos hojas, pagaya. Remeros, jueces de salida, j. de llegada, árbitros, cronometradores. *Competición:* Regata, sorteo, pesaje, salida, eslalon, descenso, línea de salida, calle, bandera, boya, meta (v. 1)
9. Outrigger. «Outrigger» single, doble, cuatro, ocho, con timonel, sin t., asiento móvil, bancada, estribo, «outrigger» o soporte exterior de remo, escálamo o tolete, gobierno de pedal, cables, timón, megáfono, corredera, chumacera, gavilán, quilla.
10. Trainera. Remeros (12), patrón, proel. Estrepada, champa o «sprint».
11. Motonáutica. Bote de motor*, motora, gasolinera, lancha, l. automóvil, motor fuera borda, línea de salida, bandera, boya, meta.
V. BARCO, NAVEGACIÓN, REGATAS.
BOTELLA. 1. Frasco, envase*, recipiente, receptáculo*, vaso, vasija, redoma, cantimplora, pote, tarro, casco, botellón, botellín, biberón, ampolla, ampolleta, vial, jarrillo, cristal*, jarra, jarrón, cántaro, crátera, ánfora, cacharro, porrón, sifón, bombona, garrafa, damajuana, castaña, contenedor, alcuza, aceitera*, vinagrera, tintero.
2. Partes. Boca, cuello (gollete), cuerpo, base, culo, etiqueta, tapón*, corcho, precinto, vidrio, cristal*.

3. Embotellar. Llenar, envasar, dosificar, colmar, fraccionar, introducir, preparar, meter, rebosar, taponar, tapar; vaciar, desagotar.

4. Botellero. Casquero, trapero, basurero, chamarilero, quincallero, tripicallero, ropavejero, mercachifle, comerciante*. V. ENVASE, RECEPTÁCULO, CRISTAL.

botellazo. Golpazo, trastazo, castigo*. V. GOLPE 6.

botellero. V. BOTELLA 4.

botellón. V. BOTELLA 1.

botero. V. BOTE 5.

botica. Establecimiento farmacéutico, apoteca, droguería. V. FARMACIA 1.

boticario. Licenciado, droguero, farmacéutico. V. FARMACIA 8.

botijo. Vasija, cántaro, recipiente. V. RECEPTÁCULO 3.

botín. 1. Borceguí, bota, zapato alto. V. CALZADO 1.

— **2.** Rapiña, pillaje, tesoro. V. ROBO 1.

botiquín. Mueble, estante para medicamentos; medicinas caseras. V. ARMARIO 1, MEDICAMENTO 11.

botón. 1. Pieza, botonadura, corchete. V. BROCHE 1.

— **2.** Pulsador, tecla, mando. V. INTERRUPTOR 1.

— **3.** Brote, yema, capullo. V. FLOR 6.

botones. Recadero, chico. V. SERVIDOR 1.

boutique. *fr* Establecimiento, tienda de modas, bazar. V. TIENDA 1.

BÓVEDA. 1. Arquería, arcada, arco, cúpula, ábside, domo, cimborrio, embovedado, bovedilla, ojiva, cripta, medio punto, vuelta, cascarón, luneta, esquife, curvatura, curva*, corredor, galería* (v. 2).

2. Clases. Bóveda de arista, estrellada, tabicada, rebajada, gótica, ojival, de ojivas (crucería), románica, bizantina, vaída, gallonada, apuntada, de arista, peraltada, de cañón, de cruz, esquifada, de media naranja (cúpula).

3. Partes. Dovela, clave, contraclave, hilada, salmer, línea de imposta, trasdós, intradós, extradós, rosca, cimbra, cúpula, ábside, cimborrio, tambor, linterna, rosetón, ojo, claraboya, ventanal*, pechina, copa, estribo, arbotante, costilla, sillar, nervio, gálibo, archivolta, medio punto, media naranja, luneta, seno, arranque, vértice, flecha, luz, peralte, cincho, camón, aristón, capialzo, contrafuerte, arbotante, techo*.

4. Acción. Abovedar, embovedar, peraltar, cubrir, voltear, enjutar, apuntalar, reforzar, apoyar, techar*.

5. Abovedado. Arqueado, curvo*, combado, hueco*, embovedado, peraltado, cubierto, reforzado, techado*.

V. ARCO, CURVA, TECHO, GALERÍA, TEMPLO, ARQUITECTURA, CASA.

bóvido. Res, rumiante, vacuno. V. VACA 1, TORO 1.

bovino. V. bóvido.

bowling. *ingl* Deporte*, juego*, competición. V. BOLOS 3.

boxeador. V. BOXEO 2.

boxear. V. BOXEO 6.

BOXEO. 1. Pugilismo, pugilato, pelea*, lucha*, combate, contienda, enfrentamiento, deporte*, competición, pugna, «match», puñetazos, golpes*, esgrima de puños.

2. Boxeador. Pugilista, púgil, contendiente, combatiente, adversario, contrario, enemigo*, rival*, luchador*, peleador*, deportista*, atleta*, competidor, antagonista. Otros: Jueces, árbitros, cronometradores, segundo o mánager, cuidadores, «sparring». *Boxeadores:* Sullivan, Corbett, Dempsey, Carpentier, Max Schmeling, Joe Louis, Primo Carnera, «Sugar» Robinson, Cassius Clay, Uzcudum, Carrasco, Urtain, Velázquez, Carlos Monzón, Fred Galiana, Mike Tyson.

3. Categorías, pesos. Mosca (hasta 51 kg), gallo (h. 54 kg), pluma (h. 57,5 kg), ligero (h. 61,5 kg), wélter o medio-mediano (h. 67 kg), mediano (h. 73 kg), semipesado (h. 79,9 kg), pesado (más de 80 kg).

4. Cuadrilátero. «Ring», cuerdas, lona, piso, postes, esquinas, campana, gong, caja de arena. *Equipo:* Calzón corto, camiseta, bata, botas, guantes acolchados, vendajes, protector de dentadura.

5. Combate. Asaltos o «rounds» (vueltas, rondas), fuera de combate o «knockout» (k.o.), combate nulo, victoria por puntos, por abandono, por inferioridad, descalificación, posición de guardia, esquiva, golpes, parada o bloqueo, directo, «crochet», «jab», «swing», gancho, «uppercut», juego de piernas, cuenta (diez segundos), finta, boxeo a distancia, cuerpo a cuerpo, golpe bajo. *Voces:* «Time!», «break!», «out!», «stop!»

6. Boxear. Disputar, pelear*, luchar*, competir, combatir, contender, enfrentarse, rivalizar*, darse puñetazos, golpes*, bofetadas*, tortas, zurrarse, atizarse, lanzar un gancho (v. 5), contar, vencer por k.o., noquear, derribar, derrotar*, vencer, dormir, vencer por puntos, fintear, esquivar, hacer sombra, protegerse, resguardarse, cerrar la guardia, parar o bloquear, abandonar, tirar la toalla, descalificar.

V. GOLPE, DEPORTE, LUCHA, PELEA.

boya. Marca, baliza, señal*. V. INDICADOR 1.

boyante. Acomodado, floreciente, rico. V. PROSPERIDAD 3.

boyero. Boyerizo, pastor, conductor. V. GANADO 8.

boy scout. *ingl* Joven excursionista, explorador, guía. V. VIAJE 4.

bozal. Correaje, dogal, trailla. V. PERRO 4.

bozo. Pelusa, vello, bigote. V. PELO 1.

bracear. Menear, balancear, mover los brazos. V. BRAZO 4.

bracero. Labriego, peón, jornalero. V. TRABAJO 5.

braga. V. bragas.

bragado. Resuelto, valiente, enérgico. V. OSA-DÍA 3.

bragas. Prenda, pantalón, calzón. V. VESTIMEN-TA 3.

bragazas. Calzonazos, pusilánime, apocado. V. TIMIDEZ 2.

braguero. Prótesis, sujetador, aparato. V. ORTO-PEDIA 3.

bragueta. Abertura, botonadura, hendedura. V. PANTALÓN 2.

brahmán. Santón, religioso, noble hindú. V. SA-CERDOTE 4.

bramante. Cordón, cordel, filamento. V. CUER-DA 1.

bramar. Berrear, aullar, rugir. V. GRITO 4.

bramido. Berrido, aullido, mugido. V. GRITO 1.

brandy. *ingl* Coñac, licor, aguardiente. V. BEBI-DA 2.

branquia. Agalla, órgano, membrana respiratoria. V. RESPIRACIÓN 4.

brasa. Ascua, lumbre, rescoldo. V. FUEGO 2.

brasero. Estufa, calentador, fuego*. V. CALEFAC-CIÓN 2.

bravata. Valentonada, jactancia, alarde. V. FAN-FARRONERÍA 1.

bravío. Fiero, indómito, salvaje. V. REBELDE 1.

bravo. 1. Valeroso, audaz, esforzado. V. OSADÍA 3.

— **2.** Irritable, salvaje, impetuoso. V. VIOLEN-CIA 5.

¡bravo! ¡Espléndido!, ¡viva!, ¡muy bien! V. EX-CLAMACIÓN 7.

bravucón. Valentón, matón, fanfarrón. V. FAN-FARRONERÍA 2, 3.

bravuconería. Bravata, chulería, valentonada. V. FANFARRONERÍA 1.

bravura. Valentía, ímpetu, coraje. V. OSADÍA 1.

brazada. 1. Meneo, ademán, oscilación de brazos. V. BRAZO 5.

— **2.** Haz, abundancia*, carga*. V. CANTIDAD 3.

brazalete. 1. Faja, símbolo*, distintivo. V. TIRA 1.

— **2.** Argolla, pulsera, alhaja. V. ARO 1.

BRAZO. 1. Miembro, m. superior, extremidad, remo, apéndice, órgano, brazuelo, pata; hombro.

2. Partes. Hombro, axila o sobaco, brazo, molledo, codo, sangradura, antebrazo, muñeca, pulso, mano*, dedos*.

3. Anatomía. *Huesos.* Hombro: omóplato u omoplato, clavícula. Brazo: húmero. Antebrazo: cúbito, radio. Mano: carpo, metacarpo, falanges, falanginas, falangetas. Articulación*, del hombro, del codo, de la muñeca, de los dedos. *Músculos.* Hombro: deltoides, subescapular, trapecio. Brazo: bíceps, tríceps, coracobraquial. Antebrazo: flexores, abductores, extensores y aductores, palmares. Mano: lumbricales, extensores, flexores. *Arterias y nervios.* Arteria humeral, cubital, radial. Nervio mediano, cubital, radial.

4. Acción. Abrazar*, estrechar, rodear, abarcar, abrir, enlazar, tender, extender, doblar, blandir, arrojar, bracear, mover, gesticular, accionar, agitar, cruzar, acodarse, codearse, desperezarse, cerrar, estrujar, balancear, echar un pulso, ponerse en jarras, poner en cruz.

5. Brazada. Meneo, oscilación, movimiento* de brazos, ademán, gesto*, impulso, envión, seña, señal, contorsión, actitud, manotada.

6. Varios. Manga, cabestrillo, manco, manquera, muñón, brazalete, hombrera, muñequera, guante.

7. Expresiones. A brazo partido, en brazos de Morfeo, el brazo derecho, con los brazos cruzados, no dar su brazo a torcer, el brazo secular, el brazo de la Ley, de brazos caídos, dar el brazo, brazo de Dios, brazo de mar, brazo de gitano.

V. MANO, DEDO, APÉNDICE, CUERPO, HUESO, MÚSCULO.

brea. Betún, pez, alquitrán. V. PETRÓLEO, COMBUSTIBLE 2.

brebaje. Poción, potingue, pócima. V. BEBIDA 5.

brecha. Grieta, abertura, agujero*. V. HENDEDURA 1.

brécol. Repollo, berza, col. V. HORTALIZA 2.

brega. 1. Afán, trabajo, trajín. V. ESFUERZO 1.

— **2.** Lucha, riña, pugna. V. PELEA 1.

bregar. 1. Esforzarse, afanarse, trajinar. V. ESFUERZO 3.

— **2.** Pugnar, forcejear, luchar. V. PELEA 2.

breña. Maleza, boscaje, aspereza. V. MATORRAL 1.

brete. Aprieto, dilema, apuro. V. DIFICULTAD 1.

breva. 1. Higo, fruta, bayoco. V. FRUTO 5.

— **2.** Ocasión, oportunidad, beneficio*. V. GANGA 1.

BREVE. 1. Corto, resumido, parco, abreviado (v. 2), escaso, exiguo, falto, pequeño*, transitorio, temporal, fugitivo, pasajero, fugaz, limitado*, efímero, momentáneo, perecedero, mortal, precario, coyuntural, instantáneo*, repentino*, súbito, pronto, rápido*, provisional, accidental; circunstancial*, interino.

— **2.** *Abreviado*, breve, compendiado, sucinto, resumido, conciso, condensado, reducido, escaso, simplificado, sintetizado, extractado, lacónico, sumario, seco, sintético, escueto, sobrio.

3. Brevedad. Cortedad, escasez, exigüidad, pequeñez, falta, transitoriedad, precariedad, fugacidad, ligereza, fragilidad, instantaneidad*, limitación*, interinidad, provisionalidad, prontitud, rapidez*, celeridad, abreviación*, condensación, concisión, resumen, laconismo, parquedad, síntesis, simplificación, escasez, sobriedad, sequedad, reducción.

4. Hacer breve. Acortar, reducir, disminuir*, empequeñecer, aminorar, menguar, descender, bajar, limitar*, restringir; abreviar*, compendiar, resumir, condensar, simplificar, sintetizar, extractar; activar, urgir*, acelerar, apurar, apresurar, estimular; avivar.

Contr.: Largo*, prolongado, aumentado; farragoso; lento*.

V. ABREVIADO, REPENTINO, RÁPIDO, INSTANTÁNEO, CIRCUNSTANCIAL, LIMITADO, DISMINUCIÓN.

brevedad. V. BREVE 3.

breviario. Misal, epítome, compendio. V. LIBRO 7.

brezo. Arbusto, mata, planta. V. ÁRBOL 9.

bribón. Granuja, truhán, tunante. V. PILLO 1.

bribonada. Trastada, jugarreta, canallada. V. PILLO 3.

brida. Rienda, arnés, ronzal. V. CABALLO 14.

BRIDGE. *ingl* **1.** Juego*, j. de naipes*, de baraja, de cartas, de azar, de sociedad.

2. La partida. Cuatro jugadores, 52 cartas, naipes* franceses, compañías, norte, sur, este, oeste. Mano, juego, baza, triunfo, declaración, paso, doblo, redoblo; declarar, montar.

V. NAIPES, JUEGO, DIVERSIÓN, AZAR.

brigada. 1. Hueste, tropa, división. V. EJÉRCITO 4.

— **2.** Cuadrilla, trabajadores*, grupo*. V. EQUIPO 3.

brigadier. Jefe*, general, militar. V. EJÉRCITO 7.

brillante. 1. V. BRILLO 2.

— **2.** Diamante, piedra fina, joya*. V. PIEDRA PRECIOSA 3.

— **3.** Destacado, genial, admirable. V. SUPERIOR 1.

brillantemente. Genialmente, admirablemente, destacadamente. V. SUPERIOR 2.

brillantez. 1. Distinción, genialidad, predominio. V. SUPERIOR 4.

— **2.** V. BRILLO 1.

brillantina. Asentador, vaselina, cosmético. V. PELO 11.

brillar. 1. V. BRILLO 3.

— **2.** Sobresalir, predominar, distinguirse. V. SUPERIOR 6.

BRILLO. 1. Resplandor, lustre, fulgor, luz*, claridad, esplendor, centelleo, destello, reflexión, refracción, refulgencia, reflejo, iluminación, luminosidad, relámpago, relampagueo, rayo*, chispazo, chisporroteo, irradiación, radiación, emisión, lucero, chispeo, fosforescencia, luminiscencia, fluorescencia, barniz, pátina, esmalte, tersura, vislumbre, titilación, cabrilleo, espejeo, viso, tono, irisación, iridiscencia, tornasol, ascua, fuego*, llama, lumbre, halo, aureola, corona, nimbo, albor, oropel, deslumbre, brillantez, reverbero, oriente, pureza, limpidez, bruñido, pulido*, pulimento, charolado, limpieza*, lisura, enchapado, dorado, plateado, niquelado, metalizado*, esmerilado. Superioridad, preeminencia, supremacía (v. superior 4).

2. Brillante. Resplandeciente, deslumbrante, centelleante, cegador, reluciente, fulgurante, rutilante, esplendente, nítido, bruñido, pulido*, destellante, claro*, lustroso, reflejado, refractado, luminoso, iluminado, refulgente, relumbrante, relampagueante, llameante, chispeante, chisporroteante, radiante, lucido, fosforescente,

luminiscente, fluorescente, titilante, espejeante, irisado, anacarado, tornasolado, perlado, aureolado, alumbrado, coruscante, satinado, reverberante, puro, límpido, limpio*, charolado, terso, liso, patinado, barnizado, pintado, esmerilado, enchapado, bañado, metalizado, plateado, dorado, niquelado, argénteo, áureo. Superior*, destacado, distinguido (v. superior 1).

3. Brillar. Centellear, refulgir, relumbrar, resplandecer, fulgurar, cegar, relucir, encandilar, deslumbrar, molestar, velar, enceguecer, clarear, destellar, chisporrotear, esplender, llamear, relampaguear, iluminar, refractar, reflejar, reverberar, fosforescer, lucir, radiar, irradiar, emitir, lanzar, chispear, titilar, irisar, espejear, aureolar, clarear, perlar, alumbrar, cabrillear, rielar, rutilar, avivar, fucilar, fulgir. Superar, descollar, predominar (v. superior 6).

4. Abrillantar. Pulir*, pulimentar, dar brillo, alisar, bruñir, frotar*, restregar, suavizar, esmerilar, lijar, barnizar, afinar, pintar*, esmaltar, encerar, lustrar, untar*, endurecer, patinar, matizar, bañar, dorar, platear, niquelar, metalizar*, recubrir*, charolar, limpiar*, avivar, irisar, perlar, tornasolar.

Contr.: Opaco*, mate, velado.

V. LUZ, CLARIDAD, LISO, PULIDO, LIMPIO, FUEGO, FROTAR.

brincar. Retozar, rebotar, impulsarse. V. SALTO 5.

brinco. Bote, cabriola, pirueta. V. SALTO 1.

brindar. Dedicar, augurar, prometer. V. FELICITAR, OFRECER.

brindis. Dedicatoria, ofrecimiento, augurio. V. OFRECER 4, FELICITACIÓN 1.

brío. Energía, ímpetu, empuje. V. ÁNIMO 1.

brioso. 1. Pujante, impetuoso, vigoroso*. V. ÁNIMO 3.

— **2.** Gallardo, apuesto, gentil. V. GARBO 2.

brisa. Airecillo, céfiro, soplo. V. VIENTO 1.

brisca. Juego de cartas, de baraja, de naipes*. V. TUTE 2.

británico. Anglo, inglés, sajón. V. EUROPEO 2.

brizna. Partícula, hebra, hierba*. V. INSIGNIFICANTE 3.

broca. Trépano, barrena, agujero*. V. TALADRO 1.

brocado. Tejido, seda, bordado*. V. TELA 6.

brocal. Pretil, parapeto, antepecho. V. PARED 1.

brocatel. V. brocado.

brocha. Pincel, cerdamen, escobilla. V. ESCOBA 1.

BROCHE. 1. Prendedor, alfiler, pasador, gancho, garfio, uña, gafa, grapa, laña, unión*, acoplamiento*, articulación*, botón, corchete, botonadura, automático, presilla, gemelo, sujetador, cierre, fiador, hebilla, fíbula, joya*, imperdible, aguja, hierro*, clavo, traba, pieza*, cremallera, cierre relámpago.

2. Abrochar. Abotonar, prender, sujetar, ajustar, acoplar*, sostener, ceñir, unir*, trabar, articular, enganchar, asegurar, trincar.

Contr.: Soltar, separar.

V. UNIÓN, HIERRO, ARTICULACIÓN, ACOPLA-
MIENTO, PIEZA; JOYA.
brócol, brócul, bróculi. V. brécol.
BROMA. 1. Chacota, guasa, chanza, chunga, chasco, filfa, mofa, befa, burla (v. 2), pega, pulla,
humorismo, comicidad*, chirigota, diversión*,
cuchufleta, chuscada, risa, jocosidad, zumba,
chiste, chascarrillo, agudeza, ocurrencia, salida,
humorada, truco, dicho, sutileza, ingeniosidad,
alegría*, humor, gracia, simpatía*, picardía, pillería*, camelo, gansada, payasada, bufonada,
chicoleo, enredo, juego*, recreo, entretenimiento, solaz, desahogo, gusto, fiesta*, jaleo,
jolgorio, placer* (v. 2).
2. Burla. Befa, mofa, chasco, guasa, chanza,
chufla, zumba, pulla, broma (v. 1), chunga,
chacota, choteo, pitorreo, cachondeo, broma-
zo, inocentada, novatada, jugarreta, cuchufleta,
chirigota, filfa, camelo, solfa, mojiganga, farsa,
escarnio, ludibrio, engaño*, vergüenza, ofensa*, desprecio*, humillación*, mortificación,
desdén, ridículo*, ridiculez, bochorno, socarronería, ironía*, sarcasmo, cinismo, sátira,
irrisión*, broma pesada, fisga, remedo, imitación, simulación*, parodia, mueca, morisqueta,
caricatura (v. 1).
3. Bromista. Chacotero, chancero, guasón,
divertido*, chirigotero, alegre*, chunguero,
zumbón, jocoso, risueño, sarcástico, burlón (v.
4), bufón, payaso, optimista, animado, jovial,
cachondo, jaranero, parlanchín, dicharachero,
ocurrente, ingenioso, humorístico, cómico*,
gracioso, simpático*, agudo, chistoso, sutil,
pícaro, pillo*, chusco, festivo, picante, camelista, caricaturesco, burlesco, picaresco, ganso,
chicolero, enredador, juguetón, entretenido,
placentero (v. 4).
4. Burlón. Mortificante, hiriente, socarrón, satírico, humillante*, guasón, sarcástico, irónico*,
cínico, divertido*, bromista (v. 3), escarnecedor,
engañoso*, ofensivo*, insultante, desdeñoso,
despreciativo*, ridiculizador, imitador, simulador*, remedador, mordaz, embromador (v. 3).
5. Burlado. Chasqueado, mortificado, herido,
escarnecido, corrido, desconcertado, avergonzado, engañado*, humillado*, desdeñado*,
despreciado*, ridiculizado*, abochornado,
embromado, ofendido*.
6. Bromear. Divertirse*, regodearse, solazarse,
chacotear, chancear, reírse, contar chistes, ocurrirse, alegrar*, mofarse, burlarse (v. 7), enredar, jalear, complacer, imitar, simular, parodiar,
remedar, entretener, chicolear, desahogarse,
sutilizar (v. 7).
7. Burlarse. Mofarse, chasquear, chancearse,
guasearse, reírse, escarnecer, cachondearse, pi-
torrearse, bromear (v. 6), chotearse, chacotear,
despreciar*, mortificar, humillar*, avergonzar,
ofender*, ridiculizar*, embromar, desdeñar,
abochornar, ironizar*, satirizar, parodiar, imitar,
caricaturizar, remedar, simular*, tomar el pelo,

dársela, pegársela, molestar, hostigar, chulearse, regodearse, estafar*, engañar* (v. 6).
Contr.: Tristeza, severidad, aflicción*.
V. ALEGRÍA, DIVERSIÓN, COMICIDAD, SIMPA-
TÍA, JUEGO, FIESTA; OFENSA, SIMULACIÓN,
IRONÍA, RIDÍCULO, HUMILLACIÓN, ENGAÑO.
bromatología. Dietética, nutrición, alimentación.
V. ALIMENTO 5.
bromear. V. BROMA 6, 7.
bromista. V. BROMA 3, 4.
bromuro. Calmante, sedante, tranquilizante. V.
DROGA 3.
bronca. Riña, trifulca; regaño. V. PELEA 1; RE-
PRENDER 2.
bronce. Latón, aleación, azófar. V. METAL 7.
bronceado. Tostado, atezado, cobrizo. V. MO-
RENO 1.
broncearse. Quemarse, dorarse, atezarse. V. MO-
RENO 2.
bronco. 1. Áspero, rudo, salvaje. V. TOSCO 1,
ANTIPATÍA 2.
— 2. Bajo, profundo, afónico. V. RONCO 1.
bronquio. Tubo, conducto respiratorio, ramificación. V. RESPIRACIÓN 4.
bronquitis. Enfermedad, dolencia, inflamación. V.
RESPIRACIÓN 7.
BROTAR. 1. Retoñar, germinar, florecer*, fructificar, emerger, aparecer, salir, surgir, fluir, manar,
vaciar*, desaguar, manifestarse, nacer*, originar*, revelarse, renovarse, iniciarse, gestarse,
desarrollarse*, crecer, medrar, madurar*, rendir, ofrecer, formarse*, principiar*.
2. Brote. Renuevo, vástago, capullo, retoño,
sarmiento, yema, pimpollo, botón, flor*, pezón, vegetal*, cogollo, pámpano, rama, tallo,
ramificación, germen, reveno, rebrote, hijuelo,
esqueje, gajo, injerto*, mugrón, pella, embrión,
semilla*, nacimiento*, grano, rudimento, huevo*. Principio*, inicio.
— 3. Germinación, brote, granazón, desarrollo*, formación, gestación, crecimiento, estirón,
principio*, florecimiento*, madurez*.
V. FLORECER, SALIR, DESARROLLARSE, NACER,
SEMILLA, INJERTO, VEGETAL.
brote. V. BROTAR 2.
broza. 1. Zarzal, maleza, espesura. V. MATORRAL 1.
— 2. Sobras, desechos, desperdicios. V. BA-
SURA 1.
bruces (de). Tendido, echado, caído. V. TUMBAR 3.
bruja. Nigromante, maga. V. HECHICERÍA 6.
brujería. Nigromancia, sortilegio, magia. V. HE-
CHICERÍA 1.
brujo. Mago, nigromante, cabalista. V. HECHI-
CERO 5.
BRÚJULA. 1. Compás, aguja magnética, a. imantada, a. náutica, a. de bitácora, bitácora, instrumento náutico, rosa de los vientos, aguja
magistral, a. azimutal, a. Thompson, a. giros-
cópica, a. Sperry, brújula de bolsillo.
2. Partes. Aguja imantada (saetilla, flechilla,
barrita imantada), rosa de los vientos o rosa

náutica (v. 3), chapitel, estilo, mortero (caja), cuadrante, suspensión cardán, bitácora, compensadores, barra Flinders, lantía.
3. Varios. Rosa de los vientos: N, S, E, O; NE, NO, SE, SO; NNE (Nornordeste), NNO, etc. 360°, 32 cuartas. Magnetismo, Polo Norte, Polo Sur, horizonte, línea de fe, desvío de la aguja, declinación, variación, campo magnético, compensación, inclinación, perturbación.
V. NAVEGACIÓN, BARCO, GEOGRAFÍA.

bruma. Neblina, vapor, niebla. V. NUBE 1.

brumoso. Oscuro, sombrío, nublado. V. NUBE 2.

bruno. Negro, moreno, renegrido. V. OSCURIDAD 4.

bruñido. Reluciente, lustrado, pulido*. V. BRILLO 2.

bruñir. Pulir, lustrar, abrillantar. V. BRILLO 4.

brusco. 1. Súbito, rápido*, inesperado. V. REPENTINO 1.
— **2.** Grosero, desabrido, rudo. V. TOSCO 1.

brusquedad. 1. Apresuramiento, urgencia*, precipitación. V. RAPIDEZ 1.
— **2.** Grosería, violencia, rudeza. V. TOSCO 4.

brutal. V. BRUTO 1.

brutalidad. V. BRUTO 3.

BRUTO. 1. Rudo, tosco*, cerril, bronco, bajo, soez, ignorante (v. 2), torpe, tonto*, necio, patán, palurdo, grosero, ordinario, desmañado, vulgar, ramplón, atolondrado, aturdido*, zafio, descortés*, incivil, gamberro, travieso, golfo, pandillero, insolente, desvergonzado*, villano, rústico, agreste, basto, incorrecto, desatento, bárbaro*, bestia, bestial, animal, acémila, troglodita, brutal, cruel*, inhumano, monstruoso*, encallecido, sañudo, déspota, salvaje, fiero, feroz, duro, brusco, violento*, furioso, fanático, vil*, apasionado*, camorrista, agresivo, vehemente, fogoso, impulsivo (v. 2).
— **2.** *Ignorante**, bruto, inculto, iletrado, atrasado, analfabeto, zopenco, inútil, alcornoque; asno, burro, borrico, cernícalo, cafre; cerril, rústico, inepto, obtuso, incompetente, ineducado, lego, ayuno, retrasado, cerrado, negado, torpe, incapaz; idiota, tonto*, imbécil, tarado, estúpido, sandio, simple, bobo (v. 1).
3. Brutalidad. Tosquedad, rudeza, torpeza, crueldad*, salvajismo, atrocidad, salvajada, barbarie*, bestialidad, exceso, animalidad, saña, despotismo, fiereza, ferocidad, sadismo, encarnizamiento, monstruosidad*, dureza, violencia*, brusquedad, furia, fanatismo, vileza*, apasionamiento*, agresividad, vehemencia, fogosidad, impulsividad, ordinariez, grosería, descortesía*, incorrección, desatención, incivilidad, gamberrada, travesura, villanía, desvergüenza*, insolencia, ignorancia*, incultura, analfabetismo, atraso, retraso, bobería, cerrilidad, simpleza, estupidez, imbecilidad, tontería*, ineptitud, inutilidad*.
4. Embrutecer(se). Idiotizar(se), incapacitar, entorpecer, encallecer, atrasar, retrasar, tarar, atontar, atolondrar, estancar, anquilosar, ale-

lar, enloquecer, anular*, inutilizar*, degradar, degenerar, estropear, aturdir, ofuscar, envilecer, corromper, pervertir, arruinar, deshonrar*, enviciar, empeorar.
Contr.: Espiritual, amable*, piadoso, sabio*, instruido, inteligente*.
V. TOSCO, DESCORTÉS, CRUEL, VIOLENTO, IGNORANTE, TONTO, INÚTIL.

bubón. Bulto, tumor, hinchazón. V. GRANO 1.

bucal. Faríngeo, dental, lingual. V. BOCA 6.

bucanero. Corsario, bandido, filibustero. V. PIRATA 1.

búcaro. Jarrón, florero, vasija. V. RECEPTÁCULO 3.

buceador. V. BUCEO 3.

bucear. V. BUCEO 2.

BUCEO. 1. Inmersión, chapuzón, zambullida, sumersión, descenso, natación, deporte*, baño*, bajada, mojadura*, remojo, exploración, investigación*, caza* submarina, pesca* submarina, natación submarina, buceo a pulmón libre, con escafandra autónoma, con escafandra clásica.
2. Bucear. Zambullirse, descender, bajar, nadar*, bañarse*, sumergirse, hundirse*, chapuzarse, remojarse, mojarse*, investigar*, explorar, pescar*, cazar*, practicar pesca submarina (v. 1).
3. Buceador. Escafandrista, submarinista, hombre rana, buzo, b. clásico, b. de combate, pescador* submarino, cazador* submarino, especialista, nadador*, bañista*, deportista*, explorador, investigador* (v. 4).
4. Equipo. Aletas, máscara (lentes), tubo respirador («snorkel»), guantes, cinturón de lastre, linterna, puñal, traje aislante, brazalete (reloj, profundímetro, tablas de descompresión, brújula, termómetro); fusil submarino, de aire comprimido, de gas carbónico, de gomas (gatillo, carrete, arpón); escafandra autónoma o «scuba»: botella de aire comprimido, de oxígeno, regulador, boquilla, válvulas, tubos de aire, arnés, tirantes; manómetro, compresor; circuito abierto, c. cerrado (v. 5).
5. Buceo clásico. Buzo, escafandra, traje estanco, tela cauchutada, zapatos de suela de plomo, cinturón de lastre, tubos, cuerda de señales, teléfono, bomba, compresor, botella de aire comprimido, cuchillo.
6. Varios. Compresión, descompresión, presión, atmósferas, narcosis, embriaguez de las profundidades, hidrocución, enfermedad del buzo, nitrógeno, burbujas en sangre, cámara de descompresión, campana de buzo, batiscafo, submarino*.
V. NADAR, MOJARSE, BAÑO, PESCA, SUBMARINO.

buche. Molleja, bolsa, esófago de animales. V. ESTÓMAGO 5.

bucle. Onda, tirabuzón, rizo. V. RIZADO 3.

bucólico. Campestre, pastoril, idílico. V. CAMPO 5.

budín. Bizcocho, pastel, tarta. V. CONFITERÍA 3.

BUDISMO. 1. Doctrina, religión* oriental, creencia.

2. Elementos. Buda, Siddhârtha Gautama, nirvana, reencarnación (avatar), Mahayana, bodhisattvas, zen, budismo zen, yoga*, Dalai Lama (Gran Lama), Panchen Lama, bonzo, sacerdote*, ascetismo, Tíbet. V. RELIGIÓN, SACERDOTE, YOGA.

buenaventura. Augurio, adivinación, profecía. V. ADIVINAR 3.

bueno. 1. Benigno, generoso, benévolo. V. BONDAD 3.

— **2.** Conveniente, ventajoso, propicio. V. BENEFICIO 3.

buey. Vacuno, bóvido, bovino. V. TORO 1.

búfalo. Bóvido, bisonte, bovino. V. RUMIANTE 8.

bufanda. Chalina, pañuelo, prenda. V. VESTIMENTA 6.

bufar. 1. Resollar, resoplar, jadear. V. RESPIRACIÓN 2.

— **2.** Gruñir, rugir, rabiar. V. ENOJO 2.

bufé. Aparador; cantina, bar. V. ARMARIO 1; BEBIDA 10.

bufete. Escritorio, estudio, despacho. V. OFICINA 1.

bufido. 1. Resuello, gruñido, resoplido. V. RESPIRACIÓN 1.

— **2.** Regaño, gruñido, denuesto. V. ENOJO 1.

bufo. Humorístico, caricaturesco, ridículo. V. COMICIDAD 3.

bufón. Gracioso, payaso, burlesco. V. COMICIDAD 3, 4.

bufonada. Gracia, chiste, payasada. V. COMICIDAD 1.

buhardilla. Altillo, desván, ático. V. TUGURIO.

búho. Lechuza, mochuelo, ave rapaz. V. AVE 8.

buhonero. Feriante, ambulante, mercachifle. V. COMERCIO 6.

buitre. Ave rapaz, cóndor, quebrantahuesos. V. AVE 8.

bujía. 1. Vela, cirio, candela. V. LUZ 3.

— **2.** Pieza, accesorio del motor. V. MOTOR 3.

bula. Prerrogativa, concesión, documento* pontificio. V. BENEFICIO 1.

bulbo. Cebolla, ensanchamiento, abultamiento de un tallo. V. VEGETAL 2.

bulevar. Avenida, paseo, ronda. V. CALLE 1.

bulla. Estrépito, algarabía, escándalo. V. ALBOROTO 1.

bullanguero. Estrepitoso, escandaloso, vocinglero. V. ALBOROTO 4.

bulldog. *ingl* Can, perro de presa, dogo. V. PERRO 2.

bullicio. Alegría*, agitación, ruido. V. ALBOROTO 1.

bullicioso. Festivo, alegre*, ruidoso. V. ALBOROTO 4.

bullir. Menearse, trajinar, agitarse. V. MOVIMIENTO 6.

bulo. Rumor, mentira, engaño. V. FALSO 5.

bulto. 1. Abombamiento, prominencia, protuberancia. V. ABULTAMIENTO 1.

— **2.** Quiste, tumor, inflamación. V. GRANO 1.

— **3.** Bolsa, fardo, envoltorio. V. ENVOLVER 5.

— **4.** Masa, mole, cuerpo. V. VOLUMEN 1.

bungalow. *ingl* Chalé, villa, cabaña. V. CASA 1, 2.

buñuelo. Fritura, masa, fritanga. V. CONFITERÍA 3.

buque. Embarcación, nave, navío. V. BARCO 1.

buqué. Aroma, fragancia, regusto. V. PERFUME 1.

burbuja. Pompa, glóbulo, hervor*. V. ESPUMA 1.

burbujear. Borbotear, bullir, hervir*. V. ESPUMA 2.

burdel. Lupanar, casa de lenocinio, prostíbulo. V. PROSTITUCIÓN 4.

burdo. Ordinario, grosero, rudo. V. TOSCO 1.

burgo. Pueblo, villa, ciudad*. V. ALDEA 1.

burgués. Ciudadano*, c. acomodado, c. próspero. V. PROSPERIDAD 4.

burguesía. Clase media, c. acomodada, c. adinerada. V. PROSPERIDAD 2.

buril. Cincel, punzón, herramienta. V. CUCHILLO 2.

burla. Mofa, chanza, engaño*. V. BROMA 2.

burladero. Protección, valla, refugio. V. TOREO 6.

burlado. Desairado, avergonzado, estafado. V. BROMA 5.

burlador. Libertino, seductor, mujeriego. V. MUJER 8.

burlar. 1. Chacotear, chancear, divertirse. V. BROMA 6.

— **2.** Ridiculizar, escarnecer, estafar*. V. BROMA 7, ENGAÑO 2.

burlesco. Jocoso, festivo, picaresco. V. COMICIDAD 3.

burlón. Guasón, socarrón, sarcástico. V. BROMA 4.

buró. Pupitre, escritorio, despacho. V. MESA 1; OFICINA 1.

burocracia. Papeleo, administración. V. GOBIERNO 1.

burócrata. Oficinista, funcionario, empleado*. V. OFICINA 4, GOBIERNO 8.

burocrático. Administrativo, estatal. V. GOBIERNO 12.

burra. V. burro.

burro. 1. Pollino, jumento, asno. V. CABALLERÍA 12.

— **2.** Ignorante*, necio, tosco. V. BRUTO 2.

busca. Rebusca, examen, indagación. V. INVESTIGACIÓN 1.

buscador. Examinador, averiguador, indagador. V. INVESTIGACIÓN 2.

buscapiés. Petardo, cohete, volador. V. FUEGOS ARTIFICIALES 2.

buscar. Escudriñar, indagar, revolver. V. INVESTIGACIÓN 4.

buscavidas. Activo, diligente, ambicioso. V. DINAMISMO 2.

buscón. Pícaro, cuentista, ladrón*. V. PILLO 1.

buscona. *desp* Ramera *desp*, zorra *desp*, puta *desp vulg.* V. PROSTITUCIÓN 3.

búsqueda. Pesquisa, examen, indagación. V. INVESTIGACIÓN 1.

busto. Torso, caja torácica, pecho. V. TÓRAX 1, MAMA 1.

butaca. Diván, hamaca, sillón. V. ASIENTO 1.

butano. Hidrocarburo, carburante, gas* natural. V. COMBUSTIBLE 2.

butifarra. Embuchado, longaniza, salchicha. V. EMBUTIDO 2.

buzo. Submarinista, especialista, buceador. V. BUCEO 3.

buzón. Apartado, receptáculo*, casilla. V. COMPARTIMENTO 1, CORREOS 4.

C

¡ca! ¡Qué va!, ¡quia!, negación*. V. EXCLAMACIÓN 6.

cabal. Adecuado, correcto, justo. V. OPORTUNO 1.

cábala. 1. Sortilegio, hechicería, predicción. V. ADIVINAR 3.
— **2.** Suposición, conjetura, hipótesis. V. SOSPECHA 1.

cabalgada. Galopada, marcha, correría. V. CABALLO 11.

cabalgador. Caballista, jinete, caballero. V. CABALLO 15.

cabalgadura. Corcel, montura, cuadrúpedo. V. CABALLO 1.

cabalgar. Galopar, jinetear, montar. V. CABALLO 17.

cabalgata. Desfile, tropa, columna. V. CABALLO 11.

cabalístico. Mágico, enigmático, misterioso. V. HECHICERÍA 8.

caballa. Pez azul, p. comestible, pescado. V. PEZ 9.

caballar. Ecuestre, equino, hípico. V. CABALLO 13.

caballeresco. Galante, cortés, idealista. V. CABALLEROSO 1.

caballerete. Mozalbete, petimetre, jovenzuelo. V. JOVEN 1.

CABALLERÍA. 1. Fuerza militar montada, servicio, arma, cuerpo militar, división del ejército*, escuadrón, regimiento, brigada (v. 4); maestranza, sociedad de equitación, club de jinetes.
2. Caballería feudal. Cuerpo militar, c. religioso, caballería (orden de), (v. 7, 8).
— **3.** Cabalgadura, caballo*, asno (v. 11).
4. Caballería militar. Caballería ligera: húsares, lanceros; c. de línea: cazadores, coraceros, carabineros; c. pesada: dragones, hulanos. Otros: escopeteros, ballesteros, granaderos; jinete (v. 8), alférez, pendonista, bandóforo.
5. Armas. Caballería antigua: armadura*, coraza, cota de mallas, lanza, pica, espada, maza, porra, hacha, ballesta, arcabuz, mosquete, pistolón. Caballería moderna: carabina, lanza, sable. Caballería actual (motorizada, mecanizada): tanque* o carro de asalto, blindado, camión,

fuerza acorazada, cañón automotor, artillería* autopropulsada, camión transporte, «jeep», motorista de enlace.
6. Acción. Carga, ataque*, incursión, correría, algarada, embestida*, acometida, ofensiva, retirada, desbandada, repliegue, estampía, enlace, reconocimiento, maniobra envolvente, ataque frontal, ataque de flanco, ataque por las alas, persecución.
7. Caballería feudal. Institución medieval, feudal*, caballeresca, cuerpo militar, religioso, orden militar*. Torneo, justa, juicio de Dios, desafío, combate singular; acolada, espaldarazo, divisa, blasón*, heráldica; espíritu caballeresco, Santo Grial; armar caballero, velar las armas, calzar las espuelas, ceñir la espada.
8. Personas. Caballero, noble, aristócrata*, campeón, paladín, cruzado, barón, castellano, caballero andante, c. de la Triste Figura (Don Quijote de la Mancha), c. sin Miedo y sin Reproche (Bayardo), Amadís de Gaula, Palmerín, Tirante el Blanco, Platir, Esplandián; Cid Campeador; caballeros de la Tabla (o Mesa) Redonda: rey Arturo, Lanzarote, Parsifal, Tristán (v. 7, 8).
9. Órdenes de caballería y ó. militares. Templarios, Teutónicos, de Malta o de San Juan de Jerusalén, del Santo Sepulcro, de Calatrava, de Alcántara, de Santiago, de Montesa, de la Mesa (o Tabla) Redonda; cruzados.
10. Libros de caballería. Don Quijote de la Mancha, Amadís de Gaula, El Caballero Platir, Palmerín de Inglaterra, Tirante el Blanco, Esplandián, Carlomagno y los Doce Pares; Cantar del Mío Cid.
11. Cuadrúpedos. Cuadrúpedo, caballería, solípedo, ungulado, animal*, mamífero*, equino, équido, caballo*, montura, corcel, bruto, noble bruto, bestia, b. de carga, animal de silla, a. de tiro, acémila, trotón, penco, jamelgo (v. 12).
12. Clases. Caballería mayor: caballo*, mula, mulo. Caballería menor: asno, burro, borrico, pollino, jumento, rucho, rucio, garañón; cebra, onagro (v. 11).

13. Conjuntos. V. CABALLO 10.
V. EJÉRCITO; ORDEN MILITAR, BLASÓN, ARMA-
DURA; CABALLO.
caballeriza. V. CABALLO 12.
caballerizo. V. CABALLO 15.
caballero. 1. Noble, hidalgo, señor. V. ARISTO-
CRACIA 2, 4.
— **2.** Caballeresco, galante, noble. V. CABA-
LLEROSO 1.
— **3.** Jinete, caballista, cabalgador. V. CABA-
LLO 15.
caballerosidad. V. CABALLEROSO 2.
CABALLEROSO. 1. Hidalgo, desinteresado, generoso*, altruista, desprendido, complaciente,
caballeresco, noble, bondadoso*, benévolo,
piadoso, galante, amable*, cortés, idealista,
delicado, fino, leal, correcto, atento, considerado, educado, simpático*, obsequioso, magnánimo, sincero*, digno*, magnífico, humano,
humanitario, benéfico*, compasivo, elevado,
filantrópico, abnegado, sacrificado*, piadoso,
caritativo, liberal, benefactor*, protector*,
defensor, íntegro, respetable, pundonoroso,
honorable*, honroso.
2. Caballerosidad. Hidalguía, desprendimiento,
nobleza, desinterés, generosidad*, idealismo,
cortesía, amabilidad*, galantería, finura, delicadeza, corrección, educación, consideración,
atención, piedad, benevolencia, compasión*,
caridad, filantropía, bondad*, magnanimidad,
altruismo, sinceridad*, humanidad, magnificencia, dignidad*, defensa, protección*, respetabilidad, pundonor, decencia, honorabilidad*,
honra, hombría de bien, liberalidad, integridad,
señorío.
3. Caballerosamente. Hidalgamente, desinteresadamente, generosamente* (v. 1).
Contr.: Grosero, descortés*, incorrecto, abusador*, injusto*.
V. GENEROSO, AMABLE, DIGNO, SINCERO,
PROTECTOR, COMPASIVO, BONDADOSO.
caballete. Bastidor, sustentáculo, trípode. V. SO-
PORTE 1.
caballista. V. CABALLO 15.
CABALLO. 1. Cabalgadura, équido, cuadrúpedo,
corcel, caballería*, equino, montura, palafrén,
solípedo, bruto, noble bruto, bestia, b. de tiro,
b. de carga, animal de silla, bridón, trotón,
semental, garañón, padre, padrillo, macho, reproductor, potro, jaco, potrillo, rocín, jamelgo,
caballejo, matalón, cuartago, penco*; yegua,
potranca, jaca.
2. Otros équidos. Caballerías mayores: caballo, mula, mulo. Caballerías menores: asno
o burro, jumento, pollino, rucho, rozno (v. 1).
Otros équidos: cebra, onagro (v. 1).
3. Variedades de caballos. Pura sangre, media sangre árabe, inglés, navarro, «shetland»,
normando, anglo-normando, boloñés, bretón,
de Camarga, lemosín, flamenco, de Ardenas,
de tiro, percherón, de Mongolia, kirguís, tur-

co, ruso, tártaro, mongol, circasiano, poney
o poni, de polo, salvaje, bronco, mostrenco,
«mustang».
4. Partes. *Cabeza:* Labios, nariz, ollar, ojos,
testuz, nuca, frente, surco, tupé, oreja, carrillo,
quijada, q. inferior, garganta, cuello, crines.
Cuerpo: cruz, lomo, riñones, grupa, anca (cuadril), espaldilla, ijares, nalga, ano, testículos,
verga, vaina, cola, pecho, hombro, vientre,
cinchera. *Miembro anterior:* brazo, codillo,
brazuelo, rodilla, caña, menudillo, cuartilla,
corona, espejuelo, cerneja, pie, casco o vaso.
Miembro posterior: pierna, babilla, ancha,
corvejón o jarrete, espejuelo, caña, menudillo,
espolón o cerneja, talón, cuartilla, corona, pie,
casco o vaso.
5. Color del pelaje. Alazán, zaino, overo, roa-
no, ruano, tordo, bayo, rosado, rosillo, rucio,
moro, acebrado, manialbo, estrellado, careto.
6. Apariencia. Derribado, engatillado, arro-
cinado, anquirredondo, recogido, anquiseco,
abocinado, abierto, gafo, mancarrón, matalón,
matungo.
7. Temperamento. Dócil, noble, obediente,
paseador, trotador, galopante, revuelto, cerril,
redomón, falso, coceador, piafador, soberbio.
8. Marchas. Andadura, paso, trote, galope, g.
sostenido, g. tendido, galopada, carrera, paso
de andadura, p. de ambladura, ambladura, pa-
sitrote, trote cochinero, entrepaso, correteo.
9. Movimientos. Cabriola, respingo, elevación
de manos, corveta, corcovo, pirueta, brinco,
grupada, lanzada, balotada, gambeta, bote,
huida, desbocamiento, coceadura, coz; relincho, alboroto, voz*.
10. Conjuntos. Manada, recua, tropilla, tropa,
tropel, fila, potrada, reata, caballada, yeguada,
arria, rebaño, hato; pareja, tronco, yunta, tiro,
traílla, biga, cuadriga; cabaña, ganadería*, rancho, hacienda, rodeo, maestranza, sociedad,
club de equitación; escuadrón, caballería* (v.
11).
11. Cabalgata. Cabalgada, galopada, trote (v.
8), correría, carrera, jornada, viaje*, marcha,
desplazamiento, desfile, tropa, comitiva, columna, equitación (v. 24), evolución, maniobra,
paseo, romería, acompañamiento, fila, hilera,
séquito, peregrinación, revista (v. 10).
12. Caballeriza. Cuadra, establo, acemilería,
corral, cobertizo, potrero, estala, yuntería, picadero, potrero, encierro, e. de ganado*.
13. Caballar. Ecuestre, hípico, equino, acemi-
lar, yeguar, asnal, animal*, caballuno, cuadrúpedo (v. 1).
14. Arnés. Guarniciones, montura, silla, arreos,
aperos, jaeces, atelaje, tiro, talabartería, guarnicionería, correaje, brida, freno, ronzal, rienda,
cabestro, reata, traílla, guía, dogal, albarda, correa, arzón, equipo, aparejo; gualdrapa. *Arreos
de montar:* cabezada, bocado, freno, brida,
riendas, cincha, sobarba, ahogadera, quijera,

frontalera, testera, carrillera, grupera, ación. Silla de montar: arzón, a. delantero, a. trasero, perilla, asiento, almohadilla, faldón, hoja falsa, estribos, correa del estribo. *Arreos de tiro:* brida, bocado, sobarba, anteojera, frontalera, testera, muserola, collera, ahogadero, cabezada, roseta, sillín, rienda, barriguera, grupera, retranca, tiro. Herradura, clavos. *Acción:* embridar, desembridar, frenar, desfrenar, desarrendar, enjaquimar, ensillar, desensillar.

15. Personas. Jinete, caballero, caballista, cabalgador, desbravador, centauro, amansador, montador, vaquero, «cow boy», llanero, gaucho, huaso, charro, hacendado, estanciero, ganadero*, cazador*, yóquey o yoqui (v. 21), picador, rejoneador; amazona, cabalgadora, cazadora, «ecuyère»; arriero, acemilero, mulero, yegüerizo, yegüero, chalán, carrero, carretero, boyero, trajinante, tratante, mozo de mulas, auriga, postillón, mayoral, conductor, cochero, palafrenero, lacayo, criado, servidor*, cuidador, caballerizo.

16. Equipo del jinete. Látigo, fusta, baqueta, bota, boto, espuela, rodaja, espolín, ferronas, estribo, silla (v. 14), guarniciones, pantalón* de montar, zahones, calzones, chaleco, pelliza, zamarra, chaqueta*, levita, corbata, gorra.

17. Acción. *Del jinete:* Cabalgar, jinetear, montar, ir a lomos, a espaldas, a caballo*, a mujeriegas, a horcajadas, de piernas abiertas, montado, galopar, trotar, subir, enancarse, desfilar, evolucionar, maniobrar, acaballar, avanzar, dirigirse, frenar, sofrenar, tirar de las riendas, espolear, picar, aguijar, fustigar, animar, desmontar, bajar, apearse, echar pie a tierra, descender, saltar, amaestrar (v. 18), ensillar, desensillar, enjaezar, guarnecer, aparejar. *Del caballo:* bracear, piafar, escarbar, caracolear, corcovear, corvetear, trenzar, amblar, pasear, ir al paso, trotar, galopar, correr, marchar, avanzar, respingar, encabritarse, encorvarse, cabecear, patear, cocear, encapotarse, bocear, befar, empinarse, saltar, plantarse, enrobinarse, empacarse, relinchar, resollar, resoplar.

18. Domar. Amansar, amaestrar, desbravar, domesticar, adiestrar, domeñar, sujetar, vencer, desbravecer, rendir, educar, someter, apaciguar, aplacar, tranquilizar*, contener.

19. Exclamaciones. ¡Arre!, ¡ría!, ¡so!, ¡jo!

20. Carreras de caballos. Hipismo, hípica, «turf», deporte ecuestre, equitación (v. 24). *Clases de carreras:* carreras lisas, «steeplechase», carreras de obstáculos, de vallas, de «handicap», clásicas, crítériums, derbis, militares, de trotones. Juegos Ecuestres Mundiales, carreras de caballos de Ascot, derbi de Epson, derbi de Kentucky. *Elementos:* pura sangre, pedigrí, «handicap», esprínter, por una cabeza, cuello, cuerpo, medio cuerpo, «doping», vendaje, rodillera.

21. Yóquey o yoqui. Jinete (v. 15), profesional, aprendiz, «amateur» o aficionado o «gentlemen rider». *Equipo:* Chaquetilla, colores, gorra, gafas protectoras, pantalón*, botas, fusta, silla, bolsillo para pesas, silla cargada.

22. Hipódromo. Pista, «turf», campo*, «starting gate», salida, aparato de salida (automático), «dirt-track», «pelouse», comisarios, juez de peso, torre de jueces, t. de árbitros, t. de juez de llegada, «paddock» o paseadero, pesaje, enfermería, pistas de entrenamiento, picadero, vallas, obstáculos, terraplén, seto natural, fosos, banderín, tanteador, tablero, cronómetros, altavoces, meta, llegada, poste de llegada, pista de arena, p. de tierra, p. de hierba, p. de «steeplechase», p. de carrera de obstáculos, lazo, tribunas, taquillas.

23. Apuestas. Apuestas mutuas, a. a tanto fijo, a. a (caballo) ganador, a. a (caballo) colocado, a. doble, a. quíntuple, caballo favorito, «outsider». Apostador, «bookmaker».

24. Equitación. Hipismo, hípica, jineta, monta, escuela, caballería, entrenamiento, adiestramiento, doma, evolución, maniobra, carreras de caballos (v. 20), maestranza, equitación, remonta, caballerías del ejército*.

25. Caballerías. Mula, asno, cuadrúpedo. V. CABALLERÍA 11, 12.

V. CABALLERÍA, MAMÍFERO, POLO.

cabalmente. V. cabal.

cabaña. 1. Choza, rancho, tugurio*. V. CASA 2.

— **2.** Reses, vacas, caballos. V. GANADO 1.

cabaré. Sala de baile, de fiestas, «dancing». V. BAILE 14.

cabaretera. Bailarina*; pelandusca *desp*, mujerzuela *desp*. V. MUJER 5.

cabás. Bolso, portafolios, mochila. V. CARTERA 1.

cabecear. 1. Balancear, moverse, asentir. V. OSCILACIÓN 4, GESTO 4.

— **2.** Adormilarse, amodorrarse, dar cabezadas. V. SUEÑO 6.

cabeceo. 1. Vaivén, bandazo, balanceo. V. OSCILACIÓN 1.

— **2.** Asentimiento, negación, movimiento. V. GESTO 1. 3.

cabecera. 1. Comienzo, iniciación, encabezamiento. V. PRINCIPIO 1.

— **2.** Cabezal, testero, larguero. V. CAMA 3.

cabecilla. Dirigente, caudillo, cacique. V. JEFE 1.

cabellera. Melena, pelambre, pelaje. V. PELO 2.

cabello. 1. Hebra, pelusa, vello. V. PELO 1.

— **2.** V. cabellera.

CABER. 1. Abarcar, contener, encerrar, entrar, incluir, encajar, llenar, englobar, ocupar, admitir, coger*, comprender, alargarse, llegar; reunir, estar, alcanzar, llevar, abrazar, medir*, acomodar, colocar, envolver, meter, aforar, desplazar, instalarse, situarse, restablecerse, ingresar, pasar, introducir.

2. Cabida. Contenido, espacio, volumen, aforo, capacidad, medida*, extensión*, lugar, holgura, amplitud*, dimensión, acomodo, aforo, desplazamiento, porte, tonelaje, hueco*, anchura, altura, longitud, largo*, vastedad.

3. Que cabe. Incluido, abarcado, contenido (v. 1).

Contr.: Sobrar, faltar, obstaculizar.

V. AMPLITUD, EXTENSIÓN, MEDIDA, HUECO.

cabestrillo. Vendaje, sostén, banda. V. VENDA 1.

cabestro. 1. Rienda, arreo, brida. V. CABALLO 14.

— **2.** Buey manso, b. castrado, vacuno. V. TORO 1.

CABEZA. 1. Cráneo, testa, mollera, sesera, sesos (v. 2), calavera, caletre, testuz, coco, calabaza, chola, cabezota, cabezón, cachola, cholla, crisma, molondra, mocha, cara*, facies, mascarón.

— **2.** *Sesos,* cabeza, caletre, inteligencia*, cerebro*, talento, ingenio, cacumen, capacidad, agudeza, discernimiento, juicio, imaginación, fantasía*.

3. Partes. Cráneo, cerebro*, encéfalo, bóveda craneal, tapa de los sesos, coronilla, occipucio, nuca, cogote, cerviz, morrillo, testuz, colodrillo (animales), cabello, pelo*, cuero cabelludo, sien, temporal, cara*, aladares, entradas, frente, eminencia frontal, arco superciliar, cejas, entrecejo, ceño, párpados, pestañas, ojo*, órbita, pómulos, mejilla, carrillo, oreja, pabellón de la oreja, patilla, nariz*, surco subnasal (gotera o «filtrum»), surco de la nariz a la comisura de la boca, boca*, labio, comisura, dientes*, dentadura, barbilla, mentón, hoyuelo, maxilar superior, m. inferior, mandíbula, quijada, barba*, bigote.

4. Huesos. Cráneo, calavera; frontal, parietal, occipital, temporal, esfenoides, etmoides, malar, nasal, maxilar superior, m. inferior o mandíbula, unguis, vómer (v. huesos*).

5. Músculos. Frontal, occipital, aponeurosis epicraneana, auricular, superciliar, orbicular de los párpados, cigomático, risorio, elevador del labio superior, semiorbicular de los labios, triangular de los labios, cuadrado del mentón, masetero.

6. Arterias, venas. Frontal, parietal, temporal superficial, temporal profunda, auricular, carótida (vena yugular), oftálmica, nasal, maxilar, dentaria, facial, lingual, cerebral anterior, c. media, c. posterior, carótida interna, tronco basilar, arteria comunicante, a. cerebelosa. Vena yugular.

7. Nervios. Cervical, mastoideo, auricular, parotídeo, nervios faciales, n. craneales (olfatorio, óptico, patético, trigémino, motores oculares).

8. Formas de cabeza. Dolicocéfalo (de cabeza alargada), braquicéfalo (c. redonda), mesocéfalo (c. intermedia); microcéfalo, macrocéfalo; bicéfalo, acéfalo; cabezón (v. 9); índice cefálico, ángulo facial.

9. Cabezón. Cabezudo, cabezota, cabezorro, cabeciancho, de cabeza grande*, descomunal, enorme.

10. Dolencias. Jaqueca, dolor de cabeza, cefalea, migraña, hemicránea, neuralgia, hidrocefalia, sinusitis, parálisis, hemiplejia o hemiplejía, locura*, neurosis, neurastenia, absceso, tumor, meningitis, flemón, caries, erupción cutánea, acné, tiña, pelada, calvicie.

11. Varios. Decapitación, guillotina, cabecilla, cabezada, cabizbajo. *Expresiones:* cabeza de chorlito, c. de turco, mala cabeza, andar de c., perder la c., quebrarse la c., quitar la c., tocado de la c., sentar la c., tener cabeza, cabecear.

Contr.: pies.

V. CUERPO, ANATOMÍA, HUESOS, CEREBRO, INTELIGENCIA, CARA, OJO, BOCA, NARIZ, OÍDO, PELO, BARBA, DIENTES; INTELIGENCIA, LOCURA.

cabezada. Meneo, saludo*, movimiento. V. OSCILACIÓN 1; GESTO 1.

cabezal. Cojín, almohadilla, colchoncillo. V. CAMA 3.

cabezazo. Topetazo, choque, testarazo. V. GOLPE 2.

cabezón. V. cabezudo.

cabezonería. Terquedad, tozudez, empecinamiento. V. OBSTINACIÓN 1.

cabezota. V. cabezudo.

cabezudo. 1. De cabeza grande*, cabezón, cabezota. V. CABEZA 9.

— **2.** Testarudo, tozudo, terco. V. OBSTINACIÓN 2.

cabida. V. CABER 2.

cabila. Tribu de beduinos. V. GRUPO 2.

cabildada. Arbitrariedad, injusticia, alcaldada. V. ABUSO 1.

cabildeo. Intriga, conciliábulo, secreto*. V. CONSPIRACIÓN 1.

cabildo. Junta, consejo, corporación. V. ASAMBLEA 1, 2.

cabina. 1. Locutorio, habitáculo, casilla. V. COMPARTIMENTO 2.

— **2.** Camarote, alojamiento, aposento. V. HABITACIÓN 1.

cabizbajo. Decaído, abatido, triste. V. DESÁNIMO 2.

cable. 1. V. cabo 2.

— **2.** Cablegrama, telegrama, comunicado. V. TELEGRAFÍA 6.

cablegrama. V. cable 2.

cabo. 1. Punta, saliente, promontorio. V. COSTA 2.

— **2.** Cordel, soga, maroma. V. CUERDA 1.

— **3.** Término, límite, extremo. V. FIN 1.

— **4.** Militar, soldado, suboficial. V. EJÉRCITO 7.

cabotaje. Travesía, circunnavegación, tráfico. V. NAVEGACIÓN 1.

cabra. Animal*, caprino, vertebrado. V. RUMIANTE 9.

cabrearse. Enfurecerse, irritarse, enfadarse. V. ENOJO 2.

cabrero. Pastor, cabrerizo, cuidador*. V. GANA-DO 8.

cabrestante. Cabria, molinete, torno. V. GRÚA 1.

cabria. V. cabrestante.

cabrío. V. cabra.

cabriola. Brinco, pirueta, voltereta. V. SALTO 1.

cabritilla. 1. Cuero, piel de cabrito, p. de cordero. V. PIEL 6.

— **2.** V. cabrito.

cabrito. Ternasco, choto, cría*. V. RUMIANTE 9.

cabrón. 1. Chivo, macho cabrío, cabra. V. RU-MIANTE 9, OVEJA 1.

— **2.** Canalla, ruin, bribón. V. VIL 2.

— **3.** Cornudo, consentido, sufrido. V. ADUL-TERIO 4.

cabronada. Ruindad, jugarreta, canallada. V. VIL 3.

caca. Heces, mierda, excremento. V. EXCRECIÓN 3.

cacahuete. Maní, fruto seco, leguminosa. V. FRUTO 7.

cacao. Semilla*, grano, árbol*. V. CHOCOLATE 2.

cacarear. 1. Piar, cloquear, escandalizar. V. VOZ 10.

— **2.** Jactarse, parlotear, vanagloriarse. V. FAN-FARRONERÍA 4.

cacatúa. Cotorra, loro, papagayo. V. AVE 11.

cacería. Acoso, montería, persecución. V. CAZA 1.

cacerola. Cazuela, pote, olla. V. RECEPTÁCULO 2.

cacha. Placa, chapa, empuñadura. V. ASA 1.

cachalote. Mamífero* acuático, ballena, narval. V. CETÁCEO 1.

cacharro. 1. Puchero, cazuela, olla. V. RECEPTÁCU-LO 2.

— **2.** Trasto, bártulo, artefacto. V. APARATO 2.

cachaza. Calma, flema, pachorra. V. LENTITUD 1.

cachazudo. Tranquilo, flemático, calmoso. V. LENTITUD 2.

cachear. Buscar, palpar, registrar. V. INVESTIGA-CIÓN 4.

cachetada. V. cachete 2.

cachete. 1. Moflete, carrillo, mejilla. V. CARA 3.

— **2.** Guantazo, moquete, torta. V. BOFETA-DA 1.

cachimba. Pipa, utensilio, accesorio para fumar. V. TABACO 5.

cachiporra. Tranca, porra, maza. V. PALO 1.

cachiporrazo. Mazazo, trancazo, golpe*. V. PALO 3.

cachivache. Bártulo, chisme, trasto. V. APARATO 2.

cacho. Porción, pieza, trozo. V. FRAGMENTO 1.

cachondeo. Pitorreo, guasa, diversión. V. BROMA 1, 2.

cachondez. Sensualidad, excitación, celo. V. SEXO 2.

cachondo. Lujurioso, excitado, en celo; divertido. V. SEXO 12; DIVERSIÓN 6.

cachorro. Vástago, retoño, hijo. V. CRÍA 1, 2.

cacique. Cabecilla, amo, tirano. V. JEFE 1.

caciquismo. Despotismo, abuso, opresión. V. DO-MINACIÓN 1.

caco. Descuidero, carterista, ratero. V. LADRÓN 1.

cacofonía. Reiteración, disonancia, ruido, V. SO-NIDO 3.

cacto. Tunera, chumbera, planta perenne. V. VE-GETAL 20.

cactus. V. cacto.

cacumen. Ingenio, lucidez, sesera. V. INTELIGEN-CIA 1.

cadalso. Patíbulo, tablado, suplicio. V. CASTIGO 5.

cadáver. Difunto, fallecido, restos. V. MUERTE 10.

cadavérico. Flaco, exangüe, esquelético. V. DEL-GADEZ 3; LÚGUBRE 1.

cadena. 1. Grilletes, esposas, eslabones. V. SU-JETAR 5.

— **2.** Sucesión, proceso, curso. V. SERIE 1.

— **3.** *Cadena perpetua*, condena, cautiverio, prisión. V. CASTIGO 3.

cadencia. Compás, movimiento*, música*. V. RITMO 1.

cadencioso. Acompasado, movido, medido. V. RITMO 2.

cadera. Grupa, anca, flanco. V. PIERNA 1.

cadete. Estudiante, educando, alumno militar. V. EJÉRCITO 7.

caducar. Extinguirse, concluir, terminar. V. FIN 4.

caduceo. Vara, palo*, emblema. V. BASTÓN 1.

caducidad. Terminación, conclusión, extinción. V. FIN 1.

caduco. 1. Decrépito, senil, achacoso. V. ANCIA-NO 2.

— **2.** Precario, inservible, viejo. V. DETERIORO 3.

CAER. 1. Precipitarse, bajar, descender*, desplo-marse, colgar (v. 2), abatirse, hundirse*, de-rrumbarse, despeñarse, desmoronarse, venirse abajo, derribarse, deslizarse*, resbalar, soltarse, correrse, tumbarse*, tirarse, echarse, revolcarse, saltar*, inclinarse*, tambalearse, descolgarse, destruirse, desbaratarse, empeorar* (v. 3), sa-lirse, desprenderse, rodar, tropezar, trastabillar, venir, llegar, chocar.

— **2.** *Colgar*, caer, pender, fluctuar, suspender, oscilar, pesar, inclinarse*, gravitar, cargar, repo-sar, apoyarse*, descansar, reclinarse.

— **3.** *Fracasar*, caer, empeorar*, declinar, desvanecerse, desaparecer, sucumbir, decaer, eclipsarse, debilitarse*, degenerar, degradarse, capitular, rendirse, entregarse.

4. Caída. Descenso*, bajada, derrumbe, desplo-me, deslizamiento*, porrazo (v. 6), decadencia (v. 5), movimiento*, abatimiento, disminución*, reducción, aminoración, precipitación, desmo-ronamiento, derribo, tumbo, corrimiento, res-balón, despeño, hundimiento*, resbalamiento, tambaleo, inclinación*, salto*, revolcón, des-prendimiento, desbaratamiento, destrucción*, choque, tropezón.

— **5.** *Decadencia*, caída, declive, empeoramien-to*, ocaso, deterioro, eclipse, bajón, debilita-miento*, mengua, degeneración, final, corrup-ción, degradación, caducidad, menoscabo.

— **6.** *Porrazo*, caída, trastazo, tumbo, golpe*, revolcón, tropiezo, tropezón, batacazo, costa-lada, culada, resbalón.

— **7.** Falta, flaqueza. V. CULPA 1.

8. Caído. Tendido, revolcado, postrado, tumbado*, abatido, echado, volcado, acostado, estirado, yacente, humillado*, fracasado, desplomado, derrumbado, derribado, despeñado, hundido*, inclinado, desprendido, tirado, debilitado, flojo.

— **9.** *Víctima*, caído, inmolado, sacrificado*, muerto*, fallecido, desaparecido, herido*, mártir, torturado*, atormentado.

Contr.: Subir, ascender, prosperar*.

V. DESCENDER, TUMBAR, INCLINAR, DEBILITAR, DISMINUIR, GOLPEAR, EMPEORAR, HUMILLAR, HERIR, MUERTE.

CAFÉ. 1. Infusión, brebaje, bebida*, estimulante, cocción, extracto. Grano, haba, drupa, semilla, baya; arbusto, planta, árbol, cafeto, vegetal*.

— **2.** *Establecimiento*, café, bar, cantina, cafetería, cafetín, cafetucho, local, tertulia, café cantante, cervecería, taberna, fonda, restaurante*, hotel*.

3. Clases de café. Moca, caracolillo, torrefacto, café de Arabia, de Colombia, del Brasil, de Turquía, de Ceilán, de Java; sucedáneo, malta, achicoria; café con leche, cortado, negro, solo, descafeinado.

4. Acción. Tostar, moler, colar, filtrar, descerezar, desgranar.

5. Enseres. Tostador, tambor, cafetera, c. exprés, filtro, colador, manga, molinillo, taza, platillo, cucharilla, jarro.

6. Varios. Cafeína, estimulante, excitante, alcaloide, droga*, teína. Plantación, cafetal, hacienda, cultivo, monocultivo. Plantador, hacendado, cafetero, cultivador.

V. BEBIDA.

cafeína. V. CAFÉ 6.

cafetal. Hacienda, plantación, cultivo. V. CAFÉ 6.

cafetera. Pote, cazo, jarro. V. CAFÉ 5.

cafetería. V. CAFÉ 2.

cafeto. Planta, vegetal*, arbusto. V. ÁRBOL 9.

cáfila. Horda, tropel, caterva. V. GRUPO 4.

cafre. *adj* Cerril, salvaje, cruel*. V. BÁRBARO 1.

cagada. Heces, defecación, excrementos. V. EXCRECIÓN 3.

cagar. Evacuar, defecar, obrar. V. EXCRECIÓN 4.

cagatintas. Escribiente, chupatintas, empleado. V. OFICINA 4.

cagón. Miedoso, pusilánime, temeroso. V. COBARDÍA 2.

caíd. Magistrado, gobernador, juez. V. ÁRABE 2.

caída. V. CAER 4.

caído. V. CAER 8.

caimán. Cocodrilo, yacaré, saurio. V. REPTIL 5.

cairel. Orla, cordón, fleco. V. TIRA 1.

CAJA. 1. Envase*, paquete, cajón, embalaje*, envoltorio*, ataúd (v. 2), receptáculo*, paca, bala, recipiente, vasija, pote, cuenco, cápsula, vaina, tarro, lata, bote, cajita, cajuela, urna, cofrecillo, arqueta, cartón, estuche, polvera, escriño, relicario, tabaquera, confitera, dulcera, bombonera, joyero, cepillo, hucha, alcancía, cerillera, cigarrera, petaca, sombrerera, cesta*, canasta, envío, envoltura, maleta, valija, equipaje, arca, arcón, cofre, baúl, mundo, cavidad, cazoleta, cubierta, caja fuerte, c. de caudales, c. de valores, c. empotrada, depósito, cisterna, tanque.

— **2.** *Féretro*, caja, ataúd, sarcófago, urna, cajón, caja de muerto, cenotafio, andas (v. tumba*).

— **3.** *Tesorería*, caja, pagaduría, contaduría, oficina*, administración*, dependencia, despacho.

4. Poner en caja. Meter, envasar*, empaquetar, envolver*, empacar, encerrar, guardar, proteger*, embalar*, preparar, introducir*, encapsular, embolsar, liar, atar, embaular, encajonar, enlatar, enfardelar, encestar, depositar, llenar, tapar*, enviar.

V. ENVASE, ENVOLTORIO, EMBALAJE, RECEPTÁCULO; OFICINA, ADMINISTRACIÓN.

cajero. Pagador, tesorero, administrador*. V. OFICINA 4.

cajetilla. Paquete, picadura, cigarrillos. V. TABACO 1, 6.

cajón. 1. Estante, gaveta, compartimento*. V. MUEBLE 4.

— **2.** V. CAJA 1.

cal. Tiza, caliza, creta. V. YESO 1.

cala. Golfo, ensenada, abra. V. BAHÍA 1.

calabacín. Planta hortense, calabaza pequeña, alargada. V. HORTALIZA 2.

calabaza. 1. Planta rastrera, cucurbitácea, vegetal. V. HORTALIZA 2.

— **2.** *Calabazas*, desaire, desdén, negativa. V. RECHAZAR 5.

calabozo. Celda, cárcel, encierro. V. PRISIÓN 1.

calado. 1. Puntilla, labor, blonda. V. ENCAJE 1.

— **2.** Fondo, altura, profundidad del barco. V. BARCO 8.

— **3.** Perforado, horadado, cortado. V. AGUJERO 3.

calafatear. Tapar, rellenar, reparar*. V. LLENAR 1.

calamar. Cefalópodo, sepia, pulpo. V. MOLUSCO 3.

calambre. Espasmo, contracción, paralización. V. CRISPAMIENTO 1.

calamidad. 1. Catástrofe, desgracia, infortunio. V DESASTRE 1.

— **2.** Incapaz, torpe, nulo. V. INÚTIL 2.

calamitoso. Infortunado, aciago; torpe. V. DESASTRE 4; INÚTIL 2.

calandria. Alondra, pájaro, ave canora. V. AVE 15.

calaña. Jaez, ralea, índole. V. CARÁCTER 1.

calar. 1. Humedecer, empapar, bañar*. V. MOJAR 1.

— **2.** Horadar, cortar, perforar. V. AGUJERO 2.

calavera. 1. Cráneo, testa, osamenta de la cabeza. V. CABEZA 4.

— **2.** Juerguista, parrandero, mujeriego*. V. DIVERSIÓN 6.

calaverada. Parranda, juerga, enredo. V. DIVER-SIÓN 7.

calcáneo. Hueso del talón, h. del pie. V. PIE 6.

calcar. 1. Duplicar, reproducir, repetir. V. COPIA 3.
— **2.** Comprimir, trazar, apretar. V. PRESIÓN 3.

calcáreo. Mineral, cretáceo, calizo. V. YESO 2.

calce. Taco, tarugo, cuña. V. MADERA 2.

calceta. Tejido, malla, punto. V. COSTURA 3.

calcetín. Media, escarpín, prenda. V. VESTIMEN-TA 6.

calcificación. Osificación, endurecimiento, forta-lecimiento. V. DURO 3.

calcinar. Quemar, carbonizar, abrasar. V. FUEGO 6.

calcio. Metal* blanco, elemento*, sustancia ali-menticia. V. QUÍMICA 4, ALIMENTO 7.

calco. Facsímile, reproducción, duplicado. V. CO-PIA 1.

calcomanía. Adhesivo, dibujo, figura. V. ESTAM-PA 1.

calculador. 1. V. CÁLCULO 11, 8.
— **2.** Cauto, egoísta*, precavido. V. PRECAU-CIÓN 2.

calculadora. V. CÁLCULO 8.

calcular. V. CÁLCULO 4.

CÁLCULO. 1. Mal de piedra, litiasis, cálculos (v. 12).
— **2.** Suposición, conjetura, creencia. V. CREER 5.

3. Cálculo, cuenta. Cómputo, operación, al-goritmo, comprobación*, problema, recuento, medida*, razón, computación, suputación, escrutinio, determinación, evaluación*, tan-teo, ordenación, valoración, apreciación, tasa, justiprecio, ajuste, estima, control, arqueo, in-ventario, balance, enumeración, valor, importe, total*, montante, monto; suma, resta, inves-tigación*, multiplicación, división, radicación, etc. (v. 5).

4. Calcular. Contar, operar, evaluar*, compu-tar, medir*, comprobar*, determinar, suputar, investigar*, razonar, justipreciar, tasar, nume-rar, apreciar, valorar, hacer balance, ordenar, tantear, enumerar, catalogar, inventariar, arquear, cubicar, controlar, estimar, ajustar, montar, totalizar, liquidar, importar, sumar, restar, multiplicar, dividir, potenciar, extraer la raíz cuadrada, operar con decimales, con que-brados (v. 5).

5. Operaciones. Suma, resta, multiplicación, división (v. 6), quebrados, decimales, potencia-ción, radicación (v. 6), logaritmación, cálculo logarítmico, aritmético, algebraico, decimal, regla de tres, diferenciales, integrales, cálculo vectorial, infinitesimal; cálculo financiero, de probabilidades, astronómico, de la hora (v. 6).

6. Elementos. ARITMÉTICA. *Suma:* adición, más (+), sumando, suma, resultado, total*, columna, sumar. *Resta:* sustracción, menos (-), minuendo, sustraendo, diferencia, resto, restar, sustraer. *Multiplicación:* multiplicando, multipli-cador, factor, producto, múltiplo, por (x). *Divi-sión:* divisor, dividendo, cociente, resto, razón,

prueba, decimales, dividido por (:), divisible, divisibilidad. *Quebrados:* quebrado, fracción, numerador, denominador, raya de quebrado, fracción decimal, decimales. *Potenciación:* po-tencia, base, exponente (índice), elevar al cua-drado (10^2), al cubo (10^3) a la cuarta potencia (10^4), etc. *Radicación:* Extracción de raíces, raíz cuadrada ($\sqrt{\ }$), raíz cúbica ($\sqrt[3]{\ }$), radicando, índice, radical. ÁLGEBRA. Coeficiente, incógnita, sím-bolos algebraicos, expresión algebraica, mono-mio, binomio, polinomio, ecuación de primer grado, de segundo grado, con una incógnita, con dos, etc. *Logaritmos:* base, característica, exponente, índice, mantisa, logaritmo. *Otros cálculos:* diferenciales, etc. (v. matemáticas*).

7. Medios de cálculo. Tabla, escala, baremo, ábaco, tablero, contador, tanteador, anotador, numerador, regla de cálculo, máquina de calcu-lar, computadora, calculadora (v. 8).

8. Calculadora. Máquina de calcular, compu-tador, computadora, ordenador, cerebro elec-trónico, robot*, procesadora, p. de datos, cal-culadora electrónica, c. de tambor magnético, máquina de tarjetas perforadas, m. de contabili-dad, calculadora manual, regla de cálculo (v. 7), ábaco, ingenio, aparato*, artilugio, mecanismo (v. 9). Cibernética (v. robot 2); PDA («Personal Digital Assistant», ayudante personal digital), agenda electrónica (v. ordenador).

9. Elementos de calculadora. Consola, fichas perforadas, perforadora, clasificadora, tabula-dora, teclado, alimentador de fichas, salida de fichas, depósito de fichas, tablero de control, datos, memoria, cinta perforada, c. magnética, tambor magnético, transistores, circuitos, dio-dos, bit, chip.

10. Marcas. IBM, Univac, Honeywell Bull, NCR, Philips, Nixdorf, Casio, Hewlett-Packard (HP), Texas Instruments (TI).

11. Calculador. Matemático, computador, arit-mético. V. MATEMÁTICAS 7.

12. Mal de piedra. Cálculos, litiasis, piedras, depósitos, residuos, arenas, arenilla, coprolito, concreción calcárea, cálculo renal o nefrítico, c. biliar, cólico, c. hepático, ictericia, colecistitis, nefritis, hepatitis, hematuria, colesterina, bilirru-bina. (V. enfermedad*, riñón*, hígado*)

V. MATEMÁTICAS, ÁLGEBRA, NÚMERO; EN-FERMEDAD.

caldas. Baños termales, termas, manantial. V. FUENTE 1.

caldear. Templar, calentar, encender. V. CALOR 8.

CALDERA. 1. Calorífero, calentador, fogón, estufa, generador, depósito, horno, termo, receptácu-lo*, máquina*.
— **2.** Olla, cazuela, marmita. V. RECEPTÁCU-LO 2.

3. Clases. Caldera de vapor, de tubos de humo, multitubular o de tubos de agua, industrial, monobloc, tubular vertical, de locomotora, La

Mont, Yarrow, de calefacción central, de agua caliente, radiador.

4. Partes. Hogar, fogón, quemador, cámara de combustión, tubos de agua, recalentador de vapor, precalentador del agua y del aire, cenicero, inyector, bomba de alimentación, filtro, aspirador, descarga de cenizas, recuperador, desgasificador, chimenea, manómetro, válvula de seguridad.

5. Combustible, energía. Carbón, coque, madera, aceites pesados, petróleo*, fueloil, gasóleo o gasoil, energía atómica*.

6. Usos. Máquinas*, máquinas motrices, locomotoras, calefacción*, secaderos, cocción de sustancias.

V. CALOR, CALEFACCIÓN, MÁQUINA, RECEPTÁCULO.

calderilla. Cambio, suelto, moneda de cobre. V. DINERO 4.

caldero. Cazo, perol, caldera. V. RECEPTÁCULO 2.

caldo. 1. Sopa, consomé, sustancia. V. ALIMENTO 14.

— **2.** Zumo, néctar, esencia. V. JUGO 1.

caldoso. Sustancioso, líquido, jugoso. V. JUGO 4.

calé. Cañí, flamenco. V. GITANO 1.

CALEFACCIÓN. 1. Calentamiento, caldeo, calor*, ambientación, caldeamiento, acondicionamiento; instalación, montaje, dispositivo, equipo, red, planta, chimenea, estufa (v. 2).

2. Clases. Chimenea u hogar, brasero, calientapiés, fogón, calentador, salamandra, hornillo, escalfador, infiernillo, estufa, e. eléctrica, e. de hierro, de cerámica, de gas, de carbón, de rayos infrarrojos, placa solar, calefacción individual, c. central, por agua caliente, por vapor, calorífero, radiador, r. eléctrico, aire acondicionado, energía solar.

3. Partes, accesorios. Atizador, badila, mesa camilla, coquera, carbonera, leñera, tubos, tubería, tenazas, fuelle, aventador; chimenea: ménsula, repisa, hogar, pantalla, trébedes, tiro.

4. Calefacción central. Por agua o vapor: caldera*, hogar, chimenea, tubería, cañería, c. ascendente, c. de retorno, termosifón, depósito de expansión, radiador: de hierro colado, de acero, de aluminio.

5. Energía. Combustible, carbón, coque, madera, aceite pesado, fueloil, gasóleo o gasoil, gas ciudad, g. natural, butano, propano, electricidad*, energía solar.

6. Acción. Calentar, caldear, ambientar, acondicionar, templar, encender, quemar, arder, consumir, avivar, atizar, graduar, apagar.

7. Calefactor. Operario, instalador, técnico, obrero, experto en aparatos de calefacción. V. CALOR, CHIMENEA.

calefactor. V. CALEFACCIÓN 7.

caleidoscopio, calidoscopio. Aparato* óptico, variedad, diversidad. V. ÓPTICA 3; VARIAR 4.

CALENDARIO. 1. Almanaque, anuario, agenda, efemérides, diario, guía*, fastos, tabla, publicación, repertorio, epacta, lunario, taco, cartilla, memorándum, breviario, registro, prontuario, lista*.

2. Clases. Calendario egipcio, israelita, griego, romano, chino, tibetano, maya, azteca, incaico, persa, musulmán, calendario juliano, gregoriano (reformado, eclesiástico), republicano (francés), perpetuo, de pared, de taco, de mesa.

3. Períodos. Hora*, día*, semana, quincena, mes, bimestre, trimestre, semestre, año, bienio, quinquenio o lustro, siglo. Diario, semanal o hebdomadario, quincenal o bimensual, mensual, bimestral, trimestral, semestral, anual, bienal, quinquenal, centenario; bisiesto, olímpico.

4. Varios. Ciclo de oro, áureo número (calendario griego), calendas, idus, fastos, nonas (calendario romano), año bisiesto, a. olímpico; sabbat (israelita), hégira (musulmán); calendario republicano (francés): vendimiario (22 septiembre a 21 octubre), brumario, frimario, nivoso, ventoso, pluvioso, germinal, floreal, pradial, mesidor, termidor, fructidor. Tiempo*, equinoccio, solsticio, mes lunar, año bisiesto, fiestas móviles, festividad, fiesta*, feria, feriado, laborable.

V. TIEMPO, HORA, DÍA, AÑO.

calentador. Fogón, estufa, calorífero. V. CALEFACCIÓN 2.

calentamiento. Caldeo, calor, caldeamiento. V. CALOR 1.

calentar. Caldear, asar, templar. V. CALOR 8.

calentura. 1. Temperatura, décimas, destemplanza. V. FIEBRE 1.

— **2.** Excitación sexual, celo, apetito venéreo. V. SEXO 2.

calenturiento. Afiebrado, sofocado, encendido, V. FIEBRE 6.

calesa. Coche, tartana, carrichoque, V. CARRUAJE 1.

caleta. Cala, golfo, ensenada. V BAHÍA 1.

caletre. Seso, cacumen, ingenio. V. INTELIGENCIA 1.

calibrar. Evaluar, establecer, calcular*. V. MEDIDA 14.

calibre. 1. Anchura, abertura, diámetro. V. AMPLITUD 1.

— **2.** Trascendencia, magnitud, alcance. V. IMPORTANCIA 1.

calidad. 1. Excelencia, perfección, bondad. V. PERFECTO 2.

— **2.** Categoría, importancia, superioridad. V. SUPERIOR 4.

— **3.** Índole, clase, naturaleza. V. CARÁCTER 1.

cálido. V. caliente.

calientapiés. Calentador, brasero, calorífero. V. CALEFACCIÓN 2.

caliente. Caluroso, cálido, ardiente. V. CALOR 4.

califa. Príncipe, monarca. V. ÁRABE 2.

calificación. 1. Valoración, puntuación, evaluación*. V. NOTA 3.
— **2.** Aptitud, competencia, méritos. V. HÁBIL 3.
calificado. Capacitado, competente, apto. V. HÁBIL 1.
calificar. Establecer, evaluar*, examinar*. V. NOTA 6, CLASIFICAR.
calificativo. Epíteto, nombre, apodo. V. ADJETIVO 1.
calígine. Niebla, tinieblas, bochorno. V. CALOR 2, OSCURIDAD 1.
caliginoso. Nuboso, brumoso, bochornoso. V. CALOR 5, OSCURIDAD 4.
caligrafía. Manuscrito, trazos, letras*. V. ESCRIBIR 5.
calígrafo. Escribiente, copista, pendolista. V. ESCRITOR 2.
calina. Neblina, bruma, niebla. V. NUBE 1.
calistenia. Ejercicio, deporte*, entrenamiento. V. GIMNASIA 1.
cáliz. Copa, grial, vaso. V. RECEPTÁCULO 3.
caliza. Carbonato, cal, roca. V. YESO 1, PIEDRA 3.
callado. Mudo, taciturno, reservado. V. SILENCIO 3.
callar. 1. Omitir, disimular, reservarse. V. OCULTAR 1, SILENCIO 4.
— **2.** *Callarse*, enmudecer, no contestar, aguantar*. V. SILENCIO 4.
CALLE. 1. Vía, vía pública, arteria, avenida, bulevar, travesía, carrera, paseo, ronda, gran vía, coso, calle mayor, c. principal, pista, autopista, carretera*, red, estrada, rúa, pasaje, pasadizo, callejuela, calleja, callejón, camino*, cuesta, subida*, costanilla, corredera, vial, bajada, paso, acceso, senda, calzada, vado, atajo, rodeo, desvío, galería, callejón sin salida, glorieta, plaza, rotonda, plazoleta, plazuela, ágora, explanada.
2. Partes. Calzada, eje, carril, señalización, rayas indicadoras (v. carretera*), asfalto, firme, empedrado, adoquinado, hormigón, hormigonado, acera, bordillo, encintado, arroyo, cuneta, alcantarillado*, boca de alcantarilla, rejilla, tapa de registro (de alcantarilla), cloaca, isla de peatones, refugio, paso de peatones o p. de cebra, esquina*, confluencia, cruce, nudo, bocacalle, chaflán, rasante, semáforo, luces, señales de tráfico (v. carretera*), cabina telefónica, zona de aparcamiento, aparcamiento en línea, en batería, en paralelo, quiosco, boca de riego, b. de incendios, papelera, farol, farola, arcada, soportales, escaparate, portal, parada de autobús, cuesta, rampa, fuente, monumento*, fachada*, edificio, casa*, manzana, grupo*, conjunto de casas, bloque, urinario público, servicios, tubería de gas, t. de agua, red de cables telefónicos, r. de cables eléctricos, paso subterráneo, paso elevado, boca del metro.
3. Acción. Circulación, tráfico, tránsito, horas punta, embotellamiento, ordenación del tránsito, circular, transitar, embotellarse, construir, reparar la calle (v. carretera*).

4. Personas. Transeúnte, viandante, peatón, guardia urbano, g. de tráfico, agente de policía*, cuidador de coches, conductor, chófer, taxista, cartero, vendedor callejero o ambulante, barrendero, limpiabotas, repartidor, mendigo.
5. Elementos de mantenimiento. Apisonadora, perforadora automática, compresor, martinete, mazo, pisón de mano, pala, pico, camión de recogida de basuras, c. de riego, c. barredora, c. de bomberos, autobomba, camión grúa, vehículo quitanieves.
6. Señales de tráfico. V. CARRETERA 10.
V. CARRETERA, CAMINO, PLAZA, AUTOMÓVIL.
calleja. V. CALLE 1.
callejear. Deambular, vagar, caminar. V. VAGABUNDO 5.
callejón, callejuela. V. CALLE 1.
callista. Podólogo, pedicuro, ayudante sanitario. V. MÉDICO 4.
callo. Callosidad, dureza, ojo de gallo. V. PIE 7.
calloso. Endurecido, correoso, áspero. V. RUGOSO 1.
calma. 1. Sosiego, paz*, quietud. V. TRANQUILIDAD 1.
— **2.** Flema, serenidad, impavidez. V. TRANQUILIDAD 2.
— **3.** Parsimonia, cachaza, lentitud*. V. TRANQUILIDAD 3.
calmante. 1. Tranquilizante, sedante, analgésico. V. DROGA 2.
— **2.** Apaciguador, moderador, tranquilizador. V. TRANQUILIDAD 7.
calmar. Serenar, apaciguar, aplacar. V. TRANQUILIDAD 9.
calmoso. 1. Parsimonioso, cachazudo, indolente. V. LENTITUD 2.
— **2.** Flemático, sereno, reposado. V. TRANQUILIDAD 5.
caló. Jerga, lenguaje, germanía. V. IDIOMA; GITANO.
CALOR. 1. Temperatura, calentamiento, caldeamiento, caldeo, bochorno (v. 2), calidez, tibieza, calorcillo, combustión*, incandescencia, fuego*, hoguera, brasero, llama, incendio*, quemazón, achicharramiento, escaldadura, recalentamiento, encendimiento, horno, calefacción*, pira, quema, ignición (v. 2).
— **2.** *Bochorno*, calor, canícula, sofoco, sofocación, temperatura, calígine, verano, estío, sol, resol, vulturno, acaloramiento, ahogo*, asfixia, horno, ardor, ardentía, infierno, agobio; fiebre, temperatura, grados, febrícula, hipertermia, pirexia, indisposición* (v. 1).
— **3.** Fervor, vehemencia, entusiasmo. V. APASIONAMIENTO 1.
4. Caliente. Ardiente, quemante, candente, caluroso (v. 5), caldeado, ígneo, inflamado, abrasado, encendido, calcinante, febril, al rojo, acalorado (v. 6), achicharrante, incandescente, incendiario*, humeante, hirviente, calentado,

térmico, templado, tibio, cálido, suave, combustible*, llameante (v. 5).

5. Caluroso. Tórrido, canicular, tropical, africano, estuoso, caliente (v. 4), caliginoso, veraniego, estival, templado, tibio, cálido, ardiente, suave, sofocante, asfixiante, agobiante, bochornoso, enrarecido, viciado (v. 4).

6. Acalorado. Sofocado, abochornado, agobiado, asfixiado, agotado, febril, exhausto, débil* (v. 4).

— **7.** Exaltado, excitado, vehemente. V. APASIONAMIENTO 2.

8. Calentar. Caldear, calentarse (v. 9), abochornarse (v. 9), acalorar, templar, entibiar, atemperar, achicharrar, incendiar*, encender, enrojecer, hervir, escaldar, cocer, abrasar, arder, quemar, asar, tostar, chamuscar, calcinar, inflamar, humear, recalentar, encender, descongelar, deshelar.

— **9.** *Calentarse*, templarse, descongelar, deshelar, recuperarse, reponerse, reanimarse, entrar en calor, irritarse, enfadarse, acalorarse (v. 8, 10).

10. Acalorarse. Abochornarse, sofocarse, agobiarse, asfixiarse, agotarse, aplanarse, debilitarse*.

— **11.** Enfadarse, irritarse, perder los estribos. V. ENOJARSE, APASIONARSE.

12. Calentador. Estufa, calorífero, fogón. V. CALEFACCIÓN 2.

Contr.: Frío.

V. COMBUSTIÓN, FUEGO, INCENDIO, CALEFACCIÓN.

calorífero. Brasero, radiador, estufa. V. CALEFACCIÓN 2.

CALUMNIA. 1. Difamación, denigración*, acusación; falsedad*, infamia, mentira, embuste, mendacidad, impostura, engaño*, maledicencia, chisme*, habladuría, cotillería, exageración*, descrédito, desprestigio, chismorreo, parlería, comidilla, comadreo, rumor, farsa, suposición, bulo, murmuración, insidia, ofensa*, infundio, patraña, asechanza, lío, cuento, hipocresía*, traición*, falacia, inexactitud, doblez, invención, intriga, perfidia, enredo, embrollo*, oprobio, vilipendio, vileza*, canallada, ultraje, blasfemia, fango, demérito, baldón, mancha, mancilla, estigma, deshonra*, zaherimiento, denuncia, crítica, injusticia*, discriminación, desaprobación, imputación.

2. Calumniar. Desacreditar, desprestigiar, desaprobar*, deshonrar*, falsear*, infamar, difamar, denigrar, engañar*, imputar, estigmatizar, mentir, acusar*, cotillear, hablar*, h. mal, chismorrear*, maldecir, murmurar, suponer, rumorear, comadrear, ofender*, inventar, traicionar*, liar, enredar, embrollar*, envilecer, vilipendiar, mancillar, manchar, ultrajar, degradar, humillar, enfangar, blasfemar, zaherir, denunciar, recriminar, vituperar, criticar, atribuir, achacar, colgar, levantar calumniar, exagerar*.

3. Calumniador. Maldiciente, difamador, infamador, falsario, falaz, embustero, mentiroso, engañoso*, impostor, mendaz, exagerado*, cotilla, chismoso*, enredador, embrollón*, cuentista, injusto*, hablador*, parlero, murmurador, insidioso, lioso, ofensivo*, inventor, inexacto, hipócrita*, traidor, mixtificador, canalla, vil*, vilipendioso (v. 4).

4. Calumnioso. Denigrante, ignominioso, difamante, vilipendioso, inicuo, abyecto, deshonroso*, perjudicial, ofensivo*, infamante, degradante, injuriante, insultante, injusto*, afrentoso, humillante*, vejatorio, agraviante, oprobioso (v. 3).

5. Calumniado. Desacreditado, deshonrado*, infamado (v. 2).

Contr.: Verdad*, sinceridad*, bondad*.

V. ENGAÑO, FALSEDAD, CHISME, OFENSA, DESHONRA, ACUSACIÓN, EXAGERACIÓN, PERJUICIO.

calumniador. V. CALUMNIA 3.

calumniar. V. CALUMNIA 2.

calumnioso. V. CALUMNIA 4.

caluroso. V. CALOR 5.

calva. Entradas, calvicie, alopecia. V. PELO 13.

calvario. Martirio, sufrimiento, vía crucis. V. TORTURA 1.

calvicie. V. calva.

calvinismo. Cristianismo. V. PROTESTANTE.

calvinista. Cristiano, hugonote. V. PROTESTANTE.

calvo. Pelón, mondo, pelado. V. PELO 14.

calza. Calzón, media, calcetín. V. VESTIMENTA 6.

calzada. Empedrado, asfalto, camino*. V. CALLE 2.

CALZADO. 1. Zapato, botín, escarpín, bota, mocasín, prenda, chinela, pantufla, chancleta, borceguí, babucha, chapín, zapatilla, alpargata, sandalia, abarca, ajorca, ojota, esparteña, polaina, sobrebota, bota de montar, boto, botito, zueco, chanclo, zoclo, almadreña, galocha. *Antiguo:* Coturno, cáliga, múleo, cálceo, calza.

2. Partes. Tacón, tapa, suela, media suela, piso, puntera, refuerzo, cuero, pieza*, contrafuerte de la punta, c. del tacón, pala o empeine, lengüeta, oreja, talón, plantilla, forro, vira, cambrillón, cerquillo. Capellada, tope, enfranque, empella, ojete, ribete, cordón, lazo, lazada, botón, hebilla, borla, cremallera (v. 3).

3. Material. Cuero, piel*, piel de cabritilla, de cabra, de cordero, de oveja, de vaca, «box calf», ante, becerro, charol, tafilete, piel de cocodrilo, de serpiente, de lagarto, material plástico, tela, seda, punto, cuerda; suelas: cuero, crepé, caucho, plástico, madera, esparto. Betún, crema, pomada, bola, cera, tinte, cepillo, bayeta, calzador, tirador, adminículo.

4. Herramientas. Lezna, estaquillador, trinchete, chaira, punzón, pata de cabra, jairo, desvirador, abreojetes, estaquilla, broca, horma, marco, cartabón, cerote, manopla, tirapié, alza, costa.

5. Personas, local. Zapatero, botinero, alparga-
tero, cortador, guarnecedor, chapinero, botero,
operario, artesano, tendero, vendedor, comerciante*, zapatero remendón, limpiabotas. Zapatería, taller, tienda*, local, establecimiento.
6. Acción. Calzarse, ponerse, endosarse, colocarse, meterse, enchancletarse, enfundarse, vestir*, atar, enlazar, anudar, abrochar, abotonar,
cerrar, asegurar. Descalzar(se), quitar, despojar,
retirar, descubrir. Fabricar*, hacer, cortar plantillas, picar, grabar, solar, sobresolar, estaquillar,
embrocar, cerotear, tafiletear, aparar, bañar,
jairar, remontar, destalonar, teñir, embetunar,
lustrar, embolar, encerar, limpiar*, abrillantar.
Zapatear, taconear, repiquetear, golpear*.
V. VESTIMENTA, PIEL.
calzador. Tirador, objeto, adminículo. V. CALZA-
DO 3.
calzar. 1. V. CALZADO 6.
— **2.** Trabar, inmovilizar*, asegurar. V. SO-
PORTE 3.
calzas. Calzón, media, calcetín. V. VESTIMENTA 6.
calzón, calzones. Prenda interior, calzoncillos,
bragas. V. PANTALÓN 1.
calzonazos. Pusilánime, apocado, timorato. V.
TIMIDEZ 2.
calzoncillos. Prenda interior, pantalón corto, calzones. V. PANTALÓN 1.
calzones. V. calzón.
CAMA. 1. Lecho, mueble*, tálamo, catre, jergón,
yacija, litera, cama turca, otomana, diván, catre
de tijera, armazón, camastro, coy, hamaca, saco
de dormir, petate, tumbona, dormilona, camilla (v. 2), tarima, triclinio, banco, cuna, moisés,
sofá, canapé; asiento*. Lecho nupcial, camas
gemelas, cama de matrimonio, individual, ca-
mera, plegable, abatible, de bronce, de madera,
de hierro, de campaña, ortopédica, capitoné.
2. Camilla. Angarillas, andas, parihuelas,
hamaca, litera, armazón, soporte, tabladillo,
basterna, árganas, yacija, palanquín, silla de
manos (v. 1).
3. Partes y accesorios. Cabecera, cabezal (de
madera), testero, pies, largueros; somier, tablado, armazón, bastidor, rodapié, dosel, colgadura; colchón, jergón, colchoneta, plumón, almohada, almohadón, almohadilla, cojín, cabezal
(de tela), edredón, colcha, cubierta, cubrecama,
cobertor, manta, frazada, cobija, sábana, alba,
lienzo, embozo, calientacamas, calientapiés,
manta eléctrica.
4. Dormitorio. Alcoba, habitación*, cuarto,
aposento, cámara, estancia. Cómoda, tocador,
mesilla de noche, velador, lámpara*, vaso de
noche u orinal, armario*, diván, asiento*.
5. Acción. Acostarse, encamarse, echarse, tenderse, tumbarse*, reposar, descansar*, yacer,
dormir, conciliar el sueño (v. sueño*), caer en
cama, postrarse, enfermar*; levantarse, incorporarse, saltar de la cama, hacer la cama.
V. HABITACIÓN, SUEÑO, MUEBLE.

camada. Descendencia, prole, lechigada. V. CRÍA 3.
camafeo. Alhaja, medallón, colgante. V. JOYA 2.
camaleón. Saurio, lagarto, iguana. V. REPTIL 4.
camandulero. Engañoso*, embustero, santurrón.
V. HIPOCRESÍA 2.
cámara. 1. Estancia, sala, aposento. V. HABITA-
CIÓN 1.
— **2.** Congreso, cuerpo legislativo; junta. V.
ASAMBLEA 1, ASOCIACIÓN 1.
— **3.** Cámara frigorífica, nevera, congelador.
V. FRIGORÍFICO 1.
— **4.** Cámara de neumático, goma, llanta. V.
RUEDA 3.
— **5.** Cámara fotográfica, aparato*, máquina.
V. FOTOGRAFÍA 3.
— **6.** Cámara cinematográfica, tomavistas, aparato*. V. CINE 5.
camarada. Acompañante, compinche, amigo. V.
COMPAÑERO 1.
camaradería. Amistad, confianza, compañerismo.
V. COMPAÑERO 4.
camarera. Empleada, criada, doméstica, doncella.
V. SERVIDOR 2.
camarero. Empleado, mozo, sirviente, criado. V.
SERVIDOR 1.
camarilla. Cuadrilla, pandilla, banda. V. GRUPO 4.
camarín. Aposento, saleta, cuarto. V. HABITA-
CIÓN 1.
camarón. Gamba, langostino, crustáceo*. V.
MARISCO 3.
camarote. Compartimiento*, alojamiento, recinto.
V. HABITACIÓN 1.
camastro. V. CAMA 1.
cambalache. V. CAMBIO 1.
cambalachear. V. CAMBIO 5.
cambiable. V. CAMBIO 8.
cambiante. V. CAMBIO 9.
cambiar. V. CAMBIO 5, 6.
CAMBIO. 1. Canje, permuta, intercambio, trueque,
muda, sustitución*, transacción, toma y daca,
negocio, comercio*, operación, transformación
(v. 3), reciprocidad, cambalache, regateo, compraventa, trapicheo, barata, vuelta, retorno, devolución, retribución, compensación, relevo, reemplazo, muda, equivalencia, igualdad (v. 3).
— **2.** Suelto, moneda menuda, operación mercantil. V. DINERO 4.
— **3.** *Modificación*, cambio*, transformación,
alteración, conversión, corrección, variación*,
reajuste, actualización, innovación, rectificación,
enmienda, sustitución*, anulación*, desequilibrio, crisis, reacción, renovación, revolución*,
revulsivo, reforma, muda, mudanza, vuelco,
mutación, evolución, inversión, giro, vuelta,
vicisitud, metamorfosis, metempsicosis, transfiguración, transustanciación transmigración,
diferenciación, transición, salto, omisión, perturbación, inestabilidad*, vaivén.
— **4.** Mudanza, marcha, salida. V. TRASLA-
DAR 3.

5. Cambiar. Permutar, intercambiar, canjear, mudar, trocar, sustituir*, regatear, cambalachear, trapichear, reciprocar, transformar (v. 6), operar, comerciar*, negociar, dar y tomar, retribuir, devolver, retornar, volver, compensar, equivaler, relevar, reemplazar, igualar, alternar, alterar (v. 6).
— **6.** *Modificar*, cambiar*, alterar, transformar, trastornar, convertir, variar*, disfrazar*, falsear*, desfigurar, desnaturalizar, corregir, renovar, metamorfosear, sustituir*, rectificar, innovar, volver, girar, revolver; desordenar, invertir, evolucionar, reestructurar, perfeccionar, mudar, diferenciar, reformar, transfigurar, empeorar, perturbar, revolucionar*.
7. *Cambiarse*, mudarse, marcharse*, salir. V. TRASLADAR 2.
8. Cambiable. Transformable, alterable, variable, permutable (v. 5).
9. Cambiante. Irregular, tornadizo, variable*, inconstante, voluble, inseguro, inestable*, que se modifica (v. 6).
— **10.** *Diferente*, entretenido, ameno, diverso, distinto, variado*.
11. Cambiado. Transformado, alterado, irreconocible (v. 6).
Contr.: Persistencia, inmovilidad*.
V. VARIACIÓN, SUSTITUCIÓN, INESTABILIDAD.

cambista. Banquero, negociante, financiero. V. BANCO 5.
camelar. Convencer, engatusar, seducir. V. ENGAÑO 2.
camelia. Arbusto, rosácea, planta. V. FLOR 4.
camello. Dromedario, ungulado, mamífero. V. RUMIANTE 3.
camelo. Cuento, patraña, mentira. V. ENGAÑO 1.
cameraman. Técnico, operador, cámara. V. CINEMATOGRAFÍA 10.
camerino. V. camarín.
camilla. Litera, angarillas, parihuelas. V. CAMA 2.
camillero. Ayudante, sanitario, enfermero. V. SOCORRO 6.
caminante. Transeúnte, paseante, viandante. V. MARCHAR 8.
caminar. Avanzar, andar, transitar. V. MARCHAR 1.
caminata. Recorrido, paseo, trayecto. V. MARCHAR 4.
CAMINO. 1. Senda, sendero, acceso, vereda, vía, calle*, carretera*, paseo, alameda, ronda, carrera, arteria, avenida, autopista, pista, calzada, paso, alcorce, rastro, atajo, trocha, huella, carril, rodada, surco, rodera, meandro, vado, travesía, vericueto, andurrial, caminillo, rodeo, desvío, paraje, lugar*, andada, arriate, vial, subida, bajada, salida, entrada, estrada, cañada, cañón, cancha, red, comunicación; ruta, itinerario, derrotero (v. viaje 1).
2. Clases. Camino real, provincial, vecinal, rural, comunal, de ruedas, carretero, de herradura, de

cabaña, de sirga, privado, forestal; camino de hierro o ferrocarril*.
3. Partes, reparación del camino. V. CARRETERA 6.
4. Caminar. Transitar, andar, pasear. V. MARCHAR 1.
5. Caminante. Transeúnte, paseante, viandante. V. MARCHAR 8.
V. CARRETERA, CALLE, MARCHAR.
CAMIÓN. 1. Vehículo*, vehículo automóvil*, v. automotor, v. comercial, v. público, camioneta, furgoneta, «jeep», rural, furgón, vagón, carruaje*. *Clases:* camión remolque, semirremolque, vehículo articulado, volquete, «dumper», «pick-up», ambulancia, camión de plataforma, c. cuba o cisterna, c. blindado, c. oruga, c. semioruga, c. grúa, furgón de mudanzas o capitoné, autobomba o camión de bomberos, camión escalera, autobús, autocar, ómnibus, microbús, trolebús, triciclo de reparto.
2. Partes. Cabina, guardacabina, caja o plataforma, motor*, ruedas*, neumáticos, toldo de lona, cerquillo, volquete, mecanismo basculante, ruedas motrices, ruedecillas de apoyo (en semirremolque), mecanismo de enganche, torno, cable del torno.
3. Transporte*. Acarreo, carga*, porte, viaje*, mudanza, envío*, reparto, distribución, facturación, traslado*. Tara, carga, c. útil, c. máxima.
4. Camionero. Chófer, transportista*, conductor, camionista, mecánico, cochero.
V. AUTOMÓVIL, VEHÍCULO, CARRUAJE, MOTOR, TRANSPORTE.
camionero. V. CAMIÓN 4.
CAMISA. 1. Blusa, blusón, camiseta, camisola, camisón, camisilla, peinador, bata (v. 2), ropa, saya, combinación, enaguas, refajo, corpiño, ajustador, sujetador, sostén, faldellín, falda, vestido, bajos, prenda, prenda interior, vestimenta*, vestidura, elástica, marinera, sahariana, guayabera, torera, bolero, jubón, cilicio, chambra, capisayo, túnica, veste, manto, sotana, ropón, toga, clámide, hábito, guerrera, chaqueta*, chaleco (v. 2, 3).
— **2.** *Bata*, camisa, batín, «negligé», «déshabillé», quimono, túnica, peinador, albornoz, chilaba, capuz, salto de cama, camisón, guardapolvo, mandil, delantal (v. 1).
3. Clases. Camisa de etiqueta, de dormir, de chorrera, de pechera, deportiva; de malla, de punto, de seda, de popelín, de batista, de raso, de lino, de algodón, de percal, oxford, de dril, sanforizada; camisa de fuerza (v. 1).
4. Partes. Cuello, c. postizo, pechera, manga, puño, vuelta, chorrera, contravuelta, faldón, canesú, tirilla, escote, cuadradillo, encosadura, botón, ojales, hombrillo, guirindola, tirilla, rodo; gemelos, corbata (v. 1).
V. VESTIMENTA, CHAQUETA, TELA.
camiseta, camisón. V. CAMISA 1.

camomila. Manzanilla, hierba medicinal, infusión. V. HIERBA 5.

camorra. Riña, trifulca, pendencia. V. PELEA 1.

camorrista. Bravucón, matasiete, provocador. V. PELEA 4.

campamento. Reducto, acantonamiento, cuartel*. V. ACAMPAR 2.

CAMPANA. 1. Esquila, campanilla, carillón, sonería, campanería, juego de campanas, badajo, instrumento metálico, i. sonoro, esquilón, bronce, metal, címbalo, «gong», batintín, tantán, llamador, segundilla, cencerro, sonaja, sonajero, cascabel, timbre.
2. Partes. Badajo o martillo, vaso (campana), panza, asas, cabeza, corona, friso, yugo, anillo del badajo, espárrago, espiga, media rueda, cuerda. *Material:* bronce, estaño, cobre.
3. Campanario. Campanil, aguja, espadaña, torre, torrecilla, torreón, clochel, atalaya. *Partes:* torre, reloj, aguja, chapitel, linterna, lumbrera, ventanal, cruz, imagen, pararrayos, veleta, armadura o armazón de campanas, carillón, campanería, escalera, e. de caracol; nido de cigüeñas.
4. Campanada. Tañido, repique, volteo, toque, sonido*, tilín, talán, tolón, llamada*, aviso, campaneo, redoble, badajazo, badajada, tintineo, retintín, campanilleo, campanillazo, volteo, timbrazo, cascabeleo, cencerrada, rebato (v. 5).
5. Toques. Toque del alba, maitines, ángelus, oración, queda, plegaria, agonía, ánimas, a muerto, a rebato, a fuego, alarma, repique, clamor, sonido*, doble, tañido (v. 4).
6. Campanear. Tocar, doblar, voltear, tañer, sonar, repicar, llamar, clamorear, herir, badajear, picar, cencerrar, repiquetear, retiñir, campanillear, tintinear, cascabelear, echar a vuelo, tocar a muerto, a rebato (v. 5).
7. Campanero. Campanillero, sacristán, campanólogo, monaguillo, ayudante, acólito. V. INSTRUMENTO MUSICAL, SONIDO.

campanada. V. CAMPANA 4.

campanario. V. CAMPANA 3.

campanear. V. CAMPANA 6.

campaneo. V. CAMPANA 4.

campanero. V. CAMPANA 7.

campaniforme. Abocinado, acampanado, ensanchado. V. AMPLITUD 2.

campanil. V. CAMPANA 3.

campanilla. 1. V. CAMPANA 1.
— **2.** Úvula, apéndice, carnosidad. V. BOCA 3.
— **3.** Campánula, florecilla, campanulácea. V. FLOR 5.

campanillazo, campanilleo. V. CAMPANA 4.

campante. Complacido, ufano, tranquilo*. V. SATISFACCIÓN 4.

campanudo. Altisonante, pomposo, rimbombante. V. PEDANTE 1.

campánula. Campanilla, campanulácea, florecilla. V. FLOR 5.

campaña. 1. Período, duración, temporada. V. TIEMPO 1.
— **2.** Operación, ejercicio, misión. V. TRABAJO 1, GUERRA 1.

campar. V. campear.

campeador. V. campeón.

campear. Descollar, dominar, destacar. V. SUPERIOR 6.

campechano. Llano, sincero*, espontáneo. V. SENCILLO 1.

campeón. 1. Vencedor, as, ganador. V. TRIUNFO 2.
— **2.** Paladín, adalid, defensor. V. PROTECCIÓN 5.

campeonato. Torneo, certamen, concurso. V. COMPETICIÓN 1.

campero. V. CAMPO 5.

campesino. V. CAMPO 4.

campestre. V. CAMPO 5.

camping. *ingl* Campamento, acampada, alojamiento*. V. ACAMPAR 2.

campiña. V. CAMPO 1.

CAMPO. 1. Terreno, labrantío, sembrado, sembradío, parcela, finca, solar, descampado, despoblado, afueras, campiña, terruño, tierra, plantío, plantación, prado, pradería, pradera, pastizal, pastos, herbazal, dehesa, era, vega, ejido, arada, cultivo, explotación, e. agrícola*, predio, huerto, huerta, regadío, labrada, gleba, solana, secano, rastrojo, secadal, matorral*, zarzal, yermo, monte, coto, vedado, latifundio, barbecho, llano, raso, erial, páramo, desierto*; granja, hacienda, minifundio, alquería, quinta, fundo, estancia, rancho, cortijo, masía, aldea*, inmueble, potrero, cercado, bienes, posesiones, propiedad*, heredad, dominio, bosque*.
— **2.** Lugar, espacio, ámbito. V. ZONA 1.
— **3.** Cancha, pista, circuito. V. ESTADIO 1.
4. Campesino. Labrador, granjero, labriego, agricultor*, horticultor, hortelano, cultivador, labrantín, bracero, gañán, jornalero, huertano, paisano, minifundista, quintero, terrajero, aparcero, colono, sembrador, segador, cosechero, recolector, veguero, quiñonero, hacendado, estanciero, ranchero, cortijero, propietario*, latifundista. Campero, campestre, rural (v. 5).
5. Campestre. Campero, campesino, rural, agrícola*, agrario, agropecuario, rústico, agreste, tosco*, primitivo, del campo, bucólico, natural, silvestre*, sencillo, aldeano, apacible, idílico, tranquilo*, boscoso, montés, pastoril, placentero, grato.
Contr.: Ciudad*, urbe.
V. AGRICULTURA, PROPIEDAD, ALDEA, BOSQUE, SILVESTRE.

camposanto. Necrópolis, sacramental, cementerio. V. TUMBA 3.

camuflaje. Ocultación*, encubrimiento, artificio. V. DISFRAZ 3.

camuflar. Enmascarar, disimular*, ocultar*. V. DISFRAZ 6.

can. Chucho, dogo, gozque. V. PERRO 1.

cana. Cabello blanco, plateado, canicie. V. PELO 1.
CANAL. 1. Vía acuática, v. navegable, cauce, angostura, istmo, estrecho, embocadura, río*, bocana, paso, esclusa (v. 5), acceso, freo, comunicación, canalización (v. 2).
2. Conducción. Acueducto, acequia, galería, alcantarilla*, desagüe, obra de ingeniería*, conducto*, desaguadero, canalización, construcción*, reguero, regato, zanja, cauce, canalizo, caño, atarjea, colector, tubo*, tubería, vertedero, cloaca, sumidero, gárgola, canaleta, canalón (v. 1, 3).
3. Clases. Canal marítimo, fluvial, de esclusas (v. 5), de navegación*, de navegación interior; canal de irrigación, de riego, de evacuación, de desagüe, de central hidroeléctrica, derivado, industrial, túnel canal, puente canal (v. 1, 2).
4. Partes. Compuerta, esclusa (v. 5), orilla, margen, talud, terraplén, riba, cauce, sección, tramo, presa, escollera, rastrillo, madre, sangradera, desaguador, camino de sirga, c. de contrasirga, nivel de agua, boquilla, boquera, repartidor, fortacén, bomba, sifón. Cieno, lodo.
5. Esclusa. Recinto, presa*, canal, depósito, compartimiento. *Partes:* Depósito, cámara, puertas, compuertas, compuerta de aguas arriba, c. de aguas abajo, malecón, espolón, zampeado, morro, telar, nivel de las aguas, cauce de aguas arriba, c. de aguas abajo, cabina de mandos, orificios de comunicación.
6. Acción. Canalizar, conducir, llevar, dragar, encauzar, abrir, aprovechar, regularizar, irrigar, sangrar, desaguar, evacuar, vaciar*.
7. Canales famosos. Panamá, Suez, río San Lorenzo, Amsterdam-Rin, Alberto, Moscú-Volga, Kiel, Manchester, Alfonso XIII, Imperial de Aragón.
V. CONDUCTO, TUBO, RÍO, CONSTRUCCIÓN, INGENIERÍA.
canalizar. V. CANAL 6.
canalla. 1. Infame, villano, ruin. V. VIL 2.
— **2.** Chusma, gentuza, populacho. V. GRUPO 4.
canallada. Granujada, bajeza, infamia. V. VIL 3.
canallesco. Inicuo, infame, vergonzoso. V. VIL 1.
canalón. V. CANAL 2.
canana. Cartuchera, cinturón, correa. V. TIRA 2.
canapé. 1. Sofá, sillón, diván. V. ASIENTO 1.
— **2.** Bocadillo, emparedado, tentempié. V. ALIMENTO 18.
canario. Ave canora, pájaro, conirrostro. V. AVE 15.
canasta. V. canasto.
canastilla. 1. Equipo, ajuar, ropa. V. VESTIMENTA 1.
— **2.** V. canasto.
canasto. Cesto, cuévano, banasta. V. CESTA 1.
cancán. Baile movido, espectáculo*, variedades. V. BAILE 5, 6.
cancel. Mampara, biombo, protección*. V. PUERTA 1.

cancela. Reja, portezuela, verja. V. VALLA 1, PUERTA 1.
cancelar. Abolir, suspender, suprimir. V. ANULAR 1.
CÁNCER. 1. Tumor, t. maligno, carcinoma, neoplasia, neoformación, nódulo, bulto, abultamiento*, quiste, llaga, grano*, úlcera, cancro, excrecencia, tumoración, hinchazón*, proliferación celular, p. anárquica, metástasis. Oncología, cancerología.
— **2.** *Cáncer,* signo del Zodiaco, s. astrológico. V. ASTROLOGÍA 4.
3. Clases. Leucemia (sangre), meningioma (meninges), glioma (cerebro), neuroma (tejido nervioso), osteoma, osteosarcoma (huesos), sarcoma (tejido de sostén), endotelioma (vasos sanguíneos), mioma (músculos), melanoma, epitelioma (piel), linfosarcoma, enfermedad de Hodgkins (ganglios linfáticos).
4. Órganos más afectados. Pulmones, mamas, sangre*, piel*, labio, recto, intestinos*, estómago*, esófago, hígado*, páncreas, matriz, próstata, cerebro*, huesos*.
5. Causas. Tabaco, alquitrán, benzopireno, colorantes, parafina, arsénico, cromo, asbesto, uranio, radio, radiaciones, sol.
6. Tratamiento. Diagnóstico: biopsia, análisis, radiografía, escáner; cirugía, extirpación, resección, radioterapia (rayos X, radio, bomba de cobalto), quimioterapia (hormonas, arsenobenzoles).
7. Canceroso, cancerado. Enfermo, afectado, adelgazado, delgado*, consumido, debilitado*, macilento; ulcerado*, llagado, abultado, nodular, hinchado*, tumoral, neoplásico, metastásico, proliferado.
V. ENFERMEDAD, CIRUGÍA, HINCHAZÓN, GRANO.
cancerado. V. CÁNCER 7.
cancerbero. Custodio, portero, guardián. V. VIGILANCIA 3.
canceroso. V. CÁNCER 7.
cancha. Campo, pista, local. V. ESTADIO 1.
canciller. Funcionario, diplomático, gobernante. V. GOBIERNO 8, DIPLOMACIA 3.
cancillería. Despacho, gobierno*, cargo gubernativo. V. MINISTERIO 1, DIPLOMACIA 4.
canción. Tonada, cántico, copla. V. CANTAR 1.
cancionero. Antología, selección, recopilación de canciones. V. CANTAR 7.
candado. Cerrojo, cierre, pasador. V. CERRADURA 1.
candela. 1. Cirio, vela, bujía. V. LUZ 3.
— **2.** Lumbre, llama, brasa. V. FUEGO 2.
candelabro. Palmatoria, candelero, candil. V. LUZ 3.
candente. Ardiente, incandescente, quemante. V. FUEGO 7.
candidato. Aspirante, postulante, pretendiente. V. INTENTO 5.
candidatura. Opción, pretensión, petición. V. INTENTO 2.

candidez. Sencillez, ingenuidad, candor. V. INO-CENCIA 1.

cándido. Candoroso, ingenuo, sencillo. V. INO-CENCIA 4.

candil. Quinqué, luz*, farol. V. LÁMPARA 6.

candilejas. Focos, luces, focos de proscenio. V. LÁMPARA 1, TEATRO 9.

candor. V. candidez.

candoroso. V. cándido.

canela. Corteza aromática, especia, canelo. V. CONDIMENTO 3.

canelón. Pastas rellenas, masa, plato de pastas. V. ALIMENTO 14.

canesú. Corpiño, blusa, prenda. V. CAMISA 1, 4.

cangrejo. Marisco, artrópodo, centollo. V. CRUSTÁCEO 1.

canguro. Didelfo, marsupial, animal. V. MAMÍFERO 19.

caníbal. Antropófago.

canica. Bolita, bola, entretenimiento. V. ESFERA 1, JUEGO 7.

canicie. Cabello canoso, blanco, canas. V. PELO 6.

canícula. Resol, bochorno, sofocación. V. CALOR 2.

canicular. Veraniego, caluroso, bochornoso. V. CALOR 5.

canijo. Enclenque, esmirriado, raquítico. V. DEBILIDAD 6.

canilla. 1. Espinilla, tibia, hueso de la pierna. V. PIERNA 2.

— **2.** Espita, válvula, llave. V. GRIFO 1.

canino. 1. Colmillo, pieza dentaria, p. dental. V. DIENTE 1.

— **2.** Perruno, cánido, animal*. V. PERRO 9.

canje. Permuta, trueque, transacción. V. CAMBIO 1.

canjear. Cambiar, cambalachear, trocar. V. CAMBIO 5.

cano. V. canoso.

canoa. Lancha, piragua, barca. V. BOTE 1.

canódromo. Pista, instalación, recinto. V. ESTADIO 2.

canon. 1. Pauta, modelo, regla. V. EJEMPLO 3.

— **2.** Impuesto, gravamen, tasa. V. FISCO 3.

canónico. Sacerdotal, eclesiástico, bíblico*. V. SACERDOTE 10.

canónigo. Eclesiástico, arcediano, archidiácono. V. SACERDOTE 1.

canonizar. Beatificar, exaltar, santificar. V. SANTO 9.

canonjía. Ganga, prebenda, breva. V. BENEFICIO 1.

canora (ave). Trinadora, armoniosa, melodiosa. V. AVE 15, CANTAR 16.

canoso. Plateado, blanco, cano. V. PELO 6.

cansado. 1. Extenuado, debilitado, agotado. V. FATIGA 5.

— **2.** Estragado, fastidiado, hastiado. V. ABURRIMIENTO 3.

cansador. Agotador, pesado, molesto. V. FATIGOSO, ABURRIDO.

cansancio. 1. Agotamiento, debilitamiento, extenuación. V. FATIGA 1.

— **2.** Hastío, fastidio, molestia. V. ABURRIMIENTO 1.

cansar(se). 1. Extenuar(se), agotar, desfallecer. V. FATIGA 4.

— **2.** Hastiar, fastidiar, importunar. V. ABURRIMIENTO 4.

cansino. V. cansado 1.

cantante. V. CANTAR 10.

CANTAR. 1. Canción, cántico, canto, tonada, tonadilla, copla, cuplé, lírica, balada, melodía, himno, aria, aire, estribillo, cantinela, melopea, salmodia, canturreo, nana, arrullo, canción de cuna, tarareo, serenata, romanza, trova, coro, coral, gorjeo, gorgorito, oda (v. 3, 4 y siguientes). Letra, verso, rima, composición, estribillo (v. poesía 4).

— **2.** Entonar, cantar, salmodiar, modular (v. 15).

3. Aires de canto. Aria, aire, arieta, solo, dúo, dueto, terceto, cuarteto, quinteto, serenata, ronda, rondó, romanza, cantata, «lied», chacona, cavatina, balada, oda, elegía, barcarola, recitativo, nocturno, pastorela, cantábile, alborada, canción de cuna, cantiga, trova, tonada, tonadilla, elegía (v. 1).

4. Canto religioso. Cántico, salmodia, polifonía, contrapunto, canto gregoriano, c. ambrosiano, c. litúrgico, c. de iglesia, c. llano, salmo, tedéum, loa, cantata, oratorio, réquiem, miserere, aleluya, kirieleisón, motete, responso, himno, gorigori, treno, vísperas, coral, agnusdéi, magníficat, trisagio, támtum ergo, benedictus, dies írae, pange lingua, stábat, hosanna, improperios, gozos, saeta, alabado, angélica.

5. Canto popular español. Coplas, tonada, tonadilla, aire popular, aire folclórico, cante, c. flamenco, c. andaluz, c. jondo, c. grande, c. chico, seguidilla, fandango, malagueña, rondeña, serrana, taranta, calesera, soleares, alegrías, bulerías, bolero, petenera, sevillana, granadina, caracol, carcelera, saeta, martinete, olé-olé, polo, minera, marinera, jota, folía, villancico, tirana, zorcico, muñeira, vaqueira, alborada, jácara, trágala, zarabanda, cuplé, cachucha (v. 1).

6. Otros cantos populares. Vidalita, tango, milonga, payada, p. de contrapunto, cueca, corrido, triste, guajira, habanera, joropo, llanera, guaracha, bolero, samba, baión, canzoneta (v. 1); fado (Portugal).

7. Cancionero. Antología, folclore, recopilación, colección, selección, canciones, cantares (v. 1).

8. Funciones y representaciones. Ópera (v. 9), opereta, ópera cómica, ópera bufa, zarzuela*, género chico, género grande, vodevil, recital, concierto, audición, función, espectáculo*, gala, fiesta*, festival, sesión, ejecución, representación.

9. Ópera. Drama musical, d. lírico, representación, ópera bufa, ó. cómica, ó. seria, gran ópera. Obertura, acto, cuadro, «Leitmotiv»,

aria, recitativo, cavatina, intermedio. Cantantes de ópera (v. 11). *Autores de óperas:* Rossini, Verdi, Donizzetti, Bellini, Leoncavallo, Mascagni, Bizet, Mozart, Wagner. *Títulos de óperas:* Aida, Carmen, Pagliacci, Cavalleria Rusticana, La Bohème, La flauta mágica, Lohengrin.
10. Cantante. Cantor, vocalista, intérprete, artista*, divo, astro, solista, soprano, tenor (v. 11), concertista, juglar, trovador, ministril, «Minnesinger», rapsoda, madrigalista, corifeo, partiquino, corista, coplero, cantador, cantaor, «chansonnier», «crooner», «vedette», canzonetista, romancero, saetista, jacarero, payador, milonguero, tanguero, niño de coro, escolano, orfeonista, chantre, sochantre, seise, versiculario, antifonero, capiscol; tonadillera, cantaora, cupletista, prima donna, diva, estrella, cantatriz (v. 11).
— **11.** *Cantantes:* bajo profundo, bajo, barítono, tenor, tenor ligero; contralto, «mezzosoprano», soprano, tiple. *Cantantes de ópera:* Caruso, B. Gigli, M. del Mónaco, F. Corelli, F. Chaliapin, M. Lanza, Fleta, Gayarre, Alfredo Kraus, Plácido Domingo, Luciano Pavarotti, Carreras, M. Callas, Melba, M. Caballé, T. Berganza, (v. 10).
12. Conjuntos. Coro, coral, orfeón, masa coral, ronda, grupo, capilla, escolanía, dúo, terceto, cuarteto, quinteto, estudiantina, tuna, comparsa, rondalla, agrupación, conjunto musical, c. vocal.
13. Voces. Voz rica, bien timbrada, plena, argentina, sonora, dulce, clara, aguda, vibrante, melodiosa, armoniosa, grave, baja, ronca, velada, discordante, de cabeza, falsa, falsete, media voz, v. de pecho.
14. Elementos del canto. Armonía, melodía, cadencia, aire, ritmo, compás, acento, inflexión, entonación, medida, registro, intensidad, altura, fuerza, gama, tesitura, línea melódica, musicalidad, tonalidad, silencio, pausa, parada, aspiración, suspiro, vocalización, variación, modulación, quiebro, gorgorito, gorjeo, trino, ejecución, ensayo, improvisación, impromptu, floreo, carrerilla, expresión, ligado, picado, «crescendo», «decrescendo», «mezza voce», «morendo», desafinación, gallo. *Movimientos:* presto, alegro, alegreto, andantino, andante, cantábile o cantable, adagio, largo, «maestoso».
15. Acción. Cantar, entonar, modular, vocalizar, gorjear, trinar, gorgoritear, corear, acompañar, puntear, responder, solfear, interpretar, ejecutar, salmodiar, entrar, atacar, canturrear, murmurar*, susurrar, arrullar, acunar, tararear, berrear, jacarear, jalear, acompasar, medir, registrar, repetir*, musicalizar, aspirar, suspirar, emitir, lanzar, variar, ensayar, improvisar, florear, quebrar, expresar, ligar, picar, desentonar, desafinar, discordar, lanzar un gallo, vocear, gritar*.

16. Cantarín. Melodioso, gorjeador, lírico, elegíaco, poético*, musical, bucólico, inspirado, trinador, sonoro, cantor, canora (ave*), parlero, cantante, jovial, alegre*, chispeante, vivaz, claro, afinado, dulce, bien timbrado, agudo, penetrante.
V. MÚSICA, POESÍA.
cantarín. 1. V. CANTAR 16.
— **2.** Cantador, que canta, cantante. V. CANTAR 10.
cántaro. Vasija, jarro, ánfora. V. RECEPTÁCULO 3.
cantata. Composición, canto, canción. V. CANTAR 3, 4.
cantazo. Pedrada, golpazo, ladrillazo. V. GOLPE 6.
cante. Canto popular, flamenco, canción. V. CANTAR 5.
cantera. Yacimiento, filón, pedrera. V. MINA 1.
cantero. Picapedrero, dolador, pedrero. V. PIEDRA 7.
cántico. Canturreo, canción, salmodia. V. CANTAR 1.
CANTIDAD. 1. Exceso, profusión, demasía. V. ABUNDANCIA 1.
— **2.** *Porción,* dosis, cuota, cuantía, número*, medida*, total*, totalidad, parte, todo, valor*, evaluación, valoración, cotejo, tasación, precio, coste, costo, gasto*, expensas, cuenta, pago*, importe, estimación, cálculo*, suma, adición, aportación, cupo, desembolso, dispendio, extensión, amplitud*, capacidad, proporción, porcentaje, tanto por ciento, comisión, derechos, participación, magnitud, cómputo, contingente, volumen, longitud, anchura, espesor, envergadura, graduación, grado, ración, trozo, fragmento*, pieza, segmento, parcela, sección, división, lote, miembro, sector, partícula, elemento, tramo (v. 3, 4).
3. Cantidades grandes. Brazada, haz, masa, profusión, acopio, exceso, miríada, millonada, enormidad, abundancia*, carretada, sartenada, calderada, montón, pila, raudal, porrada, rimero, ristra, aglomeración, concurrencia*, amontonamiento, acumulación*, muchedumbre, grupo*, caterva (v. 4).
4. Cantidades pequeñas. Menudencia, escasez*, miseria, nadería, pequeñez, insignificancia*, puñado, pulgarada, pellizco, pizca, trozo, fragmento*, bocado, ramo, migaja, trago, sorbo, fruslería, cortedad, exigüidad, falta, carencia (v. 3).
5. Evaluación*. Bastante, harto, muy, más, mucho, abundante*, excesivo, sobrado, exagerado*, desmedido, colosal, grande*, mayor, amplio*, ancho, extenso*, largo, grueso, capaz, suficiente, mediano, aproximado, casi, relativo, poco, escaso*, exiguo, insuficiente, insignificante*, pequeño*, nada, cero, menos, corto, limitado*, carente.
Contr.: Escasez*, limitación*, falta.
V. MEDIDA, TOTAL, PARTE, EVALUACIÓN, FRAGMENTO, ESCASEZ, PEQUEÑEZ, INSIG-

NIFICANCIA, ABUNDANCIA, EXAGERACIÓN, AMPLIO, GRANDE.

cantilena. 1. V. CANTAR 1.

— **2.** Monserga, tabarra, matraca. V. REPETICIÓN 2.

cantimplora. Vasija, recipiente, frasco. V. BOTELLA 1.

cantina. Cafetería, bar, café. V. BEBIDA 10.

cantinela. V. cantilena.

cantinero. Tendero, camarero, mozo. V. BEBIDA 12.

canto. 1. Canción. V. CANTAR 1.

— **2.** Orilla, margen, arista. V. BORDE 1.

— **3.** Pedrusco, guijarro, china. V. PIEDRA 1.

cantón. 1. Región, país, comarca. V. NACIÓN 3.

— **2.** Rincón, flanco, esquina*. V. LADO 1.

cantor. V. CANTAR 10.

canturrear. V. CANTO 15.

cánula. V. canuto.

canuto. Conducto, boquilla, caña. V. TUBO 1.

caña. 1. Tallo, bambú, vara. V. BASTÓN 1; VEGETAL 18.

— **2.** V. canuto.

cañada. Quebrada, garganta, vaguada. V. DESFILADERO 1.

cañamazo. Labor, dibujo, tejido, tosco. V. BORDADO 3, TELA 11.

cáñamo. Planta, lino; tejido. V. VEGETAL 7, TELA 11.

cañaveral. Cañada, espesura, barranca. V. MATORRAL 1.

cañería. Conducto, tubería, instalación. V. TUBO 1, FONTANERÍA 1.

cañí. Calé, cíngaro, flamenco. V. GITANO 1.

caño. Conducto, tubería, cañería. V. TUBO 1, ALCANTARILLADO 2.

cañón. 1. Pieza artillera, mortero, obús. V. ARTILLERÍA 4.

— **2.** Cilindro, caño, conducto. V. TUBO 1.

cañonazo. 1. Balazo, disparo, proyectil*. V. TIRO 1.

— **2.** Detonación, estampido, explosión*. V. SONIDO 2.

cañonear. Disparar, bombardear*, descargar. V. TIRO 7.

cañonera, cañonero. Guardacostas, lancha rápida, l. patrullera. V. BARCO 6.

caoba. Caobo, árbol, madera dura. V. MADERA 5.

caolín. Porcelana, arcilla, loza. V. CERÁMICA 2.

caos. Confusión, desbarajuste, lío. V. DESORDEN 1.

caótico. Anárquico, desorganizado, confuso. V. DESORDEN 2.

capa. 1. Franja, faja, estrato. V. ZONA 1.

— **2.** Revestimiento, baño, forro. V. RECUBRIMIENTO 1.

— **3.** Manto, capote, prenda. V. VESTIMENTA 5.

capacidad. 1. Espacio, cabida, dimensión. VOLUMEN 1.

— **2.** Competencia, inteligencia*, habilidad. V. HÁBIL 3.

capacitar. 1. Instruir, enseñar, aleccionar. V. EDUCACIÓN 11.

— **2.** Encargar, autorizar, otorgar. V. PERMISO 3.

capacho. Canasto, espuerta, cesto. V. CESTA 1.

capar. Emascular, castrar, mutilar. V. ESTÉRIL 7.

caparazón. Cubierta, concha, corteza. V. CÁSCARA 1, RECUBRIMIENTO 1.

capataz. Encargado, responsable, sobrestante. V. JEFE 8.

capaz. 1. Holgado, espacioso, extenso. V. AMPLITUD 2.

— **2.** Competente, diestro, inteligente. V. HÁBIL 1.

capcioso. Artificioso, aparente, ilusorio. V. ENGAÑO 4.

capea. Novillada, becerrada, corrida. V. TOREO 1.

capear. Permanecer*, soportar, resistir. V. AGUANTAR 1.

capellán. Clérigo, eclesiástico, cura. V. SACERDOTE 1.

caperuza. Capirote, capucha, gorro. V. SOMBRERO 1.

capicúa. Similar. V. SEMEJANZA 2.

capilla. Ermita, oratorio. V. TEMPLO 1.

capirote. V. caperuza.

capital. 1. Bienes, fortuna, dinero*, V. RIQUEZA 1.

— **2.** Metrópoli, población, urbe. V. CIUDAD 1.

— **3.** Primordial, básico, fundamental. V. IMPORTANCIA 3.

capitalismo. Régimen económico, doctrina, plutocracia. V. POLÍTICA 5.

capitalista. Acaudalado, potentado, financiero. V. RIQUEZA 3.

capitán. Comandante, caudillo, oficial. V. EJÉRCITO 7.

capitanear. Dirigir, mandar, encabezar. V. GUÍA 5.

capitanía. Jurisdicción, región militar, comandancia. V. ZONA 2, EJÉRCITO 11.

capitel. Remate, coronamiento, adorno. V. COLUMNA 5.

capitolio. Congreso, parlamento, edificio. V. ASAMBLEA 1, 3; PALACIO 1.

capitulación. Sometimiento, sumisión, entrega*. V. RENDICIÓN 1.

capitular. Rendirse, pactar*, entregarse. V. RENDICIÓN 2.

capítulo. 1. Sección, apartado, título. V. ESCRIBIR 4.

— **2.** Cabildo, consejo, junta. V. ASAMBLEA 1.

capó. Capota, tapa, cubierta. V. AUTOMÓVIL 5.

capón. Emasculado, eunuco, castrado. V. ESTÉRIL 2.

capota. Cubierta, lona, toldo. V. AUTOMÓVIL 5.

capotar. Voltearse, volcar, rodar. V. TUMBAR 1.

capote. Abrigo, gabán, capa. V. VESTIMENTA 5; TOREO 3.

CAPRICHO. 1. Antojo, ocurrencia, deseo*, manía*, fantasía*, ansia, excentricidad, extravagancia, rareza*, singularidad, particularidad, peculiaridad, frivolidad*, veleidad, volubilidad, travesura, puerilidad, originalidad*, genialidad, pintoresquismo, humorada, humor, curiosidad, ilusión, gusto, absurdo, ridiculez, locura*, bufonada, tontería*, necedad, chaladura, mimo*, guilladura, paradoja, incongruencia, extravío, prurito, impulso, injusticia*, arbitrariedad, abuso*, despotismo, exigencia, voluntad*, obstinación, tiranía.

2. Caprichoso. Excéntrico, antojadizo, ocurrente, fantástico*, maniático, deseoso*, particular, singular, raro*, estrafalario, extravagante, travieso, inconstante, mudable, variable*, voluble, veleidoso, frívolo*, peculiar, pueril, malcriado, mimado*, original*, humorístico, cómico*, pintoresco, genial, loco, ridículo, absurdo, ilusionado, curioso*, bufón, tonto*, necio, chalado, guillado, paradójico, incongruente, arbitrario, injusto*, impulsivo, atolondrado, abusivo*, despótico, tiránico, voluntarioso, obstinado, exigente.

3. Encapricharse. Antojarse, desear*, anhelar, gustar, enamorarse (v. 4), ansiar, ocurrirse, obstinarse*, emperrarse, porfiar, obsesionarse, insistir, ridiculizarse, ilusionarse, guillarse, chalarse, enloquecer, abusar*, atolondrarse, tiranizar, exigir, pedir.

— **4.** *Enamorarse*, encapricharse, prendarse, pirrarse, interesarse, acaramelarse, apasionarse, derretirse, encariñarse, chalarse, perder la cabeza, enternecerse, enamoriscarse, sentir amor*.

5. Caprichosamente. Arbitrariamente, injustamente, absurdamente, ridículamente, fantásticamente*, ocurrentemente (v. 2).

Contr.: Seriedad, formalidad, sensatez.

V. RAREZA, MANÍA, DESEO, FANTASÍA, FRIVOLIDAD, TONTERÍA, CURIOSIDAD, MIMO, INJUSTICIA, ABUSO, LOCURA, VOLUNTAD.

caprichosamente. V. CAPRICHO 5.

caprichoso. V. CAPRICHO 2.

Capricornio. Signo del Zodiaco, s. astrológico. V. ASTROLOGÍA 4.

cápsula. 1. Receptáculo, vaina, envoltura. V. CÁSCARA 1, CAJA 1.

— **2.** Gragea, pastilla, píldora. V. MEDICAMENTO 4.

captar. 1. Ganarse, seducir, atraer. V. PERSUADIR 1.

— **2.** Entender, comprender, percibir. V. INTELIGENCIA 9.

captura. 1. Presa, trofeo, botín. V. CONQUISTA 1.

— **2.** Arresto, detención, encarcelamiento. V. PRISIÓN 2.

capturar. Apresar, arrestar, conquistar. V. PRISIÓN 7; CONQUISTA 3.

capucha. V. capuchón.

capuchino. Fraile, franciscano, religioso. V. SACERDOTE 3.

capuchón. Caperuza, capirote, gorro. V. SOMBRERO 1.

capullo. Brote, pimpollo, retoño. V. FLOR 6.

caqui. 1. Verdoso, ocre, aceitunado. V. COLOR 13.

— **2.** Árbol*, níspero, fruta. V. FRUTO 5.

CARA. 1. Rostro, fisonomía, semblante, faz, facciones, imagen, rasgos, línea, facies, visaje, talante, catadura, perfil, expresión, aspecto, continente, aire, palmito, frontispicio, máscara, morro, haz, trompa, hocico, jeta, fachada, mundo.

— **2.** Superficie, plano, fachada*. V. EXTERIOR 3.

3. Partes. Frente, sien, aladares, entradas, patillas, bigote, vello, pelo*, piel*, cutis, eminencia frontal, arco superciliar, cejas, entrecejo, ceño, arruga, pliegues, párpado, pestañas, ojo*, órbita, pómulo, mejilla, moflete, cachete, carrillo, hoyuelo, oído*, oreja, pabellón de la oreja, nariz*, fosas nasales, surco subnasal o gotera o filtrum, surco nasogeniano o de la nariz a la comisura de la boca, boca*, labio, comisura, fosilla sublabial, dientes*, dentadura, barbilla, mentón, perilla, maxilar superior, m. inferior, mandíbula, quijada, sotabarba, papada.

— **4.** Anatomía de la cara. V. CABEZA 3-7.

5. Aspecto, forma del rostro. Redondo, ovalado, de luna llena, cuadrado, ancho, gordo*, relleno, estrecho, delgado*, emaciado, cadavérico, aquilino, aguileño, caballuno, bien parecido, mal parecido, delicado, hermoso*, bello, distinguido, enérgico, engolado, feo*, repulsivo, patibulario, bien encarado, mal encarado, frescote, sano, vultuoso, hocicón, hocicudo, prognático, simiesco, mongoloide, asiático, negroide. Carilargo, carigordo, carirredondo, carilleno, carichato, cariancho. Prognatismo, ángulo facial.

6. Color. Rubicundo, sanguíneo, rojizo, colorado, pálido, blanco, albino, lívido, mate, cadavérico, oliváceo, cetrino, moreno*, oscuro, atezado, mulato, quemado, negro, bronceado, tostado, cobrizo, terroso, plomizo, bilioso, ictérico, amarillento.

7. Acción, expresión. Demudarse, desencajarse, desfigurarse, crisparse, palidecer, descomponerse, alterarse, inmutarse, sonrojarse, ruborizarse, gesticular, gestear, guiñar, hacer visajes, muecas, gestos*, mohines, torcer la cara, amohinarse.

8. Aspectos no estéticos. Arruga, pliegue, acné, grano*, barrillo, comedón, erupción, verruga, lunar, peca, mancha, venilla, «couperose», picadura de viruela, papada, bolsa, piel* fláccida.

V. PIEL, PELO, CABEZA, NARIZ, OJO, OÍDO, BOCA, DIENTES.

carabela. Embarcación, nave, nao. V. BARCO 2.

carabina. 1. Escopeta, rifle, arma de fuego. V. FUSIL 1.

— **2.** Acompañante, doncella, señorita o dama de compañía. V. COMPAÑERO 1.

carabinero. Guardia, soldado*, aduanero. V. ADUANA 6, EJÉRCITO 3.

caracol. Babosa, gasterópodo, invertebrado. V. MOLUSCO 5.

caracola. Caparazón, cubierta, caracol marino. V. CONCHA 1, MOLUSCO 5.

caracolear. Corvetear, cabriolear, saltar. V. CA-
BALLO 17.

CARÁCTER. 1. Modo de ser, índole, naturaleza,
temperamento, genio, rasgo, personalidad,
entidad, humor, condición, manera, talante,
mentalidad, idiosincrasia, temple, fuste, calidad, género, clase, esencia, fondo, interior, intimidad, enjundia, gusto, aptitud, jaez, estofa,
calaña, individualidad, peculiaridad, rareza*,
madera, capacidad, entraña, complexión, actitud, voluntad*, dones, dotes, facultades, sello,
propensión, disposición, conducta, inclinación,
tendencia, constitución, entrañas, instinto, tipo,
valor, don, dote, vocación, interés*, atavismo,
herencia*, impulso, energía, firmeza (v. 2), diferencia, característica* (v. 3).
— **2.** Firmeza, entereza, energía*. V. ÁNIMO 1.
— **3.** Singularidad, peculiaridad, diferencia. V.
CARACTERÍSTICA 1.
— **4.** Rasgo, trazo, letra*. V. SIGNO 1.
5. Clases de carácter. Apacible, sereno, bonachón, agradable, manso, buenazo, bondadoso,
tranquilo*, suave, reposado, sosegado, plácido,
eufórico, alegre*, activo, dinámico, entusiasta,
apasionado*, serio, indiferente, sensible, débil*,
desabrido, delicado, susceptible, nervioso*, irritable, irascible, enojadizo*, violento*, áspero,
malhumorado, iracundo, quisquilloso, rezongón, gruñón, descontentadizo, pendenciero,
agresivo, fanfarrón*, terco, implacable, duro,
perverso, cruel*, feroz, inhumano, despótico,
sádico, fiero.
6. Elementos. Psicología*, psiquismo, psique,
subconsciente, inconsciente, consciente, volición, voluntad, afectividad, emotividad, inhibición, pasión, apasionamiento*, sentimiento,
trauma psíquico, introspección, conciencia, moral, imaginación, fantasía*, ansiedad, angustia,
depresión, euforia, excitación, desequilibrio,
neurosis, locura*, psiquiatría.
V. PSICOLOGÍA, LOCURA, CARACTERÍSTICA,
ENERGÍA, ÁNIMO.

CARACTERÍSTICA. 1. Singularidad, propiedad,
cualidad, peculiaridad, atributo, distintivo, particularidad, impresión, diferencia*, sello, cuño,
estilo, distinción, propiedad, especialidad, originalidad*, individualidad, esencia, clase, tipo,
principio, naturaleza, materia, meollo, fondo,
entidad, rasgo, carácter*, extravagancia, rareza* (v. 2).
— **2.** Temperamento, personalidad, índole. V.
CARÁCTER 1.
3. Característico. Peculiar, especial, propio,
típico, revelador, conspicuo, manifiesto, sintomático, distintivo, único*, representativo, demostrativo, inmanente, intrínseco, específico,
particular, personal, individual, sustantivo, privado, extraoficial, oficioso, singular, diferente*,
distinto, raro*, exclusivo, inalienable, irrenunciable, esencial, original*, natural, innato, congénito, atávico, privativo, inherente, inconfundible,

proverbial, relacionado, consustancial, constitucional, morfológico, sui géneris, respectivo,
solo, caracterizado, significativo, personalizado,
intransferible, diferenciado, especializado*, señalado*, determinado.
4. Caracterizar. Singularizar, particularizar,
diferenciar*, personalizar, individualizar, especificar, determinar, especializar*, distinguir,
representar, señalar, establecer, calificar, catalogar, identificar, separar, precisar, fijar.
Contr.: Indefinido, impreciso*.
V. DIFERENCIA, CARÁCTER, ESPECIALIZACIÓN,
ORIGINALIDAD, RAREZA.
característico. V. CARACTERÍSTICA 3.
caracterizado. 1. V. CARACTERÍSTICA 3.
— **2.** Destacado, relevante, sobresaliente. V.
SUPERIOR 1.
caracterizar. 1. V. CARACTERÍSTICA 4.
— **2.** *Caracterizarse*, maquillarse, pintarse, encarnar. V. COSMÉTICO 3.
caradura. Desvergonzado, insolente, sinvergüenza. V. DESCORTÉS 1.
¡caramba! ¡Caray!, ¡diantre!, ¡demontre! V. EX-
CLAMACIÓN 4.
carámbano. Hielo colgante, escarcha, congelación. V. FRÍO 4.
carambola. 1. Choque, toque, rebote. V. GOL-
PE 2.
— **2.** Casualidad, chiripa, suerte. V. AZAR 2.
caramelo. Dulce, golosina, confite. V. CONFITE-
RÍA 2.
caramillo. Pífano, flauta, zampoña. V. INSTRU-
MENTO MUSICAL 4.
carantoña. Zalamería, arrumaco, mimo* V. CA-
RICIA 1.
carátula. Antifaz, careta, máscara. V. DISFRAZ 4.
caravana. Procesión, columna, expedición. V.
FILA 1.
¡caray! ¡Caramba!, ¡demontre!, ¡diantre! V. EX-
CLAMACIÓN 4.
carbohidratos. Hidratos de carbono, principios
alimenticios. V. ALIMENTO 7.
CARBÓN. 1. Combustible* sólido, mineral*, antracita, hulla, lignito, turba, carbón de piedra,
coque, briqueta, aglomerado, ovoide, huevos,
carbonita, carbonilla, almendrilla, picón, cisco,
menudo, cribado, escarbillos, galleta, piñuelo,
granza, tizón, carbón vegetal o de leña, carbón mineral, carbón fósil, hullas grasas, hullas
secas, grafito.
2. Derivados. Alquitrán, brea, b. mineral, b.
líquida, asfalto, gas*, g. de alumbrado, g. ciudad, benzol, coaltar, aceite, fenol, antraceno,
negro de humo, anilina, acetona, carburo, hidrocarburo, cresol, naftalina, bencina, parafina,
celuloide.
3. Lugares. Terreno carbonífero, turbera, hulle-
ra, yacimiento, mina*, vena, veta, filón, carbonera, depósito, almacén, carbonería, comercio,
tienda*, fábrica de gas, gasómetro, horno de
carbón.

4. Carbonizar. Calcinar, incinerar, quemar, abrasar, arder, chamuscar, asar, incendiar*, ennegrecer, socarrar, tostar, torrar, rustir, combustionar, consumir, encender, cremar, achicharrar. V. MINA, COMBUSTIBLE, FUEGO, INCENDIO, CALOR, FÓSIL.

carbonera. Cobertizo, depósito, almacén*. V. CARBÓN 3.

carbonería. Puesto, almacén*, comercio. V. CARBÓN 3.

carbonero. Proveedor, tendero, minero*. V. TIENDA 5.

carbonizar. V. CARBÓN 4.

carbono. Cuerpo simple, elemento, e. químico. V. QUÍMICA 4.

carbunco, carbunclo. Epizootia, epidemia, enfermedad animal. V. VETERINARIA 3.

carburador. Dispositivo, mecanismo, aparato mezclador. V. AUTOMÓVIL 8.

carburante. Gasolina, petróleo, gasóleo. V. COMBUSTIBLE 2.

carcaj. Caja, funda, receptáculo. V. ARCO 8.

carcajada. Risa, risotada, jolgorio. V. ALEGRÍA 2.

carcamal. Viejo, vejestorio, decrépito. V. ANCIANO 1, 2.

carcasa. Armazón, estructura, esqueleto. V. SOPORTE 1.

cárcava. Zanja, cavidad, fosa. V. HUECO 1, TUMBA 1.

cárcel. Encierro, presidio, penitenciaría. V. PRISIÓN 1.

carcelero. Guardián, cancerbero, vigilante. V. PRISIÓN 5.

carcinoma. Tumoración, tumor maligno, neoplasia. V. CÁNCER 1.

carcoma. Larva, gorgojo, termes. V. INSECTO 1, 3, AGUJERO 1.

carcomer. Roer, consumir, horadar. V. AGUJERO 2.

cardar. Peinar, desenredar, alisar. V. PELO 8.

CARDENAL. 1. Prelado, purpurado, eminencia, mitrado, superior, dignatario de la Iglesia, príncipe de la Iglesia; cardenal primado, c. obispo, c. presbítero, c. diácono, c. in péctore, c. de curia, c. decano, penitenciario, vicecanciller, camarlengo, secretario de Estado, arzobispo, obispo, legado, nuncio, patriarca.

— **2.** Magulladura, contusión, moretón. V. LESIÓN 1.

3. Atributos del cardenal. Púrpura, birreta, capelo, píleo, anillo, pectoral (cruz), manto, báculo, galero. *Tratamientos:* Eminencia, eminentísimo, reverendísimo.

4. Instituciones. Sacro colegio cardenalicio, Curia Romana, Congregación para el Culto Divino y la Disciplina de los Sacramentos, Congregación para la Doctrina de la Fe, Tribunal de la Rota Romana, Penitenciaría Apostólica, cónclave, consistorio, concilio; Capilla Sixtina. V. SACERDOTE, PAPA.

cardenillo. Herrumbre, verdín, orín. V. METAL 14.

cárdeno. Violáceo, amoratado, purpúreo. V. COLOR 10.

cardiaco, cardíaco. Del corazón, afectado, enfermo*. V. CORAZÓN 6.

cardinal. Esencial, trascendental, fundamental. V. IMPORTANCIA 3.

cardiología. Especialidad, disciplina, tratado. V. CORAZÓN 8.

cardiólogo. Especialista, doctor, experto. V. MÉDICO 2, CORAZÓN 8.

cardo. Espino, abrojo, zarza. V. MATORRAL 2, VEGETAL 21.

cardumen. Banco, multitud, grupo* de peces. V. PEZ 4.

carear. Enfrentar, cotejar, confrontar a dos personas. V. COMPROBAR 1.

carecer. Necesitar*, precisar, faltar. V. ESCASEZ 3.

carencia. Falta, necesidad, ausencia. V. ESCASEZ 1.

carente. Necesitado, privado, falto. V. ESCASEZ 2.

careo. Enfrentamiento, cotejo, confrontación de dos personas. V. COMPROBAR 2.

carero. Aprovechador, negociante. V. ESPECULACIÓN 3.

carestía. Subida, inflación, encarecimiento. V. CARO 3.

careta. Antifaz, máscara, mascarilla. V. DISFRAZ 4.

carey. Placa, materia córnea; tortuga. V. CONCHA 1; REPTIL 6.

CARGA. 1. Flete, cargamento, mercadería, mercancía, género, producto, artículo, peso (v. 2), remesa, envío*, expedición, carretada, estiba, colocación*, acopio, bagaje, embalaje*, impedimenta, equipaje*, bulto, pedido, envío, transporte*, facturación, sobrepeso, sobrecarga, contrapeso, volumen, capacidad.

— **2.** *Peso*, carga, pesadez, gravedad, gravitación, lastre, contrapeso, tara, masa, ponderosidad.

— **3.** Tasa, impuesto; compromiso. V. FISCO 3; OBLIGACIÓN.

— **4.** Acometida, embestida*, asalto. V. ATAQUE 1.

5. Cargar. Subir*, meter, embarcar, almacenar*, introducir, sobrecargar, recargar, aumentar*, estibar, disponer, colocar*, hombrear, alzar, levantar, acumular, depositar, apilar, amontonar, soportar, aguantar, abarrotar, rebosar, atestar, llenar, repostar, lastrar, portear, transportar*, acarrear, enviar, trasladar*.

6. Cargado. Almacenado, subido, metido, embarcado, estibado, depositado, apilado, amontonado, abarrotado, lleno, atestado, rebosante, henchido, atiborrado, saturado, colmado (v. 5).

7. Cargador. Estibador, descargador, costalero, maletero, mozo, faquín, trajinante, porteador, peón, ganapán, esportillero, mozo de cuerda, jornalero, bracero, trabajador*.

Contr.: Descarga, extracción.

V. TRANSPORTE, ENVÍO, EMBALAJE, EQUIPAJE, PESO, ALMACENAMIENTO, INTRODUCIR.

cargado. 1. Estibado, embarcado, almacenado. V. CARGA 6.

— **2.** Espeso, saturado, fuerte. V. DENSO 1.

cargador. 1. V. CARGA 7.

— **2.** Mecanismo, aparato*, dispositivo del arma*. V. PISTOLA 3.

cargamento. V. CARGA 1.

cargante. Enojoso, fastidioso, enfadoso. V. MOLESTIA 3.

cargar. 1. V. CARGA 5.

— **2.** Importunar, irritar, aburrir*. V. MOLESTIA 6.

— **3.** Achacar, imputar, atribuir. V. CULPA 8.

— **4.** Embestir, acometer, atacar. V. ATAQUE 5.

cargo. Ocupación, cometido, puesto. V. EMPLEO 1.

carguero. Buque de carga, navío, mercante. V. BARCO 3.

cariacontecido. Apenado, cabizbajo, atribulado. V. AFLICCIÓN 5.

cariado. Picado, ulcerado, agujereado*. V. DIENTE 4.

cariar. V. cariado.

cariátide. Estatua, figura*, columna*. V. ESCULTURA 2.

caricato. Payaso, imitador, cómico. V. COMICIDAD 4.

caricatura. Boceto; ridiculización*, remedo. V. DIBUJO 1; SIMULACIÓN 2.

caricaturista. Artista, humorista, dibujante. V. DIBUJO 6.

caricaturizar. Satirizar, criticar, ridiculizar*. V. SIMULACIÓN 6.

CARICIA. 1. Mimo*, carantoña, arrumaco, arrullo, roce, sobo, manoseo, toque, cariño, amor*, monada, mamola, gesto*, aspaviento, cucamona, palpación, zalema, abrazo*, beso, besuqueo, ósculo, demostración, terneza, ternura, halago, elogio*, adulación*, atención, lagotería, agasajo, empalago, excitación, fiestas, estímulo, coba, embeleco, zalamería, galanteo, apasionamiento*.

2. Acariciar. Rozar, sobar, manosear, tocar*, palpar, arrullar, mimar*, excitar, estimular, amar, querer, demostrar, abrazar*, besar, besuquear, babear, agasajar, empalagar, galantear, halagar, manipular, restregar, tentar, cosquillear, hurgar.

3. Acariciador. Mimoso*, sobón, cariñoso, amoroso*, tierno, empalagoso, obsequioso, solícito, almibarado, pegajoso, cargante, acaramelado, fiestero, besucón, baboso, manoseador, zalamero, carantoñero, suave, dulce, melifluo, grato, afable, afectuoso, apasionado*, afectivo, efusivo, lagotero, galanteador, amador, amable*.

Contr.: Daño, golpe*, ofensa.

V. AMOR, MIMO, ABRAZO, APASIONAMIENTO, ADULACIÓN, TOCAR.

caridad. 1. Clemencia, piedad, misericordia. V. COMPASIÓN 2.

— **2.** Limosna, dádiva, socorro*. V. AYUDA 2.

carie. *incorr* V. caries.

caries. Ulceración del diente, picadura, perforación. V. DIENTE 4.

carilla. Hoja, página, plana. V. PAPEL 1.

carillón. Campanería, sonería, juego de campanas. V. CAMPANA 1.

cariño. 1. Ternura, estima, afecto. V. AMOR 1.

— **2.** V. CARICIA 1.

cariñoso. Tierno, afectuoso, apasionado*. V. AMOR 13.

carisma. Don, gracia, cualidad*. V. ATRACTIVO 1.

caritativo. Benefactor, misericordioso, generoso*. V. COMPASIÓN 2.

cariz. Apariencia, traza, aire. V. ASPECTO 1.

carlinga. Habitáculo, cabina, interior. V. COMPARTIMENTO 2, AVIÓN 4.

carmelita. Fraile, religioso, hermano. V. SACERDOTE 3.

carmesí. Rojo, granate, escarlata. V. COLOR 6.

carmín. 1. V. carmesí.

— **2.** Maquillaje, barra, rojo de labios. V. COSMÉTICO 2.

carnada. 1. Señuelo, cebo, alimento*. V. PESCA 6.

— **2.** Aliciente, trampa, añagaza. V. ENGAÑO 1.

carnal. 1. Erótico, sensual, lascivo. V. SEXO 11.

— **2.** Directo, consanguíneo, colateral. V. FAMILIA 2.

CARNAVAL. 1. Mascarada, carnestolendas, carnavalada, carnavales, farsa, mojiganga, fantochada, comparsa, comparsería, festejos, fiesta, festival, festividad, feriado, bullicio, regocijo, alegría, holgorio, jolgorio, disfraz*, broma*, diversión*.

2. Reuniones, grupos. Comparsa, mojiganga, mascarada (v. 1), baile*, b. de disfraces, b. de trajes, estudiantina, tuna, cabalgata, verbena, kermés, desfile*, d. de carrozas, d. de comparsas, gigantes y cabezudos, carrusel, batalla de flores, atracciones de feria, parque de atracciones*.

3. Fechas. Jueves gordo, j. lardero, j. de compadres, j. de comadres, entierro de la sardina, miércoles de Ceniza, Cuaresma.

4. Material. Artículos de cotillón, de carnaval, matasuegras, confeti, serpentinas, pito, carraca, matraca, pomo, perfumero, globo, gorro de papel, careta, máscara (v. 5), trajes, disfraz* (v. 6), guirnalda, cadeneta de papel, petardo, buscapié, cohete*, mixto, fuegos artificiales*, traca.

5. Máscara. Careta, mascarilla, mascarón, antifaz, carátula, carantamaula, gambuj o gambujo, nariz postiza, bigotes, barbas, gafas.

6. Traje, atuendo, vestido, atavío, máscara, mascarita, disfrazado, prenda, ropaje, vestimenta*, trapos, velo, embozo. *Disfraces:* fantoche, pelele, mamarracho, dios Momo, polichinela, Arlequín, dominó, Pierrot, Colombina, payaso, bufón, petimetre, mago, demonio, maharajá,

pistolero, vaquero, piel roja, guerrero de las cruzadas, romano, mosquetero, soldado, pirata, bandido, odalisca, bayadera, manola, cíngara, pastora, madame Pompadour, princesa, rey o reina del Carnaval, Sisí, conejito, duende, el Zorro, vampiresa, torero, paje, Papá Noel, oso polar, Superman, ninja.
V. DISFRAZ, BROMA, FIESTA, DIVERSIÓN, PARQUE DE ATRACCIONES.

carnavalada. Fantochada, broma*, ridiculez*. V. CARNAVAL 1.

carnavalesco. Festivo, alegre, extravagante. V. ALEGRÍA 6, RIDÍCULO 1.

carnaza. V. CARNE 2.

CARNE. 1. Magro, chicha, carnosidad, músculo*, musculatura, vianda, plato, filete (v. 2), molledo, carne mollar, c. magra, carnadura, carnes, encarnadura, gordura, grasa, corpulencia, carnaza, piltrafa, despojos; pulpejo, lóbulo, excrecencia, grano*, tumor, abultamiento*.
2. Partes, clases. Filete, bisté o bistec, chuleta, solomillo, entrecot, tajada, loncha, lonja, corte, costilla, lomo, lomillo, churrasco (v. 4), falda, tapa, espaldilla, morrillo, morcillo, brazuelo, molla, jarrete, pecho, pierna, redondo, contra, aleta, brazo, mano, cadera, aguja, babilla, rabo, rabillo, colita, jamón, codillo, lacón, magra, tocino, manteca, chacina, cecina, tasajo, salazón, torrezno, adobo, carne adobada. *Ave:* Muslo, zanca, ala, pechuga, despojos, molleja, menudillos. *Varios:* carnaza, salpicón, picadillo, trinchado, picado, chicharrón, vísceras, entrañas, hígado, sesos, sesada, riñón, bofe, criadillas, cascos, despojos, menudillos, mondongo, callos, patas, pie, mano, rabo, uña de vaca, hueso, tuétano, caña, cañada, cordilla, molleja, menudos, cabeza, carrillada, asadura, sangre, jugo, sustancia, proteínas.
3. Animales. Res, vacuno, ternera, ternasco, añojo, vaca, buey, toro; cerdo, cochinillo, lechón, lechal, oveja, carnero, cordero, lechazo, cordero lechal; carne de caza, c. de venado, de jabalí, oso, liebre, conejo; de ave, perdiz, faisán, codorniz, pollo, gallina, ganso, pato, pavo.
4. Platos de carne. Churrasco, asado, rosbif, ragú, chuleta, filete (v. 2), «goulash», fricandó, fricasé, «ossobuco», cuscús, «corned beef», estofado, guisado, guiso, aderezo, carne a la plancha, c. frita, c. asada, c. al horno, c. cocida, c. empanada, filete empanado, milanesa, escalope, rollo de carne, asado a la bourgignon, lomo con tomate, cochinillo asado, pierna de cordero, solomillo con champiñones, filetes a caballo, hamburguesas, carne picada, picadillo, albóndigas, callos a la madrileña, sesos rebozados, riñones al jerez, pierna de cordero, gratinado de carne; pollo al ajillo, p. en pepitoria, p. asado, p. en salsa, perdiz escabechada, pato a la naranja, pavo relleno.
5. Fiambres, embutidos. V. EMBUTIDOS 1.

6. Estados de las carnes. Carne roja, blanca, congelada, refrigerada, en conserva («corned beef»), salada, salazón, tasajo, desecada, cruda, pasada, fresca, magra, grasa, correosa, sangrante, tierna.
7. Personas. Carnicero, matarife, degollador, desollador, matachín, destazador, jifero, tablajero, casquero, chacinero, tripicallero, oficial, cortador; veterinario*, inspector.
8. Lugares. Matadero, degolladero, desolladero, tablada, macero, carnicería, chacinería, tablajería, casquería, tocinería, fiambrería, pollería, tienda*, puesto, mercado*, inspección veterinaria, laboratorio.
9. Herramientas y elementos. Cuchillo, c. de desollar, jifero, cachete, mazo, gancho de carnicero, afilón, chaira, sierra para huesos, máquina de picar, m. de rellenar embutidos, cámara frigorífica, caldera, espumadera, cortadora y mezcladora de embutidos, sello de inspección.
10. Carnoso. Rollizo, musculoso, fornido, vigoroso*, pulposo, blando, tierno, fofo, gordo, corpulento, voluminoso, abultado; jugoso, suculento, sabroso, rico, apetitoso, gustoso*.
11. Acción. Sacrificar, matar, desollar, despellejar, cortar*, descuartizar, deshuesar, descarnar, carnear, cuartear, achurar, beneficiar, picar, salar, ahumar, curar, adobar, acecinar; comer, digerir, masticar, tragar, alimentarse*.
V. ALIMENTO, EMBUTIDOS, MÚSCULO, ABULTAMIENTO.

carné. Documentación, credencial, tarjeta de identidad. V. DOCUMENTO 2.

carnero. Res, morueco, ganado*. V. RUMIANTE 9.

carnicería. 1. V. CARNE 8.
— **2.** Mortandad, exterminio, degollina. V. MUERTE 5.

carnicero. 1. V. CARNE 7.
— **2.** Carnívoro, depredador, alimaña. V. FIERA 1.

carnívoro. V. carnicero 2.

carnosidad. 1. Excrecencia, bulto, tumorcillo. V. GRANO 1.
— **2.** V. CARNE 1.

carnoso. V. CARNE 10.

CARO. 1. Dispendioso, exorbitante, encarecido, costoso*, valioso, prohibitivo, abusivo*, precioso, exagerado*, gravoso, oneroso, lujoso*, subido, alto, aumentado*, elevado, inmoderado, excesivo, sobrecargado, especulativo*, disparatado, inalcanzable, extremado, fabuloso, monstruoso, incalculable, inapreciable, raro*, único, harto, desatinado, enorme, desmedido, ajustado, valorizado, actualizado, incrementado.
— **2.** Amado, apreciado, querido. V. AMOR 10.
3. Encarecimiento. Carestía, elevación, sobrecarga, recargo, aumento*, plusvalía, inflación, dispendio, valor, valorización, subida, costo*, devaluación, desequilibrio económico, actualización, ajuste, sobreprecio, alza, incremento,

negocio, especulación*, abuso*, lucro, agio, estafa*.

4. Carero. Especulador*, negociante, comerciante*, abusón*, abusador, aprovechado, exagerado*, agiotista, estraperlista, traficante, monopolizador, estafador*, sanguijuela, usurero.

5. Encarecer. Elevar el precio, incrementar, aumentar*, especular*, alzar, subir, cargar, sobrecargar, recargar, acrecentar, abusar*, lucrarse, estafar*, ajustar, actualizar, negociar, exagerar*, valorizar, gravar, desollar, chupar la sangre.

Contr.: Barato*.

V. COSTOSO, LUJOSO, ABUSO, ESTAFA, ESPECULACIÓN, EXAGERACIÓN, AUMENTO.

carótida. Vaso sanguíneo, tubo, conducto arterial. V. CIRCULATORIO (APARATO) 3.

carozo. Hueso de los frutos, pepita, corazón. V. SEMILLA 1.

carpa. Ciprínido, pescado, pez de río. V. PEZ 12.

carpeta. 1. Portafolio, cartapacio, legajo. V. CUADERNO 1.

— 2. Paño, tapete, mantel. V. MESA (SERVICIO DE) 8.

CARPINTERÍA. 1. Maderería*, ebanistería, taller, local, mueblería*, obrador, aserradero; marquetería, taraceado, taracea, labor, trabajo*, artesanía, construcción, maderamen*, armazón, carpintería de obras, c. de ribera, c. metálica.

2. Personas. Carpintero, ebanista, artesano, operario, marquetero, maderero, mueblista*, tablajero, obrero, constructor, calafate, ensamblador, dolador, hachero, leñador, carpintero de obras, c. de ribera.

3. Herramientas*. Instrumento, accesorio; serrucho, sierra, garlopa, cepillo (empuñadura, cuña, hoja o hierro, caja o zoquete), lima, raedera, escofina, gubia, escoplo, formón, martillo, mazo, barrena, broca, fresa, berbiquí, avellanador, taladradora eléctrica, barrilete, plantilla, compás, gramil, escuadra, trazaingletes, chaira, azuela, tenazas, alicates, rasero, gato, cárcel, gatillo, banco de carpintero (torno o prensa, mango y tornillo del torno, husillo, tope), caballete, sierra circular, prensa de chapear, bote de cola de carpintero, caja para corte en inglete, lija, clavo*, punta, escarpia, alcayata, espiga, perno, tornillo, armella, caja de herramientas.

4. Obra. Machihembrado, acoplamiento*, ensamblado, ensamblaje, e. de cola de milano, e. de falsos tendones, e. en ángulo, e. a tabla rasa, e. a lado simple, e. de horquilla y tendón, e. de cuña doble, e. de muesca y tendón, e. a tope; muesca, hueco, ranura, uña, entalladura, lengüeta, rebajo, mecha, listonado, escopleadura, engargolado. Moldura, cuarterón, mediacaña, cubrejuntas, contrapilastra, codal, armadura, armazón, maderaje, maderamen*, ventana*, puerta*, entramado, cuarterones, marco, marquetería, taracea.

5. Acción. Aserrar, serrar, cepillar, acepillar, dolar, pulir, raspar, lijar, limar, raer, escofinar, escoplear, rebajar, hachear, cortar*, barrenar, agujerear*, ensamblar, acoplar*, espigar, desensamblar, machihembrar, entallar, taracear, incrustar, embutir, filetear, entramar, enmaderar, encolar, enmasillar, calafatear, enchapar, encuadrar, clavar*, atornillar.

V. MADERA, HERRAMIENTA, TRABAJO.

carpintero. V. CARPINTERÍA 2.

carpo. Huesos*, muñeca, huesos de la mano. V. MANO 7.

carraca. 1. Galeón, carabela, nao. V. BARCO 2.

— 2. Matraca, instrumento de madera, i. sonoro. V. INSTRUMENTO MUSICAL 5.

carraspear. Aclararse, despejarse la garganta, toser. V. RONCO 3.

CARRERA. 1. Correteo, persecución, marcha*, avance, carrerilla, huida*, fuga, escapada, espantada, estampía, corrida, certamen, competición (v. 2), aceleración, celeridad, recorrido, trayectoria, disparada, curso, trote, galope, urgencia, traslado, viaje*, desplazamiento, velocidad.

— 2. *Competición*, carrera (v. 4), certamen, concurso, prueba, competencia, deporte*, pugna, lucha, rivalidad*.

— 3. Licenciatura, profesión, estudios. V. EDUCACIÓN 19, TRABAJO 7.

4. Clases de competiciones. Pedestrismo, maratón, carrera de los 100 m, de los 800 m (v. atletismo 4), carrera a campo través o «cross-country», c. de caballos*, hipismo, hípica, c. de trotones, de galgos, de automóviles*, automovilismo, c. de motocicletas*, motociclismo, c. de bicicletas*, ciclismo, c. de embarcaciones, de barcos*, de veleros, regatas*. Critérium, Gran Premio, 24 horas de Le Mans, Campeonato Mundial, Fórmula 1, París-Dakar, MotoGP, derbi, «ghymkana», «rally».

5. Elementos. Aceleración o «sprint», adelanto, avance, adelantamiento, envión, rebasamiento, recorrido, trayecto, velocidad, entrenamiento, partida, llegada, meta, clasificación, puesto, abandono, «handicap», ventaja, pelotón, p. de cabeza, p. de cola, farolillo rojo.

6. Acción. Correr, avanzar, trotar, apresurarse, trasladarse*, desplazarse, volar, competir, recorrer, darse prisa, adelantar, acelerar, esprintar, arrancar, dispararse, rebasar, dejar atrás, aventajar, partir, llegar, abandonar, perseguir, galopar, trotar, rodar, saltar*, brincar, triscar, retozar.

7. Personas. Corredor, carrerista, deportista*, competidor, perseguidor, velocista, esprínter, rodador, atleta*, gimnasta*, ciclista, motorista, motociclista*, automovilista*, piloto, conductor, jinete, yóquey o yoqui. Juez de línea, j. de llegada, j. de salida, árbitro, entrenador, masajista, director, técnico.

8. Lugares. Coliseo, estadio*, circuito, pista, recinto, hemiciclo, campo, circo, ruedo, arena, cancha, velódromo, autódromo, circuito permanente, canódromo, hipódromo, «turf». *Partes:* calle, tartán, tribunas, gradas, graderíos, pista, pavimento, cancha, instalaciones, servicios, boxes, vestuarios, botiquín.
Contr.: Inmovilidad*.
V. DEPORTE, AUTOMOVILISMO, MOTOCICLETA, CABALLO, BARCO, REGATAS, ATLETISMO, MARCHA, ESTADIO.
carrerista. V. CARRERA 7.
carreta. Carromato, carricoche, carro. V. CARRUAJE 1.
carrete. Canilla, bobina, cánula. V. TUBO 1.
carretel. V. carrete.
CARRETERA. 1. Camino*, senda, vía, autopista (v. 4), autovía, acceso, arteria, vial, comunicación piso, calle*, pista, red, ruta, travesía, ronda, vía pública, calzada, paseo, avenida, bulevar, paso, puerto, collado, senda, sendero, trocha, atajo, vereda, cruce, viaducto, rodeo, entrada, carrera; ruta, itinerario, derrotero, viaje*.
2. Clases. Camino vecinal, carretera local, c. comarcal, c. nacional, autovía, autopista (v. 4), carretera internacional, c. intercontinental. Camino real, provincial, vecinal, rural, comunal, de herradura, de cabaña, forestal, privado.
3. Partes. Calzada, arcén, carril, cuneta, guardacantón, margen, trinchera, acera, bordillo, encintado, rasante, talud, terraplén, peralte, rampa, badén, bache, pavimento, piso, firme, macadam, asfalto, balasto, grava, guijo, cascajo, empedrado, adoquinado, mojón, poste kilométrico, señalización, señales (v. 10), radar, r. móvil, cruce*, bifurcación, esquina*, confluencia, encrucijada, nudo, desvío*, salida*, acceso, entrada*, ramal, recta, curva, vuelta*, zigzag, cuesta*, pendiente, estación de servicio, gasolinera, garaje*, restaurante*, hotel*, motel.
4. Autopista. Autovía, vía, carretera (v. 1), autopista de peaje. Partes: calzada, carril, c. de aceleración, c. de deceleración, mediana, arcén, desvío, raqueta, trébol, enlace, guardarraíl, teléfono de socorro, cabina de peaje, zona de aparcamiento, zona de servicios, estación de servicio (v. 3).
5. Medidas. Kilómetro, decámetro, hectómetro, miriámetro, milla, legua, yarda, toesa, versta, estadio, vara, codo, pie, legua de posta, cordel, cuadra.
6. Reparación y conservación. Apisonadora, niveladora, aplanadora, tractor, perforadora automática, compresor, martinete, mazo, pisón de mano, pala, pico, camión* barredora, vehículo quitanieves, camión grúa, c. de bomberos, autobomba, coche de patrulla, c. de la guardia civil, c. taller. Bachear, apisonar, asfaltar, empedrar, pavimentar, adoquinar, rellenar, nivelar, enrasar, explanar, trazar, abrir, conservar.

7. Organismos, personas. Ministerio de Obras Públicas, Dirección General de Tráfico (DGT), vialidad, catastro, ingeniero* de caminos, ayudante de obras públicas, perito, constructor, contratista, topógrafo*, agrimensor, experto catastral, peón caminero; agente, policía*, guardia civil, guardia de tráfico.
8. Trayecto. Viaje*, recorrido, jornada, ruta, itinerario, trecho, camino, dirección, distancia, marcha*, avance, carrera, tránsito*, tráfico, alto, descanso, etapa.
9. Incidencias. Avería, accidente, siniestro, choque, colisión, alcance, encontronazo, golpe*, pinchazo, reventón, patinazo, deslizamiento, derrape, despiste, niebla, nieve, lluvia*, hielo, embotellamiento, atasco, bloqueo.
10. Señales de carretera. Señalización; s. vertical, s. horizontal, s. luminosa, s. por agentes de tráfico, semáforo. Señalización vertical (según la normativa de la Unión Europea): señales de reglamentación (v. 11), s. de advertencia (v. 12), s. de indicación (v. 13); s. de obras (v. 12).
11. Señales de tráfico de reglamentación: s. de prioridad (ceda el paso, detención obligatoria, stop, calzada con prioridad, fin de prioridad, prioridad al sentido contrario, prioridad respecto al sentido contrario), s. de prohibición de entrada (circulación prohibida, entrada prohibida, entrada prohibida a vehículos de motor, a motocicletas, etc.), s. de restricción de paso (prohibición de pasar sin detenerse, peaje, limitación de peso por eje, limitación de longitud, prohibición velocidad máxima, giro a la derecha prohibido, giro a la izquierda prohibido, media vuelta prohibida, limitación de anchura); otras prohibiciones: prohibición velocidad máxima, giro a la derecha prohibido, giro a la izquierda prohibido, media vuelta prohibida, adelantamiento prohibido, adelantamiento prohibido para camiones, parada y estacionamiento prohibidos, estacionamiento prohibido, estacionamiento prohibido en vado, zona de estacionamiento limitado, advertencias acústicas prohibidas, señales de final de prohibición.
12. Señales de tráfico de advertencia: intersección con prioridad, semáforos, intersección con circulación giratoria, puente móvil, cruce de tranvía, paso a nivel con barreras, paso a nivel sin barreras, proximidad de un paso a nivel o de un puente móvil, aproximación de un paso a nivel o de un puente móvil, situación de un paso a nivel sin barreras, aeropuerto, curva peligrosa hacia la derecha, curva peligrosa hacia la izquierda, curvas peligrosas hacia la derecha, curvas peligrosas hacia la izquierda, perfil irregular, resalto, badén, bajada con fuerte pendiente, subida con fuerte pendiente, estrechamiento de calzada, obras, pavimento deslizante, peatones, niños, ciclistas, paso de animales domésticos, paso de animales en libertad, circulación en los dos sentidos, desprendimiento, muelle, pro-

yección de gravilla, viento transversal, escalón lateral, congestión, obstrucción en la calzada, visibilidad reducida, pavimento deslizante por hielo o nieve, otros peligros; señales de obras; s. de peligro (las mismas que las de advertencia, con el fondo amarillo).

13. Señales de tráfico de indicación: s. de indicaciones generales (autopista, autovía, fin de autopista, fin de autovía, vía reservada para automóviles, túnel, velocidad máxima aconsejada, fin de velocidad máxima aconsejada, calzada de sentido único, paso superior para peatones, paso inferior para peatones, preseñalización de calzada sin salida, zona de frenado de emergencia, estacionamiento, lugar reservado para taxis, parada de autobuses, parada de tranvías, hospital, fin de obligación de alumbrado de corto alcance; s. de carriles); s. de servicio (puesto de socorro, base de ambulancia, servicio de inspección técnica de vehículos, taller de reparación, teléfono, surtidor de carburante, campamento, agua, lugar pintoresco, hotel o motel, restauración, cafetería, terreno para remolques-vivienda, merendero, albergue de juventud, información turística, coto de pesca, parque nacional, monumento, otros servicios, área de descanso, área de servicio); señales de orientación; s. de localización (v. 14).

14. Otras señales. *Señales de localización:* Indican el pueblo, la provincia, la comunidad, el accidente geográfico o el punto kilométrico. *Postes kilométricos:* Autopista, autovía, carretera nacional, c. comarcal, c. local.

V. CAMINO, CALLE, PLAZA, AUTOMÓVIL, VEHÍCULO, TRÁNSITO, VIAJE, MARCHA.

carretero. Mulero, carrero, conductor. V. CARRUAJE 5.

carretilla. Carrito, volquete, carretón. V. CARRUAJE 1.

carretón. V. carretilla.

carricoche. Carro, vehículo*, coche. V. CARRUAJE 1.

carril. Raíl, riel, vía. V. FERROCARRIL 14.

carrillera. Correa, barbiquejo, cinta. V. TIRA 2.

carrillo. Moflete, mejilla, cachete. V. CARA 3.

carro. Carromato, carreta, vehículo*. V. CARRUAJE 1.

carrocería. Habitáculo, cabina, compartimiento. V. AUTOMÓVIL 5.

carromato. V. carro.

carroña. Putrefacción, carnaza, podredumbre. V. PODRIDO 2.

carroza. V. CARRUAJE 1.

CARRUAJE. 1. Carricoche, vehículo*, carroza, coche, c. de caballos*, carro, carromato, carreta, carretón, diligencia, galera, silla de posta, carraca, catanga, carriola, biga, cuadriga, coche de punto, simón, manuela, calesa, calesín, faetón, berlina, «break», birlocho, cabriolé, carretela, rodal, diablo, «laundaulet», jardinera, milord, volanta, sedán, landó, «brougham», «fiacre»,

«tilbury», cupé, tartana, troica, cesta; armatoste, furgoneta, vagón, furgón, coche cama, coche restaurante, camión*, camioneta*, automóvil*, coche fúnebre, ambulancia, taxi, autobús, trolebús, autocar, ómnibus; carretilla, carrito, volquete, carretoncillo.

2. Partes del carruaje. Capota, fuelle, toldo, imperial, caja, chasis, ballesta, suspensión, freno, guardabarros, rueda, eje, cubo, pezón, batalla, buje, radio o rayo, bolsa, culata, estribo, trasportín, parabrisas, portezuela, ventanilla, vidrio, cortinilla, pescante, banco, asiento*, baca, testera, bigotera, rotonda, lanza, viga, vara, balancín, esteva, limón, rodete, cabezal, arnés (v. caballo*).

3. Tracción. Tiro, tronco, par, pareja, caballería*, caballo*, mula, asno, cuadrúpedos, buey, posta.

4. Acción. Conducir, guiar*, manejar, enganchar, desenganchar, fustigar, azotar, hostigar, espolear, dominar, frenar, contener, detener, parar, acular, ascender, descender, desbocarse.

5. Conductor. Cochero, c. de punto, postillón, mayoral, zagal, calesero, carretero, carrero, yegüero, boyero, mulero, tartanero, automedonte, auriga, jinete, guía*, chófer, automovilista*.

V. VEHÍCULO, AUTOMÓVIL, CAMIÓN, CABALLO.

carrusel. Tiovivo, rueda, caballitos. V. PARQUE DE ATRACCIONES 2.

CARTA. 1. Mensaje, esquela, misiva, epístola, escrito*, nota*, letras, frases, billete, pliego, despacho, oficio, comunicación, correspondencia, aviso, recado, circular, papel*, invitación, despacho, plácet, encíclica, pastoral, breve, participación, besalamano, saluda, anónimo, felicitación*, postal, tarjeta, t. postal, t. de Navidad o «christmas», t. de felicitación*; carta certificada, urgente, con acuse de recibo; correo electrónico, e-mail.

— **2.** Minuta, menú, lista de platos. V. RESTAURANTE 2.

— **3.** Cartas, barajas, juego*. V. NAIPES 1.

4. Partes de la carta. Membrete, fecha, encabezamiento, texto, despedida, firma, posdata, post scríptum. Sobre, pliego, envoltura, cubierta, papel*, faja, plica, dirección, sellos, franqueo, matasellos, remitente.

5. Personas. Remitente, firmante, signatario, rubricante, expedidor, infrascrito, destinatario, corresponsal, suscrito, receptor, interlocutor; cartero, estafetero.

6. Acción. Escribir*, redactar, dirigir, encabezar, exponer, explicar*, despedirse*, firmar, cerrar, despachar, expedir, franquear, lacrar, certificar, cartearse, corresponder, responder, contestar, c. a vuelta de correo, matasellar, obliterar.

7. Varios. Correos*, sucursal de c., estafeta, lista de correos o poste restante, apartado de correos, casilla de c., máquina de franquear, pesacartas, buzón, casillero, hora de recogida, sobretasa, franquicia postal. V. CORREOS, ESCRITO, NOTA, PAPEL.

cartabón. Escuadra, falsilla, plantilla. V. REGLA 1.

cartapacio. V. CARTERA 1.

cartas. Barajas, juego*, j. de azar*. V. NAIPES 1.

cartearse. Corresponderse, intercambiar cartas y correspondencia. V. ESCRIBIR 2.

cartel. Rótulo, anuncio, informe*. V. LETRERO 1.

cárter. Tapa, cubierta del motor*, protección*. V. AUTOMÓVIL 7.

CARTERA. 1. Bolso, bolsillo, bolsa*, vademécum, portafolios, cartapacio, carpeta, portapliegos, portapapeles, cuaderno*, mochila, zurrón, morral, cabás, receptáculo*, caja*, saco, cartuchera, equipaje*, maleta, valija, neceser, billetero (v. 2).
— **2.** *Billetero*, cartera, monedero, portamonedas, bolsillo, carterita, saquillo faltriquera, bolsa (v. 1). V. EQUIPAJE, CUADERNO.

carterista. Ratero, descuidero, caco. V. LADRÓN 1.

cartero. Distribuidor de cartas, funcionario de Correos, repartidor. V. CORREOS 6.

cartílago. Tejido flexible, elástico, ternilla. V. HUESOS 6.

cartilla. Abecedario, catón, silabario. V. LIBRO 2.

cartografía. Ciencia, disciplina, planos. V. MAPA 3.

cartomancia. Predicción, vaticinio, profecía. V. ADIVINAR 4.

cartón. Cartonaje, cartulina, hoja. V. PAPEL 6.

cartoné. Encuadernación de cartón, tapas semiduras, encartonado. V. ENCUADERNACIÓN 2.

cartuchera. Cartera*, canana, cinto. V. TIRA 2.

cartucho. 1. Envoltorio, cucurucho, bolsa. V. ENVOLVER 4.
— **2.** Barreno, bala, explosivo*. V. PROYECTIL 1, 3.

cartuja. Cenobio, claustro, monasterio. V. CONVENTO 1.

cartujo. Cenobita, religioso, monje. V. SACERDOTE 3.

cartulina. V. cartón.

carúncula. Verruga, excrecencia, carnosidad. V. GRANO 1.

CASA. 1. Morada, vivienda, residencia, domicilio, edificio, edificio público, edificación, hogar, lar, alojamiento*, albergue, habitación*, techo, nido, cobijo, refugio*, cuarto, señas, dirección, mansión, inmueble, propiedad*, finca, construcción*, obra, heredad, casona, caserón, castillo*, palacio, palacete, villa, chalé o chalet, hotelito, hotel, casita, «bungalow», casa de recreo, c. de campo, c. solariega, alquería, granja, quinta, cortijo, masía, masada, hacienda, rancho, cabaña (v. 2), tugurio*, apartamento, departamento, propiedad horizontal, piso, comunidad, c. de propietarios, familia*, inquilinato, bloque de casas, rascacielos (v. 2).

2. Cabaña. Choza, barraca, chalet (v. 1), chabola, chamizo, tugurio*, caseta, rancho, casilla, casucha, casuca, cobertizo, almacén*, tinglado, pabellón, tienda, t. de campaña, garita, quiosco, cabina, compartimiento*, puesto, refugio, escondite, albergue, iglú, bohío (v. 1).

3. Torre. Atalaya, eminencia, altura, torreón, torrecilla, torreta, campanil, aguja, campanario*, espadaña, alminar, minarete, rascacielos, construcción*, edificio monumental, e. singular, fortificación*, castillo*, barbacana, defensa, reducto, baluarte, refugio, ciudadela.

4. Partes. Fachada*, cimientos, muro, medianera, tabique, pared*, sótano, bodega, subsuelo, planta, piso, nivel, planta baja, entresuelo, primer piso, habitación*, ala, escalera*, caja de escalera, desván, buhardilla, sobrado, ático, altillo, tugurio*, techo*, tejado, terraza, azotea, alero, chimenea, cornisa, ascensor*, caja del ascensor, canalón, tubo de desagüe, zócalo, jardinera, corredor, pasillo, galería*, tragaluz, ojo de buey, ventana*, ventana de dos batientes, antepecho, balcón, barandilla, balaustrada, alféizar, toldo, persiana, p. enrollable, puerta*, p. de dos hojas, solana, pérgola, atrio, porche, marquesina, columnata, columnas*, acera, farol, escalera de entrada, puerta de entrada, jardín delantero, patio, seto.

5. Habitaciones. Cuarto, aposento, habitación*, portal, zaguán, vestíbulo, «hall», recibidor, recibimiento, recibo, sala, s. de estar, salón, saleta, cámara, antecámara, aposento, alcoba, dormitorio, tocador, comedor, refectorio, despensa, cocina*, baño*, cuarto de baño, retrete, despacho, escritorio, estudio, gabinete, biblioteca; solario, galería*.

6. Personas. Propietario, copropietario, casero, dueño, amo, terrateniente, rentista, arrendador; inquilino, arrendatario, realquilado, habitante*, ocupante, vecino, convecino, residente, morador; notario, administrador*, presidente de comunidad, cobrador.

7. Aspectos legales. Hipoteca, contrato, traspaso, expropiación, desahucio, desalojo, traslado, mudanza, parcelación, venta, donación, cesión, usufructo, nuda propiedad, alquiler, comunidad de propietarios, propiedad horizontal, notaría, Ministerio de la Vivienda, Registro de la Propiedad, catastro, Hacienda, ayuntamiento, alcaldía*, contribución, impuestos, allanamiento de morada.

8. Casero. Hogareño, doméstico, familiar*, íntimo, artesano, manual, artístico. Propietario (v. 6).
V. ARQUITECTURA, CONSTRUCCIÓN, ALOJAMIENTO, FAMILIA*, FACHADA, ESTILOS, HABITACIÓN, PARED, ESCALERA, TECHO, PALACIO, CASTILLO.

casaca. Guerrera, prenda, levita. V. CHAQUETA 1.

casación. Abolición, invalidación, anulación de sentencia. V. TRIBUNAL 7.

casadero. Púber, núbil, conyugable. V. CASA-
MIENTO 8.
casado. V. CASAMIENTO 7.
casamata. Reducto, blocao, búnker. V. FORTIFI-
CACIÓN 1, 2.
casamentera. Celestina, intermediaria. V. CASA-
MIENTO 8.
CASAMIENTO. 1. Matrimonio, boda, nupcias,
enlace, unión, himeneo, casorio, desposorios,
esponsales, sacramento, bendición, relación,
vínculo, familia*, coyunda, alianza, maridaje, maridanza, connubio, sociedad conyugal,
compromiso, desposorio, ceremonia, festejo,
fiesta*, bodijo, bodorrio. Bodas de plata, de
oro, de diamante.
2. Clases de uniones. Matrimonio civil, canónico, eclesiástico, in extremis o in artículo mor-
tis, secreto o de conciencia, morganático, por
sorpresa, de conveniencia, clandestino, ilegal;
heterosexual, entre personas del mismo sexo.
Bodas de plata, de oro, de diamante. Monogamia, bigamia, poligamia, poliandria, levirato,
mormonismo.
3. Antes de la boda. De la boda católica:
Noviazgo, relaciones, compromiso, petición de
mano, concesión, cortejo, dote, capitulaciones,
expediente matrimonial, donación, capacidad,
impedimentos, amonestaciones, dispensa,
pregón, proclama, pulsera de pedida, anillo de
pedida, aderezo: Pretendiente (v. 8); despedida
de soltero, d. de soltera.
4. La ceremonia. (Según el rito católico): Anillo
de boda, alianza, ajuar, equipo, vestido blanco,
arras, ramo de azahar, velo, ceremonia religiosa,
cortejo, llevar al altar, marcha nupcial, sermón,
bendición, celebrante, sacerdote*, padrino,
madrina, pajes, iglesia, templo*. Pompa, boato, casamiento en la intimidad, ceremonia civil,
Registro Civil, firma, funcionario, testigos.
5. Después de la boda. Luna de miel, viaje de
novios, cámara nupcial, vida común, libro de
familia, bienes, comunidad de bienes, bienes
gananciales b. estimados, b. parafernales, b.
antifernales, usufructo.
6. Final del matrimonio, impedimentos. Nulidad, separación, s. consensual, s. por causa,
s. de bienes, s. de cuerpos, divorcio*, repudio,
ruptura, disolución del matrimonio, d. por
muerte, d. por divorcio; tribunal de la Rota. Matrimonio canónico, nulidad: por impedimento
(edad, impotencia, vínculo o ligamen, disparidad de cultos, orden, sagrado, voto, rapto, crimen, parentesco); ausencia de consentimiento;
defecto de forma jurídica sustancial; separación:
adulterio, grave detrimento corporal del cónyuge o de los hijos; grave detrimento espiritual del
cónyuge o de los hijos, abandono malicioso.
Matrimonio civil, nulidad: matrimonio sin consentimiento, m. contraído por menores de edad
no emancipados, por unidos por vínculo, por
parientes (consanguinidad y adopción en línea

recta, consanguinidad colateral hasta el tercer
grado), por condenados por muerte dolosa del
cónyuge, con ausencia de juez o de testigos,
con error en la identidad de la persona o de
sus cualidades, coacción o miedo; divorcio: por
petición de uno de los cónyuges, de ambos o
de uno con el consentimiento del otro (art. 73-
80 y 86 del Código Civil).
7. Esposos. Matrimonio, pareja, recién casa-
dos. Esposo, esposa, casado, cónyuge, consorte, desposado, contrayente, marido, hombre*,
mujer*, señora, costilla, participante, novio,
novia, compañero, cara mitad, media naranja,
vinculado, ligado, atado, unido en matrimonio,
enamorado, amado.
8. Otros. Bígamo, polígamo, adúltero*, divorciado*, separado, viudo (v. 9). Casadero,
conyugable, núbil, púber, célibe, joven*, pretendiente, novio, comprometido, futuro, festejante. Casamentera, celestina, intermediaria,
mediadora.
9. Viudedad. Luto, viudez, situación, estado,
desamparo, soledad, renta, pensión*, subvención, pago*; viudo, enlutado, solo, sin cónyuge.
Enviudar, enlutar, quedarse desamparado, solo,
perder el cónyuge.
10. Divorcio, divorciarse. V. DIVORCIO 1, 3.
11. Casarse. Contraer matrimonio, c. nupcias,
tomar compañero, t. estado, desposarse, unirse*, u. en matrimonio, vincularse, juntarse, convivir*, matrimoniarse, emparentar, enmaridarse,
atarse, relacionarse, prometerse, comprometerse, ligarse.
12. Matrimonial. Conyugal, marital, casadero,
nupcial, familiar*.
Contr.: Divorcio*, viudedad, soltería. V. FIESTA,
FAMILIA, CONVIVENCIA, ADULTERIO, SEXO.
casar. 1. Igualar, juntar, emparejar. V. UNIR 7.
— **2.** Casarse. V. CASAMIENTO 11.
cascabel. Sonaja, campanilla, esferita. V. CAM-
PANA 1.
cascada. 1. Catarata, salto, caída. V. RÍO 2.
— **2.** *Cascada (voz)*, voz temblorosa, trémula,
vacilante. V. VOZ 6.
cascado. Viejo, estropeado, hendido*. V. DETE-
RIORO 3.
cascadura. Grieta, rotura, raja. V. HENDEDURA 1.
cascajo. 1. Guijarros, grava, chinas. V. PIEDRA 2.
— **2.** Cacharro, armatoste, artefacto. V. APA-
RATO 2.
cascanueces. Pinzas, tenazas, adminículo. V.
MESA (SERVICIO DE) 2.
cascar. Agrietar, romper, rajar. V. HENDEDURA 3.
CÁSCARA. 1. Envoltura*, pellejo, corteza, cubierta, capa, piel*, costra, caparazón, escama, laminilla, recubrimiento*, receptáculo, cápsula, tegumento, vaina, membrana, diafragma, tejido,
cutícula, cuero, epidermis, túnica, tela, telilla,
película, protección*, coraza, concha, cascarón,
cascarilla, camisa, funda, forro, caja*, baño, revestimiento, caparacho, cascabillo, binza, holle-

jo, lámina, bolsa, saco*, fragmento*, hojuela, crústula, fárfara, raspa, residuo, mondadura, salvado, afrecho, pajita, brizna, estuche, quina, toba, gárbula, taño.

2. Descascarar. Descortezar, pelar, mondar, descascarillar, quitar, desprender, limpiar*, escamar, descubrir, cortar*, soltar, arrancar, aventar, separar, desconchar, cascar, hendir* o hender, romper, extraer, aventar, recortar.

3. Membranoso. Correoso, cascarudo, fibroso, duro*, tegumentario, calloso, coriáceo, dérmico, epidérmico, cutáneo, externo, resistente, escleroso, calcificado, osificado, nervudo. *Contr.:* Núcleo, centro*.
V. PIEL, RECUBRIMIENTO.

cascarrabias. Gruñón, irritable, quisquilloso. V. ENOJO 4.

cascarudo. Calloso, correoso, fibroso. V. CÁSCARA 3.

casco. 1. Morrión, yelmo, casquete. V. ARMADURA 3.
— **2.** Embarcación, cuerpo de nave. V. BARCO 8, 12.
— **3.** Frasco, envase, recipiente. V. BOTELLA 1.
— **4.** Pata, pezuña, mano. V. PIE 1.

cascote. Escombro, guijarro, trozo. V. PIEDRA 1.

caseína. Cuajo, proteína, albuminoide. V. QUESO 4.

casera. V. casero.

caserío. Villorrio, pueblo, lugarejo. V. ALDEA 1.

casero. 1. Patrono, arrendador, propietario. V. PROPIEDAD 6.
— **2.** Hogareño, familiar*, sencillo. V. CASA 8.

caserón. Mansión, casona, finca ruinosa. V. CASA 1.

caseta. Garita, casilla, puesto. V. COMPARTIMIENTO 2.

casete. Cinta grabadora, cajuela. V. MAGNETÓFONO 2.

casi. Más o menos, aproximadamente, por poco. V. CERCA 3.

casilla. 1. V. caseta.
— **2.** Casillero, departamento, división. V. COMPARTIMIENTO 1.

casillero. V. CASILLA 2.

casimir. Paño, tejido, género de lana*. V. TELA 5.

casino. 1. Centro, círculo, club. V. ASOCIACIÓN 7.
— **2.** Casa de juego, garito, timba. V. JUEGO 12.

caso. 1. Lance, hecho, incidente. V. SUCESO 1.
— **2.** Juicio, pleito, litigio. V. TRIBUNAL 7.

casón, casona. V. caserón.

caspa. Partícula, escama, seborrea. V. PELO 12.

casquete. 1. Morrión, yelmo, bacinete. V. ARMADURA 3.
— **2.** Birrete, bonete, gorro. V. SOMBRERO 1.

casquillo. Cápsula, vaina, cartucho. V. PROYECTIL 3.

casquivano. Variable*, veleidoso, voluble. V. FRIVOLIDAD 3.

casta. Abolengo, alcurnia, linaje. V. ARISTOCRACIA 1.

castaña. Drupa, nuez, semilla. V. FRUTO 7.

castañetear. Entrechocar, repiquetear, resonar. V. TEMBLOR 4.

castaño. 1. Árbol cupulífero, planta, vegetal*. V. ÁRBOL 5.
— **2.** Color caoba, rojizo, marrón. V. COLOR 13.

castañuelas. Palillos, crótalos, tablillas. V. INSTRUMENTO MUSICAL 5.

castellano. Barón, señor, noble. V. ARISTOCRACIA 2, CASTILLO 3.

casticismo. Tipismo, autenticidad, originalidad. V. FOLCLORE 1.

castidad. Pureza, virginidad, virtud. V. VIRGEN 3.

castigador. Tenorio, donjuán, mujeriego. V. MUJER 8.

castigar. V. CASTIGO 8.

CASTIGO. 1. Pena, punición, condena*, correctivo, corrección, sentencia, paliza (v. golpe*), justicia, vindicta pública, penalidad, padecimiento, sufrimiento*, penitencia, escarmiento, lección, ejemplo*, sanción, merecido, expiación, sacrificio, represión, dominación, fuerza, martirio, tortura*, crueldad*, violencia*, venganza*, dureza, rigor, abuso*, exceso, sevicia, ensañamiento, dictamen, veredicto, resolución, juicio, fallo, culpa* (v. 2).

2. Castigos físicos. Muerte*, pena de muerte, pena capital (abolida por el art. 15 de la Constitución Española salvo en caso de guerra, supuesto eliminado en 1995; cap. 1, art. 2.2, Carta de los derechos fundamentales de la Unión Europea, 2000/C 364/01), patíbulo, suplicio, martirio, tortura*, tormento, ejecución, inmolación, crucifixión, flagelación, azotes, latigazos, palmetazos, golpes*, apaleamiento, palos*, agarrotamiento, garrote, ahorcamiento, horca, estrangulación, linchamiento, decapitación, degüello, guillotina, hacha, descuartizamiento, picota, lapidación, apedreamiento, fusilamiento, electrocución, silla eléctrica, empalamiento, desolladura, hoguera, auto de fe, apaleamiento, cámara de gas, trabajos forzados, ley del talión, cepo (v. 3, 5).

3. Otras penas. Cadena perpetua, presidio, prisión*, reclusión, encarcelamiento, detención, arresto, aislamiento, encierro, galeras, confinamiento, extrañamiento, destierro, deportación, ostracismo, pena correccional, correctivo, amonestación, represión, apercibimiento, inhabilitación, excomunión, anatema, degradación, suspensión, s. de sueldo, s. de empleo, postergación, muerte civil, confiscación, incautación, decomiso, requisa, embargo, daños y perjuicios, pena pecuniaria, multa, gravamen, pena leve; en la religión católica: infierno, purgatorio (v. 4).

4. Penas del Código español. Pena de muerte (abolida, v. 2) (Según el nuevo Código penal de 1995). Penas privativas de libertad: prisión (entre seis meses y 20 años; en casos extremos, hasta los 30 años), arresto de fin de semana (entre 7 y 24 fines de semana; en casos extremos, hasta los 25 años) y responsabilidad personal subsidiaria por impago de multa (días-multa, entre 10 días y dos años; en casos extremos, hasta los cuatro años); penas restrictivas de libertad (de seis meses a 5 años): privación del derecho de residencia, pena de expulsión del territorio nacional (de 3 a 10 años); penas privativas de derechos (entre los seis meses y los 20 años): inhabilitación absoluta, inhabilitaciones especiales (en casos extremos, hasta los 25 años), suspensión de derechos de empleo o cargo público, del derecho a conducir vehículos a motor y ciclomotores, privación del derecho a la tenencia y porte de armas; imposición de trabajos en beneficio de la comunidad. La pena de muerte para los delitos comunes fue abolida por el art. 15 de la Constitución española de 1978; en 1995 lo fue para todos los delitos.

5. Artefactos. Patíbulo, cadalso, estrado, tablado, guillotina, horca, garrote vil, silla eléctrica, cámara de gas, fusil, hacha, sable, tajo, cruz, pira, hoguera, potro, rueda, borceguí, cepo, picota, cadenas, grillos, látigo, «knut», flagelo*, palmeta, capirote, sambenito (v. 1).

6. Personas. Verdugo, ajusticiador, brazo de la ley, ejecutor, agente; juez, magistrado, fiscal, defensor, abogado*; condenado*, reo, sancionado, castigado, culpable*, delincuente*, criminal, asesino*, ladrón*, procesado, penado, convicto, ajusticiado, víctima, mártir.

7. Varios. Circunstancias agravantes, c. atenuantes, c. eximentes, indulto, perdón*, conmutación, gracia, amnistía, liberación, libertad*, l. condicional, l. bajo fianza, rehabilitación, hábeas corpus, prescripción, extinción de la pena.

8. Castigar. Condenar*, sancionar, penar, sentenciar, escarmentar, imponer, disciplinar, punir, corregir, vengar*, fallar, enjuiciar, resolver, privar, anular*, suspender, mortificar, aplicar, infligir, enmendar, cargar, expiar, rechazar*, expulsar. *Castigar físicamente:* Ajusticiar, ejecutar, matar, eliminar, liquidar, inmolar, sacrificar*, martirizar, atormentar, torturar*, crucificar, fusilar, agarrotar, estrangular, ahorcar, ahogar*, colgar, decapitar, guillotinar, degollar, linchar, lapidar, apedrear, descuartizar, electrocutar, empalar, desollar, quemar, gasear, flagelar*, azotar, golpear*, apalear. *Otros castigos:* Recluir, encarcelar, aprisionar, arrestar, detener, prender, aislar, desterrar, extrañar, confinar, deportar, amonestar, reprender, apercibir, inhabilitar, excomulgar, anatematizar, degradar, postergar, confiscar, decomisar, requisar, embargar, multar, gravar.

9. Ser castigado. Expiar, purgar, sufrir*, pagar, reparar, padecer, penar, cumplir, compensar, borrar, lavar, ajustar, satisfacer, purificarse, corregirse, enmendarse.

10. Digno de castigo. Punible, sancionable, indigno, censurable, condenable, vergonzoso*, reprobable, vil*, delictuoso*.

11. Punitivo. Disciplinario, severo*, correctivo, enérgico*, correccional, represivo, violento*, penitenciario, penal, criminal, delictivo*, cruel, abusivo*.
Contr.: Perdón, indulto, libertad.
V. TORTURA, MUERTE, CONDENA, PRISIÓN, TRIBUNAL, DELITO, VENGANZA, CRUELDAD, VIOLENCIA.

CASTILLO. 1. Bastión, fortificación*, fortaleza, fuerte, alcázar, plaza fuerte, fortín, baluarte, reducto, alcazaba, recinto, defensa, castillete, ciudadela, castro, mota, cota, torre, torreón, atalaya, alcolea, acrópolis, palacio*, búnker, blocao, cuartel*, casamata.
2. Partes. Torre del homenaje, t. de ángulo, t. flanqueante, atalaya, estandarte, garita, muralla, cortina, lienzo, flanco, parapeto, resguardo, almenas, camino de ronda, barbacana, matacán, escarpa, contraescarpa, contrafuerte, saetera, aspillera, tronera, ballestera, puerta, rastrillo, puente levadizo, poterna, rampa almenada, foso, foso circular, palenque, palizada, glacis, dependencias, alojamientos, cuarto de guardia, capilla, granero, mazmorras, patio, aljibe, pozo.
3. Personas. Castellano, barón, señor, s. feudal*, s. de horca y cuchillo, caballero, noble, aristócrata*, gobernador, alcaide, capitán, soldado, ballestero, saetero, arquero, centinela, vigía, guerrero*, mesnadero, zapador, defensor, atacante, sitiador. Mesnada, milicia, hueste, tropa, ejército*.
4. Armamento. Ballesta, arco*, saeta, flecha, dardo, espada*, montante, mandoble, maza, armadura*, máquina de guerra, catapulta, petraria, balista, castillete, mina, ariete, pez, aceite hirviendo.
5. Varios. Sitio, asedio, cerco*, bloqueo, ataque*, brecha, defensa, incursión, escalamiento, pillaje, saqueo, botín, plaza inexpugnable, bandera blanca, rendición, tregua, parlamento.
6. Acción. Asediar, cercar*, sitiar, bloquear, atacar, escalar, defender, rendirse, parlamentar, poner cerco, entrar a saco, e. a sangre y fuego, saquear, pillar, fortificar*, reforzar, amurallar, minar, parapetarse.
7. Castillos famosos. De la Mota, de Coca, Alcázar de Segovia, Windsor, Chambord, Blois, Sant'Angelo, Rudelsberg.
V. FORTIFICACIÓN, PALACIO, CUARTEL, EJÉRCITO, ARMA, ARMADURA, GUERRA.

castizo. Típico, original, costumbrista. V. FOLCLORE 3.

casto. V. VIRGEN 2.

castor. Mamífero, animal, bicho. V. ROEDOR 2.

castrado. Eunuco, emasculado, capón. V. ESTÉRIL 2.

castrar. Extirpar, emascular, capar. V. ESTÉRIL 7.

castrense. Marcial, guerrero, militar. V. GUERRA 7.

casual. Imprevisto, fortuito, accidental. V. AZAR 3.

casualidad. Albur, contingencia, chiripa. V. AZAR 1, 2.

casualmente. Justamente, imprevistamente, precisamente. V. AZAR 6.

casulla. Veste, manto, sobrepelliz. V. SACERDOTE 6.

cataclismo. **1.** Catástrofe, calamidad, hecatombe. V. DESASTRE 1.
— **2.** Trastorno, conmoción, cambio*. V. REVOLUCIÓN 1, 2.

catacumba. Cripta, cementerio, cueva*. V. TUMBA 3.

catadura. Apariencia, traza, facha. V. ASPECTO 1.

catafalco. Túmulo, tarima, féretro. V. TUMBA 2.

catalejo. Instrumento óptico, gemelos, lentes. V. ANTEOJO 1, 2.

catalepsia. Parálisis, suspensión vital, muerte aparente. V. MUERTE 4, ENFERMEDAD 20.

catalizador. Levadura, sustancia activa, s. catalítica. V. FERMENTO 1.

catalogar. Inventariar, registrar, clasificar*. V. LISTA 3.

catálogo. Repertorio, guía*, clasificación*. V. LISTA 1.

cataplasma. Fomento, emplasto, sinapismo. V. VENDA 1.

catapulta. Artilugio, balista, máquina de guerra. V. ARTILLERÍA 6.

catar. Saborear, gustar, probar. V. GUSTO 10.

catarata. **1.** Cascada, torrente, salto. V. RÍO 2.
— **2.** Opacidad, nubecilla, turbiedad. V. OJO 10.

catarro. Enfriamiento, gripe, constipado. V. RESFRIADO 1.

catártico. Depurador, laxante, purgante. V. PURIFICADOR, MEDICAMENTO 6.

catastro. Registro, padrón, censo de fincas. V. ESTADÍSTICA 1.

catástrofe. Cataclismo, tragedia, hecatombe. V. DESASTRE 1.

catastrófico. Devastador, trágico, espantoso. V. DESASTRE 4.

catch, cath as catch can. ingl Deporte, pugna, competición. V. LUCHA 3.

catear. **1.** Eliminar, suspender, dar calabazas. V. RECHAZAR 3.
— **2.** Explorar, buscar, tantear. V. INVESTIGACIÓN 4.

catecismo. Prédica, doctrina, rudimentos del credo. V. CRISTO 5.

catecúmeno. Educando, aprendiz, alumno de religión. V. EDUCACIÓN 13.

cátedra. Enseñanza, clase, asignatura. V. EDUCACIÓN 1, 10.

catedral. Basílica, iglesia, seo. V. TEMPLO 1.

catedrático. Maestro, pedagogo, profesor. V. EDUCACIÓN 15.

categoría. **1.** Rango, jerarquía, posición. V. IMPORTANCIA 2.
— **2.** Género, grado, nivel. V. CLASE 1.

categórico. Concluyente, tajante, terminante. V. CLARO 5.

catequesis. V. catecismo.

catequizar. Aleccionar, instruir, enseñar. V. EDUCACIÓN 11.

caterva. Turba, muchedumbre, horda. V. GRUPO 3, 4.

catéter. Cánula, sonda, instrumento quirúrgico. V. TUBO 1, MÉDICO 7.

cateto. **1.** Lado, recta, línea*. V. TRIÁNGULO 3.
— **2.** Paleto, patán, palurdo. V. ALDEA 2.

catilinaria. Reprimenda, crítica, diatriba. V. REPRENDER 2.

cátodo. Polo de batería, polo negativo. V. PILA 4.

catolicismo. Catolicidad, cristiandad, doctrina. V. CRISTO 3, RELIGIÓN.

católico. Cristiano*. V. CRISTO 4, RELIGIÓN.

catón. Abecedario, silabario, manual. V. LIBRO 2.

catre. Jergón, camastro, cama turca. V. CAMA 1.

caucásico. Indoeuropeo, occidental. V. ETNIAS 2.

cauce. Lecho de río, vaguada, cuenca. V. RÍO 2.

CAUCHO. **1.** Látex, goma, materia elástica, sustancia flexible*, caucho natural, c. virgen, ebonita, caucho sintético: neopreno, uretano, vinilo.
2. Generalidades. Savia, látex, azufre, vulcanización, cauchutado, recauchutado. *Artículos:* neumáticos, gomas de borrar, suelas de calzado, gutapercha, aislantes, pelotas, tubos de goma, bandas, tiras* elásticas.
V. QUÍMICA, FLEXIBLE.

caución. Aval, fianza, resguardo. V. GARANTÍA 1.

caudal. **1.** Bienes, dinero*, fortuna. V. RIQUEZA 1.
— **2.** Aforo, volumen, cantidad de agua. V. MEDIDA 1.

caudaloso. Crecido, profundo, ancho. V. AMPLITUD 2.

caudillo. Guía, líder, capitán. V. JEFE 1.

CAUSA. **1.** Fundamento, motivo, base, razón, móvil, quid, porqué, pie, origen*, principio*, génesis, germen, obra, inspiración, elemento, determinación, precedente, antecedente, consideración, considerando, influjo, influencia, raíz, apoyo, fuente, doctrina, causalidad, fondo, etiología, pretexto, argumento, sustento, pábulo, excusa, impulso, cimiento, motivación, efecto, fin* (v. 4).
— **2.** Pleito, juicio, proceso. V. TRIBUNAL 7.
3. Causar. Motivar, crear, originar*, principiar*, iniciar, ocasionar, determinar, provocar, producir, engendrar, irrogar, hacer, influir, generar, cimentar, inducir, impulsar, inspirar, forjar, formar, argumentar, infundir, comunicar, concitar, incitar, azuzar, inferir, infligir, imprimir, promover, acarrear, suscitar, organizar, orquestar, instrumentar, poner, meter, armar, obrar, establecer.
4. Causante. Ejecutor, responsable, autor, promotor, actor, factor, culpable*, fuente, progenitor, origen* (v. 3), determinante, forjador, generador, impulsor, inspirador, iniciador,

fundador, perpetrador, culpable*, incurso, reo, infractor, delincuente*, acusado*.

5. Por causa de. En razón de, debido a, por motivo de (v. 1).

Contr.: Efecto, consecuencia.

V. ORIGEN, PRINCIPIO, FIN, CULPA.

causante. V. CAUSA 4.

causar. V. CAUSA 3.

causticidad. V. cáustico 2.

cáustico. 1. Quemante, corrosivo, ulcerante. V. ÁCIDO 1.

— **2.** Sarcástico, punzante, mordaz. V. IRONÍA 2.

cautela. Cuidado, prudencia, astucia. V. PRECAUCIÓN 1.

cauteloso. Cuidadoso, prudente, astuto. V. PRECAUCIÓN 2.

cauterizar. Quemar, restañar, escarificar. V. FUEGO 6.

cautivante, cautivador. Encantador, seductor, fascinante. V. ATRACTIVO 2.

cautivar. Fascinar, maravillar*, seducir. V. ATRACTIVO 3.

cautiverio. V. cautividad.

cautividad. Reclusión, esclavitud*, sojuzgamiento. V. PRISIÓN 2.

cautivo. Encarcelado, prisionero, esclavo*. V. PRISIÓN 6.

cauto. V. cauteloso.

cava. 1. Vaso, conducto sanguíneo, vena. V. CIRCULATORIO (APARATO) 4.

— **2.** Bodega, sótano, cueva*; vino espumoso, champán. V. VINO 5.

cavar. Ahondar, perforar, profundizar*. V. EXCAVAR 1.

caverna. Subterráneo, gruta, sima. V. CUEVA 1.

cavernoso. Tono profundo, ronco, bronco. V. VOZ 6.

caviar. Manjar, huevas, exquisitez. V. ALIMENTO 13.

cavidad. Oquedad, abertura, boquete. V. HUECO 1.

cavilación. V. cavilar.

cavilar. Reflexionar, discurrir, meditar. V. PENSAR 1.

caviloso. Meditabundo, abstraído, ensimismado. V. PENSAR 12.

cayado. Báculo, vara, palo*. V. BASTÓN 1.

cayo. Islote, banco, arrecife. V. ISLA 1.

CAZA. 1. Cacería, montería, cinegética, deporte*, acoso, venación, persecución*, expedición, safari, batida, ojeo, partida de caza (v. 3).

2. Fases. Seguimiento, acoso, acecho, persecución*, ojeo, batida, acorralamiento, cerco (v. 3), emboscada*, ladra, muestra, resalto, reclamo, engaño*, trampa, cobranza (v. 1).

3. Clases. Caza mayor (caza de oso, león, tigre, elefante, jabalí, venado, capra hispánica), caza menor (conejo, liebre, pato, perdiz, codorniz, tórtola, etc.), caza de pelo, c. de pluma, volatería, altanería, cetrería* o c. con halcón (gavilán, milano), c. de patos, de alimañas, c. con perros, con hurón, con trampas.

4. Equipo. Escopeta, cartucho, perdigón, rifle, fusil*, mira telescópica, bala, cartuchera, canana, zurrón, morral, cuerno, trompa de caza, reclamo (de corzo, liebre, perdiz, etc.), chifle, chilla, gamitadera; arco*, flecha, boleadoras, bumerán, cerbatana, honda, piedra*, señuelo, añazaga, engaño, trampa, armadijo, cebo, carnada, cepo, ballesta, trailla, lazo, cerda, percha, red, tela, buitrón, liga, visco, liria, cuchillo de monte, permiso de caza, licencia. *Cetrería*: capirote, pihuela, percha, gorja, lonja, fiador.

5. Piezas cobradas. Elefante, rinoceronte, oso, león, tigre, lince, venado, ciervo, corzo, gamo, alce, capra hispánica, jabalí, lobo, zorra, alimaña, liebre, conejo, tórtola, perdiz, codorniz, urogallo, faisán, pato, ganso, chocha, becada; animal*, fiera*, ave*. Especies protegidas (España): Oso pardo, lince ibérico, foca monje, gato montés, nutria, cabra montés, águila imperial ibérica, urogallo, perdiz nival, avutarda, sisón, alcaraván, ganga, rapaces diurnas y nocturnas, aves marinas (excepto tres especies de gaviotas), quebrantahuesos, cigüeña negra, etc.

6. Personas. Cazador, montero, trampero, escopeta, batidor, ojeador, alimañero, cetrero*, venador, lacero, perdiguero, huronero, cosario, acechador, perseguidor*.

7. Acción. Cazar, acosar, seguir, perseguir*, ojear, batir, b. el monte, montear, acechar, acorralar, acometer, espantar, reclamar, lacear, enlazar, atraillar, huronear, levantar, engañar*, encañonar, apuntar, disparar, cobrar.

8. Lugares. Coto, terreno acotado, vedado, cercado, zona*, lugar, sitio, cazadero, campo*, parque, puesto, tiradero, paso, bramadero, estepa, monte, bosque*, selva, tundra, bañadero, buitrera, vivar, espesura, soto, seto, zarzal, matorral*, maleza.

V. PERSECUCIÓN, CETRERÍA, FUSIL, ARMA, CAMPO, BOSQUE, ANIMAL*.

cazador. V. CAZA 6.

cazadora. Chaquetilla, zamarra, pelliza. V. CHAQUETA 1.

cazar. 1. V. CAZA 7.

— **2.** Acosar, seguir, acechar. V. PERSECUCIÓN 2.

cazo. Pote, cucharón, cazoleta. V. COCINA 5.

cazoleta. Cuenco, hueco, protección*. V. RECEPTÁCULO 1.

cazuela. Cacerola, puchero, olla. V. COCINA 5.

cazurro. Malicioso, ladino, engañoso*. V. ASTUCIA 3.

cebada. Grano, gramínea, cereal. V. SEMILLA 2.

cebar. Nutrir, engordar, sobrealimentar. V. ALIMENTO 11.

cebo. 1. Aliciente, señuelo, anzuelo. V. ENGAÑO 1.

— **2.** Engorde, comida, carnada. V. ALIMENTO 1.

— **3.** Detonador, fulminante, mixto. V. EXPLOSIÓN 3.

cebolla. Bulbo, puerro, verdura. V. HORTALIZA 2.

cebón. Capón, cebado, engordado. V. ALIMENTO 26, GORDO 1.

cebra. Équido, solípedo, cuadrúpedo. V. CABALLO 2.

cebú. Bóvido, toro asiático, t. giboso. V. RUMIANTE 8.

ceceo. Tonillo, dejo. V. PRONUNCIACIÓN 5.

cecina. Salazón, tasajo, carne adobada. V. CARNE 2.

ceda. Zeda, zeta, consonante. V. LETRA 1.

cedazo. Zaranda, tamiz, criba. V. COLAR 5.

ceder. 1. Acceder, transigir, consentir. V. APROBAR 1.

— **2.** Transmitir, traspasar, transferir. V. ENTREGAR 1.

cedro. Alerce, conífera, abietácea. V. ÁRBOL 3, 4.

cédula. Carné, ficha, escrito. V. DOCUMENTO 2.

cefalópodo. Octópodo, pulpo, calamar. V. MOLUSCO 3.

céfiro. Airecillo, brisa, aura. V. VIENTO 1.

cegar. 1. Deslumbrar, enceguecer, encandilar. V. BRILLO 3.

— **2.** Dejar ciego, inutilizar, oscurecer. V. OJO 13.

— **3.** Taponar, obturar, embozar. V. OBSTRUIR 1.

— **4.** *Cegarse*, ofuscarse, obcecarse, deslumbrarse. V. OBSTINARSE, MARAVILLARSE.

cegato. Corto de vista, miope, ciego. V. OJO 12.

ceguera. 1. Oftalmia, pérdida visual, invalidez. V. OJO 11.

— **2.** Alucinación, cabezonería, tozudez. V. OBSTINACIÓN 1.

ceibo. Árbol americano, planta, vegetal*. V. ÁRBOL 8.

ceja. Arco de pelo, entrecejo, pestaña. V. PELO 1.

cejar. Aflojar, ceder, consentir. V. FLOJO 6.

cejijunto. Preocupado, ceñudo, pensativo. V. PENSAR 12.

celada. 1. Estratagema, trampa, engaño*. V. EMBOSCADA 1.

— **2.** Morrión, casco, yelmo. V. ARMADURA 3.

celador. Custodio, guardián, vigilante*. V. CUIDADO 5.

celaje. Bruma, cerrazón, nubosidad. V. NUBE 1.

celar. Recelar, reconcomerse, vigilar. V. CELOS 3.

celda. Encierro, calabozo, mazmorra. V. PRISIÓN 1.

celdilla. División, cavidad, casilla. V. COMPARTIMIENTO 1.

celebérrimo. V. CÉLEBRE 1.

celebración. Ceremonia, aniversario, conmemoración. V. FIESTA 1.

celebrante. Religioso, oficiante, cura. V. SACERDOTE 1.

celebrar. 1. Alabar, enaltecer, glorificar. V. CÉLEBRE 3.

— **2.** Festejar, conmemorar, recordar. V. FIESTA 11.

— **3.** Efectuar, realizar, ejecutar. V. HACER 1.

CÉLEBRE. 1. Afamado, conocido, famoso, admirado, mencionado*, mentado, renombrado, respetado, insigne, ilustre, prestigioso*, notorio, popular, celebérrimo, aureolado, ínclito, importante*, egregio, notable, exaltado, glorioso, glorificado, eximio, esclarecido, conspicuo, distinguido, elogiado*, enaltecido, honrado*, reputado, recordado, ganado, acreditado, difundido, divulgado, nombrado*, memorable, inolvidable, inmortal, legendario, fabuloso, fantástico*, citado, estimado, brillante, aplaudido, considerado, querido, apreciado, triunfador*.

2. Celebridad. Fama, popularidad, reputación, notoriedad, prestigio*, renombre, aureola, aura, crédito, importancia*, honra*, honor*, gloria, amor*, exaltación, elogio*, adulación*, lustre, brillo, éxito, triunfo*, laureles, auge, prez, boga, moda*, aplauso, consideración, nombre, nombradía, admiración, tributo, aprecio, cariño, simpatía*, respeto*, estima, divulgación, difusión, recuerdo, conocimiento, enaltecimiento, inmortalidad, memoria, distinción.

3. Celebrar. Glorificar, honrar*, exaltar, enaltecer, alabar, prestigiar, admirar, aureolar, popularizar, ilustrar, inmortalizar, recordar, acreditar, esclarecer, aplaudir, elogiar*, ensalzar, adular*, corear, encomiar, querer, apreciar, difundir, divulgar, nombrar, distinguir, respetar*, conocer, reputar.

Contr.: Desconocido, ignorado*, insignificante*, olvidado*.

V. PRESTIGIO, RESPETO, HONRA, HONOR, TRIUNFO, SIMPATÍA, ELOGIO, ADULACIÓN.

celebridad. 1. Fama. V. CÉLEBRE 2.

— **2.** Figurón, personalidad, personaje. V. PERSONA 3.

celeridad. Prontitud, urgencia, prisa. V. RAPIDEZ 1.

celeste. 1. Paradisíaco, celestial, divino. V. PARAÍSO 4.

— **2.** Sideral, espacial, cósmico. V. UNIVERSO 5.

— **3.** Azulado, azulino, azul claro. V. COLOR 8.

celestial. V. celeste 1, 2.

celestina. Alcahueta. V. PROSTITUCIÓN 7.

celibato. Soltería, nubilidad; castidad. V. VIRGEN 3.

célibe. Soltero, núbil, casadero. V. JOVEN 1.

cellisca. Llovizna, tormenta, aguanieve. V. LLUVIA 1.

celo. 1. V. CELOS 1.

— **2.** Lujuria, ardor, excitación sexual. V. SEXO 2.

— **3.** Afán, interés*, entusiasmo*. V. CUIDADO 1.

celofán. Material transparente, papel translúcido. V. PAPEL 5.

CELOS. 1. Inquietud, sospecha*, recelo, encelamiento, malicia, duda*, desconfianza, envidia*, temor*, angustia, disgusto, amor*, pasión, apasionamiento*, efusión, vehemencia, mosqueo, escama, espina, barrunto, delirio, aprensión, suspicacia, susceptibilidad, sensibilidad, pena, desazón, reconcomio, cuita, mortificación, dentera, rivalidad*, pelusilla.

2. Celoso. Encelado, receloso, suspicaz, sensible, desconfiado, susceptible, mosqueado, escamado, reconcomido, temeroso, angustiado, vigilante, malicioso, inquieto, dudoso, apasionado*, amante, delirante, impulsivo, resentido, envidioso*, comido, roído, devorado por los celos.

3. Celar. Encelarse, sospechar, recelar, vigilar*, desconfiar, envidiar*, seguir, espiar*, acechar, dudar*, barruntar, mosquearse, escamarse, maliciar, angustiarse, temer, rabiar, disimular, ocultar, reconcomerse, roer, apasionarse*, delirar, amar, inquietarse, mortificarse, sentir pelusilla, ponerse amarillo, tener celos, dar celos, incitar.

4. Varios. Otelo, Desdémona, rival, contrincante, pasión, tragedia, melodrama, tragicomedia.

Contr.: Confianza, seguridad.

V. DUDA, SOSPECHA, ENVIDIA, TEMOR, APASIONAMIENTO, RIVALIDAD, AMOR.

celosía. Persiana, enrejado, entramado. V. REJILLA.

celtíbero. Peninsular, ibero o íbero, celta. V. ESPAÑOL 1.

CÉLULA. 1. Elemento anatómico, unidad microscópica, u. histológica, fisiológica, morfológica, primordial; eucariota, procariota.

— **2.** Cavidad, división, celdilla. V. HUECO 1.

3. Partes. Membrana, protoplasma, citoplasma, núcleo, nucléolo, centrosoma, condrioma, mitocondria, vacuola, plastos, cromosoma, cromatina, genes (v. herencia*), ADN (ácido desoxirribonucleico), pigmento, seudópodo, cilia, flagelo, dendrita, axón, estroma.

4. Clases. Célula epitelial, ósea, nerviosa, muscular, cartilaginosa, conjuntiva, adiposa, mucosa, hepática; célula sexual, gameto, óvulo, huevo, espermatozoide; célula sanguínea, eritrocito o glóbulo rojo, leucocito o glóbulo blanco, linfocito, monocito; protozoo, microbio, bacteria, ameba, microorganismo*.

5. Varios. División celular, d. directa, d. indirecta o cariocinética, mitosis, gemación, espora, atrofia, hipertrofia, parénquima, biología*, histología*, embriología*, anatomía*, fisiología*, tejido.

V. HISTOLOGÍA, ANATOMÍA, FISIOLOGÍA, BIOLOGÍA, EMBRIOLOGÍA, HERENCIA, MICROSCOPIO.

celuloide. Material sintético, celulósico, artificial. V. PLÁSTICOS 2.

cementerio. Camposanto, necrópolis, sacramental. V. TUMBA 3.

cemento. Hormigón, mortero, cemento de Portland. V. CONSTRUCCIÓN 7.

cena. Colación, refrigerio, comida. V. ALIMENTO 1, 3.

cenáculo. Tertulia, reunión, grupo. V. ASOCIACIÓN 7, 8.

cenador. Pabellón, mirador, templete. V. COLUMNA 6.

cenagal. Ciénaga, lodazal, barrizal. V. FANGO 2.

cenagoso. Barroso, pantanoso, turbio. V. FANGO 3.

cenar. Nutrirse, comer, tomar. V. ALIMENTO 11.

cenceño. Flaco, magro, enjuto. V. DELGADEZ 3.

cencerro. Campanilla, esquila, cascabel. V. CAMPANA 1.

cendal. Velo, tul, gasa. V. TELA 6.

cenefa. Ribete, lista, franja. V. TIRA 1.

cenicero. Bandejita, platillo, recipiente. V. RECEPTÁCULO 2, TABACO 6.

ceniciento. Pardo, grisáceo, velado. V. OSCURIDAD 4.

cenit. 1. Punto perpendicular, culminante, vertical del observador. V. ASTRONOMÍA 4.

— **2.** Pináculo, auge, apogeo. V. CULMINACIÓN 1.

ceniza. 1. Residuo, partículas, polvillo. V. POLVO 1.

— **2.** *Cenizas*, restos humanos, despojos, reliquias. V. MUERTE 10.

cenizo. Mala sombra, aguafiestas, ave de mal agüero. V. DESGRACIA 4.

cenobio. Abadía, cartuja, monasterio. V. CONVENTO 1.

cenobita. Monje, anacoreta, ermitaño. V. SACERDOTE 2.

cenotafio. Sepulcro, mausoleo, monumento*. V. TUMBA 1.

censar. Inscribir, clasificar*, empadronar. V. LISTA 3.

censo. Registro, padrón, estadística. V. LISTA 1.

censor. Crítico, funcionario, inspector. V. DESAPROBAR 6.

censura. 1. Condena, crítica, reparo. V. DESAPROBAR 4.

— **2.** Abolición, supresión, examen. V. PROHIBICIÓN 1.

censurable. Criticable, reprobable, reprensible. V. REPRENDER 5.

censurar. 1. Recriminar, criticar, reprochar. V. DESAPROBAR 1.

— **2.** Evaluar*, suprimir, expurgar. V. PROHIBICIÓN 2.

centauro. Ser quimérico, mitológico, fantástico. V. MITOLOGÍA 3.

centavo. Centésimo, céntimo, moneda fraccionaria. V. DINERO 1.

centella. Exhalación, chispa, relámpago. V. RAYO 1.

centellear. Resplandecer, fulgurar, refulgir. V. BRILLO 3.

centelleo. Fulgor, resplandor, deslumbre. V. BRILLO 1.

centenario. 1. Centuria, conmemoración, siglo. V. FECHA 1.

— **2.** Vetusto, arcaico, añejo. V. ANTIGUO 1.

centeno. Gramínea, grano, cereal. V. SEMILLA 2.

centímetro. Parte, centésima parte, medida de longitud. V. MEDIDA 4.

céntimo. Centésimo, suelto, moneda fraccionaria. V. DINERO 1.

centinela. Guardián, vigilante, soldado. V. VIGILANCIA 3, EJÉRCITO 5.

centrado. V. CENTRO 4.
central. 1. Céntrico. V. CENTRO 4.
— **2.** Sede. V. CENTRO 3.
centralismo. V. CENTRO 8.
centralita. Central telefónica, aparato, instalación. V. TELÉFONO 1.
centralización. V. CENTRO 8.
centralizar. V. CENTRO 7.
centrar. V. CENTRO 6.
céntrico. V. CENTRO 5.
CENTRO. 1. Núcleo, foco, polo, medio, interior, promedio, mitad, base*, corazón, raíz, brote*, meollo, médula, ombligo, sustancia, esencia, entraña, parte central, miga, jugo*, causa, fondo, nudo, apoyo, eje, lugar, sitio, zona*, diana, marca, blanco, punto, acierto, hito, fundamento, importancia*, arranque, origen*, principio*, cimiento, pedestal, génesis, procedencia, nacimiento, germen, manantial, sustrato, inicio, meta, fin*, objetivo, límite*, encaje, señal, equidistancia, ajuste, situación, colocación.
— **2.** Casino, club, círculo. V. ASOCIACIÓN 7.
— **3.** *Sede,* centro, base, emporio, central, capital, matriz, cuna, origen, asiento, polo, foco, núcleo, establecimiento, diócesis, metrópoli (v. 1).
4. Central. Medio, interno, simétrico, centrado, interior, equidistante, axial, mediano, del eje, del centro, del medio, céntrico (v. 5), concéntrico, intestino, profundo*, hondo, intrínseco, focal, medular, promediado, rodeado, limitado*, originario, inicial, final*, recóndito, oculto*, ajustado, medido, fundamental; continental, mediterráneo. Sede, base (v. 3). Dentro, en el centro, en medio, entre, intramuros, internamente, interiormente, profundamente*, a través de (v. 5).
5. Céntrico. Central (v. 4), ciudadano*, local, capitalino, metropolitano, cívico, urbano, comercial, frecuentado, animado, concurrido, municipal, comunal.
6. Centrar. Encajar, promediar, colocar*, situar, emplazar, acertar, atinar, dar en, dar en el blanco, dar en el centro, marcar, localizar, meter, introducir, ajustar, señalar, fijar, implantar, determinar, limitar*, delimitar, circunscribir, calcular, concentrar (v. 7).
7. Centralizar. Concentrar, congregar, agrupar, reunir, unir*, aglomerar, absorber, incrementar, aumentar*, agrandar, unificar, asociar*, aglutinar (v. 6).
8. Centralización. Congregación, agrupación, concentración, centralismo, absorción, aglomeración, unificación, unión*, reunión, asociación, aglutinación, incremento, aumento*.
Contr.: Periferia, límite*, borde*.
V. BASE, PRINCIPIO, ORIGEN, LÍMITE, ZONA, COLOCACIÓN.
centuria. Centenario, siglo, lapso. V. TIEMPO 2.
ceñido. Apretado, justo, oprimido. V. ESTRECHO 1.

ceñir. 1. Ajustar, apretar, abarcar. V. ABRAZAR 1.
— **2.** *Ceñirse,* circunscribirse, atenerse, concretarse. V. LÍMITE 7.
ceño. Entrecejo, arruga, enfado. V. ENOJO 1.
ceñudo. Hosco, disgustado, pensativo. V. ENOJO 3.
cepa. 1. Tronco, raíz, vid. V. ÁRBOL 2.
— **2.** Casta, ascendencia, estirpe. V. FAMILIA 1.
cepillar. 1. Barrer, desempolvar, frotar. V. ESCOBA 3.
— **2.** Lijar, desbastar, alisar. V. PULIR 1.
cepillo. 1. Escobilla, brocha, pincel. V. ESCOBA 1.
— **2.** Garlopa, instrumento, herramienta. V. CARPINTERÍA 3.
— **3.** Alcancía, cofre, receptáculo. V. CAJA 1.
cepo. 1. Madero, aparato de castigo*, tormento. V. TORTURA 3.
— **2.** Cebo, anzuelo, trampa. V. ENGAÑO 1.
cera. Cerumen, lipoide, esperma. V. GRASA 1, ABEJA 7.
CERÁMICA. 1. Alfarería, objetos de barro, loza, porcelana, arcilla cocida, arte, industria, taller, nave, obrador, artesanía, pichelería, cocimiento, fabricación*, elaboración (v. 2).
2. Materiales, productos. Porcelana, gres, mayólica, loza, arcilla, caolín, china, bizcocho, terracota, barro, arena, arenisca, pasta refractaria, tierra (v. suelo 3), fayenza, vidriado, barniz, esmalte; azulejo, mosaico, baldosa, baldosín, loseta, losa, alicatado, tiesto, botijo, cacharro, vasija, receptáculo*, escultura* (v. 1).
3. Industria. Horno, crisol, criba, molinillo, torno, tolva, brocal, alaria, caballete, barrera.
4. Personas. Alfarero, ceramista, cacharrero, barrero, botijero, pichelero, jarrero, tinajero, alcaller, artesano, obrero.
5. Acción. Moldear, modelar, cocer, vidriar, escarchar, servir, sajelar, esturgar.
6. Lugares. Sèvres, Limoges, Faenza, Buen Retiro (Madrid), Manises (Valencia).
V. SUELO, RECEPTÁCULO, FABRICACIÓN.
cerbatana. Caña, canuto, arma rudimentaria. V. ARMA 3.
CERCA. 1. Cercano, próximo, contiguo, inmediato, inminente, urgente*, apremiante, vecino, adyacente, arrimado, apoyado, tocante, aplicado, agregado, añadido, dependiente, a bocajarro, a quemarropa, lindante, lindero, junto, unido*, anexo, pegado, confinante, circundante, limítrofe*, colindante, siguiente, consecutivo, aproximado, rayano, tocante, propincuo, frontero, cómodo, alcanzable, aledaño, tangente, ahí, aquí, allí, acá, en este lugar, a dos pasos, al lado, por poco, alarmante, perentorio, pronto, urgente, dispuesto, rápido; afín, parecido, similar, semejante*.
— **2.** Verja, barrera, estacada. V. VALLA 1.
3. Cerca de. Aproximadamente, casi, alrededor de, en torno a, hacia, a ojo, a ojo de buen cubero, más o menos, por poco, poco más o menos, someramente, por referencia, de oídas, con poca diferencia, por ahí, grosso modo, cosa

de, al tanteo, a voleo, a bulto, indeterminadamente; limítrofe*, periférico, aledaño, cercano (v. 1).

4. Cercanía. Vecindad, adyacencia, proximidad, aproximación, contacto, contigüidad, avecinamiento, acercamiento, confín, linde, inmediación, apoyo*, unión*, agregación, frontera, propincuidad, tangencia, arrimo; inminencia, apremio, perentoriedad, prontitud, urgencia*, rapidez*, afinidad, similitud, parecido, semejanza* (v. 6).

— **5.** *Cercanías*, aledaños, afueras, alrededores. V. BARRIO 2.

6. Acercamiento. Aproximación, unión, atracción, arrimo, adyacencia, avecinamiento (v. 4).

7. Acercar(se). Arrimar(se), aproximar, adosar, pegar, juntar, apoyar, tocar, unir*, reunir, avecinar, amontonar, agrupar, concentrar, mezclar*, incorporar, conectar, yuxtaponer, contactar, apropincuarse, lindar, abordar, confinar, rozarse, tocarse, limitar*, estar cerca, agregar, aplicar, añadir, acompañar, colocar, atraer, empujar, absorber, tirar de, trasladar*, transportar*.

— **8.** *Acercarse a*, parecerse a, asemejarse, asimilarse. V. SEMEJANZA 4.

9. Cercano. Próximo (v. 1).
Contr.: Lejos, distante, remoto.
V. UNIÓN, SEMEJANZA, LÍMITE.

cercado. 1. Corral, encierro, vallado. V. VALLA 1.

— **2.** Sitiado, aislado, bloqueado. V. CERCAR 6.

cercanía. 1. V. CERCA 4.

— **2.** *Cercanías*, alrededores, aledaños, afueras. V. BARRIO 2.

cercano. V. CERCA 1.

CERCAR. 1. Sitiar, asediar, acorralar, aislar, bloquear, encerrar, copar, circundar, rodear*, incomunicar, estrechar, arrinconar, envolver, circunscribir, limitar*, inmovilizar*, encajonar, detener, acordonar, acotar (v. 2), circuir, atacar*, acosar, asaltar, embestir*, hostigar, irrumpir, abrir brecha, capitular, rendirse.

— **2.** Tapiar, acotar, alambrar. V. VALLA 3.

3. Cerco. Bloqueo, sitio, acorralamiento, asedio, encierro, aislamiento, protección, defensa, ataque*, encerrona, incomunicación, cordón, valladar, barrera, obstáculo, asalto, hostigamiento (v. 4).

— **4.** Empalizada, estacada, cercado. V. VALLA 1.

5. Varios. Brecha, incursión, ofensiva, arremetida, irrupción, empuje, capitulación, rendición, tregua, fortificación*, castillo*, plaza fuerte, p. inexpugnable, catapulta, balista, pedrera, ballesta.

6. Cercado. Sitiado, bloqueado, aislado, encerrado, atacado, incomunicado, acordonado, protegido, defendido; tapiado, acotado, vallado (v. valla 2).
Contr.: Liberar, soltar, retirarse.

V. RODEAR, ATACAR, EMBESTIR, PROTEGER, FORTIFICACIÓN, CASTILLO.

cercenar. Truncar, seccionar, segar. V. CORTAR 1.

cerciorarse. Asegurarse, confirmar, indagar. V. COMPROBAR 1.

cerco. 1. Asedio. V. CERCAR 3.

— **2.** Empalizada, estacada, verja. V. VALLA 1.

— **3.** Anillo, rueda*, circunferencia. V. CÍRCULO 1.

cerda. 1. Hebra, vello, fibra. V. PELO 1.

— **2.** Hembra del cerdo. V. CERDO 1.

CERDO. 1. Mamífero*, doméstico, cochino, gorrino, puerco, marrano, tocino, guarro, suido, animal de bellota, porcino, gocho, chancho, tunco, gruñete, cebón, lechón, cochinillo, mamón, lechal, verrón, verraco, jabalí, pecarí o cerdo americano, jabalina, jabato, saíno, paquidermo.

2. Conjuntos. Ganado*, g. de cerda, piara, vecería, manada, rebaño, hato, grupo* de cerdos.

— **3.** Desaseado, mugriento, asqueroso. V. SUCIEDAD 5.

4. Razas. Raza céltica, extremeña, andaluza, balear, ibérica, Yorkshire, Berkshire, Essex, Large White.

5. Partes. Hocico, jeta, colmillos, pezuñas, estómago o morcón, jamón con codillo y pie, espaldilla con la mano, lomo, canal, solomillo, tapa, grasa, tocino, panceta, falda, carne magra, papada o cuello, cabeza, jamón (v. 6).

6. Productos. Jamón, pernil, espaldilla, codillo, lacón, tocino, bacón, magro, lomo, embutido*, chacina, chorizo, salchicha, salchichón, lomo embuchado, morcón, morcilla, butifarra, mortadela, galantina, sobrasada, pasta de hígado, paté, «foie-gras», mondongo, callos, tripa, torrezno, chicharrón.

7. Crianza. Alimento, pienso, maíz, cebada, bellotas, patatas, ceba, engorde, matanza, San Martín. Pocilga, cochiquera, porqueriza, chiquero, zahúrda, corral, cuchitril, gorrinera, engordadero, comedero, batea, dornajo. Porquero, porquerizo, guarrero, pastor, ganadero*.

8. Enfermedades. Triquinosis (triquina), cisticercosis (cisticerco), peste o cólera, brucelosis, rabia, erisipela.

9. Acción. Hozar, hocicar, gruñir, ensobinarse, bellotear, estar en celo, e. verriondo; cebar, engordar, matar, descuartizar, embutir, preparar.

V. EMBUTIDO, CARNE, GANADO.

cereal. Gramínea, grano, simiente. V. SEMILLA 1.

cerebelo. V. CEREBRO 2.

CEREBRO. 1. Encéfalo, sesos, sesera, mollera, cráneo, cabeza*, cacumen, sustancia gris, materia gris, meollo, talento, inteligencia*, intelecto, mente, caletre, coco, testa, imaginación*, astucia*.

2. Encéfalo. Cerebro (v. 3), cerebelo (vermis, árbol de la vida), bulbo raquídeo, médula espinal, protuberancia anular, pedúnculos cerebrales, hipófisis, nervios craneales, glándula pineal, carótidas, yugulares.

3. Partes del cerebro. Hemisferios, lóbulos (frontal, parietal, temporal, occipital), cisuras (de Rolando, de Silvio), surcos, circunvoluciones, meninges (duramadre, piamadre, aracnoides), ventrículos (medio, laterales), cuerpo calloso, hipotálamo, istmo del encéfalo, protuberancia anular, sustancia gris, sustancia blanca, célula* nerviosa o neurona, axón, sinapsis, localizaciones cerebrales, zonas motoras, z. sensitivas, líquido cefalorraquídeo.

4. Enfermedades. Hidrocefalia, meningitis, encefalitis, e. letárgica, apoplejía, hemiplejía o hemiplejia, afasia, absceso, lesión, congestión, ataque, conmoción, choque o «shock», embolia, trombosis, tumor*, epilepsia, locura*, demencia, d. senil, d. precoz, esquizofrenia, paranoia, amnesia, histeria, psicosis, psicopatía, neurosis (v. locura*).

5. Tratamientos. Trepanación, lobotomía, leucotomía, psicoanálisis, electrochoque, psiquiatría, psicología*, quimioterapia, sedantes, tranquilizantes, drogas*.
V. NERVIOSO (SISTEMA), CABEZA, INTELIGENCIA, PENSAMIENTO, LOCURA, PSICOLOGÍA.

ceremonia. Gala, función, solemnidad. V. SOLEMNE 7.

ceremonioso. Cortés*, protocolario, solemne*. V. ETIQUETA 4.

cereza. Guinda, drupa, fruta. V. FRUTO 5.

cerezo. Árbol frutal, vegetal*, planta. V. ÁRBOL 5.

cerilla. Mixto, fósforo, llama. V. FUEGO 5.

cerner. 1. Tamizar, limpiar*, cribar. V. COLAR 1.
— **2.** *Cernerse*, planear, volar, elevarse. V. VUELO 6.

cero. Nada, nulo, escasez*. V. INEXISTENCIA 1.

ceroso. Pálido, translúcido, amarillento. V. TRANSPARENCIA 2.

cerrado. 1. V. CERRAR 7.
— **2.** Obtuso, torpe, incapaz. V. BRUTO 2.
— **3.** Encapotado, tormentoso*, nublado. V. NUBE 2.

CERRADURA. 1. Cerrojo, cierre, pestillo, picaporte, falleba, pasador, cerraja, mecanismo, aparato*, fiador, barra, tranca, aldaba, candado, combinación, cerradura de combinación, c. de seguridad, de loba, de resbalón, de cilindro (yale), de guardas, de llave hueca, de llave plana.
2. Partes. Cilindro, eje, escudo, disco, pestillo (de cierre automático, de golpe, de resbalón), espigas, dientes, llave*, llavín, palanca, palastro, ojo de cerradura, platina, resorte, muelle, clavija de tope, gozne, rastrillo, guardas. Partes del cerrojo: barra, barreta, manija, armellas.
3. Personas. Cerrajero, operario, mecánico, artesano, experto, técnico.
4. Cerrajería. Taller, ferretería, establecimiento, tienda*.
V. LLAVE, MÁQUINA, APARATO, CERRAR.

cerrajería. V. CERRADURA 4.

cerrajero. V. CERRADURA 3.

cerramiento. V. CERRAR 5.

CERRAR. 1. Tapar*, ocluir, obturar, obstruir*, obstaculizar, clausurar, condenar, tapiar, tabicar, emparedar, taponar, atrancar, interceptar, cegar, tupir, limitar*, estorbar, frenar, dificultar*, entorpecer, entornar, adosar, entrecerrar, juntar, aislar*, incomunicar, recluir, lacrar, sellar, engomar, pegar, adherir*, abrochar, abotonar, afianzar, trincar, asegurar, encerrar, aprisionar, encarcelar, sujetar, afirmar, inmovilizar*, embotellar, estancar, detener, parar*, impedir.
— **2.** *Concluir*, cerrar, finalizar*, terminar, finiquitar, rematar, cesar, acabar, interrumpir*, abandonar, dejar, clausurar.
— **3.** *Abalanzarse*, cerrar, atacar, acometer, arrojarse, irrumpir, embestir*, caer sobre, asaltar.
— **4.** *Cerrarse*, cicatrizarse, curar*, juntarse, unirse, sanarse, secar, mejorar.
5. Cierre. Oclusión, obturación, cerradura*, mecanismo (v. 6), taponamiento, cerramiento, clausura, condena, obstrucción*, tapiado, vallado*, tabicado, emparedamiento, afianzamiento, atrancamiento, aislamiento, reclusión, incomunicación, cerrojazo, interrupción*, cese, terminación, suspensión, liquidación, final*, encierro, prisión*, detención, separación*, impedimento, inmovilización*, traba, entorpecimiento, sujeción, afirmación, parada, limitación, estorbo, dificultad*, estancamiento, embotellamiento, sellado, pegado, adherencia.
— **6.** *Mecanismo*, cierre, llave*, interruptor*, cerradura*, cerrojo, aparato*, válvula, grifo*, espita, escape, canilla, obturador; cortina metálica, puerta, persiana, valla*, tapa*.
7. Cerrado. Hermético, estanco, ocluido, aislado*, impermeable*, impenetrable, obturado, embozado, tapado, cegado, atascado, embotellado, incomunicado, clausurado, entorpecido, tapiado, emparedado, tabicado, condenado, recluido, detenido, prisionero*, afianzado, interrumpido*, suspendido, terminado, finalizado*, cesado, impedido, trabado, inmovilizado*, afirmado, sujeto, estancado, adherido, sellado, pegado, lacrado. Obtuso (v. bruto 2).
Contr.: Abrir*, despejar; principiar*.
V. TAPAR, OBSTRUIR, FINALIZAR, INTERRUMPIR; CERRADURA.

cerrazón. Nubes*, tormenta*, niebla. V. OSCURIDAD 1.

cerril. 1. Montaraz, salvaje, rebelde*. V. SILVESTRE.
— **2.** Zafio, tozudo, bruto*. V. OBSTINACIÓN 2.

cerro. Altozano, colina, loma. V. MONTAÑA 2.

cerrojazo. Clausura, suspensión, cierre. V. ANULAR 4.

cerrojo. Pasador, falleba, pestillo. V. CERRADURA 1, 2.

certamen. 1. Concurso, campeonato, torneo. V. COMPETICIÓN 1.
— **2.** Muestra, exposición, festival. V. EXHIBIR 4.
certero. Infalible, hábil*, diestro. V. ACERTAR 4.
certeza. V. certidumbre.
certidumbre. Convicción, certeza, seguridad. V. CONFIANZA 1.
certificación. 1. Evidencia, prueba, testimonio. V. DEMOSTRACIÓN 1.
— **2.** V. certificado.
certificado. Título, credencial, documento*. V. COMPROBAR 3.
certificar. Probar, testimoniar, legalizar. V. DEMOSTRACIÓN 2.
cerúleo. 1. Azul celeste, a. claro, a. pálido. V. COLOR 8.
— **2.** *incorr* Pálido, translúcido, descolorido. V. CLARO 1, 2.
cerumen. Cera, lipoide, esperma. V. GRASA 1.
cerval (miedo). Pánico, terror, espanto. V. TEMOR 1.
cervecería. V. CERVEZA 4.
cervecero. V. CERVEZA 5.
CERVEZA. 1. Bebida*, b. fermentada, alcohólica; lúpulo, cebada, malta, levadura, mosto; cerveza blanca («pilsen», «pale ale»), negra («Porter», Múnich), de barril, «lager», «stout»; doble, «Bock», jarro, caña, botella, presión.
2. Fabricación. Remojo (de la cebada), germinación, secado, malteado, maceración, fermentación, clarificación, almacenado, envasado.
3. Instalaciones. Secadero, molino (triturador), sala de cocción, tanque de maceración, caldera, batidora, tanque de fermentación, cuba de almacenamiento, embotelladora.
4. Cervecería. Bar, taberna, cantina, cafetería, bodega, establecimiento, local, tasca, «brasserie», tienda, restaurante*.
5. Cervecero. Bodeguero, cantinero, tabernero, camarero, propietario, fabricante*, técnico.
V. BEBIDA.
cerviz. Nuca, testuz, cogote. V. GARGANTA 1.
cesación. V. cese.
cesante. Despedido, destituido, parado. V. TRABAJO 14.
cesantía. Paro, despido, destitución. V. EXPULSAR 3.
cesar. 1. Acabar, interrumpir*, terminar. V. FIN 4.
— **2.** Despedir, destituir, echar. V. EXPULSAR 1.
cesárea. Corte, operación, apertura del vientre. V. EMBARAZO 6, CIRUGÍA 3.
cese. 1. Detención, interrupción, paro. V. FIN 1.
— **2.** V. cesantía.
cesión. Transmisión, traspaso, transferencia. V. ENTREGAR 4.
cesionario. Receptor, favorecido, heredero. V. BENEFICIO 5.
césped. Pasto, verde, prado. V. HIERBA 2.
CESTA. 1. Cesto, canasta, canasto, cuévano, espuerta, esportilla, banasta, capazo, capacho, canastillo, receptáculo*, nasa, macuto, morral,

talega, bolsa, saco*, panero, cestilla, sera, serón, cenajo, embalaje*, bulto, caja*, envoltorio*, equipaje*.
2. Encestar. Embanastar, meter, introducir*, envasar, ensacar, embolsar, entalegar, embalar*, preparar, empacar, encajonar.
V. SACO, RECEPTÁCULO, EMBALAJE, EQUIPAJE, CAJA.
ceta. Ceda, zeta, consonante. V. LETRA 5.
CETÁCEO. 1. Mamífero* marino, m. pisciforme, m. acuático, animal* acuático; ballena: azul común o rorcual, franca, de Groenlandia, ártica, atlántica, austral, yubarta o gubarte, balénido, ballenato; megáptero, catodonte, ballenóptero, cachalote, orca, manatí, calderón, beluga, narval, dugongo, sirénido; delfínido: delfín, marsopa o cerdo marino, tonina.
2. Elementos. Cola (horizontal), aletas, grasa, pulmones, orificios nasales o espiráculos, mamas, testículos, pene, barbas o ballenas, espermaceti o esperma de ballena, ámbar gris.
3. Pesca y productos. Ballenero, barco*, buque factoría, bote*, ballenera, arpón, cañón, detección por radar, pesca* de altura, despiece, aceite y carne de ballena, espermaceti, ámbar gris, barbas o ballenas, piel.
V. PESCA, PEZ, MAMÍFERO.
CETRERÍA. 1. Altanería, halconería, volatería, caza* de alto vuelo, c. con halcón, c. de aves*, crianza de halcones, deporte*.
2. Ave rapaz. A. de presa, a. de rapiña, halcón, h. peregrino, falcónido, neblí, gerifalte, azor, alcaudón, cernícalo, águila, a. real, alimoche, sacre, gavilán, milano, esparvel, esparaván, alcotán, esmerejón, terzuelo, verdugo. Cóndor, búho (v. ave 8).
3. Elementos. Pico, garra, vista aguda, vuelo; señuelo, presa, caza*, persecución. *Equipo:* capirote, caperuza, plumero, correa, pihuela, cascabel, trailla, fiador, alcándara, palo, percha, cetro, guantelete.
4. Personas. Cetrero, halconero, cazador*, c. mayor, buitrero, cebadero, buhero, jinete, caballista*, deportista*.
5. Acción. Apiolar, encapillar, adiestrar, guarnecer, desbuchar, encapirotar, templar, cebar, armar, portear, bronquear, volar, abatirse, caer a la presa, tullir, derribar, pelar. Gritos: ¡Hucho!, ¡huchochó!
V. AVE, CAZA.
cetrino. Atezado, aceitunado, oscuro*. V. MORENO 1.
cetro. Cayado, vara, báculo. V. BASTÓN 1.
chabacanería. Tosquedad, grosería, ordinariez. V. VULGAR 2.
chabacano. V. chabacanería.
chabola. Cabaña, choza, casucha. V. TUGURIO 1.
chacal. Mamífero, carnicero, alimaña. V. FIERA 5.
chacha. Muchacha, criada, niñera. V. SERVIDOR 2.
cháchara. Parloteo, charla, palabrería. V. CONVERSACIÓN 1.

chacharear. V. cháchara.
chacina. Adobo, cecina, carne preparada. V. EMBUTIDOS 1.
chacota. Guasa, chanza, burla. V. BROMA 1.
chacotear, chacotero. V. chacota.
chacra. Granja, alquería, quinta. V. AGRICULTURA 2.
chafar. Reventar, despachurrar, machacar. V. APLASTAR 1.
chafarrinón. Pringue, churrete, borrón. V. MANCHA 1.
chaflán. Esquina*, corte*, bisel. V. ÁNGULO 1.
chal. Pañoleta, mantón, pañuelo. V. VESTIMENTA 3.
chalado. Chiflado, maniático, trastornado. V. LOCURA 4.
chaladura. V. chalado.
chalán. Traficante, negociante, tratante de animales. V. CABALLO 15.
chalana. Barca, chalupa, lancha. V. BOTE 1.
chalanear. Tratar, traficar, cambalachear. V. COMERCIO 7.
chalarse. Chiflarse, enloquecer, enamorarse. V. LOCURA 6, AMOR 6.
chalé. Casita, villa, finca. V. CASA 1.
chaleco. Chaquetilla, jubón, prenda. V. CHAQUETA 1.
chalet. V. chalé.
chalina. Lazo, corbata, pañuelo. V. VESTIMENTA 6.
chalupa. Lancha, barca, batel. V. BOTE 1.
chamba. Suerte, casualidad, chiripa. V. AZAR 2.
chambelán. Camarlengo, gentilhombre de cámara, caballero*. V. PALACIO 3.
chambergo. Prenda, chapeo, fieltro. V. SOMBRERO 1.
chambón. Torpe, chapucero, desmañado. V. INÚTIL 2.
chamizo. Casucha, choza, cuchitril. V. TUGURIO.
champán. V. champaña.
champaña. Bebida alcohólica, vino* espumoso, bebida espumosa; cava. V. BEBIDA 2.
champiñón. Vegetal*, seta, talofita. V. HONGO 3.
champú. Detergente, líquido limpiador*, higienizador. V. JABÓN 1.
chamuscado. V. chamuscar.
chamuscar. Quemar, ahumar, tostar. V. FUEGO 6.
chance. Ocasión, posibilidad, suerte. V. AZAR 1, 2.
chancear. Chacotear, mofarse, burlarse. V. BROMA 6.
chancero. Jaranero, chacotero, burlón. V. BROMA 3.
chancho. V. CERDO 1.
chanchullo. Lío, mangoneo, enredo. V. EMBROLLO 1.
chancleta. Chinela, zapatilla, pantufla. V. CALZADO 1.
chanclo. V. chancleta.
chancro. Llaga, lesión venérea, úlcera. V. VENÉREA (ENFERMEDAD) 1.

chantaje. Coacción, extorsión, delito*. V. ESTAFA 1.
chantajista. Embaucador, timador, delincuente*. V. ESTAFA 3.
chanza. Chacota, burla, mofa. V. BROMA 1.
chapa. Plancha, hoja metálica, lámina. V. PLACA 1.
chapado. Bañado, dorado, plateado. V. METALURGIA 8.
chapar. V. chapado.
chaparral. Breña, zarzal, espesura. V. MATORRAL 1.
chaparro. Achaparrado, enano, rechoncho. V. PEQUEÑO 2, GORDO 1.
chaparrón. Aguacero, diluvio, chubasco. V. LLUVIA 1.
chapear. V. chapado.
chapeo. Chambergo, tocado, fieltro. V. SOMBRERO 1.
chapín. Chinela, chanclo, pantufla. V. CALZADO 1.
chapista. Carrocero, operario, obrero. V. METALURGIA 11.
chapitel. Coronamiento, adorno*, capitel. V. COLUMNA 5.
chapotear. Salpicar, rociar, regar. V. MOJAR 1.
chapoteo. Rociadura, salpicadura, chapuzón. V. MOJAR 5.
chapucería. V. chapuza.
chapucero. Desmañado, tosco*, ordinario. V. INÚTIL 2.
chapurrear. Balbucear, farfullar, embrollar. V. MURMULLO 3.
chapuza. Chapucería, tosquedad, chambonada. V. IMPERFECCIÓN 3.
chapuzarse. Sumergirse, zambullirse, remojarse. V. HUNDIR 2.
chapuzón. Zambullida, remojo, ducha. V. MOJAR 5.
chaqué. Frac, levita, traje de etiqueta. V. CHAQUETA 1.
CHAQUETA. 1. Prenda, americana, chaquetón, cazadora, casaca, chaquetilla, levita, levitón, chupa, librea, dalmática, hopalanda, ropón, frac, esmoquin, chaqué, traje de etiqueta, de ceremonia, jubón, guerrera, sahariana, safari, dormán, chaleco, chamarra, zamarra, pelliza, anorak, torera, cárdigan, blusón, guayabera, bolero, camisola, camisa*, campera (v. 2), jersey, suéter, pulóver, malla, batín, bata, abrigo, vestimenta*, vestidura, atuendo, traje.
2. Clases. Cruzada, recta, de «sport», «blazer», de calle, de etiqueta, esmoquin (v. 1), príncipe de Gales, a la medida, de confección, de franela (v. 4).
3. Partes. Solapa, cuello, vuelta, bolsillo superior o de pecho, bolsillo lateral, b. interior, cartera del bolsillo, hombrera, manga, puño, ojales, botones, presilla, faldones, forro, guata, entretela, costura*.
4. Material. Tela*, lana*, franela, estambre, cheviot, fieltro, sarga, pana, casimir, algodón, lino, rayón, tergal, seda, satín, terciopelo, mezclilla, cuero, piel*, gamuza, ante, napa, vicuña,

alpaca, castor, de punto, de cuadros, de espigas, de ojo de gallo, príncipe de Gales. V. VESTIMENTA, TELA, COSTURA.

chaquetero. Oportunista, aprovechado, ventajista. V. VENTAJA 5.

chaquetilla, chaquetón. V. CHAQUETA 1.

charada. Enigma, acertijo, adivinanza. V. ADIVINAR 5.

charanga. Banda, orquestina, murga. V. ORQUESTA 2.

charca. Hoyo, poza, fangal. V. FANGO 2.

charco. V. charca.

charcutería. Tocinería, salchichería, tienda*. V. EMBUTIDOS 5.

charla. Tertulia, parloteo, coloquio. V. CONVERSACIÓN 1.

charlar. Parlotear, dialogar, hablar*. V. CONVERSACIÓN 2.

charlatán. Locuaz, parlanchín, hablador*. V. CONVERSACIÓN 3.

charlatanería. Locuacidad, facundia, chismorreo*. V. CONVERSACIÓN 1.

charnela. Gozne, bisagra, unión. V. ARTICULACIÓN 8.

charol. Piel barnizada, brillante, cuero lustroso. V. PIEL 6.

charolado. Reluciente, barnizado, brillante. V. BRILLO 2.

charrán. Granuja, bribón, tunante. V. PILLO 1.

charretera. Hombrera, trencilla, insignia. V. SÍMBOLO 2.

charro. 1. Chabacano, vulgar*, basto. V. TOSCO 1.
— **2.** Jinete, caballista, vaquero mexicano. V. CABALLO 15.

chascar. Restallar, crepitar, resonar. V. CRUJIDO 2.

chascarrillo. Chiste, anécdota, historieta. V. COMICIDAD 2.

chasco. Desilusión, plancha, desencanto. V. DECEPCIÓN 1.

chasis. Armazón, bastidor, montura. V. SOPORTE 1, AUTOMÓVIL 6.

chasqueado. V. chasquear.

chasquear. 1. Burlar, embromar, decepcionar*. V. ENGAÑO 2.
— **2.** V. chascar.

chasquido. Crepitación, chirrido, traquido. V. CRUJIDO 1.

chatarra. Desechos metálicos, hierro* viejo, escoria. V. RESIDUOS 1.

chato. 1. Plano, liso, romo. V. APLASTAR 4.
— **2.** Arremangado, respingón, levantado. V. NARIZ 3.

chauvinismo, chovinismo. Patriotería, fanatismo. V. INTRANSIGENCIA 1.

chaval. Muchacho, chico, arrapiezo. V. NIÑO 1, JOVEN 1.

chaveta. Pasador, clavija, pieza*. V. CLAVO 1.

chef. Jefe de cocina, cocinero, encargado. V. COCINA 6.

cheik fr , **sheik.** ingl Jeque, personaje, jefe*. V. ÁRABE 2.

chelín. Moneda inglesa, m. fraccionaria; penique. V. DINERO 6.

chepa. Giba, corcova, joroba. V. DEFORMACIÓN 2.

CHEQUE. 1. Talón, t. de cuenta corriente, orden de pago, documento de pago, libranza, bono, orden, pago*, comprobante, documento*, vale.
2. Clases. Al portador, nominativo, a la orden, a la vista, cruzado, barrado, conformado, certificado, en blanco, de viaje, circular, sin fondos, al descubierto.
3. Elementos. Fecha, cifra en números, c. en letras, número de cuenta corriente, número de talón, firma, endoso, barras, fondos, provisión de fondos, transferencia, compensación; extender, endosar, retirar, cobrar, fechar, barrar, conformar.
4. Personas. Portador, librador, firmante, titular, librado.
V. COMERCIO, DOCUMENTO, PAGO.

chequeo. Reconocimiento, control, examen médico. V. MEDICINA 7.

cheviot. Tejido, lana*, paño. V. TELA 5.

chic. Distinguido, garboso, elegante. V. ELEGANCIA 2.

chica. 1. Joven, muchacha, señorita. V. NIÑO 1, JOVEN 2.
— **2.** Sirvienta, criada, doméstica. V. SERVIDOR 2.

chicarrón. Muchachote, mozallón, joven fornido. V. VIGOR 2.

chicha. 1. Bebida alcohólica, fermentada, estimulante*. V. BEBIDA 2.
— **2.** Chichas, carne*, magro, músculo*. V. GORDO 3.

chicharra. Cigarra, hemíptero, bicho. V. INSECTO 3.

chicharrón. Tocino frito, tostado, torrezno. V. CERDO 6.

chichón. Golpe, bulto, tumefacción. V. HINCHAZÓN 1.

chicle. Goma de mascar, golosina, dulce. V. CONFITERÍA 2.

chico. 1. Muchacho, mozo, adolescente. V. JOVEN 1.
— **2.** Nene, chiquillo, criatura. V. NIÑO 1.
— **3.** Menudo, insignificante*, minúsculo. V. PEQUEÑO 2.
— **4.** V. SERVIDOR.

chiflado. Tocado, chalado, maniático*. V. LOCURA 4.

chifladura. Trastorno, chaladura, manía*. V. LOCURA 1, AMOR 2.

chiflar. 1. Pitar, silbar, abuchear. V. SILBAR 1.
— **2.** Chiflarse, enloquecer, trastornarse, enamorarse. V. LOCURA 6, AMOR 6.

chillar. Aullar, vocear, desgañitarse. V. GRITO 4.

chillido. Aullido, alarido, quejido. V. GRITO 1.

chillón. 1. Escandaloso, vocinglero, gritón. V. GRITO 5.

— **2.** Ordinario, chabacano, estridente. V. VULGAR 1.

CHIMENEA. 1. Hogar, lar, fogón, estufa, horno, brasero, salamandra, calefacción*, cocina*, hogaril, fogaril, escape de humos, conducto, tubo*.

2. Clases. Chimenea francesa, escandinava, inglesa, italiana, romana, de mampostería, metálica, de palastro, de ladrillos, de hormigón, de mármol, de porcelana, de piedra, de campo, de fábrica, de ventilación.

3. Partes. Repisa, marco, manto, jamba, pantalla, campana, sardinal, revellón, plancha de fondo, placa o cortina, faldón, plano inclinado, cañón, conducto; tiro, aire.

4. Accesorios. Atizador, hurgón, badila, pala, paleta, cogedor, tenazas, escobilla, fuelle, pantalla, trébedes, soporte, gancho, morillo, leña, madera*, carbón*, combustible*, leñera, carbonera.

5. Chimenea de estufa. Cañón, tubo, codo, humero, sombrerete, caballete, lengüeta.

6. Personas. Deshollinador, fumista, operario, estufista, proyectista, constructor, experto, técnico.

V. CALEFACCIÓN, COCINA, COMBUSTIBLE, CALOR, CASA.

chimpancé. Simio, primate antropoide, gorila, orangután. V. MONO 3.

china. Guijarro, canto, piedrecilla. V. PIEDRA 2.

chinchar. Incomodar, fastidiar, enojar*. V. MOLESTIA 1.

chinche. 1. Hemíptero, bicho, sabandija. V. INSECTO 3.

— **2.** Tachuela, clavito, chincheta. V. CLAVO 1.

— **3.** Fastidioso, irritante, minucioso. V. MOLESTIA 3, 4.

chinchilla. Mamífero*; pelaje, pelo. V. ROEDOR 2; PIEL 7.

chinchorrería. Minucia, fastidio, molestia. V. INSIGNIFICANTE 3.

chinchorro. Canoa, chalupa, lancha. V. BOTE 1.

chinela. Babucha, chancleta, pantufla. V. CALZADO 1.

chino. Asiático, oriental. V. ETNIAS 2.

chiquero. Pocilga, cuadra, establo. V. GANADO 5.

chiquilicuatro. Mequetrefe, tarambana, necio. V. ATURDIMIENTO 2.

chiquillada. Necedad, travesura, niñería. V. NIÑO 10

chiquillería. 1. Prole, gente menuda, chicos. V. NIÑO 1.

— **2.** V. chiquillada.

chiquillo. Pequeño, chico, crío. V. NIÑO 1.

chirigota. Guasa, burla, chufla. V. BROMA 2, 3.

chirimbolo. Cachivache, chisme, trasto. V. APARATO 2.

chirimía. Flauta, clarinete, instrumento de viento. V. INSTRUMENTO MUSICAL 4.

chirimoya. Fruta americana, fruta del chirimoyo. V. FRUTO 5.

chiripa. Fortuna, suerte, acierto. V. AZAR 2.

chirlo. Cicatriz, marca, costurón. V. LESIÓN 2.

chirona. Cárcel, calabozo, encierro. V. PRISIÓN 1.

chirriar. Rechinar, chasquear, crepitar. V. CRUJIDO 2.

chirrido. Chasquido, crepitación, rechinamiento. V. CRUJIDO 1.

CHISME. 1. Habladuría*, hablilla, cotilleo, chismorreo, secreteo, comadreo, murmuración, crítica, calumnia*, historia, cuento, rumor, parlería, alcahuetería, bulo, fábula, enredo, maraña, intriga, embrollo*, comidilla, invención, maledicencia, falsedad*, camelo, mentira, engaño*, lío, conversación*, insidia, patraña.

— **2.** Trasto, artefacto, bártulo. V. APARATO 2.

3. Chismoso. Murmurador, enredador, charlatán, hablador*, cotilla, maldiciente, criticón, soplón, confidente, conversador*, intrigante, calumniador*, insidioso, parlero, cuentista, cuentero, infundioso, bocazas, chinchorrero, lioso, embrollón*, mentiroso, engañoso*, comadre, correvedidle, alcahuete, tiralevitas, cizañero, cotorra, curioso*, entrometido.

4. Chismorrear. Cotillear, murmurar, enredar, chismear, conversar*, comadrear, hablar*, charlatanear, cotorrear, cuchichear, entrometerse, liar, intrigar, embrollar*, azuzar, curiosear, engañar*, divulgar, mentir, censurar, criticar, calumniar*, desacreditar, inventar, falsear*.

Contr.: Verdad*.

V. CALUMNIA, ENGAÑO, FALSEDAD, EMBROLLO.

chismear, chismorrear. V. CHISME 4.

chismorreo. V. CHISME 1.

chismoso. V. CHISME 3.

chispa. 1. Centella, pavesa, partícula encendida. V. FUEGO 2.

— **2.** Chispazo, fogonazo, llamarada. V. FUEGO 2.

— **3.** Descarga, centella, relámpago. V. RAYO 1.

— **4.** Ingenio, gracia, agudeza. V. COMICIDAD 1.

chispazo. V. chispa 2.

chispeante. Ingenioso, ocurrente, agudo. V. COMICIDAD 3.

chispear. 1. Lloviznar, gotear, mojar*. V. LLUVIA 4.

— **2.** V. chisporrotear.

chisporrotear. Centellear, refulgir, fulgurar. V. BRILLO 3.

chisporroteo. Chispazo, fogonazo, llamarada. V. FUEGO 2.

¡chist! ¡Silencio!, ¡chitón!, ¡atención! V. EXCLAMACIÓN 8.

chistar. Sisear, reclamar, vocear. V. LLAMAR 1.

chiste. Historieta, chascarrillo, gracia. V. COMICIDAD 2.

chistera. Sombrero alto, de copa, bombín. V. SOMBRERO 1.

chistoso. Ocurrente, gracioso, humorista. V. COMICIDAD 3.

¡chitón! V. ¡chist!

chiva. V. chivo.

chivarse. Acusar, delatar, descubrir. V. ACUSACIÓN 3.

chivato. Soplón, delator, denunciante. V. ACUSACIÓN 6.

chivo. Macho cabrío, cabrón, cabra. V. RUMIANTE 9.

chocante. Desusado, sorprendente, extraño. V. RAREZA 2.

chocar. 1. Tropezar, encontrarse, topar. V. GOLPE 10.

— **2.** Disputar, enfrentarse, reñir. V. DISCUSIÓN 3.

— **3.** Extrañar, pasmar, maravillar*. V. ASOMBRO 4.

chocarrería. Payasada, ordinariez, chascarrillo. V. VULGAR 2.

chocha. Agachadiza, becada, zancuda. V. AVE 7.

chochear. Alelarse, flaquear, envejecer. V. ANCIANO 8.

chocho. Decrépito, senil, alelado. V. ANCIANO 2.

CHOCOLATE. 1. Cacao, tableta, pastilla, pasta de chocolate, libra, ladrillo, onza, bombón, chocolatín, chocolatina, confite*, golosina, dulce, bebida*, alimento*; hachís. V. DROGA 3.

2. Ingredientes. Cacao, azúcar, vainilla o canela; avellanas, almendras; chocolate barato: féculas, harinas, manteca de cacao, cacahuetes, sucedáneos.

3. Fabricación. Grano de cacao, limpieza, cribado, tostado, trituración, pasta de cacao, prensado, moldeado, empaquetado.

4. Clases. Chocolate con leche, de pasas, de almendras, de avellanas, al ron, al licor; a la taza: a la española (espeso), a la francesa (claro, con leche).

V. CONFITERÍA, BEBIDA, ALIMENTO.

chocolatín, chocolatina. V. CHOCOLATE 1.

chófer, chofer. Cochero, conductor, guía. V. AUTOMÓVIL 17.

cholo. Mestizo, de población cruzada. V. INDIO 2.

chopo. Álamo negro, planta, vegetal*. V. ÁRBOL 4.

choque. 1. Topetazo, encontronazo, colisión. V. GOLPE 4.

— **2.** Conflicto, discusión*, enfrentamiento. V. PELEA 1.

— **3.** Impresión, sorpresa, emoción*. V. ASOMBRO 1.

chorizo. Embuchado, longaniza, salchicha. V. EMBUTIDOS 2.

chorlito. 1. Zancuda, pájaro, ave europea. V. AVE 7.

— **2.** Atolondrado, tarambana, aturdido. V. TONTO 1.

chorrear. Rezumar, fluir, gotear. V. MOJAR 1.

chorrera. Puntilla, adorno*, aderezo. V. TIRA 1, ENCAJE 1.

chorro. Fuente, surtidor, manantial. V. AGUA 2.

choteo. Mofa, burla, pitorreo. V. BROMA 2.

chotis. Danza, baile popular, baile típico. V. BAILE 8.

choto. Cabrito, chivo, cría de cabra. V. CRÍA 2.

choza. Casucha, chabola, cabaña. V. TUGURIO.

christmas. ingl Tarjeta de Navidad, felicitación, misiva. V. CARTA 1.

chubasco. Diluvio, chaparrón, aguacero. V. LLUVIA 1.

chubasquero. Impermeable, trinchera, gabardina. V. VESTIMENTA 5.

chuchería. Baratija, fruslería, nadería. V. INSIGNIFICANTE 3.

chucho. Can, gozque, cuzco. V. PERRO 1.

chufa. Rizoma, nódulo; horchata. V. TUBÉRCULO 3; BEBIDA 3.

chulearse. Presumir, plantarse, amenazar*. V. FANFARRONERÍA 4.

chulería. Presunción, bravata, desplante. V. FANFARRONERÍA 1.

chuleta. Tajada, costilla; filete. V. CARNE 2.

chulo. 1. Jactancioso, majo, bravucón. V. FANFARRONERÍA 2, 3.

— **2.** Rufián, mantenido, proxeneta. V. PROSTITUCIÓN 7.

chumbera. V. chumbo.

chumbo. Higo, higuera de tuna, vegetal*. V. FRUTO 5.

chunga. Chacota, guasa, burla. V. BROMA 2.

chunguero. V. chunga.

chupada. V. CHUPAR 2.

chupado. Flaco, macilento, consumido. V. DELGADEZ 3.

CHUPAR. 1. Sorber, mamar*, succionar, aspirar, lamer, lengüetear, libar, relamer, lamiscar, chupetear, beber*, absorber, extraer, tragar, deglutir, tomar, alimentarse*, sacar, embeber, empapar, impregnar, ensopar.

2. Chupada. Chupeteo, succión, mamada*, sorbo, aspiración, ventosa, lamida, lametón, lamedura, lengüetazo, lengüetada, lengüeteo, lambetazo, chupón, chupetón, absorción, extracción, bebida, trago, deglución, toma, alimento*.

Contr.: Escupir, vomitar, expulsar.

V. BEBER, ALIMENTARSE, MAMAR.

chupatintas. Escribiente, cagatintas, empleado*. V. OFICINA 4.

chupete. Chupador, pezón, goma. V. NIÑO 6.

chupetear. V. CHUPAR 1.

chupeteo, chupetón, chupón. V. CHUPAR 2.

churrasco. Carne asada, asado, filete. V. CARNE 4.

churrete. Pringue, chafarrinón, suciedad*. V. MANCHA 1.

churrigueresco. Barroco, plateresco, rococó. V. ARQUITECTURA 6.

churro. Fritura, frito, postre. V. CONFITERÍA 3.

chusco. Chistoso, ocurrente, gracioso. V. COMICIDAD 3.

chusma. Plebe, vulgo, masa. V. GRUPO 4.

chutar. Patear, impulsar, pegar. V. GOLPE 10, 11.

chuzo. Pica, tranca, palo*. V. BASTÓN 1.

cianuro. Tóxico, sal venenosa, ponzoña. V. VENENO 2.

ciar. Remar, recular, retroceder. V. BOTE 6.
ciática. Dolor*, neuralgia, lumbago. V. NERVIOSO (SISTEMA) 7.
cibernética. Disciplina, ciencia, estudio de calculadoras* y máquinas informatizadas. V. ROBOT 2, CÁLCULO 8.
cicatear. Ahorrar, negar, regatear. V. AVARICIA 3.
cicatería. Tacañería, sordidez, mezquindad. V. AVARICIA 1.
cicatero. Miserable, ruin, roñoso. V. AVARICIA 2.
cicatriz. Señal, marca, costurón. V. LESIÓN 2.
cicatrizar. Cerrar, secar, curar*. V. LESIÓN 9.
cicerone. Acompañante, intérprete, conocedor. V. GUÍA 2.
cíclico. Periódico, regular, reiterado. V. REPETICIÓN 5.
ciclismo. Deporte*, prueba, competición. V. BICICLETA 4.
ciclista. Corredor, deportista*, competidor. V. BICICLETA 7.
ciclo. Lapso, fase, período. V. TIEMPO 1.
CICLÓN. 1. Huracán, tempestad, tormenta*, viento*, ventarrón, vendaval, borrasca, galerna, tornado, torbellino, remolino, tromba, baguío, tifón, manga, meteoro*, perturbación atmosférica, vorágine.
2. Elementos. Baja presión, depresión barométrica, zona de bajas presiones, frente nuboso, frente frío, frente cálido, centro, ojo del huracán, vórtice, nubes*: cúmulos, nimbos, cirros, estratos; desarrollo, oclusión, precipitaciones, lluvia*, chubascos, movimiento giratorio del viento*, meteorología*, predicción del tiempo, barómetro*, anemómetro, veleta, higrómetro. V. TORMENTA, VIENTO, METEOROLOGÍA.
cíclope. Titán, gigante, hércules. V. ALTO 2.
ciclópeo. Gigantesco, titánico, hercúleo. V. VIGOR 2.
cicuta. Hierba venenosa, tóxico, bebedizo. V. VENENO 4, HIERBA 3, 5.
ciego. 1. Cegato, invidente, sin vista. V. OJO 12.
— **2.** Ofuscado, obsesionado, deslumbrado. V. OBSESIÓN 3.
cielo. 1. Edén, gloria, bienaventuranza. V. PARAÍSO 1.
— **2.** Cosmos, firmamento, espacio. V. UNIVERSO 1, ATMÓSFERA 1.
ciempiés. Miriápodo, centípedo, escolopendra. V. INSECTO 3.
cien. Centena, centenar, ciento. V. NÚMERO.
ciénaga. Cenagal, lodazal, barrizal. V. FANGO 2.
CIENCIA. 1. Saber, teoría, disciplina, conocimientos, sabiduría*, sapiencia, ilustración, instrucción, erudición, omnisciencia, asignatura, estudio, educación, acervo, dogma, facultad, enciclopedia, especialidad, rama, tratado, libro*, arte*, técnica, tecnología, maestría, habilidad*, industria, método, especulación, investigación*, iniciación, nociones, rudimentos.
2. Clasificación. Ciencias formales y empíricas, puras, aplicadas; abstractas, concretas; huma-

nas, de la naturaleza, morales, políticas, naturales, exactas, jurídicas, médicas, sociales, geográficas, históricas, económicas, tecnológicas, experimentales, físicas, matemáticas, ocultas, ciencia infusa (v. 3).
3. Ciencias. Geografía*, historia*, matemáticas*, lógica, derecho*, teología (v. religión*), filosofía*, biología*, medicina*, zoología*, botánica (v, vegetal*), física*, química*, geología*, antropología*, ingeniería*, arquitectura*, lingüística, filología (v. gramática*), sociología, ciencias económicas*, etc.
4. Métodos científicos. Análisis, síntesis, experimentación, experiencia, investigación*, teoría, teorema, hipótesis, tesis, ley, método, principio, problema, suposición, documentación, conocimientos, especulación, lógica, intuición, deducción, inducción, observación, razonamiento, cálculo de probabilidades.
5. Personas. Científico, sabio*, maestro, profesor, educador*, catedrático, investigador*, intelectual, estudioso, genio, doctor, lumbrera, especialista, erudito, ilustrado, experto, inventor*, perito, técnico, teórico, letrado, sapiente.
6. Instituciones. Academia, instituto, universidad*, facultad, escuela, colegio, ateneo, seminario, cátedra, laboratorio, taller, aula, clase, conservatorio, liceo, gimnasio, paraninfo, rectoría, decanato, claustro; Instituto de España, Instituto de Investigaciones Científicas. (V. educación 9)
7. Científico. Experimentado, serio, comprobado, sabio (v. 5), verificado, investigado*, tecnológico, industrializado, escolástico, educativo, acreditado, estudiado, teórico, erudito, enciclopédico, casuístico, empírico, irrefutable, probado, experimentado*, metódico, analítico, ordenado*.
Contr.: Ignorancia*, barbarie*.
V. EDUCACIÓN, GEOGRAFÍA, HISTORIA (V. 3).
ciencia ficción. Novela, relato de anticipación, fantasía científica. V. NARRACIÓN 1.
cieno. Lodo, légamo, barro. V. FANGO 1.
científico. 1. Sabio. V. CIENCIA 5.
— **2.** Experimentado. V. CIENCIA 7.
ciento. V. cien.
cierne (en), ciernes (en). En sus comienzos, en sus orígenes, inicial. V. PRINCIPIO 6.
cierre. 1. Terminación, cese, clausura. V. FIN 1.
— **2.** Cerrojo, persiana, puerta*. V. CERRADURA 1, CERRAR 5.
cierto. Real, inequívoco, indiscutible. V. VERDAD 3.
ciervo. Gamo, venado, corzo. V. RUMIANTE 5.
cierzo. Ventisca, aire, corriente. V. VIENTO 1.
cifra. Cantidad*, símbolo, guarismo. V. NÚMERO 1.
cifrado. En clave, criptográfico, misterioso. V. SECRETO 4, 6.
cigala. Gamba, langostino, crustáceo. V. MARISCO 1.
cigarra. Chicharra, hemíptero, homóptero. V. INSECTO 3.

cigarrera. Petaca, pitillera, cajetilla. V. TABACO 6.

cigarrillo. Pitillo, cigarro, colilla. V. TABACO 4.

cigarro. Puro, habano, veguero. V. TABACO 3.

cigüeña. Ave zancuda, migradora, silvestre. V. AVE 7.

cigüeñal. Pieza acodada, eje, árbol. V. MOTOR 3.

cilicio. Correa, cinturón, faja. V. TIRA 1, 2.

cilíndrico. V. CILINDRO 3.

CILINDRO. 1. Rodillo, rollo, pilar, pilastra, tubo*, tubería, cañería, columna*, poste, palo*, pieza*, caño, cañón, aparato*, caña, cánula, eje, barra, hierro*, tanque, depósito*, bidón, tambor, rulo, sólido, cuerpo geométrico, soporte*.

— **2.** Accesorio, pieza, elemento de automóvil*. V. AUTOMÓVIL 7.

3. Cilíndrico. Alargado, largo*, tubular*, ahusado, prolongado, regular, macizo, hueco*. V. TUBO, HIERRO, AUTOMÓVIL.

cima. 1. Pico, cumbre, cúspide. V. MONTAÑA 1, 3.

— **2.** Apogeo, máximo, pináculo. V. CULMINACIÓN 1.

cimarrón. Salvaje, arisco, montaraz. V. SILVESTRE.

címbalo. Platillo, gongo, campanilla. V. INSTRUMENTO MUSICAL 5.

cimborrio. Domo, cúpula, ábside. V. BÓVEDA 1.

cimbra. Dovela, maderamen*, arco*. V. BÓVEDA 3.

cimbreante. Ondulante, flexible, movedizo. V. OSCILACIÓN 3.

cimbrear. Ondular, mecerse, moverse*. V. OSCILACIÓN 4.

cimentar. Basar, fundar, consolidar. V. SOPORTE 3.

cimera. Plumero, airón, penacho. V. PLUMA 5.

cimero. Sobresaliente, superior, importante. V. CULMINACIÓN 3.

cimiento. 1. Basamento, firme, cimentación. V. SOPORTE 1.

— **2.** Génesis, fundamento, principio. V. BASE 2.

cimitarra. Sable, alfanje, arma blanca. V. ESPADA 1.

cinabrio. Azogue, mercurio, sulfuro. V. MINERAL 7.

cinc. Cuerpo simple, elemento*, calamina. V. METAL 6.

cincel. Buril, cortafrío, escoplo. V. CUCHILLO 2.

cincelar. Grabar, tallar, esculpir. V. ESCULTURA 5.

cincha. Cinto, correa, faja. V. TIRA 2.

cincuentón. Quincuagenario, adulto, mayor. V. MADURAR 5.

cine. 1. Arte*, industria. V. CINEMATOGRAFÍA 1.

— **2.** Sala, cinematógrafo, local. V. CINEMATOGRAFÍA 11.

cineasta. V. CINEMATOGRAFÍA 10.

cinegética. Montería, cacería, deporte*. V. CAZA 1.

CINEMATOGRAFÍA. 1. Arte*, séptimo arte, industria, cine, cinema, cinematógrafo, proyección, pantalla, p. grande, linterna mágica, cinetoscopio, praxinoscopio, zootropo.

2. Película. Filme, film, cinta, rollo, fotograma, proyección, imagen; banda sonora, pista sono-

ra, celulosa, capa sensible, emulsión, negativo, positivo, bromuro de plata, blanco y negro, color*.

3. Formatos. Película de 8 milímetros, super 8, «single», 16 mm, Super16, 35 mm, Vistavisión, Cinemascope, 70 mm, Todd-Ao, Cinerama, relieve, 3-D, IMAX («Image Maximum», Máxima imagen); vídeo, cine digital.

4. Clases de películas. Cortometraje, largometraje, documental, reportaje, noticiario, nodo, avance o tráiler, comedia, c. musical, filme cómico, dramático, policíaco, histórico, del Oeste o «western», de terror, de suspense, de ciencia ficción, publicitario, de dibujos animados.

5. Cámara. Tomavistas, filmadora, aparato*, cámara cinematográfica, digital. *Cámara de aficionado:* objetivo, ocular del visor, visor réflex, diafragma, exposímetro, botón disparador, disparador de cable, contador de película, carrete de película, bobina, cartucho, casete, obturador, canal, zum, gran angular, teleobjetivo, velocidad de filmación: 8, 16, 24, 32, 64 fotogramas por segundo, lente, distancia focal, pilas, rueda dentada; torreta de objetivos (antiguo).

6. Proyector. Objetivo, lente, lámpara de arco, arco voltaico, espejo reflector, película, célula fotoeléctrica, amplificador, altavoz, tambor, rollo, bobina, carrete de película, palanca de centrado, regulador de velocidad, zum, rueda dentada, pantalla.

7. Filmación. Rodaje, r. en exteriores, r. en interiores, toma, acción; silencio, se filma, cámara, motor (cámara, acción); claqueta, campo, panorámica, toma, planos: plano general, p. general medio, p. americano, p. medio, primer plano, primerísimo plano, p. de detalle; ángulos de la cámara: picado (desde arriba), contrapicado (desde abajo); secuencia, travelín, fundido, fundido encadenado, «flash-back», revelado, montaje, corte, ensamblaje, mezcla, guión, gag; trucaje: transparencia, sobreimpresión, ralentí, fotografía ultrarrápida; letras sobreimpresas; sonidos: efecto sonoro, grabación, doblaje, versión, «playback».

8. Proyección. Sesión, exhibición, pase, gala, acto, espectáculo, fiesta*, velada, reunión; estreno, reestreno, reposición, nueva versión; festival, f. cinematográfico. Sala cinematográfica (v. 11).

9. Estudio cinematográfico. Estudios, plató, set, escenario, e. interior, escena; decorado, fondo, cámara, fotómetro, carro grúa, trípode, plataforma, claqueta, proyector, batería de focos, foco con filtros de color, pantalla reflectora, pantalla negra, ventilador, micrófono, micrófono de jirafa, cables, cámara de sonidos, furgoneta del sonido, laboratorios, depósito de películas, archivo de películas, talleres, central eléctrica, equipo electrógeno.

10. Personas. Productor, cineasta, director, ayudante de director, guionista, argumentista, adaptador, autor, actor, actriz, protagonista, estrella, especialista, doble, extra, figurante, partiquino, comparsa, realizador, jefe de producción, jefe de efectos especiales, director de escena, «régisseur», operador, cámara (cameraman, camarógrafo), ayudante de cámara, técnico, experto, ingeniero de sonido, técnico de sonido, músicos, montador, claquista, electricista, iluminador, decorador, maquillador, peluquero, encargado de vestuario, operarios. En sala de cine: operador, electricista, portero, acomodador, taquillera, vendedor de golosinas, espectadores, público.

11. Sala cinematográfica. Sala, cine, cinematógrafo, salón. *Partes:* taquilla, vestíbulo, platea, altavoces, pantalla, telón, cortina, butacas, palcos, salida de urgencia, cabina de proyección: ventanilla, proyector de la izquierda, p. de la derecha, tablero de interruptores, rectificador, r. de vapor, amplificador, mesa rebobinadora, proyector de diapositivas, grupo electrógeno. Personal (v. 10), proyección (v. 8).

12. Cinematografiar. Filmar, rodar, fotografiar*, registrar, impresionar, tomar, captar, reproducir, enfocar, picar, contrapicar, fundir, sobreimpresionar, revelar, cortar, montar, mezclar, doblar, exhibir, proyectar.

V. FOTOGRAFÍA, ESPECTÁCULO, ARTE, TEATRO.

cinematografiar. V. CINEMATOGRAFÍA 12.
cinematógrafo. V. CINEMATOGRAFÍA 11.
cíngaro. V. GITANO 1.
cíngulo. Cinta, faja, cordón. V. TIRA 1.
cínico. Satírico, sarcástico, desvergonzado*. V. IRONÍA 2.
cinismo. Descaro, insolencia, desvergüenza*. V. IRONÍA 1.
cinta. 1. Franja, lista, ribete. V. TIRA 1.
— **2.** Filme, película, proyección. V. CINEMATOGRAFÍA 2.
cintarazo. Azote, sablazo, trallazo. V. FLAGELAR 5.
cinto. Cinturón, banda, correa. V. TIRA 2.
cintura. Talle, faja, estrechez. V. CUERPO 5.
cinturón. V. cinto.
ciprés. Conífera, planta, vegetal. V. ÁRBOL 6.
circense. V. CIRCO 8.
CIRCO. 1. Exhibición, instalación, espectáculo*, local, tienda, salón, pista, representación, función, gala, variedades, números. Circo romano (v. 6).

2. Partes. Tienda, entoldado, lona, pista, p. central, p. secundaria, gradería, graderío, localidades, gradas, g. superiores, g. preferentes, palcos; borde de la pista, barrera, entrada, rampa de acceso, foso de maquinaria, banda de música, tribuna de la banda, mástil de la tienda, red de seguridad, salida de urgencia, carromato, vagón vivienda, caravana, tramoya, trampolín, alambre, trapecio, balancín, pértiga,

jaula de fieras: enrejado, pasillo, látigo, taburete, pedestal, aro; proyector, vestuarios, cuadras, zoo, dirección, administración.

3. Personas. Artistas, «troupe», grupo*, elenco, tropa, cómicos, circenses. Director, d. de pista, presentador, administrador, trapecista, volatinero, funámbulo, alambrista, equilibrista, acróbata, portor, hombre base, ágil, domador, caballista, artista ecuestre, amazona, «ecuyère», tirador de pistola, lanzador de cuchillos, malabarista, prestidigitador, contorsionista, transformista, faquir, tragasables, payaso, «clown», augusto, músico, electricista, carpintero, tramoyista, ayudante, mozo de pista, taquillera, acomodador, público, espectadores (v. 4).

4. Números. Trapecio, castillo humano, equilibrios inversos, bala humana, malabarismo, ilusionismo, contorsionismo, motociclismo en esfera, tiro de pistola, lanzamiento de cuchillo, doma de fieras, caballos amaestrados, focas, elefantes, número ecuestre, poni, siameses, gigantes, enanos, payasos (v. 3).

5. Circos. Barnum; Ringling Bros (USA), Krone (Alemania), Medrano (Francia), Price (España), Cirque du Soleil (Canadá).

6. Circo romano. Anfiteatro, estadio, coliseo, arena, hemiciclo, ruedo, recinto. *Partes:* gradas, g. preferentes, g. superiores, tribuna del emperador, palco de honor, pista, arena, espina (divisoria de pista), hitos extremos, obeliscos, salida de carros, s. de fieras, s. de gladiadores (v. 7).

7. Personas, números. Gladiador, reciario, mirmillón, bestiario, luchador*, jinete, auriga. Números: carreras de carros, c. de cuadrigas, c. de caballos, juegos, lucha, lucha con fieras, naumaquia.

8. Circense. Acrobático, espectacular*, artístico, aparatoso, difícil*, ordinario, ostentoso, fanfarrón*, peligroso*; pan y circo, más difícil todavía.

V. ESPECTÁCULO, PARQUE DE ATRACCIONES, ZOOLÓGICO.

circuito. 1. Pista, giro, viaje*. V. ESTADIO 1, GIRAR 3.
— **2.** Cables, tendido, instalación eléctrica. V. ELECTRICIDAD 5.
circulación. 1. Tráfico, paso, movimiento. V. TRÁNSITO 1.
— **2.** *Circulación sanguínea.* V. CIRCULATORIO (APARATO) 8.
circular. 1. Folleto, comunicación, impreso. V. NOTA 1.
— **2.** Curvo, redondo, discoidal. V. CÍRCULO 7.
— **3.** Andar, deambular, moverse. V. TRÁNSITO 3.
— **4.** Difundirse, propagarse, informar*. V. EXTENDER 3.
CIRCULATORIO (APARATO). 1. Corazón* (v. 2), arterias (v. 3), venas (v. 4), sistema linfático (v. 5), sangre* (v. 6).

2. Corazón*. Víscera cardiaca, víscera muscular, órgano impulsor. V. CORAZÓN 1.

3. Arterias. Arteria, vaso sanguíneo, tubo, conducto arterial, arteriola, anastomosis, capilar. *Partes:* túnica o capa, capa externa (adventicia), media (muscular), interna (endotelio); anastomosis, plexo, paquete vásculo-nervioso, sangre arterial u oxigenada. *Arterias del cuerpo.* Cabeza: arteria temporal, occipital, maxilar, faríngea, facial, lingual, tiroidea, auricular, oftálmica, cerebral. Cuello: carótidas, c. primitiva derecha, c. p. izquierda, c. interna, c. externa. Tórax: aorta, cayado de la aorta, aorta descendente, vena pulmonar (sangre arterial), tronco braquiocefálico, art. subclavia, intercostal, torácica, coronaria. Abdomen: arteria hepática, renal, esplénica, estomáquica, mesentérica, genital, ilíaca, sacra. Brazo: arteria humeral, radial, cubital, arco palmar. Pierna: arteria femoral, tibial, dorsal del pie.

4. Venas. Vena, vaso, v. sanguíneo, conducto, venilla, capilar, anastomosis, tubo. *Partes:* válvulas venosas, túnica o capa, capa externa (adventicia), c. de fibras circulares, c. de f. longitudinales, c. interna. *Venas del cuerpo:* Vena temporal, frontal, occipital, maxilar, yugular, y. externa, y. interna, braquiocefálica, humeral, radial, cubital, subclavia, braquial, cava superior, cava inferior, arteria pulmonar (sangre venosa), vena porta, coronaria, ilíaca, renal, suprahepática, esplénica, gástrica, intestinal, hemorroidal, femoral, tibial, poplítea.

5. Sistema linfático. Conducto linfático, cisterna de Pecquet; vasos linfáticos: gran vena linfática, capilares linfáticos; ganglios linfáticos de la nuca, de la sien, del maxilar inferior, cúbitales, del codo, axilares, inguinales, pélvicos, de la rodilla, del tórax, del abdomen. Linfa, quilo, corriente linfática.

6. Sangre. Líquido orgánico, sangre venosa, s. arterial. V. SANGRE 1.

7. Enfermedades. Arterioesclerosis, embolia, trombosis, angina de pecho, aneurisma, infarto, trombo, ataque, síncope, lipotimia, apoplejía, derrame, hemiplejia o hemiplejía, parálisis, hipertensión, hipotensión, angioma, arteritis, endocarditis, aortitis, cianosis, congestión, dilatación, enfermedad azul, isquemia, ateroma, gangrena, equimosis, flebitis, tromboflebitis, hemorroides, almorranas, varices.

8. Varios. Angiología, angiografía, latido; sístole, diástole, arteriología, arteriografía, presión arterial, tensión arterial, circulación, c. sanguínea, c. mayor, c. menor, vasoconstricción, vasodilatación, pulso; estetoscopio, fonendoscopio, esfigmomanómetro (tensión), lanceta, sanguijuela, sangrar, anticoagulante, ligadura, garrote.

V. CORAZÓN, SANGRE, CUERPO.

CÍRCULO. 1. Circunferencia, curva*, c. cerrada, disco, anillo, aro*, argolla, redondel, rodaja, órbita, rueda*, cerca, corro, corrillo, halo, aureola, nimbo, corona, rosca, rodete, circuito, arco*, óvalo, elipse, parábola, hemiciclo, semicírculo, semicircunferencia, anfiteatro, periferia, curvatura, vuelta, ciclo.

— **2.** Centro, casino, club. V. ASOCIACIÓN 7.

— **3.** Ambiente, esfera, medio. V. CLASE 2.

4. Elementos. Radio, diámetro, cuerda, arco, flecha, sagita, secante, tangente, segmento, sector, cuadrante, corona, ángulo central, a. inscrito, grado, minuto, segundo, π (pi): 3,1416, radián, división sexagesimal, d. centesimal.

5. Acción. Circunscribir, inscribir, trazar, limitar*, delinear, describir, dibujar, graduar, medir.

6. Instrumentos. Compás*, transportador, sextante, teodolito, telémetro.

7. Circular. Curvo, redondo, discoidal, lenticular, orbital, curvado*, aplastado, esférico*, ovalado, curvilíneo, elíptico.

Contr.: Recta.

V. CURVA, LÍNEA, ARCO, GEOMETRÍA.

circuncisión. Extirpación, mutilación, sección. V. CORTAR 4.

circundante. Externo, envolvente, periférico. V. LÍMITE 3.

circundar. Circunscribir, bordear, circunvalar. V. RODEAR 1.

circunferencia. V. CÍRCULO 1.

circunloquio. Ambigüedad, perífrasis, rodeo. V. INSINUACIÓN 1.

circunnavegación. Travesía, vuelta, circuito. V. VIAJE 1.

circunscribir. Localizar, restringir, rodear. V. LÍMITE 5.

circunscripción. Demarcación, término, distrito. V. ZONA 2.

circunspección. Recato, reserva, seriedad. V. FORMAL 3.

circunspecto. Reservado, discreto, serio. V. FORMAL 1.

CIRCUNSTANCIA. 1. Ocasión, coyuntura, situación, estado, statu quo, condición, eventualidad, momento, oportunidad, posibilidad, trance, lance, etapa, suceso*, fase, hecho, caso, azar*, suerte, vez, casualidad, tiempo, fecha, incidencia, particularidad, incidente, accidente, imprevisto, detalle*, coincidencia, contingencia, evento, peripecia, ambiente, escena, lugar*, medio, ocurrencia, conveniencia, sazón, motivo.

2. Circunstancial. Ocasional, fortuito, transitorio, temporal, momentáneo, pasajero, provisional, imprevisto, provisorio, dudoso*, esporádico, irregular*, relativo, dependiente, conexo, auxiliar, complementario, suplementario, accesorio, marginal, interino, suplente, ayudante*, secundario, episódico, casual, eventual, azaroso*, discontinuo, interrumpido, urgente*, incidental, accidental, supletorio, adventicio, fugaz, breve*, precario, corto, efímero, pere-

cedero, instantáneo*, coyuntural, condicional, incierto, inseguro.
Contr.: Seguro*, firme, fijo.
V. AZAR, SUCESO, DUDA, LUGAR.

circunstancial. V. CIRCUNSTANCIA 2.

circunstantes. Público, presentes, espectadores*.
V. CONCURRENCIA 1, 4.

circunvalación. Giro, circuito, vuelta. V. RODEAR 4.

circunvalar. Bordear, desviarse, circundar. V. BORDE 2.

circunvolución. Protuberancia, sinuosidad, relieve.
V. ABULTAMIENTO 1.

cirio. Vela, candela, bujía. V. LUZ 3.

cirrosis. Degeneración, atrofia, dolencia hepática.
V. HÍGADO 4.

ciruela. Drupa, fruta, fruto comestible. V. FRUTO 5.

ciruelo. Árbol frutal, vegetal*, planta. V. ÁRBOL 5.

CIRUGÍA. 1. Operación, intervención, técnica quirúrgica, arte operatoria, corte*, disección, sección, ablación, resección, escisión, incisión, extirpación, amputación, autopsia, necropsia (v. 2, 3, 4).
2. Clases. Cirugía mayor, menor, plástica, estética, reparadora, conservadora, neurocirugía, traumatología, cirugía urológica, oftalmológica, otorrinolaringológica, ortopédica, oncológica, proctológica, ginecológica, glandular, del aparato circulatorio, del a. digestivo, cirugía pulmonar, de urgencia (v. 3).
3. Operaciones. Craneotomía, trepanación, lobotomía, leucotomía, rinoplastia, traqueotomía, laringotomía, broncotomía, toracoplastia, neumotórax, gastrotomía, apendicectomía, cistotomía, laparotomía, osteotomía, histerectomía, ovariotomía, cesárea, biopsia, flebotomía, circuncisión, fimosis, sajadura (v. 2, 4).
4. Procedimientos. Corte*, resección, sección, amputación, ablación, mutilación, enucleación, extirpación, punción, sajadura, disección, incisión, desbridamiento, sondaje, anestesia*, intubación, cauterización, reducción, ligadura, sutura, vendaje*, legradura, raspado, sangrado, acupuntura, trasplante*, injerto, transfusión, inyección* (v. 1).
5. Secuelas. Hemorragia, choque o «shock», herida, lesión*, cicatriz, costurón, colgajo, puntos, muñón, adherencia, bridas, llaga, fístula, úlcera, escara, costra, callosidad.
6. Personas. Cirujano, operador, especialista, experto, maestro, quirurgo, facultativo, médico*; cirujano ayudante, anestesista, anestesiólogo, enfermera, e. instrumentista, e. auxiliar, camillero, enfermero; enfermo*.
7. Quirófano. Anfiteatro, sala de operaciones, s. de intervenciones, s. de cirugía, s. de disección, servicio quirúrgico; hospital, clínica, sanatorio. *Elementos:* mesa de operaciones, lámpara reflectora, instrumentos, instrumental (v. 8), mesa de instrumentos, mascarilla de anestesia, botella de éter, b. de oxígeno, balón de goma, tubo, camilla de ruedas, esterilizador, autocla-

ve, electrocardiógrafo, riñón artificial, corazón artificial, pulmón artificial, aparato de rayos X, cubo de residuos (v. 8).
8. Instrumental*. Instrumento quirúrgico, bisturí, escalpelo, lanceta, bisturí eléctrico, cauterio, termocauterio, fórceps, separador, cizalla, pinzas, pinzas de Kocher, tijeras, t. curvas, catéter, cánula, cureta, legra, sonda, s. acanalada, sangradera, trépano, sierra, trocar, espéculo, sangradera, trépano, sierra, trocar, espéculo, agujas, torniquete (v. 9).
9. Material. Catgut, hilo, hilo de seda, agrafes, apósito, venda, vendaje*, férula, cabestrillo, compresa, gasa, algodón, a. hidrófilo, torunda, mecha, hilas, gasa, esparadrapo, paño, braguero, suspensorio, cabezal, capelina (v. 8).
10. Acción. Operar, intervenir, cortar*, resecar, sajar, amputar, trepanar, seccionar, disecar, mutilar, enuclear, extirpar, desbridar, sondar, intubar, anestesiar*, ligar, cauterizar, reducir, legrar, raspar, sangrar, trasplantar, injertar, inyectar, cerrar, coser, suturar (v. 3, 4).
V. ENFERMEDAD, MEDICINA, MÉDICO, CORTE, LESIÓN, ANESTESIA, TRASPLANTE, VENDAJE, CURAR, HOSPITAL.

cirujano. V. CIRUGÍA 6.

cisco. 1. Jaleo, desorden, confusión. V. ALBOROTO 1.
— **2.** Carbonilla, picón, fragmentos* de carbón.
V. CARBÓN 1.
— **3.** *Cisco (hacer)*, estropear, romper, destruir.
V. DESTROZAR 1.

cisma. Secesión, división, separación. V. SEPARAR 10, HEREJÍA.

cismático. Separado*, disidente, renegado. V. HEREJÍA 3.

cisne. Ave acuática, palmípeda, ánade. V. AVE 4.

cisterciense. Monje, fraile, trapense. V. SACERDOTE 3.

cisterna. 1. Depósito, tanque, aljibe. V. RECEPTÁCULO 4.
— **2.** *Cisterna de retrete.* V. FONTANERÍA 2.

cisura. Abertura, surco, raja. V. HENDEDURA 1.

cita. 1. Reunión, acuerdo, encuentro. V. ENTREVISTA 1.
— **2.** Alusión, referencia, refrán. V. FRASE 1.

citación. Requerimiento, convocatoria, aviso. V. ORDEN 3.

citar. 1. Aludir, referirse, nombrar*. V. MENCIONAR 1.
— **2.** Llamar, requerir, convocar. V. ORDEN 10.
— **3.** *Citarse*, convenir, acordar, reunirse. V. ENTREVISTA 2.

cítara. Lira, vihuela, instrumento de cuerdas. V. INSTRUMENTO MUSICAL 3.

CIUDAD. 1. Población, urbe, metrópoli o metrópolis, capital, corte, área metropolitana, zona urbana, megalópolis, localidad, plaza, centro, sitio, cabeza, sede, emporio, villa, burgo, ciudadela, acrópolis, municipio, ayuntamiento, alcaldía*, poblado, pueblo, aldea*, lugar*, villorrio, caserío, merindad, cabeza de partido, partido, barrio* (v. 2).

2. Zonas. Distrito, barrio*, barriada, tenencia de alcaldía, sector, término, jurisdicción, circunscripción, parroquia, centro, casco urbano, c. antiguo, suburbio, arrabal, afueras, extrarradio, contornos, extramuros, intramuros, ensanche, área metropolitana, zona urbana, zona peatonal, zona de descongestión, cinturón verde (v. 1).

3. Clases. Ciudad-Estado, ciudad residencial, c. comercial, c. industrial, c. burguesa, c. dormitorio, c. satélite, c. feudal, c. antigua, c. moderna, c. guarnición, c. universitaria, c. fortificada*, c. franca, c. abierta; capital administrativa, c. política, c. económica.

4. Elementos. Urbanismo, desarrollo urbano. Plaza, glorieta, plazuela, calle*, avenida, bulevar, paseo, autopista, carretera*, c. de circunvalación, calleja, travesía, camino*, muralla, puerta, torre, torre de agua, casas*, edificios (v. 5), planta depuradora de agua, vertedero, basurero, infraestructuras, alcantarillado*, tendido eléctrico, conducción de gas, c. de agua, bloque, manzana de casas*, monumento*, fuente, cementerio, necrópolis, estación, metro, ferrocarril*, f. metropolitano, f. subterráneo, f. elevado, aparcamiento, estacionamiento, garaje, cochera de tranvías, c. de autobuses, parque, jardín*, j. botánico, zoológico*, parque de atracciones* (v. 5).

5. Edificios. Ayuntamientos, municipalidad, alcaldía*, catedral, iglesia, templo*, parlamento, capitolio, palacio*, p. de Justicia, p. de Correos*, p. de exposiciones, p. de la ópera, teatro*, cine*, sala de conciertos, museo*, biblioteca*, hemeroteca, edificio histórico, hospital*, hotel*, residencia, mercado*, grandes almacenes, tienda*, estación de ferrocarril*, casa*, c. de apartamentos, vivienda, chalé, rascacielos, cuartel*, c. de bomberos, comisaría, matadero, estadio*, coliseo, campo de fútbol*, c. de deportes*, velódromo, hipódromo, canódromo, garaje*.

6. Personas. Alcalde*, burgomaestre, intendente, magistrado, teniente de alcalde, edil, concejal, delegado de servicios, gobernador, consejo municipal, cabildo, vecinos, ciudadanos (v. 7).

7. Ciudadano. Habitante*, poblador, residente, vecino, civil, paisano, no militar, domiciliado, avecindado, radicado, natural, originario, oriundo; nativo, burgués, súbdito, paisano, cortesano, morador, aldeano*, ciudadanía, ciudadanos.

— 8. *Urbano*, ciudadano, céntrico, capitalino, municipal, metropolitano, burgués, social, comunal, colectivo, público, cortesano, jurisdiccional, local, central.

Contr.: Aldea*, campo*.

V. ARQUITECTURA, BARRIO, ALDEA, CALLE, CARRETERA, CAMINO, PLAZA, JARDÍN, MERCADO, CUARTEL, GARAJE, PALACIO, MUSEO, BIBLIOTECA, TEATRO, CINE, HOTEL, HOSPITAL, ESTADIO, CASA, TEMPLO, PARQUE DE ATRACCIONES, ZOOLÓGICO.

ciudadanía. Residentes, pobladores, habitantes*. V. CIUDAD 7.

ciudadano. V. CIUDAD 7, 8.

ciudadela. Baluarte, reducto, fortaleza. V. FORTIFICACIÓN, 1, CASTILLO 1.

cívico. Patriótico, social, político. V. NACIÓN 6.

civil. 1. No militar, paisano, cívico. V. CIUDAD 7, 8.

— 2. Educado, cortés, sociable. V. AMABILIDAD 2.

civilización. Adelanto, progreso, cultura. V. PROSPERIDAD 1.

civilizado. Avanzado, culto, progresista. V. PROSPERIDAD 3.

civilizar. Instruir, desarrollar, cultivar. V. MEJOR 2.

civismo. Responsabilidad, patriotismo, lealtad. V. RESPETO 2.

cizalla. Guillotina, aparato, tijera. V. HERRAMIENTA 8.

cizaña. 1. Descontento, discordia, mortificación. V. HOSTIGAR 2.

— 2. Gramínea, matojo, broza. V. MATORRAL 1, 2.

clamar. Plañir, quejarse, gritar*. V. GEMIDO 2.

clámide. Toga, capa, manto. V. VESTIMENTA 7.

clamor. Rumor, vocerío, griterío. V. GRITO 2.

clamoroso. Rumoroso, estruendoso, vociferante. V. SONIDO 4-6.

clan. Grupo*, camarilla, tribu. V. SECTA 1, FAMILIA 1.

clandestino. Encubierto, secreto, prohibido*. V. ILEGAL 1.

claque. Conjunto de alabarderos, pagados para aplaudir. V. TEATRO 8.

clara. Albúmina, sustancia transparente, alimenticia. V. HUEVO 4.

claraboya. Tragaluz, cristalera, lumbrera. V. VENTANA 1.

claramente. V. CLARO 4, 5.

clarear. Alborear, amanecer*, rayar el alba. V. CLARO 15.

claridad. V. CLARO 8-11.

clarificar. V. CLARO 13.

clarín. Corneta, cornetín, instrumento de viento. V. INSTRUMENTO MUSICAL 4.

clarinete. Instrumento de viento, de llaves, de madera. V. INSTRUMENTO MUSICAL 4.

clarividencia. Perspicacia, intuición, instinto. V. INTELIGENCIA 1, ADIVINAR 3.

clarividente. Agudo, penetrante, profeta. V. INTELIGENTE, ADIVINO.

CLARO. 1. Blanco, níveo, albo, pálido, albino, nevado, incoloro, inmaculado, descolorido, desteñido, tenue, desvaído, difuminado, apagado, blanquecino, blancuzco, lechoso, amarillento, cándido, cano, albugíneo, marfileño, marfilino, ebúrneo, albar, cande (v. 2).

— **2.** *Diáfano*, claro, transparente*, alabastrino, translúcido, cristalino*, límpido, limpio*, neto, puro*, impoluto, inmaculado, visible, perceptible, observable, luminoso, iluminado, alumbrado, radiante, deslumbrante, brillante* (v. 1).

— **3.** Cielo claro, sereno, despejado, bonancible*, hermoso, apacible, estrellado, raso, azul.

— **4.** *Evidente*, claro, descriptivo, detallado*, expresivo, gráfico, formal, manifiesto, explícito, taxativo, específico, determinado, preciso, inteligible, fácil, expreso, patente, palpable, perceptible, indudable*, ostensible, apreciable, sencillo, sensible, comprensible, explicable, palmario, positivo, real, corriente, llano, práctico, directo, abierto, declarado, tácito, implícito, sobreentendido, notorio (v. 5).

— **5.** *Sincero*, claro, franco, espontáneo, tácito, implícito, taxativo, preciso, absoluto, categórico, terminante, firme, cabal, drástico, contundente, brutal*, rudo, descarnado, concluyente, indiscutible, tajante, perentorio, seguro*, rudo, brusco, serio, veraz, leal, rotundo, abierto, directo, real, justo, descarado (v. 4).

— **6.** *Ralo*, claro, tenue, enrarecido, disperso, separado, espaciado, escaso*, raro, pobre, desgastado, raído, gastado, fino, delgado, leve.

— **7.** *Calvero*, claro, hueco, extensión, espacio, amplitud, zona sin árboles*, sin bosque*.

8. Claridad, blancura. Resplandor, luminosidad, luz*, brillo*, fulgor, albor, blancura, albura, palidez, lechosidad, decoloración, amarillez, ajamiento, tenuidad, candor, transparencia (v. 9), irradiación, esplendor, rosicler, destello, centelleo, reflejo, luminiscencia, relámpago, rayo*, alumbramiento, refulgencia, aureola, halo, aurora, amanecer.

— **9.** *Transparencia*, claridad, limpidez, diafanidad, translucidez, limpieza*, nitidez, frescura, pureza*, tersura, tenuidad, visibilidad, finura.

— **10.** *Sinceridad*, claridad, espontaneidad, franqueza, seriedad, determinación, decisión, rotundidad, veracidad, honradez*, seguridad*, firmeza, lealtad, realidad, verdad*, abertura, brusquedad, rudeza, descortesía*, descaro.

— **11.** *Inteligibilidad*, claridad, sencillez, facilidad, lógica, simplicidad, evidencia, notoriedad, realidad.

12. Aclarar. Blanquear, decolorar, clarear, desteñir, empalidecer, desvaír, apagar, limpiar*, purificar*, iluminar, alumbrar, brillar*, pintar*, teñir, difuminar, transparentar*.

— **13.** *Explicar*, aclarar, dilucidar, clarificar, esclarecer, adivinar*, exponer, desembrollar, descifrar, desenmarañar, manifestar, revelar, demostrar*, interpretar, expresar, contar, justificar, puntualizar, especificar, confesar, desembuchar.

— **14.** *Enjuagar*, aclarar, lavar*, empapar, mojar*, remojar, humedecer, refrescar, rociar, baldear, bañar*, limpiar*.

— **15.** *Clarear*, aclarar, despejarse, abonanzarse*, escampar, mejorar, serenarse; amanecer*, alborear, despuntar, apuntar, romper el día, rayar el alba; blanquear, decolorar, desteñir.
V. COLOR, TRANSPARENCIA, LIMPIEZA, CRISTAL, LUZ, BRILLO.

claroscuro. Sombra y luz, contraste, realce. V. PINTURA 6.

CLASE. 1. Índole, calidad, naturaleza, genio, condición, género, grado, nivel, calaña, ralea, casta, jaez, traza, pelaje, laya, estofa, carácter*, característica, ley, idiosincrasia, manera, forma, tipo, estilo, temperamento, calidad, cualidad (v. 2, 3).

— **2.** *Categoría.* Clase, nivel, medio, jerarquía, estamento, posición, prosperidad*, riqueza*, importancia*, situación, círculo, esfera, grado, rango, orden, cuerpo, escalafón, ambiente, ámbito, mundillo, empleo*, condición, antigüedad*, escala.

— **3.** *Elegancia*, clase, preeminencia, importancia, distinción, hermosura*, mundo, casta, estilo, desenvoltura, gusto, superioridad* (v. 1).

4. Especie. Familia, género, orden. V. ANIMAL 4.

5. Aula. Clase, cátedra, salón, anfiteatro, hemiciclo, sala, paraninfo, aposento, recinto docente.

— **6.** *Enseñanza*, clase, educación*, lección, asignatura, especialidad, materia, conferencia, disertación, instrucción, explicación, aleccionamiento, adoctrinamiento.
V. CARÁCTER, PROSPERIDAD, ELEGANCIA, EDUCACIÓN.

clásico. Depurado, antiguo, artístico. V. ARTE 10.

CLASIFICACIÓN. 1. Colocación*, disposición, orden*, ordenación, organización, ubicación, distribución, estructuración, emplazamiento, alineación, acomodo, implantación, registro, catálogo, lista*, archivo (v. 3), catalogación, agrupamiento, reunión, situación, reparto, arreglo, coordinación, numeración*, enumeración, inscripción, sistematización, estructura, posición, instalación, compaginación, separación, división, fichaje, serie*, relación*, compilación, abreviación*, unificación, coordinación, ajuste, composición, encasillamiento, etiquetado (v. 3).

— **2.** Calificación, valoración, evaluación. V. EVALUAR 4.

3. Clasificador. Lista*, catálogo, orden, ficha, tarjeta, registro, registrador, tabla, cuadro, padrón, catastro, protocolo, legajo, directorio, guía, estadística*, censo, inventario, repertorio, relación, sistema, carpeta, mueble*, archivo, archivador, estantería, armario*, fichero, índice, casillero, nomenclátor, local, oficina*, despacho.

4. Clasificar. Colocar*, distribuir, separar, disponer, ordenar*, coordinar, catalogar, señalar, fichar, sindicar, inventariar, archivar, guardar*, apuntar, anotar, enumerar, registrar, ubicar, sistematizar, reglamentar, metodizar, normalizar, inscribir, arreglar, repartir, situar, implantar, reunir, alinear, agrupar, emplazar, organizar, censar, dividir, relacionar, compilar, describir, anotar, escribir*, etiquetar, encasillar, encuadrar, limitar*, compaginar, ajustar, seriar, arreglar, estructurar, acomodar, unificar.
— **5.** Calificar, valorar, apreciar. V. EVALUAR 2.
6. Clasificado. Colocado, distribuido, separado (v. 4).
Contr.: Desorden, desorganización.
V. ORDEN, LISTA, NUMERACIÓN, COLOCACIÓN, EVALUACIÓN.

clasificado. V. CLASIFICACIÓN 6.
clasificador. V. CLASIFICACIÓN 3.
clasificar. V. CLASIFICACIÓN 4.
claudicación. Cese, entrega, abandono. V. RENUNCIA 1.
claudicar. Desistir, abandonar, ceder. V. RENUNCIA 2.
claustro. 1. Clausura, encierro, retiro. V. AISLAMIENTO 1, CONVENTO 1.
— **2.** Corredor, pasillo, patio. V. GALERÍA 1.
— **3.** Junta, profesorado, cuerpo docente. V. EDUCACIÓN 15.
cláusula. Artículo, disposición, condición*. V. ESCRIBIR 4.
clausura. 1. V. claustro 1.
— **2.** Terminación, cierre, cese. V. FIN 1.
clausurar. Cerrar, suspender, cancelar. V. FIN 4.
clava. Cachiporra, maza, porra. V. PALO 1.
clavar. V. CLAVO 2.
clave. 1. Nota, quid, resultado. V. EXPLICACIÓN 1.
— **2.** Jeroglífico, cifra, signo. V. SECRETO 6.
clavecín. V. clavicordio.
clavel. Planta, clavellina, vegetal. V. FLOR 4.
clavetear. Clavar, adornar, guarnecer. V. CLAVO 2.
clavicordio. Clavecín, clave, instrumento de cuerdas. V. INSTRUMENTO MUSICAL 3.
clavícula. Hueso largo, curvo, del hombro. V. HUESO 4, 5.
clavija. V. CLAVO 1.
CLAVO. 1. Hierro*, pieza*, pincho*, escarpia, armella, punta*, clavija, clavillo, tachuela, alcayata, tornillo, perno, tuerca, rosca, remache, roblón, cabeza, clavete, chinche, chincheta, uña, diente, púa, pico, puya, chaveta, pasador, gancho*, sujeción.
2. Clavar. Remachar, clavetear, asegurar, atornillar, roblonar, guarnecer, tachonar, asegurar, sujetar*, unir*, introducir*, pinchar*, hundir*, meter, inmovilizar*, fijar, incrustar, afianzar, machacar, golpear*.
V. PUNTA, PINCHO, HIERRO, PIEZA.
claxon. Bocina, señal acústica, corneta. V. AUTOMÓVIL 5.

clemencia. Misericordia, indulgencia, piedad. V. COMPASIÓN 1.
clemente. Caritativo, magnánimo, piadoso. V. COMPASIÓN 2.
cleptomanía. Propensión, tendencia al robo, latrocinio. V. ROBO 1.
cleptómano. Caco, descuidero, enfermo*. V. LADRÓN 1.
clerical. Eclesiástico, devoto, religioso*. V. RELIGIÓN 6.
clérigo. Religioso, eclesiástico, cura. V. SACERDOTE 1.
clero. Conjunto de curas, de religiosos, de eclesiásticos. V. SACERDOTE 8.
cliché. V. clisé.
cliente. Parroquiano, consumidor, comprador. V. COMPRA 3.
clientela. Conjunto de consumidores, de parroquianos, de compradores. V. COMPRA 3.
clima. Estado atmosférico, condición del tiempo, temperatura. V. METEOROLOGÍA 5.
climaterio. Menopausia, alteración, cambio sexual. V. SEXO 10.
climatológico. Climático, atmosférico, ambiental. V. METEOROLOGÍA 9.
clímax. Pináculo, auge, apogeo. V. CULMINACIÓN 1.
clínica. Dispensario, sanatorio, policlínico. V. HOSPITAL 1.
clip. Sujetador, broche, grapa. V. GANCHO 1.
clisé. Grabado, plancha, impresión. V. ESTAMPA 1, IMPRENTA 5.
clítoris. Órgano sexual, ó. femenino, cuerpecillo carnoso. V. VULVA 2.
cloaca. Sumidero, desagüe, colector. V. ALCANTARILLADO 2.
cloqueo. Cacareo, alboroto, grito. V. VOZ 5.
clorofila. Pigmento, compuesto, sustancia verde. V. VEGETAL 2.
cloroformo. Anestésico, sedante, narcótico. V. ANESTESIA 3, 4.
clown. ingl Payaso, mimo, bufón. V. COMICIDAD 4.
club. Centro, círculo, sociedad. V. ASOCIACIÓN 7.
clueca. Gallina que empolla, que cloquea, ave*. V. AVICULTURA 2.
coacción. Amenaza, imposición, presión. V. OBLIGAR 3.
coadjutor. Ayudante, eclesiástico, vicario. V. SACERDOTE 1.
coadyuvar. Colaborar, asistir, contribuir. V. AYUDA 3.
coagulación. Apelmazamiento, solidificación, espesamiento. V. DENSO 2.
coagular. Cuajar, condensar, espesar. V. DENSO 3.
coágulo. Cuajarón, grumo, apelmazamiento. V. DENSO 2, SANGRE 5.
coalición. Federación, liga, alianza. V. PACTO 2.
coartada. Justificante, subterfugio, prueba. V. DISCULPA 1.
coartar. Impedir, restringir, limitar*. V. PROHIBICIÓN 2.

coba. Lisonja, alabanza, halago. V. ADULACIÓN 1.

cobalto. Metal rojizo, duro, elemento*. V. METAL 6.

cobarde. V. COBARDÍA 2.

COBARDÍA. 1. Aprensión, miedo, timidez*, temor, acobardamiento, apocamiento, cortedad, vergüenza, flaqueza, encogimiento, retraimiento, indecisión, intimidación, amedrentamiento, atemorización, acoquinamiento, amilanamiento, susto, temblor*, angustia, espanto*, pavor, pavura, terror, desaliento, abatimiento, desánimo*, pesimismo, azoramiento, blandenguería, afeminamiento, recelo, desconfianza, sospecha*, acollonamiento, cerote, cagalera, flojera.

2. Cobarde. Timorato, espantadizo*, miedoso, aprensivo, follón, temeroso, apocado, menguado, corito, manso, benevolente, calzonazos, amilanado, blandengue, flojo, acobardado, retraído, vergonzoso*, corto, indeciso, dudoso*, encogido, irresoluto, ñoño, miedica, mandria, angustiado, tembloroso*, asustadizo, azorado, desalentado, desanimado*, pesimista, receloso, desconfiado, atemorizado, amedrentado, intimidado, abatido, espantado*, empavorecido, aterrado, horrorizado; cagón, cagueta, gallina, liebre, acollonado, acoquinado.

— **3.** Alevoso, pérfido, desleal, traicionero. V. TRAICIÓN 2.

4. Acobardar. Asustar, asustarse (v. 5), amilanar, atemorizar, acoquinar, intimidar, angustiar, amedrentar, azorar, abatir, desalentar, desanimar*, espantar, aterrar, horrorizar, empavorecer, acollonar, arredrar, achicar, meter miedo, avergonzar, apocar, encoger (v. 5).

— **5.** Acobardarse, temer*, temblar, arredrarse, desfallecer, recelar, desconfiar, flojear, flaquear, retraerse, ablandarse, encogerse, azorarse, achicarse, cagarse, alebrarse, arrepentirse, abatirse (v. 4).

6. Cobardemente. Miedosamente, tímidamente, aprensivamente (v. 2).

— **7.** Alevosamente, pérfidamente, deslealmente, traicioneramente. V. TRAICIÓN 2.

Contr.: Valentía, osadía*, audacia.

V. TEMOR, TIMIDEZ, SOSPECHA, ESPANTO, DESÁNIMO, VERGÜENZA.

cobayo, cobaya. Conejillo de Indias, mamífero*, animal*. V. ROEDOR 2.

cobertera. V. cobertura.

cobertizo. Barracón, tinglado, techado. V. ALMACÉN 1.

cobertor. Manta, colcha, cobija. V. CAMA 3.

cobertura. Defensa, resguardo, cobijo. V. PROTECCIÓN 1.

cobija. V. cobertor.

cobijar. Amparar, guarecer, resguardar. V. PROTECCIÓN 3.

cobijo. Resguardo, amparo, alojamiento. V. PROTECCIÓN 1.

cobista. Lisonjero, adulador, tiralevitas. V. ADULACIÓN 2.

cobra. Ofidio, víbora, culebra. V. SERPIENTE 1, 2.

cobrador. V. COBRAR 3.

cobranza. V. COBRAR 2.

COBRAR. 1. Embolsar, recaudar, juntar, sacar, recoger, percibir, recolectar, ganar, ingresar, reunir, obtener*, recuperar, reintegrar, imponer, facturar, cargar, anotar, recibir, exigir, guardarse, retener, administrar*, atesorar, apañar, acumular*, reembolsar, beneficiarse*, lucrarse, aprovechar, cosechar, adquirir, apandar, devengar, enriquecerse, especular*, desbancar, arruinar, saltar la banca.

2. Cobranza. Cobro, percepción, ingreso, recogida, beneficio*, recaudación, colecta, postulación, cuestación, pedido*, petición, reintegro, recuperación, imposición, recibo, retención, atesoramiento, pago*, acumulación*, reembolso, ganancia, avaricia*, lucro, adquisición, obtención*, cosecha, aprovechamiento, provecho, devengo, riqueza*, especulación*, percibo, factura, exacción, impuesto, fisco*, administración*, exigencia, deuda*.

3. Cobrador. Cajero, tesorero, recaudador, recolector, administrador*, habilitado, autorizado, agente, delegado*, receptor, factor, aduanero, portazguero, inspector, empleado*, funcionario, alcabalero, beneficiario*.

Contr.: Pagar*.

V. BENEFICIO, ACUMULACIÓN, OBTENER, AVARICIA, FISCO, ADMINISTRACIÓN, ESPECULACIÓN.

cobre. Bronce, latón, elemento. V. METAL 6, 7.

cobrizo. Rojizo, bronceado, aceitunado. V. MORENO 1.

cobro. V. COBRAR 2.

coca. 1. Arbusto, planta, hoja*. V. VEGETAL 6.

— **2.** V. cocaína.

cocaína. Estupefaciente, narcótico, alcaloide. V. DROGA 1, 3.

cocainómano. Drogadicto, adicto, toxicómano. V. DROGA 5.

cocción. 1. Hervor, ebullición, cocido. V. HERVIR 2.

— **2.** Infusión, potingue, brebaje. V. BEBIDA 1, 5.

cóccix. Coxis, porción sacrococcígea, p. vertebral. V. VERTEBRAL (COLUMNA) 2.

coceadura. Coz, patada, porrazo. V. GOLPE 2-6.

cocear. Patear, aporrear, resistirse. V. GOLPE 11.

cochambre. Mugre, inmundicia, roña. V. SUCIEDAD 1.

cochambroso. V. cochambre.

coche. 1. Auto, vehículo, automotor. V. AUTOMÓVIL 1.

— **2.** Carricoche, carroza, tartana. V. CARRUAJE 1.

cochera. Cobertizo, nave, almacén. V. GARAJE 1.

cochero. Conductor, guía*, postillón. V. CARRUAJE 5.

cochinada, cochinería. 1. Bribonada, jugarreta, granujada. V. VIL 3.
— **2.** Cochambre, mugre, roña. V. SUCIEDAD 1.
cochinilla. Bicho, isópodo, milpiés. V. CRUSTÁCEO 1.
cochinillo. Mamón, lechón, cría* del cerdo. V. CERDO 1.
cochino. 1. Marrano, puerco, porcino. V. CERDO 1.
— **2.** Mugriento, desaseado, asqueroso. V. SUCIEDAD 5.
cochiquera. 1. Porqueriza, pocilga, chiquero. V. GANADO 5.
— **2.** Antro, cuchitril, buhardilla. V. TUGURIO.
cochura. Cocción, cocedura, masa. V. COCINA 9.
cocido. 1. Puchero, olla, plato. V. ALIMENTO 15.
2. Cocinado. V. COCINA 8.
cociente. División, relación, razón. V. CÁLCULO 6.
cocimiento. V. cocción.
COCINA. 1. Gastronomía, culinaria, alimentación*, preparación de manjares, arte, arte cisoria, arte culinaria.
2. Recinto. Habitación*, dependencia, servicio, sección, antecocina, «office», despensa, bodega; restaurante*.
3. Hornillo. Cocinilla, fogón, infiernillo, calentador, estufa, barbacoa, chimenea, hogar, cocina de gas, c. eléctrica, c. de carbón o económica, c. de leña. *Partes:* hornilla, hornillo, quemadores, llaves, placas, horno, asador, parrilla, rejilla.
4. Elementos de la cocina. Hogar, fogón, cocinilla (v. 3), nevera, fresquera, frigorífico, alacena, armario, despensa, fregadero, pila, escurreplatos, grifo*, calentador de agua, lavaplatos automático o lavavajillas, triturador de desperdicios, lavadora automática, secadora, cubo de basura, taburete, tabla, mármol.
5. Enseres. Menaje, utensilios, vajilla; olla, o. a presión (pito, silbato), cazo, marmita, perol, cazuela, cacharro, caldero, caldera, puchero, tartera, cacerola, platillo, escudilla, sartén, paellera, pila, pote, tetera, cafetera, lechera, sopera, vaso, recipiente, vasija, receptáculo*, ensaladera, bandeja, plato, fuente, frutero; exprimidor, batidora, b. eléctrica, tostadora, rallador, pasapurés, colador, moldes, embudo, máquina de picar carne, almirez o mortero, mano de almirez, asador, espetón, parrilla, cucharón, cacillo, cazo (pequeño), espumadera, espátula, tabla de picar, molinillo de café, filtro, cortahuevos, balanza (platillo, escala), pala del pescado, cuchillo*, tenedor, cuchara (v. mesa, servicio de 2), tenedor y cuchillo de trinchar, cuchara de palo, ruedecilla para las pastas, sacacorchos, abrelatas, cascanueces, huevera, maza para carne, frascos, tarros, potes, compotera, avisador cuentaminutos, medida de cristal, paños, repasadores, libro de cocina, recetas. (V. mesa, servicio de*)
6. Personas. Cocinero, sollastre, cantinero, restaurador, pitancero, guisandero; jefe de cocina o chef, encargado, asador, salsero, «sommelier» o sumiller, cocinera, pinche, ayudante, marmitón, mozo de cocina.
7. Cocinar. Guisar, preparar alimentos, p. platos, p. manjares, cocer, calentar, hervir*, escalfar, pasar por agua, estofar, freír, asar, dorar, tostar, hornear, gratinar, torrar, quemar, socarrar, sofreír, saltear, rehogar, empanar, rebozar, rellenar, mechar, escamar, limpiar*, lardear, espumar, rebañar, aliñar, adobar, sazonar, condimentar*, aderezar, manir, trinchar, servir. Chamuscarse, encallarse, quemarse, ahumarse, pegarse, pasarse.
8. Cocinado, preparado. Cocido, hervido, escalfado, pasado por agua, en pepitoria, guisado, guiso, estofado, frito, sofrito, fritura, fritada, torrefacción, tueste, torrado, asado, tostado, dorado, horneado, gratinado, rehogado, salteado, empanado, rebozado, relleno, mechado, picadillo, salpicón, escamado, lardeado, espumado, aderezado, aliñado, condimentado*, trinchado, servido. Plato, vianda, manjar, alimento*.
9. Cocinado, preparación. Cocción, hervor, cocido (v. 8).
V. ALIMENTO, MESA (SERVICIO DE), RESTAURANTE, HOTEL, HERVIR.
cocinar. V. COCINA 7.
cocinero. V. COCINA 6.
cocinilla. V. COCINA 3.
coco. 1. Nuez, copra, pulpa. V. FRUTO 7.
— **2.** Palma, palmera, cocotero. V. ÁRBOL 5.
— **3.** Duende, espantajo, espectro. V. FANTASMA 1.
cocodrilo. Caimán, saurio, anfibio. V. REPTIL 5.
cocotero. V. coco 2.
cóctel. Aperitivo, vermut, combinado. V. BEBIDA 2.
codazo. Empujón, hurgonazo, golpazo. V. GOLPE 2.
codearse. Tratarse, frecuentar, alternar. V. CONVIVENCIA 2.
códice. Manuscrito, texto, escrito*. V. LIBRO 8.
CODICIA. 1. Avidez, ambición*, apetencia, apetito, sed, hambre, ansia, gana, deseo*, avaricia* (v. 2), anhelo, egoísmo*, ardor, interés*, afán, intriga, pasión, rapacidad, rapiña, robo*, apasionamiento*, aspiración, acucia, esperanza*, prurito, manía*, capricho*, empeño, envidia, voluntad*.
— **2.** *Avaricia*, codicia, tacañería, miseria, sordidez, ruindad, ahorro, economía*, roñosería, cicatería, parquedad, estrechez, usura.
3. Codicioso. Ansioso, anhelante, ávido, deseoso*, ambicioso*, avaro*, rapaz (v. 4), apetente, hambriento, sediento, intrigante, afanoso, apasionado*, interesado*, ardoroso, egoísta*, envidioso*, empeñado, caprichoso*, glotón, maniático*, aspirante, voluntarioso, acucioso, esperanzado*.
— **4.** *Avaro*, codicioso, tacaño, mísero, ahorrativo, ruin, sórdido, miserable, cutre, econó-

mico*, estrecho, agarrado, rapaz, manicorto, apegado, parco, cicatero, roñoso, usurero.

5. Codiciado. Apetecido, deseado*, codiciable, ambicionado*, querido, ansiado, anhelado, envidiado*, solicitado, requerido, buscado, raro, escaso, esperado, suspirado, pretendido, antojado.

6. Codiciar. Ansiar, anhelar, envidiar*, pretender, ambicionar*, querer, desear*, apasionarse*, afanarse, apetecer, encapricharse, suspirar, perderse, empeñarse, interesarse*, desalarse, pirrarse, esperar, esperanzarse*, aspirar, luchar, maniobrar, intrigar, urdir.

Contr.: Desinterés, generosidad*.

V. AMBICIÓN, DESEO, APASIONAMIENTO, EGOÍSMO, INTERÉS, ENVIDIA, CAPRICHO, AVARICIA, VOLUNTAD.

codiciable. V. CODICIA 5.

codiciado. V. CODICIA 5.

codiciar. V. CODICIA 6.

codicilo. Apartado, artículo, modificación. V. HERENCIA 7.

codicioso. V. CODICIA 3.

codificación. V. código.

codificar. Reunir, compilar, promulgar. V. LEY 6.

código. Regla, legislación, precepto. V. LEY 1.

codo. Coyuntura, juego, unión. V. ARTICULACIÓN 1, 5.

codorniz. Ave de paso, gallinácea, perdiz. V. AVE 6.

coeficiente. Cifra, factor, proporción. V. NÚMERO 1.

coerción. Apremio, restricción, imposición. V. OBLIGAR 3.

coercitivo. Restrictivo, apremiante, impuesto. V. OBLIGAR 6.

coetáneo. V. coexistente 2.

coexistencia. 1. Entendimiento, avenencia, unión*. V. CONVIVENCIA 1.

— **2.** Coincidencia, contemporaneidad, sincronismo. V. SIMULTÁNEO 2.

coexistente. 1. Avenido, compenetrado, unido*. V. CONVIVENCIA 3.

— **2.** Contemporáneo, sincrónico, coincidente. V. SIMULTÁNEO 1.

coexistir. 1. Comprenderse, avenirse, compenetrarse. V. CONVIVENCIA 2.

— **2.** Coincidir, sincronizar, estar. V. SIMULTÁNEO 3.

cofa. Plataforma. V. BARCO 14.

cofia. Papalina, gorro, tocado. V. SOMBRERO 2.

cofrade. Compañero*, colega, congregante. V. ASOCIACIÓN 12.

cofradía. Hermandad*, gremio, congregación. V. ASOCIACIÓN 5, 9.

cofre. Arca, baúl, arcón. V. RECEPTÁCULO 5.

cogedura. V. COGER 5.

COGER. 1. Tomar, asir, sostener, sujetar, agarrar, atrapar, capturar (v. 2), empuñar, alzar, levantar, desenfundar, desenvainar, recoger, aferrar, enganchar, atenazar, blandir, mover, agitar, apoderarse, adueñarse, inmovilizar*, tener,

haber, captar, trincar, retener, recibir, obtener, alcanzar, arramblar, apandar, adquirir, arrebatar, despojar, robar*, hurtar (v. 2).

— **2.** *Capturar,* coger, aprisionar, aprehender, prender, encarcelar, pillar, apresar, pescar, atrapar, conquistar, cazar*, detener, arrestar (v. 1).

— **3.** *Descubrir,* coger, sorprender, pillar, hallar, encontrar, pescar, desenmascarar.

— **4.** *Caber*, coger, abarcar, entrar, incluir, contener, ocupar, extenderse*.

5. Cogedura. Asimiento, sujeción, retención, agarre, captura, cogida (v. 6, 7), aprehensión, aferramiento, presa, enganche, abarcamiento, presión, trabazón, afianzamiento, fijación, inmovilización, atenazamiento.

6. Captura. Aprisionamiento, detención, aprehensión, caza, arresto, apresamiento, prendimiento, encarcelamiento.

7. Cogida. (Toreo*) Enganche, revolcón, alcance, zarandeo, contusión, cornada, herida, lesión, golpe*, puntazo, atrapada. Sujeción, cogedura (v. 5).

8. Cogido. Tomado, asido (v. 1), capturado, aprisionado (v. 2), descubierto, sorprendido (v. 3).

Contr.: Soltar, liberar.

V. INMOVILIZAR, APROPIARSE, ROBAR, CAZAR; CABER.

cogida. V. COGER 7.

cogido. V. COGER 8.

cogitabundo. Meditabundo, abstraído, ensimismado. V. PENSAR 12.

cogitar. Abstraerse, ensimismarse, meditar. V. PENSAR 1.

cognación. Consanguinidad, parentesco, vínculo. V. FAMILIA 4.

cogollo. Retoño, interior, meollo. V. BROTE, CENTRO.

cogote. Pescuezo, cerviz, nuca. V. GARGANTA 1.

cogulla. 1. Caperuza, capucha, capirote. V. SOMBRERO 1.

— **2.** Manto, sotana, hábito. V. SACERDOTE 6.

cohabitar. 1. Amancebarse, convivir maritalmente; coexistir. V. COITO 6; UNIR 3.

— **2.** Coexistir, vivir, residir. V. CONVIVENCIA 2.

cohecho. Corrupción, venalidad, unto. V. SOBORNO 1.

coherencia. 1. Razón, sentido, sensatez. V. LÓGICA 1.

— **2.** Afinidad, relación, analogía. V. SEMEJANZA 1.

cohesión. Adhesión, ligazón, adherencia. V. UNIR 13.

COHETE. 1. Petardo, buscapiés, volador. V. FUEGOS ARTIFICIALES 2.

— **2.** *Proyectil*,* cohete*, proyectil* dirigido, p. teledirigido, p. balístico, misil o mísil, m. balístico, artefacto, artilugio volador, arma*, arma disuasoria, aparato*, vehículo espacial, módulo de mando, módulo lunar, aeronave (v. 3).

3. Clases. Cohete de combustible sólido, de c. líquido, de propulsión nuclear, proyectil intercontinental (ICBM), p. de alcance intermedio (IRBM), p. táctico, p. superficie-superficie, p. superficie-aire, p. aire-aire, p. aire-superficie (v. 4).

4. Cohetes. V-1, V-2 (alemanes), Ariane (Europa), Atlas, Trident, Titán, Minuteman, Polaris, Saturno V (americanos), SS-9, TOPOL-M, Protón (rusos) (v. 3).

5. Vehículo espacial. Satélite espacial, Sputnik, Gémini, Apolo, Soyuz (v. astronáutica 3).

6. Partes del cohete. Cabeza, c. atómica, c. nuclear, 1.ª etapa o fase, 2.ª fase, 3.ª fase, aletas estabilizadoras, a. de dirección, timón, tobera de escape, módulo de mando, módulo de servicio, módulo lunar, mecanismo de dirección, giróscopo, tanque de combustible, t. de carburante, t. de oxígeno, motor, turbina, cámara de combustión.

7. Dependencias. Base de lanzamiento, torre de l., plataforma de l., rampa de l., pabellón de control y observación, instalaciones, laboratorios.
V. ASTRONÁUTICA, ARMA, PROYECTIL; FUEGOS ARTIFICIALES.

cohibir. Intimidar, amilanar, reprimir. V. TEMOR 3.

cohorte. 1. Hueste, tropa, legión. V. EJÉRCITO 1.
— **2.** Multitud, conjunto, caterva. V. GRUPO 3.

coincidencia. 1. Eventualidad, fortuna, casualidad. V. AZAR 2.
— **2.** Acuerdo, concordancia, consenso. V. CONCORDIA 1.

coincidente. 1. Concurrente, concorde, coetáneo. V. SIMULTÁNEO 1.
— **2.** Afín, concomitante, acorde. V. CONCORDIA 2.

coincidir. 1. Concurrir*, encontrarse, coexistir. V. HALLARSE 2.
— **2.** Avenirse, armonizar, congeniar. V. CONCORDIA 4.

COITO. 1. Cópula, apareamiento, ayuntamiento, concúbito, relación carnal, acceso carnal, acoplamiento, unión, u. sexual, acto sexual, amor*, goce, posesión, cubrición, cubrimiento, emparejamiento.
2. Clases. Coito normal, coitus interruptus, c. reservado, «c. ab ore» (felación), «c. per os» (felación), c. a la «vache», c. anal o «per anum», «c. a tergo».
3. Proceso. Excitación, erección, secreción glandular, caricias*, besos, juego amoroso, introducción, movimientos rítmicos, sensación voluptuosa, voluptuosidad, orgasmo, clímax, eyaculación, polución, flujo, derrame, emisión de semen, espasmo, relajación.
4. Elementos. Pene, testículos*, vulva*, vagina, himen, virgo, clítoris, pezones, zonas erógenas, semen, espermatozoides*, óvulo, fecundación, engendramiento, embarazo*, gestación, parto,

nacimiento*. Desfloración, hemorragia; impotencia, frigidez, sexualidad*.
5. Acción. Copular, unirse, yacer, poseer, montar, acoplarse, ayuntarse, aparearse, cubrir, amarizarse, juntarse, liarse, enredarse; excitarse, jugar, amar, gozar, acariciar, besar, eyacular, tener un orgasmo, excretar*.
Contr.: Impotencia, abstinencia, castidad, virginidad*.
V. SEXO, EMBARAZO, AMOR.

cojear. 1. Renquear, derrengarse, torcerse. V. INVÁLIDO 3.
— **2.** Padecer, sufrir un defecto*, claudicar. V. IMPERFECCIÓN 3.

cojera. Renquera, defecto, anormalidad. V. INVÁLIDO 2.

cojín. Almohada, cabezal, almohadón. V. CAMA 3.

cojinete. Rodamiento, pieza, mecanismo. V. MOTOR 3.

cojo. Rengo, tullido, lisiado. V. INVÁLIDO 1.

col. Coliflor, repollo, verdura. V. HORTALIZA 2.

cola. 1. Rabo, prolongación, extremidad. V. APÉNDICE 1.
— **2.** Terminación, conclusión, extremo. V. FIN 1.
— **3.** Línea*, hilera, columna. V. FILA 1.
— **4.** Goma, pegamento, pasta. V. ADHERIR 3.

colaboración. Apoyo, asistencia, cooperación. V. AYUDA 1.

colaboracionista. Renegado, delator, desleal. V. TRAICIÓN 1.

colaborador. Contribuyente, auxiliar, agente. V. AYUDA 4.

colaborar. Ayudar, asistir. V. AYUDA 3.

colación. Comida, tentempié, refrigerio. V. ALIMENTO 1.

colada. Fregado, limpieza. V. LAVAR 2.

colador. V. COLAR 5.

coladura. Traspié, falta, error. V. EQUIVOCACIÓN 1.

colapso. 1. Hundimiento, desplome, desmoronamiento. V. DERRUMBAR 3.
— **2.** Síncope, postración, ataque. V. DESMAYO 1.

COLAR. 1. Pasar, filtrar, limpiar*, purificar*, destilar, separar*, depurar, clarificar, refinar, tamizar, cribar, zarandear, cerner, purgar, escurrir, exudar, rezumar, decantar, entresacar, seleccionar*, sacar, extraer, quitar, espigar, aclarar, descargar, elegir.
— **2.** *Colarse*, errar, confundirse, disparatar*. V. EQUIVOCACIÓN 2.
— **3.** Meterse, escurrirse, introducirse. V. ENTRAR 1.
— **4.** Enamorarse, prendarse, pirrarse. V. AMOR 6.
5. Colador, depurador. Filtro, pasador, manga, destilador, tamiz, cedazo, criba, membrana, zaranda, cernedor, garbillo, purificador*.
V. LIMPIAR, PURIFICAR, SEPARAR.

colateral. Adyacente, contiguo, secundario. V. LÍMITE 3.

colcha. Cobija, cobertor, edredón. V. CAMA 3.

colchón. Colchoneta, jergón, somier. V. CAMA 3.

colear. Menear, agitar, sacudir la cola. V. MOVI-MIENTO 6.

COLECCIÓN. 1. Reunión, acopio, muestra, muestrario, variedad*, juego, surtido, conjunto, selección*, clasificación, catalogación, ordenación*, coleccionismo, compendio, repertorio, recolección, serie*, suma, congregación, exhibición*, exposición, compilación, recopilación, antología, florilegio, montón, afición, «hobby», pasatiempo, diversión*, distracción, inclinación, inventario, amontonamiento, acumulación*, colocación, rotulación. **2. Colecciones.** Filatelia, numismática, bibliofilia, colección de porcelanas, muebles*, abanicos*, automóviles*, motocicletas*, mariposas*, insectos*, animales*, minerales, cajas* de cerillas, llaveros, ceniceros, conchas, botellas* de bebidas*, botes de cerveza*, billetes de lotería*, vitolas, cuadros, discos, canicas, botones, cromos. **3. Lugares.** Biblioteca, discoteca, hemeroteca (revistas), gliptoteca (piedras grabadas), pinacoteca (pinturas), armería, oploteca (armas), conservatorio, herbario. Museo, exposición, sala, gabinete, galería, vitrina, estantería, panoplia, marco, álbum. **4. Coleccionista.** Experto, entendido, aficionado, devoto, fanático, chiflado, inclinado, recopilador, acaparador, expositor, exhibidor, filatélico, numismático, bibliófilo, bibliómano. **5. Coleccionar.** Atesorar, reunir, juntar, agrupar, exponer, exhibir, mostrar, recolectar, acumular*, acopiar, congregar, sumar, amontonar, recopilar, compilar, clasificar, catalogar, rotular, seleccionar*, colocar*, ordenar*, conseguir, aficionarse, divertirse*, distraerse, entender. V. EXHIBICIÓN, SERIE, SELECCIÓN, ORDENACIÓN, COLOCACIÓN, ACUMULACIÓN, DIVERSIÓN.

coleccionar. V. COLECCIÓN 5.

coleccionista. V. COLECCIÓN 4.

colecta. Recaudación, postulación, cuestación. V. COBRAR 2.

colectividad. Comunidad, sociedad, semejantes. V. PERSONA 2.

colectivo. Común, público, general. V. TOTAL 3.

colector. Cloaca, sumidero, desagüe. V. ALCANTARILLADO 2.

colega. Consocio, cofrade, miembro. V. COMPAÑERO 1.

colegiado. Agremiado, afiliado, sindicado. V. ASOCIACIÓN 12.

colegial. Estudiante, alumno, escolar. V. EDUCACIÓN 13.

colegiarse. V. colegiado.

colegiata. Iglesia, parroquia, abadía. V. TEMPLO 1.

colegio. 1. Instituto, escuela, academia. V. EDUCACIÓN 9.
— **2.** Congregación, corporación, sociedad. V. ASOCIACIÓN 5.

colegir. Inferir, deducir, suponer. V. CREER 1.

coleóptero. Escarabajo, bicho, gorgojo. V. INSECTO 3.

cólera. 1. Furia, irritación, ira. V. ENOJO 1.
— **2.** Epidemia, peste, plaga. V. INFECCIÓN 1, 2.

colérico. Violento, iracundo, furioso. V. ENOJO 4.

colesterina, colesterol. Sustancia grasa, componente sanguíneo, suspensión. V. SANGRE 2, 5.

coleta. Moño, trenza, mechón. V. PELO 2.

coletazo. Sacudida, azote, coleo. V. GOLPE 2.

colgado. V. COLGAR 5.

colgador. Percha, gancho, sostén. V. SOPORTE 1.

colgadura. V. COLGAR 6.

colgajo. Guiñapo, harapo, jirón. V. ANDRAJO 1.

colgante. 1. V. COLGAR 5.
— **2.** Pendiente, medalla, arete. V. JOYA 2.

COLGAR. 1. Suspender, enganchar, colocar*, asegurar, fijar, poner, meter, tender, prender, clavar*, atar, mantener, pender (v. 2).
— **2. Pesar***, colgar, caer, descender, pender, pingar, flotar, suspender, mecerse, oscilar, ondear, balancearse, columpiarse, inclinarse (v. 1).
— **3.** Ahorcar, ajusticiar, ejecutar. V. CASTIGO 8.
— **4.** Enjaretar, imputar, achacar. V. ATRIBUIR 1.
— **5. Colgante.** Pendiente, suspendido, colgado, enganchado, colocado*, puesto, metido, tendido, fijo, asegurado, atado; oscilante, flotante, fluctuante, ondeante, balanceante, movedizo*; pendiente, medalla (v. joya 2).
6. Colgadura. Tapiz*, cortina, cortinaje, visillo, cortinilla, velo, telón, lona, cubierta, repostero, alfombra*, tejido, tela*, guarnición, gualdrapa, toldo, entoldado, dosel, palio, pabellón, baldaquino, marquesina, pendón, estandarte, bandera*.
Contr.: Levantar, subir*, erguirse.
V. COLOCAR, PESAR, CAER, TAPIZ, ALFOMBRA, TELA.

colibrí. Pájaro mosca, ave diminuta, pajarillo. V. AVE 16.

cólico. Punzada, acceso, ataque. V. DOLOR 3.

coliflor. Brécol, repollo, col. V. HORTALIZA 2.

coligarse. Confederarse, unirse, aliarse. V. PACTO 4.

colilla. Resto de cigarrillo, punta, pitillo. V. TABACO 4.

colina. Loma, altozano, cerro. V. MONTAÑA 2.

colindante. Aledaño, contiguo, limítrofe. V. LÍMITE 3.

colindar. Limitar, confinar, lindar. V. LÍMITE 6.

colirio. Instilación, baño ocular, medicamento*. V. OJO 8.

coliseo. Anfiteatro, foro, sala. V. TEATRO 1.

colisión. Topetazo, choque, encontronazo. V. GOLPE 2.

colisionar. Chocar, encontrarse, tropezar. V. GOLPE 10.

colista. Último, rezagado, retrasado. V. FIN 3.

colitis. Diarrea, inflamación, descomposición. V. DIGESTIVO (APARATO) 2.

collado. Loma, colina, cerro. V. MONTAÑA 2.

collar. Alhaja, adorno, gargantilla. V. JOYA 2.

colmado. Tienda de comestibles, de ultramarinos, abarrotes. V. TIENDA 3.

colmar. Abarrotar, atestar, atiborrar. V. LLENAR 1.

colmena. Abejera, panal, abejar. V. ABEJA 7.

colmillo. Canino, dentición, dentadura. V. DIENTE 1.

colmo. Exceso, máximo, ápice. V. DISPARATE 1, CULMINACIÓN 1.

colocación. 1. V. COLOCAR 3, 4.

— **2.** Cargo, ocupación, trabajo*. V. EMPLEO 1.

colocado. V. COLOCAR 5, 6.

COLOCAR. 1. Acomodar(se), instalar, situar, ordenar*, ocupar, poner, pasar, depositar, emplazar, entronizar, plantar, meter, dejar, alinear, implantar, guardar, disponer, orientar, dirigir, guarnecer, enjaezar, aparejar, coronar, establecer, montar, localizar, ubicar, preceder*, anteceder, posesionar, estacionar, aparcar, asentar, introducir*, adaptar, apostar, arrimar, adherir*, echar, aplicar, apoyar*, sujetar, afirmar, inclinar*, arreglar, aprestar, preparar.

— **2.** *Colocarse*, emplearse, ocuparse, trabajar. V. EMPLEO 10.

3. Colocación. Instalación, emplazamiento, fundación, creación*, situación, disposición, posición, postura, localización, montaje, establecimiento, ocupación, ubicación, orientación, alineación, dirección, orden*, ordenación, implantación, apoyo, arreglo, sujeción, adherencia*, aplicación, adaptación, introducción*, asentamiento, estacionamiento, depósito, acomodo, estructura, inclinación*, horizontalidad, verticalidad, vecindad.

— **4.** Ocupación, trabajo, quehacer. V. EMPLEO 1.

5. Colocado. Instalado, emplazado, enclavado, situado (v. 1), ordenado*, dispuesto, establecido, montado, localizado, puesto, implantado, apoyado*, alineado, orientado, introducido*, adaptado, aplicado, adherido*, sujeto, arreglado, ubicado, estructurado, acomodado, depositado, estacionado, asentado, avecindado, inclinado*, vertical, horizontal.

— **6.** Empleado*, trabajador*, ocupado. V. TRABAJO 5, 6.

Contr.: Desordenar*.

V. ORDENAR, ADHERIR, APOYAR, INTRODUCIR; TRABAJO, EMPLEO.

colofón. 1. Conclusión, coronamiento, remate. V. FIN.

— **2.** Acotación, aclaración, explicación. V. NOTA 2.

coloide. Disolución, emulsión, fluido. V. LÍQUIDO 1.

colon. Tripas, entrañas, intestino grueso. V. INTESTINO 1, 2.

COLONIA. 1. Protectorado, dominio, posesión (v. 4).

— **2.** Agrupación, asociación*, conjunto. V. GRUPO 1.

— **3.** Esencia, aroma, fragancia. V. PERFUME 1.

4. Protectorado. Territorio, establecimiento, mandato, encomienda, fundación, feudo, posesión, dominio, tierra, terreno, conquista*, factoría, concesión, asentamiento, virreinato, señorío, imperio, feudalismo*, jurisdicción, zona*, departamento, propiedad, compañía colonial, colonia agrícola, c. penitenciaria, territorio bajo mandato, t. bajo tutela, t. de ultramar, comunidad, provincia, provincia ultramarina; asentamiento, colonización, fomento, instalación (v. 5).

5. Colonización. Desarrollo, fomento, instalación, cultivo, asentamiento, poblado, fundación, repoblación, encomienda, inmigración, emigración, extranjeros, colonia, protectorado (v. 4). Dominación, colonialismo (v. 7).

6. Metrópoli, metrópolis. Potencia, p. colonial, Estado, E. central, madre patria, nación*, centro*, administración*, nación administradora, país colonizador, imperio, poder, sede, base, capital, origen*.

7. Colonizar. Descubrir, conquistar*, fundar, explorar, instaurar, cultivar, plantar, batir, inmigrar, emigrar, trabajar*, traficar, establecer, asentarse, instalarse, habitar*, fomentar.

8. Descolonizar. Liberar*, independizar, emancipar (v. 11).

Contr.: Metrópoli (v. 6), libertad (v. 11).

V. NACIÓN, DOMINACIÓN, HABITAR.

colonial. V. COLONIA.

colonialismo. V. COLONIA.

colonialista. V. COLONIA.

colonización. V. COLONIA.

colonizador. V. COLONIA.

colonizar. V. COLONIA.

colono. V. COLONIA.

coloquial. Corriente, vulgar*, hablado. V. HABLA 7.

coloquio. Charla, plática, conferencia. V. CONVERSACIÓN 1.

COLOR. 1. Colorido, tono, matiz, coloración, impresión visual, tonalidad, gama, viso, gradación, pigmento, tinte, tintura, anilina, colorante (v. 16), tornasol, iridiscencia, irisación, opalescencia, oriente, espectro*, reflejo, policromía, cromatismo, cambiante, brillo*, color rojo, azul, etc. (v. 4).

2. Elementos. Arco iris, espectro* luminoso, longitud de onda, luz*, brillo*, radiaciones, rayos infrarrojos, r. ultravioletas, rayos X, ondas hertzianas; vista, ojo*, retina, conos, bastoncillos, nervio óptico.

3. Clases. Colores calientes: rojo, amarillo; colores fríos: azul, verde; colores fundamentales: amarillo, rojo, azul, verde; colores neutros: blanco, gris, negro; colores complementarios (todos: blanco). Color chillón, vivo, vistoso, irisado (v. 5), abigarrado, alegre, ardiente, encendido, brillante*, llamativo, fuerte, subido, intenso, claro*, liso, puro*, policromo, multicolor, jaspeado, monocromo, pálido, desvaído, apagado, mate, muerto, oscuro*, tostado, moreno*, pardo (v. 4).

4. Colores. Colores del espectro solar: rojo (v. 6), anaranjado, amarillo (v. 7), añil, azul (v. 8), verde (v. 9), violado (v. 10); otros colores: blanco (v. 11), negro (v. 12), castaño (v. 13), gris (v. 14), irisado (v. 5), del blasón (v. 15), colorantes (v. 16).

5. Coloreado. Pintado, pigmentado, teñido, policromado, policromo, bicolor, tricolor, multicolor, cromático, matizado, irisado, iridiscente, opalescente, nacarado, tornasolado, brillante*, resplandeciente, perlado, perlino, coloreado, jaspeado, variado*, llamativo, abigarrado.

6. Rojo. Encarnado, colorado, bermejo, rojizo, escarlata, púrpura, carmesí, granate, grana, gules, bermellón, rubí, purpúreo, carmín, ígneo, sangriento, vinoso, arrebol, punzó, encendido, rosa, rosado, sonrosado, rosicler, rubicundo, alazán, bayo, rufo, cobrizo, anaranjado, coralino, infrarrojo, azafranado (v. 10).

7. Amarillo. Gualdo, gualda, pajizo, limonado, azufrado, amarillento, ambarino, blondo, rubio, leonado, áureo, trigueño, azafranado, anaranjado, rucio, dorado, «beige» o beis, caqui, aceitunado, cobrizo, pálido (v. 11), crema, ceroso.

8. Azul. Añil, índigo, azur, garzo, zarco, azulino, azulado, cerúleo, lívido, celeste, azul claro, a. marino, ultramar, turquí, pavonado.

9. Verde. Glauco, verdemar, verdusco, verdoso, verdinegro, verde esmeralda, v. botella, v. manzana, v. jade, v. oliva, oliváceo, aceitunado, cetrino, caqui, sinople.

10. Violado. Morado, amoratado, violeta, violáceo, cárdeno, lívido, jacintino, acardenalado, malva, lila, vinoso, purpúreo (v. 6).

11. Blanco. Albo, claro*, albino, pálido, níveo, nevado, incoloro, tenue, lechoso, blanquecino, cándido, cano, albugíneo, cande, ceroso.

12. Negro*. Endrino, oscuro*, retinto, azabache, bruno, negral, tinto, cárdeno, renegrido, quemado, sable, fuliginoso, sombrío, fosco, cargado, teñido.

13. Castaño. Marrón, caqui, «beige» o beis, café con leche, pardo, caoba, trigueño, pajizo, leonado, tostado, cobrizo, verdoso, aceitunado, ocre, terroso, rojizo (v. 6).

14. Gris. Grisáceo, pardo, ceniciento, oscuro*, plomizo, borroso, terroso, velado, turbio, apagado.

15. Colores del blasón. Gules (rojo), azur (azul), sinople (verde), púrpura (violado), sable (negro); metales: oro, plata.

16. Colorantes. Anilina, tinte, pigmento, tintura, pintura*, color. *C. vegetales:* tornasol, índigo natural, azafrán, alheña, rubia, orcina, campeche, palo azul, palo amarillo, palo rojo. *C. animales:* cochinilla, púrpura, sepia, rojo escarlata. *C. artificiales:* colorantes de alquitrán, anilina,

benzol, antraceno. *Pigmentos:* inorgánicos, de tierra: tierra de Siena, ocre, sombra; sintéticos: blanco de cinc, azul ultramar, amarillo cromo, minio de plomo, negro de carbón.

17. Colorear. Pintar*, teñir, pigmentar, avivar, iluminar, tornasolar, irisar, perlar, matizar, jaspear, pintarrajear, manchar.

18. Enfermedades. Daltonismo, acromatopsia.
Contr.: Incoloro.
V. CLARO, OSCURO, BRILLANTE, OJO, ESPECTRO, LUZ.

coloración. V. COLOR 1.
colorado. V. COLOR 6.
colorante. V. COLOR 16.
colorear. V. COLOR 17.
colorete. Maquillaje, afeite, arrebol. V. COSMÉTICO 1.
colorido. V. COLOR 1.
colosal. 1. Descomunal, gigantesco, enorme. V. GRANDE 1.
— **2.** Estupendo, excepcional, asombroso*. V. MARAVILLA 2.
coloso. Gigante, hércules, titán. V. ALTO 2.
columbrar. Percibir, ver, divisar. V. MIRAR 1.
COLUMNA. 1. Pilastra, pilar, sustentáculo, sostén, soporte*, puntal, viga, poste, balaustre, palo, madero*, rollo, cipo, cepa, macho, estípite, picota, estilita, cilindro, contrafuerte, arbotante, refuerzo, apoyo*, cariátide, atlante, telamón, monolito, obelisco.
— **2.** Hilera, línea, caravana. V. FILA 1.
— **3.** Columna vertebral. V. VERTEBRAL (COLUMNA).
4. Estilos, órdenes. Grecia: dórico, jónico, corintio; Roma: compuesto; toscano, egipcio, persa, salomónico, bizantino, románico, árabe, rostral, triunfal, conmemorativo. (V. arte 6)
5. Partes. Base, fuste, capitel, cornisa, tímpano. *Base:* basa, pedestal, estilobato, plinto, mediacaña o troquilo, toro o bocel. *Fuste:* estrías; diámetro, módulo, calibre. *Capitel:* ábaco, equino, collarino, voluta, adorno*, caulículo, remate, coronamiento, moldura, chapitel. *Cornisa:* arquitrabe, metopa, friso, triglifo.
6. Conjuntos. Columnata, arcada, peristilo, propileo, galería*, pasillo, corredor, pórtico, atrio, patio, terraza, solario, arquería, portal, porche, logia, soportal, marquesina, zaguán, entrada, balaustrada, claustro, triforio, sala hipóstila, intercolumnio, crujía, pérgola, cenador, emparrado, glorieta, mirador, miranda, pabellón, templete, caseta, quiosco, puesto, balcón, balconada, terraza.
V. SOPORTE, ARQUITECTURA, CASA, ARTE, GALERÍA.
columna vertebral. Raquis, espinazo, espina dorsal. V. VERTEBRAL (COLUMNA).
columnata. V. COLUMNA 6.
columpiar. Oscilar, mecer, balancear. V. MOVIMIENTO 6.

columpio. Hamaca, balancín, diversión*. V. ASIEN-
TO 1.

colza. Col silvestre, planta, vegetal. V. HORTALI-
ZA 2.

coma. 1. Tilde, vírgula, trazo. V. ORTOGRAFÍA 2.
— **2.** Estertor, agonía, letargo. V. MUERTE 1,
SUEÑO 1.

comadre. 1. Madrina, parienta, emparentada. V.
FAMILIA 3.
— **2.** Entremetida, cotilla, chismosa. V. CHIS-
ME 3.

comadrear. Cotillear, murmurar, chismorrear. V.
CHISME 4.

comadreja. Alimaña, garduña, animal carnicero.
V. MAMÍFERO 11.

comadreo. V. comadrear.

comadrona. Matrona, partera, auxiliar de medicina. V. EMBARAZO 8.

comanche. Indio norteamericano, indígena, piel
roja. V. INDIO 6.

comandancia. Jurisdicción, distrito, territorio. V.
ZONA 2.

comandante. Oficial, militar, superior. V. EJÉRCI-
TO 7, JEFE 1, 2.

comandar. Mandar, acaudillar, dirigir. V. GUÍA 5.

comando. 1. Superioridad, dirección, mando. V.
GUÍA 1.
— **2.** Destacamento, avanzada, grupo* militar.
V. EJÉRCITO 4.

comarca. Región, territorio, distrito. V. ZONA 2.

comba. Arqueamiento, curvatura, alabeo. V.
CURVA 2.

combar. Torcer, encorvar, flexionar*. V. CURVA 5.

combate. 1. Lucha*, contienda, batalla. V. GUE-
RRA 1.
— **2.** Riña, lucha*, refriega. V. PELEA 1.

combatiente. Soldado, batallador, guerrero. V.
GUERRA 6.

combatir. 1. Batallar, atacar, luchar. V. GUERRA 8.
— **2.** Reñir, disputar, oponerse. V. PELEA 2,
OPOSICIÓN 6.

combativo. Agresivo, belicoso, vehemente. V.
VIOLENCIA 5.

combinación. 1. Conjunto, amalgama, unión. V.
MEZCLA 1.
— **2.** Proyecto, disposición, arreglo. V. PLAN 1.
— **3.** Saya, camisola, enaguas. V. CAMISA 1.

combinar. 1. Reunir, fusionar, incorporar. V. UNIR,
MEZCLAR.
— **2.** Proyectar, arreglar, concertar. V. PLAN 3.

COMBUSTIBLE. 1. Carburante, hidrocarburo,
carbón, petróleo* (v. 2); comburente, ustible,
inflamable, crematorio, sustancia que quema,
que enciende, que se inflama, que arde, que da
energía, que da calor, que entra en ignición.
2. Clases. Combustible sólido, líquido, gaseoso.
Combustible sólido: madera*, turba, carbón*,
lignito, hulla, coque, antracita, briquetas, aglo-
merados. *C. líquido:* hidrocarburos, petróleo*,
gasolina, bencina, benzol, nafta, queroseno,
aceite combustible, a. de alquitrán, a. pesado,

gasóleo o gasoil, fueloil, alcohol; alquitrán,
brea, pez, betún. *C. gaseoso:* gas* natural, g.
ciudad, de alumbrado, de altos hornos, de aire,
de hulla, de coque, de gasógeno, gas pobre,
butano, propano. *Otras clasificaciones:* combustible orgánico, inorgánico, atómico, fósil (v. 1).
3. Elementos. Chispa, fuego*, llama, calor*,
luz*, hoguera, pira, humo, brasa, ceniza, combustión, incendio*, poder calorífico, octanaje,
octanos, flogisto; ignífugo, incombustible, refractario, pirógeno, ígneo.
4. Combustión. Inflamación, encendido, cremación, abrasamiento, ignición, deflagración,
calcinación, carbonización, encendimiento,
incendio*, combustibilidad, ustión, inflamabili-
dad; fuego*, llama, hoguera (v. 3).
Contr.: Incombustible, ignífugo.
V. FUEGO, CARBÓN, PETRÓLEO, MADERA, IN-
CENDIO, LUZ, CALOR.

combustión. V. COMBUSTIBLE 4.

comedero. Artesa, pesebre, recipiente. V. RECEP-
TÁCULO 4.

COMEDIA. 1. Ficción, enredo, farsa, parodia,
mojiganga, vodevil, representación, función,
teatro*, pieza teatral, espectáculo*, melodrama, pantomima, monólogo, pieza, payasada,
mascarada, juguete cómico, tragicomedia, opereta, zarzuela, género chico, variedades, revista,
comicidad*.
— **2.** Fingimiento, artificio, engaño*. V. SIMU-
LACIÓN 1.
3. Clases. Comedia clásica, antigua, media, moderna, togada, atelana, de costumbres, de enredo, de carácter, de capa y espada, de época, de
figurón, heroica, Comedia Italiana o «Comme-
dia dell'Arte», «Comédie Française», Comedia
Española, comedia cinematográfica*.
4. Comediante. Actor*, cómico*, histrión,
intérprete, bufo, farandulero, artista, payaso,
bufón, caricato, mimo, representante, imitador,
frégoli, simulador*, transformista, arlequín (v.
5). Engañoso*, simulador*.
5. Personajes. Arlequín, Colombina, Pantalón,
Pierrot, Polichinela, Crispín, cómico (v. 4).
V. TEATRO, COMICIDAD, ACTOR, ESPECTÁCU-
LO, CINEMATOGRAFÍA, SIMULACIÓN.

comediante. 1. V. COMEDIA 4.
— **2.** Farsante, impostor, engañoso. V. SIMU-
LACIÓN 5.

comedido. Discreto, sensato, prudente. V. MO-
DERACIÓN 3.

comedirse. Moderarse, contenerse, refrenarse. V.
MODERACIÓN 6.

comedón. Acné, barro, espinilla. V. GRANO 1.

comedor. Sala, estancia, cantina. V. CASA 5, RES-
TAURANTE 1.

comején. Plaga, termes, insecto*. V. HORMIGA 2.

comendador. Dignatario, caballero*, personaje.
V. CONDECORACIÓN 2.

comensal. Huésped, convidado, invitado. V. IN-
VITACIÓN 4.

comentar. Expresar, manifestar, aclarar. V. EXPLI-CACIÓN 2.

comentario. Manifestación, aclaración, revelación. V. EXPLICACIÓN 1.

comentarista. Conferenciante, charlista, locutor. V. DISCURSO 4.

comenzar. Iniciar, emprender, empezar. V. PRIN-CIPIO 9.

comer. Tragar, alimentarse, nutrirse. V. ALIMEN-TO 11.

comercial. V. COMERCIO 8.

comerciante. V. COMERCIO 6.

comerciar. V. COMERCIO 7.

COMERCIO. 1. Transacción, administración*, operación, trato, trata, pacto*, negocio, finanzas, economía*, hacienda, negociación, acuerdo, convenio, tráfico, tráfago, permuta, intercambio, canje, cambio*, trueque, contratación, especulación*, industria, fabricación*, venta, cesión, subasta, remate, liquidación, corretaje, comisión, compra*, adquisición, inversión, consignación, compraventa, trajín, trapicheo, cambalacheo, regateo, exportación, importación, introducción.

2. Establecimientos, organismos. Sociedad, asociación*, firma, empresa, compañía, explotación, agencia, consorcio, corporación, entidad, emporio, organización, establecimiento, factoría; razón social, sociedad limitada, s. anónima, s. en comandita, s. comercial, monopolio, «holding», trust, cartel, multinacional, organismo, cámara de comercio, de industria, de navegación, bolsa*, banca, banco*, aduana, consumos, consulado, Ministerio de Comercio, M. de Hacienda, fisco*, negociado. Almacén*, depósito, bazar, tienda*, casa, mercado*, supermercado, hipermercado, autoservicio, local, puesto, economato, cooperativa. Organización Mundial del Comercio (OMC, en inglés: «World Trade Organization», WTO)

3. Clases de comercio. Por mayor, por menor, por menudo, al detalle, al detall, en firme, al contado, a plazos, a crédito, al fiado, en comisión, de lance, de ocasión, de segunda mano, al pie de fábrica, al pie de obra, por correo, a domicilio, traspaso, autoservicio, de importación, de exportación, exterior, interior, rural, internacional, terrestre, marítimo, aéreo, monopolio, trust, cartel, consorcio, contrabando, almoneda, tienda*.

4. Elementos. Contabilidad*, teneduría de libros, mercadería, género, artículo, «stock», existencias, muestra, suministro, provisión, expedición, transporte*, envío, remesa, comandita, crédito, efecto, capital, fondos, prima, bonificación, descuento, porcentaje, activo, pasivo, ocasión, ganga, rebaja, realización, liquidación, «dumping», decomiso, contrabando, publicidad*, propaganda, estudio de mercado, «marketing» o mercadotecnia, campaña publicitaria, librecambio, economía, divisas,

derechos de aduana, arbitraje, consignación, beneficios*, margen de beneficios, balance, impuestos, intereses, oferta y demanda, deudas*, descubierto, bancarrota, suspensión de pagos, «lockout», huelga*.

5. Documentos, libros. Contrato*, escritura, documento*, factura, albarán, pedido, comprobante*, nota de entrega, conocimiento, vendí, pacto, guía, hoja de ruta, crédito, lista*, l. de precios, catálogo, carta, póliza, p. de fletamento, p. de seguros*, resumen, débito, letra de cambio, pagaré, cheque, talón, folleto, catálogo, anuncio, orden de compra, o. de venta, tarifa, inventario, balance, arqueo. *Libros:* libro de contabilidad*, de caja, de actas, libro copiador, l. diario, l. mayor, l. de almacén, de Inventario y Balances.

6. Personas. Comerciante, negociante, vendedor*, comprador*, financiero, capitalista, administrador*, economista*, potentado, banquero, traficante, tratante, mercader, tendero, representante, corredor, viajante, delegado*, comisionista, agente, consignatario, marchante, feriante, trajinante, especulador*, proveedor, intermediario, importador, exportador, almacenista, mayorista, minorista, detallista, buhonero, quincallero, chamarilero, trapero, ropavejero, chatarrero, baratero, ambulante, mercachifle. Director*, administrador*, gerente, cajero, contable, empleado*, oficinista*, corresponsal, dependiente, factor, mecanógrafo, mozo de almacén. Cliente, consumidor, parroquiano.

7. Comerciar. Traficar, mercar, tratar, negociar, lucrarse, beneficiarse*, especular*, acaparar, operar, administrar*, comprar*, vender*, pagar*, abonar, endosar, transferir, financiar, exportar, importar, permutar, canjear, intercambiar, cambiar*, establecerse, asociarse*, contabilizar, arquear, calcular*, economizar*, ofrecer, pedir*, trapichear, trajinar, cambalachear, chalanear, regatear, subastar, rematar, ceder, liquidar, menudear, saldar, realizar, traspasar, facturar, enviar*, remesar, expedir, proveer, transportar*, servir, competir, adquirir, representar, consignar, contratar*, organizar, decomisar, requisar, contrabandear, adeudar.

8. Comercial. Mercantil, financiero, mercante, económico*, inversor, capitalista, rentable, beneficioso*, especulativo*, provechoso, remunerativo, monetario, fructífero, negociable, competitivo, transferible, endosable, operativo, del negocio.

V. VENDER, COMPRAR, CONTABILIDAD, AD-MINISTRACIÓN, ECONOMÍA, BANCO, FISCO, ASOCIACIÓN, DOCUMENTO, TIENDA.

comestible. 1. Sustancioso, aprovechable, nutritivo. V. ALIMENTO 9.

— **2.** *Comestibles*, provisiones, víveres; ultramarinos. V. ABASTECIMIENTO 1; TIENDA 3.

COMETA. 1. Volantín, tonelete, birlocha, barrilete, dragón, pájara, pandorga, sierpe, papelote,

juego*, diversión*. *Partes:* armazón, bastidor, cañas, papel, tela, cola, bramante, cordel, tirante, frenillo. Acción: Elevarse, cabecear, volar, planear, cernerse.
2. Cuerpo celeste. Astro, a. errante, estrella de cola, vagabundo del espacio, cometa periódico.
3. Elementos. Núcleo, cabeza, cabellera, cola; trayectoria, órbita, elipse, perihelio, afelio.
4. Cometas. Halley, Biela, Encke, Brooks. V. ASTRONOMÍA; JUEGO, DIVERSIÓN.
cometer. Efectuar, perpetrar, hacer*. V. REALIZAR 1.
cometido. Labor, gestión, tarea. V. TRABAJO 1.
comezón. 1. Prurito, hormigueo, picazón. V. PICOR 1.
— **2.** Afán, ansia, anhelo. V. DESEO 1.
COMICIDAD. 1. Gracia, humor, humorismo, jocosidad, sal, salero, sombra, hilaridad, diversión*, broma*, regocijo, jovialidad, alegría*, chiste, chascarrillo (v. 2), risa, garbo, donosura, donaire, chispa, agudeza, genialidad, sutileza, gracejo, ingenio, ingeniosidad, simpatía*, sátira, ironía*, picardía, pillería*, ocurrencia, humorada, eutrapelia, sarcasmo, socarronería, burla, chanza, guasa, chunga, animación, bufonada, payasada, chacota, chirigota, irrisión, pulla, remedo, imitación, mímica, farsa (v. 2).
2. Chiste. Chascarrillo, ocurrencia, agudeza, golpe, salida, historia, historieta*, relato, lance, cuento, anécdota, narración*, retruécano, humorada, truco, dicho, ingeniosidad, broma*, chuscada, gansada, gracia, chirigota, fábula, equívoco, ironía* (v. 1).
3. Cómico. Humorístico, festivo, chistoso, ingenioso, gracioso, ocurrente, burlesco, picaresco, pillo*, hilarante, divertido*, animado, chispeante, intencionado, saleroso, jocoso, alegre, jovial, regocijante, bromista*, entretenido, distraído, grato, chusco, bufo, bufón, payaso (v. 4), agudo, donoso, garboso, risueño, satírico, irónico*, sarcástico, socarrón, burlón, chancero, guasón, chunguero, humorista, chacotero, chirigotero, risible, grotesco, ridículo*, caricaturesco, estrafalario.
— **4. Comediante,** cómico, actor*, bufón, bufo, payaso, «clown», histrión, mimo, imitador, caricato, animador, farandulero, ventrílocuo, transformista, figurante, intérprete, personaje, artista, saltimbanqui, juglar, coplero, malabarista, ilusionista*, mago, prestidigitador, pícaro, farsante, charlatán, pillo*.
5. Ser cómico. Alegrar, bromear, divertir. V. ALEGRÍA 3.
Contr.: Tristeza*, aflicción*, tragedia, drama. V. ALEGRÍA, BROMA, COMEDIA, TEATRO.
comicios. Plebiscito, referéndum, votación. V. ELECCIONES 1.
cómico. V. COMICIDAD 3, 4.
cómic. Historieta gráfica, tira cómica, viñeta. V. HISTORIETA 1.

comida. Vianda, yantar, sustento. V. ALIMENTO 1.
comidilla. Cotilleo, habladuría*, murmuración. V. CHISME 1.
comienzo. Iniciación, origen*, génesis. V. PRINCIPIO 1.
comilón. Glotón, tragón, voraz. V. HAMBRE 2.
comilona. Convite, festín, orgía. V. BANQUETE 1.
comillas. Signo ortográfico. V. ORTOGRAFÍA 2.
comino. 1. Especia, hierba*, aderezo. V. CONDIMENTO 3.
— **2.** Nadería, minucia, pequeñez*. V. INSIGNIFICANTE 3.
comisaría. Distrito, jefatura, cuartelillo policial. V. POLICÍA 3.
comisario. Funcionario, inspector, jefe de policía. V. POLICÍA 2.
comisión. 1. Organismo, corporación, junta. V. DELEGACIÓN 1.
— **2.** Tarea, encargo, misión. V. TRÁMITE 1.
— **3.** Prima, derechos, porcentaje. V. PAGAR 4.
comisionado. Enviado, representante, delegado. V. DELEGACIÓN 4.
comisionar. Encargar, enviar, mandar. V. DELEGACIÓN 3.
comisionista. Representante, intermediario, delegado*. V. VENDER 5.
comisura. Esquina, unión, ángulo. V. BORDE 1.
comité. V. comisión 1.
comitiva. Acompañamiento, cortejo, séquito. V. ESCOLTA 1.
cómoda. Mesilla, tocador, mueble. V. ARMARIO 1.
cómodamente. V. COMODIDAD 5.
COMODIDAD. 1. Descanso*, reposo, bienestar, sosiego, paz*, tranquilidad*, calma, conveniencia, acomodo, holgura, holganza, holgazanería*, molicie, confort, desahogo, alivio, bonanza*, inactividad, inmovilidad*, agrado*, placer, utilidad*, provecho, beneficio*, ventaja*, facilidad*, eficacia, aptitud, regalo, lujo*, riqueza*, prosperidad*, felicidad*, suerte.
2. Cómodo. Descansado*, favorable, placentero, confortable, vago (v. 3), grato, agradable, eficaz, adecuado, conveniente, acomodado, desahogado, útil*, ventajoso*, fácil*, manejable, adaptable, apropiado, funcional, utilitario, provechoso, beneficioso, holgado, inactivo, tranquilo*, apacible, regalado, apto, egoísta*, rico, lujoso*, próspero*, comodón (v 3).
3. Comodón. Ocioso, calmoso, inactivo, pasivo, indiferente, despreocupado, apático, poltrón, vago, holgazán*, haragán, remolón, perezoso, egoísta*, regalado, gandul, indolente, flojo, dejado.
4. Acomodarse. Descansar*, repantigarse, arrellanarse (v. asiento 5), instalarse, echarse, tumbarse*, sentarse, ponerse cómodo, relajarse, retreparse, colocarse, holgar, regalarse, disfrutar, vegetar, aprovecharse, beneficiarse*, holgazanear*, vivir bien, darse buena vida, situarse, enchufarse.

5. Cómodamente. Descansadamente, placenteramente, confortablemente (v. 2, 3).
Contr.: Incomodidad, molestia*.
V. DESCANSO, PAZ, TRANQUILIDAD, HOLGAZANERÍA, BENEFICIO, PROSPERIDAD, UTILIDAD, FACILIDAD, EGOÍSMO.
comodín. Excusa, pretexto, evasiva. V. DISCULPA 1.
cómodo. V. COMODIDAD 2, 3.
comodón. V. COMODIDAD 3.
compacto. Macizo, sólido, consistente. V. DURO 1.
compadecer. Apiadarse, condolerse, lamentar. V. COMPASIÓN 3.
compadre. Pariente, padrino; camarada. V. FAMILIA 3; COMPAÑERO 1.
compaginar. Arreglar, agrupar, organizar. V. ORDEN 9.
compañera. V. COMPAÑERO 1, 2.
compañerismo. V. COMPAÑERO 4.
COMPAÑERO. 1. Acompañante, amigo, compadre, camarada, colega, condiscípulo, conciudadano, compatriota, coterráneo, paisano, relación, hermano*, familiar*, pareja, esposo (v. 3), conocido, íntimo, convecino, consocio, socio, asociado*, «partenaire», miembro, auxiliar, ayudante*, colaborador, coadjutor, adjunto, acólito, correligionario, guía*, confidente, consejero, comensal, a látere o adlátere, asistente, aliado, cofrade, contertulio, interlocutor, habitual, asiduo, amistoso (v. 2), parroquiano, satélite, inseparable, gregario, escolta*, guardaespaldas, gorila, esbirro, compinche, coautor, encubridor, adicto, cómplice, participante, partícipe, copartícipe, tutor, rodrigón, ayo, preceptor; acompañanta, carabina, ama, dama de compañía, dueña, comadre; marido (v. 3).
— **2.** *Amistoso*, compañero, cordial, entrañable, afectuoso, fraterno, cariñoso, amable*, simpático*, devoto, hermanado, amigable, fiel, unido*, adicto, solidario, leal, sincero*, colaborador, asociado.
3. Marido, esposa, amante. Compañero, consorte, esposo, casado*, cónyuge, hombre, contrayente, desposado, querido; galán, adorador, novio, enamorado, pretendiente, galanteador; compañera, esposa, mujer, señora, casada*, costilla, media naranja, novia, enamorada.
4. Compañerismo. Compañía, camaradería, hermandad, fraternidad, confraternidad, conocimiento, compadrazgo, concordia, armonía, fidelidad, confianza, adhesión, amistad, ayuda*, cooperación, colaboración, unión*, compenetración, convivencia, avenencia, entendimiento, solidaridad, alianza, pacto*, complicidad, asociación*, sociedad, fraternización, intimidad, sinceridad, lealtad, familiaridad, afecto, cariño, simpatía*, franqueza, participación, gregarismo, tutoría (v. 5).
5. Compañía. Caravana, cortejo, procesión, escolta*, acompañamiento, tropa, séquito, comitiva, corte, convoy, cabalgata, desfile, comparsa, grupo*, agrupación, custodia, vigilancia*,

protección*, columna, fila*, manifestación, compañerismo (v. 4).
6. Acompañar. Custodiar, escoltar*, preceder, seguir, conducir, guiar*, ir al lado, asistir, ayudar*, vigilar*, cuidar*, guardar, amparar, proteger*, resguardar, agregarse, juntarse, asociarse*, reunirse, unirse*, congregarse, cortejar, desfilar, cabalgar, agruparse; corear, cantar*.
Contr.: Enemigo*, rival*, adversario.
V. AYUDANTE, ASOCIADO; PACTO, ESCOLTA, GRUPO.
compañía. 1. Caravana, cortejo, procesión. V. COMPAÑERO 5.
— **2.** Camaradería, compañerismo, ayuda*. V. COMPAÑERO 4.
— **3.** Corporación, sociedad, empresa. V. ASOCIACIÓN 4.
comparable. V. COMPARACIÓN 3.
COMPARACIÓN. 1. Confrontación, verificación, enfrentamiento, parangón, cotejo, apreciación, balance, diferencia*, comprobación*, evaluación*, examen, investigación*, control, cálculo*, estudio, detalle*, observación, prueba, revisión, compulsa, careo, ensayo, medida*, paralelo, semejanza*, símil, paridad, proporción, equivalencia, afinidad, igualdad, demostración*, relación*, analogía, metáfora.
2. Comparar. Cotejar, confrontar, verificar, comprobar*, parangonar, equiparar, igualar, detallar*, estudiar, observar, enfrentar, carear, investigar*, examinar, diferenciar*, balancear, compulsar, asegurarse, revisar, probar, controlar, cerciorarse, asemejar, medir*, calcular*, relacionar*, demostrar*, justificar.
3. Comparable. Similar, cotejable, parangonable, equiparable, proporcionado, análogo, semejante*, parecido, afín, equivalente, homogéneo, paralelo, relacionado*, aproximado, medido*, relativo, equilibrado, uniforme.
Contr.: Diferencia*, desigualdad.
V. COMPROBACIÓN, EVALUACIÓN, SEMEJANZA, RELACIÓN, INVESTIGACIÓN, DIFERENCIA, CÁLCULO.
comparar. V. COMPARACIÓN 2.
comparecer. Llegar*, acudir, presentarse. V. APARECER 1.
comparsa. 1. Acompañamiento, cortejo, desfile. V. COMPAÑERO 5.
— **2.** Partiquino, figurante, extra. V. ACTOR 1.
COMPARTIMENTO, COMPARTIMIENTO. 1. Partición, división, apartado, separación, sección, departamento, aposento, celdilla, casilla, casillero, encasillado, buzón, cavidad, hueco*, caja*, jaula, armazón, encierro, prisión*, parte, estante, armario*, receptáculo*, torno, subdivisión, tablero, recuadro, marco, límite*, clasificador, apartamento, palco, cabina (v. 2).
— **2.** *Habitáculo*, compartimento, cabina, locutorio, apartamento, carlinga, camarote, pieza, aposento, habitación*, cuarto, alojamiento, saleta, antesala, conserjería, portería, recinto,

despacho, camarín, confesionario, caseta, casilla, puesto, «stand», palco, quiosco, taquilla, tenderete, barraca, garita, recinto (v. 1). V. CAJA, HUECO, HABITACIÓN.

compartir. 1. Concurrir, tomar parte, contribuir. V. PARTICIPAR 1.
— **2.** Distribuir, dosificar, dividir. V. REPARTIR 1.

COMPÁS. 1. Cadencia, movimiento*, paso. V. RITMO 1.
— **2.** Aguja magnética, bitácora, rosa de los vientos. V. BRÚJULA 1.
3. Instrumento de dibujo. Compás, bigotera, falsarregla, escobena. Compás de varas, de corredera, de puntas fijas, de reducción, de proporciones, de espesores, de calibre.
4. Partes del compás. Pierna, brazo, rama articulada, charnela, alargadera, tornillo, tiralíneas, puntas.
V. DIBUJO, GEOMETRÍA.

COMPASIÓN. 1. Conmiseración, misericordia, piedad, caridad, bondad*, sentimiento, perdón*, clemencia, lástima, humanidad, dolor*, ternura, pena, tristeza, sensibilidad, sensiblería, sentimentalismo, enternecimiento, emoción*, impresión, delicadeza, emotividad, afectividad, humanitarismo, duelo, condolencia, pésame, expresión, simpatía*, desolación, aflicción*, indulgencia, generosidad*, benevolencia, filantropía, limosna, ayuda*.
2. Compasivo. Piadoso, caritativo, humanitario, misericordioso, humano, clemente, bondadoso*, sentimental, sensible, sensiblero, impresionable, magnánimo, tierno, enternecido, delicado, desolado, afectivo, emotivo, afligido*, dolido, apenado, entristecido, generoso*, benévolo, filantrópico, altruista, benigno, bueno, benefactor, bienhechor, comprensivo, simpatizante*.
3. Compadecer. Enternecerse, apiadarse, condolerse, conmoverse, sentir, lamentar, afligirse*, apenarse, llorar*, preocuparse, contristarse, emocionarse*, deplorar, compungirse, inquietarse, dolerse, ablandarse, entristecerse, angustiarse, afectarse, impresionarse, perdonar*, indultar, olvidar, agraciar, comprender, simpatizar*, absolver, disimular, tolerar*, humanizarse, apaciguarse.
Contr.: Crueldad*, impiedad.
V. PERDÓN, GENEROSIDAD, BONDAD, AYUDA, EMOCIÓN, DOLOR, AFLICCIÓN.

compasivo. V. COMPASIÓN 2.

compatibilidad. Afinidad, compenetración, coincidencia. V. CONVIVENCIA 1.

compatible. Coincidente, compenetrado, afín. V. CONVIVENCIA 3.

compatriota. Paisano, coterráneo, conciudadano. V. NACIÓN 5.

compeler. Forzar, impulsar, apremiar. V. OBLIGAR 1.

compendiar. Resumir, sintetizar, acortar. V. ABREVIAR 1.

compendio. 1. Prontuario, manual, elementos. V. LIBRO 2.
— **2.** Resumen, sumario, sinopsis. V. ABREVIAR 4.

compenetrarse. Avenirse, comprenderse, simpatizar*. V. CONVIVENCIA 2.

compensación. 1. Resarcimiento, indemnización, reparación. V. DEVOLVER 3.
— **2.** Nivelación, igualación, contrapeso. V. EQUILIBRIO 1, 2.

compensar. V. compensación.

competencia. 1. Oposición, antagonismo, lucha*. V. RIVALIDAD 1.
— **2.** Concurso, campeonato, certamen. V. COMPETICIÓN 1.
— **3.** Capacidad, aptitud, pericia. V. HÁBIL 3.
— **4.** Atribución, jurisdicción, poder*. V. INCUMBIR 2.

competente. 1. Diestro, experto*, capaz. V. HÁBIL 1.
— **2.** Incumbente, autorizado, relacionado*. V. INCUMBIR 3.

competer. Atañer, interesar*, corresponder. V. INCUMBIR 1.

COMPETICIÓN. 1. Prueba, partido, competencia, celebración, juego*, certamen, concurso, encuentro, campeonato, rivalidad*, reto, duelo, desafío*, emulación, justa, pugna, porfía, apuesta, deporte*, lucha*, antagonismo, torneo, liga, eliminatoria, «match», combate, contienda, disputa, lid, liza, copa, final, semifinal, cuartos de final, entrenamiento, ejercicio, exhibición*, participación.
2. Competidor. Concursante, jugador*, rival*, adversario, enemigo, participante, émulo, duelista, desafiante*, apostante, deportista*, oponente, antagonista, luchador*, contendiente, contrincante, contrario, finalista, semifinalista.
3. Competir. Concursar, participar, intervenir, concurrir, presentarse, jugar, rivalizar, celebrar, emular, retar, desafiar*, pugnar, porfiar, apostar, luchar*, combatir, contender, oponerse, antagonizar, disputar, ejercitarse, entrenarse, exhibirse.
Contr.: Acuerdo, avenencia, pacto*.
V. DEPORTE, JUEGO, RIVALIDAD, LUCHA, DESAFÍO.

competidor. V. COMPETICIÓN 2.

competir. V. COMPETICIÓN 3.

compilación. Compendio, repertorio, recopilación. V. COLECCIÓN 1.

compilador. Autor, recopilador, investigador*. V. ESCRITOR 1.

compilar. Reunir, clasificar, escribir*. V. COLECCIÓN 5.

compinche. Camarada, compadre, cómplice. V. COMPAÑERO 1.

complacencia. 1. Placer, contento, agrado. V. SATISFACCIÓN 1.
— **2.** Conformidad, beneplácito, consentimiento. V. APROBAR 3.

compra

complacer. A radar, contentar, gustar. V. SATIS-FACCIÓN 6.

complacido. Conforme, alegre*, contento. V. SATISFACCIÓN 4.

complaciente. Tolerante, indulgente, bonachón. V. TOLERANCIA 2.

complejidad. Complicación, dificultad*, variedad*. V. EMBROLLO 1.

COMPLEJO. 1. Perturbación, trastorno psíquico, obsesión*, manía*, alteración, disminución, inadaptación, fantasía*, neurastenia, neurosis, locura*, psicosis.
— **2.** Engorroso, embrollado*, complicado. V. DIFICULTAD 3.
— **3.** Conjunto, compuesto, combinación. V. GRUPO 1.
4. Clases. Complejo de inferioridad, de superioridad, de Edipo, de Electra, de castración, de Diana, de Caín, sexual (v. manía*).
5. Elementos. Psicoanálisis, psiquiatría, psicología*, inconsciente, subconsciente, personalidad, frustración, behaviorismo, conductismo, agresividad, afectividad, incompatibilidad, carácter, yo, ego, rebeldía, sumisión, trauma, conflicto interior. *Psiquiatras:* Freud, Adler, Jung.
6. Acomplejado. Trastornado, alterado, obsesionado*, maniático*, descentrado, inadaptado, perturbado, raro*, inferior*, superior*,ególatra, fantasioso*, retraído, neurótico, neurasténico, loco, psicótico.
7. Acomplejarse. Trastornarse, perturbarse, disminuirse*, retraerse, temer, obsesionarse*, tener manía*, padecer el inconsciente, eludir, anularse, fantasear*, rehuir, empequeñecerse. *Contr.:* Normalidad, equilibrio psíquico. V. MANÍA, OBSESIÓN, RAREZA, LOCURA, PSICOLOGÍA.

complementar. Agregar, rematar, equilibrar. V. AÑADIR 1.

complementario. Incrementado, extra, adicional. V. AÑADIR 6.

complemento. Apéndice, aditamento, suplemento. V. ANADIR 3-6.

completamente. Íntegramente, totalmente, plenamente. V. TOTAL 6.

completar. Concluir, acabar, terminar. V. FIN 4.

completo. 1. Terminado, acabado, consumado. V. FIN 6.
— **2.** Atestado, atiborrado, colmado. V. LLENAR 4.

complexión. Naturaleza, figura, constitución. V. ASPECTO 1.

complicación. Inconveniente, obstáculo, contratiempo. V. DIFICULTAD 1.

complicado. Embrollado*, arduo, complejo. V. DIFICULTAD 3.

complicar. 1. Obstaculizar, confundir, entorpecer. V. DIFICULTAD 5.
— **2.** Implicar, involucrar, enredar. V. EMBROLLO 2.

— **3.** *Complicarse,* empeorar*, agudizarse, agravarse una enfermedad. V. ENFERMEDAD 5.

cómplice. Colaborador, compinche, participante. V. CULPA 5.

complicidad. Participación, colaboración, connivencia. V. CULPA 2.

complot. Confabulación, conjura, traición*. V. CONSPIRACIÓN 1.

componedor. Intermediario, árbitro, moderador*. V. MEDIACIÓN 2.

componenda. Acuerdo, trato, arreglo. V. PACTO 1.

componente. Parte, constituyente, integrante. V. ELEMENTO 1, PARTICIPANTE.

componer. Arreglar, rehacer, reconstruir. V. REPARACIÓN 3.

COMPORTAMIENTO. 1. Conducta, actuación*, acción, ejecutoria, proceder, vida*, trayectoria, maneras, modos, modo de vivir, costumbre, estilo, ética, moral, rutina, hábito*, práctica, uso, usanza, pauta, norma, táctica, ejercicio, hechos, camino, sendero, política, operación, intervención, gobierno, género de vida, modo de obrar, forma de actuar, rumbo, orientación, principios, virtud, convencionalismo, realización, convivencia, coexistencia, trato.
2. Comportarse. Conducirse, portarse, obrar, actuar*, practicar, proceder, estilar, acostumbrar, usar, gobernarse, orientarse, realizar, tratar, coexistir, convivir*, ejercer, hacer*, operar, intervenir, regirse, emplear, usar, llevarse, desenvolverse, apañarse, arreglárselas, agenciárselas.
Contr.: Inactividad.
V. ACTUACIÓN, HÁBITO, CONVIVENCIA.

composición. 1. Redacción, tarea, labor. V. ESCRIBIR 3.
— **2.** Canción, melodía, pieza musical. V. MÚSICA 1.

compositor. Maestro, creador, autor. V. MÚSICA 10.

compostura. 1. Arreglo, modificación, reforma. V. REPARACIÓN 1.
— **2.** Mesura, circunspección, decoro. V. MODERACIÓN 1.

compota. Mermelada, jalea, dulce. V. CONFITERÍA 6.

COMPRA. 1. Desembolso, adquisición, negocio, transacción, comercio*, operación, gasto*, pago*, inversión, lucro, ventaja, provecho, beneficio*, obtención, abono, arreglo, acuerdo, importación, exportación, saldo, total*, licitación, oferta, trueque, compraventa, puja, subasta, intercambio, cambio*, ganga, breva, ocasión, liquidación, economía*, ahorro*, importe, cuenta, derroche, trapicheo, cambalacheo, regateo, despilfarro, dispendio, usura.
— **2.** *Soborno*, compra*, cohecho, unto, corrupción, captación, regalo*, inducción, dádiva, engatusamiento.

3. Comprador. Adquirente, negociante, comerciante*, cliente, consumidor, inversor, parroquiano, interesado, mayorista, minorista, detallista, postor, pujador, licitador, participante, concursante, revendedor, marchante, tratante, abonado, pagador*, ventajista, aprovechado, usurero, económico*, ahorrador*, derrochador, despilfarrador, dispendioso, parroquia, público, clientela, asiduos.
4. Comprar. Desembolsar, adquirir, conseguir, obtener, gastar*, negociar, comerciar*, operar, traficar, importar, introducir, invertir, ofertar, agenciarse, hacerse con, pagar*, dar, abonarse, pactar*, tratar, mercar, tomar, aceptar, arreglar, acordar, derrochar, despilfarrar, consumir, economizar, ahorrar*, lucrarse, aprovecharse, regatear, trapichear, discutir, cambalachear, ofrecer*, licitar, pujar, concursar, cambiar*, engatusar.
— **5.** Cohechar, untar, corromper. V. SOBORNO 2.
6. Varios. Precio, importe, comercio*, tienda*, cuenta, comisión, corretaje, existencias, mercancías, regateo, liquidación, oferta, envío*, transporte*, factura, documento*.
Contr.: Vender*.
V. COMERCIO, GASTO, ECONOMÍA, PAGO, BENEFICIO.
comprador. V. COMPRA 3.
comprar. V. COMPRA 4.
compraventa. V. COMPRA 1.
comprender. 1. Entender, interpretar, percibir. V. INTELIGENCIA 9.
— **2.** Abarcar, encerrar, contener. V. CABER 1.
— **3. Comprender(se).** Congeniar, avenirse, tolerar*. V. CONVIVENCIA 2.
comprensible. Evidente, fácil, claro*. V. INTELIGENCIA 7.
comprensión. 1. Indulgencia, bondad, armonía. V. TOLERANCIA 1.
— **2.** Talento, alcance, perspicacia. V. INTELIGENCIA 1.
comprensivo. Indulgente, benévolo, bondadoso. V. TOLERANCIA 2.
compresa. Lienzo, fomento, cataplasma. V. VENDA 1.
compresión. Aplastamiento, estrujamiento, apretón. V. PRESIÓN 1.
compresor. Aparato*, artefacto, dispositivo. V. MÁQUINA 1, 2.
comprimido. 1. V. comprimir.
— **2.** Gragea, pastilla, píldora. V. MEDICAMENTO 4.
comprimir. Apretar, estrujar, aplastar. V. PRESIÓN 3.
comprobación. V. COMPROBAR 2.
comprobante. V. COMPROBAR 3.
COMPROBAR. 1. Verificar, cotejar, revisar, examinar, probar, estudiar, evaluar*, confrontar, controlar, intervenir, intentar, documentar, confirmar, repasar, determinar, apreciar, comparar*, contrastar, notar, asegurarse, convencerse, compulsar, tantear, sondear, cerciorarse, indagar, vigilar*, considerar, inspeccionar, supervisar, investigar*, diagnosticar, identificar, experimentar, observar, ver, establecer, carear, enfrentar, demostrar, constatar, atestiguar, evidenciar, justificar, razonar, argumentar, explicar*.
2. Comprobación. Confrontación, revisión, revista, cotejo, control, prueba, rodaje, uso, verificación, supervisión, peritaje, inspección, evaluación*, tasación, documentación, comparación*, repaso, confirmación, experimento, amoldamiento, acondicionamiento, identificación, investigación*, examen*, diagnóstico, certidumbre, seguridad, certeza, observación, vista, demostración, evidencia, justificación, careo, enfrentamiento, contraste, razonamiento, explicación, argumento.
3. Comprobante. Justificante, recibo, vale, garantía, papeleta, documento*, certificado, credencial, identificación, título, pase, visado, pasaporte, cédula, nota, escrito*, volante, tarjeta, bono, cupón, tique, talón, cheque, billete, pasaje, reserva, boleto, boleta, entrada, localidad, plaza, resguardo, factura, albarán, acuse de recibo, descargo.
4. Comprobador. Verificador, inspector, revisor, examinador, investigador*, observador, demostrador, controlador, probador, experimentador, supervisor, interventor, funcionario, empleado*.
5. Comprobado. Verificado, experimentado, experimental, cotejado, revisado (v. 1), claro*, fidedigno, probado, ensayado, empírico.
Contr.: Descuidar*, omitir, olvidar*.
V. DOCUMENTO, ESCRITO, COMPARACIÓN, INVESTIGACIÓN, EXAMEN, EVALUACIÓN, EXPLICACIÓN.
comprometedor. Delicado, arriesgado, peligroso*. V. DIFICULTAD 3.
comprometer. 1. Implicar, enzarzar, enredar. V. EMBROLLO 2.
— **2. Comprometerse,** aventurarse, exponerse, responsabilizarse. V. OSAR; OBLIGARSE.
— **3.** Relacionarse, vincularse, unirse. V. FAMILIA 7.
comprometido. 1. V. comprometedor.
— **2.** V. comprometer.
compromiso. 1. Responsabilidad, deber, tarea. V. OBLIGAR 2.
— **2.** Trato, acuerdo, convenio. V. PACTO 1.
— **3.** Relación, vínculo, unión. V. CASAMIENTO 1.
— **4.** Trance, aprieto, apuro. V. DIFICULTAD 1.
compuerta. Cierre, portalón, esclusa. V. PUERTA 1, CANAL 5.
compuesto. 1. Conjunto, suma, combinación. V. MEZCLA 1.
— **2.** Variado*, combinado, múltiple. V. MEZCLA 7.

— **3.** Peripuesto, engalanado, acicalado. V. ADORNO 4.

compulsar. Verificar, cotejar, comparar*. V. COMPROBAR 1.

compungido. Apenado, apesadumbrado, atribulado. V. AFLICCIÓN 5.

computadora. Ordenador, procesadora de datos, cerebro electrónico. V. CÁLCULO 8.

computar. Comprobar*, contar, evaluar*. V. CÁLCULO 4.

comulgar. Aceptar, tomar, recibir la comunión. V. EUCARISTÍA 4.

común. General, ordinario, corriente. V. HÁBITO 6.

comuna. Municipio, ayuntamiento, zona*; comunidad. V. ALCALDÍA 1; GRUPO 2.

comunal. Colectivo, público, social. V. TOTAL 3.

comunicación. 1. Relación, trato, intercambio. V. CONVIVENCIA 1.
— **2.** *Comunicaciones.* V. CORREOS, TELÉGRAFOS, TRANSPORTES.

comunicado. Nota, parte, aviso. V. INFORME 1.

comunicar. 1. Avisar, manifestar, revelar. V. INFORME 3.
— **2.** Inocular, transmitir, contagiar. V. INFECCIÓN 7.
— **3.** *Comunicarse*, vincularse, alternar, hablar*. V. RELACIONARSE, CONVIVIR.

comunicativo. Conversador, expansivo, hablador. V. SIMPATÍA 4.

comunidad. 1. Colectividad, agrupación, sociedad. V. PERSONA 2.
— **2.** Congregación, cenobio, regla. V. CONVENTO 1.

comunión. 1. Sacramento, hostia, rito. V. EUCARISTÍA 1, 2.
— **2.** Relación, entendimiento, vínculo. V. CONVIVENCIA 1.

comunismo. Marxismo, izquierdismo, socialismo. V. IZQUIERDAS 1.

comunista. V. comunismo.

conato. Prueba, ensayo, amago. V. INTENTO 1.

concatenación. Sucesión, proceso, encadenamiento. V. SERIE 1.

concavidad. Oquedad, depresión, cavidad. V. HUECO 1.

cóncavo. Hondo, hundido, socavado. V. HUECO 2.

concebible. Razonable, lógico, imaginable. V. POSIBLE 1.

concebir. 1. Procrear, engendrar, quedar preñada. V. EMBARAZO 10.
— **2.** Intuir, interpretar, imaginar. V. PENSAR 1, 3.

conceder. 1. Dispensar, proporcionar, ofrecer*. V. ENTREGAR 1.
— **2.** Consentir, acceder, admitir. V. PERMISO 3.

concejal. Regidor, edil, funcionario. V. ASAMBLEA 6.

concejo. Municipio, ayuntamiento, distrito. V. ALCALDÍA 1, 2; ZONA 2.

concentración. 1. Meditación, atención, reflexión. V. PENSAR 6.

— **2.** Centralización, agrupación, fusión. V. UNIR 16.
— **3.** Manifestación, muchedumbre, mitin. V. GRUPO 3.

concentrar. 1. Reunir, agrupar, consolidar. V. UNIR 7.
— **2.** Espesar, condensar, aglomerar. V. DENSO 3.
— **3.** *Concentrarse*, meditar, reflexionar, abstraerse. V. PENSAR 1, 3.

concéntrico. Interior, centrado, focal. V. CENTRO 4.

concepción. 1. Procreación, generación, engendramiento. V. NACIMIENTO 1.
— **2.** V. concepto.

concepto. 1. Idea, juicio, noción. V. PENSAR 6.
— **2.** Consideración, reputación, nombradía. V. PRESTIGIO 1.

conceptuar. Enjuiciar, calificar, atribuir. V. EVALUAR 2.

concerniente. Referente, tocante, relativo. V. INCUMBIR 3.

concernir. Depender, relacionarse, atañer. V. INCUMBIR 1.

concertar. Acordar, planear, pactar. V. PACTO 4.

concertista. Solista, ejecutante, intérprete. V. MÚSICA 10.

concesión. Autorización, aprobación, otorgamiento. V. PERMISO 1.

concesionario. Agente, representante, intermediario. V. VENDER 5.

CONCHA. 1. Cubierta, valva, caracola, caracol, molusco*, univalvo, bivalvo, caparazón, coraza, recubrimiento*, placa, materia córnea, protección, almeja, ostra, mejillón, venera, madreperla, pechina, bocina, amonita, belemnita, numulita, fósil*, nácar, nacre, tortuga, carey, galápago.
2. Partes. Espira, espiral, valva, opérculo, gozne, charnela, nácar, perla (v. 1)
V. MOLUSCO, RECUBRIMIENTO.

conchabarse. Juntarse, agruparse; amancebarse. V. ASOCIACIÓN 13, ADULTERIO 6.

conciencia. 1. Discernimiento, pensamiento*, conocimiento. V. INTELIGENCIA 1.
— **2.** Remordimiento, escrúpulos, delicadeza. V. ARREPENTIMIENTO 1.

concienzudo. Aplicado, tesonero, detallista*. V. PERSEVERANCIA 3.

concierto. Recital, función, audición. V. MÚSICA 12.

conciliábulo. Charla, reunión; conjura. V. CONVERSACIÓN 1; CONSPIRACIÓN 1.

conciliador. Componedor, pacificador, mediador*. V. MODERACIÓN 5.

conciliar. Pacificar, mediar, amigar. MODERACIÓN 6.

concilio. Reunión, conferencia, conclave. V. ASAMBLEA 1, 2.

concisión. Parquedad, laconismo, precisión. V. ABREVIAR 4.

conciso. Compendiado, escueto, sucinto. V. ABRE-VIAR 3.

concitar. Incitar, azuzar, promover. V. CAUSA 3.

conciudadano. Paisano, compatriota, coterráneo. V. NACIÓN 5.

conclave, cónclave. Conferencia, junta, reunión. V. ASAMBLEA 1, 2.

concluir. Acabar, completar, terminar. V. FIN 4.

conclusión. 1. Resultado, término, desenlace. V. FIN 1.
— **2.** Deducción, consecuencia, impresión. V. CREER 5.

concluyente. Rotundo, indiscutible, terminante. V. CLARO 5.

concomitancia. V. concomitante.

concomitante. Similar, afín, relacionado. V. SEMEJANZA 2.

concordancia. 1. Analogía, afinidad, parentesco. V. RELACIÓN 1.
— **2.** Acuerdo. V. CONCORDIA 1.

concordante. 1. Afín, análogo, relacionado. V. SEMEJANZA 2.
— **2.** Conforme, de acuerdo, coincidente. V. CONCORDIA 2.

concordar. 1. Parecerse, relacionarse, parangonarse. V. SEMEJANZA 4.
— **2.** Avenirse, estar de acuerdo, conciliarse. V. CONCORDIA 4.

concordato. Acuerdo, convenio, tratado. V. PACTO 1.

concorde. V. concordante.

CONCORDIA. 1. Fraternidad, entendimiento, acuerdo, conformidad, armonía, avenencia, unidad*, unanimidad, paz*, consenso, asenso, cordialidad, concierto, convenio, pacto*, amistad, simpatía, concordancia, coincidencia, solidaridad, compañerismo*, familiaridad*, confianza, camaradería, adhesión, respaldo, reciprocidad, inteligencia, conciliación, comprensión, indulgencia, tolerancia*.
2. Concordante. Coincidente, de acuerdo, solidario, simpatizante*, concerniente, afín, concomitante, acorde, concorde, conforme, tolerante*, recíproco, coetáneo, conciliador, comprensivo, compañero*, cordial, amistoso, fraterno, unánime, semejante (v. 3), avenido, armónico.
— **3.** Similar, concordante, parecido, relacionado, comparable, semejante*, afín, equivalente, homólogo, aproximado, contiguo, concomitante, simultáneo*.
4. Concordar. Avenirse, conciliar, coincidir, unirse*, congeniar, armonizar, entenderse, conformar, conformarse, acordar, comprenderse, fraternizar, simpatizar*, ligar, vincularse, amigarse, estar de acuerdo, convivir*, hacer migas, acomodarse, tolerar*.
Contr.: Discordia, enemistad*.
V. SIMPATÍA; PAZ, FAMILIARIDAD, COMPAÑERISMO, SEMEJANZA, UNIÓN, CONVIVENCIA, TOLERANCIA.

concretar. Especificar, establecer, abreviar*. V. DETERMINAR 1.

concreto. Preciso, limitado, sucinto. V. DETERMINAR 4.

concubina. Amante, querida. V. ADULTERIO 2.

concubinato. Infidelidad, barraganería, cohabitación, amancebamiento. V. ADULTERIO 1.

concúbito. Apareamiento, cópula. V. COITO 1.

conculcar. Infringir, transgredir, contravenir. V. INCUMPLIR 1.

concupiscencia. Libídine, sensualidad, lujuria. V. SEXO 3.

concupiscente. Lascivo, libidinoso, lujurioso. V. SEXO 12.

CONCURRENCIA. 1. Público, gentío, gente, audiencia, auditorio, presentes, circunstantes, asistentes (v. 4), espectadores, oyentes, reunión, junta, asamblea*, conjunto, concentración, corro, multitud, muchedumbre, aglomeración, grupo*, masa, pueblo, mitin, manifestación, afluencia, legión, hervidero, bullicio, alboroto*, tropel, caterva, horda, chusma, pandilla, cuadrilla, cáfila, gentuza, plebe, manada, oleada, enjambre, hormiguero (v. 4).
— **2.** Presencia, concurrencia, aparición, asistencia, permanencia, estancia, visita*, comparecencia, afluencia, llegada, agrupación, convergencia, unión*.
3. Concurrir. Presentarse, reunirse, comparecer, acudir, frecuentar, permanecer, asistir, visitar*, agruparse, hallarse*, estar, aglomerarse, concentrarse, apiñarse, converger, congregarse, arremolinarse, afluir, presenciar, observar, contemplar, mirar, amontonarse, hacinarse, agolparse, unirse*, juntarse, alborotar*, competir, concursar, rivalizar*, participar, intervenir.
4. Concurrente(s). Presente(s), espectador, observador, asistente, circunstante, escucha, oyente, reunido, asambleísta*, congresista, parlamentario, visitante*, compareciente, llegado, invitado*, convidado, forastero, relación, compañero*, público, gentío (v. 1).
5. Concurrido. Rebosante, atestado, frecuentado, abarrotado, concentrado, atiborrado, visitado*, movido, lleno*, multitudinario, completo, repleto, bullicioso, populoso, cosmopolita, animado*, aglomerado, profuso, pletórico, alborotado*.
Contr.: Ausencia, soledad.
V. PARTICIPACIÓN, ASAMBLEA, ALBOROTO, GRUPO, VISITA, COMPAÑERO, LLENO.

concurrente. V. CONCURRENCIA 4.

concurrido. V. CONCURRENCIA 5.

concurrir. V. CONCURRENCIA 3.

concursante. Contrincante, rival, oponente. V. RIVALIDAD 2.

concursar. Intervenir, competir, participar. V. RIVALIDAD 3.

CONCURSO. 1. Prueba, rivalidad, participación. V. EXAMEN 1.

— **2.** Campeonato, torneo, juego*. V. COM-
PETICIÓN 1.

— **3.** Colaboración, apoyo, respaldo. V. AYU-
DA 1.

condado. Comarca, jurisdicción, territorio. V. NA-
CIÓN 3, ARISTOCRACIA 6.

conde. Noble, título, señor. V. ARISTOCRACIA 2.

CONDECORACIÓN. 1. Insignia, medalla, cruz,
distintivo, distinción, recompensa, venera,
encomienda, emblema, divisa, símbolo*, placa, collar, banda, lazo, orden, botón, cordón,
honor*, galardón, dignidad, premio*, laurel,
lauro, merced (v. 2).

2. Grados. Caballero, comendador, cruz, gran
cruz, collar. (V. aristocracia*).

3. Condecoraciones. España: Orden de Isa-
bel la Católica, O. de Carlos III, Laureada de
San Fernando; Francia: Legión de Honor; Gran
Bretaña: Cruz Victoria, Orden del Baño, O. de
la Jarretera; Alemania: Cruz de Hierro; Estados
Unidos: Medalla de Honor del Congreso (v. 1).

4. Condecorar. Honrar, premiar*, galardonar,
distinguir, laurear, atribuir, recompensar, otorgar, ofrecer, entregar*, conceder.

V. PREMIO, HONOR, SÍMBOLO, ARISTOCRA-
CIA.

condecorar. V. CONDECORACIÓN 4.

CONDENA. 1. Dictamen, fallo, veredicto, castigo*, sentencia, pena, sanción, juicio, justicia,
resolución, correctivo, penalidad, punición, escarmiento, penitencia, expiación, acusación*,
disposición, merecido.

— **2.** Censura, crítica, reproche. V. DESAPRO-
BAR 4.

3. Condenas. Prisión*, muerte*, multa. V.
CASTIGO.

4. Condenar. Sancionar, castigar*, penar,
sentenciar, escarmentar, fallar, enjuiciar, encausar, procesar, dictaminar, punir, penalizar,
corregir, resolver, disponer, expiar, imponer,
rechazar, expulsar*, separar*, infligir, multar,
encarcelar, ajusticiar (v. castigo 8); excomulgar,
anatematizar.

5. Condenado. Culpable, convicto, procesado,
acusado*, reo, confeso, prisionero*, preso, criminoso, delincuente*, criminal, asesino*, inculpado, rebelde, forzado, supuesto, presunto.

6. Condenable. Censurable, criticable, sancionable, vil*, incalificable, vituperable, vergonzoso*, reprochable, reprobable, indigno, malo,
bajo, monstruoso*, despreciable, abominable,
ruin, indigno, punible, inaudito.

Contr.: Absolución, sobreseimiento, perdón*.

V. CASTIGO, ACUSACIÓN, TRIBUNALES, PRI-
SIÓN, MUERTE, DELINCUENCIA.

condenable. V. CONDENA 6.

condenación. Maldición*, desdicha, infidelidad.
V. DESGRACIA.

condenado. 1. V. CONDENA 5.

— **2.** Maligno, endemoniado, réprobo. V. MAL-
DICIÓN 4, 5.

condenar. 1. V. CONDENA 4.

— **2.** Maldecir, reprochar, censurar. V. DES-
APROBAR 1.

condensación. V. condensar.

condensador. Batería, acumulador, aparato*. V.
PILA 1.

condensar. 1. Apelmazar, concentrar, cuajar. V.
DENSO 3.

— **2.** Resumir, reducir, compendiar. V. ABRE-
VIAR 1.

condesa. Noble, heredera del conde, mujer del
conde (v. conde).

condescendencia. Transigencia, indulgencia, consentimiento. V. TOLERANCIA 1.

condescender. Transigir, dignarse, acceder. V.
TOLERANCIA 4.

condescendiente. Complaciente, transigente,
indulgente. V. TOLERANCIA 2.

condestable. Dignatario, caudillo, general. V. JEFE
2, EJÉRCITO 6.

CONDICIÓN. 1. Estipulación, formalidad, obligación*, coacción, chantaje, requisito, exigencia,
cortapisa, puntualización, limitación*, reserva,
aclaración, explicación*, salvedad, convenio,
ley*, decreto, pacto*, cláusula, deber, necesidad, posibilidad, eventualidad, precisión, imposición, fuerza, intimación, atadura, orden*,
traba, obstáculo, barrera, subordinación, supeditación, restricción, prohibición*, impedimento, carga, inconveniente, gravamen, compromiso, contrato*, servidumbre.

— **2.** *Situación,* condición, posición, estado,
colocación, circunstancia*, disposición, característica*, aspecto*, modo*, forma*, manera,
guisa.

— **3.** Naturaleza, genio, índole. V. CARÁCTER 1.

4. Condicionar. Determinar, estipular, establecer, convenir, pactar*, limitar, restringir,
exigir, requerir, obligar*, coaccionar, chantajear, formalizar, puntualizar, aclarar, decretar,
subordinar, supeditar, atar, intimar, prohibir,
trabar, obstaculizar, forzar, ordenar*, imponer,
fijar, precisar, comprometer, gravar, cargar, impedir, contratar*, concretar, vincular, sujetar,
ceñir, ajustar, explicar*.

5. Condicionado. Restringido, ceñido, limitado*, obligado*, requerido, estipulado, determinado, coaccionado, chantajeado, puntualizado,
subordinado, forzado, obstaculizado, trabado,
prohibido*, atado, supeditado, impedido, gra-
vado, comprometido, vinculado, sujeto, ajustado, exigido, convenido, impuesto.

6. Condicional. Accidental, circunstancial*,
eventual, inseguro, temporal, contingente, fortuito, casual, interino, dependiente, restringido,
condicionado (v. 5).

7. Términos condicionales. Salvo, pero, aparte, fuera de, excepto, sin embargo, no obstante, a menos que, con tal que, a pesar de, pese
a, según, según como, según que, siquiera,
aunque, bien que, al menos, cuando, sólo que,

solamente que, si, si bien, por más que, en caso de que, bien entendido que, a condición de que, de acuerdo con, conforme a, a juzgar por, a no ser que.
Contr.: Negación, abstención.
V. LIMITACIÓN, OBLIGACIÓN, PROHIBICIÓN, LEY.

condicionado. V. CONDICIÓN 5.

condicional. V. CONDICIÓN 6.

condicionar. V. CONDICIÓN 4.

condimentado. V. CONDIMENTO 6.

condimentar. V. CONDIMENTO 5.

CONDIMENTO. 1. Aderezo, adobo, sazón, aliño, aroma, sabor, especia (v. 3), condimentación, salsa* (v. 4), salpimentación, picante, sustancia aromática, s. sápida, s. vegetal, hierba*, h. aromática, salazón, escabeche, alimento* (v. 2).
2. Enumeración. Sal, aceite, vinagre, azúcar*, limón, cebolla, ajo, aderezo (v. 1), pimiento, ají, chile, guindilla, trufa, alcaparra, champiñón, seta, hongo*, laurel, azafrán, anís, menta, hierbas*, perejil, hinojo, estragón, ajedrea, berro, eneldo, mejorana, apio, orégano, hierbabuena o menta, romero, albahaca, perifollo, tomillo, salvia, ajonjolí, verbena, especias (v. 3), salsas (v. 4).
3. Especias. Pimienta, clavo, comino, mostaza, pimentón, jengibre, nuez de especia, nuez moscada, pebre, vainilla, canela, anís, alcaravea, «curry» o pimienta india, cardamomo, alezna, jenabe, cachumba (v. 1, 2).
4. Salsas. Salsa* mayonesa, pebre, vinagreta, tártara, verde, blanca, marinera, besamel, romesco, ajiaceite, ajolio, alioli, bearnesa, pipirrana, picante, de mostaza, de tomate, catsup, «ketchup», de vino, de crema, española, holandesa, ácida.
5. Condimentar. Adobar, sazonar, salpimentar, aliñar, especiar, aderezar, salar, avinagrar, escabechar, aceitar, aromatizar, arreglar, componer, manir, marinar, preparar, cocinar*.
6. Condimentado. Sazonado, salado, fuerte, aderezado, aliñado, aromatizado, adobado, picante, salpimentado, sustancioso, sabroso, suculento.
V. SALSA, COCINA, GUSTO, ALIMENTO.

condiscípulo. Camarada, alumno, compañero*. V. EDUCACIÓN 13.

condolencia. Duelo, pésame, expresión. V. COMPASIÓN 1, SALUDO 1.

condolerse. Apenarse, conmoverse, apiadarse. V. COMPASIÓN 3.

condominio. Participación, copropiedad, consorcio. V. PROPIEDAD 1, 2.

condón. Profiláctico, preservativo, goma. V. VENÉREA (ENFERMEDAD). 3.

condonar. Conmutar, absolver, indultar. V. PERDÓN 2.

cóndor. Ave de presa, a. rapaz, buitre. V. AVE 8.

conducción. 1. Mando, manejo, dirección. V. GUÍA 1.

— **2.** Acarreo, envío*, transporte. V. TRASLADAR 3.
— **3.** Tubería. V. CONDUCTO 1.

conducir. 1. Mandar, encabezar, capitanear. V. GUÍA 5.
— **2.** Pilotar, gobernar, manejar. V. GUÍA 6.
— **3.** Acarrear, trasladar, llevar. V. TRANSPORTE 11.
— **4.** *Conducirse*, obrar, proceder, actuar. V. COMPORTAMIENTO 2.

CONDUCTO. 1. Caño, tubo*, manga, manguera, tubería, cañería, instalación, acueducto, gasoducto o gaseoducto, oleoducto, viaducto, irrigación, colector, red, canal*, desagüe, alcantarillado*, cloaca, álveo, vertedero, presa*, cauce, toma, albañal, atarjea, sumidero, acometida, arriate, acequia, zanja, conducción, distribución, espita, grifo*, válvula, canalillo, cañón, caña, canuto, sifón, hueco, túnel, subterráneo, galería*, pasillo, corredor, respiradero, registro.
2. Encauzar. Canalizar, entubar, conducir, distribuir, llevar, desaguar, tomar, verter, represar, reunir, dirigir, aprovechar, regular, sangrar, regar, irrigar.
V. TUBO, ALCANTARILLA, CANAL, FONTANERÍA.

conductor. 1. Cabecilla, caudillo, director. V. JEFE 1.
— **2.** Chófer, piloto, cochero. V. VEHÍCULO 2.

condueño. Copartícipe, asociado, copropietario. V. PROPIEDAD 6.

condumio. Comida, sustento, manduca. V. ALIMENTO 1.

conectar. Ajustar, juntar, unir*. V. ACOPLAR, RELACIONAR.

conejera. Madriguera, cueva, agujero*. V. REFUGIO 3.

conejo. Liebre, gazapo, mamífero. V. ROEDOR 2.

conexión. Unión*, ajuste, enlace. V. RELACIÓN 1, ACOPLAMIENTO 1.

confabulación. Conjura, intriga, maquinación. V. CONSPIRACIÓN 1.

confabularse. Conjurarse, traicionar*, conspirar. V. CONSPIRACIÓN 2.

confección. 1. Fabricación, elaboración, producción*. V. FÁBRICA 3.
— **2.** Ropa, atavío, prenda hecha. V. VESTIMENTA 1.

confeccionar. Producir*, preparar, elaborar. V. FÁBRICA 7.

confederación. Coalición, liga, alianza. V. ASOCIACIÓN 2.

confederado. V. confederarse.

confederarse. Mancomunarse, aliarse, ligarse. V. ASOCIACIÓN 13.

conferencia. 1. Reunión, encuentro, visita*. V. ENTREVISTA 1.
— **2.** Charla, parlamento, disertación. V. DISCURSO 1.
— **3.** Congreso, reunión, simposio. V. ASAMBLEA 1.

conferenciante. Orador, disertador, charlista. V. DISCURSO 4.

conferenciar. Deliberar, reunirse, hablar*. V. ENTREVISTA 2.

conferir. Otorgar, entregar*, conceder. V. PREMIO 2.

confesar. 1. Testimoniar, revelar, manifestar. V. EXPLICACIÓN 2.

— **2.** Reconocer, conceder, descubrir. V. ADMITIR 2.

confesión. Revelación, testimonio, confidencia. V. SECRETO 2.

confesionario, confesonario. Casilla, departamento, cabina. V. COMPARTIMENTO 2, TEMPLO 4.

confesor. Cura, director espiritual, religioso. V. SACERDOTE 1.

confeti. Cotillón, papelitos, papel picado. V. CARNAVAL 4.

confiable. V. CONFIANZA 10.

confiado. V. CONFIANZA 7.

CONFIANZA. 1. Certeza, certidumbre, fe, tranquilidad*, convicción, esperanza*, presunción, creencia*, convencimiento, seguridad, entusiasmo*, evidencia, certitud, persuasión, estabilidad, solvencia, credibilidad, crédito, prestigio, credulidad, ingenuidad, inocencia*, fanatismo, fatuidad, fanfarronería*, aplomo (v. 2), familiaridad* (v. 3).

— **2.** *Aplomo*, confianza, naturalidad, desembarazo, desenvoltura, desenfado, seguridad*, compostura, soltura, pericia, calma, tranquilidad*, serenidad, flema, experiencia, mundología, atrevimiento, osadía*, «savoir faire», insolencia, descaro, desvergüenza*.

— **3.** *Familiaridad*, confianza, amistad, compañerismo*, intimidad, franqueza, sinceridad*, sencillez*, campechanía, convivencia*, naturalidad, libertad, claridad*, llaneza, espontaneidad, rudeza, tosquedad, descortesía*.

4. Confiar. Fiarse, creer*, pensar, aguardar, desear*, anhelar; esperar, convencerse, querer, persuadirse, sugestionarse, encomendarse, fanfarronear*, tener seguridad, tener fe, tener esperanza, tener confianza, alentar, imaginar*, pensar*, abrigar, convencerse, perseverar, aguantar, animarse, ilusionarse, sincerarse, confesarse (v. 6).

— **5.** *Confiarse*, engañarse*, errar, equivocarse, abandonarse, descuidarse*, distraerse, olvidarse*, despreocuparse.

— **6.** *Confesarse*, confiar, revelar, descubrir, declarar, manifestar, franquearse, sincerarse*, explicar*, informar*.

7. Confiado. Animoso*, convencido, optimista, seguro, esperanzado*, aplomado, desenvuelto, desembarazado, atrevido, osado*, desenfadado, descarado, suelto, sereno, tranquilo*, flemático, cierto.

— **8.** *Ingenuo*, confiado, crédulo, inocente*, candoroso, inexperto, incauto, tonto*, cándido.

9. Confianzudo. Atrevido, descarado, osado*, desvergonzado*, insolente, fresco, audaz, campechano, desconsiderado, descortés*, grosero, maleducado.

10. Confiable. Digno de confianza, d. de fe, d. de crédito, honrado*, recto, honesto, leal, íntegro, desinteresado, justo, fiel, responsable.

Contr.: Desconfianza, inseguridad, intranquilidad*.

V. TRANQUILIDAD, ESPERANZA, SEGURIDAD, FAMILIARIDAD, HONRADEZ, DESCORTESÍA.

confianzudo. V. CONFIANZA 9.

confiar. V. CONFIANZA 4.

confidencia. 1. Confesión, declaración, revelación. V. SECRETO 2.

— **2.** Soplo, denuncia, delación. V. ACUSACIÓN 1.

confidencial. Reservado, personal, íntimo. V. SECRETO 4.

confidente. 1. Consejero, amigo, camarada. V. COMPAÑERO 1.

— **2.** Denunciante, soplón, delator. V. ACUSACIÓN 6.

configuración. Figura*, disposición, orden*. V. FORMA 1.

configurar. Arreglar, ordenar*, disponer. V. FORMA 3.

confinamiento. Aislamiento, reclusión, encierro. V. PRISIÓN 2.

confinante. Contiguo, lindante, limítrofe. V. LÍMITE 3.

confinar. 1. Encarcelar, encerrar, condenar*. V. PRISIÓN 7.

— **2.** Bordear, tocar, lindar. V. LÍMITE 6.

confirmación. Corroboración, ratificación, aprobación. V. APROBAR 3.

confirmar. 1. Ratificar, revalidar, corroborar. V. APROBAR 1.

— **2.** Establecer, determinar, verificar. V. COMPROBAR 1.

confiscación. V. confiscar.

confiscar. Incautarse, decomisar, requisar. V. APROPIARSE 1.

confitado. V. CONFITERÍA 10.

confitar. V. CONFITERÍA 11.

confite. V. CONFITERÍA 2.

confitera. Bombonera, dulcera, estuche. V. CAJA 1.

CONFITERÍA. 1. Repostería, arte, artesanía, cocina*, dulcería, pastelería, camelería, bombonería, chocolatería, bizcochería, bollería, panadería*, tienda*, establecimiento, comercio.

2. Confite, delicia. Dulce, postre, golosina, exquisitez, bollo, pastel (v. 3), caramelo, bombón, chocolate*, chocolatina, peladilla, almendra, garrapiñada, lengua de gato, gragea, bolita, anís, orozuz o regaliz, pastilla, chicle, goma de mascar, gollería, «nougat», mermelada, confitura (v. 6), crema (v. 5), turrón (v. 4), mazapán, ambrosía, néctar, arrope, azúcar, miel, manjar, elixir, almíbar, jarabe, licor, melcocha.

3. Pastel, bollo. Postre, bizcocho, hojaldre, pasta, masa, milhojas, galleta, aguja, pastelillo, panecillo, pastas secas, p. de té, masas, tarta, torta, mojicón, brazo de gitano, «plum cake», pudín, budín, biscote, tocinillo de cielo, merengue, alfajor, bizcocho borracho, bizcochón, bizcochuelo, tarta de manzanas, t. de fresas, t. de cerezas, t. de limón, t. de ciruela, pastel de queso, soplillo, timbal, tartaleta, melindre, pastaflora, biscotela, bollo, ensaimada, cruasán, medialuna, trenza, palmera, magdalena, barquillo, pan ácimo, fritura, fruta de sartén, churro, torrija, buñuelo, rosquilla, rosca, roscón, sobado, crep, c. Suzette, tortita, t. americana, frisuelo (v. 2).

4. Turrón, mazapán. Pasta de almendra, almendrado, «nougat», polvorón, mantecado, mazacote, crocante, turrón de Jijona, de Alicante, de frutas, de coco, de mazapán, postre (v. 2).

5. Cremas. Flan, natillas, nata, chantillí, manjar blanco, dulce de leche, aleluya, petisú, crema pastelera, c. de chocolate, merengue, yema, tocinillo de cielo, arroz con leche, puré de castañas, postre, helado, mantecado, sorbete.

6. Mermelada, jalea. Compota, confitura, dulce, mermelada de frutas, compota de ciruelas, de manzanas, etc., gelatina, melcocha, arrope, jarabe, almíbar, jugo*, cabello de ángel, dulce o carne de membrillo, fruta escarchada, puré de castañas, marrón glasé, postre.

7. Ingredientes. Harina, azúcar, almíbar, arrope, jarabe, leche, huevo, yema, clara, pasta, masa, nata, crema (v. 5), mantequilla, margarina, aceite, levadura, chocolate*, vainilla, sal, miel, frutas*, f. confitadas, frutos* secos, almendras, nueces, avellanas, castañas, cacahuetes, coco, pasas, dátiles.

8. Enseres. Horno, hogar, tiro, batidora, artesa, amasadora, batea, molde, tamiz, bandeja, cazo, recipiente, receptáculo*.

9. Personas. Confitero, pastelero, repostero, bizcochero, chocolatero, cocinero*, artesano, bollero, churrero, panadero*, dulcero, barquillero, tendero.

10. Confitado. Azucarado*, dulce, almibarado, glaseado, escarchado, acaramelado, garrapiñado, amerengado, bañado, endulzado, edulcorado, dulzón, empalagoso, rico, sabroso, meloso.

11. Confitar. Azucarar*, endulzar, almibarar, acaramelar, escarchar, glasear, garapiñar, bañar, recubrir, clarificar, amerengar, edulcorar. V. AZÚCAR, FRUTA, CHOCOLATE, PAN, COCINA, GUSTO.

confitero. V. CONFITERÍA 9.

confitura. V. CONFITERÍA 6.

conflagración. Contienda, lucha, hostilidades. V. GUERRA 1.

conflicto. 1. Problema, atolladero, tropiezo. V. DIFICULTAD 1.

— **2.** V. conflagración.

conflictivo. Problemático, difícil, engorroso. V. DIFICULTAD 3.

confluencia. Unión, encuentro, convergencia. V. CRUCE 1.

confluir. Concurrir, converger, desembocar. V. CRUCE 5.

conformación. Configuración, disposición, figura*. V. FORMA 1.

conformar. 1. Configurar, disponer, crear*. V. FORMA 3.

— **2.** Complacer, contentar, agradar. V. SATISFACCIÓN 6.

— **3.** *Conformarse,* amoldarse, avenirse, contentarse. V. RESIGNACIÓN 2.

conforme. 1. Adecuado, admitido, aprobado. V. CONVENIENCIA 2.

— **2.** Complacido, contento, satisfecho. V. SATISFACCIÓN 4.

— **3.** Correctamente, muy bien, de acuerdo. V. PERFECTO 5.

conformidad. 1. Autorización, consentimiento, permiso*. V. APROBAR 3.

— **2.** Sumisión, amoldamiento, tolerancia*. V. RESIGNACIÓN 1.

conformista. Sumiso, dócil, bonachón. V. RESIGNACIÓN 4.

confort. Desahogo, lujo*, bienestar. V. COMODIDAD 1.

confortable. Descansado, grato, desahogado. V. COMODIDAD 2.

confortador, confortante. Animador*, estimulante, tranquilizador. V. ÁNIMO 4.

confortar. Fortalecer, alentar, tranquilizar. V. ÁNIMO 6.

confraternidad. 1. Concordia, hermandad, armonía. V. COMPAÑERO 4.

— **2.** Cofradía, hermandad, congregación. V. SECTA 1.

confraternizar. Avenirse, hermanarse, alternar. V. SIMPATÍA 6.

confrontación. Comprobación*, cotejo, enfrentamiento. V. COMPARACIÓN 1, OPOSICIÓN 1.

confrontar. Comparar, cotejar, verificar. V. COMPARACIÓN 2, OPOSICIÓN 6.

confundir. 1. Descaminar, trastrocar, errar. V. EQUIVOCACIÓN 2.

— **2.** Turbar, desconcertar, desorientar. V. ATURDIMIENTO 4.

— **3.** Embarullar, revolver, embrollar. V. DESORDEN 4.

confusión. 1. Error, descuido*, desacierto. V. EQUIVOCACIÓN 1.

— **2.** Azoramiento, desconcierto, desorientación. V. ATURDIMIENTO 1.

— **3.** Revoltijo, trastorno, caos. V. DESORDEN 1.

— **4.** Bulla, escándalo, riña. V. ALBOROTO 1, PELEA 1.

confuso. 1. Desconcertado, indeciso, turbado*. V. ATURDIMIENTO 2.
— **2.** Complicado, ininteligible, difícil*. V. INCOMPRENSIBLE 1.
— **3.** Embarullado, revuelto, mezclado*. V. DESORDEN 2.
conga. Baile moderno, danza, ritmo tropical. V. BAILE 6.
congelación. Enfriamiento, rigidez, entumecimiento. V. FRÍO 1.
congelar. Enfriar, helar, entumecer. V. FRÍO 6.
congénere. Pariente, sujeto, semejante*. V. PERSONA 1.
congeniar. Comprenderse, avenirse, coincidir. V. SIMPATÍA 6.
congénito. Natural, innato, hereditario. V. HERENCIA 13.
congestión. 1. Tumefacción, acumulación, inflamación. V. HINCHAZÓN 2.
— **2.** Sofocación, ataque, acceso. V. INDISPOSICIÓN 1.
— **3.** Atasco, estancamiento, embotellamiento. V. OBSTRUIR 2.
congestionar(se). 1. Enrojecerse, abultarse, inflamarse. V. HINCHAZÓN 5.
— **2.** Sofocarse, arrebatarse, afectarse. V. INDISPOSICIÓN 3.
— **3.** Atascarse, aglomerarse, agolparse. V. OBSTRUIR 1.
conglomerado. Montón, aglomeración, masa. V. ACUMULAR 3.
congoja. Sufrimiento, amargura, angustia. V. AFLICCIÓN 1.
congraciarse. Ganarse, conquistarse, seducir. V. ATRACTIVO 3.
congratulación. Pláceme, elogio, enhorabuena. V. FELICITACIÓN 1.
congratular. Elogiar*, cumplimentar, alabar. V. FELICITACIÓN 2.
congregación. Cofradía, hermandad, asociación*. V. SECTA 1.
congregante. Asociado, hermano, cofrade. V. ASOCIACIÓN 12.
congregar. 1. Citar, requerir, convocar. V. LLAMAR 3.
— **2.** *Congregarse*, reunirse, concentrarse, apiñarse. V. CONCURRENCIA 3.
congresista. Diputado, parlamentario, miembro. V. ASAMBLEA 6.
congreso. Cámara, parlamento, conferencia. V. ASAMBLEA 1.
congrio. Anguila, pez marino, fisóstomo. V. PEZ 8.
congruencia. Pertinencia, sensatez, coherencia. V. LÓGICA 1.
congruente. Apropiado, coherente, comprensible. V. LÓGICA 3.
cónico. Conoidal, puntiagudo, piramidal. V. PUNTA 2.
conífera. Gimnosperma, pino, abeto. V. ÁRBOL 4.
conirrostro. Pájaro, gorrión, jilguero. V. AVE 17.

conjetura. Figuración, suposición, hipótesis. V. CREER 5.
conjeturar. V. conjetura.
conjugación. 1. V. VERBO 4.
— **2.** V. conjugar.
conjugar. Fusionar, armonizar, compaginar. V. UNIR 7, VERBO.
CONJUNCIÓN. 1. Enlace, fusión, encuentro. V. UNIR 15.
2. Conjunción gramatical*. Parte de la oración, partícula invariable.
3. Clasificación. Conjunción adversativa: pero, aunque, mas, sino, a pesar, excepto, siquiera, no obstante. Copulativa: y, que, ni. Distributiva: ora, bien, ya. Comparativa: como, cual, como si. Disyuntiva: o, ni. Causal: pues, porque, puesto que, ya que. Condicional: si, con tal que, como, siempre que. Continuativa: así que, pues. Ilativa: conque, luego. Final: para que, a fin de que.
V. UNIR; GRAMÁTICA.
conjuntamente. Mancomunadamente, simultáneamente, colectivamente. V. SIMULTÁNEO 4.
conjuntar. Congregar, agrupar, reunir. V. UNIR 7.
conjuntiva. Mucosa, membrana, tejido. V. OJO 3.
conjunto. Montón, combinación, reunión. V. GRUPO 1.
conjura. Maniobra, confabulación, maquinación. V. CONSPIRACIÓN 1.
conjurado. Intrigante, confabulado, juramentado. V. CONSPIRACIÓN 3.
conjurar. 1. Alejar, evitar, anular*. V. ESQUIVAR 1.
— **2.** Implorar, impetrar, hechizar*. V. PEDIR 1.
— **3.** *Conjurarse*, maquinar, juramentarse, intrigar. V. CONSPIRACIÓN 2.
conjuro. Encantamiento, sortilegio, invocación. V. HECHICERÍA 1.
conmemoración. Aniversario, fiesta*, celebración. V. SOLEMNE 7.
conmemorar. Evocar, festejar, celebrar. V. SOLEMNE 8.
conmemorativo. Alusivo, recordatorio, evocador. V. MEMORIA 8.
conminar. Exigir, obligar, amenazar. V. ORDEN 10.
conmiseración. Piedad, lástima, misericordia. V. COMPASIÓN 1.
conmoción. Sacudida, agitación, convulsión. V. PERTURBAR 3.
conmocionar. Alterar, agitar, convulsionar. V. PERTURBAR 1.
conmovedor. Enternecedor, emotivo, emocionante. V. EMOCIÓN 5.
conmover. Afectar, enternecer, emocionar. V. EMOCIÓN 4.
conmutador. Mando, mecanismo, aparato*. V. INTERRUPTOR 1.
conmutar. Absolver, liberar, indultar. V. PERDÓN 2.
connatural. Innato, congénito, hereditario*. V. NACIMIENTO 9.

connivencia. 1. Indulgencia, colaboración, disimulo. V. TOLERANCIA 1.
— **2.** Complicidad, intriga, confabulación. V. CONSPIRACIÓN 1.
connotación. Afinidad, relación, parentesco. V. SEMEJANZA 1.
cono. Cuerpo geométrico, capirote, pirámide. V. GEOMETRÍA 10.
conocedor. V. ENTENDIDO, PERITO, VERSADO; EXPERIENCIA 4.
CONOCER. 1. Comprender, enterarse, interpretar. V. PENSAR 3.
— **2.** *Conocerse*, relacionarse, codearse, encontrarse, trabar conocimiento, t. relaciones, hacer buenas migas, alternar, intimar, tratar, frecuentar, convivir*, congeniar, rozarse, comunicarse, avenirse, confraternizar, simpatizar*, familiarizarse*, entenderse, comprenderse.
3. Conocimiento. Relación, roce, comunicación, trato, convivencia*, frecuentamiento, confraternización, intimidad, comprensión, confianza, camaradería, compañerismo*, aprecio, familiaridad*, entendimiento, simpatía*, avenencia, migas, amistad; amigo, conocido (v. 4).
4. Conocido. Amigo, íntimo, compañero*, camarada, relación, conocimiento, adicto, partidario, inseparable, incondicional, familiar*, famoso (v. 5).
— **5.** *Popular*, conocido, famoso, célebre, prestigioso*, renombrado, admirado.
— **6.** *Divulgado*, conocido, público, corriente, sabido, común, difundido, habitual*, notorio, visto, célebre*, popular, reputado, manido, trillado, gastado, trasnochado, pasado, anticuado, vulgar*.
7. Conocedor. Experto, entendido, versado. V. EXPERIENCIA 4.
Contr.: Desconocer, ignorar.
V. CONVIVIR, SIMPATIZAR, FAMILIARIZARSE, COMPAÑERO.
conocido. 1. Amigo. V. CONOCER 4.
— **2.** Famoso, prestigioso*, popular. V. CÉLEBRE 1.
— **3.** Sabido, común, trillado. V. HÁBITO 6.
conocimiento. 1. Trato, relación, compañerismo. V. CONOCER 3.
— **2.** Entendimiento, razón, conciencia. V. INTELIGENCIA 1.
— **3.** *Conocimientos*, erudición, sapiencia, cultura. V. SABIDURÍA 1.
CONQUISTA. 1. Toma, incautación, incursión, invasión, dominación*, captura, ocupación, asalto, embestida*, ataque*, asedio, cerco*, acometimiento, penetración, irrupción, usurpación, confiscación, reconquista, colonia*, colonización, presa, secuestro*, botín, robo*, saqueo, pillaje, despojo, rapiña, trofeo, victoria, triunfo*, entrada, correría, piratería*, apresamiento, sojuzgamiento, esclavitud*, lucha*, batalla, guerra*.

— **2.** Engatusamiento, amorío, seducción. V. AMOR 2.
3. Conquistar. Capturar, apresar, tomar, adueñarse, sojuzgar, dominar, invadir, ocupar, asaltar, atacar, forzar, penetrar, incursionar, irrumpir, incautarse, usurpar, confiscar, embestir*, entrar*, acometer, asediar, cercar*, reconquistar, secuestrar*, saquear, pillar, rapiñar, despojar, robar*, piratear*, triunfar*, vencer, colonizar*, esclavizar*, batallar, luchar*, guerrear*.
4. Conquistador. Triunfador*, dominador, invasor, vencedor, descubridor, explorador, adelantado, pionero, colono*, colonizador, guerrero*, batallador, luchador*, atacante, agresor, ocupante, adalid, jefe*, capitán, belicoso, valiente, osado*, audaz, saqueador, esclavizador*, usurpador. Donjuán, mujeriego, tenorio. V. MUJER 8.
5. Conquistado. Tomado, incautado, sojuzgado (v. 3).
Contr.: Esclavitud*, yugo.
V. DOMINACIÓN, ATAQUE, EMBESTIDA, CERCO, TRIUNFO, SECUESTRO, PIRATERÍA, LUCHA, GUERRA, COLONIA.
conquistador. 1. V. CONQUISTA 4.
— **2.** Donjuán, galán, tenorio. V. MUJER 8.
conquistar. 1. V. CONQUISTA 3.
— **2.** Enamorar, atraer, seducir. V. AMOR 7.
consabido. Antedicho, citado; conocido. V. MENCIONADO; HABITUAL.
consagración. 1. Sacramento, ofrenda, bendición. V. EUCARISTÍA 1.
— **2.** Fama, renombre, triunfo*. V. CÉLEBRE 2.
consagrar. 1. Santificar, ofrecer, bendecir. V. EUCARISTÍA 1.
— **2.** *Consagrarse*, dedicarse, afanarse, aplicarse. V. TRABAJO 11.
— **3.** Sobresalir, destacar, dominar*, V. TRIUNFO 4.
consanguíneo. Allegado, pariente, deudo. V. FAMILIA 2.
consanguinidad. Afinidad; vínculo, parentesco. V. FAMILIA 4.
consciente. 1. Juicioso, sensato, prudente. V. FORMAL 1.
— **2.** Despierto, sobrio, sereno. V. SUEÑO 10.
conscripción. Reclutamiento, enganche, incorporación. V. EJÉRCITO 12.
conscripto. *Am* Recluta, soldado, quinto. V. EJÉRCITO 5.
consecución. Realización, resultado*, logro. V. OBTENER 3.
consecuencia. Alcance, derivación, fruto. V. RESULTADO 1.
consecuente. Tesonero, invariable, constante. V. PERSEVERANCIA 3.
consecutivo. Contiguo, sucesivo, siguiente. V. CERCA 1.
conseguir. Ganar, lograr, alcanzar. V. OBTENER 1.
conseja. Fábula, historia, cuento. V. NARRACIÓN 1.

consejero. V. CONSEJO 3.

CONSEJO. 1. Recomendación, advertencia, indicación, orientación, sugerencia, explicación*, exhortación, moción, invitación, proposición, oferta, observación, lección, guía*, recordatorio, insinuación*, indirecta, idea, comentario, enseñanza, educación*, dirección, máxima, asesoría, reflexión, asesoramiento, consulta, juicio, parecer, aleccionamiento, instrucciones, orden*, aviso, sermón, admonición, represión*, amonestación, amenaza*, apercibimiento.
— **2.** Reunión, junta, congreso. V. ASAMBLEA 1.
3. Consejero. Asesor, monitor, tutor, guía*, instructor, preceptor, protector* profesor, maestro, ayo, rodrigón, educador*, regente, apoderado, dirigente, director, jefe*, consultor, rector, conductor, orientador, encauzador, adiestrador, ordenador, supervisor, administrador*, gobernador*, ministro, procurador, albacea, síndico, vocal.
4. Aconsejar. Recomendar, indicar, aleccionar, orientar, sugerir, insinuar*, advertir, explicar*, sermonear, catequizar, comentar, enseñar, educar*, instruir, adiestrar, ofrecer, proponer, invitar, exhortar, recordar, guiar*, observar, consultar, asesorar, dirigir, gobernar*, ordenar*, avisar, amonestar, sermonear, apercibir, amenazar*, pedir, reprender*, inspirar, encargar, suplicar, rogar.
V. INSINUACIÓN, GUÍA, EXPLICACIÓN, ORDEN, AMENAZA, REPRENSIÓN, EDUCACIÓN.

consenso. Acuerdo, unanimidad, conformidad. V. CONCORDIA 1.

consentido. Maleducado, impertinente, protegido. V. MIMAR 2.

consentimiento. 1. Conformidad, autorización, permiso. V. APROBAR 3.
— **2.** Transigencia, aguante*, resignación. V. TOLERANCIA 1.

consentir. 1. Admitir, autorizar, permitir*. V. APROBAR 1.
— **2.** Aguantar, transigir, soportar. V. TOLERANCIA 4.
— **3.** Cuidar, favorecer, proteger. V. MIMAR 1.

conserje. Portero, bedel, ordenanza. V. SERVIDOR 1.

conserjería. Portería, recinto, habitación*. V. COMPARTIMIENTO 2.

conserva. V. CONSERVAR 4.

conservación. V. CONSERVAR 3.

conservador. 1. Tradicionalista, inmovilista.
— **2.** Encargado, custodio, cuidador. V. CUIDADO 5.

conservadurismo. Tradicionalismo*, inmovilismo.

CONSERVAR. 1. Preservar, mantener, cuidar*, custodiar, vigilar*, recoger, retener, guardar, depositar, almacenar*, envasar (v. 2), ocultar, archivar, atesorar, proteger*, resguardar, defender, amparar, reservar, salvaguardar, asistir,

cubrir, atender, perpetuar, retrasar, dilatar, aplazar, prolongar (v. 2).
2. Envasar. Conservar, embotellar, enlatar, esterilizar, pasteurizar, hervir, purificar*, higienizar, homogeneizar, liofilizar, irradiar, enfriar, refrigerar, congelar, desecar, secar, ahumar, salar, curar, escabechar, macerar, limpiar*, cerrar, purificar*, embalsamar, momificar*, disecar, montar, preparar (v. 1).
3. Conservación. Custodia, cuidado*, mantenimiento, entretenimiento, servicio, vigilancia*, asistencia, preservación, perpetuación, retención, almacenamiento*, depósito, atesoramiento, archivo, ocultamiento, amparo, defensa, resguardo, protección*, sostenimiento, reserva, salvaguardia, atención, retraso, subsistencia, prolongación, dilatación, precaución, aplazamiento, embalsamamiento, momificación, desecación, disecación, montaje, preparación, envasado, salazón, conserva (v. 4).
4. Conserva. Lata, bote, alimento*, salazón, escabeche, vinagreta, encurtido, variante, aderezo, preparación, adobo, curado, ahumado, seco, fiambre, embutido, cecina, mojama, tasajo, mermelada, jalea, confitura*, compota; envasado, conservado, embotellado, enlatado, hervido, esterilización, pasteurización, higienización, homogenización, liofilización, irradiación, enfriamiento, congelación, refrigeración, desecación, secado, salado, escabechado, maceración, limpieza*, purificación*.
5. Proceso. Conserva de pescado: Remojado, lavado, selección, clasificación, limpieza de escamas y espinas, cocimiento, envasado, vacío de aire, cerrado hermético, esterilización (en autoclave), enfriamiento, etiquetado, almacenamiento. Varios: Frigorífico, autoclave, botulismo, intoxicación.
6. Conservado. Aderezado, adobado, curado, preservado, cuidado*, enlatado (v. 1-3).
V. CUIDAR, VIGILAR, PURIFICAR, LIMPIAR, ALIMENTO.

conservatorio. Academia, colegio, escuela. V. EDUCACIÓN 9.

considerable. 1. Copioso, numeroso, cuantioso. V. ABUNDANCIA 2.
— **2.** Extenso*, grande*, fabuloso. V. AMPLITUD 2.

consideración. 1. Miramiento, cortesía, deferencia. V. RESPETO 1.
— **2.** Reputación, influencia, crédito. V. PRESTIGIO 1.
— **3.** Consideraciones, motivos, razones, fundamentos. V. CAUSA 1.

considerado. Atento, solícito, deferente. V. RESPETO 3.

considerando. Motivo, razón, móvil. V. CAUSA 1.

considerar. 1. Apreciar, honrar*, distinguir. V. RESPETO 5.
— **2.** Suponer, juzgar, estimar. V. CREER 1.
— **2.** Cavilar, meditar, reflexionar. V. PENSAR 1.

consigna. 1. Santo y seña, pase, contraseña. V. PERMISO 2.
— **2.** Local, almacén, depósito de equipajes. V. FERROCARRIL 10.
consignar. 1. Remitir, expedir, transportar. V. ENVIAR 1.
— **2.** Declarar, establecer, manifestar. V. EXPLICACIÓN 2.
consignatario. Intermediario, representante, depositario. V. DELEGACIÓN 4.
consiguiente. Referido, derivado, supeditado. V. MENCIONAR 3.
consistencia. Solidez, dureza*, resistencia*. V. DURO 3.
consistente. Resistente, sólido, denso*. V. DURO 1.
consistir. Componerse, constituir, integrar. V. PARTICIPAR 1.
consistorio. Junta, cónclave, ayuntamiento. V. ASAMBLEA 2.
consocio. Compañero*, asociado, socio. V. ASOCIACIÓN 12.
consola. Repisa, tocador, ménsula. V. MES 1.
consolación. Consuelo, aliento, tranquilidad*. V. ÁNIMO 2.
consolador. Alentador, reconfortante, esperanzador. V. ÁNIMO 4.
consolar. Confortar, alentar, tranquilizar*. V. ÁNIMO 7.
consolidación. V. CONSOLIDAR.
consolidar. Afianzar, robustecer, fortalecer. V. REFORZAR 1.
consomé. Sopa, caldo, sustancia. V. ALIMENTO 14.
consonancia. 1. Similitud, relación, concordancia. V. SEMEJANZA 1.
— **2.** Armonía, acorde, sonido*. V. MÚSICA 2.
consonante. 1. Signo*, símbolo, grafismo. V. LETRA 1.
— **2.** Semejante, relacionado, similar. V. SEMEJANZA 1.
— **3.** Armónico, eufónico, afinado. V. MÚSICA 13.
consorcio. Agrupación comercial*, sociedad, empresa. V. ASOCIACIÓN 4.
consorte. Cónyuge, esposo, desposado. V. CASAMIENTO 7.
conspicuo. Ilustre, insigne, sobresaliente. V. PRESTIGIO 2.
CONSPIRACIÓN. 1. Confabulación, intriga, conjura, maquinación, manejo, maniobra, conciliábulo, revolución*, complot, traición*, conchabanza, engaño*, pacto*, asociación*, deserción, estratagema, felonía, vileza*, deslealtad, plan*, trampa, apostasía, componenda, cabildeo, secreto*, instigación, treta, trama, ardid, faena, enredo, embrollo*, añagaza, monipodio, chanchullo, tejemaneje, implicación, complicidad, connivencia, alianza, contubernio, delación, perjurio, entrega*.
2. Conspirar. Maquinar, confabularse, tramar, fraguar, urdir, planear*, intrigar, conjurarse,

traicionar*, revolucionar*, instigar, maniobrar, conchabarse, engañar*, emboscarse, planear*, desertar, juramentarse, pasarse, trampear, acordar, entregar, apostatar, manejar, implicar, inducir, complicar, vender, delatar, unirse, enredar, embrollar*.
3. Conspirador. Juramentado, intrigante, traidor*, confabulado, maquinador, maniobrero, engañoso*, conjurado, instigador, colaborador, colaboracionista, insidioso, artero, solapado, aventurero, desertor, renegado, perjuro, tramposo, apóstata, emboscado, revolucionario*, complotado, complicado, cómplice, cabecilla, enredador, embrollón*, delator, villano, vil*, felón, vendido, judas.
V. PLAN, TRAICIÓN, ENGAÑO, EMBROLLO, REVOLUCIÓN, VILEZA.
conspirador. V. CONSPIRACIÓN 3.
conspirar. V. CONSPIRACIÓN 2.
constancia. Empeño, tesón, tenacidad. V. PERSEVERANCIA 1.
constante. 1. Empeñoso, tesonero, tenaz. V. PERSEVERANCIA 3.
— **2.** Continuo, incesante, seguido. V. CONTINUACIÓN 2.
constantemente. Continuamente, incesantemente, seguidamente. V. CONTINUACIÓN 6.
constar. 1. Constituirse, formarse, componerse. V. PARTICIPAR 1.
— **2.** Evidenciarse, manifestarse, reflejarse. V. EXHIBIR 1.
constatar. Verificar, examinar, apreciar. V. COMPROBAR 1.
constelación. Grupo de estrellas*, de astros, zona* celeste. V. ASTRONOMÍA 11.
constelado. Tachonado, repleto, sembrado. V. LLENAR 4.
consternación. Pesadumbre, desconsuelo, desesperación. V. AFLICCIÓN 1.
consternar. Entristecer, desesperar, acongojar. V. AFLICCIÓN 3.
constipación. Estreñimiento, dificultad, obstrucción intestinal. V. INTESTINO 4.
constipado. 1. Enfriamiento, catarro, gripe. V. RESFRIADO 1.
— **2.** Enfriado, acatarrado, destemplado. V. RESFRIADO 2.
constiparse. Acatarrarse, enfriarse, enfermar*. V. RESFRIADO 4.
constitución. Complexión, naturaleza, aspecto. V. FIGURA 2.
Constitución. Código, estatuto, reglamento, norma fundamental. V. LEY 1.
constitucional. 1. Reglamentario, legítimo, legislativo. V. LEGAL 1.
— **2.** Hereditario, típico, morfológico. V. HERENCIA 13.
constituir. 1. Fundar, originar, integrar. V. CREAR 1, FORMAR.
— **2.** Constar, componer, integrar. V. PARTICIPAR 1.

constreñir. 1. Imponer, exigir, forzar. V. OBLI-
GAR 1.
— **2.** Apretar, comprimir, fajar. V. PRESIÓN 3.
constricción. Opresión, contracción, aplastamiento*. V. PRESIÓN 1.
CONSTRUCCIÓN. 1. Obra, albañilería, edificación,
casa (v. 2), edificio, erección, reconstrucción,
estructura, montaje, base, cimentación, fabricación*, industria, técnica, arte, ciencia*,
urbanismo, urbanización, desarrollo urbano,
arquitectura*, instalación, infraestructura, acoplamiento, elevación, alzamiento, levantamiento, manufactura, confección, creación*, ejecución, proceso, hechura, realización, obtención,
transformación.
— **2.** *Edificio*, construcción, vivienda, residencia,
morada, albergue (v. casa*, arquitectura*).
3. Construir. Erigir, alzar, levantar, elevar, edificar (v. 4), crear, instalar, proyectar, diseñar,
montar, reconstruir, cimentar, acoplar, realizar,
hacer, efectuar, fundar, colocar, fabricar*, manufacturar, confeccionar, ejecutar, componer,
hacer obras, procesar, realizar, transformar, obtener, establecer, urbanizar, poblar, planear*,
desarrollar*, ensamblar (v. 4).
— **4.** *Edificar*, construir, urbanizar, erigir (v. 3),
cimentar, armar, tapiar, tabicar, cerrar, hormigonar, encofrar, forjar, fraguar, ensamblar,
excavar, nivelar, proyectar, entramar, encajonar,
enyesar, revocar, enjalbegar, enlucir, estucar,
blanquear, encalar, pintar*, alicatar, enrasar,
enrasillar, retranquear, bornear, socalzar, recibir, picar, lavar, jaharrar, empañetar, guarnecer,
mezclar, cementar, escuadrar, nivelar, aparejar,
solar, embaldosar, enladrillar, enmaderar, techar, cubrir aguas (v. 3).
5. Construcciones. Cimientos, basamento, fábrica, albañilería, firme, zanja, encofrado, muro,
medianera, tabique, pared*, p. maestra, p. de
fábrica, primera piedra, sillar, mampostería,
hilada de ladrillos, aparejo de ladrillos, encajonado, sardinel, andamio, andamiaje, pasarela,
jamba, antepecho, paramento, revestimiento,
línea maestra, paletada, junta, voladizo, pechina, ménsula, cornisa, tejado, aparejo, pilote de
hormigón, viga, puntal, zapata, pilar, columna*, techo*, terraza, caja de escalera, armadura, cimbra, arco*, bóveda*, cúpula, dintel,
umbral, hueco (v. 6).
6. Procesos, operaciones. Prospección, nivelación, excavación*, cimentación, encofrado, mezcla, hormigonado, fraguado, forjado,
aparejado, enrasado, revoque, paletada, alicatado, estucado, enyesado, enlucido, encalado,
enjalbegado, retranqueo, guarnecido, tendido,
picado, lavado, estropajeado, enfoscado, empa-
ñetado, recalzado, encajonado, descimbrado,
aplomado (v. 5).
7. Material. Cemento, argamasa, hormigón,
mezcla, masa, mortero, Pórtland, ripio, piedra,
sillar, arena, grava, cal, yeso*, lechada, estuco,

ladrillo, l. ordinario, l. perforado, l. plano, rasilla,
r. hueca, r. maciza, baldosa, baldosín, azulejo,
cerámica*, teja, t. romana, t. árabe, t. plana,
pizarra, granito, piedra*, mármol, pieza de
pizarra, adobe, arcilla, viga, travesaño, varilla,
madera*, madero* (v. carpintería*).
8. Herramientas*, aparatos*. Hormigonera,
mezcladora, m. de mortero, vagoneta basculante, carretilla, silo de cemento, excavadora,
niveladora, «bulldozer», montacargas, grúa*,
g. giratoria, cabria, torno, polea, puntal, criba,
zaranda, manguera, fratás, artesa, cuezo, batidera, capacho, espuerta, balde, cubo, caballete,
llana, paleta, paletín, palustre, pala, codal, tru-
lla, piocha, pico, zapapico, badilejo, alcotana,
raedera, sierra, martillo, lápiz, cordel guía, escuadra, nivel, mira, plomada.
9. Personas. Constructor, arquitecto*, ingeniero* civil, i. técnico, aparejador, contratista,
técnico, maestro de obras, empresario, capataz,
encargado, albañil, alarife, oficial, ayudante*,
peón, jornalero, encofrador, estucador, estu-
quista, revocador, enlucidor, solador, carpintero*, fontanero*, pintor*.
Contr.: Demolición, derribo.
V. ARQUITECTURA, CASA.
constructivo. Provechoso, útil*, favorable. V.
BENEFICIO 3.
constructor. V. CONSTRUCCIÓN 9.
construir. V. CONSTRUCCIÓN 3.
consubstancial. V. consustancial.
consuelo. Alivio, aliento, pacificación. V. ÁNIMO 2.
consuetudinario. Común, ordinario, acostumbrado. V. HÁBITO 6.
cónsul. Representante, funcionario, magistrado.
V. DIPLOMACIA 3.
consulado. Cancillería, representación, delegación*. V. DIPLOMACIA 4.
consulta. Consejo, encuentro, reunión. V. ENTRE-
VISTA 1.
consultar. Asesorarse, deliberar, reunirse. V. EN-
TREVISTA 2.
consultor. Asesor, consejero, guía*. V. CONSE-
JO 3.
consultorio. 1. Clínica, servicio médico, dispensario. V. HOSPITAL 1-3.
— **2.** Gabinete, bufete, despacho. V. MÉDICO 6.
consumado. 1. Diestro, perfecto*, entrenado. V.
HÁBIL 1.
— **2.** Terminado, concluido, finalizado. V. FIN 6.
consumar. Concluir, completar, culminar. V. FIN 4.
consumición. Cuenta, importe, total. V. GASTO 1.
consumido. 1. Descarnado, flaco, débil*. V. DEL-
GADEZ 3.
— **2.** V. consumir.
consumidor. Cliente, público, usuario. V. COM-
PRA 3.
consumir. 1. Rozar, usar, gastar. V. DESGASTE 3.
— **2.** Terminar, acabar, concluir. V. FIN 4.
— **3.** Adquirir, desembolsar, pagar*. V. COM-
PRA 4.

— **4.** *Consumirse*, enflaquecer, debilitarse*, adelgazar. V. DELGADEZ 5.

— **5.** Desesperarse, angustiarse, recomerse. V. IMPACIENCIA 3.

consumo. 1. Uso*, empleo, gasto*. V. UTILIZACIÓN, DESGASTE 1.

— **2.** Arbitrio, impuesto, tasa. V. FISCO 3.

consunción. 1. Enflaquecimiento, agotamiento, debilidad*. V. DELGADEZ 1.

— **2.** Uso, roce, deterioro*. V. DESGASTE.

consustancial. Inherente, peculiar, propio. V. CARACTERÍSTICA 3.

CONTABILIDAD. 1. Teneduría, t. de libros, contaduría, inventario, balance, cómputo, cuenta, cálculo*, recuento, comprobación, arqueo, evaluación*, control, registro, auditoría, liquidación, inscripción, comercio*.

2. Clases. Contabilidad por partida simple, c. por p. doble, c. mercantil, c. de costes.

3. Elementos. Debe, haber, pasivo, activo, capital, comercio*, balance, asiento, intereses, beneficios*, ingresos, total*, superávit, déficit, deuda*, gastos, salidas, partida, contrapartida, cuenta, presupuesto, descuento, inventario, porcentaje, liquidación, saldo, abono, transferencia, adeudo, bruto, neto, líquido, coste, costo, memoria, gestión, fisco*, impuesto, tributación, desgravación, amortización, censura de cuentas, auditoría, cuenta de activo, c. de pérdidas y ganancias, c. de deudas y capital propio, c. de costes, c. de gastos e ingresos, c. de caja, c. mixta, c. de deudas bancarias, c. de mercancías.

4. Operaciones. Calcular*, contabilizar, registrar, anotar, determinar, valorar, evaluar*, operar, adeudar, liquidar, saldar, cerrar, cuadrar, facturar, girar, asentar, gastar, descontar, arquear, inventariar, hacer balance, imponer, tributar, desgravar, amortizar, sumar, ascender, totalizar*, importar, comerciar*.

5. Personas. Contable, tenedor de libros, censor de cuentas, auditor, contador, economista*, profesor mercantil, interventor, tesorero, pagador, cajero, empleado*, oficinista*, funcionario, capitalista, agente, responsable, deudor*, acreedor, accionista.

6. Libros, documentos. Libro de contabilidad, de caja, de actas, de almacén, de inventario y balances, libro mayor, l. diario, l. copiador. Contrato*, factura, albarán, pedido, conocimiento, vendí, pacto, guía*, lista de precios, póliza, resumen, débito, letra de cambio, pagaré, cheque, talón, orden de compra, o. de venta, tarifa, inventario, balance.

V. COMERCIO, CÁLCULO, FISCO, CONTRATO.

contabilizar. V. CONTABILIDAD 4.

contable. V. CONTABILIDAD 5.

contacto. 1. Contigüidad, apoyo; enlace. V. CERCANÍA, MEDIADOR.

— **2.** Toque, tacto, roce. V. TOCAR 6.

— **3.** Mando, llave, pulsador. V. INTERRUPTOR 1.

contado. 1. Poco, limitado, exiguo. V. ESCASEZ 2.

— **2.** *Contado (al)*, al momento, contante, con dinero. V. PAGO 4.

contador. 1. Registrador, cuadro, medidor*. V. INDICADOR 2.

— **2.** Cajero, tesorero, tenedor de libros. V. CONTABILIDAD 5.

contagiar. Contaminar, inocular, transmitir. V. INFECCIÓN 7.

contagio. Transmisión, contaminación, peste. V. INFECCIÓN 1.

contagioso. Pestilente, contaminado, apestado. V. INFECCIÓN 6.

contaminación. 1. V. contagio.

— **2.** Polución, degradación, suciedad*. V. EMPEORAMIENTO 1.

contaminado. V. contaminar.

contaminar. 1. V. contagiar.

— **2.** Polucionar, ensuciar, degradar. V. EMPEORAMIENTO 2.

contante. V. CONTADO 2.

contar. 1. Operar, evaluar*, calcular. V. CÁLCULO 4.

— **2.** Referir, hablar*, relatar. V. NARRACIÓN 4.

contemplación. 1. Vista, examen, observación. V. MIRAR 3.

— **2.** Reflexión, meditación, especulación. V. PENSAR 6.

contemplar. 1. Examinar, apreciar, observar. V. MIRAR 1.

— **2.** Consentir, complacer, satisfacer. V. MIMAR 1.

contemplativo. Reflexivo, espiritual, meditabundo. V. PENSAR 11.

contemporáneo. Coexistente, coincidente, coetáneo. V. SIMULTÁNEO 1.

contemporización. Conformidad, transigencia, avenencia. V. TOLERANCIA 1.

contemporizador. Transigente, benévolo, conforme. V. TOLERANCIA 2.

contemporizar. Conllevar, avenirse, amoldarse. V. TOLERANCIA 4.

contención. Inmovilización, obstáculo, dificultad. V. INTERRUPCIÓN 1.

contender. Batallar, disputar, pelear*. V. LUCHA 9.

contendiente. Adversario, competidor, contrario. V. RIVALIDAD 2.

contener. 1. Detener, refrenar, reprimir. V. INTERRUPCIÓN 2.

— **2.** Englobar, encerrar, abarcar. V. CABER 1.

contenido. 1. Cabido, espacio, capacidad. V. CABER 2.

— **2.** Englobado, encerrado, comprendido. V. CABER 3.

— **3.** Texto, tema, índice. V. ESCRIBIR 4.

contentadizo. Bonachón, conformista, resignado*. V. TOLERANCIA 2.

contentar. 1. Conformar, agradar, complacer. V. SATISFACCIÓN 6.

— **2.** *Contentarse*, transigir, aceptar, resignarse. V. TOLERANCIA 4.

contento. 1. Complacido, dichoso, alegre. V. ALEGRÍA 6.
— **2.** Gozo, placer, felicidad*. V. ALEGRÍA 1.
contera. Extremidad, remate, cabo. V. PUNTA 1.
contertulio. Compadre, interlocutor, amigo. V. COMPAÑERO 1.
CONTESTACIÓN. 1. Réplica, manifestación, respuesta, argumento, declaración, explicación*, aclaración, comentario, confesión, divagación, alegato, exposición, revelación, testimonio, afirmación, negación, mentís, disquisición, opinión, descripción, tapaboca, negativa, sarcasmo, ironía*, rechazo.
— **2.** Disconformidad, negativa, controversia. V. DISCUSIÓN 1.
3. Contestar. Responder, replicar, argumentar, manifestar, confesar, comentar, aclarar, explicar*, alegar, declarar, testimoniar, exponer, afirmar, negar, rebatir, divagar, revelar, atestiguar, retrucar, refunfuñar, encararse, retrucar, responder, insolentarse (v. 4).
— **4.** Enfrentarse, oponerse, rechazar*. V. DISCUSIÓN 3.
5. Contestador. Respondón, lenguaraz, descarado, bocazas, desconsiderado, insolente, atrevido, rebelde, grosero, descortés*, hablador*. *Contr.:* Silencio, reserva.
V. EXPLICACIÓN, DISCUSIÓN.
contestador. V. CONTESTACIÓN 5.
contestar. 1. V. CONTESTACIÓN 3.
— **2.** Negar, impugnar, rebatir. V. OPOSICIÓN 6.
contestatario. Oponente, rebelde, polémico. V. DISCUSIÓN 5.
contexto. Contenido, trama, narración. V. ASUNTO 2.
contextura. Conformación, disposición. V. FORMA 1.
contienda. 1. Altercado, disputa, riña. V. PELEA 1.
— **2.** Batalla, combate, ataque. V. GUERRA 1.
contiguo. Vecino, próximo, lindante. V. CERCA 1.
continencia. Abstinencia, templanza, castidad. V. MODERACIÓN 2.
continente. 1. Hemisferio, territorio, división geográfica. V. GEOGRAFÍA 5.
— **2.** Empaque, aire, porte. V. ASPECTO 1.
— **3.** Sobrio, abstinente, casto. V. MODERACIÓN 3.
contingencia. Circunstancia, azar, eventualidad. V. SUCESO 1.
contingente. 1. Conjunto, número, tropa. V. GRUPO 1, 8.
— **2.** Aportación, porción, parte*. V. CANTIDAD 2.
CONTINUACIÓN. 1. Duración*, persistencia, prolongación*, prosecución, permanencia*, sucesión, curso, transcurso, decurso, paso, proceso, tiempo*, continuidad, constancia, prórroga, secuencia, repetición*, reanudación, extensión*, resistencia*, subsistencia, estabilidad, perpetuación, eternidad, mantenimiento, conservación*, renovación, insistencia, seguimiento, progre-

sión, ciclo, hilo, cadena, serie*, perennidad, perseverancia*, obstinación*, tozudez.
2. Continuo. Duradero*, durable, persistente, continuado, paulatino (v. 3), incesante, permanente*, seguido, ininterrumpido, repetido*, prolongado, constante, resistente*, extenso*, reanudado, prorrogado, conservado*, mantenido, perpetuado, gradual, perenne, incansable, movido*, inagotable, infinito, eterno, perpetuo, enésimo, inacabable, metódico, organizado, estable, largo, insistente, reiterado, corrido, habitual*, asiduo, igual, invariable, semejante*, crónico, ampliado, perdurable (v. 3).
— **3.** *Continuado,* continuo, gradual, sucesivo, escalonado, paulatino, siguiente, ulterior, contiguo, vecino, próximo, correlativo, posterior, consecutivo, progresivo, ordenado*, sistemático, alterno, alternativo, cíclico, periódico, regular, uniforme, insensible, imperceptible, lento, encadenado, seriado, obstinado*, terco, reiterado, repetido*, recurrente, constante, mantenido, espaciado, rítmico, exacto, fijo, subsecuente, cercano* (v. 2).
4. Continuador. Discípulo, alumno, sucesor, seguidor, heredero*, descendiente, adepto, partidario, simpatizante*, adicto, afiliado, devoto, incondicional, leal*, fanático, admirador, prosélito, amigo, acólito, secuaz, compañero*, cómplice.
5. Continuar(se). Subsistir, durar*, seguir, proseguir, permanecer*, persistir, prolongar, quedarse, encontrarse, prorrogar, repetir*, volver, tornar, reanudar, renovar, reemprender, restablecer, resistir, extender*, semejar*, conservar*, mantener, preservar, perpetuar, reactivar, estabilizar, progresar, empalmar, añadir, adelantar, ganar, rebasar, encadenarse, sucederse, insistir, perseverar, eternizar, ampliar, alternar, relacionarse, derivar, prevenir, originarse, ordenar, encadenar, seriar, obstinarse*, empecinarse.
6. Continuamente. Perpetuamente, interminablemente, siempre, sin cesar, permanentemente*, incensantemente, eternamente, fijamente, perennemente, insistentemente, prolongadamente, repetidamente*, duraderamente, obstinadamente, reiteradamente, excesivamente, fastidiosamente, periódicamente, regularmente, constantemente, espaciadamente, próximamente, cercanamente (v. 1).
Contr.: Discontinuo, irregular.
V. DURACIÓN, PERSEVERANCIA, PERMANENCIA, RESISTENCIA, REPETICIÓN, CONSERVACIÓN, SEMEJANZA, OBSTINACIÓN, SERIE.
continuado. V. CONTINUACIÓN 3.
continuador. V. CONTINUACIÓN 4.
continuamente. V. CONTINUACIÓN 6.
continuar. V. CONTINUACIÓN 5.
continuidad. V. CONTINUACIÓN 1.
continuo. V. CONTINUACIÓN 2.
contonearse. Menearse, pavonearse, moverse. V. MARCHAR 1.

contornear. Circundar, rodear, eludir. V. BORDE 2.

contorno. 1. Figura*, silueta, perfil. V. FORMA 1.

— **2.** Periferia, perímetro, borde. V. LÍMITE 1.

— **3.** Contornos, alrededores, afueras, suburbios. V. BARRIO 2.

contorsión. Retorcimiento, deformación, arqueamiento. V. CRISPAMIENTO 1.

contorsionarse. V. contorsión.

contorsionista. Acróbata, gimnasta*, saltimbanqui. V. EQUILIBRIO 8.

contra. Antagonismo, resistencia, enfrentamiento. V. OPOSICIÓN 1.

contraatacar. Resistir, rechazar, rehacerse. V. OPOSICIÓN 6.

contraataque. Rechazo, ofensiva, contragolpe. V. ATAQUE 4.

contrabajo. Violón, instrumento de arco, de cuerdas. V. INSTRUMENTO MUSICAL 3.

contrabandear. Traficar, defraudar, contravenir. V. ADUANA 10.

contrabandista. Defraudador, traficante, contraventor. V. ADUANA 9.

contrabando. Fraude, tráfico ilegal, contravención. V. ADUANA 8.

contracción. 1. Espasmo, convulsión, retortijón. V. CRISPAMIENTO 1.

— **2.** Mengua, encogimiento, reducción. V. DISMINUCIÓN 1.

— **3.** Sinalefa, metaplasmo, supresión. V. GRAMÁTICA 16.

contráctil, contractilidad. V. contracción.

contractura. V. contracción 1.

contradecir. 1. Discutir, argumentar, oponerse. V. NEGACIÓN 4.

— **2.** Contradecirse, desdecirse, retractarse, cambiar*. V. ARREPENTIMIENTO 4.

contradicción. 1. Contrasentido, absurdo, paradoja. V. DISPARATE 1.

— **2.** Réplica, argumentación, desacuerdo. V. DISCUSIÓN 1.

contradictorio. Paradójico, absurdo, incomprensible*. V. DISPARATE 2.

contraer. 1. Lograr, tomar, adquirir. V. OBTENER 1.

— **2.** Contagiarse, caer, enfermar. V. INFECCIÓN 7.

— **3.** Contraerse, menguar, acortarse, encogerse. V. DISMINUCIÓN 2.

— **4.** Convulsionarse, crisparse, retorcerse. V. CRISPAMIENTO 2.

contrafuerte. Pilar, refuerzo, soporte*. V. COLUMNA 1.

contragolpe. V. contraataque.

contrahecho. Grotesco, defectuoso, deforme. V. DEFORMACIÓN 3.

contraindicado. Excluido, desaconsejado, suprimido. V. OPOSICIÓN 4.

contralto. Cantante, artista*, solista. V. CANTAR 10, 11.

contraluz. Luz frontal, penumbra, contraste. V. LUZ 5.

contramaestre. Capataz, vigilante, encargado. V. JEFE 8.

contramano (a). Al contrario, opuesto, al revés. V. DIFERENCIA 4.

contramarcha. Marcha atrás, vuelta, reculada. V. RETROCESO 1.

contraorden. Retractación, revocación, cancelación. V. ANULAR 4.

contrapelo (a). Al revés, a la inversa, contrariamente. V. OPOSICIÓN 4.

contrapeso. Nivelación, compensación, igualación. V. EQUILIBRIO 1.

contraponer. Anteponer, comparar, enfrentar. V. OPOSICIÓN 6.

contraproducente. Contrario, dañino, desfavorable. V. PERJUICIO 2.

contrapuesto. Enfrentado, opuesto, antagónico. V. OPOSICIÓN 4.

contrapunto. Concordancia, armonía de voces, voces contrapuestas. V. CANTAR 4.

contrariar. 1. Enfadar, molestar, fastidiar. V. ENOJO 2.

— **2.** Impedir, obstaculizar, estorbar. V. DIFICULTAD 5.

contrariedad. Problema, decepción, molestia. V. DIFICULTAD 1.

contrario. 1. Enemigo*, competidor, adversario. V. RIVALIDAD 2.

— **2.** Discrepante, opuesto, desacorde. V. OPOSICIÓN 4.

— **3.** Adverso, nocivo, dañino. V. PERJUICIO 2.

contrarrestar. Compensar, neutralizar, anular. V. EQUILIBRIO 9.

contrasentido. Contradicción, absurdo, error. V. DISPARATE 1.

contraseña. 1. Santo y seña, consigna, pase. V. PERMISO 1.

— **2.** Marca, signo, señal*. V. SELLAR 3.

contrastar. 1. Distinguirse, discrepar, variar*. V. DIFERENCIA 5.

— **2.** Verificar, examinar, controlar. V. COMPROBAR 1.

contraste. 1. Desigualdad, discrepancia, oposición. V. DIFERENCIA 1.

— **2.** Control, verificación, examen*. V. COMPROBAR 2.

— **3.** Marca, cuño, señal*. V. SELLAR 3.

contrata, contratación. V. CONTRATO 2.

contratante. V. CONTRATO 6.

contratar. V. CONTRATO 5.

contratiempo. Problema, engorro, tropiezo. V. DIFICULTAD 1.

contratista. V. CONTRATO 6.

CONTRATO. 1. Convenio, compromiso, pacto*, acuerdo (v. 2), escritura, documento*, d. público, instrumento público, escrito*, minuta, original, copia, duplicado, título, registro, protocolo, estatuto, legajo, expediente, certificado, manuscrito, comprobante, justificante, cédula, archivo (v. 2).

2. Contratación. Trato, acuerdo, pacto*, convenio, intercambio, comercio*, negociación, negocio, estipulación, transferencia, fichaje, cesión, obligación, contrata, compromiso, arriendo, alquiler* (v. 1).
3. Clases de contratos. Contrato privado, público, notarial, tácito, de compra, de venta, de compraventa, de arrendamiento, de alquiler, de compromiso, de depósito, de servicio, de seguro, de trabajo, unilateral, solemne, social, cuasicontrato, enfitéutico, aleatorio, oneroso, gratuito, real, lucrativo.
4. Elementos. Cláusula, condición, estipulación, disposición, tratado, pacto*, cumplimiento, incumplimiento, anulación, rescisión, extinción, derechos reales, administración, pleito, partes, comercio (v. 6).
5. Acción. Contratar, ajustar, celebrar, estipular, cerrar, acordar, convenir, negociar, obligarse, inscribir, escriturar, registrar, formalizar, legalizar*, suscribir, firmar, rubricar, aprobar, otorgar, vender, comprar, alquilar, arrendar, locar, ceder, donar, legar, heredar*, testar, perfeccionar, anular, rescindir, emplear*, pagar*, asalariar, fichar.
6. Personas. Contratante, parte, tercero, comprador, vendedor, dueño, propietario, adquirente, patrono, empleador*, empleado*, empresario, contratista, constructor*, locatario, arrendatario; notario, oficial, pasante, escribano, secretario.
V. DOCUMENTO, PACTO, COMERCIO, COMPRAR, VENDER, ALQUILAR.
contravención. Delito*, transgresión, violación. V. INCUMPLIR 2.
contraveneno. Desintoxicante, antitóxico, antídoto. V. VENENO 7.
contravenir. Infringir, violar, transgredir. V. INCUMPLIR 1.
contraventana. Postigo, puertecilla, madera*. V. VENTANA 2.
contraventor. Transgresor, infractor, delincuente*. V. CULPA 4.
contrayente. Desposado, novio, consorte. V. CASAMIENTO 7.
contribución. 1. Colaboración, cooperación, aporte. V. AYUDA 1.
— **2.** Impuesto, cuota, gravamen. V. FISCO 3.
contribuir. 1. Participar, cooperar, aportar. V. AYUDA 3.
— **2.** Cotizar, tributar, entregar*. V. PAGAR 1.
contribuyente. Interesado, imponente, ciudadano. V. FISCO 9.
contrición. Remordimiento, aflicción, dolor. V. ARREPENTIMIENTO 1.
contrincante. Oponente, adversario, competidor. V. RIVALIDAD 2.
contrito. Compungido, pesaroso, acongojado. V. ARREPENTIMIENTO 5.
control. Inspección, examen, verificación. V. COMPROBAR 2.

controlar. Verificar, vigilar*, inspeccionar. V. COMPROBAR 1.
controversia. Debate, litigio, polémica. V. DISCUSIÓN 1.
controvertir. Polemizar, debatir, argüir. V. DISCUSIÓN 3.
contubernio. Confabulación, connivencia, alianza. V. CONSPIRACIÓN 1.
contumacia. V. contumaz.
contumaz. Reincidente, rebelde, porfiado. V. OBSTINACIÓN 2.
contundente. 1. Brutal, pesado, violento*. V. GOLPE 13.
— **2.** Terminante, perentorio, sincero*. V. CLARO 5.
contundir. Golpear, pegar, herir. V. GOLPE 10-12.
conturbado. Inquieto, nervioso, confuso. V. INTRANQUILIDAD 3.
contusión. Cardenal, golpe, magulladura. V. LESIÓN 1.
contuso. Golpeado, magullado, herido. V. LESIÓN 10.
convalecencia. Restablecimiento, mejoría, recuperación. V. CURAR 4.
convalecer. V. convalecencia.
convaleciente. Recuperado, paciente, aliviado. V. CURAR 7.
convalidar. Reconocer, revalidar, legalizar. V. APROBAR 1.
convencer. Argumentar, inducir, demostrar. V. PERSUADIR 1.
convencido. Seguro, persuadido, cierto. V. PERSUADIR 3.
convencimiento. Seguridad, certidumbre, convicción. V. CONFIANZA 1.
convención. Reunión, congreso, conferencia. V. ASAMBLEA 1.
convencional. 1. Artificioso, ficticio, afectado. V. FALSO 4.
— **2.** Tradicional, acostumbrado, común. V. HÁBITO 6.
convencionalismo. Formulismo, artificio, falsedad*. V. AFECTACIÓN 1.
convenido. Estipulado, acordado, establecido. V. PACTO 5.
CONVENIENCIA. 1. Ventaja*, adecuación, beneficio*, provecho, servicio, oportunidad*, utilidad*, rendimiento, comodidad*, corrección, satisfacción*, conformidad, propiedad, mérito*, bondad, valor, fruto, validez, aptitud, ajuste, lucro, ganancia, proporción, eficacia, idoneidad, procedencia, lógica, pertinencia, arreglo, correspondencia, incumbencia*, relación, importancia*, interés*, atributo, superioridad*.
2. Conveniente. Provechoso, ventajoso*, adecuado, correcto, oportuno*, debido, beneficioso*, útil, favorable, ad hoc, rendidor, satisfactorio*, eficaz, conforme, admitido, concordante, merecido, propio, apropiado, lógico, pertinente, cabal, válido, valioso, meritorio, bueno,

fructífero, proporcionado, lucrativo, ajustado, productivo, utilizable, aprovechable, servible, disponible, correspondiente, incumbente*, procedente, idóneo, superior*, interesante*, importante*.

3. Convenir. Aprovechar, cuadrar, favorecer, satisfacer*, conformar, servir, valer, producir, acomodar, rendir, beneficiar*, adecuar, lucrar, alcanzar, bastar, venir bien, ajustarse, incumbir*, atañer, corresponder, arreglarse, proceder, interesar*, importar*, relacionarse.

— **4.** Confesar, asentir, reconocer. V. ADMITIR 2.

— **5.** Concertar, arreglar, tratar. V. PACTO 4.

— **6.** Atañer, relacionarse, corresponder. V. INCUMBIR 1.

7. Convenientemente. Provechosamente, ventajosamente*, adecuadamente (v. 2).

Contr.: Perjuicio*, daño, desventaja.

V. BENEFICIO, VENTAJA, UTILIDAD, COMODIDAD, MÉRITO, IMPORTANCIA, INTERÉS, SUPERIORIDAD, INCUMBENCIA, SATISFACCIÓN.

conveniente. V. CONVENIENCIA 2.

convenio. Ajuste, compromiso, acuerdo. V. PACTO 1.

convenir. V. CONVENIENCIA 3-6.

CONVENTO. 1. Cenobio, monasterio, claustro, cartuja, abadía, priorato, noviciado, rábida, beaterio, casa profesa, retiro, clausura, encierro, iglesia, templo*, seminario, colegio, residencia, congregación, comunidad, regla, orden religiosa, ermita, capilla (v. 2).

2. Partes. Claustro, clausura, refectorio, celda, capilla, iglesia conventual, enfermería, hospedería, locutorio, biblioteca, sala capitular, ropería, calefactorio, comulgatorio, grada, celosía, puerta reglar, torno, campana, campanilla, segundilla, esquila.

3. Fraile. Religioso, hermano, monje, fray, cartujo, abad, prior, prepósito, provincial, superior, general, rector, prelado, padre, dom; lego, neófito, novicio, júnior, profeso, guardián, operario, admonitor, custodio, regular, asistente, alforjero, maestro, lector, mayordomo, racionero; cenobita, ermitaño, asceta, anacoreta, eremita, penitente, santón; sacerdote*, órdenes religiosas (v. 5).

4. Monja*. Hermana, sor, religiosa, madre, profesa, confesa, postulante, novicia, monjita, freila, beata, superiora, priora, prelada, abadesa, canonesa, provinciala, comendadora. Monjas de clausura: lega, tornera, asistenta, sacristana, procuradora, enfermera, demandadera, confesionaria, vicaria, cilleriza. Órdenes religiosas de monjas (v. 5).

5. Órdenes religiosas. De frailes: V. SACERDOTE 3. De monjas: V. MONJA 3.

6. Conventual. Abacial, abadengo, monástico, ermitaño, monacal, religioso, eclesiástico, ascético, cenobítico, enclaustrado, cartujo, retirado, aislado, cerrado, frailuno, monjil, sacerdotal*.

V. SACERDOTE, MONJA, ORDEN RELIGIOSA, TEMPLO, MISA.

conventual. V. CONVENTO 6.

convergencia. Concentración, fusión, unión*. V. CRUCE 1.

convergente. Coincidente, reunido, concurrente. V. CRUCE 6.

converger, convergir. Reunirse, confluir, cruzarse. V. CRUCE 5.

CONVERSACIÓN. 1. Diálogo, plática, charla, conciliábulo, coloquio, corrillo, tertulia, sobremesa, parlamento, reunión, palique, habla*, entrevista, comunicación, explicación*, discusión*, charloteo, parloteo, charlatanería, palabrería, palabreo, floreo, discreteo, faramalla, parla, cháchara, verborrea, perorata, sermón, parrafada, frase, reprensión*, verba, garla, labia, locuacidad, facundia, interlocución, conferencia, soliloquio, monólogo, cuchicheo, murmuración, susurro, chisme*, cotilleo, comadreo, cotorreo, chismorreo*, acuerdo, pacto*, resolución, intercambio, consulta, comentario, pasatiempo, velada, peña, corro, círculo, asamblea*, sesión, encuentro, cita, visita, interviú, razonamiento, argumento, pregunta, respuesta, relato, narración*, cuento.

2. Conversar. Dialogar, hablar*, platicar, charlar, parlotear (v. 3), entrevistarse, parlamentar, comunicarse, perorar, sermonear, reprender*, acordar, pactar*, resolver, conferenciar, intercambiar, aconsejar, consultar, comentar, departir, discutir*, encontrarse, citarse, visitarse, razonar, argumentar, preguntar, contestar, responder, contar, narrar*, relatar, razonar (v. 3).

— **3.** *Parlotear*, conversar, parlar, garlar, charlotear, florear, susurrar, murmurar, chismorrear*, cotillear, comadrear, cotorrear, cuchichear, badajear, cascar, picotear, despepitarse, enzarzarse, discretear, rajar, pegar la hebra, echar un párrafo (v. 2).

4. Conversador. Locuaz, parlanchín, verboso, charlatán, hablador*, explícito, florido, comunicativo, expansivo, expresivo, vehemente, sociable, ameno, entretenido, discutidor*, extravertido, ocurrente, charlista, conferenciante, orador, tribuno, predicador, palabrero, decidor, lenguaraz, cotorra, cotilla, chismoso*, gárrulo, indiscreto, bocazas, exagerado*, sacamuelas, badajo, murmurador.

5. Grupos, lugares. Tertulia, salón, corrillo, corro, cotarro, charla, mentidero, peña, grupo*, círculo, centro, asociación*, sociedad, club, casino, café, convite, fiesta*, velada, recepción, reunión.

Contr.: Silencio, mudez.

V. DISCUSIÓN, HABLA, NARRACIÓN, CHISME, REPRENSIÓN, PALABRA, PRONUNCIACIÓN, FRASE.

conversador. V. CONVERSACIÓN 4.

conversar. V. CONVERSACIÓN 2.

conversión. 1. Transformación, variación*, apostolado*. V. CAMBIO 3.
— **2.** V. convertir 2, 3.
converso. Prosélito, neófito, cristiano. V. CRISTO 4.
convertir. 1. Transformar, modificar, alterar. V. CAMBIO 6.
— **2.** Evangelizar, cristianizar, bautizar*. V. CRISTO 7.
— **3.** *Convertirse*, reconciliarse, abrazar, aceptar. V. CRISTO 7.
convexidad. Abombamiento, bulto, prominencia. V. ABULTAMIENTO 1.
convexo. Combado, pandeado, abombado. V. ABULTAMIENTO 2.
convicción. Certidumbre, convencimiento, seguridad. V. CONFIANZA 1.
convicto. Reo, acusado, condenado. V. CONDENA 5.
convidado. Invitado, comensal, agasajado. V. INVITACIÓN 4.
convidar. Invitar, homenajear, agasajar. V. INVITACIÓN 6.
convincente. Sugerente, elocuente, persuasivo. V. PERSUADIR 4.
convite. Homenaje, agasajo, banquete. V. INVITACIÓN 1.
CONVIVENCIA. 1. Relación*, intimidad, vida*, coexistencia, trato, roce, unión*, familiaridad*, confianza*, tuteo, simpatía*, compañerismo*, amistad, entendimiento, comunión, vínculo, cohabitación, domicilio, residencia, camaradería, parentesco, lazo, afinidad, conexión, fraternidad, hermandad, comprensión, alterne, intercambio, frecuentación, comunicación, conocimiento, inteligencia, acuerdo, compenetración, avenencia, tolerancia*, compatibilidad, cordialidad, costumbre, hábito*, supervivencia, comportamiento*, proceder.
2. Convivir. Coexistir, tratarse, relacionarse*, vivir, residir, habitar*, cohabitar, fraternizar, entenderse, avenirse, congeniar, intimar, identificarse, simpatizar*, confiar, familiarizarse*, unirse*, codearse, tutearse, rozarse, alternar, acompañar, compenetrarse, comprenderse, tolerarse*, aguantarse, hermanarse*, confraternizar, tratar, emparentar, enlazar, vincularse, frecuentar, visitar*, comunicarse, presentarse, conocerse, estar de acuerdo, hacer migas, verse, acostumbrarse, habituarse*, sobrevivir, conllevarse, proceder, comportarse*.
3. Que convive. Íntimo, relacionado, familiar*, pariente, coexistente, simpatizante*, residente, vecino, habitante, avenido, compenetrado, coincidente, fraterno, hermano, hermanado, simpático*, vinculado, unido*, afín, enlazado, emparentado, camarada, amigo, compañero*, conocido, compatible, tolerante*, acostumbrado, habituado*, cordial, superviviente, inseparable.
Contr.: Enemistad*, discordia, desunión, rivalidad*.

V. COMPAÑERISMO, RELACIÓN, VIDA, UNIÓN, CONFIANZA, SIMPATÍA, FAMILIARIDAD, TOLERANCIA, HÁBITO, COMPORTAMIENTO.
convivir. V. CONVIVENCIA 2.
convocar. Congregar, reunir, citar. V. LLAMAR 3.
convocatoria. Anuncio, aviso, orden*. V. LLAMAR 6.
convoy. Caravana, columna, cortejo. V. ESCOLTA 1.
convulsión. 1. Contracción, espasmo, estremecimiento. V. CRISPAMIENTO 1.
— **2.** Algarada, revuelta, insurrección. V. REVOLUCIÓN 1.
convulsionarse. Crisparse, contraerse, estremecerse. V. CRISPAMIENTO 2.
convulsivo, convulso. Espasmódico, trémulo, crispado. V. CRISPAMIENTO 3.
conyugal. Nupcial, familiar*, matrimonial. V. CASAMIENTO 12.
cónyuge. Esposo, consorte, desposado. V. CASAMIENTO 7.
coñac. «Brandy», licor, aguardiente. V. BEBIDA 2.
cooperación. Asistencia, contribución, colaboración. V. AYUDA 1.
cooperador. Colaborador, participante, asociado*. V. AYUDA 4.
cooperar. Contribuir, colaborar, participar. V. AYUDA 3.
cooperativa. Mutualidad, montepío, entidad. V. ASOCIACIÓN 5.
coordenada. Eje, línea, recta. V. GEOMETRÍA 3.
coordinación. V. coordinar.
coordinar. Organizar, combinar, relacionar. V. ORDEN 9.
copa. 1. Copón, cáliz, vaso. V. RECEPTÁCULO 3.
— **2.** Trofeo, recompensa, galardón. V. PREMIO 1.
copar. Rodear*, sitiar, asediar. V. CERCAR 1.
copartícipe. Participante, colaborador, consocio. V. ASOCIACIÓN 12.
copete. Tupé, flequillo, penacho. V. PELO 2, PLUMA 5.
copetín. Aperitivo, copas; reunión. V. BEBIDA 6, FIESTA 1.
COPIA. 1. Duplicado, facsímile, repetición, reproducción, réplica, calco, imitación (v. 2), registro, multiplicación, extracto, ejemplar, fotografía*, fotocopia, xerocopia, xerografía, copia fotostática, trasunto, transcripción, triplicado, folleto, hoja*, papel*.
— **2.** *Remedo*, copia, imitación, reproducción, trasunto, simulacro, simulación*, falsificación*, pastiche, calco, robo, parodia, burla, pantomima, artificio, fingimiento, plagio, refrito, recopilación (v. 1).
3. Copiar. Duplicar, reproducir, repetir*, recrear, rehacer, transcribir, trasladar, calcar, registrar, fotocopiar, fotografiar*, xerografiar, remedar, imitar (v. 4), multiplicar, extractar.

— **4.** *Remedar,* copiar, simular*, falsificar*, plagiar, parodiar, semejar, imitar, fingir, burlarse, bromear*, reproducir, emular (v. 3).

5. Que copia. Copista, escribano, escribiente*, copiador, calcador, calquista, amanuense, calígrafo, pendolista, oficinista*, empleado*, pasante, mecanógrafo, taquígrafo; chupatintas, cagatintas (v. 6).

6. Que imita. Imitador*, mimo, parodista, fingidor, plagiario, mistificador, falsificador*, simulador*, impostor, seguidor, émulo, adepto, simpatizante* (v. 5).

7. Elementos, aparatos. Fotocopiadora, xerocopiadora, multicopista, ciclostil o ciclostilo, pantógrafo, hectógrafo, papel carbón, p. sensible, p. fotográfico.
V. IMITAR, REPETIR, SIMULAR, FOTOGRAFÍA, FALSIFICACIÓN.

copiador. V. COPIA 5.

copiar. V. COPIA 3, 4.

copiloto. Piloto ayudante*, auxiliar, aviador. V. AVIÓN 5.

copioso. Profuso, cuantioso, numeroso. V. ABUNDANCIA 2.

copista. V. COPIA 5.

copla. 1. Canción, aire, tonada. V. CANTAR 1.
— **2.** Verso, poema, estrofa. V. POESÍA 4.

copo. Partícula, grumo, porción. V. FRAGMENTO 1.

copón. Grial, cáliz, copa. V. RECEPTÁCULO 3.

copropiedad. Coparticipación, asociación*, condominio. V. PROPIEDAD 1.

copropietario. Copartícipe, socio, asociado*. V. PROPIEDAD 6.

copto. Idioma egipcio, cristiano egipcio. V. IDIOMA 1, CRISTO 4.

cópula. 1. Concúbito, ayuntamiento. V. COITO 1.
— **2.** Relación, ligadura, enlace. V. UNIR 11.

copular. Aparearse, cohabitar, hacer el amor. V. COITO 6.

copyright. *ingl* Propiedad literaria, derechos de autor, derechos literarios. V. LIBRO 11.

coque. Hulla, residuo, combustible*. V. CARBÓN 1.

coqueta. 1. Veleidosa, presumida. V. FRIVOLIDAD 4.
— **2.** Bonita, agradable, graciosa. V. ATRACTIVO 2

coquetear. Seducir, galantear, engatusar. V. FRIVOLIDAD 5.

coquetería. Galanteo, veleidad, seducción. V. FRIVOLIDAD 1, 2.

coqueto. 1. Veleidoso, presumido. V. FRIVOLIDAD.
— **2.** Bonito, agradable, gracioso. V. ATRACTIVO 2.

coracero. Soldado, militar, jinete. V. CABALLERÍA 4, EJÉRCITO 6.

coraje. 1. Valentía, intrepidez, arrojo. V. OSADÍA 1.
— **2.** Ira, furia, irritación. V. ENOJO 1.

corajina. V. coraje 2.

corajudo. Valiente, atrevido, audaz. V. OSADÍA 3.

coral. 1. Madrépora, pólipo, celentéreo. V. ANIMAL 6.

— **2.** Escollo, atolón, rompiente. V. ARRECIFE 1.
— **3.** Orfeón, coro, conjunto. V. CANTAR 12.

coraza. 1. Peto, protección, coselete. V. ARMADURA 2, 3.
— **2.** Blindaje, plancha, revestimiento. V. PROTECCIÓN 2.

CORAZÓN. 1. Órgano, entraña, víscera, músculo cardíaco, órgano circulatorio, ó. impulsor, víscera cordial (v. 5).
— **2.** Valentía, coraje, osadía*. V. ÁNIMO 1.
— **3.** Meollo, núcleo, interior. V. CENTRO 1.
— **4.** Cuesco, pepita, hueso. V. SEMILLA 1.

5. Partes. Aurícula, ventrículo, punta, válvula tricúspide, v. mitral, v. sigmoidea, v. semilunar, tabique interventricular, t. interauricular, músculo papilar, aorta, cayado de la aorta, arteria pulmonar, vena cava superior, v. c. inferior, arterias coronarias, apéndice auricular, fascículo de Hiss, tejido muscular, fibrilla muscular, miocardio, pericardio, endocardio, membrana.

6. Actividad cardiaca. Latido, palpitación, pulso, pulsación, movimiento*, ritmo cardíaco, contracción, sístole, dilatación, diástole, pausa. Latir, palpitar, pulsar, moverse, contraerse, dilatarse.

7. Dolencias. Infarto, aneurisma, angina de pecho, trombosis, taquicardia, arritmia, bradicardia, cardiopatía, extrasístole, asistolia, insuficiencia cardiaca, miocarditis, endocarditis, pericarditis, aleteo, fibrilación, estenosis, cianosis, hipertrofia, colapso, soplo cardíaco, enfermedad azul.

8. Diagnóstico, tratamiento. Auscultación, percusión, cardiografía, electrocardiógrafo, electrocardiograma, rayos X, marcapasos, estetoscopio, fonendoscopio, digital, digitalina. Cardiólogo, especialista, doctor, médico. Cardiología, ciencia, especialidad, disciplina, tratado, estudio.
V. CIRCULATORIO (APARATO), SANGRE.

corazonada. Presagio, sospecha, presentimiento. V. ADIVINAR 3.

corbata. Prenda, corbatín, lazo. V. TIRA 1.

corbeta. Nave, fragata, embarcación de guerra. V. BARCO 6.

corcel. Cabalgadura, montura, palafrén. V. CABALLO 1.

corchete. Cierre, prendedor, gancho. V. BROCHE 1.

corcho. 1. Cierre, tapón, espiche. V. TAPA 1.
— **2.** Corteza, alcornoque, producto. V. MADERA 6.

corcova. Giba, joroba, chepa. V. DEFORMACIÓN 2.

corcovado. Jorobado, giboso, contrahecho. V. DEFORMACIÓN 3.

corcovear. Agitarse, sacudirse, corvetear. V. CABALLO 17.

corcovo. Brinco, respingo, corveta. V. CABALLO 9.

cordaje. Aparejo, jarcia, cabos. V. BARCO 17.

cordel. Cordón, soga, bramante. V. CUERDA 1.

cordero. Borrego, cría*, ternasco. V. OVEJA 1.

cordial. 1. Espontáneo, efusivo, afable. V. AMA-
BILIDAD 2.
— **2.** Alcohol, reconfortante, estimulante. V.
BEBIDA 2.
cordialidad. Afecto, efusión, afabilidad. V. AMA-
BILIDAD 1.
cordillera. Macizo, cadena, sierra. V. MONTAÑA 1.
cordón. Trencilla, ribete, cordel. V. CUERDA 1,
TIRA 1.
cordura. Discreción, juicio, sensatez. V. FORMAL 3.
corear. Entonar, acompañar, vocear. V. CANTAR
15, GRITAR.
coreografía. Danza, arte, representación. V. BAI-
LE 1.
coriáceo. Correoso, resistente*, fibroso. V. DURO 1.
corindón. Gema, zafiro, esmeralda. V. PIEDRA
PRECIOSA 2.
corista. Figurante, comparsa, bailarina. V. BAILE
12, CANTAR 10.
corito. Vergonzoso*, apocado, ñoño. V. TIMIDEZ 2.
coriza. Romadizo, constipado, catarro. V. RES-
FRIADO 1.
cornada. Puntazo, cogida, lesión*. V. CUERNO 5.
cornamenta. Astas, pitones, defensas. V. CUER-
NO 1.
cornamusa. Gaita, instrumento músico, i. de viento. V. INSTRUMENTO MUSICAL 4.
córnea. Membrana, esclerótica, túnica. V. OJO 4.
cornear. Coger, empitonar, desgarrar. V. CUER-
NO 6.
corneja. Grajo, cuervo, pájaro. V. AVE 15.
córneo. Resistente*, coriáceo, encallecido. V.
DURO 1.
córner. Esquina, ángulo del campo, saque de esquina. V. FÚTBOL 4.
corneta. Clarín, trompa, instrumento de viento.
V. TROMPETA 1.
cornete. Huesecillo, lámina nasal, placa ósea. V.
NARIZ 2.
cornisa. Remate, coronamiento, moldura. V. BOR-
DE 1, COLUMNA 5.
cornucopia. Cuerno de la abundancia, alegoría,
figura*. V. SÍMBOLO 1.
cornudo. Cabrón, gurrumino, sufrido. V. ADUL-
TERIO 4.
coro. Coral, orfeón, masa coral. V. CANTAR 12.
corola. Pétalos, cubierta floral, exterior. V. FLOR 2.
corolario. Conclusión, consecuencia, deducción.
V. RESULTADO 1.
CORONA. 1. Tiara, diadema, guirnalda, laureola,
mitra, tocado, adorno*, ornamento, atributo,
símbolo*, alhaja, presea, joya*; halo, nimbo,
cerco, aureola, anillo, orla, círculo*, brillo*,
luz*, fulgor, esplendor.
2. Clases. Corona papal, imperial, real, de
príncipe, de duque, de marqués, de conde,
de vizconde, de barón, de caballero, corona
triunfal, olímpica, cívica, mural, obsidional,
rostral, castrense, de hierro, de laurel, de flores,
guirnalda.

3. Acción. Coronar, ennoblecer, investir, ungir, conferir, ceñir, entronizar, otorgar, elevar,
proclamar.
4. Coronación. Investidura, ceremonia, fasto, solemnidad*, elevación, entronización,
ennoblecimiento, espaldarazo, proclamación,
otorgamiento, rito, acto, consagración, pompa,
nobleza, aristocracia*.
V. JOYA, SÍMBOLO, ADORNO, BRILLO, LUZ.
coronación. 1. V. CORONA 4.
— **2.** V. coronamiento 1.
coronamiento. 1. Terminación, remate, conclusión. V. FIN 1.
— **2.** Friso, moldura, cornisa. V. COLUMNA 5.
coronar. 1. V. CORONA 3.
— **2.** Completar, culminar, rematar. V. FIN 4.
coronel. Militar, oficial, jefe* castrense. V. EJÉR-
CITO 7.
coronilla. Cerco, tonsura, corona. V. CABEZA 3.
corpiño. Blusa, ajustador, sostén. V. CAMISA 1.
corporación. Agrupación, organismo, entidad. V.
ASOCIACIÓN 1.
corporal. Corpóreo, físico, orgánico. V. CUERPO
10.
corporativo. Gremial, comunitario, asociado. V.
ASOCIACIÓN 15.
corpóreo. V. corporal.
corpulencia. Reciedumbre, gordura*, robustez.
V. VIGOR 1.
corpulento. Robusto, fuerte, gordo*. V. VIGOR 2.
Corpus. Festividad religiosa*, f. católica. V. FIES-
TA 6.
corpúsculo. Partícula, molécula, átomo*. V. FRAG-
MENTO 1.
corral. Majada, redil, encierro. V. GANADO 5.
correa. Cinturón, cincha, cinto. V. TIRA 2.
correaje. Canana, bandolera; arnés. V. TIRA 2,
CABALLO 14.
corrección. 1. Cortesía, respeto, educación. V.
AMABILIDAD 1.
— **2.** Propiedad, adecuación, pertinencia. V.
CONVENIENCIA 1.
— **3.** Variación*, enmienda, anulación*. V.
CAMBIO 3.
correccional. Presidio, cárcel, reformatorio. V.
PRISIÓN 1.
correctivo. Escarmiento, pena, punición. V. CAS-
TIGO 1.
correcto. 1. Educado, considerado, cortés. V.
AMABILIDAD 2.
— **2.** Apropiado, oportuno, beneficioso*. V.
CONVENIENCIA 2.
— **3.** Honesto, imparcial, justo. V. HONRADEZ 2.
corrector. Censor, supervisor, verificador. V. IM-
PRENTA 10.
corredizo. Laxo, suelto, resbaladizo. V. FLOJO 1.
corredor. 1. Pasaje, túnel, pasillo. V. GALERÍA 1.
— **2.** Deportista*, carrerista, atleta*. V. CA-
RRERA 7.
— **3.** Viajante, representante, comisionista. V.
VENDER 5.

corregidor. Magistrado, funcionario, alcalde*. V. GOBIERNO 8.
corregir. Transformar, enmendar, modificar. V. VARIAR 1.
correlación. Similitud, afinidad, analogía. V. SEMEJANZA 1.
correlativo. Seguido, sucesivo, continuado*. V. SERIE 2.
correligionario. Camarada, cofrade, compadre. V. COMPAÑERO 1.
correo. 1. Mensaje, carta*, correspondencia. V. CORREOS 2.
— **2.** Emisario, mensajero, enviado. V. DELEGACIÓN 4.
— **3.** V. CORREOS 1, 2.
CORREOS. 1. Servicio postal, posta, comunicaciones, transporte*, envío*, estafeta, administración, edificio, oficina postal, o. de correos, telecomunicaciones*, valija, organismo estatal (v. 4).
2. Correo. Carta*, correspondencia, epístola, billete, pieza postal, misiva, esquela, pliego, despacho, mensaje, escrito*, certificado, correo urgente, c. aéreo, telegrama, valores declarados, giro, g. postal, g. telegráfico, cheque postal, impreso, tarjeta, recibo, talón, reembolso, contra reembolso, paquete postal, muestra sin valor; encomienda, envío*, remesa, transporte*.
3. El sobre. Sello, s. impreso, sobretasa, matasellos, fecha, sello de lacre, franqueo, f. concertado, porte pagado, tasa, etiqueta engomada, dirección, señas, destinatario, d. desconocido, remitente, distrito postal, franquicia, f. postal, devolución al remitente, remesa postal, respuesta, r. a vuelta de correo, misiva, carta*.
4. Estafeta. Oficina, administración de Correos, central, palacio de Correos, despacho, sucursal. Secciones: ventanillas, pupitre, mostrador, buzón, venta de sellos, certificados, telegramas, caja postal, libretas de ahorros, giro postal, apartados de correos, casilla, casillero, lista de correos o poste restante, cartería, Servicio Filatélico, buzón.
5. Material. Pesacartas, numerador, cuño, hoja de sellos, tarifas postales, máquina expendedora, cinta transportadora, clasificador, c. automático, máquina de matasellar, matasellos manual, saca, valija, cartera.
6. Personal. Director, administrador de Correos, funcionario, f. estatal, oficial, telegrafista, radiotelegrafista, técnico, auxiliar, cartero, ambulante, mensajero, peón, repartidor, distribuidor de cartas*, correo, enviado.
7. Correo antiguo. Posta, silla de postas, correo mayor, postillón, maestro de posta, estafeta, mensajero, correr la posta, mala postal, caballo de posta.
8. Acción. Franquear, sellar*, adherir*, matasellar, lacrar, despachar, certificar, girar, fechar, remitir, destinar, recibir, reembolsar, clasificar, distribuir, repartir.

V. CARTA, TRANSPORTE, ENVÍO, TELECOMUNICACIONES.
correoso. Coriáceo, resistente, fibroso. V. CÁSCARA 3.
correr. 1. Trotar, trasladarse, desplazarse. V. CARRERA 6.
— **2.** Apresurarse, acelerar, aligerar. V. RAPIDEZ 5.
— **3.** Correrse, desplazarse, resbalar, moverse. V. DESLIZARSE 1.
— **4.** Avergonzarse, desconcertarse, azorarse. V. TURBACIÓN 5.
correría. Irrupción, incursión, desplazamiento. V. ATAQUE 3, VIAJE 1.
correspondencia. Mensaje, misiva, carta*. V. CORREOS 2.
corresponder. 1. Compensar, intercambiar, retribuir. V. DEVOLVER 1.
— **2.** Atañer, relacionarse, tocar. V. INCUMBIR 1.
correspondiente. Debido, conveniente, oportuno. V. CONVENIENCIA 2.
corresponsal. Reportero, enviado, cronista. V. PERIODISMO 7.
corretaje. 1. Porcentaje, comisión, prima. V. PAGAR 4.
— **2.** Representación, comercio*, delegación. V. VENDER 3.
corretear. 1. Retozar, brincar, correr. V. JUEGO 10.
— **2.** Deambular, pasear, vagar. V. VAGABUNDO 5.
correveidile. Cotilla, alcahuete. V. CHISME 3.
corrida. 1. Desplazamiento, escape, trote. V. CARRERA 1.
— **2.** Lidia, fiesta, novillada. V. TOREO 1.
corrido. 1. Ducho, avezado, curtido. V. HÁBITO 5.
— **2.** Avergonzado, ridiculizado, abochornado. V. VERGÜENZA 6.
corriente. 1. Usual, común, frecuente. V. HÁBITO 6.
— **2.** Torrente, curso, agua*. V. RÍO 1.
— **3.** Aire, brisa, tiro. V. VIENTO 1.
— **4.** Rumbo, orientación, tendencia. V. MODA 1.
corrillo. V. corro.
corrimiento. Deslizamiento, desmoronamiento, caída. V. DERRUMBAR 2.
corro. 1. Corrillo, rueda, redondel. V. CÍRCULO 1, JUEGO 7.
— **2.** Reunión, peña, tertulia. V. CONVERSACIÓN 5.
corroborar. Ratificar, asegurar, confirmar. V. APROBAR 1.
corroer. Roer, consumir, carcomer. V. DESGASTE 3.
corromper. 1. Pudrir, estropear, descomponer. V. PODRIDO 3.
— **2.** Seducir, contaminar, pervertir. V. VICIO 6.
— **3.** Untar, pagar*, comprar*. V. SOBORNO 2.
corrompido. V. corromper.
corrosión. Desintegración, oxidación, carcoma. V. DESGASTE 2.

corrosivo. 1. Cáustico, destructor, quemante. V. ÁCIDO 1.

— **2.** Satírico, mordaz, sarcástico. V. IRONÍA 2.

corrugado. Cartón acanalado, ondulado, cartulina. V. PAPEL 6.

corrupción. 1. Putrefacción, podredumbre, descomposición. V. PODRIDO 2.

— **2.** Depravación, extravío, perversión. V. VICIO 1.

— **3.** Venalidad, compra, cohecho. V. SOBORNO 1.

corrupto. Corrompido. V. corromper.

corruptor. Seductor, depravado, libertino. V. VICIO 4.

corsario. 1. Bucanero, filibustero, forajido. V. PIRATA 1.

— **2.** V. corso 1.

corsé. Faja, ajustador, justillo. V. VESTIMENTA 3.

corso. 1. Campaña corsaria, patente, licencia de corso. V. PIRATA 2.

— **2.** V. corsario 1.

cortado. 1. V. CORTAR 10.

— **2.** Perplejo, azorado, avergonzado. V. TURBACIÓN 2.

cortadura. V. CORTAR 4.

cortafrío. Buril, cincel, escoplo. V. CUCHILLO 2.

cortante. V. CORTAR 7.

cortapisa. Traba, condición*, restricción. V. LÍMITE 2.

cortaplumas. Navaja, hoja, cuchilla. V. CUCHILLO 1.

CORTAR. 1. Escindir, seccionar, partir, dividir, hender*o hendir, tajar, rajar, cercenar, trinchar, recortar, rasgar, desgarrar, rebanar, segar, guadañar, sajar, incidir, separar*, amputar, mutilar, extirpar, castrar, emascular, esterilizar, capar, guillotinar, decapitar, degollar, descabezar, desorejar, estropear, acuchillar, herir*, resecar, disecar, estudiar, abrir, truncar, trocear, romper, podar, despuntar, desmochar, talar, tronzar, aserrar, serrar, abatir, arrancar, extraer, pelar, quitar, mondar, biselar, dentar, erradicar, fraccionar, fragmentar*, despedazar, descuartizar, tonsurar, esquilar, trasquilar, tundir, rapar, afeitar, rasurar.

— **2.** Atajar, suspender, frenar. V. INTERRUPCIÓN 2.

— **3.** *Cortarse*, aturdirse, avergonzarse, titubear. V. TURBACIÓN 5.

4. Corte. Tajo, incisión, sección, escisión, tajadura, hendedura*, división, tajada, fragmento* (v. 5), rebajo, cercenamiento, ranura, muesca, escotadura, melladura, mella, fraccionamiento, rasgadura, rasgón, desgarrón, jirón, roto, entalladura, cortadura, circuncisión, separación, fisura, grieta, fragmentación, mutilación, amputación, ablación, muñón, tocón, sajadura, vivisección, disección, investigación*, extirpación, resección, tijeretazo, hachazo, navajazo, cuchillada*, sablazo, golpe*, protuberancia, herida, lesión*, cicatriz, chirlo, autopsia, des-

pedazamiento, descuartizamiento, recorte, desmoche, tala, poda, podadura, siega, degollación, decapitación, guillotina, bisel, sesgo.

— **5.** *Tajada*, corte, rodaja, recorte, fragmento*, trozo, raja, rebanada, loncha, lonja, porción, gajo, rueda (v. 4).

— **6.** *Filo*, corte, hoja, tajo, lámina, bisel, borde* cortante, arista, pincho*, punta* (v. 8).

7. Cortante. Aguzado, agudo, filoso, afilado, acerado, tajante, punzante, puntiagudo, fino, afinado, adelgazado, hiriente, peligroso, penetrante.

8. Instrumentos*. Cuchillo*, cuchilla, hoja, bisturí, escalpelo, daga, navaja, espada*, sable, bayoneta, arma blanca, hoz, guadaña, hacha, sierra, tijeras, podadera, formón, cincel, escoplo, gubia, guillotina, cizalla, aparato*, máquina*, filo (v. 6).

9. Mellar. Embotar, desgastar, despuntar, alisar, desafilar, estropear, gastar, comer.

10. Cortado. Escindido, seccionado, partido (v. 1).

Contr.: Unir*, adherir*, juntar.

V. FRAGMENTAR, SEPARAR, LESIONAR, CUCHILLO, ESPADA, ARMA, PUNTA, PINCHO.

corte. 1. Incisión. V. CORTAR 4.

— **2.** Filo. V. CORTAR 6.

— **3.** Tajada. V. CORTAR 5.

— **4.** Séquito, aristocracia*, acompañamiento. V. PALACIO 3, ESCOLTA 1.

— **5.** Capital, centro, sede. V. CIUDAD 1.

— **6.** Magistratura, audiencia, juzgado. V. TRIBUNAL 1.

— **7.** Galanteo, cortejo, flirteo. V. AMOR 2.

cortedad. 1. Indecisión, apocamiento, vergüenza. V. TIMIDEZ 1.

— **2.** Falta, carencia, pequeñez. V. ESCASEZ 1.

cortejador. Enamorado, pretendiente, galán. V. AMOR 12.

cortejar. Galantear, enamorar, festejar. V. AMOR 7.

cortejo. 1. Comparsa, procesión, séquito. V. ESCOLTA 1.

— **2.** Galanteo, enamoramiento, festejo. V. AMOR 2.

cortés. Atento, considerado, educado. V. AMABILIDAD 2.

cortesana. Ramera, hetera, meretriz; noble, palaciega. V. PROSTITUCIÓN 3; ARISTOCRACIA 4.

cortesano. Noble, palaciego, caballero. V. ARISTOCRACIA 4.

cortesía. 1. finura, educación, urbanidad. V. AMABILIDAD 1.

— **2.** Inclinación, venia, reverencia. V. SALUDO 2.

corteza. Costra, caparazón, cápsula. V. CÁSCARA 1.

cortijo. Finca, alquería, hacienda. V. AGRICULTURA 2.

cortina. Visillo, tela*, colgadura. V. COLGAR 6.

corto. **1.** Menudo, bajo, enano. V. PEQUEÑO 1.
— **2.** Insuficiente, limitado, exiguo. V. ESCA-
SEZ 2.
— **3.** Efímero, fugaz, transitorio. V. BREVE 1.
cortocircuito. Avería, falso contacto, desperfecto.
V. ELECTRICIDAD 3.
coruscante. Resplandeciente, rutilante, refulgente.
V. BRILLO 2.
corva. Corvejón, jarrete, hueco. V. PIERNA 2.
corveta. Corcovo, respingo, brinco. V. SALTO 1.
corvetear. Corcovear, brincar, respingar. V. SAL-
TO 5.
corvo. Arqueado, combado, encorvado. V. CUR-
VA 4.
corzo. Gacela, ciervo, venado. V. RUMIANTE 5, 6.
cosa. Elemento, entidad, ser. V. ENTE.
coscorrón. Testarazo, cabezazo, mamporro. V.
GOLPE 3, 5.
cosecha. Siega, recolección, obtención*. V. AGRI-
CULTURA 3.
cosechar. Segar, recoger, obtener*. V. AGRICUL-
TURA 4.
cosechero. Granjero, labrador, segador. V. AGRI-
CULTURA 8.
coselete. Peto, coraza, defensa. V. ARMADURA 3.
coser. Zurcir, hilvanar, unir. V. COSTURA 5.
cosido. Hilvanado, labor, zurcido. V. COSTURA 1.
COSMÉTICO. 1. Maquillaje, afeite, aderezo,
embellecedor, crema, tratamiento, t. facial, t.
cutáneo, tocado, «toilette», retoque, adorno,
pintura (v. 2).
2. Enumeración. Colorete, arrebol, carmín,
rojo de labios, «rouge», polvos, crema, «cold-
cream», pomada, ungüento, unto*, potingue,
tintura, tinte, máscara, fijador, laca, brillantina,
loción, perfume*, esencia, colonia, depilatorio,
desodorante, vaselina, aceite, glicerina, polvo
de arroz, crema de base, c. hidratante, c. de
placenta, c. de día, c. de noche, rímel, «kohl»,
«fard», «crayon». *Accesorios:* lápiz para los
ojos, barra de labios, pinzas de depilar, vaporizador, lima de uñas, tijeras, espejo, polvera,
borla, rizador, secador de pelo, neceser, tocador, camarín (v. 1).
3. Maquillar(se). Embellecer(se), hermosear,
retocar, acicalar, pintar, aderezar, adornar, dar
afeites o afeitar, colorear, empolvar, dar crema,
hidratar, limpiar, untar, perfumar, vaporizar,
depilar, rizar, ondular, hacer la permanente,
teñir, limar, masajear; caracterizarse, encarnar,
representar un personaje.
4. Personas. Peluquero, maquilladora, manicura, esteticista o «esthéticienne», peluquera,
masajista*.
V. PERFUME, ADORNO, HERMOSURA, MA-
SAJE.
cósmico. Sideral, celeste, astral. V. UNIVERSO 5.
cosmografía. Estudio, ciencia del cosmos, uranografía. V. ASTRONOMÍA 1.
cosmonauta. Astronauta, navegante sideral, espacial. V. ASTRONÁUTICA 2.

cosmonáutica. Navegación cósmica, espacial, sideral. V. ASTRONÁUTICA 1.
cosmonave. Astronave, vehículo espacial, aeronave. V. ASTRONÁUTICA 3.
cosmopolita. Internacional, animado, abigarrado.
V. MUNDANO 1.
cosmos. Cielo, espacio, firmamento. V. UNIVER-
SO 1.
coso. Plaza de toros, redondel, ruedo. V. TOREO 6.
cosquillas, cosquilleo. Hormigueo, picazón, sensibilidad. V. PICOR 1.
cosquillear. Picar, hormiguear, molestar*. V. PI-
COR 5.
cosquilleo. V. cosquillas.
COSTA. 1. Ribera, litoral, margen, orilla, playa,
riba, ribazo, zona ribereña, z. marina, vera,
borde*, sablera, elemento geográfico* (v. 2).
2. Elementos. Mar*, océano, golfo, ensenada,
bahía*, ancón, concha, cala, caleta, grao, abra,
fiordo, estuario, ría, refugio, abrigo, puerto*,
recaladero, fondeadero, ancladero, desembarcadero, balneario, baños, playa, cabo, punta,
promontorio, península, saliente, lengua de tierra, istmo, plataforma continental, acantilado,
escollo, arrecife*, rompiente, roca, piedra*, farallón, encalladero, varadero, madrépora, coral,
laja, duna, sirte, médano, banco, bajo, bajío,
barra, delta, desembocadura, embocadura, albufera, pólder, brazo, tierra baja, pantano, marjal, marisma, estero, isla*, isleta, islote, cayo,
atolón, estrecho, paso, canal, abismo, fondo.
3. Varios. Marea, m. alta, m. baja, pleamar,
bajamar, flujo, reflujo, resaca, corriente, ola,
oleaje, maretazo, marejada, cabrilleo, espuma;
faro*, semáforo, baliza, torre, señal.
4. Costero. Ribereño, litoral, marítimo, marino,
costeño, costanero, playero.
V. MAR, ISLA, BAHÍA, PUERTO, FARO, GEO-
GRAFÍA.
costado. Banda, flanco, borde*. V. LADO 1.
costal. Talego, fardo, bolsa. V. SACO 1.
costalada. Porrazo, trastazo, caída. V. GOLPE 3.
costalero. Estibador, mozo de cuerda, cargador.
V. CARGA 7.
costanero. V. COSTA 4.
COSTAR. 1. Valer, elevarse, totalizar, montar, importar, ascender a, pedir, sumar, subir, contar,
gastar*, comprar*, desembolsar, pagar*, entregar, sufragar, valorar, invertir, costear, cubrir,
valorar, aumentar, encarecer.
— **2.** Afanarse, intentar, agobiarse. V. ESFUER-
ZO 3.
3. Coste. Costo, costas, importe, precio, valor, monto, total*, suma, desembolso, pago*,
gasto, factura, cuenta, cuantía, expensas,
dispendio, compra*, cotización, evaluación*,
valía, tarifa, tasación, tasa, valoración, estimación, saldo, deuda*, inversión, encarecimiento,
aumento, elevación, subida.
4. Costoso. Caro, encarecido, dispendioso, alto,
elevado, gravoso, oneroso, exagerado*, valio-

so, lujoso*, precioso, inestimable, inapreciable, raro, disparatado, exorbitante, excesivo, especulativo, aumentado, inmoderado, sobrecargado, subido, crecido, abusivo*, incalculable.

5. Costear. Sufragar, pagar*, gastar*, desembolsar, abonar, satisfacer, liquidar, cancelar, saldar, enjugar, cubrir, remunerar, escotar, entregar, invertir, financiar, dar, gratificar, regalar*, prestar, socorrer, ayudar*.
V. PAGAR, GASTAR, EVALUAR, CALCULAR, COMPRAR, VENDER.

costas, coste. V. COSTAR 3.

costear. 1. V. COSTAR 5.
— **2.** Circunvalar, bordear, navegar*. V. RODEAR 3.

costero, costeño. V. COSTA 4.

costilla. Hueso del tórax, h. largo, h. delgado. V. TÓRAX 2.

costillar. Armazón, pecho, costillaje. V. TÓRAX 1.

costo. V. COSTAR 3.

costoso. 1. V. COSTAR 4.
— **2.** Trabajoso, complicado, fatigoso. V. DIFICULTAD 3.

costra. 1. Cubierta, capa, corteza. V. CÁSCARA 1.
— **2.** Escara, postilla, pústula. V. GRANO 1.

costumbre. Usanza, práctica, modo. V. HÁBITO 1.

costumbrista. Regional, folclórico, curioso. V. FOLCLORE 3.

COSTURA. 1. Cosido, hilvanado, hilván, zurcido, labor, pespunteado, bordado*, encaje*, remendado, repasado, calado, festoneado, ribeteado, deshilachado, descosido, repasado, recosido, costurón, doblado, plisado, fruncido, enhebrado, tejido, punto, calceta (v. 3).
2. Cosido, labores. Puntada, punto, pespunte, hilván, costura, dobladillo, alforza, plisado, doblez, sisa, corte*, bies, remate, frunce, festón, ribete, remiendo, zurcido, parche, arreglo, basta, bastilla, cadeneta, nudo, repulgo, pestaña, pasada, filete, enrejado, calado, vainica, vainilla, jareta, jaretón, sobrehilo, culo de pollo, entredós, escudo, escudete, espiguilla, lorza, ojal, ojete, presilla, picado, filtiré.
3. Punto, calceta. Malla, «tricot», croché, ganchillo, media, tejido elástico, labor de punto, punto de media. p. de arroz, p. inglés, p. enano, pasada, vuelta, v. del derecho, v. del revés, crecido, menguado, «canalé», carrera, enganchón, desmalladura; aguja, palillo.
4. Bordado, encaje. V. BORDADO, ENCAJE.
5. Coser. Confeccionar, hacer, medir, cortar*, enhebrar, hilvanar, zurcir, remendar, recoser, repasar, arreglar, pespuntear, bordar*, calar, festonear, ribetear, descoser, deshilar, repulgar, enrejar, enjaretar, estofar, labrar, embastar, desflecar, corcusir, forrar, acolchar, rematar, guitar, prender, unir*, pegar, meter, incrustar.
6. Sastrería. Confección de trajes, de vestidos. V. SASTRE 2.
7. Material. Aguja, dedal, alfiler, almohadilla, acerico, alfiletero, punzón, hebra, hilo, carrete,

canilla, bobina, madeja, ovillo, botón, corchete, automático, broche, cremallera, huevo de zurcir, cinta métrica, tijeras, costurero, mesilla, estuche, jaboncillo de sastre, cinta, galón, tira*, ribete, cordón, patrón, maniquí, figurín, forro, entretela, hombrera, retal, tela*, tejido.
8. Aparatos. V. MÁQUINA DE COSER.
9. Personas. Costurera, modista, modisto, sastre*, cortador, diseñadora, figurinista, sastra, modistilla, chalequera, pantalonera, bordadora*, zurcidora, vainiquera, operaria, oficiala, planchadora, aprendiza, confeccionista; modelo (v. 10).
10. Alta costura. Modisto, modista, maniquí, modelo, «cover-girl», moda*, desfile, pase de modelos, presentación, colección de invierno, de verano, modelo exclusivo, taller, casa de modas, «boutique», lencería, tienda*, elegancia*, presentar, posar, pasar un modelo (v. moda 3).
V. MODA, SASTRE, BORDADO, ENCAJE, TIRA, TELA.

costurera. V. COSTURA 9.

costurero. V. COSTURA 7.

costurón. Cicatriz, marca, señal. V. LESIÓN 2.

cota. 1. Elevación, nivel, altitud. V. ALTO 3.
— **2.** Malla, peto, jubón protector. V. ARMADURA 3.

cotarro. Reunión, tertulia, corrillo. V. CONVERSACIÓN 5.

cotejar. Examinar, comprobar*, verificar. V. COMPARACIÓN 2.

cotejo. Prueba, comprobación*, parangón. V. COMPARACIÓN 1.

coterráneo. Conciudadano, compatriota, paisano. V. COMPAÑERO 1.

cotidiano. Diario, frecuente, habitual*. V. DÍA 5.

cotilla. Cuentista, murmurador, hablador*. V. CHISME 3.

cotillear. Murmurar, hablar*, comadrear. V. CHISME 4.

cotilleo. Murmuración, cuento, comadreo. V. CHISME 1.

cotillón (artículos de). Serpentinas, confeti, máscaras. V. FIESTA 10.

cotización. Precio, coste, valor. V. COSTAR 3.

cotizado. Valioso, acreditado, apreciado. V. MÉRITO 2.

cotizar. 1. Valorar, tasar, apreciar. V. EVALUAR 1.
— **2.** Cotizarse, valer, importar, significar. V. MÉRITO 4.

coto. Terreno vedado, acotado, zona*. V. CAZA 8.

cotorra. 1. Loro, cacatúa, papagayo. V. AVE 9.
— **2.** Parlanchín, locuaz, charlatán. V. HABLAR 8.

cotorreo. Charla, comadreo, cháchara. V. CONVERSACIÓN 1.

covacha. Antro, cuchitril, cueva. V. TUGURIO.

cowboy. ingl. Jinete, vaquero, caballista. V. CABALLO 15, OESTE AMERICANO 4.

coxal. Hueso ilíaco, innominado, de la cadera. V. HUESO 4.

coy. Hamaca, yacija, lona. V. CAMA 1.

coyote. Lobo, alimaña, carnicero. V. FIERA 4, 5.

coyunda. Vínculo, enlace, matrimonio. V. CASA-MIENTO 1.

coyuntura. 1. Juego, unión*, junta. V. ARTICU-LACIÓN 1.

— **2.** Situación, oportunidad, ocasión. V. CIR-CUNSTANCIA 1.

coz. Patada, porrazo, coceadura. V. GOLPE 4.

cráneo. Testa, calavera, huesos craneales. V. CA-BEZA 4.

crápula. Granuja, libertino, vicioso*. V. VIL 2.

craso. 1. Gordo, aceitoso*, untuoso. V. GRASA 2.

— **2.** Imperdonable, grave, enorme. V. IMPOR-TANCIA 3.

cráter. Abertura, boca, cima. V. VOLCÁN 3, AGU-JERO 1.

creación. 1. Producto, producción, obra. V. CREAR 3.

— **2.** Cielos, cosmos, firmamento. V. UNIVER-SO 1.

creador. 1. Altísimo, Hacedor, Todopoderoso. V. DIOS 1.

— **2.** Autor, descubridor, productor. V. CREAR 4.

CREAR. 1. Originar*, producir, confeccionar, descubrir, inventar*, idear, investigar*, concebir, engendrar, formar*, realizar, organizar, instituir, implantar, constituir, instaurar, fundar, ejecutar, establecer, hacer*, efectuar, preparar, construir, perfeccionar, forjar, levantar, cimentar, erigir, obtener, resultar, improvisar, ingeniárselas, fructificar, ordenar*, generar, laborar, elaborar, trabajar*, obrar, componer, variar*, desarrollar*, progresar, mejorar*, innovar, reformar, cambiar*.

— **2.** Designar, crear, escoger, nombrar*, denominar, ascender, investir, llamar, otorgar, señalar, premiar*, distinguir, instaurar.

3. Creación. Producto, producción, obra, elaboración, descubrimiento, invento*, invención, trabajo*, faena, investigación*, labor, tarea, empeño, fruto, resultado, confección, proyecto, plan*, idea*, concepción, parto, obtención, secuela, hechura, ejecución, paternidad, autoría, origen*, proceso, mejora*, adelanto, innovación, novedad, efecto, fundación, instalación, instauración, institución, construcción*, composición, cambio*, variación*, reforma, generación, desarrollo*, progreso.

4. Creador. Productor, descubridor, autor, elaborador, precursor, innovador, renovador, creativo, reformador, pionero, avanzado, inventor*, trabajador*, genio, sabio*, compositor, artista*, artífice, proyectista, planificador*, confeccionador, iniciador, causante, responsable, ejecutor, fundador, instaurador, compositor, formador, constructor, padre, progenitor, propulsor, impulsor, promotor, organizador, agente, administrador*, adelantado, forjador, mejorador, explorador, investigador*, progresista, revolucionario*. (V. Dios*).

Contr.: Plagiar, copiar; retrasar, inmovilizar.

V. ORIGINAR, INVENTAR, HACER, CONSTRUIR, FORMAR, VARIAR, INVESTIGAR, MEJORAR, DE-SARROLLAR, TRABAJAR.

creativo. V. CREAR 4.

crecer. 1. Extenderse, ampliarse, ganar. V. AU-MENTAR 1.

— **2.** Desarrollarse, criarse, formarse. V. ALTO 6.

creces (con). Copiosamente, sobradamente, ampliamente. V. ABUNDANCIA 4.

crecida. Riada, inundación, desbordamiento. V. RÍO 5.

crecido. 1. Desarrollado*, espigado, grande*. V. ALTO 1.

— **2.** Innumerable, numeroso, incontable. V. ABUNDANCIA 2.

creciente. Gradual, progresivo, en desarrollo*. V. AUMENTAR 7.

crecimiento. 1. Desarrollo*, crianza, formación. V. ALTO 3.

— **2.** Ampliación, desarrollo*, incremento. V. AUMENTAR 4.

credencial. Identificación, justificante, documento*. V. COMPROBAR 3.

credibilidad. Fe, solvencia, seguridad*. V. CON-FIANZA 1.

crédito. 1. Empréstito, préstamo, adelante. V. PRESTAR 4.

— **2.** Seguridad, solvencia, prestigio. V. CON-FIANZA 1.

credo. Doctrina, dogma, creencia. V. RELIGIÓN 1.

credulidad. Candidez, ingenuidad, simpleza. V. INOCENCIA 1.

crédulo. Cándido, ingenuo, tonto*. V. INOCEN-CIA 4.

creedero. V. CREER 10.

creencia. V. CREER 5, 6.

CREER. 1. Suponer, pensar*, entender, estimar, imaginar*, opinar* (v. 2), juzgar, admitir, sospechar*, conceptuar, reputar, profesar, parecer, conjeturar, deducir, inferir, derivar, colegir, concluir, razonar, presumir, sacar, adivinar*, especular, considerar, sentir, sentar (bien o mal), percibir, intuir, atribuir, figurarse, barruntar, vaticinar, predecir.

— **2.** Opinar*, creer, manifestar, afirmar, testimoniar, juzgar, confesar, asegurar, atestiguar, declarar, sostener, decir, expresar, hablar*, exponer.

— **3.** Venerar, creer, respetar*, reverenciar, confiar, tener fe, admirar, acatar, postrarse, servir, seguir, profesar, adorar, amar, idolatrar, ensalzar, celebrar.

— **4.** Creer en, fiarse, tener fe, tener confianza. V. CONFIANZA 4.

5. Creencia. Suposición, juicio, razonamiento, deducción, opinión*, parecer, conjetura, hipótesis, concepto, imaginación*, supuesto*, estimación, fundamento, principio, pensamiento*, fe, doctrina (v. 6), conclusión, consecuencia, impresión, presunción, cálculo, posibilidad, inferencia, derivación, barrunto, sospecha*, predicción, vaticinio, manifestación, declaración, testimonio, afirmación, convicción, confianza, convencimiento, figuración, idea, ideario (v. 6), certidumbre, certeza, seguridad, intuición, adivinación* (v. 6).

— **6.** *Doctrina*, creencia, dogma, fe, credo, postulado, ideología, principio, ideario, idea, opinión, religión*, teoría, tesis, verdad*, esperanza* (v. 5).

7. Que cree. Convencido, seguro, cierto, tranquilo*, confiado, optimista, seguidor, discípulo, entusiasta, fanático, creyente (v. 8), ganado, atraído, animoso*, impertérrito, ingenuo (v. 9).

— **8.** *Creyente*, fiel, devoto, feligrés, pío, religioso*, beato, místico, ferviente, piadoso, seguidor.

— **9.** *Crédulo*, ingenuo, inocente*, tonto*, candoroso, simple, inexperto, cándido, primo, incauto.

10. Creíble. Creedero, concebible, aceptable, posible, admisible, factible, verosímil, probable, plausible, viable, aparente, realizable, hacedero.

Contr.: Negar, rechazar.

V. PENSAR, IMAGINAR, OPINAR, RESPETAR, ADIVINAR, RELIGIÓN, VERDAD, ESPERANZA, ÁNIMO, INOCENCIA.

creíble. V. CREER 10.

creído. Engreído, fatuo, fanfarrón*. V. VANIDAD 2.

crema. 1. Nata, sustancia, manteca. V. LECHE 4.

— **2.** Ungüento, pomada, cosmético*. V. UNTAR 3.

cremación. Incineración, quema, combustión. V. FUEGO 1, ENTIERRO 1.

cremallera. 1. Dentado, piñones, dientes. V. ENGRANAJE 1.

— **2.** Cierre, unión*, sujeción. V. BROCHE 1.

cremar. V. cremación.

crematístico. Monetario, económico, dinerario. V. DINERO 9.

crematorio. Horno, lugar de cremación, de incineración. V. TUMBA 4.

cremoso. Sustancioso, mantecoso, untuoso. V. GRASA 2.

crencha. Guedeja, vellón, mechón. V. PELO 2.

crepitar. Rechinar, chascar, chirriar. V. CRUJIDO 2.

crepúsculo. 1. Ocaso, oscurecer, anochecer. V. NOCHE 1.

— **2.** Aurora, alborada, amanecida. V. AMANECER 2.

creso. Rico, potentado, millonario. V. RIQUEZA 3.

crespo. Ensortijado, ondulado, encrespado. V. RIZADO 1.

crespón. Tul, gasa, seda. V. TELA 6.

cresta. 1. Penacho, copete, protuberancia. V. APÉNDICE 1.

— **2.** Cúspide, cumbre, cima. V. MONTAÑA 1.

crestomatía. Antología, selección, recopilación. V. LIBRO 3.

creta. Cal, caliza, carbonato. V. YESO 1.

cretino. Idiota, imbécil; *desp* discapacitado psíquico. V. TONTO 2.

cretona. Trapo, tejido, tela de algodón. V. TELA 7.

creyente. Piadoso, devoto, fiel. V. CREER 8.

CRÍA. 1. Cachorro, hijo*, hijuelo, criatura, ser, prole (v. 3), niño*, animal*, lactante, mamón (v. 2), retoño, vástago, pequeño, descendiente, cebón, lechón, lechal, pollo; embrión*, aborto, feto, nonato, parto, organismo, larva; renuevo, capullo, brote*, tallo. Crianza, cuidado (v. 4).

2. Crías. Lechón (cerdo), jabato (jabalí), osezno (oso), cachorro (perro, león, etc.), lobato, lobezno (lobo), novillo, ternero (vacuno), cordero (oveja), choto, cabrito (cabra), potro (caballo), gazapo (conejo), alevín (pez), ballenato (ballena), pollo (ave), pichón (paloma, ave), cigoñino (cigüeña), aguilucho (águila), pavezno, pavipollo (pavo), larva (insecto) (v. 1).

3. Conjuntos. Prole, crías, progenie, animalillos, pequeños, grupo* de cachorros (v. 1), vástagos, camada, lechigada, ventregada, cachillada, cama, nidada, pollada, puesta, avecillas, hijuelos, hijos*, descendencia.

4. Crianza. Cría, crecimiento, amamantamiento, atetamiento, lactancia, ceba, engorde, sustento, fomento, zootecnia*, selección, nutrición, alimentación*, cuidado*, vigilancia*, desarrollo*, mimo, celo, formación, educación*; parto, nacimiento*, alumbramiento, engendramiento, fecundación, reproducción, embarazo*, procreación, proliferación.

5. Criadero. Vivero, vivar, invernadero, invernáculo, semillero*, aprisco, redil, corral, gallinero, incubadora, granja avícola, madriguera, cubil, guarida, cueva*, refugio*, escondrijo, nido, agujero*, ratonera, gazapera, lobera, zorrera, perrera, topera, osera, huronera, conejera, pecera, acuario, piscifactoría.

6. Criar. Nutrir, cebar, amamantar, dar de mamar, atetar, lactar, dar el pecho, alimentar*, sobrealimentar, atracar, rellenar, atestar, atiborrar, cuidar*, empollar, fomentar, desarrollar*, ayudar*, atender, mantener, sustentar, formar, mimar*, dirigir, instruir, educar*, proteger*, vigilar*, custodiar, domar, amansar, domesticar, adiestrar, desbravar; engendrar, parir, nacer, alumbrar, reproducir, procrear, proliferar.

7. Criador. Hacendado, productor, biólogo, genético, genetista, avicultor, cosechero, ganadero*, agricultor*, piscicultor, vitivinicultor, horticultor, domador, protector, educador*.

V. HIJO, NIÑO, ANIMAL, NACIMIENTO, EMBARAZO, HERENCIA, EDUCACIÓN, CUIDADO, DESARROLLO, ALIMENTACIÓN, ZOOTECNIA.

criada. Muchacha, doncella. V. SERVIDOR 2.

criadero. Semillero, vivero, invernadero. V. CRÍA 5.

criado. Doméstico, fámulo, sirviente. V. SERVIDOR 1.

criador. V. CRÍA 7.

crianza. 1. Finura, modales, educación*. V. AMA-
BILIDAD 1.
— **2.** Desarrollo*, formación, reproducción. V.
CRÍA 4.
criar. 1. V. CRÍA 6.
— **2.** Producir, crear, parir. V. NACIMIENTO 5.
— **3.** Atender, instruir, mejorar. V. CUIDAR,
EDUCAR.
criatura. 1. Ser, individuo, organismo. V. ENTE.
— **2.** Nene, chiquillo, cría*. V. NIÑO 1.
criba. Zaranda, cedazo, tamiz. V. COLAR 5.
cribar. Cerner, tamizar, purificar. V. COLAR 1.
CRICKET. *ingl* **1.** Juego*, deporte*, competición,
juego de pelota*, j. al aire libre.
2. Elementos. Meta, línea de tiro, l. de bateador; bate, pala, pelota; carrera, punto, «run»,
«drive», «cut», gancho; bateador, lanzador,
cogedor, árbitro.
3. Crocket. Mazo, arco, bola, estaquilla, césped.
V. JUEGO, DEPORTE, PELOTA.
crimen. 1. Homicidio, muerte*, eliminación. V.
ASESINATO. 1.
— **2.** Fechoría, atentado, transgresión. V. DE-
LITO 1.
criminal. Homicida, delincuente*, bandido. V.
ASESINATO 4.
crin. Pelaje, melena, cerdas. V. PELO 2.
crío. Nene, chiquillo, criatura. V. NIÑO 1.
criollo. Nativo, mestizo, americano*. V. NACIÓN 6.
cripta. Bóveda, subterráneo, mausoleo. V. CUEVA
1, TUMBA 1.
criptografía, criptograma. Clave, cifra, documento* secreto. V. SECRETO 6.
crisálida. Larva, ninfa, oruga. V. INSECTO 4.
crisantemo. Planta, vegetal*, crisantema. V. FLOR 4.
crisis. 1. Trance, problema, aprieto. V. DIFICUL-
TAD 1.
— **2.** Inestabilidad, desequilibrio, transformación. V. CAMBIO 3.
— **3.** Conmoción, ataque, indisposición*. V.
ENFERMEDAD 2.
crisma. 1. Aceite consagrado, unto, bálsamo. V.
MISA 4.
— **2.** Mollera, coco, testa. V. CABEZA 1.
crisol. Fundidor, vasija, receptáculo*. V. META-
LURGIA 6.
crispado. V. CRISPAMIENTO 3.
CRISPAMIENTO. 1. Espasmo, convulsión, crispación, contracción, reacción, reflejo, respuesta,
calambre, temblor*, sacudida, respingo, gesto*,
rictus, estremecimiento, meneo, ataque, indisposición*, retortijón, retorcimiento, escalofrío,
enfermedad*, espeluzno, emoción, conmoción,
brinco, salto*, movimiento*, encogimiento,
hipo, tic, encorvamiento, arqueamiento, contorsión, parálisis, inmovilización*, punzada,
pinchazo, dolor*.
2. Crispar(se). Estremecer(se), contraerse, convulsionarse, sacudirse, retorcerse, revolcarse,
tirarse, tumbarse, temblar*, encogerse, men-

guar, moverse*, menearse, agitarse, contorsionarse, acalambrarse, inmovilizarse, paralizarse,
conmocionarse, hipar, estornudar, reaccionar,
arquearse, curvarse*, encorvarse, indisponerse*, enfermar*.
3. Crispado. Estremecido, contraído, convulsio-
nado (v. 2), espasmódico, trémulo, tembloroso*, inquieto, angustioso, conmocionado.
Contr.: Distensión, relajación.
V. TEMBLOR, MOVIMIENTO, INDISPOSICIÓN,
ENFERMEDAD.
crispar. V. CRISPAMIENTO 2.
CRISTAL. 1. Vidrio, lámina, placa, diamante, lente,
espejo*, ventanal (v. 2), cuarzo, mineral, material vitrificado, cuerpo transparente, c. cristalino,
c. translúcido (v. 2).
— **2.** *Cristalera*, cristal, ventanal, vidriera, vidrio,
luna, espejo*, escaparate, lumbrera, claraboya,
vitral, rosetón, ventana*.
3. Clases. Cristal de roca, esmerilado, natural,
artificial, hilado, de Bohemia, de Venecia, de
Murano, de La Granja, de Baccarat, de Jena,
de seguridad, templado, laminado, inastillable,
reforzado, esmaltado, de colores, hueco, plano,
de espejo*, óptico, esmerilado, hoja de vidrio,
lana de vidrio, fibra de vidrio.
4. Elementos. Cristalografía, mineralografía,
geología*, polarización, refracción, arista,
cara, eje, molécula, concreción, drusa, eje de
simetría, ángulo diedro, á. poliedro, sustancia
isomorfa, dimorfa, polimorfa; sistemas crista-
linos: cúbico, hexagonal, tetragonal, rómbico,
monoclínico, triclínico, trigonal.
5. Vidriería. Mezcla (arena o sílice, sosa, cal),
crisol, horno, soplador de vidrio, tubo de vidrio,
llama de gas, artesa, laminadora, cilindro, molde, colado, temple, pulidora, muela, desbasta-
dora, pinzas, punta de diamante, varilla de plomo, masilla, martillo de plomo, hoja de vidrio,
escuadra, tenazas, compás cortador. Operario,
vidriero, soplador.
6. Acción. Cristalizar, solidificar, templar, endurecer, fundir, soplar, desbastar, biselar, emplomar, enmasillar, cortar, deslustrar, esmerilar,
vidriar, laminar, estirar, afinar, recocer.
7. Cristalizado. Transparente*, cristalino, solidificado, duro*, endurecido, translúcido, vitrificado, vítreo, vidriado, recubierto*, laminado,
mineralizado, esmerilado, desbastado, deslustrado, recocido, estirado, templado, biselado,
soplado, fundido.
V. ESPEJO, TRANSPARENCIA, ÓPTICA, LENTE,
GAFAS.
cristalera. V. CRISTAL 2.
cristalino. 1. V. CRISTAL 7.
— **2.** Lente ocular, cuerpo biconvexo, c. del
ojo. V. OJO 4.
cristalizado. V. CRISTAL 7.
cristalizar. 1. V. CRISTAL 6.
— **2.** Concretarse, realizarse, finalizar*. V.
REALIZAR 1.

cristianar. V. CRISTO 7.
cristianismo, cristiandad. V. CRISTO 3.
cristianizar. V. CRISTO 7.
cristiano. V. CRISTO 4.
CRISTO. 1. Jesucristo, Jesús, Hijo de Dios*, Hijo del Hombre, Cordero de Dios, Agnus Dei, Mesías, Redentor, Salvador, Nazareno, Enviado, Crucificado, Ecce Homo, Unigénito, Emmanuel, Nuestro Señor. Trinidad: Padre, Hijo, Espíritu Santo.
2. Vida de Cristo. Anunciación, Arcángel Gabriel, Natividad, Belén, nacimiento, adoración de los pastores, a. de los Reyes Magos, epifanía, circuncisión, huida a Egipto, bautismo, tentación, los mercaderes del templo, la Samaritana, la Cena, la Pasión, el jardín de los olivos, el beso de Judas, Ecce Homo, Poncio Pilato, corona de espinas, flagelación, crucifixión, calvario, el Gólgota, muerte, descendimiento, Santo Sudario, resurrección, ascensión, Juicio Final.
3. Cristianismo. Doctrina, creencia, fe, religión, cristiandad, fieles, creyentes, orbe cristiano, catolicismo, catolicidad, protestantismo*, ortodoxia, heterodoxia (v. 5).
4. Cristiano. Católico, c. apostólico, romano, protestante*: evangélico, luterano, bautista, anglicano, presbiteriano, metodista, cuáquero, calvinista, hugonote, puritano, etc. (v. protestante*); ortodoxo, o. griego, o. ruso, copto, maronita, armenio; converso, neófito, bautizado*, prosélito, piadoso, devoto, fiel, creyente, religioso*, feligrés.
5. Doctrina. Evangelio, Buena Nueva, parábola, milagro, misterio, Santísima Trinidad, encarnación, dogma, verdad*, Biblia*, mandamiento, decálogo, oración, rezo*, precepto, catecismo, credo, creencia, fe, prédica, bautismo*, confirmación, concilio, edicto, cónclave, apóstoles, discípulos, santos, mártires, Papa* (v. 3).
6. Liturgia, objetos de culto. V. MISA, REZO.
7. Cristianizar. Acristianar, cristianar, bautizar*, evangelizar, predicar, propagar, catequizar, catolizar, convertir, aceptar, acoger, admitir, abrazar, redimir, apostolizar, difundir.
V. DIOS, PAPA, MISA, EUCARISTÍA, BIBLIA, REZO, RELIGIÓN, SACERDOTE, CARDENAL, MONJA, TEMPLO, CONVENTO.
criterio. 1. Principio, norma, pauta. V. REGLA 4.
— **2.** Sensatez, juicio, ponderación. V. MODERACIÓN 1, INTELIGENCIA 1.
crítica. 1. Acusación*, censura, reproche. V. DESAPROBAR 4.
— **2.** Evaluación*, apreciación, análisis. V. OPINIÓN 1.
criticable. Reprochable, condenable, censurable. V. DESAPROBAR 7.
criticar. 1. Acusar, censurar, reprochar. V. DESAPROBAR 4.
— **2.** Juzgar, calificar, enjuiciar. V. OPINIÓN 3.
crítico. 1. Decisivo, grave, delicado. V. IMPORTANCIA 3.

— **2.** Censor, oponente, detractor. V. ACUSACIÓN 5, OPINIÓN 4.
criticón. Quisquilloso, puntilloso, murmurador. V. SEVERO, CHISMOSO.
croar. Cantar la rana, emitir, lanzar su canto. V. VOZ 8, 9.
crocante. Crepitante, chasqueante, restallante. V. CRUJIDO 3.
croché. Ganchillo, puntilla, calado. V. ENCAJE 1.
crocket. ingl Juego, deporte, competición. V. «CRICKET» 3.
cromado. Niquelado, plateado, baño. V. METALURGIA 8.
cromar. Niquelar, platear, bañar. V. METALURGIA 10.
cromático. Pigmentado, irisado, matizado. V. COLOR 5.
crómlech. Megalito, monolito, monumento*. V. ARQUEOLOGÍA 3.
cromo. 1. Elemento, cuerpo simple, c. inoxidable. V. METAL 6.
— **2.** Lámina, imagen, dibujo*. V. ESTAMPA 1.
cromosoma. Elemento celular, corpúsculo, bastoncillo. V. CÉLULA 3.
crónica. 1. Anales, fastos, memorias. V. HISTORIA 1.
— **2.** Reportaje, artículo, noticia. V. PERIODISMO 5.
crónico. 1. Permanente, arraigado, inveterado. V. HÁBITO 7.
— **2.** Delicado, grave, serio. V. ENFERMO 2-4.
cronista. Corresponsal, comentarista, historiador*. V. PERIODISMO 7.
crónlech. V. crómlech.
cronógrafo. V. cronómetro.
cronología. Orden, sucesión, fechas. V. TIEMPO 1.
cronológico. Sucesivo, cíclico, gradual. V. TIEMPO 6.
cronometrar. Determinar, calcular*, medir* el tiempo. V. TIEMPO 10.
cronométrico. Puntual, preciso, justo. V. EXACTITUD 2.
cronómetro. Cronógrafo, péndulo, instrumento de precisión. V. RELOJ 1.
croqueta. Masa, fritura, rebozado. V. ALIMENTO 13.
croquis. Boceto, diseño, esquema. V. DIBUJO 1.
CRUCE. 1. Encrucijada, bifurcación, confluencia, cruzamiento, convergencia, intersección, punto, unión*, reunión, corte*, cruz*, desvío*, empalme, esquina*, concurrencia*, ramificación, encuentro, llegada, entrada*, salida, entrelazamiento, paso, vado, remanso, puente*, desembocadura.
— **2.** Paso, cruce, tránsito*, recorrido, ida, venida, traslación, traslado*, trayecto, travesía, avance, desplazamiento, circulación.
3. Cruzar. Pasar, recorrer, transitar*, franquear, traspasar, atravesar, vadear, salvar, desviarse*, circular, caminar, marchar*, andar, entrar*, salir*, ir, ir a través, venir, llegar, infiltrarse,

escurrirse, trasladarse*, trasponer, rebasar, superar, atajar, desembocar, confluir, concurrir, converger, desfilar, saltar*.
— **4.** *Entrecruzar*, cruzar, superponer, entrelazar, entretejer, urdir, tejer, hilar, trenzar, trabar, sobreponer, traslapar, colocar, intercalar, unir*, juntar, añadir, empalmar.
— **5.** *Cruzarse*, coincidir, converger, concurrir*, confluir, juntarse, reunirse, pasar, rebasar, dejar atrás, encontrarse, verse, enfrentarse, atravesarse, obstruir*, obstaculizar, interponerse, estorbar, trabar, entorpecer, mezclarse*, anticiparse.
6. Cruzado. Transversal, perpendicular, normal, atravesado, de través, coincidente, concurrente, reunido, convergente, confluyente, cortado, empalmado, bifurcado, desviado*, torcido, superpuesto, entrelazado, traslapado, intercalado, empalmado, unido*, oblicuo, sesgado, ladeado.
V. UNIÓN, CORTE, CRUZ, TRASLADO, TRÁNSITO, MARCHA, SALTO.
crucero. 1. Navío, buque de guerra, destructor. V. BARCO 6.
— **2.** Excursión, travesía, periplo. V. VIAJE 1.
— **3.** Sala, nave, habitación*. V. TEMPLO 4.
crucial. Fundamental, delicado, decisivo. V. IMPORTANCIA 3.
crucificar. Atormentar, sacrificar, clavar. V. TORTURA 6.
crucifijo. Imagen, símbolo, efigie. V. CRUZ 1.
crucifixión. Suplicio, tormento, muerte*. V. TORTURA 3.
crucigrama. Rompecabezas, palabras cruzadas, pasatiempo. V. DIVERSIÓN 3.
crudeza. Rudeza, dureza, destemplanza. V. ÁSPERO 4.
crudo. 1. Verde, tierno, inmaduro. V. TEMPRANO 1.
— **2.** Realista, rudo, obsceno. V. SINCERO, DESCORTÉS, SEXO 11, 14.
cruel. V. CRUELDAD 2.
CRUELDAD. 1. Fiereza, ferocidad, brutalidad*, saña, barbarie*, barbaridad, violencia*, horror, dureza, impiedad, ira, furia, enojo*, despotismo, tiranía, monstruosidad*, salvajismo, inclemencia, bestialidad, severidad*, maldad, sevicia, perversidad, insensibilidad, venganza*, rigor, rudeza, vileza*, agresividad, truculencia, sadismo, masoquismo, encarnizamiento, ensañamiento, refinamiento, aborrecimiento, odio*, atrocidad, exceso, exageración, agresión, daño, abuso*, atropello.
2. Cruel. Inhumano, despiadado, desalmado, bárbaro*, sañudo, ensañado, infrahumano, bruto*, brutal, violento*, salvaje, cruento, fiero, feroz, tiránico, despótico, enojado*, furioso, iracundo, impío, duro, severo*, inflexible, inexorable, implacable, inclemente, bestial, monstruoso*, malo, malvado, descastado, perverso, sutil, refinado, insensible, vengativo*, riguroso,

agresivo, sádico, masoquista, verdugo, truculento, rudo, vil*, odioso*, aborrecible, rencoroso, empedernido, encarnizado, sanguinario, fiera, hiena, sin corazón, sin entrañas, desnaturalizado, enconado, sangriento, cafre.
3. Ser cruel. Maltratar, tiranizar, violentar*, violar, dañar, agredir, encarnizarse, cebarse, ensañarse, abusar*, ensangrentar, matar, torturar*, martirizar, atormentar, herir*, enfurecerse, enojarse*, arruinar, atropellar, descalabrar, lastimar, sacrificar, odiar*, aborrecer, hostigar, acosar.
4. Hacerse cruel. Endurecerse, encallecerse, insensibilizarse, malearse, pervertirse, odiar*, resentirse, embrutecerse*.
Contr.: Bondad*, amor*.
V. BARBARIE, VIOLENCIA, ENOJO, ODIO, TORTURA, ABUSO, VENGANZA, VILEZA.
cruento. V. CRUELDAD 2.
crujía. Pasillo, corredor, recinto. V. GALERÍA 1.
CRUJIDO. 1. Chirrido, chasquido, crepitación, estridencia, restallamiento, rechinamiento, sonido*, ruido, estallido, resonancia, traquido, rotura, desgarro, explosión*, quejido, gemido.
2. Crujir. Crepitar, rechinar, chirriar, chillar, gemir, quejarse, chasquear, chascar, restallar, desgarrarse, romperse, rasgarse, quebrarse, resonar, sonar, estridular, estallar, traquetear.
3. Crujiente. Chirriante, estridente, rechinante, crepitante, crocante, chasqueante, restallante, traqueteante, destemplado, agudo, chillón, sonoro, resonante; desvencijado, estropeado, arruinado, deteriorado*, quebrado, desgarrado, viejo, antiguo*.
Contr.: Silencio.
V. SONIDO, EXPLOSIÓN.
crujiente. V. CRUJIDO 3.
crujir. V. CRUJIDO 2.
crupier. Jugador empleado, banquero, tahúr. V. JUEGO 13.
CRUSTÁCEO. 1. Artrópodo*, marisco*, animal articulado, cangrejo, langosta, bogavante, lubigante, camarón, gamba, langostino, quisquilla, pulga de mar, cigala, carabinero, palinuro, paguro, bernardo, ermitaño, centollo, centolla, jaiba, nocla, araña de mar, metacandil, percebe, larva. Cochinilla, isópodo, bicho de jardín, milpiés.
2. Clasificación. Crustáceos, macruros, palinuros, decápodos, ostrácodos, copépodos, braquiuros, anfípodos, cirrópodos, cirrípedos, gámaros, malacostráceos, entomostráceos; isópodos.
3. Partes. Caparazón, cefalotórax, segmentos, telson, pinzas, glándula verde (riñón), antenas, branquias, mandíbulas, apéndices, abdomen, cloaca, ojos simples, o. compuestos, pedúnculo ocular, cirro, artejo; quitina, calcificación, exoesqueleto.
V. MARISCO, ANIMAL, ARTRÓPODO.

CRUZ. 1. Aspa, signo, equis, reliquia; crucifijo, emblema, símbolo*, imagen, figura*, efigie, enseña, madero, lábaro, cristus, crismón, guión, lígnum crucis, cruceta; patíbulo, humilladero, calvario, Gólgota, picota.
— **2.** Medalla, insignia, galardón. V. CONDECORACIÓN 1.
— **3.** Padecimiento, martirio, agobio. V. SUFRIMIENTO 1.
4. Clases de cruces. Cruz griega, latina (de la pasión), gamada o esvástica, de San Andrés, de Lorena, de San Pedro, patriarcal, rusa, papal, Tau, egipcia, de asa, ansata, delta, laureada, pectoral, potenzada, trebolada, de órdenes militares*: de Calatrava, de Alcántara, de Santiago, de Montesa, de Jerusalén, del Santo Sepulcro, de Malta.
5. Acción. Crucificar, clavar, descender, persignarse, signar, santiguar, bendecir, aspar, cruzar.
V. CRISTO, SÍMBOLO, CONDECORACIÓN.
cruzada. Campaña, liberación, expedición. V. GUERRA 1.
cruzado. Soldado, caballero, guerrero. V. GUERRA 6.
cruzar. 1. Traspasar, recorrer, atravesar. V. CRUCE 3.
— **2.** Entrelazar, superponer, trenzar. V. CRUCE 4.
— **3.** *Cruzarse*, coincidir, encontrarse, pasar. V. CRUCE 5.
— **4.** Obstaculizar, interponerse, estorbar. V. OBSTRUIR 1.
cuaderna. Madero*, costilla, pieza. V. BARCO 12.
CUADERNO. 1. Agenda, dietario, libreta, librillo, pliego, cuadernillo, talonario, borrador, memorándum, breviario, vademécum, recetario, formulario, diario, cartapacio, carné, cartilla, álbum, clasificador, bloque, bloc, taco, folleto, catálogo, opúsculo, impreso*, papel*, entrega, fascículo, revista, prospecto, panfleto, libro*, legajo, archivador, carpeta, portafolio, portapapeles.
— **2.** *Cuadernillo*, pliego, legajo, fascículo (v. 1). V. IMPRESO, PAPEL, LIBRO.
cuadra. Corral, establo, cobertizo. V. CABALLO 12.
cuadrado. 1. Cuadrilátero, paralelogramo, rectángulo. V. GEOMETRÍA 6.
— **2.** Cuadrangular, rectangular, ajedrezado. V. GEOMETRÍA 6.
cuadrante. 1. Esfera, cuadro, dial. V. INDICADOR 2.
— **2.** Sector, porción, parte. V. ZONA 1.
cuadrar. 1. Complacer, acomodar, favorecer. V. CONVENIENCIA 3.
— **2.** Concordar, redondear, ajustar. V. CULMINACIÓN 2.
— **3.** *Cuadrarse*, estirarse, erguirse, ponerse firmes. V. RIGIDEZ 5.
cuadrícula. Retícula, ajedrezado, casilla. V. LÍNEA 1.

cuadriga. Vehículo, coche, carro. V. CARRUAJE 1.
cuadril. Grupa, anca, trasero. V. CULO 1.
cuadrilátero. V. cuadrado 1.
cuadrilla. Pandilla, caterva, partida. V. GRUPO 4.
cuadro. 1. Lienzo, tela, representación pictórica. V. PINTURA 4.
— **2.** Escena, drama, episodio. V. SUCESO 1.
cuadrumano. Primate, antropoide, simio. V. MONO 1.
cuadrúpedo. Bestia, res, caballería*. V. GANADO 3.
cuajada. Yogur, kéfir, requesón. V. LECHE 4.
cuajado. Coagulado, solidificado, espeso. V. DENSO 1.
cuajar(se). Coagular(se), solidificar, espesar. V. DENSO 4.
cuajarón. Grumo, masa, coágulo. V. DENSO 3.
cuajo. 1. Fermento, sustancia, extracto. V. QUESO 4.
— **2.** Cachaza, flema, pachorra. V. TRANQUILIDAD 3.
CUALIDAD. 1. Atributo, ventaja*, facultad, virtud, don, dote, prenda, capacidad, aptitud, eficacia, habilidad*, valor, utilidad*, provecho, especialidad, interés*, mérito, conveniencia*, beneficio*, poder, importancia*, prerrogativa, diferencia*, atractivo*, incentivo, fruto, comodidad*, rasgo, peculiaridad, característica*, carácter, índole, esencia, espíritu, naturaleza, condición, clase, rango.
2. Con cualidad. Meritorio, ventajoso, apto, capaz, capacitado, útil*, hábil*, eficaz, virtuoso, facultado, especial, provechoso, beneficioso*, valioso, importante*, poderoso, conveniente*, interesante*, diferente*, atractivo*, cómodo*, fructífero, característico*, peculiar, esencial, condicionado, natural.
3. Dar, tener cualidad. Valorar, capacitar, facultar, atribuir*, cualificar, caracterizar*, personalizar, convenir, especializar, aprovechar, beneficiar*, importar, diversificar, diferenciar*, aventajar, atraer*.
Contr.: Defecto, vicio*.
V. UTILIDAD, VENTAJA, CONVENIENCIA, HABILIDAD, BENEFICIO, IMPORTANCIA, ATRACTIVO, COMODIDAD, CARACTERÍSTICA, DIFERENCIA.
CUALQUIERA. Uno, indefinido, alguno, otro, impreciso*, indiferente, indeterminado, dudoso*, fulano, mengano, zutano, citano, robiñano, perengano, un tercer, tercera persona, incógnito, secreto, un tipo, un sujeto, un individuo, un prójimo, un hombre*, una persona*.
Contr.: Nadie, ninguno.
V. IMPRECISO, DUDOSO, HOMBRE, PERSONA.
cuando. Entonces, en el momento, en ocasión. V. CIRCUNSTANCIA.
cuantía. Parte, total, número*. V. CANTIDAD 2.
cuantioso. Copioso, numeroso, profuso. V. ABUNDANCIA 2.
cuáquero. Puritano, cristiano*. V. PROTESTANTE 2.

cuarentena. Confinamiento, incomunicación, aislamiento. V. INFECCIÓN 4.

cuarentón. Cuadragenario, adulto, mayor. V. MADURAR 5.

Cuaresma. Cuadragésima, ayuno, abstinencia. V. FIESTA 6, DIETA 1.

cuarta. Palmo, parte, espacio. V. MEDIDA 6.

cuartear. Fragmentar*, romper, partir. V. HENDEDURA 3.

CUARTEL. 1. Acuartelamiento, guarnición, acantonamiento, reducto, campamento, alojamiento de tropas, cuartelillo, instalación militar, blocao, búnker, fuerte, fortín, fortaleza, fortificación*, castillo*, campo, puesto, ciudadela, plaza fuerte, acampada*, reales, recinto, edificio, pabellón, vivac, vivaque, cuartel general, plaza de armas, caserna, sitio, defensa*, refugio, posición, retén, avanzada, destacamento, ejército*, tropa.
2. Partes. Barraca, edificio, cobertizo, alojamientos, pabellón, cuarto de banderas, c. de guardia, estado mayor, armería, depósito de municiones, d. de armas, arsenal, tienda, t. de campaña, cámara, trinchera, fortificación*, casamata, cantina, rancho, comedores, cocinas, horno de campaña, almacén, letrinas, servicios, campo de tiro, polígono, campo de instrucción, garita, guardia, ronda, patrulla, puesto del centinela, enfermería, hospital*, sala de máquinas, central de comunicaciones, capilla, patio.
3. Acuartelar. Acantonar, acampar, alojar, establecer, emplazar, instalar, fortificar*, situar, vivaquear, apostar, estacionar, refugiarse, defenderse, protegerse, asentar los reales. Levantar el campo, alzar los reales.
4. Soldados. V. EJÉRCITO 5.
V. FORTIFICACIÓN, CASTILLO, EJÉRCITO, ARTILLERÍA, ARMAS, GUERRA.

cuartelada, cuartelazo. Alzamiento, motín, insurrección. V. REVOLUCIÓN 1.

cuarteo. Fractura, resquebrajamiento, grieta. V. HENDEDURA 1.

cuarterón. 1. Moldura, maderamen, postigo. V. ADORNO 2.
— **2.** Mestizo, mulato, mixto. V. ETNIAS 9.

cuarteta. Estrofa, verso, redondilla. V. POESÍA 4, 6.

cuarteto. 1. Conjunto, grupo, agrupación musical. V. MÚSICA 11.
— **2.** V. cuarteta.

cuartilla. Hoja, pliego, folio. V. PAPEL 1.

cuarto. 1. Estancia, pieza, aposento. V. HABITACIÓN 1.
— **2.** Porción, fracción, fragmento*. V. PARTE 1.
— **3.** *Cuartos*, moneda, metálico, ahorros. V. DINERO 1.

cuartos. V. cuarto 3.

cuartucho. Covacha, cuchitril, buhardilla. V. TUGURIO.

cuarzo. Sílice, cristal, c. de roca. V. MINERAL 6.

cuaternario. Período, era, época geológica. V. GEOLOGÍA 5.

cuatrero. Delincuente, bandido, ladrón de ganado*. V. LADRÓN 1.

cuatrillizos. Gemelos, mellizos, familiares*. V. HERMANO 4.

cuba. Barrica, tonel, pipa. V. BARRIL 1.

cubeta. Fuente, bandeja, recipiente. V. RECEPTÁCULO 1.

cubicar. Arquear, computar, medir. V. CÁLCULO 4.

cubículo. Cabina, división, pieza. V. COMPARTIMIENTO 2.

cubierta. Envoltura*, forro, funda. V. RECUBRIMIENTO 1.

cubierto. Adminículo, utensilio, juego de mesa. V. MESA (SERVICIO DE) 2.

cubil. Cueva, escondrijo, madriguera. V. REFUGIO 3.

cubilete. Vasija, recipiente, vaso. V. RECEPTÁCULO 3.

cubismo. Estilo, escuela, tendencia pictórica. V. PINTURA 5.

cúbito. Hueso* del brazo, del antebrazo, hueso largo. V. BRAZO 3.

cubo. 1. Cubeta, receptáculo, balde. V. RECEPTÁCULO 1.
— **2.** Hexaedro, poliedro, sólido. V. GEOMETRÍA 9.

cubrecama. Colcha, cobertor, edredón. V. CAMA 3.

cubrir. 1. Resguardar, ocultar, esconder. V. TAPA 3.
— **2.** Revestir, forrar, envolver*. V. TAPA 2.
— **3.** Cubrirse, endosarse, ponerse, tocarse. V. SOMBRERO 6.

cucaña. Poste, pértiga, estaca. V. PALO 1.

cucaracha. Bicho, ortóptero, corredera. V. INSECTO 3.

cuchara. Cubierto, utensilio, instrumento. V. MESA (SERVICIO DE) 6.

cucharón. Cazo, cuchara, utensilio. V. COCINA 5.

cuchichear. 1. Susurrar, bisbisear, musitar. V. MURMULLO 3.
— **2.** Cotillear, criticar, chismorrear. V. CHISME 4.

cuchicheo. V. cuchichear.

cuchilla. V. CUCHILLO 2.

cuchillada. V. CUCHILLO 5.

CUCHILLO. 1. Instrumento cortante, navaja, puñal, daga, faca, facón, hoja, acero, arma*, hierro, estilete, rejón, cachete, puntilla, bisturí, lanceta, escalpelo, cubierto, herramienta*, pincho*, navaja de afeitar, cortaplumas, falce, cincel, cuchilla (v. 2), sacabuche, doladera, arma blanca, espada*, bayoneta, machete, charrasca, hoz, guadaña (v. 2).
2. Cuchilla. Hoja, herramienta*, utensilio, cizalla, guillotina, filo, tajo, corte, borde, punta*, cincel, escoplo, buril, formón, gubia, cortafrío, estilo, punzón, pincho*, gradina, lezna, tajadera, cheira, hoz, guadaña, segadera, segur, instrumento, hierro*, trencha, mediacaña, escoplo de carpintero, de cirujano, de cantero (v. 1).

3. Partes. Hoja, acero, lámina, filo, contrafilo, tajo, corte*, arista, bisel, punta*, barra, espiga, mango, ranura, rebajo, muesca, entalladura, cacha, lomo, cazo, recazo, muelle, virola, vaina.

4. Fabricación. Forja, templado, recocido, limado, vaciado, pulimentado, afilado, asentado, taladrado, montaje, ensamblado.

5. Cuchillada. Navajazo, puñalada, corte*, herida, lesión*, cicatriz, marca, tajo, golpe*, raja, chirlo, pinchazo, viaje, sablazo, mandoble, bayonetazo, lancetazo, lanzazo, lanzada, machetazo, guadañazo, rejonazo, puntazo, cornada, incisión, cisura, sajadura, jabeque.

6. Acuchillar. Cortar*, herir, lesionar*, apuñalar, marcar, tajar, rajar, lacerar, desgarrar, sajar, seccionar, partir, hender, traspasar, alancear, machetear, escindir, incidir, pinchar, degollar, decapitar, guillotinar, mutilar, amputar, matar, asesinar*, trinchar, rejonear, apuntillar, afeitar.

7. Afilar. Aguzar, vaciar, asentar, pulir, templar, reseguir. Mellarse, embotarse.
V. ARMA, HERRAMIENTA, HIERRO, PINCHO, CORTE, PUNTA, LESIÓN.

cuchipanda. Jarana, festín, francachela. V. FIESTA 2.

cuchitril. Cuartucho, tabuco, covacha. V. TUGURIO.

cuchufleta. Chunga, chanza, guasa. V. BROMA 1.

cuclillas (en). Acurrucado, agazapado, encogido. V. AGACHARSE 2.

cuclillo. V. cuco 1.

cuco. 1. Ave trepadora, pájaro, cuclillo. V. AVE 9.
— **2.** Taimado, hipócrita, pillo*. V. ASTUCIA 3.
— **3.** Lindo, bonito, mono. V. HERMOSURA 3.

cucurucho. Cono, capirote, cartucho. V. ENVASE 1.

cueca. Baile americano, b. folclórico, ritmo. V. BAILE 7.

cuello. 1. Cogote, pescuezo, garguero. V. GARGANTA 1.
— **2.** Tira de tela, vuelta, gorguera. V. CHAQUETA 3.

cuenca. 1. Cavidad, oquedad, depresión. V. HUECO 1.
— **2.** Valle, cauce, zona*. V. RÍO 2.

cuenco. Vasija, plato, escudilla. V. RECEPTÁCULO 1.

cuenta. 1. Factura, importe, total. V. COSTAR 3.
— **2.** Recuento, operación, cómputo. V. CÁLCULO 3.
— **3.** Bolita, abalorio, esferita. V. ESFERA 1.

cuentagotas. Dosificador, adminículo, gotero. V. MEDIDA 13.

cuentero, cuentista. Lioso, murmurador, chismoso*. V. EMBROLLO 5.

cuento. 1. Historia, novela, relato. V. NARRACIÓN 1.
— **2.** Falsedad*, patraña, chisme*. V. EMBROLLO 1.

CUERDA. 1. Cordel, cordón, bramante, cabo, soga, cordaje, chicote, dogal, lazo, maroma,

guindaleza, calabrote, estacha, amarra, toa, jarcia, sirga, andarivel, merlín, beta, guita, reata, ronzal, cabestro, sedal, filástica, trencilla, rabiza, estrinque, eslinga, tralla, traílla, látigo, hilo*, filamento, hebra, pabilo o pábilo, mecha, torcida, piola, honda, correa, correaje, sujeción, atadura, ligadura, cinta, tira*, nudo*, vuelta.
— **2.** Muelle, espiral, resorte. V. PIEZA 4.

3. Material. Cáñamo, c. de Manila, abacá, lino, hilo, pita, cerda, pelo*, alambre, seda, tripa, hilo de coco, fibra, nailon, orlón, perlón, plástico*.

4. Partes. Nudo*, lazo, madeja, ovillo, rollo, manojo, alma, trenzado, filástica, ramal, cordón, mena, empalme, costura, ayuste, vuelta, aduja, coca.

5. Atar. Ligar, anudar, amarrar, sujetar*, enlazar, unir*, trabar, ceñir, empalmar, acoplar*, pegar, reunir, juntar, afianzar, maniatar, inmovilizar*, aferrar, apiolar, ensogar, trincar, encordelar.
V. HILO, NUDO, TIRA, UNIÓN, SUJETAR.

cuerdo. Sensato, juicioso, prudente. V. FORMAL 1.

CUERNO. 1. Asta, defensa, pitón, apéndice, punta*, cuerna, cornamenta, excrecencia, extremidad, protuberancia ósea, mogote, cornete, cacho, arma, garceta, herramienta; antena, tentáculo, palpo.

2. Partes. Base, hueso (frontal o parietal), raíz, piel, estuche, vaina, capa córnea, c. epidérmica, hijo, asta, punta, hita, roseta, garceta, paleta, palma, candil de ojo, candil basilar, luchadera, perla, redro.

3. Animales con cuernos. Bovino, bóvido, cérvido, rumiante*, cornúpeta, astado, toro*, buey, vaca, rinoceronte, jirafa, ciervo, alce, gacela, gamuza, antílope, cabra, cabra montés, capra hispánica, carnero cebú, caribú, muflón, gran kudú, ñu, íbex, «orix». *Seres de mitología, de religión:* Minotauro, unicornio, dragón; fauno, dios Pan, demonio.

4. Tipos de cornamenta. Cornigacho, corniabierto, corniapretado, astifino, corniveleto, afeitado, embolado, despitonado, corneador, unicornio, bicornio, tricornio; *Varios:* cornudo, cornalón, córneo, cornucopia, cuerno de la abundancia.

5. Cornada. Varetazo, topetazo, golpe*, puntazo, cogida, hachazo, herida, desgarro, lesión*, traumatismo, contusión, apitonamiento, paletazo, embestida.

6. Acción. Cornear, embestir, coger, voltear, zarandear, empitonar, golpear*, topar, revolcar, desgarrar, herir, lesionar*; despitonar, embolar, afeitar, encunar, apuntillar.
V. TOREO, TORO, RUMIANTE, PUNTA.

cuero. 1. Epidermis, pellejo, corteza. V. PIEL 6.
— **2.** *Cueros (en)*, desvestido, desnudo, en pelota. V. DESTAPAR 3.

CUERPO. 1. Figura*, tipo, organismo, individuo, exterior, físico, soma, ser, mole, corpulencia,

humanidad, forma, ente*, aspecto*, fisonomía, apariencia, anatomía*, configuración, silueta, perfil, espécimen, sólido, cosa, objeto, volumen, talle, talla, tronco, presencia, naturaleza, imagen, materia, carne, hechura, cadáver, restos.
— **2.** Entidad, organismo, corporación. V. ASOCIACIÓN 1.
3. Características. Talla, altura, estatura, envergadura, peso, forma, conformación, configuración, constitución, aspecto*, carnación, corpulencia, proporción, porte.
4. Tipos. Delgado*, esbelto, espigado, huesudo, flaco, endeble, débil*, enclenque, canijo, contrahecho, deforme*, monstruoso*, corpulento, robusto, grueso, gordo*, rollizo, obeso, rechoncho, fornido, fuerte, vigoroso*, hercúleo, membrudo, musculoso*.
5. Exterior. Cabeza: nuca, cerviz, coronilla, occipucio, frente, sien, entradas, cuero cabelludo, cabellos, pelo*, nariz, ventanillas, ojo*, párpado, pestañas, cejas, pómulo, mejilla, boca*, labios, mandíbula, mentón, barbilla, oreja, cuello, garganta*; hombro, axila, omoplato, paletilla, espalda*, espinazo, brazo*, codo, antebrazo, muñeca, mano*, dedos*, uñas, busto, tronco, torso, tórax*, costillar, seno, pecho, pezón, abdomen, vientre*, ombligo, lomo, costado, flanco, cintura, cadera, talle, pelvis, cintura pélvica, bajo vientre, ingle, pubis, genitales, pene, testículos*, vulva*, nalgas, posaderas, culo*, ano, pierna*, muslo, rodilla, corva, pantorrilla, tobillo, pie, dedos del pie, uñas.
6. Interior. Órganos, vísceras, entrañas, asaduras, bofe, glándulas*, aparatos, sistemas, miembros. Aparato respiratorio, a. digestivo, a. circulatorio (o sistema vascular), a. urinario, sistema nervioso, s. glandular, esqueleto, huesos*, cerebro*, cerebelo, bulbo raquídeo, glándulas*, hipófisis, tiroides, suprarrenales, carótida, yugular, faringe, laringe, tráquea, bronquios, pulmones, corazón, aorta, columna vertebral*, vértebras, costillas, diafragma, riñones*, bazo, páncreas, hígado*, vesícula biliar, estómago*, duodeno, intestinos, i. delgado, apéndice, intestino grueso, recto, ano, próstata, pene, testículos*, vagina, ovarios, útero.
7. Otros elementos. Sangre*, nervios*, arterias, venas, huesos*, músculos*, carne, tejidos, células, mucosas, piel*, articulaciones, cartílagos, grasa, membranas, órganos, vísceras, entrañas, glándulas*, humores, secreciones, excreciones*.
8. Ciencias. Anatomía*, fisiología*, histología*, embriología*, osteología, miología, artrología, esplacnología, somatología, disección, autopsia; psiquiatría, cardiología, etc. (v. medicina 3).
9. Anormalidades. Anomalía, monstruosidad*, estigma, deformidad*, lacra, defecto físico. Teratología: engendro, monstruo*, ser contrahecho, deforme*.

10. Corporal. Corpóreo, orgánico, morfológico, anatómico, somático, físico, externo, exterior, estructural, material, organizado, viviente*.
V. CABEZA, BRAZO, CORAZÓN, OJO, ETC. (V. ARRIBA LOS SEÑALADOS CON ASTERISCO).
cuervo. Grajo, corneja, pájaro. V. AVE 15.
CUESTA. 1. Rampa, ladera, pendiente, declive, subida*, ascenso, bajada, desnivel, talud, terraplén, parapeto, desmonte, inclinación*, repecho, escalamiento, vertiente, montaña*, falda, precipicio, costanilla, costana, depresión, descenso*, caída, escarpa, contraescarpa, buzamiento, desgaladero, ángulo*, sesgo, desplome, desvío, ladeo, deslizamiento*.
2. Subir*. Remontar, ascender, elevarse, gatear, avanzar, escalar, serpentear, moverse*, progresar, adelantar, trepar, reptar, rebasar, salvar, pasar, llegar* (v. 3).
3. Bajar. Descender*, deslizarse*, resbalar, patinar, disminuir, caer, voltear, rodar, irse, ir abajo, ir descendiendo, declinar, marchar*, avanzar, retroceder, desplazarse, correr, escurrirse, patinar, arrastrarse.
4. Empinado. Inclinado*, pendiente, desnivelado, alto, pino, escarpado, elevado, levantado, encaramado, subido, serpenteante, descendiente, ascendiente, ladeado, vencido, encumbrado.
Contr.: Llanura*, explanada.
V. SUBIDA, DESCENSO, INCLINACIÓN, DESLIZAMIENTO, MONTAÑA.
cuestación. Colecta, recaudación, petición. V. PEDIR 3.
cuestión. Tema, motivo, materia. V. ASUNTO 1.
cuestionable. Discutible, inseguro, problemático. V. DUDA 3.
cuestionar. Polemizar, contradecir, objetar. V. DISCUSIÓN 3.
cuestionario. Pregunta, estudio, consulta. V. INTERROGAR 2.
CUEVA. 1. Caverna, subterráneo, gruta, sima, abismo*, oquedad, cavidad, concavidad, bodega, sótano, cava, despensa, mina*, túnel, fosa, galería*, corredor, pasadizo, antro, catacumba, cripta, bóveda, espelunca, covacha, covachuela, refugio, tugurio*, guarida, mazmorra, depósito, almacén*, subsuelo, foso, horado, agujero*, hendedura*, grieta, fisura, garganta, anfractuosidad, precipicio, profundidad*, guarida, cubil, madriguera.
2. Partes. Boca, entrada, acceso, orificio, puerta, sala, galería, pozo, chimenea, lapiaz o lenar, dolina, uvala, polje, sifón, fisura, grieta, falla, sopladero, lago subterráneo, cascada, estalactita, estalagmita, corriente subterránea, meandro, aluviones, concreción, erosión, estrato, gatera, geoda, resurgimiento, surgencias, exsurgencias.
3. Varios. Troglodita, hombre de las cavernas, espeleólogo (v. 6), rupestre, cavernario,

primitivo, antediluviano, fósil*, prehistórico*, espeleología (v. 4).

4. Espeleología. Troglología, exploración, investigación* de cavernas, de cuevas subterráneas, deporte*, montañismo*, buceo*, espeleobuceo, geología*, arqueología*.

5. Equipo. Escalerilla, cable, cuerda, cabria, polea, elevador, e. con motor, mosquetón, pitón o clavija de hierro con anilla, martillo, pico, seguro, bota, suela antideslizante, casco, foco frontal, linterna o lámpara de cabeza, bote neumático, equipo de buceo*.

6. Espeleólogo. Explorador, especialista, montañero*, deportista*, investigador* subterráneo, excursionista, aventurero, geólogo*, arqueólogo*, buceador*, guía*, expedicionario. Troglodita (v. 3).

V. MINA, TUGURIO, GALERÍA, PROFUNDIDAD, ABISMO, FÓSIL, PREHISTORIA, GEOLOGÍA, ARQUEOLOGÍA.

cuévano. Canasta, banasta, cesto. V. CESTA 1.

CUIDADO. 1. Esmero, solicitud, interés*, atención, amabilidad*, preocupación, diligencia, celo, afán, miramiento, protección*, manutención, alimentación*, mimo*, cura, curación*, desvelo, entusiasmo*, moderación*, esfuerzo, amor*, cariño, afecto, auxilio, tacto, vigilia, vigilancia*, precaución*, mesura, cautela, defensa, intranquilidad*, guardia, custodia, supervisión, entretenimiento, conservación*, dedicación, asiduidad, detalle, minuciosidad, escrúpulo, tiento, ética, conciencia, moralidad, recato, corrección, aplicación, consagración, sacrificio, aseo, limpieza*, prolijidad, puntualidad, prontitud, perfección, exactitud*, método, refinamiento, pulcritud, nimiedad (v. 2).

— **2.** *Cautela*, cuidado*, prudencia, precaución*, sigilo, silencio, misterio*, disimulo, astucia*, ojo, miedo, temor*, angustia, intranquilidad*, manía*, obsesión*, preocupación*, recelo, desconfianza (v. 1).

— **3.** ¡Cuidado!, ¡atención!, ¡alto!, ¡ojo!, ¡precaución!, ¡prudencia!, ¡en guardia!

4. Cuidadoso. Diligente, atento, preocupado, interesado*, solícito, amable*, considerado, esmerado, mimoso*, mirado, afanoso, celoso, dedicado, perseverante, metódico, aplicado, refinado, desvelado, cariñoso, atildado, pulcro, correcto, puntual, exacto*, perfecto*, vigilante*, prudente, precavido*, cauteloso, puntilloso, protector*, defensor, guardián, concienzudo, remirado, minucioso, detallista, limpio*, aseado, asiduo, activo, escrupuloso, moderado, consagrado, sacrificado, nimio, lamido, quisquilloso, fastidioso, molesto, obsesionado*, maniático.

5. Cuidador. Custodio, encargado, conservador, agente*, jefe*, celador, protector*, defensor*, centinela, vigilante*, guardián, delegado*, curador, procurador, representante, comisionado, mandatario, responsable, gestor.

6. Cuidar(se). Esmerarse, atender, proteger*, preocuparse, interesarse*, afanarse, desvivirse, velar, salvaguardar, vigilar*, favorecer, prevenir, ayudar*, dedicarse, esforzarse, aplicarse, mirar, mimar*, amparar, abrigar, patrocinar, tutelar, consagrarse, guardar, precaver*, mantener, sostener, nutrir, alimentar*, conservar, sacrificarse, desvelarse, perseverar, encariñarse, amar, sanar, curar*, asear, limpiar*, arreglar, obsesionarse*, temer, dudar*, recelar.

Contr.: Negligencia, descuido*, desinterés, apatía.

V. INTERÉS, AMOR, MIMO, AYUDA, CURACIÓN, PRECAUCIÓN, PROTECCIÓN, VIGILANCIA, AYUDA, DETALLE.

cuidador. V. CUIDADO 5.

cuidadoso. V. CUIDADO 4.

cuidar(se). V. CUIDADO 6.

cuita. Inquietud, preocupación, pena. V. AFLICCIÓN 1.

cuitado. Infeliz, desventurado, desdichado. V. AFLICCIÓN 5.

culada. Trastazo, costalada, porrazo. V. GOLPE 3.

culata. 1. Mango, cachas, asidero. V. ASA 1.

— **2.** . Extremo, trasera, posterior. V. FIN 1.

culatazo. Rechazo, retroceso, trancazo. V. GOLPE 6.

culebra. Reptil*, ofidio, víbora. V. SERPIENTE 1.

culebrear. Arrastrarse, reptar, serpentear. V. SERPIENTE 4.

culebrina. Pieza artillera, bombarda, cañón. V. ARTILLERÍA 5.

culinario. Gastronómico, coquinario, alimenticio. V. ALIMENTO 9, COCINA.

CULMINACIÓN. 1. Auge, cenit, cima, clímax, apogeo, pináculo, cumbre, altura, máximo, coronamiento, remate, ápice, cúspide, finibusterre, el acabose, el colmo, apoteosis, súmmum, desiderátum, fin*, término, final, llegada, muerte*, meta, perfección*, maravilla*, premio*, prosperidad, fortuna, riqueza, magnificencia, brillo, fama, prestigio*, lustre, esplendor, prominencia, florecimiento*, consumación.

2. Culminar. Finalizar*, rematar, colmar, redondear, cuadrar, ajustar, completar, apurar, pulir, terminar, concluir, concordar, acabar, consumar, agotar, cerrar, finiquitar, perfeccionar*, llenar*, dar cima, llegar*, alcanzar, brillar*, florecer*, superar, ultimar, cumplir.

3. Culminante. Prominente, sobresaliente, predominante, crítico, señalado, cumbre, cimero, final*, terminal, límite*, sumo, consumado, rematado, floreciente, completo, esplendoroso, brillante, magnífico, próspero*, extremo, trascendental, importante*, superior, interesante, emocionante, decisivo, comprometido, arduo, difícil*, descollante, perfecto*, preponderante, destacado.

— **4.** *Elevado*, crecido, subido, prominente. V. ALTO 1.

Contr.: Decadencia, descenso, principio*.

V. FINAL, ALTURA, IMPORTANCIA.

culminante. V. CULMINACIÓN 3, 4.
culminar. V. CULMINACIÓN 2.
CULO. 1. Asentaderas, nalgas, trasero, glúteos, posaderas, pompis, nalgatorio, traste, cuadril, grupa, ancas, asiento, ano, recto, cachas, posterior, mapamundi, tafanario, antifonario, traspuntín, posas (v. 2).
2. Elementos. Ano (ojete), glúteos, nalgas, perineo, esfínter, e. anal, mucosa, ampolla rectal, recto, intestino*, digestivo (aparato), cloaca (animales), heces, materias fecales, excrementos*, cagada, defecación, pedo, ventosidad, defecar, cagar, peer, ventosear, hacer de vientre.
3. Enfermedades. Hemorroides o almorranas, fístula, hemorragia, prolapso, fisura, flujo, lombrices, inflamación, estreñimiento, diarrea, cáncer*, tumor, oclusión intestinal.
4. Tratamientos. Proctología, rectoscopia, anuscopia, lavaje, lavativa, supositorio, baño de asiento, purgante, laxante, astringente, emoliente, irrigador, cánula, clister, pomada antihemorroidal.
5. Culón. Nalgudo. V. ABULTAMIENTO 2.
V. INTESTINO, DIGESTIVO (APARATO), EXCREMENTO.
culón. V. CULO 5.
CULPA. 1. Desliz, falta, error, equivocación*, infracción, caída, incumplimiento, delito*, olvido*, descuido*, lapso, lapsus, flaqueza, fallo, falla, negligencia, engaño*, falsedad*, mentira, culpabilidad, incorrección, yerro, abandono, imprudencia*, maldad, lacra, daño, inobservancia, tacha, inexactitud, informalidad, pena, irregularidad, insuficiencia, anomalía, desatino, disparate*, tentación, injusticia*, pifia, desacierto, vileza*, imperfección, complicidad (v. 2).
2. Complicidad. Connivencia, participación, acuerdo, confabulación, pacto*, colaboración, conchabanza, arreglo, conspiración*, contubernio, traición*, componenda, conjura, ayuda*.
3. *Pecado* (en la moral católica), culpa, pecado venial, pecado mortal, vicio*, defecto, desliz, yerro, error, falta, delito*, transgresión, infracción, violación, tropiezo, traspié, deuda*, omisión, maldad, falsedad*, perversidad, vileza*.
Los siete pecados capitales: ira, pereza, envidia, avaricia, gula, lujuria, orgullo.
4. Culpable. Causante, infractor, trasgresor, contraventor, inculpado, condenado*, autor, ejecutor, reo, pecador, penitente, incurso, encartado, convicto, confeso, complicado, mezclado, sospechoso*, conjurado, presunto, comprometido, conspirador, cómplice, procesado, acusado, vicioso*, violador, factor, malo, vil*, penado, preso, detenido, prisionero*, malhechor, rebelde, delincuente*, cómplice (v. 5).
5. Cómplice. Participante, confabulado, compinche, conspirador*, ayudante*, amigo, compañero*, compadre, auxiliar, conchabado, arreglado, colaborador, traidor*, conjurado, juramentado, implicado, complicado.

6. Tener culpa. Cometer, originar, causar, incurrir, incidir, infringir, engañar*, faltar, quebrantar, pecar (v. 7), caer, errar, ofender*, fallar, omitir, olvidar*, viciar*, envilecerse, dañar, equivocar*, pifiar, tropezar, resbalar, mentir, falsear*, disparatar*, desatinar, abandonar, confesar, reconocer, declarar (v. 7).
7. *Pecar* (en la moral católica), quebrantar, caer, faltar, errar, delinquir, violar, ofender*, viciar*, falsear*, infringir, transgredir, adeudar, omitir (v. 6).
8. Culpar. Achacar, imputar, inculpar, atribuir*, asignar, señalar, implicar, liar, comprometer, complicar, encartar, incurrir, causar, mezclar, embrollar, sospechar*: cargar, acusar*, apostrofar, endosar, enjaretar, denunciar, delatar, censurar, criticar, reprochar, reprender*, desaprobar, denigrar, calumniar*, recriminar, regañar, procesar, condenar*, dictaminar.
Contr.: Inocencia, perdón.
V. DELITO, OLVIDO, ENGAÑO, VILEZA, VICIO, DISPARATE, EQUIVOCACIÓN, PERJUICIO, TRAICIÓN, DESAPROBACIÓN.
culpabilidad. V. CULPA 1-3.
culpable. V. CULPA 4, 5.
culpar. V. CULPA 6.
culterano. Pomposo, afectado*, amanerado. V. PEDANTE 1.
cultivable. Fecundo, fértil, productivo. V. FECUNDACIÓN 4.
cultivador. Campesino, labriego, granjero. V. AGRICULTURA 8.
cultivar. 1. Plantar, trabajar, sembrar. V. AGRICULTURA 4.
— **2.** Fomentar, desarrollar, ayudar. V. EDUCACIÓN 11.
cultivo. 1. Parcela, sembrado, huerto. V. CAMPO 1.
— **2.** Labranza, explotación, siembra. V. AGRICULTURA 1.
culto. 1. Rito, servicio, ceremonia. V. MISA 1.
— **2.** Veneración, devoción, adoración. V. RELIGIÓN 9.
— **3.** Educado, ilustrado, instruido. V. EDUCACIÓN 17.
cultura. Ilustración, erudición, sabiduría*. V. EDUCACIÓN 19.
cultural. Educativo, formativo, instructivo. V. EDUCACIÓN 18.
cumbre. 1. Cima, altura, cúspide. V. MONTAÑA 1.
— **2.** Apogeo, remate, máximo. V. CULMINACIÓN 1.
cumpleaños. Celebración, aniversario, conmemoración. V. FIESTA 1.
cumplidamente. Debidamente, oportunamente*, correctamente. V. CONVENIENCIA 7.
cumplido. 1. Galantería, adulación*, amabilidad*. V. ELOGIO 1.
— **2.** Cortés, atento, galante. V. AMABILIDAD 2.
— **3.** Adecuado, debido, oportuno. V. CONVENIENCIA 2.

cumplidor. Exacto, puntual, formal*. V. EXAC-
TITUD 2.
cumplimentar. 1. Congratular, agasajar, alabar.
V. FELICITACIÓN 2.
— **2.** Efectuar, hacer, consumar. V. REALIZAR 1.
cumplimiento. 1. Realización, observancia, acatamiento. V. OBEDIENCIA 1.
— **2.** Conclusión, terminación, vencimiento.
V. FIN 1.
cumplir. 1. Efectuar, hacer*, ejecutar. V. REALI-
ZAR 1.
— **2.** Terminar, caducar, concluir. V. FIN 4.
cúmulo. Cantidad, infinidad, montón. V. ABUN-
DANCIA 1.
cuna. 1. Lecho, moisés, catre. V. CAMA 1.
— **2.** Linaje, alcurnia, origen*. V. ARISTOCRA-
CIA 1.
cundir. Propagarse, difundirse, multiplicarse. V.
EXTENDER 2.
cuneta. Socavón, zanja, bache. V. EXCAVAR 2.
cuña. Taco, tarugo, calzo. V. MADERA 2.
cuñado. Pariente, allegado, hermano político. V.
FAMILIA 3.
cuño. 1. Sello, matriz, troquel. V. MOLDE 1.
— **2.** Peculiaridad, impresión, rasgo. V. CARAC-
TERÍSTICA 1.
cuota. Cantidad, aportación, contribución. V.
PAGAR 4.
cupé. Berlina, auto. V. AUTOMÓVIL 2.
cuplé. Copla, canción, tonada. V. CANTAR 1.
cupletista. Cancionista, tonadillera, artista*. V.
CANTAR 10.
cupo. Cuota, parte, pago. V. CANTIDAD 2.
cupón. Vale, talón, comprobante. V. COMPRO-
BAR 3.
cúpula. Ábside, domo, cimborrio. V. BÓVEDA 1.
cuquería. Picardía, marrullería, pillería*. V. AS-
TUCIA 1.
cura. 1. Clérigo, eclesiástico, religioso. V. SACER-
DOTE 1.
— **2.** Terapéutica, tratamiento, curación. V.
CURAR 4.
curable. V. CURAR 8.
curación. V. CURAR 4.
curado. 1. Restablecido. V. CURAR 7.
— **2.** Ahumado, seco, duro. V. CONSERVA 6.
curador. Tutor, cuidador*, defensor. V. ADMINIS-
TRACIÓN 6.
curalotodo. *incorr* V. CURAR 9.
curandero. V. CURAR 110.
CURAR. 1. Aliviar, atender, sanar, cuidar*, asistir,
mejorar, curarse (v. 3), remediar, paliar, tratar,
medicar, medicinar*, prescribir, recetar, administrar, reanimar, animar*, rehabilitar, reponer,
prevenir, intervenir, operar, erradicar, desacostumbrar, deshabituar, mitigar, calmar, vigilar,
velar, desvelar, desinfectar, limpiar*, regene-
rarse, cicatrizar, cerrar, secar (v. 3).
— **2.** Ahumar, salar, secar. V. CONSERVAR 2.
— **3.** *Curarse*, restablecerse, reponerse, mejorar*, sanar, salvarse, recuperarse, fortalecerse,

convalecer, rehabilitarse, reanimarse, rehacerse,
resucitar, revivir, recobrarse, mejorar, adelantar,
aliviarse, robustecerse, vigorizarse* (v. 1).
4. Curación. Tratamiento, medicación*, terapéutica, higiene*, medicina*, cura, remedio,
cuidado*, mejoría, reanimación, restablecimiento, rehabilitación, recuperación, convalecencia,
alivio, alta, salud*, atención, régimen, dieta,
método, proceso, medicamento*, administración, posología, dosis, acupuntura, digitopuntura, paliativo, operación, intervención, i.
quirúrgica, cirugía*, desinfección*, limpieza*,
cicatrización, vacunación*, prevención (v. 5).
5. Tratamientos, terapéutica. V. MEDICINA,
CIRUGÍA, MEDICAMENTO.
6. Curativo. Medicinal, beneficioso*, benéfico, terapéutico, medicamentoso, higiénico*,
saludable*, rehabilitador, favorable, reanimador, bueno, preventivo, balsámico, suavizante,
calmante, cicatrizante, paliativo, restablecedor,
médico (v. 8).
7. Curado. Convaleciente, recuperado, paciente, rehabilitado, aliviado, restablecido, mejorado, recobrado, adelantado, sano, saludable*,
repuesto, dado de alta.
8. Curable. Recuperable, tratable, favorable,
positivo, evitable, corregible, remediable, reparable, operable, rehabilitable, reversible (v. 6).
9. Curalotodo. Remedio, panacea, sanalotodo,
bálsamo, pócima, brebaje, poción, filtro, bebedizo, lenitivo, mejunje, potingue, medicamento*, medicina.
10. Curandero. Sacamuelas, matasanos, intruso, charlatán, medicastro, impostor, hechicero*,
ensalmador, brujo, mago; médico*.
Contr.: Enfermar*, empeorar.
V. MEDICINA, CIRUGÍA, HIGIENE, SALUD, ME-
DICAMENTO, MÉDICO, CUIDADO, ÁNIMO.
curativo. V. CURAR 6.
curda. Ebriedad, beodez, embriaguez. V. BORRA-
CHERA 1.
cureña. Plataforma, armón, armazón. V. ARTI-
LLERÍA 7.
curia. Tribunal, congregación, Rota. V. PAPA 3.
curiosear. V. CURIOSIDAD 4.
CURIOSIDAD. 1. Atención, interés*, aliciente,
intriga, suspense, suspenso, inclinación, atracción, expectación, expectativa, espera, esperanza, ilusión, incertidumbre, preocupación,
interrogación*, misterio*, deseo*, sorpresa,
admiración, asombro*, extrañeza, rareza*, indagación, averiguación, investigación*, búsqueda, pesquisa, información*, sondeo, injerencia,
pregunta, indiscreción, cotilleo, fisgoneo, huroneo, chismorreo*, entrometimiento, intrusión,
imprudencia*, descaro, osadía*, espionaje*,
rastreo, olfateo, acecho.
2. Curioso. Intruso*, entrometido, importuno,
inoportuno, indiscreto, interesado*, atento,
observador, espectador, mirón, intrigado, intrigante, atraído, expectante, absorto, insistente,

preguntón, impertinente, preocupado, deseoso*, sorprendido, admirado, extrañado, asombrado*, averiguador, investigador*, informador, inquisidor, hurón, fisgón, chismoso*, cotilla, merodeador, espía*, imprudente*, incauto, necio, osado, descarado, oficioso.
— **3.** Original*, raro*, interesante. V. INTERÉS 5.
4. Curiosear. Indagar, escudriñar, averiguar, fisgar, fisgonear, interesarse*, atender, husmear, inmiscuirse, injerirse, mangonear, meterse, entrometerse, huronear, buscar, espiar*, escrutar, acechar, atisbar, olisquear, olfatear, vigilar*, investigar*, intervenir, informarse*, trastear, rebuscar, tantear, cotillear, intrigar, sorprenderse, admirarse, asombrarse*, extrañarse.
Contr.: Indiferencia*, apatía.
V. INTERÉS, ASOMBRO, INVESTIGACIÓN, VIGILANCIA, INTERROGACIÓN, CHISMORREO, ESPIONAJE.
curioso. 1. Intrigado. V. CURIOSIDAD 2.
— **2.** Llamativo, raro*, interesante. V. INTERÉS 5.
currículum vítae. Historial, antecedentes, hoja de servicios. V. INFORME 1.
cursar. 1. Preparar, asistir, aprender. V. EDUCACIÓN 12.
— **2.** Despachar, gestionar, diligenciar. V. TRÁMITE 2.
cursi. Amanerado, rebuscado, ñoño. V. AFECTACIÓN 2.
cursilería. V. cursi.
cursillista. Alumno, estudiante, asistente. V. EDUCACIÓN 13.
cursillo. Conferencias, preparación, repaso. V. EDUCACIÓN 5.
cursiva. Bastardilla, letra corrida, letra cursiva. V. LETRA 4.
curso. 1. Período, año, ciclo. V. EDUCACIÓN 6.
— **2.** Asignatura, disciplina, materia. V. EDUCACIÓN 5.
— **3.** Recorrido, rumbo, trayectoria. V. MARCHAR 4.
— **4.** Tendencia, orientación, moda*. V. PREFERENCIA 1, CAMBIO 3.
curtido. 1. Avezado, experimentado, baqueteado. V. HÁBITO 5.
— **2.** Bronceado, tostado, atezado. V. MORENO 1.
curtiembre. Curtiduría, taller, tenería. V. PIEL 8.
curtir. 1. Preparar, adobar, aderezar. V. PIEL 9.
— **2.** Avezar, acostumbrar, baquetear. V. HÁBITO 4.
CURVA. 1. Arco, parábola, hipérbola, línea*, óvalo, vuelta (v. 2), elipse, círculo*, circunferencia, órbita, onda, espira, espiral, voluta, bucle, rizo*, adorno*, forma*, tornillo, rosca, hélice, trocoide, trayectoria, desplazamiento, raya, surco, semicírculo, semicircunferencia, concavidad, convexidad, nivel, menisco (v. 2).
2. Vuelta, curvatura. Redondez, revuelta, giro, ese, viraje, comba, combadura, sinuosidad, ondulación, convexidad, esfericidad,

concavidad, arabesco, voluta, torsión, onda, flexión*, inflexión, recoveco, rodeo, remanso, meandro, ángulo, esquina*, ruedo, revolución, circunvalación, recodo, rosca, abarquillamiento, arrufadura, seno, festón, cayado, catenaria, lóbulo, bóveda*, cúpula, alabeo, pandeo, arqueo, escorzo, caracol, sortija, arqueamiento, torcedura, tortuosidad, doblamiento, encorvamiento, desviación, esfera* (v. 1).
3. Elementos. Centro*, foco, radio, eje, vértice, diámetro, polo, parámetro, peralte, tangente, cuerda, arco, flecha, sagita, segmento, sector, cuadrante.
4. Curvo. Combado, corvo, encorvado, curvado, curvilíneo, arqueado, pandeado, ganchudo, aguileño, aquilino, convexo, cóncavo, espiral, ovalado, ovoideo, redondeado, elíptico, redondo, circular*, alabeado, abovedado, desviado, flexionado*, ondulado, ondulante, sinuoso, torcido, serpenteante, zigzagueante, culebreante, tortuoso, jorobado, corcovado, doblado, ensortijado, enroscado, helicoidal, abarquillado, acanalado, arrufado, festoneado, lobulado, escorzado, rizado, crespo, estriado, corrugado, grifo, encarrujado, sigmoideo, sinusoide, hiperbólico, parabólico, combo, adunco.
5. Curvar. Arquear, combar, encorvar, ondular, desviar, redondear, flexionar*, torcer, retorcer, pandear, alabear, abarquillar, serpentear, culebrear, zigzaguear, circunvalar, rodear*, ensortijar, rizar, encrespar, escorzar, arrufar, encarrujar, escarolar, doblar, jorobar, abultar, abombar, enroscar, ovalar, festonear, acanalar, lobular.
Contr.: Recta.
V. LÍNEA, CÍRCULO, RIZO, FORMA.
curvado. V. CURVA 4.
curvar. V. CURVA 5.
curvatura. V. CURVA 2.
curvilíneo. V. CURVA 4.
curvo. V. CURVA 4.
cuscurro. Corrusco, mendrugo, trozo de pan. V. PAN 4.
cúspide. 1. Pico, cresta, cima. V. MONTAÑA 1.
— **2.** Apogeo, ápice, pináculo. V. CULMINACIÓN 1.
custodia. 1. Guardia, defensa, cuidado. V. VIGILANCIA 1.
— **2.** Tabernáculo, sagrario, recinto del culto. V. MISA 4.
custodiar. Guardar, defender, proteger*. V. VIGILANCIA 4.
custodio. Protector*, guardián, vigilante*. V. CUIDADO 5.
cutáneo. Epidérmico, dérmico, superficial. V. PIEL 11.
cutícula. Pellejo, membrana, epidermis. V. PIEL 1.
cutis. Epidermis, dermis, tez. V. PIEL 1.
cuzco. Cucho, perrillo, gozque. V. PERRO 1.

dato

D

dactilar. Del dedo, digital, manual. V. DEDO 6.
DACTILARES (HUELLAS). 1. Huellas digitales, rastro, marca, señal, impresión, vestigio, indicio, prueba.
   2. Ciencias, estudios. Dactiloscopia, identificación, investigación criminal, criminología, técnica policial*.
   3. Elementos. Dactilograma, dedo*, yema, pulpejo, cresta papilar, surco interpapilar, delta, arco, presilla, bucle, voluta o verticilo, fórmula dactilar; rodillo, tinta, grasa, placa, ficha, fichero, identidad; delincuente, reincidente.
   4. Investigación* criminal. V. POLICÍA 4, DELITO.
dactilógrafa. Mecanógrafa, secretaria, empleada. V. OFICINA 4.
dactiloscopia. V. DACTILARES (HUELLAS) 2.
dádiva. Entrega*, cesión, donación. V. REGALO 1.
dadivoso. Caritativo, espléndido, pródigo. V. GENEROSIDAD 2.
DADOS. 1. Juego*, j. de azar, diversión*, dado, pieza cúbica, cubo, pieza de hueso, de marfil, de plástico, dados de póquer.
   2. Generalidades. Puntos o pintas, cubilete; tabas; rentilla, terna, parejas, punto, suerte, rey, as, seis, brocha, cabra, comodín, quina, dados cargados, dados falsos; dados de póquer: parejas, dobles parejas, trío, terna, ful, póquer, escalera de color, e. real; tahúr, fullero, tramposo, trampa, fullería.
   V. JUEGO, DIVERSIÓN.
daga. Navaja, estilete, puñal. V. CUCHILLO 1.
dalia. Planta, p. ornamental, vegetal*. V. FLOR 4.
dalmática. Librea, manto, túnica. V. VESTIMENTA 7.
daltonismo. Defecto ocular, enfermedad visual, enfermedad ocular. V. OJO 10.
dama. 1. Ama, matrona, dueña. V. MUJER 1.
   — **2.** Damas (juego). V. DAMAS 1.
damajuana. Garrafa, botellón, bombona. V. RECEPTÁCULO 3, BOTELLA 1.
DAMAS. 1. Juego*, escaques, entretenimiento, diversión*; ajedrez*.
   2. Elementos. Tablero, damero, casilla, escaque, calle, fichas (12 blancas, 12 negras), dama; salir, mover, comer, soplar, saltar, encerrar, coronar, acochinar, entablar, empate, tablas. V. JUEGO, DIVERSIÓN, AJEDREZ.

damasquinado. Incrustación, fileteado, arabesco. V. ADORNO 1.
damisela. Señorita, doncella, damita. V. JOVEN 2.
damnificado. Víctima, dañado, afectado. V. PERJUDICADO 3.
dancing. ingl Sala de baile, de fiestas, cabaré. V. BAILE 14.
dandi. Petimetre, figurín, elegante*. V. AFECTACIÓN 2.
dantesco. Impresionante, tremendo, horrendo. V. ESPANTO 3.
danza. Evolución, movimiento cadencioso, giro. V. BAILE 1.
danzar. Girar, evolucionar, bailar. V. BAILE 10.
danzarín. Artista, pareja, bailarín. V. BAILE 12.
dañar. 1. Romper, estropear, destrozar. V. DETERIORO 2.
   — **2.** Afectar, ofender, lesionar*. V. PERJUICIO 4.
dañino. Maligno, malo, pernicioso. V. PERJUICIO 2.
daño. 1. Avería, estropicio, desastre*. V. DETERIORO 1.
   — **2.** Desgracia*, molestia, inconveniente. V. PERJUICIO 1.
   — **3.** Contusión, golpe*, herida. V. LESIÓN 1.
dañoso. V. dañino.
dar. Ceder, ofrecer, regalar*. V. ENTREGAR 1.
dardo. Flecha, arpón, venablo. V. ARMA 3.
dársena. Atracadero, muelle, fondeadero. V. PUERTO 1, 3.
datar. 1. Anotar, fechar, registrar. V. ESCRIBIR 1.
   — **2.** Proceder, remontarse a, venir de. V. ORIGEN 4.
dátil. Fruta, fruto de palmera, producto. FRUTO 7.
DATO. 1. Referencia, pormenor, antecedente, procedente, historial, premisa, reseña, nota*, cita, detalle*, especificación, característica*, puntualización, enumeración, particularidad, elemento, indicio, deducción, acotación, explicación*, informe*, señal, revelación, palmarés, averiguación, investigación*, testimonio, confidencia, relación, resumen, descripción, certificado, aclaración, referencias (v. 2).
   — **2.** Datos, filiación, identificación, reseña, historial, señas, antecedentes, actuación*, recomendación, certificado, hoja de servicios, currículum vítae, expediente, legajo, palmarés, circunstancias, referencias (v. 1), ficha, registro,

descripción, identidad, rasgos, características, retrato, detalle*.

3. Dar, tomar datos. Describir, identificar, enumerar, reseñar, detallar, puntualizar, aclarar, pormenorizar, citar, explicar*, informar*, resumir, abreviar*, relacionar, testimoniar, revelar, confesar, confiar, registrar, fichar, filiar, señalar, investigar*, averiguar.
V. DETALLE, INFORME, EXPLICACIÓN, INVESTIGACIÓN.

DDT. (Dicloro-difenil-tricloroetano: prohibido desde 1972 por la Agencia de Protección Medioambiental de EE.UU., EPA: «Environmental Protection Agency»; prohibido en España, en 1977). Plaguicida, tóxico, veneno*. V. INSECTO 7.

deambular. Errar, pasear, vagar. V. MARCHAR 1.

deán. Canónigo, director, rector. V. SACERDOTE 1.

debacle. Catástrofe, tragedia, ruina. V. DESASTRE 1.

DEBAJO. Abajo, en la parte inferior, bajo, infla-, hipo-, soto-, sub-, so, tras-, profundo, hondo, subterráneo, hundido*, oculto*, escondido, descendido*, cubierto, recubierto*, tapado*, disimulado, guardado, sepultado, enterrado, secreto*.
Contr.: Encima, arriba.
V. OCULTO, RECUBIERTO, SECRETO, TAPADO, HUNDIDO, DESCENDIDO.

debate. Polémica, controversia, litigio. V. DISCUSIÓN 1.

debatir. 1. Disputar, argumentar, polemizar. V. DISCUSIÓN 3.

— **2.** *Debatirse*, forcejear, retorcerse crisparse. V. LUCHA 9.

debe. V. débito.

deber. 1. Responsabilidad, tarea, carga. V. OBLIGAR 4.

— **2.** Adeudar, comprometerse, obligarse*. V. DEUDA 5.

debidamente. Correctamente, adecuadamente, apropiadamente. V. CONVENIENCIA 7.

débil. V. DEBILIDAD 4-7.

DEBILIDAD. 1. Endeblez, fragilidad*, delicadeza, inconsistencia, finura, atonía, extenuación (v. 2), apocamiento (v. 3), flojedad, sutilidad, levedad, tenuidad, brevedad, ligereza, blandura* (v. 2).

— **2.** *Extenuación*, debilidad, agotamiento, decaimiento, flaccidez, anquilosamiento, fatiga*, cansancio, anemia, raquitismo, atrofia, delgadez*, desnutrición, enfermedad*, desmadejamiento, abatimiento, desánimo, postración, inanición, «surménage», desfallecimiento, astenia, desmayo* (v. 3).

— **3.** *Desánimo*, debilidad, cobardía, abatimiento, postración, flojedad, apocamiento, temor*, flaqueza, pusilanimidad, timidez* (v. 1).

— **4. Débil.** Flojo, frágil*, fino, mortecino, apagado, endeble, desguarnecido, desprotegido, indefenso, vulnerable, expugnable, tenue, sutil, leve*, inconsistente, quebradizo, delicado,

blando*, ligero, liviano, vacilante, mortecino, inseguro (v. 5).

— **5.** *Debilitado*, débil (v. 4), exangüe, extenuado, aplanado, cansado, fatigado*, maltrecho, rendido, abatido, decaído, agotado, caduco, postrado, acabado, impotente, macilento, anémico, pálido, marchito*, ojeroso, lánguido, exhausto, enfermizo, enfermo*, desnutrido, hambriento, molido, deslomado, desmadejado, desfallecido, apático, desmayado* (v. 6).

— **6.** *Esmirriado*, débil, canijo, escuchimizado, enteco, raquítico, enfermizo*, alfeñique, birria, endeble, enclenque, atrofiado, depauperado, desmedrado, pequeño*, ruin, desnutrido (v. 5), delgado*, desmejorado, pálido, marchito*, asténico, anémico, maciento (v. 7); renacuajo, mequetrefe.

— **7.** *Apocado*, débil, desanimado, indefenso, inerme, cobarde, tímido*, inocente*, temeroso, pusilánime, corito, encogido, timorato, calzonazos, inseguro (v. 4).

8. Debilitar. Aflojar, suavizar*, atenuar, ablandar, apagar, disminuir, consumir, aminorar, amortiguar (v. 9).

— **9.** *Debilitar(se)*, extenuar, desfallecer, flaquear, postrar, languidecer, cansar, fatigar*, aplanar, agotar, decaer, agravar, enfermar*, marchitar*, enflaquecer, caer, eschuchimizar, anquilosar, encanijar, atrofiar, consumir, desgastar, esmirriar, desmadejar, desangrar, desmayar*, (v. 10).

— **10.** *Desanimar(se)*, debilitar, acobardar, flaquear, ceder, aflojar, privar, quitar, desarmar, despojar, atemorizar, amedrentar, encoger, temer, apocar, deprimir, preocupar, agobiar, entristecer, amilanar.

11. Debilitante. Extenuante, agotador, aplanador, cansador, fatigoso*, fatigante, agobiante, enervante, deprimente, penoso, difícil*.
Contr.: Vigor*, fortaleza.
V. FRAGILIDAD, LEVEDAD, FATIGA, ENFERMEDAD, DESMAYO, TIMIDEZ, TEMOR.

debilitado. V. DEBILIDAD 4-7.

debilitante. V. DEBILIDAD 11.

debilitar. V. DEBILIDAD 8-10.

débito. Adeudo, pasivo, saldo. V. DEUDA 1.

debut. Presentación, estreno, inauguración. V. PRINCIPIO 2.

debutante. Novato, novel, inexperto. V. PRINCIPIO 3.

debutar. Presentarse, estrenar, inaugurar. V. PRINCIPIO 10.

década. Decenio, plazo, lapso. V. TIEMPO 2.

decadencia. Declive, ocaso, ruina. V. EMPEORAMIENTO 1.

decadente. Acabado, caduco, corrompido. V. EMPEORAMIENTO 4.

decaer. Caducar, corromperse, degradarse. V. EMPEORAMIENTO 2.

decaído. V. DEBILIDAD 5.

decaimiento. V. DEBILIDAD 2.

decálogo. Ley de Dios, Diez Mandamientos, preceptos. V. LEY 1.

decano. Rector, director, deán. V. UNIVERSIDAD 5, ANCIANO 1.

decantar. Posar, precipitar, purificar*. V. SEPARAR 9.

decapitación. V. decapitar.

decapitar. Cercenar, degollar, guillotinar. V. CORTAR 1, CASTIGO 8.

decencia. 1. Decoro, modestia, honradez. V. HONOR 1, 2.
— **2.** Castidad, pudor, pureza. V. VIRGEN 3.

decenio. Década, lapso, tiempo*. V. AÑO 2.

decente. 1. Decoroso, honrado, modesto. V. HONRADEZ 2.
— **2.** Puro, casto, pudoroso. V. VIRGEN 2.

DECEPCIÓN. 1. Desengaño, frustración, desencanto, desilusión, desaliento, desesperanza, amargura, pena, aflicción*, contrariedad, desánimo*, despecho, sorpresa, chasco, asombro*, disgusto, fiasco, desacierto, error, yerro, pifia, equivocación*, engaño*, fracaso, escarmiento, plancha, arrepentimiento*.
2. Decepcionado. Desilusionado, desengañado, desanimado, desencantado, desalentado (v. 4).
3. Decepcionante. Penoso, amargo, desesperanzador, desalentador, lamentable, errado, desacertado, angustiado, deplorable, aflictivo*, desolador, doloroso, desesperante, desgraciado*.
4. Decepcionar(se). Desilusionar(se), desalentar, defraudar, desengañar, desanimar, desencantar, contrariar, despechar, amargar, desesperar, frustrar; escarmentar, aprender, fracasar, chasquear, sorprender, asombrar*, pifiar, equivocarse*, disgustar, apenar, afligir*, sufrir un chasco.
Contr.: ilusión, alegría*.
V. EQUIVOCACIÓN, ENGAÑO, AFLICCIÓN, DESGRACIA, ASOMBRO.

decepcionado. V. DECEPCIÓN 2.

decepcionante. V. DECEPCIÓN 3.

decepcionar. V. DECEPCIÓN 4.

deceso. Fallecimiento, defunción, desaparición. V. MUERTE 1.

dechado. Modelo, arquetipo, prototipo. V. EJEMPLO 3.

decidido. 1. Audaz, intrépido, enérgico*. V. OSADÍA 3.
— **2.** Terminante, concluyente, resuelto*. V. SOLUCIÓN 4.

decidir. 1. Resolver, determinar, establecer. V. SOLUCIÓN 4.
— **2.** *Decidirse*, proponerse, lanzarse, determinarse. V. ÁNIMO 8.

decidor. Parlanchín, ocurrente, locuaz. V. CONVERSACIÓN 4.

decimal. Fracción, quebrado, sistema métrico. V. CÁLCULO 6.

decir. Declarar, explicar, manifestar. V. HABLAR 1.

decisión. 1. Valentía, energía*, intrepidez. V. OSADÍA 1.
— **2.** Resolución, determinación, conclusión. V. SOLUCIÓN 1.

decisivo. Trascendental, terminante, concluyente. V. IMPORTANCIA 3.

declamación. V. declamar.

declamar. Entonar, pronunciar, recitar. V. HABLAR 1.

declaración. Afirmación, mención, manifestación. V. EXPLICACIÓN 1.

declarado. Evidente, explícito, notorio. V. CLARO 4.

declarante. Testigo, deponente, informador. V. INFORME 4.

declarar. Manifestar, testificar, expresar. V. INFORME 3.

declinación. 1. Decadencia, ruina, ocaso. V. EMPEORAMIENTO 1.
— **2.** V. GRAMÁTICA 3.

declinar. Arruinarse, debilitarse, decaer. V. EMPEORAMIENTO 1.

declive. 1. Desnivel, pendiente, subida*. V. CUESTA 1.
— **2.** Decadencia, ruina, ocaso. V. EMPEORAMIENTO 1.

decoloración. V. decolorar.

decolorar. Blanquear, aclarar, desteñir. V. CLARO 12.

decomisar. Incautar, requisar, confiscar. V. APROPIARSE 1.

decomiso. V. decomisar.

DECORACIÓN. 1. Ornamentación, ambientación, restauración, modernización, engalanamiento, adorno*, decorado (v. 2), exorno, ornamento, ornato, empavesado, aderezo, acicalamiento, distribución, adecentamiento, hermoseamiento*, renovación, diseño, dibujo*, proyecto, planificación*, mueble*, tapiz* (v. 3).
2. Decorado. Escenografía, escenario, proscenio, adorno*, fondo, tramoya, cuadro, bambalinas, ambientación escénica, de teatro*.
3. Decoración interior. Tapiz*, alfombra, cortinas, colgaduras*, cuadro, pintura*, esmalte, miniatura, plata, platería, orfebrería, filigrana, incrustación, porcelana, p. de Sèvres, laca, nácar, cerámica*, mosaico, bibelot, marfil, cristalería, cristal de Murano, florero, jarrón, jardinera, escultura*, lámpara, candelabro, reloj*, aplique; telas*, raso, terciopelo, seda, cretona, pana, piel, cuero, «vichy»; chimenea, hogar, repisa, mueble* (v. 4).
4. Muebles*. Mobiliario de época, de estilo*, antiguo, moderno, de anticuario, objeto de arte; ebanistería, marquetería, taraceado, damasquinado, tallado, consola, ménsula, cómoda, espejo, cornucopia, aplique, sillón, butaca, tresillo, diván, chaise-longue, mecedora, puf, sofá, escritorio, buró, barqueño, secreter, aparador, gabinete, lecho, cama*, dosel, biombo, perchero. Estilos*: Rococó, Luis XIV, Luis XV,

Luis XVI, Renacimiento, imperio, castellano, colonial, modernista.

5. Decoración de edificios. Ornamentación, arquitectura*, artesonado, arabesco, archivolta, voluta, remate, panel, orla, moldura, mascarón, lambrequín, imposta, columna*, cariátide, atlante, canéfora, blasón, escudo, arimez, friso, greca, florón, estatua, escultura*, estría, esgrafiado, escayola, cornucopia, cornisa, cornisamento, zócalo, portada. Estilos: griego, romano, clásico, románico, gótico, ojival, renacentista, barroco, rococó, churrigueresco, plateresco, herreriano, neoclásico, modernista, moderno, nórdico, oriental, rústico, funcional, futurista.

6. Decorativo. Artístico*, estético, ornamental, engalanado, adornado*, atrayente, atractivo*, interesante*, hermoso*, exquisito, grato, puro, fino, elegante*, de buen gusto, gracioso, lucido, primoroso.

7. Decorador. Diseñador, experto, profesional, artista*, entendido, mueblista*, ambientador, restaurador, proyectista, tapicero*, artesano.

8. Decorar. Ambientar, engalanar, adornar*, modernizar, ornamentar, arreglar, restaurar, componer, exornar, hermosear*, renovar, adecentar, distribuir, acicalar, guarnecer, enriquecer, diseñar, proyectar, planificar*, tapizar*, amueblar, pintar.
V. ADORNO, MUEBLE, TAPIZ, COLUMNA, ARTE, HERMOSURA, ESCULTURA, ARQUITECTURA, DIBUJO, PINTURA, FACHADA.

decorado. V. DECORACIÓN 2.

decorador. V. DECORACIÓN 7.

decorar. V. DECORACIÓN 8.

decorativo. V. DECORACIÓN 6.

decoro. Decencia, dignidad, honestidad. V. HONOR 2.

decoroso. Honorable, honesto, decente. V. HONOR 4.

decrecer. Aminorar, menguar, declinar. V. DISMINUCIÓN 2.

decrecimiento. V. decrecer.

decrépito. 1. Achacoso, vetusto, senil. V. ANCIANO 2.
— **2.** Destartalado, ruinoso, desvencijado. V. DETERIORO 3.

decrepitud. 1. Decadencia, senilidad, chochez. V. ANCIANO 5.
— **2.** Ruina, vetustez, abandono. V. DETERIORO 1.

decretar. Dictar, promulgar, reglamentar. V. LEY 6.

decreto. Edicto, mandato, resolución. V. LEY 1.

decurso. Transcurso, paso, proceso, V. CONTINUACIÓN 1.

dedal. Dedil, adminículo, útil de costura. V. COSTURA 7.

dédalo. Laberinto, embrollo*, dificultad*, problema. V. OBSTRUIR 2.

dedicación. Aplicación, esmero, consagración. V. DINAMISMO 1.

dedicar. 1. Consagrar, destinar, entregar. V. OFRECER 1.
— **2.** *Dedicarse*, afanarse, aplicarse, consagrarse. V. TRABAJO 11.

dedicatoria. Homenaje, ofrecimiento, testimonio. V. OFRECER 4, NOTA 1.

dedillo (al). A fondo, totalmente, perfectamente. V. PERFECTO 5.

DEDO. 1. Extremidad, apéndice*, prolongación, dátiles, terminación de la mano (v. 2).
2. Los dedos de la mano. Dedo gordo o pulgar, índice, medio o corazón o cordial, anular, meñique o auricular o pequeño.
3. Partes. Piel, órganos del tacto, articulación*, nudillo, yema, pulpejo, huella digital, h. dactilar*, uña*; huesos*: falange, falangina, falangeta; músculos: palmares, dorsales, lumbricales; tendones.
4. Dolencias. Panadizo, padrastro, uña encarnada, onicofagia (comerse las uñas), gafedad, sindactilia, polidactilia, artritis, artrosis.
5. Acción. Señalar, indicar, mostrar, acariciar, tantear, palpar, tocar, teclear, dactilografiar, tabalear, tamborilear, repiquetear, castañetear, chasquear, pellizcar, golpear*.
6. Dactilar. Digital, del dedo, manual, pulgar, índice, anular, medio o cordial, auricular.
V. DACTILARES (HUELLAS), UÑA, MANO.

deducción. 1. Suposición, inferencia, conclusión. V. CREER 5.
— **2.** Descuento, reducción, rebaja. V. BARATO 3.

deducir. 1. Inferir, conjeturar, suponer, concluir. V. CREER 1.
— **2.** Rebajar, restar, descontar. V. BARATO 5.

defecación. Evacuación, heces, deposición. V. EXCRECIÓN 3.

defecar. Obrar, evacuar, hacer de cuerpo. V. EXCRECIÓN 4.

defección. Abandono, deserción, huida*. V. TRAICIÓN 1.

DEFECTO. 1. Irregularidad*, anomalía, deficiencia, imperfección*, inconveniente, impureza, falta, equivocación*, tacha, fallo, falla, anormalidad*, pero, resabio, vicio*, sombra, sino, pecado, lacra, incorrección, fealdad*, deformidad*, monstruosidad*, rareza, señal*, mancha*, maca, borrón, tara, escasez*, ausencia, medianía, carencia, desacierto, descuido*, olvido*, desliz, error, pifia, yerro, indiscreción, inoportunidad, peculiaridad, singularidad, imprudencia*, insuficiencia, déficit, privación, exceso, exageración*, abuso*, daño, perjuicio, deterioro*, decadencia, rotura, avería, torpeza, grosería, descortesía*.
2. Pecado. Culpa*, defecto (v. 1), pecado venial, p. mortal, p. capital; *los siete pecados capitales*: ira, pereza, envidia, avaricia, gula, lujuria, orgullo.
3. Defectuoso. Imperfecto*, anómalo, anormal, inconveniente, incorrecto, irregular*, de-

ficiente, precario, impuro, viciado*, deforme*, feo*, monstruoso*, lisiado, baldado, inválido*, jorobado, manco, tullido, raro*, inseguro, inestable, variable*, tarado, manchado, mediano, inacabado, incompleto, inconcluso, falto, carente, ausente, escaso*, privado, deficitario, insuficiente, excesivo, exagerado*, abusivo*, perjudicial*, dañino, deteriorado*, roto, parcial, averiado, decadente, descortés*, grosero, errado, olvidado*, descuidado*, culposo, culpable*, desacertado, indiscreto, singular, peculiar, inoportuno, imprudente*.

4. Haber defecto. Adolecer, padecer, sufrir*, soportar, penar, aguantar, escasear*, faltar, escatimar, sobrar, exagerar*, abusar*, dañar, perjudicar*, deteriorar*, romper, averiar, olvidar*, descuidar*, errar, equivocar*, pifiar, patinar, envidiar*, ansiar, desear*, culpar, calumniar*. *Contr.:* Virtud, ventaja.

V. IMPERFECCIÓN, IRREGULARIDAD, ANORMALIDAD, PERJUICIO, ABUSO, FEALDAD, MONSTRUOSIDAD, INVALIDEZ, DEFORMIDAD, VICIO, RAREZA, MANCHA, DETERIORO, DESCUIDO, IMPRUDENCIA, DESCORTESÍA.

defectuoso. V. DEFECTO 3.

defender. Ayudar*, amparar, resguardar. V. PROTECCIÓN 1.

defensa. 1. Apoyo, amparo, auxilio. V. PROTECCIÓN 1.

— **2.** Justificación, alegato, demostración. V. DISCULPA 1.

— **3.** Blindaje, muralla, bastión. V. FORTIFICACIÓN 1.

defensor. 1. Favorecedor, bienhechor, protector. V. PROTECCIÓN 5.

— **2.** Letrado, jurisconsulto, jurista. V. ABOGADO 1.

deferencia. Consideración, miramiento, cortesía. V. RESPETO 1.

deferente. Cumplido, atento, solícito. V. RESPETO 3.

deficiencia. Imperfección*, carencia, inconveniente. V. DEFECTO 1.

deficiente. 1. Imperfecto*, irregular, carente. V. DEFECTO 3.

— **2.** Disminuido psíquico, d. mental, persona discapacitada. V. TONTO 2.

déficit. 1. Quebranto, deuda*, perjuicio. V. PERDER 3.

— **2.** Insuficiencia, falta, carencia. V. ESCASEZ 1.

definición. Especificación, aclaración, descripción. V. EXPLICACIÓN 1.

definido. Concreto, claro*, explícito. V. EXPLICACIÓN 1.

definir. Especificar, determinar, precisar. V. EXPLICACIÓN 2.

definitivo. Decisivo, concluyente, seguro*, V. VERDAD 3.

deflagración. Combustión, ignición, incendio*. V. FUEGO 1.

DEFORMACION. 1. Irregularidad*, imperfección*, rareza*, defecto*, incorrección, distorsión, desproporción, transformación, alteración, vicio*, deterioro*, retorcimiento, pandeo, torcedura, alabeo, curvatura*, rotura, abolladura, aplastamiento*, hundimiento, abultamiento, fealdad*, deformidad (v. 2).

2. Deformidad. Monstruosidad*, fealdad*, teratología, rareza*, desproporción, malformación, desfiguración, anomalía, anormalidad, asimetría, aberración, repugnancia*, degeneración, tara, joroba, corcova, giba, chepa, bulto, escoliosis, desviación, cojera, manquera, invalidez*, mutilación, raquitismo, imperfección*.

3. Deforme. Feo, monstruoso*, desproporcionado, raro*, defectuoso*, contrahecho, amorfo, asimétrico, irregular*, incorrecto, imperfecto*, grotesco, ridículo*, penoso, repulsivo, repugnante*, informe, distorsionado, torcido, deformado (v. 4); patibulario, simiesco, degenerado, tullido, jorobado, giboso, corcovado, manco, cojo, zambo, patizambo, patituerto, raquítico, inválido*; feto, aborto, engendro, monstruo*; esperpento, estantigua, malogrado, mal hecho.

4. Deformado. Distorsionado, alterado, transformado, desproporcionado, retorcido, pandeado, torcido*, alabeado, curvo*, hundido, abollado, abultado*, averiado, deteriorado*, roto, aplastado*, estropeado, desbaratado.

5. Deformar. Desfigurar, transformar, distorsionar, alterar, desproporcionar, curvar*, alabear, pandear, torcer*, retorcer, contorsionar, abollar, abultar*, hundir*, doblar, estropear, romper, perjudicar, aplastar, deteriorar*, averiar, malograr, desbaratar, viciar, afear, degenerar, tarar, jorobar, lisiar, baldar, tullir, mutilar. *Contr.:* Perfección*, hermosura*.

V. FEALDAD, RARO, MONSTRUOSO, DEFECTUOSO, IRREGULAR, IMPERFECTO, CURVADO, TORCIDO, INVÁLIDO, DETERIORADO, APLASTADO.

deformado. V. DEFORMACIÓN 4.

deformar. V. DEFORMACIÓN 5.

deforme. V. DEFORMACIÓN 3.

deformidad. V. DEFORMACIÓN 2.

defraudación, defraudador. V. defraudar.

defraudar. 1. Malversar, timar, usurpar. V. ESTAFA 2.

— **2.** Desencantar, desilusionar, desalentar. V. DECEPCIÓN 4.

defunción. Deceso, fallecimiento, desaparición. V. MUERTE 1.

degeneración. 1. Depravación, perversión, extravío. V. VICIO 1.

— **2.** Declive, ruina, ocaso. V. EMPEORAMIENTO 1.

degenerado. Pervertido, depravado, corrompido. V. VICIO 4.

degenerar. Corromperse, declinar, arruinarse. V. EMPEORAR, VICIO 6.

deglutir. Engullir, tragar, comer. V. ALIMENTO 11.

degollar. Decapitar, cercenar, guillotinar. V. CASTIGO 8, CORTAR 1.

degollina. Exterminio, matanza, carnicería. V. MUERTE 5.

degradación. 1. V. degeneración.
— **2.** Humillación, servilismo, bochorno. V. DESHONRA 1.

degradante. Indigno, ofensivo, vil. V. DESHONRA 2.

degradar. 1. V. degenerar.
— **2.** Destituir, deshonrar*, exonerar. V. EXPULSAR 1.

degüello. Degollación, decapitación, cercenamiento. V. CASTIGO 2.

degustar. Saborear, probar, paladear. V. GUSTO 10.

dehesa. Prado, pastizal, pastos. V. CAMPO 1.

deidad. Semidiós, divinidad, ídolo. V. DIOS 2, MITOLOGÍA 2, 6.

dejadez. Indolencia, despreocupación, negligencia. V. HOLGAZÁN 2.

dejado. V. dejadez.

dejar. 1. Dar, prestar*, ceder. V. ENTREGAR 1.
— **2.** Consentir, tolerar*, permitir. V. APROBAR 1.
— **3.** Marcharse, ausentarse, irse. V. ALEJAR 2.
— **4.** Abandonar, rechazar, separar. V. DESAMPARO 3.
— **5.** *Dejarse*, abandonarse, despreocuparse, desatenderse. V. SUCIEDAD 9.

deje, dejo. Tonillo, acento, inflexión. V. PRONUNCIACIÓN 1.

delación. Denuncia, soplo, confidencia. V. ACUSACIÓN 1.

delantal. Bata, guardapolvo, mandil. V. CAMISA 2.

DELANTE. 1. Antes, inicio, primero, al comienzo, al frente, al principio, enfrente, opuesto, contrario, enfrentado, anteriormente*, precedentemente, primeramente.
2. Delantera. Frente, fachada*, haz, faz, cara*, superficie, plano, frontis, portada, testera, anverso, vista.
— **3.** *Avanzada*, inicio, iniciación, principio*, comienzo, origen*, avanzadilla, frente, vanguardia, destacamento, delantera, prioridad, precedencia, antelación, antedata, antecedente, anticipación, preexistencia, ventaja*, superioridad, preeminencia, diferencia.
4. Delantero. Preliminar, anterior*, inicial, primero, externo, exterior*, visible, frontal, del principio*, manifiesto, aparente, superficial, somero, de fuera, avanzado, aventajado, superior, supremo, importante*, principal, primordial, de vanguardia, inaugural, original*.
5. Estar delante. Preceder, enfrentar, anteponer, superar*, apartarse, alejarse, dejar atrás, avanzar, aventajar, adelantar, rebasar, iniciar, comenzar, anticipar, anteceder, prevalecer.
Contr.: Detrás, posterior, trasero, último.

V. ANTERIOR, PRINCIPIO, FACHADA, CARA, ORIGEN, VENTAJA, EXTERIOR, PRINCIPAL, IMPORTANCIA.

delantera. V. DELANTE 2.

delantero. V. DELANTE 4.

delatar. Revelar, denunciar, avisar. V. ACUSACIÓN 3.

delator. Soplón, denunciante, confidente. V. ACUSACIÓN 6.

delectación. Fruición, deleite, satisfacción*. V. PLACER 1.

DELEGACIÓN. 1. Representación, diputación, comisión, comité, cuerpo, consejo, embajada, misión, m. diplomática*, grupo*, junta, agrupación, asociación*, mandato, poder*, reemplazo, corporación, entidad, organismo, comitiva, séquito, acompañamiento, compañía, escolta*, procuración, tarea, sustitución*, reemplazo, trabajo*, otorgamiento, transmisión, cesión, entrega*, autorización, trámite (v. 2).
— **2.** *Sucursal*, delegación anexo, filial, agencia, oficina*, rama, sección, administración*, dependencia, representación (v. 1).
3. Delegar. Encargar, confiar, enviar*, acreditar, encomendar, comisionar, diputar, mandar, recomendar, acompañar, agrupar, otorgar, transmitir, entregar*, ceder, apoderar, confiar, conferir, facultar, ordenar, representar, reemplazar, sustituir, escoltar*.
4. Delegado. Comisionado, agente, encargado, observador, portavoz, vocero, enviado, representante, diplomático*, embajador, tratante, heraldo, emisario, correo*, mensajero, depositario, recadero, gestor, apoderado, procurador, factótum, habilitado, lugarteniente, diputado, parlamentario, asambleísta*, síndico, mandatario, testaferro, ejecutor, interventor, inspector, intendente, administrador*, secretario, vicario, concesionario, comerciante*, consignatario, distribuidor, negociador, intermediario, mediador*, tercero, acompañante, escolta*, subalterno, sustituto*, ayudante*, suplente, facultado, encomendado, autorizado.
V. ASAMBLEA, GRUPO, DIPLOMACIA, ASOCIACIÓN, ADMINISTRACIÓN, AYUDA, OFICINA, ENVIADO.

delegado. V. DELEGACIÓN 4.

delegar. V. DELEGACIÓN 3.

deleitar. 1. Encantar, entusiasmar*, satisfacer. V. AGRADABLE 3.
— **2.** *Deleitarse*, gozar, satisfacerse*, regodearse. V. PLACER 6.

deleite. Fruición, goce, satisfacción*. V. PLACER 1.

deletéreo. Mortífero, fatal, letal. V. MUERTE 15.

deletrear. Modular, articular, silabear. V. PRONUNCIACIÓN 7.

deleznable. Delicado, flojo, despreciable. V. DÉBIL, INSIGNIFICANTE 1.

delfín. Marsopa, mamífero acuático, animal marino. V. CETÁCEO 1.

DELGADEZ. 1. Enflaquecimiento, flacura, consunción, adelgazamiento, escualidez, estrechez, desnutrición, depauperación, endeblez, pequeñez, debilidad*, sequedad, fragilidad, agotamiento, extenuación, caquexia, raquitismo, desnutrición, hambre*, desmejoramiento, emaciación, finura (v. 2).
— **2.** *Finura*, delgadez, esbeltez, estilización, ahusamiento, ligereza, levedad*, delicadeza, tenuidad, gracilidad, gracia, sutilidad, suavidad, exigüidad, insignificancia*.
3. Delgado. Enjuto, flaco, chupado, estrecho, esbelto (v. 4), escuálido, demacrado, huesudo, magro, menudo, pequeño*, espigado, larguirucho, desgarbado, desmedrado, endeble, escuerzo, enflaquecido, adelgazado, afilado, frágil, lamido, débil*, seco, descarnado, esquelético, cadavérico, raquítico, escuchimizado, enteco, canijo, desgalichado, hambriento*, consumido, enfermo*, desmejorado, depauperado, caquéctico, tísico, héctico, emaciado, macilento, pálido, extenuado, exangüe, cenceño, acartonado, momificado*, amojamado, en los huesos*, fideo, momia*, esqueleto, espantapájaros.
— **4.** *Estrecho*, delgado, angosto, fino, reducido, ajustado, esbelto, espigado, perfilado, estilizado, aerodinámico, ligero, ahusado, leve*, suave, sutil, gracioso, grácil, tenue, endeble, delicado, fusiforme, alargado, puntiagudo*, adelgazado, vaporoso, menudo.
5. Adelgazar. Consumir(se), enflaquecer, secar, demacrar, debilitar*, desnutrir, escuchimizar, estrechar, emaciar, amojamar, enfermar*, desmejorar, depauperar, desmedrar, esmirriar, descarnar, espigar, afilarse, acartonarse, apergaminarse, momificarse, empequeñecerse.
— **6.** *Ahusar*, adelgazar, afinar, afilar, estilizar, reducir, disminuir, aligerar, suavizar, alargar.
Contr.: Gordura*, corpulencia, grosor.
V. LEVE, INSIGNIFICANTE, DÉBIL, PEQUEÑO, MOMIA, PUNTA.
delgado. V. DELGADEZ 3.
deliberación. 1. Conversación*, polémica, debate. V. DISCUSIÓN 1.
— **2.** V. deliberado.
deliberadamente. V. deliberado.
deliberado. Premeditado, intencional, a sabiendas. V. VOLUNTAD 8.
deliberar. Tratar, debatir, decidir. V. DISCUSIÓN 4.
delicadeza. V. delicado.
delicado. 1. Fino, afectuoso, atento. V. AMABLE, REFINADO.
— **2.** Susceptible, quisquilloso, escrupuloso. V. REMILGO 1.
— **3.** Enclenque, enfermizo, frágil. V. DEBILIDAD 6.
— **4.** Grácil, fino, ligero. V. LEVE 1.
— **5.** Comprometido, embarazoso, difícil. V. DIFICULTAD 3.
delicia. Deleite, primor exquisitez. V. PLACER 1, GUSTO 13.

delicioso. 1. Sabroso, suculento, apetitoso. V. GUSTO 7.
— **2.** Encantador, maravilloso*, placentero. V. ATRACTIVO 2.
delictivo, delictuoso. Criminal, punible, ilegal. V. DELITO 11.
delimitar. Circunscribir, localizar, concretar. V. LÍMITE. 5.
delincuencia. Transgresión, criminalidad, crimen. V. DELITO 1, 5.
delincuente. Bandido, infractor, malhechor. V. DELITO 3.
delineación. V. delinear.
delineante. Diseñador, proyectista, técnico. V. DIBUJO 6.
delinear. 1. Diseñar, bosquejar, trazar. V. DIBUJO 5.
— **2.** Perfilar, señalar, establecer. V. DETERMINAR 1.
delinquir. V. delito 9.
delirante. Excitado, fanático, exaltado. V. APASIONADO, LOCURA 4.
delirar. Disparatar*, enloquecer, desvariar. V. LOCURA 6.
delirio. Desvarío, exaltación, perturbación. V. LOCURA 1.
DELITO. 1. Infracción, trasgresión, violencia*, violación, falta, crimen, criminalidad, culpa*, fechoría, pecado, delincuencia, hampa (v. 5), quebrantamiento, agresión, ilegalidad, ilegitimidad, exceso, perpetración, vulneración, consumación, contravención, ofensa, abuso*, atentado, agresión, profanación, ataque (v. 2).
2. Delitos. Asesinato*, homicidio, muerte*, magnicidio, regicidio, atentado, infanticidio, fratricidio, uxoricidio, matricidio, filicidio, rapto, secuestro*, violación, estupro, abusos deshonestos, incesto, aborto (excepto los casos despenalizados por la ley); robo*, hurto, sustracción, saqueo, pillaje, escamoteo, sisa, timo, asalto, atraco, bandidaje, agravante, nocturnidad, alevosía, desvalijamiento, contrabando, piratería*, espionaje*, traición, deserción, conspiración*, conjura, defraudación, desfalco, malversación, estafa*, falsificación*, fraude, prevaricación, usurpación, dolo, chantaje, extorsión, amenaza*, coacción, intimidación, soborno, calumnia, injuria, complicidad, encubrimiento, inducción a la prostitución*, proxenetismo, rufianismo, alcahuetería (v. 1); delitos informáticos (descubrimiento y revelación de secretos, espionaje informático, hacking, pornografía infantil, calumnia, sabotaje); delitos contra la libertad de asociación, de conciencia y de reunión.
3. Delincuente. Criminal, malhechor, maleante, forajido, bandolero, reo, culpable*, condenado* (v. 4), transgresor, violador, infractor, hampón, mafioso, quebrantador, vulnerador, contraventor, agresor, atacante, profanador, indocumentado, gamberro, pandillero, pícaro, pillo*; asesino*, homicida, magnicida, regicida,

parricida, fratricida, uxoricida, matricida, filicida; ladrón*, caco, bandido, asaltante, salteador, s. de caminos, atracador, gánster, pistolero*, facineroso, , proscrito, pirata*, corsario, bucanero, contrabandista, estraperlista, perista, timador, saqueador, estafador*, defraudador, desfalcador, malversador, falsificador*; espía*, traidor*, desertor, conspirador*, conjurado; raptor, secuestrador*, chantajista, extorsionador, usurpador, calumniador, cómplice, encubridor, proxeneta, rufián, alcahuete, chulo, delator, confidente, soplón, chivato, sospechoso*, merodeador, acusado* (v. 4).

4. Condenado*. Reo, penado, convicto, confeso, procesado, culpable, inculpado, acusado*, sospechoso*, incurso, encartado, preso, prisionero*, detenido, forzado, recluso, presidiario, galeote, recluido, interno, encarcelado, arrestado, cautivo, rehén, secuestrado*, raptado, rebelde, desterrado, deportado, proscrito, extrañado, confinado.

5. Delincuencia. Hampa, bandidaje, bandolerismo, chusma, golfería, gamberrismo, picaresca, pillería*, bajos fondos, mafia, secta*, banda, pandilla, crimen organizado, rufianería, truhanería, criminalidad, morralla, hez, plebe, delito (v. 1, 2), criminales, malhechores, maleantes, (v. 3).

6. Penas. Pena de muerte (v. 7), cadena perpetua, trabajos forzados, reclusión mayor, r. menor, presidio mayor, presidio menor, prisión* mayor, prisión menor, arresto mayor, extrañamiento, confinamiento, destierro, represión pública (v. condena*).

7. Pena de muerte. (Abolida por el art. 15 de la Constitución Española salvo en caso de guerra, supuesto eliminado en 1995; cap. 1, art. 2.2, Carta de los derechos fundamentales de la Unión Europea, 2000/C 364/01). V. CASTIGO 2.

8. Proceso, tribunales*. Magistrado, juez, j. de instrucción, fiscal, abogado*, defensor, acusador, criminalista, testigo; tribunal*, proceso, juicio, litigio, defensa, acusación, sentencia, veredicto, condena*, pena, enjuiciamiento, castigo*, circunstancias agravantes, c. atenuantes, c. eximentes, pruebas, reincidencia, premeditación, alevosía, nocturnidad, derecho*, criminología, médico* forense, cuerpo del delito, reconstrucción del crimen.

9. Delinquir. Transgredir, vulnerar, perpetrar, violar, contravenir, infringir, consumar, quebrantar, agredir, atacar, atentar, ofender, abusar*, profanar; asesinar*, raptar, secuestrar*, estuprar, abortar (excepto casos despenalizados por la ley); robar*, sustraer, saquear, pillar, timar, escamotear, sisar, asaltar, atracar, desvalijar, contrabandear, piratear*, espiar*, traicionar*, desertar, conspirar*, conjurarse, defraudar, desfalcar, malversar, estafar*, falsificar*, usurpar, chantajear, extorsionar, amenazar*, coaccionar,

intimidar, sobornar, untar, calumniar, encubrir, complicarse, prostituir*, alcahuetear.

10. Condenar. Castigar*, sentenciar, penar. V. CONDENA 4.

11. Delictivo. Delictuoso, ilegal, punible, criminal, atentatorio, culpable, criminoso, condenable, penal, vil*.

Contr.: Inocencia, buen comportamiento.

V. ASESINATO, ROBO, PIRATERÍA, ESTAFA, FALSIFICACIÓN, ESPIONAJE, TRAICIÓN, CONSPIRACIÓN, PRISIÓN, CASTIGO, CONDENA, CULPA, DERECHO, TRIBUNAL.

delta. Isla*, desembocadura, marisma. V. RÍO 2.

demacrado. Enflaquecido, escuálido, desmejorado. V. DELGADEZ 3.

demacrarse. Enflaquecer, desmejorar, adelgazar. V. DELGADEZ 5.

demagogia. Mixtificación, despotismo, engaño. V. POLÍTICA 4.

demagogo. Mixtificador, maniobrero, engañoso. V. POLÍTICA 8.

demanda. 1. Solicitud, ruego, petición. V. PEDIR 3.
— **2.** Pregunta, cuestión, consulta. V. INTERROGAR 2.

demandante. Solicitante, reclamante, peticionario. V. PEDIR 4.

demandar. 1. Litigar, pleitear, acusar. V. TRIBUNAL 10.
— **2.** Preguntar, consultar, inquirir. V. INTERROGAR 1.

demarcación. Jurisdicción, distrito, circunscripción. V. ZONA 2.

demasía. Profusión, cantidad*, exceso. V. ABUNDANCIA 1.

demasiado. Sobrado, desmesurado, excesivo. V. ABUNDANCIA 2.

demencia. Trastorno, enajenación, perturbación mental. V. LOCURA 1.

demente. Enajenado, enloquecido, perturbado. V. LOCURA 4.

demérito. Menoscabo, detrimento, disminución*. V. PERJUICIO 1.

democracia. Gobierno* popular, de masas, república. V. POLÍTICA 5.

demócrata, democrático. Representativo, popular, liberal. V. LIBERTAD 6.

demografía. Habitantes*, censo, crecimiento vegetativo. V. ESTADÍSTICA 2.

demoledor. Fuerte, devastador, arrollador. V. INTENSIDAD 3.

demoler. Derruir, derribar, desmantelar. V. DESTRUIR 1.

demoníaco, demoniaco. V. DEMONIO 5.

DEMONIO. 1. Diablo, Satanás, Lucifer, Mefistófeles, Belcebú, Luzbel, ángel caído, a. malo, a. de las tinieblas, príncipe de las tinieblas, espíritu del mal, aparición, Satán, Astaroth, Asmodeo, Leviatán, Anticristo, Pedro Botero, Bu, Papón, Diablo Cojuelo, el Enemigo, el Tentador, el Maligno, el Calumniador, el Adversario, el Mentiroso; Pateta, Mandinga, íncubo, súcubo, demontre, diantre, diablesa, diablejo, diablillo, patillas.

2. Seres malignos. Kali, Siva, Ahrimán, Set, Tifón, Plutón, Hades, Caronte, Erinias, Furias, Arpías, Lamias, Gorgona, Larvas, Lémures, Manes, Euménides, Djinns, Elfos, Gnomos, Cerbero, Cancerbero, duende, trasgo, monstruo*, vampiro, bruja, hechicero*, pitonisa, nigromante.

3. Demonología. Nigromancia, magia, Magia Negra, ocultismo, demonolatría, satanismo, demonografía, brujería, hechicería*, ciencias ocultas, culto del Mal, arte infernal, evocación, pacto, arcano, sortilegio, maldición*, ensalmo, conjuro, aojo, hechizo*, maleficio, encantamiento, abracadabra, abraxas, sello de Salomón, pentagrama, cuadrado mágico, amuleto, grimorio, libro de magia, «Malleus maleficarum», aquelarre, posesión, pacto con el diablo, exorcismo, levitación, filtro, bebedizo, infierno (v. 4).

4. Infierno. Averno, tártaro, abismo, báratro, orco, erebo, Hades, Sheol, fuego eterno, castigo eterno, gehena, Laguna Estigia, pandemónium, calderas de Pedro Botero, condenación, perdición, castigo, tormento.

5. Demoníaco. Endemoniado, satánico, diabólico, endiablado, diablesco, luciferino, mefistofélico, infernal, maligno, maléfico, maldito*, poseído, poseso, hechizado*, condenado, energúmeno, conjurado, infame, dañino, monstruoso*, astuto*, maquiavélico.

Contr.: Ángel, bondad.

V. HECHICERÍA, MONSTRUO, FANTASMA, VILEZA, MALDICIÓN, SUPERSTICIÓN.

¡demonios!, ¡demontre! ¡Diablos!, ¡caracoles!, ¡cáspita! V. EXCLAMACIÓN 4, 9.

demonología. V. DEMONIO 3.

DEMORA. 1. Tardanza, lentitud, retardo, retraso, espera*, morosidad, tranquilidad*, parada, calma, parsimonia, pachorra, holgazanería*, entorpecimiento, paro, cachaza, plantón, aguardo, rezagamiento, expectativa, premiosidad, atraso, dilación (v. 2).

— **2. Prórroga,** demora, suspensión, postergación, retraso, dilación, entretenimiento, aplazamiento, moratoria, plazo, tregua, detención, largas, lentitud, rezagamiento (v. 1).

3. Demorar(se). Tardar, retrasar, aplazar, diferir, rezagar, prorrogar, entretenerse, eternizarse, parar, esperar*, retardar, reservar, postergar, posponer, dilatar, atrasar, engañar*, distraer, alargar, detener, preterir, rechazar*, relegar, entorpecer, atascar, empantanar, obstruir*, obstaculizar, suspender, faltar, fallar, plantar, dar plantón, aguardar, llegar tarde.

4. Demorado. Rezagado, retrasado, aplazado, pospuesto, prorrogado, pendiente, en curso, atrasado, postergado, dilatado, alargado, pausado, lento*, parado, suspendido, obstaculiza-

do, entorpecido, eternizado, tardo, tardío, diferido, esperado, detenido, prolongado (v. 5).

5. Lento. Calmoso, moroso, remiso, tardón, cachazudo, despacioso, informal, deudor*, tranquilo*, premioso (v. 4).

Contr.: Exactitud*, formalidad*.

V. ESPERA, TRANQUILIDAD.

demorado. V. DEMORA 4.

demorar. V. DEMORA 3.

DEMOSTRACIÓN. 1. Evidencia, prueba, comprobación*, testimonio, muestra, fe, trasunto, señal*, verificación, justificación, declaración, documentación, confirmación, certeza, certificación, exhibición, constancia, sanción, garantía, fundamento, motivo, aclaración, revelación, explicación*, persuasión*, corroboración, ratificación, reconocimiento, aval, apoyo, exposición, indicio, argumento, definición, manifestación, certidumbre.

2. Demostrar. Evidenciar, establecer, corroborar, revelar, mostrar, reflejar, exteriorizar, reproducir, indicar, manifestar, probar, testimoniar, justificar, alegar, señalar, aclarar, dilucidar, esclarecer, comprobar*, confirmar, documentar, certificar, declarar, acreditar, avalar, comparar*, verificar, determinar, garantizar, legalizar, sancionar, hacer* constar, exhibir*, enseñar, motivar, fundamentar, explicar*, convencer, persuadir*, apoyar, reconocer, ratificar, argumentar, patentizar, investigar*, exponer, denotar, trasuntar, definir, poner de manifiesto, razonar, deducir.

3. Demostrado. Evidenciado, establecido, corroborado (v. 2, 4).

4. Demostrativo. Ilustrativo, evidente, claro, probado, esclarecedor, categórico, aclaratorio, convincente, explícito, motivado, fundado, revelador, manifiesto, definido (v. 3).

Contr.: Ocultación, secreto, inoperancia.

V. COMPROBACIÓN, COMPARACIÓN, EXPLICACIÓN, INVESTIGACIÓN, PERSUASIÓN.

demostrado. V. DEMOSTRACIÓN 3.

demostrar. V. DEMOSTRACIÓN 2.

demostrativo. V. DEMOSTRACIÓN 4.

demudado. Alterado, pálido, turbado. V. TURBACIÓN 2.

denegar. Rehusar, objetar, negar. V. RECHAZAR 1.

dengue. Ñoñería, afectación, melindre. V. REMILGO 1.

denigración. Descrédito, ofensa*, difamación. V. CALUMNIA 1.

denigrante. Infame, ofensivo*, humillante*. V. DESHONRA 2.

denigrar. Desacreditar, ofender, difamar. V. CALUMNIA 2.

denodado. Esforzado, intrépido, osado. V. ÁNIMO 3.

denominación. Designación, calificación, apodo. V. NOMBRE 1.

denominar. Apodar, designar, calificar. V. NOMBRE 10.

denostar. Insultar, injuriar, afrentar. V. OFENSA 4.

denotar. Evidenciar, revelar, indicar. V. DEMOS-TRACIÓN 2.

densidad. V. DENSO 2.

DENSO. 1. Consistente, condensado, concentrado, espeso, compacto, tupido, pastoso, untuoso*, viscoso, pegajoso, resbaladizo, mucoso, empastado, grasiento, gelatinoso, glutinoso, craso, amazacotado, apelmazado, batido, coagulado, cuajado, grumoso, congelado, consolidado, apelotonado, solidificado, adherente, adhesivo*, pringoso, cerrado, duro*, macizo, relleno, sólido, apretado, apiñado, comprimido, aglomerado, cargado, saturado, pesado, firme, fuerte, resistente*, robusto, recio, endurecido, fibroso, entero.
2. Densidad. Solidificación, concentración, condensación, espesamiento, consistencia, resistencia*, viscosidad, adherencia*, cohesión, untuosidad*, crasitud, pringue, sustancia*, apelmazamiento, coágulo, coagulación, grumo, masa, cuajo, cuajarón, gelatina, jalea, mucílago, emulsión, glutinosidad, pegajosidad, mazacote, apelotonamiento, apiñamiento, aglutinación, compresión, solidez, relleno, dureza*, consolidación, endurecimiento, cuerpo, espesor, pesadez, reciedumbre, firmeza; extracto, esencia, jugo, concentrado.
3. Dar densidad. Espesar, concentrar, condensar, apelmazar, solidificar, cerrar, endurecer, comprimir, apiñar, apretar, rellenar, empastar, batir, apelotonar, amazacotar, untar*, consolidar, congelar, agrumar, aglomerar, aglutinar, adherirse*, cuajar, coagular, robustecer, fortalecer, tupir, aglomerar, unir*, compactar.
Contr.: Ligero, hueco, esponjoso.
V. DURO, RESISTENTE, UNTUOSO.

dentado. Aguzado, serrado, irregular. V. CORTAR 10.

dentadura. Dientes, dentición, muelas. V. DIENTE 3.

dental. Bucal, estomatológico, odontológico. V. DIENTE 9.

dentellada. Mordisco, tarascada, bocado. V. MORDER 2.

dentición. V. dentadura.

dentífrico. Pasta dentífrica, elixir, polvos. V. DIENTE 5.

dentirrostro. Pájaro, mirlo, alondra. V. AVE 17.

dentista. Odontólogo, especialista, estomatólogo. V. DIENTE 7.

dentro. Interiormente, internamente, en el interior. V. DENTRO 4.

denuedo. Ánimo*, valor, brío. V. OSADÍA 1.

denuesto. Injuria, insulto, juramento. V. OFENSA 2.

denuncia. Censura, crítica, confidencia. V. ACUSACIÓN 1.

denunciar. Delatar, revelar, avisar. V. ACUSACIÓN 3.

deparar. Proporcionar, entregar*, dar. V. OFRECER 2.

departamento. 1. Jurisdicción, distrito, territorio. V. ZONA 2.
— **2.** Casilla, separación, apartado. V. COMPARTIMIENTO 1.
— **3.** Piso, vivienda, apartamento. V. HABITACIÓN 2.
— **4.** Sector, división, ramo. V. SECCIÓN 1.

departir. Dialogar, comunicarse, charlar. V. CONVERSACIÓN 2.

depauperado. 1. Desnutrido, extenuado, delgado*. V. DEBILIDAD 5, 6.
— **2.** Mísero, arruinado, necesitado*. V. POBRE 1.

dependencia. 1. Sumisión, supeditación, subordinación. V. INFERIOR 6.
— **2.** Oficina*, departamento, despacho. V. SECCIÓN 1.

depender. Someterse, obedecer*, subordinarse. V. INFERIOR 7.

dependiente. 1. Supeditado, obediente, subordinado. V. INFERIOR 3.
— **2.** Vendedor*, tendero, empleado*. V. TIENDA 5.

depilar. Rasurar, extraer, arrancar el pelo. V. PELO 8.

depilatorio. Crema, líquido, loción depiladora. V. COSMÉTICO 2.

deplorable. Lamentable, triste, penoso. V. AFLICCIÓN 6.

deplorar. Lamentar, entristecerse, apenarse. V. AFLICCIÓN 3.

deponer. 1. Testificar, declarar, informar. V. EXPLICACIÓN 2.
— **2.** Derrocar, echar, destronar. V. EXPULSAR 1.

deportar. Desterrar, expatriar, exiliar. V. EXPULSAR 1.

DEPORTE. 1. Juego*, entrenamiento, ejercicio, e. físico, competición, «sport», práctica, educación física, adiestramiento, entretenimiento, diversión*, recreo, placer, ejercitación, pasatiempo, higiene* deportiva, gimnasia*, instrucción, prueba, partido, encuentro, «match», torneo, certamen, campeonato, liga, celebración, concurso, exhibición*, lucha*, emulación, competencia, pugna, rivalidad*.
2. Clases de deportes. Atletismo* (v. 3), gimnasia* (v. 4), deportes de pelota* (v. 5), deportes acuáticos (v. 6), otros deportes (v. 7).
3. Atletismo*. Jabalina, disco, bala o peso, martillo, salto con pértiga, s. de altura, s. de longitud, triple salto, carreras*, c. de velocidad, de medio fondo, de fondo, maratón, de vallas, de obstáculos, de campo traviesa, de relevos.
4. Gimnasia*. Gimnasia educativa, deportiva, médica, gimnasia sueca, calistenia, gimnasia acrobática, g. con aparatos: anillas, paralelas, potro de saltos, potro de arcos, barra fija, trampolín, cama elástica, mesa.
5. Deportes de pelota*. Baloncesto*, fútbol*, fútbol americano, «rugby»*, voleibol o balonvolea*, balonmano*, pelota vasca, «hockey»* en patines, «hockey»* sobre hierba, tenis*, tenis*

de mesa o ping-pong, waterpolo*, «cricket»*, «crocket», polo*, golf*.

6. Deportes acuáticos. Vela, motonáutica, remo, regatas*, pesca*, pesca con caña, pesca o caza submarina, buceo*, esquí acuático, surf (plancha); natación (v. nadar*); estilo braza o pecho, espalda, mariposa, crawl, over; saltos, s. de trampolín, de plancha; waterpolo*.

7. Otros deportes. Automovilismo*, motociclismo*, motocross, ciclismo (v. bicicleta 4), patinaje*, p. sobre ruedas, p. sobre hielo, equitación, hípica (v. caballo 20), aviación (v. avión 7), vuelo a vela o con planeadores*, paracaidismo*, aerostación (v. globo 2), montañismo* o alpinismo, camping o acampada*, excursionismo, espeleología (v. cueva 4), esquí*, eslalon, «bobsleigh», halterofilia*, pesas, levantamiento de pesas, culturismo, esgrima*, boxeo* lucha*, l. grecorromana, l. libre, l. canaria, «catch», artes marciales, judo* o yudo, «jiu-jitsu», kárate o kárate*, «aikido», «kung-fu», ajedrez*, billar*, «bowling» o bolos*, petanca, tiro*, t. con arco*, t. con armas* de fuego, caza*, cetrería*, montería, toreo*.

8. Deportista. Atleta*, gimnasta*, competidor, rival*, adversario, enemigo*, oponente, contendiente, contrario, contrincante, antagonista, concursante, practicante, aficionado*, «amateur», profesional, infantil, juvenil, junior, senior, campeón, as, «recordman», plusmarquista, triunfador*, ganador, finalista, semifinalista, futbolista*, portero, defensa, delantero, tenista*, remero, pescador*, buceador*, corredor*, esquiador*, nadador*, automovilista*, motociclista*, ciclista, patinador*, jinete, aviador, paracaidista*, montañero*, alpinista, excursionista, espeleólogo, cazador*, montero, tirador, arquero, esgrimista*, pesista, boxeador*, yudoka*, karateka*, luchador*.

9. Otras personas. Árbitro (silbato, cronómetro), juez, «referee», comisario, cronometrador, entrenador, mánager, instructor, preparador, monitor, profesor, seleccionador, masajista*, capitán de equipo, presidente, directivo, socio, espectador, hincha, seguidor.

10. Instalaciones deportivas. Estadio*, campo, cancha, coliseo, circuito, recinto, pista, arena, ruedo, instalación, palacio de deportes, pabellón, hipódromo, autódromo, velódromo, canódromo, club, sociedad, centro, gimnasio*, piscina*, polígono de tiro*, bolera, frontón.

11. Varios. Olimpiada*, campeonato, competición*, prueba, certamen, competencia, concurso, liga, torneo, partido, encuentro, rivalidad, copa, challenge, critérium, combinado, rally, derby, final, semifinal, cuartos de final, eliminatoria, récord o marca, plusmarca, triunfo*, clasificación, puntuación, goles, tantos, gol average, marcador, reglamento, doping, dopaje, tongo, descalificación, penalización, repesca, marcaje, «handicap» o ventaja; dorsal.

12. Deportivo. Atlético*, gimnástico*, físico, competitivo, recreativo, educativo*, higiénico*, formativo, correcto, limpio, noble, ágil, juvenil, gallardo, aficionado, profesional.

13. Deportividad. Nobleza, corrección, limpieza, «fair play» o juego limpio, afición, práctica deportiva.
V. ATLETISMO, AUTOMOVILISMO, ETC. (V. VOCES CON ASTERISCO, EN 3 A 7).

deportista. V. DEPORTE 8.

deportividad. V. DEPORTE 13.

deportivo. V. DEPORTE 12.

deposición. Defecación, evacuación, heces. V. EXCRECIÓN 1.

depositar. 1. Poner, guardar, almacenar*. V. COLOCAR 1, AHORRAR.
— **2.** Decantar, posar, sedimentar. V. ACUMULAR 2.

depositario. Cuidador, encargado, cajero. V. ADMINISTRACIÓN 6.

depósito. 1. Cobertizo, tinglado, local. V. ALMACÉN 1.
— **2.** Poso, sedimento, precipitado. V. ACUMULAR 4.
— **3.** Cuba, cisterna, tanque. V. RECEPTÁCULO 4.
— **4.** Transferencia, pago*, ahorro*. V. ENTREGAR 4.

depravación. Libertinaje, corrupción, degradación. V. VICIO 1.

depravado, depravar. V. depravación.

deprecación. Súplica, invocación, ruego. V. PEDIR 3.

depreciar. Abaratar, desvalorizar, rebajar. V. BARATO 5.

depredador. Saqueador, dañino, destructor. V. PERJUICIO 2.

depredación. Rapiña, daño, pillaje. V. PERJUICIO 1, ROBO 1.

depredar. V. depredador.

depresión. 1. Concavidad, hoyo, excavación*. V. HUECO 1.
— **2.** Desfallecimiento, decaimiento, indisposición*. V. DESÁNIMO 1.
— **3.** Crisis económica, baja, penuria. V. POBRE 7.

deprimente. Sombrío, desmoralizador, penoso. V. DESÁNIMO 3.

deprimido. V. depresión.

deprimir. 1. Abatir, apenar, desfallecer. V. DESÁNIMO 5.
— **2.** Rebajar, hundir, disminuir. V. DEFORMAR, APLASTAR 1.

depuesto. Destituido, despedido, exonerado. V. EXPULSAR 5.

depuración, depurado. V. depurar.

depurar. 1. Limpiar, sanear, clarificar. V. PURO 7.
— **2.** Eliminar, rechazar, destituir. V. EXPULSAR 1.

depurativo. Laxante, emoliente, purgante. V. PURIFICANTE, MEDICAMENTO 6.

DERECHAS. 1. Ideología, régimen, partido; conservadurismo, tradicionalismo*, integrismo, monarquía, inmovilismo, reacción, aristocracia*, política* conservadora, tradicionalista, apegada, monárquica, realista, inmovilista; tendencia, partido derechista, democracia cristiana, capitalismo, oligarquía, plutocracia, integrismo, autocracia, feudalismo*; carca, retrógrada, reaccionaria; (extrema derecha) fascismo, nazismo, falangismo, nacionalsocialismo, racismo, imperialismo, despotismo, dictadura, tiranía, totalitarismo.
2. Derechista. Conservador, tradicionalista, integrista, apegado, monárquico, realista, inmovilista, aristócrata*; carca, rancio, reaccionario, retrógrado, totalitario, etc. (v. 1).
Contr.: Izquierdas*, proletariado, marxismo.
V. POLÍTICA, GOBIERNO, ARISTOCRACIA, FEUDALISMO, REY.
derechista. V. DERECHAS 2.
DERECHO. 1. Legislación, jurisprudencia, justicia, ley*, ciencia legal, poder judicial, tribunal*, equidad, reglamentación, compilación, cuerpo, carta, digesto, fuero, uso, normas, códigos, estatutos, decretos.
— **2.** Erguido, directo, alineado. V. LINEAL, SUBIDO.
— **3.** Estricto, riguroso, justo. V. SEVERIDAD 2.
— **4.** Prerrogativa, facultad, atribución. V. ATRIBUIR 3.
5. Clases. Derecho civil (v. 8), penal o criminal (v. 9), procesal; canónico o eclesiástico (v. 10), público, privado, social, administrativo, internacional (v. 11), militar, marítimo (v. 12), mercantil (v. 13), municipal, consuetudinario, natural, comparado, personal, político o constitucional (v. 14), penitenciario, laboral, romano.
6. Ley*. Decreto, código, precepto, regla, mandato, reglamento, constitución, estatuto, orden, bando, norma, fuero, carta, edicto, pragmática, ordenanza, disposición, proclama.
7. Jueces, tribunales. Juicio, procesos legales. V. TRIBUNAL.
8. Derecho civil. Relaciones privadas entre personas, Código Civil, las leyes*, las personas, nacionalidad, parentesco, matrimonio, propiedad*, bienes, herencia, testamento*, sucesión, contratos*, censos, compra y venta, permuta.
9. Derecho penal o criminal. Castigo de infracciones de la ley*, delito*, falta, delitos contra la seguridad del Estado, d. contra el orden público, d. de falsedad, d. contra la vida y la integridad corporal, d. contra la honestidad, d. contra el honor, d. contra la propiedad, contra la libertad (v. delito*).
10. Derecho canónico o eclesiástico. Normas de la iglesia, autoridades, orden jerárquico, matrimonio, familia*, tribunales* eclesiásticos, Tribunal de la Rota, liturgia, ecumenismo, apostolado, misiones. Congregación para la Doctrina de la Fe. (V. Papa*, cristianismo*)

11. Derecho Internacional. Relación entre naciones, territorialidad, aguas jurisdiccionales, extraterritorialidad, extradición, cartas credenciales, plácet, ultimátum, guerra*, protocolo, libro blanco, plenipotenciario, diplomacia*, embajada, consulado.
12. Derecho marítimo. Aguas territoriales, jurisdiccionales, pabellón, abanderamiento, patente, matrícula, flete, puerto franco, rol, conocimiento de embarque, póliza o contrato de fletamento, manifiesto de carga, patente de navegación, certificado de registro, pasavante, avería, protesta, arribada forzosa, siniestro, echazón, baratería, piratería*, naufragio, capitanía de puerto* (v. barco*, puerto*).
13. Derecho mercantil. Actividades del comercio*, Código de. Comercio, contabilidad*, agentes colegiados, corredores, sociedades mercantiles, contratos* de comercio, documentos* de crédito, letra de cambio, cheque*, pagaré, suspensión de pagos*, quiebra (v. comercio*).
14. Derecho político o constitucional. Relaciones entre el Estado y los ciudadanos, sociedades, territorio, población, gobierno*, gobernantes, gobernados, Nación*, Estado, poder, p. legislativo, p. ejecutivo, p. judicial, constitución, derecho constitucional, política*, democracia, autocracia, oligarquía, monarquía, república, sufragio, cuerpo electoral, ley electoral. (V. política*, gobierno*)
V. ABOGADO, TRIBUNAL, LEY, POLÍTICA, GOBIERNO, DELITO, COMERCIO.
derechos. 1. Gravamen, tributo, impuesto. V. FISCO 3.
— **2.** Porcentaje, comisión, honorario. V. PAGAR 5.
— **3.** V. DERECHO 4.
deriva (a la). Errante, al garete, sin rumbo. V. PERDER 5.
derivación. Consecuencia, efecto, conclusión. V. RESULTADO 1.
derivado. Procedente, proveniente, originario. V. ORIGEN 5.
derivar. 1. Emanar, proceder, provenir. V. ORIGEN 4.
— **2.** Desviarse, perderse, pasar. V. ALEJAR 2.
dermatología. Ciencia, disciplina, especialidad de la piel. V. PIEL 5.
dermatólogo. Médico, facultativo, especialista de la piel. V. PIEL 5.
dermis. Cutis, pellejo, epidermis. V. PIEL 1, 3.
derogar. Revocar, suprimir, abolir. V. ANULAR 1.
derramamiento. Dispersión, efusión, vaciado. V. VACÍO 4.
derramar. Volcar, esparcir, verter. V. VACÍO 5.
derrame. V. derramamiento.
derrapar. Resbalar, patinar, escurrirse. V. DESLIZARSE 1.
derredor (en). Rodeando, en torno, alrededor. V. RODEAR 7.

derrengado. 1. Torcido, maltrecho, estropeado. V. DETERIORO 3.
— **2.** Agotado, cansado, molido. V. FATIGA 5.
derretir. Fundir, deshacer, licuar. V. DISOLVER 1.
derribar. 1. Volcar, abatir, tumbar*. V. DERRUM-BAR 1.
— **2.** Arrasar, demoler, aniquilar. V. DESTRUIR 1.
— **3.** Destituir, deponer, derrotar. V. EXPULSAR 1.
derribo. V. derribar.
derrocamiento. Destitución, eliminación, derrota. V. EXPULSAR 3.
derrocar. V. DERRIBAR 3.
derrochador. V. DERROCHE 3.
derrochar. V. DERROCHE 2.
DERROCHE. 1. Dilapidación, disipación, prodigalidad, despilfarro, liberalidad, desprendimiento, profusión, gasto*, pago*, dispendio, desaprovechamiento, regalo*, donación, malbarato, malversación, desperdicio, liquidación, pérdida, exceso, desorden*, indisciplina, imprudencia*, aturdimiento*, generosidad*, rumbo, lujo*, largueza, fausto, postín, fanfarronería*, alarde.
2. Derrochar. Disipar, malgastar, prodigar, dilapidar, despilfarrar, malbaratar, gastar*, pagar*, desaprovechar, regalar*, donar, dar, desperdiciar, malvender, tirar, quemar, saldar, liquidar, perder*, desparramar, esparcir, esfumar, malversar, fanfarronear*, alardear.
3. Derrochador. Malgastador, dilapidador, manirroto, despilfarrador, jactancioso, desordenado*, indisciplinado, alocado, munífico, dadivoso, generoso*, gastador*, rumboso, liberal, ostentoso, pretencioso, fanfarrón, profuso, dispendioso, postinero, tarambana, aturdido*, imprudente*, malbaratador, disipador, pródigo, malversador, lujoso, fastuoso, perdedor, Contr.: Tacañería, avaricia*.
V. GENEROSIDAD, GASTO, REGALO, LUJO, DESORDEN, IMPRUDENCIA, PAGO.
DERROTA. 1. Pérdida, fracaso*, malogro, revés, desastre*, descalabro, desbandada, huida*, éxodo, retroceso, retirada, abandono, repliegue, desgracia*, aniquilación, catástrofe, exterminio, degollina, rendición, armisticio, pacto*, capitulación, entrega*, paliza, castigo*, quebranto, infortunio, percance, ruina, inferioridad*, contratiempo, hundimiento*, devastación, bancarrota, quiebra, botín, saqueo, esclavitud*, yugo, dominación*.
— **2.** Ruta, dirección, rumbo. V. ORIENTACIÓN 1.
3. Derrotado. Vencido, dominado*, malogrado, fracasado*, perdido, aniquilado, desgraciado*, huido*, batido, desbandado, descalabrado, rendido, capitulado, entregado, exterminado, arruinado, infortunado, quebrantado, víctima, rehén, esclavo, prisionero*, sometido, reducido, subyugado, castigado*, esclavizado, saqueado, arrollado, conquistado*, hundido, revolcado, aplastado, devastado.

4. Ser derrotado. Perder, retroceder, retirarse, abandonar, replegarse, entregarse*, capitular, pactar*, huir*, desbandarse, rendirse, esclavizarse*, hundirse*, revolcarse, caer, fracasar*, malograrse, descalabrarse, quebrantarse, desgraciarse*, abatirse, desalentarse.
5. Derrotar. Dominar*, arrollar, ganar, vencer, conquistar*, aniquilar, superar*, abatir, batir, desbaratar, deshacer, exterminar, dispersar, ahuyentar, hundir, revolcar, aplastar, destrozar*, someter, reducir, subyugar, invadir, saquear, triunfar*, esclavizar*, rendir, devastar, asolar, malograr, marcar, puntuar.
Contr.: Victoria, triunfo*.
V. PERDER, ESCLAVITUD, HUIDA, FRACASO, DESASTRE, DESGRACIA, INFERIORIDAD, CASTIGO, DOMINACIÓN.
derrotado. V. DERROTA 3.
derrotar. V. DERROTA 5.
derrotero. Rumbo, derrota, ruta. V. ORIENTACIÓN 1.
derrotista. Desmoralizador, murmurador, traidor*. V. DESÁNIMO 3.
derruir. V. DERRUMBAR 1.
derrumbamiento, derrumbe. V. DERRUMBAR 3.
DERRUMBAR. 1. Desmoronar, demoler, derruir, derribar, arrasar, desplomar, tumbar*, hundir*, destruir*, desprenderse, despeñar, precipitar, volcar, abatir, tirar, voltear, desbaratar, caer*, lanzar*, echar, desmantelar, dañar, arrollar, romper, talar, trastornar, revolcar, aniquilar, estropear, deteriorar*, desintegrar, deshacer, arruinar, volar, degradar, extinguirse, decaer, desalentarse (v. 2)
— **2.** Derrumbarse, desmoralizarse, abatirse, desanimarse, desalentarse; desvanecerse, marearse, indisponerse*, desmayarse (v. 1).
3. Derrumbamiento. Derrumbe, desplome, derribo, desmoronamiento, deslizamiento*, corrimiento, desprendimiento, avalancha, alud, hundimiento*, vuelco, tumbo, destrucción*, caída, revolcón, maltrato, pisoteo, revuelco, demolición, oleada, arrollamiento, lanzamiento*, desbaratamiento, desmantelamiento, volteo, precipitación, arrasamiento, voladura, ruina, colapso, desintegración, estropicio, aniquilación, trastorno, quebranto, decadencia, catástrofe, rotura, tala, daño.
— **4.** Desmoralización, derrumbamiento, desánimo*, abatimiento, decadencia, degradación, ocaso, extinción; mareo, colapso, desmayo, desvanecimiento, indisposición*.
V. DESTRUIR, HUNDIR, TUMBAR, CAER, DESASTRE.
desabotonar. Desabrochar, aflojar, soltar. V. SEPARAR 1.
desabrido. 1. Insípido, soso, insulso. V. INSUSTANCIAL 1.
— **2.** Antipático*, tosco*, desagradable*. V. DESCORTÉS 1.

desabrigado. Desnudo, desvestido, abandonado*. V. DESTAPAR 3.

desabrigar. V. desabrigado.

desabrimiento. V. desabrido.

desabrochar. V. desabotonar.

desacato. Rebeldía*, enfrentamiento, insubordinación. V. DESOBEDIENCIA 1.

desacertado. Errado, malogrado, incorrecto. V. EQUIVOCACIÓN 3.

desacierto. Incorrección, error, descuido*, V. EQUIVOCACIÓN 1.

desaconsejado. V. desacertado.

desaconsejar. Disuadir, impedir, convencer. V. DESÁNIMO 4.

desacoplar. Desconectar, desenganchar, desmontar. V. SEPARAR 2, 3.

desacorde. Contrario, disconforme o desconforme, inadecuado. V. DISCREPANCIA 2.

desacostumbrado. Desusado, infrecuente, insólito. V. RAREZA 2.

desacreditar. Desprestigiar, denigrar, desaprobar*. V. CALUMNIA 2.

desacuerdo. Disconformidad, divergencia, diferencia. V. DISCREPANCIA 1.

desafecto. Enemistad, hostilidad, aversión. V. ODIO 1.

desaferrar. Soltar, desligar, desatar. V. SEPARAR 1, 4.

desafiador, desafiante. V. DESAFÍO 3.

desafiar. V. DESAFÍO 2.

desafilado. Embotado, romo, mellado. V. LISO 1.

desafinado. Destemplado, desentonado, discordante. V. SONIDO 4.

DESAFÍO. 1. Reto, enfrentamiento, lance, duelo*, provocación, amenaza*, oposición*, antagonismo, disidencia, separación*, encaramiento, encuentro, apuesta, juego*, polémica, disputa, discusión*, competición, concurso, emulación, prueba, rivalidad*, enemistad*, conflicto, hostilidad, pendencia, desdén, desprecio*, insulto, ofensa*, bravata, chulería, jactancia, fanfarronada*, pelea*, lucha*, riña, odio*, combate, juicio de Dios, torneo, liza, justa, lid, pugna, controversia, agresividad, belicosidad, combatividad, enojo*.

2. Desafiar. Enfrentar(se), arrostrar, oponerse, provocar, plantarse, rebelarse, encararse, engallarse, amenazar*, atreverse, retar, discutir*, disputar, contradecir, polemizar, apostar, jugar*, encontrarse, separarse*, antagonizar, hostilizar, hostigar, azuzar, insultar, ofender*, enemistarse*, odiar*, rivalizar*, emular, competir, concursar, luchar*, pelear*, reñir, jactarse, fanfarronear*, envalentonarse, bravuconear, chulearse, pugnar, combatir, enojarse*, desdeñar, despreciar*.

3. Desafiante. Retador, amenazante, pendenciero, provocador, duelista, provocativo, camorrista, insultador, ofensivo*, enfrentado, discutidor*, polémico, apostador, jugador*, encarado, antagonista, disidente, separado*, oponente, hostil, conflictivo, enemigo*, rival*, émulo, concursante, competidor, reñidor, luchador*, peleador*, fanfarrón*, jactancioso, chulo, bravucón, desdeñoso, combativo, agresivo, hosco, enojadizo*.

Contr.: Amistad, acuerdo.

V. DUELO, AMENAZA, JUEGO, PELEA, LUCHA, ENOJO, SEPARACIÓN, FANFARRONERÍA, RIVALIDAD, ENEMISTAD, ODIO.

desaforado. 1. Desmesurado, extremado, excesivo. V. EXAGERACIÓN 3.

— 2. Desenfrenado, exaltado, arrebatado. V. APASIONAMIENTO 2.

desafortunado. Infortunado, adverso, desdichado. V. DESGRACIA 2, 3.

desafuero. Desmán, tropelía, abuso. V. INJUSTICIA 1.

desagotar. Desaguar, descargar, verter. V. VACÍO 5.

DESAGRADABLE. 1. Fastidioso, molesto*, insoportable, antipático*, irritante, inaguantable, insufrible, engorroso, incómodo, repulsivo, difícil*, antiestético, repugnante*, odioso*, triste, aflictivo*, malo, desgraciado*, ingrato, impopular, desacreditado, aburrido*, árido, pesado, latoso, desabrido, desapacible, enfadoso, lamentable, deplorable, temible, enojoso*, delicado, comprometido, vidrioso, amenazante*, peligroso, brusco, rudo, grosero, tosco*, decepcionante*, indigesto, insípido, amargo.

2. Tiempo desagradable. Tiempo inclemente, frío, fresco, lluvioso*, tormentoso, cálido, bochornoso, caliginoso. (v. meteorología 7).

3. Que siente desagrado. Enfadado, disgustado, enojado*, irritado, molesto*, fastidiado, insatisfecho, disconforme o desconforme, descontento, quejoso, entristecido, resentido, frustrado, incómodo, a la fuerza, de mala gana, a rastras, desabrido, asqueado, aburrido, triste, afligido*, desilusionado, decepcionado*, desengañado, despechado, atribulado, contrariado, discrepante, desazonado, airado, iracundo, inquieto, temeroso.

4. Desagrado. Enfado, fastidio, enojo*, descontento, disgusto, antipatía, irritación, incomodidad, engorro, amargura, maldad, tristeza, molestia, aflicción*, desgracia*, asco, repugnancia*, repulsión, fealdad*, desabrimiento, lata, pesadez, aridez, aburrimiento*, hastío, preocupación, impaciencia*, desilusión, decepción*, desengaño, frustración, despecho, desazón, queja, resentimiento, sinsabor, tribulación, contrariedad, ira, inquietud, disconformidad, ingratitud, temor*.

5. Desagradar. Disgustar, incomodar, fastidiar, repeler, rechazar*, irritar, enojar*, entristecer, amargar, afligir*, desilusionar, decepcionar*, desengañar, frustrar, despechar, desazonar, resentir, atribular, hastiar, aburrir*, cansar, fatigar*, molestar, asquear, repugnar inquietar, atemorizar, amohinar, indigestarse, ofender*, insultar, ensombrecer, aborrecer. *Contr.:* Agradable*, atractivo*. V. MOLESTO, ANTIPÁTICO, REPUGNANTE, DECEPCIONANTE, DESGRACIADO, TOSCO, ABURRIDO, ENOJOSO, OFENSIVO, AFLICTIVO, AMENAZANTE, FEALDAD.

desagradar. V. DESAGRADABLE 5.

desagradecido. Infiel, desleal, egoísta*. V. INGRATITUD 2.

desagradecimiento. Deslealtad, infidelidad, indiferencia*. V. INGRATITUD 1.

desagrado. V. DESAGRADABLE 4.

desagraviar. V. desagravio.

desagravio. Compensación, reivindicación resarcimiento. V. REHABILITAR 3.

desaguar. Afluir, desembocar, verter. V. VACÍO 5.

desagüe. Drenaje, conducto, zanja. V. ALCANTARILLADO 2.

desaguisado. Desatino, barbaridad*, perjuicio. V. DISPARATE 1.

desahogado. Adinerado, cómodo, tranquilo*. V. PROSPERIDAD 3.

desahogarse. Aliviarse, confiar, confesar. V. TRANQUILIZARSE, EXPLICAR.

desahogo. 1. Opulencia, comodidad, riqueza. V. PROSPERIDAD 1.
— **2.** Consuelo, alivio, confesión. V. TRANQUILIDAD, EXPLICACIÓN.
— **3.** Espacio, anchura, holgura. V. AMPLITUD 1.

desahuciado. 1. Gravísimo, incurable, desesperado. V. ENFERMEDAD 4.
— **2.** Desalojado, despedido, arrojado. V. EXPULSAR 5.

desahuciar. 1. Sentenciar, abandonar, condenar*. V. OPINIÓN 3.
— **2.** Desalojar, despedir, arrojar. V. EXPULSAR 1.

desairado, desairar. V. desaire.

desaire. Ofensa*, humillación*, desdén. V. DESPRECIO 1.

desajuste. Trastorno, desarreglo, desacuerdo. V. DIFICULTAD 1.

desalado. Apresurado, ansioso, afligido* V. INTRANQUILIDAD 3.

desalentado. Desmoralizado, pesimista, alicaído. V. DESÁNIMO 2.

desalentador. Desmoralizador, deprimente, desesperante. V. DESÁNIMO 3.

desalentar(se). Acobardarse, abatirse, arredrarse. V. DESÁNIMO 5.

desaliento. Desmoralización, pesimismo, abatimiento. V. DESÁNIMO 1.

desalinear. Desarreglar, revolver, descolocar. V. DESORDEN 4.

desaliñado. Desastrado, abandonado, descuidado. V. SUCIEDAD 5.

desaliño. Desidia, descuido, negligencia. V. SUCIEDAD 1.

desalmado. Inhumano, despiadado, brutal. V. CRUELDAD 2.

desalojar. 1. Despedir, echar, desahuciar. V. EXPULSAR 1.
— **2.** Irse, dejar, abandonar. V. MARCHAR 2.

desalojo. V. desalojar.

desalquilar. Mudarse, desocupar, dejar. V. MARCHAR 2.

desamarrar. Desatar, soltar, desprender. V. NUDO 6.

desamor. Aversión, enemistad*, antipatía*. V. ODIO 1.

desamparado. V. DESAMPARO 2.

desamparar. V. DESAMPARO 3.

DESAMPARO. 1. Abandono, soledad, desolación, desasistencia, desánimo*, pesimismo, aislamiento*, desatención, descuido*, olvido*, exclusión, rechazo, segregación, orfandad, tristeza*, desdicha, aflicción*, inocencia, desgracia*, infortunio, tribulación, indefensión, sacrificio, desabrigo, ausencia, nostalgia, añoranza, pérdida, desvalimiento, repudio, dejación, desahucio, desaire, expulsión*, desprecio*, incomunicación, impotencia, pobreza*, carencia, necesidad, extravío, deslealtad, crueldad*.
2. Desamparado. Abandonado, solo, solitario, aislado*, desasistido, desvalido, desatendido, inerme, desarmado, indefenso, huérfano, perdido*, excluido, descuidado, olvidado*, deshabitado, despoblado, desértico, vacío*, yermo, triste, desdichado, desgraciado*, desheredado, paria, afligido*, rechazado, despreciado, sacrificado, inocente, añorante, nostálgico, desanimado*, desabrigado, infortunado, expulsado*, desairado, desahuciado, dejado, repudiado, incomunicado, extraviado, impotente, pobre*, necesitado*, mendigo, indigente, mísero.
3. Desamparar. Desatender, descuidar*, desasistir, aislar*, abandonar, olvidar*, dejar, plantar, perder*, extraviar, excluir, despoblar, deshabitar, rechazar, afligir*, entristecer, sacrificar, despreciar*, desdeñar, desairar, desanimar*, expulsar*, desposeer, anular, privar, debilitar, quitar, separar, apartar, humillar, desabrigar, añorar, incomunicar, repudiar, desahuciar, necesitar*.
Contr.: Cuidado*, interés*, amor*.
V. AISLAMIENTO, AFLICCIÓN, DESGRACIA, DESPRECIO, DESÁNIMO, TRISTEZA, POBREZA, PÉRDIDA, EXPULSIÓN, OLVIDO, CRUELDAD.

desamueblar. Mudarse, desalojar, marcharse*. V. VACÍO 6.

desandar. Volver, retornar, regresar. V. RETROCESO 2.

desangrar(se). Extenuarse, agotarse, perder sangre. V. DEBILIDAD 9.

desanimado. V. DESÁNIMO 2.

desanimar(se). V. DESÁNIMO 4, 5.

DESÁNIMO. 1. Desmoralización, desaliento, abatimiento, pesimismo, descorazonamiento, desengaño, desilusión, abandono, fatalismo, renuncia, impotencia, agobio, decaimiento, depresión, desesperanza, tristeza, aflicción*, pena, nostalgia, añoranza, decepción*, consternación, cobardía*, temor*, preocupación, desfallecimiento, debilidad*, extenuación, languidez, aplanamiento, postración, indisposición*, flaqueza, timidez*, apocamiento, holgazanería*, pereza, indiferencia, apatía, desinterés, descuido*, arrepentimiento*.

2. Desanimado. Triste, cabizbajo, decaído, alicaído, acobardado, alarmista, mísero, mustio, abatido, tímido*, pesimista, entristecido, mohíno, descorazonado, desmoralizado, fatalista, desalentado, (v. 1).

3. Que desanima. Desalentador, descorazonador, pesimista, desmoralizador, derrotista, insidioso, murmurador, traidor*, aflictivo, entristecedor, penoso, triste, sombrío, desesperado, desesperante, desesperanzador, depresivo, deprimente, agobiante, decepcionante*, preocupante, debilitante*, extenuante, aplanador, agorero, gafe, desgraciado*, cenizo, mala sombra.

4. Desanimar. Desaconsejar, disuadir, impedir, desalentar, argumentar, sugestionar, coaccionar, influir, convencer probar, impresionar, sugerir, (v. 5).

— **5.** *Desanimarse,* desalentarse, aflojar, flaquear, ceder, decepcionarse*, descorazonarse, amilanarse, desmoralizarse, abatirse, aplanarse, abandonar, renunciar, huir, apenarse, afligirse*, entristecerse, desesperar, deprimirse, agobiarse, consternarse, desilusionarse, desengañarse, añorar, acobardarse, arredrarse, atemorizarse, preocuparse, desfallecer, desengañar, debilitarse*, extenuarse, languidecer, postrarse, apocarse, desinteresarse, arrepentirse* (v. 4).

Contr.: Ánimo*, interés*, cuidado*.

V. AFLICCIÓN, DECEPCIÓN, DEBILIDAD, DESAMPARO, TIMIDEZ, DESCUIDO, HOLGAZANERÍA, TEMOR, COBARDÍA.

desanudar. Desligar, desatar, soltar. V. NUDO 6.

desapacible. Desabrido, ingrato, destemplado. V. DESAGRADABLE 1, 2.

DESAPARECER. 1. Disiparse, perderse, esfumarse, evaporarse, anularse, ocultarse*, huir*, (v. 2), desintegrarse, volatilizarse, consumirse, destruirse, esconderse, taparse*, velarse, desvanecerse, escamotearse, borrarse, terminar, suprimirse, tragarse, hundirse*, abismarse, descender, oscurecerse*, difuminarse, eclipsarse, declinar, decaer, extinguirse, desdibujarse, diluirse, volar, extraviarse, traspapelarse, descarriarse, dispersarse, gastarse, ponerse.

— **2.** *Huir,* desaparecer, escapar, escurrirse, fugarse, marcharse*, ausentarse, salir de estampía.

— **3.** *Declinar,* desaparecer, caducar, terminar, concluir, finalizar*, morir, acabar, prescribir, cesar, finiquitar, suprimir, destruirse*, completar, eclipsarse, arruinarse, desmoronarse, degenerar, empeorar, disminuir.

4. Desaparición. Dispersión, disipación, pérdida, ocultación*, ocaso, puesta, ausencia, alejamiento, separación, difuminación, desvanecimiento, anulación, evaporación, supresión, consunción, prestidigitación, oscurecimiento*, escamoteo, velo, escondite, descarrío, extravío, desdibujamiento, eclipse, marcha*, huida*, fuga, escapada, fin, final*, término, inexistencia*, falta, conclusión, muerte*, prescripción, destrucción*, cese, caducidad.

5. Desaparecido. Perdido, oculto*, disipado, esfumado (v. 1).

Contr.: Encontrar, hallar, volver, regresar.

V. OCULTAR, TAPAR, HUIR, OSCURECERSE, MARCHARSE, FINAL, MUERTE.

desaparecido. V. DESAPARECER 5.

desaparición. V. DESAPARECER 4.

desapasionado. 1. Insensible, displicente, apático. V. INDIFERENCIA 2.

— **2.** Ecuánime, justo, equitativo. V. IMPARCIAL 1.

desapego. Insensibilidad, frialdad, desamor. V. INDIFERENCIA 1.

desapercibido. 1. Despreocupado, desprevenido, inconsciente. V. DESCUIDO 4.

— **2.** Inadvertido, ignorado, descuidado*. V. OLVIDO 7.

desaplicado. Desatento, negligente, descuidado*. V. HOLGAZÁN 1.

desaprensivo. Deshonesto, desfachatado, corrompido. V. DESVERGÜENZA 2.

desaprobación. V. DESAPROBAR 4.

desaprobado. V. DESAPROBAR 7, 8.

DESAPROBAR. 1. Reprobar, censurar, reprochar, criticar, oponerse*, acusar*, hostigar, culpar*, reprender*, vapulear, rechazar*, repudiar, negar, desestimar, objetar, impugnar, refutar, despreciar*, vetar, prohibir, suspender, afear, tachar, tildar, motejar, apercibir, vituperar, vilipendiar, despotricar, calumniar*, recriminar, observar, aconsejar, amonestar, condenar*, reconvenir, desautorizar, enjuiciar, juzgar, murmurar*, refunfuñar, rezongar, maldecir*, anatematizar, excomulgar, disentir, negarse, burlarse, sermonear, corregir, castigar*, increpar, reñir.

— **2.** *Protestar*, desaprobar, abroncar, silbar, sisear, rechiflar, pitar, patear, abuchear, gritar, vocear.

— **3.** Suspender, eliminar, excluir en los exámenes. V. RECHAZAR 3.

4. Desaprobación. Crítica, censura, reparo, disconformidad, desacuerdo, reproche, acusación*, reprobación, reprensión*, impugnación, objeción, impedimento, oposición*, condena*, anatema, excomunión, desestimación, negativa*, repudio, rechazo*, tacha, tilde, veto, corrección, afeamiento, denigración, descrédito, calumnia*, vituperio, suspensión, desprecio, recriminación, apercibimiento, consejo*, observación, amonestación, juicio, desautorización,

reconvención, culpa*, murmuración*, refunfuño, rezongo, disentimiento, riña, increpación, correctivo, castigo*, sermón, regañina, burla.
— **5.** *Protesta**, desaprobación, pita, silbatina, silba, siseo, bronca, grito, voceo, abucheo, rechifla, pataleo, pateo, aporreo, golpes*.
6. Que desaprueba. Crítico, censor, sermoneador, acusador*, regañón*, impugnador, recriminador, juez, funcionario, examinador, inspector, refunfuñón, rezongón, protestón*, quisquilloso, detallista*, desconforme, censurador, reñidor, burlón, murmurador*, amonestador, oponente, opuesto, gritón, vocinglero, ruidoso.
7. Desaprobado. Reprobado, censurado, criticado, reprobable, censurable, criticable, (v. 1).
— **8.** Suspendido, eliminado, excluido en los exámenes, (v. 3).
Contr.: Aprobar, aceptar, consentir.
V. REPRENDER, RECHAZAR, CULPAR, CONDENAR, DESPRECIAR, CASTIGAR, PROTESTAR, ACUSAR, MALDECIR.
desaprovechado. 1. V. desaprovechar.
— **2.** Infructuoso, nulo, ineficaz. V. INÚTIL.
desaprovechar. Despilfarrar, dilapidar, olvidar*. V. DERROCHE 2.
desarmado. 1. Inerme, indefenso, despojado. V. DESAMPARO 2.
— **2.** V. desarmar 2.
desarmar. 1. Desposeer, privar, debilitar. V. DESAMPARO 3, PAZ 3.
— **2.** Desbaratar, deshacer, desmontar. V. SEPARAR 3.
desarme. Pacificación, reducción, supresión de armas. V. PAZ 1.
desarraigar. 1. Emigrar, apartar, alejar. V. MARCHAR 2.
— **2.** Arrancar, desenterrar, eliminar. V. EXTRAER 1.
desarraigo. V. desarraigar.
desarrapado. V. desharrapado.
desarreglado. V. desarreglar.
desarreglar. Alterar, confundir, descomponer. V. DESORDENAR, DETERIORAR.
desarreglo. Trastorno, irregularidad, confusión. V. DESORDEN 1, DETERIORO 1.
desarrollado. V. DESARROLLO 7, 8.
desarrollar. 1. V. DESARROLLO 3.
— **2.** V. DESARROLLO 4-6.
DESARROLLO. 1. Aumento, incremento, auge, expansión, perfeccionamiento*, impulso, respaldo, ayuda*, fomento, prosperidad*, progreso, evolución, crecimiento, acrecentamiento, comodidad*, adelanto, triunfo, riqueza, bienestar, civilización, cultura, enriquecimiento, florecimiento, ascenso, proliferación, cambio*, avance, difusión, extensión*, mejora*, propagación, dilatación, vivificación, organización, promoción, empuje, , apoyo.
— **2.** *Crecimiento*, desarrollo, estirón, engorde, robustecimiento, formación, vigorización*,

fortalecimiento, crianza, madurez, ensanchamiento, precocidad, pubertad, adolescencia, juventud.
3. Desarrollar. Acrecentar, incrementar, impulsar, prosperar*, fomentar, apoyar, progresar, evolucionar, crecer, adelantar, triunfar, avanzar, cambiar*, ayudar*, respaldar, empujar, animar, aumentar*, perfeccionar*, mejorar*, proteger, promover, organizar, generar, vivificar, lanzar, favorecer, ampliar*, difundir, expandir, extender*, propagar, dilatar, enriquecer, florecer*, industrializar, mecanizar, ascender, proliferar, promocionar, originar*.
— **4.** *Desenvolver*, desarrollar, desenrollar, desplegar, desliar, destapar*, abrir, desdoblar, desatar, extender*.
— **5.** *Desarrollar(se)*, crecer, robustecerse, vigorizarse*, agrandar, arraigar, formarse, estirarse, engordar, criarse, madurar, espigar, ensancharse, extender*.
— **6.** Comentar, relacionar, definir. V. EXPLICACIÓN 2.
7. Desarrollado. Floreciente, próspero*, perfeccionado*, mejorado*, evolucionado, acomodado, rico, progresista, liberal, avanzado, adelantado, opulento, culto, acrecentado, fomentado, incrementado, organizado, cómodo*, promocionado, enriquecido, difundido, extendido*.
— **8.** *Crecido*, desarrollado, espigado, alto, precoz, robusto, fuerte, vigoroso*, gordo*, formado, criado*, maduro, hecho, joven*.
Contr.: Subdesarrollo, pobreza*, atraso.
V. PROSPERIDAD, MEJORA, RIQUEZA, COMODIDAD, AUMENTO, EXTENSIÓN, VIGOR, JOVEN.
desarropar. Desnudar, descubrir, desabrigar. V. DESTAPAR 1.
desarrugar. Alisar, estirar, planchar. V. LISO 3.
desarticular. Deshacer, desmembrar, aniquilar. V. DESTROZAR 1.
desaseado. Desastrado, abandonado, desaliñado. V. SUCIEDAD 5.
desaseo. Desaliño, abandono, mugre. V. SUCIEDAD 1.
desasirse. Librarse, soltarse, desprenderse. V. RECHAZAR 2.
desasistir. Abandonar, olvidar*, aislar*. V. DESAMPARO 3.
desasnar. Cultivar, instruir, enseñar. V. EDUCACIÓN 11.
desasosiego. Preocupación, inquietud, temor. V. INTRANQUILIDAD 1.
desastrado. V. desaseado.
DESASTRE. 1. Catástrofe, calamidad, desgracia*, mal, hecatombe, tragedia, cataclismo, caos, accidente*, siniestro, daño, «debacle», peligro*, destrozo, destrucción*, aniquilación, infortunio, azote, flagelo, plaga, peste, ruina, pérdida*, perjuicio*, descalabro, revés, devastación, adversidad, suceso, muerte*, degollina, mortandad, apocalipsis, percance, contrariedad,

avería, deterioro*, contratiempo, dificultad*, desventura, decadencia, ocaso, drama, maldición, penalidad, horror, espanto*, temor*, dolor*, aflicción* (v. 3).
— **2.** Nulidad, incompetencia, ineptitud. V. INÚTIL 5.
3. Desastres. Huracán, ciclón*, tromba, tormenta*, inundación, naufragio, hundimiento*, terremoto*, erupción volcánica*, maremoto, tsunami, incendio*, epidemia, peste, plaga, mortandad, descarrilamiento, choque*, guerra*, revolución*, tumulto, motín, pillaje, bancarrota, quiebra, depresión, crisis, hambre*, miseria, pobreza*, sequía, devastación.
4. Desastroso. Catastrófico, trágico, tremendo, calamitoso, fatal, ruinoso, apocalíptico, infortunado, destructivo*, adverso, devastador, dañoso, dramático, siniestro, aniquilador, desgraciado*, malhadado, aciago, desventurado, cataclísmico, triste, doloroso*, aflictivo*, mortífero, mortal, asolador, espantoso, horrible, pavoroso, terrible.
5. Causar desastre. Asolar, devastar, destruir*, siniestrar, arruinar, empobrecer, dañar, perjudicar*, aniquilar, desgraciar*, accidentar*, azotar, peligrar*, deteriorar*, descalabrar, atemorizar, afligir*, chocar, colisionar, volcar, descarrilar, incendiarse*, arder, derrumbarse, hundirse*, naufragar, inundarse, guerrear*.
6. Salvamento. Rescate, auxilio, recuperación. V. SOCORRO 1.
Contr.: Ventura, suerte.
V. DESTRUCCIÓN, ESPANTO, TEMOR, PELIGRO, INCENDIO, INUNDACIÓN, GUERRA, REVOLUCIÓN, DETERIORO, ACCIDENTE, DESGRACIA, PERJUICIO, AFLICCIÓN.
desastroso. 1. Catastrófico. V. DESASTRE 4.
— **2.** Incompetente, nulo, inservible. V. INÚTIL 2.
desatado. 1. V. desatar.
— **2.** Desmandado, desenfrenado, desbocado. V. VIOLENCIA 5.
desatar. 1. Desligar, soltar, desanudar. V. NUDO 6.
— **2.** *Desatarse*, desencadenarse, producirse, estallar. V. TORMENTA 3.
desatascar. Despejar, desobstruir, desembozar. V. DESTAPAR 2.
desatención. V. desatento.
desatender. Postergar, abandonar, olvidar*. V. DESCUIDO 3.
desatento. Desconsiderado, rudo, incorrecto. V. DESCORTÉS 1.
desatinado. Descabellado, absurdo, insensato. V. DISPARATE 2.
desatino. Insensatez, despropósito, error. V. DISPARATE 1.
desatornillar. Girar, desenroscar, desmontar. V. SEPARAR 3.
desatrancar. Desatascar, desembozar, desobstruir. V. DESTAPAR 2.
desautorizado. Desprestigiado, relegado, desacreditado. V. HUMILLACIÓN 4.

desautorizar. Desaprobar, rebajar, desprestigiar. V. HUMILLACIÓN 5.
desavenencia. 1. Disputa, discordia, querella. V. PELEA 1.
— **2.** Desacuerdo, antagonismo, divergencia. V. DISCREPANCIA 1.
desavenido. Antagónico, opuesto, discrepante. V. ENEMISTAD 2.
desayunar. Almorzar, tomar, comer. V. ALIMENTO 11.
desayuno. Almuerzo, tentempié, comida. V. ALIMENTO 3.
desazón. Disgusto, inquietud, molestia. V. INTRANQUILIDAD 1.
desazonado. V. desazón.
desbancar. 1. Echar, expulsar*, reemplazar. V. SUSTITUCIÓN 5.
— **2.** Arruinar, quebrar, saltar la banca. V. COBRAR 1.
desbandada. Dispersión, retirada, fuga. V. HUIDA 1.
desbarajuste. Caos, confusión, barullo. V. DESORDEN 1.
desbaratar. Descomponer, deshacer, averiar*. V. DESTRUIR 1.
desbarrar. Desvariar, errar, equivocarse. V. DISPARATE 3.
desbastar. Acepillar, pulir, alisar. V. LISO 3.
desbloquear. Soltar, despejar, eludir. V. SEPARAR 2-4.
desbocado. V. desbocarse.
desbocarse. Encabritarse, trastornarse, desmandarse. V. VIOLENCIA 8.
desbordamiento. V. desbordar.
desbordante. Incontenible, excesivo, intenso. V. INTENSIDAD 3.
desbordar. 1. Exceder, rebosar, aventajar. V. SUPERIOR 6.
— **2.** *Desbordarse*, inundar, extenderse, anegar. V. MOJAR 3.
desbravar. Domesticar, domar, amansar. V. DOMINACIÓN 11.
desbrozar. Despejar, arrancar, eliminar hierbajos. V. EXTRAER 1.
descabalar. Trastornar, alterar, desarreglar. V. DESORDEN 4.
descabalgar. Desmontar, apearse, bajar del caballo. V. DESCENDER 1.
descabellado. Destinado, absurdo, insensato. V. DISPARATE 2.
descabello. Remate, pinchazo, puntilla al toro. V. TOREO 4.
descabezar. 1. Decapitar, cercenar, guillotinar. V. CORTAR 1.
— **2.** Sestear, soñar, dormir. V. SUEÑO 6.
descalabrado. Dañado, herido, malparado. V. LESIÓN 10, PERJUICIO 3.
descalabradura. 1. Daño, golpe, herida. V. LESIÓN 1, 4.
— **2.** V. descalabro.
descalabrar. Dañar, lastimar, herir. V. LESIÓN 7.

descalabro. 1. Desgracia*, ruina, fracaso. V. DE-
SASTRE 1.
— **2.** V. descalabradura 1.
descalificar. Eliminar, recusar, inhabilitar. V. RE-
CHAZAR 1.
descalzar. Despojar, descubrir, quitar los zapatos.
V. CALZADO 6.
descalzo. V. descalzar.
descamar. Caer, desprenderse, perder escamas.
V. SEPARAR 7.
descaminado. Desacertado, errado, desviado. V.
EQUIVOCACIÓN 3.
descamisado. Abandonado, desharrapado, desastrado. V. SUCIEDAD 5.
descampado. 1. Llano, raso, solar. V. CAMPO 1.
— **2.** Abierto, despejado, libre. V. AMPLITUD 2.
descansado. V. DESCANSO 4.
descansar. V. DESCANSO 5.
descansillo. Plataforma, rellano, meseta. V. ES-
CALERA 3.
DESCANSO. 1. Reposo, alivio, respiro, ocio, holganza, tranquilidad*, quietud, paz*, sosiego,
calma, tregua, pausa, desahogo, placidez, sueño*, siesta, adormecimiento, holgazanería*,
alto, paro, modorra, relajación, inmovilidad*,
inactividad*, comodidad*, vacaciones, veraneo,
asueto, jubilación, pensión*, fiesta*, diversión*,
distracción, espera (v. 2).
— **2.** *Espera*, descanso, entreacto, intervalo,
pausa, etapa, parada, intermedio, interludio,
expectación, demora*, retraso, prórroga, detención, alto, interrupción*, tregua, suspensión,
cese, aplazamiento, postergación (v. 1).
— **3.** Sostén, soporte, cimiento. V. APOYAR 3.
4. Descansado, en descanso. Sosegado, cómodo*, calmado, tranquilo*, sereno, apacible,
quieto, pacífico, plácido, pausado, desahogado,
inactivo, parado, detenido, tumbado*, inmóvil*, agradable*, muelle, fácil*, ventajoso, regalado, aliviado, ocioso, holgazán*, amodorrado,
somnoliento, relajado, interrumpido, suspendido, postergado, aplazado, festivo, divertido*,
veraneante, turista, excursionista, viajero, jubilado, pensionista.
5. Descansar. Acomodarse, sosegarse, reposar,
relajarse, calmarse, pensionar*, tranquilizarse*,
desahogarse, respirar, holgar, aliviarse, hacer
alto, h. tregua, h. pausa, detenerse, situarse,
colocarse, posarse, inmovilizarse*, dormir,
adormecer, amodorrarse, echarse, acostarse,
tumbarse*, sestear, distraerse, divertirse*, veranear, hacer fiesta*, cesar (v. 6).
— **6.** *Cesar*, descansar, interrumpir, detener,
suspender, parar, esperar*, demorar*, postergar, retrasar, diferir, aplazar, prorrogar.
— **7.** Recostarse, sostenerse, reclinarse. V.
APOYAR 1.
Contr.: Ajetreo, trabajo*, actividad.
V. TRANQUILIDAD, COMODIDAD, SUEÑO,
HOLGAZANERÍA, PAZ, INTERRUPCIÓN, INMO-
VILIDAD, DEMORA, ESPERA, FIESTA.

descarado. Atrevido, sinvergüenza, insolente. V.
DESVERGÜENZA 2.
descararse. Insolentarse, osar, enfrentarse. V.
DESVERGÜENZA 3.
descarga. V. DESCARGAR 5.
descargadero. V. DESCARGAR 9.
descargador. V. DESCARGAR 8.
DESCARGAR. 1. Retirar, desalojar, sacar, quitar*,
bajar, apear, descender*, alijar, desembarcar,
aligerar, vaciar*, extraer*, descolgar, quitar, aliviar, desembarazar, echar, expulsar*, remover,
despojar, alzar, depositar, poner, almacenar*,
aminorar, disminuir, trasladar*, cambiar*,
transportar*.
— **2.** Eximir, relevar, exceptuar. V. LIBERTAD 9.
— **3.** Disparar, tirar, hacer fuego. V. PROYEC-
TIL 6.
— **4.** Propinar, pegar, atizar. V. GOLPE 11.
5. Descarga. Desalojo, aligeramiento, desembarco, descenso*, extracción, alijo, bajada, retirada, almacenamiento*, depósito, remoción,
cambio*, alivio, vaciado*, expulsión*, transporte*, traslado*, fondeo.
— **6.** Disparos, salva, tiros*. V. PROYECTIL 4.
— **7.** Expulsión, emisión, salida. V. VACÍO 4.
8. Descargador. Costalero, estibador, cargador, jornalero, esportillero, peón, mozo, ganapán, trabajador*.
9. Descargadero. Fondeadero, dársena, muelle, dique*, atracadero, andén, cargadero*,
plataforma, depósito, almacén*, plataforma,
tinglado, cobertizo, zona de descarga (v. puerto*).
Contr.: Cargar, subir, almacenar*.
V. QUITAR, VACIAR, EXTRAER, DESCENDER,
TRANSPORTAR, ALMACENAR, CAMBIAR.
descargo. 1. Pretexto, justificación, excusa. V.
DISCULPA 1.
— **2.** Perdón, exculpación, rehabilitación. V.
LIBERTAD 2.
descarnado. 1. Esquelético, flaco, enjuto. V. DEL-
GADEZ 3.
— **2.** Realista, auténtico, brutal. V. VERDAD 3.
descaro. Desfachatez, insolencia, atrevimiento. V.
DESVERGÜENZA 1.
descarriado. 1. Perdido, tarambana, sinvergüenza.
V. DESVERGÜENZA 2.
— **2.** Errado, confundido, desviado. V. EQUI-
VOCACIÓN 3.
descarriar(se). V. descarrío.
descarrilamiento. Siniestro, catástrofe, accidente
ferroviario. V. DESASTRE 1, 3.
descarrilar. Salirse, volcar, accidentarse*. V. DE-
SASTRE 5.
descarrío. 1. Depravación, corrupción, perdición.
V. VICIO 1.
— **2.** Desvío, extravío, error. V. ALEJAMIENTO,
EQUIVOCACIÓN.
descartado. V. descartar.
descartar. Excluir, despreciar*, desechar. V. RE-
CHAZAR 1.

descascarar. Pelar, descortezar, quitar la cáscara.
V. CÁSCARA 2.

descastado. Renegado, desagradecido*, egoísta*.
V. INGRATITUD 2.

descendencia. Posteridad, sucesores, linaje. V.
FAMILIA 1.

descendiente. V. DESCENDER 6.

DESCENDER. 1. Bajar, resbalar, descolgar,
retirar(se), abatir, arriar, quitar*, recoger, echar,
soltar, deslizar(se)*, correr, caer, precipitar(se),
derrumbar(se), hundirse*, ladear, desnivelar,
empinar, inclinar*; salirse, apearse, desmontar,
bajarse, descabalgar; aterrizar, amarar, llegar,
planear, tomar tierra (v. 2).
— **2.** _Disminuir*_, descender, devaluar, perder,
menguar, bajar, abaratar, aminorar, decaer, reducir, mermar, declinar, achicarse, debilitarse,
decrecer, caer, restar, limitar* (v. 1).
— **3.** _Originarse*_, descender, provenir, derivarse, proceder, venir de, heredar.
4. Descenso. Bajada, deslizamiento, caída, precipitación, descendimiento, derrumbe, ladeo,
recogida, abatimiento, desnivelación, salida,
llegada, fin*, término, ocaso, decadencia, de-
bilitamiento*, declive; aterrizaje, amaraje, planeo; cuesta, rampa, pendiente, talud, escarpa,
tobogán, subida (v. 5).
5. Disminución. Bajón, mengua, caída, devaluación, baja, pérdida, descenso, aminoración,
reducción, limitación, decrecimiento, decaimiento, merma (v. 4).
6. Descendente. Inclinado*, torcido, ladeado,
sesgado, caído, desnivelado, escarpado, pendiente, hundido, oblicuo, desviado, bajado, que
baja, que vuelve, que llega, que viene.
Contr.: Ascender, subir*.
V. DESLIZARSE, DISMINUIR, INCLINAR, HUNDIR,
QUITAR, FIN.

descendiente. Sucesor, vástago, pariente. V.
HIJO 1.

descenso. V. DESCENDER 4, 5.

descentrado. 1. Desnivelado, irregular, inestable.
V. DESVIAR 3.
— **2.** Enajenado, desequilibrado, trastornado.
V. LOCURA 4.

descentralizar. Descongestionar, distribuir, transferir. V. SEPARAR 8.

descentrar. Desnivelar, desequilibrar, alterar. V.
INESTABLE 3, LOCURA 6.

descerrajar. 1. Fracturar, violentar*, forzar. V.
DESTROZAR 1.
— **2.** Disparar, hacer fuego, tirar. V. PROYEC-
TIL 6.

descifrar. 1. Interpretar, leer, estudiar. V. EXPLI-
CACIÓN 2.
— **2.** Desembrollar, aclarar, dilucidar. V. CLA-
RO 13.

desclavar. Arrancar, quitar*, desprender. V. EX-
TRAER 1, 2.

descocado. Descarado, impúdico, sinvergüenza.
V. DESVERGÜENZA 2.

descoco. V. descocado.

descolgar. Bajar, retirar, echar. V. DESCENDER 1.

descollante. V. descollar.

descollar. Sobresalir, destacar, predominar. V.
SUPERIOR 6

descolocar. Desarreglar, desplazar, correr. V.
DESORDEN 4.

descolonización. Liberación, emancipación, liber-
tad*. V. COLONIA 11.

descolorido. Pálido, blanquecino, incoloro. V.
CLARO 1.

descombrar. Despejar, remover, limpiar*. V.
QUITAR 1.

descomedido. Excesivo, desmedido; desconsiderado. V. EXAGERADO; DESCORTÉS.

descomer. Evacuar, defecar, hacer de vientre. V.
EXCRECIÓN 4.

descompasado. Desmedido, descarriado, exage-
rado*. V. IRREGULAR 1.

descomponer. 1. Averiar, estropear, romper. V.
DETERIORO 2.
— **2.** Embrollar, desarreglar, trastornar. V. DES-
ORDEN 4.
— **3.** Aislar, dividir, desmontar. V. SEPARAR
1-3.
— **4.** _Descomponerse_, padecer, enfermar, sufrir.
V. INDISPOSICIÓN 3.
— **5.** Corromperse, pudrirse, dañarse. V. PO-
DRIDO 3.

descomposición. 1. Diarrea, flojedad de vientre,
flujo. V. EXCRECIÓN 3.
— **2.** Putrefacción, alteración, corrupción. V.
PODRIDO 2.
— **3.** Desorganización, desintegración, desor-
den*. V. EMPEORAMIENTO 1.

descompostura. 1. V. descomponer.
— **2.** V. descomposición 1.

descomprimir. Soltar, distender, aflojar. V. RE-
LAJAR 1.

descompuesto. V. descomponer.

descomunal. Colosal, gigantesco, enorme. V.
GRANDE 1.

desconcertado. Confuso, desorientado, aturdido.
V. TURBACIÓN 2.

desconcertante. Extraño, inesperado, raro*. V.
TURBACIÓN 3.

desconcertar. V. desconcierto.

desconcierto. Extrañeza, desorientación, sorpresa.
V. TURBACIÓN 1.

desconectar. Cortar*, parar, desunir. V. SEPARAR,
INTERRUMPIR.

desconfiado. Suspicaz, receloso, malicioso. V.
SOSPECHA 2.

desconfianza. Suspicacia, incredulidad, escepticismo. V. SOSPECHA 1.

desconfiar. Maliciar, recelar, dudar*. V. SOSPE-
CHA 6.

desconforme. V. disconforme.

desconformidad. V. disconformidad.

descongelar. Deshelar, templar, caldear. V. CA-
LOR 8.

descongestionar. Aliviar, reducir, despejar. V. CURAR; LIBRAR.

desconocedor. Inexperto, novato, inculto. V. IGNORANCIA 2.

desconocer. 1. Omitir, olvidar*, no saber. V. IGNORANCIA 4.
— **2.** Negar, repudiar, desentenderse. V. RECHAZAR 1.

desconocido. 1. Extranjero, extraño, foráneo. V. FORASTERO 1.
— **2.** Transformado, disfrazado, irreconocible. V. CAMBIO 11.
— **3.** Apartado, inexplorado, ignorado. V. DISTANCIA 4.

desconocimiento. V. desconocer.

desconsideración. Desprecio, incorrección, desaire. V. DESCORTÉS 2.

desconsiderado. Incorrecto, abusador, grosero. V. DESCORTÉS 1.

desconsolado. Triste, angustiado, dolorido. V. AFLICCIÓN 5.

desconsolador. Angustioso, doloroso, penoso. V. AFLICCIÓN 6.

desconsolar, desconsuelo. V. desconsolador.

descontar. Restar, quitar*, reducir. V. DISMINUCIÓN 2.

descontentadizo. Insatisfecho, contrariado, hostil. V. DISCREPANCIA 2.

descontento. 1. Contrariedad, molestia*, fastidio. V. DISGUSTO 1.
— **2.** V. descontentadizo.

descontrolarse. Desbocarse, desmandarse, rebelarse. V. PERTURBAR 1.

descorazonado, descorazonamiento. V. descorazonarse.

descorazonar(se). Desmoralizarse, desalentarse, acobardarse. V. DESÁNIMO 5.

descorchar. Abrir, comenzar, empezar. V. DESTAPAR 1.

descorrer. Descubrir, retirar, mostrar. V. EXHIBIR 1.

DESCORTÉS. 1. Desatento, grosero, tosco*, incorrecto, desconsiderado, desvergonzado*, sinvergüenza, ignorante*, inculto, rudo, mal criado, maleducado, ineducado, desabrido, antipático*, despreocupado, patán, basto, soez, bruto*, ordinario; rabanero, verdulero; vulgar*, abusador*, desfachatado, descarado, atrevido, osado*, fresco, caradura, mal hablado, deslenguado, desagradable*, destemplado, arisco, áspero*, impertinente, insolente, descocado, inverecundo, ofensivo*, ultrajante, humillante*, insultante, provocativo, irrespetuoso, irreverente, despreciativo*, despectivo, desinteresado, desdeñoso*, montaraz, agreste, rústico, villano, silvestre*, plebeyo, paleto, aldeano*, incivil, chocarrero, cínico, irónico*, inelegante, impolítico, inoportuno, gamberro, golfo, vándalo, pandillero, maleante, delincuente*, gritón*, chillón, molesto*, caprichoso, mimado*.

2. Descortesía. Desconsideración, incorrección, ofensa*, grosería, desatención, ordinariez, rudeza, desprecio*, desaire, brusquedad, tarascada, tosquedad, mala educación, mala crianza, incultura, ignorancia*, desvergüenza*, despreocupación, desinterés, frescura, atrevimiento, osadía*, desfachatez, vulgaridad*, brutalidad, aspereza, patanería, bastedad, insolencia, impertinencia, descaro, ultraje, inverecundia, descoco, desdén, falta de respeto, falta de educación, exabrupto, provocación, insulto, abuso*, atropello, humillación*, incivilidad, plebeyez, rusticidad, impolítica, indelicadeza, cinismo, ironía*, chocarrería, vandalismo, sinvergonzonería, golfería, gamberrismo, rabanería, capricho, mimo*, delincuencia*.

3. Ser descortés. Descararse, desmandarse, desatender, ofender*, insultar, atreverse, osar*, desinteresarse, despreocuparse, desdeñar, despreciar*, humillar*, embrutecerse, descocarse, ultrajar, descararse, insolentarse, abusar*, provocar, atropellar, delinquir, deslenguarse, desmelenarse, desbocarse.

Contr.: Cortés, amable*, culto.

V. BRUTO, VULGAR, OFENSIVO, DESPRECIATIVO, HUMILLANTE, IRÓNICO, MOLESTO, MIMADO, DESVERGONZADO, OSADO .

descortesía. V. DESCORTÉS 2.

descortezar. Mondar, pelar, descascarar. V. CÁSCARA 2.

descoser. Deshilvanar, deshacer, rasgar. V. SEPARAR 4.

descosido. Desgarrado, deshilvanado, rasgado. V. DESTROZAR 4.

descoyuntar. Luxar, desarticular, desencajar. V. DISLOCAR 1.

descrédito. Baldón, desprestigio, mancha. V. DESHONRA 1.

descreído. Incrédulo, impío, irreverente. V. HEREJÍA 3.

describir. Referir, detallar, especificar. V. EXPLICACIÓN 2.

descripción. Detalle*, imagen, enumeración. V. EXPLICACIÓN 1.

descriptivo. Detallado, expresivo, gráfico. V. CLARO 4.

descuajar. Arrancar, extirpar, desarraigar. V. EXTRAER 1.

descuajaringar(se). Cansar(se), agotar, desbaratar. V. FATIGAR, DESTROZAR 1.

descuajeringar. V. descuajaringar.

descuartizar. Despedazar, mutilar, fragmentar. V. CORTAR 1.

descubierta. Expedición, exploración, reconocimiento. V. VIAJE 1.

descubierto. V. descubrir.

descubridor. 1. Conquistador*, explorador, expedicionario. V. VIAJE 4.
— **2.** Creador*, genio*, investigador*. V. INVENTO 5.

descubrimiento. 1. Exploración, conquista*, expedición. V. VIAJE 1.
— **2.** Creación, obra; averiguación. V. INVENTO
1; HALLAZGO.
descubrir. 1. Abrir, quitar, desnudar. V. DESTA-
PAR 1.
— **2.** Enseñar, mostrar, exponer. V. EXHIBIR 1.
— **3.** Colonizar*, explorar, conquistar*. V.
VIAJE 8.
— **4.** Sorprender, pillar, localizar. V. HALLAR 1.
— **5.** *Descubrirse*, destocarse, quitarse el sombrero, saludar*. V. SOMBRERO 7.
— **6.** Desvelar, revelar, contar. V. EXPLICA-
CIÓN 2.
descuento. Disminución, rebaja, beneficio*. V.
BARATO 3.
descuidado. V. DESCUIDO 5.
descuidar. V. DESCUIDO 3.
descuidero. Caco, ratero, carterista. V. LADRÓN 1.
DESCUIDO. 1. Despreocupación, desidia, desgana,
apatía, desdén, indiferencia, imprevisión, ignorancia*, equivocación*, yerro, fallo, falla, pifia,
mentira, engaño*, tropiezo, traspié, negligencia, desaire, desaseo (v. 2), desaliño, dejadez,
error, distracción, olvido*, inopia, desliz, falta,
omisión, lapsus, l. cálami, gazapo,
defecto, abandono, inadvertencia, inexactitud,
injusticia, postergación, relegación, arrinconamiento, incuria, imprudencia, inercia, indolencia, abulia, holgazanería*, frialdad, tardanza,
retraso.
— **2.** Desaseo, dejadez, desaliño. V. SUCIE-
DAD 1.
3. Descuidar(se). Omitir, postergar, desentenderse, despreocuparse, dormirse, distraerse,
aturdirse*, alelarse, atontarse, faltar, abandonarse, entretenerse, olvidar*, degradarse, errar,
dejar, holgazanear*, relegar, tardar, demorar*,
tropezar, mentir, engañar*, pifiar, fallar, postergar, equivocar*, abandonar, arrinconar, retrasar, ceder, aflojar, eludir, desprevenirse, incumplir, desatender, dormirse en los laureles.
— **4.** *Descuidarse*, abandonarse, dejarse, des-
asearse. V. SUCIEDAD 9.
5. Descuidado. Despreocupado, desidioso,
indiferente*, apático, frío, desganado, desprevenido (v. 5), dejado, negligente, equivocado*,
errado, mentiroso, engañoso*, abandonado,
injusto, defectuoso, inexacto, insensato, postergado, arrinconado, relegado, fallado, pifiado,
inerte, indolente, abúlico, holgazán*, perezoso,
retrasado, atrasado (v. 6).
— **6.** *Desprevenido*, descuidado, imprevisor,
inadvertido, inconsistente, desapercibido, olvidadizo*, distraído, confiado*, incauto, despreocupado, aturdido*, inconsciente (v. 5).
— **7.** Desastrado, desharrapado, mugriento. V.
SUCIEDAD 5.
— **8. Descuidadamente.** Despreocupadamente, desidiosamente (v. 5).

Contr.: Atención, interés, preocupación, limpieza*, pulcritud.
V. INDIFERENCIA, OLVIDO, EQUIVOCACIÓN,
ATURDIMIENTO, ENGAÑO, HOLGAZANERÍA,
SUCIEDAD.
desdecir. 1. Desvalorizarse, perder, desmerecer.
V. DISMINUCIÓN 2.
— **2.** *Desdecirse*, retractarse, contradecirse,
rectificar. V. NEGACIÓN 4.
desdén. Menosprecio, desaire, humillación*. V.
DESPRECIO 1.
desdentado. Senil, caduco, estropeado. V. AN-
CIANO 6.
desdeñable. Trivial, mezquino, despreciable. V.
INSIGNIFICANTE 1.
desdeñar. Desairar, rechazar, postergar. V. DES-
PRECIO 2.
desdeñoso. Despectivo, orgulloso, altanero. V.
DESPRECIO 3.
desdibujado. Velado, difuminado, borroso. V.
IMPRECISIÓN 3.
desdibujarse. V. desdibujado.
desdicha. Infortunio, infelicidad, desventura. V.
DESGRACIA 1.
desdichado. V. desdicha.
desdoblar. 1. Desenvolver, alisar, desplegar. V.
EXTENDER 1.
— **2.** Dividir, fraccionar, partir. V. FRAGMEN-
TO 3.
desdoro. Baldón, mancha, descrédito. V. DES-
HONRA 1.
deseable, deseado. Anhelado, querido, ansiado.
V. DESEO 3.
desear. 1. Anhelar, aspirar, ambicionar*. V. DE-
SEO 4.
— **2.** Augurar, pronosticar, esperar. V. DESEO 5.
desecar. Deshidratar, evaporar, vaciar. V. SECAR 1.
desechar. Desdeñar, apartar, excluir. V. RECHA-
ZAR 1.
desecho(s). Sobra(s), desperdicios, despojos. V.
RESIDUOS 1.
desembalar. Abrir, desenvolver, desempaquetar.
V. DESTAPAR 1.
desembarazado. Atrevido, desenvuelto, desenfadado. V. CONFIANZA 7.
desembarazar. 1. Apartar, despejar, quitar. V.
LIBERTAD 10.
— **2.** *Desembarazarse*, soltarse, zafarse, eludir.
V. LIBERTAD 11.
desembarazo. Aplomo, desenvoltura, desenfado.
V. CONFIANZA 2.
desembarcadero. Dársena, muelle, atracadero.
V. DIQUE 1.
desembarcar. 1. Descender, bajar, sacar. V. SALIR
1, DESCARGAR 1.
— **2.** Invadir, ocupar, atacar. V. ATAQUE 5.
desembarco. Incursión, invasión, ocupación. V.
ATAQUE 3.
desembargar. V. desempeñar.
desembarque. V. desembarco.

desembarrrancar. Desencallar, zafar, poner a flote. V. LIBERTAD 10.

desembaular. V. desembuchar.

desembocadura. Boca, salida, estuario. V. RÍO 2.

desembocar. 1. Verter, afluir, desaguar. V. VACÍO 4.
— **2.** Llegar, terminar, dar a. V. FINALIZAR, SALIR.

desembolsar. Abonar, costear, sufragar. V. PAGAR 1.

desembolso. Dispendio, entrega*, gasto*. V. PAGAR 4.

desembozar. Desobstruir, desatascar, vaciar*. V. DESTAPAR 2.

desembragar. Desengranar, desconectar, desacoplar. V. SEPARAR 2, AUTOMÓVIL 18.

desembrollar. Esclarecer, dilucidar, desenredar. V. CLARO 13.

desembuchar. Confesar, descubrir, desembaular. V. HABLAR 1.

desemejante. Dispar, desigual, distinto. V. DIFERENCIA 4.

desemejanza. Diversidad, disparidad, desigualdad. V. DIFERENCIA 1.

desempacar. Desempaquetar, desenvolver, desatar. V. DESTAPAR 1.

desempaquetar. V. desempacar.

desemparejar. Desigualar, alterar, cambiar*. V. VARIAR 1.

desempatar. Desemparejar, deshacer el empate, alterar el resultado. V. SUPERIOR 6.

desempeñar. 1. Desembargar, redimir, rescatar. V. RECUPERAR 1.
— **2.** Efectuar, ejercer, ejecutar. V. REALIZAR 1.

desempeño. V. desempeñar.

desempleado. V. desempleo.

desempleo. Cesantía, paro, desocupación. V. TRABAJO 13.

desempolvar. Sacudir, quitar el polvo, cepillar. V. POLVO 8.

desencadenamiento. Inicio, estallido, comienzo. V. PRINCIPIO 1.

desencadenado. V. desencadenar.

desencadenar. 1. Soltar, rescatar, redimir. V. LIBERTAD 9.
— **2.** *Desencadenarse*, desatarse, estallar, comenzar. V. TORMENTA 3.

desencajado. Pálido, demudado, descompuesto. V. ENFERMO, TEMEROSO.

desencajar. 1. Desempotrar, extraer, librar. V. SEPARAR 2.
— **2.** *Desencajarse*, demudarse, espantarse, palidecer. V. ENFERMAR, TEMOR 3.

desencallar. Desembarrancar, rescatar, poner a flote. V. LIBERTAD 10.

desencantado, desencantar. V. desencanto.

desencanto. Desengaño, desilusión, sorpresa. V. DECEPCIÓN 1.

desenchufar. Desconectar, retirar, interrumpir. V. SEPARAR 2.

desencolar. Desunir, arrancar, despegar. V. SEPARAR 2.

desenfadado. Desembarazado, desenvuelto, descarado. V. CONFIANZA 7.

desenfado. V. desenfadado.

desenfrenado. 1. Atropellado, veloz, vertiginoso. V. RAPIDEZ 2.
— **2.** Libertino, descarriado, exagerado*. V. VICIO 4.

desenfreno 1. Descarrío, libertinaje, inmoralidad. V. VICIO 1.
— **2.** Precipitación, velocidad, desorden. V. RAPIDEZ 1.

desenfundar. Empuñar, aferrar, extraer*. V. COGER 1.

desenganchar. Soltar, desconectar, desprender. V. SEPARAR 2.

desengañado, desengañar. V. desengaño.

desengaño. Desencanto, desilusión, contrariedad. V. DECEPCIÓN 1.

desengarzar. V. desenganchar.

desengranar. Desembragar, desacoplar, soltar. V. SEPARAR 2.

desengrasar. Enjuagar, restregar, lavar. V. LIMPIEZA 4.

desenjaular. Sacar, desencerrar, soltar. V. LIBERTAD 9.

desenlace. Resultado, conclusión, epílogo. V. FIN 1.

desenlazar. Soltar, desatar, desligar. V. NUDO 6.

desenmarañar. 1. Descifrar, aclarar, dilucidar. V. CLARO 13.
— **2.** Desenredar, desliar, soltar. V. SEPARAR 4.

desenmascarar. Descubrir, denunciar, revelar. V. HALLAR 1, ACUSAR.

desenredar. Desliar, desenmarañar, soltar. V. SEPARAR 4.

desenrollar. Desenvolver, desdoblar, desplegar. V. EXTENDER 1.

desenroscar. Retorcer, girar, desatornillar. V. TORCER 1.

desensillar. Desguarnecer, despojar, desenjaezar. V. SEPARAR 1.

desentenderse. Abstenerse, despreocuparse, eludir. V. ESQUIVAR 1.

desenterrar. 1. Sacar, extraer, exhumar. V. EXCAVAR 1.
— **2.** Recordar, exhumar, evocar. V. MEMORIA 6.

desentonar. 1. Disonar, desafinar, discordar. V. MÚSICA 15.
— **2.** Diferenciarse, destacar, ponerse en evidencia. V. DIFERENCIA 5.

desentorpecer. V. desentumecer.

desentrañar. Descifrar, explicar, desembrollar. V. DETERMINAR 1.

desentumecer. Desentorpecer, estimular, avivar. V. VIGOR 4.

desenvainar. Sacar, desenfundar, desnudar. V. EXTRAER 1.

desenvoltura. 1. Aplomo, desembarazo, naturalidad. V. CONFIANZA 2.
— **2.** Desenfado, descaro, desparpajo. V. DESVERGÜENZA 1.
desenvolver. 1. Desenrollar, abrir, desdoblar. V. EXTENDER 1.
— **2.** *Desenvolverse*, agenciárselas, arreglarse, apañarse. V. SOLUCIÓN 3.
desenvuelto. V. desenvoltura, desenvolver.
DESEO. 1. Afán, anhelo, ambición*, voluntad*, gana, ansia, aspiración, necesidad, desvelo, pretensión, intención, esperanza*, propósito, inclinación, propensión, tendencia, afición, amor*, lujuria (v. 2), manía*, vicio*, designio, mira, proyecto, plan*, finalidad, empeño, ánimo*, sueño, vehemencia, dentera, ardor, reconcomio, fanatismo, pasión, pujo, prurito, comezón, apetencia, sed, hambre, apetito, antojo, gusto*, capricho*, perspectiva, ilusión, optimismo*, espera*, codicia*, avaricia*, avidez, egoísmo*.
— **2.** Concupiscencia, lujuria, excitación. V. SEXO 2.
— **3.** *Deseos*, augurios, promesas, pronósticos, saludos*, cortesías, cumplidos, recuerdos, congratulaciones, esperanzas, anhelos, atenciones, galanterías, lisonjas, finezas.
4. Desear. Anhelar, apetecer, aspirar, ansiar, ambicionar*, querer, codiciar*, afanarse, suspirar, gustar, amar, tender, propender, esperar, pretender, aficionarse, inclinarse, proponerse, intentar, soñar, animarse*, empeñarse, planear*, proyectar, enviciarse, antojarse, tener sed, t. hambre, t. ganas, apasionarse*, reconcomerse, arder, encapricharse, ilusionarse, dividirse, consumirse, desalarse, perecerse, prometer.
— **5.** *Augurar*, desear, esperar*, prometer, cumplir, saludar*, pronosticar, adivinar*, expresar, felicitar*, reiterar, bendecir, declarar, recordar, congratular, galantear, lisonjear. ¡Ojalá!, ¡Dios lo quiera!, ¡que suceda!, ¡que no falte!, ¡así sea!
— **6.** Excitarse, enardecerse, amar. V. SEXO 15.
7. Deseoso. Anhelante, apasionado*, inclinado, ansioso, esperanzado, afanoso, apetente, ambicioso*, codicioso*, voraz, ávido, aspirante, aficionado, pretendiente, candidato, postulante, propenso, tendente, enamorado, empeñado, animado*, soñador, enviciado, maniático*, fanático, antojadizo, sediento, hambriento*, goloso, ilusionado, encaprichado, ardoroso, lujurioso, sexual*, reconcomido, consumido, desalado, vehemente, envidioso*.
8. Deseable, deseado. Ansiado, apetecible, apetecido, ambicionado, esperado, anhelado, incitante, codiciable*, envidiado*, querido, amado, amoroso*, sexual*, erótico, apetitoso, delicioso, gustoso*, agradable*, atractivo*, hermoso*, bello, rico, apasionante*.
Contr.: Indiferencia*, inapetencia, desinterés.

V. AMBICIÓN, CODICIA, AVARICIA, VOLUNTAD, ÁNIMO, ESPERA, ESPERANZA, GUSTO, EGOÍSMO, AMOR, SEXO, VICIO.
deseoso. V. DESEO 7.
desequilibrado. Chiflado, perturbado, trastornado. V. LOCURA 4.
desequilibrar. 1. Alterar, modificar, cambiar. V. VARIAR 1.
— **2.** Chiflar, trastornar, perturbar. V. LOCURA 6.
desequilibrio. 1. Inseguridad, tambaleo, oscilación. V. INESTABILIDAD 2.
— **2.** Demencia, perturbación mental, enajenación. V. LOCURA 1.
deserción. Abandono, deslealtad, traición*. V. HUIDA 1.
desertar. Escapar, abandonar, renegar. V. HUIR, TRAICIONAR.
desértico. 1. Estéril, árido, infecundo. V. DESIERTO 2.
— **2.** Deshabitado, solitario, abandonado. V. DESAMPARO 2.
desertor. Prófugo, fugitivo, traidor*. V. HUIDA 3.
desescombrar. Despejar, remover, limpiar*. V. QUITAR 1.
desesperación. Disgusto, abatimiento, consternación. V. AFLICCIÓN 1.
desesperadamente. Tremendamente, enormemente, terriblemente. V. GRANDE 1.
desesperado. V. desesperación.
desesperante. Insoportable, indignante, enfadoso. V. MOLESTIA 3.
desesperanza. V. desesperación.
desesperar. 1. Desalentarse, afligirse*, desilusionarse. V. DESÁNIMO 5.
— **2.** *Desesperarse*, disgustarse, irritarse, enfadarse. V. ENOJO 2.
desestimar. Rehusar, denegar, oponerse*. V. RECHAZAR 1.
desfachatado. V. desfachatez.
desfachatez. Descaro, insolencia, atrevimiento. V. DESVERGÜENZA 1.
desfalcar. Defraudar, engañar*, malversar. V. ESTAFA 2.
desfalco. Fraude, malversación, delito*. V. ESTAFA 1.
desfallecer. 1. Agotarse, flaquear, fatigarse. V. DEBILIDAD 9.
— **2.** Desmayarse, desvanecerse, indisponerse*. V. DESMAYO 2.
desfallecimiento. 1. V. desfallecer.
— **2.** Vértigo, vahído, indisposición. V. DESMAYO 1.
desfasado. Trasnochado, anticuado, pasado. V. ANTIGUO 1.
desfavorable. Contrario, nocivo, adverso. V. PERJUICIO 2.
desfigurado. V. desfigurar.
desfigurar. Estropear, baldar; mentir. V. DEFORMAR; ENGAÑAR.

DESFILADERO. 1. Angostura, hondonada, quebrada, vaguada, cañada, cañaveral, barranco, portillo, collado, puerto, garganta, paso, cruce*, abra, valle, vega, nava, cuenca, cauce, depresión, estrechamiento, cañón, tajo, boca, abertura, pasillo, galería*, pasadizo, callejón, fisura, congosto, corredor, hoya, torrentera, arroyada, hendedura*, grieta, fosa, vereda, camino*, atajo, senda (v. 2).
— **2.** *Profundidad*, desfiladero, despeñadero, sima, abismo*, precipicio, talud, terraplén, hueco, túnel, derrumbe, farallón, acantilado (v. 1). *Contr.*: Llanura*, planicie.
V. MONTAÑA, CAMINO, CRUCE, GALERÍA, ABISMO, PROFUNDIDAD.
desfilar. V. DESFILE 2.
DESFILE. 1. Parada, exhibición*, marcha*, revista, formación, columna, procesión, fila*, grupo*, caravana, maniobra, escolta*, ejército, evolución, manifestación, concentración, demostración, algarada, tránsito, peso, movimiento, conmemoración, solemnidad, lucimiento, espectáculo*, festejo, fiesta*, homenaje, jubileo, ejercicio.
2. Desfilar. Recorrer, pasar, marchar*, formar, evolucionar, escoltar*, transitar*, discurrir, maniobrar, caminar*, moverse, lucirse, exhibirse*, concentrarse, manifestarse, demostrar, alejarse*, desaparecer, cruzar; conmemorar, festejar, homenajear.
V. EXHIBICIÓN, FIESTA, GRUPO, MARCHA, ESCOLTA, EJÉRCITO, FILA; ESPECTÁCULO.
desflecar. Deshilachar, deshacer, raer. V. DESGASTE 3.
desflorar. Desvirgar, violar, estuprar. V. ABUSO 7.
desfogar. Aliviar, desahogar, serenar. V. TRANQUILIDAD 9.
desfondar. Desbaratar, romper, estropear. V. DESTROZAR 1.
desgaire. Desaliño, indolencia, desdén. V. INDIFERENCIA 1.
desgajar. Destrozar, desprender, arrancar. V. EXTRAER 1.
desgalichado. V. desgarbado.
desgana. Flojera, apatía, holgazanería*. V. INDIFERENCIA 1.
desganado. V. desgana.
desgañitarse. Chillar, vocear, enronquecer. V. GRITO 4.
desgarbado. Larguirucho, desgalichado, desmedrado. V. DELGADEZ 3.
desgarradura. V. desgarrón.
desgarrar. Rasgar, despedazar, arrancar. V. DESTROZAR 1.
desgarro. 1. Desparpajo, insolencia, fanfarronería*. V. DESVERGÜENZA 1.
— **2.** V. desgarrón.
desgarrón. Rasgadura, harapo, roto. V. ANDRAJO 1.
desgastado. V. DESGASTE 2.
desgastar. V. DESGASTE 3.

DESGASTE. 1. Roce, uso, deslucimiento, alteración, deterioro*, envejecimiento, rozadura, raedura, fricción, consunción, corrosión, erosión, carcoma, desintegración, oxidación, gasto, adelgazamiento, afinamiento, manoseo, empeoramiento, daño, deslustre, decadencia, corrupción, putrefacción, vejez, ruina, debilidad*, fatiga*, vicio, acartonamiento, agotamiento, derroche*, disipación.
2. Desgastado. Usado, alterado, deslucido, raído, rozado, ajado, pelado, ralo, tenue, gastado, manoseado, sobado, deteriorado*, envejecido, viejo, antiguo*, comido, roído, limado, lijado, apolillado, marchito, podrido*, carcomido, corroído, erosionado, consumido, empeorado, afinado, fino, delgado*, adelgazado, escaso*, acartonado, fatigado*, debilitado*, extenuado, escuchimizado, enclenque, arruinado, corrompido, decadente, deslustrado, dañado, disipado, viciado.
3. Desgastar(se). Consumir(se), deteriorar*, ajar, rozar, sobar, deslucir, usar, gastar, deshilachar, desflecar, raer, deshacer, alterar, manosear, marchitar*, apolillar, frotar, rallar, raspar, lijar, limar, comer, carcomer, roer, corroer, erosionar, envejecer, debilitar*, fatigar*, acartonar, adelgazar, afinar, enlatar, mellar, despuntar, empeorar, extenuar, arruinar, dañar, deslustrar, decaer, corromper, pudrir, escuchimizar, disipar, derrochar*, agotar.
Contr.: Conservación, mantenimiento, reparación*.
V. DETERIORO, FATIGA, DEBILIDAD, DERROCHE.
desglosar. Apartar, quitar, retirar. V. SEPARAR 1.
desgobierno. Desorganización, caos, anarquía. V. DESORDEN 1.
DESGRACIA. 1. Infortunio, fatalidad, desdicha, infelicidad, desventura, maldición*, adversidad, condenación, contratiempo, fracaso, pérdida*, perdición, malogro, ruina, malandanza, accidente*, avería, daño, desastre*, siniestro, catástrofe, peligro*, tragedia, drama, odisea, peripecia, espanto*, horror, hecatombe, cataclismo, devastación, percance, incidente, calamidad, desamparo*, mala suerte, mala sombra, tribulación, aflicción*, disgusto, pena, penalidad, tristeza, dolor*, cruz, conflicto, dificultad*, revés, golpe, derrota, trago, perjuicio*, cuita, martirio, tortura*, descalabro, miseria, pobreza*, necesidad*.
2. Desgraciado. Aciago, infausto, desastroso*, catastrófico, fatal, funesto, nefasto, penoso, desventurado, lastimoso, mísero, triste, infrahumano, malhadado, desamparado, desdichado (v. 3), lamentable, doloroso*, adverso, ruinoso, patético, conmovedor, infortunado, peligroso*, dramático, trágico, calamitoso, dificultoso, difícil*, feo, deplorable, sensible, conflictivo, fúnebre, mortífero, luctuoso, agorero, perjudicial,

negro, siniestro, sombrío, fatídico, azaroso*, amargo, duro (v 3).

— **3.** *Desdichado*, desgraciado, desventurado, infeliz, malogrado, desvalido, víctima, pobre*, pobrete, desafortunado, infortunado, necesitado*, menesteroso, arruinado, mísero, miserable, pelagatos, cuitado, lisiado, inválido*, inútil, pelanas, feo*, dañado, damnificado, fracasado, perjudicado, trastornado, derrotado, lastimado, mutilado, descalabrado, lesionado*, accidentado*, averiado, estropeado, deteriorado*, torturado*, martirizado, triste, afligido* (v. 2).

— **4.** *Gafe*, desgraciado, desafortunado, cenizo, aguafiestas, agorero, ave de mal agüero, mala pata, mala sombra, sombrón, inoportuno*, torpe, malhadado, maléfico, maligno, embrujado, hechizado*.

— **5.** *Apocado*, temeroso, acobardado, cobarde*, irresoluto, indeciso, corito, encogido, vergonzoso*, retraído, desgraciado, pusilánime, tímido*, infeliz, aturdido*, corto; calzonazos, borrego, insulso, soso, chiquilicuatro, mequetrefe, botarate, monigote, monicaco.

— **6.** Perdulario, desvergonzado*, maldito*. V. VIL 1, 2.

7. Desgraciar. Arruinar, empobrecer, malograr, hundir, desamparar*, descalabrar, estropear, lisiar (v. 8), abortar, frustrar, trastornar, atribular, amargar, afligir*, entristecer, avergonzar, vulnerar, estropear, deteriorar*, escacharrar, romper, ajar, devastar, saquear.

— **8.** *Lisiar*, desgraciar, mutilar, herir, lastimar, volver inválido*, lesionar*, accidentar*, descalabrar, dañar.

Contr.: Felicidad*, fortuna, suerte.

V. DESASTRE, PELIGRO, AFLICCIÓN, DOLOR, MALDICIÓN, DIFICULTAD, POBREZA, LESIÓN, INVALIDEZ, ACCIDENTE, DESAMPARO.

desgraciado. V. DESGRACIA 2-6.

desgraciar. V. DESGRACIA 7, 8.

desgranar. Deshacer, desmenuzar, separar*. V. FRAGMENTO 3.

desgravar. Reducir, rebajar, eximir. V. DISMINUCIÓN 2.

desgreñado. Despeinado, enmarañado, revuelto. V. PELO 10.

desgreñar. V. desgreñado.

desguace. V. desguazar.

desguarnecer. Despojar, desarmar, privar. V. QUITAR 1, 2.

desguazar. Desarmar, desmontar, desmantelar. V. SEPARAR 3.

deshabillé. *fr* Peinador, salto de cama, bata. V. CAMISA 2.

deshabitado. Despoblado, abandonado, solitario. V. DESIERTO 3.

deshabitar. V. deshabitado.

deshabituar. Erradicar, suprimir, desacostumbrar. V. CURAR 1.

deshacer. 1. Desarmar, dividir, desmontar. V. SEPARAR 3.

— **2.** Estropear, romper, destruir*, V. DESTROZAR 1.

— **3.** Derretir, fundir, licuar. V. DISOLVER 1.

— **4.** Aniquilar, exterminar, vencer. V. DERROTA 5.

— **5.** *Deshacerse*, desvivirse, perecerse, derretirse. V. AMOR 6.

desharrapado. Sucio, harapiento, desastroso. V. ANDRAJO 2.

deshecho. V. deshacer.

deshelar. 1. Licuar, fundir, derretir. V. DISOLVER 1.

— **2.** Templar, calentar, caldear. V. CALOR 8.

desheredado. 1. Abandonado, indigente, desvalido. V. DESAMPARO 2.

— **2.** V. desheredar.

desheredar. Repudiar, privar, quitar*. V. HERENCIA 4.

deshidratado. Reseco, evaporado, desecado. V. SECAR 3.

deshielo. Licuación, fusión, derretimiento. V. DISOLVER 3.

deshilachar. Deshacer, desflecar, raer. V. DESGASTE 3.

deshilvanado. 1. Incongruente, confuso, incoherente. V. INCOMPRENSIBLE 1.

— **2.** V. deshilachar.

deshinchado. V. deshinchar.

deshinchar. Rebajar, desinflar, desinflamar. V. HINCHAZÓN 2.

deshojar. Despojar, arrancar, separar. V. EXTRAER 1.

deshollinar. Desobstruir, destapar, raspar. V. DESTAPAR 2.

DESHONESTIDAD. 1. Venalidad, corrupción, truhanería, indignidad, trampa, engaño*, obscenidad (v. 2), estafa*, desaprensión, deslealtad, deshonra*, deshonor, hipocresía, informalidad, interés, egoísmo*, infidelidad, ingratitud, mancha, suciedad*, baldón, ruindad, vileza*, codicia*, ambición*, sordidez, usura, avaricia*, materialismo, robo*, bribonería, picardía, pillería*, irresponsabilidad, enredo, embrollo*, mixtificación, impostura.

— **2.** Obscenidad, indecencia*, desvergüenza*. V. SEXO 3.

3. Deshonesto. Venal, infiel, desleal, pérfido, ingrato, desaprensivo, tramposo, estafador*, inmoral, interesado*, egoísta*, obsceno (v. 4), indigno, torcido, informal, impostor, indecente, deshonroso*, vergonzoso, desvergonzado*, sucio*, manchado, corrompido, ruin, bribón, pícaro, truhán, embaucador, pillo*, ladrón*, timador, vil*, engañoso*, falso*, falsificador, negligente, irresponsable, embrollón*, enredador, mixtificador, materialista, avaro*, codicioso, usurero, ambicioso*, sórdido.

— **4.** Obsceno, indecente*, desvergonzado*. v. SEXO 12.

5. Ser deshonesto. Estafar*, trampear, falsear, falsificar*, engañar*, codiciar*, ambicionar*, embaucar, envilecerse, corromperse, mancharse, adeudar, deber, robar*, embrollar*.

Contr.: Honrado*, honorable*, leal, virtuoso, sincero*.

V. ESTAFADOR, LADRÓN, DESHONROSO, EGOÍSTA, ENGAÑOSO, PILLO, AMBICIOSO, VIL, DESVERGONZADO.

deshonesto. V. DESHONESTIDAD 3, 4.

deshonor. V. DESHONRA 1.

DESHONRA. 1. Oprobio, deshonor, ignorancia, baldón, infamia, ofensa*, vergüenza*, desvergüenza, desprestigio, difamación, ultraje, alevosía, descrédito, mancha*, estigma, humillación*, servilismo, desdoro, indignidad, envilecimiento, culpa*, ruina, caída, mancilla, vileza*, afrenta, profanación, sacrilegio, simonía, perjurio, corrupción, violación, escarnio, indecencia, abominación, calumnia, mala fama, vilipendio, degradación, prostitución*, abyección, desaprensión, egoísmo, avaricia*, deshonestidad*, escándalo, deslustre, lunar, borrón, fango, desgracia*, castigo, pena, daño, herida, perjuicio.

2. Deshonroso. Ignominioso, ultrajante, infamante, infame, ofensivo*, indigno, oprobioso, vil*, ruin, denigrante, humillante*, incorrecto, indecoroso, despreciable, nefando, sucio*, feo, escandaloso, censurable, alevoso, vergonzoso*, estigmatizante, simoníaco, sacrílego, profanador, inconfesable, bochornoso, calumniador, abominable, imperdonable, culpable*, indecente*, escarnecedor, desaprensivo, abyecto, degradante, dañoso, dañino, perjudicial, penoso, desgraciado*, mezquino.

3. Deshonrado. Degradado, vilipendiado, mancillado (v. 4).

4. Deshonrar. Degradar, vilipendiar, calumniar*, mancillar, manchar*, criticar, empañar, deslucir, ofender*, vejar, afrentar, escarnecer, desprestigiar, ultrajar, desacreditar, infamar, abominar, estigmatizar, difamar, denigrar, burlar, arruinar, avergonzar, enfangar, ensuciar, envilecer, despreciar*, humillar*, rebajar, castigar*, penar, profanar, corromper, violar, escandalizar, desgraciar*, herir, lesionar*, perjudicar.

Contr.: Honor, honradez, honra.

V. VERGÜENZA, DESVERGÜENZA, VILEZA, DESHONESTIDAD, INDECENCIA, MANCHA, DESGRACIA, CASTIGO, HUMILLACIÓN, OFENSA.

deshonrar. V. DESHONRA 4.

deshonroso. V. DESHONRA 2.

deshora (a). Repentinamente, intempestivamente, inadecuadamente. V. INOPORTUNO 4.

desiderátum. Súmmum, objetivo, colmo. V. CULMINACIÓN 1.

desidia. Indolencia, desaliño, dejadez. V. INDIFERENCIA 1.

desidioso. V. desidia.

DESIERTO. 1. Estepa, erial, páramo, arenal, pedregal, yermo, descampado, peñascal, roquedal, cantizal, sabana, puna, altiplano, altiplanicie, planicie, explanada, llano, llanura*, meseta,

mesa, landa, baldío, tundra, pampa, extensión, eriazo, soledad, fangal, marisma, pantano, raso, duna, playa.

— 2. *Árido,* desértico, desierto, estepario, llano, estéril, seco, reseco, infecundo, improductivo, baldío, pobre*, devastado, desolado, desnudo, pelado, sediento, esquilmado, arruinado, inhóspito, empobrecido, yermo, desecado, áspero, agreste, escarpado, fragoso, arenoso, pedregoso, rocoso, muerto, abandonado (v. 3).

— 3. *Despoblado,* desierto, solitario, deshabitado, aislado, solo, yermo, alejado, lejano, inexplorado, apartado, retirado, vacío, abandonado, inhóspito, silencioso, desguarnecido, desamparado, triste, fantasmal, tétrico (v. 2).

4. Clases. Sabana, tundra, desierto cálido, seco, arenoso, rocoso, salino, helado, frío, sahariano, africano, polar, antártico, ártico.

5. Desiertos. Sahara, de Gobi, arábigo, de Siria, Kalahari, australiano, de Libia, de Gibson, de Colorado, de Atacama.

6. Elementos. Oasis, duna, médano, montículo, arenal, arena, erg, hamada, wadi, loess, viento*, simún, siroco, erosión, evaporación, espejismo, calor*.

7. Animales. Camello, reptil*, tortuga, galápago, lagarto, escorpión*, araña*, tarántula, escarabajo, serpiente*, crótalo, ratón*, liebre, canguro, cabra*, coyote, zorro, búho, buitre. Desierto frío: reno, buey almizcleno, oso polar, foca, pingüino, lemming, zorro ártico, lobo.

8. Plantas. Cacto o cactus, palmera, liquen, musgo, mezquite, yuca, gramínea.

Contr.: Bosque, vergel.

V. LLANURA, CALOR, SECO, VIENTO.

designación. 1. Denominación, calificación, alusión. V. NOMBRE 1.

— 2. Investidura, elección, ascenso. V. NOMBRE 13.

designar. V. designación.

designio. 1. Decisión, intención, propósito. V. VOLUNTAD 1.

— 2. Proyecto, maquinación, maniobra. V. PLAN 1,2.

desigual. 1. Distinto, dispar, opuesto. V. DIFERENCIA 4.

— 2. Escabroso, rugoso, escarpado. V. ÁSPERO 1.

desigualdad. Desemejanza, discrepancia, disparidad. V. DIFERENCIA 1.

desilusión. Desencanto, contrariedad, desengaño. V. DECEPCIÓN 1.

desilusionar. V. desilusión.

desinencia. Terminación, conclusión, fin de palabra. V. GRAMÁTICA 3.

desinfección. V. DESINFECTANTE 4.

desinfectado. V. DESINFECTANTE 6.

DESINFECTANTE. 1. Antiséptico, esterilizante, antimicrobiano, higiénico*, microbicida, bactericida, germicida, bacteriostático, aséptico, abstergente, fumigatorio, antipútrido, purificador, tintura, sustancia enérgica, activa, poderosa, higiénica (v. 4).

2. Clases. *Desinfectantes químicos:* alcohol, agua oxigenada (heridas), tintura de yodo (piel), ácido bórico (ojos, piel), formaldehído, formalina (desinfección de objetos), nitrato de plata (piel), ácido fénico (piel, faringitis), timol, glicerina (piel), permanganato de potasio (heridas), sublimado, mercurio, bismuto, antibióticos*, sulfamidas. *Desinfectantes físicos:* calor*, luz*, irradiación, (v. 4), rayos X. *Desinfectantes biológicos:* Vacunas*, sueros.

3. Elementos. Gérmenes infecciosos, g. patógenos, bacterias, microbios, microorganismos*, autoclave, estufa, fumigador, lazareto, dispensario, hospital*, aislamiento, cuarentena.

4. Desinfección. Esterilización, antisepsia, asepsia, purificación, fumigación, desinsectación, desratización, irradiación, lavado, rociado, vaporización, ebullición, hervido, pasterización, higienización, eliminación, destrucción, saneamiento, higiene*, limpieza* (v. 2)

5. Desinfectar. Esterilizar*, depurar, purificar*, higienizar*, sanear, fumigar, rociar, vaporizar, sulfatar, desinsectar, desratizar, irradiar, absterger, limpiar*, lavar*, fregar, hervir, pasterizar, destruir, exterminar, eliminar, matar.

6. Desinfectado. Esterilizado, depurado, purificado (v. 5).

Contr.: Infeccioso, contaminado, enfermo*.

V. HIGIENE, MEDICINA, MEDICAMENTO, HOSPITAL, MICROORGANISMO.

desinfectar. V. DESINFECTANTE 5.

desinflamar. V. desinflar.

desinflar. Deshinchar, reducir, disminuir la inflamación. V. HINCHAZÓN 6.

desinsectar V. DESINFECTANTE 5.

desintegración. V. desintegrar.

desintegrar. 1. Disgregar, desmenuzar, dividir. V. FRAGMENTO 3.

— **2.** *Desintegrarse*, disiparse, consumirse, destruirse. V. DESAPARECER 1.

desinterés. 1. Altruismo, nobleza, desprendimiento. V. GENEROSIDAD 1.

— **2.** Apatía, dejadez, frialdad. V. INDIFERENCIA 1.

desinteresado. V. desinterés.

desinteresarse. Despreocuparse, desentenderse, descuidar. V. INDIFERENCIA 4.

desintoxicante. Antídoto, contraveneno, antitóxico. V. VENENO 7.

desintoxicar. Purgar, depurar, dar antídoto. V. VENENO 10.

desistir. Cesar, abandonar, desentenderse. V. RENUNCIA 2.

desleal. Pérfido, infiel, ingrato. V. DESHONESTIDAD 3.

deslealtad. Indignidad, ingratitud, vileza. V. DESHONESTIDAD 1.

desleír. Fundir, disgregar, licuar. V. DISOLVER 1.

deslenguado. Soez, grosero, descarado. V. DESCORTÉS 1.

desligar. 1. Deshacer, soltar, desatar. V. NUDO 6.

— **2.** *Desligarse*, distanciarse, separarse*, independizarse. V. INDIFERENCIA 4.

deslindar. Establecer, delimitar, determinar. V. DETALLE 2.

desliz. Descuido*, falta, traspié. V. EQUIVOCACIÓN 1.

deslizamiento. V. DESLIZARSE 3.

deslizante. V. DESLIZARSE 4.

DESLIZARSE 1. Resbalar, patinar, escurrirse, derrapar, avanzar, correrse, irse, caer, desplazarse, moverse*, bajar, descender*, rodar, trasladarse*, huir*, escabullirse, marcharse, meterse*, filtrarse, fluir, infiltrarse, eludir, introducirse, traspasar, reptar, culebrear, ondular, arrastrarse, serpentear, gatear, ir a gatas, en cuatro patas, zigzaguear, desviarse.

— **2.** *Deslizar*, empujar*, arrastrar, remolcar, transportar*, impulsar, conducir, impeler; meter, introducir, insertar.

3. Deslizamiento. Desplazamiento, traslado*, transporte*, resbalamiento, resbalón, traspié, patinazo, corrimiento, escurrimiento, avance, movimiento*, arrastre, reptación, serpenteo, zigzag, zigzagueo, desvío, infiltración, introducción, entrada, marcha, salida, huida*, evasión, empujón, remolque, impulso.

4. Deslizante. Deslizable, escurridizo, resbaladizo, resbaloso, corredizo, rodante, movedizo*, terso, pulido, liso*, húmedo, encerado, lubrificado, aceitoso*, viscoso.

5. Deslizándose. Resbalando, patinando, escurriéndose (v. 1, 2).

Contr.: Inmovilidad.

V. MOVIMIENTO, TRASLADO, EMPUJAR, MARCHAR.

deslomado. Derrengado, molido, maltrecho. V. FATIGA 5.

deslomar. 1. Sobar, pegar, moler. V. GOLPEAR 10-12.

— **2.** *Deslomarse*, derrengarse, cansarse, trabajar*. V. FATIGA 4.

deslucido. Mustio, malogrado, gastado. V. MARCHITO 1.

deslucir. Ensombrecer, gastar, deteriorar*. V. MARCHITO 3.

deslumbrado. V. deslumbrar.

deslumbrador. 1. Cegador, resplandeciente, luminoso. V. BRILLO 2.

— **2.** Fascinante, admirable, asombroso*. V. MARAVILLA 2.

deslumbramiento. V. deslumbrar.

deslumbrante. V. deslumbrador.

deslumbrar. 1. Encandilar, resplandecer, cegar. V. BRILLO 3.

— **2.** Maravillar*, pasmar, impresionar. V. MARAVILLA 4.

deslustrar. Deslucir, velar, ensuciar. V. OPACO 3.

desmadejado. V. deslomado.

desmadejar. V. deslomar.

desmán. Exceso, violencia, barbaridad. V. ABUSO 6.

desmandarse. Propasarse, descarriarse, desobedecer. V. ABUSO 5.

desmantelado. V. desmantelar.

desmantelar. Desmontar, derribar, arrasar. V. DESTRUIR 1.

desmañado. Torpe, inepto, tosco*. V. INÚTIL 2.

desmayado. V. DESMAYO 3.

desmayar. 1. Aflojar, flaquear, desalentarse. V. DESÁNIMO 5.

— 2. *Desmayarse.* V. DESMAYO 2.

DESMAYO. 1. Desvanecimiento, mareo, inconsciencia, síncope, ataque, indisposición*, desfallecimiento, insensibilidad, acceso, colapso, «shock» o choque, rapto, letargo, aletargamiento, aturdimiento*, inmovilidad*, enajenamiento, náusea, vértigo, vahído, lipotimia, pataleta, patatús, epilepsia, convulsión, soponcio, apoplejía, embolia, infarto, catalepsia, decaimiento, inercia, laxitud, lasitud, sopor, sueño*, debilidad*, debilitamiento, aplanamiento, trastorno, privación, postración, estertor, fatiga*, agotamiento, cansancio, accidente*, abandono, renuncia, afección, achaque, enfermedad*, quebranto.

2. Desmayarse. Marearse, desfallecer, aletargarse, desvanecerse, sufrir un ataque, s. vértigo, perder el sentido, derrumbarse, desplomarse, caer, privarse, enajenarse, inmovilizarse, insensibilizarse, aturdirse*, decaer, indisponerse*, debilitarse*, soñar, aplanarse, anonadarse, languidecer, agotarse, fatigarse*, postrarse, cansarse, accidentarse*, afectarse, quebrantarse, enfermar*.

3. Desmayado. Mareado, aturdido*, inconsciente, desvanecido, exánime, yerto, rígido, afectado, atacado, aletargado, colapsado, indispuesto*, desfallecido, soñoliento, abotargado, privado, enajenado, inmóvil*, inerte, yacente, insensible, entorpecido, epiléptico, decaído, cataléptico, apoplético o apopléjico, débil*, debilitado, adormido, laso, accidentado, cansado, postrado, fatigado*, agotado, molido, reventado, patitieso, anonadado, lánguido, aplanado, enfermo*, quebrantado.

Contr.: Recuperación, salud.

V. INDISPOSICIÓN, INMOVILIDAD, ATURDIMIENTO, DEBILIDAD, ENFERMEDAD, SUEÑO, FATIGA.

desmedido. Enorme, excesivo, grande*. V. EXAGERACIÓN 3.

desmedrado. Esmirriado, pequeño, ruin. V. DEBILIDAD 6.

desmejorar. Agravarse, declinar, empeorar*. V. ENFERMEDAD 5.

desmelenarse. 1. Desgreñarse, despeinarse, enmarañarse. V. PELO 8.

— 2. Desmandarse, precipitarse, arrebatarse. V. VIOLENCIA 8.

desmembración, desmembrado. V. desmembrar.

desmembrar. Fragmentar*, disgregar, eliminar. V. CORTAR; ANULAR 1.

desmemoriado. Distraído, aturdido*, descuidado*. V. OLVIDO 5.

desmentido. 1. Rechazo*, negativa, impugnación. V. NEGACIÓN 1.

— 2. V. desmentir.

desmentir. Rechazar, denegar, contradecir. V. NEGACIÓN 4.

desmenuzar. Desintegrar, disgregar, pulverizar. V. FRAGMENTO 3.

desmerecer. Rebajar, deslucir, humillar*. V. DESPRECIO 2.

desmesurado. Gigantesco, grande, excesivo. V. EXAGERACIÓN 3.

desmirriado. Enclenque, canijo, débil*. V. PEQUEÑO 2.

desmochar. Despuntar, cercenar, podar. V. CORTAR 1.

desmontar. 1. Deshacer, desarmar, desmantelar. V. SEPARAR 3.

— 2. Bajar, descabalgar, apearse. V. DESCENDER 1.

desmoralizado. Descorazonado, entristecido, desalentado. V. DESÁNIMO 2.

desmoralizar. V. desmoralizado.

desmoronamiento. V. desmoronar.

desmoronar(se). Desplomar(se), derribar, hundir*. V. DERRUMBAR 1, FRACASAR.

desnatar. Desgrasar, descremar, quitar la grasa. V. LECHE 7.

desnaturalizado. 1. Desalmado, descastado, inhumano. V. CRUELDAD 2.

— 2. V. desnaturalizar.

desnaturalizar. Alterar, transformar, falsear*. V. CAMBIO 6.

desnivel. 1. Declive, pendiente, cuesta*. V. INCLINAR 3.

— 2. Disparidad, variedad*, desemejanza. V. DIFERENCIA 1.

desnivelar. Torcer, ladear, desviar. V. INCLINAR 1.

desnucar. Descalabrar, desgraciar, lesionar. V. GOLPE 12.

desnudar. Descubrir, desvestir, desabrigar. V. DESTAPAR 1.

desnudez. Desnudo, exhibición*, exposición. V. EXHIBIR 3.

desnudo. 1. Descubierto, desvestido, desabrigado. V. DESTAPAR 3.

— 2. Árido, desolado, yermo. V. DESIERTO 2.

— 3. Mísero, necesitado, indigente. V. POBRE 1, 2.

— 4. Sincero, descarnado, real. V. VERDAD 3.

desnutrición. V. desnutrido.

desnutrido. Enflaquecido, depauperado, delgado*. V. DÉBIL 5.

desobedecer. V. DESOBEDIENCIA 3.

DESOBEDIENCIA. 1. Rebeldía*, enfrentamiento, indisciplina, oposición*, negativa*, réplica,

desacato, incumplimiento*, desafío, resistencia, burla, insubordinación, insolencia, terquedad, tozudez, obstinación*, transgresión (v. 2), pelea*, insumisión, porfía, pugna, discusión, independencia, solivantamiento, capricho*, maldad, encaramiento, agresividad, provocación, lucha, subversión, motín, rebelión, revolución*, anarquía, desorden*, desorganización, descontento, reto, antagonismo, discrepancia, disconformidad, reacción, contumacia, reincidencia.
— **2.** *Transgresión*, desobediencia*, violación, incumplimiento*, contravención, quebrantamiento, vulneración, falta, delito*, infracción, atentado, abuso*, atropello.
3. Desobedecer. Oponerse*, enfrentarse, resistirse, infringir, indisciplinarse, rebelarse*, insubordinarse, desacatar, desafiar, desmandarse, replicar, burlarse, incumplir*, transgredir (v. 4), obstinarse*, emperrarse, encapricharse, insolentarse, soliviantarse, independizarse, discutir*, negar*, pugnar, porfiar, pelear*, amotinarse, revolucionarse*, desorganizarse, retar, reírse, antagonizar, reaccionar, discrepar, luchar*, provocar, agredir, encararse, reincidir.
— **4.** *Transgredir*, desobedecer, contravenir, infringir, atentar, quebrantar, pisotear, atropellar, delinquir*, violar, vulnerar, abusar*, faltar.
5. Desobediente. Insumiso, indisciplinado, rebelde*, malo, insolente, desafiante, insubordinado, infractor, transgresor (v. 6), desmandado, obstinado*, terco, emperrado, caprichoso*, porfiado, encaprichado, burlón, contestador, perverso, independiente, soliviantado, discutidor*, retador, revolucionario*, amotinado, antagonista, discrepante, luchador, peleador*, reincidente, contumaz, revoltoso, relapso, díscolo, incorregible, ingobernable, irrespetuoso, indómito, arisco, anárquico, provocativo, agresivo, reacio, descontento.
— **6.** *Transgresor*, desobediente*, vulnerador, violador, infractor, contraventor, delincuente, abusador*, quebrantador.
Contr.: Obediencia*, disciplina.
V. REBELDÍA, OPOSICIÓN, DELITO, INCUMPLIMIENTO, OBSTINACIÓN, CAPRICHO, DISCUSIÓN, PELEA, REVOLUCIÓN, NEGATIVA, ABUSO.
desobediente. V. DESOBEDIENCIA 5.
desobstruir. Desatrancar, desatascar, despejar. V. DESTAPAR 2.
desocupación. Cesantía, paro, vagancia. V. TRABAJO 13.
desocupado. 1. Parado, ocioso, cesante. V. TRABAJO 14.
— **2.** V. desocupar.
desocupar. 1. Evacuar, despejar, librar. V. VACÍO 5, 6.
— **2.** *Desocuparse*, estar en paro, e. cesante, haraganear. V. TRABAJO 12.
desodorante. Perfume*, loción, producto. V. COSMÉTICO 2.

desoír. Desdeñar, desobedecer, desatender. V. DESOBEDIENCIA 3, 4.
desolación. V. desolado.
desolado. 1. Angustiado, pesaroso, desconsolado. V. AFLICCIÓN 5.
— **2.** Árido, solitario, arruinado. V. DESIERTO 2, 3, DESTRUIDO.
desolar. V. desolado 1.
desollar. Despellejar, quitar, arrancar la piel. V. EXTRAER 1.
desorbitar. Aumentar, extremar, abultar. V. EXAGERACIÓN 5.
DESORDEN. 1. Desarreglo, confusión, desbarajuste, trastorno, desorganización, caos, lío, descuido*, tumulto, agitación, vorágine, barullo, embrollo*, enredo, maraña, desenfreno, desconcierto, incoherencia, mezcolanza, mezcla*, amasijo, revoltijo, maremágnum, laberinto, babel, galimatías, fárrago, disloque, libertad*, libertinaje, guirigay, leonera, irregularidad, tiberio, batiburrillo, baraúnda, jaleo, alboroto*, bullicio, avispero, revolución*, anarquía, nihilismo, desgobierno, negación, cambio, olvido*, alteración, conmoción.
2. Desordenado. Desorganizado, caótico, enredado, revuelto, confuso, a voleo, al tuntún, mezclado*, embrollado*, embarullado, descuidado*, anárquico, desarreglado, laberíntico, irregular, alterado, desenfrenado, trastornado, farragoso, bullicioso (v. 3).
— **3.** *Despreocupado*, desordenado, bohemio, indiferente, desidioso, abandonado, holgazán*, haragán, vagabundo*, descuidado*, sucio*, negligente, desarreglado, lioso, embrollón*, alterado, conmocionado, alborotado*, revolucionado*, olvidadizo*, desquiciado (v. 2).
4. Desordenar. Desarreglar, descomponer, trastornar, desorganizar, descabalar, desplazar, correr, desemparejar, revolver, confundir, embarullar, descolocar, desalinear, traspapelar, embrollar*, liar, mezclar*, alterar, enredar, alborotar, conmocionar, olvidar*, abandonar, desquiciar, perturbar, trastrocar, trabucar, trastear, cambiar*, variar*, invertir, descompaginar, descomponer, descuidar*, ensuciar, rebuscar.
5. Desordenadamente. Desorganizadamente, caóticamente, confusamente (v. 2).
Contr.: Orden*, disciplina, cuidado*.
V. EMBROLLO, DESCUIDO, OLVIDO, ANARQUÍA, ALBOROTO, REVOLUCIÓN, MEZCLA, HOLGAZANERÍA.
desordenado. V. DESORDEN 2, 3.
desordenar. V. DESORDEN 4.
desorejar. Arrancar, mutilar, estropear. V. CORTAR 1.
desorganización. V. DESORDEN 1.
desorganizado. V. DESORDEN 2, 3.
desorganizar. V. DESORDEN 4.
desorientación. V. desorientado.
desorientado. 1. Desconcertado, aturdido, ofuscado. V. TURBACIÓN 2.

— **2.** Extraviado, desviado, apartado. V. PER-DER 5.

desorientar. V. desorientado.

desovar. Soltar, poner, echar. V. LANZAR 1.

desove. Período, suelta, puesta. V. PEZ 4.

desoxidante. Protector, preservador, limpiador. V. LIMPIEZA 5.

despabilado. 1. Perspicaz, listo, vivaz. V. INTELIGENCIA 3.

— **2.** V. despabilar 2.

despabilar. 1. Espolear, avivar, empujar. V. ÁNIMO 6.

— **2.** *Despabilarse,* desvelarse, despertarse, padecer insomnio. V. SUEÑO 9.

— **3.** *Despabilarse,* arreglárselas, avisparse, componérselas. V. SOLUCIÓN 3.

despachar. 1. Mandar, expedir, transportar*. V. ENVIAR 1.

— **2.** Servir, atender, expender. V. VENDER 1.

— **3.** Eliminar, liquidar, matar. V. ASESINATO 3.

— **4.** Echar, despedir, arrojar. V. EXPULSAR 1.

despacho. 1. Bufete, estudio, escritorio. V. OFICINA 1.

— **2.** Establecimiento, comercio, puesto. V. TIENDA 1.

— **3.** Aviso, parte, información. V. NOTICIA 2.

despachurrar. V. despanzurrar.

despacio. Poco a poco, pausadamente, perezosamente. V. LENTITUD 4.

despacioso. Pausado, tardo, perezoso. V. LENTITUD 2.

despampanante. Pasmoso, prodigioso, aparatoso. V. MARAVILLA 2.

despanzurrar. Reventar, destripar, triturar. V. APLASTAR 1.

desparejo. 1. Distinto, desigual, dispar. V. DIFERENCIA 4.

— **2.** Escarpado, abrupto, irregular. V. RUGOSO 1.

desparpajo. Descaro, desfachatez, atrevimiento. V. DESVERGÜENZA 1.

desparramado. 1. Esparcido, diseminado, suelto. V. DISPERSAR 4.

— **2.** Vasto, ancho, espacioso. V. EXTENDER 5.

desparramar. V. desparramado.

despatarrado. Tumbado, estirado, desmadejado. V. TUMBAR 3.

despatarrar(se). V. despatarrado.

despavorido. Asustado, aterrado, espantado. V. TEMOR 4.

despectivo. Orgulloso, altanero, desdeñoso. V. DESPRECIO 3.

despecho. Encono, animosidad, resentimiento. V. ODIO 1.

despedazar. Descuartizar, fragmentar, seccionar. V. CORTAR 1.

DESPEDIDA. 1. Partida, ausencia, separación*, adiós, marcha*, alejamiento*, desaparición*, saludo* (v. 2), retirada, salida*, abandono, huida*, distanciamiento, viaje*.

— **2.** *Saludo*,* despedida, homenaje, cortesía, recuerdos, atención, abrazos*, besos, ceremonia, agasajo, bendición, acto, cumplido. Saludos: adiós, hasta luego, h. la vista, h. pronto, h. siempre, a más ver, abur, con Dios, vaya con Dios, buen viaje, buena suerte, felicidades, vete a paseo, vale, venga.

3. Despedirse. Partir, saludar*, separarse*, irse, ausentarse, marcharse*, salir*, alejarse*, distanciarse, retirarse, abandonar, viajar*, huir*, desaparecer*, besarse, abrazarse*, estrechar la mano, bendecir, homenajear, agasajar, cumplir, ser atento.

— **4.** *Despedir,* arrojar, echar, rechazar. V. EXPULSAR 1.

Contr.: Recepción, acogida.

V. SALUDO, ABRAZO, MARCHA, VIAJE, HUIDA, ALEJAMIENTO, SALIDA, SEPARACIÓN.

despedir(se). V. DESPEDIDA 3, 4.

despegar. 1. Desprender, quitar, arrancar. V. EXTRAER 1.

— **2.** Salir, alzar el vuelo, levantar el vuelo. V. AVIÓN 6.

despegue. Salida, partida, inicio del vuelo*. V. AVIÓN 7.

despeinado. V. despeinar.

despeinar. Desmelenar, desgreñar, revolver el pelo. V. PELO 8.

despejado. 1. Desembarazado, libre, espacioso. V. AMPLITUD 2.

— **2.** Bonancible, sereno, limpio*. V. BONANZA 3.

— **3.** Perspicaz, talentoso, lúcido. V. INTELIGENCIA 3.

despejar. 1. Desembarazar, abrir, quitar. V. LIBERTAD 10.

— **2.** Aclarar, escampar, mejorar. V. BONANZA 4.

despellejar. Desollar, quitar, arrancar el pellejo. V. EXTRAER 1.

despenar. Despachar, rematar, eliminar. V. MUERTE 14.

despensa. Aparador, alacena, estante. V. ARMARIO 1.

despeñadero. Acantilado, precipicio, barranco. V. ABISMO 1.

despeñar. Precipitar, tirar, arrojar. V. LANZAR 1.

despepitarse. Desvivirse, derretirse, mimar*. V. AMABILIDAD 3.

desperdiciar. Dilapidar, despilfarrar, malgastar. V. DERROCHE 1.

desperdicio. 1. Dilapidación, despilfarro, gasto*. V. DERROCHE 1.

— **2.** *Desperdicios,* restos, despojos, residuos*. V. BASURA 1.

desperdigado. Desparramado, esparcido, diseminado. V. EXTENDER 4.

desperdigar. Desparramar, diseminar, esparcir. V. EXTENDER 1.

desperezarse. Bostezar, desentumecerse, estirarse. V. SUEÑO 9.

desperezo. Desentumecimiento, bostezo, estiramiento. V. SUEÑO 8.

desperfecto. Rotura, percance, avería. V. DETERIORO 1.

despertador. Reloj avisador, r. de campanilla. V. RELOJ 1.

despertar. Reanimar, despabilar, avisar. V. SUEÑO 9.

despiadado. Implacable, desalmado, inhumano. V. CRUELDAD 2.

despido. Relevo, destitución, cesantía. V. EXPULSAR 3.

despierto. 1. Desvelado, insomne, despabilado. V. SUEÑO 10.
— **2.** Listo, avispado, astuto*. V. INTELIGENCIA 3.

despilfarrador. Malgastador, dilapidador, pródigo. V. DERROCHE 3.

despilfarrar. Dilapidar, malgastar, prodigar. V. DERROCHE 2.

despilfarro. Dispendio, prodigalidad, gasto. V. DERROCHE 1.

despistado. Descuidado*, olvidadizo, distraído. V. OLVIDO 5.

despistar(se). Atolondrar(se), aturdir, confundir. V. OLVIDARSE, ENGAÑAR.

desplante. Insolencia, atrevimiento, descaro. V. DESVERGÜENZA 1.

desplazado. V. desplazar.

desplazamiento. 1. Cabida, arqueo, volumen de un barco. V. VOLUMEN 1.
— **2.** V. desplazar 3.

desplazar. 1. Deslizar, trasladar, correr. V. EMPUJAR 1.
— **2.** Relegar, reemplazar, arrinconar. V. SUSTITUCIÓN 5.
— **3.** *Desplazarse*, viajar*, dirigirse, encaminarse. V. TRASLADAR 2.

desplegar. Desdoblar, desenrollar, mostrar. V. EXTENDER 1.

despliegue. Maniobra, operación, acción. V. GUERRA 4.

desplomarse. Desbaratarse, caerse, desmayarse*. V. DERRUMBAR 1.

desplumar. 1. Arrancar, pelar, quitar las plumas. V. EXTRAER 1.
— **2.** Quitar*, despojar, estafar*. V. ROBO 2.

despoblado. 1. V. despoblar.
— **2.** Páramo, descampado, desierto*. V. CAMPO 1.

despoblar. Deshabitar, abandonar, vaciar. V. DESAMPARO 3.

despojar. 1. Privar, apropiarse, arrebatar. V. QUITAR 2.
— **2.** *Despojarse*, dar, privarse, desprenderse. V. ENTREGAR 1.

despojo. 1. Privación, desposeimiento, apropiación. V. APROPIARSE 2.
— **2.** *Despojos*, botín, expoliación, usurpación. V. ROBO 1.

— **3.** Restos mortales, muerto, cuerpo. V. MUERTE 10.
— **4.** Restos, sobras, desperdicios. V. RESIDUO 1.

desportillado. Desvencijado, estropeado, arruinado. V. DETERIORO 3.

desposado. Consorte, novio, cónyuge. V. CASAMIENTO 7.

desposar. Unirse, vincular, contraer matrimonio. V. CASAMIENTO 11.

desposeer. Quitar*, despojar, arrebatar. V. APROPIARSE 1.

desposorios. Matrimonio, boda, nupcias. V. CASAMIENTO 1.

déspota. Tirano, dictador, autócrata. V. DOMINACIÓN 4.

despótico. Dictatorial, tiránico, intransigente. V. DOMINACIÓN 3.

despotismo. Opresión, intransigencia, tiranía. V. DOMINACIÓN 1.

despotricar. Criticar, desbarrar, vilipendiar. V. DESAPROBAR 1.

despreciable. 1. Desdeñable, minúsculo, intrascendente. V. INSIGNIFICANTE 1, PEQUEÑO 1.
— **2.** Ruin, miserable, canalla. V. VIL 2.
— **3.** V. DESPRECIO 4.

despreciado. V. DESPRECIO 4.

despreciar. V. DESPRECIO 2.

despreciativo. V. DESPRECIO 3.

DESPRECIO. 1. Desdén, desaire, ofensa*, insulto, menosprecio, desconsideración, humillación*, grosería, desatención, descortesía*, burla, broma*, mofa, desfachatez, feo, portazo, zaherimiento, repulsa, segregación, maltrato, porquería, ultraje, desplante, frialdad, olvido*, arrinconamiento, rudeza, tosquedad*, indiferencia, impertinencia, ínfulas, displicencia, orgullo, altivez, altanería, vanidad*, insolencia, soberbia, engreimiento, arrogancia, descaro, provocación, falta, vilipendio, afrenta, deshonra*, deshonor, indignidad, menoscabo, mortificación, postergación, relegamiento, agravio, herida, vejación, sarcasmo, socarronería, ironía*, cinismo, mordacidad, retintín, escarnio, risa, vergüenza*.
2. Despreciar. Desdeñar, desairar, ofender*, insultar, desatender, afear, mofarse, burlarse, bromear*, humillar*, rebajar, deslucir, desmerecer, maltratar, menospreciar, subestimar, segregar, repeler, rehusar, zaherir, ultrajar, olvidar*, esquivar, rehuir, arrinconar, relegar, postergar, ignorar, empequeñecer, desvalorizar, hacer de menos, apartar, insolentarse, envanecerse, enorgullecerse, engreírse, deshonrar*, afrentar, vilipendiar, abochornar, faltar, provocar, descararse, rechazar*, mortificar, menoscabar, vejar, herir, lastimar, lesionar, agraviar, ironizar*, escarnecer, avergonzarse, reírse de, dejar, abandonar, dar plantón, dar esquinazo, dar calabazas.
3. Despreciativo. Desdeñoso, arrogante, altanero, altivo, desconsiderado, despectivo,

ofensivo*, orgulloso, vanidoso*, insultante, soberbio, engreído, desfachatado, burlón, bromista*, descortés, desatento, olvidadizo*, frío, indiferente, humillante*, rudo, impertinente, insolente, olímpico, displicente, provocativo, descarado, ultrajante, peyorativo, deshonroso*, afrentoso, vergonzoso*, infamante, mortificante, indigno, socarrón, sarcástico, mordaz, cínico, irónico*, irrespetuoso.
4. Despreciado. Desdeñado, desairado, ofendido, insultado, desatendido, marginado, olvidado*, incomprendido, postergado, arrinconado, rechazado (v. 2).
Contr.: Interés, afecto, amor*.
V. OFENSA, HUMILLACIÓN, DESHONRA, OLVIDO, DESCORTESÍA, IRONÍA, VERGÜENZA, VANIDAD.
desprender. 1. Soltar, quitar*, despegar. V. SEPARAR 1.
— **2.** Emitir, expeler, arrojar, V. LANZAR 1.
— **3.** *Desprenderse,* soltarse, privarse, despojarse. V. LIBERTAD 11.
desprendido. Desinteresado, dadivoso, altruista. V. GENEROSIDAD 2.
desprendimiento. 1. Desinterés, altruismo, bondad*. V. GENEROSIDAD 1.
— **2.** Corrimiento, alud, avalancha. V. DERRUMBAR 3.
— **3.** Alejamiento, apartamiento, desplazamiento. V. SEPARAR 10.
despreocupación. V. despreocupado.
despreocupado. 1. Desinteresado, calmoso, indiferente*. V. TRANQUILIDAD 5.
— **2.** Indolente, apático, desganado. V. TRANQUILIDAD 6.
despreocuparse. Eludir, desentenderse, postergar. V. DESCUIDO 3.
desprestigiado. V. desprestigiar.
desprestigiar. Desacreditar, calumniar*, criticar. V. DESHONRA 4.
desprestigio. V. desprestigiar.
desprevenido. Inadvertido, despreocupado, incauto. V. DESCUIDO 6.
desproporción. Disparidad, desemejanza, desigualdad. V. DIFERENCIA 1.
desproporcionado. 1. Asimétrico, grotesco, desigual. V DEFORMACIÓN 3.
— **2.** Excesivo, extremado, incongruente. V. EXAGERACIÓN 3.
despropósito. Absurdo, desatino, equivocación*. V. DISPARATE 1.
desproveer. Desposeer, quitar*, despojar. V. APROPIARSE 1.
desprovisto. Falto, privado, carente. V. ESCASEZ 2.
DESPUÉS. Más tarde, más adelante, mañana, en lo futuro, seguido, demorado*, seguidamente, inmediatamente, posteriormente*, luego, pronto, tras, a continuación, detrás*, entonces, próximamente, en seguida, a renglón seguido, subsiguientemente, consecutivamente, correlativamente, cerca*, cercano.

Contr.: Antes, previamente.
V. DETRÁS, POSTERIORMENTE, DEMORA, CERCA.
despuntar. 1. Achatar, embotar, mellar. V. LISO 3.
— **2.** Distinguirse, destacar, sobresalir. V. SUPERIOR 6.
— **3.** Asomar, surgir, salir*. V. APARECER 1.
desquiciar(se). Trastornar(se), alterar, excitar. V. PERTURBAR 1.
desquitarse. Recobrar, ajustar, resarcirse. V. VENGARSE, RECUPERAR 1.
desquite. Compensación, resarcimiento, devolución. V. VENGANZA, RECUPERACIÓN.
desratizar. Exterminar, eliminar, fumigar. V. DESINFECTANTE 5.
destacado. V. destacar.
destacamento. Patrulla, pelotón, avanzada. V. EJÉRCITO 4.
destacar. 1. Sobresalir, descollar, predominar. V. SUPERIOR 6.
— **2.** *Destacarse,* apartarse, alejarse, adelantarse. V. DELANTE 5.
destajo. Trabajo por un tanto, t. a tanto alzado, t. individual. V. TRABAJO 4.
destapado. V. DESTAPAR 3.
DESTAPAR. 1. Descorrer, descubrir, abrir, enseñar, quitar, revelar, exhibir*, mostrar, desnudar, desvestir, desarropar, desabrigar, descalzar, extraer*, sacar, librar, despojar, exponer, ostentar, exteriorizar, aparecer*, presentar, airear, desembarazar, destocar, desembalar, desenvolver, desempacar, desempaquetar, desatar, desanudar, destaponar, descorchar, empezar, desplegar.
— **2.** *Desatascar,* destapar, desembozar, desobstruir, despejar, desatrancar, limpiar*, vaciar*, desocupar, desagotar, librar, evacuar, desembarazar, soltar.
3. Destapado. Desabrigado, desarropado, desnudo, desvestido, en cueros, en pelota, nudista, desnudista, naturista, expuesto, descalzo, desabrigado, al aire, despojado, descubierto, descorrido, desembalado (v. 1).
Contr.: Tapar, atascar, obstruir*.
V. EXHIBIR, EXTRAER, APARECER, LIMPIAR, VACIAR.
destape. Revelación, desnudez, exteriorización. V. EXHIBIR, 3.
destartalado. Desordenado*, desvencijado, incómodo. V. DETERIORO 3.
destellar. V. destello.
destello. Centelleo, fulgor, luz*. V. BRILLO 1.
destemplado. 1. Desapacible, inclemente, frío* (tiempo). V. METEOROLOGÍA 7.
— **2.** Grosero, arisco, áspero. V. DESCORTÉS 1.
destemplanza. 1. V. destemplado.
— **2.** Achaque, escalofrío, enfermedad*. V. INDISPOSICIÓN 1.
destemplar. V. destemplanza.
desteñido. V. desteñir.

desteñir. Blanquear, decolorar, clarear. V. CLA-RO 12.

desternillarse. Deslomarse, reír, descuajaringarse o descuajeringarse. V. ALEGRÍA 5.

desterrado. Expatriado, deportado, exiliado. V. EXPULSAR 5.

desterrar. Deportar, expatriar, exiliar. V. EXPULSAR 1.

destiempo (a). Inesperadamente, a deshora, intempestivamente. V. INOPORTUNO 4.

destierro. Exilio, ostracismo, deportación. V. EXPULSAR 3.

destilación. V. destilar.

destilador. Caldera, alambique, redoma. V. LABORATORIO 2.

destilar. Evaporar, vaporizar, volatilizar. V. HERVIR 1.

destilería. Local, factoría, nave. V. BEBIDA 11.

destinar. 1. Designar, proponer, dedicar. V. NOMBRAR 11.

— **2.** Mandar, delegar*, despachar. V. ENVIAR 1, 2.

— **3.** Asignar, aplicar, dedicar. V. ENTREGAR 1.

destinatario. Receptor, aceptante, interesado. V. CORREOS 3.

destino. 1. Hado, sino, suerte. V. AZAR 1.

— **2.** Puesto, plaza, ocupación. V. EMPLEO 1.

destitución. Cesantía, suspensión, despido. V. EXPULSAR 3.

destituir. Despedir, cesar, relevar. V. EXPULSAR 1.

destocarse. Quitarse, descubrirse, saludar*. V. SOMBRERO 7.

destornillador. Utensilio, instrumento, útil. V. HERRAMIENTA 6.

destornillar. Girar, aflojar, sacar. V. SEPARAR 3.

destral. Azuela, segur, herramienta*. V. HACHA 1.

destrenzar. Aflojar, soltar, deshacer. V. SEPARAR 4.

destreza. Aptitud, pericia, maestría. V. HÁBIL 3.

destripar. Despanzurrar, reventar, despachurrar. V. APLASTAR 1.

destripaterrones. Labriego, jornalero, gañán. V. ALDEANO 2.

destronar. Destituir, derrocar, deponer. V. EXPULSAR 1.

destroyer. ingl V. destructor 2.

DESTROZAR. 1. Desbaratar, deshacer, estropear, deteriorar*, romper, destruir*, partir, quebrar, truncar, tronchar, fragmentar*, desintegrar, desarticular, fraccionar, dividir, trocear, cortar*, despedazar, segmentar, descuartizar, desmembrar, aniquilar, eliminar, quebrantar, desmenuzar, separar*, desmigajar, desarmar, cuartear, escacharrar, fracturar, descerrajar, violentar*, forzar, seccionar, descoser, deshilvanar, amputar, cercenar, desgarrar, rasgar, arrancar, estrellar, inutilizar*, descalabrar, destripar, maltratar, aplastar*, devastar, reventar, volar, explotar, explosionar, desfondar, triturar, machacar, averiar, desmantelar, arrollar, arrasar, saquear, asolar, dañar, arruinar, descomponer, hundir, desorganizar, hacer cisco, h. polvo.

— **2.** Ganar, aniquilar, vencer. V. DERROTA 5.

3. Destrozo. Quebranto, destrucción*, daño, avería, rotura, deterioro*, ruina, estropicio, estrago, desbaratamiento, división, desintegración, fragmentación*, fraccionamiento, quiebra, troceo, machacamiento, desmenuzamiento, despedazamiento, descuartizamiento, amputación, cercenamiento, corte*, sección, abertura, inutilización*, fractura, ruptura, cuarteo, separación*, desgarrón, descosido, deshilvanado, escacharramiento, descalabro, explosión*, voladura, reventón, aplastamiento*, maltrato, devastación, desmantelamiento, arrollamiento, arrasamiento, saqueo, descomposición, hundimiento, desorden*, desorganización, aniquilación.

4. Destrozado. Quebrantado, destruido*, dañado, averiado, roto (v. 3).

5. Que destroza. Destrozón, destructor*, rompedor, fragmentador (v. 1).

Contr.: Reparar*, reconstruir, restaurar. V. DESTRUIR, INUTILIZAR, DETERIORAR, FRAGMENTAR, CORTAR, EXPLOSIONAR, SEPARAR, APLASTAR.

destrozo. V. DESTROZAR 3.

destrozón. V. DESTROZAR 5.

destrucción. V. DESTRUIR 2.

destructivo. V. DESTRUIR 3.

destructor. 1. V. DESTRUIR 3.

— **2.** Cazatorpederos, navío de guerra, n. de escolta. V. BARCO 6.

DESTRUIR. 1. Dañar, arruinar, devastar, asolar, deshacer, romper, demoler, desmantelar, derruir, derribar, arrasar, barrer, averiar*, descomponer, hundir*, desmoronar, desbaratar, estropear, destrozar*, derrumbar*, aniquilar, anonadar, derrotar*, liquidar, eliminar, matar, sacrificar, anular, exterminar, extirpar, desintegrar, despedazar, escacharrar, deteriorar*, arrancar, inutilizar*, descalabrar, volar, explosionar*, estallar, aplastar*, vencer, arrollar, atropellar, desorganizar, agotar, violentar*.

2. Destrucción. Estrago, deterioro*, destrozo*, salvajismo, violencia*, crueldad*, ruina, devastación, desolación, daño, perjuicio, desmantelamiento, demolición, derribo, rotura, voladura, hundimiento*, derrumbamiento, desmoronamiento, catástrofe, desastre*, siniestro, cataclismo, estropicio, desbaratamiento, asolamiento, aniquilación, anonadamiento, eliminación, liquidación, derrota*, muerte*, mortandad, vandalismo, ferocidad, exterminio, extirpación, anulación, arrancamiento, pérdida, escacharramiento, despedazamiento, desintegración, aplastamiento, trituración, estallido, explosión*, descalabro, inutilización*, desorganización, agotamiento, desorganización.

3. Destructor. Devastador, destructivo, exterminador, catastrófico, desastroso*, ruinoso, demoledor, desmantelador, cataclísmico, aniquilador, asolador, mortífero, mortal, letal, nocivo,

dañino, perjudicial, escacharrante, desintegrador, volador, explosivo*, estallante, triturador, destrozón*, aplastante*, desorganizador, inutilizador*, bárbaro*, cruel, vengador*, vandálico, feroz, salvaje, violento*.
4. Destruido. Dañado, arruinado, deshecho, roto (v. 1).
Contr.: Construir*, rehacer, reparar*. V. DETERIORAR, DERRUMBAR, DESTROZAR, HUNDIR, APLASTAR, EXPLOSIONAR, VIOLENCIA, CRUELDAD, DERROTA.
desuello. Desolladura, rozadura, herida. V. LESIÓN 1.
desuncir. V. desunir 2.
desunión. División, desavenencia, independencia. V. ENEMISTAD 1.
desunir. 1. Disgregar, separar, enfrentar. V. ENEMISTAD 5.
— **2.** Soltar, apartar, alejar. V. SEPARAR 1.
desusado. Desacostumbrado, infrecuente, extraordinario. V. RAREZA 2.
desuso. Caducidad, olvido*, inutilidad. V. ANTIGUO 4.
desvaído. Pálido, descolorido, difuminado. V. CLARO 1.
desvalido. Indefenso, mísero, abandonado. V. DESAMPARO 2.
desvalijar. Atracar, saquear, sustraer. V. ROBO 2.
desvalorización. V. desvalorizar.
desvalorizar. Depreciar, devaluar, rebajar. V. BARATO 5.
desván. Altillo, buhardilla, covacha. V. TUGURIO.
desvanecerse. 1. Difuminarse, evaporarse, disiparse. V. DESAPARECER 1.
— **2.** Desfallecer, perder el sentido, indisponerse. V. DESMAYO 2.
desvanecido. V. desvanecerse.
desvanecimiento. Síncope, mareo, ataque. V. DESMAYO 1.
desvariar. Delirar, trastornarse, disparatar*. V. LOCURA 6.
desvarío. Delirio, trastorno, disparate*. V. LOCURA 1.
desvelado. V. desvelar.
desvelar. 1. Descubrir, determinar*, aclarar. V. EXPLICACIÓN 2.
— **2.** *Desvelarse,* despertarse, despabilarse, no dormir. V. SUEÑO 9.
— **3.** Esmerarse, intranquilizarse*, interesarse. V. CUIDADO 5.
desvelo. 1. Afán, interés*, intranquilidad. V. CUIDADO 1.
— **2.** V. desvelar 2.
desvencijado. Escacharrado, destartalado, estropeado. V. DETERIORO 3.
desventaja. Inconveniente, perjuicio, rémora. V. DIFICULTAD 1.
desventajoso. Perjudicial, arduo, inadecuado. V. DIFICULTAD 3.
desventura. Infortunio, adversidad, desdicha. V. DESGRACIA 1.

desventurado. Desdichado, infortunado, infeliz. V. DESGRACIA 2, 3.
desvergonzado. V. DESVERGÜENZA 2.
DESVERGÜENZA. 1. Atrevimiento, frescura, desfachatez, desenfado, desenvoltura, descaro, desparpajo, descoco, insolencia, descortesía, cinismo, irreverencia, osadía*, audacia, inverecundia, contumelia, desgarro, valor, presunción, fanfarronería*, desplante, indignidad, vulgaridad*, grosería, indecencia*, blasfemia, tupé, procacidad, deshonestidad*, liviandad, picardía, corrupción, vicio*, erotismo, depravación, escándalo, vergüenza*, licencia, impudicia, escabrosidad, pornografía, libertinaje, desenfreno, descarrío.
2. Desvergonzado. Descarado, sinvergüenza, escandaloso, fresco, desfachatado, atrevido, audaz, descortés*, lenguaraz, insolente, impertinente, ofensivo, bribón, osado*, irreverente, cínico, descocado, vicioso*, indecente, inmoral, corrompido, desaprensivo, estafador*, impúdico, deshonesto, desenvuelto, desgarrado, inverecundo, vulgar*, grosero, indigno, deslenguado, respondón, mal hablado, mal sonante, insultante, blasfemo, verdulero, procaz, licencioso, libertino, depravado, pillo*, pícaro, picaresco, granuja, pornográfico, desenfrenado, descarriado, tramposo, timador, ladrón*.
3. Desvergonzarse. Descararse, descarriarse, insolentarse, atreverse, viciarse*, desfachatarse, enfrentarse, descocarse, osar, desgarrarse, deslenguarse, corromperse, depravarse, desenfrenarse, trampear, escandalizar.
Contr.: Vergüenza, honestidad, honra*.
V. INDECENCIA, DESCORTESÍA, VICIO, OSADÍA, VERGÜENZA, VULGARIDAD.
desvestir. Desnudar, descubrir, despojar. V. DESTAPAR 1.
desviación. 1. V. DESVIAR 2.
— **2.** Aberración, descarrío, sexo. V. VICIO 1.
desviado. V. DESVIAR 3.
DESVIAR(SE). 1. Alejar(se)*, apartar, desviarse, rodear, bordear, circunvalar, separarse*, bifurcar, ramificar, dividir, divergir, circundar, girar*, torcer*, inclinar*, cruzar, sesgar, reflejarse, rebotar, chocar, esquivar, eludir, virar, volverse, perderse, despistar, desorientar, equivocar*, descaminar, extraviarse, errar, descentrar; descarriarse, corromper, pervertir, viciar*.
2. Desviación. Desvío, apartamiento, distanciamiento*, alejamiento*, separación*, bifurcación, derivación, ramificación, paso, cambio, transvase, viraje, virada, recodo, giro, curva*, rodeo, vuelta, circunvalación, despiste, pérdida, desorientación, descarrío, equivocación*, extravío, error, corrupción, perversión, inclinación*, sesgo, cruce, ramal, rebote, choque*. Vicio*, aberración.
3. Desviado. Alejado, apartado, bordeado, descentrado, desnivelado; viciado* (v. 2).
Contr.: Acercarse, aproximarse, encarrilarse.

V. ALEJAMIENTO, SEPARACIÓN, DISTANCIA-MIENTO, EQUIVOCACIÓN, VICIO, INCLINA-CIÓN.

desvincularse. Apartarse, alejarse, enemistarse. V. DISTANCIA 7.

desvío. 1. V. DESVIAR 2.

— **2.** Apartadero, aguja, ramal. V. FERROCA-RRIL 12.

desvirgar. Violar, desflorar, desgarrar el himen. V. ABUSO 7.

desvirtuar. Adulterar, deformar*, cambiar*. V. FALSO 8.

desvivirse. Pirrarse, derretirse, interesarse*. V. AMOR 6.

detall (al). Al por menor, al público, al menudeo. V. VENDER 3.

detalladamente. V. DETALLE 5.

detallado. V. DETALLE 4.

detallar. V. DETALLE 2.

DETALLE. 1. Dato, puntualización, particularidad, elemento*, pormenor, punto, detenimiento, parte*, componente, principio*, fundamento, pieza*, factor, fragmento*, peculiaridad, rasgo, carácter, característica, rareza*, diferencia*, originalidad*, especialidad, descripción, reseña, retrato, especificación, explicación*, narración, referencia, relación, enumeración, nimiedad, minucia, pulcritud, menudencia, insignificancia*, exactitud*, precisión, perfeccionamiento*.
2. Detallar. Reseñar, puntualizar, establecer, determinar, concretar, explicar*, pormenorizar, particularizar, fundamentar, caracterizar*, individualizar, diferenciar*, dosificar, describir, retratar, plasmar, limitar*, fijar, deslindar, tratar, discutir*, especificar, relacionar, referir, enumerar, mencionar, precisar, aclarar, narrar.
3. Detallista. Preciso, exacto*, escrupuloso, concienzudo, cuidadoso*, aplicado, tesonero, perseverante, minucioso, estricto, riguroso, severo*, ajustado, esmerado, puntual, justo, fiel, exigente, prolijo, latoso, farragoso, excesivo, pequeño*, nimio, puntilloso, quisquilloso, meticuloso, chinche, ceremonioso, cumplido, etiquetero* (v. 4).
4. Detallado. Claro, específico, reseñado, relacionado, descrito, detenido, analítico, metódico, científico, ordenado, exacto*, definido, puntualizado, particularizado, pormenorizado, referido, enumerado, aclarado, preciso, determinado, explicado*, diferenciado, delimitado, deslindado, farragoso, confuso, incomprensible* (v. 3).
5. Detalladamente. Precisamente, exactamente, escrupulosamente (v. 3).
Contr.: Total*, conjunto.
V. ELEMENTO, PARTE, PRINCIPIO, PIEZA, CARACTERÍSTICA, DIFERENCIA, INSIGNIFICANCIA, EXACTITUD, EXPLICACIÓN.

detallista. V. DETALLE 3.

detectar. Localizar, revelar, descubrir. V. HALLAR 1.

detective. Investigador*, agente, funcionario. V. POLICÍA 1.

detector. Aparato, instrumento, localizador. V. INVESTIGACIÓN 2.

detención. V. detener.

detener. 1. Retrasar, dificultar*, obstaculizar. V. PARAR 1.

— **2.** Encarcelar, capturar, apresar. V. PRISIÓN 7.

detenido. 1. Recluso, encarcelado, preso. V. PRISIÓN 6.

— **2.** Parado, estacionado, obstaculizado. V. INMÓVIL 1.

— **3.** Minucioso, escrupuloso, cuidadoso*. V. DETALLE 3, 4.

detenimiento. Exactitud*, minuciosidad, detalle*. V. CUIDADO 1.

detentar. Tener, lograr, apropiarse. V. PROPIEDAD 7.

detergente. Sustancia limpiadora*, higienizante*, purificadora*. V. JABÓN 1.

deteriorado. V. DETERIORO 3.

deteriorar. V. DETERIORO 2.

DETERIORO. 1. Daño, desperfecto, desgaste*, avería, rotura, destrozo, perjuicio*, pérdida*, destrucción*, desastre*, ruina, catástrofe, mal, empeoramiento*, detrimento, descompostura, malogro, menoscabo, defecto*, abandono, percance, accidente*, sabotaje, terrorismo, traición*, estrago, estropicio, maltrato, inutilización, uso, desmedro, decadencia, corrupción, degeneración, quebranto, deslucimiento, marchitamiento*, decrepitud, consunción, vejez, vetustez, deslustre, raedura, rozadura, golpe*, lesión, alteración, laceración, óxido, cardenillo, oxidación, enmohecimiento, herrumbre, orín, moho, desfiguración, afeamiento, ajamiento, carcoma, putrefacción, polución, contaminación, desgarrón, fractura, grieta, brecha.
2. Deteriorar(se). Averiar(se), destrozar, romper, desgastar*, dañar, estropear, mellar, dentar, destruir*, malear, perder*, perjudicar*, arruinar, menoscabar, malograr, descomponer, accidentar*, sabotear, traicionar*, decaer, alterar, degenerar, corromper, quebrantar, maltratar, deslucir, consumir, envejecer, desmantelar, lesionar*, golpear*, rozar, raer, deslustrar, afear, ajar, marchitar*, desfigurar, oxidar, enmohecer, herrumbrar, lacerar, agrietar, fracturar, desgarrar, pudrir, apolillar, carcomer, roer, polucionar, contaminar.
3. Deteriorado. Averiado, destrozado*, roto, destartalado, desordenado*, desvencijado, desportillado, escacharrado, cascado, rajado, hendido*, estropeado, desgastado*, gastado, inservible, pobre*, sórdido, mísero, arruinado, ruinoso, inhabitable, decrépito, viejo, precario, caduco, irrecuperable, irreparable, derrengado, torcido, maltrecho, defectuoso, tronado, deslucido, sucio*, incómodo, dañado, destruido, alterado, corrompido, lesionado, ajado, marchito*, apolillado, rozado, podrido (v. 2).

Contr.: Arreglo, reparación*.
V. DESGASTE, PERJUICIO, PÉRDIDA, DESTRUC-
CIÓN, ACCIDENTE, DESASTRE.
determinación. 1. V. DETERMINAR 3.
— **2.** Valentía, decisión, resolución. V. OSADÍA
1, VOLUNTAD 1.
determinado. 1. V. DETERMINAR 4.
— **2.** Valeroso, decidido, resuelto. V. OSADO,
VOLUNTARIOSO.
DETERMINAR. 1. Establecer, detallar*, fijar,
concretar, evaluar*, valorar, calcular*, desentrañar, descifrar, esclarecer, aclarar, desembrollar, comprobar*, dilucidar, investigar*,
averiguar, estimar, convenir, tasar, apreciar,
verificar, identificar, analizar, justificar, distinguir, definir, delinear, perfilar, diagnosticar,
fundamentar, precisar, especificar, centrar,
limitar*, circunscribir, diferenciar*, contrastar,
comparar*, cotejar, calificar, deslindar, sentar,
estipular, señalar, expresar, reglamentar, decidir, realizar, resolver, solucionar*, fallar, explicar*, disponer, ordenar*, enumerar, abreviar*,
originar*, crear* (v. 2).
— **2.** Ocasionar, provocar, originar*. V. CAU-
SA 3.
3. Determinación. Especificación, precisión,
distinción, diferencia*, cálculo*, valoración,
evaluación*, calificación, establecimiento,
diagnóstico, estimación, análisis, verificación,
apreciación, tasación, investigación*, definición,
limitación*, justificación, contraste, circunscripción, reglamentación, expresión, estipulación,
comprobación*, deslinde, solución*, resolución,
aclaración, realización, decisión, detalle*, enumeración, orden*, disposición, explicación*.
4. Determinado. Establecido, concretado,
evaluado*, característico*, específico, concreto,
sucinto, preciso, diferenciado*, calculado*, va-
lorado, estimado, analizado, definido, limitado,
verificado, apreciado (v. 3).
Contr.: Indeterminar, dudar*.
V. EVALUAR, CALCULAR, INVESTIGAR, DIFE-
RENCIAR, DETALLAR, EXPLICAR, COMPARAR,
COMPROBAR, SOLUCIONAR, , ORIGINAR, LI-
MITAR.
detestable. Abominable, despreciable*, execrable.
V. ODIO 3.
detestar. Aborrecer, despreciar*, abominar. V.
ODIO 2.
detonación. Estallido, estampido, disparo. V. EX-
PLOSIÓN 1.
detonador. Cebo, espoleta, explosivo. V. EXPLO-
SIÓN 3.
detonante. 1. Retumbante, atronador, ensordecedor. V. SONIDO 5.
— **2.** V. detonador.
detonar. Estallar, reventar, volar. V. EXPLOSIÓN 9.
detractor. Contrario, oponente, crítico. V. OPO-
SICIÓN 5.
DETRÁS. Tras, atrás, al dorso, después*, luego, a
continuación, seguidamente, inmediatamente,

a espaldas, allá, al otro lado, cruz, dorso, dorsal,
revés, envés, reverso, zaga, retaguardia, posterior*, trasero, culo*, lomo, espalda*, vuelta,
respaldo.
Contr.: Delante*, antes, primero, principio*.
V. POSTERIOR, DESPUÉS, ESPALDA, CULO.
detrimento. Daño, inconveniente, pérdida*. V.
PERJUICIO 1.
detrito, detritus. Desperdicios, residuos, restos.
V. EXCREMENTO, SUCIEDAD.
DEUDA. 1. Compromiso, débito, obligación, atraso, impago, aprieto, problema, brete, adeudo,
carga, factura, empeño, morosidad, trampa,
apuro, debe, déficit, pasivo, saldo, descubierto,
insolvencia, informalidad*, incumplimiento*,
bancarrota (v. 2), responsabilidad, gravamen,
imposición, impuesto, deber, pacto, engaño*,
estafa*, irregularidad, mala administración*,
hipoteca, préstamo*, pignoración, crédito.
2. Elementos. Pago*, saldo, amortización,
reintegro, devolución*, liquidación, cobro*,
cobranza, préstamo, solvencia, insolvencia,
señal, garantía, fianza, intereses, pasivo, que-
bra, bancarrota, suspensión de pagos, pleito de
acreedores, concurso de acreedores, cesión de
bienes, embargo, prescripción, descuento, vencimiento. Monte de Piedad, Banco Hipotecario,
Caja de Ahorros, almoneda, casa de compraventa. Documentos: Letra, pagaré, hipoteca,
recibo, contrato*, escritura.
3. Deudor. Insolvente, atrasado, moroso,
tramposo, irresponsable, endeudado, apurado,
comprometido, abrumado, cargado de deudas,
responsable, obligado, quebrado, embargado,
arruinado, pobre*, deficitario, pícaro, pillo*,
truhán, estafador*, cuentista, engañoso*, informal*, incumplidor.
4. Otras personas. Acreedor, ejecutor, prestamista*, demandante, reclamante*, solicitante,
pretendiente, querellante, requirente; fiador,
garante, solvente, síndico, liquidador.
5. Acción. Adeudar, deber, endeudarse, trampear, entramparse, empeñarse, comprometerse, atrasarse, obligarse*, cargarse de deudas,
incumplir, apurarse, pignorar, embargar, gravar,
cargar, empeñar, hipotecar, quebrar, arruinarse,
timar, engañar, estafar*, pleitear, demandar,
querellarse, reclamar, liquidar, amortizar, pagar*, devolver*, solventar, vender, prescribir;
fiar, garantizar, prestar*, responsabilizarse,
cobrar.
Contr.: Pago*, liquidación, devolución*, amortización.
V. INFORMALIDAD, INCUMPLIMIENTO, ENGA-
ÑO, ESTAFA, PAGO, COBRO, PRÉSTAMO.
deudo. Allegado, pariente, ascendiente. V. FA-
MILIA 2.
deudor. V. DEUDA 3.
devaluación. Depreciación, desvalorización, rebaja. V. BARATO 3.

devaluado. Rebajado, abaratado, económico. V. BARATO 1.

devaluar. Depreciar, desvalorizar, rebajar. V. BARATO 5.

devanar. 1. Enrollar, liar, enroscar. V. ENVOLVER 1.
— **2.** *Devanarse (los sesos)*, cavilar, preocuparse, discurrir. V. PENSAR 1.

devaneo. Capricho, coqueteo, galanteo. V. AMOR 2.

devastación. Estrago, desolación, desastre*. V. DESTRUIR 2.

devastador. Ruinoso, catastrófico, desastroso*. V. DESTRUIR 3.

devastar. Arrasar, asolar, arruinar. V. DESTRUIR 1.

devengar. Ganar*, originar*, producir. V. COBRAR 1.

devenir. Acontecer, ocurrir, sobrevenir. V. SUCESO 2.

devoción. Fe, fervor, veneración. V. AMOR, RESPETO, RELIGIOSIDAD.

devocionario. Breviario, misal, libro de misa. V. LIBRO 7.

devolución. V. DEVOLVER 3.

DEVOLVER. 1. Restituir, reponer, reintegrar, recaer, revertir, tornar, retornar, reingresar, reinstalar, renovar, entregar*, remitir, reexpedir, reanudar, reembolsar, pagar*, restablecer, corresponder, retribuir, cumplir, compensar, redimir, rendir, enviar*, indemnizar, resarcir, satisfacer, reparar, vengar*, rehabilitar*, intercambiar, permutar, cambiar, restaurar, repostar, recuperar*, conseguir, reemplazar.
— **2.** Vomitar, arrojar, lanzar. V. INDISPOSICIÓN 3.
3. Devolución. Reposición, reintegro, entrega*, restitución, retorno, extradición, compensación, redención, restablecimiento, pago*, reembolso, satisfacción, reparación, resarcimiento, venganza*, indemnización, rehabilitación*, renovación, restauración, recuperación*, reemplazo, vuelta, envío, intercambio, permuta, cambio*, reclamación.
4. Devuelto. Reintegro, entregado*, restituido, retornado (v. 1).
Contr.: Retener, apropiarse, incumplir.
V. ENTREGAR, RECUPERAR, PAGAR, REHABILITAR, VENGAR.

devorador. Glotón, voraz, hambriento. V. HAMBRE 2.

devorar. 1. Tragar, engullir, despedazar. V. ALIMENTO 11.
— **2.** Agotar, consumir, gastar. V. DESGASTE 3.

devoto. 1. Fiel, creyente, místico. V. RELIGIÓN 6.
— **2.** Partidario, leal*, entusiasta*. V. SIMPATÍA 5.

devuelto. V. DEVOLVER 4.

deyección. Detrito, evacuación, defecación. V. EXCRECIÓN 3.

DÍA. 1. Fecha, data, jornada, período, plazo, momento, tiempo*, lapso, ciclo, término, cronología, ocasión, brevedad*, etapa, época, aniversario (v. 2).

2. Claridad del día. Luminosidad, sol, brillo*. V. LUZ 1.

3. Enumeración. Aniversario, festividad, fiesta*, feriado, víspera, vigilia, fecha (v. 1), efemérides o efeméride, fastos, calendas, idus, nonas, santo, onomástica, cumpleaños, jubileo, conmemoración, vencimiento; día laborable, hábil, de trabajo*, no festivo, festivo, feriado, lectivo, de precepto, civil, solar, sidéreo, medio, astronómico, natural, artificial, bisiesto, Sabbat. Hoy, ayer, anteayer, antes de ayer, trasanteayer, mañana, pasado mañana, trasmañana, al otro día, al día siguiente, pronto.

4. Partes. Madrugada, alba, amanecer, aurora, orto, alborada, crepúsculo, c. matutino, mañana, ángelus, mediodía, meridiano, ante merídiem, post merídiem, siesta, tarde, atardecer, anochecer, crepúsculo vespertino, oscurecer, ocaso, vísperas, ánimas, noche, velada; hora prima, tercia, sexta, nona.

5. Diario. Cotidiano, habitual*, repetido, frecuente, ordinario, continuo*, usual, regular, seguido, acostumbrado, común, periódico, renovado, fijo; diurno, de día, matinal, mañanero, matutino, crepuscular, vespertino, nocturno, semanal, quincenal, bimensual, mensual, bimestre, bimestral, trimestral, semestral, anual; natalicio, efímero, breve.
Contr.: Noche*, oscuridad*.
V. TIEMPO, BREVEDAD, FIESTA.

diabetes. Dolencia, trastorno, glucosuria. V. ENFERMEDAD 17.

diablillo. Revoltoso, pícaro, travieso. V. PILLO 1.

diablo. Lucifer, Satanás, Mefistófeles. V. DEMONIO 1.

¡diablo! ¡Demontre!, ¡caramba!, ¡demonio! V. EXCLAMACIÓN 4, 9.

diablura. Picardía, jugarreta, travesura. V. PILLO 3.

diabólico. Satánico, infernal, demoníaco. V. DEMONIO 5.

diácono. Clérigo, ministro, religioso. V. SACERDOTE 1.

diadema. Aderezo, corona, presea. V. JOYA 1, 2.

diáfano. Cristalino, transparente, claro*. V. TRANSPARENCIA 2.

diafragma. Órgano muscular; membrana, lámina. V. MÚSCULO 8; CÁSCARA 1.

diagnosticar. Investigar*, comprobar*, averiguar. V. DETERMINAR 1; MEDICINA 8.

diagnóstico. Diagnosis, investigación, determinación. V. DETERMINAR 3; MEDICINA 7.

diagonal. 1. Raya, recta, transversal. V. LÍNEA 1.
— **2.** Oblicuo, torcido, sesgado. V. INCLINAR 6.

diagrama. Croquis, bosquejo, esquema. V. DIBUJO 1.

dial. Escala, cuadrante; botón. V. INDICADOR 2; INTERRUPTOR 1.

dialéctica. 1. Polémica, argumentación, retórica. V. DISCURSO 2, DISCUSIÓN 1.
— **2.** Raciocinio, razonamiento, lógica. V. PENSAR 6.

dialecto. Jerga, variedad lingüística, lengua. V. IDIOMA 1.

dialogar. Platicar, hablar*, charlar. V. CONVERSACIÓN 2.

diálogo. Coloquio, plática, charla. V. CONVERSACIÓN 1.

diamante. Gema, brillante, piedra fina. V. PIEDRA PRECIOSA 3.

diámetro. Raya, recta, radio. V. LÍNEA 1.

diana. 1. Blanco, acierto, punto. V. CENTRO 1.
— **2.** Clarinazo, llamada, toque. V. TROMPETA 3.

¡diantre! V. ¡diablo!

diapositiva. Transparencia, imagen, proyección. V. FOTOGRAFÍA 1, 2.

diario. 1. Publicación, periódico, gaceta. V. PERIODISMO 2.
— **2.** Ordinario, cotidiano, habitual*. V. DÍA 5.
— **3.** Relato, memorias, vida. V. BIOGRAFÍA 1.

diarrea. Descompostura, flujo, descomposición. V. INTESTINOS 4.

diáspora. Dispersión, éxodo, desbandada. V. HUIDA 1.

diatriba. Censura, invectiva, crítica. V. ACUSACIÓN 1.

dibujante. V. DIBUJO 6.

dibujar. V. DIBUJO 5.

DIBUJO. 1. Diseño, figura*, croquis, ilustración, grabado, estampa*, lámina, boceto, bosquejo, trazado, imagen, esbozo, apunte, escorzo, representación, reproducción, esquema, copia, estudio, perspectiva*, proyecto, perfil, silueta, efigie, figurín, patrón, modelo, adorno*, historieta*, cómic, viñeta, transparencia, calco, caricatura, mono, santo, retrato, pintura*, cuadro, iconografía, tatuaje, esgrafiado, gráfico, gráfica, diagrama, plano, mapa*, anuncio*, creación*, arte*, delineación, sección, corte, planta, alzado; grafito, pintada.
2. Elementos. Línea*, trazo, raya, franja, greca, contorno, adorno*, perfil, sombra, claroscuro, fondo, campo, mancha, pinta, ojo de perdiz, pata de gallo, filete, espiral, espiguilla, jaspeado, listado, ajedrezado, sección, corte, planta, alzado, perspectiva*, líneas de fuga, escorzo, proporciones, volumen, relieve, proyección.
3. Clases. Dibujo artístico, humorístico, caricaturesco de historieta* o cómic, técnico, lineal, delineación, de anuncios* o publicitario, arquitectónico*, de perspectiva*, topográfico*, de figurines, de modas.
4. Material. Pluma, lápiz*, goma, carboncillo, difumino, esfumino, tiralíneas, compás, bigotera, plantilla, falsilla, escuadra, cartabón, regla*, transportador, pantógrafo, tablero, raspador, chinche, chincheta, pincel, fijador, fijativo; papel, canson, ingres, marquilla, vegetal, tela, romaní; cartulina.
5. Dibujar. Diseñar, ilustrar, bosquejar, representar, reproducir, abocetar, copiar, trazar, delinear, proyectar, crear*, esbozar, esquematizar, grabar, rayar, estampar, perfilar, sombrear, raspar, borrar, fijar, escorzar, calcar, caricaturizar, retratar, pintar*, colorear, tatuar*, esgrafiar, plantear, garabatear, pintarrajear, borronear, manchar*.
6. Dibujante. Ilustrador, artista*, creador*, retratista, caricaturista, humorista, diseñador, grabador, aguafuertista, estampador, proyectista, delineante, calquista, técnico, arquitecto*, pintor*, artesano.
V. PINTURA, ARTE, PERSPECTIVA, HISTORIETA, FIGURA, ESTAMPA, ARQUITECTURA, MAPA, LÍNEA, ADORNO, CREACIÓN.

dicción. Expresión, elocución, modo de hablar. V. PRONUNCIACIÓN 1.

DICCIONARIO. 1. Léxico, glosario, vocabulario, enciclopedia, nomenclatura, tesoro, tesauro, catálogo, lista*, clasificación*, caudal, repertorio, relación de palabras*, índice, terminología, vademécum, manual, libro*.
2. Clases. Diccionario de la lengua, de sinónimos, etimológico, de incorrecciones, abreviado, de ideas afines, ideológico, analógico, enciclopédico, de uso, bilingüe, políglota, gramatical*, técnico, bibliográfico, biográfico*, histórico*, geográfico*, de dudas, etc., especializado.
3. Elementos. Artículo, entrada, acepción, definición, significado, sentido, palabra*, voz, vocablo, término, referencia, r. cruzada, abreviatura, orden alfabético, lexicografía, lexicología, filología.
4. Personas. Lexicólogo, lexicógrafo, diccionarista, enciclopedista, autor, escritor*, especialista, técnico, bibliógrafo, filólogo*, gramático*.
5. Diccionarios. De la Real Academia Española, Diccionario panhispánico de dudas, Redes-Diccionario combinatorio del español contemporáneo, Espasa-Calpe, Sopena, Enciclopedia Británica, de Oxford, Webster, Larousse, Littré, Hachette.
V. PALABRA, LIBRO, PRONUNCIACIÓN, GRAMÁTICA, FILOLOGÍA, CLASIFICACIÓN.

dicha. Bienestar, fortuna, ventura. V. FELICIDAD 1.

dicharachero. Ocurrente, parlanchín, hablador*. V. BROMA 3.

dicho. Precepto, máxima, concepto. V. REFRÁN 1.

dichoso. Venturoso, contento, afortunado. V. FELICIDAD 2.

dicotiledónea. Planta, angiosperma, ser vivo. V. VEGETAL 11.

dictado. 1. Mandato, precepto, inspiración. V. ORDEN 3.
— **2.** Ejercicio, escrito*, transcripción. V. ESCRIBIR 3.

dictador. Tirano, déspota, absolutista. V. DOMINACIÓN 4.

dictadura. Tiranía, despotismo, absolutismo. V. DOMINACIÓN 1.

dictáfono. Grabadora, aparato*, artefacto. V. MAGNETÓFONO 1.

dictamen. Informe, sentencia, juicio. V. OPINIÓN 1.

dictaminar. Informar, enjuiciar, evaluar*. V. OPI-
NIÓN 3.
dictar. 1. Imponer, decretar, mandar. V. ORDEN
10.
— **2.** Pronunciar, leer, transcribir. V. HABLAR,
ESCRIBIR.
dictatorial. Intolerante, tiránico, despótico. V.
DOMINACIÓN 3.
dicterio. Injuria, improperio, insulto. V. OFENSA 2.
didáctica. Pedagogía, enseñanza, método. V.
EDUCACIÓN 1.
didáctico. Pedagógico, metódico, comprensible.
V. EDUCACIÓN 18.
didelfo. Canguro, marsupial, vertebrado. V. MA-
MÍFERO 19.
diedro. Intersección, arista, corte. V. ÁNGULO 2.
DIENTE. 1. Pieza dental, p. dentaria, p. ósea, cuerpo duro, hueso*, huesecillo. *Dientes:* incisivo,
colmillo o canino, premolar, molar, muela, m.
del juicio, sobrediente, diente de leche, d. caduco, d. permanente. Dentición, dentadura,
arcada dental.
— **2.** Resalte, cresta, pico. V. PUNTA 1.
3. Partes. Corona, cuello, raíz, punta o cúspide;
esmalte, marfil o dentina, pulpa o bulbo, cemento; nervio, arteria, vena, canal radicular; encía, mucosa, periostio, hueso, alvéolo o alveolo,
cavidad; dentadura, dentición; arcada dental,
maxilar, mandíbula, articulación*, boca*.
4. Enfermedades*. Caries, picadura, ulceración, putrefacción, perforación del diente,
flemón, estomatitis, gingivitis, absceso, quiste,
inflamación*, piorrea, sarro, melladura, picadura, afta, malformación, mala posición. Diente
cariado, picado, perforado, ulcerado, podrido,
agujereado, corroído, enquistado, mellado,
roto; empastado, extraído.
5. Higiene dental. Cepillo de dientes, dentífrico, crema, pasta, polvos, enjuagatorio, colutorio, elixir, palillo o mondadientes, seda dental.
6. Odontología. Dentistería, estomatología,
medicina* dental, especialidad, ciencia*, arte*,
ortodoncia. *Elementos:* empaste, relleno, em-
plomado, amalgama, porcelana, corona, oro,
platino, prótesis, dentadura postiza, puente,
placa, gancho, espiga, extracción, anestesia.
7. Personas. Dentista, odontólogo, estomatólogo, especialista, protésico, mecánico dental,
paciente, enfermo*.
8. Consultorio dental. Clínica, hospital*, gabinete, sillón articulado, pedal, fuente, torno, t.
ultrarrápido, brazo articulado, gatillo, pulicán,
llave, orificador, botador, fresas, disco de esmeril, pieza de mano (recta o angulada), material,
instrumental, aspirador de saliva, pulverizador,
bandeja de instrumental, aparato de rayos X,
radiografía, espejo, e. de boca, sonda, por-
taamalgama, inyección*, novocaína, jeringa,
tenazas de extracción, pinzas, termocauterio,
espátula; mascarilla.

9. Dental. Odontológico, estomatológico, oral,
bucal, protésico, premolar, molar, canino, incisivo, gingival.
10. Acción. Cariarse, picarse, hincharse*, inflamarse, doler; curar*, extraer, arrancar, emplomar, empastar, rellenar, obturar, amalgamar.
V. BOCA, HUESOS, MEDICINA, ENFERMEDAD.
diéresis. Signo de puntuación, s. ortográfico, crema. V. ORTOGRAFÍA 2.
diesel. Mecanismo, dispositivo, aparato*. V. MO-
TOR 1, 2.
diestra. Derecha. V. MANO 1.
diestro. 1. Competente, experto, ducho. V. HÁ-
BIL 1.
— **2.** Matador, torero, novillero. V. TOREO 2.
DIETA. 1. Ayuno, vigilia, régimen, régimen alimenticio, desintoxicación, hambre*, dietética, higiene* alimenticia, abstinencia, privación, renuncia, alimentación* especial, sobrealimentación,
atiborramiento, nutrición, engorde, modo de
nutrirse, tratamiento, terapéutica, cura*.
— **2.** *Dietas,* honorarios, salario, compensación.
V. PAGAR 5.
3. Clases de dieta. Ayuno, dieta o régimen
absoluto, régimen desintoxicante, hídrico, seco,
vegetariano, lácteo, ovolactovegetariano, de
restricción de grasas, de r. de féculas, de r. de
agua y cloruro sódico, de r. de proteínas, dieta
o régimen de transición, hiperproteico, alcalini-
zante, de sobrealimentación, de alimentación
mixta, cura de uvas, de limón, de manzana,
de ayuno.
4. Elementos. Proteínas o prótidos, carbohidratos o hidratos de carbono o glúcidos, grasas o lípidos, vitaminas*, minerales, enzimas
o fermentos*. Metabolismo basal, calorías,
digestibilidad, digestión*, inapetencia, apetito,
obesidad, delgadez*, técnica culinaria, cocina*,
valor energético, tolerancia alimenticia, dispepsia, avitaminosis, hipervitaminosis, tensión
arterial, anemia, cirrosis, intoxicación, edema,
eliminación, excreción*.
5. Alimentos de dieta. Caldo, papilla, leche*,
huevos*, yogur, verdura, arroz, hortaliza*,
fruta*, zumo, jugo, uva, manzana, pomelo,
naranja, limón, ciruela.
6. Acción. Ayunar, privarse, renunciar, abstenerse, sacrificarse, hacer régimen, seguir una
dieta, nutrirse, alimentarse*, tolerar, curar,
desintoxicarse, eliminar, excretar*. Alimentar*,
sobrealimentar, engordar.
Contr.: Voracidad, gula, hambre*.
V. ALIMENTACIÓN, DIGESTIÓN, COCINA, ME-
DICINA, HIGIENE, CURACIÓN.
dietario. Memorándum, diario, agenda. V. CUA-
DERNO 1.
dietas. V. DIETA 2.
dietética. Estudio de la alimentación, régimen,
nutrición. V. DIETA 1.
dietético. Nutritivo, comestible, alimenticio. V.
ALIMENTO 9.

dietista. Experto, especialista, bromatólogo. V. ALIMENTACIÓN 12.

diez. Decena, cantidad, cifra. V. NÚMERO 1.

diezmar. Exterminar, aniquilar, destruir*. V. MUERTE 14.

diezmo. Impuesto, gravamen, tributo. V. FISCO 3.

difamación. Insidia, descrédito, falsedad*. V. CALUMNIA 1.

difamar. Desacreditar, calumniar, chismorrear*. V. CALUMNIA 2.

DIFERENCIA. 1. Desemejanza, desigualdad, desproporción, disparidad, variedad*, discordancia, desnivel, particularidad, discrepancia*, contraste, extremo, disimilitud, divergencia, oposición*, heterogeneidad, exclusividad, singularización, diferenciación, distinción, dualidad, pluralidad, multiplicidad, exceso, falta, distancia, separación*, desvío, apartamiento, diversidad, preferencia*, discriminación (v. 3), diversificación, cambio*, modificación, transformación.

— **2.** Disconformidad, disentimiento, divergencia. V. DISCREPANCIA 1.

— **3.** *Discriminación*, diferencia, exclusión, expulsión, segregación, separación*, «apartheid», desprecio*, postergación, preferencia*, distingo, objeción, reparo, relegación, reclusión, humillación*, racismo, fanatismo, intolerancia, intransigencia*.

4. Diferente. Dispar, desproporcionado, desigual, distinto, opuesto, contrario, otro, ajeno, impar, non, desparejo, nuevo*, único, solo, exclusivo, característico*, discordante, disconforme, desemejante, discrepante*, divergente, variado*, diverso, individual, cambiante*, modificado, desviado, distanciado*, destacado, superior*, excesivo, carente, inferior*, singular, particular, aproximado, singularizado, heterogéneo, disímil, extremo, dual, múltiple, multiforme; al contrario, al revés, a contramano, a contrapelo.

5. Diferenciar(se). Distinguir(se), variar*, cambiar*, transformar, destacar, distinguir (v. 6), evaluar*, valorar, modificar, diversificar, singularizar, desnivelar, desigualar, particularizar, seleccionar, separar, contrastar, desviar, divergir, desentonar, ponerse en evidencia, discrepar*, sobresalir, apartar, enfrentar, oponer, enmendar.

— **6.** *Evaluar*, diferenciar, valorar, distinguir, calificar, determinar, comprobar*, clasificar, separar*, apartar, fijar, totalizar, discernir, percibir, elegir, resaltar, apreciar, estudiar, investigar*, seleccionar, reconocer, preferir*, destacar*, descubrir, exceptuar.

— **7.** *Discriminar*, diferenciar, segregar, excluir, preferir*, relegar, humillar*, apartar, separar*, arrinconar, recluir, despreciar*, expulsar*, rechazar*, repudiar.

Contr.: Semejanza*, similitud, parecido.

V. CAMBIO, VARIEDAD, OPOSICIÓN, DISCREPANCIA, SEPARACIÓN.

diferenciación. V. DIFERENCIA 1.

diferencial. Transmisión, mecanismo, engranaje. V. AUTOMÓVIL 11.

diferenciar. V. DIFERENCIA 5.

diferente. V. DIFERENCIA 4.

diferir. Aplazar, postergar, retrasar. V. DEMORA 3.

difícil. V. DIFICULTAD 3.

DIFICULTAD. 1. Aprieto, problema, engorro, dilema, conflicto, contrariedad, obstáculo, inconveniente, traba (v. 2), freno, impedimento, incomodidad, apuro, peligro*, riesgo, gravedad, amenaza, perjuicio*, tropiezo, trastorno, daño, trance, contratiempo, emergencia, compromiso, estorbo, demora*, crisis, óbice, retraso, enredo, atolladero, quebradero, embrollo*, brete, lío, decepción, pejiguera, fastidio, molestia*, duda*, rémora, desventaja, tabarra, imposibilidad, desarreglo, desajuste, desacuerdo, complicación, carga, trabajo*, fatiga*, cuita (v. 2).

— **2.** *Traba*, dificultad, escollo, muro, barrera, estorbo, obstáculo, tropiezo, obstrucción, atadura, sujeción, valla*, detención, atasco, lastre*, interrupción, freno, zancadilla, inconveniente (v. 1).

3. Difícil, dificultoso. Complicado, problemático, comprometido, riguroso, engorroso, arduo, penoso, pesado, laborioso, imposible, insuperable, insoluble, insalvable, inalcanzable, inaccesible, irrealizable, intrincado, duro, desventajoso, crítico, crucial, culminante, peliagudo, delicado, arriesgado, comprometedor, absurdo, quimérico, inútil, ímprobo, inasequible, trabajoso*, incómodo, sobrehumano, enredoso, dañino, inconveniente, dudoso*, molesto*, costoso, fastidioso, desagradable*, complejo, inadecuado, perjudicial*, lioso, embrollado*, embarazoso, conflictivo, fatigoso*, apurado, agobiante, cargado, peligroso*, espinoso, enrevesado, agotador, endiablado, enojoso*.

— **4.** *Incomprensible*, difícil, ininteligible, abstruso, indescifrable, hermético, impenetrable, oscuro, incoherente, absurdo, enrevesado.

5. Dificultar. Impedir, oponerse, prohibir*, enredar, complicar, intervenir, obstaculizar, obstruir*, limitar*, trabar, inhibir, privar, evitar, contrariar, estorbar, trastornar, confundir, rechazar*, prevenir, molestar*, fastidiar, embrollar*, revolver, mezclar*, apurar, fatigar*, demorar*, retrasar, retardar, perjudicar*, negarse, imposibilitar, entorpecer, perturbar, contradecir.

Contr.: Facilidad*, sencillez, comodidad*.

V. PERJUICIO, DESGRACIA, DUDA, TRABAJO, PELIGRO, DEMORA, MOLESTIA, FATIGA.

dificultar. V. DIFICULTAD 5.

dificultoso. V. DIFICULTAD 3.

difidencia. Recelo, desconfianza, prevención. V. SOSPECHA 1.

difteria. Infección, garrotillo, contagio. V. GARGANTA 6.

difuminar. Desdibujar, disipar, esfumar. V. TUR-
BIO 5.

difundir. 1. Dispersar, desparramar, esparcir. V.
EXTENDER 2.

— **2.** Divulgar, transmitir, propalar. V. INFOR-
ME 3.

difunto. Fallecido, finado, extinto. V. MUERTO
10.

difusión. V. difundir.

difuso. 1. Farragoso, confuso, extenso. V. INCOM-
PRENSIBLE 1.

— **2.** Difuminado. V. DIFUMINAR.

digerible. V. DIGESTIVO (APARATO) 7.

digerir. V. DIGESTIVO (APARATO) 6.

digestión. V. DIGESTIVO (APARATO) 3.

digestivo. V. DIGESTIVO (APARATO) 7.

DIGESTIVO (APARATO). 1. Tubo digestivo,
conducto d., tracto d. *Boca**: lengua, papilas
gustativas, glándulas salivares, g. parótidas, g.
sublinguales, g. submaxilares, dientes*, encías,
velo del paladar, istmo de las fauces; epiglotis,
faringe, esófago, vientre*. *Estómago**: cardias,
esfínter, píloro; hígado*, vesícula biliar, colédoco; páncreas. *Intestinos**: i. delgado, duodeno,
yeyuno, íleon; i. grueso, ciego, apéndice, colon ascendente, c. transverso, c. descendente;
recto, ano, vellosidades intestinales; peritoneo,
epiplón. *En animales:* buche, panza, cuajar,
libro, redecilla.

2. Trastornos, enfermedades. Vómitos,
náuseas, empacho, indigestión, inapetencia,
espasmos, eructos, flatulencia, acidez, ardor,
hiperclorhidria, dispepsia, cargazón, calambre,
hipo, dolor*, pesadez de estómago, ataque,
cólico, c. hepático, colitis, diarrea, descomposición, estreñimiento, inflamación, gastritis, gastroenteritis, hepatitis, diabetes, úlcera, tumor,
cáncer*, insuficiencia hepática, cirrosis, ictericia,
litiasis biliar, cálculos, ascitis, peritonitis, apendicitis, colecistitis, disentería, absceso, gusanos,
hemorroides, fístula anal, hernia intestinal, meteorismo, gases.

3. Digestión. Ingestión, nutrición, alimenta-
ción*, aprovechamiento, asimilación, absorción,
proceso digestivo, transformación de alimentos,
elaboración, reparación orgánica (v. 4).

4. Fases de la digestión. Ingestión, masticación, trituración, insalivación, deglución, bolo
alimenticio, digestión gástrica, secreción glandular, quimo, quilo, peristaltismo, digestión
intestinal, transformación, absorción, aprovechamiento, asimilación, excreción*, defecación
(v. 3).

5. Jugos digestivos. Saliva, ptialina; jugo gástrico, ácido clorhídrico, pepsina, lipasa, cuajo;
jugo pancreático, tripsina, amilasa, jugo intestinal, jugo duodenal, bilis.

6. Digerir. Comer, alimentarse*, nutrirse, asimilar, ingerir, aprovechar, masticar, triturar,
insalivar, deglutir, tragar, absorber, segregar,

transformar, elaborar, reparar, defecar, excre-
tar*.

7. Digerible, digestivo. Alimenticio*, nutricio,
nutritivo, asimilable, intestinal, estomacal, hepático, biliar, aprovechable, provechoso, reparador, vigorizante, reconfortante, liviano, sabroso,
apetitoso, exquisito, suculento, ligero.

V. BOCA, ESTÓMAGO, INTESTINOS, HIGADO,
VIENTRE, ALIMENTACIÓN, EXCRECIÓN.

digesto. Selección, resumen, compilación. V.
ABREVIAR 4.

digital. 1. Dedalera, hierba, planta. V. VEGETAL 6.

— **2.** Medicina, glucósido, tóxico. V. MEDICA-
MENTO 5, VENENO 4.

— **3.** Dactilar, manual, del dedo. V. DEDO 6.

dígito. Guarismo, cifra, cantidad*. V. NÚMERO 1.

dignamente. Seriamente, respetablemente, formalmente. V. DIGNIDAD 4.

dignarse. Tolerar*, consentir, aceptar*. V. APRO-
BAR 1.

dignatario. Personalidad, personaje, mandatario.
V. JEFE 1.

DIGNIDAD. 1. Honra, honor*, honradez*, pundonor, seriedad, decoro, formalidad*, caballe-
rosidad*, hidalguía, nobleza, majestad, pom-
posidad*, solemnidad*, gravedad, protocolo,
etiqueta*, respetabilidad, respeto*, reputación,
prez, vergüenza, mesura, sobriedad, grandeza,
recato, severidad*, honestidad, decencia, pure-
za*, orgullo, modestia, circunspección, hombría
de bien, rectitud, principios, austeridad, virtud,
lealtad, conciencia, propia estima, delicadeza,
moralidad, amor propio, honrilla, puntillo, soberbia, pedantería*, vanidad*.

— **2.** Prerrogativa, título, privilegio*. V. TRA-
TAMIENTO 2.

— **3.** Cargo, ocupación, función. V. EMPLEO
1, PRIVILEGIO 1.

4. Digno. Serio, respetable*, formal*, honora-
ble*, honrado*, decoroso, pundonoroso, hidalgo, noble, ilustre, caballeroso*, grave, protocolario, solemne*, majestuoso, mesurado, sobrio,
vergonzoso, decente, honesto, puro*, severo*,
recatado, modesto, circunspecto, hombre de
bien, recto, moral, austero, virtuoso, leal*,
consciente, delicado, orgulloso, puntilloso, soberbio, vanidoso*, pedante*, pomposo*.

5. Dignificar. Honrar*, respetar, engrandecer,
enorgullecer, ennoblecer, enaltecer, elevar,
exaltar, glorificar, ensalzar, adecentar, reputar,
rehabilitar*, corregir, encarrilar, reivindicar, reeducar, salvar, premiar, elogiar*, distinguir.

Contr.: Indigno, deshonroso*, indecoroso.

V. HONOR, HONRADEZ, CABALLEROSIDAD,
FORMALIDAD, LEALTAD, SEVERIDAD, RESPE-
TO, SOLEMNIDAD, POMPOSIDAD, ETIQUETA,
PEDANTERÍA, VANIDAD.

dignificar. V. DIGNIDAD 5.

digno. V. DIGNIDAD 4.

digresión. Observación, acotación, imprecisión*.
V. EXPLICACIÓN 1.

dije. Colgante, medalla, baratija. V. JOYA 2.

dilación. Aplazamiento, prórroga, lentitud. V. DEMORA 2.

dilapidación. Despilfarro, prodigalidad, dispendio. V. DERROCHE 1.

dilapidar. Malgastar, despilfarrar, prodigar. V. DERROCHE 2.

dilatación. V. dilatado.

dilatado. 1. Extenso, inmenso, vasto. V. AMPLITUD 2.
— **2.** Abultado, distendido, ensanchado. V. HINCHAZÓN 3.
— **3.** Diferido, retrasado, aplazado. V. DEMORA 4.
— **4.** Largo, interminable, farragoso. V. ABURRIMIENTO 2.

dilatar. V. dilatado.

dilecto. Querido, preferido, amado. V. AMOR 10.

dilema. Alternativa, disyuntiva, conflicto. V. DUDA 1.

diletante. Entusiasta, experto, entendido, aficionado. V. AFICIÓN 5.

diligencia. 1. Dedicación, afán, esmero. V. CUIDADO 1.
— **2.** Presteza, urgencia*, prontitud. V. RAPIDEZ 1.
— **3.** Misión, cometido, encargo. V. TRÁMITE 1.
— **4.** Vehículo*, coche, carroza. V. CARRUAJE 1.

diligente. Afanoso, rápido*, trabajador*. V. DINAMISMO 2.

dilucidar. Esclarecer, explicar*, aclarar. V. DETERMINAR 1.

dilución. Desleimiento, disolución, disgregación. V. DISOLVER 3.

diluir. Licuar, desleír, disgregar. V. DISOLVER 1.

diluviar. Llover, mojar*, empapar. V. LLUVIA 4.

diluvio. Aguacero, chaparrón, tormenta*. V. LLUVIA 4.

dimanar. Provenir, originarse*, derivarse. V. ORIGEN 4.

dimensión. Tamaño, amplitud*, extensión*. V. MEDIDA 1.

DIMINUTIVO. 1. Que disminuye, que atenúa el significado; expresión afectuosa, sufijo.
2. Sufijos usuales. -*ito*: pequeñito, niñito, cosita; -*illo*: bolsillo, frailecillo, chatilla; -*uelo*: mocosuelo, frascuelo, tontuela; -*ete*: falsete, sorbete, saleta; -*ejo*: librejo, verdejo, tipeja; -*in*: soldadín, bobín, chiquitina; -*ico*: piececico, tantico, mañica.
Contr.: Aumentativo.
V. GRAMÁTICA.

diminuto. Menudo, minúsculo, enano. V. PEQUEÑO 1.

dimisión. Cese, retiro, abandono. V. RENUNCIA 1.

dimitir. Retirarse, abandonar, cesar. V. RENUNCIA 2.

dinámico. V. DINAMISMO 2.

DINAMISMO. 1. Diligencia, prontitud, vivacidad, animación*, actividad, inquietud, rapidez*, presteza, celeridad, acción, movimiento*, energía*, impulso, iniciativa, interés*, celo, voluntad*, brío, afán, esmero, consagración, vehemencia, ímpetu, ánimo*, arranque, empuje, impaciencia, esfuerzo, fatiga*, brega, trajín, agitación, ajetreo, solicitud, remango, disposición, aplicación, entusiasmo*, agilidad, nervio, vigor*, trabajo*, laboriosidad, apresuramiento, tejemaneje, eficacia, habilidad*.
2. Dinámico. Vivaz, vivo, activo, ligero, afanoso, inquieto, diligente, rápido*, acelerado, pronto, brioso, vital, voluntarioso*, listo, celoso, impulsivo, enérgico*, esforzado, ambicioso*, buscavidas, movedizo*, incansable, vehemente, impetuoso, animoso*, ágil, vigoroso*, nervioso*, febril, impaciente*, entusiasta*, aplicado, presto, solícito, apresurado, eficaz, laborioso, trabajador*, hábil.
3. Tener dinamismo. Activar, avivar, agilizar, aligerar, aprestar, afanarse, actuar, sudar, esforzarse, agitarse, bregar, trajinar, preparar, apresurar, trabajar*, impacientarse*, animar*, mover*, incitar, impulsar, empujar, fatigar*, acelerar, desarrollar*, apurar, urgir*.
Contr.: Apatía, inercia, holgazanería*, inactividad.
V. RAPIDEZ, MOVIMIENTO, VOLUNTAD, ÁNIMO, VIGOR, IMPACIENCIA, TRABAJO.

dinamita. Carga, nitroglicerina, pólvora. V. EXPLOSIÓN 3.

dinamitar. Reventar, estallar, volar. V. EXPLOSIÓN 9.

DINAMO, DÍNAMO. 1. Alternador, transformador, generador, bobina, motor*, motor eléctrico, máquina, inductor, convertidor, aparato*, artefacto eléctrico; batería, acumulador, pila*.
2. Partes. Caja o carcasa, inducido, inductor, bobina, colector, estátor, rotor, escobillas, carbones, electroimán, bornes, eje motor, cojinete, engrase.
V. ELECTRICIDAD, PILA.

dinastía. Estirpe, familia; monarquía. V. ARISTOCRACIA 1, REY 6.

dineral. V. DINERO 1.

dinerario. V. DINERO 9.

DINERO. 1. Metálico, efectivo, moneda (v. 4), capital, numerario, caudal, riqueza*, efecto legal, valores, divisas, billetes (v. 3), peculio, cuartos, medios, posibles, bienes, patrimonios, tesoro, suma, lote, aportación, dote, fortuna, ahorros*, hacienda, economías, pecunia, fondos, contante y sonante, perras, plata, platal, oro, mosca, cónquibus o cumquibus, cambio, calderilla, vuelto, suelto, moneda fraccionaria, talega, parné, «money», unto, vil metal, morusa; euro (en la UE); antes ECU (European Currency Unit), peseta (moneda española antigua), libra, franco, dólar, céntimo, centavo (v. 6).
2. Clases. Moneda, dinero metálico, vuelto (v. 4), billete, papel moneda (v. 3), dinero bancario o de giro, cheque*, talón, letra de cambio,

cheque de viaje, tarjeta de crédito, tarjeta de compras.

3. Billete de banco. Papel moneda, moneda fiduciaria, divisa, título al portador. *Partes:* filigrana, papel especial, número de serie, firma facsímil, sello de control, nombre del banco emisor, dibujo, grabado, retrato marcado al agua, plancha, fajo (v. 1); medidas de seguridad del billete euro: fibras fluorescentes, filigrana de seguridad y elementos de lectura automatizada, impresión calcográfica, relieve, marca de agua, holograma, tinta de color variable.

4. Moneda metálica. Pieza, disco acuñado, medalla, numisma, sello*; moneda de oro, plata, bronce, cobre, cuproníquel, níquel, cinc; calderilla, cambio, suelto, vuelto, vuelta, moneda menuda; doblón, ducado (v. 7); numismática. *Partes:* anverso, reverso, cara, cruz; contorno, canto, grafila, imagen, contramarca, símbolo, inscripción, leyenda, tipo, exergo, impronta, nimbo. *Fabricación:* fundición, grabado, acuñación, troquelado, batido; contraste, cuño, troquel, molde, contramarca, punzón, cerrillo, cospel, prensa, tórculo, balancín, volante, cizalla, tajo, contrapeso (v. 7).

5. Generalidades. Hacienda, finanzas, fisco*, economía*, comercio*, bolsa*, cambio, sistema monetario, circulación fiduciaria, inflación, curso legal, depreciación, devaluación, revaluación, flotación, reservas monetarias, divisas, depósito, ahorro*, cuenta corriente, banco*, banco de emisión, b. de depósito, Banco Central Europeo (BCE), Banco de España, Casa de la Moneda, Caja de ahorros, desembolso, pago*, préstamo, reembolso, cobro, convertibilidad, disponibilidad, patrón oro, valor facial, v. nominal, valores declarados.

6. Monedas actuales. Euro en los países de la Eurozona: la UE (Alemania, Austria, Bélgica, España, Finlandia, Francia, Irlanda, Italia, Luxemburgo, Países Bajos, Portugal, Grecia y Eslovenia [desde 1 de enero de 2007]), excepto Dinamarca, Reino Unido y Suecia, más Andorra, Mónaco, San Marino y el Vaticano y territorios de ultramar de los países de la Eurozona (Guayana Francesa, Reunión, San Pedro y Miquelón y Martinica), Montenegro, Kosovo; corona (Estonia); lats, santims (Letonia); litas, centas (Lituania); corona, haler (República Checa); marco convertible y kuna croata (Bosnia, euro informalmente); lira maltesa, cent (Malta); libra chipriota, sent (Chipre); franco, céntimo (Suiza); libra esterlina, chelín, penique (Gran Bretaña); libra (Australia, Egipto, Israel, Turquía); rublo, kopek (Rusia); dinar, para (Yugoslavia); forint (Hungría); corona, óre (Suecia, Noruega, Dinamarca); zloty, grozy (Polonia); peso, centavo (Argentina, Colombia, Cuba, México, Uruguay); dólar, centavo (EE.UU., Canadá); real (Brasil); dólar (Ecuador); boliviano, centavo (Bolivia); peso (Chile); dólar (El Salvador); quetzal (Guate-

mala); lempira (Honduras); córdoba (Nicaragua); balboa y dólar estadounidense (Panamá); guaraní (Paraguay); nuevo sol (Perú); bolívar (Venezuela); yen (Japón); rupia (India, Indonesia, Pakistán); dirham (Marruecos); (v. 3).

7. Monedas antiguas. Doblón, ducado, pelucona, onza, real, maravedí, ochavo, sueldo, tálero, napoleón, guinea, luis, pistola, piastra, talento, sestercio, as, dracma, óbolo, dinar, cequí, denario (v. 4). Monedas modernas anticuadas: Peseta, marco, franco belga, marcó finés, libra irlandesa, franco luxemburgués, florín, escudo, sucre, colón, escudo chileno, cruzeiro.

8. Adinerado. Acaudalado, acomodado, rico, opulento, creso, magnate, potentado, hacendado, poderoso, millonario, multimillonario, billonario, ricachón, ricacho, pudiente, fúcar, solvente, pagador, responsable, capacitado, serio, cumplidor, formal*.

9. Monetario. Dinerario, pecuniario, crematístico, económico*, numerario, fiduciario, fiscal*, administrativo*, crediticio, financiero, bancario, comercial*.

Contr.: Pobreza*, miseria.

V. RIQUEZA, AHORRO, FISCO, BOLSA, COMERCIO.

DINOSAURIO. 1. Reptil*, r. fósil*, r. gigantesco, animal*, a. antediluviano, prehistórico*, vertebrado extinguido, saurio, arcosaurio.

2. Enumeración. Dos órdenes: Ornitisquios (Ornithischia, «pelvis de ave»: Stegosaurus, Ankylosaurus, Hypsilophodon, Edmontosaurus, Edmontosaurus, Pachycephalosaurus, Triceratops) y Saurisquios (Saurischia, «pelvis de lagarto»: Tyrannosaurus , Compsognathus, Deinonychus, Struthiomimus, los llamados «raptores», Apatosaurus o Brontosaurus, Diplodocus, Apatosaurus, Plateosaurus). *Otros animales fósiles:* dinoterio, mamut, mastodonte; con alas: pterodáctilo, pteranodonte, dinornis (v. animal 16).

V. ANIMAL, REPTIL, FÓSIL, GEOLOGÍA.

dintel. Parte superior de puerta, de ventana, cumbrera. V. PUERTA 2, VENTANA 2.

diñarla. Palmar, fallecer, morirse. V. MUERTE 13.

diócesis. Obispado, sede, jurisdicción. V. SACERDOTE 9.

dioptría. Unidad de medida, u. óptica, u. de vergencia. V. LENTE 3.

diorama. Imagen, escenificación, panorama. V. PINTURA 4.

DIOS. 1. Señor, Creador, Ser Supremo, Todopoderoso, Hacedor, Altísimo, Salvador, Divinidad, Padre Eterno, Padre Celestial, Rey de Reyes, Señor de los Ejércitos, Excelso, Santísimo, Sumo Hacedor, Omnipotente, único, Gran Arquitecto, Causa Primera, Divina Providencia, Criador, Bien Supremo, Alfa y Omega, Verbo, Rey del Cielo y de la Tierra, Trinidad, Santísima Trinidad, Padre, Hijo, Espíritu Santo, Jesús, Jesucristo, Cristo*, Mesías; Jehová, Adonai, Yahvé; Alá (v. 2).

2. Dios, deidad. Divinidad, ser divino, ser sagrado, ser supremo, ser mitológico*, superhombre, ídolo, héroe*, semidiós, titán, triunfador; dios mitológico*, deesa, diosa, diva, heroína. Dioses, deidades principales: Júpiter, Zeus; Brahma, Siva, Visnú; Odín, Wotan; Ormuz, Amón, Osiris, Baal, Marduk, Manitú (v. 1) (v. mitología 2).

3. Atributos de Dios. Infinita sabiduría, inmensidad, eternidad, amor, verdad, bien, unicidad, justicia, santidad, omnipotencia, omnipresencia, omnisciencia, omnisapiencia, inmutabilidad, ubicuidad, incomprensibilidad, inefabilidad, infalibilidad, simplicidad, espiritualidad, perfección, encarnación, misericordia, ser real, viviente, personal, no creado.

4. Afín a Dios. Fe, devoción, contemplación, veneración, adoración, amor*, cielo, paraíso*, religión*, éxtasis, mística, salvación, sacrificio, ofrecimiento, voto, ex-voto, teogonía, teología, monoteísmo, culto, oración, rezo*, súplica, glorificación, alabanza, apoteosis, profecía, milagro, prodigio, virtud, temor de Dios, santidad, pureza, purificación, conversión, resurrección, vida eterna, ejercicios espirituales, catecismo, misa, liturgia, ofrecimiento, consagración, sacramento, eucaristía, bautismo, confirmación, matrimonio, extremaunción, ayuno, peregrinación, observación. Islam, cinco pilares: profesión de fe, oración («allāhu akbar»: Dios es grande), limosna, ayuno y peregrinación a La Meca. Judaísmo: Antiguo Testamento, *Segundo Templo*, Tora o Pentateuco, *sinagoga*, sabbat, Mishná y Talmud (*Halajá*), plegaria («Shemá Israel, Adonai Eloheinu, Adonai ejad»: Oye, Israel, el señor es nuestro Dios, el señor es Uno); estrella de David, candelabro de siete brazos.

5. Divino. Sobrehumano, sobrenatural, ultraterreno, extraterreno, beatífico, bienaventurado, santo*, eterno, puro, perfecto (v. 1), omnipotente, celestial, etéreo, paradisíaco, milagroso, prodigioso, inmaterial, misterioso*, poderoso.

6. Personas. Fieles, feligreses, elegidos, justos, devotos, religiosos*, beatos; profeta, mártir, santo*, beato, sacerdote*, religioso, monje, fraile.
V. CRISTO, RELIGIÓN, EUCARISTÍA, MISA, SACERDOTE; ÁRABE, JUDÍO; MITOLOGÍA.

diosa. Deesa, heroína, deidad. V. DIOS 2.

DIPLOMA. 1. Certificado, certificación, credencial, título, despacho, licencia, nombramiento*, documento*, acta, pergamino, privilegio*, autorización, doctorado, expediente, bula, cédula, reconocimiento, testimonio, memoria, poder, otorgamiento, concesión, patente, carta blanca, pliego, legajo, papel*, escrito*, registro, protocolo, auto, justificante, comprobante*, carta*, premio*, recompensa, lauro.

2. Acto. Reválida, otorgamiento, concesión, examen*, e. final, ceremonia, convalidación, titulación, licenciatura, carrera (v. 1), estudios,

profesión, promoción, curso, graduados, diplomados (v. 3).

3. Diplomado. Graduado, titulado, licenciado, autorizado, nombrado*, titular, perito, experto*, bachiller, facultativo, doctorado, doctor, d. honoris causa, máster; profesional, especialista, universitario*, premiado*, recompensado, reconocido.

4. Diplomar(se). Licenciar(se), titular, graduar, doctorar, hacer un máster, nombrar*, reconocer, convalidar, conceder, privilegiar, autorizar, certificar, premiar*, distinguir, recompensar, especializar, otorgar, entregar*, expedir.
V. DOCUMENTO, ESCRITO, PREMIO, NOMBRAR.

DIPLOMACIA. 1. Ciencia internacional, relaciones internacionales, asuntos exteriores, relaciones exteriores; cuerpo diplomático, carrera diplomática.

— **2.** *Sagacidad*, tacto, amabilidad*. V. ASTUCIA 1.

3. Diplomático. Enviado, delegado*, representante, mandatario, agente, personaje, comisionado, funcionario, emisario. *Diplomáticos:* Embajador, enviado extraordinario, ministro plenipotenciario, plenipotenciario, ministro residente, encargado de negocios, consejero, agregado, a. militar, a. naval, a. cultural, a. comercial, canciller, secretario, intérprete. Nuncio, internuncio, decano, legado. *Cuerpo consular:* cónsul, vicecónsul, agente consular. Ministro de Asuntos Exteriores o canciller, director general, introductor de embajadores, jefe de protocolo, ministro de jornada. Sagaz, astuto*.

4. Organismos. Embajada, cancillería, delegación*, representación, misión, legación, nunciatura, jornada; consulado, agencia consular; Ministerio de Asuntos Exteriores, Dirección General, escuela diplomática. Foreign Office, Quay d'Orsay, ONU, Sociedad de Naciones (disuelta el 18 de abril de 1946), Tribunal Internacional de la Haya.

5. Elementos. Derecho internacional, cartas credenciales, plácet, exéquatur, pase, despacho, memorándum, protocolo, nota, n. verbal, ultimátum, inviolabilidad, valija diplomática, extraterritorialidad, buenos oficios, mediación, arbitraje, tregua, armisticio, tratado, convenio, pacto*, ratificación, ruptura de relaciones, r. de hostilidades, casus belli, declaración de guerra, audiencia, derecho de asilo, extradición, concordato, conferencia, congreso, asamblea*, convención, negociación, neutralidad, beligerancia, aislacionismo, statu quo, libro blanco, l. amarillo, l. rojo, de buenas fuentes, oficioso, oficial, persona grata, p. non grata.
V. DELEGACIÓN, PACTO, GOBIERNO.

diplomado. V. DIPLOMA 3.

diplomar(se). V. DIPLOMA 4.

diplomático. 1. V. DIPLOMACIA 3.
— **2.** Sagaz, mesurado, amable*. V. ASTUCIA 3.

dipsomanía. Alcoholismo, ebriedad, sed incontenible. V. BORRACHERA 1.

díptero. Mosquito, mosca, bicho. V. INSECTO 3.

diptongo. Reunión de vocales, sonido, triptongo. V. PRONUNCIACIÓN 4.

diputación. Corporación, consejo, junta. V. ASAMBLEA 1, 2.

diputado. Parlamentario, representante, congresista. V. ASAMBLEA 6.

DIQUE. 1. Muro, pared*, defensa, barrera; rompeolas, espigón, malecón, escollera, tajamar, atracadero, varadero, dique seco, dársena, desembarcadero, muelle, andén; represa, presa*, pantano, embalse, canalización, canal*, esclusa, obra, construcción*.

  2. Partes. Muro de contención, talud, t. exterior, t. interior, base, berma, estribo o contrafuerte.

  3. Clases. Dique de contención, de protección, de saneamiento, de abrigo, de defensa, de encauzamiento, fluvial, de embalse, de rompeolas. V. PRESA, PUERTO, CANAL, PARED, CONSTRUCCIÓN.

DIRECCIÓN. 1. Mando, gobierno*, superioridad. V. JEFE 9.

  — 2. Orientación*, tutela, encauzamiento. V. GUÍA 1.

  — 3. Trayectoria, sentido, rumbo. V. ORIENTACIÓN 1.

  — 4. Destinatario, domicilio, señas. V. HABITACIÓN 2.

  — 5. Mecanismo, engranaje, dispositivo. V. AUTOMÓVIL 15.

directiva. 1. Comisión, dirección, junta. V. JEFE 9.

  — 2. V. directriz.

directivo. V. director.

directo. 1. Rotundo, franco, claro. V. SINCERIDAD 2.

  — 2. Recto, derecho, seguido. V. LÍNEA 3.

director. Presidente, dirigente, guía*. V. JEFE 1.

directorio. V. directiva 1.

directriz. Precepto, norma, principio. V. REGLA 4.

dirigente. V. director.

DIRIGIBLE. 1. Aerostato o aeróstato, globo*, globo aerostático, globo dirigible, aeronave, zepelín, aparato, a. más ligero que el aire.

  2. Partes. Envoltura o cubierta exterior, armazón, anillos, costillas, vigas, largueros, depósitos de gas (helio), cabina de pasajeros, c. de mando, barquillas o góndolas, góndolas de los motores, hélices, timón de dirección, timón de profundidad, plano estabilizador, amortiguador o rueda de aterrizaje, válvula de escape, tensores de proa, mecanismo de amarre; torre o mástil de amarre; gas*, hidrógeno, helio.

  3. Clases. Dirigible de pasajeros, d. deportivo, d. de observación, d. comercial, d. publicitario. Dirigible de Santos Dumont, de Torres Quevedo, Graf Zeppelin, Hindemburg; Goodyear Tires, Fuji Camer Film. V. GLOBO, AVIÓN, VUELO.

dirigir. 1. Orientar, enseñar, guiar*. V. EDUCACIÓN 11.

  — 2. Presidir, ordenar*, mandar. V. GOBIERNO 12.

  — 3. *Dirigirse*, trasladarse*, encaminarse, ir. V. MARCHAR 1.

dirimir. Arbitrar, zanjar, resolver. V. MEDIACIÓN 3.

discernimiento. Perspicacia, comprensión, lucidez. V. INTELIGENCIA 1.

discernir. 1. Percibir, determinar, distinguir. V. DIFERENCIA 6.

  — 2. Conceder, otorgar, adjudicar. V. ENTREGAR 1.

disciplina. 1. Austeridad, autoridad, obediencia. V. SEVERIDAD 1.

  — 2. Asignatura, estudio, tratado. V. EDUCACIÓN 5.

  — 3. *Disciplinas*, látigo, azote, flagelo. V. FLAGELAR 3.

disciplinado. Metódico, correcto, obediente. V. OBEDIENCIA 2.

disciplinar. 1. Someter, corregir, dominar*. V. GUÍA 5.

  — 2. Fustigar, azotar, vapulear. V. FLAGELAR 1.

  — 3. *Disciplinarse*, refrenarse, contenerse, sacrificarse. V. DOMINACIÓN 10.

disciplinario. Correctivo, riguroso, severo. V. SEVERIDAD 2.

discípulo. Estudiante, escolar, alumno. V. EDUCACIÓN 13.

DISCO. 1. Disco fonográfico, grabación, reproducción, impresión, pieza, placa, LP o «long-play», «single», corto, simple, disco estereofónico, d. microsurco, d. matriz, d. original, d. virgen, copia, ejemplar; Disco microsurco o «long-play»; LPs, EPs, vinilo, single, simple, doble, estándar, estereofónico o estéreo; CD-ROM («Compact Disc-Read Only Memory»), Disco compacto de memoria de sólo lectura), CD-RW («rewritable», regrabable), DVD («Digital Versatile Disc», Disco versátil digital), DVD-ROM (sólo lectura), DVD-R (grabable) DVD+RW (regrabable); Blu-Ray Disc (Sony), HD-DVD (Toshiba), disco óptico de tres capas. Redondel, círculo* (v. 5).

  — 2. Semáforo, luz*, señal. V. INDICADOR 1.

  3. Elementos del disco fonográfico. Sonido*, acústica, técnicas de grabación, reproducción de sonido, alta fidelidad, estereofonía, «hi-fi», surco, paso; revoluciones: 78, 45, 33, 16 por minuto, micrófono, zafiro, aguja de diamante, fonocaptor o «pick-up», plato, toma de sonido, mezclador, sala de grabaciones, ondas acústicas, vibraciones, control de frecuencia, tono grave, t. agudo, amplificación, altavoz*, gramófono, fonógrafo, tocadiscos*, giradiscos, plato; lectores de CD (650 MB, 700 MB) y DVD (mayor capacidad), grabadoras; megabyte (MB) = 1.000.000 bytes, 1 gigabyte (GB) = mil millones de bytes.

4. Acción. Grabar, reproducir, registrar, duplicar, copiar, mezclar, amplificar, impresionar, grabar, regrabar, formatear.

5. Redondel. Disco, placa*, pieza, chapa, círculo*, plancha, rueda*, rodaja, lámina, tejo, anillo, corona, aureola, lente, circunferencia, moneda, arandela, aro*, hoja.

6. Discoidal. Circular*, achatado, lenticular, aplastado, aplanado, anular, redondeado, redondo, ovalado, ovoideo, curvo*.
V. TOCADISCOS, MÚSICA, MAGNETÓFONO, ALTAVOZ, RADIO; CÍRCULO, JAZZ.

discóbolo. Gimnasta*, deportista*, atleta. V. ATLETISMO 2.

discoidal. V. DISCO 6.

díscolo. Indisciplinado, rebelde*, revoltoso. V. DESOBEDIENCIA 5.

disconforme. Hostil, contrario, opuesto. V. DISCREPANCIA 2.

disconformidad. Oposición*, hostilidad, disentimiento. V. DISCREPANCIA 1.

discontinuidad. Intervalo, pausa, corte. V. INTERRUPCIÓN 1.

discontinuo. Irregular, desigual, intermitente. V. INTERRUPCIÓN 3.

discordancia. 1. Desafinación, destemple, disonancia. V. SONIDO 1.
— **2.** V. disconformidad.

discordante. 1. Desafinado, destemplado, disonante. V. SONIDO 4.
— **2.** V. disconforme.

discordar. Disentir, oponerse*, diferenciarse*. V. DISCREPANCIA 3.

discordia. Disensión, desavenencia, enemistad. V. DISCREPANCIA 1.

discoteca. Colección* de discos*; sala de baile. V. COLECCIÓN 3; BAILE 14.

discreción. Mesura, circunspección, tacto. V. FORMAL 3.

DISCREPANCIA. 1. Disensión, desacuerdo, diferencia*, disconformidad o desconformidad, oposición*, divergencia, desunión, contrariedad, desavenencia, disentimiento, desigualdad, antagonismo, disidencia, conflicto, discusión*, dificultad*, roce, tropiezo, querella, altercado, pelea*, odio*, rivalidad, repulsión, antipatía*, discordia, rompimiento, cisma, descontento, escisión, separación*, hostilidad, cizaña, choque, incompatibilidad, ruptura, división.
2. Discrepante. Disidente, desconforme, disconforme, contrario, opuesto, oponente, divergente, desfavorable, conflictivo, desigual, diferente*, querellante, difícil, descontento, insatisfecho, hostil, antagónico, incompatible, discutidor*, negativo, desavenido, desacorde, peleador*, escindido, separado, cismático, rival*, émulo, dividido, desunido.
3. Discrepar. Disentir, discutir*, discordar, antagonizar, dificultar*, divergir, dividir, desunir, chocar, hostilizar, rivalizar* contrariar, oponerse*, desentonar, pelear*, querellarse,

diferenciarse*, separarse*, escindirse, desavenirse, negar, romper.
Contr.: Acuerdo, concordia, igualdad*, unión*, pacto*.
V. OPOSICIÓN, DIFERENCIA, DIFICULTAD, DISCUSIÓN, PELEA, RIVALIDAD, SEPARACIÓN.

discrepante. V. DISCREPANCIA 2.

discrepar. V. DISCREPANCIA 3.

discreto. Sensato, cuerdo, juicioso. V. FORMAL 1.

discriminación. Separación*, segregación, exclusión; discriminación positiva. V. DIFERENCIA 3.

discriminar. Segregar, separar, excluir. V. DIFERENCIA 7.

DISCULPA. 1. Pretexto, excusa, justificación, explicación*, razón, prueba, subterfugio, defensa, coartada, evasiva, atenuante, testimonio, garantía*, demostración, salvedad, descargo, escapatoria, triquiñuela, engaño*, recurso, comodín, paliativo, dispensa, rodeo, motivo, alegato, apología, perdón*, olvido*, indulgencia, comprensión, tolerancia*.
2. Disculpar. Justificar, razonar, atenuar, defender, respaldar, apoyar, ayudar*, probar, librar, explicar*, excusar, exculpar, absolver, pretextar, dispensar, relevar, eximir, descargar, salvar, testimoniar, evadir, paliar, motivar, rodear, engañar*, ocultar, rehabilitar, reivindicar, perdonar*, olvidar*, comprender, tolerar* (v. 3).
— **3.** Disculparse, pretextar, explicar*, alegar, aparentar, excusarse, invocar, fingir, achacar, simular, aducir, eludir (v. 2).
4. Disculpable. Excusable, justificable, razonable, defendible, lógico, perdonable*, natural, humano, plausible, lícito, procedente, justo, comprensible.
Contr.: Acusación*, culpa.
V. EXPLICACIÓN, PERDÓN, OLVIDO, TOLERANCIA, ENGAÑO.

disculpable. V. DISCULPA 4.

disculpar(se). V. DISCULPA 2, 3.

discurrir. 1. Meditar, reflexionar, cavilar. V. PENSAR 1.
— **2.** Andar, caminar, pasar. V. MARCHAR 1.

discursear. V. DISCURSO 3.

discursivo. Farragoso, tedioso, largo*; razonado. V. ABURRIMIENTO 2; PENSAR 12.

DISCURSO. 1. Disertación, plática, alocución, charla, conferencia, arenga, parlamento, asamblea*, filípica, diatriba, proclama, invectiva, catilinaria, prédica, sermón, homilía, oratoria (v. 2), perorata, conversación*, alegato, soflama, amonestación, discusión*, raciocinio, ditirambo, palabras*, coloquio, razonamiento, reflexión, explicación*, improvisación, pregón, edicto, bando, exhortación (v. 2).
2. Oratoria. Retórica, elocuencia, labia, dialéctica, prédica, verborrea, facundia, grandilocuencia, argumentación, persuasión, sermón, fogosidad, vehemencia, convicción, arrebato, improvisación, demagogia, parla, facilidad, habla*, disertación (v. 1).

3. Discursear. Disertar, arengar, charlar, conversar*, hablar*, platicar, perorar, proclamar, parlamentar, alegar, predicar, sermonear, amonestar, razonar, explicar*, reflexionar, improvisar, exhortar, pregonar, argumentar, discutir*, convencer, arrebatar, decir, tratar, exponer.
4. Orador. Tribuno, disertador, disertante, predicador, conferenciante, comentarista, moderador, charlista, animador, locutor, presentador, político*, magistrado, parlamentario, congresista, asambleísta, cicerón, demóstenes, concejal, legislador, diputado, argumentador, persuasivo, convincente, elocuente, retórico, ampuloso, oratorio, demagogo, vehemente, catequista, sermoneador, facundo, locuaz, parlanchín, charlatán, hablador*.
Contr.: Silencio, mudez.
V. HABLAR, CONVERSACIÓN, EXPLICACIÓN, ASAMBLEA, PALABRA.
DISCUSIÓN. 1. Polémica, debate, desacuerdo, controversia, cuestión, disputa, pelea*, pendencia, discordia, diferencia*, discrepancia*, divergencia, disconformidad, conflicto, altercado, negativa, porfía, problema, impugnación, querella, pelotera, diatriba, dialéctica, agarrada, choque, retórica, discurso*, oratoria, litigio, pleito, bronca, deliberación, conversación*, contestación, réplica, lid, argumento, argumentación, razonamiento, obstinación*, insistencia, intransigencia*, apuesta, competición, pugilato, tozudez, oposición, apasionamiento*.
— 2. *Estudio*, discusión, examen, investigación*, consideración, decisión, repaso, análisis, evaluación*, tarea, observación, comparación, dilucidación.
3. Discutir. Polemizar, debatir, deliberar, conversar*, hablar*, razonar, tratar, enfrentarse, oponerse, objetar, disentir, argumentar, contradecir, argüir, competir, responder, replicar, discrepar*, contestar, pleitear, litigar, acalorarse, chocar, agarrarse, pelear*, luchar, disputar, enemistarse*, batalla, reñir, rivalizar*, querellarse, abroncarse, altercar, impugnar, rebatir, rechazar*, rechistar, porfiar, obstinarse, insistir, machacar, cuestionar, negar, controvertir (v. 4).
— 4. *Analizar*, discutir, tratar, debatir, deliberar, examinar*, estudiar, investigar*, decidir, observar, repasar, considerar, dilucidar, comparar, evaluar* (v. 3).
5. Discutidor. Argumentador, dialéctico, discrepante*, polémico, polemista, pleiteador, contestatario, impugnador, competidor, antagonista, oponente, rival*, enemigo*, dialéctico, razonador, orador, porfiado, machacón, obstinado*, insistente, pesado, testarudo, terco, vehemente, apasionado*, acalorado, fanático, intolerante, intransigente*.
6. Discutible. Objetable, inseguro, incierto, polémico, dudoso*, controvertido, hipotético, problemático, cuestionable, oscuro*, confuso,

incierto, aleatorio, equívoco, censurable, impugnable, debatible, criticable.
Contr.: Concordia, paz*, acuerdo, pacto*.
V. DISCREPANCIA, PELEA, OBSTINACIÓN, INTRANSIGENCIA, APASIONAMIENTO, DISCURSO, CONVERSAR, HABLAR.
discutible. V. DISCUSIÓN 6.
discutidor. V. DISCUSIÓN 5.
discutir. V. DISCUSIÓN 3.
disecar. 1. Preservar, embalsamar, conservar*. V. MOMIA 4.
— 2. Seccionar, dividir, estudiar. V. CORTAR 1, ANATOMÍA 8.
disección. Corte, estudio, e. anatómico. V. ANATOMÍA 1.
diseminación. V. diseminar.
diseminar. Propagar, desparramar, extender*. V. DISPERSAR 1.
disensión. Desacuerdo, diferencia*, discusión*. V. DISCREPANCIA 1.
disentería. Enfermedad, inflamación intestinal, cólico. V. INFECCIÓN 2.
disentimiento. V. disensión.
disentir. Oponerse*, negarse, discutir*. V. DISCREPANCIA 3.
diseñador. Artista, proyectista, creador*. V. DIBUJO 6.
diseñar. Bosquejar, crear, proyectar. V. DIBUJO 5.
diseño. Bosquejo, esquema, apunte. V. DIBUJO 1.
disertación. Plática, coloquio, conferencia. V. DISCURSO 1.
disertante. Conferenciante, orador, charlista. V. DISCURSO 4.
disertar. Tratar, exponer, explicar*. V. DISCURSO 3.
DISFRAZ. 1. Artificio, disimulo*, encubrimiento, tapujo, máscara (v. 4), escondite, ocultación, camuflaje, falseamiento*, velo, embozo, simulación*, truco, engaño*, imitación, apariencia, mimetismo, adaptación, semejanza, aspecto*.
2. Disfrazado. Máscara, mascarita, comparsa, mamarracho, cómico*, payaso, encubierto, enmascarado, tapado, escondido, ocultado*, embozado, velado, encapuchado, penitente, ataviado, transformista, trajeado, camuflado, cubierto, disimulado, simulado*, engañoso*, semejante, parecido, copiado, imitado, aparente, mimético, falseado*, falso, artificial (v. 3).
3. Atavío, disfraces. Traje, máscara (v. 4), mascarita, disfrazado (v. 2), atuendo, vestido, velo, embozo, prenda, vestimenta*, ropaje, trapos.
Disfraces: fantoche, pelele, mamarracho, dios Momo, polichinela, Arlequín, dominó, Pierrot, Colombina, payaso, bufón, petimetre, mago, demonio, maharajá, pistolero, vaquero, piel roja, guerrero de las cruzadas, romano, mosquetero, soldado, pirata, bandido, odalisca, bayadera, manola, cíngara, pastora, madame Pompadour, princesa, rey o reina del Carnaval, Sisí, conejito, duende, el Zorro, vampiresa, torero, paje, Papá Noel, oso polar, Superman, ninja.

4. Máscara. Careta, mascarilla, mascarón, antifaz, carátula, carantamaula, gambuj, nariz postiza, bigotes, barbas, gafas.

5. Artículos de carnaval. A. de cotillón. V. CARNAVAL 4.

6. Disfrazar(se). Encubrir, disimular, encapuchar, enmascarar, ocultar*, esconder, tapar*, velar, embozar, ataviar, vestir, trajear, fingir, simular*, engañar*, copiar, imitar, parecer, aparentar, camuflar, mimetizar, falsear*, modificar, alterar.

7. Mascarada. Mojiganga, comparsa, carnaval*, carnestolendas, carnavalada, fantochada, payasada, desfile, comparsería, verbena, fiesta*, diversión*, regocijo, broma*, alegría*, festejo.

Contr.: Autenticidad, realidad, verdad*.

V. CARNAVAL, DIVERSIÓN, VESTIMENTA, ASPECTO, OCULTAR, ENGAÑAR, SIMULAR.

disfrazado. V. DISFRAZ 2.

disfrazar(se). V. DISFRAZ 6.

disfrutar. 1. Complacerse, gustar, deleitarse. V. PLACER 6.

— 2. Disponer, utilizar*, poseer. V. PROPIEDAD 7.

disfrute. 1. Empleo, pertenencia, utilización. V. PROPIEDAD 1.

— 2. Gusto, deleite, satisfacción*. V. PLACER 1.

disgregación. Dispersión, desintegración, división. V. SEPARAR 10.

disgregar(se). Desintegrarse, dispersarse, dividirse. V. SEPARAR 1.

disgustado. V. DISGUSTO 5.

disgustar(se). V. DISGUSTO 3, 4.

DISGUSTO. 1. Contrariedad, sinsabor, descontento, enojo* (v. 2), aflicción*, desconsuelo, mortificación, resentimiento, resquemor, rencor, odio*, pena, amargura, desaliento, inquietud, pesar, pesadumbre, malestar, desazón, desagrado*, pique, preocupación, desolación, desilusión, decepción*, desencanto, arrepentimiento*, desengaño, calamidad, dolor*, percance, tropiezo, incomodidad, molestia*, fastidio, cansancio, fatiga*, hastío, aburrimiento*, repugnancia*, enfado, irritación, indignación, mal humor, intranquilidad*, rabia, mal trago, peligro*, trance.

— 2. *Disputa*, disgusto, enojo*, enfado, desavenencia, riña, pelea*, rivalidad, enemistad*, desacuerdo, roce, violencia, tensión, tirantez, discusión*, nerviosidad*, altercado, pugna, disensión, discrepancia*, discordia, distanciamiento, alejamiento, ojeriza, odio*.

3. Disgustar. Contrariar, mortificar, afligir*, apesadumbrar, desconsolar, inquietar, desalentar, amargar, apenar, desolar, preocupar, desagradar*, desazonar, molestar*, apesarar, roer, reconcomer, atormentar, torturar, pesar, desengañar, doler, desencantar, decepcionar*, desilusionar, arrepentirse*, cansar, fastidiar, incomodar, tropezar, fatigar*, hastiar, aburrir*,

repugnar*, resentir, enfadar, enojar*, indignar, irritar, intranquilizar*, rabiar.

— 4. *Disgustarse*, enemistarse, enfadarse, enojarse*, alejarse, disputar, reñir, pelear*, discrepar*, rivalizar*, desavenirse, distanciarse, disentir, pugnar, altercar, hostilizarse.

5. Disgustado. Apenado, desalentado, pesaroso, contrariado, afligido*, desconsolado, entristecido, triste, resentido, inquieto, amargado, mortificado, desolado, desengañado, desencantado, decepcionado*, desilusionado, fastidiado, arrepentido*, dolorido, cansado, fatigado*, mustio, nervioso*, molesto*, incomodado, hastiado, harto, aburrido*, repugnado*, irritado, indignado, enojado*, enfadado, malhumorado, descontento, intranquilo*, rabioso.

— 6. *Enfadado*, disgustado, distanciado, hostil, enemistado*, alejado, desavenido, rival*, discrepante*, peleado*, reñido, discordante.

Contr.: Alegría*, gusto, satisfacción*, contento.

V. AFLICCIÓN, DESAGRADO, DISCREPANCIA, ARREPENTIMIENTO, DECEPCIÓN, ENOJO, ODIO, FATIGA, INTRANQUILIDAD, NERVIOSIDAD.

disidencia. Diferencia*, desacuerdo, escisión. V. DISCREPANCIA 1.

disidente. Contrario, oponente, cismático. V. DISCREPANCIA 2.

disímil. Desigual, dispar, distinto. V. DIFERENCIA 4.

disimilitud. Disparidad, desigualdad, discordancia. V. DIFERENCIA 1.

disimulado. 1. V. DISIMULO 3.

— 2. Desfigurado, oculto*, hipócrita*. V. FALSO 4.

disimular. 1. V. DISIMULO 2.

— 2. Disculpar, perdonar, dispensar. V. TOLERANCIA 4.

DISIMULO. 1. Encubrimiento, doblez, artificio, hipocresía*, fingimiento, falsedad*, simulación*, ficción, afectación*, reserva, sinuosidad, santurronería, socarronería, zorrería, cazurrería, cinismo, ironía, sigilo, astucia*, ocultación, malicia, silencio*, desfiguración, engaño*, argucia, perfidia, apariencia, disfraz*, tapujo, tapadera, embozo, mojigatería, beatería, pretexto, disculpa*, velo, cortina, nube, pantalla, estrategia, táctica, diplomacia, segunda intención, deslealtad, enmascaramiento, traición*, doble juego, comedia, teatro, farsa, impostura, recoveco, intríngulis, fariseísmo.

2. Disimular. Encubrir, fingir, simular*, reservarse, disculpar*, aminorar, velar, afectar, falsear*, ocultar*, engañar*, desfigurar, silenciar*, maliciar, embozar, tapar*, disfrazar*, aparentar, nublar, correr un velo, pretextar, hacer teatro, h. comedia, enmascarar.

3. Disimulado. Malicioso, ladino, hipócrita*, falso*, solapado, sinuoso, tortuoso, subrepticio, furtivo, sigiloso, silencioso*, engañoso*, subterráneo, escondido, ilegal, taimado, fingidor, artificioso, pícaro, pillo*, astuto*, santurrón, mojigato, afectado*, simulador*, desleal, pérfido, traidor*, fariseo, retorcido, encubridor, latente, oculto, traicionero, reservado, callado, calculador, socarrón, cínico, irónico*, táctico, diplomático, impostor, comediante, teatral, camandulero, zamacuco, cazurro, zorro.

Contr.: Leal, sincero*, abierto, espontáneo.

V. HIPOCRESÍA, FALSEDAD, SIMULACIÓN, ASTUCIA, AFECTACIÓN, DISCULPA, OCULTACIÓN, ENGAÑO, SILENCIO, DISFRAZ, TRAICIÓN.

disipación. Derroche, depravación, libertinaje. V. VICIO 1.

disipado. Libertino, inmoral, disoluto. V. VICIO 4.

disipar. 1. Dilapidar, despilfarrar, gastar*. V. DERROCHE 2.

— 2. *Disiparse,* esfumarse, evaporarse, aclarar. V. DESAPARECER 1.

dislate. Absurdo, insensatez, barbaridad*. V. DISPARATE 1.

dislocación. V. DISLOCAR 2.

DISLOCAR(SE). 1. Desarticular(se), desacoplar, descoyuntar, d. una articulación*, distender, separar*, luxar, desencajar, desquiciar, torcer, retorcer, romper, destrozar*, quebrar, desunir, desmembrar, descuartizar, destroncar, contorsionar, accidentar*, lesionar*, herir, disociar, disgregar, fragmentar*.

2. Dislocación. Descoyuntamiento, d. de una articulación*, distensión, luxación, esguince, torcedura, desarticulación, desencaje, desunión, separación*, quebradura, destrozo*, contorsión, desacoplamiento, desencajamiento, desmembración, disociación, disgregación, fragmentación*, retorcimiento, accidente*, lesión*, herida.

Contr.: Encajar, unir*.

V. SEPARAR, TORCER, LESIONAR, DESTROZAR, ARTICULACIÓN, ACOPLAMIENTO.

disloque. Acabóse, colmo, embrollo. V. EXAGERACIÓN 1, DESORDEN 1.

DISMINUCIÓN. 1. Descenso, merma, aminoración, reducción, mengua, baja, bajada, rebaja, beneficio*, recorte, caída, sustracción, resta, abreviación*, síntesis, acortamiento, encogimiento, contracción, retracción, restricción, pérdida, limitación*, «handicap», compensación, desventaja, bonificación, resumen, compendio, devaluación, decrecimiento, deducción, descuento, abaratamiento, desvalorización, depresión, retroceso, recesión, quebranto, traba, corte, menoscabo, deterioro*, detrimento, perjuicio, demérito, dificultad*, degradación, decadencia, debilitamiento*.

2. Disminuir. Aminorar, mermar, reducir, rebajar, empequeñecer, achicar, encoger, contraerse, estrechar, menguar, acortar, decrecer, declinar, decaer, arruinarse, descender, bajar, restar, quitar*, recortar, atenuar, desgravar, amortiguar, eximir, restringir, limitar*, minimizar, perder, caer, descontar, deducir, desvalorizar, abaratar, depreciar, despojar, tasar, escatimar, desmerecer, desdecir, menoscabar,

quebrantar, deprimir, trabar, cortar*, debilitar*, abreviar*, mitigar, moderar, aflojar, amainar, remitir, adelgazar, pinchar, reventar, deshinchar, desinflar, desinflamar.

3. Disminuido. Aminorado, mermado, reducido (v. 2).

— *Retrasado desp,* r. mental, r. físico, tonto, oligofrénico, retardado, deficiente, discapacitado, faltoso, limitado, corto, tardo, demente, loco, orate, desequilibrado; subnormal *desp,* anormal *desp,* imbécil *desp,* débil mental *desp,* tarado *desp,* idiota *desp,* cretino *desp,* degenerado *desp* (v. 1).

— 4. Baldado, tullido, incapacitado. V. INVÁLIDO 1.

Contr.: Aumento*, incremento, subida*.

V. LIMITACIÓN, ABREVIACIÓN, DEBILITAMIENTO, CORTE, DETERIORO.

disminuido. V. DISMINUCIÓN 3.

disminuir. V. DISMINUCIÓN 2.

disociación. División, separación, desintegración. V. FRAGMENTO 2.

disociar. Desmenuzar, dividir, desintegrar. V. FRAGMENTO 3.

disoluble. V. DISOLVER 6.

disolución. 1. V. DISOLVER 3.

— 2. Anulación, liquidación, eliminación. V. FIN 1.

disoluto. Licencioso, corrompido, libertino. V. VICIO 4.

disolvente. V. DISOLVER 5.

DISOLVER. 1. Desleír, diluir, deshacer, descomponer, licuar, fundir, dispersar, derretir, liquidar, fusionar, disgregar, batir, mezclar*, agregar, adicionar, añadir*, difundir, incorporar, dividir, precipitar, separar*, decantar, hidratar, emulsionar, concentrar, saturar, aguar, rebajar, falsificar*.

— 2. Deshacer, liquidar, eliminar. V. FIN 4.

3. Disolución. Licuación, desleimiento, dilución, solución, disolvente (v. 4), disgregación, dispersión, descomposición, mezcla*, combinación, derretimiento, fusión, fundición, deshielo, infusión, difusión, emulsión, suspensión, coloide, liquidación, precipitación, separación, decantación, hidratación, concentración, adición, incorporación, añadido*, falsificación*, adulteración.

4. Generalidades. Mezcla* disolvente (v. 5), cuerpo disuelto, soluto, solubilidad, saturación, concentración, moléculas, coloide, ósmosis, adsorción, imbibición.

5. Disolvente. Líquido*, diluente, disolutivo, solvente, solución, vehículo, coloide, infusión, emulsión, agente. *Clases:* Agua, alcohol, gasolina, éter, sulfuro de carbono, aguarrás, acetona, esencia de trementina, tricloretileno, tetracloruro de carbono, grasas*.

6. Disoluble. Diluible, licuable, soluble, disgregable, divisible, desleíble, fusionable, fusible, precipitable, hidratable, emulsionable, decantable, saturable.

7. Disuelto. Licuado, desleído, diluido (v. 3). *Contr.:* Concentrar, solidificar, saturar. V. MEZCLAR, AÑADIR, QUÍMICA, LÍQUIDO, AGUA.

disonante. Desafinado, desentonado, discordante. V. SONIDO 4.

dispar. Diverso, distinto, desigual. V. DIFERENCIA 4.

disparar. Tirar*, descargar, hacer fuego. V. PROYECTIL 6.

disparatado. V. DISPARATE 2.

disparatar. V. DISPARATE 3.

DISPARATE. 1. Dislate, desatino, absurdo, insensatez, barbaridad*, desacierto, necedad, tontería*, estupidez, equivocación*, error, desbarro, contradicción, paradoja, contrasentido, fallo, falla, despropósito, desaguisado, distracción, olvido*, omisión, lapsus, l. linguae, l. cálami, descuido*, desliz, imprudencia*, colmo, perjuicio*, prejuicio, burrada, temeridad, delirio, locura*, desvarío, incoherencia, extravagancia, rareza*, engendro, excentricidad, enormidad, aberración, atrocidad, barrabasada, animalada, salvajismo, ridiculez, patochada, pifia, plancha, sandez, simpleza, herejía*, fechoría, exceso, exageración*, impertinencia, divagación, sinrazón, arbitrariedad, abuso*, inocencia, ingenuidad, incompetencia, mentira, engaño*, enredo, embrollo*, desorden, falsedad*, ficción, imaginación*, tergiversación, imposibilidad, incompatibilidad.

2. Disparatado. Descabellado, ilógico, inverosímil, desatinado, desacertado, injusto*, insensato, absurdo, inaudito, equivocado*, errado, necio, tonto*, estúpido, temerario, loco, deshilvanado, incongruente, confuso, incoherente, extravagante, irracional, increíble, inconcebible, excéntrico; imprudente, paradójico, atroz, aberrante, raro*, ridículo*, simple, sandio, exagerado*, impertinente, excesivo, contraindicado, indefendible, endeble, rebatible, inadmisible, imperdonable, inaceptable, inexcusable, insostenible, contradictorio, herético*, abusivo*, arbitrario, incompetente, ingenuo, inocente*, mentiroso, engañoso*, infundado, imaginario*, falso*, desordenado*, embrollado*, enredado, tergiversado, incompatible, imposible, caro*, costosísimo.

3. Disparatar. Desatinar, errar, equivocarse*, desvariar, delirar, desbarrar, fallar, tontear*, omitir, olvidar*, distraerse, descuidarse, ridiculizarse, pifiar, exagerar*, abusar*, divagar, mentir, engañar*, embrollar*, enredar, desordenar*, falsear*, imaginar*, tergiversar, contradecirse.

Contr.: Acierto, cordura, sensatez, formalidad*. V. BARBARIDAD, TONTERÍA, EQUIVOCACIÓN, OLVIDO, LOCURA, RAREZA, RIDICULEZ, HEREJÍA, EXAGERACIÓN, ABUSO, ENGAÑO, EMBROLLO, DESORDEN, FALSEDAD.

disparidad. Desigualdad, discrepancia, diversidad. V. DIFERENCIA 1.

disparo. Descarga, tiro*, balazo. V. PROYECTIL 4.

dispendio. Desembolso, despilfarro, derroche*. V. GASTO 1.

dispendioso. Valioso, prohibitivo, costoso*. V. CARO 1.

dispensa. Exención, beneficio*, merced. V. PRIVILEGIO 1.

dispensar. 1. Conceder, distribuir, otorgar. V. PRIVILEGIO 6.

— **2.** Eximir, exceptuar, librar*. V. PERDÓN 2.

dispensario. Preventorio, consultorio, clínica. V. HOSPITAL 1.

dispepsia. Digestión difícil, trabajosa, incompleta. V. ESTÓMAGO 6.

DISPERSAR. 1. Diseminar, extender*, desperdigar, ampliar*, desparramar, propagar, esparcir, separar*, dividir, desunir, derramar, distender, expandir, fragmentar*, ensanchar, abrir, sembrar, difundir, dilatar, irradiar, emitir, despedir, rociar, regar, salpicar, vaporizar, pulverizar, mojar*, evaporar, disipar, desviar, desordenar*, soltar, aislar*, divulgar, propalar.

— **2.** Vencer, ahuyentar, desbaratar. V. DERROTA 5.

3. Dispersión. Diseminación, desperdigamiento, esparcimiento, ampliación*, desparramamiento, propagación, extensión*, expansión, fragmentación*, distensión, derramamiento, desunión, división, separación*, ensanchamiento, difusión, siembra, apertura, dilatación, irradiación, vaporización, aerosol, pulverización, salpicadura, divulgación, suelta, desorden*, caos, soledad, aislamiento*.

4. Disperso. Desparramado, extendido*, esparcido, desperdigado, diseminado, ampliado*, sembrado, expandido, distendido, ensanchado, separado, dividido, desunido, derramado, suelto, propagado, irradiado, dilatado, abierto, difundido, salpicado, pulverizado, vaporizado, rociado, mojado*, desordenado*, desorganizado, caótico, solo, aislado.

Contr.: Unir*, juntar, concentrar. V. EXTENDER, AMPLIAR, SEPARAR, FRAGMENTAR, DESORDENAR, DERROTAR.

dispersión. 1. V. DISPERSAR 3.

— **2.** Fuga, éxodo, desbandada. V. HUIDA 1.

disperso. V. DISPERSAR 4.

displicencia. Apatía, desinterés, desdén. V. INDIFERENCIA 1.

displicente. Desdeñoso, despectivo, desinteresado. V. INDIFERENCIA 2.

disponer. 1. Mandar, decidir, decretar. V. ORDEN 10.

— **2.** Colocar, situar, arreglar. V. ORDEN 9.

— **3.** *Disponerse*, aprestarse, decidirse, iniciar. V. PREPARAR 1.

disponible. Desocupado, vacante, utilizable. V. LIBERTAD 7.

disposición. 1. Precepto, decisión, mandato. V. ORDEN 3, 4.
— **2.** Aptitud, capacidad, inclinación. V. HÁBIL 3.
— **3.** Proyecto, previsión, preparativo. V. PLAN 1.
dispositivo. Artilugio, artefacto, mecanismo. V. APARATO 1.
dispuesto. 1. Complaciente, propicio, solícito. V. AMABILIDAD 2.
— **2.** Competente, diestro, mañoso. V. HÁBIL 1.
— **3.** Presto, alerta, listo. V. PREPARAR 7.
disputa. 1. Polémica, controversia, altercado. V. DICUSIÓN 1.
— **2.** Lucha, reyerta, combate. V. PELEA 1.
disputar. Reñir, discrepar, luchar. V. DISCUTIR, PELEAR.
disquisición. Observación, razonamiento, análisis. V. PENSAR 6.
DISTANCIA. 1. Separación*, alejamiento*, lejanía, lontananza (v. 3), lejos, apartamiento, retiro, desamparo*, espacio, alcance, radio, r. de acción, zona*, sección, parte*, cercanía, proximidad, dispersión, intervalo, camino*, recorrido, trayecto (v. 2), andurrial (v. 3), lapso, tiempo*, límite, aislamiento, ausencia, medida*, dimensión, longitud, largo*, anchura, vuelo*, salto*, carrera (v. 2).
— **2.** *Trayecto*, distancia, marcha*, recorrido, jornada, itinerario, progreso, tramo, trecho, tirada, camino*, viaje*, carrera, avance, travesía, paseo, singladura, desplazamiento.
— **3.** *Lejanía*, distancia, andurriales, vericueto, aislamiento*, lontananza, alejamiento (v. 1), desvío, retiro, soledad, desamparo*, abandono, nostalgia, tristeza, incomunicación, destierro, ostracismo.
4. Distante. Alejado, lejano, lejos, separado*, remoto, apartado, retirado, distanciado, aislado, solo, de trasmano, solitario, arrinconado, enemistado (v. 10), inexplorado, ignorado, desviado, escondido, oculto*, desconocido, último, final*, extremo, disperso, ausente, desplazado, incomunicado, ultramarino, transoceánico, allí, allá, allende, en aquel lugar, remotamente.
5. Distanciar. Apartar, separar*, aislar, alejar, ausentarse, irse (v. 6), retirar, quitar, despreciar*, rechazar, repeler, desdeñar, expulsar*, relegar, abandonar*, segregar, discriminar, estar lejos (v. 4).
— **6.** *Distanciarse*, alejarse, marcharse*, irse, ausentarse, apartarse (v. 5), huir*.
— **7.** *Enojarse*, distanciarse, enfrentarse, enemistarse*, rivalizar*, enfadarse, enfriarse, separarse, reñir, pelearse*, romper, oponerse, indisponerse, odiar*, desdeñar, despreciar*, apartarse, alejarse.
8. Distar. Estar lejos, alejado, distante (v. 4).
9. Distanciado. Lejano, alejado, distante (v. 4).
— **10.** *Enfadado*, distanciado, enemistado*, enojado*, irritado, enfrentado, frío, displicente,

despreciativo*, silencioso*, indispuesto, opuesto, peleado*, hosco, reñido, separado, rival*. *Contr.:* Cercanía, unión*. V. ALEJAMIENTO, AISLAMIENTO, DESAMPARO, SEPARACIÓN, VIAJE, MEDIDA, ENOJO, ENEMISTAD.
distanciado. V. DISTANCIA 9, 10.
distanciar(se). V. DISTANCIA 5-7.
distante. V. DISTANCIA 4.
distar. V. DISTANCIA 8.
distender. 1. Alargar, estirar, tensar. V. ESTIRAR 1.
— **2.** V. distensión.
distensión. 1. Relajación, mejoría, concordia. V. TRANQUILIDAD 1, PAZ 1.
— **2.** Dislocación, torcedura, esguince. V. DISLOCAR 2.
— **3.** V. distender 1.
distinción. 1. Homenaje, deferencia, recompensa. V. PREMIO 1.
— **2.** Particularidad, discriminación, diversidad. V. DIFERENCIA 1.
— **3.** Donaire, estilo, refinamiento. V. ELEGANCIA 1.
distingo. Objeción, reparo, discriminación. V. DIFERENCIA 3.
distinguido. 1. Señorial, desenvuelto, fino. V. ELEGANCIA 2.
— **2.** Noble, correcto, cumplido. V. AMABILIDAD 2.
— **3.** Destacado, descollante, importante*. V. SUPERIOR 1.
distinguir. 1. Premiar*, reconocer, destacar. V. HONOR 4.
— **2.** Particularizar, separar, seleccionar. V. DIFERENCIA 5.
— **3.** Vislumbrar, divisar, percibir. V. MIRAR 1.
— **4.** *Distinguirse*, descollar, superar, dominar*. V. SUPERIOR 6.
distintivo. 1. Particularidad, peculiaridad, propiedad. V. CARACTERÍSTICA 1.
— **2.** Emblema, señal, insignia. V. SÍMBOLO 1, 2.
distinto. Característico*, individual, diverso. V. DIFERENCIA 4.
distorsión. Torcedura, retorcimiento, deformación*. V. TORCER 5.
distracción. 1. Despreocupación, olvido*, desliz. V. DESCUIDO 1.
— **2.** Recreo, pasatiempo, entretenimiento. V. DIVERSIÓN 1.
distraer. 1. Encandilar, enredar, embaucar. V. ENGAÑO 2.
— **2.** Recrear(se), entretener, amenizar. V. DIVERSIÓN 4, 5.
— **3.** *Distraerse*, despreocuparse, olvidarse*, entretenerse. V. DESCUIDO 3.
distraído. 1. Despreocupado, olvidadizo*, aturdido. V. DESCUIDO 6.
— **2.** Interesante, entretenido, animado. V. DIVERSIÓN 6.

distribución. 1. Partición, entrega, reparto. V. REPARTIR 3.
— **2.** Colocación, instalación, ubicación. V. ORDEN 1.
distribuidor. 1. intermediario, agente, representante. V. DELEGACIÓN 4.
— **2.** Repartidor, transportista*, mensajero. V. REPARTIR 6.
distribuir. Asignar, entregar, ordenar*. V. REPARTIR 1.
distributivo. Proporcional, igual, equitativo. V. EQUILIBRIO 6.
distrito. Circunscripción, término, jurisdicción. V. ZONA 2.
disturbio. Motín, levantamiento, algarada. V. REVOLUCIÓN 1.
disuadir. Desalentar, desaconsejar, impedir. V. DESÁNIMO 4.
disuasión. 1. Freno, contención, limitación. V. LÍMITE 2.
— **2.** V. disuadir.
disuelto. Licuado, desleído, diluido. V. DISOLVER 7.
disyuntiva. Dilema, alternativa, dificultad*. V. DUDA 1.
ditirambo. Lisonja, alabanza, elogio*. V. ADULACIÓN 1.
diurno. De día, matutino, vespertino. V. DÍA 5.
diva. Cantante, artista*, intérprete. V. CANTAR 10.
divagación. Digresión, vaguedad, rodeo. V. IMPRECISIÓN 1.
divagar. Desvariar, desviarse, rodear. V. IMPRECISIÓN 4.
diván. Sofá, sillón, canapé. V. ASIENTO 1.
divergencia. 1. Bifurcación, separación*, alejamiento. V. ALEJAR 3.
— **2.** Disentimiento, oposición*, disconformidad. V. DISCREPANCIA 1.
divergente. 1. Alejado, bifurcado, separado. V. ALEJAR 4.
— **2.** Disidente, discordante, opuesto. V. DISCREPANCIA 2.
diverger. incorr V. divergir.
divergir. Discrepar, bifurcarse, separarse V. divergencia 1, 2.
diversidad. Pluralidad, diferencia*, variedad. V. VARIAR 4.
diversificar. Cambiar*, renovar, diferenciar*. V. VARIAR 1.
DIVERSIÓN. 1. Esparcimiento, recreo, pasatiempo, desahogo, juerga (v. 2), entretenimiento, distracción, afición*, solaz, placer*, gusto, fiesta*, vacación, divertimiento, expansión, distensión, relajación, buen rato, ocio, juego*, amenidad, broma*, burla, chacota, risa, alborozo, alegría*, comicidad*, retozo, ánimo*, regodeo, refocilo, pecorea, animación (v. 2).
2. Juerga. Calaverada, jolgorio, fiesta*, farra, jaleo, jarana, gaudeamus, francachela, parranda, cuchipanda, bacanal, orgía, saturnal, placer*, refocilo, escándalo, desenfreno, banquete*, ronda, enredo, alboroto* (v. 1).

3. Diversiones. Fiesta*, convite, festín, banquete*, sarao, reunión, boda, casamiento*, bautizo, cena, velada, orgía, bacanal, guateque, baile*, danza, cantar*, juego*, j. de sociedad, j. de azar, «hobby», afición*, crucigrama, palabras cruzadas, charada, rompecabezas, adivinanza, acertijo, jeroglífico, trabalenguas, juego de palabras*, pasatiempo, circo*, cine*, teatro*, concierto, música*, corrida de toros, toreo*, espectáculo*, e. artístico, e. deportivo, deporte*, fútbol, paseo, excursión, camping, acampada*, «picnic», merienda campestre, gira, viaje*, turismo, caza*, verbena, feria, parque de atracciones* (v. 1).
4. Divertir. Amenizar, entretener, cautivar, interesar*, complacer, divertirse (v. 5), distraer, agradar, animar, alegrar, encantar, recrear, atraer (v. 5).
— **5.** Divertirse, distraerse, entretenerse, recrearse, pasar el tiempo, p. el rato, desahogarse, esparcirse, expansionarse, solazarse, relajarse, holgar, reposar, distenderse, parrandear, jaranear, pernoctar, trasnochar, velar, jalear, alborotar, escandalizar, chacotear, burlarse, bromear*, jugar*, alborozarse, alegrarse*, reír, retozar, animarse*, satisfacerse*, refocilarse, regodearse, gozar.
6. Divertido. Interesante*, distraído, juerguista (v. 7), animado, entretenido, curioso*, placentero*, cómico*, humorístico, gracioso, agradable*, grato, recreativo, gustoso, relajante, ameno, cautivante, encantador, atractivo*, expansivo, gozoso (v. 7).
7. Jaranero. Juerguista, escandaloso, desenfrenado, calavera, parrandero, noctámbulo, trasnochador, alegre*, ocurrente, cómico*, gracioso, chistoso, bromista*, risueño, retozón, juguetón, travieso, dicharachero, animado*, animador, gozador, vividor, alborotador, bullicioso, ruidoso, farrista, tronera, paseandero, callejero, tarambana, alocado, pillo, aturdido, mujeriego*, donjuán, jugador*.
Contr.: Aburrimiento*, tedio.
V. AFICIÓN, JUEGO, FIESTA, ALEGRÍA, BROMA, COMICIDAD, BAILE, CANTAR, DEPORTE, TOREO, CINE, TEATRO, ESPECTÁCULO, VIAJE, ACAMPADA, CAZA, PARQUE DE ATRACCIONES.
diverso. Distinto, heterogéneo, variado V. VARIAR 5.
divertido. V. DIVERSIÓN 6, 7.
divertimiento. V. DIVERSIÓN 1-3.
divertir. V. DIVERSIÓN 4, 5.
dividendo. Rédito, interés, provecho. V. BENEFICIO 1.
dividir. 1. Fraccionar, cortar*, separar*. V. FRAGMENTO 3.
— **2.** Distribuir, asignar, entregar*. V. REPARTIR 1.
— **3.** Indisponer, enemistar, apartar. V. ENEMISTAD 5.

divieso. Forúnculo, bulto, inflamación. V. GRA-
NO 1.
divinidad. 1. Ser divino, semidiós, deidad. V.
DIOS 2.
— **2.** Primor, preciosidad, beldad. V. HERMO-
SURA 1, 2.
divinizar. Glorificar, santificar, adorar*. V. SAN-
TO 9.
divino. 1. Sobrehumano, beatífico, celestial. V.
DIOS 5.
— **2.** Soberbio, espléndido, precioso. V. MA-
RAVILLA 2.
divisa. Emblema, distintivo, insignia. V. SÍMBOLO 2.
divisar. Vislumbrar, ver, avistar. V. MIRAR 1.
divisible. V. división 1, 3.
división. 1. Operación, cómputo, cuenta. V. CÁL-
CULO 5.
— **2.** Desavenencia, rivalidad*, desunión. V.
DISCREPANCIA 1.
— **3.** Fraccionamiento, reparto*, partición. V.
FRAGMENTO 2.
— **4.** Departamento, sector, agrupación. V.
SECCIÓN 1.
— **5.** Casilla, apartado, partición. V. COMPAR-
TIMIENTO 1.
divisor. Denominador, número, submúltiplo. V.
CÁLCULO 6.
divisorio. Fronterizo, lindante, marginal. V. LÍMI-
TE 3.
divo. Cantante, artista, intérprete. V. CANTAR 10.
divorciado. V. DIVORCIO 4.
divorciarse. V. DIVORCIO 3.
DIVORCIO. 1. Separación*, anulación, a. matrimonial, nulidad (canónica y civil), anulabilidad,
disolución, d. del matrimonio, d. la unión civil,
ruptura, repudio, desunión, mutuo acuerdo,
desacuerdo, desavenencia, alejamiento, desli-
gamiento, descasamiento, independencia.
2. Elementos. Sentencia de separación, separación, s. de cuerpos, s. de bienes. Matrimonio
canónico, causas de separación: adulterio, grave detrimento corporal del cónyuge o de los
hijos; grave detrimento espiritual del cónyuge
o de los hijos, abandono malicioso. Matrimonio
civil, divorcio: por petición de uno los cónyuges,
de ambos o de uno con el consentimiento del
otro (art. 73-80 y 86 del Código Civil); mutuo
acuerdo, convenio regulador; derecho a la pensión, pensión, p. compensatoria, p. alimenticia,
custodia de los hijos, indemnización, privación
de la patria potestad, conciliación, reconciliación, vida común.
3. Divorciarse. Desligarse, separarse*, des-
unirse, terminar, romper, apartarse, alejarse,
repudiar, renegar, desdeñar*, malquistarse,
independizarse.
4. Divorciado, divorciada. Separado*, desligado, desunido, distanciado, alejado, apartado,
repudiado, desdeñado*, renegado, malquisto,
independiente.
Contr.: Reconciliación, casamiento*.

V. SEPARACIÓN, ADULTERIO, CASAMIENTO,
FAMILIA.
divulgación. Revelación, manifestación, difusión.
V. EXPLICACIÓN 1.
divulgado. Popular, difundido, habitual. V. HÁ-
BITO 6.
divulgar. Revelar, difundir, propagar. V. INFOR-
ME 3.
do. Nota. V. MÚSICA 8.
dobladillo. Alforza, plisado, pliegue*. V. COS-
TURA 2.
doblado. V. doblar 1, 2.
doblaje. Versión, traducción, sustitución. V. CINE-
MATOGRAFÍA 7.
doblar. 1. Torcer*, flexionar, planchar. V. PLIE-
GUE 3.
— **2.** Duplicar, multiplicar, acrecentar. V. AU-
MENTAR 1.
— **3.** Repicar, tocar, tañer. V. CAMPANA 6.
— **4.** V. doblaje.
doble. 1. Reproducción, duplicado, reiteración. V.
COPIA 1, REPETICIÓN 1.
— **2.** Sustituto*, extra, especialista cinematográfico. V. CINEMATOGRAFÍA 10.
doblegar. 1. Vencer*, rendir, someter. V. DOMI-
NACIÓN 2.
— **2.** *Doblegarse*, consentir, ceder, transigir. V.
TOLERANCIA 4.
doblez. 1. Fingimiento, astucia*, disimulo*. V.
HIPOCRESÍA 1.
— **2.** V. dobladillo.
doblón. Pieza, ducado, moneda. V. DINERO 4, 7.
docena. Doce, cantidad, conjunto. V. NÚMERO.
docencia. Pedagogía, enseñanza, instrucción. V.
EDUCACIÓN 1.
docente. Pedagógico, didáctico, profesoral. V.
EDUCACIÓN 18.
dócil. Sumiso, manso, suave. V. OBEDIENCIA 2.
docilidad. Sumisión, mansedumbre, pasividad. V.
OBEDIENCIA 1.
docto. Erudito, instruido, sabio. V. SABIDURÍA 2.
doctor. Diplomado, universitario*, graduado. V.
DIPLOMA 3.
doctoral. Ceremonioso, grave, pomposo. V. SO-
LEMNE 1.
doctorar(se). Titular(se), convalidar, graduarse. V.
DIPLOMA 4.
doctrina. Credo, opinión, religión*. V. CREER 6.
documentación. V. DOCUMENTO 1, 2.
documentado. Instruido, capacitado, preparado.
V. EDUCACIÓN 17.
documental. 1. Fidedigno, cierto, evidente. V.
VERDAD 3.
— **2.** Cortometraje, película didáctica, instruc-
tiva. V. CINEMATOGRAFÍA 4.
documentar. 1. V. DOCUMENTO 8.
— **2.** *Documentarse*, asesorarse, prepararse,
estudiar. V. EDUCACIÓN 12.
DOCUMENTO. 1. Escrito*, manuscrito, pergamino, original, carné, carnet (v. 2), oficio, escritura*, acta, acta notarial, contrato*, reseña, rela-

ción, memoria, legajo, protocolo, expediente, trámite*, diploma*, título, despacho, cédula, partida, fe, fe de vida*, certificado, certificación, licencia, patente, invento*, nota*, comprobante*, justificante, recibo, resguardo, garantía*, papeleta, talón, factura (v. 3), minuta, documentación, atestado, registro, informe*, privilegio, bula, poder, encíclica, breve, auto, carta*, papel*, plica, palimpsesto, notificación, declaración, convenio, pacto*, otorgamiento, cartilla, compromiso, conocimiento, nombramiento*, instrumento, copia*, duplicado, repertorio, «dossier», sumario (v. 4), carpeta, archivo, extracto, testamento, instrucción, comunicación, pliego. (v. 2).

2. Documento personal. Credencial, carné, carnet, documentación, documento de identidad (DNI), cédula, c. de identidad, tarjeta de identificación, comprobante, justificante, permiso, licencia, autorización, pasaporte, visado, salvoconducto, pase, pasavante, aval, visa, visado, partida de nacimiento, de defunción.

3. Documentos comerciales*. Factura, albarán, recibo, resguardo, efecto mercantil, garantía*, talón, cheque*, pagaré, libranza, orden de pago, letra, l. de cambio, obligación, inventario, abonaré, giro, bono, libranza, nota, pago*, valores, acciones, cupón, vale, carta de pago, conocimiento, matriz (v. 1).

4. Conjunto de documentos. Documentación, legajo, «dossier», sumario, expediente, trámite*, plica, vade, repertorio, papeles*, cartera, libro*, registrador, archivo, archivador, carpeta, talonario.

5. Elementos. Sello, firma, rúbrica, fecha, encabezamiento, cabeza, cláusula, apartado, artículo, codicilo, pie, cajetín, membrete, visto bueno, conforme, cúmplase, diligencia, solemnidad, ítem, nota, nota bene, posdata, nota marginal, póliza, visado, legalización*, legitimación, autorización, autentificación, certificación, aprobación*, calce, matriz, cita, otorgamiento, fe pública, homologación, refrendo, partida, prueba, alegación, atestado, registro, recibí, endoso; paleografía, caligrafía, escritura*.

6. Personas. Notario, abogado*, escribano, escribiente*, pasante, amanuense, oficial, actuario, funcionario público, burócrata, secretario, protonotario, escritor*, redactor, funcionario, escriba, copista, pendolista, calígrafo, empleado*, auxiliar, a. administrativo; chupatintas, cagatintas.

7. Firmante. Rubricante, signatario, infrascrito, nombrado, antedicho, contratante, parte, suscriptor, compromisario, remitente, nombre*.

8. Acción. Otorgar, dar fe, extender, expedir, legitimar, documentar, autentificar, certificar, legalizar, visar, homologar, facturar, endosar, registrar, refrendar, autorizar, sellar, firmar, rubricar, fechar, datar, encabezar, conformar, dar

el visto bueno, copiar*, duplicar, cursar, redactar, escribir*, diligenciar, tramitar*, archivar. V. CONTRATO, ESCRITO, COMERCIO, ESCRITURA, TRÁMITE, GARANTÍA, INFORME.

dogal. Maroma, lazo, soga. V. CUERDA 1.

dogma. Doctrina, fe, verdad*. V. CREER 6.

dogmático. Fidedigno, innegable, tajante. V. VERDAD 3.

dogo. Perro guardián, can, alano. V. PERRO 2.

dolar. Desbastar, acepillar, pulir. V. LISO 3.

dólar. Moneda, unidad monetaria, divisa. V. DINERO 6.

dolencia. Afección, indisposición*, padecimiento. V. ENFERMEDAD 1.

doler. V. DOLOR 5.

doliente. V. DOLOR 9.

dolo. Fraude, falsedad*, trampa. V. ESTAFA 1.

DOLOR. 1. Padecimiento, daño, mal, sufrimiento*, aflicción*, suplicio, tortura, tormento*, agonía, malestar, molestia*, trastorno, escozor, punzada (v. 3), sensación, sensibilidad, percepción, desazón, excitabilidad, hiperestesia, angustia, lamento, queja, gemido*, dolencia, enfermedad*, mortificación, penitencia, cruz, calvario (v. 3).
— **2.** Pena, pesar, arrepentimiento*. V. AFLICCIÓN 1.

3. Enumeración de dolores. Molestia, sensibilidad, ardor, picor*, quemazón, irritación, escozor, punzada, puntada, agujeta, pinchazo, calambre, contracción, espasmo, convulsión, temblor*, sacudida, paroxismo, rictus, cólico, ataque, acceso, indisposición*, ramalazo, pupa, dolencia, enfermedad*, crisis, quejido, gemido*, llanto, lloro*, rechinar de dientes, sudor, ahogos, algia, cefalalgia, jaqueca, migraña, cefalea, gastralgia, neuralgia, mialgia, otalgia, cardialgia, gota, inflamación, mordedura, contusión, lesión*, herida, desgarro.

4. Clases de dolor. Agudo, doloroso, punzante, lacerante, lancinante, ardiente, urente, urticante, vesicante, irritante, quemante, intenso*, horrible, atroz, vivo, agobiante, penetrante, torturante*, desesperante, taladrante, terebrante, fulgurante, insoportable, intolerable, penoso, violento*, molesto*; anodino, pasajero, difuso, sordo, soportable, tolerable, leve, indoloro, errático, localizado, suave, débil*, imperceptible.

5. Doler. Penar, sobrellevar, padecer, sufrir*, sentir, notar, soportar, agonizar, temblar*, acalambrarse, contraerse, convulsionarse, sacudirse, escocer, picar, arder, quemar, inflamarse, molestar*, hincharse*, enrojecer, contusionarse, herirse, lesionarse*, quejarse, gemir*, plañir, llorar*, enfermar*, indisponerse* (v. 7).
— **6.** Desconsolarse, pesar, compadecerse. V. AFLICCIÓN 3, 4.

7. Causar dolor. Lastimar, lacerar, punzar, herir, lesionar*, molestar*, morder, arañar, golpear*, desgarrar, pinchar*, acuchillar, cortar*, martirizar, atormentar, torturar*, castigar*, azotar, flagelar* (v. 5).

8. Que causa dolor. Doloroso, punzante (v. 4), sádico, victimario, asesino*, cruel*, monstruo*, vampiro, verdugo, vesánico, bárbaro*, refinado (v. 4).

9. Que padece dolor. Dolorido, doliente, molido, lacerado, sensible, delicado, víctima, masoquista, flagelante*, penitente, mártir, paciente, afectado, aquejado, malo, quejumbroso, gemebundo, quejica, llorón, débil*, enfermizo, enfermo*, indispuesto, quebrantado, maltratado, lastimado, lesionado*, contuso, herido, golpeado*, descoyuntado, reventado, fatigado*, agotado, molesto*, martirizado, torturado*, atormentado, escocido, doloroso (v. 4), artrítico, reumático (v. enfermedad*).

10. Objetos. Cilicio, disciplinas, látigo, flagelo*, cadenas, cuchillo*, arma* blanca; aparatos de tortura*: potro, torno, rueda, caballo de palo, garrote, garrucha, parrilla, dama o virgen de Nuremberg, toro de bronce; artefactos de castigo: guillotina, horca, silla eléctrica, etc. (v. tortura 3).

11. Indoloro. Insensible, imperceptible, suave, mínimo, débil, leve*, anodino, pasajero, inexistente, gradual, paulatino (v. 12).

12. Antidoloroso. Analgésico, paliativo, calmante, sedante, lenitivo, narcótico, anestésico, anestesia*, medicamento*, droga*, tranquilizante*, hipnótico, barbitúrico, linimento, bálsamo, aspirina, etc. (v. medicamento*).

13. Ausencia de dolor. Analgesia, anestesia*, tranquilidad*, bienestar, sedación, insensibilidad, embotamiento, calma, paz, medicación*. *Contr.:* Analgesia, insensibilidad (v. 13).
V. TORTURA, INDISPOSICIÓN, MOLESTIA, ENFERMEDAD, GEMIDO, LLORO, LESIÓN, GOLPE, CASTIGO, CRUELDAD.

dolorido. V. DOLOR 9.

doloroso. 1. V. DOLOR 8.
— **2.** Penoso, lamentable, triste. V. AFLICCIÓN 6.

doloso. Engañoso*, falso*, fraudulento. V. ENGAÑO 4.

doma. Domesticación, amansamiento, amaestramiento. V. DOMINACIÓN 2.

domado. V. DOMINACIÓN 7.

domador. Amansador, desbravador, amaestrador. V. DOMINACIÓN 6.

domar. Amaestrar, amansar, domesticar. V. DOMINACIÓN 11.

doméstica. Sirvienta, criada, empleada de hogar. V. SERVIDOR 2.

domesticar. V. domar.

doméstico. 1. Sirviente, criado, empleado de hogar. V. SERVIDOR 1.
— **2.** Casero, hogareño, familiar. V. CASA 8.

domiciliar(se). Residir, afincarse, instalarse. V. HABITACIÓN 5.

domicilio. Señas, dirección, residencia. V. HABITACIÓN 2.

DOMINACIÓN. 1. Poderío, poder*, supremacía, autoridad, dominio, influencia, hegemonía, mando, sujeción, superioridad*, opresión, esclavitud*, yugo, conquista*, invasión, toma, asalto, ataque*, coacción, soberanía, abuso*, sometimiento, extremismo, control, señorío, imperio, apremio, represión, castigo*, potestad, tiranía, autocracia, dictadura, absolutismo, despotismo, caciquismo, imperialismo, colonialismo, colonia*, colonización, feudalismo*, vasallaje, servidumbre, intolerancia, intransigencia*, victoria, triunfo*, omnipotencia, preponderancia, pujanza, potencia, prepotencia, exigencia, despojo, robo*, captura, amaestramiento, doma (v. 2).

2. Doma. Domesticación, amansamiento, adiestramiento, amaestramiento, captura, sometimiento, apaciguamiento, cuidado*, aplacamiento, aleccionamiento, instrucción, enseñanza, represión, contención, educación*, mando, poder* (v. 1).

3. Dominante. Autoritario, imperioso, despótico, dictatorial, tiránico, intolerante, fanático, extremista, totalitario, absolutista, intransigente*, severo*, exigente, arbitrario, injusto, esclavizador*, absoluto, prepotente, abusador*, omnipotente, preponderante, poderoso, pujante, abusivo, opresivo, mangoneador, orgulloso*, soberbio, marimandona, hegemónico, superior*, represivo, feudal*, tirano (v. 4).

4. Dominador. Dictador, conquistador*, tirano, absolutista, autócrata, señor, amo, jefe*, autarca, déspota, cabecilla, oligarca, esclavista*, negrero, vencedor, triunfador*, opresor, colonialista*, colonizador, imperialista, gobernador, gobernante absoluto, monarca, rey absoluto, régulo, reyezuelo (v. 3).

5. Predominante. Dominante, prevaleciente, imperante, vigente, reinante, actual*, elevado, superior, descollante, sobresaliente, gobernante (v. 4).

6. Domador. Adiestrador, amaestrador, amansador, desbravador, apaciguador, instructor, aleccionador, educador*, cuidador*.

7. Dominado. Sojuzgado, subyugado, controlado, vasallo, súbdito, servidor*, siervo, esclavo*, supeditado, sometido (v. 9).

8. Domado. Amansado, amaestrado, desbravado (v. 11).

9. Dominar. Sojuzgar, subyugar, embargar, controlar, disciplinar, castigar*, someter, imponerse, influir, actuar*, afectar, pesar, rendir, avasallar, prevalecer, mandar, oprimir, frenar, refrenar, reprimir, moderar*, contener, sujetar, acogotar, abrumar, dominarse (v. 10), superar*, relegar, señorear, mangonear, entrometerse, supeditar, imperar, reinar, derrotar*, vencer, triunfar*, gobernar, capturar, despojar, robar*, matar, atar, entorpecer, estorbar, sofocar, aprisionar, tiranizar, conquistar*, esclavizar*, colonizar*, invadir, arrollar, atacar, abusar*, amansar, domar (v. 11).

— **10.** *Dominarse*, contenerse, reprimirse, controlarse, vencerse, apaciguarse, aplacarse, calmarse, superar, tranquilizarse*, refrenarse, disciplinarse, sacrificarse, aguantar*, tolerar*, sobreponerse (v. 9).

11. Domar. Amansar, amaestrar, desbravar, adiestrar, domesticar, someter, apaciguar, aplacar, capturar, cuidar*, aleccionar, instruir, educar*, ejercitar, ensayar, mandar, reprimir, vencer, sujetar, contener, dominar (v. 6).

Contr.: Servidumbre*, rebeldía*, obediencia*.

V. SUPERIORIDAD, CONQUISTA, COLONIA, CASTIGO, TRIUNFO, SEVERIDAD, ABUSO, DERROTA, ESCLAVITUD, FEUDALISMO, JEFE.

dominado. V. DOMINACIÓN 7.

dominador. 1. V. DOMINACIÓN 3, 4.

— **2.** Preponderante, descollante, destacado. V. SUPERIOR 1.

dominante. V. dominador.

dominar. V. DOMINACIÓN 9-11.

dómine. Preceptor, profesor, educador. V. EDUCACIÓN 15.

domingo. Asueto, festivo, festividad. V. FIESTA 1, 6.

dominguero. Descansado*, festivo, alegre*; conductor fastidioso, inexperto. V. FIESTA 13; AUTOMÓVIL 17.

dominguillo. Pelele, monigote, recadero. V. MUÑECO 1, 2.

dominical. Dominguero, festivo, semanal. V. FIESTA 13.

dominico. Fraile, religioso. V. SACERDOTE 2, 3.

dominio. 1. V. DOMINACIÓN 1.

— **2.** Posesión, pertenencia, protectorado. V. PROPIEDAD 1, COLONIA 4.

DOMINÓ. 1. Pasatiempo, juego*, j. de sociedad, entretenimiento, distracción, diversión*, esparcimiento, recreo.

2. Elementos. Fichas, piezas; material: hueso, marfil, plástico; puntos, fila, doble, blanca doble, as, pito, capicúa, encerrona; robar, dar, pasar, hacer dominó, cerrar el juego, ahorcar. V. JUEGO, DIVERSIÓN.

domo. Cúpula, ábside, cimborrio. V. BÓVEDA 1.

don. 1. Señor, caballero, título. V. TRATAMIENTO 2, 4.

— **2.** Virtud, aptitud, facultad. V. CUALIDAD 1.

— **3.** Obsequio, merced, ofrenda. V. REGALO 1.

donación. Legado, concesión, entrega*. V. REGALO 1.

donador. Dadivoso, espléndido, donante. V. REGALO 3.

donaire. Gallardía, galanura, elegancia*. V. GARBO 1.

donairoso. Gallardo, apuesto, elegante*. V. GARBO 2.

donante. V. donador.

donar. Ofrecer, ceder, entregar*. V. REGALO 2.

donativo. Dádiva, ofrenda, donación. V. REGALO 1.

doncel. Adolescente, efebo, mancebo, V. JOVEN 1.

doncella. 1. Chica, señorita, damisela. V. JOVEN 2.

— **2.** Criada, sirvienta, camarera. V. SERVIDOR 2.

— **3.** Casta, pura, virginal. V. VIRGEN 2.

DONDE, DÓNDE. 1. En donde, en la parte que, en qué parte, adonde, do, en que, en qué lugar, en el cual, en el que, adónde, a qué sitio, hacia dónde, a qué lugar, el lugar que, circunstancia*.

2. Dondequiera. Doquier, doquiera, en cualquier sitio, por dondequiera, por doquier, por doquiera, por cualquier lugar, adondequiera, a cualquier sitio, a cualquier parte. V. LUGAR, CIRCUNSTANCIA.

dondequiera. V. DONDE 2.

donjuán. Tenorio, seductor, mujeriego. V. MUJER 8.

donoso. Arrogante, gallardo, gentil. V. GARBO 2.

doña. Señora, dama, matrona. V. MUJER 1.

doquier, doquiera. V. DONDE 2.

dorado. Chapado, bañado, brillante*. V. METALURGIA 8.

dorar. Chapar, abrillantar, bañar. V. METALURGIA 10.

dórico. Orden arquitectónico, estilo. V. ARQUITECTURA 6.

dormido. 1. Tendido, durmiente, adormecido. V. SUEÑO 5.

— **2.** Torpe, atontado, lelo. V. TONTO 1.

dormilón. Adormilado, soñoliento, holgazán*. V. SUEÑO 5.

dormir. 1. Acostarse, descansar*, reposar. V. SUEÑO 6.

— **2.** *Dormirse*, alelarse, atontarse, holgazanear*. V. DESCUIDO 3.

dormitar. Adormilarse, cabecear, adormecerse. V. SUEÑO 6.

dormitivo. Narcótico, estupefaciente, somnífero. V. SUEÑO 7.

dormitorio. Aposento, alcoba, habitación*. V. CAMA 4.

dorsal. Lumbar, posterior, trasero; tela, número, participante, deporte. V. POSTERIOR 1; DEPORTE 11.

dorso. Posterior, reverso, trasero. V. POSTERIOR 2.

dos. Par, bis, número. V. GRUPO 12.

dosel. Baldaquín, palio, colgadura. V. COLGAR 6.

dosificar. Determinar, graduar, administrar. V. MEDIDA 14.

dosis. Porción, cantidad, toma. V. PARTE 1.

dossier. *fr* Expediente, sumario, legajo. V. DOCUMENTO 4.

dotación. 1. Tripulación, marinos, personal embarcado. V. BARCO 18.

— **2.** Suministro, asignación, cesión. V. ENTREGAR 4.

dotar. Suministrar, proporcionar, asignar. V. ENTREGAR 1.

dote. 1. Aportación, bienes, caudal. V. DINERO 1.
— **2.** Dotes, virtudes, prendas, aptitudes. V. CUALIDAD 1.

DRAGA. 1. Embarcación, gabarra, barcaza, lanchón, pontón, máquina*, excavadora*, e. del fondo marino. *Clases:* draga de cangilones, de succión, de cuchara, de grúa.
2. Elementos. *Draga de cangilones:* cadena sin fin, cangilones o cubos, rosario de cangilones, torre, plano inclinado. *D. de succión:* draga hidráulica, bomba centrífuga, b. de aspiración, tuberías, desintegrador. *D. de cuchara:* brazo, cuchara, mordaza, mandíbula. *D. de grúa:* quijadas.
3. Dragar. Excavar*, extraer, remover, limpiar*, librar, despejar, desembarazar, ahondar.
4. Dragado. Extracción, remoción, limpieza, excavación*. Extraído, excavado (v. 3).
V. EXCAVADORA, EXCAVAR, LIMPIAR.

dragado. V. DRAGA 4.

dragaminas. Barreminas, navío, buque de guerra*. V. BARCO 6.

dragar. V. DRAGA 3.

dragón. Animal monstruoso, mítico, fabuloso. V. ANIMAL 17.

drag-queen. *ingl* Transformista. V. DISFRAZ 2.

drama. 1. Pieza teatral, tragedia, melodrama. V. TEATRO 2.
— **2.** Calamidad, desastre*, infortunio. V. DESGRACIA 1.

dramático. Conmovedor, patético, trágico. V. DESGRACIA 2.

dramatismo. Emotividad, fuerza, impresión. V. EMOCIÓN 1.

dramatizar. Abultar, adornar, improvisar. V. EXAGERACIÓN 5.

dramaturgo. Comediógrafo, literato, autor. V. ESCRITOR 1.

drástico. Tajante, radical, contundente. V. ENERGÍA 2.

drenaje. Vaciado, descarga, desagüe. V. VACÍO 4.

dríada. Ninfa, dríade, ser mitológico. V. MITOLOGÍA 3.

driblar. Regatear, eludir, burlar. V. ESQUIVAR 1.

dril. Tela fuerte, t. de algodón, lienzo. V. TELA 7.

DROGA. 1. Fármaco, preparado, medicina, medicamento*, alcaloide, especialidad, específico, estupefaciente, narcótico (v. 2), poción, pócima, cordial, filtro, bebedizo, paraíso artificial, alucinógeno, ingrediente, estimulante (v. 2), sustancia, remedio (v. 2, 3).
2. Drogas según efectos. Narcótico, alcaloide, hipnótico, dormitivo, somnífero, alucinógeno, estupefaciente, soporífero, barbitúrico, sedante, tranquilizante*, sedativo, calmante, analgésico, antidoloroso, bálsamo, lenitivo, paliativo, anestésico, anestesia*, estimulante*, afrodisíaco, tóxico, veneno* (v. 1, 3).
3. Drogas diversas. Opio, morfina, heroína, «nieve», coca, cocaína, cáñamo indio, marihuana, «hierba», grifa, hachís o chocolate, kif, mus-

carina, mescalina, simpatina, codeína, sulfonal, anfetaminas, metadona, LSD (dietilamida de ácido lisérgico), digitalina, coramina, bromuro, láudano, belladona, beleño, valeriana, pentotal, anestesia*, anestésico, luminal, veronal, Atarax, Valium, Diazepán, Meprobamato, Fanodormo, Rohipnol, Lexatín, Orfidal, Amital, Butisol; tóxicos, venenos*; alcohol, tabaco*, nicotina, café, cafeína, té, teína (v. 1). Drogas de laboratorio (v. laboratorio*, química*).
4. Elementos. Toxicomanía, hábito*, paraíso artificial, «viaje», náuseas, vómitos, calambres, vicio*, tratamiento, t. ambulatorio, cura de desintoxicación, deshabituación, abstinencia, síndrome de abstinencia.
5. Drogado. Drogadicto, toxicómano, morfinómano, heroinómano, yonqui, cocainómano, drogata, adicto, narcotizado, enviciado, perdido, descarriado, inyectado, estimulado, enfermo*.
6. Drogar, drogarse. Narcotizar, intoxicar, envenenar, tomar, administrar, inyectar*, picar, anestesiar*, dormir, insensibilizar, absorber, ingerir, viciar*, enviciar, corromper, contagiar, pervertir, descarriar, estimular, perderse.
Contr.: Abstinencia.
V. MEDICAMENTO, VENENO, ANESTÉSICO, TRANQUILIZANTE, VICIO, QUÍMICA, LABORATORIO.

drogadicto, drogado. V. DROGA 5.

drogar. V. DROGA 6.

droguería. Establecimiento, botica, farmacia*. V. TIENDA 3.

dromedario. Camello, cuadrúpedo, ungulado. V. RUMIANTE 3.

drugstore. *ingl* Almacén, establecimiento, galería comercial*. V. TIENDA 3.

druida. Oficiante, hechicero*, santón celta. V. SACERDOTE 4.

drupa. Pericarpio, fruto carnoso, ciruela. V. FRUTO 3, 4.

dualidad. Complejidad, diversidad, multiplicidad. V. VARIAR 4.

dubitativo. Titubeante, irresoluto, indeciso. V. DUDA 4.

ducado. 1. Moneda, m. antigua, doblón. V. DINERO 7.
— **2.** Heredad, patrimonio, propiedad* del duque. V. ARISTOCRACIA 6.

ducha. Chorro, riego, mojadura. V. MOJAR 4.

duchar. Empapar, regar, lavar. V. MOJAR 1.

ducho. Diestro, experimentado, experto*. V. HÁBIL 1.

dúctil. Maleable, blando, acomodaticio, V. FLEXIBILIDAD 4.

DUDA. 1. Dilema, inseguridad, incertidumbre, alternativa, elección, selección*, opción, titubeo, vacilación, disyuntiva, encrucijada, indecisión, irresolución, escrúpulo, perplejidad, sospecha*, desconfianza (v. 2), cambio*, inestabilidad*, imprecisión, aturdimiento*, extrañeza, turba-

ción*, timidez*, problema, indeterminación, fluctuación, conflicto, dificultad*, hesitación, hipótesis, incógnita, confusión, desorden*, engaño, ofuscación, desorientación (v. 2).
— **2.** *Sospecha**, duda, desconfianza, preocupación, prevención, recelo, barrunto, aprensión, reparo, repugnancia*, suspicacia, prejuicio, temor, conjetura (v. 1).
3. Dudoso. Problemático, inseguro, hipotético, variable*, vago, impreciso, indeciso, vacilante, titubeante (v. 4), nebuloso, confuso, oscuro, discutible*, objetable, cuestionable, incierto, improbable, condicionado, incógnito, sospechoso*, en entredicho, en duda, fortuito, aleatorio, relativo, condicional, precario, irrealizable, mudable, difícil*, engañoso*, indeterminado, desorientado, irresoluto, extraño, cambiante*, fluctuante, inestable*, alternativo, inexacto, equívoco, eventual (v. 4).
4. Que duda. Titubeante, dudoso, indeciso, irresoluto, dubitativo, inseguro, vacilante, pensativo*, perplejo, confuso, temeroso, desconcertado, extrañado, preocupado, fluctuante, confundido, embarazado, aturdido*, sorprendido, alterado, turbado*, trastornado, desconfiado, suspicaz, sospechoso*, tímido*, prevenido, aprensivo.
5. Dudar. Vacilar, titubear, hesitar, estar indeciso, fluctuar, cambiar*, variar*, turbarse, ofuscarse, pensar*, reflexionar, preocuparse, temer*, conjeturar, prevenirse, desconfiar, sospechar*, confundirse, desorientarse, desconcertarse, extrañarse, embarazarse, aturdirse*, equivocarse*, engañarse*, escamarse, amoscarse, mosquearse.
6. Expresiones de duda. Quizá, quizás, quién sabe, tal vez, acaso, pudiera ser, posiblemente, probablemente, inciertamente, seguramente, dudosamente, fortuitamente, aleatoriamente, improbablemente, difícilmente, hipotéticamente.
Contr.: Seguridad*, certidumbre, confianza*, decisión.
V. ATURDIMIENTO, TIMIDEZ, TEMOR, SOSPECHA, INESTABILIDAD, VARIACIÓN.
dudar. V. DUDA 5.
dudoso. V. DUDA 3, 4.
duela. Tablilla, tabla, madero de tonel. V. BARRIL 2.
duelista. V. DUELO 5.
DUELO. 1. Reto, desafío*, pendencia, lance, l. de honor, cuestión de honor, provocación, amenaza*, enfrentamiento, ofensa*, lucha, pelea*, combate, justa, torneo, lid, rivalidad* (v. 4).
— **2.** Congoja, luto, tristeza. V. AFLICCIÓN 1, 2.
— **3.** Sepelio, ceremonia, cortejo. V. ENTIERRO 1.
4. Elementos. Honor*, honra, honor ofendido, pundonor, campo del honor, duelo a muerte, d. a primera sangre, d. a pistola*, d. a espada*, d. a sable, esgrima*, juicio de Dios, duelo judicial.

5. Personas. Duelista, adversario, contendiente, rival*, enemigo*, espadachín*, esgrimidor*, matachín, matamoros, camorrista, matón, bravucón, fanfarrón, belicoso, agresor, ofensor*, retador, ofendido*; padrinos, testigos, juez de campo.
6. Acción. Desafiar*, retar, lanzar el guante, provocar, agredir, enfrentarse, rivalizar*, amenazar, deshonrar*, ofender*, insultar, pelear*, luchar*, contender, verse las caras, v. en el campo del honor, apadrinar, testificar.
Contr.: Conciliación, paz*, concordia, avenencia.
V. PELEA, RIVALIDAD, OFENSA, HONOR, ESGRIMA, ESPADA, PISTOLA, ARMA.
duende. Espectro, espíritu, genio. V. FANTASMA 1.
dueña. 1. V. dueño.
— **2.** Señora, acompañante, carabina. V. MUJER 2.
dueño. Patrón, amo, propietario. V. PROPIEDAD 6.
dulce. 1. Azucarado, exquisito, empalagoso. V. AZÚCAR 6.
— **2.** Golosina, bombón, caramelo. V. CONFITERÍA 2.
— **3.** Suave*, afable, sumiso. V. AMABILIDAD 2.
dulcería. Repostería, pastelería, bollería. V. CONFITERÍA 1.
dulcificar. Mitigar, apaciguar, atenuar. V. SUAVIZAR, TRANQUILIZAR.
dulzón. V. dulce 1.
dulzura. Afabilidad, suavidad*, sencillez. V. AMABILIDAD 1.
duna. Médano, arenal, montículo. V. DESIERTO 6.
dúo. Pareja, dos, dueto. V. GRUPO 12, CANTAR 3.
duodeno. Segmento intestinal, entrañas, tripa. V. INTESTINOS 2.
duplicado. Facsímil, facsímile, imitación, reproducción. V. COPIA 1.
duplicar. Imitar, repetir, reproducir. V. COPIA 3.
duplicidad. Astucia*, falsedad*, doblez. V. HIPOCRESÍA 1.
duplo. Doble, duplicado, reiteración. V. REPETICIÓN 1.
duque. Noble, patricio, aristócrata. V. ARISTOCRACIA 2, 4.
durable. V. DURACIÓN 3.
DURACIÓN. 1. Conservación, aguante, resistencia, tiempo*, permanencia*, estabilidad, continuidad, continuación, perennidad, perpetuidad, eternidad (v. 2), persistencia, perseverancia*, constancia, tenacidad, firmeza, perduración, prolongación, prosecución, alargamiento, prórroga, pertinencia, arraigo, envejecimiento, supervivencia, ancianidad*, antigüedad*, longevidad, vitalidad, pesadez, aburrimiento*, molestia* (v. 2).
— **2.** *Eternidad*, duración, perpetuidad, inmortalidad, permanencia*, envejecimiento, perennidad, infinitud, eón, perpetuación, persistencia, subsistencia, conservación, continuidad,

renacimiento, indestructibilidad, invulnerabilidad (v. 3).

3. Duradero. Durable, inalterable, estable, resistente, inacabable, persistente, vital, permanente*, interminable, aguantador, firme, fijo, fuerte, conservado, continuo, perenne, infinito, eterno, perpetuo, inmortal (v. 4), prolongado, alargado, largo, indisoluble, perdurable, arraigado, inagotable, prorrogado, repetido, indefinido, definitivo, ilimitado, crónico, vitalicio, imperecedero, inextinguible, inexpugnable, inmarcesible, inmarchitable, inmemorial, sempiterno, invariable, indestructible, indeleble, imborrable, irreversible, rozagante, lozano, nuevo (v. 4), pertinaz, perseverante, antiguo*, anciano*, viejo, seguido, constante, tenaz, aburrido*, molesto*, pesado (v. 4).

— **4.** *Eterno*, duradero, inmortal, perpetuo, perenne, permanente*, infinito, imperecedero, persistente, superviviente, decano, longevo, vitalicio, inmemorial, sempiterno, conservado*, renacido, redivivo, resucitado, invulnerable, indestructible, inextinguible, interminable, inacabable (v. 3).

5. Durar. Permanecer*, persistir, resistir, conservarse*, estabilizarse, aguantar, eternizarse, perpetuarse, inmortalizarse, perdurar, continuar*, envejecer, consolidarse, proseguir, prolongarse, arraigarse, perseverar, prorrogar, alargarse, vivir, sobrevivir, subsistir, mantenerse, sostenerse, renacer, revivir, pasar, tirar, ir tirando, haber para rato, haber para largo, aburrir*, molestar*.

6. Durante. Mientras, mientras tanto, en tanto, entretanto, en el ínterin, al tiempo que, a la vez que; expectativa, espera*.

Contr.: Brevedad, fugacidad.

V. PERMANENCIA, PERSEVERANCIA, ANTIGÜEDAD, ANCIANIDAD.

duradero. V. DURAR 3.

duramente. Reciamente, sólidamente, tenazmente. V. DURO 8.

durante. V. DURACIÓN 6.

durar. V. DURACIÓN 5.

durazno. Melocotón, duraznero, vegetal*. V. FRUTO 5, ÁRBOL 5.

dureza. V. DURO 3.

durmiente. 1. Dormido, tendido, inconsciente. V. SUEÑO 5.

— **2.** Leño, traviesa, viga. V. MADERA 2, FERROCARRIL 14.

DURO. 1. Sólido, firme, fuerte, compacto, recio, tenaz, consistente, endurecido, resistente*, apretado, macizo, denso*, robusto, inquebrantable, irrompible, poderoso*, vigoroso*, aguantador, adamantino, diamantino, granítico, pétreo, roqueño, rocoso, acerado, férreo, metálico*, rígido*, tieso, espeso, tosco, inflexible, estable, encallecido, calloso, fibroso, correoso, leñoso, osificado, óseo, córneo, coriáceo, cascarudo, invulnerable, impenetrable, indeformable, consolidado, apelmazado.

— **2.** *Riguroso*, duro, áspero, crudo, despiadado, inhumano, cruel*, inflexible, severo*, insensible, inclemente, violento*, arisco, porfiado, tenaz, empecinado, pertinaz, obstinado*, perseverante*, persistente.

3. Dureza. Firmeza, solidez, reciedumbre, resistencia*, endurecimiento, consistencia, fortaleza, fortalecimiento, fuerza, robustez, densidad*, aguante, vigor*, poder*, poderío, tenacidad, temple, apelmazamiento, consolidación, invulnerabilidad, tiesura, rigidez, fibrosidad, calcificación, osificación, callosidad (v. 5).

— **4.** *Rigor*, dureza, disciplina, severidad*, rudeza, crudeza, aspereza, insensibilidad, inflexibilidad, crueldad*, inhumanidad, impiedad, inclemencia, violencia*, empecinamiento, tenacidad, obstinación*, persistencia, perseverancia*.

— **5.** *Callo*, callosidad, dureza, costra, calcificación, esclerosis, aspereza, rugosidad, encallecimiento, endurecimiento, cicatriz, bulto, grano, ulceración, tumor*, tumoración, osificación, fibrosidad (v. 4).

6. Endurecer. Robustecer, solidificar, vigorizar*, fortalecer, templar, reforzar, apretar, trabar, fraguar, acerar, metalizar*, encallecer, osificar, secar, calcificar, estabilizar, cuajar, condensar, consolidar, petrificar, apelmazar, fortificar, dar tenacidad.

— **7.** *Endurecerse*, insensibilizarse, empecinarse, obstinarse*, resistir*, persistir, perseverar*, curtirse, acostumbrarse, habituarse*, encallecerse, embrutecerse, insensibilizarse.

8. Duramente. Sólidamente, firmemente, fuertemente (v. 1).

Contr.: Blando*, suave*.

V. VIGOROSO, RESISTENTE, DENSO, RÍGIDO, SEVERO, CRUEL.

E

ebanista. Artesano, mueblista, carpintero. V. CARPINTERÍA 2.

ebanistería. Artesanía, mueblería*, taller. V. CARPINTERÍA 1.

ébano. Tabla, ebenácea, planta. V. MADERA 5, ÁRBOL 4.

ebriedad. Embriaguez, alcoholismo, curda. V. BORRACHERA 1.

ebrio. Alcoholizado, beodo, embriagado. V. BORRACHERA 2.

ebullición. Hervor, cocción, efervescencia. V. HERVIR 2.

ebúrneo. Blanquecino, marfilino, marfileño. V. CLARO 1.

Eccehomo. Jesús atormentado, hombre herido, lacerado. V. CRISTO 1, TORTURA 9.

eccema. Eczema, erupción, inflamación, irritación, sarpullido. V. HINCHAZÓN 2.

echado. V. echar 1, 2.

echar. 1. Despedir, rechazar, lanzar*. V. EXPULSAR 1.

— **2.** *Echarse*, tenderse, descansar, acostarse. V. TUMBAR 2.

echarpe. Pañoleta, chal, mantón. V. VESTIMENTA 3.

ecléctico. Conciliador, acomodaticio, equitativo. V. IMPARCIAL 1.

eclesiástico. Cura, religioso, clérigo. V. SACERDOTE 1.

eclipsar. V. ECLIPSE 5, 6.

ECLIPSE. 1. Oscurecimiento, ocultación*, desaparición*, interposición de un astro, fenómeno celeste, f. astronómico*.

2. Decadencia, declive, desaparición*. V. EMPEORAMIENTO 1.

3. Clases. Eclipse de sol, e. solar, e. de luna, e. lunar, de planetas, de estrellas, parcial, total, anular, visible, no visible.

4. Elementos. Cono de sombra, penumbra, aureola, corona, anillo, dígito, ocultación, contacto, entrada, salida, inmersión, emersión, paso de un astro, recuperación, disco solar, disco lunar, diámetro aparente, apogeo, perigeo.

5. Eclipsar. Esconder, cubrir, tapar*, oscurecer, ocultar*, interceptar, interponerse, entrar, salir; aventajar, dominar, superar*, vencer*.

— **6.** *Eclipsarse*, declinar, decaer, menguar, debilitarse*, deteriorarse, hundirse, empeorar*, desaparecer*, esfumarse, desvanecerse, morir, finalizar*.

V. ASTRONOMÍA, OCULTACIÓN, DESAPARICIÓN, SUPERACIÓN, TAPAR.

eclíptica. Órbita, recorrido, trayectoria cósmica. V. ASTRONOMÍA 5.

eclosión. Aparición, comienzo, brote. V. PRINCIPIO 1.

eco. Sonoridad, resonancia, rumor. V. SONIDO 1.

ECOLOGÍA. 1. Protección* del ambiente, relación con el medio, cuidado*, pureza*, defensa del medio ambiente, protección de la fauna, p. de la flora, rama de la biología*; ecología animal, e. vegetal, e. humana, bioecología.

2. Elementos. Factor ambiental, f. geográfico*, asociaciones biológicas, biodiversidad, distribución, agrupación, adaptación, aclimatación, naturalización de seres vivos, influencia externa, migraciones, vida latente, temperatura, luz, humedad, biogeografía, región geográfica, residencias ecológicas: r. terrícola, arborícola, aerícola, cavernícola, fluvial, campestre, litoral, marítima, pelágica, abisal. Movimiento ecologista, Greenpeace.

Contr.: Decadencia, polución, contaminación, degradación ambiental.

V. PROTECCIÓN, CUIDADO, PUREZA, GEOGRAFÍA, BIOLOGÍA.

economato. Mutualidad, cooperativa, tienda*. V. ASOCIACIÓN 4.

ECONOMÍA. 1. Crematística, dinero*, moneda, circulación fiduciaria, riqueza pública, producción, distribución, administración*, consumo de bienes, hacienda, fisco*, finanzas, comercio*, crematología, intereses.

— **2.** Frugalidad, sobriedad, tacañería. V. AHORRO 1, AVARICIA 1.

3. Clases. Economía política, monetaria, privada, pública, estatal, mixta, rural, animal, dirigida, doméstica, planificada, cerrada, de guerra.

4. Elementos. Libre cambio, patrón oro, coyuntura, inflación, deflación, alza, baja de precios, devaluación, estabilización, industrialización, índices, política económica, nivel de vida, riqueza*, bienes, ahorro*, renta, r. per cápita, r. nacional, producto nacional bruto, sector público, banca, bancos*, comercios*, finanzas, hacienda, fisco*, impuestos, aduanas*, materias primas, energía, trabajo*, infraestructura, población, habitantes*, demografía, «boom», prosperidad*, crisis, depresión, pobreza*, estadísticas*, previsión, p. a corto plazo, a largo plazo, plan*, p. quinquenal, ley de la oferta y la demanda, beneficios*, consumo, consumidores, mercado, competencia, dirigismo, autarquía, moneda, dinero, circulación fiduciaria, compra, venta, compraventa, circulación, nacionalización, latifundio, minifundio, absentismo, fisiocracia.

5. Doctrinas económicas. Microeconomía, macroeconomía, economía clásica, mercantilismo, liberalismo, capitalismo, industrialismo, malthusianismo, neomalthusianismo, proteccionismo, monetarismo, dirigismo, monometalismo, bimetalismo, colectivismo, obrerismo, sindicalismo, socialismo, comunismo, marxismo; economía Keynesiana o keynesianismo, fordismo, Estado de bienestar.

6. Económico. Crematístico, monetario (v. 1); sobrio, tacaño (v. 2).

7. Economista. Auditor, experto, perito, financiero, especialista, comerciante, administrador, ecónomo, especulador.

Contr.: Desorden*, caos económico.

V. COMERCIO, BANCO, ADMINISTRACIÓN, FISCO, ADUANA, AHORRO, DINERO, TRABAJO, RIQUEZA, POBREZA, ESTADÍSTICA.

económico. 1. Asequible, rebajado, ganga. V. BARATO 1, 3.

— **2.** Frugal, previsor, sobrio. V. AHORRO 5.

— **3.** Mezquino, sórdido, tacaño. V. AVARICIA 2.

— **4.** Fiscal, financiero, comercial*. V. ECONOMÍA 6.

economista. V. ECONOMÍA 7.

economizar. 1. Administrar*, reunir, guardar*. V. AHORRO 3.

— **2.** Cicatear, tasar, atesorar. V. AVARICIA 3.

ecuación. Operación, cálculo, cómputo. V. ÁLGEBRA 2.

ecuador. Línea, círculo máximo, paralelo. V. GEOGRAFÍA 4.

ecuánime. Íntegro, equitativo, justo. V. IMPARCIAL 1.

ecuanimidad. Neutralidad, honradez*, rectitud. V. IMPARCIAL 2.

ecuestre. Caballar, hípico, equino. V. CABALLO 13.

ecuménico. General, mundial, internacional. V. UNIVERSO 6.

eczema. V. eccema

EDAD. 1. Vida*, años*, primaveras, lapso, temporada, siglo, tiempo*, existencia, infancia, madurez, vejez (v. 6), supervivencia, longevidad, permanencia, eternidad, paso, duración, aguante, vitalidad, energía*, resistencia, sazón, florecimiento*, festividad, días*, meses, era (v. 10, 11), época, período, ciclo, momento, estación.

— **2.** Madurez, longevidad, vejez (v. 6 y ancianidad*).

— **3.** Edades históricas (v. 10).

— **4.** Edades geológicas (v. 11).

— **5.** Edad Media. V. FEUDALISMO 1.

6. Edades humanas. Nacimiento*, lactancia, infancia, niñez*, puericia, minoría de edad, edad del pavo, juventud, edad joven*, nubilidad, mocedad, adolescencia, la flor de la edad, pubertad, mayoría de edad, madurez, sazón, vigor*, edad madura, e. adulta, e. viril, otoño, edad crítica, menopausia, climaterio, declive, decadencia, ocaso, ancianidad*, vejez, tercera edad, longevidad, senectud, caducidad, edad provecta, senilidad, decrepitud, muerte*, fallecimiento, fin*.

7. Personas. Embrión, feto, recién nacido, bebé, nene, niño*, hijo*, párvulo, criatura, menor de edad, impúber, púber, adolescente, joven*, mozo, muchacho, núbil, adulto, maduro, hombre*, persona*, mayor de edad, padre, otoñal, talludo, veterano, viejo, anciano*, longevo, añoso, superviviente, provecto, senil, decrépito; cuarentón, cincuentón, sesentón, setentón, ochentón; cuadragenario, quincuagenario, sexagenario, septuagenario, octogenario, nonagenario, centenario; Benjamín, menor, mayor, primogénito, sucesor, heredero.

8. Varios. Familia*, generación, cumpleaños, festividad, fiesta*, onomástica, santo, precocidad, tutela, quintas, mili (servicio militar suspendido en España desde el 31 de diciembre de 2002), emancipación, primogenitura, derechos civiles, penales, electorales, minoría de edad, mayoría de edad.

9. Acción. Nacer, crecer, desarrollarse*, madurar, vivir*, decaer, envejecer, morir; cumplir, celebrar, andar por, llegar a, alcanzar, tener, contar.

10. Edades históricas. Edad, época, período, era, período antediluviano; Prehistoria: Edad de Piedra (Paleolítico, Mesolítico, Neolítico); Edad de los Metales (Edad del Bronce, Edad del Hierro); Historia: Edad Antigua; Edad Media (Alta Edad Media, Baja Edad Media) (v. feudalismo*); Edad Moderna; Edad Contemporánea (v. 11).

11. Edades geológicas. Edad, época, período, era. Era y períodos geológicos; Era Arcaica o Agnostozoica (Período Arcaico, P. Algonquino); Era Primaria o Paleozoica (Período Cámbrico, Ordovícico, Silúrico, Devónico, Carbonífero, Pérmico); Era Secundaria o Mesozoica (Período Triásico, Jurásico, Cretáceo); Era Terciaria o Cenozoica (Período Paleoceno, Eoceno, Oligoceno, Mioceno, Plioceno); Período Glacial; Era Cuaternaria o Antropozoica (Período Pleistoceno o Diluvial, Holoceno o Aluvial). (V. 10 y geología*)

V. TIEMPO, VIDA, AÑO, DÍA, NIÑO, HIJO, JOVEN, MADURO, HOMBRE, PERSONA, ANCIANO, GEOLOGÍA, PREHISTORIA.

edad media. Época, era, período histórico. V. FEUDALISMO 1, EDAD 10.

edecán. Acompañante, asistente, auxiliar, militar. V. AYUDANTE, EJÉRCITO 5.

edema. Tumefacción, infiltración, acumulación serosa. V. HINCHAZÓN 2.

edén. Elíseo, cielo, empíreo. V. PARAÍSO 1.

edición. Publicación, tirada, ejemplares. V. LIBRO 15.

edicto. Decreto, bando, ley*. V. ORDEN 4.

edificación. 1. V. edificio.

— **2.** Erección, alzamiento, instalación. V. CONSTRUCCIÓN 1.

edificante. Modélico, instructivo, ejemplar. V. HONRADEZ 2.

edificar. Levantar, erigir, alzar. V. CONSTRUC-
CIÓN 3.
edificio. Vivienda, construcción, habitación*. V.
CASA 1.
edil. Concejal, magistrado, regidor. V. ALCALDÍA 5.
editar. Publicar, estampar*, imprimir*. V. LIBRO
16.
editor. Librero*, impresor*, empresario. V. LIBRO
17.
editorial. 1. Librería, empresa, casa editora. V.
LIBRO 18.
— **2.** Gacetilla, artículo de fondo, escrito*. V.
PERIODISMO 5.
edredón. Cobertor, cobija, colcha. V. CAMA 3.
EDUCACIÓN 1. Enseñanza, pedagogía, estudio
(v. 4), docencia, instrucción, didáctica, propedéutica, escolástica, mayéutica, magisterio, cátedra, aprendizaje, adiestramiento, formación,
adoctrinamiento, cultura (v. 19), ilustración,
divulgación, iniciación, aleccionamiento, documentación, ciencia*, disciplina, doctrina, apostolado, catequesis, vulgarización, preparación,
nociones, rudimentos, amaestramiento, doma,
entrenamiento, práctica, aplicación, experiencia,
reeducación, autodidáctica, aprovechamiento,
escolaridad, iluminación, dirección, guía, tutoría, explicación*, asignatura, interdisciplinarie-
dad (v. 5).
— **2.** Cortesía, urbanidad, corrección. V. AMA-
BILIDAD 1.
— **3.** Erudición, cultura, sabiduría* (v. 19).
4. Estudio. Currículum, aprendizaje, asimilación, educación (v. 1), penetración, profundi-
zación, análisis, investigación*, ensayo, experimentación, experimento, experiencia, ejercicio,
adiestramiento, instrucción, enseñanza (v. 1),
práctica, repaso, noviciado, tarea, trabajo*,
labor, tesis, ensayo, enseñanza (v. 5).
5. Lección. Disciplina, tratado, texto, estudio,
materia, asignatura, tema, programa, precepto,
ciencia*, clase, c. teórica, c. práctica, conferencia, disertación, lectura, explicación*, exposición, cursillo, coloquio, repaso, preparación,
asimilación, examen, curso (v. 4, 6).
6. Curso. Año, ciclo, clase, período, lapso, grado, término, trimestre, semestre, año lectivo, a.
docente, cursillo, seminario (v. 5, 7).
7. Estudios. Jardín de infancia, «Kindergarten»;
educación infantil (0-6 años), e. primaria (6-12
años), e. secundaria obligatoria (12-16 años),
bachillerato (dos cursos, 16-18 años), formación professional (grado medio y superior), en-
señanzas artísticas, de idiomas, deportivas, e.
de personas adultas (según la Ley orgánica de
educación, LOE, del 3 de mayo de 2006); ense-
ñanzas universitarias (Ley orgánica de Universidades, 20 de diciembre de 2001); enseñanza
especial, e. oficial, e. libre, e. pública, e. privada,
e. laica, e. religiosa, concertada. *Otros estudios:*
artes, artes y oficios, bellas artes, música, arte
dramático, danza, sacerdocio, seminario, insti-

tutos militares, escuela militar, e. naval, e. de
aviación, marina mercante (v. trabajo 7).
8. Estudios universitarios. Enseñanza superior, facultad, escuela universitaria V. UNIVER-
SIDAD 1.
9. Escuelas. Escuela, instituto, colegio, liceo,
academia, institución, organismo docente, o.
educativo, ateneo, politécnico, estudio, conservatorio, seminario, gimnasio, internado, pensionado, pupilaje, escuela superior (v. ciencia 6),
facultad, universidad*, claustro, profesorado,
escuela pública, privada, laica, religiosa, concertada; parvulario, guardería, jardín de infancia,
«Kindergarten» (v. 7). Correccional, reformatorio, prisión*, asilo.
10. Aula. Enseres. Clase, cátedra, claustro,
hemiciclo, anfiteatro, salón, sala, habitación*,
aposento, recinto, cámara, paraninfo, local de
actos, sala de actos. *Enseres:* encerado, pizarra,
pizarrón, pupitre, mesa*, banco, puntero, tiza,
tintero, mapamundi, perchero, librería, estante,
cuadernos*, libros*; ordenador.
11. Educar. Instruir, aleccionar, preparar, enseñar, educar, adiestrar, entrenar, ilustrar, dirigir,
cultivar, explicar*, iniciar, documentar, formar,
aconsejar, adoctrinar, vulgarizar, divulgar, ejercitar, capacitar, guiar*, tutelar, cuidar*, criar*,
mejorar, escolarizar, alfabetizar, disciplinar,
ejercer, repasar, desarrollar, teorizar, analizar,
discutir*, tratar, ejemplarizar*, catequizar,
evangelizar, practicar, iluminar, leer, investi-
gar*, exponer, aplicar, alumbrar, perfeccionar,
desasnar, pulir, cepillar, encaminar, experimentar, reeducar, amaestrar, domar, aprender, estudiar (v. 12).
12. Estudiar. Educarse, memorizar, asimilar,
aprender, formarse, cultivarse, instruirse, documentarse, asesorarse, leer, releer, repasar,
recapitular, hojear, revisar, cursar, aplicarse,
prepararse, asistir, aprovechar, penetrar, entender, enterarse, imbuirse, profundizar, abismarse, meditar, concentrarse, pensar*, empaparse,
empollar, abstraerse, enfrascarse, experimentar,
ensayar, investigar*, analizar, trabajar*, quemarse las pestañas, velar, examinarse (v. 11).
13. Alumno. Educando, escolar, colegial, estudiante, discípulo, condiscípulo, compañero,
párvulo, aprendiz, aspirante, novicio, novato,
principiante*, practicante, catecúmeno, veterano, asistente, oyente, libre, autodidacta,
cursillista, becario, interno, externo, pupilo,
medio pupilo, pensionista, medio pensionista,
seminarista, liceísta, normalista, chofista, sopista, goliardo, tuno, diplomado*, graduado (v.
14); alumnado, alumnos.
14. Graduado. Licenciado, doctorado, diplo-
mado*, máster, bachiller, titulado, ex alumno,
antiguo alumno, profesional, universitario*,
condiscípulo, investido, autorizado, reconn-
cido.

15. Educador. Profesor, maestro, catedrático, instructor, preceptor, pedagogo, enseñante, doctor, docente, didáctico, divulgador, preparador, entrenador, adiestrador, monitor, celador, cuidador*, catequista, adoctrinador, consejero, guía*, conferenciante, dómine, ayo, tutor, institutriz, mentor, director, regente, rector, presidente, decano, inspector de enseñanza, prefecto, profesor titular, adjunto, agregado, no numerario, emérito, contratado, suplente, ayudante*, auxiliar, lector; claustro, c. de profesores, profesorado, cuerpo docente, junta.

16. Estudioso. Laborioso, tesonero, aplicado, aprovechado, diligente, erudito, sabio*, investigador, trabajador*, empollón, autodidacta, lector, perseverante, afanoso, ambicioso*, culto, educado (v. 17).

17. Educado. Culto, instruido, docto, cultivado, documentado, preparado, capacitado, refinado, avanzado, ilustrado, conocedor, competente, hábil*, científico, sabio*, sapiente, humanista, erudito, estudioso, experto* (v. 16), perito, leído, desarrollado*, adelantado; cortés, atento, amable*.

18. Educativo. Docente, pedagógico, formativo, científico, didáctico, aleccionador, ejemplar, edificante, instructivo, ilustrativo, metódico, cultural, escolástico, escolar, colegial, estudiantil, académico, profesoral, doctrinal, explicativo, comprensible, lectivo, magistral, doctoral, normativo, preventivo, preparativo.

19. Cultura. Ilustración, educación, sabiduría*, sapiencia, instrucción, licenciatura, profesión, carrera, estudios, erudición, letras, humanidades, conocimientos, saber, ciencia, perfección, refinamiento, civilización, adelanto, progreso, desarrollo*.

20. Varios. Deberes, ejercicios, correcciones, notas, premio, diploma, certificado, matrícula, matriculación, clases teóricas, programa, plan de estudios, trabajos prácticos, texto, libro, cuaderno*, exámenes*, vacaciones.

Contr.: Ignorancia*, incultura, analfabetismo. V. SABIDURÍA, EXPLICACIÓN, TRABAJO, UNIVERSIDAD, CIENCIA, DIPLOMA, INVESTIGACIÓN, PENSAMIENTO.

educado. 1. Culto. V. EDUCACIÓN 17.
— **2.** Correcto, cortés, amable. V. AMABILIDAD 2.
educador. V. EDUCACIÓN 15.
educando. V. EDUCACIÓN 13.
educar. V. EDUCACIÓN 11.
educativo. V. EDUCACIÓN 18.
efebo. Mancebo, muchacho, adolescente. V. JOVEN 1.
efectista. Aparatoso, artificioso, sensacionalista. V. EXAGERACIÓN 4.
efectivamente. Ciertamente, sin duda, desde luego. V. INDUDABLE 3.
efectividad. V. efectivo.

efectivo. 1. Eficaz, firme, fuerte. V. SEGURO 2, 3.
— **2.** Metálico, moneda, billetes. V. DINERO 1.
efecto. 1. Sensación, impresión, sentimiento. V. PERCIBIR 4.
— **2.** Consecuencia, fruto, secuela. V. RESULTADO 1.
— **3.** Documento mercantil, libranza, pagaré. V. DOCUMENTO 3.
— **4.** *Efectos,* bienes, pertenencias, enseres. V. PROPIEDAD 1.
efectuar. Verificar, ejecutar, celebrar. V. REALIZAR 1.
efemérides, efeméride. Anales, acontecimientos, narración*. V. SUCESO 1.
efervescencia. 1. Ebullición, hervidero, espuma*. V. HERVIR 2.
— **2.** Inquietud, agitación, movimiento*. V. INTRANQUILIDAD 1.
efervescente. 1. Espumoso, hirviente, burbujeante. V. HERVIR 3.
— **2.** Inquieto, agitado, movido*. V. INTRANQUILIDAD 3.
eficacia. Capacidad, competencia, aptitud. V. HÁBIL 3.
eficaz. Seguro, apto, capaz. V. HÁBIL 1.
eficiente. V. eficaz.
efigie. Imagen, silueta, dibujo*. V. FIGURA 1.
efímero. Momentáneo, fugaz, transitorio. V. BREVE 1.
efluvio. Vapor, emanación, irradiación. V. NUBE 1.
efusión. 1. Vertido, derrame, vaciado. V. VACÍO 4.
— **2.** V. efusivo.
efusivo. Afectuoso, entusiasta, cariñoso. V. ENTUSIASMO 3.
égida. Escudo, resguardo, defensa. V. PROTECCIÓN 1.
egipto. V. EGIPTOLOGÍA 3.
EGIPTOLOGÍA. 1. Estudio, ciencia*, investigación* histórica*, estudio de antigüedades, arqueología* egipcia.
2. Generalidades. Mastaba, hipogeo, sala hipóstila, pirámides (de Gizeh: Keops, Kefrén, Micerino), Esfinge, papiro, jeroglíficos, Piedra de la Roseta. Libro de los Muertos, faraón, embalsamamiento; *lugares, ciudades:* Tebas, Menfis, Luxor, Karnak, Abu Simbel, Valle de los Reyes, Heliópolis, Gizeh; Alejandría, El Cairo, Nilo, Bajo Nilo, Alto Nilo.
3. Historia. Dinastías agipcias; Antiguo Imperio, Imperio Medio, Nuevo Imperio; faraones: Ramsés II, Tutankamón, Amenofis IV; Tutmosis, Sesostris, Seti, Ptolomeo, Nefertiti (esposa), Cleopatra.
4. Religión. Amón, Amón-Ra, Osiris, Isis, Set, Horus, Anubis, Apis, Serapis, Ptah.
V. HISTORIA, ARQUEOLOGÍA.
égloga. Oda, bucólica, poema pastoral. V. POESÍA 4.
ego. Ser individual, yo, yo consciente. V. PERSONA 1.

egocéntrico. Ególatra, presuntuoso, egoísta*. V. PEDANTE 1.

EGOÍSMO. 1. Interés, ambición*, ruindad, mezquindad, afán, avidez, codicia*, materialismo, personalismo, individualismo, envidia*, abuso*, avaricia*, usura, sordidez, especulación*, ansia, egolatría, egocentrismo, ingratitud*, infidelidad, desinterés, apatía, indiferencia*, monopolio, acaparamiento, exclusividad, positivismo, comodidad*, despreocupación, crueldad*, aislamiento, amor propio, desdén, desprecio*, vanidad*, injusticia*. **2. Egoísta.** Ambicioso*, interesado, materialista, mezquino, codicioso*, ruin, afanoso, envidioso*, individualista, personalista, ávido, sórdido, avaro*, usurero, ansioso, insaciable, ególatra, egocéntrico, infiel, ingrato*, desinteresado, despreocupado, apático, indiferente*, monopolizador, acaparador, especulador*, exclusivista, positivista, cruel*, aislado, desdeñoso, despreciativo*, vanidoso*, aprovechado, ventajista, pancista, pesetero, vividor, gorrón, oportunista, listo, abusador*, injusto*. **3. Ser egoísta.** Ambicionar*, aprovecharse, interesarse, lucrarse, codiciar*, envidiar*, especular*, acaparar, monopolizar, atesorar, ser avaro*, explotar, abusar*, ansiar, aislarse, despreocuparse, desinteresarse, desdeñar, despreciar*, rechazar, retener, copar, aventajar. *Contr.:* Generoso*, caritativo, desinteresado. V. AMBICIÓN, CODICIA, ENVIDIA, AVARICIA, INGRATITUD, CRUELDAD, VANIDAD, ABUSO, INJUSTICIA, INDIFERENCIA, DESPRECIO, COMODIDAD.

egoísta. V. EGOÍSMO 2.

ególatra. Fatuo, vanidoso*, egocéntrico. V. PEDANTE 1.

egolatría. Vanidad*, egoísmo*, presunción. V. PEDANTE 2.

egregio. Ilustre, famoso, preclaro. V. PRESTIGIO 2.

egresado. Graduado, diplomado, licenciado. V. DIPLOMA 3.

¡eh! ¡Escuche!, ¡oiga!, ¡atención! V. EXCLAMACIÓN 8.

eje. 1. Varilla, barra, palanca. V. HIERRO 7. — **2.** Recta, divisoria, diámetro. V. LÍNEA 1. — **3.** Base, apoyo, fundamento. V. CENTRO 1.

ejecución. 1. Ajusticiamiento, eliminación, castigo*. V. MUERTE 5, 8. — **2.** V. ejecutar 2.

ejecutante. Intérprete, solista, artista*. V. MÚSICA 10.

ejecutar. 1. Ajusticiar, matar, eliminar. V. MUERTE 14. — **2.** Hacer, celebrar, efectuar. V. REALIZAR 1.

ejecutivo. 1. Directivo, encargado, alto empleado*. V. JEFE 1, EMPLEADO 7. — **2.** V. ejecutor.

ejecutor. 1. Agente, autor, ejecutante. V. DELEGADO, REALIZADOR.

— **2.** Verdugo, ajusticiador, brazo de la ley. V. CASTIGO 6.

ejecutoria. Actuación, conducta, trayectoria. V. COMPORTAMIENTO 1.

ejemplar. 1. V. EJEMPLO 3-7. — **2.** Intachable, recto, virtuoso. V. HONRADEZ 2. — **3.** Escrito*, tomo, copia*. V. LIBRO 1.

ejemplarizar, ejemplificar. V. EJEMPLO 8.

EJEMPLO. 1. Metáfora, enseñanza, parábola, alusión, anécdota, refrán*, moraleja, proverbio, aforismo, máxima, lección, prueba, ejemplar, modelo (v. 3), argumento, frase*, significado*, mensaje, mención, recordatorio, verbigracia, símil, alegoría, símbolo*, imagen, figura*, comparación*, representación, texto, referencia, precedente, antecedente, semejanza, cita, caso, hecho, explicación*, demostración, aclaración, nota*, noticia, imitación, apólogo, copia*, perfección* (v. 3). — **2.** Escarmiento, correctivo, venganza*. V. CASTIGO 1. — **3.** *Arquetipo,* ejemplo, modelo, dechado, espejo, perfección*, tipo, exponente, espécimen, regla, imagen, patrón, fantasía*, ilusión, prototipo, ideal, epítome, paradigma, guía, norte, pauta, canon, parangón, muestra (v. 4). — **4.** *Muestra,* ejemplo, modelo, ejemplar, proyecto, plan, maqueta, prototipo, guía*, espécimen, regla, patrón, cuño, molde*, horma, medida, pauta, regla, unidad, tipo, norma, estándar, original*, rareza*, parangón, módulo, matriz. Por antonomasia, por excelencia, como ejemplo, como modelo (v. 3). **5. Ejemplar.** Modélico, perfecto*, intachable. V. HONRADEZ 2. — **6.** Insuperable, magnífico, soberbio. V. PERFECTO 1. — **7.** Tomo, copia*, reproducción. V. LIBRO 1. **8. Ejemplarizar.** Aconsejar, ejemplificar, demostrar, aclarar, aleccionar, enseñar, educar*, instruir, explicar*, citar, guiar*, dar ejemplo, ilustrar, asesorar, simbolizar*, argumentar, aludir, comparar, imitar, copiar*; escarmentar, corregir, vengarse, castigar*. V. REFRÁN, FRASE, EXPLICACIÓN, COPIA, MOLDE.

ejercer. Efectuar, desempeñar, practicar. V. REALIZAR 1, TRABAJAR.

ejercicio. 1. Desempeño, actuación, práctica. V. REALIZACIÓN, TRABAJO 1. — **2.** Deporte, atletismo, entrenamiento. V. GIMNASIA 1. — **3.** Instrucción, maniobra, caminata. V. MARCHAR 4. — **4.** *Ejercicios,* pruebas, deberes, oposiciones. V. EXAMEN 1.

ejercitar. 1. V. ejercer. — **2.** Entrenar, trabajar*, adiestrar. V. EDUCACIÓN 11.

EJÉRCITO. 1. Milicia, tropa, hueste, fuerza, fuerzas armadas, gente armada, guardia, cuerpo,
grupo*, institutos armados, guerrilla, comando,
tercio, facción, partido, bando, banda, mesnada, legión, cohorte, falange, infantería (v. 3),
regimiento, brigada, división (v. 4), guerreros*,
soldados (v. 5), fuerza aérea, aviación, marina;
soldadesca, horda, turba.
2. Clases. Ejército de Tierra, de mar o Marina,
del Aire o Aviación, de operaciones, colonial,
expedicionario, combinado, auxiliar, de reserva,
permanente, regular, irregular, de mercenarios,
de voluntarios, de bloqueo, sitiador, de observación, de socorro, guardia nacional.
3. Tropas antiguas. Hoplitas, legión, falange,
centuria, manípulo, cohorte, ala, Santa Hermandad, Tercio, mesnada.
4. Secciones del ejército. Grupo de ejércitos,
ejército, cuerpo de ejército, división, brigada,
regimiento, batallón, compañía, sección, pelotón, escuadra; unidad militar, destacamento, patrulla, comando, avanzada, avanzadilla,
vanguardia, guardia, puesto, retén, columna
(v. 1), tropa, piquete, fuerza, formación, línea,
escuadrón, ronda (v. 11). *Armas:* infantería
(acorazada, mecanizada, aerotransportada,
de montaña), caballería*, carros o tanques*,
artillería*, aviación, ingenieros, zapadores.
Cuerpos: Estado Mayor, intendencia, sanidad,
farmacia, veterinaria, transmisiones, cuerpo jurídico, clero castrense, automovilismo, policía
militar (v. 1, 11).
5. Soldado. Militar, guerrero*, combatiente,
infante, luchador, mercenario, aventurero,
miliciano, guerrillero, partisano, mesnadero,
hombre armado, gendarme, táctico, estratega,
oficial (v. 7), jefe*, adalid, caudillo, capitán,
superior*, cuartelero, veterano, enganchado,
quinto, recluta, conscripto, alistado, bisoño,
voluntario, asistente, reservista. *Varios:* Granadero, dragón, húsar, ulano, lancero, coracero,
cazador, fusilero, carabinero, infante, zapador,
gastador, abanderado, cadete, edecán, centinela, vigilante, guardián, observador, patrullero,
legionario, guardia civil, galonista, corneta,
cabo furriel, asistente, ordenanza, policía*, p.
militar, batidor, explorador, mosquetero, soldados antiguos (v. 6).
6. Soldados antiguos. Condestable, mariscal
de campo, brigadier, mesnadero, condotiero,
coracero, ulano, húsar, dragón, cosaco, caballero*, infante, arcabucero, mosquetero, escopetero, miguelete, lancero, lansquenete, alabardero,
piquero, arquero, saetero, ballestero, cruzado,
hondero, pedrero, macero, hoplita, pretoriano,
decurión, centurión, legionario, falangista, fal-
cario, triario, vélite, almogávar, ascari, jenízaro,
zuavo, espahí, cipayo, mameluco, samurai.
7. Grados. Grado, graduación, jerarquía, categoría, rango, rango castrense, empleo, despacho. Oficial, oficial general, jefe*, jefe castrense.

General en jefe, generalísimo, mariscal, capitán
general, teniente general, general de división
(mariscal de campo, feldmariscal), general de
brigada (brigadier), coronel, teniente coronel,
comandante (mayor), capitán, teniente, alférez
(subteniente), cadete. Suboficiales y soldados:
Oficial asimilado (subteniente), brigada, sargento primero, sargento, cabo primero, cabo, soldado primero, soldado raso, recluta (v. 5).
8. Armamento. V. ARMA, ARTILLERÍA, TAN-
QUE, PISTOLA, FUSIL.
9. Uniformes. V. UNIFORME.
10. Movimientos de tropas. V. GUERRA 4.
11. Lugares, formaciones. Guarnición, cuartel*, cuartel general, comandancia, capitanía,
región militar, jurisdicción m., zona* m., campamento, acantonamiento, acuartelamiento,
reducto, fuerte, fortín, fortificación*, castillo*,
atalaya, búnker, blocao, reales, retén, tropa,
avanzada, vanguardia, retaguardia, destacamento, puesto, cabeza de puente, formación,
centro, frente, cuadro, costado, ala, flanco, hilera, línea, columna, fila, trinchera (v. 4).
12. Varios. Servicio militar, alistamiento, recluta, reclutamiento, leva, enrolamiento, movilización, militarización, quinta, reemplazo, incorporación a filas, enganche, reenganche, banderín
de enganche, clase, caja de recluta; estrategia,
táctica, logística; simulacro, fogueo, salva, saludo, instrucción, ejercicio, paso ligero, p. redo-
blado, p. largo, p. de carga, a la carrera, paso
corto, p. corto, centinela, guardia, pase, santo
y seña, relevo, revista, arresto, cepo, alta, baja,
licencia, requisa, remonta, víveres, vituallas,
munición, pertrechos, armamento*, almacén*,
racionamiento, arenga, voz de mando, proclama, toque de atención, de diana, de silencio, de
corneta, rebato, ración, mesita, cantina.
13. Acción. Alistar, reclutar, enrolar (v. 12 y
guerra 8).
V. GUERRA, ARMA, FUSIL, PISTOLA, ARTILLE-
RÍA, TANQUE, CABALLERÍA, CUARTEL, FORTI-
FICACIÓN.
ejido. Campo común, terreno colectivo, prado. V.
CAMPO 1.
elaboración. Preparación, confección, hechura.
V. FÁBRICA 3.
elaborar. Confeccionar, fabricar, producir. V.
FÁBRICA 7.
elasticidad. Tonicidad, blandura*, ductilidad. V.
FLEXIBILIDAD 1.
elástico. 1. Cimbreante, compresible, blando. V.
FLEXIBILIDAD 4.
— 2. Muelle, resorte, ballesta. V. HIERRO 7.
elección. 1. Opción, alternativa, preferencia*. V.
SELECCIÓN 1.
— 2. V. ELECCIONES 1.
ELECCIONES. 1. Comicios, plebiscito, acto, a. electoral, a. cívico, sufragio, votación, referéndum,
escrutinio, voto, nombramiento*, preferencia*,
nominación, denominación, designación, selec-

ción*, otorgamiento, deliberación, electorado, junta, concilio, conclave, asamblea*, congreso, reunión, conferencia, agrupación, mitin.

2. Elementos. Sufragio, papeleta, voto, voto secreto, público, nominal, simple, activo, pasivo, en blanco, nulo, ordinario, de confianza, de censura, voz y voto, voluntad, v. popular, escrutinio, recuento, abstención, minoría, mayoría, quórum, empate, unanimidad, veto, derecho de veto, sufragio directo, s. indirecto, s. universal, consenso, coalición, candidatura, investidura, censo, encuesta, programa, cartel, campaña electoral, propaganda e., gira e., cuerpo e., plataforma, promesas, mesa, vacante, tribuna, hemiciclo, escaño, urna, bola, papeleta.

3. Personas. Elector, votante, concurrente, ciudadano, asistente, participante, sufragista, feminista, asambleísta*, diputado, congresista, aspirante, nominado, candidato, elegido, electo, designado, nombrado*, electorado, escrutador, compromisario, moderador, presidente.

4. Acción. Elegir, designar, nombrar*, votar, seleccionar*, preferir*, sufragar, emitir, depositar voto, votar en blanco, otorgar, nominar, reelegir, favorecer, escoger, distinguir, investir, proclamar, recontar, vetar, abstenerse, censurar, prometer, aspirar, concurrir, presentarse.

5. Electivo. Electoral, comicial, plebiscitario, selectivo, elegible, designable, nominable, votante, deliberante, cívico.

6. Electorado. Electores, votantes, concurrentes (v. 3), junta, concilio, conclave, asamblea* (v. 1).

V. SELECCIÓN, NOMBRAMIENTO, PREFERENCIA, ASAMBLEA.

electivo. V. ELECCIONES 5.
elector. V. ELECCIONES 3.
electorado. V. ELECCIONES 6.
electoral. V. ELECCIONES 5.

ELECTRICIDAD. 1. Energía*, agente físico, corriente, c. eléctrica (v. 5), fuerza, fluido, fluido eléctrico, electrotecnia, electrotécnica, electrónica, ciencia*.

2. Clasificación. Electricidad positiva, negativa, vítrea, resinosa, corriente continua, alterna (v. 5), electrónica (v. 9), electricidad médica (v. 10), magnetismo, electromagnetismo (v. 6), galvanismo, electrostática (v. 7), electrodinámica, electroacústica, electroquímica (v. 8), piezoelectricidad, material de electricidad (v. 15).

3. Elementos. Polo positivo, p. negativo, electrodo, átomo*, electrón, neutrón, protón, catión, anión, ion o ión, campo eléctrico, c. magnético, intensidad, resistencia, voltaje, potencial eléctrico, amperaje, voltio, amperio, etc. (v. 4), frecuencia, tensión, diferencia de potencial, conductibilidad, fuerza electromotriz, impedancia, autoinducción, corriente eléctrica, onda herziana, electrólisis, cortocircuito, avería, descarga.

4. Unidades eléctricas. Amperio (intensidad), voltio (fuerza), vatio, wat, kilovatio (energía), ohmio, ohm (resistencia), julio, joule (trabajo), culombio, coulomb (carga eléctrica, cantidad), faradio (capacidad); medidas eléctricas.

5. Corriente eléctrica. Corriente continua, alterna, trifásica, frecuencia, período, transformador, alternador, dinamo*, magneto, polo, conmutador, interruptor, tendido, circuito, cables, instalación eléctrica, enchufe, bombilla, lámpara*, filamento, conexión, derivación, circuito, cortocircuito, cortacircuitos, fusible, plomo, interruptor, contador, reostato, aislador, grupo* electrógeno, turbina*, línea de alta tensión, red eléctrica, central hidroeléctrica, embalse, presa*, central nuclear, c. térmica. Material eléctrico (v. 15).

6. Electromagnetismo. Imán, electroimán, hierro dulce, solenoide, inducción, corriente inducida, campo magnético, inductor, inducido, bobina, dinamo*, alternador.

7. Electrostática. Condensador, botella de Leyde, electroscopio, ámbar, resina, vidrio, máquina de Whimshurst, descarga, chispa, línea de fuerza, condensador, fuerzas de atracción, f. de repulsión, piezoelectricidad.

8. Electroquímica. Electrólisis, pila*, batería, acumulador, ánodo, cátodo, electrodo, borne, electrolito, ión, anión, catión, polarización, baño electrolítico, tratamiento de superficies, revestimiento, recubrimiento*, aleaciones, galvanoplastia, baño, galvanizado, chapado, placado, metalizado, niquelado, plateado, dorado, cromado, cincado, estañado, plomado.

9. Electrónica. Electrotecnia, electricidad (v. 1), transistor, circuito impreso, diodo, célula fotoeléctrica, rayos X, rayos catódicos, láser, radiotelegrafía, radar*, telemando, microscopio* electrónico, televisión, vídeo, ciclotrón, computadora electrónica, calculadora*, cibernética, tocadiscos, magnetófono*, radio*, transistor, aparatos* electrodomésticos*, videocámaras, equipos de audio, cadenas de alta fidelidad, amplificadores de sonido, instrumentos musicales, ordenadores (de mesa, portátil, personal), «notebook», «notepad», teléfono, t. inalámbrico, celular *Am.*

10. Electricidad médica. Electroterapia, electrocardiograma, electroencefalograma, electrocauterio, bisturí eléctrico, electrocirugía, escáner de resonancia magnética, TAC (Tomografía axial computerizada), radiología*, rayos X, ultrasonidos, rayos ultravioletas, r. infrarrojos, corrientes de alta frecuencia, electrochoque.

11. Aparatos de medida. Medidor*, indicador*, registrador, contador, galvanómetro, amperímetro, reostato, voltímetro, voltámetro, vatímetro, transductor, frecuencímetro, osciloscopio, oscilógrafo, registrador lineal, electrómetro.

12. Electricista. Electrotécnico, experto*, técnico, perito, operario, oficial, operador, especialista, entendido, ingeniero*, científico*.

13. Electrificar. Electrizar, instalar, tender, automatizar, mecanizar, mejorar, fomentar, progresar.

14. Eléctrico. Electromotriz, electrónico, electrotécnico, electromagnético, automático, automatizado, automotriz, mecánico, dieléctrico, electrógeno, conductor, hidroeléctrico, termoeléctrico, galvánico.

15. Material eléctrico. Enchufe, interruptor, fusible, caja de contacto, clavija, cortacircuitos automático, conmutador, triple, trifásico, portalámparas de doble enchufe, cable eléctrico, bombilla, lámpara, tubo aislante, cinta aislante, destornillador, alicates, tenazas para curvar tubos, voltímetro (v. 5).
V. CIENCIA, ÁTOMO, DINAMO, TURBINA, PILA, RADAR, RADIOLOGÍA, TELEVISIÓN, RADIO, ELECTRODOMÉSTICOS (APARATOS).

electricista. V. ELECTRICIDAD 12.

eléctrico. V. ELECTRICIDAD 14.

electrificar. V. ELECTRICIDAD 13.

electrizante. V. electrizar.

electrizar. 1. Arrebatar, apasionar*, maravillar. V. EMOCIÓN 3.
— **2.** Electrificar. V. ELECTRICIDAD 13.
— **3.** V. electrocutar.

electrocardiograma. Diagrama, diagnóstico, gráfico cardíaco. V. CORAZÓN 8.

electrocutar. Ajusticiar, ejecutar, accidentarse. V. CASTIGO 8, ACCIDENTE 2.

electrochoque. Descarga, curación, terapéutica psiquiátrica. V. LOCURA 8.

electrodo. Polo, varilla, elemento. V. ELECTRICIDAD 3.

ELECTRODOMÉSTICOS (APARATOS). 1. Aparatos*, artefactos, accesorios, enseres, mecanismos, máquinas, utensilios automáticos, caseros, domésticos (v. 2).

2. Enumeración. Lavadora, lavaplatos, lavavajillas, secadora de ropa, placas de calor eléctricas, hornos de microondas, aspiradora, frigorífico*, nevera, batidora, licuadora, trituradora, molinillo, tostadora de pan, cafetera, molinillo de café, abrelatas eléctrico, cuchillo e., afeitadora e., cepillo dental e., ventilador e., plancha automática, calentador de agua, molinillo de café, lámpara de cuarzo, l. de rayos infrarrojos, estufa, placa solar, acondicionador de aire (v. 1).
V. APARATO, ELECTRICIDAD.

electrólisis. Electroquímica, disociación, disgregación electrolítica. V. ELECTRICIDAD 8.

electromagnetismo. V. ELECTRICIDAD 6.

electrón. Corpúsculo, partícula, elemento negativo. V. ÁTOMO 2.

electrónica. V. ELECTRICIDAD 1, 9.

electroquímica. V. ELECTRICIDAD 8.

electrostática. V. ELECTRICIDAD 7.

electrotecnia. V. ELECTRICIDAD 9.

electrotécnico. V. ELECTRICIDAD 12.

electroterapia. V. ELECTRICIDAD 10.

ELEFANTE. 1. Paquidermo, proboscidio, mamífero*, m. ungulado, mamut, mastodonte, animal*, vertebrado. Elefante africano, asiático, indio.

2. Elementos. Trompa o probóscide, colmillos, defensas, incisivos, marfil, oreja, mano, pata. Conductor, guía, cornac o cornaca. Sabana, planicie, llanura tropical, parque nacional, reserva.
V. ANIMAL 4.

ELEGANCIA. 1. Estilo, gusto, buen gusto, refinamiento*, garbo*, distinción, tono, prestancia, gentileza, delicadeza, aire, finura, gracia, atractivo, arrogancia, empaque, majestad, señorío, nobleza, galanura, esbeltez, apostura, gallardía, belleza, hermosura*, gala, donaire, soltura, desenvoltura, desembarazo, seguridad, confianza*, originalidad*, chic, adorno*, coquetería, frivolidad*, moda*, manera, uso, afectación*, atildamiento, esnobismo, personalidad, carácter*, sensibilidad, estética, sentido estético, arte*.

2. Elegante. Gentil, garboso*, distinguido, atractivo*, refinado*, gracioso, noble, señorial, fino, delicado, arrogante, bello, hermoso*, apuesto, gallardo, esbelto, estilizado, airoso, garrido, donairoso, artístico*, galán, original, moderno, desenvuelto, desembarazado, seguro, estilista, entonado, confiado, adornado*, estético, selecto, exclusivo, atildado, esnob, afectado*, cursi, amanerado, a la moda, frívolo*, coqueto, coqueta, chic, presumido, dandi, figurín, petimetre, pisaverde, gomoso, lechuguino; señor, caballero.

3. Ser elegante. Distinguirse, destacar, lucir, exhibir, vestir*, atraer*, cautivar, encantar, coquetear, afectar*, hermosearse*, embellecerse, adornarse*, estilizarse, ennoblecerse, entonarse.
Contr.: Desaliño, descuido*, feo*, antiestético.
V. GARBO, ATRACTIVO, REFINAMIENTO, HERMOSURA, ARTE, MODA, ADORNO, FRIVOLIDAD, AFECTACIÓN.

elegante. V. ELEGANCIA 2.

elegía. Poema, copla, oda, plañidera. V. POESÍA 4.

elegir. 1. Escoger, preferir*, nombrar*. V. ELECCIONES 4.
— **2.** Entresacar, escoger, extraer. V. SELECCIÓN 3.

elemental. V. ELEMENTO 5.

ELEMENTO. 1. Factor, agente, componente, fundamento, ingrediente, compuesto, sustancia, constituyente, ente*, cosa, integrante, parte, pieza, medio, polo, adminículo, recambio, repuesto, fragmento*, aparato, conjunto, materia, material, serie, origen*, causa*, entrada, principio*, arranque, procedencia, naturaleza, apoyo*, sostén, cimiento, base, fondo, accesorio, raíz, semilla, núcleo, centro*, nociones, rudimentos (v. 2).

— **2.** *Elementos*, fundamentos, nociones, principios*, rudimentos, conocimientos*, ideas, barniz, esbozo, cultura, sabiduría*, saber, sapiencia, ilustración, educación, erudición.

— **3.** Fuerzas de la naturaleza, agentes atmosféricos. V. METEOROLOGÍA 2.

— **4.** Elementos químicos, cuerpos simples. V. QUÍMICA 4.

— **5. Elemental.** Sencillo, claro*, evidente, fácil*, simple, comprensible, inteligible*, corriente, obvio, conocido, palmario, cristalino, divulgado, difundido, notorio, generalizado, popular, extendido, palpable, hacedero, viable.

— **6.** *Fundamental*, elemental, principal, primordial, importante*, básico, sustancial, insustituible, imprescindible, ineludible, cardinal, esencial, trascendental, necesario, útil*, capital, preferente, indefectible, forzoso, imperioso, vital, inevitable, obligatorio*.

Contr.: Secundario, insignificante*.

V. ENTE, PARTE, PIEZA, PRINCIPIO, CENTRO, IMPORTANCIA, UTILIDAD, QUÍMICA.

elementos. 1. Nociones, rudimentos, fundamentos. V. ELEMENTO 2.

— **2.** Fuerzas de la naturaleza, agentes atmosféricos. V. METEOROLOGÍA 2.

elementos químicos. Cuerpos simples. V. QUÍMICA 4.

elenco. 1. Intérpretes, compañía, repertorio teatral. V. TEATRO 2, 5.

— **2.** Catálogo, relación, índice. V. LISTA 1.

elevación. 1. Montículo, colina, eminencia. V. MONTAÑA 2.

— **2.** Altitud, nivel, cota. V. ALTURA, SUBIDA.

— **3.** Incremento, desarrollo, mejora. V. AUMENTAR 4, 5.

— **4.** Grandeza, excelencia, perfección. V. SUPERIOR 4.

elevado. Enorme, gigantesco, crecido. V. ALTO, SUBIDO.

elevador. Ascensor de carga, montacargas, aparato*. V. ASCENSOR 1.

elevar. 1. Alzar, levantar, izar. V. SUBIR 2.

— **2.** Incrementar, agrandar, encarecer. V. AUMENTAR 1, 2.

elfo. Espíritu, duende, genio. V. FANTASMA 1.

elidir. V. eliminar.

eliminación. V. eliminar 1, 2.

eliminar. 1. Abolir, expulsar*, suprimir. V. ANULAR 1.

— **2.** Aniquilar, matar, destruir*. V. MUERTE 14.

elipse. Parábola, curva*, óvalo. V. CÍRCULO 1.

elipsis. Figura de construcción, omisión de palabras*. V. GRAMÁTICA 15.

Elíseo. Empíreo, edén, gloria. V. PARAÍSO 1.

élite, elite. Selección*, lo escogido, lo mejor. V. SUPERIOR 4.

élitro. Ala, membrana, apéndice. V. INSECTO 2.

elixir. Brebaje, licor, pócima. V. MEDICAMENTO 1, BEBIDA 1.

elocución. Dicción, habla*, expresión. V. PRONUNCIACIÓN 1.

elocuencia. Dialéctica, oratoria, persuasión. V. DISCURSO 2.

elocuente. Convincente, locuaz, orador. V. DISCURSO 4.

elogiable. V. ELOGIO 3.

elogiado. V. ELOGIO 5.

elogiar. V. ELOGIO 2.

ELOGIO. 1. Alabanza, ponderación, encomio, aprobación, loa, adulación*, lisonja, apología, aplauso, galantería, galanteo, piropo, requiebro, flor, terneza, cumplido, felicitación*, enaltecimiento, recomendación, ensalzamiento, halago, panegírico, atención, amabilidad, celebración, reconocimiento, cortesía, asentimiento, beneplácito, pláceme, agasajo, incienso, exageración*, realce, glorificación, honra, honor*, congratulación, ovación, loor, aclamación, lauro, aleluya, apoteosis, coba, pelotilla, jabón, zalamería, lagotería, bombo, autobombo, fanfarronería*.

2. Elogiar. Encomiar, ensalzar, aprobar, alabar, adular*, loar, enaltecer, admirar, ponderar, requebrar, piropear, galantear, echar flores, agasajar, asentir, reconocer, aplaudir, destacar, halagar, felicitar*, cumplimentar, honrar*, congratular, celebrar, realzar, glorificar, exagerar*, incensar, aclamar, ovacionar, exaltar, encumbrar, encarecer, lisonjear, dar coba, dar jabón, pregonar, fanfarronear*.

3. Elogiable. Elogioso, laudable, meritorio, loable, recomendable, encomiable, plausible, honorable, honroso*, laudatorio, enaltecedor, admirable, estimable, superior*, halagüeño, lisonjero, ejemplar*, ponderable, digno, admisible, aceptable, correcto, positivo, beneficioso*, favorable, propicio, benemérito, excelente (v. 4).

4. Que elogia. Elogioso, laudatorio, lisonjero, ensalzador, alabancero, enaltecedor, encomiástico, cumplido, atento, amable*, halagador, adulador*, piropeador, exagerado*, melifluo, panegirista, lagotero, obsequioso, pelotillero, cobista, adulón, tiralevitas, lameculos, lavacaras (v. 3).

5. Elogiado. Alabado, ponderado, encomiado (v. 1).

Contr.: Crítica, desaprobación*, ofensa*. V. FELICITACIÓN, ADULACIÓN, EXAGERACIÓN, HONRA, AMABILIDAD.

elogioso. V. ELOGIO 3, 4.

elucidar. Esclarecer, solucionar, aclarar. V. EXPLICACIÓN 2.

elucubración. Lucubración, reflexión, divagación. V. PENSAR 6.

eludir. Rehuir, soslayar, evitar. V. ESQUIVAR 1.

emaciado. Consumido, enflaquecido, demacrado. V. DELGADEZ 3.

emanación. 1. Vaho, efluvio, emisión. V. NUBE 1.
— **2.** Procedencia, derivación, resultado. V. ORIGEN 1.
emanar. 1. Exhalar, emitir, irradiar. V. EXPULSAR 2.
— **2.** Provenir, derivar, originarse*. V. ORIGEN 4.
emancipación. Soberanía, autonomía, independencia. V. LIBERTAD 1.
emancipador. Protector*, defensor, libertador. V. LIBERTAD 8.
emancipar. Manumitir, independizar, separar. V. LIBERTAD 9.
emascular. Castrar, esterilizar, capar. V. CORTAR 1, SEXO 15.
embadurnar. Pringar, manchar*, pintarrajear. V. UNTAR 1.
embajada. 1. Misión, representación, legación. V. DIPLOMACIA 4.
— **2.** Comisión, comitiva, grupo*. V. DELEGACIÓN 1.
embajador. Representante, plenipotenciario, ministro. V. DIPLOMACIA 3.
EMBALAJE. 1. Bulto, caja*, paquete, envoltorio*, maleta, baúl, cofre, arqueta, equipaje*, fardo, fardel, paca, bala, saco*, bolsa, hato, atado, atadijo, lío, casco, canasto, cesta*, jaula, armazón, maderamen*, cajón, tablazón, armadura, envase*, frasco, lata, bote, botella*, receptáculo*, recipiente, vasija, estuche, recubrimiento, funda, forro, cubierta, revestimiento, protección*, acolchado, capitoné, resguardo, madera*, papel* (v. 2).
2. Elementos. Papel*, cartón, madera*, corcho, viruta, serrín, paja, saco, arpillera, lona, trapo, tela*, cordel, cuerda*, soga, alambre, grapa, zuncho, precinto, brea, plástico; tara, carga*, descarga, embargue, envío, expedición, transporte*, mercancía, género.
3. Embalar. Preparar, empacar, empaquetar, envolver*, tapar*, enfardelar, envasar, embotellar*, enlatar, ensacar, embolsar, encajonar, atar, liar, enmaderar, enjaular, encestar, estuchar, proteger, cubrir, recubrir*, resguardar, acolchar, forrar, enfundar, revestir, lacrar, precintar, acomodar, cargar*, meter, embarcar, expedir, enviar, transportar*.
V. ENVOLTORIO, CAJA, EQUIPAJE, ENVASE, RECEPTÁCULO, RECUBRIMIENTO, SACO, CESTA, TRANSPORTE, TAPAR.
embalar. V. EMBALAJE 3.
embaldosado. Piso, pavimento, revestimiento. V. SUELO 2.
embalsamar. Preparar, conservar*, momificar. V. MOMIA 4.
embalsar. Represar, estancar, almacenar*. V. PRESA 8.
embalse. Dique*, depósito, represa. V. PRESA 1.
embanderar. Empavesar, engalanar, adornar*. V. BANDERA 5.
embarazada. V. EMBARAZO 3.
embarazar. V. EMBARAZO 10.

EMBARAZO. 1. Gestación, preñez, maternidad, gravidez, engorde, tripa, vientre, estado interesante, e. de buena esperanza, fecundación, fertilización, concepción, alumbramiento, generación, procreación, engendramiento, puerperio, sobreparto; maternidad, nacimiento*, parto (v. 6); obstetricia, tocología; ginecología.
— **2.** Confusión, molestia*, desconcierto. V. TURBACIÓN 1.
3. Mujer embarazada. Encinta, preñada, gestante, gorda, fecundada, grávida, ocupada, parturiente o parturienta, madre, hembra que pare, primípara, multípara, en estado interesante, en e. de buena esperanza.
4. Anatomía*. Matriz, útero, vagina, vulva*, ovarios, trompa uterina, óvulo, cuello uterino, feto, embrión*, fontanela, bolsa amniótica, líquido amniótico, bolsa de aguas, membranas, membrana vitelina, placenta, secundinas, decidua, corion, amnios, alantoides, cordón umbilical, líquido amniótico.
5. Antes del parto. Concepción, fecundación, procreación, generación, engendramiento, espermatozoide*, óvulo, ó. fecundado, inseminación artificial, fecundación in vitro, reproducción asistida, falta de reglas, malestar, náuseas, vómitos, desarrollo, feto, embrión*, embriología*, movimientos fetales, palpación, embarazo extrauterino, eclampsia, vida intrauterina, vida fetal, nonato, abortivos, aborto, a. provocado, parto prematuro, parto (v. 6).
6. Parto. Alumbramiento, embarazo, procreación, nacimiento*, expulsión, e. del feto, parición, venida al mundo, llegada, natalidad, vida*, origen. Dolores, contracciones, fuera de cuenta, estar en días, parto a término, p. prematuro, p. tardío, p. sin dolor*, p. distócico, distocia, malparto, cesárea, aborto, romper aguas, bolsa de aguas, dilatación, meconio, presentación, p. de cara, de nalgas, de frente, de corona, de vértice, de pies, cordón umbilical, puerperio, sobreparto, fiebre puerperal, obstetricia, tocología. Fórceps, incubadora, pelvímetro, guantes de goma, asepsia, antisepsia.
7. Nacido. Feto, embrión*, nonato, prematuro, sietemesino, gemelos, mellizos, trillizos, recién nacido, niño*.
8. Personas. Tocólogo, médico* partero, comadrón, ginecólogo, especialista, experto, comadrona, partera, matrona, auxiliar, ayudante*, a. técnico sanitario, enfermera.
9. Instituciones. Maternidad, clínica, c. ginecológica, hospital*, inclusa, asilo, hogar, casa cuna.
10. Embarazar(se), parir. Fertilizar, concebir, preñar, fecundar, cubrir, copular, aparear, procrear, reproducirse, multiplicarse, engendrar, alumbrar, parir, dar a luz, traer al mundo, realizar un coito*, dejar encinta, quedar preñada, nacer.

11. Aborto, abortar. Embrión*, feto, feto a término, prematuro, sietemesino. Malparir, malograrse, perderse, fracasar*.

12. Anticonceptivo. Anticoncepcional, píldora, anovulatorio, medicamento*, droga*, preservativo, pesario, tapón, esponja, lavador, coitus interruptus, método Ogino-Knaus, continencia. *Contr.:* Aborto (v. 11).

V. EMBRIOLOGÍA, NACIMIENTO, VIDA, NIÑO, COITO.

embarazoso. Desagradable*, desconcertante, molesto*. V. DIFICULTAD 3.

embarcación. Buque, nave, bote*. V. BARCO 1.

embarcadero. Malecón, muelle, dársena. V. PUERTO 3.

embarcar. 1. Subir*, llegar*, ascender al barco*. V. ENTRAR 1.

— **2.** Introducir, meter, almacenar. V. CARGA 5.

— **3.** *Embarcarse,* arriesgarse, aventurarse, principiar*. V. OSADÍA 5.

embargar. 1. Confiscar, incautarse, decomisar. V. APROPIARSE 1.

— **2.** Abrumar, acometer, invadir una emoción*. V. DOMINACIÓN 9.

embargo. V. embargar 1.

embarque. V. embarcar.

embarrancar. Atascarse, encallar, varar. V. NAUFRAGIO 3.

embarrar. 1. Enfangar, encenagar, embadurnar. V. FANGO 4.

— **2.** Estropear, enredar, embrollar. V. EMBROLLO 2.

embarullar. Embrollar*, enredar, mezclar*. V. ATURDIR, DESORDENAR.

embate. Arremetida, acometida, ataque*. V. EMBESTIR 2.

embaucador. Estafador, timador, tramposo. V. ESTAFA 3.

embaucar. Engañar*, timar, estafar. V. ESTAFA 2.

embaular. Engullir, devorar, tragar. V. ALIMENTO 11.

embebecido. V. embebido 2.

embeber. 1. Humedecer, absorber, empapar. V. MOJAR 1.

— **2.** Embelesar. V. EMBELESO 2.

embebido. 1. V. embeber 1, 2.

— **2.** Abstraído, absorto, ensimismado. V. PENSAR 12.

embeleco. Embuste, enredo, trampa. V. ENGAÑO 1.

embelesado. V. EMBELESO 3.

embelesador. V. EMBELESO 4.

embelesar. V. EMBELESO 2.

EMBELESO. 1. Fascinación, admiración, arrobo, arrobamiento, éxtasis, arrebato, ensimismamiento, embobamiento, enajenación, embrujo, hechizo*, magia, maravilla*, asombro*, suspenso, encanto, encantamiento, seducción, encandilamiento, deslumbramiento, alucinación, sugestión, hipnotismo*, embriaguez, perturbación, interés*, atracción*, ilusión,

contento, alegría*, satisfacción*, gusto, agrado*, embaimiento, rapto, transporte*, apasionamiento*, pasmo.

2. Embelesar(se). Extasiar(se), encantar, seducir, fascinar, arrobar, maravillar*, admirar, enajenar, embobar, ensimismar, arrebatar, suspender, asombrar*, hechizar, embrujar, alucinar, deslumbrar, enceguecer, encandilar, pasmar, interesar*, perturbar, embriagar, hipnotizar*, sugestionar, satisfacer*, alegrar*, contentar, ilusionar, atraer, embaír, gustar, agradar*, apasionar*, transportar.

3. Embelesado. Arrobado, fascinado, encandilado, extasiado, maravillado*, admirado, asombrado*, absorto, enfrascado, enajenado, embobado, ensimismado, arrebatado, encantado, suspenso, hechizado*, embrujado, alucinado, deslumbrado, seducido, interesado*, perturbado, transportado, embriagado, hipnotizado*, sugestionado, atraído, satisfecho*, alegre*, contento, ilusionado, pasmado, apasionado*, atónito, enfervorizado, abismado.

4. Embelesador. Arrobador, fascinante, embriagador, subyugante, asombroso*, admirable, arrebatador, embrujador, hechicero, maravilloso*, encantador, cautivante, interesante*, seductor, encandilador, deslumbrador, alucinante, atractivo*, atrayente, sugestivo, hipnotizador*, perturbador, engañoso*, apasionante*, pasmoso, alegre*, satisfactorio*, enfervorizador, absorbente.

Contr.: Desagrado*, disgusto, repugnancia*.

V. ASOMBRO, MARAVILLA, INTERÉS, SATISFACCIÓN, ALEGRÍA, AGRADO, APASIONAMIENTO, ATRACTIVO.

embellecer. Acicalar, atildar, arreglar. V. HERMOSURA 4.

embellecimiento. Acicalamiento, arreglo, adorno*. V. HERMOSURA 6.

embestida. V. EMBESTIR 2.

EMBESTIR. 1. Acometer, arremeter, arrojarse, lanzarse*, abalanzarse, atacar, irrumpir, asaltar, agredir, combatir, pelear*, entrar, empujar*, atropellar, arrollar, derribar, tumbar*, herir, lesionar*, precipitarse, impulsarse, estrellarse, echarse, tirarse, proyectarse, topar, cornear, colisionar, chocar, golpear*, cerrar, dar contra, caer sobre, forzar, violentar*, avanzar.

2. Embestida. Embate, arremetida, acometida, ataque*, asalto, envión, empellón, colisión, choque*, empujón*, empuje, golpe*, atropello, arrollamiento, derribo, lesión*, encontronazo, cornada, topetazo, entrada, lanzamiento, arrojo, violencia*, fuerza, proyección, propulsión, sacudida, impulso, precipitación, agresión, irrupción, combate, pelea*, ofensiva, lucha*, osadía*.

3. Que embiste. Arremetedor, acometedor, atacante, asaltante, agresor, violento*, combativo, peleador*, luchador*, ofensivo, pujante, potente, fuerte*, vigoroso*, impetuoso, arrojado, osado*.

Contr.: Retroceder*, detenerse, huir*.
V. EMPUJAR, GOLPEAR, TUMBAR, PELEAR, ATAQUE, VIOLENCIA.

emblema. Divisa, atributo, insignia. V. SÍMBOLO 1.

embobado. Absorto, atontado, pasmado. V. EMBELESADO, TONTO 1.

embobar. Asombrar*, pasmar, atontarse. V. EMBELESAR, TONTO 6.

embocadura. Ingreso, acceso, entrada. V. ENTRAR 3.

embocar. Meter, insertar, penetrar. V. INTRODUCIR 1.

embolia. Trombo, obstrucción, ataque. V. CIRCULATORIO (APARATO) 7.

émbolo. Disco, pistón, cilindro. V. MOTOR 3.

embolsar. 1. Guardar*, ensacar, meter. V. SACO 3.
— **2.** *Embolsarse*, ganar, percibir, beneficiarse*. V. COBRAR 1.

emborracharse. Beber, embriagarse, empinar el codo. V. BORRACHERA 3.

emborronar. Ensuciar, garabatear, llenar cuartillas. V. MANCHA 5, ESCRIBIR 1.

EMBOSCADA. 1. Celada, encerrona, trampa, estratagema, treta, ocultación, escondite, espera, asechanza, camuflaje, garlito, engaño*, arrinconamiento, encierro, lazo, anzuelo, red, cebo, cepo, ardid, sorpresa, rodeo, acorralamiento, cerco*, añagaza, atisbo, espionaje*, vigilancia*, alevosía, traición*, maquinación, conspiración*, intriga, disimulo, maniobra.
2. Emboscarse. Acechar, atisbar, ocultarse*, espiar*, esperar, aguardar, vigilar*, esconderse, guarecerse, resguardarse, taparse*, disimularse, camuflarse, encerrarse, sorprender, tender una trampa, t. una celada, engañar*, acorralar, arrinconar, cercar*, sitiar, maquinar, conspirar*, traicionar*, maniobrar, intrigar.
3. Emboscado. Oculto*, escondido, disimulado, tapado, resguardado, camuflado, vigilante*, alevoso, traicionero*, maquinador, conspirador, maniobrero, espía*, engañoso*, sorpresivo, tramposo, silencioso, furtivo.
V. OCULTACIÓN, ENGAÑO, TRAICIÓN, VIGILANCIA, ESPIONAJE, CONSPIRACIÓN.

emboscado. V. EMBOSCADA 3.

emboscarse. V. EMBOSCADA 2.

embotar. 1. Desgastar*, despuntar, mellar. V. LISO 3.
— **2.** Atontar, adormecer, entorpecer. V. TONTO 6.

embotellamiento. 1. Detención, atasco, inmovilización*. V. OBSTRUIR 2.
— **2.** V. embotellar.

embotellar. 1. Fraccionar, llenar*, envasar. V. ENVASE 2.
— **2.** V. embotellamiento 1.

embozar. 1. Cubrir, tapar*, esconder. V. OCULTAR 1.
— **2.** V. embotellamiento 1.

embozo. Cuello, vuelta, doblez. V. VESTIMENTA 12.

embragar. Engranar, conectar, pisar. V. AUTOMÓVIL 18.

embrague. Dispositivo, mecanismo, cambio. V. AUTOMÓVIL 11.

embravecido. Encrespado, alterado, enfurecido. V. ENOJO 3, MAR 5.

embravecer. V. embravecido.

embriagado. 1. Beodo, ebrio, bebido. V. BORRACHERA 2.
— **2.** Extasiado, fascinado, maravillado*. V. EMBELESO 3.

embriagador. Arrobador, fascinante, encantador. V. EMBELESO 4.

embriagar(se). 1. Emborracharse, achisparse, beber*. V. BORRACHERA 3.
— **2.** V. embriagado 2.

embriaguez. 1. Ebriedad, curda, alcoholismo. V. BORRACHERA 1.
— **2.** Enajenamiento, arrebato, éxtasis. V. EMBELESO 1.

EMBRIOLOGÍA. 1. Estudio, ciencia* del desarrollo, crecimiento, formación, evolución del embrión, embriogenia, ontogenia, organogénesis, histogénesis, teratología.
2. Embrión. Feto, criatura, rudimento, germen, huevo*, semilla*, engendro, ser, s. rudimentario, ente*, principio*, esbozo, organismo, aborto; nonato, prematuro, sietemesino
3. Evolución. Óvulo, cigoto, huevo*, fecundación, genes, cromosomas, cariocinesis, mórula, blástula, gástrula, blastómero, blastodermo, hojas embrionarias, ectodermo, mesodermo, endodermo, notocordio, tubo neural, celoma, vitelo, tapón vitelino, membrana vitelina, saco vitelino, membrana caduca, cordón umbilical, conducto umbilical, membranas, amnios, corion, placenta, alantoides, vellosidades del corion, secundinas, trofoblasto, líquido amniótico, bolsa de aguas, línea primitiva, segmentos primitivos, esbozo de miembros, fontanela, vida fetal, vida intrauterina.
4. Embrionario. Fetal, primario, rudimentario, inicial, primitivo, germinal, prematuro, abortivo, tosco, atrasado, simple, sencillo*, esquemático, elemental, orgánico.
V. HUEVO, ANATOMÍA, BIOLOGÍA, EMBARAZO, VIDA.

embrión. V. EMBRIOLOGÍA 2.

embrionario. V. EMBRIOLOGÍA 4.

embrocación. Linimento, cataplasma, fricción. V. UNTO 3.

embrollado. V. EMBROLLO 3, 4.

embrollador. V. EMBROLLO 5.

embrollar. V. EMBROLLO 2.

EMBROLLO. 1. Lío, confusión, enredo, intriga, manejo, complicación, engaño*, jaleo, traba, obstrucción*, caos, desorden* «affaire», escándalo, suceso, asunto, caso, politiqueo, política*, trastorno, descuido*, estorbo, dificultad*, desorientación, aturdimiento*, maraña, tropiezo, obstáculo*, problema, complejidad, revoltillo, mezcla*, fregado, intríngulis, gatuperio, berenjenal, follón, maremágnum, desbarajuste, barullo, anarquía, tinglado, laberinto, dédalo, tramoya, mentira, falsedad*, patraña, chanchullo, mangoneo, farsa, invención, apaño, cuento, chisme*, calumnia*, trapisonda, martingala, maquinación, embuste, treta, trampa, añagaza.

2. Embrollar. Enredar, complicar, dificultar*, confundir, engañar*, desorientar, tergiversar, falsear*, estorbar, trastornar, desordenar*, obstaculizar*, implicar, involucrar, liar, culpar*, comprometer, enzarzar, responsabilizar, enmarañar, turbar, aturdir*, mezclar*, revolver, embarullar, descuidar*, mentir, intrigar, calumniar*, chismorrear, maquinar, entrampar, inventar, intrincar, entorpecer, zascandilear, trabar.

3. Embrollado. Enmarañado, mezclado*, difícil*, revuelto, aturdido (v. 4), desordenado*, lioso, confuso, tergiversado, intrincado, complicado, implicado, liado, comprometido, sospechoso*, encartado, presunto, enredoso, enredado, trastornado, obstaculizado, caótico, impreciso, ininteligible*.

— **4.** *Turbado**, embrollado, aturullado, aturdido*, desorientado, descuidado*, trastornado, confundido, atontado, atolondrado (v. 5).

5. Embrollador. Embrollón, enredador, embarullador, lioso, desordenado*, desorganizado, descuidado*, tramposo, engañoso*, embustero, mentiroso, charlatán, cotilla, chismoso*, cuentero, murmurador, trapisondista, zascandil, atolondrado, entrometido, mequetrefe, intrigante, revoltoso, bribón, pícaro, pillo*.

Contr.: Orden*, verdad*, claridad.

V. DESORDEN, ENGAÑO, DIFICULTAD, DESCUIDO, ATURDIMIENTO, CALUMNIA, CHISME.

embrollón. V. EMBROLLO 5.

embromar. Enredar, chasquear, burlar. V. BROMA 6, 7.

embrujador. Subyugante, seductor, cautivante. V. EMBELESO 4.

embrujamiento. V. embrujo.

embrujar. 1. Conjurar, maldecir, encantar. V. HECHICERÍA 9.

— **2.** Fascinar, seducir, maravillar*. V. EMBELESO 2.

embrujo. 1. Maleficio, encantamiento, conjuro. V. HECHICERÍA 1.

— **2.** Encanto, fascinación, seducción. V. ATRACTIVO 1.

embrutecer. Idiotizar, atontar, entorpecer. V. BRUTO 4.

embrutecido. V. embrutecer.

embuchado. V. EMBUTIDOS 1.

embuchar. Zampar, devorar, engullir. V. ALIMENTO 11.

embudo. Adminículo, accesorio, instrumento cónico. V. COCINA 5.

embuste. Patraña, mentira, enredo*. V. ENGAÑO 1.

embustero. Cuentista, enredador*, mentiroso. V. ENGAÑO 3.

embutido. 1. Encajado, acoplado, empotrado. V. INTRODUCIR 7.

— **2.** V. EMBUTIDOS.

EMBUTIDOS. 1. Embutido, embuchado, fiambre (v. 3), tripa rellena, vianda, conserva*, conserva cárnica, chacina, salazón, cecina, adobo, carne* preparada, picadillo (v. 2).

2. Enumeración. Longaniza, chorizo, morcilla, embuchado, lomo embuchado, morcón, morcillón, salchichón, salchicha, s. de Viena, s. de Fráncfort, «frankfurt»*, sobrasada, mortadela, chóped, butifarra, chacina, menudencias, botarga, bandujo, obispo, obispillo, tripote (v. 1).

3. Otros fiambres. Fiambre, plato frío, conserva*, tocino, t. ahumado o bacon, jamón, j. serrano, j. cocido, j. dulce, j. de York, lacón, pasta de hígado, «paté de foie», «foie gras», chicharrones, cabeza de jabalí, rosbif, ternera asada, carnes* diversas, aderezo, adobo, curado, ahumado, tasajo, mojama, cecina de atún.

4. Partes, elaboración. Tripa, intestino, picadillo, chacina, sangre, adobo, condimento, pimentón, pimienta, orégano; picar, adobar, salar, ahumar, condimentar, embuchar, embutir, preparar, conservar*. Máquina de embutir, picadora.

5. Establecimientos. Salchichería, carnicería*, charcutería, fiambrería, tocinería, fábrica* de conservas*, chacinería, tienda*.

V. CONSERVA, CARNE, ALIMENTO.

embutir. Encajar, acoplar*, empotrar. V. INTRODUCIR 1.

emergencia. Incidente, eventualidad, urgencia*. V. DIFICULTAD 1.

emerger. Brotar, aparecer, surgir. V. SALIR 1.

emérito. Retirado, jubilado, pensionado. V. PENSIÓN 3.

emersión. Aparición, ascenso, subida. V. SUBIR 5.

EMIGRACIÓN. 1. Desplazamiento, partida, éxodo, exilio, destierro, migración, inmigración, marcha*, alejamiento*, expatriación, traslado*, ausencia, huida*, despoblación, abandono, transmigración, cambio*, colonización, colonia*, viaje*, corriente migratoria, movimiento* de habitantes*, peregrinación.

2. Emigrante. Expatriado, desplazado, emigrado, inmigrante, i. legal, i. irregular, i. indocumentado, sin papeles, alejado, ausente, trasladado*, colono, colonizador*, poblador, indiano, trabajador*, obrero, asalariado, peregrino, viajero*, exiliado, huido*, desterrado.

3. Emigrar. Migrar, expatriarse, despoblar, desplazarse, ausentarse, viajar*, trasladarse*, exiliarse, huir*, desterrarse, abandonar, dejar, partir, peregrinar, marcharse*, irse, transmigrar, desarraigar, colonizar*, poblar, habitar*.

4. Varios. Desempleo, desequilibrio económico, recesión, pobreza*, miseria, subdesarrollo, inflación, proletariado, habitantes*, estadística*, mano de obra, economía* agrícola. Derechos humanos, asilo.
Contr.: Inmigración, prosperidad*, desarrollo*, trabajo*.
V. TRASLADO, MARCHA, VIAJE, HABITANTE, POBREZA, ESTADÍSTICA.

emigrante, emigrado. V. EMIGRACIÓN 2.

emigrar. V. EMIGRACIÓN 3.

eminencia. 1. Loma, montículo cerro. V. MONTAÑA 2.
— **2.** Personaje, notabilidad, lumbrera. V. SABIDURÍA 2.
— **3.** Supremacía, poderío*, preponderancia. V. SUPERIOR 4.

eminente. Destacado, sobresaliente, sabio*. V. SUPERIOR 1.

eminentemente. Principalmente, preferentemente, destacadamente. V. BASE 5.

emir. Príncipe árabe, jeque, caíd. V. ÁRABE 2.

emisario. Mensajero, representante, enviado. V. DELEGACIÓN 4.

emisión. 1. Programa, audición, difusión. V. RADIO 8.
— **2.** Lanzamiento, expulsión*, salida*. V. LANZAR 3.

emisor. Aparato* emisor, transmisor, emisora. V. RADIO 7.

emisora. Difusora, estación, estudio. V. RADIO 7.

emitir. 1. Arrojar, despedir, proyectar. V. LANZAR 1.
— **2.** Transmitir, difundir, radiar. V. RADIO 12.

EMOCIÓN. 1. Sensación, pasión, excitación, conmoción, afecto, impresión, emotividad, fuerza, dramatismo, exaltación, apasionamiento*, arrebato, exacerbación, ternura, piedad (v. 2), efervescencia, desasosiego, angustia, aflicción*, inquietud, intranquilidad*, nerviosidad*, alarma, sobresalto, «shock» o choque, asombro*, estupor, frenesí, percepción*, dolor*, tristeza, ira, enojo*, trastorno, hiperestesia, sensibilidad, palidez, escalofrío, estremecimiento, temblor*, alteración, agitación, efecto, turbación, trauma, huella, inestabilidad, miedo, temor*, sobrecogimiento, estímulo, estimulación*, interés, animación, alegría*, entusiasmo, transporte, vehemencia*, enardecimiento, intriga, suspenso, suspense, aliciente, incentivo, sugestión, embeleso*, lástima (v. 2).
2. *Compasión**, emoción, piedad, enternecimiento, ternura, lástima, caridad, sentimiento, humanidad, sensibilidad, afecto, amor*, sensiblería, sentimentalismo, emotividad, blandura, ingenuidad, inocencia* (v. 1).
3. Emocionar(se). Apasionar(se)*, exaltar, alterar, excitar, conmocionar, conmover (v. 4), amar, admirar, asombrar*, exacerbar, sobreexcitar, electrizar, vibrar, enardecer, irritar, enojarse*, impresionar, imponer, arrebatar,

inquietar, angustiar, desasosegar, apiadarse, turbar, apenar, compadecer, sentir, sensibilizar, traumatizar, afectar, alarmar, doler, intranquilizar*, hiperestesiar, percibir*, temblar*, palidecer, desencajarse, agitar, estremecerse, temer, sobrecoger, estimular*, interesar*, animar, transportar, entusiasmar*, dramatizar, intrigar, embelesar*, sugestionar, maravillar* (v. 4).
— **4.** *Conmover*, emocionarse, enternecer, compadecer, apiadar, sentir, impresionar, traumatizar, herir, acongojar, lamentar, ablandar, entristecer, compungir, apenar, afectar, perturbar, (v. 3).

5. Emocionante. Excitante, apasionante*, interesante*, estimulante, inquietante, arrebatador, aflictivo*, conmovedor, entristecedor, acongojante, penoso, emotivo, sentido, enternecedor, afectivo, patético, impresionante, tierno, sensible, emocional (v. 7), angustioso, efervescente, palpitante, vital, actual, intranquilizante*, doloroso*, estremecedor, sobrecogedor, espantoso*, horrible, escalofriante, alarmante, temible, turbador, formidable, imponente, enardecedor, dramático, vehemente, frenético, intrigante, curioso, inesperado, sugestivo, embelesador*, humano (v. 6, 7).

6. Emocionado. Alterado, intranquilo*, arrebatado, entusiasmado*, animado*, impresionado, impresionable (v. 7), conmocionado, irritado, enojado*, violento*, angustiado, apasionado*, exaltado, agitado, excitado, inquieto, trastornado, intrigado, curioso*, conmovido, apenado, triste, enternecido, entristecido, nervioso*, dolorido*, inestable, miedoso, temeroso, alarmado, interesado*, estimulado*, sobrecogido, alegre*, vehemente, embelesado*, sugestionado, suspenso (v. 7).

7. Emocional. Emocionable, sensible, sensitivo, pasional, afectivo, íntimo, hondo, emotivo, impresionable, inestable, delicado, susceptible, nervioso*, humanitario, compasivo*, sentimental, afectuoso, tierno, sensiblero, intranquilo* (v. 6).
Contr.: Insensibilidad, indiferencia*, flema, tranquilidad*.
V. APASIONAMIENTO, NERVIOSIDAD, INTRANQUILIDAD, AFLICCIÓN, DOLOR, COMPASIÓN, ENOJO, TEMOR, ALEGRÍA, EMBELESO, INTERÉS, ESTIMULACIÓN, PERCEPCIÓN, CURIOSIDAD.

emocionado. V. EMOCIÓN 6.

emocional. V. EMOCIÓN 7.

emocionante. V. EMOCIÓN 5.

emocionar(se). V. EMOCIÓN 3, 4.

emoliente. Suavizante, que ablanda, que relaja. V. SUAVE 7.

emolumentos. Sueldo, retribución, honorarios. V. PAGAR 5.

emotividad. V. EMOCIÓN 2.

emotivo. V. EMOCIÓN 5-7.

empacar. Enfardar, embalar, empaquetar. V. EMBALAJE 3.

empachar. 1. Hartar, indigestar, empalagar. V. SACIAR 1.
— **2.** Fastidiar, cansar, importunar. V. MOLESTIA 6.
empacho. V. empachar.
empadronamiento. Registro, censo, padrón. V. ESTADÍSTICA 1.
empadronar. Censar, inscribir, registrar. V. ESTADÍSTICA 3.
empalagar. V. empachar.
empalago. V. empalagoso 2.
empalagoso. 1. Indigesto, dulzón, repugnante*. V. SACIAR 4.
— **2.** Fastidioso, pegajoso, acaramelado. V. MIMAR 3.
empalar. Atravesar, clavar, ensartar. V. INTRODUCIR 1.
empalizada. Estacada, cerca, alambrada. V. VALLA 1.
empalmar. Conectar, ensamblar, unir*. V. ACOPLAMIENTO 3.
empanada. Empanadilla, masa rellena, pastel. V. ALIMENTO 13.
empanar. Rebozar, preparar, recubrir*. V. COCINA 7.
empantanar. 1. Anegar, estancar, inundar. V. LAGO 3.
— **2.** Demorar*, detener, obstaculizar. V. DEMORA 3.
empañado. V. empañar.
empañar. 1. Deslustrar, enturbiar, manchar*. V. OPACO 3.
— **2.** Desacreditar, arruinar, deslucir. V. DESHONRA 4.
empapar. 1. Humedecer, calar, impregnar. V. MOJAR 1.
— **2.** *Empaparse*, imbuirse, entender, enterarse. V. EDUCACIÓN 12.
empapelar. Revestir, forrar, recubrir. V. RECUBRIMIENTO 2.
empaque. 1. Figura*, presencia, porte. V. ASPECTO 1.
— **2.** Pomposidad, gravedad, formalidad*. V. SOLEMNE 5, 6.
empaquetar. Enfardar, empacar, envolver*. V. EMBALAJE 3.
emparedado. Bocadillo, sándwich, canapé. V. ALIMENTO 18.
emparedar. Encarcelar, encerrar, tapiar. V. AISLAR, PRISIÓN 7.
emparejado. 1. Reunido, junto, vinculado. V. UNIR 19.
— **2.** Igualado, similar, equivalente. V. SEMEJANZA 2.
emparejar. 1. Reunir, juntar, equiparar. V. UNIR 1, IGUALAR.
— **2.** Alisar, allanar, nivelar. V. LISO 3.
emparentar. Vincular, entroncar, relacionar. V. FAMILIA 7.
emparrado. Glorieta, pérgola, columnata. V. COLUMNA 6.

emparrillado. Armazón, enrejado, entramado. V. SOPORTE 1.
empastar. Reparar, rellenar, arreglar. V. DIENTE 10.
empaste. Relleno, arreglo del diente, amalgama. V. DIENTE 6.
empatado. V. empatar.
empatar. Emparejar, nivelar, igualar. V. EQUILIBRIO 9.
empate. Igualdad, emparejamiento, nivelación. V. EQUILIBRIO 2.
empavesado. V. empavesar.
empavesar. Engalanar, embanderar, adornar*. V. BANDERA 5.
empecinado. Testarudo, terco, porfiado. V. OBSTINACIÓN 2.
empecinarse. Obcecarse, emperrarse, porfiar. V. OBSTINACIÓN 3.
empedernido. 1. Incorregible, recalcitrante, impenitente. V. OBSTINACIÓN 2.
— **2.** Implacable, inexorable, despiadado. V. CRUELDAD 2.
empedrado. Calzada, pavimento, adoquinado. V. SUELO 2.
empedrar. Pavimentar, adoquinar, enlosar. V. SUELO 1.
empeine. 1. Parte superior del pie, del calzado, dorso. V. PIE 5, CALZADO 2.
— **2.** Bajo vientre, pubis, partes pudendas. V. SEXO 7.
empellón. Envión, impulso, golpe*. V. EMPUJAR 4.
empeñar. 1. Pignorar, traspasar, ceder. V. ENTREGAR 1.
— **2.** *Empeñarse*, endeudarse, entramparse, arruinarse. V. DEUDA 5.
— **3.** Porfiar, insistir, emperrarse. V. OBSTINACIÓN 3.
empeño. 1. Tesón, perseverancia*, deseo*. V. VOLUNTAD 2.
— **2.** V. empeñar.
empeñoso. Tesonero, trabajador*, voluntarioso*. V. VOLUNTAD 6.
EMPEORAMIENTO. 1. Declinación, decadencia, declive, disminución*, eclipse, ocaso, fin*, degradación, polución, contaminación, suciedad*, impureza, regresión, involución, degeneración, desorden*, debilitamiento*, deterioro*, bajón, caída, descenso, perjuicio*, agravamiento, retroceso, retraso, desmejoramiento, destrucción*, pérdida*, daño, desgaste*, ruina, periclitación, desolación, adversidad, infortunio, aflicción*, menoscabo, malogro, corrupción, perversión, descomposición, desintegración, desaparición, desorganización, aniquilación, hundimiento*, fracaso*, caducidad, afeamiento, empobrecimiento, nublado (v. 3), gravedad, recaída, ataque, enfermedad*.
2. Empeorar. Declinar, desmejorar, perder*, disminuir*, decaer, caducar, desgastarse*, recrudecer, deteriorarse*, debilitarse*, perjudicarse*, agravarse, recaer, enfermar*, bajar,

descender*, degradarse, finiquitar, ensuciar, arruinarse, dañarse, polucionar, contaminar, destruirse*, periclitar, malograrse, menoscabarse, corromperse, degenerar, afligirse*, desolarse, fracasar*, hundirse*, aniquilarse, empobrecerse, afearse.
— **3.** *Encapotarse*, empeorar, cubrirse, cargarse, cerrarse, amenazar, oscurecerse*, nublarse, (v. nube 5).
4. Empeorado. Deteriorado*, disminuido*, decadente, agravado, caído, perjudicado*, degradado, declinante, finiquitado, arruinado, desgastado*, dañado, perdido*, destruido*, grave, afectado, aquejado, enfermo*, desmejorado, afligido*, infortunado, adverso, desolado, maltrecho, periclitado, menoscabado, malogrado, corrompido, afeado, caduco, acabado, fracasado*, hundido, aniquilado, empobrecido, encapotado, oscuro, cubierto, nublado, tormentoso*, (v. nube 2).
Contr.: Mejoría, subida, prosperidad.
V. DETERIORO, DISMINUCIÓN, FIN, FRACASO, PERJUICIO, DESTRUCCIÓN, PÉRDIDA, DESGASTE, ENFERMEDAD, AFLICCIÓN, TORMENTA.
empeorar. V. EMPEORAMIENTO 2.
empequeñecer. 1. Rebajar, reducir, aminorar. V. DISMINUCIÓN 2.
— **2.** Menoscabar, desdeñar, desvalorizar. V. DESPRECIO 2.
empequeñecimiento. V. empequeñecer.
emperador. Monarca, soberano, príncipe. V. REY 1.
emperejilar. V. emperifollar.
emperifollar. Acicalar, engalanar, emperejilar. V. ADORNO 3.
emperrarse. Obcecarse, porfiar, empeñarse. V. OBSTINACIÓN 3.
empezar. Iniciar, comenzar, inaugurar. V. PRINCIPIO 9.
empinado. Desnivelado, escarpado, subido. V. SUBIR 9.
empinar(se). Alzarse, auparse, levantar. V. SUBIR 2.
empingorotado. Engreído, fatuo, encopetado. V. VANIDOSO, ARISTOCRÁTICO.
empíreo. Elíseo, edén, cielo. V. PARAÍSO 1.
empírico. Experimentado, práctico, afectivo. V. VERDAD 3.
empitonar. Topar, coger, cornear. V. CUERNO 6.
emplasto. Ungüento, sinapismo, cataplasma. V. UNTAR 3.
emplazamiento. 1. Situación, instalación, colocación. V. COLOCAR 3.
— **2.** Requerimiento, exhortación, mandato. V. ORDEN 3.
emplazar. V. emplazamiento.
empleado. V. EMPLEO 3.
emplear(se). 1. V. EMPLEO 9, 10.
— **2.** Usar, aprovechar, servirse. V. ÚTIL 7.
EMPLEO. 1. Cargo, ocupación, profesión, colocación, plaza, puesto, destino, función, trabajo*, labor, tarea, quehacer, oficio, arte,

ministerio, , acomodo, hueco, menester, cometido, vacante, situación, actividad, dignidad, categoría, encargo, prebenda, beneficio*, canonjía, sinecura, ganga, enchufe, bicoca.
— **2.** Uso, provecho, servicio. V. ÚTIL 6.
3. Clases de empleados y empleos. Oficinistas (v. 7), profesionales, trabajadores (v. 4), funcionarios (v. 6). Empleo titular, efectivo, vitalicio, particular, privado, público, oficial, estatal, gubernativo, municipal, honorario, excedente, interino, eventual, supernumerario, temporero, suplente, auxiliar, disponible, adscrito, fijo, de plantilla.
4. Profesiones, oficios. V. TRABAJO 7.
5. Empleos oficiales. Presidencia, ministerio*, jefatura, departamento, dirección, negociado, comisaría, oficialía, prefectura, alcaldía*, intervención, inspección, cancillería, intendencia, ayudantía, secretariado, pagaduría, tesorería (v. 6).
6. Funcionarios, gobernantes. Presidente, p. de gobierno, p. del consejo, jefe de gobierno, «premier», vicepresidente, ministro*, secretario, subsecretario, director general, gobernador, g. civil, g. militar, subgobernador, presidente de diputación, delegado del gobierno, alcalde*, concejal, oficial mayor, jefe de administración, jefe de negociado, oficial, auxiliar, ayudante*, agregado, aspirante, suplente, subalterno, ujier, bedel, conserje, ordenanza, portero. Magistrado, canciller, funcionario, dignatario, interventor, inspector. Presidente de autonomía, consejeros, directores generales.
7. Empleados, administradores*. Oficinista*, pasante, escribiente, copista, amanuense, covachuelista, cagatintas, burócrata, funcionario, archivero, factor, encargado, productor, trabajador*, subalterno, subordinado, auxiliar, portero, conserje, botones. Presidente del consejo, de administración, director general, apoderado, delegado*, ejecutivo, jefe*, j. de sección, tesorero, pagado, cajero, secretario, taquígrafo*, estenógrafo, taquimecanógrafo, mecanógrafo, dactilógrafo (v. 6).
8. Elementos. Escalafón, plantilla, nómina, hoja de servicios, título, diploma*, jerarquía, categoría, currículum vítae, vacante, antigüedad*, años de servicio, nombramiento, oposiciones, concurso, exámenes*, candidatura, terna, quinquenio, ascenso, promoción, traslado, excedencia, licencia, gratificación, remuneración, sueldo, paga*, permiso, vacaciones, enfermedad*, seguro de enfermedad, jubilación, pensión*, clases pasivas, situación pasiva, s. activa, probidad, cohecho, soborno, corrupción, malversación, insubordinación, destitución, expulsión*, exoneración, cesantía, despido, paro, inactividad (v. trabajo 12), pliego de cargos, p. de descargos, rehabilitación.

9. Emplear. Contratar, asalariar, acomodar, situar, colocar*, servirse, explotar, ocupar, encargar, usar*, destinar, dar trabajo*, valerse de.
— **10.** *Emplearse*, acomodarse, encargarse, trabajar*, actuar, ejercer, conchabarse, servir, ingresar, situarse, establecerse. *Otras acciones:* concursar, hacer oposiciones, examinarse*, tomar posesión, hacerse cargo, jurar, proponer, nombrar, designar, investir, destinar, elegir, ascender, promocionar, trasladarse*, licenciarse, pedir excedencia, postergar, jubilarse, suspender, destituir, expulsar*, exonerar, dejar vacante, cesar, despedir*, rehabilitar, reponer, reintegrar.
Contr.: Paro, inactividad*, desocupación.
V. TRABAJO, OFICINISTA, MINISTERIO, ALCALDÍA, GOBIERNO, ADMINISTRACIÓN, PAGA, PENSIÓN.
empobrecer. 1. Arruinar, malograr, perjudicar. V. POBRE 9.
— **2.** *Empobrecerse*, quebrar, endeudarse, arruinarse. V. POBRE 10.
empobrecido. V. empobrecer.
empobrecimiento. 1. Ruina, quiebra, indigencia. V. POBRE 7.
— **2.** Desolación, decadencia, daño. V. PERJUICIO 1.
empollar. 1. Incubar, anidar, calentar. V. AVICULTURA 11.
— **2.** Memorizar, estudiar, aplicarse. V. EDUCACIÓN 12.
empollón. Estudioso, diligente, aplicado. V. EDUCACIÓN 16.
empolvar. Manchar*, ensuciar; acicalarse. V. POLVO 6, 7; COSMÉTICO 3.
emponzoñar. Intoxicar, contaminar, envenenar. V. VENENO 9.
emporcar. Ensuciar, pringar, manchar. V. MANCHA 5.
emporio. 1. Almacén*, establecimiento, mercado*. V. TIENDA 1, COMERCIO 3.
— **2.** Central, base, sede. V. CENTRO 3.
empotrar. Incrustar, embutir, encajar. V. INTRODUCIR 1.
emprendedor. Activo, laborioso, dinámico*. V. TRABAJO 6.
emprender. Iniciar, comenzar, intentar. V. PRINCIPIO 9.
empresa. 1. Sociedad, compañía, firma. V. COMERCIO 2, ASOCIACIÓN 1.
— **2.** Cometido, tarea, proyecto. V. TRABAJO 1.
empresario. 1. Patrono, comerciante*, propietario. V. PROPIEDAD 6.
— **2.** Agente, apoderado, administrador. V. ADMINISTRACIÓN 6.
empréstito. Anticipo, crédito, préstamo. V. PRESTAR 4.
EMPUJAR. 1. Impeler, propulsar, desplazar, impulsar, lanzar*, forzar, esforzarse*, atraer, hacer fuerza, tirar de, halar, jalar, trasladar*, mover*, bregar, trabajar*, acarrear, arrastrar, remolcar,

avanzar, enviar, deslizar*, correr, resbalar, presionar, transportar*, cambiar*, menear, rodar, embestir* (v. 2), llevar, conducir, rechazar*, expeler, cobrar, recoger, despedir, proyectar, arrojar, devolver, separar*, quitar, despejar.
— **2.** *Embestir*, empujar, chocar, golpear*, atropellar, estrellarse, abalanzarse, acometer, arremeter, sacudir, topar, colisionar, trompicar, caer sobre, precipitarse.
3. Empuje. Impulso, esfuerzo*, propulsión, arrastre, remolque, movimiento*, gravitación, cohesión, vigor*, fuerza, tracción, tirón, forcejeo, trabajo*, avance, resbalamiento, corrimiento, deslizamiento*, envión, embestida, empujón (v. 4), traslado*, acarreo, brega, presión*, meneo, cambio*, desplazamiento, transporte*, conducción, rechazo*, atracción, lanzamiento*, proyección, devolución, despeje, separación* (v. 4).
4. Empujón. Envión, embestida*, empellón, tirón, golpe*, impulso (v. 3), codazo, brusquedad, violencia*, proyección, atropello, sacudida, meneo, topetazo, choque*, colisión, trompicón, precipitación, propulsión, lanzamiento*, caída, porrazo, embate, encontronazo, empuje (v. 3).
5. Que empuja. Impulsor, propulsor, remolcador, tractor, motor*, vehículo, máquina*, aparato, acarreador, impelente, deslizante, transportador*, desplazante, rodador, conductor, expulsor, lanzador*, arremetedor.
Contr.: Detener, parar, inmovilizar*.
V. ESFUERZO, TRABAJO, MOVIMIENTO, DESLIZAMIENTO, TRANSPORTE, TRASLADO, LANZAMIENTO, CHOQUE, EMBESTIDA, PRESIÓN, GOLPE, MOTOR, MÁQUINA.
empuje. 1. V. EMPUJAR 3.
— **2.** Brío, fuerza, coraje. V. VIGOR 1.
empujón. V. EMPUJAR 4.
empuñadura. Puño, mango, manija. V. ASA 1.
empuñar. Blandir, tomar, sujetar. V. COGER 1.
emulación. V. emular.
emular. 1. Competir, pugnar, luchar*. V. RIVALIDAD 3.
— **2.** Reproducir, imitar, asemejar. V. COPIA 4.
émulo. 1. Competidor, desafiante, oponente*. V. RIVALIDAD 2.
— **2.** Imitador, adepto, simpatizante. V. COPIA 4.
emulsión. Suspensión, coloide, disolución. V. DISOLVER 3.
enagua, enaguas. Combinación, camisón, saya. V. CAMISA 1.
enajenación. 1. Demencia, trastorno, desvarío. V. LOCURA 1.
— **2.** Cesión, venta, traspaso. V. VENDER 3.
— **3.** V. enajenar 3.
enajenar. 1. Ceder, traspasar, pignorar. V. VENDER 1.
— **2.** *Enajenarse*, trastornarse, enloquecer, desvariar. V. LOCURA 6.

— **3.** Extasiarse, abstraerse, arrobarse. V. EM-
BELESO 2.

enaltecedor. Honroso, glorioso, elogioso. V.
ELOGIO 3.

enaltecer. Exaltar, encumbrar, elogiar*. V. HO-
NOR 6.

enaltecimiento. Glorificación, encumbramiento,
honra. V. ELOGIO 1.

enamoradizo. Apasionado*, donjuán, mujeriego*. V. AMOR 12, 13.

enamorado. 1. Galán, cortejador, adorador. V.
AMOR 12-13.

— **2.** Apasionado*, encariñado, prendado. V.
AMOR 11-13.

enamoramiento. Cariño, ternura, interés*. V.
AMOR 1.

enamorar. 1. Galantear, cortejar, conquistar. V.
AMOR 7.

— **2.** *Enamorarse*, apasionarse*, prendarse,
encariñarse. V. AMOR 6.

enano. Pigmeo, diminuto, minúsculo. V. PEQUE-
ÑO 2.

enarbolar. Levantar, izar, elevar. V. SUBIR 2.

enardecer. 1. Irritar, enfurecer, provocar. V. ENO-
JO 2.

— **2.** Incitar, estimular*, entusiasmar. V. APA-
SIONAMIENTO 4.

enarenar. Esparcir, cubrir, diseminar. V. EXTEN-
DER 2.

encabezamiento. 1. Introducción, preámbulo,
inicio. V. PRÓLOGO 1, PRINCIPIO 1.

— **2.** Epígrafe, título, inscripción. V. LETRERO 1.

encabezar. 1. Preceder, dirigir, mandar. V. GUÍA 5.

— **2.** Iniciar, titular, introducir. V. PRINCIPIO 9.

encabritarse. Corvetear, corcovear, alzarse. V.
SALTO 5.

encadenado. V. encadenar.

encadenamiento. 1. Proceso, sucesión, continuación*. V. SERIE 1.

— **2.** Sujeción, aprisionamiento, inmovilización.
V. SUJETAR 3.

encadenar. 1. Aprisionar, esposar, esclavizar. V.
SUJETAR 1.

— **2.** *Encadenarse*, sucederse, relacionarse. V.
CONTINUACIÓN 5.

encajar. 1. Ajustar, embutir, introducir. V. ACO-
PLAMIENTO 3.

— **2.** Aguantar, recibir, soportar. V. RESISTEN-
CIA 4.

— **3.** *Encajarse*, trabarse, atrancarse, detenerse.
V. OBSTRUIR 1.

ENCAJE. 1. Blonda, puntilla, labor, I. artesanal,
calado, bolillo, bordado*, punto, ganchillo,
croché, guipur, entredós, randa, chorrera, artesanía, pasamanería, costura*.

— **2.** V. encajar.

3. Clases. Encaje de bolillos, de Valenciennes,
de Bruselas, de Alençon, de blonda, inglés, de
guipur, de Venecia, de Malinas, de Chantilly, de
Milán, de croché o ganchillo, de lanzadera, de

frivolidad, macramé, malla, filtiré, a máquina,
chorrera, vuelillo, picado.

— **4. Material.** Aguja, ganchillo, bolillo, bolo,
lanzadera, palillo, molde, dibujo*, patrón, ma-
jaderillo, bastidor, hilo, hebra.
V. BORDADO, COSTURA.

encajonar. 1. Empaquetar, envasar, meter. V.
EMBALAJE 3.

— **2.** Encerrar, arrinconar, acorralar. V. CER-
CAR 1.

encalado. V. encalar.

encalar. Enjalbegar, blanquear, enlucir. V. PIN-
TURA 7.

encallar. Varar, embarrancar, atascarse. V. IN-
MÓVIL 3.

encallecerse. V. encallecido.

encallecido. 1. Calloso, correoso, endurecido. V.
DURO 1.

— **2.** Baqueteado, curtido, endurecido. V. HÁ-
BITO 5.

encalmarse. Serenarse, mejorar*, abonanzar el
tiempo. V. BONANZA 4.

encamarse. Reposar, echarse, acostarse. V. CAMA 5.

encaminar. 1. Encauzar, conducir, orientar. V.
GUÍA 5.

— **2.** *Encaminarse*, trasladarse*, desplazarse,
dirigirse. V. MARCHAR 1.

encanallarse. Degradarse, embrutecerse, envilecerse. V. VIL 4.

encandilar. Deslumbrar, cegar; fascinar. V. LUZ 8;
MARAVILLA.

encanecer. Blanquear el pelo, volverse canoso,
entrecano. V. PELO 8.

encanecido. Canoso, plateado, blanqueado. V.
PELO 6.

encanijado. Enflaquecido, adelgazado, desmejorado. V. DEBILIDAD 6.

encantado. 1. V. encantar 1, 2.

— **2.** Satisfecho, contento, conforme. V. SA-
TISFACCIÓN 4.

encantador. 1. Brujo, mago, nigromante. V. HE-
CHICERÍA 5.

— **2.** Atrayente, sugestivo, cautivador. V.
ATRACTIVO 2.

encantamiento. 1. Magia, sortilegio, brujería. V.
HECHICERÍA 1.

— **2.** V. encanto.

encantar. 1. Embrujar, conjurar, maldecir*. V.
HECHICERÍA 9.

— **2.** Atraer, fascinar, agradar. V. EMBELESAR,
SATISFACER.

encanto. 1. Primor, lindeza, preciosidad. V. HER-
MOSURA 1.

— **2.** Seducción, fascinación, gracia. V. ATRAC-
TIVO 1.

— **3.** V. encantamiento 1.

encañonar. Apuntar, dirigir, amenazar. V. PIS-
TOLA 5.

encapotarse. Nublarse, oscurecerse, cerrarse. V.
NUBE 5.

encapricharse. 1. Obcecarse, obsesionarse*, emperrarse. V. OBSTINACIÓN 3.
— **2.** Prendarse, enamorarse, encariñarse. V. AMOR 6.

encapuchado. Encubierto, tapado, enmascarado. V. DISFRAZ 2.

encarado (mal). Patibulario, feo, desagradable*. V. FEALDAD 2.

encaramar. Alzar, levantar, empinar. V. SUBIR 1, 2.

encarar. Plantarse, enfrentar; resolver. V. DESAFIAR; PRINCIPIAR.

encarcelamiento. Detención, condena, reclusión. V. PRISIÓN 2.

encarcelar. Recluir, aprisionar, encerrar. V. PRISIÓN 7.

encarecer. 1. Incrementar, elevar, alzar el precio. V. CARO 5.
— **2.** Suplicar, recomendar, encargar. V. PEDIR 1.

encarecidamente. Reiteradamente, especialmente, repetidamente. V. REPETICIÓN 6.

encarecimiento. V. encarecer.

encargado. Agente, jefe*, representante. V. CUIDADOR, DELEGADO.

encargar. 1. Solicitar, ordenar*, mandar. V. PEDIR 1.
— **2.** Comisionar, facultar, encomendar. V. DELEGACIÓN 3.
— **3.** *Encargarse*, responsabilizarse, asumir, cuidar*. V. OBLIGAR 2.

encargo. 1. Petición, solicitud, orden*. V. PEDIR 3.
— **2.** Misión, servicio, trabajo*. V. TRÁMITE 1.

encariñarse. Interesarse*, apasionarse*, aficionarse. V. AMOR 6.

encarnación. 1. Misterio, dogma, verdad*. V. CRISTO 5.
— **2.** Personificación, representación, imagen. V. SÍMBOLO 3.

encarnado. Rojo, colorado, escarlata. V. COLOR 6.

encarnadura. Cicatrización, curación, reconstitución. V. LESIÓN 2.

encarnar. Representar, personificar, simbolizar. V. SÍMBOLO 5.

encarnizado. Implacable, sanguinario, feroz. V. CRUELDAD 2.

encarnizamiento. Ferocidad, saña, salvajismo*. V. CRUELDAD 1.

encarnizarse. Ensañarse, abusar*, cebarse. V. CRUELDAD 3.

encarrilar. Orientar, regenerar, encauzar. V. GUÍA 5.

encarrujado. Rizoso, escarolado, ensortijado. V. RIZADO 1.

encartado. Procesado, condenado*, delincuente*. V. ACUSACIÓN 4.

encartar. V. encausar.

encasillado. 1. Casillero, división, tablero. V. COMPORTAMIENTO 1.
— **2.** V. encasillar, encastillado.

encasillar. Catalogar, encuadrar, limitar*. V. CLASIFICACIÓN 4.

encasquetar(se). Encajar(se), calar, poner el sombrero. V. SOMBRERO 6.

encasquillarse. Atascarse, atrancarse, trabarse. V. OBSTRUIRSE 1.

encastillado. Empecinado, emperrado, parapetado. V. OBSTINACIÓN 2.

encastrar. Ensamblar, embutir, acoplar*. V. INTRODUCIR 1.

encausado. Inculpado, delincuente*, procesado. V. ACUSACIÓN 4.

encausar. Acusar, procesar, inculpar. V. ACUSACIÓN 2.

encauzar. Encaminar, orientar, encarrilar. V. GUÍA 5.

encefalitis. Inflamación, dolencia, padecimiento cerebral. V. CEREBRO 4.

encéfalo. Sesos, cabeza*, mollera. V. CEREBRO 1.

enceguecer. Deslumbrar, cegar, encandilar. V. BRILLAR, EMBELESAR.

encelar(se). Enamorar(se), apasionarse*, tener celos. V. AMOR 6, CELOS 3.

encenagar(se). Ensuciar(se), enfangar, pervertir. V. MANCHAR 5, VICIO 6.

encendedor. Mechero, adminículo, accesorio de fumador. V. TABACO 6.

encender. Inflamar, iluminar, prender. V. FUEGO 6, LUZ 8.

encendido. 1. Acalorado, congestionado, irritado. V. APASIONAMIENTO 2.
— **2.** V. encender.

encerado. Pizarra, bastidor, tablero. V. EDUCACIÓN 10.

encerar. Lustrar, abrillantar, untar. V. BRILLO 4.

encerrar. 1. Meter, introducir*, ocultar*. V. GUARDAR 1.
— **2.** Recluir, aprisionar, incomunicar. V. PRISIÓN 7.
— **3.** Rodear, acosar, asediar. V. CERCAR 1.

encerrona. Celada, treta, trampa. V. EMBOSCADA 1.

encestar. Meter, acertar, embalar*. V. INTRODUCIR 1.

enchapar. Platear, dorar, someter a electrólisis. V. METALURGIA 10.

encharcar. Anegar, humedecer, inundar. V. MOJAR 1.

enchilada. Torta de maíz, t. rellena, plato mexicano. V. ALIMENTO 13.

enchufado. Protegido, recomendado, parásito. V. BENEFICIO 5.

enchufar. 1. Encajar, conectar, introducir*. V. ACOPLAMIENTO 1.
— **2.** V. enchufado.

enchufe. 1. Conexión, empalme, clavija. V. ACOPLAMIENTO 1.
— **2.** Recomendación, momio, sinecura. V. BENEFICIO 1.

enchufista. V. enchufado.

encía. Recubrimiento carnoso, membrana, mucosa. V. DIENTE 3.

encíclica. Comunicación, pastoral, mensaje papal. V. CARTA 1.

enciclopedia. Repertorio, vocabulario, léxico. V. DICCIONARIO 1.

enciclopédico. Completo, general, universal. V. TOTAL 2.

encierro. V. encerrar.

ENCIMA. 1. Arriba, en lo alto, a lo alto, por lo alto, en lo superior, sobre, subido*, supra- , asuso, superpuesto, superior*, ascendido, alto*, echado, boca arriba, supino, tendido, levantado, elevado, alzado, situado, colocado*, puesto, encaramado, destacado, cimero, encumbrado, dominante, descollante, importante*, culminante, que cubre, que recubre, que tapa, que oculta*.

— **2.** Asimismo, también, igualmente. V. ADEMÁS.

3. Que está encima. Descollante, elevado, alzado, levantado, subido*, superpuesto (v. 1).

4. Traslapado. Imbricado, alternado, superpuesto, sobrepuesto, cubierto, recubierto*, asolapado, colocado*, añadido, intercalado.

5. Estar encima. Estar arriba, e. en lo alto (v. 1), cubrir, encimar, recubrir*, tapar*, ocultar*, sobrepasar, superar*, superponer, subir*, levantar, elevar, encumbrar, alzar, encaramar, descollar, culminar*, dominar*, ascender, destacar, poner, situar, colocar*. Traslapar, imbricar, alternar (v. 4).

Contr.: Debajo*, abajo.

V. SUPERIOR, ALTO, SUBIR, RECUBRIR, TAPAR, OCULTAR, DOMINAR.

encina. Roble, encino, cupulífera. V. ÁRBOL 4.

encinta. Gestante, preñada, embarazada. V. EMBARAZO 3.

encizañar. Indisponer, separar*, enemistar. V. ENEMISTAD 5.

enclaustrar. V. encerrar 2.

enclavado. Instalado, establecido, situado. V. COLOCAR 5.

enclavar. V. enclavado.

enclave. Emplazamiento, territorio, comarca foránea. V. ZONA 2.

enclenque. Raquítico, canijo, enfermizo*. V. DEBILIDAD 6.

encocorar. Molestar*, incomodar, irritar. V. ENOJO 2.

encofrado. Armazón, revestimiento, tablazón. V. CONSTRUCCIÓN 5.

encoger. 1. Reducir, estrechar, menguar. V. DISMINUCIÓN 2.

— **2.** *Encogerse*, acurrucarse, agazaparse, ocultarse*. V. AGACHARSE 1.

— **3.** Asustarse, arredrarse, acobardarse. V. TEMOR 2, 3.

encogido. V. encoger.

encogimiento. V. encoger.

encolar. Fijar, pegar, unir*. V. ADHERIR 1.

encolerizar. Enfurecer, irritar, exasperar. V. ENOJO 2.

encomendar. 1. Solicitar, mandar, encargar. V. PEDIR 1.

— **2.** *Encomendarse*, creer, esperar, tener fe. V. CONFIANZA 4.

encomiable. Plausible, meritorio, loable. V. ELOGIO 3.

encomiar. Ensalzar, loar, alabar. V. ELOGIO 2.

encomiástico. Laudatorio, halagador, enaltecedor. V. ELOGIO 4.

encomienda. 1. Encargo, orden*, comisión. V. PEDIR 3.

— **2.** Paquete postal, envío, remesa. V. CORREOS 2.

— **3.** Distinción, dignidad, galardón. V. CONDECORACIÓN 1.

— **4.** Hacienda, latifundio, plantación. V. PROPIEDAD 2.

encomio. Panegírico, alabanza, lisonja. V. ELOGIO 1.

enconado. V. enconar.

enconar. 1. Congestionarse, inflamarse, infectarse. V. INFECCIÓN 7.

— **2.** *Enconarse*, enemistarse*, odiar*, resentirse. V. ODIO 2.

encono. Inquina, rencor, enemistad*. V. ODIO 1.

encontrado. 1. Opuesto, adverso, contrario. V. OPOSICIÓN 4.

— **2.** V. encontrar.

encontrar. 1. Descubrir, dar con, acertar. V. HALLAR 1.

— **2.** *Encontrarse*, concurrir*, reunirse, congregarse. V. ENCUENTRO 4.

encontronazo. Choque*, topetazo, colisión. V. GOLPE 2.

encopetado. 1. Orgulloso, ostentoso, presumido. V. VANIDAD 2.

— **2.** Distinguido, señorial, linajudo. V. ARISTOCRACIA 4.

encorajinarse. Irritarse, enfurecerse, rabiar. V. ENOJO 2.

encorsetar. Fajar, oprimir, ceñir. V. PRESIÓN 3.

encorvar. Arquear, flexionar*, pandear. V. CURVA 5.

encrespado. 1. Ensortijado, crespo, rebelde. V. RIZADO 1.

— **2.** V. encrespar 1.

encrespar(se). 1. Alborotarse, enfurecerse, irritarse. V. ENOJO 2.

— **2.** V. encrespado 1.

encrucijada. 1. Confluencia, intersección, bifurcación. V. CRUCE 1.

— **2.** Dilema, disyuntiva, dificultad*. V. DUDA 1.

ENCUADERNACIÓN. 1. Protección, forro, cubiertas, tapas, t. protectoras; restauración, compostura, empastamiento, arreglo, encartonación, reparación* del libro*.

2. Clases. Encuadernación en rústica, en cartoné, industrial, artística, de arte, en tela*, pergamino, piel*, pasta, media pasta, pasta española, pasta italiana, a la española, a la holandesa, a la inglesa, a la americana, a la alemana; encartonado, encuadernado.

3. Partes. Lomo, lomera, cajo, nervios, nervura, entrenervios, tejuelo, florón, cantonera, cabezada, cubierta, sobrecubierta, forros, cadeneta, ceja, cartivana, canal, guardas, cortes, c. superior, c. delantero, c. inferior, pliegos, cuadernillos.

4. Operaciones. Plegado, alzado, cosido, encolado del lomo, cortado, c. trilateral, redondeado, cajos, pegado de forros, pegado de cabezadas, entrada de tapas, ceñido (v. 5).

5. Acción. Encuadernar, proteger, forrar, cubrir, encartonar, restaurar, empastar, reparar, coser a diente de perro, c. a pasaperro, plegar, engrudar, encolar, empastar, encañonar, interfoliar, enlomar, desvirar, entapar, meter en tapas, afinar, dorar, batir (v. 4).

6. Material, aparatos. Bastidor, prensa de mano, guillotina, mesa, telar, hierro de filetear, cuchilla de dorar, troquel, componedor, plegadera, aguja, ingenio, botalomo, cantonero, lengüeta, chifla, cola, engrudo, papel*, cartón, tela*, piel*, pasta española, cajetín, panes de oro, oro en láminas.

7. Encuadernación industrial. Máquina* plegadora, m. perforadora, guillotina trilateral, g. automática, prensa para redondear el lomo, máquina para grabar a fuego, m. para poner tapas, m. para coser pliegos.

8. Encuadernado. Empastado, forrado, protegido, restaurado, reparado, encuadernado en rústica, tela*, etc. (v. 2).

9. Encuadernador. Artesano, operario, obrero, restaurador, trabajador*, experto.
V. LIBRO, PAPEL, IMPRENTA, REPARACIÓN.

encuadernado. V. ENCUADERNACIÓN 8.

encuadernador. V. ENCUADERNACIÓN 9.

encuadernar. V. ENCUADERNACIÓN 5.

encubierto. V. encubrir.

encubridor. Cómplice, colaborador, protector*. V. AYUDA 5.

encubrir. Proteger, disimular, ocultar. V. PROTECCIÓN 3.

ENCUENTRO. 1. Reunión, cita, entrevista*, hallazgo, casualidad, coincidencia, azar*, saludo*, cruce*, reencuentro, descubrimiento, oportunidad, convite, audiencia, recepción, conferencia, concurrencia*, visita*, consulta, tertulia, diálogo, conversación*, citación.
— **2.** Pugna, partido, rivalidad*. V. COMPETICIÓN 1.
— **3.** Encontronazo, choque*, colisión. V. GOLPE 2.

4. Encontrarse. Coincidir, entrevistarse*, citarse, reunirse, concurrir*, tropezar, cruzarse*, topar, golpear*, acertar, dar con, chocar, reunirse, congregarse, hallarse*, visitarse*, saludarse*, consultar, recibir.
— **5.** *Encontrar*, descubrir, ver, dar con. V. HALLAR 1.
Contr.: Perderse, alejarse, distanciarse, separarse*.

V. ENTREVISTA, CONCURRENCIA, AZAR, VISITA, SALUDO, HALLAR, GOLPE.

encuesta. Sondeo, averiguación, investigación*. V. INTERROGAR 2.

encumbrado. Poderoso, influyente, elevado. V. IMPORTANCIA 4.

encumbramiento. V. encumbrado.

encumbrar(se). Sobresalir, descollar; respaldar. V. SUPERAR, AYUDAR.

encurtido. Vinagreta, variante, salazón. V. CONSERVA 4.

endeble. Frágil, delicado, enclenque. V. DEBILIDAD 4-6.

endeblez. V. endeble.

endemia. Epidemia, enfermedad* habitual, dolencia. V. INFECCIÓN 1.

endémico. Permanente, periódico, epidémico. V. INFECCIÓN 6.

endemoniado. V. endiablado.

enderezar. 1. Alinear, alisar, levantar. V. LÍNEA 6, SUBIR 2.
— **2.** Corregir, regenerar, encarrilar. V. GUÍA 5.

endeudarse. Empeñarse, entramparse, arruinarse. V. DEUDA 5.

endiablado. 1. Embrujado, poseído, condenado*. V. HECHICERÍA 7.
— **2.** Fatigoso, enojoso*, fastidioso. V. DIFICULTAD 3.

endibia. Lechuga, escarola, verdura. V. HORTALIZA 2.

endilgar. Enjaretar, endosar, espetar. V. ENTREGAR 1; HABLAR 1.

endiosado. Engreído, orgulloso, fatuo. V. VANIDAD 2.

endiosarse. V. endiosado.

endocardio. Membrana, pared, tejido cardiaco. V. CORAZÓN 5.

endocrino. Glandular, secretorio, hormonal. V. GLÁNDULA 1.

endomingado. Arreglado, emperifollado, engalanado. V. VESTIMENTA 21.

endosar. 1. V. endilgar.
— **2.** Ceder, transferir, firmar. V. ENTREGAR 1, ESCRIBIR 1.

endrino. Oscuro*, renegrido, azulino. V. NEGRO 1.

endulzar. Dulcificar, azucarar, mitigar. V. AZÚCAR 7.

endurecer. 1. Robustecer, fortalecer, fortificar. V. DURO 6.
— **2.** *Endurecerse*, curtirse, acostumbrarse, avezarse. V. HÁBITO 4.
— **3.** Encallecerse, embrutecerse, insensibilizarse. V. CRUELDAD 4.

endurecimiento. 1. Resistencia, tenacidad, fuerza. V. DURO 3.
— **2.** V. endurecer.

enema. Lavativa, irrigación, clister. V. MEDICAMENTO 4.

enemigo. V. ENEMISTAD 2.

ENEMISTAD. 1. Antagonismo, odio*, oposición*, hostilidad, desunión, enfrentamiento, rivalidad*, rencor, antipatía*, aborrecimiento, roce, discrepancia, aversión, animadversión, desapego, resentimiento, enfado, enojo*, disgusto, riña, pelea*, choque, lucha*, conflicto, guerra*, pugna, disputa, discusión*, diferencia, desavenencia, disensión, desafecto, competencia, indisposición, disidencia, discordia, distanciamiento, separación, encaramiento, incompatibilidad, enfriamiento, alejamiento, contienda, división, cizaña, ruptura, celos, envidia*, desacuerdo, divorcio, inquina, ojeriza, tirria, hincha, frialdad, tirantez, tensión, violencia*, emulación, desafío*, contrariedad, malevolencia, crueldad*, fobia.

2. Enemigo. Adversario, rival*, contendiente, contrincante, émulo, antagonista, antagónico, contrario, competidor, oponente*, discordante, disidente, desafiante*, discrepante, resentido, antipático*, enojado*, enemistado (v. 3), pugnaz, agresivo, guerrero*, luchador*, peleador*, discutidor*, conflictivo, reñidor, rencoroso, hostil, opuesto, violento*, incompatible, irreconciliable, adverso, refractario, celoso*, malévolo, malvado, cruel* (v. 3).

3. Enemistado. Enfadado, enojado*, aborrecido, odiado*, hostil, desavenido, antagónico, opuesto, discrepante, antagonista, inamistoso, disgustado, distanciado, alejado, separado, dividido, tirante, tenso, violento*, frío, indiferente, resentido, peleado*, enzarzado, desunido, encizañado, indispuesto, adversario (v. 2).

4. Enemistarse. Reñir, disgustarse, pelearse*, discrepar, regañar, disputar, enfadarse, enojarse*, pugnar, chocar, luchar*, enfrentarse, distanciarse, indisponerse, resentirse, oponerse, rivalizar*, romper, antagonizar, antipatizar*, contrariar, enfriarse, competir, desafiar*, contender, odiar*, emular, envidiar* (v. 5).

5. Enemistar. Indisponer, enfrentar, encarar, divorciar, enemistarse (v. 4), malquistar, dividir, enzarzar, encizañar, distanciar, apartar, alejar, desunir, separar*, enfriar, violentar*, azuzar, hostigar, hostilizar, enardecer, pinchar, instigar, incitar, enredar (v. 4).

Contr.: Amistad, amor*, cariño, simpatía*.

V. ODIO, ANTIPATÍA, OPOSICIÓN, SEPARACIÓN, PELEA, DISCUSIÓN, RIVALIDAD, ENOJO, ENVIDIA, DESAFÍO, CRUELDAD, GUERRA.

enemistar(se). V. ENEMISTAR 4, 5.

energético. 1. Fortalecedor, vigorizante*, robustecedor. V. VIGOR 3.

— **2.** Petrolífero*, hidráulico, térmico. V. ENERGÍA 5.

ENERGÍA. 1. Brío, pujanza, dinamismo*, vigor*, ánimo*, entereza, valor, resolución, firmeza, contundencia, coraje, fortaleza, integridad, nervio, impulso, arranque, ímpetu, autoridad.

2. Enérgico. Pujante, dinámico*, vigoroso*, animoso*, entero, resuelto, firme, fuerte, tajante, contundente, concluyente, drástico, radical, expeditivo, intenso*, rápido*.

3. Ser enérgico. Actuar, obrar, ejecutar, animarse*, decidirse, arrostrar, enfrentar, desafiar*, resolver, solucionar, luchar*, sufrir, aguantar*, hacer frente.

4. Energía física. Fuerza física*, fenómeno físico, f. químico*, capacidad, fuerza, propiedad de la materia.

5. Clases. Energía eléctrica*, hidráulica, hidroeléctrica, eólica, solar, térmica, química*, petrolífera*, calorífica*, atómica*, nuclear, geotérmica, motriz, mecánica, física*, cinética, potencial, electrostática, electromagnética, radiante, magnética, termodinámica, luminosa, de luz*, calor*, vapor, petróleo*, combustibles*.

6. Elementos. Principio de conservación de la energía, trabajo*, calor, potencia, caballo de vapor (CV, HP), julio o joule, vatio, kilovatio, caloría, termodinámica, cuanto, materia, desintegración, fisión, fusión, antimateria, transmutación, afinidad, cohesión.

V. VIGOR, ÁNIMO; FÍSICA, ELECTRICIDAD, ÁTOMO, COMBUSTIBLE, PETRÓLEO.

enérgico. V. ENERGÍA 2.

energúmeno. Bruto*, furioso, fiera. V. VIOLENCIA 5.

enervante. 1. Aplanador, cansador, agotador. V. DEBILIDAD 11.

— **2.** Excitante, inquietante, irritante. V. INTRANQUILIDAD 4.

enervar. V. enervante 1, 2.

enésimo. Infinito, reiterado, incierto. V. CONTINUACIÓN 2.

enfadado, enfadar. V. enfado.

enfado. 1. Molestia*, fastidio, contrariedad. V. DISGUSTO 1.

— **2.** Irritación, cólera, furia. V. ENOJO 1.

— **3.** Distanciamiento, riña, rivalidad*. V. ENEMISTAD 1.

enfadoso. V. enfado 1.

enfangar. Encenagar; enviciar, pervertir. V. FANGO 4; VICIO 6.

enfardar. Embolsar, liar, empacar. V. EMBALAJE 3.

énfasis. Intensidad, vehemencia, fuerza. V. PERSUADIR 2.

enfático. Campanudo, ampuloso, pomposo. V. PEDANTE 1.

enfatizar. Destacar, subrayar, acentuar. V. IMPORTANCIA 5.

enfermar. V. ENFERMEDAD 5.

ENFERMEDAD. 1. Afección, trastorno, indisposición*, dolencia, morbo, patología, estudio de las enfermedades, achaque, padecimiento, plaga, peste, infección*, contagio, molestia*, desarreglo, complicación, alteración, anormalidad, anomalía, mal, malestar, desorden*, ruina, daño, virulencia, toxicidad, nocividad, malignidad, arrechucho, alifafe, desmejoramiento, quebranto, decaimiento, debilitamiento*, desazón, ataque, acceso, perturbación, sufrimiento, dolor*, gravedad, contaminación, pestilencia, morbilidad, porcentaje de enfermos.

2. Enfermo. Indispuesto*, afectado, paciente, doliente, víctima, sufrido, infectado, infeccioso*, pernicioso, morboso, patológico, malsano, insalubre, trastornado, molesto*, anormal, anómalo, alterado, malo, desarreglado, escrofuloso, contagiado, perturbado, aquejado, quebrantado, arruinado, dañado, complicado, convaleciente, mejorado, aliviado, recuperado, reumático, drogadicto, etc. (v. 10-22), (v. 3).
— **3.** Enfermizo, débil*, enclenque, crónico, achacoso, delicado, maluco, malucho, valetudinario, raquítico, senil, decrépito, anciano*, birria, pachucho, escrofuloso, endeble, alfeñique, predispuesto, decaído, flojo (v. 1, 4).
— **4.** Desahuciado, enfermo, gravísimo, grave, agudo, maligno, incurable, moribundo, agonizante, desesperado, galopante, irremediable, sin remedio, condenado, sentenciado, semidifunto, acabado, muerto*.
5. Enfermar. Indisponerse*, afectarse, padecer, dolerse, trastornarse, resentirse, contagiarse, infectarse*, plagarse, alterarse, arruinarse, dañarse, agravarse, desmejorar, empeorar*, agudizarse, decaer, recaer, declinar, quebrantarse, debilitarse*, sufrir, doler, sufrir ataque, perturbarse, aquejarse, desarreglarse, complicarse, predisponerse, aflojar, caer en cama, hospitalizarse*, penar, acabarse, desahuciar, condenar, sentenciar, agonizar, morir. Mejorar, convalecer, recuperarse (v. curar*).
6. Fases, elementos de la enfermedad. Contagio, inoculación, infección*, incubación, período, desarrollo, diagnóstico, etiología, evolución, proceso, síntoma (v. 7), signo, síndrome, crisis, ataque, paroxismo, recaída, gravedad, desahucio, recidiva, secuelas, trastorno (v. 1), agonía, coma, estertor, muerte*; tratamiento, mejoría, convalecencia, curación*.
7. Síntomas. Síndrome, signo, fiebre, décimas, calentura, palidez, sudores, escalofríos, tos, dolor*, escozor, prurito, picor*, inflamación, irritación, hinchazón*, tumor, escrófula, hipertrofia, distrofia, atrofia, prolapso, mal aliento, gases, borborigmos, retortijones, diarrea, estreñimiento, somnolencia, náuseas, vómitos, mareos, vértigo, desmayo*, ataque, angustia, irritabilidad, temblor*, espasmo, ahogo, opresión en el pecho, dificultad* al respirar, hemorragia, ronquera, palpitaciones, cansancio, acidez estomacal, trastornos al orinar, cambio* del color* de la piel, peso anormal.
8. Tipos de enfermedades. Enfermedad local, generalizada, típica, atípica, crónica, intermitente, aguda, grave, galopante, fulminante, maligna, mortal, incurable, terminal, curable, benigna, endémica, epidémica, contagiosa, infecciosa*, eruptiva, traumática, inflamatoria, sintomática, congénita, adquirida.
9. Clasificación de enfermedades. Enfermedad infecciosa (v. 10), de cabeza y cuello (v. 11), de aparato respiratorio (v. 12), de corazón

y vasos (v. 13), del abdomen (v. 14), de aparato genital (v. 15), de riñones y aparato urinario (v. 16), de nutrición (v. 17), de glándulas endocrinas (v. 18), de la sangre (v. 19), de sistema nervioso (v. 20), de los miembros, huesos, músculos (v. 21), de la piel (v. 22); enfermedad viral, emergente, reemergente.
10. Enfermedades infecciosas. Infección*, epidemia, peste, plaga, endemia, pandemia, epizootia, peste bubónica, fiebre amarilla, viruela, encefalitis, fiebre de Malta, meningitis, paludismo o malaria, difteria o crup, escarlatina, gripe, poliomielitis, triquinosis, hidrofobia o rabia, rubéola, sarampión, septicemia, tétanos, tifus, fiebre tifoidea, paratifoidea, varicela, tos ferina, sida (síndrome de inmunodeficiencia adquirida).
11. Cabeza* y cuello*. Jaqueca, cefalea, neuralgia, ataque, desmayo*, insolación, meningitis, tumor, cáncer*, locura*, enfermedades nerviosas (v. 20), parálisis, hemiplejia o hemiplejía, hidrocefalia, dermatitis, eccema, herpes, impétigo, lupus, ántrax, forúnculo, grano*, tiña, pelada, calvicie, seborrea, acné, erisipela. Ojos*: cataratas, conjuntivitis, miopía, hipermetropía, astigmatismo, estrabismo, glaucoma, orzuelo, tracoma, queratitis, contusiones oculares, cuerpos extraños. Nariz: vegetaciones adenoideas, catarro, resfriado*, gripe, coriza, alergia, pólipos, sinusitis, rinitis. Oído: sordera, otitis, mastoiditis, tapón de cera, vértigo, zumbidos. Boca* y garganta: anginas, amigdalitis, estomatitis, adenoiditis, aftas, gingivitis, glositis, difteria, tumor, cáncer*, úlcera, labio leporino, pólipos, laringitis; dentadura: caries, flemón, absceso, quiste, piorrea, sarro, melladura, picadura, malformación, mala posición (v. diente*). Cuello: paperas o parotiditis, quiste, tumor, cáncer*, ántrax, bocio.
12. Aparato respiratorio. Asma, bronquitis, bronconeumonía, tuberculosis, congestión, enfisema, pulmonía o neumonía, pleuresía, pleuritis, tumor, cáncer*, silicosis, quiste hidatídico, alergia.
13. Corazón* y vasos sanguíneos. Angina de pecho, infarto, ataque, lipotimia, trombosis, aneurisma, síncope, aortitis, arritmia, taquicardia, bradicardia, arteriosclerosis, enfermedad azul, estenosis, hipertensión, insuficiencia cardiaca, miocarditis, pericarditis, endocarditis, reumatismo cardíaco.
14. Abdomen. Apendicitis, cólico, diarrea, estreñimiento, disentería, enteritis, gusanos intestinales, parásitos*, tumor, cáncer*, hernia, oclusión intestinal, pancreatitis, peritonitis, hemorroides, fístula anal, prolapso. Estómago*: gastritis, gastralgia, úlcera, ptosis, acidez o hiperclorhidria, reflujo, indigestión, dispepsia, hipo, tumor, cáncer*, aerofagia, intoxicación, envenenamiento. Hígado: cirrosis, hepatitis, cólico hepático, ictericia, tumor, cáncer*, co-

lecistitis, cálculos, insuficiencia hepática, litiasis biliar, abscesos, quiste hidatídico.

15. Aparato genital. Blenorragia, chancro, sífilis, linfogranulomatosis, tumor, cáncer*. *Hombre:* prostatitis, fimosis, impotencia, orquitis, varicocele. *Mujer:* desviación del útero, dismenorrea, amenorrea, esterilidad, frigidez, fibroma, quiste, menopausia, metritis, metrorragia, ovaritis, prolapso, prurito, vaginitis.

16. Riñones, aparato urinario. Albuminuria, absceso, edema, hematuria, uremia, prostatitis, incontinencia de orina, retención de orina, tumor, cáncer*, cálculos, litiasis renal, nefritis, nefrosis, oliguria, tuberculosis renal, uretritis.

17. Nutrición. Diabetes, caquexia, delgadez*, hipervitaminosis, hipovitaminosis, escorbuto, beriberi, envenenamiento, alergia, empacho (v. 14).

18. Glándulas endocrinas. Acromegalia, gigantismo, enanismo, infantilismo, tumor, cáncer*, enfermedad de Cushing, e. de Addison, mixedema, obesidad, delgadez*.

19. Sangre*. Anemia, hemofilia, ictericia, leucemia, cáncer*, enfermedad de Hodgkin, esplenomegalia, eritema, leucopenia, leucocitosis, hipertensión, hipotensión, colesterol, hidropesía, edema, anasarca, hemorragia, epistaxis.

20. Sistema nervioso. Cefalea, dolor de cabeza, neuralgia, coma, parálisis, corea, baile de San Vito, convulsiones, epilepsia, delirio, encefalitis, locura*, neurosis, neurastenia, enfermedad de Parkinson o parálisis agitante, hemiplejia, paraplejia, apoplejía, embolia, síncope, hemorragia cerebral, ataque, meningitis, mielitis, esclerosis en placa, neuritis, poliomielitis o parálisis infantil, reblandecimiento cerebral, sífilis nerviosa, catalepsia, tumor cerebral, cáncer*, demencia senil, tabes. *Enfermedades mentales:* Demencia (v. locura*).

21. Miembros, huesos*, músculos*. Ciática, lumbago, artritis, artrosis, neuritis, polineuritis, gota, reumatismo, tumor, cáncer*, osteomielitis, quiste, celulitis, varices, flebitis, úlcera, gangrena, necrosis, raquitismo, deformaciones, descalcificación, osteítis, osteomalacia, enanismo, gigantismo, lesiones*, luxación, traumatismo, fractura, lumbago, reumatismo.

22. Piel*. Dermatología, eccema, dermatitis, hinchazón*, congestión, edema, alergia, erisipela, psoriasis, eritema, pelagra, sabañones, acné, a. rosáceo, lupus, impétigo, herpes, zona o herpes zóster, pénfigo, favus, intertrigo, pitiriasis, alopecia, calvicie, seborrea, caspa, micosis, tumor, cáncer*, sífilis, chancro, goma, rinofima, lipoma, adenoma, verruga, forúnculo, grano*, ántrax, callo, callosidad, efélide, nevus, mancha de vino o angioma, vitiligo, urticaria, prurito, sarpullido, tuberculosis cutánea, sarna, pediculosis o piojos, ladillas.

23. Terapéutica, curación. V. CURAR, MÉDICO, MEDICAMENTO, HOSPITAL, CIRUGÍA.

Contr.: Salud*, bienestar.
V. INDISPOSICIÓN, DOLOR, INFECCIÓN, DEBILIDAD, CÁNCER, DESMAYO, HINCHAZÓN, LESIÓN, HERIDA, GRANO, LOCURA, MÉDICO, MEDICINA, MEDICAMENTO, HOSPITAL, MUERTE, CURACIÓN. (V. TAMBIÉN LOS RESPECTIVOS ÓRGANOS, APARATOS Y SISTEMAS: CORAZÓN, CABEZA, PIEL, etc.)

enfermera. Ayudante sanitario, técnico s., auxiliar de medicina. V. MÉDICO 4.

enfermería. Dispensario, consultorio, botiquín. V. HOSPITAL 1.

enfermero. V. enfermera.

enfermizo. V. ENFERMEDAD 3.

enfermo. V. ENFERMEDAD 2.

enfervorizar. Enardecer, entusiasmar*, exaltar. V. APASIONAMIENTO 4.

enfilar. 1. Dirigirse, encaminarse, pasar. V. MARCHAR 1.
— **2.** Apuntar, dirigir, orientar. V. ORIENTACIÓN 3.

enflaquecer. Desmejorar, demacrarse, adelgazar. V. DELGADEZ 5.

enflaquecimiento. Debilitamiento*, desnutrición, flacura. V. DELGADEZ 5.

enfocar. 1. Iluminar, dirigir, concentrar. V. LUZ 8.
— **2.** Orientar*, encarar, encauzar. V. GUÍA 5.

enfoque. V. enfocar.

enfrascarse. Ensimismarse, embeberse, abismarse. V. PENSAR 1.

enfrentamiento. 1. Contienda, combate, lucha*. V. GUERRA 1.
— **2.** Oposición*, reto, encaramiento. V. DESAFÍO 1.

enfrentar(se). 1. Desafiar*, arrostrar, encararse. V. DESAFÍO 2.
— **2.** Contender, combatir, guerrear*. V. PELEA 3.

enfrente. Opuesto, contrario, al frente. V. DELANTE 1.

enfriamiento. 1. Catarro, constipado, gripe. V. RESFRIADO 1.
— **2.** V. enfriar.

enfriar. 1. Refrescar, helar, congelar. V. FRÍO 6.
— **2.** *Enfriarse,* acatarrarse, constiparse, enfermar*. V. RESFRIADO 3.
— **3.** Sosegarse, apaciguarse, calmarse. V. TRANQUILIDAD 9.

enfundar. 1. Revestir, cubrir, tapar*. V. RECUBRIMIENTO 2.
— **2.** Meter, introducir*, colocar, V. GUARDAR 1.

enfurecer(se). Encolerizar(se), exasperar, desafiar*. V. ENOJO 2.

enfurruñarse. Amohinarse, molestarse*, disgustarse. V. ENOJO 2.

engalanar. Componer, arreglar, emperifollar. V. ADORNO 3.

engallarse. Enfrentarse, encararse, rebelarse. V. DESAFÍO 2.

enganchar. 1. Suspender, prender, clavar. V. COLGAR 1, 2.
— **2.** Ensamblar, sujetar, unir*. V. ACOPLA- MIENTO 3.
— **3.** Enrolar, alistar; engatusar. V. LISTA 3; ENGAÑO 2.
enganche. V. enganchar.
engañabobos. V. ENGAÑO 3, 4.
engañadizo. V. ENGAÑO 5.
engañado. V. ENGAÑO 6.
engañador. V. ENGAÑO 3.
engañar. V. ENGAÑO 2.
ENGAÑO. 1. Enredo, argucia, falsedad*, falacia, mentira, embuste, embaucamiento, marrullería, martingala, maturranga, trampa, maña, farsa, simulación*, impostura, embrollo*, exagera- ción*, emboscada*, celada, añagaza, artimaña, intriga, perfidia, treta, ardid, trola, bola, truco, cuento, fábula, astucia*, arte, filfa, disimulo, mixtificación o mistificación, invención, artificio, sofisma, patraña, maquinación, conspiración, traición*, maldad, chasco, daño, perjuicio*, es- tratagema, fraude, falsificación*, estafa* timo, robo*, tongo, hipocresía*, calumnia*, chisme*, inexactitud, omisión, superchería, triquiñuela, gitanería *desp*, historia, adulación*, trápala, picardía, pillería*, asechanza, "bluff", farol, burla, broma*, disfraz*, ocultación*, atrac- ción*, encandilamiento, seducción, adulterio*, camelo, embeleco, lío, socaliña, anzuelo, carna- da, señuelo, reclamo, imitación, cebo, garlito, red, lazo, ratonera, gancho, pretexto, evasiva, disculpa*, apariencia, bravata, fanfarronada*, espejismo, ilusión, fantasía*, frustración, equi- vocación*.
2. Engañar. Falsear*, fingir, disimular, enre- dar, embaucar, burlar, bromear*, embrollar*, mentir, inventar*, mixtificar, disfrazar*, omitir, trampear, adeudar, sablear, exagerar*, alabar, adular*, perjudicar*, decepcionar*, embromar, malear, dañar, traicionar*, chasquear, timar, es- tafar*, robar*, encandilar, desvirtuar, urdir, pla- near*, calumniar*, chismorrear*, gitanear *desp*, manipular, adulterar, liar, falsificar*, trucar, ca- melar, convencer, engatusar, atraer*, seducir, ocultar*, disfrazarse*, aparentar, equivocar*, disculpar, pretextar, embelecar, fantasear*, ilusionar, frustrar.
3. Engañador. Embustero, engañoso, mentiro- so, tramposo, falaz, falso*, astuto*, enredador, embrollón*, simulador, exagerado*, inventor, mixtificador, comediante, farsante, disimulado*, ladino, hipócrita*, artificioso, malvado, vil*, trai- dor*, dañino, pérfido, estafador*, embaucador, adulterador, timador, ladrón*, bribón, granuja, pícaro, pillo*, trolero, falsificador*, trapacero, calumniador*, chismoso*, cazurro, taimado, zorro, camelista, cuentista, adulador*, cobista, lioso, seductor, ocultador*, disfrazado*, burla- dor, bromista (v. 4).

4. Engañoso. Ilusorio, ficticio, irreal, imagina- rio*, aparente, artificioso, fantástico*, inexis- tente, inexacto, equivocado*, doloso, falso*, falsificado*, fraudulento, apócrifo, adulterino*, simulado*, ilegal*, supuesto, incierto, dudoso*, dañino, inventado, falaz, capcioso, especioso, disfrazado*, exagerado* (v. 3).
5. Engañadizo. Ingenuo, candoroso, crédulo. V. INOCENCIA 4.
6. Engañado. Ofuscado, deslumbrado, tras- tornado, confundido, enredado, embrollado*, chasqueado, dañado, perjudicado*, robado*, timado, estafado*, despreciado*, seducido, camelado, trucado, encandilado, atraído*, burlado, ocultado*, liado, ilusionado, adulado*, equivocado*, frustrado, afligido*.
Contr.: Verdad*, realidad, sinceridad.
V. EXAGERACIÓN, PERJUICIO, SIMULACIÓN, EMBROLLO, DISFRAZ, FALSIFICACIÓN, ESTA- FA, ROBO, CHISME, CALUMNIA, HIPOCRE- SÍA, OCULTACIÓN, PILLERÍA, BROMA, DUDA, EQUIVOCACIÓN, ADULTERIO, ATRACCIÓN, DISCULPA, FANTASÍA.
engañoso. V. ENGAÑO 3, 4.
engarce. V. engaste.
engarzar. V. engastar.
engastar. Embutir, incrustar, encajar. V. ACOPLA- MIENTO 3.
engaste. Incrustación, ajuste, engarce. V. ACO- PLAMIENTO 1.
engatusar. Seducir, embobar, atraer. V. ATRAC- TIVO 3.
engendrar. Reproducir, procrear, criar. V. NACI- MIENTO 5.
engendro. 1. Espantajo; aborto *desp*, feto *desp*. V. MONSTRUO 1.
— **2.** Desacierto, barbaridad, disparate*. V. FEALDAD 1.
englobar. Abarcar, rodear, encerrar. V. RODEAR 1.
engolado. Ampuloso, pomposo, vanidoso*. V. PEDANTE 1.
engolfarse. Ensimismarse, enfrascarse, abstraerse. V. PENSAR 1.
engolosinar. 1. V. engatusar.
— **2.** *Engolosinar(se)*, encandilar(se), encapri- charse, prendarse. V. ATRACTIVO 3.
engomar. Fijar, encolar, pegar. V. ADHERIR 1.
engordar. 1. Aumentar, ensanchar, robustecerse. V. GORDO 6.
— **2.** Cebar, criar, cuidar. V. ALIMENTO 11.
engorde. V. engordar.
engorro. Complicación, enredo, molestia*. V. DIFICULTAD 1.
engorroso. V. engorro.
ENGRANAJE. 1. Dispositivo, pieza*, rueda* den- tada, piñones, mecanismo, cremallera, acopla- miento*, transmisión, dentado, dientes, embra- gue, engarce, junta, articulación, maquinaria*, diferencial.
2. Partes, clases. Piñón, diente, vacío o hueco, eje, rueda* dentada; engranaje de cremallera,

de tornillo sin fin, helicoidal, cónico, cilíndrico, de literna, interno, de sincronización, en espiral, planetario, corona dentada.

3. Engranar. Encastrar, ajustar, embragar, encajar, acoplarse*, articularse, engarzar, ensamblar, conectar, girar, rodar, unirse*.
V. RUEDA, ACOPLAMIENTO, MÁQUINA, PIEZA.

engranar. V. ENGRANAJE 3.

engrandecer. 1. Incrementar, progresar, crecer. V. AUMENTAR 1, PROSPERAR.
— **2.** Enaltecer, ennoblecer, glorificar. V. HONOR 6.

engrandecimiento. V. engrandecer.

engrasar. Untar*, lubricar, manchar*. V. GRASA 3.

engreído. Altanero, soberbio, presuntuoso. V. VANIDAD 2.

engreimiento. Arrogancia, jactancia, fanfarronería*. V. VANIDAD 1.

engreírse. Ensoberbecerse, envanecerse, jactarse. V. VANIDAD 3.

engriparse. Acatarrarse, resfriarse, constiparse. V. RESFRIADO 4.

engrosar. V. engordar.

engrudo. Goma, pasta, cola. V. ADHERIR 3.

enguantar. Poner, enfundar, meter la mano. V. INTRODUCIR 1.

engullir. Zampar, devorar, tragar. V. ALIMENTO 11.

enhebrar. Pasar, ensartar, enfilar. V. INTRODUCIR 1.

enhiesto. Erecto, tieso, erguido. V. RIGIDEZ 3.

enhorabuena. Pláceme, parabién, congratulación. V. FELICITACIÓN 1.

enigma. 1. Incógnita, interrogante, secreto*. V. MISTERIO 1.
— **2.** Acertijo, charada, rompecabezas. V. JUEGO 6.

enigmático. Impenetrable, secreto*, incomprensible. V. MISTERIO 3.

enjabonar. Fregar, bañar, limpiar*. V. LAVAR 1.

enjaezar. Engalanar, preparar, colocar. V. ADORNO 3.

enjalbegar. Enlucir, encalar, blanquear. V. PINTURA 7.

enjambre. 1. Colmena, abejar, avispero. V. ABEJA 7.
— **2.** Cantidad, muchedumbre, multitud. V. GRUPO 3.

enjaretar. Endilgar, endosar, espetar. V. ENTREGAR 1.

enjaular. Recluir, aprisionar, encerrar. V. PRISIÓN 7.

enjoyado. Engalanado, recamado, embellecido. V. ADORNO 4.

enjuagar. Bañar*, mojar*, aclarar. V. LAVAR 1.

enjugar. 1. Escurrir, limpiar, frotar*. V. SECAR 1.
— **2.** Cancelar, liquidar, extinguir. V. ANULAR 1, PAGAR 1.

enjuiciar. 1. Atribuir, calificar, apreciar. V. EVALUAR 1.

— **2.** Juzgar, procesar, sentenciar. V. TRIBUNAL 10.

enjundia. 1. Interés, valor, carácter*. V. IMPORTANCIA 1.
— **2.** Sebo, sustancia, gordura*. V. GRASA 1.

enjundioso. Sustancial, fundamental, importante. V. IMPORTANCIA 3.

enjuto. Magro, flaco, descarnado. V. DELGADEZ 3.

enlace. 1. Ligazón, ensambladura, encaje. V. UNIR 11.
— **2.** Matrimonio, nupcias, boda. V. CASAMIENTO 1.

enlatar. Meter, introducir, envasar. V. ENVASE 2.

enlazar. 1. Atar, ligar, juntar. V. UNIR 5.
— **2.** Sujetar, detener, aprisionar. V. INMÓVIL 3.

enlodar. Enfangar, encenagar, enviciar. V. FANGO 4, VICIO 6.

enloquecedor. 1. Horrendo, terrible, alucinante. V. ESPANTO 3.
— **2.** Que enajena, trastorna, perturba. V. LOCURA 7.
— **3.** Embriagador, espléndido, maravilloso*. V. APASIONAMIENTO 3.

enloquecer. Enajenarse, trastornarse, delirar. V. LOCURA 6.

enloquecido. 1. Loco, enajenado, demente. V. LOCURA 4.
— **2.** Excitado, exaltado, trastornado. V. VIOLENCIA 4.

enlosar. Pavimentar, embaldosar, recubrir*. V. SUELO 7.

enlucir. Enyesar, blanquear, encalar. V. YESO 3.

enlutado. Oscuro, sombrío, afligido*. V. OSCURIDAD, AFLICCIÓN 5.

enlutar. Apenar, entristecer, atribular. V. AFLICCIÓN 3.

enmarañado. 1. Revuelto, enredado, hirsuto. V. PELO 10.
— **2.** Complicado, caótico, enredado. V. EMBROLLO 3.

enmarañar. V. enmarañado.

enmarcar. Encuadrar, circunscribir, colocar. V. LÍMITE 5.

enmascarar. Disimular, tapar*, disfrazar. V. OCULTAR 1.

enmendar. Corregir, cambiar*, reparar*. V. VARIAR 1.

enmienda. Reforma, transformación, rectificación. V. VARIAR 2.

enmohecer. Herrumbrar, oxidar, arruinar. V. DETERIORO 2.

enmudecer. Callar, temer, turbarse*. V. SILENCIO 4.

enmudecimiento. Mutismo, mudez, temor*. V. SILENCIO 1, 2.

ennegrecer. Ensombrecer, pintar*, nublarse. V. OSCURIDAD 7.

ennoblecer. Enaltecer, encumbrar, engrandecer. V. HONOR 6.

enojadizo. V. ENOJO 4.

enojado. V. ENOJO 3.

enojarse. V. ENOJO 2.

ENOJO. 1. Disgusto, cólera, ira, furia, irritación, rabia, enfado, corajina, coraje, arrebato, encrespamiento, exasperación, cabreo, indignación, bilis, amargura, mal humor, violencia*, tirantez, tensión, arranque, arrechucho, estallido, enfurecimiento, berrinche, perra, rabieta, pataleta, sofoco, capricho*, genio, excitación, nerviosidad*, saña, fiereza, entripado, fastidio, regaño, gruñido, denuesto, ofensa*, reniego, pique, bufido, acaloramiento, apasionamiento*, alteración, desesperación, enardecimiento, pasión, exacerbación, impaciencia*, molestia*, mosqueo, aspereza, mala cara, ceño, entrecejo, arruga, morro, resentimiento, enemistad*, soliviantamiento, odio*, rencor, susceptibilidad, discusión*, pelea*, riña.
2. Enojar(se). Enfurecer(se), disgustar, alterar, enfadar, irritar, enardecer, molestar*, exasperar, incomodar, desmandarse, desbocarse, encolerizar, ofender*, fastidiar, rabiar, encocorar, cabrear, indignar, malhumorar, provocar, excitar, arrebatar, trastornar, sublevar, sulfurar, descomponerse, estallar, encorajinar, sofocar, emberrenchinar, agriarse, amargarse, acalorarse, bufar, trinar, picarse, renegar, entriparse, encresparse, chocar, amostazarse, enfurruñarse, amohinarse, molestarse*, violentarse, desesperarse, impacientarse*, soliviantarse, amoscarse, consumirse, resentirse, odiar*, pelear*, discutir*, reñir, rugir, gruñir, mugir, regañar, rezongar, despotricar, maldecir*, poner mala cara, p. ceño, p. morro, montar en cólera, perder los estribos, sacar de quicio, arrugar el ceño, mandar al cuerno, torcer el gesto, no hablar.
3. Enojado. Enfurecido, disgustado, alterado (v. 4).
4. Enojadizo. Irascible, iracundo, quisquilloso, colérico, airado, irritable, susceptible, puntilloso, impaciente*, cascarrabias, malas pulgas, gruñón, violento*, furioso, fiero, feroz, severo*, cruel*, rencoroso, rudo, nervioso*, excitable, fastidioso, amargado, mustio, amohinado, ceñudo, serio, hosco*, enfurecido, disgustado, alterado (v. 2).
5. Enojoso. Enfadoso, molesto*, fastidioso, provocativo, engorroso, desagradable*, mortificante, exasperante, irritante, antipático*, indignante, injusto*, humillante*, aburrido.
Contr.: Alegría*, gusto, amor, paz*.
V. IMPACIENCIA, ENEMISTAD, ODIO, DISCUSIÓN, PELEA, OFENSA, NERVIOSIDAD, VIOLENCIA, CRUELDAD, SEVERIDAD, MOLESTIA, ANTIPATÍA, DESAGRADO.

enojoso. V. ENOJO 5.

enología. Arte, estudio, industria del vino. V. VINO 4.

enorgullecer(se). Alegrar(se), ufanarse, vanagloriarse. V. FANFARRONEAR, SATISFACERSE.

enorme. Gigantesco, abundante*, excesivo. V. GRANDE 1.

enormemente. Extremadamente, intensamente, inmensamente. V. GRANDE 1.

enormidad. 1. Inmensidad, gigantismo, grandiosidad. V. GRANDE 4.
— **2.** Cantidad, profusión, exageración*. V. ABUNDANCIA 1.
— **3.** Atrocidad, barbaridad, absurdo. V. DISPARATE 1.

enquistarse. 1. Inflamarse, abultarse, infectarse*. V. HINCHAZÓN 5.
— **2.** Atrancarse, atascarse, obturarse. V. OBSTRUIRSE 1.

enraizar. Aclimatar, arraigar, habitar. V. HABITACIÓN 5.

enramada. Follaje, pérgola, boscaje. V. BOSQUE 1.

enranciar. Enmohecer, agriar, estropear. V. PODRIDO 3.

enrarecer. V. enrarecido.

enrarecido. 1. Expandido, disperso, rarificado. V. EXTENDER 4.
— **2.** Sofocante, viciado, irrespirable. V. AHOGAR 6.

enrasar. Igualar, nivelar, alisar. V. LISO 3.

enredadera. Hiedra, bejuco, trepadora. V. MATORRAL 1.

enredado. V. enredar.

enredador. Chismoso*, lioso, travieso. V. EMBROLLO 5.

enredar. 1. Confundir, entorpecer, liar. V. EMBROLLO 2.
— **2.** Mezclar*, enmarañar, revolver. V. DIFICULTAD 5.

enredo. 1. Trampa, complicación, lío. V. EMBROLLO 1.
— **2.** Maquinación, cuento, chisme*. V. ENGAÑO 1

enredoso. 1. Confuso, difícil*, complicado. V. EMBROLLO 3.
— **2.** V. enredo.

enrejado. Reja, cercado, verja. V. VALLA 1.

enrevesado. Indescifrable, embrollado*, difícil*. V. INCOMPRENSIBLE 1.

enriquecer(se). Lucrar(se), progresar, prosperar*. V. RIQUEZA 5.

enriquecido. Rico, próspero*, beneficiado*. V. RIQUEZA 3, 4.

enriquecimiento. Lucro, beneficio*, ganancia. V. RIQUEZA 1.

enrojecer. Sonrojarse, ruborizarse, colorear. V. VERGÜENZA 8.

enrolamiento. Recluta, alistamiento, leva. V. EJÉRCITO 12.

enrolar(se). Reclutar, alistar, incorporar al ejército. V. EJÉRCITO 13.

enrollar. Enroscar, arrollar, torcer. V. ENVOLVER 1.

enronquecer. Vociferar, rugir, desgañitarse. V. GRITO 4.

enronquecimiento. Ronquera, desgañitamiento, afonía. V. VOZ 6.

enroscar. Retorcer, atornillar, arrollar. V. ENVOLVER 1.

ensacar. Embolsar, meter, enfardar. V. SACO 3.

ensaimada. Bollo, golosina, pastel. V. CONFITERÍA 3.

ensalada. 1. Hortaliza aderezada, escarola a., lechuga a. V. ALIMENTO 16.

— **2.** Barullo, confusión, mezcolanza. V. DESORDEN 1.

ensaladera. Bandeja, plato, fuente. V. COCINA 5.

ensalmo. Embrujo, conjuro, encantamiento. V. HECHICERÍA 1.

ensalzar. Alabar, celebrar, loar. V. ELOGIO 2.

ensambladura, ensamblaje. Empalme, encaje, encastre. V. ACOPLAMIENTO 1.

ensamblar. V. ensambladura.

ensanchamiento. V. ensanche.

ensanchar. Agrandar, dilatar, extender*. V. AMPLITUD 3.

ensanche. Ampliación, extensión, agrandamiento. V. AMPLITUD 1.

ensangrentar. 1. Salpicar, impregnar, rezumar. V. MANCHA 5.

— **2.** Aniquilar, eliminar, matar. V. ASESINATO 3.

ensañamiento. Ferocidad, salvajismo, brutalidad*. V. CRUELDAD 1.

ensañarse. Cebarse, encarnizarse, abusar*. V. CRUELDAD 3.

ensartar. Atravesar, pasar, traspasar. V. INTRODUCIR 1.

ensayar. Tantear, experimentar, probar. V. INTENTAR, INVESTIGAR.

ensayista. Autor, literato, prosista. V. ESCRITOR 1.

ensayo. 1. Tanteo, experimento, prueba. V. INTENTO 1, INVESTIGACIÓN 1.

— **2.** Prosa, estudio, obra. V. ESCRIBIR 3.

enseguida, en seguida. Prontamente, al momento, inmediatamente. V. RAPIDEZ 1.

ensenada. Fondeadero, abra, cala. V. BAHÍA 1.

enseña. Pabellón, estandarte, pendón. V. BANDERA 1.

enseñanza. 1. Pedagogía, cátedra, magisterio. V. EDUCACIÓN 1.

— **2.** Estudio, adiestramiento, instrucción. V. EDUCACIÓN 4.

enseñar. 1. Instruir, ilustrar, adiestrar. V. EDUCACIÓN 11.

— **2.** Descubrir, mostrar, revelar. V. EXHIBIR 1.

enseñorearse. Adueñarse, posesionarse, dominar*. V. APROPIARSE 1.

enseres. Utensilios, instrumentos, muebles*. V. APARATO 1, 2.

ensillar. Guarnecer, enjaezar, aparejar. V. COLOCAR 1, CABALLO 17.

ensimismado. V. ensimismarse.

ensimismarse. Abstraerse, reconcentrarse, enfrascarse. V. PENSAR 1.

ensoberbecerse. Engreírse, envanecerse, desdeñar. V. VANIDAD 3.

ensoberbecido. Orgulloso, presuntuoso, altivo. V. VANIDAD 2.

ensombrecer(se). 1. Encapotarse, oscurecerse, nublarse. V. NUBE 5.

— **2.** Atribularse, preocuparse, entristecerse. V. AFLICCIÓN 3, 4.

ensombrecido. V. ensombrecer(se).

ensoñación. Ilusión, ensueño, visión. V. FANTASÍA 1.

ensordecedor. Estrepitoso, atronador, estruendoso. V. SONIDO 5.

ensordecer. Aturdir, retumbar, atronar. V. SONIDO 7.

ensortijado. Ondulado, crespo, retorcido. V. RIZADO 1.

ensuciar. 1. Manchar, deslucir, percudir. V. MANCHA 5.

— **2.** Defecar, cagar, hacer de vientre. V. EXCRECIÓN 4.

— **3.** Infamar, enfangar, mancillar. V. DESHONRA 4.

ensueño. Visión, quimera, ilusión. V. FANTASÍA 1.

entablado. V. entarimado.

entablar. 1. Emprender, efectuar, iniciar. V. REALIZAR 1.

— **2.** Pleitear, querellarse, litigar. V. TRIBUNAL 8.

entablillar. Sujetar, inmovilizar*, vendar. V. VENDA 3.

entalegar. Embolsar, ahorrar, guardar*. V. AVARICIA 3.

entalladura. Incisión, muesca, escotadura. V. CORTAR 4.

entarimado. Plataforma, estrado, tarima. V. MADERA 3.

ENTE. Ser, entidad, sustancia, esencia, cosa, elemento, objeto, materia, sustrato, integrante, constituyente, componente, organismo, criatura, sujeto, cuerpo*, individuo, persona*, espécimen, forma*, factor, principio*, base, parte*, instrumento, fundamento, rudimento, entelequia, mónada, masa, naturaleza, existencia, realidad, verdad*, fantasía*, ambigüedad, imprecisión*, abstracción.

Contr.: Nada, inexistencia*.

V. ELEMENTO, PRINCIPIO, FORMA, CUERPO, PERSONA, PARTE, VERDAD, IMPRECISIÓN, FANTASÍA.

enteco. Enclenque, esmirriado, enfermizo*. V. DEBILIDAD 6.

entelequia. Quimera, ilusión, utopía. V. FANTASÍA 1.

entendederas. Cacumen, sesos, lucidez. V. INTELIGENCIA 1.

entender. 1. Percibir, captar, interpretar. V. INTELIGENCIA 9.

— **2.** *Entenderse*, compenetrarse, simpatizar, avenirse. V. CONVIVENCIA 2.

entendido. Perito, experto, hábil*. V. ESPECIALIZACIÓN 2.

entendimiento. Lucidez, perspicacia, capacidad. V. INTELIGENCIA 1.

entenebrecer(se) Nublar(se)*, empeorar, ensombrecer. V. OSCURIDAD 7.

entente. Armonía, acuerdo, convenio. V. PACTO 1.

enteramente. Completamente, plenamente, absolutamente. V. TOTAL 6.

enterar. 1. Notificar, avisar, advertir. V. INFORME 3.

— **2.** *Enterarse*, conocer, oír*, saber. V. SABIDURÍA 4.

entereza. Fortaleza, vigor*, integridad. V. ENERGÍA 1.

enterizo. V. entero 1.

enternecedor. Impresionante, conmovedor, emotivo. V. EMOCIÓN 5.

enternecer(se). Conmover(se), impresionar, afectar. V. EMOCIÓN 4.

entero. 1. Completo, íntegro, perfecto*. V. TOTAL 2.

— **2.** Incólume, sano, intacto. V. INDEMNE 1.

— **3.** Justo, recto, íntegro. V. HONRADEZ 2.

enterrador. Sepulturero, excavador, sepultador. V. ENTIERRO 4.

enterramiento. 1. Sepulcro, panteón, sepultura. V. TUMBA 1.

— **2.** Inhumación, sepelio, cortejo. V. ENTIERRO 1.

enterrar. 1. Inhumar, sepultar, trasladar*. V. ENTIERRO 6.

— **2.** Cavar, soterrar, esconder. V. EXCAVAR 1, OCULTAR 1.

entibar. Reforzar, afirmar, apuntalar. V. SOPORTE 3.

entibiar. Templar, calentar, moderar*. V. CALOR 8.

entidad. 1. Ser, esencia, naturaleza. V. ENTE.

— **2.** Trascendencia, valor, naturaleza. V. CARÁCTER 1.

— **3.** Organismo, empresa, corporación. V. ASOCIACIÓN 1.

ENTIERRO. 1. Inhumación, exequias, sepelio, funeral, funerales (v. 3), ceremonia, rito, pompa, duelo, acto, honras fúnebres, ofrendas, homenaje, reunión, enterramiento, conducción, traslado, cortejo, c. fúnebre, comitiva (v. 4), acompañamiento, luto, cremación, incineración. Exhumación.

2. Capilla ardiente. Cámara mortuoria, velorio, velatorio, vela, reunión, vigilia, acompañamiento, luto, velo, crespón, catafalco, túmulo, ataúd, caja, féretro, andas, sudario, paño mortuorio, mortaja, cadáver, difunto, muerto*, candelabro, cirio, corona, cinta, siempreviva, dalia, ramo, dedicatoria, empresa de pompas fúnebres, funeraria, esquela, obituario, recordatorio, necrología, mesa y libro de firmas, tumba*, sepultura, cementerio (v. 5).

3. Funerales. Exequias, honras fúnebres (v. 1), funeral, luto, aflicción, llanto, misa de cuerpo presente, túmulo, oración fúnebre, ofrenda, responso, panegírico, kirieleisón, réquiem, dies irae, de profundis, requiéscat in pace, gorigori, misa gregoriana, novena, novenario, rezo*.

4. Comitiva, personas. Cortejo fúnebre, acompañamiento, féretro, andas, furgón, f. mortuorio, coche fúnebre, coronas, ofrendas,

luto, velo, crespón, cruz, crucero, palio, sacerdote*, acólito, monaguillo, presidencia del duelo, familiares, acompañantes, empresario de pompas fúnebres, auxiliares, sepulturero, enterrador, excavador, peón.

5. Cementerio, sepultura. V. TUMBA.

6. Acción. Enterrar, sepultura, inhumar, soterrar, dar sepultura, yacer, reposar, enlutarse, honrar, homenajear, descansar, incinerar, cremar, acompañar, conducir, llevar, trasladar*, exhumar, desenterrar.

Contr.: Exhumación, desenterrar.

V. TUMBA, MUERTE, MUERTO, AFLICCIÓN.

entoldado. Palio, lona, toldo. V. COLGAR 6.

entomología. Ciencia*, especialidad, estudio de los insectos. V. INSECTO 8.

entomólogo. Científico*, especialista, sabio*. V. INSECTO 8.

entonación. Tono, acento, modulación. V. PRONUNCIACIÓN 1.

entonado. Oportuno, apropiado, adecuado. V. CONVENIENCIA 2.

entonar. 1. Vocalizar, corear, modular. V. CANTAR 15.

— **2.** *Entonar(se)*, confortar(se), vigorizarse*, levantarse. V. ÁNIMO 6.

entonces. En aquellos días, por aquel momento, antes. V. ANTERIOR 2.

entontecer. Embobar, idiotizar, embrutecer. V. TONTO 6.

entorchado. Cordón, alamar, galón. V. TIRA 1.

entornar. Entrecerrar, entreabrir, arrimar. V. PUERTA 4.

entorpecer. 1. Obstaculizar, estorbar, impedir. V. DIFICULTAD 5.

— **2.** Embotar, entumecer, paralizar. V. ATURDIMIENTO 4.

entorpecimiento. V. entorpecer.

entrada. V. ENTRAR 9.

entramado. Armazón, bastidor, soporte*. V. MADERA 3.

entrampar. 1. Enredar, timar, defraudar. V. ESTAFA 2.

— **2.** *Entramparse*, empeñarse, endeudarse, hipotecarse. V. DEUDA 5.

entrante. Rebajo, cavidad, oquedad. V. HUECO 1.

entraña. 1. Órgano, víscera, intestinos*. V. VIENTRE 1.

— **2.** Temperamento, índole, naturaleza. V. CARÁCTER 1.

— **3.** Interior, fondo, esencia. V. CENTRO 1.

entrañable. Querido, amado, preferido*. V. AMOR 10.

entrañar. Indicar, expresar, implicar. V. SIGNIFICADO 4.

entrañas. V. entraña 1.

ENTRAR. 1. Meterse, introducirse, penetrar, ingresar, pasar, embarcar, adentrarse, internarse, llegar*, venir, acceder, inmigrar, caber, coger, deslizarse, moverse*, trasladarse*, recorrer, colarse, escabullirse, escurrirse, infiltrarse, atra-

vesar, irrumpir, transitar, registrar, allanar, insinuarse, subir*, escalar, aparecer*, presentarse, mostrarse, exhibirse*, concurrir*, asistir, surgir, comparecer, incursionar, acometer, atacar, conquistar*, invadir, salir*.
— **2.** Ingresar, afiliarse, inscribirse. V. ASOCIACIÓN 13.
3. Entrada. Acceso, ingreso, puerta* (v. 4), abertura, agujero*, toma, paso, llegada, comunicación, boca, embocadura, camino*, senda, atajo, tránsito, irrupción, allanamiento, registro, invasión, introducción, deslizamiento, movimiento*, traslado*, recorrido, travesía, subida*, escalamiento, aparición*, presentación, venida, afiliación (v. 5), concurrencia*, asistencia, comparecencia, incursión, acometida, ataque*, conquista*, salida (v. 4).
— **4.** *Paso,* entrada, acceso, hueco*, ingreso, puerta*, atrio, portal, porche, soportal, pórtico, portería, conserjería, zaguán, salón, «hall», vestíbulo, cancela, portón, poterna, vano, portillo, agujero*, abertura, boca, boquete, pasillo, corredor, galería*, columnata*, túnel (v. 3).
— **5.** *Afiliación,* entrada, ingreso, acceso, inscripción, asociación*, admisión, aceptación, permiso, adhesión, incorporación, iniciación, alta (v. 3).
— **6.** Billete, boleto, comprobante. V. COMPROBAR 3.
Contr.: Salir*, bajar*.
V. MOVERSE, TRASLADARSE, CONCURRIR, LLEGAR, EXHIBIRSE, APARECER, CONQUISTAR; PUERTA, AGUJERO, GALERÍA.
entre. Dentro, a través de, en medio. V. CENTRO 4.
entreabrir. Entrecerrar, arrimar, entornar. V. PUERTA 4.
entreacto. Intervalo, intermedio, espera. V. DESCANSO 2.
entrecano. Canoso, plateado, grisáceo. V. PELO 6.
entrecejo. Ceño, arruga, pliegue. V. CARA 3.
entrecerrar. V. entreabrir.
entrechocar. Percutir, castañetear, chasquear. V. GOLPE 10.
entrecortado. Intermitente, irregular, vacilante. V. INTERRUPCIÓN 3, PRONUNCIACIÓN 6.
entrecruzar. Trenzar, trabar, entrelazar. V. CRUCE 4.
entredicho (en). En duda, bajo sospecha, condicional. V. DUDA 3.
entredós. Puntilla, labor, bordado*. V. ENCAJE 1.
entrefino. Intermedio, regular, pasadero. V. MEDIANO 1.
entrega. V. ENTREGAR 4, 5.
entregado. V. ENTREGA 7.
ENTREGAR. 1. Dar, ceder, conceder, donar, dotar, ofrecer*, ofrendar, obsequiar, regalar*, facilitar, distribuir, proveer, repartir, pagar*, empeñar, pignorar, prestar*, fiar, hipotecar, alquilar*, gravar, cargar, adeudar, dejar, adjudicar, suministrar, administrar, proporcionar, procurar, asignar, otorgar, conferir, investir, traspasar,

transmitir, transferir, trasladar, acordar, dispensar, racionar rendir, presentar, confiar, impartir, posesionar, deparar, prodigar, despojarse, privarse, desprenderse, sacrificar*, retribuir, equipar, aprovisionar, abastecer, vender*, surtir, servir, transportar, enviar*, mandar, devolver*, compensar, reponer, restituir, reintegrar, endilgar, enjaretar, endosar.
— **2.** Delatar, denunciar, acusar. V. TRAICIÓN 3.
— **3.** Entregarse, capitular, rendirse. V. RENDICIÓN 2.
4. Entrega. Donación, traspaso, cesión, concesión, préstamo*, regalo, obsequio, dádiva, venta, suministro, distribución, reparto, racionamiento, otorgamiento, asignación, pago*, adjudicación, posesión, mandato, fideicomiso, transferencia, transmisión, traslado*, depósito, ahorro*, alquiler*, ofrenda, ofrecimiento, oferta, retribución, dotación, aprovisionamiento, equipamiento, abastecimiento, servicio, envío*, remesa, giro, transporte*, encargo, pedido, reintegro, restitución, devolución*, privación, compensación, generosidad*, sacrificio*.
— **5.** Capitulación, claudicación, sometimiento. V. RENDICIÓN 1.
6. Que entrega. Donador, cesionario, dadivoso, generoso*, obsequioso, distribuidor, repartidor, transportista*, recadero, mandadero, botones, racionador, otorgador, suministrador, pagador*, adjudicador, oferente, ofertante, prestamista*, aprovisionador, abastecedor, servicial, compensador.
7. Entregado. Donado, traspasado, cedido (v. 4).
Contr.: Recibir*, aceptar, tomar.
V. REGALAR, PAGAR, DEVOLVER, SACRIFICARSE, ALQUILAR, TRANSPORTAR, TRASLADAR, ENVIAR.
entrelazar. Trenzar, trabar, entrecruzar. V. CRUCE 4.
entremés. 1. Sainete, pieza breve, cómica. V. TEATRO 2.
— **2.** Bocado, aperitivo, platillo. V. ALIMENTO 13.
entremeterse. Inmiscuirse, fisgonear, injerirse. V. INTRUSO 6.
entremetido. Intrigante, indiscreto, curioso. V. INTRUSO 1.
entremezclar. Combinar, reunir, juntar. V. MEZCLA 4.
entrenador. Monitor, instructor, preparador. V. DEPORTE 9.
entrenamiento. Instrucción, adiestramiento, ejercicio. V. EDUCACIÓN 1, 4, DEPORTE 1.
entrenar. V. entrenamiento.
entrepaño. Tabique, muro, cuarterón. V. PARED 1.
entresacar. Escoger, elegir, quitar. V. SELECCIÓN 3.
entresijos. Entretelas, interioridades, intimidades. V. SECRETO 1.
entresuelo. Piso, planta, nivel. V. CASA 4.

entretanto. Mientras, en el ínterin, expectativa. V. DURACIÓN 6.

entretejer. Urdir, trenzar, hilar. V. TELA 15.

entretela. 1. Refuerzo, forro, relleno. V. SASTRE 4.
— **2.** *Entretelas*, v. entresijos.

entretener. 1. Amenizar, distraer, recrear. V. DIVERSIÓN 4.
— **2.** Retardar, retrasar, engañar*. V. DEMORA 3.
— **3.** V. entretenimiento 2.

entretenido. Divertido, ameno, gracioso*. V. DIVERSIÓN 6.

entretenimiento. 1. Esparcimiento, distracción, pasatiempo. V. DIVERSIÓN 1.
— **2.** Conservación, servicio, cuidado*. V. CONSERVAR 3.
— **3.** V. entretener.

entrever. 1. Percibir, vislumbrar, divisar. V. MIRAR 1.
— **2.** Barruntar, intuir, presentir. V. SOSPECHA 6.

entreverado. Mezclado, entremezclado, veteado. V. entreverar; MEZCLA 7.

entreverar. Intercalar, entremezclar, introducir. V. AÑADIR 2.

ENTREVISTA. 1. Reunión, conferencia, conversación*, asamblea*, junta, cita, diálogo, consulta, consejo*, encuentro, sesión, asistencia, concurrencia, visita*, interviú, audiencia, parlamento, conciliábulo, tertulia, comunicación, coloquio, acuerdo, charla, plática, discusión*, parrafada, interrogatorio*, careo, enfrentamiento, investigación*, preguntas, interpelación, mitin, congregación, corro, corrillo, recepción, acogida.
2. Entrevistar(se). Conversar*, consultar, conferenciar, visitar*, verse, citarse, reunirse, hablar*, encontrarse, oír, recibir, juntarse, deliberar, dialogar, convenir, acordar, pactar*, asesorarse, comunicarse, interrogar, investigar*, enfrentarse, preguntar, parlamentar, discutir*, platicar, charlar, congregarse, concurrir*, asistir, acoger.
3. Entrevistador. Consultor, visitante*, comunicante, interpelador, veedor, oidor, dialogador, presentador, moderador, conferenciante, investigador*, inquisidor, interrogador*, conversador*, hablador*, asambleísta*, parlamentario, asistente, concurrente*.
4. Entrevistado. Consultado, interpelado, interrogado (v. 3).
V. ASAMBLEA, VISITA, DISCUSIÓN, INTERROGATORIO, INVESTIGACIÓN, CONCURRENCIA, HABLAR.

entrevistado. V. ENTREVISTA 4.

entrevistador. V. ENTREVISTA 3.

entrevistar. V. ENTREVISTA 2.

entripado. Disgusto, irritación, enfado. V. ENOJO 1.

entristecer. Apenar, angustiar, desconsolar. V. AFLICCIÓN 3.

entrometerse. Fisgonear, inmiscuirse, curiosear*. V. INTRUSO 6.

entrometido. Intrigante, indiscreto*, curioso*. V. INTRUSO 1.

entroncar. Emparentar, vincularse, relacionarse. V. FAMILIA 7.

entronizar. Instalar, coronar*, honrar*. V. COLOCAR 1.

entronque. Relación, vínculo, parentesco. V. FAMILIA 4.

entuerto. Ultraje, daño, ofensa*. V. PERJUICIO 1.

entumecerse. Aterirse, adormecerse, entorpecerse. V. FRÍO 6, INMOVILIZARSE.

entumecimiento. Rigidez, calambre, aterimiento. V. FRÍO 1, INMOVILIDAD.

enturbiar. Nublar, velar, agitar. V. OPACO 3.

entusiasmado. V. ENTUSIASMO 3.

entusiasmar. V. ENTUSIASMO 2.

ENTUSIASMO. 1. Pasión, apasionamiento*, conmoción, emoción*, efusión, ánimo, agitación, admiración, asombro*, pasmo, arrebato, delirio, euforia, embriaguez, embeleso, apoteosis, culminación*, vehemencia, exaltación, fanatismo, fogosidad, enardecimiento, transporte, frenesí, ardor, contento, alegría*, satisfacción*, gozo, alborozo, placer, diversión*, efervescencia, inflamación, ímpetu, paroxismo, arranque, preferencia*, inclinación, propensión, afición*.
2. Entusiasmar. Emocionar*, conmover, arrebatar, apasionar*, exaltar, agitar, conmocionar, embriagar, maravillar*, pasmar, asombrar*, delirar, admirar, arrobar, embelesar*, alegrar*, contentar, transportar, enardecer, fanatizar, satisfacer*, complacer, divertir*, gozar, inflamar, preferir*, propender, inclinarse, aficionar*.
3. Entusiasmado. Emocionado*, arrebatado, apasionado*, fervoroso, agitado, conmocionado, delirante, embriagado, partidario, entusiasta (v. 4), pasmado, asombrado*, maravillado*, admirativo, contento, alegre*, alborozado, ardiente, jubiloso, apasionado, embelesado*, frenético, efusivo, vehemente, expansivo, exaltado, ardoroso, enardecido, fogoso, satisfecho*, eufórico, gozoso, complacido, divertido*, efervescente, inflamado, paroxístico, preferido* (v. 4).
4. Entusiasta. Partidario, incondicional, fanático, apasionado*, efusivo, seguidor, simpatizante*, prosélito, admirador, devoto, aficionado*, apegado, amante, propenso, inclinado, preferido*, exaltado, ferviente, fiel, adepto, fan, sectario, discípulo, satélite, adicto, afiliado, emocionado* (v. 3).
5. Entusiástico. Admirativo, delirante, arrebatado (v. 3).
Contr.: Indiferencia*, apatía, tristeza.
V. APASIONAMIENTO, ÁNIMO, EMOCIÓN, ALEGRÍA DIVERSIÓN, AFICIÓN, PREFERENCIA, ASOMBRO, INTERÉS.

entusiasta. V. ENTUSIASMO 4.

entusiástico. V. ENTUSIASMO 5.

enumeración. V. enumerar.

enumerar. 1. Contar, inventariar, catalogar. V. CÁLCULO 4.
— **2.** Relacionar, especificar, mencionar. V. DETALLE 2.

enunciar. V. enumerar 2.

envainar. Meter, enfundar, colocar. V. INTRODUCIR 1.

envalentonarse. Bravuconear, fanfarronear*, atreverse. V. DESAFÍO 2.

envanecerse. Enorgullecerse, presumir, engreírse. V. VANIDAD 3.

envanecimiento. Orgullo, engreimiento, soberbia. V. VANIDAD 1.

envarado. Torpe, agarrotado, aturdido*. V. INÚTIL 2.

envararse. Paralizarse, entorpecerse, ofuscarse. V. ATURDIMIENTO 4.

envasar. V. ENVASE 2.

ENVASE. 1. Vasija, recipiente, receptáculo*, caja*, embalaje*, bote, pote, tarro, lata, frasco, botella*, botellón, vaso, casco, garrafa, damajuana, olla, cántaro, bombona, redoma, jarro, cuenco, cacharro, cápsula, fuente, arca, arqueta, urna, estuche, joyero, cartón, cajón, tonel, cuba, barril*, bidón, cuero, odre, bota, jaula, envío, paquete, envoltorio*, recubrimiento*, saco*, bala, paca, bolsa, cartucho, cucurucho, papel*.
2. Envasar. Embalar*, enlatar, llenar*, dosificar, meter, conservar*, introducir, colmar, fraccionar, tapar*, embotellar, enfrascar, encestar, enfardelar, ensacar, embolsar, empaquetar, enfundar, forrar, envolver*, preparar, atar, precintar, liar, cubrir.
3. Envasado. Embalado, enlatado, lleno (v. 2). V. EMBALAJE, ENVOLTORIO, RECEPTÁCULO, CAJA, SACO, BOTELLA, CONSERVA, BARRIL, TAPAR, LLENAR.

envejecer. Declinar, marchitarse, avejentarse. V. ANCIANO 8, ANTIGUO 7.

envejecido. Senil, decrépito, vetusto. V. ANCIANO 2, ANTIGUO 1.

envejecimiento. V. envejecido.

envenenamiento. 1. Emponzoñamiento, intoxicación, contaminación. V. VENENO 8.
— **2.** Resentimiento, amargura, envidia*. V. ODIO 1.

envenenar(se). V. envenenamiento.

envergadura. 1. Extensión, anchura, medida*. V. AMPLITUD 1.
— **2.** Trascendencia, categoría, cuantía. V. IMPORTANCIA 1.

envés. Revés, dorso, zaga. V. ESPALDA 1.

enviado. 1. Representante, agente, diplomático*. V. DELEGACIÓN 4.
— **2.** V. ENVIAR 5.

ENVIAR. 1. Expedir, despachar, trasladar*, mandar, dirigir, llevar, remitir, cursar, remesar, exportar, adjuntar, facturar, consignar, vender*, traficar, girar, librar, acarrear, conducir, transportar*, transferir, transbordar, embarcar, meter, cargar*, acompañar, emitir, pasar, transitar, viajar*, tramitar*, gestionar, diligenciar (v. 2).
— **2.** *Delegar*, enviar, encargar, encomendar, confiar, comisionar, facultar, apoderar, recomendar, ceder, acreditar, autorizar, aprobar*, ordenar*.
3. Envío. Encargo, remesa, pedido*, expedición, porte, acarreo, transporte*, carga*, cargamento, partida, flete, mandato, giro, pago*, libranza, mensaje, carta*, correo*, paquete*, bulto, embalaje*, envoltorio*, transbordo, mercancía, mercadería, género, abarrote, productos, misión, mudanza, transmisión, traspaso, transferencia, cambio*, tránsito, exportación, facturación, venta, comisión, orden, recado, diligencia, trámite*, pasaje, viaje*.
4. Que envía. Expedidor, remitente, despachante, consignatario, transportista*, recadero, correo*, exportador, fletador, gestor, que expide (v. 1).
5. Enviado. Expedido, despachado, trasladado* (v. 1).
— **6.** Comisionado, diplomático*, delegado. V. DELEGACIÓN 4.
7. Varios. Destinatario, remitente, expedidor; dirección, destino, señas, correo*, carta*.
Contr.: Recibir*, importar.
V. CARGAR, TRANSPORTAR, TRASLADAR, TRAMITAR, VIAJAR, CORREO, CARTA, PAQUETE.

enviciar. Corromper, pervertir, depravar. V. VICIO 6.

envidar. Apostar, poner, jugar*. V. JUEGO 11.

ENVIDIA. 1. Resentimiento, celos*, animosidad, disgusto*, pelusa, tirria, dentera, livor, rivalidad*, pasión, apasionamiento*, pasioncilla, desazón, resquemor, rabia, recelo, sospecha*, encelamiento, egoísmo*, codicia*, ambición*, ansia, deseo*, antipatía*, animadversión, aborrecimiento, odio*, desavenencia, pugna, competencia, suspicacia, desconfianza, ingratitud, ruindad, mortificación, contrariedad, amargura, rencor, agravio, aflicción*, angustia.
2. Envidiar. Resentirse, reconcomerse, recelar, desear*, ansiar, ambicionar*, codiciar*, querer, apetecer, anhelar, suspirar, encapricharse, encelarse, rivalizar*, competir, pugnar, mortificarse, disgustarse* contrariarse, apasionarse*, sospechar*, desconfiar, rabiar, aborrecer, odiar*, amargarse, afligirse*, angustiarse.
3. Envidioso. Celoso*, receloso, resentido, reconcomido, sospechoso*, desconfiado, suspicaz, susceptible, apasionado*, amargado, rencoroso, disgustado*, mortificado, afligido*, angustiado, antipático*, rabioso, contrariado, agraviado, encelado, rival*, competidor, insaciable, ambicioso*, codicioso*, ruin, avaro*, mezquino, ingrato, desagradable, egoísta*, ansioso, deseoso*, aborrecible, odioso*.
4. Envidiable, envidiado. Codiciable, codiciado, ansiado, deseable*, deseado, ambicionado*, querido, apetecible, apetecido, agrada-

ble*, plausible, suspirado, anhelado, cautivante, placentero, grato, maravilloso*, hermoso*, delicioso, rico, próspero*, incitante, apasionante*, satisfactorio.
Contr.: Desinterés, nobleza, caballerosidad, generosidad*.
V. EGOÍSMO, CODICIA, AMBICIÓN, DESEO, CELOS, DISGUSTO, RIVALIDAD, APASIONAMIENTO, SOSPECHA, DESCONFIANZA, ODIO, ANTIPATÍA.

envidiable, envidiado. V. ENVIDIA 4.

envidiar. V. ENVIDIA 2.

envidioso. V. ENVIDIA 3.

envilecer. Degradar, pervertir, corromper. V. VIL 4.

envío. Remesa, encargo, expedición. V. ENVIAR 3.

envión. Empellón, impulso, lanzamiento*. V. EMPUJAR 4.

envite. Jugada, cantidad apuesta. V. JUEGO 9.

enviudar. Enlutarse, quedar solo, perder el cónyuge. V. CASAMIENTO 9.

envoltorio. V. ENVOLVER 5.

envoltura. V. ENVOLVER 4.

ENVOLVER. 1. Empaquetar, embalar*, envasar*, liar, enrollar, devanar, girar, torcer, enroscar, arrollar, tapar*, cubrir, recubrir*, ocultar*, esconder, forrar, revestir, vestir*, someter, abrigar, arrebujar, arropar, acomodar, arreglar, preparar, enfardelar, empapelar, ensacar, envainar, enfundar, vendar*, fajar, atar, enlazar.
— **2.** Ceñir, encerrar, rodear. V. ABRAZAR 1.
— **3.** Asediar, arrinconar, sitiar. V. CERCAR 1.
4. Envoltura. Cubierta, forro, revestimiento, recubrimiento*, empaquetado, arrollado, defensa, tapa*, enfardelado, empapelado, ensacado, papel*, cartucho, cucurucho, bolsita, tela*, vaina, capa, cáscara*, corteza, piel*, pellejo, envoltorio (v. 5).
5. Envoltorio. Fardo, fardel, atado, atadijo, paquete, bulto, lío, costal, paca, bala, ovillo, bolsa, saco*, cesta*, embalaje*, envase*, hato, hatillo, haz, fajo, gavilla, ramo, manojo, ramillete, brazada, puñado, montón, hacina, rimero, ristra, sobre, envío, carta*, forro, revestimiento, envoltura* (v. 4).
6. Envuelto. Empaquetado, embalado, ceñido (v. 1-3).
Contr.: Desenvolver, destapar, quitar*, extender*.
V. EMBALAR, ENVASAR, RECUBRIR, TAPAR, VESTIR, VENDAR; RODEAR, CERCAR.

envuelto. Empaquetado, embalado, ceñido. V. ENVOLVER 1-3.

enyesar. 1. Estucar, enlucir, revestir. V. YESO 3.
— **2.** Escayolar, entablillar, inmovilizar. V. VENDA 3.

enzarzar. 1. Azuzar, incitar, enredar. V. ENEMISTAD 5.
— **2.** *Enzarzarse*, liarse, enredarse, reñir. V. PELEA 2.
— **3.** Aventurarse, embarcarse, arriesgarse. V. OSADÍA 5.

enzima. Sustancia orgánica, catalizador orgánico, levadura. V. FERMENTO 1.

eón. Lapso prolongado, plazo larguísimo, ciclo geológico*. V. TIEMPO 1, 2.

epatar. Despampanar, maravillar*, pasmar. V. ASOMBRO 4.

epiceno. Género, común, genérico. V. GRAMÁTICA 5.

epicentro. Foco, núcleo, centro* del seísmo. V. TERREMOTO 2.

épico. Glorioso, guerrero, heroico. V. HÉROE 3.

epicureísmo. V. epicúreo.

epicúreo. Sensual, sibarita, refinado*. V. PLACER 5.

epidemia. Plaga, peste, azote. V. INFECCIÓN 1.

epidémico. Contagioso, pestífero, contaminado. V. INFECCIÓN 6.

epidérmico. Exterior, superficial, cutáneo. V. PIEL 11.

epidermis. Membrana, pellejo, cutis. V. PIEL 1.

epifanía. Reyes, Adoración, festividad. V. FIESTA 6.

epígrafe. Encabezamiento, título, rótulo. V. LETRERO 3.

epigrama. Poema satírico, crítica, ironía*. V. POESÍA 4.

epilepsia. Convulsión, ataque, espasmo. V. CRISPAMIENTO 1.

epílogo. Terminación, conclusión, desenlace. V. FIN 1.

episcopado. Obispado, dignidad, obispos. V. SACERDOTE 8.

episódico. Irregular, casual, discontinuo. V. CIRCUNSTANCIA 2.

episodio. 1. Hecho, incidente, caso. V. SUCESO 1.
— **2.** Capítulo, sección, parte*. V. ESCRIBIR 4.

epístola. Mensaje, misiva, escrito*. V. CARTA 1.

epitafio. Leyenda, nota*, inscripción. V. LETRERO 1.

epíteto. Título, calificativo, apodo, nombre*. V. ADJETIVO 1.

epítome. Resumen, compendio; modelo. V. ABREVIACIÓN; EJEMPLO 3.

epizootia. Epidemia del ganado*, peste, plaga. V. INFECCIÓN 1.

época. Etapa, ciclo, período. V. TIEMPO 1.

epopeya. Proeza, gesta, leyenda. V. HÉROE 8.

equidad. Ecuanimidad, rectitud, justicia. V. IMPARCIAL 2.

equidistante. Central, en medio, en el centro. V. CENTRO 4.

équido. Cuadrúpedo, animal*, mamífero. V. CABALLERÍA 11, CABALLO 1.

equilibrado. 1. Cuerdo, moderado*, ponderado. V. EQUILIBRIO 7.
— **2.** Nivelado. V. EQUILIBRIO 5.

equilibrar. V. EQUILIBRIO 9.

EQUILIBRIO. 1. Estabilidad, compensación, nivel, nivelación, proporción (v. 2), horizontalidad, contrapeso, igualación, aplomo, reposo, descanso*, inmovilidad*, inercia, estática, asiento, seguridad*, firmeza, fijeza, permanencia, consistencia, solidez, acrobacia (v. 4).

— **2.** *Proporción*, equilibrio, armonía, concordancia, correspondencia, nivelación, igualdad, equiparación, empate, emparejamiento, paridad, simetría, equivalencia, promedio, mitad, término medio, medio, centro*, ritmo, medida, relación, correlación, canon, modelo, ejemplo*, cadencia, conformidad, avenencia.

— **3.** *Mesura*, equilibrio, moderación, ponderación, orden*, circunspección, formalidad*, sensatez, compostura, cordura, comedimiento, cautela, miramiento, prudencia, precaución*, cuidado*.

4. Equilibrismo. Acrobacia, funambulismo, gimnasia*, volteo, equilibrio (v. 1), habilidad*, atletismo*, ejercicio, deporte*, exhibición*, prueba, salto*, pirueta, brinco, voltereta, cabriola, espectáculo* de circo*.

5. Equilibrado. Nivelado, estable, horizontal, contrapesado, empatado, igualado, emparejado, compensado, asentado, estático, inerte, inmóvil*, en reposo, en descanso, aplomado, seguro*, fijo, firme, igual*, permanente, consistente, sólido (v. 6).

— **6.** *Proporcionado*, equilibrado, armónico, armonioso, cadencioso, conforme, simétrico, concordante, igual*, proporcional, alícuota, equitativo, distributivo, justo, equivalente, equiparable, conveniente, medido, rítmico, correlativo, correspondiente, ejemplar*, modélico (v. 7).

— **7.** *Mesurado*, equilibrado, circunspecto, ponderado, ordenado*, formal*, sensato, justo, imparcial*, cauto, comedido, mirado, cuerdo, ejemplar*, moderado*, compuesto, prudente, cuidadoso*, precavido* (v. 5).

8. Equilibrista. Acróbata, trapecista, funámbulo, circense, saltimbanqui, volatinero, titiritero, saltarín*, gimnasta*, atleta*, deportista*, volteador, saltador, artista* de circo*.

9. Equilibrar. Estabilizar, contrapesar, neutralizar, contrarrestar, anular*, nivelar, igualar, empatar, emparejar, equiparar, ajustar, dividir, tantear, graduar, promediar, uniformar, unificar, compensar, aplomar, inmovilizar*, fijar, afirmar, asegurar, afianzar, asentar, reposar, descansar*, correlacionar, avenir, conformar, equivaler, corresponder, concordar, armonizar, proporcionar, ponderar, ordenar*, componer, moderar*, comedir, cuidar*.

Contr.: Desequilibrio, desigualdad, inestabilidad.

V. IGUALDAD, INMOVILIDAD, DESCANSO, SEGURIDAD, MODERACIÓN, ORDEN, FORMALIDAD, CUIDADO, PRECAUCIÓN.

equilibrismo. V. EQUILIBRIO 4.

equilibrista. V. EQUILIBRIO 8.

equimosis. Magulladura, cardenal, moretón. V. LESIÓN 1.

equino. Ecuestre, hípico; cuadrúpedo. V. CABALLO 13.

equinoccio. Momento, lapso anual, solsticio. V. GEOGRAFÍA 4.

equinodermo. Invertebrado, erizo de mar. V. ANIMAL 6.

EQUIPAJE. 1. Impedimenta, bultos, equipo*, pertrechos, arreos, juego*, bagaje, tren, maletas (v. 2), paquetes, bártulos, petate, cajas*, envoltorios*, saco* (v. 2).

2. Enumeración. Maleta, valija, maletín, neceser, sombrerera, fin de semana, bolso, b. de viaje, bolsillo, cartera*, vademécum, portafolio, portamantas, portamanteo, baúl, b. mundo, cofre, arcón, arca, arqueta, mochila, morral, zurrón, macuto, talego, bolsa, saco*, s. de mano, red, alforja, escarcela, paquete, caja*, envoltorio*, embalaje*, bulto, lío, atado, hato, hatillo (v. 1).

3. Varios. Furgón, vagón, vehículo*, expedición, envío*, transporte*, remesa, correos*, viaje*, aduana*, etiqueta, resguardo, comprobante, exceso de peso, recargo; viajero*, pasajero, turista, mozo, mozo de cuerda.

V. EQUIPO, ENVOLTORIO, CAJA, EMBALAJE, SACO, TRANSPORTE, ENVÍO, VIAJE, ADUANA, CORREOS.

equipar. V. EQUIPO 5.

equiparar. Parangonar, igualar*, comprobar*. V. COMPARACIÓN 2.

EQUIPO. 1. Material*, dotación, juego, pertrechos, serie*, dote, vestuario, vestimenta* (v. 2), surtido, gama, línea, muestrario, repertorio, ajuar, suministros, abastecimiento*, colección*, conjunto, batería, combinación, grupo*, instrumental, instrumentos, herramientas*, utensilios, aparatos*, artefactos, enseres, arreos, avíos, bártulos, equipaje*, impedimenta, aperos, bienes, fondo, capital, reservas, propiedades*, pertenencias, banda, jugadores (v. 3), operarios.

— **2.** *Vestuario*, equipo, ajuar, ropaje, indumento, indumentaria, vestimenta*, atavíos, guardarropa, arreos, prendas, trapos.

3. Personas. Agrupación, equipo, tándem, pareja, bando, banda, conjunto, asociación*, partida, grupo*, clan, corro, camarilla, pandilla, corrillo, liga, jugadores*, deportistas*, competidores, contendientes, rivales*, obreros, operarios, cuadrilla, brigada, trabajadores*.

4. Bultos. Maletas, baúles, bolsos. V. EQUIPAJE 2.

5. Equipar. Suministrar, avituallar, dotar, entregar*, aprovisionar, abastecer*, surtir, repartir, proveer, guarnecer, distribuir, dar, regalar*, facilitar, prestar*, vender*, ofrecer, adjudicar, aportar, racionar, dividir.

Contr.: Unidad, individualidad.

V. MATERIAL, ABASTECIMIENTO, COLECCIÓN, SERIE, APARATOS, HERRAMIENTAS, VESTIMENTA, EQUIPAJE, GRUPO, ASOCIACIÓN, JUGADORES, TRABAJADORES.

equitación. Hipismo, monta, caballería. V. CABALLO 24.

equitativo. Ecuánime, justo, razonable. V. IMPARCIAL 1.

equivalencia. Paridad, paralelismo, igualdad. V. SEMEJANZA 1.

equivalente. Parecido, similar, igual. V. SEMEJANZA 2.

equivaler. Corresponder, emparejarse, parecerse. V. SEMEJANZA 4.

EQUIVOCACIÓN. 1. Error, desliz, descuido*, confusión, desacierto, inadvertencia, disparate*, tropiezo, falta, fallo, falla, omisión, olvido*, fracaso*, duda*, distracción, plancha, gazapo, inexactitud, incorrección, equívoco, pifia, chasco, caída, yerro, errata, tergiversación, malentendido, lapso, lapsus, l. linguae, l. cálami, anacronismo, traspié, resbalón, patinazo, coladura, metedura, burrada, barbaridad, necedad, desatino, torpeza, defecto*, absurdo, ofuscación, turbación, despiste, frustración, desconcierto, desorientación, extravío, dificultad*, injusticia*, abuso*, irregularidad*, culpa*, infracción, delito*, mentira, engaño*, lío, embrollo*. **2. Equivocar(se).** Confundir(se), errar, disparatar*, fallar, fracasar, faltar, descaminar, descuidar*, distraerse, dudar*, olvidar*, omitir, cambiar*, frustrar, pifiar, marrar, patinar, colarse, despistarse, desconcertarse, desorientarse, turbarse*, ofuscarse, abusar*, infringir, delinquir*, mentir, engañar*, liar, embrollar*, desatinar, desbarrar, incurrir, padecer, caer, armarse un lío, meter la pata, dar un resbalón, d. un traspié, errar el tiro, no dar pie con bola, tener culpa*. **3. Equivocado.** Confundido, confuso, ofuscado, desacertado, falso*, erróneo, incorrecto, infundado, ilógico, indebido, disparatado*, errado, dudoso*, inexacto, inadvertido, incierto, descuidado*, distraído, olvidadizo*, omitido, fallado, malogrado, pifiado, anacrónico, metido, colado, bárbaro*, bruto, necio, tonto*, desatinado, torpe, fracasado*, descaminado, desviado, descarriado, frustrado, despistado, turbado*, defectuoso*, desconcertado, desorientado, injusto*, abusivo*, irregular, culpable*, infractor, delincuente*, mentiroso, engañoso*, lioso, embrollado*. *Contr.:* Acierto, habilidad*, destreza. V. DESCUIDO, DUDA, OLVIDO, DISPARATE, FRACASO, TURBACIÓN, INJUSTICIA, ENGAÑO, ABUSO, EMBROLLO, CULPA, DELITO.

equivocado. V. EQUIVOCACIÓN 3.

equivocar. V. EQUIVOCACIÓN 2.

equívoco. 1. Duda*, vaguedad, indeterminación. V. IMPRECISIÓN 1. — **2.** Dudoso*, vago, indeterminado. V. IMPRECISIÓN 2.

era. 1. Período, época, edad. V. TIEMPO 1. — **2.** Cultivo, prado, terreno. V. CAMPO 1.

eral. Becerro, novillo, vaquilla. V. TORO 1, 4.

erario. Deuda pública, tesoro, hacienda. V. FISCO 1.

erección. Levantamiento, elevación; construcción*. V. RIGIDEZ 1.

erecto. Tieso, firme, erguido. V. RIGIDEZ 3.

eregir. *incorr* V. erigir.

eremita. Asceta, monje, anacoreta. V. SACERDOTE 2.

eretismo. Excitación, congestión, exacerbación. V. ESTÍMULO 1.

ergástula. Encierro, calabozo, mazmorra. V. PRISIÓN 1.

erguido. V. erecto.

erguimiento. V. erección.

erguir. Levantar, alzar, enderezar. V. SUBIR 2.

erial. Yermo, páramo, descampado. V. DESIERTO 1.

erigir. Levantar, edificar, construir. V. CONSTRUCCIÓN 3, 4.

erisipela. Congestión, hinchazón*, inflamación cutánea. V. ENFERMEDAD 22.

eritema. Sarpullido, irritación, inflamación. V. HINCHAZÓN 2.

erizado. Punzante, espinoso, arduo. V. PUNTA 2, DIFÍCIL 1.

erizarse. Enderezarse, erguirse, levantarse. V. SUBIR 2.

erizo. Vertebrado, mamífero, puercoespín. V. ROEDOR 2.

ermita. Capilla, iglesia, oratorio. V. TEMPLO 1.

ermitaño. Monje, cenobita, anacoreta. V. SACERDOTE 2.

erosión. Corrosión, deterioro*, consunción. V. DESGASTE 1.

erosionar. Rozar, consumir, corroer. V. DESGASTE 3.

erótico. Sensual, voluptuoso, amatorio. V. SEXO 11.

erotismo. Voluptuosidad, lascivia, sensualidad. V. SEXO 2.

errabundo. Nómada, andarín, trotamundos. V. VAGABUNDO 1.

erradicar. Eliminar, extirpar, suprimir. V. ANULAR 1.

errado. V. errar 2.

errante. V. errabundo.

errar. 1. Caminar, deambular, vagar. V. VAGABUNDO 5. — **2.** Fallar, fracasar, pifiar. V. EQUIVOCACIÓN 2.

errata. V. error.

errático, errátil. 1. Indeterminado, inestable, inseguro. V. IMPRECISIÓN 2. — **2.** V. errabundo.

erróneo. Desacertado, incorrecto, engañoso*. V. EQUIVOCACIÓN 3.

error. Incorrección, falta, disparate*. V. EQUIVOCACIÓN 1.

eructar. Expulsar, emitir gases*, regoldar. V. EXCRECIÓN 4.

eructo. Vaharada, vapor, regüeldo. V. EXCRECIÓN 2.

erudición. Cultura, estudios, conocimientos. V. SABIDURÍA 1.

erudito. Entendido, docto, sabio. V. SABIDURÍA 2.

erupción. 1. Estallido, emisión de lava, vulcanismo. V. VOLCÁN 4.
— **2.** Inflamación, irritación, sarpullido. V. HINCHAZÓN 2.
esbeltez. V. esbelto.
esbelto. 1. Ligero, fino, espigado. V. DELGADEZ 4.
— **2.** Gallardo, apuesto, hermoso*. V. GARBO 2.
esbirro. Sicario, paniaguado, secuaz. V. AYUDA 5.
esbozar. V. esbozo.
esbozo. 1. Diseño, bosquejo, esquema. V. DIBUJO 1.
— **2.** Borrador, idea, proyecto. V. PLAN 1.
escabechar. V. escabeche, escabechina.
escabeche. Aderezo, preparación, adobo. V. CONSERVAR 4.
escabechina. Degollina, matanza, destrucción*. V. MUERTE 5.
escabel. Banquillo, taburete, escaño. V. ASIENTO 1.
escabroso. 1. Escarpado, fragoso, abrupto. V. MONTAÑA 5.
— **2.** Obsceno, indecente*, picante. V. SEXO 14.
escabullirse. Escaparse, escurrirse, huir*. V. ESQUIVAR 1.
escacharrar. Estropear, deteriorar*, romper. V. DESTROZAR 1.
escafandra. Indumentaria, equipo*, traje de buzo. V. BUCEO 4, 5.
escafandrista. Submarinista, hombre rana, buceador. V. BUCEO 3.
escala. 1. Graduación, división, patrón. V. REGLA 1.
— **2.** Progresión, sucesión, orden*. V. SERIE 1.
— **3.** Escalerilla, gradilla, escalera de mano. V. ESCALERA 1, 2.
— **4.** Parada, detención, puerto. V. ESPERA 1.
escalada. Ascenso, subida, aumento. V. SUBIR 5, AUMENTAR 5.
escalador. Montañero, alpinista, deportista*. V. MONTAÑISMO 4.
escalafón. Rango, categoría, jerarquía. V. CLASE 2.
escalar. 1. Gatear, trepar, ascender. V. SUBIR 1.
— **2.** Progresar, aumentar*, encumbrarse. V. PROSPERIDAD 5.
escaldar. Quemar, cocer, abrasar. V. CALOR 7.
ESCALERA. 1. Escala, escalerilla, grada, gradas, escalinata, serie de escalones, s. de peldaños, gradería, subida, acceso, estribo (v. 2).
2. Clases. Escalinata, escalera de honor, e. monumental, imperial, de ida y doble vuelta, de caracol, poligonal, truncada, de desahogo, de servicio, de albañil, mecánica, de incendio, de salvamento, de mano, portátil, gradilla, de tijera, plegable, de gato, de papagayo, de ganchos, de piedra, de hierro, de madera.
3. Partes. Caja de la escalera, hueco, ojo, rampa, peldaños (v. 4), peldaño de arranque, p. de descansillo, estribo, tramo, ramal, descansillo, meseta, rellano, eje de escalera, zanca, falsa zanca, contrazanca, huella, contrahuella o altura, vuelta, pilar, poste, p. de arranque, moldura

de protección, barandilla, baranda, balaustrada, pasamano, asidero, balaustre, columnita.
4. Peldaño. Escalón, estribo, grada, paso, tablón, viga, madero*, piedra*, losa, plancha, pieza, zanca, gualdera, peldaño de arranque, p. de descansillo. V. CONSTRUCCIÓN, CASA.
escalfado. V. escalfar.
escalfar. Cocer, cocinar*, hervir*. V. COCINA 7.
escalinata. V. ESCALERA 1.
escalofriante. Espeluznante, impresionante, emocionante*. V. ESPANTO 3.
escalofrío. Tiritona, estremecimiento, espasmo. V. TEMBLOR 1.
escalón. V. ESCALERA 4.
escalonado. V. escalonar.
escalonar. Colocar, graduar, distribuir. V. ORDEN 9.
escalope. Filete empanado, tajada, milanesa. V. CARNE 4.
escalpelo. Bisturí, hoja, lanceta. V. CUCHILLO 1, CIRUGÍA 8.
escama. Membrana, película, piel*. V. CÁSCARA 1.
escamado. Mosqueado, receloso, suspicaz. V. SOSPECHA 2.
escamar(se). V. escamado.
escamoso. Desigual, áspero*, membranoso. V. RUGOSO 1.
escamotear. 1. Birlar, hurtar, sustraer. V. QUITAR 2.
— **2.** Hacer trucos, h. prestidigitación, manipular. V. ILUSIONISMO 4.
escamoteo. 1. Tejemaneje, truco, juego* de manos. V. ILUSIONISMO 1.
— **2.** Hurto, apaño, engaño*. V. APROPIARSE 2.
escampar. Abonanzar, despejar, aclarar el cielo. V. BONANZA 4.
escampavía. Escolta, patrullero, lancha rápida. V. BARCO 3, 6.
escanciar. Servir, derramar, verter. V. BEBIDA 7.
escandalizar. 1. Gritar, vociferar, molestar*; provocar, ofender. V. ALBOROTO 2; OFENSA 4.
— **2.** *Escandalizarse*, incomodarse, disgustarse*, espantarse. V. OFENSA 5.
escándalo. 1. Inmoralidad, desvergüenza*, provocación. V. VICIO 1; OFENSA 1.
— **2.** Tumulto, algarabía, estruendo. V. ALBOROTO 1.
— **3.** Disputa, pendencia, riña. V. PELEA 1.
escandaloso. V. escándalo.
escaño. Banco, peana, escabel. V. ASIENTO 1.
escapada. Fuga, evasión, estampida. V. HUIDA 1.
escapar. Fugarse, correr, evadirse. V. HUIDA 2.
escaparate. Cristalera, vitrina, vidriera. V. VENTANA 1.
escapatoria. 1. Coartada, excusa, pretexto. V. DISCULPA 1.
— **2.** V. escapada.
escape. 1. Pérdida, derrame, fuga. V. SALIR 9.
— **2.** Válvula, salida*, grifo*. V. TUBO 1.
escapulario. Distintivo, medalla, insignia. V. SÍMBOLO 2.

escaque. Casilla, división, cuadro. V. AJEDREZ 2.

escara. Pústula, costra, postilla. V. GRANO 1.

escarabajo. Gorgojo, coleóptero, bicho. V. INSECTO 3.

escaramuza. Contienda, lucha, refriega. V. PELEA 1.

escarapela. Emblema, insignia, distintivo. V. SÍMBOLO 2.

escarbadientes. Palillo, mondadientes, adminículo. V. DIENTE 5.

escarbar. Hurgar, cavar*, remover. V. PROFUNDO 5.

escarcela. Bolso, mochila, zurrón. V. SACO 1.

escarceo. 1. Cabrilleo, caracoleo, agitación. V. MOVIMIENTO 1, 2.
— 2. Devaneo, esparcimiento, jugueteo. V. AMOR 2, JUEGO 2.

escarcha. Hielo, relente, rocío helado. V. FRÍO 4.

escardar. Entresacar, limpiar*, arrancar. V. EXTRAER 1.

escariar. Taladrar*, perforar, horadar. V. AGUJERO 2.

escarlata. Rojo, granate, carmesí. V. COLOR 6.

escarlatina. Dolencia infecciosa, enfermedad* contagiosa, infantil. V. INFECCIÓN 2.

escarmentar. 1. Sufrir un chasco, desengañarse, aprender. V. DECEPCIÓN 4, EXPERIENCIA 5.
— 2. Corregir, disciplinar, punir. V. CASTIGO 8.

escarmiento. 1. Chasco, frustración, desengaño. V. DECEPCIÓN 1.
— 2. Correctivo, pena, sanción. V. CASTIGO 1.

escarnecer. V. escarnio.

escarnio. Burla, ofensa*, afrenta. V. HUMILLACIÓN 1.

escarola. Lechuga, endibia, verdura. V. HORTALIZA 2.

escarpa. 1. Declive, pendiente, inclinación*. V. CUESTA 1.
— 2. Muro, talud, muralla. V. PARED 1.

escarpado. Escabroso, fragoso, abrupto. V. MONTAÑA 5.

escarpia. Punta, alcayata, gancho. V. CLAVO 1.

escarpín. Pantufla, chancleta, chinela. V. CALZADO 1.

escasamente. V. ESCASEZ 4.

escasear. V. ESCASEZ 3.

ESCASEZ. 1. Carencia, déficit, falta, necesidad*, limitación, límite*, privación, insuficiencia, disminución*, ausencia, deficiencia, parvedad, menester, penuria, inopia, apuro, hambre*, ayuno, indigencia, pobreza*, rareza*, cortedad, pequeñez*, exigüidad, inexistencia*, merma, carestía, moderación*, baja, mengua, aminoración, reducción, restricción, menos, enrarecimiento, rarificación, corte, vacío*, laguna, defecto*, terminación, fin*, mezquindad, avaricia*, tacañería, codicia*, miseria, fragmento*, adarme, brizna, ápice, insignificancia*, pizca, ridiculez, puñado, poco, migaja, gota, nadie, ninguno, nada, cero.

2. Escaso. Limitado, carente, desprovisto, falto, privado, exiguo, moderado*, algo, poco, un poco, casi, menos, sin, reducido, mermado, contado, precario, insuficiente, incompleto, deficitario, disminuido*, ausente, parvo, parco, necesitado*, menesteroso, pobre*, indigente, apurado, hambriento*, ayuno, vacío*, raro, enrarecido, rarificado, caro*, inexistente*, restringido, aminorado, menguado, bajo, terminado, finalizado*, deficiente, defectuoso*, corto, cortado, pequeño*, mísero, codicioso*, tacaño, avaro*, mezquino, pizca, ridículo*, irrisorio, puñado, gota, migaja, insignificante*, nada, nadie, ninguno.

3. Escasear. Faltar, terminarse, mermar, cesar, concluirse, disminuir*, carecer, limitar*, necesitar*, precisar, enrarecerse, empobrecerse, ayunar, pasar hambre*, apurarse, privarse, restringir, moderarse*, economizar*, reducir, aminorar, menguar, bajar, rarificarse, terminar, no haber, finalizar*, vaciarse*, cortarse*, empequeñecerse*, debilitarse, ralear, aclararse, adelgazarse.

4. Escasamente. Pobremente*, limitadamente, exiguamente, raramente, moderadamente*, precariamente, algo, poco, apenas, un poco, casi, nada, indigentemente, deficientemente, ligeramente, levemente, defectuosamente*, apuradamente, insignificantemente*, irrisoriamente (v. 2), difícilmente*, limitado, carente (v. 2).

Contr.: Abundancia*, plenitud, exceso.

V. INEXISTENCIA, RAREZA, POBREZA, DISMINUCIÓN, MODERACIÓN, DEFECTO, FIN, CORTE, PEQUEÑEZ, INSIGNIFICANCIA, VACÍO, ECONOMÍA, NECESIDAD, LÍMITE, AVARICIA.

escaso. V. ESCASEZ 2.

escatimar. Tasar, restringir, ahorrar*. V. AVARICIA 3.

escatología. 1. De ultratumba, del más allá, de la otra vida. V. MUERTE 1.
— 2. V. escatológico 1.

escatológico. 1. Soez, indecente*, excrementicio*. V. REPUGNANCIA 3.
— 2. V. escatología 1.

escayola. 1. Estuco, enlucido, clarión. V. YESO 1.
— 2. Férula, entablillado, cura. V. VENDA 1.

escayolar. 1. Entablillar, curar, inmovilizar*. V. VENDA 3.
— 2. Estucar, enlucir, revestir. V. YESO 3.

escena. 1. Ambiente, paisaje, vista. V. PANORAMA 1.
— 2. Proscenio, escenario, escenografía. V. TEATRO 9.
— 3. Drama, ambiente teatral, farándula. V. TEATRO 1.
— 4. Hecho, acontecimiento, disputa. V. PELEA 1, SUCESO 1.

escenario. V. escena.

escénico. Dramático, teatral, panorámico. V. TEATRO 13.

escenificar. Poner en escena, representar, estrenar. V. TEATRO 4.

escepticismo. V. escéptico.

escéptico. Desinteresado, apático, incrédulo. V. INDIFERENCIA 2.

escindir. V. escisión.

escisión. 1. Sección, tajo, división. V. CORTAR 4.

— **2.** Disidencia, cisma, desmembración. V. SEPARAR 13.

esclarecedor. Aclaratorio, evidente, demostrativo*. V. EXPLICACIÓN 3.

esclarecer. Dilucidar, explicar*, determinar*. V. DEMOSTRACIÓN 2.

esclarecido. Preclaro, ilustre, insigne. V. PRESTIGIO 2.

esclarecimiento. V. esclarecer.

esclavina. Chal, manteleta, capa corta. V. VESTIMENTA 3.

esclavista. V. ESCLAVITUD 3.

ESCLAVITUD. 1. Yugo, vasallaje, opresión, dominación, sumisión, servidumbre*, sujeción, gleba, feudalismo*, dominio, despotismo, tiranía, dictadura, feudo, tributo, sometimiento, vejación, humillación*, abuso*, violencia*, prisión*, encadenamiento, cadenas, encierro, injusticia*. Abolicionismo, antiesclavismo, redención, manumisión, emancipación.

2. Esclavo. Siervo, vasallo, sometido, cautivo, prisionero*, forzado, villano, plebeyo, siervo de la gleba, oprimido, sujeto, servidor*, dominado*, encadenado, subyugado, vejado, avasallado, ilota, intocable, paria, galeote, liberto, eunuco, odalisca. Manumiso, manumitido, redimido, emancipado.

3. Que esclaviza. Esclavista, tratante, negrero, amo, plantador, hacendado, latifundista, someter, señor, señor feudal*, señor de horca y cuchillo, traficante, encomendero, régulo, reyezuelo, tirano, dictador, dominador*; abolicionista, antiesclavista.

4. Lugares. Mazmorra, ergástula, prisión*, cárcel, galeras, plantación, hacienda, latifundio, feudo*, cabaña, choza, gleba, encomienda, serrallo, harén.

5. Varios. Grillos, grilletes, hierros, cadenas, collar, virote, cepo, rejas, marca de fuego, estigma. Manumisión, libertad*. Abolicionismo, antiesclavismo, redención, emancipación.

6. Esclavizar. Tiranizar, subyugar, aprisionar, encarcelar, dominar*, oprimir, avasallar, someter, aherrojar, sujetar, encadenar, encerrar, vejar, abusar*, forzar. Abolir, emancipar, redimir, manumitir.

Contr.: Abolición, libertad, manumisión, redención, emancipación.

V. DOMINACIÓN, ABUSO, PRISIÓN, VIOLENCIA, SERVIDUMBRE, INJUSTICIA, FEUDALISMO.

esclavizar. V. ESCLAVITUD 6.

esclavo. 1. V. ESCLAVITUD 2.

— **2.** Sumiso, rendido, humilde*. V. OBEDIENCIA 2.

esclerosis. Fibrosidad, encallecimiento, endurecimiento. V. DURO 5.

esclerótica. Membrana, capa, tegumento ocular. V. OJO 4.

esclusa. Compartimento*, presa, tramo de canal. V. CANAL 4.

ESCOBA. 1. Escobillón, escobón, barredera, cerdamen, balea, escobajo, escobilla, cepillo, pincel, brocha, cerdas, estregadera, bruza, escobeta, instrumento, accesorio limpiador, a. de pintor.

2. Elementos. Palo, mango, manojo; paja, ramas, palmito, retama; cerdas, cerdamen, pelo, p. de tejón.

3. Barrer. Limpiar*, desempolvar, escobillar, arrastrar, higienizar, asear, cepillar, frotar*, escobar.

V. LIMPIEZA, HIGIENE, FROTAR, PINTURA.

escobilla. V. ESCOBA 1.

escocedura. Excoriación, rozadura, peladura. V. LESIÓN 1.

escocer. 1. Inflamarse, doler, enrojecerse. V. DOLOR 1.

— **2.** Contrariar, mortificar, atribular. V. AFLICCIÓN 3.

escofina. Lima, utensilio, desbastadera. V. HERRAMIENTA 4.

escoger. Distinguir, preferir*, elegir*. V. SELECCIÓN 3.

escogido. 1. V. escoger.

— **2.** Sobresaliente, notable, superior*. V. SELECCIÓN 5, 6.

escolanía. Orfeón, coral, coro. V. CANTAR 12.

escolapio. Cura, religioso, clérigo. V. SACERDOTE 3.

escolar. Colegial, alumno, estudiante. V. EDUCACIÓN 13.

escolástico. Educativo, pedagógico, docente. V. EDUCACIÓN 18.

escolio. Acotación, comentario, explicación*. V. NOTA 2.

escollera. Rompeolas, malecón, espigón. V. DIQUE 1.

escollo. 1. Rompiente, banco, roca. V. ARRECIFE 1.

— **2.** Tropiezo, obstáculo*, barrera. V. DIFICULTAD 2.

escolopendra. Miriápodo, bicho, ciempiés. V. INSECTO 3.

ESCOLTA. 1. Comitiva, séquito, acompañamiento, compañía*, grupo*, cortejo, corte, tropa, desfile*, defensa, protección*, cuidado*, ayuda*, vigilancia*, policía*, salvaguardia, custodia, amparo, apoyo, socorro*, auxilio, guardia, destacamento, patrulla, piquete, vanguardia, avanzadilla, ronda, corrillo, pandilla, retaguardia, caravana, expedición, hilera, columna, fila*, convoy, línea, orden*, alineación, flanco, exploración, guía*, resguardo, procesión, manifestación, seguimiento, conducción, cabalgata, comparsa, reunión, servicio, amigos, compañeros*, acompañantes (v. 2).

2. Que escolta. Acompañante, compañero*, protector*, vigilante*, soldado, defensor, custodio, policía*, guardia, guardián, ayudante*, auxiliar, guardaespaldas, gorila, cuidador*, cancerbero, acólito, satélite, cortesano, adlátere, comparsa, pareja, carabina, gregario, esbirro, conductor, guía*, patrullero, expedicionario, explorador, manifestante, amigo, adicto, seguidor, camarada, conocido, agregado, asistente, servidor*, criado.

3. Escoltar. Custodiar, proteger*, conducir, guardar, acompañar, guiar*, vigilar*, auxiliar, ayudar*, defender, resguardar, cuidar*, patrullar, convoyar, explorar, manifestarse, agregarse, reunirse, emparejarse, apoyar, asistir, seguir, flanquear, alinearse, ordenarse*, desfilar, destacarse, avanzar, rodear*, aislar.

Contr.: Abandonar, desamparar.

V. COMPAÑÍA, GRUPO, DESFILE, PROTECCIÓN, VIGILANCIA, POLICÍA, CUIDADO, AYUDA, SOCORRO, FILA, GUÍA.

escoltar. V. ESCOLTA 3.

escombro(s). Ruinas, cascotes, derribos. V. PIEDRA 2.

esconder. 1. Disimular, encubrir, simular*. V. OCULTAR 1.

— 2. *Esconderse,* acurrucarse, agazaparse, acechar. V. AGACHARSE 1.

escondidas (a). Disimuladamente, sigilosamente, ocultamente. V. OCULTAR 6.

escondido. V. esconder.

escondite. V. escondrijo.

escondrijo. Escondite, guarida, cobijo. V. REFUGIO 1.

escopeta. Carabina, rifle, mosquete. V. FUSIL 1.

escoplo. Formón, cortafrío, cincel. V. CUCHILLO 2.

escorar. Ladearse, desnivelarse, torcerse*. V. INCLINAR 1.

escorbuto. Dolencia, avitaminosis, carencia. V. VITAMINA 9.

escoria. 1. Desecho, basura*, desperdicio. V. RESIDUO 1.

— 2. Chusma, gentuza, populacho. V. GRUPO 4.

Escorpio, Escorpión. Signo del Zodiaco, s. astrológico, s. astronómico*. V. ASTROLOGÍA 4.

ESCORPIÓN. 1. Alacrán, artrópodo*, arácnido (no es insecto*), sabandija, bicho, b. venenoso*, gusarapo o gusarapa, bicharraco.

2. Elementos. Uña o aguijón venenoso*, glándula venenosa, pinzas, cefalotórax, segmentos o anillos, cola o telson, quelíceros. Picadura, inflamación, veneno*, tóxico.

V. ARAÑA, INSECTO, VENENO.

escorzo. Apunte, boceto, perspectiva*. V. DIBUJO 1.

escotado. Vestido ancho, abierto, bajo. V. AMPLITUD 2.

escotadura. Muesca, hendedura*, tajo. V. CORTAR 4.

escotar. 1. Contribuir, participar, abonar. V. PAGAR 1.

— 2. Abrir, ensanchar, bajar el escote. V. AMPLITUD 3.

escote. 1. Cuello, abertura, busto. V. MAMA 3.

— 2. Contribución, participación, parte. V. PAGAR 4.

escotilla. Portillo, abertura, hueco*. V. BARCO 8.

escozor. 1. Irritación, ardor, molestia*. V. DOLOR 3.

— 2. Resentimiento, disgusto, molestia*. V. AFLICCIÓN 1.

escriba. Copista, amanuense, funcionario. V. ESCRITOR 2.

escribanía. Recado de escribir, juego*, escritorio. V. ESCRIBIR 9.

escribano, escribiente. Copista, empleado, funcionario. V. ESCRITOR 2.

ESCRIBIR. 1. Transcribir, apuntar, anotar, inscribir, redactar, componer, copiar*, expresar, explicar*, informar*, formular, exponer, aclarar, representar, consignar, registrar, reproducir, pergeñar, idear*, concebir, crear*, trazar, caligrafiar, rayar, rotular, etiquetar*, marcar, garabatear, garrapatear, emborronar, firmar, rubricar, autografiar, signar, manchar*, ensuciar cuartillas, relacionar, dejar correr la pluma, asentar, documentar*, colaborar, compilar, resumir, abreviar*, reflejar, traducir, verter, trasladar, interpretar, librar, relatar, narrar*, contar, dramatizar, historiar*, interlinear, tachar, anular, corregir, borrar, acentuar, tildar, subrayar, puntuar, entrecomillar, marginar, encabezar, fechar, datar, dictar, mecanografiar, dactilografiar, taquigrafiar*, estenografiar, editar, publicar, imprimir*, estampar, sacar a luz, dar a publicidad, remitir (v. 2).

2. Enviar cartas*. Remitir, enviar, mandar, expedir, corresponderse, cartearse, despachar, avisar, comunicar, advertir, decir, contener, mandar un mensaje, intercambiar cartas, i. correspondencia, poner dos letras, emborronar un papel, anotar (v. 1); mandar un SMS, un correo electrónico, un e-mail.

3. Escrito. Composición, redacción, prosa, obra, manuscrito, original, documento*, opúsculo, comunicado, comunicación, apunte, trabajo*, tarea, labor, borrador, volante, artículo, editorial, monografía, gacetilla, crónica, suelto, copia*, duplicado, anotación, inscripción, registro, transcripción, dictado, ejercicio, práctica, nota*, asiento, estudio, informe*, parte, cédula, participación, cuartilla, hoja, papel*, recordatorio, suplicatoria, saluda, autógrafo, compendio, miscelánea, antología, florilegio, biografía*, autobiografía, colaboración, publicación, novela, cuento, narración*, libro*, volumen, tomo, edición, literatura*, obra literaria*, o. poética*, folleto, catálogo, libelo, pasquín, panfleto, escrito difamatorio, prospecto, misiva, carta*, mensaje, texto, epístola, notificación, impreso*, galerada, prueba, ficha, formulario, oficio, versión, traducción, interpretación, pancarta, letrero*, letras*, esquela, epitafio, etiqueta, marbete, rótulo, palimpsesto, pergamino, incunable, edición príncipe, memoria, memorial, tríptico, trilogía, tetralogía, manifiesto, proclama, catilinaria, diatriba, sátira, crítica, leyenda, oda, poema, poesía*, rapsodia, partitura, guión, libreto, tema, trama, asunto, argumento, «dossier», legajo, sumario, expediente, minuta, boletín, fascículo, plácet, breve, bula, encíclica, pastoral, testamento, codicilo, diploma*, título, patente, p. de invención*, mamotreto, grimorio.

4. Partes del escrito. Párrafo, parágrafo, capítulo, pasaje, apartado, texto, aparte, artículo, parte, sección, episodio, división, versículo, tomo, libro*, volumen, fecha, título, encabezamiento, prólogo*, prefacio, introducción*, índice, contenido, relación, lista*, enunciado, exposición, cláusula, nota*, apostilla, codicilo, disposición, condición, epígrafe, línea, renglón, interlínea, columna, conclusión, resumen, ítem, pie, firma, rúbrica, posdata, post scriptum, lema, dedicatoria, exergo.

5. Escritura. Caligrafía, signos, grafía, letras*, caracteres, manuscrito, rasgos, inscripción, transcripción, reproducción, dictado, representación, redacción, copia*, composición, garabato, borrón, dibujo*, líneas*, rayas, trazos, subrayado, plumazo, puntuación (v. 8), ideograma, signo, jeroglífico (v. 7), impresión, autógrafo, firma, rúbrica, nombre*, abreviatura*, mecanografía, dactilografía, taquigrafía, estenografía, grafología, análisis, estudio, interpretación de la escritura.

— **6.** Documento*, protocolo, instrumento público. V. CONTRATO 1.

7. Tipos de escritura. Escritura cuneiforme, fenicia, rúnica, ideográfica (china, japonesa), ideogramas, jeroglífica, jeroglíficos egipcios, azteca, maya, hebrea, griega, armenia, georgiana, tibetana, del sánscrito, uncial, árabe, romana, latina, cúfica, gótica, rusa, cirílica. *Otras escrituras:* Manuscrita, fonética, gráfica, paleográfica, caligráfica, inglesa, itálica, española, cursiva, bastardilla, redondilla, mayúscula, minúscula; taquigráfica*, estenográfica, mecanográfica, de máquina, de ordenador, fuente; de Morse, de Braille. *Escritura de imprenta*: versal, versalita, cursiva, negrita, de caja alta, de c. baja. (V. imprenta*)

8. Signos de puntuación. Punto, coma, punto y coma, dos puntos, signo de interrogación. s. de admiración, guión largo o menos, guión corto o división, comillas, paréntesis, llave o corchete, paréntesis cuadrado, acento grave, agudo, circunflejo, apóstrofo, diéresis o crema, asterisco.

9. Instrumento, accesorios de escritura. Estilo, punzón, pluma de caña, p. de ganso, tablillas de arcilla, papiro, pergamino, raspador,

arenilla, recado de escribir, escribanía, papel secante, pizarra, pizarrín, pizarrón, encerado, tablero, tiza, pluma, plumilla, palillero, pluma estilográfica*, p. fuente, bolígrafo*, esferográfica, tinta, lápiz*, grafito, mina, papel*, cartapacio, cuaderno*, bloc, bloque, carpeta, hoja, máquina de escribir*, imprenta*.

10. El que escribe. Literato, novelista, escribiente. V. ESCRITOR 1, 2.

Contr.: Analfabetismo, ignorancia*.

V. DOCUMENTO, PAPEL, IMPRENTA, LIBRO, CARTA, LETRA, LITERATURA, POESÍA, NARRACIÓN, INFORME, GRAMÁTICA, ESCRITOR.

escrito. V. ESCRIBIR 3.

ESCRITOR. 1. Literato*, redactor, novelista, escribiente (v. 2), autor, narrador*, coautor, intelectual, creador, prosista, humorista, publicista, editor*, estilista, hombre de letras, colaborador, comentarista, articulista, crítico, corresponsal, periodista*, gacetillero, reportero, informador, tratadista, enciclopedista, lexicógrafo, polígrafo, ensayista, compilador, hombre de pluma, gente de pluma, ingenio, sabio*, erudito, poeta, dramaturgo, comediógrafo, cuentista, libretista, argumentista, guionista, traductor, intérprete, académico, autoridad, inmortal, cultiparlista, clásico, gongorino, purista, retórico, paleógrafo, costumbrista, historiador*, biógrafo*, hagiógrafo, prologuista, hispanista, latinista, romanista, helenista, arabista, escritorzuelo, escribidor, cagatintas, plumífero, chupatintas, foliculario; grafólogo, intérprete de la escritura (v. 2).

2. Escribiente. Escribano, notario, actuario, pasante, amanuense, escribidor, funcionario, empleado*, oficinista*, pendolista, calígrafo, corresponsal, copista*, escriba, cagatintas, empleadillo, chupatintas, secretaria, taquígrafa, estenógrafa, dactilógrafa, mecanógrafa, auxiliar, archivista*, burócrata, firmante, signatario, infrascrito, suscrito, parte, escritor (v. 1).

3. Acción. Redactar, componer, anotar. V. ESCRIBIR 1.

Contr.: Analfabeto, ignorante*.

V. LITERATO, NARRADOR, PERIODISTA, SABIO, EMPLEADO, ESCRIBIR.

escritorio. 1. Pupitre, escribanía, mesa de despacho. V. MESA 1.

— **2.** Despacho, bufete, estudio. V. OFICINA 1.

escritura. 1. Caligrafía. V. ESCRIBIR 5.

— **2.** Legajo, documento*, instrumento público. V. CONTRATO 1.

escriturar. Registrar, formalizar, legalizar. V. CONTRATO 5.

escrofuloso. Débil*, pachucho, flojo. V. ENFERMEDAD 3.

escroto. Piel, bolsa glandular, cubierta testicular. V. TESTÍCULO 2.

escrúpulo. Aprensión, recelo, reparo. V. DUDA 1, 2, REPUGNANCIA 1.

escrupuloso. 1. Concienzudo, aplicado, minucioso. V. CUIDADO 4.

— **2.** Puntilloso, quisquilloso, aprensivo. V. DETALLE 3.

escrutar. Otear, observar, escudriñar. V. MIRAR 1.

escrutinio. 1. Votación, comicios, sufragio. V. ELECCIONES 1.

— **2.** Comprobación*, indagación, recuento. V. INVESTIGACIÓN 1, CÁLCULO 3.

escuadra. 1. Armada, flota, marina. V. BARCO 7.

— **2.** Cartabón, regla, instrumento de dibujo. V. DIBUJO 4.

escuadrilla. Formación, ala, unidad aérea. V. AVIÓN 8.

escuadrón. 1. Pelotón, batallón, unidad militar. V. EJÉRCITO 4.

— **2.** V. escuadrilla.

escuálido. Esquelético, demacrado, hambriento*. V. DELGADEZ 3.

escualo. Selacio, tintorera, pez* cartilaginoso. V. TIBURÓN 1.

escucha. Audición, auditorio, oyente. V. CONCURRENCIA 1, OÍDO 1.

escuchar. Percibir, enterarse, entender. V. OÍDO 7.

escuchimizado. Canijo, achacoso, esmirriado. V. DÉBIL 6.

escudar(se). Defender(se), amparar, tapar. V. PROTECCIÓN 3.

escudero. V. ESCUDO 6.

escudilla. Tazón, plato, cuenco. V. RECEPTÁCULO 2.

ESCUDO. 1. Adarga, rodela, pavés, broquel, égida, blasón*, rueda, clípeo, tarja, pelta, parma, broquelete, escudete, testudo, coraza, defensa, protección*, armadura*.

— **2.** Emblema, divisa, heráldica. V. BLASÓN 1.

— **3.** Resguardo, cobijo, defensa. V. PROTECCIÓN 1.

4. Partes. Plancha, campo, disco, orla, asas, brocal, brazal, cazoleta, mira, embrazadura, enarma, correa.

5. Clases. De metal, de hierro, de bronce, de acero, de cuero, de mimbre, de madera; español, francés, alemán, inglés, italiano, polaco, esclesiástico (de mesnadero; egipcio, asirio, caldeo, persa, griego, beocio, normando, galo, romano, medieval*, filipino.

6. Escudero. Acompañante, paje, cortesano, vasallo, ayudante*, broquelero, adarguero, criado, servidor*, asistente, mozo, joven*.

V. ARMADURA, BLASÓN, ARMA, PROTECCIÓN, FEUDALISMO.

escudriñar. 1. Observar, escrutar, otear. V. MIRAR 1.

— **2.** Indagar, averiguar, examinar. V. INVESTIGACIÓN 4.

escuela. Colegio, academia, institución docente. V. EDUCACIÓN 9.

escuerzo. Sapo, anuro, batracio; enclenque, flaco. V. ANFIBIO 3; DELGADEZ 3.

escueto. Escaso, conciso, reducido. V. ABREVIAR 3.

esculpir. V. ESCULTURA 5.

escultor. V. ESCULTURA 6.

escultórico. V. escultural.

ESCULTURA. 1. Arte*, talla, estatuaria, imaginería, estatua (v. 2), modelado, arte plástica, ornamentación, creación*, entalladura, esculpido, forma*, tallado, cincelado, grabado, iconología (v. 2).

2. Estatua. Imagen, figura*, monumento*, talla, labrado, trabajo escultórico, efigie, relieve, bajorrelieve, alto relieve, estela, losa, lápida, molde, vaciado, copia, reproducción, modelo, composición, adorno*, ornamento, entalladura, representación, alegoría, boceto, retablo, grupo*, icono, busto, torso, mascarilla, desnudo, atlante, telamón, cariátide, canéfora, esfinge, coloso, estatua ecuestre, santo, Virgen, Cristo, orante, yacente o yaciente, sedente, sepultura, mausoleo, tumba*, figurilla, muñeco, terracota, estatuilla, fetiche, mascota, ídolo, deidad, tótem, mascarón, medallón, jarrón, vaso, pebetero, urna, filacteria, capitel, pedestal, obelisco, zócalo, columna* (v. 1).

3. Materiales. Mármol, granito, piedra*, alabastro, escayola, yeso*, estuco, arcilla, terracota, barro, madera*, metal*, bronce, plata, hierro*, marfil, jade, plastilina, cera.

4. Herramientas*, taller. Estudio, sala, cincel, escoplo, formón, gubia, cuchilla*, palillo, diente de perro, compás de espesor, c. de proporciones, molde*, escuadra, espátula, espadilla, raspador, puntero, martillo, mazo de madera, base, tablero, armazón, soporte, bloque de piedra, de madera (v. 3), arcilla de modelar, modelo de yeso.

5. Esculpir. Cincelar, modelar, tallar, representar, plasmar, formar*, crear*, grabar, trazar, desbastar, pulir, cortar*, trabajar, labrar, tornear, repujar, burilar, punzonar, dolar, vaciar, forjar, policromar, pintar*, bocetar, bosquejar, estilizar, estofar, entretallar, escarpar, abollonar, meter en puntos, sacar en puntos, amasar la arcilla.

6. Escultor. Tallista, imaginero, artista*, cincelador, estatuario, artífice, creador*, orfebre, grabador, decorador*, figurero, modelador, artesano, virtuoso, autor.

V. MONUMENTO, ADORNO, FORMA, ARTE, DECORACIÓN, CREAR.

escultural. Estatuario, bello, estético. V. HERMOSURA 3.

escupidera. Salivera, cuenco, vasija. V. RECEPTÁCULO 3.

escupir. Expectorar, salivar, lanzar*. V. EXCRECIÓN 4.

escupitajo. Salivazo, esputo, gargajo. V. EXCRECIÓN 2.

escurridizo. 1. Resbaladizo, movedizo*, liso*. V. DESLIZAR 4.

— **2.** Veloz, astuto, esquivo. V. HUIDA 4.

escurrir. 1. Enjugar, rezumar, apurar. V. SECAR 1, VACIAR.

— **2.** *Escurrirse*, escaparse, deslizarse, escabullirse. V. ESQUIVAR 1.
esdrújula. Sílaba, s. acentuada, s. pronunciada. V.
PRONUNCIACIÓN 4.
esencia. 1. Fragancia, extracto, aroma. V. PER-
FUME 1.
— **2.** Principio, propiedad, naturaleza. V. CA-
RACTERÍSTICA 1.
esencial. 1. Básico, principal, fundamental. V. IM-
PORTANCIA 3.
— **2.** Propio, peculiar, distintivo. V. CARACTE-
RÍSTICA 3.
esfenoides. Hueso* del cráneo, de la cabeza. V.
CABEZA 4.
ESFERA. 1. Bola, globo*, balón, pelota*, bala,
bomba*, glóbulo, burbuja, esferilla, huevo*,
hueva, ovoide, ovillo, borla, pompón, madroño,
adorno*, protuberancia, abultamiento, cuenta,
abalorio, bolita, esferita, pelotilla, pizca, pella,
esferoide, canica, burujo, pompa, cuerpo, grano, perdigón, mostacilla, redondez, círculo*;
orbe, mundo, Tierra, globo terráqueo, planeta,
astro, esfera celeste, cielo, universo*.
— **2.** Ambiente, nivel, categoría. V. CLASE 2.
— **3.** Sector, espacio, ámbito. V. ZONA 1.
4. Esférico. Esferoidal, redondo, globular,
abultado*, globoso, ovoide, orbital, curvado*,
gordo*, rotundo, hemisférico, voluminoso,
protuberante, convexo. Esfericidad, curvatura,
redondez, volumen, protuberancia (v. 1).
5. Elementos. Hemisferio, casquete esférico,
huso e., sector e., segmento e., radio, diámetro, centro, zona, eje, polo, meridiano, paralelo,
longitud, latitud.
Contr.: Cubo, cuadrado.
V. GEOGRAFÍA, ASTRONOMÍA, PELOTA, GLO-
BO, CÍRCULO.
esfericidad. Curvatura, redondez, abultamiento.
V. ESFERA 4.
esférico, esferoidal. V. ESFERA 4.
esferoide. V. ESFERA 4.
esfinge. Animal fabuloso, mítico, de la mitología*.
V. MONSTRUO 4.
esfínter. Anillo muscular, cierre, orificio. V. MÚS-
CULO 4, 8.
esforzado. 1. V. ESFUERZO 4.
— **2.** Intrépido, arrojado, valiente. V. OSADÍA 3.
esforzarse. V. ESFUERZO 2, 3.
ESFUERZO. 1. Empuje*, fuerza, vigor*, resistencia*, impulso, tracción, propulsión, arrastre,
tirón, forcejeo, ajetreo, ahínco, trabajo*, afán,
trajín, desvelo, celo, voluntad*, energía, tesón,
empeño, brega, tute, sudor, pugna, lucha, aplicación, solicitud, intento, ánimo*, brío, fervor,
ardor, obstinación*, terquedad, vehemencia,
pelea*, riesgo, peligro*, afición*, pujo, denuedo, decisión, valentía, osadía*, agotamiento,
cansancio, fatiga*.
2. Hacer fuerza. Arrastrar, propulsar, impulsar, deslizar, empujar*, forcejear, tirar de, ha-

lar, tensar, estirar, forzar, pulsear, contender,
luchar*, esforzarse, romper (v. 3).
3. Esforzarse. Trajinar, trabajar*, aperrearse,
azacanarse, desvelarse, esmerarse, intentar,
agobiarse, aplicarse, consagrarse, pugnar, sudar, bregar, querer, matarse, forcejear, empeñarse, obstinarse, animarse*, osar, decidirse,
pujar, arriesgarse, pelear*, luchar*, resistir,
agotarse, fatigarse*, cansarse, afanarse, costar
(v. 2).
4. Que se esfuerza. Esforzado, afanoso, voluntarioso*, tesonero, enérgico*, empeñoso,
perseverante, animoso*, sudoroso, celoso,
trabajador*, desvelado, solícito, aplicado, pugnaz, fervoroso, brioso, vigoroso*, vehemente,
luchador*, peleador, terco, obstinado*, ardoroso, arriesgado, osado*, decidido, valiente,
denodado, pujante, aficionado*, agotado, fatigado*, cansado, aperreado, azacanado.
5. Esforzadamente. Afanosamente, volunta-
riosamente*, tesoneramente (v. 3).
Contr.: Descanso*, debilidad*, apatía, inercia,
inmovilidad*.
V. FUERZA, EMPUJE, TRABAJO, VOLUNTAD, VI-
GOR, LUCHA, PELEA, ÁNIMO, OBSTINACIÓN,
OSADÍA, AFICIÓN, FATIGA.
esfumar. 1. Difuminar, desdibujar, atenuar. V.
SUAVE 5.
— **2.** *Esfumarse*, disiparse, desvanecerse, huir*.
V. DESAPARECER 1, 2.
ESGRIMA. 1. Justa, duelo*, liza, manejo de armas*, reto, desafío*, deporte*, juego*, lucha*,
combate, defensa, ataque*, campeonato, asalto, lance, competición, torneo.
2. Justa. Saludo, en guardia, guardia alta, g.
baja; posiciones: primera, segunda, tercera,
cuarta, quinta, sexta, séptima, octava; pinchazo*, estocada, golpe*, g. doble, g. recto, corte,
ataque, a fondo, de costado, cuerpo a cuerpo,
filo al flanco, revés, tajo, desplante, treta, parada, molinete, floreo, finta, f. baja, tocado, t.
de punta, filo y contrafilo, estoque, respuesta,
quite, asalto, «poule», pase, hurgonazo, tiro
directo, t. doble, punta sobre el cuerpo, boto-
nazo, ataque a la cara.
3. Esgrimir. Enfrentarse, retar, desafiar*, combatir, luchar*, atacar, defenderse, competir,
contender, manejar armas*, blandir, florear,
saludar, tirar, tirarse a fondo, cubrirse, descubrirse, atacar a fondo, fintar, parar, desviar,
alejarse, desarmar, romper, ponerse en guardia,
cruzar el hierro, muñequear.
4. Armas. Florete, espada*, sable, arma*, a.
blanca, a. de punta, a. de punta y filo, estoque.
Partes: cazoleta, mango o empuñadura, puño,
pomo, espiga, gavilán, hoja o lámina, punta,
botón, punta de arresto, filo o corte, guarnición, fiador de cuero.
5. Equipo. Chaquetilla, pantalones, medias,
zapatillas, guantes, manopla, careta, peto, hilo
o cable (eléctrico).

6. Sala de armas. Pista, campo, terreno, línea central, l. de caída, en guardia, l. de advertencia, carrete recuperador de cable, batería, luz piloto (tocados), puntuadores.

7. Esgrimidor. Esgrimista, tirador, deportista*, atacante, duelista*, espadachín, espada, diestro, contendiente, hábil*, ducho, valentón, fanfarrón*, maestro de armas, m. de esgrima, floretista. *En torneos:* presidente, director, jueces auxiliares, cronometradores, anotadores.

V. DUELO, LUCHA, ESPADA, ARMA.

esgrimidor. V. ESGRIMA 7.

esgrimir. V. ESGRIMA 3.

esgrimista. V. ESGRIMA 7.

esguince. 1. Ademán, finta, amago. V. ESQUIVAR 4.

— **2.** Luxación, torcedura, dislocación. V. DISLOCAR 2.

eslabón. Grillete, argolla, cadena. V. HIERRO 7.

eslavo. Centroeuropeo, del nordeste de Europa. V. EUROPEO 3.

eslogan. Lema publicitario, consigna, frase propagandística. V. FRASE 1.

eslora. Longitud, largo*, medida* del barco. V. BARCO 8.

esmaltado. V. ESMALTE 4.

esmaltar. V. ESMALTE 3.

ESMALTE. 1. Porcelana, vidriado, mayólica, cerámica, barniz vítreo, b. endurecido, lustre, nielado, revestimiento, recubrimiento*, vitrificado, vidrio, cristal*, baño, labor, artesanía; decoración*, adorno*, arte suntuario. Clases: esmalte alveolado o tabicado, «cloisonné», esmalte vaciado o campeado, «champlevé», de bajo relieve, translúcido o transparente, nielo o niel, nielado.

2. Elementos. Horno, material vítreo, colores, óxidos metálicos, gemas, engarces.

3. Esmaltar. Vidriar, bañar, recubrir*, revestir, barnizar, nielar, proteger, adornar, ornar, decorar*, endurecer.

4. Esmaltado. Vidriado, bañado, recubierto (v. 3).

V. RECUBRIMIENTO, CRISTAL, ADORNO, DECORACIÓN.

esmerado. 1. Diligente, minucioso, concienzudo. V. CUIDADO 4.

— **2.** Completo, acabado, impecable. V. PERFECTO 1.

esmeralda. Gema, corindón, alhaja. V. PIEDRA PRECIOSA 2.

esmerarse. Afanarse, esforzarse, aplicarse. V. CUIDADO 6.

esmeril. Abrasivo, pulimento, piedra*. V. PULIR 3.

esmerilado. Opaco, translúcido, pulimentado. V. PULIDO, TRANSPARENTE.

esmerilar. Pulimentar, abrillantar, alisar. V. PULIR 1.

esmero. Dedicación, desvelo, diligencia. V. CUIDADO 1.

esmirriado. Canijo, escuchimizado, enclenque. V. DÉBIL 6.

esmoquin. Frac, levita, chaqué. V. CHAQUETA 1.

esnob. Afectado, cursi, pedante*. V. AFECTACIÓN 2.

esnobismo. V. esnob.

esófago. Conducto, tracto, tubo digestivo. V. DIGESTIVO (APARATO) 1.

esotérico. Secreto*, oculto, enigmático. V. MISTERIO 3.

espabilado. Listo, vivaz, despierto. V. INTELIGENCIA 3.

espabilar. 1. Incitar, azuzar, espolear. V. ÁNIMO 5.

— **2.** *Espabilarse,* apañarse, arreglárselas, valerse. V. SOLUCIÓN 3.

espacial. Sideral, cósmico, celeste. V. UNIVERSO 5.

espaciar. Distanciar, apartar, alejar. V. SEPARAR 1.

espacio. 1. Cosmos, firmamento, cielo. V. UNIVERSO 1.

— **2.** Holgura, desahogo, anchura. V. AMPLITUD 1.

— **3.** Capacidad, extensión, dimensión. V. MEDIDA 1.

espacioso. Holgado, ancho, amplio. V. AMPLITUD 2.

espachurrar. Reventar, estrujar, despanzurrar. V. APLASTAR 1.

ESPADA. 1. Arma*, a. blanca, hoja, hierro*, acero, estoque, tizona, florete, sable, espadón, montante, mandoble, charrasca, colada, filosa, espadín, machete, cuchilla*, cuchillo, campilán, chafarote, cimitarra, yatagán, alfanje, katana, gumía, verduguillo, espetón, faca, puñal, daga, estilete, rejón, cachete, puntilla, arma de esgrima*.

2. Nombres, clases. Tizona, Colada, Durandal, Excalibur. Espada griega, romana, celta, bizantina, carolingia, española, de Toledo, de Lansquenete, alemana, valona, árabe, de esgrima*.

3. Partes. Puño, mango o empuñadura, espiga, pomo, guarnición, cazoleta, taza, recazo, guarda, gavilán, alma, hoja, lámina, acero, hierro, filo, contrafilo, punta, botón. Vaina, tahalí, cinto, correaje.

4. Acción. Blandir, esgrimir*, empuñar, atacar, estoquear, asestar, tocar, florear, saludar, cruzar aceros, cortar, atacar a fondo, parar, fintar, desviar, desarmar, ensartar, atravesar, traspasar, golpear*, herir, lesionar*.

5. Justa. Esgrima*, duelo, desafío*, estocada, mandoble, hurgonazo, sablazo, tajo, corte*, cuchillada*, pinchazo*, punzadura, molinete, floreo, parada, finta, saludo, ataque (v. esgrima*).

6. Espadachín. Duelista*, esgrimidor*, tirador, contendiente, floretista, campeón, maestro, belicoso, matamoros, fanfarrón*, bravucón.

V. ESGRIMA, ARMA, DUELO.

espadachín. V. ESPADA 6.

espadaña. Campanario, torrecilla, muro. V. CAMPANA 3.

espadín, espadón. V. ESPADA 1.

ESPALDA. 1. Espinazo, lomo, columna vertebral* (v. 2), envés, revés, dorso, espaldar, espaldilla, reverso, zaga, cruz, respaldo, retaguardia, posterior*, joroba, atrás, detrás*, zaguera, cadera, trasera, trasero, culo*, final*.
2. Partes. Hombro, nuca, riñones, lomos. *Huesos:* omóplato, columna vertebral*, raquis, vértebras, costillas. *Músculos:* trapecio, dorsal ancho, redondo mayor, r. menor, infraespinoso, deltoides.
3. Joroba, dolencias. Chepa, corcova, giba, escoliosis, cifosis, lordosis, deformidad*, desviación; lumbago, reumatismo.
4. Jorobado. Giboso, corcovado, cheposo, chepudo, contrahecho.
Contr.: Pecho.
V. VERTEBRAL (COLUMNA), CULO, DETRÁS, POSTERIOR.
espaldarazo. Reconocimiento, aliento, confirmación. V. APROBAR 3.
espantable. V. ESPANTO 3.
espantada. 1. V. ESPANTO 1.
— **2.** Retirada, carrera*, temor*. V. HUIDA 1.
espantadizo, espantado. V. ESPANTO 7.
espantajo. Esperpento, adefesio, espantapájaros. V. FANTASMA 1, FEALDAD 3.
espantapájaros. 1. Monigote, fantoche, pelele. V. MUÑECO 1.
— **2.** V. espantajo.
espantar. V. ESPANTO 4-6.
ESPANTO. 1. Susto, miedo, temor*, terror, horror, catástrofe, desgracia*, pavor (v. 2), estremecimiento, pánico, turbación, cobardía*, consternación, sobrecogimiento, alarma, pavura, alucinación, atrocidad, monstruosidad*, truculencia, fealdad*, demencia, locura*, aprensión, aflicción*, impresión, trastorno, espantada, huida*, conmoción, repugnancia*, escalofrío, temblor*, angustia, pusilanimidad, timidez*, desaliento, vergüenza, asombro*, canguelo, julepe, cerote, cagalera, fobia, manía* (v. 2).
— **2.** *Atrocidad*, espanto, catástrofe, desastre*, accidente*, hecatombe, tragedia, siniestro, desgracia*, ruina, cataclismo, apocalipsis (v. 1).
3. Espantoso. Aterrador, terrorífico, pavoroso, temible*, terrible, espantable, horroroso, horrendo, horrible, hórrido, horrísono, horripilante, desastroso*, desgraciado*, dantesco, catastrófico, apocalíptico, tétrico, espeluznante, lúgubre*, patibulario, siniestro, repugnante*, macabro, truculento, tremendo, tremebundo, monstruoso*, estremecedor, sobrecogedor, temeroso, peligroso*, pasmoso, asombroso*, turbador, alucinante, alarmante, sorprendente*, impresionante, emocionante*, enloquecedor, demencial, increíble, inenarrable, imponente, angustioso, escalofriante, cataclísmico, ruinoso, trágico, atroz, vergonzoso*, feo.
4. Espantar. Atemorizar, aterrar, asustar, acobardar*, temer (v. 6), espeluznar, aterrorizar, ahuyentar (v. 5), horripilar, arredrar, escalofriar,

horrorizar, alucinar, amedrentar, amilanar, alarmar, afligir*, repugnar*, estremecer, pasmar, asombrar*, turbar, sobrecoger, preocupar, imponer, intimidar, angustiar, enloquecer*, impresionar, arruinar, sobresaltar, consternar, trastornar, desalentar, acoquinar, repeler, apartar (v. 5).
— **5.** *Echar*, espantar, repeler, ahuyentar, rechazar*, expulsar*, alejar, repudiar, desdeñar, separar*, despreciar*, despedir, apartar, desalojar, perseguir (v. 6).
— **6.** *Espantarse*, asustarse, recelar, arredrarse, temblar*, temer*, sospechar*, escamarse, cagarse, ciscarse, preocuparse, angustiarse, afligirse*, desesperarse, retroceder, retirarse, huir* (v. 4).
7. Espantadizo, espantado. Asustadizo, miedoso, medroso, cobarde*, temeroso, tímido*, timorato, impresionable, pávido, blando, corito, apocado, pusilánime, cagón, aterrado, despavorido, trastornado, aprensivo, afligido*, tembloroso*, avergonzado*, atemorizado, alelado, (v. 4).
Contr.: Atracción*, gracia, agrado*.
V. COBARDÍA, TEMOR, MONSTRUOSIDAD, FEALDAD, LOCURA, VERGÜENZA, TIMIDEZ, DESASTRE, DESGRACIA, REPUGNANCIA, RECHAZO, AFLICCIÓN, HUIDA.
espantoso. V. ESPANTO 3.
ESPAÑOL. 1. Ibérico, hispano, hispánico, peninsular, celta, íbero o ibero, celtibérico, celtíbero, celtibero, godo, visigodo, gachupín, europeo, latino, occidental; hispanoamericano, latinoamericano, iberoamericano.
2. Pueblos. Iberos o íberos, cartagineses, fenicios, germanos, celtas, celtíberos, godos, visigodos, suevos, vándalos, alanos, numantinos, ilergetes, astures, cántabros, vascones, tartesios, túrdulos, saldubenses, levantinos, cosetanos, ilicitanos, indigetes, layetanos, turdetanos, italicenses, béticos, guanches, mozárabes, moros, árabes*, moriscos. *Según las diferentes autonomías:* Gallegos, extremeños, madrileños, castellano-manchegos, castellanoleoneses, catalanes, aragoneses, asturianos, cántabros, vascos, navarros, riojanos, valencianos, murcianos, andaluces, canarios, baleares, ceutíes y melillenses.
3. Idioma. Español, castellano, romance. V. IDIOMA 4, GRAMÁTICA.
V. ETNIAS, IDIOMA, GRAMÁTICA.
esparadrapo. Tela adhesiva, engomada, vendaje. V. VENDA 1.
esparcimiento. Entretenimiento, pasatiempo, afición*. V. DIVERSIÓN 1.
esparcir. Extender*, diseminar, desparramar. V. DISPERSAR 1.
espárrago. 1. Tallo, brote, liliácea. V. HORTALIZA 2.
— **2.** Barra, eje, varilla. V. HIERRO 7.
esparto. Gramínea, albardín, fibra. V. VEGETAL 7.

espasmo. Convulsión, contracción, temblor*. V. CRISPAMIENTO 1.

espátula. Cucharilla, llana, paleta. V. HERRAMIENTA 8.

especia. Aderezo, salpimentación, adobo. V. CONDIMENTO 1.

especial. Peculiar, particular, propio. V. CARACTERÍSTICA 3.

especialidad. 1. Particularidad, cualidad, diferencia. V. CARACTERÍSTICA 1.
— **2.** Técnica. V. ESPECIALIZACIÓN 1.

especialista. V. ESPECIALIZACIÓN 2.

ESPECIALIZACIÓN. 1. Preparación, destreza, especialidad, pericia, técnica, tecnología, aplicación, rama, ámbito, esfera*, habilidad*, dedicación, ciencia*, estudio, educación*, consagración, arte, industria, capacidad, experiencia*, investigación*, industrialización, desarrollo*, profesión, trabajo*, empleo*, erudición, sabiduría*, conocimiento, uso, maña, práctica, procedimiento, método, modo*, realización*, modalidad, vía, aptitud, idoneidad, maestría, facultad.
2. Especialista. Perito, diestro, especializado, técnico, experto*, operador, operario, preparado, consagrado, educado*, estudioso, sabio*, científico*, hábil*, dedicado, entendido, conocedor, avezado, versado, investigador*, experimentador, capaz, industrializado, artista*.
3. Especializar(se). Consagrar(se), aplicarse, prepararse, estudiar, educarse*, capacitarse, experimentar, investigar*, industrializar, avezarse, entender, dedicarse, adiestrarse, concentrarse, practicar, ejercitar, ejercer, iniciarse, foguearse, acostumbrarse, desarrollar*, trabajar*, emplearse*, realizar*.
Contr.: Generalización, vulgarización.
V. EXPERIENCIA, EDUCACIÓN, CIENCIA, SABIDURÍA, INVESTIGACIÓN, HABILIDAD, TRABAJO, EMPLEO.

especializar(se). V. ESPECIALIZACIÓN 3.

especialmente. Principalmente, fundamentalmente, básicamente. V. BASE 5.

especie. 1. Género, variedad, familia. V. ANIMAL 4.
— **2.** Asunto, rumor, información. V. NOTICIA 1.
— **3.** *incorr* Especia, aderezo, adobo. V. CONDIMENTO 1, 3.

especificar. Establecer, enumerar, determinar. V. EXPLICACIÓN 2.

específico. 1. Fármaco, preparado, medicina. V. MEDICAMENTO 1.
— **2.** Concreto, definido, característico. V. DETERMINAR 4.

espécimen. Modelo, tipo, muestra. V. EJEMPLO 3, 4.

especioso. Aparente, ilusorio, falso. V. ENGAÑO 4.

espectacular. Llamativo, sensacional, aparatoso. V. ESPECTÁCULO 8.

ESPECTÁCULO. 1. Esparcimiento, distracción, diversión*, acto, exhibición*, gala, velada, entretenimiento, función, «show», sesión, representación, recreo, festival, fiesta*, festividad, festejo, recepción, audición, recital, demostración, pasatiempo, sesión musical*, concierto, teatro* (v. 3), concurso, desfile*, parada, revista, solemnidad, ceremonia, conmemoración, homenaje, procesión, visión (v. 3).
— **2.** Vista, paisaje, cuadro. V. PANORAMA 1.
3. Espectáculos. Exposición, exhibición*, muestra, certamen, feria, concurso, concierto, coros, bailes*, danza, teatro*, cine*, circo*, toreo*, prueba, competición, torneo, campeonato, deportes*: atletismo*, boxeo*, fútbol*, baloncesto*, lucha*, regatas*, carreras*, c. de caballos*, c. de coches, de Fórmula 1, de motos, festival aéreo, patinaje* artístico; verbena, variedades, pirotecnia, fuegos artificiales*, cabalgata, desfile de carrozas, títeres*, juegos* de manos, ilusionismo*, acrobacia, atracciones de feria, parque de atracciones*, naumaquia, linterna mágica, sombras chinescas, diorama, georama, planetario, espectáculo de luz y sonido, fuentes luminosas, figuras de cera, museos*.
4. Personas. Asistentes, público, espectadores, concurrencia*, auditorio, presentes, circunstantes, oyentes, mirones, curiosos*, fanáticos, seguidores, asistencia, multitud, artista*, ejecutante, protagonista, estrella, payaso, concertista, músico*, bailarín*, torero*, deportista*, ilusionista*, mago; empresario, gerente, administrador*, claque, mosqueteros, cajero, taquillera, acomodador.
5. Lugares. Local, auditorio, sala, sala de teatro*, de cine*, de espectáculos, de exhibición*, de baile*, cabaret, palacio de deportes*, pabellón, estadio*, coliseo, instalación, circuito, ruedo, pista, escenario (v. 6), autódromo, hipódromo, velódromo, canódromo, parque de atracciones*, circo*, plaza de toros, feria.
6. Escena. Escenario, tablado, estrado, tribuna, gradas, anfiteatro, hemiciclo, graderío, palco, asiento, localidad, teatro*, exhibición* (v. 5).
7. Varios. Entrada, billete, pase, taquilla, cartelera, número, función, lleno, no hay localidades, venta anticipada, inauguración, estreno, fin de fiesta, clausura.
8. Espectacular. Dramático, llamativo, asombroso*, increíble, admirable, fastuoso, grandioso, teatral*, ostentoso, aparatoso, sensacional, interesante*, curioso*, atractivo*.
V. DIVERSIÓN, PANORAMA, EXHIBICIÓN, DESFILE, FIESTA, TEATRO, CINE, CIRCO, TOREO, BAILE, DEPORTES, TÍTERES, FUEGOS ARTIFICIALES, ILUSIONISMO, MUSEO, PARQUE DE ATRACCIONES.

espectador. V. ESPECTÁCULO 4.

espectral. Pavoroso, tenebroso, fantasmal*. V. LÚGUBRE 1.

ESPECTRO. 1. Duende, aparecido, visión. V. FANTASMA 1.
2. Espectro luminoso. Descomposición de la luz*, banda luminosa, dispersión de radiacio-

nes, iris, arco iris, espectro solar, e. de emisión, e. de absorción.

3. Colores del espectro visible. Siete colores*: rojo, anaranjado, amarillo, verde, azul, añil o índigo, violeta. Colores simples: rojo, amarillo, azul.

4. Elementos. Luz* solar, prisma, colores*, rayos de luz, longitud de onda, análisis espectral, espectro de emisión, e. de absorción, e. de bandas, e. de rayas, e. solar, e. de rayos X, bandas del espectro, espectroscopio, espectrógrafo, colimador, instrumento óptico*. V. LUZ, COLOR, ÓPTICA.

espectroscopio. V. ESPECTRO 4.

ESPECULACIÓN. 1. Lucro, encarecimiento, usura, abuso*, comercio*, tráfico, beneficio*, provecho, ganancia, interés, estraperlo, agio, contrabando, engaño*, estafa*, delito*, contravención, falta, ventaja*, fruto, utilidad, monopolio, jugada*, operación, cobro*, agiotaje, recaudación, exceso, botín, fraude, acaparamiento, avaricia*, sobreprecio, embrollo*, chanchullo, exceso, egoísmo*, tráfico ilegal, negocio clandestino.

— **2.** Meditación, reflexión, fantasía*. V. PENSAR 6.

3. Especulador. Usurero, traficante, negociante, agiotista, comerciante*, abusador*, contrabandista, estraperlista, contraventor, ganador, aprovechado, carero, beneficiado*, ventajista*, delincuente*, estafador*, engañoso, jugador*, monopolista, acaparador, avaro*, egoísta*, explotador.

4. Especular. Negociar, comerciar*, lucrarse, ganar, cobrar*, beneficiarse*, recaudar, embolsar, abusar*, encarecer, contrabandear, engañar*, estafar*, delinquir*, contravenir, faltar, aprovecharse, enriquecerse, recaudar, operar, jugar*, monopolizar, acaparar, aventajar.

5. Especulativo. Provechoso, favorable, comercial*. V. BENEFICIO 3.

Contr.: Honradez*, desinterés, generosidad*.

V. ESTAFA, ENGAÑO, DELITO, ABUSO, AVARICIA, EMBROLLO, BENEFICIO, COMERCIO, CARO.

especulador. V. ESPECULACIÓN 3.

especular. 1. V. ESPECULACIÓN 4.

— **2.** Meditar, cavilar, reflexionar. V. PENSAR 1.

especulativo. 1. Irreal, teórico, incierto. V. FANTASÍA 2.

— **2.** V. ESPECULACIÓN 5.

espejismo. 1. Ilusión, visión, delirio. V. FANTASMA 1.

— **2.** Fenómeno óptico, reverberación, refracción. V. ÓPTICA 5.

ESPEJO. 1. Cristal*, vidrio azogado, luna, superficie azogada, s. brillante*, s. pulimentada, lámina, placa.

2. Clases. Espejo plano, esférico, parabólico, cóncavo, convexo, ustorio, de mano, de cuerpo entero o de vestir, frontal, retrovisor, solar.

3. Elementos. Superficie pulida, lámina, vidrio, cristal*, metal, azogue o mercurio, marco, mango, pantalla, centro de curvatura, imagen, foco, eje, rayos de luz.

V. CRISTAL, LUZ, ÓPTICA, FÍSICA, BRILLO.

espeleología. Deporte*, investigación*, exploración de cavernas. V. CUEVA 4.

espeleólogo. Deportista, explorador, investigador* de cavernas. V. CUEVA 6.

espeluznante. Horripilante, impresionante, aterrador. V. ESPANTO 3.

espeluznar. V. espeluznante.

ESPERA. 1. Retardo, aguardo, demora*, pausa, retraso, tardanza, expectación, expectativa, esperanza*, dilación, detención, escala, parada, inactividad, alto, descanso*, cese, interrupción, plantón, desaire, permanencia, estancia, prórroga, aplazamiento, acecho, cola, fila*, morosidad, aguante*, creencia*, continuación*, atención, inmovilidad*, intervalo, intermedio, ínterin, entreacto; entretanto, mientras, durante*.

2. Esperar. Permanecer, aguardar, demorarse*, retrasarse, retardar, quedarse, prorrogar, dar plantón, pararse, detenerse, aplazar, inmovilizarse*, atender, continuar*, cesar, estar, aguantar*, esperanzarse*, acechar, plantar, dilatar, anhelar, desear*, querer, ilusionarse, suponer, creer, abrigar, alimentar, tener esperanza*.

3. Que espera. Detenido, demorado, retrasado, expectante, inmovilizado*, parado, esperanzado*, plantado, acechante, cesado, prorrogado, aplazado, moroso, aguantador, atento.

Contr.: Acción, continuación, reanudación.

V. DEMORA, INMOVILIDAD, AGUANTE, ESPERANZA.

esperanto. Lengua internacional, habla, lenguaje. V. IDIOMA 7.

ESPERANZA. 1. Creencia, presunción, ilusión, anhelo, fe, deseo*, expectativa, expectación, aspiración, visión, ánimo*, espera*, paciencia, promesa, convencimiento, certeza, sueño, idea, ideal, apetencia, aguardo, quimera, utopía, fantasía*, inocencia*, ambición*, afán, aliento, confianza*, perspectiva*, seguridad*, certidumbre, tranquilidad*, optimismo, entusiasmo*, brío, energía, pujanza.

2. Tener esperanza. Confiar*, ilusionarse, anhelar, esperar*, desear*, esperanzar, creer, soñar, convencerse, prometerse, aguardar, entusiasmarse*, apetecer, animarse*, ambicionar*, alentar, fiarse, tranquilizarse*, suponer, imaginar*, fantasear*, concebir, evocar.

3. Esperanzado. Confiado, optimista, ilusionado, animado*, animoso, entusiasta, seguro*, tranquilo*, cierto, deseoso*, convencido, expectante, anhelante, paciente, inocente*, iluso, soñador.

4. Esperanzador. Prometedor, tranquilizador*, promisorio, animoso, quimérico, utópico, optimista (v. 3).
Contr.: Desaliento, desánimo*, pesimismo.
V. CONFIANZA, DESEO, ÁNIMO, FANTASÍA, AMBICIÓN, TRANQUILIDAD, ESPERA, INOCENCIA.
esperanzado. V. ESPERANZA 3.
esperanzador. V. ESPERANZA 4.
esperar. 1. Permanecer, aguardar, demorarse. V. ESPERA 2.
— **2.** Tener esperanza, confiar, ilusionarse. V. ESPERANZA 2.
esperma. 1. V. ESPERMATOZOIDE 3.
— **2.** Cerumen, cera, estearina. V. GRASA 1, LUZ 3.
ESPERMATOZOIDE. 1. Zoospermo, espermatozoo, gameto, g. masculino, célula reproductora, c. sexual, c. s. masculina, espermatocito, espermatozoario, semilla, germen.
2. Partes. Cabeza, pronúcleo, cuello, cola; acrosoma, centrosoma, filamento espiral, segmento intermedio, anillo, cuerpo basal, cola o flagelo, vaina o membrana, filamento terminal.
3. Varios. Esperma, semen, líquido seminal, excreción*, próstata, vesículas seminales, glándulas* seminales, g. sexuales, testículos*, órganos sexuales*, coito*, eyaculación, orgasmo.
V. TESTÍCULOS, SEXO, COITO, GLÁNDULA*.
esperpento. 1. Espantajo, mamarracho, adefesio. V. FEALDAD 3.
— **2.** Barbaridad, desatino, absurdo. V. DISPARATE 1.
espesar. Solidificar, concentrar, condensar. V. DENSO 3.
espeso. Consistente, concentrado, compacto. V. DENSO 1.
espesor. Anchura, grosor, grueso. V. AMPLITUD 1.
espesura. Ramaje, follaje, fronda. V. BOSQUE 1.
espetar. Enjaretar, decir, endilgar. V. HABLAR 1.
ESPÍA. 1. Agente, a. secreto, a. de inteligencia, a. de enlace, a. especial, a. de contraespionaje, a. doble, a. encubierto o topo, investigador*, interrogador*, vigilante*, informador*, observador, confidente, delator, soplón, chivato, traidor*, fisgón, curioso*, escucha, saboteador.
2. Espiar. Investigar*, acechar, merodear, atisbar, informar*, mirar*, observar, inquirir, averiguar, curiosear*, interrogar*, vigilar*, escuchar, escudriñar, fisgonear, husmear, delatar, soplar, chivarse, sabotear, traicionar*.
3. Espionaje. Pesquisa, investigación*, contraespionaje, servicio secreto, s. de inteligencia, policía*, organización, indagación, vigilancia*, acecho, guerra fría, merodeo, información*, espionaje industrial, escucha, husmeo, fisgoneo, observación, inquisición*, interrogación*, confidencia, traición*, soplo, delación, chivatazo.
4. Elementos. Microcámara, microfotografía, micropunto, microfilme, pista, señales*, vestigios, huellas, secuestro*, micrófono oculto, te-

leobjetivo, prismáticos*, emisora, radio*, clave secreta*, criptografía.
5. Organismos, espías. GPU, KGB (antigua URSS), Direction de la Súrveillance du Territoire (DST, Francia), MI5, MI6 (GB), CIA (USA), Abwehr, Gestapo (Alemania nazi), CNI/Cesid (España). Espías: Abel, Sorge, Cicerón, Mata Hari, M. Wolf («Misha»).
V. POLICÍA, GUERRA, VIGILANCIA, INVESTIGACIÓN, TRAICIÓN.
espiar. V. ESPÍA 2.
espiga. 1. Tallo, panoja, panícula. V. VEGETAL 2.
— **2.** Eje, barra, punta. V. HIERRO 7.
espigado. Esbelto, crecido, desarrollado*. V. ALTO 1.
espigar. Elegir, aislar, escoger. V. SELECCIÓN 3.
espigón. Rompeolas, muelle, escollera. V. DIQUE 1.
espina. 1. Aguijón, pincho, púa. V. PUNTA 1.
— **2.** Disgusto, remordimiento, desconfianza. V. AFLICCIÓN 1, SOSPECHA 1.
espinaca. Planta, p. hortense, verdura. V. HORTALIZA 2.
espinazo. Espina dorsal, raquis, lomo. V. VERTEBRAL (COLUMNA) 1.
espingarda. Carabina, trabuco, escopeta. V. FUSIL 1.
espinilla. 1. Comedón, barrillo, acné. V. GRANO 1.
— **2.** Canilla, tibia, hueso* de la pierna. V. PIERNA 2.
espino. Cardo, zarza, abrojo. V. MATORRAL 2.
espinoso. 1. Peliagudo, complicado, arduo. V. DIFICULTAD 3.
— **2.** Erizado, aguzado, punzante. V. PUNTA 2.
espionaje. Vigilancia*, investigación*, acecho. V. ESPÍA 3.
espira. V. espiral.
espiración. V. espirar.
espiral. Voluta, rosca, vuelta. V. CURVA 1, 2.
espirar. Emanar, exhalar, expeler. V. RESPIRACIÓN 2.
espiritismo. Ocultismo, parapsicología, hechicería*. V. ESPÍRITU 3.
espiritista. Ocultista, médium, adivino. V. ESPÍRITU 3.
ESPÍRITU. 1. Alma, ánima, sustancia incorpórea, soplo vital, interior, sentimiento, conciencia, entelequia, esencia, principio, psiquis, psique, yo, ego, sujeto, ente*, corazón*, manes, genio, inmortalidad, ángel*, sustancia, intimidad, hálito, aliento, soplo, conocimiento, razón, ideal, irrealidad, fantasía*, sensibilidad, energía*, ánimo*, raciocinio, inteligencia*, pensamiento*, inmaterialidad, instinto, voluntad*, moral, adentros, personalidad, carácter, naturaleza, individualidad, índole, temperamento, idiosincrasia, entrañas, brío, esfuerzo, vivencia, viveza, dinamismo*.
— **2.** Espectro, duende, aparecido. V. FANTASMA 1.
3. Generalidades. Espíritu Santo, religión*, psicología*, misticismo, metafísica, metempsi-

cosis, transmigración de las almas, resurrección, moral, espiritualismo, idealismo, materialismo, animismo, ocultismo, adivinación*, parapsicología, hechicería*, evocación, telepatía, espiritismo. Espiritista, médium, ocultista, animista, adivino*, telépata, parapsicólogo, hechicero*.
4. Espiritual. Subjetivo, psíquico, abstracto*, anímico, metafísico, incorpóreo, íntimo, profundo, interior, contemplativo, psicológico*, moral, instintivo, racional, inmaterial, inmortal, sublime, idealista, platónico, delicado, elevado, sensible, altruista, caballeroso*, religioso*, sensitivo, místico, vital, emocional, apasionado*, romántico, sentimental (v. 5), inteligente*, mental, cerebral, entrañable, evocador, ideal, temperamental, individual, característico*, personal, esencial (v. 5).
5. Espirituoso. Místico, delicado, idealista (v. 6).
6. Espiritualidad. Sensibilidad, delicadeza, idealismo, misticismo, religiosidad*, vida interior, contemplación, altruismo, caballerosidad*, inmaterialidad, finura, dulzura, gracia, elevación, cultura, educación*, abstracción, fantasía*, nobleza, magnanimidad, generosidad*, desinterés, pureza*, quijotismo, irrealidad, romanticismo, sentimentalismo, ternura, amor*, alma, ánima (v. 1).
7. Espiritualmente. Interiormente, místicamente, moralmente, íntimamente, racionalmente, instintivamente, subjetivamente, psíquicamente, desinteresadamente, generosamente*, idealmente, entrañablemente, emocionalmente, psicológicamente.
8. Espiritualizar. Idealizar, sublimar, sensibilizar, ensalzar, elogiar*, elevar, abstraer, ennoblecer, purificar*, imaginar, educar*.
Contr.: Materia, cuerpo, realidad.
V. ABSTRACTO, INTELIGENCIA, VOLUNTAD, CARÁCTER, RELIGIÓN, PSICOLOGÍA, ÁNIMO, HECHICERÍA, ADIVINACIÓN.
espiritual. V. ESPÍRITU 4, 5.
espiritualidad. V. ESPÍRITU 6.
espiritualizar. V. ESPÍRITU 8.
espiritualmente. V. ESPÍRITU 7.
espirituoso. V. ESPÍRITU 5.
espiroqueta. Bacteria, bacilo, microbio. V. MICROORGANISMO 2.
espita. Válvula, canuto, llave. V. GRIFO 1.
esplendidez. 1. Desinterés, altruismo, dadivosidad. V. GENEROSIDAD 1.
— **2.** V. esplendor.
espléndido. 1. Desinteresado, altruista, dadivoso. V. GENEROSIDAD 2.
— **2.** Soberbio, estupendo, magnífico. V. MARAVILLA 2.
esplendor. Auge, brillo*, maravilla*. V. CULMINACIÓN 1.
esplendoroso. V. espléndido 2.
espliego. Alhucema, lavándula, aroma. V. VEGETAL 21, PERFUME 3.

espolear. Estimular, aguijonear, animar*. V. ESPUELA 5.
espoleta. Dispositivo, mecanismo, detonador. V. BOMBA 4.
espolón. 1. Prominencia, proa, tajamar. V. PUNTA 1.
— **2.** Púa, garra, punta. V. UÑA 1.
espolvorear. Diseminar, desparramar, esparcir. V. POLVO 7.
esponja. Celentéreo, espongiario, invertebrado. V. ANIMAL 6; BAÑO 3.
esponjarse. Ahuecarse, agrandarse, envanecerse. V. HINCHAZÓN 5; VANIDAD 3.
esponjoso. Fofo, poroso, hueco. V. HINCHAZÓN 3.
esponsales. Ceremonia, compromiso, matrimonio. V. CASAMIENTO 1.
espontaneidad. V. ESPONTÁNEO 3.
ESPONTÁNEO. 1. Abierto, sencillo, llano, familiar, natural, sincero*, campechano, franco, noble, puro, directo, real, realista, práctico, claro*, involuntario (v. 2), efusivo, afable, libre, voluntario, confiado*, aplomado, desenfadado, desenvuelto, confianzudo*, rudo, expresivo, ingenuo, inocente*, propio, personal*, característico*.
— **2.** *Impensado*, espontáneo, automático, maquinal, mecánico, involuntario, inconsciente, subconsciente, instintivo, irreflexivo, incontrolado, reflejo, intuitivo, impremeditado, improvisado, natural, repentino, brusco (v. 1).
3. Espontaneidad. Naturalidad, franqueza, sinceridad*, llaneza, realismo, campechanía, sencillez, claridad*, afabilidad, efusividad, expresividad, desenvoltura, facilidad, soltura, aplomo, confianza*, desenfado, desparpajo, rudeza, ingenuidad, inocencia*, irreflexión, inconsciencia, intuición, instinto.
Contr.: Afectado*, forzado, premeditado.
V. SINCERO, CLARO, PERSONAL, CARACTERÍSTICO, CONFIADO, INOCENTE.
espora. Corpúsculo, célula sexual, elemento reproductor. V. HONGO 6.
esporádico. Irregular*, eventual, ocasional. V. CIRCUNSTANCIA 2.
esposa. 1. Cónyuge, compañera, señora. V. CASAMIENTO 7.
— **2.** V. esposas.
esposar. Aprisionar, atar, inmovilizar. V. SUJETAR 1.
esposas. Grilletes, cadenas, manillas. V. SUJETAR 5.
esposo. Marido, compañero, consorte. V. CASAMIENTO 7.
ESPUELA. 1. Espiga metálica, punta*, rodaja, pincho*, aguijón, estrella, accesorio ecuestre.
— **2.** Incitación, acicate, apremio. V. ESTÍMULO 1.
3. Partes. Ramas, correa, espiga, rodaja o ruedecilla o estrella, pinchos*, puntas*, púas.
4. Clases. Espuela griega, árabe, de roseta, gaucha, patagona, mejicana, francesa.
5. Espolear. Azuzar, aguijonear, pinchar*, picar, animar*, avivar, urgir*, apremiar, fus-

tigar, provocar, incitar, enardecer, exhortar, estimular.

V. PUNTA, PINCHO, CABALLO, ÁNIMO.

espuerta. Canasto, cuévano, capacho. V. CESTA 1.

ESPUMA. 1. Espumarajo, burbujeo, hervidero, borbotón, efervescencia, hervor*, cocción, ebullición, borboteo, espumosidad, jabonadura, borbollón, borborito, gorgoteo, baba, saliva, excreción*, bombas, ampollas, pompas, vejiguillas, burbujas, esferas*, glóbulos, fermentación*, gas*, vapor*, agua*, residuo, hez.

2. Espumar. Espumajear, hervir*, arrojar espuma, burbujear, cocer, bullir, entrar en ebullición, producir efervescencia, fermentar*, gorgotear, borbotear, borboritar, salivar, babear, excretar*; limpiar, escurrir, apartar, separar.

3. Espumoso. Efervescente, espumeante, burbujeante, hirviente, jabonoso, borboteante, fermentado*, vaporoso, gasificado, babeante, ligero, picante.

V. HERVIR, FERMENTACIÓN, AGUA, GAS.

espumadera. Cucharón, adminículo de cocina, cacillo. V. COCINA 5.

espumante. V. ESPUMA 3.

espumarajo. V. ESPUMA 1.

espumoso. V. ESPUMA 3.

espurio. Adulterado, fraudulento, bastardo. V. FALSO 3.

esputo. Flema, salivazo, expectoración. V. EXCRECIÓN 2.

esqueje. Brote*, tallo, vástago. V. INJERTO 1.

esquela. Misiva, mensaje, escrito*. V. CARTA 1.

esquelético. Demacrado, flaco, escuálido. V. DELGADEZ 3.

esqueleto. Osamenta, armazón óseo, soporte ó. V. HUESOS 1.

esquema. Boceto, bosquejo, proyecto. V. DIBUJO 1, PLAN 1.

esquemático. Compendiado, sintético, sinóptico. V. ABREVIAR 3.

ESQUÍ. 1. Deporte*, esquiaje, deslizamiento, patinaje, competición, campeonato, diversión*, juego*, práctica, ejercicio, prueba, certamen; montañismo*, nieve.

— 2. Tabla, esquí, patín, madero, deslizador, plancha para deslizarse*, artilugio, accesorio.

3. Equipo. Esquí: tabla, plancha, superficie de deslizamiento, punta o espátula, talón, ranura, madera, láminas. Maderas: nogal, n. americano o «hickory», fresno, álamo, abedul. Fijación: talonera, gancho, resorte, correas, muelle, espiral, chapa del pie, crampón. Esquís de fondo, de salto, de eslalon nórdicos o de a campo traviesa. Bastón: puño de cuero, correa de sujeción, arandela o rodaja, regatón o punta. Varios: anteojos, gafas, gorro, bonete, botas, anorak, pantalón de tubo, jersey, guantes, calcetines. Cera, cola para esquís.

4. Movimientos. Flexión, extensión, festón, «chassé», canteo, viraje, contraviraje, derrape, descenso, angulación, tijera, media tijera, arro-

dillamiento, ambladura, huevo, cristianía, paso finlandés, p. sueco, p. alternativo, p. giratorio, vuelta María.

5. Pruebas. Carrera de fondo, de relevos, eslalon, e. gigante, descenso, d. alpino, saltos, combinada nórdica, c. alpina.

6. Esquiador. Deportista*, competidor, campeón, carrerista, patinador, aficionado, atleta*.

7. Esquiar. Deslizarse, competir, practicar, ejercitarse; flexionar, extender (v. 4).

8. Instalaciones. Telesilla, telesquí, telecabina, funicular*, refugio de montaña, pista, trampolín, plataforma de despegue, partes, banderines, mangas.

9. Estaciones de esquí. Baqueira, Navacerrada, La Molina (España); Chamonix (Francia), Cortina d'Ampezzo (Italia), Saint-Moritz (Suiza).

V. DEPORTE, MONTAÑISMO.

esquiador. V. ESQUÍ 6.

esquiar. V. ESQUÍ 7.

esquife. Canoa, piragua, lancha. V. BOTE 1.

esquila. 1. Cencerro, campanilla, sonajero. V. CAMPANA 1.

— 2. V. esquilar.

esquilar. Pelar, tundir, rapar. V. CORTAR 1.

esquilmar. Agotar, explotar, empobrecer. V. POBRE 9.

ESQUIMAL. 1. Pueblo hiperbóreo, ártico, septentrional, indígena, i. de América del Norte, del polo* boreal; los inuit (singular, inuk).

2. Distribución. Bahía de Hudson, Tierra de Baffin, Alaska, Groenlandia, estepas, tundra, extensiones heladas.

3. Elementos. Casa («igloo» o iglú), canoa o kayak, trineo, arpón, perro, reno, foca, ballena, oso polar, pingüino, pieles, grasa de foca, dientes de morsa, nomadismo, caza*, pesca*.

V. POLO, ETNIAS, INDIO.

ESQUINA. 1. Recodo, canto, cantón, intersección, cruce*, bocacalle, arista, ángulo*, borde*, saliente, rotonda, ochava, confluencia, nudo, chaflán, punta, codo, comisura, esquinazo, inclinación*, bisel, filo, rincón, rinconada, curva*, revuelta, vuelta, margen, orilla, meandro, costado, lado*, truncamiento, bies, escorzo, oblicuidad, sinuosidad, esconce, sesgo, límite*, recoveco, zigzag, ingleta, escuadra, corte*, muesca, tajo, vivo, rodeo, remate, ribete, resalto, cornisa, moldura, frontera, escondite, refugio*

2. Esquinado. Achaflanado, sesgado, oblicuo, ladeado, torcido, inclinado*, anguloso, angular, saliente, ochavado, biselado, truncado, rematado, ribeteado, escuadrado, curvado*, cruzado, acodado, apuntado, esconzado, puntiagudo*.

3. Esquinar. Torcer, inclinar*, ladear, sesgar, rebajar, escuadrar, desviar, cruzar, achaflanar, biselar, acodar, cortar*, tajar, rematar, zigzaguear, achatar, alisar, curvar*, arrinconar,

esconzar, truncar, ubicar, poner, situar, colocar*.
V. BORDE, CRUCE, ÁNGULO, LADO, LÍMITE,
CORTE, PUNTA, INCLINACIÓN.
esquinado. V. ESQUINA 2.
esquinar. V. ESQUINA 3.
esquinazo (dar). Desairar, dar plantón, esquivar*.
V. DESPRECIO 2.
esquirla. Trozo, astilla, pedazo. V. FRAGMENTO 1.
esquirol. Rompehuelgas, reemplazante, sustituto.
V. HUELGA 3.
esquisto. Pizarra, piedra, roca pizarrosa. V. MI-
NERAL 5.
ESQUIVAR. 1. Evitar, sortear, orillar, soslayar,
rodear*, eludir, evadir, rehuir, saltar, moverse*, contorsionarse, amagar, desentenderse,
despreocuparse, abstenerse, escapar, huir*,
regatear, escabullirse, burlar, faltar, infiltrarse,
hurtarse, salvar, disimular, escurrirse, librarse*,
retraerse, aislarse*, sacudirse, sustraerse, rechazar*, apartar, alejar*, rehusar, despreciar*,
aguantar*, soportar, deslizarse*, zigzaguear,
saltear, omitir, olvidar*, callar, ocultar*, silenciar*.
2. Esquivo. Evasivo, huidizo*, disimulado,
retraído, aislado*, escurridizo, solapado, ambiguo, hosco, arisco, adusto, huraño, brusco, severo*, áspero, cerril, rudo, descortés*, tosco*,
montaraz, agreste, acomplejado, insociable,
tímido*, taimado, marrullero, hipócrita*.
3. Esquivez. Soslayo, rechazo*, disimulo, des-
pego, aislamiento*, evasión, rodeo, alejamiento*, sorteo, huida*, retraimiento, hosquedad,
adustez, brusquedad, tosquedad*, aspereza,
cerrilidad, rudeza, descortesía*, timidez*,
complejo*, marrullería, hipocresía*, desdén,
desprecio*, amago (v. 4).
4. Esquive. Finta, amago, quite, esguince, gambeta, quiebro, regate, ademán, movimiento*,
rechazo*, gesto, engaño*, amenaza*, zigzag,
rodeo, salto*, brinco, contorsión.
Contr.: Acercamiento, sinceridad*.
V. RODEAR, SALTAR, HUIR, LIBRARSE, RECHA-
ZAR, AISLARSE, ALEJAR, DESPRECIAR, DESCOR-
TÉS, TÍMIDO, HIPÓCRITA.
esquive. V. ESQUIVAR 4.
esquivez. V. ESQUIVAR 3.
esquivo. V. ESQUIVAR 2.
esquizofrenia. Trastorno mental, desorden psíquico, demencia. V. LOCURA 1, 3.
estabilidad. 1. Contrapeso, nivelación, inmovilidad*. V. EQUILIBRIO 1.
— **2.** Regularidad, permanencia, seguridad. V.
CONFIANZA 2.
estabilizar. 1. Afianzar, contrapesar, inmovilizar*.
V. EQUILIBRIO 9.
— **2.** Regularizar, asegurar, garantizar. V. SE-
GURO 2.
estable. 1. Afianzado, fijo, inmóvil*. V. EQUILI-
BRIO 5, 6.

— **2.** Regular, garantizado, duradero. V. SE-
GURO 2-5.
establecer. 1. Fundar, instalar, iniciar. V. PRINCI-
PIO 9.
— **2.** Especificar, comprobar*, investigar*. V.
DETERMINAR 1.
— **3.** *Establecerse*, domiciliarse, asentarse, afincarse. V. HABITACIÓN 5.
establecimiento. 1. Firma, comercio*, fundación.
V. TIENDA 1, ASOCIACIÓN 1.
— **2.** Instalación, asentamiento, creación*. V.
COLOCAR 3.
establo. Cuadra, caballeriza, corral. V. GANADO 5.
estaca. Garrote, tranca, poste. V. PALO 1.
estacada. Empalizada, barrera, cerca. V. VALLA 1.
estacazo. Garrotazo, trancazo, golpe*. V. PALO 3.
estación. 1. Temporada, período, época del año.
V. TIEMPO 1.
— **2.** Terminal, apeadero, parada. V. FERRO-
CARRIL 10.
estacionado. Fijo, detenido, aparcado. V. INMÓ-
VIL 1.
estacionamiento. Aparcamiento, detención, espera. V. GARAJE 1.
estacionar. V. estacionamiento.
estacionario. Quieto, detenido, fijo. V. INMÓVIL 1.
estadía. Estancia, permanencia, detención. V.
ESPERA 1.
ESTADIO. 1. Coliseo, recinto, instalación, campo,
c. deportivo, cancha, anfiteatro, hemiciclo,
arena, circuito, pabellón, palacio de deportes*,
local, construcción, edificio, graderío, gradería,
pista, plaza, ruedo, palestra, liza, arena, circo*,
lugar público (v. 2).
2. Clases. Estadio olímpico*, velódromo, hipódromo, autódromo, circuito permanente,
canódromo, campo de fútbol*, de béisbol*,
de rugby*, de atletismo*, etc., plaza de toros,
de toreo*, coso taurino (v. 1).
3. Partes. Tribunas, gradas, palcos, accesos,
salidas, pasillos, escaleras, dependencias, servicios, lavabos, oficinas, cabinas para la prensa, vestuarios, bar, foso, vallas, túnel, campo,
hierba, porterías, metas, líneas de demarcación,
banderines, tartán, pista de ceniza, de saltos*,
de carreras*, de atletismo*, etc. (v. deporte*).
V. DEPORTE, TOREO.
estadista. Dirigente, político*, gobernante. V.
GOBIERNO 8.
ESTADÍSTICA. 1. Ciencia, estudio matemático,
gráfica, gráfico, cuadro, esquema, representación, diagrama, cálculo*, control, evaluación*,
clasificación*, censo, información, sondeo, catastro, registro, inventario, padrón, demografía,
habitantes*, población, lista*, asiento*, índice,
inscripción, empadronamiento, matrícula, nómina, detalle, memoria.
2. Elementos. Análisis estadístico, método estadístico, cálculo de probabilidades, población,
muestra, leyes, datos, d. directos, d. indirectos,
serie estadística, coordenadas, puntos, índice,

cociente, coeficiente, evaluaciones*, demografía, demoscopia, natalidad, mortalidad, morbilidad, crecimiento vegetativo, habitantes*, frecuencia, criminalidad. Clases: estadística descriptiva, e. inferencial, matemática, biológica, económica, social, política, industrial. Computadora, ordenador, calculadora*.
3. Hacer estadística. Censar, registrar, clasificar*, calcular*, evaluar*, inscribir, alistar, empadronar, inventariar, escribir*.
V. LISTA, CLASIFICACIÓN, CÁLCULO, EVALUACIÓN, ESCRIBIR.
Estado. 1. Patria, territorio, país. V. NACIÓN 1.
— **2.** Administración, mandato, gabinete. V. GOBIERNO 2.
estado. Situación, condición, circunstancia*. V. ASPECTO 1.
estadounidense. Yanqui, norteamericano, gringo. V. AMERICANO 1.
ESTAFA. 1. Defraudación, timo, fraude, desfalco, robo*, embaucamiento, petardo, delito*, engaño*, falsedad*, embrollo*, despojo, expoliación, escamoteo, usura, lucro, usurpación, apropiación*, malversación, simonía, concusión, peculado, chantaje, coacción, intimidación, extorsión, abuso*, amenaza*, sisa, dolo, estraperlo, contrabando, falsificación*, simulación*, acaparamiento, baratería, charlatanería, trampa, apaño, pillería*, bribonada, embeleco, farsa, mentira, embuste, falacia.
2. Estafar. Timar, defraudar, engañar*, desfalcar, robar*, embaucar, apropiarse*, usurpar, escamotear, entrampar, enredar, embrollar*, expoliar, despojar, abusar*, exprimir, arruinar, extorsionar, coaccionar, chantajear, delinquir*, malversar, falsificar*, contrabandear, acaparar, baratear, hurtar, sisar, mentir, embelecar, simular*, apañar, trampear, quitar, truhanear.
3. Estafador. Defraudador, tramposo, desfalcador, embaucador, engañoso*, timador, usurpador, ladrón*, delincuente*, escamoteador, embrollón*, expoliador, estraperlista, malversador, chantajista, simulador, sablista, cuentista, petardista, gorrón, sacacuartos, sacadineros, pedigüeño, mangante, gorrista, mogollón, embustero, mentiroso, farsante, bribón, pillo*, pícaro, charlatán, contrabandista, acaparador, usurero, abusador*.
Contr.: Honradez*.
V. ENGAÑO, ROBO, DELITO, FALSIFICACIÓN, EMBROLLO, APROPIACIÓN, ABUSO, PILLERÍA, LADRÓN.
estafador. V. ESTAFA 3.
estafar. V. ESTAFA 2.
estafeta. Administración, oficina de correos; mensajero. V. CORREOS 4,7.
estalactita. Concreción calcárea, pilar, columnilla pendiente. V. CUEVA 2.
estalagmita. Estalactita invertida, columnilla, concreción calcárea, V. CUEVA 2.
estallar. Detonar, volar, reventar. V. EXPLOSIÓN 9.

estallido. Descarga, voladura, detonación. V. EXPLOSIÓN 1.
estambre. 1. Hebra, vellón de lana*, hilo. V. TELA 2, 5.
— **2.** Órgano reproductor, ó. masculino, ó. de la flor. V. FLOR 2.
estamento. Cuerpo, categoría, ámbito. V. CLASE 2.
estameña. V. estambre 1.
ESTAMPA. 1. Lámina, ilustración, grabado, figura*, imagen, impresión*, clisé, dibujo*, litografía (v. 3), plancha, pintura*, cuadro, mapa*, santo, cromo, mono, sello*, vista, fotografía*, retrato, efigie, calcomanía, adhesivo, aleluya, historieta*, viñeta, reproducción, copia*, facsímile; estampación, estampado, (v. 3).
— **2.** Porte, apariencia, figura*. V. ASPECTO 1.
3. Variedades técnicas. Litografía, xilografía, huecograbado, calcografía, «offset», aguafuerte, grabado al boj, fotograbado, calcotipia, fototipia, cromolitografía, tricromía, fotolitografía, cincotipia, cincograbado, heliograbado, fotocopia, xerocopia, xerografía, (v. 1) (v. imprenta*).
4. Material. Punzón, buril, cincel, aguja, graneador, punta seca, cercador, contrapunzón, mordiente, trama, ácido*, agua fuerte, corrosión, tintas, original, molde*, piedra litográfica, plancha, grabado, lámina, clisé, prueba, copia, negativo, fondo, campo, prensa, tórculo.
5. Estampar. Grabar, imprimir, marcar. V. SELLAR 1, IMPRENTA 9.
V. DIBUJO, PINTURA, FIGURA, IMPRENTA, SELLO, FOTOGRAFÍA.
estampar. V. ESTAMPA 5.
estampía (de). Vertiginosamente, velozmente, bruscamente, V. RAPIDEZ 4.
estampida. Fuga, espantada, huida*. V. CARRERA 1.
estampido. Estallido, estruendo, explosión*. V. SONIDO 2.
estampilla. Timbre, marca, sello*. V. FILATELIA 2.
estancamiento. Obstrucción, atasco, inmovilización*. V. OBSTRUIR 2.
estancar. Atascar, embalsar, inmovilizar*.V. OBSTRUIR 1.
estancia. 1. Aposento, cuarto, pieza. V. HABITACIÓN 1.
— **2.** Detención, alojamiento, hospedaje. V. PERMANECER 2.
— **3.** Finca, hacienda, rancho. V. AGRICULTURA 2.
estanciero. Terrateniente, ranchero, hacendado. V. AGRICULTURA 8.
estanco. 1. Aislado, cerrado*, hermético. V. IMPERMEABLE 1.
— **2.** Puesto, quiosco, tienda* de tabaco. V. TABACO 6.
estándar. 1. Tipo, patrón, modelo, norma. V. REGLA 4, EJEMPLO 3.
— **2.** Normal, común, habitual. V. HÁBITO 6.

estandarte. Pabellón, pendón, gallardete. V. BANDERA 1.

ESTANQUE. 1. Depósito, laguna, lago*, charca, acequia, balsa, poza, tanque, aljibe, pila, alberca, piscina*, presa*, embalse, cisterna, vivero, marjal, pantano, fangal*, albufera, estero, marisma.

2. Estancar. Empantanar, represar, detener, embalsar, rebalsar, depositar, encharcar, enfangar, inundar.

— **3.** Detener, atascar, inmovilizar*. V. OBSTRUIR 1.

V. LAGO, PRESA, PISCINA, OBSTRUIR, INMOVILIZAR, FANGO, AGUA.

estanquero. Expendedor, vendedor, comerciante*. V. TABACO 7.

estante. Repisa, aparador, anaquel. V. ARMARIO 2.

estantería. V. estante.

estantigua. 1. Adefesio, espantajo, esperpento. V. FEALDAD 3.

— **2.** Duende, visión, espectro. V. FANTASMA 1.

estañar. Soldar, galvanizar, arreglar. V. REPARACIÓN 3.

estaño. Elemento, metal blanco, materia prima. V. METAL 6.

estar. Hallarse, asistir, permanecer*. V. HALLAR 2.

estarcir. Reproducir, estampar, colorear. V. PINTURA 7.

estatal. Oficial, administrativo, gubernativo. V. GOBIERNO 13.

estático. Quieto, inalterable, fijo. V. INMÓVIL 1.

estatua. Figura, efigie, talla. V. ESCULTURA 2.

estatuario. Imponente, escultural*, hermoso. V. HERMOSURA 3.

estatuir. Legislar, determinar, decretar. V. LEY 6.

estatura. Talla, medida*, altura. V. ALTO 3.

estatuto. Código, ordenanza, reglamento. V. LEY 1.

este. Oriente, naciente, levante. V. GEOGRAFÍA 4.

estela. 1. Huella, rastro, surco. V. SEÑAL 1.

— **2.** Lápida, laja, losa. V. PIEDRA 1.

estelar. Cósmico, espacial, celeste. V. UNIVERSO 5.

estenógrafa. Taquígrafa, empleada*, secretaria. V. OFICINA 4.

estentóreo. Estruendoso, vociferante, ruidoso. V. GRITO 5.

estepa. Erial, llanura, páramo. V. DESIERTO 1.

estepario. Yermo, árido, llano. V. DESIERTO 2.

estera. Felpudo, cubierta, moqueta. V. ALFOMBRA 1.

estercolero. Vertedero, albañal, basurero. V. BASURA 2.

estereofónico. Alta fidelidad, sonido fiel, reproducción. V. DISCO 1, 3.

estereotipado. Invariable, monótono, fijo. V. REPETICIÓN 5.

ESTÉRIL. 1. Improductivo, baldío, infecundo, castrado (v. 2), árido, desértico, desierto*, yermo, estepario, pobre*, sediento, desolado, agotado, esquilmado, ineficaz, seco, reseco, vacío*, agreste, rústico, empobrecido.

2. Esterilizado. Castrado, capado, capón, eunuco, extirpado, emasculado, impotente, infecundo, amputado, inutilizado, incapacitado, debilitado*, incompleto, frío, espadón, soprano (v. 1).

— **3.** Purificado, aséptico, desinfectado. V. DESINFECTANTE 6.

4. Esterilidad. Infecundidad, aridez, improductividad, desolación, sequedad, agostamiento, agotamiento, castración (v. 5), rigor, devastación, infructuosidad, ineficacia, inutilidad*, pobreza*, mezquindad.

5. Esterilización. Extirpación, castración, amputación, capadura, corte*, emasculación, infecundidad, esterilidad, impotencia, inutilización, inutilidad, incapacidad, incapacitación, frialdad, frigidez, debilitamiento, insensibilidad, decrepitud (v. 4).

— **6.** Purificación, asepsia, higiene*. V. DESINFECTANTE 4.

7. Esterilizar. Agotar, agostar, devastar, empobrecer, extirpar, castrar, capar, amputar, mutilar, emascular, inutilizar, incapacitar, operar.

— **8.** Purificar, higienizar*, desinfectar. V. DESINFECTANTE 5.

Contr.: Fecundidad.

V. DESÉRTICO, VACÍO, DEBILITADO, INÚTIL, POBRE, DÉBIL.

esterilidad. 1. V. ESTÉRIL 4.

— **2.** Asepsia, purificación, higiene*. V. DESINFECTANTE 4.

esterilización. 1. V. ESTÉRIL 5.

— **2.** Asepsia, purificación, higiene*. V. DESINFECTANTE 4.

esterilizado. 1. V. ESTÉRIL 2.

— **2.** Purificado*, aséptico, higienizado. V. DESINFECTANTE 6.

esterilizar. 1. V. ESTÉRIL 7.

— **2.** Purificar*, higienizar*, desinfectar. V. DESINFECTANTE 5.

esternón. Hueso* torácico, pectoral, plano. V. TÓRAX 2.

estero. Estuario, charca, estanque*. V. LAGO 1.

estertor. Jadeo, agonía, respiración* fatigosa. V. RESPIRACIÓN 1, MUERTE 9.

estético. Atractivo*, hermoso*, artístico. V. ARTE 10.

estetoscopio. Aparato, instrumento de auscultación, fonendoscopio. V. MÉDICO 7.

estiba. Colocación, ordenación, distribución del cargamento. V. CARGA 1.

estibador. Descargador, mozo, peón. V. CARGA 7.

estibar. Colocar, ordenar*, distribuir el cargamento. V. CARGA 5.

estiércol. Humus, excremento*, boñiga. V. ABONO 3.

estigma. 1. Marca, mancha*, huella. V. SEÑAL 1.

— **2.** Mancilla, afrenta, baldón. V. DESHONRA 1.

estilar(se). Emplear(se), usar, acostumbrarse. V. MODA 7.

estilete. Daga, navaja, puñal. V. CUCHILLO 1.

estilizado. Fino, airoso, esbelto. V. ELEGANTE, DELGADO.

estilo. 1. Manera, uso, práctica. V. MODO 1.
— **2.** Parte del pistilo, de la flor, órgano vegetal*. V. FLOR 2.
— **3.** Punzón, clavo*, estilete. V. PUNTA 1.
— **4.** Estilos arquitectónicos, artísticos. V. ARQUITECTURA 6, ARTE 6.
— **5.** Estilos de pintura. V. PINTURA 6.
— **6.** Estilos literarios. V. LITERATURA 8.

ESTILOGRÁFICA. 1. Pluma, p. estilográfica, accesorio, utensilio, instrumento, útil de escritura*.
2. Partes. Plumilla, punto, mango hueco, depósito, d. de goma, émbolo de carga, banda metálica elástica, capuchón, sujetador, cartucho, recarga.
V. BOLÍGRAFO, LÁPIZ, ESCRITURA.

estima. 1. Cariño, afecto, aprecio. V. AMOR 1.
— **2.** V. estimación 1.

estimable. Considerado meritorio, apreciable. V. MÉRITO 2.

estimación. 1. Valoración, cálculo*, apreciación. V. EVALUAR 3.
— **2** V. estima 1.

estimado. V. estimar.

estimar. 1. Preferir, apreciar, querer. V. AMOR 6.
— **2.** Tasar, valorar, calcular*. V. EVALUAR 1.

estimulación. V. ESTÍMULO 1.

estimulante. V. ESTÍMULO 2-4.

estimular. V. ESTÍMULO 5.

ESTÍMULO. 1. Acicate, incitación, estimulación, excitación, exacerbación, actividad, pasión, entusiasmo, exhortación, dinamismo*, ardor, celo, incentivo, eretismo, ánimo*, aliciente, inspiración, aliento, empuje, atractivo*, apoyo, interés*, ayuda*, impulso, estro, imán, señuelo, anzuelo, aguijón, espuela*, pinchazo*, hostigamiento*, soborno, persuasión, sugerencia, apremio, desafío*, provocación, insinuación, tentación, instigación.
2. Estimulante. Alentador, inspirador, provocador, excitante, entusiasta*, activo, apasionado*, dinámico, atractivo*, incitante, sugerente, tentador, provocativo, insinuante, interesante*, instigador, apremiante, acuciante, vivificante, confortador, agradable*, espoleador, desafiante.
— **3.** Bebida alcohólica, cordial, licor. V. BEBIDA 2.
— **4.** Afrodisíaco, revulsivo, poción. V. DROGA 1, 2.
5. Estimular. Incitar, animar*, azuzar, acicatear, empujar, atraer, ayudar*, apoyar, interesar, aguijonear, impulsar, sugerir, persuadir, sobornar, alentar, espolear, punzar, pinchar, excitar, hostigar*, fustigar, arrear, atizar, tentar, instigar, insinuar, invitar, inducir, provocar, desafiar*, apremiar, urgir*, mover*, remover, avivar, vivificar, activar, espabilar.
Contr.: Desánimo*, apatía, inactividad.
V. ÁNIMO, INTERÉS, ATRACTIVO, PINCHAZO.

estío. Verano, canícula, calor*. V. TIEMPO 2, METEOROLOGÍA 5.

estipendio. Retribución, salario, remuneración. V. PAGAR 5.

estipulación. Disposición, cláusula, condición. V. CONTRATO 4.

estipular. Determinar, establecer, convenir. V. CONDICIÓN 4.

estirado. 1. Desdeñoso, altivo, orgulloso. V. VANIDAD 2.
— **2.** V. ESTIRAR 4, 5.

estiramiento. V. ESTIRAR 3.

ESTIRAR. 1. Distender, tensar, alargar, tender, extender*, dilatar, tirar de, ampliar*, ensanchar, agrandar, atirantar, deformar*, incrementar, empujar, crecer, forzar, aumentar, alisar, planchar, desarrugar, desplegar, aplanar, allanar, desarrollar.
— **2.** *Estirarse,* desentumecerse, desperezarse, repantigarse, acomodarse, desentorpecerse, bostezar, despertar, avivarse, contraerse.
3. Estiramiento. Extensión*, dilatación, tensión, tracción, resistencia, tirantez, tiesura, rigidez*, ensanchamiento, desarrollo, desdoblamiento, alisamiento, despliegue, agrandamiento, ampliación*, aumento, fuerza, incremento, crecimiento.
4. Estirado. Distendido, tensado, alargado (v. 1).
— **5.** Desdeñoso, altivo, orgulloso. V. VANIDAD 2.
6. Estirón. Desarrollo, crecimiento, extensión (v. 3).
Contr.: Encoger, contraer, arrugar.
V. AMPLIAR, EXTENDER, DEFORMAR, LISO.

estirón. V. ESTIRAR 6.

estirpe. Alcurnia, casta, abolengo. V. ARISTOCRACIA 1.

estival. Veraniego, caluroso, del estío. V. CALOR 5.

estocada. Corte*, pinchazo, cuchillada*. V. ESPADA 5.

estofa. Calaña, ralea, casta. V. CLASE 1.

estofado. Guiso, aderezo, cocido. V. CARNE 4.

estofar. V. estofado.

estoicismo. Aguante, impasibilidad, resignación*. V. TRANQUILIDAD 2.

estoico. Imperturbable, sufrido, resignado*. V. TRANQUILIDAD 5.

estola. Tira, piel*, bufanda. V. VESTIMENTA 3.

estólido. Bobo, torpe, necio. V. TONTO 1.

estomacal. V. ESTÓMAGO 7.

estomagante. Cargante, insoportable, repugnante*. V. MOLESTIA 3.

estomagar. V. estomagante.

ESTÓMAGO. 1. Órgano, víscera, entraña, asadura, órgano abdominal, ó. del aparato digestivo*, epigastrio, tubo digestivo (v. 4).
2. Partes. Cardias, fundus o cámara del aire, cuerpo, curvatura mayor, curvatura menor, píloro, mucosa, repliegues, capa muscular, c. serosa, glándulas*.

3. Elementos. Jugos, j. gástrico, j. pancreático, pepsina, peptona, fermentos, lab fermento; bolo alimenticio, quilo, quimo, digestión*.

4. Órganos relacionados. Intestinos*, hígado*, páncreas, bazo, esófago, vesícula biliar; abdomen, vientre*.

5. Estómago de animales. Panza, redecilla, libro, cuajar, abomaso; buche, molleja, esófago, callos.

6. Enfermedades. Úlcera, gastritis, gastroenteritis, inflamación, dolor*, gastralgia, ptosis, hiperclorhidria, acidez (acedía), dispepsia, indigestión, empacho, tumor, cáncer*, aerofagia, intoxicaciones, inapetencia, bulimia, vómito, diarrea, flatulencia.

7. Estomacal. Abdominal, visceral, intestinal.
V. VIENTRE 6.
V. DIGESTIVO (APARATO), DIGESTIÓN, INTESTINOS, HÍGADO, VIENTRE.

estomatología. Dentistería, odontología, especialidad médica. V. DIENTE 6.

estomatólogo. Odontólogo, dentista, especialista.
V. DIENTE 7.

estopa. Tela gruesa, hilaza, cáñamo. V. TELA 11.

estoque. Espadín, florete, daga. V. ESPADA 1.

estoquear. Atravesar, ensartar, herir. V. ESPADA 4.

estorbar. Obstruir*, impedir, molestar*. V. DIFICULTAD 5.

estorbo. Rémora, engorro, obstrucción*. V. DIFICULTAD 2.

estornino. Pájaro, córvido, ave negra. V. AVE 15, 17.

estornudar. V. estornudo.

estornudo. Convulsión, exhalación de aire, sacudida. V. RESPIRACIÓN 1.

estrabismo. Bizquera, deformidad, desviación visual. V. OJO 10.

estrado. Plataforma, tablado, tarima. V. MADERA 3.

estrafalario. V. estrambótico.

estragar. 1. Empachar, hastiar, hartar. V. REPUGNANCIA 4.
— **2.** Depravar, corromper, dañar. V. VICIO 6.

estrago. Destrozo, devastación, ruina. V. DESTRUIR 2.

estrambótico. Extravagante, estrafalario, extraño*. V. RAREZA 2.

estrangulador. Psicópata, sádico, homicida. V. ASESINATO 4.

estrangular. Asfixiar, acogotar, sofocar. V. ASESINATO 3.

estraperlista. Contrabandista, defraudador, estafador*. V. ADUANA 9.

estraperlo. Contrabando, tráfico ilegal, estafa*.
V. ADUANA 8.

estratagema. Artimaña, trampa, treta. V. ENGAÑO 1.

estratega. Táctico, militar, guerrero. V. GUERRA 6, 7.

estrategia. Táctica, logística, maniobra guerrera.
V. GUERRA 4.

estratégico. Vital, fundamental, básico. V. IMPORTANCIA 3.

estrato. Veta, capa, sedimento. V. GEOLOGÍA 6.

estratosfera. Cielo, éter, espacio. V. ATMÓSFERA 1, 2.

estraza. Trapo, guiñapo, tela basta. V. TELA 11, PAPEL 5.

estrechamiento. V. ESTRECHO 3.

estrechar. V. ESTRECHO 5.

estrechez. V. ESTRECHO 3, 4.

ESTRECHO. 1. Angosto, ceñido, apretado, justo, ajustado, cerrado, encogido, menguado, escaso*, reducido, enjuto, afilado, enteco, delgado*, chupado, flaco, escurrido, pequeño*, minúsculo, mezquino, avaro*, encajonado, abocinado, recogido, constreñido, contraído, estrangulado, oprimido, ahogado, disminuido, incómodo, molesto*.
— **2.** Paso, vía acuática, comunicación. V. CANAL 1.

3. Estrechez. Angostura, encogimiento, estrechamiento, estrechura, disminución, escasez*, falta, contracción, apretura, aprieto, delgadez*, reducción, mengua, abocinamiento, encajonamiento, constricción, ahogo*, estrangulación, abrazo*, incomodidad, molestia*.
— **4.** Carencia, necesidad*, escasez*. V. POBRE 7.

5. Estrechar(se). Encoger(se), angostar, menguar, ajustar, disminuir, oprimir, apretar, abrazar*, presionar*, aplastar*, ahogar*, estrangular, reducir, contraer, molestar*, constreñir, comprimir, forzar.

6. Que estrecha. Astringente, constrictor, reductor, opresivo, opresor, compresor, aplastante*, que encoge (v. 5).
Contr.: Amplio*, ancho, sobrante, holgado.
V. DELGADO, PEQUEÑO, ESCASO, MOLESTO, AHOGAR.

estrechura. V. ESTRECHO 3.

estregar. Restregar, pulir*, friccionar. V. FROTAR 1.

ESTRELLA. 1. Lucero, astro, cuerpo sideral, celeste, astral, luminaria, elemento astronómico*.
— **2.** Suerte, hado, destino. V. AZAR 1.
— **3.** Actor, actriz, protagonista. V. TEATRO 5.

4. Clases de estrellas. Estrella gigante, enana, nova, supernova, quásar, púlsar, agujero negro, estrella simple, binaria, múltiple, variable, fija, de neutrones, circumpolar, de primera magnitud, segunda m., tercera m., etc., estrella fugaz (v. 7), errante, cefeida, perseida; tipo espectral, luminosidad.

5. Elementos. Galaxia, nebulosa, constelación, cúmulo estelar, Vía Láctea, universo*, Zodiaco, magnitud, paralaje, orto, ocaso, cenit, nadir, espectro, paso, culminación, coordenadas, telescopio*, anteojo*, espectroscopio, radiotelescopio, carta celeste. Titilar, centellear.

6. Nombres. (Magnitud decreciente) Sirio, Canopo, Vega, Capella, Arturo, Rigel, Proción, Achernar, Altair, Betelgeuse (Orión), Aldebarán,

Antares, Fomalhaut, Deneb, Cástor, Pólux, Próxima del Centauro, Polar, Régulo, Espiga, Erídano, Alfa del Centauro, Algol.

7. Estrella fugaz. Estrella errante, meteorito, exhalación, meteoro, centella, aerolito, astrolito, bólido. Cefeidas, perseidas.

8. Galaxias. Cúmulos estelares, cuerpos celestes, nebulosas. V. ASTRONOMÍA 13.

9. Constelaciones. V. ASTRONOMÍA 11.

10. Estrellado. Cielo despejado, azul, claro*, bonancible*, diáfano, constelado, cubierto, cuajado de estrellas.
V. ASTRONOMÍA, TELESCOPIO, ANTEOJO, UNIVERSO.

estrellado. 1. Despejado. V. ESTRELLA 10.
— **2.** V. estrellar.

estrellar. 1. Tirar, arrojar; reventar. V. LANZAR 1.
— **2.** *Estrellarse.* Colisionar, percutir, chocar. V. GOLPE 10.

estremecedor. Espeluznante, conmovedor, espantoso*. V. EMOCIÓN 5.

estremecer(se). 1. Menear(se), agitar, sacudir. V. TEMBLOR 4.
— **2.** Conmover(se), inquietar, impresionar. V. EMOCIÓN 2.

estremecimiento. Sacudida, sobresalto, escalofrío. V. EMOCIÓN 1, TEMBLOR 1.

estrenar. Inaugurar, comenzar, iniciar. V. PRINCIPIO 10.

estreno. Inauguración, comienzo, apertura. V. PRINCIPIO 2.

estreñido. V. estreñimiento.

estreñimiento. Constipación, dificultad, achaque. V. INTESTINOS 4.

estreñir. V. estreñimiento.

estrépito. Alboroto, algarabía, estruendo. V. SONIDO 2, 3.

estrepitoso. Estruendoso, escandaloso, alborotador. V. SONIDO 4-6.

estreptococo. Bacteria, coco, microbio. V. MICROORGANISMO 2.

estreptomicina. Medicamento*, antibiótico, medicina, hongo. V. ANTIBIÓTICOS 1.

estrés. Ansiedad, tensión, angustia. V. INTRANQUILIDAD 1.

estría. Ranura, raya, surco. V. HENDEDURA 1.

estribación(es). Ramal montañoso, monte, colina. V. MONTAÑA 2, 3.

estribar. Radicar, fundarse, basar. V. BASE 4.

estribillo. Cantilena, muletilla, copla. V. REPETICIÓN 2, CANTAR 1.

estribo. Peldaño, soporte, aro. V. ESCALERA 1, 4, CABALLO 14.

estricnina. Tóxico, medicamento*, alcaloide. V. VENENO 2.

estricto. 1. Rígido, disciplinado, austero. V. SEVERIDAD 2.
— **2.** Riguroso, exigente, detallista. V. DETALLE 3.

estridencia. Chirrido, rechinamiento, discordancia. V. SONIDO 1.

estridente. Rechinante, chirriante, discordante. V. SONIDO 4.

estro. Celo, ardor, inspiración. V. ESTÍMULO 1, SEXO 1, 3.

estrofa. Copla, verso, estribillo. V. POESÍA 4.

estropajo. Lampazo, bayeta, guiñapo. V. LIMPIEZA 5.

estropajoso. Gangoso, ininteligible, tartamudo. V. PRONUNCIACIÓN 6.

estropear. 1. Dañar, averiar, descomponer. V. DETERIORO 2.
— **2.** Baldar, tullir, lisiar. V. INVÁLIDO 3.
— **3.** *Estropearse*, pasarse, enranciarse, pudrirse. V. PODRIDO 3.

estropicio. Rotura, destrucción*, deterioro*. V. DESTROZAR 3.

estructura. 1. Hechura, conformación, aspecto*. V. FORMA 1.
— **2.** Entramado, armazón, maderamen*. V. SOPORTE 1.
— **3.** Disposición, sistematización, organización. V. ORDEN 1.

estructurar. V. estructura.

estruendo. Estrépito, ruido, explosión*. V. SONIDO 2.

estruendoso. Ruidoso, estrepitoso, retumbante. V. SONIDO 4-6.

estrujar. Comprimir, apretar, presionar*. V. APLASTAR 1.

estuario. Desembocadura, ría, entrada. V. RÍO 2.

estuco. Enlucido, clarión, escayola. V. YESO 1.

estuche. Joyero, cofrecito, arqueta. V. CAJA 1.

estudiante. Colegial, escolar, alumno. V. EDUCACIÓN 13.

estudiantil. Educativo, escolar, colegial. V. EDUCACIÓN 18.

estudiantina. Rondalla, tuna, grupo musical. V. ORQUESTA 2.

estudiar. 1. Educarse, aprender, aplicarse. V. EDUCACIÓN 12.
— **2.** Observar, examinar, indagar. V. INVESTIGACIÓN 4.

estudio. 1. V. estudiar.
— **2.** Apartamento, despacho, escritorio. V. HABITACIÓN 1, 2.

estudioso. Aplicado, laborioso, trabajador. V. EDUCACIÓN 16.

estufa. Calentador, hornillo, radiador. V. CALEFACCIÓN 2.

estulto. Estúpido, necio, bobo. V. TONTO 1.

estupefacción. Sorpresa, desconcierto, pasmo. V. ASOMBRO 1.

estupefaciente. Soporífero, narcótico, hipnótico. V. DROGA 2, 3.

estupefacto. Atónito, desconcertado, admirado. V. ASOMBRO 3.

estupendo. Admirable, magnífico, espléndido. V. MARAVILLA 2.

estupidez. Idiotez, disparate*, bobada. V. TONTO 3.

estúpido. Mentecato, bobo, necio. V. TONTO 1.

estupor. 1. Sorpresa, desconcierto, pasmo. V. ASOMBRO 1.
— **2.** Sopor, letargo, insensibilidad. V. SUEÑO 1.
estupro. Violación, desfloración, violencia. V. ABUSO 2.
esturión. Pez comestible, ganoideo, pescado. V. PEZ 11.
etapa. 1. División, período, fase. V. PARTE 2.
— **2.** Alto, interrupción, parada. V. DESCANSO 2.
etcétera. Y otros más, y demás, sobreentendido. V. ADEMÁS.
éter. 1. Cielo, vacío, espacio. V. ATMÓSFERA 1.
— **2.** Líquido volátil, narcótico, inflamable. V. ANESTESIA 3, 4.
etéreo. Tenue, vaporoso, sutil. V. LEVE 1.
eternidad. Perennidad, perpetuidad, inmortalidad. V. DURACIÓN 2.
eternizar. 1. Inmortalizar, persistir, perdurar. V. DURACIÓN 5.
— **2.** *Eternizarse*, retrasarse, tardar, dilatar. V. DEMORA 3.
eterno. Inmortal, interminable, perpetuo. V. DURACIÓN 4.
ética. Moral, proceder, norma. V. COMPORTAMIENTO 1.
etimología. Raíz, fuente, origen*. V. GRAMÁTICA 2.
etiología. Motivo, origen, causa* de una dolencia. V. ENFERMEDAD 6.
etíope. Abisinio, africano, camita. V. NEGRO 3.
ETIQUETA. 1. Marbete, precinto, rótulo, inscripción, indicación, marca, letrero*, sello*, tarjeta, señal*, célula, leyenda, lista*, cartulina, papel* (v. sellar 3).
2. Ceremonial. Ceremonia, etiqueta, protocolo, solemnidad*, ritual, rito, cortesía, educación, trato social, amabilidad*, seriedad, severidad*, detalle*, costumbre, preceptos, guía, canon, formalidad*, formulismo, formalismo, fórmula, aparato, pompa, boato, bambolla, vanidad*, afectación*.
3. Ámbito de la etiqueta. Visitas*, saludos*, presentaciones, despedidas*, conversación*, puntualidad, cita, el convite, la comida, anfitriones, invitados, el juego*, espectáculos*, deportes*, bailes*, fiestas*, celebraciones, aniversarios, conmemoraciones, misas*, casamientos*, bautizos, funerales, entierros*, la política*, la profesión, el trabajo*, el automóvil*, los transportes* públicos, los viajes*, el hotel*, cartas*, correspondencia.
4. Etiquetero. Formulista, formalista, formal*, protocolario, solemne*, ceremonioso, pomposo, cortés*, educado, cumplido, amable*, aparatoso, afectado*, vanidoso*, detallista*, puntilloso, exacto, exigente, severo*.
Contr.: Sencillez*, llaneza, espontaneidad.
V. AMABILIDAD, FORMALIDAD, SOLEMNIDAD, DETALLE, AFECTACIÓN, SEVERIDAD; LETRERO.

etiquetar. 1. Precintar, rotular, clasificar*. V. SELLAR 1.
— **2.** Calificar, encasillar, determinar. V. EVALUAR 2.
etiquetero. V. ETIQUETA 4.
etmoides. Hueso* craneal, nasal, laminar. V. CABEZA 4.
ETNIAS. 1. Origen étnico, pueblo, población, «cline», linaje, raza (*expresión científicamente discutida*); pueblo, casta, tribu, clan, grupo*, variedad, género, especie, subespecie, familia*, generación, habitantes*, ralea, cabila, horda, cáfila, origen*, linaje, ascendencia, progenie, pedigrí (animal). Cultura, genealogía, y ascendencia común, religión, lengua, geografía. (V. 9)
2. Clasificación. Según el concepto antiguo de raza: raza blanca, caucásica, aria, indoeuropea, europea, európide; raza negra, négrida, etiópica o africana, camita; raza amarilla, mongólica o asiática; raza cobriza o americana. Poblaciones o pueblos: P. de Europa (v. 3), de Asia (v. 4), de América (v. 5), de África (v. 6), de Oceanía (v. 7).
3. Poblaciones o pueblos de Europa. Europeos, blancos, caucásicos, arios, indoeuropeos, occidentales. *Norte:* nórdicos, norteños, germanos, escandinavos, bálticos, sajones, anglosajones, fineses, lapones. *Este y Centro:* eslavos, alpinos, dináricos. *Sur:* mediterráneos, latinos. *Pueblos varios:* celtas, galos, iberos e íberos, celtíberos, godos, longobardos, vándalos, suevos, alanos, sicambros, magiares, ugrios, romanches, letones, lituanos, trancos, normandos (v. europeo*).
4. Poblaciones o pueblos de Asia. Asiáticos, amarillos, mongoles, orientales (de Oeste a Este): Árabes*, beduinos, kurdos, turcos, otomanos (osmanlíes, turcomanos), afganos, iraníes, hindúes, (indios, indostánicos), drávidas, nepaleses, cingaleses, birmanos, malayos, javaneses, mongoles, tártaros, kirguises, calmucos, caragases, yakutas, chukchis, esquimales, tibetanos, coreanos, chinos, japoneses o nipones.
5. Poblaciones o pueblos de América. Población cobriza, americana, india. *A. del Norte:* esquimales, algonquinos, pieles rojas, shoshones, atabascas, chinooks, pueblos, navajos, sioux, iroqueses, semínolas, dakotas, omahas, comanches, apaches, osages, nez percés, blackfoot, cheyennes. *México y Centroamérica:* toltecas, aztecas, zapotecas, mayas, huastecos, caribes, taínos. *América del Sur:* chibchas, tupinambas, incas, botocudos, arawaks, jíbaros, diaguitas, comechingones, araucanos, barbacoas, coyas, aimarás, quechuas, guaycurúes, charrúas, tupís, guaraníes, tupí guaraníes, ranqueles, patagones, tehuelches, puelches, querandíes, chonos, fueguinos (v. indio 6-8).
6. Poblaciones o pueblos de África. Población árabe. Negra, etiópica, africana, camita. Bereberes, árabes*, tuaregs, moros; coptos, egipcios; sudaneses, senegaleses, bantúes, etío-

pes, somalíes, negrillos o pigmeos (de África), watusis, masais, bosquimanos, zulúes, basutos, hotentotes, mandingas, huasas.

7. Poblaciones o pueblos de Oceanía. Papúes, maoríes, tasmanios, polinesios, negritos o pigmeos (de Oceanía).

8. Indígena. Indio*, aborigen, nativo, natural, mestizo (v. 9), salvaje, cafre (habitante de Cafrería), caníbal (de la tribu Caniba o Caribe), sedentario, nómada (v. indio 2).

9. Mestizo, mestizar. Mulato, moreno, cuarterón, ochavón, zambo, híbrido, mezclado*, cruzado*, mixto. Mestizaje, selección, hibridación, cruce. *Acción:* seleccionar, mestizar, cruzar, mezclar, combinar, fusionar, unir, aparear.

10. Generalidades. Etnografía, etnología, antropología*, sociología, biología*, herencia*, evolución, genética, genealogía, atavismo, sedentarismo, nomadismo. Antropólogo, etnólogo, etnógrafo, sociólogo.

11. Racismo. Discriminación, segregación, separación*, diferencias, desprecio, rechazo*, intolerancia, fanatismo, «apartheid», xenofobia, antisemitismo, , superioridad*, pureza racial, genocidio, gueto, pogrom, esclavitud*. *Acción:* Discriminar, segregar, separar, diferenciar, rechazar*, apartar, despreciar*.

12. Racista. Fanático, intolerante, discriminador, xenófobo, antisemita, esclavista*, genocida.

13. Étnico. Racial, etnográfico, tribal, nacional*, peculiar, familiar*, folclórico, característico*, hereditario*, heredado, atávico, eugenésico. V. HERENCIA, INDIO, FAMILIA, HABITANTE, NACIÓN, ANTROPOLOGÍA.

étnico. V. ETNIAS 13.

etnografía, etnología. Ciencia, estudio de cultura de los pueblos. V. ANTROPOLOGÍA 1.

eucalipto. Mirtácea, planta, vegetal*. V. ÁRBOL 6.

EUCARISTÍA. 1. Sacramento, Comunión, Consagración, Transubstanciación, Santo Misterio, , rito, hostia.

2. Elementos. El Cuerpo y la Sangre de Cristo*, el Cordero Pascual, la Santa Cena, el Sacramento, el Sacramento del altar, el Santísimo, el Señor, hostia, sagrada forma, pan eucarístico, pan ázimo, oblea, santos óleos, cenáculo, exposición, adoración, bendición, saludo solemne, pange lingua, tántum ergo, Pascua, viático, extremaunción, comunión, misa*, sacerdote*, templo*.

3. Cáliz, sagrario. Grial, copón, custodia, sagrario, patena, píxide, tabernáculo, sanctasanctórum, altar, retablo, palio, monumento.

4. Acción. Consagrar, comulgar, aceptar, recibir la comunión, sacramentar, adorar, presentar, ofrecer, exponer, ofrendar, alabar, saludar*. V. CRISTO, MISA, RELIGIÓN, SACERDOTE, TEMPLO.

eufemismo. Alusión, perífrasis, indirecta. V. INSINUACIÓN 1.

eufónico. Armonioso, agradable* al oído, musical. V. MÚSICA 13.

euforia. Satisfacción*, optimismo, entusiasmo*. V. ALEGRÍA 1.

eufórico. V. euforia.

eunuco. Castrado, capado, emasculado. V. ESTÉRIL 2.

euro. Moneda, Unión Europea (UE); introducción oficial (1 de enero de 1999): Alemania, Austria, Bélgica, España, Finlandia, Francia, Irlanda, Italia, Luxemburgo, Países Bajos y Portugal. V. DINERO 5.

EUROPEO. 1. Occidental, caucásico, blanco, de población blanca, indoeuropeo, ario. Civilizado, desarrollado, avanzado, cultivado, culto.

2. Europeos del Norte. Nórdico, norteño, sueco, danés, noruego, finlandés, finés, lapón, germano, alemán, teutón, tudesco, prusiano, holandés, neerlandés, frisón, belga, valón, flamenco, luxemburgués, normando, sajón, anglo, anglosajón, inglés, britano, británico, escocés, irlandés, galés.

3. Europeos del centro, del Este. Centroeuropeo, suizo, helvético, austriaco o austríaco, húngaro, magiar, eslavo, eslovaco, checo, polaco, ruso, soviético, bielorruso, ucraniano, ruteno, letón, estonio, lituano, rumano, búlgaro, albanés, yugoslavo, serbio o servio, croata, esloveno, montenegrino.

4. Europeos del Sur. Latino, meridional, mediterráneo, francés, franco, galo, gabacho, transpirenaico; español*, hispano, ibero o íbero, celtíbero, godo, visigodo, peninsular*, gallego, vasco, catalán, castellano (v. español*); portugués, luso, lusitano; italiano, itálico, ítalo; griego, heleno. V. ETNIAS, ESPAÑOL, ANTROPOLOGÍA.

eutanasia. Eliminación, muerte provocada, m. indolora. V. MUERTE 1, 3.

eutrapelia. 1. Equilibrio*, mesura, proporción. V. MODERACIÓN 1.
— **2.** Gracia, donaire, ocurrencia. V. COMICIDAD 1.

evacuación. 1. Retirada, éxodo, traslado*. V. SALIR 8.
— **2.** Defecación, deposición, deyección. V. EXCRECIÓN 3.

evacuar. V. evacuación.

evadir. 1. Evitar, soslayar, eludir. V. ESQUIVAR 1.
— **2.** *Evadirse,* fugarse, escaparse, escabullirse. V. HUIDA 2.

evaluación. V. EVALUAR 3, 4.

evaluador. V. EVALUAR 5.

EVALUAR. 1. Valorar, calcular*, apreciar, clasificar, justipreciar, estimar, juzgar (v. 2), tasar, cotizar, determinar, aquilatar, contar, computar, tantear, comprobar*, ajustar, investigar*, observar, estudiar, verificar, controlar, establecer, totalizar (v. 2).
— **2.** *Calificar,* evaluar, enjuiciar, juzgar, conceptuar, atribuir, distinguir, diferenciar*, es-

timar, adjetivar, denominar, asignar, llamar, nombrar, clasificar*, valorar, apreciar, opinar, considerar, reputar, examinar, tildar, dictaminar, encuadrar, enmarcar, etiquetar, enjaretar, encasillar (v. 1).

3. Evaluación. Valoración, tasación, cálculo*, justiprecio, costo*, nota*, puntuación, estimación, apreciación, calificación, clasificación*, peritaje, comprobación, estudio, investigación*, juicio, cuenta, cómputo*, tanteo, recuento, operación, ajuste, coste, total, presupuesto, cotización, importe, gasto, pago*, verificación, control, observación (v. 4).

— **4.** *Clasificación*, evaluación, calificación, juicio, valoración, enjuiciamiento, atribución, designación, nombre*, denominación, adjetivo*, epíteto, distinción, diferencia, estimación, examen, dictamen, encuadre, etiqueta, encasillamiento, apreciación, determinación (v. 3).

5. Evaluador. Tasador, calculador*, comprobador*, perito, experto, calificador, investigador*.

V. CALCULAR, COMPROBAR, INVESTIGAR, CLASIFICAR, NOMBRAR.

evangelio. Doctrina de Cristo*, Nuevo Testamento, Buena Nueva, Verdad*. V. BIBLIA 4.

evangelizar. Enseñar, predicar, apostolizar. V. APÓSTOL 6.

evaporación. V. evaporar.

evaporar. 1. Volatilizar, gasificar, disipar. V. VAPOR 4.

— **2.** *Evaporarse*, esfumarse, desvanecerse, huir*. V. DESAPARECER 1.

evasión. Fuga, escapada, desaparición. V. HUIDA 1.

evasiva. Pretexto, subterfugio, excusa. V. DISCULPA 1.

evasivo. Ambiguo, huidizo*, esquivo. V. ESQUIVAR 2.

evento. Incidente, acontecimiento, hecho. V. SUCESO 1.

eventual. 1. Provisional, ocasional, fortuito. V. CIRCUNSTANCIA 2.

— **2.** Auxiliar, suplente, sustituto. V. AYUDA 4.

eventualidad. Imprevisto, contingencia, posibilidad. V. CIRCUNSTANCIA 1.

evicción. Despojo, usurpación, robo*. V. APROPIARSE 2.

evidencia. Testimonio, certeza, prueba. V. DEMOSTRACIÓN 1.

evidenciar. V. evidencia.

evidente. Manifiesto, positivo, claro*. V. INDUDABLE 1.

evitable. Remediable, eludible, previsible. V. SOLUCIÓN 5.

evitar. 1. Rehuir, soslayar, eludir. V. ESQUIVAR 1.

— **2.** Impedir, perturbar, obstaculizar. V. DIFICULTAD 5.

— **3.** Prevenir, precaver, arreglar. V. SOLUCIÓN 3.

evocación. Recuerdo, reminiscencia, añoranza. V. MEMORIA 1.

evocador. Insinuante, sugestivo, interesante*. V. ATRACTIVO 2.

evocar. Revivir, recordar, añorar*. V. MEMORIA 6.

evocativo. V. evocador.

evolución. 1. Desarrollo*, transformación, alteración. V. CAMBIO 3, MEJORA.

— **2.** Maniobra, movimiento*, despliegue. V. MARCHAR 4.

evolucionar. V. evolución.

evolutivo. Gradual, paulatino, continuo. V. CONTINUACIÓN 3.

exabrupto. Brusquedad, incorrección, grosería. V. DESCORTÉS 2.

exacción. Impuesto, multa, injusticia*. V. FISCO 3.

exacerbar. Estimular, incitar, irritar. V. HOSTIGAR 1.

EXACTITUD. 1. Precisión, escrupulosidad, puntualidad, minuciosidad, detalle*, cumplimiento, seriedad, formalidad*, fidelidad, rigor, estabilidad, asiduidad, frecuencia*, periodicidad, regularidad, propiedad, seguridad*, rectitud, severidad*, medida*, conformidad, acierto, regla, cuidado*, perfección*, escrúpulo, certeza, verdad*, realidad, oportunidad*, método, corrección, disciplina, obediencia*.

2. Exacto. Estricto, preciso, puntual, minucioso, escrupuloso, recto, severo*, formal*, serio, ortodoxo, fiel, riguroso, igual, sic, literal, textual, cumplidor, cronométrico, justo, fijo, equitativo, proporcional, matemático, acertado, neto, descontado, líquido, deducido, medido, regular, metódico, asiduo, seguro*, cabal, correcto, perfecto*, cuidado*, cuidadoso*, perfeccionista, ordenancista, propio, apropiado, oportuno*, disciplinado, obediente*, debido, conforme, real, cierto, verdadero*, total*.

3. Ser exacto. Cumplir, cuidar*, observar, acatar, obedecer*, satisfacer, formalizar, consumar, perfeccionar*, asegurarse, verificar, finalizar, acertar.

4. Exactamente. Estrictamente, precisamente, puntualmente (v. 2).

Contr.: Inexactitud, informalidad, equivocación.

V. DETALLE, FORMALIDAD, SEVERIDAD, VERDAD, CUIDADO, PERFECCIÓN, OPORTUNIDAD, OBEDIENCIA.

exacto. V. EXACTITUD 2.

ex aequo. Empatados, igualados, emparejados. V. SEMEJANZA 2.

EXAGERACIÓN. 1. Demasía, aumento*, incremento, añadido, exceso, hipérbole, abundancia*, mentira (v. 2), agrandamiento, engrandecimiento, extremismo, enormidad, barbaridad, disparate*, intensificación, colmo, gigantismo, colosalismo, monstruosidad*, monumentalidad, grandeza*, aparatosidad, incongruencia, tontería*, ridiculez*, desproporción.

— **2.** *Mentira*, exageración, embuste, engaño*, cuento, bulo, rumor, chisme*, patraña, camelo, trola, utopía, fantasía*, imaginación*, quimera, cacareo, aspaviento, ponderación, elogio*,

adulación*, alharaca, bombo, bombolla, charlatanería, abultamiento, estridencia, fanfarronería*, alarde.
3. Exagerado. Desmesurado, enorme, desproporcionado, incrementado, grande*, aparatoso,
excesivo, inmoderado, desmedido, aumentado,
abundante*, extremado, engrandecido, intensificado, colmado, gigantesco, garrafal, colosal,
monstruoso*, monumental, añadido*, desenfrenado, desaforado, imaginario*, descomunal,
demasiado, incongruente, absurdo, bárbaro,
disparatado*, ampliado, tonto*, ridículo*.
— 4. *Cuentista*, exagerado, mentiroso, embustero, engañoso*, trolero, camelista, chismoso*,
utópico, aspavientero, fantasioso*, teatral,
efectista, aparatoso, melodramático, tragicómico, sensacionalista, artificioso, charlatán,
estridente, exuberante, vehemente, elogioso*,
adulador*, patrañero, fanfarrón*, jactancioso,
hablador*, bocazas, parlanchín, imaginativo*,
novelero.
5. Exagerar. Agrandar, añadir*, acentuar, engrandecer, incrementar, dramatizar, aumentar*,
adornar*, impresionar, intensificar, extremar,
sobrestimar, encarecer, equivocarse*, ponderar, mentir, engañar*, fantasear*, imaginar*,
abultar, hinchar, recargar, inflar, camelar, rumorear, charlar, desorbitar, cacarear, alardear,
jactarse, embaucar, fanfarronear*, hablar*,
elogiar*, adular*.
6. Exageradamente. Desmedidamente, des-
mesuradamente, desproporcionadamente (v. 3).
Contr.: Verdadero*, moderado*.
V. AUMENTO, ABUNDANCIA, GRANDEZA,
AÑADIDO, ENGAÑO, ADULACIÓN, FANTASÍA,
IMAGINACIÓN, FANFARRONERÍA.
exagerado. V. EXAGERACIÓN 3, 4.
exagerar. V. EXAGERACIÓN 5.
exaltación. V. exaltar.
exaltado. V. exaltar.
exaltar. 1. Apasionar(se)*, enardecer, inflamar. V.
APASIONAMIENTO 4.
— 2. Encomiar, celebrar, loar. V. ELOGIO 2.
EXAMEN. 1. Prueba, selección*, ejercicio, concurso, convocatoria, oposición, comprobación*,
certamen, test, competición, competencia, participación*, rivalidad*, repaso, sondeo, reválida,
título, interrogatorio*, evaluación*.
— 2. Indagación, comprobación*, estudio. V.
INVESTIGACIÓN 1.
3. Elementos. Examen escrito, e. oral, e. práctico, e. teórico, preguntas, respuestas, interrogatorio*, problemas, ejercicios, comisión de
exámenes, mesa, tribunal, profesores, sorteo,
programa, papeleta, bola, escabechina, degollina, coladero, chuleta, aprobado, suspenso (v.
4), diploma*, certificado.
4. Notas. Matrícula de honor, sobresaliente,
excelente, notable, bien, aprobado, suficiente,
insuficiente, suspenso, calabazas.

5. Acción. Examinar(se), aprobar, pasar, aprobar el curso, suspender, perder el año, dar
calabazas, interrogar*, preguntar, responder,
sortear, convocar, concursar, presentarse, participar*, concurrir, sufrir un examen, realizar
oposiciones, estudiar, repasar.
6. Examinando. Alumno, opositor, examinado,
concursante, asistente, presente, concurrente*,
convocado, estudiante, educando*, participante*, postulante, aspirante, candidato.
7. Examinador. Profesor, maestro, educador*,
instructor, juez, catedrático, jurado, miembro
del tribunal, examinante, vigilante, inspector.
V. COMPROBACIÓN, INVESTIGACIÓN, EDU-
CACIÓN, EVALUACIÓN, SELECCIÓN, PARTI-
CIPACIÓN.
examinador. V. EXAMEN 7.
examinando. V. EXAMEN 6.
examinar(se). 1. V. EXAMEN 5.
— 2. Observar, mirar*, escrutar. V. INVESTI-
GACIÓN 4.
exangüe. Agotado, desfallecido, exhausto. V.
DEBILIDAD 5.
exánime. Yerto, inmóvil*, débil*. V. DESMAYO 3.
exantema. Sarpullido, eritema, erupción. V. HIN-
CHAZÓN 2.
exasperación. Enardecimiento, irritación, cólera.
V. ENOJO 1.
exasperado, exasperante, exasperar. V. exasperación.
excarcelar. Soltar, indultar, perdonar. V. LIBER-
TAD 9.
excavación. V. EXCAVAR 2.
excavadora. V. EXCAVAR 4.
EXCAVAR. 1. Cavar, ahondar, horadar, profundizar*, hender*, perforar, desenterrar, exhumar,
remover, escarbar, hozar, husmear, hocicar, picar, palear, penetrar, socavar, soterrar, enterrar,
agujerear*, ahuecar, hacer huecos*, descender,
vaciar*, progresar, zapar, minar, revolver, canalizar, dragar*, abrir, encauzar, sacar, extraer,
investigar*, explorar.
2. Excavación. Zanja, hoyo, socavón, hueco*, bache, oquedad, cavidad, fosa, agujero*,
orificio, pozo, depresión, mina*, túnel, foso,
subterráneo, gruta, cueva*, galería*, surco,
cauce, canal*, canalización, vacío*, grieta,
hendedura*, hondonada, trinchera, terraplén,
baden, cuneta, defensa, hoya, zapa, concavidad, ahuecamiento, ahondamiento, profundi-
zación*, perforación, penetración, extracción,
investigación*, i. arqueológica, exploración.
3. Elementos. Draga*, excavadora (v. 4),
tractor*, «bulldozer», niveladora, martinete,
excavadora neumática, pala, pico, zapapico,
cuchara, azada, carretilla.
4. Excavadora. Explanadora, tractor, niveladora, apisonadora, «bulldozer» (v. 3). *Clases:*
excavadora de cuchara, de cuchara prensil, de
cangilones, de rueda de paletas, excavadora
grúa, e. de zanjas. *Partes:* pala, brazo articula-

do, voladizo, pluma, cables de mando, cabina
de mando, motor diesel, oruga.

5. Excavador. Minero*, minador, zapador,
entibador, picador, perforador, pocero, cana-
lizador, investigador*, arqueólogo*, obrero,
peón, trabajador*.

Contr.: Rellenar, nivelar, amontonar.

V. PROFUNDIZAR, AGUJEREAR, VACIAR,
HENDER, HUECO, CAVIDAD, MINA, CUEVA,
GALERÍA, CANAL, ARQUEOLOGÍA, INVESTI-
GACIÓN.

excedencia. Licencia temporal, disponibilidad,
apartamiento. V. SEPARAR 10.

excedente. 1. Remanente, excesivo, sobrante. V.
ABUNDANCIA 2.

— **2.** Licenciado, disponible, apartado. V. SE-
PARAR 14.

exceder. 1. Aventajar, adelantar, ganar. V. SU-
PERIOR 6.

— **2.** *Excederse*, propasarse, salirse, extralimitarse. V. ABUSO 6.

excelencia. 1. Calidad, importancia, magnificencia. V. SUPERIOR 4.

— **2.** V. excelentísimo.

excelente. 1. Extraordinario, inmejorable, sobresaliente. V. SUPERIOR 1.

— **2.** Afectuoso, considerado, generoso*. V.
BONDAD 3.

excelentísimo. Eminentísimo, ilustrísimo, señoría.
V. TRATAMIENTO 3.

excelso. V. excelente 1

excentricidad. V. excéntrico.

excéntrico. Peculiar, chiflado, extravagante. V.
RAREZA 2.

excepción. 1. Singularidad, anormalidad, rareza*.
V. IRREGULAR 3.

— **2.** Ventaja*, privilegio, favor. V. PREFEREN-
CIA 1.

excepcional. 1. Singular, anormal, irregular. V.
RAREZA 2.

— **2.** Extraordinario, magnífico, soberbio. V.
MARAVILLA 2.

excepto. Aparte, salvo, fuera de. V. CONDICIÓN 7.

exceptuar. Excluir, descartar, librar. V. LIBERTAD 9.

excesivo. Sobrado, desmesurado, abundante*. V.
EXAGERACIÓN 3.

exceso. 1. Demasía, plétora, sobrante. V. ABUN-
DANCIA 1, EXAGERACIÓN 1.

— **2.** Libertinaje, tropelía, injusticia. V. ABUSO
1, VICIO 1.

excipiente. Sustancia, mezcla, ingrediente. V.
MEDICAMENTO 3.

excitable. V. excitar 2.

excitación. V. excitar 1-3.

excitado. V. excitar 1-3.

excitante. V. excitar 2, 3.

excitar. 1. Agitar, exasperar, enardecer. V. IN-
TRANQUILIDAD 2.

— **2.** Irritar, encolerizar, enfadar. V. ENOJO 2.

— **3.** Entusiasmar, arrebatar, animar*. V. APA-
SIONAR, ESTIMULAR.

EXCLAMACIÓN. 1. Interjección, expresión, manifestación, grito*, juramento, voto, voz*, onomatopeya*, alarido, chillido, viva, vítor, ovación,
aclamación, blasfemia, maldición*, reniego, terno, taco, insulto, ofensa*, apóstrofe, imprecación, protesta*, gemido*, queja, lamento.

2. Exclamar. Gritar*, aclamar, vocear, jurar,
chillar, vitorear, proferir, prorrumpir, lanzar*,
emitir, soltar, renegar, blasfemar, ovacionar,
maldecir*, imprecar, apostrofar, ofender*,
insultar, protestar*, gemir*, lamentarse, quejarse.

3. Clases de exclamaciones. Exclamaciones de
asombro, de disgusto (v. 4), de dolor, de temor
(v. 5), negativas (v. 6), de ánimo, de entusiasmo
(v.7), de mandato, de amenaza (v. 8), reniegos
(v. 9), onomatopeyas (v. 10), de saludo, despedida (v. 11).

4. Exclamaciones de asombro, de disgusto.
¡Ah!, ¡oh!, ¡huy!, ¡uf!, ¡vaya!, ¡pche!, ¡eh!,
¡bah!, ¡caracoles!, ¡cáspita!, ¡caray!, ¡caramba!, ¡hola!, ¡anda!, ¡pardiez!, ¡cielos!, ¡Dios
mío!, ¡santo Dios!, ¡válgame Dios!, ¡por Dios!,
¡Dios nos asista!, ¡alabado sea Dios!, ¡Virgen
santísima!, ¡ave María Purísima!, ¡por todos los
santos!, ¡santo cielo!, ¡toma!, ¡atiza!, ¡mecachis!, ¡diablos!, ¡demonio!, ¡demontre!, ¡diantre!, ¡el colmo!, ¡la órdiga!, ¡ahí es nada!, ¡casi
nada!, ¡ea!, ¡cuernos!, ¡válgame!, ¡cómo!,
¡zas!, ¡voto a!, ¡habráse visto!, ¡córcholis!, ¡re-
córcholis!, ¡chico!, ¡canarios!, ¡arrea!, ¡aprie-
ta!, ¡repámpanos!, ¡rediez!, ¡hombre!, ¡mujer!,
¡Ángela María!, ¡qué veo!, ¡qué barbaridad!,
¡coño! (v. 9).

5. Exclamaciones de dolor, de temor. ¡Ay!,
¡huy!, ¡oh!, ¡Dios mío! (v. 4).

6. Exclamaciones negativas. ¡Ca!, ¡quia!,
¡no!, ¡nunca!, ¡jamás!, ¡uf!, ¡puf!, ¡bah!,
¡pche!, ¡vaya!, ¡ni pensarlo!, ¡ni soñarlo!,
¡qué va!, ¡naranjas de la China!, ¡y un jamón!,
¡ni por asomo!, ¡narices!, ¡no, señor!, ¡miau!,
¡que te crees tú eso!, ¡que te lo has creído!,
¡maldita sea!, ¡maldición! (v. 9).

7. Exclamaciones de ánimo, de entusiasmo.
¡Viva!, ¡hurra!, ¡bravo!, ¡ole!, ¡olé!, ¡aúpa!,
¡upa!, ¡vamos!, ¡adelante!, ¡así!, ¡sí, señor!,
¡ea!, ¡hale!, ¡hala!, ¡mejor!, ¡tanto mejor!,
¡que me place!, ¡magnífico!, ¡estupendo!, ¡maravilloso!, ¡espléndido!, ¡fenomenal!, ¡bueno!,
¡qué bien!, ¡muy bien!, ¡ojalá!, ¡Dios lo quiera!, ¡claro! (v. 8).

**8. Exclamaciones de mandato, de amena-
za.** ¡Alto!, ¡a ver!, ¡eh!, ¡pronto!, ¡vamos!,
¡arre!, ¡de prisa!, ¡rápido!, ¡andando!, ¡adelante!, ¡atrás!, ¡cuidado!, ¡ojo!, ¡escuche!,
¡oiga!, ¡atención!, ¡precaución!, ¡prudencia!,
¡en guardia!, ¡silencio!, ¡a callar!, ¡punto en
boca!, ¡mutis!, ¡chitón!, ¡chist!, ¡so!, ¡fuera!,
¡ahueca!, ¡hala!, ¡hale!, ¡a ese!, ¡al ladrón!,
¡a ellos! (v. 7).

9. Reniegos. ¡Maldición!, ¡maldita sea!, ¡coño!, ¡carajo!, ¡puñeta l, ¡córcholis!, ¡demonios!, ¡diantre!, ¡diablos!, ¡caracoles!, ¡cáspita!, ¡un cuerno!
10. Onomatopeyas*. ¡Pum!, ¡plum!, ¡cataplum!, ¡zas!, ¡paf!, ¡plaf!, ¡tras!, ¡glu, glu!, ¡grr!, ¡guau, guau!, ¡miau!, ¡quiquiriquí!, ¡muu!. *Onomatopeyas anglosajonas:* ¡bang!, ¡boing!, ¡zing!, ¡zip!, ¡zoom!, ¡vroom!, islam!, ¡agrh!, ¡ugh!
11. De saludo, despedida. ¡Hola!, ¡cuánto tiempo!, ¡adiós!, ¡hasta pronto!, ¡a más ver!, ¡hasta siempre!, ¡abur!, ¡chao!, ¡vale!, ¡venga!
Contr.: Silencio, mudez.
V. GRITO, VOZ, ONOMATOPEYA, HABLA, PRONUNCIACIÓN.
exclamar. V. EXCLAMACIÓN 2.
excluir. Apartar, desechar, separar*. V. RECHAZAR 1.
exclusión. Eliminación, expulsión, exención. V. SEPARACIÓN, RECHAZO.
exclusiva. V. exclusividad.
exclusivamente, exclusive. Solamente, tan sólo, justamente. V. ÚNICO 3.
exclusividad. Concesión, beneficio*, preferencia. V. PRIVILEGIO 1.
exclusivista. Partidista, fanático, sectario*. V. INTRANSIGENCIA 2.
exclusivo. Especial, típico, diferente*. V. CARACTERÍSTICA 3.
excomulgar. Anatematizar, condenar*, castigar*. V. CONDENA 4.
excomunión. V. excomulgar.
excoriación. Desolladura, erosión, rozadura. V. LESIÓN 1.
excrecencia. Bulto, tumor, grano*. V. HINCHAZÓN 1.
EXCRECIÓN. 1. Secreción, emisión, eliminación, función orgánica, producto glandular*, hormona, evacuación, líquido*, fluido, agua*, acuosidad, humor, licor, derrame, pérdida, flujo, filtración, serosidad, viscosidad, exudado, saliva, desecho, detrito, excreta, excremento (v. 3), pus (v. 2).
2. Excreciones. Sudor, transpiración, sobaquina, lágrimas, legañas, saliva, baba, espuma, espumarajo, moco, mucus, mucosidad, flema, expectoración, esputo, salivazo, escupitajo, gargajo, pollo; vómito, orina, pipí, orines, urea, micción, meada, meados, pis, aguas menores; necesidad, excremento (v. 3); calostro, leche, semen, esperma, eyaculación, sebo, grasa, pus, supuración, purulencia; eructo, regüeldo, gases*, flato, pedo, ventosidad, flatulencia (v. 1, 3).
3. Excremento. Defecación, evacuación, deyección, deposición, excreta, excreción, heces, mierda, cagada, aguas mayores, necesidad(es), detritos, porquería, inmundicia, basura*, suciedad*, residuos, caca, zurullo, diarrea, descom-

posición, flujo, boñiga, hienda, humus, guano, estiércol, abono*, fiemo (v. 1, 2).
4. Excretar. Segregar, secretar, expeler, expulsar, producir, elaborar, eliminar, evacuar, descargar, lanzar*, echar, arrojar*, vaciar* (v. glándulas*), supurar, emitir, exudar, sudar, transpirar, mojar*, destilar, filtrar, fluir, lagrimear, babear; escupir, gargajear, expectorar, salivar, vomitar, devolver, eructar, emitir gases*; orinar, mear, hacer pis, h. aguas menores, cagar, defecar, obrar, ensuciar, deponer, hacer de cuerpo, h. de vientre, h. aguas mayores, h. sus necesidades, descomer, pedorrear, ventosear, peer, lanzar gases, tirar pedos; eyacular, tener un orgasmo (v. 2, 3).
V. GLÁNDULA, RIÑÓN, SUCIEDAD, BASURA, ABONO, VACIAR, LANZAR, EXPULSAR.
excremento. V. EXCRECIÓN 3.
excretar. V. EXCRECIÓN 4.
exculpar. Justificar, dispensar, reivindicar. V. DISCULPA 2.
excursión. Paseo, gira, caminata. V. VIAJE 1.
excursionista. Paseante, caminante, viajero. V. VIAJE 4.
excusa. Justificación, pretexto, defensa*. V. DISCULPA 1.
excusado. Retrete, lavabos, servicios. V. BAÑO 3.
excusar(se). Justificar(se), pretextar, defender*. V. DISCULPA 2.
execrable. Aborrecible, abominable, detestable. V. ODIO 3.
execrar. V. execrable.
exégesis. Aclaración, interpretación, comentario. V. EXPLICACIÓN 1.
exención. Excepción, beneficio*, ventaja*. V. PRIVILEGIO 1.
exento. Excluido, libre, beneficiado*. V. PRIVILEGIO 3.
exequias. Funerales, honras fúnebres, ofrendas. V. ENTIERRO 3.
exhalación. 1. Vaho, emanación, tufo. V. VAPOR 1.
— **2.** Estrella fugaz, meteorito, centella. V. ESTRELLA 7, RAYO 1.
— **3.** Veloz, vertiginoso, raudo. V. RAPIDEZ 2.
exhalar. Emitir, emanar, desprender. V. EXPULSAR 2.
exhaustivo. Profundo, completo, intenso. V. TOTAL 2.
exhausto. Agotado, postrado, extenuado. V. FATIGA 5.
exhibición. V. EXHIBIR 3, 4.
exhibicionista. V. EXHIBIR 7, 8.
EXHIBIR. 1. Enseñar, mostrar, presentar, revelar, exteriorizar, lucir, desplegar, sacar, ostentar, poner, descubrir, destapar, correr, publicar, manifestar, evidenciar, extraer, descorrer, exponer, ofrecer*, señalar*, abrir*, extender*, desempaquetar, desenvolver, divulgar, enarbolar, blandir, instalar, colocar, reflejar.
— **2.** *Exhibirse*, aparecer, comparecer, presentarse, mostrarse, revelarse, brotar*, surgir,

dejarse ver, llegar*, aflorar, encontrarse, verse, ir, salir*, venir, trascender, alardear, fanfarronear*, presumir, lucirse, aparentar, desnudarse, desvestirse, desabrigarse, destaparse* (v. 1).

3. Exhibición. Exteriorización, ostentación, muestra, feria (v. 4), presentación, revelación, demostración, exposición, descubrimiento, despliegue, destape, desnudo, desnudez, desnudismo, nudismo, naturismo, apertura, inauguración, advenimiento, llegada, lucimiento, alarde, pavoneo, fanfarronería*, divulgación, observación, ofrecimiento*, extracción, publicación, puesta, colocación*, instalación, ubicación.

— **4.** *Exposición*, exhibición, feria, certamen, convención, congreso, muestra, salón, sector, pabellón, mercado*, fiesta*, festival, manifestación, concurso, competición, competencia, presentación, participación, prueba, museo*, galería*, espectáculo*, desfile*.

5. Elementos. Palacio de congresos, de exposiciones, de ferias, sección, «stand», traducción simultánea, comité organizador, exhibidor (v. 6), personal, azafatas, público, inauguración, clausura, presentación, contratación.

6. Que exhibe. Exhibidor, expositor, congresista, presentador, empresario, participante, concurrente, promotor, feriante, organizador, competidor, exhibicionista (v. 7).

7. Exhibicionista. Ostentoso, aparatoso, vanidoso. V. FANFARRONERÍA 2.

— **8.** Sexualmente desviado, inmoral, vicioso*. V. VICIO 4.

Contr.: Esconder, ocultar*.

V. ABRIR, EXTENDER, ESPECTÁCULO, FIESTA, MUSEO.

exhortación. V. exhortar.

exhortar. 1. Avisar, aconsejar, pedir. V. ADVERTENCIA 2.

— **2.** Incitar, inducir, impulsar. V. ÁNIMO 6.

exhumar. 1. Desenterrar, descubrir, sacar. V. EXTRAER 1.

— **2.** Recordar, rememorar, resucitar. V. MEMORIA 5.

EXIGENCIA. 1. Requerimiento, petición, orden*, demanda, mandato, pedido*, reclamación*, conminación, obligación*, deber, responsabilidad, necesidad*, compromiso, advertencia, aviso, amenaza*, imposición, intimación, intimidación, ultimátum, encargo; consejo*, puntualización, invitación*, pretensión, sugerencia, imperativo, coacción, chantaje, abuso*, exceso, injusticia*, reivindicación, vindicación, interpelación, precisión.

— **2.** *Requisito*, exigencia, formalidad, condición*, limitación*, menester, cláusula, precepto, dictamen, ley*.

3. Exigir. Imponer, mandar, demandar, urgir, interpelar, obligar*, ordenar*, pedir*, requerir, avisar, responsabilizar, conminar, reclamar*, intimar, intimidar, amenazar*, encargar, aconsejar, coaccionar, chantajear, sugerir, pretender,

invitar*, abusar*, violentar, excederse, vindicar, reivindicar, precisar, necesitar, preceptuar, dictaminar, legislar, limitar*, condicionar*, exhortar, solicitar, rogar, impetrar, instar, clamar, estipular.

4. Exigente. Estricto, inflexible, severo*, riguroso, pedigüeño*, abusador*, injusto*, chantajista, aprovechado, inexorable, intolerante, intransigente*, reclamante, necesitado, recto, pretendiente, peticionario, interpelante, solicitante, insistente, descontentadizo, fastidioso, molesto*, chinche, caprichoso*, quisquilloso, detallista*, minucioso.

Contr.: Indulgencia, tolerancia*, benevolencia.

V. OBLIGACIÓN, ORDEN, RECLAMACIÓN, PEDIDO, NECESIDAD, ABUSO, INJUSTICIA, CONDICIÓN, LIMITACIÓN, LEY, AMENAZA.

exigente. V. EXIGENCIA 4.

exigir. V. EXIGENCIA 3.

exiguo. Carente, insuficiente, insignificante*. V. ESCASEZ 2.

exiliado. V. exiliar.

exiliar. 1. Expatriar, desterrar, deportar. V. EXPULSAR 1.

— **2.** *Exiliarse*, alejarse, emigrar, huir*. V. MARCHAR 2.

exilio. V. exiliar.

eximente. Circunstancia atenuante, propicia, favorable. V. BENEFICIO 3, TRIBUNAL 7.

eximio. Extraordinario, inmejorable, excelente. V. SUPERIOR 1.

eximir. Excluir, exceptuar, librar. V. PERDÓN 2.

existencia. 1. Subsistencia, supervivencia, realidad. V. VIDA 1.

— **2.** *Existencias*, mercaderías, provisiones, depósito. V. ACUMULAR 3.

existencialismo. Ideología, realismo, sistema filosófico. V. FILOSOFÍA 5.

existente. Positivo, actual, real. V. VERDAD 3.

existir. Subsistir, vivir, perdurar. V. VIDA 10.

éxito. Acierto, ganancia, victoria. V. TRIUNFO 1.

ex libris, exlibris. Sello, dibujo*, señal*. V. LIBRO 11.

éxodo. Emigración, diáspora, marcha*. V. HUIDA 1.

exoneración. V. exonerar.

exonerar. 1. Destituir, cesar, despedir. V. EXPULSAR 1.

— **2.** Vaciar, aliviar, descargar. V. VACÍO 5.

exorbitante. Abusivo*, excesivo, caro. V. COSTAR 4.

exorcismo. Conjuro, sortilegio, expulsión* del demonio*. V. HECHICERÍA 1.

exorcista. Religioso, conjurador, mago. V. SACERDOTE 1, HECHICERO.

exorcizar. Conjurar, alejar, expulsar* el demonio*. V. HECHICERÍA 9.

exordio. Prefacio, preámbulo, introducción. V. PRÓLOGO 1.

exornar. Acicalar, engalanar, decorar. V. ADORNO 3.

exótico. 1. Original, curioso*, extraño. V. RARE-ZA 2.
— **2.** Desconocido, foráneo, extranjero. V. FO-RASTERO 1.
expandir. Ensanchar, agrandar, extender*. V. AMPLITUD 3.
expansión. 1. Aumento, difusión, extensión*. V. AMPLITUD 4.
— **2.** Confesión, desahogo, confidencia. V. EXPLICACIÓN 1.
— **3.** Entretenimiento, esparcimiento, distracción. V. DIVERSIÓN 1.
expansionarse. V. expansión.
expansivo. Efusivo, vehemente, comunicativo. V. APASIONAMIENTO 2.
expatriar. V. exiliar.
expectación. Espera, ilusión, interés*. V. CURIO-SIDAD 1.
expectante. Interesado*, atento, absorto. V. CU-RIOSIDAD 2.
expectativa. V. expectación.
expectoración. Flema, salivazo, esputo. V. EX-CRECIÓN 2.
expectorar. Escupir, lanzar*, salivar. V. EXCRE-CIÓN 4.
expedición. 1. Gira, excursión, traslado*. V. VIA-JE 1.
— **2.** Pedido, remesa, transporte*. V. ENVIAR 3.
expedicionario. Excursionista, explorador, militar. V. VIAJE 4.
expedidor. Remitente, que envía, que despacha. V. ENVIAR 4.
expediente. 1. Legajo, sumario, trámite*. V. DO-CUMENTO 1.
— **2.** Recurso, medio, subterfugio. V. SIMU-LACIÓN 1.
expedienteo. Burocracia, demora*, papeleo. V. TRÁMITE 1.
expedir. Mandar, remitir, despachar. V. ENVIAR 1.
expeditivo. Tajante, rápido*, enérgico. V. ENER-GÍA 2.
expedito. Desembarazado, despejado, libre. V. LIBERTAD 7.
expeler. Lanzar*, echar, arrojar. V. EXPULSAR 1, 2.
expendedor. V. expender.
expender. Distribuir, despachar, comerciar*. V. VENDER 1.
expensas. 1. Desembolso, pago*, dispendio. V. GASTO 1.
— **2.** *Expensas (a)*, por cuenta, a cargo, a abonar. V. GASTO 3.
EXPERIENCIA. 1. Pericia, costumbre, hábito*, conocimiento, veteranía, antigüedad*, especialización*, destreza, facilidad*, rutina, ejercicio, uso, usanza, capacidad, preparación, idoneidad, aptitud, utilidad*, sabiduría*, maestría, maña, arte, don, soltura, práctica.
— **2.** *Hecho*, experiencia, suceso*, acontecimiento, lance, incidente, caso, acaecimiento,

vivencia, peripecia, ocasión, realización*, circunstancia*, coyuntura, trance, gesta.
— **3.** *Prueba*, experiencia, intento*, tentativa, ensayo, experimento, experimentación, investigación*, tanteo, trabajo*, comprobación*, sondeo, estudio, examen*, procedimiento, aprendizaje, educación*, observación.
4. Experto. Experimentado, especialista*, perito, técnico, sabio*, acostumbrado, habituado*, conocedor*, especializado*, baqueteado, curtido, versado, entendido, fogueado, veterano, rutinario, diestro, ejercitado, avezado, hábil, capaz, preparado, escarmentado, idóneo, apto, práctico, suelto, mañoso, habilidoso, espabilado, maestro, industrioso, trabajador*, operario.
5. Adquirir experiencia. Ensayar, intentar, investigar*, experimentar, probar, habituarse*, acostumbrarse, ejercitarse, practicar, usar, utilizar*, obtener, lograr, adiestrarse, comprobar*, sondear, reconocer, conocer, capacitarse, prepararse, especializarse, soltarse, baquetearse, foguearse, escarmentar, curtirse, espabilarse, operar, actuar, ir, aprender, educarse*, estudiar, examinar, observar.
Contr.: Inexperiencia, impericia, torpeza, inutilidad*.
V. HABILIDAD, HÁBITO, CONOCIMIENTO, COMPROBACIÓN, ESPECIALIZACIÓN, SABIDURÍA, INVESTIGACIÓN.
experimentación. V. EXPERIENCIA 3.
experimentado. V. EXPERIENCIA 4.
experimental. Probado, empírico, ensayado. V. COMPROBAR 5.
experimentar. 1. V. EXPERIENCIA 5.
— **2.** Padecer, recibir, sufrir. V. SUFRIMIENTO 5.
experimento. V. EXPERIENCIA 3.
experto. V. EXPERIENCIA 4.
expiación. Sacrificio, padecimiento, sufrimiento*. V. CASTIGO 1.
expiar. Reparar, pagar*, purgar. V. SUFRIMIEN-TO 5.
expirar. Fallecer, morir, perecer. V. MUERTE 13.
explanada. Descampado, llano, superficie. V. LLANURA 1.
explanadora. Tractor, niveladora, apisonadora. V. EXCAVAR 4, VEHÍCULO 1.
explanar. Igualar, nivelar, allanar. V. LISO 3.
explayarse. Confesar, expansionarse, relatar*. V. EXPLICACIÓN 2.
explicable. V. EXPLICACIÓN 5.
EXPLICACIÓN. 1. Descripción, comentario, opinión, acotación, aclaración, relación, reseña, afirmación, testimonio, relato, versión, narración*, aserto, alegato, observación, manifestación, declaración, revelación, mención, confesión, desahogo, confidencia, exposición, justificación, excusa, disculpa*, comparación, detalle*, metáfora, nota*, cita, ejemplo*, esclarecimiento, interpretación, tesis, fundamento, principio, razonamiento, postulado, paráfrasis,

disquisición, digresión, aseveración, habla*, análisis, expresión, difusión, divulgación, información*, informe, especificación, solución, ilustración, imagen, figura, puntualización, precisión, determinación, enumeración, definición, clarificación, conclusión, resultado, elucidación, demostración, quid, glosa, apostilla, exégesis, paréntesis, pormenor, enmienda, crítica, , advertencia, llamada, prefacio, prólogo*, escolio, aviso, lema, clave, dato.

2. Explicar. Aclarar, explayarse, referir, revelar, decir, esclarecer, opinar*, expresar, acotar, comentar, aducir, asegurar, manifestar, describir, dilucidar, elucidar, ventilar, informar, exponer, presentar, descubrir, declarar, justificar, sostener, argumentar, sugerir, proponer, plantear, excusar, disculpar*, observar, someter, hablar*, interpretar, deponer, testificar, atestiguar, testimoniar, establecer, consignar, divulgar, especificar, alegar, demostrar, enunciar, indicar, formular, analizar, , detallar*, narrar*, enumerar, puntualizar, ilustrar, solucionar, concluir, clarificar, desembrollar, descifrar, definir, determinar, precisar, enmendar, reseñar, significar, glosar, anotar, relatar, razonar, ejemplificar*, criticar, confesar, desahogarse, expansionarse, confiar, advertir, avisar.

3. Explicativo. Ilustrativo, descriptivo, claro*, aclaratorio, expresivo, implícito, manifiesto, tácito, sobreentendido, esclarecedor, clarificador, expresivo, justificativo, divulgador, definitorio, enumerativo, evidente, demostrativo (v. 4, 5).

4. Explícito. Rotundo, llano, palmario, paladino, tajante, manifiesto, terminante, concreto, claro*, definido, determinado, sincero, evidente, franco, comprensible, inteligible, obvio, transparente (v. 3, 5).

5. Explicable. Evidente, indiscutible, razonable. V. LÓGICA 3.

Contr.: Silencio, abstención.

V. OPINIÓN, DISCULPA, INFORMACIÓN, DETALLAR, DEMOSTRAR, HABLAR, NARRAR.

explicar. V. EXPLICACIÓN 2.

explicativo. V. EXPLICACIÓN 3.

explícito. V. EXPLICACIÓN 4.

exploración. 1. Expedición, incursión, marcha*. V. VIAJE 1.

— **2.** Observación, reconocimiento, examen. V. INVESTIGACIÓN 1.

explorador. Descubridor, expedicionario, aventurero. V. VIAJE 4.

explorar. 1. Aventurarse, recorrer, internarse. V. VIAJE 8.

— **2.** Reconocer, examinar, observar. V. INVESTIGACIÓN 4.

EXPLOSIÓN. 1. Descarga, estallido, deflagración, reventón, pinchazo, voladura, rotura, detonación, desintegración, fragmentación*, fragor, trueno, sonido*, estampido, estruendo, inflamación, disparo, tiro*, cañonazo, crepitación,

zambombazo, ruido, fuego, salva, derribo, destrucción*, desastre*.

— **2.** Ímpetu, arrebato, ataque. V. VIOLENCIA 1.

3. Explosivo. Carga, detonador, fulminante, cuerpo, sustancia explosiva, cebo, ingenio, artefacto, espoleta, petardo, pistón, cápsula, mixto (v. 4-6).

4. Enumeración de explosivos. Pólvora, dinamita, nitroglicerina, trinitrotolueno (trilita, TNT), nitrocelulosa, amonal, amosal, cloratita, carga de plástico, goma-2, fulminato de mercurio, ácido pícrico, napalm, piroxilo o algodón pólvora, piroxilina, hexyl, trotilo, clorato potásico, pentrita, cordita, melinita, gelignita, chedita. Tipos: explosivos rompedores, propulsores, militares, fulminantes, de seguridad (v. 5).

5. Enumeración de artefactos. Artefacto, ingenio, artificio, cartucho, carga, barreno, petardo, cohete*, bomba*, granada, munición, proyectil*, bala, obús, torpedo*, olla de fuego, fogata, cóctel Molotov, bomba de napalm, b. de tiempo, b. de relojería, b. atómica, de hidrógeno, nuclear, termonuclear, de neutrones (v. 3).

6. Partes del artefacto explosivo. Fulminante, detonador, cápsula, cebo, pistón, mixto, cebador, deflagrador, estopín, mecha, dispositivo eléctrico, d. de relojería.

7. Varios. Santabárbara, polvorín, arsenal, pañol, p. de pólvora, depósito, almacén* de explosivos, balística, artillería, pirotecnia, onda explosiva, onda de choque, megatón.

8. Personas. Artillero*, cañonero, tirador, dinamitero, barrenero, granadero, artificiero, pirotécnico, torpedero.

9. Hacer explosión. Estallar, explotar, explosionar, reventar, pinchar, detonar, volar, saltar, descargar, deflagrar, romper, dinamitar, barrenar, inflamarse, atronar, sonar, desintegrarse, fragmentarse*, disparar, tirar, cañonear, crepitar, hacer fuego, derribar, destruir*, saltar en pedazos.

V. ARTILLERÍA, BOMBA, PROYECTIL, COHETE, TORPEDO, ARMA, TIRO, SONIDO, DESTRUCCIÓN.

explosionar. V. EXPLOSIÓN 9.

explosivo. V. EXPLOSIÓN 3-6.

explotación. 1. Injusticia, estafa*, robo*. V. ABUSO 1.

— **2.** Aplicación, aprovechamiento, utilización. V. ÚTIL 6.

— **3.** Factoría, instalación, industria. V. FÁBRICA 1.

explotador. Negrero, usurero, abusador. V. ABUSO 4.

explotar. 1. Defraudar, desposeer, embaucar. V. ABUSO 6.

— **2.** Emplear, disfrutar, producir. V. ÚTIL 7.

— **3.** Reventar, estallar, volar. V. EXPLOSIÓN 9.

expoliación. Usurpación, apropiación, engaño*. V. APROPIARSE 2.

extender

expoliar. Desposeer, despojar, usurpar. V. APRO-
PIARSE 1.
expolio. V. expoliación.
exponente. 1. Modelo, muestra, prototipo. V.
EJEMPLO 3.
— **2.** Factor, potencia, número*. V. MATEMÁ-
TICAS 4.
exponer. 1. Enunciar, declarar, expresar. V. EX-
PLICACIÓN 2.
— **2.** Enseñar, revelar, mostrar. V. EXHIBIR 1.
— **3.** *Exponerse*, aventurarse, atreverse, arriesgar. V. OSADÍA 5.
exportación. V. exportar.
exportador. Negociante, traficante, comerciante*.
V. VENDER 5.
exportar. Expedir, traficar, vender* al exterior. V.
ENVIAR 1.
exposición. 1. Feria, certamen, muestra. V. EX-
HIBIR 4.
— **2.** Ostentación, despliegue, exteriorización.
V. EXHIBIR 3.
— **3.** Aclaración, comentario, descripción. V.
EXPLICACIÓN 1.
expósito. Hospiciano, inclusero, desamparado. V.
HUÉRFANO 1.
expositor. Participante, feriante, exhibidor. V.
EXHIBIR 6.
exprés. V. expreso.
expresamente. Adrede, ex profeso, deliberadamente. V. VOLUNTAD 10.
expresar. Declarar, manifestar, indicar. V. EXPLI-
CACIÓN 2.
expresión. 1. Mueca, mímica, ademán. V. GES-
TO 1.
— **2.** Frase*, término, vocablo. V. PALABRA 1.
— **3.** Muestra, manifestación, testimonio. V.
EXPLICACIÓN 1.
expresivo. 1. Comunicativo, explícito, efusivo. V.
HABLAR 7.
— **2.** Representativo, significativo, característico. V. CARACTERÍSTICA 3.
expreso. 1. Tren directo, rápido, veloz. V. FERRO-
CARRIL 3.
— **2.** Intencionado, deliberado, ex profeso. V.
VOLUNTAD 8.
exprimir. 1. Estrujar, prensar, extraer. V. PRESIÓN 3.
— **2.** Empobrecer, embaucar, arruinar. V. ES-
TAFA 2.
ex profeso. V. expresamente.
expropiar. Incautarse, desposeer, confiscar. V.
APROPIARSE 1.
expuesto. Arriesgado, inseguro, comprometido.
V. PELIGRO 2.
expugnable. Desguarnecido, desprotegido, indefenso. V. DEBILIDAD 4.
expulsado. V. EXPULSAR 5.
EXPULSAR. 1. Echar, rechazar*, alejar, apartar,
arrojar, lanzar*, exhalar (v. 2), separar*, exonerar, desbancar, eliminar, cesar, despedir, relevar, licenciar, suspender, degradar, derrocar,
derribar, depurar, destituir, destronar, deponer,

derrotar, arrinconar, despreciar*, humillar*,
deshonrar*, proscribir, ahuyentar, desterrar,
exiliar, deportar, expatriar, confinar, extrañar,
perseguir*, despachar, liquidar, espantar, retirar*, desahuciar, desalojar, pasaportar, barrer,
limpiar, desechar, excomulgar, remover, reemplazar, sustituir*.
— **2.** *Exhalar*, expulsar, emitir, desprender,
expeler, irradiar, emanar, producir, vaporizar,
humear, arrojar; lanzar*, tirar, excretar*, echar
(v. 1).
3. Expulsión. Despido, destitución, cesantía, cese, desalojo, separación*, exoneración,
deshonra*, suspensión, sustitución, apartamiento, lanzamiento*, alejamiento, rechazo*,
licenciamiento, relevo, paro, exhalación (v. 4),
destronamiento, derrocamiento, degradación,
eliminación, derrota, arrinconamiento, humillación*, deposición, remoción, proscripción,
ahuyentamiento, destierro, expatriación, exilio, ostracismo, extrañamiento, deportación,
persecución*, desahucio, pasaporte, retiro,
liquidación, espantada, excomunión, desecho,
limpieza*, barrido.
— **4.** *Emisión*, expulsión, irradiación, emanación, vaporización, humo, vapor, nube*, gas*,
excreción*, desprendimiento, lanzamiento*.
5. Expulsado. Despedido, destituido, cesado,
desalojado, depuesto, exonerado, separado*,
arrojado, apartado, rechazado*, licenciado,
destronado, derrocado, proscrito, desterrado,
expatriado, deportado, exiliado, degradado,
arrinconado, desahuciado, reemplazante, sustituto*, eliminado, retirado, humillado*.
Contr.: Admitir, atraer, aceptar*.
V. SEPARAR, RECHAZAR, LANZAR, DESPRE-
CIAR, PERSEGUIR, HUMILLAR, EXCRETAR.
expulsión. V. EXPULSAR 3.
expurgar. Censurar, suprimir, corregir. V. ANU-
LAR 1.
exquisitez. 1. Manjar, delicia, golosina. V. GUS-
TO 13.
— **2.** Sibaritismo, delicadeza, finura. V. REFI-
NAMIENTO 1.
exquisito. 1. Apetitoso, sabroso, delicioso. V.
GUSTO 7.
— **2.** Delicado, fino, refinado. V. REFINAMIEN-
TO 4.
extasiado. V. extasiarse.
extasiarse. Arrobarse, maravillarse*, embriagarse.
V. EMBELESO 2.
éxtasis. Arrebato, arrobo, hechizo*. V. EMBELE-
SO 1.
extemporáneo. Intempestivo, inesperado, incorrecto. V. INOPORTUNO 1.
EXTENDER. 1. Desplegar, desarrollar, ampliar*,
estirar*, desenrollar, abrir, mostrar, exhibir*,
presentar, enseñar, desenvolver, separar, desdoblar, alisar, emparejar, tender, tumbar*, colgar*, colocar, ensanchar, tirar de, incrementar,

agrandar, aumentar*, esparcir (v. 2), dilatar, crecer, ramificarse.

— **2.** *Propagar(se)*, extender, esparcir, dispersar*, dilatar, multiplicarse, cundir, diseminar, desparramar, sembrar, cubrir, ampliar*, difundir, expandir, pulverizar, enarenar, derramar, regar, salpicar, bañar*, rociar (v. 1).

— **3.** *Explayarse*, extenderse, divulgar, trascender, difundir, propagar, rumorearse, circular, revelarse, dilatar, perorar, demorarse, hablar*, informar*, charlar, conversar*, parlotear.

4. Extendido. Desplegado, desarrollado, estirado, horizontal, plano, tendido, tumbado* (v. 1); esparcido, desparramado, desperdigado, enrarecido, rarificado, diseminado, disperso, raso, sembrado (v. 2); vasto, amplio*, anchuroso (v. 5).

5. Extenso. Espacioso, anchuroso, ancho, amplio*, dilatado, extensivo, grande*, vasto, enorme, prolongado, largo, larguísimo, quilométrico, libre, holgado, interminable, infinito, inmenso, ilimitado, inconmensurable, omnipresente, desahogado, desparramado, cuantioso, abundante*, sobrado, exagerado* (v. 4).

6. Extensión. Difusión, expansión, propagación, divulgación, información*, dispersión, aumento, incremento, diseminación, crecimiento, ramificación, desarrollo, agrandamiento, desparramamiento, siembra, derramamiento, rociado, despliegue, reproducción, estiramiento*, alisamiento, desdoblamiento, emparejamiento, ensanchamiento, prolongación, libertad*, desahogo (v. 7).

— **7.** *Superficie*, extensión, anchura, faceta, fachada*, frente, exterior, cara, plano, espacio, área, zona*, vastedad, inmensidad, amplitud, llanura*, grandiosidad, desolación, soledad, desierto*.

8. Extensamente. Espaciosamente, ampliamente*, grandemente* (v. 5).

Contr.: Contraer, encoger, reducir, aminorar, disminuir*.

V. ESTIRAR, AUMENTAR, AMPLIAR, DISPERSAR, EXAGERAR.

extendido. V. EXTENDER 4.

extensamente. V. EXTENDER 8.

extensible. Graduable, ampliable, desplegable. V. EXTENDER 1.

extensión. V. EXTENDER 6.

extensivo. V. EXTENDER 5.

extenso. V. EXTENDER 5.

extenuación, extenuado. V. extenuar.

extenuar. Agotar, postrar, fatigar*. V. DEBILIDAD 9.

EXTERIOR. 1. Externo, circundante, superficial, marginal, periférico, suburbano, limítrofe*, frontal, delantero*, anterior*, extrínseco, ulterior, saliente, somero, extremo, superior*, patente, evidente, visible, perceptible, aparente, conspicuo, principal*, primero, inicial, último, lejano, final*.

— **2.** Contorno, periferia, perímetro. V. LÍMITE 1, BORDE 1.

3. Fuera. Al exterior, exteriormente, afuera, a cielo abierto, a la intemperie, al aire, lejos, externamente (v. 1).

4. Superficie. Cara*, exterior, frontis, delantera*, frente, portada, testera, plano, fachada*, amplitud, espacio, principio*, origen*, anverso, iniciación, comienzo.

5. Apariencia. Porte, exterior, aire, aspecto*, figura*, traza, presencia, físico, talante, facha, fachada, forma*, pinta, estampa, catadura, empaque, hechura, cara*.

6. Foráneo. Extranjero, extraño, forastero*, internacional, cosmopolita, ajeno, bárbaro, intruso, exótico, gringo.

Contr.: Interior, interno.

V. LÍMITE, BORDE, PRINCIPIO, DELANTE, FINAL, FACHADA, ASPECTO, FIGURA.

exteriormente. V. EXTERIOR 3.

exteriorizar. Evidenciar, manifestar, revelar. V. DEMOSTRACIÓN 2.

exterminador. Mortífero, vengador, aniquilador. V. DESTRUIR 3.

exterminar. Aniquilar, eliminar, matar. V. MUERTE 14.

exterminio. Matanza, carnicería, aniquilación. V. MUERTE 5.

externo. V. EXTERIOR 1.

extinción. V. extinguir.

extinguir. 1. Sofocar, apagar, oscurecer. V. OSCURIDAD 7.

— **2.** *Extinguirse*, terminar, declinar, decaer. V. DESAPARECER 1.

extinto. Difunto, fallecido, finado. V. MUERTE 10.

EXTINTOR. 1. Apagafuegos, matafuegos, aparato* extinguidor, artefacto contra incendios*, elemento de seguridad.

2. Clases. Extintor de nieve carbónica (dióxido de carbono), de tetracloruro de carbono, de polvo químico seco (bicarbonato de sosa), de espuma, de agua a presión, de agua pulverizada.

3. Partes. Botella o cuerpo, boquilla o boca de proyección, palanca basculante, empuñadura, tapón para carga, percutor, manómetro, manguera.

V. INCENDIO, FUEGO.

extirpar. V. EXTRAER 1.

extorsión. 1. Despojo, usurpación; chantaje. V. ESTAFA 1; AMENAZA 1.

— **2.** Molestia*, detrimento, daño. V. PERJUICIO 1.

extra. 1. Magnífico, espléndido, superior*. V. MARAVILLA 1.

— **2.** Comparsa, partiquino, figurante. V. CINEMATÓGRAFO 10.

— **3.** Suplemento, agregado, complemento. V. AÑADIR 3.

extracción. 1. V. EXTRAER 3.

— **2.** Linaje, raíz, ascendencia. V. ORIGEN 2.

extractar. Resumir, sintetizar, compendiar, V.
ABREVIAR 1.
extracto. 1. Resumen, compendio, sinopsis. V.
ABREVIAR 4.
— **2.** Zumo, esencia, concentrado. V. JUGO 1.
extractor. Ventilador, aparato*, instrumento. V.
AIRE 11.
extradición. Devolución, reclamación, entrega*.
V. DEVOLVER 3.
EXTRAER. 1. Sacar, separar*, apartar, quitar*,
despojar, despegar, privar, desarraigar, arrancar, retirar, desprender, desgajar, remover,
eliminar, limpiar*, erradicar, exhumar, desenterrar, desbrozar, escardar, subir, excavar, abrir,
descubrir, exhibir*, cercenar, cortar*, extirpar,
destrozar, suprimir, desocupar, librar*, vaciar*,
agotar, secar, enjuagar, evacuar, desaguar, desollar, despellejar, desplumar, deshojar, pelar,
exprimir, apretar, presionar*, desenfundar, desenvainar, empuñar, coger*, aferrar (v. 2).
— **2.** *Desempotrar*, extraer, desconectar, desenchufar, desencajar, librar*, desatornillar, aflojar,
girar, desclavar.
3. Extracción. Separación*, eliminación, arrancamiento, privación, despojo, apartamiento, remoción, apertura, descubrimiento, excavación*,
desenterramiento, exhumación, erradicación,
extirpación, corte*, cercenamiento, supresión,
desocupación, desagüe, vaciado*, agotamiento, secado, enjuague, evacuación, apriete, presión*, desconexión, desenchufe, giro, vuelta.
Contr.: Introducir*, penetrar, meter.
V. QUITAR, COGER, SEPARAR, CORTAR, EXCA-
VAR, VACIAR, LIBRAR.
extralimitación. Injusticia*, exceso, exageración*.
V. ABUSO 1
extralimitarse. Excederse, propasarse, exagerar.
V. ABUSO 6.
extramuros. Extrarradio, afueras, alrededores. V.
BARRIO 1.
extranjerismo. Barbarismo, solecismo, vicio idiomático. V. GRAMÁTICA 18.
extranjero. Extraño, desconocido, foráneo. V.
FORASTERO 1.
extrañar. 1. Añorar, echar de menos, evocar. V.
AÑORANZA 2.
— **2.** Alejar, confinar, desterrar. V. EXPULSAR 1.
— **3.** *Extrañarse*, desconcertarse, confundirse,
sorprenderse. V. ASOMBRO 4.
extrañeza. Sorpresa, desconcierto, duda*. V.
ASOMBRO 1.
extraño. 1. Desusado, insólito, raro*. V. ASOM-
BRO 2.
— **2.** V. extranjero.
extraoficial. Privado, particular, oficioso. V. PER-
SONA 6.
extraordinario. 1. Magnífico, excepcional, soberbio. V. MARAVILLA 2.
— **2.** Insólito, desusado, asombroso*. V. RA-
REZA 2.

extrarradio. Cercanías, contornos, alrededores.
V. BARRIO 2.
extraterreno. Sobrehumano, sobrenatural, divino.
V. DIOS 5.
extraterrestre. 1. Espacial, cósmico, sideral. V.
UNIVERSO 5.
— **2.** Alienígena, marciano, selenita. V. ASTRO-
NOMÍA 17.
extravagancia. V. extravagante.
extravagante. Ridículo*, incongruente, original.
V. RAREZA 2.
extravertido. Expansivo, sociable, comunicativo.
V. SIMPATÍA 4.
extraviado. V. extraviar.
extraviar. 1. Descuidar, olvidar*, abandonar. V.
PERDER 1.
— **2.** *Extraviarse*, apartarse, desviarse, errar. V.
PERDER 2.
— **3.** Descarriarse, pervertirse, corromper. V.
VICIO 6.
extravío. V. extraviar.
extremado. Excesivo, desmesurado, considerable.
V. EXAGERACIÓN 3.
extremar. Incrementar, aumentar*, acentuar. V.
EXAGERACIÓN 5.
extremaunción. Sacramentos, santos óleos, viático. V. EUCARISTÍA 2.
extremidad. 1. Parte, miembro, prolongación. V.
APÉNDICE 1.
— **2.** V. extremo.
extremismo. Fanatismo, exaltación, intolerancia.
V. INTRANSIGENCIA 1.
extremista. Exaltado, fanático, revolucionario*. V.
INTRANSIGENCIA 2.
extremo. 1. Borde*, punta*, apéndice*. V. FIN 1.
— **2.** V. extremado.
extremoso. V. extremista, extremado.
extrínseco. Externo, marginal, accesorio. V. EX-
TERIOR 1.
extrovertido. *barb* V. extravertido.
exuberancia. Profusión, riqueza, exageración*. V.
ABUNDANCIA 1.
exuberante. Copioso, pletórico, exagerado*. V.
ABUNDANCIA 2.
exudar. Rezumar, filtrarse, gotear. V. MOJAR 1.
exultante. Jubiloso, eufórico, triunfante*. V.
ALEGRÍA 6.
exultar. Regodearse, gozar, regocijarse. V. ALE-
GRÍA 3.
exvoto. Dedicación, ofrenda, homenaje. V. AGRA-
DECIMIENTO 1.
eyaculación. Orgasmo, polución, emisión de semen. V. COITO 3.
eyacular. Expeler, excretar*, tener un orgasmo,
V. COITO 6.

F

fabada. Guiso, estofado, potaje de judías. V. ALIMENTO 15.

FÁBRICA. 1. Industria, factoría, instalación, manufactura, explotación, taller, empresa, firma, planta, p. de montaje, establecimiento, e. fabril, e. industrial, e. comercial*, nave, almacén, depósito, obrador, laboratorio, local, dependencia; sociedad, asociación*, corporación, monopolio, trust, cartel o cártel, «holding», fabricación (v. 3).
— **2.** Muro, obra, edificación. V. CONSTRUCCIÓN 1, 5.
3. Fabricación. Elaboración, explotación, industria, manufactura, factura, producción*, proceso, técnica, tecnología, transformación, confección, ejecución, producto (v. 8), preparación, obtención, creación, hechura, industrialización, expansión, prosperidad*, automatismo, mecanización.
4. Clases de industrias. Industria pesada, i. ligera, pequeña industria, gran industria, i. manufacturera, de transportes, de precisión, de transformación, agrícola, de la construcción, de obras públicas, de servicios, del caucho, química, de materias plásticas, de colorantes, de combustibles, petrolífera, de minería, carbonífera, siderúrgica, metalúrgica, de construcción naval, bélica, aeronáutica, de ferrocarriles, del automóvil, mecánica, de artes gráficas, papelera, del libro, de equipamiento, textil, de la confección, del calzado, alimenticia, harinera, conservera, pesquera, hidráulica, de gas y electricidad, forestal.
5. Elementos. Máquina*, m. herramienta, herramienta*, aparato*, equipo, cadena de montaje, ordenador, computadora, calculadora*, plan, planificación, «planning», programa, programación, productividad, montaje en cadena, producción en masa, técnica, tecnología, mano de obra, materia prima, división del trabajo*, especialización, revolución industrial, capital, financiación, rentabilidad, economía política, comercio*, comercialización, gestión, economía, estandarización, existencias, «stock», mercancías en depósito, estudio del mercado, «marketing» o mercadotecnia, invención, patente, «royalties», derechos, derechos de autor, d. de patente, canon, regalía, seguros sociales,

nómina, salario, pago*, jornada laboral, corte salarial, huelga*, cierre patronal o «lock-out», higiene del trabajo, normas de seguridad.
6. Personas. Fabricante, industrial, creador*, realizador, empresario, elaborador, constructor*, montador, productor, confeccionista, ejecutor, manufacturero, capitalista, comerciante*, director, gerente, administrador*, hombre de empresa, patrono, inventor*, investigador*, ingeniero*, i. industrial, i. técnico, perito, técnico, especialista, jefe de equipo, contramaestre, maestro, oficial, empleado*, obrero especializado, o. sin calificar, operario, trabajador*, peón.
7. Fabricar. Elaborar, manufacturar, producir*, procesar, montar, transformar, industrializar, construir*, confeccionar, crear*, preparar, mecanizar, planificar, automatizar, explotar, comercializar*, hacer*, obtener, ejecutar, realizar, establecer, prosperar*, progresar.
8. Fabricado. Producto*, producción*, artículo, género, hechura, obra, fruto, mercadería, mercancía, efecto, existencias, «stock», mercancías en depósito, elaboración, fabricación (v. 3), elaborado, manufacturado, hecho, producido (v. 7).
9. Fabril. Industrial, manufacturero, mecanizado, automatizado, técnico, tecnológico, empresarial, obrero, laboral, productivo, corporativo, próspero*, desarrollado, planificado.
V. ASOCIACIÓN, ECONOMÍA, PROSPERIDAD, CONSTRUCCIÓN, CREACIÓN, HACER, MÁQUINA, HERRAMIENTA, APARATO, AUTOMÓVIL, FERROCARRIL, QUÍMICA, ETC.

fabricación. V. FÁBRICA 3.
fabricado. V. FÁBRICA 8.
fabricante. V. FÁBRICA 6.
fabricar. V. FÁBRICA 7.
fabril. V. FÁBRICA 9.
fábula. 1. Cuento, relato, mito. V. NARRACIÓN 1.
— **2.** Enredo, embuste, invención*. V. ENGAÑO 1, FANTASÍA 1.
fabuloso. 1. Legendario, quimérico, fantástico. V. FANTASÍA 1.
— **2.** Espléndido, magnífico, exagerado*. V. MARAVILLA 2.
faca. Puñal, navaja, daga. V. CUCHILLO 1.

facción. Grupo*, bando, pandilla, partido, p. violento. V. POLÍTICA 3.

faccioso. Sedicioso, insurgente, revoltoso, revolucionario*. V. REBELDE 2.

faceta. 1. Superficie, cara, lado. V. ZONA 1.
— **2.** Matiz, circunstancia, aspecto*, asunto. V. MODO 1.

facha. 1. Apariencia, porte, catadura. V. ASPECTO 1.
— **2.** *desp* Fascista, reaccionario. V. DERECHAS 2.

FACHADA. 1. Frontis, frontispicio, portada, frente, exterior*, cara*, delantera*, vista, testera, frontera; presencia, apariencia.
2. Partes. Tejado, t. de dos aguas, techo*, alero, cornisa, ojo de buey, tragaluz, buhardilla, desván o sobrado, caballete, cumbrera, lumbrera, chimenea* (base, sombrerete, remate), pararrayos*, cable del pararrayos, azotea, terraza, canalón, bajada de aguas, anilla de sujeción, ventana* (contraventana, postigo, ventana de un batiente, de dos batientes, alféizar, antepecho, jardinera, dintel, jamba, persiana enrollable), viga, ventanal, arco de medio punto, clave, sotabanco, balcón, balaustrada, saledizo, entrepaño, muro, montante, moldura, escalinata, escalera*, puerta*, marquesina, toldo, batiente, panel, umbral, dintel, columnas*, porche, basamento de piedra, zócalo.
3. Ornamentos. Moldura, archivolta, arabesco, greca, guirnalda, festón, florón, orla, voluta, medallón, cariátide, atlante, telamón, gárgola, mascarón, esgrafiado.
V. ARQUITECTURA, CASA, CONSTRUCCIÓN, ESTILO, EXTERIOR, DELANTERA.

fachendoso. Ostentoso, vanidoso*, jactancioso. V. FANFARRONERÍA 2.

fachoso. Estrafalario, desarrapado, extravagante. V. RIDÍCULO 1.

facial. De la fisonomía, del semblante, del rostro, fisonómico. V. CARA 1.

FÁCIL. 1. Simple, factible, hacedero, viable, sencillo*, elemental, comprensible, inteligible*, obvio, claro*, posible*, practicable, realizable, asequible, ejecutable, llano, corriente, vulgar, natural, libre, desembarazado, accesible, cómodo*, descansado, manejable, ventajoso, operable, operativo.
2. Facilidad. Simplicidad, llaneza, viabilidad, sencillez*, practicabilidad, posibilidad*, claridad*, comodidad*, descanso*, ventaja*, accesibilidad, operatividad, manejabilidad, solución*, comprensión, inteligencia*, perspicacia, destreza (v. 3).
— **3.** Destreza, aptitud, maña. V. HÁBIL 3.
4. Facilitar. Simplificar, solucionar*, obviar, allanar, realizar, abreviar*, reducir, favorecer, posibilitar*, zanjar, eludir, esquivar*, quitar, resolver, suavizar, remover, preparar, agilizar, explicar*, aclarar, desenvolver, manejar, librar, vulgarizar, suministrar (v. 5).

— **5.** Suministrar, proporcionar, ofrecer*. V. ENTREGAR 1.
Contr.: Difícil*, complicado, irrealizable.
V. SENCILLO, CLARO, ABREVIADO, CÓMODO, VENTAJOSO, POSIBLE, INTELIGIBLE, TRATABLE.

facilidad. V. FÁCIL 2.

facilitar. V. FÁCIL 4, 5.

facineroso. Forajido, bandido, delincuente habitual. V. DELITO 3.

facón. Puñal, daga, navaja. V. CUCHILLO 1.

facsímil V. facsímile.

facsímile. Duplicado, réplica, reproducción. V. COPIA 1.

factible. Asequible, hacedero*, viable. V. POSIBLE 1.

factor. 1. Componente, agente, causa*, hacedor. V. ELEMENTO 1.
— **2.** Multiplicador, coeficiente, cifra. V. NÚMERO 1.
— **3.** Encargado, apoderado, empleado*. V. EMPLEO 7.

factoría. 1. Establecimiento, explotación, agencia. V. COMERCIO 2.
— **2.** Manufactura, taller, industria, complejo industrial. V. FÁBRICA 1.

factótum. 1. Representante, ejecutor, testaferro. V. DELEGACIÓN 4.
— **2.** Mandadero, recadero, criado. V. SERVIDOR 1.

factura. 1. Cuenta, nota, pago*. V. DOCUMENTO 3.
— **2.** Confección, elaboración, fabricación. V. FÁBRICA 3.

facturar. 1. Inscribir, anotar, cargar. V. COBRAR 1.
— **2.** Expedir, remitir, mandar. V. ENVIAR 1.

facultad. 1. Aptitud, capacidad, habilidad. V. HÁBIL 3.
— **2.** Autorización, beneplácito, venia. V. PERMISO 1.
— **3.** Escuela universitaria, colegio u., instituto superior. V. UNIVERSIDAD 1.

facultar. Autorizar, conceder, otorgar. V. PERMISO 3.

facultativo. 1. Privativo, discrecional, opcional, potestativo. V. VOLUNTAD 8.
— **2.** Doctor, profesional, técnico, galeno. V. MÉDICO 1.

facundia. Charlatanería, verborrea, locuacidad. V. HABLAR 9.

facundo. Parlanchín, locuaz, charlatán. V. HABLAR 8.

faena. 1. Ocupación, tarea, labor. V. TRABAJO 1.
— **2.** Jugarreta, trastada, canallada. V. VIL 3.

faenar. Laborar, trabajar, trajinar. V. TRABAJO 11.

fagocitar. Comer, absorber, incorporar, digerir. V. fagocito.

fagocito. Célula sanguínea, glóbulo blanco, leucocito. V. SANGRE 2.

fagot. Instrumento de viento, i. músico, i. de madera*. V. INSTRUMENTO MUSICAL 4.
faisán. Gallinácea, vertebrado, animal*. V. AVE 6.
faja. 1. Franja, banda, lista. V. TIRA 1.
— **2.** Sector, área, terreno. V. ZONA 1.
— **3.** Corsé, ajustador, justillo. V. VESTIMENTA 3.
fajar. 1. Ceñir, ajustar, comprimir. V. PRESIÓN 3.
— **2.** Zurrar, pegar, propinar. V. GOLPE 11.
fajín. V. faja.
fajina. 1. Ocupación, tarea, labor. V. TRABAJO 1.
— **2.** Toque, llamada, atención. V. TROMPETA 3.
fajo. Manojo, haz, atado. V. ENVOLVER 5.
fakir. *incorr* Faquir, santón, asceta indio; artista. V. SANTO 11.
falacia. Engaño, fraude, mentira, argucia. V. ENGAÑO 1.
FALANGE. 1. Legión, tropa, cohorte. V. EJÉRCITO 1.
— **2.** Hueso, h. de la mano*, h. del dedo*. V. HUESOS 5.
falaz. Embustero, tramposo, falso*, disimulado. V. ENGAÑO 3.
falconete. Bombarda, culebrina, pieza. V. ARTILLERÍA 5.
falda. Vestido, saya, prenda. V. VESTIMENTA 3.
faldero. Tenorio, donjuán, mujeriego. V. MUJER 8.
falible. Capaz de error, dudoso*, débil. V. INESTABLE 1.
falla. 1. Fisura, grieta, resquebrajadura. V. HENDEDURA 1.
— **2.** Deficiencia, falta, imperfección*. V. DEFECTO 1.
— **3.** Fogata, hoguera, fiesta*. V. FUEGO 2.
fallar. 1. Faltar, equivocarse*, errar. V. FRACASO 3.
— **2.** Dictaminar, juzgar, condenar*. V. SENTENCIA 5.
— **3.** Decidir, resolver, establecer. V. DETERMINAR 1.
falleba. Pestillo, pasador, cerrojo. V. CERRADURA 1.
fallecer. Perecer, expirar, sucumbir. V. MUERTE 13.
fallecido. Difunto, cadáver, extinto. V. MUERTE 10.
fallecimiento. Defunción, extinción, óbito. V. MUERTE 1.
fallido. Malogrado, estropeado, frustrado, sin efecto. V. FRACASO 2.
fallo. 1. Decisión, veredicto, dictamen. V. SENTENCIA 1.
— **2.** Error, defecto*, fracaso. V. EQUIVOCACIÓN 1.
falo. Verga, miembro, órgano viril, pene. V. SEXO 8.
falsable. Comprobable. V. COMPROBAR.
falsario. V. FALSO 1.
falseado. V. FALSO 4.
falseamiento. V. FALSO 6.
falsear. V. FALSO 8.
falsedad. V. FALSO 5.

falsete. Voz afectada, aguda, de registro alto. V. VOZ 6.
falsificación. V. FALSO 7.
falsificado. V. FALSO 3.
falsificador. V. FALSO 2.
falsificar. V. FALSO 9.
FALSO. 1. Falsario, hipócrita*, mentiroso, embustero, perjuro, engañoso*, astuto*, artero, disimulado, simulador*, impostor, comediante, farsante, desleal, falsificado (v. 3), falseado (v. 4), falseador, tramposo, insidioso, solapado, infiel, traidor*, traicionero, enredador, exagerado*, afectado*, embrollón*, falaz, encubridor, pícaro, pillo*, camelista, embaucador, estafador* (v. 2), lagotero, adulador*, mendaz, mixtificador, chismoso*, calumniador* (v. 2, 3, 4).
2. Falsificador. Timador, estafador*, delincuente, adulterador, defraudador, transgresor, malversador, infractor, desfalcador, imitador*, simulador*, corruptor, falseador, mixtificador (v. 1).
3. Falsificado. Copiado*, falso, plagiado, simulado*, imitado, remedado, calcado, fraudulento, sintético, artificial, engañoso*, adulterado, mixtificado, corrompido, bastardo, pervertido, amañado, apañado, arreglado, fingido, espurio, ficticio, apócrifo, ilegítimo, ilegal*, expoliado, desfalcado, timado, malversado, defraudado, estafado*, falseado (v. 4).
4. Falseado. Simulado*, remedado, copiado*, calcado, ficticio, fingido, artificial, artificioso, afectado*, convencional, añadido, postizo, imaginado*, inexistente, supuesto, irreal, incorrecto, absurdo, bastardo, ilegal*, ilegítimo, aparente, inexacto, ilusorio, imaginario*, oculto*, encubierto, desfigurado, disfrazado*, disimulado, hipócrita, desnaturalizado, alterado, velado, modificado, cambiado*, falsificado (v. 3).
5. Falsedad. Hipocresía*, calumnia*, engaño*, adulación*, disculpa, evasiva, enredo, historia, cuento, habladuría, bulo, rumor, infundio, chisme*, embuste, mentira, perjurio, comedia, impostura, simulación*, disimulo, fingimiento, afectación*, artería, astucia, picardía, pillería*, deslealtad, falseamiento (v. 6), trampa, insidia, infidelidad, traición*, exageración*, encubrimiento, falacia, embrollo*, farsa, disfraz*, lagotería, obsequiosidad, melifluidad, mendacidad (v. 6).
6. Falseamiento. Alteración, cambio*, simulación*, imitación, remedo, copia*, oropel, ficción, relumbrón, adulteración, ilegitimidad, ilegalidad*, disimulo, falsedad (v. 5), apariencia, ilusión, ocultación*, encubrimiento, desfiguración, sustitución, deformación*, desnaturalización, modificación, enmascaramiento, disfraz*, bastardía, artificio (v. 5, 7).
7. Falsificación. Fraude, adulteración, reproducción, imitación*, copia*, engaño*, impostura, remedo, mixtificación, alteración, falsedad (v. 5), falseamiento (v. 6), apaño, duplicación,

duplicado, estafa*, delito*, timo, robo*, defraudación, desfalco, dolo, malversación (v. 5, 6).
8. Falsear. Alterar, cambiar*, imitar, simular*,
copiar*, fingir, disimular, adulterar, falsificar
(v. 9), remedar, desfigurar, encubrir, ocultar*,
sustituir, viciar, desvirtuar, tergiversar, aparentar, deformar, desnaturalizar, enmascarar,
disfrazar*, modificar, amañar, apañar, arreglar,
mentir, engañar*, calumniar*, adular*, embrollar*, exagerar*, enredar, trampear (v. 9).
9. Falsificar. Adulterar, copiar*, imitar, simular*, reproducir, duplicar, calcar, falsear (v. 8),
apañar, amañar, remedar, embaucar, corromper, timar, robar*, delinquir, trucar, aparentar,
viciar, deformar, enmascarar, disfrazar*, alterar,
cambiar*, sustituir, suplantar (v. 8).
Contr.: Auténtico, legítimo, verdadero*, sincero*, original, real.
V. ENGAÑO, ASTUCIA, HIPOCRESÍA, ADULA-
CIÓN, SIMULACIÓN, AFECTACIÓN, TRAICIÓN,
CALUMNIA, CHISME, ILEGALIDAD, DISFRAZ,
ROBO, EMBROLLO, DELITO, CAMBIO, COPIA,
PILLO.
falta. 1. Carencia, privación, ausencia*. V. ESCA-
SEZ 1.
— **2.** Desaparición, vacío*, alejamiento*. V.
INEXISTENCIA 1.
— **3.** Irregularidad, deficiencia, equivocación*.
V. DEFECTO 1.
— **4.** Infracción, pecado, delito. V. CULPA 1.
faltar. 1. No haber, carecer, necesitar*. V. ESCA-
SEZ 3.
— **2.** No asistir, fallar, abandonar. V. INEXIS-
TENCIA 3.
— **3.** Agraviar, herir, insultar. V. OFENSA 4.
falto. 1. Privado, insuficiente, carente. V. ESCA-
SEZ 2.
— **2.** Indigente, pobre*, menesteroso. V. NE-
CESIDAD 7.
faltriquera. Bolsillo, bolso, escarcela. V. SACO 1.
falúa. Barca, chalupa, lancha. V. BOTE 1.
falucho. Embarcación, velero, balandro. V. BAR-
CO 2.
fama. Renombre, prestigio, reputación. V. CÉLE-
BRE 2.
famélico. Ávido, ansioso, hambriento, delgado*.
V. HAMBRE 2.
FAMILIA. 1. Familiares, parientes (v. 2), parentela, parentesco (v. 4), allegados, casa*, hogar,
intimidad, vida familiar, prole, herederos, con-
tinuadores, progenie, ascendencia, ascendientes, descendientes, descendencia, mayores,
predecesores, precursores, sucesores, sucesión,
deudos, posteridad, antepasados, antecesores,
consanguíneos; casta, origen*, alcurnia, estirpe, vínculo, sangre, generación, cepa, progé-
nie, abolengo, línea, linaje, aristocracia*, solar,
cuna, tronco, filiación, progenitura, paternidad,
extracción; etnia, clan, tribu, gentes, grupo*,
pueblo.

2. Familiar. Pariente, deudo, cognado, agnado,
allegado, descendiente, ascendiente, precursor,
progenitor, genitor, predecesor, antepasado,
antecesor, hijo, sucesor, heredero, continuador,
mayor, emparentado, relacionado, relativo, casado*, padre, abuelo (v. 3). Directo, consanguíneo, colateral (v. 3). Criado, sirviente. Casero,
sencillo*, llano.
3. Enumeración. Tatarabuelo, bisabuelo, abuelo, a. paterno, a. materno, padre, madre, hijo*,
nieto, biznieto, tataranieto, rebiznieto, chozno
o cuarto nieto, bichozno o quinto nieto; hermano, primo, p. carnal, tío, t. carnal, t. segundo, t.
abuelo, sobrino, resobrino. Parientes políticos:
suegro, yerno, nuera, cuñado; padrastro, ma-
drastra, hijastro, padrino, madrina, compadre,
comadre (v. 2).
4. Parentesco. Consanguinidad, afinidad,
grado, vínculo, conexión, entronque, filiación,
lazos, familiaridad, atavismo, alianza, relación,
cognación, agnación, línea ascendente (padres),
l. descendente (hijos), l. colateral (hermanos,
tíos, primos), familia (v. 1). Parecido, semejanza*, vínculo.
5. La Ley y la familia. Patrimonio, herencia*,
sucesión, testamento, estado civil, registro civil;
familia numerosa, f. tradicional, igualitaria, nuclear, extensa, biparental, monoparental, conyugal, poligámica, poliándrica, heterosexual,
homosexual, pareja de hecho, unión de hecho;
libro de familia, jefe de familia, patria potestad, autoridad paterna, hijo* legítimo, adoptivo, natural, legitimado, ilegítimo, extramarital,
póstumo, derechos de los esposos, de los hijos,
consejo familiar, tutelar, tutela, tutor, apellido,
patronímico, mayorazgo, primogenitura; abandono del hogar, abandono de familia, separación, divorcio*, nulidad, pensión alimenticia;
convivencia, violencia, igualdad, desigualdad.
6. Varios. Monogamia, bigamia, poligamia,
matriarcado, poliandria, poliginia, ley sálica,
divorcio*, adulterio*, nepotismo, grado, g.
primero, segundo, tercero, cuarto, quinto, en-
troncamiento, entronque, colaterales, ramas,
genealogía, blasón*, heráldica, pergaminos,
títulos, aristocracia*.
7. Acción. Entroncar, emparentar, casarse*,
matrimoniar, comprometerse, relacionarse,
vincularse, unirse*, enlazar, ligar, heredar, suceder, testar, legitimar, adoptar, proteger, patrocinar, reconocer, tutelar, apellidar, repudiar,
abandonar, separarse, divorciarse*, romper,
avenirse, reconciliarse, apadrinar, prohijar, descender, provenir.
V. MATRIMONIO, CASA, MUJER, HOMBRE,
HIJO, DIVORCIO, HERENCIA, ARISTOCRACIA.
familiar. 1. V. FAMILIA 2.
— **2.** Hogareño, casero, doméstico. V. CASA 8.
familiaridad. 1. Franqueza, compañerismo*, sencillez*, llaneza. V. CONFIANZA 3.

familiarizar(se). Acostumbrar(se), aclimatar, curtir. V. HÁBITO 4.

famoso. Prestigioso, conocido, renombrado, popular. V. CÉLEBRE 1.

fámula. V. fámulo.

fámulo. Criado, doméstico, sirviente. V. SERVIDOR 1.

fan. Seguidor, apasionado*, admirador, simpatizante*. V. ENTUSIASMO 4.

fanal. Foco, farol, linterna. V. LÁMPARA 1.

fanático. Exaltado, tenaz, intolerante, apasionado*. V. INTRANSIGENTE, ENTUSIASTA.

fanatismo. Obstinación, tenacidad, , apasionamiento, intolerancia. V. INTRANSIGENCIA 1, ENTUSIASMO 1.

fandango. 1. Danza, música, canto. V. BAILE 8, CANTAR 5.

— 2. Bullicio, jaleo, juerga. V. ALBOROTO 1.

fanega. Medida agraria, de capacidad, terreno. V. MEDIDA 7, 9.

fanerógama. Planta, flor, reproducción. V. VEGETAL 11.

fanfarria. 1. Banda, comparsa, charanga. V. ORQUESTA 2.

— 2. V. FANFARRONERÍA. 1.

fanfarrón. V. FANFARRONERÍA 2.

fanfarronada. V. FANFARRONERÍA 1.

fanfarronear. Alardear. V. FANFARRONERÍA 4.

FANFARRONERÍA. 1. Fanfarronada, jactancia, bravuconería, bravuconada, valentonada, bravata, desplante, alarde, baladronada, fachenda, provocación, desafío*, amenaza*, osadía*, fatuidad, engreimiento, orgullo, ostentación, presunción, vanidad*, ufanía, vanagloria, alabanza, bombo, tono, autobombo, bambolla, pedantería*, exageración*, exhibición*, flamenquería, matonería, desgarro, majeza, guapeza, chulería, farfantonada, cacareo, farol, engaño*, truco.

2. Fanfarrón. Engreído, presumido, jactancioso, ostentoso, postinero, ufano, vanidoso*, desafiante*, farolero, fachendoso, aparatoso, exhibicionista, flamenco, gallo, gallito, cacareador, alabancioso, chulo, chulapo, matón (v. 3), majo, curro, baladrón, bravucón, valentón, fatuo, pedante*, orgulloso, osado*, exagerado*, fiero, afectado*, embustero, engañoso* (v. 3); fantasma.

3. Matón Provocador, fanfarrón, pendenciero, valentón, bravucón, jácaro, desafiante*, amenazador*, perdonavidas, matamoros, camorrista, matasiete, matachín (v. 2).

4. Fanfarronear. Presumir, alabarse, alardear, ufanarse, jactarse, chulearse, pavonearse, preciarse, desafiar*, provocar, bravuconear, gallear, envalentonarse, blasonar, lucirse, exhibirse*, vanagloriarse, gloriarse, baladronear, mostrarse, engreírse, envanecerse, exagerar*, amenazar*, parlotear, cacarear, plantarse, encararse, atreverse, osar*.

Contr.: Timidez*, sencillez*, humildad*.

V. VANIDAD, PEDANTERÍA, DESAFÍO, OSADÍA, AMENAZA, EXAGERACIÓN, ENGAÑO, EXHIBICIÓN.

fangal. V. FANGO 2.

FANGO. 1. Cieno, lodo, barro, limo, légamo, lama, tarquín, azolve, pecina, broza, horrura, bardoma, reboño, albardilla, gacha, sedimento, suciedad*.

2. Fangal. Cenagal, ciénaga, barrizal, lodazal, tembladal, tremedal, pantano, lago*, laguna, lamedal, estero, marisma, albufera, chapatal, charco, charca, balsa, poza, bache, hoyo, atascadero, lapachar, paular, paúl, tembladero, nava, agua, inundación.

3. Fangoso. Enfangado, barroso, lodoso, cenagoso, pantanoso, legamoso, encharcado, encenagado, embarrado, enlodado, anegado, anegadizo, inundado, aguado*, sucio*, malsano, salpicado, manchado, turbio, húmedo, empantanado, atascado.

4. Enfangar. Enlodar, empantanar, encenagar, manchar*, embarrar, ensuciar, embadurnar, enturbiar, inundar, encharcar, humedecer, salpicar, anegar, regar, mojar*. Enviciar, pervertir (v. vicio*).

V. AGUA, LAGO, SUCIEDAD, MOJAR.

fangoso. V. FANGO 3.

fans. Fanáticos, admiradores*, simpatizantes*. V. ENTUSIASMO 4.

fantaseador. V. FANTASÍA 5.

fantasear. V. FANTASÍA 4.

FANTASÍA. 1. Ilusión, visión, ficción, imaginación*, alucinación, quimera, mito, sueño*, ensueño, ensoñación, utopía, irrealidad, inspiración, estímulo, numen, musa, abstracción, apariencia, idea, representación, pensamiento*, especulación, teoría, perfección*, espejismo, leyenda, cuento, novela, narración*, fábula, mitología*, delirio, inmaterialidad, invención, fantasmagoría, capricho*, entelequia, extravagancia, contemplación, meditación, artificio, poesía, milagro, inexistencia, inverosimilitud, falsedad*, engaño*, equivocación*.

2. Fantástico. Imaginario*, ilusorio, mítico, fantaseador, iluso (v. 5), quimérico, fabuloso, legendario, utópico, irreal, incierto, ficticio, inexistente*, abstracto*, ideal, perfecto*, soñado, inmaterial, inventado, novelesco, folletinesco, fantasmagórico*, aventurero, sorprendente, asombroso, caprichoso*, poético, contemplativo, extravagante, artificial, artificioso, teórico, especulativo, dramático, supuesto, milagroso, increíble, inverosímil, falso*, engañoso*, apócrifo.

— 3. Espléndido, portentoso, magnífico. V. MARAVILLA 2.

4. Fantasear. Figurarse, imaginar*, pensar*, especular, divagar, ilusionarse, soñar, inventar*, poetizar, idealizar, idear, evocar, antojarse, suponer, alucinarse, engañarse*, falsear*, teorizar, contemplar, novelar, concebir, recordar, memorizar*, creer, acariciar, abrigar, ver visiones, equivocarse*.

5. Fantaseador. Iluso, imaginativo*, soñador, ensoñador, novelero, utopista, utópico, lírico, cuentista, fantasioso, engañoso*, voluble, pensador*, alucinado, inquieto, trastornado, deslumbrado, fanático, engañado*, espiritual, quimérico, quijote, idealista, inocente*, visionario.

Contr.: Realidad, verdad*.

V. IMAGINACIÓN, PENSAMIENTO, ENGAÑO, FALSEDAD, EQUIVOCACIÓN, INOCENCIA.

fantasioso. 1. V. FANTASÍA 5.

— **2.** Fanfarrón*, fatuo, presuntuoso, imaginativo*. V. VANIDAD 2.

FANTASMA. 1. Aparición, espíritu, ánima, aparecido, espectro, difunto, alma en pena, visión, ilusión, alucinación, pesadilla, fantasmagoría, fantasía*, duende, genio, gnomo, djinn, elfo, enano, geniecillo, duendecillo, trasgo, estantigua, espantajo, fantasmón, engendro, larva, manes, muerto*, esqueleto, calavera, imagen, quimera, demonio*, monstruo*, vampiro, redivivo, «no muerto» («undead»), muerto viviente, zombi, espejismo, sombra, coco, gomia, camuñas, tarasca, bu, papón; fanfarrón.

2. Fantasmal. Fantasmagórico, espectral, fantástico*, imaginario, irreal, etéreo, leve*, espiritual, ilusorio, quimérico, demoníaco*, alucinante, aterrador, espantoso*, estremecedor, dantesco, monstruoso*, redivivo, «no muerto», muerto*, sombrío, tétrico, lúgubre*, de ultratumba, del más allá.

3. Varios. Muerte*, superstición, magia, ocultismo, hechicería*, brujería, sueño, ensoñación, imaginación*, quimera, aquelarre, sabbat, danza macabra, toque de ánimas, medianoche, noche de difuntos, n. de Walpurgis, entierro*, tumba*, cripta, cementerio, castillo*, ruinas.

V. MONSTRUO, DEMONIO, MUERTO, HECHICERÍA, TUMBA, ESPANTO, LÚGUBRE.

fantasmada. Bravuconada, bravata. V. FANTASÍA 4.

fantasmagoría. Alucinación, pesadilla, fantasía*. V. FANTASMA 1.

fantasmagórico, fantasmal. V. FANTASMA 2.

fantasmón. 1. V. FANTASMA 1.

— **2.** Esperpento, mamarracho, espantajo; fanfarrón. V. RIDÍCULO 2.

fantástico. 1. Fabuloso, quimérico, ilusorio. V. FANTASÍA 2.

— **2.** Increíble, extraordinario, maravilloso*. V. ASOMBRO 2.

fantoche. 1. Pelele, marioneta, muñeco*. V. TÍTERE 1, 2.

— **2.** Fatuo, ostentoso, fanfarrón*. V. VANIDAD 2.

faquín. Costalero, estibador, cargador. V. CARGA 7.

faquir. Penitente, santón, asceta indio. V. SANTO 11.

farallón. Peñasco, despeñadero, acantilado. V. ABISMO 1.

faramalla. Cháchara, palabrería; baratija. CONVERSACIÓN 1; BARATO 4.

farándula. Profesión teatral, ambiente, compañía de teatro, actores*. V. TEATRO 1.

faraón. Soberano, monarca egipcio, deidad. V. REY 1, EGIPTOLOGÍA 3.

fardar. Presumir, alardear; ostentación, jactancia.

fardo. Costal, saco*, envoltorio. V. ENVOLVER 5.

farfullar. Susurrar, balbucear, tartamudear. V. TARTAMUDO 3.

farináceo. Feculento, pulverulento, molido. V. SEMILLA 7.

faringe. Órgano, conducto, gañote. V. GARGANTA 3.

fariseo. Secta; taimado, hipócrita, simulador. V. HIPOCRESÍA 2.

farmacéutico. V. FARMACIA 8.

FARMACIA. 1. Botica, droguería, laboratorio*, industria química*, i. farmacéutica, oficina de farmacia, apoteca, centro de específicos, ortopedia, establecimiento, e. farmacéutico, despacho, herboristería, rebotica.

— **2.** *Ciencia*: farmacia, estudio, farmacéutica, farmacopea, formulación magistral, recetario, lista de medicamentos*; sustancias farmacéuticas, plantas medicinales; disciplina, carrera, profesión, farmacología, farmacognoscia, materia médica, toxicología, química*, dietética, nutrición infantil.

3. Fármaco. Específico, medicina, medicación, medicamento*, droga*, especialidad, elixir, panacea, pócima, dosis, excipiente, ingrediente, purgante, vomitivo, preparado, remedio, poción, brebaje, potingue, mejunje, bebedizo, jarabe, gragea, pastilla, píldora, cápsula, reconstituyente, estimulante, ungüento, bálsamo, tisana, laxante, hierba, somnífero, narcótico, estupefaciente, inyección*, antibiótico*, vacuna*, desinfectante*, veneno*, tóxico, tirita; análisis clínicos inmediatos, receta, récipe, fórmula magistral, prescripción (v. medicamento*).

4. Material. Tubo de ensayo, probeta, pipeta, bureta, vaso graduado, matraz, alambique, embudo, filtro, papel de filtro, espátula, jeringa, pinza, microscopio*, balanza de precisión, centrífuga, mortero, crisol, trípode, mechero Bunsen (v. laboratorio 2), botiquín farmacéutico.

5. Acción, procedimientos. Recetar, prescribir, preparar, analizar, dosificar, mezclar, filtrar, destilar, sublimar, hervir*, evaporar, pulverizar, machacar, fragmentar*, macerar, levigar, edulcorar, transvasar, instilar, condensar, purificar*, agitar, disolver, manipular, cristalizar, decantar, saturar, fermentar*, reducir, fusionar.

6. Procesos químicos. Destilación, disolución, combinación, etc. V. QUÍMICA 8.

7. Personas. Farmacéutico*, licenciado, boticario, regente, especialista, profesional, mancebo, dependiente, empleado*, droguero, herbolario; farmacólogo, químico*, médico*, biólogo. V. LABORATORIO, MEDICAMENTO, DROGA, VENENO, ANTIBIÓTICO, VACUNA, INYECCIÓN, DESINFECTANTE, MEDICINA, QUÍMICA.

fármaco. V. FARMACIA 3.

farmacopea. V. FARMACIA 2.

FARO. 1. Torreón, torre, baliza, guía de navegación, señal, luz* de orientación, fanal, vigía.
— **2.** Farol, foco, reflector. V. LUZ 4.
3. Clases. Faro marítimo; faro fijo, de destellos, centelleante, de ocultación, alternativo, intermitente, costero o de recalada, de paso, de entrada de puerto*, barco faro, boya luminosa, baliza, radiofaro, aerofaro, faro para aviación.
4. Partes. Linterna, torre. *Linterna:* lámparas, lámpara de reserva, luces (v. 5), lentes, l. de Fresnel, lente giratoria, espejo parabólico, motor eléctrico, válvula solar automática, célula fotoeléctrica, depósito de mercurio, flotador, cristalera. *Torre:* superestructura, cimientos, sala de máquinas, grupo electrógeno, tanques de agua potable, provisiones, cocina, vivienda, balcón de vigilancia, antena, silbato, sirena de niebla, plataforma de helicópteros.
5. Luces. Luz* eléctrica, de acetileno, de gas, de petróleo; luz fija, centelleante, pestañeante, de destellos, alternativa, intermitente, de ocultación, de código.
6. Personas, varios. Guardafaros, farero, torrero, vigilante, cuidador; faro de Alejandría, Faro del Créac'h, isla de Faros. V. PUERTO, COSTA, ARRECIFE, NAVEGACIÓN, BARCO.

farol. 1. Foco, reflector, linterna, farola. V. LÁMPARA 1.
— **2.** Alarde, truco, engaño*. V. FANFARRONERÍA 1.

farolear. Presumir, mentir, alardear. V. ENGAÑO 3.

farolero. Fachendoso, embustero, ostentoso. V. FANFARRONERÍA 2.

farra. Parranda, juerga, fiesta*. V. DIVERSIÓN 2.

fárrago. Revoltijo, mezcolanza, confusión. V. DESORDEN 1.

farragoso. Embarullado, cargante, aburrido*. V. INCOMPRENSIBLE 1.

farrista. Juerguista, parrandero, divertido. V. DIVERSIÓN 7.

farsa. 1. Sainete, comedia, parodia. V. TEATRO 2.
— **2.** Enredo, simulación*, fingimiento. V. ENGAÑO 1.

farsante. Simulador*, embustero, comediante. V. ENGAÑO 3.

fascículo. Cuadernillo, entrega, folleto. V. CUADERNO 1.

fascinación. Seducción, encanto, sugestión. V. ATRACTIVO 1.

fascinador. Irresistible. V. fascinante.

fascinante. Sugestivo, deslumbrador, encantador. V. ATRACTIVO 2.

fascinar. Deslumbrar, seducir, encandilar. V. ATRACTIVO 3.

fascismo. Ideología, tendencia, régimen político*, derecha radical. V. DERECHAS 1.

fascista. Autoritario, totalitario, reaccionario, antidemócrata. V. DERECHAS 1.

fase. Etapa, período, espacio. V. PARTE 2.

fashion ingl De moda. V. MODA.

fastidiar. V. fastidio.

fastidio. 1. Disgusto, enojo*, incomodidad*. V. MOLESTIA 1.
— **2.** Hastío, cansancio, hartura. V. ABURRIMIENTO 1.

fastidioso. Cargante, enfadoso, aburrido*. V. MOLESTIA 3.

fasto. Pompa, fausto, esplendor. V. LUJO 1.

fastos. Crónicas, anales, sucesos*. V. HISTORIA 1.

fastuosidad. Ostentación, opulencia, suntuosidad. V. LUJO 1.

fastuoso. Opulento, suntuoso, ostentoso. V. LUJO 2.

fatal. 1. Aciago, mortífero, funesto. V. DESGRACIA 2.
— **2.** Inevitable, forzoso, obligatorio. V. SEGURO 5.

fatalidad. 1. Desventura, tragedia, desdicha. V. DESGRACIA 1.
— **2.** Suerte, hado, destino. V. AZAR 1.

fatalismo. Desilusión, pesimismo, desaliento; predicción, historicismo V. DESÁNIMO 1.

fatalista. Desanimado*, desilusionado, pesimista. V. DESÁNIMO 2.

fatalmente. V. fatal 2.

fatídico. V. fatal 1.

FATIGA. 1. Agotamiento, extenuación, cansancio, debilidad*, debilitamiento, desfallecimiento, postración, enfermedad*, agobio, impotencia, abatimiento, quebrantamiento, ajetreo, trabajo*, afán, sudor, agitación, aperreo, moledura, aplanamiento, desaliento, desánimo*, pereza, lasitud, flojera, flojedad, molestia*, hastío, aburrimiento*.
— **2.** *Sofocación,* fatiga, sofoco, ahogo*, asma, jadeo, sudor, respiración* agitada.
— **3.** Penuria, sufrimiento*, trajín. V. MOLESTIA 1.
4. Fatigar(se). Extenuar(se), postrar, agobiar, agotar, aplanar, cansar, rendir, debilitar*, abatir, moler, deslomar, matarse, sacrificarse, privarse, quebrantar, reventar, desfallecer, ajetrear, aperrear, moverse, agitar, flojear, aflojar, trabajar*, trajinar*, desanimar*, hastiar, aburrir, apenar, angustiar*, desalentar, cascar, descuajaringar, derrengar, tundir, descoyuntar, destrozar, desriñonar, sofocarse, hundir, jadear, resollar, bufar, ahogarse, sudar.
5. Fatigado. Cansado, extenuado, maltrecho, agotado, postrado, débil*, debilitado, desfallecido, exhausto, perezoso, remolón, abatido, agobiado, reventado, rendido, ajetreado, aplanado, molido, derrengado, ojeroso, transido, laso, impotente, cascado, destrozado, roto, quebrantado, descoyuntado, deslomado,

descuajaringado, aperreado, desriñonado, descostillado, hecho polvo, h. cisco, h. migas; jadeante, ahogado*, sofocado, agitado, anhelante, sudoroso, asmático; hastiado, fastidiado, harto, aburrido*, molesto*.

6. Fatigoso. Extenuante, cansador, penoso, cansino, agotador, debilitante*, agobiante, opresivo, molesto*, sobrehumano, abrumador, reventador, desalentador, desanimador*, duro*, riguroso, inclemente, violento*, difícil*, pesado.

Contr.: Descanso, energía, comodidad*. V. DEBILIDAD, ENFERMEDAD, DESÁNIMO, ABURRIMIENTO, ANGUSTIA, AHOGO, MOLESTIA, DIFICULTAD.

fatigado. V. FATIGA 5.

fatigar. V. FATIGA 4.

fatigoso. V. FATIGA 6.

fatuidad. V. fatuo.

fatuo. Pomposo, presuntuoso, soberbio. V. VANIDAD 2.

fauces. Faringe, garganta, tragaderas. V. BOCA 1.

fauna. Conjunto, grupo*, serie de animales; habituales. V. ANIMAL 11.

fauno. Sátiro, deidad protectora, ser mitológico; Faunos, Sátiros, Silvanos, Panes. V. MITOLOGÍA 3.

fausto. 1. Dichoso, afortunado, venturoso, feliz. V. FELICIDAD 2.

— **2.** Boato, suntuosidad, pompa. V. LUJO 1.

favor. 1. Amparo, protección*, socorro*. V. AYUDA 1.

— **2.** Dádiva, concesión, privilegio. V. BENEFICIO 1.

favorable. Oportuno, conveniente, propicio. V. BENEFICIO 3.

favorecedor. Protector*, defensor, bienhechor. V. BENEFICIO 4.

favorecer. Proteger*, asistir, ayudar*. V. BENEFICIO 6.

favoritismo. Parcialidad, protección*, predilección V. PREFERENCIA 1.

favorito. Predilecto, preferido, privilegiado. V. PREFERENCIA 4.

faz. Rostro, semblante, superficie. V. CARA 1, 2.

fe. 1. Creencia, convicción, seguridad, certidumbre. V. CONFIANZA 1, CREER 5.

— **2.** Devoción, dogma, credo. V. RELIGIÓN 1. 9.

— **3.** Justificación, testimonio, prueba. V. DEMOSTRACIÓN 1.

FEALDAD. 1. Imperfección*, irregularidad*, incorrección, deformidad*, defecto*, desproporción, desfiguración, fiereza, facha, asimetría, afeamiento, ridiculez*, repugnancia*, repulsión, desagrado*, deslustre, marchitamiento*, ajamiento, monstruosidad*, distorsión, horror, espanto*, baldadura, torpeza, deshonestidad.

2. Feo. Repulsivo, antiestético, adefesio (v. 3), grotesco, desagradable*, deforme*, informe, deslucido, asimétrico, caricaturesco, ridículo*,

estrafalario, raro*, cómico*, desproporcionado, fenómeno, desfigurado, irregular*, incorrecto, imperfecto*, monstruoso*, horroroso, horrible, espantoso*, repugnante*, fiero, distorsionado, ajado, marchito*, antiguo*, desgraciado*, afeado, atroz, patibulario, mal encarado, tétrico, espeluznante, lúgubre*, triste, sombrío, hosco, malcarado, baldado.

3. Adefesio. Ridículo, esperpento, espantajo, espantapájaros, monstruo*, coco, visión, hazmerreír, facha, caricatura, macaco, mamarracho, bufón, hominicaco, birria, arpía, , estantigua (v. 2).

4. Afear, ser feo. Deformar, desfigurar, ridiculizar*, caricaturizar, deslucir, desgraciar*, estropear, desproporcionar, distorsionar, tullir, baldar, lisiar, mutilar, herir, lesionar*, marchitar*, ajar, ensombrecer, repeler, espantar*, disgustar*, desagradar*, repugnar*, hacerse feo, volverse feo.

Contr.: Hermosura*, atractivo*.

V. DEFORMIDAD, IMPERFECCIÓN, IRREGULARIDAD, MONSTRUOSIDAD, DESAGRADO, REPUGNANCIA, RIDÍCULO.

Febo. Dios del Sol, Astro, astro rey. Apolo. V. SOL 1.

febril. 1. Afiebrado, calenturiento, enfermo*. V. FIEBRE 6.

— **2.** Inquieto, activo, nervioso*. V. INTRANQUILIDAD 3.

FECHA. 1. Tiempo*, día*, data, momento, acontecimiento, época, período, edad*, etapa, vencimiento, término, plazo, cronología (v. 3), calendario*, almanaque, agenda, cómputo, era, ciclo, fase, lapso, estación (v. 3).

— **2.** Encabezamiento, comienzo, principio*. V. CARTA 4.

3. Enumeración de fechas. Calendas, idus, nonas, número* áureo, héjira o hégira, olimpiada u olimpíada, aniversario, jubileo, santo, cumpleaños, onomástica, efeméride o efemérides, celebración, solemnidad, fasto, fiesta*, aplazamiento. Día*, semana, mes*, año*, siglo, centuria, centenario, sesquicentenario, bicentenario, milenario, década, lustro; bodas de plata, de oro, de diamante, de brillante (v. 1).

4. Acción. Fechar, datar, encabezar, escribir*, inscribir, registrar, festejar, celebrar, solemnizar, comenzar, principiar*, acontecer, suceder*, aplazar, demorar*, terminar, finalizar*.

V. TIEMPO, EDAD, DÍA, MES, AÑO, FIESTA, CALENDARIO.

fechar. V. FECHA 4.

fechoría. Maldad, jugarreta, delito*. V. VIL 3.

fécula. Almidón, hidrato de carbono, harina. V. SEMILLA 6.

FECUNDACIÓN. 1. Reproducción asistida, fecundación in vitro, engendramiento, fertilización, reproducción, generación, gestación, concepción, ovulación, gravidez, embarazo*, propagación, proliferación, procreación, fusión, unión, cópula, coito*, inseminación, preñez, parto, nacimiento*, origen*, polinización, fertilidad, fecundidad (v. 2); cigoto, gameto, gónadas, genética*.

2. Fecundidad. Feracidad, fertilidad, potencia, juventud, vigor*, proliferación, reproducción, riqueza, copiosidad, abundancia*, exuberancia, opulencia, fecundación (v. 1). .

3. Fecundo. Prolífico, fértil, generador, reproductor, potente, joven*, vigoroso*, copulador, procreador, propagador, fertilizador, copioso (v. 4).

4. Copioso, fecundo, feraz, fértil, fructífero, ubérrimo, abundante*, rico, opulento, pródigo, frondoso, inagotable, productivo, cultivable.

5. Fecundar. Generar, engendrar, fecundizar, fertilizar, procrear, propagar, polinizar, reproducir, concebir, copular, aparearse, embarazar*, preñar, cubrir, originar*, unirse*, fusionarse, gestar, nacer (v. coito 5).

Contr.: Esterilidad*, impotencia.

V. EMBARAZO, NACIMIENTO, COITO, EMBRIOLOGÍA.

fecundar. V. FECUNDACIÓN 5.

fecundidad. V. FECUNDACIÓN 2.

fecundo. V. FECUNDACIÓN 3.

federación. 1. Alianza, tratado, liga. V. PACTO 2.
— **2.** Organismo, entidad, agrupación oficial, Estado federal. V. ASOCIACIÓN 1.

federal. 1. Estatal, central, gubernativo. V. GOBIERNO 13.
— **2.** Autonómico, federativo, asociado. V. GOBIERNO 4.

federar. Mancomunar, unir*, agrupar. V. ASOCIACIÓN 13.

federativo. Oficial, representativo, asociativo. V. ASOCIACIÓN 15.

feérico. Mágico, fantástico, extraordinario, hadado. V. MARAVILLA 2.

fehaciente. Evidente, fidedigno, indiscutible. V. CLARO 4-6.

FELICIDAD. 1. Fortuna, dicha, suerte, bienestar, ventura, goce, gozo, satisfacción*, bienaventuranza, amor*, bonanza, prosperidad*, auge, alegría*, contento, complacencia, placer*, gusto*, bendición, beatitud, placidez, seguridad*, tranquilidad*, confianza*, desahogo, gloria, despreocupación, jauja, deleite, ufanía, salud*, comodidad*, éxito, fama, buena estrella*.

2. Feliz. Afortunado, boyante, próspero*, dichoso, desahogo, venturoso, satisfecho*, gozoso, bonancible, propicio, bienhadado, bienaventurado, agraciado, fausto, radiante, placentero, complacido, contento, alegre*, risueño, exultante, ufano, plácido, bendito, bendecido, despreocupado, confiado*, tranquilo*, seguro*, saludable*, sano, cómodo*, famoso.

3. Ser feliz. Gozar, alegrarse*, contentarse, ufanarse, satisfacerse*, prosperar*, despreocuparse, confiar*, exultar, tranquilizarse*, asegurarse*, complacerse.

4. Felicitar. V. FELICITACIÓN 2.

Contr.: Desdicha, desgracia*, tristeza.

V. ALEGRÍA, SATISFACCIÓN, PROSPERIDAD, COMODIDAD, SEGURIDAD, CONFIANZA, AMOR, TRANQUILIDAD, SALUD.

FELICITACIÓN. 1. Congratulación, parabién, cumplido, enhorabuena, pláceme, aprobación*, elogio*, saludo*, expresión, atención, amabilidad*, cortesía, galantería, fineza, alabanza, brindis, dedicatoria, ofrecimiento, manifestación, contento, alegría*, aplauso, agasajo, bienvenida, visita*, invitación*, apología, ditirambo, encomio, lauro, himno, loa, loor, ponderación, panegírico, halago, lisonja, adulación*.

2. Felicitar. Expresar, cumplimentar, congratular, agasajar, augurar, desear*, anhelar, esperar, manifestar, elogiar*, alabar, celebrar, cumplir, atender, saludar*, aprobar, brindar, galantear, visitar*, invitar*, dar la bienvenida, enaltecer, encomiar, aplaudir, loar, ponderar, halagar, lisonjear, adular*, ensalzar.

3. Que felicita. Expresivo, encomiástico, atento, cumplidor, cortés, amable*, aprobador, galante, elogioso*, alabancero, fino, ditirámbico, apologético, lisonjero, halagador, panegirista, adulador*, enaltecedor.

Contr.: Crítica, reproche, reprensión*. V. SALUDO, AMABILIDAD, ELOGIO, ADULACIÓN, INVITACIÓN, VISITA.

felicitar. V. FELICITACIÓN 2.

félido. Felino, carnicero, animal*. V. FIERA 1, 4.

feligrés. Devoto, fiel, creyente. V. RELIGIÓN 6.

feligresía. Parroquia, devotos, congregación. V. RELIGIÓN 1.

felino. 1. Animal*, carnicero, félido. V. FIERA 1.
— **2.** Veloz, escurridizo, ágil*. V. RAPIDEZ 2.

feliz. Dichoso, venturoso, afortunado. V. FELICIDAD 2.

felón. V. felonía.

felonía. Deslealtad, perfidia, infamia, traición*. V. VIL 3.

felpa. 1. Género, paño, p. aterciopelado. V. TELA 6.
— **2.** Zurra, tunda, reprensión*. V. GOLPE 4.

felpudo. Alfombrilla, esterilla, tapiz*. V. ALFOMBRA 1.

femenino. Grácil, delicado; suavidad*. V. MUJER 7.

fementido. Pérfido, infame, traidor*. V. VIL 1, 2.

fémina. Hembra, señora, muchacha. V. MUJER 1.

femineidad. V. feminidad.

feminidad. Delicadeza, gracia, suavidad. V. SUAVE 3.

feminismo. Sufragismo, activismo, emancipación femenina; feminismo cultural, radical, liberal, de la diferencia, marxista, filosófico, cristiano, ecofeminismo. V. MUJER 9.

feminista. V. feminismo.

fémur. Hueso* largo, de la pierna, del muslo. V. PIERNA 2.

fenecer. Expirar, perecer, fallecer. V. MUERTE 13.

fénix. Ave mitológica, mística, fabulosa; regeneración. V. AVE 18.

fenomenal. Extraordinario, grande*, maravilloso*.
V. ASOMBRO 2.
fenómeno. 1. Exteriorización, manifestación, hecho, apariencia. V. SUCESO 1, PERCIBIR 4.
— **2.** Extraordinario, sorprendente, sobresaliente. V. MARAVILLA 2.
— **3.** Anomalía, prodigio, maravilla*. V. RA-
REZA 1.
feo. 1. Antiestético, repulsivo, desagradable*. V.
FEALDAD 2.
— **2.** Indigno, censurable, vergonzoso*. V.
DESHONRA 2.
— **3.** Desconsideración, desaire, ofensa*. V.
DESPRECIO 1.
feracidad. Riqueza, fertilidad, abundancia*. V.
FECUNDACIÓN 2.
feraz. Fructífero, fértil, ubérrimo. V. FECUNDA-
CIÓN 4.
féretro. Ataúd, sarcófago, caja. V. TUMBA 2.
feria. 1. Certamen, exposición, mercado*; fiestas.
V. EXHIBIR 4; FIESTA 1.
— **2.** V. feriado.
feriado. Asueto, festividad, celebración*. V. FIES-
TA 1, 3.
feriante. Vendedor, negociante, comerciante. V.
COMERCIO 6.
fermentación. V. FERMENTO 3.
fermentado. V. FERMENTO 5.
fermentar. V. FERMENTO 6.
FERMENTO. 1. Enzima, levadura, catalizador, c.
orgánico, biocatalizador, sustancia transformadora, s. activa, s. catalítica (v. 2).
2. Clases de fermentos. Diastasa, zimasa, sa-
carasa, oxidasa, levadura, l. transgénica, pepsina, tripsina, lab fermento, f. láctico, lactasa,
ureasa, proteasa, lipasa, carbohidrasa, reducta-
sa, fermentos solubles, f. figurados.
3. Fermentación. Proceso bioquímico, catálisis,
transformación, cambio*, proceso químico*,
alteración, descomposición, corrupción, putrefacción, hedor, efervescencia. Microorganismos.
Pan, ácimo. Alcohol, a. etílico, glucosa, acético,
fructosa, anhídrido carbónico. Yogur.
4. Clases de fermentación. Fermentación
aerobia, anaerobia, láctica, acética, alcohólica,
amoniacal, butírica, diastásica, cítrica, pútrida.
5. Fermentado. Descompuesto, alterado,
transformado, catalizado, efervescente, reducido, corrompido, putrefacto, podrido*, agriado,
agrio, ácido*, pasado, rancio, picado, hediondo*, maloliente.
6. Fermentar. Catalizar, transformarse, agriarse, acidificarse*, acidularse, alterarse, descomponerse, variar*, cambiar*, corromperse,
pudrirse, heder, picarse, enranciarse, pasarse,
oler mal.
Contr.: Ázimo.
V. PODRIDO, ÁCIDO, CAMBIO, QUÍMICA,
HEDOR.
ferocidad. Salvajismo, fiereza, saña. V. CRUEL-
DAD 1.

feroz. Violento*, sanguinario, bárbaro. V. CRUEL-
DAD 2.
férreo. 1. Riguroso, implacable, despiadado. V.
SEVERIDAD 2.
— **2.** Resistente, tenaz, acerado. V. DURO 1.
ferretería. Negocio, establecimiento, comercio*
de herramientas*. V. TIENDA 3.
FERROCARRIL. 1. Línea férrea, empresa, e. ferro-
viaria, sociedad, s. comercial*, s. de transportes*, compañía, firma, asociación*, explotación,
vía férrea, ferrovía.
— **2.** *Tren,* ferrocarril, expedición, convoy, grupo*, conjunto, máquina* locomotora (v. 4),
vagones (v. 7), carruajes*, pasajeros.
3. Trenes. Rápido, expreso, directo, correo, de
cercanías, ascendente, descendente, de mercancías, mixto, de contenedores, eléctrico* (v.
5), diesel (v. 6), de vapor (v. 4), monorraíl, au-
torraíl, ferrobús, autovía, aerotrén, electrotrén,
ferrocarril de montaña (v. 15), tren cremallera,
funicular (v. 15), metropolitano o subterráneo
(v. 16), locomotora (v. 4-6), ténder, vagones (v.
7-9). *Trenes famosos:* Orient Express, Transibe-
riano, Mistral, Trasandino, TEE («Trans Europ
Express»), EuroCity, Talgo (Tren Articulado
Ligero Goicoechea-Oriol), Ter (Tren Español
Rápido), Euromed, Alaris, AVE (Alta Velocidad
Española).
4. Locomotora de vapor. Máquina, ténder.
Caldera, caja de fuegos, hogar, cámara de
combustión, colector, regulador, válvula de seguridad, recalentador, escape, caja de humos,
puerta del hogar, arenero, silbato, palanca de
marcha, volante de cambios de marcha, cenicero, copa del horno, bomba de alimentación,
cilindro de vapor, vástago, pistón, émbolo, biela
exterior, b. interior, cojinete del eje, domo de
la caldera, chimenea, caja de distribución, linterna delantera, topes, rastrillo (quitapiedras),
cruceta, mecanismo de distribución, tanque de
agua, depósito de carbón, rueda* motriz, rueda de bogie, palanca del silbato, freno de aire
comprimido, manómetro, indicador del nivel de
agua, marquesina, escalerilla (v. 5).
5. Locomotora eléctrica. Transformador, motor de tracción, m. alternador, transmisión, oscilador, bogies, suspensión, compresor, c. del freno, timonería de freno, caja de ejes, ventilador
de refrigeración, pantógrafo, toma de corriente,
línea eléctrica, cable, c. sustentador, catenaria,
tracción eléctrica, arenero, cárter del reductor,
disyuntor, armario de relés, aislantes, caja de
acumuladores, c. de condensadores, serpentín
refrigerador, reóstatos, gancho de tracción.
Cabina: voltímetro, amperímetro, indicador*,
palanca del silbato, palanca del inversor, p. del
cambio de marcha, p. del freno. Maquinista,
ayudante (v. 4).
6. Locomotora diesel. Motor diesel, alternador, generador eléctrico, cilindros, turbocom-
presor, turbina, refrigerador, radiador, bomba

de aceite, compresor, servomotor, amperímetros, voltímetros, manómetros, piñones, bogies, suspensión, distribuidor, palancas, volantes de mando, palanca del acelerador, del inversor, de tracción/frenado, freno neumático, dinámico, pupitre de conducción, cabina (v. 4).

7. Vagón. Furgón, coche, carruaje*, vagón de mercancías o de carga (v. 9), vagón de pasajeros (v. 8).

8. Vagón de pasajeros. Vagón cama, coche cama, de literas o cuchetas, Wagons-Lits, coche salón, vagón restaurante, vagón cafetería, v. de equipajes, v. mixto, v. de primera clase, v. de segunda clase, v. de plataforma abierta, v. metálico, v. de madera. *Partes:* caja del vagón, fuelle (pasarela de conexión), tubo flexible del freno, t. f. de calefacción, enganche, acoplamiento, topes, plataforma, p. exterior, portezuela, puerta, escalerilla, estribo; bogie o «boggie» (juego de ruedas, eje, cojinete, muelles de suspensión, chasis, zapata de freno); pasillo, departamentos o compartimentos, puerta del departamento, p. de corredera, departamento para fumadores, d. p. no fumadores, rejilla o redecilla portaequipajes, generador eléctrico, puerta oscilante, regulador de calefacción, freno de alarma, traspuntín, asiento tapizado, brazo del asiento, orejera del asiento, mesilla abatible, litera superior, l. inferior, ventilador, lamparilla, interruptor de la luz. *Personas:* Revisor, interventor, jefe de tren, encargado de coche cama, auxiliar.

9. Vagón de mercancías. Vagón de carga, furgón, vagón cerrado, v. abierto, v. plataforma, v. tolva, v. cisterna, v. volquete, v. de ganado, v. frigorífico, v. para contenedores, v. góndola, v. grúa, v. de paredes deslizantes, v. plataforma a bogies, v. tolva, furgón de equipajes, f. portaautomóviles f. taller, f. postal o vagón correo. *Partes:* Trampilla del techo, bordes abatibles, puertas corredizas, plataforma, carga, telero, garita del freno de mano, farol de cola, bogies, etc. (v. 8).

10. Estación. Terminal, apeadero, parada, detención, andén, bloqueo, b. automático, b. eléctrico, b. telefónico, enclavamiento; cabeza de estación, entrada, garita del revisor, tablero de horarios, t. indicador, reloj, consigna de equipajes, consigna automática o de casilleros, compartimento de consigna, sala de espera, taquillas, taquillero, máquina expendedora de billetes, billete kilométrico, b. circular, b. de ida y vuelta, tarifa, buzón, botiquín, puesto de socorro, quiosco de periódicos, q. de golosinas, estanco, restaurante, cafetería, lavabos, servicios, oficina de información, o. de turismo, o. de cambio, comisaría, facturación de equipajes, báscula, lamparería, acceso a los andenes (v. 11), vías (v. 14); arrollamiento.

11. Andenes. Entrada, acceso, escalera de acceso, túnel de acceso, salida, bordillo del andén, andén, a. de cabeza, de llegada, central,

cubierto, plataforma, apeadero, marquesina, vestíbulo, techo acristalado, tablilla indicadora, t. de horarios, t. de itinerarios, altavoz, reloj, carricoche eléctrico de equipajes, carretilla de mano, placa de ruta del tren, banderín de señales, disco de señales, señal de salida, silbato, bancos, cabinas telefónicas, quiosco o puesto rodante de bocadillos y refrescos o de periódicos, montacargas, sacas de correo, equipajes; vías (v. 14).

12. Zona de maniobras. Vías, vía principal, vía muerta (v. 14), desvío, ramal, apartadero, cruce, plataforma giratoria, carrilera, bifurcación, depósito de locomotoras, gálibo, muelles de carga y descarga, andén, apeadero, plataforma, puente, puente de señales, torre de señales y cambios, garita de señales, torre de alumbrado, foso de inspección, grúa de puente, g. giratoria, almacén de mercancías, tope de apoyo, puente báscula, locomotora de maniobras, vagones, talleres de mantenimiento y reparaciones, depósito de agua, toma de agua, agujas; cabina de enclavamiento, c. de mando: mesa de control, juego de palancas, palanca de señales, p. de cambio, p. de vía libre, pulsadores para agujas y señales, cable de señales; señales, semáforos, poste de señales, señal de entrada, s. de parada, s. de limitación de velocidad, barrera, paso a nivel, puente, túnel, viaducto.

13. Personal ferroviario. Empleado, ferroviario, jefe de estación, j. de circulación, subjefe, ingeniero, factor, capataz, taquillero, mozo de cuerda, lamparero, guardagujas, cambiavía, guardavía, guardabarrera, guarda jurado, vigilante*; brigada de maniobras, asentador de la vía. *Tren:* interventor, inspector, jefe de tren, revisor, encargado de coche cama, ayudante, mozo, camarero.

14. Vías. Raíl, riel, carril, vía (cabeza, alma, patín, placa de asiento, placa de sujeción, juntura de dilatación, perno, tornillo, tirafondo, traviesa, durmiente), vía férrea, v. principal, v. secundaria, v. muerta, v. provisional, v. doble, v. única, v. estrecha, v. diagonal; alineación de la vía, ancho de vía, entrevía, terraplén, balasto de grava, altura de balasto, palanca de brazo, aguja, a. de enlace, alambres de transmisión, contracarril, pata de liebre, zona de maniobras, baliza, bifurcación (v. 12).

15. Ferrocarriles de montaña. *Ferrocarril de cremallera:* rueda dentada de tracción, r. de adherencia, carril, cremallera, tracción, freno de emergencia. *Funicular:* cable de tracción, coche o cabina, cruce. *Funicular aéreo:* teleférico, telesilla, telesquí, telecabina, cabina, cables, cable portante, cable de tracción, polea, soporte, torreta de sustentación, tren de poleas de la cabina, estación del valle, estación de la montaña.

16. Ferrocarril subterráneo. F. metropolitano, metro, ferrocarril urbano, f. suburbano.

Elementos: escaleras de acceso, e. mecánicas, ascensores, sistemas de accesibilidad, de ventilación, señalización, galerías de comunicación, túneles, andenes, taquillas, puesto de control, molinetes de entrada, railes, raíl de alimentación, vía doble, cable electrificado, pantógrafo o trole, corriente continua, convoy, tren, coche motor, c. remolque, cabina del conductor, dispositivo de mando, sistema de seguridad, freno automático. Conductor, revisor, jefe de estación; megafonía.
V. TRANSPORTE, VEHÍCULO.

ferroviario. V. FERROCARRIL 13.

ferry, ferry-boat. *ingl* Transbordador, embarcación, pontón. V. BARCO 3.

fértil. 1. Ubérrimo, fructífero, rico. V. FECUNDACIÓN 4.
— **2.** Prolífico, reproductor, potente. V. FECUNDACIÓN 3.

fertilidad. 1. Proliferación, reproducción, potencia. V. FECUNDACIÓN 2.
— **2.** Exuberancia, opulencia, riqueza*. V. ABUNDANCIA 1.

fertilización. V. fertilizar.

fertilizante. 1. Estiércol, excremento, humus, compost, nutrientes, micronutrientes. V. ABONO 3.
— **2.** V. fértil 2.

fertilizar. 1. Engendrar, preñar, reproducir. V. FECUNDACIÓN 5.
— **2.** Estercolar, enriquecer, echar abono. V. ABONO 4.

férula. Sujeción, influencia, vasallaje. V. DOMINACIÓN 1.

ferviente. 1. Ardiente, hirviente, vehemente. V. APASIONAMIENTO 2.
— **2.** V. fervoroso.

fervor. 1. Entusiasmo, ardor, impetuosidad. V. APASIONAMIENTO 1.
— **2.** Fe, misticismo, devoción, piedad. V. RELIGIÓN 9.

fervoroso. 1. Místico, devoto, religioso*. V. RELIGIÓN 6.
— **2.** V. ferviente.

festejar. V. festejo.

festejo. 1. Celebración, ofrecimiento, agasajo. V. HOMENAJE 1.
— **2.** Galanteo, enamoramiento, cortejo. V. AMOR 2.
— **3.** *Festejos*, festividad, celebración, conmemoración, aniversario, cumpleaños. V. FIESTA 1.

festín. Comilona, festejo, convite. V. BANQUETE 1.

festival. Certamen, festejo, exhibición*. V. FIESTA 1.

festividad. Asueto, feriado, conmemoración. V. FIESTA 3.

festivo. 1. De fiesta, libre, de asueto. V. FIESTA 13.
— **2.** Gracioso, jocoso, divertido. V. COMICIDAD 3.

festón. Ribete, orla, guirnalda. V. TIRA 1.

fetiche. Mascota, ídolo, amuleto, objeto de culto. V. SUPERSTICIÓN 3.

fetichismo. Superstición*, paganismo, idolatría; desviación sexual. V. RELIGIÓN 3; SEXO 13.

fetichista. Supersticioso*, pagano, idólatra. V. fetichismo, HEREJÍA 3.

fetidez. Tufo, pestilencia, mal olor. V. HEDOR 1.

fétido. Maloliente, nauseabundo, pestilente. V. HEDOR 2.

feto. Embrión, organismo, ser rudimentario; feo, aborto. V. EMBRIOLOGÍA 2.

feudal. V. FEUDALISMO 5.

FEUDALISMO. 1. Época feudal, Edad* Media, medievo o medioevo, período histórico*, sistema político, s. económico, vasallaje, sumisión, tributación, servidumbre, dependencia, tributo, sujeción, feudo (v. 2).
2. Feudo. Vasallaje (v. 1), feudo de cámara, f. de cuerpo, f. ligio, f. franco, f. recto, f. propio, f. impropio, f. femenino, f. plebeyo, retrofeudo; derecho señorial, d. de pernada, privilegio, privilegio de la nobleza, alodio, beneficio, tributo, prestación, dominicatura, lealtad, sumisión, enfeudación, señorío, behetría, franquicia, corvea, fuero, fe y homenaje, censo y servidumbre, pleito, homenaje, juramento de fidelidad, investidura del feudo (v. 3).
3. Varios. Juicio de Dios o duelo judicial, torneo, tregua de Dios; reino, ducado, marquesado, condado, baronía, caballería*, señorío, heredad, nobleza, aristocracia*, blasón*, usos, buenos usos, malos usos; Cruzadas, Alta Edad Media, Baja Edad Media, castillo*, catedral, templo*, monasterio, abadía, convento*, universidad*, latín, órdenes mendicantes, poder secular, poder espiritual, trovador; Cantar del Mío Cid, C. de Roldán, caballeros de la Tabla Redonda, libros de caballería, Fuero viejo de Castilla, Las Siete Partidas, Sacro Imperio Romano Germánico, Hansa, burguesía, gremios, cofradías, Peste Negra.
4. Jerarquía feudal. Rey, nobleza, siervos; gran vasallo: duque, marqués, conde, obispo, abad, barón o valvasor mayor; pequeño vasallo o valvasor menor; caballero, ricohome, noble. Hombre libre, villano o siervo, siervo del cuerpo o artesano, s. de la gleba o colono, plebeyo, esclavo*. *Varios:* noble, aristócrata*, soberano, castellano, señor, s. de horca y cuchillo, s. natural, infanzón, mesnador, hijodalgo, hidalgo, feudatario, pechero, collazo, juglar.
5. Feudal. Medieval, señorial, hereditario*, histórico*, noble, solariego, castellano, aristocrático*, dominante*, tiránico, ; gótico, ojival.
Contr.: Esclavismo, democracia.
V. HISTORIA, ARISTOCRACIA, CABALLERÍA, BLASÓN, CASTILLO.

feudatario. Vasallo, siervo, súbdito. V. FEUDALISMO 4.

feudo. 1. V. FEUDALISMO 2.

— **2.** Posesión, dominio, heredad. V. PROPIE-
DAD 1.

fez. Birrete, gorro, tocado. V. SOMBRERO 1.

fiable. 1. Íntegro, honrado, fiel. V. LEALTAD 1.

— **2.** Digno de fe, de crédito, responsable. V.
CONFIANZA 10.

fiador. Responsable, garantizador, avalista. V.
GARANTÍA 4.

fiambre. Plato frío, embuchado, conserva*; cadáver. V. EMBUTIDOS 2, 3; MUERTE 10.

fiambrera. Cacerola, portaviandas, tartera. V.
RECEPTÁCULO 2.

fianza. Aval, obligación, depósito. V. GARANTÍA 1.

fiar. 1. Ceder, ofrecer*, entregar. V. PRESTAR 1.

— **2.** Obligarse, responder, avalar. V. GARAN-
TÍA 2.

— **3.** *Fiarse*, tener fe, creer*, tener esperanza.
V. CONFIANZA 4.

fiasco. Desengaño, frustración, chasco. V. FRA-
CASO 1.

fibra. Hebra, hilacha, filamento. V. HILO 1.

fibroma. Bulto, nódulo, tumor. V. HINCHAZÓN 1.

fibroso. Correoso, resistente*, coriáceo. V. DURO 1.

fíbula. Hebilla, pasador, alfiler. V. BROCHE 1.

ficción. 1. Quimera, ilusión, mito. V. FANTASÍA 1.

— **2.** Fingimiento, artificio, disimulo; invención.
V. SIMULACIÓN 1.

ficha. 1. Disco, pieza, círculo*. V. PLACA 2.

— **2.** Tarjeta, registro, cartulina. V. CLASIFICA-
CIÓN 3.

— **3.** Identificación, filiación, reseña. V. DATO 2.

fichaje. Acuerdo, convenio, contratación. V.
CONTRATO 1, 2.

fichar. 1. Inscribir, registrar, catalogar. V. LISTA 3.

— **2.** Identificar, reseñar, describir. V. DATO 3.

— **3.** Contratar, integrar, emplear*. V. CONTRA-
TO 5.

fichero. Archivo, mueble, clasificador. V. CLASI-
FICACÓN 3.

ficticio. 1. Irreal, utópico, imaginario*. V. FAN-
TASÍA 2.

— **2.** Amanerado, artificial, imaginario*. V.
AFECTACIÓN 2.

— **3.** Falsificado, plagiado, arreglado. V. FALSO 3.

fidedigno. Auténtico, seguro, verídico. V. VER-
DAD 3, 4.

fideicomiso. Cesión, mandato; gobierno temporal.
V. ENTREGA 4; GOBIERNO 3.

fidelidad. Honradez*, apego, devoción. V. LEAL-
TAD 1.

fideo. Macarrón, tirabuzón, pasta alimenticia, tallarines, ñoquis, estrellitas, letras, cintas, moños,
nidos. V. ALIMENTO 14.

fiduciario. Legatario, heredero, fideicomiso. V.
HERENCIA 5.

FIEBRE. 1. Calentura, temperatura corporal, décimas, febrícula, hipertermia, pirexia, destemplanza, causón, reacción, terciana, cuartana,
malaria, paludismo, escalofrío, tiritona, delirio,
acceso febril, período álgido, síntoma, infección*, enfermedad*.

— **2.** Arrebato, frenesí, entusiasmo*. V. APA-
SIONAMIENTO 1.

3. Clasificación. Febrícula o temperatura sub-
febril (37-38), fiebre leve (38-38,5), f. moderada
(38,5-39), f. alta (39-41), f. altísima o hiperpi-
rexia (41-43), casos excepcionales (hasta 46).
Clases: fiebre continua (pulmonía, viruela,
tifus, escarlatina, sarampión), fiebre remitente
(septicemia, tuberculosis, tifus), fiebre intermitente (malaria, terciana, cuartana, quintana,
bicotidiana, hígado, vías urinarias), fiebre recurrente (infecciones espiroquetósicas), fiebre
ondulante (fiebre de Malta), fiebre atípica
(tuberculosis, enfermedad de Basedow), fiebre
efímera (v. 4).

4. Enumeración. Fiebre aguda o crónica, remitente, ondulante, periódica, bifásica, f. aftosa, f.
del heno, f. de la leche, f. de Malta, f. tifoidea,
f. amarilla, f. palúdica, f. recurrente (malaria,
terciana, cuartana), f. miliar, f. perniciosa, f.
infecciosa*, f. vespertina, f. de los cinco días, f.
nerviosa, f. reumática, f. puerperal (v. 3).

5. Varios. Curva termométrica, gráfico, acmé,
lisis, golpe de calor, termorregulación, temperatura rectal, t. bucal, t. axilar, termometría,
termómetro, t. clínico, grados, g. centígrado
o Celsius, g. Reaumur, g. Fahrenheit, tratamiento, febrífugo, antipirexia, antipirético, an-
tifebril (piramidón, quinina, ácido acetilsalicílico,
paracetamol, antipirina).

6. Afiebrado. Calenturiento, acalenturado,
febril, consumido, ardiente, sofocado, encendido, inflamado, caliente, agitado, nervioso*,
enfermo*.
V. CALOR, INFECCIÓN, ENFERMEDAD.

fiel. 1. Devoto, noble, honrado*. V. LEALTAD 2.

— **2.** Constante, asiduo, invariable. V. PERSE-
VERANCIA 3.

— **3.** Creyente, devoto, feligrés. V. RELIGIÓN 6.

— **4.** Varilla, aguja, indicador*. V. BALANZA 2.

fielato. Puesto recaudador, aduana comarcal, a.
interior. V. ADUANA 1.

fieltro. Género, paño, tejido. V. TELA 5, 9.

FIERA. 1. Animal*, a. salvaje, feroz, dañino, bestia,
alimaña, mamífero*, m. carnicero, carnívoro,
sanguinario, félido (v. 4), felino, rapaz, depredador, ser irracional, cuadrúpedo, bicho.

— **2.** Inhumano, salvaje, bárbaro*. V. CRUEL-
DAD 2.

3. Generalidades. Caninos, colmillos, garras,
uñas, u. retráctiles, hocico, orejas, pelaje, manchas, rayas, cola, rabo, olfato, vista, reflejos,
instinto, i. sanguinario, presas, caza*, carroña, guarida, cubil, madriguera, cueva*; domador, circo*, jardín
zoológico*, parque zoológico, reserva. Rugir,
bramar, barritar, aullar, himplar, acechar, atacar, cazar*, devorar

4. Félidos. Felino, león, tigre, t. de Bengala, de
Sumatra, de Java, siberiano, leopardo, pantera,
pantera negra, jaguar o tigre americano, puma

o león americano, onza o guepardo, cheetah o chita, lince, ocelote, gato montés (v. 1, 5).

5. Otras fieras. Chacal, hiena, h. rayada, h. manchada; lobo (lobato, lobezno), coyote, culpeo, perro*, zorra (raposa, zorro, vulpeja), zorro común, z. rojo, z. ártico, z. azul; jabalí, jabato; oso, o. negro americano, o. pardo, o. pardo cantábrico, o. gris, o. de Alaska, o. polar, o. blanco, o. malayo, o. tibetano, o. panda, gigante (v. 4).

6. Pequeños carniceros. Alimaña, mustélido, comadreja, hurón, garduña, tejón, marta, nutria, armiño, grisón, mangosta, icneumón, civeta, jineta.

Contr.: Animal doméstico, manso, dócil, amaestrado.

V. MAMÍFERO, ANIMAL, ZOOLÓGICO, CIRCO, CAZA.

fiereza. Salvajismo, ferocidad, barbarie*. V. CRUELDAD 1.

fiero. Bestial, salvaje, feroz. V. CRUELDAD 2.

FIESTA. 1. Conmemoración, aniversario, celebración, cumpleaños, natalicio, santo, onomástico, onomástica, festejo, juerga (v. 2), gala, velada, reunión, festival, exhibición*, feria, feriado, festividad, vacación (v. 3), acontecimiento, función, espectáculo*, recepción, convite, aperitivo, copetín, cóctel, tertulia, agasajo, invitación*, certamen, baile* (v. 5), verbena, sarao, «soirée», «party», «garden-party». Ceremonia, jubileo, solemnidad, fiestas oficiales (v. 6), f. religiosas (v. 6), f. antiguas (v. 7), f. extranjeras (v. 8); cincuentenario, centenario, siglo, sesquicentenario, milenario.

— **2.** *Francachela,* fiesta, gaudeamus, bacanal, orgía, juerga, parranda, diversión*, zambra, cuchipanda, festín, escándalo, bullicio, alboroto*, jarana, jolgorio, banquete*, comilona, tragantona, desenfreno, guateque, recreo, juego*, placer (v. 1).

— **3.** *Vacación,* vacaciones, fiesta, feriado, festivo, festividad, descanso*, asueto, holganza, domingo, cese, cierre, celebración, feria; fin de semana, «week-end», fiesta laboral, f. de guardar o de precepto, f. nacional, f. religiosa, f. doble, f. fija o inmovible, f. movible, f. recuperable (v. 1).

— **4.** *Fiestas,* carantoñas, mimos, halagos. V. CARICIA 1.

5. Enumeración. Fiesta mayor, verbena, kermés, romería, ronda, feria (v. 1); peregrinación, procesión, excursión, desfile, pregón, mascarada, carnaval*, baile, banquete*, baile, bacanal, fallas, entierro de la sardina, gigantes y cabezudos, moros y cristianos, matanza del cerdo, toreo*, toreo*, juegos florales, batalla de flores, boda, casamiento*, cumpleaños, santo, bautizo, justa, torneo, juego*, competición, campeonato (v. 1, 6).

6. Fiestas y fechas oficiales y religiosas. 1 de enero, Año Nuevo; 6 de enero, Epifanía del Señor o Reyes Magos; 19 de marzo, San José; Jueves Santo; Viernes Santo; 1 de mayo, Fiesta del Trabajo; 15 de agosto, Asunción de la Virgen; 12 de octubre, Fiesta Nacional de España o Virgen del Pilar; 1 de noviembre, Fiesta de Todos los Santos; 6 de diciembre, Día de la Constitución; 8 de diciembre, Inmaculada Concepción; 25 de diciembre, Natividad del Señor; Corpus Christi, Santiago Apóstol, Adoración, Circuncisión, Pentecostés, Día de difuntos, Todos los Santos; Semana Santa.

7. Fiestas antiguas. Lupercales, saturnales, bacanales, nemeas, juegos nemeos, juegos pitios, quirinales, panateneas, caneforias, carmentales, florales, cereales, olimpiadas*, juvenales, agonales, lemurias, leneas.

8. Fiestas extranjeras. Yom Kippur, Sabbat (hebreas); Ramadán, Moaharram, Bairam (musulmanas); Divali, Vasant Panchama (hindúes); Christmas, Día de Acción de Gracias o Thanksgiving Day (angloamericanas).

9. Atracciones de feria. Montaña rusa, tiovivo, coches de choque, etc.; parque temático. V. PARQUE DE ATRACCIONES 2.

10. Accesorios, artículos de cotillón. Artículos de carnaval*, serpentinas, confeti, papel picado, farolillo de papel, globo de colores, guirnalda, corona de flores, bengalas, cohetes*, fuegos artificiales*, traca, matasuegras, pito, perfumero, nariz artificial, gafas, bigote artificial, careta, máscara, disfraz*, sombrero de papel; cucaña, palo enjabonado, piñata.

11. Festejar. Celebrar, conmemorar, recordar, santificar, guardar, hacer fiesta, hacer puente, divertirse*, reunirse, parrandear, rondar, escandalizar, alborotar*, jugar*, homenajear, dedicar, solemnizar, acontecer, invitar*, convidar, recibir, galantear, cortejar.

12. Juerguista. Alegre*, calavera, vividor, mujeriego*, donjuán, parrandero, jaranero, cómico*, divertido*, bromista*, verbenero, libertino, tarambana, bacante.

13. Festivo. Feriado, libre, de asueto, de fiesta (v. 1), sabatino, dominical, dominguero, no laboral, inhábil, semanal, alegre*, tranquilo, apacible, descansado*.

Contr.: Jornada laboral, trabajo*.

V. DIVERSIÓN, ESPECTÁCULO, INVITACIÓN, DESCANSO, JUEGO, CARNAVAL, PARQUE DE ATRACCIONES, CIRCO.

fiestero. Jaranero, juerguista; zalamero. V. FIESTA 12; CARICIA 3.

fígaro. Peluquero, barbero, oficial. V. PELO 16.

figón. Taberna, posada, fonda. V. RESTAURANTE 1, HOTEL 1.

FIGURA. 1. Imagen, silueta, configuración, efigie, forma*, hechura, tipo, trasluz, contraluz, sombra, perfil, contorno, dibujo*, lámina, grabado, estampa*, ilustración, copia*, línea*, trazo, bosquejo, cuerpo (v. 2), representación, aspecto, emblema, símbolo*, signo, cifra, talla,

figura 380

retrato, monumento, escultura*, estatua, icono, ídolo, fetiche, tótem, mascota, deidad, busto, torso, bajorrelieve, molde*.

— **2.** *Apariencia*, figura, cuerpo*, talle, físico, tipo, aspecto, traza, catadura, facha, presencia, porte, rostro, semblante, cara*, fisonomía, viso, vista, complexión, naturaleza, talante, aire, cariz, tronco, constitución, empaque, persona, personificación.

— **3.** Notabilidad, eminencia, héroe*. V. PERSONA 3.

— **4.** Metáfora, alegoría, comparación*.V. EJEMPLO 1.

V. FORMA, SÍMBOLO, ESCULTURA, DIBUJO, ESTAMPA, ASPECTO, CUERPO.

figuración. Creencia, suposición, sospecha*. V. CREER 5.

figurado. Abstracto, supuesto, metafórico. V. IMAGINACIÓN 7.

figurante. Comparsa, extra, partiquino. V. TEATRO 5.

figurar. 1. Aparentar, fingir, pretender. V. SIMULACIÓN 8.

— **2.** Asistir, concurrir, presentarse. V. HALLAR 2.

— **3.** Figurarse, sospechar, suponer, imaginar*. V. CREER 1.

figurativo. Alegórico, representativo, metafórico. V. SÍMBOLO 6.

figurilla. Estatuilla, monigote, adorno*. V. MUÑECO 1.

figurín. 1. Modelo, patrón, guía. V. DIBUJO 1.

— **2.** Pisaverde, petimetre, lechuguino. V. ELEGANCIA 2.

figurón. 1. Hombre vano, presuntuoso, pomposo. V. PEDANTE 1.

— **2.** Pez gordo, señorón, personaje. V. PERSONA 3.

fijador. Mucílago, bandolina, goma, gel. V. COSMÉTICA 2.

fijamente. Atentamente, insistentemente, fuertemente. V. INTENSIDAD 5.

fijar. 1. Definir, determinar, precisar. V. LÍMITE 5.

— **2.** Sujetar, afianzar, asegurar. V. INMÓVIL 3.

— **3.** Adosar, pegar, engomar. V. ADHERIR 1.

— **4.** *Fijarse*, observar, contemplar, atender. V. MIRAR 1.

— **5.** Afincarse, asentarse, habitar. V. HABITACIÓN 5.

fijeza. V. fijo.

fijo. 1. Quieto, parado, sujeto, firme. V. INMÓVIL 1.

— **2.** Consolidado, permanente, invariable. V. SEGURO 2.

— **3.** V. fijar.

FILA. 1. Hilera, columna, cola, alineación, colocación*, serie*, línea*, ristra, orden*, ordenación, grupo*, escolta, fila india, desfile*, procesión, revista, parada, exhibición*, formación, pelotón, hilada, ringlera, cadena, sarta, retahíla, ala, tirada, sucesión, curso, progresión, cáfila, recua,

conjunto, rosario, lista*, caravana, expedición, carrera, calle.

2. En fila. Enfilado, alineado, ordenado*, colocado*, formado, agrupado, sucesivo, reunido, distribuido, inmovilizado*.

3. Formar fila. Alinear, colocar*, ordenar, formar, enfilar, escoltar*, agrupar, reunir, distribuir, rectificar.

Contr.: Desorden.

V. LÍNEA, SERIE, GRUPO, ESCOLTA, COLOCACIÓN, ORDEN.

filamento. Fibra, hebra, cordón. V. HILO 1.

filantropía. V. filántropo.

filántropo. Altruista, caritativo, benefactor. V. BENEFICIO 4.

filarmónico. Aficionado a la música, melómano, sinfónico. V. MÚSICA 13.

FILATELIA. 1. Afición*, colección*, coleccionismo, pasatiempo, diversión*, inclinación, selección, «hobby», arte*, ciencia*, estudio de los sellos. Colección general, especializada, temática; numismática.

2. Sello. Timbre, t. postal, estampilla, póliza, sello postal, viñeta de papel, valor, timbre oficial. Partes: papel, filigrana o marca de agua, dentado, dientes, impresión, colores, tintas, engomado, centrado, matasellos, sobrecarga, perforado, valor de franqueo, v. facial, v. de catálogo, marquilla de garantía (v. 3).

3. Clases de sellos. Timbre postal, sello de correos, sello nuevo, usado, obliterado, repetido, duplicado, no emitido, no expedido, de correo ordinario, telégrafos, servicios especiales, correo aéreo, conmemorativo, temático, de beneficencia, impuesto de guerra, urgencia, para impresos, sello local, de servicio, correo submarino, timbre móvil, fiscal, sobrecargado, «tête-bêche», error, falso postal. *Otros:* bloque, b. de cuatro, tarjeta, tarjeta enteropostal, sobre de primer día.

4. Material. Pinzas, odontómetro, lupa, charnela o fijasellos, banda transparente engomada, filigranoscopio, bencina, lista de faltas o mancolista, álbum, clasificador, colección; catálogos: Yvert Tellier, Michel, Scott, Stanley Gibbon, Edifil.

5. Filatelista. Filatélico, coleccionista, aficionado, estudioso, especialista; numismático. Filatelistas famosos: Franklin Delano Roosevelt, Philippe de la Renotiére von Ferrari, Arthur Hind, Manuel Gálvez.

V. COLECCIÓN, AFICIÓN.

filatélico, filatelista. V. FILATELIA 5.

filete. 1. Bisté, chuleta, tajada de carne. V. CARNE 2.

— **2.** Ribete, franja, cenefa. V. TIRA 1.

filfa Camelo, mentira, burla. V. BROMA 2, ENGAÑO 1.

filiación. Detalle*, reseña, descripción. V. DATO 2.

filial. 1. Consanguíneo, familiar*, del hijo. V. HIJO 9.

— **2.** Agencia, sucursal, dependencia. V. DE-
LEGACIÓN 2.
filiar. V. filiación.
filibustero. Bucanero, corsario, forajido. V. PI-
RATA 1.
filigrana. 1. Guirnalda, cenefa, delicadeza. V.
TIRA 1.
— **2.** Marca de agua, huella, señal. V. PAPEL
4, FILATELIA 2.
filípica. Amonestación, crítica*, catilinaria. V. RE-
PRENDER 2.
film V. filme.
filmación. Rodaje, producción, toma. V. CINEMA-
TOGRAFÍA 7.
filmar. Cinematografiar, impresionar, rodar. V.
CINEMATOGRAFÍA 12.
filme, film. Película, rollo, cinta. V. CINEMATO-
GRAFÍA 2.
filo. Tajo, hoja, arista. V. CUCHILLO 3.
FILOLOGÍA. 1. Lexicología, lexicografía, lingüística, estudio, e. del lenguaje, e. de la literatura,
ciencia, disciplina; especialidad, lenguaje, gramática*.
2. Elementos. Léxico, vocabulario, lengua,
lenguaje, idioma*, habla*, etimología, fonética,
pronunciación*, literatura*, filología comparada, f. general, semántica.
3. Filólogo. Lingüista, lexicólogo, especialista,
gramático*, sabio*, erudito, estudioso, académico de la Lengua.
V. GRAMÁTICA, LITERATURA, PRONUNCIA-
CIÓN, IDIOMA.
filológico. Lexicológico, lexicográfico, lingüístico.
V. GRAMÁTICA 19.
filólogo. V. FILOLOGÍA 3.
filón. 1. Yacimiento, veta, vena. V. MINA 1.
— **2.** Ocasión, breva, ventaja*. V. BENEFICIO 1.
filoso. Aguzado, afilado, fino. V. CORTAR 7.
filosofar. V. FILOSOFÍA 7.
FILOSOFÍA. 1. Disciplina, doctrina, estudio, ciencia*, saber, conocimiento, sistema, escuela,
creencia, pensamiento*, teoría (v. 3).
— **2.** Conformidad, sabiduría*, paciencia. V.
RESIGNACIÓN 1.
3. Afines. Metafísica, lógica, moral, psicología*, ética, ontología, teología, cosmología,
dialéctica, epistemología, metodología, estética,
sociología, teosofía, teodicea.
4. Elementos. Pensamiento*, razón, argumento, razonamiento, especulación, abstracción,
causa, efecto, acto, potencia, propiedad, esencia, quintaesencia, entelequia, espacio, tiempo,
categorías, ser, ego, yo, alma, espíritu, ente*,
conciencia, existencia, objeto, problema, creencia*, Dios*, praxis, relatividad, virtud, universo*,
verdad*, devenir, postulado, prueba, axioma,
tesis, hipótesis, antítesis, intuición, síntesis, análisis, duda*, a priori, a posteriori.
5. Doctrinas. Aristotelismo, platonismo, doctrina socrática, epicureísmo, eclecticismo, cinismo, pitagorismo, estoicismo, neoplatonismo,

peripatetismo, escolasticismo, cartesianismo,
escotismo, suarismo, tomismo, vivismo, lulis-
mo, averroísmo, kantismo, enciclopedismo,
espinosismo, hegelianismo, criticismo, krau-
sismo, sincretismo, racionalismo, gnosticismo,
agnosticismo, idealismo, fenomenalismo, espiritualismo, materialismo, atomismo, individualismo, fatalismo, relativismo, determinismo,
conceptualismo, empirismo, realismo, pragma-
tismo, Ilustración, positivismo, neopositivismo,
ortodoxia, heterodoxia, herejía*, hedonismo,
escepticismo, dogmatismo, dualismo, humanismo, marxismo, existencialismo, nihilismo,
iluminismo, posmodernismo.
6. Filósofo. Pensador*, estudioso, sabio*, teólogo, cosmólogo, psicólogo, metafísico, sació-
logo. *Doctrinas:* epicúreo, estoico, escéptico, ,
aristotélico, peripatético, platónico, socrático,
etc. (v. 5). *Filósofos:* Tales, Sócrates, Platón,
Aristóteles, Séneca, san Agustín, santo Tomás
de Aquino, Spinoza, Descartes, Vives, Vitoria,
Suárez, Leibniz, Kant, Hegel, Bergson, Balmes,
Nietzsche, Russell, Ortega y Gasset.
7. Filosofar. Pensar*, especular, meditar, analizar, razonar, profundizar, elucubrar, imaginar,
discurrir, reflexionar, discutir*, investigar*, dilucidar, argüir, argumentar, abstraer, probar,
dudar*.
8. Filosófico. Metafísico, especulativo, razonado, abstracto, anímico, espiritual*, teológico,
hipotético, antitético, intuitivo, analítico, axiomático, relativo, objetivo, existencial, temporal,
lógico, moral, estético, ontológico, dialéctico,
epistemológico, metodológico, psicológico*,
sociológico, humanístico, aristotélico, platónico,
socrático, etc. (v. 5).
9. Lugares. Academia, Liceo, ágora, escuela,
instituto, cenáculo, universidad.
V. PENSAMIENTO, SABIDURÍA, CREENCIA,
DIOS, RELIGIÓN, ESPÍRITU, PSICOLOGÍA, DIS-
CUSIÓN, VERDAD, DUDA.
filosófico. V. FILOSOFÍA 8.
filósofo. V. FILOSOFÍA 6.
filoxera. Insecto* hemíptero, parásito de la vid.
V. PARÁSITO 6.
filtración. V. filtrar.
filtrar. 1. Depurar, clarificar, purificar*. V. COLAR 1.
— **2.** *Filtrarse*, resbalar, traspasar, escurrirse. V.
DESLIZARSE 2.
— **3.** Gotear, rezumar, perder. V. MOJAR 1.
filtro. 1. Tamiz, membrana, criba. V. COLAR 5.
— **2.** Cristal, pantalla, accesorio. V. FOTOGRA-
FÍA 5.
— **3.** Pócima, bebedizo, brebaje. V. BEBIDA 5,
VENENO 1.
fimbria. Cenefa, ribete, borde*. V. TIRA 1.
fimosis. Angostura, estrechez del prepucio. V.
SEXO 8.
FIN. 1. Final, conclusión, término, terminación,
remate, borde*, límite*, consumación, meta,
objetivo (v. plan*); acabose, detención, in-

terrupción*, paro, parada, cese, obstáculo, obstrucción*, coronamiento, cumplimiento, acabamiento, fallecimiento (v. 2), resultado, colofón, epílogo, desenlace, solución, margen, frontera, zaga, cola, cabo, orilla, retaguardia, trasera, posterior, punta*, extremidad, extremo, apéndice*, culata, prolongación, añadido*, cierre, clausura, disolución, supresión, suspensión, liquidación, extinción, desaparición*, anulación, freno, prescripción, caducidad, vencimiento, plazo, agotamiento, decadencia, ocaso, postrimería, caída, empeoramiento*, destrucción*, desastre*, pérdida*.

— **2.** *Fallecimiento*, fin, defunción, extinción, tránsito, muerte*, óbito, fenecimiento, expiración, agonía, estertor.

3. Al final. Último, zaguero, posterior*, terminal, final, extremo, ulterior, trasero, marginal, limítrofe*, postrero, prolongado, remoto, lejano, distante*, aislado, fronterizo, rezagado, retrasado, colista, farolillo rojo, mínimo, puntero, postrimero, concluido, terminado, acabado, fallecido, suprimido.

4. Finalizar. Terminar, acabar, cesar, concluir, ultimar, consumar, rematar, completar, solucionar, caducar, cumplir, agotar, perfeccionar*, culminar, llenar, coronar, rebañar, aprovechar, apurar, consumirse, redondear, cancelar, interrumpir*, suspender, parar, sofocar, extinguir, apagar, prescribir, finiquitar, frenar, cerrar, clausurar, tapar*, liquidar, saldar, suprimir, dejar, abandonar, deshacer, fallecer, expirar, decaer, morir, fenecer, matar, exterminar.

5. Finalmente. Por último, definitivamente, por fin, últimamente, al fin, concluyentemente, permanentemente, en definitiva, en última instancia, ulteriormente, postreramente, , posteriormente.

6. Finalizado. Acabado, terminado, concluido (v. 4).

Contr.: Principio*, comienzo, inicio.

V. LÍMITE, BORDE, PUNTA, APÉNDICE, AÑADIDO, DESASTRE, MUERTE, DISTANCIA, POSTERIOR, INTERRUPCIÓN, DESTRUCCIÓN.

finado. Fallecido, extinto, difunto. V. MUERTE 10.

final. 1. Término. V. FIN 1.
— **2.** Último. V. FIN 3.

finalidad. Propósito, motivo, causa*, objetivo. V. VOLUNTAD 1.

finalista. Competidor, contendiente, oponente. V. RIVALIDAD 2.

finalizar. V. FIN 4.

finalmente. V. FIN 5.

finamente. V. FINO.

financiar. Costear, subvencionar, sufragar. V. PAGAR 1.

financiero, financista. 1. Capitalista, negociante, especulador. V. COMERCIO 6.
— **2.** Económico*, especulativo, inversor. V. COMERCIO 8.

finanzas. Economía*, hacienda, negocio. V. COMERCIO 1.

finar. Morir, fallecer, extinguirse. V. MUERTE 13.

finca. Inmueble, predio, hacienda. V. PROPIEDAD 2.

fineza. Cumplido, cortesía, delicadeza. V. AMABILIDAD 1.

fingido. Engañoso*, falso*, ficticio. V. SIMULACIÓN 7.

fingidor. Simulador, engañoso*, imitador. V. SIMULACIÓN 5, 6.

fingimiento. Engaño*, imitación, apariencia. V. SIMULACIÓN 2.

fingir. Imitar, aparentar, engañar*. V. SIMULACIÓN 8.

finiquitar. V. FIN 4.

fino. 1. Delicado, elegante*, suave*. V. LEVE 1.
— **2.** Angosto, estrecho, esbelto. V. DELGADO 4.
— **3.** Atento, educado, cortés. V. AMABILIDAD 2.

finta. Amago, ademán, rechazo. V. ESQUIVAR 4.

finura. V. fino.

fiordo. Ensenada, ría, golfo. V. BAHÍA 1.

firma. 1. Autógrafo, rúbrica, signatura. V. NOMBRE 3.
— **2.** Compañía, corporación, empresa. V. COMERCIO 2.

firmamento. Bóveda celeste, cosmos, cielo. V. UNIVERSO 1.

firmante. Infrascrito, signatario, parte. V. DOCUMENTO 7.

firmar. V. firma 1.

firme. 1. Fuerte, duro*, vigoroso*. V. RESISTENCIA 6.
— **2.** Erguido, alerta, derecho. V. RIGIDEZ 3.
— **3.** Fijo, estable, permanente. V. INMÓVIL 1.
— **4.** Impávido, sereno, seguro. V. TRANQUILIDAD 5.

firmeza. V. firme.

fiscal. 1. Acusador, ministerio público, jurisconsulto. V. TRIBUNAL 5.
— **2.** Estatal, monetario, de Hacienda. V. FISCO 11.

fiscalizar. Intervenir, controlar, vigilar. V. COMPROBAR 1.

FISCO. 1. Hacienda, h. pública, Agencia Tributaria, residencia fiscal, administración, erario, gestión pública, tesoro, t. público, tesorería, economía*, renta pública, deuda* pública, fondos, bienes nacionales, b. del Estado (v. 2).
— **2. Generalidades.** Fiscalidad, economía*, e. política, bolsa*, banca, finanzas, deuda pública, d. flotante, d. interior, d. exterior, régimen fiscal, presupuesto, p. general del Estado, año económico, ejercicio, reservas, balance, ingresos, aranceles, impuestos (v. 3), tipo impositivo, base imponible, sujeto pasivo, exención, beneficios, tasas, recaudación, aduanas*, consumos, emisión del Estado, liquidación, gastos*, transferencia, plusvalía, superávit, déficit, moneda, dinero*, valor crematístico, préstamo*,

empréstito, crédito, amortización, dividendos, interés, monopolio, derrama, catastro, censo, estadística*, padrón, lista*, renta, renta bruta, renta per cápita, montepío, seguridad social, cupo, contingente, recargo, moratoria, desgravación (v. 1).

3. Impuesto. Gravamen, tasa, tributo, recaudación, contribución, arancel, carga, canon, arbitrio, gabela, pago*, cobro, subsidio, entrega, obligación*, imposición, exacción, derechos, d. reales, diezmo, tercio, octava, almacenaje, materia imponible, patente, cuota, cupo, peaje, pontaje, portazgo, pasaje, vasallaje, multa, abuso*, injusticia*, recargo, prestación, transmisión, pechería (v. 4).

4. Clases de impuestos. Impuesto directo, indirecto, ordinario, extraordinario, impuesto sobre la renta de las personas físicas (v. 5), sobre la renta de no residentes (IRNR), sobre el patrimonio, sobre sociedades, i. sobre sucesiones y donaciones, contribución territorial rústica, c. t. urbana, impuesto sobre la renta del capital, sobre actividades comerciales e industriales, i. municipales, i. provinciales, sobre transmisiones patrimoniales (ITP), sobre el valor añadido (IVA), sobre bienes inmuebles (IBI), sobre vehículos de tracción mecánica (IVTM).

5. Impuesto general sobre la renta de las personas físicas (IRPF). Declaración, base liquidable, b. imponible, ingresos, gastos, g. deducibles, rentas, plusvalías, liquidación, cuota, desgravación, deducciones, bienes, signos exteriores.

6. Defraudación. Fraude, f. fiscal, evasión de impuestos, e. de capitales, contrabando, piratería*, dolo, desfalco, malversación, estraperlo, delito*, estafa*, robo*, blanqueo del dinero, dinero negro; economía sumergida.

7. Organismos. Ministerio de Economía y Hacienda, M. de Industria, Turismo y Comercio, Contaduría General, Tribunal de Cuentas, Pagaduría, Banco de España, B. Nacional, banco de emisión, b. de descuento, b. hipotecario, caja de ahorros, tesorería, delegación de Hacienda, oficina, depósito, aduana*, fielato.

8. Efectos públicos. Timbre, póliza, sello*, papel de pagos, p. de pagos al Estado, título al portador, bonos, b. del Tesoro, papel moneda, billetes, dinero*, valores, v. de bolsa*, acciones, obligaciones, cupones.

9. Personas. Recaudador, inspector de Hacienda, tesorero, alcabalero, publicano, financiero, exactor, administrador*, funcionario, habilitado, aduanero*; contribuyente, imponente, ciudadano, interesado.

10. Acción. Tributar, ingresar, liquidar, contribuir, pagar*, cobrar*, recaudar, imponer, pechar, cargar, recargar, fiscalizar, gravar, tarifar, amortizar, desgravar, deducir, eximir, declarar, negociar.

11. Fiscal. Impositivo, tributario, monetario, dinerario*, numerario, de Hacienda, estatal, administrativo*, oficial, nacional*, local, gubernativo, público, económico*, financiero, crediticio, comercial*, presupuestario, crematística liquidable, amortizable, catastral, estadístico*. V. DINERO, ADMINISTRACIÓN, GOBIERNO, PAGO, COBRO, GASTO, BANCO, ADUANA, BOLSA, COMERCIO, DELITO, ESTAFA.

fisgar. Indagar, atisbar, husmear. V. CURIOSIDAD 4.

fisgón. Indiscreto, cotilla, entrometido. V. CURIOSIDAD 2.

fisgonear. V. fisgar.

fisgoneo. Cotilleo, indiscreción*, huroneo. V. CURIOSIDAD 1.

FÍSICA. 1. Ciencia*, c. de los cuerpos, de las propiedades de la materia, de la energía, de las leyes de la naturaleza, ciencia natural, estudio, disciplina, investigación*, tratado.

2. Divisiones. Mecánica* (v. 4), termodinámica (v. 5), mecánica de fluidos, electromagnetismo (v. 6, 7), acústica (v. 8), óptica*, (v. 9), física atómica (v. 10). Física moderna: mecánica cuántica, relatividad, física de partículas, gravitación.

3. Principios fundamentales. Principio de Arquímedes, p. de acción, p. de reacción, p. de Pascal, p. de la inercia, p. del equilibrio, p. de termodinámica, p. de hidrostática, teoría de la relatividad, leyes de Newton, l. de Kepler, ley de la gravitación universal, l. de Gay-Lussac, de Boyle-Mariotte, de Huygens, de Kirchhoff, de Ohm.

4. Mecánica. Estática, dinámica, cinemática, hidrostática, hidrodinámica, aerostática, aerodinámica; magnitudes, unidades, medidas, longitud, tiempo, masa, sistema CGS (Sistema cegesimal de unidades), velocidad, aceleración; fuerza acción, reacción, composición, descomposición de fuerzas, fricción; momento, equilibrio, e. estable, e. inestable, e. indiferente, vector, palanca, fuerzas paralelas, par de fuerzas, centro de gravedad, resultante; inercia, ecuación de fuerzas, gravitación, leyes de Newton, gravedad, densidad, peso específico; trabajo mecánico, potencia, energía potencial, e. mecánica, e. cinética, transformación de la energía; movimiento de los cuerpos, m. del centro de gravedad, m. de rotación, fuerza centrífuga, f. centrípeta, péndulo; tensión y deformación, módulo de elasticidad, cizalladura, flexión, torsión, pandeo, fatiga; líquidos en reposo, presión de los líquidos, vasos comunicantes, aspiración, sifón, principio de Arquímedes; líquidos en movimiento; gases en reposo y en movimiento, Ley de Boyle-Mariotte, l. de Gay-Lussac, barómetro, manómetro; sonido, longitud de onda, escala tonal, acorde, intensidad, decibelio, ultrasonido, acústica (v. 8).

5. Termodinámica. Escalas termométricas, escala de Celsius (grados centígrados), e. Fahrenheit, e. Réaumur, temperatura, cantidad de calor, capacidad calórica, transmisión de calor, conducción, radiación, convección, fusión, solidificación, disolución, evaporación, ebullición, condensación de gases, tensión superficial, capilaridad, energía, entropía, principios de termodinámica, trabajo, calor.

6. Electricidad*. Electrón, protón, neutrón, átomo*, carga eléctrica, ión, ión positivo o catión, ión negativo o anión, aislamiento, carga, culombio; campo eléctrico, intensidad, potencial, diferencia de potencial, tensión, voltio, descarga, rayo*, capacidad, condensador, faradio, polarización; corriente eléctrica, c. continua, c. alterna, conductividad, conductor, semiconductor, aislante, resistencia eléctrica, ley de Ohm, ohmio, trabajo de la corriente, vatio, kilovatio, acción magnética de la corriente, acción química; fuerza electromotriz, pila* seca, acumulador, polo negativo, polo positivo, electrodos, electrolito o electrólito, pila térmica, fuerza electromotriz inducida, generador eléctrico, transformador, alternador, dinamo*, bobina; electrónica, tubo electrónico, diodo, triodo, oscilógrafo de rayos catódicos, célula fotoeléctrica; inducción electromagnética, autoinducción, inductancia, corriente alterna, amperímetro, voltímetro, indicador*; rayos X o r. Roentgen, r. infrarrojos, r. alfa, beta, gamma, r. ultravioleta, radiación, radiactividad, emisión, energía, ondas.

7. Magnetismo. Campo magnético, polo norte, p. sur, intensidad, solenoide, flujo magnético, imán, i. natural, magnetita, imantación, magnetización, electroimán, inducción, i. magnética, influencia m., magnetismo terrestre, brújula*, declinación, variación; timbre*, telégrafo*.

8. Acústica. Ondas sonoras, velocidad de propagación, reflexión, eco, intensidad, bel, decibelio, altura, sonido*, s. grave, s. agudo, ultrasonido, infrasonido, timbre del sonido, intervalos musicales, escalas, vibración de una nota, v. de una cuerda, resonador, tubo sonoro, t. abierto, t. cerrado.

9. Óptica*. Reflexión, refracción de la luz*, refringencia, ley de Huygens, dispersión, prisma, espectro*, arco iris, líneas de absorción, colores, espectro, análisis espectral, lente*, l. convergente, divergente, cóncava, convexa, distancia focal, dioptrías, interferencia, difracción, fotometría, ley de Kirchhoff, cuanto de energía.

10. Física atómica. Átomo*, partículas atómicas, electrón, protón, neutrón, leptones, neutrinos, quarks, número atómico, elementos, ión, anión, catión, peso atómico, isótopo, reacción nuclear, desintegración, transmutación, uranio, fisión nuclear, ciclotrón, reacción en cadena, bomba* atómica, reactor nuclear, acelerador de partículas, pila atómica, contador Geiger, radiactividad, radiación, irradiación, energía radiante, contaminación.

11. Físico. Especialista, profesional, investigador*, científico*, tratadista, doctor, profesor, sabio*, maestro, académico, premio Nobel. V. CIENCIA; ELECTRICIDAD, ÓPTICA, LENTE, ÁTOMO, SONIDO.

físicamente. V. FÍSICA 1.

físico. 1. Corporal, concreto, real, espacio-termporal. V. MATERIA 6.
— **2.** Apariencia, figura*, exterior. V. CUERPO 1.
— **3.** Científico, especialista, profesional. V. FÍSICA 11.

FISIOLOGÍA. 1. Tratado, disciplina, ciencia*, investigación*, especialidad, estudio de los fenómenos vitales, funcionamiento del organismo.

2. Clasificación. Fisiología general o bioquímica, f. especial, f. animal, f. vegetal, f. celular, f. experimental, f. comparada, f. normal, f. patológica. Fisiología del aparato digestivo* (v. 3), del aparato respiratorio (v. 4), del aparato circulatorio* (v. 5), de la sangre* (v. 6), del aparato urinario (v. 7), del aparato locomotor (v. 8), del sistema nervioso* (v. 9), de los órganos de los sentidos (v. 10), de las glándulas* de secreción interna (v. 11), de la piel* (v. 12). Varios: funciones, función de nutrición, de relación, de reproducción.

3. Fisiología del aparato digestivo*. Digestión, nutrición, alimentación*; masticación, insalivación, deglución, bolo alimenticio, secreción de fermentos*, movimientos peristálticos, jugo gástrico, pepsina, quimo, bilis, jugo intestinal, j. pancreático, transformación de alimentos, absorción intestinal, asimilación, transformación orgánica, metabolismo, heces, excreción*, defecación.

4. F. del aparato respiratorio*. Intercambio gaseoso, respiración*, inspiración, espiración, contracción de músculos respiratorios, contracción cardiaca, circulación de la sangre, impulsos nerviosos, procesos químicos, sangre venosa, anhídrido y ácido carbónico, dióxido de carbono, sangre arterial, hemoglobina, oxígeno. Fonación, cuerdas vocales, vibración, emisión de sonidos*, pronunciación*, articulación, lenguaje, habla*.

5. F. del aparato circulatorio*. Latidos, l. del corazón*, movimientos cardiacos, contracción o sístole, relajación o diástole, pulso, presión sanguínea, tensión sanguínea, circulación general, c. pulmonar, vasoconstricción o contracción de los vasos, vasodilatación o dilatación de los vasos, hipertensión, hipotensión.

6. F. de la sangre*. Hematíes o glóbulos rojos o eritrocitos, hemoglobina, transporte de oxígeno, leucocitos o glóbulos blancos o fagocitos, sistema inmunológico, fagocitosis, plaquetas, coagulación sanguínea, velocidad de coagulación, v. de sedimentación (v. 5).

7. F. del aparato urinario. Secreción de la orina, secreción renal o del riñón*, regulación de líquidos internos, eliminación, excreción*, micción, urea, tóxicos.

8. F. del aparato locomotor. Fisiología muscular*, locomoción, movimientos, fibra muscular, contracción, relajación, excitación, estímulo, tono muscular, reflejo.

9. F. del sistema nervioso. Neurona, excitabilidad, conductibilidad, nervios* sensitivos y sensoriales, n. motores, sinapsis, impulsos nerviosos, estímulos, sensaciones dolorosas, vías sensitivas, posición, coordinación, marcha, vías motoras, contracciones, movimientos, m. reflejos, reflejos condicionados, funciones psíquicas, zonas cerebrales, cerebro*.

10. F. de los órganos de los sentidos. *Tacto:* sensación táctil, receptores del tacto, del frío, del calor, del dolor (v. 9). *Olfato:* sensación olfatoria, aire inspirado, sustancias olorosas, región olfatoria cerebral (v. 9). *Gusto*: botones gustativos, papilas, sensación dulce, salada, ácida, amarga (v. 9). *Vista:* ojo*, pupila, variación de diámetro, retina, impresiones visuales, impulsos nerviosos, nervio óptico, cerebro*, visión lejana, v. próxima, cristalino, contracción, acomodación (v. 9). *Oído*: tímpano, estímulos, sonidos*, ruidos, huesecillos, transmisión de vibraciones, oído interno, impulsos nerviosos, nervio acústico, cerebro* (v. 9).

11. F. de las glándulas* de secreción interna. Regulación, coordinación del metabolismo, hormonas, secreciones, sistema endocrino, constantes internas, hipersecreción, hiposecreción hormonal, hipófisis, tiroides, suprarrenales.

12. F. de la piel. Regulación térmica, protección física, p. química, p. microbiana, sudoración, sudor, percepción táctil (v. 10).

13. Fisiológico. Funcional, experimental, orgánico, vital, bioquímico, biológico.

14. Fisiólogo. Científico*, biólogo*, médico*. V. FÍSICA 11.

V. RESPIRACIÓN, CIRCULATORIO (APARATO), DIGESTIVO (APARATO), NERVIOSO (SISTEMA).

fisiológico. V. FISIOLOGÍA 13.

fisiólogo. V. FISIOLOGÍA 14.

fisión. Desintegración, fragmentación*, escisión. V. ÁTOMO 3.

fisonomía, fisionomía. 1. Rostro, expresión, semblante. V. CARA 1.

— **2.** Apariencia, aire, imagen. V. ASPECTO 1.

fisonomista. Conocedor, observador, psicólogo*. V. MEMORIA 8.

fístula. Llaga, úlcera, conducto anómalo. V. LESIÓN 1.

fisura. Rendija, grieta, corte*. V. HENDEDURA 1.

flaccidez. Relajamiento, blandura*, flojedad. V. FLOJO 4.

fláccido. Fofo, lacio, relajado. V. FLOJO 1.

flaco. Escuálido, enjuto, demacrado. V. DELGADEZ 3.

flacura. Escualidez, estrechez, adelgazamiento. V. DELGADEZ 1.

flagelación. V. FLAGELAR 5.

flagelante. V. FLAGELAR 6.

FLAGELAR. 1. Vapulear, azotar, fustigar, zurrar, disciplinar, varear, vergajear, tundir, castigar*, pegar, golpear*, sobar, arrear, baquetear, dar leña, sacudir, batir, lesionar*, herir.

— **2.** Censurar, recriminar, criticar. V. ACUSACIÓN 2.

3. Flagelo. Látigo, vara, vergajo, azote, rebenque, fusta, disciplinas, tralla, verdugo, zurriago, penca, cuerda, correa, nervio, knut, chicote, tortura*, condena*, castigo*.

— **4.** Peste, calamidad, plaga. V. DESASTRE 1.

5. Flagelación. Vapuleo, zurra, azotaina, azote, castigo*, fustigamiento, azotamiento, latigazo, trallazo, cintarazo, soba, leña, tunda, baqueteo, vareo, tundidura, felpa, paliza, fustazo, rebencazo, zurriagazo, vergajazo, varazo, señal, golpe*, varapalo.

6. Flagelante. Disciplinante, fustigador, penitente, pecador, arrepentido, contrito, aspado, nazareno, azotado (v. 1).

Contr.: Acariciar, mimar*, aliviar.

V. CASTIGO, TORTURA, CONDENA, GOLPE, LESIÓN.

flagelo. V. FLAGELAR 3, 4.

flagrante. Palmario, evidente, grave. V. INDUDABLE 1.

flamante. Moderno, estrenado, reciente. V. NUEVO 1.

flamear. 1. Agitar, tremolar, ondear. V. BANDERA 5.

— **2.** Quemar, pasar por llama, desinfectar*. V. FUEGO 6.

flamenco. 1. Palmípeda, zancuda, volátil. V. AVE 4, 7.

— **2.** De Flandes, belga; lengua flamenca. V. EUROPEO 2; IDIOMA 4.

— **3.** Andaluz agitanado; bravucón, achulado. V. GITANO 1; FANFARRONERÍA 2.

— **4.** Cante andaluz, cante jondo, coplas. V. CANTAR 5.

flamígero. Ardiente, resplandeciente, llameante. V. FUEGO 7.

flan. Crema, dulce, postre. V. CONFITERÍA 5.

flanco. 1. Borde, extremo, costado. V. LADO 1.

— **2.** Anca, costado, cadera. V. CUERPO 5.

flanquear. Confinar, limitar*, escoltar. V. BORDE 2.

flaquear. Aflojar, ceder, agotarse. V. DEBILIDAD 10.

flaqueza. Debilidad*, quebranto, fragilidad. V. TENTACIÓN 2.

flash. ingl. Fogonazo, relámpago, lámpara de destello. V. FOTOGRAFÍA 5.

flato. Gases, eructo, ventosidad. V. GAS 1.

flatulencia. V. flato.

flauta. Pífano, caramillo, instrumento de viento. V. INSTRUMENTO MUSICAL 4.

flautista. Músico*, intérprete, ejecutante. V. ORQUESTA 3.

flébil. Lastimero, triste, penoso. V. AFLICCIÓN 5.

flebitis. Congestión, inflamación venosa, enfermedad*. V. CIRCULATORIO (APARATO) 7.

flecha. Saeta, dardo, venablo. V. ARCO 9.

flechar. Enamorar, cautivar, seducir. V. AMOR 7.

flechazo. 1. Enamoramiento, arrebato amoroso, pasión. V. AMOR 1, 2.
— **2.** Impacto, disparo, desgarro. V. ARCO 8.

fleco. 1. Galoncillo, cairel, hilachas. V. TIRA 1.
— **2.** V. flequillo.

fleje. Lámina, chapa, tira metálica. V. HIERRO 7.

flema. 1. Esputo, mucosidad, expectoración. V. EXCRECIÓN 2.
— **2.** Parsimonia, cachaza, serenidad. V. TRANQUILIDAD 3.

flemático. Pausado, sereno, cachazudo. V. TRANQUILIDAD 6.

flemón. Absceso, hinchazón*, forúnculo. V. GRANO 1.

flequillo. Mechón, guedeja, copete. V. PELO 1, 2.

fletar. Arrendar, contratar, enviar. V. ALQUILER 2, TRANSPORTE 11.

flete. 1. Embarque, envío, remesa. V. TRANSPORTE 1.
— **2.** Precio, pago*, contrato. V. ALQUILER 1.

FLEXIBILIDAD. 1. Elasticidad, cimbreo, arqueamiento, ductilidad, maleabilidad, plasticidad, blandura*, tonicidad, torcedura, deformación*, oscilación*, vibración, movimiento*, resistencia, pandeamiento (v. 3).
— **2.** Docilidad, amoldamiento, habilidad*. V. OBEDIENCIA 1.
3. Flexión. Curvatura*, pandeo, alabeo, torcedura, arqueamiento, vibración, oscilación*, deformación*, pandeamiento, doblez, inclinación* (v. 1).
4. Flexible. Cimbreante, elástico, oscilante*, ondulante, plástico, vibrante, movedizo*, mimbreño, blando*, maleable, dúctil, deformable, compresible (v. 5). Acomodaticio, tolerante (v. tolerancia 2).
5. Objetos flexibles, elásticos. Ballesta, resorte, fleje, muelle, arco, espiral, lámina, caucho*, goma, elástico, suspensión, amortiguador.
6. Acción. Cimbrear, oscilar*, ondular, vibrar, moverse*, bambolearse, curvarse, pandearse, torcerse, alabearse, arquearse, resistir, deformarse, inclinarse.
Contr.: Rígido*, duro*, indeformable.
V. MOVIMIENTO, OSCILACIÓN, BLANDURA, FLOJEDAD.

flexible. 1. V. FLEXIBILIDAD 4.
— **2.** Acomodaticio, dúctil, tolerante*. V. OBEDIENCIA 2.

flexión. V. FLEXIBILIDAD 3.

flirt. ingl V. flirteo.

flirtear. Cortejar, galantear, coquetear. V. AMOR 7.

flirteo. Conquista, galanteo, aventura amorosa. V. AMOR 2.

flojear. V. FLOJO 5.

flojedad, flojera. V. FLOJO 3.

FLOJO. 1. Laxo, laso, suelto, aflojado, lacio, fláccido, fofo, distendido, relajado, apático (v. 3), desmadejado, caído, blando*, resbaladizo, corredizo, esponjoso, muelle, flexible, ajado, marchito*, débil*, decaído, inerte, mustio.
— **2.** *Desatado,* flojo, corredizo, deslizante, resbaladizo, desligado, suelto, separado, aflojado.
— **3.** *Apático,* flojo, indolente, negligente, fatigado*, cansado, débil*, perezoso, holgazán*, lánguido, desanimado*, decaído, inactivo, cobarde*, pusilánime, tímido*.
4. Flojedad. Flojera, atonía, flaccidez, lasitud, laxitud, flexibilidad*, desmadejamiento, decaimiento, distensión, relajación, esponjosidad, aflojamiento, blandura*, soltura, apatía, cansancio, fatiga*, desánimo*, languidez, debilidad*, negligencia, pereza, holgazanería*, pusilanimidad, timidez*, indolencia.
5. Aflojar. Relajar, soltar, largar, ceder, flojear, flaquear, desatarse, separarse*, desmadejarse, decaer, ablandarse, esponjar, cansarse*, tirar, lanzar* (v. 6).
— **6.** *Desanimarse*,* aflojar, debilitarse*, languidecer, holgazanear*, decaer, cejar, abandonar, desistir, rendirse, transigir, consentir (v. 5).
Contr.: Duro*, rígido*, compacto, denso*.
V. BLANDO, FLEXIBLE, DÉBIL, HOLGAZÁN, COBARDE, DESANIMADO, CANSADO.

FLOR. 1. Órgano reproductor, ó. ornamental, ó. de la fanerógama, pimpollo, brote*, capullo, yema, botón, parte del vegetal*.
2. Partes. Corola (pétalos), pistilo u órgano femenino (gineceo, carpelo, ovario, estilo, estigma), estambre u órgano masculino (androceo, antera, filamento, polen), cáliz (sépalos); verticilo.
3. Clases de flores. De jardín (v. 4), silvestre (v. 5), exótica, de montaña, natural, artificial; bisexuada, unisexuada; simple, doble; monoica, dioica; dialisépala, gamosépala; dialipétala, gamopétala; completa, incompleta; liliácea. Inflorescencias: racimo, espiga, corumbo, umbela, amento, espádice, bráctea, capítulo, involucro, receptáculo, drepanio, panícula; brote*, retoño.
4. Flores de jardín. Rosa, clavel, clavellina, azucena, tulipán, gladiolo, crisantemo, hortensia, jazmín, geranio, begonia, violeta, dalia, alhelí o alelí, cala, orquídea, azalea, ciclamen, magnolia, malva, pensamiento, glicina, cinia, hibisco, peonía, lirio, siempreviva, azahar, lila, nomeolvides o miosotis, pasionaria, gardenia, jacinto, camelia, caléndula, margarita, narciso, junquillo, petunia, anémona, nardo, heliotropo, girasol, prímula, viburno, lavándula (espliego, alhucema), digital, campánula, capuchina, clemátide, verbena, boca de dragón, azafrán, acónito, rododendro, guisante de olor, fucsia (v. 1, 5).

5. Flores silvestres. Florecilla, amapola, margarita, violeta, malva, artemisa, manzanilla, campánula o campanilla, muguete, acónito, genciana, edelweiss, rododendro, mirobalano, corazoncillo, adormidera, botón de oro, tila, pie de león, primavera, acedera, acederilla, pensamiento silvestre, brezo, saxífraga, cardo, llantén, mostaza, achicoria (v. 1, 4).

6. Brote. Capullo, pimpollo, retoño, botón, yema, renuevo, pezón, mugrón, reveno, vástago, cogollo.

7. Conjuntos y receptáculos. Corona, guirnalda, ramo, ramillete, maceta, tiesto, florero, búcaro, canéfora, jardinera, vaso, vasija, ramilletero, cántaro, recipiente, receptáculo*.

8. Floricultura. Jardinería*, horticultura, agricultura*; estiércol, abono*, mantillo, hibridación, cruzamiento, trasplante, injerto*, esqueje, hijuelo, acodo, estaca, bulbo, tubérculo, semillero, invernadero, arriate, macizo, parterre.

9. Florecer. Retoñar, brotar*, echar, abrirse, nacer, crecer, desarrollarse*, salir, aparecer, granar, madurar*, arraigar, agarrar, prender, medrar, lucir, romper, progresar, prosperar*, renovarse, reproducirse.

10. Florecimiento. Brote*, floración, florescencia, apertura, salida, nacimiento, aparición, desarrollo*, crecimiento, auge, prosperidad*.

11. Florido. Florecido, floreciente, poblado, lucido, exuberante, cuajado, adornado*, hermoso*, multicolor, policromo, variopinto.

12. Florería. Tienda*, floristería, establecimiento, negocio, comercio, local, casa, puesto, quiosco de flores.

13. Florista. Floricultor, jardinero*, horticultor, vendedor, comerciante*, tendero, experto, cultivador, plantador. V. JARDÍN, VEGETAL, AGRICULTURA.

flora. Botánica, vegetación, plantas. V. VEGETAL 23.

floración. V. FLOR 10.

florecer. V. FLOR 9.

floreciente. 1. Pujante, adelantado, rico*. V. PROSPERIDAD 3.
— **2.** V. FLOR 11.

florecimiento. 1. V. FLOR 10.
— **2.** Grandeza, auge, desarrollo*. V. PROSPERIDAD 1.

floreo. Adorno*, superficialidad, sutileza. V. HABLAR 2.

florería. V. FLOR 12.

florero. V. FLOR 7.

floresta. Espesura, arboleda, fronda. V. BOSQUE 1.

florete. Espadín, arma blanca, estoque. V. ESPADA 1.

floricultor. V. FLOR 13.

floricultura, V. FLOR 8.

florido. V. FLOR 11.

florilegio. Recopilación, selección*, antología. V. COLECCIÓN 1.

florín. Pieza, metálico, antigua moneda de Holanda. V. DINERO 6.

florista. V. FLOR 13.

floristería. Florería, tienda*, puesto. V. FLOR 12.

floritura. Floreo, arabesco, variación*. V. ADORNO 1.

florón. Ornamento, remate, floripondio. V. ADORNO 1.

flota. Armada, convoy, escuadra. V. BARCO 7.

flotable. V. flotante.

flotador. Boya, salvavidas, artefacto insumergible. V. NADAR 6.

flotante. Boyante, insumergible, estanco. V. NADAR 8.

flotar. 1. Sobrenadar, navegar*, sostenerse. V. NADAR 1.
— **2.** Ondear, mecerse, tremolar. V. OSCILACIÓN 4.

flotilla. V. flota.

fluctuación. V. fluctuar.

fluctuante. 1. Vacilante, irresoluto, indeciso. V. INESTABLE 1.
— **2.** V. fluctuar.

fluctuar. 1. Cambiar*, alternar, oscilar. V. VARIAR 1.
— **2.** V. fluctuante 1.
— **3.** V. flotar 2.

fluidez. Sencillez, naturalidad, claridad. V. FÁCIL 2.

fluido. 1. Cuerpo, agente, vapor*. V. LÍQUIDO 1, GAS 1.
— **2.** Gaseoso*, líquido*, liviano. V. LEVE 1.
— **3.** V. fluidez.

fluir. Manar, correr, circular. V. VACÍO 5.

flujo. 1. Circulación, corriente, vaciado. V. VACÍO 4.
— **2.** Secreción, derrame, pérdida. V. EXCRECIÓN 1.
— **3.** Marea, pleamar, subida de las aguas. V. MAR 3.

flúor. Metaloide gaseoso, elemento, cuerpo simple. V. QUÍMICA 4.

fluorescente. Fosforescente, luminiscente, luminoso. V. LUZ 7.

fluvial. De río, acuático, hidráulico. V. AGUA 6.

fobia. Repugnancia*, desagrado*, manía*, temor. V. ANTIPATÍA 1.

foca. Pinnípedo, morsa, vertebrado. V. MAMÍFERO 18.

foco. 1. Faro, linterna, fanal. V. LÁMPARA 1.
— **2.** Meollo, núcleo, polo. V. CENTRO 1.

fofo. Inconsistente, esponjoso, fláccido. V. BLANDO 1.

fogata. Lumbre, pira, hoguera. V. FUEGO 2.

fogón. Hornillo, cocinilla, hogar. V. COCINA 3.

fogonazo. Chispazo, llamarada, relámpago. V. FUEGO 2.

fogonero. Maquinista, operario, mecánico. V. MÁQUINA 6.

fogosidad. V. fogoso.

fogoso. Impetuoso, exaltado, ardiente. V. APASIONAMIENTO 2.

fogueado. Aguerrido, veterano, baqueteado. V. HÁBITO 5.

foguearse. Baquetearse, aguerrirse, acostumbrarse. V. HÁBITO 4.

foie-gras, foie gras. *fr* Pasta de hígado, paté de hígado, entremés. V. ALIMENTO 13.

FOLCLORE, FOLCLOR. 1. Costumbres, tradición*, manifestaciones populares, m. regionales, m. nacionales*, pintoresquismo, peculiaridades, tipismo, costumbrismo, regionalismo, localismo, casticismo, autenticidad.
2. Elementos. Etnografía, antropología*, pueblo, etnia*, investigación*, sociedades regionales, regionalismo, hechos anónimos, lenguaje, idioma*, literatura* popular, fiestas*, juegos*, creencias, supersticiones*, magia, hechicería*, artes*, oficios, casa*, ajuar, traje regional, música*, bailes*.
3. Folclórico. Popular, típico, nativo, característico*, costumbrista, tradicional*, regional, nacional*, vernáculo, local, comarcal, pintoresco, curioso*, interesante*, peculiar, representativo, original, auténtico, castizo.
V. TRADICIÓN, ETNIAS, ANTROPOLOGÍA, IDIOMA, MÚSICA, BAILE, NACIÓN.

folclórico. V. FOLCLORE 3.

foliar. Inscribir, anotar, numerar. V. NÚMERO 8.

folículo. Tubo, conducto orgánico; pericarpio. V. GLÁNDULA 1; FRUTO 3, 4.

folio. Hoja, página, pliego. V. PAPEL 1.

follaje. Fronda, ramaje, espesura. V. BOSQUE 1.

folletín. Serial, novela, drama. V. NARRACIÓN 1.

folletinesco. Imaginario, dramático, novelesco. V. FANTASÍA 2.

folleto. Opúsculo, prospecto, panfleto. V. IMPRESO, CUADERNO 1.

follón. 1. Alboroto*, enredo, pelea*. V. EMBROLLO 1.
— **2.** Negligente, perezoso, timorato. V. COBARDE, HOLGAZÁN 1.

fomentar. V. fomento 1.

fomento. 1. Impulso, ayuda*, protección*. V. DESARROLLO 1.
— **2.** Sinapismo, cataplasma, emplasto. V. VENDA 1.

fonda. Mesón, posada, restaurante*. V. HOTEL 1.

fondeadero. Dársena, embarcadero, bahía. V. PUERTO 1.

fondear. Recalar, anclar, atracar. V. ANCLA 3.

fondo. 1. Hondura, sima, abismo. V. PROFUNDO 3.
— **2.** Fundamento, raíz, sostén. V. BASE 2.
— **3.** Personalidad, interior, intimidad. V. CARÁCTER 1.

fonema. Sonido, articulación, sílaba. V. PRONUNCIACIÓN 1.

fonendoscopio. Estetoscopio, instrumento de auscultación. V. MÉDICO 7.

fonética. Fonología, estudio, disciplina. V. PRONUNCIACIÓN 1.

fonógrafo. Aparato, gramófono, reproductor de sonidos. V. TOCADISCOS 1.

fontana, fontanar. Manantial, surtidor, venero. V. FUENTE 1.

FONTANERÍA. 1. Plomería, instalación sanitaria, conducción, distribución de aguas, tuberías*, oficio del fontanero, alcantarillado*.
2. Instalación de fontanería. Cañería, tubería* de la red general de agua, llave de paso exterior (calle), llave de paso interior (casa), contador, tuberías de agua fría, t. de agua caliente, caldera, calentador, depósito de agua caliente, radiadores, cisterna o depósito del inodoro o váter, lavabo, bidé, inodoro, retrete, ducha, bañera, baño*; alcantarillado*.
3. Averías, reparaciones*. Fuga, f. de agua, f. de gas, escape, corte de agua, reparación*, soldadura, desatasque, desobstrucción, limpieza*, desoxidación, pulimentado, ensamblaje, unión*, conexión, encaje, acoplamiento*, nudo de soldadura, acabado.
4. Material. Tubos*, caños, tubería de plomo, de cobre, de acero, de fundición, de plástico*; unión de tubería: empalme, cruceta, codo, te, junta, junta con virola y rosca; válvula, v. de retención, v. de paso libre, llave de válvula, grifo*, vástago, prensaestopa, brida, boquilla, abrazadera, muñón, suspensión, sifón, sifón de inodoro, cisterna o depósito del inodoro, radiador, calentador; masilla, estopa, aislamiento, varilla de soldar.
5. Herramientas*. Alicates, mordaza para tubos, llave inglesa, ll. francesa, ll. Stillson, ll. de cadena, tenazas, cortatubos, lima, ensanchador de tubos, terraja, soplete o lámpara de soldar, soldador, banco para tubos, aparato de mandrilar, martillo, m. de embutir.
6. Fontanero. Plomero, técnico, operario, pocero, artesano, obrero, alcantarillero*, trabajador*.
V. GRIFO, TUBO, BAÑO, ALCANTARILLA, REPARACIÓN.

fontanero. V. FONTANERÍA 6.

foque. Vela triangular, de cuchillo, de proa. V. BARCO 15.

forajido. Malhechor, delincuente, bandolero. V. DELITO 3.

foramen. Abertura, orificio, boquete. V. AGUJERO 1.

foráneo. V. FORASTERO 1.

FORASTERO. 1. Desconocido, foráneo, extraño, extranjero, nuevo*, recién llegado, de fuera, extraterrestre, alienígena, selenita, marciano, venusiano, galáctico, extragaláctico, habitante* de Marte, Júpiter, Saturno, etc.; viajero*, turista, novel, novato, arribista, advenedizo, intruso*, anónimo, gringo, exiliado, refugiado, emigrante, inmigrante, expatriado, desplazado, colono*, colonizado, conquistador*, invasor, bárbaro*, naturalizado, radicado, nacionalizado, aldeano*, exótico, ignoto, lejano, distante*.
2. Acción. Viajar*, emigrar, inmigrar, huir*, marchar*, desplazarse, abandonar, exiliarse,

refugiarse, expatriarse, naturalizarse, asentarse, nacionalizarse*, radicarse, habitar*, llegar, localizarse, afincarse, arraigar, colonizar*, conquistar*, invadir.
Contr.: Conocido, vecino, habitante*.
V. VIAJERO, INTRUSO, COLONO, CONQUISTADOR, HUIDA, MARCHA.

forcejear. Luchar*, bregar, resistir. V. ESFUERZO 2.

forcejeo. V. forcejear.

fórceps. Separador, tenaza, instrumento quirúrgico. V. CIRUGÍA 8.

forense. Perito, doctor, médico de juzgado. V. MÉDICO 2, TRIBUNAL 5.

forestal. Agreste, rústico, del bosque. V. BOSQUE 4.

FORJA. 1. Fragua, taller, obrador, herrería, fundición, metalurgia*, instalación metalúrgica.
2. Herramientas, accesorios. Yunque: pie o base, cuerno, tabla o placa; bigornia o yunque de cola, tenazas de forja, t. de boca ancha, t. de boca de lobo; fragua: fogón, horno, chimenea, campana de chimenea, tobera, fuelle, f. con motor eléctrico; crisol, atizador, artesa, cuba de agua, maza, aplanadora, macho, martillo, m. de remachar o buterola, m. de fragua, formón o degüello, cortafrío, buril, punteador, tajadera, cizalla, lima, mandril, tornillo de banco, martinete, matriz, delantal de cuero.
3. Maquinaria de forja. Punzonadora y recortadora de planchas y hierros perfilados, prensa de forja, p. hidráulica, máquina curvadora, martillo pilón, m. neumático para estampar, martinete de estampar, crisol, horno de forja, h. de gas.
4. Productos. Hierros* forjados, planchas, p. moldeadas, rejas, aldabones, candelabros, clavos decorativos.
5. Forjador. Herrero, herrador, maestro forjador, herrero de grueso, artesano, ayudante, batidor, majador, chispero, quincallero, metalúrgico, operario, obrero.
6. Forjar, herrar. Moldear*, fraguar, herrar, formar*, trabajar*, percutir, golpear, batir, majar, cincelar, fundir, crear; clavar, ajustar la herradura.
V. METALURGIA, HIERRO, METAL.

forjador. V. FORJA 5.

forjar. V. FORJA 6.

FORMA. 1. Hechura, silueta, imagen, figura*, perfil, contorno, formato, morfología, estructura, sombra, aspecto*, apariencia, disposición, trama, complexión, formación, conformación, configuración, representación, contextura, constitución, proporción, magnitud, tamaño, dimensión, medida*, modelo*, continente, guisa, línea*, confección, elaboración, diseño, dibujo*, arreglo, orden*, modo*, tipo, simetría, geometría, aire, porte, facha, estampa, vista, físico, efigie, rostro, cara*, faz.
— 2. Manera, estilo, medio. V. MODO 1.

3. Formar. Configurar, ordenar*, disponer, arreglar, tornear, moldear, forjar, modelar, plasmar, labrar, crear*, hacer*, perfilar, estructurar, trabajar*, conformar, constituir, proporcionar, diseñar, dibujar*, estampar, deformar*, curvar*, ahusar, afinar, aguzar, abarquillar, pandear, acampanar, alechugar, achatar, aplastar*, aplanar, apaisar (v. 4).
4. Formado. Estructurado, configurado, hecho, perfilado, contorneado, conformado, dispuesto, organizado, constituido, proporcionado, modelado, moldeado*, perfecto*, bien hecho, detallado*, trabajado*, diseñado, dibujado*, arreglado, ordenado*, multiforme, deforme (v. 5).
5. Diferentes formas. Multiforme, no formado (v. 4), deforme, informe, desigual, variado*, diversiforme, polimorfo, amorfo, uniforme, simétrico, asimétrico, cóncavo, convexo, ovoide, piriforme, pisiforme, pisciforme, fusiforme, ahusado, aguzado, filiforme, arracimado, flabeliforme, alomado, acastillado, abocinado, aboquillado, sagital, granuloso, concoideo, troncocónico, piramidal, parabólico, oblongo, helicoidal, elipsoidal, triangular, trapezoidal, romboidal, prismático, esférico, cilíndrico, cónico, dentellado, denticular, acaracolado, abarquillado, pandeado, curvo*, acampanado, navicular, lenticular, palmeado, almendrado, amelonado, acorazonado, alechugado, rigado*, arboriforme, vermiforme, arriñonado, apezonado, acopado, dactilado, oviforme, semilunar, romo, chato, aplastado*, plano, apaisado, cuadrado.
Contr.: Deformación*.
V. FIGURA, DIBUJO, ASPECTO, MODO, LÍNEA, CURVA, MEDIDA.

formación. 1. Línea, pelotón, columna. V. FILA 1, EJÉRCITO 4.
— 2. Instrucción, enseñanza, adiestramiento. V. EDUCACIÓN 1.
— 3. V. FORMA 1.
— 4. Estrato, manto, capa geológica. V. GEOLOGÍA 6.

FORMAL. 1. Sensato, juicioso, grave, serio, cuerdo, consciente, mesurado, moderado*, prudente, disciplinado, circunspecto, severo*, discreto, reservado, ponderado, responsable, tranquilo*, sesudo, maduro, sabio, digno, cumplidor, puntual, exacto, protocolario, etiquetero*, observante, obediente, precavido*, realista, positivo, práctico, recto, cabal, cuidadoso, celoso, reposado, reflexivo, cauto, equilibrado, formalista, detallista*, oficioso, fiel, leal*, religioso*, tímido*, aburrido*, remilgado*, escrupuloso, callado, silencioso*, honrado*.
— 2. Expreso, explícito, manifiesto. V. CLARO 4.
3. Formalidad. Sensatez, gravedad, seriedad, mesura, dignidad, circunspección, prudencia, ponderación, razón, cordura, juicio, discreción, sentido, s. común, cuidado*, precaución*,

moderación*, recato, compostura, disciplina, tranquilidad*, puntualidad, exactitud*, sabiduría*, inteligencia, madurez*, responsabilidad, garantía*, equilibrio, rectitud, honradez*, obediencia*, observancia, reserva, seso, reflexión, cautela, reposo, celo, formulismo, protocolo, etiqueta*, lealtad*, fidelidad, severidad*, religiosidad*, escrupulosidad, remilgo*, aburrimiento, retraimiento, timidez*.

4. Ser formal. Cumplir, obedecer*, observar, cuidar*, acatar, respetar, guardar, aceptar, considerar, callar, retraerse, aburrirse*, remilgar*, esmerarse, garantizar*, responsabilizarse, consagrarse, aplicarse, velar, vigilar*, pensar*, reflexionar, precaver, prevenir, tranquilizarse*, disciplinarse, moderarse*.

Contr.: Informal, alocado, despreocupado.

V. MODERADO, TRANQUILO, SEVERO, PRECAVIDO, ETIQUETERO, CUIDADOSO, OBEDIENTE, DETALLISTA, EXACTO, SABIO, LEAL, HONRADO, TÍMIDO, RELIGIOSO, REMILGADO, ABURRIDO, SILENCIOSO.

formalidad. 1. V. FORMAL 3.
— **2.** Requisito, estipulación, obligación*. V. CONDICIÓN 1.

formalismo. Severidad*, seriedad, detalle*. V. ETIQUETA 2.

formalista. Detallista*, exacto*, etiquetero. V. ETIQUETA 4.

formalizar. Efectuar, ejecutar, cumplir. V. REALIZAR 1.

formalmente. Expresamente, explícitamente, manifiestamente. V. CLARO 4.

formar. 1. Configurar, moldear, modelar. V. FORMA 3.
— **2.** Producir, fundar, hacer. V. CREAR 1.
— **3.** Enseñar, guiar*, instruir. V. EDUCACIÓN 11.
— **4.** Alinear, ordenar*, reunir. V. FILA 3.
— **5.** *Formarse*, crecer, desarrollarse*, aumentar*. V. ALTURA 6.

formativo. Pedagógico, didáctico, educativo. V. EDUCACIÓN 18.

formato. Tamaño, dimensiones, medidas*. V. FORMA 1.

formidable. 1. Soberbio, admirable, magnífico. V. MARAVILLA 2.
— **2.** Enorme, imponente, temible*. V. GRANDE 1.

formón. Cortafrío, cincel, escoplo. V. CUCHILLA 2.

fórmula. 1. Enunciado, expresión, representación. V. LEY 1.
— **2.** Método, procedimiento, modelo. V. MODO 1.
— **3.** V. formulario.

formular. Expresar, enunciar, declarar. V. EXPLICACIÓN 2.

formulario. Recetario, fórmulas, prontuario. V. MEDICAMENTO 3, LIBRO 2.

formulismo. Protocolo, ceremonia, pompa. V. ETIQUETA 2.

formulista. V. formulismo.

fornicación. Cópula, apareamiento, concúbito (extramatrimonial). V. COITO 1.

fornicador. Lujurioso, copulador, lascivo. V. SEXO 12.

fornicar. Copular, aparearse, cohabitar (fuera del matrimonio). V. COITO 6.

fornido. Fuerte, corpulento, robusto. V. VIGOR 2.

fornituras. Correaje, arreos; piezas*. V. TIRA 2, RELOJ 5.

foro. Juzgado, reunión, audiencia, jurisprudencia. V. TRIBUNAL 1.

forraje. Pienso, ración, pasto. V. HIERBA 1.

forrar. Tapizar, envolver, revestir. V. RECUBRIMIENTO 2.

forro. Funda, revestimiento, envoltura. V. RECUBRIMIENTO 1.

fortalecer. Tonificar, robustecer, fortificar. V. VIGOR 4.

fortalecimiento. Fortificación, tonificación, robustecimiento. V. REFORZAR 3.

fortaleza. 1. V. FORTIFICACIÓN 1.
— **2.** Robustez, fuerza, corpulencia. V. VIGOR 1.
— **3.** Brío, energía, firmeza. V. ÁNIMO 1.

FORTIFICACIÓN. 1. Fuerte, ciudadela, fortaleza, reducto, defensa, protección*, baluarte, fortín, blocao, búnker, bastión, blindaje, coraza, casamata, torre, torreón, castillo*, castro, plaza fuerte, p. amurallada, atrincheramiento, cuartel*, atalaya, cota, recinto amurallado, acrópolis, caserna, refugio, r. antiaéreo, r. antiatómico, trinchera, empalizada, valla*, barricada, muro,' muralla, parapeto (v. 2), batería, destacamento, posición, sitio, campamento, acampada*, acantonamiento. Fortalecimiento (v. vigor*).

2. Partes. Parapeto, trinchera, valla*, empalizada, terraplén, defensa, barricada, escarpa, contraescarpa, contrafuerte, antepecho, muro, muralla, pared*, lienzo, foso, torre, t. de ángulo, barbacana, tronera, aspillera, glacis, garita, galería, camino de ronda, poterna, puente levadizo, flanco, ala, batiente, explanada, esperonte, falsabraga, aproches, blindaje, protección, cortina, cañonera, camino cubierto, adarve, pasadizo, mina, arsenal, santabárbara, depósito de municiones, barreno, explosivo*, artillería*, cabeza de puente, matacán, rampa, palenque; dependencias: alojamientos, cuarto de guardia, estado mayor, enfermería, almacenes, sala de máquinas, control de comunicaciones (v. 1).

3. Personas. Zapador, ingeniero, militar, gastador, soldado, artillero*, sitiador, atacante, asaltante, saqueador, defensor.

4. Ataque y defensa. Asedio, bloqueo, cerco*, sitio, brecha, incursión, escalamiento, asalto, ataque*, pillaje, saqueo, botín, hambre, peste, defensa, protección*, salida, contraataque, retirada, resistencia, tregua, parlamento, armisticio, capitulación, rendición, bandera blanca, aprovisionamiento, víveres, aceite hirviendo, pez, ballesta*, arco*, saeta, arma* de fuego, artillería*, ariete, pedrera, catapulta, bombardeo*.

5. Acción. Fortificar, proteger*, acorazar, blindar, armar*, atrincherar, amurallar, parapetar, reforzar, erigir, construir*, consolidar, resguardar, reconfortar, vigorizar*, atacar, asediar, cercar*, sitiar, incursionar, escalar, disparar, bombardear, tirar, armarse*, asaltar, saquear, pillar, defender*, contraatacar, salir, resistir, retirarse, parlamentar, capitular, rendirse, aprovisionarse. Fortalecer (v. vigor*).

6. Fortificado. Amurallado, protegido*, acorazado, blindado, consolidado, parapetado, construido*, atrincherado, defendido, reforzado, erigido, armado*, resguardado, inexpugnable, sólido, fuerte, invulnerable.

V. CASTILLO, ARTILLERÍA, ARMA, EJÉRCITO, GUERRA, VALLA.

fortificado. V. FORTIFICACIÓN 6.

fortificante. Vigorizante, tonificante, robustecedor. V. VIGOR 3.

fortificar. 1. V. FORTIFICACIÓN 5.

— **2.** Tonificar, robustecer, vigorizar. V. VIGOR 4.

fortín. V. FORTIFICACIÓN 1.

fortuito. Imprevisto, accidental, casual. V. AZAR 3.

fortuna. 1. Hado, destino, sino. V. AZAR 1.

— **2.** Patrimonio, dinero*, capital. V. RIQUEZA 1.

forúnculo. Divieso, absceso, hinchazón*. V. GRANO 1.

forzado. 1. V. forzar.

— **2.** Fingido, falso*, rebuscado. V. AFECTACIÓN 2.

— **3.** Penado, condenado*, presidiario. V. PRISIÓN 6.

forzar. 1. Imponer, apremiar, exigir. V. OBLIGAR 1.

— **2.** Empujar, romper, tensar. V. ESFUERZO 2.

— **3.** Capturar, asaltar, tomar. V. CONQUISTA 3.

— **4.** Violar, desflorar, deshonrar. V. ABUSO 7.

forzoso. Necesario*, ineludible, imprescindible. V. OBLIGAR 6.

forzudo. Fornido, robusto, hercúleo. V. VIGOR 2.

fosa. 1. Sepulcro, sepultura, cripta. V. TUMBA 1.

— **2.** Cavidad*, hoyo, hueco*. V. EXCAVAR 2.

fosco. Sombrío, gris; huraño. V. OSCURO, HOSCO 1.

fosforescencia. Luminiscencia, luminosidad, fulgor. V. LUZ 1.

fosforescente. V. fosforescencia.

fósforo. 1. Cuerpo simple, elemento*, metaloide. V. QUÍMICA 4.

— **2.** Mixto, cerilla, bengala. V. FUEGO 5.

FÓSIL. 1. Vestigio, huella, traza, restos, reliquia, residuo*, señal*, marca, indicio, fósil guía; animal arcaico, vegetal arcaico, fosilizado, petrificado, extinguido, antediluviano, troglodítico, cavernario, palustre.

2. Generalidades. Paleontología, paleoantropología, antropología, paleozoología, paleobotánica, paleobiogeografía, geología*; paleontólogo, geólogo*, antropólogo, investigador,

estudioso; yacimiento, sedimento, terreno sedimentario, estrato, cueva*, palustre, mineral*, roca, piedra*, ámbar, petróleo*, petrificación, conchas, dientes*, huesos*, coprolitos, ictiolito, fitolito, helechos, raíces, troncos, huellas de pisadas, moldes, seres antediluvianos, dinosaurios*, caliza, arenisca, esquisto; edad* geológica*.

3. Fósiles animales y sus terrenos. *Silúrico:* nautilus; *jurásico:* ictiosaurio, iguanodonte, plesiosaurio, dinosaurio*; estegosaurio, arqueopterix, diplodoco, pterodáctilo; *cretáceo:* belemnita, ictiornis; *oligoceno:* pterodonte; *mioceno:* mastodonte, dinoterio; *plioceno:* mamut; *pleistoceno:* gliptodonte, megaterio, dinornis, hombre* primitivo: «homo antecessor» (hombre de Atapuerca), hombre de Heidelberg, de Neanderthal, de Cro-Magnon (v. prehistoria 3). *Otros fósiles:* anfibios*, reptiles*, amonites, numulita, belemnita, cuerno de Amón, coprolito, insecto incluido en ámbar. *Fósiles vivientes:* Celacanto, platipus.

4. Fosilizado. Mineralizado, petrificado, conservado*,marcado, incrustado, troglodítico, cavernario, arqueológico*, prehistórico*; antiguo*, primitivo, anticuado, desusado, anquilosado.

5. Fosilizar(se). Petrificar(se), mineralizarse, calcificarse, conservarse, endurecerse; anticuarse, envejecer, anquilosarse.

V. PREHISTORIA, EDAD (GEOLÓGICA), GEOLOGÍA, ARQUEOLOGÍA, DINOSAURIO, ANTIGUO.

fosilizado. V. FÓSIL 4.

fosilizar(se). V. FÓSIL 5.

foso. Hoyo, hueco*, agujero*. V. EXCAVAR 2.

foto. V. FOTOGRAFÍA 1.

fotocopia. Calco, reproducción, reprografía, copia fotostática. V. COPIA 1.

fotogénico. Favorecido, favorable, apto para la fotografía*. V. FOTOGRAFÍA 13.

fotograbado. Clisé, plancha, grabado. V. ESTAMPA 3, 4.

FOTOGRAFÍA. 1. Retrato, reproducción, foto, fotograma, copia*, prueba, representación, imagen fotográfica, instantánea, imagen, positivo, negativo, película, placa, ilustración, lámina, estampa*, efigie, vista, panorámica, cromo, impresión, fotocopia; tarjeta postal; fotografía digital, técnica, proceso, método, arte*, iconografía, reproducción de imágenes (v. 2).

2. Enumeración. Primer plano, plano medio, p. general, panorámica; microfotografía, microfilme, fotograbado, fotocopia, telefotografía, fotocromía, heliograbado, radiografía, rayos X, fotogrametría, daguerrotipo, estereofotografía o fotografía en relieve, en blanco y negro, en color, aérea, transparencia, diapositiva, filme, película, cinematografía*, secuencia, fotograma, proyección, clisé, negativo, copia.

fotografía

3. Aparato fotográfico. Cámara, c. fotográfica, c. oscura, c. digital, máquina, aparato*. *Clases:* réflex, r. analógica, r. digital (Digital-SLR, cámaras fotográficas réflex digitales), SRL (de 35 mm, de medio formato), de cajón, de fuelle, miniatura, estereoscópica, panorámica, polaroid o instantánea, profesional, de reportaje, submarina, aérea, de microfilme (v. 2). *Marcas:* Zeiss, Laica, Contax, Kodak, Polaroid, Agfa, Minox, Yashica, Minolta, Pentax, Olimpus.

4. Partes de la cámara. Botón disparador, visor, contador de exposiciones, lente*, objetivo, ocular (v. 5), prisma, diafragma, filtro, botón de rebobinado, palanca de carga, soporte para accesorios, chasis, carrete, clisé, rollo, placa, fuelle (antiguo), obturador, célula fotoeléctrica, telémetro, regulación del tiempo de exposición, fijación del trípode, «flash» (v. 5).

5. Accesorios. Lámpara de destello o «flash», objetivo intercambiable, teleobjetivo, gran angular, ojo de pez, teleobjetivo, zum, filtros, fotómetro, exposímetro, trípode, estuche, funda.

6. Generalidades. Distancia focal, imagen, foco, tiempo de exposición, sobreexposición, profundidad de campo, abertura del diafragma, composición, enfoque, exteriores, interiores, iluminación, montaje, contraluz, claroscuro, contraste, truco, trucaje, fotograma, álbum.

7. Película. Filme, película virgen, p. pancromática, p. ortocromática, en blanco y negro, en color, copia, negativo, positivo, clisé, emulsión o capa sensible, capa soporte (plástica); doble exposición, foto movida, desenfocada, velada, sobreexpuesta, retocada.

8. Laboratorio. Cuarto oscuro, proceso químico, baño, clisé, negativo, cubeta, cuba con carrete, termómetro, pinzas, reloj, vaso graduado, papel sensible, p. de copias, luz roja, revelador, interruptor, fijador, hidroquinona, magnesio, hiposulfito, virador, bromuro de plata, prensa de marco, secador eléctrico, ampliadora, máscara o pantalla, revelado (v. 9).

9. Revelado. Película impresionada, revelado, baño interruptor, fijado, lavado, secado, ampliación, reducción, retoque.

10. Personas. Fotógrafo, técnico, experto, entendido, periodista fotográfico, fotógrafo profesional, f. aficionado, artista, modelo, maniquí, «cover-girl».

11. Fotografiar. Reproducir, impresionar, retratar, filmar, representar, enfocar, iluminar, montar, componer, captar, reflejar, ilustrar, plasmar, revelar, procesar, manipular, fijar, lavar, copiar, bañar, secar, ampliar, reducir, retocar.

12. Fotográfico. Gráfico, detallado, exacto, copiado*, preciso, fiel, calcado, idéntico, impresionado, reproducido, ilustrado, estampado, panorámico.

13. Fotogénico. Favorecido, hermoseado, apto para la fotografía, agraciado, mejorado, propicio.
V. ESTAMPA, ARTE.

fotografiar. V. FOTOGRAFÍA 11.

fotográfico. V. FOTOGRAFÍA 12.

fotógrafo. V. FOTOGRAFÍA 10.

fotosíntesis. Proceso, transformación vegetal, síntesis. V. VEGETAL 24.

fotostático. V. fotografía.

fox terrier. Can, perro de caza, animal doméstico. V. PERRO 2.

foxtrot, fox-trot. Danza, ritmo, bailable. V. BAILE 6.

frac. Casaca, levita, prenda. V. CHAQUETA 1.

fracasado. V. FRACASO 2.

fracasar. V. FRACASO 3.

FRACASO. 1. Malogro, revés, error, fallo, falla, desacierto, equivocación*, engaño*, frustración, pérdida*, falta, tropiezo, incompetencia, inutilidad*, torpeza, infortunio, ruina, dificultad*, derrota*, desastre*, desgracia*, catástrofe, fiasco, chasco, decepción*, desilusión, desengaño, estropicio, quiebra, bancarrota, hundimiento*, naufragio*, aborto, derrumbe, descalabro, fin*, término, deslucimiento, decadencia, ocaso, empobrecimiento, empeoramiento*, percance, contratiempo, intentona, imposibilidad.
2. Fracasado. Fallido, arruinado, acabado, malparado, frustrado, perdido, falible, inseguro, malogrado, fallado, infortunado, desgraciado*, ineficaz, errado, desacertado, engañado*, equivocado*, torpe, incompetente, inútil*, nulo, inexperto, difícil, derrotado*, vencido, desastroso, catastrófico, quebrado, estropeado, empeorado*, desilusionado, decepcionado*, chasqueado, deslucido, decadente, descalabrado, derrumbado, naufragado*, hundido*, imposibilidad.
3. Fracasar. Fallar, errar, malograrse, perder*, frustrarse, defraudar, abortar, faltar, desgraciarse*, engañar*, equivocar*, derrotarse*, dificultar*, entorpecer, inutilizar, quebrar, arruinarse, empobrecerse, estropear, desilusionar, decepcionar*, chasquear, deslucir, finalizar*, finiquitar, terminar, descalabrarse, derrumbarse, desplomarse, naufragar*, hundirse*, estrellarse, desbaratarse, tropezar, echarse a perder, venirse abajo.
Contr.: Éxito, triunfo*.
V. DESGRACIA, DESASTRE, EQUIVOCACIÓN, ENGAÑO, DECEPCIÓN, PÉRDIDA, DERROTA, FIN, DIFICULTAD, INUTILIDAD.

fracción. 1. Quebrado, cociente, decimal. V. CALCULO 6.
— 2. Parte, trozo, porción. V. FRAGMENTO 1.

fraccionamiento. V. FRACCIONAR.

fraccionar. Dividir, seccionar, cortar*. V. FRAGMENTO 3.

fractura. Rotura, quebradura, quiebra. V. LESIÓN 3.

fracturar. Partir, quebrar, romper. V. LESIONAR, FRAGMENTAR.

fragancia. Olor, aroma, efluvio. V. PERFUME 1.

fragante. Oloroso, aromático, perfumado. V. PERFUME 5.

fragata. Navío, corbeta, velero. V. BARCO 2.

FRÁGIL. 1. Endeble, delicado, ligero, leve*, quebradizo, rompible, fino, grácil, lábil, inconsistente, débil*, enfermizo*, raquítico, delgado*, sutil, tenue, flojo, liviano, fragmentable*, deteriorable, deleznable, cristalino, frangible, friable, blandengue, disgregable, fraccionable, inestable, fugaz, breve*.
2. Fragilidad. Finura, endeblez, inconsistencia, levedad*, ligereza, delicadeza, liviandad, flojedad, tenuidad, sutilidad, delgadez*, raquitismo, debilidad*, rompimiento, enfermedad*, labilidad, inestabilidad, fugacidad, brevedad*, blandenguería, friabilidad, deterioro, fragmentación*.
3. Ser frágil. Debilitarse*, afinarse, deteriorarse, adelgazar, atenuar, aflojar, aligerar, fragmentarse*, romperse, desmenuzarse.
Contr.: Consistente, recio, duro*, vigoroso* V. DÉBIL, DELGADO, LEVE, ENFERMIZO, FRAGMENTABLE, BREVE.

fragilidad. V. FRÁGIL 2.

fragmentación. V. FRAGMENTO 2.

fragmentado. V. FRAGMENTO 4.

fragmentar. V. FRAGMENTO 3.

fragmentario. Parcial, incompleto, inacabado. V. IMPERFECCIÓN 2.

FRAGMENTO. 1. Trozo, parte*, pedazo, porción, partícula, corpúsculo, molécula, átomo*, fracción, pieza*, cacho, segmento, sector, división, resto, residuo*, remanente, sobrante, gajo, parcela, lote, tramo, ración, tajada, rebanada, loncha, picadillo, picado, trinchado, retazo, recorte, corte*, vestigio, reliquia, pizca, pellizco, triza, grano*, granulación, bolita, esferita*, jirón, miga, majagua, copo, añico, cisco, grumo, viruta, serrín, polvo, astilla, brizna, esquirla, limadura, raedura, escama, poco, insignificancia*, menudencia, mota, mitad, medio, tercio, cuarto, quinto, etc., pormenor, reseña, detalle*, párrafo, frase*, pasaje (v. 2).
2. Fragmentación. Desmenuzamiento, fraccionamiento, troceado, picado, rotura, desintegración, despedazamiento, quebrantamiento, partición, división, reparto*, parcelación, corte*, sección, separación, arrancamiento, cuarteamiento, astillamiento, pulverización, atomización, racionamiento, parcelamiento, segmentación, despiece, molienda, aplastamiento*, destrozo, descuartizamiento (v. 1).
3. Fragmentar. Partir, cortar*, desintegrar, fraccionar, deshacer, romper, trocear, despiezar, desdoblar, lotear, parcelar, distribuir, desgajar, dividir, segmentar, rebanar, tajar, arrancar, separar*, descuartizar, racionar, recortar, migar, atomizar, disociar, disgregar, escamar, astillar,

descomponer, truncar, terciar, cuartear, moler, machacar, triturar, desmenuzar, pulverizar, aplastar, majar, desaparecer*, picar.
4. Fragmentado. Desmenuzado, fraccionado, troceado, roto (v 2).
Contr.: Unidad, totalidad, todo.
V. PARTE, CORTE, RESIDUO, ÁTOMO, INSIGNIFICANTE, DETALLE.

fragor. Estrépito, rumor, estruendo. V. SONIDO 2.

fragoso. Escarpado, áspero*, abrupto; estrepitoso. V. MONTAÑA 5.

fragua. Horno, fogón, taller. V. FORJA 1, 2.

fraguar. 1. Forjar, moldear, formar*. V. FORJA 6.
— **2.** Urdir, tramar, proyectar. V. PLAN 3, 4.
— **3.** Endurecerse, consolidarse, secarse. V. DURO 6.

fraile. Religioso, hermano, fray. V. SACERDOTE 2.

frambuesa. Grosella, fruto compuesto, postre. V. FRUTO 6.

francachela. Jarana, jolgorio, festín. V. FIESTA 2.

francés. Galo, gabacho *desp coloq,* transpirenaico. V. EUROPEO 4.

franciscano. V. fraile.

francmasón, fracmasón. Cofrade, iniciado, adepto a la masonería. V. MASONERÍA 3.

franco. 1. Leal, honrado, abierto. V. SINCERIDAD 2.
— **2.** Exento, exceptuado, gratis. V. LIBERTAD 6.
— **3.** Billete, divisa, moneda. V. DINERO 6.

francotirador. Partisano, emboscado, guerrillero. V. GUERRA 6.

franela. Género, tejido, t. de lana. V. TELA 5.

franja. 1. Ribete, lista, banda. V. TIRA 1.
— **2.** Sector, superficie, área. V. ZONA 1.

franquear. 1. Librar, despejar, abrir. V. AMPLITUD 3.
— **2.** Abonar, despachar, adherir sellos. V. CORREOS 8, CARTA 3.
— **3.** Traspasar, salvar, atravesar. V. RECORRER, TRASLADARSE, MARCHAR.
— **4.** *Franquearse,* revelar, confesar, desahogarse. V. EXPLICACIÓN 2.

franqueo. Importe, pago, tasa. V. CORREOS 3.

franqueza. Lealtad*, honradez*, claridad*. V. SINCERIDAD 1.

franquicia. Exención, permiso, prerrogativa. V. PRIVILEGIO 1.

frasco. Vasija, envase*, casco. V. BOTELLA 1.

FRASE. 1. Dicho, locución, oración, expresión, enunciado, estilo, prosa, reflexión, pasaje, aforismo, axioma, voz, palabra*, vocablo, término, párrafo, parágrafo, período, sentencia, modismo, giro, pensamiento, ejemplo, juicio, proverbio, adagio, moraleja, metáfora, inferencia, anécdota, paradoja, razonamiento, prédica, sermón, explicación*, habla*, parábola, referencia, cita, nota*, alusión, apostilla, argumento, alocución, discurso*, exposición, demostración, charla, plática, arenga, conversación*, regla, divisa, mote, eslogan, lema, lema publicitario*, concepto, precepto, proposición, discusión*, opinión*, fraseología, mandamiento, apotegma, canon, fórmula, formulismo, ritual, rito, disposición, orden*, noticia, texto, rodeo, circunloquio, figura, greguería, indirecta, perífrasis, noción, principio, verdad*, alegato, afirmación, aparte, artículo, chiste, broma*, insinuación, idea, redundancia, sarta, retahíla, palabras*, pronunciación*, articulación, ironía*, estribillo, latiguillo, muletilla, barbarismo, galicismo, incorrección, i. gramatical*.

2. Expresar. Enunciar, manifestar, formular, explicar*, decir, hablar*, exponer, preceptuar, proponer, sentenciar, inferir, razonar, argumentar, apostillar, aludir, notar, citar, referir, contar, discursear*, perorar, charlar, conversar*, platicar, arengar, opinar*, demostrar, alegar, afirmar, articular, pronunciar*, redundar, rodear, ironizar*, bromear*.

V. PALABRA, EJEMPLO, REFRÁN, NOTA, IRONÍA, BROMA, DISCUSIÓN, DISCURSO, EXPLICACIÓN, HABLA, PRONUNCIACIÓN.

fraseología. V. FRASE 1.

fraternal. V. fraterno.

fraternidad. Concordia, hermandad, compañerismo. V. COMPAÑERO 4.

fraternizar. Identificarse, unirse*, compenetrarse. V. CONVIVENCIA 2.

fraterno. Cordial, entrañable, amistoso. V. COMPAÑERO 2.

fratricida. Homicida, criminal, asesino. V. ASESINATO 4.

fraude. Delito, , timo, defraudación. V. ESTAFA 1.

fraudulento. Engañoso*, apócrifo, falsificado. V. FALSO 3.

fray. Fraile, religioso, hermano. V. SACERDOTE 2.

frazada. Manta, cubrecama, cobertor. V. CAMA 3.

FRECUENCIA. 1. Periodicidad, asiduidad, regularidad, continuación*, repetición, sucesión, constancia, puntualidad, exactitud*, continuidad, renovación, pertinacia, machaconería, obstinación*, menudeo, insistencia, reiteración, costumbre, hábito*, uso, recaída, abundancia*, afluencia, exceso, exageración*, abuso*, cantidad, exuberancia, estabilidad, seguridad, reproducción, reincidencia, recidiva, multiplicación, normalidad, vulgaridad*, familiaridad.

2. Frecuente. Acostumbrado, habitual*, corriente, repetido*, reiterado, continuo*, asiduo, periódico, diario, semanal, puntual, exacto*, constante, machacón, pertinaz, obstinado*, sucesivo, usual, insistente, abundante*, excesivo, exagerado*, abusivo*, afluente, exuberante, normal, múltiple, multiplicado, reincidente, reproducido, vulgar*.

3. Hacer con frecuencia. Soler, acostumbrar, usar, reincidir, reiterar, renovar, habituarse*, continuar*, repetir*, reproducir, recaer, menudear, insistir, multiplicar, abundar, exagerar*, abusar*, familiarizarse, curtir, avezar, obstinarse*.

4. Frecuentemente. Corrientemente, habitualmente*, periódicamente, asiduamente (v 1).

Contr.: Rareza*, falta, cese, ausencia.
V. HÁBITO, REPETICIÓN, CONTINUACIÓN, ABANDANCIA, EXCESO, EXAGERACIÓN, ABUSO, OBSTINACIÓN.

frecuentado. Animado, visitado, concurrido. V. CONCURRENCIA 5.

frecuentar. Visitar*, asistir, concurrir. V. CONCURRENCIA 3.

frecuente. V. FRECUENCIA 2.

fregadero. Artesa, pila, lavadero. V. LAVAR 4.

fregado. 1. Enjuague, higienización*, limpieza*. V. LAVAR 2.

— **2.** Enredo, confusión, lío. V. EMBROLLO 1.

fregar. 1. Enjabonar, limpiar, bañar*. V. LAVAR 1.

— **2.** Friccionar, rozar, restregar. V. FROTAR 1.

fregona. Fámula, criada, maritornes *coloq.* V. SERVIDOR 2.

freír. Asar, dorar, calentar. V. COCINA 7.

fréjol, frejol. Habichuela, judía, alubia. V. LEGUMBRE 3.

frenar. Contener, detener, inmovilizar*. V. PARAR 1.

frenesí. Enardecimiento, ímpetu, enojo*. V. APASIONAMIENTO 1.

frenético. Delirante, furioso, exaltado. V. APASIONAMIENTO 2.

freno. 1. Sujeción, obstáculo, inmovilización. V. PARAR 4.

— **2.** Palanca, pedal, mecanismo. V. AUTOMÓVIL 5.

— **3.** Brida, rienda, bocado. V. CABALLO 14.

frente. 1. Testa, testuz, bóveda craneal, semblante. V. CABEZA 3.

— **2.** Portada, cara*, delantera*. V. EXTERIOR 4.

— **3.** Avanzada, vanguardia, línea de fuego. V. GUERRA 5.

fresa. Rosácea, fruta, planta. V. FRUTO 6.

fresar. Escariar, perforar, cortar*. V. TALADRO 3.

fresco. 1. Frescor, vientecillo, brisa. V. VIENTO 1.

— **2.** Templado, moderado, grato. V. METEOROLOGÍA 2.

— **3.** Flamante, lozano*, reciente. V. NUEVO 1.

— **4.** Sinvergüenza, desfachatado, descarado. V. DESVERGÜENZA 2.

— **5.** Pintura al fresco, cuadro. V. PINTURA 3.

frescor. 1. V. fresco 1, 2.

— **2.** Frescura 1.

frescura. 1. Pureza, limpieza*, lozanía. V. LOZANO 2.

— **2.** Desfachatez, insolencia, descaro. V. DESVERGÜENZA 1.

fresno. Oleácea, planta, madera*. V. ÁRBOL 6.

fresquera. Despensa, alacena, mueble*. V. COCINA 4, FRIGORÍFICO 1.

freza. Huevas, puesta, desove. V. PEZ 4.

friable. Fragmentable, desintegrable, disgregable. V. FRAGMENTO 2, 3.

frialdad. 1. Displicencia, desinterés, apatía. V. INDIFERENCIA 1.

— **2.** Frigidez, impotencia, infecundidad. V. ESTÉRIL 5.

— **3.** V. FRÍO 1.

fricandó. Estofado, plato, guiso. V. CARNE 4.

fricasé. Guiso, salsa. V. COCINA 8. .

fricción. Friega, roce, masaje*. V. FROTAR 2.

friccionar. Restregar, masajear*, rozar. V. FROTAR 1.

friega. V. fricción.

frigidez. 1. Infecundidad, impotencia, frialdad. V. ESTÉRIL 5.

— **2.** V. FRÍO 1.

frígido. V. FRÍO 2.

FRIGORÍFICO. 1. Refrigerador, congelador, nevera, fresquera, mueble*, cámara, c. frigorífica, c. de conservación, depósito aislante, aparato electrodoméstico*, despensa, nevera portátil; frigorífico «no frost».

2. Partes. Compresor, motor*, m. eléctrico, ventilador, termostato, cámara fría, congelador, evaporador, cilindros refrigerantes, condensador, líquido*, amoníaco, freón, tuberías, circuito cerrado, evaporación, frío*, hielo, bandeja para cubitos, cubitos de hielo, cubeta para el agua, compartimientos para huevos, verduras, carnes, productos lácteos, fiambrera, rejillas, descongelador, luz interior, puerta hermética, cierre, cordón, enchufe.
V. FRÍO, COCINA, ELECTRODOMÉSTICO (APARATO).

fríjol, frijol. Habichuela, judía, alubia. V. LEGUMBRE 3.

FRÍO. 1. Frescura, fresco, frialdad, frigidez, inclemencia, congelación, congelamiento, rigor, rigidez, destemple, baja temperatura, crudeza, descenso termométrico, invierno, época fría, enfriamiento, aterimiento, temblor*, entumecimiento, calambre, heladura, coagulación, endurecimiento, gangrena, amoratamiento, insensibilidad, preparación, conservación*, solidificación, hielo, nieve (v. 4); aire acondicionado, refrigeración, climatización.

— **2.** Frígido, frío, gélido, helado, glacial, conservado*, congelado, fresco, vigorizante*, estimulante, agradable, crudo, riguroso, enfriado, aterido, transido, tembloroso*, amoratado, solidificado, coagulado, endurecido, rígido*, entumecido, yerto, gangrenado, insensible, destemplado, inclemente, invernal, otoñal, álgido, refrigerado, refrescado.

— **3.** Apático, impasible, imperturbable. V. INDIFERENCIA 2.

4. Hielo. Nieve, nevada, copos, carámbano, granizo, granizada, pedrisco, helada, congelación (v. 1), relente, rocío, sereno, escarcha, precipitación, fenómeno meteorológico; glaciar, helero, ventisquero, témpano, iceberg, banco de hielo o «pack»; avalancha, alud; nevisca, cellisca, tempestad, tormenta*, borrasca.

5. Friolero, enfriado. Aterido, helado, rígido, congelado (v. 2), amoratado, sensible, endeble, débil*, transido, quejumbroso, tembloroso*, entumecido, enfriado, gangrenado, yerto (v. 2).

6. Enfriar(se). Hacer frío, congelar, helar, aterir, entumecer, refrescar, amoratar, transir, adormecer, gangrenar, entorpecer, inmovilizar*, refrigerar, acondicionar, atemperar, climatizar, nevar.
Contr.: Calor*, fuego*.
V. TORMENTA, TIEMPO, METEOROLOGÍA.

friolero. V. FRÍO 5.

frisar. Aproximarse, rozar, alcanzar. V. LLEGAR 1.

friso. Ribete, moldura, banda. V. BORDE 1.

frito. 1. Fritura, fritada, plato. V. COCINA 8.

— **2.** Asado, cocinado, guisado. V. COCINA 8.

— **3.** Fastidiado, desesperado, molesto. V. DISGUSTO 5.

fritura. V. frito 2.

FRIVOLIDAD. 1. Ligereza, veleidad, trivialidad, informalidad*, futilidad, superficialidad, volubilidad, coquetería (v. 2), vacuidad, liviandad, vaciedad, puerilidad, chiquillada, insustancialidad, tópico, lugar común, vulgaridad*, inconstancia, variabilidad*, fruslería, necedad, tontería*, versatilidad, capricho*, inconsecuencia, irreflexión, indecisión, cambio*, mudanza, alocamiento, aturdimiento*, irresponsabilidad, vanidad*, afectación, fatuidad, fanfarronería* (v. 2).

— **2.** Coquetería, frivolidad, encanto, atractivo*, seducción, picardía, coqueteo, afectación*, gracia, engaño*, flirteo, galanteo, amorío*, devaneo, conquista, camelo, engatusamiento, incitación, provocación, adulterio*, infidelidad (v. 1).

3. Frívolo. Voluble, trivial, ligero, liviano, veleidoso, inconstante, vano, caprichoso*, superficial, fútil, pueril, infantil, baladí, vacío, vacuo, hueco, huero, coqueto, coqueta (v. 4), variable*, indeciso, cambiante*, insustancial, tonto*, necio, irreflexivo, inconsecuente, casquivano, versátil, vanidoso*, irresponsable, informal*, mudable, aturdido*, alocado, fatuo, afectado, fanfarrón*.

— **4.** Coqueto, coqueta, persona frívola, seductora, casquivana, caprichosa*, alocada, veleidosa, engatusadora, vampiresa, atractiva*, graciosa, pícara, pizpireta, dicharachera, vivaracha, galante, presumida, conquistadora, hechicera, engañosa, infiel, adúltera*, galanteadora, amorosa*, incitadora, provocadora, ligera de cascos.

5. Ser frívolo. Encapricharse, variar*, dudar*, engañar*, mudar, cambiar*, afectar, fingir*, coquetear, engatusar, seducir, enamorar, galantear, flirtear, tontear, presumir, adornarse*, emperejilarse, atraer*, hechizar, incitar, provocar, preciarse, creerse, conquistar, camelar, mariposear, cambiar*.
Contr.: Seriedad, formalidad*, severidad*.
V. INFORMALIDAD, VARIABILIDAD, CAMBIO, TONTERÍA, VANIDAD, FANFARRONERÍA, AMOR, ATRACTIVO, ENGAÑO, ADULTERIO, FINGIMIENTO.

frívolo. V. FRIVOLIDAD 3.

fronda. Ramaje, follaje, espesura. V. BOSQUE 1.

frondoso. Selvático, impenetrable, exuberante. V. BOSQUE 4.

frontal. Exterior*, primero, delantero. V. DELANTE 4.

frontera. Linde, divisoria, confín. V. LIMITE 1; ADUANA 1.

fronterizo. Lindante, contiguo, vecino. V. LIMITE 3.

frontis. V. frontispicio.

frontispicio. Delantera*, exterior*, frente. V. FACHADA 1.

frontón. Pared, instalación, cancha; remate. V. PELOTA VASCA 2; FACHADA 1.

frotación. V. FROTAR 2.

FROTAR. 1. Friccionar, restregar, estregar, refregar, fregar, rozar, ludir, masajear*, amasar, sobar, palpar, tocar*, acariciar, manipular, manosear, toquetear, estrujar, rascar, arañar, raer, raspar, gastar, cepillar, pulir*, esmerilar, limar, lijar, limpiar*, sacar brillo*.

2. Frote. Frotación, fricción, roce, frotamiento, frotadura, friega, refregadura, fregado, fricación, ludimiento, manoseo, caricia*, sobo, amasamiento, masaje*, rozamiento, rozadura, restregón, estregón, refregón, rascadura, cepillado, pulido*, abrasión, erosión, desgaste*, limadura, esmerilado, limpieza*, brillo*.

V. MASAJEAR, TOCAR, PULIR, LIMPIAR, CARICIA, DESGASTE, BRILLO.

frote. V. FROTAR 2.

fructífero. Provechoso, ventajoso, productivo. V. BENEFICIO 3.

fructificar. Rendir, ofrecer, madurar*. V. BROTAR 1.

fructuoso. V. fructífero.

frugal. Sobrio, mesurado, parco. V. MODERACIÓN 4.

frugalidad. V. frugal.

fruición. Satisfacción, goce, deleite. V. PLACER 1.

frunce. Plisado, arruga, pliegue*. V. COSTURA 2.

fruncir. Arrugar, encoger, estrechar. V. PLIEGUE 3.

fruslería. 1. Minucia, bagatela, menudencia. V. INSIGNIFICANTE 3.

— **2.** Baratija, chuchería, nadería. V. BARATO 4.

frustración. Desengaño, desilusión, desaliento. V. DECEPCIÓN 1.

frustrar. 1. Impedir, anular, obstaculizar*. V. DIFICULTAD 5.

— **2.** Desengañar, chasquear, desilusionar. V. DECEPCIÓN 4.

fruta. V. FRUTO 1.

frutería. V. FRUTO 15.

frutero. V. FRUTO 13, 14.

frutilla. V. fresa.

FRUTO. 1. Fruta, ovario vegetal, o. fecundado, alimento*, producto, artículo, género, mercadería, mercancía, pieza, colecta, cosecha.

— **2.** Provecho, rendimiento, ganancia. V. BENEFICIO 1.

3. Partes. *Pericarpio:* epicarpio, mesocarpio, endocarpio; cáscara*, piel, hollejo, valva, vaina, raspa, binza, telilla, monda, corteza, rabo, rabillo, pedúnculo, carne, pulpa, gajo, zumo, jugo. *Semilla:* pepita, grano, hueso, corazón, cuesco.

4. Clases de frutos. Fruto carnoso, seco; dehiscente, indehiscente; compuesto, simple, múltiple; drupa, baya (v. 6), cápsula, vaina, aquenio, silicua, pixidio, espiga, racimo, nuez, legumbre*, haba, ramo, pomo, piña, estróbilo, folículo, mazorca, panoja; fruto fresco, hecho, mollar, dulce, maduro, verde, verdal, ácido, agrio, cítrico, agridulce, amargo, temprano, tierno, tardío, del tiempo; fruto seco (v. 7), fruto hortícola (v.8), subterráneo (v.10), silvestre, hortaliza*, legumbre*, frutas (v. 5), hojas, flores (v. 9).

5. Frutas. Melocotón, durazno, albaricoque, albérchigo, damasco, paraguaya, ciruela, c. claudia, manzana, m. reineta, pera, p. limonera, p. de agua, bergamota, cereza, guinda, melón, sandía, calabaza, higo, breva, higo chumbo, naranja, mandarina, limón, cidra, pomelo, toronja, cítrico, lima, aguacate o palta, membrillo, piña tropical o enaná, guayaba, caqui, níspero, papaya, mango, chirimoya, plátano o banana, dátil, granada, mora, fresa, uva (v. 6), nuez (v. 7), tomate (v. 8), repollo (v. 9), zanahoria (v. 10).

6. Bayas. Uva, grosella, frambuesa, mora, zarzamora, fresón, fresa, f. silvestre, acerola, alfóncigo o pistacho, arándano.

7. Nueces, frutos secos. Drupa, nuez, coco (copra), avellana, almendra, alloza, pistacho, alfóncigo, cacahuete o maní, castaña, piñón (piña), bellota, uva pasa, pasa, p. de Corinto, higo seco, orejón, dátil, ciruela seca; semilla*, grano.

8. Frutos hortícolas. Hortaliza*, tomate, pimiento, pepino, berenjena, calabaza, calabacín, melón, sandía, judía verde, haba, alubia, guisante, lenteja, garbanzo, legumbre*, aceituna.

9. Hojas, tallos, flores comestibles. Lechuga, escarola, espinaca, acelga, col, repollo, coliflor, col de Bruselas, col rizada, espárrago, alcachofa.

10. Frutos subterráneos. Zanahoria, nabo, remolacha, patata, batata, boniato, ñame, aje, rábano, cebolla, ajo.

11. Acción. Madurar, endulzar, fructificar, brotar*, espigar, producir, granar, pudrirse, agriarse, amargar; descascarar, cascar, cerner, recolectar, deshuesar, desgranar, pelar, mondar, varear, macerar.

12. Derivados. Mermelada, jalea, gelatina, compota, confitura*, conserva, fruta confitada, escarchada, jarabe, zumo, jugo*, tarta, pastel, postre, destilación, licor, bebida*, vino*, sidra, vinagre, güisqui.

13. Frutero. Tendero, comerciante*, minorista, mayorista, vendedor, asentador, feriante, intermediario, distribuidor, agricultor*, hortelano, fruticultor, viticultor, granjero, agrónomo (v. 14).

— **14.** *Recipiente*, frutero, receptáculo*, bandeja, vasija, plato, jarrón, centro de mesa.

15. Frutería. Establecimiento, tienda*, comercio, negocio, almacén, puesto, local, quiosco, mercado*, supermercado, súper.

V. HORTALIZA, LEGUMBRE, AGRICULTURA, ALIMENTO, JUGO, CONSERVA.

FUEGO. 1. Combustión, lumbre, quema, calor*, hoguera, llama (v. 2), ignición, encendido, conflagración, inflamación, deflagración, incendio*, incandescencia, calcinación, achicharramiento, carbonización, chamuscamiento, chamusquina, consunción, abrasamiento, chispazo (v. 2), quemazón, quemadura, cremación, incineración, tostado, tueste, ustión, combustibilidad, calefacción*, calórico, temperatura, explosión*, horno, volcán* (v. 2).

— **2.** *Llama*, fuego, fogata, fogarata, hoguera, pira, falla, candela, lumbre, lengua, ascua, brasa, pavesa, chispa, rescoldo, tizón; chisporroteo, chispazo, llamarada, destello, centella, relámpago, rayo*, fogonazo, crepitación, fulgor, resplandor, calor*, luz*, claridad, brillo*, humo, ceniza, escoria. (V. 1)

— **3.** Disparo, balazo, proyectil*. V. TIRO 1.

— **4.** Pasión, exaltación, vehemencia. V. APASIONAMIENTO 1.

5. Elementos. Cerilla, mixto, fósforo, bengala, antorcha, hachón, candela, vela, cirio, bujía, blandón, lamparilla, lámpara*, mechero, encendedor, chisquero, eslabón, pedernal, yesca, mecha, espetón, hurgón, fuelle, aventador, soplillo, espabiladera, hogar, chimenea*, quemador, radiador, brasero, estufa, infiernillo, hornillo, horno, fogón, calefacción*, carbón*, petróleo*, madera*, gas, combustible*, poder calorífico, flogisto. (V. 1)

6. Arder, quemar. Encender, prender, inflamar(se), abrasar, arder, incendiar*, calentar, consumir, devorar, llamear, resplandecer, brillar*, alumbrar, iluminar, fulgurar, achicharrar, cauterizar, flamear, escaldar, carbonizar, incinerar, calcinar, requemar, ennegrecer, destruir, chamuscar, ahumar, tostar, asar, cocinar*, hornear, cocer, hervir*, freír, chisporrotear, crepitar, centellear, deflagrar, estallar, explosionar*, explotar, detonar, volar, humear, tirar, dar humo, dar luz, dar calor, tiznar, atizar, avivar, apagar, extinguir, ahogar, sofocar.

7. Ardiente. Quemante, incendiario*, ígneo, incandescente, inflamado, caliente, llameante, inflamable, combustible*, abrasador, achicharrante, calcinante, flamígero, refulgente, encendido, cálido, calórico, calorífico, caluroso, tórrido, ardoroso, candente, hirviente, chispeante, chisporroteante, crepitante, carbonizado, humeante, chamuscado, fulgurante, brillante*,

resplandeciente, tostado, asado, cocinado*, cocido (v. calor*).

8. Incombustible. Ignífugo, refractario, resistente, ininflamable, no inflamable, preparado, tratado, seguro; material incombustible; amianto, asbesto.

Contr.: Incombustible (v. 8).

V. CALOR, INCENDIO, LUZ, CALEFACCIÓN, EXPLOSIÓN, COMBUSTIBLE, CARBÓN, PETRÓLEO, COCINAR, HERVIR.

FUEGOS ARTIFICIALES. 1. Pirotecnia, fuegos de artificio, arte*, técnica, cohetería, diversión*, festejo, fiesta*, efectos luminosos, piromusical, tos explosivos (v. 2).

2. Enumeración. Cohete*, volador, buscapiés, petardo, morterete, triquitraque, bomba*, chupinazo, trueno gordo, bengala, luminaria, traca, castillo de fuego, volcán, rueda, girándula, estrella fija, cascada, palmera, sol, triángulo de glorias, carretilla, árbol de fuego, toro de fuego, ramilletes, fuegos, flores, relámpagos; fallas (v. 1).

3. Componentes. Cartucho, tubo, pólvora, limaduras, limaduras de cinc (luz azul), de hierro (l roja), de acero (l blanca), de cobre (l. verde), de sal, de mica (l. amarilla).

4. Acción. Cebar, cargar, disparar, lanzar*, estallar, arder, quemar, girar, chisporrotear, detonar, iluminar, volar.

V. EXPLOSIVO, FUEGO, LUZ, FIESTA, DIVERSIÓN.

fuel. Carburante, aceite pesado, combustible*. V. PETRÓLEO 2.

FUELLE. 1. Aventador, instrumento, aparato*, artefacto para soplar.

2. Partes. Caja, tapa, fondo, costados de piel, válvula, tubo (cañón o tobera).

V. VIENTO, FORJA, CHIMENEA, APARATO.

FUENTE. 1. Hontanar, manantial, surtidor, surgidor, venero, fontana, fontanar, chorro, agua, alfaguara, oasis, géiser, fuente termal, fluencia, corriente, arroyo, río*, lago*, manadero, pozo*, p. artesiano, balneario, baños*, termas, caldas, baños termales, aguas termales, medicinales, minerales.

2. Clases. Monumento*, surtidor, escultura*, instalación, construcción*, pila, pilón, artesa, estanque, taza, abrevadero, bebedero, receptáculo*, recipiente, tina, lavadero, caño, cañería, tubo*, tubería, chorro, grifo*.

— **3.** Platillo, bandeja, dulcera. V. MESA (SERVICIO DE) 7.

— **4.** Fundamento, principio*, origen*, documento; tipos de letra (entorno electrónico). V. CAUSA 1: LETRA 4.

5. Acción. Manar, fluir, surgir, nacer, salir, echar, lanzar*, chorrear, brotar*, saltar, correr, borbotear, borbollonear, burbujear, murmurar, cantar, llenar, vaciar*, desaguar; secarse, agotarse. V. AGUA; POZO, RÍO, LAGO, BAÑO, CONSTRUCCIÓN.

fuera. Superficialmente, lejos, externamente. V. EXTERIOR 3.

fuero. Prerrogativa, concesión, beneficio. V. PRIVILEGIO 1.

fuerte. 1. Fornido, forzudo, robusto. V. VIGOR 2.
— **2.** Tenaz, resistente, pétreo. V. DURO 1.
— **3.** Enérgico*, brioso, esforzado. V. ANIMO 3.
— **4.** Castillo*, fortaleza, reducto. V. FORTIFICACIÓN 1.
— **5.** V. fuerza.

fuerza. 1. Potencia, energía, pujanza. V. VIGOR 1.
— **2.** Empuje, impulso, forcejeo. V. ESFUERZO 1.
— **3.** Rigidez, resistencia*, tenacidad. V. DURO 3.
— **4.** Autoridad, dominio, mando. V. PODER 1.
— **5.** Patrulla, avanzada, destacamento. V. EJÉRCITO 4.

fuga. 1. Desaparición, escapada, evasión. V. HUIDA 1.
— **2.** Derrame, filtración, pérdida. V. VACÍO 4.

fugacidad. V. fugaz.

fugado. Evadido, escapado, desertor. V. HUIDA 3.

fugarse. Escapar, escabullirse, evadirse. V. HUIDA 2.

fugaz. Transitorio, rápido, momentáneo. V. BREVE 1.

fugitivo. V. fugado.

fulana. *desp* **1.** Prostituta; ramera *desp*, zorra *desp*. V. PROSTITUCIÓN 3.
— **2.** V. fulano.

fulano. Individuo, sujeto, tipo. V. PERSONA 1.

fulgor. Resplandor, luminosidad, centelleo. V. BRILLO 1.

fulgurante. V. fulgurar.

fulgurar. Irradiar, resplandecer, centellear. V. BRILLO 3.

fuliginoso. Tiznado, sucio*, oscuro. V. OSCURIDAD 4.

fullero. Tahúr, engañoso*, tramposo. V. JUEGO 13.

fulminante. 1. Pistón, cápsula, detonante. V. EXPLOSIÓN 6.
— **2.** Drástico, gravísimo, rápido*. V. REPENTINO 1.

fulminar. Exterminar, liquidar, destruir*. V. MUERTE 14.

fumar. Expeler, lanzar* humo, echar bocanadas. V. TABACO 9.

fumigador. Vaporizador, difusor, aparato*. V. VAPOR 6.

fumigar. Rociar, purificar*, desinsectar. V. DESINFECTANTE 5.

fumista. Deshollinador, operario, experto. V. CHIMENEA 6.

funámbulo. Equilibrista, volatinero, saltimbanqui. V. EQUILIBRIO 8.

función. 1. Cometido, actividad, labor. V. TRABAJO 1.
— **2.** Ocupación, puesto, cargo. V. EMPLEO 1.
— **3.** Representación, exhibición*, fiesta*. V. ESPECTÁCULO 1.

funcional. Utilitario, sencillo, práctico. V. ÚTIL 1, 3.

funcionamiento. Manejo, actividad, movimiento*. V. ÚTIL 6.

funcionar. Actuar, marchar*, trabajar*. V. ACTUACIÓN 3.

funcionario. Oficinista, burócrata, autoridad. V. EMPLEO 6, 7.

funda. Envoltura, forro, cubierta. V. RECUBRIMIENTO 1.

fundación. 1. Organismo, patronato, institución. V. ASOCIACIÓN 8.
— **2.** Instalación, establecimiento, creación*. V. COLOCAR 3.

fundado. Sensato, racional, coherente. V. LÓGICA 3.

fundador. Autor, precursor, instaurador. V. CREAR 4.

fundamental. Esencial, importante, básico. V. BASE 3.

fundamentalmente. Básicamente, primordialmente, principalmente. V. BASE 5.

fundamentar. Basar, establecer, determinar. V. BASE 4.

fundamento. 1. Razón, base, antecedente. V. BASE 2.
— **2.** *Fundamentos*, rudimentos, nociones, principios. V. ELEMENTO 2.

fundar. 1. Organizar, establecer, formar*. V. CREAR 1.
— **2.** *Fundarse*, basar, motivar, justificar. V. BASE 4.

fundición. 1. V. fundir.
— **2.** Taller, horno, acería. V. METALURGIA 1, FORJA 1.

fundir. 1. Licuar, derretir, fusionar. V. DISOLVER 1.
— **2.** Juntar, agrupar, mezclar*. V. UNIR 6, 7.

fúnebre. 1. Necrológico, luctuoso, mortuorio. V. MUERTE 15.
— **2.** Tenebroso, macabro, temible. V. LÚGUBRE 1.

funerales. Honras fúnebres, ofrendas, exequias. V. ENTIERRO 1.

funeraria. Empresa, compañía, agencia de pompas fúnebres. V. ENTIERRO 2.

funesto. Fatídico, nefasto, aciago. V. DESGRACIADO 2.

FUNICULAR. 1. Transbordador, funicular de cables, f. de pendientes, f. de montaña, f. terrestre (v. 2), f. aéreo (v. 3), ferrocarril*, tren, vehículo, medio de transporte*, transporte por cable (v. 3).
2. Funicular terrestre. Pendiente, plano inclinado, coche o cabina, cable, tracción, ascenso, carril único, cruce, carril doble, tambor de arrollamiento, estación superior o de la montaña, e. inferior o del valle, descenso, gravedad, peso, motor* (v. 3).
3. Funicular aéreo. Teleférico, telesilla, telesquí, telecabina (v. 1), cabinas, sillas, cables, cable portante, c. tractor, polea, soporte, torre de sustentación, tren de poleas de la cabina, estación del valle, e. de la montaña, anclaje de los

cables, motor*, reductor de velocidad, contrapeso del cable portante, c. del cable tractor.
V. FERROCARRIL, TRANSPORTE, VEHÍCULO, MONTAÑA.

furgón. Vagón, carruaje*, camioneta. V. VEHÍCULO 1, CAMIÓN 1.

furgoneta. Camioneta. V. CAMIÓN 1.

furia. Ira, rabia, cólera. V. ENOJO 1.

furibundo. Irritado, colérico, violento*. V. ENOJO 3.

furioso. V. furibundo.

furor. V. furia.

furtivo. Sigiloso, cauteloso, hipócrita*. V. DISIMULO 3.

furúnculo. Forúnculo, hinchazón*, absceso. V. GRANO 1.

fuselaje. Armazón, cabina, cuerpo del aeroplano. V. AVIÓN 4.

fusible. Plomo, interruptor, cortacircuitos, diferencial. V. ELECTRICIDAD 5.

fusiforme. Fino, alargado, ahusado. V. DELGADEZ 4.

FUSIL. 1. Arma larga, portátil, de fuego, carabina, máuser, rifle, escopeta, mosquetón, arma*, a. de fuego, a. de f. portátil, winchester, mosquete, arcabuz, trabuco, naranjera, tercerola, cuarterola, espingarda, bocarda; fusil automático, semiautomático, ametrallador, de chispa, de pistón, de aguja; metralleta, subfusil, pistola ametralladora, ametralladora*, pistola*, artillería*.
2. Partes. Culata, seguro, cerrojo, palanca del cerrojo, recámara, ánima, percutor, muelle, corredera, guardamano, abrazadera, cañón, alza, mira, punto de mira, retículo, caña, anilla, caja, cuerpo, cargador, gatillo, guardamonte o protector del gatillo; teleobjetivo, proyectil*, bala.
3. Personas. Fusilero, carabinero, arcabucero, mosquetero, escopetero, riflero, tirador, armero, soldado, deportista*.
4. Fusilar. Matar, ajusticiar, ejecutar, ametrallar, acribillar, disparar, tirar*, tirar a bocajarro, a mansalva, descerrajar; copiar.
5. Fusilamiento. Ametrallamiento, muerte*, ejecución, eliminación, disparo, tiro*, ajusticiamiento.
V. ARMA, PROYECTIL, AMETRALLADORA, PISTOLA, ARTILLERÍA.

fusilamiento. V. FUSIL 5.

fusilar. V. FUSIL 4.

fusión. 1. Desleimiento, licuación, fundición. V. DISOLVER 3.
— **2.** Concentración, unificación, agrupación. V. UNIR 16.

fusionar. V. fusión.

fusta. Azote, látigo, vara. V. FLAGELAR 3.

fuste. 1. Poste, asta, pértiga. V. PALO 1.
— **2.** Temple, energía*, carácter*. V. ÁNIMO 1.

fustigar. 1. Castigar*, azotar, vapulear. V. FLAGELAR 1.

— **2.** Criticar, censurar, acusar*. V. DESAPROBAR 1.

FÚTBOL. 1. Balompié, deporte*, juego*, competición, campeonato, copa, liga, espectáculo*, exhibición*, diversión*.
2. Campo. Meta, césped, portería, puerta, arco (postes, larguero, red); área de meta, á. de penalty, punto de penalty, centro, línea de meta, l. de medio campo, l. de banda, esquinas, banderín de córner; estadio*, tribuna, grada, túnel, fosos, vallas protectoras, banquillo del entrenador, de los suplentes, vestuarios, servicios. Balón, pelota*, esférico.
3. Jugadores y otros. Futbolista, jugador*, atleta*, deportista*, jugador aficionado, j. profesional. Once jugadores: guardameta o portero o arquero, defensas, centrales, centrocampistas y delanteros; líbero, pivote, doble pivote, carrileros, punta, medias puntas; reservas, suplentes. Equipo: camiseta, elástica, calzón, calcetines, botas (tacos), rodilleras, tobilleras, espinilleras, número, dorsal. Árbitro (silbato, cronómetro), «referee», juez de línea, juez auxiliar; entrenador, masajista.
4. Juego. Portero: salida, despeje, d. de puño, d. de pie; jugadores: saque inicial, s. de banda, s. de esquina o córner, s. de castigo, s. de meta, falta, gol o tanto, goleada, tiro, disparo, chut, pase, regate, internada, cerrojo, marcaje, fuera de juego u «offside», tiro libre (directo, indirecto), golpe franco, penal o penalti o falta o castigo máximo, amonestación, expulsión, tarjeta amarilla, tarjeta roja, patada, zancadilla, carga, empujón, sujeción, obstrucción, mano; tiempos, prórroga, interrupción.
5. Campeonato. Copa, liga, clasificación, promoción, ascenso, descenso, eliminatoria, categoría nacional, divisiones, primera d., segunda d., tercera d., categoría regional; Campeonato Mundial de Fútbol, Copa de Europa, Liga de Campeones de la UEFA («Champions»), Supercopa de Europa, Campeonatos de fútbol entre clubes de América, Copa Libertadores, Copa América, Copa Africana de Naciones.
6. Organismos. FIFA («Fédération Internationale de Football Association»), UEFA («Union of European Football Associations»), Copa FIFA (antes Jules Rimet), Mundial de Fútbol, Copa de Europa; CONCACAF (Confederación de Fútbol Asociación de Norte y Centroamérica y el Caribe), CONMEBOL o CSF (Confederación Sudamericana de Fútbol); Liga española, inglesa (Premier), etc.
7. Acción. Jugar*, sacar, avanzar, regatear, tirar, marcar, golear (v. 4).
8. Fútbol americano. Campo: meta, línea de fondo, línea de meta, zona final, área de meta, línea lateral. Balón ovalado. Equipo: casco con protector, camiseta, pantalón, protectores de espinillas, de muslo, de cadera, de codo, hombrera, rodillera. Jugadores: Halfback, quarter-

back, fullback, center. *Juego:* melée, tackle, kick off (saque), down (tentativa), scrimmage, touchdown, field goal, safety, bloqueo, cargar, agarrar, placar. (V. rugby*)
V. RUGBY, DEPORTE, ESTADIO, JUEGO.

futbolista. V. FÚTBOL 3.

fútil. Pueril, trivial, insignificante*. V. INÚTIL 1.

futilidad. V. fútil.

futurista. V. FUTURO 2.

FUTURO. 1. Destino, porvenir, hado, mañana, azar*, suerte, fortuna, casualidad, eventualidad, posteridad, providencia, voluntad divina, acaso, sino, fatalidad, ventura, augurio, predicción, adivinación*, estrella, predestinación, espera, provisión, vicisitud, vocación, altibajo, aventura, contingencia, inseguridad, albur, evento, probabilidad, riesgo, incógnita, misterio*, secreto*, arcano.

— **2.** *Venidero*, futuro, cerca, azaroso*, eventual, pendiente, posterior, último, esperado, en cierne o en ciernes, incógnito, hipotético, arcano, secreto*, misterioso*, fatal, contingente, arriesgado, aventurado, probable, futurista, imaginativo*, progresista*, fantástico*, adelantado, provisional, pasajero, casual, predestinado, adivinado*, intuido, fortuito, aleatorio, pronosticado, augurado, providencial, destinado, inseguro, expectante, en potencia, en germen, en perspectiva, en adelante, próximo.

— **3.** Prometido, pretendiente, novio. V. AMOR 11.

4. Prever. Aventurar, intuir, esperar. V. ADIVINAR 1.

Contr.: Pasado, ayer, anterioridad*.

V. AZAR, ADIVINACIÓN, MISTERIO.

G

gabán. Abrigo, sobretodo, capote. V. VESTIMENTA 5.

gabardina. 1. Chubasquero, trinchera, capote. V. IMPERMEABLE 2.

— **2.** Tejido, género, lienzo. V. TELA 5, 7.

gabarra. Lanchón, chalana, barcaza. V. BARCO 5.

gabela. Tributo, contribución, impuesto. V. FISCO 3.

gabinete. 1. Recibidor, aposento, sala. V. HABITACIÓN 1.

— **2.** Presidencia, poder, consejo de ministros*. V. GOBIERNO 2.

gacela. Venado, antílope, gamo. V. RUMIANTE 5, 6.

gaceta. Diario, boletín, publicación. V. PERIODISMO 2.

gacetilla. Artículo, reseña, noticia. V. PERIODISMO 5.

gacetillero. Articulista, redactor, cronista. V. PERIODISMO 7.

gachas. Masa, papilla, puré. V. MEZCLA 2.

gacho. Torcido, caído, encorvado. V. INCLINAR 6.

gafa. 1. Gancho, grapa, laña. V. BROCHE 1.

— **2.** Anteojos. V. GAFAS 1.

GAFAS. 1. Anteojos, quevedos, lentes*, lentes correctoras, antiparras, espejuelos, impertinentes, ojuelos, accesorio; monóculo, lentillas, lentes de contacto; par de gafas.

2. Clases. Gafas graduadas, bifocales, multifocales, progresivas, de sol, protectores, de motorista, de esquí, para vista cansada, para astigmatismo, para miopía.

3. Varios. Lentes*, cristales*, armazón, armadura, montura, patillas, varillas, bisagras; dioptrías, aumento; estuche, funda.

4. Personas. Óptico, oculista, oftalmólogo; corto de vista, cegato, miope, présbita, afectado de cataratas, de glaucoma (v. ojo 10).

V. LENTE, ÓPTICA, OJO.

gafe. Mala sombra, cenizo, ave de mal agüero. V. DESGRACIA 4.

GAITA. 1. Cornamusa, dulzaina, chirimía, instrumento*, de viento, i. músico, i. folclórico.

— **2.** Dificultad, engorro, lata. V. MOLESTIA 1.

3. Tipos de gaitas. Gaita zamorana, gallega, escocesa, bretona, francesa.

4. Partes. Odre o fuelle (bolsa, cuero); tubos (3), de madera de boj: soplete o canuto (soplar), puntero o flauta (agudos), roncón o bordón (grave, continuo).

5. Gaitero. Tañedor, músico, ejecutante, intérprete, i. folclórico.

V. INSTRUMENTO MUSICAL, MÚSICA.

gaitero. V. GAITA 5.

gaje. 1. Sueldo, salario, remuneración. V. PAGAR 5.

— **2.** *Gajes*, ventajas, lucro, provecho. V. BENEFICIO 1,

— **3.** Perjuicios, molestias, dificultades. V. MO-
LESTIA 1.

gajo. Parte, sección, división del fruto. V. FRAG-
MENTO 1, FRUTO 3.

gala. 1. Velada, exhibición*, fiesta*. V. ESPECTÁ-
CULO 1.

— **2.** Galas, atavíos, prendas, adornos. V. VES-
TIMENTA 1.

galán. 1. Artista, protagonista, intérprete. V. AC-
TOR 1.

— **2.** Bello, gallardo, apuesto. V. HERMOSURA 3.

— **3.** Enamorado, pretendiente, festejante. V.
AMOR 11, 12.

galano. Compuesto, primoroso, elegante*. V.
GARBO 2.

galante. 1. Cortés, atento, obsequioso. V. AMA-
BILIDAD 2.

— **2.** V. galán, 2, 3.

galantear. Festejar, cortejar, conquistar. V. AMOR 7.

galanteo. 1. Requiebro, flor, piropo. V. ELOGIO 1.

— **2.** Idilio, amorío, cortejo. V. AMOR 2.

galantería. V. galanteo, galante.

galanura. Gracia, elegancia*, gallardía. V. GAR-
BO 1.

galápago. Tortuga, carey, quelonio. V. REPTIL 6.

galardón. Gratificación, distinción, recompensa.
V. PREMIO 1.

galardonar. V. galardón.

galaxia. Vía Láctea, nebulosa, constelación. V.
ASTRONOMÍA 13.

galeno. Doctor, facultativo, profesional. V. MÉ-
DICO 1.

galeón. Bajel, nao, galera. V. BARCO 2.

galeote. Reo, forzado, condenado*. V. PRISIÓN 6.

galera. 1. V. galeón.

— **2.** Carromato, carro, diligencia. V. CARRUA-
JE 1.

galerada. Prueba; carga (v. galera 2). V. ESCRI-
TO 3.

GALERÍA. 1. Pasillo, pasadizo, acceso, corredor,
pasaje, túnel (v. 3), paso, andén, acera, recoveco, claustro, crujía, recinto, habitación*, sala,
balaustrada, comunicación, entrada*, salida*,
ingreso, conducto, veranda, mirador, cenador,
columnata*, peristilo, pérgola, intercolumnio,
balcón, terraza, atrio, triforio, emparrado, propileo, arcada, soportal, portal, porche, pabellón,
solana, invernadero, patio, exedra, impluvio,
portillo, calleja, callejón, cobertizo, subterráneo,
sótano, subsuelo, angostura, hipogeo, cripta,
catacumba, excavación*, caverna, cueva*,
mina*, gruta, sima, agujero*, hueco*.

— **2.** Exposición, colección*, pinacoteca. V.
MUSEO 1.

3. Túnel. Galería, paso (v. 1); Túnel de San
Gotardo, Simplón, Tauern, Canfranc, Guada-
rrama, Trasandino, Uspallata, Eurotúnel (Canal
de la Mancha).

4. Horadar. Perforar, ahondar, agujerear*. V.
EXCAVAR 1.

V. COLUMNATA, EXCAVACIÓN, MINA, CUE-
VA; MUSEO.

galerna. Vendaval, tempestad, temporal. V. TOR-
MENTA 1.

galga. 1. Instrumento, calibre, aparato*. V. ME-
DIDA 12.

— **2.** Roca, pedrusco, guijarro. V. PIEDRA 1.

galgo. Can, perro ligero, p. de caza. V. PERRO 2.

gálibo. Arco, hierro, plantilla. V. FERROCARRIL
12.

galicismo. Giro, voz francesa, incorrección. V.
GRAMÁTICA 18.

gálico. Sífilis, dolencia venérea, enfermedad*. V.
VENÉREA (ENFERMEDAD) 2.

galimatías. Fárrago, jerga, jerigonza. V. INCOM-
PRENSIBLE 2.

gallardete. Estandarte, pendón, banderín. V.
BANDERA 1.

gallardía. 1. Esbeltez, elegancia*, hermosura*.
V. GARBO 1.

— **2.** Valor, audacia, osadía*. V. ÁNIMO 1.

gallardo. Apuesto, elegante*, hermoso*. V.
GARBO 2.

gallear. Jactarse, presumir, desafiar*. V. FANFA-
RRONERÍA 3.

galleta. 1. Barquillo, bizcocho, golosina. V. CON-
FITERÍA 3.

— **2.** Tortazo, bofetón, sopapo. V. BOFETADA 1.

gallina. 1. Volátil, ave de corral, gallinácea. V.
AVICULTURA 2.

— **2.** Asustadizo, miedoso, temeroso. V. CO-
BARDÍA 2.

gallinero. Corral, ponedero, criadero*. V. AVI-
CULTURA 6.

gallito. Jactancioso, presumido, desafiante*. V.
FANFARRONERÍA 2.

gallo. Ave doméstica, de corral, volátil. V. AVI-
CULTURA 3.

galo. Francés, franco, gabacho *desp.* V. EURO-
PEO 4.

galón. 1. Trencilla, cinta, distintivo. V. TIRA 1.

— **2.** Medida de capacidad, m. de líquidos, m.
anglosajona. V. MEDIDA 9.

galopante. Gravísimo, fulminante, agudo. V. RE-
PENTINO 1.

galopar. Trotar, marchar, correr. V. CABALLO 17.

galope. Marcha, trote, carrera*. V. CABALLO 8.

galopín. Chiquillo, crío, arrapiezo. V. NIÑO 1.

galpón. Casa, cobertizo, nave, depósito. V. AL-
MACÉN 1.

galvanizar. 1. Cincar, recubrir*, tratar. V. META-
LURGIA 10.

— **2.** Reactivar, estimular, unir. V. ÁNIMO 6.

galvanómetro. Voltímetro, amperímetro, indicador*. V. ELECTRICIDAD 11.

gama. 1. Escala, orden*, gradación. V. SERIE 1.

— **2.** Tonalidad, matiz, coloración. V. COLOR 1.

gamba. Langostino, camarón, crustáceo. V. MA-
RISCO.

gamberrada. Exceso, barbaridad, grosería. V.
BRUTO 3.

gamberro. Golfo, grosero, pandillero. V. BRUTO 1.

gambeta. Finta, amago, brinco. V. ESQUIVAR 4.

gambito. Jugada, lance, sacrificio en ajedrez. V. AJEDREZ 4.

gamella. Artesa, pila, comedero. V. RECEPTÁCULO 4.

gamo. Venado, rebeco, ciervo. V. RUMIANTE 5-7.

gamuza. 1. Bayeta, paño, trapo. V. TELA 11.
— **2.** V. gamo.

gana. Ansia, anhelo, apetito. V. DESEO 1.

ganadería. V. GANADO 1, 4.

ganadero. V. GANADO 7.

GANADO. 1. Rebaño, hato, ganadería, hacienda (v. 4), cabaña, tropa, tropilla, tropel, manada, recua, lote, reata, rehala, vacada*, vaquería, torada, boyada, yunta, yugada, pareja, piara, grey, majada, corral (v. 5), cabestraje, reses, bestias, cabezas de ganado, bienes semovientes, animales*, caballerías*, cuadrúpedos, rumiantes*, bovinos, ovinos, porcinos, caprinos (v. 2).
2. Clases. Ganado bovino o vacuno, equino o caballar, mular, de cerda o porcino o suino, cabrío o caprino, lanar u ovino o merino; mayor, menor, trashumante, bravo, pecuario, ganadero (v. 3).
3. Animales. Res, rumiante*, cuadrúpedo, bestia, cabeza de ganado, animal*, irracional, vacuno, bovino, vaca*, toro*, buey, ternera; caballería*, equino, caballo*, yegua, mula, mulo, burro, asno; porcino, suino, cerdo*, puerco; ovino, merino, oveja*, carnero, morueco, cordero, caprino, cabra, macho cabrío.
4. Ganadería, campo*. Explotación, zootecnia*, industria, cría, crianza, aprovechamiento, rancho, hacienda, cabaña, predio, finca, latifundio, propiedad*, terreno, tierras, posesión, marca, hierro, coto, campo*, dehesa, prado, pastos, pastizal, abrevadero, monte, era, ejido, apacentadero, rodeo, encierro, tienta, corral (v. 5).
5. Corral. Majada, aprisco, redil, encierro, encerradero, coto, hacienda (v. 4), cercado, apartadero, tentadero, potril, boyera, refugio, bohío, cabaña, choza, chabola, pocilga, cochiquera, chiquero, porqueriza, establo, vaquería, caballeriza*, cuadra, yuntería, acemilería, paridera, gallinero*, ponedero, criadero*, granja, g. avícola*, incubadora, jaula, comedero, pesebre, artesa, receptáculo*.
6. Varios. Pecuario, agropecuario, ganadero, pastoril, zootecnia*, crianza, ganadería, mesta, selección, pura raza, pura sangre, híbrido; esquileo, rodeo, trashumancia, aparcería, medianería; esquila, badajo, campana, cencerro, bramadera, tijeras de esquilar, hierro, marca, cayado, zurrón, morral, zahones, pelliza, forraje, pación, pienso, pasto, hierba*, feria, mercado*, vereda, cañada.
7. Ganadero. Ranchero, hacendado, estanciero, criador, propietario*, latifundista, terrateniente,

explotador, productor, industrial, técnico, zootécnico*, veterinario*, pastor (v. 8).
8. Pastor. Mayoral, caporal, rabadán, rehalero, zagal, cuidador*, apacentador, tropero, vaquero, vaquerizo, boyero, boyerizo, ovejero, cabrerizo, cabrero, porquero, porquerizo, yegüerizo, mozo, ganadero (v. 7), chalán, arriero, acemilero, guía*, conductor. Cuatrero; ladrón*.
9. Acción. Criar*, explotar, apacentar, pacer, pastar, pastorear, ramonear, herbajear, comer, rumiar, triscar, masticar, nutrirse, alimentar(se)*, cebar, abrevar, trashumar, recogerse, encerrar, apartar, esquilar, trasquilar, marcar, herrar, desmandarse, descarriarse, arredilar, apriscar, acosar, arrear, chalanear.
10. Enfermedades. V. VETERINARIA 3.
V. ZOOTECNIA, ANIMAL, RUMIANTE, CABALLO, CABALLERÍA, VACA, TORO, OVEJA, CERDO, AVICULTURA.

ganador. Victorioso, vencedor, favorecido. V. TRIUNFO 2.

ganancia. Provecho, lucro, utilidad. V. BENEFICIO 1.

ganapán. Mozo, peón, jornalero. V. TRABAJO 5.

ganar. 1. Derrotar, conquistar*, vencer. V. TRIUNFO 4.
— **2.** Adelantar, pasar, aventajar. V. SUPERIOR 6.
— **3.** Percibir, obtener, recibir. V. BENEFICIO 7.

ganchillo. Puntilla, labor, artesanía. V. ENCAJE 1.

GANCHO. 1. Arpón, garfio, sujetador, broche* laña, grapa, clip, uña, garra, gafa, hierro*, anzuelo, aguja, pieza*, puya, punta*, pincho*, pico, púa, aguijón, arpeo, arpón, arponcillo, bichero, gavilán, rezón, ancla*, ganzúa, pica, espuela.
2. Ganchudo. Corvo, curvo, curvado*, aquilino, aguileño, arqueado, torcido, puntiagudo, ganchoso, picudo, punzante, afilado, fino, afinado, agudo.
3. Enganchar. Sujetar, anclar, arponear, acoplar, juntar, prender, trincar, suspender, colgar*, uncir*, ligar, abrochar, unir.
V. PUNTA, PINCHO, HIERRO, CURVA, COLGAR, UNIR.

ganchudo. V. GANCHO 2.

gandul. Haragán, perezoso, vago. V. HOLGAZÁN 1.

gandulear, gandulería. V. gandul.

GANGA. 1. Oportunidad, ocasión, momio, ventaja*, breva, saldo, rebaja, regalo*, liquidación, resto, retazo, retal, provecho, ganancia*, negocio, mina, beneficio*, usura, utilidad*, especulación, operación, realización, estraperlo, cosecha, logro, canonjía, prebenda, renta, dote, enchufe, sinecura, gajes, exención, chamba, pera en dulce, favor, agio, jugada, botín; chollo.
— **2.** Sedimento, escoria, desecho. V. MINERAL 4.
3. Aprovechar. Ganar, aventajar, beneficiarse*, negociar, especular, operar, cosechar, embolsar, lograr, lucrarse, enchufarse, quitar, robar*, estafar*, timar.

4. Oportunista. Aprovechado, especulador, ganador. V. VENTAJA 5.

5. Provechoso. Beneficioso*, ventajoso, especulativo. V. VENTAJA 3.

Contr.: Caro, oneroso, costoso.

V. BENEFICIO, VENTAJA, REGALO, UTILIDAD.

ganglio. Nódulo, ganglio linfático, g. nervioso. V. CIRCULATORIO (APARATO) 5, NERVIOSO (SISTEMA) 5.

gangoso. Confuso, nasal, ininteligible. V. PRONUNCIACIÓN 6.

gangrena. Destrucción, putrefacción, necrosis de tejidos. V. PODRIDO 2.

gangrenar(se). Destruir(se), necrosarse, pudrirse. V. PODRIDO 3.

ganguear. Mascullar, farfullar, arrastrar las palabras. V. PRONUNCIACIÓN 7.

gánguil. Lanchón, barcaza, gabarra. V. BARCO 5.

gansada. Necedad, sandez, majadería. V. TONTO 3.

ganso. 1. Oca, ánsar, ánade. V. AVICULTURA 4.

— **2.** Mentecato, majadero, necio. V. TONTO 1.

gánster. Pistolero, bandido, mafioso. V. DELITO 3.

ganzúa. Garfio, hierro*, gancho. V. LLAVE 1.

gañán. 1. Labriego, jornalero, campesino. V. CAMPO 4.

— **2.** Paleto, rústico, aldeano. V. ALDEA 2.

gañido. V. gañir.

gañir. Aullar, bramar, quejarse. V. GRITO 4.

gañote. Garguero o gargüero, gaznate, faringe. V. GARGANTA 1.

garabatear. Pintarrajear, borronear, trazar. V. LÍNEA 5.

garabato. Trazo, borrón, dibujo*. V. LÍNEA 1.

GARAJE. 1. Aparcamiento, estacionamiento, cochera, depósito, almacén*, encierro, zona*, lugar* para estacionar, detención, parada, «parking», nave, local, cobertizo, tinglado, estación de servicio, gasolinera, surtidor, taller de reparación, reparación de automóviles*.

2. Instalaciones. Zona de estacionamiento, servicio de engrase, taller (v. 3), tren de lavado, carga de baterías, equilibrado de ruedas, reglaje de faros, puesta a punto, surtidor de gasolina, suministro de aire, s. de agua, mangueras, extintor de incendios, marquesina, oficinas, lavabos, vestuario.

3. Taller. Foso de engrase, elevador hidráulico, compresor de grasa, engrasador, herramientas*, armario de herramientas, alicates, destornillador, llave inglesa, ll. dentada, ll. de bujías, ll. de ruedas, ll. de estrella, ll. de boca fija, gato hidráulico, banco de trabajo, torno, lámpara portátil, pistola para pintar, compresor, comprobador para neumáticos o indicador de presión, bujías, filtros.

4. Personas. Mecánico, capataz, chapista, encargado, cuidador, vigilante nocturno.

V. AUTOMÓVIL, HERRAMIENTAS.

garante. V. GARANTÍA 4.

GARANTÍA. 1. Fianza, seguridad, prenda, depósito, aval, seña, señal, firma, confianza, crédito, carga, compromiso, resguardo, adelanto, anticipo, entrega, documento*, escrito*, vale, certificado, comprobante, satisfacción, indemnidad, recaudo, caución, obligación*, responsabilidad, gravamen, confirmación, hipoteca, testimonio, embargo, arras, seguro, autorización, permiso*, legalización, certificación, refrendo, reconocimiento, rehén, retención, defensa*, precinto, sello*, lacre.

2. Garantizar. Avalar, confirmar, probar, asegurar, responsabilizarse, comprometerse, fiar, responder, respaldar, obligarse*, endosar, certificar, satisfacer, autenticar, depositar, autorizar, permitir*, testimoniar, legalizar*, legitimar, refrendar, reconocer, resguardar, defender*, apalabrar, caucionar, cargar, gravar, consignar, indemnizar, hipotecar, pignorar, embargar, sellar*, lacrar, precintar.

3. Garantizado. Avalado, confirmado, probado (v. 2).

4. Garante. Garantizador, responsable, fiador, firmante, avalista, asegurador, prendador, comprometido, obligado*, solidario, refrendador, legalizador, defensor*.

Contr.: Inseguridad, duda*, incertidumbre, irresponsabilidad.

V. OBLIGACIÓN, PERMISO, DOCUMENTO, SELLO, LEGALIDAD.

garantizado. V. GARANTÍA 3.

garantizador. V. GARANTÍA 4.

garantizar. V. GARANTÍA 2.

garañón. Reproductor, macho, semental. V. CABALLO 1.

garapiñar. Almibarar, bañar, cubrir. V. CONFITERÍA 11.

garbanzo. Leguminosa, semilla*, vegetal. V. LEGUMBRE 3.

garbeo. Paseo, callejeo, caminata. V. MARCHAR 4.

GARBO. 1. Galanura, gallardía, brío, donaire, gracia, donosura, palmito, elegancia*, distinción, hermosura*, apostura, guapeza, bizarría, marcialidad, atractivo*, perfección*, gentileza, gala, empaque, porte, majeza, lozanía, arrogancia, esbeltez, desenvoltura, desenfado, soltura, disposición, sal, salero, chispa, simpatía*, ingenio, rumbo, prestancia, apariencia, cuidado*, compostura, adorno*, lucimiento.

2. Garboso. Donairoso, brioso, gallardo, airoso, donoso, galán, lozano, saleroso, gracioso, juncal, bizarro, barbián, guapo, apuesto, hermoso*, distinguido, sugestivo, encantador, retrechero, elegante*, majo, esbelto, gentil, perfecto*, atractivo*, bonito, simpático*, desenfadado, desenvuelto, garrido, arrogante, marcial, aguerrido, rumboso, pinturero, presumido, lucido, cuidado*, compuesto, adornado, emperifollado, flamante, flamenco, fanfarrón*, marchoso, primoroso, galano.

3. Ser garboso. Distinguirse, lucirse, destacar, exhibirse*, brillar, superar, revelar, exponer, alardear, fanfarronear*, pavonearse, presumir, ostentar.
Contr.: Fealdad*, desgracia, imperfección, sosería.
V. ELEGANCIA, HERMOSURA, PERFECCIÓN, CUIDADO, ATRACTIVO.

garboso. V. GARBO 2.

gardenia. Arbusto, planta, vegetal*. V. FLOR 4.

garduña. Alimaña, mamífero carnicero, comadreja. V. MAMÍFERO 11.

garete (al). A la deriva, perdido, sin gobierno. V. NAVEGACIÓN 4.

garfio. Hierro*, uña, arpón. V. GANCHO 1.

gargajo. Salivazo, esputo, flema. V. EXCRECIÓN 2.

GARGANTA. 1. Gaznate, pescuezo, gañote, cuello, faringe (v. 4), laringe (v. 5), garguero o gargüero, tragaderas, tragadero, gola, gollete, gorja, pasapán, boca*, degolladero, cogote; cerviz, testuz, nuca, occipucio, colodrillo; testa, cabeza*, morrillo.
— 2. Quebrada, angostura, paso. V. DESFILADERO 1.
3. Partes. Faringe (v. 4), laringe (v. 5), hueso hioides, carótidas (arterias), yugulares (venas); nuez, manzana de Adán (v. 5).
4. Faringe. Fauces, istmo de las fauces, pilares, campanilla o úvula, amígdalas o tonsilas, rinofaringe, abertura de la trompa de Eustaquio, músculos elevadores, m. constrictores. *Enfermedades:* faringitis, inflamación, irritación, anginas, vegetaciones, pólipos, flemones. *Varios:* tragar, deglución, vómito.
5. Laringe. Epiglotis, glotis, cartílago tiroides o nuez o manzana de Adán, cartílago cricoides, c. aritenoides, cuerdas vocales (superior, inferior), músculos de las cuerdas vocales, m. de la glotis; tráquea, anillos.
6. Dolencias. Laringitis, faringitis, anginas, infección*, difteria, crup, garrotillo, asfixia*, ahogo, sofocación, asma, tumor, cáncer*, espasmos glóticos por tétanos, por hidrofobia, trastornos de la voz, ronquera, afonía, obstrucción de las vías respiratorias superiores, flema, esputo, excreción*, expectoración, atragantamiento, tos.
7. Terapéutica. Gárgaras, gargarismo, colutorio, enjuague, lavaje, toques, tópicos, aerosol, nebulización, traqueotomía, laringoscopia, curación*.
8. Daños. Guillotina, hacha, garrote vil, ahorcamiento, horca, estrangulación, asfixia, ahogo*, sofocación, inmersión; guillotinar, estrangular, agarrotar, asfixiar, ahogar*, sofocar (v. 6).
9. Varios. Fonación, voz, habla*, pronunciación*, funciones respiratorias. Respirar*, inhalar, inspirar, espirar, expectorar, escupir*.
V. BOCA, AHOGO, HABLA, PRONUNCIACIÓN, EXCRECIÓN.

gargantilla. Collar, adorno*, alhaja. V. JOYA 2.

gárgara. Enjuague, gargarismo, lavaje. V. GARGANTA 7.

gárgola. Desagüe, caño, canalón. V. TUBO 1.

garguero, gargüero. V. GARGANTA 1.

garita. Caseta, cabina, casilla. V. CASA 2.

garitero. Tahúr, fullero, tramposo. V. JUEGO 13.

garito. Casa de juego, antro, timba. V. JUEGO 13.

garlito. Red, trampa, lazo. V. ENGAÑO 1, CAZA 4.

garlopa. Cepillo, instrumento, herramienta* de carpintero. V. CARPINTERÍA 3.

garra. Zarpa, pata, mano*. V. UÑA 1.

garrafa. Bombona, botellón, damajuana. V. RECEPTÁCULO 3.

garrafal. Colosal, descomunal, exagerado. V. EXAGERACIÓN 3.

garrapata. Parásito, arácnido, ácaro. V. ARTRÓPODO 2.

garrapatear, garrapato. V. garabatear, garabato.

garrido. Brioso, arrogante, garboso. V. GARBO 2.

garrocha. Pértiga, puya, vara. V. PALO 1.

garrotazo. Trancazo, golpazo, estacazo. V. PALO 3.

garrote. Estaca, porra, tranca. V. PALO 1.

garrotillo. Crup, difteria, dolencia infecciosa. V. INFECCIÓN 2.

garrucha. Roldana, polea, aparejo. V. RUEDA 4.

gárrulo. Charlatán, locuaz, parlanchín. V. HABLAR 8.

garza. Zancuda, grulla, avutarda. V. AVE 7.

garzo. Zarco, azulado, azul. V. COLOR 8, OJO 7.

GAS. 1. Fluido, vapor*, vaho, vaharada, emanación, efluvio, éter, hidrocarburo, combustible*, nubosidad, nube*, niebla, aire*, cuerpo aeriforme, agente, hálito, exhalación, bocanada, humo, humareda, cuerpo gaseoso. *Gases:* Eructo, regüeldo, flato, flatulencia, pedo, ventosidad (v. 2).
2. Enumeración. Gas inerte, raro, pobre, permanente, deletéreo, mefítico, tóxico, venenoso*, gas propano, butano, natural, ciudad, de alumbrado, de hulla, metano, de los pantanos, grisú, hilarante, lacrimógeno, irritante, asfixiante, gas mostaza, gas carbónico, anhídrido carbónico, monóxido de carbono, gas irritante, vesicante, paralizante, amoniaco, acetileno; gases nobles: helio, argón, neón, criptón, xenón, radón; aire, gases atmosféricos*: hidrógeno, oxígeno, ozono, nitrógeno, ázoe.
3. Propiedades. Compresión, dilatación, condensación, fluidez, elasticidad, volatilización, expansión, explosión*, licuefacción, sublimación. Gaseoso, volátil, compresible, elástico, fluido, explosivo, irrespirable.
4. Producción de gas de alumbrado. Fábrica de gas, destilación de carbón de coque, generador de gas, gasógeno, condensadores, extractor y bombeo, lavado, purificador químico, refrigerador, sacador, contadores, gasómetro, tuberías, distribución, gasoducto o gaseoducto; instalación de gas. Vehículo*: gasógeno.

5. Acción. Gasificar, expandir, vaporizar, evaporar, dilatar, volatilizar, licuar, destilar, exhalar, emanar, humear, humo, sublimar, comprimir, condensar, enrarecer, fumigar, gasear, saturar, intoxicar, envenenar, ejecutar, explosionar*, estallar.

6. Gaseoso. Etéreo, fluido, volátil, aeriforme, leve*, tenue, ligero, vaporoso, aéreo, atmosférico.
Contr.: Sólido, líquido.
V. AIRE, VAPOR, NUBE, ATMÓSFERA, QUÍMICA.

gasa. 1. Velo, muselina, tul. V. TELA 6.
— **2.** Compresa, apósito, hila. V. VENDA 1.

gasear. Intoxicar, envenenar, ejecutar. V. GAS 5.

gaseoducto. V. gasoducto.

gaseosa. Bebida sin alcohol, b. refrescante, efervescente. V. BEBIDA 3.

gaseoso. V. GAS 6.

gasificar. V. GAS 5.

gasoducto. Conducción, tubería, instalación de gas. V. GAS 4.

gasógeno. Generador de gas, aparato*, instalación de gas. V. GAS 4.

gasoil. V. gasóleo.

gasóleo. Combustible*, aceite pesado, gasoil. V. PETRÓLEO 2.

gasolina. Bencina, hidrocarburo, carburante. V. COMBUSTIBLE 1, 2.

gasolinera. 1. Estación de servicio, surtidor, taller. V. GARAJE 1, 2.
— **2.** Lancha, embarcación, motora. V. BOTE 1.

gasómetro. Medidor de gas*, depósito, tanque. V. GAS 4.

gastado. V. GASTO 5, 6.

gastador. 1. V. GASTO 4.
— **2.** Soldado, zapador, batidor. V. EJÉRCITO 4, 5.

gastar. 1. V. GASTO 3.
— **2.** Raer, sobar, rozar. V. DESGASTE 3.

GASTO. 1. Desembolso, dispendio, inversión, pago*, compra*, adquisición, cuenta, consumición, importe, total*, cuantía, suma, montante, monto, factura, expensas, saldo, deuda*, valor, cuota, abono, precio, coste, costo, costas, liquidación, donación, subvención, préstamo*, presupuesto, dieta, renglón, imprevistos; despilfarro, derroche*, malbarato, pérdida, prodigalidad, generosidad*, ruina, disipación, desperdicio, dilapidación.
— **2.** Roce, uso, deterioro. V. DESGASTE 1.
3. Gastar. Abonar, pagar*, desembolsar, comprar*, consumir, adeudar, sufragar, costear, costar, entregar*, cotizar, saldar, liquidar, subvencionar, donar, cubrir, presupuestar, facturar, invertir, emplear, prestar; dilapidar, despilfarrar, derrochar*, malbaratar, desperdiciar, disipar, prodigar, arruinarse, comerse, fumarse, acabar. Raer, sobar, rozar (v. desgastar*).
4. Gastador. Inversor, comprador*, donador, generoso*, despilfarrador, dilapidador, derrochador*, pródigo, manirroto, disipado, perdedor, malbaratador, voraz, profuso, tarambana, desordenado.
5. Gastado. Abonado, pagado, desembolsado (v. 3).
— **6.** Rozado, usado, deteriorado. V. DESGASTE 2.
Contr.: Ahorro*, economía*, avaricia*.
V. PAGO, COMPRA, DERROCHE, DESGASTE.

gástrico. Abdominal, estomacal, ventral. V. VIENTRE 6.

gastritis. Inflamación, dolor, afección estomacal. V. ESTÓMAGO 6.

gastronomía. Buena mesa, sibaritismo, cocina*. V. ALIMENTO 5.

gastrónomo. Sibarita, epicúreo, gourmet. V. ALIMENTO 12.

gatas (a). Reptando, arrastrándose, gateando. V. DESLIZARSE 5.

gatear. Reptar, arrastrarse, avanzar. V. DESLIZARSE 1.

gatillo. Detonador, llave, percutor. V. PISTOLA 3.

GATO. 1. Felino, félido, mamífero, m. carnívoro, m. doméstico, morrongo, micifuz, minino, michino, misino, mizo, micho.
— **2.** Cric, palanca, aparato. V. AUTOMÓVIL 6.
3. Enumeración. Gato común, doméstico, europeo, persa, persa azul, siamés, de Angora, de Birmania, de la isla de Man, de las cartujas, de chinchilla, azul ruso, cibelino, de Abisinia; gato salvaje, g. montés, g. cerval; g. rayado (v. 4). *Felinos afines:* lince, lince rojo, ocelote, onza.
4. Generalidades. Garras, uñas, bigotes, caninos, agudeza visual, visión nocturna, caza de ratones, ronroneo, maullido, mayido, voz*, bufido, agilidad, saltos, caída de pies. *Pelaje:* blanco, negro, azul, rubio, rojo, tigrado, rayado, manchado, moscado. *Enfermedades:* moquillo, rabia o hidrofobia.
5. Acción. Maullar, mayar, miagar, ronronear, bufar, rabiar, agazaparse, saltar, arañar, rasguñar, herir, gatuñar, desgarrar.
6. Gatuno. Felino, ágil, taimado, veloz, rápido*.
V. MAMÍFERO, FIERA, ANIMAL.

gatuno. V. GATO 6.

gatuperio. Enredo, chanchullo, lío. V. EMBROLLO 1.

gaucho. Criollo, jinete, caballista americano. V. CABALLO 15.

gaudeamus. Festejo, banquete*, regocijo. V. FIESTA 2.

gaveta. Estante, cajón, compartimiento*. V. ARMARIO 2.

gavia. Vela, v. de mastelero; cofa. V. BARCO 15.

gavial. Saurio, caimán, cocodrilo. V. REPTIL 5.

gavilán. Ave rapaz, milano, halcón. V. CETRERÍA 2.

gavilla. 1. Fajo, brazada, haz. V. ENVOLVER 5.
— **2.** Pandilla, cuadrilla, caterva. V. GRUPO 4.

gaviota. Palmípeda, ave marítima, acuática. V. AVE 4.

gayo. Lucido, festivo, jovial. V. ALEGRÍA 6.

gazapera. Conejera, madriguera, escondrijo. V. REFUGIO 3.

gazapo. 1. Conejo, cría, liebre. V. ROEDOR 2.
— **2.** Error, pifia, desliz. V. EQUIVOCACIÓN 1.

gazmoñería. Mojigatería, cursilería, afectación*. V. REMILGO 1.

gazmoño. Melindroso, hipócrita*, afectado*. V. REMILGO 2.

gaznápiro. Torpe, papanatas, simple. V. TONTO 1.

gaznate. Gañote, garguero o gargüero, pescuezo. V. GARGANTA 1.

gazpacho. Caldo, sopa, plato frío. V. ALIMENTO 14.

géiser. Surtidor, fuente termal, manantial. V. FUENTE 1.

geisha. Acompañante, danzarina; ceremonia del té V. BAILE 12; ETIQUETA 2.

gelatina. Mucílago, jalea, sustancia. V. DENSO 2.

gelatinoso. Pegajoso, untuoso*, viscoso. V. DENSO 1.

gélido. Frígido, helado, glacial; distante. V. FRÍO 2.

gema. 1. Piedra fina, alhaja, joya*. V. PIEDRA PRECIOSA 1.
— **2.** Yema, botón, brote. V. BROTAR 2.

gemebundo. V. GEMIDO 3.

gemelo. 1. Mellizo, mielgo, familiar*. V. HERMANO 4.
— **2.** Idéntico, igual, exacto. v. SEMEJANZA 2.
— **3.** *Gemelos*, botones, sujetadores, adornos. V. BROCHE 1.
— **4.** Binoculares, anteojos, binóculos. V. PRISMÁTICOS 1.

GEMIDO. 1. Quejido, lloro*, lamento, sollozo, plañido, gimoteo, vagido, llanto, grito*, ay, chillido, lamentación, aflicción*, queja, protesta*, pena, súplica, clamor, jeremiada, lloriqueo, gruñido, ululato, aullido, dolor*, suspiro, hipo, zollipo, desahogo.
— **2. Gemir.** Lamentarse, clamar, sollozar, llorar*, quejarse, gimotear, plañir, implorar, lloriquear, gritar*, chillar, aullar, ulular, gruñir, desahogarse, suplicar, afligirse*, penar, dolerse, condolerse, protestar, prorrumpir, hipar, zollipar.
3. Gemebundo. Lastimero, quejumbroso, gemidor, plañidero, doliente, triste, lastimero, llorón*, lloroso, lacrimoso, afligido*, chillón, ululante, aullador, vocinglero, gritón*, apenado, protestón, gruñidor, dolido, implorante, suplicante, jeremías, delicado, quejica, quejicoso, ñoño, pesimista*, pusilánime.
Contr.: Risa, alegría*, broma*.
V. GRITO, LLORO, AFLICCIÓN, PROTESTA.

gemidor. V. GEMIDO 3.

géminis. Signo del Zodiaco, s. astrológico. V. ASTROLOGÍA 4.

gemir. V. GEMIDO 2.

gen. ADN, elemento celular, e. hereditario. V. CÉLULA 3.

genciana. Planta, planta curativa, medicinal. V. VEGETAL 6.

gendarme. Guardia, vigilante, agente. V. POLICÍA 2.

genealogía. 1. Ascendencia, linaje, origen. V. ARISTOCRACIA 1, BLASÓN 1.
— **2.** Documento, pergamino, árbol genealógico. V. ARISTOCRACIA 5.

genealógico (árbol). V. genealogía.

generación. 1. Descendencia, prole, seres vivientes. V. FAMILIA 1.
— **2.** Cría, fecundación, engendramiento. V. NACIMIENTO 1.

generador. 1. Transformador, alternador, motor*. V. DINAMO 1.
— **2.** V. generación 2.

general. 1. Universal, absoluto, amplio. V. TOTAL 2.
— **2.** Frecuente, usual, corriente. V. HÁBITO 6.
— **3.** Oficial superior, militar, jefe castrense. V. EJÉRCITO 7.

generalidad. 1. Pluralidad, conjunto, mayoría. V. TOTAL 4.
— **2.** Gobierno autónomo, g. a. catalán, g. a. valenciano. V. GOBIERNO 3.

generalizar. 1. Divulgar, extender, vulgarizar. V. VULGAR 4.
— **2.** Igualar, equiparar, nivelar. V. SEMEJANZA 4.

generalmente. Comúnmente, en general, corrientemente. V. HÁBITO 8.

generar. 1. Engendrar, fecundar, concebir. V. NACIMIENTO 1.
— **2.** Originar*, hacer*, formar*. V. CREAR 1.

generatriz. Raya, trazo, línea generadora. V. LÍNEA 1.

genérico. Global, común, extendido*. V. HABITUAL, TOTAL 3.

género. 1. Especie, clase, orden. V. ANIMAL 4.
— **2.** Agrupación, reunión, conjunto. V. GRUPO 1.
— **3.** Índole, condición, manera. V. CARÁCTER 1.
— **4.** Trapo, paño, tejido. V. TELA 1.
— **5.** Mercadería, artículos, existencias. V. PRODUCCIÓN 2.

GENEROSIDAD. 1. Esplendidez, desprendimiento, altruismo, bondad*, prodigalidad, liberalidad, desinterés, caridad, dadivosidad, largueza, beneficio*, beneficencia, caballerosidad*, magnanimidad, longanimidad, grandeza, filantropía, mecenazgo, protección*, merced, favor, cuidado*, nobleza, abnegación, sacrificio*, misericordia, humanidad, piedad, compasión*, rumbo, munificencia, derroche*, despilfarro, desperdicio, idealismo, quijotada, tontería*.
2. Generoso. Dadivoso, caritativo, desprendido, liberal, altruista, bondadoso*, espléndido, mecenas, filántropo, magnánimo, caballeroso*, noble, compasivo*, desinteresado, piadoso, humanitario, cuidadoso*, misericordioso, benefactor*, hospitalario, acogedor, protector*,

sacrificado*, abnegado, favorecedor, munífico, munificente, rumboso, derrochador*, pródigo, largo, despilfarrador, manilargo, idealista, quijote, tonto*.

3. Ser generoso. Dar, regalar*, desprenderse, ofrecer, entregar*, apiadarse, compadecer*, sacrificarse*, favorecer, beneficiar*, facilitar, gratificar, prodigar, interesarse, proporcionar, despilfarrar, desperdiciar, derrochar*.

Contr.: Codicia, avaricia*, ruindad.

V. SACRIFICIO, BONDAD, BENEFICIO, CABALLEROSIDAD, COMPASIÓN, PROTECCIÓN, ENTREGA, DERROCHE.

generoso. V. GENEROSIDAD 2.

genes. V. gen.

genésico. Genital; generación. V. SEXO 11.

génesis. Comienzo, creación, principio*. V. ORIGEN 1.

genética. Estudio, ciencia*, disciplina. V. HERENCIA.

genial. Talentoso, eminente, fenomenal. V. INTELIGENCIA 3.

genialidad. 1. Talento, penetración, ingenio. V. INTELIGENCIA 1.

— **2.** Ocurrencia, gracia, agudeza. V. COMICIDAD 1.

genio. 1. Lumbrera, notabilidad, eminencia. V. SABIDURÍA 2.

— **2.** Talento, inteligencia*, capacidad. V. SABIDURÍA 1.

— **3.** Talante, índole, humor. V. CARÁCTER 1.

— **4.** Enfado, ira irritación. V. ENOJO 1.

— **5.** Trasgo, espíritu, duende. V. FANTASMA 1.

genital. 1. V. genésico.

— **2.** *Genitales*, órganos reproductores, ó. sexuales, ó. pudendos. V. SEXO 7-9.

genitivo. Caso, declinación, posesión. V. GRAMÁTICA 5.

genocidio. Exterminio, eliminación, matanza racial. V. MUERTE 5, 7.

gente. 1. Multitud, muchedumbre, público. V. GRUPO 3.

— **2.** Individuos, sujetos, personas. V. GRUPO 2.

gentil. 1. Idólatra, pagano, infiel. V. HEREJÍA 3.

— **2.** Gallardo, apuesto, hermoso*. V. GARBO 2.

— **3.** Cortés, atento, educado. V. AMABILIDAD 2.

gentileza. V. gentil 2, 3.

gentilhombre. Caballero, noble, hidalgo. V. ARISTOCRACIA 2.

gentilicio. Del país, del linaje, de la familia. V. NACIÓN 6.

gentío. Muchedumbre, chusma, concurrencia*. V. GRUPO 3.

gentleman. *ingl* Caballero. V. gentilhombre.

gentuza. Plebe, chusma, populacho. V. GRUPO 4.

genuflexión. Inclinación, venia, reverencia. V. SALUDO 2.

genuino. Natural, legítimo, auténtico. V. VERDAD 4.

geodesia. Agrimensura, medición, planimetría. V. TOPOGRAFÍA 1.

GEOGRAFÍA. 1. Estudio, disciplina, ciencia*, tratado, texto, descripción de la Tierra, sistema de ciencias.

2. Clasificación. Geografía sistemática, regional; física, orografía, geodinámica, geomorfología, climatología, meteorología*, oceanografía, hidrografía, cartografía, topografía*, geodesia, agrimensura, etnografía, biogeografía, geografía humana, histórica, política o geopolítica, social, económica; toponimia, cosmografía, astronomía*, estadística*, geología*; geografía general, regional, de la población, urbana.

3. Mundo. Tierra, planeta, globo, g. terrestre, g. terráqueo, orbe, cosmos, astro, cuerpo celeste, esfera, creación, universo*, naturaleza, elementos (v. 4).

4. Situación geográfica. Puntos cardinales: *Norte*, boreal, septentrión, septentrional, nórdico, norteño, ártico, hiperbóreo, polar; *Sur*, Sud, mediodía, austro, austral, meridional, sureño, antártico, polar; *Este*, Oriente, Levante, naciente, orto; *Oeste*, Occidente, poniente, ocaso; NE, NO, etc. (v. brújula 3), rosa de los vientos, aguja, brújula*, hemisferio, equinoccio, solsticio, meridiano, meridiano de Greenwich, paralelo, círculo máximo, ecuador, huso horario, longitud, latitud, grados, minutos, segundos, polos*, círculo polar Ártico, c. p. Antártico, trópicos, t. de Cáncer, t. de Capricornio, zonas*, z. glacial, templada, tórrida (v. 5).

5. Elementos geográficos. Hemisferio, continente, zona*, país, nación*, Estado, región, comarca, provincia, distrito, departamento, capital, ciudad*, población, pueblo, aldea*, montaña*, cordillera, sierra, cima, pico, volcán*, colinas, meseta, llanura*, desierto*, dunas, tundra, sabana, pampa, oasis, marisma, pantano, lago*, laguna, río*, arroyo, afluente, cascada, catarata, confluencia, estuario, delta, desembocadura, mar*, océano, costa*, promontorio, cabo, istmo, península, acantilado, escollos, arrecifes, bahía*, golfo, puerto*, estrecho, canal*, islote, isla*, archipiélago.

6. Geógrafo. Topógrafo*, cartógrafo*, científico, sabio*, experto, especialista, técnico.

7. Terráqueo. Terrestre, terrícola, antípoda, terrenal, planetario, mundial, terreno, físico, geológico*, geográfico, cartográfico.

V. CIENCIA, TOPOGRAFÍA, METEOROLOGÍA, ASTRONOMÍA, UNIVERSO, MAPA, POLO, MAR, COSTA, LAGO, RÍO, BAHÍA, PUERTO, CANAL, ISLA, VOLCÁN, MONTAÑA, LLANURA, DESIERTO, BRÚJULA, ZONA, NACIÓN, CIUDAD, ALDEA, GEOLOGÍA.

geográfico. V. GEOGRAFÍA 7.

geógrafo. V. GEOGRAFÍA 6.

GEOLOGÍA. 1. Ciencia*, disciplina, mineralogía* (v. 2), tratado, texto, estudio, e. de la constitución, de la transformación del globo terrestre (v. 2).

2. Divisiones. Mineralogía*, petrografía, tectónica, orogenia, orografía, estratigrafía, vulcanología, sismología, geodinámica, paleontología. Arqueología* (v. 1).

3. Corteza terrestre. Corteza, capa, estrato, manto, faja, veta, tierra, suelo*, subsuelo. *Partes:* litosfera (sial), pirosfera (sima), barisfera (nife); atmósfera.

4. Rocas. *Rocas eruptivas:* granito, pegmatita, pórfido, traquita, feldespato, sienita, basalto, obsidiana, piedra pómez, sierita. *R. sedimentarias:* r. silíceas, guijarros, cantos rodados, arenas, conglomerado, gres, sílex o pedernal. *R. arcillosas:* arcillas, margas, pizarras o esquistos. *R. calizas:* mármol, toba, creta, marga. *R. salinas:* sal, gema, yeso, anhidrita. *R. cristalinas:* gneis o neis, mica, esquisto. *R. combustibles:* hulla, antracita, lignito, turba. (V. mineralogía*)

5. Tiempos geológicos. Eras, períodos, épocas, edades*. *Era Arcaica o Agnostozoica:* Período Arcaico, Algonquino. *Era Primaria o Paleozoica:* Período Cámbrico, Ordovícico, Silúrico, Devónico, Carbonífero y Pérmico. *Era Secundaria o Mesozoica:* Períodos Triásico, Jurásico, Cretáceo. *Era Terciaria o Cenozoica:* Períodos Paleoceno, Eoceno, Oligoceno, Mioceno, Plioceno. Período Glacial (glaciaciones). *Era Cuaternaria o Antropozoica:* Períodos Pleistoceno o Diluvial, Holoceno o Aluvial. (V. edad 10, 11)

6. Orogénesis, estructura. Geodinámina, fenómenos tectónicos, sísmicos, volcánicos; estrato, estratificación, formación, veta, capa, sedimento, manto, suelo*, subsuelo, plegamiento, geosinclinal, sinclinal, anticlinal, falla, pliegue, buzamiento, fosa tectónica, meseta tectónica, plano de falla, línea de falla, fractura, fisura, grieta (v. 7).

7. Elementos geológicos. Agentes atmosféricos, viento*, disgregación, erosión, aluvión, sedimento, edificación geológica, dunas, aguas subterráneas, bolsa subterránea, estalactitas, estalagmitas, órganos, cañones, yacimientos, venas, vetas, sedimentos, formaciones geológicas, mantos, capas, estratos, excavaciones naturales, glaciares, morenas (morrenas), nieve, neviza, aludes, piedras, rocas (v. 3), cantos rodados, guijarros, ventisquero, glacial, capa de hielo, casquete de hielo, témpano; mar*, olas, mareas, corrientes marinas, desgaste, sedimentos, salinas, lagunas, lagos*, ríos*, plataforma continental, costa*, acantilado, arrecife*, isla*, atolón, corales.

8. Minerales. V. MINERAL.

9. Cavernas, espeleología. V. CUEVA.

10. Cataclismos geológicos. V. TERREMOTO, VOLCÁN.

11. Geólogo. Científico, estudioso, especialista, sabio*, perito, mineralogista, vulcanólogo, sismólogo, paleontólogo; arqueólogo* (v. 2).

12. Geológico. Orográfico, físico, terrestre, telúrico, mineralógico, mineral*, rocoso, pétreo, estratigráfico, tectónico, orogénico, geodinámico, sísmico, vulcanológico, sedimentario; paleontológico, arqueológico*.
V. MINERAL, ARQUEOLOGÍA, PREHISTORIA, PIEDRA, EDAD, COSTA, ARRECIFE, CUEVA, TERREMOTO, VOLCÁN.

geológico. V. GEOLOGÍA 12.

geólogo. V. GEOLOGÍA 11.

GEOMETRIA. 1. Parte de las matemáticas*, estudio de las figuras geométricas, ciencia*, disciplina, texto, tratado, forma*.

2. División. Geometría euclidiana, no euclidiana; plana (v. 3), del espacio (v. 8), descriptiva, proyectiva, analítica, logarítmica; trigonometría, geodesia, agrimensura, topografía*. *Elementos:* axioma, definición, teorema; lema, postulado, hipótesis, tesis, demostración.

3. Geometría plana. Punto, línea* (v. 4), recta, semirrecta, segmento, eje, abscisa, ordenada, coordenada, vector, directriz, generatriz, curva*, arco, espiral, superficie.

4. Líneas. *Líneas rectas:* línea horizontal, oblicua, vertical, perpendicular, quebrada, normal, inclinada, paralela, convergente, divergente. *Líneas mixtas. Líneas curvas*:* circunferencia (centro, radio, diámetro, secante, tangente, cuerda, flecha); elipse, hipérbola, parábola (foco).

5. Ángulos*. Ángulo agudo (vértice, lado, bisectriz), á. recto, llano, obtuso; ángulos opuestos por el vértice, consecutivos, adyacentes; diedros, triedros, poliedros.

6. Polígonos. Figura*, porción de plano; triángulo* (altura, lado, mediana, catetos, hipotenusa), triángulo rectángulo, acutángulo, obtusángulo; equilátero, isósceles, escaleno. Cuadriláteros, paralelogramos: cuadrado, rectángulo, rombo, losange, romboide; trapecio, trapezoide, pentágono (apotema, radio, lado, diagonal, centro), hexágono, heptágono, octógono, decágono, endecágono, dodecágono, pentadecágono, miliágono.

7. Superficies circulares. Círculo*, corona, sector circular, sector corona, segmentos circulares.

8. Geometría del espacio. Cuerpo, sólido, volumen, cara, faceta, arista, vértice. *Planos:* p. vertical, horizontal, inclinado, oblicuo, paralelos, convergentes, divergentes, perpendiculares. Ángulos: diedros, triedros, poliedros (v. 9).

9. Cuerpos poliédricos. Poliedro, sólido, cuerpo, volumen; prisma (recto, oblicuo), tronco; paralelepípedo; pirámide (recta, oblicua), tronco; poliedros regulares: triedro, tetraedro, hexaedro, cubo, octaedro, dodecaedro, icosaedro (v. 3).

10. Cuerpos de revolución. Cilindro (recto, oblicuo), tronco; cono (recto, inclinado), esfera, segmentos, casquete, rebanada, huso o cuña, sector; toro, paraboloide, tonel, elipsoide.

11. Geométrico. Matemático*, simétrico, exacto*, preciso, formado*, proporcionado, equilibrado, calculado*, lineal, dibujado*, delineado, gráfico, detallado*.
V. MATEMÁTICAS, TRIGONOMETRÍA, TOPOGRAFÍA, CIENCIA, FORMA, CÍRCULO, CURVA, LÍNEA, TRIÁNGULO, DIBUJO.

geométrico. V. GEOMETRÍA 11.

geopolítica. Geografía política, económica, social. V. POLÍTICA 1, GEOGRAFÍA 2.

geranio. Planta, p. jardinera, vegetal*. V. FLOR 4.

gerencia. V. gerente.

gerente. Director, empresario, jefe. V. ADMINISTRACIÓN 6.

geriatría. Especialidad, medicina* del envejecimiento, gerontología. V. ANCIANO 9.

gerifalte. 1. Gavilán, halcón, ave de presa. V. AVE 8.
— 2. Figurón, cabecilla, jefe*. V. PERSONA 3.

germanía. Jerga, lenguaje, jerigonza. V. IDIOMA 1.

germano, germánico. Teutón, tudesco, alemán. V. EUROPEO 2.

germen. 1. Simiente, grano; huevo*. V. SEMILLA 1; EMBRIOLOGÍA 2.
— 2. Fundamento, origen*, principio*. V. CAUSA 1.

germinación. V. germinar.

germinar. Retoñar, formarse*, desarrollarse*. V. BROTAR 1.

gerontología. V. geriatría.

gerundio. Forma verbal, f. invariable, tiempo. V. VERBO 4.

gesta. Hazaña, aventura, narración*. V. HÉROE 8.

gestación. 1. Gravidez, preñez, maternidad. V. EMBARAZO 1.
— 2. Formación, desarrollo*, preparación. V. PRINCIPIO 1.

gestero. V. GESTO 5.

gesticulación. V. GESTO 1.

gesticulante. V. GESTO 5.

gesticular. V. GESTO 4.

gestión. 1. Diligencia, servicio, tarea. V. TRÁMITE 1.
— 2. Manejo, dirección, gobierno. V. ADMINISTRACIÓN 1.

gestionar. Resolver, despachar, solucionar*. V. TRÁMITE 2.

GESTO. 1. Ademán, expresión, porte (v. 2), mímica, visaje, mueca, mohín, seña, señal*, aviso, gesticulación, signo, saludo (v. 3), manoteo, actitud, aspaviento, queja, pantomima, amago, finta, esquive*, contorsión, movimientos, guiño, guiñada, parpadeo, pestañeo, tic, meneo, cabeceo, negación, afirmación (v. 3), morisqueta, imitación, remedo, parodia, simulación*, ceño (v. 3), rictus, esguince, acción, acto, llamada, mimo, mono, momo, monería, zalamería, carantoña, puchero, coquito, garambaina, dengue, mímesis o mimesis, animación, respingo, remilgo, regate, quiebro, bufonada, ceremonia, bendición.

— 2. Aspecto*, porte, aire, modales, maneras, exterior, continente, empaque, apariencia, postura*, expresión, catadura (v. 3).

3. Gestos especiales. Puchero, hocico, ceño, higa, lagarto lagarto, afirmación, negación, sonrisa, saludo*, inclinación, reverencia, sombrerazo, besamanos, contoneo, bostezo, cabeceo, cabezada, manoteo, braceo, grito, llamada; gesto inquisitivo, interrogativo, admirativo, espontáneo, expresivo, maquinal, involuntario, estereotipado, estudiado, hipócrita*, rebuscado, afectado*, cursi, relamido, pomposo, fanfarrón*, burlón*, irónico*, cínico, amargado, grave, severo, triste, afligido*, compungido, de alivio, de disgusto (v. 2).

4. Gesticular. Gestear, accionar, expresar, explicar*, parodiar, imitar, remedar, simular*, indicar, señalar*, avisar, enseñar, dar a entender, mover*, cabecear, asentir, negar, amagar, fintear, esquivar*, manotear, bracear, menear, agitar, patalear, contonearse, hacer gestos, h. cocos, h. la peseta, ademanes, muecas (v. 1), fruncir el ceño, las cejas, guiñar, parpadear, pestañear, mirar de reojo, de soslayo, sonreír, poner morro, torcer el gesto, hablar con los ojos, h. por señas, exteriorizar, aparentar, amohinarse.

5. Gesticulante. Gestero, gesticulador, expresivo, aspaventero, histrión, bufo, bufón, mimo, payaso, simulador*, imitador, parodista, caricato, cómico*, alegre*, burlón*, vehemente, animado, apasionado*, sonriente, ceñudo, melindroso, afectado*.
Contr.: Inexpresividad.
V. MOVIMIENTO, SEÑAL, POSTURA, AFECTACIÓN, SIMULACIÓN, BURLA.

gestor. Representante, encargado, apoderado. V. TRÁMITE 3.

geyser. V. géiser.

ghetto. ital V. Gueto.

giba. Corcova, joroba, cifosis. V. DEFORMACIÓN 3.

giboso. Contrahecho, jorobado, corcovado. V. DEFORMACIÓN 3.

gigante. 1. Titán, superhombre, hércules. V. ALTO 2.
— 2. V. gigantesco.

gigantesco. Colosal, desmesurado, inmenso. V. GRANDE 1.

GIMNASIA. 1. Entrenamiento, educación física, ejercicio, calistenia, atletismo*, deporte*, adiestramiento, preparación*, marcha*, práctica, maniobra, ejercitación, operación, salto*, movimiento*, volteretas, cabriolas, equilibrismo, acrobacia, juego*, exhibición*, competición, campeonato, agilidad, rapidez*, rivalidad*.

2. Clases. Gimnasia respiratoria, correctiva, educativa, sueca, aeróbica, anaeróbica, calistenia, acrobática, artística, rítmica, libre, deportiva, con aparatos, con pesas, de competición, ejercicios isométricos, aeróbic.

3. Ejercicios de gimnasia. Flexión de cintura, f. de tronco, f. de pierna, f. de brazos, extensión de brazos, de piernas, elevación de brazos, e. de piernas, e. de puntillas, rotación de tronco, volteo; posición de pie, de firme, p. sentada, p. en cuclillas, manos en las caderas. *Gimnasia en el suelo:* vertical, rueda, voltereta, salto mortal, molino, horizontal.

4. Gimnasio. Local, salón, sala, pabellón, palestra, recinto, estadio*, arena, circo*, liza, palacio de deportes (v. 5).

5. Aparatos de gimnasio. Potro de arcos, p. de saltos, anillas, barra fija, barras paralelas, barras asimétricas. Plinto, colchoneta, estera, mesa, percha, escalera de enrejado, cuerda lisa, barra vertical, banquillo, espalderas, trampolín, trapecio, cama elástica, pesas o halteras*; (v. 6).

6. Ejercicios con aparatos. *Potro con arcos:* tijera, giro doble, «tramiot», ruso, checo; *anillas:* Cristo, ángel, horizontal, balanceo, báscula, lanzamiento, rueda, salida; *paralelas:* balanceo, lanzamiento, giro, voltereta, báscula; *potro de saltos:* flexión, carrera, caída, salto interior, salto del tigre o del pez, pirueta; *barra fija:* molino gigante, vuelta de rueda, inglés, francés, Pakarinen, salto del tigre o del pez, pirueta, vuelta del águila.

7. Gimnasta. Deportista*, atleta*, acróbata, equilibrista*, practicante, ejercitante, competidor, campeón, trapecista, volatinero, jugador*, aficionado, luchador*, púgil, boxeador*, saltador*, corredor, gladiador, concursante, rival*.

8. Hacer gimnasia. Ejercitarse, entrenarse, prepararse, adiestrarse, concursar, rivalizar, practicar, moverse*, jugar*, exhibir*, competir. Flexionar, extender, elevar, bajar (piernas, brazos, tronco), balancearse, rodar, voltear, girar, lanzar, saltar*, dar volteretas.

9. Gimnástico. Atlético*, deportivo*, ágil, rápido*, ligero, veloz, dinámico*, vivaz, activo, enérgico*, acrobático, movedizo, saltarín*. *Contr.:* Inactividad, anquilosamiento.
V. ATLETISMO, DEPORTE, MOVIMIENTO, SALTO, CARRERA, EXHIBICIÓN, JUEGO, ESTADIO, CIRCO, EQUILIBRISTA, BOXEADOR, LUCHADOR, RAPIDEZ.

gimnasio. V. GIMNASIA 4, 5.
gimnasta. V. GIMNASIA 7.
gimnástico. V. GIMNASIA 9.
gimnosperma. Planta, ser orgánico, s. vivo. V. VEGETAL 17.
gimotear. Sollozar, quejarse, llorar*. V. GEMIDO 2.
gimoteo. V. gimotear.
ginebra. Aguardiente, licor, bebida alcohólica. V. BEBIDA 2.
gineceo. 1. Pistilo, elemento, parte de la flor. V. FLOR 2.
— **2.** Serrallo, departamento para las mujeres (entre los musulmanes), aislamiento*; pistilo. V. HARÉN 1; FLOR 2.

ginecología. Especialidad, dolencias, enfermedades femeninas. v. MUJER 10.
ginecólogo. Obstetra, tocólogo, doctor. V. MÉDICO 2.
gira. Periplo, excursión, turismo. V. VIAJE 1.
GIRAR. 1. Voltear, bornear, virar, rodar, rotar, dar vueltas, moverse*, desplazarse, trasladarse*, pedalear, circuir, circular, volver, revolverse, remolinear, bailar*, danzar, valsar, agitarse, saltar*, brincar, evolucionar, desviarse (v. 2), esquivar*, torcer, retorcer, ondular, vibrar, temblar*, revolotear, enroscar, enrollar, arrollar, atornillar, combar, curvar*, tornar, tornear, correr, rondar, menearse, deslizarse*, resbalar, cambiar*, culebrear, descentrar, impulsarse, contonearse, contorsionarse.
— **2.** *Desviarse,* girar, alejarse*, virar, esquivar*, marcharse*, volverse, separarse, torcer, apartarse, irse, invertir, dar la vuelta, dar media vuelta, regresar*, transitar, rodear, escapar, huir*, escurrirse, deslizarse*.
3. Giro. Vuelta, volteo, rotación, ronda, borneo, revoloteo, movimiento*, molinete, revolución, circuito, desplazamiento, desvío (v. 4), deslizamiento*, torsión, retorcimiento, rueda, danza, baile*, vals, evolución, voltereta, tumbo, cabriola, pirueta, salto*, agitación, contorsión, remolino, torbellino, meneo, arrollamiento, enrollamiento, combadura, curva*, curvatura, torna (v. 4).
4. Desvío. Giro, vuelta, viraje, cambio*, desplazamiento, apartamiento, vuelco, traslación, separación, alejamiento*, ida, marcha*, circulación, inversión, regreso*.
5. Giratorio. Rodante, movedizo*, movible*, rotatorio, que voltea, circulante, circulatorio, vibrante, enrollable, corredizo, deslizante*, desplazable, contorsionado, agitado, revuelto.
6. Aparato giratorio. Rueda*, aspa, aleta, rotor, molinete, torno, puerta giratoria, molino*, eje, esfera*, hélice, polea.
Contr.: Inmovilidad*.
V. MOVIMIENTO, CAMBIO, CURVA, BAILE, SALTO; DESLIZAR, ALEJAR, ESQUIVAR, TORCER.
girasol. Mirasol, semilla*, flor*. V. VEGETAL 10.
giratorio. V. GIRAR 5.
giro. 1. V. GIRAR 3, 4.
— **2.** Remesa, pago*, libranza. V. ENVIAR 3.
— **3.** Tendencia, dirección, sentido. V. ORIENTACIÓN 1.
— **4.** Expresión, locución, modismo. V. FRASE 1.
giróscopo. Girocompás, dispositivo, giroscopio. V. BARCO 9.
gitanada. *desp* V. GITANO 3.
gitanear. *desp* V. GITANO 4.
gitanería. *desp* V. GITANO 3.
GITANO. 1. Calé, cíngaro, cañí, flamenco, nómada, errante, trashumante, caló (lengua).
2. Elementos. Cante* jondo, c. flamenco, cantar*, tablado flamenco, folclore*, baile*, buenaventura, adivinación*, negocio de caba-

llerías, chalaneo, quincallería, caló, germanía, tribu, jefe, Sacromonte.

3. Tópicos. Zalamería, adulación*, arrumaco, camelo, halago; picardía, trastada, travesura, faena, engaño*, pillería*, trapicheo; gitanería *desp*, gitanada *desp* (v. 4).

4. Gitanear. *desp* Trapichear, regatear, timar, tratar de engañar*, camelar, halagar, adular*, travesear.

V. CANTAR, BAILE, FOLCLORE, ADIVINACIÓN.

glaciación. Época, era, edad* de los glaciares. V. GEOLOGÍA 5.

glacial. 1. Helado, frígido, gélido. V. FRÍO 2.

— **2.** Impasible, desabrido, insensible. V. INDIFERENCIA 2.

— **3.** V. glaciación.

glaciar. Ventisquero, río de hielo, helero. V. MONTAÑA 3.

gladiador. Mirmillón, luchador*, atleta*. V. CIRCO 7.

gladiolo. Planta, vegetal*, fanerógama. V. FLOR 4.

glamour. Seducción, fascinación, encanto. V. ATRACTIVO 1.

glande. Extremidad, cabeza del pene, bálano. V. SEXO 8.

GLÁNDULA. 1. Órgano de excreción*, ó. de secreción, ó. excretor, ó. secretor; partes: folículo, tubo excretor, conducto orgánico, lobulillo, alvéolo, célula glandular.

2. Clasificación. Glándulas de secreción interna o endocrinas (v. 3), glándulas de secreción externa o exocrinas (v. 4), glándulas mixtas.

3. Glándulas endocrinas; hormonas, enfermedades. Glándula tiroides (hormona: tiroxina): bocio, cretinismo, hipertiroidismo, hipotiroidismo. Paratiroides (paratidina): tetania. Hipófisis o glándula pituitaria (hormona del crecimiento, h. metabólica, h. gonadotrópica): gigantismo, enanismo, acromegalia. Glándulas o cápsulas suprarrenales (corticosterona, adrenalina): enfermedad de Addison o e. bronceada. Glándulas sexuales (testosterona [v. testículo*]; foliculina, luteína, progesterona [v. útero*1]). Páncreas (insulina, jugo pancreático): diabetes. Timo. Epífisis. (V. 4)

4. Glándulas exocrinas. G. de secreción externa. Glándulas salivales: sublinguales, submaxilares, parótidas (parotiditis, paperas); lagrimales, sebáceas, sudoríparas, mamarias, de Meibomio, de Cowper. Parcialmente exocrinas: riñones*, hígado* (bilis), páncreas, testículos*, ovario. (V. 3)

5. Secreción. Segregación, hormona (v. 3), secreción glandular, exudado, humor, excreción*, producto glandular, secreción interna, s. externa, evacuación, tiroxina, adrenalina (v. 3).

6. Segregar. Elaborar, formar, producir, excretar*, expulsar, evacuar, exudar, vaciar*, eliminar, echar, expeler, soltar.

7. Glandular. Endocrino, interno, exocrino, externo, secretorio, excretorio*, hormonal,

metabólico, tiroideo, hipofisario, pancreático, hepático, (v. 3).

V. EXCRECIÓN, RIÑÓN, HÍGADO, TESTÍCULOS, OVARIOS.

glandular. V. GLÁNDULA 7.

glasear. Abrillantar, cubrir, bañar. V. CONFITERÍA 11.

glauco. Verdoso, verdusco, verde claro. V. COLOR 9.

glaucoma. Dolencia, enfermedad*, endurecimiento del ojo. V. OJO 10.

gleba. Tierra, terreno, terruño. V. CAMPO 1.

glicerina. Líquido incoloro, suavizante, antiséptico. V. COSMÉTICO 2, DESINFECTANTE 2.

global. General, absoluto, completo. V. TOTAL 2.

GLOBO. 1. Balón, bola, pelota*. V. ESFERA 1.

2. Globo aerostático. Aeróstato, aeronave, ingenio, aparato más ligero que el aire; globo libre, g. cautivo, g. sonda, g. de Piccard; dirigible*, zepelín.

3. Elementos. Envoltura o cubierta, red, cuerdas de suspensión, aro, barquilla, cabina, lastre, sacos de lastre, manga de llenado, cuerda de la barquilla, c. de suspensión, c. de arrastre, cable de remolque, ancla, banda de desgarre, cabo de desgarre, válvula (de salida del gas), cuerda de la válvula, gas* (helio, hidrógeno). Aeronauta, tripulante, piloto. Aerostación, aeronáutica, navegación aérea, atmósfera*.

V. DIRIGIBLE, AVIÓN, VUELO, ATMÓSFERA.

globoso, globular, globuloso. Redondo, esférico, abultado*. V. ESFERA 4.

glóbulo. Esferita, globo, pelotita. V. ESFERA 1.

gloria. 1. Fama, esplendor, honor*. V. PRESTIGIO 1.

— **2.** Edén, cielo, elíseo. V. PARAÍSO 1.

— **3.** Gozo, satisfacción, deleite. V. PLACER 1.

gloriar. 1. V. glorificar.

— **2.** *Gloriarse*, alabarse, envanecerse, jactarse. V. FANFARRONERÍA 3.

glorieta. 1. Rotonda, plazoleta, plaza. V. CALLE 1.

— **2.** Templete, cenador, mirador. V. COLUMNA 6.

glorificar. Ensalzar, celebrar, adular*. V. HONOR 6.

glorioso. 1. Famoso, honroso*, insigne. V. PRESTIGIO 2.

— **2.** Divino, espléndido, soberbio. V. MARAVILLA 2.

glosa. Aclaración, comentario, nota*. V. EXPLICACIÓN 1.

glosar. V. glosa.

glosario. Léxico, lista, vocabulario. V. DICCIONARIO 1.

glotis. Orificio laríngeo, abertura, conducto. V. GARGANTA 5.

glotón. Voraz, comilón, insaciable. V. HAMBRE 2.

glotonería. Voracidad, avidez, gula. V. HAMBRE 1.

glucosa. Glúcido, hidrato de carbono, azúcar. V. ALIMENTO 7.

gluten. Albúmina, componente harinoso, c. del cereal. V. SEMILLA 3.

glúteos. Nalgas, posaderas, asentaderas. V. CULO 1.

gneis, neis. Roca, piedra*, granito. V. MINERAL 5.

gnomo. Elfo, duende, geniecillo. V. FANTASMA 1.

gnosticismo. Sistema, tendencia, doctrina filosófico-religiosa. V. FILOSOFÍA 5.

gobernable. V. GOBIERNO 14.

gobernación. V. GOBIERNO 1; MINISTERIO 3.

gobernador. V. GOBIERNO 8.

gobernalle. Rueda del timón, dirección, caña. V. BARCO 9.

gobernante. V. GOBIERNO 8.

gobernar. V. GOBIERNO 12.

GOBIERNO. 1. Mando, rumbo, guía*, presidencia (v. 2), jefatura, dirección, conducción, gobernación, autoridad, jerarquía, superioridad, poder*, régimen, burocracia, política*, tutela, riendas, timón, cargo, dominio, jurisdicción, soberanía, manejo, mandato (v. 2). **2. Presidencia del Gobierno.** Gabinete, jefatura, consejo de ministros, administración, Estado, mandato, poder*, regencia, directorio, magistratura, ministerio*, régimen, mando (v. 1). **3. Gobiernos, doctrinas.** Poder ejecutivo (v. 5), legislativo (v. 6), judicial (v. 7). Democracia, liberalismo, monarquía, regencia, república, autocracia, autarquía, tecnocracia, burocracia, plutocracia, tiranía, dictadura, oligarquía, absolutismo, imperio, despotismo, totalitarismo, anarquía, nihilismo, demagogia, centralismo, unitarismo, autonomía, generalidad, federación, confederación, fideicomiso, consulado, triunvirato, terna, tetrarquía, junta, directorio, sóviet, mancomunidad, comité, asamblea*, congreso, corporación (v. 4). **4. Clases.** Gobierno constitucional, representativo, parlamentario, unicameral, bicameral, republicano, presidencialista, dictatorial, absolutista, tiránico, moderado*, democrático, liberal, popular, monárquico, central, centralista, unitario, autonómico, federal, federativo, asociado, libre separado (v. 3). **5. Poder ejecutivo.** Jefatura del Estado (en España, el jefe del Estado es el Rey, sin poder ejecutivo), presidencia, vicepresidencia, jefatura del gobierno, ministerio*, dirección general, subsecretaría, jefatura, gobierno civil, g. militar. **6. Poder legislativo.** Parlamento, legislatura, congreso. V. ASAMBLEA 1. **7. Poder judicial.** Justicia, juzgado, magistratura. V. TRIBUNAL 1. **8. Gobernante.** Gobernador, estadista, presidente, director, dirigente, rector, mandatario, jefe*, político*, magistrado, representante, autoridad, personaje*, guía*, superior*, administrador*, regidor, corregidor, alcalde* (v. 10), regente, conductor, cabecilla, cacique, canciller, dignatario, funcionario, fideicomisario (v. 9). **9. Miembros del gobierno.** Jefe de Estado, rey*, presidente, vicepresidente, presidente del gobierno, jefe del gobierno, «premier», primer ministro, ministro*, m. sin cartera, subsecretario, director general (v. 10).

10. Otros gobernantes. Emperador, césar, zar, káiser, príncipe, faraón, tetrarca, triunviro, pretor, micado, dux, cónsul, arconte, elector, landgrave, margrave, virrey, gobernador, prefecto, residente, regente, canciller, valido, favorito, adelantado, tribuno, dictador, tirano, sátrapa, mandarín, maharajá, rajá, visir, gran visir, bajá, jerife, califa, jalifa, jedive, emir, bey, caid, nabab, inca. Alcalde*, regidor, corregidor, regente, intendente, teniente de alcalde, concejal, jefe de servicios. Diputado, senador, concejal, edil (v. asambleísta*) (v. 8).

11. Generalidades. Política*, plebiscito, referéndum, elecciones*, votación, voto, sufragio universal, opinión pública, campaña, propaganda electoral, discurso*, mitin, derechos políticos, garantías constitucionales, libertad de expresión, de conciencia, de imprenta, de asociación, de reunión; nación*, Estado, instituciones, constitución, razón de estado, no intervención, civismo, poder ejecutivo (v. 5), p. legislativo (v. 6), p. judicial (v. 7), mayoría, minoría, oposición, crisis, c. ministerial, c. de gobierno, geopolítica, coexistencia pacífica, guerra fría, libro blanco, l. amarillo, pacto*, alianza, golpe de Estado, revolución*, intriga, maniobra.

12. Gobernar. Regir, dirigir, presidir, conducir, administrar*, regentar, reinar, imperar, representar, tutelar, mandar, ordenar*, guiar*, supervisar, timonear, dictar, tiranizar, ejercer, encabezar, acaudillar, manipular.

13. Gubernativo. Gubernamental, oficial, estatal, nacional*, central, político*, administrativo, burocrático, público, social, benéfico, mutuo, laboral, sindical, ejecutivo, legislativo, parlamentario, oficioso, representativo, constitucional, presidencial, ministerial*, federal, civil, militar, liberal, monárquico (v. 4).

14. Gobernable. Disciplinado, ordenado*, sumiso. V. OBEDIENCIA 2.

Contr.: Desgobierno, anarquía, caos.

V. POLÍTICA, NACIÓN, MINISTERIO, PODER, ASAMBLEA, TRIBUNAL, GUÍA, JEFE.

goce. 1. Gusto, satisfacción, deleite. V. PLACER 1.

— **2.** Uso, disfrute, utilización. V. ÚTIL 6.

godo. 1. Visigodo, hispano, germánico. V. EUROPEO 4.

— **2.** Gótico, ilustre, linajudo. V. ARISTOCRACIA 4.

gofio. Harina de cereal, de trigo, de maíz. V. SEMILLA 6.

gol. Punto, tanto, acierto. V. FÚTBOL 4.

gola. Gaznate, garguero o gargüero, gañote. V. GARGANTA 1.

goleada. Tanteo abultado, exagerado, excesivo. V. FÚTBOL 4.

golear. Marcar, vencer, meter. V. FÚTBOL 7.

goleta. Corbeta, bergantín, velero. V. BARCO 2.

GOLF. 1. Deporte*, juego*, j. de pelota*, competición, entrenamiento, diversión*, ejercicio, campeonato.

2. Campo. Link, campo, fair way, punto de salida, arroyo, búnker, rough, obstáculos, terraplén, hoyo, banderín.

3. Material. Pelota*, tee; *palos:* palo, club; palos de madera: driver, putter, brassie, spoon, little spoon, cleek; palos de hierro: iron, mashie, niblick, wedge.

4. Juego. Swing, slice, hook, score (puntuación), pitch, chip, hop, handicap, dormie.

5. Golfista. Jugador*, competidor, campeón, aficionado, profesional, atleta*, deportista*. V. DEPORTE, JUEGO, PELOTA, DIVERSIÓN.

Golfa. Persona deshonesta, sinvergüenza; fulana, prostituta. V. DESVERGÜENZA 2, PROSTITUCIÓN 3.

golfería. 1. Granujada, canallada, bribonada. V. VIL 3.
— **2.** Plebe, bajos fondos, chusma. V. DELITO 5.

golfista. V. GOLF 5.

golfo. 1. Ensenada, rada, cala. V. BAHÍA 1.
— **2.** Granuja, bribón, gamberro. V. PILLO 1, 2.

gollería. V. golosina.

gollete. Abertura, cuello, boca*. V. GARGANTA 1, BOTELLA 2.

golondrina. Pájaro, fisirrostro, ave migratoria. V. AVE 15, 17.

golondrino. Forúnculo, inflamación, absceso. V. GRANO 1.

golosina. Dulce, exquisitez, confite. V. CONFITERÍA 2.

goloso. Delicado, exquisito, ávido. V. GUSTO 12.

golpazo. V. GOLPE 1, 2.

GOLPE. 1. Percusión, porrazo, sacudida, ruido, estrépito, tamborileo, golpetazo, zapatazo, taconazo, patada, pisotón, repiqueteo, tañido, sonido*, embate, portazo, golpazo, aldabonazo, llamada*, toque, impacto, choque (v. 2), martillazo, mazazo, zambombazo, explosión*, trastazo (v. 2).
— **2.** *Impacto*, golpe, choque, colisión, encontronazo, embate, abordaje, embestida, porrazo, testarazo, cabezazo, cabezada, codazo, hurgonazo, batacazo, coletazo, topetazo, trastazo, volea, lanzamiento, sacudida*, empujón, empellón, trompicón, trompazo, coz, coceadura, patada, puntapié, encuentro, tropiezo, traspié, tropezón, resbalón, carambola, rebote, retroceder, toque (v. 3).
— **3.** *Caída*, golpe, costalada, panzada, porrazo, trastazo, batacazo, morrada, culada, resbalón, testarazo, cabezazo, porrada, tumbo, barquinazo (v. 1).
— **4.** *Castigo*, golpe, tunda, paliza, zurra, zumba, violencia*, somanta, zurrido, felpa, azote, azotaina, vapuleo, nalgada, culada, leña, meneo, soba, trepa, sopapo (v. 5), patada, pateo, pisotón, puntapié, coz, coceadura, codazo, talonazo, taconazo, rodillazo, cabezazo, estacazo, palo* (v. 6), herida, contusión* (v. 7).
— **5.** *Mamporro*, golpe, sopapo, bofetada, bofetón, revés, trompis, trompazo, soplamocos,

coscorrón, puñetazo, directo, gancho, «uppercut», puñada, trompada, torta, galleta, tortazo, guantazo, guantada, manotada, manotazo, palmada, nalgada, cachete, cachetazo, chuleta, mojicón, azote, voleo, moquete, cogotazo, pescozón, capón, cate, capirotazo, metido.
— **6.** *Trancazo*, golpe, golpazo, palo*, estacazo, garrotazo, apaleo, leñazo, bastonazo*, cachiporrazo, culatazo, varazo, vergajazo, latigazo, palmetazo, trallazo, flagelo*, azote, martillazo, mazazo, botellazo, sillazo, azadonazo, librazo, escobazo, sartenazo, pelotazo, naranjazo, tomatazo; pedrada, cascotazo, cantazo, ladrillazo, chinazo (v. 2).
— **7.** *Lesión*, golpe, contusión, magulladura, equimosis, tumefacción, moradura, moretón, verdugón, cardenal, roncha, daño, descalabradura, traumatismo, fractura, herida, cuchillada*, lanzada, puñalada, hachazo, sablazo, marca, señal, cicatriz.
— **8.** *Infortunio*, golpe, percance, desventura. V. DESGRACIA 1.
— **9.** Chiste, ocurrencia, salida. V. COMICIDAD 2.

10. Golpear. Percutir, pegar, dar, dar contra, golpetear, batir, taconear, zapatear, aporrear, entrechocar, descargar, asestar, sacudir, castañetear, chasquear, repiquetear, tabletear, tañer, pulsar, atronar, martillar, chocar, colisionar, estrellarse, impactar, machacar, encontrarse, topar, darse, embestir*, impulsar, patear (v. 11), empujar, trompicar, tropezar, trastabillar, tambalearse, rebotar, caerse*, tocarse, abalanzarse, desplomarse, tumbarse (v. 11).
— **11.** *Castigar*, golpear, zurrar, maltratar, descargar, asestar, atizar, pegar, tundir, zumbar, fajar, sobar, sacudir, propinar, arrear, menear, dar, dar leña, vapulear, flagelar*, fustigar, azotar, varear, abofetear, soltar, manotear, palmear, cachetear, pisar, patear, patalear, cocear, codear, taconear, machacar, descrismar, estropear, cascar, calentar, apalear, martillear, apedrear (v. 12).
— **12.** *Lesionar*, golpear, contusionar, magullar, fracturar, traumatizar, descalabrar, desnucar, dañar, amoratar, herir, acuchillar, apuñalar, alancear, marcar, señalar, desgraciar* (v. 10).

13. Que golpea. Contundente, golpeador, violento*, brutal*, magullador, hiriente, pesado, lacerante, lesivo, detonador; pieza, martillo, mazo, percutor, herramienta*, palo* (v. 6, 7).

14. Golpeado. Percutido, aporreado, sacudido, repiqueteado, tañido, martilleado, explosionado; chocado, colisionado, encontrado, topado, empujado, trompicado, tropezado, rebotado; caído, tumbado; castigado*, tundido, zurrado, zumbado, violentado*, sobado, sopapeado, vapuleado, herido*, contuso, abofeteado, trompeado, palmeado, cacheteado, acogotado, coceado, pateado, pisado, cabeceado, taconeado, estaqueado, apaleado, flagelado*, azotado, apedreado (v. 15).

— **15.** *Lesionado**, golpeado, contuso, magullado, descalabrado, dañado, amoratado, cárdeno, violáceo, tumefacto, traumatizado, fracturado, herido, acuchillado, alanceado, apuñalado, marcado, señalado, lisiado, desgraciado* (v. 14).

Contr.: Caricia*, amor*, mimo*.

V. VIOLENCIA, EMBESTIDA, EXPLOSIÓN, SONIDO, CASTIGO, BOFETADA, BOXEO, FLAGELO, PALO, CUCHILLADA, LESIÓN, DESGRACIA, CAERSE.

golpeado. V. GOLPE 14.
golpear. V. GOLPE 10.
golpeteo. V. GOLPE 1.
goma. 1. Látex, sustancia elástica, s. flexible*. V. CAUCHO 1.
— **2.** Borrador; banda, tira elástica. V. CAUCHO 2.
— **3.** Cola, pasta, pegamento. V. ADHERIR 3.
gomoso. 1. Adherente, pegajoso, untuoso. V. ADHERIR 4.
— **2.** Petimetre, lechuguino, a, pisaverde. V. ELEGANTE 2.
gónada. Glándula* sexual, testículos*, ovarios. V. SEXO 8, 9.
góndola. Lancha, embarcación, barca. V. BOTE 1.
gondolero. Barquero, remero, botero. V. BOTE 5.
gonfalón. Pendón, pabellón, estandarte. V. BANDERA 1.
gong, gongo. Batintín, tantán, platillos. V. INSTRUMENTO MUSICAL 5.
gonococo. Microbio, micrococo, bacteria. V. MICROORGANISMO 1, 4.
gonorrea. Blenorragia, inflamación, infección venérea. V. VENÉREA (ENFERMEDAD) 4.
GORDO. 1. Obeso, grueso, rollizo, rechoncho, orondo, robusto, ancho, amplio*, carnoso, opulento, corpulento, graso (v. 2), pesado, voluminoso, turgente, abultado*, tripón, barrigón, gordinflón, panzudo, tripudo, fofo, enjundioso, sustancioso, adiposo, achaparrado, chaparro, regordete, mofletudo, retaco, cachigordo, atocinado, grasiento, amondongado, hinchado*, inflamado, hipertrofiado, grande, repolludo, mostrenco, sólido, fuerte, vigoroso*, alimentado, cebado, cebón, capón, sobrealimentado, engordado, atracado, relleno, atiborrado, inflado, ceporro, culón, zoquete, botijo, talego, jamona, metida en carnes.
— **2.** *Graso**, gordo, aceitoso*, seboso, grasiento, untuoso, mantecoso, oleoso, craso, pringoso, butiroso, oleaginoso, lardoso, sustancioso, cremoso, resbaladizo; gordura (v. 3), sebo, manteca (v. 4).
3. Gordura. Adiposidad, obesidad, vientre*, panza, tripa, estómago*, andorga, abdomen, baúl, bandullo, gordo, mondongo, grasa*, manteca (v. 4), intestinos*, vísceras, carnes*, carnosidad, carne*, magro, chichas, músculo*,

robustez, pesadez, abultamiento*, opulencia, corpulencia, humanidad, turgencia, volumen, rechonchez, amondongamiento, atocinamiento, hinchazón*, inflamación, hipertrofia, amplitud, solidez, fortaleza, vigor*, fuerza, ajamonamiento, papada, sobarba, bulto, balumba, hidropesía, elefantiasis.

— **4.** *Grasa**, gordo, sebo, lardo, manteca, unto, tocino, mantequilla, margarina, butiro, aceite*, pringue, crasitud, churre, gordura (v. 3).

5. Engorde. Crianza, cría, ceba, cuidado*, cebadura, alimentación*, desarrollo*, fomento, crecimiento, robustecimiento, sobrealimentación, atiborramiento, nutrición, hartura, saturación, preparación (v. 3).

6. Engordar. Echar barriga, e. carnes, criar carnes, engrosar, ensanchar, ampliar*, robustecer, vigorizar*, fortalecer, pesar, medrar, desarrollar*, prosperar, aumentar*, hinchar*, abultar, inflar, inflamar, agrandar, arrepollarse, abotagarse, achaparrarse, hipertrofiar, atocinar, amondongarse, espesar, cebar, alimentar*, nutrir, criar*, cuidar*, sobrealimentar, atiborrar, atocinarse, ajamonarse.

Contr.: Delgado*, flaco, magro, fino.

V. AMPLIO, HINCHADO, AUMENTADO, GRASO, ACEITOSO, VIGOROSO, ALIMENTACIÓN, CRIANZA, CUIDADO, VIENTRE.

gordura. V. GORDO 3.
gorgojo. Coleóptero, escarabajo, bicho. V. INSECTO 3.
gorgorito. 1. Trino, gorjeo, quiebro. V. CANTAR 1, 14.
— **2.** V. gorgoteo.
gorgoteo. Burbujeo, burbuja, hervor. V. HERVIR 2.
gorguera. Gola, fruncido, cuello. V. VESTIMENTA 7.
gorila. Simio, cuadrumano, primate, antropomorfo; ¿guardaespaldas. V. MONO 3; ESCOLTA 2.
gorjear. Trinar, gorgoritear, modular. V. AVE 21.
gorjeo. Trino, gorgorito, canto*. V. AVE 22.
gorra. V. gorro.
gorrinada, gorrinería. Trastada, marranada, suciedad*. V. VIL 3.
gorrino. 1. Cochino, puerco, marrano. V. CERDO 1.
— **2.** Mugriento, desaseado, descuidado. V. SUCIEDAD 5.
gorrión. Pájaro, pardal, ave pequeña. V. AVE 15.
gorrista. V. gorrón.
gorro. Birrete, bonete, gorra. V. SOMBRERO 1.
gorrón. Aprovechado, sablista, pedigüeño. V. PEDIR 5.
gorronear. Sablear, aprovecharse, abusar. V. PEDIR 2.
gorronería. Sablazo, exigencia, desfachatez. V. PEDIR 3.
gota. 1. Partícula líquida, lágrima, gotera. V. AGUA 2.
— **2.** Pizca, menudencia, fracción. V. INSIGNIFICANTE 3.

— **3.** Dolencia, afección, hinchazón articular. V. ENFERMEDAD 21.

gotear. Chorrear, rezumar, filtrarse. V. MOJAR 1.

gotera. Filtración, señal, grieta. V. MANCHA 1.

gotero. Cuentagotas, frasco, dosificador. V. MEDIDA 13.

gótico. Ojival, catedralicio, medieval. V. ARQUITECTURA 6.

gourmet. fr Sibarita, gastrónomo, entendido. V. ALIMENTO 12.

gozar. 1. Disfrutar, gustar, deleitarse. V. PLACER 6.
— **2.** Poseer, tener, disponer de. V. PROPIEDAD 7.
— **3.** Amar, copular, fornicar. V. COITO 6.

gozne. Pernio, bisagra, charnela. V. ARTICULACIÓN 8.

gozo. 1. Júbilo, alborozo, contento. V. ALEGRÍA 1.
— **2.** Goce, deleite, fruición. V. PLACER 1.

gozoso. Contento, regocijado, jubiloso. V. ALEGRE 6.

gozque. Chucho, perrillo, cachorro. V. PERRO 1.

grabación. Reproducción sonora, impresión, cinta. V. DISCO 1, MAGNETÓFONO 1.

grabado. Aguafuerte, ilustración, dibujo*. V. ESTAMPA 1, 3.

grabador. Aguafuertista, artesano, artista. V. DIBUJO 6.

grabadora. Reproductora, casete, aparato*. V. MAGNETÓFONO 1.

grabar. 1. Cincelar, tallar, esculpir. V. ESCULTURA 5.
— **2.** Impresionar, registrar, reproducir. V. DISCO 4.
— **3.** Aprender, retener, recordar V. MEMORIA 7.

gracejo. V. gracia 1.

gracia. 1. Ingeniosidad, humor, chispa. V. COMICIDAD 1.
— **2.** Chiste, agudeza, chascarrillo. V. COMICIDAD 2.
— **3.** Gallardía, atractivo*, hermosura*. V. GARBO 1.
— **4.** Don, virtud, espíritu. V. CUALIDAD 1.
— **5.** Indulgencia, absolución, indulto. V. PERDÓN 1.

¡gracias! Reconocimiento, complacencia, gratitud. V. AGRADECIMIENTO 1.

grácil. Ligero, sutil, delicado. V. LEVE 1.

graciosamente. 1. Sin cargo, de balde, gratis. V. REGALO 4.
— **2.** V. gracioso.

gracioso. Agradable, encantador, primoroso. V. ATRACTIVO 2.
— **2.** Humorístico, chistoso, ocurrente. V. COMICIDAD 3.
— **3.** V. gracia.

grada. 1. Estrado, escalinata, tarima. V. MADERA 3.
— **2.** Escalón, peldaño, losa. V. ESCALERA 4.

gradación. 1. Progresión, sucesión, orden. V. SERIE 1.

— **2.** Tono, matiz, gama. V. COLOR 1, MÚSICA 2.

gradería, graderío. V. grada.

grado. 1. Nivel, alcance, límite. V. ALTO 3.
— **2.** Rango, categoría, jerarquía. V. IMPORTANCIA 2, EJÉRCITO 7.
— **3.** Vínculo, parentesco, afinidad. V. FAMILIA 4.
— **4.** Fracción, sector, división de círculo. V. CÍRCULO 4.

graduación. 1. V. grado 2.
— **2.** Parte, proporción, cantidad*. V. MEDIDA 1.

graduado. Licenciado, titulado, diplomado. V. DIPLOMA 3.

gradual. Progresivo, uniforme, paulatino. V. CONTINUACIÓN 3.

graduar. 1. Titular, licenciar, diplomar. V. DIPLOMA 4.
— **2.** Nivelar, ajustar, tantear. V. EQUILIBRIO 9.

grafía. Rasgos, signos, letras*. V. ESCRIBIR 5.

gráfico. 1. Diagrama, cuadro, esquema. V. DIBUJO 1.
— **2.** Expresivo, descriptivo, explícito. V. CLARO 4.

grafismo. V. grafía.

grafito. Escrito, dibujo, pintada mural. Carbono puro, c. natural, elemento. V. DIBUJO 1; MINERAL 11.

grafología. Análisis, estudio, interpretación de la escritura. V. ESCRIBIR 5.

gragea. Píldora, pastilla, comprimido. V. MEDICAMENTO 4.

grajo. Cuervo, córvido, arrendajo. V. AVE 11.

GRAMÁTICA. 1. Morfología, filología, lingüística, (v. 2), lenguaje, estudio, estructura del lenguaje, lengua, disciplina, texto, asignatura, habla*, arte de hablar, de escribir correctamente.
2. Divisiones. Gramática general, comparada, descriptiva, histórica, normativa, lingüística, fonética, semántica, filología, lexicología, ortografía*, prosodia, sintaxis*, etimología, retórica, literatura*, estilística, paleografía, elocución, analogía.
3. Elementos. Letra*, monema, lexema, morfema, fonema, vocal, consonante, sílaba, monosílabo, bisílabo, etc., diptongo, triptongo, raíz, radical, prefijo, afijo, sufijo, predicado, atributo, desinencia, terminación, accidente, género, número, declinación, conjugación, caso, persona, frase*, cláusula, período, modismo, barbarismo, incorrección (v. 18).
4. Partes. Nombre* o sustantivo (v. 5), adjetivo* (v. 6), pronombre* (v. 7), artículo* (v. 8), verbo* (v. 9), adverbio* (v. 10), conjunción* (v. 11), preposición* (v. 13), interjección* (v. 13), sintaxis (v. 14), ortografía (v. 17), incorrecciones (v. 18).
5. Nombre o sustantivo. Nombre común o genérico, n. propio; primitivo, derivado; concreto, abstracto; colectivo, partitivo, múltiple;

simple, compuesto, parasintético; aumentativo, diminutivo, despectivo; género: masculino, femenino, epiceno, común, ambiguo; número: singular, plural; casos gramaticales, declinación: nominativo, vocativo, genitivo, acusativo, dativo, ablativo.

6. Adjetivo*. Adjetivo calificativo, determinativo; positivo, comparativo, superlativo, numeral, verbal.

7. Pronombre*. Pronombre personal, posesivo, relativo, demostrativo, indefinido, interrogativo.

8. Artículo*. Definido o determinado, indefinido o indeterminado.

9. Verbo*. Morfema verbal. Verbo regular, irregular, defectivo, impersonal, auxiliar, transitivo, intransitivo, reflexivo, recíproco. *Conjugaciones:* primera, segunda, tercera; *modos:* indicativo, subjuntivo, imperativo; *formas no personales:* infinitivo, gerundio, participio; *tiempos:* (Indicativo) presente; pretérito perfecto simple y compuesto o indefinido, imperfecto, pluscuamperfecto, anterior; futuro imperfecto, f. perfecto; condicional o futuro hipotético: simple y compuesto; (Subjuntivo) presente; pretérito imperfecto, pretérito perfecto, pluscuamperfecto; futuro simple y compuesto. (V. verbo 4).

10. Adverbio*. Adverbio de lugar, tiempo, modo, cantidad, orden, afirmación, negación, duda; modo adverbial.

11. Conjunción*. Conjunción copulativa, disyuntiva, adversativa, causal, consecutiva, condicional, final.

12. Preposición*. Preposiciones simples**:** a, ante, bajo, con, contra, de, desde, en, entre, ex, hacia, hasta, incluso, para, por, según, sin, sobre, tras, durante, mediante; p. compuestas: por entre, de entre, para con, etc.; locuciones prepositivas: acerca de, a pesar de, cerca de, con arreglo a, con objeto de, delante de, encima de, en cuanto a, etc.

13. Interjección. ¡Ah!, ¡ay!, ¡bah!, ¡ca!, ¡caramba!, ¡ea!, ¡eh!, ¡hola!, ¡oh!, ¡ojalá!, ¡puf!, ¡uf! (V. exclamación*).

14. Sintaxis. Oración, o. gramatical: simple, compuesta: yuxtapuesta, coordinada, subordinada; concordancia, construcción, figuras de construcción (v. 15); figuras de dicción (v. 16).

15. Figuras de construcción. Elipsis, pleonasmo, asíndeton, traslación, zeugma, adjunción, concisión, hipérbaton, anástrofe, silepsis; figuras de retórica: hipérbole, tropo, metáfora (v. 16).

16. Figuras de dicción. Aféresis, metátesis, aliteración, sinalefa, prótesis, paragoge, metaplasmo, síncopa, apócope, contracción, supresión (v. 15).

17. Ortografía*. Letras*, mayúscula, minúscula, abecedario, uso de las letras, signos ortográficos: punto, coma, punto y coma, dos puntos, puntos suspensivos, signo de interrogación, de

admiración, paréntesis, diéresis o crema, comillas, apóstrofe, guión, raya, corchete o llave.

18. Vicios del lenguaje. Incorrecciones, i. gramaticales, vicios de dicción. Barbarismo, vulgarismo, modismo, arcaísmo, idiotismo, solecismo, hiato, cacofonía, sonsonete, monotonía, pobreza, prodigalidad, redundancia, anacoluto, rodeo, anfibología, impropiedad, impureza, regionalismo, provincialismo, localismo, americanismo, latinismo, gongorismo, culteranismo, falta, inexactitud, error, extranjerismo, galicismo, anglicismo, italianismo, germanismo.

19. Gramatical. Lingüístico, morfológico, sintáctico, filológico, ortográfico, semántico, lexicológico, lexicográfico, prosódico, fonético, etimológico, analógico, literario*, estilístico.

20. Gramático. Lingüista, filólogo, lexicólogo, etimólogo, estilista, literato*, escritor*, estudioso, polígrafo.

V. ORTOGRAFÍA, SINTAXIS, LITERATURA, IDIOMA, LETRA, FRASE, PALABRA, HABLA, NOMBRE, ADJETIVO, PRONOMBRE, ARTÍCULO, VERBO, ADVERBIO, CONJUNCIÓN, PREPOSICIÓN, EXCLAMACIÓN, MORFEMA.

gramatical. V. GRAMÁTICA 19.

gramático. V. GRAMÁTICA 20.

gramíneas. Plantas monocotiledóneas, granos, cereales. V. SEMILLA 2.

gramo. Unidad de peso, fuerza o masa. V. PESO 3.

gramófono, gramola. Fonógrafo, aparato reproductor, giradiscos. V. TOCADISCOS 1.

gran. V. GRANDE 1.

grana. 1. V. granate.

— **2.** V. granazón.

granada. 1. Fruto comestible, fruto del granado, fruta. V. FRUTO 5.

— **2.** Bomba, bala explosiva, munición. V. PROYECTIL 2.

granadero. Soldado, s. gigantesco, mocetón. V. EJÉRCITO 5.

granadina. Refresco, bebida refrescante, zumo. V. BEBIDA 3.

granado. 1. Vegetal, planta, árbol frutal. V. ÁRBOL 5.

— **2.** Selecto, destacado, sobresaliente. V. SELECCIÓN 6.

— **3.** V. granar.

granar. Madurar, crecer, desarrollarse*. V. FLOR 9.

granate. Rojo, carmesí, escarlata. V. COLOR 6.

granazón. Crecimiento, desarrollo, germinación. V. BROTAR 3.

GRANDE. 1. Vasto, crecido, aumentado*, amplio*, extenso*, magno, ilustre, (v. 2), alto*, elevado, ingente, inmenso, enorme, mayor, abundante*, ancho, desmesurado, colosal, grandioso, gigante, gigantesco, titánico, ciclópeo, abultado*, hinchado*, grueso, gordo*, desarrollado, vigoroso*, fornido, culminante, considerable, ilimitado, dilatado, infinito, inacabable*, espacioso, máximo, mayúsculo, monumental, descomunal, formidable, imponente, gran,

estupendo, fuerte, intenso*, expedito, exorbitante, exagerado*, excesivo, inmoderado, desmedido, temible, tremendo, incrementado, extremado, irregular, anormal, impresionante, extraordinario, asombroso*, increíble, inusitado, excepcional, maravilloso*, fantástico*, magnífico, insólito (v. 2).
— **2.** *Ilustre*, grande, insigne, notable, destacado, importante*, superior*, prestigioso*, famoso, célebre*, distinguido, brillante, magno, extraordinario, sobresaliente, egregio, excelso, conspicuo, ínclito, eximio, noble, prócer, poderoso, encumbrado, influyente, prominente, generoso*, magnánimo (v. 1).
— **3.** Adulto, veterano, viejo. V. ANCIANO 1.
4. Grandeza. Vastedad, magnitud, extensión*, amplitud*, dimensión, culminación, inmensidad, desarrollo*, holgura, anchura, altura, superioridad* (v. 5), elevación, crecimiento, abundancia, hinchazón*, grosor, gordura*, abultamiento*, espacio, prominencia, aumento*, grandiosidad, enormidad, colosalismo, gigantismo, vigor*, infinidad, monumentalidad, dilatación, exageración*, exceso, boato, lujo*, incremento; extremo, irregularidad, asombro*, fantasía*, maravilla*, magnificencia (v. 5).
— **5.** *Superioridad*, grandeza, notabilidad, grandiosidad, poder, importancia*, influencia, nobleza, prestigio, fama, celebridad*, distinción, brillantez, excelsitud, encumbramiento, influencia, prominencia, magnanimidad, generosidad, virtud, majestad, esplendor, honor*, dignidad (v. 4).
6. Agrandar. Aumentar*, elevar, crecer, abultar*, agigantar, ampliar*, adicionar, agregar, añadir, alargar, acrecentar, engrandecer, ensanchar, engrosar, dominar, desarrollar*, vigorizar, culminar, extender*, sumar, hinchar*, dilatar, espaciar, extremar, incrementar, engordar, acentuar, exagerar*, destacar, desorbitar, agravar.
Contr.: Pequeño*, enano, insignificante*.
V. AMPLIO, EXTENSO, ALTO, ABULTADO, GORDO, VIGOROSO, IMPORTANTE, SUPERIOR, EXAGERADO, AUMENTADO, MARAVILLOSO, FANTÁSTICO; CÉLEBRE, HONROSO, PRESTIGIOSO.
grandeza. V. GRANDE 4.
grandilocuencia. V. grandilocuente.
grandilocuente. Ampuloso, altisonante, pomposo. V. PEDANTE 1.
grandiosidad. V. GRANDE 4, 5.
grandioso. Magnífico, inmenso, maravilloso*. V. GRANDE 1.
grandullón. Fornido, mozallón, chicarrón. V. ALTO 1.
graneado (fuego). Fuego intermitente, f. nutrido, f. intenso. V. TIRO 1.
granel (a). Sin envase, en abundancia, suelto. V. ABUNDANCIA 2.
granero. Almiar, pajar, depósito. V. ALMACÉN 1.
granítico. Tenaz, sólido, pétreo. V. DURO 1.

granito. Roca, mineral, piedra berroqueña. V. PIEDRA 3.
granizar. Precipitarse, caer, percutir. V. LLUVIA 4.
granizo. Pedrisco, precipitación, granizada. V. LLUVIA 1.
granja. Quinta, hacienda, finca. V. AGRICULTURA 2.
granjearse. Captarse, conseguir, conquistarse. V. OBTENER 1.
granjería. Ganancia, provecho, rendimiento. V. BENEFICIO 1.
granjero. Labrador, hortelano, cultivador. V. AGRICULTURA 8.
GRANO. 1. Forúnculo, absceso, divieso, flemón, inflamación, erupción, hinchazón*, abultamiento, bulto, excrecencia, carnosidad, carúncula, quiste, verruga, lunar, peca, lobanillo, golondrino, ántrax, panadizo, orzuelo, lupia, nacencia, dureza, cáncer*, tumor, postema, purulencia, supuración, espinilla, comedón, acné, barrillo, barro, bubón, escrófula, ganglio, nudo, nódulo, tofo, goma, tubérculo, pápula, mácula, postilla, pústula, escara, pupa, costra, chichón, bollo, roncha, habón, herida, lesión*, afta, llaga, excoriación, cicatriz, sarpullido, irritación, infección*.
— **2.** Cereal, simiente, gramínea. V. SEMILLA 1.
— **3.** Granulación, pizca, bolita. V. FRAGMENTO 1.
4. Varios. Pus, supuración, humor, secreción, excreción*, purulencia, clavo; madurar, reventar, supurar, inflamarse, hincharse*, infectarse*, calor*, dolor, rubor.
V. HINCHAZÓN, INFECCIÓN, LESIÓN, CÁNCER, EXCRECIÓN.
granuja. Bribón, tunante, villano. V. PILLO 1.
granuloso. Áspero*, imperfecto, desigual. V. RUGOSO 1.
granza. Residuos, grava, residuo*. V. PIEDRA 2.
grao. Playa, ancladero, fondeadero. V. COSTA 1, 2.
grapa. Pieza, laña, hierro. V. GANCHO 1.
grapar. Sujetar, fijar, enganchar. V. UNIR 1-4.
GRASA. 1. Sebo, manteca, mantequilla, margarina, butiro, adiposidad, lípido, lipoide, panículo, p. adiposo, gordo*, unto*, lardo, gordura, pella, chicharrón, panceta, tocino, bacón, aceite*, oleína, lubricante, lubrificante, óleo, churre, pringue, crasitud, juarda, saín, enjundia, sustancia, leche*, nata, crema, cera, esperma, cerumen, pomada, vaselina, parafina, estearina, lanolina, adipocira, espermaceti, aceite* de ballena, mantecosidad, pringosidad, untuosidad, engrase, ranciedad, suciedad*, mugre.
2. Grasiento. Mantecoso, untuoso, graso, seboso, sebáceo, gordo*, craso, adiposo, oleoso, oleaginoso, aceitoso*, sustancioso, enjundioso, cremoso, rancio, pringoso, ceroso, resbaladizo, brillante, churretoso, tiznado, sucio*, mugriento, pingüe.

3. Engrasar. Embadurnar, untar*, pringar, aceitar*, lubricar, lubrificar, enranciar, encerar, churretear, ensuciar, manchar*.
Contr.: Magro.
V. ACEITE, GORDO, UNTO, SUCIEDAD.

grasiento, graso. V. GRASA 2.

gratificación. 1. Remuneración, retribución, propina. V. PAGAR 4, 5.
— **2.** Galardón, recompensa, indemnización. V. PREMIO 1.

gratificar. V. gratificación.

gratinar. Dorar, tostar, hornear. V. COCINA 7.

gratis. De balde, sin cargo, regalado. V. REGALO 4.

gratitud. Reconocimiento, complacencia, retribución. V. AGRADECIMIENTO 1.

grato. Satisfactorio, delicioso, placentero. V. AGRADABLE 1.

gratuito. 1. V. gratis.
— **2.** Inmerecido, infundado, arbitrario. V. INJUSTICIA 2.

grava. Balasto, guijo, cascajo. V. PIEDRA 2.

gravamen. Impuesto, arbitrio, canon. V. FISCO 3.

gravar. Cargar, imponer, recargar. V. FISCO 10.

grave. 1. Doliente, delicado, moribundo. V. ENFERMEDAD 2-4.
— **2.** Importante, peligroso*, difícil*. V. IMPORTANCIA 3.
— **3.** Severo, serio, sensato. V. FORMAL 1.

gravedad. 1. Pesadez, pesantez, masa. V. PESO 1.
— **2.** Atraque, recaída, agonía. V. ENFERMEDAD 6.
— **3.** Riesgo, peligro*, amenaza. V. DIFICULTAD 1.
— **4.** Compostura, circunspección, seriedad. V. FORMAL 3.

gravidez. Gestación, maternidad, preñez. V. EMBARAZO 1.

grávida. Preñada, encinta, embarazada. V. EMBARAZO 1.

gravitación. Gravedad, atracción, fuerza. V. PESO 1.

gravitar. Pesar, sustentarse, descansar. V. PESO 5.

gravoso. 1. Caro, oneroso, dispendioso. V. COSTAR 4.
— **2.** Engorroso, incómodo, fastidioso. V. MOLESTIA 3.

graznar. Chillar, crascitar, cantar. V. VOZ 9.

graznido. Llamada, canto, chillido. V. VOZ 4.

greca. Ribete, cenefa, franja. V. TIRA 1.

greda. Arcilla, tierra, caliza. V. SUELO 3.

gregario. Fiel a ciegas, dócil, del rebaño; ciclista al servicio de otro V. OBEDIENCIA 2; DEPORTE 8.

greguería. Imagen verbal, frase concisa, definición pintoresca. V. FRASE 1.

gremial. Laboral, sindical, colectivo. V. ASOCIACIÓN 15.

gremio. Hermandad, cofradía, sindicato. V. ASOCIACIÓN 5.

greña. Mechas, melena, pelambre. V. PELO 2.

gres. Arenisca, pasta refractaria, arcilla. V. CERÁMICA 2.

gresca. Reyerta, trifulca, alboroto*. V. PELEA 1.

grey. Fieles, congregación, comunidad. V. GRUPO 2, 3.

grial. Cáliz, copón, copa mística. V. MISA 4.

griego. Heleno, natural, originario de Grecia. V. EUROPEO 4.

grieta. Rendija, ranura, abertura. V. HENDEDURA 1.

grifa. Marihuana, estupefaciente, narcótico. V. DROGA 3.

GRIFO. 1. Espita, válvula, escape, llave, tubo*, salida, cierre, llave de salida, de paso, obturador, canilla, bitoque, canuto, pieza de fontanería*, aparato*, mecanismo, accesorio.
— **2.** Animal legendario, fabuloso, fantástico*. V. ANIMAL 17.
3. Partes. Llavín, husillo, cuero, estopada, rodaja, placa, empaquetadura, entrada, boca o salida, tubería*, cañería.
4. Clases. Grifo doble, de resorte, de desagüe, de bidé, de bañera, de lavabo, de fregadera, de retención, de presión, de paso o llave de paso, de tres vías, de limpieza, de aforo. V. FONTANERÍA.

grillete. 1. Argolla, eslabón, anilla. V. HIERRO 7.
— **2.** Grilletes, esposas, cadenas, manillas. V. SUJETAR 5.

grillo. Insecto saltador, ortóptero, bicho. V. INSECTO 3.

grillos. V. grillete 2.

grill-room. ingl Salón comedor, establecimiento, servicio de asados. v. RESTAURANTE 1.

grima. Disgusto, asco, desazón. V. DESAGRADABLE 4.

gringo. Extranjero, extraño, americano*. V. FORASTERO 1.

gripe. Enfriamiento, influenza, catarro. V. RESFRIADO 1.

griposo. Acatarrado, constipado, enfriado. V. RESFRIADO 2.

gris. 1. Pardo, ceniciento, plomizo. V. COLOR 14.
— **2.** Soso, anodino, insignificante*. V. INSUSTANCIAL 1, 2.

grisú. Gas de mina, g. inflamable, metano. V. GAS 2.

gritar. V. GRITO 4.

griterío. V. GRITO 2.

GRITO. 1. Alarido, chillido, vociferación, voz*, vocalización, habla*, voceo, llamada*, exclamación*, interjección, modulación, alboroto*, gritos, griterío (v. 2), baladro, aullido, berrido, berreo, bramido, rugido, gañido, ululato, frémito, relincho, rebuzno, gruñido, mugido (v. 3), queja, lamento, quejido, gemido*, canto, cantar*.
— **2.** Griterío, clamor, escándalo, vocerío, protesta*, rechifla, desaprobación*, abucheo, pita, bulla, bullicio, bullanga, alboroto*, estrépito, algarabía, ruido, sonido*, confusión, pelea*, desorden*, batahola, baraúnda, bochinche, pandemónium, vocinglería, rumor, coro, cantinela, salmodia.

3. Voces de animales. Mugido, gamitido, gorjeo. V. VOZ 4.

4. Gritar. Chillar, exclamar*, llamar*, vociferar, vocear, bramar, aullar, desgañitarse, escandalizar, enronquecer, corear, alabar, vocalizar, hablar*, entonar, alzar la voz, gemir*, quejarse, llorar*, lamentarse, protestar*, rechiflar, apostrofar, prorrumpir, proferir, pronunciar*, increpar, abroncar, insultar, abuchear, desaprobar*, pitar, rebuznar, relinchar, berrear, rugir, gañir, ulular (v. 3), cantar*, atronar, clamorear, clamar, alborotar*, pelear*.

5. Gritón. Vociferante, voceador, vocinglero, chillón, ensordecedor, estrepitoso, ruidoso, alborotador*, estentóreo, potente, gimiente, quejumbroso, berreón, baladrero, aullador, bramador, rugidor, gañidor, mugidor, gruñidor, hablador*, clamoreador, escandaloso*, escandalizador, protestón*, abucheador, desaprobador, bullanguero, bullicioso, peleador*, bochinchero, cantante*, cantor.
Contr.: Silencio, mudez.
V. VOZ, GEMIDO, ALBOROTO, EXCLAMACIÓN, ONOMATOPEYA, HABLA, SONIDO, PROTESTA, PELEA, CANTAR.

gritón. V. GRITO 5.

grosella. Baya, fruta agridulce, f. silvestre. V. FRUTO 6.

grosería. Rudeza, descaro, incultura. V. DESCORTESÍA 2.

grosero. Incivil, incorrecto, rudo. V. DESCORTÉS 1.

grosor. Espesor, grueso, anchura. V. AMPLITUD 1.

grosso modo. A ojo, alrededor de, aproximadamente. V. CERCA 3.

grotesco. Estrafalario, extravagante, risible. V. RIDÍCULO 1.

GRÚA. 1. Máquina*, cabria, cabrestante, torno, molinete, árgana, machina, dispositivo, d. elevador de pesos, aparato* (v. 2).

2. Clases. Grúa giratoria, de mástil, de puente, basculante, flotante, de taller, de construcción, de pilón, grúa automóvil, prolongable, rodante, de pared, de pórtico, de columna, de cable; trucha, torno, chigre, maquinilla, cabrestante, molinete, titán.

3. Partes. Aguilón o brazo de grúa, puntal, pluma de carga, contrapeso, poleas, cables, gancho, tambor del cable, carretón, ruedas, carriles, motor*, maquinilla, chigre.
V. MÁQUINA, APARATO.

grueso. 1. Rollizo, abultado*, obeso. V. GORDO 1.
— **2.** Anchura, espesor, grosor. V. AMPLITUD 1.

grulla. Ave zancuda, de paso, de alto vuelo. V. AVE 7.

grumete. Aprendiz de marino, paje, novato. V. BARCO 21.

grumo. Coágulo, apelmazamiento, cuajarón. V. DENSO 2.

grumoso. Apelmazado, cuajado, coagulado. V. DENSO 1.

gruñido. Bufido, mugido, quejido. V. voz 2, 4.

gruñir. 1. V. gruñido.
— **2.** Lamentarse, reprochar, mascullar. V. MURMURAR, PROTESTAR.

gruñón. Rezongón, regañón, antipático. V. PROTESTA 5.

grupa. Anca, cadera, cuadril. V. CABALLO 4.

GRUPO. 1. Conglomerado, conjunto, acumulación*, congregación, colección, complejo, porción, lote, plantel, masa, montón, serie*, reunión, contingente, compuesto, combinación, equipo*, género, aglomeración, amontonamiento, depósito, reserva, cúmulo, agrupación, colonia, hacinamiento, personas (v. 2), gentío (v. 3), público (v. 5), gentuza (v. 4), asociación (v. 6), comitiva (v. 7), tropas (v. 8), animales (v. 10), serie*, tanda, amalgama, miscelánea, fusión, suma, mezcla*, totalidad*, todo, surtido, repertorio, gente (v. 2).

2. Gente. Personas*, hombres, individuos, congregación, público, concurrencia*, sociedad, seres, semejantes, almas, sujetos, tipos, etnias*, hermandad*, equipo, familia*, tribu, cabila, clan, secta*, facción, colectividad, grey, comunidad, comuna, pueblo, gentío (v. 3).

3. Aglomeración. Multitud, gente, gentío, muchedumbre, hervidero, apretura, afluencia, tumulto, caterva, concurrencia*, concentración, hormiguero, manifestación, mitin, público (v. 1, 5), corro, corrillo, ronda, pandilla, cotarro, mujerío, masa, agolpamiento, hacinamiento, conjunto, sinnúmero, infinidad, enjambre, legión, oleada, avalancha, riada, torrente, miríada, gentuza (v. 4).

4. Gentuza. Vulgo, chusma, gentualla, hatajo, plebe, canalla, ralea, caterva, masa, turba, morralla, escoria, pueblo, populacho, patulea, hez, turbamulta, tropa, tropel, piquete, horda, banda, partida, bandería, taifa, cáfila, facción, multitud (v. 3), villanaje, cuadrilla, pandilla, camarilla, gavilla (v. 3).

5. Público. Auditorio, concurrencia*, concurrentes, espectadores, asistentes, asistencia, oyentes, escuchas, presentes, testigos, circunstantes, reunidos, manifestación, mitin, asamblea*, reunión, congreso, asociación* (v. 6).

6. Asociaciones*. Tertulia, reunión, unión*, peña, hermandad, fraternidad, sindicato, equipo, gremio, partido, secta*, club, círculo, corporación, sociedad, federación, liga, corte, comisión, comité, junta, entidad, firma, institución, compañía, pléyade, cenáculo, asociación*, a. de personajes, empresa, congregación, cuerpo, mutualidad, colectividad, mancomunidad, congreso, asamblea*, cónclave, cámara, parlamento, conferencia, concilio, mitin, etnia, familia*, tribu, clan.

7. Comitiva. Cortejo, desfile, procesión, caravana, romería, peregrinación, séquito, compañía*, acompañamiento, escolta*, manifestación, marcha*, corte, comparsa, fila, línea, columna, convoy, parada, revista, carrera (v. marchar 6).

8. Tropa. Ejército*, división, brigada, regimiento, batallón, compañía, sección, pelotón, escuadra; patrulla, escuadrón, formación, línea, avanzada, contingente, unidad, columna, destacamento, legión, falange, ala, flanco (v. ejército 4).

9. Grupos en equipo. Jugadores*, trabajadores*, cuadrilla. V. EQUIPO 3.

10. Animales. Manada, rebaño, tropa, tropel, tropilla, ganado*, hato, vacada, potrada, recua, reata, yeguada, cabalgata, piara, jauría, traílla, averío, bandada, enjambre, hormiguero, cardumen, banco, vivero, colonia, yunta, pareja, cría*, camada, lechigada, cachorros, ventregadas (v. 1).

11. Cosas. Manojo, ristra, ramo, ramillete, conjunto, fajo, haz, gavilla, brazada, piña, puñado, racimo, porción, amasijo, hato, atado, montón, sarta, surtido, muestrario, colección*, acumulación, paquete*, fila, miscelánea (v. 1).

12. Números. Par, pareja, dos, dúo, bis, tres, tris, trío, terceto, trinca, triunvirato, terna, tríada, trinidad, cuarteto, cuatrinca, quinteto, quina, quinterna, quinario, sexteto, decena, docena, veintena, treintena, cuarentena, cincuentena, centena, ciento, centenar, mil, millar, millonada, miríada (v. 1).

13. Agrupar(se). Apiñar(se), juntar, aglomerar, reunir, unir*, conglomerar, arracimarse, arremolinarse, agolparse, apretujarse, conjuntar, congregar, coleccionar*, amalgamar, asociar*, hermanar, agremiar, sindicar, ligar, apretarse, atestar, federar, coligar, escoltar, acompañar, concurrir*, acudir, asistir, presenciar, presentarse, concentrarse, apelotonarse, aglutinarse, acercarse, convocar, citar, emplazar, llamar, unificar, vincular, fusionar, incorporar.

Contr.: Individualidad, unidad.

V. ACUMULACIÓN, COLECCIÓN, PERSONA, ASOCIACIÓN, EQUIPO, SERIE, SECTA, ASAMBLEA, CONCURRENCIA, COMPAÑÍA, ESCOLTA, EJÉRCITO, FAMILIA, ETNIAS, CRÍA, GANADO, UNIR.

grupos sanguíneos. V. SANGRE 3.

gruta. Caverna, subterráneo, sima. V. CUEVA 1.

guacamayo. Loro, cacatúa, papagayo. V. AVE 9.

guadaña. Hoz, segadera, herramienta*. V. AGRICULTURA 6.

guadañar. Segar, cercenar, abatir. V. CORTAR 1.

gualda, gualdo. Amarillo, áureo, pajizo. V. COLOR 7.

gualdrapa. Cubierta, cobertura, recubrimiento*. V. CABALLO 14, COLGAR 6.

guanaco. Camélido, llama, vicuña. V. RUMIANTE 3.

guano. Humus, estiércol, excremento*. V. ABONO 3.

guantada, guantazo. Sopapo, tortazo, mamporro. V. BOFETADA.

guante. Manopla, mitón, prenda. V. MANO 12.

guapería, guapeza. 1. Jactancia, alarde, presunción. V. FANFARRONERÍA 1.

— **2.** Arrojo, valor, intrepidez. V. OSADÍA 1.

guapo. 1. Bello, bien parecido, apuesto. V. HERMOSURA 3.

— **2.** Bravucón, pendenciero, valentón. V. FANFARRONERÍA 2, 3.

guapura. Belleza, apostura, gallardía. V. HERMOSURA 1.

guaracha. Canción, zapateado, danza americana. V. CANTAR 6, BAILE 7.

guaraní. Indígena, nativo, aborigen suramericano. V. INDIO 2, 8.

guarda. 1. Cuidador, custodio, guardián. V. VIGILANCIA 3.

— **2.** Guardia, agente, vigilante. V. POLICÍA 2.

— **3.** Guarnición, canto, adorno*. V. BORDE 1.

guardabarrera. Cuidador, encargado, vigilante de paso a nivel. V. FERROCARRIL 13.

guardabarros. Guardafangos, resguardo, protección. V. AUTOMÓVIL 5.

guardabosque. Guarda forestal, cuidador*, encargado. V. VIGILANCIA 3.

guardacostas. Cañonera, lancha rápida, de vigilancia. V. BARCO 6.

guardador. V. GUARDAR 5.

guardaespaldas. Acompañante, cuidador*, protector. V. ESCOLTA 2.

guardagujas. Cambiavía, cuidador, empleado de ferrocarril. V. FERROCARRIL 13.

guardameta. Portero, meta, defensor de meta. V. FÚTBOL 3.

guardamuebles. Depósito, local, nave de almacenaje. V. MUEBLE 9.

guardapelo. Relicario, colgante, medallón. V. JOYA 2.

guardapolvo. Bata, mandil, delantal. V. CAMISA 2.

GUARDAR. 1. Retener, meter, recoger, colocar, poner, esconder, introducir, encerrar, enfundar, ocultar*, embolsar, envasar*, apartar, retirar, separar*, cerrar, aislar, tapar, ahorrar*, economizar*, apilar, aprovisionar, acopiar, acaparar, hacinar, coleccionar*, atesorar, acumular*, recaudar, amontonar, embalar*, almacenar*, depositar, cuidar*, proteger*, conservar*, asegurar, amparar, defender, resguardar, reservar, vigilar*, salvaguardar, custodiar, disimular, camuflar.

— **2.** Acatar, cumplir, respetar. V. OBEDIENCIA 3.

— **3.** *Guardarse*, eludir, evitar, prevenir. V. ESQUIVAR 1, CUIDARSE.

4. Resguardo. Retención, protección*, ocultación*, escondite, encierro, separación*, retiro, cierre, aislamiento, apartamiento, envasado*, ahorro*, economía*, tacañería, avaricia*, egoísmo*, apilamiento, aprovisionamiento, acopio, acumulación*, almacenamiento*, atesoramiento, colección*, hacinamiento, acaparamiento, cuidado*, amparo, defensa, depósito, amontonamiento, introducción, recaudación, reserva, conservación*, camuflaje, disimulo, custodia, salvaguardia, vigilancia*.

5. Que guarda. Aprovisionador, almacenador, guardador, economizador*, cuidadoso*, con-

servador*, protector*, depositario, defensor, custodio, guardián, vigilante*, cuidador*, policía, coleccionista*, recaudador, acumulador, egoísta*, avaro*, tacaño, económico.
Contr.: Extraer, mostrar, abrir, entregar*, regalar*.
V. OCULTAR, ECONOMIZAR, AHORRAR, CUIDAR, ACUMULAR, PROTEGER, CONSERVAR, VIGILAR, AVARICIA, EGOÍSMO.

guardarropa. 1. Ropero, local, vestuario. V. ARMARIO 1, TEATRO 10.
— **2.** Indumentaria, vestuario, trajes. V. VESTIMENTA 1.

guardarropía. V. guardarropa.

guardería. Parvulario, escuela, jardín de infancia. V. NIÑO 3.

guardia. 1. Agente, centinela, policía*. V. VIGILANCIA 2, 3.
— **2.** Protección*, defensa, custodia. V. VIGILANCIA 1.
— **3.** Relevo, reemplazo, ronda. V. TURNO 1.

guardia marina. Guardiamarina, oficial, cadete. V. BARCO 19.

guardián. Cuidador*, custodio, cancerbero. V. VIGILANCIA 2, 3.

guarecer. Cobijar, resguardar, proteger. V. REFUGIO. 4.

guarida. 1. Amparo, albergue, escondrijo. V. REFUGIO 1, 3.
— **2.** Cubil, nido, madriguera. V. CUEVA 1.

guarismo. Cifra, notación, signo. V. NÚMERO 1.

guarnecer. 1. Engalanar, ornamentar, decorar*. V. ADORNO 3.
— **2.** Suministrar, dotar, proveer. V. ENTREGAR 1.
— **3.** Resguardar, defender, abrigar. V. PROTECCIÓN 3.

guarnición. 1. V. guarnecer.
— **2.** Arnés, montura, apero. V. CABALLO 14.
— **3.** Campamento, acantonamiento, tropa. V. CUARTEL 1.
— **4.** Acompañamiento de carnes, verduras, complemento. V. ALIMENTO 16.

guarrada, guarrería. 1. Inmundicia, mugre, cochambre; mala pasada. V. SUCIEDAD 1; PILLO 3.
— **2.** Faena, porquería, trastada. V. VIL 3.

guarro. 1. Marrano, puerco, cochino. V. CERDO 1.
— **2.** Desaseado, inmundo, mugriento. V. SUCIEDAD 5.
— **3.** Villano, canalla, pillo*. V. VIL 2.

guasa. Chunga, burla, chanza. V. BROMA 1, 2.

guasearse. V. guasa.

guasón. Zumbón, chacotero, burlón. V. BROMA 3, 4.

guata. Acolchado, borra, relleno. V. TELA 11.

guateque. Juerga, reunión, baile*. V. FIESTA 1, 2.

guau. Ladrido, grito*, voz del perro. V. VOZ 4, ONOMATOPEYA 5.

guayaba. Fruta, fruto del guayabo, f. carnoso. V. FRUTO 5.

gubernamental, gubernativo. Administrativo, oficial, estatal. V. GOBIERNO 13.

gubia. Cincel, buril, formón. V. CUCHILLO 2.

guedeja. Melena, cabellera, mechón. V. PELO 2.

GUERRA. 1. Conflagración, combate, batalla, lucha*, contienda, pelea*, enfrentamiento, conflicto, c. armado, choque, hostilidades, beligerancia, militarismo (v. 11), acción de armas, hecho de armas, refriega, lidia, acometida, liza, lid, revolución*, asonada, encuentro, ataque*, levantamiento, operaciones, operación, cruzada, guerrilla, invasión, zafarrancho, campaña, lance, incursión, acción, ejercicio, liberación, expedición, conquista*, invasión, mortandad, genocidio.
— **2.** Discordia, pugna, discrepancia. V. RIVALIDAD 1.
3. Clases de guerra. Guerra relámpago o «Blitzkrieg», g. de trincheras, de desgaste, de posiciones, colonial, civil, intestina, mundial, total, ofensiva, defensiva, preventiva, fría, psicológica, santa, religiosa, cruzada, terrestre, marítima, aérea, submarina, atómica, biológica, química, abierta, a muerte, de nervios, sin cuartel, de secesión, de independencia, expedicionaria.
4. Acciones bélicas, elementos. Declaración de guerra, movilización, campaña, casus belli, estrategia, táctica, logística, operación, movimientos, plan de campaña, ataque*, avance, ofensiva, asalto, carga, incursión, razia, raid, sorpresa, acción, invasión, conquista*, ocupación, captura, golpe de mano, infiltración, despliegue, maniobra, m. envolvente, marcha*, contramarcha, contraataque, contraofensiva, reconocimiento, patrulla, descubierta, retirada, defensa, repliegue, retroceso, desastre, huida*, derrumbe, triunfo*, victoria, aprovisionamiento, convoy, zafarrancho de combate, lucha cuerpo a cuerpo, oleada de asalto, guerrilla, comando, estratagema, emboscada, camuflaje, asedio, cerco*, sitio, estado de sitio, bloqueo, resistencia, fortificación*, desembarco, cabeza de puente, bautismo de fuego, bombardeo, cañoneo*, descarga, d. cerrada, fuego graneado, f. a discreción, pillaje, botín, represalias, matanza, ataque a la bayoneta, cese de hostilidades, bandera blanca, armisticio, parlamento, tregua, paz*, tratado de paz, firma, capitulación, rendición, honores de guerra, frente (v. 5).
5. Posiciones, organismos. Frente, vanguardia, línea de fuego, avanzada, avanzadilla, retaguardia, flanco, ala, formación, cuadro, columna, destacamento, tropas, t. de choque, de asalto, de línea, de reserva, ejército*, milicias, Ministerio de la Guerra, M. de Defensa, Estado mayor, comando, cuartel general, fortificaciones*, trincheras, barricadas (v. ejército 4).
6. Guerrero, soldado. Combatiente, expedicionario, militar, belicoso (v. 7), conquistador, invasor, enemigo, atacante, táctico, estratega, recluta, voluntario, movilizado, veterano,

reservista, húsar, granadero (v. ejército 5, 6), oficial, suboficial, comandante, c. en jefe, jefe de Estado mayor, oficial de enlace, prisionero, desertor, desmovilizado, licenciado, guerrillero, luchador, partisano, maquis, emboscado, francotirador. Coronel, capitán, etc., grados militares (v. ejército 7).

7. Belicoso. Batallador, castrense, guerrero, marcial, militar, militarista, bélico, combativo, aguerrido, beligerante, luchador*, agresivo, atacante, contendiente, rival*, enemigo* (v. 6).

8. Guerrear. Batallar, contender, pelear, luchar*, combatir, hostilizar, reñir, atacar, invadir, avanzar, cargar, asaltar, acometer, conquistar, cercar*, asediar, bloquear, sitiar, triunfar*, vencer, reclutar, alistar, levar, enrolar, enganchar, incorporar, militarizar, declarar la guerra, romper las hostilidades, presentar batalla, camuflar, operar, iniciar la ofensiva, incursionar, maniobrar, infiltrarse, desplegarse, envolver, contraatacar, patrullar, defenderse, retirarse, replegarse, retroceder, huir*, derrumbarse, resistir, desembarcar, bombardear, cañonear*, descargar, ametrallar, parlamentar, tratar, capitular, firmar, rendirse, pacificar .

9. Guerras famosas. Guerras púnicas, médicas, del Peloponeso, de las Galias, de los Cien Años, de las Dos Rosas, de Sucesión de España, de Secesión americana, de la Independencia americana, de los Treinta Años, de los Balcanes, de Crimea, ruso japonesa, de los Bóers, de los Bóxers, de las Naranjas, Franco-prusiana, Hispano-americana, Gran Guerra, Guerras Mundiales, Civil Española, de Corea, del Vietnam, de las Malvinas, del Golfo, de Irak.

10. Batallas famosas. Batalla de Maratón, de Salamina, Cannas, Hastings, Poitiers, Guadalete, Navas de Tolosa, Constantinopla, Lepanto, Pavía, San Quintín, Marengo, Austerlitz, Trafalgar, Waterloo, Bailén, Ayacucho, Boyacá, Carabobo, Maipú, Chacabuco, Marne, Verdún, Jutlandia, del Ebro, Brunete, Guadalajara, Belchite, Jarama, Dunkerque, Stalingrado, Midway, Guadalcanal, El Alamein.

11. Militarismo. Belicismo, beligerancia, agresividad, combatividad, marcialidad, acometividad, violencia*.

Contr.: Paz*.

V. EJÉRCITO, PELEA, REVOLUCIÓN, CONQUISTA, ARMA, ARTILLERÍA, FORTIFICACIÓN.

guerrear. V. GUERRA 8.

guerrera. Chaqueta, cazadora, casaca. V. UNIFORME 6.

guerrero. V. GUERRA 6.

guerrilla. 1. V. GUERRA 1.

— **2.** Hueste, milicia, tropa. V. EJÉRCITO 1.

guerrillero. V. GUERRA 6.

gueto. Judería, barrio, distrito de judíos. V. JUDÍO 3.

GUÍA. 1. Supervisión, orientación, tutela, dirección, gobierno, indicación, ayuda*, consejo*,

encauzamiento, conducción, mando, dictado, manejo, encarrilamiento, comando, superioridad, comisión, delegación*, orden, patrocinio, adiestramiento, educación*, asesoramiento, precepto, mandato, entrenamiento, disciplina, meta, rumbo, pauta, derrotero, curso, sentido, camino*, marcha*, faro, jalón, mojón, mira, blanco, destino, final*.

— **2.** *Conductor*, guía, práctico, conocedor, experto, rastreador, baquiano, batidor, excursionista, viajero*, explorador, observador, soldado, timonel, piloto, lazarillo, ayudante*, cochero, conductor, piloto, compañero*, acompañante, escolta*, protector*, intérprete, cicerone; consejero*, asesor, monitor, tutor, educador*, preceptor, maestro, profesor, director, jefe*, supervisor, orientador, dirigente, adiestrador, entrenador, patrocinador.

— **3.** *Plano*, guía, callejero, itinerario, mapa*, agenda, lista*, plan*, horario, recorrido.

— **4.** Breviario, compendio, resumen. V. ABREVIAR 4.

5. Guiar. Encauzar, dirigir, mandar, conducir, preceder, orientar, gobernar*, comandar, pilotar (v. 6), timonear, supervisar, indicar, tutelar, ordenar*, enderezar, regenerar, corregir, encarrilar, encaminar, aconsejar, educar*, adiestrar, asesorar, preceptuar, regir, patrocinar, disciplinar*, capitanear, acaudillar, encabezar, llevar, arrastrar, entrenar, rectificar, batir, explorar, abanderar (v. 6).

6. Pilotar. Manejar, conducir, timonear, tripular, mandar, dirigir, llevar, gobernar (v. 5).

Contr.: Perderse, desorientarse.

V. GOBIERNO, EDUCACIÓN, ORDEN, MARCHA, VIAJE, JEFE, ESCOLTA, COMPAÑÍA, PROTECCIÓN.

guiar. V. GUÍA 5.

guijarro. Canto, china, pedrusco. V. PIEDRA 1.

guijo. Balasto, pedrisco, cascajo. V. PIEDRA 2.

guillado. Chiflado, perturbado, trastornado. V. LOCURA 4.

guillotina. 1. Cadalso, patíbulo, cuchilla. V. CASTIGO 2, 5.

— **2.** Cortadora, cizalla, máquina. V. CORTAR 8.

guillotinar. Cercenar, decapitar, degollar. V. CORTAR 1.

guinda. Cereza, drupa, fruta. V. FRUTO 5.

guindilla. Pimiento, ají, picante. V. CONDIMENTO 2.

guiñada. 1. V. guiño.

— **2.** Ladeo, desviación, movimiento del barco. V. NAVEGACIÓN 2.

guiñapo. Jirón, piltrafa, harapo. V. ANDRAJO 1.

guiñar. Cerrar un ojo, avisar, señalar*. V. GESTO 4.

guiño. Visaje, señal*, mueca. V. GESTO 1.

guiñol. Espectáculo, retablo, teatro de marionetas. V. TÍTERE 4.

guión. 1. Trazo, raya, signo ortográfico. V. ORTOGRAFÍA 2.

— **2.** Pendón, gallardete, estandarte. V. BANDERA 1.

— **3.** Libreto, argumento, asunto. V. TEATRO 3.

guionista. Autor, libretista, argumentista. V. ESCRITOR 1.

guirigay. Escándalo, confusión, desorden*. V. ALBOROTO 1.

guirnalda. Diadema, tiara, corona de flores*. V. ADORNO 1.

guisa. Manera, forma, estilo. V. MODO 1.

guisado. V. guiso.

guisante. Leguminosa, arveja, semilla*. V. LEGUMBRE 3.

guisar. Cocer, estofar, rehogar. V. COCINA 7.

guiso. Plato, estofado, vianda. V. COCINA 8.

guisote. Potingue, bodrio, bazofia. V. ALIMENTO 10.

güisqui. «Whisky», aguardiente, bebida alcohólica. V. BEBIDA 2.

GUITARRA. 1. Vihuela, guitarro, guitarrillo, bandurria, mandolina, balalaica, banjo, requinto, tiple, instrumento* músico, i. de cuerdas.
2. Partes. Caja, tapa, boca u orificio, aro, mango o mástil, cuerdas (6), bordón, ceja, puente, trastos, clavijero, clavijas.
3. Tocar. Rasguear, tañer, rasgar, pulsar, afinar, puntear, florear, zangarrear, trastear, bordonear, templar.
4. Guitarreo. Punteado, ejecución, rasgueo, tañido, acorde, floreo, pulsación, toque, afinación, cruzado, saltarén, falseta, campanela, albarillo, patilla, armónico.
5. Guitarrista. Tocador, instrumentista, vihuelista, ejecutante, payador, guitarrero, violero, intérprete, músico*, concertista, solista.
V. INSTRUMENTO MUSICAL, MÚSICA.

guitarreo. V. GUITARRA 4.

guitarrista, guitarrero. V. GUITARRA 5.

gula. Glotonería, avidez, voracidad. V. HAMBRE 1.

gules. Encarnado, colorado, color* rojo. V. BLASÓN 4.

gurrumino. Ruin, enclenque, canijo. V. PEQUEÑO 2.

GUSANO. 1. Verme, lombriz, l. de tierra, intestinal, oxiuro, ascáride, oruga, invertebrado, gusarapo, parásito*, bicho, animal*, anélido, helminto, solitaria, tenia, platelminto, nematelminto, nematodo, arenícola, cestodo, triquina, gusano de seda, larva, gusano de luz, luciérnaga, sanguijuela.
2. Partes. Anillo, escólex, cisticerco, cabeza con ventosas, segmento.
3. Gusanoso. Agusanado, corrompido, gusaniento, descompuesto, corrupto, podrido*, pútrido, putrefacto, estropeado, rancio, deteriorado, hediondo.
V. PARÁSITO, ANIMAL.

gusanoso. V. GUSANO 3.

gusarapo. Animalejo, bicho, lombriz. V. GUSANO 1.

gustar. 1. Agradar, seducir, interesar*. V. AGRADABLE 3.

— **2.** Apetecer, codiciar*, querer. V. DESEO 4.

— **3.** Paladear, catar, probar. V. GUSTO 10.

GUSTO. 1. Sabor, sapidez, regosto, regusto, sazón, gustillo, paladar, boca, impresión, sensación, sensibilidad, estímulo, percepción*, saboreo, libación, paladeo, cata, prueba, degustación, buqué, aroma, deje, fruición, exquisitez, goce, deleite, sentido del gusto.
— **2.** Deleite, satisfacción, goce. V. PLACER 1.
— **3.** Distinción, finura, sentido estético. V. ELEGANCIA 1.
— **4.** Gana, capricho*, inclinación. V. DESEO 1.
5. Sentido del gusto. Paladar, lengua, papilas gustativas, p. caliciformes, p. fungiformes, poro gustativo, bulbo g., corpúsculo g., nervio g., células sensitivas, nervio glosofaríngeo, n. trigémino. Saliva, secreción salivar, excreción*, olfato. Glándulas: sublinguales, submaxilares, parótidas. Alteraciones del gusto: ageusia, hipogeusia, hipergeusia, parageusia.
6. Sabores. Fundamentales: dulce, amargo, ácido, salado. Picante, exquisito, delicioso (v. 7), empalagoso, dulzón, soso, insípido, insulso, insustancial, desabrido, desagradable (v. 8), rancio, nauseabundo, podrido, asqueroso, a demonios, repugnante, ahumado, quemado (v. 7, 8).
7. Gustoso. Apetitoso, exquisito, sabroso, delicioso, suculento, fuerte, intenso, rico, agradable*, dulce, agridulce, apetecible, delicado, fino, a gloria, de rechupete, sustancioso, nutritivo, sápido, sazonado, condimentado* (v. 6); desagradable (v. 8).
8. Desagradable. Insípido, desabrido, soso, insulso, desaborido, insustancial, rancio, amargo, ácido*, podrido*, salado, empalagoso, dulzón, repugnante*, hediondo*, ahumado, quemado, indigesto, incomestible; delicioso (v. 7).
9. Aderezos. Condimento*, especias, salsa*, adobo, aliño, salazón, conserva*, alimento*.
10. Gustar. Saborear, paladear, catar, probar, libar, relamerse, regodearse, sentir, percibir, deleitarse, degustar, tastar, gozar, tomar, ingerir, tragar, comer, chuparse los dedos, chasquear la lengua.
11. Dar gusto. Endulzar, azucarar, salar, sazonar, condimentar*, adobar, especiar, aliñar, salpimentar, preparar, cocinar*.
12. Gastrónomo. Catador, epicúreo, sibarita, entendido, conocedor, experto, «gourmet», goloso, apetente, delicado, aficionado, a. a la buena mesa, a. a la buena cocina, comilón, voraz, glotón, ávido, hambriento*.
13. Delicia. Néctar, manjar, ambrosía, elixir, fruición, golosina, delicadeza, gollería, exquisitez, confite, suculencia, regalo, regodeo, deleite.

Contr.: Desabrido (v. 8).
V. CONDIMENTO, SALSA, ALIMENTO, HAMBRE.
gustoso. 1. V. GUSTO 7.
— **2.** Conforme, de buen grado, de acuerdo. V. TOLERANCIA 2.

— **3.** Grato, satisfactorio, placentero. V. AGRADABLE 1.
gutapercha. Goma, lona impermeable, barnizada, linóleo. V. TELA 11.
gutural. Bronco, destemplado, áspero*. V. RONCO 1.

H

haba. Semilla*, simiente, leguminosa. V. LEGUMBRE 3.
habano. Cigarro, puro, veguero. V. TABACO 3.
hábeas corpus. Garantía, derecho, privilegio* foral. V. TRIBUNAL 8.
haber. 1. Poseer, tener, disfrutar. V. PROPIEDAD 7.
— **2.** *Haberes,* fortuna, bienes, dinero*. V. RIQUEZA 1.
— **3.** Sueldo, salario, honorarios. V. PAGAR 5.
habichuela. Judía, alubia, fríjol. V. LEGUMBRE 3.
HÁBIL. 1. Diestro, capacitado, habilidoso, competente, experto*, capaz, apto, perito, práctico, técnico, experimentado*, calificado, cualificado, eficiente, eficaz, habituado*, entendido, versado, preparado, ducho, idóneo, suficiente, maestro, mañoso, especialista*, dispuesto, pronto, rápido*, desenvuelto, inteligente*, ingenioso, sabio*, virtuoso, apañado, industrioso, artífice, artista*, acostumbrado, seguro*, consumado, fogueado, curtido, veterano, ejercitado, familiarizado, aleccionado, entrenado, enseñado, ambidextro, hecho, amoldado, instruido, aclimatado.
— **2.** Taimado, engañoso*, pillo*. V. ASTUCIA 3.
3. Habilidad. Pericia, maestría, destreza, disposición, aptitud, capacidad, facultad, facilidad*, competencia, experiencia*, maña, técnica, capacitación, virtuosismo, preparación, práctica, cualificación, calificación, eficacia, hábito*, desenvoltura, soltura, suficiencia, prontitud, rapidez*, especialidad*, especialización*, industriosidad, apaño, virtud, don, valor, mano, méritos, vocación, idoneidad, ingenio, inteligencia*, veteranía, costumbre, arte*, entretenimiento, aleccionamiento, familiaridad, ejercitación, aclimatación, improvisación, espontaneidad, instrucción, amoldamiento, sabiduría*, facultad, cualidad, inclinación.
4. Ser hábil. Ingeniarse, apañarse, arreglárselas, componérselas, bandearse, saber, valer, servir, ser idóneo, ser apto, aprender, capacitarse, mejorar, desenvolverse, habituarse*, ejercitar-

se, especializarse*, prepararse, practicar, experimentar*, competir, amoldarse, aclimatarse, entrenarse, acostumbrarse, soltarse, competir, rivalizar*, vencer, triunfar*.
Contr.: Inexperto, incompetente, inútil*.
V. EXPERTO, ESPECIALISTA, HABITUADO, RÁPIDO, INTELIGENTE, SABIO.
habilidad. 1. V. HÁBIL 3.
— **2.** Sagacidad, sutileza, pillería*. V. ASTUCIA 1.
habilidoso. V. HÁBIL 1.
habilitado. 1. V. habilitar.
— **2.** Apoderado, gestor, encargado. V. DELEGACIÓN 4.
habilitar. Permitir, capacitar, autorizar. V. APROBAR 1.
hábilmente. Diestramente, competentemente, expertamente. V. HÁBIL 1.
habitable. V. HABITACIÓN 6.
HABITACIÓN. 1. Recinto, alojamiento, aposento, pieza, cuarto, estancia, local, nave, almacén*, sala, saleta, salón, sala de estar, cuarto de e., antesala, recibimiento, recibidor, vestíbulo, «hall», «living», ambiente, cámara, camarín, antecámara, dormitorio, alcoba, recámara, ámbito, espacio, paraninfo, sala de actos, anfiteatro, gabinete, escritorio, despacho, estudio, biblioteca, comedor, cocina*, baño*, tocador (v. casa 5). *Habitáculo:* cubículo, casilla, cabina, conserjería, portería, compartimiento*, departamento, estudio, camarote, antro, refugio, alojamiento, chiribitil, covacha, cueva, cuchitril, cuartucho, tugurio*, desván, buhardilla, antro, zahúrda, pocilga.
— **2.** *Vivienda,* habitación, residencia, piso, morada, planta, suite, alojamiento, apartamento, departamento, finca, casa*, hogar, mansión, domicilio, señas, dirección, destino, destinatario, paradero, albergue, inquilinato, techo, refugio, cobijo, nido.
3. Habitante. Residente, morador, poblador, domiciliado, avecindado, vecino, radicado,

establecido, enraizado, arraigado, ocupante, arrendatario, inquilino, alquilado*, albergado, cobijado, refugiado, instalado, aposentado, anidado, inmigrado (v. 4).

— **4.** *Poblador*, habitante, súbdito, oriundo, originario, natural, procedente, aborigen, nativo, indígena, autóctono, compatriota, coterráneo, ciudadano, paisano, aldeano*, colono, burgués, nacido, residente (v. 3).

5. Habitar. Morar, domiciliarse, asentarse, alojarse, residir, ocupar, poblar, avecindarse, afincarse, radicarse, albergarse, establecerse, naturalizarse, nacionalizarse*, adquirir ciudadanía*, quedarse, localizarse, vivir, parar, estar, cobijarse, alquilar*, arrendar, enraizar, echar raíces, arraigar, aclimatarse, refugiarse*, inmigrar, anidar, colonizar*, aposentarse, instalarse, poner casa, amueblar, convivir*, cohabitar, codearse, desarrollar, incrementar.

6. Habitable. Apropiado, cómodo*, holgado, amplio*, acondicionado, en condiciones, apto, adecuado, decente, agradable*, higiénico˙.

7. Habitado. Poblado, populoso, bullicioso, activo, floreciente, concentrado, saturado, residencial, ocupado, amueblado, concurrido, superpoblado, congestionado, atestado, arrendado, alquilado*, completo, lleno*.

Contr.: Desamparo, sin techo.

V. CASA, TUGURIO, COMPARTIMIENTO, CONVIVIR, ALQUILAR.

habitáculo. 1. V. HABITACIÓN 1.

— **2.** Departamento, cabina, casilla. V. COMPARTIMIENTO 1, 2.

habitado. V. HABITACIÓN 7.

habitante. V. HABITACIÓN 3.

habitar. V. HABITACIÓN 5.

hábitat. Medio, ambiente, entorno; habitación, ecología V. LUGAR 1.

HÁBITO. 1. Uso, estilo, usanza, costumbre, rutina, utilización*, comportamiento, modo*, manera, pericia, tradición, experiencia*, ejercicio, práctica, tranquillo,regla, moda*, repetición*, recurso, conocimiento, habilidad*, destreza, veteranía, maña, conducta, forma, capricho*, manía, insistencia, amoldamiento (v. 2).

— **2.** *Habituación*, hábito, acostumbramiento, aclimatación, acomodo, arraigo, adaptación, amoldamiento, endurecimiento, familiarización, familiaridad, confianza*, insistencia, reiteración, repetición, frecuencia*, aleccionamiento, enseñanza, instrucción, aprendizaje, educación*, curtimiento, avezamiento, encallecimiento, preparación.

— **3.** Manto, toga, sotana. V. SACERDOTE 6, MONJA 4.

4. Habituar(se). Amoldar(se), hacerse, acostumbrar, soler, frecuentar, acomodar, adaptar, conformarse, resignarse*, familiarizar, ajustarse, preparar, baquetear, aguerrirse, foguearse, encallecerse, ejercitar, usar, asentar, aclimatar, ambientar, educar*, aleccionar, instruir, ense-

ñar, endurecer, curtir, avezar, arraigar, practicar, entrenar, experimentar, conocer, realizar, insistir, repetir, reiterar, abundar.

5. Habituado. Acostumbrado, experimentado*, amoldado, aclimatado, conforme, resignado*, preparado, veterano, familiarizado, acriollado, ejercitado, aleccionado, usado, acomodado, instruido, encallecido, endurecido, fogueado, corrido, baqueteado, aguerrido, curtido, avezado, arraigado, afincado, hecho, práctico, diestro, experto*, ducho, hábil*, competente, mañoso.

6. Habitual. Corriente, común, regular, uniforme, general, frecuente*, popular, tradicional*, normal, usual, convencional, familiar, doméstico, hogareño, conocido, usado, utilizado*, divulgado, difundido, repetido (v. 7), ordinario, estándar,homogéneo, acostumbrado, consuetudinario, omnipresente, asiduo, constante, reiterado, abundante*, ubicuo, sabido, recordado, incesante, periódico, natural, público, famoso, célebre*, visto, vulgar*, sobado, consabido, inveterado, diario, trillado, rutinario, trivial, manido, gastado (v. 7).

— **7.** *Repetido**, habitual, crónico, inveterado, frecuente, periódico, irónico, arraigado, enraizado, incesante, permanente, persistente, reiterado, insistente, asiduo, continuo, diario, cotidiano, regular, semanal, quincenal, mensual, bimensual, trimestral, semestral, anual, bienal, trienal, quinquenal, renovado (v. 6).

8. Habitualmente. Corrientemente, comúnmente, generalmente (v. 6).

Contr.: Inexperiencia, desconocimiento.

V. HABILIDAD, TRADICIÓN, EDUCACIÓN, EXPERIENCIA, RESIGNACIÓN, FRECUENCIA, ABUNDANCIA, MODA, REPETICIÓN, CAPRICHO, MANÍA, CONFIANZA.

habituación. V. HÁBITO 2.

habituado. V. HÁBITO 5.

habitual. V. HÁBITO 6.

habituar. V. HÁBITO 4.

habla. V. HABLAR 2.

hablado. Articulado, relatado, descrito. V. HABLAR 11.

hablador. V. HABLAR 7, 8.

habladuría. V. HABLAR 10.

HABLAR. 1. Expresar, afirmar, comunicar, decir, articular, conversar*, pronunciar*, deletrear, modular, silabear, razonar, manifestar, explicar*, declarar, contar, narrar*, relatar, describir, detallar*, informar*, enunciar, alegar, citar, nombrar*, precisar, observar, señalar, formular, asegurar, proferir, opinar*, enumerar, reseñar, pormenorizar, extenderse, verter, transmitir, exponer, argumentar, atestiguar, aclarar, esclarecer, elucidar, definir, especificar, revelar, confesar, indicar, departir, conferenciar, parlamentar, entrevistar, testimoniar, sugerir, corroborar, demostrar, puntualizar, comentar, glosar, parafrasear, recitar, declamar, entonar, salmodiar, confirmar, repetir, insistir, perorar, discursear*, arengar, proclamar, platicar, dialogar, asentir, departir, contestar*, responder, argumentar, disentir, endilgar, enjaretar, endosar, espetar, discutir*, objetar, apostillar, rebatir, rechazar, desaprobar*, argüir, negar, oponer*, vetar, impugnar, mantener, sostener, criticar, censurar, calumniar*, retrucar, proferir, exclamar*, prorrumpir, protestar*, jurar, chillar, gritar*, vocear, insultar, ofender*, aclamar, vitorear, parlotear, charlar, chacharear, cotorrear, cotillear, comadrear, chismear*, chismorrear, cuchichear, chapurrear, farfullar, murmurar*, susurrar, balbucear, rezongar, mascullar, barbotar, tartamudear, bisbisear, canturrear.

2. Habla. Expresión, razonamiento, locución, manifestación, lengua, lenguaje, idioma*, dialecto, jerga, variante, variedad, germanía, argot, caló, jerigonza, charlatanería, verborrea (v. 9), habladuría, chisme* (v. 10), léxico, vocabulario, lingüística, filología, gramática*, etimología, estilo, oración, frase, párrafo, articulación, pronunciación*, acento, tonillo, dejo, deje, comunicación, explicación*, afirmación, informe, descripción, narración*, relato, cuento, conversación*, declaración, alegato, enunciado, observación, precisión, nombre*, cita, opinión*, aseveración, recitado, pormenor, reseña, definición, elucidación, esclarecimiento, aclaración, atestiguación, sugerencia, demostración, corroboración, indicación, idea, detalle*, puntualización, insistencia, repetición*, reiteración, confirmación, paráfrasis, glosa, comentario, diálogo, monólogo, soliloquio, plática, discurso*, arenga, parlamento, perorata, sermón, proclama, declamación, elocuencia, recital, divulgación, difusión, ratificación, enumeración, argumentación, exposición, respuesta, contestación*, conferencia, entrevista, testimonio, impugnación, protesta, discusión*, argumento, objeción, crítica, censura, oposición, negativa, veto, apostilla, desaprobación*, rechazo, cháchara, parloteo, floreo, sutileza, facundia, palabrería, garrulería, labia, pico, facilidad, cotilleo, chisme*, chismorreo, comadreo, cuchicheo, murmuración*, balbuceo, susurro, rezongo, chapurreo, tartamudeo, bisbiseo, exclamación*, juramento, grito*, voz*, insulto, abucheo, ofensa*, aclamación, vítor (v. 9, 10).

3. Modulación. Articulación, vocalización, dicción. V. PRONUNCIACIÓN 1.

4. Oratoria. Retórica, dialéctica, elocuencia. V. DISCURSO 2.

5. Formas. Oración, frase, sentencia, refrán*, aforismo, máxima, perífrasis, eufemismo, pleonasmo, onomatopeya, exclamación*, latinajo, cultismo, tautología, figura, f. retórica, giro, indirecta, hipérbole, aliteración, anfibología, cacofonía, rodeo, redundancia, reticencia, circunloquio, círculo vicioso, solecismo, vulgarismo, extranjerismo, galicismo, anglicismo, incorrección, impropiedad, idiotismo, latiguillo, exageración*.

6. Clases de habla. Lenguaje claro, lacónico, conciso, suelto, sucinto, ponderado, breve, directo, elegante*, pintoresco, punzante, penetrante, vivo, incisivo, ingenioso, fluido, humorístico, florido, gráfico, expresivo, espontáneo, castizo, coloquial, enfático, correcto, conceptuoso, animado, ágil, acerado, afilado, acre, hiriente, altisonante, ampuloso, pomposo, pedante*, solemne*, grandilocuente, rotundo, rimbombante, hueco, hinchado, engolado, campanudo, amanerado, barroco, culto, retórico, gongorino, recargado, declamatorio, rebuscado, afectado*, mordaz, oscuro, impreciso, ininteligible, incomprensible*, incorrecto*, defectuoso, macarrónico, grotesco, malsonante, vulgar*.

7. El que habla. Interlocutor, hablante, hablador, parlanchín (v. 8), expresivo, explícito, efusivo, conversador*, sociable, expansivo, simpático, cordial, amable*, extravertido, gracioso, comunicativo, orador, comentarista, conferenciante, charlista, moderador, locutor, oponente, escucha, presentador, animador (v. 8).

8. Parlanchín. Facundo, locuaz, charlatán, verboso, palabrero, gárrulo, bocazas, sacamuelas, badajo, cotorra, loro, indiscreto, discutidor*, oficioso, entremetido, inoportuno, parlero, deslenguado, lenguaraz, descarado, cotilla, chismoso*, murmurador, calumniador*, comadre, lioso, embrollón*, engañabobos, trapisondista, intrigante, hablador* (v. 7).

9. Charlatanería. Facundia, labia, garrulería, verborrea, locuacidad, monserga, parlería, palabrería, cotorrería, retahíla, indiscreción, fraseología*, entremetimiento, comadreo, cotillería, chismorreo*, calumnia*, parla, garla, cháchara, cotorreo, exageración*, pico, facilidad (v. 2).

10. Habladuría. Murmuración, calumnia, bulo. V. CHISME 1.

11. Hablado. Verbal, oral, enunciado, dicho, expresado, afirmado (v. 1).

Contr.: Mudez, afonía, silencio.

V. CONVERSACIÓN, PRONUNCIACIÓN, PALABRA, FRASE, REFRÁN, NARRACIÓN, EXPLICACIÓN, REPETICIÓN, DISCURSO, DISCUSIÓN, DESAPROBACIÓN, PROTESTA, EXCLAMACIÓN, ONOMATOPEYA, GRITO, VOZ, OFENSA, CHISME, MURMURACIÓN, GRAMÁTICA, IDIOMA.

habón. Inflamación, bulto, roncha. V. HINCHAZÓN 2.

hacedero. Viable, factible, realizable*. V. POSIBLE 1.

Hacedor. 1. Todopoderoso, Altísimo, Creador. V. DIOS 1.
— **2.** V. HACER 4.

hacendado. Ranchero, estanciero, terrateniente. V. AGRICULTURA 8.

hacendoso. Laborioso, diligente, activo. V. TRABAJO 6.

HACER. 1. Realizar*, efectuar, crear*, concebir, elaborar, ejecutar, actuar, obrar, proceder, celebrar, llevar a cabo, verificar, cumplir, desempeñar, dedicarse, entregarse, perpetrar, cometer, practicar, ejercer, trabajar*, profesar, provocar, causar*, construir*, formar*, armar, montar, ensamblar, producir*, confeccionar, plasmar, forjar, fabricar*, obtener, lograr, ocasionar, multiplicar, engendrar, constituir, desarrollar*, componer, perfeccionar*, descubrir, inventar*, reparar*, arreglar, innovar, instaurar, integrar, establecer, fundar, organizar, iniciar, principiar*, consumar, soler, acostumbrar, habituar*, usar, utilizar*, tramar, urdir, maquinar, planear*, proyectar, maniobrar, manejar, manipular.
— **2.** *Hacerse,* amoldarse, avezarse, acostumbrarse. V. HÁBITO 4.
3. Actuación, acción. Elaboración, creación*, realización*, concepción, hecho, suceso*, acaecimiento, acontecimiento, proceso, obra, construcción*, perpetración, hechura, montaje, formación*, fabricación*, obtención, logro, descubrimiento, multiplicación, perfeccionamiento*, invento*, arreglo, reparación*, innovación, instauración, engendro, fundación, organización, principio*, inicio, costumbre, hábito*, uso, utilización, maquinación, plan*, proyecto, maniobra, manejo, manipulación.
4. Que hace. Realizador*, creador*, hacedor, Hacedor, Dios*, ejecutor, verificador, perpetrador, perfeccionador*, fabricante*, forjador, constructor*, productor, armador, montador, inventor*, compositor, planificador*, proyectista, componedor, reparador, innovador, instaurador, organizador, fundador, manipulador, maniobrero, iniciador, principiante*.
5. Hacedero. Realizable*, viable, factible. V. POSIBLE 1.
Contr.: Deshacer, abstenerse, renunciar*, inhibirse.
V. CREAR, REALIZAR, CONSTRUIR, FABRICAR, FORMAR, PRODUCIR, INVENTAR, REPARAR, PRINCIPIAR, PERFECCIONAR, DESARROLLAR, UTILIZAR.
HACHA. 1. Hoja, herramienta*, segur, azuela, hachote, destral, aja, doladera, cuchilla*, desbastador, piocha, alcotana, hacha de guerra, céltica, gala, de zapador, de abordaje, franciscana.
— **2.** Cirio, v. hachón.
3. Partes. Hoja o cuchilla, filo, ojo, mango.
4. Hachear. Talar, hender o hendir, abatir. V. CORTAR 1.
5. Hachazo. Tajo, corte, golpe*. V. CORTAR 4.
V. CUCHILLO, HERRAMIENTA, CORTAR.
hachazo. V. HACHA 5.
hachís. Cáñamo, marihuana, grifa; chocolate. V. DROGA 3.
hachón. Antorcha, cirio, bujía. V. LUZ 3.
hacia. 1. Camino a, en dirección a, con destino a. V. ORIENTACIÓN 1.

— **2.** Aproximadamente, casi, alrededor de. V. CERCA 3.
hacienda. 1. Finca, rancho, plantación. V. AGRICULTURA 2.
— **2.** Capital, bienes, fortuna. V. RIQUEZA 1.
— **3.** *Hacienda pública,* erario, tesoro público, bienes del Estado. V. FISCO 1.
hacinamiento. 1. Montón, pila, cúmulo. V. ACUMULAR 3.
— **2.** Muchedumbre, gentío, masa. V. GRUPO 3.
hacinar(se). Amontonar(se), reunir, apilar. V. ACUMULAR 1.
hada. Maga, hechicera, ser mítico. V. HECHICERÍA 6.
hado. Destino, sino, providencia. V. AZAR 1.
hagiografía. Biografía de los santos, vida*, narración*. V. BIOGRAFÍA 1.
¡hala! V. ¡hale!
halagador. 1. Satisfactorio, provechoso, ventajoso. V. SATISFACCIÓN 3.
— **2.** Zalamero, lisonjero, adulador. V. ADULACIÓN 2.
halagar. Ensalzar, elogiar*, encomiar. V. ADULACIÓN 3.
halago. Alabanza, lisonja, elogio*. V. ADULACIÓN 1.
halagüeño. V. halagador 1.
halar. Tirar de, atraer, impulsar. V. EMPUJAR 1.
halcón. Alcotán, azor, ave* de presa. V. CETRERÍA 2.
halconería. Altanería, deporte*, caza* con halcón. V. CETRERÍA 1.
halconero. Cazador*, deportista*, cetrero. V. CETRERÍA 4.
halda. Regazo, saya, falda. V. VESTIMENTA 3.
¡hale! ¡Vamos!, ¡pronto!, ¡andando! V. EXCLAMACIÓN 8.
hálito. Aliento, soplo, vapor. V. AIRE 1.
hall. ingl Recibidor, sala, vestíbulo. V. HABITACIÓN 1.
HALLAR. 1. Encontrar, dar con, descubrir, localizar, detectar, situar, ubicar, tropezar, atinar, acertar, topar, notar, observar, examinar*, apreciar, ver, buscar, sacar, coger*, tomar, revelar, manifestar, sorprender, atrapar, pillar, pescar, desenmascarar, denunciar, desenterrar, exhumar, liberar, inventar*, idear, imaginar, perfeccionar*, investigar, concebir, discurrir, proyectar, planear*.
— **2.** *Hallarse,* estar, sentirse, encontrarse, verse, notarse, permanecer*, coincidir, concurrir*, mantenerse, detenerse, aparecer, presentarse, figurar, persistir, seguir, esperar*, quedarse, colocarse, perpetuarse, continuar, asistir, presenciar, visitar*.
3. Hallazgo. Encuentro, localización, ubicación, revelación, manifestación, acierto, averiguación, descubrimiento, plan*, invención*, invento, creación*, perfeccionamiento*, solución, obra, producto, innovación, idea, ocurrencia, observación, resultado, labor, trabajo*.

Contr.: Pérdida.
V. COGER, INVENTO, PLAN, INVESTIGACIÓN, EXAMEN.

hallazgo. V. HALLAR 3.

halo. Aureola, nimbo, corona. V. LUZ 1.

HALTEROFILIA. 1. Pesas, halteras, levantamiento de pesas, ejercicios de fuerza, culturismo, fisicoculturismo, deporte*, gimnasia* con pesas; deporte olímpico.
2. Material. Barra, pesas (pesos), discos, halteras, mancuerna, collarín, llave, tarima, banco, soportes, cinturón, botas, muñequera, rodillera.
3. Entrenamiento, movimientos. Tiempo, arrancada, envión, fuerza, «press», presa, p. sencilla, p. bloqueada, «outfall», tirón, levantamiento, l. a dos manos, l. a una mano, sentadillas, «lagartijas», fondos, abdominales, repeticiones, series, ejercicios; rigor*.
4. Músculos* principales. Dorsales, oblicuos, abdominales, trapecios, bíceps, tríceps, pectorales, deltoides, recto anterior, bíceps femoral, gemelos (v. músculo*).
V. DEPORTE, GIMNASIA, VIGOR.

hamaca. Catre, coy, lecho. V. CAMA 1.

HAMBRE. 1. Apetito, ansia, necesidad, gana, gula, bulimia, voracidad, avidez, glotonería, apetencia, deseo*, insaciabilidad, escasez, tragaderas, afán, polifagia, adefagia, hambruna, carpanta, colondro, gaza, gazuza, buena boca, hambre canina, devoradora, feroz; inanición, depauperación, extenuación, debilidad*, ayuno, vigilia, dieta*.
2. Hambriento. Voraz, comilón, insaciable, hambrón, glotón, tragón, devorador, famélico, necesitado, escaso, transido, tragaldabas, gargantúa, ávido, apetente, deseoso*, ansioso, extenuado, débil*, depauperado, desnutrido, delgado*, desfallecido, mal comido, muerto de hambre, ayunador.
3. Pasar hambre. Sufrir hambre, morirse de h., ayunar, hacer dieta, padecer, hambrear, desear*, necesitar, escasear, mal comer, morirse.
4. Saciar el hambre. Devorar, comer, nutrirse.
V. ALIMENTO 11.
Contr.: Hartura, saciedad, abundancia.
V. DIETA, ALIMENTACIÓN, DEBILIDAD, DESEO.

hambrear. V. HAMBRE 3.

hambriento, hambrón. V. HAMBRE 2.

hamburguesa. Picadillo, carne picada, albondiguilla. V. CARNE 4.

hampa. Golfería, maleantes, chusma. V. DELITO 5.

hampón. Maleante, bandido, criminal. V. DELITO 3.

handicap. *ingl* **1.** Desventaja, restricción, obstáculo. V. DIFICULTAD 1.
— **2.** Puntuación, concesión, compensación en deportes. V. VENTAJA 1, DISMINUCIÓN 1.

hangar. Barracón, nave, cobertizo. V. ALMACÉN 1, AEROPUERTO 3.

haragán. Gandul, perezoso, vago. V. HOLGAZÁN 1.

haraganear. Apoltronarse, remolonear, gandulear. V. HOLGAZÁN 3.

haraganería. Vagancia, pereza, ociosidad. V. HOLGAZÁN 2.

harapiento. Desharrapado, astroso, desaliñado. V. ANDRAJO 2.

harapo. Pingajo, jirón, guiñapo. V. ANDRAJO 1.

HARÉN. 1. Harem, serrallo,gineceo, habitaciones* cerradas, clausura, reclusión, encierro de mujeres*, aislamiento, departamento para mujeres (entre los musulmanes), palacio*.
2. Varios. Odalisca, favorita, concubina, hurí, eunuco, sultán, jeque, caíd, gran visir, velo, babuchas, celosía, danza del vientre, «hamman» o baño.
V. ÁRABE, PALACIO, PRISIÓN, AISLAMIENTO.

harina. Cernido, polvillo, molienda. V. SEMILLA 6.

harinoso. Pulverulento, feculento, farináceo. V. SEMILLA 7.

hartar, hartazgo. V. harto.

harto. 1. Empalagado, saturado, empachado. V. SACIAR 3.
— **2.** Irritado, fastidiado, cansado. V. MOLESTIA 5.

hartura. V. harto.

hastiado, hastiar. V. hastío.

hastío. Empalago, cansancio, aburrimiento*. V. MOLESTIA 1.

hatajo. Caterva, conjunto, horda. V. GRUPO 4.

hatillo. Fardo, bulto, lío. V. ENVOLVER 5.

hato. 1. Rebaño, tropel, manada. V. GANADO 1.
— **2.** V. hatillo.

haya. Cupulífera, planta, vegetal. V. ÁRBOL 4.

haz. 1. Fajo, gavilla, brazada. V. ENVOLVER 5.
— **2.** Foco, rayos, luminosidad. V. LUZ 1.
— **3.** Faz, superficie, rostro. V. CARA 1.

hazaña. Gesta, valentía, proeza. V. HÉROE 8.

hazmerreír. Esperpento, mamarracho, birria. V. RIDÍCULO 2.

hebdomadario. Revista, semanario, publicación semanal. V. PERIODISMO 2.

hebilla. Prendedor, pasador, pieza. V. BROCHE 1.

hebra. Fibra, brizna, filamento. V. HILO 1.

hebreo. Semita, israelita; sionista. V. JUDÍO 1.

hecatombe. Degollina, catástrofe, muerte*. V. DESASTRE 1.

heces. Deyección, detrito, defecación. V. EXCRECIÓN 3.

hechicera. V. HECHICERÍA 6.

HECHICERÍA. 1. Magia, brujería, ocultismo, sortilegio, encantamiento, embrujo, cábala, cabalística, taumaturgia, superstición*, maleficio, nigromancia, hechizo, aojo, mal de ojo, jorguinería, agorería, sacrificio*, conjuro, invocación, maldición*, fantasmagoría, prodigio, mandinga, ensalmo, posesión, agüero, enigma, arcano, hermetismo, exorcismo; (v. 3).
— **2.** Fascinación, encanto, donaire. V. ATRACTIVO 1.
3. Magias y afines. Magia blanca, magia negra o nigromancia, alquimia*, astrología*,

adivinación*, sacrificio*, espiritismo, parapsicología, telepatía, levitación, vudú, faquirismo, sugestión, hipnotismo*, ilusionismo*, prestidigitación.

4. Ritos, elementos mágicos. Sabbat , aquelarre, misa negra, noche de Walpurgis, saturnal, orgía, amuleto, talismán, muñeca de cera, murciélago clavado, lechuza, varita mágica, cábala, abracadabra, mano de gloria, mano cornuda, higa, grimorio, rueda de Santa Catalina, sello de Salomón, polvos de la madre Celestina, bebedizo, filtro amoroso, uña de la Gran Bestia, piedra Abraxas, p. filosofal, mandrágora, signo mágico, círculo mágico, cuadrado mágico, pentáculo, pentagrama, yin-yang, bicha, soga de ahorcado, pata de conejo, bramador, runa, escoba volante, espada, tridente,tarots. *Libros de magia:* Clavícula de Salomón, Tabula Smaragdina, Paragranum, Martillo de brujas.

5. Hechicero. Mago, brujo, bruja (v. 6), chamán, cabalista, nigromante, encantador, agorero, cohen, maléfico, ensalmador, taumaturgo, milagrero, aojador, adivino*, vidente, pronosticador, espiritista, médium, zahorí, jorguín, druida, imbunche, ocultista, cabalista, sibilino, oráculo, parapsicólogo, hipnotizador*, exorcista, alquimista*, astrólogo*, ilusionista, prestidigitador. Atractivo*, hermoso*, seductor. *Magos:* Nostradamus, Merlín, Hermes Trimegisto, Cagliostro, Paracelso. *Otros seres:* Demonio*, macho cabrío, vampiro, zombi, muerto viviente, «no muerto» («undead»), monstruo*, licántropo, esqueleto, fantasma. Hechizado (v. 7), mágico (v. 8).

6. Hechicera. Maga, hada, bruja, pitonisa, sibila, adivina* (v. 5).

7. Hechizado. Embrujado, aojado, encantado, poseído, poseso, endemoniado, endiablado, conjurado, maldito, gafe, cenizo, mala sombra, desgraciado*, condenado*, ensalmado, hipnotizado*, sugestionado, exorcizado, embaucado, engañado*; maravillado*, asombrado*, seducido, fascinado (v. 8).

8. Mágico. Cabalístico, nigromántico, taumatúrgico, fantástico*, sobrenatural, enigmático, recóndito, misterioso*, oculto, maravilloso*, maléfico, supersticioso*, agorero, arcano, secreto*, extraordinario (v. 7).

9. Hechizar. Encantar, conjurar, embrujar, ensalmar, aojar, echar mal de ojo, maldecir*, invocar, maleficiar, poseer, evocar, adivinar*, predecir, pactar con el demonio; exorcizar, sugestionar, hipnotizar*, embaucar, engañar*; asombrar*, maravillar*, seducir. *Contr.:* Exorcismo, bendición, expulsión del demonio.
V. SUPERSTICIÓN, ADIVINACIÓN, ASTROLOGIA, ALQUIMIA, HIPNOTISMO, DEMONIO, FANTASMA, MONSTRUO.

hechicero. V. HECHICERÍA 5.
hechizado. V. HECHICERÍA 7.

hechizar. V. HECHICERÍA 9.
hechizo. V. HECHICERÍA 1, 2.
hecho. 1. Acontecimiento, acto, caso. V. SUCESO 1.
— **2.** Avezado, aguerrido, formado. V. HABITUADO, MADURO.
hechura. Configuración, disposición, confección. V. FORMA 1.
hectárea. Cien áreas, superficie, medida de superficie. V. MEDIDA 7.
héctico. V. hético.
hectogramo, hectómetro, etc. V. MEDIDA 5.
heder. V. HEDOR 3.
hediondo. V. HEDOR 2.
hedonismo. Goce,sensualidad; felicidad. V. PLACER 1.
HEDOR. 1. Fetidez, emanación, tufo, pestilencia, vaho, olor*, mal olor, tufarada, efluvio, emisión, exhalación, miasma, peste, infección*, hedentina, hediondez, sobaquina, catinga, ocena, halitosis, mal aliento, ventosidad, pedo, excremento*, cochambre, podredumbre*, putrefacción, corrupción, impureza, contaminación, hircismo, mofeta, sentina, huevo podrido, sulfuro de carbono, asquerosidad, repugnancia*, suciedad*.
2. Hediondo. Fétido, maloliente, pestífero, pestilente, apestoso, nauseabundo, cargado, viciado, impuro, irrespirable, desagradable*, catingoso, molesto, estomagante, insoportable, repugnante*, mefítico, enrarecido, corrompido, contaminado, insalubre, putrefacto, podrido*, cochambroso, sucio*, excrementicio*.
3. Heder. Atufar, exhalar, apestar, oler, oler mal, emitir, emanar, expeler, estomagar, molestar*, viciarse, contaminar, asquear, repugnar*, marear, enrarecer, pudrirse, corromperse. *Contr.:* Perfume*, aroma.
V. OLOR, SUCIEDAD, REPUGNANCIA, EXCREMENTO, DESAGRADABLE, PODRIDO.
hegemonía. Preeminencia, predominio, supremacía. V. SUPERIOR 4.
helada. Escarcha, relente, sereno. V. FRÍO 4.
helado. 1. V. helar.
— **2.** Mantecado, sorbete, golosina. V. CONFITERÍA 5.
helar. 1. Refrescar, enfriar, congelar. V. FRÍO 6.
— **2.** Aterir, transir, amoratar. V. FRÍO 6.
— **3.** Sobrecoger, espantar, paralizar. V. TURBAR, INMOVILIZAR.
helecho. Criptógama, planta, vegetal arborescente. V. VEGETAL 16.
helénico, heleno. Clásico, antiguo, griego. V. ARTÍSTICO, EUROPEO 4.
helero. Glaciar, ventisquero, masa helada. V. MONTAÑA 3.
hélice. Propulsor, paleta, aspa. V. BARCO 12, AVIÓN 4.
HELICÓPTERO. 1. Autogiro, aeronave, aparato*, a. aéreo, artefacto volador, ingenio, artilugio volante.

2. Clases. Helicóptero de transporte, de salvamento, de socorro*, de servicios forestales, de s. agrícolas, grúa volante, helicóptero militar. Sikorsky, Boeing, Bell, Breguet, Eurocopter; autogiro La Cierva.

3. Partes. Rotor: palas, aspas, eje de transmisión; rotor principal, r. de cola, transmisión, estabilizador, palanca de mando, barra de dirección, tablero de instrumentos, motor*, m. de reacción, turbina, tobera, depósito de combustible, tren de aterrizaje.

4. Vuelo*. Despegue y aterrizaje vertical, vuelo estacionario, v. horizontal, v. adelante, atrás, de costado; dirigir, estabilizar.

V. AVIÓN, VUELO.

heliotropo. Planta, vegetal*, fanerógama. V. FLOR 4.

hematíe. Glóbulo rojo, eritrocito, célula sanguínea. V. SANGRE 2.

hematoma. Moretón, cardenal, contusión. V. LESIÓN 1.

hembra. Matrona, señora, individuo del sexo femenino. V. MUJER 1.

hemeroteca. Colección*, archivo, biblioteca de revistas. V. BIBLIOTECA 3.

hemiciclo. Anfiteatro, tribuna, graderío. V. ESPECTÁCULO 6.

hemiplejía. V. hemipléjico.

hemipléjico. Paralítico, impedido, tullido. V. INVÁLIDO 1.

hemisferio. Parte, sección, mitad de la esfera. V. ESFERA 5.

hemoglobina. Pigmento, colorante, componente sanguíneo. V. SANGRE 2.

hemorragia. Flujo, efusión, pérdida sanguínea. V. SANGRE 5.

hemorroides. Protuberancias, abultamiento venoso, almorranas. V. CULO 3.

hemotisis. Hemorragia pulmonar, pérdida, flujo. V. SANGRE 5.

henchir. Atestar, atiborrar, abarrotar. V. LLENAR 1.

HENDEDURA. 1. Hendidura, rendija, raja, grieta, brecha, intersticio, fisura, agujero*, orificio, anfractuosidad, abertura, junta, juntura, corte*, resquicio, fractura, ranura, surco, estría, muesca, escotadura, hueco*, raya, cascadura, rotura, cuarteamiento, cuarteo, agrietamiento, resquebrajadura, perforación, taladro*, excavación*, depresión, cavidad, boquete, oquedad, incisión, fenda, falla, hiato, cisura, quiebra.

2. Hendido. Agrietado, cuarteado, rajado, roto, agujereado*, abierto, cortado*, dividido, fracturado, partido, cascado, aplastado, resquebrajado, incidido, ranurado, perforado, taladrado*, quebrado, frágil.

3. Hender. Agrietar, resquebrajar, rajar, partir, cascar, cortar, fragmentar*, abrir, dividir, agujerear*, romper, cuartear, quebrar, quebrantar, ranurar, horadar, perforar, taladrar*, acuchillar, rasgar, incidir, aplastar*, fracturar.

Contr.: Rellenar.

V. AGUJERO, TALADRO, CORTE, HUECO, EXCAVACIÓN.

hender. V. HENDEDURA 3.

hendido. V. HENDEDURA 2.

hendidura. V. HENDEDURA 1.

henil. Almiar, pajar, granero. V. HIERBA 6.

heno. Pasto, pienso, forraje. V. HIERBA 1.

heñir. Masajear, amasar, estrujar. V. PRESIÓN 3.

hepático. Relativo, característico, propio del hígado*. V. HÍGADO 2.

hepatitis. Infección*, dolencia, inflamación. V. HÍGADO 4.

heráldica. Estudio, descripción, ciencia del escudo. V. BLASÓN 1.

heraldo. Emisario, mensajero, enviado. V. DELEGACIÓN 4.

herbaje. Pastizal, herbazal, pasto. V. HIERBA 1, 2.

herbolario. Tienda, botica, venta de hierbas. V. HIERBA 6.

hercúleo. Forzudo, robusto, musculoso. V. VIGOR 2.

heredad. Finca, inmueble, pertenencia. V. PROPIEDAD 2.

heredar. Obtener, recibir, suceder. V. HERENCIA 4.

heredero. Sucesor, primogénito, beneficiario. V. HERENCIA 5.

hereditario. 1. Congénito, innato, atávico. V HERENCIA 13.

— **2.** Patrimonial, sucesorio, testamentario. V. HERENCIA 6.

hereje. V. HEREJÍA 3.

HEREJÍA. 1. Heterodoxia, doctrina contraria, fanatismo, idolatría, incredulidad, religión contraria, descreimiento, politeísmo, agnosticismo, sacrilegio, profanación, impiedad, blasfemia, irreverencia, irreligiosidad, insulto, ofensa*, execración, cisma, perjurio, negación, renuncia, repudio, abjuración, abominación, sectarismo, separación, deserción, descarrío, animismo, fetichismo, superstición* (v. 2). Ateísmo, apostasía, paganismo.

2. Herejías. Arrianismo, maniqueísmo, herejía de los albigenses, de los husitas, etc. (v. 4).

3. Hereje. Cismático, heterodoxo, heresiarca, renegado, infiel, sectario*, disidente, separado*, herético, gentil, sacrílego, impío, perjuro, descarriado, profano, irreverente, blasfemo, bárbaro*, relapso, descreído, incrédulo, iconoclasta, fetichista, animista, supersticioso*, idólatra, politeísta, desviado, fanático, nihilista, descastado, contumaz, traidor*, negado; arriano, husita, etc. (v. 4). Apóstata, ateo, escéptico, laico, librepensador, anticlerical, irreligioso.

4. Herejes. Arrianos, maniqueos, albigenses o cátaros, husitas, valdenses, pelagianos, nestorianos, monofisitas, jansenistas, iluministas, panteístas, gnósticos, bogomiles, adamitas, pelagianos, valentinianos, apolinaristas, sabelianos, dogmatistas, priscilianistas, eutiquistas, iconoclastas, montanistas; disidentes (v. 3).

5. Ser hereje. Apostatar, renegar, renunciar, descarriarse, repudiar, retractarse,separarse, desviarse, traicionar*, negar, equivocarse*.
Contr.: Ortodoxo, fiel, religioso*, piadoso.
V. SECTA, RELIGIÓN, INQUISICIÓN,SUPERSTICIÓN.
HERENCIA. 1. Heredad, cesión, dote, legado, sucesión, dejación, adjudicación, transmisión, testamento (v. 8), fortuna, bienes, propiedad*, patrimonio, riqueza, mayorazgo, manda, donación, entrega, sucesión testada, s. intestada, s. universal, s. forzosa o legítima, s. contractual (v. 7).
— **2.** Heredad, finca, pertenencia. V. PROPIEDAD 2.
— **3.** Herencia biológica (v. 11 y siguientes).
4. Heredar. Suceder, recibir, obtener, percibir, beneficiarse*, entrar en posesión, aceptar*, adquirir, conseguir, alcanzar, disfrutar, continuar, prolongar, seguir, proseguir, homologar, protocolizar, testar (v. 10). Desheredar, privar, repudiar, retirar, quitar*, excluir. Heredar (biol.) (v. 14).
5. Heredero. Sucesor, usufructuario, beneficiario*, sucesorio, legatario, colegatario, coheredero, causahabiente, favorecido, beneficiado, heredero forzoso, legitimario, asignatario; primogénito, mayorazgo, hijo*, descendiente, familiar*, continuador, fideicomisario; testador, causante, testamentario, albacea, tutor.
6. Hereditario. Patrimonial, sucesorio, testado, intestado, hológrafo, troncal, testamentario, transmisible, transitivo, heredable, codicilar.
7. Generalidades. Codicilo, manda, quinto, legítima, espolio, mejora, divisa, intestado, abintestato o ab intestato, pro indiviso, fideicomiso, aceptación, repudiación, colación, participación hereditaria, derecho de representación, desheredación, nulidad, revocación, caducidad, inventario, testamento (v. 8).
8. Testamento. Voluntad, última voluntad, ú. disposición, declaración de voluntad, disposición testamentaria, testamento común, especial, hológrafo o manuscrito, abierto, cerrado, militar, marítimo, sacramental, en extranjero, de mancomún, de hermandad; herencia (v. 1).
9. Testador. (V. 5).
10. Testar. Legar, dotar, entregar*, adjudicar, ceder, otorgar, transmitir, donar, disponer, ofrecer, conceder (v. 4).
11. Herencia biológica. Genética, atavismo, inclinación, naturaleza, progenie, parentesco, ascendencia, propensión, tendencia, instinto, temperamento, afinidad, parecido, impulso, carácter*, sangre, consanguinidad, recurrencia, transmisión de caracteres, fenómeno biológico; raza,pedigrí (animales).
12. Elementos. Biología*, genética, embriología*, reproducción, nacimiento*, embarazo, célula*, núcleo, cromosomas, genes, ADN, ascendientes, descendientes, características físicas, c. psíquicas, células sexuales*, cigoto o gameto, espermatozoide*, óvulo, homocigótico, heterocigótico, híbrido o bastardo, mestizo, mulato, cuarterón, cruzamiento, hibridación, mutación, variación, carácter dominante, carácter recesivo, Leyes de Mendel, fenotipo, genotipo, hemofilia, daltonismo, consanguinidad, matrimonio consanguíneo, normalidad, anormalidad, embrión*, feto, gemelos, evolucionismo, salto atrás, selección de las especies, darwinismo, neodarwinismo , eugenesia, higiene*.
13. Hereditario. Congénito, innato, familiar*, afín, ancestral, atávico, natural, connatural, constitucional, instintivo, heredado, adquirido, típico, morfológico, transmitido, impulsivo, característico*, original, consanguíneo, recesivo, recurrente, biológico*, embriológico*, evolutivo, selectivo, eugenésico, mendeliano, transgénico.
14. Heredar (biología). Ascender, descender, parecerse, adquirir, semejarse, tender, propender, emparentar, recurrir, transmitir, reproducir, mestizar, cruzar, seleccionar, variar, mutar, evolucionar, dominar.
V. PROPIEDAD, BENEFICIO, ENTREGA, HIJO, FAMILIAR; CARÁCTER, ETNIAS, BIOLOGÍA, EMBRIOLOGÍA, CÉLULA, HIGIENE, NACIMIENTO, EMBARAZO.
herético. V. HEREJÍA 3.
herida. Corte*, llaga, traumatismo. V. LESIÓN 4.
herido. Contuso, maltrecho, víctima. V. LESIÓN 10.
herir. 1. Lastimar, dañar, magullar. V. LESIÓN 7.
— **2.** Ultrajar, agraviar, humillar*. V. OFENSA 4.
hermafrodita. Bisexual, ambiguo, andrógino. V. SEXO 13.
hermana. 1. V. HERMANO.
— **2.** Sor, madre, religiosa. V. MONJA 1.
hermanado. V. HERMANO 2.
hermanar. V. HERMANO 7.
hermandad. V. HERMANO 5, 6.
HERMANO. 1. Familiar*, pariente, consanguíneo, deudo, allegado,afín, relativo, emparentado, vinculado, heredero, mellizo (v. 4).
— **2.** Fraterno, entrañable, unido*. V. COMPAÑERO 2.
— **3.** Fraile, religioso, monje. V. SACERDOTE 2.
4. Clases. Hermano carnal, h. de madre, de padre, hermanastro, medio hermano, consanguíneo, hermano mayor, h. menor, primogénito, segundogénito, benjamín, mellizo, gemelo, mielgo, trillizos, tres mellizos, tres gemelos, cuatrillizos, quintillizos, sextillizos, seis mellizos, hermanos siameses, colateral, colactáneo, agnado, cognado, tato, hermano político, cuñado, compadre, comadre (v. 1).
5. Hermandad. Amistad, camaradería, compañerismo. V. COMPAÑERO 4.
— **6.** Sociedad, cofradía, comunidad. V. SECTA 1, ASOCIACIÓN 5, 9.

7. Hermanar(se). Unir(se), compenetrar, equiparar. V. SIMPATÍA 6.

V. FAMILIA, HIJO, NIÑO, COMPAÑERO.

hermético. 1. Estanco, aislado, cerrado*. V. IMPERMEABLE 1.

— **2.** Callado, mudo; enigmático. V. SILENCIOSO; MISTERIOSO.

hermetismo. 1. V. hermético 1, 2.

— **2.** Brujería, magia, ocultismo. V. HECHICERÍA 1.

hermosa. V. HERMOSURA 2.

hermosear. V. HERMOSURA 4.

hermoso. V. HERMOSURA 3.

HERMOSURA. 1. Belleza, atractivo, encanto, gallardía, garbo*, guapura, apostura, lindura, primor, gracia, perfección*, preciosidad, divinidad, beldad (v. 2), elegancia*, distinción, empaque, primor, seducción, atractivo*, proporción, donaire, bizarría, majeza, arrogancia, planta, armonía, estética, ideal, galanura, maravilla*, finura, esplendor, lozanía, frescura, juventud, gentileza, ángel, dechado, arquetipo, delicadeza, sublimidad, fascinación, buena planta, buena presencia, buen tipo (v. 2).

2. Hermosa. Beldad, hermosura, belleza, mujer*escultural*, pimpollo, ninfa, venus, hurí, primor, divinidad, encanto, preciosidad; preciosa, bonita, agraciada, atractiva, bella (v. 3).

3. Hermoso. Agraciado, atractivo*, atrayente, bello, guapo, lindo, bonito, mono, majo, cuco, apuesto, gallardo, garboso*, bien parecido, buen mozo, bien plantado, escultural, estatuario, estético, arrogante, garrido, precioso, divino, elegante*, distinguido, primoroso, lozano, fresco, joven*, airoso, armonioso, lucido, bizarro, vistoso, encantador, perfecto*, donairoso, donoso, proporcionado, seductor, maravilloso*, galán, ideal, apolíneo, adonis, apolo, gentil, fascinante, delicado, sublime, celestial.

4. Hermosear. Embellecer, idealizar, poetizar, divinizar, ensalzar, elogiar*, acicalar, mejorar, favorecer, realzar, adornar*, arreglar, aplicar cosméticos*, preparar, atildar, alegrar, maquillar, atraer, agraciar, cuidar*, endomingar, emperejilar, asear, peinar, afeitar, depilar, distinguir, componer, atusar, ataviar, vestir*, lucir, exhibir*.

5. Fascinar. Deslumbrar, encantar, seducir. V. EMBELESO 2.

6. Hermoseamiento. Embellecimiento, acicalamiento, arreglo, adorno*, cuidado* (v. 4).
Contr.: Fealdad*.

V. ATRACTIVO, ELEGANCIA, GARBO, MARAVILLA, JOVEN, ADORNO, COSMÉTICO.

hernia. Bulto, ruptura, quebradura. V. INTESTINO 4.

herniado. Lesionado, forzado, quebrado. V. LESIÓN 10.

herniarse. Salirse, forzarse, quebrarse. V. LESIÓN 7.

HÉROE. 1. Paladín, adalid, campeón, ídolo, semidiós, superhombre, titán, caballero*, figura,

personaje, personalidad, modelo, prototipo, arquetipo, ejemplo, ideal, defensor, protector*, mantenedor, guerrero*, caudillo, cabecilla, jefe*, campeador, quijote, vencedor, victorioso, triunfador*, conquistador*, arriesgado, valiente, heroico (v. 3).

— **2.** Artista cinematográfico, protagonista, intérprete. V. ACTOR 1.

3. Heroico. Arriesgado, osado*, valiente, audaz, intrépido, caballeroso*, generoso*, magnánimo, glorioso, sacrificado*, atrevido, arrojado, animoso*, bravo, denodado, impávido, legendario, épico, grandioso, homérico, decidido, guerrero*, resuelto, enérgico*, corajudo, aventurado, irreflexivo, imprudente*, temerario.

4. Heroína. Campeona, semidiosa, guerrera*, amazona, valquiria, defensora, triunfadora*, victoriosa, conquistadora, vencedora, arriesgada, osada, valiente, heroica (v. 3).

— **5.** Actriz, artista, protagonista. V. ACTOR 1.

— **6.** Alcaloide, estupefaciente, narcótico; caballo. V. DROGA 2, 3.

7. Heroísmo. Bravura, intrepidez, osadía*, atrevimiento, arrojo, audacia, resolución, valentía, valor, temeridad, impavidez, denuedo, sacrificio*, generosidad*, ánimo, riesgo, irreflexión, coraje, energía*, decisión, temeridad, imprudencia*, proeza, heroicidad (v. 8).

8. Heroicidad. Hazaña, gesta, valentía, proeza, hombrada, empresa, aventura, machada, agallas, ánimo*, acción, acto, obra, hecho, suceso*, epopeya, leyenda, saga, narración*, guapeza, andanza, riesgo, peligro*, rasgo, furia, arranque, bravura, heroísmo (v. 7).

9. Ser héroe. Atreverse, arriesgarse, osar*, decidirse, aventurarse, atacar, animarse, afrontar, lanzarse, envalentonarse, fanfarronear*, defender, proteger, salvar, socorrer*, sacrificarse*.
Contr.: Cobarde*, tímido*.

V. OSADO, TRIUNFADOR, CONQUISTADOR, GUERRERO, ANIMOSO, GENEROSO, IMPRUDENTE, PELIGROSO.

heroicidad. V. HÉROE 8.

heroico. V. HÉROE 3.

heroína. 1. V. HÉROE 4.

— **2.** Estupefaciente, alcaloide, narcótico. V. DROGA 2, 3.

herpe, herpes. Irritación, erupción, inflamación*. V. PIEL 5.

herrador. V. herrero.

herradura. Hierro*, herraje, protección*. V. CABALLO 14.

herraje. Pieza*, bisagra, chapa. V. HIERRO 7.

HERRAMIENTA. 1. Utensilio, aparato*, enseres, instrumento, implemento, máquina*, útil, accesorio, artefacto, aparejo, trasto, material, objeto, arnés, arma, artilugio, mecanismo, apero, adminículo, avío, juego, chirimbolo, bártulo, equipo, bienes, efectos, utillaje, pertenencias.

2. Clases. Herramientas agrícolas* (v. 3), de carpintero* (v. 4), de albañil (v. 5), de mecánico (v. 6), de cerrajero, jardinero, pintor, etc. (v. 7), varias (v. 8). Ferretería, tienda*.

3. Herramientas agrícolas. Azada, azadón, pala, badila, rastrillo, zapapico, zapa, piocha, pico, piqueta, escardillo, escarificador, plantador, horca, horquilla, tridente, guadaña, hoz, hacha; arado, tractor (v. agricultura 6, 7).

4. H. de carpintero. Sierra, serrucho, segueta, tronzador, martillo, mazo, escuadra, destornillador, cepillo, garlopa, berbiquí, tenazas, alicates, gubia, escoplo, lima, escofina, mediacaña; banco (v. carpintería 3).

5. H. de albañil. Paleta, llana, espátula, escuadra, plomada, nivel, pala, cordel, guía, lápiz; carretilla (v. construcción 8).

6. H. de mecánico. Llave inglesa, destornillador, lima, sierra para metales, martillo, escoplo, escariador, terraja, perforadora eléctrica, punzón, afiladora, pinzas, tenazas, alicates, palanca, gato; torno (v. 1).

7. H. de cerrajería, pintura, jardinería, etc. Véanse los diferentes oficios.

8. H. varias. Cizalla, guillotina, tijeras, espátula, paleta, llana, palanca, gato, pinzas, tridente, arpón (v. 1).
V. APARATO, AGRICULTURA, CARPINTERÍA, ALBAÑILERÍA, MECÁNICA, ETC.

herrar. 1. Marcar, guarnecer, identificar. V. GANADO 9.
— **2.** Clavar, ajustar, sujetar la herradura. V. FORJA 6.

herrería. Fragua, obrador, taller. V. FORJA 1.

herrero. Forjador, artesano, herrador. V. FORJA 5.

herrumbre. Cardenillo, orín, óxido. V. METAL 14.

herrumbroso. Oxidado, enmohecido, estropeado. V. METAL 13.

hervidero. 1. Enjambre, hormiguero, masa. V. ABUNDANCIA 1.
— **2.** V. HERVIR 2.

hervido. V. HERVIR 4.

HERVIR. 1. Burbujear, bullir, borbotear, entrar en ebullición, borborritar, cocer, cocinar*, calentar, escalfar, pasar por agua, caldear, escaldar, espumajear*, gorgoritear, evaporar, destilar, vaporizar, volatilizar, sublimar, humear, exhalar humo, alborotarse, picarse, encresparse, remolinear, agitarse, revolverse, moverse*, fermentar*.
2. Hervor. Efervescencia, hervidero, ebullición, cocción, cocido, escalfado, calor*, burbujas, burbujeo, borbollón, borboteo, borborito, borbotón, gorgorito, gorgoteo, espuma*, espumarajo, agitación, remolino, alboroto, movimiento*.
3. Que hierve. Hirviente, burbujeante, espumeante*, espumoso, efervescente, borboteante, fermentado*, vaporoso, humeante, hervido (v. 4).

4. Hervido. Cocido, cocinado*, escalfado, calentado, guisado (v. 1, 3).
V. ESPUMA, CALOR, MOVIMIENTO, COCINAR.

hervor. V. HERVIR 2.

hesitación. V. hesitar.

hesitar. Titubear, vacilar, estar indeciso. V. DUDA 5.

hetera, hetaira. Ramera, meretriz, cortesana. V. PROSTITUCIÓN 3.

heteróclito. V. heterodoxo 2.

heterodoxo. 1. Herético, disconforme, disidente. V. HEREJÍA 3.
— **2.** Desusado, anormal, extraño. V. IRREGULAR 1.

heterogéneo. Diverso, diferente, múltiple. V. VARIAR 5.

hético. Flaco, tísico, consumido. V. DELGADEZ 3.

hexágono. Polígono, figura, porción de plano. V. GEOMETRÍA 6.

hez. 1. Poso, sedimento, depósito. V. RESIDUO 1.
— **2.** Gentuza,chusma. V. GRUPO 4.
— **3.** Heces, deyecciones, deposiciones, excrementos. V. EXCRECIÓN 3.

hialino. Límpido, cristalino, diáfano. V. TRANSPARENCIA 2.

hiato. 1. Diptongo, sinalefa, sonido*. V. PRONUNCIACIÓN 4.
— **2.** Intersticio, orificio, agujero*. V. HENDEDURA 1.

hibernación. Sopor, somnolencia, letargo invernal. V. SUEÑO 1.

híbrido. Mestizo, mezclado*, cruzado. V. ETNIAS 9.

hidalgo. 1. Caballero, noble, señor. V. ARISTOCRACIA 2.
— **2.** Generoso, magnánimo, respetable. V. CABALLEROSO 1.

hidalguía 1. Linaje, señorío, nobleza. V. ARISTOCRACIA 1.
— **2.** Generosidad*, magnanimidad, corrección. V. CABALLEROSO 2.

hidra. 1. Ser fantástico, mitológico*, gorgona. V. MONSTRUO 4.
— **2.** Hidrozoario, pólipo, invertebrado. V. ANIMAL 6.

hidratar. Aguar*, humedecer, absorber. V. MOJAR 1.

hidrato de carbono. Glúcido, principio alimenticio, sustancia alimenticia. V. ALIMENTO 7.

hidráulica. Estudio, aprovechamiento, tratado de las aguas. V. AGUA 5.

hidroavión. Hidroplano, aparato acuático, aeroplano. V. AVIÓN 2.

hidrocarburo. Petróleo*, fluido combustible, gas*. V. COMBUSTIBLE 2.

hidrófilo. Absorbente, que chupa, que se empapa. V. MOJAR 7.

hidrofobia. Rabia, horror, miedo al agua. V. INFECCIÓN 2.

hidrógeno. Cuerpo simple, elemento, gas inflamable. V. GAS 2.

hidrografía. Estudio de aguas, ríos*, lagos*. V. GEOGRAFÍA 2.

hidromel, hidromiel. Aguamiel, bebida dulce. V. BEBIDA 3.

hidropesía. Edema, infiltración, acumulación de agua. V. ENFERMEDAD 19.

hidroplano. Aeroplano, avión acuático; embarcación. V. AVIÓN 2.

hiedra. Enredadera, bejuco, planta trepadora. V. VEGETAL 22.

hiel. 1. Bilis, secreción, humor. V. HÍGADO 3, GLÁNDULA 4.

— **2.** Resentimiento, amargura, tristeza. V. AFLICCIÓN 1.

hielo. 1. Escarcha, carámbano, agua solidificada. V. FRÍO 4.

— **2.** Desinterés, antipatía, frialdad. V. INDIFERENCIA 1.

hiena. Mamífero carnicero, chacal; individuo cruel*. V. FIERA 5.

hierático. Enfático, grave, pomposo. V. SOLEMNE 2.

HIERBA. 1. Yerbajo, yuyo, grama, tallo, mata, planta, vegetal*, espino, maleza, matorral*, boscaje, verde, herbaje, herbaza, herbazal, herbácea, leguminosa, garba, matojo, rastrojo, abrojo, cardo, espino, ortiga, zarza, cizaña, brizna, paja, pajita, ramita, heno, pienso, pasto, ración, forraje, pastura, cebada, trébol, alfalfa, verdor, follaje; marihuana.

— **2.** *Césped*, hierba, prado, pradera, campo*, pastura, pasto, verde, dehesa, campiña, henar, pradería, pampa, majada, jardín*, parque.

3. Hierbas. Hierba buena, h. del Paraguay o h. mate, h. cana, h. carmín, h. de cuajo, h. de Santa María, h. fétida, h. doncella, h. limón, h. gigante o acanto, h. lombriguera, h. mora, h. luisa, saxífraga, malas hierbas, hierbas aromáticas o de condimento* (v. 4), hierbas medicinales* (v. 5).

4. Hierbas de condimento*. Hierbas aromáticas, romero, tomillo, salvia, perejil, hinojo, poleo, mejorana, albahaca, perifollo, angélica, verbena, menta, estragón, apio, ajedrea, orégano, eneldo (v. 5).

5. Hierbas y plantas medicinales. Camomila o manzanilla, melisa, menta, tomillo, tila, romero, berros, boldo, poleo, mejorana, lúpulo, malva, genciana, enebro, hisopo, ajenjo, artemisa, bardana, mirto, borraja, árnica, centaurea, dulcamara, cicuta, achicoria, lúpulo, té, saúco, violeta, salvia (v. 3), (v. vegetal 6).

6. Conjuntos. Haz, gavilla, brazada, manojo, puñado, ramo, garba, bala de paja, fajo, atado, ramillete, ramo, mogote; henil, almiar, pajar, granero, cobertizo, troje, silo; herbolario, colección* de hierbas, herboristería, tienda*, botica.

7. Artefactos. Segadora, cortadora de césped, agavilladora, empacadora, carreta, guadaña, hoz, afiladera, garabato, horca del heno.

8. Acción. Escardar, desyerbar, segar, cortar*, secar, agavillar, empacar, guadañar, almacenar, apilar, desgramar, rastrillar, carpir, aventar (v. 9).

9. Pastar. Pacer, apacentar, ramonear, herbajar, triscar, alimentarse*, comer, rumiar, masticar. V. VEGETAL, AGRICULTURA, CAMPO, CONDIMENTO.

HIERRO. 1. Metal*, m. maleable, m. tenaz, elemento químico, cuerpo simple.

— **2.** Chapa, lámina, cuchillo (v. 7).

— **3.** Marca, m. candente, señal de ganadería V. GANADO 6.

— **4. Clases de hierro.** Hierro dulce, forjado, fundido, colado, arrabio, tocho, cuadradillo, plancha, planchuela, palastro, lingote, barra, pieza, chatarra, hojalata, acero*, mineral* (v. 5).

5. Minerales, extracción. Mineral* de hierro, hematites, magnetita, limonita, pirita, calcopirita, oligisto, siderita; veta, mena, filón, mina*, minería.

6. Perfiles de hierro. Hierro en U, semiplano, plano, cuadrado, en T, doble T, ángulo, redondo, media caña.

7. Piezas, elementos. Pieza*, herraje, barra, palanca, pedal, alzaprima, eje, biela, cigüeñal, transmisión, manivela, manubrio, espárrago, mandril, manguito, empalme, vástago, tranca, tirante, raíl, carril, lingote, viga, varilla, barrote, astil, espetón, hurgón, atizador, punta*, manivela, árbol, espiga, clavija, clavo, gancho, bisagra, articulación*, cerradura*, cadena, eslabón, grillete, argolla, aro*, anilla, cuchillo*, hoja, resorte, amortiguador, fleje, ballesta, elástico, muelle, lámina, chapa, placa*, plancha, tira*, cable, alambre, chatarra, limaduras, imán; óxido, herrumbre, orín.

8. Elaboración, varios. Fundición, horno, alto horno, siderurgia, metalurgia*, fragua, herrería, forja*, tren de laminación; acero, chatarra, escoria, ganga. Óxido, verdín, herrumbre, cardenillo, orín, robín, roña, roya. V. PIEZA, METAL, METALURGIA, MINERAL, MINA, FORJA, CUCHILLA, PLACA.

HÍGADO. 1. órgano, víscera, glándula*, órgano glandular, asadura, higadillo, entraña.

2. Partes. Lóbulos, l. derecho, l. izquierdo, l. de Spiegel, vena porta, arteria hepática, vena cava, colédoco, conducto hepático, vesícula biliar, ligamento redondo, hilio; célula hepática, lobulillo hepático.

3. Varios. Bilis, hiel, secreción, excreción*, hepático, visceral, glandular*, biliar, orgánico, lobular.

4. Enfermedades. Cirrosis, hepatitis, infección*, absceso, cólico hepático, tumor, cáncer*, ictericia, quiste hidiatídico, insuficiencia hepática; vías biliares: colecistitis, litiasis biliar, cálculo. V. DIGESTIVO (APARATO), VIENTRE, ENFERMEDAD.

HIGIENE. 1. Aseo, cuidado*, lavado*. V. LIMPIE-
ZA 1.
2. Higiene sanitaria. Rama de la Medicina*,
sanidad, prevención, protección*, profilaxis, defensa, salubridad, servicios, normas, cuidados*,
c. higiénicos, desinfección*, aseo, limpieza*,
lavado*, eugenesia, nutrición, alimentación*,
dietética, dieta*, epidemiología, ecología, alcantarillado*, urbanismo.
3. Clasificación. Higiene pública, privada, personal, general, mental, infantil, rural, tropical,
urbana, profesional, laboral, industrial, social,
del suelo, de aguas, de vestimenta, calzado,
alimentos, bebidas, ciudades, viviendas, escuelas, hospitales, medio ambiente, ecología,
etc.
4. Factores nocivos. Virus, microbios o microorganismos*, parásitos*, insectos*, roedores,
epidemia, contagio, infección*, enfermedad*, tóxicos, venenos*, polución, contaminación, ruidos, suciedad*, hambre*, miseria,
vicio*,enfermedades venéreas*, drogas*, bebidas* alcohólicas, tabaco*, humedad, aguas
contaminadas, industrias insalubres, alimentos
nocivos.
5. Prevención. Profilaxis, higiene, saneamiento,
sanidad, ecología, aseo, limpieza*, baño*, lavado*, gimnasia*, deporte*, dietética, régimen,
alimentación* vitaminas*, sobriedad, moderación*, eugenesia, atención médica*, chequeos
periódicos; desinfección*, asepsia, antisepsia,
desinsectación, desinfestación, fumigación, depuración, purificación, vacunación*, inspección
veterinaria, aislamiento, cuarentena, cordón sanitario, dispensario, lazareto, hospital*.
6. Higiénico. Salubre, saludable*, sano, puro*,
limpio*, lavado*, sanitario, profiláctico, preventivo, protector, médico*, ecológico, cuidado*,
aséptico, antiséptico, desinfectante*, sobrio,
moderado*, alimenticio*, dietético, deportivo*, gimnástico*.
7. Tener higiene. Higienizar, sanear, prevenir,
limpiar*, lavar*, cuidar*, depurar, purificar,
desinfestar, desinsectar, desinfectar*, fumigar,
vacunar*, inspeccionar, alimentar*, internar, aislar, hacer dieta*, h. deportes, h. gimnasia*.
Contr.: Suciedad*, miseria, enfermedad*.
V. LIMPIEZA, LAVADO, MEDICINA, DESIN-
FECCIÓN, VACUNACIÓN, ALIMENTACIÓN,
DIETA, MICROORGANISMO, PARÁSITO, IN-
SECTO, INFECCIÓN, ENFERMEDAD, EPIDEMIA,
SUCIEDAD.
higiénico. V. HIGIENE 6.
higienizar. 1. Asear, lavar, repasar. V. LIMPIEZA 4.
— **2.** Sanear. V. HIGIENE 7.
higo. Fruta, fruto de la higuera, breva. V. FRU-
TO 5.
higroscópico. Absorbente, que chupa, que se
empapa. V. MOJAR 7.
higuera. Morácea, planta, vegetal*. V. ÁRBOL 5.
hijastro. V. HIJO 4.

HIJO. 1. Vástago, sucesor, familiar*, retoño, pariente, descendiente, prole, heredero*, criatura,
pequeño, niño*, chico, joven*, nieto, biznieto,
chozno, ahijado, cachorro, cría* (v. 4); progenie, descendencia.
— **2.** Oriundo, natural, nativo. V. ORIGEN 5, 6.
3. Hijos de animales. Cachorro, osezno, jabato. V. CRÍA 2.
4. Clases. Hijo de bendición, legítimo, bastardo,
natural, adulterino, no matrimonial, fornecino,
reconocido, adoptivo, ilegítimo, espurio, emancipado, huérfano, pupilo, sacrílego, incestuoso,
máncer o hijo de mujer pública, borde, desnaturalizado. Hijo mayor, mayorazgo, primogénito,
unigénito, heredero*, sucesor, segundogénito,
segundón, hijo menor, benjamín, menor de
edad, mayor de e., hijastro, entenado, alnado,
ahijado, hijo adoptivo, h. político, yerno, nuera.
Príncipe, infante, delfín, gran duque, diadoco,
príncipe de la sangre, príncipe de Asturias.
5. Nacer, nacimiento. V. NACIMIENTO, EM-
BARAZO.
6. Varios. Mayorazgo, sucesión, herencia*,
testamento, descendencia, patrimonio, orfandad, niñez*, linaje, ascendencia, adopción,
ahijamiento, legitimación, reconocimiento, tutela, tutoría, emancipación, mayoría de edad,
minoría de e., parentela, familiar*, padres,
progenitores, hermanos*, primos; infanticidio,
parricidio, incesto, derechos del niño.
7. Descendencia. Linaje, sucesión, posteridad.
V. FAMILIA 1.
8. Acción. Adoptar, legitimar, naturalizar, reconocer, tutelar, emancipar, ahijar, prohijar,
apadrinar, amparar, proteger*, testar, legar,
heredar*, suceder, descender.
9. Filial. Del hijo, consanguíneo, familiar*, hereditario*, heredado*, juvenil, bastardo (v. 4),
emparentado, allegado, generacional.
Contr.: Padre, ascendiente.
V. NIÑO, JOVEN, HERMANO, CRÍA, HERENCIA,
FAMILIA.
hila. Gasa, apósito, vendaje. V. VENDA 1.
hilacha. Filamento, fibra, brizna. V. HILO 1.
hilar. V. HILO 3.
hilaridad. Risa, algazara, carcajadas. V. ALEGRÍA
1, 2.
hilera. Columna, ristra, línea*. V. FILA.
HILO. 1. Fibra, hebra, filástica, filamento, torzal, hilacha, hilado, hila, cabo, torcido, beta, cuerda*,
cordón, sirgo, gusanillo, sedal, catgut, hilván,
pespunte, puntada, cosido, costura*; red, malla, retícula, mira, cerda, pelo*, brizna, alambre,
cable, cuerpo conductor.
2. Clases. Fibra natural: seda, algodón*, lino,
lana*, estambre, cáñamo, rafia, yute, pita (v. 1),
pelo de camello, mohair (v. tela*); fibra artificial
o sintética: orlón, nailon, tergal, rayón, perlón,
dacrón (v. plástico 2).
3. Varios. Ovillo, madeja, bobina, carrete, pieza, canilla; huso, rueca, husada, torcedor, de-

vanadera, lanzadera, malacate, aspadera. Hilar, devanar, enhebrar, aovillar, estambrar, aspar, encanillar, formar hilo.

4. Filiforme. Filamentoso, fibroso, alargado, largo, estrecho, delgado*, ahilado, trenzado, fino, tenue.
V. CUERDA, COSTURA, PELO, TELA, PLÁSTICO, ALGODÓN, LANA.

hilván. Cosido, puntada, pespunte. V. COSTURA 2.

hilvanar. 1. Coser, pespuntear, zurcir. V. COSTURA 5.

— **2.** Coordinar, esbozar, planear. V. PENSAR 1, 5.

himen. Virgo, telilla, membrana vulvar. V. VULVA 2.

himeneo. Esponsales, boda, matrimonio. V. CASAMIENTO 1.

himno. Canción, melodía, cántico. V. CANTAR 1.

hincapié (hacer). Insistir, reiterar, destacar. V. REPETICIÓN 4.

hincar. Insertar, meter, clavar. V. INTRODUCIR 1.

hincha. 1. Ojeriza, antipatía*, enemistad*. V. ODIO 1.

— **2.** Seguidor, fanático, partidario. V. SIMPATÍA 5.

hinchada. Fanáticos, apasionados*, simpatizantes. V. SIMPATÍA 5.

hinchado. 1. V. HINCHAZÓN 3.

— **2.** Pomposo, ampuloso, fatuo. V. PEDANTE 1.

hinchar. 1. V. HINCHAZÓN 5.

— **2.** Recargar, aumentar, ponderar. V. EXAGERACIÓN 5.

— **3.** *Hincharse*, enorgullecerse, pavonearse, engreírse. V. VANIDAD 3.

HINCHAZÓN. 1. Bulto, abultamiento*, dilatación, prominencia, protuberancia, ensanchamiento, convexidad, bollo, inflamación (v. 2), turgencia, grano*, chichón, golpe*, tumor, cáncer*, quiste, fibroma, infarto, edema, hidropesía, elefantiasis, abotagamiento, roncha, absceso, divieso, ántrax, flemón, forúnculo, pústula, habón, ampolla, vejiguilla, vesícula, llaga, lesión*, bubón, nódulo, nudo, tofo, lunar, carnosidad, mamelón, pezón, verruga, barrillo, espinilla, acné, comedón, barro, callo, dureza, endurecimiento, juanete, ojo de gallo,(v. 2).

— **2.** *Inflamación*, hinchazón, tumefacción, congestión, sarpullido, infiltración, erupción, habón, bulto, abultamiento*, roncha, rojez, rubor, exantema, irritación, eczema, mancha*, impétigo, erisipela, eritema, edema, acumulación serosa, serosidad, enrojecimiento, enfisema, sabañón, rubicundez, hiperemia, comezón, picor*, prurito, erosión, rozadura, congelación, escocedura, excoriación, herida, lesión*, llaga, infección*, grano* (v. 1).

3. Hinchado. Inflado, prominente, protuberante, fofo, ensanchado, abultado*, abollado, dilatado, soplado, esponjado, esponjoso, poroso, hueco*, vacío*, saliente, congestionado, tumefacto, embotado, turgente, inflamado (v.

4), tumorado, canceroso*, tofoso, edematoso, enquistado, granoso*, forunculoso, nodular, noduloso, carnoso, verrugoso, calloso, duro*, endurecido. Pomposo, fatuo (v. pedante 1).

— **4.** *Inflamado*, hinchado, tumefacto, irritado, eczematoso, enrojecido, sanguíneo, apoplético, congestionado, rubicundo, pletórico, abotagado, embotado, abultado*, erosionado, escocido, rozado, excoriado, lesionado*, herido, infectado*, inyectado en sangre (v. 3).

5. Hinchar(se). Soplar, dilatar, inflar, introducir, ensanchar, abultar*, agrandar, aumentar, ahuecar, esponjar, abotagar, infectar*, inflamar, enquistar, congestionar, enrojecer, endurecer, encallecer, irritar, picar, erosionar, rozar, escocer, excoriar, herir, lesionar*.

6. Deshinchar. Desinflamar, reducir, disminuir la inflamación, desinflar, empequeñecer, encoger, bajar, mejorar, curar*.

7. Deshinchado. Desinflado, desinflamado, reducido (v. 6).

Contr.: Liso, deprimido, hundido, cóncavo.
V. ABULTAMIENTO, GRANO, CÁNCER, LESIÓN, INFECCIÓN.

hindú. Indostánico, oriental, indio. V. ETNIAS 4.

hinojo. Planta umbelífera, aromática, hierba*. V. VEGETAL 20.

hinojos (de). Hincado, arrodillado, de rodillas. V. AGACHARSE 2.

hinterland. alem Territorio, lugar*, zona geográfica*. V. ZONA 2.

hioides. Hueso, base de la lengua. V. GARGANTA 3.

hipar. Convulsionarse, contraerse, crisparse. V. CRISPAMIENTO 2.

hipérbola. Curva simétrica, línea curva, trayectoria. V. CURVA 1.

hipérbole. Figura retórica, exceso, aumento verbal. V. EXAGERACIÓN 1, GRAMÁTICA 15.

hiperbóreo. Septentrional, nórdico, polar. V. GEOGRAFÍA 4.

hiperclorhidria. Acedía, acidez estomacal, dolencia. V. ESTÓMAGO 6.

hipertensión. Tensión alta, tensión sanguínea elevada. V. SANGRE 5.

hípica. Equitación, carreras de caballos, hipismo. V. CABALLO 24.

hípico. Ecuestre, caballar, equino. V. CABALLO 13.

hipismo. V. hípica.

hipnosis. V. HIPNOTISMO 1.

hipnótico. 1. V. HIPNOTISMO 5.

— **2.** Barbitúrico, somnífero, estupefaciente. V. DROGA 2.

HIPNOTISMO. 1. Hipnosis, sugestión, magnetismo, persuasión, mesmerismo, fascinación, embeleso*, trance, sueño*, s. provocado, letargo, autosugestión, insensibilidad, pérdida de voluntad; catalepsia, anestesia*, sonambulismo, seducción, obsesión*, parapsicología, psicoterapia, psicoanálisis, psiquiatría.

2. Elementos. Psiquismo, complejos*, suges-
tibilidad, receptividad, pases, p. de mano, objeto brillante, luminoso, voz insinuante, mirada
hipnótica, drogas*, drogas hipnóticas, pentotal,
escopolamina, anestésico*.

3. Hipnotizador. Magnetizador, hipnotista,
médium, mesmerista, psicoterapeuta, psicoanalista, psiquiatra; mago, charlatán.

4. Hipnotizado. Sujeto, paciente, receptor,
magnetizado, mesmerizado, aletargado, insensible, histérico, sugestionable, sonámbulo,
anestesiado*, fascinado, maravillado*, atontado, seducido, embelesado*.

5. Hipnótico. Letárgico, obsesivo*, magnético,
sugestivo, persuasivo, anestésico*, cataléptico,
soporífero, psíquico, onírico.

6. Hipnotizar. Magnetizar, dominar, sugestionar, mesmerizar, dormir*, drogar*,
anestesiar*, persuadir, caer en trance, aletargar, insensibilizar, fascinar, maravillar*, atontar,
embelesar*, seducir.
Contr.: Despertar, despabilar.
V. SUEÑO, ANESTESIA, COMPLEJO, OBSESIÓN,
DROGA, EMBELESO.

hipnotizado. V. HIPNOTISMO 4.
hipnotizador. V. HIPNOTISMO 3.
hipnotizar. V. HIPNOTISMO 6.
hipo. Convulsión, espasmo, contracción del diafragma. V. CRISPAMIENTO 1.
hipocondría. Neurastenia, melancolía, obsesión*.
V. MANÍA 1, 4.
hipocondríaco. Melancólico, neurasténico, aprensivo. V. MANÍA 7, 8.
HIPOCRESÍA. 1. Disimulo*, doblez, falsedad*,
afectación*, engaño*, mentira, simulación,
impostura, fingimiento, ficción, deslealtad,
estratagema, astucia*, picardía, pillería*, sutileza, habilidad*, comedia, farsa, pantomima,
teatro, cuento, disfraz*, apariencia, paripé,
tramoya, fariseísmo, santurronería, beatería,
mojigatería, gazmoñería, remilgo, melindre,
recoveco, encubrimiento, ocultación*, insinceridad, artificio, arte, trepa, marrullería, camán-
dula, zorrería, perfidia, traición*, sutileza,
malicia, trampa, pretexto, disculpa*, artería,
cautela, insidia, falacia, felonía, estafa*, infidelidad, duplicidad, vileza*, diplomacia, zalamería,
coba, lisonja, halago*, adulación*, lágrimas de
cocodrilo.
2. Hipócrita. Artificioso, afectado*, falso*,
disimulado*, solapado, engañoso*, mentiroso,
embustero, simulador*, disfrazado*, impostor,
desleal, fingidor, taimado, astuto*, pícaro, pillo*, comediante, tramoyista, farsante, teatral,
cuentista, santurrón, fariseo, mojigato, beato,
remilgado, gazmoño, melindroso, artificial, insincero, encubridor, traidor*, pérfido, zorro, camandulero, marrullero, cazurro, falaz, insidioso,
cauto, cobista, halagador, adulador*, lisonjero,
artero, tramposo, estafador*, malicioso, sutil,
infiel, felón, diplomático.

3. Ser hipócrita. Disimular*, simular, falsear*,
fingir, engañar*, imitar, copiar*, desfigurar, disfrazar*, encubrir, enmascarar, ocultar*, mentir,
traicionar*, marrullear, pretextar, disculparse,
trampear, maliciar, dar coba, adular*, halagar,
lisonjear, incensar, estafar*.·
Contr.: Sinceridad*, franqueza, nobleza, lealtad*.
V. FALSEDAD, DISIMULO, AFECTACIÓN, ENGA-
ÑO, ASTUCIA, HABILIDAD, DISFRAZ, TRAICIÓN,
ADULACIÓN, PILLERÍA, OCULTACIÓN, DISCUL-
PA, ESTAFA.
hipócrita. V. HIPOCRESÍA 2.
hipódromo. Pista, campo, c. de carreras ecuestres.
V. CABALLO 22.
hipófisis. Glándula endocrina, g. de secreción interna, pituitaria. V. GLÁNDULA 3.
hipogeo. Cripta, catacumba, excavación*. V.
TUMBA 1.
hipopótamo. Paquidermo, mamífero, vertebrado.
V. MAMÍFERO 5.
hipoteca. Gravamen, garantía, préstamo*. V.
DEUDA 1.
hipotecar. Obligarse, gravar, cargar. V. DEUDA 5.
hipótesis. Conjetura, suposición, posibilidad. V.
CREER 5.
hipotético. Incierto, problemático, dudoso. V.
DUDA 3.
hiriente. Injurioso, sarcástico, dañino. V. OFEN-
SA 6.
hirsuto. Enmarañado, tieso, erizado. V. PELO 10.
hirviente. Burbujeante, efervescente, espumoso.
V. HERVIR 3.
hisopo. Escobilla, aspersorio, rociador de agua
bendita. V. MISA 4.
hispánico, hispano. Ibérico, peninsular, celtíbero.
V. ESPAÑOL 1.
hispanoamericano. Iberoamericano, hispánico,
sudamericano. V. AMERICANO 1.
histeria. Histerismo, neurosis, trastorno nervioso.
V. NERVIOSO (SISTEMA) 8.
histérico. Perturbado, neurótico, trastornado. V.
NERVIOSO (SISTEMA) 9.
histerismo. V. histeria.
HISTOLOGÍA. 1. Tratado, disciplina, estudio de
los tejidos, parte de la anatomía*, anatomía
microscópica*.
2. Clases de tejidos. Tejido óseo, muscular,
nervioso, conectivo, epitelial, adiposo, cartilaginoso, glandular, mucoso, fibroso.
3. Elementos. Célula*, protoplasma, citoplasma, núcleo, parénquima, epidermis,
dermis, fibrillas, fibra estriada, f. lisa, seudópodo, cilia, flagelo, pestaña vibrátil, membranas,
cultivo de tejido, glóbulos, glóbulos blancos o
leucocitos, g. rojos o eritrocitos. Cajal, Golgi.
4. Material. Pinzas, escalpelo o bisturí, lanceta,
tijeras, aguja de disección; microscopio*, micrótomo, portaobjetos, cubreobjetos, reactivos,
bálsamo del Canadá.
V. CÉLULA, ANATOMÍA, MICROSCOPIO.

HISTORIA. 1. Ciencia*, disciplina, relación de hechos pasados, descripción, crónica, cronicón, reseña, epopeya, cronología, anales, fastos, memorias, gesta, tradición, testimonio, actas, efemérides, documentos*, versión, episodio, sucesos*, incidentes, comentarios, biografía*, autobiografía, vida*, semblanza, hagiografía, santoral, anuario, archivo, diario, poema heroico.
— **2.** Relato, cuento, fábula. v. NARRACIÓN 1.
— **3.** Enredo, disculpa*, habladuría*. V. FALSO 5.
4. Clasificación. Historia universal, general, particular, sagrada, política, del arte, de la literatura, de la Medicina, de la civilización, historia natural.
5. Períodos históricos. Período antediluviano; eras geológicas (v. geología 5). *Prehistoria:* Edad de Piedra (Paleolítico o E. de la piedra tallada, Mesolítico, Neolítico o E. de la p. pulimentada), Edad de los Metales (Edad del Bronce, E. del Hierro), Protohistoria. *Historia:* Edad Antigua (hasta la caída del Imp. romano de Occidente, año 476), Edad Media (Alta E. M., Baja E. M.; hasta la caída de Constantinopla, 1453), Edad Moderna (Renacimiento, Reforma; hasta la Revolución Francesa, 1789), Edad Contemporánea.
6. Eras geológicas. V. GEOLOGÍA 5, EDAD 11.
7. Disciplinas afines y fuentes. Arqueología*, antropología, etnología, paleografía, numismática, mitología*, folclore*, tradiciones, literatura* antigua, lingüística, cantares*, genealogía, epigrafía, sigilografía, cronología, monumentos*, documentos* antiguos, restos arqueológicos.
8. Historiador y afines. Cronista, historiógrafo, biógrafo*, hagiógrafo, narrador*, ensayista, escritor*, analista, investigador*, estudioso, comentarista, literato*, autor, rapsoda, archivero, paleógrafo, antropólogo, arqueólogo*, etnólogo, numismático, sigilógrafo.
9. Histórico. Acaecido, verdadero, real, auténtico, genuino, pasado, verídico, tradicional, legendario, pretérito.
V. ARQUEOLOGÍA, GEOLOGÍA, EDAD, BIOGRAFÍA, MITOLOGÍA, CIENCIA.

historiador. V. HISTORIA 8.

historial. Antecedentes, hoja de servicio, referencias. V. INFORME 1.

historiar. Referir, relatar, describir. V. NARRACIÓN 4.

histórico. V. HISTORIA 9.

HISTORIETA. 1. Anécdota, cuento, narración*. V. COMICIDAD 2.
2. Historieta gráfica. Viñeta, cómic, tira cómica, dibujos*, tebeo, ilustración, figura*, relato ilustrado, narración gráfica, periódico* juvenil, publicación infantil; «manga».

3. Clases. Historieta humorística, cómica, del Oeste, policíaca, bélica, de acción, histórica, de ciencia-ficción.
4. Elementos. Guión, argumento, viñeta, bocadillo, gag, plano (general, americano, medio, primer plano, p. de detalle), fondo, composición, iluminación, movimiento, rotulación, títulos.
V. DIBUJO, NARRACIÓN.

histrión. Farsante, bufón, comediante. V. COMICIDAD 4.

hito. 1. Mojón, jalón, señal*. V. INDICADOR 1.
— **2.** Etapa, época, momento. V. TIEMPO 1.

hobby. *ingl* Pasatiempo, diversión*, distracción*. V. AFICIÓN 2.

hocico. Jeta, morro, labios. V. BOCA 1.

HOCKEY. 1. Deporte*, juego*, competición, campeonato. *Clases:* «hockey» sobre hielo (v. 2), h. sobre hierba (v. 3), h. sobre patines* (v. 4), h. sobre patines en línea.
2. «Hockey» sobre hielo. Pista o «rink», portería o meta, disco o «puck», bota, patín*, cuchilla, palo o «stick», casco, protector, rodillera, espinillera, máscara, guante, punto de saque, p. neutral, banco de jugadores. Ataque, «tackling», bloqueo, fuera de juego, «icing», saque, «kick». Jugadores, otros (v. 5).
3. «Hockey» sobre hierba. Pelota, palo o «stick», tobillera, espinillera, campo, línea media, l. de fondo o de portería, banderines, círculo de portería, portería (poste, travesaño, red). Salida o «bully», córner, penalti, saque de banda, fuera de juego, golpe de cuchara, tiro invertido, golpe o «kick», «roll-in», golpe franco. Jugadores, otros (v. 5).
4. «Hockey» sobre patines. Palo o «stick», pelota, patín (platina, ruedas, botas), camisa, jersey, tobilleras, espinilleras. Cancha, pista, portería (postes, travesaño, red), punto de centro, p. de penalti, línea de centro, l. de gol, l. de penalti, área de penalti; saque, golpe franco, tiro libre, penalti. Jugadores, otros (v. 5).
5. Jugadores, otros. Portero, defensas, delanteros, medios; suplentes, banco de jugadores; jueces, árbitros, entrenadores, cronometradores. V. DEPORTE, PELOTA.

hogaño. Hoy, ahora, en nuestros días. V. ACTUAL 2.

hogar. 1. Vivienda, residencia, morada. V. CASA 1.
— **2.** Vida familiar, intimidad, parentela. V. FAMILIA 1.
— **3.** Fogón, lar, cocina. V. CHIMENEA 1.

hogareño. Íntimo, doméstico, casero. V. CASA 8.

hogaza. Pieza de pan, libreta, barra. V. PAN 2.

hoguera. Pira, fogata, lumbre. V. FUEGO 2.

HOJA. 1. Hojuela, hojilla, brizna, órgano, parte de la planta, p. verde, pétalo, cogollo, brote*, aguja, espina, púa, zarcillo, pámpano, bráctea, bractéola.
— **2.** Cuartilla, página, carilla. V. PAPEL 1.
— **3.** Cuchilla, corte, filo. V. CUCHILLO 2.

— **4.** Chapa, lámina, plancha. V. PLACA 1.

5. Parte de la hoja. Pecíolo, pedúnculo, base, limbo o lámina, borde, dientes, ápice, nervios, nervadura, vello, haz, envés, vaina, brote, tallo, rama, epidermis, cutícula, parénquima, p. lagunar, p. de empalizada, haz vascular, estoma. Clorofila, savia.

6. Clases. Hoja persistente o perenne, hoja caduca o caediza; simple, compuesta, pinnada, paripinnada, imparipinnada, entera, peltada, sentada, aserrada, lanceolada, lobulada, escamada, ondulada, palmeada, acorazonada, aciculada, ovalada, romboidea, espinosa, hendida, perfoliada, sagitada, festoneada. Hojas transformadas: cotiledones, pétalos, sépalos, pámpanos, agujas.

7. Elementos. Función clorofílica, fotosíntesis, almidón, azúcar, energía solar, gas carbónico. Utilización: alimentación humana, a. animal, colorantes, fibras textiles, Medicina.

8. Hojarasca. Fronda, follaje, ramaje, espesura, frondosidad, matorral*, boscaje, copa, verde, broza, maleza, zarza, zarzal, maraña, soto, jaral, selva, bosque*.
V. ÁRBOL, MATORRAL, BOSQUE, VEGETAL.

hojalata. Lámina, lata, chapa. V. PLACA 1.

hojaldre. Pasta, masa, pastel. V. CONFITERÍA 3.

hojarasca. 1. V. HOJA 8.
— **2.** Pesadez, fárrago, trivialidad. V. ABUNDANCIA 1; ABURRIMIENTO 1.

hojear. Revisar, recorrer, repasar. V. MIRAR 1.

hojuela, hojilla. V. HOJA 1.

¡hola! Interjección, manifestación, expresión! V. EXCLAMACIÓN 11.

holgado. Espacioso, abundante*, ancho. V. AMPLITUD 2.

holganza. 1. Reposo, inactividad, diversión*. V. DESCANSO 1.
— **2.** Holgazanería. V. HOLGAZÁN 2.

holgar. 1. Reposar, desahogarse, distraerse. V. DIVERSIÓN 5.
— **2.** Holgazanear. V. HOLGAZÁN 3.

HOLGAZÁN. 1. Haragán, vago, gandul, indolente, perezoso, ocioso, cómodo*, comodón, flojo, negligente, apoltronado, descuidado*, desganado, zángano, inactivo, desocupado, poltrón, harón, desidioso, dejado, tumbón, moroso, remolón, apático, inerte, desaplicado, indiferente*, abúlico, abandonado, despreocupado, maula, mandria, panarra, roncero, cimarrón, vagabundo*, bohemio, mogollón, hobachón, pigre, despacioso, cansino, gandumbas, pícaro, pillo*, inactivo, inerte, tardo, lento*, inútil*.

2. Holgazanería. Pereza, indolencia, gandulería, comodidad*, vagancia, holganza, haraganería, ocio, ociosidad, dejadez, zanganería, apatía, descanso*, desidia, haronería, pigricia, descuido*, despreocupación, negligencia, flojera, desgana, molicie, abandono, abulia, indiferencia*, desaplicación, inercia, acidia, galbana, remolonería, apoltronamiento, poltronería, bohemia,

roncería, hobachonería, inactividad, tardanza, lentitud*, pillería*, picaresca, tuna.

3. Holgazanear. Vaguear, remolonear, gandulear, retrasarse, demorarse, vegetar, haraganear, zanganear, apoltronarse, atrofiarse, estancarse, languidecer, aflojar, flojear, roncear, holgar, reposar, sestear, dormitar, yacer, tumbarse*, tardar, descuidar*, desaplicarse, despreocuparse, hobachonear, haronear, dejar, abandonar.
Contr.: Trabajador*, activo, dinámico, vivaz.
V. INDIFERENTE, CÓMODO, DESCUIDADO, VAGABUNDO, PILLO.

holgazanear. V. HOLGAZÁN 3.

holgazanería. V. HOLGAZÁN 2.

holgorio. Diversión*, bullicio, regocijo. V. ALEGRÍA 1.

holgura. Espacio, anchura, soltura. V. AMPLITUD 1.

hollar. Pisotear, marchar*, destruir*. V. APLASTAR 1.

hollejo. Pellejo, película, piel*. V. CASCARA 1.

hollín. Tizne, humo, mancha*. V. SUCIEDAD 2.

holocausto. Ofrenda, matanza de seres humanos, sacrificio*. V. MUERTE 5.

hológrafo, ológrafo. Testamento autógrafo, de puño y letra, manuscrito. V. HERENCIA 8.

hombrada. Hazaña, audacia, heroicidad. V. HÉROE 7, 8.

HOMBRE. 1. Persona*, ser, ser humano, varón o mujer; padre, macho, señor, caballero, criatura, individuo, ciudadano, paisano, mortal, ser mortal, semejante, bípedo, bípedo implume, primate, antropoide, personaje, sujeto; hombrón (v. 3), hombrecillo (v. 5), quídam, tipo, fulano, nacido, ente*, microcosmo; niño*, joven*, adulto, anciano*.

2. Humanidad. Colectividad, sociedad, familia*, grupo*, pueblo, población, nación*, mundo, universo*, esfera, ambiente, semejantes, habitantes, pobladores, seres humanos, género humano, personas* (v. 1).

3. Hombrón. Hombretón, hombracho, jayán, titán, gigante, hércules, mozarrón, mozallón, mocetón, mozancón, muchachote, chicarrón, grandullón, granadero, cíclope, superhombre, goliat, hombre fornido, robusto, vigoroso* (v. 4).

4. Hombruno. Fornido, recio, viril, masculino, varonil, fuerte, macho, machote, poderoso, robusto, pujante, enérgico*, vigoroso* (v. 3).

5. Hombrecillo. Hominicaco, homúnculo, renacuajo, títere, pelele, muñeco*, chiquilicuatro, mequetrefe, mamarracho, adefesio, tipo, tipejo, redrojo, gorgojo, canijo, pequeño*, raquítico, achaparrado, insignificante*, infeliz, desgraciado*.

6. Hombre prehistórico. Australopiteco, Pithecanthropus, P. erectus, Sinanthropus, Zinjanthropus, Procónsul, Ramapithecus, hombre de Neandertal, de Heidelberg, de Piltdown (falso), de Rodesia, de Pekín, de Java, de Steinheim, de Swanscombe, de Aurignac, de Chancelade, de Cro-Magnon, de Grimaldi; «homo erectus», «h. habilis», «h. antecessor» (hombre de Atapuerca), «h. sapiens»; hombre de las cavernas, troglodita, cavernario, cavernícola. Primeras poblaciones o etnias: indoeuropeos (blancos), caucásicos (blancos), semitas (blancos), mogoles (amarillos), camitas (morenos, negros). V. ETNIAS.

7. Variedades de hombres. V. ETNIAS.

8. Cuerpo humano. V. Cuerpo*, anatomía*, fisiología*, embriología*, histología*, músculos*, huesos*, cerebro*, hígado*, corazón*, etc.

9. Hombría. Virilidad, entereza, vigor*, fortaleza, potencia, masculinidad, energía*, valentía, valor, osadía, reciedumbre, pubertad, madurez; decencia, honra*, caballerosidad*.

Contr.: Objeto, ser inanimado.

V. PERSONA, MUJER, NIÑO, JOVEN, ANCIANO, FAMILIA, GRUPO, CUERPO, ANATOMÍA, FISIOLOGÍA, HUESOS, CEREBRO, CORAZÓN, ETC.

hombrear. Soportar, levantar, transportar*. V. CARGA 5.

hombrecillo. V. HOMBRE 5.

hombrera. Distintivo, charretera, pieza* del traje. V. UNIFORME 6, VESTIMENTA 12.

hombretón. V. HOMBRE 3.

hombría. 1. Decencia, honra*, hidalguía. V. CABALLEROSO 2.

— **2.** Energía*, virilidad, valentía. V. HOMBRE 9.

hombro. Omóplato, espalda, articulación. V. BRAZO 2, 3.

hombrón. V. HOMBRE 3.

hombruna. Marimacho *desp coloq*, virago, mujer varonil. V. MUJER 4.

HOMENAJE. 1. Agasajo, demostración, prueba, testimonio, ofrecimiento, celebración, conmemoración, estímulo, tributo, ofrenda, acto, ceremonia, fiesta*, gala, admiración, dedicatoria, cumplido, declaración, compensación, manifestación, recompensa, premio*, obsequio, regalo*, lauro, halago, fineza, atención, invitación, convite, festejo, recepción, ágape, cortesía, deferencia, amabilidad*, miramiento, consideración, reverencia, respeto*.

— **2.** Juramento, acatamiento, sumisión. V. OBEDIENCIA 1.

3. Homenajear. Testimoniar, manifestar, agasajar, ofrecer, celebrar, ofrendar, festejar, obsequiar, regalar*, probar, cumplir, demostrar, dedicar, convidar, invitar*, atender, halagar*, premiar*, compensar, recompensar, acatar, jurar, obedecer*.

4. Homenajeado. Festejado, convidado, recompensado, agasajado, laureado, halagado*, obsequiado, premiado*, regalado*, estimulado, ofrendado, dedicado, invitado*, atendido, considerado, reverenciado, respetado*.

Contr.: Desprecio*, olvido*, rechazo*.

V. PREMIO, REGALO, FIESTA, RESPETO, OBEDIENCIA, INVITACIÓN, HALAGO.

homenajeado. V. HOMENAJE 4.

homenajear. V. HOMENAJE 3.

homeópata. V. HOMEOPATÍA 4.

HOMEOPATÍA. 1. Sistema curativo, método, procedimiento terapéutico, curación*.

2. Generalidades. Dosis mínima, dosis homeopáticas, efectos similares, potencia, disolución intensa.

3. Medicamentos homeopáticos. Acónito, quina, belladona, arsénico, azufre, árnica, carbón vegetal, nuez vómica, sales de mercurio, acetato de cobre o cardenillo, coloquíntida, laurel, cerezo, sulfuro de calcio, veneno* de serpiente, v. de abeja, haba de San Ignacio, jazmín silvestre, hierro en polvo, cantárida.

4. Homeópata. Especialista, médico*, facultativo, terapeuta, naturista, naturalista.

Contr.: Alopatía, Medicina* clásica, droga*.

V. MEDICAMENTO, DROGA, MEDICINA, VENENO, CURACIÓN.

homérico. Legendario, épico, grandioso*. V. HÉROE 3.

homicida. Criminal, culpable, reo. V. ASESINATO 4.

homicidio. Crimen, muerte*, atentado. V. ASESINATO 1.

homilía. Plática, prédica, sermón. V. DISCURSO 1.

homogeneidad. V. homogéneo.

homogéneo. 1. Parecido, parejo, uniforme. V. SEMEJANZA 2.

— **2.** Terso, llano, liso*. V. SUAVE 1.

homologar. Equiparar, igualar, aprobar. V. SEMEJANZA 4.

homólogo. Equivalente, análogo, similar. V. SEMEJANZA 2.

homónimo. Tocayo, del mismo nombre, idéntico. V. NOMBRE 9.

HOMOSEXUAL. 1. Homosexual hombre. Gay (v.2); ser de la otra acera *coloq*, de la acera de enfrente *coloq*; bujarrón *desp*, maricón *desp vulg*, julandrón *desp*, loca *desp*.

— **2.** *Afeminado*, amariconado *desp coloq*, amanerado, sarasa *coloq*, ninfo *coloq*, narciso; mariquita *desp coloq*, marica *desp coloq*, mariposa *desp coloq*, mariposón *desp coloq*, (v. 1).

3. Homosexual mujer. Lesbiana, tríbada o tribada; tortillera *desp vulg*, bollera *desp vulg*, (v. 1, 4).

— **4.** *Marimacho desp coloq*, virago, amazona, varona; sargentona *desp coloq*, machota, masculina, maritornes *coloq*, (v. 3).

5. Homosexualidad. Orientación* al mismo sexo; gay, homofilia, lesbianismo, tribadismo, afeminación; mariconería *desp coloq*, amariconamiento *desp coloq*, «in the closet» *coloq*; salir del armario *coloq*.

6. Elementos. Sexología, identidad sexual, bisexualidad, transexualidad, ambigüedad, travestismo, personas transgéneros, heterosexualidad, homosexualidad, estudios de género; genes, impulso sexual, libido, inclinación; homofobia; Primera Jornada Mundial contra la Homofobia (17 de mayo de 2005).

7. Homosexuales famosos. Alejandro Magno, Julio César, Miguel Ángel, Leonardo da Vinci, Oscar Wilde, Tchaikowsky, A. Gide; Safo, Agripina, Catalina de Rusia, Cristina de Suecia.

8. Acción. Orientación* hacia el mismo sexo*, identidad sexual (v. 1).
Contr.: Heterosexualidad.
V. SEXO.

homosexualidad. V. HOMOSEXUAL 5.

honda. Pedrera, trenza, arma rústica. V. ARMA 3.

hondamente. V. hondo 2.

hondo. 1. Abismal, insondable, bajo. V. PROFUNDO 1.
— **2.** Acentuado, crecido, profundo. V. INTENSIDAD 3.

hondonada. Vaguada, barranco, valle. V. DESFILADERO 1.

hondura. 1. Abismo, sima, precipicio. V. PROFUNDO 3.
— **2.** Fondo, medida, altura. V. PROFUNDO 3, 4.

honestidad. V. honesto.

honesto. 1. Íntegro, probo, recto. V. HONRADEZ 2.
— **2.** Decente, casto, pudoroso. V. VIRGEN 2.

HONGO. 1. Talófita, champiñón, seta (v. 3), boleto, trufa (v. 2), planta, p. sin clorofila, vegetal*.

2. Clasificación. *Ficomicetos:* mohos, moho de la patata. *Ascomicetos:* trufa, morilla, sacaromyces, levadura de cerveza, tizón, roya, moho, antibióticos*, penicillium. *Basidiomicetos:* setas, champiñones (v. 3). Líquenes: algas y hongos; simbiosis.

3. Seta. Hongo, hongo de sombrerillo, níscalo, talófita, criptógama, champiñón, seta comestible (v. 4), seta venenosa* (v. 5); aderezo, condimento*, alimento*.

4. Setas comestibles. Níscalo o robellón o lactario delicioso, champiñón, bején o cuesco de lobo, colmenilla, lengua de buey, oronja, meloso, agárico, falso agárico, matacandiles, hongo campestre; trufa (hongo, pero no seta).

5. Setas venenosas*. Amanita faloides o bulbosa, amanita muscaria o falsa oronja, russula, lactario, tricoloma, volvaria, hongo de Satanás, giromitra.

6. Elementos. Sombrerillo o casquete, laminillas, himenio, pedúnculo o pie, hifa, micelio, asca, espora, célula sexual, esporangio, anillo, volva, basidio. Vegetales saprofitos, parásitos; simbiosis, líquenes.
V. VEGETAL, VENENO.

HONOR. 1. Dignidad, decoro, honorabilidad, decencia, reputación, pundonor, honestidad, amor propio, orgullo, honrilla, puntillo, honra (v. 2), cualidad, honradez*, estima, hombría, caballerosidad*, nobleza, mérito, prez, gloria, fama, respeto*, modestia, altruismo, espiritualidad*, generosidad*, consideración, conciencia, vergüenza*, premio*, galardón, condecoración*, celebridad, renombre, veneración, honores,

homenaje*, ofrenda, testimonio, pleitesía, ofrecimiento, demostración, pudor (v. 2).

2. Honra. Decencia, pudor, honestidad, decoro, dignidad, pundonor, honor (v. 1), recato, virtud, pureza*, castidad, vergüenza*, pudicia, compostura, modestia, dignidad (v. 1).

3. Honorable. Afamado, renombrado, respetable, digno, decoroso, honesto, decente, pudoroso, recatado, virtuoso, noble, caballeroso*, ensalzado, premiado*, laureado, galardonado, condecorado*, recompensado, honrado, célebre, ennoblecido, pundonoroso*, altruista, generoso*, considerado, favorecido, encumbrado, honroso (v. 4), famoso, venerable.

4. Honroso. Meritorio, digno, venerado, respetado*, honrado, preciado, estimado, respetable*, prestigioso*, señalado, apreciable, decoroso, reputado, modesto, orgulloso, honorable (v. 3), honorario (v. 5).

5. Honorario. Simbólico*, nominal, honorífico, figurado, honoris causa, atribuido, teórico, imaginario*, alegórico, representativo, honroso (v. 4).

6. Honrar. Distinguir, enaltecer, alabar, reverenciar, exaltar, encumbrar, premiar*, galardonar, laurear, condecorar*, investir, consagrar, ungir, proclamar, ennoblecer, recompensar, destacar, ilustrar, realzar, engrandecer, inmortalizar, elevar, reconocer, glorificar, elogiar*, ensalzar, adular*, favorecer, apoyar, respaldar, ayudar*, apreciar, venerar.

7. Honrablemente. Honrosamente, meritoriamente, dignamente (v. 4).
Contr.: Deshonor, deshonra*.
V. HONRADEZ, CABALLEROSIDAD, GENEROSIDAD, VERGUENZA, HOMENAJE, PREMIO, CONDECORACIÓN.

honorabilidad. V. HONOR 1,2.

honorable. V. HONOR 3.

honorablemente. V. HONOR 7.

honorario. 1. V. HONOR 5.
— **2.** *Honorarios*, retribución, salario, sueldo. V. PAGAR 5.

honorífico. V. HONOR 5.

honoris causa. V. HONOR 5.

honra. V. HONOR 2.

honradamente. V. HONRADEZ 4.

HONRADEZ. 1. Moralidad, probidad, integridad, honestidad, conciencia, escrúpulo, ética, moral, honor*, honorabilidad, honra, decencia, rectitud, virtud, seriedad, formalidad*, dignidad, vergüenza*, desinterés, lealtad*, austeridad, justicia, imparcialidad*, limpieza, pundonor, miramiento, consideración, ecuanimidad, razón, objetividad, neutralidad.

2. Honrado. Honesto, decente, íntegro, honorable*, sincero*, probo, moral, insobornable, severo*, digno, irreprochable, intachable, incorruptible, recto, virtuoso, respetable, ejemplar, noble, correcto, decoroso, modesto, pundonoroso, limpio, puro, austero, leal*, desinteresado, mirado, imparcial*, ecuánime, justo, considerado, neutral, objetivo, edificante, modélico, perfecto*.

3. Honrar. Ennoblecer, ensalzar, premiar. V. HONOR 6.

4. Honradamente. Honestamente, decentemente, íntegramente (v. 2). *Contr.:* Deshonra*, deshonestidad*, pillería*. V. HONOR, FORMALIDAD, VERGÜENZA, IMPARCIALIDAD.

honrado. 1. Decente. V. HONRADEZ 2.
— **2.** Premiado. V. HONOR 3.

honrar. V. HONOR 6.

honrilla. Amor propio, orgullo, puntillo. V. VANIDAD 1.

honrosamente. V. HONOR 7.

honroso. V. HONOR 4.

hontanar. Manantial, surtidor, venero. V. FUENTE 1.

hopalanda. Faldón, ropón, túnica. V. VESTIMENTA 4, 7.

HORA. 1. Período, intervalo, parte del día*, tiempo*, momento, lapso, división, espacio, medida*, etapa, transcurso, curso, ciclo, plazo, duración, época.

2. Enumeración. Hora civil, solar, astronómica, de Greenwich, local, de verano, hora punta, horas extraordinarias; a. m. (ante merídiem: mañana), p. m. (post merídiem: tarde); mediodía, medio día, cenit, meridiano, medianoche, las doce, cero horas, veinticuatro horas; horas canónicas: maitines, laudes, prima, tercia, sexta, nona, vísperas, completas; otras: oraciones, ángelus, ánimas.

3. Elementos. Minuto, segundo, horario, meridiano de Greenwich, huso horario, cronómetro, reloj, equinoccios*, tiempo sidéreo, t. universal, latitud, longitud geográfica, astronomía*, geografía*, reloj*.

4. Acción. Tocar, dar, sonar, discurrir, pasar, transcurrir las horas, dar cuerda, poner en hora, sincronizar.

5. Horario. Plan, lista*, agenda, indicador*, guía*, itinerario, programa, cuadro, nota*, memento, prontuario, folleto, plano, mapa*, anuncio, cartel, letrero*.
V. TIEMPO, DÍA, MEDIDA, RELOJ.

horadar. Taladrar*, penetrar, perforar. V. AGUJERO 2.

horario. V. HORA 5.

horca. Patíbulo, cadalso, ejecución. V. CASTIGO 2, 5.

horcajadas (a). Montado, de piernas abiertas, a caballo. V. CABALLO 17.

horchata. Refresco, extracto, jugo de chufas. V. BEBIDA 3.

horda. Turba, cuadrilla, gente. V. GRUPO 3, 4.

horizontal. Plano, tendido, tumbado*. V. EXTENDER 4.

horizonte. Límite, nivel, lejanía. V. LÍNEA 1.

horma. Forma*, perfil, plantilla. V. MOLDE 1.

HORMIGA. 1. Himenóptero, formícido, insecto*, bicho, plaga, animal*.

2. Clases. Hembras (reina), machos, neutras (obreras, soldados); hormigas esclavas, nodrizas; hormigas negras, legionarias, graneras, hormigas quitasol o parasol, acróbatas, carpinteras, rojas (amazonas, urticantes o de fuego), rubias, melíferas. Hormigas blancas o termes (termitas, comején, isópteros). Hormiga león (neurópteros).

3. Partes, elementos. Cabeza: mandíbula, antenas articuladas, ojos compuestos; tórax, segmento abdominal, patas (6), abdomen, aguijón, alas. Huevos, larva, capullo, ninfa. Ácido fórmico.

4. Hormiguero. Refugio, agujero, hoyo, abertura, hueco, galería, morada, cueva*, termitera; enjambre, hervidero, grupo*, criadero de hormigas. Partes: entradas, galerías, depósito de huevos, cámara de larvas, de capullos y ninfas, cámara de la reina, depósito de alimentos.
V. INSECTO, ANIMAL.

hormigón. Argamasa, mortero, cemento. V. CONSTRUCCIÓN 7.

hormiguear. V. hormigueo.

hormigueo. Cosquilleo, prurito, sensibilidad. V. PICOR 1.

hormiguero. 1. V. HORMIGA 4.
— **2.** Enjambre, masa, hervidero. V. GRUPO 3.

hormona. Secreción, s. glandular, s. interna. V. GLÁNDULA 3, 5.

hornacina. Cavidad, oquedad, nicho. V. HUECO 1.

hornada. Grupo*, conjunto, promoción. V. SERIE 1.

hornear. Tostar, calentar, asar. V. COCINA 7.

hornillo. Calentador, cocinilla, fogón. V. COCINA 3.

horno. Hogar, fogón, estufa. V. COCINA 3.

horno alto. Alto horno, fundición, obra. V. METALURGIA 2.

horóscopo. Falsa predicción, adivinación*, V. ASTROLOGÍA 3.

horquilla. 1. Tridente, bieldo, horca. V. AGRICULTURA 6.
— **2.** Sujetador, alfiler, alambre. V. PELO 11.

horrendo. V. horroroso.

hórreo. Depósito, troje, granero. V. ALMACÉN 1.

horrible, horripilante. V. horroroso.

horripilar. V. horrorizar.

horrísono. Atronador, ensordecedor, enloquecedor. V. SONIDO 5, 6, ESPANTO 3.

horror. Pavor, miedo, terror. V. ESPANTO 1.

horrorizar. Espeluznar, aterrar, horripilar. V. ESPANTO 4.

horroroso. Aterrador, espeluznante, pavoroso. V. ESPANTO 3.

HORTALIZA. 1. Legumbre, verdura, vegetal*, planta, p. hortense, p. comestible, p. herbácea, hierba*, hojas, cogollo, verde.

2. Hortalizas; partes que se consumen. *Hojas:* repollo, col, berza, lombarda, lechuga, achicoria, endibia, escarola, perejil, apio, espinaca, berro, acelga; colza o col silvestre. *Flores e inflorescencias:* alcachofa, alcaucil, coliflor, brécol o bróculi. *Tallos:* espárragos, apio, colirrábano, ruibarbo. *Yemas:* coles de Bruselas, alcaparras. *Frutos:* tomate, alubia, guisante, judía verde, berenjena, pepino, pepinillo, calabacín, pimiento, morrón, ají, guindilla, calabaza. *Raíces:* zanahoria, rábano, nabo, remolacha, achicoria, mandioca, chirivía, salsifí, ñame. *Tubérculos:* patata, boniato, batata. *Bulbos*, cebolla, ajo, puerro (v. 1).

3. Huerta. Vega, cultivo, regadío, campo*, huerto, granja, sembrado, vergel, plantío, labor, terreno, tierra, prado, explotación agrícola*.

4. Hortelano. Campesino, sembrador, granjero, agricultor*, horticultor, labriego, labrador, plantador, verdulero, agrónomo, trabajador*.

5. Horticultura. Laboreo, explotación, agronomía. V. AGRICULTURA 1.

V. VEGETAL, LEGUMBRE, AGRICULTURA, CAMPO.

hortelano. V. HORTALIZA 4.

hortensia. Arbusto, saxífraga, vegetal*. V. FLOR 4.

hortera. Individuo de mal gusto, basto. V. VULGAR 1.

horticultor. V. HORTALIZA 4.

horticultura. V. HORTALIZA 5.

HOSCO. 1. Huraño, arisco, torvo, retraído, insociable, taciturno, agrio, ceñudo, cejijunto, antipático*, malhumorado, rebelde*, fiero, introvertido, huidizo, esquivo*, tosco*, áspero*, sombrío, grosero, descortés*, desabrido, silencioso, mudo, callado, reservado, brusco, seco, tímido*, intratable, adusto, serio, severo*, triste, afligido*, hermético, odioso*, cruel*, obstinado*, bronco, ordinario, bruto*, cerril, melancólico, gruñón, enojadizo*, agreste, bravío, montaraz, solitario, misógino, misántropo, maniático*, acomplejado, salvaje, erizo, cardo, hurón, amenazador*, siniestro, avieso, feo, patibulario.

2. Hosquedad. Desabrimiento, rudeza, sequedad, aspereza*, ceño, antipatía*, acritud, descortesía*, huraña, esquivez*, introversión, retraimiento, mal humor, brusquedad, taciturnidad, reserva, grosería, tosquedad*, hermetismo, tristeza, aflicción*, odio*, severidad*, seriedad, adustez, cerrilidad, obstinación*, brutalidad*, ordinariez, insociabilidad, crueldad*, salvajismo*, timidez*, complejo*, acomplejamiento, manía*, misantropía, soledad, melancolía, enojo*, fealdad*, lobreguez.

3. Ser hosco. Evitar, eludir, esquivar*, retraerse, aislarse, encerrarse, apartarse, rehuir, incomunicarse, rechazar*, odiar*, huir, atormentarse, disgustarse, afligirse*, molestarse, mortificarse, enojarse*, gruñir, enfurruñarse, amohinarse, acomplejarse, entristecerse, amenazar*, enfrentar, obstinarse*, callar, silenciar*, embrutecerse.

Contr.: Expansivo, comunicativo, simpático*, sincero, sociable.

V. ANTIPÁTICO, ÁSPERO, TOSCO, ESQUIVO, DESCORTÉS, ODIOSO, CRUEL, BRUTO, SALVAJE, SEVERO, ENOJADIZO, AFLICCIÓN, FEALDAD, COMPLEJO.

hospedaje. Fonda, hotel*, albergue. V. ALOJAMIENTO 1, 2.

hospedar. Albergar, cobijar, recibir. V. ALOJAMIENTO 3, 4.

hospedería. V. hospedaje.

hospedero. Mesonero, posadero, hotelero*. V. ALOJAMIENTO 6.

hospiciano. Inclusero, asilado, expósito. V. ALOJAMIENTO 8.

hospicio. Asilo, albergue, orfanato. V. ALOJAMIENTO 7.

HOSPITAL. 1. Policlínico, sanatorio, dispensario, clínica, nosocomio, ambulatorio, enfermería, lazareto, establecimiento sanitario, centro s., casa de salud, casa de socorro, botiquín, preventorio, consultorio, servicio, s. médico, igualatorio, sociedad médica, hospicio, establecimiento benéfico; (v. 2).

2. Clases. Hospital clínico, h. policlínico, civil, militar, psiquiátrico o manicomio, de pago o clínica, de reposo o sanatorio, antituberculoso, oncológico, ginecológico o maternidad, de infecciosos*, lazareto, leprosería, hospital de sangre, de la Cruz Roja, de la Seguridad Social, de rehabilitación; hospicio, asilo, orfanato, alojamiento* (v. 1).

3. Secciones. Ingreso, pabellones, salas, salas de espera, consultorios, dispensarios, servicios, servicio de clínica médica, de radiología*, radioterapia, maternidad, ginecología, infecciosos, quemados, otorrinolaringología, medicina interna, pediatría, fisioterapia y rehabilitación, psiquiatría, traumatología, urgencias, primeros auxilios, sala de guardia, cirugía*, quirófanos, unidades de cuidados intensivos (UCI) o unidades de vigilancia intensiva (UVI), laboratorios*, l. de análisis, l. de patología y bacteriología, l. de física y química, clínica dental, farmacia*, desinfección*, esterilización, lavadero, cocinas*, roperos, servicios, baños, depósito de cadáveres, autopsias, oficinas*, sección de máquinas y electricidad, grupo electrógeno.

4. Quirófano. V. CIRUGÍA 7.

5. Tratamiento. Ingreso, registro; reconocimiento médico: historia clínica, examen, chequeo, percusión, auscultación de corazón* y pulmones*, palpación de vientre, prueba de reflejos; examen con rayos X, análisis, pruebas de laboratorio*, preparación para el quirófano, anestesia*, intervención quirúrgica, unidades de cuidados intensivos (UCI) o UVI (unidades de vigilancia intensiva), terapéutica, medicamento*, posoperatorio, convalecencia, visita médica, rehabilitación, fisioterapia, asistentes sociales, alta del enfermo.

6. Personal. Director, director médico, jefe de servicios, médico*, m. interno, residente, adjunto, especialista, cirujano*, anestesista*, psiquiatra, forense, ginecólogo, otorrinolaringólogo, etc. (v. médico*), alumno, practicante, ayudante técnico sanitario (ATS), diplomado universitario de enfermería, enfermera, enfermero, camillero. Administrador*, personal administrativo, oficinista*, electricista, mecánico, fontanero, carpintero.

7. Especialidades médicas. V. MEDICINA 3.

8. Hospitalizar. Ingresar, internar, dar de alta, llevar, acoger, aislar*, encerrar, alojar*, asilar, instalar.

V. MEDICINA, MÉDICO, CIRUGÍA, FARMACIA, LABORATORIO, MEDICAMENTO.

hospitalario. 1. Caritativo, acogedor, protector. V. GENEROSIDAD 2.

— **2.** Asistencial, médico*, del hospital. V. HOSPITAL 1.

hospitalidad. Buena acogida, asilo, desprendimiento. V. PROTECCIÓN 1.

hospitalizar. V. HOSPITAL 8.

hosquedad. Taciturnidad, aspereza*, retraimiento V. HOSCO 2.

hostal, hostelería. V. HOTEL 1.

hostelero. V. HOTEL 5.

hostería. V. HOTEL 1.

hostia. Sagrada Forma, pan ázimo o ácimo, oblea. V. EUCARISTÍA 2.

hostigador. V. HOSTIGAR 3.

hostigamiento. V. HOSTIGAR 2.

HOSTIGAR. 1. Acosar, importunar, atosigar, excitar, incitar, provocar, hostilizar, desaprobar*, mortificar, molestar*, afligir*, perseguir, amenazar, irritar, enojar*, azuzar, aguijonear, exacerbar, fustigar, espolear, estimular, animar*, enardecer, enzarzar, instigar, pinchar, impacientar, intranquilizar*, apremiar, soliviantar, alterar, perturbar,jorobar, jeringar; contrariar, urgir*, acuciar, obligar*, ordenar*, atribular, vejar, fatigar*, aperrear, seguir, cazar*, acorralar, cercar*, acechar, agredir, acometer, enemistar*, criticar*, inquietar, atormentar, humillar*, torturar*, martirizar.

2. Hostigamiento. Hostilidad, mortificación, acoso, fustigamiento, atosigamiento, cizaña, importunación, provocación, incitación, amenaza*, excitación, molestia, aflicción*, enardecimiento, ánimo*, aguijonamiento, perturbación, alteración, solivantamiento, contrariedad, apremio, irritación, instigación, enzarzamiento, fatiga*, vejación; orden*, obligación*, acucia, urgencia*, acecho, caza*, rastreo, cerco*, seguimiento, persecución*,aperreamiento, enojo*, tortura*, tormento, martirio, crítica, enemistad*, acometimiento, agresión.

3. Hostigador. Provocativo, mortificador, perseguidor, hostil, molesto*, enemigo*,

amenazante*, apremiante, impaciente, acuciante, irritante, fatigoso*, enojoso*, vejatorio, importuno, agresor, atacante, agresivo, seguidor, cazador*, martirizador, torturador*, atormentador, fustigador, instigador, perturbador, provocador, agitador, revolucionario*, humillante*, crítico, censurador, contrario, adversario, enemigo*.

4. Hostigado. Víctima, mortificado, provocado, hostilizado, perseguido, cercado*, amenazado*, apremiado, acuciado, irritado, fatigado*, vejado, agredido (v. 3).

Contr.: Ayudar*, favorecer.

V. MOLESTAR, AMENAZAR, AFLIGIR, ANIMAR, ENOJAR, TORTURAR, FATIGAR, DESAPROBAR, OBLIGAR, PERSEGUIR, CERCAR.

hostil. 1. Adverso, contrario, desfavorable. V. OPOSICIÓN 4.

— **2.** Antagonista, rival*, enemigo*. V. OPOSICIÓN. 5.

hostilidad. Antagonismo, antipatía, enemistad*. V. OPOSICIÓN 1.

hostilizar. Acosar, mortificar, molestar*. V. HOSTIGAR 1.

HOTEL. 1. Hostal, parador, residencia, fonda, hospedaje, mesón, posada, albergue, hostería, hospedería, restaurante*, motel, alojamiento*, venta, figón, acomodo, aposento, techo, habitación*, cobijo, refugio, pensión, casa de huéspedes, pupilaje, «camping», acampada*.

2. Clases. De cinco estrellas, de cuatro, tres, dos, una; de lujo, de primera especial, primera, segunda, tercera; hotel residencia, h. restaurante, motel.

3. Interior del hotel. Entrada, escalinata, vestíbulo, salón, «hall», «foyer», recepción, oficina de recepción, conserjería, tablero de llaves, casillero del correo, avisador de llamadas, mostrador, libro de registro, campanilla o timbre, teléfono*, intercomunicador, llave con chapa (del número de habitación), pasaporte, cuenta del hotel, impreso o formulario de entrada, escribanía, cenicero. Restaurante*, «grill room», sala de fiestas.

4. Habitaciones. Apartamento, suite, suite real, habitación doble, sencilla o individual, con cuarto de baño*, con desayuno, con media pensión, con pensión completa. Soporte para el equipaje, maleta, baúl, maletín, bolso de viaje, neceser, sombrerera; mueble*, cómoda, tocador, armario*, cama*, butaca, asiento*, mesilla, m. de noche, cenicero, teléfono*, timbre de servicio, cuarto de baño*.

5. Personas. Hotelero, hostelero, hospedero, posadero, mesonero, hospedador, propietario*, fondista, ventero, aposentador, figonero, restaurador. Director, gerente, recepcionista, conserje, gobernanta, doncella, camarera, portero, mozo, botones, lavandera, ascensorista, barman, camarero, «maître», maestresala, jefe de sala, chef, jefe de cocina*, cocinero, marmitón, pinche.

6. Acción. Reservar, cancelar, inscribirse, registrarse, hospedarse, alojarse, parar, preparar la cuenta, abonar, pagar*; acampar*.

7. Hoteles. Ritz, Palace, Plaza, Claridge, Grand Hotel, Waldorf-Astoria, Carlton, Crillon.
V. ALOJAMIENTO, CASA, RESTAURANTE, ACAMPADA, COCINA, BAÑO, MUEBLE.

hotelero. V. HOTEL 5.

hoy. Hogaño, en este día*, actualmente*. V. TIEMPO 8.

hoyo, hoya. V. HUECO 1.

hoyuelo. Depresión, cavidad, surco cutáneo. V. HUECO 1.

hoz. Segadera, segur, guadaña. V. CUCHILLO 2.

hozar. Remover, husmear, hocicar. V. EXCAVAR 1.

hucha. Alcancía, cofrecillo, receptáculo*. V. CAJA 1.

HUECO. 1. Concavidad, cavidad, depresión, ahuecamiento, hoyo, hoya, hoyuelo, alvéolo, abertura, oquedad, cuenco, cuenca, excavación*, agujero*, taladro*, perforación, orificio, boquete, brecha, seno, vano, entrante, rebajo, ventana*, tronera, saetera, aspillera, puerta*, boca, luz, ojo, poro, acceso, entrada*, grieta, raja, intersticio, rendija, hendedura*, conducto, escotadura, nicho, hornacina, caja*, receptáculo*, celdilla, célula, división, compartimiento, hundimiento*, socavón, bache, zanja, abombamiento, abolladura, deformación*, aplastamiento*, anfractuosidad, bulto, hinchazón*, surco, canal, cauce, badén, pozo, mina*, foso, fosa, sima, abismo, vacío, hondonada, cueva*, caverna, subterráneo, cárcava, tumba*, túnel, galería*, desfiladero*.
— **2.** Ahuecado, hueco, abollado, cóncavo, hondo, vacío*, deprimido, escotado, hundido*, excavado*, socavado, profundo, abismal, amplio*, ancho, abombado, deformado*, aplastado*, esponjoso, entrante, hendido*, rajado, agrietado, agujereado*, taladrado*, perforado, abierto, cavernoso, anfractuoso, sinuoso.
— **3.** Pomposo, presuntuoso, vanidoso*. V. PEDANTE 1.

4. Ahuecar. Inflar, hinchar, deprimir, abollar, aplastar*, abombar, deformar*, hundir*, ahondar, esponjar, ensanchar, ampliar*, agrandar, vaciar, desocupar, despejar, abullonar, excavar*, escotar, hender, agujerear*, agrietar, abrir, socavar, profundizar, taladrar*, perforar, rajar, dividir, separar.
V. HENDEDURA, AGUJERO, EXCAVACIÓN, HUNDIMIENTO, APLASTAMIENTO, DEFORMACIÓN, CAJA, RECEPTÁCULO, COMPARTIMIENTO, GALERÍA, CUEVA, MINA, DESFILADERO.

huecograbado. Calcografía, sistema, método de impresión. V. IMPRENTA 2.

HUELGA. 1. Paro, conflicto laboral, inactividad, cese, detención, interrupción, parada*, paralización, alto, suspensión del trabajo*, plante,

sentada, brazos caídos, cierre, corte, discontinuidad, lucha*, agitación, enfrentamiento, revolución*, revuelta, disturbio, choque, pugna, sabotaje, reivinvidicación, reclamación, queja, petición, protesta*.

2. Varios. Cierre patronal, «lock-out», sindicato, sindicalismo, patronal, organismo patronal, convenio, acuerdo, vuelta al trabajo.

3. Huelguista. Parado, inactivo, reclamante, solicitante, peticionario, sindicalista, dirigente, pasivo, cesado, suspendido, agitador, saboteador, revolucionario*, luchador*, revoltoso; piquete, grupo* de huelguistas. Rompehuelgas, esquirol, reemplazante, suplente, sustituto*.

4. Hacer huelga. Parar*, suspender, cesar, paralizar, detener, interrumpir, cerrar, cortar, luchar*, revolucionar*, enfrentar, chocar, protestar*, reclamar, agitar, sabotear, quejarse, solicitar, pedir*, reivindicar.
Contr.: Actividad, trabajo*, normalidad.
V. INACTIVIDAD, PROTESTA, LUCHA, REVOLUCIÓN, TRABAJO.

huelguista. V. HUELGA 3.

huella. Rastro, marca, vestigio. V. SEÑAL 1.

huella digital. Huella dactilar, marca, impresión.
V. DACTILARES (HUELLAS) 1.

HUÉRFANO. 1. Sin padres, expósito, inclusero, hospiciano, asilado, cunero, desamparado, abandonado*, solo, desvalido, deshijado, echadizo, doctrino, guacho, pobre*, refugiado, beneficiado*, protegido*, cobijado, alojado¨, niño*, hijo*, h. adoptivo, natural, ilegítimo, bastardo, extramarital.

2. Orfandad. Abandono, pobreza*, desamparo*, soledad, falta, carencia, ausencia, privación, rechazo*, repudio, aislamiento, olvido*, indiferencia, falta de familia*.

3. Asilo. Orfanato, inclusa, hospicio, casa cuna, orfelinato, casa de expósitos, albergue, cobijo, alojamiento*, techo, cuna, refugio, hospedaje, establecimiento benéfico, organismo oficial, residencia, r. de ancianos.

4. Dejar, quedar huérfano. Desamparar, abandonar, olvidar, aislar, repudiar, rechazar*, desconocer, descuidar, desatender, despreciar*, arrinconar, asilar, adoptar (v. 8); sufrir*, penar, afligirse*, llorar*, padecer.

5. Adopción. Ahijamiento, prohijamiento, arrogación, aceptación, apadrinamiento, amparo, defensa, patrocinio, legitimación, tutela, legalización, protección*, ayuda*.

6. Que adopta. Padrino, valedor, protector*, padre* adoptivo, prohijador, adoptante, bienhechor, defensor, tutor, fiador, sostén.

7. Adoptivo. Apadrinado, prohijado, adoptado, tutelado, hijo* adoptivo, acogido, recogido, aceptado*, favorecido, patrocinado, amparado, protegido*.

8. Adoptar. Apadrinar, ahijar, prohijar, tutelar, ayudar*, amparar, asilar, recoger, proteger*, legitimar, legalizar*, reconocer, arrogar, aceptar*, afiliar, favorecer, beneficiar*.
V. HIJO, NIÑO, FAMILIA, DESAMPARO, POBREZA, AFLICCIÓN, SUFRIMIENTO, ALOJAMIENTO.

huero. 1. Anodino, vacío, insustancial. V. INSIGNIFICANTE 2.
— **2.** Huevo infecundo, improductivo, estéril. V. HUEVO 3.

huerta. V. huerto.

huertano. Granjero, campesino, labrador. V. AGRICULTURA 8.

huerto. Granja, cultivo, regadío. V. AGRICULTURA 2.

huesa. Sepulcro, sepultura, enterramiento. V. TUMBA 1.

hueso. 1. V. HUESOS 1.
— **2.** Pepita, núcleo, centro. V. SEMILLA 1.

HUESOS. 1. Osamenta, esqueleto, armazón, a. óseo, tejido óseo, parte dura, p. ósea del cuerpo*, sostén, apoyo, soporte*, restos, despojos, carcasa.
2. Clasificación. Huesos largos (brazo, pierna, dedos, costillas), cortos (vértebras, tarso), anchos (huesos del cráneo, de la pelvis). Articulaciones*.
3. Partes, estructura. Extremos o epífisis, centro o diáfisis, inserción. Periostio, tejido óseo, médula ósea o tuétano, fibras elásticas, laminillas, conductos de Havers, células óseas u osteocitos, osteoblastos, osteína, colágeno, tejido conjuntivo, calcio, fósforo, magnesio; histología*.
4. Cabeza y tronco. *Cráneo (cabeza* y cara*):* calavera, hueso frontal, parietal, occipital, temporal, esfenoides, etmoides, malar, nasal, arco cigomático, maxilar superior, m. inferior o mandíbula, quijada, unguis, vómer, hioides. *Cuello:* vértebras cervicales. *Tronco:* columna vertebral*, vértebras cervicales (cuello), dorsales, lumbares, sacras, coxígenas; omóplato u omoplato, clavícula, costillas, esternón; coxal: íleon (hueso ilíaco, h. de la cadera); isquion, pubis, pelvis.
5. Miembros. *Brazo*,* o miembro superior: omóplato (escápula, paletilla), clavícula, húmero, cúbito, radio, carpo, metacarpo, falanges, falanginas, falangetas. *Pierna*,* o miembro inferior:* fémur, rótula, tibia, peroné, pie: tarso, calcáneo, astrágalo (taba), escafoides, cuneiforme, cuboides; metatarso, falanges.
6. Varios. Cartílago, ternilla, tejido flexible, t. elástico, tendón, articulaciones*, osteogénesis, osificación, banco de huesos, férula, tablilla, entablillado, vendaje*, yeso, vendaje enyesado.
7. Enfermedades, accidentes. Fractura, luxación, lesión*, raquitismo, osteomielitis, osteomalacia, osteoporosis, acromegalia, tumores: osteosarcoma, osteoma.

8. Osteólogo, osteología. Ortopédico, traumatólogo, especialista, médico*, ortopedia*, osteología, traumatología, Medicina*, especialidad.
9. Óseo; osificar. Huesudo, huesoso, osificado, calcificado, duro*, endurecido, encallecido, esclerosado, cartilaginoso, articular, esquelético (v. delgado*). Osificar, calcificar, endurecer, encallecer.
V. ORTOPEDIA, CABEZA, CUELLO, BRAZO, MANO, PIERNA, PIE, etc., VERTEBRAL (COLUMNA), ARTICULACIÓN, CUERPO, HISTOLOGÍA.

huesoso. V. HUESOS 9.

huésped. 1. Convidado, comensal, visitante*. V. INVITACIÓN 4.
— **2.** Anfitrión, casero, posadero. V. INVITACIÓN 5.

hueste. Tropa, horda, grupo*. V. EJÉRCITO 1.

huesudo. 1. Flaco, esquelético, enjuto. V. DELGADEZ 3.
— **2.** Huesoso, óseo, osificado. V. HUESOS 9.

hueva. V. HUEVO 1.

HUEVO. 1. Germen, óvulo*, célula*, embrión*, cigoto, hueva, huevecillo, huevecito.
— **2.** Ovoide, bola, protuberancia. V. ESFERA 1.
3. Clases. Huevo humano u óvulo o cigoto; huevo de ave* (v. 4): de gallina, de pato, de ganso, de avestruz; de reptiles*: de tortuga, de cocodrilo, de serpiente; de insectos*; de peces* (huevas): de esturión (caviar). Huevo huero, infecundo, estéril; podrido*.
4. Partes. Huevo de ave: cáscara, membrana o binza, cámara de aire, clara o albúmina, yema, membrana de la yema o m. vitelina, galladura, disco germinativo, chalaza; embrión.
5. Generalidades. Puesta, postura, desove, incubación, freza, teca, nidada, pollada, crías*, pollito, polluelo; ponedero, gallinero, incubadora; avicultura*, avicultor; ovíparo, ovovivíparo; vivíparo; nacimientos*.
6. Huevos cocinados. V. ALIMENTO 20.
7. Acción. Desovar, poner, incubar, salir, nacer, romper, cocinar*, cocer, escalfar (v. cocina 7). V. ÓVULO, CÉLULA, EMBRIÓN, AVE, CRÍA, NACIMIENTO.

hugonote. Reformista, calvinista, c. francés. V. PROTESTANTE 2.

HUIDA. 1. Escapada, abandono, fuga, desaparición, diáspora, éxodo, deserción, dispersión*, traición*, evasión, espantada, escape, escapatoria, partida, marcha*, carrera*, corrida, retroceso, retirada, salida*, emigración, ida, estampida, desbandada, suelta, movimiento*, escabullida, pánico, temor*, ausencia, salvación, libertad, liberación, derrota, descalabro, persecución, acoso, eclipse, evaporación.
2. Huir. Evadirse, fugarse, escapar, desaparecer, correr, retirarse, salvarse, evaporarse, eclipsarse, escabullirse, escurrirse, marcharse*, partir, desbandarse, dispersarse*, emigrar, retroce-

der*, abandonar, desertar, traicionar*, pasarse, ausentarse, salir*, s. de estampía, s. a la carrera, s. pitando, perseguir*, librarse*, zafarse, sortear, eludir, esquivar*.

3. Huido. Evadido, fugado, fugitivo, prófugo, desertor, tránsfuga, escapado, desaparecido, escabullido, escurrido, retirado, corrido, partido, marchado*, ausente, traidor*, libre, liberado*, salvado, zafado, esquivo*, elusivo, ido, dispersado*, perseguido, acosado.

4. Huidizo. Escurridizo, veloz, esquivo*, rápido*, ágil, listo, ligero, astuto*, hipócrita*, taimado, huraño, hosco*.

Contr.: Permanencia, estancia, regreso*, vuelta, retroceso*.

V. MARCHA, CARRERA, DISPERSIÓN, MOVIMIENTO, TRAICIÓN, SALIDA, ESQUIVAR.

huidizo. V. HUIDA 4.

huido. V. HUIDA 3.

huir. V. HUIDA 2.

hule. 1. Linóleo, tela barnizada, impermeabilizada. V. TELA 11.

— **2.** *Méx* Goma, goma elástica, materia flexible*. V. CAUCHO 1.

hulla. Carbón fósil, combustible*, mineral. V. CARBÓN 1.

humanidad. 1. Seres humanos, género humano, semejantes. V. HOMBRE 2.

— **2.** Caridad, piedad, bondad*. V. COMPASIÓN 1.

— **3.** Mole, corpulencia, organismo. V. CUERPO 1.

— **4.** *Humanidades*, estudio de Letras, Filosofía*, Artes. V. LITERATURA 1, 2.

humanismo. V. humanidad 4.

humanista. Erudito, filósofo, estudioso*. V. LITERATURA 9.

humanitario. Bondadoso, caritativo, piadoso. V. COMPASIÓN 2.

humanizarse. Comprender, transigir, apaciguarse. V. COMPASIÓN 3.

humano. 1. Ser, individuo, persona. V. HOMBRE 1.

— **2.** Mortal, terrenal, débil*. V. MATERIA 6.

— **3.** V. humanitario.

humareda. Vapor, vaho, nube*. V. GAS 1.

humeante. Vaporoso, hirviente, que arroja humo. V. HERVIR 3.

humear. Vaporizarse, expeler, exhalar humo. V. HERVIR 1.

humedad. Mojadura, vapor, impregnación. V. MOJAR 4.

humedecer. Impregnar, empapar, embeber. V. MOJAR 1.

húmedo. Chorreante, impregnado, rociado. V. MOJAR 7.

húmero. Hueso largo, h. del brazo*. V. HUESOS 5.

HUMILDAD. 1. Modestia, suavidad, mansedumbre, sencillez, dulzura, acatamiento, docilidad, recato, sumisión, obediencia*, timidez*, respeto*, paciencia, resignación*, tolerancia*, benignidad, bondad*, fidelidad, lealtad*, sujeción,

disciplina*, manejabilidad, flexibilidad, reserva, pudor, honestidad, sinceridad, honradez*, moderación*, frugalidad, sobriedad, silencio*, vergüenza, insignificancia*, oscuridad, pequeñez*, pobreza*, miseria, sufrimiento*, resignación*.

2. Humilde. Dócil, manso, moderado*, modesto, sufrido, apacible, benigno, sencillo, llano, sincero*, fiel, dulce, tímido*, suave*, paciente, resignado*, tolerante*, respetuoso*, obediente*, sumiso, vergonzoso*, recatado, reservado, pudoroso, honesto, honrado*, flexible, manejable, disciplinado, sobrio, frugal, comedido, insignificante*, oscuro*, pequeño*, mísero, pobre*, callado, silencioso*, vulgar*.

3. Ser humilde. Respetar*, acatar, recatarse, someterse, obedecer*, tener paciencia, resignarse*, tolerar*, sujetarse, disciplinarse, silenciar*, callar, avergonzarse, moderarse*, empequeñecerse, empobrecerse, oscurecerse*, eclipsarse, sufrir*.

Contr.: Vanidoso*, fanfarrón*, pedante*, orgulloso.

V. RESPETO, TIMIDEZ, OBEDIENCIA, TOLERANCIA, RESIGNACIÓN, MODERACIÓN, SINCERIDAD, BONDAD, PEQUEÑEZ, INSIGNIFICANCIA, POBREZA.

humilde. V. HUMILDAD 2.

HUMILLACIÓN. 1. Indignidad, afrenta, ultraje, degradación, vergüenza*, ridículo, bochorno, agravio, baldón, burla, befa, mofa, oprobio insulto, ofensa*, desdén, rechazo*, desprecio*, desaire, menosprecio, descortesía*, grosería, escarnio, deshonra*, abyección, mortificación, sufrimiento*, herida, esclavitud*, sumisión, dominación, vasallaje, adulación*, zalamería, servilismo, infamia, bajeza, sometimiento, engaño*, entrega, derrota*, prosternación, menoscabo, denigración, ignominia, vilipendio, vejación, desprestigio, descrédito, incorrección, zaherimiento, maltrato, olvido*, repudio, vileza*.

2. Humillante. Degradante, ultrajante, indigno, afrentoso, deshonroso*, agraviante, ofensivo*, insultante, desdeñoso (v. 3), bochornoso, ridículo*, vergonzoso*, mortificante, abyecto, escarnecedor, inicuo, indigno, vil*, hiriente, avasallante, esclavizador*, bajo, infame, servil, ignominioso, incorrecto, engañoso*, vejatorio, denigrante, infamante (v. 3).

3. Humillador. Dominante*, despreciativo*, desdeñoso, grosero, burlón, hiriente, despectivo, incorrecto, desconsiderado, altivo, vanidoso*, altanero, orgulloso (v. 2).

4. Humillado. Menospreciado, afrentado, ultrajado, degradado, burlado, insultado, ofendido*, rechazado*, desdeñado, despreciado*, desautorizado, desprestigiado, desacreditado, desairado, avergonzado, ridiculizado, escarnecido, deshonrado* sufrido*, avasallado, dominado*, sumiso, esclavizado*, herido, mortificado, olvidado*, relegado, repudiado, postergado, zaherido, maltratado, vilipendiado, vejado, denigrado, menoscabado,engañado*.

5. Humillar. Desairar, afrentar, desdeñar, rebajar, menospreciar, despreciar*, repudiar, rechazar*, ridiculizar*, avergonzar, abochornar, mofarse, desprestigiar, rebajar, escarnecer, esclavizar*, someter, burlarse, olvidar*, insultar, ofender*, vilipendiar, denigrar, menoscabar, vejar, mortificar, desautorizar, deshonrar*, desaprobar, mancillar, herir*, dominar, avasallar, pisotear,derrotar*, vencer*, envilecer, ultrajar, doblegar, mandar, oprimir, maltratar, infamar, engañar*, zaherir, degradar.

— **6.** *Humillarse*, degradarse, arrastrarse, someterse, claudicar, retractarse, desdecirse, adular*, doblegarse, rebajarse, postrarse, prosternarse, arrodillarse, inclinarse, rendir pleitesía, deshonrarse*, entregarse, abandonar, rendirse, esclavizarse*, aguantar*, sufrir*, tolerar*, soportar, resignarse*, transigir, achantarse, resistir, tascar el freno, sobrellevar, mortificarse, abochornarse, ofenderse, avergonzarse, callar. *Contr.:* Desagravio, rehabilitación, honra*, honor*, venganza*.

V. OFENSA, DESCORTESÍA, DESPRECIO, ENGAÑO, DERROTA, VERGÜENZA, VILEZA, SUFRIMIENTO, ESCLAVITUD, OLVIDO, RIDÍCULO.

humillado. V. HUMILLACIÓN 4.

humillador. V. HUMILLACIÓN 3.

humillante. V. HUMILLACIÓN 2.

humillar(se). V. HUMILLACIÓN 5, 6.

humo. 1. Vapor, vaho, nube*. V. GAS 1.

— **2.** *Humos*, engreimiento, arrogancia, soberbia. V. VANIDAD 1.

humor. 1. Gracia, ingenio, alegría*. V. COMICIDAD 1.

— **2.** Talante, temperamento, genio. V. CARÁCTER 1.

— **3.** Fluido, secreción, licor. V. LÍQUIDO 1.

humorada. Ocurrencia, chascarrillo, chiste. V. COMICIDAD 2.

humorismo. V. humor 1.

humorista. Jocoso, gracioso, chistoso. V. CÓMICO, ESCRITOR 1.

humorístico. V. COMICIDAD 3.

humus. Estiércol, mantillo, guano. V. ABONO 3.

hundido. V. HUNDIR 6.

hundimiento. V. HUNDIR 3.

HUNDIR(SE). 1. Desplomar(se), derrumbar*, aplastar*, deformar*, abollar, deprimir, desmoronar, desmantelar, demoler, derruir, derribar, tirar, tumbar*, despeñar, caer*, descender*, bajar, abatir, voltear, volcar, desfondar, desbaratar, desarmar, destrozar*, destruir, deteriorar*, deshacer, disgregar, agrietar, abrirse, despedazar, romper, partir, volar, arrasar, reventar, lanzar*, precipitar, arrojar, empujar, echar, despeñar, irse al suelo, irse a tierra, desgraciar*, frustrar, malograr, fracasar*, empobrecer, arruinar*, vencer, aniquilar, derrotar, empeorar, decaer, ocultar*, esconder, cavar, excavar*, meter, enterrar, barrenar, taladrar*, empotrar, embutir, introducir*, penetrar*, agujerear*.

— **2.** *Sumergir(se)*, hundirse*, naufragar, zozobrar, irse a pique, i. al fondo, i. abajo, bajar, sumir, descender*, profundizar*, caer*, tragarse, abismarse, chapuzarse, zambullirse, remojarse, mojarse*, resbalar, deslizarse, chapotear.

3. Hundimiento. Desmoronamiento, desplome, derribo, desfondamiento, derrumbe*, bajada, descenso*, desbaratamiento, desmantelamiento, demolición, vuelco, caída, volteo, tumbo*, abatimiento, disgregación, destrozo*, rotura, voladura, reventón, deterioro*, aplastamiento*, abolladura, depresión, deformación, ocultación*, excavación*, empotramiento, introducción*, penetración*, desprendimiento, avalancha, alud, despeñamiento, corrimiento, desplazamiento, arrollamiento, destrucción*, estrago, ruina, desastre*.

— **4.** *Desgracia*, hundimiento, decadencia, ocaso, declive, eclipse, empeoramiento*, empobrecimiento, fracaso, ruina, deterioro*, frustración, derrota, fin*, aniquilación, postrimería.

— **5.** *Naufragio*, hundimiento, siniestro, desastre*, abordaje, desaparición, inmersión, zozobra, sumersión, descenso, caída, bajada, pérdida, anegamiento, vuelco, tumbo, ida a pique, i. abajo, i. al fondo.

6. Hundido. Desmoronado, desplomado, aplastado (v. 3-5). *Contr.:* Levantar, subir*, abultar*, reconstruir, sacar a flote, reparar*.

V. DERRUMBAR, TUMBAR, DESTROZAR, DETERIORAR, LANZAR, CAER, DESCENDER, PROFUNDIZAR, DESTRUIR, DESGRACIAR, EMPEORAR, APLASTAR, PENETRAR, INTRODUCIR, TALADRAR.

huracán. Torbellino, tempestad, tormenta*. V. CICLÓN 1.

huracanado. Borrascoso, tempestuoso, violento. V. TORMENTA 4.

huraño. Intratable, esquivo*, antipático*. V. HOSCO 1.

hurgar. 1. Remover, excavar*, mover*. V. INVESTIGACIÓN 4.

— **2.** Hostigar, irritar, curiosear*. V. MOLESTIA 6.

hurgón. Atizador, varilla, espetón. V. HIERRO 7.

hurí. Mujer bella, paradisíaca, venus. V. HERMOSURA 2.

hurón. 1. Mamífero carnicero, mustélido, vertebrado. V. MAMÍFERO 11.

— **2.** Entrometido, fisgón; huraño. V. CURIOSO; HOSCO 1.

huronear. Entremeterse, fisgonear, husmear. V. CURIOSIDAD 4.

¡hurra! ¡Magnífico!, ¡muy bien!, ¡viva! V. EXCLAMACIÓN 7.

hurtadillas (a). Furtivamente, calladamente, de modo reservado. V. SECRETO 4.

hurtar. Quitar, sustraer, desvalijar. V. ROBO 2.
hurto. Latrocinio, sustracción, ratería. V. ROBO 1.
húsar. Soldado, militar, jinete. V. EJÉRCITO 6.
husmear. I. Oler, olfatear, percibir*. V. OLOR 6.
— **2.** Indagar, fisgonear, escudriñar. V. CURIO-
SIDAD 4.

huso. 1. Devanadera, instrumento, aparato de
hilandería. V. TELA 14.
— **2.** Faja, sector horario, zona del globo. V.
ZONA 1, GEOGRAFÍA 4.

I

ibérico. Íbero o íbero, celtíbero o celtibero, hispánico. V. ESPAÑOL 1.
iberoamericano. Hispanoamericano, sudamericano, latinoamericano, hispano. V. AMERICA-
NO 1.
íbice. Rebeco, cabra montés, cuadrúpedo. V. RU-
MIANTE 7.
ibis. Zancuda, vertebrado, animal*. V. AVE 7.
iceberg. Témpano, banco de hielo, hielo flotante.
v. FRÍO 4.
icono. Efigie, cuadro, imagen religiosa. V. PINTU-
RA 4.
iconoclasta. Impío, descastado, bárbaro*. V. HE-
REJÍA 3.
iconografía. Imágenes, cuadros, retratos. V. PIN-
TURA 1, 4; FOTOGRAFÍA 1.
ictericia. Dolencia, piel* amarilla, biliosidad. V.
HÍGADO 4.
ictiología. Ciencia, estudio, tratado de los peces.
V. PEZ 4.
ida. Traslado*, desplazamiento, viaje*. V. MAR-
CHAR 4.
idea. 1. Conocimiento, noción, concepto. V. PEN-
SAR 6.
— **2.** Propósito, intención, proyecto, obsesión.
V. PLAN 1.
— **3.** Mito, ilusión, quimera. V. FANTASÍA 1.
ideal. 1. Anhelo, aspiración, ilusión; utopía. V.
ESPERANZA 1.
— **2.** Prototipo, modelo, patrón. V. EJEMPLO 3.
— **3.** Puro, insuperable, único. V. PERFECTO 1.
— **4.** Inmaterial, irreal, incorpóreo. V. IMAGI-
NACIÓN 7.
idealismo. Altruismo, nobleza, generosidad*. V.
ESPÍRITU 6.
idealista. Noble, altruista, generoso*. V. ESPÍRI-
TU 5.
idealizar. Sublimar, ensalzar, espiritualizar. V.
ESPÍRITU 8.
idear. 1. Discurrir, especular, concebir. V. PENSAR
1, 3.
— **2.** Proyectar, inventar*, crear*. V. PLAN 3.

ideario. Doctrina, teoría, opinión. V. CREER 6.
ídem. Igual, repetido, lo mismo. V. SEMEJANZA 2.
idéntico. Exacto, análogo, igual. V. SEMEJANTE 2.
identidad. 1. V. identificación.
— **2.** Parecido, similitud, igualdad. V. SEME-
JANZA 1.
identificación. 1. Determinación, precisión, especificación. V. DETERMINAR 3.
— **2.** Descripción, filiación, ficha. V. DATO 2,
POLICÍA 4.
— **3.** Adhesión, acuerdo, semejanza*. V. SIM-
PATÍA 3.
identificar. 1. Reseñar, establecer, detallar*. V.
DETERMINAR 1.
— **2.** Fichar, describir, reconocer. V. DETERMI-
NAR 1, POLICÍA 4.
— **3.** *Identificarse*, apoyar*, coincidir, parecerse.
V. SIMPATÍA 6.
ideología. Doctrina, ideario, opinión; política. V.
CREER 6.
idílico. Plácido, bucólico, campestre. V. PARAÍSO 4.
idilio. Galanteo, noviazgo, cortejo. V. AMOR 2.
IDIOMA. 1. Lengua, lenguaje, habla*, dialecto,
modo de expresarse, m. de hablar, expresión,
jerga, caló, germanía, argot, variedad lingüística, galimatías, gringo, jerigonza, lunfardo,
fárrago o farrago.
2. Clases. Idioma universal, local, lengua materna, viva, muerta, moderna, antigua, franca,
aglutinante, de flexión, polisintética; lenguaje
hablado, escrito, culto, vulgar, técnico, especializado.
3. Características de una lengua. V. GRAMÁ-
TICA, PRONUNCIACIÓN, HABLAR.
4. Lenguas europeas, indoeuropeas. Latín,
lenguas romances o neolatinas: italiano, sardo;
español o castellano, gallego, portugués, catalán, provenzal, francés, valón, rumano, rético,
dalmático. Lenguas helénicas: griego antiguo,
g. moderno. *Lenguas germánicas:* alemán, flamenco, holandés, inglés, sueco, noruego, danés, islandés. *Lenguas célticas:* gaélico, escocés,

irlandés, céltico, galés, bretón. *Lenguas eslavas:* ruso, ucraniano, búlgaro, servocroata, esloveno, checo, eslovaco, polaco. *Lenguas ilíricas:* albanés. *Lenguas bálticas:* lituano, letón, estonio. *Lenguas indoiranias:* indostaní, prácrito, bengalí, persa, parsi, curdo, armenio. *Lenguas no indoeuropeas; uralaltaicas:* finés, estonio, lapón, samoyedo. *Preindoeuropeas o no emparentadas:* vascuence o euskera, etrusco.
5. Lenguas orientales y africanas. *Lenguas semitas:* cananeo: hebreo, fenicio; arameo: samaritano, asirio, caldeo; árabe, á. literal, á. vulgar o moderno; etíope. *Lenguas camitas:* bereber, tuareg, somalí, copto, egipcio antiguo. *Lenguas del África negra:* bantú, suahili o swahili, bosquimano, hotentote, sudanés. *Lenguas uralaltaicas:* turco, tártaro, anatolio, mongol, manchú, siberiano. *Lenguas chino-tibetanas:* chino, tibetano, tai, vietnamita, siamés, laotiano. *Otras lenguas asiáticas:* circasiano, georgiano, sumerio, lidio, hiperbóreo, ainú, aleutoesquimal; dravidiano; japonés, coreano; anamita, malayo, tagalo, javanés, indonesio. *Lenguas de Oceanía:* tasmaniano, australiano, papú, maorí, polinésico, micronésico, melanésico.
6. Lenguas de los indios americanos. América del Norte: sioux, algonquino, azteca, náhuatl. **Centro:** maya, quiché, totomaco, otomange. **Sur:** caribe, arawak, tupí-guaraní, quechua, aimará, diaguita, araucano.
7. Lenguas internacionales, artificiales. Esperanto, volapuk.
8. Idiomático. Lingüístico, hablado*, peculiar, expresivo, dialectal, vernáculo, propio, característico*, discursivo, razonado.
9. Lingüista. Políglota, plurilingüe, lexicólogo, filólogo, intérprete, guía*, cicerone, traductor, cosmopolita, universal*.
V. GRAMÁTICA, PRONUNCIACIÓN, HABLAR.
idiomático. V. IDIOMA 8.
idiosincrasia. Particularidad, personalidad, peculiaridad. V. CARÁCTER 1.
idiota. 1. Necio, zoquete, bobo. V. TONTO 1.
— **2.** Retrasado. V. TONTO 2.
idiotez. 1. Sandez, simpleza, disparate*. V. TONTO 3.
— **2.** Alelamiento, trastorno mental, torpeza. V. TONTO 4.
ido. Atontado, distraído, chiflado. V. OLVIDO 5.
idólatra. Pagano, fanático, infiel. V. HEREJÍA 3
idolatrar. V. Idolatría.
idolatría. 1. Adoración, veneración, admiración. V. RESPETO 1.
— **2.** Paganismo, fanatismo, fetichismo. V. HEREJÍA 1.
ídolo. 1. Fetiche, estatuilla, efigie. V. SUPERSTICIÓN 3.
— **2.** Personaje, figura ideal. V. HÉROE 1.
idoneidad. Utilidad*, aptitud, ventaja*. V. CONVENIENCIA 1.

idóneo. 1. Apropiado, adecuado, ventajoso*. V. CONVENIENCIA 2.
— **2.** Capaz, diestro, competente. V. HÁBIL 1.
iglesia. 1. Parroquia, santuario, oratorio. V. TEMPLO 1.
— **2.** Grey, fieles, congregación. V. RELIGIÓN 1, 6.
iglú. Vivienda esquimal, de hielo, polar. V. CASA 2.
ignaro. V. IGNORANCIA 2.
ígneo. Flamígero, llameante, resplandeciente. V. FUEGO 7.
ignición. Incandescencia, inflamación, encendido. V. FUEGO 1.
ignominia. Infamia, oprobio, vileza. V. VIL 3.
ignominioso. Oprobioso, infamante, deshonroso. V. VIL 1.
ignorado. V. IGNORANCIA 3.
ignorancia. 1. Rusticidad, analfabetismo, incultura, desconocimiento, oscurantismo, oscuridad*, inopia, inadvertencia, atraso, retraso, subdesarrollo, inexperiencia, ineducación, ayunas, tinieblas, barbarie*, brutalidad*, descuido*, olvido*, distracción, despreocupación, negligencia, incuria, desprecio*, inconsciencia, ordinariez, cerrilidad, torpeza, tosquedad*, grosería, vulgaridad*, rudeza, zafiedad, necedad, ineptitud, inepcia, incapacidad, nulidad, inutilidad*.
2. Ignorante. Iletrado, analfabeto, atrasado, inculto, lego, profano, ignaro, rústico, retrasado, inadvertido, indocumentado, oscurantista, ineducado, desconocedor, subdesarrollado, incompetente, novato, ayuno, supino, inexperto, incapaz, inepto, nulo, inútil*, descuidado, distraído, olvidado*, despreocupado, negligente, despreciativo*, inconsciente, bruto*, bárbaro*, ordinario, vulgar*, rudo, cerril, torpe, tosco*, zote, zoquete, necio, grosero, zafio, obtuso, tonto*, mostrenco, alcornoque, cafre, asno, burro, pollino, paleto, patán, aldeano*; garrafal.
3. Ignorado. Anónimo, desconocido, sin nombre*, sin denominación, innominado, ignoto, remoto, incógnito, oculto*, secreto*, escondido, extraño, ajeno, foráneo, lejano, inexplorado, recóndito, apartado, solitario.
4. Ignorar. Desconocer, omitir, olvidar*, prescindir, relegar, rechazar* (v. 5), no estar al corriente, no estar enterado, no conocer, no saber, no entender, no comprender, estar pez, e. en la luna de Valencia, desentenderse, descuidar, despreocuparse, encogerse de hombros.
— **5.** Relegar, olvidar*, humillar*. V. DESPRECIO 2.
Contr.: Sabiduría*, cultura, competencia.
V. INUTILIDAD, BARBARIE, BRUTALIDAD, TOSQUEDAD, VULGARIDAD, DESCUIDO.
ignorante. V. IGNORANCIA 2.
ignorar. V. IGNORANCIA 4.
ignoto. V. IGNORANCIA 3.

igual. 1. Análogo, idéntico, exacto. V. SEMEJANZA 2.
— **2.** Parejo, uniforme, raso. V. LISO 1.
igualado. 1. V. igual 1, 2.
— **2.** Empatado, emparejado, nivelado. V. EQUILIBRIO 5.
igualar. 1. Equiparar, hermanar*, emparejar. V. SEMEJANZA 4.
— **2.** Alisar, nivelar, allanar. V. LISO 3.
igualatorio. Cooperativa, asociación médica, hospital*; iguala. V. ASOCIACIÓN 5.
igualdad. 1. Similitud, identidad, coincidencia. V. SEMEJANZA 1.
— **2.** Ecuanimidad, justicia, honradez. V. IMPARCIAL 2.
igualitario. Equitativo, justo, distributivo. V. IMPARCIAL 1.
igualmente. También, asimismo, etcétera. V. ADEMÁS.
iguana. Lagarto, vertebrado, animal*. V. REPTIL 4.
ijada, ijar. Costado, cavidad, hueco del cuerpo. V. VIENTRE 2.
ilación. Concomitancia, coherencia, consecuencia. V. RELACIÓN 1.
ILEGAL. 1. Ilegítimo, indebido, clandestino, ilícito, improcedente, injusto, prohibido*, incorrecto, injustificado, irregular*, impropio, indecente*, deshonroso*, indecoroso, inmoral, escandaloso, vergonzoso*, incompatible, engañoso*, quebrantado, inadecuado, falso*, malo, furtivo, oculto*, escondido*, subrepticio, encubierto, secreto*, enredoso, lioso, perjudicial*, venal, desobediente, abusivo*, lesivo, culposo*, delictivo, atentatorio, antirreglamentario, antijurídico, inconstitucional, anticonstitucional.
2. Ilegalidad. Ilegitimidad, incumplimiento, injusticia, inobservancia, falta, infracción, trampa, delito*, prohibición*, abuso*, clandestinidad, inmoralidad, ilicitud, inconstitucionalidad, irregularidad*, desobediencia, violación, quebrantamiento, falsedad*, deshonra*, engaño*, contravención, indecencia*, incorrección, impropiedad, vulneración, enredo, vergüenza*, perjuicio*, inadecuación, improcedencia, atentado, infidelidad, venalidad, atropello, desafuero, encubrimiento, ocultación*, escondite*, secreto*.
3. Infringir. Incumplir, transgredir, contravenir, vulnerar, atentar, quebrantar, perjudicar*, engañar*, abusar*, delinquir*, faltar, pecar, ocultar, esconder*, encubrir, violar, lesionar*, caer, prevaricar, desobedecer*, trampear, falsear*, errar, enredar, atropellar, deshonrar*.
Contr.: Legítimo, legal*, lícito, justo, correcto, debido, conveniente*.
V. PROHIBIDO, INJUSTO, INDECENTE, DESHONROSO, VERGONZOSO, ENGAÑOSO, FALSO, SECRETO, PERJUDICIAL, DELICTIVO, ABUSIVO, DESOBEDIENTE.
ilegalidad. V. ILEGAL 2.
ilegible. Confuso, indescifrable, ininteligible. V. INCOMPRENSIBLE 1.

ilegítimo. 1. V. ILEGAL 1.
— **2.** Hijo natural, extramatrimonial. V. HIJO 4.
íleon. Tripa, entraña, intestino delgado. V. INTESTINOS 2.
ileso. Incólume, sano, intacto. V. INDEMNE 1.
iletrado. Analfabeto, inculto, ignorante. V. IGNORANCIA 2.
ilícito. V. ILEGAL 1.
ilimitado. Vasto, infinito, extenso*. V. EXTENDER 5.
ilógico. Incongruente, absurdo, descabellado. V. DISPARATE 2.
iluminación. 1. Claridad, luminosidad, brillo*. V. LUZ 1.
— **2.** Instalación, alumbrado, lámpara*. V. LUZ 4.
iluminado. 1. V. iluminación 1.
— **2.** Visionario, inspirado*, elegido. V. SANTO 1.
iluminar. 1. Alumbrar, aclarar, encender. V. LUZ 8.
— **2.** Inspirar, infundir, inculcar. V. INSPIRACIÓN 2.
ilusión. 1. Espejismo, visión, fantasía*. V. IMAGINACIÓN 3.
— **2.** Fe, anhelo, ánimo*. V. ESPERANZA 1.
ilusionado. Animoso, entusiasta, optimista. V. ESPERANZA 3.
ilusionar. 1. Entusiasmar, alentar, esperanzar. V. ÁNIMO 6.
— **2.** *Ilusionarse*, creer, esperar, soñar. V. ESPERANZA 2.
ILUSIONISMO. 1. Prestidigitación, malabarismo, truco, manipulación, suerte, escamoteo, juego*, juegos de manos, j. malabares, diversión*, habilidad, trampa, tejemaneje, sugestión, hipnotismo*, ocultación*, adivinación*, faquirismo, levitación, telecinesia, transmisión del pensamiento o telepatía, magia, m. blanca, hechicería*, charlatanería.
2. Trucos, material. Manipulación con cartas, con monedas, faquirismo (v. 1), trampas, bolsillos, servantes, faques, varita mágica, doble fondo, cubilete, dados diabólicos, mesa fantasma, cigarrillo invisible, pasa-pasa, cajita del diablo, cerilla mágica, huevo equilibrista, tubo Raymond, esfera adivina, pase de cartas, cartas encantadas, pañuelos anudados, anillos chinos, cuerda hindú, agujas del faquir, encantamiento de serpientes, tragasables.
3. Ilusionista. Prestidigitador, prestímano, malabarista, escamoteador, mago, hechicero*, artista*, animador, juglar, jugador de manos, hipnotizador*, adivino*, faquir, yogui*, tragasables, santón, telépata, médium, histrión, saltimbanqui, charlatán, tramposo, hábil*, fullero, farandulero, embaucador, truquista. Houdini.
4. Acción. Escamotear, manipular, dar pases, sugestionar, ocultar*, hacer trucos, h. juegos malabares, engañar*, trucar, trampear, hipnotizar*, adivinar*, levitar.
V. JUEGO, DIVERSIÓN, HECHICERÍA, HIPNOTISMO, ADIVINACIÓN, HABILIDAD.

ilusionista. V. ILUSIONISMO 3.

iluso. Ingenuo, crédulo, tonto*. V. INOCENCIA 4.

ilusorio. Aparente, ficticio, engañoso*. V. IMAGINACIÓN 7.

ilustración. 1. Grabado, lámina, dibujo*. V. ESTAMPA 1.
— **2.** Instrucción, cultura, sabiduría*. V. EDUCACIÓN 19.

ilustrado. V. ilustrar.

ilustrar. 1. Pintar, colorear, grabar. V. DIBUJO 5.
— **2.** Enseñar, cultivar, instruir. V. EDUCACIÓN 11.
— **3.** Informar, divulgar, aclarar. V. EXPLICACIÓN 2.

ilustrativo. Esclarecedor, evidente, aclaratorio. V. EXPLICACIÓN 3.

ilustre. Glorioso, eminente, insigne. V. PRESTIGIO 2.

ilustrísimo. Excelentísimo, eminentísimo, honorable. V. TRATAMIENTO 3, 4.

imagen. 1. Aspecto, efigie, forma. V. FIGURA 1.
— **2.** Ilustración, dibujo*, grabado. V. ESTAMPA 1.
— **3.** Idea, concepto, representación. V. PENSAR 6.
— **4.** Metáfora, detalle*, reseña. V. EXPLICACIÓN 1.

imaginable. Comprensible, razonable, lógico. V. LÓGICA 3.

IMAGINACIÓN. 1. Intuición, visión, percepción, clarividencia, adivinación*, discernimiento, inteligencia*, pensamiento, idea (v. 2), vislumbre, fantasía*, abstracción*, espejismo, inventiva, inspiración*, genio, chispa, habilidad*, recurso, dinamismo*, iniciativa, instinto, olfato, vista, ingenio, talento, aptitud, agudeza, perspicacia, facultad*, astucia, pillería* sospecha*, barrunto, quimera (v. 3), conocimiento.
— **2.** *Idea*, imaginación, juicio, pensamiento, noción, designio, meditación, representación, abstracción*, sensación, estímulo, musa*, numen, sentir, creencia*, especulación, inspiración, elucubración, percepción, sugerencia, cavilación, consideración.
— **3.** *Quimera*, imaginación, mito, ilusión, fantasía*, fábula, utopía, antojo, visión, espejismo, entelequia, capricho*, leyenda, ensueño, sueño*, delirio, novela.
4. Imaginar. Intuir, adivinar*, pensar*, idear (v. 5), creer*, elucubrar, comprender, visualizar, sentir, especular, percibir, discernir, inspirarse, fantasear*, evocar, soñar, abstraerse*, meditar, absorberse, figurarse, antojarse, encapricharse, representarse, penetrar, vislumbrar, presentir, olfatear, ver, conocer, presumir, deducir, conjeturar, suponer, divagar, sospechar*, meditar, representar, iluminar, sugerir, infundir, considerar, ilusionar.
— **5.** *Idear*, imaginar, crear*, inventar*, proyectar, planear*, concebir, ingeniárselas, pensar*, madurar, forjar, fraguar, reflexionar, discurrir.

6. Imaginativo. Intuitivo, visionario, clarividente, adivino*, genial, inventivo*, sabio*, inteligente*, inspirado*, creador*, perspicaz, ingenioso, sagaz, astuto*, talentoso, agudo, instintivo, futurista, previsor, iluminado, iluso, novelero, cuentista, engañoso* soñador, fantaseador, idealista.
7. Imaginario. Quimérico, irreal, fantástico*, utópico, legendario, fabuloso, ilusorio, engañoso*, fingido, dudoso*, supuesto, pretendido, hipotético, presunto, aparente, abstracto, metafórico, inmaterial, incorpóreo, fantasmagórico*, ideal, novelesco, milagroso, fingido, falso*, ficticio, increíble, inverosímil, inexistente, absurdo*, figurado, alucinante, imposible, mitológico*, inventado, soñado.
Contr.: Incapacidad, inútil*, tonto*.
V. FANTASÍA, INSPIRACIÓN, INTELIGENCIA, ADIVINACIÓN, HABILIDAD, SOSPECHA, ABSTRACCIÓN, PENSAMIENTO, CREACIÓN, INVENTO.

imaginar. V. IMAGINACIÓN 4.

imaginaria. Custodia, guardia, escolta*. V. VIGILANCIA 1.

imaginario. V. IMAGINACIÓN 7.

imaginativo. V. IMAGINACIÓN 6.

imaginería. Talla, creación, esculpido de imágenes. V. ESCULTURA 3.

imán. 1. Magnetita, mineral magnético, aparato*. V. FÍSICA 7.
— **2.** Atracción, gancho, hechizo. V. ATRACTIVO 1.

imbatible. Invicto, vencedor, insuperable. V. TRIUNFO 2.

imbécil. 1. Retrasado. V. TONTO 2.
— **2.** Necio, mentecato, estúpido. V. TONTO 1.

imbecilidad. 1. Discapacidad mental, debilidad m., minusvalía. V. TONTO 4.
— **2.** Estupidez, necedad, torpeza. V. TONTO 3.

imberbe. Lampiño, sin barba, adolescente. V. BARBA 5.

imborrable. Persistente, inalterable; impresionante. V. PERMANECER 3.

imbricado. Sobrepuesto, traslapado, superpuesto. V. ENCIMA 4.

imbuir. Infundir, persuadir, inculcar. V. INSPIRACIÓN 3.

imitación. 1. Reproducción, duplicado, falsificación*. V. COPIA 1, 2.
— **2.** Remedo, fingimiento, parodia. V. SIMULACIÓN 1.

imitador. 1. Impostor, adulterador, falsificador. V. SIMULACIÓN 5.
— **2.** Parodista, mimo, actor*. V. SIMULACIÓN 6.
— **3.** Competidor, émulo, oponente. V. RIVALIDAD 2.

imitar. V. imitación.

IMPACIENCIA. 1. Desasosiego, prisa, urgencia*, apremio, perentoriedad, premura, precipitación, inquietud, preocupación, intranquilidad*, excitación, agitación, anhelo, ansia, deseo*, diligencia, ambición*, ímpetu, ánimo*, expectación, actividad, ansiedad, nerviosidad*, fastidio, molestia*, fogosidad, vehemencia, efusión, ardor, comezón, dinamismo*, apasionamiento*, pasión, desvelo, zozobra, alarma, aflicción*, turbación, desesperación, reconcomio, consunción, irritación, enojo*, rapto, arrebato.

2. Impaciente. Apresurado, urgido*, diligente, apremiado, activo, desasosegado, intranquilo*, inquieto, nervioso*, agitado, preocupado, excitado, fastidioso, molesto*, ansioso, fogoso, ambicioso*, deseoso*, anhelante, expectante, alarmado, desvelado, apasionado*, ardiente, vehemente, irritado, enojado*, arrebatado, turbado, desesperado, afligido*.

3. Impacientar(se). Apresurar(se), agitar, urgir*, inquietar, excitar, consumirse, reconcomer, intranquilizar*, poner nervioso*, desasosegar, alarmar, preocupar, ansiar, anhelar, desear*, ambicionar, arrebatar, activar, desvelar, apasionar*, irritar, enojar*, afligir*, angustiar, desesperar, turbar, molestar*, fastidiar.

Contr.: Calma, tranquilidad*, paciencia.

V. INTRANQUILIDAD, AMBICIÓN, URGENCIA, MOLESTIA, NERVIOSIDAD, AFLICCIÓN, ENOJO, DESEO, ÁNIMO, APASIONAMIENTO.

impacientar. V. IMPACIENCIA 3.

impaciente. V. IMPACIENCIA 2.

impacto. Encontronazo, colisión, choque. V. GOLPE 1, 2.

impagable. Magnífico, soberbio, estupendo. V. MARAVILLA 2.

impalpable. Terso, fino, imperceptible. V. SUAVE 1.

impar. 1. Desigual, desparejo, non. V. DIFERENCIA 4.
— **2.** Único, excepcional, característico*. V. MARAVILLA 2.

IMPARCIAL. 1. Ecuánime, recto, neutral, objetivo, justo, exacto*, justiciero, íntegro, distributivo, equitativo, igual, igualitario, honrado*, honorable, honesto, correcto, ecléctico, conciliador, incorruptible, decente, neutral, ajustado, inalterable, moderado*, sensato, severo*, razonable, indiferente*, desapasionado, frío, insobornable, incorruptible, moral, probo, desinteresado, consciente, sereno, tranquilo*, comedido, digno*, leal, austero, puntilloso, pundonoroso, limpio, pacifista, árbitro, mediador*.

2. Imparcialidad. Integridad, rectitud, equidad, igualdad, neutralidad, objetividad, ecuanimidad, independencia, honestidad, honradez*, justicia, exactitud*, conciencia, incorruptibilidad, corrección, sensatez, moderación*, inalterabilidad, desapasionamiento, frialdad, racionalidad, severidad*, tranquilidad*, flema, calma, serenidad, indiferencia*, desinterés, moralidad, probidad, decencia, limpieza, pundonor, austeridad, lealtad*, dignidad*, comedimiento, pacifismo, puntillosidad, arbitrio, mediación*, fallo.

3. Ser imparcial. Desapasionarse, moderarse*, serenarse, calmarse, desinteresarse, enfriarse, tranquilizarse*, moralizar, dignificarse, honrarse, adecentarse, pacificar, neutralizar, ajustar, arbitrar, mediar*, interceder, sentenciar, fallar, intervenir.

Contr.: Injusto*, parcial, apasionado.

V. HONRADO, MODERADO, INDIFERENTE, DIGNO, LEAL, EXACTO, TRANQUILO, MEDIADOR.

imparcialidad. V. IMPARCIAL 2.

impartir. Conceder, transmitir, comunicar. V. OFRECER 2.

impasible. Impávido, sereno, imperturbable. V. TRANQUILIDAD 5.

impasibilidad. Serenidad, imperturbabilidad, entereza. V. TRANQUILIDAD 2.

impavidez. V. impasibilidad.

impávido. V. impasible.

impecable. 1. Intachable, correcto, irreprochable. V. PERFECTO 1.
— **2.** Flamante, pulcro, elegante*. V. REFINAMIENTO 3.

impedido. Lisiado, baldado, paralítico. V. INVÁLIDO 1.

impedimenta. Pertrechos, bagajes, equipo. V. EQUIPAJE 1.

impedimento. Tropiezo, complicación, rémora. V. DIFICULTAD 1.

impedir. Limitar*, entorpecer, prohibir. V. DIFICULTAD 5.

impeler. 1. Impulsar, arrastrar, lanzar*. V. EMPUJAR 1.
— **2.** Incitar, exhortar, estimular*. V. ÁNIMO 6.

impenetrable. 1. Sólido, recio, consistente. V. DURO 1.
— **2.** Indescifrable, inexplicable, misterioso*. V. INCOMPRENSIBLE 1.

impenitente. Empedernido, recalcitrante, persistente. V. OBSTINACIÓN 2.

impensado. Inesperado, insospechado, imprevisto. V. REPENTINO 1.

imperante. Vigente, reinante, actual*. V. DOMINACIÓN 5.

imperar. Predominar, prevalecer, reinar. V. DOMINACIÓN 9.

imperativo. 1. Modo verbal, orden, mando. V. VERBO 4.
— **2.** Exigencia, obligación*, menester. V. NECESIDAD 1.
— **3.** Preceptivo, forzoso, obligatorio*. V. NECESIDAD 5.

imperceptible. 1. Diminuto, invisible, minúsculo. V. PEQUEÑO 1.
— **2.** Paulatino, gradual, insensible. V. CONTINUACIÓN 3.

imperdible. Pasador, alfiler, prendedor. V. BROCHE 1.

imperdonable. Inaceptable, infame, vergonzoso*. V. DESHONRA 2.

imperecedero. Eterno, interminable, perpetuo. V. DURACIÓN 3.

IMPERFECCIÓN. 1. Incorrección, tacha, defecto*, irregularidad, deficiencia, inconveniente, anomalía, debilidad*, asimetría, deformidad*, malformación, fealdad*, monstruosidad*, impureza, diferencia*, extremo, desproporción, aberración, disparidad, distorsión, desigualdad, exceso, exageración*, falla, falta, peso, privación, escasez*, carencia, inferioridad*, dificultad*, insuficiencia, error, equivocación*, inconveniente, menoscabo, déficit, mancha, rareza*, lacra, borrón, sombra, tara, lunar, plepa, chapuza, chapucería, chambonada, tosquedad, deterioro*, desperfecto, daño, errata, desliz, barbaridad, estropicio, peculiaridad, singularidad, vicio, yerro, desatino, estigma, malogro, fracaso, discrepancia, desastre,mamarracho, desecho, asco, birria; precocidad, inmadurez.

2. Imperfecto. Incorrecto, deficiente, irregular, rudimentario, tosco, elemental, primitivo, anticuado, simple, grosero, inconcluso, inacabado, incompleto, truncado; inmaduro, precoz, prematuro; mediado, falto, privado, parcial, escaso*, fragmentario, inferior*, carente, insuficiente, defectuoso, mejorable, anómalo, anormal, desfigurado, impuro, débil*, malo, asimétrico, deforme*, feo*, monstruoso*, desproporcionado, aberrante, distorsionado, diferente, exagerado*, excesivo, dispar, extremo, desigual, deficitario, errado, equivocado*, inconveniente, menoscabado, manchado*, raro*, dañado, deteriorado*, chapucero, ramplón, singular, peculiar, estropeado, bárbaro, fracasado, malogrado, aplazado, tarado, estigmatizado, desatinado, viciado*,mamarracho, desastroso, discrepante, áspero*, rugoso*.

3. Hacer imperfecto. Malograr, deformar*, afear, estropear, menoscabar, privar, manchar*, chapucear, emborronar, tachar, deteriorar*, fallar, dañar, errar, equivocar*,cojear, claudicar, viciar, desfigurar, aberrar, distorsionar, estigmatizar, fracasar, tarar, diferenciar, desechar, arrugar, desigualar, exagerar*, fragmentar, debilitar*, enrarecer, escasear*, malear.

4. Ser imperfecto. Padecer, adolecer,cojear. V. SUFRIMIENTO 5.

Contr.: Perfección*, ventaja*, hermosura*.

V. DEFECTO, FEALDAD, DEBILIDAD, MONSTRUOSIDAD, DEFORMIDAD, DIFERENCIA, INFERIORIDAD, EXAGERACIÓN, ESCASEZ, EQUIVOCACIÓN, RUGOSIDAD, DETERIORO.

imperfecto. V. IMPERFECCIÓN 2.

imperial. Real, principesco, regio. V. REY 8.

imperialismo. Despotismo, yugo, colonialismo*. V. DOMINACIÓN 1.

imperialista. Opresor, déspota, absolutista. V. DOMINACIÓN 4.

impericia. Ineptitud, torpeza, inexperiencia. V. INÚTIL 5.

imperio. 1. Poderío*, supremacía, mando. V. DOMINACIÓN 1.
— **2.** Reino, principado, nación*. V. REY 6.
— **3.** Altivez, soberbia, orgullo. V. VANIDAD 1.

imperioso. Altivo, soberbio, orgulloso. V. VANIDAD 2.

impermeabilidad, impermeabilización. V. IMPERMEABLE 4.

impermeabilizar. V. IMPERMEABLE 5.

IMPERMEABLE. 1. Aislado*, protegido*, impenetrable, recubierto*, revestido, forrado, seco*, estanco, incomunicado, hermético, cerrado*, calafateado, alquitranado, encerado, engomado, embreado (v. 3), parafinado, engrasado, barnizado, pintado*.
— **2.** *Chubasquero*, impermeable, capote, gabán, trinchera, gabardina, capa, sobretodo, abrigo*, vestimenta*.
3. Materiales impermeables. Linóleo, hule, gutapercha, goma, caucho*, plástico*, encerado, forro, lona forrada, l. embreada, tela* revestida, engomada, embreada, aislada (v. 1), pintura*, barniz, grasa, parafina, brea, alquitrán, cera.
4. Impermeabilidad. Aislamiento, protección, recubrimiento*, impermeabilización, impenetrabilidad, resguardo, estanqueidad, sequedad, incomunicación, encerado, revestido, alquitranado, aislado (v. 1).
5. Impermeabilizar. Forrar, tapizar, proteger*, recubrir*, revestir, aislar*, secar*, cerrar*, calafatear, alquitranar, encerar, engomar, embrear, parafinar, engrasar, barnizar, pintar*.
Contr.: Permeable, húmedo, mojado*.

V. AISLAMIENTO, RECUBRIMIENTO, PROTECCIÓN, CAUCHO, SECAR, CERRAR.

impersonal. Indeterminado, indefinido, vulgar*. V. IMPRECISIÓN 2.

impertérrito. V. imperturbable.

impertinencia. V. impertinente.

impertinente. Insolente, descarado, atrevido. V. DESVERGÜENZA 2.

imperturbable. Inmutable, impávido, flemático. V. TRANQUILIDAD 5.

impétigo. Inflamación, erupción, sarpullido. V. HINCHAZÓN 2.

impetración. V. impetrar.

impetrar. Suplicar, rogar, implorar. V. PEDIR 1.

ímpetu. 1. Empuje, fuerza, violencia*. V. VIGOR 1.
— **2.** Vehemencia, fogosidad, ánimo. V. APASIONAMIENTO 1.

impetuoso. V. ímpetu 2.

impiedad. V. impío.

impío. 1. Incrédulo, descreído, sacrílego. V. HEREJÍA 3.
— **2.** V. implacable.

implacable. Inhumano, brutal, tiránico. V. CRUELDAD 2.

implantar. 1. Insertar, meter, colocar. V. INTRODUCIR 1.
— **2.** Instituir, establecer, fundar. V. CREAR 1.

implemento. Instrumento, utensilio, aparato*. V. HERRAMIENTA 1.

implicación. V. implicar 1.

implicar. 1. Complicar, enredar, liar. V. EMBRO-
LLO 2.
— **2.** Suponer, sugerir, apuntar. V. SIGNIFICA-
DO 4.
implícito. Sobreentendido, manifiesto, tácito. V.
EXPLICACIÓN 3.
implorante. V. implorar.
implorar. Suplicar, invocar, gemir*. V. PEDIR 1.
implume. Neófito, bisoño, novato. V. PRINCIPIO 8.
impolítico. Incorrecto, desatento, inoportuno. V.
DESCORTÉS 1.
impoluto. Impecable, inmaculado, limpio*. V.
PURO 1.
imponderable. 1. Eventualidad, riesgo, casualidad. V. AZAR 1.
— **2.** Imprevisible, incierto, arriesgado. V. AZAR 3.
— **3.** Inmejorable, excelente, inestimable. V.
MARAVILLA 2.
imponente. 1. Conmovedor, formidable, impresionante. V. EMOCIÓN 5.
— **2.** Enorme, monumental, grandioso. V.
GRANDE 1.
— **3.** Depositante, pagador, inversor. V. PA-
GAR 7.
imponer. 1. Aplicar, forzar, cobrar*. V. OBLIGAR 1.
— **2.** Corregir, condenar, sancionar. V. CAS-
TIGO 8.
— **3.** Conmover, asombrar*, impresionar. V.
EMOCIÓN 3.
— **4.** *Imponerse*, superar, vencer, dominar. V.
DOMINACIÓN.
impopular. Antipático*, desacreditado, molesto.
V. DESAGRADABLE 1.
impopularidad. Desprestigio, disconformidad,
descontento. V. DESAGRADABLE 4.
importación. Introducción, intercambio, compra*.
V. COMERCIO 1.
importador. Traficante, negociante, comprador*.
V. COMERCIANTE 6.
IMPORTANCIA. 1. Magnitud, trascendencia,
consecuencia, rango, categoría (v. 2), cuantía,
valor, grado, influjo, interés*, superioridad*,
medida*, alcance, repercusión, influencia,
envergadura, difusión, resonancia, realce, relieve, fundamento, ascendiente, predominio,
calibre, carácter, fuste, prestigio, principio*,
peso, crédito, enjundia, potencia, poder, tronío,
peligro*, dificultad*, urgencia*, significación,
grandiosidad*, vigor*, fuerza (v. 2).
— **2.** *Rango*, importancia, jerarquía, grado,
orden*, calidad, poder, categoría, señorío, nivel, casta, clase*, superioridad* (v. 1), encubrimiento, prominencia, posición, situación, fama,
prestigio, consideración, respeto, solemnidad;
orgullo, fatuidad, vanidad* (v. 1).
3. Importante. Esencial, principal, superior*,
trascendental, capital, notable, relevante, destacado, grande*, magno, preeminente, serio,
supremo, primordial, sobresaliente, prominente, fundamental, básico, medular, primero, poderoso, fuerte, influyente, famoso (v. 4), ilustre,

elemental, señalado, estratégico, decisivo, crítico, crucial, culminante, álgido, grave, central,
inicial, primario, enorme, valioso, estratégico,
neurálgico, vital, significativo, apreciable,
grandioso*, solemne, imprescindible, cardinal,
terminante, concluyente, urgente*, sustancial,
enjundioso, considerable, útil*, provechoso,
conveniente*, interesante*, cuantioso, amplio,
extenso*, grave, craso, espinoso, delicado, peligroso*, difícil*.
— **4.** *Afamado*, importante, famoso, prestigioso*, respetable, encumbrado, poderoso*,
todopoderoso, alto, destacado, significado,
distinguido, omnipotente, influyente, inabordable, ocupado, inaccesible, grande, excelso,
opulento, rico, próspero*, potentado, pudiente,
personaje, orgulloso*, vanidoso*.
5. Dar importancia. Destacar, importar, resaltar, señalar, influir, realzar, favorecer, subrayar,
acentuar, enfatizar, trascender, valorar, valorizar, fundamentar, significar, potenciar, pesar, interesar*, concernir, relacionar, incumbir, tocar,
conectarse, vincularse, atañer, competer (v. 6).
6. Tener importancia. Importar, predominar,
prevalecer, exceder, preponderar, superar,
aventajar, valer, poder, interesar*, atañer,
competer, vincularse (v. 1).
Contr.: Intrascendencia, pequeñez*, insignificancia*.
V. SUPERIORIDAD, PRINCIPIO, URGENCIA, INTE-
RÉS, PODER, GRANDEZA, UTILIDAD, PELIGRO,
DIFICULTAD, ORGULLO, VANIDAD.
importante. V. IMPORTANCIA 3, 4.
importar. 1. V. IMPORTANCIA 6.
— **2.** Negociar, adquirir, introducir. V. COM-
PRA 4.
importe. Total, precio, suma. V. COSTAR 3.
importunar. Fastidiar, incomodar, hostigar. V.
MOLESTIA 4.
importuno. Cargante, fastidioso, enojoso. V.
MOLESTIA 3.
imposibilidad. Impedimento, inconveniente, obstáculo. V. DIFICULTAD 1.
imposibilitado. Tullido, paralítico, lisiado. V. IN-
VÁLIDO 1.
imposibilitar. 1. Obstaculizar, prohibir*, impedir.
V. DIFICULTAD 5.
— **2.** Lisiar, tullir, baldar. v. INVÁLIDO 3.
imposible. 1. Irrealizable, absurdo, inútil. V. DI-
FICULTAD 2.
— **2.** Insufrible, enojoso*, incómodo. V. MO-
LESTIA 3.
imposición. 1. Exigencia, orden*, coacción. V.
OBLIGAR 3.
— **2.** Tributo, contribución, impuesto. V. FIS-
CO 3.
impostergable. Ineludible, forzoso, inevitable. V.
OBLIGAR 6.
impostor. Farsante, tramposo, embaucador. V.
SIMULACIÓN 5.
impostura. V. impostor.

impotencia. 1. Infecundidad, frialdad, decrepitud. V. ESTÉRIL 5.
— **2.** Incapacidad, carencia, insuficiencia. V. INÚTIL 4.
impotente. V. impotencia.
impracticable. 1. V. imposible 1.
— **2.** Abrupto, escarpado, escabroso. V. MONTAÑA 5.
imprecación. Juramento, denuesto, invectiva. V. MALDICIÓN 3.
impreciso. V. IMPRECISIÓN 2.
IMPRECISIÓN. 1. Inexactitud, indeterminación, inseguridad, vaguedad, confusión, incertidumbre, divagación, ambigüedad, indiferencia*, indecisión, duda*, vacilación, dilema, titubeo, alternativa, misterio*, enigma, secreto*, digresión, desorden *, desconocimiento, ignorancia*, incoherencia, dificultad, impenetrabilidad, impropiedad, hermetismo, densidad, incorrección, equivocación*, desacierto, imperfección*, equívoco, perífrasis, circunloquio, rodeo, sutilezas, anfibología, tergiversación, juego de palabras, ironía*, parábola, indirecta, ambages, aproximación, doble sentido, enredo, fárrago, turbiedad, oscuridad, desaparición, opacidad, turbulencia, ensombrecimiento, nebulosidad.
2. Impreciso. Indeterminado, indefinido, inseguro, ambiguo, evasivo, vago, confuso, inexacto, incierto, inconcreto, impersonal, corriente, vulgar*, desconcertante, indeciso, equívoco, dudoso*, inestable, errático, indiferente*, desconocido, vacilante, neutro, tergiversado, sutil, desordenado*, indirecto, imperfecto*, alternativo, aproximado, enredoso, farragoso, enrevesado, impropio, incoherente, insondable, difícil, inescrutable, impenetrable, raro*, secreto*, enigmático, misterioso*, desacertado, ilegible, incorrecto, indescifrable, ininteligible, incomprensible*, abstruso, esotérico, sibilino, arcano, denso, hermético.
— **3.** Borroso, impreciso, confuso, desdibujado, velado, difuminado, turbio, oscuro*, opaco, turbulento, nebuloso, sombrío, ennegrecido, indistinto, desvaído, descolorido.
4. No precisar. Tergiversar, vacilar, divagar, indeterminar, dudar*, evadir, desconcertar, confundir*, desconocer, equivocar*, dificultar*, desorientarse, desvariar, embrollar*, desviarse*, rodear, eludir, esquivar*, ofuscarse, enredar, ensombrecer, difuminar, enturbiar, oscurecer*, ennegrecer, opacar*, decolorar, neutralizar.
Contr.: Precisión, exactitud*, seguridad*.
V. INCOMPRENSIBLE, DIFICULTAD, DUDA, CONFUSIÓN, EQUIVOCACIÓN, MISTERIO.
impreciso. V. IMPRECISIÓN 2.
impregnación. Empapamiento, embebimiento, humedecimiento. V. MOJAR 4.
impregnar. Embeber, humedecer, empapar. V. MOJAR 1.
impremeditado. Repentino, impensado, sincero*. V. ESPONTÁNEO 2.

IMPRENTA. 1. Artes gráficas, arte, actividad de imprimir; establecimiento, taller, instalación; aparato*, mecanismo, máquina* de imprimir.
2. Procedimientos. Tipografía, offset o litografía, huecograbado o calcografía, xilografía, fotograbado, fototipia, galvanotipia, tricromía, cuatricromía, cromolitografía, serigrafía, fotocomposición; xerografía; xerocopia, fotocopia (v. 3-5).
3. Máquinas. Prensa de mano, tórculo (antiguo), linotipia (v. 4), monotipia, intertipia, electrotipia, minerva, fotocomponedora, rotativa, r. de huecograbado, prensa litográfica, máquina offset, máquina de cilindros (cilindros, bobina, forma, clisé); plegadora, máquina de coser, encuadernadora* o máquina de cubrir.
4. Linotipia. Linotipo, máquina impresora, m. de componer, de tipografía, de imprimir. Descripción: teclado, almacén de matrices, crisol, fundido de líneas tipográficas, metal en fusión, componedor, elevador de matrices, barra distribuidora.
5. Composición. Letra*, cuerpo (de letra), tipo, cícero, punto, tipómetro, interlínea, regleta, justificación, composición a mano, tipos móviles, caja, c. alta, c. baja, cajetín, componedor, galera; composición mecánica, fundido de tipos, molde, matriz, forma, clisé, galerín, fotolito, plancha, grabado, platina, cuadra-fin, recorrido, empastelado, sangría, imposición, ajuste, compaginación; prueba, galerada, letra* (v. 6). Fotocomposición, fotomecánica.
6. Letras. Letra, cuerpo, tipo, carácter, familia. Letra de caja alta o mayúscula, de caja baja o minúscula, versal, versalita, cursiva, negrita, redonda; letra del cuerpo 5, 6, 7, 8, 12, etc., o de 5, 6, 7, 8, 12 puntos, etc.; tipo o letra parisiena, nomparell, miñona, parangona; carácter romano, egipcio, paloseco, elzeviriano, gótico.
7. Impreso. Original, manuscrito, original mecanografiado, octavilla, volante, panfleto, catálogo, folleto, formulario, oficio, esquela, inscripción, prospecto, manifiesto, aviso, boletín, fascículo, opúsculo, libelo, pasquín, documento*, artículo, copia, transcripción, parte, informe, cuartilla, hoja, papel*, nota*, circular (v. escrito*). Confección: prueba, galerada, línea, renglón, columna, margen, espacio, orla, viñeta, filete, título, rótulo, anteportada, portada, portadilla, colofón, pie de imprenta, imprimátur, nihil obstat (v. libro*); corrección, errata, deleátur. Incunable, edición príncipe, libro*, folleto, cuaderno*, cuadernillo, ejemplar, título, modelo, maqueta; formatos: folio, cuarto, octavo, 16.°, 32.°.
8. Impresión. Tirada, edición, estampación, reproducción; composición, impresión, impresión digital, impresión directo a plancha (CTP), ajuste, compaginación, encuadernación*.
9. Acción. Imprimir, tirar, estampar, reproducir, copiar*, reimprimir, reeditar, tipografiar (v.

457

impúber

2), publicar, editar; grabar, componer, ajustar, entintar, justificar, imponer, espaciar, regletear, parangonar, recorrer, alzar, distribuir, sangrar, empastelar, corregir, compaginar, encuadernar*.
10. Personas. Editor, impresor, regente, corrector, linotipista, monotipista, tipógrafo, cajista, componedor, liniero, prensista, minervista, grabador, encuadernador, operario, distribuidor, librero*.
V. LIBRO, ESCRITO, LETRA, ENCUADERNACIÓN.
imprescindible. Forzoso, indispensable, necesario. V. NECESIDAD 5.
impresión. 1. V. IMPRENTA 8.
— **2.** Efecto, evocación, sensación. V. PERCIBIR 4.
— **3.** Rastro, huella, marca. V. SEÑAL 1.
impresión dactilar. Huella digital, señal*, rastro. V. DACTILARES (HUELLAS).
impresionable. Delicado, sensible, emotivo. V. EMOCIÓN 7.
impresionante. Inquietante, sobrecogedor, conmovedor. V. EMOCIÓN 5.
impresionar 1. Inquietar, admirar, conmover. V. EMOCIÓN 3.
— **2.** Asustar, angustiar, espantar. V. TEMOR 3.
impresionismo. Escuela pictórica, tendencia, estilo de pintura. V. PINTURA 5.
impreso. V. IMPRENTA 7.
impresor. V. IMPRENTA 10.
imprevisible. Insospechado, inesperado, brusco. V. REPENTINO 1.
imprevisión. Negligencia, olvido, inadvertencia. V. DESCUIDO 1.
imprevisor. Descuidado*, negligente, despreocupado. V. DESCUIDO 5.
imprevisto. Súbito, rápido*, inesperado. V. REPENTINO 1.
imprimir. V. IMPRENTA 9.
improbable. Incierto, inseguro, dudoso. V. DUDA 3.
ímprobo. Abrumador, fatigoso*, trabajoso*. V. DIFICULTAD 3.
improcedente. Inadecuado, indebido, incorrecto. V. IMPROPIO 1.
improductividad. V. improductivo.
improductivo. Pobre*, infecundo, yermo. V. ESTÉRIL 1.
impromptu. Pieza musical, p. corta, p. improvisada. V. MÚSICA 3.
impronta. Impresión, huella, marca. V. SEÑAL 1.
improperio. Injuria, insulto, denuesto. V. OFENSA 2.
impropiamente. V. IMPROPIO 2.
impropiedad. V. IMPROPIO 3.
IMPROPIO. 1. Indebido, incorrecto, inadecuado, inoportuno*, intempestivo, improcedente, extemporáneo, incómodo, perjudicial*, ofensivo, molesto*, dañino, inconveniente, ilícito, ilegal*, inexacto, equivocado*, erróneo, defectuoso*, irregular, imperfecto, discordante, desacos-

tumbrado, anormal*, raro*, ridículo*, desigual, extraño, desusado, incompatible, contrario, incongruente.
2. Impropiamente. Indebidamente, incorrectamente, inadecuadamente (v. 1).
3. Impropiedad. Incorrección, inoportunidad, extemporaneidad, inconveniencia, ilicitud, ilegalidad*, inexactitud, equivocación*, falta, error, defecto*, irregularidad, anormalidad*, rareza*, incongruencia, discordancia, incompatibilidad, desigualdad, disparate*, ridiculez*, molestia*.
Contr.: Conveniente*, útil*, legal*, normal.
V. INOPORTUNO, PERJUDICIAL, MOLESTO, ILEGAL, EQUIVOCADO, IRREGULAR, DEFECTUOSO, RIDÍCULO, RARO, ANORMAL.
improrrogable. Inaplazable, perentorio, impostergable. V. URGENCIA 2.
improvisación. Espontaneidad, naturalidad, habilidad*. V. RAPIDEZ 1.
improvisado. Natural, repentino, espontáneo. V. RAPIDEZ 2.
improvisar. Preparar, organizar, ingeniárselas. V. CREAR 1.
improviso (de). Súbitamente, de pronto, imprevistamente. V. REPENTINO 2.
IMPRUDENCIA. 1. Riesgo, audacia, temeridad, osadía*, precipitación, ímpetu, ligereza, impulsividad, inexperiencia, inutilidad*, disparate*, locura*, aventura, arrebato, nerviosidad*, alocamiento, irreflexión, descuido*, atolondramiento, indecisión, apresuramiento, confianza*, atrevimiento, valor, indiscreción, ofuscamiento, inseguridad, despreocupación, lance, aventura, insensatez, barbaridad*, necedad, desatino, violencia*, contingencia, error, equivocación*, olvido*, falta.
2. Imprudente. Precipitado, arriesgado, osado*, audaz, temerario, expuesto, arrebatado, apasionado, impetuoso, violento*, peligroso*, loco*, impulsivo*, valeroso, apresurado, atolondrado, atropellado, descuidado*, nervioso*, ofuscado, exaltado, incauto, disparatado*, alocado, irreflexivo, confiado, ligero, inexperto, inútil*, inseguro, inhábil, indeciso, atrevido, arrojado, indiscreto, despreocupado, olvidadizo*, aventurero, tarambana, insensato, necio, bárbaro*, desatinado, errado, equivocado*.
3. Ser imprudente. Arriesgarse, osar*, precipitarse, disparatar*, aturdirse, enloquecer, equivocarse*, errar, arrebatarse, apresurarse, atolondrarse, aventurarse, descuidarse*, olvidar*, faltar, despreocuparse, atropellarse, atreverse, ofuscarse, desatinar.
Contr.: Prudente, formal*, sensato, moderado*, juicioso.
V. OSADÍA, DESCUIDO, OLVIDO, EQUIVOCACIÓN, INUTILIDAD, DISPARATE, LOCURA, VIOLENCIA, PELIGRO.
imprudente. V. IMPRUDENCIA 2.
impúber. Muchacho, joven*, adolescente. V. NIÑO 1.

impudicia. V. impúdico.

impúdico. Desvergonzado, obsceno, procaz. V. INDECENCIA 2.

impuesto. Gravamen, arbitrio, tributo. V. FISCO 3.

impugnar. Refutar, oponerse, objetar. V. RECHAZAR 1.

impulsar. 1. Lanzar, impeler, despedir. V. EMPUJAR 1.

— **2.** Promover, fomentar, ayudar*. V. DESARROLLO 3.

impulsividad. V. impulsivo.

impulsivo. 1. Vehemente, arrebatado, precipitado. V. APASIONAMIENTO 2.

— **2.** Temerario, expuesto, arriesgado. V. IMPRUDENCIA 2.

impulso. 1. Arrebato, ímpetu, vehemencia. V. APASIONAMIENTO 1.

— **2.** Aliento, incentivo, acicate. V. ESTÍMULO 1.

— **3.** Propulsión, envión, empujón. V. EMPUJAR 3, 4.

— **4.** Fomento, promoción, ayuda. V. DESARROLLO 1.

impulsor. Impelente, propulsor, motriz. V. MOTOR 5.

impune. Privilegiado, favorecido, sin castigo. V. PRIVILEGIO 3.

impunemente. Injustamente, ilegalmente, abusivamente. V. ABUSO 8.

impunidad. Inmunidad, ilegalidad*, abusos. V. INJUSTICIA 1.

impureza. 1. Suciedad*, mezcla*, sedimento. V. RESIDUO 1.

— **2.** V. impuro.

impuro. 1. Mestizo, híbrido, cruzado. V. ETNIAS 9.

— **2.** Inmundo, adulterado, mezclado*. V. MEZCLA 7.

— **3.** Corrompido, deshonesto, sucio. V. INDECENCIA 2.

imputar. Achacar, atribuir, reprochar. V. CULPA 8.

inabordable. Atareado, inaccesible, ocupado. V. IMPORTANCIA 4.

inacabable. Eterno, prolongado, interminable. V. DURACIÓN 3.

inacabado. Inconcluso, incompleto, defectuoso. V. IMPERFECCIÓN 2.

inaccesible. 1. V. inabordable.

— **2.** Impenetrable, escarpado, distante*. V. MONTAÑA 5.

— **3.** Difícil*, abstruso, ininteligible. INCOMPRENSIBLE 1.

inacción. V. inactividad.

inaceptable. V. inadmisible.

inactividad. 1. Paro, detención, paralización. V. INMÓVIL 2.

— **2.** Pereza, indolencia, descenso*. V. HOLGAZÁN 2.

— **3.** Cesantía, paro, jubilación. V. TRABAJO 12.

inactivo. V. inactividad.

inadaptado. Incompatible, inconformista, inútil*. V. REBELDE 1.

inadecuado. Incongruente, incorrecto, inconveniente. V. IMPROPIO 1.

inadmisible. Inaceptable, absurdo, inconveniente. V. DISPARATE 2.

inadvertencia. Omisión, error, negligencia. V. DESCUIDO 1.

inadvertido. 1. Inesperado, rápido*, brusco. V. REPENTINO 1.

— **2.** Arrinconado, ignorado, anónimo. V. OLVIDO 7.

inagotable. Interminable, inacabable, inextinguible. V. DURACIÓN 3.

inaguantable. Insufrible, insoportable, fastidioso. V. MOLESTIA 3.

inalcanzable. Inaccesible, quimérico, imposible. V. DIFICULTAD 3.

inalienable. Irrenunciable, exclusivo, intransferible. V. CARACTERÍSTICA 3.

inalterable. Fijo, perdurable, invariable. V. PERMANECER 3.

inamistoso. Antagonista, hostil, opuesto. V. ENEMISTAD 3.

inamovible. Permanente, estable, inmóvil*. V. PERMANECER 2.

inane. Trivial, vacuo, fútil, baladí. V. INSIGNIFICANTE 1.

inanición. Extenuación, desfallecimiento, agotamiento. V. DEBILIDAD 2.

inanidad. Trivialidad, vacuidad, futilidad, inutilidad*. V. INSIGNIFICANTE 3.

inanimado. Yerto, desmayado*, quieto. V. INMÓVIL 1.

inapelable. Irrevocable, ineludible, indiscutible. V. OBLIGAR 6.

inapetencia. V. inapetente.

inapetente. Desganado, harto, hastiado. V. SACIAR 3.

inaplazable. Impostergable, necesario*, apremiante. V. URGENCIA 2.

inapreciable. 1. Valioso, inestimable, único. V. ÚTIL 1.

— **2.** Desdeñable, imperceptible, minúsculo. V. INSIGNIFICANTE 1.

inarmónico. Desentonado, discordante, desafinado. V. SONIDO 4.

inasequible. 1. Inabordable, inalcanzable, imposible. V. DIFICULTAD 3.

— **2.** Confuso, ininteligible, intrincado. V. INCOMPRENSIBLE 1.

inatacable. Fuerte, inexpugnable, invulnerable. V. PROTECCIÓN 7.

inaudito. Inverosímil, insólito, inconcebible. V. RAREZA 2.

inauguración. Estreno, apertura, ceremonia. V. PRINCIPIO 2.

inaugural. Preliminar, inicial, del estreno. V. PRINCIPIO 7.

inaugurar. Iniciar, estrenar, establecer. V. PRINCIPIO 10.

inca. Indígena, nativo, monarca indio. V. INDIO 8.

incalculable. Inmenso, incontable, infinito. V. ABUNDANCIA 2.

incalificable. Abominable, vergonzoso*, reprobable. V. CONDENA 6.

incandescencia. Resplandor, fulgor, llama. V. FUEGO 1, 2.

incandescente. Resplandeciente, llameante, fulgurante. V. FUEGO 7.

incansable. Aguantador, vigoroso*, infatigable. V. RESISTENCIA 7.

incapacidad, incapacitado. 1. V. incapacitar.
— **2.** V. incapaz.

incapacitar. 1. Invalidar, descalificar, impedir. V. PROHIBICIÓN 2.
— **2.** Lisiar, tullir, inutilizar. V. INVÁLIDO 3.

incapaz. 1. Torpe, inepto, incompetente. V. INÚTIL 2.
— **2.** Lisiado, tullido, impedido. V. INVÁLIDO 1.
— **3.** V. incapacitar.

incautarse. Requisar, confiscar, decomisar. V. APROPIARSE 1.

incauto. Crédulo, ingenuo, imprudente*. V. INOCENCIA 4.

incendiar. V. INCENDIO 2.

incendiario. V. INCENDIO 3.

INCENDIO. 1. Siniestro, abrasamiento, fuego*, calor*, quema, ignición, combustión, conflagración, deflagración, desastre*, accidente*, encendimiento, infierno, hoguera, pira, llamas, calcinación, chamuscamiento, achicharramiento, carbonización, incineración, inflamación, combustibilidad, hoguera, fogata, lumbre, brasa, tea, falla, chispa, percance, accidente*, daño, ruina, catástrofe.
2. Acción. Incendiar, encender, quemar, abrasar, arder, prender, asar, calcinar, deflagrar, inflamar, conflagrar, combustionar, chamuscar, achicharrar, propagarse, extenderse, aumentar, tomar incremento, avivarse, reavivarse, incinerar, carbonizar, llamear, alumbrar, arruinar, accidentar, dañar. Extinguir, sofocar, apagar, dominar, limitar, aislar.
3. Incendiario. Pirómano, lunático, trastornado, maniático*, maníaco, vesánico, perturbado, enajenado, loco*, demente.
— **4.** Fogoso, arrebatado, violento*. V. APASIONAMIENTO 2.
5. Bombero. Experto, auxiliar, miembro del cuerpo, integrante, componente, funcionario, servidor público; jefe de bomberos, capitán de bomberos, zapador bombero, conductor de autobomba, guardabombas, voluntario.
6. Bomberos. Cuerpo de bomberos, personal, servicio contra incendios, parque de bomberos.
7. Elementos. Cuartel de bomberos, cuartelillo, alojamientos, torre de prácticas, garaje, sirena de alarma, alarma de incendios, barra de descenso, camión de bomberos, autobomba, escalera extensible, e. giratoria, e. de ganchos, bomba, motobomba, manguera o manga, boquilla o lanza de la manga, carrete de la manga, acoplamiento, boca de agua, lona de salvamento, lona de deslizamiento, reflector, extintor*, e. de mano, e. de espuma, casco (con cubrenuca), cinturón con argolla, mosquetón, máscara antihumos, aparato de oxígeno, cuerdas, hacha, piqueta, traje de amianto, linterna.
V. FUEGO, CALOR, DESASTRE, ACCIDENTE, EXTINTOR.

incensar. Lisonjear, alabar, halagar. V. ADULACIÓN 3.

incensario. Naveta, braserillo, recipiente. V. RECEPTÁCULO 3.

incentivo. Aliciente, incitación, acicate. V. ESTÍMULO 1.

incertidumbre. Indecisión, vacilación, sospecha*. V. DUDA 1.

incesante. Constante, ininterrumpido, prolongado. V. CONTINUACIÓN 2.

incesto. Fornicación, relación sexual entre parientes*. V. SEXO 6.

incidencia. V. incidente.

incidental. Ocasional, secundario, episódico. V. CIRCUNSTANCIA 2.

incidente. 1. Episodio, hecho, acontecimiento. V. SUCESO 1.
— **2.** Peripecia, disputa, desgracia*. V. PELEA 1.

incidir. Cometer, incurrir, caer. V. CULPA 6.

incienso. Mirra, resina, producto aromático. V. PERFUME 4.

incierto. 1. Variable*, inseguro, indeterminado. V. DUDA 3.
— **2.** Inexacto, falso*, incorrecto. V. EQUIVOCACIÓN 3.

incinerar. Calcinar, carbonizar, quemar. V. FUEGO 6.

incipiente. Inicial, naciente, primitivo. V. PRINCIPIO 7.

incisión. Cuchillada, tajo, sección. V. CORTAR 4.

incisivo. 1. Diente anterior, delantero, pieza dental. V. DIENTE 1.
— **2.** Mordaz, punzante, cáustico. V. IRONÍA 2.

inciso. Nota*, acotación, observación. V. EXPLICACIÓN 1.

incitación. Aliciente, exhortación, acicate. V. ESTÍMULO 1.

incitante. Interesante*, atractivo*, tentador. V. ESTÍMULO 2.

incitar. 1. Animar*, excitar, impulsar. V. ESTÍMULO 5.
— **2.** Aguijonear, provocar, importunar. V. HOSTIGAR 1.

incivil. Grosero, inculto, incorrecto. V. DESCORTÉS 1.

inclemencia. 1. Crudeza, aspereza, rigor. V. METEOROLOGÍA 7.
— **2.** Brutalidad*, saña, impiedad. V. CRUELDAD 1.

inclemente. V. inclemencia.

inclinación. V. INCLINAR 3.

inclinado. V. INCLINAR 6.

INCLINAR. 1. Ladear(se), desnivelar, torcer*, cruzar*, vencer, sesgar, atravesar, terciar, requintar, desviar*, esquinar, mover*, empinar, recostar, reclinar, cargar*, apartar, peraltar, curvar*, escorar, tumbar*, acostar, apoyar, oscilar, doblar, deprimir, desplazar, volver, colocar*, cambiar*, subir*, bajar*, abatir.
— **2.** *Inclinarse*, bajarse, agacharse*, agazaparse, ocultarse, esconderse, arrodillarse, acuclillarse, prosternarse, hincarse, postrarse, humillarse*, saludar*, venerar, adorar, hacer una reverencia, h. un saludo, protegerse, atrincherarse, resguardarse, escudarse.
3. Inclinación. Oblicuidad, ladeo*, sesgo, ángulo, desplome, peralte, cruce, torcimiento, caída, bies, desvío*, desviación, escora, declive, curva*, diagonal, oscilación, vencimiento; desnivel, subida*, cuesta*, bajada*, talud, pendiente, rampa, depresión, revuelta.
— **4.** Tendencia, disposición, vocación. V. PREFERENCIA 1.
— **5.** Venia, reverencia, además. V. SALUDO 2.
6. Inclinado. Ladeado*, desviado, oblicuo, desnivelado, desigual, torcido, diagonal, apartado, transversal, atravesado, sesgado, cruzado, terciado, curvado*, encorvado, recostado, acostado, gacho, tumbado*, caído, pendiente, levantado, empinado, bajado, vencido, deprimido, derrengado, escorado, subido, pino, en cuesta*.
Contr.: Enderezar, levantar.
V. SUBIR, BAJAR, TORCER, DESVIAR, TUMBAR, CUESTA, CURVA, SALUDO.

ínclito. Esclarecido, ilustre, insigne. V. PRESTIGIO 2.
incluido. V. incluir.
incluir. 1. Meter, insertar, poner. V. INTRODUCIR 1.
— **2.** Contener, comprender, englobar. V. CABER 1.
inclusa. Casa cuna, orfanato, hospicio. V. HUÉRFANO 3.
inclusero. Hospiciano, expósito, asilado. V. HUÉRFANO 1.
inclusión. Colocación*, instalación, inserción. V. INTRODUCIR 4.
inclusive. V. incluso.
incluso. Hasta, inclusive, comprendido. V. TODAVÍA.
incoar. Iniciar, entablar, pleitear. V. TRIBUNAL 10.
incoercible. Irresistible, incontenible, irrefrenable. V. INTENSIDAD 3.
incógnita. Interrogante, secreto, enigma. V. MISTERIO 1.
incógnito. Encubierto, secreto*, disimulado. V. MISTERIO 3.
incoherencia. V. incoherente.
incoherente. Desatinado, disparatado*, confuso. V. INCOMPRENSIBLE 1.
incoloro. 1. Descolorido, desteñido, transparente*. V. CLARO 1, 2.
— **2.** Soso, anodino, desabrido. V. INSUSTANCIAL 2.

incólume. Íntegro, entero, intacto. V. INDEMNE 1.
incombustible. Resistente, ignífugo, refractario. V. FUEGO 8.
incomestible. Desagradable*, repugnante*, rancio. V. GUSTO 8.
incomible. V. incomestible.
incomodar. Estorbar, disgustar*, fastidiar. V. MOLESTIA 6.
incomodidad. Estorbo, disgusto*, fastidio. V. MOLESTIA 1.
incómodo. 1. Enfadoso, irritante, fastidioso. V. MOLESTIA 3.
— **2.** Arduo, pesado, fatigoso*. V. DIFICULTAD 3.
incomparable. Excelente, magnífico, insuperable. V. MARAVILLA 2.
incompatibilidad. Oposición*, repulsión, antipatía*. V. DISCREPANCIA 1.
incompatible. Opuesto, desavenido, contrario. V. DISCREPANCIA 2.
incompetencia. V. incompetente.
incompetente. Inepto, incapaz, torpe. V. INÚTIL 2.
incompleto. Falto, inconcluso, imperfecto*. V. DEFECTO 3.
incomprendido. Desdeñado, postergado, olvidado*. V. DESPRECIO 4.
INCOMPRENSIBLE. 1. Inexplicable, impenetrable, ininteligible, confuso, intrincado, dudoso*, incierto, enigmático, indescifrable, difícil*, profundo, insondable, enrevesado, abstruso, difuso, farragoso, extenso, aburrido*, pesado, embarullado, embrollado*, inaccesible, inasequible, ambiguo, secreto*, misterioso*, turbio, oscuro, nebuloso, insoluble, inconexo, incoherente, incongruente, deshilvanado, inextricable, recóndito, absurdo, disparatado*, desatinado, ilegible, equívoco, equivocado*, complejo, complicado, problemático, tergiversado, extraño, , raro*, cerrado, velado, denso, inconcebible, inasible, oculto, cabalístico, esotérico, hermético, arcano, inescrutable, sibilino.
2 Incoherencia. Confusión, duda*, ambigüedad, dificultad*, misterio*, secreto*, absurdo, disparate*, galimatías,chino, fárrago, jerga, jerigonza, enigma, problema, equívoco, equivocación*, profundidad, oscuridad, incertidumbre, turbiedad, complejidad, hermetismo, complicación, embrollo*, enredo, ignorancia, rodeo.
3. Hacer incomprensible. Tergiversar, complicar, equivocar*, dificultar*, enrevesar, enturbiar, oscurecer, disparatar*, velar, cerrar, embrollar*, ocultar*, enredar.
Contr.: Comprensible, inteligible*.
V. EMBROLLADO, DIFÍCIL, DISPARATADO, MISTERIOSO, SECRETO, EQUIVOCADO, OCULTO.
incomprensión. Desdén, desinterés, indiferencia*. V. INTRANSIGENCIA 1.
incomunicación. Separación, encierro, apartamiento. V. AISLAMIENTO 1.
incomunicado. V. incomunicar.

incomunicar. Encerrar, apartar, separar*. V. AISLAMIENTO 3.

inconcebible. Inaudito, increíble, absurdo. V. DISPARATE 2.

inconciliable. V. incompatible.

inconcluso. Incompleto, inacabado, imperfecto. V. DEFECTO 3.

inconcreto. Indefinido, vago, dudoso. V. IMPRECISIÓN 2.

incondicional. 1. Absoluto, ilimitado, terminante. V. TOTAL 2.
— **2.** Seguidor, partidario, adicto. V. SIMPATÍA 5.

inconexo. Incongruente, deshilvanado, ininteligible. V. INCOMPRENSIBLE 1.

inconfesable. Infame, bochornoso, vergonzoso*. V. DESHONRA 2.

inconfundible. Peculiar, típico, particular. V. CARACTERÍSTICA 3.

incongruencia. V. incongruente.

incongruente. Incoherente, impropio*, absurdo. V. DISPARATE 2.

inconmesurable. Enorme, infinito, inmenso. V. EXTENDER 5.

inconmovible. 1. Cruel*, inmutable, impasible. V. INDIFERENCIA 2.
— **2.** Sólido, fuerte, firme. V. RESISTENCIA 6.

inconquistable. Invulnerable, inexpugnable, invicto. V. PROTECCIÓN 7.

inconsciencia. 1. Inadvertencia, imprudencia*, descuido*. v. ATURDIMIENTO 1.
— **2.** Desfallecimiento, insensibilidad, síncope. V. DESMAYO 1.

inconsciente. 1. Irresponsable, negligente, insensato. V. DESCUIDO 5.
— **2.** Involuntario, automático, maquinal. V. ESPONTANEO 2.
— **3.** Desfallecido, desvanecido, insensible. V. DESMAYO 3.
— **4.** Subconsciente. V. PSICOLOGÍA 4.

inconsecuencia. V. inconsecuente.

inconsecuente. Informal, voluble, irreflexivo. V. VARIAR 8.

inconsiderado. Desatento, grosero, abusador*. V. DESCORTÉS 1.

inconsistencia. Fragilidad, flojedad, levedad*. V. DEBILIDAD 1.

inconsistente. Endeble, frágil, leve*; contradictorio. V. DEBILIDAD 4, LÓGICA 3.

inconsolable. Apenado, desesperado, triste. V. AFLICCIÓN 5.

inconstancia. V. inconstante.

inconstante. 1. Desigual, mudable, inestable. V. VARIABLE 7.
— **2.** Veleidoso, informal, voluble. V. VARIABLE 8.

inconstitucional. Antijurídico, anticonstitucional. V. ILEGAL 1.

incontable. Numeroso, infinito, incalculable. V. ABUNDANCIA 2.

incontenible. Invencible, irresistible, arrollador. V. PODER 4.

incontestable. V. incontrastable.

incontinencia. Intemperancia, vicio, desenfreno. V. SEXO 3.

incontinente. V. incontinencia.

incontinenti. Prontamente, al instante, inmediatamente. V. RAPIDEZ 4.

incontrastable. Innegable, indiscutible, verdadero*. V. INDUDABLE 1.

incontrolable, incontrolado. Indisciplinado, desmandado, suelto. V. REBELDE 1.

incontrovertible. V. incontrastable.

inconveniencia. V. inconveniente.

inconveniente. 1. Obstáculo, molestia*, trastorno. V. DIFICULTAD 1.
— **2.** Inadecuado, incómodo, incompatible. V. IMPROPIO 1.
— **3.** Indecoroso, licencioso, descortés*. V. INDECENCIA 2.

incordiar. Hostigar, incomodar, fastidiar. V. MOLESTIA 6.

incorporar. 1. Fusionar, juntar, asociar*. V. UNIR 7.
— **2.** *Incorporarse*, alzarse, levantarse, enderezarse. V. SUBIR 1, 2.
— **3.** Inscribirse, alistarse, ingresar. V. ASOCIACIÓN 1.

incorpóreo. Intangible, etéreo, inmaterial. V. LEVE 1.

incorrección. 1. Imperfección*, deficiencia, irregularidad*. V. DEFECTO 1.
— **2.** Error, descuido, desacierto. V. EQUIVOCACIÓN 1.
— **3.** Inconveniencia, ilegalidad*, falta. V. IMPROPIO 2.
— **4.** Desatención, desconsideración, grosería. V. DESCORTÉS 2.
— **5.** V. incorrección gramatical.

incorrección gramatical. Barbarismo, solecismo, extranjerismo. V. GRAMÁTICA 18.

incorrecto. V. incorrección.

incorregible. Impenitente, empedernido, recalcitrante. V. OBSTINACIÓN 2.

incorruptible. Intachable, honesto, íntegro. V. HONRADEZ 2.

incorrupto. 1. Incólume, entero, conservado. V. INDEMNE 1.
— **2.** Virtuoso, limpio, honrado*. V. PURO 2.

incredulidad. V. incrédulo.

incrédulo. 1. Receloso, suspicaz, desconfiado. V. SOSPECHA 2.
— **2.** Irreligioso, descreído, ateo. V. HEREJÍA 3.
— **3.** Atónito, pasmado, admirado. V. ASOMBRO 3.

increíble. Inverosímil, inaudito, asombroso*. V. RAREZA 2.

incrementar. Agrandar, desarrollar*, engrandecer. V. AUMENTAR 1.

incremento. Crecimiento, intensificación*, ampliación*. V. AUMENTAR 4.

increpar. Amonestar, regañar, reñir. V. REPREN-
DER 1.

incriminar. Imputar, atribuir, acusar*. V. ACU-
SACIÓN 2.

incruento. Benigno, inofensivo, suave*. V. INO-
CENCIA 5.

incrustación. 1. Costra, sedimento, adherencia. V.
RECUBRIMIENTO 1.

— **2.** Taraceado, marquetería, damasquinado.
V. ADORNO 1.

incrustado. Adherido*, pegado, recubierto. V.
ADHERIR 10.

incrustar. 1. Embutir, encajar, empotrar. V. IN-
TRODUCIR 1.

— **2.** V. incrustación 2.

incubación. 1. V. incubar.

— **2.** Evolución, plazo, período de desarrollo.
V. INFECCIÓN 3.

incubadora. Artefacto, aparato, calefactor. V.
AVICULTURA 7.

incubar. 1. Empollar, calentar, caldear. V. AVI-
CULTURA 11.

— **2.** *Incubarse*, incrementarse, prepararse, desarrollarse*. V. BROTAR 1.

— **3.** Evolucionar, infectar, contaminar. V. IN-
FECCIÓN 7.

íncubo. Diablo, aparición, espíritu. V. DEMONIO 1.

incuestionable. Indiscutible, evidente, innegable.
V. INDUDABLE 1.

inculcar. Infundir, comunicar, imbuir. V. INSPIRA-
CIÓN 3.

inculpado. Imputado, procesado, encartado. V.
ACUSACIÓN 4.

inculpar. Incriminar, reprochar, censurar. ACU-
SACIÓN 2

inculto. 1. Atrasado, rudo, analfabeto. V. IGNO-
RANCIA 1.

— **2.** Agreste, rústico, enmarañado. V. BOS-
QUE 4.

incultura. V. inculto 1.

incumbencia. V. INCUMBIR 2.

incumbente. V. INCUMBIR 3.

INCUMBIR. 1. Atañer, corresponder, afectar,
recaer, concernir, convenir, influir, repercutir,
redundar, obrar, actuar*, competer, importar,
interesar*, poder, pertenecer, aludir, obligar*,
comprometer, facultar, permitir*, atribuir*, exigir, tocar, cargar, relacionarse*, versar, referirse a, tratar de, mencionar*, originar*, motivar,
acarrear, beneficiar*, favorecer, perjudicar, depender, vincularse, valer, significar, conectarse,
enlazar, ser cosa de, ser asunto de.

2. Incumbencia. Competencia, atribución,
jurisdicción, facultad, autorización, poder*,
potestad, responsabilidad, influencia, interés*,
obligación*, compromiso, permiso, deber,
cargo, trabajo*, relación*, enlace, conexión,
vinculación, referencia, origen*, motivo, dependencia, valor, significado, pertenencia,
importancia*, servidumbre, exigencia, alusión,
actuación*.

3. Incumbente. Concerniente, relacionado*,
referente, sobre, acerca de, respecto a, referido, tocante, relativo, atinente, obligatorio*,
concomitante, conexo, motivado, dependiente,
vinculado, conectado, enlazado, perteneciente,
respectivo, interesado, afectado, correspondiente, competente, pertinente, afín, aludido,
originado, comprometido, capacitado, actuante, autorizado.

Contr.: Desvincularse, desinteresarse.
V. ACTUAR, INTERESAR, ATRIBUIR, ORIGINAR,
OBLIGAR, RELACIONAR.

incumplido. V. INCUMPLIR 4.

incumplidor. V. INCUMPLIR 3.

incumplimiento. V. INCUMPLIR 2.

INCUMPLIR. 1. Infringir, faltar, descuidar*,
transgredir, conculcar, contravenir, vulnerar,
quebrantar, violar, dañar, eludir, abstenerse,
abusar*, omitir, evitar, esquivar*, olvidar*, pecar, caer en, cometer, delinquir*, faltar, fallar,
engañar*, mentir, desobedecer*, atropellar,
pisotear, romper, atentar, incurrir, abandonar,
desistir, rechazar*, despreocuparse.

2. Incumplimiento. Vulneración, contravención, infracción, quebrantamiento, pecado, transgresión, atentado, informalidad*,
abusos, olvido*, abstención, omisión, violación, culpa*, desobediencia*, mentira, engaño*, falta, fallo, delito*, abandono, atropello,
descuido*, negligencia, frivolidad*, inobservancia, deslealtad, injusticia*, irregularidad*,
incorrección.

3. Incumplidor. Vulnerador, inobservante,
culpable*, despreocupado, informal*, infractor, violador, transgresor, quebrantador, delincuente*, negligente, contraventor, olvidadizo*,
descuidado*, frívolo, abandonado, tornadizo,
inconstante, desobediente*, rebelde, relapso,
reincidente, pecador, travieso, abusador*, botarate, tarambana, injusto, incorrecto, desleal,
engañoso*, mentiroso.

4. Incumplido. Vulnerado, infringido, contra-
venido (v. 2).

Contr.: Cumplir, obedecer*, observar, finalizar.
V. INFORMALIDAD, DESCUIDO, DESOBE-
DIENCIA, ABUSO, REBELDÍA, OLVIDO, DELITO,
ENGAÑO.

incunable. Libro antiguo, primitivo, códice. V.
LIBRO 8.

incurable. Desahuciado, desesperado, gravísimo.
V. ENFERMEDAD 4.

incuria. Desidia, despreocupación, negligencia. V.
DESCUIDO 1.

incurrir. Cometer, infringir, caer en. V. INCUM-
PLIR 1.

incursión. Invasión, correría, batida. V. ATAQUE 3.

indagación. V. indagar.

indagar. Buscar, averiguar, interrogar*. V. INVES-
TIGACIÓN 4.

indebido. Inconveniente, inadecuado, ilegal*. V.
IMPROPIO 1.

INDECENCIA. 1. Inmoralidad, impureza, desvergüenza*, procacidad, vileza*, indignidad, corrupción, abyección, relajamiento, profanidad, libertinaje, licencia, deshonestidad*, deshonra*, escabrosidad, verdura, obscenidad, impudor depravación, desenfreno, impudicia, vicio*, lujuria, libídine, lascivia, sensualidad, suciedad*, cochinada, porquería, grosería, incorrección, descortesía*, torpeza, picardía, pillería*, descoco, descaro, atrevimiento, vulgaridad*, chocarrería.
2. Indecente. Indecoroso, impúdico, deshonesto*, impuro, inmoral, escandaloso, desvergonzado*, vil*, abyecto, vicioso*, depravado, relajado, corrompido, indigno, procaz, profano, licencioso, libertino, deshonroso*, escabroso, verde, liviano, obsceno, lujurioso, libidinoso, concupiscente, lascivo, sensual, sucio*, cochino, puerco, grosero, incorrecto, descortés*, torpe, pícaro, pillo*, descocado, descarado, atrevido, vulgar*, chocarrero.
3. Ser indecente. Depravarse, corromperse, viciarse, relajarse, desfachatarse, descararse, deshonrarse*, ensuciarse, pervertirse, envilecerse, malearse, dañarse, atreverse, descocarse, entorpecerse, degradarse, ensuciarse, profanar, desvergonzarse*.
Contr.: Decencia, honradez, vergüenza.
V. DESVERGÜENZA, VICIO, SUCIEDAD, DESHONRA, VILEZA.

indecente. V. INDECENCIA 2.
indecible. Increíble, indescriptible, maravilloso*. V. ASOMBRO 2.
indecisión. Incertidumbre, inseguridad, vacilación. V. DUDA 1.
indeciso. Titubeante, irresoluto, vacilante. V. DUDA 4.
indeclinable. Inevitable, ineludible, forzoso. V. OBLIGAR 6.
indecoroso. Impúdico, incorrecto, indigno. V. INDECENCIA 2.
indefectible. Infalible, inevitable, obligatorio*. V. SEGURO 5.
indefendible. Endeble, rebatible, insostenible. V. DISPARATE 2.
indefenso. Desvalido, abandonado, desarmado. V. DESAMPARO 2.
indefinible. V. indefinido.
indefinidamente. Eternamente, interminablemente, perpetuamente. V. PERMANECER 4.
indefinido. Indeterminado, dudoso*, indiferente. V. IMPRECISIÓN 2.
indeformable. Recio, fuerte, irrompible. V. DURO 1.
indeleble. Fijo, inalterable, imborrable. V. DURACIÓN 3.
indelicadeza. Incorrección, tosquedad, grosería. V. DESCORTÉS 2.
INDEMNE. 1. Ileso, entero, íntegro, saludable*, sano, salvo, incólume, exento, intacto, incorrupto, conservado, seguro*, salvado, rescatado, socorrido*, inmune, resistente*, fuerte,

puro*, virgen*, pleno, total*, perfecto*, flamante, limpio*, completo, indiviso, cabal, campante, invicto, aguantador*, granítico, pétreo, férreo, invulnerable, inviolable, inconmovible, indestructible, inquebrantable, inexpugnable, irrompible, indeleble, incorrupto, conservado, persistente, protegido, eterno, perenne, duradero*.
2. Indemnidad. Integridad, inviolabilidad, inmunidad, invulnerabilidad, inmutabilidad, resistencia, dureza*, fuerza, firmeza, fortaleza, salud*, seguridad*, protección*, unidad, totalidad, indivisibilidad, perfección*, plenitud, pureza*, garantía, limpieza*, salvación, perdurabilidad, persistencia, conservación*, perennidad, eternidad, infinito, duración*, aguante*.
3. Estar indemne. Perdurar, persistir, eternizarse, durar*, salvarse*, recuperarse, socorrer*, rescatar, proteger*, conservar*, inmunizar, fortalecer, resistir, aguantar*.
Contr.: Dañado, perjudicado, destruido, muerto, lesionado*.
V. SEGURIDAD, DURACIÓN, SOCORRO, TOTALIDAD, PERFECCIÓN.

indemnidad. V. INDEMNE 2.
indemnización. V. indemnizar.
indemnizar. Compensar, resarcir, satisfacer. V. DEVOLVER 1.
independencia. 1. Soberanía, autonomía, emancipación. V. LIBERTAD 1.
— **2.** Alejamiento, neutralidad, ecuanimidad. V. IMPARCIAL 2.
— **3.** Firmeza, entereza, personalidad. V. CARÁCTER 1, REBELDÍA.
independiente. V. independencia.
independizar(se). Emancipar(se), separarse*, desvincularse. V. LIBERTAD 9.
indescifrable. Enrevesado, ininteligible, oscuro. V. INCOMPRENSIBLE 1.
indescriptible. Inconcebible, extraordinario, inenarrable. V. ASOMBRO 2.
indeseable. Vago, truhán, maleante. V. VIL 2.
indestructible. Invulnerable, inalterable, resistente*. V. DURACIÓN 3.
indeterminado. 1. Incierto, aproximado, dudoso*. V. IMPRECISIÓN 2.
— **2.** Indeciso, vacilante, inseguro. V. DUDA 3.
indiano. Opulento, acaudalado, ricachón. V. RIQUEZA 3.
indicación. 1. Aviso, observación, explicación. V. CONSEJO 1.
— **2.** Indicio, muestra, evidencia. V. SEÑAL 2.
INDICADOR. 1. Hito, jalón, mojón, guía*, marca, poste, pilar, columna*, señal*, semáforo, disco, luz*, faro*, farol, bandera*, insignia, boya, baliza, indicación, señalización, orientación, panel, cuadrante (v. 2), advertencia, aviso, símbolo*, cartel, rótulo, letrero*, divisa, muestra, figura*, plano, mapa*, manecilla, aguja (v. 2).
— **2.** *Cuadrante*, indicador, panel, registrador, cuadro, dispositivo, esfera, dial, disco, escala

graduada, graduación, división, cuadro de mandos, tablero de instrumentos, t. de mandos, medidor*, manómetro, voltímetro, galvanómetro, velocímetro, cuentarrevoluciones, odómetro, amperímetro, contador, altímetro, cronómetro, cronógrafo, reloj*, barómetro* (v. medida 12), señal, manecilla, saetilla, aguja, segundero, minutero, horario, fiel.

3. Indicar. Guiar*, orientar, mostrar. V. SEÑAL 9.
V. SEÑAL, MEDIDA, GUÍA, FARO, LUZ, BANDERA, COLUMNA, SÍMBOLO.

indicar. V. INDICADOR 3.

indicativo. Modo verbal. V. VERBO 4.

índice. 1. Relación, enumeración, catálogo. V. LISTA 1.
— **2.** V. indicio.
— **3.** Dedo segundo, extremidad, apéndice. V. DEDO 2.

indicio. 1. Muestra, ejemplo*, evidencia. V. SEÑAL 2.
— **2.** Reliquia, vestigio, huella. V. SEÑAL 1.

INDIFERENCIA. 1. Pasividad, apatía, frialdad, desapego, desinterés, desidia, dejadez, despreocupación, inercia, desgana, insensibilidad, impasibilidad, desdén, desprecio*, abulia, abandono, desaliño, dejadez, suciedad*, desamor, hielo, antipatía*, displicencia, tibieza, indecisión, duda*, escepticismo, neutralidad, desapasionamiento, imparcialidad*, indolencia, holgazanería*, fastidio, aburrimiento*, rutina, alejamiento, ingratitud*, crueldad*, olvido*, desagradecimiento, desamparo, imprecisión*, ambigüedad.
2. Indiferente. Despreocupado, desganado, pasivo, desinteresado, inconmovible, cruel*, insensible, desapegado, frío, glacial, apático, abandonado, inerte, inactivo, dejado, inescrutable, impasible, imperturbable, inmutable, reservado, inexpresivo, flemático, tibio, indeciso, incrédulo, escéptico, dudoso*, indefinido (v. 3), displicente, desidioso, rutinario, neutral, desapasionado, imparcial*, indolente, cachazudo, holgazán*, aburrido*, inapetente, desdeñoso, despreciativo*, despectivo, alejado, ingrato*, cruel*, olvidadizo*, desagradecido, descastado (v. 3).
— **3.** Neutro, indiferente, soso, insignificante*, indeterminado, confuso, ambiguo, indefinido, indistinto, impreciso* (v. 2).
4. Ser indiferente. Despreocuparse, olvidar*, abandonar, desinteresarse, desentenderse, descuidar, dejar, enfriarse, separarse, alejarse, distanciarse, desligarse, independizarse, desdeñar, despreciar*, aburrirse*, cansarse, fatigarse*, dudar*, desapasionarse, encogerse de hombros.
Contr.: Interés*, amor*, preocupación, apasionamiento*.
V. INGRATITUD, OLVIDO, DESPRECIO, CRUELDAD, IMPARCIALIDAD, DUDA, SUCIEDAD.

indiferente. V. INDIFERENCIA 2.

indígena. 1. Autóctono, natural, vernáculo. V. ORIGEN 6.
— **2.** Aborigen, nativo. V. INDIO 2.

indigencia. Miseria, escasez, necesidad*. V. POBRE 7.

indigente. V. indigencia.

indigestar(se). Empachar(se), hartar; molestar*. V. SACIAR 1.

indigestión. Hartura, atracón, empacho. V. SACIAR 2.

indigesto. Empalagoso, pesado, fuerte. V. ALIMENTO 10.

indignación. Cólera, ira, irritación. V. ENOJO 1.

indignante. Irritante, injusto, ultrajante. V. ENOJO 5.

indignar(se). Exasperar(se), ofender*, enfadar. V. ENOJO 2.

indignidad. Ultraje, ignominia, deshonra*. V. VIL 3.

indigno. 1. Ultrajante, ignominioso, deshonroso*. V. VIL 1.
— **2.** Inmerecido, inadecuado, caprichoso*. V. INJUSTICIA 2.

índigo. Azul, a. oscuro, añil. V. COLOR 3.

INDIO. 1. Indostánico, índico, hindú. V. ETNIAS 4.
2. Indígena. Indio, indio americano, amerindio, aborigen, nativo, cholo, chino, mestizo, cruzado, cuarterón, mulato (v. 3).
— **3.** Primitivo, indígena, indómito, primario, originario, tosco, prehistórico, antiguo, original, originario, arcaico, cavernícola (v. 2).
4. Elementos. Tribu, reserva, encomienda, campamento, toldería, reducción, indiada, malón, incursión; cerbatana, arco*, flecha, carcaj, hacha de guerra, rompecabezas, calumet, cuchillo* o «tomahawk», lanza, maza, clava, macana, boleadoras, puñal; pipa de la paz, tótem, Manitú, ídolo, tabú, amuleto, carromato, fortín, búfalo, toldo, tienda o tipi, canoa, kayak; piedra del Sol, pirámide, sacrificio humano, cabeza reducida, escritura de nudos o quipo.
5. Indios. Cacique, inca, jefe de la tribu, reyezuelo, brujo, hechicero*, sumo sacerdote, guerrero*, ojeador, renegado, mujer o «squaw», explorador, trampero.
6. Pueblos originarios de Norteamérica. Sioux, pieles rojas, cheyennes, apaches, dakotas, manitobas, osages, nez percés, esquimales, algonquinos, navajos, omahas, comanches, pueblos, blackfoot, shoshones, pies negros, mohicanos, chinooks, atabascas, hopis, mohawks, hurones, iroqueses, cherokees, semínolas.
7. México, Centroamérica y Caribe. Aztecas, toltecas, chichimecas, zapotecas, mayas, huastecos, taínos, caribes, quichés.
8. América del Sur. Chibchas, coyas, aimaras o aimaráes, quechuas (incas), botocudos, tupinambas, motilones, jíbaros, arawaks, guaraníes, diaguitas, tamanacos, guaycurúes, tupis, comechingones, calchaquíes, barbacoas, araucanos,

mapuches, chonos, onas, puelches, querandíes, ranqueles, charrúas, patagones, tehuelches, fueguinos. V. ETNIAS.

indirecta. Rodeo, alusión, ambigüedad. V. INSINUACIÓN 1.

indirecto. Sinuoso, colateral, secundario. V. AÑADIR 6.

indisciplina. Resistencia, oposición*, desobediencia*. V. REBELDE 3.

indisciplinado. Desordenado*, desobediente*, independiente. V. REBELDE 1.

indisciplinarse. Desobedecer*, oponerse, resistirse. V. REBELDE 6, 7.

INDISCRECIÓN. 1. Confidencia, revelación, confesión, murmuración, imprudencia*, descuido*, secreto*, chismorreo*, chisme, cotilleo, curiosidad*, huroneo, interés*, cotillería, charlatanería, habladuría, explicación*, delación, soplo, calumnia*, acusación*, información, informe*, relato, noticia*, embrollo*, desatino, disparate*, estupidez, impertinencia, fisgonería, inoportunidad*, entrometimiento, intrusión, intervención, injerencia, indelicadeza, precipitación, atolondramiento, ligereza, audacia, riesgo, peligro*.

2. Indiscreto. Confidente, inoportuno*, incauto, imprudente*, caluminador*, revelador, descuidado*, murmurador, cotilla, charlatán, hablador*, chismoso*, bocazas, parlanchín, delator, soplón, acusador*, informador*, embrollón*, desatinado, disparatado*, estúpido*, impertinente, fisgón, entrometido, curioso*, indelicado, precipitado, irreflexivo, atolondrado, ligero, audaz, peligroso*, arriesgado, osado*.

3. Ser indiscreto. Cotillear, murmurar, chismorrear*, comadrear, calumniar*, hablar*, parlotear, informar*, charlar, disparatar*, injerirse, inmiscuirse, entrometerse, intervenir, curiosear*, estorbar, embrollar*, enredar, fisgonear, descuidarse*, precipitarse, arriesgarse, osar*.

Contr.: Discreción, secreto*, sensatez, severidad*.

V. CHISME, EMBROLLO, CALUMNIA, IMPRUDENCIA, INOPORTUNIDAD, DISPARATE, DESCUIDO, SECRETO, CURIOSIDAD, PELIGRO, ACUSACIÓN.

indiscreto. V. INDISCRECIÓN 2.

indiscutible. Evidente, incuestionable, cierto. V. INDUDABLE 1.

indisoluble. Permanente, fuerte, perenne. V. DURACIÓN 3.

indispensable. Imprescindible, preciso, obligatorio*. V. NECESIDAD 5.

indisponer. 1. Enemistar, enzarzar, azuzar. V. ENEMISTAD 5.

— **2.** *Indisponerse,* enfermar*, sufrir, padecer. V. INDISPOSICIÓN 3.

— **3.** Enfrentarse, enemistarse*, pelear*. V ENEMISTAD 4.

INDISPOSICIÓN. 1. Dolencia, arrechucho, enfermedad*, acceso, malestar, molestia, achaque,

afección, desfallecimiento, depresión, desvanecimiento, síncope, ataque, mareo, desmayo*, vahído, vértigo, angustia, asco, espasmo, temblor*, basca, arcada, náusea, vómito, colapso, escalofrío, aturdimiento*, perturbación, palidez, descompostura, quebranto, trastorno, mal, atontamiento, debilitamiento, debilidad*, emoción, congoja, dolor*, lipotimia, ahogo*, sofocación, sofoco, congestión, insolación, asfixia, patatús, pasmo, inmovilidad*, embolia, apoplejía, parálisis, hemiplejía, derrame,soponcio, letargo, convulsión, epilepsia, accidente*, desgracia*, empeoramiento, agravamiento, sufrimiento, alferecía.

— **2.** Enfado, disgusto, rivalidad*.V. PELEA 1.

3. Indisponerse. Marearse, aturdirse, desvanecerse, desfallecer, dolerse, desmayarse*, descomponerse, palidecer, colapsarse, temblar*, enfermar*, trastornarse, quebrantarse, afectarse, debilitarse*, atontarse, vomitar, devolver, arrojar, echar, pasmarse, asfixiarse, soportar, ahogarse*, congestionarse, sofocarse, arrebatarse, acongojarse, paralizarse, aletargarse, convulsionarse, accidentarse*, desmejorar, agravarse, empeorar, padecer, perder el conocimiento, perder la cabeza, sufrir, sufrir vértigo, s. un síncope, s. un vahído.

— **4.** Enfrentarse, disgustarse, enfadarse. V. ENEMISTAD 4.

5. Indispuesto. Mareado, descompuesto, enfermo*, accidentado*, malo, afectado, aletargado, aturdido*, pasmado, desmayado*, pálido, desencajado, exangüe, debilitado*, emocionado*, impresionado, inmóvil, exánime, desvanecido, desfallecido, colapsado, atontado, atacado, sofocado, ahogado*, asfixiado, convulso, tembloroso*, epiléptico, paralizado, agravado, empeorado, sufriente.

Contr.: Salud*, curación*.

V. DESMAYO, ENFERMEDAD, DEBILIDAD, AHOGO, ATURDIMIENTO, TEMBLOR, ACCIDENTE.

indispuesto. V. INDISPOSICIÓN 5.

indistinto. 1. Indiferente, similar, igual. V. SEMEJANTE 2.

— **2.** Borroso, confuso, impreciso*. V. TURBIO 1.

individual. Aislado, personal, particular. V. CARACTERÍSTICA 3.

individualismo. V. individualista.

individualista. Independiente, indisciplinado, libre*. V. REBELDE 1.

individualizar. Concretar, especificar, clasificar. V. DETALLE 2.

individuo. Tipo, sujeto, hombre*. V. PERSONA 1.

indivisible. Inseparable, unido, unitario. V. ÚNICO 1.

indócil. Indisciplinado, desobediente*, díscolo. V. REBELDE 1.

indocto. V. indocumentado 1.

indocumentado. 1. Inculto, inepto, iletrado. V. IGNORANCIA 2.

— **2.** Maleante, vago, desconocido. V. VAGA-BUNDO 1.

índole. Propensión, condición, naturaleza. V. CA-RÁCTER 1.

indolencia. V. indolente.

indolente. Apático, desganado, holgazán*. V. INDIFERENCIA 2.

indoloro. Insensible, imperceptible, leve. V. DO-LOR 11.

indomable. Indisciplinado, indómito, ingobernable. V. REBELDE 1.

indómito. V. indomable.

indubitable. V. INDUDABLE 1.

inducción. V. inducir.

inducir. Incitar, impulsar, animar*. V. PERSUADIR 1.

INDUDABLE. 1. Innegable, evidente, incuestionable, indiscutible, inequívoco, manifiesto, ostensible, demostrado*, probado, obvio, palpable, real, verdadero*, flagrante, cierto, irrefutable, inobjetable, seguro*, claro*, incontrovertible, incontrastable, axiomático, auténtico, positivo, lógico, comprensible, elemental, tangible, perceptible, palmario, patente, inatacable, irrecusable, irrebatible, indubitable, ostensible, paladino, meridiano.

2. Hacer indudable. Probar, demostrar*, asegurar, clarificar, fundamentar, confirmar, justificar, atestiguar, convencer, evidenciar, manifestar.

3. Indudablemente. Innegablemente, evidentemente, incuestionablemente (v. 1).

Contr.: Dudoso*, inseguro, incomprensible*. V. VERDADERO, SEGURO, CLARO, DEMOSTRADO.

indudablemente. V. INDUDABLE 3.

indulgencia. V. indulgente.

indulgente. Transigente, benévolo, complaciente. V. TOLERANCIA 2.

indultar. Absolver, conmutar, amnistiar. V. PERDÓN 2.

indulto. Gracia, amnistía, merced. V. PERDÓN 1.

indumentaria. Atavío, atuendo, ropaje. V. VESTIMENTA 1.

indumento. V. indumentaria.

industria. 1. Factoría, manufactura, empresa. V. FÁBRICA 1.

— **2.** Elaboración, explotación, obtención. V. FÁBRICA 3.

— **3.** Destreza, maestría, maña. V. HÁBIL 3.

industrial. Empresario, patrono, productor. V. FÁBRICA 6.

industrialización. V. INDUSTRIA 2.

industrializar. 1. Elaborar, producir*, manufacturar. V. FÁBRICA 7.

— **2.** Fomentar, progresar, desarrollar. V. DESARROLLO 3.

industrioso. Hacendoso, diligente, afanoso. V. TRABAJO 6.

inédito. Desconocido, original, inaugural. V. NUEVO 1, 2.

ineducado. Incorrecto, inculto, grosero. V. DESCORTÉS 1.

inefable. Indescriptible, espléndido, pintoresco. V. MARAVILLA 2.

ineficacia. V. ineptitud.

ineficaz. V. inepto.

inelegante. Ordinario, desagradable*, tosco*. V. VULGAR 1.

ineludible. Irremediable, forzoso, inexcusable. V. OBLIGAR 6.

inenarrable. V. inefable.

ineptitud, inepcia. Torpeza, incapacidad, inoperancia. V. INÚTIL 5.

inepto. Incompetente, incapaz, nulo. V. INÚTIL 2.

inequívoco. V. INDUDABLE 1.

inercia. 1. Estatismo, impulso, movimiento*. V. EQUILIBRIO 1.

— **2.** Indolencia, desidia, apatía. V. INDIFERENCIA 1.

inerme. Abandonado, indefenso, desarmado. V. DESAMPARO 2.

inerte. 1. Quieto, yacente, inanimado. V. INMÓVIL 1.

— **2.** Desidioso, apático, indiferente*. V. INÚTIL 1.

inescrutable. 1. Enigmático, secreto, indescifrable. V. MISTERIO 3.

— **2.** Impasible, imperturbable, inexpresivo. V. INDIFERENCIA 2.

inesperado. Súbito, brusco, sorprendente. V. REPENTINO 1.

inestabilidad. V. INESTABLE 2.

INESTABLE. 1. Inseguro, fluctuante, basculante, precario, movedizo, oscilante, variable*, desequilibrado, cambiante*, desigual, dudoso*, vacilante, irregular, falible, endeble, débil*, bamboleante, móvil*, balanceante, tambaleante, desproporcionado, alternativo, pendular, traqueteante, vibrante, tembloroso*, transitorio, interino, momentáneo, circunstancial*, perecedero, frágil, intranquilo, impaciente, inquieto, voluble, inconstante, incierto, frívolo*, informal, irresoluto, indeciso, mudable, caprichoso*, descentrado, maniático*, neurótico, loco*, trastornado.

2. Inestabilidad. Irregularidad, fluctuación, inseguridad, variación*, desequilibrio, altibajo, oscilación, movimiento*, cambio*, movilidad, bamboleo, irregularidad, vacilación, desigualdad, vaivén, alternativa, desproporción, tambaleo, balanceo, vibración, traqueteo, temblor*, fragilidad, precariedad, interinidad, debilidad*, capricho*, mudanza, inquietud, informalidad, frivolidad*, inconstancia, volubilidad, manía*, neurosis, locura*, trastorno.

3. Hacer inestable. Desequilibrar, desnivelar, descentrar, fluctuar, variar*, oscilar, mover*, cambiar*, bambolear, tambalear, balancear, vacilar, trastornar, mudar, debilitar*, temblar*, traquetear, vibrar, alterar, desigualar, movilizar*.

Contr.: Estable, firme, seguro*, cuerdo, sensato.
V. VARIABLE, MÓVIL, CAMBIANTE, DÉBIL, FRÍVOLO, LOCO.

inestimable. Provechoso, beneficioso*, valioso. V. ÚTIL 1.

inevitable. Irremediable, forzoso, ineludible. V. OBLIGAR 6.

inexactitud. Incorrección, falta, error. V. EQUIVOCACIÓN 1.

inexacto. Erróneo, incorrecto, falso. V. EQUIVOCACIÓN 3.

inexcusable. 1. V. inevitable.
— **2.** Inadmisible, imperdonable, injusto*. V. DISPARATE 2.

INEXISTENCIA. 1. Falta, vacío, ausencia, carencia, privación, escasez*, nada, cero, poco, nulo, nadie, ninguno, ningún hombre*, ninguna cosa, cese, nunca*, defecto*, precariedad, insuficiencia, negación*, déficit, exigüidad, omisión, desaparición*, muerte*, fallecimiento, inmaterialidad, levedad*, rareza, limitación*, invisibilidad, hueco, laguna, hipótesis, enrarecimiento, vacuidad, quimera, mito, falsedad*, engaño*, entelequia, fantasía*, irrealidad, imaginación, ilusión, utopía, ensueño, sueño, idea (v. 2).
2. Inexistente. Nulo, ausente, escaso*, fantástico*, imaginario, mítico, quimérico, irreal, falso*, ficticio, aparente, hipotético, inmaterial, etéreo, ideal, increíble, ilusorio, utópico, soñado, precario, carente, lejano, alejado, teórico, engañoso*, omitido, insuficiente, falaz, falto, privado, defectuoso, limitado, fortuito, desaparecido*, fallecido, muerto*, raro, exiguo, mezquino, deficitario, negativo, enrarecido, vacante, vacío*, vacuo, hueco*, nada, nadie, ninguno, poco, cero (v. 1).
3. No existir. Faltar, escasear, morir, no estar, no asistir, no ser, cesar, limitar*, enrarecer, desaparecer*, desvanecerse, desocupar, fallar, abandonar, alejarse*, privar, omitir, idealizar, soñar, ilusionar, fantasear*, disiparse, vaciar, evaporarse, ausentarse, aparentar, falsear*, mitificar, imaginar, fallecer, morir, anular, negar.
Contr.: Existencia, presencia, vivir.
V. ESCASEZ, DESAPARICIÓN, LIMITACIÓN, VACÍO, HUECO, MUERTE, FALSEDAD, ENGAÑO, FANTASÍA.

inexistente. V. INEXISTENCIA 2.

inexorable. Infalible, imperativo, severo*. V. OBLIGATORIO, CRUEL 1.

inexperiencia. Incompetencia, impericia, ignorancia*. V. INÚTIL 5.

inexperto. Aprendiz, novato, inútil*. V. PRINCIPIO 8.

inexplicable. Enigmático, extraño, incomprensible*. V. MISTERIO 3.

inexplorado. Ignoto, remoto, agreste, desconocido. V. AISLAMIENTO 6.

inexpresivo. Imperturbable, reservado, impasible. V. INDIFERENCIA 2.

inexpugnable. Invulnerable, invencible, inconquistable. V. PROTECCIÓN 7.

inextinguible. Interminable, eterno, intenso. V. DURACIÓN 4.

in extremis. Al final, en el último instante, al morir. V. MUERTE 1.

inextricable. Indescifrable, intrincado, embrollado. V. INCOMPRENSIBLE 1.

infalible. Inevitable, inexorable, seguro*. V. OBLIGAR 6.

infamante. Ultrajante, denigrante, ignominioso. V. DESHONRA 2.

infamar. Desprestigiar, ultrajar, calumniar. V. DESHONRA 4.

infame. Inicuo, perverso, monstruoso*. V. VIL 1.

infamia. 1. Descrédito, habladuría, vituperio. V. CALUMNIA 1.
— **2.** Monstruosidad*, crimen, iniquidad. V. VIL 3.

infancia. Pequeñez, juventud, minoría. V. NIÑO 2.

infante. 1. Príncipe, heredero, aristócrata*. V. REY 2.
— **2.** Soldado, s. de infantería, militar. V. EJÉRCITO 5.
— **3.** Chiquillo, pequeño, criatura. V. NIÑO 1.

infantería. Hueste, milicia, tropa. V. EJÉRCITO 1, 4.

infanticida. Criminal, homicida, filicida. V. ASESINATO 4.

infanticidio. V. infanticida.

infantil. 1. Impúber, pequeño, tierno. V. NIÑO 1.
— **2.** Ingenuo, pueril, candoroso. V. INOCENCIA 4.

infanzón. Hidalgo, caballero, noble. V. ARISTOCRACIA 2.

infarto. Embolia, trombosis, apoplejía. V. CIRCULATORIO (APARATO) 7.

infatigable. Incansable, laborioso, resistente*. V. TRABAJO 6.

infatuación. Fatuidad, engreimiento, presunción. V. VANIDAD 2.

infatuar(se). Engreírse, presumir, envanecerse. V. VANIDAD 3.

infausto. Nefasto, desventurado, aciago. V. DESGRACIA 2.

INFECCIÓN. 1. Contagio, propagación, contaminación, transmisión, epidemia, plaga, peste, pestilencia, calamidad, morbo, flagelo, azote, inoculación, invasión microbiana, pandemia, endemia, epizootia, infestación, septicemia, comunicación, ataque, acceso, lacra, corrupción, desgracia*, calamidad, miasma, dolencia, enfermedad* (v. 2).
2. Enfermedades* infecciosas. Cólera, fiebre amarilla, peste bubónica, viruela, varicela, tifus exantemático, fiebre tifoidea, encefalitis, meningitis, parálisis infantil o poliomielitis, tos ferina, resfriado*, gripe, hidrofobia o rabia, sarampión, rubéola, escarlatina, difteria o garro-

tillo o crup, enfermedad del sueño, paludismo o malaria, terciana, tracoma, enfermedades venéreas*, sífilis, blenorragia, chancro blando, sida (síndrome de inmunodeficiencia adquirida), lepra, parotiditis o paperas, tétanos, tularemia, septicemia, disentería, triquinosis, tuberculosis o tisis, psitacosis, carbunco, glosopeda, fiebre de Malta, tiña, sarna (v. 1).

3. Elementos. Contagio, inoculación, infección (v. 1), incubación, crisis, fiebre, vómitos, septicemia, epidemiología, virulencia, pronóstico, evolución, invasor, patógeno, parásito, germen, virus, bacteria, microbio, microorganismo (v. 5), portador de gérmenes, insectos*, ratas*, miasma, inmunidad, desinfección*, profilaxis, vacuna* (v. 4).

4. Profilaxis, curación*. Inmunología, vacuna*, vacunación, suero, seroterapia, antiséptico, desinfectante*, desinfección, fumigación, asepsia, higiene*, sanidad, aislamiento, incomunicación, cuarentena, lazareto, hospital*, terapéutica, curación*, medicina, medicamento*, médico*.

5. Microbios. Bacterias, gérmenes, virus. V. MICROORGANISMO 1.

6. Infectado, infeccioso. Contaminado, plagado, enfermo*, contagiado, atacado, contagioso, transmisible, insalubre, malsano, pernicioso, nocivo, pestilente, pestífero, séptico, corrompido, apestado, propagado, transmitido, mefítico, miasmático, patógeno, endémico, epidémico, septicémico, infecto, inmundo, sucio*, tiñoso, sarnoso, leproso, colérico, sifilítico, seropositivo, enfermo de SIDA, etc. (v. 2).

7. Infectar(se). Contaminar(se), propagar, transmitir, contagiar, inocular, apestar, plagar, comunicar, inficionar, envenenar, emponzoñar, intoxicar, pegar, pasar, infestar, enconar, hinchar, inflamar*, atacar, invadir, incubar, desarrollarse, corromper, contraer, caer, enfermar*, estropear, arruinar.

Contr.: Desinfección*, curación*, cuarentena. V. ENFERMEDAD, DESINFECTANTE, VACUNA, MICROORGANISMO, CURACIÓN, HIGIENE.

infeccioso, infectado. V. INFECCIÓN 6.

infectar(se). V. INFECCIÓN 7.

infecto. 1. Corrompido, pestilente, podrido*. V. REPUGNANCIA 3.
— **2.** V. INFECCIÓN 6.

infecundidad. V. infecundo.

infecundo. 1. Castrado, impotente, capado. V. ESTÉRIL 2.
— **2.** Árido, yermo, desértico*. V. ESTÉRIL 1.

infelicidad. V. infeliz.

infeliz. 1. Infortunado, desdichado, mísero. V. DESGRACIA 3.
— **2.** Bonachón, ingenuo, tonto*. V. INOCENCIA 4.

inferencia. Razonamiento, consecuencia, deducción. V. PENSAR 6.

INFERIOR. 1. Deficiente, defectuoso*, imperfecto*, malo, anómalo, irregular*, peor, menor, secundario, subalterno, bajo, poco, escaso*, mínimo, ínfimo, ruin, insignificante*, mediano*, mediocre, regular, deteriorado, barato*, vulgar, chabacano, sucedáneo, imitado, falso*, tosco, chapucero, grosero, rústico, inacabado, falto, usado, inservible, estropeado, viejo, desventajoso, perjudicial, incómodo.
— **2.** *Profundo*, inferior, hondo, hundido*, sumergido, bajo, excavado*, inmediato, limítrofe*, vecino, recóndito, deprimido, inclinado*, empinado, descendente, debajo, abajo.
— **3.** *Subalterno*, inferior, auxiliar, ayudante*, subordinado, dependiente, criado, doméstico, sirviente, servidor*, trabajador*, empleado*, ayuda, coadjutor, sufragáneo, teniente, lugarteniente, siervo, vasallo, tributario, plebeyo, esclavo*, sometido, dominado*, supeditado, sumiso, subyugado, oprimido, acomplejado, servil, adulador*, humillado*, humilde*, manso, dócil, obediente*, inocente*.

4. Inferioridad. Imperfección, defecto*, irregularidad, deficiencia, escasez*, anomalía, anormalidad*, medianía*, mediocridad, minoría, insignificancia*, imitación, simulación*, falsificación*, baratura*, baratija*, deterioro*, chapucería, daño, tosquedad, falta, perjuicio, carencia, desventaja, incomodidad.
— **5.** *Hondura*, inferioridad, profundidad, bajura, depresión, inclinación*, fondo, excavación, base, suelo*, hondo, fundamento.
— **6.** *Subordinación*, inferioridad, servidumbre, sujeción, servicio*, ayuda*, dependencia, sumisión, supeditación, sometimiento, acatamiento, obediencia*, vasallaje, esclavitud*, servilismo, humillación*, mansedumbre, humildad*, docilidad, opresión, dominación*, adhesión, pleitesía.

7. Ser inferior. Depender, servir*, ayudar*, auxiliar, subordinarse, acatar, rendir pleitesía, humillarse*, arrastrarse, prosternarse, acomplejarse, obedecer*, tolerar*, esclavizarse*, someterse, sujetarse, supeditarse, adherirse.

8. Hacer inferior. Subordinar, someter, sujetar, dominar*, abusar*, oprimir, amansar, esclavizar*, humillar*, tiranizar, acomplejar*, mandar, ordenar*.

Contr.: Superior*, importante*, alto, grande*. V. IMPERFECTO, INSIGNIFICANTE, VULGAR, BARATO, FALSO; DOMINADO, HUMILLADO, HUMILDE, OBEDIENTE, INOCENTE; AYUDANTE, SERVIDOR, ESCLAVO.

inferioridad. V. INFERIOR 4.

inferir. 1. Deducir, razonar, pensar*. V. CREER 1.
— **2.** Ocasionar, provocar, originar. V. CAUSA 3.

infernal. Maligno, satánico, diabólico. V. DEMONIO 5.

infértil. V. infecundo.

infestar, inficionar. V. INFECCIÓN 7.

infidelidad. V. infiel.

infiel. 1. Desleal, ingrato, traidor*. V. FALSO 1.
— **2.** Irreligioso, incrédulo, pagano. V. HEREJÍA 3.
— **3.** Ilegítimo, amancebado; liado. V. ADULTERIO 3.

infiernillo. Fogón, calentador, hornillo. V. COCINA 3.

infierno. 1. Averno, orco, tártaro. V. DEMONIO 4.
— **2.** Tortura*, martirio, castigo*. V. SUFRIMIENTO 1.
— **3.** Fuego*, llamas, siniestro. V. INCENDIO 1.

infiltración. V. infiltrar.

infiltrar. 1. Embeber, rezumar, impregnar. V. MOJAR 1.
— **2.** *Infiltrarse*, escurrirse, cruzar, eludir. V. ESQUIVAR 1.

ínfimo. 1. Malo, ruin, peor. V. INFERIOR 1.
— **2.** Minúsculo, diminuto, insignificante*. V. PEQUEÑO 1.

infinidad. Inmensidad, enormidad, exceso. V. ABUNDANCIA 1.

infinitesimal. V. ínfimo 2.

infinitivo. Modo verbal, forma verbal. V. VERBO 4.

infinito. 1. Perenne, eterno, perpetuo. V. DURACIÓN 3.
— **2.** Inmenso, incalculable, extenso*. V. AMPLITUD 2.

inflación. Encarecimiento, desequilibrio económico, carestía. V. CARO 3.

inflado. 1. Engreído, ampuloso, vanidoso*. V. PEDANTE 1.
— **2.** V. inflar.

inflamable. Incendiario, combustible, peligroso*. V. FUEGO 1.

inflamación. 1. Tumefacción, infección*, abultamiento*. V. HINCHAZÓN 2.
— **2.** V. inflamar 1.

inflamar. 1. Quemar, encender, incendiar. V. FUEGO 6.
— **2.** Enardecer, apasionar, exaltar. V. ENTUSIASMO 2.
— **3.** *Inflamarse*, abultarse, congestionarse, infectarse*. V. HINCHAZÓN 5.

inflar. 1. Soplar, abultar, agrandar. V. HINCHAZÓN 5.
— **2.** Ampliar, aumentar, recargar. V. EXAGERACIÓN 5.
— **3.** *Inflarse*, pavonearse, envanecerse, engreírse. V. VANIDAD 3.

inflexible. Tenaz, rígido, inexorable. V. SEVERIDAD 2.

inflexión. Acento, modulación, entonación. V. PRONUNCIACIÓN 1.

infligir. 1. Originar*, ocasionar, provocar. V. CAUSA 3.
— **2.** Aplicar, condenar*, imponer. V. CASTIGO 8.

inflorescencia. Retoño, brote, ramito. V. FLOR 3.

influencia. 1. Predominio, ascendiente, autoridad. V. PODER 1.

— **2.** Recomendación, favoritismo, amistad. V. AYUDA 1.

influenciar. V. influir.

influenza. Catarro, gripe, constipado. V. RESFRIADO 1.

influir. Predominar, contribuir, relacionarse. V. AYUDA 3.

influjo. V. influencia.

influyente. Acreditado, prominente, destacado. V. PODER 4.

información. V. INFORME 1.

informador, informante. V. INFORME 4, 5.

INFORMAL. 1. Inconstante, incumplidor*, irresponsable, descuidado*, despreocupado, desleal, infiel, fresco, tarambana,tronera, atolondrado, inconsecuente, variable*, tornadizo, veleidoso, engañoso*, negligente, inobservante, alegre*, insensato,trasto, inseguro, pueril, necio, botarate, charlatán, chismoso*, indolente, olvidadizo*, culpable*, distraído, descortés*, descarado, desobediente*, indisciplinado.
2. Informalidad. Irresponsabilidad, negligencia, incumplimiento*, desobediencia*, inconsecuencia, despreocupación, inconstancia, inobservancia, indolencia, distracción, descuido*, olvido*, frescura, insensatez, engaño*, veleidad, necedad, puerilidad, charlatanería, omisión, culpa*, variabilidad, descaro, descortesía*, tontería*, inseguridad.
3. Ser informal. Incumplir*, despreocuparse, descuidar*, distraerse, engañar*, olvidar*, omitir, desobedecer*, indisciplinarse*, fallar, faltar, violar, eludir, esquivar*, soslayar, rehuir.
Contr.: Formal*, cumplidor, severo*.
V. INCUMPLIDOR, DESCUIDADO, ENGAÑOSO, VARIBLE, CHISMOSO, OLVIDADIZO, CULPABLE, DESOBEDIENTE.

informalidad. V. INFORMAL 2.

informar. V. INFORME 3.

informativo. V. INFORME 7.

INFORME. 1. Reseña, testimonio, observación, declaración, noticia*, información, divulgación, publicación, propagación, difusión, aclaración, opinión*, comunicación, comunicado, historial, antecedentes, hoja de servicios, currículum vitae, datos*, expediente, legajo, explicación*, recado, mensaje, nota*, parte, ponencia, aviso, misiva, decisión, resolución, advertencia, manifestación, revelación, consejo*, confidencia, prueba, alegato, juicio, argumento, testificación, atestado, dictamen, pesquisa, investigación*, averiguación, sondeo, encuesta, detalle*, pregón, bando, proclama, anuncio, edicto, precedente, trámite*, relación, reportaje, novedad, rumor, acusación*, denuncia, soplo, delación.
— **2.** Contrahecho, imperfecto*, monstruoso*. V. DEFORMACIÓN 3.
3. Informar. Manifestar, reseñar, comunicar, expresar, transmitir, radiar, propalar, difundir, proclamar, vocear, notificar, prevenir, anunciar,

opinar*, avisar, alertar, ordenar, hacer saber, divulgar, propagar, revelar, publicar, rumorear, extender, testimoniar, exponer, pregonar, observar, declarar, aclarar, enterar, advertir, aconsejar, indicar, notar, observar, explicar*, dictaminar, atestar, atestiguar, testificar, argumentar, alegar, probar, enjuiciar, investigar*, averiguar, detallar*, noticiar; delatar, soplar, denunciar, acusar*, espiar*.
4. Que informa. Informante, informador, comunicante, manifestante, declarante, testigo, ponente, orador, deponente, defensor, notificante, consejero*, encuestador, sondeador, pregonero, cronista, periodista* (v. 6), confidente (v. 5), informativo (v. 7).
5. Informador. Denunciante, delator, confidente, soplón, chivato, hablador*, chismoso*, acusón*, agente, espía* (v. 4).
— **6.** *Cronista*, corresponsal, reportero, gacetillero, periodista*, redactor; locutor, relator, narrador*, animador, presentador (v. 4).
7. Informativo. Testimonial, revelador, explicativo*, noticioso, noticiario, periodístico, confidencial, de comunicación.
Contr.: Silencio, reserva. V. EXPLICACIÓN, NOTICIA, CONSEJO, OPINIÓN, INVESTIGACIÓN; ACUSACIÓN, ESPIONAJE.
infortunado. 1. Infeliz, víctima, desventurado. V. DESGRACIA 3.
— **2.** Aciago, infausto, desastroso*. V. DESGRACIA 2.
infortunio. Desdicha, perjuicio*, desventura. V. DESGRACIA 1.
infracción. Transgresión, delito*, incumplimiento*. V. INCUMPLIR 2.
infractor. Culpable, transgresor, contraventor. V. INCUMPLIR 3.
infraestructura. Instalación, base, estructura básica. V. CONSTRUCCIÓN 1.
in fraganti. En el momento, en el instante, con las manos en la masa. V. REPENTINO 2.
infrahumano. Inhumano, inclemente, mísero, penoso. V. DESGRACIADO, CRUEL.
infranqueable. Escarpado, insalvable, insuperable. V. MONTAÑA 5.
infrascrito. Suscrito, signatario, firmante. V. CARTA 5.
infrecuente. Extraño, raro*, desusado. V. RAREZA 2.
infringir. Vulnerar, transgredir, violar. V. INCUMPLIR 1.
infructuoso. Ineficaz, insuficiente, estéril*. V. INÚTIL 1.
ínfulas. Fatuidad, humos, engreimiento. V. VANIDAD 1.
infundado. Ilógico, indebido, erróneo. V. EQUIVOCACIÓN 3.
infundio. Patraña, falsedad, engaño*. V. CALUMNIA 1.
infundir. Originar, comunicar, causar*. V. INSPIRACIÓN 3.

infusión. Tisana, brebaje, cocción. V. BEBIDA 4.
infusorio. Animálculo, protozoo (protozoario). V. MICROORGANISMO 5.
ingeniárselas. Despabilarse, apañarse, componérselas. V. SOLUCIÓN 3.
INGENIERÍA. 1. Técnica, t. industrial, ciencia*, disciplina, especialización*, rama, estudio, invención*, tecnología, mecánica, física*, máquina*, ingeniería* civil, naval, etc., (v. 3); facultad de ingeniería, escuela técnica, e. superior, e. especial.
2. Ingeniero. Técnico, especialista*, doctor ingeniero, ingeniero técnico, perito, experto, diplomado*, profesional, tecnólogo, ingeniero civil, etc. (v. 3).
3. Clases. Doctor ingeniero, ingeniero civil; de caminos, canales y puertos; agronómico, militar, de la Armada, naval, aeronáutico, astronáutico, industrial, de control, de minas, de montes, de informática, de telecomunicaciones; electricista, geógrafo, químico, mecánico, técnico.
V. CIENCIA, INVENCIÓN, FÍSICA, MÁQUINA.
ingeniero. V. INGENIERÍA 2.
ingenio. 1. Talento, entendimiento, capacidad. V. INTELIGENCIA 1.
— **2.** Humor, chispa, agudeza. V. COMICIDAD 1.
— **3.** Mecanismo, artefacto, máquina*. V. APARATO 1.
ingeniosidad. V. ingenuo 1, 2.
ingenioso. 1. Talentoso, agudo, sagaz. V. INTELIGENCIA 3.
— **2.** Ocurrente, gracioso, irónico. V. COMICIDAD 3.
ingénito. Connatural, innato, peculiar; no engendrado. V. CARACTERÍSTICA 3; DIOS 3.
ingente. Inmenso, enorme, colosal. V. GRANDE 1.
ingenuidad. V. ingenuo.
ingenuo. Cándido, candoroso, tonto*. V. INOCENCIA 4.
ingerir. Tragar, deglutir, comer. V. ALIMENTO 11.
ingestión. Consumición, toma, comida. V. ALIMENTO 6.
ingle. Pliegue, unión, bragadura. V. CUERPO 5.
inglés. Británico, anglosajón. V. EUROPEO. 2.
ingobernable. Díscolo, indisciplinado, independiente. V. REBELDE 1.
INGRATITUD. 1. Infidelidad, desagradecimiento, egoísmo*, frialdad, desconsideración, indiferencia*, deslealtad, insensibilidad, desapego, olvido*, negligencia, descuido*, desprecio*, ofensa*, rechazo*, traición*, falsedad*, crueldad*, desconfianza, doblez, postergación, zaherimiento, maltrato, escepticismo, apatía, endurecimiento, desafecto, incorrección, descortesía*, materialismo, vileza*.
2. Ingrato. Desagradecido*, desleal, infiel, egoísta*, indiferente*, desconsiderado, desnaturalizado, apático, escéptico, olvidadizo*, insensible, falso*, traidor*, renegado, endurecido, desapegado, frío, despreciativo*, des-

castado, ofensivo*, negligente, descuidado*, incorrecto, empedernido, cruel*, vil*, descortés, materialista.

3. Ser ingrato. Descuidar*, negligir, despreciar*, postergar, olvidar*, traicionar*, falsear*, ofender*, desagradecer, desconfiar, zaherir, maltratar, insensibilizarse, endurecerse, enfriarse, ser incorrecto, s. infiel, s. desleal (v. 2).
Contr.: Agradecimiento*, magnanimidad, generosidad*.
V. EGOÍSMO, DESPRECIO, OLVIDO, DESCUIDO, RECHAZO, OFENSA, DESCORTESÍA, CRUELDAD, TRAICIÓN, VILEZA, INDIFERENCIA.

ingrato. V. INGRATITUD 2.

ingravidez. Levedad, ligereza, liviandad. V. LEVE 3.

ingrávido. Ligero, liviano, sutil. V. LEVE 1.

ingrediente. Compuesto, sustancia, componente. V. ELEMENTO 1.

ingresar. 1. Penetrar, meterse, introducirse. V. ENTRAR 1.
— **2.** Inscribirse, afiliarse, adherirse. V. ASOCIACIÓN 13.
— **3.** Embolsar, ganar, percibir. V. COBRAR 1.

ingreso. V. ingresar.

ingurgitar. V. ingerir 1.

inhábil. 1. Torpe, incapaz, inexperto. V. INÚTIL 2.
— **2.** No laborable, festivo, día* feriado. V. FIESTA 13.

inhabilitar. Incapacitar, descalificar, invalidar. V. ANULAR 1.

inhabitable. Ruinoso, destartalado, incómodo. V. DETERIORO 3.

inhalar. Absorber, aspirar, introducir. V. RESPIRACIÓN 2.

inherente. Consustancial, propio, inseparable. V. RELACIÓN 11.

inhibición. V. inhibir.

inhibir. 1. Impedir, privar, evitar. V. DIFICULTAD 5.
— **2.** *Inhibirse*, prescindir, abstenerse, evitar. V. RENUNCIA 2.

inhóspito. Yermo, desolado, descortés*. V. DESIERTO 2, 3.

inhumación. Funerales, sepelio, ceremonia. V. ENTIERRO 1.

inhumano. Desalmado, salvaje, despiadado. V. CRUELDAD 2.

inhumar. Sepultar, enterrar, dar sepultura. V. ENTIERRO 6.

iniciación. Comienzo, aprendizaje, noviciado. V. PRINCIPIO 1.

iniciado. Novicio, discípulo, neófito. V. PRINCIPIO 8.

iniciador. Innovador, descubridor, promotor. V. CREAR 4.

inicial. 1. Símbolo, monograma, signo. V. LETRA 1.
— **2.** Inaugural, primero, preliminar. V. PRINCIPIO 7.

iniciar. 1. Comenzar, intentar, empezar. V. PRINCIPIO 9.
— **2.** Afiliar, adoctrinar, admitir. V. ASOCIACIÓN 13.

iniciativa. 1. Acción, realización*, intervención. V. ACTUACIÓN 1.
— **2.** Diligencia, actividad, empuje. V. DINAMISMO 1.

inicio. Origen*, comienzo, arranque. V. PRINCIPIO 1.

inicuo. Infame, ignominioso, malvado. V. VIL 1, 2

inigualado. Excepcional, extraordinario, maravilloso*. V. ÚNICO 2.

inimaginable. V. inigualado.

inimitable. Original, peculiar, característico. V. ÚNICO 1.

ininteligible. Confuso, indescifrable, impenetrable. V. INCOMPRENSIBLE 1.

ininterrumpido. Continuo, incesante, permanente. V. CONTINUACIÓN 2.

iniquidad. Infamia, ignominia, maldad. V. VIL 3.

injerencia. Curiosidad*, intrusión, intervención. V. INDISCRECIÓN 1.

injerir. 1. *incorr* Ingerir, tragar, comer. V. ALIMENTO 11.
— **2.** *Injerirse*, fisgonear, inmiscuirse, curiosear*. V. INDISCRECIÓN 3

injertar. V. INJERTO 6.

INJERTO. 1. Esqueje, vástago, acodo, tallo, yema, brote*, trasplante, mugrón, renuevo, ramita con yemas.
— **2.** *Añadido*, injerto, implantación, agregado, postizo, parte, apéndice.
— **3.** Injerto quirúrgico, reimplante, cirugía*. V. TRASPLANTE 3.

4. Elementos. Patrón o portainjerto, injerto, incisión, guía, púa, ligadura, masilla. Herramientas: navaja de injertar, formón, gubia, aguja, abridor.

5. Clase de injertos. De escudete o de yema, de corteza, de púa, de canutillo, de pie de cabra, de corona, de juntura, de embocadura, de puente.

6. Acción. Arraigar, injertar, implantar, prender, brotar, agarrar, revenar, añadir.
Contr.: Poda, corte, arrancamiento.
V. AGRICULTURA, BROTE, AÑADIDO, TRASPLANTE.

injuria. Agravio, insulto, ultraje. V. OFENSA 1, 2.

injuriar, injurioso. V. injuria.

INJUSTICIA. 1. Arbitrariedad, abuso*, atropello, desmán, iniquidad, favoritismo, parcialidad, prejuicio, despotismo, exigencia, exageración*, ilegalidad*, ilegitimidad, ilicitud, impunidad, inmunidad, exceso, privilegio, preferencia, componenda, extralimitación, tropelía, improcedencia, inmoralidad, antojo, capricho*, mala fe, vileza*, irregularidad*, obstinación*, veleidad, tiranía, cabildada, alcaldada, desafuero, ultraje, vejación, futilidad, absurdo, infracción, prevaricación, sinrazón, violencia*, culpa*, vergüenza*.

2. Injusto. Indebido, infundado, inaceptable, arbitrario, intolerable, improcedente, inmoral, abusivo*, inicuo, ilegítimo, ilegal*, ilícito, odioso*, indigno, caprichoso*, parcial, tendencioso, inmotivado, antirreglamentario, inmerecido, infundado, gratuito, injustificado, inconsistente, tiránico, dictatorial, despótico, inaceptable, leonino, inexcusable, inoportuno, fútil, vergonzoso*, culpable*, violento*, absurdo, vejatorio, ultrajante, obstinado*, irregular, vil*, veleidoso, antojadizo, lamentable, penoso, privilegiado, excesivo, exagerado*, exigente.

3. Cometer injusticia. Abusar*, atropellar, favorecer, exagerar*, excederse, prejuzgar, preferir, privilegiar, extralimitarse, obstinarse*, envilecerse, encapricharse, antojarse, exigir, mandar, ordenar*, obligar*, tiranizar, ultrajar, vejar, infringir, violentar*, oprimir, avasallar, explotar, aprovecharse, lucrarse, propasarse.

Contr.: Justicia, legalidad*, honestidad, honradez*.

V. ABUSO, ILEGALIDAD, CAPRICHO, VIOLENCIA, VILEZA, VERGÜENZA, CULPA, EXAGERACIÓN, IRREGULARIDAD.

injusto, injustificado. V. INJUSTICIA 2.

Inmaculada. Virgen María, Purísima, Madre de Dios. V. VIRGEN 4.

inmaculado. 1. Irreprochable, sin mancha, perfecto*, flamante. V. LIMPIEZA 2.
— **2.** *Inmaculada*, Virgen María, Purísima, Madre de Dios. V. VIRGEN 4.

inmaduro. 1. Incipiente, infantil, joven*. V. PRINCIPIO 8.
— **2.** Inexperto, incapaz, inepto. V. INÚTIL 2.

inmanente. Relacionado, inherente, consustancial. V. CARACTERÍSTICA 3.

inmarcesible. V. inmarchitable.

inmarchitable. Rozagante, lozano, fresco. V. DURACIÓN 3.

inmaterial. Espiritual, abstracto*, incorpóreo. V. LEVE 1.

inmediaciones. Alrededores, cercanías, contornos. V. BARRIO 2.

inmediatamente. Prontamente, apresuradamente, al momento. V. RAPIDEZ 4.

inmediato. 1. Pronto, inminente, urgente*. V. RAPIDEZ 2.
— **2.** Adyacente, contiguo, próximo. V. CERCA 1.

inmejorable. Magnífico, excelente, superior. V. PERFECTO 1.

inmemorial. Arcaico, antiquísimo, pretérito. V. ANTIGUO 1.

inmensidad. V. inmenso.

inmenso. Vasto, enorme, infinito. V. AMPLITUD 2.

inmerecido. Abusivo, arbitrario, ilegal. V. INJUSTICIA 2.

inmersión. Zambullida, descenso, bajada. V. MOJAR 5.

inmerso. 1. V. inmersión.
— **2.** Embebido, abismado, pensativo. V. PENSAR 12.

inmigración. Afluencia, éxodo, llegada*. V. VIAJE 1.

inmigrante. Desplazado, expatriado, trabajador*. V. VIAJE 4.

inmigrar. V. inmigrante.

inminencia. V. inminente.

inminente. Próximo, apremiante, perentorio. V. CERCA 1.

inmiscuirse. Injerirse, entrometerse, mangonear. V. CURIOSIDAD 4.

inmisericorde. Inhumano, desalmado, brutal*. V. CRUELDAD 2.

inmobiliario. Del inmueble, de la hacienda, de la propiedad. v. PROPIEDAD 2.

inmoderado. Desmedido, excesivo, desenfrenado. V. EXAGERACIÓN 3.

inmodestia. Presunción, arrogancia, pedantería*. V. VANIDAD 1.

inmodesto. V. inmodestia.

inmolar. Matar, sacrificar, eliminar. V. MUERTE 14.

inmoral. Escandaloso, desvergonzado*, vicioso*. V. INDECENCIA 2.

inmoralidad. V. inmoral.

inmortal. Perpetuo, imperecedero, eterno. V. DURACIÓN 4.

inmortalidad. Eternidad, perennidad, continuidad. V. DURACIÓN 2.

inmortalizar. 1. Glorificar, encumbrar, enaltecer. V. HONOR 6.
— **2.** *Inmortalizarse*, durar, perpetuarse, continuarse*. V. DURACIÓN 5.

inmotivado. Indebido, infundado, inconsistente. V. INJUSTICIA 2.

INMÓVIL. 1. Inactivo, quieto, inerte, estacionario, estático, parado, estacionado, fijo, aparcado, detenido, estable, estabilizado, pasivo, sedentario, indiferente, inmovilizado, inconmovible, inalterable, sosegado, tranquilo*, calmado, descansado*, inanimado, exánime, yerto, muerto*, firme, desmayado*, yacente, aletargado, tendido, tumbado*, paralizado, anquilosado, entumecido, tieso, rígido, consolidado, reforzado, pasivo, interrumpido, ocioso, cesante, encadenado, sujeto, clavado, plantado, atado, retenido, obstaculizado, obstruido*, maniatado, aherrojado, esposado, prisionero*, embarrancado, varado, encallado, atascado, estancado, remansado, equilibrado, nivelado, silencioso*, petrificado, dominado, subyugado, vencido, perezoso, holgazán*.

2. Inmovilidad. Estabilidad, inercia, inactividad, quietud, parada, paro, paralización, estatismo, detención, sosiego, inmovilización, pasividad, indiferencia, reposo, descanso*, holgazanería*, pereza, calma, tranquilidad*, sueño*, letargo, desmayo*, muerte*, parálisis, anquilosamiento, entumecimiento, consolidación, firmeza, refuerzo, ocio, cese, plante, obstaculización, obstrucción*, retención, atadura, sujeción, encadenamiento, aherrojamiento, prisión*, atascamiento, varadura, estancamiento, remanso, equilibrio, nivelación, petrificación, dominación, derrota, pausa, espera, tregua.

3. Inmovilizar. Detener, parar, frenar, afianzar, asegurar, aprisionar, atar, aherrojar, esposar, maniatar, enlazar, sujetar, encadenar, paralizar, cesar, retener, obstaculizar, obstruir*, plantar, clavar, fijar, trabar, hincar, estancar, varar, encallar, embarrancar, zozobrar, atascar, remansar, equilibrar, nivelar, petrificar, dominar, vencer, derrotar, esperar, aquietar, calmar, sosegar, estabilizar, tranquilizar*, descansar, holgazanear*, pausar, entumecer, entorpecer, anquilosar, matar, desmayarse, aletargarse, reforzar, afirmar, consolidar.

Contr.: Movedizo, activo, movimiento*.

V. OBSTRUCCIÓN, DESCANSO, TRANQUILIDAD, MUERTE, PRISIÓN, HOLGAZANERÍA.

inmovilidad. V. INMÓVIL 2.
inmovilización. V. INMÓVIL 2.
inmovilizado. V. INMÓVIL 1.
inmovilizar. V. INMÓVIL 3.
inmueble. Edificio, finca, terreno. V. PROPIEDAD 2.
inmundicia. 1. Roña, mugre, cochambre. V. BASURA 1.
— **2.** V. inmundo 2.
inmundo. 1. Sucio*, mugriento, nauseabundo. V. REPUGNANCIA. 3.
— **2.** Obsceno, impúdico, deshonesto*. V. INDECENCIA 2.
inmune. 1. Protegido, invulnerable, saludable*. V. RESISTENCIA 6.
— **2.** Inoculado, inmunizado, inyectado. V. VACUNA 6.
— **3.** Exento, exceptuado, privilegiado. V. PRIVILEGIO 3.
inmunidad, inmunizar. V. inmune.
inmutable. 1. Invariable, perdurable, inalterable. V. PERMANECER 3.
— **2.** Impasible, impávido, flemático. V. TRANQUILIDAD 5.
inmutarse. Turbarse, alterarse, emocionarse*. V. PERTURBAR 1.
innato. Personal, congénito, natural. V. CARACTERÍSTICA 3.
innatural. Artificial, desusado, falso*. V. AFECTACIÓN 2.
innecesario. Fútil, superfluo, excesivo. V. INÚTIL 1.
innegable. Evidente, seguro, indiscutible. V. INDUDABLE 1.
innoble. Ruin, indigno, despreciable. V. VIL 1, 2.
innocuo. V. inocuo
innominado. Anónimo, sin nombre*, ignorado. V. IGNORANCIA 3.
innovación. Mejora*, novedad, adelanto. V. CREAR 3.
innovador. Descubridor, renovador, autor. V. CREAR 4.
innovar. Inventar*, idear, perfeccionar. V. CREAR 1.
innumerable. Ilimitado, incalculable, numeroso. V. ABUNDANCIA 2.

inobservancia. Infracción, violación, desobediencia*. V. INCUMPLIR 2.
INOCENCIA. 1. Candor, simplicidad, candidez, ingenuidad, buena fe, honestidad, honradez*, naturalidad, llaneza, sencillez, franqueza, sinceridad*, bonachonería, idealismo, inexperiencia, simpleza, credulidad, bobería; tontería*, pureza, virginidad*, castidad.
— **2.** *Inculpabilidad*, inocencia, absolución, indulto, perdón*, sobreseimiento, vindicación, descargo, exculpación, exención, rehabilitación, salvación.
— **3.** *Inocuidad*, inocencia, inoperancia, benignidad, bondad*, mansedumbre, dulzura, pacifismo, sumisión, benevolencia.
4. Inocente. Candoroso, cándido, ingenuo, iluso, aniñado, infantil, pueril, franco, sincero*, llano, sencillo, de buena fe, simple, engañadizo*, natural, honesto, honrado*, confiado, idealista, bonachón, bondadoso*, inexperto, imprudente, tonto*, crédulo, incauto, bobo; puro, virgen*, bendito, angelical*, casto (v. 5).
— **5.** *Inofensivo*, inocente, inocuo, incruento, inoperante, suave*, benigno, bondadoso*, manso, dulce, pacífico, sumiso, benévolo, bobo, tonto* (v. 1, 4).
— **6.** *Sobreseído*, inocente, absuelto, indultado, perdonado*, rehabilitado, reivindicado, vindicado, salvado, exento, exculpado, descargado, irresponsable.
7. Hacer inocente. Exculpar, librar, absolver. V. PERDÓN 2.
8. Ser inocente. Fiarse, creer, sincerarse. V. CONFIANZA 4, 6.
Contr.: Astucia*, mala fe.
V. HONRADEZ, BONDAD, SINCERIDAD, PERDÓN, TONTERÍA.
inocentada. Engaño*, chasco, burla. V. BROMA 2.
inocente. V. INOCENCIA 4-6.
inocuidad. V. inocencia 1-3.
inoculación. V. inocular.
inocular. 1. Contagiar, contaminar, transmitir. V. INFECCIÓN 7.
— **2.** Inmunizar, inyectar*, comunicar. V. VACUNA 5.
inocuo. Inoperante, inofensivo, benigno. V. INOCENCIA 5
inodoro. 1. Puro*, agradable, sin olor. V. OLOR 2.
— **2.** Artefacto, a. sanitario, evacuatorio. V. BAÑO 3.
inofensivo. V. INOCENTE 5.
inolvidable. Indeleble, imborrable, impresionante. V. INTERÉS 5.
inoperante. Inactivo, ineficaz, nulo. V. INÚTIL 2.
inopia. 1. Indigencia, escasez*, necesidad*. V. POBRE 7.
— **2.** Distracción, olvido*, ignorancia*. V. DESCUIDO 1.
inopinado. Brusco, inesperado, imprevisto. V. REPENTINO 1.
inoportunamente. V. INOPORTUNO 4.

inoportunidad. V. INOPORTUNO 2.
INOPORTUNO. 1. Inadecuado, inconveniente, repentino*, insospechado, inesperado, extemporáneo, intempestivo, incorrecto, imprevisto, inopinado, incómodo, improcedente, molesto*, fastidioso, antipático*, anticipado, temprano, prematuro, tardío, retrasado, equivocado*, errado, discrepante, desacertado, impropio*, desusado, infrecuente, perjudicial*, incompatible; entrometido, impertinente, pesado, patoso, molesto*, a deshora.
2. Inoportunidad. Incorrección, deshora, inconveniencia, improcedencia, incomodidad, molestia*, perjuicio, incompatibilidad, impropiedad*, discrepancia, trastorno, fastidio, anticipación, adelanto, retraso, tardanza, desacierto, equivocación, error, conflicto, perturbación; necedad, impertinencia, pesadez, tontería, entrometimiento, intromisión.
3. Ser inoportuno. Molestar*, equivocarse*, errar, trastornar, incomodar, perjudicar*, dañar, entrometerse, perturbar, anticiparse, adelantarse, retrasarse, tardar, discrepar.
4. Inoportunamente. Inadecuadamente, inconvenientemente, repentinamente (v. 1).
Contr.: Oportuno, acertado, sensato, conveniente.
V. MOLESTO, EQUIVOCADO, REPENTINO, ANTIPÁTICO, PERJUDICIAL.
inorgánico. No orgánico, sin vida, sólido. V. MINERAL 2.
inoxidable. Tratado, protegido, resistente. V. METALURGIA 9.
in promptu. Improvisadamente, de pronto, al presente. V. REPENTINO 2.
inquebrantable. Inexorable, inflexible, duro*. V. SEVERIDAD 2.
inquietante. Amenazador*, angustioso, alarmante. V. INTRANQUILIDAD 4.
inquietar. V. inquietante.
inquieto. 1. Movedizo, activo, incansable. V. DINAMISMO 2.
— **2.** Preocupado, alarmado, desasosegado. V. INTRANQUILIDAD 3.
inquietud. 1. Interés*, curiosidad, actividad. V. DINAMISMO 1.
— **2.** Preocupación, alarma, desasosiego. V. INTRANQUILIDAD 1.
inquilinato. 1. Arriendo, cesión, locación. V. ALQUILER 1.
— **2.** Vecindario, antro, cuchitril. V. TUGURIO.
inquilino. Arrendatario, vecino, ocupante. V. ALQUILER 4.
inquina. Ojeriza, aborrecimiento, rencor. V. ODIO 1.
inquirir. Preguntar, indagar, averiguar. V. INTERROGAR 1.
INQUISICIÓN. 1. Santo Oficio (fundado por Pablo III en 1542 como Sagrada Congregación de la Romana y Universal Inquisición), luego (desde 1908, con san Pío X) Congregación del Santo Oficio, finalmente (desde 1965, con Pablo VI)

Congregación para la doctrina de la fe; tribunal*, t. eclesiástico, Consejo Supremo, corte, audiencia, institución papal, i. religiosa*.
— **2.** Examen*, pesquisa, investigación*. V. INTERROGAR 2.
3. Elementos. Herejía*, apostasía, hechicería*, brujería, heterodoxia, denuncia, d. verbal, d. secreta, defensa personal, excomunión, castigo*, condena*, tormento, tortura*, confesión, auto de fe, lectura de sentencia, fallo inapelable, penitencia, sambenito, procesión, aspa de San Andrés, capotillo, capirote, túnica, cilicio, hoguera, exorcismo, poder secular.
4. Personas. Inquisidor, i. general (Torquemada), i. ordinario, i. apostólico, frailes, dominicos, comisario del Santo Oficio, de la Inquisición, calificador, familiar; acusado, hereje*, herético, apóstata; hechicero*, brujo, heterodoxo, condenado*, penitenciado, excomulgado.
V. HEREJÍA, HECHICERÍA, TORTURA, CASTIGO, CONDENA, RELIGIÓN, TRIBUNAL.
inquisidor. V. INQUISICIÓN 4.
inquisitivo. Indagador, investigador, curioso*. V. INTERROGAR 5.
insaciable. 1. Comilón, glotón, voraz. V. HAMBRE 2.
— **2.** Egoísta*, ansioso, insatisfecho. V. AMBICIÓN 2.
— **3.** Inagotable, constante, inextinguible. V. INTENSIDAD 3.
insalubre. Malsano, pernicioso, nocivo. V. INFECCIÓN 6.
insalvable. Invencible, insuperable, insoluble. V. DIFICULTAD 3.
insania. Perturbación, manía*, demencia. V. LOCURA 1.
insano. Demente, perturbado, maniático*. V. LOCURA 4.
insatisfacción. V. insatisfecho.
insatisfecho. 1. Ansioso, insaciable, codicioso*. V. AMBICIÓN 2.
— **2.** Disgustado, molesto*, descontento. V. DESAGRADABLE 3.
inscribir. 1. Apuntar, registrar, anotar. V. ESCRIBIR 1.
— **2.** Delimitar, circunscribir, encerrar. V. LÍMITE 5.
— **3.** *Inscribirse,* afiliarse, apuntarse, alistarse. V. ASOCIACIÓN 13.
inscripción. 1. Rótulo, nota, leyenda. V. LETRERO 1.
— **2.** Apunte, registro, anotación. V. NOTA 1.
— **3.** V. inscribir 3.
inscrito. V. inscribir.
insecticida. V. INSECTO 7.
insectívoro. Animal, pájaro, pequeño mamífero. V. AVE 14, MAMÍFERO 13.
INSECTO. 1. Artrópodo, hexápodo, articulado, invertebrado, animal*, bicho, bicharraco, sabandija, gusarapo, gorgojo, larva, parásito*, comensal.

2. Anatomía. *Cabeza:* antena articulada, ojo compuesto, ojos simples u ocelos; boca: labio superior o labrum, mandíbulas, maxilas, labio inferior o labium, palpos, glándulas salivares, ganglio cerebroide. *Cuerpo:* tórax, abdomen; tubo digestivo, molleja, intestino anterior, i. posterior, ano, aguijón, glándulas venenosas, ovario, orificio sexual, oviscapto, aparato circulatorio (dorsal), cordón nervioso (ventral), tubos de Malpighi, tráquea. *Patas.* P. articuladas (6): coxa, cadera, trocánter, fémur, tibia, tarso, artejo. *Alas:* anteriores (2), élitros, posteriores (2). *Otros elementos:* quitina, caparazón, dermatoesqueleto, pinzas, quelíceros, segmentos, anillos, patas saltadoras, nadadoras, excavadoras, recolectoras.

3. Clasificación. Clase, orden, familia, género, especie, variedad, raza, ejemplar. Coleópteros: escarabajo, mariquita o cochinilla, gorgojo, luciérnaga, cantárida; lepidópteros: mariposa, polilla; dípteros: mosca, mosquito, cínife, tábano, pulga; hemípteros: cigarra o chicharra, pulgón, filoxera, chinche de campo; himenópteros: abeja, avispa, abejorro, moscardón, hormiga; neurópteros: hormiga león; ortópteros: langosta, saltamontes, grillo, cucaracha, tijereta; efeméridos: efímera; odonatos: libélula; heterópteros: chinche; mantoideos: mantis religiosa; isópteros: termes o termitas, carcoma; anopluros: piojo; tisanuros: lepisma; miriápodos: ciempiés, centípedo, escolopendra (v. 1).

4. Desarrollo. Metamorfosis; huevo, larva o cresa, oruga, capullo, ninfa, pupa, crisálida, imago, adulto; gusano*, arañuelo.

5. Acción. Zumbar, cantar, chirriar, morder, roer, apolillar, picar, inocular, contagiar, infectar*, inflamar, saltar, volar, reptar, hormiguear, pulular.

6. Refugios, conjuntos. Nido, hormiguero, termitera, galería, excavación*, avispero, colmena, panal, celdilla, agujero*, orificio, grieta; bandada, jabardillo, enjambre, miríada, hervidero.

7. Insecticidas. Inorgánicos, orgánicos sintéticos, biológicos. Polvos, gases, aerosoles, «sprays», plaguicidas, venenos*, tóxicos, líquidos, fumigación DDT o dicloro-difenil-tricloroetano (uso prohibido en España en 1977), HCH o hexaclorociclohexano, cal, arseniato de cal, pelitre, azufre, sulfuros, ácido cianhídrico.

8. Varios. Entomología, ciencia, taxonomía, estudio, clasificación, especialidad. Entomólogo, científico, experto, especialista, sabio.
V. ABEJA, MARIPOSA, MOSCA, HORMIGA, ARAÑA, GUSANO, PARÁSITO, ANIMAL.

inseguridad. 1. Desequilibrio, oscilación, movimiento*. V. INESTABLE 2.
— **2.** Vacilación, incertidumbre, imprecisión. V. DUDA 1.

inseguro. V. inseguridad.

inseminación. Fertilización, procreación, engendramiento. V. FECUNDACIÓN 1.

inseminar. V. inseminación.

insensatez. V. insensato.

insensato. 1. Absurdo, desatinado, incoherente. V. DISPARATE 2.
— **2.** Necio, loco*, temerario. V. IMPRUDENCIA 2.

insensibilidad. 1. Inconsciencia, embotamiento, letargo. V. ANESTESIA 1, DESMAYO 1.
— **2.** V. insensible 2-4.

insensibilizar. V. insensible.

insensible. 1. Aletargado, inanimado, inconsciente. V. DESMAYADO, ANESTESIADO.
— **2.** Leve, indoloro, suave. V. DOLOR 4.
— **3.** Inhumano, riguroso, inflexible. V. CRUELDAD 2.
— **4.** Gradual, imperceptible, paulatino. V. LENTITUD 3.

insensiblemente. V. insensible 4.

inseparable. 1. Indivisible, unido, junto. V. UNIR 19.
— **2.** Amigo, entrañable, devoto. V. LEALTAD 2.

inserción. V. insertar.

insertar. 1. Embutir, encajar, meter. V. INTRODUCIR 1.
— **2.** Anunciar, publicar, avisar. V. ANUNCIO 4.

inservible. 1. Defectuoso, estropeado, averiado. V. DETERIORO 3.
— **2.** Ineficaz, infructuoso, incompetente. V. INÚTIL 1, 2.

insidia. Asechanza, intriga, perfidia. V. ENGAÑO 1.

insidioso. Pérfido, nocivo, dañino. V. ENGAÑO 3.

insigne. Esclarecido, glorioso, célebre. V. PRESTIGIOSO 2.

insignia. Emblema, divisa, distintivo. V. SÍMBOLO 2.

insignificancia. V. INSIGNIFICANTE 3.

INSIGNIFICANTE. 1. Nimio, fútil, minúsculo, venial, intrascendente, leve, ligero, baladí, bizantino, trivial, frívolo*, banal, pueril, escaso, mezquino, pobre*, débil*, exiguo, pequeño*, irrisorio, imperceptible, despreciable, diminuto, menudo, poco, humilde*, modesto, sencillo, bajo, ruin, vulgar*, opaco, oscuro, hueco, vacío, corto, miserable, menguado, secundario, insuficiente, despreciable, desdeñable, inane, ridículo*, birria, superfluo, superficial, anodino, gris, insípido, insustancial, inútil*, de tres al cuarto, del montón, de mala muerte, vano, infundado (v. 2).
— **2.** *Apocado,* insignificante, infeliz, soso, tímido*, insustancial, insípido*, inexpresivo, insulso, tonto*, bobo, alfeñique, inútil*, gurrumino, cualquiera, quídam, nadie, don nadie, pelanas, pelagatos, muñeco, títere, calzonazos, borrego, pelele, pelafustán, pusilánime, cobarde*, acomplejado, humillado*, monigote, hominicaco, pobre hombre, tipo, débil*, tipejo, pobre diablo, pobre de espíritu, muerto de hambre, cero a la izquierda (v. 1).

3. Insignificancia. Bagatela, minucia, menudencia, pizca, fruslería, chuchería, baratija, futilidad, nadería, nimiedad, superfluidad,

frivolidad*, pequeñez*, fracción, fragmento, vulgaridad*, trivialidad, escasez, mezquindad, levedad*, exigüidad, pobreza*, humildad*, intrascendencia, inutilidad*, bizantinismo, insipidez, superficialidad, ridiculez*, inanidad, insuficiencia, mengua, miseria, cortedad, vacío*, humillación*, oscuridad*, ruindad, bajeza, sencillez, modestia, poquedad, mezquindad, bobada, tontería*, simpleza, birria, niñería*, puerilidad, pamema, nonada, chinchorrería, zarandaja, brizna, migaja, nada, mota, hebra, partícula, molécula, átomo*, adarme, ardite, gota, ápice, hojarasca, muestra, atisbo, asomo, bicoca, bledo, comino.
— **4.** Sosería, insignificancia*, timidez*, insustancialidad, inutilidad*, pobreza*, humildad*, apocamiento, infelicidad, insulsez, puerilidad, tontería*, complejo*, pusilanimidad, cobardía*.
5. Volverse insignificante. Acobardarse, retraerse, empequeñecerse, apocarse, acomplejarse, humillarse*, vulgarizarse*, oscurecerse, menguar, ridiculizarse*, empobrecerse, inutilizarse*.
Contr.: Destacado, superior*, grande*.
V. PEQUEÑO, HUMILDE, VULGAR, LEVE, RIDÍCULO, INÚTIL, POBRE, COBARDE; COMPLEJO.
insincero. Disimulado*, engañoso*, farsante. V. HIPOCRESÍA 2.
INSINUACIÓN. 1. Alusión, indirecta, mención, sugerencia, observación, ambigüedad, reticencia, proposición, propuesta, invitación*, advertencia, aviso, consejo*, rodeo, evasiva, vaguedad, digresión, indicación, murmuración, explicación*, ambages, inspiración, embozo, esbozo, perífrasis, circunloquio, eufemismo, puntada, pulla, sarcasmo, ironía*, cinismo, sátira, mordacidad, retintín.
2. Insinuante. Alusivo, sugerente, indirecto, evasivo, reticente, ambiguo, esbozado, inspirado, indicativo, mencionado, indicado, propuesto, eufemístico, mordaz, satírico, irónico*, sarcástico, cínico.
— **3.** Incitante, sugestivo, provocativo. V. ATRACTIVO 2.
4. Insinuar. Mencionar, sugerir, indicar, aludir, plantear, proponer, tratar, explicar*, observar, aconsejar, rodear, invitar*, avisar, advertir, apuntar, esbozar, inspirar, ironizar*, satirizar, pinchar, herir, dar a entender, dejar adivinar.
Contr.: Rudeza, descortesía*, franqueza, sinceridad*.
V. EXPLICACIÓN, CONSEJO, IRONÍA, INVITACIÓN.
insinuante. V. INSINUACIÓN 2.
insinuar. V. INSINUACIÓN 4.
insípido. Insulso, soso, insustancial. V. GUSTO 8; INSIGNIFICANTE 1.
insipidez. V. insípido.
insistencia. 1. Frecuencia, reiteración, perseverancia*. V. REPETICIÓN 1.

— **2.** Machaconería, terquedad, porfía. V. OBSTINACIÓN 1.
insistente. V. insistencia.
insistir. Porfiar, obstinarse*, perseverar. V. PERSEVERANCIA 2.
insobornable. Íntegro, recto, justo. V. IMPARCIAL 1.
insociable. Huraño, retraído, antipático*. V. HOSCO 1.
insolación. Sofoco, acaloramiento, desmayo*. V. INDISPOSICIÓN 1.
insolencia. Atrevimiento, descaro, descortesía*. V. DESVERGÜENZA 1.
insolentar(se). Descarar(se), enfrentarse, rebelarse*. V. DESVERGÜENZA 3.
insolente. V. insolencia.
insólito. Infrecuente, desusado, asombroso*. V. RAREZA 2.
insoluble. 1. Apelmazado, firme, resistente. V. DURO 1.
— **2.** Indescifrable, inexplicable, impenetrable. V. INCOMPRENSIBLE 1.
insolvencia. Incapacidad, irresponsabilidad, pobreza. V. POBRE 7.
insolvente. Irresponsable, arruinado, empobrecido. V. POBRE 1.
insomne. Despierto, despabilado, desvelado. V. SUEÑO 10.
insomnio. Desvelo, vigilia, vela. V. SUEÑO 8.
insondable. Impenetrable, recóndito, inexplicable. V. INCOMPRENSIBLE 1.
insoportable. Insufrible, impertinente, intolerable. V. MOLESTIA 5.
insoslayable. Inevitable, ineludible, forzoso. V. OBLIGAR 6.
insospechado. Imprevisible, extraño, sorprendente. V. RAREZA 2.
insostenible. Ilógico, absurdo, inadmisible. V. DISPARATE 2.
inspección. Comprobación*, verificación, vigilancia*. V. INVESTIGACIÓN 1.
inspeccionar. V. inspección.
inspector. Interventor, controlador, verificador. V. INVESTIGACIÓN 2.
INSPIRACIÓN. 1. Idea, sugestión, imaginación*, fantasía*, estímulo*, iluminación*, musa, arrebato, soplo, estro, acicate, sugerencia, pensamiento*, inteligencia*, vocación, propensión, creación*, impulso, i. creador, ánimo*, incentivo, aguijón, aliento, interés*, inventiva*, abstracción*, curiosidad*.
— **2.** Inhalación, aspiración, jadeo. V. RESPIRACIÓN 1.
3. Inspirar. Sugerir, infundir, insuflar, causar, estimular*, iluminar, arrebatar, impulsar, animar*, aguijonear, interesar*, causar, contagiar, traspasar, comunicar, convencer, alentar, imbuir, inculcar, persuadir, entusiasmar, originar*, abstraer*, imaginar, pensar*, fantasear*, crear*, inventar*.
— **4.** Provocar, originar, suscitar. V. CAUSA 3.
— **5.** Aspirar, jadear, inhalar. V. RESPIRACIÓN 2.

— **6.** *Inspirarse*, fundarse, apoyarse*, basarse. V. BASE 4.

7. Inspirado. Estimulado*, imbuido, iluminado, visionario, elegido, sugestionado, imaginativo*; pensador*, creador*, impulsor, curioso*, inventor*; inventivo, interesado*, espoleado, aguijoneado, acicateado.
Contr.: Materialismo, vulgaridad*.
V. IMAGINACIÓN, FANTASÍA, ESTÍMULO, PENSAMIENTO, INTELIGENCIA, CREACIÓN, ÁNIMO, INTERÉS, CURIOSIDAD, ABSTRACCIÓN, INVENTIVA; RESPIRACIÓN.

inspirado. V. INSPIRACIÓN 7.

inspirar. V. INSPIRACIÓN 3-6.

instalar. Montar, situar, establecer. V. COLOCAR 1.

instancia. Petición, demanda, nota. V. PEDIR 3.

instantánea. Copia*, positiva, prueba. V. FOTOGRAFÍA 1.

instantáneamente. V. INSTANTE 3.

instantáneo. V. INSTANTE 2.

INSTANTE. 1. Momento, periquete, minuto, segundo, décimas, centésimas, fracción de segundo, tiempo*, tris, relámpago, brevedad*, soplo, lapso, santiamén, rapidez*, urgencia*, menudencia, pequeñez*, insignificancia, período, trecho, intervalo, etapa, transcurso, rato, fugacidad, abrir y cerrar de ojos, transitoriedad, provisionalidad, cortedad, limitación*, abreviación*, brusquedad, prontitud, ocasión, circunstancia, oportunidad.
2. Instantáneo. Repentino, brusco, súbito, inmediato, veloz, rápido*, pronto, raudo, vertiginoso, breve, temporal, pasajero, fugaz, efímero, momentáneo, impensado, insospechado, imprevisto, inesperado, insignificante*, presto, fugitivo, inopinado, espontáneo, periódico, relampagueante, drástico, fulminante, radical, galopante, tajante, precipitado, accidental, violento*, impulsivo, impetuoso, circunstancial*, transitorio, ocasional, abreviado*, pequeño*, limitado*, escueto, resumido.
3. Instantáneamente. Repentinamente, en un abrir y cerrar de ojos, en menos que canta un gallo, en un santiamén, al momento, al instante, en seguida, rápidamente*, velozmente, bruscamente, súbitamente (v. 2).
Contr.: Eternidad, lentitud*, tardanza.
V. RAPIDEZ, BREVEDAD, URGENCIA, ABREVIACIÓN, TIEMPO, PEQUEÑEZ.

instar. Rogar, exhortar, urgir*. V. PEDIR 1.

instauración. V. instaurar.

instaurar. Establecer, implantar, fundar. V. CREAR 1.

instigación. V. instigador.

instigador. Conspirador, provocador, agitador. V. HOSTIGAR 3, CULPABLE 4.

instigar. Incitar, provocar, inducir. V. CONSPIRACIÓN 2.

instilar. 1. Gotear, verter, humedecer. V. MOJAR 1.
— **2.** V. instigar.

instintivo. Maquinal, involuntario, inconsciente. V. ESPONTÁNEO 2.

instinto. 1. Atavismo, naturaleza, impulso. V. HERENCIA 11.
— **2.** Temperamento, índole, tendencia. V. CARÁCTER 1.

institución. 1. Establecimiento, patronato, organismo. V. ASOCIACIÓN 8.
— **2.** Fundación, implantación, instauración. V. CREAR 3.

instituir. V. instaurar.

instituto. 1. Academia, colegio, escuela. V. EDUCACIÓN 9.
— **2.** V. institución 1.

institutriz. Preceptora, profesora, maestra. V. EDUCACIÓN 15.

instrucción. 1. Aprendizaje, enseñanza, iniciación. V. EDUCACIÓN 1.
— **2.** Erudición, sabiduría, cultura. V. EDUCACIÓN 19.
— **3.** *Instrucciones*, disposiciones, directrices, explicaciones*. V. ORDEN 3.

instructivo. Formativo, docente, pedagógico. V. EDUCACIÓN 18.

instructor. Maestro, pedagogo, entrenador. V. EDUCACIÓN 15.

instruido. Erudito, ilustrado, culto. V. EDUCACIÓN 17.

instruir. Adiestrar, cultivar, enseñar. V. EDUCACIÓN 11.

instrumental. V. instrumento.

instrumentar. Organizar, formar, orquestar. V. CAUSA 3.

instrumentista. Ejecutante, profesor, miembro de una orquesta. V. MÚSICA 10.

instrumento. 1. Artefacto, utensilio, herramienta*. V. APARATO 1.
— **2.** Medio, recurso, procedimiento. V. MODO 1.
— **3.** V. INSTRUMENTO MUSICAL.
— **4.** V. instrumento quirúrgico.

INSTRUMENTO MUSICAL. 1. Instrumento músico, que produce sonidos musicales (v. 2).
2. Clasificación (clásica). Instrumentos de cuerdas (v. 3), i. de viento (v. 4), i. de percusión (v. 5).
3. Instrumentos de cuerdas. *De cuerdas punteadas:* guitarra*, arpa, cítara, laúd, lira, mandolina, banjo, bandurria, vihuela, balalaica, ukelele, guitarra eléctrica. *De cuerdas frotadas o de arco:* violín*, viola, violoncelo o violonchelo, contrabajo o violón, rabel, viola de amor; arco: varilla, cerdas, punta. *De cuerdas golpeadas o de teclado:* piano*, p. de cola, p. vertical; clavicordio, clavicémbalo, clave, clavecín, espineta, celesta. Pianola, piano mecánico, organillo. *Partes:* (v. guitarra*, violín*, piano*).
4. I. de viento. *De madera:* flauta, flautín, caramillo, zampoña, pipiritaña, pífano, piccolo, oboe, clarinete, corno inglés, fagot, bajón, chirimía, dulzaina, quena, ocarina; partes: agujero, lengüeta, pico. *De metal:* trompeta*, trompa, trombón, t. de pistones, t. de varas, saxofón, tuba, clarín, bombardón, bombardino, flauta,

figle, bugle, corneta, c. de llaves, cornetín, pito; *partes:* boquilla, lengüeta, llave, pistón. *Otros:* órgano, armonio, organillo, acordeón, bandoneón, concertina, armónica, gaita, cornamusa. *Partes:* (v. trompeta*, órgano*, acordeón*).
5. I. de percusión. Varios. Timbal, bombo, tambor (caja, tamboril, bongó, tímpano, atabal), platillos, címbalo, gong, gongo, batintín, tantán, triángulo, xilófono, marimba, vibráfono, pandereta, pandero, carillón, campana*, campanilla. *Partes:* (v. tambor*, campana*). *Varios:* castañuelas, crótalos, maracas, carraca, matraca, zambomba.
6. Conjuntos musicales. V. ORQUESTA 1, 2.
7. Músicos. V. ORQUESTA 3.
8. Sonidos. Toque, acorde, ejecución, interpretación, arpegio, tañido, sonido*, preludio, punteado, rasgueado, tecleado, trompeteo, trompetazo*, redoble, percusión (v. música 2).
9. Acción. Interpretar, ejecutar, tocar, pulsar, herir, tañer, sonar, resonar, puntear, rasguear, teclear, trompetear, redoblar, percutir, golpear, castañear, repiquetear, templar, afinar, desafinar.
V. ORQUESTA, MÚSICA, GUITARRA, VIOLÍN, PIANO, TROMPETA, ÓRGANO, ACORDEÓN, TAMBOR, CAMPANA.
instrumento quirúrgico. Utensilio, aparato, herramienta* de cirugía. V. CIRUGÍA 8.
insubordinación. Sublevación, sedición, desobediencia*. V. REBELDE 4.
insubordinado, insubordinarse. V. insubordinación.
insubstancial. V. INSUSTANCIAL.
insuficiencia. 1. Carencia, falta, deficiencia. V. ESCASEZ 1.
— **2.** Incompetencia, torpeza, ineptitud. V. INÚTIL 5.
insuficiente. V. insuficiencia.
insuflar. 1. Soplar, introducir, inflar. V. HINCHAZÓN 5.
— **2.** Imbuir, comunicar, persuadir. V. INSPIRACIÓN 3.
insufrible. Insoportable, cargante, inaguantable. V. MOLESTIA 3, 4.
insular. Isleño, de la isla, del archipiélago. V. ISLA 3.
insulina. Hormona, humor, secreción. V. GLÁNDULA 3.
insulso. Soso, pueril, insípido. V. INSUSTANCIAL 1, 2.
insultante. Agraviante, injurioso, afrentoso. V. OFENSA 6.
insultar. Injuriar, ultrajar, afrentar. V. OFENSA 4.
insulto. Ultraje, agravio, injuria. V. OFENSA 2.
insumergible. Boyante, flotante, hermético. V. NADAR 8.
insumiso. Sedicioso, desobediente*, obstinado*. V. REBELDE 2.
insuperable. 1. Inmejorable, maravilloso*, superior. V. PERFECTO 1.

— **2.** Inaccesible, infranqueable, insalvable. V. MONTAÑA 5.
— **3.** Complicado, problemático, incomprensible*. V. DIFICULTAD 3.
insurgente. Sublevado, sedicioso, rebelde. V. REVOLUCIÓN 4.
insurrección. Revuelta, levantamiento, sublevación. V. REVOLUCIÓN 1.
insurrecto. V. insurgente.
INSUSTANCIAL. 1. Desabrido, insípido, soso, insulso, desagradable, repugnante, sin sustancia, sin gusto* (v. 2)
— **2.** *Pueril*, insustancial, soso (v. 1), desabrido, insípido, insignificante*, insulso, necio, patoso, tonto*, bobo, simple, ñoño, apático, aburrido*, anodino, gris, desangelado, inexpresivo, pasmado, incoloro, indiferente*, desganado, frío, papanatas, pavo, ganso, lelo, estúpido, inofensivo, inocente*, ni fu ni fa, deslucido, vacío, vacuo, hueco, huero, vulgar*, frívolo*, trivial, vano, vanidoso*, seco, tosco, torpe, fantoche, mentecato, gedeón, majadero, botarate, pasmarote, sandio, inexpresivo, descortés*, áspero.
3. Insustancialidad. Insulsez, insipidez, desabrimiento, sosería, sosera, puerilidad, simpleza, bobería, tontería*, necedad, gansada, pavada, indiferencia*, apatía, frialdad, desgana, inexpresividad, ñoñería, vacuidad, vaciedad, insignificancia*, estupidez, descortesía*, vulgaridad*, frivolidad*, trivialidad, botaratada, majadería, mentecatada, torpeza, gedeonada, fantochada, tosquedad, pasmarotada.
4. Insustancialmente, insípidamente, desabridamente (v. 1, 2).
Contr.: Animado*, alegre*, ingenioso, gustoso*.
V. GUSTO; INDIFERENCIA, VULGARIDAD, DESCORTESÍA, TONTERÍA, FRIVOLIDAD, VANIDAD, INSIGNIFICANCIA.
insustancialidad. V. INSUSTANCIAL 3.
insustituible. Indispensable, imprescindible, irreemplazable. V. NECESIDAD 5.
intachable. Íntegro, irreprochable, respetable. V. HONRADEZ 2.
intacto. Ileso, incólume, digno*. V. INDEMNE 1.
intangible. Inmaterial, etéreo, abstracto*. V. LEVE 1.
integérrimo. V. íntegro 1.
integración. Unificación, reunión, combinación. V. UNIÓN 16.
integral. V. íntegro.
íntegramente. Enteramente, absolutamente, completamente. V. TOTAL 6.
integrante. V. integrar.
integrar. Componer, constituir, formar parte. V. PARTICIPAR 1.
integridad. 1. Rectitud, virtud, decencia. V. HONRADEZ 1, VIRGINIDAD.
— **2.** Totalidad, generalidad, perfección*. V. TOTAL 1.

íntegro. 1. Decente, irreprochable, virtuoso. V. HONRADEZ 2.
— **2.** Completo, perfecto, indemne*. V. TOTAL 2.
intelecto. V. INTELIGENCIA 1.
intelectual. V. INTELIGENCIA 4, 5.
intelectualidad. V. INTELIGENCIA 6.
INTELIGENCIA. 1. Intelecto, comprensión, razón, juicio, perspicacia, astucia*, talento, mente, capacidad, materia gris, cerebro*, entendimiento, raciocinio, percepción, conocimiento, consciente, subconsciente, ingenio, genio, genialidad, lucidez, mentalidad, agudeza, discernimiento, penetración, pensamiento*, reflexión, entendederas, sutileza, sagacidad, cacumen, caletre, cabeza*, sesos, sesera, magín, mollera, meollo, conciencia, cognición, intelección, claridad, clarividencia, alcances, intuición, instinto, imaginación*, fantasía*, olfato, visión, vista, razonamiento, chispa, listeza, criterio, carácter*, personalidad*, facultades, competencia, condiciones, vivacidad, viveza, precocidad, pillería*, picardía, sentido común, sensatez, moderación*, arte, pericia, sabiduría*, experiencia.
— **2.** Comprensión, armonía, pacto*. V. CONCORDIA 1.
— **3. Inteligente.** Lúcido, perspicaz, sagaz, capaz, talentoso, listo, ingenioso, genio, eminente, lumbrera, fénix, genial, agudo, sutil, penetrante, intuitivo, clarividente, intelectual, estudioso (v. 4), aventajado, aprovechado, adelantado, visionario, imaginativo*, profundo, razonador, chispeante, brillante, fenomenal, competente, vivaz, avispado, vivo, despabilado, despejado, dinámico*, despierto, avisado, precoz, pillo*, pícaro, experimentado, perito, experto, astuto*, intelectual (v. 4).
4. Intelectual. Erudito, sabio*, letrado, sesudo, cerebral*, mental (v. 5), reflexivo, pensador*, ilustrado, instruido, investigador*, estudioso, sapiente, conocedor, superior, cultivado, culto.
— **5.** *Mental*, intelectual, especulativo, imaginativo, anímico, subjetivo, psicológico, interior, espiritual, cerebral*, sesudo, reflexivo, talentudo, profundo, teórico, abstracto, genial.
6. Intelectualidad. Elite o élite, clase ilustrada, culta, erudita, estudiosa, sapiente, cultivada, brillante, destacada, competente, lo escogido, lo mejor, la crema.
7. Inteligible. Claro*, asequible, manifiesto, comprensible, fácil*, elemental, sencillo, implícito, tácito, comprendido, sobreentendido, virtual, explicable*, accesible, obvio, evidente, descifrable, lógico, patente, explícito, razonable, razonado, transparente, palmario, penetrable, perceptible, audible, legible, sensible, analizable, meridiano, indiscutible, indudable*, incontestable, ostensible, notorio, verdadero*, tangible, positivo.
8. Pensar*. Reflexionar, discurrir, razonar, meditar, abstraer, abstraerse, cavilar, percibir, re-

capacitar, juzgar, entender, comprender (v. 9), deducir, recordar, inferir, derivar, enfrascarse, abismarse, estudiar, imaginar*, vislumbrar, profundizar, interpretar, rumiar, intuir, adivinar*, creer, cogitar, divagar, crear*, inventar* (v. 9).
9. Comprender. Concebir, penetrar, deducir, entender, percibir, vislumbrar, pensar* (v. 8), alcanzar, asimilar, estudiar, interpretar, resolver, solucionar, saber, captar, conocer, juzgar, creer, opinar (v. 8).
Contr.: Tonto*, bruto*, inútil*.
V. SABIDURÍA, IMAGINACIÓN, FANTASÍA, PENSAMIENTO, CEREBRO, ASTUCIA, PILLERÍA.
inteligente. V. INTELIGENCIA 3.
inteligible. V. INTELIGENCIA 7.
intemperancia. 1. Libertinaje, desenfreno, sensualidad. V. SEXO 3.
— **2.** Grosería, insolencia, desconsideración. V. DESCORTÉS 2.
intemperante. V. intemperancia.
intemperie. Afuera, al exterior, a cielo abierto. V. EXTERIOR 3.
intempestivo. Inesperado, repentino*, imprevisto. V. INOPORTUNO 1.
intención. Propósito, empeño, voluntad*. V. DESEO 1.
intencionado, intencional. Premeditado, deliberado, adrede. v. VOLUNTAD 8.
intendencia. Gestión, gerencia, dirección. V. ADMINISTRACIÓN 1.
intendente. Supervisor, apoderado, gestor. V. ADMINISTRACIÓN 6.
intensamente. V. INTENSIDAD 5.
INTENSIDAD. 1. Poder, poderío, energía*, potencia, vigor*, fuerza, violencia*, impulso, firmeza, ímpetu, empuje, brío, ardor, dominio, actividad, tenacidad, dureza, vehemencia, apasionamiento*, magnitud, grandeza*, importancia*, viveza, vivacidad, hondura, profundidad, gravedad, virulencia, extremismo, agudeza, rigor, exceso, exageración*, incremento, aumento*, crecimiento, desarrollo*, extensión*, urgencia, rapidez, frecuencia (v. 2).
2. Intensificación. Acentuación, ampliación, aceleración, incremento, aumento*, vigorización, desarrollo*, crecimiento, engrandecimiento, rapidez*, urgencia*, reiteración, agudización, rigurosidad (v. 1).
3. Intenso. Fuerte, potente, enérgico*, vigoroso*, firme, poderoso*, violento*, masivo, recio, pronunciado, acentuado, marcado, señalado, radical, drástico, intensivo, destacado, manifiesto, agudo, agudoso, brioso, vehemente, apasionado*, impetuoso, vivo, importante*, grande*, crecido, torrencial, magno, penetrante, riguroso, extremado, inclemente, activo, hondo, pesado, profundo, máximo, aumentado, demoledor, devastador, arrollador, nutrido, graneado, incesante, desbordante, excesivo, irrefrenable, incontenible, irresistible, invencible, exagerado*, intolerable, incoercible, inagotable,

inextinguible, vivo, insufrible, exhaustivo, cansa-dor*, agotador, grave, desarrollado*, incremen-tado, urgente*, acelerado, rápido*, frecuente, estrepitoso, ruidoso, hiriente.

4. Intensificar. Activar, aumentar*, acentuar, extremar, crecer, agrandar, incrementar, vigo-rizar*, potenciar, mejorar, ampliar, desarrollar*, profundizar, ahondar, exagerar*, extender*, empeorar, arreciar, desatarse, acelerar, urgir*, redoblar, continuar, repetir, agudizar, agravar.

5. Intensamente. Fuertemente, potentemente, enérgicamente* (v. 3).

Contr.: Debilidad*, decaimiento, flojedad.

V. VIGOR, VIOLENCIA, APASIONAMIENTO, IM-PORTANCIA, EXAGERACIÓN, AUMENTO, EX-TENSIÓN, GRANDEZA, DESARROLLO, ENERGÍA, URGENCIA, RAPIDEZ.

intensificación. V. INTENSIDAD 2.

intensificar. V. INTENSIDAD 4.

intensivo. V. INTENSIDAD 3.

intenso. V. INTENSIDAD 3.

intentar. V. INTENTO 3.

INTENTO. 1. Tentativa, tanteo, comprobación, en-sayo, conato, empresa, prueba, sondeo, candi-datura (v. 2), aspiración, propósito, pretensión, impulso, deseo*, voluntad*, tesón, intención, amago, ánimo*/, ambición*, energía*, arresto, designio, afán, anhelo, obstinación*, empeño, gestión, trámite*, capricho*, trabajo*, tarea, labor, fin*, proyecto, plan*, experimento, in-vestigación*, examen*, cata, contraste, inte-rés*, finalidad, inicio, principio*, realización, verificación, procedimiento, experiencia, reco-nocimiento, capricho*, juego*, albur, azar*/, riesgo, incógnita; intentona, rebelión*, atenta-do, revolución*.

2. Candidatura. Opción, pretensión, solicitud, aspiración, instancia, petición, postulación, nominación, gestión, trámite*, concurso, opo-sición.

3. Intentar. Emprender, ensayar, gestionar, tramitar*, pretender, procurar, probar, tantear, tratar, tentar, desear*, ambicionar*, impulsar, proponerse, aspirar, afanarse, sondear, acome-ter, animarse, empeñarse, proyectar, planear*, finalizar*, laborar, atarearse, trabajar*, enca-pricharse, obstinarse*, examinar, investigar*, experimentar, realizar, principiar*, comenzar, iniciar, proceder, verificar, comprobar*, recono-cer, jugar, arriesgarse.

4. Que intenta. Voluntario, aspirante, candi-dato (v. 5), deseoso*, voluntarioso*, afanoso, enérgico, ambicioso*, animoso*, impulsivo, obstinado*, empeñoso, caprichoso, trabaja-dor*, atareado, investigador*, experimenta-dor, planificador*, proyectista, principiante*, novato, realizador, verificador, comprobador, jugador*, arriesgado.

5. Candidato. Postulante, pretendiente, as-pirante, interesado, peticionario, voluntario,

concursante, opositor, firmante, demandante, solicitante, nominado, reclamante (v. 4).

Contr.: Indiferencia*, apatía, desgana.

V. DESEO, VOLUNTAD, AMBICIÓN, OBSTI-NACIÓN, ÁNIMO, ENERGÍA, TRABAJO, PLAN, INVESTIGACIÓN, TRAMITE.

intentona. Atentado, rebelión*, ataque*. V. RE-VOLUCIÓN 1.

intercalar. Insertar, interponer, alternar. V. AÑA-DIR 2.

intercambiable. V. intercambiar.

intercambiar. Canjear, permutar, trocar. V. CAM-BIO 5.

intercambio. 1. V. intercambiar.

— **2.** Relación, trato, amistad*. V. CONVIVEN-CIA 1.

interceder. Participar, terciar, intervenir. V. ME-DIACIÓN 3.

intercepción. V. interceptar.

interceptar. Detener, entorpecer, obstaculizar. V. INTERRUPCIÓN 2.

intercesión. Participación, arbitraje, intervención. V. MEDIACIÓN 1.

intercesor. V. intercesión.

intercomunicación. Relación, vínculo, trato. V. CONVIVENCIA 1.

intercontinental. Internacional, mundial, transa-tlántico. V. UNIVERSO 5.

interdependencia. Correspondencia, de-pendencia, relación. V. RECÍPROCO 2.

interdicción. Privación, negativa*, oposición*. V. PROHIBICIÓN 1.

INTERÉS. 1. Propensión, tendencia, apego, incli-nación, atención, afinidad, instinto, aliciente, predisposición, predilección, preferencia*, gusto, fuerte, flaco, devoción, afición, procli-vidad, afecto, cariño, amor*, empeño, gana, voluntad*, impresión, preocupación, cuida-do*, esmero, celo, solicitud, afán, vigilancia*, temor*.

— **2.** *Curiosidad*, interés, incertidumbre, emo-ción*, suspense, inquietud, intriga; sugestión, fascinación, encanto, gracia, asombro*, atrac-tivo*, impresión, hechizo.

— **3.** Ganancia, lucro, provecho. V. BENEFI-CIO.

— **4.** *Intereses*, bienes, fortuna, capital. V. RI-QUEZA 1.

5. Interesante. Sugestivo, seductor, llamativo, atractivo*, gracioso, grato, agradable*, her-moso*, fascinante, costumbrista, folclórico, animado, llamativo, cautivante, emocionan-te*, intrigante, asombroso*, impresionante, desusado, pintoresco, original, singular, curio-so*, raro*, inesperado, inolvidable, indeleble, imborrable, infrecuente, actual*, inquietante, excitante, emotivo, alarmante, temido.

6. Interesado. Preocupado, atraído, seducido, intrigado, sugestionado, encantado, fascinado, cautivado, suspenso, aficionado, animado*, cu-rioso*, emocionado, extrañado, asombrado*, atento, inclinado, propenso, apegado, afín, predispuesto, tendiente, tendente, devoto, proclive, predilecto, empeñado, voluntarioso, encariñado, afectado, impresionado, cuidadoso*, solícito, celoso, afanoso, vigilante*, temeroso, inquieto, intrigado.

— **7.** Demandante, solicitante, aspirante. V. PEDIR 4.

— **8.** Materialista, codicioso*, aprovechado. V. EGOÍSMO 2.

9. Interesar. Cautivar, agradar*, encantar, fascinar, atraer, emocionar*, animar*, seducir, sugestionar, hechizar*, maravillar*, excitar, inquietar, impresionar, alarmar, temer, intrigar (v. 10).

— **10.** *Atañer*, interesar, competer, incumbir*, importar, corresponder, concernir, afectar, atribuir, aludir, pertenecer (v. 9).

— **11.** *Interesarse*, preguntar, inquirir, interrogar*, desvelarse, cuidar*, absorber, inquietarse, preocuparse, desvivirse, tender, propender, procurar, aficionarse; enamorarse, encariñarse, amar, querer.

Contr.: Apatía, desinterés, indiferencia*.

V. CUIDADO, PREFERENCIA, VOLUNTAD, VIGILANCIA, EMOCIÓN, ÁNIMO, ATRACTIVO, AGRADO, EGOÍSMO.

interesado. V. INTERÉS 6-8.

interesante. V. INTERÉS 5.

interesar(se). V. INTERÉS 9-11.

intereses. V. INTERÉS 3, 4.

interfecto. Víctima, difunto, occiso. V. MUERTE 10.

interferencia. V. interferir.

interferir. Entorpecer, neutralizar, interceptar. V. INTERRUPCIÓN 2.

ínterin. Mientras, en tanto, transitoriamente. V. DURACIÓN 6.

interino. Transitorio, provisional, suplente. V. CIRCUNSTANCIA 2.

interior. 1. Interno, hondo, profundo*. V. CENTRO 4.

— **2.** Rodeado, limitado*, céntrico*. V. LÍMITE 4.

— **3.** Anímico, íntimo, mental. V. ESPÍRITU 4.

interioridades. Confidencias, confesiones, intimidades. V. SECRETO 2.

interiormente. V. interior.

interjección. Imprecación, grito*, voz*. V. EXCLAMACIÓN 1.

interlocutor. Escucha, oponente, oyente. V. HABLAR 7.

interludio. 1. V. intermedio 1.

— **2.** Introito, introducción, intermedio musical. V. MÚSICA 3.

intermediario. Agente, comisionista, mediador*. V. COMERCIO 6.

intermedio. 1. Intervalo, descanso*, entreacto. V. DESCANSO 2.

— **2.** Tamaño regular, normal, corriente. V. MEDIANO 1.

interminable. Continuo, eterno, extenso*. V. DURACIÓN 3.

intermitencia. V. intermitente.

intermitente. Irregular, esporádico, discontinuo. V. INTERRUPCIÓN 3.

internacional. Mundial, general, cosmopolita. V. UNIVERSO 6.

internado. Colegio, pensionado, pupilaje. V. EDUCACIÓN 9.

internar. 1. Recluir, encarcelar, encerrar. V. AISLAMIENTO 3.

— **2.** *Internarse*, adentrarse, penetrar, introducirse. V. ENTRAR 1.

interno. 1. V. interior.

— **2.** Alumno, pensionista, colegial. V. EDUCACIÓN 13.

interpelación. V. INTERROGAR 2.

interpelante. V. INTERROGAR 5.

interpelar. V. INTERROGAR 1.

interplanetario. Cósmico, espacial, sideral. V. UNIVERSO 3.

interpolar. V. interponer 1.

interponer. 1. Insertar, intercalar, colocar*. V. AÑADIR 2.

— **2.** *Interponerse*, cruzarse, dificultar, mezclarse. V. INTERRUPCIÓN 2.

interpretación. V. interpretar.

interpretar. 1. Expresar, comentar, describir. V. EXPLICACIÓN 2.

— **2.** Actuar, ejecutar, representar. V. ACTOR 4, MÚSICA 15.

intérprete. 1. Lingüista, traductor, cicerone. V. IDIOMA 9.

— **2.** Solista, artista, cantante*. V. MÚSICO, ACTOR. 1.

interpuesto. V. interponer.

interregno. Pausa, lapso, intervalo. V. TIEMPO 1.

interrogación. V. INTERROGAR 2.

interrogador. V. INTERROGAR 5.

interrogante. V. INTERROGAR 4.

INTERROGAR. 1. Inquirir, indagar, interpelar, preguntar, interesar, sondear, averiguar, investigar*, examinar*, consultar, informarse, pedir, sonsacar, fisgar, curiosear*, cotillear, buscar, rebuscar, inspeccionar, explorar, tantear, escudriñar, rastrear, husmear, pesquisar, apremiar, forzar, exigir, ordenar*, rogar, suplicar, exhortar, instar, requerir, obligar*, solicitar, demandar, insistir, reclamar.

2. Interrogación. Indagación, demanda, averiguación, interrogatorio, pregunta, solicitud, consulta, interpelación, investigación*, examen*, propuesta, proposición, súplica, ruego, cuestión, cuestionario, pesquisa, sondeo, estudio, interés*, curiosidad*, fisgonería, inquisición*, instancia, petición, informe, encuesta, búsqueda, ruego, insistencia; reclamación, exigencia, escrutinio, escudriñamiento, tanteo, exploración, inspección, apremio, husmeo, rastreo, interrogante (v. 4).

— **3.** Interrogación (signo de). V. ORTOGRA-
FÍA 2.
4. Interrogante. Enigma, adivinanza*, incógnita, misterio*, secreto*, cuestión, acertijo, arcano, rompecabezas, problema, clave, caso.
5. Interrogador. Indagador, examinador,
interpelador, encuestador, investigador*, interesado*, inquisidor, inspector, sondeador,
rastreador, preguntón, averiguador, inquisitivo,
informador, consultor, fisgón, curioso*, intrigado, cotilla, chismoso*, intrigante, demandante,
solicitante, escudriñador, apremiante, pesquisa,
husmeador, detective, policía*, juez, letrado,
magistrado, fiscal, abogado, compareciente.
Contr.: Contestar*, replicar.
V. INVESTIGAR, EXAMINAR, INTERESARSE,
ADIVINAR, EVALUAR, CURIOSEAR, MISTERIO,
CHISME, SECRETO.
interrogatorio. V. INTERROGAR 2.
interrumpido. V. INTERRUPCIÓN 3.
interrumpir. V. INTERRUPCIÓN 2.
INTERRUPCIÓN. 1. Suspensión, paro, alto, cese,
limitación*, detención, discontinuidad, pausa,
parada, corte*, paréntesis, intermitencia, intervalo, irregularidad, paralización*, parálisis,
inmovilización*, obstáculo, dificultad*, freno,
traba, cierre, fin*, final, entorpecimiento, término, molestia*, obstrucción*, intercepción,
recesión, receso, demora*, retraso, prórroga,
espera*, aplazamiento, prohibición*, contención, atasco, tropiezo, estorbo, barrera, intermedio, descanso*, intervalo, entreacto, espacio, lapso, tiempo*, silencio*, rotura, brecha,
apagón, extinción.
2. Interrumpir. Parar, frenar, detener, atajar,
suspender, suprimir, contener, trabar, entorpecer, paralizar*, limitar*, impedir, obstaculizar,
dificultar*, neutralizar, cerrar*, cortar*, saltear,
truncar, bloquear, interferir, inmovilizar*, interceptar, obstruir*, interponer, cruzarse, terminar,
cesar, finalizar*, aplazar, esperar*, prorrogar,
retrasar, demorar*, estorbar, tropezar, atascar,
atrancar, contender, espaciar, descansar*, hacer pausa, romper, hundir*, refrenar, reprimir,
prohibir*, molestar*, extinguir, apagar.
3. Interrumpido. Suspendido, parado, limitado (v. 1), irregular, desigual, discontinuo,
intermitente, mediato, intercalado, añadido*,
esporádico, variable, recurrente, entrecortado,
suspenso (v. 2).
4. Que interrumpe. Limitador, paralizador*,
inmovilizador*, interruptor*, entorpecedor,
molesto*, drástico, violento*, eficaz; obstáculo,
traba, obstrucción* (v. interruptor*).
Contr.: Continuación*, prolongación*.
V. DIFICULTAD, OBSTRUCCIÓN, LIMITACIÓN,
PARALIZACIÓN, CORTE, FIN, PROHIBICIÓN,
ESPERA, DESCANSO; INTERRUPTOR.
INTERRUPTOR. 1. Clavija, botón, conmutador,
disyuntor, relé, dial, pulsador, placa, tecla, teclado, contacto, mando, llave, pieza*, gancho,

pasador, hierro, mecanismo, dispositivo, aparato*, regulador, válvula.
2. Acción. Pulsar, tocar, accionar, teclear, apretar, presionar, oprimir, poner en movimiento, p.
en marcha, parar*, detener, interrumpir*.
V. PIEZA, APARATO, INTERRUPCIÓN.
intersección. Confluencia, bifurcación, unión*.
V. CRUCE 1.
intersticio. Grieta, resquicio, rendija. V. HENDE-
DURA 1.
intervalo. 1. Pausa, lapso, espera*. V. TIEMPO 1.
— **2.** Separación, dimensión, espacio. V. DIS-
TANCIA 1.
intervención. V. intervenir.
intervenir. 1. Actuar, ayudar, tomar parte. V.
ACTUACIÓN 3.
— **2.** Interponerse, obstaculizar, investigar*. V.
DIFICULTAD 5.
interventor. Inspector, verificador, funcionario. V.
COMPROBAR 4.
interviú. Reunión, conferencia, conversación. V.
ENTREVISTA 1.
intestinal. V. INTESTINOS 6.
intestino. 1. V. INTESTINOS 1, 2.
— **2.** Interno, doméstico, civil. V. CENTRO 4,
GUERRA 3.
INTESTINOS. 1. Vísceras, tripas, conducto, tubo digestivo, conducto membranoso, entrañas, aparato digestivo*, abdomen, vientre*, barriga.
2. Partes. Intestino delgado, i. grueso. *I. delgado:* duodeno, yeyuno, íleon; i. *grueso:* ciego,
apéndice, colon, c. ascendente, c. transverso, c.
descendente, sigmoide, recto, ano.
3. Elementos. Asas intestinales, peritoneo, epi-
plones, fibras musculares, movimientos peristálticos, ondas contráctiles, nervio vago, simpático,
mucosa intestinal, vellosidades intestinales, jugo
intestinal, fermentos digestivos, jugo pancreático, bilis, bolo, quimo, quilo, vasos sanguíneos,
v. linfáticos, digestión*, absorción, asimilación,
nutrición, alimentación*.
4. Enfermedades*. Apendicitis, peritonitis,
colitis, diarrea, descomposición, flujo, enteritis,
cólera, disentería, tifus, paratifus, tumor, cáncer*, úlcera duodenal, parásitos* intestinales,
oclusión intestinal, estenosis, hernia (quebradura, potra), hemorroides, estreñimiento, constipación intestinal.
5. Tratamientos. Curación*, medicamento*,
pomada antihemorroidal, supositorio, braguero, faja, intervención quirúrgica.
6. Intestinal. Digestivo*, visceral, ventral, abdominal, duodenal, ileocecal.
V. DIGESTIVO (APARATO), VIENTRE, DIGESTIÓN,
ENFERMEDAD.
intimación. V. intimar 1.
íntimamente. V. íntimo 1.
intimar. 1. Exigir, requerir, notificar. V. ORDEN 10.
— **2.** Congeniar, convivir*, confraternizar. V.
SIMPATÍA 6.
intimidación. V. intimidar.

intimidad. 1. Amistad, familiaridad, compañerismo*. V. CONFIANZA 3.
— **2.** Vida interior, v. privada, retiro. V. AISLAMIENTO 1.

intimidar. Atemorizar, asustar, desafiar. V. TEMOR 3.

íntimo. 1. Intenso, propio, personal. V. CARACTERÍSTICO, ESPIRITUAL.
— **2.** Camarada, inseparable, amigo. V. COMPAÑERO 1.

intolerable. Ultrajante, injusto*, inadmisible. V. OFENSA 6.

intolerancia. V. intolerante.

intolerante. Fanático, obcecado, rígido. V. INTRANSIGENCIA 2.

intoxicación, intoxicado. V. intoxicar.

intoxicar. Envenenar, dañar, emponzoñar. V. VENENO 9.

intramuros. Interior, céntrico, dentro de la ciudad. V. CENTRO 4.

INTRANQUILIDAD. 1. Desazón, nerviosidad*, nerviosismo, nervios, ansiedad, inquietud, incertidumbre, temor*, miedo, angustia, preocupación, tensión, estrés, disgusto, agitación, impaciencia*, excitación, desazón, desasosiego, efervescencia, marejada, comezón, prurito, hormiguillo, hormigueo, irritación, fastidio, enfado, enojo*, molestia*, alarma, remordimiento, escrúpulo, sombra, cuidado*, efervescencia, zozobra, incomodidad, insomnio, desvelo, vigilia, reconcomio, descontento, malestar, pesar, manía*, recelo, sospecha*, duda*, gusanillo, temblor*, expectación, curiosidad*, confusión, hostilidad, congoja, tristeza, aflicción*, turbación, perturbación, ansia, desagrado*, tribulación, apasionamiento*, desesperación; psicosis, neurosis, histeria, neurastenia, locura*.
2. Intranquilizar(se). Inquietar(se), alarmar, disgustar, angustiar, atormentar, torturar*, afligir*, excitar, exasperar, enardecer, desasosegar, poner nervioso*, desazonar, preocupar, impacientar*, agitar, reconcomer, consumirse, roer, temblar*, hostilizar, hostigar, molestar*, enojar, enfadar, fastidiar, irritar, desvelar, incomodar, sospechar*, recelar, pesar, acongojar, entristecer, turbar, perturbar, desagradar*, desesperar, impresionar, conmover, apasionar, estremecer, remorder, ensombrecer, temer, atormentar, mortificar, conmocionar.
3. Intranquilo. Inquieto, preocupado, angustiado, nervioso*, febril, activo, dinámico*, desazonado, impaciente*, agitado, disgustado, desasosegado, azogado, sobresaltado, tembloroso*, confuso, efervescente, excitado, ansioso, perturbado, alarmado, molesto*, enfadado, enojado*, fastidiado, irritado, apasionado*, desvelado, insomne, descontento, incómodo, suspicaz, receloso, maniático*, apesadumbrado, expectante, en vilo, pendiente, curioso*, confuso, ansioso, perturbado, turbado, triste, acongojado, desesperado, atribulado, afligido*,

reconcomido, miedoso, temeroso*, dudoso*, indeciso; histérico, neurasténico, neurótico, loco.
4. Intranquilizador. Inquietante, angustioso, impresionante, alarmante, perturbador, preocupante, grave, apasionante, excitante, enloquecedor, peligroso*, hostil, amenazador*, irritante, fastidioso, enojoso*, molesto*, incómodo*, sospechoso*, confuso, turbador, entristecedor, acongojante, aflictivo*, triste, enervante, exasperante, desesperante, sombrío, lúgubre, atemorizante, temible, patibulario, siniestro.
Contr.: Tranquilidad*, confianza*, cordura.
V. CUIDADO, TEMOR, AFLICCIÓN, ENOJO, DUDA, DESAGRADO, NERVIOSIDAD, IMPACIENCIA, MANÍA, LOCURA.

intranquilizador. V. INTRANQUILIDAD 4.

intranquilizar. V. INTRANQUILIDAD 2.

intranquilo. V. INTRANQUILIDAD 3.

intransferible. Propio, personal, individual. V. CARACTERÍSTICA 3.

INTRANSIGENCIA. 1. Intolerancia, rigidez, fanatismo, obcecación, oposición*, ceguera, ofuscación, exaltación, prejuicio, incomprensión, desdén, desinterés, sectarismo*, dureza, severidad*, obstinación*, terquedad, contumacia, obsesión*, manía*, error, empeño, prevención, disparidad, antagonismo, disconformidad, discrepancia, discordia, capricho*, tenacidad, diferencia, segregación, racismo, antisemitismo, puritanismo, austeridad, inflexibilidad, mojigatería, aprensión, desaprobación, crítica, extremismo, equivocación*, injusticia*, arbitrariedad, parcialidad, chauvinismo o chovinismo, patriotería, nacionalismo, xenofobia, terrorismo, apasionamiento*, pasión, arrebato.
2. Intransigente. Fanático, obcecado, intolerante, exaltado, apasionado*, ciego, opuesto, duro, rígido, sectario*, severo*, crítico, empeñado, errado, maniático*, obsesionado*, contumaz, terco, obstinado*, discordante, discrepante, disconforme, antagónico, dispar, tenaz, caprichoso*, diferente*, racista, antisemita, puritano, mojigato, celoso, inflexible, aprensivo, equivocado*, injusto*, arbitrario, parcial, militante, extremista, revolucionario*, terrorista, exclusivista, ultra, patriotero, xenófobo, chauvinista o chovinista, partidista, arrebatado.
3. Ser intransigente. Oponerse, obcecarse, exaltarse, errar, equivocarse*, enceguecerse, endurecerse, empeñarse, obsesionarse*, obstinarse*, discordar, discrepar, antagonizar, encapricharse, diferenciarse*, celar, arrebatarse, apasionarse*, criticar, prejuzgar, desaprobar*.
Contr.: Tolerancia*, indulgencia, bondad*.
V. OBSTINACIÓN, OPOSICIÓN, SECTARISMO, SEVERIDAD, OBSESIÓN, MANÍA, CAPRICHO, INJUSTICIA, EQUIVOCACIÓN, CRÍTICA, DIFERENCIA.

intransigente. V. INTRANSIGENCIA 2.

intransitable. Escabroso, tortuoso, accidentado. V. ÁSPERO 1.

intransitivo. Clase de verbo. V. VERBO 3.

intrascendente. Leve, despreciable, trivial. V. INSIGNIFICANTE 1.

intratable. Insociable, hosco*, huraño. V. ANTIPATÍA 2.

intrepidez. V. intrépido.

intrépido. Audaz, atrevido, valeroso. V. OSADÍA 3.

intriga. 1. Confabulación, maquinación, complot. V. CONSPIRACIÓN 1.

— **2.** Trapisonda, enredo, engaño*. V. EMBROLLO 1.

— **3.** Incertidumbre, emoción*, curiosidad*. V. INTERÉS 2.

intrigado. Curioso*, extrañado, atraído. V. INTERÉS 6.

intrigante. Confabulador, maniobrero, conspirador*. V. TRAICIÓN 2.

intrigar. V. intriga.

intrincado. 1. Embrollado, confuso, complicado. V. DIFICULTAD 3.

— **2.** Escabroso, abrupto, escarpado. V. ÁSPERO 1.

intríngulis. Enredo, dificultad*, intriga. V. EMBROLLO 1.

intrínseco. Propio, interior, personal. V. CARACTERÍSTICA 1.

introducción. V. INTRODUCIR 4.

INTRODUCIR. 1. Meter, pasar, entrar*, colocar, implantar, empotrar, encajar, penetrar, insertar, fijar, guardar, embolsar, embalar*, poner, enfundar, envianar, enguantar, embutir, embocar, plantar, clavar*, hincar, atravesar, acoplar*, encastrar, ensamblar, ensartar, enhebrar, empalar, traspasar, ajustar, enchufar, montar, incrustar, imbricar, incluir, sujetar, enterrar, incorporar, internar, inyectar, impregnar, sumergir, hundir*, llenar, encajonar, encerrar, encestar, envolver*, embotellar, ensacar, empacar, envasar*, empaquetar; iniciar, comenzar, principiar*; contrabandear, importar, traer.

— **2.** Presentar, reunir, relacionar. V. SALUDO 3.

— **3.** *Introducirse*, infiltrarse, escurrirse, deslizarse. V. ENTRAR 1.

4. Introducción. Implantación, inclusión, empotramiento, inserción, instalación, fijación, penetración, colocación*, entrada*, encaje, ensamblaje, encastre, acoplamiento*, inclusión, imbricación, penetración, incrustación, montaje, enchufe, ajuste, sujeción, impregnación, inyección*, incorporación, llenado, encajonamiento, encestado, embotellado, ensacado, empacado, envasado*, empaquetado; iniciación, comienzo, principio, importación, traída; presentación, reunión, relación, saludo*.

— **5.** Prefacio, preámbulo, preludio. V. PRÓLOGO 1.

6. Introducción musical. Obertura, preludio, introito. V. MÚSICA 3.

7. Introducido. Implantado, incluido, empotrado (v. 4).

Contr.: Sacar, extraer, quitar.

V. ACOPLAR, COLOCAR, CLAVAR, ENTRAR, HUNDIR, ENVASAR; SALUDO; PRINCIPIO.

introito. Inicio, prolegómenos, comienzo. V. PRÓLOGO 1.

intromisión. Fisgonería, indiscreción*, entrometimiento. V. INTRUSO 4.

introspección. Examen, observación, reflexión. V. PENSAR 6.

introvertido. Insociable, retraído, antipático*. V. HOSCO 1.

intrusión. V. INTRUSO 4.

intrusismo. V. INTRUSO 5.

INTRUSO. 1. Fisgón, indiscreto*, metomentodo, entrometido, entremetido, intrigante, curioso*, chismoso*,cotilla, mangoneador,zascandil, oficioso, casamentero, incauto, chisgarabís, necio, imprudente, osado*, impertinente, descarado, inoportuno*, extemporáneo, incómodo, imprevisto.

— **2.** *Suplantador*, intruso, imitador, impostor, simulador*, infractor, falsario*, engañoso*, estafador*, delincuente*, reemplazante, practicante ilegal, charlatán, competidor, tramposo.

— **3.** *Extranjero*, desconocido, forastero, foráneo, advenedizo, ajeno, lejano, extraño, anónimo, nuevo, novato, recién llegado

4. Intrusión. Imprudencia, curiosidad*, entrometimiento, intromisión, intrusismo (v. 5), indiscreción*, fisgoneo, curiosidad*, chisme*, mangoneo, cotilleo, oficios, descaro, imprudencia, necedad, osadía*, impertinencia, inoportunidad*.

5. Intrusismo. Suplantación, injerencia, impostura, imitación, simulación*, charlatanería, engaño*, trampa, ilegalidad*, falseamiento*, delito*, infracción, deslealtad, competencia desleal (v. 4).

6. Ser intruso. Entrometerse, curiosear*, fisgar, meterse,zascandilear, inmiscuirse, injerirse, oficiar, mangonear, cotillear, chismorrear*, osar*, incomodar*, descararse; suplantar, imitar, infringir, falsear, engañar*, trampear, simular*, competir, charlatanear, delinquir*, reemplazar.

Contr.: Conocido, verdadero*, legítimo, conforme, correcto.

V. INDISCRETO, CURIOSO, OSADO, INOPORTUNO, CHISMOSO, INCÓMODO; ENGAÑOSO, ESTAFADOR, DELINCUENTE, SIMULADOR.

intuición. Clarividencia, perspicacia, visión. V. ADIVINAR 3.

intuir. Percibir, vislumbrar, notar. V. ADIVINAR 1.

intuitivo. 1. V. intuición.

— **2.** Maquinal, instintivo, automático. V. ESPONTÁNEO 2.

inundación. Riada, desbordamiento, crecida. V. MOJAR 6.

inundar. 1. Desbordarse, sumergir, anegar. V. MOJAR 3.
— **2.** Atestar, saturar, atiborrar. V. ABUNDANCIA 3.
inusitado. Insólito, desusado, asombroso*. V. RAREZA 2.
INÚTIL. 1. Nulo, fútil, ineficaz, infructuoso, inactivo, inmóvil*, inválido (v. 3), imposible, inerte, estéril*, pírrico, impotente, vano, superfluo, insuficiente, ocioso, inservible, caduco, viejo, deteriorado*, torpe (v. 2), innecesario, desaprovechado, trivial, baladí, bizantino, inoperante, nimio, insignificante*, caduco, infecundo, excesivo, sobrante, redundante, recargado, exagerado*, prohibido*, prolijo, envarado; irremediable, inexorable, infalible, irremisible, fatal.
— **2.** Torpe, inútil, ineficaz, inexperto, inepto, incompetente, irresponsable, negado, bruto*, incapaz, obtuso, lerdo, aturdido*, nulo, inhábil, chapucero, tonto*, desmañado, inoperante, tosco*, inservible, inmaduro, mandria, holgazán*, ocioso, zanguango, chambón, agarrotado, envarado, desastroso, obtuso (v. 1).
— **3.** Tullido, impedido, lisiado, desvalido, inválido*, minusválido, baldado, atrofiado, paralítico, anquilosado, imposibilitado, disminuido, débil*, lesionado*.
4. Inutilidad. Ineficacia, imposibilidad, inactividad, torpeza (v. 5), infructuosidad, futilidad, nulidad, ociosidad, superfluidad, inmovilidad*, impotencia, prohibición*, inercia, falta, carencia, insuficiencia, trivialidad, nimiedad, insignificancia*, ruina, daño, deterioro*, caducidad, desastre*, redundancia, exceso, exageración*, infecundidad (v. 5).
— **5.** Torpeza, inutilidad, ineptitud, insuficiencia, inexperiencia, nulidad, impericia, ineficacia, inexperiencia, ignorancia*, incompetencia, brutalidad*, negación, carencia, inoperancia, impotencia, incapacidad, falta, cerrilidad, envaramiento, chambonería (v. 4).
— **6.** Anquilosamiento, inutilidad, baldadura, atrofia, imposibilidad, debilidad*, parálisis, desgracia*, inmovilidad*, , lesión*.
7. Inutilizar. Incapacitar, imposibilitar, inhabilitar, anular, invalidar, abolir, arruinar, desautozizar, negar, prohibir*, impedir, excluir, dañar, desgastar, destrozar, romper, deteriorar, averiguar, descomponer.
— **8.** Baldar, inutilizar, impedir, tullir, imposibilitar, invalidar*, herir, mutilar, lesionar*, desgraciar, disminuir, debilitar*, atrofiar, paralizar, anquilosar.
9. Inútilmente. Fútilmente, ineficazmente, torpemente (v. 1, 2).
Contr.: Útil*, eficaz, competente, sano.
V. INSIGNIFICANTE, INMÓVIL, PROHIBIDO, DETERIORADO, DÉBIL, LESIONADO.
inutilidad. V. INÚTIL 4.
inutilizar. V. INÚTIL 7

inútilmente. V. INÚTIL 9.
invadir. Irrumpir, capturar, penetrar. V. CONQUISTA 3.
invalidar. Inhabilitar, abolir, inutilizar*. V. ANULAR 1.
invalidez. V. INVÁLIDO 2.
INVÁLIDO. 1. Baldado, impedido, lisiado, minusválido, mutilado, imposibilitado, tullido, paralítico, incapacitado, defectuoso, amputado, disminuido, inhabilitado, atrofiado, anquilosado, limitado, privado, embotado, desfigurado, estropeado, lesionado*, herido, víctima, paralizado, parapléjico, hemipléjico, cojo, rengo, manco, raquítico, débil*, inmóvil*.
2. Invalidez. Parálisis, incapacidad, i. permanente, anquilosamiento, atrofia, imposibilidad, impedimento, mutilación, amputación, baldadura, lesión*, herida, muñón, disminución, anomalía, defecto*, inhabilitación, , limitación, privación, desgracia*, desfiguración, paraplejia o paraplejía, hemiplejia o hemiplejía, cojera, renquera, manquera, manquedad, raquitismo, debilidad*, inmovilidad*, embotamiento; accesibilidad.
3. Causar, tener invalidez. Lisiar(se), mutilar, tullir, baldar, amputar, imposibilitar, anquilosar, atrofiar, paralizar, inmovilizar*, impedir, estropear, derrengar, embotar, incapacitar, inhabilitar, debilitar*, herir, lesionar*, torcer, mancar, cojear, renquear, claudicar, padecer, sufrir.
4. Nulo, inválido, sin valor, vigor o fuerza. Caducidad.
Contr.: Sano, saludable*, indemne*, íntegro.
V. LESIONADO, DÉBIL, INMÓVIL; CONTRATO, DOCUMENTO.
invariable. Inalterable, permanente, fijo. V. DURACIÓN 3.
invasión. Ocupación, irrupción, conquista*. V. ATAQUE 3.
invasor. Atacante, agresor, conquistador. V. ATAQUE 7.
invectiva. Dicterio, imprecación, injuria. V. OFENSA 2.
invencible. 1. Invicto, vencedor, invulnerable. V. TRIUNFO 2.
— **2.** Intenso, irresistible, poderoso*. V. INTENSIDAD 3.
invención. V. INVENTO 1, 2.
inventar. V. INVENTO 3.
inventariar. V. inventario.
inventario. Catalogación, registro, descripción. V. CLASIFICACIÓN 3.
inventiva. V. INVENTO 6.
INVENTO. 1. Innovación, invención, perfeccionamiento, creación*, obra, descubrimiento, hallazgo, artificio, artilugio, ingenio, aparato*, mecanismo, máquina*, solución, certificado, patente, concesión, licencia (v. 8), ensayo, investigación*, mejora, combinación, concepción, idea, plan*, proyecto, ocurrencia, desarrollo*, elucubración, cálculo*, genialidad, improvisa-

ción, obtención, intento, adelanto, producto, novedad.

— **2.** Fantasía*, artificio, mentira. V. ENGAÑO 1.

3. Inventar. Descubrir, perfeccionar, proyectar, planear*, crear*, idear, desarrollar, patentar, registrar, inscribir, licenciar, hallar, mejorar, concebir, calcular, solucionar, combinar, innovar, ensayar, investigar*, elucubrar, improvisar, intentar, adelantar, imaginar, forjar, discurrir, pensar, calcular, madurar, hacer*, sacar, producir, obtener, conseguir.

— **4.** Urdir, fingir, planear*. V. ENGAÑO 2.

5. Inventor. Descubridor, proyectista, innovador, creador*, autor, investigador*, sabio*, genio, científico*, experto, planificador*, perfeccionador, improvisador, imaginativo, forjador, pionero, adelantado, padre, avanzado, pensador*, productor, mejorador.

6. Inventiva. Talento, capacidad, imaginación*, fantasía*, genio, inspiración, idea, inteligencia*, pensamiento*, creación*, improvisación, aptitud, pericia, experiencia, intuición, clarividencia.

7. Inventos e inventores. Pararrayos, Franklin; teléfono, Graham Bell; cinematógrafo, hermanos Lumiére; fonógrafo, Edison; submarino, Peral, Monturiol; avión, hermanos Wright; autogiro, La Cierva; imprenta, Gutenberg; lámpara incandescente, Edison; dinamita, Nobel; ametralladora, Gatling; radium, Curie; penicilina, Fleming; estreptomicina, Waksman; laringoscopio, García; máquina de vapor, Papin, Watt; pila eléctrica, Volta; estilográfica, Waterman; bolígrafo, Biro; radiotelegrafía, Marconi; rayos X, Röntgen; revólver, Colt; telégrafo, Morse; telescopio, Galileo.

8. Patente de invención. Patente, invento, documento*, privilegio, franquicia, certificado, licencia, concesión, título, exclusiva; patente nacional, europea, internacional; Registro de Patentes, Registro de la Propiedad Industrial; solicitud de registro, documentación, expediente, concesión, oposición, denegación, anulación, caducidad, prioridad, certificado, patente, modelo de utilidad, marca, explotación, puesta en práctica, tasas, cuotas, anualidades, licencia de explotación, peticionario, examinador, agente oficial, usurpación, imitación, competencia ilícita.

V. CREACIÓN, INVESTIGACIÓN, INTELIGENCIA, SABIO, APARATO, MÁQUINA.

inventor. V. INVENTO 5.

inverecundo. Descarado, atrevido, insolente. V. DESVERGÜENZA 2.

invernáculo, invernadero. Estufa, cobertizo, semillero. V. JARDÍN 2.

invernal. Gélido, riguroso, inclemente. V. FRÍO 2.

invernar. Resguardarse, esconderse, pasar el invierno. V. REFUGIO 4.

inverosímil. Increíble, extraño, asombroso*. V. RAREZA 2.

inversión. 1. V. invertir.

— **2.** *desp* Homosexualidad. V. HOMOSEXUAL 5.

inverso. Contrario, transformado, antagónico. V. OPOSICIÓN 4.

invertebrado. Animal inferior, primitivo, rudimentario. V. ANIMAL 6.

invertir. 1. Cambiar*, alterar, modificar. V. VARIAR 1.

— **2.** Financiar, gastar, emplear. V. PAGAR 1.

investidura. Proclamación, acto, ceremonia. V. SOLEMNE 7.

INVESTIGACIÓN. 1. Indagación, inspección, búsqueda, busca, exploración, vigilancia*, pesquisa, observación, comprobación*, examen*, estudio, averiguación, registro, cacheo, indagatoria, reconocimiento, batida, experimentación, experimento, verificación, revisión, ensayo, desarrollo, análisis, perfeccionamiento, invención*, descubrimiento, prueba, test, escrutinio, encuesta, informe, experimento, ciencia*, sondeo, supervisión, prospección, atención, intervención, fisgoneo, curiosidad*, husmeo.

2. Investigador. Averiguador, observador, indagador, científico (v. 3), interventor, inspector, controlador, examinador, veedor, verificador, buscador, detector, localizador, inquisidor*, interrogador*; aparato*, instrumento; funcionario, delegado, juez, agente, detective, policía*, vigilante, supervisor, curioso*, fisgón (v. 3).

— **3.** *Científico*, investigador, técnico, experto, sabio, experimentador, inventor*, descubridor, estudioso, explorador, localizador (v. 2).

4. Investigar. Averiguar, indagar, sondear, buscar, rebuscar, interrogar*, preguntar, inspeccionar, examinar, observar, orientarse, tantear, explorar, reconocer, excavar*, catear, pesquisar, registrar, cachear, palpar, tocar*, batir, comprobar*, verificar, cuidar*, supervisar, vigilar*, husmear, curiosear*, fisgonear, revolver, hurgar, escudriñar, revisar, asegurarse, escrutar, encuestar, informarse, estudiar, ensayar, desarrollar, perfeccionar*, inventar*, descubrir, intervenir, atender, localizar.

Contr.: Ignorancia, incultura.

V. COMPROBACIÓN, CURIOSIDAD, EVALUACIÓN, SABIDURÍA, CIENCIA, INVENCIÓN, INQUISICIÓN, POLICÍA, VIGILANCIA, CUIDADO.

investigador. V. INVESTIGACIÓN 2, 3.

investigar. V. INVESTIGACIÓN 4.

investir. Conceder, proclamar, otorgar. V. NOMBRE 11.

inveterado. Enraizado, persistente, arraigado. V. HÁBITO 7.

invicto. Victorioso, invencible, vencedor. V. TRIUNFO 2.

invidente. Ciego, no vidente, sin vista. V. OJO 12.

invierno. Estación, período, época fría. V. TIEMPO 2, FRÍO 1.

inviolable. Invulnerable, hermético, secreto*. V. RESISTENCIA 6.

invisibilidad. V. INVISIBLE 3.

INVISIBLE. 1. Inapreciable, aparente, ilusorio, irreal, minúsculo (v. 2), imperceptible, incorpóreo, fantástico*, quimérico, inexistente, inmaterial, abstracto*, leve*, etéreo, impalpable, indistinto, emboscado, agazapado, escondido, oculto*, tapado, misterioso*, secreto*, encubierto.
— **2.** Minúsculo, invisible, microscópico*, pequeño*, pequeñísimo, imperceptible, diminuto, insignificante*, ínfimo, inapreciable.
3. Invisibilidad. Irrealidad, ilusión, apariencia, incorporeidad, transparencia*, translucidez, trasluz, fantasía*, irrealidad, inmaterialidad, abstracción*, levedad*, ocultación*, secreto*, encubrimiento, insignificancia*, pequeñez*.
Contr.: Visible, real, material.
V. ABSTRACTO, FANTÁSTICO, LEVE, PEQUEÑO, INSIGNIFICANTE, OCULTO, SECRETO, MISTERIOSO.

INVITACIÓN. 1. Convite, agasajo, banquete*, ágape, comilona, colación, festejo, visita*, entrevista*, cita, compromiso, recepción, solemnidad*, fiesta*, celebración, saludo*, brindis, ronda, vuelta, reunión, convocatoria, llamada, propuesta, oferta, hospitalidad, acogida, bondad*, protección*, pago*, generosidad*, cumplido, fineza, ofrenda, ofrecimiento*, proposición, homenaje, regalo*, obsequio.
— **2.** Ruego, invitación, consejo*, aviso, insinuación, indicación, exhortación, recomendación, petición, exigencia, orden*.
— **3.** Nota*, invitación, tarjeta, billete, carta*, entrada, boleto, mensaje, pase, esquela, participación.
4. Invitado. Agasajado, comensal, convidado, homenajeado, asistente, visitante*, presente, concurrente, contertulio, tertuliano, espectador, oyente, huésped, protegido, albergado, acogido.
5. Que invita. Anfitrión, invitante, invitador, hospitalario, acogedor, bondadoso*, huésped, propietario, casero, dueño, amo, posadero, fino, cumplido, generoso*, liberal, pródigo, espléndido, derrochador*, protector*.
6. Invitar. Servir, agasajar, acoger, convidar, banquetear*, festejar, recibir, ofrecer*, pagar*, homenajear, visitar*, reunir, convocar, llamar*, proponer, cumplir, ofrendar, celebrar, brindar, saludar*, obsequiar, regalar*.
— **7.** Rogar, invitar, sugerir, aconsejar, insinuar, recomendar, exhortar, suplicar, indicar, avisar, solicitar, exigir, pedir, ordenar*.
Contr.: Desdén, desprecio*, olvido*, rechazo*.
V. VISITA, BANQUETE, ENTREVISTA, SALUDO, OFRECIMIENTO, FIESTA, SOLEMNIDAD, BONDAD, GENEROSIDAD, REGALO, PAGAR.

invitado. V. INVITACIÓN 4.

invitar. V. INVITACIÓN 6.

invocar. Suplicar, implorar, rogar. V. PEDIR 1.

involución. Decadencia, regresión, disminución*. V. EMPEORAMIENTO 1.

involucrar. Abarcar, implicar, caber*. V. EMBROLLO 2, CULPAR.

involuntario. 1. Maquinal, automático, instintivo. V. ESPONTÁNEO 2.
— **2.** Casual, fortuito, imprevisto. V. AZAR 3.
— **3.** Remiso, reacio, contrario. V. OPOSICIÓN 4.

invulnerable. 1. Sólido, indestructible, inquebrantable. V. RESISTENCIA 6.
— **2.** Invicto, vencedor, invencible. V. TRIUNFO 2.

INYECCIÓN. 1. Medicamento*, medicina, inyectable, líquido*, fluido, vehículo medicamentoso, ampolla, frasco, fármaco, preparado, droga*, curación*.
— **2.** Pinchazo, inyección, punción, administración, introducción, dosificación, transfusión, aplicación.
3. Clases. Inyección intravenosa, intramuscular, subcutánea, raquídea, intrarraquídea, punción lumbar, ultrapleural; de vacuna*, suero, vitaminas*, reconstituyente, antídoto, anestésico*, sedante, transfusión sanguínea. Enema, irrigación, lavativa, perilla de goma, clister, ayuda.
4. Material. Jeringa, jeringuilla, émbolo, cilindro, aguja, cánula, ampolla, disolvente, inyectable (v. 1). Irrigador, lavativa.
5. Inyectar. Pinchar, administrar, medicar, medicinar, dosificar, aplicar, introducir, irrigar, colocar, poner. Irrigar, lavar, poner enema.
V. MEDICAMENTO, VACUNA, ANESTESIA, DROGA, CURACIÓN.

inyectado. 1. Administrado, pinchado, aplicado. V. INYECCIÓN 5.
— **2.** Inyectado en sangre (ojo*), congestionado, inflamado, enrojecido. V. HINCHAZÓN 4.

inyectar. V. INYECCIÓN 5.

ión. Radical, porción molecular, carga eléctrica. V. ÁTOMO 2.

ionosfera. Zona, capa gaseosa, capa atmosférica. V. ATMÓSFERA 2.

ipso facto. Al instante, en el acto, inmediatamente. V. RAPIDEZ 4.

ir. 1. Desplazarse, dirigirse, trasladarse*. V. MARCHAR 1.
— **2.** Irse, alejarse, escapar, desaparecer. V. MARCHAR 2.

ira. Indignación, cólera, furia. V. ENOJO 1.

iracundo, irascible. Indignado, colérico, furioso. V. ENOJO 4.

iridio. Metal duro, pesado, blanco. V. METAL 5.

iridiscente. Tornasolado, irisado, resplandeciente. V. COLOR 5.

iris. 1. Franja, arco, espectro luminoso. V. ESPECTRO 2.
— **2.** Membrana ocular, disco ocular; pupila. V. OJO 4.

irisado. V. iridiscente.

IRONÍA. 1. Mordacidad, retintín, reticencia, sorna, sarcasmo, causticidad, cinismo, sátira, insolencia, desvergüenza, indirecta, crítica, desaprobación*, socarronería, burla, broma*, agudeza, sutileza, chasco, pulla, guasa, remoquete, contestación, zumba, virulencia, veneno, acrimonia, acidez, acritud, agresividad, ofensa*, chocarrería, herida, zaherimiento, aspereza*, amargura, epigrama, ambigüedad, insinuación*.
2. Irónico. Socarrón, sarcástico, sardónico, cínico, mordaz, sutil, satírico, cáustico, punzante, guasón, burlón, bromista*, crítico, corrosivo, incisivo, desaprobador*, chocarrero, marrullero, ofensivo*, insultante, desvergonzado*, descarado, venenoso, virulento, agrio, ácido, áspero*, amargo, agresivo, hiriente, zumbón, astuto*.
3. Ironizar. Criticar, satirizar, mortificar, criticar, censurar, desaprobar*, burlarse, bromear*, guasearse, zaherir, insultar, ofender*, herir, agriar, amargar, chasquear, zumbar, envenenar.
Contr.: Sinceridad, verdad*, nobleza.
V. BROMA, DESAPROBACIÓN, OFENSA, ASPEREZA, INSINUACIÓN.

irónico. V. IRONÍA 2.

ironizar. V. IRONÍA 3.

irracional. 1. Ilógico, absurdo, incongruente. V. DISPARATE 2.
— **2.** Bruto, bestia, cuadrúpedo. V. ANIMAL 1.

irradiación. Emanación, centelleo, brillo*. V. LUZ 1.

irradiar. Emitir, despedir, fulgurar. V. LUZ 8, DISPERSAR 1.

irrazonable. Intransigente, equivocado*, injusto*. V. INTRANSIGENCIA 2.

irreal. Imaginario*, fantástico*, ilusorio. V. FANTASÍA 2.

irrealidad. Quimera, apariencia, utopía. V. FANTASÍA 1.

irrealizable. Imposible, impracticable, inútil*. V. DIFICULTAD 3.

irrebatible. V. irrecusable.

irreconciliable. Adverso, incompatible, enemigo. V. ENEMISTAD 2.

irrecuperable. Perdido*, inservible, arruinado. V. DETERIORO 3.

irrecusable. Innegable, indiscutible, irrefutable. V. INDUDABLE 1.

irredento. Reivindicado, pretendido, separado. V. RECLAMACIÓN 5.

irreducible, irreductible. Inflexible, obstinado*, intransigente*. V. OBSTINACIÓN 2.

irreemplazable. Indispensable, imprescindible, insustituible. V. NECESIDAD 5.

irreflexivo. 1. Atolondrado, precipitado, impulsivo. V. ATURDIMIENTO 1.
— **2.** Involuntario, inconsciente, instintivo. V. ESPONTÁNEO 2.

irrefrenable. 1. Indomable, incontenible, fuerte. V. INTENSIDAD 3.
— **2.** Arrollador, indomable, irresistible. V. TRIUNFO 2.

irrefutable. V. irrecusable.

IRREGULAR. 1. Deficiente, imperfecto*, defectuoso*, deforme*, feo*, tosco*, raro*, heterodoxo, desusado, exagerado, extraño*, ilógico, curioso*, ridículo*, excéntrico, excepcional, insólito, inconstante, caprichoso*, mudable, variable*, deteriorado*, inacabado, incompleto, monstruoso*, anómalo, interrumpido, asimétrico, desproporcionado, anormal*, inaudito, singular, inseguro, disparatado*, incierto, diferente*, cambiable*, discontinuo, desigual, infrecuente, especial. Intermitente, interrumpido*.
— **2.** Desparejo, rugoso*, áspero*, accidentado, montañoso*, escabroso, desnivelado, granuloso, serrado, dentado, imperfecto* (v. 1).
3. Irregularidad. Deficiencia, imperfección*, defecto*, deterioro*, deformidad*, fealdad, tosquedad, desigualdad, desproporción, interrupción, excepción, anomalía, anormalidad*, arritmia, rareza*, capricho*, monstruosidad*, ridiculez*, curiosidad*, extrañeza*, heterodoxia, excentricidad, singularidad, infrecuencia, variación, inconstancia, excepcionalidad, disparate*, discontinuidad, intermitencia, cambio*, diferencia*, incertidumbre, inseguridad; rugosidad*, aspereza*, escabrosidad, desnivel, granulosidad.
Contr.: Regular, mediano*, completo, común, liso.
V. IMPERFECTO, DEFECTUOSO, DEFORME, TOSCO, DETERIORADO, RARO, ANORMAL, MONSTRUOSO, EXTRAÑO, CURIOSO, RIDÍCULO, DISPARATADO, DIFERENTE, VARIABLE; ÁSPERO, RUGOSO, MONTAÑOSO.

irregularidad. V. IRREGULAR 3.

irrelevante. Intrascendente, nimio, fútil. V. INSIGNIFICANTE 1.

irreligioso. Incrédulo, irreverente, ateo. V. HEREJÍA 3.

irremediable. Inexorable, infalible, irreparable. V. OBLIGATORIO, DETERIORADO.

irremisible. V. irremediable.

irreparable. 1. V. irremediable.
— **2.** Inmenso, considerable, enorme. V. GRANDE 1.
— **3.** Estropeado, roto, averiado. V. DETERIORO 3.

irreprimible. Indomable, incontenible, poderoso. V. INTENSIDAD 3.

irreprochable. 1. Insobornable, intachable, íntegro. V. HONRADEZ 2.
— **2.** Pulcro, impecable, inmaculado. V. PERFECTO 1.

irresistible. 1. Triunfador, invencible, arrollador. V. TRIUNFO 2.
— **2.** Pujante, dominante*, intenso*. V. PODER 4.

irresoluto. Indeciso, vacilante, inseguro. V. DUDA 4.

irrespetuoso. Insolente, descarado, sinvergüenza. V. DESCORTÉS 1.

irrespirable. Enrarecido, asfixiante, sofocante. V. AHOGAR 6.

irresponsabilidad. V. irresponsable.

irresponsable. 1. Negligente, informal*, inconsciente. V. DESCUIDO 5, 6.
— **2.** Incompetente, inepto, incapaz. V. INÚTIL 2.

irreverencia. V. irreverente.

irreverente. 1. Irrespetuoso, incrédulo irreligioso. V. HEREJÍA 3.
— **2.** Insolente, descarado, sinvergüenza. V. DESCORTÉS 1.

irreversible. Fijo, inalterable, definitivo. V. DURACIÓN 3.

irrevocable. Irremediable, inevitable, obligatorio. V. OBLIGAR 6.

irrigación. 1. Enema, lavativa, introducción. V. INYECCIÓN 3.
— **2.** V irrigar.

irrigador. Instrumento, vasija, recipiente. V. RECEPTÁCULO 1.

irrigar. Regar, rociar, empapar. V. MOJAR 1.

irrisión. 1. Burla, chanza, mofa. V. BROMA 2.
— **2.** V. irrisorio.

irrisorio. 1. Extravagante, risible, grotesco. V. RIDÍCULO 1.
— **2.** Diminuto, minúsculo, despreciable. V. INSIGNIFICANTE 1.

irritabilidad. V. irritación 1, 2.

irritable. Colérico, quisquilloso, iracundo. V. ENOJO 4.

irritación. 1. Ira, rabia, cólera. V. ENOJO 1.
— **2.** Inflamación, picor*, congestión. V. HINCHAZÓN 2.

irritado. V. irritación.

irritante. 1. Enfadoso, insoportable, mortificante. V. MOLESTIA 3.
— **2.** Picante, cáustico, fuerte. V. PICOR 4.

irritar. 1. Enrojecer, hinchar*, picar. V. PICOR 4.
— **2.** Encolerizar, enfadar, enfurecer. V. ENOJO 2.

irrogar. Ocasionar, originar, producir. V. CAUSA 3.

irrompible. Indestructible, recio, fuerte. V. RESISTENCIA 6.

irrumpir. 1. Introducirse, penetrar, meterse. V. ENTRAR 1.
— **2.** Invadir, atacar, asaltar. V. CONQUISTA 3.

irrupción. V. irrumpir.

irse. Alejarse, partir, abandonar. V. MARCHAR 2.

ISLA. 1. Islote, isleta, ínsula, archipiélago, grupo de islas, arrecife*, banco, atolón, islilla, roca, escollo, peñasco, cayo, columbrete.
2. Afines. Barra, banco, bajo, bajío, delta, peñasco, rompiente, arrecife*, madrépora, costa*, punta, promontorio, tierra, península, istmo, mar*.
3. Isleño. Insular, de las islas, del archipiélago, insulano, marítimo*, oceánico, costero.

Contr.: Continente.
V. ARRECIFE, COSTA, MAR.

islam. Mahometismo, islamismo, musulmanes. V. ÁRABE 1, 3.

islámico. Arábigo, mahometano, musulmán. V. ÁRABE 1.

isleño. V. ISLA 3.

islote. isleta. V. ISLA 1.

isobara. Línea, gráfico, trazado. V. METEOROLOGÍA 3.

isócrono. Cadencioso, rítmico, acompasado. V. REPETICIÓN 5.

isótopo. Cuerpo, elemento, sustancia similar. V. ÁTOMO 2.

israelita. Semita, hebreo; sionista. V. JUDÍO 1.

istmo. Unión, prolongación, lengua de tierra. V. COSTA 2.

italiano. Itálico, meridional, latino. V. EUROPEO 4.

ítem. Igualmente, asimismo, también. V. ADEMÁS.

iterativo. Frecuente, insistente, reiterativo. V. REPETICIÓN 5.

itinerario. 1. Trayecto, recorrido, ruta. V. VIAJE 1.
— **2.** Horario, lista*, mapa*. V. GUÍA 3.

izar. Elevar, levantar, alzar. V. SUBIR 2.

izquierda. 1. Zurda, siniestra, costado. V. MANO 1, LADO 1.
— **2.** Izquierda política. V. IZQUIERDAS 1.

IZQUIERDAS. 1. Ideología, doctrina, tendencia política*; socialismo, comunismo, laborismo, marxismo, bolchevismo, leninismo, soviet, maoísmo, castrismo, trotskismo, izquierdismo, democracia, liberalismo, progresismo, , radicalismo, revolución*, frente popular, internacional socialista, sindicalismo, extrema izquierda, anarquismo, laicismo, colectivismo, gobierno del proletariado.
2. Elementos. Revolución rusa, El Capital, Uníos Hermanos Proletarios (UHP), La Internacional; partidos de izquierda socialistas y comunistas.
3. Izquierdista. Socialista, comunista, eurocomunista, marxista, leninista, ruso, soviético, bolchevique, maoísta, castrista, trotskista, demócrata, liberal, progresista, radical, frentepopulista, extremista, anarquista, sindicalista, laico, revolucionario*, proletario, colectivista.
4. Precursores. Marx, Engels, Lenin, Trotsky, Kerenski, Stalin.
Contr.: Derechas*.
V. POLÍTICA, REVOLUCIÓN, GOBIERNO, DERECHAS.

izquierdista. V. IZQUIERDAS 3.

J

jabalí. Paquidermo, vertebrado, bestia. V. MAMÍFERO 5.

jabalina. Lanza, dardo, venablo. V. ARMA 3.

jabato. Retoño, cachorro, vástago. V. CRÍA 2.

JABÓN. 1. Producto limpiador, detergente, champú, adipocira, detersivo, producto higienizador*, desinfectante*, pasta, pastilla, sustancia limpiadora*, higienizante*, purificadora*.

—**2.** Coba, lisonja, halago. V. ADULACIÓN 1.

3. Clases. Jabón de tocador, de lavar, de olor, de coco, de glicerina, de Marsella, blanco, negro, arsenical, desinfectante*, fenicado, medicinal, en escamas, en polvo, granulado, líquido, detergente líquido, champú.

4. Elementos, componentes. Grasas, aceites, sosa (álcali, potasa), glicerina, perfumes*, esencias. Saponificación, elaboración, fabricación*, industria, espuma*, pompas, burbujas, lavado, fregado, jabonadura, limpieza*, colada, lejía, agua*, estropajo.

5. Enjabonar. Lavar, fregar, limpiar*, mojar, frotar, restregar, humedecer, higienizar, aclarar.

6. Jabonoso. Espumoso*, detersivo, detergente, higienizador*, limpiador*.

V. MOJAR, LIMPIEZA, HIGIENE, AGUA, ESPUMA, PERFUME.

jabonar. V. JABÓN 5.

jabonoso. V. JABÓN 6.

jaca. Potro, yegua, corcel. V. CABALLO 1.

jacarandoso. Desenvuelto, saleroso, bullanguero. V. ALEGRÍA 6.

jacinto. Liliácea, planta, vegetal*. V. FLOR 4.

jactancia. Presunción, ostentación, vanidad*. V. FANFARRONERÍA 1.

jactancioso. Ostentoso, vanidoso*, alabancioso. V. FANFARRONERÍA 2.

jactarse. Alardear, ufanarse, presumir. V. FANFARRONERÍA 4.

jaculatoria. Oración, invocación, plegaria breve. V. REZO 1, 2.

jade. Silicato, mineral*, piedra*. V. MINERAL 12.

jadeante. Agitado, anhelante, sofocado. V. FATIGA 5.

jadear. Resollar, sofocarse, bufar. V. RESPIRACIÓN 2.

jadeo. Sofoco, resuello, fatiga*. V. RESPIRACIÓN 1.

jaez. Calaña, índole, estofa. V. CARÁCTER 1.

jaguar. Félido, tigre americano, mamífero carnicero. V. FIERA 4.

jalar. Tirar de, arrastrar, atraer. V. EMPUJAR 1.

jalea. Emulsión, gelatina, sustancia. V. DENSO 2.

jalear. Aplaudir, alentar, espolear. V. ÁNIMO 4.

jaleo. Bullicio, algarabía, escándalo. V. ALBOROTO 1.

jalón. 1. Mojón, hito, señal*. V. INDICADOR 1.

— **2.** Tirón, impulso, empuje. V. EMPUJAR 4.

jalonar. Amojonar, señalar, marcar. V. SEÑAL 8.

jamás. No, en modo alguno, ninguna vez. V. NUNCA.

jamba. Puntal, pieza, tabla. V. MADERA 2.

jamelgo. Jaco, rocín, penco. V. CABALLO 1.

jamón. Pierna, anca, carne curada. V. CERDO 6.

jamona. Mujer rechoncha, rolliza, madura*. V. GORDO 1.

jangada. Balsa, almadía, tablazón. V. BARCO 5.

japonés. Asiático, nipón, oriental. V. ETNIAS 4.

jaque. Amenaza, aviso, jugada. V. AJEDREZ 4.

jaqueca. Dolor de cabeza, hemicránea, neuralgia. V. CABEZA 10.

jara. Mata, arbusto, matorral*. V. ÁRBOL 9.

jarabe. 1. Poción, específico, medicina. V. MEDICAMENTO 4.

— **2.** Licor, almíbar, jugo*. V. CONFITERÍA 6.

jarana. Juerga, bulla, alboroto*. V. DIVERSIÓN 2.

jaranear. Parrandear, divertirse*, escandalizar. V. DIVERSIÓN 5.

jaranero. Bullicioso, juerguista, ruidoso. V. DIVERSIÓN 7.

jarcia. Aparejos, cordaje, arboladura. V. BARCO 17.

JARDÍN. 1. Vergel, parque, parcela, patio, alameda, rosaleda, floresta, huerto, huerta, arboleda*, bosque*, bosquecillo, boscaje, fronda, ramaje, matorral*, césped, edén, campiña, pradera, prado, campo*, cercado, vallado*, oasis, umbría, retiro, terreno, coto, quinta, granja.

2. Partes. Macizo, parterre, arriate, platabanda, jardinillo, cuadro, seto, ajardinamiento, senda, calle, avenida, pérgola, emparrado, quiosco, cenador, mirador, invernadero, estufa, semillero, arbustos, flores*, espaldera, pajote, albitana, zanja, umbráculo, gruta, laberinto, fuente, surtidor, estanque, lago*, arroyo, río*, cascada, puente, césped, hierba*, glorieta, plazoleta, roquedal, losas, escalinata, terraza, valla, reloj de sol, hamaca, columpio, tumbona, sillón, banco, mesa, parasol, estatua, comedero de pájaros.

3. Flores de jardín. V. FLOR 4.

4. Clases de jardín. Jardín francés o geométrico, inglés o natural o paisajista, italiano, japonés, chino, árabe, andaluz, botánico, zoológico*, de aclimatación, colgante, parque.

5. Útiles. Tijera de jardinero, de podar, podadera, binador, regadera, cordel, rastrillo, pala, azadón, escardillo, laya, sierra, plantador, hoz, carretilla, manguera, carrete de manguera, fumigador, rociadora mecánica, cortadora de césped.

6. Elementos. Jardinería, floricultura, botánica, horticultura, agricultura*, plantación, cultivo, poda, corte, injerto*, acodo, excavación, siembra, abono, riego, flor*, césped, hierba*, arbusto, árbol*, mantillo.

7. Acción. Plantar, sembrar, cortar*, recortar, podar, injertar*, rastrillar, emparrar, rociar, regar, excavar*, cavar, escardar, binar, cultivar, aserrar.

8. Personas. Jardinero, floricultor, horticultor, agricultor*, botánico, agrónomo, cultivador, plantador, hortelano, granjero, aficionado. *Contr.:* Matorral*, desierto*.
V. FLOR, ÁRBOL, CAMPO, BOSQUE, AGRICULTURA, INJERTO.

jardinería. V. JARDÍN 6.

jardinero. V. JARDÍN 8.

jareta. Alforza, dobladillo, pliegue. V. COSTURA 2.

jarra. Cántaro, cacharro, vasija. V. RECEPTÁCULO 3.

jarrete. Pantorrilla, corva, corvejón. V. PIERNA 2.

jarretera. Liga, cinta, galardón. V. CONDECORACIÓN 3.

jarro. Vasija, cántaro, recipiente. V. RECEPTÁCULO 3.

jarrón. Búcaro, florero, ánfora. V. RECEPTÁCULO 3.

jaspe. Cuarzo, mármol, piedra*. V. MINERAL 6.

jaspeado. Moteado, veteado, manchado. V. PINTURA 12.

jauja. Ganga, riqueza, abundancia*. V. BENEFICIO 1.

jaula. Armazón, encierro, receptáculo*. V. COMPARTIMIENTO 1.

jauría. Traílla, manada, grupo de perros. V. PERRO 3.

jayán. Hombrón, individuo fornido, vigoroso*. V. HOMBRE 3.

jazmín. Planta, vegetal*, aroma. V. FLOR 4, PERFUME 3.

JAZZ. 1. «Jazz-band», ritmo sincopado, música* sincopada, folclore, música negra, síncopa, improvisación (v. 2).

2. Variedades. Blues, negro espiritual, madison, «boogie-woogie» o bugui-bugui, «rock and roll», «twist».

3. Instrumentos. Trompeta, saxofón, clarinete, trombón, piano, batería (bombo, tambor, timbal, platillos), contrabajo, guitarra eléctrica.

4. Compositores, intérpretes. Gershwin, Louis Armstrong «Satchmo», Benny Goodman, Glenn Miller, Duke Ellington, Lionel Hampton, Count Bassie.
V. MÚSICA, ORQUESTA, INSTRUMENTO MUSICAL.

jeep. *ingl* Camioneta, furgoneta, vehículo rural. V. AUTOMÓVIL 2.

jefatura. V. JEFE 9.

JEFE. 1. Dirigente, autoridad, encargado, superior, director, regidor, cabeza, conductor, guía*, caudillo,mandatario, presidente, líder, cabecilla, gobernante*, político*, capitán, preboste, prepósito, principal, dignatario, jerarca, jerarquía, directivo, regente, amo, patrono, patrón, empleador*, dueño, responsable, representante, ejecutivo, administrador*, adalid, campeón, paladín, titular, gobernador, mentor,

jefazo, mandamás, pez gordo, personaje*, personalidad, cacique, tirano, dictador.

2. Jefes militares. Mariscal,general, coronel, comandante o mayor, capitán, teniente, alférez, oficial, suboficial, sargento, cabo (v. ejército 7); almirante, condestable, mesnadero, tiufado, arráez, senescal, condotiero, conquistador*, adelantado.

3. Nobles. Emperador, káiser, zar, rey*, virrey, príncipe, archiduque, duque, marqués, conde, vizconde, barón, caballero, aristócrata* (v. aristocracia 2).

4. Religiosos. Papa, prelado, cardenal*, arzobispo, obispo, patriarca, prior, archidiácono, arcipreste, vicario, párroco, rector, coadjutor, presbítero, capellán, canónigo, magistral, diácono, pope, archimandrita, metropolitano; sumo sacerdote; (v. sacerdote*).

5. Gobernantes. Presidente, jefe de estado, vicepresidente, jefe de gobierno, primer ministro, «premier», ministro, subsecretario, director general, gobernador, senador, diputado; alcalde*, corregidor, regidor, burgomaestre, estadúder, elector, landgrave, margrave; dux, duce, führer (v. gobierno 8-10).

6. Jefes grecorromanos. Arconte, dictador, tirano, césar, triunviro, cónsul, tribuno, lictor, patricio, pretor, pretoriano, edil curul, legado, centurión, decurión, tetrarca (v. 1).

7. Jefes orientales. Mikado, mandarín, faraón, sátrapa, kan, voivoda, maharajá, rajá, nabab, sultán, califa o jalifa, jeque o «sheik», bey, jerife, jedive o «khedive», emir, caíd, visir, gran visir, bajá o pachá, sha (v. 1).

8. Otros. Superintendente, supervisor, decano, magistrado, político*, preboste, prefecto, valido, corifeo, mayoral, capataz, contramaestre, encargado, sobrestante, responsable, vigilante, ejecutivo (v. 1).

9. Jefatura. Mando, poder*, poderío, dirección, dignidad, gobierno*, autoridad, directiva, junta, asamblea*, superioridad, guía*, regencia, comisión, tutela, conducción, manejo, dominio, caudillaje, liderato, liderazgo, rectorado, decanato, autocracia, señorío, mangoneo, superintendencia, magistratura, imperio, reinado, potestad, atribución, soberanía, prefectura, tetrarquía, consulado, triunvirato, dictadura, tiranía, arcontado, emirato, sultanato, satrapía, dirección general, subsecretaría, diputación, alcaldía*, senado, ministerio, abadía, patriarcado, obispado, arzobispado, cardenalato*, papado*, baronía, condado, marquesado, ducado, principado, virreinato, reino, capitanía, comandancia, coronelía, generalato, almirantazgo (v. 2-8).

10. Acción. Dirigir, mandar, acaudillar, guiar*, gobernar, capitanear, encabezar, regir, comandar, conducir, llevar, arrastrar, abanderar.
Contr.: Subordinado, inferior*, ayudante*.
V. GOBERNANTE, POLÍTICO, GUÍA, REY, ARISTÓCRATA, SACERDOTE, ALCALDE.

Jehová. Altísimo, Todopoderoso, Yahvé. V. DIOS 1.

jengibre. Rizoma, planta, p. aromática. V. VEGETAL 18, BEBIDA 2.

jeque. Gobernador, cacique, adalid árabe. V. JEFE 7.

jerarca. Mandatario, personaje, personalidad. V. JEFE 1.

jerarquía. 1. Rango, categoría, escalafón. V. CLASE 2.
— **2.** V. jerarca.

jerez. Vino español, bebida alcohólica, b. espirituosa. V. VINO 3.

jerga. Lenguaje, germanía, jerigonza. V. IDIOMA 1.

jergón. Camastro, colchón, colchoneta. V. CAMA 1, 3.

jerigonza. V. jerga.

jeringa. Tubo, cánula, lavativa. V. INYECCIÓN 4.

jeringar. Importunar, cargar, fastidiar. V. MOLESTIA 5.

jeroglífico. 1. Grafía, representación, signo. V. ESCRIBIR 5, 7.
— **2.** Acertijo, enigma, charada. V. ADIVINAR 5.

jersey. Suéter, chaleco, chaquetón. V. CHAQUETA 1.

Jesucristo. Jesús, Mesías, Nazareno. V. CRISTO 1.

jesuita. Religioso, clérigo, misionero. V. SACERDOTE 3.

Jesús. V. Jesucristo.

jeta. Rostro, morro, hocico. V. CARA 1.

jibia. Sepia, cefalópodo, calamar. V. MOLUSCO 3.

jícara. Pocillo, taza, tacita. V. RECEPTÁCULO 3.

jilguero. Pintadillo, pájaro, ave canora. V. AVE 15.

jinete. Cabalgador, caballero, caballista. V. CABALLO 15.

jinetear. Cabalgar, galopar, montar; ejercer la prostitución *Cub.* V. CABALLO 17; PROSTITUCIÓN 5.

jira. 1. Merienda campestre, excursión, ágape. V. ALIMENTO 1, 2.
— **2.** *incorr* Gira, recorrido, periplo. V. VIAJE 1.

jirafa. Cuadrúpedo, animal*, mamífero. V. RUMIANTE 4.

jirón. Pingajo, harapo, guiñapo. V. ANDRAJO 1.

jiu-jitsu. Deporte*, arte marcial, lucha* oriental. V. JUDO 1.

jockey. V. jinete.

jocoso. Chistoso, humorístico, gracioso. V. COMICIDAD 3.

jocundo. Divertido, gracioso, alegre. V. ALEGRÍA 6.

jofaina. Lavamanos, palangana, aguamanil. V. RECEPTÁCULO 1.

jolgorio. Bullicio, diversión*, juerga. V. ALEGRÍA 1.

jornada. 1. Fecha, lapso, día laboral. V. DÍA 1.
— **2.** Etapa, trecho, trayecto. V. PARTE 2.
— **3.** Camino, recorrido, excursión. V. VIAJE 1.

jornal. Sueldo, retribución, salario. V. PAGAR 5.

jornalero. Asalariado, obrero, peón. V. TRABAJO 5.

joroba. 1. Chepa, jiba, corcova. V. DEFORMACIÓN 2.
— **2.** Protuberancia, prominencia, bulto. V. ABULTAMIENTO 1.

jorobado. 1. Giboso, contrahecho, corcovado. V. DEFORMACIÓN 3.
— **2.** V. jorobar.

jorobar. Fastidiar, enfadar, importunar. V. MOLESTIA 5.

jota. 1. Grafía, signo, símbolo*. V. LETRA 1.
— **2.** Danza popular, regional, local. V. BAILE 8.

JOVEN. 1. Chico, mozo, niño*, adolescente, muchacho, mancebo, doncel, doncella (v. 2), efebo, menor, chaval, zagal, púber, pubescente, núbil, casadero, conyugable, libre, hombre*, mocetón, mozancón, hombretón*, célibe, soltero, jovenzuelo, mozalbete, pollo, petimetre, lechuguino, caballerete, señorito, hijo de papá, figurín, pisaverde (v. 2).
— **2.** *Chica*, joven, señorita, doncella, damita, damisela, muchacha,moza, pimpollo, adolescente, casadera, soltera, etc. (v. 1).
— **3.** *Inexperto*, joven, bisoño, novato, inmaduro, incipiente, novicio, novel, verde, principiante*, neófito, pipiolo, aprendiz, primerizo, imberbe (v. 4).
4. Juvenil. Rozagante, lozano*, flamante, fresco, sano, saludable*, vivaz, gallardo, vigoroso*, nuevo*, tierno, verde, hermoso*, moderno, alegre*.
5. Juventud. Adolescencia, pubertad, lozanía, abriles, mocedad, celibato, soltería, minoría, menor edad, muchachez, nubilidad, pubescencia, inexperiencia, bisoñez, novatada, inmadurez, insipiencia, verdura, verdor, principio*, aprendizaje, frescura, salud*, vivacidad, novedad, modernidad, alegría*, hermosura*, gallardía, vigor*.
— **6.** Chicos, mozos, adolescentes (v. 1).
7. Rejuvenecimiento. Remozamiento, recuperación, robustecimiento, fortalecimiento, vigorización*, tonificación, renovación, reparación, cambio*, transformación, variación*, mejora, alivio, restablecimiento, redención, vivificación, refuerzo, reanimación, endurecimiento, rehabilitación.
8. Rejuvenecer(se). Vivificar, recuperar(se), remozar, robustecer, fortalecer, vigorizar*, reparar, renovar, tonificar, transformar, modernizar, cambiar*, mejorar, aliviar, restablecer, reanimar, reforzar, reverdecer, redimir, endurecer, rehabilitar.
Contr.: Anciano*, marchito*, antiguo*, usado. V. NUEVO, PRINCIPIANTE, LOZANO, VIGOROSO, HERMOSO, NIÑO, HOMBRE, MUJER.

jovial. Divertido*, risueño, festivo. V. ALEGRÍA 6.

jovialidad. Regocijo, diversión*, contento. V. ALEGRÍA 1.

JOYA. 1. Alhaja, aderezo, gema, adorno*, gala, presea, piedra preciosa*, dije, reliquia, joyel, prenda, filigrana, pieza, ornamento, ornato, gala, perifollo, arreo, pedrería, tesoro. *Imitación:* bisutería, fruslería, baratija*, fantasía, abalorios, quincallerías, copia, culo de vaso.

2. Joyas. Anillo, sortija, aro, argolla, solitario, sello, tresillo, alianza; pulsera, brazalete, ajorca, cadena, esclava; broche, prendedor, pasador, fíbula, clip, alfiler, a. de corbata; collar, gargantilla, sarta de perlas, collarín, cadena, rosario, abalorios; diadema, tiara, corona*, florón; pendiente, zarcillo, arracada, pinjante, arete, cruz, crucifijo, colgante; dije, medallón, medalla, guardapelo, relicario, camafeo, cabujón, reloj*, cadena de reloj; esmalte, patena, gemelos, botón, joyero, peineta, amuleto, insignia, condecoración*, herrete, eslabón (v. 1).

3. Gemas. Diamante, rubí, esmeralda. V. PIEDRA PRECIOSA 1, 2.

4. Material. Oro, o. de ley, o. de 14, 18, 24 quilates, o. blanco, o. alemán, platino, plata, cobre, acero, metal*, piedra preciosa*, perla, coral, jade, nácar, concha, marcasita, ámbar, jaspe, esmalte, cristal*.

5. Partes y elementos. Montura, engarce, contraste, guarnición, cadenilla de seguridad, clip, cierre, fíbula, muelle, tornillo de cierre, pala, grabado, filigrana, adorno*, chapado, baño, talla, faceta, mesa, agua, quilate, grano, contramarca, punzón, certificado.

6. Herramientas. Martillo, cincel, lupa, estampador, alicates, dado de embutir, limas, taladro eléctrico, pulidora, terraja, balanza de precisión, sierra de orfebre, punzonadora, cizalla, compás.

7. Fabricación. Montar, tallar, labrar, cincelar, engastar, engarzar, contrastar, atornillar afiligranar, damasquinar, facetar, punzonar, certificar, soldar, nielar, esmaltar, abrillantar, bruñir, pulir, desengastar, sentar, clavar, alhajar.

8. Joyero. Orfebre, lapidario, cincelador, grabador, platero, artífice, orifice, artesano, operario, diamantista, prendero, artista, creador*, operario, aprendiz.

— **9.** Cofre, joyero, caja*, estuche, guardapelo, guardajoyas, escriño, receptáculo*, cofrecillo, arca, arqueta, caja de caudales.

10. Joyería. Orfebrería, platería, establecimiento, obrador, taller, tienda*, bisutería, quincallería; arte*, artesanía, industria, elaboración, fábrica, fabricación* de joyas.
V. PIEDRA PRECIOSA, ORO, METAL, ADORNO.

joyería. V. JOYA 10.

joyero. V. JOYA 8, 9.

juanete. Abultamiento, deformidad, callo. V. PIE 7.

jubilación. Retiro, descanso*, subsidio. V. PENSIÓN 1.

jubilado. Licenciado, retirado, subvencionado. V. PENSIÓN 1.

jubilar. 1. Licenciar, retirar, excluir. V. PENSIÓN 5.
— **2.** Arrinconar, separar, apartar. V. DESPRECIO 2.
— **3.** Jubilarse, reposar, desocuparse, descansar. V. DESCANSO 5.

jubileo. Conmemoración, celebración, solemnidad. V. FIESTA 1.

júbilo. Regocijo, jolgorio, alborozo. V. ALEGRÍA 1.

jubiloso. Gozoso, regocijado, alborozado. V. ALEGRÍA 6.

jubón. Prenda, chaquetilla, chaleco. V. VESTIMENTA 4.

judaísmo. Hebraísmo, semitismo; sionismo. V. JUDÍO 4.

judas. Falso*, desleal, delator. V. TRAICIÓN 2.

judería. Barrio* judío, gueto. V. JUDÍO 3.

judía. 1. Habichuela, alubia, leguminosa. V. LEGUMBRE 3.
— **2.** V. JUDÍO 1.

judicial. Procesal, legal*, legislativo. V. TRIBUNAL 9.

JUDÍO. 1. Israelita, hebreo, palestino, semita, israelí, mosaico, sefardita, sefardí, circunciso, efraimita, hebraizante, judaizante.

2. Judíos. Cananeo, galileo, arameo, samaritano, saduceo; fariseo, rabino, gran rabino, sumo sacerdote, cohen, mohel, talmudista, anciano, escriba, arquisinagogo, juez, levita, judío errante, terapeuta, hagiógrafo, nazareno, converso, prosélito, confeso, sabra, sefardí, askenazí o asquenazí.

3. Lugares. Tierra Santa, Tierra Prometida, Palestina, Samaria, Galilea, Cannaán, Judea, Sinaí, Egipto; sinagoga, sanedrín, templo, aljama, muro de los lamentos, gueto, judería, barrio hebreo.

4. Elementos. Judaísmo, hebraísmo, semitismo, sionismo. Doce tribus, sabbat, éxodo, Talmud, Tora, Tablas de la Ley, Antiguo Testamento, Pentateuco, Biblia*, Cantar de los Cantares, Arca de la Alianza, tabernáculo, Pentecostés («Shabuot»), Pascua, Yom Kippur, filacteria, pectoral, cábala, fariseísmo, maná, pan ácimo, yidish, judeoalemán, ablución, circuncisión, macho cabrío, chivo emisario; racismo, antisionismo, antisemitismo, intransigencia, pogromo, holocausto.
Contr.: Antisemita.
V. ETNIAS.

JUDO. 1. Yudo, jiu-jitsu, arte marcial, lucha* oriental, defensa personal, kárate* o karate, aikido, kung-fu, kyudo, kendo, taekwondo, sumo; zen, bushido, lucha*, deporte*.

2. Grados. Cinturón blanco, amarillo, naranja, verde, azul, marrón; cinturón negro o dan, primer dan, segundo dan, etc. (diez grados).

3. Elementos. Sala o dojo, lona, colchoneta o tatami, tabla o makiwara, traje o kimono o judogui, cinturón, pantalón, chaquetilla. Judoka, árbitro, jueces, cronometradores.

4. Práctica. Saludo, caídas, movimientos, proyecciones, llaves o sutemis, cuerpo a cuerpo, kappo, randori, kumikata, tai-otashi; bloqueo de pierna, llave de estrangulamiento o shime-vaza, ll. de cadera u ogoshi.
V. KÁRATE, LUCHA, BOXEO, DEPORTE.

JUEGO. 1. Esparcimiento, distracción, recreo, diversión*, expansión, entretenimiento, deporte*, competición (v. 8), prueba, desafío partida, partido, pasatiempo, solaz, placer*, gusto, devoción, tendencias «hobby», coleccionismo*, afición, jugada (v. 9), inclinación, desahogo, recreación, descanso*.

— **2.** *Jugueteo*, juego, gracia, regocijo, niñería*, retozo, correteo, brinco, salto*, diablura, travesura, enredo, devaneo, escarceo, pillería, burla, broma*, amenidad, festejo, fiesta*, parranda, animación.

— **3.** Muestrario, surtido, colección. V. EQUIPO 1.

— **4.** Instrumental, utensilios, aparatos*. V. HERRAMIENTA 1.

— **5.** Coyuntura, gozne, bisagra. V. ARTICULACIÓN 1.

6. Juegos de sociedad y de azar. Dados*, ajedrez*, damas, lotería*, bingo, ruleta*, boule, máquina tragaperras, juegos electrónicos, billar*, «mah-jong», «backgammon», la oca, parchís, monopolio, batalla marina; naipes*, n. franceses: bacará, «baccarat», «chemin de fer», «black-jack», punto y banca, treinta y cuarenta, bridge*, canasta, faraón, «pinacle», «whist», póquer*, ecarté, veintiuna; naipes españoles: brisca, tute, monte, mus, las siete y media, julepe, tresillo, burro, mona; solitarios; tapete verde, tablero; crucigrama, palabras cruzadas, charada, jeroglífico, enigma, logogrifo, acertijo, trabalenguas, rompecabezas, puzle, prestidigitación, ilusionismo*, juego de manos; chinos, cara o cruz, quiniela, quinielas futbolísticas, carreras de caballos*, c. de galgos, apuesta (v. 9), martingala, tongo, trampa, ventaja.

7. Juegos infantiles. Escondite, gallina ciega, prendas, Antón Perulero, la pata coja, al corro, las cuatro esquinas, carreras, cucaña, policías y ladrones, sillita de la reina, adivina quién te dio, salto de comba, el ratón y el gato, amagar y no dar, la viudita del conde Laurel, la campana, al alimón, rana, papá y mamá, alfileres, canicas, chinas, pompas de jabón, tabas, marro, pídola, tejo, medir pies, tatetí, tira y afloja, rayuela, columpio, molinete, tren en raya, trompo, peonza, yoyó, patinete, juguete (v. 15).

8. Juegos deportivos. Competición, partido, partida, lucha*, pugna, jugada, desafío, rivalidad*, encuentro, «match»*, prueba, campeonato, liga, bolos, petanca, «bowling», bochas, boliche pelota, ping-pong, volante, «cricket», «crocket», minigolf, billar*, (v. deporte*).

9. Jugada. Partida, partido, set, lance, baza, envite, envido, puesta, apuesta, postura, mano, tirada, turno, pasada, resto, riesgo, ventura, reto, desafío*, rivalidad*, cantidad, suma, albur, azar*, tanteo, tanteador, marcador, marca, puntuación, puntos, tantos, acierto, blanco, diana, gol; tongo, trampa, ventaja.

10. Jugar. Esparcirse, distraerse, recrearse, divertirse*, expansionarse, rivalizar, apostar (v. 11), entretenerse, pasar el tiempo, p. el rato, solazarse, juguetear, travesear, brincar, saltar*,

retozar, enredar, triscar, corretear, correr, enredar (v. 11).

— **11.** *Rivalizar*, jugar, arriesgar*, apostar, envidar, poner, tirar, pasar, restar, echar el resto, doblar, quedarse, desplumar, ganar, desbancar, copar, aventurarse, desafiar, retar, tantear, ver, adivinar, mezclar, dar, cortar, marcar, puntuar, acertar, golear, dar en el blanco, dar en la diana, echar una partida, señalar, obtener, e. una mano.

12. Casa de juego. Casino, centro social, garito, timba, antro, tertulia, círculo, club, sociedad, asociación*, centro recreativo, bar.

13. Jugador. Crupier, banquero, punto, jugador, empleado, tahúr, ventajista, tramposo, jugador de ventaja, fullero, timbero, garitero, tanteador, envidador, cuco, perdido, vicioso*; componente, miembro, elemento, participante, integrante de un equipo.

14. Juguetón. Revoltoso, inquieto, saltarín*, brincador, retozón, travieso, pillo*, bullicioso, alborotador*, incansable, vivaz, vivaracho, regocijado, contento, alegre*, alocado, atolondrado, enredador, triscador, infantil, inocente*, niño*.

15. Juguete. Baratija, chisme, cacharro, chirimbolo, trasto, cachivache, aparato*, muñeco*, muñeca, osito de felpa, yoyó, diábolo, peonza, perinola, trompo, peón, aro, «hula-hoop», canicas, pajarita, bramadera, pelota*, boliche, balero, cometa (barrilete), honda, tiragomas, patines*, patinete, triciclo, bicicleta*, soldaditos, mecano, tren eléctrico, coches miniatura, casita, cocinita, tienda, tambor, corneta, pistola, fusil, sable, pito, zambomba.

Contr.: Tongo, trampa.

V. DIVERSIÓN, DEPORTE, PLACER, DESCANSO, FIESTA, BROMA, DOMINÓ, AJEDREZ, BILLAR, NAIPES, RULETA, BRIDGE, PÓQUER, ILUSIONISMO, MUÑECO, NIÑO.

juerga. Jarana, parranda, alboroto*. V. DIVERSIÓN 2.

juerguista. Parrandero, calavera, jaranero. V. DIVERSIÓN 7.

juez. 1. Magistrado, funcionario, togado. V. TRIBUNAL 4.

— **2.** Árbitro, intermediario, mediador. V. MEDIACIÓN 2.

jugada. 1. V. JUEGO 9.

— **2.** V. jugarreta.

jugador. V. JUEGO 13.

jugar. V. JUEGO 10.

jugarreta. Bribonada, trastada, pillería. V. PILLO 3.

juglar. Trovador, rapsoda, bardo. V. POESÍA 8.

JUGO. 1. Zumo, néctar, sustancia, caldo, humor, extracto, licor, elixir, líquido*, agua*, fluido, bálsamo, bebida*, acuosidad, esencia, concentrado, mosto, quintaesencia, savia, jarabe, gelatina, jalea, aguaza, humedad, viscosidad, transpiración, sudor, exudado, leche*, resina,

goma, látex, laca, secreción, excreción*, baba, linfa, jugo gástrico, j. pancreático.
— **2.** Miga, meollo, importancia*. V. CENTRO 1.
— **3.** Lucro, ventaja, provecho. V. BENEFICIO 1.
4. Jugoso. Fluido, líquido*, sustancioso, caldoso, viscoso, denso*, acuoso, aguado*, mojado*, húmedo, concentrado, suculento, sabroso, gustoso*, impregnado, bañado, sudoroso, pringado, rezumante, baboso, fresco, extractado.
5. Salir jugo. Rezumar, exprimir, estrujar, extraer, comprimir, prensar, transpirar, sudar, segregar, excretar*, babear, extractar, impregnar, bañar, pringar, licuar, aguar, vaciar*, humedecer, mojar*, concentrar.
Contr.: Sequedad.
V. LÍQUIDO, AGUA, BEBIDA, EXCRECIÓN, DENSIDAD, MOJAR.
jugoso. V. JUGO 4.
juguete. V. JUEGO 15.
juguetear. V. JUEGO 10.
jugueteo. V. JUEGO 2.
juguetón. V. JUEGO 14.
juicio. 1. Sensatez, razón, cordura. V. FORMAL 3.
— **2.** Entendimiento, reflexión, comprensión. V. INTELIGENCIA 1.
— **3.** Parecer, sentir, crítica. V. OPINIÓN 1.
— **4.** Litigio, proceso, pleito. V. TRIBUNAL 7.
juicioso. Sensato, prudente, cuerdo. V. FORMAL 1.
jumento. Burro, asno, pollino. V. CABALLERÍA 11.
juncal. Gallardo, apuesto, bizarro. V. GARBO 2.
junco. Planta juncácea, ciperácea, vara. V. VEGETAL 18.
jungla. Selva, fronda, espesura. V. BOSQUE 1, 3.
junquillo. Narciso oloroso, planta, vegetal*. V. FLOR 4.
junta. 1. Comisión, agrupación, comité. V. ASOCIACIÓN 1.
— **2.** Reunión, mitin, sesión. V. ASAMBLEA 1.
— **3.** Articulación*, unión, ensambladura. V. ACOPLAMIENTO 1.
juntar. 1. Acoplar*, asociar, reunir. V. UNIR 1.
— **2.** *Juntarse*, arrimarse, acercarse, aproximarse. V. UNIR 3.
junto. Contiguo, inmediato, próximo. V. CERCA 1.
juntura. 1. Articulación, acoplamiento*, ensambladura. V. UNIR 11.
— **2.** Resquicio, rendija, grieta. V. HENDEDURA 1.
jura. V. juramento 1.
jurado. Junta, comisión, organismo. V. TRIBUNAL 1.
juramentarse. Confabularse, tramar, maquinar. V. CONSPIRACIÓN 2.
juramento. 1. Compromiso, testimonio, obligación*. V. PROMESA 1.
— **2.** Insulto, imprecación, maldición*. V. OFENSA 1, 2.

jurar. 1. Prometer, confirmar, obligarse*. V. PROMESA 2.
— **2.** Imprecar, blasfemar, denostar. V. MALDICIÓN 8, 9.
jurídico. Judicial, forense, procesal. V. TRIBUNAL 9.
jurisconsulto. V. jurista.
jurisdicción. 1. Territorio, circunscripción, barrio*. V. ZONA 2.
— **2.** Influencia, autoridad, mando. V. PODER 1.
jurisprudencia. Justicia, leyes*, legislación. V. DERECHO 1.
jurista. Letrado, defensor, jurisconsulto. V. ABOGADO 1.
justa. Combate, torneo, prueba. V. PELEA 1.
justamente. Ciertamente, efectivamente, precisamente. V. VERDAD 5.
justicia. 1. Ecuanimidad, rectitud, honestidad. V. IMPARCIAL 2.
— **2.** Ley*, tribunal*, poder judicial. V. DERECHO 1.
— **3.** Pena, castigo*, veredicto. V. CONDENA 1.
justiciero. Severo*, justo, vengador*. V. IMPARCIAL 1.
justificación. Prueba, excusa, garantía*. V. DISCULPA 1.
justificado. Evidente, fundado, reconocido. V. DEMOSTRACIÓN 3.
justificante. 1. Recibo, resguardo, documento*. V. COMPROBAR 1.
— **2.** V. justificación.
justificar. 1. Probar, alegar, argumentar. V. DEMOSTRACIÓN 2.
— **2.** Respaldar, defender, apoyar. V. DISCULPA 2.
justillo. Camisola, faja, ajustador. V. VESTIMENTA 3.
justipreciar. Tasar, calcular, valorar. V. EVALUAR 1, 2.
justiprecio. Valoración, cálculo, tasación. V. EVALUAR 3.
justo. 1. Ecuánime, equitativo, neutral. V. IMPARCIAL 1.
— **2.** Adecuado, apropiado, merecido*. V. CONVENIENCIA 2.
— **3.** Lícito, legítimo, fundado. V. LEGAL 1.
— **4.** Preciso, cabal, puntual. V. EXACTITUD 2.
— **5.** Ceñido, apretado, angosto. V. ESTRECHO 1.
juvenil. Lozano, moderno, rozagante. V. JOVEN 4.
juventud. Adolescencia, lozanía, mocedad. V. JOVEN 5.
juzgado. Corte, magistratura, audiencia. V. TRIBUNAL 1.
juzgar. 1. Dictaminar, sentenciar, condenar*. V. TRIBUNAL 9.
— **2.** Estimar, enjuiciar, opinar*. V. EVALUAR 2.

K

káiser. Monarca, emperador, soberano. V. REY 1.

kaki. Caqui, amarillento, aceitunado. V. COLOR 7, 9.

kan. Príncipe, adalid, caudillo tártaro. V. JEFE 7.

KÁRATE. 1. Karate, arte marcial, método defensivo, judo*, zen, lucha*, deporte*.
2. Elementos. Sala o dojo, lona o tatami, tabla o makiwara, saco, grito o kiai, puntos vitales, atemis, combate o kumité, puño o ken: honken, mano o shuto: ura shuto, codo o até, patada o mae-geri.
3. Karateca. Luchador*, practicante, deportista*, judoka.
4. Atributos. Traje o kimono, cinturón, pantalón, chaquetilla. Grados: cinturón, blanco, verde, marrón, negro o dan (8 grados).
V. JUDO, LUCHA, BOXEO, DEPORTE.

kart. *ingl* Vehículo* pequeño, deportivo*, de competición. V. AUTOMÓVIL 21.

kayak. Piragua, canoa, lancha. V. BOTE, 1, 8.

kéfir. Cuajada, yogur, leche fermentada. V. LECHE 4.

kermés. Verbena, diversión, feria. V. FIESTA 5.

keroseno. Queroseno, carburante, nafta. V. COMBUSTIBLE 2.

khan. V. kan.

kilogramo. Mil gramos, kilo, medida de peso. V. PESO 3.

kilométrico. Larguísimo, extenso*, interminable. V. LARGO 1.

kilómetro. Mil metros, medida de longitud, dimensión. V. MEDIDA 6.

kimono. Quimono, bata, túnica. V. CAMISA 2.

kindergarten. *alem* Jardín de infancia, parvulario, escuela de párvulos. V. EDUCACIÓN 7.

kiosco. Quiosco, puesto, tenderete. V. TIENDA 1.

kirsch. *alem* Licor, aguardiente de cereza, bebida alcohólica. V. BEBIDA 2.

knock-out. *ingl* KO, Fuera de combate, sin sentido, desmayo*. V. BOXEO 5.

kopek. Copeca, céntimo, centavo ruso. V. DINERO 6.

kumis. V. kéfir.

L

lábaro. Pendón, pabellón, estandarte romano. V. BANDERA 1.

laberinto. Dédalo, enredo, caos. V. EMBROLLO 1, ARQUITECTURA 3.

labia. Elocuencia, oratoria, facundia. V. DISCURSO 2.

lábil. Frágil, delicado, débil*. V. LEVE 1.

labio. 1. Belfo, jeta, morro. V. BOCA 1.
— **2.** Resalte, canto, arista. V. BORDE 1.

labor. 1. Faena, ocupación, tarea. V. TRABAJO 1.
— **2.** Calado, artesanía*, bordado*. V. ADORNO 1, COSTURA 1.
— **3.** Laboreo, labranza, cultivo. V. AGRICULTURA 1.

laborable, laboral. Día hábil, de trabajo, no festivo. V. DÍA 3.

laborar. Bregar, afanarse, ocuparse. V. TRABAJO 11.

LABORATORIO. 1. Local, institución, edificio, recinto, r. para investigación, para i. científica, i. médica*, i. técnica, empresa farmacéutica*.

2. Aparatos. Accesorio, tubo de ensayo, matraz, probeta, bureta, pipeta, frasco de Erlenmeyer, sifón, destilador, alambique, redoma, retorta, aparato de destilación, condensador, serpentín, refrigerante, tubo condensador, cápsula de Petri, c. de porcelana, vaso graduado, v. de precipitación, probeta graduada, tubo de conexión, tubo en Y, tubo en U, espita, embudo, filtro, papel de filtro, papel de tornasol, decantador, dializador, termómetro, microscopio*, estufa para cultivos, balanza* de precisión, autoclave, centrífuga, mortero, crisol, horno eléctrico, trípode, gradilla, mechero Bunsen, espátula, soplete, lámpara de alcohol, termómetro*, pinzas.

3. Operaciones. Experimentos, investigaciones* de química*, de física*, biología*, medicina*, bacteriología, agricultura*, análisis, a. cualitativo, cuantitativo, organoléptico, diagnóstico, síntesis, manipulación, preparación, experimentación, cristalización, sublimación, decantación, precipitación, filtración, calcinación, desecación, destilación, disolución, evaporación, ebullición, solidificación, combustión, fusión, fermentación, congelación, reducción, oxidación, saturación, catálisis, ósmosis, electrólisis.

4. Sustancias químicas. Reactivos, drogas*, productos químicos, fenolftaleína, permanganato de potasio, rojo de metilo, ácidos*, álcalis, sales, papel de tornasol, reactivo de Almen, de Dobbin, de Millon, de Schweitzer.

5. Personas. Químico*, farmacéutico*, biólogo*, investigador*, médico*, experimentador, ayudante*, auxiliar, preparador, mozo de laboratorio.

6. Acción. Analizar, experimentar, investigar*, sintetizar, manipular, preparar, dosificar, cristalizar, sublimar, solidificar, decantar, calcinar, desecar, destilar, disolver, evaporar, hervir, fermentar*, reducir, oxidar, saturar, catalizar, electrolizar.
V. FARMACIA, QUÍMICA, MEDICINA, BIOLOGÍA, INVESTIGACIÓN, MEDICAMENTO, DROGA, MICROSCOPIO.

laboreo. Cultivo, labranza, plantación. V. AGRICULTURA 1.
laboriosidad. V. laborioso.
laborioso. 1. Activo, diligente, industrioso. V. TRABAJO 6.
— **2.** Penoso, complicado, difícil. V. DIFICULTAD 3.
labrador. Campesino, labriego, cultivador. V. AGRICULTURA 8.
labrantío. V. labranza 2.
labranza. 1. Laboreo, faena, cultivo. V. AGRICULTURA 1.
— **2.** Hacienda, parcela, granja. V. CAMPO 1.
labrar. 1. Arar, plantar, cultivar. V. AGRICULTURA 4.
— **2.** Grabar, trabajar, tallar. V. ESCULTURA 5.
— **3.** *Labrarse*, forjarse, prepararse, hacerse un porvenir. V. FORMA 3.
labriego. V. labrador.
laca. Lustre, barniz, capa. V. PINTURA 2; PELO 11.
lacayo. Sirviente, criado, esbirro. V. SERVIDOR 1.
lacerante. Penoso, hiriente, intenso. V. DOLOR 4, 8.
lacerar. Magullar, lastimar, herir. V. LESIÓN 7.
lacería. Estrechez, miseria, penuria. V. POBRE 7.
lacio. Ajado, desmadejado, marchito*. V. FLOJO 1.
lacónico. 1. Conciso, escueto, abreviado. V. ABREVIAR 3.
— **2.** Parco, reservado, callado. V. SILENCIO 3.
laconismo. Concisión, sequedad, parquedad. V. ABREVIACIÓN, SILENCIO 2.
lacra. Deficiencia, tacha, vicio*. V. DEFECTO 1.
lacrar. Precintar, marcar, estampar. V. SELLAR 1.
lacre. Barra, marca, precinto. V. SELLAR 3.
lacrimógeno. 1. V. lacrimoso.
— **2.** Inflamatorio, irritante, congestivo. V. PICOR 6.

lacrimoso. 1. Lloroso, gimiente, quejumbroso. V. LLORAR 5.
— **2.** Folletinesco, melodramático, lacrimógeno. V. AFLICCIÓN 6.
lactancia. Amamantamiento, crianza, cuidado*. V. MAMA 3.
lactante. Pequeñuelo, rorro, bebé. V. NIÑO 1.
ladeado. Diagonal, oblicuo, torcido. V. INCLINAR 6.
ladear. Torcer, sesgar, esquinar*. V. INCLINAR 1.
ladera. Declive, falda, pendiente. V. CUESTA 1.
ladilla. Bicho, insecto*, chinche. V. PARÁSITO 1.
ladino. Taimado, engañoso*, pícaro. V. ASTUCIA 3.
LADO. 1. Flanco, banda, parte, costado, lateral, borde*, mano, canto, cantón, lugar* (v. 2), orilla, arista, esquina*, rincón, ángulo*, vera, margen, extremo, ala, sector, zona* (v. 2), superficie, faceta, frente, frontis, fachada, exterior, plano, perfil, delantera, trasera, posterior, atrás, delante, cola, babor, estribor, izquierda, zurda, siniestra, derecha, diestra, arriba, abajo, cara, cruz, faz, portada, labio, franja, festón, tira*, línea, límite*, reborde, remate, marco.
2. Sitio. Parte, paraje, lugar*, punto, puesto, emplazamiento, ubicación, situación, medio, andurrial, ambiente, ámbito, círculo, zona*, localidad, comarca, paradero, vericueto, situación, rincón.
3. Lateral. Esquinado, ladeado, limítrofe*, contiguo, aledaño, divisorio, lindante, vecino, adjunto, anexo, adyacente, cercano*, marginal, secundario, indirecto, colateral, esquivo*, apartado, extremo, delantero, trasero, posterior, inicial, final, exterior, externo.
4. Bordear. Limitar*, flanquear, orillar, confinar, acotar, circunscribir, dar a, mirar a, ceñir.
Contr.: Centro, núcleo.
V. BORDE, LUGAR, ZONA, LÍMITE, CERCA.
ladrar. Aullar, gruñir, rugir. V. PERRO 7.
ladrido. Aullido, gruñido, rugido. V. PERRO 8.
LADRILLO. 1. Rasilla, briqueta, baldosín, baldosa, azulejo, teja, adobe, elemento de construcción*, e. de albañilería, prisma de arcilla cocida.
2. Tipos. Ladrillo corriente, de arcilla, de adobe, hueco, de ventilación, refractario, esmaltado, de tabique, de vidrio, teja, loseta.
3. Fabricación. Tejera, cerámica, horno, taller; excavación de arcilla, trituración, mezcla, refinación, amasado, moldeo, corte, secado, cocido o cochura, cochura al horno, almacenaje.
V. CONSTRUCCIÓN, CASA, ARQUITECTURA.
LADRÓN. 1. Descuidero, caco, ratero, carterista, delincuente*, malhechor, mechera, escalador, desvalijador, rata, bandolero, bandido, asaltante, salteador, atracador, pistolero, gánster, saqueador, ganzúa, cortabolsas, manilargo, escamoteador, maleante, forajido, raptor, secuestrador, canalla, criminal, asesino*, infractor, granuja, pillo*, infiel, estafador*, timador, deshonesto, desfalcador, desaprensivo, engañoso*, tramposo, cleptómano, petardista, hur-

tador, sisón, randa, garduño, buscón, lagarto, expoliador, depredador, cuatrero, ladrón de ganado, apache, pirata*, contrabandista, sinvergüenza, rufián, rapaz, perista.

— **2.** *Abusador*, ladrón, agiotista, especulador, estraperlista, usurero, traficante, monopolizador, negrero, sanguijuela, chupasangre, avaro*, egoísta*.

3. Robar, robo. V. ROBO 1, 2.

4. Banda, cuadrilla. V. ROBO 4.

Contr.: Honrado.

V. ROBO, DELITO, ESTAFA, ESPECULACIÓN, PIRATERÍA, SECUESTRO, PILLO.

lagartija. V. lagarto.

lagarto. 1. Saurio, vertebrado, animal*. V. REPTIL 4.

— **2.** Pillo*, taimado, zorro. V. ASTUCIA 3.

lagartona. V. lagarto 2.

LAGO. 1. Laguna, charca, estanque*, extensión de agua dulce, estero, albufera, presa*, marjal, fangal*, marisma, pantano, embalse, alberca, balsa, depósito de agua, d. natural, d. artificial, lago subterráneo; estuario, ría, bahía*, río*, costa*.

2. Grandes lagos. Lago Victoria, Superior, Hurón, Tanganika, Baikal, Titicaca, Lemán, Constanza, Mar Muerto, Mar Caspio, Mar de Aral.

3. Estancar. Represar, anegar, embalsar, inundar, acumular, llenar, almacenar, detener, empantanar, depositar, rebalsar.

V. MAR, PRESA, ESTANQUE, AGUA, RÍO, COSTA, BAHÍA.

lagotero. Lisonjero, zalamero, cobista. V. ADULACIÓN 2.

lágrima. Humor, gota, lloro. V. LLORAR 4.

lagrimear. Gemir, sollozar, mojar*. V. LLORAR 1.

laguna. 1. V. LAGO 1.

— **2.** Error, lapso, omisión. V. OLVIDO 1.

laico. Seglar, temporal, lego. V. MATERIA 8.

lamedal. Barrizal, cenagal, lodazal. V. FANGO 2.

lamentable. Deplorable, lastimoso, penoso. V. DESGRACIA 2.

lamentación. V. lamento.

lamentar. 1. Deplorar, retractarse, sentir. V. ARREPENTIMIENTO 3, 4.

— **2.** Lamentarse, plañir, quejarse, llorar*. V. GEMIDO 2.

lamento. Plañido, queja, lloro*. V. GEMIDO 1.

lamer. Mamar*, sorber, lengüetear. V. CHUPAR 1.

lamida. Lengüetazo, lametón, chupada. V. CHUPAR 2.

lamido. 1. Acicalado, peripuesto, pulido. V. LIMPIEZA 2.

— **2.** Pálido, flaco, enjuto. V. DELGADEZ 3.

— **3.** V. lamer.

lámina. 1. Chapa, hoja, plancha. V. PLACA 1.

— **2.** Grabado, ilustración, dibujo*. V. ESTAMPA 1.

laminado. Prensado, adelgazado, fino. V. APLASTAR 4.

LÁMPARA. 1. Foco, luz*, bombilla (v. 3), lamparilla, faro, farol, farola, linterna, fanal, portalámparas, araña, reflector, proyector, lucerna, candilejas, focos de proscenio, lantía, cirio, candil, candelero, quinqué (v. 6).

— **2.** Churrete, pringue, chafarrinón. V. MANCHA 1.

3. Lámpara eléctrica. Lámpara incandescente, bombilla, bulbo, globo, lamparilla, ampolla. Elementos: ampolla de vidrio, filamento de tungsteno, casquillo, vacío, arco voltaico; pantalla, tulipa, portalámparas, lux, lumen.

4. Otras lámparas. Lámpara de minero o de seguridad, de mercurio, fluorescente, luminiscente, termoiónica, de cuarzo, de rayos ultravioleta, de r. infrarrojos, de petróleo, de aceite, de gas, de magnesio, «flash» o lámpara de destello, arco voltaico; luz directa, indirecta.

5. Alumbrado. Instalación, iluminación, tendido eléctrico, luminotecnia, luz*, luminosidad, faroles, lámparas, focos (v. 1).

6. Otras formas de alumbrado. Hoguera, fuego*, tea, antorcha, candil, quinqué, candelero, candelabro, fogaril, vela, cirio, bujía, candela, lamparilla, mariposa; gas*, petróleo*, carburo, acetileno (v. 1).

V. LUZ, FUEGO.

lamparilla. V. LÁMPARA 3.

lamparón. Churrete, pringue, suciedad*. V. MANCHA 1.

lampiño. Pelón, barbilampiño, imberbe. V. BARBA 5.

lamprea. Pez ciclóstomo, comestible, cilíndrico. V. PEZ 11.

LANA. 1. Mechón, pelo*, hebra, fibra natural, f. textil, estambre, guedeja, vellón, tusón, tusa, toisón, pelusa, borra, guata, vedija.

— **2.** *Tela*, tejido, paño, género, casimir, cachemir o cachemira, fieltro, estambre, franela (v. 3).

3. Clases. Lana de oveja, carnero, merino, cabra, vicuña, alpaca, llama, camello, mohair, tweed, corduroy, cheviot, estambre, Angora, Cachemira.

4. Proceso. Esquilado, selección, batanes, abatanado, desengrasado, lavado, secado, tinte, cardado, peinado, torcido, hilado, tejido, confección de prendas, sastrería*.

5. Lanar. Ovejuno, ovino, de oveja*, merino. V. TELA, VESTIMENTA, SASTRERÍA, OVEJA, PELO.

lanar. V. LANA 5.

lance. 1. Hecho, situación, acontecimiento. V. SUCESO 1.

— **2.** *Lance (de)*, de ocasión, de segunda mano, económico. V. BARATO 1.

lancear. Alancear, traspasar, lesionar*. V. CUCHILLO 6.

lanceolado. Aguzado, puntiagudo, ahusado. V. PUNTA 2.

lancero. Jinete, caballero*, alabardero. V. EJÉR-
CITO 6.
lanceta. Escalpelo, bisturí, cuchilla*. V. CIRUGÍA 8.
lancha. Canoa, barca, chalupa. V. BOTE 1.
lanchero. Barquero, marinero, remero. V. BOTE 1.
landa. Planicie, páramo, erial. V. LLANURA 1.
langosta. 1. Ortóptero, artrópodo, saltamontes.
V. INSECTO 3.
— **2.** Bogavante, crustáceo*, artrópodo. V.
MARISCO 3.
langostino. Gamba, quisquilla, crustáceo*. V.
MARISCO 3.
languidecer. Flojear, decaer, ceder. V. DEBILIDAD
9, 10.
languidez. Decaimiento, flojera, flaqueza. V. DE-
BILIDAD 1-3
lánguido. Decaído, flojo, afectado. V. DEBILIDAD 4.
lanoso. lanudo. Velloso, peludo, hirsuto. V. PELO 9.
lanza. Venablo, alabarda, pica. V. ARMA 3.
lanzada. V. lanzazo.
lanzadera. Instrumento de telar, pieza*, elemento
para tejer. V. TELA 14.
lanzado. V. LANZAR 4.
lanzador. V. LANZAR 5.
lanzamiento. V. LANZAR 3.
LANZAR. 1. Arrojar, precipitar, tirar, proyectar,
expulsar, vomitar, devolver, echar, arrojar, regurgitar, descargar, expeler, excretar*, eliminar,
despedir, lanzar, soltar, escupir, vaciar*, impulsar, separar*, enviar, impeler, empujar*, emitir,
irradiar, difundir, dispersar, desprender, aventar,
orear, verter, derramar, rociar, salpicar, emanar,
exhalar, disparar, asaetear, precipitar, botar,
apadrinar, despeñar, defenestrar, derrumbar;
desahuciar, desalojar, aparecer, surgir, brotar*,
estrellar, golpear* (v. 2).
— **2.** Lanzarse, embestir*, abalanzarse, arrollar,
atacar*, chocar*, golpear*, impulsarse, arrojarse, precipitarse, arremeter, acometer, estrellarse, echarse, tirarse (v. 1).
3. Lanzamiento. Proyección, impulso, impulsión, envío, empuje*, empujón*, saque, bote,
suelta, salida*, botadura, bautizo, descarga, ex-
pulsión*, emisión, excreción*, vómito, vertido,
derrame, rociado, dispersión, difusión, separa-
ción*, salpicadura, vaciado*, emanación, exhalación, eliminación, disparo, tiro*, precipitación,
arrojo, salto, despeñamiento, defenestración,
derrumbe; aparición, estreno, brote; desahucio,
desalojo.
4. Lanzado. Proyectado, impulsado, empujado
(v. 3).
5. Lanzador. Impulsor, rociador, difusor, ex-
cretor*, emisor, arrojador, tirador, proyector,
dispersor, eliminador; discóbolo, atleta*, de-
portista*, lanzador, de jabalina, de bala, de
granada, granadero.
Contr.: Retener, atraer, acercar.
V. EMPUJAR, EXPULSAR, EXCRETAR, VACIAR,
SEPARAR, EMBESTIR, CHOCAR, ATACAR,
GOLPEAR.

lanzazo. Pinchazo, corte*, lesión. V. CUCHILLO 5.
laña. Gafa, broche, grapa. V. GANCHO 1.
lapa. Gasterópodo, molusco comestible, invertebrado. V. MOLUSCO 5.
lapicero. V. LÁPIZ 1.
lápida. Losa, mármol, estela. V. TUMBA 4, PIE-
DRA 1.
lapidación. Pedrea, apedreamiento, muerte* violenta. V. CASTIGO 2.
lapidar. Apedrear, maltratar, matar. V. CASTIGO 8.
lapidario. 1. Joyero, artífice, artesano. V. JOYA 8.
— **2.** Conciso, sucinto, escueto. V. ABREVIAR 3.
lapislázuli. Lazulita, silicato, piedra fina. V. PIEDRA
PRECIOSA 2, MINERAL.
LÁPIZ. 1. Lapicero, accesorio, útil de escritura, de
dibujo*, de colores, de papelería, carboncillo;
pluma, estilográfica, bolígrafo*.
2. Elementos. Mina, grafito, lápiz plomo, lápiz
rojo o almagre, mineral*; madera. V. ESCRITU-
RA, DIBUJO.
lapso. 1. Período, espacio, etapa. V. TIEMPO 1.
— **2.** V. lapsus.
lapsus. Error, descuido*, desliz. V. EQUIVOCA-
CIÓN 1.
laquear. Barnizar, recubrir, pintar. V. PINTURA 7.
lar. Hogar, cobijo, familia*. V. CASA 1.
lardo. Tocino, manteca, sebo. V. GRASA 1.
lares. V. lar.
largamente. Alargadamente, extensamente*,
duraderamente. V. LARGO 1, 2.
largar. 1. Soltar, aflojar, lanzar*. V. FLOJO 5.
— **2.** *Largarse*, escaparse, escabullirse, desaparecer. V. MARCHAR 2.
LARGO. 1. Alargado, extenso*, prolongado, am-
plio*, grande*, dilatado, luengo, agrandado,
amplificado, ampliado, aumentado*, apaisado,
oblongo, estirado, fino, delgado*, ahusado,
larguirucho, flaco, alto*, espigado, holgado,
desarrollado*, anchuroso, abundante*, enorme, vasto, ilimitado, inmenso, espacioso, infinito, inacabable, interminable, kilométrico, libre,
llano, desahogado, capaz.
— **2.** *Duradero*, largo, eterno, interminable,
perpetuo, sempiterno, inacabable, infinito,
inmortal, perenne, perdurable, permanente*,
repetido, lento*, fastidioso, premioso, aburri-
do*, moroso, pausado, tardo, pesado (v. duración 3, 4).
3. Largura. Prolongación, longitud, medida*,
extensión*, amplitud*, grandeza*, dimensión,
espacio, dilatación, alargamiento, amplificación,
ampliación, agrandamiento, aumento*, estiramiento, finura, delgadez*, ahusamiento, altura, alto*, flacura, holgura, desarrollo*, tamaño,
magnitud, envergadura, eslora, anchura, abun-
dancia*, enormidad, vastedad, inmensidad, infinidad, libertad, llanura*, desahogo, capacidad;
duración, eternidad, lentitud*, aburrimiento*.
4. Alargar. Ampliar*, prolongar, extender*, dilatar, estirar, agrandar, aumentar*, apaisar, amplificar, afinar, adelgazar, ahusar, desarrollar*;

holgar, espigar, enflaquecer, crecer, espaciar, ensanchar, desahogar, liberar, expandir.
— **5.** *Durar**, alargar, eternizar, parar, posponer, diferir, retardar, retrasar, demorar*, aplazar, suspender, postergar, entorpecer, dilatar (v. duración 5).
Contr.: Corto, pequeño*, breve.
V. EXTENSO, AMPLIO, GRANDE, AUMENTADO, ALTO, ABUNDANTE, DELGADO, LENTO, PERMANENTE, ABURRIDO, DEMORA, MEDIDA.

larguero. Tablón, palo*, madero. V. MADERA 2.
largueza. Esplendidez, dadivosidad, prodigalidad. V. GENEROSIDAD 1.
larguirucho. Flaco, desgarbado, espigado. V. DELGADO; ALTO.
largura. V. LARGO 3.
laringe. Órgano vocal, nuez, conducto aéreo. V. GARGANTA 5.
larva. Ninfa, oruga, gusano*. V. INSECTO 4.
lasca. Trozo de piedra, esquirla, añico. V. PIEDRA 1.
lascivia. V. lascivo.
lascivo. Lujurioso, concupiscente, voluptuoso. V. SEXO 12, 14.
láser. Rayo, radiación, emisión luminosa. V. ÓPTICA 5.
lasitud. Decaimiento, languidez, cansancio. V. FLOJO 4.
laso. Lánguido, decaído, débil*. V. FLOJO 1, 3.
lástima. Pena, piedad, sentimiento. V. COMPASIÓN 1.
lastimadura. Contusión, magulladura, herida. V. LESIÓN 1.
lastimar. 1. Dañar, magullar, herir. V. LESIÓN 7.
— **2.** Injuriar, escarnecer, agraviar. V. OFENSA 4.
lastimero. Gemebundo, triste, quejumbroso. V. GEMIDO 3.
lastimoso. Mísero, deplorable, desdichado. V. DESGRACIA 2, 3.
lastrar. V. lastre 1.
lastre. 1. Sobrecarga, contrapeso, peso. V. CARGA 1, 2.
— **2.** Estorbo, rémora, obstáculo. V. DIFICULTAD 1, 2.
lata. 1. Chapa, hojalata, lámina. V. PLACA 1.
— **2.** Monserga, tabarra, pesadez. V. ABURRIMIENTO 1.
latente. Subrepticio, disimulado, encubierto. V. OCULTAR 2.
lateral. Contiguo, vecino, cercano*. V. LADO 3.
látex. Goma, jugo lechoso, materia elástica. V. CAUCHO 1.
latido. Pulsación, pulso, palpitación. V. CORAZÓN 6.
latifundio. Campo*, hacienda, dominio. V. PROPIEDAD 2.
latifundista. Hacendado, terrateniente, capitalista. V. PROPIEDAD 6.
latigazo. Fustigamiento, trallazo, azote. V. FLAGELAR 5.
látigo. Fusta, azote, disciplinas. V. FLAGELAR 3.

latín. Habla latina, lengua muerta, lengua indoeuropea. V. IDIOMA 4.
latino. Mediterráneo, meridional; hispano. V. EUROPEO 4.
latinoamericano. Iberoamericano, hispanoamericano, sudamericano o suramericano. V. AMERICANO 1.
latir. Palpitar, moverse, pulsar. V. CORAZÓN 6.
latitud. 1. Medida*, apartamiento, distancia al ecuador. V. GEOGRAFÍA 4.
— **2.** *Latitudes*, comarcas, países, zonas*. V. LUGAR 1.
latón. Aleación, mezcla, azófar. V. METAL 7.
latoso. Fastidioso, pesado, aburrido*. V. MOLESTIA 3, 4.
latrocinio. Despojo, sustracción, hurto. V. ROBO 1.
laúd. Bandurria, vihuela, instrumento de cuerdas. V. INSTRUMENTO MUSICAL 3.
laudable. Plausible, excelente, encomiable. V. ELOGIO 3.
láudano. Calmante, alcaloide, sedante. V. DROGA 1- 3.
laudatorio. Encomiástico, halagüeño, lisonjero. V. ELOGIO 3, 4.
laudo. Veredicto, fallo, resolución. V. SENTENCIA 1.
laureado. Enaltecido, recompensado, honrado*. V. PREMIO 3.
laurear. V. laureado.
laurel. 1. Laurácea, planta, vegetal*. V. ÁRBOL 6.
— **2.** *Laureles*, recompensas, honores, éxitos. V. PREMIO 1.
lauro. V. laurel 2.
lava. Masa fundida, escoria, magma. V. VOLCÁN 3.
lavabo. 1. Lavamanos, palangana, jofaina. V. BAÑO 3.
— **2.** Servicio, cuarto de aseo, excusado. V. BAÑO 4.
lavacaras. Lisonjero, tiralevitas, cobista. V. ADULACIÓN 2.
lavadero. V. LAVAR 4.
lavado. V. LAVAR 2.
lavadora. V. LAVAR 5.
lavaje. V. LAVAR 2.
lavamanos. Recipiente, aguamanil, palangana. V. RECEPTÁCULO 1.
lavanda. Lavándula, espliego, alhucema. V. VEGETAL 21, PERFUME 3.
lavandera. V. LAVAR 6.
lavandería. V. LAVAR 4.
lavándula. V. lavanda.
lavaplatos. Lavadora, artefacto, aparato*. V. ELECTRODOMÉSTICOS 2.
LAVAR. 1. Higienizar*, fregar, fregotear, limpiar*, mojar*, bañar*, humedecer, enjuagar, restregar, enjabonar, aclarar, regar, asear, sanear, duchar, sumergir, hundir*, baldear, rociar, colar, lavotear, empapar, chapuzar, blanquear, retorcer, tender, extender, secar, refrescar, solear, purificar*, asperjar, chorrear, calar, inundar, salpicar, chapotear. En lavadora: programar, centrifugar.

2. Lavado. Fregado, ablución, enjuague, remojo, lavatorio, higiene*, lavoteo, lavaje, limpieza* baño*, colada, enjabonado, restregado, higienización*, chapoteo, purificación*, ducha, aseo, riego, baño*, baldeo, rociada, aclarado, chapuzón, humedecimiento, empapamiento, inmersión, salpicado, blanqueo, inundación, chorreo, jabonadura, secado, tendido. En lavadora: programado, centrifugado.

3. Elementos. Jabón*, detergente, suavizante, champú, lejía, loción, añil, estropajo, bayeta, tabla, pala, rodillero, banca, lavadora (v. 5), lavadero (v. 4), lampazo, cepillo, secador, tendedero, tendal, secadero.

4. Lavadero. Pila, tina, fregadero, artesa, pilón, bañera*, tinaja, barreño, lavabo, lavamanos, palangana, aguamanil, recipiente, receptáculo*. Recinto, cuarto, lavandería, taller, tienda*, tintorería.

5. Lavadora. Lavadora automática, mecánica, electrodoméstico*, aparato*, máquina de lavar, utensilio, artefacto automático. Clases: lavadora de tambor, de paletas, automática, centrífuga, con programador, de carga delantera, de c. superior. Elementos: tambor giratorio, cubeta, tapa para carga, ventanilla, filtro, motor, reductor y engranajes, programador, resistencias para calentar el agua, termostato, tubo de alimentación, tubo de desagüe, toma de corriente. Lavado, centrifugado, secado, programado.

6. Personas. Lavandera, lavadora, fregona *desp*, maritornes *coloq* doméstica, sirvienta, servidora*, criada, asistenta, tintorera.

Contr.: Ensuciar, percudir, manchar*, pringar.

V. MOJAR, LIMPIAR, BAÑAR, PURIFICAR, HIGIENIZAR, JABÓN.

lavativa. Irrigación, clíster, enema. V. INYECCIÓN 3.

lavatorio. V. LAVAR 2.

laxante. Purgante, depurativo, catártico. V. MEDICAMENTO 6.

laxitud. Distensión, decaimiento, relajación. V. FLOJO 4.

laxo. Relajado, aflojado, distendido. V. FLOJO 1.

laya. Calaña, ralea, condición. V. CLASE 1.

lazada. Atadura, ligadura, lazo. V. NUDO 1.

lazareto. Enfermería, hospicio, leprosería. V. HOSPITAL 1.

lazarillo. Muchacho, ayudante, guía de ciego. V. GUÍA 2.

lazo. 1. Ligadura, lazada, atadura. V. NUDO 1.

— **2.** Soga, cordón, cabo. V. CUERDA 1.

— **3.** Afinidad, vínculo, parentesco. V. FAMILIA 4.

— **4.** Engaño*, red, trampa. V. EMBOSCADA 1.

leal. V. LEALTAD 2.

LEALTAD. 1. Nobleza, fidelidad, adhesión, honestidad, honradez*, honor*, devoción, amistad, compañerismo*, probidad, escrúpulo, veracidad, sinceridad*, franqueza, apego, afecto, amor*, cariño, respeto*, ley, perseverancia, confianza, firmeza, rectitud, disciplina*, pundonor, integridad, cumplimiento, fervor, acatamiento, patriotismo, vasallaje, humildad*, obediencia*, sumisión, subordinación, desinterés, generosidad*.

2. Leal. Fiel, devoto, amistoso, amigo, compañero*, honesto, honrado*, fiable, honorable*, noble, franco, sincero*, veraz, escrupuloso, probo, apegado, inseparable, entrañable, cariñoso, afectuoso, amoroso*, respetuoso*, perseverante, confiado, firme, recto, pundonoroso, íntegro, cumplidor, acatador, fervoroso, disciplinado*, patriota, héroe*, heroico, humilde*, obediente*, sumiso, subordinado, desinteresado, generoso*.

3. Ser leal. Perseverar, corresponder, honrar*, cumplir, querer, venerar, encariñarse, amar, confiar, apegarse, adherirse, acatar, someterse, obedecer*, respetar*, subordinarse, humillarse*, disciplinarse*, obrar, demostrar, seguir, sincerarse*, confesar, franquearse.

Contr.: Traición*, deslealtad, hipocresía, astucia*.

V. HONRADEZ, HONOR, SINCERIDAD, COMPAÑERISMO, AMOR, RESPETO, OBEDIENCIA, HUMILDAD, GENEROSIDAD.

lebrel. Can, perro de caza, de liebres. V. PERRO 2.

lección. 1. Disertación, conferencia, clase. V. EDUCACIÓN 5.

— **2.** Capítulo, sección, título. V. PARTE 4.

— **3.** Escarmiento, consejo*, ejemplo*. V. CASTIGO 1.

lechada. Encalado, cal, yeso. V. PINTURA 3.

LECHE. 1. Líquido* nutritivo, blanco, secreción láctea, s. mamaria*, s. glandular*, excreción*, alimento*, sustancia alimenticia, suspensión grasa, emulsión, jugo*, zumo.

2. Clases. Leche de mujer, de vaca, oveja, cabra, burra, yegua, de hembras de mamíferos*. Leche entera, descremada o desnatada, higienizada, pasterizada, esterilizada, uperizada, evaporada o concentrada, condensada, en polvo, maternizada, enriquecida, fermentada o ácida (v. 4); de almendras, vegetal; calostro, primera leche.

3. Componentes. Caseína, albúmina o proteína, lactosa o azúcar de leche, grasa, suero, agua, globulina, sales minerales, ácido láctico.

4. Derivados. Crema o nata, mantequilla o manteca, margarina, grasa*, suero, requesón, queso*, caseína; *leches fermentadas o agrias:* yogur, cuajada, cuajo, kéfir, kumis, araka, pima; natillas, flan, leche malteada, helados, piensos.

5. Lechería, lechero. Vaquería, granja, cooperativa, establecimiento, industria; instalación, establo, cuadra. Lechero, vaquero, granjero, pastor, ordeñador, comerciante*, industrial.

6. Varios. Pesaleches, densímetro, análisis, inspección veterinaria, ordeño, pezón, ubre, mama*, amamantamiento, lactancia, crianza*, destete, lactante, niño*, nodriza, ama de cría, biberón.

7. Acción. Ordeñar, amamantar, destetar, dar el pecho, chupar, mamar*; descremar, desnatar, desgrasar, higienizar, pasterizar, esterilizar, uperizar, evaporar, condensar, subir, hervir, salirse, fermentar, agriarse, cortarse.
V. ALIMENTO, EXCRECIÓN, MAMA, GLÁNDULA, JUGO, LÍQUIDO, QUESO.

lechera. 1. Cazo, hervidor, recipiente. V. RECEPTÁCULO 2.
— **2.** V. lechero.

lechería. V. LECHE 5.

lechero. V. LECHE 5.

lechigada. Cachillada, camada, hijos*. V. CRÍA 3.

lecho. 1. Catre, yacija, litera. V. CAMA 1.
— **2.** Cauce, madre, fondo. V. RÍO 2.

lechón. Mamón, cochinillo, lechal. V. CERDO 1.

lechoso. Blanco, blanquecino, denso*. V. CLARO 1.

lechuga. Escarola, verdura, endibia. V. HORTALIZA 2.

lechuguino. Petimetre, figurín, pisaverde. V. ELEGANCIA 2.

lechuza. Mochuelo, búho, rapaz nocturna. V. AVE 8.

lector. 1. Que lee, estudia, asimila. V. LIBRO 17.
— **2.** Profesor, conferenciante, catedrático auxiliar. V. EDUCACIÓN 15.

lectura. 1. Escrito, texto, obra. V. LIBRO 1.
— **2.** Asimilación, repaso, lección. V. EDUCACIÓN 5.

leer. Repasar, asimilar, hojear. V. EDUCACIÓN 12.

legación. Embajada, misión, consulado. V. DIPLOMACIA 4.

legado. 1. Cesión, donación, testamento. V. HERENCIA 8.
— **2.** Enviado, embajador, nuncio. V. DIPLOMACIA 3.

legajo. Expediente, sumario, protocolo. V. DOCUMENTO 1.

LEGAL. 1. Legítimo, autorizado, lícito, probado, aprobado*, fundado, permitido, válido, reglamentario, legalizado, justo, consentido, admitido, conforme, efectivo, vigente, certificado, garantizado, comprobado*, constitucional, legislativo, apto, sancionado, sellado, firmado, aceptado, otorgado, ratificado, tolerado*, capacitado, idóneo, en vigor, en orden, sistemático, visado, reconocido, refrendado, auténtico, genuino, verdadero*, identificado, demostrado*, contrastado, regular, normalizado, preceptivo, estatuido.
2. Legalización. Autorización, certificación, certificado, confirmación, legitimación, refrendo, permiso*, documento*, aprobación*, tolerancia*, reglamentación, visto bueno, visado, visa, reconocimiento, promulgación, justificación, comprobación*, demostración, habilitación, normalización, regulación, autenticidad, autenticación, admisión, ratificación, otorgamiento, concesión, sanción, identifica-

ción, pase, pasaporte, salvoconducto, sello, firma, plácet, legalidad (v. 3).
3. Legalidad. Vigencia, legitimidad, validez, licitud, justicia, orden*, constitucionalidad, ley*, derecho*, jurisprudencia, poder*, efectividad, reconocimiento, precepto, tolerancia*, aquiescencia, eficacia, seguridad, seriedad, confianza*, garantía*, inmunidad, poder*, beneplácito, gracia, imparcialidad*, neutralidad, legalización (v. 2).
4. Legalizar. Autorizar, certificar, legitimar, aprobar*, permitir*, sancionar, autenticar, visar, justificar, conceder, tolerar*, habilitar, constitucionalizar, garantizar*, consentir, apropiar, otorgar, capacitar, ratificar, aceptar, ordenar*, refrendar, reconocer, habilitar, comprobar*, promulgar, estatuir, preceptuar, normalizar, regular, firmar, rubricar, visar, sellar, identificar, atestar.
Contr.: ilegal, prohibido*, delictivo.
V. PERMITIDO, DEMOSTRADO, COMPROBADO, APROBADO, TOLERADO, GARANTIZADO, VERDADERO; LEY, DERECHO, TRIBUNAL, DOCUMENTO.

legalidad. V. LEGAL 3.

legalización. V. LEGAL 2.

legalizado. V. LEGAL 1.

legalizar. V. LEGAL 4.

légamo. Lodo, barro, cieno. V. FANGO 1.

legamoso. Cenagoso, lodoso, barroso. V. FANGO 3.

legaña. Secreción ocular, humor viscoso, pitarra. V. EXCRECIÓN 2.

legar. Testar, ceder, entregar*. V. HERENCIA 4.

legatario. Sucesor, beneficiario, heredero. V. HERENCIA 5.

legendario. Fabuloso, antiguo*, fantástico*. V. CÉLEBRE 1.

legible. Comprensible, explícito, inteligible. V. INTELIGENCIA 7.

legión. 1. Tropa, cuerpo, falange. V. EJÉRCITO 1.
— **2.** Caterva, tropel, conjunto. V. GRUPO 3, 4.

legionario. Mercenario, infante, soldado. V. EJÉRCITO 5.

legislación. Estatuto, código, reglamentación. V. LEY 1.

legislador. Congresista, diputado, parlamentario. V. ASAMBLEA 6.

legislar. Codificar, promulgar, reglamentar. V. LEY 6.

legislatura. 1. Parlamento, cámara, congreso. V. ASAMBLEA 1.
— **2.** Período, plazo, temporada. V. TIEMPO 1.

legitimar. Permitir, aprobar*, certificar. V. LEGAL 4.

legítimo. Lícito, genuino, verdadero*. V. LEGAL 1.

lego. 1. Laico, seglar, no religioso. V. RELIGIÓN 8.
— **2.** Fraile, hermano, religioso. V. SACERDOTE 2.
— **3.** Profano, inculto, ignorante. V. IGNORANCIA 2.

legua. Distancia, longitud, medida itineraria. V. MEDIDA 6.

LEGUMBRE. 1. Leguminosa, vaina, dicotiledónea, semilla*, fruto*, grano (v. 3).
— **2.** Verdura, vegetal*, verde. V. HORTALIZA 1.
3. Enumeración. Alubia (judía, habichuela, fríjol), haba, guisante (arveja), garbanzo, lenteja, algarroba, cacahuete, soja, cuernecillo, altramuz, almorta (v. 1).
4. Partes. Vaina, cáscara, hilo, semilla, grano, fruto*.
V. HORTALIZA, VEGETAL, ALIMENTO.
leguminosa. V. LEGUMBRE 1.
leído. Culto, instruido, erudito. V. SABIDURÍA 2.
lejanía. Alejamiento, soledad, lontananza. V. DISTANCIA 3.
lejano. Remoto, retirado, apartado. V. DISTANCIA 4.
lejía. Líquido limpiador, detergente, solución desinfectante*. V. LIMPIEZA 5.
lejos. Lejano, distanciado, allí. V. DISTANCIA 4.
lelo. Necio, pasmarote, bobo. V. TONTO 1.
lema. Mote, locución, divisa. V. FRASE 1.
lencería. Géneros de lienzo, establecimiento, tienda*. V. COSTURA 10.
LENGUA. 1. Órgano del gusto, ó. muscular*, prolongación, cuerpo carnoso, apéndice*, a. bucal, la sin hueso.
— **2.** Habla*, dialecto, jerga. V. IDIOMA 1.
— **3.** Lenguaje, asignatura, estudio del lenguaje. V. GRAMÁTICA 1.
4. Elementos. Cavidad bucal, boca*, garganta*, faringe, laringe, dorso de la lengua, mucosa, punta, surco medio, frenillo, carúncula sublingual, papilas gustativas: p. caliciformes, p. fungiformes; glándulas sublinguales, g. submaxilares, músculo lingual, m. hipogloso, m. glosofaríngeo; amígdalas, úvula, velo del paladar, istmo de las fauces, pilar posterior, p. anterior, hueso hioides.
5. Afecciones. Glositis, saburra, lengua saburral, leucoplasia, tumor, quiste.
V. BOCA, GARGANTA, MÚSCULO.
lenguado. Pez marino, anacantino, comestible. V. PEZ 7.
lenguaje. 1. Habla, dialecto, jerga. V. IDIOMA 1.
— **2.** Locución, expresión, habla*. V. GRAMÁTICA 1.
lenguaraz. Deslenguado, charlatán, desvergonzado*. V. HABLA 8.
lengüeta. Laminilla, espiga, película. V. PLACA 1.
lengüetazo, lengüetada. Lamedura, lamida, mamada*. V. CHUPAR 2.
lenidad. Indulgencia, blandura, bondad*. V. TOLERANCIA 1.
lenitivo. Bálsamo, tranquilizador*, consuelo. V. DROGA 2.
lenocinio. Proxenetismo, rufianería, alcahuetería. V. PROSTITUCIÓN 1.
lentamente. V. LENTITUD 4.
LENTE. 1. Cristal*, c. de aumento, vidrio, espejuelo, elemento óptico*, e. vítreo, e. cristalino (v. 2).

2. Clases. Lente de contacto o lentilla, objetivo, ocular, menisco, luneta, lupa, lente de aumento; lente convergente o convexa (miopía); lente divergente o cóncava (presbicia o vista cansada); lente cilíndrica o anastigmática (astigmatismo); lente bifocal, trifocal, multifocal, progresiva; lente cromática, acromática, prisma, conjunto de prismas (estrabismo), lente electrónica, magnética (microscopio* electrónico). V. óptica*.
3. Elementos. Dioptría, imagen, objeto, foco, distancia focal, centro de curvatura, imagen real, i. virtual, i. invertida, i. derecha, aberración cromática, a. de esfericidad, flint-glass, prisma, bálsamo del Canadá, microscopía*. V. óptica*.
4. Aplicaciones. Gafas*, anteojos, monóculo, lente de contacto (lentilla, microlentilla), telescopio*, anteojo*, a. astronómico, gemelos, prismáticos*, telémetro, periscopio, microscopio*, lupa, cuentahílos, mira, retícula.
V. ÓPTICA, ANTEOJO, TELESCOPIO, MICROSCOPIO, GAFAS, PRISMÁTICO, CRISTAL.
lenteja. Semilla*, fruto*, leguminosa. V. LEGUMBRE 3.
lentejuela. Laminilla, disco, película. V. ADORNO 1.
lentificar. V. LENTITUD 5.
lentilla. V. LENTE 4.
LENTITUD. 1. Demora*, dilación, tardanza, retardo, disminución*, morosidad, espera*, tranquilidad*, calma, parsimonia, retraso, detención, pereza, flema, indolencia, haraganería, holgazanería*, pachorra, cachaza, cuajo, apatía, entumecimiento, enraramiento, pesadez, pausa, premiosidad, parada*, freno, eternización, burocracia, papeleo, prórroga, aplazamiento, esperanza*.
2. Lento. Despacioso, parsimonioso, tranquilo*, pausado, gradual (v. 3), moroso, tardo, tardío, calmoso, retrasado, retardado, pesado, cachazudo, flemático, premioso, burocrático, parado, eterno, interminable, inacabable, apático, lerdo, torpe, flojo, remiso, perezoso, holgazán*, reacio, rebelde*, tardón, indolente, entumecido, envarado, acompasado, espaciado.
— **3.** *Gradual,* lento, moderado, imperceptible, insensible, uniforme, continuo, sucesivo, paulatino, progresivo, pausado.
4. Lentamente. Poco a poco, tarde, a deshora, despacio, pausadamente, despaciosamente (v. 2).
5. Lentificar. Hacer lento, disminuir la rapidez, reducir la velocidad, aminorar, retrasar, tardar, durar, demorar*, detenerse, parar, eternizarse, aplazar, esperar, dilatar, prorrogar, rezagarse, diferir, postergar, calmar, tranquilizar*.
Contr.: Rapidez*, velocidad, urgencia*.
V. DEMORA, ESPERA, TRANQUILIDAD, HOLGAZANERÍA, REBELDÍA.
lento. V. LENTITUD 2.
leña. 1. Astillas, palos, troncos. V. MADERA 1, 2.
— **2.** Zurra, tunda, paliza. V. GOLPE 4.

leñador. Hachero, peón, jornalero. V. BOSQUE 6.

leñazo. Trancazo, palo*, garrotazo. V. GOLPE 6.

leño. Tronco, madero, tarugo. V. MADERA 1,2.

leñoso. Fibroso, consistente, recio. V. DURO 1.

leo. Signo del zodíaco, s. astrológico. V. ASTROLOGÍA 4.

león. Animal carnicero, mamífero, félido. V. FIERA 4.

leonado. Rubio, bermejo, rojizo. V. PELO 6.

leonera. Cuchitril, guarida, antro. V. TUGURIO.

leonino. Abusivo, exagerado*, excesivo. V. INJUSTICIA 2.

leopardo. Felino, pantera, animal carnicero. V. FIERA 4.

lepidóptero. Insecto alado, chupador, mariposa. V. INSECTO 3.

lepra. Dolencia, enfermedad* infecciosa, crónica. V. INFECCIÓN 2.

leprosería. Enfermería, dispensario, lazareto. V. HOSPITAL 1, 2.

leproso. Infectado, llagado, enfermo*. V. INFECCIÓN 6.

lerdo. Torpe, cachazudo, tardo. V. LENTITUD 2.

lesbiana. HOMOSEXUAL 3.

LESIÓN. 1. Contusión, traumatismo, daño, herida (v. 4), fractura (v. 3), corte*, magulladura, golpe*, bulto, chichón, laceración, matadura, mortificación, accidente*, percance, desgracia*, inutilidad*, descalabradura, lastimadura, pupa, deformidad*, hematoma, cardenal, moretón, señal, verdugón, equimosis, excoriación, llaga, úlcera, peladura, rozadura, erosión, despellejadura, desolladura, desgarro, escocedura, irritación, picadura, pellizco, fístula, postilla, pústula, grieta, supuración, cicatriz (v. 2), arañazo, rasguño, zarpazo, rasponazo, inflamación, hinchazón*, quemadura, ampolla, abrasamiento, mordisco*, mordedura, bocado, dentellada, invalidez* (v. 2).

— **2.** *Cicatriz*, lesión, costurón, marca, señal, encarnadura, cicatrización, escara, chirlo, sutura, cosido, huella, pústula, costra, postilla (v. 1).

— **3.** *Fractura*, lesión, dislocación*, luxación, esguince, torcedura, rotura, ruptura, quebradura, desgarro, descoyuntamiento, desarticulación, distorsión, desencajamiento, desmembración, distensión.

— **4.** *Herida*, lesión, laceración, matadura, excoriación (v. 1), cuchillada*, navajazo, puñalada, corte*, punzadura, pinchazo, estocada, sablazo, lanzada, machetazo, chirlo, flechazo, bayonetazo, mutilación, tiro, balazo, pistoletazo, perdigonada, escopetazo, disparo. *Clases de heridas:* herida cortante, punzante, incisopunzante, penetrante, por laceración o desgarro, por arma de fuego, contusa, mortal, grave, leve, profunda, superficial (v. 1).

5. Elementos. Hemorragia, sangre*, labios de la herida, colgajos, bridas, carne viva, carnazón, encarnadura, película, escara, costra,
aréola, inflamación, hinchazón, pus, gangrena, septicemia, fiebre.

6. Cura. Curación*, desinfección, lavado, venda, vendaje*, apósito, gasa, algodón, a. hidrófilo, esparadrapo, desinfectante*, antiséptico, antibiótico*, sulfamida, alcohol, agua oxigenada, mercurocromo, yodo, bálsamo, linimento, torniquete, entablillado, férula, yeso, sutura, punto, grapa. Ambulancia, enfermero, camilla, primeros auxilios, socorrismo*, cirugía*, c. de urgencia, traumatología, ortopedia*.

7. Lesionar(se). Magullar(se), contusionar, herir, lastimar, castigar*, traumatizar, dañar, golpear*, lacerar, mortificar, descalabrar, desnucar, accidentar, deformar, baldar, tullir, lisiar, marcar, señalar, excoriar, pelar, rozar, erosionar, desollar, desgarrar, herniarse, quebrarse, pellizcar, irritar, escocer, picar, tener picor*, llagar, ulcerar, agrietar, supurar, arañar, rasguñar, raspar, inflamar, hinchar*, quemar, abrasar, morder*, dentellar, marcar, señalar, acuchillar, apuñalar, cortar*, punzar, pinchar*, penetrar, traspasar, correr sangre, estoquear, acribillar, alancear, machetear, mutilar, dejar inválido*. Inflamarse, infectarse*, supurar, gangrenarse, cerrar en falso.

— **8.** *Fracturar(se)*, lesionar, dislocar*, luxar, torcer, romper, descoyuntar, desarticular, desencajar, desmembrar, distender.

9. Curar*, cicatrizar. Cicatrizar, cerrar, secar, sanar, mejorar; curar*, cuidar*, vendar*, desinfectar*, lavar*, limpiar*, aplicar, suturar, unir*, coser, cerrar, dar puntos, administrar (v. curar*).

10. Lesionado. Herido, víctima, contuso, accidentado*, baja, maltrecho, perjudicado, dañado, traumatizado (v. 1, 2, 3, 7), desgraciado*, inválido*, inútil*, tullido, baldado, malherido, moribundo.

11. Lesivo. Dañino, dañoso, perjudicial*, peligroso*, nocivo, pernicioso, traumático, mortificante, lacerante, hiriente, cortante*, irritante, erosionante, deformante*, inutilizante*, magullante.

Contr.: Salud*, integridad.

V. CORTE, GOLPE, CUCHILLADA, MORDISCO, HINCHAZÓN, DISLOCACIÓN, SANGRE, INVALIDEZ, CURAR.

lesionar(se). V. LESIÓN 7, 8.

lesivo. V. LESIÓN 11.

letal. Mortífero, venenoso*, nocivo. V. PERJUICIO 2.

letanía. 1. Invocación, oración, súplica. V. REZO 1, 2.

— **2.** Retahíla, sarta, sucesión. V. REPETICIÓN 2.

letargo. Torpeza, sopor, modorra. V. SUEÑO 1.

LETRA. 1. Grafía, grafismo, signo*, trazo, inicial, rasgo, carácter, símbolo*, cifra, monograma, anagrama, sigla*, abreviatura*, garabato, representación, escritura*, expresión, consonante, vocal (v. 6), sílaba (v. 5).

— **2.** Composición, versos, rima. V. POESÍA 4.

— **3.** *Letra de cambio*, pagaré, giro, compromiso. V. DOCUMENTO 3.

4. Clases. Letra mayúscula, inicial, capital, versal, historiada, florida, minúscula, redonda, redondilla, gótica, inglesa, bastarda, bastardilla, itálica, caligráfica, cursiva, de mano, inclinada, toscana. *Letras de imprenta**: versal, versalita, negrita, cursiva, redonda, de caja alta, de caja baja; romana, egipcia, española, inglesa; diamante, perla, parisiena, nomparell, miñona, gallarda, breviario, entredós; fuente tipográfica (entorno electrónico); de cuerpo 6, 7, 8, etc.

5. Pronunciación. Fonemas, sílaba, sonido*, diptongo, vocal, v. fuerte, débil, consonante, c. bilabial, labiodental, dental, interdental, alveolar, palatal, velar o gutural, fricativa, oclusiva, africada, vibrante, nasal, muda.

6. Alfabeto. Abecedario, abecé, letras, conjunto de letras, conjunto de signos, escritura*; cartilla, silabario. Alfabeto telegráfico, a. Morse, a. Braille, a. griego, a. hebreo. (V. escritura*) *Letras del alfabeto:* A, B, C, CH, D, E, F, G, H, I, J, K, L, LL, M, N, Ñ, O, P, Q, R, S, T, U, V, W, X, Y, Z. Vocales: A, E, I, O, U.
V. ESCRITURA, IMPRENTA, PRONUNCIACIÓN, SIGNO, SÍMBOLO.

letrado. Jurisconsulto, doctor en Derecho, jurista. V. ABOGADO 1.

LETRERO. 1. Anuncio*, cartel, cartelón, aviso, rótulo, muestra, nota*, leyenda, pancarta, cuadro, marcador, tanteador, placa, inscripción, epitafio, marbete, signo*, placarte, letras*, emblema, impreso*, etiqueta, rúbrica, rubro, comunicado, epígrafe, lema, frase*, comunicación, noticia*, encabezamiento, notificación, título (v. 3), proclama, orden*, ordenanza, edicto, bando, parte*, informe*, publicación, nueva, programa, lista*, escrito*.
— **2.** *Folleto*, letrero, libelo, panfleto, pasquín, propaganda, publicidad*, octavilla, circular, papel* (v. 1).
— **3.** *Título*, letrero, membrete, marbete, titulares, epígrafe, inscripción, frase*, encabezamiento, escrito, cabecera, rúbrica, subtítulo, rótulo, nota, leyenda, noticia*, parte* (v. 1).
4. Anunciar*. Avisar, informar*, comunicar, publicar, divulgar, notificar, advertir, ordenar*, programar, proclamar, inscribir, rotular, imprimir*, etiquetar, encabezar, titular.
V. ANUNCIO, INFORME, NOTICIA, NOTA, ORDEN, LISTA, ESCRITO, IMPRESO, PAPEL, LETRA.

letrilla. Estrofa, tonada, cantar*. V. POESÍA 4.

letrina. Retrete, excusado, lavabo. V. BAÑO 4.

leucemia. Enfermedad*, afección, dolencia cancerosa. V. CÁNCER 3.

leucocito. Fagocito, glóbulo blanco, corpúsculo sanguíneo. V. SANGRE 2.

leva. Alistamiento, enrolamiento, reclutamiento. V. EJÉRCITO 12.

levadura. Catalizador, sustancia transformadora, diastasa. V. FERMENTO 1.

levantamiento. Motín, rebelión, alzamiento. V. REVOLUCIÓN 1.

levantar. 1. Elevar, alzar, enderezar. V. SUBIR 2.
— **2.** Recoger, tomar, alzar. V. COGER 1.
— **3.** Edificar, erigir, establecer. V. CONSTRUCCIÓN 3, 4.
— **4.** Retirar, desalojar, recoger. V. QUITAR 1.
— **5.** Suprimir, revocar, cancelar. V. ANULAR 1.
— **6.** Vigorizar, impulsar, alentar. V. ÁNIMO 6.
— **7.** *Levantarse*, alzarse, amotinarse, sublevarse. V. REVOLUCIÓN 6.

levante. Este, Oriente, naciente. V. GEOGRAFÍA 4; VIENTO 2.

levantisco. Indómito, turbulento, díscolo. V. REBELDE 1.

levar. V. LEVANTAR 1.

LEVE. 1. Sutil, tenue, ligero, liviano, ingrávido, etéreo, aéreo, menudo, lábil, feble, delicado, apacible, rumoroso, frágil, vaporoso*, gaseoso*, aéreo, suave*, fino, grácil, gracioso, incorpóreo, intangible, endeble, débil*, somero, superficial, amortiguado, reducido, breve, intangible, irreal, abstracto*, inmaterial, menudo, alado, impalpable, invisible, minúsculo, pequeño*, insignificante*, quimérico, espectral, fluido, volátil.
— **2.** *Intrascendente*, leve, venial, trivial, despreciable, exiguo, mínimo, desdeñable, insignificante*, irrisorio, minúsculo, superficial, sin importancia.
3. Levedad. Ingravidez, tenuidad, ligereza, gracilidad, liviandad, sutileza, delicadeza, incorporeidad, gracia, feminidad, finura, suavidad, menudez, delgadez*, vaporosidad, debilidad*, endeblez, abstracción*, irrealidad, inmaterialidad, invisibilidad, insignificancia*, pequeñez*, superficialidad, intrascendencia, trivialidad, exigüidad, venialidad.
4. Levemente. Sutilmente, tenuemente, ligeramente (v. 1).
Contr.: Gravoso, pesado*, recio, burdo, tosco; importante, grave.
V. DÉBIL, SUAVE, DELGADO, INSIGNIFICANTE, PEQUEÑO.

levedad. V. LEVE 3.

leviatán. Monstruo marino, engendro, diablo. V. MONSTRUO 4, DEMONIO 1.

levita. Casaca, frac, prenda. V. CHAQUETA 1.

levitación. Elevación de un cuerpo, fenómeno, ilusionismo*. V. SUBIR 5.

lexema. Unidad mínima con significado léxico; monema, raíz; lexemas independientes, dependientes (v. morfema). V. GRAMÁTICA.

léxico. Vocabulario, glosario, terminología. V. DICCIONARIO 1.

LEY. 1. Decreto, código, orden*, ordenanza, estatuto, reglamento, legislación, edicto, dictamen, carta fundamental, carta magna, constitución, fuero, pragmática, cédula, proclama, bando, reglamentación, regla, norma, precepto, di-

rectriz, decálogo, Ley de Dios, Diez Mandamientos, medida, decisión, régimen, gobierno*, letra, ucase, disposición, ordenación, resolución, publicación, prescripción, mandato, plebiscito, declaración, cédula, compilación, relación, sentencia, testimonio, instrucción, providencia, principio, regulación, procedimiento, proceso, actuación, mandamiento, arreglo, régimen, sistema, rito, formalidad, nombramiento, fórmula, enunciado, expresión, representación; ley orgánica, l. marcial, l. natural, l. divina, l. de gravedad, formulismo, codificación.
— **2.** Calidad, condición, estofa. V. CLASE 1.
— **3.** Proporción, cantidad, cuantía. V. MEDIDA 1.
— **4.** Afecto, cariño, apego. V. AMOR 1.
5. Elementos de una ley. Preámbulo, introducción, título, artículo, partida, capítulo, parte, apartado, inciso, conclusión, cúmplase, enmienda, firma, promulgación, refrendo, publicación, entrada en vigor, interpretación, cumplimiento, acatamiento, respeto, observancia, infracción, derogación, abolición, nulidad.
6. Acción. Legislar, decretar, promulgar, disponer, reglamentar, ordenar*, codificar, aprobar, estatuir, decidir, constituir, dictar, dictaminar, sistematizar, normalizar, mandar, prescribir, preceptuar, proclamar, acatar, observar, respetar, declarar, establecer, instruir, sentenciar, compilar, reunir, proceder, regular, proveer, formalizar, formular, gobernar, nombrar, articular, enmendar, firmar, refrendar, publicar, cumplir, interpretar, infringir, anular, derogar, abolir.
7. Cámara legislativa. Parlamento, congreso, legislatura. V. ASAMBLEA 1.
8. Legislador. Congresista, parlamentario, diputado. V. ASAMBLEA 6.
9. Legalizado. V. LEGAL 1.
Contr.: Ilegalidad, desorden*, caos.
V. ORDEN, GOBIERNO, ASAMBLEA, DERECHO, TRIBUNAL, SENTENCIA, CASTIGO, LEGAL.
leyenda. 1. Gesta, mito, tradición. V. NARRACIÓN 1.
— **2.** Rótulo, inscripción, frase. V. LETRERO 3.
lezna. Punzón, herramienta de zapatero, pincho. V. CUCHILLO 2.
liana. Enredadera, planta trepadora, bejuco. V. VEGETAL 22.
liar. 1. Enrollar, embalar, empaquetar. V. ENVOLVER 1.
— **2.** Atar, amarrar, sujetar*. V. NUDO 5.
— **3.** Complicar, enredar, engañar*. V. EMBROLLO 2.
libación. Prueba, saboreo, succión. V. BEBIDA.
libar. Saborear, probar, sorber. V. BEBIDA
libelo. Pasquín, panfleto, impreso difamatorio. V. ESCRIBIR 3.
libélula. Insecto insectívoro, caballito del diablo, bicho. V. INSECTO 3.
liberación. V. LIBERTAD 2.
liberado. V. LIBERTAD 6.

liberador. V. LIBERTAD 8.
liberal. 1. V. LIBERTAD 8.
— **2.** Desprendido, espléndido, derrochador*. V. GENEROSIDAD 2.
liberalidad. Desprendimiento, esplendidez, derroche*. V. GENEROSIDAD 1.
liberalismo. V. LIBERTAD 1.
liberalizar, liberar. V. LIBERTAD 9-11.
LIBERTAD. 1. Emancipación, soberanía, autonomía, democracia, independencia, descolonización, fueros, separación, revolución*, socialismo, liberalismo, izquierdismo*, autarquía, franquicia, poder*, exención, concesión, privilegio*, derecho, dominio, facultad (v. 2).
— **2.** *Liberación*, libertad, exculpación, salvación, rescate, descargo, permiso, absolución, redención, perdón*, rehabilitación, amnistía, manumisión, prescripción, licencia, licenciamiento, suelta, lanzamiento*, descargo, remisión, excarcelación, fuga, huida*, escapada, escapatoria, evasión, fin*, final (v. 1).
— **3.** Prerrogativa, poder, facultad. V. PRIVILEGIO 1.
— **4.** Franqueza, espontaneidad, desembarazo. V. SINCERIDAD 1.
— **5.** Libertinaje, caos, desenfreno. V. DESORDEN 1.
6. Libre. Emancipado, liberado, independiente, liberal, soberano, separado*, desocupado (v. 7), autónomo, autárquico, cismático, alejado, franco, exento, exceptuado, gratuito, gratis, privilegiado*, inmune, manumiso, favorecido, democrático, popular, representativo, socialista, izquierdista*, demócrata, revolucionario*, libertado, salvado, redimido, absuelto, perdonado*, rescatado, suelto, soltado, amnistiado, manumitido, licenciado, descargado, excarcelado, fugado, huido*, escapado, prófugo, evadido (v. 8).
— **7.** *Desocupado*, libre, despejado, desierto, vacante, vacío*, disponible, utilizable*, expedito, transitable, practicable, abierto, amplio, descongestionado, desahogado, desembarazado, solitario, carente, falto, abandonado.
8. Libertador. Emancipador, defensor, redentor, salvador, liberador, bienhechor, protector*, benefactor, paladín, salvaguardia, campeón, valedor, guardián, sostén, generoso*, héroe*, heroico, triunfador, victorioso, vencedor, campeador, glorioso (v. 6).
9. Liberar(se). Libertar(se), librar (v. 10), emancipar, independizar, separarse*, desvincularse, indultar, perdonar*, salvar, redimir, rescatar, sacar, soltar, desencerrar, desenjaular, auxiliar, socorrer*, ayudar, manumitir, democratizar, absolver, amnistiar, eximir, privilegiar*, exceptuar, descartar, favorecer, licenciar, descargar, despedir, excarcelar, desencadenar, dejar, relevar, quitar*, licenciar, recobrar, recuperar, remediar, liberalizar.

— **10.** *Librar*, liberar, despejar, descongestionar, desahogar, quitar*, retirar, apartar, desembarazar, soltar, desencallar, desembarrancar, poner a flote, rescatar, abrir, practicar, ampliar (v. 11).

— **11.** *Liberarse*, librarse, fugarse, escapar, huir*, largarse, esfumarse, evaporarse, desertar, escabullirse, zafarse, eludir, esquivar*, desembarazarse, quitarse, despojarse, desprenderse, soltarse, liquidar, eliminar, anular, finiquitar (v. 10).

Contr.: Dominación, esclavitud, tiranía.

V. PERDÓN, PRIVILEGIO, GENEROSIDAD, PODER, PROTECCIÓN, SEPARACIÓN, VACÍO, POLÍTICA, IZQUIERDAS, HUIDA.

libertado. V. LIBERTAD 6.

libertador. V. LIBERTAD 8.

libertar. V. LIBERTAD 9.

libertinaje. Obscenidad, desenfreno, lujuria. V. INDECENCIA 1.

libertino. Depravado, licencioso, lascivo. V. INDECENCIA 2.

libídine. V. libertinaje.

libidinoso. V. libertino.

libido. Sexualidad, instinto sexual, impulso genésico. V. SEXO 2.

libra. 1. Medida de peso, m. antigua. V. PESO 3.

— **2.** Unidad monetaria, billete, moneda. V. DINERO 6.

Libra. Signo del Zodiaco, s. astrológico. V. ASTROLOGÍA 4.

libranza. Orden de pago, letra de cambio, documento comercial*. V. DOCUMENTO 3.

librar. V. LIBERTAD 10.

libre. V. LIBERTAD 6, 7.

librea. Levita, casaca, prenda. V. CHAQUETA 1.

libremente. Emancipadamente, deliberadamente, independientemente. V. LIBERTAD 6.

librepensador. Incrédulo, irreligioso, laico. V. PENSAR 13.

librería. V. LIBRO 18.

librero. V. LIBRO 17.

libreta. 1. Agenda, carné, cartilla. V. CUADERNO 1.

— **2.** Hogaza, pieza, pan grande. V. PAN 2.

libretista. Guionista, autor, argumentista. V. ESCRITOR 1.

libreto. Guión, tema, argumento. V. ESCRIBIR 3.

LIBRO. 1. Tomo, obra, volumen, cuerpo, ejemplar, publicación, impreso*, edición, parte, escrito*, texto, lectura, trabajo, reproducción, copia*, tratado, ensayo (v. 2 y siguientes).

2. Compendio, texto. Manual, resumen, sumario, epítome, obra (v. 1), tratado, generalidades, breviario, prontuario, formulario, abreviación*, vademécum, extracto, sinopsis, monografía, estudio, escrito*, método, esquema, recopilación, compilación, condensación, digesto, principios, rudimentos, elementos, apuntes, fundamentos, libreto, guión, folleto, catálogo, boletín, cuadernillo, cuaderno*, fascículo, opúsculo, entrega; abecé, abecedario, silabario, catón, cartilla, catecismo, libreta (v. 3).

3. Antología. Colección*, selección, compendio, recopilación, compilación, breviario, miscelánea, resumen, reunión, repertorio, parnaso, romancero, crestomatía, florilegio, monografía, selectas, analectas, centón.

4. Diccionarios. Vocabulario, léxico, glosario, lista, enciclopedia, tesoro, tesauro, índice, relación, repertorio, caudal, nomenclatura, lexicón.

5. Biografía*. Autobiografía, vida*, confesiones, memorias, historia*, diario, relación, hagiografía, crónica, aventuras, hazañas, gesta, sucesos*, hechos, relato.

6. Religión*. Biblia*, Sagradas Escrituras, Talmud, Tora, Corán o Alcorán, Avesta, Zend-Avesta, Vedas, Purana, Upanishad, Mahawansa, Tao te king o Daodejing (El Libro del Dao y la fuerza del Dao), Lunyu (Diálogos), Libro de los muertos, devocionario (v. 7).

7. Misal. Devocionario, eucologio, breviario, libro de horas, l. de misa, l. ritual, l. sagrado, santoral. Escrituras, Biblia, antifonario (v. 6).

8. Libros antiguos. Códice, incunable, edición príncipe, palimpsesto, papiro, manuscrito, escrito*, grimorio, rollo, copia, elzevirio; mamotreto, librote, infolio, pesadez.

9. Comercio*. Libro de caja, mayor, de cuentas ajustadas, copiador, diario, de inventarios, borrador, de actas, archivador.

10. Guía*. Anuario, directorio, atlas, mapa*, itinerario, plano, prontuario, agenda, dietario, cuaderno*, memorándum, vademécum.

11. Partes del libro. Papel*, página, hoja, carilla, plana, margen de cabeza, m. de pie, m. interior, m. exterior, guarda, anteportada, portada, portadilla, frontis, frontispicio, ex libris o exlibris, ilustración, grabado, estampa*, lámina, texto, columna, línea, capítulo, párrafo, pasaje, epígrafe, prólogo*, epílogo, índice, sumario, contenido, dedicatoria, imprimátur, censura, níhil óbstat, propiedad intelectual, derechos literarios, d. de autor, copyright, ISBN («International Standard Book Number», Número internacional estándar del libro»), nota*, cita, colofón, pie de imprenta, fe de erratas, corrección, Dep. Legal. Encuadernación*: tapas, lomo, nervios, cajo, tejuelo, florón, lomera, cantonera, cabezada, cubierta, sobrecubierta, forros, cosidos, pliegos, cuadernillos, fascículos, corte de cabeza, c. de pie, c. de delante; sobrecubierta, solapas, faja. (V. encuadernación*)

12. Formatos. Folio, cuarto, octavo, dozavo, dieciseisavo, decimoctavo, treintadosavo.

13. Corrección. Corrección de estilo o literaria, corrección tipográfica, signos convencionales, llamadas, suprimir o dele, letra empastelada, l. invertida, sangrar línea, espaciar, separar, unir, anteponer, alinear, párrafo aparte, p. seguido, quitar acento, recorrer líneas.

14. Impresión del libro. V. IMPRENTA 2-5.
15. Edición. Impresión*, publicación, reproducción, tirada, copia, ejemplares, estampación, composición, reimpresión, revisión, proyecto, maqueta, tipografía (v. imprenta*).
16. Editar. Publicar, tirar, estampar, imprimir*, copiar, reproducir, sacar a luz, lanzar al mercado, proyectar, componer, tipografiar, litografiar, grabar, reeditar, reimprimir, revisar, encuadernar*, interpaginar, compaginar, foliar, imponer.
17. Personas. Librero, comerciante*, vendedor de libros, distribuidor, editor, empresario, publicista, impresor*, tipógrafo, linotipista, corrector, censor, bibliotecario*, encuadernador*; lector, bibliófilo, bibliómano, estudioso, estudiante, educando*, alumno.
18. Editorial, librería. Casa editora, imprenta*, impresores, distribuidora, librería, librería de lance, comercio*, venta de libros, establecimiento, tienda*, biblioteca*.
V. IMPRENTA, ENCUADERNACIÓN, PAPEL, BIBLIOTECA.
licencia. 1. Aprobación*, beneplácito, autorización. V. PERMISO 1.
— **2.** Concesión, patente, privilegio, documento*. V. DIPLOMA 1.
— **3.** Relajación, libertinaje, desvergüenza*. V. INDECENCIA 1.
licenciado. Graduado, titulado, universitario*. V. DIPLOMA 3.
licenciar. 1. Despedir, relevar, eximir. V. LIBERTAD 9.
— **2.** Aprobar, autorizar. V. PERMISO 3.
— **3.** Titular, expedir, graduar. V. DIPLOMA 4.
licenciatura. Título, grado, carrera. V. UNIVERSIDAD 6.
licencioso. Depravado, vicioso*, libertino, libidinoso. V. INDECENCIA 2.
liceo. 1. Ateneo, centro, agrupación cultural. V. ASOCIACIÓN 8.
— **2.** Instituto, escuela, colegio. V. EDUCACIÓN 9.
licitación. Concurso, subasta, puja. V. VENDER 3.
lícito. Legítimo, permitido, autorizado. V. LEGAL 1.
licor. Elixir, brebaje, jugo*. V. BEBIDA 1.
licuar. Desleír, derretir, fundir. V. DISOLVER 1.
lid. 1. Batalla, contienda, combate. V. GUERRA 1.
— **2.** Disputa, altercado, discusión*. V. PELEA 1.
líder. Caudillo dirigente, cabecilla. V. JEFE 1.
liderato. Cabeza, dirección, guía. V. JEFE 9.
lidia. 1. Corrida, novillada, encierro. V. TOREO 1.
— **2.** Combate, lucha*, guerra*. V. PELEA 1.
lidiador. Diestro, matador, espada. V. TOREO 2.
lidiar. 1. Contender, combatir, luchar*. V. PELEA 2.
— **2.** Disputar, polemizar, enfrentarse. V. DISCUSIÓN 3.
— **3.** Torear, banderillear, estoquear el toro. V. TOREO 5.
liebre. Lepórido, vertebrado, conejo. V. ROEDOR 2.

liendre. Huevo, larva del piojo, parásito*. V. PELO 12.
lienzo. Trapo, paño, tejido. V. TELA 1.
liga. 1. Coalición, confederación, alianza. V. PACTO 1, 2.
— **2.** Elástico, cinta, prenda. V. TIRA, VESTIMENTA 3.
— **3.** Amalgama, combinación, composición. V. MEZCLA 1.
— **4.** Campeonato, competición, deporte*. V. RIVALIDAD 1.
ligadura. Lazo, amarradura, atadura. V. NUDO 1.
ligamento. Haz fibroso, tendón, fibra. V. ARTICULACIÓN 4.
ligar. 1. Atar, inmovilizar*, anudar. V. NUDO 5.
— **2.** Combinar, fundir, unir*. V. MEZCLA 4.
— **3.** Relacionarse amorosamente, sexualmente. V. RELACIONAR 6, 8.
ligazón. Vínculo, trabazón, enlace. V. UNIR 10, 14.
ligeramente. V. ligero.
ligereza. 1. Gracilidad, ingravidez, pequeñez*. V. LEVE 3.
— **2.** Presteza, velocidad, prontitud. V. RAPIDEZ 1.
— **3.** Volubilidad, inconstancia, aturdimiento*. V. FRIVOLIDAD 1.
ligero. 1. Liviano, grácil, ingrávido. V. LEVE 1.
— **2.** Veloz, raudo, pronto. V. RAPIDEZ 2.
— **3.** Voluble, trivial, aturdido*. V. FRIVOLIDAD 3.
lignito. Carbón fósil, combustible*, mineral*. V. CARBÓN 1.
ligustro. Arbusto, alheña, planta. V. ÁRBOL 9.
lija. Papel esmerilado, p. de pulir, pulimento. V. PULIR 3.
lijar. Alisar, raspar, suavizar*. V. PULIR 1.
lila. 1. Arbusto, planta, vegetal*. V. FLOR 4.
— **2.** Morado, m. claro, violáceo. V. COLOR 10.
liliputiense. Diminuto, enano, minúsculo. V. PEQUEÑO 2.
lima. 1. Instrumento, escofina, mediacaña. V. HERRAMIENTA 4.
— **2.** Fruta, vegetal*, planta. V. FRUTO 5.
limaduras. Esquirlas, raeduras, recortes. V. FRAGMENTOS 1.
limar. V. lijar.
limaza. Babosa, gasterópodo, limaco. V. MOLUSCO 5.
limbo. 1. Halo, aureola, orla. V. CORONA 1.
— **2.** Distracción, olvido*, despreocupación. V. DESCUIDO 1.
limitación. V. LÍMITE 2.
limitado. V. LÍMITE 2.
limitar. V. LÍMITE 5.
LÍMITE. 1. Linde, término, borde*, confín, extremo, extremidad, fin*, final, margen, frontera, orilla, contorno, periferia, derredor, rededor, perímetro, exterior, demarcación, divisoria, barrera, acotamiento, coto, lado*, tope, jalón, nivel, línea*, raya, marca, señal*, hito, apéndice*, fondo, separación, afueras, aledaños, circunscripción, zona*, jurisdicción, deslinde,

culminación, meta, objetivo, máximo, mínimo, valla*, cerca*, limitación (v. 2).

2. Limitación. Restricción, límite, dificultad*, cortapisa, condición*, prohibición*, disuasión, contención, freno, traba, barrera, obstáculo, impedimento, obstrucción*, localización, tasa, inconveniente, pero, restricción, reserva, salvedad (v. 1).

3. Limítrofe. Confinante, vecino, lindero, lindante, colindante, aledaño, contiguo, cercano*, circundante, externo, periférico, envolvente, fronterizo, frontero, rayano, adyacente, colateral, secundario, inmediato, medianero, anejo, anexo, pegado, divisorio, intermedio, extremo, comarcano, marginal, tangente.

4. Limitado. Confinado, marcado, acotado (v. 5).

5. Limitar. Confinar, marcar, acotar, establecer, especificar, clasificar*, circunscribir, rodear, deslindar, amojonar, restringir, señalar, concretar, delimitar, recortar, condicionar, definir, precisar, fijar, prohibir*, tasar, enmarcar, encerrar, encasillar, incluir, catalogar, encuadrar, ceñir, localizar, obstaculizar, obstruir*, dificultar*, trabar, impedir, reducir (v. 6).

— **6.** *Lindar*, limitar, tocar, bordear*, confinar, rodear, mirar, mirar a, dar a, mirar hacia, colindar, estar contiguo, e. lindante, e. fronterizo (v. 3).

— **7.** *Limitarse*, atenerse, ceñirse, circunscribirse, ajustar, determinar, concretarse, definir, fijar, precisar, establecer (v. 5).

Contr.: Extensión, amplitud.

V. BORDE, FIN, ZONA, LADO, OBSTRUCCIÓN, PROHIBICIÓN.

limítrofe. V. LÍMITE 3.

limo. Barro, lodo, cieno. V. FANGO 1.

limón. Fruta, cidra, vegetal*. V. FRUTO 5.

limonada. Bebida ácida, sin alcohol, refresco. V. BEBIDA 3.

limonero. Árbol auranciáceo, planta, vegetal*. V. ÁRBOL 5.

limosna. Donativo, dádiva, caridad. V. REGALO 1.

limosnero. Mendigo, necesitado, pordiosero. V. POBRE 2.

limpiador. V. LIMPIEZA 5.

limpiar. V. LIMPIEZA 4.

limpidez. Diafanidad, claridad*, nitidez. V. TRANSPARENCIA 1.

límpido. Diáfano, nítido, cristalino*. V. TRANSPARENCIA 1.

LIMPIEZA. 1. Aseo, purificación, higiene*, higienización, nitidez, pulcritud, prolijidad, atildamiento, arreglo, adecentamiento, saneamiento, cuidado*, pureza*, lavado*, fregado, riego, ducha, baño*, baldeo, enjuague, enjabonado, fregoteo, colada, blanqueo, desinfección*, barrido, frotado*, cepillado, pulido*, lustrado, abrillantado, acicalamiento, filtrado, cribado, depuración, purga, selección, clarificación, decantación, refinación, catarsis.

2. Limpio. Higiénico*, puro, neto, purificado, aseado, inmaculado, prolijo, cuidado*, pulcro, correcto, decente, presentable, arreglado, irreprochable, límpido, terso, impoluto, claro*, resplandeciente, transparente*, saneado, desinfectado*, clarificado, impecable, lamido, refinado*, nuevo*, flamante, acicalado, atildado, peripuesto, pulido, adecentado, lavado*, bañado, duchado, fregado, regado, enjuagado, mojado*, húmedo, baldeado, fregoteado, enjabonado, blanqueado, cepillado, frotado*, barrido, lustrado, abrillantado, cribado, filtrado, seleccionado.

— **3.** Honrado*, noble, virginal*. V. HONRADEZ 2.

4. Limpiar. Asear, higienizar*, purificar, desinfectar*, adecentar, arreglar, ordenar*, acicalar, cuidar*, sanear, depurar, purgar, clarificar, refinar, rebañar, apurar, aprovechar, terminar, blanquear, cepillar, barrer, frotar*, restregar, pulir*, abrillantar, lustrar, arrebañar, desengrasar, quitar*, seleccionar, fregar, lavar, bañar*, duchar, regar, jabonar, enjabonar, mojar*, humedecer, fregotear, enjuagar, baldear.

5. Lo que limpia. Limpiador, higienizador*, higiénico, purificador, purificante, depurador, desinfectante*, abrillantador, desoxidante, protector, preservador, lavador, detergente, jabón*, lejía, cepillo, escoba, plumero, estropajo, rodillo, lampazo, bayeta, quitamanchas, sosa, asperón, amoniaco, aguarrás.

6. El que limpia. Limpiador, lavandera*, lavadora, fregona *desp*, maritornes *coloq*, lavador, higienizador*, higiénico (v. 2), barrendero, barredor, basurero.

Contr.: Suciedad, desaseo, descuido.

V. HIGIENE, PUREZA, DESINFECCIÓN, JABÓN, LAVAR, MOJAR, FROTAR, BAÑAR, CUIDAR.

limpio. V. LIMPIEZA 2.

linaje. Alcurnia, abolengo, familia*. V. ARISTOCRACIA 1.

linajudo. Señorial, distinguido, noble. V. ARISTOCRACIA 4.

linaza. Simiente, semilla del lino. V. SEMILLA 2.

lince. 1. Animal* carnicero, félido, mamífero*. V. FIERA 4.

— **2.** Listo, inteligente*, pillo*. V. ASTUCIA 3.

linchar. Golpear, liquidar, ejecutar sumariamente. V. CASTIGO 8.

lindante. V. lindero.

lindar. Estar contiguo, tocarse, confinar. V. LÍMITE 6.

linde. Confín, margen, borde*. V. LÍMITE 3.

lindero. Adyacente, vecino, fronterizo. V. LÍMITE 3.

lindeza. V. lindura.

lindo. Bonito, precioso, bello. V. HERMOSURA 3.

lindura. Primor, belleza, preciosidad. V. HERMOSURA 1.

LÍNEA. 1. Trazo, rasgo, raya, recta, segmento, palote, señal, marca, lista, tilde, vírgula, estría, veta, guión, barra, tachadura, supresión, raspadura, plumazo, renglón, garabato, dibujo*, mono, borrón, chafarrinón, escarabajo, mancha*, línea quebrada, paralela, horizontal, horizonte, nivel, confín, límite*, lejanía, perpendicular, vertical, transversal, normal, diagonal, divisoria, radio, rayo, diámetro, línea oblicua, tangente, secante, cuerda, flecha, lado, cateto, hipotenusa, bisectriz, generatriz, zigzag, curva*, forma*, perfil, eje, vector, ordenada, coordenada, abscisa, cuadrícula, retícula, ajedrezado, encasillado; ranura, surco, arruga, banda, tira*, faja, franja, cinta, borde*, canto, orilla, labio, arista, margen, elemento geométrico*.

— **2.** *Hilera*, línea, fila*, serie, hilada, cadena, columna, ristra, ringlera, orden*, ala, cola, sarta, sucesión.

3. Lineal. Recto, derecho, directo, alineado, paralelo, horizontal, rectilíneo, vertical, normal, perpendicular, seguido, largo*, delgado*, ordenado*, enfilado, colocado*, formado*, rectificado, sin obstáculos, erguido, enhiesto, tieso, rígido*.

4. Con líneas. Rayado, barrado, listado, estriado, señalado*, marcado, veteado, tigrado, cebrado, dibujado*, trazado, cuadriculado, reticulado, ajedrezado.

5. Hacer líneas. Rayar, marcar, trazar, estriar, listar, delinear, tildar, señalar, subrayar, vetear, barrar, delinear, dibujar*, pautar, surcar, ranurar, tachar, suprimir, anular, barrar, garabatear, pintarrajear, borronear, manchar*, chafarrinar, escarabajear.

6. Alinear. Enfilar, formar, ordenar*, colocar, reunir, distribuir, rectificar, enderezar, corregir, disponer, ubicar, acomodar, alisar, formar línea, fila, hilera (v. 2).

V. SEÑAL, BORDE, LADO, FORMA, LÍMITE, ORDEN, COLOCACIÓN, DIBUJO, CURVA, GEOMETRÍA.

lineal. V. LÍNEA 3.

linfa. Humor, secreción, jugo*. V. SANGRE 1.

lingote. Tocho, barra, pieza. V. HIERRO 4, 7.

lingüista. Políglota, lexicólogo, filólogo. V. IDIOMA 9.

lingüística. Lexicología, filología, ciencia del lenguaje. V. GRAMÁTICA 1, 2.

linimento. Friega, fricción, bálsamo. V. UNTAR 3.

lino. 1. Planta, hebra, fibra. V. VEGETAL 7.

— **2.** Tejido, hilo, lienzo. V. TELA 8.

linóleo. Lienzo, hule, tela impermeable. V. TELA 11.

linotipia, linotipo. Máquina*, aparato* de imprimir, monotipia. V. IMPRENTA 3, 4.

linotipista. Operario, monotipista, impresor. V. IMPRENTA 10.

linterna. Luz*, foco, farol. V. LÁMPARA 1.

lío. 1. Enredo, confusión, complicación. V. EMBROLLO 1.

— **2.** Fardo, bulto, paquete. V. ENVOLVER 5.

— **3.** Concubinato, barraganería, amancebamiento. V. ADULTERIO 1.

lioso. 1. Enredador, charlatán, cuentero. V. CHISME 3.

— **2.** Confuso, enmarañado, desordenado*. V. EMBROLLO 3.

lipotimia. Desvanecimiento, patatús, indisposición*. V. DESMAYO 1.

liquen. Alga y hongo, criptógama, planta. V. VEGETAL 15.

liquidación. V. liquidar.

liquidar 1. Arquear, hacer balance, pagar*. V. CÁLCULO 4.

— **2.** Abaratar, saldar, vender*. V. BARATO 5.

— **3.** Eliminar, matar, anular*. V. MUERTE 14.

LÍQUIDO. 1. Fluido, agua*, acuosidad, licor, humor, baba, secreción, excreción*, jugo*, zumo, infusión, caldo, bebida*, suero, poción, loción, emulsión, coloide, disolución, sol, gel, humedad, mojadura*, lluvia*, chorro, corriente, manantial, fuente*, río*, cascada, mar*, océano, lago*.

— **2.** *Aguado*, líquido, licuado, disuelto, diluido, acuoso, fluido, jugoso*, caldoso, emulsionado, coloidal, húmedo, lluvioso*, mojado, rezumante, lavado*, bañado*, fundido, chorreante, corriente.

3. Elementos. Burbuja, gota, pompa, chorro, densidad, capilaridad, ósmosis, absorción, adsorción, difusión de líquidos*. Hervor*, ebullición, condensación, flotación.

4. Acción. Licuar(se), liquidar, disolver, derretir, diluir, fundir, deshacer, fluidificar, licuefacer, hervir*, burbujear, fluir, inundar, chorrear, gotear, filtrarse, rezumar, destilar, condensar, trasvasar, regar, rociar, bañar*, lavar*, mojar*, humedecer, espesar, congelar, deshelar, sedimentar, segregar, depositar, derramar, desaguar, vaciar*.

5. Medidas. Litro, decilitro, hectolitro, centímetro cúbico, decímetro c., metro c., galón, pinta, cuartillo.

Contr.: Vacío*, sólido, gaseoso.

V. AGUA, MOJAR, LAVAR, BAÑO, JUGO, EXCRECIÓN.

lira. Cítara, laúd, instrumento de cuerda. V. INSTRUMENTO MUSICAL 3.

lírica. Elegía, poética, canto. V. POESÍA 1, CANTAR 1, 3.

lírico. Elegíaco, bucólico, inspirado. V. POÉTICO, CANTAR 16.

lirio. Liliácea, lis, vegetal*. V. FLOR 4.

lirismo. V. lírica.

lirón. 1. Soñoliento, dormilón, perezoso. V. SUEÑO 5.

— **2.** Pequeño roedor, animalillo. V. ROEDOR 2.

lis. 1. Flor* de lis, figura*, efigie. V. BLASÓN 7.

— **2.** V. lirio.

lisiado. Tullido, paralítico, baldado. V. INVÁLIDO 1.

lisiar. Tullir, baldar, lesionar. V. INVÁLIDO 3.

LISO. 1. Parejo, suave*, raso, nivelado, fino, terso, igual, romo, chato, plano, llano*, mellado, aplastado*, embotado, obtuso, despuntado, leve*, horizontal, regular, uniforme, homogéneo, recto, delgado*, delicado, monótono, descubierto, simple, sencillo, sobrio, alisado, desafilado, lijado, limado, bruñido, lustroso, pulido*, resbaloso, lleno*, relleno.

2. Lisura. Tersura, finura, uniformidad, homogeneidad, suavidad*, igualdad, ras, horizontalidad, regularidad, derechura, llanura*, relleno, delgadez*, lustre, monotonía, limpieza*, pulido.

3. Alisar. Igualar, suavizar, afinar, emparejar, estirar, embotar, mellar, aplanar, achatar, despuntar, pulir*, desgastar, atusar, acariciar, acicalar, explanar, nivelar, llenar*, rellenar, allanar, rasar, enrasar, planchar, aplastar*, comprimir, prensar, laminar, extender, desarrugar, asentar, arreglar, uniformar, homogeneizar, adelgazar, limar, lijar, desbastar, dolar, acepillar, redondear, bruñir, esmerilar, pulimentar, lustrar, limpiar*.

Contr.: Áspero*, desigual, montañoso*, escabroso.

V. SUAVE, LLANO, PULIDO, LEVE, DELGADO.

lisonja. Zalamería, alabanza, elogio*. V. ADULACIÓN 1.

lisonjear. Alabar, elogiar*, halagar. V. ADULACIÓN 3.

lisonjero. 1. Zalamero, halagador, cobista. V. ADULACIÓN 2.

— 2. Satisfactorio, propicio, favorable. V. BENEFICIO 3.

LISTA. 1. Repertorio, índice, sumario, enumeración, relación, matrícula, inscripción, registro, matriculación, suscripción, alta, clasificación*, compilación, selección, recopilación, colección*, especificación, elenco, guía*, plan*, minuta, catálogo, folleto, cuaderno*, indicador*, cuenta, rol, tabla, cuadro, baremo, escala, escrito, impreso*, catálogo, cómputo, programa, nómina, plantilla, censo, estadística*, empadronamiento, catastro, padrón, nomenclátor, inventario, memoria, detalle*, declaración, tarifa, arancel, anuario, directorio, prontuario, abreviación, resumen, compendio, nomenclatura, vocabulario, diccionario*.

— 2. Banda, franja, ribete. V. TIRA 1.

3. Hacer lista. Relacionar, recopilar, seleccionar, enumerar, inscribir, registrar, anotarse, apuntarse, suscribirse, censar, empadronar, inventariar, hacer estadística*, alistar, enrolar, enganchar, reclutar, matricular, abanderar*, clasificar, indicar*, elegir, compilar, catalogar, fichar, coleccionar, proyectar, planear*, planificar, computar, calcular*, especificar, detallar*, escribir*, tarifar, encuadrar, extractar, abreviar*.

V. GUÍA, PLAN, COLECCIÓN, CLASIFICACIÓN, ORDEN, SERIE, ESCRITO, IMPRESO, DICCIONARIO, ESTADÍSTICA, DETALLE, ABREVIACIÓN.

listado. Barrado, rayado, estriado. V. LÍNEA 4.

listeza. 1. Perspicacia, astucia*, sutileza. V. INTELIGENCIA 1.

— 2. Prontitud, celeridad, presteza. V. RAPIDEZ, 1.

listo. 1. Avispado, despabilado, pillo*. V. INTELIGENCIA 3.

— 2. Alerta, preparado, atento. V. VIGILANCIA 2.

— 3. Activo*, vivaz, diligente. V. DINAMISMO 2.

listón. Viga, tabla, travesaño. V. MADERA 2.

lisura. Uniformidad, finura, tersura. V. LISO 2.

litera. 1. Catre, yacija, camastro. V. CAMA 1.

— 2. Camilla, silla de manos, palanquín. V. ASIENTO 1.

literal. Igual, textual, fiel. V. SEMEJANZA 2.

literario. V. LITERATURA 8.

literato. V. LITERATURA 9.

LITERATURA. 1. Letras, bellas letras, escritura*, humanismo, lenguaje, lengua, habla*, idioma*, escritos, humanidades, obras, libros*, producción literaria, antología, selección (v. 5), publicaciones, ediciones, bibliografía, textos (v. 2).

2. Obras literarias. Novela, narración*, relato, prosa, poesía* (v. 4), teatro* (v. 3), ensayo, crítica*, escrito*, relación, antología, selección (v. 5), historia*, crónica, leyenda, saga, epopeya, gesta, mito, anales, descripción, fábula, tradiciones, libro de caballerías, fantasía, ciencia ficción, fantasía científica, descripción, historieta, anécdota, parábola, cuento, biografía*, autobiografía, hagiografía, aventuras, memorias, folletín, romance, novela policíaca, de aventuras, radiofónica, picaresca, antología, fragmentos, discursos, conferencia, oratoria, folclore, trilogía, tetralogía, obras de lexicografía, gramática*, ciencia*, investigación*, filosofía*, historia*, geografía*, etc.

— 3. *Teatro*, tragedia, melodrama, comedia, tragicomedia, comedia musical, pieza, drama, pantomima, lírica, misterio, auto, a. sacramental, guión, argumento, libreto, l. de zarzuela, de ópera, de oratorio, de revista, astracanada, vodevil, parodia, sátira, farsa, sainete, género chico, entremés, juguete, j. cómico, pieza de títeres*, de marionetas.

— 4. *Poesía*, poema, balada, madrigal, égloga, geórgica, oda, rapsodia, elegía, poesía épica, heroica, lírica, bucólica.

5. Antología, selección. Compilación, recopilación, miscelánea, florilegio, analectas, crestomatía, compendio, selección, abreviación, resumen, epítome, repertorio, extracto, condensación.

6. Elementos de una obra. Argumento, guión, libreto, trama, plan*, creación*, invención, asunto, tema, motivo, texto, prólogo*, introducción, episodio, lance, redacción, exposición, relleno, interés, personajes, protagonistas, sumario, adaptación, escenificación, descripción, narración*, diálogo, dicción, lenguaje, fraseología, ampliación, clímax, culminación, desenlace, epílogo, lectura, resumen, retoque, corrección, revisión; forma, estilo, matiz, giro, frase*, carácter*, color, amenidad, interés*, originalidad, elegancia*, claridad, concisión, soltura, ingenio, fuerza, realismo, lirismo, tópico, ripio, pesadez, plagio, refrito, lugar común, ambigüedad, rebuscamiento, amaneramiento, ampulosidad, pedantería*.

7. Figuras literarias. Metáfora, paradoja, alegoría, énfasis, rodeo, perífrasis, alusión, eufemismo, sarcasmo, ironía*, cinismo, humorismo, comicidad*, retruécano, parábola, hipérbole, reticencia, imprecación, exclamación*, onomatopeya, interjección, interrogación*, alusión, transposición, comparación, asonancia, equívoco, símil, semejanza*, tropo, silepsis, sinécdoque, polisíndeton, antítesis, paronomasia, tautología, anfibología, apóstrofe, prosopopeya.

8. Estilos literarios. Estilo claro, elegante, conciso, lacónico, ingenioso, fluido, culto, didáctico, clásico, académico, vigoroso, directo, expresivo, pintoresco, costumbrista, enciclopédico, cervantino, calderoniano, quevedesco, ciceroniano, gongorino, crítico, arcaizante, castizo, puro*, llano, florido, poético*, épico, romántico, caballeresco, místico, terso, familiar*, sencillo, lírico, enfático, pomposo, campanudo, pedante*, grandilocuente, meloso, almibarado, afectado*, purista, culterano, ampuloso, hueco, premioso, lento, pesado, inculto, incorrecto, vulgar*, bajo, chabacano, folletinesco, satírico, irónico*, cínico, polémico, eufemístico.

9. Literato. Escritor*, autor, prosista, comentarista, crítico*, intelectual, redactor, publicista, novelista, narrador*, cuentista, ensayista, poeta, vate, rapsoda, dramaturgo, trágico, lírico, dramático, historiador*, cronista, creador, estilista, tratadista, académico, polígrafo, humanista, colaborador, biógrafo*, autobiógrafo, hagiógrafo, libretista, guionista, argumentista, compilador, articulista, periodista*, gacetillero, plumífero, costumbrista, prologuista, adaptador, corrector, supervisor, plagiario, científico*, investigador*, filósofo*, geógrafo*, historiador*, etc.

10. Literatos famosos. *Españoles:* Lope de Vega, Calderón de la Barca, Cervantes, Quevedo, Tirso de Molina, Berceo, Marqués de Santillana, Arcipreste de Hita, Espronceda, Bécquer, Gracián, Larra, duque de Rivas, Verdaguer, Maragall, Guimerá, Menéndez Pidal, Pérez Galdós, Unamuno, Ortega y Gasset, Benavente, Etchegaray, Blasco Ibáñez. *Hispanoamericanos:* Rubén Darío, Amado Nervo, Gabriela Mistral, Neruda, José Hernández, J. L. Borges, L. Lugones, B. Mitre, E. Larreta, A. Bello, G. Cuervo, García Márquez, Mario Vargas Llosa. *Franceses:* Dumas, Flaubert, Zola, Rabelais, Daudet, T. Gautier, V. Hugo, Moliére, J. Verne, Sartre. *Alemanes:* Goethe, H. Heine, E. Ludwig, T. Mann, F. Nietzsche, F. Schiller. *Italianos:* Bocaccio, Dante, Maquiavelo, Petrarca, D'Annunzio, Pirandello, Papini. *Anglosajones:* Shakespeare,

Milton, W. Scott, Tennyson, Kipling. G. B. Shaw, Stevenson, Cronin, A. Poe, Hemingway, Faulkner, M. Twain.

V. IDIOMA, ESCRITURA, HABLA, GRAMÁTICA, TEATRO, POESÍA, LIBRO, NARRACIÓN, BIOGRAFÍA, PERIODISMO, FILOSOFÍA, HISTORIA, ESCRITOR.

litigar. Pleitear, demandar, querellarse. V. TRIBUNAL 10.

litigio. 1. Pleito, juicio, proceso. V. TRIBUNAL 7.
— **2.** Disputa, riña, discusión. V. PELEA 1.

litografía. Dibujo, impresión, grabado. V. ESTAMPA 3.

litoral. Orilla, ribera, playa. V. COSTA 1.

litro. Decímetro cúbico, unidad de medida, de capacidad. V. MEDIDA 8, 9.

liturgia. Oficios, rito, culto. V. MISA 1.

liviano. 1. Ligero, ingrávido, grácil. V. LEVE 1.
— **2.** Voluble, trivial, variable*. V. FRIVOLIDAD 3.
— **3.** Impúdico, desvergonzado, vicioso*. V. INDECENCIA 1.

lívido. 1. Azulado, amoratado, congestionado. V. COLOR 10.
— **2.** Descolorido, pálido, blanco. V. CLARO 1.

living. *ingl* Salón, recibimiento, sala de estar. V. HABITACIÓN 1.

liza. 1. Justa, lid, torneo. V. LUCHA 1.
— **2.** Palestra, arena, campo. V. ESTADIO 1.

llaga. Úlcera, supuración, herida. V. LESIÓN 1.

llagarse. V. llaga.

llama. 1. Lumbre, ascua, fogata. V. FUEGO 1, 2.
— **2.** Ardor, vehemencia, entusiasmo*. V. APASIONAMIENTO 1.
— **3.** Vicuña, guanaco, alpaca. V. RUMIANTE 3.

llamada. V. LLAMAR 5-7.

llamador. V. LLAMAR 8.

llamamiento. V. LLAMAR 6.

LLAMAR. 1. Exclamar, vocear, nombrar, designar (v. 2), increpar, gritar*, vocear, vociferar, clamar, chillar, desgañitarse, apellidar, escandalizar, reclamar, protestar, atraer la atención, silbar, pitar, sisear, chistar, señalar*, indicar, gesticular*, avisar, informar*, alarmar, apelar.
— **2.** Designar, llamar, nombrar*, denominar, apellidar, bautizar*, cristianar, apodar, motejar, calificar, titular, intitular, distinguir, mencionar*, indicar, expresar, aludir, protestar*, quejarse, insultar, ofender*.
— **3.** *Convocar*, llamar, requerir, citar, reunir, congregar, emplazar, ordenar*, reclutar, alistar, enganchar, enrolar, inscribir, levantar, incorporar, solicitar, mandar, reclamar, exigir, aglutinar, atraer, concurrir*, invitar*, avisar, suplicar, rogar, convencer, exhortar, intimar, invocar, pasar lista.
— **4.** *Percutir*, llamar, golpear*, tocar, picar, dar con los nudillos, aporrear, aldabear, apretar, oprimir, pulsar, presionar, tañer, campanear, resonar, sonar, doblar, voltear.

5. Llamada. Exclamación, grito*, voz*, llamamiento, vociferación, increpación, desgañitamiento, clamor, chillido, reclamo, siseo, pito, pitido, pita, protesta*, gesto*, señal*, chistido, silbido, aviso (v. 9).

— **6.** *Convocatoria*, llamada, llamamiento, requerimiento, leva, recluta, reclutamiento, alistamiento, incorporación, enganche, enrolamiento, quinta, exhortación, reunión, orden*, edicto, mandato, anuncio, promoción, solicitud, lista*, invocación, intimación, decreto, exigencia, invitación, cita, emplazamiento, atracción,aviso, reclamo, pedido*, petición, ruego, súplica (v. 7).

— **7.** *Toque*, llamada, percusión, golpe*, porrazo, aldabonazo, repique, repiqueteo, señal, campaneo*, tañido, volteo, rebato, alarma, aviso, sonido*, ruido, timbrazo, pulsación; clarinazo, trompetazo*, diana, cornetazo (v. 5).

8. Llamador. Aldaba, aldabón, balda, anilla, picaporte, campanilla, sonería, campana*, badajo, timbre, pera, pulsador, botón, zumbador, intercomunicador, radio, batintín, gongo, gong, tantán.

9. Llamadas. ¡Eh!, ¡oiga!, ¡usted!, ¡oye!, ¡tú!, ¡ese!, ¡vosotros!, ¡escuchen!, ¡hale!, ¡hola!, ¡chis!, ¡chss!, ¡cuidado!, ¡atención!, ¡alerta!, ¡alarma!, ¡socorro!, ¡a ver!, ¡pronto!, ¡ah, del barco!, ¿quién vive? (v. exclamación*).

V. GRITO, VOZ, SONIDO, NOMBRE, PEDIDO, PROTESTA, EXCLAMACIÓN, ORDEN, GOLPE.

llamarada. Resplandor, fogonazo, chispazo. V. FUEGO 2.

llamativo. 1. Sobrecargado, chillón, extravagante. V. VULGAR 1.

— **2.** Raro, sugestivo, interesante. V. ATRACTIVO 2.

llameante. Inflamado, ardiente, refulgente. V. FUEGO 7.

llamear. Arder, centellear, fulgurar. V. FUEGO 6.

llana. Paleta, accesorio, herramienta*. V. CONSTRUCCIÓN 8.

llaneza. Campechanía, espontaneidad, confianza. V. SENCILLO 4.

llano. 1. Uniforme, raso, planicie. V. LLANURA 1, 2.

— **2.** Espontáneo, natural, campechano. V. SENCILLO 1.

— **3.** Fácil, corriente, evidente. V. CLARO 4.

llanta. Cerco, aro, neumático. V. RUEDA 1, 3.

llanto. Sollozo, queja, gemido*. V. LLORAR 4.

LLANURA. 1. Planicie, meseta, explanada, llano, altiplanicie, altiplano, desierto*, puna, vastedad, llanada, landa, extensión*, superficie, descampado, páramo, estepa, erial, raso, tundra, sabana, pradera, pampa, campo*, campiña, valle, altozano, vega, nava, terraza.

2. Llano. Plano, estepario, mesetario, descampado, extenso, raso, nivelado, vasto, desértico, liso, parejo, homogéneo, a ras, uniforme, monótono, aplastado, chato, romo.

— **3.** *Llano*, planicie, meseta, explanada (v. 1).

— **4.** Natural, campechano, sincero. V. SENCILLO 1.

— **5.** Manifiesto, claro*, elemental. V. INTELIGENCIA 7.

Contr.: Montaña*.

V. EXTENSIÓN, CAMPO, DESIERTO, LISO.

LLAVE. 1. Llavín, hierro*, pieza, picaporte, instrumento, dispositivo, ganzúa, gancho*, garfio, llave maestra, de tercera vuelta, de cerradura*, de reloj*, antigua, común, moderna, Yale, de seguridad.

— **2.** Válvula, cierre, espita. V. GRIFO 1.

— **3.** Llave inglesa, palanca, pinzas. V. HERRAMIENTA 6.

— **4.** Presa, zancadilla, movimiento. V. LUCHA 5.

5. Partes de la llave. Paletón, diente, tija o astil, ojo o anilla, filete, pezón, rastrillo.

6. Llavero. Cadena, argolla, anillo, gancho, aro, carterita.

7. Acción. Cerrar, asegurar, atrancar, abrir, descerrajar, franquear.

V. CERRADURA, HERRAMIENTA, HIERRO, CERRAR.

llavero. V. LLAVE 6.

llegada. V. LLEGAR 5.

LLEGAR. 1. Venir, volver, presentarse, concurrir*, aparecer*, arribar, regresar*, comparecer, retornar, asistir, estar, marchar*, salir, surgir, encontrarse, hallarse, ir, revelarse, exhibirse*, mostrarse, caer, plantarse, alcanzar, frisar, acercarse, rozar, advenir, acceder, tocar, aproximarse, allegarse, parar, trasladarse*, moverse*, viajar*, bajar, descender*, aterrizar, tomar tierra, subir*, ascender, atracar, anclar, fondear, abordar, desembarcar, hacer escala.

— **2.** Producirse, originarse, acontecer. V. SUCESO 2.

— **3.** Abarcar, comprender, alargarse. V. CABER 1.

— **4.** Vencer, alcanzar, conquistar. V. TRIUNFO 4.

5. Llegada. Venida, arribo, arribada, vuelta, retorno, regreso*, aparición*, presentación, presencia, comparecencia, revelación, asistencia, estancia, concurrencia*, marcha*, traslado*, movimiento*, viaje*, ida, acceso, salida*, acercamiento, aproximación, advenimiento, exhibición*, alcance, muestra, parada, bajada, subida*, ascenso, descenso*, aterrizaje, escala, anclaje, atraque, desembarco, fondeo, abordaje.

6. Que llega. Llegado, recién llegado, viajero*, inmigrante, emigrante, compareciente, concurrente, presente, asistente, trasladado*, venido, arribado (v. 5).

Contr.: Partir, marcharse*, alejarse.

V. REGRESAR, APARECER, EXHIBIRSE, CONCURRIR, MARCHAR, TRASLADARSE, MOVERSE, VIAJAR.

LLENAR. 1. Rellenar, henchir, colmar, atestar, repletar, recargar, completar, terminar, finalizar*, atiborrar, cargar*, ocupar, saturar, abarrotar, meter, introducir, cerrar, taponar, cegar, embutir, calafatear, acopiar, entrar*, rebosar, plagar, envasar*, trasvasar, hinchar, inflar, soplar, insuflar, obstruir*.

— **2.** Irritar, cansar, hartar. V. MOLESTIA 6.

— **3.** Empachar, hartar, colmar. V. SACIAR 1.

4. Lleno. Repleto, atestado, relleno, saturado, abarrotado, colmado, completo, henchido, preñado, pleno, ocupado, cargado, atiborrado, tachonado, constelado, recamado, sembrado, cubierto, metido, introducido, envasado*, rebosante, desbordante, pleno, abundante*, excesivo, pletórico.

— **5.** Cerrado, cegado, taponado. V. OBSTRUIR 3.

— **6.** Harto, ahíto, empachado. V. SACIAR 3.

7. Plenitud. Henchimiento, cargazón, saturación, repleción, abarrotamiento, ocupación, introducción, exceso, exageración*, demasía, abundancia*, trasvase.

— **8.** Empacho, hartura, saturación. V. SACIAR 2.

Contr.: Vaciar*, desocupar, quitar.

V. CARGAR, ENVASAR, HINCHAR, OBSTRUIR, ABUNDANCIA.

lleno. V. LLENAR 4-6.

llevadero. Aceptable, sufrible*, tolerable. V. TOLERANCIA 3.

llevar. 1. Conducir, transportar*, acarrear. V. TRASLADAR 1.

— **2.** *Llevarse*, apoderarse, tomar, hurtar. V. ROBO 2.

LLORAR. 1. Sollozar, plañir, lamentarse, gemir*, lagrimear, gimotear, lloriquear, quejarse, clamar, protestar*, dolerse, hipar, suspirar,zollipar, afligirse*, entristecerse, emocionarse*, condolerse, implorar, prorrumpir, desahogarse, arrepentirse*, sentir, apenarse, suplicar, estremecerse, temblar*, convulsionarse, emperrarse, derramar lágrimas, verter l., saltarse las lágrimas, llorar*, humedecerse, coger una perra, hacer pucheros, romper en llanto.

— **2.** *Deplorar*, llorar, lamentar, añorar, arrepentirse*, recordar, acobardarse, entristecerse, evocar, apesadumbrarse, pesar, echar de menos.

— **3.** *Gotear*, llorar, fluir, manar, rezumar, chorrear, filtrarse, vaciar*, destilar, caer, escurrir, traspasar, brotar, salir.

4. Lloro. Llanto, lloriqueo, sollozo, lamento, gemido*, llorera, queja, quejido, gimoteo, plañido,zollipo, vagido, lágrimas, gotas, humor, excreción*, lagrimeo, suspiro, protesta*, pucheros, berrido, hipo, dolor*, aflicción*, arrepentimiento, sentimiento, emoción*, clamor, lamentación, desconsuelo, pena, súplica, tristeza, lástima, desahogo, cobardía*, llantina, perra, rabieta, berrinche, convulsión, temblor*, estremecimiento.

5. Llorón. Lacrimoso, sollozante, plañidero, lloroso, llorica, gimiente, gemebundo, berreador, lastimero, dolorido, quejumbroso,quejica,

quejoso, protestón*, triste, apenado, pesaroso, desconsolado, arrepentido*, gimoteador, sentido, sentimental, emotivo, emocionado*, afligido*, apenado, dolido, lloraduelos, suspirante, emperrado, rabioso, bejín, convulso, estremecido, implorante, débil*, apocado, cobarde*, quisquilloso, ñoño, caprichoso*, mimado.

Contr.: Alegrarse*, reír.

V. GEMIR, PROTESTAR, AFLIGIRSE, EMOCIONARSE, ARREPENTIRSE, CAPRICHOSO, COBARDE, DÉBIL.

lloriquear. V. LLORAR 1.

lloro. V. LLORAR 4.

llorón, lloroso. V. LLORAR 5.

llover. V. LLUVIA 4.

llovizna. V. LLUVIA 1.

lloviznar. V. LLUVIA 4.

LLUVIA. 1. Aguacero, precipitación, chaparrón, chubasco, tormenta*, temporal, tempestad, agua*, diluvio, manga, sábana, cortina, tromba, turbión, turbonada, galerna, argavieso, meteoro, borrasca, inclemencia, descarga, rociada, llovizna, rocío, calabobos, cellisca, mollizna, granizo, pedrisco, aguanieve, nieve, nevada, nube*, nubarrada, nubarrón, racha, catarata, torrente, inundación, riada, mojadura*, caladura, ducha, baño*, riego, salpicadura, humedad, escarcha, helada, sereno, relente.

— **2.** Profusión, exceso, raudal. V. ABUNDANCIA 1.

3. Lluvioso. Borrascoso, tempestuoso, tormentoso*, atemporalado, torrencial, desencadenado, inclemente, desapacible, riguroso, pluvioso, nuboso, nublado*, anubarrado, sombrío, entoldado, encapotado, gris, oscuro, desagradable*, frío*, triste, destemplado, cargado, húmedo, mojado*, aguado*, inundado, calado, salpicado.

4. Llover. Descargar, gotear, diluviar, mojar*, calar, empapar, caer, precipitarse, rociar, lloviznar, chispear, duchar, bañar*, regar, salpicar, inundar, sumergir, caer chuzos, caer un chaparrón, granizar, nevar, nublarse*, entoldarse, oscurecerse, enfriarse.

5. Despejar. Abonanzar, escampar, abrir, aclarar, calmarse, serenarse, mejorar, limpiar, aquietar.

6. Varios. Paraguas, impermeable, chubasquero, chanclos; canalón, gárgola, desagüe; pluviómetro, barómetro*, meteorología*, frente lluvioso.

Contr.: Sequía, desierto*.

V. TORMENTA, AGUA, NUBE, MOJADURA, BAÑO, METEOROLOGÍA, BARÓMETRO.

lluvioso. V. LLUVIA 3.

loa. Apología, adulación*, panegírico. V. ELOGIO 1.

loable. Plausible, encomiable, laudable. V. ELOGIO 3.

loar. Ensalzar, adular*, honrar*. V. ELOGIO 2.

loba. V. lobo.

lobanillo. Carnosidad, bulto, quiste. V. GRANO 1.

lobato, lobezno. Lobito, cachorro, cría de lobo. V. CRÍA 2.
lobina. Róbalo, pez marino, pescado. V. PEZ 9.
lobo. Alimaña, mamífero*, carnicero. V. FIERA 5.
lóbrego. Oscuro*, fúnebre, tétrico. V. LÚGUBRE 1.
lóbulo. Bulto, redondez, prominencia. V. ABULTAMIENTO 1.
locación. Inquilinato, arriendo, cesión. V. ALQUILER 1.
local. Nave, recinto, habitación*. V. ALMACÉN 1.
localidad. 1. Población, comarca, lugar. V. ZONA 2, CIUDAD 1.
— **2.** Sillón, sitio, butaca. V. ASIENTO 1, TEATRO 11.
— **3.** Billete, entrada, comprobante. V. COMPROBAR 3.
localización. Situación, instalación, emplazamiento. V. LUGAR 1.
localizar. 1. Descubrir, dar con, encontrar. V. HALLAR 1.
— **2.** Restringir, circunscribir, ceñir. V. LÍMITE 5.
— **3.** Situar, instalar, emplazar. V. COLOCAR 1.
locamente. Absurdamente, tontamente*, precipitadamente. V. ATURDIMIENTO 2.
locatario. Inquilino, ocupante, arrendatario. V. ALQUILER 4.
loción. Fricción, colonia, líquido aromático. V. PERFUME 1.
loco. V. LOCURA 4.
locomoción. Traslado, marcha*, tránsito. V. TRASLADAR 3.
locomotora. Máquina, m. motriz, tren. V. FERROCARRIL 4.
locuacidad. V. locuaz.
locuaz. Charlatán, facundo, hablador. V. HABLAR 8.
locución. Expresión, sentencia, dicho. V. FRASE 1.
LOCURA. 1. Demencia, desequilibrio, d. mental, trastorno, t. mental, t. psíquico, enfermedad*, e. cerebral*, enajenación, desvarío, perturbación, p. mental, insania, delirio, exaltación, frenesí, furia, furor, arrebato, ataque, acceso, desorden, anormalidad, manía*, monomanía, rareza, fobia, obsesión*, complejo*, enloquecimiento, aberración, insensatez, vesania, chifladura, chaladura, guilladura, alienación, fantasía*, megalomanía, pasión, idea fija, visión, esquizofrenia (v. 3).
— **2.** Desatino, barbaridad, insensatez. V. DISPARATE 1.
3. Clases de demencia. Trastornos mentales.
Esquizofrenia, paranoia, psicopatía, neurosis, psicosis, p. maníaco-depresiva, manía*, manía persecutoria, megalomanía, fobia, melancolía, ciclotimia, catatonía, locura intermitente, l. periódica, l. moral, l. circular, l. alucinatoria, l. depresiva, l. hereditaria, demencia senil, d. del tipo Alzheimer, d. precoz o juvenil, d. paralítica, d. alcohólica, d. sifilítica*, d. luética, d. vascular, d. multiinfarto (d. arteriosclerótica), d. epiléptica, d. traumática; hipocondría, neurastenia, histeria, complejo*, hebefrenia, erotomanía;

ninfomanía, priapismo, satiriasis, sadismo, masoquismo; cleptomanía, dipsomanía, delírium trémens, piromanía, licantropía (antiguamente), oligofrenia, debilidad mental, retraso m., imbecilidad, idiotez, cretinismo, mongolismo o síndrome de Down (v. trastorno 4).
4. Loco. Enfermo mental. Demente, lunático, enajenado, alienado, orate, trastornado, perturbado, insano, enfermo mental, enloquecido, anormal, maníaco, maniático*, monomaníaco, desequilibrado, descentrado, rematado, delirante, furioso, frenético, arrebatado, insensato, vesánico, obsesionado*, visionario, alucinado, chalado, chiflado, majareta, guillado, mochales, tocado, esquizofrénico, paranoico, psicópata, ciclotímico, catatónico, melancólico, hipocondríaco, neurótico, neurasténico, histérico, raro*, epiléptico, megalómano, pirómano, incendiario, erotómano, ninfómana, hebefrénico, sádico, masoquista, dipsómano, cleptómano, acomplejado, faltoso, oligofrénico, débil mental, retrasado mental, imbécil, idiota, cretino, persona con síndrome de Down (v. enfermedad 20).
5. Psiquiatra. Psicoanalista, psicoterapeuta, médico*, neurólogo, alienista, psicólogo*, neurocirujano, especialista, analista, facultativo; loquero, enfermero, cuidador*, guardián.
6. Enloquecer. Desvariar, trastornarse, enajenarse, perturbarse, perder el juicio, p. la razón, p. el seso, delirar, desbarrar, extraviarse, chiflarse, chalarse, enamorarse, guillarse, enfurecerse, enardecerse, disparatar*, exaltarse, tener manías*, arrebatarse, desequilibrarse, alienarse, enfermar*, obsesionarse*, acomplejarse, alcoholizarse, degenerarse, atontarse.
7. Enloquecedor. Demencial, alucinante, espantoso*, perturbador, obsesivo, tremendo, fantástico*, horrible, terrible, aterrador, impresionante (v. 4).
8. Tratamiento. Psiquiatría, estudio de enfermedades mentales, psicoterapia, psicoanálisis, neurología, psicodrama, medicina psicosomática, psicología*, neurocirugía, psicocirugía, lobotomía, especialidad; electrochoque o «electroshock», electroencefalograma, hipnotismo*, sugestión, narcoanálisis, choque insulínico, ducha, camisa de fuerza, hidroterapia, quimioterapia, antidepresivo, tranquilizante, sedante, droga*, hipnótico, barbitúrico.
9. Manicomio. Sanatorio, hospital*, hospital psiquiátrico, instituto psiquiátrico, asilo, casa de locos, c. de orates, c. de reposo, institución neurológica; celda de aislamiento.
Contr.: Cordura, sensatez, salud mental.
V. MANÍA, COMPLEJO, RAREZA, PSICOLOGÍA, CEREBRO, INTELIGENCIA, TRASTORNO, ENFERMEDAD, MEDICAMENTO, MEDICINA, CURAR.
locutor. Presentador, animador, anunciador. V. RADIO 9.

locutorio. Cabina, división, casilla telefónica*. V. COMPARTIMIENTO 2.

lodazal. Barrizal, ciénaga, cenagal. V. FANGO 2.

lodo. Légamo, cieno, barro. V. FANGO 1.

lodoso. V. lodo.

logaritmo. Exponente, e. de potencia, mantisa. V. CÁLCULO 6.

logia. 1. Arcada, pórtico, galería*. V. COLUMNA 6. — **2.** Junta, comité, reunión de masones. V. SECTA 1, MASONERÍA 2.

lógicamente. Razonablemente. V. LÓGICA 1.

LÓGICA. 1. Sensatez, razón, razonamiento, juicio, inteligencia*, raciocinio, formalidad*, moderación*, precaución, sentido, s. común, coherencia, pertinencia, congruencia, certeza, verdad, deducción, inducción, inferencia, fundamento, motivo, base, claridad*, justicia, bondad*, justificación, suficiencia, naturalidad, espontaneidad, sencillez, pureza, llaneza, simplicidad, sobriedad, peso, entidad, licitud, legalidad*, legitimidad. — **2.** Ciencia* del razonamiento, razón, inteligencia*. V. PENSAR 6. **3. Lógico.** Razonable, evidente, claro*, consciente, juicioso, fundado, racional, equitativo, intelectual, justificado, justo, conveniente, congruente, coherente, apropiado, indudable*, irrefutable, indiscutible, sensato, formal*, cierto, debido, prudente, precavido*, moderado*, motivado, basado, meridiano, palmario, comprensible, inteligible*, suficiente, legítimo, legal*, lícito, normal, sobrio, natural, espontáneo, correcto, simple, llano, puro, sencillo*. **4. Lógicamente.** Indudablemente, ciertamente, evidentemente, naturalmente, manifiestamente, indiscutiblemente (v. 3). *Contr.:* Absurdo, disparate*, tontería*. V. INTELIGENCIA, MODERACIÓN, PRECAUCIÓN, CLARIDAD, LEGALIDAD, SENCILLEZ, PENSAR.

lógico. V. LÓGICA 3.

logística. Avituallamiento, transporte*, alojamiento de tropas. V. GUERRA 4.

logrado. Terminado, rematado, conseguido. V. PERFECTO 1.

lograr. Conseguir, recibir, alcanzar. V. OBTENER 1.

logrero. Usurero, vividor, abusador*. V. VENTAJA 5.

logro. Obtención, ganancia, beneficio*. V. RESULTADO 2.

loma. Cerro, montecillo, colina. V. MONTAÑA 2.

lombarda. 1. Brécol, col, berza. V. HORTALIZA 2. — **2.** Bombarda, pieza artillera, cañón. V. ARTILLERÍA 5.

lombriz. Oruga, verme, bicho. V. GUSANO 1.

lomo. Dorso, espinazo, respaldo. V. ESPALDA 1.

lona. Lienzo, cubierta, toldo. V. TELA 11.

loncha. Rodaja, raja, tajada. V. CORTAR 5.

longaniza. Chorizo, tripa, salchichón. V. EMBUTIDO 2.

longevidad. Vitalidad, supervivencia, duración. V. ANCIANO 5.

longevo. Veterano, añoso, viejo. V. ANCIANO 1, 2.

longitud. 1. Amplitud, extensión*, envergadura. V. LARGO 3. — **2.** Medida*, apartamiento, distancia al meridiano de Greenwich. V. GEOGRAFÍA 4.

lonja. 1. Centro comercial, mercado*, depósito. V. BOLSA 2, TIENDA 1. — **2.** V. loncha.

lontananza. Lejos, lejanía, retiro. V. DISTANCIA 1, 3.

loor. Panegírico, alabanza, adulación*. V. ELOGIO 1.

loquero. Cuidador*, guardián, enfermero. V. LOCURA 5.

loro. Cotorra, papagayo, cacatúa. V. AVE 9.

losa. Lápida, placa, plancha. V. PIEDRA 1.

losange. Rombo, polígono, paralelogramo. V. GEOMETRÍA 6.

loseta. Baldosa, azulejo, baldosín. V. CERÁMICA 2.

lote. 1. Conjunto, serie*, porción. V. GRUPO 1. — **2.** Terreno, parcela, solar. V. PROPIEDAD 2.

lotear. Distribuir, fraccionar, dividir. V. FRAGMENTO 3.

LOTERÍA. 1. Rifa, sorteo, juego*, j. público, de salón, de suerte, de azar*, tómbola, bingo, Lotería Nacional (v. 2), lotería casera, de cartones (v. 4); apuesta, quiniela, lotería primitiva, loto. **2. Elementos.** Billete, entero, décimo, participación, serie, número, premio, p. gordo, aproximación, reintegro, pedrea; bola, bombos múltiples, Lotería de Navidad, lista, extracto de Lotería, Administración de Lotería. **3. Acción.** Jugar*, sortear, rifar, distribuir, extraer, probar suerte, caer el gordo, salir, sacar, tocar, participar. **4. Lotería de cartones.** Cartón, bombo, bolsa, número, ficha, terno, cuaterno, quinterno, quina, la Niña Bonita, la Edad de Cristo, las Dos Monjas. V. JUEGO, AZAR.

loto. Planta acuática, nenúfar, ninfácea. V. VEGETAL 20.

loza. Porcelana, mayólica, caolín. V. CERÁMICA 1, 2.

lozanía. V. LOZANO 2.

LOZANO. 1. Fresco, flamante, nuevo*, joven*, juvenil, verde, vigoroso*, robusto, rubicundo, pujante, pleno, lleno, exuberante, primaveral, florido*, puro*, jugoso, lucido, vistoso, hermoso*, bonito, atractivo*, gallardo, garboso*, reciente, sano, saludable*, ameno, frondoso, fértil, rozagante, pletórico, vivaz, inmaculado, limpio*, virginal, original, moderno, actual*, inmarcesible, inmarchitable, duradero*. **2. Lozanía.** Juventud, verdor, frescura, vigor*, amenidad, salud*, hermosura*, atractivo*, gallardía, garbo*, lucimiento, jugo, pureza*, exuberancia, frondosidad, primavera, pujanza, plenitud, actualidad*, originalidad, virginidad, vivacidad, limpieza*.

3. Volverse lozano. Desarrollarse*, medrar, hermosear*, durar*, reverdecer, rejuvenecer, vigorizar*, remozar, vivificar, reanimar, fortalecer, refrescar.

Contr.: Anciano*, marchito*, mustio, envejecido.

V. JOVEN, NUEVO, VIGOROSO, PURO, ATRACTIVO, HERMOSO, GARBOSO, SALUDABLE, LIMPIO, ACTUAL.

LSD («Lyserg Säure-Diäthylamid 25», Dietilamida de ácido lisérgico). Alucinógeno, paraíso artificial, estupefaciente. V. DROGA 1 3.

lubina. Róbalo, pez marino, pescado. V. PEZ 9.

lubricante. Sustancia oleosa, grasa, lubrificante. V. ACEITE 2.

lubricar. Lubrificar, engrasar, aceitar. V. ACEITE 14.

lubricidad. V. lúbrico.

lúbrico. Lujurioso, impúdico, libidinoso, verde. V. SEXO 12.

lubrificante. V. lubricante.

lucerna. Lumbrera, claraboya, cristalera. V. VENTANA 1.

lucero. Astro, estrella, planeta brillante. V. ASTRONOMÍA 10.

LUCHA. 1. Contienda, disputa, liza, lid, pugna, justa, torneo, palestra, deporte* (v. 3), desafío, combate, duelo*, escaramuza, forcejeo, refriega, pelea*, riña, golpes*, bofetadas, controversia, discusión*, polémica, brega, gresca,marimorena, trifulca, agarrada, pendencia, bronca,camorra, pelotera, reyerta, pedrea, palos*, antagonismo, rivalidad*, oposición, conflicto, batalla, guerra*, acometimiento, belicosidad, altercado, agresividad, hostilidad.

— **2.** Trajín, brega, ajetreo. V. ESFUERZO 1.

3. Lucha deportiva. Deporte*, ejercicio, competición, pugilato, boxeo*, pelea*, justa, torneo, liza, pugna, campeonato (v. 5).

4. Clases. Lucha libre, l. libre olímpica, l. grecorromana, catch o catch-as-catch-can, lucha cuerpo a cuerpo, l. canaria, boxeo*, artes marciales, kárate*, judo*, sumo, kung-fu.

5. El combate. Asaltos, fuera de combate, llave, presa, toma, movimiento*, en guardia, parada, tijera, gran tijera, presa de brazo, de cabeza, puente, doble puente, zancadilla, contrapié, caída, volteo, vuelta de cadera, media Nelson, cinturón por detrás.

6. Luchador. Adversario, oponente, combatiente, contendiente, antagonista, pugilista (v. 8), gladiador, gimnasta*, atleta, rival*, peleador*, reñidor, pendenciero,camorrero, batallador, guerrero*, belicoso, agresivo, hostil.

— **7.** Perseverante, trabajador*, animoso*. V. ESFUERZO 4.

8. Luchador deportivo. Deportista*, peleador, rival*, adversario, competidor, pugilista, púgil, boxeador*, judoca*, karateca* atleta*, discó-

bolo, gladiador, reciario, mirmidón, bestiario, gimnasta*, campeón. *Otros:* Entrenador, segundos, árbitro, juez, cronometrador, médico*, jurado, delegado.

9. Luchar. Pugnar, disputar, contender, forcejear, debatirse, esforzarse, retorcerse, crisparse*, pelear*, reñir, pegarse, golpearse*,zurrarse, antagonizar, rivalizar*, oponerse*, batallar, guerrear*, acometer, altercar, hostilizar, agredir; ejercitarse, competir, boxear*, zancadillear, voltear, parar, hacer una llave (v. 5).

10. Palestra. Liza, arena, campo, estadio*, circo, palenque, palacio de deportes, pabellón de deportes; cuadrilátero o ring, lona, cuerdas, campana, cronómetro.

Contr.: Paz*, concordia.

V. PELEA, RIVALIDAD; GOLPES, BOXEO; GUERRA.

luchador. V. LUCHA 6-8.

luchar. V. LUCHA 9.

lucidez. Perspicacia, sagacidad, penetración. V. INTELIGENCIA 1.

lucido. Bonito, vivaz, hermoso*. V. LOZANO 1.

lúcido. Sagaz, penetrante, perspicaz. V. INTELIGENCIA 3.

luciérnaga. Coleóptero, bicho, gusano de luz. V. INSECTO 3.

Lucifer. Mefistófeles, Satanás, Diablo. V. DEMONIO 1.

lucimiento. Ostentación, alarde, pavoneo. V. EXHIBIR 3.

lucir. 1. Resplandecer, refulgir, fulgurar. V. BRILLO 3.

— **2.** Revelar, mostrar, enseñar. V. EXHIBIR 1.

— **3.** *Lucirse,* pavonearse, mostrarse, exhibirse*. V. FANFARRONERÍA 4.

— **4.** Vencer, sobresalir, ganar. V. TRIUNFO 4.

lucrarse. Beneficiarse, enriquecerse, aprovecharse. V. ESPECULACIÓN 4.

lucrativo. Provechoso, fructífero, favorable. V. BENEFICIO 3.

lucro. Utilidad, provecho, beneficio. V. ESPECULACIÓN 1.

luctuoso. Funesto, fúnebre, trágico. V. DESGRACIA 2.

lucubración. Elucubración, reflexión, proyecto, divagación. V. PENSAR 6.

lucubrar. Elucubrar, divagar, imaginar, reflexionar. V. PENSAR 1.

ludibrio. Mofa, burla, escarnio. V. BROMA 2.

ludir. Rozar, restregar, fregar. V. FROTAR 1.

lúe. Sífilis, contagio, infección venérea. V. VENÉREA (ENFERMEDAD) 2.

luego. Más tarde, próximamente, pronto. V. DESPUÉS.

luengo. Extendido, amplio*, prolongado. V. LARGO 1.

lúes. V. lúe.

LUGAR. 1. Sitio, parte*, puesto, punto, posición, zona*, paraje, localidad, localización, lado*, emplazamiento, vericueto, andurrial, lugarejo,

paraje remoto, paradero, destino, dirección, plaza, espacio, ámbito, latitudes, ambiente, entorno, medio, hábitat, esfera, situación, círculo, contorno, perímetro, límite*, confín, linde, comarca, término, rincón, aledaños, distrito, alrededores, barrio*, aldea*, ciudad*, territorio, terreno, tierra, suelo*, país, región, nación*, centro, asentamiento, escenario, escena, panorama, paisaje.
2. Ámbito. Nivel, lugar*, ambiente, medio, categoría, calidad, estado, importancia*, situación, círculo, esfera, entorno, órbita, sector, mundillo, condición, circunstancia, época, tiempo*.
— **3.** Caserío, pueblo, poblado. V. ALDEA 1.
— **4.** Momento, oportunidad, circunstancia. V. TIEMPO 1.
V. ZONA, LADO, PARTE, LÍMITE, BARRIO, CIUDAD.
lugareño. Pueblerino, rústico, paleto. V. ALDEA 2.
lugarteniente. Encargado, representante; teniente. V. DELEGADO, EJÉRCITO 7.
LÚGUBRE. 1. Sombrío, siniestro, lóbrego, tétrico, triste, afligido*, aflictivo*, fúnebre, funéreo, macabro, tenebroso, oscuro*, nocturno, espectral, fantasmal*, fantasmagórico, sepulcral, cavernoso, alucinante, impresionante, pavoroso, sobrecogedor, espantoso*, temible*, luctuoso, aciago, mortuorio, necrológico, cadavérico, tanatológico, monstruoso*, horroroso, horrible, aterrador, terrorífico, espeluznante, patibulario, terrible, temible, temeroso, alarmante, taciturno, melancólico, pesimista, sobrenatural, misterioso*, avieso, funesto, penoso, angustioso, pesimista.
2. Lobreguez. Oscuridad*, tristeza, aflicción*, sombras, negrura, visión, pesadilla, tinieblas, noche*, alucinación, impresión, fantasmagoría*, muerte*, tumba*, tanatología, monstruosidad*, temor*, horror, misterio, angustia, melancolía, sobrecogimiento.
3. Ser lúgubre. Sobrecoger, aterrar, impresionar. V. TEMOR 3.
Contr.: Alegre*, claro*.
V. TEMOR, ESPANTO, OSCURIDAD, AFLICCIÓN, MISTERIO, MONSTRUO, FANTASMA, MUERTE, TUMBA.
LUJO. 1. Boato, esplendor, opulencia, pompa, ostentación, aparato, etiqueta*, fausto, fasto, fastuosidad, suntuosidad, hermosura*, brillo, empaque, tren, alarde, postín, gala, vanidad*, exhibición*, afectación*, lucimiento, distinción, fanfarronería, rumbo,bambolla, elegancia*, riqueza*, abundancia*, demasía, grandeza, señorío, tono, esplendidez, derroche*, despilfarro, profusión, gasto*, exceso, exageración*, abuso, ceremonia, protocolo, oropel, relumbrón, teatralidad, majestad, realeza, magnificencia, asombro*, maravilla*.
2. Lujoso. Fastuoso, pomposo, suntuoso, ostentoso, aparatoso, postinero, espléndido,

soberbio, rico, magnífico, esplendoroso, maravilloso*, principesco, regio, opulento, lucido, elegante*, distinguido, señorial, fanfarrón*, brillante, adornado*, hermoso*, rumboso, afectado*, vanidoso*, glorioso, grande*, abundante, demasiado, excesivo, exagerado*, profuso, derrochador*, ceremonioso, protocolario, teatral, majestuoso, magnífico, recargado, barroco, abigarrado, asombroso*.
3. Mostrar lujo. Ostentar, alardear, lucir, exhibir*, aparentar, engalanar, derrochar*, despilfarrar, recargar, adornar*, abigarrar, desplegar, exteriorizar, enseñar, blasonar, fanfarronear*, brillar, relumbrar, gastar*, excederse, exagerar*, asombrar*, maravillar*.
Contr.: Pobreza*, miseria, insignificancia*, avaricia*.
V. VANIDAD, EXHIBICIÓN, ETIQUETA, AFECTACIÓN, FANFARRONERÍA, HERMOSURA, ELEGANCIA, GRANDEZA, RIQUEZA, ABUNDANCIA, DERROCHE, GASTO, ADORNO, EXAGERACIÓN, ASOMBRO, MARAVILLA.
lujoso. V. LUJO 2.
lujuria. Libídine, lascivia, vicio*. V. SEXO 3.
lujuriante. Fértil, exuberante, frondoso. V. BOSQUE 4.
lujurioso. Obsceno, libidinoso, lascivo. V. SEXO 11-14.
lumbago. Reumatismo, dolor*, ciática. V. ENFERMEDAD 21.
lumbre. Hoguera, brasa, llama. V. FUEGO 1, 2.
lumbrera. 1. Genio, personaje, eminencia. V. SABIDURÍA 2.
— **2.** Claraboya, tragaluz, lucerna. V. VENTANA 1.
luminaria. Foco, ascua; astro. V. LUZ 1, 4; ESTRELLA 1.
luminiscencia. Fosforescencia, fluorescencia, fulgor. V. LUZ 1.
luminosidad. Fulgor, brillo*, resplandor. V. LUZ 1.
luminoso. Fulgurante, brillante*, resplandeciente. V. LUZ 7.
luna. 1. V. LUNA 1.
— **2.** Cristalera, vidrio, espejo. V. CRISTAL 1, 2.
LUNA. 1. Satélite, astro, planeta, cuerpo celeste, Diana, Febe, Artemisa, astro de la noche.
2. Fases. Luna llena o plenilunio, cuarto menguante, luna nueva o novilunio, cuarto creciente; media luna, luna menguante, luna creciente, primer cuarto, segundo cuarto.
3. Superficie lunar. Circos o cráteres, montañas*, cordilleras, mares*. Circos: Platón, Arquímedes, Copérnico, Kepler, Tycho, Aristarco, Eratóstenes. *Montañas:* Alpes, Pirineos, Apeninos, Montes de Leibniz, Cárpatos, Cáucasos, Hercinianos. *Mares:* De la Fecundidad, de las Crisis, de la Tranquilidad, de la Serenidad, de las Lluvias, de las Nubes, Océano de las tempestades.
4. Elementos. Cara visible, c. invisible, cuernos de la luna, luz ceniciento, eclipse*, halo, au-

reola, claro de luna, mancha, mácula, lunación, libración, sicigia, órbita, apogeo, perigeo, mes lunar, m. anomalístico, conjunción, oposición, cuadratura, nodos, ciclo lunar, epacta; selenitas, habitantes imaginarios, extraterrestres.

5. Astronáutica. Alunizaje, astronave «Apolo XI», módulo lunar, primer hombre en la Luna: 20 de julio de 1969 (Armstrong, Aldring, Collins); cosmonave rusa «Lunik I» (2 de enero de 1959); nave Viking I (EE.UU.) primer «amartizaje» (20 de julio de 1976). (V. astronáutica*). V. ASTRONOMÍA, ASTRONÁUTICA.

lunar. 1. Peca, carnosidad, verruga. V. GRANO 1.
— **2.** Lacra, tacha, imperfección*. V. DEFECTO 1.

lunático. Loco, demente, maniático*. V. LOCURA 4.

lunch. ingl Comida, almuerzo, refrigerio. V. ALIMENTO 3.

lupa. Cristal*, c. de aumento, lente de aumento. V. LENTE 2.

lupanar. Burdel, casa de lenocinio, prostíbulo. V. PROSTITUCIÓN 4.

lúpulo. Planta, cannabácea, ingrediente de la cerveza. V. VEGETAL 19, CERVEZA 1.

lupus. Dolencia, afección, tuberculosis cutánea. V. PIEL 5.

lustrar. Bruñir, frotar*, abrillantar. V. PULIR 1.

lustre. 1. Fulgor, tersura, reflejo. V. BRILLO 1.
— **2.** Renombre, gloria, esplendor. V. PRESTIGIO 1.

lustro. Espacio, quinquenio, lapso de cinco años. V. TIEMPO 2.

lustroso. Refulgente, bruñido, resplandeciente. V. BRILLO 2.

luterano. Reformista, seguidor de Lutero. V. PROTESTANTE 1, 2.

luto. 1. Pesar, duelo, tristeza. V. AFLICCIÓN 2.
— **2.** Vestidos, atuendo, prendas de duelo. V. VESTIMENTA 2, MUERTE 11.

luxación. Torcedura, descoyuntamiento, dislocación. V. DISLOCAR 2.

LUZ. 1. Luminosidad, claridad*, fulgor, resplandor, iluminación, irradiación, onda luminosa, energía luminosa, radiación electromagnética, destello, brillo*, reflejo, luminaria, esplendor, refulgencia, emisión, albor, centelleo, aureola, halo, nimbo, corona, relámpago, rayo*, haz, fluorescencia, fosforescencia, luminiscencia, titilación, cintilación, reverbero, ráfaga, viso, lucimiento, espejeo, cabrilleo, vislumbre; aurora, crepúsculo, alba, amanecer*, día*; deslumbre, encandilamiento, trasluz, contraluz, resol, solana, refracción, lumbrera, alumbrado, foco, farol, lámpara*, vela (v. 2-4).

2. Fuentes luminosas. Sol*, Luna*, astros, relámpago, rayo*, fuego*, hoguera, llama, fosforescencia (v. 3, 4).
— **3.** *Antorcha*, luz, tea, hachón, hacha, blandón, candela, cirio, vela, bujía (pabilo, esperma, cera), candil, quinqué, palmatoria, candelero, candelabro, fogaril, lamparilla, mariposa, cerilla, yesca, mechero.
— **4.** *Lámpara*, luz, bombilla, fluorescente, foco, farol, farola, faro*, fanal, linterna, baliza, señal*, proyector, reflector, candileja, iluminación, luminotecnia, instalación, tendido, alumbrado (v. 1).

5. Clases de luz. Luz natural, solar, artificial, eléctrica*, fluorescente, luminiscente, fosforescente, de neón, de gas, polarizada, reflejada, refractada, difusa, de San Telmo, fuego fatuo, aurora boreal, arco iris, contraluz, penumbra, semipenumbra, crepúsculo, alba, amanecer*, aurora; luz fuerte, intensa, deslumbradora, débil, tenue, mortecina, vacilante.

6. Relativo a la luz. Óptica*, ondas luminosas, fotón, intensidad luminosa, unidad de iluminación, lux, lumen, célula fotoeléctrica, alumbrado, luminotecnia, fotografía*, televisión*, cinematografía*, telégrafo óptico, señales luminosas, telescopio*, anteojo*, espectroscopio*, fotocopia, lámpara de cuarzo, helioterapia, rayos X, r. ultravioleta, r. infrarrojos, r. láser, espectro* luminoso, color*, colores del espectro, cromatismo, acromatismo, aberración cromática, espejismo.

7. Luminoso. Claro*, iluminado, resplandeciente, brillante*, encendido, fulgurante, esplendoroso, refulgente, centelleante, titilante, relampagueante, flameante, rutilante, fluorescente, fosforescente, luminiscente, enceguecedor, crepuscular, reflejado.

8. Dar luz. Iluminar, alumbrar, resplandecer, aclarar, encender, inflamar, arder, quemar, incendiarse*, prender, irradiar, radiar, brillar*, enfocar, concentrar, emitir, proyectar, dirigir, reflejar, refractar, destellar, fulgurar, relumbrar, rutilar, refulgir, centellear, alborear, relampaguear, fosforecer, titilar, cintilar, espejear, lucir, reverberar, cabrillear, chisporrotear, llamear, rielar, abrir, encender, apagar, extinguir.

9. Deslumbrar. Enceguecer, encandilar, cegar, herir, molestar, parpadear, relumbrar, ofuscar, reverberar, reflejar, relampaguear.
Contr.: Oscuridad*, tinieblas, sombra.
V. CLARIDAD, BRILLO, RAYO, FUEGO, LÁMPARA, FARO, ELECTRICIDAD, ÓPTICA, COLOR, ESPECTRO (LUMINOSO).

Luzbel. Lucifer, Diablo, Satanás. V. DEMONIO I.

M

maca. Mancha*, señal*, imperfección*. V. DE-FECTO 1.

macabro. Fúnebre, tétrico, espectral. V. LÚGU-BRE 1.

macaco. Cuadrumano, mona, primate. V. MO-NO 1.

macadán, macadam. Pavimento, empedrado, firme. V. CARRETERA 3.

macana. *Arg* Mentira, lástima, tontería*. V. DIS-PARATE 1.

macanudo. *Arg* Estupendo, magnífico, excelente. V. MARAVILLOSO, BENEFICIOSO.

macarrón. Pasta alimenticia, fideo, canuto. V. ALIMENTO 14.

macarrónico. Lenguaje defectuoso*, incorrecto*, grotesco. V. HABLAR 6.

macerar. Remojar, ablandar, estrujar. V. MOJAR 1.

macero. Séquito, escolta*, acompañante. V. PA-LACIO 3.

maceta. Tiesto, pote, recipiente. V. RECEPTÁCU-LO 3.

machacar. Moler, desmenuzar, triturar. V. APLAS-TAR 1.

machacón. Insistente, pesado, fastidioso. V. MO-LESTIA 3, 4.

machada. Proeza, hombrada, hazaña. V. HÉROE 8.

machetazo. Tajo, herida, corte*. V. CUCHILLO 5.

machete. Hoja, arma blanca, bayoneta. V. CU-CHILLO 1.

macho. 1. Semental, garañón, reproductor. V. ANIMAL 1.

— **2.** Individuo masculino, varón, padre. V. HOMBRE 1.

— **3.** Masculino, viril, vigoroso*. V. HOMBRE 4.

machota. *coloq* Marimacho *coloq*, amazona, hombruna. V. MUJER 4.

machote. V. macho 3.

machucar. V. machacar.

macilento. Pálido, marchito, flaco. V. DEBILIDAD 5, 6.

macizo. Compacto, sólido, duro*. V. DENSO 1.

mácula. Marca, señal, tacha. V. MANCHA 1.

macuto. Mochila, bolsa, morral. V. SACO 1.

madeja. Rollo, manojo, ovillo. V. CUERDA 4.

MADERA. 1. Fibra leñosa, leña, leño, madero, tronco, rama, palo*, astilla, viruta, tarugo, tabla (v. 2).

2. Madero. Tabla, tablón, listón, travesaño, larguero, vigueta, viga, plancha, palo*, estaca, bastón, poste, tirante, refuerzo, puntal, so-porte*, entibo, ariete, solera, cuartera, cabrio, fuste, troza, tronco, tocón, toza, rama, leño, bloque, pieza*, rollo, jácena, jamba, guía, alma, pértiga, percha, vano, mástil, columna, cucaña, asta, pilar, pilote, sustentáculo, sos-tén, base, apoyo, aguilón, traviesa, durmiente,

maderamen, calzo, calce, taco, tarugo, cuña, tapón (v. 3).

3. Maderamen. Maderaje, soporte*, sostén, apoyo, armazón, enmaderado, tablazón, ta-blado, tablero, estrado, tribuna, púlpito, gra-da, hemiciclo, anfiteatro, graderío, plataforma, tarima, entarimado, pedestal, rodapié, para-mento, zócalo, peana, caballete, entibo, es-tructura, esqueleto, cuarterón, moldura, panel, artesonado, parqué, piso, suelo*, andamiaje, andamio*, montura, entramado, ensamblaje, bastidor, tabique, pared, pasarela, planchada, escala, escalera* (v. 2).

4. Clases. Maderas duras (v. 5), blandas (v. 6), preciosas (v. 5), exóticas, finas, blancas, tintó-reas, resinosas.

5. Maderas duras. Ébano, caoba, nogal, en-cina, roble, haya, castaño, olivo, guayaco, pa-lisandro, boj, teca, avellano, sándalo, naranjo, olmo, fresno, abedul, sicómoro, ciruelo, cerezo, manzano, acebo, acebuche, peral, palo santo.

6. Maderas blandas. Pino, chopo, abeto, ála-mo, sauce, tilo, aliso, plátano de sombra, cas-taño de Indias, pinabete, pino tea, alcornoque (corcho), madera balsa.

7. Partes. Corteza, cámbium o líber, albura, anillos anuales, duramen, médula o corazón; haces de fibras, células poliédricas, parénqui-ma leñoso, circulación de la savia; fibra, vena, veta.

8. Industrialización. Silvicultura, repoblación forestal, extracción de resina, de trementi-na, tala, trozado, cubicación, transporte*, t. fluvial, t. por carretera, serrería, aserradero, taller, carpintería*, clasificación, secado, al-macenamiento, distribución.

9. Aplicaciones. Mueblería*, ebanistería, car-pintería*, construcción* (tablas, andamios), ferrocarril (traviesas), telégrafos (postes), construcción naval (embarcaciones menores, mástiles), minería (entibos), industria papelera (pasta de papel*), combustible*, carbón* de leña, destilación (alcohol metílico, productos químicos*, gas* de madera), serrín de madera, madera terciada o contrachapada, instrumentos musicales*, juguetes*.

10. Fragmentos*. Viruta, astilla, trozo, esquir-la, recorte, pedazo, cepilladura, añico, fracción, cacho, serrín, partículas, residuos*, polvo, ase-rraduras.

V. ÁRBOL, BOSQUE, PALO, COMBUSTIBLE, CARPINTERÍA, CONSTRUCCIÓN, MUEBLE.

maderamen. V. MADERA 3.

madero. V. MADERA 2.

madre. Matrona, ama, mamá. V. MUJER 1.

madreperla. Bivalvo, concha, nácar. V. MOLUS-CO 4.

madrépora. Polípero; atolón, escollo. V. ANIMAL 6, ARREFICE 1.

madreselva. Planta trepadora, enredadera, planta. V. VEGETAL 22.

madrigal. Poema, composición poética, c. amorosa. V. POESÍA 4.

madriguera. Cubil, guarida, cueva*. V. REFUGIO 3.

madrina. Madre, tutora, protectora*. V. MUJER 2.

madroño. 1. Arbusto, mata, fruto. V. ÁRBOL 9.

— **2.** Cairel, pompón, borla. V. ADORNO 1.

madrugada. Aurora, mañana, alba. V. AMANE-CER 2.

madrugador. Mañanero, adelantado, trabajador*. V. TEMPRANO 1.

madrugar. Adelantarse, ganar tiempo, levantarse temprano. V. TEMPRANO 4.

madurado. V. MADURAR 4.

MADURAR. 1. Florecer, fructificar, sazonar, granar, desarrollarse*, crecer, medrar, abundar, aumentar*, agrandar, prosperar*, enriquecer, dar fruto, cerner, producir, fecundar*, cargarse, rendir, formarse, adelantar, ablandarse, pasarse, estropearse, pudrirse.

— **2.** *Crecer,* madurar, desarrollarse*, agrandar, envejecer, formalizar, hacerse adulto, h. mayor, avejentarse, (v. anciano*, desarrollo*).

— **3.** *Asentarse,* madurar, moderarse*, ponderar, sentar cabeza, volverse formal*, prudente, sensato (v. formal*, moderado*).

4. Maduro. Floreciente, granado, madurado, pleno, fructificado, sazonado, en sazón, formado*, lozano, a punto, hecho, blando, tierno, jugoso, desarrollado*, grande, cargado, fecundo, exuberante, florido, lucido, hermoso*, brillante, pasado, podrido* (v. 5).

— **5.** *Crecido,* maduro, adulto, mayor, avanzado, otoñal, veterano, anciano*, alto, grande*, desarrollado, experimentado*, cumplido, habituado*, baqueteado, fogueado, viejo, cuadragenario, quincuagenario, sexagenario, septuagenario, octogenario, envejecido, talludo (v. 6), (v. desarrollado*, anciano*).

— **6.** *Sensato,* maduro, ponderado, asentado, prudente, juicioso, cuerdo, discreto, equilibrado, grave, mesurado, consciente (v. formal*, moderado*).

7. Madurez. Lozanía, florecimiento*, plenitud, maduración, fruto*, fructificación, sazón, desarrollo*, auge, fecundidad*, jugo*, granazón, crecimiento, aumento*; punto, cargazón, formación, plenitud (v. 8).

— **8.** *Desarrollo,* madurez, mayoría, mayor de edad, edad adulta, veteranía, hábito*, experiencia, fogueo, costumbre, vejez, envejecimiento (v. 9), (v. desarrollo*, ancianidad*).

— **9.** *Sensatez,* madurez, ponderación, prudencia, juicio, cordura, equilibrio, conciencia, mesura, gravedad, discreción (v. formalidad*, moderación*).

Contr.: Inmaduro, verde, pequeño*, inexperto.

V. DESARROLLO, AUMENTO, PROSPERIDAD, FECUNDIDAD, GRANDEZA, HERMOSURA, FORMALIDAD, MODERACIÓN, ANCIANIDAD.

madurez. V. MADURAR 7.

maduro. V. MADURAR 4-6.

maestra. V. maestro.

maestranza. 1. Equitación, instrucción, sociedad de jinetes. V. CABALLO 10.

— **2.** Taller, construcción*, operarios de artillería. V. ARTILLERÍA 12.

maestre. Jefe*, superior de orden militar. V. ÓRDENES MILITARES 3.

maestresala. «Maître», jefe, encargado de comedor. V. HOTEL 5.

maestría. Destreza, aptitud, pericia. V. HÁBIL 3.

maestro. 1. Preceptor, profesor, instructor. V. EDUCACIÓN 15.

— **2.** Experto, ducho, diestro. V. HÁBIL 1.

— **3.** Insuperable, ejemplar*, magistral. V. PERFECTO 1.

mafia. Banda, «Cosa Nostra», camorra, secta*. V. DELITO 5.

mafioso. Malhechor, maleante, delincuente. V. DELITO 3.

maga. Encantadora, pitonisa, bruja. V. HECHICERÍA 6.

magia. 1. Sortilegio, nigromancia, brujería. V. HECHICERÍA 1.

— **2.** Encanto, fascinación, seducción. V. ATRACTIVO 1.

mágico. 1. Sobrenatural, maléfico, nigromántico. V. HECHICERÍA 8.

— **2.** Increíble, extraordinario, fantástico*. V. MARAVILLA 2.

magín. Cacumen, cerebro*, talento. V. INTELIGENCIA 1.

magisterio. 1. Instrucción, enseñanza, pedagogía. V. EDUCACIÓN 1.

— **2.** Profesión, cargo, labor. V. EMPLEO 1.

magistrado. Togado, juez, consejero. V. TRIBUNAL 4.

magistral. Insuperable, magnífico, soberbio. V. PERFECTO 1.

magistratura. Juzgado, sala, audiencia. V. TRIBUNAL 1.

magma. Escoria, lava, roca fundida. V. VOLCÁN 3.

magnanimidad. V. magnánimo.

magnánimo. Noble, desinteresado, generoso*. V. BONDAD 3.

magnate. Capitalista, potentado, personaje*. V. RIQUEZA 3.

magnesio. Elemento, e. químico, cuerpo simple. V. QUÍMICA 4.

magnético. V. magnetismo, V. mágico.

magnetismo. 1. Fenómeno físico, imantación, inducción. V. FÍSICA 7.

— **2.** Fascinación, hechizo, hipnosis. V. ATRACTIVO 1, HIPNOTISMO 1.

magnetizar. V. magnetismo.

magneto. Transformador, bobina, generador. V. DINAMO 1.

MAGNETÓFONO. 1. Grabadora, registradora, magnetofón, casete, radiocasete, dictáfono, aparato* grabador, grabadora de cinta, reproductor de sonidos, reproductora, aparato*.
2. Cinta magnética. Cinta, cinta grabadora, casete, cajuela, bobina, grabación, reproducción sonora, óxido de hierro, óxido de cromo.
3. Elementos. Cabeza grabadora, c. reproductora, c. de borrado, micrófono, amplificador, altavoz*, motor, tecla o pulsador de grabación, tecla de paro, t. de rebobinado hacia atrás, t. de r. h. adelante, t. de avance rápido, regulador de tono, r. de volumen, impulso magnético, vibración sonora, electroimán, velocidad de la cinta.
4. Grabar. Reproducir, registrar, duplicar, copiar, mezclar, amplificar.
V. TOCADISCOS, RADIO, ALTAVOZ.

magnificar. Ensalzar, engrandecer, elogiar*. V. EXAGERACIÓN 5.

magnificencia. Esplendor, maravilla*, grandeza. V. LUJO 1.

magnífico. Admirable, soberbio, espléndido. V. MARAVILLA 2.

magnitud. 1. Amplitud*, tamaño, dimensión. V. MEDIDA 1.
— **2.** Trascendencia, alcance, cuantía. V. IMPORTANCIA 1.

magno. 1. V. magnífico.
— **2.** Trascendental, fundamental, grande. V. IMPORTANCIA 3.

magnolia. Árbol* americano, vegetal*, planta. V. FLOR 4.

mago. 1. Encantador, nigromante, brujo. V. HECHICERÍA 5.
— **2.** Prestidigitador, malabarista, escamoteador. V. ILUSIONISMO 3.

magro. 1. Flaco, enjuto, carnoso. V. DELGADEZ 3.
— **2.** Músculo*, carnosidad, chicha. V. CARNE 1.

magullado. V. magullar.

magulladura. Contusión, moretón, golpe*. V. LESIÓN 1.

magullar. Castigar*, golpear*, lastimar. V. LESIÓN 7.

mahometano. Musulmán, muslim o muslime, islamita. V. ÁRABE 1.

mahometismo. Islamismo, religión* musulmana, r. muslime. V. ÁRABE 3.

mahonesa. Mayonesa, adobo, aderezo. V. SALSA 2.

maicillo. Gramínea, grano, fécula, alimento*. V. SEMILLA 6.

maillot. Jersey, traje de baño, bañador. V. VESTIMENTA 6.

maître. *fr* Jefe, encargado de comedor, maestresala. V. HOTEL 5.

maíz. Gramínea, grano, vegetal*. V. SEMILLA 2.

majada. Encierro, aprisco, redil. V. GANADO 5.

majadería. Simpleza, necedad, tontería. V. TONTO 3.

majadero. Bobo, necio, simple; maza, almirez. V. TONTO 1; COCINA 5.

majar. Triturar, machacar, aplastar*. V. FRAGMENTO 1.

majareta. Chalado, chiflado, maniático*. V. LOCURA 4.

majestad. 1. Esplendor, magnificencia, grandeza*. V. SOLEMNE 4.
— **2.** Soberano, monarca, emperador. V. REY 1, TRATAMIENTO 3.

majestuoso. Digno, espléndido, imponente. V. SOLEMNE 1.

majo. 1. Chulo, chulapo, castizo. V. FANFARRONERÍA 2.
— **2.** Bonito, vistoso, lucido. V. HERMOSURA 3.

mal. 1. Daño, deterioro, estrago. V. PERJUICIO 1.
— **2.** Pena, dolor*, tristeza. V. AFLICCIÓN 1, 2.
— **3.** Achaque, dolencia, padecimiento. V. ENFERMEDAD 1.
— **4.** Defectuosamente, negativamente, erróneamente. V. IMPROPIO 2.

malabarismo. Prestidigitación, escamoteo, magia. V. ILUSIONISMO 1.

malabarista. Escamoteador, mago, prestidigitador. V. ILUSIONISMO 3.

malandanza. Infelicidad, infortunio, desdicha. V. DESGRACIA 1.

malandrín. Granuja, pícaro, bribón. V. PILLO 1, DELINCUENTE.

malaria. Terciana, paludismo, fiebre palúdica. V. INFECCIÓN 2.

malasombra. Ave de mal agüero, gafe, cenizo. V. MALDICIÓN 6.

malaventurado. Infeliz, infortunado, malasombra. V. DESGRACIA 3.

malbaratar. Derrochar, dilapidar, malgastar. V. DERROCHE 2.

malcarado. Feo, patibulario, hosco. V. FEALDAD 2.

malcriado. Mimado, mal educado, consentido. V. MIMAR 2.

maldad. Villanía, infamia, daño. V. VIL 3.

maldecido. V. MALDICIÓN 4-6.

maldecir. V. MALDICIÓN 8.

maldiciente. Murmurador, chismoso, calumniador*. V. CHISME 3.

MALDICIÓN. 1. Condenación, condena, sortilegio, embrujo, hechizo*, maleficio, conjuro, amenaza, ensalmo, magia, cábala, brujería, agorería, agüero, presagio, anatema, imprecación, juramento, aojamiento, aojo, taumaturgia, mal de ojo, vileza*, pacto, anatema, excomunión; insulto (v. 3).
— **2.** Desventura, infortunio, desdicha. V. DESGRACIA 1.
— **3.** *Palabrota*, maldición, injuria, blasfemia, reniego, ofensa*, insulto, denuesto, voto, juramento, perjurio, terno, taco, imprecación, pestes, grosería, afrenta, escarnio, barbaridad*, dicterio, invectiva (v. 2).

4. Maldito. Maldecido, endemoniado, embrujado, maléfico, hechizado*, condenado, agorero, gafe (v. 6), réprobo, maligno (v. 5), excomulgado, anatematizado, encantado.
— **5.** *Perverso*, maldito, maligno, malo, vil*, malévolo, canalla, ruin, réprobo, nocivo, abominable, execrable, inicuo, odioso*, cruel* (v. 4, 6).
— **6.** *Gafe*, maldito, malasombra, malapata, cenizo, ave de mal agüero, agorero, desventurado, sombrón, maléfico, malhadado, de mala suerte, desdichado, desgraciado*, infeliz, aojador, aguafiestas, inoportuno*, patoso (v. 4, 5).
7. Maldiciente. Blasfemo, malhablado, grosero, irreverente, sacrílego, perjuro, ofensivo*, insultante, hereje*, chismoso*, hablador, calumniador, intrigante.
8. Maldecir. Embrujar, presagiar, hechizar*, encantar, imprecar, endemoniar, execrar, excomulgar, anatematizar, condenar*, echar mal de ojo, dar mala sombra, dar mala suerte, poseer, desear, sentenciar, detestar, odiar*.
— **9.** *Injuriar*, maldecir, renegar, insultar, ofender*, blasfemar, denostar, votar, jurar, perjurar, imprecar, lanzar ternos, palabrotas, tacos.
Contr.: Bendición, bondad*, beneficio*.
V. OFENSA, DESCORTESÍA, VILEZA, HECHIZO, CONDENA, DESGRACIA, ODIO, CHISME, CALUMNIA.
maldito. V. MALDICIÓN 4-6.
maleable. Deformable, elástico, blando*. V. FLEXIBILIDAD 4.
maleado. V. malear.
maleante. Malhechor, criminal, delincuente. V. DELITO 3.
malear. Dañar, corromper, pervertir. V. VICIO 6.
malecón. Rompeolas, espigón, escollera. V. DIQUE 1.
maledicencia. Falsedad*, murmuración*, chisme*. V. CALUMNIA 1.
maleficio. Sortilegio, embrujo, maldición*. V. HECHICERÍA 1.
maléfico. Maligno, dañino, nocivo. V. MALDICIÓN 4, 5.
malentendido. Error, tergiversación, confusión. V. EQUIVOCACIÓN 1.
malestar. 1. Incomodidad, inquietud, angustia. V. INTRANQUILIDAD 1.
— **2.** Dolencia, achaque, enfermedad. V. INDISPOSICIÓN 1.
maleta. Valija, baúl, bulto. V. EQUIPAJE 2.
maletero. 1. Mozo, peón, faquín. V. CARGA 7.
— **2.** Cofre, baúl, compartimiento*. V. AUTOMÓVIL 5.
maletín. V. maleta.
malevolencia. Resentimiento, rencor, hostilidad. V. ODIO 1.
malévolo. Hostil, rencoroso, vil*. V. ODIO 4.
maleza. Zarzal, maraña, espesura. V. MATORRAL 1.
malformación. Anomalía, imperfección*, monstruosidad*. V. DEFORMACIÓN 2.

malgastador. V. malgastar.
malgastar. Dilapidar, despilfarrar, gastar*. V. DERROCHE 2.
malhablado. Deslenguado, grosero, desvergonzado*. V. DESCORTÉS 1.
malhadado. Desdichado, infortunado, infeliz. V. DESGRACIA 2-4.
malhechor. Bandido, maleante, criminal. V. DELITO 3.
malherido. Herido grave, lastimado, moribundo. V. LESIÓN 10.
malhumor. Irritación, enfado, disgusto. V. ENOJO 1.
malhumorado. V. malhumor.
malicia. Perfidia, sospecha*, pillería*. V. ASTUCIA 1.
maliciar. Recelar, barruntar, desconfiar. V. SOSPECHA 6.
malicioso. Ladino, suspicaz, pillo*. V. SOSPECHA 2.
maligno. Pérfido, vil*. V. MALDICIÓN 4, 5.
malintencionado. V. maligno.
malla. 1. Punto, red, elástico. V. TELA 2.
— **2.** Cota, defensa, vestidura. V. ARMADURA 3.
malo. 1. Maligno, perverso, malvado. V. VIL 2.
— **2.** Peligroso*, nocivo, difícil*. V. PERJUICIO 2.
— **3.** Dañado, estropeado, defectuoso. V. DETERIORO 3.
— **4.** Indispuesto, delicado, aquejado. V. ENFERMEDAD 2, 3.
malogrado. 1. Frustrado, fallido, inútil*. V. FRACASO 2.
— **2.** Desdichado, infortunado, infeliz. V. DESGRACIA 3.
malograr. Frustrar, defraudar, fallar. V. FRACASO 3.
malogro. V. malogrado.
maloliente. Pestilente, fétido, nauseabundo. V. HEDOR 2.
malparado. Estropeado, maltrecho, vencido. V. PERJUICIO 3.
malpensado. Malicioso, desconfiado, receloso. V. SOSPECHA 2.
malquerencia. Antipatía, aversión, enemistad. V. ODIO 1.
malquistar(se). Indisponer(se), enredar, dividir. V. ENEMISTAD 5.
malsano. Dañino, nocivo, insalubre. V. PERJUICIO 2.
malsonante. Ofensivo, escandaloso, grosero. V. DESVERGÜENZA 2.
malta. Cebada germinada, ingrediente de la cerveza. V. CERVEZA 1.
maltratar. 1. Dañar, averiar, estropear. V. DETERIORO 2.
— **2.** Pegar, castigar, insultar. V. GOLPE 11.
maltrato. Daño, injuria, golpe*. V. DETERIORO, OFENSA 1, 2.
maltrecho. Derrengado, estropeado, maltratado. V. GOLPEADO, DETERIORADO.

malva. Malvácea, dicotiledónea, planta. V. VEGETAL 20.

malvado. Perverso, infame, maligno. V. VIL 2.

malvender. Derrochar, liquidar, tirar. V. DERROCHE 2.

malversación. Defraudación, desfalco, engaño. V. ESTAFA 1.

malversar. V. malversación.

MAMA. 1. Busto, seno, teta, pecho, pechuga, ubre, glándula*, g. mamaria, órgano pectoral, o. torácico.

2. Partes. Tetilla (pezón, mamelón, botón, aréola o areola), conducto galactóforo, lóbulos glandulares, músculo pectoral, grasa, piel*, tórax*, torso, pecho.

3. Varios. Secreción láctea, leche*, l. materna, calostro, lactancia, amamantamiento, cría*, crianza, nutrición, alimento*, cuidado*, embarazo*, hormonas. Trastornos: Ginecomastia, hipermastia, mastitis, grietas, cáncer*, tumor. Escote, descote, abertura, cuello.

4. Aspecto. Mama opulenta, exuberante, grande, abundante, turgente, erguida, caída, péndula, fláccida, pequeña. Tetuda, tetona, pechugona, carnosa, gruesa*.

5. Mamada. Lengüetazo, lengüetada, lengüeteo, chupada, succión, chupetón, chupeteo, chupón, lamida, lametón, lamedura, lambetazo, sorbo, sorbetón, succión, aspiración, absorción, trago, bebida*, bocanada, extracción.

6. Mamar. Sorber, chupar, chupetear, succionar, lengüetear, relamer, lamer, lamiscar, engullir, beber, tragar, aspirar, absorber, extraer, repasar, libar, saborear.

V. LECHE, BEBIDA, ALIMENTO, CRÍA, HIJO, NIÑO.

mamá. Matrona, madre, hembra. V. MUJER 1.

mamada. V. MAMA 5.

mamadera. Biberón, recipiente, receptáculo. V. NIÑO 6.

mamado. Ebrio, alegre, beodo. V. BORRACHERA 2.

mamar. V. MAMA 6.

mamarrachada. Necedad, extravagancia, irrisión. V. RIDÍCULO 4.

mamarracho. Estrafalario, grotesco, adefesio. V. RIDÍCULO 1, 2.

mamelón. Bulto, pezón, excrecencia. V. ABULTAMIENTO 1.

MAMÍFERO. 1. Animal*, a. superior, evolucionado, vertebrado, cuadrúpedo, vivíparo, ovíparo, ser irracional, bestia.

2. Elementos. Mama*, leche*, amamantar, pulmones*, vida terrestre, acuática, aérea (murciélago), arborícola; temperatura constante, sangre caliente.

3. Clasificación. Ungulados (pezuñas) (v. 4 a 7), unguiculados (uñas) (v. 8 a 16), marsupiales (v. 19), monotremas (v. 20), pinnados (v. 17, 18).

4. Proboscidios. Elefante; mamut, mastodonte (extinguidos).

5. Paquidermos. Hipopótamo, rinoceronte, jabalí, cerdo*.

6. Rumiantes. Ciervo, gamo, antílope, reno, buey, toro*, vaca*, búfalo, bisonte, oveja, cabra, camello, dromedario, vicuña, guanaco, llama, jirafa.

7. Équidos. Caballo*, asno, mula, cebra.

8. Cánidos. Lobo, perro*, chacal, zorra, coyote, dingo.

9. Félidos. Felinos, león, tigre, pantera, leopardo, jaguar, puma, hiena, onza, ocelote, lince, guepardo, gato montés, gato*.

10. Úrsidos. Oso gris, oso blanco o polar; oso panda.

11. Pequeños carniceros. Mangosta, icneumón, civeta, jineta, marta, armiño, visón, hurón, garduña, comadreja, nutria, mofeta o zorrillo; alimaña, mustélido, múrido.

12. Roedores*. Conejo, liebre, conejillo de Indias, cobayo, hámster, ardilla, vizcacha, rata*, ratón, chinchilla, castor, lirón, marmota, agutí, puercoespín.

13. Insectívoros. Topo, erizo, musaraña o musgaño, rata almizclera.

14. Desdentados. Oso hormiguero, armadillo, perezoso, pangolín, quirquincho, tamanduá.

15. Quirópteros. Murciélago, vampiro, zorro volador.

16. Primates. Hombre*, simios, monos*, chimpancé, gorila, orangután.

17. Cetáceos*. Ballena azul, b. gris, rorcual, cachalote, orca, delfín, marsopa.

18. Sirénidos y pinnípedos. Foca, morsa, león marino, manatí, dugongo.

19. Marsupiales. Canguro, zarigüeya, koala; didelfo.

20. Monotremas. Ornitorrinco, equi.dna.

V. ANIMAL, ZOOLÓGICO, ZOOTECNIA.

mamón. Lechal, lechón, hijo*; indeseable, ingenuo. V. CRÍA 1; V. INOCENCIA 4.

mamotreto. 1. Librote, infolio, pesadez. V. LIBRO 8.

— **2.** Artefacto, armatoste, cachivache. V. APARATO 2.

mampara. Biombo, pantalla, división. V. PARED 1.

mamparo. Separación, tabique, pared metálica. V. PARED 1.

mamporro. Torta, guantazo, golpe*. V. BOFETADA 1.

mampostería. Sillar, obra, albañilería. V. CONSTRUCCIÓN 5.

mamut. Paquidermo, proboscidio, mastodonte. V. ELEFANTE 1.

maná. Merced, alimento providencial, bendición. V. ALIMENTO 1.

manada. Rebaño, bandada, grupo* de animales. V. ANIMAL 11.

mánager. Gerente, apoderado, representante. V. ADMINISTRACIÓN 6.

manantial. 1. Surtidor, venero, hontanar. V. FUENTE 1.

— **2.** Inicio, comienzo, origen*. V. PRINCIPIO 1.

manar. 1. Brotar, salir, fluir. V. VACÍO 5.
— **2.** Rebosar, pulular, sobrar. V. ABUNDANCIA 3.
mancar. Dañar, baldar, lisiar. V. LESIÓN 7.
manceba. Concubina, querida, amante. V. ADULTERIO 3.
mancebía. Lupanar, burdel, prostíbulo. V. PROSTITUCIÓN 4.
mancebo. Mozo, muchacho, adolescente. V. JOVEN 1.
MANCHA. 1. Mácula, tacha, borrón, suciedad*, tizne, hollín, mota, lunar, pinta, peca, efélide, manchón, marca, señal*, taca, huella, nube, maca, sombra, vestigio, defecto*, estigma, tilde, chafarrinón, churrete, lámpara, lamparón, churreteado, pringue, grasa*, unto* (v. 3), gotera, filtración, veteado, jaspeado, salpicadura, mugre, roña, porquería, cardenal, moretón, lesión*.
2. Mancilla, desdoro, ultraje. V. DESHONRA 1.
3. Manchado. Tiznado, pringado, sucio*, grasiento*, churreteado, chorreado, salpicado, pintado*, maculado, señalado, defectuoso, emporcado, embarrado, enfangado, percudido, puerco, mugriento, roñoso, untado*, embadurnado (v. 4).
— **4.** Listado, manchado, veteado, rayado, cebrado, moteado, pintado*, dibujado*, jaspeado, pecoso, coloreado*, berrendo, estriado, marcado, barrado.
5. Manchar. Pringar, tiznar, ahumar, salpicar, pintar*, dibujar*, ensuciar, churretear, señalar*, engrasar, untar*, embadurnar, rezumar, ensangrentar, percudir, emporcar, enfangar, embarrar, enlodar, deslucir, impregnar, emborronar, borronear, garabatear, ennegrecer, oscurecer*, motear, vetear, puntear, macular, señalar*.
— **6.** Mancillar, profanar, afrentar. V. DESHONRA 4.
Contr.: Limpieza*, pulcritud.
V. SUCIEDAD, GRASA, DEFECTO, SEÑAL, PINTURA.
manchado. V. MANCHA 3.
manchar. V. MANCHA 5.
mancilla. Baldón, desdoro, mancha. V. DESHONRA 1.
mancillar. Ofender*, vejar, afrentar. V. DESHONRA 4.
manco. Tullido, lisiado, mutilado. V. INVÁLIDO 1.
mancomunado. V. mancomunar.
mancomunar. Afiliar, reunir, incorporar. V. ASOCIACIÓN 13.
mancomunidad. Agrupación, congregación, corporación. V. ASOCIACIÓN 1.
manda. Donación, legado, testamento. V. HERENCIA 1.
mandadero. Recadero, mensajero, botones. V. SERVIDOR 1.
mandado. Encargo, diligencia, recado. V. SERVIDOR 4.

mandamás. Amo, personaje*, dueño. V. JEFE 1.
mandamiento. Regla, precepto, ley*. V. ORDEN 4.
mandar. 1. Disponer, pedir, obligar. V. ORDEN 10.
— **2.** Dirigir, presidir, manejar. V. GOBERNAR, GUIAR.
— **3.** Expedir, despachar, remitir. V. ENVIAR 1.
mandarín. Funcionario, potentado, personaje chino. V. JEFE 7.
mandarina. Naranja pequeña, fruta, vegetal. V. FRUTO 5.
mandatario. 1. Encargado, comisionado, representante. V. DELEGACIÓN 4.
— **2.** Dirigente, autoridad, gobernante*. V. JEFE 1.
mandato. 1. Disposición, obligación, encargo. V. ORDEN 3.
— **2.** Representación, poder*, comisión. V. DELEGACIÓN 1.
mandíbula. Maxilar, quijada, pieza ósea. V. HUESOS 4.
mandil. Delantal, guardapolvo, bata. V. CAMISA 2.
mandioca. Yuca, arbusto, tapioca. V. TUBÉRCULO 3, ÁRBOL 9.
mando. 1. Jefatura, autoridad, dirección. V. PODER 1.
— **2.** Botón, llave, palanca. V. INTERRUPTOR 1.
mandoble. 1. Corte, tajo, golpe*. V. CUCHILLO 5.
— **2.** Arma blanca, espadón, montante. V. ESPADA 1.
mandolina. Bandurria, guitarra*, instrumento de cuerda. V. INSTRUMENTO MUSICAL 3.
mandón. Dictatorial, mangoneador, cabecilla. V. DOMINACIÓN 3, 4.
mandrágora. Solanácea, planta, raíz. V. VEGETAL 21.
mandria. Pusilánime, remolón, inútil*. V. HOLGAZÁN 1.
mandril. 1. Cuadrumano, simio, primate. V. MONO 3.
— **2.** Eje, vástago, pieza. V. HIERRO 7.
manducar. Devorar, comer, alimentarse. V. ALIMENTO 11.
manecilla. Saetilla, aguja, señal. V. INDICADOR 2.
manejable. 1. Adaptable, cómodo, fácil*. V. ÚTIL 1.
— **2.** Sumiso, transigente, dócil. V. OBEDIENCIA 2.
manejar. 1. Mandar, conducir, gobernar*. V. GUÍA 5, 6.
— **2.** Manipular, empuñar, utilizar. V. ÚTIL 8.
manejo. 1. Dirección, gobierno, mando. V. GUÍA 1.
— **2.** Operación, empleo, uso. V. ÚTIL 6.
manera. 1. Método, forma, procedimiento. V. MODO 1.
— **2.** Maneras, ademanes, modales, educación. V. AMABILIDAD 1.
manes. Ánimas, difuntos, espíritus. V. FANTASMA 1.
manga. 1. Parte, pieza del vestido, codín. V. VESTIMENTA 12.
— **2.** V. manguera.

manganeso. Elemento, mineral, metal gris. V. METAL 6.

mangante. Gorrón, pedigüeño, sablista. V. PEDIR 5.

mangar. Gorronear, sacar, mendigar. V. PEDIR 2.

mango. Empuñadura, manija, asidero. V. ASA 1.

mangonear. Mandar, disponer, entremeterse. V. ORDEN 10.

mangosta. Carnívoro, icneumón, animal*. V. MAMÍFERO 11.

manguera. Manga, conducto, cañería. V. TUBO 1.

manguito. 1. Cubierta, funda, rollo de piel. V. VESTIMENTA 3.
— **2.** Empalme, cilindro, unión. V. HIERRO 7.

maní. Cacahuete, leguminosa, oleaginosa. V. VEGETAL 10.

MANÍA. 1. Excentricidad, capricho*, fobia (v. 5), extravío, complejo* (v. 6), rareza*, locura* (v. 2), obsesión*, aprensión, hipocondría, anormalidad*, ridiculez*, singularidad, odio*, aversión (v. 3), extravagancia, exageración*, prurito, antojo, desvío, tontería*, necedad, arrebato, obstinación*, terquedad, aberración, monomanía, fantasía*, miedo, temor*, originalidad, recelo, sospecha*, ansia, deseo* (v. 4).
— **2.** *Demencia*, manía, locura*, chaladura, enfermedad*, trastorno*, neurosis, neurastenia, guilladura, psicosis*, histeria, melancolía, complejo*, delirio, furor, agitación, arrebato (v. locura*, trastorno 3).
— **3.** *Aversión*, manía, antipatía*, repulsión, repugnancia, odio*, fobia, rencor, aborrecimiento, tirria, envidia*, rabia, desprecio, resentimiento.
4. Manías. Megalomanía, monomanía, ninfomanía, erotomanía, satiriasis, cleptomanía, dipsomanía, piromanía, licantropía, hipocondría, complejo*, misantropía, misoginia, rareza*, obsesión*, posesión, manía persecutoria, fobia (v. 5), (v. complejo*).
5. Fobias. Claustrofobia (temor a los espacios cerrados), agorafobia (espacios abiertos), ginecofobia (mujeres), xenofobia (extranjeros), nosofobia (enfermedades), triscaidecafobia (número trece), autofobia (soledad), antropofobia (semejantes), misofobia (suciedad), hidrofobia (agua), astrofobia (rayos, ciclones), tanatofobia (muerte), patofobia (enfermedades), fonofobia (ruidos intensos), fotofobia (luz), ereutofobia (a sonrojarse), fobia verbal (a pronunciar ciertas palabras), anglofobia, francofobia, germanofobia, etc. (v. 4).
6. Complejos. Complejo de Edipo, de inferioridad, etc. V. COMPLEJO 4.
7. Maniático. Obseso, obsesionado*, excéntrico, raro*, antojadizo, megalómano (v. 4, 5), caprichoso*, exagerado*, extraño, original, extravagante,chiflado (v. 8), anormal, extraviado, singular, ridículo*, desviado, estrambótico, estrafalario, deseoso*, ansioso, obstinado*, arrebatado, aberrante, morboso, retorcido,

patológico, enfermizo*, , fantasioso, poseso, temeroso, misántropo, miedoso (v. 8).
8. Maníaco. Trastornado, chalado, guillado, chiflado, perturbado, tocado, ido, demente, loco, neurasténico, histérico, neurótico, melancólico, monomaníaco, psicótico, lunático, vesánico, insano, furioso, poseso, orate, delirante, dipsómano, pirómano, incendiario, cleptómano, megalómano, erotómano, ninfómana, aprensivo, hipocondríaco (v. 2, 7), (v. locura 4).
9. Tener manías. Antojarse, encapricharse, preocuparse, temer*, obstinarse*, obsesionarse*, obcecarse, extraviarse, singularizarse, exagerar*, ridiculizarse*, desviarse, pervertirse, viciarse*, obnubilarse, angustiarse, afligirse, torturarse*, alucinarse, fantasear*, tontear*, ansiar, desear*, resentirse, odiar*, despreciar*, repugnar, envidiar*, rabiar, sospechar*, recelar, trastornarse, enloquecer, enfurecerse, delirar, arrebatarse, guillarse, chalarse.
Contr.: Sensatez, moderación*, cordura, normalidad.
V. RAREZA, COMPLEJO, CAPRICHO, LOCURA, OBSESIÓN, EXAGERACIÓN, OBSTINACIÓN, ODIO, DESEO, ANTIPATÍA, VICIO, SEXO, ENFERMEDAD.

maníaco. V. MANÍA 8.

maniatar. Sujetar, esposar, amarrar. V. INMÓVIL 3.

maniático. V. MANÍA 7.

manicomio. Sanatorio, casa de reposo, hospital*. V. LOCURA 9.

manicura. Persona que cuida, que embellece las manos. V. MANO 10.

manido. Trillado, sobado, conocido*. V. VULGAR 1.

manifestación. 1. Concentración, marcha*, demostración. V. DESFILE 1.
— **2.** Afirmación, testimonio, declaración. V. EXPLICACIÓN 1.
— **3.** Revelación, presencia, aparición. V. APARECER 2.

manifestante. Reclamante, participante, solicitante. V. PROTESTA 4.

manifestar. 1. Expresar, afirmar, decir. V. EXPLICACIÓN 2.
— **2.** *Manifestarse*, revelarse, mostrarse, presentarse. V. APARECER 1.
— **3.** Concentrarse, demostrar, protestar. V. DESFILE 2.

manifiesto. 1. Proclama, nota, informe. V. ANUNCIO 2.
— **2.** Ostensible, evidente, claro*. V. INDUDABLE 1.

manigua. Fronda, matorral, espesura. V. BOSQUE 1.

manija. Mango, empuñadura, puño. V. ASA 1.

manilla. 1. Argolla, anillo, esposa. V. ARO 2.
— **2.** V. manija.

manillar. Pieza*, guía de bicicleta. V. BICICLETA 2.

maniobra. 1. Manejo, manipulación, operación. V. ÚTIL 6.

— **2.** Ejercicio, adiestramiento, marcha*. V. GIMNASIA 1.
— **3.** Treta, trampa, engaño*. V. CONSPIRACIÓN 1.
maniobrar. 1. V. maniobra 1, 2.
— **2.** Tramar, maquinar, urdir. V. CONSPIRACIÓN 2.
maniobrero. Maquinador, conspirador*, engañoso*. V. ASTUCIA 3.
manipulación. V. manipular.
manipular. 1. Actuar, manejar, emplear. V. UTIL 8.
— **2.** Mangonear, disponer; trampear. V. ORDENAR; ENGAÑAR.
maniquí. 1. Muñeca, figura, soporte. V. MUÑECO 1.
— **2.** Modelo, que exhibe*, mujer atractiva*. V. COSTURA 10.
manir. Sazonar, ablandar, pasar. V. COCINA 7.
manirroto. Malgastador, despilfarrador, pródigo. V. DERROCHE 3.
manivela. Palanca, manubrio, empuñadura. V. ASA 1.
manjar. Exquisitez, golosina, delicia. V. ALIMENTO 1.
MANO. 1. Extremidad, parte del cuerpo, apéndice*, miembro, puño; pata delantera; mano diestra o derecha, m. siniestra o zurda o izquierda; garra, zarpa, pata.
— **2.** Capa, baño, pintura. V. RECUBRIMIENTO 1.
— **3.** Costado, lugar*, flanco. V. LADO 1.
— **4.** Maña, pericia, maestría. V. HÁBIL 3.
— **5.** Influencia, ascendiente, autoridad. V. PODER 1.
6. Partes de la mano. Palma, dorso; dedos*: pulgar, índice, medio, anular, meñique; muñeca, eminencia tenar, eminencia hipotenar, piel*, surcos, pliegues, rayas, pulpejos de los dedos, huellas dactilares*, uñas. Puño, cuenco, palmo, jeme, puñado, nudillo.
7. Huesos. *Carpo:* trapecio, trapezoides, hueso grande, ganchoso, escafoides, semilunar, piramidal, pisiforme. *Metacarpo:* (huesos metacarpianos), falanges, falanginas, falangetas.
8. Otros elementos anatómicos. Músculos* flexores, extensores, radiales, abductores, lumbricales; aponeurosis; arteria cubital, a. radiopalmar; nervios* sensitivos, tacto, corpúsculos táctiles, nervios motores.
9. Dolencias. Dislocación*, luxación, fractura, panadizo, padrastro, malformaciones, callosidades, lesiones.
10. Varios. Ambidextro, zurdo, zocato, siniestro, izquierdo, diestro, derecho, manco, lisiado, mutilado, inválido*. Dactiloscopia, huellas dactilares*, quiromancia, prestidigitación, ilusionismo*, pases hipnóticos. Tacto, pulso, ademán, manipulación, manejo, golpe*, manotón. Manicura, ortopédico*, callista.
11. Acción. Abrir la mano, cerrar, extender, tender, estrechar, ofrecer, besar, abofetear, dar un sopapo, un tortazo, aplaudir, palmotear,

tocar*, acariciar, sobar, manosear, agarrar, coger*, aferrar, empuñar, asir, amasar, masajear*, manipular, manejar.
12. Guante. Manopla, mitón, guantelete, manguito, prenda, funda, protección, dedil; dedal.
13. Manotazo. Torta, guantazo, soplamocos. V. BOFETADA 1. V. DEDO, DACTILARES (HUELLAS), HUESOS, MÚSCULOS, NERVIOS, CIRCULATORIO (APARATO).
manojo. Haz, brazada, envoltorio. V. ENVOLVER 5.
manómetro. Medidor, indicador*, instrumento. V. MEDIDA 13.
manopla. V. MANO 12.
manoseado. 1. Ajado, sobado, usado. V. DESGASTE 2.
— **2.** Manido, trillado, conocido*. V. VULGAR 1.
manosear. Acariciar, sobar, manipular. V. TOCAR 1.
manoseo. Palpamiento, sobo, manipulación. V. TOCAR 6.
manotada, manotazo. Guantazo, torta, golpe*. V. BOFETADA 1.
manotear. Accionar, menear, agitar las manos. V. GESTO 4.
manoteo. V. manotear.
manquedad, manquera. Atrofia, parálisis, mutilación. V. INVÁLIDO 2.
mansalva (a). Impunemente, a quemarropa, a bocajarro. V. TRAICIÓN 4.
mansedumbre. Sumisión, docilidad, obediencia*. V. HUMILDAD 1.
mansión. Morada, residencia, palacio*. V. CASA 1.
manso. 1. Apacible, sumiso, obediente*. V. HUMILDAD 2.
— **2.** Amaestrado, domesticado, domado. V. DOMINACIÓN 8.
manta. Cobija, cobertor, frazada. V. CAMA 3.
mantear. Zarandear, subir, levantar. V. SACUDIDA 2.
manteca. 1. Sebo, tocino, gordura. V. GRASA 1.
— **2.** V. mantequilla.
mantecoso. Aceitoso, pringoso, gordo. V. GRASA 2.
mantel. Paño, lienzo, tela. V. MESA (SERVICIO DE) 8.
mantelería. Juego de mesa, mantel, servilletas. V. MESA (SERVICIO DE) 8.
manteleta. Chal, mantón, esclavina. V. MANTO 2.
mantenedor. Moderador, cuidador*, animador. V. ÁNIMO 4.
mantener. 1. Proteger*, sostener, alimentar*. V. CUIDADO 6.
— **2.** *Mantenerse*, seguir, persistir, proseguir. V. CONTINUACIÓN 5.
mantenida. Concubina, barragana, querida. V. ADULTERIO 2.
mantenimiento. Conservación, sostenimiento, asistencia. V. CONSERVAR 3.
manteo. 1. V. MANTO 1.
— **2.** V. mantear.
mantequilla. Margarina, manteca, crema. V. LECHE 4.

mantilla. V. MANTO 2.

mantillo. Estiércol, guano, humus. V. ABONO 3.

MANTO. 1. Toga, túnica, hábito, ropón, ropa, manteo, veste, clámide, vestidura, flámeo, vestimenta*, vestido, atuendo, prenda, impla, capellar, sotana, capa, capote, abrigo, bata, camisón, camisa*, peinador, umbela, capuz, pañosa, tela*, tejido, quimono, caftán, albornoz, mantón (v. 2).

2. Mantón. Pañoleta, pañuelo, mantilla, velo, toca, rebozo, embozo, manteleta, mantellina, chal, esclavina, cobija, tul, encaje, gasa (v. 1). V. CAMISA, VESTIMENTA, TELA.

mantón. V. MANTO 2.

manual. 1. Texto, compendio, prontuario. V. LIBRO 2.

— **2.** Artesano, sencillo, casero. V. CASA 8.

manubrio. Mango, empuñadura, manija. V. ASA 1.

manufactura. Elaboración, confección, producción*. V. FÁBRICA 3.

manufacturar. V manufactura.

manumisión. V. manumitir.

manumitir. Emancipar, redimir, independizar. V. LIBERTAD 9.

manuscrito. Pergamino, original, documento* V. ESCRIBIR 3.

manutención. Cuidado*, mantenimiento, alimentación*. V. PROTECCIÓN 1.

manzana. 1. Fruto del manzano, planta, vegetal*. V. FRUTO 5.

— **2.** Bloque, grupo*, conjunto de casas. V. CALLE 2.

manzanilla. Vino blanco; camomila, infusión. V. BEBIDA 1, 4.

maña. 1. Aptitud, destreza, pericia. V. HÁBIL 3.

— **2.** Marrullería, pillería, triquiñuela. V. PILLO 3.

mañana. 1. Aurora, alba, madrugada. V. AMANECER 2.

— **2.** Al otro día, al día siguiente, pronto. V. TIEMPO 9.

mañanero. Tempranero, diligente, madrugador. V. TEMPRANO 1.

mañero. Marrullero, astuto, pillo*. V. ASTUCIA 3.

mañoso. Experto, diestro, capacitado. V. HÁBIL 1.

MAPA. 1. Carta, plano (v. 4), dibujo*, representación cartográfica, r. de la Tierra (v. 2).

2. Clases. Mapamundi, atlas, planisferio, portulano, mapa celeste, m. terrestre, geográfico*, físico, orográfico, topográfico*, hidrográfico, meteorológico*, geológico*, marino*, político*, económico*, histórico*, de carreteras*, guía*, colección de mapas, colección de planos (v. 1, 4).

3. Elementos. Cartografía, geografía*, topografía*, agrimensura, geodesia, geología, toponimia, fotografía aérea, fotogrametría, triangulación, mapas (v. 1); proyección, p. mercator o cilíndrica, p. cónica, plana, ortográfica, estereográfica, de Mollweide; escala, coordenadas, relieve, curvas de nivel, isobaras, isotermas, signos convencionales, colores. Esfera terrestre, paralelos, meridianos, ecuador, círculo polar, trópico de Cáncer, t. de Capricornio, meridiano de Greenwich, puntos cardinales; brújula*, teodolito.

4. Plano. Carta, mapa (v. 1), guía*, croquis, bosquejo, diseño, esquema, proyecto, delineación, plan*, representación, trazado, dibujo*, boceto, itinerario, callejero, recorrido, agenda, lista*, horario. Proyecciones, planta, alzado, sección, corte, vista frontal, frente, vista lateral, vista desde arriba, detalle, escala, rótulo, número catastral; material; compás, tiralíneas, bigotera, plantilla, p. de curvas, regla de cálculo, calculadora*, portaminas, regla, regla T, escuadra, cartabón, goma de borrar, raspador, rotulador, transportador, tinta china, papel vegetal, chinchetas, tablero, mesa de dibujo, maqueta, modelo (v. 2).

5. Personas. Cartógrafo, geógrafo, topógrafo*, agrimensor, dibujante*, delineante, diseñador, bocetista, proyectista, planificador*, rotulista, meteorólogo*, geólogo*, hidrógrafo.

6. Acción. Trazar, levantar, cartografiar, representar, dibujar*, delinear, triangular, proyectar, planear*, medir, bosquejar, diseñar, esquematizar, detallar*, rotular. V. DIBUJO, TOPOGRAFÍA, GEOGRAFÍA, GUÍA.

mapamundi. V. MAPA 2.

maqueta. Prototipo, proyecto, modelo. V. EJEMPLO 4.

maquiavélico. Pérfido, taimado, engañoso*. V. ASTUCIA 3.

maquillaje. Aderezo, pintura, afeite. V. COSMÉTICO 1.

maquillar(se). Hermosear, pintar, embellecer. V. COSMÉTICO 1.

MÁQUINA. 1. Maquinaria, mecanismo, artefacto, motor*, aparato*, ingenio, instrumento, dispositivo, artificio, utensilio, útil, artilugio, herramienta*, invento*, invención, autómata, androide, robot, tramoya, armatoste, cacharro, cachivache, trasto, locomotora, vehículo*, engranaje, conjunto de piezas, de elementos mecánicos (v. 2).

2. Máquinas. Motor*, turbina, máquina de vapor, m. de coser*, m. de escribir*, m. de calcular*, m. hidráulica, m. eléctrica, m. textil, cabrestante, cabria, torno, noria, molino, grúa*, magneto, dinamo*, acumulador, alternador, transformador, bomba hidráulica, compresor, forja, motor de combustión interna, m. diesel, m. eléctrico, m. de reacción; máquinas herramienta: torno, rectificadora, fresadora, perforadora, taladradora, acepilladora, esmeriladora, amoladora, laminadora, escariadora, trefiladora, soldadora, máquina de forma, rectificadora, roscadora, remachadora, martillo pilón, prensa, p. hidráulica, estampadora, batán, martinete, vehículo* (v. 1).

3. Piezas. Eje, cojinete, rodamiento, chumacera, cigüeñal, biela, émbolo, pistón, rueda*,

engranaje*, piñón, cremallera, cadena, tornillo, tuerca, clavo*, espárrago, macho, remache,
junta, arandela, manguito, abrazadera, anilla,
palomilla, clavija, hierro*, gancho*, manubrio,
volante, correa, polea, manivela, muelle, resorte, pedal, válvula, culata, embrague, transmisión, hélice, paleta, manómetro, voltímetro,
pila*, mando, pulsador, botón. Herramientas,
utensilios, de mecánico (v. herramienta 6).
4. Elementos. Fuerza motriz, presión, compresión, rendimiento, caballos de vapor, CV,
HP, cilindrada, energía, combustible*, termodinámica.
5. Acción. Funcionar, arrancar, conectar, acoplar, engranar, embragar, desembragar, andar,
parar, automatizar, maniobrar, manejar, montar, desmontar, lubrificar, repasar, verificar.
6. Personas. Maquinista, técnico, ingeniero*,
mecánico*, operario, obrero, electricista*,
constructor, montador, ajustador, fresador,
tornero, remachador, soldador, rectificador,
estampador, fogonero.
7. Mecanizado. Mecánico, automático, automatizado, automóvil, automotriz, motorizado,
motriz, motor*, propulsor, cinético, móvil, industrializado*.
V. MOTOR, APARATO, HERRAMIENTA, VE-
HÍCULO, GRÚA, DINAMO, PILA, GANCHO,
HIERRO, MÁQUINA DE COSER, MÁQUINA DE
ESCRIBIR, CALCULADORA, INDUSTRIA.
MÁQUINA DE COSER. 1. Enser, útil, mueble*,
aparato* doméstico, electrodoméstico*.
2. Partes. Pedal, motor eléctrico, volante, correa de transmisión, carrete, lanzadera, canilla,
guía del hilo, palanca del hilo, palanca de contacto, cable de conexión, tornillo de graduación, prensatelas, palanca de prensatelas, hilo
superior, tensor del hilo, portaagujas, placa de
la aguja, tapa corredera, garra de sujeción, regulador de puntadas, espiga de bobina.
3. Labor con la máquina. V. COSTURA.
V. APARATO, COSTURA, ELECTRODOMÉS-
TICO.
MÁQUINA DE ESCRIBIR. 1. Aparato*, a. de oficina*, a. de escritorio, dactilógrafo, enser, útil.
2. Partes. Chasis o armazón, teclado, carro,
rodillo, cinta de máquina, carrete, mecanismos
de transmisión, m. de impresión. Tecla, palanca,
varilla, tipo, letra, mayúscula, minúscula, signos
de puntuación, números, tecla de mayúsculas,
t. para fijar mayúsculas, barra espaciadora, tecla
de retroceso, marginador, escala de margina-
dores, liberador del margen, barra con rodillos
pisapapeles, tabulador, borrador del tabulador,
palanca de interlineación, p. para fijar el carro,
p. para soltar el carro, botón de embrague del
rodillo, guía central de los tipos, indicador de
alineación, palanca del bicolor y neutro, p.
para soltar el papel, tapa movible, regulador
de pulsación.

3. Accesorios. Mesilla para la máquina, fieltro,
goma, mascarilla para borrar, líquido borrador,
papel borrador, cepillo de máquina, papel*,
papel carbón, p. de copia.
4. Clases de máquinas. De oficina, portátil,
manual, eléctrica; calculadora, teletipo. Marcas:
Underwood, Royal, Remington, Adler, Olivetti,
IBM, Brother.
5. Varios. Mecanógrafa, dactilógrafa, taquimecanógrafa, secretaria, empleada*, oficinista*.
Dactilografía, mecanografía, escritura a ciegas,
e. al tacto, teclado universal, entintado, velocidad, pulsación, pulsaciones por minuto, errores.
Teclear, mecanografiar, dactilografiar, copiar,
escribir*.
V. ESCRIBIR, APARATO, OFICINA, CALCU-
LADORA.
maquinación. Intriga, confabulación, conjura. V.
CONSPIRACIÓN 1.
maquinador. Intrigante, conjurado, confabulado.
V. CONSPIRACIÓN 3.
maquinal. Involuntario, automático, instintivo. V.
ESPONTÁNEO 2.
maquinar. Tramar, intrigar, confabularse. V.
CONSPIRACIÓN 2.
maquinaria. V. MÁQUINA 1.
maquinista. Mecánico, técnico, operario. V. MÁ-
QUINA 6.
MAR. 1. Océano, masa de agua, vastedad, piélago, extensión* de agua salada, abismo, charco,
marejada (v. 4), profundidad, líquido elemento,
inmensidad, aguas.
2. Partes. Litoral, costa*, aguas jurisdiccionales,
plataforma continental, talud continental, zona
pelágica, z. abisal, fosa abisal, alta mar, superficie, fondo marino, isla*, archipiélago, península,
escollo, arrecife*, rompiente, acantilado, bajío,
bajo, banco, barra, playa, cabo, promontorio,
golfo, bahía*, ensenada, abra, ría, estuario,
fondeadero, puerto*, estrecho, paso.
3. Movimientos. Oleaje, marejada, ola (v. 4),
corriente, c. cálida, c. fría, resaca, erosión, viento*, vientos alisios, tormenta*, galerna, borrasca, temporal, maremoto, tifón, manga; marea:
pleamar o flujo o subida o creciente, bajamar o
reflujo o bajada, marea de aguas vivas, m. de
aguas muertas (v. 5).
4. Ola. Onda, seno de la ola, cresta, altura;
oleaje, oleada, marajeda, rompiente, cabrilleo,
ondulación, espuma, batiente, embate, resaca,
violencia, maretazo, empuje, elementos desatados, tormenta* (v. 3, 5).
5. Estado del mar. Mar calma (calma chicha,
bonanza*), mar llana, mar rizada, marejadilla,
marejada, mar gruesa, muy gruesa, arbolada;
mar de fondo, mar montuosa, confusa, ten-
dida, encrespada, embravecida, enfurecida,
tormentosa* (v. 3, 4).
6. Fauna, flora. Delfín, ballena, cetáceo*, tiburón*, pez*, pingüino, foca, morsa, pulpo,
calamar, molusco*, langosta, crustáceo*, ga-

viota, albatros, ave*, medusa, estrella de mar, coral, plancton, plancton marino, zooplancton, fitoplancton, microorganismos*, algas*, sargazos.

7. Industrias. Pesca*, acuicultura, transporte* marítimo, esponjas, algas*, coral, ámbar gris, aceite de ballena, hígado de bacalao, carey, sal, salitre, guano, petróleo*, gas* natural, minerales*.

8. Varios. Costa*, isla*, bahía*, puerto, arrecife*, geografía*, agua*, líquido*, salinidad, iceberg o témpano, tormenta*, viento*, oleaje (v. 3), ola (v. 4), fosforescencia, luminiscencia, pesca*, barco*, navegación*, sonda, batiscafo, buceo*, sonar, radar*.

9. Acción. Encresparse, enfurecerse, arbolarse, rizarse, picarse, atemporalar, engrosar, cabrillear, aborregarse, mugir, hervir, batir, erosionar, romper, amainar, calmarse, abonanzarse.

10. Marítimo. Marino, marinero, oceánico, náutico, naval, acuático, líquido, pelágico, abisal, abismal, costero*, litoral, vasto, inmenso, extenso, infinito, ultramarino, transatlántico, atlántico, transoceánico, de allende el mar, distante*, pacífico, índico, mediterráneo, cantábrico, adriático, etc.

Contr.: Continente, tierra.

V. COSTA, ISLA, ARRECIFE, BAHÍA, PUERTO, TORMENTA, VIENTO, PEZ, CETÁCEO, AVE, PESCA, BARCO, NAVEGACIÓN.

maraca. Instrumento músico. V. INSTRUMENTO MUSICAL 5.

maraña. 1. Maleza, breña, zarzal. V. MATORRAL 1.
— **2.** Lío, enredo, contusión. V. EMBROLLO 1.

marasmo. Atonía, estancamiento, inmovilidad*. V. PARAR 4.

maratón. Competición, prueba olímpica*, carrera* de resistencia (42,195 km). V. ATLETISMO 4.

maravedí. Pieza, moneda antigua, m. española. V. DINERO 7.

MARAVILLA. 1. Prodigio, asombro*, portento, esplendidez, primor, fascinación, atractivo*, impresión, rareza*, milagro, taumaturgia, fenómeno, quimera, fantasía*, excelencia, pasmo, majestad, grandeza*, sorpresa, admiración, magia, hechicería*, magnitud, belleza, hermosura*, majestuosidad, superioridad*, importancia*, solemnidad*, desconcierto, embobamiento, aturdimiento*, susto, temor*.

2. Maravilloso. Espléndido, soberbio, portentoso, admirable, formidable, magnífico, inolvidable, deslumbrante, estupendo, primoroso, precioso, asombroso*, pasmoso, prodigioso, extraordinario, excepcional, impresionante, excelente, superior*, importante*, grande*, atractivo*, atrayente, fascinante, divino, excelso, sublime, extra, bello, hermoso*, majestuoso, solemne*, despampanante, fastuoso, lujoso*, mágico, hechicero*, raro*, desusado, sorprendente, extraño, fantástico*, fenomenal, quimérico, inmenso, exagerado*, increíble, im-

pagable, incomparable, insuperable, inefable, indescriptible, aparatoso, inesperado, inusitado, milagroso, taumatúrgico, único, sobrenatural, mirífico, desconcertante.

3. Maravillado. Atónito, estupefacto, boquiabierto, deslumbrado, admirado, asombroso* (v. 4).

4. Maravillar(se). Deslumbrar(se), admirar, asombrar*, extasiar, pasmar, cegar, subyugar, fascinar, cautivar, seducir, atraer*, impresionar, encandilar, sorprender, extrañar, turbar, embobar, conmover, hechizar*, desconcertar, aturdir*, asustar, atemorizar.

Contr.: Vulgaridad, rutina, insignificancia*, fealdad*.

V. ASOMBRO, RAREZA, ATRACTIVO, FANTASÍA, EXAGERACIÓN, GRANDEZA, HERMOSURA, HECHICERÍA, SUPERIORIDAD, IMPORTANCIA, SOLEMNIDAD, ATURDIMIENTO, TEMOR.

maravillado. V. MARAVILLA 3.
maravillar. V. MARAVILLA 4.
maravilloso. V. MARAVILLA 2.
marbete. 1. Rótulo, tarjeta, marca. V. ETIQUETA 1.
— **2.** Ribete, franja, borde. V. TIRA 1.
marca. 1. Contraste, timbre, cuño. V. SELLAR 3.
— **2.** Muesca, huella, vestigio. V. SEÑAL 1.
— **3.** Hazaña deportiva, récord, puntuación excepcional. V. TRIUNFO 1.
marcado. 1. V. marcar.
— **2.** Destacado, manifiesto, acentuado. V. INTENSIDAD 3.
marcar. 1. Trazar, sellar, escribir*. V. SEÑAL 8.
— **2.** Puntuar, anotar tantos, golear. V. TRIUNFO 4.
marcha. V. MARCHAR 4.
marchamo. Marca, contraste, sello. V. SELLAR 3.
marchante. Vendedor, traficante, negociante de cuadros. V. COMERCIO 6.
MARCHAR. 1. Andar, avanzar, caminar, moverse, pasar, desplazarse, pisar, taconear, hollar, marcar, calcar, pisotear, patear, transitar*, trasladarse*, recorrer, pasear, deambular, errar, vagar, peregrinar, alejarse, ir, irse (v. 2), encaminarse, salir, dirigirse, venir, viajar*, entrar, llegar, discurrir, desfilar, circular, callejear, rondar, merodear, vigilar*, trajinar, ajetrearse, dejar atrás, acelerar, adelantar, rebasar, alcanzar, retroceder, volver, atravesar (v. 3), correr, trotar, galopar, ascender, subir*, descender*, bajar, pavonearse, menearse, contonearse, anadear, amblar, bambolearse, cojear, arrastrarse, gatear, deslizarse, reptar, serpentear.
— **2.** *Marcharse*, irse, abandonar, partir, alejarse*, ausentarse, salir, emigrar, desarraigarse, separarse, apartarse, encaminarse, evacuar, exiliarse, expatriarse, mudarse, despedirse, largarse, dejar, escapar, fugarse, huir*, evadirse, desalojar, desalquilar, desocupar, dejar libre, desfilar, retirarse, trasladarse*, ahuecar, desaparecer, deslizarse, escurrirse, escabullirse, esquivar*, eclipsarse, esfumarse, evaporarse,

despejar, desbandarse, hacer las maletas, liar los bártulos, ponerse en camino, salir de estampía, hacer mutis (por el foro), tomar las de Villadiego, liar el petate, poner pies en polvorosa, alzar el vuelo, a. velas, tomar el portante, salir disparado, ir con la música a otra parte, salir con viento fresco (v. 1)
— **3.** *Atravesar*, marchar, trasponer, recorrer, cruzar*, vadear, salvar, cortar, atajar, franquear, superar, pasar, traspasar, transitar, saltar, entrar, salir, circular, rebasar (v. 1).
4. Marcha. Caminata, paseo, garbeo, callejeo, vagabundeo, recorrido, ruta, camino*, trayecto, salida, avance, despliegue, maniobra, evolución, deambular, movimiento*, paso, pasada, desplazamiento, ida, alejamiento (v. 5), andadura, andares, tranco, zancada, trancada, pisada, señal*, huella, rastro, patada, cruce*, traslado*, transporte*, locomoción, desfile (v. 6), jornada, salida, etapa, tren, espacio, ejercicio, excursión, viaje*, itinerario, rumbo, trayectoria, curso, expedición, peregrinaje, avance, retroceso, retirada, llegada*, venida, vuelta, entrada, dirección, atajo, traslación, aceleración, adelantamiento, tránsito*, tráfico, circulación, alcance, trote, galope, carrera*, brinco, salto*, travesía, vadeo, corte, gateo, deslizamiento, arrastre, serpenteo, anadeo, contoneo, bamboleo, cojera, ambladura (v. 5).
— **5.** *Alejamiento*, marcha, partida, ausencia, abandono, ida, salida, evacuación, emigración, migración, fuga, huida*, estampía, éxodo, evasión, mudanza, escapada, despedida, desfile, desalojo, traslado*, retirada, desbandada, desaparición, apartamiento, separación, escabullida, evaporación, eclipse (v. 4)
— **6.** *Desfile*, marcha, operación, ejercicio, revista, manifestación, procesión, demostración, parada, evolución, maniobra, entrenamiento, concentración, cortejo, carrera, columna, formación, fila*, espectáculo*, exhibición* (v. grupo 7).
— **7.** Marcha, pieza militar, composición musical. V. MÚSICA 3.
8. El que marcha. Andarín, caminante*, transeúnte, peatón, paseante, andante, viandante, viajero*, andariego, ambulante, peón, emigrante, peregrino, errante, errabundo, vagabundo*, nómada, callejero, pasajero, turista, andorrero, trotamundos, andador, tragaleguas, incansable, ausente, fugado, evadido, huido*, prófugo, desaparecido, mudado, trasladado*.
Contr.: Inmóvil*, quieto, estable.
V. MOVIMIENTO, HUIDA, VAGABUNDO, CAMINANTE, TRASLADARSE, TRANSPORTAR, CRUZAR, ALEJARSE, LLEGAR, VIAJAR, SALTAR, DESFILAR.

marchitado. V. MARCHITO 1.
marchitamiento. V. MARCHITO 2.
marchitar(se). V. MARCHITO 3.

MARCHITO. 1. Mustio, lacio, agostado, ajado, arrugado, envejecido, anciano*, ojeroso, débil, fatigado*, seco, reseco, acartonado, asolanado, deslucido, usado, sobado, macilento, amarillento, desteñido, pálido, descolorido, rozado, gastado, desgastado*, momificado, apergaminado, avellanado, amojamado, antiguo*, viejo, deteriorado*, estropeado, muerto*, consumido, acabado, pasado, pocho, blando*.
2. Marchitamiento. Resecamiento, deslucimiento, alejamiento, laciedad, sequedad, agostamiento, amustiamiento, consunción, ancianidad*, vejez, rugosidad, acartonamiento, amojamamiento, apergaminamiento, momificación, roce, sobo, palidez, decoloración, desteñido, debilitamiento*, muerte*, acabamiento, blandura*, deterioro*, desgaste, ruina.
3. Marchitar(se). Deslucir(se), ajar, resecar, secar, agostar, amustiar, asolanar, consumir, envejecer, arrugar, momificar, acartonar, apergaminar, amojamar, amarillear, desteñir, palidecer, gastar, decaer, decolorar, debilitar, acabar, ablandar, usar, sobar, rozar, estropear, deteriorar*.
Contr.: Lozano*, joven*, flamante.
V. ANCIANO, ANTIGUO, DETERIORADO, DESGASTADO, MUERTO, DEBILITADO, BLANDO.

marcial. 1. Militar, bélico, castrense. V. GUERRERO 7.
— **2.** Aguerrido, intrépido, gallardo. V. GARBO 2.
marcialidad. Gallardía, bravura, bizarría. V. GARBO 1.
marciano. Extraterrestre, alienígena, habitante de Marte. V. ASTRONOMÍA 17.
marco. 1. Moldura, recuadro, cerco. V. PINTURA 9.
— **2.** Pieza, divisa, moneda, antigua moneda alemana. V. DINERO 6.
marea. Flujo y reflujo, pleamar y bajamar, corriente. V. MAR 3.
mareado. Afectado, desfallecido, debilitado*. V. INDISPOSICIÓN 5.
marear. 1. Agobiar, incomodar, aburrir. V. MOLESTIA 5.
— **2.** Marearse, afectarse, desfallecer, aturdirse. V. INDISPOSICIÓN 3.
marejada. 1. Rompientes, mar agitada, oleaje. V. MAR 4.
— **2.** Inquietud, agitación, efervescencia. V. INTRANQUILIDAD 1.
maremágnum. Desbarajuste, confusión, alboroto*. V. DESORDEN 1.
maremoto. Convulsión marina, ola sísmica, tsunami. V. TERREMOTO 1.
mareo. 1. Vértigo, desfallecimiento, vahído. V. INDISPOSICIÓN 1.
— **2.** Agobio, incomodidad, aburrimiento*. V. MOLESTIA 1.
marfil. Sustancia ósea, dura, dentina. V. DIENTE 3.
marfileño. Blanco, ebúrneo, deslumbrante. V. CLARO 1.
marga. Arcilla, roca, piedra* caliza. V. SUELO 3.

margarina. Mantequilla, lipoide, aceite*. V. GRA-SA 1.

margarita. Vegetal*, planta, p. compuesta. V. FLOR 4.

margen. 1. Ribete, canto, orilla. V. BORDE 1.
— **2.** Espacio, blanco, borde*. V. LIBRO 11.
— **3.** Ganancia, utilidad*, rendimiento. V. BE-NEFICIO 1.

marginado. Postergado, arrinconado, rechazado. V. DESPRECIO 4.

marginal. 1. Periférico, exterior, limítrofe. V. LÍ-MITE.
— **2.** Secundario, accesorio, circunstancial. V. CIRCUNSTANCIA 2.

marginar. V. marginado.

marica. 1. desp coloq Afeminado, amanerado, mariquita desp coloq. V. HOMOSEXUAL 2.
— **2.** V. maricón.

maricón. desp vulg V. HOMOSEXUAL 1.

maridaje. Vínculo, conformidad, concordia. V. UNIÓN; CASAMIENTO 1.

marido. Esposo, consorte, cónyuge. V. CASA-MIENTO 7.

marihuana. Estupefaciente, narcótico, grifa. V. DROGA 3.

marimacho. desp coloq Mujer masculina, virago, mujerona. V. MUJER 4.

marimandón. Imperioso, autoritario, dictatorial. V. DOMINACIÓN 3.

marimba. Atabal; xilófono, instrumento de percusión. V. INSTRUMENTO MUSICAL 5.

marimorena. Riña, altercado, alboroto*. V. PE-LEA 1.

marina. Armada, flota, escuadra. V. BARCO 7.

marinería. Dotación, tripulación, gentes de mar. V. BARCO 18-21.

marinero. V. marino.

marino. 1. Tripulante, navegante, hombre de mar. V. BARCO 18-21.
— **2.** Marítimo, náutico, naval. V. MAR 10.

marioneta. Pelele, fantoche, muñeco*. V. TÍTE-RE 2.

MARIPOSA. 1. Insecto*, lepidóptero, polilla, alevilla, bicho.
2. Partes, varios. Cabeza, ojo, ocelos, antenas, trompa; tórax, abdomen, patas, alas membranosas, escamas coloreadas. Entomólogo, entomología.
3. Clases. Mariposas diurnas, m. nocturnas, polillas; mariposa del gusano de seda, m. de la procesionaria (del pino), m. del ciruelo, de la col, del manzano, de la muerte, vanesa, alevilla, polilla, macaon, apolo, esfinge, galena, tatagua, cerástide, pavón, geómetra, licena.
4. Evolución. Metamorfosis: huevo, oruga o ninfa o crisálida, capullo, adulto. Oruga procesionaria, o. del bómbice o gusano de seda, o. geómetra.
V. INSECTO, ANIMAL.

mariposear. Cambiar*, dudar*, fluctuar. V. FRI-VOLIDAD 5.

mariquita. 1. desp coloq Hombre afeminado, amanerado, marica desp coloq. V. HOMOSEXUAL 2.
— **2.** Coleóptero, cochinilla, bicho. V. INSEC-TO 3.

marisabidilla. Sabihondo, sabelotodo, vanidoso*. V. PEDANTE 1.

mariscal. Jefe de ejército*, general, oficial superior. V. EJÉRCITO 7.

MARISCO. 1. Molusco* (v. 2), crustáceo* (v. 3), animal* marino, a. comestible, invertebrado.
2. Moluscos*. Ostra, mejillón, almeja, bígaro, berberecho, navaja, coquina, chipirón, chirla, vieira, pulpo, calamar, jibia, sepia.
3. Crustáceos* y otros. Langosta, bogavante, langostino, camarón, gamba, quisquilla, cigala, carabinero, centollo, nocla, cangrejo. Otros: percebe, escaramujo, angula.
V. MOLUSCO, CRUSTÁCEO, ANIMAL.

marisma. Estero, estuario, pantano, fangal. V. LAGO 1.

marital. Matrimonial, conyugal, familiar*. V. CA-SAMIENTO 12.

marítimo. Marino, náutico, naval. V. MAR 10.

maritornes. coloq Criada, fámula, fregona desp. V. SERVIDOR 2.

marjal. V. marisma.

marmita. Olla, cazo, puchero. V. RECEPTÁCULO 2.

marmitón. Ayudante, pinche, mozo de cocina. V. COCINA 6.

mármol. Jaspe, piedra caliza, alabastro. V. MINE-RAL 5.

marmota. 1. Animal*, mamífero*, vertebrado. V. ROEDOR 2.
— **2.** Lirón, dormilón, holgazán*. V. SUEÑO 5.

maroma. Cabo, soga, amarra. V. CUERDA 1.

maromo. Amante; tío, fulano.

marqués. Noble, patricio, título. V. ARISTOCRACIA 2, 4.

marquesina. Cobertizo, dosel, pabellón. V. TE-CHO 1.

marquetería. Taraceado, ebanistería, artesanía. V. CARPINTERÍA 1.

marranada. Cochinada, trastada, jugarreta. V. VIL 3.

marrano. 1. Gorrino, puerco, cochino. V. CERDO 1.
— **2.** Desaseado, mugriento; canalla. V. SUCIO; VIL 2.

marrar. Fallar, errar, pifiar. V. EQUIVOCACIÓN 2.

marras (de). El anterior, el aludido, el nombrado. V. MENCIONAR 3.

marrasquino. Licor, bebida alcohólica, b. de cerezas. V. BEBIDA 2.

marro. Diversión*, entretenimiento, pasatiempo; error, fallo. V. JUEGO 7; EQUIVOCACIÓN 1.

marrón. Color castaño, rojizo, pardo; contratiempo, obligación ingrata. V. COLOR 13; DIFICUL-TAD 1.

marroquí. Rifeño, magrebí, moro desp. V. ÁRA-BE 1.

marroquinería. Tafiletería, artesanía, labor del cuero. V. PIEL 6.

marrullería. Maturranga, treta, artimaña. V. AS-TUCIA 1.

marrullero. Ladino, tramposo, astuto. V. ASTU-CIA 3.

marsopa. Delfín, animal marino, mamífero*. V. CETÁCEO 1.

marsupial. Canguro, didelfo, animal*. V. MAMÍ-FERO 19.

marta. 1. Mamífero carnicero, vertebrado, alima-ña. V. MAMÍFERO 11.

— **2.** Pelaje, pelo, peletería. V. PIEL 7.

martillar. Machacar, percutir, clavar*. V. GOLPE 10.

martillazo. Impacto, percusión, mazazo. V. GOL-PE 1.

martillo. Mazo, clava, maza. V. HERRAMIENTA 4.

martinete. Martillo mecánico, m. pilón, batán. V. MÁQUINA 2.

martingala. Treta, artimaña, marrullería. V. EN-GAÑO 1.

mártir. Atormentado, víctima, sacrificado. V. SA-CRIFICIO 3.

martirio. Sufrimiento, sacrificio*, suplicio. V. TOR-TURA 1.

martirizador. Atormentador, doloroso, lacerante. V. DOLOR 4.

martirizar. 1. Atormentar, inmolar, herir*. V. TORTURA 6.

— **2.** Acosar, perseguir, atribular. V. HOSTI-GAR 1.

marxismo. Comunismo, socialismo, ideología po-lítica*. V. IZQUIERDAS 1.

marxista. V. marxismo.

masa. 1. Pasta, mazacote, cuerpo compacto. V. MEZCLA 2.

— **2.** Cuerpo, volumen, elemento*. V. MATE-RIA 1.

— **3.** Vulgo, pueblo, gente. V. GRUPO 3, 4.

masacre. Aniquilación, matanza, exterminio. V. MUERTE 5.

MASAJE. 1. Friega, fricción, frote*, presión, apretón, manipulación, amasamiento, aplas-tamiento*, sobo, cura*, fisioterapia, método terapéutico, m. fisioterápico, tratamiento físico, ortopedia*, medicina*.

2. Clases. Fricción o frotamiento, amasamiento, palmoteo, percusión o golpeteo, rozamiento, pellizcamiento, estiramiento, masaje profun-do, parcial, facial, general, manual, mecánico, masaje deportivo: preparatorio, intermedio, de descanso.

3. Generalidades. Paciente, piel*, tejido ce-lular subcutáneo, músculos*, partes blandas, efectos: relajación, tonificación muscular, dis-tensión, irrigación sanguínea, rehabilitación de lesiones, eliminación de la grasa; masajista (v. 4); pulgares, yemas, palmas de las manos, canto de la mano.

4. Masajista. Quiropráctico, fisioterapeuta, practicante, ayudante sanitario, enfermero; ortopédico*, médico*.

5. Masajear. Frotar*, friccionar, restregar, re-fregar, amasar, presionar*, rozar, sobar, palpar, aplastar*, heñir, estirar, palmotear, percutir, golpetear, pellizcar.

V. MÚSCULO, MEDICINA, ORTOPEDIA, CURAR, FROTAR.

masajear. V. MASAJE 5.

masajista. V. MASAJE 4.

mascar. Masticar, mordisquear, triturar. V. MOR-DER 1.

máscara. 1. Careta, antifaz, mascarilla. V. DIS-FRAZ 4.

— **2.** Disfrazado, comparsa, mamarracho. V. DISFRAZ 2.

mascarada. 1. Comparsa, mojiganga, carnaval*. V. DISFRAZ 7.

— **2.** Farsa, pantomima, comedia. V. SIMULA-CIÓN 1.

mascarilla. 1. Molde, vaciado, reproducción en yeso. V. ESCULTURA 2.

— **2.** V. máscara 1.

mascota. Amuleto, fetiche, talismán; animal* de compañía. V. SUPERSTICIÓN 3.

masculino. Viril, macho, varonil. V. HOMBRE 4.

mascullar. Susurrar, farfullar, murmurar. V. MUR-MULLO 3.

masilla. Masa, mástique, pasta. V. MEZCLA 2.

masivo. Intensivo, máximo, enérgico. V. INTEN-SIDAD 3.

masón. V. MASONERÍA 3.

MASONERÍA. 1. Francmasonería, sociedad secre-ta, cofradía, hermandad, asociación* interna-cional.

2. Elementos. Logia, gran logia, Gran Oriente, Consejo Supremo, consejo, taller, capítulo, ini-ciación, rito, templo; símbolos: escuadra, com-pás, regla, triángulo, espada, delantal, altar.

3. Masón. Francmasón, adepto, iniciado, co-frade. Grados: Aprendiz, Compañero, Maestro, Gran Maestro; Vigilante, Secretario, Orador, Venerable.

V. ASOCIACIÓN, COMPAÑERO 4.

masoquismo. V. masoquista.

masoquista. Trastorno de identidad sexual. V. SEXO 13.

masticar. Triturar, mascar, alimentarse*. V. MOR-DER 1.

mástil. 1. Mastelero, palo, arboladura. V. BARCO 14.

— **2.** Asta, pértiga, poste. V. PALO 1.

mastín. Dogo, can, perro de presa. V. PERRO 1.

mastodonte. 1. Mamut, paquidermo, animal fósil. V. ELEFANTE 1.

— **2.** Armatoste, monstruo, aparato* gigante. V. GRANDE 1.

masturbación. Estimulación, onanismo, goce, placer. V. SEXO 6.

mata. Matojo, arbusto*, maleza. V. MATORRAL 1, 2.

matachín. Pendenciero, bravucón, camorrista. V. FANFARRONERÍA 3.

matadero. Desolladero, chacinería, degolladero. V. CARNICERÍA 8.

matador. 1. Torero, espada, diestro. V. TOREO 2.

— **2.** Criminal, homicida, verdugo. V. ASESINATO 4.

matadura. Herida, llaga, rozadura. V. LESIÓN 1.

matafuego. Aparato*, apagafuego, artefacto. V. EXTINTOR 1.

matanza. Exterminio, carnicería, degollina. V. MUERTE 5.

matar. 1. Eliminar, inmolar, ejecutar. V. MUERTE 14.

— **2.** Acabar, terminar, suprimir. V. FIN 4.

— **3.** Matarse, suicidarse, inmolarse, quitarse la vida. V. MUERTE 14.

— **4.** Deslomarse, sacrificarse, privarse. V. FATIGA 4.

matarife. Degollador, tablajero, carnicero. V. CARNE 7.

matarratas. Raticida, polvo venenoso, sustancia tóxica. V. VENENO 1, 2.

matasanos. Medicastro, charlatán, curandero. V. MÉDICO 3.

matasellos. Señal*, marca, timbre. V. SELLAR 3.

matasiete. Valentón, pendenciero, bravucón. V. FANFARRONERÍA 3.

match. ingl Juego*, partido, competición deportiva. V. DEPORTE 1.

mate. 1. Lance de ajedrez, final, jaque mate. V. AJEDREZ 4.

— **2.** Deslucido, apagado, borroso. V. OPACO 1.

— **3.** Yerba, infusión, bebida americana. V. BEBIDA 4, HIERBA 3.

matemáticamente. Infaliblemente, exactamente, justamente. V. EXACTITUD 4.

MATEMÁTICAS. 1. Ciencia*, c. de los números* y de las figuras geométricas, de la medida*, de la cantidad, ciencias exactas, cálculo*, cómputo, cuenta, algoritmia.

— **2. Partes.** Aritmética (v. cálculo*), álgebra*, geometría*, trigonometría*, análisis, cálculo diferencial, c. integral, c. infinitesimal, derivadas, logaritmos.

3. Clases. Matemáticas puras o abstractas, aplicadas, elementales, superiores, mixtas, modernas. Matemáticas aplicadas: astronomía*, mecánica*, m. celeste, ingeniería*, balística, cálculo de probabilidades, estadística*, geodesia, agrimensura, topografía*, arquitectura*, resistencia de materiales.

4. Elementos. Axioma, postulado, teorema, corolario, número*, cifra, cantidad, figura, signo, s. positivo, s. negativo, hipótesis, tesis, demostración, cifras arábigas, infinito, fórmula, término, problema, incógnita, operación, resultado, solución, suma, resta, multiplicación, decimales, fracciones, quebrados, división, numerador, denominador, potencia, cuadrado, cubo, raíz cuadrada, r. cúbica, radicación, número primo, logaritmos, mantisa, base, exponente, factor, índice, expresión algebraica, coeficiente, mono-

mio, binomio, polinomio, ecuación de primer grado, de segundo grado, con una incógnita, con dos, proporción, progresión aritmética, diferencial, derivada.

5. Cálculos matemáticos. Aritmética, quebrados, logaritmos, etc. V. CÁLCULO 6.

6. Acción. Calcular*, contar, computar, valorar, evaluar*, determinar, resolver, solucionar*, salir; sumar, restar, multiplicar, dividir, elevar a una potencia, extraer una raíz, simplificar, despejar, eliminar, sustituir, combinar, desarrollar, interpolar, derivar, diferenciar, formular, numerar.

7. Matemático. Exacto*, científico, riguroso, sabio* (v. 8), cronométrico, preciso, puntual, infalible, comprobado, calculado*, computado, evaluado*, contabilizado, proporcionado, aritmético, algebraico*, geométrico*, trigonométrico*, analítico, logarítmico, infinitesimal, astronómico (v. 3).

8. Personas. Matemático, ingeniero*, profesor, educador*, experto en matemáticas, versado, profesional, perito, científico*, universitario*, contable*, contador, economista, actuario, estadístico*, astrónomo* (v. 3).

V. CÁLCULO, ÁLGEBRA, GEOMETRÍA, TRIGONOMETRÍA, ASTRONOMÍA, ESTADÍSTICA, INGENIERÍA, CONTABILIDAD, TOPOGRAFÍA, ARQUITECTURA.

matemático. V. MATEMÁTICAS 7, 8.

MATERIA. 1. Esencia, elemento*, sustancia, masa, base, principio, constituyente, compuesto, textura, trama, urdimbre, estructura, contextura, tejido, sustrato, fundamento, factor, naturaleza, material, volumen, componente, integrante, ingrediente, cuerpo, carne, humanidad, organismo.

— **2.** Asignatura, disciplina, tema. V. ASUNTO 1, 2.

3. Elementos. Molécula, átomo*, partícula elemental, electrón, protón, neutrón, leptón, quark, núcleo, materia orgánica, m. inorgánica o inanimada, estructura, combinación, transmutación, ley de gravitación universal, principio de conservación de la materia, energía*, fluido, vapor, gas*, sólido, universo*, cosmos, antimateria, física*, f. atómica, sistema periódico, isótopo, fotón, acelerador de partículas, química*.

4. Propiedades de la materia. Impenetrabilidad, extensión, pesantez, inercia, divisibilidad, compresibilidad, expansibilidad, elasticidad, porosidad, plasticidad, dureza, maleabilidad, ductilidad, viscosidad, adherencia, conductibilidad, permeabilidad, indestructibilidad. Estados: sólido, líquido, gaseoso.

5. Material. Ingrediente, masa, componente, constituyente (v. 1).

— **6.** Concreto, material, palpable, físico, real, visible, verdadero*, tangible, corporal, corpóreo, humano, mortal, terrestre, terrenal, orgánico, inorgánico, falible (v. 4).

— **7.** *Equipo**, material, juego, aparatos*, herramientas*, enseres, avíos, útiles, instrumentos, instrumental, trastos, aperos, aparejos, pertrechos.

8. Materialista. Mundano, material, temporal, terrenal, laico, sensual, terreno, utilitarista, positivista, interesado, aprovechado, práctico, objetivo, prosaico, egoísta*, chabacano, vulgar* (v. 6).

9. Materialismo. Temporalidad, utilitarismo, egoísmo*, intereses, vulgaridad*, chabacanería, ramplonería, realidad, bajeza, vileza*.

10. Materializarse. Manifestarse, mostrarse, concretarse. V. APARECER 1.

Contr.: Espíritu*, abstracción*, fantasía*.
V. ELEMENTO, ÁTOMO, FÍSICA, QUÍMICA, UNIVERSO.

material. V. MATERIA 5-7.

materialismo. V. MATERIA 9.

materialista. V. MATERIA 8.

materializarse. V. MATERIA 10.

maternal. Afectuoso, cariñoso, bondadoso V. BONDAD 3.

maternidad. 1. Clínica, sanatorio, ambulatorio. V. HOSPITAL 1, 2.

— **2.** Gestación, preñez, gravidez. V. EMBARAZO 1.

materno. De la madre, maternal; de la preñez. V. MUJER 7, EMBARAZO 1.

matinal. Tempranero, matutino, de madrugada. V. AMANECER 3.

matiné. Función, representación, exhibición* (a primeras horas de la tarde). V. ESPECTÁCULO 1.

matiz. 1. Tono, gama, tinte. V. COLOR 1.

— **2.** Cariz, graduación, apariencia. V. ASPECTO 1.

matizar. Graduar, combinar, destacar. V. VARIAR 1.

matojo. Zarza, maleza, boscaje. V. MATORRAL 1.

matón. Valentón, pendenciero, bravucón. V. FANFARRONERÍA 3.

MATORRAL. 1. Maleza, zarzal, soto, maraña, fragosidad, floresta, espesura, fronda, bosque*, boscaje, boscosidad, cañaveral, cañada, breña, breñal, barranca, barzal, herbazal, chaparral, carrascal, arboleda, selva, manigua, algaida, pantano, aspereza, desierto*, matojo, hojarasca, broza, hiedra, enredadera, trepadora, liana, bejuco, seto, ramaje (v. 2).

2. Plantas. Espino, zarza, zarzamora, mata, arbusto*, hierba*, escaramujo, cardo, ortiga, abrojo, cizaña, graminea, helecho, cacto, musgo, liquen, acanto, planta, vegetal* (v. 1).
V. BOSQUE, HIERBA, VEGETAL, DESIERTO.

matraca. 1. Instrumento, artefacto ruidoso, carraca. V. CARNAVAL 4.

— **2.** Tabarra, lata, pesadez. V. ABURRIMIENTO 1.

matrero. Desconfiado, receloso, astuto. V. SOSPECHA 2.

matrícula. 1. Placa, registro, patente de coche. V. AUTOMÓVIL 5.

— **2.** Relación, inscripción, catálogo. V. LISTA 1.

matricular. Inscribir, registrar, apuntar. V. LISTA 3.

matrimonial. Marital, nupcial, conyugal. V. CASAMIENTO 12.

matrimonio. 1. Enlace, boda, nupcias. V. CASAMIENTO 1.

— **2.** Pareja, cónyuges, desposados. V. CASAMIENTO 7.

—**3. Clases.** Heterosexual, homosexual o matrimonio gay (legal en Bélgica, España, Países Bajos, República Checa, Canadá, Sudáfrica, Israel y en el Estado de Massachusetts, EE.UU.). Parejas de hecho, uniones civiles, Comunidad Registrada de Vida (Alemania), Pacto Civil de Solidaridad (PACS, Francia).

matriz. Víscera, órgano genital femenino. V. ÚTERO 1.

matrona. Señora, madre, hembra. V. MUJER 1.

maturranga. Treta, artimaña, marrullería. V. ENGAÑO 1.

matusalén. Veterano, longevo, viejo. V. ANCIANO 1.

matute. Contrabando, alijo, tráfico ilegal. V. ADUANA 8.

matutino. V. matinal.

maula. Marrullero, tramposo, haragán. V. ENGAÑOSO, HOLGAZÁN 1.

maullar. Mayar, lamentarse, chillar el gato*. V. VOZ 9.

maullido. Mayido, lamento, voz del gato*. V. VOZ 4.

máuser. Carabina, rifle, escopeta. V. FUSIL 1.

mausoleo. Panteón, sepultura, sepulcro. V. TUMBA 1.

maxilar. Quijada, mandíbula, hueso de la mandíbula. V. HUESOS 4.

máxima. Proverbio, sentencia, adagio. V. REFRÁN 1.

máxime. Principalmente, sobre todo, básicamente. V. BASE 5.

máximo. 1. Colosal, mayúsculo, mayor. V. GRANDE 1.

— **2.** Extremo, final, tope. V. LÍMITE 1.

maya. Aborigen, indígena, indio americano. V. INDIO 7.

mayestático. Augusto, imponente, majestuoso. V. SOLEMNE 2.

mayólica. Porcelana, loza, caolín. CERÁMICA 1, 2.

mayonesa. Aderezo, adobo, condimento. V. SALSA 2.

mayor. 1. Más grande, amplio, vasto. V. GRANDE 1.

— **2.** De más edad, adulto, viejo. V. MADURO, ANCIANO 1.

— **3.** Principal, primordial, supremo. V. IMPORTANCIA 3.

— **4.** *Mayores*, antecesores, ascendientes, predecesores. V. FAMILIA 1.

mayoral. 1. Capataz, sobrestante, encargado. V. JEFE 8.

— **2.** Cochero, postillón, conductor. V. CARRUAJE 5.

mayorazgo. 1. Primogénito, sucesor, heredero. V. HERENCIA 5.
— **2.** Privilegio, primogenitura, prerrogativa. V. HERENCIA 1.

mayordomo. Sirviente, criado principal, ayuda de cámara. V. SERVIDOR 1.

mayores. V. mayor 4.

mayoría. 1. Quórum, predominio, ventaja. V. SUPERIOR 4.
— **2.** Conjunto, generalidad, totalidad. V. TOTAL 4.

mayorista. Almacenista, intermediario, agente. V. COMERCIO 6.

mayúscula. Letra capital, inicial, versal. V. LETRA 4.

mayúsculo. Considerable, fuerte, intenso. V. GRANDE 1.

maza. Clava, martillo, porra. V. PALO 1.

mazacote. 1. Masa, pasta, pegote. V. MEZCLA 2.
— **2.** Objeto burdo, pesado, tosco*. V. GRANDE 1.

mazapán. Golosina, dulce, pasta de almendra. V. CONFITERÍA 4.

mazazo. Impacto, martillazo, percusión. V. GOLPE 6.

mazmorra. Cárcel, calabozo, celda. V. PRISIÓN 1.

mazo. Maza, martillo, martinete. V. HERRAMIENTA 4.

mazorca. Panocha, espiga del maíz, planta. V. SEMILLA 3.

meada, meados. Orines, micción, aguas menores. V. ORINA 1.

meandro. Remanso, recodo, vuelta. V. CURVA 2.

mear. Evacuar, expulsar, excretar*. V. ORINA 5.

mecánica. 1. Ciencia*, disciplina, obra. V. FÍSICA 4.
— **2.** Funcionamiento, trabajo, manejo. V. MOVIMIENTO 1.
— **3.** Aparato*, artefacto, mecanismo. V. MÁQUINA 1.

mecánicamente. V. mecánico 3.

mecánico. 1. Técnico, maquinista, operario. V. MÁQUINA 6.
— **2.** Móvil, mecanizado, automático. V. MÁQUINA 7.
— **3.** Instintivo, maquinal, inconsciente. V. ESPONTÁNEO 2.

mecanismo. 1. Aparato*, dispositivo, instrumento. V. MÁQUINA 1.
— **2.** Funcionamiento, actividad, marcha. V. MOVIMIENTO 1.

mecanógrafa. Dactilógrafa, taquimecanógrafa, oficinista*. V. MÁQUINA DE ESCRIBIR 5.

mecanografía. Dactilografía, escritura a máquina, e. al tacto. V. MÁQUINA DE ESCRIBIR 5.

mecedora. Sillón, hamaca, silla. V. ASIENTO 1.

mecenas. Benefactor, patrocinador, favorecedor. V. PROTECCIÓN 5.

mecenazgo. Defensa, patrocinio, tutela. V. PROTECCIÓN 1.

mecer. Columpiar, balancear, mover*. V. OSCILACIÓN 4.

mecha. 1. Filamento, cordón, pabilo. V. CUERDA 1.
— **2.** V. mechón.

mechar. Introducir, rellenar, adobar. V. COCINA 7.

mechera. Ratera, descuidera, ladrona de tiendas. V. LADRÓN 1.

mechero. Encendedor, e. de bolsillo, accesorio de fumador. V. TABACO 6.

mechón. Greña, guedeja, rizo. V. PELO 2.

medalla. 1. Distinción, premio*, cruz. V. CONDECORACIÓN 1.
— **2.** Colgante, medallón, relicario. V. JOYA 2.
— **3.** Ficha, disco, chapa. V. PLACA 2.

medallón. V. medalla 2.

médano. Montículo, duna, arenal. V. DESIERTO 6.

media. Calcetín, prenda, escarpín. V. VESTIMENTA 6.

MEDIACIÓN. 1. Intercesión, arbitraje, intervención, interés, actuación*, participación, juicio, conciliación, pacto*, convenio, trato, arreglo, componenda, tercería, alcahuetería, interposición, injerencia, entrometimiento, buenos oficios, diplomacia*, reconciliación, recomendación, avenencia, representación, delegación*, negociación, moderación*, estipulación, transacción, compromiso, apaciguamiento, solución*.
2. Mediador. Árbitro, juez, intercesor, intermediario, conciliador, interventor, moderador*, negociador, componedor, interesado, tratante, agente, delegado*, abogado*, gestor, defensor, tercero, injerido, alcahuete, entrometido, oficioso, diplomático*, interpuesto, representante, compromisario, apaciguador, muñidor, partícipe, actuante*.
3. Mediar. Intervenir, terciar, arbitrar, dirimir, actuar*, interesarse, interceder, tratar, convenir, pactar*, solucionar*, zanjar, resolver, reconciliar, participar, representar, delegar*, negociar, recomendar, componer, arreglar, oficiar, interponerse, injerirse, mezclarse*, entrometerse, inmiscuirse, empeñarse, abogar, moderar, apaciguar, comprometerse, estipular, avenirse.
Contr.: Desacuerdo, discrepancia*, conflicto.
V. PACTO, ACTUACIÓN, MODERACIÓN, SOLUCIÓN, DELEGACIÓN, ABOGADO, DIPLOMACIA.

mediado. Incompleto, por la mitad, por el centro. V. IMPERFECCIÓN 2.

mediador. V. MEDIACIÓN 2.

medianamente. V. MEDIANO 4.

medianero. Intermedio, divisorio, lindante. V. LÍMITE 3.

medianía. V. MEDIANO 2.

MEDIANO. 1. Pasadero, mediocre, regular, intermedio, pasable, moderado*, tolerable*, habitual*, abundante*, vulgar*, corriente, sencillo*, usual, frecuente, normal, común, estándar, aceptable, equilibrado*, pedestre, adocenado, chabacano, ramplón, módico, limitado*, imperfecto*, mesurado, medio*, medianillo, entrefino, proporcionado, ni fu ni fa, ni chicha ni limonada, ni carne ni pescado, a medias, tibio, sufrible, admisible, llevadero, simple, trillado, escaso, trivial, insignificante*, gris, incoloro, insulso, insípido, anodino, nivelado, repartido, igualado, medido*, promedio, término medio, del centro, de la mitad, del montón.

2. Medianía. Promedio, mediocridad, término medio, vulgaridad*, adocenamiento, intermedio, equilibrio*, regularidad, normalidad, abundancia*, hábito*, moderación*, sencillez*, ramplonería, chabacanería, limitación*, imperfección, mesura, medio, proporción, escasez*, trivialidad, insignificancia*, insulsez, nivelación, igualdad, medida*, centro, mitad, montón, nivel, generalidad, frecuencia, tibieza.

3. Acción. Promediar, equilibrar*, regular, moderar*, limitar*, proporcionar, nivelar, repartir, igualar, medir, habituar*, vulgarizar.

4. Medianamente. Pasaderamente, mediocremente, regularmente (v. 1).

Contr.: Destacado, importante*, superior*, inferior.

V. MODERADO, TOLERABLE, SENCILLO, HABITUAL, ABUNDANTE, VULGAR, IGUAL, IMPERFECTO.

medianoche. Cero horas, veinticuatro horas, las doce. V. HORA 2.

mediante. Por medio de, debido a, en razón de. V. CAUSA 1.

mediar. Intervenir, terciar, arbitrar. V. MEDIACIÓN 3.

medias (a). V. MEDIANO 1, 2.

mediato. Intermedio, intercalado, interrumpido. V. INTERRUPCIÓN 3.

medicación. 1. V. MEDICAMENTO 1.
— **2.** Tratamiento, terapéutica, administración. V. CURAR 4.

MEDICAMENTO. 1. Fármaco, preparado, específico, medicina, droga*, medicación, especialidad, remedio, producto terapéutico, p. farmacéutico*, p. curativo*, tónico, elixir, reconstituyente, magistral, pócima, poción, licor, brebaje, bebedizo, mejunje, mixtura, potingue, cocimiento, bebistrajo, bebida*, píldora (v. 4), purga, laxante, panacea, curalotodo, purga de Benito, vacuna*, inyección*, antídoto, bálsamo, ungüento, unto*, estimulante, cura*, reconfortante, sucedáneo, placebo, ingrediente.

2. Clases. Medicamento externo, interno, por vía bucal, subcutánea, intramuscular, endovenosa, intrarraquídea; de acción local, de a. general; vegetal*, animal*, inorgánico, sintético; alopático, homeopático* (v. 4).

3. Generalidades. Farmacopea, farmacología, farmacognosia, farmacia*, laboratorio*, botica, droguería, prescripción, receta, récipe, fórmula, orden facultativa, recetario, formulario, prontuario, composición, dosis, d. mínima, d. máxima, posología, componentes, ingredientes, excipiente, vehículo, sustancia, mezcla*, administración, aplicación, inyección*, toma, ingestión, reacción, curación*.

4. Medicamentos según presentación. Gragea, pastilla, píldora, sello, cápsula, tableta, comprimido, oblea, perla, óvulo, granulación; inyección*, inyectable, ampolla, vial, polvos, sobre, supositorio, cocimiento, hierba*, semilla*, flor*, hoja*, raíz*, corteza, zumo, jugo*, tisana, infusión, tintura, solución, jarabe, elixir, poción, específico, agua*, gotas, lavatorio, colutorio, tópico, toque, gargarismo, colirio, linimento, tintura, embrocación, pomada, crema, ungüento, unto*, emplasto, aceite*, goma, resina, parche, fomento, cataplasma, apósito, venda, vendaje*, bizma, torunda, algodón, gasa, esparadrapo, compresa, sinapismo, enema, irrigación, lavativa, clister, ventosa (v. 5).

5. Principales medicamentos. Antibiótico*, penicilina, estreptomicina, aureomicina, terramicina, cloromicetina, sulfamida; droga*, sedante, calmante, morfina, opio, digital, cocaína, heroína, marihuana, grifa, hachís, láudano, tranquilizante*, bromuro, barbitúrico, hipnótico, anfetamina, simpatina, LSD (dietilamida de ácido lisérgico), anestésico*, éter, cloroformo, pentotal; adrenalina, cortisona, insulina, quinina, aspirina, bicarbonato, cafeína; tila, manzanilla, purga, laxante, aceite de hígado de bacalao, a. de ricino, a. de castor, a. de cada, goma arábiga, g. tragacanto, guayacol, amoniaco, pilocarpina; desinfectante*, antiséptico, alcohol, formol, timol, agua oxigenada, mercurocromo, ácido bórico, cloro, fenol, formol, yodo, sublimado, árnica, linimento, fricción, tintura; calomelanos, magnesia, crémor, limonada purgante; agua de azahar, a. de rosas, a. mineral, a. de melisa; benjuí, brea, alquitrán, bálsamo del Perú, del Canadá, suero; vacuna*, antitetánica, antirrábica, anticolérica, antivariólica, etc. (v. vacuna*); tóxico, veneno*, arsénico, cianuro, estricnina, curare (v. veneno*), contraveneno, antídoto.

6. Medicamentos según efectos. Estimulante, reconstituyente, cordial, tónico, t. cardíaco, reparador, afrodisíaco, preventivo, higiénico*, relajante, lenitivo, sedante, calmante, hipnótico, tranquilizante*, analgésico, antidoloroso, estupefaciente, paliativo, narcótico, dormitivo, anestésico*, diurético, antitóxico, antivenenoso, vomitivo, emético, purgante, purga, laxante, emoliente, catártico, depurativo, purificador, drástico, revulsivo, vejigatorio, irritante, vesicante, colagogo, astringente, digestivo, estomacal, aperitivo, eupéptico, antiflogístico, antiespasmódico, detumescente, ablandatorio, expectorante, pectoral, abortivo, anticonceptivo, antisifilítico, antivenéreo, antirreumático, antihelmíntico, vermífugo, antihemorrágico, antihistamínico, antituberculoso, antipirético, febrífugo, antibiótico*, desinfectante*, tópico, cicatrizante, callicida, cáustico, sudorífico, revulsivo.

7. Elaboración. Técnicas de laboratorio*, preparación, dosificación, mezcla*, emulsión, destilación, ebullición, cocimiento, sublimación, cristalización, pulverización, instilación, maceración, agitación, filtrado, disolución, machacamiento, trituración, trasvase, lavado, edulcoración, levigación, condensación.

8. Acción. Medicar, medicinar, administrar, inyectar*, aplicar, curar*, prescribir, ordenar, recetar, formular, tomar, ingerir, tonificar, fortalecer, vendar*, drogar*, anestesiar*, desinfectar*, desintoxicar (v. curare), preparar, dosificar, mezclar* (v. 6, 7).

9. Utensilios. Destilador, mortero, probeta. V. LABORATORIO 2.

10. Personas. Farmacéutico*, farmacólogo, boticario, regente, biólogo*, químico*, médico*, practicante, ayudante sanitario, mancebo, herbolario, droguero.

11. Lugares. Farmacia*, botica, droguería, laboratorio*, l. farmacéutico, l. farmacológico, central de específicos, oficina de farmacia, herboristería, botiquín, dispensario, hospital*.

V. DROGA, TRANQUILIZANTE, INYECCIÓN, VACUNA, ANTIBIÓTICOS, ANESTÉSICO, BEBIDA, VENENO, DESINFECTANTE, VENDAJE, FARMACIA, LABORATORIO, MÉDICO, MEDICINA, CURACIÓN, SOCORRO, HOMEOPATÍA, QUÍMICA.

MEDICINA. 1. Ciencia, c. de curar, c. de prevenir, c. de las enfermedades*, arte, cura, curación*, terapéutica, tratamiento, sanidad.

— 2. Fármaco, específico, droga. V. MEDICAMENTO 1.

3. Especialidades y secciones. Patología, anatomía*, histología*, embriología*, biología*, fisiología*, química* biológica, física* biológica, semiología*, propedéutica, clínica, medicina general, cirugía*, c. estética, anestesiología*, terapéutica, farmacología, farmacia*, pediatría, puericultura, ginecología, obstetricia, otorrinolaringología, urología, andrología, proctología, dermatología, traumatología, ortopedia*, endocrinología, angiología, radiología*, oncología, psiquiatría, neurología, neurocirugía, psicoanálisis, parasitología, bacteriología, microbiología, estomatología, odontología, dentistería, oftalmología, sifilografía, alergología, cardiología, reumatología, hematología, dietética, epidemiología, profilaxis, higiene*, gerontología, geriatría, alopatía, medicina interna, m. legal, m. psicosomática, m. preventiva, m. tropical, m. del aparato digestivo*, m. del a. circulatorio*, m. del a. respiratorio*, m. del deporte*, m. del trabajo*, m. aeroespacial, vacunoterapia*, sueroterapia, hidroterapia, helioterapia, talasoterapia, fisioterapia, quimioterapia*, radiología*, diatermia, análisis anatomopatológico, a. clínico, ética, deontología médica, naturismo, vegetarismo, homeo-

patía*, acupuntura, digitopuntura, fisiatría, kinesiología, podología, veterinaria*.

4. Instrumental, consultorio. V. MÉDICO 6, 7.

5. Clínicas, sanatorios. V. HOSPITAL 1.

6. Enfermedades, patología. V. ENFERMEDAD.

7. Tratamiento. Examen, reconocimiento, exploración, chequeo, control, auscultación, palpación, percusión, diagnóstico, pronóstico, régimen, terapéutica, cura*, curación*, medicamento*, medicación, drogas*, antibióticos*, receta, cirugía*, anestésico*, inyección*, pulmón artificial, marcapasos, biopsia, radiología*, radio, bomba de cobalto, reposo, descanso*, régimen, alimentación*, higiene*, vacuna*, agua medicinal, a. de mar, sol, ejercicio físico, gimnasia*, rayos X, corrientes eléctricas, rayos infrarrojos, r. ultravioletas, masaje*, friegas, ventosa, supositorio, tópico, gargarismo, colirio, tisana, antiséptico, desinfectante*, abortivo, vomitivo, purgante, reconstituyente (v. medicamento*).

8. Acción. Examinar, reconocer, auscultar (v. 7).
Contr.: Curanderismo, charlatanería.
V. MEDICAMENTO, MÉDICO, CURACIÓN, ENFERMEDAD, ANATOMÍA, HISTOLOGÍA, BIOLOGÍA, FISIOLOGÍA, QUÍMICA, CIRUGÍA, FARMACIA, HIGIENE, RADIOLOGÍA, VETERINARIA.

medicinal. Terapéutico, medicamentoso, curativo. V. CURAR 6.

medicinar. Prescribir, recetar, administrar. V. CURAR 1.

medición. Verificación, evaluación*, control. V. MEDIDA 1.

MÉDICO. 1. Doctor, galeno, facultativo, terapeuta, profesional, universitario*, colegiado, médico de cabecera, m. interno, residente, adjunto, titular, clínico, patólogo, internista, anatomista, fisiólogo, especialista (v. 2), matasanos (v. 3).

2. Especialidades. Especialista, patólogo, anatomista*, fisiólogo*, biólogo*, cirujano*, anestesista*, farmacólogo*, pediatra, puericultor, urólogo, andrólogo, otorrinolaringólogo, ginecólogo, tocólogo, partero, dermatólogo, traumatólogo, ortopédico*, endocrinólogo, radiólogo*, psiquiatra, neurólogo, neurocirujano, bacteriólogo, microbiólogo, estomatólogo, dentista, oftalmólogo, oculista, forense, alergólogo, cardiólogo, dietético, reumatólogo, epidemiólogo, alópata, homeópata*, gerontólogo, geriatra, analista, naturista. Otros: veterinario, fisiatra, kinesiólogo, podólogo, callista, medicastro, matasanos (v. 3).

3. Medicastro. Matasanos, charlatán, medicucho, mediquillo, curandero, ensalmador, brujo, hechicero*, santón.

4. Auxiliares. Ayudante* sanitario, a. técnico sanitario, ATS, practicante, kinesiólogo, fisiatra, masajista, podólogo, pedicuro, callista, enfermera, enfermero, sanitario, camillero, loquero.

5. Tratamiento. V. CURAR*, MEDICINA*.
6. Consultorio. Consulta, visita, despacho, gabinete, servicio, preventorio, botiquín, dispensario, casa de socorro, sanatorio, hospital*, centro de atención primaria (CAP).
7. Instrumental, material. Fonendoscopio, estetoscopio, termómetro, espejo frontal, espátula, aparato para medir la presión sanguínea o esfigmomanómetro, martillo para reflejos, jeringa hipodérmica, inyección*, oftalmoscopio, laringoscopio, otoscopio, espéculo de oído, fórceps, torniquete, pinzas, tijeras, agujas de sutura, portaagujas, hilo, catgut, laña, grapa, escalpelo, bisturí, sonda, cánula, trocar, catéter, ventosa, microscopio*, cristal portaobjetos, cubreobjetos, camilla o mesa de reconocimiento, aparato de rayos X, escáner, ecografía, báscula, cubeta, cubo de desechos, escala para medir la agudeza visual, armario de instrumentos, vendas*, algodón, esparadrapo, gasa, medicamentos*, fichero.
8. Examen médico. Consulta, asistencia, visita*, exploración, reconocimiento, observación, auscultación, palpación, percusión, pulso, presión sanguínea, reflejos, radioscopia, radiografía, ecografía, laringoscopia, otoscopia, síntoma, síndrome, señal, diagnóstico, pronóstico.
9. Acción. Curar*, examinar, explorar, reconocer, asistir, visitar, observar, auscultar, palpar, percutir, tomar el pulso, diagnosticar, tratar, recetar, administrar, vacunar*, sondar, purgar, pinchar, inyectar*, operar, intervenir, inmunizar, escayolar, dosificar, cauterizar, aliviar, medicar* (v. curar*).
V. MEDICINA, MEDICAMENTO, ENFERMEDAD, HOSPITAL, CIRUGÍA, CURAR.
MEDIDA. 1. Magnitud, extensión*, dimensión, tamaño, envergadura, cantidad, alto*, altura, grandor, volumen*, aforo, parte*, proporción, amplitud*, capacidad, calibre, espacio, longitud, largo*, anchura, delgadez, espesor, grosor, corpulencia, cuerpo, superficie, área, extensión, división, patrón, escala, sistema, porción, regla, graduación, ley, cantidad*, cuantía, cálculo*, medición, módulo, verificación, evaluación*, control, cotejo, cómputo, comprobación*, arqueo, tanteo, comparación*, toma, dosis, dosificación.
— **2.** Decisión, disposición, orden*. V. ACTUACIÓN 1.
— **3.** Mesura, prudencia, cordura. V. MODERACIÓN 1.
4. Clases de medidas. Medidas de longitud (v. 6), superficie (v. 7), volumen (v. 8), capacidad (v. 9), peso (v. 10), diversas (v. 11), españolas, antiguas, del sistema métrico decimal, del sistema anglosajón, del sistema cegesimal (CGS).
5. Múltiplos y submúltiplos del s. métrico. *Múltiplos:* unidad, deca (10), hecto (100), kilo (1.000), miria (10.000), mega (1.000.000); *sub-*

múltiplos: unidad, deci (0,1), centi (0,01), mili (0,001), micro (0,000.001) (v. 6-10).
6. Medidas de longitud. *Sistema métrico:* metro, decámetro, hectómetro, kilómetro, miriámetro; decímetro, centímetro, milímetro, micra o micrón (millonésima de metro). *Anglosajonas:* milla, yarda, pie, pulgada. *Españolas antiguas:* legua, vara, codo, cuarta, palmo, pie, pulgada, toesa (francesa).
7. Medidas de superficie. *Sistema métrico:* metro cuadrado, área o decámetro cuadrado (100 m²), hectárea o hectómetro cuadrado (10.000 m²), kilómetro cuadrado (1.000.000 m²); decímetro cuadrado, centímetro cuadrado, milímetro cuadrado. *Anglosajonas:* milla cuadrada, acre, yarda cuadrada, pie cuadrado, pulgada cuadrada. *Españolas antiguas:* fanega, estadal, vara cuadrada.
8. Medidas de volumen. *Sistema métrico:* metro cúbico, decámetro c., hectómetro c., kilómetro c., decímetro cúbico o litro (0,001 m³), centímetro cúbico, milímetro cúbico. *Anglosajonas:* yarda cúbica, pie c., pulgada c. *Esp. antiguas* (v. 9).
9. Medidas de capacidad. *Sistema métrico:* litro, decalitro, hectolitro, kilolitro; decilitro, centilitro, mililitro. *Anglosajonas:* galón, cuarto, pinta, barril, bushel (áridos). *Esp. antiguas:* arroba o cántara, azumbre, fanega, celemín, almud, cuarto, cuartillo (v. 10).
10. Medidas de peso o masa. *Sistema métrico:* gramo, decagramo, hectogramo, kilogramo, quintal, tonelada; decigramo, centigramo, miligramo. *Anglosajonas:* onza, libra, tonelada, piedra (stone). *Esp. antiguas:* tonelada, quintal, arroba, libra, onza, adarme.
11. Otras medidas. *Marinas:* legua marina, milla marina, nudo, braza, cable; *de ángulo plano:* grado sexagesimal, minuto, segundo, radián; *de tiempo*:* minuto, segundo, hora, día; *de frecuencia:* Hertz; *de velocidad:* metro por segundo, nudo; *de energía*, *trabajo, cantidad de calor:* julio («joule»), ergio, vatio-hora, caloría, frigoría; *de potencia:* vatio (W); *de fuerza:* dina, newton; *de presión:* bar, baria. Unidades eléctricas; *de intensidad:* amperio (A); *de fuerza electromotriz y diferencia de potencial:* voltio (V); *de resistencia:* ohmio (Ω); *de potencia:* vatio (W); *de cantidad de electricidad:* culombio (C); *de capacidad:* faradio (F). *Unidades caloríficas:* grados centígrados, g. Fahrenheit. *Unidades ópticas:* lux, lumen, candela. *De potencia:* caballo-vapor («horse-power» HP, CV). *De astronomía:* año luz, parsec, unidad astronómica.
12. Instrumentos de medida*. Metro rígido, m. plegable, doble decímetro, cinta métrica (de acero, de tela), cadena de agrimensor, escala, pie de rey, palmer, vernier, calibre, galga, jalón, transportador, limbo, compás, medidor (v. 13).

13. Aparatos* de medida. Medidor, contador, indicador*, registrador, aparato*, cuadro, mecanismo, teodolito, goniómetro, telémetro, manómetro, amperímetro, voltímetro, galvanómetro, sextante, astrolabio, balanza*, termómetro*, higrómetro, barómetro*, altímetro, anemómetro, dinamómetro, cuentavueltas, cuentarrevoluciones, taxímetro, odómetro, clinómetro, colorímetro (v. 12), cuentagotas, dosificador, gotero, vaso graduado, probeta, cronómetro, cronógrafo, reloj* (v. indicador*) (v. 12).

14. Medir. Determinar, comprobar*, comparar, calcular*, evaluar*, graduar, cronometrar, arquear, tantear, sondar, rastrear, medir la profundidad, tasar, tomar la altura, la longitud, la anchura, pesar*, transportar, calibrar, computar, dosificar, establecer, administrar*.
V. EXTENSIÓN, LARGO, PESO, VOLUMEN, CANTIDAD, CÁLCULO, EVALUACIÓN, ORDEN, INDICADOR.

medidor. V. MEDIDA 13.
medieval. Feudal, gótico, histórico*. V. FEUDALISMO 5.
medio. 1. Ambiente, esfera, ámbito. V. LUGAR 2.
— **2.** Núcleo, mitad, interior. V. CENTRO 1.
— **3.** Procedimiento, forma, manera. V. MODO 1.
— **4.** Trozo, pedazo, partido. V. FRAGMENTO 1, 4.
— **5.** *Medios*, bienes, fortuna, dinero*. V. RIQUEZA 1.
mediocre. Regular, pasable, intermedio. V. MEDIANO 1.
mediocridad. Ramplonería, vulgaridad*, término medio. V. MEDIANO 2.
mediodía. 1. Las doce, cenit, meridiano. V. HORA 2.
— **2.** Sur, punto cardinal, p. meridional. V. GEOGRAFÍA 4.
medioeval. V. medieval.
medioevo. Medievo, Edad Media, época feudal. V. FEUDALISMO 1.
medios. V. medio 5, 3.
mediquillo. Medicucho, medicastro, curandero. V. MÉDICO 3.
medir. V. MEDIDA 14.
meditabundo. Abstraído, absorto, pensativo. V. PENSAR 12.
meditación. Reflexión, cavilación, abstracción. V. PENSAR 7.
meditar. Cavilar, reflexionar, ensimismarse. V. PENSAR 1.
mediterráneo. 1. Litoral, costero, marítimo. V. MAR 10.
— **2.** Continental, interior, central. V. CENTRO 4.
— **3.** Latino, meridional, del Sur. V. EUROPEO 4.
médium. Ocultista, espiritista, hechicero*. V. ADIVINAR 2.
medrar. Mejorar, desarrollar*, prosperar. V. MEJOR 2.
medroso. Cobarde, miedoso, pusilánime. V. TEMOR 5.

médula. Meollo, tuétano, centro*. V. HUESOS 3.
medular. Básico, sustancial, fundamental. V. IMPORTANCIA 3.
medusa. Animal marino, celentéreo, invertebrado. V. ANIMAL 6.
Mefistófeles. Satanás, Lucifer, Diablo. V. DEMONIO 1.
mefistofélico. Diabólico, maquiavélico, astuto*. V. DEMONIO 5.
mefítico. Pestilente, insalubre, hediondo. V. HEDOR 2.
megáfono. Amplificador, bocina, altoparlante. V. ALTAVOZ 1.
megalito. Menhir, dolmen, piedra*. V. MONUMENTO 1.
megalomanía. Delirio de grandeza, ambición*, locura*. V. MANÍA 4.
megalómano. Insaciable, ambicioso*, loco. V. MANÍA 7.
megatón. Megatonelada, un millón de toneladas de TNT.
V. BOMBA 5.
mejicano. Mexicano, azteca, charro. V. AMERICANO 1.
mejilla. Carrillo, moflete, cachete. V. CARA 3.
mejillón. Almeja, bivalvo, marisco*. V. MOLUSCO 4.
MEJOR. 1. Destacado, sumo, supremo, superior*, principal, importante*, primero, distinguido, perfecto*, esclarecido, ilustre, prestigioso*, preferible, preferente, excelente, elevado, insuperable, inimitable, ideal, completo, total*, descollante, magnífico, grande*, alto, ilustre, señalado, único, consumado, culminante, intachable, impecable, trascendental, fundamental, primordial, dominante*, valioso, vital, poderoso*, omnipotente, predominante, adelantado, próspero*, notable, sobresaliente, aventajado, conspicuo, desarrollado*, rico, floreciente, fértil, lucrativo, conveniente, sano, saludable*, eficaz, cabal, bueno, bondadoso*, ventajoso, beneficioso*, favorable, propicio, fuerte, robusto, afortunado, excelso, exquisito, sublime, triunfante*, venturoso, feliz*, dichoso, boyante.
2. Mejorar. Adelantar, superar, prosperar*, progresar, desarrollar*, acrecentar, aumentar*, cambiar*, renovar, modificar, innovar, sofisticar, reformar, perfeccionar*, corregir, subir, transformar, modernizar, reorganizar, evolucionar, crecer, ganar, rebasar, aventajar, vencer, incrementar, ascender, promover, promocionar, elevar, florecer, expandir, ampliar, medrar, favorecer, fomentar, civilizar, educar*, impulsar, intensificar, sobresalir, destacar, enriquecerse, fortalecerse, triunfar*, reparar, enmendar, rehabilitar, regenerar, recuperar, rejuvenecer, hermosear*, valorizar, realizar, completar, descollar, culminar, idealizar, purificar, dominar*.

— **3**. Sanarse, restablecerse, aliviarse. V. CU-
RAR 3.
— **4**. Despejar, calmarse, aclarar. V. BONAN-
ZA 4.
5. Mejora. Adelanto, mejoría, incremento, intensificación, aumento*, perfeccionamiento*,
detalle*, toque, acrecentamiento, mejora-
miento, crecimiento, subida*, prosperidad*,
progreso, superioridad*, supremacía, auge,
civilización, desarrollo*, evolución, riqueza*,
beneficio*, expansión, superación, opulencia,
fomento, impulso, ganancia, ventaja, florecimiento*, suerte, victoria, triunfo*, preferencia, dominio, predominio, fuerza, calidad,
apogeo, promoción, ascenso, ampliación*,
valor, utilidad*, clase, eficacia, fortalecimiento,
robustecimiento, elevación, reforma, innovación, renovación, modificación, recuperación,
rehabilitación, regeneración, rejuvenecimiento,
hermoseamiento*, reparación, agrandamiento,
corrección, purificación, idealización.
6. Mejorado. Adelantado, ampliado, incrementado (v. 2).
Contr.: Peor, inferior*, imperfecto*, malo, enfermo*.
V. SUPERIOR, IMPORTANTE, PERFECTO, TOTAL,
ÚTIL, PRÓSPERO, DESARROLLADO, PRESTIGIO-
SO, BONDADOSO, BENEFICIOSO, FELIZ, HER-
MOSO, TRIUNFANTE.
mejora. V. MEJOR 5.
mejorado. V. MEJOR 6.
mejorar. V. MEJOR 2-4.
mejoría. 1. Restablecimiento, recuperación, curación. V. CURAR 4.
— **2.** Mejora, adelanto, aumento*. V. MEJOR 5.
mejunje. Mezcolanza, potingue, brebaje. V. MEZ-
CLA 3.
melancolía. V. melancólico.
melancólico. 1. Nostálgico, evocador, arrepentido.
V. AÑORANZA 3.
— **2.** Apenado, triste, decaído. V. AFLICCIÓN 5.
melaza. Meladura, jarabe, líquido azucarado. V.
AZÚCAR 2.
melée. fr Confusión, revoltijo, lío. V. DESORDEN 1.
melena. Pelambre, cabellera, mata de pelo. V.
PELO 2.
melenudo. Peludo, lanudo, hirsuto. V. PELO 9.
melifluo. Empalagoso, delicado, dulce. V. AFEC-
TACIÓN 2.
melindre. Cursilería, afectación*, carantoña. V.
REMILGO 1.
melindroso. Caprichoso, amanerado, ñoño. V.
REMILGO 2.
mella, melladura. Muesca, escotadura, deterioro*. V. CORTAR 4.
mellar. Dentar, desgastar, estropear. V. DETE-
RIORO 2.
mellizo. Gemelo, idéntico, semejante*. V. HER-
MANO 4.
melocotón. Durazno, fruta, albérchigo. V. FRU-
TO 5.

melodía. Armonía, motivo, cadencia. V. MÚSICA 2.
melódico, melodioso. Armonioso, afinado, dulce.
V. MÚSICA 13.
melodrama. Farsa, tragicomedia, exageración*.
V. TEATRO 2.
melodramático. Bufo, tragicómico, teatral*. V.
EXAGERACIÓN 4.
melómano. Musicómano, entendido, aficionado
a la música. V. MÚSICA 10.
melón. Cucurbitácea, planta, vegetal*. V. FRUTO 8.
melopea. 1. Cantilena, salmodia, canturreo. V.
CANTAR 1.
— **2.** Cogorza, curda, mona. V. BORRACHERA 1.
meloso. V. melifluo.
membrana. Pellejo, tegumento, cáscara*. V. PIEL 1.
membranoso. Fibroso, tegumentario, correoso.
V. CÁSCARA 3.
membrete. Título, rótulo, carta*. V. LETRERO 3.
membrillo. Membrillero, árbol*, fruta. V. FRUTO 5.
membrudo. Fornido, corpulento, musculoso. V.
VIGOR 2.
memez. Necedad, sandez, idiotez. V. TONTO 3.
memo. Necio, bobo, mentecato. V. TONTO 1.
memorándum. 1. Agenda, libreta, vademécum.
V. CUADERNO 1.
— **2.** Circular, comunicación, escrito*. V. NOTA 1.
MEMORIA. 1. Evocación, recuerdo, rememoración,
reminiscencia, remembranza, retentiva, facultad,
capacidad, don, aptitud, asociación de ideas,
repaso, vivencia, presencia, reconocimiento,
recordación, nostalgia, añoranza*, ocurrencia,
imaginación*, fantasía*, inspiración, alusión,
sugerencia, meditación, pensamiento*, inteligencia*, atención, abstracción, cavilación, invocación, mención*, especie, resonancia, conmemoración, recapitulación, obsesión*, insistencia,
resurrección, reconstrucción, revisión.
— **2.** Comunicación, relación, memorándum.
V. NOTA 1.
— **3.** *Memorias,* autobiografía, recuerdos, remembranzas. V. BIOGRAFÍA 1.
4. Clases. Memoria visual, gráfica, fotográfica,
auditiva, olfativa, local, conceptual, del fisonomista, de sucesos, de números, de figuras,
memoria feliz, excepcional, privilegiada, porten-
tosa, fabulosa, de elefante, frágil, débil, flaca,
deficiente.
5. Generalidades. Mnemotecnia, mnemónica,
regla mnemotécnica, conmemoración, festividad, ceremonia, aniversario, centenario, fiesta*,
santo, onomástica, cumpleaños, bodas de plata, de oro, de diamante.
6. Recordar. Evocar, refrescar, reconocer, rememorar, acordarse, añorar*, revivir, resucitar,
exhumar, desenterrar, memorizar (v. 7), hacer
memoria, caer en cuenta, traer a la memoria,
caer en mientes, tener presente, tener en la
punta de la lengua, asociar, conmemorar, celebrar, solemnizar*, festejar, reconstruir, ocurrirse, recapitular, resumir, abreviar*, reanimar,
repasar, remembrar, meditar, pensar*, cavilar,

invocar, imaginar*, fantasear*, abstraerse, inspirarse*, describir, explicar*, aludir, repetir, mencionar*, obsesionarse, insistir (v. 7).

7. Memorizar. Retener, recordar, grabar, inculcar, asimilar, aprender, empollar, infundir, imbuir, estudiar, educarse*, penetrar, profundizar, cursar (v. 6).

8. Que recuerda. Reminiscente, conmemorativo, alusivo, recordatorio, evocador, fisonomista, pensador*, memorista, memorioso, memorión, estudioso, machacón, empollón, imaginativo*, fantástico*, genial, inteligente*, dotado, infalible, retentivo, obsesionado*, insistente, reiterativo, retrospectivo, nostálgico, añorante*, sugerente, memorial, mnemotécnico, memorable, biográfico*, inolvidable, eterno, perpetuo, inmortal.

9. Recordatorio. Agenda, memorándum, dietario, cuaderno*, carnet, vademécum, nota*, apuntes, memorias, biografía*, advertencia, aviso, memento, inscripción, lápida, estela, monumento*, columna*, obelisco, in memoriam, ex voto.

Contr.: Olvido*, distracción, descuido, amnesia.

V. PENSAMIENTO, INTELIGENCIA, AÑORANZA, EDUCACIÓN, FANTASÍA, IMAGINACIÓN, INSPIRACIÓN, OBSESIÓN, BIOGRAFÍA.

memorial. Memorándum, circular, comunicación. V. NOTA 1.

memorista, memorión. V. MEMORIA 8.

memorizar. V. MEMORIA 7.

mena. Roca, veta, mineral metalífero. V. MINERAL 4.

menaje. Vajilla, utensilios, enseres. V. COCINA 5.

mención. V. MENCIONAR 2.

mencionado. V. MENCIONAR 3.

MENCIONAR. 1. Referirse, indicar, citar, nombrar*, evocar, aludir, recordar, decir, aducir, explicar*, insinuar*, detallar*, sugerir, mentar, tratar, alegar, precisar, manifestar, rememorar, contar, hablar*, advertir*, declarar, especificar, determinar, señalar*, relacionar, concernir, incumplir*, observar, aclarar, enumerar, llamar, subrayar, apuntar, firmar, signar, designar, calificar, establecer, definir, distinguir, describir.

2. Mención. Alusión, indicación, cita, citación, frase*, insinuación*, referencia, observación, sugerencia, evocación, memoria*, recuerdo, explicación*, señal, indirecta, rodear, eufemismo, aclaración, manifestación, declaración, relación, incumbencia*, advertencia*, enumeración, determinación, especificación, llamada, calificación, reminiscencia, indirecta, detalle*, alegato, dicho, distinción, definición, descripción, precisión.

3. Mencionado. Referido, citado, señalado*, aludido, detallado*, nombrado, anterior, de marras, dicho, antedicho, susodicho, precitado, evocado, explicado*, consabido, recordado, sugerido, advertido*, apuntado, descrito, indica-

do, infrascrito, suscrito, firmante, signatario, alusivo, relativo, concerniente, consiguiente, referente, incumbente*, insinuado*, mentado, especificado, determinado, enumerado, establecido, individualizado, calificado, designado, alegado, definido, subrayado, aclarado.

Contr.: Callar, omitir, silenciar*, olvidar*.

V. NOMBRAR, INSINUAR, ADVERTIR, EXPLICAR, INCUMBIR, DETALLAR.

mendacidad. V. mendaz.

mendaz. Mentiroso, falso, disimulado*. V. ENGAÑO 3.

mendicante. V. mendigo.

mendicidad. Indigencia, necesidad*, vagancia. V. POBRE 7.

mendigar. Suplicar, sablear, humillarse*. V. PEDIR 2.

mendigo. Pordiosero, indigente, necesitado*. V. POBRE 2.

mendrugo. Currusco, trozo, fragmento* de pan. V. PAN 4.

menear. Blandir, mover, agitar. V. SACUDIDA 2.

meneo. Impulso, zarandeo, movimiento. V. SACUDIDA 1.

menester. 1. Escasez, falta, pobreza*, V. NECESIDAD 2.

— **2.** Ocupación, empleo, tarea. V. TRABAJO.

menesteroso. Carente, pobre*, mísero. V. NECESIDAD 7.

menestra. Plato de hortalizas, guisado; legumbre. V. ALIMENTO 15.

menestral. Asalariado, artesano, obrero. V. TRABAJO 5.

mengano. Fulano, zutano, cualquiera. V. PERSONA 1.

mengua. Descenso, pérdida, reducción. V. DISMINUCIÓN 1.

menguado. Cobarde, ruin, vil*. V. TEMOR 5.

menguar. Mermar, acortarse, decrecer. V. DISMINUCIÓN 2.

menhir. Monolito, megalito, piedra*. V. MONUMENTO 1.

meningitis. Infección*, inflamación de meninges, enfermedad* cerebral. V. CEREBRO 4.

meninge. Membrana, revestimiento, cubierta cerebral. V. CEREBRO 3.

menisco. Concavidad, nivel; ligamento. V. CURVA 1; ARTICULACIÓN 4.

menopausia. Climaterio femenino, edad crítica. V. MENSTRUACIÓN 3.

menor. 1. Escaso, reducido, mínimo. V. PEQUEÑO 1.

— **2.** Criatura, adolescente, muchacho. V. NIÑO 1.

menos. Poco, falta, carencia. V. ESCASEZ 1.

menoscabar. Disminuir, despreciar*, ofender*. V. HUMILLACIÓN 5.

menospreciar. Desairar, postergar, humillar*. V. DESPRECIO 2.

menosprecio. V. menospreciar.

mensaje. 1. Aviso, anuncio*, misiva. V. CARTA 1.
— **2.** Enseñanza, sentido, significado*. V. EJEMPLO 1.

mensajero. Emisario, correo*, recadero. V. DELEGACIÓN 4.

MENSTRUACIÓN. 1. Regla, flujo, período, mes, menstruo, ciclo. c. menstrual, sangre*, menorragia, hemorragia, h. uterina*, excreción*, evacuación, desopilación sanguina, menarquia, fenómeno periódico, f. menstrual.
2. Anatomía. Órganos genitales femeninos, vulva*, vagina, ovarios, útero* o matriz, mucosa uterina o endometrio, óvulo, folículo de Graaf, cuerpo amarillo, nido uterino, glándulas*.
3. Ciclos. Primera menstruación o menarquia; menopausia o cese, climaterio femenino, edad crítica. *Fases:* fase premenstrual o de secreción, f. destructiva o del flujo menstrual, f. de regeneración y de proliferación.
4. Elementos. Ovulación, dehiscencia folicular, secreción; hormonas: foliculina, luteína o progesterona, gonadotropina; embarazo*, fecundación.
5. Trastornos. Amenorrea (falta), hipomenorrea (escasa), menorragia o hipermenorrea (abundante), polimenorrea (frecuente), metrorragia (no menstrual), dismenorrea (dolorosa).
6. Menstruar. Evacuar, excretar, ovular, sangrar*, tener la regla, t. el flujo, el mes (v. 1). V. EMBARAZO, SEXO, VULVA, GLÁNDULAS, EXCRECIÓN.

menstruar. V. MENSTRUACIÓN 6.

mensual. Regular, periódico, habitual*. V. TIEMPO 6.

mensualidad. Salario, sueldo, honorarios. V. PAGO 5.

ménsula. Rinconera, anaquel, estante. V. ARMARIO 2.

menta. Hierbabuena, aroma, esencia. V. CONDIMENTO 2.

mentado. Notable, famoso, mencionado*. V. CÉLEBRE 1.

mental. De la mente, cerebral*, intelectual. V. INTELIGENCIA 5.

mentalidad. Modo de pensar, juicio, carácter*. V. INTELIGENCIA 1.

mentar. Citar, aludir, nombrar*. V. MENCIONAR 1.

mente. Intelecto, entendimiento, cerebro*. V. INTELIGENCIA 1.

mentecato. Necio, bobo, zoquete. V. TONTO 1.

mentir. Disimular, desvirtuar, falsear*. V. ENGAÑO 2.

mentira. Falsedad*, embuste, patraña. V. ENGAÑO 1.

mentiroso. Falso*, enredador, embustero. V. ENGAÑO 3.

mentís. Negativa, desmentido, contradicción. V. NEGACIÓN 1.

mentón. Barbilla, barba, maxilar. V. CARA 3.

mentor. Preceptor, consejero, guía*. V. EDUCACIÓN 15.

menú. Minuta, carta, lista de platos. V. RESTAURANTE 2.

menudencia. Bagatela, pequeñez*, nadería. V. INSIGNIFICANTE 3.

menudillos. Vísceras, molleja, despojos de ave. V. CARNE 2.

menudo V. PEQUEÑO 1.

menudo (a). Frecuentemente, corrientemente, habitualmente. V. HÁBITO 8.

meñique. Dedo pequeño, d. chico. V. DEDO 2.

meollo. 1. Núcleo, sustancia, médula. V. CENTRO 1.
— **2.** Seso, cacumen, entendimiento. V. INTELIGENCIA 1.

mequetrefe. Botarate, chiquilicuatro, bullicioso V. DESGRACIADO 5.

mercachifle. Traficante, buhonero, feriante. V. COMERCIO 6.

mercader. Tratante, negociante, traficante. V. COMERCIO 6.

mercadería. Género, artículos, productos. V. PRODUCCIÓN 2.

MERCADO. 1. Feria, plaza, p. de abastos, edificio público, grandes superficies, emporio, lonja, zoco, baratillo, rastro, encante, alhóndiga, ágora, ferial, real, nave cubierta, almacén*, depósito, supermercado, hipermercado, autoservicio, comercio*, establecimiento, contratación, recova, bazar, tienda*; reunión, lugar.
2. Puesto. Tenderete, tienda*, quiosco, caseta, barraca, tiendecilla, local, bazar, casilla, tendal, toldo; venta de fruta, verdura, carne, fiambres, pescado, pan, leche, ultramarinos, pollos, huevos, caza, etc. (v. tienda 3).
3. Tendero. Feriante, puestero, marchante, mercachifle, comerciante*, vendedor*, almacenista, intermediario, asentador, abacero; verdulero, carnicero, etc. (v. tienda 5). V. TIENDA, COMERCIO, ALMACÉN, VENDER.

mercancía. V. mercadería.

mercante. V. mercantil.

mercantil. Comercial, del negocio, especulativo. V. COMERCIO 8.

mercar. Comprar*, traficar, negociar. V. COMERCIO 7.

merced. Favor, concesión, gracia. V. BENEFICIO 1.

mercenario. 1. Militar, soldado, combatiente asalariado. V. EJÉRCITO 5.
— **2.** Codicioso*, interesado, materialista. V. EGOÍSMO 2.

mercería. Establecimiento, local, venta al por menor. V. TIENDA 3.

mercurio. Cuerpo metálico, líquido*, plateado. V. METAL 6.

merecedor. V. MERECER 3.

MERECER. 1. Ser digno, hacerse acreedor, ganar, obtener, conseguir, lograr, percibir, recibir, beneficiarse*, cosechar, triunfar*, vencer, superar*, aventajar, prosperar*, adelantar, lograr justicia, tener mérito*.
2. Merecimiento. Reconocimiento, estimación, mérito*, aprobación, compensación, logro, ob-

tención, equidad, justicia, beneficio, consecución, triunfo*, ventaja*, ganancia, superación*, adelanto.

3. Merecedor. Acreedor, meritorio*, digno, loable, laudable, ponderable, estimable, encomiable, recomendable, benemérito, plausible, ensalzable, digno de elogio, merecido (v. 4).

4. Merecido. Equitativo, justo, apropiado, meritorio*, debido, logrado, ganado, percibido, bien empleado, digno, reconocido, aprobado, acordado, gratificado, recompensado.
Contr.: Desmerecer.
V. MÉRITO, BENEFICIO, TRIUNFO, SUPERACIÓN, VENTAJA.

merecido. V. MERECER 4.

merecimiento. V. MERECER 2.

merendar. Tomar, comer, nutrirse. V. ALIMENTO 11.

merendero. Establecimiento, quiosco, puesto. V. RESTAURANTE 1.

merengue. Dulce, golosina, confite. V. CONFITERÍA 3.

meretriz. Ramera *desp*, puta *desp vulg*, buscona *desp*. V. PROSTITUCIÓN 3.

meridiano. 1. Círculo terrestre, c. máximo, línea geográfica. V. GEOGRAFÍA 4.
— **2.** Explícito, claro, inteligible. V. INTELIGENCIA 7.

meridional. 1. Del sur, del mediodía, austral. V. GEOGRAFÍA 4.
— **2.** Latino, mediterráneo, occidental. V. EUROPEO 4.

merienda. Refrigerio, piscolabis, tentempié. V. ALIMENTO 3.

merino. Ovino, carnero, ganado*. V. OVEJA 1, 2.

MÉRITO. 1. Cualidad*, virtud, ventaja*, valor, interés*, poder, superioridad*, beneficio*, provecho, conveniencia, incentivo, utilidad*, eficacia, ejemplo*, trascendencia, importancia*, comodidad*, capacidad, merecimiento*, calidad, habilidad*, reconocimiento, justicia, alabanza, servicio, aplauso, elogio*.

2. Meritorio. Valioso, provechoso, inapreciable, apreciable, precioso, conveniente, ventajoso*, interesante*, beneficioso*, eficaz, importante*, prestigioso*, famoso, reputado, ejemplar, laudable, loable, elogiable*, estimable, inestimable, cotizado, acreditado, apreciado, encomiable, plausible, significativo (v. 1).
— **3.** Aprendiz, auxiliar, ayudante. V. AYUDA 4.

4. Tener mérito. Valer, merecer*, ser digno, cotizarse, importar, poder, significar, aventajar, superar, interesar*, convenir, triunfar*, hacerse acreedor, trascender, lograr, conseguir, recibir, percibir.
Contr.: Menoscabo, demérito, detrimento, descrédito.
V. PRESTIGIO, CUALIDAD, VENTAJA, INTERÉS, UTILIDAD, BENEFICIO, MERECIMIENTO, COMODIDAD, ELOGIO, MERECER.

meritorio. V. MÉRITO 2, 3.

merluza. Pez marino, pescadilla, pescado. V. PEZ 7.

merma. Desgaste, pérdida, mengua. V. DISMINUCIÓN 1.

mermar. Rebajar, perder, reducir. V. DISMINUCIÓN 2.

mermelada. Jalea, compota, dulce. V. CONFITERÍA 6.

mero. 1. Pez teleósteo, pez marino, pescado. V. PEZ 9.
— **2.** Simple, escueto, puro. V. SENCILLO 1.

merodeador. Sospechoso*, vagabundo*, ladrón*. V. DELITO 3.

merodear. Rondar, acechar, deambular. V. VAGABUNDO 5.

mes. 1. Período, lapso mensual, mensualidad. V. TIEMPO 2.
— **2.** Regla, período, menstruo. V. MENSTRUACIÓN 1.

MESA. 1. Mueble*, consola, velador, mesilla, mesa de noche, altar, tabla, escritorio, buró, escribanía, bufete, pupitre, despacho, mesa de despacho, aparador, trinchero, ménsula, soporte*, mostrador, contador, coqueta, tocador, cómoda, apoyo, repisa, estante, sostén, trípode, mesa de comedor, de ruedas, extensible, desmontable, mesa camilla, costurero, rinconera.

2. Partes. Tablero, patas, pies, cajón, tirador, cantonera; gaveta, cabecera, ala, caballete, rodapié, tabla.

3. Enseres. Vajilla, mantelería, cristalería. V. MESA (SERVICIO DE).
V. MUEBLE, SOPORTE, MESA (SERVICIO DE).

MESA (servicio de). 1. Juego, j. de mesa*, cubertería (v. 2), vajilla, cristalería (v. 7), mantelería (v. 8), servicio, loza, cubiertos, platos, equipo, utensilios, adminículos, enseres de cocina*.

2. Cubiertos. Cubertería, juego de mesa, cubierto, utensilio, adminículo, instrumento, tenedor (v. 4), cuchillo (v. 5), cuchara (v. 6), pinzas para espárragos, p. para azúcar, p. para pasteles, tijeras para aves y caza, pala para helados, p. para pescado, p. para huevos, cubiertos para ensaladas, c. para servir salsas, cascanueces, cascapiñones, sacacorchos, tirabuzón, abridor de botellas, abrelatas, servilletero, colador de té, mondadientes, palillos de dientes.

3. Materiales. Plata, alpaca, oro, acero inoxidable, madera, plástico.

4. Tenedor. Partes: mango, punta o púa. Clases: de mesa, para carnes, para pescado, de postre, para langosta, ostras, ensalada, fruta, melón, helado, para trinchar.

5. Cuchillo*. Partes: mango, espiga, hoja, filo, lomo o canto, virola, tope. Clases: de mesa, postre, para carne, pescado (pala), trinchar, trinchante, queso, fruta, caviar, mantequilla.

6. Cuchara. Partes: mango, cuenco. Clases: de mesa, postre, sopera, para salsas, ensalada, helado, cucharón, cucharilla, c. de té, c. de café.

7. Vajilla, cristalería. *Platos:* hondo, llano, de huevos, de postre, platillo, cuenco, escudilla, fuente, bandejita. Vasos: de agua, «whisky», jarra o «bock». Copas: de agua, vino, licor, jerez, coñac, champaña, cava. Otros: taza, sopera, fuente, bandeja, ensaladera, cafetera, tetera, lechera, quesera, mantequera, frutero, galletero, panera, huevera, escalfador, dulcera, compotera, confitero, bombonera, azucarero, salsera, alcuza, aceitera, vinagrera, salvilla, salero, pimentero, mostacera, licorera, jarra para nata, lavafrutas, lavamanos, aguamanil, centro de mesa, florero, candelabro, palillero (palillos, mondadientes), calientaplatos, salvamanteles, infiernillo, cepillo y recogedor de migas, cesta para botellas, ponchera, servicio de café, s. de té, s. de postre.

8. Mantelería. Juego de mesa, mantel, tapete o mantel individual, servilletas, mantelería de té, m. de café; muletón, carpeta, paño, tapete, cubierta, lienzo, tela*.

V. CUCHILLO, MESA, ALIMENTO, COCINA.

mesar(se). Arrancar, manosear, tirarse del cabello. V. PELO 8.

mescolanza. Amasijo, revoltijo, confusión. V. MEZCLA 3.

meseta. Planicie alta, llano, altiplanicie. V. LLANURA 1.

Mesías. Redentor, Enviado, Salvador. V. CRISTO 1.

mesnada. Hueste, partida, tropa. V. EJÉRCITO 1.

mesón. Fonda, posada, venta. V. HOTEL 1.

mesonero. Ventero, fondista, posadero. V. HOTEL 5.

mestizar. Cruzar, combinar, unir. V. ETNIAS 9.

mestizo. Híbrido, bastardo, mulato. V. ETNIAS 9.

mesura. Prudencia, sensatez, seriedad. V. MODERACIÓN 1.

mesurado. V. mesura.

meta. Término, final, objetivo. V. FIN 1.

metabolismo. Asimilación, transformación orgánica, t. fisiológica. V. FISIOLOGÍA 3.

metacarpo. Parte de la mano, huesos* de la mano, metacarpianos. V. MANO 7.

metafísica. Ciencia de los principios, abstracción, teoría. V. ABSTRACTO 2.

metafísico. Teórico, complejo, incomprensible*. V. ABSTRACTO 1.

metáfora. Alusión, alegoría, símil. V. EJEMPLO 1.

METAL. 1. Cuerpo simple, elemento, mineral*, mezcla*, aleación, liga, amalgama, combinación, cuerpo metálico; latón, azófar.

— **2.** Sonido*, timbre, tono. V. MÚSICA 2.

3. Propiedades. Metal maleable, dúctil, buen conductor, opaco, de brillo metálico, estado sólido (excepto mercurio), carga eléctrica positiva, dureza, tenacidad, radiactividad (algunos), oxidación.

4. Clasificación. Metales nobles, preciosos (v. 5), comunes (v. 6), de aleación (v. 7), radiactivos (v. 8), alcalinos, alcalinotérreos; ligeros, pesados (v. 6); ricos, pobres.

5. Metales preciosos. Platino, oro, plata, iridio, osmio, rutenio.

6. Metales comunes, pesados y otros. Hierro*, estaño, cobre, aluminio, cinc, calamina, tungsteno o wolframio, titanio, plomo, níquel, cobalto, cromo, antimonio, cadmio, mercurio, germanio, berilio, manganeso, molibdeno, volframio, vanadio, rodio, paladio, bario, calcio, cesio, galio, rubidio, litio, magnesio, estroncio, tantalio, circonio, uranio, plutonio, europio.

7. Metales de aleación. Bronce, latón, azófar, acero, duraluminio, cuproníquel, hojalata, alpaca o metal blanco, m. tipográfico, metales de corte rápido.

8. Metales radiactivos. Radio, uranio, plutonio, torio, actinio, polonio, francio.

9. Formas naturales. Mineral*, filón, veta, vena, ganga, pepita, óxidos, silicatos, carbonatos, sulfatos, bauxita, pirita, blenda, metal nativo.

10. Operaciones metalúrgicas. V. METALURGIA.

11. Generalidades. Mineralogía*, minería*, metalurgia*, metalografía, orfebrería, alquimia*, química*, símbolo, valencia, punto de fusión.

12. Formas. Lingote, barra, plancha, palastro, viga, varilla, alambre, tocho, perfiles (v. metalurgia*).

13. Metálico. Acerado, duro*, férreo, resistente; inquebrantable, mineral, sólido, maleable, dúctil, tenaz; brillante*, plateado, dorado, etc. (v. metalurgia 8); herrumbroso, oxidado, roñoso, enmohecido, deteriorado*, estropeado.

14. Oxidación. Herrumbre, óxido, cardenillo, deterioro*, verdín, roña, orín, robín, moho, roya. Oxidarse, enmohecerse, herrumbrarse, deteriorarse*.

V. METALURGIA, FORJA, MINERAL, HIERRO.

metálico. 1. V. METAL 13.

— **2.** Moneda, efectivo, billetes. V. DINERO 1.

metalizado. V. METALURGIA 8.

metalizar. V. METALURGIA 10.

METALOIDE. 1. Elemento*, elemento químico*, cuerpo simple, no metálico, mal conductor, poco pesado.

2. Enumeración. Hidrógeno, oxígeno, carbono, flúor, cloro, bromo, yodo, azufre, selenio, teluro, nitrógeno, fósforo, arsénico, antimonio, boro, silicio, germanio, helio, neón, argón, criptón, xenón.

V. QUÍMICA, ELEMENTO.

METALURGIA. 1. Industria, arte, siderurgia, acería, fundición, factoría, taller, horno, extracción, transformación, elaboración, fabricación*, tratamiento de los metales*, de minerales*.

2. Alto horno. Horno de cuba, h. de cubilote, montacargas, coque, plataforma de carga, cuba, tolva, tobera, escoria, vagoneta, inyección de aire, aire caliente, depurador, convertidor Bessemer, convertidor Thomas, horno Martin-Siemens, hogar, molde, lingotera, conducto del gas, chatarra, cuba de acero fundido, caldero de colada, colada, tocho, lingote de acero, gasógeno, grúa* (v. 1).

3. Acero. Metal*, aleación; acero fundido, colado, rápido, especial, inoxidable, duro, al carbono, al cromo, al magnesio, al cobalto, magnético, níquel, Bessemer.

4. Hierro, otros metales, aleaciones. V. HIERRO, METAL.

5. Formas, perfiles. Lingote, barra, plancha, palastro, tocho, viga, varilla, alambre, cable, tubo*, muelle; perfil en U, en T, en doble T, en Z, redondo, ángulo, media caña, plano, semiplano, cuadrado, carril.

6. Fundición. Cubilote, horno de fundición, tubería de aire, canal de sangría (de colada), mirilla, caldero de colada, crisol, antecrisol, fundidor, vaciador, moldeador, molde, grúa, modelo, bebedero, canal de escoria, respiradero, cuchara de colada, colada, arena de moldear, macho, alma, taller de desbaste.

7. Laminado. Laminadora de barras, de planchas, de Blooming, horno de recocido, laminador triple, tren de rodillos, horno de chapas, vagoneta, volquete, cilindros, tren laminador, canal, calibre, mesa de control, tambor, plancha en bruto.

8. Recubrimiento metálico. Electroquímica, electrólisis, baño electrolítico, capa, chapado, placado, galvanoplastia, galvanizado, plateado, dorado, niquelado, cromado, cincado, estañado, tratado, resistente, pavonado, plomado, inoxidable, metalizado, bañado, protegido*, recubierto*, brillante* (v. electricidad 8).

9. Acción, metalurgia. Forjar*, metalizar, fundir, colar, pudelar, templar, moldear, acerar, convertir, depurar, tratar, transformar, herrar, revenir, afinar, laminar, estirar, alear, ligar, amalgamar, embutir, cincelar, soldar, trefilar, acrisolar, cementar, recocer, adulzar, beneficiar (v. 10).

10. Acción, electrolisis. Bañar, tratar, cubrir, recubrir*, galvanizar, dorar, platear, niquelar, metalizar, chapar, abrillantar, cromar, estañar, plomar, cincar (v. 8, 9).

11. Metalúrgico. Industrial, siderúrgico, fabril. Obrero, operario, trabajador*, fundidor, forjador*, mecánico, montador, ajustador, fresador, tornero, remachador, soldador, estampador, rectificador, herrador, herrero, chapista, carrocero, maquinista*.

V. METAL, HIERRO, FORJA, MINERAL.

metalúrgico. V. METALURGIA 11.

metamorfosis. Transformación, modificación, conversión. V. CAMBIO 3.

metano. Hidrocarburo, h. gaseoso, grisú. V. GAS 2.

metatarso. Parte del pie, huesos* del pie, metatarsianos. V. PIE 6.

metempsicosis. Reencarnación, transmigración de las almas, metamorfosis. V. RELIGIÓN 3.

meteórico. Vertiginoso, veloz, instantáneo. V. RAPIDEZ 2.

meteorito. Aerolito, bólido, estrella fugaz. V. ASTRONOMÍA 10.

meteoro. 1. Fenómeno meteorológico, atmosférico, celeste. V. METEOROLOGÍA 2.
— **2.** V. meteorito.

METEOROLOGÍA. 1. Ciencia*, estudio de la atmósfera*, de sus fenómenos, predicción del tiempo; ambiente, tiempo, clima (v. 5).

2. Fenómenos meteorológicos. Elementos, agentes atmosféricos. Meteoros: arco iris, aurora boreal, halo, fuego de San Telmo, nube*, niebla, neblina, bruma, celaje, rayo*, relámpago, trueno, viento*, lluvia*, nieve, helada, escarcha, rocío, granizo, tormenta*, huracán, ciclón*, tromba marina, espejismo; erosión.

3. Mapa del tiempo. Zona de altas presiones, z. de máximo barométrico (anticiclón, buen tiempo); z. de bajas presiones, z. de mínimo barométrico (ciclón, mal tiempo); línea isoterma, isotermas, l. isobara, isobaras, gráfico, frente, f. cálido, f. frío u ocluido, f. estacionario, f. polar, línea de convergencia, borrasca, masa de aire, a. frío, a. polar, a. continental, a. marítimo, a. cálido, seclusión, oclusión, cuña de alta presión; signos: flechas, rayados, dientes en punta, d. romos, signos de viento*, de lluvia*, nubes*, nieve, granizo. Boletín, parte meteorológico, Servicio Meteorológico Nacional.

4. Aparatos. Barómetro* (presión atmosférica), anemómetro (intensidad del viento*), veleta, catavientos (dirección del viento*), pluviómetro (lluvia*), termómetro* (temperatura), higrómetro (humedad), sismógrafo (terremotos*); barómetro aneroide, b. de mercurio, b. registrador o barógrafo, cinta registradora, termómetro de máxima y de mínima, globo sonda, radar-viento, cohete meteorológico, satélite meteorológico (Tiros = «Television Infra-Red Observation Satellite», Satélite de observación por televisión e infrarrojos, EE.UU.), Meteosat («Meteorological Satellite»; Agencia Espacial Europea, ESA). Garita, observatorio meteorológico, dependencia.

5. Clima. Ambiente, zona, región, aire, medio, tiempo atmosférico (v. 6), condición atmosférica, estado a., situación a., clima continental, mediterráneo, marítimo, tropical, local, riguroso, benigno, climatología, influencias: régimen de vientos*, nubosidad, altitud, latitud, continentes, océanos, mares*, montaña*, capas atmosféricas, distribución geográfica, sol*, calor*, temperatura, zonas terrestres, presión atmosférica. Estaciones: primavera, verano, otoño, invierno.

6. Buen tiempo. Bonanza*, frescor, calma; tiempo claro, bonancible*, escampado, despejado, sereno, encalmado, tranquilo, estable, fresco, grato, agradable, templado, moderado, suave, hermoso, quieto, bueno, apacible, plácido, veraniego, primaveral, otoñal, cálido, caluroso, canicular; cielo estrellado, limpio, raso, azul (v. 7).

7. Mal tiempo. Tormenta*, ciclón*, inclemencia, rigor, crudeza, dureza, frío, calor; tiempo tormentoso, tempestuoso, inclemente, desapacible, borrascoso, lluvioso*, cargado, riguroso, proceloso, ventoso, turbulento, atemporalado, destemplado, frío, helado, invernal, encrespado, inestable, inseguro; cielo nublado, oscuro, gris, cerrado, viento* huracanado.

8. Acción. Mejorar: abonanzar, escampar, calmarse, amainar, disminuir, ceder, aflojar, serenar, abrir, aclararse, limpiarse. Empeorar: aborrascarse, encelajarse, cubrirse, nublarse*, encapotarse, oscurecerse, cargarse, anubarrarse, entoldarse, velarse, cerrarse, ennegrecerse, amenazar, enfoscarse.

9. Meteorólogo. Técnico, especialista, perito, meterologista, científico, experto, hombre del tiempo, pronosticador.

10. Meteorológico. Atmosférico, ambiental, espacial, aéreo, climatológico, climático, gaseoso, celeste, etéreo, estratosférico; territorial, comarcal, regional; científico*, técnico, especializado.
V. ATMÓSFERA, BONANZA, TORMENTA, CICLÓN, NUBE, VIENTO, LLUVIA, RAYO, FRÍO, CALOR.

meteorológico. V. METEOROLOGÍA 10.
meteorólogo. V. METEOROLOGÍA 9.
meter. 1. Penetrar, insertar, incluir. V. INTRODUCIR 1.
— **2.** Embalar, envolver*, envasar. V. ENVASE 2.
— **3.** Meterse, inmiscuirse, injerirse, entrometerse. V. CURIOSIDAD 4.
meticuloso. 1. Puntilloso, exacto*, minucioso. V. DETALLE 3.
— **2.** Timorato, asustadizo, miedoso. V. TEMOR 5.
metódico. Prolijo, minucioso, regular. V. ORDEN 8.
metodista. Reformista. V. PROTESTANTE 2.
método. 1. Sistema, procedimiento, costumbre. V. MODO 1.
— **2.** Manual, texto, prontuario. V. LIBRO 2.
metomentodo. Indiscreto, fisgón, intruso*. V. CURIOSIDAD 2.
metralla. Esquirlas, hierros, fragmentos de munición. V. PROYECTIL 2.
metralleta. Arma automática, a. portátil, subfusil. V. FUSIL 1.
metro. 1. Unidad de medida fundamental, u. de longitud. V. MEDIDA 6.
— **2.** Metropolitano, ferrocarril metropolitano, f. subterráneo. V. FERROCARRIL 16.
metrópoli, metrópolis. 1. Urbe, capital, población importante. V. CIUDAD 1.
— **2.** Nación, potencia, estado central. V. COLONIA 6.
metropolitano. Urbano, capitalino, ciudadano. V. CIUDAD 8.

mexicano. Azteca, charro, mejicano. V. AMERICANO 1.
MEZCLA. 1. Amalgama, conglomerado, combinación, composición, masa (v. 2), compuesto, unión*, suma, total*, miscelánea, popurrí, asociación*, amasijo, mezcolanza (v. 3), amontonamiento, depósito, conjunto, surtido, liga, aleación, confusión, lío, desorden*, revoltillo, reunión, ligazón, mixtura, variedad*, diversidad, colección*, heterogeneidad, abigarramiento, entrevero, adulteración, promiscuidad, aglutinación, aglomerado, amontonamiento, acumulación, almacenamiento, emulsión (v. 2, 3).
— **2.** Masa, pasta, papilla, mezcla (v. 1), pulpa, gachas, papas, crema, puré, plasta, mazacote, masilla, mástique, argamasa, magma, pegote, emplasto, engrudo, adhesivo*, mucílago, goma, cola, empaste, mezcolanza (v. 3).
3. Mezcolanza. Amasijo, confusión, enredo, revoltillo, revoltijo, desorden*, fárrago, mejunje, pisto, potaje, pastel, embrollo*, potingue, bodrio, olla podrida, popurrí, bazofia, porquería, basura*, sobras, impureza, ensaladilla, pepitoria, cóctel, morralla, brebaje, bebida*, bebistrajo, pócima, medicamento*, guisote, frangollo, mezcla (v. 1), masa (v. 2).
4. Mezclar. Reunir, combinar, asociar, unir*, incorporar, agregar, juntar, fundir, fusionar, conglomerar, aglomerar, aglutinar, surtir, componer, amalgamar, asociar, mixturar, menear, agitar, batir, revolver, mover, entremezclar, desordenar*, confundir, aguar, abigarrar, variar*, alear, ligar, entreverar, acumular, amontonar, coleccionar*, depositar, emulsionar, diluir, bautizar, cortar, falsificar*, adulterar, amasar (v. 5, 6).
— **5.** Implicar, complicar, comprometer. V. CULPA 8.
— **6.** Mezclarse, intervenir, injerirse, entrometerse. V. CURIOSIDAD 4.
7. Mezclado. Amalgamado, combinado, mixto, heterogéneo, unido*, reunido, juntado, compuesto, múltiple, surtido, asociado, híbrido, mestizo, abigarrado, misceláneo, diverso, variado*, variopinto, entreverado, adulterado, falsificado*, impuro, inmundo, contaminado, promiscuo, aglutinado, aglomerado, conglomerado, revuelto, fusionado, agregado, embrollado*, desordenado*, confuso, amontonado, acumulado*, depositado, ligado, aleado (v. 8).
— **8.** Implicado, complicado, comprometido. V. CULPA 4.
Contr.: Separar, dispersar, descomponer.
V. UNIÓN, COLECCIÓN, ACUMULACIÓN, ASOCIACIÓN, DESORDEN, EMBROLLO, CONFUSIÓN.
mezclado. V. MEZCLA 7.
mezclar. V. MEZCLA 4.
mezcolanza. V. MEZCLA 3.
mezquindad. V. mezquino.

mezquino. 1. Sórdido, miserable, tacaño. V. AVA-
RICIA 2.
— **2.** Pobre*, pequeño*, exiguo. V. IN-
SIGNIFICANTE 1.
mezquita. Morabito, alminar, templo musulmán.
V. TEMPLO 2.
miasma. Efluvio, emanación perniciosa, infección*.
V. HEDOR 1.
miau. Maullido, onomatopeya*, voz del gato*.
V. VOZ 4.
micción. Aguas menores, meada, orina. V. EX-
CRECIÓN 2.
mico. Cuadrumano, primate, macaco. V. MONO 1.
microbio. V. MICROORGANISMO 1.
microbiología. V. MICROORGANISMO 7.
microbiólogo. V. MICROORGANISMO 8.
microfilme. Reproducción, copia reducida, película. V. FOTOGRAFÍA 2.
micrófono. Amplificador, aparato*, altavoz*. V.
RADIO 7.
MICROORGANISMO. 1. Microbio (v. 2), bacteria,
agente infeccioso*, a. patógeno, germen, animálculo, protozoo (v. 5), protozoario, parásito*,
organismo o ser microscópico* o monocelular,
o. unicelular, ameba, virus, hongo*, levadura
(v. 2).
2. Microbios. Microbios aerobios, m. anaero-
bios, bacterias; bacilos (bastoncitos) (v. 3), cocos
(esféricos) (v. 4), espiroquetas (espiral), vibriones (coma). *Otros microorganismos:* espirilo,
treponema, rizópodo, rickettsia, esporozoario,
plasmodium, p. malariae, p. ovale, brucella,
tripanosoma, tricomonas, amebas, protozoos
(v. 5), hongos*, levaduras; virus, virus filtrables,
ultravirus.
3. Bacilos. Colibacilo, cocobacilo, comabacilo,
bacilo tífico, b. paratífico, b. tuberculoso o de
Koch, b. leproso, b. abortus, b. del tétanos, b.
de la peste bubónica, b. diftérico, b. del botulismo (v. 1, 2).
4. Cocos. Micrococo, estreptococo, estafiloco-
co, neumococo, gonococo, meningococo (v.
1, 2).
5. Protozoos. Protozoarios. Flagelados: tripanosoma, opalina, euglena. Rizópodos: ameba
(seudópodos), foraminífero, radiolario, arcella,
difflugia, acanthometra. Infusorios o ciliados
(cilias vibrátiles): paramecio, vorticela, sténtor,
balantidium. Esporozoos (parásitos, esporas):
coccidium, gregarina, hemosporidio, nosema.
6. Enfermedades. *Por bacterias:* tuberculosis,
tétanos, difteria, lepra, peste bubónica, septicemia, carbunco, tifus, paratifus. *Por protozoos:*
disentería amebiana, enfermedad del sueño,
malaria, sífilis. *Por virus:* fiebre amarilla, gripe, poliomielitis, dengue, sarampión, rabia,
psitacosis, tracoma, viruela, sida (síndrome de
inmunodeficiencia adquirida). Por hongos: enfermedades de la piel*.
7. Generalidades. Microbiología, bacteriología,
parasitología*, epidemiología, cilia, flagelo,

seudópodo, espora, toxina, tóxico, veneno*,
virus, cultivo, caldo de cultivo, antitoxina, vacuna*, suero, inyección*, droga*, antibiótico*,
microbicida, bactericida, medicamento*, inmunología, inmunidad, asepsia, antisepsia, esterilización, desinfección*, inoculación, infección*,
epidemia, endemia, pandemia, peste, virulencia, resistencia, cordón sanitario, cuarentena,
lazareto, hospital*, estufa de cultivos, microscopio*, examen microscópico, diagnóstico (v.
infección*).
8. Microbiólogo. Bacteriólogo, parasitólogo*,
investigador, científico*, estudioso, médico*,
biólogo*, epidemiólogo, sabio*.
V. PARÁSITO, ENFERMEDAD, INFECCIÓN, HON-
GO, MEDICAMENTO, ANTIBIÓTICO, VACUNA,
VENENO, DESINFECTANTE, MICROSCOPIO,
MEDICINA, MÉDICO.
microscópico. V. MICROSCOPIO 5.
MICROSCOPIO. 1. Instrumento óptico, amplificador de imágenes, aparato de óptica*.
2. Clases. Microscopio óptico, simple (v. 3),
compuesto, binocular, electrónico (v. 3), ultramicroscopio, m. de disección, metalográfico,
polarizante, de proyección, estereoscópico.
Cuentahilos, lupa, lente*.
3. Partes. Tubo, lente*, ocular, objetivo, revólver, r. de varios objetivos, platina, portaobjetos, cubreobjetos, preparación microscópica,
espejo, condensador, lámpara, montura, tornillo micrométrico, t. de enfoque, cremallera,
articulación, pie. *Microscopio electrónico:* haz
de electrones, campo eléctrico, lentes magnéticas, vacío, ventana de cuarzo, pantalla, lente
electrónica.
4. Generalidades. Imagen, foco, distancia
focal, poder separador, p. resolutivo, refracción, rayos luminosos, aumentos, bálsamo del
Canadá, frotis, preparados, coloración, colorantes, hematoxilina-eosina, micrótomo, microfotografía; microbio, bacteria, virus, protozoo,
corpúsculo, parásito* (v. microorganismo*).
5. Microscópico. Minúsculo, imperceptible, diminuto, insignificante*, pequeñísimo*, invisible,
menudo, ínfimo, inapreciable.
V. LENTE, ÓPTICA, MICROORGANISMO.
miedo. Susto, espanto, pavor. V. TEMOR 1.
miedoso. Asustadizo, pusilánime, cobarde*. V.
TEMOR 5.
miel. Sustancia dulce, almíbar, jarabe. V. ABEJA 8.
miembro. 1. Extremidad, órgano, apéndice*. V.
BRAZO 1, PIERNA 1.
— **2.** Porción, integrante, componente. V.
PARTE 1.
— **3.** Afiliado, socio, adepto. V. ASOCIACIÓN 12.
— **4.** Verga, falo, pene. V. SEXO 8.
mientras. Entre tanto, mientras tanto, en el ínterin. V. DURACIÓN 6.
mierda. Evacuación, defecación, excremento. V.
EXCRECIÓN 3.
mies. Espiga, cereal, siega. V. SEMILLA 3, 4.

miga. 1. Centro, parte, migaja del pan. V. PAN 4.
— **2.** Sustancia, meollo, núcleo. V. CENTRO 1.
migaja. 1. V. miga 1.
— **2.** Menudencia, residuo*, insignificancia*.
V. FRAGMENTO 1.
migración. Partida, desplazamiento, éxodo. V.
MARCHAR 5.
migraña. Jaqueca, achaque, dolor de cabeza. V.
CABEZA 10.
mijo. Gramínea, grano, cereal. V. SEMILLA 1, 2.
mil. Millar, diez veces cien. V. NÚMERO 4.
milagro. Prodigio, asombro, portento. V. MARA-
VILLA 1.
milagroso. V. milagro.
milano. Neblí, azor, ave de presa. V. AVE 8.
milenario. 1. Conmemoración, aniversario, celebración. V. FIESTA 1.
— **2.** Arcaico, histórico*, antiquísimo. V. AN-
TIGUO 1.
milenio. Mil años, lapso, período. V. AÑO 2.
milicia. Fuerzas armadas, tropa, hueste. V. EJÉR-
CITO 1.
miliciano. Combatiente, soldado, guerrillero. V.
EJÉRCITO 5.
milímetro, miligramo. V. MEDIDA 6, 10.
militante. Integrante, partidario, componente. V.
PARTICIPAR 5.
militar. 1. Soldado, combatiente, guerrero*. V.
EJÉRCITO 5.
— **2.** Castrense, marcial, belicoso. V. GUERRA 7.
— **3.** Integrar, enrolarse, componer. V. PARTI-
CIPAR 1.
militarismo. Belicismo, combatividad, agresividad.
V. GUERRA 11.
militarista. Belicoso, guerrero, combativo. V.
GUERRA 7.
militarizar. Incorporar, reclutar, disciplinar. V.
ARMA 6.
milla. Medida itineraria, m. marina, m. inglesa. V.
MEDIDA 6.
millar. V. mil.
millón. Mil millares, exceso, profusión. V. NÚME-
RO, ABUNDANCIA.
millonario. Magnate, potentado, adinerado. V.
RIQUEZA 3.
milonga. Tonada popular, baile rioplatense. V.
BAILE 6.
mimado. V. MIMAR 2.
MIMAR. 1. Consentir, malcriar, condescender,
viciar*, resabiar, contemplar, complacer, satisfacer*, estropear, halagar, regalar, tolerar*,
permitir, fomentar, cuidar, favorecer, proteger*,
maleducar, mal acostumbrar, echar a perder.
2. Mimado. Mimoso, melindroso, malcriado,
consentido, viciado*, resabiado, estropeado,
regalado, regalón, tolerado, permitido, maleducado, mal acostumbrado, echado a perder,
grosero, desconsiderado, descortés*, insolente,
impertinente, descarado, protegido, delicado,
remilgado* (v. 3).

3. Mimoso. Sobón, acariciador, besucón, acaramelado, melifluo, empalagoso, fastidioso,
pegajoso, molesto*, regalón, zalamero, melindroso, delicado, consentido, aniñado (v. 2).
4. Mimo. Arrumaco, sobo, caricia*, carantoña,
monada, aspaviento, mohín, gesto*, zalema, zalamería, abrazo*, beso, ósculo, cariño,
amor*, ternura, remilgo*, melindre, halago, regalo*, tolerancia*, permiso, mala crianza, mala
educación, grosería, descortesía*, insolencia,
descaro, delicadeza, necedad, tontería*.
— **5.** Bufo, imitador, caricato. V. COMICIDAD 4.
Contr.: Educar*, castigar*, criar*, corregir.
V. AMOR, CARICIA, ABRAZO, HALAGO, RE-
MILGO, TOLERANCIA, DESCORTESÍA.
mimbre. Arbusto, rama, varita. V. ÁRBOL 9.
mimetismo. Apariencia, imitación, adaptación.
V. DISFRAZ 1.
mímica. Imitación, expresión, ademán. V. GESTO 1.
mimo. 1. V. MIMAR 4.
— **2.** Imitador, bufo, caricato. V. COMICIDAD 4.
mimoso. V. MIMAR 3.
MINA. 1. Galería*, yacimiento, excavación*, extracción, pozo*, túnel, explotación, criadero,
placer, filón, cantera, venero, veta, vena, perforación, depósito, beneficio, pedrera, masa de
mineral (v. 2).
2. Minería. Prospección, cateo, sondeo, geología*, mineralogía*, excavación*, perforación,
investigación*, exploración, zapa, explotación,
e. a cielo abierto, e. subterránea, mina de combustibles minerales, de minerales metalíferos,
de sales; yacimiento macizo, por capas, de filo-
nes, de origen sedimentario, en bolsas, en aluvión o placeres. Denuncio, registro, concesión,
grisú, explosión*, derrumbe.
3. Partes de la mina. Acceso o bocamina,
pozo*, p. de extracción o principal, p. de ventilación, torre del pozo, jaula o ascensor o
montacargas, polea y cables de elevación, ventilador, galerías, galería transversal, g. de base,
g. fondo o de extracción, plantas, niveles, pisos,
contrapozo o chimenea, bajada, frente de corte, escurridero, bancada, frontón, contramina,
hastial, roza, coladero, afloramiento, manto,
bolsa, antepecho, banco, descalce, pendiente,
cruce, terraplén, socavón, testero, frente, tajo,
sumidero, desagüe, entiba, entibo, entibación,
línea de peones, encofrado, encostillado, madero, camada, puente, costero, estemple, escorial,
zafa, escombrera.
4. Equipo, maquinaria. Martillo, punterola,
lámpara de minero o de seguridad, casco con
luz frontal, azada, barreta, cuña, piquete, taladro, perforadora neumática, p. de aire comprimido, criba, garbillo, cateador, excavadora*,
pala cargadora, cuchara de arranque, cinta
transportadora, c. sin fin, máquina* rozadora,
cargadora*, extractora, barrenadora, barreno
o perforación, explosivo*, jaula o ascensor,

vagoneta, tren de vagonetas, bomba, tubo de succión.

5. Personas. Minero, ingeniero de minas, capataz, cateador, contador, picador, barrenero, dinamitero, cantero, entibador, zafrero, despachador, cajonero, trabajador*, obrero, asalariado.

6. Acción. Excavar*, extraer, socavar, minar, explotar, horadar, ahondar, abrir, barrenar, perforar, catear, investigar*, explorar, zapar, denunciar, registrar, conceder, lavar, cribar, garbillar, encepillar, aclarar, aflorar, desaguar, entibar, encofrar, apuntalar, aterrar, encostillar.

7. Algunos minerales. Mineral* de hierro: pirita, hematites, limonita; de aluminio: bauxita; de cobre: calcopirita; de mercurio: cinabrio; de metales radiactivos: pecblenda; de plomo: galena; de plata: argirita. Hulla, lignito, antracita, carbón*, sal gema, cuarzo, piedras preciosas*. Mena, pepita, granzón, residuo, escoria, zafra, ganga, garbillo (v. 8).

8. Minerales en general. V. MINERAL 5-13.

9. Mina explosiva. Carga explosiva, artefacto explosivo*, bomba*. Clases: mina magnética, de contacto, alámbrica, antitanque, submarina, flotante, a la deriva, de fondo, subterránea, de guerra de trincheras. Partes: carga explosiva, espoleta, detonador.

V. MINERAL, GEOLOGÍA, CARBÓN, PIEDRAS PRECIOSAS, EXPLOSIVO, EXCAVACIÓN, CUEVA.

minar. 1. V. MINA 6.

— **2.** Consumir, desgastar, extenuar. V. DEBILIDAD 8, 9.

minarete. Alminar, atalaya, torre. V. CASA 3.

MINERAL. 1. Sustancia inorgánica, natural, cristalina, piedra*, roca, cuerpo inorgánico (v. 2).

— **2.** Inorgánico, sólido, cristalino, pétreo, duro*, natural, nativo, mineralógico, sin vida.

3. Mineralogía. Ciencia*, disciplina, estudio de los minerales; cristalografía, geología*, minería, historia natural, química*, mina*, yacimiento, excavación*, explotación.

4. Generalidades. Vena, veta, capa, mena, filón, mina*, nódulo, pepita, geoda, fibra, lámina, piedra*, roca, residuos, sedimento, escorias, ganga, magma, afloramiento. Sistema cristalino: s. cúbico, rómbico, romboédrico, monoclínico, triclínico, tetragonal, hexagonal. Propiedades: dureza, densidad, exfoliación, color, fragilidad, textura, fractura, brillo*, fluorescencia, magnetismo, dimorfismo, metamorfismo, radiactividad; contador Geiger, bólido, aerolito, fósil*.

5. Rocas. Rocas plutónicas, volcánicas, sedimentarias, metamórficas. *R. plutónicas:* granito, sienita, diorita, glabro, peridotita, pórfido, pegmatita; *r. volcánicas:* basalto, traquita, feldespato, andesita, riolita, limburgita, diabasa, ofita, obsidiana, piedra* pómez; *r. sedimentarias:* bauxita, cuarcita, arcilla, caolín, pizarra, esquis-

to, toba, caliza, dolomía, gres, arenisca, caliza dolomítica, marga, creta; *r. metamórficas:* mármol, jaspe, alabastro, gneis o neis, migmatita, micacita, anfibolita, cuarcita.

6. Minerales de rocas. Cuarzo, cristal de roca, cuarzo amatista, pedernal o sílice o sílex, jaspe, ónice u ónix, calcedonia, ágata, ópalo; feldespatos: feldespato común, ortosa, plagioclasa; micas, piroxenos; anfíboles: hornablenda, amianto; olivino, peridotita, turmalina; berilo: esmeralda, aguamarina; granate, piropo, melanita, topacio, circón, jacinto, piedras preciosas*. Mármol, alabastro, granito, basalto, pizarra (v. 5).

7. Minerales de menas metálicas. Minerales de hierro: hematites, pirita, sulfuro, magnetita, limonita, oligisto, siderita, marcasita; m. de cobre: calcopirita, malaquita; m. de plata: argirita; m. de cinc: blenda; m. de plomo: galena, anglesita; m. de aluminio: bauxita; m. de mercurio: cinabrio; m. de metales radiactivos: pecblenda.

8. Minerales de ganga. Carbonatos, calcita, aragonito, dolomita, magnesita, mármol; sulfatos: baritina, anglesita; fluorita.

9. Minerales gemníferos. Espinela, crisoberilo, ojo de gato, corindón, turquesa (v. piedras preciosas*).

10. Minerales de yacimientos salinos. Sal gema, yeso*, talco, bórax, nitrato, epsomita, alabastro.

11. Minerales elementos*. Metales nobles: oro, plata, platino; diamante, carbono (grafito), azufre.

12. Minerales varios. Crisólito, pecblenda, anfíbol, amianto, piroxeno, jaspe, jade, serpentina, ámbar, espato, espato flúor, oropimente, rejalgar.

13. Gemas. V. PIEDRAS PRECIOSAS 1.

V. GEOLOGÍA, METAL, PIEDRAS PRECIOSAS, MINA, QUÍMICA.

mineralogía. V. MINERAL 3.

minería. V. MINA 2.

minero. V. MINA 5.

minerva. Aparato, artefacto, máquina impresora. V. IMPRENTA 3.

mingitorio. Evacuatorio, urinario, letrina. V. BAÑO 4.

miniatura. 1. Menudencia, insignificancia*, cortedad. V. PEQUEÑO 4.

— **2.** Medallón, reducción, imagen. V. PINTURA 3.

minimizar. Achicar, empequeñecer, reducir. V. DISMINUCIÓN 2.

mínimo. 1. Minúsculo, diminuto, ínfimo. V. PEQUEÑO 1.

— **2.** Extremo, terminal, final. V. FIN 3.

minino. Micifuz, felino, morrongo. V. GATO 1.

ministerial. V. MINISTERIO 8.

MINISTERIO. 1. Gabinete, g. ministerial, cartera, departamento, d. ministerial, d. estatal, administración, a. pública, cancillería, junta, despa-

cho, poder, gobierno*, mando, autoridad, consejo, consejería, servicio, oficina estatal, cuerpo, organismo, grupo; órgano de la administración central; subsecretaría, dirección general (v. 4).
— **2.** Cargo, tarea, ocupación. V. TRABAJO 1.
3. Ministerios. (VIII legislatura española, marzo 2004). Ministerio de Administraciones Públicas, M. de Agricultura, Pesca y Alimentación, M. de Asuntos Exteriores y Cooperación, M. de Cultura de España, M. de Defensa, M. de Economía y Hacienda, M. de Educación y Ciencia, M. de Fomento, M. de Industria, Comercio y Turismo, M. del Interior, M. de Justicia, M. de Medio Ambiente, M. de la Presidencia, M. de Sanidad y Consumo, M. de Trabajo y Asuntos Sociales, M. de Vivienda.
4. Generalidades. Subsecretaría, Dirección General, negociado, sección, departamento, dependencia, despacho, oficina*, consejo de ministros, comisión interministerial, c. delegada del gobierno, pleno del Gobierno, gabinete técnico, inspección, instituto, delegación*, banco azul, política*, nombramiento, juramento, renuncia, destitución, cese.
5. Ministro. Funcionario, secretario, consejero, gobernante*, mandatario, administrador*, dignatario, autoridad, dignidad, delegado*, comisionado, personaje, excelencia, canciller, intendente, valido; ministro de Educación, de Cultura, etc. (v. 3).
— **6.** Enviado, agente, embajador. V. DIPLOMACIA 3.
— **7.** Clérigo, pastor protestante, sacerdote*. V. PROTESTANTE 4.
8. Ministerial. Oficial, gubernamental, gubernativo, público, estatal, nacional, administrativo*, departamental, representativo.
V. GOBIERNO, POLÍTICA, DIPLOMÁTICO, DELEGADO.
ministro. V. MINISTERIO 5.
minoría. 1. Menor edad, adolescencia, pequeñez*. V. JOVEN 5.
— **2.** Número menor, oposición, grupo minoritario. V. ASAMBLEA 4.
— **3.** Limitación, pequeñez, insuficiencia. V. ESCASEZ 1.
minorista. Tendero, detallista, comerciante al por menor. V. COMERCIO 6.
minucia. Nimiedad, fruslería, bagatela. V. INSIGNIFICANTE 3.
minué. Minueto, danza, baile antiguo. V. BAILE 5.
minúsculo. Imperceptible, diminuto, microscópico*. V. PEQUEÑO 1.
minuta. 1. Memorándum, apunte, escrito*; honorarios V. NOTA 1.
— **2.** Lista de platos, carta, menú. V. RESTAURANTE 1.
minutero. Aguja, saeta, manecilla de reloj*. V. INDICADOR 2.
minuto. Espacio de tiempo, lapso, sesenta segundos. V. TIEMPO 1, 2.

miope. Corto de vista, cegato, disminuido. V. OJO 12.
mira. 1. Intención, plan*, propósito. V. VOLUNTAD 1.
— **2.** Dispositivo, retículo, aparato óptico*. V. FUSIL 2.
mirada. V. MIRAR 3.
mirado. Considerado, cauteloso, amable*. V. CUIDADO 4.
mirador. Balcón cerrado, galería*, cenador. V. COLUMNA 6.
miramiento. Consideración, cuidado*, cortesía. V. AMABILIDAD 1.
MIRAR. 1. Observar, percibir, contemplar, ver, divisar, apreciar, vislumbrar, avistar, advertir, fijarse, examinar, distinguir, descubrir, reparar, columbrar, avizorar, escudriñar, otear, acechar*, atisbar, vigilar*, espiar*, admirar, ojear, hojear, atender, notar, precisar, entrever, escrutar, alcanzar, repasar, recorrer, comprobar*, inspeccionar, investigar*, revisar, amaitinar, resaltar, curiosear*, fisgar, indagar, explorar, reconocer, hallar, velar, estudiar, apreciarse, verse, traslucirse, aparecerse, mostrarse, desojarse, abrir los ojos, echar una ojeada, e. una mirada, e. un vistazo, extender la vista, clavar los ojos, comer con los ojos, devorar con la mirada, volver los ojos, mirar de soslayo, de reojo, con el rabillo del ojo, de hito en hito, sin pestañear, fijamente, de través, fulminar con la mirada, parpadear, guiñar, llorar*, pestañear, gesticular*.
— **2.** *Mirar a*, lindar, dar a, limitar. V. LÍMITE 6.
3. Mirada. Visión, visual, ojeada, vistazo, vista, observación, contemplación, examen, investigación, percepción, sentido, visualidad, imagen, exploración, comprobación, reconocimiento, estudio, atención, visibilidad, vislumbre, atisbo, acecho, vigilancia*, espionaje*, atisbadura, inspección, descubrimiento, columbrón, fisgoneo, curioseo*, repaso, ojeo, revisión, revista, atención, apariencia, panorama, aspecto, vela, vigilia, pestañeo, parpadeo, guiño, caída de ojos, gesto*, lloro*.
4. Clases de miradas. Mirada profunda, penetrante, escrutadora, fija, insistente, insinuante, significativa, inquisitiva, interrogante, enigmática, expresiva, despectiva, desdeñosa, despreciativa*, insolente, colérica, airada, iracunda, enojada*, fiera, extraviada, perdida, triste, aterrada, temerosa*, dulce*, suave, tímida*, de reojo, de soslayo, de lado.
5. El que mira. Observador, mirón, «voyeur», espectador, vigilante*, investigador*, curioso*, atento, alerta, absorto, interesado*, avizor, avizorador, ojeador, oteador, escudriñador, fisgón, cotilla, insolente, entrometido, presente, circunstante, asistente, concurrente*, testigo, público, gentío, concurrencia*.
Contr.: Ceguera, ciego.
V. OJO, ACECHO, VIGILANCIA, ESPIONAJE, INVESTIGACIÓN, CURIOSIDAD, INTERÉS.

miríada. Profusión, infinidad, multitud. V. ABUN-
DANCIA 1.

miriápodo. Animal articulado, ciempiés, bicho. V.
ARTRÓPODO 2.

mirífico. Espléndido, prodigioso, admirable. V.
MARAVILLA 2.

mirilla. Rejilla, abertura, ventanillo*. V. PUERTA 3.

miriñaque. Faldón, armazón, armadura. V. VES-
TIMENTA 3.

mirlo. Ave canora, túrdido, pájaro cantor. V. AVE
15.

mirón. Observador, fisgón, espectador. V. CU-
RIOSIDAD 2.

mirra. Sustancia aromática, incienso, gomorresina.
V. PERFUME 4.

mirto. Arrayán, mirtácea, arbusto. V. ÁRBOL 9.

MISA. 1. Culto, servicio, ofrenda, rito, oficios, oficio divino, o. religioso*, liturgia, celebración,
sacrificio, s. de la misa, s. incruento, s. del altar, santo sacrificio, sacramento, ceremonia, c.
religiosa, celebración de la misa, solemnidad,
tedeum (v. 7).
2. Clases. Misa solemne, cantada, rezada,
mayor, del gallo, votiva, de difuntos, de cuerpo presente, del alba, del Espíritu Santo, de
réquiem, gregoriana, de acción de gracias,
nupcial.
3. Partes de la misa. Antífona de entrada,
acto penitencial, kirie, gloria, oración colecta,
primera lectura (Antiguo Testamento), Salmo
responsorial, segunda lectura (Nuevo Testamento), Evangelio, homilía, profesión de fe o credo,
oración de los fieles, presentación de las ofrendas, prefacio, epíclesis, consagración, aclamación, intercesión, doxología, Padrenuestro, paz,
comunión, oración, bendición y despedida.
4. Objetos, elementos del culto. Altar, sagrario, tabernáculo, custodia, cáliz, copón,
grial, píxide, patena, pan, vino, hostia, oblea,
forma, Santísimo Sacramento, Eucaristía*, viril,
vinajeras, hostiario, crisma, aceite consagrado,
santos óleos, crucifijo, hisopo, asperges, campanilla, caldereta, agua bendita, incienso, reliquia, flabelo, palio, mantel, frontalera; rosario,
misal (v. 5).
5. Libros. Biblia*, devocionario, breviario, misal,
libro de Horas, l. de coro, ritual, santoral, martirologio, antifonario, epistolario, evangeliario,
salterio, códice.
6. Prendas sacerdotales. Alba, casulla, dalmática, capa fluvial, cauda, sobrepelliz, roquete, ínfulas, estola, manípulo, cíngulo, amito,
escapulario; mitra.
7. Actos del culto. Ofrenda, procesión, peregrinación, abstinencia, ayuno, bendición, Eucaristía*, comunión, santificación, elevación,
mortificación, vigilia, voto, sacramentos, extremaunción, santos óleos, viático, tedéum (v. 1).
8. Oraciones; cánticos. Rezo*, padrenuestro,
avemaría, salve, credo, acto de contrición, Señor
mío Jesucristo, vía crucis, estaciones, cuarenta
horas, rosario, kirie, agnusdéi (v. 3), confíteor,
jaculatoria, gloria patri, letanía, dies irae, triduo,
septenario, novena, novenario, imposición de
manos, señal de la cruz, ángelus, horas canónicas, maitines, laudes, prima, tercia, sexta, nona,
gozos, vísperas, completas, sermón, homilía,
preces, tedéum, salmo, responso, responsorio,
dominica; canto, coro, pange lingua, magníficat, stábat, hosanna, aleluya, tantum ergo,
benedictum.
9. Festividades religiosas. Fiesta de precepto,
de guardar, domingo, Navidad, Asunción, Concepción, Corpus Christi, Epifanía o Reyes, Circuncisión, Pentecostés, día de Difuntos, Todos
los Santos, Santos Inocentes, Pascua, P. de
Resurrección, P. Florida, Pentecostés, adviento, cuaresma (Carnaval), Miércoles de ceniza,
Semana Santa, Jueves Santo, Viernes Santo,
Sábado de Gloria, Domingo de Resurrección,
Purificación, Inmaculada Concepción, Anunciación, Trinidad.
10. Oficiante. Sacerdote*, celebrante, acólito,
concelebrante, misacantano, ordenado, profeso, ungido, oficiante, clérigo, ministro, padre,
religioso, cura, fraile, monje, capellán. Otros:
monaguillo, escolano, acólito, ayudante*, sacristán (v. sacerdote 1).
11. Acción. Rezar*, orar, adorar, celebrar, oficiar, decir, cantar misa, asistir, participar, santiguarse, persignarse, signarse, hacer la señal de
la Cruz, hacerse cruces, consagrar, purificar, sacrificar, ofrendar, revestir, peregrinar, bendecir,
predicar, exorcizar, velar, recibir.
V. REZO, EUCARISTÍA, CRISTO, RELIGIÓN, SA-
CERDOTE, TEMPLO.

misacantano. V. MISA 10.

misal. V. MISA 5.

misántropo. Retraído, insociable, tímido*. V.
HOSCO 1.

miscelánea. Combinación, conjunto, amalgama.
V. MEZCLA 1.

miserable. 1. Canalla, granuja, infame. V. VIL 2.
— **2.** Desventurado, infeliz, pobre*. V. DES-
GRACIA 3.
— **3.** Tacaño, mezquino, codicioso. V. AVARI-
CIA 2.

miseria. 1. Carencia, indigencia, necesidad*. V.
POBRE 7.
— **2.** Tacañería, mezquindad, codicia*. V.
AVARICIA 1.

misericordia. 1. Caridad, lástima, piedad. V.
COMPASIÓN 1.
— **2.** Indulgencia, indulto, amnistía. V. PER-
DÓN 1.

misericordioso. Piadoso, humanitario, caritativo.
V. COMPASIÓN 1.

mísero. V. miserable 2, 3.

misil, mísil. Proyectil, p. balístico, arma* disuasoria. V. COHETE 2.

misión. 1. Predicación, evangelización, apostolado.
V. APÓSTOL 3.

— **2.** Edificio misional; jurisdicción, territorio. V. TEMPLO 1; ZONA 2.
— **3.** Tarea, cometido, trabajo*. V. TRÁMITE 1.
— **4.** Representación, comisión, embajada. V. DELEGACIÓN 1.
misionero. Evangelizador, predicador, sacerdote*, religioso. V. APÓSTOL 1.
misiva. Mensaje, nota*, esquela. V. CARTA 1.
mismo. Igual, idéntico, similar. V. SEMEJANZA 2.
misógino. Insociable, huraño, retraído; que odia a la mujer. V. HOSCO 1.
MISTERIO. 1. Incógnita, enigma, hermetismo, secreto*, cuidado*, sigilo, cautela (v. 2), interrogante, interrogación, arcano, sospecha*, ocultación*, problema, cábala, dogma, entrevero, entresijo, impenetrabilidad, confusión, duda*, incertidumbre, intriga, suspenso, suspense, interés* emoción, abismo, a. insondable, ambigüedad, indeterminación, oscuridad*, cifra, clave, disfraz*, intimidad, recato, laberinto, embrollo*, combinación, jeroglífico, acertijo, rompecabezas, adivinanza*, curiosidad*, abstracción*.
— **2.** Sigilo, cautela, disimulo. V. CUIDADO 2.
3. Misterioso. Oculto*, enigmático, exótico, inexplicable, indescifrable, extraño, raro*, inescrutable, profundo, secreto*, ignorado*, íntimo, sibilino, esotérico, hermético, anónimo, reservado, velado, escondido, hondo, ignoto, incógnito, entreverado, embrollado*, dogmático, cabalístico, metafísico, ininteligible, incomprensible*, ultraterreno, recóndito, arcano, dudoso*, sospechoso*, problemático, impenetrable, confuso*, ambiguo, oscuro*, indeterminado, íntimo, interesante*, intrigante, emocionante, curioso*, laberíntico, abstracto, clandestino, disfrazado*, disimulado, encubierto, furtivo, confidencial, cifrado, en clave.
4. Acción. Ocultar, preservar, velar, esconder, ignorar, cifrar, embrollar*, disfrazar*.
Contr.: Claridad*, realidad, evidencia.
V. SECRETO, ADIVINANZA, EMBROLLO, DUDA, DISFRAZ, CURIOSIDAD, ABSTRACCIÓN, OCULTACIÓN.
misterioso. V. MISTERIO 3.
mística. V. misticismo.
misticismo. Vida interior, religiosidad, contemplación. V. ESPÍRITU 6.
místico. 1. Devoto, creyente, piadoso. V. RELIGIÓN 6.
— **2.** Interior, contemplativo, religioso*. V. ESPÍRITU 4.
mistificación. Embaucamiento, enredo, superchería. V. ENGAÑO 1.
mitad. 1. Medio, fracción, parte. V. FRAGMENTO 1.
— **2.** Parte central, núcleo, medio. V. CENTRO 1.
mítico. Fabuloso, legendario, falso*. V. FANTASÍA 2.
mitigar. Atemperar, moderar*, suavizar. V. MODERACIÓN 6.

mitin. Conferencia, reunión, congreso. V. ASAMBLEA 1.
mito. 1. Quimera, fábula, leyenda. V. FANTASÍA 1.
— **2.** V. MITOLOGÍA 1.
MITOLOGÍA. 1. Religión* pagana, leyenda, fábula, mito, tradición, saga, epopeya, fantasía*, narración*, quimera, historia*, historias de dioses y héroes, teogonía, cosmogonía antigua, panteón, deidades, dioses*, héroes*.
2. Principales mitologías. Griega, romana (v. 3), egipcia (v. 4); otras (v. 5): asirio-babilónica, fenicia, persa, hebrea, germánica, hindú, azteca, inca, norteamericana.
3. Mitología greco-romana. Nombre romano: Júpiter (nombre griego: Zeus), Neptuno (Poseidón), Saturno (Cronos), Vulcano (Hefesto), Plutón (Hades), Mercurio (Hermes), Marte (Ares), Febo (Apolo), Baco (Dionisos), Cielo (Urano), Venus (Afrodita), Minerva (Atenea), Juno (Hera), Diana (Artemisa), Ceres (Déméter), Cibeles (Rea), Vesta (Hestia), Proserpina (Perséfone), Hércules (Heracles), Esculapio (Asclepios), Cupido (Eros), Furias (Erinnias); Parcas (Moiras): Cloto, Láquesis, Atropo; Musas: Clío, Euterpe, Talía, Melpómene, Terpsícore, Erato, Polimnia, Calíope, Urania; Centauros, Cíclopes, Dioscuros, ninfas, dríadas, ondinas, sílfides, hespérides, náyades, nereidas, sirenas, pléyades, sátiros, faunos, arpías, argonautas, amazonas, lares, lemures, manes, penates, Pomona, Acteón, Adonis, Agamenón, Casandra, Caco, Escila, Caribdis, Bucentauro, Ayax, Aquiles, Anfitrite, Galatea, Atlas, Ganimedes, Antínoo, Andrómeda, Fobos, Deimos, Faetón, Castalia, Cástor, Pólux, Céfiro, Caronte, Circe, Electra, Edipo, Némesis, Prometer, Diomedes, Dánae, Dafnis, Cloe, Orfeo, Eurídice, Paris, Helena, Príamo, Héctor, Patroclo, Narciso, Morfeo, Polifemo, Pegaso, Pandora, Pan, Néstor, Tántalo, Titán; Gorgona, Centauro, Medusa, Esfinge, Ave fénix, Minotauro, Cancerbero, Cerbero. Lugares: Olimpo, Elíseo, Parnaso, Fuente de Castalia, Averno, Tártaro, Orco, laguna Estigia, Oráculo, Delfos.
4. Mitología egipcia. Osiris, Set, Ra, Amón, Isis, Anubis, Atón, Ptah, Tot, Hator, Horus, Apis, Serapis, culto de los muertos.
5. Otras mitologías. *M. asirio-babilónica:* Baal, Assur, Astarté, Marduk, Isthar, Gilgamés. *M. fenicia:* Tanit, Moloch, Belial, Dido. *M. germánica:* Odín, Wotan, Walhalla, Valquirias, Nibelungos, Sunna, Sigfrido, Brunilda, Lorelei, gnomos, ondinas, saga. *M. persa:* Zoroastro, Ormuz, Mitra, Atar, Ahrimán. *M. hebrea:* Asmodeo, Leviatán, Lilith. *M. hindú:* Brahma, Siva, Visnú, Yoni, Kali. *M. norteamericana:* Manitú, Tótem. *M. azteca:* Quetzalcoatl, Huitzilopochtli, Tenochtitlán, Tlahuizcalpentecuhtli. *M. inca:* Manco-Cápac, Pachamama, Viracocha.
6. Generalidades. Deidad, divinidad, dios*, semidiós, héroe*, numenpagano, gentil, caduceo,

tridente, ambrosía, manjar de los dioses, égida, vellocino de oro.

7. Mitológico. Legendario, mítico, quimérico, imaginario, fantástico*, fabuloso, histórico*, narrado*, tradicional, antiguo*, religioso*, pagano.

V. FANTASÍA, NARRACIÓN, HISTORIA, RELIGIÓN, HEREJÍA, SUPERSTICIÓN, DIOS, HÉROE.

mitológico. V. MITOLOGÍA 7.

mitón. Guante, guante sin dedos, prenda. V. MANO 12.

mitra. Sombrero alto, toca de obispo, tiara. V. SOMBRERO 1.

mitrado. Prelado, obispo, purpurado. V. CARDENAL 1.

mixtificación. V. mistificación.

mixtificar. V. mistificación.

mixto. 1. Combinado, compuesto, heterogéneo. V. MEZCLA 1.

— **2.** Fósforo, cerilla, elemento inflamable. V. FUEGO 5.

mixtura. 1. Combinación, amalgama, mezcolanza. V. MEZCLA 1, 3.

— **2.** Brebaje, pócima, específico. V. MEDICAMENTO 1.

mobiliario. Enseres, equipo, moblaje. V. MUEBLE 1.

mocasín. Escarpín, chancleta, zapato. V. CALZADO 1.

mocedad. Pubertad, adolescencia, juventud. V. JOVEN 5.

mocetón. Muchachote, chicarrón, hombretón. V. HOMBRE 3.

mochila. Macuto, zurrón, morral. V. SACO 1.

mocho. Romo, raso, liso. V. APLASTAR 4.

mochuelo. Búho, lechuza, ave rapaz. V. AVE 8.

moción. Sugerencia, propuesta, iniciativa. V. OFRECER 3.

moco. Humor nasal, mucosidad, secreción. V. EXCRECIÓN 2.

mocoso. Arrapiezo, chiquillo, sucio*. V. NIÑO 1.

MODA. 1. Boga, uso, usanza, costumbre, gusto, fantasía* pasajera, f. efímera, f. superficial, modalidad, modo*, conducta, corriente, orientación, tendencia, rumbo, elegancia*, estilo, hermosura*, esnobismo, distinción, amaneramiento, afectación*, originalidad, actualidad, manía, capricho*, hábito*, forma de ser, de actuar, de vivir, peculiaridad, diferencia, variación*, popularidad, momento, aceptación, regla, práctica, giro, personalidad*, carácter*, vulgaridad*, chabacanería (v. 3).

2. Ámbito de la moda. Trajes, vestidos, vestimenta*, sombreros*, peinados, adornos*, decoración*, muebles*, interiores, gustos literarios*, musicales*, artísticos*.

3. Moda del vestir. Alta costura*, creación, creación exclusiva, modelo exclusivo, m. de vestir, línea estética, l. elegante*, «prêt-à-porter», confección, confección a medida, moda francesa, italiana, española, inglesa, colección (de primavera, verano, otoño, invierno), línea H, Mary Quant, exhibición*, desfile, presentación, pase de modelos.

4. Personas. Modista, creador*, modisto, diseñador; sastre*, oficial, aprendiz; creadora, diseñadora, costurera*, sastra, oficiala, aprendiz; modelos, figurines, maniquíes, «cover girl»; elegante*, petimetre, lechuguino, afectado; esnob, amanerado. Modistos: Christian Dior, Lanvin, J. Fath, Balenciaga, Elio Berhanyer, Paco Rabanne, Pedro Rodríguez, Pierre Cardin, Ives St. Laurent, Givenchy, Gucci, Pucci, Armani.

5. Confección de vestidos. V. COSTURA.

6. A la moda. A la última, al día, actual, moderno, de ahora, de hoy, en boga, del momento, que se lleva, esnob, nuevo*, «in», contemporáneo, reciente, elegante*, distinguido, original, peculiar, diferente, variado*, popular, pasajero, momentáneo, superficial, personal*, de buen gusto, de mal gusto, vulgar*, chabacano, amanerado, manido, sobado.

7. Estar de moda. Estilar, usarse, acostumbrarse, estar en boga, e. de actualidad, popularizarse, difundirse, vulgarizarse (v. 8).

8. Ir a la moda. Usar, exhibir*, lucir, presumir, diferenciarse, variar*, aceptar, modernizarse, innovar, actualizarse, ponerse al día, amanerarse, vulgarizarse*, distinguirse, llamar la atención, destacar, estrenar, arrumbar, desechar (v. 7).

9. Casa, taller. Casa de modas*, «boutique», tienda, t. de alta costura, sastrería*, lencería, mercería.

Contr.: Pasado de moda, anticuado, antiguo*.

V. ELEGANCIA, HERMOSURA, AFECTACIÓN, VARIACIÓN, CAPRICHO, VULGARIDAD, VESTIMENTA, COSTURA, SASTRERÍA, DECORACIÓN, NUEVO.

modales. Crianza, ademanes, educación*. V. AMABILIDAD 1.

modalidad. V. MODO 1.

modelar. Crear*, tallar, cincelar. V. FORMAR, ESCULPIR.

modelo. 1. Muestra, prototipo, regla. V. EJEMPLO 3, 4.

— **2.** Maqueta, representación, módulo. V. EJEMPLO 4.

— **3.** Maniquí, profesional, figurín. V. MODA 4.

MODERACIÓN. 1. Mesura, medida, equilibrio*, comedimiento, normalidad, ponderación, proporción, cordura, regularidad, sensatez, compostura, regla, freno, rienda, frugalidad (v. 2), templanza, eutrapelia, sobriedad, continencia, cautela, prudencia, precaución*, discreción, delicadeza, diplomacia, formalidad*, sencillez*, simplicidad, modestia, humildad*, medianía*, miramiento, sentido, virtud, corrección, juicio, decoro, orden*, seriedad, seriedad, consideración, reserva, tolerancia*, decencia, criterio, inteligencia*, parquedad, circunspección, parsimonia (v. 2).

— **2.** *Frugalidad*, moderación, temperancia, morigeración, parquedad, economía*, ahorro*, sobriedad, escasez*, tacañería, avaricia*, austeridad, pobreza*, abstinencia, continencia, renuncia, ayuno, dieta*, hambre*, templanza, ascetismo, penitencia, sacrificio*, vigilia (v. 1).

3. Moderado. Comedido, ponderado, mesurado, sobrio, frugal (v. 4), equilibrado*, cuerdo, normal, sensato, ecléctico, equitativo, prudente, juicioso, templado, parco, mirado, discreto, formal*, parsimonioso, cauteloso, serio, circunspecto, grave, ajustado, considerado, modesto, compuesto, correcto, ordenado*, decoroso, decente, casto, reservado, virtuoso, tolerante, mitigado, suave, regular, sencillo, simple, mediano*, precavido* (v. 4).

— **4.** *Frugal*, moderado, morigerado, temperado, temperante, mesurado, templado, sobrio, abstemio, abstinente, casto, austero, pobre*, parco, parvo, continente, económico*, ascético, ahorrativo*, avaro*, penitente, ayunador, sacrificado*, ascético (v. 3).

5. Moderador. Apaciguador, regulador, árbitro, componedor, tercero, morigerador, dulcificador, ordenador, conciliador, pacificador, mediador*, atemperador, moderado (v. 3).

6. Moderar(se). Contener(se), suavizar*, atenuar, atemperar, frenar, templar, refrenar, sofrenar, dominar, aminorar, aplacar, aliviar, mitigar, curar*, ablandar, limitar*, pacificar, apaciguar, amigar, tranquilizar*, sosegar, morigerar, serenar, corregir, mediar, dulcificar, calmar, comedirse, tolerar*, regular, ajustar, acompasar, tasar, obligar*, disminuir, mesurar, reportarse, mortificarse, renunciar, sacrificarse*, privarse, abstenerse, ayunar.

Contr.: Exageración*, exceso.

V. MEDIANÍA, ORDEN, EQUILIBRIO, SENCILLEZ, HUMILDAD, TOLERANCIA, AHORRO, ECONOMÍA, SEVERIDAD, PRECAUCIÓN, FORMALIDAD.

moderado. V. MODERACIÓN 3.
moderar. V. MODERACIÓN 6.
modernidad, modernismo. Innovación, novedad, moda*. V. ACTUAL 3.
modernizar. Renovar, transformar, remozar. V. ACTUAL 4.
moderno. Flamante, nuevo*, último. V. ACTUAL 1.
modestia. V. modesto.
modesto. Sencillo, moderado*, insignificante*. V. HUMILDAD 2.
módico. Rebajado, económico, conveniente*. V. BARATO 1.
modificación. V. modificar.
modificar. Reformar, transformar, alterar. V. CAMBIO 6.
modismo. Expresión, giro, locución. V. FRASE 1.
modista. Diseñadora, costurera, sastra. V. MODA 4.
modisto. V. modista.
MODO. 1. Manera, proceder, forma, guisa, suerte, método, costumbre, procedimiento, tenor, uso,

usanza, modalidad, modelo, ejemplo*, sistema, técnica, práctica, medio, hábito*, recurso, expediente, instrumento, comportamiento*, táctica, plan*, actuación*, estilo, carácter*, moda*, estado, lado, regla, conducta, orden*, contexto, contenido, régimen, característica, disposición, condición, cualidad, matiz, circunstancia, traza, faceta, curso, proceso, objetivo, vía, fórmula, talante, norma, modelo, pauta, utilización*, arbitrio, actitud, política, camino, derrotero, salida, solución*, resultado, fin*, desenlace, relación.

— **2.** Accidente gramatical. V. VERBO 4.

V. COMPORTAMIENTO, HÁBITO, MODA, SOLUCIÓN, FIN, CARACTERÍSTICA.

modorra. Sopor, letargo, torpeza. V. SUEÑO 1.
modoso. Atento, comedido, fino. V. AMABILIDAD 2.
modular. Vocalizar, canturrear, entonar. V. CANTAR 15.
módulo. Unidad, medida*, elemento. V. PARTE 1, MOLDE 1.
mofa. Burla, chanza, ofensa. V. BROMA 2.
mofarse. Guasearse, burlarse, reírse. V. BROMA 7.
moflete. Cachete, carrillo, mejilla. V. CARA 3.
mogote. Altozano, loma, colina. V. MONTAÑA 2.
mohín. Mueca, visaje, monería. V. GESTO 1.
mohíno. Cabizbajo, descontento, disgustado. V. AFLICCIÓN 5.
moho. 1. Talofita, putrefacción, descomposición, podrido. V. HONGO 2.

— **2.** Oxidación, orín, herrumbre. V. DETERIORO 1.

mohoso. V. moho.
mojado. V. MOJAR 7.
mojadura. V. MOJAR 4.
mojama. Adobo, cecina, tasajo. V. EMBUTIDO 3.
MOJAR. 1. Mojar(se), empapar(se), impregnar, humedecer, anegar, regar, irrigar, bañar*, calar, rociar, salpicar, chapotear, remojar, hundir*, sumergir, duchar, fregar, lavar*, limpiar*, higienizar*, infiltrar, aguar*, inundar (v. 3), encharcar, ensopar, absorber, embeber, sudar, transpirar, babear, rezumar, perder, segregar, excretar*, pasar, filtrar(se), gotear, chorrear, instilar, destilar, escurrir, fluir, vaciar*, verter, pringar, exudar, rebosar, rebalsar, derramarse, hidratar, humectar, saturar, enjuagar, macerar, ablandar, remojar, disolver, lamer, untar*, escaldar, baldear, aclarar, enjabonar, refrescar, chupar, aspirar, mamar*, succionar, sorber.

2. Zambullirse. Hundirse*, sumergirse, nadar*, bucear*, chapuzarse, bañarse*, remojarse, descender, bajar, profundizar*, zozobrar, sumirse, naufragar, irse a pique, abismarse.

— **3.** *Inundar(se)*, desbordar(se), crecer, sumergir, embalsar, arrastrar, encharcar, anegar, diluviar, llover, tapar, cubrir, ahogar, mojar (v. 1).

4. Mojadura. Rociada, rociadura, baño*, ducha, chorro, riego, irrigación, regadío, humedecimiento, humedad, hundimiento*, inmersión

(v. 5), vapor, remojo, permeabilidad, filtración, porosidad, absorción, imbibición, hidratación, impregnación, embebimiento, empapamiento, lavado*, limpieza, lavoteo, fregado, aguado, enjuague, salpicadura, aspersión, maceración, inundación (v. 6), infiltración, agua*, líquido*, goteo, chorreo, gotera, grieta, mancha*, exudación, sudor, transpiración, higiene, unto, lamida, pringue, escurrido, enjabonado, aclarado, colada, baldeo, buche, fluido, aspiración, succión, disolución, purificación.

5. Inmersión. Zambullida, sumersión, natación, buceo*, chapuzón, rociadura, mojadura (v. 4), chapoteo, refrescamiento, naufragio, hundimiento, descenso, bajada, baño*, remojo, ahogamiento*.

6. Inundación. Anegamiento, desbordamiento, riada, aluvión, torrente, corriente, arroyada, crecida, marea, río*, mar*, diluvio, lluvia*, encharcamiento, sumersión, ahogamiento*.

7. Mojado, que se moja. Humedecido, húmedo, calado, empapado (v. 1), impregnado, rociado, chorreante, baboso, pringoso, permeable, absorbente, hidrófilo, higroscópico, poroso, impregnable, infiltrable, empapable, hidratado, embebible, esponjoso (v. 1).

Contr.: Secar, enjugar, deshidratar.

V. AGUA, LÍQUIDO, BAÑO, LAVAR, LIMPIAR, HUNDIRSE, NADAR, BUCEAR.

mojicón. 1. Bizcocho, golosina, dulce. V. CONFITERÍA 3.

— **2.** Soplamocos, mamporro, sopapo. V. BOFETADA 1.

mojiganga. 1. Comparsa, mascarada, farsa. V. CARNAVAL 1.

— **2.** Mofa, burla, chanza. V. BROMA 2.

mojigatería. V. mojigato.

mojigato. Santurrón, gazmoño, hipócrita*. V. REMILGO 2.

mojón. Jalón, hito, señal*. V. INDICADOR 1.

MOLDE. 1. Troquel, plantilla, pieza*, modelo, matriz, horma, patrón, módulo, forma*, representación, figura*, muestra, ejemplo*, elemento, maqueta, prototipo, proyecto, reproducción, copia*, perfil, contorno, diseño, prensa, marca, sello*, cuño, plancha, punzón, original, recipiente, flanera, receptáculo*, estampado (v. 3).

— **2.** Muestra, modelo, regla. V. EJEMPLO 4.

3. Moldeado. Troquelado, acuñado, estampado, grabado, reproducido, copiado*, duplicado, formado, punzonado, encofrado, prensado, aterrajado, sellado*, elaborado, fabricado*, perfilado, impreso, vaciado*, fundido.

4. Moldear. Modelar, formar*, estampar, troquelar, punzonar, embutir, marcar, prensar, aplastar*, sellar*, acuñar, reproducir, copiar*, duplicar, perfilar, diseñar, vaciar*, fundir, fabricar*, elaborar, crear*, imprimir, grabar, impresionar.

V. SELLO, EJEMPLO, FORMA, FIGURA.

moldeado. V. MOLDE 3.

moldear. V. MOLDE 4.

moldura. Friso, resalto, adorno*. V. BORDE 1.

mole. Masa, cuerpo, bulto. V. VOLUMEN 1.

molécula. Partícula, corpúsculo, fragmento*. V. ÁTOMO 2.

moler. 1. Desmenuzar, triturar, machacar. V. MOLINO 5.

— **2.** Cansar, tundir, golpear*. V. FATIGA 4.

molestar. V. MOLESTIA 6.

MOLESTIA. 1. Contrariedad, incomodidad, dificultad*, fastidio, agobio, hastío, disgusto*, penalidad, inconveniencia, indisposición* (v. 2), achaque, enfermedad*, perjuicio*, daño, pena, aflicción*, penuria, sufrimiento*, engorro, pejiguera, desazón, desasosiego, angustia, tormento, tortura*, malestar, pesadumbre, impedimento, estorbo, embrollo*, desagrado*, enfado, irritación, enojo*, porfía, impaciencia*, mortificación, amargura, fatiga*, brega, cansancio, ajetreo, trabajo*, pesadez, tabarra, matraca, lata, rollo, aburrimiento*, empalago, murga, gaita, tostón, mareo, vejación; resaca.

— **2.** Achaque, enfermedad*, dolor*. V. INDISPOSICIÓN 1.

3. Que molesta. Molesto, agobiante, incómodo, fatigoso, irritante, cargante, enojoso*, quisquilloso (v. 4), inconveniente, perjudicial, engorroso, oneroso, dañoso, arduo, miserable, penoso, arrastrado, inoportuno, embarazoso, inaguantable, desagradable*, mortificante, aburrido*, monótono, amargo, intolerable, pesado, agotador, cansador, fatigoso*, enfadoso, gravoso, antipático*, insufrible, indignante, imposible, insoportable, estomagante, repugnante*, embrollón*, necio (v. 4); contrariado, incomodado (v. 5).

4. El que molesta. Latoso, quisquilloso, fastidioso, cargante, machacón, insistente, porfiado, mimoso*, empalagoso, pegajoso, patoso, ganso, aguafiestas, antipático, aburrido*, ingrato, bobo, tonto, necio; chinche, plomo, pelma, pelmazo; molesto (v. 3).

5. Molestado. Agobiado, incomodado, fastidiado, molesto, disgustado*, harto, irritado, cansado (v. 1).

6. Molestar(se). Incomodar(se), agobiar, importunar, cansar, fastidiar, fatigar*, contrariar, aburrir*, hartar, hastiar, dificultar, dañar, perjudicar, porfiar, insistir, hostigar, pesar, estorbar, disgustar*, embrollar*, impedir, desazonar, acosar, desasosegar, angustiar, enojar*, irritar, enfadar, desagradar*, mortificar, machacar, insistir, asediar, impacientar*, vejar, amargar, marear, cargar, incordiar, jeringar, chinchar; pinchar, mosconear.

Contr.: Placer, comodidad*, facilidad, gusto.

V. DIFICULTAD, DISGUSTO, DESAGRADO, ENOJO, EMBROLLO, IMPACIENCIA, ABURRIMIENTO, INDISPOSICIÓN, ENFERMEDAD, DOLOR.

molesto. V. MOLESTIA 3-5.

molicie. Flojera, pereza, indolencia. V. HOLGA-
ZÁN 2.
molido. 1. Derrengado, maltrecho, golpeado*.
V. FATIGA 5.
— **2.** Triturado, fragmentado, machacado. V.
MOLINO 7.
molienda. V. MOLINO 4.
molinero. V. MOLINO 9.
molinete 1. Vuelta, volteo, movimiento*. V. GI-
RAR 3.
— **2.** Aspa, torno, rueda*. V. GIRAR 6.
molinillo. Batidora, licuadora, aparato*. V. ELEC-
TRODOMÉSTICOS (APARATOS) 2.
MOLINO. 1. Máquina, molturadora, trituradora,
fragmentadora*, instalación, aparato*, artefacto, artilugio, trapiche, aceña, azud, noria;
utensilio, molinillo (v. 2).
2. Clases. Molino hidráulico o de agua, de
viento, de vapor, de sangre (animales, personas), de marea, de cemento, de minerales, de
aceite, de cereales, harinero, fábrica de harina,
arrocero, de rulos, para elevación de agua, trapiche, lagar.
3. Partes. Muela, piedra, rulo, solera, motor*,
mecanismo de transmisión, regulador, torre,
aspas, persiana, paletas, rueda*, r. hidráulica o
azud, noria, eje o árbol, batán, cangilón, tolva,
canaleta, viga, pilón, troj, algorín, aspiradora,
lavadora, silo o depósito, cernedor, criba, triturador de cilindros, elevador, filtro, balanza
envasadora.
4. Molienda. Trituración, desmenuzamiento,
molturación, aplastamiento*, machacamiento,
pulverización, fragmentación*, majamiento,
desintegración. Operaciones: elevación del
trigo, aspiración, cernido, lavado, molienda,
cribado, filtrado, pasado, envasado.
5. Moler. Molturar, triturar, pulverizar, machacar, desmenuzar, aplastar*, fragmentar*, desintegrar, majar, partir, quebrantar, cascar.
— **6.** Agobiar, deslomar, golpear*. V. FATIGA 4.
7. Molido. Molturado, triturado, pulverizado
(v. 5).
— **8.** Derrengado, agobiado, golpeado. V.
FATIGA 5.
9. Molinero. Operario, obrero, encargado, propietario, dueño del molino, molturador.
V. APARATO, APLASTAR, FRAGMENTAR, FA-
TIGAR.
mollar. Tierno, fofo, suave*. V. BLANDO 1.
molleja. Buche, b. muscular, estómago del ave.
V. AVE 2.
mollera. Caletre, testa, sesera. V. CABEZA 1, IN-
TELIGENCIA 1.
molturar. V. MOLINO 5.
MOLUSCO. 1. Invertebrado, i. de cuerpo blando,
marisco*.
2. Clasificación. Cefalópodos (v. 3), bivalvos (v.
4), gasterópodos (v. 5).
3. Cefalópodos. Pulpo, argonauta, nautilo
(octópodos); calamar, jibia, sepia, chipirón (de-

cápodos). *Partes:* tentáculos, membrana, ventosa, pico, branquias, manto, ojos, bolsa o tronco,
cabeza, bolsa de tinta; ocho tentáculos (pulpo),
diez tentáculos (calamar), marisco*.
4. Bivalvos. Bivalvo o lamelibranquio o acéfalo:
almeja, mejillón, ostra, o. perlífera, madreperla,
venera o vieira o concha de peregrino, tridac-
na, navaja, chirla, berberecho, marisco*. *Partes:*
valvas o concha*, nácar, madreperla, branquias,
manto, cuerpo, charnela, pie, músculos, bisa.
5. Gasterópodos. Caracol, babosa, limaza,
bígaro, buccino, lapa, ermitaño, oreja marina,
quitón, púrpura, múrice, limnea. *Partes:* cuernos, ojos, radula, concha* o caracola, pie (v. 4).
V. MARISCO, CRUSTÁCEO, CONCHA.
momentáneo. Pasajero, fugaz, transitorio. V.
BREVE 1.
momento. Segundo, periquete, brevedad*. V.
INSTANTE 1.
MOMIA. 1. Cadáver conservado, momificado,
seco, incorrupto, embalsamado, disecado, restos, cuerpo, muerto*, despojos momificados.
2. Momificación. Resecamiento, conservación*, acartonamiento, preservación, embalsamamiento, taxidermia (v. 5), proceso,
preparación, tratamiento, disección, disecación,
manipulación, amojamamiento, marchitamiento* (v. 5).
3. Embalsamamiento. Elementos y proceso.
Egipcios: extracción de vísceras, baño de salitre, rellenado de sustancias aromáticas, aceites,
vendas de lino. *Indios americanos:* momificación
natural, clima seco. *Actualmente:* inyección en
vasos sanguíneos, i. de formal, fenol, extracción
de vísceras.
4. Embalsamar, momificar. Conservar*, preservar, preparar, tratar, cortar*, disecar, extraer
vísceras, rellenar, untar, vendar, apergaminar,
resecar, amojamar, acartonar, marchitar*.
5. Taxidermia. Disección, corte, conservación*
(v. 2), manipulación, rellenado de la piel, ojos artificiales, apariencia real, a. viva, montaje (v. 2).
6. Personas. Embalsamador, disecador, taxidermista, preparador, conservador*, especialista,
experto, médico*, biólogo*.
V. MUERTO, CONSERVACIÓN, TUMBA.
momificación. V. MOMIA 2.
momificado. V. MOMIA 1.
momificar. V. MOMIA 4.
momio. Ocasión, bicoca, ganga; individuo aburrido. V. VENTAJA 2; ABURRIMIENTO 2.
mona. Curda, ebriedad, embriaguez. V. BORRA-
CHERA 1.
monacal. Cenobítico, conventual, ascético. V.
CONVENTO 6.
monada. 1. Carantoña, arrumaco, gesto*. V.
MIMAR 4.
— **2.** Preciosidad, encanto, beldad. V. HERMO-
SURA 2.
monaguillo. Ayudante*, escolano, acólito. V.
MISA 10.

monarca. Príncipe, soberano, emperador. V. REY 1.

monarquía. Reino, principado, imperio. V. REY 6.

monárquico. Conservador, realista, tradicionalista*. V. REY 9.

monasterio. Cenobio, abadía, priorato. V. CONVENTO 1.

monástico. V. monacal.

mondadientes. Palillo, escarbadientes, adminículo limpiador. V. MESA (SERVICIO DE) 2.

mondadura. Corteza, piel, recubrimiento*. V. CÁSCARA 1.

mondar. Pelar, cortar*, descascarar. V. CÁSCARA 2.

mondo. V. mondar.

mondongo. Panza, vísceras, intestinos. V. VIENTRE 1.

moneda. 1. Efectivo, metálico, capital. V. DINERO 1.

— **2.** Pieza, disco acuñado, medalla. V. DINERO 4.

monedero. Billetero, portamonedas, carterita. V. CARTERA 2.

monería. Mohín, aspaviento, gesto*. V. MIMAR 4.

monetario. Pecuniario, económico*, crematístico. V. DINERO 9.

mongol. Tártaro, bárbaro, asiático. V. ETNIAS 4.

mongólico. 1. De Mongolia, mongol.

— **2.** *desp* mongolismo *desp*, síndrome de Down.

V. ETNIAS 4; DISMINUCIÓN 3.

monicaco. V. monigote.

monigote. 1. Pelele, títere*, fantoche. V. MUÑECO 1.

— **2.** Chiquilicuatro, mequetrefe, infeliz. V. DESGRACIADO 5.

monitor. Instructor, tutor, educador. V. EDUCACIÓN 15.

MONJA. 1. Hermana, sor, religiosa, madre, profesa, confesa, postulanta, novicia, monjita, freila, beata, superiora, priora, rectora, prelada, abadesa, canonesa, provinciala, comendadora. *De clausura:* lega, tornera, asistenta, sacristana, procuradora, enfermera, demandadera, confesionera, vicaria, cilleriza. Su caridad, su maternidad, su reverencia.

2. Sacerdotisa. Vestal, pitonisa, vidente, médium, ménade, oráculo, hechicera*, maga, bruja, adivina*, vaticinadora.

3. Órdenes religiosas de monjas. Descalzas, salesas, ursulinas, adoratrices, clarisas, carmelitas, mercedarias, siervas de María, irlandesas, damas negras, de la Caridad, de San Vicente de Paúl, hermanitas de los pobres, oblatas, teresianas, capuchinas, concepcionistas, agustinas, franciscanas, dominicas, misioneras, trinitarias, beguinas.

4. Vestimenta, accesorios. Hábito, toca, velo, manto, griñón, monjil, pañeta, cilicio, sayuela, escapulario, cordón, sandalias, rosario, crucifijo, anillo.

5. Elementos. Votos, dote, regla, obediencia, pobreza, castidad, clausura, encierro, noviciado, devoción, profesión; exclaustración, secularización, vuelta al siglo.

6. Convento y sus elementos. V. CONVENTO.

7. Acción. Profesar, tomar el hábito, t. el velo, encerrarse, enclaustrarse, abandonar el siglo; exclaustrarse, secularizarse, ahorcar el hábito, aseglararse, volver al siglo.

V. CONVENTO, RELIGIÓN.

monje. Religioso, fraile, asceta. V. SACERDOTE 2.

MONO. 1. Cuadrumano, simio (primate sin cola cercano al hombre, del grupo Hominoidea), primate, antropoide, mico, macaco, antropomorfo, mamífero*, vertebrado (v. 3).

— **2.** Lindo, bonito, hermoso*. V. AGRADABLE 1.

3. Clasificación. *Monos antropomorfos:* chimpancé, orangután, gorila, gibón. Otros: cinocéfalo, pongo, cercopiteco, macaco, babuino, mandril, papión, mono aullador, maimón, magote, hamadríade, zambo, ustiti, násico, tití, mono negro, m. de noche, m. ardilla, m. araña, zambo, dril, bandar, almizclero, carablanca, caranegra, frailecillo, colobo, capuchino, aluato, atele, sajú, carayá. *Prosimios:* ayeaye, lémur, gálago, maqui, mono volador. *Clasificaciones diversas:* catirrinos, platirrinos, cercopitecos, arctopitecos, macacos, mandriles, cinomorfos, antropoides, antropomorfos, simios, primates, prosimios, lemúridos, cuadrumanos, arborícolas (v. 1).

4. Características. Mamíferos, cuadrumanos, vegetarianos, instinto de imitación; (algunos:) cuerpo erecto, aspecto antropomórfico, inteligencia, cola, abazón, callosidad isquiática, pulgar oponible, mano prensil, vida arborícola.

V. MAMÍFERO, ANIMAL.

monocorde. Invariable, monótono, uniforme. V. REPETICIÓN 5.

monóculo. Cristal, vidrio, lupa. V. LENTE 4.

monografía. Descripción, estudio, tratado. V. ESCRIBIR 3, LIBRO 2.

monograma. Iniciales, símbolo, cifra. V. LETRA 1.

monolito. Megalito, bloque, piedra*. V. MONUMENTO 1.

monologar. Murmurar*, mascullar, razonar. V. HABLAR 1.

monólogo. Soliloquio, murmuración*, parlamento. V. HABLAR 2.

monomanía. Obsesión*, fobia, rareza*. V. MANÍA 1.

monomaníaco. Obsesionado*, trastornado, chalado. V. MANÍA 7, 8.

monopolio. Trust, consorcio, multinacional. V. ASOCIACIÓN 4.

monopolizar. Acaparar, reunir, especular*. V. ACUMULAR 1.

manoteísta. Creyente, religioso, cristiano*, judío, musulmán. V. RELIGIÓN 6.

monotonía. V. monótono.

monótono. 1. Regular, igual, uniforme. V. REPE-
TICIÓN 5.
— **2.** Fastidioso, cargante, repetido*. V. ABU-
RRIMIENTO 2.

monserga. Necedad, lata, pesadez. V. TONTO 3.

MONSTRUO. 1. Engendro, espantajo, aberración,
fantasma*, fenómeno, demonio*, rareza*, quimera, feto, adefesio, endriago, ser deforme*,
esperpento, ogro, gigante, coco, papón, gomia, bu, carantamaula, estantigua, camuñas,
tarasca, vestiglo, aparición, aparecido, visión,
fantasmagoría, redivivo, «no muerto» («undead»), zombi, muerto*, difunto, monstruosidad (v. 2).
2. Monstruosidad. Rareza*, deformación,
deformidad*, teratología, aberración, fealdad*,
alucinación, capricho, anomalía, anormalidad,
irregularidad, absurdo, desviación, infrecuencia,
desproporción, asimetría, exageración*, prodigio, tara, estigma, herencia*, degeneración,
trastorno, paradoja, defecto*, horror, espanto*, ridiculez* (v. 3).
3. Monstruoso. Grotesco, deforme*, fenomenal, anómalo, anormal, inverosímil, increíble, asombroso*, infrecuente, teratológico,
quimérico, paradójico, insólito, único, nunca
visto, irregular*, raro*, exagerado*, ridículo*,
feo, grotesco, horrible, espantoso*, contrahecho, alucinante, enorme, gigantesco (v. 1).
4. Monstruos de fantasía*. Polifemo, Cíclope,
Minotauro, Centauro, Bucentauro, Sirena, Medusa, Gorgona, Leviatán, Jano, Hidra, Arpía,
Quimera, dragón, grifo, hipogrifo, esfinge;
Golem, vampiro, Drácula, Nosferatu, hombre
lobo, licántropo, Loup Garou, la Momia, zom-
bis, «no muertos» («undead»), el Monstruo
de Frankenstein, King Kong, el Fantasma de la
Ópera (v. 1).
5. Anomalías de la naturaleza. Acromegálico,
gigante, enano*, acondroplásico, liliputiense,
hermafrodita, macrocéfalo, microcéfalo, turri-
céfalo, bicéfalo, cara de Jano (dos caras), siameses, siameses toracópagos, siameses cranió-
pagos; dextrocardia, polidactilia; labio leporino,
seudohermafroditismo (v. 1).
6. Criminales monstruosos. Gilles de Rais,
condesa de Bathory, Barba Azul, Landrú, Haigh,
Vampiro de Düsseldorf (Peter Kurten), Jack el
Destripador, Petiot.
Contr.: Perfección*, belleza*, hermosura*.
V. FANTASMA, DEMONIO, MUERTO, RAREZA,
DEFORMIDAD, FEALDAD, DEFECTO, ESPANTO,
RIDICULEZ, ASOMBRO.

monstruosidad. V. MONSTRUO 2.

monstruoso. V. MONSTRUO 3.

montacargas. Elevador, ascensor de carga, aparato*. V. ASCENSOR 1.

montador. Mecánico, obrero, operario. V. MÁ-
QUINA 6.

montaje. Ensambladura, colocación, construcción*. V. ACOPLAMIENTO 1

montante. 1. Ventanuco, abertura, tragaluz. V.
VENTANA 1.
— **2.** Mandoble, espadón, sable. V. ESPADA 1.
— **3.** Importe, precio, total*. V. GASTO 1.

MONTAÑA. 1. Monte, altura, cerro, cima, pico,
cordillera, cadena, sierra, promontorio, relieve,
orografía, volcán*, macizo, cresta, pináculo,
cumbre, eminencia, cúspide, roca, peña, peñasco, peñón, risco, picacho, serranía, altiplanicie,
altiplano, colina (v. 2).
2. Colina. Loma, cerro, collado, elevación, altura, otero, montículo, prominencia, eminencia,
alcor, estribación, cota, altozano, altura, cueto,
montecillo, atalaya, mirador, mogote, cabezo,
morón, recuesto, cuesta, altillo, hacho, cabo,
promontorio (v. 1).
3. Partes. Cima, pico, cumbre, cresta, divisoria, vertiente, ladera, falda, estribaciones, ramal,
meseta, valle, quebrada, desfiladero*, cañada,
cañón, garganta, paso, collado, puerto, túnel,
chimenea, grieta, sima, precipicio, talud, farallón, estribo, contrafuerte, cornisa, glaciar,
ventisquero, helero, zona de las nieves eternas,
plegamiento (v. 4).
4. Generalidades. Orografía, relieve, orogénesis, geología*, mineralogía*, sismología, vulcanología, montañismo*, plegamiento, falla, pliegue, fractura, estrato, capa, piedra*, granito,
traquita, basalto, piedra pómez, lava.
5. Montañoso. Montuoso, accidentado, abrupto, orográfico, escarpado, fragoso, áspero*,
escabroso, salvaje, pendiente, alto, elevado,
rocoso, desigual, desparejo, desnivelado, empinado, pino, quebrado, anfractuoso, inaccesible,
aislado, intrincado, infranqueable, insalvable,
insuperable, impracticable, impenetrable, serrano, ondulado; alpino, transalpino, pirenaico,
transpirenaico, andino.
6. Montañés, montañero*. Rústico, lugareño,
paisano, natural, nativo, agreste; alpinista, montañista, andinista, escalador, excursionista, deportista*, trepador, explorador, investigador*.
7. Acción. Ascender, subir*, escalar, trepar,
franquear, coronar, vencer, izarse, encaramarse, deslizarse, resbalar, esquiar*, bajar,
descender*.
8. Fauna. Águila, oso, cabra, rebeco, liebre,
trucha.
9. Flora. Coníferas, vegetación alpina, edelweiss, romero, tomillo.
10. Montañas. Alpes, Pirineos, Apeninos, Cárpatos, Cáucaso, Urales, Himalaya (Everest), Atlas, Kilimanjaro, Montañas Rocosas, Apalaches,
Andes (Aconcagua).
Contr.: Llano, llanura*, planicie, meseta.
V. VOLCÁN, MONTAÑISMO, ESQUÍ, GEOLO-
GÍA, MINERAL.

montañero. V. MONTAÑA 6.

montañés. V. MONTAÑA 6.

MONTAÑISMO. 1. Alpinismo, andinismo, deporte*, escalada, escalamiento, ascensión, ascenso,

subida*, exploración, marcha*, expedición, excursionismo, esquí*.
2. Equipo. Bastón alpino, piolet o pico, bota
de escalador, b. claveteada, b. con crampones,
martillo, clavijas, c. para roca y hielo, mosque-
tones, ganchos de resorte, cuerda de nailon,
gafas para la nieve, anorak, cantimplora.
3. Elementos. Cuerdas: amarre de seguridad,
presa de pie, seguro de hombros, seguro de
muslo, doble seguro; escalada, pared de roca,
escalones de hielo, desplomo, quiebra, helero,
glaciar, ventisquero, zona de las nieves eternas,
grieta, farallón, desfiladero*, sima, precipicio,
talud, estribo, contrafuerte, cornisa, garganta,
paso, puerto, cima, cumbre, nieve, tormenta*,
albergue de montaña*, refugio*, cabaña.
4. Montañero. Montañista, escalador, alpinista, excursionista, deportista*, trepador,
andinista, investigador*, explorador. Cordada:
delantero o guía, segundo, último.
5. Escalar. Ascender, subir*, franquear, trepar,
coronar, vencer, izarse, encaramarse, deslizar-
se*, resbalar, bajar, descender*, esquiar*.
V. MONTAÑA, VOLCÁN, ESQUÍ, DEPORTE,
TORMENTA.
montañista. V. MONTAÑISMO 4.
montañoso. Montuoso, accidentado, escarpado.
V. MONTAÑA 5.
montar. 1. Jinetear, cabalgar, trotar. V. CABALLO
17.
— **2.** Ascender, empinarse, encaramarse. V.
SUBIR 1.
— **3.** Ajustar, armar, ensamblar. V. ACOPLA-
MIENTO 1.
— **4.** Copular, cubrir, aparearse. V. COITO 6.
montaraz. 1. V. montés.
— **2.** Hosco, inculto, rústico. V. TOSCO 1.
monte. 1. Cerro, pico, cumbre. V. MONTAÑA 1.
— **2.** Zarzal, soto, espesura. V. BOSQUE 1.
montepío. Mutualidad, socorros mutuos, cooperativa. V. ASOCIACIÓN 5.
montera. Bonete, birrete, gorro. V. SOMBRERO 1.
montería. Cacería, cinegética, caza mayor. V.
CAZA 1, 3.
montero. Cazador, batidor, ojeador. V. CAZA 6.
montés. Rústico, agreste, tosco*. V. SILVESTRE.
montículo. Colina, loma, cerro. V. MONTAÑA 2.
monto. Valor, suma, precio. V. TOTAL 1.
montón. Aglomeración, cúmulo, pila. V. ACU-
MULAR 3.
montuoso. Montañoso, accidentado, escarpado.
V. MONTAÑA 5.
montura. 1. Corcel, cuadrúpedo, cabalgadura. V.
CABALLO 1.
— **2.** Arnés, guarniciones, silla. V. CABALLO 14.
monumental. Enorme, gigantesco, imponente.
V. GRANDE 1.
MONUMENTO. 1. Obra arquitectónica, escul-
tórica, pública, conmemorativa, funeraria,
religiosa*, monolito, megalito, monumento
prehistórico, dolmen, menhir, crómlech, trilito,

columna*, obelisco, piedra*, bloque pétreo,
escultura*, estatua, pirámide, túmulo, panteón,
mausoleo, sepulcro, tumba*, arco de triunfo,
teocali, templo*, catedral, torre, palacio*, cas-
tillo*, rascacielos, mansión, casa*, coliseo, esta-
dio*, fuente, acueducto, viaducto (v. 2).
2. Algunos monumentos. Esfinge, Pirámides
de Gizeh, templo de Karnak, Stonehenge, Baalbek, Angkor, Gran Muralla China, Acrópolis de
Atenas, Coliseo de Roma, Columna de Trajano,
teatro romano de Mérida, Acueducto de Segovia, Alcázar de Segovia, palacio del Dalai Lama,
Machu-Pichu, pirámide de Teotihuacán, templo
de Tenochtitlán, templo de Chichén-Itzá, Ti-
huanaco, Taj-Majal, catedral de Chartres, c. de
Burgos, monasterio del Escorial, m. de Poblet,
basílica de San Pedro, torre inclinada de Pisa.
V. ARQUEOLOGÍA, TEMPLO, TUMBA, PALACIO,
CASTILLO, ARQUITECTURA, CONSTRUCCIÓN.
monzón. Viento alternativo, periódico, constante.
V. VIENTO 2.
moño. 1. Peinado, rodeta, rosca. V. PELO 2.
— **2.** Lazo, cinta, adorno*. V. NUDO 1.
moqueta. Cubierta, felpudo, tela* de lana. V.
ALFOMBRA 1.
moquete. Puñetazo, cachete, soplamocos. V.
BOFETADA 1.
moquillo. Catarro, dolencia, enfermedad* de animales. V. PERRO 6.
mora. Baya, zarzamora, morera. V. FRUTO 6.
morada. Hogar, residencia, vivienda. V. CASA 1.
morado. Cárdeno, violáceo, amoratado. V. CO-
LOR 10.
morador. Residente, poblador, habitante. V. HA-
BITACIÓN 3.
moral. 1. Escrúpulo, ética, conciencia. V. HON-
RADEZ 1.
— **2.** Decente, decoroso, espiritual*. V. HON-
RADEZ 2.
— **3.** Zarzamora, morera, arbusto. V. ÁRBOL 9.
— **4.** Animosidad, estado de ánimo. V. ÁNI-
MO 4.
moraleja. Máxima, enseñanza, parábola. V. EJEM-
PLO 1.
moralidad. V. moral 1, 2.
moralista. Reformador, intolerante, puritano. V.
SEVERIDAD 2.
moralizar. Reformar, amonestar, sermonear. V.
SEVERIDAD 3.
morar. Vivir, residir, habitar*. V. HABITACIÓN 5.
moratoria. Retraso, prórroga, aplazamiento. V.
DEMORA 2.
morbidez. V. mórbido.
mórbido. 1. Delicado, fláccido, fofo. V. BLANDO 1.
— **2.** V. morboso.
morbilidad. Porcentaje, estadística*, número de
enfermos. V. ENFERMEDAD 1.
morbo. Dolencia, afección, indisposición*. V. EN-
FERMEDAD 1.
morboso. 1. Insalubre, malsano, pernicioso. V.
ENFERMEDAD 2.

— **2.** Enfermizo, patológico, retorcido. V. MA-NÍA 7.

morcilla. Morcón, tripa, embuchado. V. EMBU-TIDOS 1, 2.

mordacidad. Acritud, causticidad, sarcasmo. V. IRONÍA 1.

mordaz. Satírico, virulento, sarcástico. V. IRONÍA 2.

mordaza. Bozal, trapo, pañuelo. V. VENDA 1.

mordedura. V. MORDER 2.

MORDER. 1. Mordisquear, dentellear, roer, desgarrar, masticar, mascar, alimentarse*, moler, triturar, desmenuzar, fragmentar*, herir, lesionar*, tascar, tarascar, arrancar, lacerar, carcomer, apresar, atenazar, dañar, señalar, cortar*, corroer, ratonar, desgastar, apolillar, hundir, clavar los dientes*.
2. Mordedura. Dentellada, mordisco, mordida, desgarro, bocado, tarascada, arrancamiento, laceración, herida, lesión*, daño, desmenuzamiento, fragmentación, trituración, masticación, atenazamiento, apresamiento, corte*, señal*, raedura, corrosión, carcoma.
3. Mordido. Raído, corroído, carcomido, molido, triturado, fragmentado*, mascado, masticado, desgarrado, mordisqueado, dentellado (v. 1).
V. LESIONAR, FRAGMENTAR, CORTAR, DIENTE.

mordida. V. MORDER 2.

mordido. V. MORDER 3.

mordiente. 1. V. mordaz.
— **2.** Fuerte, cáustico, áspero*. V. ÁCIDO 1.

mordisco. V. MORDER 2.

mordisquear. V. MORDER 1.

MORENO. 1. Oscuro*, atezado, trigueño, castaño, marrón, negro*, pardo, bronceado, curtido, tostado, quemado, asoleado, cetrino, cobrizo, rojizo, aceitunado, oliváceo, endrino, grisáceo, azabachado, terroso, broncíneo, fuliginoso, ennegrecido; negro, mulato, de color, mestizo, africano, indio*, indígena.
2. Poner(se) moreno. Broncear(se), tostar, dorar, quemar, oscurecer, curtir, asolear, atezar, colorear*, requemar, ennegrecer, insolar, manchar, tiznar, calcinar.
Contr.: Claro*, blanco, rubio.
V. OSCURO, NEGRO, COLOR, ETNIAS.

morera. Arbusto, moral, zarzamora. V. ÁRBOL 9.

morería. Barrio moro, aljama, multitud de moros. V. BARRIO 1.

moretón. Equimosis, cardenal, magulladura. V. LESIÓN 1.

morfema. 1. Unidad mínima (monema) con significado; monema, lexema, palabra, significado. (V. lexema).
— **2. Clases.** Libres o independientes: artículos, proposiciones, conjunciones; trabados o dependientes: flexivos, derivativos (prefijos, sufijos), interfijos. V. GRAMÁTICA 3.

morfina. Soporífero, analgésico, alcaloide. V. DROGA 1-3.

morfinómano. Drogadicto, adicto a la droga, enfermo. V. DROGA 5.

morfología. Conformación, constitución, figura*. V. FORMA 1.

morganático. Enlace, matrimonio, boda irregular. V. CASAMIENTO 2.

morgue. Depósito de cadáveres, necrocomio, recinto de autopsias. V. MUERTE 12.

moribundo. Agonizante, desahuciado, expirante. V. MUERTE 16.

morigerado. Sobrio, frugal, mesurado. V. MODERACIÓN 3, 4.

morigerar(se). Refrenar(se), contener(se), comedirse. V. MODERACIÓN 6.

morir. 1. Fallecer, agonizar, expirar. V. MUERTE 13.
— **2.** Concluir, terminar, interrumpirse. V. FIN 4.

morisco. V. moro.

morisqueta. Mueca, visaje; ardid. V. GESTO 1; ENGAÑO 1.

mormón. Cristiano* reformado. V. PROTESTANTE 2.

moro. *desp* Musulmán, mahometano, norteafricano; *desp* celoso, dominador. V. ÁRABE 1; DOMINIO 3.

morosidad. 1. Retraso, dilación, lentitud. V. DEMORA 1.
— **2.** Insolvencia, atraso, impago. V. DEUDA 1.

moroso. 1. Premioso, remiso, calmoso. V. DEMORA 4, 5.
— **2.** Deudor*, atrasado, insolvente. V. DEUDA 3.

morrada. Porrazo, trastazo, bofetada*. V. GOLPE 2, 3.

morral. Zurrón, macuto, bolsa. V. SACO 1.

morralla. 1. Baratija, fruslería, nadería. V. INSIGNIFICANTE 3.
— **2.** Plebe, chusma, gentuza. V. GRUPO 4.

morriña. Nostalgia, remembranza, melancolía. V. AÑORANZA 1.

morrión. 1. Yelmo, casco, capacete. V. ARMADURA 3.
— **2.** Gorro, sombrero militar, chacó. V. SOMBRERO 1.

morro. Jeta, hocico, rostro. V. BOCA 1.

morrón. 1. Pimiento, legumbre, verdura. V. HORTALIZA 2.
— **2.** Porrazo, morrada, bofetada*. V. GOLPE 1-3.

morsa. Pinnípedo, mamífero anfibio, foca. V. MAMÍFERO 18.

mortadela. Embuchado, embutido grueso, salchichón. V. EMBUTIDOS 2.

mortaja. Sudario, sábana, lienzo. V. TELA 1, MUERTE 1.

mortal. 1. Ser humano, individuo, hombre*. V. PERSONA 1.
— **2.** Efímero, fugaz, perecedero. V. BREVE 1.
— **3.** Nocivo, fatal, peligroso*. V. MUERTE 15.
— **4.** Abrumador, agotador, penoso. V. FATIGA 6.

mortalidad. 1. Fallecimientos, defunciones, estadística*, demografía. V. MUERTE 1.
— **2.** V. mortandad 1.

mortandad. 1. Exterminio, carnicería, degollina. V. MUERTE 5.
— **2.** V. mortalidad 1.

mortecino. Apagado, tenue, vacilante. V. DEBILIDAD 4, 5.

mortero. 1. Obús, cañón, pieza. V. ARTILLERÍA 4.
— **2.** Machacador, almirez, fragmentador*. V. COCINA 5.
— **3.** Cemento, hormigón, argamasa. V. CONSTRUCCIÓN 7.

mortífero. V. mortal 3.

mortificación. Sacrificio*, penitencia, privación. V. SUFRIMIENTO 1.

mortificante. Ultrajante, humillante*, irritante. V. OFENSA 5.

mortificar. 1. Vejar, hostigar*, torturar*. V. TORTURA 6.
— **2.** *Mortificarse*, sufrir, padecer, conformarse. V. SACRIFICIO 5.

mortuorio. Lúgubre*, sepulcral, fúnebre. V. MUERTE 15.

moruno. Morisco, muslime, moro *desp.* V. ÁRABE 1.

mosaico. Baldosa, azulejo, mayólica. V. CERÁMICA 2.

MOSCA. 1. Insecto*, díptero, tábano, moscardón, moscón, abejorro, rezno, estro, avispón, moscarda, bicho, parásito*, plaga (v. 2).
2. Clases. Mosca común o doméstica, azul, verde, de la carne, del vinagre, tse-tsé; abejorro (v. 1). Evolución: huevo, larva, ninfa, mosca adulta.
3. Partes. Cabeza*, trompa chupadora, ojos* simples, o. compuestos, antenas, tórax*, abdomen, patas (6), uñas, pelos adhesivos, alas membranosas.
4. Enfermedades transmitidas; varios. Cólera, disentería, tifus, enfermedad del sueño, poliomielitis; focos de infección, transmisión de enfermedades*, microorganismos*, microbios patógenos. Varios: insecticidas*, fumigación, desinsectación, DDT (dicloro-difenil-tricloroetano, uso prohibido en España en 1977), hexaclorofeno, pala matamoscas; fecundidad, proliferación, inmundicias, alimentos*, excrementos*.
V. INSECTO, PARÁSITO.

moscardón, moscón. V. MOSCA 1.

mosconear. Importunar, fastidiar, resonar. V. ZUMBAR 1.

mosqueado. V. mosqueo.

mosquear(se). Recelar, escamarse, sospechar*. V. OFENSA 5.

mosqueo. Suspicacia, recelo, resentimiento. V. SOSPECHA 1.

mosquete. Escopeta, carabina, arcabuz. V. FUSIL 1.

mosquetero. Soldado, guardia, espadachín*. V. EJÉRCITO 6.

mosquitero. Velo, gasa, colgadura. V. TELA 6.

MOSQUITO. 1. Insecto*, díptero, cínife, culícido, zancudo, jején, cénzalo, violero, mosquito común, m. tigre, anofeles (paludismo), aedes aegypti (fiebre amarilla), estegomía, mosquito de trompetilla, parásito*. Evolución: huevo, larva, ninfa, mosquito adulto.
2. Partes. Cabeza, antena, trompa con aguijón, probóscide, palpos, glándulas salivares, cuerpo cilíndrico, tórax*, abdomen, depósitos de sangre, patas largas y finas.
3. Enfermedades; generalidades. Enfermedad infecciosa*, paludismo o malaria, fiebre amarilla, filaria, dengue. Picadura, succión de sangre*, inoculación de gérmenes. Mosquitero, pala. Insecticidas, DDT (dicloro-difenil-tricloroetano, uso prohibido en España en 1977), hexaclorofeno, fumigación, desinsectación, saneamiento, desecación de pantanos.
V. INSECTO, INFECCIÓN, PARÁSITO.

mostacho. Bigote, guías, pelo*. V. BARBA 6.

mostaza. 1. Semilla*, crucífera, planta aromática. V. VEGETAL 20.
— **2.** Aderezo, especia, salsa*. V. CONDIMENTO 3.

mosto. Extracto, zumo de uva, caldo. V. VINO 5.

mostrador. Tablero, mesilla, contador. V. MESA 1.

mostrar. 1. Apuntar, indicar, señalar. V. SEÑAL 9.
— **2.** *Mostrar(se)*, presentar(se), enseñar, descubrir. V. EXHIBIR 1.

mostrenco. 1. Sin dueño, abandonado, salvaje. V. SILVESTRE.
— **2.** Inculto, tosco*, grueso. V. IGNORANTE; GORDO 1.

mota. Pizca, partícula, mancha*. V. FRAGMENTO 1.

mote. 1. Sobrenombre, alias, apodo. V. NOMBRE 2.
— **2.** Lema, dicho, divisa. V. FRASE 1.

motear. Tiznar, vetear, salpicar. V. MANCHA 5.

motejar. Censurar, calificar, nombrar. V. NOMBRE 10.

motel. Albergue, parador, alojamiento para automovilistas*. V. HOTEL 1.

motete. Cántico, cantata, canto religioso*. V. CANTAR 4.

motín. Sublevación, levantamiento, rebelión. V. REVOLUCIÓN 1.

motivar. Determinar, producir, originar*. V. CAUSA 3.

motivo. 1. Móvil, fundamento, razón. V. CAUSA 1.
— **2.** Tema, argumento, materia. V. ASUNTO 2.

MOTOCICLETA. 1. Moto, ciclo, ciclomotor, vehículo*, v. ligero, velomotor, motoneta, «scooter», motociclo, triciclo, bicicleta*, máquina, sidecar.
2. Clases. Motocicleta de paseo, de trial, de motocross, de speedway, de carreras.
3. Partes. Manillar, guía, puño acelerador, manecilla o palanca del freno, m. o p. del embrague, horquilla telescópica, h. t. delantera, h. t. trasera, suspensión, velocímetro, faro, matrícula, guardabarros delantero, g. trasero.

Rueda*: cubo, freno, rayos, llanta, neumático. Depósito de gasolina, tapón, sillín, bastidor, tubo del cuadro, motor*, cilindro, carburador, bujía, tubo de escape, silenciador, tubo de admisión, cadena, piñón, pedal del freno, soporte para el pie, estribera.
4. Marcas. Norton, Indian, Harley Davidson, Triumph, Yamaha, Honda, Kawasaki, Benelli, Ducati, Montesa, Bultaco, Sanglas, Ossa.
5. Motociclismo. Competición, motorismo, deporte*. *Pruebas:* carrera de velocidad, de regularidad, sobre hielo, motocross, trial, quad, enduro, rally, campeonato del mundo de velocidad (de 125 cc, de 250 cc, motoGP). Estadio; circuito: pista, curvas, rampas, señales, banderas.
6. Personas. Motociclista, motorista, corredor, profesional, aficionado, deportista*. Director, comisarios, cronometradores, jueces de salida, j. de meta, secretario.
V. VEHÍCULO, BICICLETA, MOTOR, AUTOMOVILISMO, DEPORTE.
motociclista. V. MOTOCICLETA 6.
motonáutica. Deporte*, competición, prueba náutica. V. BOTE 11.
motoneta. V. MOTOCICLETA 1.
MOTOR. 1. Máquina*, mecanismo, ingenio, aparato*, dispositivo, artilugio, maquinaria, artefacto, artificio; motriz (V. 5).
2. Clases. Motor de combustión interna, de explosión (v. 3), de dos tiempos, de cuatro tiempos, Diesel, rotativo o Wankel, de vapor, eléctrico, de reacción o cohete*, de propulsión a chorro, turbina, de agua, hidráulico, molino*, motor de gas, de viento o eólico, térmico, atómico, marino, de aviación (v. 1).
3. Partes. Motor* de explosión: bloque, cilindros, pistón, émbolo, biela, cigüeñal, culata, bujía, válvulas, cárter, junta, eje, eje de levas, cojinetes, rodamiento, varilla, balancín, taqué, palier, mangueta, manguito, cruceta, pieza*, bomba de aceite, b. de agua, carburador, distribuidor o delco, embrague, engranaje, diferencial, transmisión, motor de arranque, camisa, escape, colector de escape, silenciador, filtro de aceite, f. de aire, radiador, ventilador, correa.
4. Acción. Arrancar, cambiar de marchas, embragar, etc. V. AUTOMÓVIL 18.
5. Motriz. Motor, impelente, móvil*, automóvil*, propulsor, impulsor, tractor, cinético, movible, dinámico, automático, mecánico* (v. 6).
6. Motorizado. Automatizado, impulsado, mecanizado*, propulsado, móvil*, movible, transformado, dotado, provisto, equipado de motor (v. 5).
7. Motorizar. Automatizar, mecanizar*, propulsar, impulsar, mover, movilizar*, transformar, perfeccionar, mejorar, proveer, dotar, equipar con motor.
V. AUTOMÓVIL, MÁQUINA, APARATO, MOVIMIENTO.

motora. Lancha automóvil, gasolinera, bote de motor. V. BOTE 11.
motorismo. V. MOTOCICLETA 5.
motorista. V. MOTOCICLETA 6.
motorizado. V. MOTOR 6.
motorizar. V. MOTOR 7.
motriz. V. MOTOR 5.
movedizo. V. MOVIMIENTO 8.
mover. V. MOVIMIENTO 5.
movible. V. MOVIMIENTO 7.
movido. Activo, agitado, dinámico*. V. MOVIMIENTO 8.
móvil. 1. V. MOVIMIENTO 7.
— **2.** Motivo, fundamento, razón. V. CAUSA 1.
movilidad. V. MOVIMIENTO 1.
movilización. V. movilizar.
movilizar. Militarizar, reclutar, congregar. V. EJÉRCITO 13.
MOVIMIENTO. 1. Movilidad, actividad, trabajo*, meneo (v. 2), funcionamiento, dinamismo*, desplazamiento, moción, balanceo, locomoción, marcha*, carrera*, curso, evolución, traslación, traslado*, transporte*, ajetreo, tráfago, mecánica, mecanismo, deslizamiento*, zigzag, serpenteo, empuje, tracción, recorrido, trayectoria, rumbo, maniobra, manejo, arrastre, rodadura, apresuramiento, prisa, agilidad, aceleración, patinazo, lanzamiento*, desvío*, andadura, salto*, caída, tumbo, vaivén, ascenso, descenso*, subida*, bajada, adelanto, atraso, vuelta, giro*, rotación, revolución, sacudida (v. 2).
— **2.** *Sacudida,* movimiento, balanceo, bamboleo, oscilación, meneo, temblor*, vibración, estremecimiento, escarceo, cabrilleo, caracoleo, agitación, ondulación, inestabilidad, ritmo, compás, variación*, cambio*, contracción, reflejo, espasmo, contorsión, conmoción, contoneo, crispamiento*, zarandeo (v. 1).
— **3.** Ligereza, actividad, dinamismo*. V. RAPIDEZ 1.
— **4.** Alzamiento, levantamiento, motín. V. REVOLUCIÓN 1.
5. Mover(se). Desplazar, movilizar, remover, funcionar, menear (v. 6), apresurarse, afanarse, activar, acelerar, bullir, trajinar, agitarse, alterarse, trabajar*, agilizar, deslizar*, correr, balancear, marchar*, evolucionar, empujar, trasladar*, transportar*, traccionar, tirar de, maniobrar, arrastrar, zigzaguear, serpentear, reptar, rodar, patinar, lanzar*, arrojar, expulsar*, rechazar, expeler, despedir, desviar, amagar, fintar o fintear, andar, caminar*, saltar*, caer, ascender, descender*, subir*, bajar, adelantar, atrasar, volver, voltear, girar*, rotar, revolucionar, sacudir (v. 6).
— **6.** *Menear(se),* mover, sacudir, bambolear, balancear, columpiar, mecer, oscilar, temblar*, vibrar, estremecer, blandir, ondular, agitar, acompasar, variar*, cambiar*, contraer, reflejar, contorsionar, colear, conmocionar, contonear, crispar*, zarandear, bullir, trajinar.

7. Movible. Móvil, portátil, trasladable, motriz, cinético, desplazable, deslizable*, activo, maniobrable, volante, ambulante, movedizo, errante, errático, callejero, ágil, cómodo*, práctico, oscilante, bamboleante, balanceante, rotatorio, vibrante, tembloroso, ondulante, giratorio, inestable, rítmico, acompasado.

8. Movedizo, movido. Activo, dinámico*, rápido*, ligero, atareado, afanoso, agitado, revoltoso, embrollado*, variable*, inestable, excitado, impaciente, incansable, turbulento, travieso, intranquilo*.

Contr.: Inmovilidad*, detención, paro, reposo. V. MARCHA, CARRERA, CAMINAR, DESLIZAMIENTO, TRASLADO, TRANSPORTE, SALTO, SUBIDA, DESCENSO, DINAMISMO, TRABAJO, PRISA, GIRO, LANZAMIENTO, CRISPAMIENTO, TEMBLOR.

moza, mozalbete. V. mozo 1-3.

mozarrón. Grandullón, chicarrón, hombretón. V. HOMBRE 3.

mozo. 1. Chico, muchacho, adolescente. V. JOVEN 1.
— 2. Célibe, soltero, núbil. V. JOVEN 1, 2.
— 3. Sirviente, camarero, recadero. V. SERVIDOR 1.
— 4. Peón, estibador, cargador. V. CARGA 7.

muaré. Lienzo, tejido, género. V. TELA 6.

mucama, mucamo. Sirviente, criado, empleado de hogar. V. SERVIDOR 1.

muceta. Prenda universitaria, esclavina, capa corta. V. UNIVERSIDAD 6.

muchacha. 1. Moza, adolescente, chica. V. JOVEN 2.
— 2. Chiquilla, nena, pequeña. V. NIÑO 1.
— 3. Criada, sirvienta, doncella. V. SERVIDOR 2.

muchacho. 1. Mozo, adolescente, chico. V. JOVEN 1.
— 2. Chiquillo, nene, pequeño. V. NIÑO 1.

muchedumbre. Multitud, gentío, aglomeración. V. GRUPO 3, 5.

mucho. 1. Cantidad*, exceso, profusión. V. ABUNDANCIA 1.
— 2. Demasiado, excesivo, bastante. V. ABUNDANCIA 2.

mucílago. Pasta, gelatina, goma. V. ADHERIR 3.

mucosa. Tegumento, recubrimiento*, membrana. V. PIEL 1.

mucosidad. Moco, gargajo, flema. V. EXCRECIÓN 2.

mucoso. Resbaladizo, pegajoso, viscoso. V. DENSO 1.

mucus. V. mucosidad.

muda. 1. Cambio*, transformación, renovación. V. VARIAR 2.
— 2. Prendas, ropas, atuendo. V. VESTIMENTA 1.

mudable. Informal*, voluble, inconstante. V. VARIAR 8.

mudanza. 1. Transporte*, acarreo, cambio*. V. TRASLADAR 3.

— 2. Modificación, cambio*, alteración. V. VARIAR 2.

mudar. 1. Transportar*, cambiar*, instalar. V. TRASLADAR 1.
— 2. Transformar, cambiar*, alterar. V. VARIAR 1.

mudez. Afonía, ronquera, reserva. V. SILENCIO 1.

mudo. 1. Sordomudo, afásico, afónico. V. SILENCIO 3.
— 2. Taciturno, callado, silencioso*. V. HOSCO 1.

MUEBLE. 1. Utensilio, efecto, bártulo, cachivache, trasto; mobiliario, moblaje, equipo, atalaje, menaje, enseres, efectos, bienes, pertenencias, posesiones, bienes muebles.

2. Enumeración. Muebles de: vestíbulo, recibimiento, sala de estar, salón, despacho, biblioteca*, dormitorio, alcoba, tocador, baño*, comedor, cocina*, época, estilo, anticuario; m. antiguo, moderno; objeto de arte. *Asiento*: silla, sillón, mecedora, tresillo, sofá, diván, poltrona, butaca, banco, reclinatorio, escaño, banqueta, escabel, tumbona, capitoné; *armario*: ropero, guardarropa, aparador, cómoda, alacena, trinchero, vitrina, bargueño, estantería, biblioteca*, librería, anaquel, bufete, compartimiento*, casillero, fichero, paragüero, percha, perchero, colgador, repisa, estante, gaveta, rinconero, despensa, plúteo; *mesa*: mesilla de noche, mesa de juego, m. camilla, escritorio, buró, secreter, pupitre, ménsula, consola, cómoda, tocador, coqueta, costurero, velador; *cama*: lecho, triclinio, catre, litera, tálamo, cama turca, hamaca, petate, yacija; *varios:* lámpara*, aplique, araña, candelabro, foco, farol, quinqué, tulipa; biombo, mampara, atril, cuadro, marco, jardinera, macetero, chimenea, brasero, estufa (v. calefacción*), alfombra*, tapiz*, cortinajes.

3. Materiales. *Madera*: ébano, caoba, nogal, palisandro, roble, haya, castaño, boj, teca, sándalo, cerezo, palo santo, abedul, fresno, pino, madera contrachapada; *metal*: bronce, cobre, latón, níquel, acero; varios: cuero, piel*, plástico*, tela*, raso, seda, laca, pintura*, barniz.

4. Partes. Estante, gaveta, cajón, tirador, tablero, bandeja, cerradura, pata, pie, brazo, unión*, ensambladura, acoplamiento*, cola de milano, puerta, portezuela, compartimiento*, moldura, marco, rodapié, remate, barrote, bisagra, tapicería*.

5. Fabricación. Ebanistería, marquetería, carpintería*, tapicería*, pintura*, lustre, pulido, acabado, acepillado, lijado, clavado, encolado, ensamblado (v. 3, 4), lacado, barnizado, taraceado, tallado, decoración*.

6. Estilos*. Egipcio, Griego, Gótico, Renacimiento, Castellano, Colonial, Rococó, Chippendale, Neoclásico, Luis XIII, Luis XIV, Luis XV, Luis XVI, Inglés, Reina Ana, Imperio, Luis Felipe, Art-Nouveau, moderno, funcional.

7. Personas. Mueblista, ebanista, carpintero*, fabricante*, artesano, operario, decorador*, tapicero*, pintor*, marquetero, tendero.

8. Acción. Amueblar, decorar*, mudarse, trasladarse*, poner piso, desamueblar, tapizar*, ensamblar, encolar, clavar*, atornillar, marquetear, taracear, cepillar, lijar, pintar*, lacar, barnizar, lustrar, pulir, acabar.

9. Mueblería. Taller, fábrica*, carpintería*, ebanistería, guardamuebles, depósito, tapicería*, decoración*, almacén*, nave, tienda*, capitoné, empresa de mudanzas.
V. CARPINTERÍA, ASIENTO, ARMARIO, MESA, CAMA, COMPARTIMIENTO, MADERA, DECORACIÓN, ESTILO.

mueblería. V. MUEBLE 9.

mueblista. V. MUEBLE 7.

mueca. Visaje, mohín, seña. V. GESTO 1.

muela. 1. Molar, pieza ósea, premolar. V. DIENTE 1.
— **2.** Rueda*, piedra*, pieza de molino. V. MOLINO 3.

muelle. 1. Malecón, desembarcadero; andén. V. DIQUE 1.
— **2.** Resorte, amortiguador, ballesta. V. HIERRO 7.
— **3.** Suave, mórbido, cómodo*. V. BLANDO 1.

muérdago. Dicotiledónea, planta parásita*, vegetal*. V. PARÁSITO 6.

MUERTE. 1. Fallecimiento, deceso, defunción, óbito, tránsito, fin*, final, expiración, partida, trance, paso, desenlace, hora suprema, últimos momentos, extinción, desaparición, mortandad, mortalidad, estadística*, agonía, estertor, coma, sueño* profundo, sueño eterno, fenecimiento, perecimiento, acabamiento, postrimería, cese, ocaso, finamiento, el último instante, in extremis, el más allá, ultratumba, escatología, la eternidad, el otro mundo, el cielo, el infierno, el purgatorio, el otro barrio, la guadaña, la parca; homicidio, eutanasia, exterminio, matanza (v. 5), violencia*, crimen, asesinato (v. 5).
— **2.** Estrago, ruina, desolación. V. DESTRUIR 2.

3. Clases de muertes. Muerte natural (v. 4), m. violenta (v. 5), m. por accidente (v. 6), homicidio (v. 7), suicidio (v. 7), pena de muerte (v. 8); ejecución, eutanasia , muerte indolora, m. aparente o catalepsia.

4. Muerte natural. Muerte senil, consunción, insuficiencia cardiorrespiratoria, síncope, ataque, apoplejía, embolia, e. cerebral, trombosis, infarto, i. cardíaco, paro cardiaco, asfixia, «shock», catalepsia, inanición, desnutrición, enfermedad*, epidemia, plaga, infección*.

5. Muerte violenta. Muerte por accidente (v. 6); homicidio, asesinato* (v. 7), suicidio (v. 7); pena de muerte (v. 8). Matanza, mortandad, exterminio, aniquilación, masacre, carnicería, degollina, escabechina, ejecución, inmolación, eliminación, genocidio, liquidación, holocausto, purga, sacrificio*, tortura*, hecatombe, tragedia, castigo*, supresión; violencia sexista, violencia de género, crímenes de género.

6. Muerte por accidente. Inundación, terremoto*, rayo*, incendio*, accidente automovilístico*, a. laboral, ferroviario, aéreo, marítimo*, naufragio, electrocución, caída, precipitación.

7. Homicidio, suicidio. Asesinato* infanticidio, parricidio, uxoricidio, magnicidio, regicidio, genocidio. Cuchilladas* puñaladas, degollamiento, lesiones*, golpes*, ahorcamiento, estrangulación, ahogamiento*, asfixia, envenenamiento, electrocución, armas* de fuego, caída o precipitación, harakiri, inanición o desnutrición.

8. Pena de muerte. Decapitación, guillotina, degüello, hacha, espada; hoguera, auto de fe, horca, estrangulación, garrote vil, linchamiento, empalamiento, lapidación, descuartizamiento, crucifixión, desolladura, silla eléctrica, cámara de gas, fusilamiento, tiro en la nuca, ametrallamiento, envenenamiento (v. castigo 2).

9. Fases de la muerte. Agravamiento, agonía, estertor, respiración jadeante, sudor frío, pérdida de conciencia, debilidad del pulso, extremidades frías, mirada opaca, dilatación pupilar, muerte, enfriamiento, rigidez cadavérica, lividez cadavérica, manchas verdosas o flictenas, saponificación, putrefacción, descomposición, momificación. Fauna cadavérica: moscas, larvas, gusanos*, escarabajos.

10. Muerto. Cadáver, fallecido, extinto, finado, moribundo (v. 16), difunto, cuerpo, occiso, interfecto, víctima, despojos, restos, r. mortales, envoltura carnal, fiambre, cuerpo exánime, c. inanimado, c. exangüe, suicida, ajusticiado, fúnebre (v. 15), momia*, cenizas, reliquias, huesos*, esqueleto, osamenta, calavera (v. 15).

11. Ceremonias, procesos. Amortajamiento, velatorio, velorio, entierro*, exequias, sepelio, inhumación, enterramiento, ceremonia, funerales, acto, pésame, responso, panegírico, réquiem, sufragios, cortejo, comitiva, duelo, luto, acompañamiento, autopsia, necropsia, investigación*, examen visceral, disección, exhumación, cremación, congelación, criogenia, conservación*, embalsamamiento, momificación*, taxidermia.

12. Lugares, efectos. Depósito de cadáveres, depósito forense, necrocomio, mortuorio, morgue, recinto de autopsias, anfiteatro de disección, Facultad de Medicina, capilla ardiente, cementerio, camposanto, necrópolis, almacabra, catacumba, panteón, tumba*, mausoleo, sarcófago, sepulcro, cripta, sepultura, pudridero, osario, columbario, fosa, nicho, ataúd, féretro, caja, cajón, urna cineraria, sudario, mortaja, lienzo, barbillera, corona, ramo, flores.

13. Morir. Fallecer, sucumbir, perecer, expirar, finar, fenecer, agonizar, dejar de existir, acabar, irse, cerrar los ojos, dar el último suspiro, entregar el alma, perder la vida, morder el polvo, extinguirse, boquear, empeorar, agravarse, suicidarse (v. 14), terminar, finalizar*;diñar, diñarla, palmar, espichar. *Otros actos:* amortajar, velar, enterrar, inhumar, dar el pésame, acompañar, hacer la autopsia*, cremar, exhumar, disecar, congelar, conservar, embalsamar, momificar*.

14. Matar. Acogotar, eliminar, aniquilar, inmolar, suprimir, liquidar, ejecutar, exterminar, asesinar*, despachar, ajusticiar, diezmar, purgar, destruir, rematar, acabar con, fulminar, sacrificar*, degollar, ahorcar, etc. (v. 7, 8). *Matarse,* suicidarse, destruirse, quitarse la vida, quitarse de en medio, eliminarse, inmolarse, darse muerte, cometer un disparate.

15. Mortuorio, mortífero. Fúnebre, funerario, macabro, lúgubre*, tétrico, sepulcral, triste, luctuoso, necrológico, escatológico, tanatológico, cadavérico, espectral, fantasmal*, mortal, letal, mortífero, fatal, nefasto, destructor, venenoso*, peligroso*, capital, deletéreo, nocivo, póstumo, agónico, exangüe, exánime, inanimado, rígido, lívido, putrefacto, descompuesto, embalsamado, momificado*, fallecido, muerto (v. 10).

16. Moribundo. Agonizante, agónico, expirante, semidifunto, desahuciado, acabado, gravísimo, incurable, doliente, enfermo* terminal.

17. El que mata. Verdugo, ajusticiador, exterminador, ejecutor, aniquilador, homicida, asesino*, criminal, psicópata, parricida, uxoricida (v. asesinato 4).

18. Varios. Necrófago, necrófilo, vampiro, «no muerto» («undead»), zombi, muerto viviente, monstruo*, fantasma*, resucitado; Hades, Cerbero, Caronte, Parcas, Cloto, Atropo, Laquesis, Plutón, Erinnias; Demonio*, Tártaro, Averno, Infierno, Estigio (río); Paraíso, Edén; necrofagia, necrofilia, vampirismo, danza macabra, aquelarre; catalepsia, inmortalidad, resurrección, metempsicosis, reencarnación, escatología; esquela, recordatorio, testamento, herencia*, partida de defunción.

Contr.: Vida.

V. ASESINATO, CASTIGO, TORTURA, TUMBA, ENTIERRO, MOMIA, MONSTRUO, FANTASMA, LÚGUBRE.

muerto. V. MUERTE 10.

muesca. Ranura, mella, escotadura. V. CORTAR 4.

muestra. 1. Espécimen, prototipo, modelo. V. EJEMPLO 3, 4.

— **2.** Feria, certamen, exposición. V. EXHIBIR 4.

— **3.** Prueba, indicio, evidencia. V. SEÑAL 2.

muestrario. Surtido, selección*, variedad*. V. COLECCIÓN 1.

mugido. Bramido, berreo, rugido. V. VOZ 4.

mugir. Berrear, rugir, bramar. V. VOZ 9.

mugre. Inmundicia, porquería, roña. V. SUCIEDAD 1.

mugriento. Cochambroso, repugnante*, puerco. V. SUCIEDAD 5.

MUJER. 1. Hembra, matrona, madre, mamá, ama, señora, compañera, cónyuge, consorte, dama, fémina, parienta *coloq*, dueña, doña, eva, individuo femenino, del sexo débil *desp*, señorita, damisela, gachí *coloq*, tía *coloq*, muchacha, doncella, chica, joven*, moza, adolescente, niña*, zagala, adulta, vieja, anciana* (v. 2).

2. Enumeración. Madre, madrina, abuela, hija*, hermana*, tía, prima, cuñada, suegra, nuera, familiar*, pariente; acompañante, compañía, dama de compañía, carabina, dueña, sirvienta, servidora*, doncella, doméstica, fámula, camarera, asistenta; maritornes *coloq*, marimacho *desp coloq*, (v. 4); odalisca, hurí, ninfa, náyade, ménade, bacante, geisha, bruja, hechicera*, maga, adivina*, hada, diosa, diva; compañera, consorte, cónyuge, esposa (v. 1, 3).

3. Esposa. Cónyuge, casada*, recién casada, novia, contrayente, consorte, compañera, desposada, pareja, costilla, cara mitad, media naranja.

4. Mujerona. Hombruna, varona, amazona, valquiria, matrona, sufragista, feminista, mujer masculina, varonil, poco femenina; marimacho *coloq*, maritornes *coloq*, sargentona *desp*, jamona, machota, machorra, arpía, tarasca.

5. Mujerzuela. Mujercita, mujeruca, mujercilla, poquita cosa, insignificante; prostituta*, meretriz, cabaretera, milonguera, fulana *desp*, ramera *desp*, pelandusca *desp*, buscona *desp*, pingo *desp*, zorra *desp*.

6. Otras características. Bella, hermosa*, femenina (v. 7), atractiva*, coqueta, fea, vampiresa, honesta, peligrosa*, fatal, honrada*, casta, recatada, hacendosa, embarazada, parturienta, encinta, preñada, coqueta, frívola*; abandonada, maltratada.

7. Mujeril. Femenina, amujerada, femenil, maternal, materna, delicada, fina, suave, sutil, débil*, grácil, graciosa, leve*, tierna, solícita, cariñosa, amorosa*, afectada*.

8. Mujeriego. Seductor, donjuán, burlador, tenorio, calavera, sátiro, conquistador, castigador, irresistible, cortejador, galán, galanteador, faldero, mocero, amador, libertino, concupiscente, disipado, sensual, gozador, juerguista, parrandero, vicioso*, putero, liviano, perdido, desenfrenado, viejo verde.

9. Varios. Matriarcado, feminismo, sufragismo, activismo, emancipación femenina, poliandria, poliginia, matrimonio, casamiento*, embarazo*, ginecología, menopausia, divorcio* (v. 10); virginidad*, castidad, adulterio*, amancebamiento, prostitución*, harén, serrallo, gineceo.

10. Ginecología, dolencias. Climaterio, menopausia, puerperio, obstetricia, embarazo, enfermedades de los órganos genitales, de la matriz, del ovario, de la mama*, de las glándulas de secreción interna, salpingitis, tumores, lumbalgia, fiebre puerperal (v. embarazo*).

Contr.: Hombre*.
V. NIÑA, JOVEN, ANCIANA, CASADA, HIJA, HERMANA, HERMOSA, EMBARAZO, CASAMIENTO.
mujeriego. V. MUJER 8.
mujeril. V. MUJER 7.
mujerío. Congregación, reunión, conjunto de mujeres. V. GRUPO 1-3.
mujerona. V. MUJER 4.
mujerzuela. V. MUJER 5.
mula. Montura, acémila, bestia de carga. V. CABALLERÍA 11.
muladar. Vertedero, estercolero, basurero. V. BASURA 2.
mulato. Mezclado, mestizo, moreno, cruzado. V. ETNIAS 9.
mulero. Acemilero, arriero, chalán. V. CABALLO 15.
muleta. Sostén, apoyo, soporte ortopédico*. V. BASTÓN 1.
muletilla. Cantilena, estribillo, reiteración. V. REPETICIÓN 2.
mullido. Elástico, suave*, cómodo*. V. BLANDO 1.
mulo. V. mula.
multa. Correctivo, pena, sanción. V. CASTIGO 1, 3.
multar. Imponer, sancionar, gravar. V. CASTIGO 8.
multicolor. Colorado, polícromo, variado. V. COLOR 5.
multiforme. Polimorfo, desigual, variado. V. FORMA 3.
multimillonario. Acaudalado, magnate, potentado. V. RIQUEZA 3.
múltiple. Combinado, diverso, variado*. V. VARIAR 5.
multiplicación. 1. Cómputo, operación, recuento. V. CÁLCULO 3, 6.
— **2.** Repetición, reproducción, aumento. V. AUMENTAR 4.
multiplicar. V. multiplicación.
multiplicidad. Heterogeneidad, pluralidad, diversidad. V. VARIAR 4.
multitud. 1. Muchedumbre, gentío, aglomeración. V. GRUPO 3.
— **2.** Profusión, raudal, plétora. V. ABUNDANCIA 1.
mundanal. V. MUNDANO 2.
MUNDANO. 1. Conocedor*, cosmopolita, experimentado*, desenvuelto, vividor, sibarita, hedonista, sofisticado, elegante*, habituado*, ducho, versado, fogueado, baqueteado, abigarrado, universal*, internacional, juerguista, terrenal, terreno, animado, variopinto, multicolor, concurrido*, mundanal (v. 2).
2. Mundanal. Terrenal, terreno, temporal, laico, secular, seglar, lego, civil, frívolo*, liviano, ligero, profano, carnal, sensual, sofisticado, material, prosaico, breve*, efímero, humano, mortal, pasajero, perecedero, vano, fútil, mundano (v. 1).

3. Mundanalidad. Experiencia*, mundología, desenvoltura, hábito*, costumbre, experiencia, convivencia*, cosmopolitismo, conocimiento del mundo, elegancia*, vivencia, sibaritismo, hedonismo, fogueo, «savoir-faire»; profanidad, ligereza, liviandad, sensualidad, secularidad, laicismo, futilidad, vanidad*, brevedad*.
4. Ser mundano. Conocer, vivir, saber vivir, convivir*, disfrutar, desenvolverse, sofisticarse, foguearse, habituarse, ser cosmopolita (v. 1).
Contr.: Pueblerino, aldeano*, inexperto.
V. FRIVOLIDAD, HÁBITO, ELEGANCIA, CONOCIMIENTO, EXPERIENCIA, CONVIVENCIA, VANIDAD.
mundial. Internacional, general, universal*. V. UNIVERSO 6.
mundillo. Medio, ambiente, círculo. V. CLASE 2.
mundo. 1. Planeta, orbe, globo. V. GEOGRAFÍA 3.
— **2.** Humanidad, sociedad, seres humanos. V. HOMBRE 2.
mundología. Desenvoltura, experiencia*, conocimiento del mundo. V. MUNDANO 3.
munición. 1. Metralla, balas, carga. V. PROYECTIL 2.
— **2.** Equipo, pertrecho, provisión. V. ABASTECIMIENTO 2.
municipal. Comunal, urbano, edilicio. V. ALCALDÍA 7.
municipalidad. Municipio, ayuntamiento, corporación municipal. V. ALCALDÍA 1.
municipio. Distrito, jurisdicción, ayuntamiento. V. ALCALDÍA 2.
munificencia. Desinterés, desprendimiento, esplendidez. V. GENEROSIDAD 1.
munífico. Desprendido, desinteresado, espléndido. V. GENEROSIDAD 2.
muñeca. V. MUÑECO 1.
MUÑECO. 1. Monigote, fantoche, pelele, muñeca, pepona, juguete, figurilla*, títere*, marioneta, polichinela, tentempié, tentetieso, dominguillo, estatuilla, terracota, bibelot, estafermo, judas, pandorga, espantapájaros, espantajo, estantigua, efigie, maniquí, soporte, figura*, estatua, escultura*, autómata, robot, androide, bufón, monicaco, infeliz (v. 2); homúnculo, chuchería, insignificancia*, adorno*.
2. Infeliz. Borrego, tímido, chiquilicuatro. V. DESGRACIADO 5.
3. Jovenzuelo. Lechuguino, pisaverde, pollo, galán, petimetre, elegante, moderno, atildado; necio, tonto*, insignificante (v. 2).
V. TÍTERE, JUGUETE, FIGURA, JOVEN.
muñidor. Gestor, intercesor, intermediario. V. MEDIACIÓN 2.
muñón. Protuberancia, mutilación, tocón. V. CORTAR 4.
muralla. Muro, paredón, fortificación*. V. PARED 1.
murciélago. Vampiro, quiróptero, mamífero volador. V. MAMÍFERO 15.

murga. 1. Comparsa, banda, charanga. V. OR-
QUESTA 2.
— **2.** Monserga, tabarra, pesadez*. V. ABU-
RRIMIENTO 1.
MURMULLO. 1. Rumor, susurro, runrún, zumbido*, sonido*, son, ruido, eco, retintín, mosconeo, silbido*, cuchicheo, balbuceo, siseo,
gangosidad, bisbiseo, farfulla, tartamudeo*,
tartajeo, chapurreo, ronroneo, arrullo, rezongo, refunfuño, gruñido, queja, resuello, jadeo,
estertor, ronquido, soplo, soplido, bufido, rebufo, zurrido, pito, gorgoteo, burbujeo, borboteo,
borbollón, gorgorito, hervor*.
— **2.** Secreto, cotilleo, murmuración. V. CHIS-
ME 1.
3. Murmurar. Runrunear, susurrar, farfullar,
sisear, musitar, ganguear, cuchichear, hablar*,
bisbisar, tartamudear*, balbucear, chapurrear,
tartajear, mascullar, zumbar*, ronronear, mosconear, sonar*, rumorear, silbar, sibilar, pitar,
quejarse, gruñir, refunfuñar, protestar*, rezongar, zurrir, jadear, resollar, bufar, rebufar, soplar, roncar, gorgotear, borbotear, gorgoritear,
burbujear, hervir*.
— **4.** Cotillear, censurar, calumniar*. V. CHIS-
ME 4.
5. Que murmura. Susurrante, cuchicheante,
rumoroso, resonante, sonoro, runruneante,
suave, imperceptible, siseante, sibilante, leve*,
suave*, tenue, apacible, plácido, tranquilo*, silbante, balbuciente, tartamudo, gangoso, bisbiseante, burbujeante, roncador, zumbador*,
rezongón, gruñón, refunfuñón, quejoso*.
— **6.** Cotilla, murmurador, calumniador*. V.
CHISME 3.
Contr.: Silencio, estruendo.
V. SONIDO, ZUMBIDO, SILBADO, TAXTAMU-
DEO, CALUMNIA.
murmuración. Secreteo, cotilleo, maledicencia.
V. CHISME 1.
murmurador. Cotilla, insidioso, intrigante. V.
CHISME 3.
murmurar. 1. V. MURMULLO 3.
— **2.** Criticar, calumniar*, desacreditar. V.
CHISME 4.
muro. Tabique, tapia, muralla. V. PARED 1.
MUS. 1. Juego* de naipes*, de cartas, de baraja,
de azar*, de envite, pasatiempo, diversión*.
2. El juego. Mano, cinco lances: grande, chica,
pares, medias, duples, juego no. Mus, no hay
mus, pago, envido, quiero, no quiero, envido y
yo, órdago, amarraco, farol, señas.
V. JUEGO, DIVERSIÓN, NAIPES.
musa. 1. Diosa, deidad mitológica*, divinidad. V.
ARTE 7.
— **2.** Estímulo, inspiración, imaginación*. V.
FANTASÍA 1.
musaraña. Animalillo, insectívoro, musgaño. V.
MAMÍFERO 13.
musas. V. musa 1.
musculado, muscular. V. MÚSCULO 11.

musculatura. V. MÚSCULO 1.
MÚSCULO. 1. Carnosidad, carne*, órgano carnoso, ó. contráctil, ó. del movimiento*, ó. de la
locomoción, tejido carnoso, musculatura, carnes*, magro, chicha, encarnadura, vigor*.
2. Enumeración. Músculos de la cabeza y
cuello (v. 6), m. del brazo y hombro (v. 7), m.
del tronco (v. 8), m. de la pierna (v. 9) (v. anatomía*).
3. Partes. Fibras musculares, membrana o
aponeurosis, fibra lisa, f. estriada, sarcolema,
sarcoplasma, inervación, vientre del músculo,
tendón, inserción, ligamento, articulación*.
4. Clases. Músculos largos, anchos, cortos;
estriados o voluntarios, lisos o involuntarios;
extensores, flexores, pronadores, supinadores,
antagónicos, esfínteres.
5. Generalidades. Contracción, relajación,
extensión, distensión, espasmo, contractura,
acción motora, tono muscular o estado de tensión; glucógeno, glucosa, fatiga, ácido láctico.
6. Músculos de la cabeza y cuello. Frontal,
temporal, orbicular de los párpados, masetero,
cigomático, orbicular de los labios, triangular de
los labios, cuadrado de la barba; *cuello:* ester-
nocleidomastoideo, cutáneo del cuello.
7. Brazo y hombro. Deltoides, bíceps, tríceps,
subescapular; *antebrazo:* extensor de los dedos,
supinador largo, cubital anterior, cubital posterior; *mano:* palmar mayor, palmares y dorsales,
interóseos.
8. Tronco. Trapecio, pectoral mayor, p. menor,
serrato mayor, intercostales, oblicuo mayor del
abdomen, oblicuo menor, recto abdominal; *espalda:* dorsal ancho, trapecio; *internos:* músculo
cardíaco, diafragma, esfínteres.
9. Pierna. *Muslo:* psoas, pectíneo, tensor de la
fascia lata, recto anterior, sartorio, vasto interno, vasto externo; isquiotibiales (semitendinoso, semimembranoso y bíceps femoral); pierna:
gemelos, tendón de Aquiles, sóleo, tibial anterior, extensor de los dedos, peroneo largo; *pie:*
flexores, extensores, interóseos, lumbricales,
flexor largo del pulgar.
10. Dolencias. Atrofia, distrofia, parálisis, mio-
sitis o inflamación, mioma o tumor, sarcocele o
hernia del músculo, torcedura, desgarro muscular, derrames sanguíneos, tétanos, triquinosis,
reumatismo, reuma o reúma, lumbago, gota,
tortícolis, dolor* muscular, temblores*, espasmos, crispamiento*, contractura, calambre;
artritis.
11. Musculoso. Fornido, corpulento, musculado, muscular, membrudo, forzudo, robusto,
vigoroso*, atlético*, fuerte, recio, pujante, nervudo, carnoso*, voluminoso.
V. CARNE, MOVIMIENTO, ANATOMÍA, AR-
TICULACIÓN, HUESOS, CUERPO.
musculoso. V. MÚSCULO 11.
muselina. Gasa, velo, tejido transparente. V.
TELA 6.

MUSEO. 1. Exhibición*, exposición, colección*, muestra, galería, institución, fundación, patronato, salón, sala, instalación, edificio, conservatorio, muestrario, repertorio (v. 2).
2. Clases. Pinacoteca, gliptoteca (piedras esculpidas), armería, oploteca (armas*), filmoteca, museo etnológico, etnográfico, arqueológico*, histórico*, del Ejército*, de la Marina*, de Aviación*, Militar, de coches, de Historia Natural, de Ciencias* y Técnica, taurino, postal, fotográfico, galería de arte, jardín botánico, j. zoológico* (v. 1).
3. Generalidades. Salas, dependencias, sección de restauración, taller, galerías, vitrinas, estanterías, panoplias, sistema de alarma, cuadro, marco, álbum, catálogo; exponer, exhibir*, clasificar*, numerar*. Musas, arte*, ciencia*.
4. Personas. Director, conservador, investigadores*, licenciados, restauradores, vigilantes, porteros; público, visitantes.
5. Museos famosos. Louvre (París), Museo del Prado (Madrid), Ermitage (Leningrado), Museo Británico (Londres), Galería de los Ufizzi (Florencia), Metropolitan Museum (Nueva York), Rijksmuseum (Amsterdam).
V. COLECCIÓN, EXHIBICIÓN.
musgo. Criptógama, briófita, planta. V. VEGETAL 15.
MÚSICA. 1. Sonido*, son, sucesión de sonidos, sonidos gratos, arte*, sonoridad, melodía, armonía, ritmo, tonada, pieza, marcha, sinfonía, arte de componer, de ejecutar, de combinar los sonidos, modulación, solfeo, canto, cantar*, canción, aria, copla, motivo, obra, partitura, texto musical, composición, obra, interpretación, aire, tema, melopea, soniquete, sonsonete (v. 2). Letra, versos, rima, poesía* (v. 3).
2. Elementos. Armonía, melodía, arpegio, toque, estrofa, acorde, tono, metal, altura, timbre, intensidad, gama, matiz, gradación, sonido*, polifonía, concordancia, consonancia, disonancia, cadencia, floreo, frase, fraseo, motivo, «Leitmotiv», apoyatura, trémolo, trino, ejecución (v. 9).
3. Géneros musicales. Música clásica, religiosa, vocal, popular, étnica, bailable: minué, vals, tango, rumba, twist, etc. (v. baile 5-8); polifónica, instrumental, sinfónica, dramática, de cámara, septimino, sexteto, quinteto, cuarteto, trío, dúo, solo, concierto, recital, fuga, tocata, sinfonía, sonata, variaciones, divertimento, estudio, impromptu, barcarola, nocturno, serenata, romanza, capricho, polonesa, rapsodia, rondó, himno, marcha, oratorio, misa, motete, réquiem, tetralogía, trilogía, ópera, opereta, ópera cómica, zarzuela, obertura, preludio, introito, introducción, interludio, intermedio, cavatina, aria, tonada, tonadilla, pastoral, jácara, gavota, zarabanda, pasacalle, ballet, baile*, jazz*, popurrí, selección (v. 1); música electrónica, rock, pop.

4. Música vocal. Canto, canciones, cantantes. V. CANTAR.
5. Música de danza. Vals, minué, tango, etc. V. BAILE.
6. Instrumentos de música. Violín, piano*, flauta, etc. V. INSTRUMENTOS MUSICALES.
7. Movimientos. Grave, maestoso, largo, larghetto, lento, piano, pianissimo, adagio, andante, andantino, moderato, cantabile, allegretto, allegro, vivace, presto, prestissimo, minuetto, scherzo, fugato, con moto.
8. Solfeo. Nota, signo musical, notación, sonido*. Notas: do, re, mi, fa, sol, la, si; pentagrama, compás, clave, blanca, negra, fusa, semifusa, corchea, semicorchea, valor, figura, barra, corchete, bemol, calderón, becuadro, puntillo, ligadura, sostenido, silencio, pausa, síncopa, medida, tiempo, escala, tono, semitono, tresillo, seisillo, compasillo, compás, c. de dos por cuatro, de tres por cuatro, de cuatro por cuatro.
9. Técnica. Fraseo, ejecución, floreo, arpegio, apoyatura, trémolo, trino, tono, tercera, cuarta, quinta, sexta, séptima, octava, tónica, supertónica, quiebro, pizzicato, mezza voce, crescendo, diminuendo (v. 2).
10. Personas. Músico, compositor, autor, maestro, creador*, director, ejecutante, intérprete, artista*, instrumentista, concertista, solista, concertino, contrapuntista, maestro, profesor, divo, virtuoso, acompañante, cantante*, violinista*, pianista*, etc. (v. orquesta 3). Cantante*: tenor, barítono, bajo; tiple, soprano, mezzosoprano, contralto. Aficionado, melómano, musicómano, dilettante, entendido, filarmónico, público, concurrencia*.
11. Conjuntos musicales. Orquesta*, o. sinfónica, o. filarmónica, o. de cámara, septimino, sexteto, quinteto, cuarteto, terceto o trío, dúo, solo; banda, fanfarria, charanga, orquestina, murga, comparsa; coral, coro, orfeón, estudiantina, tuna; agrupación, conjunto, grupo* musical, instrumental.
12. Concierto. Recital, función, sesión, velada, v. musical, audición, interpretación, gala, ejecución, espectáculo, música: partitura, libreto, texto, obra musical, pieza, original; programa de mano, cartelera.
13. Musical. Melódico, melodioso, armónico, armonioso, rítmico, cadencioso, polifónico, sinfónico, filarmónico, consonante, eufónico, cromático, grato, entonado, agradable*; suave, dulce, sonoro, afinado, modulado, cadencioso, isócrono, artístico, estético, pegadizo, contagioso, fácil, disonante, asonante.
14. Musicalidad. Melodía, armonía, suavidad, dulzura, afinación, técnica, sonoridad, ritmo, eufonía, arte, belleza, sensación estética.
15. Acción. Solfear, interpretar, ejecutar, musicalizar, armonizar, afinar, cantar*, bailar*, orquestar, instrumentar, componer, modular,

marcar el compás, desentonar, desafinar, discordar, disonar.

Contr.: Disonancia, estrépito, ruido.
V. SONIDO, CANTAR, BAILE, JAZZ, ORQUESTA, INSTRUMENTO MUSICAL.

musical. V. MÚSICA 13.

musicalidad. V. MÚSICA 14.

músico. V. MÚSICA 10.

musitar. Cuchichear, balbucear, susurrar. V. MURMULLO 3.

muslime. Mahometano, musulmán, islámico. V. ÁRABE 1.

muslo. Pata, anca, zanca. V. PIERNA 1.

mustio. 1. Melancólico, mohíno, triste. V. AFLICCIÓN 5.
— **2.** Macilento, amarillento, ajado. V. MARCHITO 1.

musulmán. Mahometano, sarraceno, moro *desp.* V. ÁRABE 1.

mutación. Modificación, metamorfosis, transformación. V. CAMBIO 3.

mutilación. 1. Amputación, resección, cercenamiento. V. CORTAR 4.

— **2.** Muñón, desfiguración, invalidez. V. INVÁLIDO 2.

mutilado. Amputado, tullido, lisiado. V. INVÁLIDO 1.

mutilar. V. mutilado.

mutis. 1. Mudez, hosquedad*, pausa. V. SILENCIO 1.
— **2.** *Hacer mutis*, callar, enmudecer, cerrar la boca. V. SILENCIO 4.
— **3.** Desaparecer*, marcharse*, ausentarse. V. SALIR 2.

mutismo. V. mutis 1.

mutualidad. Montepío, cooperativa, agrupación. V. ASOCIACIÓN 5.

mutualista. Afiliado, socio, asegurado. V. ASOCIACIÓN 12.

mutuamente. Solidariamente, correspondientemente, recíprocamente. V. RECÍPROCO 4.

mutuo. Correspondiente, equitativo, solidario. V. RECÍPROCO 1.

muy. Mucho, demasiado, bastante. V. ABUNDANCIA 2.

N

nabab. Potentado, creso, magnate. V. RIQUEZA 3.

nabo. Planta, raíz carnosa, comestible. V. HORTALIZA 2.

nácar. Sustancia tornasolada, irisada, de molusco*. V. CONCHA 2.

nacarado. Perlado, iridiscente, tornasolado. V. COLOR 5.

nacer. 1. V. NACIMIENTO 5.
— **2.** Comenzar, iniciarse, originarse*. V. PRINCIPIO 9.

nacido. V. NACIMIENTO 8.

NACIMIENTO. 1. Génesis, principio* (v. 3), alumbramiento, engendramiento, concepción, generación, reproducción, procreación, fecundación, cría*, maternidad, gestación, gravidez, parto (v. embarazo*), vida*, nueva vida, existencia, expulsión, salida, parición, natalicio, natalidad (v. 7), nacencia, sexo*, coito*, ascendencia, herencia*, llegada*, venida al mundo; reencarnación, resurrección, renacimiento, metempsicosis, reaparición, eternidad.
— **2. Parto.** V. EMBARAZO 6.
— **3.** *Inicio*, nacimiento, principio*, comienzo, venida, llegada*, génesis, origen*, arranque,

brote, desarrollo*, germinación, crecimiento, raíz, fuente, aparición, ascendencia, cuna, germen, semilla, procedencia, vivero, semillero, foco, causa*, base*, umbral, estreno, primicia.
— **4.** *Belén*, nacimiento, pesebre, alegoría, representación navideña, portal de Belén, Natividad, figurillas, niño Jesús, Virgen María, San José, Reyes Magos, pastores, estrella de Belén, vaca, asno, ovejas, cabras, cuna, paja, pesebre, establo, portal, oasis, desierto, arenal, palmeras.
5. Nacer, parir. Llegar, venir al mundo, echar, traer, dar a luz, generar, engendrar, producir, concebir, fecundar, proliferar, multiplicarse, criar*, procrear, alumbrar, ser procreado, ser engendrado, expulsar el feto, salir, gestar, reproducirse, existir, vivir*, propagarse, desarrollarse, terminar la gestación, el parto, el embarazo*, abortar, nacer mal, parir prematuramente; reencarnarse, renacer, resucitar, revivir. (V. embarazo*).
— **6.** Originarse*, iniciarse, brotar. V. PRINCIPIO 9.

7. Natalidad. Demografía, estadística*, población, nacimientos, tasa de crecimiento, índice de c., proporción, crecimiento vegetativo, incremento de habitantes, de la población, de pobladores, censo, patrón, catastro, registro, total*, aumento*, disminución, número*.

8. Nacido. Parido, engendrado, creado, originado, llegado, venido al mundo, echado, generado, procreado, alumbrado, gestado, reproducido, desarrollado*; hijo*, feto, feto a término, nonato, embrión*, germen, aborto, prematuro, sietemesino; reencarnado, renacido, resucitado.

— **9.** *Nativo*, nacido, nato, congénito, originario*, original, heredado*, hereditario, innato, constitucional, ingénito, natural, connatural, de nacimiento, natal; propio, característico*, intrínseco, personal, indígena, autóctono, vernáculo, oriundo; naciente, incipiente, principiante, nuevo*.

10. Descendiente. Primogénito, unigénito, segundogénito, familiar*. V. HIJO 1, 4.

11. Ascendientes. Madre, padre, antecesores. V. FAMILIA 1.

12. Aborto, abortar. V. EMBARAZO 11.

Contr.: Defunción, fallecimiento, muerte*.

V. EMBARAZO, VIDA, HERENCIA, PRINCIPIO, DESARROLLO, HIJO, FAMILIA, HOMBRE, MUJER, COITO, SEXO, CRÍA.

NACIÓN. 1. Estado, patria, territorio, pueblo, pabellón, país, autonomía, «Land», metrópoli o metrópolis, potencia, reino, ciudadanía, pabellón, tierra, región, comarca (v. 3), poder, gobierno*, administración*, cuna, origen*, procedencia, hogar, nacionalidad, etnia, (v. 2), raíz, dominio, soberanía, suelo, s. natal, terruño, patria chica (v. 3).

— **2.** Etnia, nación, pueblo, tribu, clan, linaje, casta, estirpe, gente, familia*, masa, multitud, habitantes*, súbditos (v. 5).

3. Partes de una nación. Región, territorio, autonomía, «Land», país, comarca, zona*, demarcación, provincia, distrito, término, partido, cabeza de partido, circunscripción, jurisdicción, capital, ciudad*, villa, pueblo, aldea*, lugar*, municipio, ayuntamiento, alcaldía*, arzobispado, obispado, diócesis, parroquia, barrio*; prefectura, estado, departamento, colonia*, enclave, comuna, cantón; virreinato, principado, ducado, marquesado, condado, baronía, señorío, langraviato, margraviato, bailía, infantado, consulado, satrapía, tetrarquía, sultanato, califato, bajalato (v. 1).

4. Generalidades. Fauna, flora, topografía*, clima, economía*, superficie, geografía* económica, geopolítica, industria, agricultura*, ganadería*, obras públicas, desarrollo*, subdesarrollo, aguas territoriales, plataforma continental, «hinterland», etnografía, etnología, población, habitantes*, etnia, pueblo, ciuda-

danos (v. 5), política*, gobierno; emigración, exilio, colonización*.

5. Súbdito. Ciudadano, poblador, habitante*, residente, burgués, nativo, natural, aborigen, indígena, mestizo, mulato, oriundo, nacional (v. 6), criollo, hijo*, compatriota, coterráneo, conciudadano, convecino, compañero*, paisano, compatricio, domiciliado, avecindado, elector, nacionalista (v. 7), cosmopolita (v. 6).

6. Nacional. Territorial, regional, patrio, autonómico, cívico, ciudadano*, local, comarcal, provincial, costumbrista, folclórico, étnico, doméstico, vernáculo, originario, autóctono, social, comunitario, patrimonial, jurisdiccional, continental, departamental; patriótico, político*, estatal, oficial, público, colectivo, comunal, administrativo*, gubernativo, gubernamental, ministerial*, gentilicio, del país de origen (v. 7).

7. Nacionalista. Patriota, regionalista, tradicionalista*, leal*, fiel, amante de la patria, héroe*, devoto, heroico, localista, autonomista, federalista, separado, revolucionario*, independentista, secesionista, exaltado, apasionado*, patriotero, chauvinista o chovinista, jingoísta (nacionalista exaltado y agresivo).

8. Nacionalismo. Patriotismo, regionalismo, tradicionalismo*, lealtad*, fidelidad, amor a la patria, heroísmo, localismo, autonomismo, separación, independentismo, secesión, revolución*, exaltación, patrioterismo, chauvinismo o chovinismo, jingoísmo (nacionalismo exaltado y agresivo).

9. Nacionalizar. Socializar, confiscar, embargar, requisar, decomisar, incautarse, apropiarse*. *Nacionalizarse*, naturalizar(se), asentarse, afincarse, radicarse, establecerse, poblar, habitar*, residir, localizarse, inmigrar, emigrar, adquirir derechos, a. la ciudadanía, quedarse, permanecer, echar raíces, arraigar.

10. Formas de gobierno. Democracia, república, monarquía, etc. V. GOBIERNO 3.

11. Descripción del gobierno. Presidencia, ministerios*, etc. V. GOBIERNO 5.

12. Parlamento. Legislatura, congreso, etc. V. ASAMBLEA 1.

13. Gobernantes. V. GOBIERNO 8-10.

V. GOBIERNO, HABITANTE, JEFE, ASAMBLEA, MINISTERIO, CIUDAD, ALCALDÍA, COLONIA.

nacional. V. NACIÓN 6.

nacionalidad. Ciudadanía, procedencia, origen*. V. NACIÓN 1, 2.

nacionalismo. V. NACIÓN 8.

nacionalista. V. NACIÓN 7.

nacionalización. V. nacionalizar.

nacionalizar. 1. Confiscar, incautarse, embargar. V. NACIÓN 9.

— **2.** *Nacionalizar(se)*, naturalizar(se), afincarse, establecerse. V. NACIÓN 9.

nada. Falta, cero, carencia. V. INEXISTENCIA 1.

nadador. V. NADAR 7.

NADAR. 1. Flotar, derivar, sobrenadar, sostenerse a flote, emerger, sobresalir, bracear, bañarse*, competir, participar, deslizarse, avanzar, navegar*, bucear*, sumergirse, zambullirse, descender, hundirse*, chapotear, chapuzarse.

2. Natación. Deporte*, inmersión, baño*, arte de nadar, flotación, braceo, competición, participación, zambullida, buceo*, sumersión, descenso, hundimiento*, chapuzón, chapoteo (v. 3).

3. Estilos, modalidades. Estilo libre, «crawl» o crol, mariposa, braza o pecho, espalda. Modalidades: pruebas individuales, prueba de estilos, relevos, relevo combinado, velocidad, fondo, medio fondo, travesías (Canal de la Mancha, Estrecho de Gibraltar), entrenamientos, salvamento y socorrismo* (con natación), submarinismo, buceo*, natación submarina, pesca s., caza s., saltos (v. 4), waterpolo*, nado sincronizado o natación sincronizada, «ballet» acuático.

4. Saltos. Saltos de trampolín, s. de palanca. Salto del ángel, s. de frente, hacia atrás, de carpa o carpado, patada a la luna, salto mortal, doble s. m., tirabuzón, salto de golondrina. Torre de saltos: trampolín, palanca.

5. Instalaciones. Pileta, alberca, estadio*. V. PISCINA 1.

6. Accesorios. Traje de baño, bañador, flotador, salvavidas, corcho, boya, cámara, guindola.

7. Personas. Nadador, deportista*, bañista*, participante, competidor, zambullidor, buceador*, hombre rana, nadador de combate, submarinista, pescador submarino, bañero, socorrista*, vigilante*, instructor, entrenador, cronometrador, juez de salida, j. de meta, j. de viraje, director de carrera, d. de equipo, waterpolista*, veraneante.

8. Flotante. Boyante, insumergible, flotable, flotador, hermético, estanco, navegable*. Contr.: Hundirse*.
V. BUCEO, BAÑO, SOCORRISMO, WATERPOLO, AGUA, BOTE, DEPORTE.

nadería. Menudencia, bagatela, fruslería. V. INSIGNIFICANTE 3.

nadie. Ninguno, ningún hombre*, nada. V. INEXISTENCIA 1.

nado (a). Flotando, avanzando, braceando. V. NADAR 1.

nafta. Gasolina, hidrocarburo, combustible. V. PETRÓLEO 1, 2.

nailon. Material plástico, sintético, fibra sintética. V. PLÁSTICOS 2.

NAIPES. 1. Baraja, barajas, cartas, mazo, cartulinas impresas, juego*, j. de cartas, j. de naipes, de envite, de azar*, de habilidad*, de mesa, de sociedad, carteado, diversión*, entretenimiento, pasatiempo, distracción. Carta, naipe, baraja, cartulina.

2. Baraja española. Cuatro palos: oros, copas, espadas, bastos. Cuarenta y ocho cartas; as, dos, tres, cuatro, cinco, seis, siete, ocho, nueve, sota, caballo, rey; comodín, mono. Juegos: brisca, tute*, mus*, tresillo, julepe, malilla, monte, siete y medio, solitario, cientos, cinquillo, rentoy, quínola, faraón, mona, rentilla, treinta y una, treinta y cuarenta, truco, tute arrastrado, báciga.

3. Baraja francesa. Cuatro, palos: corazones, tréboles, picas (piques), rombos («carreaux»). Cincuenta y dos cartas; as (hasta diez), valet, dama, rey; comodín, joker. Juegos: póquer*, bridge*, canasta, «pinacle» o pináculo, «whist», bacará, ecarté, «chemin de fer», boston, «ginrummy», faraón, treinta y una, treinta y cuarenta, veintiuna, solitario.

4. Juego. Apuesta, baza, puesta, descarte, encarte, envite, resto, farol, robo, mano, punto, tanto, ganancia, pérdida*, baraje, trampa, fullería. Jugar*, cortar, barajar, mezclar, repartir, robar, pedir, descartar, ligar, plantarse, servir, levantar, envidar, echar el resto, verlas venir, copar, retrucar, reenvidar, quebrar, querer, entrar, ir, encartar, tomar, doblar, saltar, tallar, pasar, cantar, endosar, acusar, poner, morir, picar, encimar, desbancar, sacar, señalar, ganar, perder*.

5. Personas. Jugador*, pareja, compañero*, contrincante, contrario, oponente, tahúr, fullero, jugador de ventaja, j. profesional, punto, banco, banquero, tallador, mirón.

6. Locales, accesorios. Casa de juego, casino, centro, círculo, timba, garito, bingo, tasca, taberna, bar. Mesa de juego, tapete, fichas, naipes, banca, mazos.
V. JUEGO, AZAR, DIVERSIÓN, PÓQUER, BRIDGE, MUS, TUTE.

nalga. V. nalgas.

nalgada. Azote, soba, culada. V. GOLPE 5.

nalgas. Asentaderas, posaderas, trasero. V. CULO 1.

nana. Canturreo, canción de cuna, arrullo. V. CANTAR 1.

nao. Nave, bajel, embarcación. V. BARCO 1.

naranja. Fruta, agrio, cítrico. V. FRUTO 5.

naranjada. Zumo, refresco, gaseosa. V. BEBIDA 3.

narcisismo. Egolatría, amor a sí mismo, presunción. V. VANIDAD 1.

narciso. Planta, vegetal*, herbácea. V. FLOR 4.

narcótico. Somnífero, soporífero, anestésico*. V. DROGA 2.

narcotizar. Aletargar, dormir, drogar*. V. ANESTESIA 7.

nardo. Tuberosa, liliácea, planta. V. FLOR 4.

narigón, narigudo. V. NARIZ 7.

NARIZ. 1. Apéndice*, a. nasal, a. de la cara*, órgano olfatorio, prominencia facial, protuberancia, narices, narizota, naricilla, naso, napias, morros, hocico, trompa.

2. Partes. Raíz, caballete, dorso, lóbulo, punta, aletas, ventanas u orificios, fosas nasales,

pituitaria o mucosa, tabique nasal (ternilla, cartílago), cornetes, senos nasales, meatos, coanas, hueso etmoides, h. vómer, h. esfenoides, huesos nasales, h. propios de la nariz, nervio olfatorio, células olfatorias, bulbo olfatorio.
3. Formas. Nariz recta, perfilada, griega, corta, chata, achatada, arremangada, respingona, respingada, recogida, levantada, en silla de montar; larga, alargada, grande*, curva, aguileña, aquilina, encorvada, ganchuda, caída, hebrea, de pico de loro, borbónica.
4. Acción. Aspirar, espirar, respirar*, estornudar, oler, husmear, olfatear, constiparse, resfriarse*, moquear, sonarse, limpiarse*, expulsar mocos, ganguear.
5. Dolencias. Resfrío*, resfriado, constipado, catarro, coriza, ocena, gripe, sinusitis, infección*, congestión nasal, fiebre del heno, alergia, hemorragia o epistaxis, acné, pólipos, tumores, rinitis, desviación del tabique, rinofima, lupus; moco, mucosidad, humor, flema, excreción*.
6. Generalidades. Otorrinolaringología, rinoplastia o cirugía estética, respiración*, pulmones, vías respiratorias, olfato, olfacción, olor*, perfume*, hedor*.
7. Narigón. Narigudo, narizón, narizotas, napias, de nariz grande, larga, aguileña, aquilina, hebrea, de pico de loro, borbónica, caída.
V. CARA, RESPIRACIÓN, OLOR, PERFUME, HEDOR, RESFRIADO.
NARRACIÓN. 1. Reseña, descripción, exposición, relato, anécdota, cuento, obra, libro*, escrito*, prosa, novela, ficción, ciencia ficción, sucedido, historia*, historieta, relación, versión, esbozo, exposición, narrativa, leyenda, tradición, épica, saga, gesta, epopeya, aventura, odisea, ensayo, romance, imaginación*, fantasía*, relación, conseja, fábula, mito, tradición*, folletín, novelón, dramón, mamotreto, radionovela, serial, drama, tragedia, comedia, teatro*, explicación*, pormenor, argumento, literatura*, lance, tema, acta, crónica, memorias, biografía*, autobiografía, hagiografía, diario, semblanza, anales, poema, poesía*, chiste, chascarrillo, apólogo, atestado.
2. Partes de la narración. Prólogo*, capítulo, epílogo, etc. V. LIBRO 11.
3. Narrador. Relator, locutor, cuentista, fabulista, cronista, romancero, novelista, autor, escritor*, literato*, prosista, historiador*, argumentista, biógrafo*, hagiógrafo, ensayista, informador*, rapsoda, recitador, poeta*, vate, creador*.
4. Narrar. Reseñar, referir, contar, relatar, hablar*, exponer, describir, escribir*, expresar, inventar*, imaginar*, fantasear*, historiar, verter, novelar, explicar*, presentar, pormenorizar, argumentar, recitar, poetizar*, rememorar, informar*, representar, crear*.

5. Narrativo. Descriptivo, informativo*, explicativo*, literario*, expositivo, expresivo, recitativo, poético*, legendario, fabuloso, fantástico*, imaginativo*, anecdótico, argumentativo, biográfico*, autobiográfico, hagiográfico, aventurero, épico, chistoso, cómico*, humorístico.
V. LITERATURA, ESCRITO, LIBRO, BIOGRAFÍA, EXPLICACIÓN, POESÍA, TEATRO, HISTORIA, FANTASÍA, IMAGINACIÓN.
narrador. V. NARRACIÓN 3.
narrar. V. NARRACIÓN 4.
narrativa. V. NARRACIÓN 1.
narrativo. V. NARRACIÓN 5.
narval. Pez mamífero*, marino, mamífero acuático. V. CETÁCEO 1.
nasal. 1. De la nariz, olfatorio, respiratorio*. V. NARIZ.
— **2.** *Nasal (voz)*, voz ininteligible, gangosa, confusa. V. PRONUNCIACIÓN 6.
nata. 1. Crema, sustancia espesa, s. grasa*. V. LECHE 4.
— **2.** *La (flor y) nata*, lo mejor, lo selecto, lo escogido. V. SUPERIOR 1.
natación. Braceo, deporte*, baño*. V. NADAR 2.
natal. Nativo, originario, oriundo. V. NACIMIENTO 9.
natalicio. Celebración, aniversario, cumpleaños. V. FIESTA 1.
natalidad. Tasa, índice de nacimientos, estadística*, demografía. V. NACIMIENTO 7.
natillas. Crema, manjar, dulce. V. CONFITERÍA 5.
Natividad. Navidad, llegada, nacimiento de Cristo*. V. FIESTA 6.
nativo. 1. Poblador, natural, habitante*. V. HABITACIÓN 4.
— **2.** Indígena, aborigen, natural. V. INDIO 2.
nato. 1. V. natural 1, 2.
— **2.** Nativo 1.
natural. 1. Espontáneo, llano, sincero*. V. SENCILLO 1.
— **2.** Innato, congénito, nativo. V. NACIMIENTO 9.
— **3.** Fresco, sano, higiénico*. V. PURO 1.
— **4.** V. nativo 1, 2.
— **5.** Ilegítimo, bastardo, hijo* adulterino. V. ADULTERIO 5.
naturaleza. 1. Cosmos, creación, elementos. V. UNIVERSO 1.
— **2.** Índole, temperamento, genio. V. CARÁCTER 1.
— **3.** Propiedad, cualidad, particularidad. V. CARACTERÍSTICA 1.
naturalidad. Espontaneidad, llaneza, franqueza. V. SENCILLO 4.
naturalismo. Realismo. V. naturismo.
naturalista. Estudioso, científico*, biólogo. V. BIOLOGÍA 4.
naturalizar(se). Radicar(se), establecerse, adquirir ciudadanía. V. NACIÓN 9.
naturalmente. 1. Indudablemente, evidentemente, indiscutiblemente. V. LÓGICA 4.
— **2.** V. natural.

naturismo. Vegetarianismo, terapéutica natural, homeopatía*. V. MEDICINA 3.

naufragar. 1. V. NAUFRAGIO 3.

— 2. Malograrse, arruinarse, frustrarse. V. FRACASO 3.

NAUFRAGIO. 1. Siniestro, siniestro marítimo, varada, hundimiento*, colisión, abordaje, choque, pérdida, desastre*, inundación, anegamiento, avería, catástrofe, accidente*, encalladura, vía de agua, incendio*, inmersión, sumersión, desaparición.

2. Generalidades. Vía de agua, zafarrancho de abandono, z. de incendio*, rumbo de colisión, socorro*, SOS, auxilio, «mayday», pecio, derrelicto, salvamento, rescate, seguro*, Lloyd's, compartimiento estanco, bombas, achique de agua, mar gruesa, m. arbolada, galerna, tormenta*, tromba, ciclón*, incendio*, lancha, bote*, b. de salvamento, b. inflable, b. insumergible, balsa, chaleco salvavidas, guindola, boya, bengala, cohete*, señal luminosa, s. de socorro, lanzacabos, echazón de carga, remolque, remolcador, r. de altura, r. de salvamento, arrecife*, rompientes, bajo, bajío, banco de arena, barra, varadero, ¡hombre al agua!

3. Naufragar. Zozobrar, anegarse, hundirse*, irse a pique, i. al fondo, volcar, tragarse el mar, abordar, chocar, colisionar, encallar, varar, atascarse, embarrancar, hacer agua, tener una vía de agua, abismarse, desaparecer*, perderse*, averiarse, accidentarse*, incendiarse*, descender.

4. Náufrago. Víctima, desaparecido*, ahogado*, baja, desamparado*, infortunado, abandonado, solitario, perdido*, hombre al agua, rescatado, recuperado, socorrido*.

Contr.: Salvamento, socorro*.

V. HUNDIRSE, DESASTRE, TORMENTA, CICLÓN, ACCIDENTE, INCENDIO, SOCORRO, BARCO, SEGURO

náufrago. V. NAUFRAGIO 4.

náusea. Vómito, vahído, mareo. V. INDISPOSICIÓN 1.

nauseabundo. Repulsivo, asqueroso, hediondo*. V. REPUGNANCIA 3.

nauta. V. NAVEGACIÓN 7.

náutica. V. NAVEGACIÓN 1.

náutico. Oceánico, marítimo, naval. V. MAR 10.

navaja. Hoja, arma blanca, cortaplumas. V. CUCHILLO 1.

navajazo. Corte*, puñalada, tajo. V. CUCHILLO 5.

naval. V. náutico.

nave. 1. Embarcación, buque, navío. V. BARCO 1.

— 2. Recinto, sala, local. V. HABITACIÓN 1.

navegable. Hondo, expedito, dragado. V. TRÁNSITO 5.

NAVEGACIÓN. 1. Náutica, travesía, derrota, singladura, viaje*, periplo, vuelta, circuito, crucero, circunnavegación, cabotaje, pilotaje, tráfico, carrera, regata, desplazamiento, transporte*, recorrido, camino.

2. Maniobras, movimientos. Avante, atrás, a toda avante, toda atrás, avante a toda máquina, a estribor, a babor (v. 6), derrota, deriva, estima, singladura, demora, marcación, punto de estima, cálculo o determinación de latitud, de longitud, altura de un astro, uso del sextante*, bandazo, balanceo, bordada, guiñada, maretazo, golpe de mar*, varada, naufragio*, recalada, escala, arribada, fondeadero, atraque, fondeo (v. puerto 7), amarradero, puerto*, bahía*, maniobra de veleros (v. 4).

3. Navegar. Pilotar, mandar, gobernar, timonear, tripular, manejar, conducir, guiar, hender, surcar, cortar las aguas, viajar*, flotar, desplazarse, deslizarse, circunnavegar, hacerse a la mar, zarpar, desatracar, levar anclas, poner rumbo a, estimar, calcular, corregir el rumbo, capear el temporal, cabecear, rolar, empopar, abatir, singlar, guiñar, virar, arribar, fondear, amarrar, recalar, varar, encallar, embarrancar, zozobrar, naufragar*, navegar a vela (v. 4).

4. Navegar a vela. Largar velas, izar (gavias, juanetes, foques, mayor, cangreja, mesana, trinquete, escandalosa) (v. barco 15), arriar, recoger velas, barloventear, sotaventear, navegar a un largo, a la cuadra, de través, de bolina, ceñir, correr a palo seco, ir viento en popa, ponerse al pairo, ir al garete, a la deriva, sin gobierno, drizar, abatir, orzar, pairear, virar; ciar (v. 3).

5. Instrumentos de navegación. V. BARCO 9.

6. Voces de mando. ¡Avante!, ¡a toda máquina!, ¡a estribor!, ¡timón a estribor!, ¡treinta grados a babor!, ¡meter a babor!, ¡toda a babor!, ¡timón a la vía!, ¡poco a poco!, ¡ancla a pique!, ¡largar a proa!, ¡hombre al agua!, ¡ah, del barco! Veleros: ¡izar foque! (mesana, cangreja, etc., v. 4), ¡arriar!, ¡virar en redondo!, ¡virar por avante!, ¡tomar rizos!, ¡cazar rizos!, ¡arriar aparejo!

7. Navegante. Nauta, piloto, marino, oficial mercante, capitán, segundo de a bordo, mareante, hombre de mar, lobo de mar, tripulante, marinero (v. barco 18).

8. Maniobras de botes*. V. BOTE 6.

V. BARCO, BOTE, PUERTO, COSTA, MAR.

navegante. V. NAVEGACIÓN 7.

navegar. V. NAVEGACIÓN 3.

Navidad. Natividad, nacimiento, venida de Cristo*. V. FIESTA 5.

naviero. Fletador, armador, consignatario de buques. v. BARCO 20.

navío. Buque, embarcación, nave. V. BARCO 1.

náyade. Nereida, ondina, ninfa. V. MITOLOGÍA 3.

nazareno. Disciplinante, penitente, sufrido*. V. RELIGIÓN 6.

Nazareno (El). Ecce Homo, Redentor, Crucificado. V. CRISTO 1.

nazi. Nacionalsocialista, ultraderechista, extremista. V. DERECHAS 2.

nazismo. V. nazi.

neblina. Niebla, bruma, celaje. V. NUBE 1.

neblinoso. Nublado, cerrado, brumoso. V. NUBE 2.
nebulosa. Galaxia, nube cósmica, cúmulo estelar. V. ASTRONOMÍA 13.
nebuloso. V. neblinoso.
necedad. Disparate*, idiotez, desatino. V. TONTO 3.
necesariamente. V. NECESIDAD 9.
necesario. V. NECESIDAD 5.
neceser. Maletín, estuche, cartera* de viaje. V. EQUIPAJE 2.
NECESIDAD. 1. Menester, requisito, precisión, falta, carencia (v. 2), exigencia, obligación*, condición, imperativo, deber, carga, competencia, servidumbre, compromiso, requerimiento, imposición, urgencia (v. 2).
— **2.** *Falta*, necesidad, privación, carencia, escasez, ausencia, deseo*, apuro, menester, requisito (v. 1), aprieto, limitación, penuria, carestía, déficit, insuficiencia, ahogo, estrechez, pobreza* (v. 3).
— **3.** Miseria, hambre*, indigencia. V. POBRE 7.
— **4.** *Necesidades*, evacuación, excrementos, micción. V. EXCRECIÓN 3.
5. Necesario. Forzoso, imprescindible, fundamental, obligatorio*, preciso, importante*, vital, indispensable, preceptivo, imperativo, ineludible, inevitable, indefectible, básico, fatal, imperioso, insustituible, irreemplazable, primordial, elemental, cardinal, irremediable, infalible, inapelable, escaso, necesitado (v. 6).
6. Necesitado. Carente, escaso, limitado, falso, pobre* (v. 7), privado, ausente, insuficiente, desprovisto, deficitario, exiguo, huérfano, vacío, defectuoso, exigido, necesario (v. 5), requerido, obligado.
— **7.** *Menesteroso*, necesitado, indigente, pobre*, mísero, miserable, arruinado, tronado, desheredado, mendigo, pordiosero, apurado, depauperado, hambriento, desamparado (v. 6).
8. Necesitar. Carecer, requerir, precisar, faltar, escasear, no disponer, no poseer, no tener, estar privado, e. carente, e. falto, pedir*, solicitar, exigir, insistir, reclamar.
9. Necesariamente. Ineludiblemente, obligatoriamente*, forzosamente, imperativamente (v. 5).
Contr.: Abundancia*, exceso, sobra.
V. OBLIGACIÓN, POBREZA, PEDIR, DESEO.
necesitado. V. NECESIDAD 6.
necesitar. V. NECESIDAD 8.
necio. Simple, mentecato, estúpido. V. TONTO 1.
necrología. Relación, reseña, aviso de defunción. V. NOTICIA 1.
necrópolis. Camposanto, cementerio, sacramental. V. TUMBA 3.
necropsia. Autopsia, estudio, examen del cadáver. V. MUERTE 11.
néctar. Licor, elixir, zumo. V. JUGO 1.
nefando. Repugnante*, abominable, infame. V. VERGÜENZA 5.
nefasto. Fatídico, aciago, luctuoso. V. DESGRACIA 2.

nefritis. Inflamación, congestión, cólico renal. V. RIÑÓN 4.
NEGACIÓN. 1. Negativa, denegación, desmentido, mentís, no, nones (v. 3), rechazo*, repulsa, prohibición*, privación, condena*, impugnación, oposición*, contradicción, restricción, obstáculo, impedimento, retractación, obligación*, exigencia, objeción, discusión.
— **2.** Ausencia, falta, insuficiencia. V. ESCASEZ 1.
3. Negativa. No, nones, quia, ca, nada, tampoco, nunca, jamás, en modo alguno, en absoluto, de ningún modo, en la vida, ni mucho menos, que va, de ninguna forma, ninguna vez, improbable, imposible, increíble, absurdo, difícil*.
4. Negar. Rebatir, objetar, desmentir, rechazar*, denegar, contradecir, rectificar, desdecirse, condenar, oponerse*, obstaculizar, quitar*, privar, cicatear, regatear, privar, impugnar, prohibir*, repeler, obligar*, retractarse, impedir, restringir, discutir, exigir, renegar, apostatar, olvidar* (v. 5).
— **5.** *Negarse*, esquivar*, soslayar, eludir, sortear, escabullirse, sacudirse, rehuir, excusarse, desentenderse, hurtarse.
6. Exclamaciones negativas. V. EXCLAMACIÓN 6.
Contr.: Afirmación, asentimiento.
V. RECHAZO, OPOSICIÓN, PROHIBICIÓN, EXCLAMACIÓN, ESQUIVAR.
negado. Zoquete, torpe, inepto V. TONTO 1.
negar. V. NEGACIÓN 4.
negativa. V. NEGACIÓN 3.
negativamente. V. negativo 1, 2.
negativo. 1. No, nones, nada. V. NEGACIÓN
— **2.** Nocivo, dañoso, desfavorable. V. PERJUICIO 2.
— **3.** Película, placa, imagen fotográfica. V. FOTOGRAFÍA 1.
negligé. fr Bata, quimono, peinador. V. CAMISA 2.
negligencia. Desgana, indolencia, despreocupación. V. DESCUIDO 1.
negligente. V. negligencia.
negociación. Acuerdo, transacción, convenio. V. PACTO 1.
negociado. Dependencia, departamento, oficina*. V. MINISTERIO 4.
negociador. Enviado, intermediario, gestor. V. DELEGACIÓN 4.
negociante. Mercader, traficante, comerciante. V. COMERCIO 6.
negociar. 1. Tratar, traficar, comerciar. V. COMERCIO 7.
— **2.** Acordar, convenir, concretar. V. PACTO 4.
negocio. 1. Operación, transacción, pacto*. V. COMERCIO 1.
— **2.** Ganancia, interés, ganga*. V. BENEFICIO 1.
— **3.** Local, empresa, firma. V. TIENDA 1.
— **4.** Quehacer, ocupación, trabajo. V. ASUNTO 3.
negrero. V. NEGRO 5.

NEGRO. 1. Azabache, renegrido, bruno, oscuro*, retinto, fosco, endrino, atezado, moreno*, tostado, negruzco, sable, pardo, pardusco, quemado, bronceado (v. oscuro*).

2. Pueblos negros. Africano, camita, moreno*, prieto, etíope, de color, mulato, negroide, negrito, de piel oscura, indígena, nativo, mestizo, hotentote, etc. (v. 3).

3. Enumeración. Negros bantúes, sudaneses, nilóticos, bosquimanos, zulúes, hotentotes, watusis, masai, mandingas, huasas; congoleños, guineanos, ugandeses, etc.; pigmeos (africanos), negritos, (asiáticos), abisinios, etíopes, senegaleses, dravidas o hindúes, australianos, melanesios (v. 2).

4. Varios. Negro cuarterón, ochavón, puro; trata de negros, esclavitud*, negrero (v. 5), Ku-Klux-Klan (KKK), Panteras Negras, linchamiento, tam-tam, jazz*, negro espiritual, fetichismo, fetiche, amuleto, animismo, vudú.

5. Negrero. Esclavista*, traficante, tratante, plantador, hacendado, pirata*, explotador, amo, dueño, señor, tirano, dictador, déspota, cruel*.

Contr.: Blanco, caucásico.

V. OSCURO, MORENO, ETNIAS, ESCLAVITUD.

negrura. Sombras, noche, tinieblas. V. OSCURIDAD 1.

negruzco. V. NEGRO 1.

nene. Criatura, chiquitín, pequeño. V. NIÑO 1.

nenúfar. Planta acuática, de estanque, ninfácea. V. VEGETAL 20.

neófito. Iniciado, novicio, principiante. V. PRINCIPIO 8.

neolítico. Período, lapso, Edad de Piedra. V. EDAD 10.

neologismo. Vocablo, término, voz nueva. V. PALABRA 1, 5.

neón. Elemento*, gas atmosférico, g. de alumbrado. V. GAS 2.

neoplasia. Carcinoma, neoplasma, tumor. V. CÁNCER 1.

nepotismo. Predilección, parcialidad, favoritismo familiar*. V. PREFERENCIA 1.

nereida. Ondina, ninfa, náyade. V. MITOLOGÍA 3.

nervadura. Moldura, saliente, ribete. V. BORDE 1.

nervio. 1. V. NERVIOSO (SISTEMA) 3.
— **2.** Brío, vigor*, dinamismo*. V. ENERGÍA 1.
— **3.** V. NERVADURA.

nervios. 1. Nerviosidad, inquietud, excitación. V. NERVIOSO (SISTEMA) 8.
— **2.** V. NERVIOSO (SISTEMA) 3.

nerviosidad, nerviosismo. V. NERVIOSO (SISTEMA) 8.

nervioso. V. NERVIOSO (SISTEMA) 9.

NERVIOSO (SISTEMA). 1. Sistema nervioso central, s. n. periférico. Encéfalo: cerebro (v. cerebro*), meninges, líquido cefalorraquídeo, cerebelo (hemisferios o lóbulos laterales, vermis), istmo del encéfalo, bulbo raquídeo, nervios (v. 3), nervios craneales (v. 4), médula espinal (v.

2), nervios periféricos (v. 5), nervios sensitivos, nervios motores; plexos nerviosos; sistema nervioso vegetativo (sistema simpático, s. parasimpático; ganglios).

2. Médula espinal. Sustancia gris, s. blanca, astas anteriores, astas posteriores, raíces anteriores o motoras, raíces posteriores o sensitivas, cordones anteriores, cordones posteriores, c. laterales, vías piramidales; meninges, líquido cefalorraquídeo.

3. Nervio. Haz de fibras, fibras nerviosas, cordón fibroso, vía conductora, vía sensitiva, vía motora. Partes: Neurona o célula nerviosa, eje o cilindroeje o axón, dendrita, anastomosis, membrana, vaina de mielina, sinapsis. Neuronas sensitivas, neuronas motoras; ganglios, plexos (v. 4).

4. Nervios craneales. (12 pares:) Nervio olfatorio, óptico, motor ocular común, patético, trigémino, motor ocular externo, facial, auditivo, glosofaríngeo, vago o neumogástrico, espinal, hipogloso (v. 5).

5. Nervios periféricos. Nervios raquídeos o espinales, plexo cervical, p. branquial, p. solar, p. lumbar, p. sacro; nervios cervicales, dorsales, lumbares, sacros; nervio frénico, braquial, cutáneo, cubital, radial, intercostales, vago o neumogástrico, abdominogenitales mayor y menor, femorocutáneo, genitocrural, obturador, crural, sacro, coccígeo, ciático, ciático políteo interno, c. p. externo. Sistema nervioso simpático, autónomo o neurovegetativo: ganglios, g. simpático cervical, g. s. dorsal, nervios esplácnicos, lumbar, sacro, parasimpático (v. 4).

6. Varios. Reflejos, acto reflejo, inervación, neuroglia, ramificaciones, estímulos, impulso motor, sensitivo, bloqueo nervioso, neurocirugía, droga*, hipnótico, tranquilizante, sedante.

7. Dolencias. Neuralgia, neuritis, inflamación, irritación, dolor*, ciática, lumbago, insensibilidad, calambre, crispación*, contractura, temblores*, Corea o Baile de San Vito, enfermedad de Parkinson, hemiplejia o hemiplejía, paraplejia o paraplejía, poliomielitis o parálisis infantil, parálisis, invalidez*, hiperestesia, tensión, «surmenage», estrés, tics, neurosis, nerviosidad (v. 8).

8. Nerviosidad. Inquietud, intranquilidad*, excitación*, arrebato, ataque, nerviosismo, indisposición, trastorno nervioso, paroxismo, exaltación, perturbación, angustia, desasosiego, ansiedad, depresión nerviosa, neurosis, neurastenia, histeria, epilepsia, manía*, locura*, psicopatía, frenesí, neuralgia (v. 7).

9. Enfermos nervioso. Nervioso, exaltado, inquieto, excitado*, estresado, intranquilo*, sobreexcitado, perturbado, trastornado, agitado, alterado, angustiado, desasosegado, azogado, raro*, ansioso, neurasténico, neurótico, histérico, deprimido, epiléptico, maniático*, loco, frenético, psicópata; insensible, crispado*, hiperestésico, tenso, tembloroso*, hemipléjico, parapléjico, parkinsoniano, paralítico, inválido*. V. CEREBRO, LOCURA, MANÍA, COMPLEJO, INVALIDEZ, INTRANQUILIDAD, EXCITACIÓN, TEMBLOR, CRISPACIÓN, RAREZA, ENFERMEDAD.

nervudo. Enjuto, delgado*, fuerte. V. VIGOR 2.

neto. 1. Claro*, limpio, terso. V. PURO 1.
— **2.** Descontado, líquido, deducido. V. EXACTITUD 2.

neumático. Cubierta, cámara, goma. V. RUEDA 3.

neumonía. Pulmonía, afección pulmonar, dolencia infecciosa*. V. RESPIRACIÓN 7.

neurálgico. Primordial, fundamental, vital. V. IMPORTANCIA 3.

neurastenia. Depresión nerviosa, neurosis, histeria. V. NERVIOSO (SISTEMA) 8.

neurasténico. Histérico, neurótico, maniático*. V. NERVIOSO (SISTEMA) 9.

neurona. Célula nerviosa, elemento celular, e. nervioso. V. NERVIOSO (SISTEMA) 3.

neurosis. V. NERVIOSO (SISTEMA) 8; TRASTORNO 3.

neurótico. V. NERVIOSO (SISTEMA) 9.

neutral. Indiferente*, equitativo, justo. V. IMPARCIAL 1.

neutralidad. Ecuanimidad, rectitud, objetividad. V. IMPARCIAL 2.

neutralizar. Compensar, contrarrestar, igualar*. V. EQUILIBRIO 9.

neutro. Ambiguo, indefinido, impreciso. V. INDIFERENCIA 3.

neutrón. Partícula atómica. V. ÁTOMO 2.

nevada. Precipitación, inclemencia, meteoro. V. TORMENTA 1.

nevar. Caer nieve, cubrir, helar. V. TORMENTA 3.

nevera. Refrigerador, congelador, aparato* electrodoméstico*. V. FRIGORÍFICO 1.

nexo. Enlace, unión, vínculo. V. UNIR 10.

nicho. 1. Sepultura, enterramiento, bóveda. V. TUMBA 1.
— **2.** Oquedad, cavidad, hornacina. V. HUECO 1.

nicotina. Excitante, alcaloide, veneno*. V. DROGA 3.

nidada. Pollada, puesta, grupo* de crías. V. CRÍA 3.

nido. 1. Ponedero, hueco*, refugio*. V. AVE 19.
— **2.** Cobijo, morada, hogar. V. CASA 1.

niebla. Celaje, bruma, vapor. V. NUBE 1.

nieto. Retoño, descendiente, familiar*. V. HIJO 1.

nieve. Nevada, copos, precipitación. V. FRÍO 4.

night club. ingl. Sala de fiestas, s. de baile, cabaré. V. BAILE 14.

nigromancia. Brujería, ocultismo, magia. V. HECHICERÍA 1.

nigromante. Brujo, ocultista, mago. V. HECHICERÍA 5.

nihilismo. Desgobierno, negación total, anarquismo. V. IZQUIERDAS 1.

nilón. Nailon, material plástico, m. sintético. V. PLÁSTICO 2.

nimbo. Aureola, anillo, luz*. V. CORONA 1.

nimiedad. V. nimio.

nimio. Pueril, trivial, prolijo. V. INSIGNIFICANTE 1.

ninfa. 1. Ondina, náyade, sílfide. V. MITOLOGÍA 3.
— **2.** Larva, crisálida, pupa. V. INSECTO 4.

ninfomanía. Ansia sexual, furor uterino, adicción al sexo. V. SEXO 6.

ninguno. Nadie, nada, escasez*. V. INEXISTENCIA 1.

niña. 1. V. NIÑO 1.
— **2.** Pupila, círculo, orificio del iris. V. OJO 4.

niñada. V. NIÑO 10.

niñera. V. NIÑO 5.

niñería. V. NIÑO 10.

niñez. V. NIÑO 2.

NIÑO. 1. Criatura, pequeño, nene, chico, chiquillo, chiquitín, infante, muchacho, crío, rorro, párvulo, bebé, hijo*, descendiente, cría*, angelote, angelito, braguillas, mamón, meón, lactante, pequeñuelo, pituso, gurrumino, inocente, arrapiezo, rapaz, golfo, golfillo, granujilla, pillete*, mocoso, galopí; chaval, chavea, peque; churumbel chamaco, pibe, guagua, bambino, chacho, mocito, mozo, muchacho, jovencito, joven*, zagal, menor, adolescente, imberbe, impúber; púber; tierno, infantil, inocente, candoroso. Gente menuda, prole, chiquillería. Niña: nena, criatura, pequeña, chica, etc. (v. 1).

2. Niñez. Infancia, minoría, menor edad, edad temprana, albor de la vida, tierna edad, inocencia, nacimiento*, lactancia, destete, dentición, desarrollo*, adolescencia; pubertad, puericia, juventud; etapa, período, edad, años; mimo*, arrumaco, monería, coquito, pinito, travesura, picardía.

3. Establecimientos. Maternidad, consultorio de puericultura, de pediatría, guardería, jardín de infancia, «Kindergarten», escuela de párvulos, parvulario, enseñanza preescolar, establecimiento de educación*, colegio, escuela, hospicio, orfanato, reformatorio, inclusa, casa cuna; coro, escolanía.

4. Ocupaciones, estados. Monaguillo, escolano, niño de coro, seise, paje, marmitón, grumete; heredero*, primogénito, segundón, benjamín; huérfano*, inclusero, hospiciano.

5. Personas. Ama, ama de cría, a. de leche, nodriza, aya, niñera, chacha, tata, nana, «nurse», «Fräulein», institutriz; progenitor, padre, madre, tutor, preceptor, educador*, maestro, profesor, puericultor, pediatra.

6. Equipo, juegos. Cuna, canastilla, ajuar, sonajero, cascabel, chupete, biberón o mamadera, andador, babero, chichonera, arnés, coche, cochecito, moisés, pañales, bragas, culero, ombliguero, faja, gorro, mantilla, juguetes, juegos (v. juego 7, 15).

7. Lenguaje infantil. Coco, hombre del saco, bu, pupa, caca, ajo, tata, papa, mama, papá, mamá, mamaíta, papaíto, mami, papi; balbuceo, hipo, vagido, lloro*.

8. Ámbito legal. Partida de nacimiento, patria potestad o autoridad paterna, tutela, adopción, reconocimiento, legitimación, curatela, herencia*, heredar, desheredar, heredero, pupilo, primogénito, mayorazgo, hijo legítimo, ilegítimo, natural, extramatrimonial; huérfano*, inclusero, hospiciano.

9. Enfermedades. Tos ferina, sarampión, difteria o crup, poliomielitis o parálisis infantil, rubeola o rubéola, escarlatina, varicela, raquitismo, paperas, diarrea, epilepsia, síndrome de Down, neurosis, nerviosidad*.

10. Niñada. Puerilidad, niñería, monada, chiquillada, gracia, travesura, picardía, pillería*, necedad, bobada, tontería*, futilidad, pamplina, bagatela, insignificancia*, trivialidad, frivolidad*, ingenuidad, inocencia*.

Contr.: Anciano*, viejo.

V. HIJO, FAMILIAR, CRÍA, HUÉRFANO, JOVEN, EMBARAZO, NACIMIENTO, EDUCACIÓN, EDUCADOR, HERENCIA, ENFERMEDAD.

nipón. Japonés, asiático, oriental. V. ETNIAS 4.

níquel. Elemento*, metal común, metal blanco. V. METAL 6.

niquelado. Cromado, plateado, bañado. V. METALURGIA 8.

niquelar. V. niquelado.

níspero. Fruta, planta, árbol* frutal. V. FRUTO 5.

nitidez V. nítido.

nítido. Diáfano, claro*, limpio*. V. TRANSPARENCIA 2.

nitrato. Fertilizante, abono natural, a. artificial. V. ABONO 3.

nitrógeno. Elemento, ázoe, gas incoloro. V. GAS 2.

nitroglicerina. Dinamita, detonante, sustancia explosiva. V. EXPLOSIÓN 3.

nivel. 1. Cota, elevación, límite*. V. ALTO 3.

— **2.** Estrato, capa, piso. V. SUELO 1.

— **3.** Grado, medida, alcance. V. IMPORTANCIA 1.

nivelado. 1. Plano, horizontal, parejo. V. LISO 1.

— **2.** Compensado, emparejado, igualado. V. EQUILIBRIO 5.

nivelar. 1. Aplanar, igualar, alisar. V. LISO 3.

— **2.** Compensar, emparejar, igualar*. V. EQUILIBRIO 9.

níveo. Blanco, albo, inmaculado. V. CLARO 1.

no. Nones, quia, en absoluto. V. NEGACIÓN 3.

noble. 1. Hidalgo, patricio, caballero*. V. ARISTOCRACIA 4.

— **2.** Ilustre, distinguido, linajudo. V. ARISTOCRACIA 4.

— **3.** Altruista, bondadoso*, generoso*. V. CABALLEROSO 1.

nobleza. 1. Abolengo, casta, hidalguía. V. ARISTOCRACIA 1.

— **2.** Magnanimidad, bondad*, generosidad*. V. CABALLEROSO 2.

NOCHE. 1. Sombras, negrura, tinieblas, oscuridad*, lobreguez, tenebrosidad, tristeza, anochecida, anochecer, oscurecer, ocaso, puesta de sol, atardecer, crepúsculo, c. vespertino, c. matutino, altas horas, madrugada, vela, velada, vigilia, sereno, sueño*, la oración, ánimas, ángelus, medianoche, alba, amanecer*.

2. Nocturno. Oscuro*, lóbrego, sombrío, tenebroso, negro, vespertino, crepuscular, de la tarde, del anochecer, anochecido.

3. Noctámbulo. Nocherniego, noctívago, trasnochador, divertido*, calavera, nocturnal, callejero, paseandero, juerguista, parrandero, insomne, desvelado, madrugador.

4. Acción. Anochecer, oscurecer, atardecer, entenebrecerse, caer la noche, cerrar la n., trasnochar, velar, hacer vigilia, dormir, tener sueño*, pernoctar, parrandear, divertirse*.

Contr.: Día*, claridad*.

V. OSCURIDAD, SUEÑO, TIEMPO, DÍA.

Nochebuena. Víspera de Navidad, vigilia, celebración. V. FIESTA 6.

noción. 1. Entendimiento, idea, conocimiento. V. PENSAR 6.

— **2.** *Nociones,* fundamentos, rudimentos, conocimientos. V. ELEMENTO 2.

nocivo. Dañino, peligroso*, perjudicial. V. PERJUICIO 2.

noctámbulo, noctívago. Trasnochador, paseandero, callejero*. V. NOCHE 3.

nocturnidad. Agravante, circunstancia desfavorable, c. desventajosa. V. TRIBUNAL 8.

nocturno. 1. V. NOCHE 2.

— **2.** Pieza, composición musical, serenata. V. MÚSICA 3.

nodriza. Niñera, aya, ama de cría. V. NIÑO 5.

nódulo. 1. Dureza, tumor, bulto. V. HINCHAZÓN 1.

— **2.** Acumulación*, masa, concreción. V. ABULTAMIENTO 1.

nogal. Árbol juglandáceo, noguera, vegetal*. V. ÁRBOL 4.

nómada. Trashumante, ambulante, errante. V. VAGABUNDO 1.

nombradía. Renombre, fama, popularidad. V. PRESTIGIO 1.

nombramiento. V. NOMBRE 13.

nombrar. V. NOMBRE 10.

NOMBRE. 1. Apelativo, designación, denominación, toponimia, patronímico, calificativo, adjetivo*, alusión, nombre de pila, n. civil, advocación, patronazgo, apellido, firma (v. 3), nomenclatura, santo, onomástica, gracia, título, gentilicio, homónimo, sinónimo (v. 9), topónimo, razón social, membrete, marca, persona*, alias (v. 2).

2. Alias. Sobrenombre, nombre (v. 1), apodo, mote, apelativo, seudónimo, remoquete, calificativo, adjetivo, nombre postizo, mal nombre, nombre de guerra, otras hierbas (v. 3).

3. Firma. Signatura, nombre (v. 1), rúbrica, autógrafo, rasgo, apellido, marca, señal*, escritura*, signo, trazo.

— **4.** Sustantivo o nombre (común o propio). V. GRAMÁTICA 5.

— **5.** Nombradía, popularidad, reputación. V. PRESTIGIO 1.

6. Nombres femeninos. Adela, Adelaida, Adriana, Águeda, Agustina, Alejandra, Amanda, Ambrosia, Amelia, Amparo, Ana, Ana María, Andrea, Ángela, Ángeles, Angelines, Angustias, Antonia, Anunciación, Ascensión, Asunción, Aurelia, Bárbara, Beatriz, Belén, Benita, Bernarda, Berta, Bonifacia, Braulia, Brígida, Camila, Cándida, Caridad, Carlota, Carmen, Carmela, Casilda, Catalina, Cayetana, Cecilia, Celestina, Clara, Claudia, Clotilde, Concepción (Concha), Constantina, Crispina, Cristina, Damiana, Dionisia, Dolores (Lola), Dominga, Dorotea, Elena, Elvira, Emilia, Emiliana, Encarna, Encarnación, Engracia, Enriqueta, Esperanza, Estefanía, Esther, Eugenia, Eulalia, Eulogia, Eusebia, Eustaquia, Faustina, Fe, Federica, Felipa, Felisa, Fermina, Fernanda, Flora, Florencia, Francisca (Paquita), Gabriela, Genoveva, Gerarda, Gertrudis, Gervasia, Gregoria, Guadalupe, Guillermina, Hipólita, Hortensia, Ignacia, Iluminada, Indalecia, Inés, Inmaculada, Inocencia, Irene, Isabel, Isidora, Isidra, Jacinta, Javiera, Jerónima, Jesusa, Joaquina, Josefa (Pepita, Josefina), Juana, Julia, Juliana, Justa, Laura, Leandra, Leocadia, Lorenza, Lourdes, Lucía, Luisa, Magdalena, Manuela, Marcela, Margarita, María, Mª Antonia, Mª Fernanda, Mª Isabel, Mª Jesús, Mª José, Mª Luisa, Mª Rosa, Mariana, Marina, Marta, Martina, Matilde, Mauricia, Mercedes, Micaela, Milagros, Mónica, Montserrat, Natalia, Natividad, Nicolasa, Nieves, Olvido, Patricia, Paula, Paulina, Paz, Petronila, Presentación, Purificación, Rafaela, Raimunda, Ramona, Raquel, Regina, Rita, Roberta, Rocío, Rogelia, Rosa, Rosario, Rufina, Sabina, Sacramento, Sagrario, Sara, Serafina, Socorro, Sofía, Soledad, Susana, Teodora, Teresa, Tomasa, Trinidad, Úrsula, Valentina, Verónica, Vicenta, Victoria, Virtudes, Visitación.

7. Nombres masculinos. Adolfo, Adrián, Agustín, Alberto, Alejandro, Alejo, Alfonso, Álvaro, Amadeo, Ambrosio, Andrés, Ángel, Aniceto, Anselmo, Antonio, Aurelio, Baldomero, Bartolomé, Basilio, Benito, Benjamín, Bernabé, Bernardo, Bienvenido, Blas, Bonifacio, Braulio, Bruno, Calixto, Camilo, Cándido, Casimiro, Cayetano, Cecilio, Celestino, Celso, César, Cesáreo, Claudio, Clemente, Constantino, Crispín, Cristóbal, Dámaso, Damián, Daniel, David, Demetrio, Diego, Dionisio, Domingo, Dominico, Edmundo, Eduardo, Eladio, Elías, Eloy, Emiliano, Emilio, Enrique, Estanislao, Esteban, Eulogio, Eusebio, Eustaquio, Evaristo, Fabián, Faustino, Federico, Felipe, Félix, Fermín, Fernando, Fidel, Florencio, Florentino, Francisco (Paco), Fulgencio, Gabriel, Gaspar, Gerardo, Germán, Gervasio, Gil, Gonzalo, Gregorio, Guillermo, Gustavo, Hermenegildo, Hilario, Hipólito, Humberto, Ignacio, Ildefonso, Indalecio,

Inocencio, Isaac, Isidoro, Isidro, Ismael, Jacinto, Jaime, Javier, Jerónimo, Jesús, Joaquín, Jorge, José, Juan, Julián, Julio, Justino, Justo, Lázaro, Leandro, León, Lorenzo, Lucas, Luciano, Luis, Macario, Manuel, Marcelino, Marcelo, Marcial, Marcos, Mariano, Mario, Martín, Mateo, Matías, Mauricio, Maximino, Máximo, Melchor, Miguel, Modesto, Moisés, Narciso, Nicolás, Odón, Olegario, Pablo, Pascual, Patricio, Paulino, Paulo, Pedro, Plácido, Primitivo, Prudencio, Quintín, Rafael, Raimundo, Ramiro, Ramón, Raúl, Ricardo, Roberto, Rogelio, Rubén, Rufino, Sabino, Salvador, Samuel, Santiago, Saturnino, Sebastián, Serafín, Sergio, Simón, Sixto, Teodoro, Teófilo, Tomás, Valentín, Vicente, Víctor, Virgilio, Zacarías. Fulano, Mengano, Robiñano, Perengano, Citano, Zutano.

8. Generalidades. Santo, onomástica, día, advocación, bautismo, bautizo, abreviatura*, iniciales, anagrama, monograma, cifra, letrero*, sinonimia, homonimia, antonimia.

9. Relativo al nombre. Onomástico, patronímico, nominativo, nominal, titular, sinónimo, tocayo, colombroño, homónimo, antónimo, epónimo, parónimo, innominado, anónimo.

10. Nombrar(se). Apellidar(se), apodar, designar, proclamar (v. 11), denominar, llamar, intitular, titular, responder, recibir, llevar, tener, tener por, poseer, poner, bautizar, cristianar, aplicar, imponer, recibir, mentar, aludir, motejar, calificar, criticar, censurar, sustantivar, estampar, signar, firmar, rubricar.

— **11.** *Elegir*, nombrar, nominar, honrar, seleccionar*, proponer, dedicar, destacar, reelegir, ratificar, renovar, confirmar, investir, ungir, designar, destinar, proclamar, escoger, conceder, otorgar, distinguir, ascender. Aludir, mentar, mencionar.

12. Elegido. Electo, nombrado, investido, designado (v. 11).

13. Nombramiento. Investidura, calificación, designación, concesión, otorgamiento, distinción, nominación, elección, ascenso, proclamación, diploma*, certificado, título.

Contr.: Anónimo, innominado.

V. GRAMÁTICA, ABREVIATURA, ADJETIVO, ENTE, PERSONA.

nomenclátor. Catálogo, relación, guía*. V. LISTA 1.

nomenclatura. Léxico, vocabulario, repertorio. V. DICCIONARIO 1.

nómina. Registro, enumeración, plantilla. V. LISTA 1.

nominación. V. NOMBRE 13.

nominal. Figurado, teórico, honorario. V. HONOR 5.

nominar. V. NOMBRE 11.

non. Impar, dispar, desigual. V. DIFERENCIA 4.

nonada. Minucia, bagatela, menudencia. V. INSIGNIFICANTE 3.

nonagenario. Longevo, senil, viejo. V. ANCIANO 1.

nonato. No nacido, en gestación, no sucedido. V. NACIMIENTO 8.

nones. No, quia, en absoluto. V. NEGACIÓN 3.

noquear. Derribar, derrotar *, vencer. V. BOXEO 6.

nórdico. Del norte, boreal, septentrional. V. ETNIAS 3, GEOGRAFÍA 4.

noria. Aparato hidráulico, artefacto, rueda. V. MÁQUINA 2.

norma. 1. Pauta, guía*, patrón. V. EJEMPLO 3, 4.
— **2.** Proceder, costumbre, conducta. V. COMPORTAMIENTO 1.

normal. 1. Común, corriente, usual. V. HÁBITO 6.
— **2.** Sensato, equilibrado, cuerdo. MODERACIÓN 3.

normalidad. 1. Paz, quietud, calma. V. TRANQUILIDAD 1.
— **2.** Cordura, regularidad, sensatez. V. MODERACIÓN 1.

normalizar. 1. Apaciguar, calmar, serenar. V. TRANQUI LIDAD 9.
— **2.** Metodizar, clasificar*, reglamentar. V. REGLA 8.

norte. 1. Punto cardinal, septentrión, ártico. V. GEOGRAFÍA 4.
— **2.** Rumbo, propósito, objetivo. V. PLAN 1.

norteño. V. nórdico.

nosocomio. Dispensario, clínica, sanatorio. V. HOSPITAL.

nostalgia. Pesadumbre, melancolía, pena. V. AÑORANZA 3.

nostálgico. Apenado, melancólico, triste. V. AÑORANZA 1.

NOTA. 1. Anotación, escrito*, aclaración (v. 2), apunte, lista*, registro, relación minuta, memorándum, recordatorio, borrador, acta, atestado, informe, calificación (v. 3), signo musical (v. 4), manuscrito, circular, aviso, parte, dedicatoria, octavilla, impreso*, oficio, comunicado, comunicación, despacho, mensaje, misiva, carta*, asiento, enumeración, detalle*, descripción*, inscripción, resumen, leyenda, letrero* (v. 2).
— **2.** *Aclaración*, nota, n. al margen, explicación*, apostilla, apéndice, acotación, glosa, advertencia, comentario, ampliación, observación, cita, referencia, posdata, leyenda, llamada, escolio, detalle*, resumen, informe*, declaración, prólogo*, conclusión, colofón, despacho, exégesis, sugerencia (v. 1).
— **3.** *Calificación*, clasificación, nota, valoración, puntuación, evaluación*, justiprecio, examen*, cálculo, valor, estima, estimación, ajuste, determinación, aprecio, tasación, asignación.
— **4.** Signo musical, nota, sonido*. V. MÚSICA 8.

5. Anotar. Registrar, copiar, inscribir, escribir*, apuntar, asentar, detallar*, enumerar, alistar, atestar, informar*, comunicar, aclarar, declarar, avisar, recordar, dedicar, prologar*, resumir, explicar*, apostillar, glosar, advertir, comentar, observar, citar, ampliar, referir, despachar, sugerir.

6. Calificar. Evaluar*, valorar, calcular*, establecer, estimar, determinar, clasificar, asignar nota, atribuir, anotar, apreciar, tasar, examinar*, justipreciar.

7. Para anotar. Agenda, diario, cuaderno*, libreta, bloc, dietario, carné, pliego, hoja, papel*, borrador, vademécum, libro*, álbum, registro, prontuario, memorándum, cartapacio, lista*, clasificador, guía*.
V. ESCRITO, CARTA, INFORME, PRÓLOGO, EXPLICACIÓN, DETALLE, LISTA, GUÍA, EVALUACIÓN, LIBRO, CUADERNO, PAPEL, MÚSICA

notabilidad. Eminencia, personalidad, personaje. V. PERSONA 3.

notable. 1. Trascendental, destacado, sobresaliente. V. IMPORTANCIA 3.
— **2.** V. notabilidad.

notación. Cifra, clave, símbolo*. V. SIGNO 1.

notar. Comprobar, apreciar, advertir. V. PERCIBIR 1.

notaría. Estudio, bufete, despacho del notario. V. OFICINA 1.

notario. Funcionario público, escribano, actuario. V. DOCUMENTO 6.

NOTICIA. 1. Acontecimiento, suceso*, información, informe*, novedad, nueva, anuncio*, crónica (v. 2), revelación, primicia, hecho, acaecimiento, sucedido, caso, coyuntura, trance, evento, especie, episodio, lance, incidente, contingencia, circunstancia*, vicisitud, peripecia, odisea, ocurrencia, bulo, chisme*, rumor, cuento, voz, «canard», ficción, publicidad*, situación (v. 2).
— **2.** *Crónica*, noticia, reportaje, artículo, gacetilla, anuncio*, aviso*, escrito*, e. periodístico*, resumen, informe*, información, despacho, reseña, necrología, relato, relación, reseña, suelto, parte, telegrama, orden, comunicado, novedad, revelación, declaración, publicación, publicidad*, testimonio, confidencia, descripción, explicación*, detalle*, advertencia*, observación, notición, primera línea, suceso* destacado, bomba (v. 1).

3. Noticiario. Parte, diario hablado, despacho, documental, informativo, noticiero, reportaje, crónica, telediario (v. 2). Fuentes: radio*, periódico*, televisión*.

4. El que da noticias. Informador*, presentador, comunicante, testigo, revelador, declarante, confidente, observador, periodista*, gacetillero, reportero, articulista, escritor*, publicitario*, noticiero, corresponsal, cronista*, chismoso*, cuentista, soplón, chivato, espía*.
V. SUCESO, ANUNCIO, INFORME, ESCRITO, AVISO, EXPLICACIÓN, DETALLE, CHISME, PERIÓDICO.

noticiario, noticiero. V. NOTICIA 3.

notificación. V. notificar.

notificar. Avisar, comunicar, ordenar*. V. INFORME 3.

notoriedad. Renombre, fama, prestigio*. V. CÉLEBRE 2.

notorio. 1. Evidente, palpable, inteligible. V. INTELIGENCIA 7.

— **2.** Famoso, popular, difundido. V. CÉLEBRE 1.

novatada. Jugarreta, inocentada, burla. V. BROMA 2.

novato. Bisoño, aprendiz, principiante. V. PRINCIPIO 8.

novedad. 1. Innovación, creación, cambio*. V. NUEVO 3.

— **2.** Acaecimiento, suceso, información. V. NOTICIA 1.

novedoso. Original*, inédito, reciente. V. NUEVO 1.

novel. V. novato.

novela. Cuento, relato, historia*. V. NARRACIÓN 1.

novelero. Imaginativo*, voluble, fantaseador. V. FANTASÍA 5.

novelesco. Aventurero, imaginario*, fantástico. V. FANTASÍA 2.

novelista. Autor, narrador*, literato*. V. ESCRITOR 1.

novelón. Mamotreto, folletín, dramón. V. NARRACIÓN 1.

novena. Ofrenda, oración, promesa. V. REZO 1, 2.

novia. V. novio.

noviazgo. Relaciones, compromiso, idilio. V. AMOR 2.

novicia. 1. Profesa, sor, hermana. V. MONJA 1.

— **2.** V. novicio 2.

noviciado. Iniciación, aprendizaje, formación. V. PRINCIPIO 1.

novicio. 1. Neófito, profeso, hermano. V. SACERDOTE 1.

— **2.** Aprendiz, novato, novel. V. PRINCIPIO 8.

novillada. Corrida, becerrada, lidia de novillos. V. TOREO 1.

novillero. Lidiador, diestro, matador de novillos. V. TOREO 2.

novillo. 1. Becerro, vaquilla, torillo. V. TORO 1.

— **2.** *Novillos (hacer)*, rehuir, faltar, evitar la clase. V. ESQUIVAR 1.

novio. Pretendiente, enamorado, prometido. V. AMOR 11.

NUBE. 1. Nubarrón, nubosidad, nublado, celaje, cerrazón, bruma, capas nubosas, estratos, velos, mantos, bancos, borregos, borreguitos, arreboles, sistema nuboso (v. 4), niebla, neblina, calina, fosca, vaho, vaharada, efluvio, emanación, emisión, fumarada, vapor*, gas*, humo, bocanada, caligine, oscuridad*, cerrazón, cielo nublado (v. 2, 3).

2. Nublado. Cielo encapotado, nuboso, tormentoso*, cerrado, cubierto, cargado, anubarrado, gris, brumoso, neblinoso, turbio, ceniciento, entoldado, ennegrecido, enfoscado, plomizo, oscuro*, sombrío, amenazador, encelajado, velado, vaporoso, aborrascado, sucio*, aborregado, aturbonado; nubosidad total, n. parcial, cielo 1/3 nublado, 3/4 nublado, etc. (v. 3).

3. Nubes, clases. Cirros, cúmulos, nimbos, estratos. *Según altura:* cirros (10.000 m), cirrostratos, cirrocúmulos, cúmulonimbos, altostratos, estratocúmulos, altocúmulos, cúmulos, nimbos, estratos (200 m). Nubes de lluvia*, n. de tormenta*, n. de buen tiempo, n. de verano, n. de desarrollo vertical, n. onduladas, n. desgarradas, borregos, carneros, troneros.

4. Generalidades. Sistema nuboso, s. frontal, s. ciclónico, frente, cuerpo, cola, frente cálido, frente frío, masa de aire cálido, m. de aire frío, avance, bajas presiones, altas presiones, depresión atmosférica, meteorología*, anticiclón, ciclón*, tormenta*, lluvia*. Partes de la nube: base, altura, yunque, corriente de convección, c. ascendente, cristales de hielo, gotas de agua.

5. Nublarse. Oscurecerse*, cubrirse, cargarse, encapotarse, velarse, cerrarse, encelajarse, ensombrecerse, ennegrecerse, amenazar, enfoscarse, aborrascarse, anubarrarse, destemplarse, aturbonarse, aborregarse.

6. Despejar. Abrir, clarear, aclarar, escampar, abonanzar, mejorar, levantar, limpiarse*, desencapotar, calmar, serenar, hacer bonanza*.

Contr.: Despejar, aclarar, bonanza* (v. 6).

V. VAPOR, GAS, METEOROLOGÍA, TORMENTA, CICLÓN, LLUVIA, BONANZA.

núbil. Pubescente, púber, casadero. V. JOVEN 1.

nublado. V. NUBE 1, 2.

nublarse. V. NUBE 5.

nuboso. V. NUBE 2.

nuca. Occipucio, cogote, cerviz. V. CABEZA 3.

nuclear. Del átomo, atómico, molecular. V. ÁTOMO 5.

núcleo. Interior, foco; corpúsculo de célula*. V. CENTRO 1, CÉLULA 3.

nudillo. Artejo, juntura, unión. V. ARTICULACIÓN 5.

nudismo. Naturismo, desnudismo, destape*. V. EXHIBIR 3.

nudista. V. nudismo.

NUDO. 1. Ligadura, lazada, lazo, moño, atadura, vuelta, empalme, trinca, unión*, sujeción, gaza, amarre, amarradura, enlace, nexo, vínculo, ligazón, trabazón; cuerda*, cabo, cinta, tira*.

— **2.** Núcleo, foco, corazón. V. CENTRO 1.

— **3.** Nódulo, bulto, tumor. V. ABULTAMIENTO 1.

4. Clase de nudos. Nudo doble, n. llano, n. corredizo, ballestrinque, lasca, as de guía, margarita, ahorcaperro, boca de lobo, barrilete, piña, vuelta de braza, nudo de entalingadura, n. de tejedor.

5. Anudar. Atar, enlazar, amarrar, ligar, sujetar*, unir*, liar, ajustar, juntar, trabar, trincar, asegurar, apiolar, aferrar, atraillar, inmovilizar*, ceñir, afirmar.

6. Desanudar. Desatar, soltar, librar, desaferrar, desamarrar, desligar, deparar*, deshacer, desuncir, desunir, soltar amarras, desmanear, desprender, desabrochar, desabotonar, desceñir, desenlazar, desenvolver, destrabar, desenganchar, desasir.

Contr.: Desatar, desanudar, soltar (v. 6).

V. CUERDA, TIRA, UNIÓN, SUJECIÓN, INMOVILIZACIÓN.

nudoso. Sarmentoso, áspero*, desigual. V. RUGOSO 1.

nuera. Pariente, p. política, hija política. V. FAMILIA 3.

nuestro. Pronombre posesivo. V. PRONOMBRE 2.

nueva. Acontecimiento, hecho, suceso*. V. NOTICIA 1.

NUEVO. 1. Flamante, lozano*, fresco, moderno, novedoso, reciente, joven*, original*, inaugural, virgen*, inmaculado, impoluto, impecable, naciente, estrenado, inédito, asombroso*, primario, primero, último, actual*, puro*, vivaz, verde, novato, principiante*, renovado, nacido*, restaurado, innovado, remozado, reverdecido, transformado, inmarchitable, duradero*, actualizado, cambiado*, modificado, desconocido (v. 2).

— **2.** *Desconocido*, nuevo, extraño, extranjero, forastero*, foráneo, ignorado, ajeno, variado*, exótico, sorprendente, asombroso*, chocante, desusado, raro*, insólito (v. 1).

3. Novedad. Cambio*, renovación, variación*, variedad, innovación, remozamiento, reverdecimiento, transformación, actualización*, modificación, moda*, restauración, mudanza, alteración, estreno, creación*, nacimiento*, actualidad*, originalidad*, asombro*, modernidad, frescura, lozanía*, invención*, primicia, adelanto, descubrimiento, perfeccionamiento*, mejora, idea, progreso.

— **4.** Nueva, primicia, suceso*. V. NOTICIA 1.

Contr.: Antiguo*, arcaico, viejo.

V. LOZANO, JOVEN, ORIGINAL, VIRGEN, ACTUAL, PURO, NACIDO, CAMBIO, INVENTO, MODA.

nuez. 1. Fruto del nogal, semilla*, fruto seco. V. FRUTO 7.

— **2.** Prominencia laríngea, cartílago tiroides, manzana de Adán. V. GARGANTA 5.

nulidad. 1. Incompetencia, incapacidad, torpeza. V. INÚTIL 5.

— **2.** Derogación, revocación, abolición. V. ANULAR 4.

— **3.** Torpe, v. nulo 1.

nulo. 1. Torpe, incompetente, inepto. V. INÚTIL 2.

— **2.** Cancelado, suprimido, revocado. V. ANULAR 5.

numen. Musa, inspiración, imaginación*. V. FANTASÍA 1.

numeración. V. NÚMERO 3.

numerar. V. NÚMERO 8.

numerario. Moneda, efectivo, metálico; fijo, permanente en un cargo u oficio. V. DINERO 1; GRUPO 6.

numérico. V. NÚMERO 7.

NÚMERO. 1. Cifra, guarismo, dígito, signo*, símbolo*, algoritmo, notación, numeración (v. 2), representación, cantidad*, signatura, expresión, factor, coeficiente, proporción, rasgo, trazo, fórmula, sigla.

— **2.** *Total*, número, cuantía, proporción, suma, cantidad*, medida* cuota, cupo, exceso.

3. Numeración. Anotación, foliación, nomenclatura, signatura, apunte, inscripción, registro, marca, nota, notación; orden*, clasificación, serie*, distribución, sucesión, disposición, sistematización, progresión.

4. Clases. Número romano, arábigo, entero, decimal, fraccionario, quebrado, concreto, abstracto, cardinal, ordinal (v. 5), par, impar, capicúa, racional, primo, dígito, simple, compuesto, múltiplo, submúltiplo, divisible, indivisible; unidad, decena, centena, millar, decena de millar, centena de millar, millón, trillón, cuatrillón, quintillón, etc. (v. 1).

5. Números ordinales. Primero, segundo, tercero, cuarto, quinto, sexto, séptimo, octavo, noveno, décimo, undécimo, duodécimo, decimotercero, decimocuarto, decimoquinto, decimosexto, decimoséptimo, decimooctavo, decimonoveno, vigésimo, vigesimoprimero, trigésimo, cuadragésimo, quincuagésimo, sexagésimo, septuagésimo, octogésimo, nonagésimo, centésimo, milésimo, millonésimo.

6. Generalidades. Numeración (v. 3), nomenclatura, cálculo, matemáticas*, coeficiente, progresión aritmética, unidad, cero, estadística, tabla o criba de Eratóstenes, número pi (3,1416).

7. Numérico. Numerario, algorítmico, matemático*, numeral, aritmético, calculado*, simbólico, decimal, fraccionario, etc. (v. 4).

8. Numerar. Enumerar, anotar, apuntar, sistematizar, contar, ordenar*, clasificar*, inscribir, registrar, escribir*, foliar, calcular*, representar, expresar, marcar, alinear, situar, disponer, evaluar*.

V. CANTIDAD, MEDIDA, MATEMÁTICAS, CÁLCULO, ORDEN, CLASIFICACIÓN, EVALUACIÓN.

numeroso. Copioso, múltiple, excesivo. V. ABUNDANCIA 2.

numismática. Conocimiento, ciencia*, estudio de las monedas. V. DINERO 4.

NUNCA. Jamás, en la vida, en modo alguno, no, nones, negación, en tiempo alguno, en ningún tiempo, sin fecha, ninguna vez, de ningún modo; ausencia, inexistencia*, raras veces, pocas veces, escasamente*.

Contr.: Siempre, perpetuamente.

V. NEGACIÓN, ESCASEZ, INEXISTENCIA.

nuncio. Enviado, legado, embajador pontificio. V. DIPLOMACIA 3.

nupcial. Marital, matrimonial, conyugal. V. CASAMIENTO 12.

nupcias. Boda, matrimonio, esponsales. V. CA-
SAMIENTO 1.
nurse. *ingl* Institutriz, aya; auxiliar sanitaria. V.
NIÑO 5.
nutria. Mustélido, pequeño carnicero, marta. V.
MAMÍFERO 11.
nutrición. Manutención, comida, sustento V.
ALIMENTO 5.
nutrido. 1. Cebado, vigoroso, pletórico. V. ALI-
MENTO 26.

— 2. Copioso, cuantioso, numeroso. V. ABUN-
DANCIA 2.
nutrimento. Sustancia, comida, vitualla. V. ALI-
MENTO 1.
nutrir(se). Mantener(se), criar*, engordar. V. ALI-
MENTO 11.
nutritivo. Sustancioso, vigorizante*, suculento. V.
ALIMENTO 9.
nylon. *ingl* Nailon, nilón, producto sintético. V.
PLÁSTICOS 2.

Ñ

ñame. Camote, boniato, raíz feculenta. V. TUBÉR-
CULO 3.
ñandú. Avestruz americano, ave corredora. V.
AVE 5.
ñoñería. Cursilería, melindre, afectación*. V. RE-
MILGO 1.

ñoño. Sin sal, soso; apocado, remilgado. V. RE-
MILGO 2.
ñu. Antílope africano, cuadrúpedo, mamífero*. V.
RUMIANTE 6.

O

oasis. 1. Vergel, palmar, arboleda*. V. BOSQUE 1.
— 2. Cobijo, resguardo, descanso. V. REFU-
GIO 1.
obcecación. Tozudez, fanatismo, obsesión*. V.
OBSTINACIÓN 1.
obcecado. V. obcecación.
obcecarse. Ofuscarse, alucinarse, insistir. V. OBS-
TINACIÓN 3.
obedecer. V. OBEDIENCIA 3.
OBEDIENCIA. 1. Acatamiento, sometimiento,
subordinación, adhesión, sumisión, humildad*,
resignación*, docilidad, fidelidad, pleitesía,
amoldamiento, conformidad, pasividad, lealtad*, vasallaje, juramento, servicio, servilismo,
servidumbre*, sujeción, dependencia, entrega,
esclavitud*, tolerancia*, transigencia, asentimiento, cumplimiento, observación, respeto*,
observancia, disciplina, orden*, rectitud, be-

nignidad, suavidad*, condescendencia, complacencia, tributo, timidez*, flexibilidad, servilismo,
mansedumbre.
2. Obediente. Manso, dócil, manejable, fiel,
leal*, sumiso, subordinado, disciplinado, recto,
cumplidor, conforme, observante, ordenado*,
respetuoso*, acatador, transigente, tolerante*, dúctil, sometido, tímido*, humilde*,
dependiente, gregario, condescendiente, complaciente, resignado*, flexible, manejable, reverente, pasivo, benigno, suave, vasallo, servil,
acomodaticio, servidor*, esclavo*, borrego.
3. Obedecer. Respetar*, transigir, acatar, aceptar, subordinarse, supeditarse, cumplir, seguir,
someterse, disciplinarse, conformarse, adherirse, tolerar*, aguantar*, observar, depender,
reverenciar, esclavizarse*, servir*, entregarse,
aborregarse, inclinarse, guardar, atender, con-

descender, complacer, resignarse, escuchar, someterse, amansarse, suavizarse*.

4. Obedientemente. Sumisamente, mansamente, dócilmente (v. 2).

Contr.: Desobediencia, rebeldía*.

V. RESPETO, ORDEN, LEALTAD, HUMILDAD, RESIGNACIÓN, ESCLAVITUD, SERVIDUMBRE, TOLERANCIA, TIMIDEZ.

obediente. V. OBEDIENCIA 2.

obelisco. Monolito, bloque, columna*. V. MONUMENTO 1.

obenque. Cabo, jarcia, sujeción. V. BARCO 17.

obertura. Preludio, introito, introducción* musical. V. MÚSICA 3.

obesidad. Grasa*, corpulencia, humanidad. V. GORDO 3.

obeso. Grueso, rollizo, voluminoso. V. GORDO 1.

óbice. Obstáculo, perjuicio*, impedimento. V. DIFICULTAD 1.

obispado. Distrito, sede eclesiástica, diócesis. V. SACERDOTE 9.

obispo. Eclesiástico superior, arzobispo, prelado. V. SACERDOTE 1.

óbito. Fallecimiento, desaparición, defunción. V. MUERTE 1.

objeción. Impedimento, reparo, crítica. V. DESAPROBAR 4.

objetar. Censurar, criticar, rechazar*. V. DESAPROBAR 1.

objetividad. Ecuanimidad, justicia, desapasionamiento. V. IMPARCIAL 2.

objetivo. 1. Propósito, designio, meta. V. PLAN 1.
— **2.** Neutral, concreto, recto. V. IMPARCIAL 1.
— **3.** Cristal, ocular, elemento óptico. V. LENTE 1, 2.

objeto. 1. Elemento, cosa, componente. V. ENTE.
— **2.** Designio, propósito, meta. V. PLAN 1.
— **3.** Tema, materia, motivo. V. ASUNTO 1.

oblación. Voto, sacrificio, ofrenda a Dios. V. PROMESA 1.

oblea. 1. Pan ácimo, hostia, hojilla harinosa. V. CONFITERÍA 3.
— **2.** Pastilla, sello, gragea. V. MEDICAMENTO 4.

oblicuo. Desviado, cruzado, sesgado. V. INCLINAR 6.

obligación. V. OBLIGAR 3.

obligado. V. OBLIGAR 6

OBLIGAR. 1. Mandar, forzar, ordenar*, imponer, apremiar, exigir*, mover, acuciar, dominar,*, exhortar, compeler, constreñir, impulsar, atar, abrumar, disponer, dictar, preceptuar, decidir, conminar, persuadir, intimar, cargar, aplicar, comprometer, pactar*, violentar, coaccionar, chantajear, someter, presionar, acorralar, acosar, arrastrar, sojuzgar, esclavizar*, amansar, sujetar, gravar, aumentar, retener, responsabilizar.
— **2.** *Obligarse*, comprometerse, encargarse, arrogarse, asumir, responsabilizarse, respaldar, hacerse cargo, cuidar*, atender, jurar, prometer*, responder, garantizar*, apoyar*, avalar.

3. Obligación. Exigencia*, imposición, orden*, mando, mandato, compromiso, apremio, coacción, coerción, amenaza, chantaje, deber (v. 4), tarea, presión, dominación*, fuerza, precepto, sometimiento, violencia*, persuasión, contaminación, obligatoriedad*, decreto, ley*, dictado, sojuzgamiento, acoso, cruz, acorralamiento, gravamen, pago*, impuesto, sujeción, pacto*, servidumbre, esclavitud*, necesidad*, precisión, intimación, constricción, restricción, exhortación, compulsión, constreñimiento, responsabilidad (v. 4).

— **4.** *Responsabilidad*, obligación, deber, carga, atadura, compromiso, promesa*, juramento, vínculo, lazo, cadena, competencia, cometido, incumbencia, tarea, carga, trabajo*, cargo, labor, garantía*, aval, fianza.

— **5.** Convenio, contrato, título. V. DOCUMENTO 1.

6. Obligatorio. Apremiante, obligado, necesario, forzoso, seguro*, acuciante, impuesto, inapelable, ineludible, inevitable, infalible, implacable, preciso, imprescindible, vital, violento*, impostergable, irresistible, inexorable, insustituible, exigente*, exigible, imperativo, coercitivo, indiscutible, indeclinable, inexcusable, irrevocable, dominante*, insoslayable, comprometido, irremediable, oneroso, restrictivo.

Contr.: Librar*, permitir*.

V. ORDEN, EXIGENCIA, GARANTÍA, LEY, PACTO, PROMESA, NECESIDAD, VIOLENCIA, DOMINACIÓN, ESCLAVITUD.

obligatoriedad. V. OBLIGAR 3

obligatorio. V. OBLIGAR 6.

obliterar. 1. Marcar, matasellar, tachar, inutilizar. V. SELLAR 1.
— **2.** Atascar, obturar, taponar. V. OBSTRUIR 1.

oblongo. Alargado, apaisado, prolongado. V. LARGO 1.

obnubilar. Confundir, desconcertar, maravillar*. V. TURBACIÓN 4.

oboe. Instrumento de viento, i. músico, dulzaina. V. INSTRUMENTO MUSICAL 4.

óbolo. Dádiva, limosna, donativo. V. REGALO 1.

obra. 1. Producción, fruto, resultado. V. CREAR 3.
— **2.** Faena, quehacer, tarea. V. TRABAJO 1.
— **3.** Edificio, edificación, casa*. V. CONSTRUCCIÓN 1.

obrador. Taller, nave, dependencia. V. ALMACÉN 1.

obrar. 1. Ejecutar, preceder, hacer*. V. REALIZAR 1.
— **2.** Actuar*, desenvolverse, conducirse. V. COMPORTAMIENTO 2.
— **3.** Cagar, evacuar, defecar. V. EXCRECIÓN 4.

obrero. Jornalero, asalariado, operario. V. TRABAJO 5.

obsceno. Impúdico, pornográfico, libertino. V. INDECENCIA 2.

obscurantismo. V. oscurantismo.

obscurecimiento, obscuridad, obscuro. V. OSCURIDAD.

obsequiar. 1. Ofrecer*, dar, ceder. V. REGALO 2.
— **2.** Agasajar, convidar, festejar. V. INVITA-
CIÓN 6.
obsequio. 1. Dádiva, presente, ofrenda. V. RE-
GALO 1.
— **2.** Agasajo, convite, festejo. V. INVITACIÓN 1.
obsequioso. Atento, servicial, adulador*. V. AMA-
BILIDAD 2.
observación. 1. Contemplación, mirada, percepción. V. MIRAR 3.
— **2.** Examen, vigilancia*, comprobación* V.
INVESTIGACIÓN 1.
— **3.** Consejo, sugerencia, aviso. V. ADVER-
TENCIA 1.
observador. 1. Espectador, mirón, investigador*.
V. MIRAR 5.
— **2.** Representante, comisionado, enviado. V.
DELEGACIÓN 4.
observancia. V. observante.
observante. Cumplidor, serio, obediente*. V.
FORMAL 1.
observar 1. Examinar, fijarse, contemplar. V. MI-
RAR 1.
— **2.** Acatar, cumplir, respetar. V. FORMAL 4.
observatorio. Dependencia astronómica, meteorológica, mirador. V. ASTRONOMÍA 6, METEO-
ROLOGÍA 4.
OBSESIÓN. 1. Obcecación, perturbación, ofuscación, fobia, monomanía, complejo*, manía*,
rareza*, inquietud, nerviosidad, intranquilidad*,
preocupación, alucinación, locura*, ceguera,
prejuicio, terquedad, obstinación*, intransigencia, tozudez, insistencia, tesón.
2. Obsesionar(se). Perturbar(se), alucinar, cegar, enloquecer, ofuscar, inquietar, obcecar, enceguecer, preocupar, insistir, mortificar, angustiar, intranquilizar*, abrumar, dominar, fascinar,
deslumbrar, insistir, obstinarse*, reiterar.
3. Obsesionado. Ofuscado, perturbado, obcecado, obseso, alucinado, ciego, deslumbrado,
poseso, poseído, neurótico, loco, demente,
maníaco, maniático*, nervioso*, insistente,
reiterante, fanático, intransigente, obstinado*,
terco, tozudo, inquieto, intranquilo*, angustiado, angustioso (v. 3)
4. Obsesivo. Obsesionante, reiterativo, abrumador, alucinante, insistente, demencial, cegador, deslumbrador, emocionante*, impresionante, angustiado (v. 3)
Contr.: Cordura, despreocupación, normalidad.
V. MANÍA, RAREZA, LOCURA, NERVIOSIDAD,
OBSTINACIÓN, COMPLEJO.
obsesionado. V. OBSESIÓN 3.
obsesionante. V. OBSESIÓN 4.
obsesionar(se). V. OBSESIÓN 2.
obsesivo. V. OBSESIÓN 4.
obseso. V. OBSESIÓN 3.
obsidiana. Piedra volcánica, roca vítrea, oscura.
V. MINERAL 5.

obsoleto. Arcaico, desusado, anticuado. V. AN-
TIGUO 1.
obstaculizar. Impedir, entorpecer, obstruir*. V.
DIFICULTAD 5.
obstáculo. 1. Estorbo, impedimento, interrupción.
V. DIFICULTAD 1, 2.
— **2.** Barrera, atranco, defensa*. V. OBSTRUIR-
(SE) 2.
obstante (no). Pese a, sin embargo, a pesar de.
V. CONDICIÓN 7.
obstar. V. obstaculizar.
obstetricia. Tocología, gestación, partos. V. EM-
BARAZO 1.
OBSTINACIÓN. 1. Obcecación, tozudez, ofuscación, terquedad, obsesión*, testarudez,
intransigencia*, porfía, tenacidad, contumacia, rebeldía*, reincidencia, desobediencia*,
empecinamiento, ceguera, alucinación, impe-
nitencia, resistencia, fanatismo, chauvinismo
o chovinismo, prejuicio, capricho*, renuencia,
insistencia, manía*, rareza*, emperramiento,
error, equivocación*, pesadez, impertinencia,
encastillamiento, constancia, perseverancia*,
empeño, cabezonería, machaconería, negativa*, rechazo*.
2. Obstinado. Terco, intransigente, porfiado,
empecinado, tozudo, testarudo, bruto*, cerril,
ofuscado, obsesionado*, obcecado, errado,
equivocado*, desobediente*, rebelde*, empedernido, pertinaz, contumaz, reincidente,
relapso, fanático, continuado*, persistente,
resistente, recalcitrante, renuente, reacio, impenitente, incorregible, atravesado, avieso, insistente, importuno, caprichoso*, emperrado,
irreductible o irreducible, inflexible, maniático*,
raro*, pesado, temoso, impertinente, cargante, tenaz, constante, perseverante*, empeñoso, cabezudo, cabezota, cabezón, machacón,
encastillado.
3. Obstinarse. Empeñarse, ofuscarse, cegarse,
alucinarse, reincidir, repetir*, recaer, incurrir,
obcecarse, rebelarse*, obsesionarse*, desobedecer*, porfiar, resistirse, empecinarse, insistir,
porfiar, errar, equivocarse*, encapricharse, emperrarse, discutir*, importunar, encastillarse,
machacar, aferrarse, perseverar*, negarse*,
rechazar*.
Contr.: Sensatez, comprensión, transigencia.
V. OBSESIÓN, MANÍA, RAREZA, INTRANSIGEN-
CIA, DISCUSIÓN, REBELDÍA, DESOBEDIENCIA,
NEGATIVA, PERSEVERANCIA.
obstinado. V. OBSTINACIÓN 2.
obstinarse. V. OBSTINACIÓN 3.
obstrucción. V. OBSTRUIR 2.
obstruido. V. OBSTRUIR 3.
OBSTRUIR(SE). 1. Embozar(se), atascar, taponar,
tapar*, cerrar*, ocluir, estancar, remansar, embalsar, atrancar, trabar, ahogar, encajarse, detenerse, inmovilizar*, tupir, atravesar, obturar,
embozar, atorar, cegar, embotellar, estrechar,
obliterar, obstaculizar, interceptar, apelotonar-

se, amontonarse, aglomerarse, agolparse, congestionar, enquistar, encasquillar; dificultar*, estorbar, impedir, entorpecer, frenar, rechazar*, retrasar, demorar*.

2. Obstrucción. Atasco, estrechez, oclusión, estancamiento, obstáculo, embrollo, dédalo, laberinto, maraña, cierre, estrechamiento, atolladero, escollo, barrera, embotellamiento, taponamiento, tapón, tapa*, obturación, obturador, traba, tropiezo, ahogo*, atranco, detención, inmovilización*, valladar, valla*, defensa, atoramiento, retención, intercepción, obliteración, encasquillamiento, congestión; dificultad*, estorbo, embrollo*, impedimento, rechazo*, entorpecimiento, freno, retraso, demora*, suspensión.

3. Obstruido. Taponado, atascado, embozado, estancado, ocluido, trabado, cegado, cerrado*, lleno, ahogado, atrancado, tapado, embotellado, obturado, estrechado, tupido, encasquillado, obliterado, atorado, atravesado; entorpecido, frenado, rechazado*, obstaculizado, dificultado*, impedido, retrasado, demorado*.

Contr.: Abrir, destapar, librar, desatrancar.
V. CERRAR, TAPAR, DIFICULTAR, INMOVILIZAR, DEMORAR, RECHAZAR.

obtención. V. OBTENER 3.

OBTENER. 1. Conseguir, adquirir, lograr, recibir, percibir, ganar, alcanzar, beneficiarse*, procurarse, apropiarse*, agenciarse, embolsar, conquistar*, disfrutar, granjearse, recabar, captar, asumir, aceptar, admitir, contraer, lucrarse, cosechar, sacar, apresar, arrancar, extraer, agarrar, coger*, tomar, pescar, cazar, pillar, llevarse, merecer, vencer*, sacar partido, s. provecho.

— **2.** *Crear**, obtener, elaborar, fabricar*, hacer*, industrializar, producir, confeccionar, transformar, efectuar, realizar, preparar, ejecutar, formar.

3. Obtención. Logro, adquisición, resultado*, fruto, consecución, realización, beneficio*, producto, ganancia, lucro, disfrute, consecuencia, efecto, cosecha, colecta, recolección, extracción, apresamiento, adjudicación, conquista, ganancia, hecho, aprehensión, merecimiento, triunfo*, provecho, partido, éxito.

— **4.** *Creación**, obtención, elaboración, fabricación*, producto, producción, transformación, confección, preparación, realización, ejecución.

Contr.: Perder, entregar.
V. BENEFICIARSE, COGER, APROPIARSE, HACER, CREAR. FABRICAR, TRIUNFAR.

obturación. V. OBSTRUIR 2.

obturador. Mecanismo, cierre, válvula. V. CERRAR 6.

obturar. V. OBSTRUIR 1.

obtuso. 1. Despuntado, achatado, romo. V. LISO 1.

— **2.** Torpe, negado, tonto*. V. INÚTIL 2.

obús. 1. Mortero, pieza artillera, cañón. V. ARTILLERÍA 4.

— **2.** Bala, granada, bomba*. V. PROYECTIL 2.

obviar. Resolver, eludir, solucionar. V. FÁCIL 4.

obvio. Manifiesto, evidente, indiscutible. V. INDUDABLE 1.

oca. Ánade, palmípedo, ganso. V. AVICULTURA 4.

ocasión. 1. Oportunidad, situación, momento. V. CIRCUNSTANCIA 1.

— **2.** Ventaja, rebaja, saldo. V. BARATO 3.

ocasional. Fortuito, esporádico, provisional. V. CIRCUNSTANCIA 2.

ocasionar. Originar, provocar, motivar. V. CAUSA 3.

ocaso. 1. Anochecer, oscurecer, crepúsculo. V. NOCHE 1.

— **2.** Decadencia, descenso, declive. V. EMPEORAMIENTO 1.

— **3.** Oeste, poniente, occidente. V. GEOGRAFÍA 4.

occidental. Civilizado, desarrollado*, culto. V. EUROPEO 1.

occidente. 1. Poniente, ocaso, oeste. V. GEOGRAFÍA 4.

— **2.** Países europeos, desarrollados*, civilizados. V. PROSPERIDAD 3.

occipital. Nuca, occipucio, pieza ósea. V. CABEZA 3, 4.

occipucio. Cogote, nuca, cerviz. V. CABEZA 3, 4.

occiso. Cadáver, víctima, interfecto. V. MUERTE 10.

oceánico. Marino, náutico, marítimo. V. MAR 10.

océano. Inmensidad, extensión de agua, abismo. V. MAR 1.

ocelote. Félido, mamífero*, carnívoro. V. FIERA 4.

ochava. Recodo, chaflán, ángulo. V. ESQUINA 1.

ochentón. Octogenario, valetudinario, viejo. V. ANCIANO 1, 2.

ocio. 1. Reposo, inactividad, holgazanería*. V. DESCANSO 1.

— **2.** Distracción, vacación, fiesta*. V. DIVERSIÓN 1.

ociosidad. Apatía, desidia, molicie. V. HOLGAZÁN 2.

ocioso. 1. Desocupado, perezoso, inactivo. V. HOLGAZÁN 1.

— **2.** Inservible, ineficaz, estéril. V. INÚTIL 1.

ocluir. Tapar*, estancar, cerrar*. V. OBSTRUIR 1.

oclusión. Estrechez, atasco, cierre. V. OBSTRUIR 2.

ocre. Amarillento, pardo, tostado. V. COLOR 13.

octavilla. Escrito*, folleto, impreso. V. IMPRENTA 7.

octogenario. Longevo, viejo, abuelo. V. ANCIANO 1.

octópodo. Pulpo, cefalópodo; calamar. V. MOLUSCO 3.

ocular. Cristal, sistema óptico*, objetivo. V. LENTE 2.

oculista. Especialista, médico*, oftalmólogo. V. OJO 8.

ocultación. V. OCULTAR 4.

OCULTAR(SE). 1. Esconder, guardar, disimular, encubrir, tapar*, enmascarar, embozar, disfrazar*, engañar*, encerrar, cubrir, velar, apartar, agacharse*, agazaparse, emboscarse, desaparecer*, zafarse, resguardarse, protegerse, refugiarse*, espiar*, acechar, vigilar*, arrinconar, retirar, fingir, desfigurar, eclipsar, olvidar*, recubrir, soterrar, enterrar, sepultar, cerrar*, embozar, internar, envolver, callar, silenciar, negar, omitir, simular*, aparentar, desfigurar, fingir, recatar, desvirtuar, mentir, reservar, permitir, tolerar.
2. Oculto. Encubierto, tapado*, cubierto, escondido, recatado, subrepticio, disimulado, eclipsado, guardado, cerrado*, apartado, velado, disfrazado*, enmascarado, encerrado, engañoso*, latente, potencial, contenido, agazapado, agachado, emboscado, vigilante*, acechante, recubierto, protegido, resguardado, zafado, desaparecido*, omitido, desfigurado, fingido, arrinconado, retirado, sepultado, enterrado, soterrado, envuelto, clandestino, furtivo, ilegal, traicionero, silenciado, callado, negado.
— **3.** Recóndito, secreto*, inescrutable. V. MISTERIO 3.
4. Ocultación. Escondite, encubrimiento, enmascaramiento, disimulo, tapadera, eclipse, desaparición*, apartamiento, disfraz*, encierro, cobertura, resguardo, protección*, espionaje*, emboscada, acecho, agazapamiento, recubrimiento*, desfiguración, silencio*, clandestinidad, fingimiento, arrinconamiento, retirada, internamiento, rebujo, rebozo, embozo, velo, cierre, enterramiento, envoltura*, negación, omisión, mentira, reserva, permiso, tolerancia*.
5. El que oculta. Encubridor, protector*, alcahuete, tapadera, cómplice, pantalla, colaborador, emboscado, acechante, agazapado (v. 2).
6. Ocultamente. Encubiertamente, recatadamente, disimuladamente (v. 2).
Contr.: Mostrar, exhibir*.
V. ENGAÑAR, DISFRAZAR, AGACHARSE, DESAPARECER, PROTEGER, TOLERAR, REFUGIAR, ESPIAR, VIGILAR, CERRAR, TAPAR, RECUBRIR, SECRETO.
ocultismo. Magia, espiritismo, brujería. V. HECHICERÍA 1, 3.
ocultista. Espiritista, mago, brujo. V. HECHICERÍA 5.
oculto. V. OCULTAR 2.
ocupación. 1. Labor, quehacer, tarea. V. TRABAJO 1.
— **2.** Instalación, toma, invasión. V. CONQUISTA 1, COLOCACIÓN.
ocupado. 1. Atareado, dinámico*, activo*. V. TRABAJO 6.
— **2.** Abarrotado, completo, colmado. V. LLENAR 4.
— **3.** Invadido, tomado, capturado. V. CONQUISTA 5.

ocupante. 1. Usurpador, invasor, vencedor. V. CONQUISTA 4.
— **2.** Arrendatario, inquilino, colocado*. V. ALQUILER 4.
ocupar. 1. Meterse, instalarse, acomodarse. V. COLOCAR 1.
— **2.** Adueñarse, tomar, invadir. V. CONQUISTA 3.
— **3.** *Ocuparse*, desempeñar, ejercer, realizar. V. TRABAJO 11.
ocurrencia. Gracia, ingeniosidad, agudeza. V. COMICIDAD 1.
ocurrente. V. ocurrencia.
ocurrir. 1. Producirse, acontecer, suceder. V. SUCESO 2.
— **2.** *Ocurrirse(le) (algo a alguien)* razonar, discurrir, meditar. V. PENSAR 1.
oda. Poema lírico, loa, verso. V. POESÍA 4.
odalisca. Bayadera, danzarina árabe, mujer del harén. V. BAILE 12.
odiar. V. ODIO 2.
ODIO. 1. Aborrecimiento, antipatía*, ojeriza, aversión, inquina, rencor, hostilidad, tirria, malevolencia, resentimiento, enemistad*, rivalidad*, envidia*, desafecto, abominación, animadversión, desapego, saña, desdén, hincha, fobia, manía*, desprecio*, rabia, ira, amargura, animosidad, crueldad*, despecho, desamor, encono, malquerencia, horror, espanto*, repugnancia*, envidia*, xenofobia, chauvinismo o chovinismo, patriotería, repulsión, execración, maldición*, venganza*, maldad, vileza*, oposición, fila, tema, resquemor, suspicacia, sospecha*, prevención, mala voluntad, mala intención, miedo, temor*, incompatibilidad, encarnizamiento, virulencia, perversidad.
2. Odiar. Aborrecer, execrar, detestar, reprobar, abominar, enemistarse*, rivalizar*, despreciar*, desdeñar, enconarse, resentirse, querer mal, repugnar*, envidiar*, espantarse*, horrorizarse, indigestarse, repeler, maldecir*, vengarse*, oponerse, sospechar*, prevenirse, temer, criticar*, vituperar, condenar, rabiar, disgustarse.
3. Odioso. Abominable, execrable, detestable, aborrecible, desdeñable, despreciable*, indigno, antipático*, vituperable, atroz, condenable, repugnante*, pésimo, espantable*, feo*, vil*, réprobo, indigno, incalificable, ofensivo, inicuo, vergonzoso*, atroz, horrible, horroroso, reprobable (v. 4).
4. El que odia. Rencoroso, malévolo, vengativo*, resentido, encarnizado, enemigo*, rival*, adversario, maligno, malo, vil*, despechado, envidioso*, rabioso, sañudo, hostil, incompatible, antagonista, perverso, malintencionado, retorcido, irreconciliable, solapado, enconado (v. 3).
Contr.: Amor*, cariño, amistad, simpatía*.

V. ENEMISTAD, ANTIPATÍA, DESPRECIO, MANÍA, REPUGNANCIA, ENVIDIA, ESPANTO, TEMOR, VENGANZA, VILEZA.

odioso. V. ODIO 3, 4.

odisea. Drama, aventura, andanza. V. SUFRIMIENTO 1, SUCESO 1.

odontología. Estomatología, dentistería, medicina* dental. V. DIENTE 6.

odontólogo. Dentista, especialista, estomatólogo. V. DIENTE 7.

odorífero. Aromático, oloroso, balsámico. V. PERFUME 5.

odre. Pellejo, bota, cuero cosido. V. VINO 4.

oeste. Ocaso, occidente, poniente. V. GEOGRAFÍA 4.

OESTE AMERICANO. 1. Lejano oeste, «far-west», la Frontera.

2. Generalidades. Rancho, doma, res, marca, hierro para marcar («brand»), zahones («chaps»), sombrero* («Stetson»), carreta («wagon»), lazo («lariat»); fusil*, Winchester, Remington; revólver, pistola*, Colt Smith and Wesson; caballo*, bronco, «mustang»; res sin marcar («maverick»), res de cuernos largos («longhorn»); estampida, bar, taberna («saloon»); diligencia, Wells-Fargo; telégrafo*, Western Union; ferrocarril*, Central Pacific, Union Pacific.

3. Ciudades. Abilene, Santa Fe, Dodge City, El Paso, Kansas City, Wichita, Tombstone, El Álamo.

4. Personas. Vaquero («cow-boy»), jinete, caballista, capataz («foreman»), ganadero*, ranchero, ovejero, cuatrero, «sheriff», «marshal», «rangers», bandidos, «desperados».

5. Indios americanos. Sioux, apaches, comanches, etc.

V. INDIO 6.

V. GANADERO, VAQUERO, INDIO, AMERICANO, LUCHA.

ofender(se). V. OFENSA 4, 5.

ofendido. V. OFENSA 8.

OFENSA. 1. Ultraje, agravio, afrenta, insulto (v. 2), desaire, vejación, humillación*, falta, desprecio*, vilipendio, ludibrio, herida, enfrentamiento, daño, escarnio, mofa, befa, broma*, burla, coz, ironía*, desvergüenza*, impertinencia, desfachatez, descaro, insolencia, atrevimiento, baldón, deshonra*, provocación, mancilla, mancha*, menoscabo, herejía*, irreverencia, osadía*, maldición*, calumnia*, insidia, mentira, engaño*, chisme*, infamia, vileza*, grosería, descortesía*, brutalidad*, resentimiento, molestia, mosqueo, irritación, enojo*, disgusto (v. 2).

— **2.** *Insulto*, ofensa, agravio, improperio, injuria, palabrota, juramento, imprecación, increpación, dicterio, vituperio, vejación, denuesto, blasfemia, apóstrofe, falta, reniego, terno, taco, maldición*, vilipendio, invectiva, herejía*, grosería (v. 1).

3. Insultos. Canalla, granuja, animal, cerdo, puerco, burro, mula, asno, borrico, bestia, zopenco, gaznápiro, idiota, imbécil, tonto*, majadero, infeliz, cornudo, cabrito, cabrón, hijo de tal, máncer, hijo de perra, maldito, marica, maricón, miserable, bribón, sinvergüenza, charrán, golfo, gamberro, bergante, malandrín, belitre, tunante, pícaro, pillo*, pillastre, truhán, rufián, perillán, pelafustán, pelagatos, bellaco, villano, vil*, infame, merdoso, necio, estúpido, beocio, ganso, botarate, bobo, bobalicón, gedeón, cernícalo, simple, zanguango, bruto, zoquete, zascandil, mequetrefe, chiquilicuatro, sansirolé (v. 1, 2).

4. Ofender. Agraviar, ultrajar, vejar, humillar*, insultar, injuriar, denostar, blasfemar, maldecir*, vituperar, apostrofar, vilipendiar, afrentar, vejar, escarnecer, denigrar, desairar, dañar, faltar, enfrentarse, insolentarse, herir, lastimar, lesionar*, desvergonzarse*, cocear, burlarse, mofarse, bromear*, ironizar*, escarnecer, befarse, mancillar, provocar, deshonrar*, descararse, desfachatarse, menoscabar, soltar, proferir, manchar, mentir, calumniar*, envilecer, infamar, chismorrear*, engañar*, osar*, atreverse, zaherir, atropellar.

— **5.** *Ofenderse*, resentirse, molestarse, escandalizarse, espantarse, mosquearse, amoscarse, escamarse, dolerse, irritarse, picarse, disgustarse, humillarse, enojarse*, recelar, desconfiar, sospechar*, incomodarse, ser susceptible, encresparse, enfadarse, reconcomerse, escaldarse.

6. Ofensivo. Ultrajante, injurioso, agravante, vejatorio, humillante*, intolerable, abusivo*, inaceptable, despótico, inadmisible, vergonzoso*, afrentoso, deshonroso*, insultante, ignominioso, infamante, mortificante, escarnecedor, irónico*, sarcástico*, cínico, hiriente, dañino, provocativo, molesto*, irritante, enojoso*, engañoso*, ofensor (v. 7).

7. Ofensor. Insolente, descarado, desvergonzado*, irrespetuoso, agresivo, provocativo, grosero, deslenguado, verdulero, soez, despreciativo*, despectivo, osado*, burlón, bromista*, cínico, sarcástico, irónico*, hiriente, maldiciente*, infame, desfachatado, charlatán, calumniador*, chismoso*, atrevido, fresco, descocado, procaz, impúdico, altanero, vulgar*, inculto, rudo, mal educado (v. 6).

8. Ofendido. Molesto, irritado, mosqueado, amoscado, picado, escamado, resentido, enojado*, disgustado, incomodado, encrespado, receloso, enfadado, reconcomido, ultrajado, agraviado (v. 1).

Contr.: Alabanza, elogio, desagravio, amabilidad.

V. HUMILLACIÓN, DESPRECIO, DESCORTESÍA, DESHONRA, BROMA, CHISME, CALUMNIA, IRONÍA, VILEZA, MALDICIÓN, ENGAÑO, ENOJO.

ofensiva. Asalto, incursión, acometida. V. ATA-
QUE 3.
ofensivo. V. OFENSA 6.
ofensor. V. OFENSA 7.
oferente. Legador, donante, generoso. V. OFRE-
CER 5.
oferta. Proposición, propuesta, ofrecimiento. V.
OFRECER 3.
ofertar. Proponer, sugerir, brindar. V. OFRECER 1.
office. fr Antecocina, servicio, dependencia. V.
COCINA 2.
offset. ingl Litografía, procedimiento, método de
impresión. V. IMPRENTA 2.
offside. ingl Fuera de juego, jugada incorrecta.
V. FÚTBOL 4.
oficial. 1. Militar, soldado, jefe*. V. EJÉRCITO 7.
— **2.** Operario experto, especialista, obrero. V.
TRABAJO 5.
— **3.** Estatal, nacional*, gubernativo. V. GO-
BIERNO 13.
oficiante. Celebrante, religioso, sacerdote*. V.
MISA 10.
oficiar. 1. Celebrar, decir, cantar misa. V. MISA
11.
— **2.** Ejercer, intervenir, realizar. V. ACTUA-
CIÓN 3.
OFICINA. 1. Escritorio, estudio, despacho, organismo, secretaría, redacción, bufete, administración*, ayudantía, dirección, asesoría,
delegación*, dependencia, agencia, negociado, registro, archivo, notaría, comisaría, departamento, ministerio*, caja, tesorería, administración*, intendencia, cancillería, centro,
sede, sucursal.
2. Elementos. Mesa de despacho, escritorio,
archivo, fichero, sillón, s. giratorio, máquina
de escribir* (v. 3), mesilla, armario, caja fuerte, papelera, bandeja de correspondencia,
escribanía, pisapapeles, pesacartas, tabla extensible del escritorio, cartera* de mano o de
documentos, vade, vademécum, portafolios,
sello* de caucho, tampón, almohadilla, sello
fechador, portasellos, índice telefónico*, guía
telefónica, anuario, agenda, agenda calendario,
cuaderno*, bloc de notas, libro Diario, l. Mayor,
l. de Caja, l. de contabilidad*, l. de firmas, l. de
franqueo, l. de sellos, bloc de taquigrafía, ficha,
factura, albarán, recibo, circular, minuta, nota*,
expediente, documento*, legajo, escrito*, almanaque o calendario, carpeta, clasificador de
correspondencia, archivador, abrecartas, plegadera, gomitas, clips o sujetapapeles, goma de
pegar, papel engomado, líquido borrador, es-
ponjilla humedecedora, sacapuntas, afilalápices,
tijeras, cortaplumas, gaveta, regla (v. 3).
3. Aparatos. Máquina de escribir*, perforadora o taladradora, teléfono*, centralita,
intercomunicador, dictáfono, magnetófono*,
multicopista, fotocopiadora, máquina fran-
queadora (rodillo entintador, clisé, manivela,
contador de franqueos), impresora de direc-

ciones (brazo estampador, chapa troquelada,
manivela, cinta entintada), grapadora (resorte,
grapas, barra de grapas, matriz), perforadora
de fichas, clasificadora de fichas, calculadora*,
calculadora electrónica, computadora, ordenador, télex, teletipo (teclado, disco selector, cinta
perforadora, reproductor).
4. Personal. Oficinista, empleado*, e. interino,
suplente, excedente, escribiente, chupatintas,
cagatintas, auxiliar, amanuense, funcionario,
burócrata; secretaria, mecanógrafa, dactilógrafa, taquígrafa, estenógrafa, taquimecanógrafa,
corresponsal, redactor, traductor, contador,
contable, cajero, pagador, tesorero, conserje, botones. Jefes*: Presidente del consejo de
administración, patrono, administrador*, apoderado, director, gerente, jefe* de sección. (V.
empleo 7).
5. Actividades. Horas extraordinarias, gratificación, aumento, ascenso, sueldo, paga*,
despido, aviso de despido, preaviso, seguro de
vejez, pensión*, jubilación, período de prueba,
seguridad social, empleo interino, suplencia,
excedencia, horas laborables, jornada laboral,
j. laboral, j. festiva.
V. EMPLEO, ADMINISTRACIÓN, MINISTERIO,
DOCUMENTO, ESCRIBIR, ESCRITOR.
oficinista. V. OFICINA 4.
oficio. 1. Ocupación, empleo*, profesión. V. TRA-
BAJO 1.
— **2.** Expediente, escrito*, nota*. V. DOCU-
MENTO 1.
oficioso. 1. Privado, no oficial, extraoficial. V. CA-
RACTERÍSTICA 3.
— **2.** Solícito, servicial; entrometido. V. AYUDA
4; INDISCRETO.
ofidio. Culebra, reptil*, víbora. V. SERPIENTE 1.
OFRECER. 1. Prometer, proponer, consagrar, destinar, ofertar, ofrendar, dedicar, entregar* (v.
2), brindar, exponer, insinuar, expresar, apoyar,
ayudar*, avalar, respaldar, suscribir, apalabrar,
sugerir, recomendar, afirmar, asegurar, aconsejar, desear*, plantear, presentar, garantizar*,
abonar, comprometerse (v. 2).
— **2.** *Entregar*, ofrecer, dar, proporcionar,
premiar*, donar, regalar, repartir, distribuir,
suministrar, conceder, ceder, deparar, impartir,
transferir, comunicar, transmitir (v. 1).
3. Ofrecimiento. Promesa, oferta, ofrenda (v.
4), proposición, propuesta, moción, sugerencia, iniciativa, consejo, palabra, respaldo, aval,
obligación*, juramento, suscripción, apalabra-
miento, afirmación, compromiso, exposición,
expresión, insinuación, abono, garantía*, convite, invitación* (v. 4).
4. Ofrenda. Testimonio, cumplido, homenaje,
ofrecimiento (v. 3), brindis, invitación*, dedicatoria, acto, honra, entrega, dádiva, servicio,
compensación, obsequio, regalo*, premio*,
donativo, donación, ofrecimiento (v. 3), voto,

oblación, promesa, expiación, recompensa, elogio, cumplido.

5. El que ofrece. Proponente, garante*, protector*, oferente, avalista, comprometido, obligado, consejero*, asesor, guía*, generoso*, dadivoso, donante, donatario, legador, desprendido, espléndido, mecenas, filántropo, magnánimo, altruista.

6. Ofrecido. Votivo, expiatorio, prometido, consagrado, ofrendado, dedicado, concedido, entregado*.

Contr.: Negar*, pedir*, rechazar*.

V. ENTREGAR, INVITAR, PREMIAR, GARANTIZAR, OBLIGARSE, REGALAR, AYUDAR, GENEROSIDAD.

ofrecimiento. V. OFRECER 3.

ofrenda. V. OFRECER 4.

ofrendar. V. OFRECER 1.

oftalmólogo. Oculista, especialista, médico*. V. OJO 8.

ofuscación. 1. Aturdimiento*, confusión, atolondramiento. V. TURBACIÓN 1.

— **2.** Error, terquedad, obcecación. V. OBSTINACIÓN 1.

ofuscado. V. ofuscación.

ofuscar(se). V. ofuscación.

ogro. 1. Coco, gigante, espantajo. V. MONSTRUO 1.

— **2.** Energúmeno, bestia, bruto*. V. BÁRBARO 1.

¡oh! ¡Caray!, ¡vaya!, ¡ah! V. EXCLAMACIÓN 4.

oíble. V. OÍDO 8.

oídas (de). Someramente, por referencia, oído. V. CERCA 3.

OÍDO. 1. Sentido, audición, percepción*, escucha, atención, capacidad auditiva, órgano sensorial, ó. auditivo, ó. del equilibrio, oreja (v. 3).

2. Partes. Oído externo, o. medio, o. interno. *Oído externo:* pabellón de la oreja (v. 3), conducto auditivo externo, cera, cerumen. *Oído medio:* tímpano, membrana, caja del tímpano, cadena de huesecillos: martillo, yunque, lenticular, estribo; ventana oval, ventana redonda, trompa de Eustaquio, celdillas mastoideas. *Oído interno o laberinto:* vestíbulo, sáculo, utrículo, conductos semicirculares, caracol (cóclea, órgano de Corti, células auditivas), nervio auditivo (v. anatomía*).

3. Oreja. Pabellón de la oreja, p. auditivo, p. auricular, oído externo, cartílago, ternilla; piel*; lóbulo de la oreja, trago, antitrago, hélix, antehélix, concha o cavidad central, tubérculo de Darwin; conducto auditivo externo (v. 2).

4. Dolencias. Sordera (v. 5), otitis, vértigo, zumbidos, rotura del tímpano, cuerpos extraños, tapón de cerumen.

5. Sordera. Defecto, dureza de oído, privación, sordomudez, deficiencia, disminución de la escucha, d. de la capacidad auditiva.

6. Sordo. Duro de oído, sordomudo, impedido, disminuido físico, privado de audición, como una tapia, imposibilitado.

7. Oír. Escuchar, notar, sentir, percibir, entender, apreciar, distinguir, atender, enterarse, auscultar, examinar, aguzar los sentidos, prestar oídos, p. atención.

8. Oíble. Audible, claro*, fuerte, perceptible*, apreciable, distinto, sensible, intenso, sonoro, ruidoso, estruendoso, retumbante, resonante, que puede oírse, que puede escucharse (v. sonido 4).

9. Aparatos. Aparatos relativos al sonido. V. SONIDO 12.

Contr.: Sordera (v. 5).

V. SONIDO, PERCEPCIÓN, FISIOLOGÍA, ANATOMÍA.

oidor. Auditor, magistrado, juez. V. TRIBUNAL 4.

oír. V. OÍDO 7.

ojal. Abertura, ojete, presilla. V. VESTIMENTA 12, 13.

¡ojalá! ¡Dios lo quiera!, ¡que no falle!, ¡que suceda! V. DESEO 5.

ojeada. Vistazo, atisbo, examen. V. MIRAR 3.

ojear. 1. Repasar, dar un vistazo, observar. V. MIRAR 1.

— **2.** Espantar, batir, acosar. V. CAZA 7.

ojeo. Persecución, acoso, batida. V. CAZA 2.

ojera. Cerco, mancha, círculo cárdeno. V. OJO 3.

ojeriza. Aversión, antipatía, aborrecimiento. V. ODIO 1.

ojeroso. Decaído, marchito*, fatigado*. V. DÉBIL 2.

ojete. 1. Esfínter, anillo muscular, ano. V. CULO 2.

— **2.** V. ojal.

ojiva. Arcada, curvatura, arco puntado. V. ARCO 5.

ojival. Gótico, medieval, catedralicio. V. ARQUITECTURA 6.

OJO. 1. Órgano de la visión, ó. de la vista. ó. visual, globo ocular (v. 4), fanal, lucero, ocelo, vista, visión (v. 6), sentido de la vista.

— **2.** Orificio, abertura, boca. V. AGUJERO 1.

3. Exterior del ojo. Cejas, pestañas, entrecejo, párpado superior, p. inferior, ojera, bolsa; conjuntiva o mucosa, glándula lagrimal, carúncula lagrimal, saco lagrimal, puntos lagrimales, ángulo interno, á. externo, comisura, rabillo del ojo; cápsula de Tenon, órbita, cuenca, cavidad orbitaria, músculos* de los ojos: m. rectos, m. oblicuos, m. del párpado (v. 4). (V. anatomía*).

4. Globo ocular. Córnea, cámara anterior, iris, pupila o niña, cristalino, músculo ciliar; membranas: esclerótica o blanco del ojo, coroides, retina (conos, bastoncillos, células pigmentarias); cuerpo o humor vítreo, mácula lútea, punto ciego, papila óptica, nervio óptico, vasos sanguíneos. En cerebro*: quiasma óptico, cinta óptica, centro visual (v. 3).

5. Vista. Visual, visión (v. 6), mirada*, sentido, observación, vistazo, atisbo, ojeada, percepción, examen, contemplación, espionaje*, fisgonería, acecho. (V. mirar 3)

6. Visión. Ojo normal o emétrope, defecto visual, ojo hipermétrope o présbita, presbicia, hipermetropía, vista cansada; ojo miope, miopía; astigmatismo. Acomodación, agudeza visual, dioptrías, lente*, lente convergente o convexa, divergente o cóncava, cilíndrica; rayos luminosos, foco retiniano, refracción, punto remoto, punto próximo, campo visual, imágenes; reflejos pupilares, secreción lagrimal.

7. Características de los ojos. *Colores:* ojos castaños, negros, grises, azules (garzos o zarcos), verdes. Ojos rasgados, almendrados, bizcos o estrábicos, bisojos, extraviados, cegatos, saltones, reventones, inyectados en sangre, congestionados, vidriosos, lagrimosos, legañosos, pitañosos, cansados, dulces, tiernos.

8. Oftalmología. Ciencia, curación, medicina ocular, óptica*, técnica. Oculista, oftalmólogo, especialista, médico*, óptico*, técnico. Oftalmoscopio, oftalmómetro. Colirio, lavaojos, baño ocular, instilaciones, gotas, ácido bórico, medicamento*.

9. Acción. Mirar*, ver, observar, escrutar, visualizar, divisar, apreciar, percibir, examinar, avistar, descubrir, fijarse, espiar*, fisgar; parpadear, pestañear, guiar, entornar, entrecerrar, cerrar, abrir, mover*, bizquear, mirar de reojo, con el rabillo del ojo, de través, sesgado, torcer los ojos, ponerlos en blanco, lagrimear, llorar*.

10. Trastornos. Dolencias. Defecto ocular, enfermedad visual, miopía, hipermetropía, presbicia o vista cansada, astigmatismo, estrabismo, bizquera, ceguera (v. 11), nictalopía; daltonismo, ser tuerto, conjuntivitis, tracoma, catarata, glaucoma, orzuelo, ojera, humor, legaña, retinitis, desprendimiento de retina, oftalmía, amaurosis, queratitis, chalazión, diplopía, blefaritis, midriasis, miosis, chiribitas, moscas volantes, trombosis ocular (v. 11).

11. Ceguera. Oftalmía, ceguedad, pérdida de la vista, ablepsia, catarata, glaucoma, tracoma. Alfabeto Braille, lazarillo (v. 10)

12. Bizco, ciego. Invidente, no vidente, cegado, cegato, sin vista, tuerto, corto de vista, miope, hipermétrope, astigmático, daltónico, bizco, bisojo, estrábico, nictálope, defectuoso, minusválido. Cíclope, Polifemo.

13. Cegar. Dejar sin vista, dejar ciego, enceguecer, inutilizar, oscurecer, enturbiar la vista; deslumbrar, encandilar, ofuscar, turbar*.
Contr.: Ceguera, ceguedad (v. 11).
V. MIRAR, ESPIAR, VIGILAR, LLORAR, ANATOMÍA, LENTE, GAFAS, ÓPTICA.

¡ojo! ¡Atención!, ¡precaución!, ¡cuidado*! V. EXCLAMACIÓN 8.

ola. Oleaje, cresta, onda. V. MAR 4.

¡olé! ¡Ole!, ¡viva!, ¡bravo!, ¡ánimo! V. ACLAMACIÓN 2.

oleada. 1. Profusión, riada, multitud. V. ABUNDANCIA 1.
— 2. V. oleaje.

oleaje. Ondulación, rompiente, marejada. V. MAR 4.

óleo. 1. Procedimiento, método pictórico. V. PINTURA 3.
— 2. Unto*, líquido aceitoso, l. graso. V. ACEITE 1.
— 3. Óleos (santos). Viático, sacramentos, extremaunción. V. MISA 7.

oleoducto. Conducto, tubería*, canalización de petróleo*. V. TRANSPORTE 8.

oleoso. Graso, untuoso, aceitoso. V. ACEITE 12.

oler. V. OLOR 6.

olfatear. V. OLOR 6.

olfateo. V. OLOR 7.

olfato. 1. V. OLOR 7.
— 2. Intuición, sagacidad, instinto. V. ASTUCIA 1.

oligarca. Dictador, déspota, autócrata. V. DOMINACIÓN 4.

oligarquía. Minoría gobernante, absolutismo, dictadura. V. GOBIERNO 3.

OLIMPÍADAS. 1. Juegos* olímpicos deportes* o competiciones* atléticas*, justas deportivas, celebraciones, fiestas*, festivales olímpicos.
2. Deportes olímpicos. *Juegos de verano:* Atletismo*, bádminton, baloncesto*, balonmano, béisbol (quedará excluido en 2012), boxeo*, ciclismo, equitación, esgrima*, fútbol*, gimnasia*, «hockey»* sobre hierba, halterofilia* o levantamiento de pesas, equitación, pentatlón*, judo, lucha* grecorromana, lucha libre, natación, waterpolo*, piragüismo, remo, sóftbol (quedará excluido en 2012), vela, taekwondo, tenis, tenis de mesa, tiro* olímpico, tiro con arco*, triatlón, voleibol, vóley playa. *Juegos de invierno:* esquí* alpino, e. nórdico, biatlón, «hockey»* sobre hielo, patinaje* artístico, p. de velocidad, «snowboard», «bobsleigh», «curling», saltos en esquí, esquí acrobático, «luge», «skeleton».
3. Generalidades. Antorcha olímpica, juramento o., juegos olímpicos antiguos, j. o. modernos, ceremonia, c. de inauguración, c. de clausura, Comité Olímpico Internacional, Comités Olímpicos Nacionales, barón de Coubertin; j. paralímpicos o parolímpicos, paralimpiadas o paralimpíadas, parolimpiadas o parolimpíadas, «Special Olimpics».
V. DEPORTE, COMPETICIÓN, JUEGO, ATLETISMO.

olímpico. 1. Deportivo*, festivo, atlético*. V. OLIMPIADA .
— 2. Despectivo, altivo, desdeñoso. V. DESPRECIO 3.

oliscar, olisquear. V. OLOR 6.

oliva. Aceituna, fruto, producto del olivo. V. ACEITE 8.

oliváceo. Aceitunado, cetrino, verdoso. V. COLOR 9.

olivar. Arboleda, bosquecillo, plantación de olivos. V. ÁRBOL 10.

olivo. Árbol oleáceo, planta, vegetal*. V. ÁRBOL 5.

olla. Puchero, cazuela, marmita. V. RECEPTÁCULO 2.

olmo. Árbol maderable, ornamental, ulmácea. V. ÁRBOL 6.

ológrafo. V. hológrafo.

OLOR. 1. Aroma, efluvio, fragancia, perfume*, emanación, percepción*, sentido, vaho, vapor, exhalación, husmo, sahumerio, sustancia odorífica, «bouquet», esencia, bálsamo, tufo, tufarada, vaharada, fetidez, hedor*, hediondez, pestilencia, peste, mal olor, ocena, catinga, hedentina, sobaquina, cochambre, hircismo.

2. Clases de olor. Oloroso, inodoro, sin olor, fragante, perfumado*, aromático, grato, agradable*, bienoliente, balsámico, perceptible, fuerte, intenso, penetrante, odorífero, hediondo*, pestilente, pestífero, nauseabundo, fétido, repugnante*, rancio, acre, subido, cargado, viciado, apestoso, impuro, mefítico, irrespirable, maloliente, corrompido; desodorante.

3. Sustancias olorosas. Esencia, bálsamo, perfume* (v. 4), incienso, mirra, algalia, almizcle, ámbar, estoraque, benjuí, alcanfor, opopónax, pachulí, almáciga, civeto, resina, trementina, especias, canela, vainilla, hierbas*, tomillo, espliego, hinojo, flores*, rosa, clavel, alhelí, jazmín. Hedor* (v. 5), huevo podrido, excrementos*, amoniaco, putrefacción, mofeta, grisú.

4. Esencias bálsamos, perfumes. V. PERFUME 1.

5. Sustancias malolientes. V. HEDOR 1.

6. Oler. Percibir*, apreciar, sentir, advertir, notar, olfatear, husmear, ventear, rastrear, oliscar, olisquear, aspirar; emitir, emanar, exhalar, perfumar*, aromatizar, despedir, arrojar, odorizar, trascender, heder*, apestar, viciar, corromper, sofocar, penetrar, repugnar, asfixiar, estragar.

7. Olfato. Sentido, órgano de percepción*, olfacción, olfateo, percepción*, venteo, olisqueo, sensibilidad. *Partes:* Nariz*, fosas nasales, pituitaria o mucosa nasal, células olfatorias, ramificaciones nerviosas, nervio olfatorio, lámina cribosa del etmoides; en cerebro: bulbo olfatorio, cintilla olfatoria, localización cerebral, corteza cerebral*.

Contr.: Inodoro, anosmia.

V. PERFUME, HEDOR, PERCEPCIÓN, NARIZ.

oloroso. V. OLOR 2.

olvidadizo. V. OLVIDO 5.

olvidado. V. OLVIDO 7.

olvidar(se). V. OLVIDO 3.

OLVIDO. 1. Descuido*, distracción, omisión, extravío, laguna, lapso, lapsus, pérdida, pérdida de memoria, amnesia, inconsciencia, despiste, inadvertencia, mala cabeza, desliz, error, equivocación*, culpa*, falta, pifia, carencia, negligencia, imprevisión, dejadez, inexactitud, gazapo, disparate*, ligereza, incuria, desgana, holgazanería*, irreflexión, imprudencia*, abandono, exclusión, ignorancia, aturdimiento*, turbación*, atolondramiento, entretenimiento,

hueco, vacío, lentitud*, confusión, torpeza, ingratitud (v. 2).

— **2.** *Ingratitud*, olvido, desatención, desdén, desprecio*, preterición, indiferencia*, abandono, egoísmo*, postergación, rechazo*, desconocimiento, arrinconamiento, ignorancia*, exclusión, frialdad (v. 1).

3. Olvidar(se). Descuidar(se)*, omitir, perder, borrarse, irse, desvanecerse, desatender, extraviar, distraerse, errar, despistarse, confundirse, enterrar, negligir, faltar, carecer, dejar, pifiar, equivocar*, entretenerse, dormirse, atontarse, turbarse*, atolondrarse, perder el hilo, irse de la cabeza, aturdirse*, desatender (v. 4).

— **4.** Desatender, olvidar, abandonar, desdeñar, preterir, arrinconar, arrumbar, ignorar*, excluir, desechar, apartar, despreciar*, desconocer, despreocuparse, postergar, posponer, negar, rechazar*, menospreciar, relegar, enterrar, hacer borrón y cuenta nueva (v. 3).

5. Olvidadizo. Descuidado*, desmemoriado, distraído, sin memoria*, amnésico, atolondrado, atontado, aturdido*, turbado*, despistado, ido, desatento, tardo, abstraído, de frágil memoria, confuso, torpe, irreflexivo, perdido, inconsciente, errado, inadvertido, dejado, inexacto, perezoso, desganado, holgazán*, ignorante*, entretenido, equivocado*, imprudente*, imprevisor.

— **6.** *Desatento*, olvidadizo, desagradecido, despreocupado, ingrato, descastado, egoísta*, desdeñoso, indiferente, frío, despreciativo*, insensible, apático, infiel, desleal, casquivano, frívolo.

7. Olvidado. Postergado, arrinconado, rechazado*, despreciado*, desdeñado, ignorado*, dejado, desapercibido, omitido, abandonado, desamparado, inadvertido, descuidado*, anónimo, relegado, desatendido, preterido, perdido, extraviado, desconocido, rechazado*, negado, excluido.

Contr.: Memoria*, recuerdo, evocación.

V. DESCUIDO, EQUIVOCACIÓN, IGNORANCIA, DISPARATE, IMPRUDENCIA, ATURDIMIENTO, TURBACIÓN, INGRATITUD, INDIFERENCIA, EGOÍSMO, DESPRECIO.

ombligo. 1. Señal, cicatriz abdominal, hueco. V. VIENTRE 2.

— **2.** Mitad, medio, núcleo. V. CENTRO 1.

ombú. Árbol americano, planta, vegetal. V. ÁRBOL 8.

ominoso. Siniestro, amenazador, temible. V. PELIGRO 2.

omisión. Falta, negligencia, descuido*. V. OLVIDO 1.

omitir. Excluir, relegar, descuidar*. V. OLVIDO 3, 4.

ómnibus. Camioneta, autobús, vehículo*. V. CAMIÓN 1.

omnímodo. V. omnipotente.

omnipotente. Absoluto, poderoso*, dominante. V. DIOS 1, DOMINACIÓN 3.

omnipresente. Difundido, extendido*, general. V. TOTAL 3.

omnisapiente. Sapientísimo, erudito, docto. V. SABIDURÍA 2.

omnisciente. V. omnisapiente.

omóplato, omoplato. Paletilla, escápula, hombro. V. HUESOS 5.

onagro. Burro, asno silvestre, cuadrúpedo. V. CABALLERÍA 12.

onanismo. Masturbación, placer solitario. V. SEXO 6.

oncología. Cancerología, estudio, tratamiento del cáncer. V. CÁNCER 1.

onda. 1. Bucle, tirabuzón, rizo. V. RIZADO 3.
— **2.** Rompiente, ola, oleaje. V. MAR 4.
— **3.** Movimiento vibratorio, línea concéntrica. V. FÍSICA 8.

ondear. Flotar, tremolar, flamear. V. OSCILACIÓN 4.

ondina. Náyade, ninfa, nereida. V. MITOLOGÍA 3.

ondulación. 1. Ondeo, vibración, movimiento. V. OSCILACIÓN 1.
— **2.** Irregularidad, sinuosidad, desigualdad. V. ÁSPERO 3.
— **3.** Peinado, rizado, permanente. V. RIZADO 1-3.

ondulado. 1. Sinuoso, desigual, irregular. V. ÁSPERO 1.
— **2.** Ensortijado, rizado, ondeado. V. RIZADO 1.

ondulante. V. ondular.

ondular. 1. Ondear, oscilar, tremolar. V. OSCILACIÓN 4.
— **2.** Ensortijar, rizar, encrespar. V. RIZADO 3.

oneroso. 1. Engorroso, enfadoso, pesado. V. MOLESTIA 3.
— **2.** Dispendioso, gravoso, costoso*. V. CARO 1.

ónice. V. ónix.

onírico. Relativo, característico, propio del sueño. V. SUEÑO 3.

ónix. Ónice, gema, piedra. V. MINERAL 6.

onomástico. Del nombre*, del santo, de la celebración. V. FIESTA 1.

ONOMATOPEYA. 1. Remedo, reproducción, imitación del sonido, exclamación*, voz*, grito*, voz de animales, alboroto, golpe*, caída, explosión*, chasquido, rotura.
2. Onomatopeyas de golpe, caída, explosión. Paf, pumba, pum, bum, pom, pam, bom, chas, tras, zas, catapún, cataplum, cataplán, pataplún, tris. Inglés: bang, broom, blam, boing.
3. O. de chasquido, roce, mecanismo. Tic tac, crac, cric, tris tras, traca, tric, chas, chischás, frufrú, triquitraque, chiquichaque, chacachaca. Inglés: zing, zoom.
4. O. de instrumentos musicales. Tararí, tarará, tururú, talán, tilín, tintín, tan tan, rataplán, ran pataplán, bom bom, gong, chin chin, pabu pabu, mec mec.

5. O. de voces de animales. Miau, guau, mu, be, pío, pío, clo clo, quiquiriquí, pit pit, grr, auu, fu, hin. V. EXCLAMACIÓN, VOZ, GRITO, SONIDO, GOLPE, EXPLOSIÓN.

onza. 1. Medida antigua, medida de peso. V. MEDIDA 10.
— **2.** Moneda antigua, doblón, ducado. V. DINERO 7.
— **3.** Mamífero carnicero, guepardo, leopardo. V. FIERA 4.

opacar. V. OPACO 3.

opacidad. V. OPACO 2.

OPACO. 1. Velado, mate, deslucido, incoloro, deslustrado, turbio*, oscuro*, vago, confuso, esfumado, difuminado, tomado, desdibujado, sombrío, nebuloso, nublado*, borroso, impreciso, indistinto, translúcido, esmerilado, pardo, atezado, fosco, apagado, fúnebre, triste, modesto; ruin, pobre, humilde*, insignificante*.
2. Opacidad. Deslustre, nebulosidad, difuminación, deslucimiento, turbiedad, sombra, velo, nube*, niebla, neblina, cortina, turbulencia, vaguedad, oscuridad*, confusión, calina; modestia, pobreza, humildad*, ruindad, insignificancia*.
3. Opacar(se). Deslustrar, deslucir, empañar, velar, nublar, agitar, enturbiar, tomarse, esmerilar, ensombrecer, apagar, ensuciar, manchar*, atezar, oscurecer*, confundir, esfumar, enfoscar, borrar, moderar, atenuar, desdibujar, difuminar.
Contr.: Transparente*, claro*, opalescente. V. TURBIO, OSCURO, NUBLADO, INSIGNIFICANTE, HUMILDE.

opalescente. Iridiscente, irisado, tornasolado. V. COLOR 5.

ópalo. Gema, piedra fina, joya*. V. PIEDRA PRECIOSA 2.

opción. Dilema, alternativa, elección*. V. DUDA 1.

ópera. Drama lírico, representación, función operística. V. CANTAR 9.

operación. 1. Extirpación, intervención quirúrgica, técnica operatoria. V. CIRUGÍA 1.
— **2.** Transacción, negocio, convenio. V. COMERCIO 1.
— **3.** Manipulación, procedimiento, tarea. V. TRABAJO 1.
— **4.** Actuación, ejecución, realización. V. REALIZAR 3.
— **5.** Ejercicio, evolución, maniobra. V. MARCHAR 6.

operador. 1. Cirujano, facultativo, especialista. V. CIRUGÍA 6.
— **2.** Técnico, operario, especialista. V. ESPECIALIZACIÓN 2.

operar. 1. Sajar, intervenir, cortar*. V. CIRUGÍA 10.
— **2.** Efectuar, realizar, actuar. V. ACTUACIÓN 3.

operario. Obrero, técnico, asalariado. V. TRABAJO 5.

opereta. Ópera ligera, comedia musical, zarzuela*. V. CANTAR 8.

opimo. Fértil, pródigo, rico. V. ABUNDANCIA 2.

opinar. V. OPINIÓN 3.

OPINIÓN. 1. Afirmación, parecer, creencia, decisión, apreciación, evaluación*, dictamen, juicio, revelación, calificación, asesoría, manifestación, consideración, declaración, consejo*, teoría, tesis, explicación*, principio, razonamiento, sugerencia, pensamiento*, informe, expresión, sentencia, idea, sentir, sentimiento, conjetura, hipótesis, suposición, concepto, noción, tesitura, actitud, postura, consideración, discernimiento, análisis, examen, estimación, crítica, censura, voz, voto, sentencia, veredicto, exposición, aseveración, dicho, arbitrariedad, prejuicio.

— **2.** Concepto, reputación, fama. V. PRESTIGIO 1.

3. Opinar. Dictaminar, suponer, reputar, creer, enjuiciar, valorar, juzgar, evaluar*, calificar, teorizar, considerar, criticar, apreciar, parecer, afirmar, revelar, explicar*, hablar*, sugerir, aconsejar, asesorar, declarar, manifestar, conceptuar, conjeturar, sentir, meditar, pensar*, sentenciar, desahuciar, condenar, expresar, informar*, decir, censurar, votar, exponer, aseverar, prejuzgar, establecer, divulgar, señalar, apuntar.

4. El que opina. Declarante, opinante, manifestante, enjuiciador, consejero*, asesor, censor, crítico, juez, árbitro, presentador, informador*, dictaminador, pensador*, votante, ideólogo, teórico.

Contr.: Abstención, silencio*.

V. EXPLICACIÓN, INFORME, PENSAMIENTO, IMAGINACIÓN, EVALUACIÓN, CONSEJO, HABLA.

opio. Alcaloide, estupefaciente, narcótico. V. DROGA 3.

opíparo. Copioso, pródigo, suculento. V. ALIMENTO 9.

oponente. Contrario, antagonista, contrincante. V. OPOSICIÓN 5.

oponer(se). Encarar, resistir, enfrentar. V. OPOSICIÓN 6.

oportunamente. Apropiadamente, adecuadamente, tempestivamente. V. OPORTUNO 1.

oportunidad. V. OPORTUNO 3.

oportunismo. V. oportunista.

oportunista. Aprovechado, especulador*, ventajista. V. VENTAJA 5.

OPORTUNO. 1. Apropiado, adecuado, tempestivo, conveniente, acertado, correcto, certero, ventajoso*, apto, beneficioso*, útil*, favorable, preciso, puntual, cumplidor, regular, exacto*, ajustado, justo, a tiempo, providencial, coincidente, crítico*, a punto, a propósito, cómodo*, conforme, cabal, debido, estricto, riguroso, fijo, casual, eventual, correspondiente, proporcionado, acomodado, lógico, sensato, coherente, armónico, adaptado, de perillas, en buen momento, en sazón, como anillo al dedo, llovido del cielo, a cuento, disponible, satisfactorio, aprovechable.

— **2.** Ingenioso, ocurrente, gracioso. V. COMICIDAD 3.

3. Oportunidad. Pertinencia, acierto, conveniencia, comodidad*, coyuntura, momento, tiempo, ajuste, corrección, ocasión, adecuación, propiedad, utilidad*, beneficio*, ventaja*, provecho, favor, exactitud*, regularidad, cumplimiento, puntualidad, precisión, coincidencia, providencia, casualidad, rigor, fijeza, eventualidad, aptitud, acomodo, proporción, correspondencia, lógica, sensatez, adaptación, sazón, satisfacción, ayuda*.

— **4.** *Ocasión*, oportunidad, breva, ganga, saldo, realización, liquidación, momio, negocio, pera en dulce, ventaja, beneficio*, provecho, baraturas, mina, sinecura, enchufe; conveniencia, utilidad*, racha, período, circunstancia*.

5. Haber oportunidad. Convenir, cuadrar, acertar, acomodar, encajar, venir a cuento, ajustarse, adaptarse, ttersarse, coincidir, venir al caso, caer bien, venir como anillo al dedo, llover del cielo, adecuarse, proporcionarse, beneficiar*, satisfacer, favorecer, ayudar*, corresponder.

Contr.: Inoportuno, inadecuado, intempestivo, desacertado.

V. BENEFICIOSO, ÚTIL, VENTAJOSO, EXACTO, CÓMODO, BARATO.

OPOSICIÓN. 1. Discrepancia*, enfrentamiento, competencia, contraste, desigualdad, antagonismo, contradicción, contraposición, antítesis, disconformidad, diferencia, pugna, enemistad*, rivalidad*, contra, disparidad, desobediencia*, rebeldía*, resistencia, obstrucción*, discusión*, controversia, confrontación, polémica, disputa, rechazo*, desprecio*, negación, pelea*, lucha*, emulación, contrariedad, prohibición*, negativa*, hostilidad, desunión, reacción, diferencia, divergencia, desavenencia, odio*, antipatía, aborrecimiento, roce, descontento, conflicto, disensión, choque, cisma, estorbo, barrera, obstáculo, imposibilidad, impedimento, dificultad*, freno, engorro, traba, tropiezo, óbice.

— **2.** Concurso, prueba, selección. V. EXAMEN 1.

— **3.** Minoría, sector, grupo minoritario. V. POLÍTICA 6.

4. Opuesto. Antagónico, adverso, adversario (v. 5), enfrentado, desaconsejado, excluido, contraindicado, contrario, inverso, antónimo, dañino, al revés, viceversa, remiso, reacio, discrepante, crítico, a contrapelo, a la inversa, contrario, divergente, encontrado, contradictorio, desaconsejado, incompatible, contrapuesto, resistente, prohibido, negativo, al contrario, hostil, enemigo, diferente, distinto, difícil*, conflictivo, aborrecible, engorroso, dificultoso*, imposible, antitético, antípoda (v. 5).

oratoria

5. Oponente. Antagonista, rival*, competidor, contrario, émulo, contendiente, contrincante, rebelde, enemigo*, disconforme, descontento, detractor, crítico, discutidor*, desobediente*, cismático, hereje*, desavenido (v. 4).
6. Oponer(se). Resistir, aguantar*, arrostrar, enfrentar, contrarrestar, encarar, anteponer, comparar, afrontar, rebelarse*, dificultar*, desafiar, competir, rivalizar*, antagonizar, discrepar, pugnar, contrariar, emular, discutir*, contraponer, combatir, pelear*, luchar*, contradecir, rebatir, rechazar*, negar, impugnar, contestar, contraatacar, desobedecer*, prohibir*, despreciar*, revolverse, estorbar, obstaculizar, obstruir*.
Contr.: Acuerdo, pacto*, concordia*, simpatía*.
V. DISCREPANCIA, RIVALIDAD, ENEMISTAD, REBELDÍA, OBSTRUCCIÓN, DESOBEDIENCIA, DISCUSIÓN, RECHAZO, DESPRECIO, ODIO, PROHIBICIÓN, DIFICULTAD, HEREJÍA, LUCHA, PELEA.
opositor. Aspirante, examinando, concursante. V. EXAMEN 6.
opresión. 1. Apretura, compresión; asfixia. V. PRESIÓN 1, AHOGO.
— **2.** Tiranía, despotismo, intransigencia*. V. DOMINACIÓN 1.
opresivo. 1. Sofocante, asfixiante, estrujador. V. AHOGAR 4, PRESIÓN 5.
— **2.** Tiránico, dictatorial, despótico. V. DOMINACIÓN 3.
opresor. Dictador, déspota, tirano. V. DOMINACIÓN 4.
oprimir. 1. Estrujar, apretar, comprimir. V. PRESIÓN 3.
— **2.** Avasallar, sojuzgar, esclavizar*. V. DOMINACIÓN 9.
oprobio. Infamia, ignominia, degradación. V. DESHONRA 1.
oprobioso. V. oprobio.
optar. Preferir*, elegir, escoger. V. SELECCIÓN 3.
optativo. Facultativo, potestativo, voluntario. V. VOLUNTAD 8.
ÓPTICA. 1. Ciencia, parte de la Física*, estudio de la luz*, e. de los fenómenos luminosos, técnica de las lentes*.
2. Disciplinas afines. Física*, microscopia*, astronomía*, geometría*, fotografía*, cinematografía*, fotometría, radiología*, optometría, electrónica*, espectroscopia*.
3. Instrumentos, elementos. Lente* (v. 4), prisma, espejo, ojo*, microscopio*, ultramicroscopio, telescopio*, anteojo*, prismáticos*, gafas*, lupa, cuentahílos, mira, retícula, visor, espectroscopio*, rayos X (v. 5), periscopio, estereoscopio, teodolito, fotómetro, cámara fotográfica*, c. cinematográfica*, proyector cinematográfico, p. de diapositivas, p. de rayo láser, caleidoscopio, heliógrafo, linterna, reflector, lámpara*, aparato*.

4. Lentes*. Lente cóncava, convexa, convergente, divergente, cilíndrica, bifocal, lentes multifocales, progresivas, lentilla, prisma, lupa, objetivo, ocular; dioptrías, menisco, retícula, foco, distancia focal, aberración cromática, aberración de esfericidad, imagen real, i. invertida, «flint-glass».
5. Generalidades. Rayo luminoso, luz*, onda luminosa, lumen, lux, reflexión de la luz, espejo plano, rayo incidente, r. reflejado, ángulo de incidencia, á. de reflexión, refracción, índice de refracción, refringencia, polarización, distorsión, dispersión, reverberación, espejismo, anteojo, aumento, campo, potencia, enfoque, arco iris, espectro solar, descomposición de la luz, rayos infrarrojos, r. ultravioletas, rayos X, rayo láser, espectro* visible, e. invisible, franjas del espectro, líneas de absorción, análisis espectroscópico, dextrógiro, levógiro, pancromático, ortocromático, colores*, colores complementarios, movimiento ondulatorio de la luz, longitud de onda, radiación luminosa, imagen, i. real, virtual, invertida, espejismo, perspectiva*, luminiscencia, fosforescencia, fluorescencia, cuanto de energía.
6. Óptico. Técnico, oculista, oftalmólogo. V. OJO 8.
V. LENTE, GAFAS, OJO, ANTEOJO, TELESCOPIO, MICROSCOPIO, etc. (V. ASTERISCOS EN 2 Y 3.
óptico. V. ÓPTICA 6.
optimismo. Confianza, ilusión, ánimo*. V. ESPERANZA 1.
optimista. Ilusionado, confiado, animoso*. V. ESPERANZA 3.
óptimo. Inmejorable, excelente, magnífico. V. SUPERIOR 2.
opuesto. Antagónico, discrepante*, enemigo. V. OPOSICIÓN 4, 5.
opulencia. V. opulento.
opulento. 1. Generoso, desbordante, grande*. V. ABUNDANCIA 2.
— **2.** Adinerado, rico, próspero. V. RIQUEZA 3.
opúsculo. Folleto, ensayo, escrito*. V. LIBRO 2.
oquedad. Cavidad, abertura, depresión. V. HUECO 1.
oración. 1. Invocación, plegaria, preces. V. REZO 1.
— **2.** Párrafo, expresión, locución. V. FRASE 1.
oráculo. 1. Profecía, predicción, augurio. V. ADIVINAR 3.
— **2.** Profeta, augur, pitonisa. V. ADIVINAR 2.
orador. Tribuno, disertador, predicador. V. DISCURSO 4.
oral. 1. Hablado, verbal, expresado. V. HABLAR 11.
— **2.** De la boca, bucal, digestivo. V. BOCA 6, MEDICAMENTO 2.
orangután. Simio, primate, cuadrumano. V. MONO 1,3.
orar. Rogar, suplicar, invocar. V. REZO 5.
orate. Perturbado, demente, loco. V. LOCURA 4.
oratoria. Elocuencia, retórica, prédica. V. DISCURSO 2.

oratorio. 1. Capilla, iglesia, ermita. V. TEMPLO 1.
— **2.** Drama musical, religioso*, cantata. V. CANTAR 4.
— **3.** Elocuente, retórico, ampuloso. V. DISCURSO 4.
orbe. Globo, mundo, esfera. V. GEOGRAFÍA 3.
órbita. 1. Circunferencia, elipse, trayectoria. V. CURVA 1.
— **2.** Hueco, cavidad orbitaria, cuenca. V. OJO 3.
— **3.** Medio, ámbito, esfera. V. LUGAR 2.
orca. Mamífero acuático, marino*, ártico. V. CETÁCEO 1.
ordalía. Juicio de Dios, prueba ritual, demostración. V. TRIBUNAL 7.
ORDEN. 1. *Colocación*, distribución, disposición, serie, situación, arreglo, sucesión, acomodo, ordenación, formación, sistematización, organización, método, estructura, instalación, ubicación, orientación, alineación, posición, postura, dirección, emplazamiento, exactitud, cuidado*, detalle*, esmero, minuciosidad, prolijidad, simetría, proporción, conformidad, relación*, estética, armonía; rango, jerarquía, categoría, clase*, importancia*, calidad, nivel, superioridad*.
— **2.** *Paz*, orden, calma, armonía, normalidad, tranquilidad*, equilibrio, regularidad, seguridad*, disciplina, método, acuerdo, pacto*, cordura, sensatez, organización, serenidad, rigor, severidad*.
— **3.** *Mandato*, orden, exigencia, imposición, obligación*, deber, dictado, precepto, petición, pedido, encargo, diligencia, recado, disposición, instrucciones, directrices, prescripción, demanda, pretensión, resolución, dictamen, conclusión, decisión, requerimiento, exhortación, aviso, reclamación, citación, convocatoria, interpelación, notificación, ultimátum, reglamento, ley (v. 4), coacción, conminación, necesidad, capricho*, solicitud, mando, imperio, poder*, advertencia, señal*, retreta, zafarrancho, trompetazo* (v. 4).
— **4.** *Decreto*, orden, edicto, bando, disposición, ley*, mandamiento, mandato, decisión, prescripción, regla, reglamento, ordenanza, proclama, pregón, requerimiento, precepto, dictamen, resolución, sentencia, fallo, veredicto (v. 3).
— **5. Medalla, cruz, galardón.** V. CONDECORACIÓN 1, ÓRDENES MILITARES 1.
— **6.** Hermandad, comunidad, cofradía. V. SECTA 1, ÓRDENES MILITARES 1, SACERDOTE 3.
7. Ordenado. Alineado, orientado, distribuido, colocado, situado, acomodado, estructurado, instalado, ubicado, emplazado, simétrico, conforme, estático, proporcionado, minucioso.
— **8.** *Metódico*, ordenado, detallista, cuidadoso*, disciplinado, aplicado, recto, riguroso, severo*, minucioso, escrupuloso, puntual, obediente*, observador, pulcro, prolijo, esmerado, atento, regular, concienzudo, exacto*, preciso,

celoso, sistemático, nimio, exagerado*, quisquilloso.
9. Ordenar. Colocar, situar, disponer, alinear, distribuir, clasificar*, acomodar, arreglar, instalar, estructurar, escalonar, graduar, formar, poner, ubicar, emplazar, dirigir, orientar, apuntar, armonizar, organizar, coordinar, combinar, ajustar, aparejar, agrupar, preparar, aprestar, reformar, reparar, desembrollar, desenredar, coordinar, relacionar, numerar, compaginar (v. 10).
— **10.** *Imponer*, ordenar, mandar, obligar*, exigir, disponer, solicitar, requerir, pedir*, conminar, enviar, entrometerse, mangonear, coaccionar, amenazar*, advertir, encargar, notificar, llamar, citar, convocar, reclamar, interpelar, intimar, solicitar, pretender, demandar, dictar, decretar, reglamentar, preceptuar, decidir, legislar, prescribir, recetar, fallar, sentenciar, dictaminar, notificar, avisar.
Contr.: Desorden*, irregularidad, caos.
V. CUIDADO, DETALLE, TRANQUILIDAD, SEGURIDAD, EXACTITUD, PAZ, OBLIGACIÓN, AMENAZA, PODER, ORDENES MILITARES.
ordenación. V. ORDEN 1.
ordenado. V. ORDEN 7, 8.
ordenador. Computadora, computador, cerebro electrónico, calculadora. Clases: ordenador de sobremesa, portátil, personal, miniordenador, PDA (Personal Digital Assistant = Asistente personal digital), agenda electrónica; servidor, cliente, central. V. CÁLCULO 8.
ordenadora. V. ordenador.
ordenancista. Minucioso, severo*, escrupuloso. V. EXACTITUD 2.
ordenanza. 1. Decreto, legislación, disposición. V. LEY 1.
— **2.** Conserje, bedel, asistente. V. SERVIDOR 1.
ordenar. V. ORDEN 9, 10.
ÓRDENES MILITARES. 1. Orden militar, o. de caballería, cofradía, hermandad de caballeros, cuerpo de nobleza, c. de aristócratas*, congregación religiosa*; secta*.
2. Enumeración. Orden del Temple o de los caballeros templarios, Orden Hospitalaria de San Juan de Jerusalén o de Malta* o de los Caballeros Hospitalarios, Orden Teutónica, de la Tabla Redonda, del Santo Sepulcro. España: Orden de Calatrava, de Alcántara, de Santiago, de Montesa, de San Fernando, del Toisón de Oro. Consejo de la Orden, Capítulo, Capítulo Provincial.
3. Caballeros. Gran Maestre, maestre, caballero, bailío, comendador, cruzado, prior, grefier, maestrante, freile, freire (v. sacerdote 2), caballero novel, doncel. Caballero andante, paladín, campeón, cruzado.
4. Elementos. Hábito, manto capitular, venera, cruz, gran cruz, encomienda, placa, collar, insignias, chorrera, jarretera, espaldarazo,

acolada; Cruzadas, Guerra Santa, Reconquista española.

5. Acciones. Armar caballero, calzar la espuela, ceñir la espada, dar el espaldarazo, velar las armas, profesar.

V. CABALLERÍA, ARISTOCRACIA, SECTA, CONDECORACIÓN, BLASÓN, EJÉRCITO, SACERDOTE.

órdenes religiosas. V. SACERDOTE 3.

ordeñar. Estrujar, exprimir la ubre, extraer leche. V. VACA 5.

ordinariez. Chabacanería, incorrección, grosería. V. VULGAR 2.

ordinario. 1. Normal, corriente, habitual. V. HÁBITO 6.
— **2.** Rudo, incorrecto, tosco. V. VULGAR 1.

orear. Airear, purificar*, ventilar. V. AIRE 8.

orégano. Planta herbácea, aromática, aderezo. V. CONDIMENTO 2, VEGETAL 21.

oreja. Pabellón auditivo, cartílago, órgano externo. V. OÍDO 3.

oreo. V. orear.

orfanato. Asilo, inclusa, hospicio, casa de expósitos. V. HUÉRFANO 3.

orfandad. Soledad, abandono, carencia. V. DESAMPARO 1.

orfebre. Artesano, artífice, grabador. V. JOYA 8.

orfebrería. Platería, artesanía, taller. V. JOYA 10.

orfelinato. V. orfanato.

orfeón. Masa coral, coro, ronda. V. CANTAR 12.

organdí. Tejido transparente, fino, de algodón. V. TELA 7.

orgánico. 1. Viviente, animal, vegetal. V. VIDA 9.
— **2.** Conjuntado, armónico, adecuado. V. OPORTUNO 1, UNIR 19.

organillo. Pianola, instrumento mecánico, i. de manubrio. V. INSTRUMENTO MUSICAL 3, 4.

organismo. 1. Criatura, ser vivo, individuo. V. CUERPO 1, ANIMAL 1.
— **2.** Institución, entidad, corporación. V. ASOCIACIÓN 1.

organista. V. ÓRGANO 7.

organización. 1. Arreglo, distribución, ordenación. V. ORDEN 1.
— **2.** V. organismo 2.

organizado, organizador. V. organizar.

organizar. 1. Fundar, constituir, establecer. V. CREAR 1.
— **2.** Coordinar, arreglar, disponer. V. ORDEN 9.

ÓRGANO. 1. Órgano musical (v. 4-7).
— **2.** Entraña, víscera, parte corporal. V. CUERPO 7.
— **3.** Entidad, organismo, medio. V. ASOCIACIÓN 1.
4. Órgano musical. Instrumento músico*, de viento, de teclado, de aire comprimido, armonio.
5. Partes del órgano. Caja, teclado, tubos o cañones, fuelles, registros, botones de registros, falso registro, válvulas, pedales, varillas, palancas, espigas, resortes, muelles, árbol,

lengüetería, depósito de aire, alimentación de aire, contra.

6. Sonidos, juegos. Bombarda, bordón, clarinete, oboe, trompeta, clarín, flauta, timbal, violoncelo, voz humana, celeste, diapasón, sordina, trémolo, cañonería, «fanfare», solo, expresivo, eco.

7. Organista. Intérprete, músico*, solista, maestro, ejecutante.

V. INSTRUMENTO MUSICAL, ORQUESTA, MÚSICA.

orgasmo. Eyaculación, clímax, polución. V. COITO 3.

orgía. Francachela, bacanal, juerga. V. DIVERSIÓN 2.

orgullo. 1. Engreimiento, soberbia, altanería. V. VANIDAD 1.
— **2.** Ufanía, contento, honra. V. SATISFACCIÓN 1.

orgulloso. V. orgullo.

ORIENTACIÓN. 1. Dirección, sentido, rumbo, tendencia, giro, posición, actitud, colocación*, trayectoria, trayecto, ruta, marcha*, camino, derrotero, derrota, avance, trazado, recorrido, situación, orden*, ordenación, hacia, camino a, con destino a, en dirección a.
— **2.** Recomendación, sugerencia, guía*. V. CONSEJO 1.
3. Orientar. Apuntar, asestar, situar, encañonar, enfilar, volver, dirigir, encarar, colocar*, ordenar*, poner, alinear, enfocar, iluminar, centrar, concentrar, amenazar.
— **4.** Sugerir, recomendar, guiar*. V. CONSEJO 4.
— **5.** *Orientarse*, buscar, reconocer, tantear. V. INVESTIGACIÓN 4.
Contr.: Desorientación, aturdimiento*.
V. COLOCACIÓN, ORDEN, GUÍA.

orientador. Guía*, instructor, consejero. V. CONSEJO 3.

oriental. Asiático, nipón, japonés, chino. V. ETNIAS 4.

orientar. V. ORIENTACIÓN 3-5.

oriente. 1. Este, levante, orto. V. GEOGRAFÍA 4.
— **2.** Asia, países del Este, p. asiáticos. V. GEOGRAFÍA.
— **3.** Irisación, iridiscencia, brillo* de la perla. V. COLOR 1.

oríice. Artesano, platero, joyero*. V. ORO 5.

orificio. Abertura, boquete, hueco*. V. AGUJERO 1.

oriflama. Pendón, enseña, estandarte. V. BANDERA 1.

ORIGEN. 1. Inicio, génesis, creación*, comienzo, principio*, procedencia, base, fuente, fundamento, esencia, substrato, foco, cimiento, antecedente, cuna, linaje (v. 2), fondo, núcleo, centro*, arranque, escuela, vivero, germen, matriz, partida, razón, motivo, paternidad, naturaleza, móvil, causa*, derivación, resultado, emanación, fundación, inauguración, estreno, raíz, brote*, embrión*, generación, germinación, salida*, umbral, entrada*, acceso, preámbulo, etimología, antigüedad*, obra, producto, infinito, establecimiento, estirpe (v. 2).

— **2.** *Estirpe*, origen, procedencia, cuna, casta, linaje, alcurnia, tronco, momento, extracción, raíz, ascendencia, familia*, abolengo, vivero, venero, prosapia, genealogía, aristocracia*, sangre, nacimiento, patria, ciudadanía*, nación*, país, oriundez, nacionalidad*, naturaleza.

3. Originar. Iniciar, crear*, producir, causar, principiar*, arrancar, empezar, comenzar, fundar, establecer, inaugurar, estrenar, provocar, ocasionar, promover, obtener, hacer*, motivar, infundir, fomentar, suscitar, ocasionar, determinar, engendrar, germinar, generar, acarrear, inventar*, concebir, elaborar, fabricar*, instaurar, organizar, aportar, basar, inducir, introducir, meter (v. 4).

— **4.** *Originarse*, provenir, proceder, remontarse a, derivar, emanar, descender, heredar, resultar, llegar*, arrancar, nacer, salir, iniciarse, datar, empezar, principiar*, germinar, brotar*, venir de, dimanar, seguirse, suceder*, surgir, engendrarse, generarse, basar, arrancar, partir (v. 3).

5. Originario. Inicial, proveniente, primitivo, primario, original*, oriundo (v. 6), procedente, resultante, preliminar, inaugural, preparatorio, derivado, dimanante, salido*, venido, nacido*, originado, iniciado, creado* (v. 3, 6).

— **6.** *Oriundo*, originario, nativo, natural, natal, propio, regional, local, autóctono, vernáculo, nacional, connacional, indígena, ciudadano, compatriota, convecino, coterráneo, paisano, poblador, hijo*, vecino.

7. Originalmente. Inicialmente, primitivamente, originariamente, embrionariamente, ocasionalmente, primariamente, preliminarmente, preparatoriamente, inauguralmente, básicamente, fundamentalmente, principalmente, al principio, al comienzo, antiguamente*.

Contr.: Fin, final*, término, conclusión.

V. PRINCIPIO, ENTRADA, SALIDA, CAUSA, NACIÓN, CREACIÓN, ANTIGÜEDAD, ORIGINAL.

ORIGINAL. 1. Peculiar, singular, insólito, desusado, primero, infrecuente, inicial (v. 2), inusitado, pintoresco, interesante*, curioso, característico*, excepcional, raro*, especial, chocante, exótico, asombroso*, maravilloso*, excéntrico, polifacético, peregrino, particular, caprichoso, inimitable, genial, propio, desacostumbrado, fascinante, llamativo, extraordinario, distinto, diferente*, anormal, absurdo, nuevo*, extraño, personal, distintivo, típico, extravagante, ridículo*, disparatado*, estrafalario, grotesco, paradójico, sui géneris, inconfundible, fantástico*, inaudito, único*, innovado (v. 2).

— **2.** *Inicial*, original, primitivo, originario*, primero, del principio*, ancestral, antiguo*, viejo*, inaugural, preliminar, naciente, primordial, fundamental, básico, fundacional, inédito, nuevo*, preparatorio, anterior*.

— **3.** *Modelo*, original, patrón, muestra, tipo, prototipo, molde*, pauta, ejemplo*.

— **4.** *Escrito*, original, manuscrito, apunte, texto, borrador, documento*, notas, legajo, contexto, obra, libro*, ensayo, guión, ejemplar, copia*.

5. Originalidad. Singularidad, peculiaridad, rareza*, novedad, particularidad, característica*, diferencia*, curiosidad, pintoresquismo, excentricidad, exclusividad, exotismo, maravilla*, interés, fantasía*, imaginación*, genialidad, extrañeza, capricho*, antojo, manía*, asombro*, anormalidad, anomalía, absurdo, ridiculez*, disparate*, extravagancia, paradoja, tipismo, innovación, infrecuencia.

6. Originalmente. Pintorescamente, exóticamente, característicamente, singularmente, inicialmente (v. 1, 2).

Contr.: Trillado, gastado, manido, conocido*.

V. INTERESANTE, ASOMBROSO, MARAVILLOSO, CARACTERÍSTICO, DIFERENTE, NUEVO, GENIAL, RARO, FANTÁSTICO, DISPARATADO, ORIGEN.

originalidad. V. ORIGINAL 5.

originalmente. V. ORIGINAL 6.

originar. V. ORIGEN 3, 4.

originariamente. V. ORIGEN 7.

originario. V. ORIGEN 5, 6.

orilla. 1. Extremo, costado, arista. V. BORDE 1.

— **2.** Ribera, litoral, playa. V. COSTA 1.

orillar. Evitar, soslayar, eludir. V. ESQUIVAR 1.

orillo. Franja, ribete, orla. V. TIRA 1.

orín. 1. Herrumbre, óxido, moho. V. METAL 14.

— **2.** *Orines*. V. ORINA 1.

ORINA. 1. Orines, orín, excreción*, meados, meada, micción, aguas menores, necesidad, necesidades, menester, urea, diuresis, secreción, s. renal, evacuación, pujo, líquido orgánico, pis, pipí, aligeramiento, a. del riñón*, de la vejiga.

2. Composición. Urea, ácido úrico, amoníaco, agua*, creatinina, cloruro de sodio, fosfatos, oxalatos, urobilina, sales biliares, albúmina, glucosa (v. 1).

3. Dolencias. Glucosuria, albuminuria, uremia, incontinencia, retención, turbiedad, hematuria, hemoglobinuria, fosfaturia, anuria, oliguria, poliuria, uretritis, infección* urinaria, cálculos, piedras, arenilla, estranguria, enfermedades* del riñón*.

4. Generalidades. Vejiga, uretra, uréter, riñón*, esfínter, meato urinario, próstata, vías urinarias, aparato genitourinario, pene, vulva*. Análisis de orina, examen físico, e. químico*, e. de laboratorio*, diuresis, muestra, urología, urólogo.

5. Orinar. Excretar*, evacuar, mear, desbeber, secretar, eliminar, emitir, segregar, hacer aguas, h. a. menores, echar, expulsar, hacer pis, hacer sus necesidades.

6. Orinal; urinario. Perico, bacinilla, chata, recipiente, bacín, vaso de noche, dompedro, escupidera; urinario, mingitorio, letrina,

baño*, retrete, servicios, lavabos, váter, inodoro, «water-closet», excusado, evacuatorio, reservado.
V. RIÑÓN, EXCRECIÓN, ENFERMEDAD, LABORATORIO, BAÑO.

orinal. V. ORINA 6.

orinar. V. ORINA 5.

orines. V. ORINA 1.

oriundo. Nativo, poblador, originario. V. ORIGEN 6.

orla. 1. Franja, ribete, cenefa. V. TIRA 1.

— **2.** Orilla, extremo, margen. V. BORDE 1.

orlar. Guarnecer, ribetear, ornamentar. V. ADORNO 3.

orlón. Fibra sintética, f. plástica, f. textil. V. TELA 10.

ornamentación. V. ornamento.

ornamental. Decorativo, artístico*, estético. V. DECORACIÓN 6.

ornamentar. Arreglar, engalanar, decorar*. V. ADORNO 3.

ornamento. Ornato, decorado, adorno*. V. DECORACIÓN 1.

ornar. V. ornamentar.

ornato. V. ornamento.

ornitología. Ciencia*, disciplina, estudio de las aves. V. AVE 3.

ORO. 1. Metal*, m. precioso, m. noble, elemento* químico*, cuerpo simple.

— **2.** Caudal, moneda, riqueza*. V. DINERO 1.

3. Clases. Oro de ley, fino, macizo, en polvo, en pepitas, en lingotes, en barras, en monedas, nativo, de 12, 18, 24 quilates, oro blanco, alemán, bajo, similor, aleación.

4. Generalidades. Quilate, ley, contraste, grano, lingote, pan, lámina, librillo, pepita, aleación, mina, vena, veta, filón, lavadero, placer, yacimiento aurífero, arenas auríferas, batea, alquimia*, piedra filosofal, crisopeya, transmutación de los metales*, orfebrería, joyería*, damasquinado. Eldorado, vellocino de oro, toisón de oro.

5. Personas. Orífice, orfebre, platero, joyero*, artesano, buscador de oro, cateador, explorador, aventurero.

V. METAL, ELEMENTO, METALURGIA, JOYERÍA, DINERO, RIQUEZA, ALQUIMIA.

orografía. Relieve, descripción de las montañas, geografía* física. V. MONTAÑA 1, 4.

orondo. 1. Rollizo, voluminoso, robusto. V. GORDO 1.

— **2.** Contento, ufano, vanidoso*. V. SATISFACCIÓN 4.

oropel. Aderezo, chuchería, apariencia. V. ADORNO 1.

oropéndola. Papafigo, ave amarilla, pájaro. V. AVE 15.

orozuz. Regaliz, jugo dulce, vegetal*. V. CONFITERÍA 2.

ORQUESTA. 1. Conjunto musical, grupo, agrupación orquestal, de músicos, de intérpretes, de profesores, de instrumentos musicales*;

orquesta sinfónica, filarmónica, sinfofilarmónica, de cámara, ligera, banda (v. 2), septimino, sexteto, quinteto, cuarteto, terceto, dúo; solo, solista.

2. Banda. Orquestina, banda de jazz, b. militar, comparsa, charanga, fanfarria, instrumentos de viento, murga, estudiantina, tuna, coro, rondalla (v. 1).

3. Músicos*. Director, maestro, músico, profesor, instrumentista, intérprete, ejecutante, virtuoso, solista, acompañante, componente, integrante, miembro de orquesta, violinista*, arpista, violoncelista, guitarrista*, pianista*, flautista, gaitero*, clarinetista, trompetista, clarín, organista*, tambor, cimbalero, campanólogo, etc. (v. instrumento musical*), primer violín, segundo violín, viola, violoncelo, contrabajo, arpa, flautín, flauta, oboe, cuerno o corno inglés, clarinete, fagot, contrafagot, trompa, trompeta*, trombón de varas, tuba, timbales, caja o tambor, bombo, platillos, triángulo, xilófono, campanas*, órgano*, coro, cantante, cantar*.

4. El conjunto de la orquesta. Director, primeros violines, segundos violines, violas, violoncelos, arpa, contrabajos, instrumentos de viento (maderas), instrumentos de viento (metales), instrumentos de percusión. Partitura, batuta, atril, podio, metrónomo (v. 5).

5. Enumeración de instrumentos. V. INSTRUMENTO MUSICAL 2.

6. Concierto. Recital, función, audición, a. de música*, gala, sesión, interpretación, espectáculo, exhibición*, ejecución, orquestación (v. 7).

7. Sonidos. Orquestación, arreglo, creación*, composición, instrumentación, ejecución, toque, acorde, arpegio, tañido, sonido*, preludio, punteado, rasgueado, tecleado, castañeteo, trompeteo, trompetazo, redoble, percusión, repiqueteo.

8. Acción. Orquestar, instrumentar, componer, crear, arreglar, interpretar, tocar, ejecutar, pulsar, herir, tañer, sonar, puntear, rasguear, teclear, trompetear, redoblar, percutir, golpear, castañetear, repiquetear, templar, afinar, desafinar.

9. Directores. Toscanini, Stokowski, Bruno Walter, Thomas Beecham, Von Karajan, Ataúlfo Argenta, Odón Alonso, Frühbeck de Burgos, García Asensio, Igor Markevitch, W. Fürtwangler, Claudio Abbado, Zubin Mehta.

V. INSTRUMENTO MUSICAL, MÚSICA, CANTAR, SONIDO.

orquestina. V. ORQUESTA 2.

orquídea. Planta epifita, flor exótica, orquidácea. V. FLOR 4.

ortiga. Planta urticante, p. silvestre, cardo. V. HIERBA 1.

orto. Oriente, Este, Levante. V. GEOGRAFÍA 4.

ortodoxo. 1. Estricto, fiel, severo*. V. EXACTI-
TUD 2.
— **2.** Cristiano separado, cismático, ortodoxo
griego. V. CRISTO 4.
ORTOGRAFÍA. 1. Escritura* correcta, estudio, disciplina, gramática*, puntuación, notación, acentuación, fonetismo, corrección idiomática.
2. Signos* ortográficos. Signo de puntuación;
acento, a. grave, agudo, circunflejo, apóstrofo,
tilde, punto, dos puntos, puntos suspensivos,
punto y coma, punto final, punto y seguido,
coma o vírgula, comillas, diéresis o crema, signo
de admiración, s. de interrogación, paréntesis,
paréntesis cuadrado, corchete o llave, asterisco, calderón, raya, guión, g. largo o menos, g.
corto o división.
3. Generalidades. Frase*, párrafo, parágrafo,
inciso, acento tónico, a. ortográfico, a. agudo,
grave, circunflejo, cedilla, gramática*, escritura*, letra*, signo*.
4. Acción. Puntuar, acentuar, tildar, escribir*,
e. correctamente, entrecomillar, subrayar, abrir
paréntesis, cerrar paréntesis, corregir.
Contr.: Mala ortografía o cacografía.
V. GRAMÁTICA, ESCRITURA, LETRA.
ortográficos (signos). V. ORTOGRAFÍA 2.
ORTOPEDIA. 1. Tratamiento de deformidades*,
rehabilitación, corrección de malformaciones,
de invalidez*, uso de aparatos*, gimnasia*,
masaje*, operaciones correctoras. Traumatología, osteología, podología.
2. Personas. Ortopedista, ortopédico, traumatólogo, osteólogo, podólogo; inválido*, mutilado, paralítico, impedido, minusválido, lisiado.
3. Aparatos. Prótesis, pieza*, corrección, reemplazo, sustitución, reparación, aparato*, órgano artificial, miembro a., braguero, sujetador,
corsé, faja, vendaje*, rodillera, tobillera, ojo*
artificial, pierna* a., brazo* a., hueso* a., articulación* a., dentadura a., ortodoncia. Otros:
calzado*, plantillas, muletas, coche de ruedas,
c. de inválido*.
4. Afecciones. Luxación, fractura, lesión*, invalidez*, parálisis, p. infantil, paraplejia o paraplejía, hemiplejia o hemiplejía, mutilación, hernia,
trastornos locomotores.
5. Ortopédico. Protésico, artificial, rehabilitador, corrector, reparador.
V. DEFORMACIÓN, LESIÓN, INVALIDEZ, GIMNA-
SIA, MASAJE, MEDICINA, MÉDICO, HUESOS.
ortopédico. V. ORTOPEDIA 2, 5.
ortóptero. Grillo, langosta, cucaracha. V. INSEC-
TO 3.
oruga. Larva, crisálida, bicho. V. INSECTO 4, GU-
SANO 1.
orujo. Hollejo, pellejo, residuo. V. VINO 5.
orzar. Virar, volver la proa, inclinarse hacia el viento. V. NAVEGACIÓN 4.
orzuelo. Inflamación, divieso, hinchazón* del ojo*.
V. GRANO 1.
osa. V. OSO 1.

OSADÍA. 1. Audacia, intrepidez, impavidez, coraje,
arrojo, valor, valentía, brío, bravura, hombría,
hombrada, virilidad, atrevimiento, ánimo*,
resolución, energía*, vigor*, determinación,
temple, heroísmo*, furia, ardor, ímpetu, decisión, denuedo, imprudencia, fanfarronería* (v.
2), entereza, aliento, esfuerzo*, acometividad,
empuje, gallardía, majeza, arrestos, agallas,
redaños, corazón, pecho, hígado, riesgo, arriscamiento, guapeza, espíritu, lance, trance, confianza, descaro (v. 2).
— **2.** *Temeridad,* osadía, riesgo, arriscamiento,
imprudencia*, ligereza, insensatez, peligro*,
despreocupación, precipitación, atolondramiento, aturdimiento*, bravata, bravuconada,
baladronada, fanfarronería*, provocación,
desplante, jactancia, agresividad, insolencia,
descaro, descortesía*, desvergüenza*, frescura,
desfachatez (v. 1).
3. Osado. Intrépido, animoso*, audaz, aventurero, atrevido, imprudente* (v. 4), valeroso,
valiente, arrojado, temerario, bragado, enérgico*, arriesgado, corajudo, resuelto, decidido, determinado, héroe*, heroico, impávido,
indomable, brioso, bravo, paladín, campeón,
hombre*, entero, denodado, bizarro, esforzado, impetuoso, furioso, atacante, invencible,
vencedor, triunfador*, templado, acometedor,
fanfarrón*, león, jabato, gallardo, arriscado, vigoroso, belicoso, varonil, viril, de pelo en pecho,
de rompe y rasga, descarado, desvergonzado,
descortés* (v. 4).
— **4.** *Temerario,* osado, imprudente*, arriesgado, ligero, insensato, confiado, atolondrado,
despreocupado, necio, precipitado, aturdido*,
bravucón, jactancioso, fanfarrón*, baladrón,
amenazador, peligroso*, insolente, camorrista,
agresivo, matasiete, pendenciero, perdonavidas,
descarado, desvergonzado, descortés*, fresco,
desfachatado.
5. Osar. Atreverse, emprender, afrontar, intentar, probar, arriesgarse, correr riesgo, decidirse,
aventurarse, exponerse, embarcarse, enzarzarse, resolverse, acometer, esforzarse, animarse,
empujar, lanzarse, conquistar, agredir, atacar,
embestir, saltar*, precipitarse, fanfarronear*,
bravuconear, arriscarse, provocar, jactarse,
alardear, insolentarse, descararse, vencer, triunfar*.
Contr.: Cobardía*, temor*, timidez*.
V. HEROÍSMO, ÁNIMO, ENERGÍA, FAN-
FARRONERÍA, DESCORTESÍA, TRIUNFO, ATA-
QUE, IMPRUDENCIA.
osado. V. OSADÍA 3.
osamenta. Armazón ósea, restos, despojos. V.
HUESOS 1.
osar. V. OSADÍA 5.
osario. Fosa, cárcava, cementerio. V. TUMBA 1.
OSCILACIÓN. 1. Vaivén, meneo, balanceo, bamboleo, mecimiento, movimiento*, agitación,
ondeo, flameo, ondulación, tremolar, bandazo,

tumbo, traqueteo, vacilación, tambaleo, barquinazo, fluctuación, inclinación*, columpio, columpiamiento, bandeo, cimbreo, flexibilidad*, elasticidad, acunamiento, vibración, temblor*, desequilibrio, variación*, inestabilidad*, inseguridad.
— **2.** Altibajo, irregularidad, cambio*. V. VARIAR 2.
3. Oscilante. Pendular, ondulante, ondeante, tambaleante, fluctuante, oscilatorio, basculante, flexible, elástico, bamboleante, cimbreante, tremolante, flameante, movedizo*, inseguro, vacilante, cambiante*, irregular, desigual, traqueteante, tembloroso*, inestable*, variable*, alternante, desequilibrado, inclinado*.
4. Oscilar. Variar*, vacilar, balancearse, bambolearse, fluctuar, tambalearse, cabecear, moverse*, ondear, agitarse tremolar, flamear, flotar, ondular, cimbrear, mecerse, columpiarse, menearse, traquetear, «bascular», dar tumbos, dar bandazos, inclinarse*, bandearse, acunarse, vibrar, temblar*, alternar, desequilibrarse, cambiar*, contonearse.
Contr.: Inmovilidad*, estabilidad, firmeza, seguridad*.
V. MOVIMIENTO, TEMBLOR, VARIACIÓN, CAMBIO, FLEXIBILIDAD, INCLINACIÓN.
oscilante. V. OSCILACIÓN 3.
oscilar. V. OSCILACIÓN 4.
oscilatorio. V. OSCILAR 3.
ósculo. Beso, carantoña, mimo*. V. CARICIA 1.
oscurantismo. Incultura, atraso, cerrilidad. V. IGNORANCIA 1.
oscurecer. V. OSCURIDAD 7.
oscurecimiento. V. OSCURIDAD 1.
OSCURIDAD. 1. Tinieblas, negrura*, obscuridad, noche*, lobreguez, sombras, tenebrosidad, cerrazón, niebla, nube*, tormenta*, velo, eclipse, nebulosidad, opacidad, contraluz, umbría, penumbra, crepúsculo, media luz, oscurecimiento, ennegrecimiento, ensombrecimiento, apagón, interrupción, corte de la luz, ocultación, entoldamiento, encapotamiento, caligine.
— **2. Confusión, incertidumbre, duda*.** V. INCOMPRENSIBLE 2.
— **3. Incultura, atraso, humildad*.** V. IGNORANCIA 1.
4. Oscuro. Sombrío, obscuro, negro*, borroso, coloreado, oscurecido, lóbrego, lúgubre*, tétrico, tenebroso, gris, grisáceo, ceniciento, pardo, terroso, fosco, teñido, pintado*, retinto, endrino, renegrido, ennegrecido, fuliginoso, tiznado, sucio*, sombreado, umbrío, frondoso, umbroso, boscoso*, fresco, opaco, quemado, tostado, atezado, cetrino, moreno*, bruno, bronceado, cerrado, eclipsado, tapado*, velado, apagado, plomizo, nebuloso, nuboso, nublado*, anubarrado, cubierto, cargado, caliginoso.
— **5.** Confuso, incierto, dudoso*. V. INCOMPRENSIBLE 1.

— **6.** Inculto, atrasado, humilde*. V. IGNORANCIA 2.
7. Oscurecer(se). Obscurecer, apagar, extinguir, cortar, ennegrecer, ensombrecer, entenebrecer, empeorar, anochecer, velar, renegrir, opacar, eclipsar, tapar*, quemar, tostar, broncear, sombrear, atezar, teñir, pintar*, cerrarse, nublarse*, anubarrarse, cubrirse, cargarse, aborrascarse, entoldarse.
Contr.: Claridad*, luz*, fulgor.
V. COLOR, NEGRO, NOCHE, NUBE, DUDA.
oscuro. V. OSCURIDAD 4.
óseo. Huesudo, esquelético, duro*. V. HUESOS 9.
osezno. Cría*, cachorro, hijo* de oso. V. OSO 1.
osificar. Encallecer, calcificar, endurecer. V. HUESOS 9.
ósmosis. Fenómeno físico, difusión de líquidos, paso de l. V. LÍQUIDO 3.
OSO. 1. Animal carnívoro, carnicero, plantígrado, mamífero* salvaje, fiera*, úrsido; osezno, cría*, cachorro.
2. Clases. Oso pardo o europeo o común, blanco o polar, negro, gris o americano, del Himalaya, de Alaska, malayo, colmenero; Panda o de anteojos; oso hormiguero.
V. MAMÍFERO, FIERA, ANIMAL, CRÍA.
ostensible. Evidente, palpable, indudable. V. CLARO 4.
ostentación. 1. Suntuosidad, fastuosidad, boato. V. LUJO 1.
— **2.** Presunción, alarde, jactancia. V. FANFARRONERÍA 1.
ostentar. Enseñar, revelar, mostrar. V. EXHIBIR 1.
ostentoso. V. ostentación.
ostra. Bivalvo, lamelibranquio, marisco*. V. MOLUSCO 4.
ostracismo. Deportación, expatriación, destierro. V. CASTIGO 3.
otear. Escudriñar, examinar, divisar. V. MIRAR 1.
otero. Loma, colina, cerro. V. MONTAÑA 2.
otomana. Diván, sofá, cama turca. V. ASIENTO 1, CAMA 1.
otomano. Turco, oriental, osmanlí. V. ETNIAS 4.
otoñal. 1. Veterano, anciano*, maduro. V. MADURAR 5.
— **2.** Fresco, de entretiempo, estacional. V. TIEMPO 6.
otoño. Estación, entretiempo, período del año. V. TIEMPO 2.
otorgar. 1. Conceder, ofrecer*, dispensar. V. ENTREGAR 1.
— **2.** Consentir, acceder, admitir. V. APROBAR 1.
otro. Distinto, ajeno, nuevo. V. DIFERENCIA 4.
otrora. Antes, entonces, anteriormente. V. ANTIGUO 3.
ovación. Vítor, aplauso, entusiasmo*. V. ACLAMACIÓN 1.
ovacionar. Alabar, loar, aplaudir. V. ACLAMACIÓN 3.
oval, ovalado. Elíptico, ovoideo, curvado. V. CURVA 4.

óvalo. Elipse, curva simétrica, c. cerrada. V. CURVA 1.

ovario. Glándula* genital, g. femenina, órgano reproductor. V. ÚTERO 2.

OVEJA. 1. Rumiante, mamífero, res lanar*, ovino, óvido, carnero, morueco, cría*, cordero, borrego, ternasco, añojo, recental, lechal, corderillo, mamón, musmón; ovejuno, borreguil; cabra, ganado*.

2. Razas. Caracul, merino, cheviot, manchega, Escorial, bretona, Hampshire, Lincoln, Suffolk, churra.

3. Generalidades. Ganado* lanar, g. ovino, g. menor, cabaña, majada, rehala, aprisco, corral, paridero, dehesa; lana*, hebra, vellón; balido, topetazo; esquileo, esquila; cencerro; trashumancia, trashumante, cañada.

4. Pastor. Ovejero, borreguero, cabrerizo, rabadán, zagal, cabañero.
V. GANADO, LANA.

ovejero. V. OVEJA 4.

ovejuno. V. OVEJA 1.

overo. Pelaje amarillento, dorado, sonrosado. V. CABALLO 5.

ovillo. Madeja, rollo, bola. V. CUERDA 4.

ovino. V. OVEJA 1.

ovíparo. Ponedor de huevos, nacido de huevo. V. ANIMAL 9.

ovoide, ovoideo. V. oval.

óvulo. Célula sexual femenina, germen. V. HUEVO 1, ÚTERO 2.

oxidación. V. oxidar(se).

oxidar(se). Enmohecer(se), herrumbrar, deteriorar*. V. METAL 14.

óxido. Moho, herrumbre, cardenillo. V. DETERIORO 1, METAL 14.

oxigenar. Airear, ventilar, purificar*. V. AIRE 8.

oxígeno. Metaloide, elemento*, gas*. V. AIRE 5.

oyente. Observador, asistente, presente. V. CONCURRENCIA 4.

ozono. Oxígeno alotrópico, componente atmosférico, gas*. V. AIRE 5.

P

pabellón. 1. Pendón, enseña, estandarte. V. BANDERA 1.

— **2.** Edificio, cobertizo, nave. V. ALMACÉN 1.

pabilo, pábilo. Mecha, cabo, torcida de vela. V. LUZ 3, CUERDA 1.

pábulo. Sustento, fundamento, motivo. V. CAUSA 1.

paca. Fardo, bulto, bala. V. SACO 1.

pacato. Pusilánime, timorato, apocado. V. TIMIDEZ 2.

pacer. Ramonear, pastar, comer hierba*. V. RUMIANTE 13.

pachá. Bajá, personaje, jefe turco. V. JEFE 7.

pachorra. Indolencia, calma, cachaza. V. LENTITUD 1.

paciencia. 1. Aguante*, docilidad, conformidad. V. RESIGNACIÓN 1.

— **2.** Condescendencia, disimulo, transigencia. V. TOLERANCIA 1.

paciente. 1. Transigente, manso, resignado. V. TOLERANCIA 2, RESIGNACIÓN 4.

— **2.** Aquejado, convaleciente, doliente. V. ENFERMEDAD 2.

pacienzudo. V. paciente 1.

pacificación. Reconciliación, apaciguamiento, calma. V. PAZ 1.

pacificador. Mediador, enviado, reconciliador. V. PAZ 4.

pacificar. Serenar, tranquilizar*, reconciliar. V. PAZ 3.

pacífico. Manso, plácido, inofensivo. V. PAZ 5.

pacifismo. Concordia, benevolencia, entendimiento. V. PAZ 6.

pacifista. V. pacificador.

pacotilla. Chuchería, quincalla, insignificancia*, baratija. V. BARATO 4.

pactado. V. PACTO 5.

pactar. V. PACTO 4.

PACTO. 1. Compromiso, obligación*, acuerdo, asociación*, arreglo, convenio, alianza, confederación (v. 2), unión, inteligencia, coincidencia, concierto, comprensión, armonía, tratado, trato, negociación, negocio, firma, rendición, tregua, armisticio, capitulación, transacción, juramento, avenencia, entente, estipulación, conspiración, capilla, confabulación, componenda (v. 2).

2. Confederación. Alianza, pacto, tratado, liga, federación, coalición, secta*, asociación*, concordato, comunidad, mancomunidad, consorcio, eje, contubernio, unión, agrupación, grupo* (v. 1).

3. El que pacta. Confederado, federado, coligado, aliado, mancomunado, cofrade, afiliado, asociado*, adepto, compañero*, amigo, unido*, seguidor, camarada, acompañante, adlátere, colega, cómplice, compinche, acólito, coincidente, confabulado, conspirador*, comprometido, ayudante*, compadre, vinculado, compromisario, negociante, tratante, firmante, vencido, vencedor.

4. Pactar. Avenirse, concertar, tratar, discutir*, acordar, decidir, convenir, aliarse, obligarse*, estipular, conferenciar, parlamentar, entrevistarse, comprometerse, entenderse, negociar, arreglar, contemplar, transigir, tolerar*, contemporizar, rendirse, capitular, firmar, planear, coincidir, quedar, coligarse, federarse, confederarse, unirse*, afiliarse, mancomunarse, asociarse*, vincularse, apalabrar, ajustar, contratar.

5. Pactado. Estipulado, convenido, acordado, firmado, establecido, concertado, tratado, negociado, vinculado, apalabrado, contratado, ajustado, avenido, mancomunado, negociado, arreglado, comprometido, obligado*.

Contr.: Desavenencia, desunión, discordia, discrepancia*.

V. ASOCIACIÓN, COMPAÑÍA, SECTA, UNIÓN, TOLERANCIA, AYUDA, CONSPIRACIÓN.

padecer. Aguantar*, resistir, soportar. V. SUFRIMIENTO 5.

padecimiento. 1. Angustia, tormento, dolor*. V. SUFRIMIENTO 1.

— **2.** Achaque, afección, dolencia. V. ENFERMEDAD 1.

padre. 1. Ascendiente, progenitor, cabeza de familia*. V. FAMILIA 2, 3.

— **2.** Cura, religioso, eclesiástico. V. SACERDOTE 1.

— **3.** Autor, descubridor, creador. V. CREAR 4.

padrenuestro. Oración, invocación, plegaria. V. REZO 1, 2.

padrino. Compadre, tutor, protector*. V. FAMILIA 3.

padrón. Censo, registro, lista*. V. ESTADÍSTICA 1.

paella. Plato, manjar, comida. V. ALIMENTO 15.

paga. V. PAGAR 5.

pagado. V. PAGAR 6.

pagador. V. PAGAR 7.

pagaduría. V. PAGAR 8.

paganismo. Politeísmo, idolatría, incredulidad. V. RELIGIÓN 3.

pagano. Infiel, impío, idólatra. V. RELIGIÓN 7.

PAGAR. 1. Entregar*, costear, desembolsar, sufragar, abonar, dar, gratificar, remunerar, retribuir, recompensar, premiar*, compensar, cancelar, saldar, liquidar, finiquitar, amortizar, ingresar, indemnizar, enjugar, satisfacer, contribuir, aportar, ayudar*, poner, ofrecer*, vender*, cotizar, tributar, participar, escotar, pechar, gastar*, invertir, descontar, emplear, aplicar, subvencionar, solventar, cubrir, financiar, prestar*, adelantar, anticipar, regalar*, corresponder,

devolver, reembolsar, reintegrar, consumir, derrochar*, arruinarse, dilapidar.

— **2.** Untar, comprar*, corromper. V. SOBORNO 2.

— **3.** Expiar, purgar, padecer. V. SUFRIMIENTO 5.

4. Pago. Desembolso, gasto*, entrega*, sueldo (v. 5), retribución, gratificación, abono, importe, cantidad, dinero*, suma, monto, operación, cuenta, remuneración, comisión, prima, derechos, porcentaje, corretaje, coste, costo, compensación, recompensa, liquidación, venta, ingreso, amortización, saldo, cancelación, contribución, subvención, aportación, participación, asignación, entrega*, inversión, descuento, financiación, indemnización, regalo*, plazo, vencimiento, mensualidad, anualidad, cuota, escote, cantidad, parte, anticipo, adelanto, garantía*, seña, préstamo*, ayuda*, dieta, pensión*, jubilación, renta, beca, prebenda, regalía, aguinaldo, propina, devolución*, soborno*, rescate (v. 2), sufrimiento (v. 3), reembolso, reintegro, derroche, despilfarro, dispendio, ruina, dilapidación; pago al contado, contante, con dinero*, en efectivo, en metálico, aplazado, a plazos, a treinta, sesenta, noventa días, salario, paga (v. 5).

5. Paga. Sueldo, salario, nómina, emolumentos, retribución, asignación, remuneración, honorarios, porcentaje, comisión, derechos, jornal, soldada, haberes, dietas, estipendio, mensualidad, anualidad, compensación, recompensa, gratificación, sobresueldo, plus, subvención, pensión*, jubilación, renta, dieta, gaje, prima, beca, prebenda, regalía, beneficio*, propina, aguinaldo, pago (v. 4).

6. Pagado. Entregado*, costeado, desembolsado (v. 1).

7. Que paga. Pagador, tesorero, cajero, administrador*, apoderado, autorizado, habilitado, funcionario, empleado*, oficinista*, contador, contable*, tenedor de libros; depositante, inversor, cliente, imponente.

8. Pagaduría. Tesorería, caja, administración*, dependencia, oficina*, sección, departamento, d. de contabilidad*, empleo*, negociado.

Contr.: Cobrar*, ingresar, recaudar, ganar.

V. GASTAR, ENTREGAR, DEVOLVER, REGALAR, ADMINISTRAR, PRESTAR, OFRECER, DERROCHAR, VENDER, DINERO; SOBORNAR, SUFRIR.

pagaré. Letra, obligación, compromiso. V. DOCUMENTO 3.

página. Plana, hoja, carilla. V. PAPEL 1, LIBRO 11.

pago. V. PAGAR 4.

pagoda. Santuario, adoratorio, templo oriental. V. TEMPLO 2.

pairo (al). Parado, inmóvil, quieto. V. NAVEGACIÓN 4.

país. 1. Patria, estado, potencia. V. NACIÓN 1.

— **2.** Comarca, lugar*, región. V. NACIÓN 3.

paisaje. 1. Vista, perspectiva, campiña. V. PANO-RAMA 1.
— **2.** Óleo, dibujo, vista. V. PINTURA 3, 4.
paisano. 1. Lugareño, pueblerino, campesino. V. ALDEA 2.
— **2.** Conciudadano, coterráneo, compatriota. V. COMPAÑERO 1.
— **3.** No militar, civil, ciudadano. V. PERSONA 1.
paja. 1. Heno, brizna, forraje. V. HIERBA 1.
— **2.** Desecho, broza, inutilidad*. V. RESIDUO 1.
pajar. Granero, almiar, henil. V. ALMACÉN 1.
pajarera. Jaula, casilla, encierro. V. AVE 19.
pájaro. Animal volador, ave pequeña, volátil. V. AVE 14.
paje. Criado, lacayo, mancebo. V. SERVIDOR 1.
pajizo. Rubio, amarillento, áspero*. V. COLOR 7.
pala. 1. Utensilio, paleta, azada. V. HERRAMIEN-TA 3.
— **2.** Espátula, llana, paleta. V. HERRAMIENTA 5, PLACA 1.
PALABRA. 1. Vocablo, término, expresión, voz*, locución, dicho, elocución, idea, verbo, voquible, representación gráfica, anagrama, frase*, enunciado, giro, modismo, barbarismo (v. 5); sonido*, emisión vocal, dicción, fonación, fonema, conjunto de sonidos, lenguaje, vocabulario (v. 3).
— **2.** Compromiso, juramento, obligación*. V. PACTO 1.
3. Conjunto de palabras. Vocabulario, léxico, terminología, glosario, repertorio, caudal, lista*, catálogo de voces, diccionario*; palabras, modismos, giros (v. 1); retahíla, letanía, sarta, parrafada, tirada, lata, tabarra. Lingüística, lexicología, lengua, lenguaje, habla*, idioma*, filología, gramática*, ciencia del idioma.
4. Clases de palabras; partes. Sustantivo, nombre*, verbo*, adverbio*, adjetivo*, pronombre*, preposición*, artículo*, conjunción*, barbarismo (v. 5), interjección, exclamación*, onomatopeya*, ripio, sinónimo, antónimo, parónimo, homónimo, homófono, equívoco, monosílabo, bisílabo, polisílabo, prefijo, sufijo, desinencia; palabra aguda, grave, esdrújula, sobresdrújula, átona, tónica, compuesta, simple, palabrota, palabro, charada, trabalenguas, juego* de palabras, maldición*, juramento.
5. Barbarismo, neologismo. Palabra incorrecta, frase*, locución, giro; neologismo, arcaísmo, barbarismo, vulgarismo, solecismo (sintaxis), tecnicismo, gongorismo, cultismo, localismo, regionalismo, extranjerismo, galicismo, anglicismo, italianismo, argentinismo, mejicanismo, americanismo, casticismo, andalucismo, catalanismo, galleguismo, etc.
V. HABLA, IDIOMA, GRAMÁTICA, FRASE.
palabrería. Verborrea, charlatanería, locuacidad. V. CONVERSACIÓN 1.
palabrero. Locuaz, charlatán, parlanchín. V. CONVERSACIÓN 4.

palabro. Palabrota, expresión estrambótica. V. PALABRA 4.
palabrota. Juramento, reniego, blasfemia. V. MALDICIÓN 3.
palacete. V. PALACIO 1.
palaciego. V. PALACIO 5.
PALACIO. 1. Residencia, mansión, real sitio, morada, palacete, casona, caserón, heredad, sede, casa* suntuosa, c. solariega, c. real, alcázar, castillo*, palacio-fortaleza, fuerte, fortificación*, mayorazgo, palacio real, imperial, principesco, ducal, arzobispal, de capitanía, de bibliotecas, de exposiciones, de museos*, de Justicia, de Comunicaciones, de gobierno*, capitolio, patrimonio real, monumento*, monumento nacional.
2. Partes, dependencias. Salón del trono, capilla real, antecámara, cámara, c. real, sala de banderas, de oficiales, de audiencias, de embajadores, saleta, aposento de corte, alcoba, gabinete, comedor de gala, biblioteca*, mayordomía, intendencia, armería*, guardajoyas, guardarropa, cámara de los paños, cava, bodega, sumillería, frutería, sausería, panetería, cocina*, cocina de boca, oficio, despensa, baños*, servicios, caballerizas*, escalinata, escalera de honor, galerías, columnatas, arquería, patios, torres, fachada*. Muebles*, tapicerías*, enseres.
3. Corte palaciega. Noble, título, aristócrata*, cortesano, palaciego, palatino, favorito, valido, caballero*, conde, marqués, etc. (v. aristocracia 2), gentilhombre, g. de cámara, camarlengo, guarda mayor del rey, alférez mayor, a. m. del pendón real, canciller, c. del sello, maestro de ceremonias, senescal, sumiller, chambelán, guardia de corps, grefier, rey de armas, heraldo, macero, armero mayor, baile general, aposentador mayor, protonotario, protomédico, maestre de hostal, mayordomo mayor, veedor, contralor, capellán real, limosnero, montero mayor, montero de cámara o de Espinosa, palafrenero mayor, primer caballerizo, ujier de armas, u. de cámara, paje de guión, guardajoyas, guardamuebles, despensero mayor, copero mayor, escuyer de cocina, camarero mayor; dama, dama de honor, camarera mayor, camarista, cunera, dueña de honor.
4. Palacios famosos. Versalles (París), Palacio de Oriente (Madrid), de Buckingham (Londres), de los Dux (Venecia), del Kremlin (Moscú), Ermitage (San Petersburgo), Schönbrunn (Viena), Vaticano, Quirinal (Roma), Pitti (Florencia).
5. Palaciego. Palatino, áulico, patricio, cortesano, real, imperial, aristocrático, hidalgo, suntuoso, lujoso*, esplendoroso, regio, fastuoso, grandioso, señorial, amplio*. Cortesano, caballero, noble (v. 3).
Contr.: Choza, cabaña, tugurio*.
V. REY, ARISTOCRACIA, CASTILLO, CASA, FORTIFICACIÓN, MONUMENTO, MUSEO.

paladar. 1. Bóveda, cielo de la boca, parte superior. V. BOCA 3.
— **2.** Sabor, sensibilidad, regusto. V. GUSTO 1.
paladear. Probar, gustar, saborear. V. GUSTO 10.
paladín. Adalid, caballero*, campeón. V. HÉROE 1.
paladino. Evidente, claro*, explícito. V. EXPLICACIÓN 4.
palafrén. Montura, cabalgadura, corcel. V. CABALLO 1.
palafrenero. Lacayo, caballerizo, criado. V. CABALLO 15.
palanca. Barrote, barra, alzaprima. V. HIERRO 7.
palangana. Jofaina, cubeta, lavamanos. V. RECEPTÁCULO 1.
palanquín. Silla de manos, andas, litera. V. ASIENTO 1.
palastro. Plancha, chapa, hierro*. V. PLACA 1.
palatino. Palaciego, real, cortesano. V. PALACIO 5.
palco. División, aposento, localidad. V. TEATRO 11, COMPARTIMIENTO 1.
palear. Desenterrar, remover, cavar. V. EXCAVAR 1.
palenque. Estacada, empalizada, cerca. V. VALLA 1.
paleolítico. Período, época prehistórica*, edad de Piedra. V. EDAD 10.
paleontología. Disciplina, ciencia*, estudio de los fósiles. V. FÓSIL 2.
paleontólogo. Investigador, estudioso, antropólogo. V. FÓSIL 2.
palestra. Liza, circo, lidia. V. LUCHA 1, ESTADIO 1.
paleta. Espátula, placa*, llana. V. HERRAMIENTA 5, PINTURA 9.
paletilla. Escápula, omóplato u omoplato, espalda*. V. HUESOS 5.
paleto. Pueblerino, palurdo, aldeano. V. ALDEA 2.
paliar. V. paliativo.
paliativo. 1. Mitigante, suavizante, calmante. V. TRANQUILIDAD 7.
— **2.** Remedio, arreglo, disminución*. V. SOLUCIÓN 1.
palidecer. 1. Turbarse, desencajarse, alterarse. V. EMOCIÓN 3.
— **2.** Blanquear, aclarar, decolorar. V. CLARO 12.
palidez. 1. Emoción*, mareo, debilidad*. V. INDISPOSICIÓN 1.
— **2.** Lechosidad, amarillez, blancura. V. CLARO 8.
pálido. 1. Blanquecino, amarillento, descolorido. V. CLARO 1.
— **2.** Desencajado, exangüe, emocionado*. V. INDISPOSICIÓN 1.
palillo. Mondadientes, escarbadientes; varilla. V. MESA (SERVICIO DE) 7.
palimpsesto. Pergamino, manuscrito, escrito. V. ESCRIBIR 3.
palio. Toldo, pabellón, dosel. V. COLGAR 6.
palique. Charla, coloquio, parloteo. V. CONVERSACIÓN 1.
paliza. Zurra, vapuleo, tunda. V. GOLPE 4.

palma. 1. Cara interior, interna de la mano, superficie. V. MANO 6.
— **2.** V. palmera.
— **3.** Palmas, ovación, aplausos, vítores. V. ACLAMACIÓN 1.
palmada. 1. Manotazo, tortazo, cachete. V. BOFETADA 1.
— **2.** *Palmadas*, aplausos, vítores, ovación. V. ACLAMACIÓN 1.
palmar. 1. Oasis, arboleda, bosquecillo. V. ÁRBOL 10.
— **2.** Morir, espichar, diñarla. V. MUERTE 13.
palmarés. Actuación, historial, hoja de servicios. V. DATO 2.
palmario. Evidente, palpable, manifiesto. V. CLARO 4.
palmatoria. Candelero, vela, lamparilla. V. LUZ 3.
palmear. V. palmotear.
palmera. Cocotero, datilera, palma. V. ÁRBOL 5.
palmeral. V. palmar 1.
palmeta. Tablilla, madera*, vara. V. PALO 1.
palmípeda. Pato, ganso, oca. V. AVE 4.
palmito. Rostro, talle, gracia. V. CARA 1; GARBO 1.
palmo. Longitud, largo, distancia. V. MEDIDA 6.
palmotear. Manotear, aplaudir, celebrar. V. ALEGRÍA 3.
PALO. 1. Estaca, garrote, tranca, madero, madera*, porra, cachiporra, bastón*, cayado, báculo, vara, varilla, tablilla, fusta, baqueta, batuta, palmeta, clava, bate, macana, mazo, maza, arma*, caduceo, bordón, muleta, rejón, lanza, pica, asta, garrocha, puya, poste, pilote, pilar, mástil, pértiga, larguero, listón, travesaño, traviesa, durmiente, fuste, percha, entibo, tablón, tabla, puntal, verga, tirante, sostén, apoyo, soporte*, zanco, rodrigón, palitroque, palote, cucaña, astil, viga, aguilón, árbol, barrote, barra, esteva, tarugo, cuña, calzo, leño, caña, palanca, mango, asa*, bichero, tiento, varejón, tronco, rama, tallo, astilla.
— **2.** Mástil, botavara, bauprés. V. BARCO 14.
— **3.** *Garrotazo*, palo, estacazo, trancazo, porrazo, castigo*, bastonazo*, leñazo, varazo, cachiporrazo, golpe*, golpazo, golpetazo, varapalo, cachiporrazo, trastazo, fustazo, palmetazo, mazazo.
4. Apalear. Varear, golpear*, sacudir, tundir, vapulear, castigar*, aporrear, pegar, zumbar, zurrar, azotar, desgraciar*, lisiar, maltratar, percutir, atizar, sobar, fustigar.
V. MADERO, BASTÓN, SOPORTE; GOLPE, CASTIGO.
paloma. Ave doméstica, tórtola, torcaz. V. AVE 10.
palomar. Nido, alojamiento, casilla. V. AVE 19.
palomo. 1. Palomino, pichón, paloma. V. AVE 10.
— **2.** Ingenuo, necio, mentecato. V. TONTO 1.
palote. Raya, trazo, rasgo. V. LÍNEA 1.
palpable. Real, tangible, material. V. VERDAD 3.

palpación, palpamiento. Toque, tacto, manoseo*. V. TOCAR 6.

palpar. Manosear, sobar, acariciar. V. TOCAR 1.

palpitación. Latido, pulso, pulsación. V. CORAZÓN 6.

palpitante. 1. Pulsante, que late, corazón* vivo. V. VIDA 9.

— 2. Actual*, vital, interesante*. V. EMOCIÓN 5.

palpitar. Latir, dilatarse, contraerse. V. CORAZÓN 6.

pálpito. Presentimiento, corazonada, adivinación*. V. SOSPECHA 1.

palta. Aguacate, fruta, fruto tropical. V. FRUTO 5.

paludismo. Malaria, terciana, enfermedad* infecciosa. V. INFECCIÓN 2.

palurdo. Paleto, pueblerino, aldeano. V. ALDEA 2.

pamela. Toca, gorro, papalina. V. SOMBRERO 2.

pamema. V. pamplina.

pampa. Pradera, vastedad, planicie. V. LLANURA 1.

pámpano. Hojilla, vástago, sarmiento. V. UVA 2, 4.

pamplina. Capricho, melindre, tontería*. V. REMILGO 1.

PAN. 1. Alimento*, masa cocida, harina cocida, pieza, hogaza, panecillo (v. 2).

2. Formas. Barra, libreta, hogaza, panecillo, bodigo, bollo, chusco, pieza, mendrugo (v. 4), flauta, trenza, alcachofa, rollo, rosca, roscón, rosco, palmera, torta, hostia, oblea, barquillo (v. 3, 6).

3. Clases. Pan blanco, candeal, de flor, de gluten, integral, de cereales, de centeno, de cebada, de avena, de molde, de máquina, de Viena, francés, inglés, casero, de especias, redondo (v. 2), ácimo o sin levadura, bendito, metido en harina, cocido, recocido, tostado, quemado, galleta o bizcocho o pan náutico, bollo, pastel (v. confitería 3). Consagrado, hostia.

4. Partes. Ingredientes. Corteza, costra, miga, molla, masa, migaja, centro, mendrugo, cuscurro, corrusco, trozo, fragmento*, pedazo, cacho, canto, cantero, rebanada, tajada; harina, levadura, sal, agua (v. 6).

5. Elaboración. Mezclado de harinas, cernido, añadido de agua, de sal y levadura, amasado, a. mecánico, fermentación, peso, formato, cocción, horneado. *Material:* horno, artesa, batea, amasadora, a. automática, molde, balanza, batidora, cedazo, pala del horno, rodillo, mesa de amasar. Mezclar, cerner, amasar, fermentar, cocer, hornear, pesar, panificar, elaborar, fabricar*.

6. Usos. Bocadillos, emparedados, sandwiches, canapés, picatostes, torrijas, tostadas, sopas, migas (v. 2, 3).

7. Panadería. Fábrica* de pan, tahona, panificadora, panificación, establecimiento, horno, tienda*, comercio, puesto, local.

8. Panadero. Fabricante*, comerciante*, tendero, artesano, obrero, pastelero, confitero*. V. CONFITERÍA, SEMILLA, ALIMENTO.

pana. Tela de algodón, género, felpa. V. TELA 7.

panacea. Remedio, curalotodo, poción. V. MEDICAMENTO 1.

panadería. V. PAN 7.

panadero. V. PAN 8.

panadizo. Inflamación, absceso, hinchazón* de un dedo. V. GRANO 1.

panal. Colmena, celdilla, alvéolos de cera. V. ABEJA 7.

pancarta. Cartelón, rótulo, cartel. V. LETRERO 1.

pancista. Oportunista, aprovechado, chaquetero. V. VENTAJA 5.

páncreas. Glándula abdominal, g. endocrina (enzimas), g. exocrina (insulina). V. GLÁNDULA 3.

pandear. Flexionar, alabear, combar. V. CURVA 5.

pandemia. Plaga, peste, epidemia generalizada. V. INFECCIÓN 1.

pandemónium. Algarabía, barahúnda, desorden*. V. ALBOROTO 1.

pandeo. V. pandear.

pandereta, pandero. Instrumento popular, i. de percusión, i. de sonajas. V. INSTRUMENTO MUSICAL 5.

pandilla. Cuadrilla, caterva, camarilla. V. GRUPO 4.

pandillero. Vándalo, gamberro, golfo. V. PILLO 1.

panecillo. V. PAN 2.

panegírico. Apología, loa, adulación*. V. ELOGIO 1.

panel. 1. Cuarterón, moldura, artesonado. V. ADORNO 2.

— 2. Cuadro de instrumentos, tablero de mandos, medidor*. V. INDICADOR 2.

pánfilo. Bobalicón, necio, lerdo. V. TONTO 1.

panfleto. Folleto, libelo, escrito difamatorio. V. ESCRIBIR 3.

paniaguado. Esbirro, asalariado, sicario. V. AYUDA 5.

pánico. Espanto*, pavor, terror. V. TEMOR 1.

panificación. V. PAN 7.

panificar. V. PAN 5.

panocha, panoja. Mazorca, espiga, e. del maíz. V. SEMILLA 3.

panoli. V. pánfilo.

panoplia. Colección de armas, de trofeos, escudo. V. ARMA 7.

PANORAMA. 1. Perspectiva*, ambiente, paisaje, panorámica, escena, vista, cuadro, marina, pintura*, espacio, extensión*, amplitud*, vastedad, espectáculo*, totalidad*, horizonte, profundidad, hermosura*, grandiosidad, campiña, campo*, llanura*, terreno, territorio, representación, apariencia, aspecto*, cosmorama, diorama, muestra.

2. Panorámico. Vasto, extenso*, amplio*, total*, completo, grandioso, general, ancho, dilatado, profundo, espacioso, anchuroso, hermoso*. V. PERSPECTIVA, AMPLITUD, EXTENSIÓN, TOTALIDAD, CAMPO, LLANURA, ASPECTO, HERMOSURA.

panorámica. V. PANORAMA 1.

panorámico. V. PANORAMA 2.

pantagruélico. Alimento* copioso, exagerado*, opíparo. V. ALIMENTO 9, ABUNDANCIA 2.

pantalla. 1. Cubierta, visera, mampara. V. PROTECCIÓN 2.
— **2.** Tela, telón, recuadro. V. CINEMATOGRAFÍA 11.

PANTALÓN. 1. Calzón, calzones, prenda, vestimenta*, calzas, pantalones, bombacha, bombachos, gregüescos, zahones, taleguilla, botarga; pantalones cortos, largos, de «sport», deportivos, pantalón de baño, traje de baño, bañador, biquini, tanga, pantaloncito; calzoncillos, taparrabo, bragas, prenda interior.
2. Partes. Pernera, raya, bajos, vueltas, bragueta, botonadura, fondillos, cremallera, botones, presillas, bolsillos, b. lateral, b. trasero, forros, costuras*, franela, estambre, tela*, cinturón o correa.
V. VESTIMENTA, COSTURA, TELA.

pantano. 1. Marisma, ciénaga, fangal. V. FANGO 2.
— **2.** Represa, embalse, depósito de aguas. V. PRESA 1.

pantanoso. Anegadizo, cenagoso, malsano. V. FANGO 3.

panteón. 1. Sepulcro, mausoleo, sepultura. V. TUMBA 1.
— **2.** Deidades, conjunto, grupo de dioses*. V. MITOLOGÍA 1.

pantera. Mamífero carnicero, felino, leopardo. V. FIERA 4.

pantomima. Expresión, mímica, ademán. V. GESTO 1.

pantorrilla. Parte carnosa, p. posterior de la pierna. V. PIERNA 2.

pantufla. Chancleta, chinela, zapatilla. V. CALZADO 1.

panza. 1. Tripa, abdomen, barriga. V. VIENTRE 1.
— **2.** Prominencia, bulto, saliente*. V. ABULTAMIENTO 1.

panzada. Atracón, hartazgo, atiborramiento. V. SACIAR 2.

panzudo. Obeso, barrigón, grueso. V. GORDO 1.

pañal. Trapo, lienzo, envoltura*. V. TELA 1.

paño. Tejido, género, lienzo. V. TELA 1.

pañol. Depósito, almacén, compartimiento del buque. V. BARCO 8.

pañoleta. Pañuelo, toquilla, chal. V. VESTIMENTA 3.

pañuelo. Moquero, trapo, lienzo. V. TELA 1, VESTIMENTA 3.

papa. Patata, solanácea, planta*. V. TUBÉRCULO 3.

PAPA. 1. Padre Santo, Pontífice, Romano Pontífice, Sumo Pontífice, Vicario de Cristo*, obispo de Roma, Pontífice Supremo de la Iglesia Universal, Pastor Universal, Sucesor de San Pedro, Beatísimo Padre, Su Santidad, Cabeza de la Iglesia, sacerdote*.
2. Actos pontificios. Concilio, c. ecuménico, consistorio, conclave, concordato, Año Jubilar, Año Santo, canonización, beatificación, bendición *urbi et orbi*, excomunión, bula, breve, encíclica, indulgencias, dispensa, *motu proprio*, carta apostólica.
3. Vaticano. Santa Sede, sede apostólica, Estados pontificios, papado, pontificado, trono de San Pedro, cátedra de San Pedro; curia romana, Tribunal de la Rota Romana, Congregación para la Doctrina de la Fe, Congregación para el Culto Divino y la Disciplina de los Sacramentos, Sacro Colegio Cardenalicio, Capilla Sixtina.
4. Atributos. Tiara papal, triple corona, silla gestatoria, crucifijo, mitra, anillo del pescador, camauro, hábito blanco, llaves de la Iglesia, palio, sede vacante, conclave, fumata, humo blanco, h. oscuro, consagración, entronización, coronación del Papa, poder temporal, p. espiritual.
5. Personas. Cardenales*, Secretario de Estado, camarlengo, cardenal decano, nuncio, legado, protonotario apostólico, canciller, internuncio, guardia noble, guardia suiza, gendarme pontificio; güelfo, gibelino; antipapa.
6. Algunos papas. Urbano, Clemente, Gregorio, Inocencio, Benedicto; León XIII, Pío XII, Juan XXIII, Pablo VI, Juan Pablo I, Juan Pablo II, Benedicto XVI.
7. Papal. Vaticano, pontificio, pastoral, apostólico, romano; católico, papable, papado, pontificado, período, reinado, era, época, tiempo*, Santa Sede, Vaticano (v. 3).
Contr.: Antipapa.
V. CRISTO, CARDENAL, SACERDOTE, MISA, RELIGIÓN.

papá. Progenitor, ascendiente, padre. V. FAMILIA 2, 3.

papada. Carnosidad, sobarba, grasa. V. GORDO 3.

papado. V. PAPA 7.

papagayo. Loro, cotorra, cacatúa. V. AVE 11.

papal. V. PAPA 7.

papalina. Pamela, toca, cofia. V. SOMBRERO 2.

papanatas, papamoscas. Bobalicón, majadero, necio. v. TONTO 1.

paparrucha. Memez, necedad, majadería. V. TONTO 3.

PAPEL. 1. Cuartilla, hoja, papeleta, pliego, octavilla, impreso*, página, carilla, plana, folio, oficio, documento*, plica, boletín, cédula, escrito*, cupón, billete, volante, vale, pergamino, papiro, original, copia*, nota*, carta*, misiva, título, resguardo, recibo, talón, comprobante*, participación, manuscrito, esquela, bono, albarán, boletín, billete, panfleto, folleto.
— **2.** Parte de una obra, personaje, representación teatral. V. TEATRO 3.
— **3.** Cometido, función, tarea. V. TRABAJO 1.
4. Tamaños, cantidades, varios. Tamaño folio, cuarto, octavo, dieciseisavo, treintaidosavo, sesentaicuatroavo; holandesa, cuartilla, formatos ISO/DIN («Deutsches Institut für Normung», Instituto Alemán de Normalización; «International Organization for Standardization», Organi-

zación Internacional para la Estandarización), DIN A4; bala, resma, mano, cuadernillo, pliego, hoja. Trama, gramaje, filigrana, marca de agua.

5. Clases. Papel de barba, verjurado, de marca, de marquilla, canson, japonés, de China, pluma, pergamino, satinado o cuché, brístol, Whatman, de calco, vegetal, tela, biblia, de seda, de copia, de carbón, de mano, de filigrana, papel moneda, de pagos al Estado, pautado, cuadriculado, rayado, higiénico, de plata, sensible o fotográfico, de filtro, reactivo, Kraft, de estraza, de lija, secante, de fumar, celofán, plástico, cartulina, cartón (v. 6), tarjeta (v. 6).

6. Cartulina. Cartón, cartonaje, cartoné, encartonado, cartón piedra, cartón ondulado, acanalado, corrugado, cédula, rótulo, tarjeta, tarjetón, letrero*, ficha, postal, etiqueta, marbete, hoja.

7. Fabricación. Materias primas: madera*, trapos, papel usado, esparto, paja, cáñamo. Papel de madera: troncos de madera blanca, descortezado, desfibrado, troceado o corte de virutas, tamizado, selección, cocción, lejiado, depurado, espesado, blanqueado; pasta para papel; mezcla de pasta, triturado, tina, decantación, depurado, mesa de fabricación, tela metálica, prensado, aspirado, secado, apresto, encolado, satinado, enfriado, enrollado, rollo de papel. Fábrica* de papel, molino*, batán, taller, papelera, papelería, industria.
V. IMPRESO, DOCUMENTO, COMPROBANTE, ESCRITO, COPIA, NOTA, CARTA.

papeleo. Burocracia, expediente, inconvenientes. V. TRÁMITE 1.

papelera. Cesto para papeles, caja, receptáculo*. V. OFICINA 2.

papeleta. 1. Comprobante, recibo, talón; voto. V. COMPROBAR 3; ELECCIONES 2.
— **2.** Inconveniente, engorro, obstáculo. V. DIFICULTAD 1.

paperas. Parotiditis, inflamación, hinchazón glandular. V. GLÁNDULA 4.

papilla. Papas, gachas, masa. V. MEZCLA 2.

papiro. Hoja, lámina, planta oriental. V. PAPEL 1, VEGETAL 18.

pápula. Pústula, costra, erupción. V. GRANO 1.

paquebote. Buque, transatlántico, navío. V. BARCO 3.

paquete. Atado, fardo, lío. V. ENVOLTORIO, ENVOLVER 5.

paquidermo. Proboscidio, elefante, animal*. V. MAMÍFERO 4, 5.

par. 1. Duplo, pareja, dos. V. REPETICIÓN 1.
— **2.** Similar, parecido, igual*. V. SEMEJANZA 2.

parabién. Congratulación, enhorabuena, pláceme. V. FELICITACIÓN 1.

parábola. 1. Línea curva, trayectoria, desplazamiento. V. CURVA 1.
— **2.** Enseñanza, metáfora, moraleja. V. EJEMPLO 1.

parabrisas. Cristal, resguardo, guardabrisas. V. AUTOMÓVIL 5.

PARACAÍDAS. 1. Artefacto, tela, aparato protector*, accesorio de aviación; paracaídas dirigible; ala delta.
2. Partes. Tela (seda, nailon), casquete, cordaje, empaquetadura, correaje (atelaje, arnés), cinturón, botón Irving, anilla, saco, envoltura, clavija de cierre.
3. Paracaidista, paracaidismo. Paracaidista, comando, combatiente, soldado, militar*, mercenario, legionario, «parachutista», soldado de élite; paracaidismo, deporte*, arma militar, «parachutismo», arte, forma, manera de descender.
V. AVIÓN, EJÉRCITO.

paracaidismo, paracaidista. V. PARACAÍDAS 3.

parachoques. Protección, defensa, resguardo. V. AUTOMÓVIL 5.

parada. 1. Inactividad, detención, alto. V. ESPERA 1.
— **2.** Formación, evolución, desfile. V. MARCHAR 6.

paradero. Sitio, destino, dirección. V. LUGAR 1.

paradigma. Prototipo, modelo, muestra. V. EJEMPLO 3.

paradisíaco. V. PARAÍSO 4.

parado. 1. Estático, detenido, quieto. V. INMÓVIL 1.
— **2.** Cesante, desocupado, huelguista*, sin trabajo. V. TRABAJO 14.

paradoja. Contrasentido, contradicción, absurdo. V. RAREZA 1.

paradójico. Extraño, contradictorio, inverosímil. V. RAREZA 2.

parador. Albergue, posada, hostería. V. HOTEL 1.

parafina. Sustancia blanca, residuo de destilación. V. PETRÓLEO 2.

parafrasear. V. paráfrasis.

paráfrasis. Comentario, interpretación, cita. V. EXPLICACIÓN 1.

parágrafo. Enunciado, párrafo, oración. V. FRASE 1.

PARAGUAS. 1. Utensilio portátil, quitasol, parasol, sombrilla, guardasol, resguardo, cobijo, protección*, adminículo, a. impermeable*, toldo, pantalla, palio.
2. Partes. Mango, puño, bastón, varillas, varillaje o armazón plegable, tela, contera, regatón.
3. Varios. Paragüero, mueble*, bastonero, perchero, colgador; sombra, lluvia*, tormenta*, mojadura*.
V. PROTECCIÓN, IMPERMEABLE, LLUVIA.

paragüero. V. PARAGUAS 3.

PARAÍSO. 1. Cielo, edén, elíseo, empíreo; bienaventuranza, gloria, jardín celestial, mansión de Dios*, reino de los cielos, morada celeste; Campos Elíseos, vergel, nirvana, Olimpo, Valhalla, paraíso terrenal, felicidad* eterna, morada de los bienaventurados, de los justos, mundo sobrenatural, lo alto, el más allá, universo*.

— **2.** Gallinero, entrada general, cazuela. V. TEATRO 11.

3. Elementos. Dios*, Cristo, la Virgen, corte celestial, ángeles*, santos*, justos, elegidos, gloria, ascensión, beatitud, salvación, vida* eterna, bienaventurados, aureola, Antiguo Testamento, Génesis, Biblia*, Adán, Eva, serpiente*, pecado original, expulsión. Paraíso de Mahoma, huríes; Zeus, Olimpo, panteón, deidades, mitología*.

4. Paradisíaco. Celestial, celeste, ultraterreno, sobrenatural, divino, del más allá, glorioso, idílico, elíseo, apacible, tranquilo*, plácido, maravilloso*, campestre*, bucólico, hermoso*, natural.

Contr.: Infierno, averno.

V. DIOS, CRISTO, FELICIDAD, UNIVERSO, BIBLIA.

paraje. Parte*, sitio, zona*. V. LUGAR 1.

paralelepípedo. Sólido, cuerpo geométrico, poliedro. V. GEOMETRÍA 9.

paralelo. 1. Equidistante, a igual distancia, recto. V. GEOMETRÍA 4.

— **2.** Cotejo, parangón, semejanza. V. COMPARACIÓN 1.

— **3.** Similar, análogo, correlativo. V. SEMEJANZA 3.

paralelogramo. Cuadrilátero, figura*, polígono. V. GEOMETRÍA 6.

paralímpico, parolímpico. Deportista, olímpico minusválido. V. OLIMPÍADAS 1.

parálisis. Embotamiento, anquilosamiento, inmovilidad*. V. INVÁLIDO 2.

paralítico. Lisiado, tullido, impedido. V. INVÁLIDO 1.

paralización. V. paralizar.

paralizar. 1. Cesar, detener, estancar. V. INMÓVIL 3.

— **2.** Lisiar, embotar, anquilosar. V. INVÁLIDO 3.

paramento. 1. Atavío, ornamento, decoración. V. ADORNO 1, VESTIMENTA 1.

— **2.** Muro, tapia, medianera. V. PARED 1.

páramo. Estepa, erial, yermo. V. DESIERTO 1.

parangón. Paralelismo, analogía, comparación*. V. SEMEJANZA 1.

parangonar. Cotejar, confrontar, equiparar. V. COMPARACIÓN 2.

paraninfo. Anfiteatro, salón, sala de actos. V. HABITACIÓN 1.

paranoia. Demencia, psicosis, manía*. V. LOCURA 1, 3.

parapetarse. Atrincherarse, defenderse, resguardarse. V. PROTECCIÓN 3.

parapeto. Muro, barricada, trinchera. V. PROTECCIÓN 2.

parapsicología. Estudios de espiritismo, de adivinación*, de hipnotismo*. V. ADIVINACIÓN 1, HIPNOTISMO 1.

PARAR. 1. Detener, estacionar, frenar, inmovilizar*, contener, dominar*, sofrenar, sujetar, aguantar, retener, atrancar, atascar, embarazar, aminorar,

estorbar, interrumpir, obstaculizar, dificultar*, trabar, entorpecer, atajar, impedir, cortar, trincar, plantar, aquietar, obstruir, aparcar, estacionar, embotellar, taponar, restañar, estancar, retrasar, demorar (v. 2).

— **2.** *Demorar,* parar, dilatar, interrumpir*, suspender, diferir, concluir, cesar, esperar*, aguardar, estancar, postergar, finalizar*, rematar, liquidar, terminar, cerrar, dejar (v. 1).

— **3.** *Alojarse*,* parar, acampar, quedarse, hospedarse, permanecer, descansar*, pasar la noche, hacer alto, habitar*, pernoctar, guarecerse, acogerse, estar, vivir, residir.

4. Parada. Detención, inmovilidad*, paro, cese, inactividad, estacionamiento, freno, alto, «stop», contención, sujeción, aguante, aminoración, atasco, atranco, retención, traba, dificultad*, obstáculo, obstrucción*, interrupción, estorbo, trinca, corte, impedimento, entorpecimiento, marasmo, atonía, tapón, embotellamiento, aparcamiento, embarazo, retraso, demora (v. 5).

— **5.** *Demora,* parada, interrupción*, suspensión, supresión, fin*, final, dilación, postergación, estancamiento, espera, alto, cese, conclusión, remate, liquidación, cierre, término.

— **6.** *Alojamiento*,* parada, hospedaje, acampada, descanso*, permanencia, alto, estancia, residencia, hotel*, guarida, habitación*, instalación.

Contr.: Movimiento, avance.

V. INMOVILIDAD, INTERRUPCIÓN, DESCANSO, FIN, DIFICULTAD, OBSTRUCCIÓN.

PARARRAYOS. 1. Barra, varilla metálica, dispositivo protector, d. conductor de electricidad, protección*, pararrayos radiactivo o atómico.

2. Elementos. Punta de platino o de cobre, barra de hierro, cable conductor de hierro, toma de tierra, pozo, placas de cobre, cono protector; tormenta*, rayo*, meteoro; Benjamín Frankin. V. RAYO, TORMENTA, PROTECCIÓN.

parasicología. V. parapsicología.

parasitismo. 1. V. PARÁSITO 7.

— **2.** Abuso, gorronería, desvergüenza*. V. VENTAJA 2.

PARÁSITO. 1. Insecto*, inquilino, comensal, organismo patógeno, o. nocivo, díptero, bicho, bicharraco, gusarapo, sabandija, gorgojo, larva, gusano*, lombriz (v. 3).

— **2.** Aprovechado, gorrón, vividor, «free-rider». V. VENTAJA 5.

3. Clasificación. Parásitos externos (v. 4), internos (v. 5); animales*, vegetales*; de los vegetales (v. 6), intracelulares, intestinales*, cutáneos.

4. Parásitos externos. Insectos*, díptero, hemíptero, piojo, liendre, pulga, ladilla, garrapata, chinche, ácaro de la sarna, nigua, mosquito*, anofeles, mosca*, m. tsé-tsé, pulgón, larvas, anopluro; hongo* de la tiña, micosis; sanguijuela (v. 1).

5. Parásitos internos. Gusanos*, cestodos, nematodos, nematelmintos, helmintos, solitaria o tenia saginata, cisticerco, tenia equinococus (quiste hidatídico), lombriz intestinal u oxiuro vermicular, áscaris lumbricoides, anquilostoma duodenal, triquina (triquinosis), filaria (elefantiasis), tricomona, balantidium, virus, bacterias, protozoarios, amebas, microorganismos* (v. 1).

6. Parásitos de los vegetales. Pulgón, filoxera, gorgojo, larva, gusano*, oruga, polilla, cochinilla de la viña, mosca de la fruta; hongos*, moho, tizón o roya del trigo, mildiu, añublo, carboncillo, cornezuelo del centeno; helecho, musgo, muérdago (v. 1).

7. Generalidades. Comensal, inquilino, huésped, simbiosis, órgano chupador, ventosa, trompa, picadura, infección*, invasión, enfermedad*, plaga, parasitismo.

8. Parasiticidas. Insecticida* antiparasitario, tóxico, veneno*, repelente, fumigación, tetracloruro de carbono, violeta de genciana (parásitos internos), DDT (dicloro-difenil-tricloroetano, uso prohibido en España en 1977), (parásitos externos).

V. INSECTO, GUSANO, MOSQUITO, MOSCA, HONGO, MICROORGANISMO, INFECCIÓN, ENFERMEDAD.

parasol. Quitasol, toldo, pantalla. V. PARAGUAS 1, PROTECCIÓN 1.

Parca (La). 1. La muerte, fin*, extinción. V. MUERTE 1.

— **2.** *Parcas:* Cloto, Átropos, Láquesis. V. MITOLOGÍA 3.

parcamente. V. parco.

parcas. V. parca 2.

parcela. Terreno, lote, solar. V. SUELO 4.

parcelar. Lotear, fraccionar, dividir. V. REPARTIR 1.

parche. Remiendo, compostura, costura. V. REPARACIÓN 1.

parchís. Entretenimiento, diversión*, juego de sociedad. V. JUEGO 6.

parcial. 1. Arbitrario, abusivo, despótico. V. INJUSTICIA 2.

— **2.** Fragmentario, incompleto, insuficiente. V. IMPERFECCIÓN 2.

parcialidad. V. parcial 1.

parco. 1. Mesurado, sobrio, silencioso*. V. MODERACIÓN 3.

— **2.** Exiguo, insuficiente, mezquino. V. ESCASEZ 2.

pardal. V. pardillo.

¡pardiez! ¡Caramba!, ¡por Dios!, ¡cáspita! V. EXCLAMACIÓN 1.

pardillo. 1. Pájaro, ave canora, petirrojo. V. AVE 15.

— **2.** Palurdo, paleto, necio. V. ALDEANO 1, TONTO 1.

pardo. Moreno*, terroso, grisáceo. V. OSCURIDAD 4.

parecer. 1. Creencia, manifestación, dictamen. V. OPINIÓN 1.

— **2.** Considerar, creer, pensar. V. OPINIÓN 3.

— **3.** *Parecerse*, asemejarse, aproximarse, parangonarse. V. SEMEJANZA 4.

parecido. 1. Afinidad, similitud, analogía. V. SEMEJANZA 1.

— **2.** Análogo, equivalente, similar. V. SEMEJAZA 2.

PARED. 1. Tabique, medianera, tapia, muro, muralla, murallón, paredón, división, lienzo, sillería; paramento, mamparo, mampara, biombo, contrafuerte, obra, o. de albañilería, o. de fábrica, construcción*, edificación, divisoria, separación, compartimiento*, cortafuego, fachada, frente, calicanto, entrepaño, cuarterón, mampostería, panel, antepecho, brocal, pretil, balaustrada, terraplén, desmonte, parapeto, trinchera, barricada, fortificación*, talud, escarpa, obstáculo, obstrucción*, refuerzo, defensa*, protección, valladar, empalizada, seto, palenque, valla*, estacada, cerco, verja, rompeolas, tajamar, dique*.

2. Elementos. Cimiento, zócalo, lienzo, entrepaño, vano, panel, cuarterón, rincón, esquina, diente, contrafuerte, arbotante, estribo, paramento, nicho, hornacina, albardilla, pilar, columna*, arco, bóveda*, remate, friso, cornisa, cornisamiento o cornisamento, voladizo, enlucido, estucado, revoque, apuntalamiento; derrame, retranqueo, inclinación, descarga, derribo.

3. Acción. Tapiar, tabicar, emparedar, amurallar, parapetar, fortificar*, proteger, alzar, cerrar, tapar, obstruir, construir*, erigir, levantar, apuntalar, reforzar, enyesar, revocar, enlucir, estucar, pintar*, empapelar, retranquear, derribar, desconchar, agrietar.

V. CONSTRUCCIÓN, FORTIFICACIÓN, VALLA, COLUMNA, BÓVEDA.

paredón. V. PARED 1.

pareja. 1. Dúo, par, doble. V. REPETICIÓN 5.

— **2.** Novio, amigo, esposo. V. COMPAÑERO 1, 3.

parejo. 1. Plano, llano, uniforme. V. LISO 1.

— **2.** V. parecido 2.

parentela. Allegados, parientes, consanguíneos. V. FAMILIA 1.

parentesco. Vínculo, consaguinidad, semejanza*. V. FAMILIA 4.

paréntesis. 1. Notación, corchete, signo* ortográfico. V. ORTOGRAFÍA 2.

— **2.** Cese, descanso*, alteración. V. INTERRUPCIÓN 1.

— **3.** Aclaración, nota, comentario. V. EXPLICACIÓN 1.

paria. Desheredado, desvalido, mendigo. V. DESAMPARO 2.

paridad. Equivalencia, similitud, paralelismo. V. SEMEJANZA 1.

pariente. 1. Allegado, deudo, consanguíneo. V. FAMILIA 2.

— **2.** Parecido, análogo, equivalente. V. SEMEJANZA 2.

parihuelas. Camilla, angarillas, litera. V. CAMA 2.
parir. 1. Procrear, engendrar, dar a luz. V. NACIMIENTO 5.
— **2.** Originar, idear, producir. V. CREAR 1.
parking. *ingl* Aparcamiento, estacionamiento, nave. V. GARAJE 1.
parla. Facundia, labia, charla. V. CONVERSACIÓN 1.
parlamentar. Conferenciar, discutir*, entrevistarse*. V. PACTO 4.
parlamentario. 1. Legislador, diputado, congresista. V. ASAMBLEA 6.
— **2.** Emisario, enviado, representante. V. DELEGACIÓN 4.
parlamento. Cámara, Congreso, legislatura. V. ASAMBLEA 1.
parlanchín. Facundo, locuaz, hablador. V. HABLA 8.
parlar. V. parlotear.
parlería. V. parloteo.
parlotear. Charlar, cotorrear, hablar. V. CONVERSACIÓN 2, 3.
parloteo. Verborrea, charla, palique. V. CONVERSACIÓN 1.
paro. 1. Alto, detención, fin*. V. INTERRUPCIÓN 1.
— **2.** Cesantía, falta de trabajo, pobreza. V. TRABAJO 13.
— **3.** Inactividad, brazos caídos, interrupción del trabajo. V. HUELGA 1.
parodia. Fingimiento, remedo, imitación. V. SIMULACIÓN 2.
parodiar. Remedar, fingir, imitar. V. SIMULACIÓN 9.
parodista. Mimo, artista*, cómico*. V. SIMULACIÓN 6.
parótida. Órgano glandular, ó. de secreción, glándula exocrina. V. GLÁNDULA 4.
paroxismo. Exaltación, arrebato, ataque. V. NERVIOSO (SISTEMA) 8.
parpadear. Pestañear, guiñar, mover los párpados. V. OJO 9.
parpadeo. V. parpadear.
párpado. Repliegue cutáneo, membrana, piel. V. OJO 3.
parque. Fronda, bosque*, vergel. V. JARDÍN 1.
parqué. Parquet, entarimado, suelo*. V. MADERA 3
PARQUE DE ATRACCIONES. 1. Feria, verbena, kermés, festival, recinto ferial, atracciones, a. circenses, circo*, diversión*, espectáculo*.
2. Secciones, atracciones. Taquilla, caja, molinete de entrada, barraca, b. de atracciones, puesto, presentador, iluminaciones, luminarias, noria gigante, tiro al blanco, caballitos, tiovivo, carrusel, montaña rusa, barraca de los fenómenos, gigante, enanos, mujer barbuda, hércules o forzudo, coches de choque, rueda del diablo, rueda de la fortuna, pulpo, adivinas, médium, echadora de cartas, tómbola, barraca de figuras de cera, tobogán, columpios, organillo, máquinas tragaperras, billares, futbolín, aparato para probar la fuerza, caballitos enanos, circo de pulgas, barcas, motorista de la muerte, esfera gigante del motorista, tren fantasma, tren infantil, túnel de la risa, t. del miedo, t. del amor, sala de los espejos, teatro de títeres*, equilibristas*, red de seguridad, cable tensado, trapecistas, trapecio, atracciones de circo*, prestidigitador, mago, ilusionista*, faquir, contorsionista, tragasables, lanzador de cuchillos, tirador al blanco, restaurante al aire libre, puesto de socorro*, p. de refrescos, p. de salchichas, p. de helados, servicios, lavabos, administración*.
V. DIVERSIÓN, CIRCO, FIESTA, CARNAVAL, TÍTERES, ILUSIONISTA.

parquedad. 1. Frugalidad, sobriedad, economía. V. MODERACIÓN 2.
— **2.** Seriedad, circunspección, laconismo. V. SILENCIO 2.
parquet. V. parqué.
parra. Cepa, vid, viña trepadora. V. UVA 4.
parrafada. Frase*, explicación*, sermón. V. CONVERSACIÓN 1.
párrafo. 1. Oración, locución, palabras. V. FRASE 1.
— **2.** Parágrafo, aparte, división de un escrito. V. ESCRIBIR 4.
parranda. Juerga, francachela, jarana. V. DIVERSIÓN 2.
parrandero. Calavera, juerguista, vividor. V. DIVERSIÓN 7.
parricida. Homicida, criminal, culpable*. V. ASESINATO 4.
parrilla. Asador, rejilla, soporte*. V. COCINA 5.
párroco. Vicario, cura, rector. V. SACERDOTE 1.
parroquia. 1. Congregación, feligresía, fieles. V. TEMPLO 1.
— **2.** V. parroquiano.
parroquiano. 1. Cliente, público, consumidor. V. COMPRA 3.
— **2.** Miembro de una parroquia, feligrés, devoto. V. TEMPLO 7.
parsimonia. Cachaza, apatía, tranquilidad*. V. LENTITUD 1.
parsimonioso. V. parsimonia.
PARTE. 1. Pedazo, pieza, fragmento*, fracción, división, trozo, porción, sección, sector, corte*, tramo, zona*, segmento, cantidad*, porcentaje, tanto por ciento, comisión, parcela, lote, cuota, escote, reparto*, partícula, vestigio, resto, cacho, cuarto, tercio, medio, residuo*, sobrante, triza, pizca, componente, integrante, módulo, factor, elemento*, número*, conjunto, miembro, apéndice*, detalle*, ración, dosis, toma, tajada, loncha, rebanada, raja, retazo, etapa (v. 2).
— **2.** *Etapa*, parte, fase, sección, tramo, trecho, trayecto, tranco, sector, división, período, tiempo*, ciclo, curso, momento, espacio, lapso, paso, plazo, época.
— **3.** *Lugar*, parte, situación, posición, emplazamiento, ámbito, localidad, terreno, sitio, zona*, punto, paradero, territorio, puesto, colocación, rama, división, delegación, sucursal.

— **4.** *Capítulo*, parte, apartado, título, sección*, lección, párrafo, acto, tramo, jornada, episodio, cuadro, tranco, artículo, aparte, división, entrega, fascículo, cuadernillo.

— **5.** *Aviso*, parte, nueva, noticia*, reseña, nota*, comunicación, comunicado, gacetilla, dato*, informe*, reportaje, resumen, novedad, suceso, hecho.

— **6.** *Participación*, parte, copropiedad, asociación*, sociedad, intereses, mancomunidad, corporación, gremio (v. 8).

— **7.** *Querellante*, parte, litigante, denunciante, demandante, oponente, adversario, contendiente, pleiteador (v. Tribunal 5).

8. Que tiene parte. Copropietario, asociado*, socio, consocio, interesado*, partícipe, copartícipe, condueño, agremiado, afiliado, agregado, accionista, mancomunado; colaborador, cómplice, implicado, complicado.

9. Parcial. Fragmentario, residual, fraccionario. V. IMPERFECCIÓN 2.

10. Hacer partes. Partir, fraccionar, seccionar, cortar*, fragmentar*, parcelar, lotear, dividir, trocear, segmentar, destrozar, tajar, rebanar, distribuir (v. 11).

— **11.** *Distribuir*, partir, repartir*, asignar, entregar*, adjudicar, dosificar, dar, proporcionar, otorgar, conceder, racionar, escotar, dividir, regalar*, donar, prorratear.

Contr.: Totalidad*, conjunto, suma.

V. FRAGMENTO, SECCIÓN, CORTE, CANTIDAD, ASOCIACIÓN, ENTREGA, REPARTO, LUGAR; NOTICIA.

partenaire. *fr* Pareja, acompañante, socio. V. COMPAÑERO 1.

partera. Comadrona, matrona, experta. V. EMBARAZO 8.

partero. Tocólogo, médico* partero, especialista. V. EMBARAZO 8.

parterre. Arriate, jardinillo, macizo. V. JARDÍN 2.

partición. Distribución, división, fraccionamiento. V. REPARTIR 3.

participación. V. PARTICIPAR 3.

participante. V. PARTICIPAR 5.

PARTICIPAR. 1. Contribuir, colaborar, actuar*, aportar, cooperar, tomar parte, ayudar*, auxiliar, socorrer*, concurrir*, asistir, presentarse, integrar, componer, constituir, formar*, constar de, compartir, escotar, pagar*, terciar, intervenir, formar parte, entrar en, consistir, militar, enrolarse, adherirse, afiliarse, asociarse*, concursar, competir, jugar*, rivalizar, convivir*, interesarse*, luchar, contender.

— **2.** *Avisar*, participar, notificar, informar*, advertir, comunicar, invitar, revelar, anunciar, explicar*.

3. Participación. Intervención, contribución, concurso, ayuda*, escote, aportación, pago*, cooperación, colaboración, adhesión, afiliación, concurrencia*, presencia, asistencia, presentación, integración, militancia, complicidad, soli-

daridad, entrada, ingreso, competición, juego*, rivalidad*, contienda, lucha*, reciprocidad, complicidad; copropiedad, asociación*, intereses, condominio.

— **4.** Tarjeta, esquela, nota*. V. INVITACIÓN 3.

5. Participante. Integrante, asociado*, asistente, concurrente*, presente, colaborador, implicado, promotor, ejecutor, protagonista, causante, actuante*, actor, cooperador, parte*, contribuyente, partícipe, copartícipe, copropietario, partidario, componente, condueño, socio, cómplice, ayudante*, auxiliar, militante, rival, competidor, jugador*, contendiente, inscrito, afiliado, adherido.

Contr.: Abstenerse, retraerse, aislarse, negarse, rechazar*.

V. ASOCIARSE, AYUDAR, PAGAR, INFORMAR, CONCURRIR, JUGAR, RIVALIZAR.

partícipe. V. PARTICIPAR 5.

participio. Forma verbal, parte de la oración. V. VERBO 4.

partícula. Porción, molécula, insignificancia*. V. FRAGMENTO 1.

particular. 1. Propio, distintivo, peculiar. V. CARACTERÍSTICA 3.

— **2.** Privado, exclusivo, íntimo. V. PERSONA 6.

— **3.** Individuo, hombre*, sujeto. V. PERSONA 1.

— **4.** Cuestión, materia, tema. V. ASUNTO 1, 2.

particularidad. Singularidad, rareza*, peculiaridad. V. CARACTERÍSTICA 1.

particularizar. Concretar, especificar, diferenciar*. V. DETALLE 2.

partida. 1. Traslado*, salida, abandono. V. MARCHAR 5.

— **2.** Lance, jugada, baza. V. JUEGO 9.

— **3.** Certificado, registro, fe. V. DOCUMENTO 1.

— **4.** Cuadrilla, pandilla, banda. V. GRUPO 4.

— **5.** Mercancía, remesa, expedición. V. ENVIAR 3.

— **6.** Anotación, registro, inscripción. V. ESCRIBIR 3.

partidario. Adicto, seguidor, secuaz. V. SIMPATÍA 5.

partido. 1. Grupo, asociación*, bando. V. POLÍTICA 3, 4.

— **2.** Competición, prueba, desafío. V. JUEGO 1.

— **3.** Comarca, territorio, distrito. V. ZONA 2.

— **4.** Dividido, fragmentado*, cortado. V. CORTAR 10.

partir. 1. Romper, dividir, fragmentar*. V. CORTAR 1.

— **2.** Ausentarse, trasladarse, irse. V. MARCHAR 2.

partisano. Guerrillero, luchador, combatiente. V. GUERRA 6.

partitura. Texto musical, obra, pieza. V. MÚSICA 1.

parto. 1. Nacimiento*, alumbramiento, procreación. V. EMBARAZO 6.

— **2.** Obra, producto, creación. V. CREAR 3.

parturienta. Embarazada, madre, hembra que ha parido. V. EMBARAZO 3.

parvo. Exiguo, insignificante, escaso. V. PEQUE-
NO 1.
parvulario. Jardín de infancia, escuela de párvulos,
guardería. V. NIÑO 3.
párvulo. Criatura, pequeño, nene. V. NIÑO 1.
pasa. Uva desecada, seca, fruto seco. V. FRUTO 7.
pasable. V. pasadero.
pasacalle. Tonada, pieza, marcha. V. MÚSICA 3.
pasada. Recorrido, cruce*, paso; algo sorprendente, excesivo. V. MARCHAR 4; EXAGERA-
CIÓN 3.
pasadero. Admisible, tolerable*, regular. V. ME-
DIANO 1.
pasadizo. Corredor, pasaje, pasillo. V. GALERÍA 1.
pasado. 1. Ayer, antigüedad, antaño. V. ANTI-
GUO 3, 4.
— **2.** Pretérito, viejo, remoto. V. ANTIGUO 1.
— **3.** Rancio, estropeado, maduro. V. PODRI-
DO 1.
pasador. 1. Pestillo, cerrojo, falleba. V. CERRA-
DURA 1.
— **2.** Imperdible, aguja, alfiler. V. BROCHE 1.
— **3.** Filtro, colador, manga. V. COLAR 5.
pasaje. 1. V. pasadizo.
— **2.** Calleja, travesía, paso. V. CALLE 1.
— **3.** Pasajeros, turistas, viajeros. V. VIAJE 4.
— **4.** Billete, reserva, comprobante. V. COM-
PROBAR 3.
— **5.** Párrafo, parágrafo, oración. V. FRASE 1.
pasajero. 1. Excursionista, turista, transeúnte. V.
VIAJE 4.
— **2.** Fugaz, temporal, efímero. V. BREVE 1.
pasamanería. Entorchados, trencillas, galones.
V. TIRA 1.
pasamano. Baranda, balaustrada, asidero. V. ES-
CALERA 3.
pasante. Escribiente, empleado, oficinista*. V.
EMPLEO 7.
pasaporte. Pase, salvoconducto, credencial. V.
DOCUMENTO 2.
pasar. 1. Atravesar, transitar, cruzar. V. CRUCE 3.
— **2.** Acontecer, ocurrir, suceder. V. SUCESO 2.
— **3.** Conducir, transportar*, llevar. V. TRAS-
LADAR 1.
— **4.** Exceder, aventajar, superar. V. SUPERIOR 6.
— **5.** Tragar, engullir, alimentarse. V. ALIMEN-
TO 11.
— **6.** Tamizar, filtrar, purificar*. V. COLAR 1.
— **7.** Admitir, disimular, tolerar. V. TOLERANCIA 4.
— **8.** *Pasarse*, extralimitarse, excederse, desmandarse. V. ABUSO 6.
— **9.** Escapar, desertar, traicionar*. V. HUIDA 2.
pasarela. Escala, planchada, maderamen*. V.
PUENTE 1.
pasatiempo. Esparcimiento, entretenimiento, distracción. V. DIVERSIÓN 1.
Pascua. Festividad, solemnidad, Resurrección. V.
FIESTA 6.
pase. Autorización, salvoconducto, documento*.
V. PERMISO 2.

paseante. Viandante, transeúnte, caminante. V.
MARCHAR 8.
pasear. Andar, deambular, caminar. V. MARCHAR 1.
paseo. 1. Excursión, salida, caminata. V. MAR-
CHAR 4.
— **2.** Avenida, vía, ronda. V. CALLE 1.
pasillo. Pasaje, corredor, pasadizo. V. GALERÍA 1.
pasión. 1. Emoción*, vehemencia, ardor. V. APA-
SIONAMIENTO 1.
— **2.** Cariño, predilección; favoritismo. V.
AMOR 1; PREFERENCIA 1.
pasional. Ardiente, vehemente, amoroso*. V.
APASIONAMIENTO 2.
pasividad. V. pasivo.
pasivo. Inactivo, apático, despreocupado. V. IN-
DIFERENCIA 2.
pasmado. 1. Babieca, alelado, mentecato. V.
TONTO 1.
— **2.** Extrañado, admirado, aturdido. V. ASOM-
BRO 3.
pasmar. 1. Atontar, embobar, aturdir*. V. TON-
TO 6.
— **2.** Embelesar*, maravillar*, admirar. V.
ASOMBRO 4.
pasmarote. V. pasmado 1.
pasmo. 1. Extrañeza, admiración, aturdimiento*.
V. ASOMBRO 1.
— **2.** Embobamiento, alelamiento, atontamiento. V. TONTO 4.
— **3.** Acceso, trastorno, ataque. V. IN-
DISPOSICIÓN 1.
pasmoso. Admirable, maravilloso*, portentoso.
V. ASOMBRO 2.
paso. 1. Pisada, huella, marca. V. SEÑAL 1.
— **2.** Zancada, tranco, movimiento. V. MAR-
CHAR 4.
— **3.** Salida, comunicación, acceso. V. CAMI-
NO 1.
— **4.** Garganta, quebrada, valle. V. DES-
FILADERO 1.
pasodoble. Pieza bailable, baile popular, b. español. V. BAILE 8.
pasquín. Folleto, libelo, cartel. V. ESCRIBIR 3.
pasta. 1. Mazacote, gacha, masa. V. MEZCLA 2.
— **2.** Macarrones, fideos, sopa. V. ALIMENTO
14.
pastar. Apacentar, pacer, rumiar*. V. GANADO 9.
pastel. 1. Golosina, torta, dulce. V. CONFITERÍA
2, 3.
— **2.** Mezcolanza, fárrago, embrollo*. V. MEZ-
CLA 3.
pastelería. Repostería, dulcería, tienda*. V. CON-
FITERÍA 9.
pastelero. Repostero, confitero, tendero. V. CON-
FITERÍA.
pasteurizar. Purificar, esterilizar, preservar. V.
CONSERVAR 2.
pastiche. Calco, imitación servil, plagio. V. CO-
PIA 2.
pastilla. Tableta, píldora, comprimido. V. MEDI-
CAMENTO 4.

pastizal. Dehesa, pradera, prado. V. CAMPO 1.

pasto. Pienso, forraje, heno. V. HIERBA 1.

pastor. 1. Ovejero, cabrero, cuidador*. V. GANADO 8.

— **2.** Eclesiástico, clérigo, ministro protestante*. V. SACERDOTE 4.

pastoral. 1. Comunicado, misiva episcopal, encíclica. V. CARTA 1.

— **2.** V. pastoril.

pastorear. Apacentar, pacer, ramonear. V. GANADO 9.

pastoril. Bucólico, apacible, campestre. V. CAMPO 5.

pastoso. Compacto, apelmazado, espeso. V. DENSO 1.

pata. 1. Extremidad, miembro, órgano. V. PIERNA 1.

— **2.** Sustentáculo, apoyo*, sostén. V. SOPORTE 1.

patada. Coz, pateo, puntapié. V. GOLPE 2.

pataleo. Pateo, aporreo, golpes*. V. DESAPROBAR 5.

pataleta. Rabieta; convulsión, patatús. V. ENOJO 1; DESMAYO 1.

patán. 1. Rústico, palurdo, paleto. V. ALDEA 2.

— **2.** Zafio, incorrecto, grosero. V. DESCORTÉS 1, TOSCO 1, 2.

patata. Planta feculenta, solanácea, vegetal. V. TUBÉRCULO 3.

patatús. Síncope, mareo, soponcio. V. DESMAYO 1.

patear. Patalear, cocear, sacudir. V. GOLPE 11.

patena. Cuenco, bandeja, platillo. V. MISA 4.

patentar. Inscribir, registrar, licenciar. V. INVENTO 3.

patente. 1. Certificado, concesión, licencia. V. DOCUMENTO 1, INVENTO 8.

— **2.** Evidente, palpable, manifiesto. V. CLARO 4.

patentizar. Manifestar, determinar, evidenciar. V. DEMOSTRACIÓN 2.

pateo. V. pataleo.

paternal. Afectuoso, indulgente; paterno, familiar*. V. BONDAD 3.

paternidad. Prioridad, producción, origen. V. CREAR 3.

paterno. Del padre, paternal, familiar. V. BONDAD 3.

patético. Dramático, trágico, conmovedor. V. AFLICCIÓN 6.

patetismo. Dolor*, dramatismo, emoción*. V. AFLICCIÓN 6.

patibulario. Avieso, siniestro, mal encarado. V. AMENAZA 5.

patíbulo. Cadalso, estrado, tablado. V. CASTIGO 5.

patidifuso. Desconcertado, estupefacto, confuso. V. TURBACIÓN 2.

patilla. Pelo del carrillo, vello, chiva. V. BARBA 1.

patín. V. PATINAJE 3.

pátina. Viso, lustre, tono. V. BRILLO 1.

patinador. V. PATINAJE 5.

PATINAJE. 1. Deporte*, competición, deslizamiento*, patinazo; patinaje sobre hielo: hockey*,

patinaje artístico, p. de velocidad; patinaje sobre ruedas: hockey sobre patines en línea, patinaje artístico (v.2), patinaje de velocidad sobre patines en línea; esquí*.

2. Patinaje artístico. Individual, por parejas; figuras: ocho, círculo, cambio del ocho, tres, doble tres, bucle, «bracket», cambios, párrafos, vueltas, pasos, saltos*, s. Lutze, s. Salchow, s. Axel; piruetas, p. horizontal, p. de pie, p. en cuclillas.

3. Patín. Aparato, deslizador, artefacto, esquí*, trineo. Patines de ruedas: platina, tensor, eje roscado, bota, taco o freno de goma, ruedas (fibra, plástico, madera), ejes, rodamientos. Patines de hielo: botas, platina, cuchillas (filo, arista). Pista, estadio, campo.

4. Patinar. Deslizarse*, evolucionar, resbalar, correr, girar, saltar*, escurrirse, rodar, esquiar*.

5. Patinador. Deportista*, corredor, saltador, competidor, deslizador, esquiador*. Juez, jueces de puntuación, cronometradores. V. DEPORTE, HOCKEY, DESLIZARSE.

patinar. V. PATINAJE 4.

patinazo. 1. Deslizamiento, resbalón, desplazamiento. V. DESLIZAR 3.

— **2.** Error, desliz, desatino. V. EQUIVOCACIÓN 1.

patinete. Patín, monopatín,»board», juguete. V. JUEGO 15.

patio. Espacio descubierto, solana, atrio. V. CASA 4.

patitieso. 1. Yerto, rígido, inmóvil. V. DESMAYO 3.

— **2.** Pasmado, atónito, turbado*. V. ASOMBRO 3.

patizambo. Torcido, patituerto, contrahecho. V. DEFORMACIÓN 3.

pato. Ganso, ánade, palmípeda. V. AVICULTURA 4.

patógeno. Contagioso, pernicioso, nocivo. V. INFECCIÓN 4.

patología. Ciencias, disciplina, síntomas, estudio de las enfermedades. V. ENFERMEDAD 1.

patológico. Enfermizo, anormal, malsano. V. ENFERMEDAD 2.

patólogo. Especialista, facultativo, experto*. V. MÉDICO 2.

patoso. Desmañado, torpe, molesto*. V. TONTO 1.

patraña. Embuste, farsa, enredo. V. ENGAÑO 1.

patria. País, cuna, pueblo. V. NACIÓN 1.

patriarca. 1. Anciano respetable, sabio*, decano. V. ANCIANO 1, 2.

— **2.** Prelado, obispo, metropolitano. V. SACERDOTE 1.

patriarcal. Venerable, digno, majestuoso. V. RESPETO 4.

patricio. Noble, prócer, hidalgo. V. ARISTOCRACIA 4.

patrimonio. Fortuna, posesiones, hacienda. V. PROPIEDAD 1.

patrio. Territorial, regional, nacional. V. NACIÓN 6.

patriota. Nacionalista*, amante de la patria, héroe*. V. NACIÓN 7.

patriotero. Apasionado, fanático, xenófobo. V. NACIÓN 7.

patriótico. V. patriota.

patriotismo. Devoción, fidelidad a la patria, nacionalismo*. V. NACIÓN 8.

patrocinar. Respaldar, favorecer, pagar*. V. AYUDA 3.

patrocinio. V. patrocinar.

patrón. 1. Amo, empleador; santo patrón. V. JEFE 1; SANTO 2.

— **2.** Horma, plantilla, muestra. V. MOLDE 1.

patronato. Institución, fundación, organismo. V. ASOCIACIÓN 1, 5.

patronímico. Apelativo, designación, apellido. V. NOMBRE 1.

patrono. V. patrón 1.

patrulla. Destacamento, pelotón, escuadra. V. EJÉRCITO 4.

patrullar. Custodiar, guardar*, rondar. V. VIGILANCIA 4.

patulea. Chusma, ralea, caterva. V. GRUPO 4.

paulatino. Escalonado, gradual, continuo. V. CONTINUACIÓN 3.

paupérrimo. Mísero, indigente, necesitado*. V. POBRE 1.

pausa. Intervalo, interrupción, espera*. V. DESCANSO 1, 2.

pausado. Calmoso, despacioso, paulatino. V. LENTITUD 2, 3.

pauta. Patrón, regla, modelo. V. EJEMPLO 3, 4.

pavés. Rodela, broquel, escudo grande. V. ESCUDO 1.

pavesa. Chispa, rescoldo, brillo*. V. FUEGO 2.

pavimentar. V. pavimento.

pavimento. Adoquinado, empedrado, piso. V. SUELO 2.

pavo. 1. Gallinácea, ave de corral, a. doméstica. V. AVE 6.

— **2.** Bobo, necio, soso. V. TONTO 1.

pavonado. Azulado, protegido, coloreado. V. METALURGIA 8.

pavonear(se). Alardear, jactarse, presumir. V. FANFARRONERÍA 4.

pavor. Pánico, miedo, espanto. V. TEMOR 1.

pavoroso. Horrible, espeluznante, espantoso*. V. TEMOR 6.

payasada. Gansada, necedad, bufonada. V. TONTO 3.

payaso. 1. Mimo, bufón, «clown». V. COMICIDAD 4.

— **2.** Necio, ganso, bobo. V. TONTO 1.

PAZ. 1. Pacificación, concordia, armonía, neutralidad, tregua, pacifismo, desarme, reducción, supresión de armas, capitulación, reconciliación, apaciguamiento, calma (v. 2), moderación, imparcialidad, amistad, unión*, cordialidad, estabilidad, equilibrio*, asenso, consenso, acuerdo, pacto*, inteligencia, tolerancia*, benevolencia, buena voluntad, entendimiento, unanimidad, conciliación, avenencia.

— **2.** *Calma*, paz, sosiego, quietud, tranquilidad*, reposo, descanso*, serenidad, silencio*, pausa, placidez, sopor, letargo, sueño*, inactividad.

3. Pacificar. Aplacar, apaciguar, reconciliar, tranquilizar*, calmar, serenar, interceder, mediar, arbitrar, arreglar, sosegar, aquietar, parlamentar, desarmar, despojar, debilitar*, pactar, capitular, estabilizar, equilibrar*, mitigar, unir*, amigar, moderar, avenirse, entenderse.

4. Pacificador. Mediador, árbitro, juez, intercesor, apaciguador, pacifista, antimilitarista, conciliador, reconciliador, neutral, enviado, parlamentario, delegado*, diplomático*, estabilizador, tranquilizador*, moderador, tolerante*, componedor, pacífico (v. 5).

5. Pacífico. Manso, apacible, incruento, benigno, benévolo, bonachón, pacifista, inocente*, inofensivo, plácido, reposado, sosegado, tranquilo*, tolerante*, bondadoso*, suave*, moderado*, buenazo, tonto, blando, neutral, pacificador (v. 4).

6. Pacifismo. Neutralidad, pacificación, concordia (v. 1).

Contr.: Guerra, pelea.

V. UNIÓN, TOLERANCIA, BONDAD, TRANQUILIDAD, DESCANSO.

pazguato. Simple, tímido*, muy candoroso V. TONTO 1.

peaje. Tributo, tasa, impuesto. V. FISCO 3.

peana. Pedestal, base, columna*. V. SOPORTE 1.

peatón. Viandante, caminante, transeúnte. V. MARCHAR 8.

pebetero. Incensario, vaso, perfumero. V. PERFUME 6.

peca. Lunar, efélide, mancha cutánea. V. MANCHA 1.

pecado. Yerro, falta, defecto*. V. CULPA 3.

pecador. Infractor, autor, penitente. V. CULPA 4.

pecaminoso. Corrompido, impuro, vicioso. V. INDECENCIA 2.

pecar. Quebrantar, faltar, errar. V. CULPA 6, 7.

pecarí. Jabato, saíno, cerdo americano. V. CERDO 1.

pecera. Vasija, recipiente, receptáculo*. V. ACUARIO 1.

peces. 1. V. PEZ.

— **2.** V. ACUARIO 4.

pechar. Tributar, escotar, contribuir. V. PAGAR 1.

pechera. Peto, chorrera, prenda. V. CAMISA 4.

pecho. 1. Busto, torso, caja torácica. V. TÓRAX 1.

— **2.** *Pechos*, senos, tetas, ubres. V. MAMA 1.

pechuga. V. pecho.

pecíolo, peciolo. Rabillo, pedúnculo de la hoja, tallo. V. HOJA 5.

pécora (mala). Astuta, maliciosa, mujer* taimada. V. ENGAÑO 3.

pecoso. Manchado, moteado, con efélides. V. PIEL 4.

pectoral. Respiratorio*, torácico, mamario. V. TÓRAX 4, MAMA 1.

pecuario. Vacuno, caballar, ganadero. V. GANA-DO 2.

peculado. Fraude, malversación, desfalco, delito. V. ESTAFA 1.

peculiar. Especial, propio, particular. V. CARACTERÍSTICA 3.

peculiaridad. V. peculiar.

peculio. Fortuna, bienes, patrimonio. V. DINERO 1.

pecuniario. Crematístico, monetario, económico*. V. DINERO 9.

pedagogía. Instrucción, enseñanza, didáctica. V. EDUCACIÓN 1.

pedagógico. Didáctico, instructivo, educativo. V. EDUCACIÓN 18.

pedagogo. Maestro, profesor, instructor. V. EDUCACIÓN 15.

pedal. Palanca, mecanismo, aparato. V. HIERRO 7.

pedalear. Impulsar, mover, empujar. V. GIRAR 1.

PEDANTE. 1. Engolado, afectado*, jactancioso, pretencioso, vanidoso*, pomposo, ampuloso, inflado, presuntuoso, egocéntrico, ególatra, fatuo, grandilocuente, enfático, altisonante, culterano, gongorino, purista, redicho, sabihondo o sabiondo, marisabidilla, repipi, resabido, sabelotodo, rimbombante, doctoral, solemne*, ceremonioso, pomposo, campanudo, hueco, hinchado, figurón, leído, dómine, suficiente, pedantesco, vano, relamido, esnob, amanerado, melifluo, estirado, rebuscado, resobado, artificial, engreído, petulante, fanfarrón*, ostentoso, cargante, recargado, sentencioso, barroco, encopetado, necio, desdeñoso, despreciativo*, dogmático, magistral, egoísta*.
2. Pedantería. Pomposidad, culteranismo, afectación*, grandilocuencia, prosopopeya, egolatría, suficiencia, vanidad*, jactancia, énfasis, fatuidad, ampulosidad, purismo, aires de suficiencia, gongorismo, solemnidad*, pretensiones, esnobismo, amaneramiento, estiramiento, melifluidad, rebuscamiento, artificio, petulancia, engreimiento, presunción, desdén, desprecio*, necedad, encopetamiento, egoísmo*, dogmatismo, ex cáthedra o ex cátedra, magíster dixit.
3. Ser pedante. Afectar*, jactarse, fanfarronear*, envanecerse, pretender, amanerarse, rebuscar, estirarse, engreírse, encopetarse, desdeñar, despreciar*, dogmatizar, sentenciar, sermonear, presumir, pavonearse.
Contr.: Sencillo*, cabal, humilde*.
V. VANIDOSO, AFECTADO, SOLEMNE, FANFARRÓN, DESPRECIATIVO.

pedantería. V. PEDANTE 2.

pedantesco. V. PEDANTE 1.

pedazo. Porción, parte*, trozo. V. FRAGMENTO 1.

pederasta. Pedófilo. V. SEXO 6, 13,

pedernal. Cuarzo, piedra*, p. de chispa. V. MINERAL 6.

pedestal. Podio, peana, base. V. SOPORTE 1.

pedestre. Chabacano, inculto, ordinario. V. VULGAR 1.

pediatra. Puericultor, especialista, médico de niños*. V. MÉDICO 2.

pedículo. Pedúnculo, rabillo, prolongación. V. APÉNDICE 1.

pedicuro. Podólogo, callista, auxiliar médico*. V. PIE 12.

pedido. V. PEDIR 3.

pedigrí. Progenie, raza de un animal, ascendencia. V. HERENCIA 11.

pedigüeño. V. PEDIR 5.

PEDIR. 1. Demandar, encargar, instar, solicitar, exigir, apremiar, urgir*, reclamar, requerir, ordenar*, mandar, apelar, recabar, recurrir, rogar, exhortar, desear*, querer, pretender, cortejar, aspirar, gestionar, orar, rezar*, suplicar, implorar, impetrar, conjurar, convocar, invocar, quejarse, clamar, llorar, tramitar*, recomendar, encarecer, sugerir, indicar, aconsejar, invitar*, encomendar, cobrar, recaudar, postular, reivindicar, insistir, abusar*, interpelar, asediar, importunar (v. 1).
— **2.** *Mendigar*, pedir, rebajarse, plañir, suplicar, clamar, llorar, humillarse*, implorar, quejarse, gorronear, aprovecharse, abusar*, sacar, sablear, mangar (v. 1).
3. Petición. Pedido, ruego, demanda, exhortación, llamada, súplica, queja, reclamación, protesta*, invocación, impetración, imploración, insistencia, asedio, importunación, encargo, comisión, encomienda, solicitud, orden*, mandato, exigencia, requerimiento, petitorio, recomendación, instancia, trámite*, gestión, nota*, documento*, impreso*, aspiración, cortejo, pretensión, aviso, deseo*, conjuración, interpelación, reivindicación, colecta, recaudación, postulación, cobro, cuestación, gorronería, parasitismo, sablazo, mendicidad, abuso*, desfachatez.
4. Peticionario. Demandante, interesado, solicitante, aspirante, reclamante, pretendiente, suplicante, implorante, exigente, candidato, postulante, interpelante, insistente, firmante, infrascrito, deseoso*, pedigüeño (v. 5).
5. Pedigüeño. Gorrón, sacacuartos, mangante, parásito, sablista, aprovechado, sacadineros, gorrista, cargante, insistente, mogollón, abusador*, abusón, pegote, parchista, petardista, comensal, arrimadizo, sopista, vividor, ventajista*, pordiosero, mendigo, solicitante, peticionario (v. 4).
Contr.: Entregar, ofrecer, dar, regalar*.
V. INVITAR, ORDENAR, DESEAR, REZAR, ABUSAR, TRAMITAR.

pedo. Gases, ventosidad, flatulencia. V. EXCRECIÓN 2.

pedrada. Cantazo, golpazo, contusión. V. GOLPE 6.

pedrea. Refriega, apedreamiento, escaramuza. V. LUCHA 1.

pedregal. Peñascal, roquedal, erial. V. DESIERTO 1.

pedregoso. Árido, rocoso, desértico. V. DESIERTO 2.

pedrería. Gemas, alhajas, piedra preciosas. V. JOYA 1.

pedrisco. Granizo, precipitación, meteoro. V. TORMENTA 1.

pedrusco. China, guijarro, canto. V. PIEDRA 1.

pedúnculo. Pedículo, rabillo, prolongación. V. APÉNDICE 1.

pega. Inconveniente, contrariedad, obstáculo. V. DIFICULTAD 1.

pegadizo. Fácil, cadencioso, contagioso. V. MÚSICA 13.

pegajoso. Pringoso, untuoso*, viscoso. V. DENSO 1.

pegamento. Goma, cola, adhesivo. V. ADHERIR.

pegar. 1. Engomar, fijar, encolar. V. ADHERIR.
— **2.** Contaminar, contagiar, transmitir. V. INFECCIÓN 7.
— **3.** Castigar, maltratar, propinar. V. GOLPE 11.
— **4.** *Pegarse*, reñir, zurrarse, pelear*. V. LUCHA 9.

pegote. 1. Emplasto, mezcolanza, masa. V. MEZCLA 2.
— **2.** Chapucería, apéndice, parche. V. AÑADIR 3.

peinado. Tocado, arreglo, adorno del cabello. V. PELO 7.

peinador. Quimono, bata, camisón. V. CAMISA 2.

peinar. Componer, adornar*, acicalar el cabello. V. PELO 8.

peine. Peineta, utensilio, accesorio de aseo. V. PELO 11.

peineta. V. peine.

pejiguera. Incomodidad, engorro, dificultad*. V. MOLESTIA 1.

peladilla. Almendra confitada, golosina, confite. V. CONFITERÍA 2.

pelado. 1. Calvo, pelón, lampiño. V. PELO 14.
— **2.** Árido, desértico, desnudo. V. DESIERTO 2.
— **3.** Ajado, raído, gastado. V. DESGASTE 2.
— **4.** V. pelafustán, pelagatos, niño*.

pelafustán. Vago, perdido, granuja. V. PILLO 1.

pelagatos. 1. Infeliz, pelanas, pobrete*. V. DESGRACIA 3.
— **2.** V. pelafustán.

pelaje. 1. Cabellera, pelambrera, melena. V. PELO 2.
— **2.** Cuero, pellejo, pelo de animal. V. PIEL 6, 7.
— **3.** Calaña, ralea, traza. V. CLASE 1.

pelambre, pelambrera. V. pelaje 1.

pelanas. V. pelagatos 1.

pelandusca. *desp* Buscona *desp*, ramera *desp*. V. PROSTITUCIÓN 3.

pelar. 1. Rapar, trasquilar, quitar. V. CORTAR 1.
— **2.** Descortezar, mondar, arrancar. V. CÁSCARA 2.

peldaño. Escalón, paso, grada. V. ESCALERA 4.

PELEA. 1. Pugna, lucha*, disputa, altercado, discusión*, controversia, incidente, riña, refriega,

pendencia, gresca, contienda, reyerta, escaramuza, bronca, pugilato, boxeo*, puñetazos, lid, conflicto, litigio, lío, alboroto*, escándalo, zipizape, trifulca, zafarrancho, zurra, zurribanda, marimorena, zapatiesta, lance, discordia, conflicto, desacuerdo, desafío*, reto, agarrada, pelotera, hostilidad, rivalidad*, antagonismo, oposición*, pleito, camorra, cisco, argumento, querella, rencilla, desavenencia, porfía, acaloramiento, ataque*, acometida, choque, enfrentamiento, brega, competencia, competición, disgusto, enfado, enojo*, regaño, escena, indisposición, enemistad*, combate, batalla, guerra*, justa, lidia, torneo, forcejeo.
2. Pelear(se). Disputar, luchar*, reñir, contender, combatir, batallar, guerrear*, altercar, pugnar, batirse, desafiar*, retar, discutir*, querellarse, oponerse*, disgustarse, rivalizar*, argumentar, porfiar, acalorarse, hostilizar, abrotar, pleitear, enfrentarse, bregar, enzarzarse, liarse, enredarse, chocar, armarla, competir, antagonizar, indisponerse, regañar, enfadarse, disgustarse, enojarse*, enemistarse*, atacar, acometer, boxear*, forcejear.
— **3.** Afanarse, bregar, pugnar. V. ESFUERZO 2.
4. El que pelea. Contendiente, oponente, desafiante, peleador, antagonista, discutidor*, litigante, lioso, alborotador, hostil, conflictivo, oponente, rival*, pleiteante, atacante, acalorado, porfiado, pugnaz, obstinado*, provocador, matasiete, bravucón, camorrista, fanfarrón*, belicoso, pendenciero, agresivo, competidor, regañón, enojado*, indispuesto, enfadado, disgustado, batallador, guerrero*, combatiente, enemigo, pugilista, púgil, boxeador*, luchador*.
Contr.: Paz*, concordia.
V. DISCUSIÓN, GUERRA, ENOJO, LUCHA ENEMISTAD, OPOSICIÓN, RIVALIDAD, DESAFÍO, FANFARRONERÍA; BOXEO.

peleador. V. PELEA 4.

pelear. V. PELEA 2.

pelele. 1. Fantoche, monigote, títere*. V. MUÑECO 1.
— **2.** Apocado, mequetrefe, desgraciado. V. DESGRACIA 5.

peletería. Tienda*, industria, arte de preparar pieles. V. PIEL 7.

peliagudo. Complicado, laborioso, enrevesado. V. DIFICULTAD 3.

pelícano, pelicano. Ave acuática, palmípeda, vertebrado. V. AVE 4.

película. 1. Cinta, filme, rollo. V. CINE 2.
— **2.** Capa, laminilla, piel*. V. CÁSCARA 1.

peligrar. V. PELIGRO 3.

PELIGRO. 1. Trance, riesgo, amenaza*, apuro, contingencia, alarma, inseguridad, rebato, lance, azar*, albur, ventura, aventura, dificultad*, peligrosidad, emergencia, complicación, embrollo*, lío, urgencia*, conflicto, inminencia, vaivén, incertidumbre, avispero, desgracia*, accidente*, evento, posibilidad, sino, fatalidad, provocación, ultimátum, inquietud, aflicción*, presagio, amago, temor*, propensión, atrevimiento, osadía*.

2. Peligroso. Inseguro, amenazador*, arriesgado, comprometido, aventurado, alarmante, apurado, azaroso, de mal agüero, expuesto, fortuito, difícil*, desgraciado*, incierto, inminente, urgente*, conflictivo, accidentado*, fatal, imprudente, temible*, espantoso*, propenso, embrollado*, lioso, enredado, angustioso, aflictivo*, inquietante, intimidante, torvo, ominoso, siniestro, amenazante, perverso, malvado, provocativo.

3. Peligrar, haber peligro. Aventurarse, arriesgarse, osar*, atreverse, exponerse, correr riesgo, amenazar, alarmar, apurarse, sacrificarse*, accidentarse*, desgraciarse*, provocar, amagar, afligirse*, angustiarse, enredar, embrollar*, inquietarse, presagiar, temer*, intimidar.

Contr.: Seguridad, tranquilidad*.

V. DIFICULTAD, TEMOR, EMBROLLO, DESGRACIA, ACCIDENTE, AMENAZA, AZAR, AFLICCIÓN, SACRIFICIO, URGENCIA, OSADÍA.

peligrosidad. V. PELIGRO 1.

peligroso. V. PELIGRO 2.

pelirrojo. De pelo bermejo, rojizo, colorado. V. PELO 6.

pella. V. pelotilla 1.

pellejo. 1. Epidermis, membrana, cuero. V. PIEL 1, CÁSCARA 1.

— 2. Bota, odre, cuero. V. VINO 4.

pelliza. Cazadora, zamarra, chaquetón. V. CHAQUETA 1.

pellizcar. Retorcer, pinchar, apretar. V. TOCAR 1.

pellizco. 1. Tirón, sobo, torcimiento. V. TOCAR 6.

— 2. Pizca, triza, menudencia. V. FRAGMENTO 1.

pelma, pelmazo. Latoso, fastidioso, cargante. V. MOLESTIA 4.

PELO. 1. Cabello, hebra, bozo, vello, pelusa, filamento córneo, f. epidérmico, fibra, bigote, barba*, cerda, lanugo, vellón, pelusilla, ceja, pestaña, pendejo, pelillo, cabellera (v. 2).

2. Cabellera. Pelambrera, pelambre, melena, pelaje, mata de pelo, patilla, bigote, guía, barba*, lanas, lanosidad, bucle, rizo*, onda, tirabuzón, mechón, greña, mecha, cabellos (v. 1), guedeja, cerneja, vedija, tusa, pelusa, crin, cerdas, piel*, maraña, crencha, cerquillo, fleco, flequillo, vellón, copete, tupé, aladares, peinado (v. 7), coleta, trenza, cola de caballo, moño, rodete, rosca, castaña, tufo, caracolillo, sortijilla, añadido, postizo, peluca (v. 15), borra, cana, cabello blanco, plateado, gris, canicie.

3. Bigote, barba. V. BARBA.

4. Otros elementos. Cuero cabelludo, raya, coronilla, cerco, tonsura, remolino, ondulación, rizado, escalera, trasquilón, corte, repelón, peinado (v. 7), erizamiento.

5. Estructura. Tallo del pelo, raíz, bulbo piloso, papila, vértice, punta, vaina epidérmica o folículo piloso, músculo erector (piel de gallina), glándula* sebácea; *corte transversal:* médula o centro, capa fibrosa, corteza o capa de escamas; queratina.

6. Colores, tipos. Color: pelo canoso, encanecido, cano, entrecano, blanco, plateado, gris, grisáceo, canicie, albino, rubio, blondo, dorado, pajizo, leonado, claro*, castaño, trigueño, rojo, rufo, bermejo, pelirrojo, rojizo, rubicundo, moreno*, oscuro, negro, endrino, renegrido, azulado. Tipo: pelo crespo, rizado*, ensortijado, ondulado, hirsuto, áspero, cerdoso (v. 10), grifo, lacio, liso, seco, graso, brillante, sano, vigoroso, grueso, sedoso, abundante, espeso, ralo, fino, débil, quebradizo, aplastado; peludo (v. 9), despeinado (v. 10), pelado, calvicie (v. 14).

7. Peinado. Tocado, adorno*, arreglo del cabello, compostura, aderezo, peinada, peinadura, acicalamiento, limpieza*, orden, cardado, batido, desenredado, alisado, atusado, rizado*, ondulación, permanente, ondeado, lavado, teñido, marcado; peinado alto, bajo, corto, a la garçon, liso, de cola de caballo, trenza, moño, coleta (v. 2), rodete, tirabuzones, bucles, ondas, rizos*, a contrapelo, melena, flequillo, raya al medio, a un lado, estilo, moda*.

8. Acción. Encanecer, blanquear, platear, volverse canoso (v. 6), volverse calvo, pelar, caerse. *Peinar:* componer, arreglar, alisar, acicalar, atusar, acariciar, ondear, ondular, rizar*, hacer la permanente, h. mechas, ordenar, aderezar, limpiar*, desenmarañar, cardar, desenredar, batir, adornar*, desembrollar, lavar, marcar, teñir. *Cortar:* afeitar, rasurar, pelar, depilar, arrancar, mesar, esquilar, tundir, recortar, igualar, rapar. *Despeinar:* desmelenar, desgreñar, revolver, enmarañar, enredar, encrespar, erizar, encarrujar, mesar, arrancar, rizar*, desordenar*, descuidar.

9. Peludo. Piloso, velludo, velloso, lanudo, lanoso, espeso, rebelde, áspero*, tupido, denso, cerrado, barbudo*, bigotudo, melenudo, hirsuto, cerdoso, despeinado (y 10).

10. Despeinado. Desmelenado, desgreñado, enmarañado, enredado, revuelto, erizado, hirsuto, encrespado, greñudo, cerdoso, tieso, desordenado*, áspero, descuidado, encarrujado (v. 9).

11. Material. Secador, peine, peineta, horquilla, clip, rizador, rulo, alambre, alfiler, bigudí, cinta, lazo, pasador, sujetador, cepillo, tijera, redecilla, diadema; champú, laca, «spray», brillantina, vaselina, fijador, asentador, goma tragacanto, loción, perfume*, cosmético*, depilatorio, producto antiseborreico.

12. Dolencias. Caspa, pitiriasis, escamas, seborrea, grasa, calvicie o alopecia (v. 13), dermatosis, hipertricosis, impétigo, tiña, canicie, canas, albinismo, piojos, liendres, pediculosis, ladillas, parásitos*.

13. Calvicie, corte. Alopecia, calva, pelada, caída de pelo, muda, entradas, depilación, seborrea, coronilla, tonsura, pelona, tiña, decalvación, calvatrueno, corte, peladura, rapadura.

14. Pelado. Calvo, pelón, mondo, lirondo, mocho, lampiño, cortado, rapado, al rape, depilado, motilón, glabro, liso.

15. Peluca. Postizo, bisoñé, tupé, peluquín, añadido, cairel, perico, casquete, cabellera postiza.

16. Peluquero. Barbero*, fígaro, rapista, afeitador, artesano, oficial; rapabarbas, desuellacaras.

17. Peluquería. Barbería, peluquería de caballeros, p. de señoras, p. unisex, salón, s. de alta peluquería, tienda*, negocio.
Contr.: Calvicie (v. 13).
V. BARBA, RIZO, PERFUME, COSMÉTICO, PARÁSITO.

pelón. Rapado, lampiño, calvo. V. PELO 14.

PELOTA. 1. Balón, bola, esfera*, esférico, cuero, bala, juego*, competición, deporte*, recreo, diversión*, ovillo.

2. Deportes de pelota o bola. Fútbol*, baloncesto*, tenis*, balonmano, rugby*, fútbol americano, balonvolea*, voleibol o «volleyball», waterpolo*, béisbol*, golf*, pelota vasca*, p. de frontón, polo*, «hockey»* sobre patines, h. s. hielo, h. s. hierba, ping-pong o tenis de mesa*, «cricket»*, «crocket», bolos*, «bowling», petanca, billar*.

3. Pelotear. Entrenarse, ensayar, entrar en calor, jugar*, rebotar, patear, regatear, esquivar*, fintar o fintear lanzar*, tirar, chutar, arrojar, brincar, saltar*, rechazar, devolver.

4. Pelotazo. Balonazo, tiro, disparo, chut, patada, patadón, pateo, lanzamiento, rebote, rechace, devolución; gol, diana, tanto, acierto, punto, centro.
V. LOS DEPORTES QUE FIGURAN CON ASTERISCO EN 2.

PELOTA VASCA. 1. Pelota de frontón. Modalidades: mano, m. individual, m. por parejas, paleta, cesta, cesta punta, remonte, raqueta, frontenis.

2. Frontón. Cancha, instalación, pista, estadio*, terreno, patio, campo, trinquete, muro, pared, chapa o cinta, frontis, cuadros, pared de rebote, campo libre, localidades, pelota*.

3. Juego. Saque, resto, tanto, bote, falta, volea, cortada, metida, arrimada, dejada, corta, golpe cruzado, g. de dos paredes, revés, rebote.

4. Jugador. Deportista*, competidor, atleta*, pelotari, pareja, delantero, zaguero.
V. PELOTA, DEPORTE.

pelotazo. V. PELOTA 4.

pelotear. V. PELOTA 3.

pelotera. Trifulca, riña, altercado. V. PELEA 1.

pelotilla. 1. Bolita, esferita, pizca. V. ESFERA 1.
— **2.** Alabanza, lisonja, halago*. V. ADULACIÓN 1.

pelotillero. Cobista, halagador, adulador. V. ADULACIÓN 2.

pelotón. Destacamento, avanzada, patrulla. V. EJÉRCITO 4.

peluca. V. PELO 15.

peluche. Felpa, pelusa, pana. V. TELA 6.

peludo. V. PELO 9.

peluquería. V. PELO 17.

peluquero. V. PELO 16.

peluquín. V. PELO 15.

pelusa. V. PELO 1.

pelvis. Cadera, cintura pélvica, huesos* coxales. V. CUERPO 5.

pena. 1. Disgusto*, sufrimiento*, tristeza. V. AFLICCIÓN 1.
— **2.** Agobio, trabajo*, fatiga*. V. MOLESTIA 1.
— **3.** Sentencia, condena, correctivo. V. CASTIGO 1.

penacho. Airón, cimera, plumero. V. PLUMA 5.

penado. Presidiario, condenado, prisionero. V. PRISIÓN 6.

penal. Penitenciaría, cárcel, presidio. V. PRISIÓN 1.

penalidad. 1. Mortificación, padecimiento, martirio. V. SUFRIMIENTO 1.
— **2.** V. pena 3.

penalti. Falta, pena, castigo máximo. V. FÚTBOL 4.

penar. 1. Padecer, sufrir*, aguantar*. V. AFLICCIÓN 4.
— **2.** Sentenciar, sancionar, castigar*. V. CONDENA 4.

penco. Jamelgo, jaco, rocín. V. CABALLO 1.

pendejo. Vello, cabello, pelo del pubis. Cobarde, estúpido V. PELO 1; TONTO 1.

pendencia. Reyerta, altercado, riña. V. PELEA 1.

pendenciero. Agresivo, camorrista, provocador. V. PELEA 4.

pender. Suspender, caer, descender. V. COLGAR 2.

pendiente. 1. Zarcillo, arete, arracada. V. JOYA 2.
— **2.** Rampa, desnivel, declive. V. CUESTA 1.
— **3.** Empinado, levantado, caído. V. INCLINAR 6.
— **4.** Oscilante, suspendido, colgante. V. COLGAR 5.
— **5.** Prorrogado, diferido, en curso. V. DEMORA 4.

pendón. 1. Pabellón, gallardete, estandarte. V. BANDERA 1.
— **2.** *coloq* Ramera *desp*, fulana *desp*, prostituta. V. PROSTITUCIÓN 3.

péndulo. Regulador, cuerpo suspendido, oscilante. V. RELOJ 2.

pene. Verga, falo, miembro. V. SEXO 8.

penetrabilidad. Penetración, introducción, entrada*. V. INTRODUCIR 4.

penetrable. Insertable, introducible, accesible. V. INTRODUCIR 4.

penetración. Inserción, inclusión, entrada. V. INTRODUCIR 4.

penetrante. Estrepitoso, hiriente, agudo. V. INTENSIDAD 3.

penetrar. 1. Meterse, acceder, pasar. V. ENTRAR 1.

— **2.** Taladrar*, horadar, profundizar. V. AGU-JERO 2.

— **3.** Embutir, empotrar, meter. V. INTRODU-CIR 1.

— **4.** Comprender, deducir, entender. V. INTE-LIGENCIA 9.

penicilina. Producto antibiótico, sustancia antibiótica, bactericida. V. ANTIBIÓTICOS 2.

península. Accidente geográfico, a. geológico, istmo. V. COSTA 2.

peninsular. Hispánico, ibérico, hispano. V. ESPAÑOL 1.

penitencia. Ofrenda, expiación, arrepentimiento*. V. SACRIFICIO 2.

penitenciaría. Presidio, cárcel, penal. V. PRISIÓN 1.

penitenciario. Carcelario, penal, correccional. V. PRISIÓN 1.

penitente. Sacrificado, dolorido*, arrepentido*. V. SACRIFICIO 3.

— **2.** Nazareno, cenobita, anacoreta. V. SACERDOTE 2.

penoso. 1. Laborioso, difícil, trabajoso*. V. DIFICULTAD 3.

— **2.** Triste, lamentable, doloroso. V. DESGRACIA 2.

pensador. V. PENSAR 13.

pensamiento. 1. V. PENSAR 6.

— **2.** Planta. V. FLOR 4.

pensante. V. PENSAR 12.

PENSAR. 1. Reflexionar, discurrir, ocurrirse, razonar, meditar, abstraer, abstraerse, cavilar, embobarse, recapacitar, abismarse, enfrascarse, engolfarse, embeberse, esforzarse, absorberse, ponderar, juzgar, concentrarse, reconcentrarse, preocuparse, especular, ensimismarse, sumirse, recordar (v. 2), representar, ponderar, agitar, concebir, intuir, repasar, examinar, estudiar, entender, sopesar, calcular, distraerse, rumiar, ver, vislumbrar, profundizar, buscar, observar, inspirarse, filosofar*, fantasear*, imaginar*, idear (v. 5), entender, comprender (v. 3), juzgar, creer (v. 4), sentir, percibir, digerir, considerar, deliberar, dudar, ponderar, empollar, divagar, percatarse, darse cuenta, embobarse, empollar, estudiar, calentarse los cascos, estrujarse el cerebro*, devanarse los sesos, dar vueltas, quebrarse la cabeza (v. 3).

— **2.** *Recordar*, pensar, memorizar, evocar, rememorar, hacer memoria, acordarse, retener, repasar, revivir, reconstruir, resucitar, recapitular, repasar, invocar, torturarse (v. 1).

— **3.** *Comprender*, pensar, entender, percibir, concebir, creer*, discernir, inferir, deducir, derivar, cogitar, asimilar, implicar, sobrentender, penetrar, intuir, saber, adivinar*, conocer, alcanzar, enterarse, interpretar, advertir, resolver, vislumbrar, hallar, saber, descifrar (v. 1).

— **4.** *Creer*, pensar, estimar, apreciar, evaluar*, juzgar, opinar, sospechar*, figurarse, enjuiciar, abrigar, maliciar, escamarse, mosquearse, dudar*, desconfiar, olerse, recelar, conjeturar, co-

legir, suponer, deducir, preocuparse, presentir, temer*.

— **5.** *Imaginar*, pensar, estudiar, planear*, idear, elaborar, esbozar, concebir, proyectar, hilvanar, coordinar, pergeñar, soñar, calcular, trazar, crear*, inventar*, madurar, tramar, fraguar, urdir, preparar, maquinar, maniobrar, organizar, acariciar, investigar*, elucubrar o lucubrar, especular, forjar, bosquejar (v. 1).

6. Pensamiento. Meditación, reflexión, raciocinio, idea, cavilación, especulación, razonamiento, contemplación, noción, concepto, lógica, atención, concentración (v. 7), abstracción, deducción, inferencia, consecuencia, inteligencia* (v. 8), juicio, imaginación*, fantasía*, «Leitmotiv», motivo, inspiración, conclusión, análisis, argumento, elucubración o lucubración, disquisición, divagación, vaguedad, silogismo, demostración, aclaración, explicación*, recuerdo (v. 9), repaso, representación, imagen, recapacitación, obsesión*, comprensión, conocimiento, entendimiento, interpretación, cálculo*, proyecto (v. 10), adivinación*, telepatía, transmisión, percepción extrasensorial, suposición, conjetura, hipótesis, duda, estudio, examen, introspección, sentir, ponderación, concepción, intuición, asimilación, consideración, investigación*, cálculo, filosofía*, lógica, dialéctica, distracción, observación, búsqueda, vislumbre, evocación, cogitación (v. 7).

— **7.** *Reflexión*, pensamiento, meditación, cavilación, abismamiento, embobamiento, divagación, enfrascamiento, ensimismamiento, abstracción, engolfamiento, distracción, recogimiento, embeleso*, embebecimiento (v. 6, 8).

— **8.** *Inteligencia*, pensamiento, razonamiento, comprensión, intelecto, perspicacia, agudeza, capacidad, lucidez, conocimiento, consciente, subconsciente, inconsciente, ingenio, juicio, mente, cerebro*, entendederas, penetración, discernimiento, capacidad, facultad, clarividencia, intuición.

— **9.** *Recuerdo*, pensamiento, reminiscencia, repaso, memoria*, rememoración, evocación, retentiva, añoranza, nostalgia, alusión, invocación, presencia, remembranza.

— **10.** *Proyecto*, pensamiento, intención, designio, plan*, aspiración, deseo*, anhelo, programa, idea, propósito, sueño, cálculo, trama, finalidad*, objetivo, ambición*, voluntad*.

— **11.** Proverbio, dicho, sentencia, aforismo. V. FRASE 1.

12. Pensativo. Caviloso, absorto, reflexivo, cabizbajo, pensante, meditabundo, cogitabundo, razonador, especulador, engolfado, embelesado, enfrascado, ensimismado, abstraído, embebido, especulativo, contemplativo, abismado, estudioso, sumido, distraído, preocupado, ceñudo, cejijunto, intuitivo, evocador, divagador, concentrado, reconcentrado, recogido, maquinador.

13. Pensador. Erudito, estudioso, investigador, sabio*, inteligente*, intelectual, filósofo*, lumbrera, enjuiciador, empollón, intérprete, planificador*, ilustrador, culto, sapiente, versado, letrado, leído.
Contr.: Actuar*, obrar.
V. INTELIGENCIA, IMAGINACIÓN, FANTASÍA, MEMORIA, CEREBRO, FILOSOFÍA, SABIDURÍA, VOLUNTAD, DESEO, PLAN, SOSPECHA.

pensativo. V. PENSAR 12.

PENSIÓN. 1. Subsidio, retiro, jubilación, licencia, excedencia, subvención, gratificación, renta, compensación, haber pasivo, clase pasiva, viudedad, orfandad, invalidez*, inutilidad, cantidad, pago*, paga, beca, plaza, ayuda*, a. de estudios, donación, manutención, contribución, asistencia, socorro*, protección*, descanso*, subsidio de paro, de cesantía, de enfermedad, de accidente.
— **2.** Hospedaje, fonda, pupilaje. V. HOTEL 1.
3. Pensionista. Jubilado, retirado, licenciado, pensionado, emérito, pasivo, de clases pasivas, subvencionado, becado, becario, estudiante, educado*, parado, cesante, separado, licenciado, excedente, huérfano*, viuda, inválido*, inútil, enfermo*, accidentado*, minusválido, gratificado, ayudado*, compensado, pagado*, mantenido, asistido, socorrido* (v. 4).
— **4.** *Huésped*, pensionista, pupilo, interno, alumno, educando*, colegial, seminarista, becario, albergado, alojado, hospedado (v. 3).
5. Pensionar. Jubilar(se), retirar, licenciar(se), subvencionar, gratificar, pagar*, abandonar, dejar, separar, cesar, apartar, subsidiar, compensar, ayudar*, asistir, socorrer*, contribuir, conceder, asignar, donar, becar, sostener, mantener, licenciarse.
Contr.: Dinamismo*, actividad, juventud.
V. PAGO, AYUDA, PROTECCIÓN, DESCANSO, SOCORRO, ACCIDENTE, ENFERMEDAD, INVALIDEZ; HOTEL.

pensionado. 1. Pensionista, jubilado, retirado. V. PENSIÓN 3.
— **2.** Colegio, escuela, internado. V. EDUCACIÓN 9.

pensionar. V. PENSIÓN 5.

pensionista. V. PENSIÓN 3, 4.

pentágono. Polígono, p. de cinco lados, figura*. V. GEOMETRÍA 6.

pentagrama. Renglonadura, pauta, cinco líneas. V. MÚSICA 8.

PENTATLÓN. 1. Competición, competencia, deporte*, juego*, pruebas atléticas, atletismo*, gimnasia*.
2. Enumeración. Cinco pruebas: carreras*, salto* de longitud, lanzamiento de disco, l. de jabalina, lucha*. Pentatlón masculino, p. femenino. Decatlón (hombres): 100 m lisos, salto de longitud, lanzamiento de peso, salto de altura, 400 m lisos; 110 m vallas, lanzamiento de disco, salto con pértiga, lanzamiento de jabalina,

1.500 m lisos. Decatlón (mujeres): 100 m lisos, lanzamiento de disco, salto con pértiga, lanzamiento de jabalina, 400 m lisos; 100 m vallas, salto de longitud, lanzamiento de peso, salto de altura, 1.500 m lisos. Pentatlón moderno: tiro* con pistola, esgrima*, natación 200 m libres, equitación de obstáculos y carrera a campo traviesa.
V. ATLETISMO, DEPORTE, LUCHA, CARRERA, SALTO, GIMNASIA.

Pentecostés. Festividad, celebración, solemnidad religiosa. V. FIESTA 6.

penumbra. Crepúsculo, media luz, sombra. V. OSCURIDAD 1.

penuria. 1. Carencia, falta, insuficiencia. V. ESCASEZ 1.
— **2.** Indigencia, miseria, necesidad*. V. POBRE 7.

peña. 1. Risco, escollo, roca. V. PIEDRA 1.
— **2.** Monte, cerro, peñón. V. MONTAÑA 1.
— **3.** Corrillo, reunión, tertulia. V. CONVERSACIÓN 5.

peñasco, peñón. V. peña 1, 2.

peón. 1. Obrero, bracero, jornalero. V. TRABAJO 1.
— **2.** V. peonza.

peonza. Peón, perinola, trompo. V. JUEGO 15.

peor. Deficiente, malo, bajo. V. INFERIOR 1.

pepino. Cucurbitácea, cohombro, pepinillo. V. HORTALIZA 2.

pepita. Pipa, simiente, hueso. V. SEMILLA 1.

pepitoria. Guiso, plato, manjar. V. COCINA 8.

pequeñez. V. PEQUEÑO 4.

PEQUEÑO. 1. Menudo, chico, corto, diminuto, bajo, menor, minúsculo, mínimo, breve, falto, enano (v. 2), insuficiente, deficiente, menguado, mermado, carente, escaso*, imperceptible, invisible, microscópico*, poco, ínfimo, insignificante*, trivial, pueril, disminuido, pobre*, mezquino, endeble, débil*, despreciable, exiguo, tenue, fino, parvo, acortado, contraído, decrecido, reducido, limitado, aminorado (v. 2).
— **2.** *Enano*, pequeño, bajo; pigmeo, liliputiense, retaco, raquítico, achaparrado, chaparro; gurrumino, renacuajo, esmirriado; enclenque, débil*, canijo, delicado, endeble, frágil, diminuto, minúsculo, menudo (v. 1).
— **3.** Chiquillo, crío, nene. V. NIÑO 1.
4. Pequeñez. Cortedad, falta, carencia, menudencia, miniatura, enanismo, brevedad, limitación*, merma, parvedad, achaparramiento, ruindad, raquitismo, encanijamiento, delicadeza, fragilidad, endeblez, finura, deficiencia, mengua, déficit, insignificancia*, trivialidad, puerilidad, exigüidad, escasez*, disminución, mezquindad, pobreza*, fruslería, reducción, aminoración, contracción, acortamiento.
5. Empequeñecer. Disminuir, menguar, encoger, decrecer, acortar, limitar*, contraerse, restar, encanijar, reducir, aminorar, bajar, mermar, rebajar, caer, cortar, limitar*, escasear*, faltar, empobrecer, debilitarse*.

Contr.: Grande, extenso, amplio.
V. DÉBIL, INSIGNIFICANTE, POBRE, ESCASO, LIMITADO.

pequinés. Can, perro faldero, p. pequeño. V. PERRO 2.

pera. 1. Fruta, producto, fruto del peral. V. FRUTO 5.
— **2.** Perilla, barbita, pelo* facial. V. BARBA 1.

peral. Árbol frutal, vegetal*, planta. V. ÁRBOL 5.

peralte. Desnivel, rampa, inclinación*. V. CARRETERA 3.

perca. Pez comestible, acantopterigio, pescado. V. PEZ 9.

percal. Tejido, género, tela de algodón. V. TELA 7.

percance. Perjuicio, contratiempo, desgracia*. V. ACCIDENTE 1.

percatarse. V. PERCIBIR 1.

percebe. Crustáceo, cirrópodo, ser marino. V. MARISCO 3.

percepción. V. PERCIBIR 4.

perceptible. V. PERCIBIR 7.

percha. 1. Colgadero, gancho, paragüero. V. MUEBLE 2.
— **2.** Pértiga, listón, estaca. V. PALO 1.

perchero. Paragüero, colgador, mueble auxiliar. V. MUEBLE 2.

percherón. Cuadrúpedo, caballería*, caballo de tiro. V. CABALLO 3.

PERCIBIR. 1. Apreciar, notar, sentir, experimentar, sufrir, doler, descubrir, advertir, observar, reparar, fijarse, captar, evidenciar, discernir, reconocer, contemplar, ver, entrever, divisar, mirar*, avistar, columbrar, percatarse, distinguir, estimar, comprobar*, establecer, señalar, identificar, evaluar*, enterarse, registrar, recordar, memorizar, evocar, oler*, husmear, olfatear, palpar, tocar*, tantear, saborear, gustar*, paladear, escuchar, oír*, pescar, pillar, cerciorarse, compulsar, confirmar, evidenciar, averiguar, demostrar, escrutar, estudiar, examinar.
— **2.** Entender, penetrar, comprender. V. INTELIGENCIA 9.
— **3.** Embolsar, ingresar, recaudar. V. COBRAR 1.
4. Percepción. Sensación, sensibilidad, noción, sentimiento, capacidad, impresión, sentido (v. 6), excitación, efecto, emoción*, imagen, apreciación, hiperestesia, perceptividad, descubrimiento, intuición, conocimiento, observación, apreciación, vista, mirada*, ojo*, reconocimiento, discernimiento, comprobación*, captación, identificación, recuerdo, evocación, memoria*, olfato, husmeo, olor*, registro, experiencia, diferencia, demostración, estudio, examen, discriminación, tanteo, tacto, palpación, gusto*, sabor, averiguación, investigación, oído*, escucha; sentidos (v. 6).
— **5.** Agudeza, lucidez, comprensión. V. INTELIGENCIA 1.
6. Sentidos. Cinco sentidos externos: vista (v. ojo*), oído*, olfato (v. olor*), gusto*, tacto (v. tocar*).

7. Perceptible. Reconocible, evidente, sensible, notable, apreciable, manifiesto, identificable, material, discriminable, observable, visible, audible, palpable, claro*, notorio, aparente, verdadero*, real, material, registrable, diferenciable.
8. Perceptivo. Sensible, observador, impresionable, hiperestésico, sensitivo, dolorido*, delicado, aquejado, excitable, intuitivo, apreciativo; escrutador, memorista, evocador, husmeador, examinador, investigador*, identificador, comprobador, discriminador, saboreador, averiguador, escucha, oidor.
Contr.: Insensibilidad, anestesia, embotamiento.
V. MIRAR, TOCAR, OLOR, OÍDO, GUSTO, MEMORIA, INTELIGENCIA, INVESTIGACIÓN, COMPROBACIÓN.

percudido. Manchado, tiznado, sobado. V. SUCIEDAD 6.

percudir. V. percudido.

percusión. Porrazo, choque, sacudida. V. GOLPE 1, 2.

percutir. Aporrear, batir, chocar. V. GOLPE 10.

percutor. Detonador, pieza, martillo. V. PISTOLA 3.

perdedor. V. PERDER 7.

PERDER. 1. Extraviar, dejar, descuidar*, abandonar, olvidar*, caerse, negligir, traspapelar, confundir, omitir, revolver, descarriar, embrollar*, desordenar*, quebrar, adeudar, derrochar*, despilfarrar, malgastar, arruinarse, empobrecerse, fracasar, gastar, naufragar, hundirse, acabar, malograr, desperdiciar, desaprovechar, postergar, relegar, ignorar.
— **2.** *Extraviarse*, perderse, apartarse, desviarse, errar, descarriarse, alejarse*, confundirse, despistarse, desorientarse, equivocarse*, descaminarse, errar; corromperse, descarriarse, depravarse (v. vicio*).
3. Pérdida. Descuido, extravío, abandono, confusión, olvido*, omisión, desvarío, equivocación*, desperdicio, carencia, mal, percance, daño, accidente*, desgracia*, detrimento, malogro, frustración, fracaso, embrollo*, desorden*, barullo, perjuicio*, desgaste, avería, deterioro*, pobreza*, desventaja, bancarrota (v. 4).
— **4.** *Bancarrota*, pérdida, quiebra, quebranto, ruina, empobrecimiento, deuda*, déficit, gasto*, embargo, hundimiento, caída, fin*, suspensión de pagos (v. 3).
5. Perdido. Olvidado*, extraviado, dejado, abandonado, omitido, descuidado*, traspapelado, confundido, descarriado, alejado, desaprovechado, desorientado, embrollado*, despistado, desviado, apartado, errante, a la deriva, al garete, sin rumbo, sin gobierno, descaminado, desatendido, desperdiciado, malogrado, postergado, ignorado, malgastado, embarullado, desordenado*, desgastado, gastado.

— **6.** Tarambana, calavera, perdulario. V. VICIO 4.

7. Perdedor. Arruinado, quebrado, deficitario, malparado, empobrecido, pobre*, embargado, endeudado, deudor*, hundido, caído, en bancarrota, en suspensión de pagos, perjudicado, damnificado, infortunado, fracasado, víctima, jugador*, frustrado, dañado.
Contr.: Encontrar, hallar, ganar*, beneficiarse*.
V. PERJUICIO, POBREZA, EMBROLLO, DESORDEN, DESCUIDO, OLVIDO, GASTO, DEUDA.

perdición. Infortunio, daño, ruina. V. DESGRACIA 1.

pérdida. V. PERDER 3.

perdidamente. Completamente, absolutamente, inevitablemente. V. EXAGERACIÓN 6.

perdido. V. PERDER 5, 6.

perdigón. Balín, munición, plomo. V. PROYECTIL 2.

perdiz. Gallinácea, ave de caza*, codorniz. V. AVE 6.

PERDÓN. 1. Clemencia, gracia, merced, benevolencia, indulgencia, bondad*, caridad, piedad, indulto, absolución, amnistía, misericordia, compasión*, olvido*, liberación, libertad*, generosidad*, magnanimidad, dispensa, benignidad, tolerancia*, disculpa, exención, excepción, favor, don, dádiva, beneficio*, ventaja*, comprensión, condescendencia, condonación, conmutación, remisión, defensa, protección*, lenidad, remisión, rehabilitación, reivindicación, redención.
2. Perdonar. Dispensar, absolver, eximir, excluir, exceptuar, amnistiar, conmutar, indultar, agraciar, condonar, olvidar*, disculpar*, exculpar, tolerar*, justificar, defender*, proteger*, rebajar, dispensar, liberar, librar*, quitar, exceptuar, compadecer*, apiadarse, borrar, disimular, aceptar*, favorecer, dar, beneficiar*, condescender, comprender, remitir, reivindicar, redimir, rehabilitar.
3. Perdonado. Dispensado, absuelto, eximido (v. 2).
4. Perdonable. Justificable, admisible, comprensible, lógico, tolerable*, disculpable*, razonable, defendible, aceptable*, digerible, pasadero, soportable.
5. Que perdona. Indulgente, tolerante*, compasivo*. V. TOLERANCIA 2.
Contr.: Venganza*, desquite, condena*.
V. BONDAD, OLVIDO, DISCULPA, COMPASIÓN, LIBERTAD, GENEROSIDAD, TOLERANCIA, BENEFICIO, PROTECCIÓN.

perdonable. V. PERDÓN 4.

perdonar. V. PERDÓN 2.

perdonavidas. Matón, bravucón, camorrista. V. FANFARRONERÍA 3.

perdulario. Inmoral, pillo*, indecente*. V. DESVERGÜENZA 2.

perdurable. Perpetuo, duradero*, perenne. V. PERMANECER 3.

perdurar. Mantenerse, subsistir, durar*. V. PERMANECER 1.

perecedero. Efímero, transitorio, mortal. V. BREVE 1.

perecer. Morir, expirar, fallecer. V. MUERTE 13.

peregrinación, peregrinaje. Periplo, jornada, excursión. V. VIAJE 1.

peregrinamente. V. peregrino 2.

peregrinar. Recorrer, deambular, errar. V. VIAJE 8.

peregrino. 1. Romero, caminante, penitente. V. VIAJE 4.
— **2.** Raro*, insólito, bello. V. ASOMBROSO, HERMOSO.

perejil. Aderezo, planta umbelífera, vegetal*. V. CONDIMENTO 2.

perenne. Eterno, perpetuo, duradero*. V. PERMANECER 3.

perentorio. Inaplazable, apremiante, ineludible. V. URGENCIA 2.

pereza. Gandulería, haraganería, indolencia. V. HOLGAZÁN 2.

perezoso. Haragán, gandul, indolente. V. HOLGAZÁN 1.

perfección. V. PERFECTO 2.

perfeccionamiento. V. PERFECTO 4.

perfeccionar(se). V. PERFECTO 3.

perfectamente. V. PERFECTO 5.

perfectible. Mejorable, insuficiente, falto. V. IMPERFECCIÓN 2.

PERFECTO. 1. Puro*, único, correcto, inimitable, inmejorable, ejemplar, completo, impecable, irreprochable, académico, clásico, esmerado, consumado, hecho, ideal, hermoso*, bello, atractivo*, mejor, culminante*, intachable, inigualable, cabal, insuperable, maravilloso*, primoroso, fino, pulcro, suave, delicado, gracioso, elegante*, exquisito, refinado, flamante, nuevo*, inmaculado, acabado, total, conseguido, logrado, terminado, rematado, magistral, maestro, importante*, elevado, bueno, bondadoso*, celestial, excelente, mejorado*, cuidado*, lleno, primoroso, magnífico, superior*, notable.
2. Perfección. Superioridad*, calidad, excelencia, quintaesencia, clase, finura, maravilla*, ideal, culminación*, cúspide, cumbre, cima, esplendor, remate, pureza*, corrección, bondad*, eficacia, virtud, cualidad, ventaja*, categoría, importancia*, valor, atractivo*, hermosura*, belleza, esmero, exquisitez, elegancia*, delicadeza, elevación, mejora, cuidado*, clasicismo, primor, madurez, sazón, beneficio*, notabilidad, magnificencia, maestría, altura, prototipo, modelo, molde*, ejemplo*, lo mejor, el súmmum.
3. Perfeccionar(se). Mejorar*, corregir, revisar, repasar, completar, redondear, retocar, rematar, arreglar, enmendar, modificar, cambiar*, coronar, concluir, retocar, pulir, apurar, finiqui-

tar*, terminar, aumentar, culminar*, superar*, afinar, depurar, idealizar, valorizar, hermosear*, importar, embellecer, esmerar, elevar, cuidar*, madurar*, sazonar, beneficiar*, maravillar*, purificar*, conseguir, elevar, llenar, prosperar, progresar*, desarrollar*, adelantar.

4. Perfeccionamiento. Invención, mejora*, desarrollo*, invento*, toque, detalle*, ajuste, remate, final*, acabado, ganancia*, progreso, adelanto, ampliación, rectificación, arreglo.

5. Perfectamente. Completamente, cabalmente, totalmente*, impecablemente, maravillosamente*, ejemplarmente*, magníficamente, esmeradamente, exquisitamente, eficazmente, ventajosamente, idealmente (v. 1); conforme, muy bien, de acuerdo, al dedillo, a fondo.

Contr.: Defectuoso*, deficiente, irregular.

V. PURO, HERMOSO, TOTAL, IMPORTANTE, SUPERIOR, EJEMPLAR, MEJORADO, MARAVILLOSO, ELEGANTE, CULMINANTE, ATRACTIVO, BENEFICIOSO.

perfidia. Deslealtad, insidia, infidelidad. V. TRAICIÓN 1.

pérfido. Insidioso, infiel, desleal. V. TRAICIÓN 2.

perfil. Contorno, figura*, silueta. V. FORMA 1.

perfilado. 1. Perfecto*, bien hecho, detallado*. V. FORMA 4.

— **2.** Ahusado, aerodinámico, estrecho. V. DELGADEZ 4.

perfilar. 1. Afinar, ahusar, adelgazar. V. FORMA 3.

— **2.** *Perfilarse,* descollar, destacar, manifestarse. V. SUPERIOR 6.

perforación. 1. V. perforar.

— **2.** Hueco, taladro, excavación*. V. AGUJERO 1.

perforar. Profundizar, excavar*, agujerear*. V. AGUJERO 2.

perfumado. V. PERFUME 5.

perfumador. V. PERFUME 6.

perfumar. V. PERFUME 7.

PERFUME. 1. Aroma, olor*, o. grato, buen olor, fragancia, efluvio, emanación, esencia, extracto, «bouquet», regusto, producto aromático, líquido a., exhalación, vaho, bálsamo, cosmético*, espíritu, sahumerio, loción, fricción, «eau de toilette», agua perfumada, a. de olor, a. de colonia, colonia, agua de tocador, sustancia odorífera, s. olorosa, perfume natural, artificial o sintético (v. 3); hedor*.

2. Componentes, procesos. Esencia o sustancia aromática (v. 3), alcohol, sustancias volátiles, aceites esenciales, resinas, fijador; pétalos de flores; maceración, disolución, expresión, filtrado, destilación, envasado.

3. Perfumes, esencias, productos. Cosméticos*, ungüentos, untos*, pomadas, sales de baño, s. inglesas, perfumes de flores, colonia, agua de colonia, espliego (lavándula, lavanda, alhucema), esencia de violeta, de azahar, nardo, jazmín, rosa, gardenia, malvarrosa, ben-

juí, heliotropo, mimosa, albahaca, verbena, geranio, clavel, lirio, romero, tomillo, menta, anís, eucalipto, naranja, limón, cuero de Rusia, incienso (v. 4). *Marcas:* Rochas, Chanel n.º 5, Myrurgia, Gal, Heno de Pravia, Paco Rabanne, Coty (v. 1).

4. Otros aromas. Incienso, mirra, almizcle, algalia, ámbar o ámbar gris, alcanfor, estoraque, opopónax u opopónaco, trementina, resina, gomorresina, especias*, canela, vainilla, cumarina, nuez moscada (v. 3).

5. Perfumado. Oloroso, balsámico, aromático, fragante, grato, agradable, penetrante, intenso, fuerte, aromado, odorífero, odorífico, suave, bienoliente; hediondo*.

6. Perfumero. Pebetero, perfumador, pulverizador, rociador, «spray», vaporizador*, frasco, pomo, ampolla, bujeta, botellín, incensario, vaso, sahumerio, recipiente, receptáculo*.

7. Perfumar. Aromatizar, sahumar, difundir, pulverizar, vaporizar, rociar, extender, incensar, exhalar, emanar, aromar, embalsamar, destilar, macerar, disolver.

8. Personas. Perfumista, perfumero, químico*, tendero, droguero, comerciante*.

Contr.: Hedor*, fetidez, pestilencia.

V. OLOR, COSMÉTICO.

perfumero. V. PERFUME 6.

pergamino. Manuscrito, original, piel*. V. DOCUMENTO 1.

pergeñar. Elaborar, esbozar, concebir. V. PENSAR 5.

pérgola. Mirador, emparrado, columnata. V. COLUMNA 6.

pericardio. Tejido, cubierta, envoltura cardiaca. V. CORAZÓN 5.

pericia. Maña, destreza, habilidad. V. HÁBIL 3.

periclitar. Decaer, caducar, declinar. V. EMPEORAMIENTO 2.

perico. Periquito, cotorra, loro. V. AVE 9.

periferia. 1. Perímetro, contorno, borde*. V. LÍMITE 1.

— **2.** Suburbios, extramuros, alrededores. V. BARRIO 2.

periférico. Externo, circundante, suburbano. V. EXTERIOR 1.

perifollo. Gala, ornamento, aderezo. V. ADORNO 1.

perifonear. Emitir, radiar, transmitir. V. RADIO 12.

perífrasis, perífrasi. Circunloquio, ambigüedad, frase*. V. IMPRECISIÓN 1.

perilla. 1. Tirador, asidero, pomo. V. ASA 1.

—**2.** Barbita, mosca, vello. V. BARBA 1, 2.

perillán. Granuja, bribón, truhán. V. PILLO 1.

perímetro. Exterior*, periferia, contorno. V. LÍMITE 1.

perínclito. Esclarecido, insigne, heroico*. V. PRESTIGIO 2.

perinola. 1. Peonza, peón, trompo. V. JUEGO 15.

— **2.** V. perilla 1.

periodicidad. Asiduidad, regularidad, normalidad. V. REPETICIÓN 1.

periódico. 1. Publicación, diario, rotativo. V. PERIODISMO 2.
— **2.** Habitual*, regular, asiduo. V. REPETICIÓN 5.

PERIODISMO. 1. Información*, prensa, profesión, actividad, labor periodística, informativa, información gráfica, publicaciones, periódicos, diarios, telediarios, noticieros, revistas (v. 2).
2. Publicaciones. Periódico, diario, noticiero, gaceta, rotativo, órgano, papel, publicación, edición, tirada, número, ejemplar, gacetilla, boletín, matutino, vespertino, cotidiano, hoja, portavoz, correo, escrito*, impreso*, extra, extraordinario, suplemento, folleto, folletín, panfleto, octavilla, libelo, pasquín, circular, semanario, hebdomadario, revista, historieta*, tebeo, cómic, catálogo, figurín, fascículo, entrega, cuaderno*, cuadernillo, libro*.
3. Clases. Publicación literaria*, científica*, política*, oficial, económica*, financiera, comercial*, industrial, deportiva*, ilustrada, de sucesos, de sociedad, médica*, jurídica, histórica*, de modas*, del corazón, humorística.
4. El periódico; la redacción. Páginas, planas, primera plana, nombre o cabecera, pie de imprenta, fecha, primera edición, tirada, formato, tabloide, titulares, t. a una columna, a varias columnas, noticia*, parte, reportaje (v. 5), encabezamiento, sumario, recuadro, viñeta, subtítulo, columna, línea, párrafo, esquela, necrología, anuncio*, aviso, publicidad*, información gráfica, fotografías*, grabados, caricaturas, mapas*, huecograbado, offset, tipografía, impresión*, recortes, compaginación, ajuste, cierre de la edición, teléfono*, télex, teletipo, máquina de escribir*, ordenador, suscripción, agencia de noticias, redacción, imprenta*, quiosco, hemeroteca, censura, secuestro (v. 5).
5. Artículo. Artículo de fondo, editorial, reportaje, crónica, gacetilla, columna, reseña, noticia*, n. de alcance, n. urgente, crítica, comentario, escrito*, corresponsalía, entrevista, original, galerada, información, informe*, comunicado, nota*, remitido, colaboración, inserción, suelto, recorte, necrología, esquela, anuncio, aviso, publicidad*.
6. Secciones. Redacción, crítica teatral*, c. cinematográfica*, c. literaria*, ecos de sociedad, sucesos*, anuncios clasificados, obituario o esquelas, cartelera de espectáculos, información de Bolsa*, cambio de monedas, noticias nacionales, locales, del extranjero, de última hora, pasatiempos, crucigramas, historietas*, jeroglíficos, sección meteorológica*, s. política*, literaria*, deportiva, etc. (v. 3, 4).
7. Personas. Periodista, redactor, cronista, reportero, corresponsal, enviado, gacetillero, articulista, informador*, comentarista, historiador*, colaborador, escritor*, plumífero,

currinche, principiante, foliculario. Editor, editor responsable, director, administrador*, gerente, redactor, jefe de redactores, enviado, crítico, traductor, corrector, fotógrafo*, reportero gráfico, linotipista, tipógrafo, impresor*, distribuidor, repartidor, vendedor; suscriptor, lector, abonado.
8. Periódicos conocidos. ABC, El País, La Vanguardia, La Nación, el Mercurio, New York Times, The Times, Daily Telegraph, Le Figaro, L'Aurore, Le Monde, Il Corriere della Sera, Deutsches Tageblatt. Antiguos: El Siglo, El Sol, El Imparcial, La Gaceta.
V. IMPRENTA, ESCRITOR, ESCRIBIR, PUBLICIDAD, NOTICIA, ANUNCIO.

periodista. V. PERIÓDICO 7.

período, periodo. 1. Espacio, duración, lapso. V. TIEMPO 1.
— **2.** Época, era geológica*, histórica*. V. EDAD 10, 11.
— **3.** Párrafo, sentencia, oración. V. FRASE 1.
— **4.** Flujo, menstruo, regla. V. MENSTRUACIÓN 1.

peripatético. Extravagante, descabellado, absurdo; (filosofía) seguidor de Aristóteles. V. RIDÍCULO 1; FILOSOFÍA 6.

peripecia. 1. Trance, incidente, aventura. V. SUCESO 1.
— **2.** Tragedia, drama, odisea. V. DESGRACIA 1.

periplo. Itinerario, circuito, travesía. V. VIAJE 1.

peripuesto. Acicalado, atildado, emperifollado. V. ADORNO 4.

periquete. Santiamén, momento, segundo. V. INSTANTE 1.

periquito. Cotorra, perico, loro. V. AVE 9.

periscopio. Sistema óptico, aparato*, instrumento. V. ÓPTICA 3.

peristilo. Atrio, galería*, columnata. V. COLUMNA 6.

peritaje. Tasación, inspección, evaluación*. V. COMPROBAR 2.

perito. Especialista, entendido, técnico. V. EXPERIENCIA 4.

peritoneo. Pliegue, membrana abdominal, epiplón. V. VIENTRE 3.

perjudicado. V. PERJUICIO 3.

perjudicar. V. PERJUICIO 4.

perjudicial. V. PERJUICIO 2.

PERJUICIO. 1. Daño, mal, deterioro*, detrimento, menoscabo, demérito, fracaso, desgracia*, inconveniente, molestia*, peripecia, percance, dificultad*, conflicto, tropiezo, trastorno, disminución*, malogro, impedimento, calamidad, ofensa*, insulto, ultraje, entuerto, extorsión, estropicio, accidente*, rotura, inutilización, desperfecto, destrucción*, desolación, decadencia, estrago, ruina, quebranto, bancarrota, quiebra, pérdida*, pillaje, robo*, depredación, rapiña, daño, avería, privación, revés, desastre*, enfermedad*, plaga, virulencia, nocividad, toxicidad, malignidad, empeoramiento, decadencia, venganza*, hostilidad, descrédito, calumnia*, amenaza*, enemistad*.

2. Perjudicial. Dañoso, dañino, pernicioso, peligroso*, nocivo, negativo, destructivo, destructor, ruinoso, depredador, saqueador, salvaje, lesivo, contraproducente, infecto, ponzoñoso, venenoso*, tóxico, viperino, antihigiénico, enfermizo*, pestífero, malsano, insalubre, morboso, deletéreo, letal, mortífero, maligno, nefasto, funesto, malo, pésimo, atroz, desgraciado*, maléfico, molesto*, desventajoso, desfavorable, contrario, opuesto, ruinoso, adverso, difícil*, fastidioso; injurioso, calumnioso*, insultante, ofensivo*.

3. Perjudicado. Víctima, damnificado, dañado, afectado, siniestrado, baja, malparado, malogrado, deteriorado (v. 4).

4. Perjudicar. Afectar, dañar, damnificar, deteriorar*, malograr, malear, desgraciar*, herir, lesionar*, lastimar, accidentar*, empeorar, enfermar*, molestar*, impedir, agravar, complicar, dificultar*, obstaculizar, entorpecer, obstruir*, perder, inutilizar*, romper, estropear, averiar*, arruinar, menoscabar, quebrantar, vulnerar, privar, decaer, reventar, hostilizar, ofender*, insultar, calumniar*, desacreditar, enemistar*, amenazar*.

Contr.: Beneficio*, favor, ayuda*.

V. DETERIORO, DESGRACIA, DESASTRE, ENFERMEDAD, PELIGRO, LESIÓN, OFENSA, CALUMNIA, AMENAZA.

perjurio. Deslealtad, infidelidad, falsedad*. V. FALSO 5.

perjuro. Infiel, traicionero, desleal. V. FALSO 1.

PERLA. 1. Formación nacarada, concreción esférica, bolita tornasolada, esferita, adorno, aderezo precioso, aljófar, margarita, paternóster, perla natural, fina, cultivada, artificial.

2. Generalidades. Madreperla, nácar, ostra meleagrina o perlífera, molusco*; oriente, lustre, brillo, tornasol; alhaja, joya*, collar, sarta de perlas, engaste. V. JOYA.

perlado, perlino. Irisado, iridiscente, tornasolado. V. COLOR 5.

PERMANECER. 1. Estar, persistir, hallarse, seguir, continuar*, ser, proseguir, durar*, perdurar, prevalecer, volver, quedarse, esperar*, aguardar, mantenerse, fijarse, inmovilizarse*, estacionarse, estabilizarse, afirmarse, sostenerse, sobrevivir, esquivar, consolidarse, perpetuarse, extender, prolongar, demorarse*, retrasarse, eternizarse, insistir, aguantar*, resistir, conservarse*, subsistir, perseverar, residir, habitar*, vivir, establecerse, asentarse, alojarse, aclimatarse, instalarse, arraigar, enraizar, aparecer, presentarse, encontrarse, asistir, figurar, presenciar, concurrir*.

2. Permanencia. Mantenimiento, continuación*, invariabilidad, estancia, detención, demora*, espera, descanso*, alto, inalterabilidad, estabilidad, duración, perpetuación, perduración, prolongación, eternidad, persistencia, subsistencia, extensión, eternización, conservación*, resistencia, insistencia, arraigo, retraso, aguante*, perseverancia, supervivencia, establecimiento, residencia, habitación*, alojamiento, hospedaje, presencia, asistencia, concurrencia*, encuentro, aparición, inmovilidad*, estabilización, firmeza, estacionamiento, sostén, ubicación, disposición, situación, emplazamiento, lugar, asiento, acomodo.

3. Permanente. Fijo, invariable, inalterable, estable, durable, duradero*, interminable, perdurable, perpetuo, eterno, inmortal, interminable, inacabable, perenne, crónico, prolongado, continuado*, mantenido, sostenido, extenso, subsistente, persistente, insistente, demorado*, resistente, conservado*, superviviente, perseverante, aguantador*, arraigado, residente, habitante*, alojado, presente, asistente, concurrente*, intacto, estático, firme, estacionario, inmóvil*, sostenido, situado, mantenido, emplazado, asentado, acomodado.

4. Permanentemente. Fijamente, invariablemente, inalterablemente (v. 3).

Contr.: Marcharse*, cesar, inmovilizar, fugaz, breve*, inestable.

V. DURAR, CONTINUAR, DEMORAR, AGUANTAR, CONSERVAR, ESPERAR, INMOVILIZARSE, HABITAR, CONCURRIR.

permanencia. V. PERMANECER 2.

permanente. V. PERMANECER 3.

permanentemente. V. PERMANECER 4.

permeabilidad. Impregnación, filtración, porosidad. V. MOJAR 4.

permeable. Infiltrable, impregnable, poroso. V. MOJAR 7.

permisible. V. PERMISO 5.

permisivo. V. PERMISO 4.

PERMISO. 1. Autorización, venia, conformidad, aprobación*, beneplácito, aquiescencia, visado (v. 2), poder*, consentimiento, benevolencia, paciencia, gracia, asentimiento, sí, aceptación*, complacencia, indulgencia, compasión, anuencia, concesión, prerrogativa, facultad, licencia, poder, privilegio, plácet, otorgamiento, licitud, validez, carta blanca, tolerancia*, libertad*, condescendencia, connivencia, apoyo, protección*.

— **2.** *Pase*, permiso, visado, credencial, certificado, documento*, salvoconducto, pasaporte, contraseña, santo y seña, consigna, licencia, patente, carné, autorización, matrícula, poder, aval, papeles (v. 1).

3. Permitir. Consentir, otorgar, aprobar*, conformarse, aceptar*, autorizar, conceder, asentir, acceder, admitir, encargar, agraciar, facultar, licenciar, capacitar, tolerar*, pasar, condescender, visar, avalar, certificar, hacer la vista gorda, tener manga ancha, cerrar los ojos, pasar por alto, avenirse, servirse, dignarse, otorgar el beneplácito, dar el plácet, dar la venia, dar poderes, apoyar, respaldar, proteger*.

4. El que permite. Permisivo, aprobador, tolerante*, condescendiente, complaciente, indulgente, compasivo, benévolo, paciente, bondadoso*, consentidor, otorgador, liberal, protector*, anuente, poderoso*, mandatario, jefe*, que consiente, que otorga (v. 2).

5. Lo que se permite. Permisible, aceptable*, tolerable*, conveniente, adecuado, plausible, razonable, valedero, útil*, legal, lícito, legítimo, válido, autorizado, aprobado*, suficiente, pasable, reconocido, permitido, avalado.

6. Permitido. Consentido, otorgado, aprobado (v. 3, 5).

Contr.: Prohibición*, negativa*.

V. APROBACIÓN, ACEPTACIÓN, TOLERANCIA, LIBERTAD, PROTECCIÓN, DOCUMENTO.

permitido. V. PERMISO 6.

permitir. V. PERMISO 3.

permuta. Canje, intercambio, trueque. V. CAMBIO 1.

permutar. Intercambiar, canjear, sustituir*. V. CAMBIO 5.

pernera. Pernil, parte, pieza del pantalón. V. PANTALÓN 2.

pernicioso. Nocivo, dañino, peligroso*. V. PERJUICIO 2.

pernil. Pata, muslo, anca. V. PIERNA 1, CERDO 6.

pernio. Bisagra, gozne, juego. V. ARTICULACIÓN 8.

perno. Clavija, espiga, eje. V. HIERRO 7.

pernoctar. Albergarse, hospedarse, parar. V. ALOJAMIENTO 3.

pero. 1. Tacha, defecto, dificultad*. V. IMPERFECCIÓN 1.

— 2. Sin embargo, si bien, no obstante. V. CONDICIÓN 7.

perogrullada. Simpleza, puerilidad, verdad notoria. V. TONTO 3.

perol. Olla, cazo, marmita. V. RECEPTÁCULO 2.

peroné. Hueso largo, de la pierna*, tibia. V. HUESOS 5.

perorar. V. perorata.

perorata. Sermón, arenga, tabarra. V. HABLAR 2.

perpendicular. Vertical, normal, recta. V. LÍNEA 1.

perpetrar. Ejecutar, cometer, consumar. V. REALIZAR 1.

perpetuación. Mantenimiento, persistencia, conservación*. V. CONTINUACIÓN 1.

perpetuamente. Eternamente, continuamente, persistentemente. V. CONTINUACIÓN 6.

perpetuar. Mantener, preservar, conservar*. V. CONTINUACIÓN 5.

perpetuidad. Eternidad, permanencia*, perennidad. V. DURACIÓN 2.

perpetuo. Perenne, interminable, eterno. V. DURACIÓN 4.

perplejidad. V. perplejo.

perplejo. Desconcertado, estupefacto, aturdido*. V. ASOMBRO 3.

perra. 1. V. PERRO 1.

— 2. Berrinche, rabieta, capricho*. V. ENOJO 1.

perrada. Trastada, bribonada, jugarreta. V. VIL 3.

perrera. Jaula, encierro, casilla. V. PERRO 5.

perrería. V. perrada.

PERRO. 1. Can, cánido, gozque, chucho, cuzco, perrillo, cachorro, cría*, perra, dogo, mastín, galgo, sabueso, etc. (v. 2), dingo, coyote, lobo, licaón, mamífero*; Cerbero, Can Cerbero.

2. Razas. Pedigrí, genealogía del animal. *Perros de caza:* sabueso, foxhound (zorrero), podenco, lebrel, galgo, dachsund, basset, terrier, foxterrier, pachón, braco, de busca, galgo ruso, rastrero, retriever, beagle, deerhound; perros perdigueros (aves): pointer o perro de muestra, setter, setter irlandés, spaniel, cocker spaniel, weimarano. *Perros de labor:* perro-guía, perro lazarillo, pastor, p. alemán, labrador, guardián, de policía, de presa, perro lobo, alsaciano, esquimal, samoyedo, collie, danés o alano, gran danés, mastín, San Bernardo, terranova, bóxer, dóberman pinscher. *Perros no cazadores:* dogo, bulldog, dálmata, perro de lanas, chow-chow. *Perros de compañía:* faldero, pomerano, caniche, lulú, pequinés, maltés, chihuahua.

3. Grupos. Jauría, manada, trailla, pareja, conjunto, tropel, grupo* de perros.

4. Accesorios. Arreos, correa, correaje, collar, frenillo, traílla, dogal, bozal, placa, garabato, carlanca, canil, laja, matacán, látigo.

5. Perrera. Caseta, casilla, cesto, jaula, encierro, cajón, compartimiento*.

6. Enfermedades. Moquillo, hidrofobia o rabia, garrapata, landrilla, lombrices, pulgas, quiste hidatídico.

7. Acción. Ladrar, aullar, gañir, latir, hipar, gruñir, rugir, jadear, resollar, ventear, azuzar, jalear, incitar, huchear.

8. Voces. Ladrido, aullido, gañido, latido, jadeo, gruñido, rugido, resuello, venteo, hucheo. ¡Guau!, ¡grr!, ¡zuzo!, ¡chis!, ¡to!, ¡chucho!

9. Perruno. Canino, cánido, irracional, carnicero, animal*; humilde*, servil, fiel, leal*.

V. MAMÍFERO, ANIMAL, FIERA, CAZA.

perruno. V. PERRO 9.

PERSECUCIÓN. 1. Rastreo, búsqueda, seguimiento, cacería, caza*, acoso, acorralamiento, cerco*, asedio, arrinconamiento, batida, alcance, hostigamiento, amenaza*, importunación, huida*, escapada, carrera*, acecho, emboscada*, estampida, ojeo, investigación*, pesquisa, husmeo, acometida, ataque*, vejación, humillación, captura.

2. Perseguir. Acosar, seguir, hostigar, rastrear, buscar, amenazar*, acorralar, cercar*, asediar, arrinconar, cazar*, batir, husmear, pesquisar, ojear, acechar, emboscarse*, observar, huir*, escapar, correr, importunar, molestar, apremiar, vejar, humillar*, atacar, acometer, alcanzar.

3. Perseguidor. Rastreador, cazador*, seguidor, batidor, ojeador, husmeador, acechante, buscador, emboscado*, hostigador, investigador*, agente, policía*, pesquisa, acometedor, arrollador, indagador, importuno, apremiante, atacante, amenazador*. **4. Perseguido.** Buscado, rastreado, seguido, acechado, fugitivo, huido*, acorralado, acosado, cazado*, cercado*, arrinconado, hostigado, batido, importunado, molestado, vejado, humillado*, alcanzado, apremiado, atacado, amenazado*, acometido, corrido, arrollado. *Contr.:* Huida*, escapada. V. CARRERA, ATAQUE, AMENAZA, CERCO, EMBOSCADA, CAZA, HUIDA, INVESTIGACIÓN.

perseguido. V. PERSECUCIÓN 4.
perseguidor. V. PERSECUCIÓN 3.
perseguir. V. PERSECUCIÓN 2.
PERSEVERANCIA. 1. Constancia, firmeza, tenacidad, tesón, persistencia, paciencia, insistencia, ánimo*, resignación*, aplicación, continuación*, perpetuación*, permanencia*, duración*, asiduidad, afán, esfuerzo, brega, trabajo*, lucha*, inflexibilidad, dureza*, voluntad*, fuerza, energía*, fijeza, empeño, entereza, ahínco, lealtad*, obstinación*, porfía, testarudez, machaconería, tozudez, terquedad, pertinacia, flema, reiteración, repetición*, mantenimiento, aplicación, prolongación. **2. Perseverar.** Persistir, reiterar, empeñarse, afanarse, esforzarse, bregar, trabajar*, luchar*, batallar, animarse*, insistir, prolongar, machacar, obstinarse*, porfiar, mantener, perpetuar, seguir, continuar*, permanecer*, durar*, resistir, repetir*, aplicarse, resignarse*. **3. Perseverante.** Tesonero, constante, insistente, empeñoso, tenaz, firme, consecuente, incansable, asiduo, aplicado, resignado*, paciente, esforzado, afanoso, luchador*, trabajador*, entero, fijo, enérgico*, voluntarioso*, tozudo, machacón, testarudo, porfiado, obstinado*, detallista*, minucioso, concienzudo, leal*, fiel, reiterado, repetido*, invariable, mantenido, pertinaz, flemático, prolongado, duradero*, permanente, perenne, persistente, continuado, perpetuo, eterno, resistente, animoso*, inflexible, férreo, duro, entero. *Contr.:* Inconstancia, descuido*, frivolidad*, dejadez, apatía, desgana. V. ÁNIMO, PERMANENCIA, DURACIÓN, CONTINUACIÓN, VOLUNTAD, LUCHA, TRABAJO, RESIGNACIÓN, OBSTINACIÓN, ENERGÍA, LEALTAD.

perseverante. V. PERSEVERANCIA 3.
perseverar. V. PERSEVERANCIA 2.
persiana. Cortina, celosía, toldo. V. REJILLA.
persignarse. Santiguarse, signarse, hacer la señal de la Cruz. V. MISA 11.
persistencia. Perpetuación, continuidad*, duración*. V. PERSEVERANCIA 1.
persistente. 1. Permanente, perpetuo, imperecedero. V. DURACIÓN 3.

— **2.** Tenaz, tesonero, obstinado*. V. PERSEVERANCIA 3.
persistir. 1. Mantenerse, permanecer, continuar*. V. DURACIÓN 5.
— **2.** Empeñarse, obstinarse*, insistir. V. PERSEVERANCIA 2.
PERSONA. 1. Individuo, semejante*, prójimo, ser, ser humano, racional, sujeto, gente, tipo, igual, hombre*, hombrecillo, varón, mujer*, ego, yo, particular, ciudadano, civil, no militar, paisano, tercero, congénere, pariente, familiar*, ente*, alma, espíritu*, cristiano*, quídam, bicho viviente, fulano, mengano, zutano, perengano, personaje (v. 3), alguien, uno, alguno, cualquiera, conocido, desconocido, tío, tía; gente, grupo* (v. 2). **2. Grupos de personas.** Colectividad, comunidad, sociedad, humanidad, familia*, grupo*, habitantes*, población, nación*, estado, pueblo, tribu, clan, asociación*, agrupación, individuos, semejantes, seres (v. 1). **3. Personaje.** Celebridad, figura, personalidad, notabilidad, protagonista, persona (v. 1), lumbrera, eminencia, dignatario, potentado, magnate, prohombre, cabecilla, gobernante*, jefe*, jefazo (v. 5), director, dirigente, mandatario, patricio, noble, prócer, aristócrata*, autoridad, guía*, héroe*, cacique, regidor, rey*, soberano, pez gordo, persona famosa, figurón, gerifalte, señorón, señor, astro, estrella, divo, mito (v. 5). — **4.** Intérprete, comediante, protagonista. V. ACTOR 1. **5. Jefazo.** Figurón, señorón, pez gordo, mandamás, cabecilla, jerarca, amo, dueño, personaje (v. 3). **6. Personal.** Íntimo, exclusivo, individual, privado, interior, familiar*, característico*, profundo*, espiritual*, particular, secreto*, intrínseco, propio, recóndito, distintivo, peculiar, oficioso, extraoficial. **7. Personalmente.** En persona, uno mismo, íntimamente (v. 6). *Contr.:* Objeto, cosa, ente, ser inanimado, animal*, vegetal*. V. HOMBRE, MUJER, ENTE, GRUPO, JEFE, GOBERNANTE, CELEBRIDAD.

personaje. V. PERSONA 3, 5.
personal. 1. V. PERSONA 6.
— **2.** Servidumbre, servicio, criados. V. SERVIDOR 3.
personalidad. 1. Personaje, figurón, notabilidad. V. PERSONA 3, 5.
— **2.** Temperamento, idiosincrasia, individualidad. V. CARÁCTER 1.
personalizar. V. personificar.
personalmente. V. PERSONA 7.
personarse. Llegar*, asistir, presentarse. V. APARECER 1.
personificación. V. personificar.

personificar. Encarnar, representar, incorporar. V. ACTOR 5.

PERSPECTIVA. 1. Vista, arte, modo de representar objetos, proyección, representación, r. plana, figura* configuración, aspecto*, estereografía, anamorfosis, dibujo*, imagen, plano, mapa*, croquis, boceto, apunte.

— **2.** *Panorama*, perspectiva, paisaje, panorámica, espectáculo, apariencia, vista, cuadro, extensión, horizonte, amplitud, grandiosidad, campiña.

— **3.** Circunstancia, faceta, apariencia. V. ASPECTO 1.

4. Perspectiva, generalidades. Punto de fuga, p. de vista, p. principal, puntos de distancia, p. auxiliares, línea de horizonte, l. de tierra, eje principal, coordenadas, observador, efecto natural, e. tridimensional, perspectiva geométrica*, p. lineal, p. cónica, p. rápida, p. axonométrica, p. caballera, p. militar, p. aérea, p. a vuelo de pájaro, cuadro, plano geométrico, degradación, escorzo, dibujo*, geometría*, topografía*, delineación, planimetría. V. FIGURA, ASPECTO, PANORAMA, DIBUJO, GEOMETRÍA, TOPOGRAFÍA, MAPA.

perspicacia. Sagacidad, lucidez, sutileza. V. INTELIGENCIA 1.

perspicaz. Sutil, sagaz, lúcido. V. INTELIGENCIA 3.

persuadido. V. PERSUADIR 3.

PERSUADIR. 1. Convencer, inspirar, tentar, exhortar, sugestionar, animar*, inclinar, captar, atraer*, argumentar, demostrar*, explicar*, opinar*, discutir*, impresionar, seducir, entusiasmar*, arrebatar, sugerir, conmover, mover, inducir, inculcar, grabar, imbuir, vencer, decidir, arrastrar, incitar, impulsar, ganarse, coaccionar, chantajear, obligar*, exigir, comprometer, tentar, probar, vencer, aleccionar, comunicar, contagiar, razonar, hipnotizar*, aconsejar, catequizar, conquistar.

2. Persuasión. Sugerencia, inspiración, captación, fascinación, exhortación, tentación, convencimiento, convicción, creencia, discusión*, explicación*, argumentación, demostración*, razón, atracción*, inclinación, inducción, sugestión, inculcación, comunicación, contagio, conquista, catequesis, conmoción, seducción, impresión, coacción, incitación, decisión, resolución, demostración*, compromiso, exigencia, obligación*, chantaje, aleccionamiento, arrebato, entusiasmo*, ánimo*, vehemencia, fuerza, énfasis, vigor*, consejo, captación, demagogia, facundia, elocuencia, arrebato, hipnosis, contundencia, habilidad*.

3. Persuadido. Fascinado, captado, convencido, tentado, aconsejado, animado*, entusiasmado*, inspirado, seguro*, exhortado, inducido, inclinado, atraído*, coaccionado, impresionado, seducido, contagiado, comunicado, conmocionado, inculcado, comprometido, incitado, decidido, resuelto, obligado*, chanta-

jeado, aleccionado, arrebatado, conquistado*, catequizado.

4. Persuasivo. Sugerente, sugestivo, elocuente, convincente, tentador, fascinador, inspirado, entusiasta*, animoso*, consejero*, atractivo*, inductor, exhortador, inculcador, argumentador, coaccionador, seductor, contagioso, comprometedor, decisivo, terminante, concluyente, contundente, claro*, incitante, arrebatador, razonador, aleccionador, chantajeador, obligatorio*, exigente, elocuente, locuaz, facundo, hablador*, demagógico, demostrativo, sutil, hábil*, enérgico, astuto*, hipnótico*. *Contr.:* Disuadir, desengañar. V. DEMOSTRAR, EXPLICAR, OBLIGAR, ANIMAR, ENTUSIASMAR, ATRAER, HABLAR, OPINAR, DISCUTIR, HIPNOTIZAR.

persuasión. V. PERSUADIR 2.

persuasivo. V. PERSUADIR 4.

pertenecer. 1. Ser de, ser propiedad, depender. V. PROPIEDAD 9.

— **2.** Atañer, referirse, concernir. V. INCUMBIR 1.

perteneciente. Relativo, vinculado, concerniente. V. INCUMBIR 3.

pertenencia. Posesión, bienes, dominio. V. PROPIEDAD 1.

pértiga. Asta, mástil, vara. V. PALO 1.

pertinacia. Contumacia, terquedad, tenacidad. V. OBSTINACIÓN 1.

pertinaz. Persistente, continuado*, terco. V. OBSTINACIÓN 2.

pertinencia. Adecuación, oportunidad, ventaja*. V. CONVENIENCIA 1.

pertinente. Oportuno, adecuado, ventajoso*. V. CONVENIENCIA 2.

pertrechar. Avituallar, suministrar, proveer. V. ABASTECIMIENTO 4.

pertrechos. Suministros, equipo*, provisiones. V. ABASTECIMIENTO 1, 2.

perturbación. V. PERTURBAR 4.

perturbado. V. PERTURBAR 9, 10.

perturbador. V. PERTURBAR 7, 8.

PERTURBAR(SE). 1. Alterar(se), trastornar, turbar, inquietar, agitar, emocionar, embrollar*, angustiar, impacientar*, alborotar, rebelar, revolucionar*, intranquilizar*, soliviantar, conmocionar, convulsionar, desquiciar, descontrolar, desbocarse, desmandarse, excitar, desasosegar, alterar, irritar, enojar*, enfadar, desconcertar, aturdir*, ofuscar, azorar, agravar, incomodar, alarmar, amenazar, agobiar, preocupar, molestar*, desvelar, atormentar, afligir*, apenar, entristecer, enloquecer (v. 2), desordenar (v. 3).

— **2.** *Enloquecer*, perturbarse, desvariar, enajenar, delirar, disparatar, extraviar, chiflar, chalar (v. locura 6).

— **3.** *Desordenar*, perturbar, embrollar*, revolver, desorganizar, liar, enredar, mezclar*, cambiar*, trastrocar, alterar, desarreglar.

4. Perturbación. Alteración, conmoción, agitación, inquietud, turbación, trastorno, soliviantamiento, revolución*, alboroto, impaciencia*, angustia, desasosiego, excitación, sacudida*, convulsión, movimiento*, intranquilidad*, enfado, irritación, enojo*, desconcierto, alarma, incomodidad, embrollo*, agravamiento, azoramiento, ofuscación, aturdimiento*, amenaza, agobio, preocupación, molestia*, desvelo, tristeza, locura (v. 5), desorden (v. 6).
— **5.** *Locura**, perturbación, enloquecimiento, enajenación, desvarío, delirio, extravío, chifladura, chaladura, desequilibrio.
— **6.** *Desorden**, perturbación, desorganización, embrollo*, enredo, lío, desarreglo, alteración, cambio*, mezcla*.
7. Perturbador. Aflictivo*, intranquilizador*, alarmante, incómodo*, inquietante, irritante, enojoso*, enfadoso, atormentador, confuso, molesto, preocupante, agobiante, amenazador, angustioso, turbador, enloquecedor, impresionante, desconcertante, excitante, revolucionario* (v. 8).
— **8.** *Agitador*, perturbador, revolucionario*, turbulento, subversivo, instigador, revoltoso, embrollón*, enredador, lioso, rebelde*, tumultuoso.
9. Perturbado. Alborotado, alterado, conmovido (v. 4).
— **10.** Desequilibrado, lunático, demente. V. LOCURA 4.
Contr.: Organizar, ordenar*, tranquilizar*, calmar.
V. ATURDIR, INTRANQUILIZAR, IMPACIENTAR, AFLIGIR, ENOJAR, DESORDENAR, CAMBIAR, MEZCLAR; LOCURA.
perversidad. 1. Maldad, crueldad*, ruindad. V. VIL 3.
— **2.** V. perversión.
perversión. 1. Corrupción, alteración, degeneración. V. EMPEORAMIENTO 1.
— **2.** (Sentido impropio) Parafilia, desviación sexual V. SEXO 6.
perverso. 1. Malvado, infame, retorcido. V. VIL 1.
— **2.** V. pervertido 1.
pervertido. 1. Degenerado, inmoral; sexualmente desviado. V. SEXO 12, 13.
— **2.** V. perverso 1.
pervertir. V. perversión.
pervivencia. Supervivencia, perennidad, inmortalidad. V. DURACIÓN 1, 2.
pesa. 1. Contrapeso, pieza, medida*. V. PESO 4.
— **2.** *Pesas*, halteras, deporte*; ejercicio. V. HALTEROFILIA 1.
pesadez. 1. Monserga, fastidio, molestia. V. ABURRIMIENTO 1.
— **2.** Gravitación, pesantez, lastre. V. PESO 1.
pesadilla. 1. Visión, alucinación, ensueño. V. SUEÑO 3.
— **2.** Tragedia, horror, desgracia*. V. ESPANTO 1, 2.

pesado. 1. Gravoso, cargado, macizo. V. PESO 7.
— **2.** Obeso, voluminoso, vigoroso*. V. GORDO 1.
— **3.** Torpe, tardo, calmoso. V. LENTITUD 2.
— **4.** Fastidioso, insoportable, molesto*. V. ABURRIMIENTO 2.
— **5.** Acentuado, fuerte, profundo. V. INTENSIDAD 3.
pesadumbre. 1. Dolor, sufrimiento, pena. V. AFLICCIÓN 1.
— **2.** Remordimiento, preocupación, nostalgia. V. ARREPENTIMIENTO 1.
pésame. Sentimiento, manifestación, condolencia. V. AFLICCIÓN 2.
pesantez. Gravedad, gravitación, masa. V. PESO 1.
pesar. 1. Averiguar el peso, determinar, calcular*. V. PESO 5.
— **2.** Ser pesado, corpulento, gordo*. V. PESO 5.
— **3.** Pena, dolor, disgusto*. V. AFLICCIÓN 1.
— **4.** Apenar, afligir, arrepentirse*. V. AFLICCIÓN 3, 4.
— **5.** Influir, afectar, actuar. V. DOMINACIÓN 9.
— **6.** Hastiar, fastidiar, aburrir. V. MOLESTIA 6.
pesaroso. Apenado, disgustado, arrepentido. V. AFLICCIÓN 5.
pesas. V. pesa 1, 2.
PESCA. 1. Pesquería, arte, oficio, actividad, industria; captura, redada, cargamento*, fruto, producto*.
2. Clases. Pesca fluvial; marítima: costera, litoral o de bajura, de altura, de gran altura; deportiva*, con caña (v. 6), pesca submarina, de buceo*, caza submarina.
3. Embarcaciones de pesca. Ballenero, buque factoría, b. frigorífico, b. de arrastre, bou, jábega, jabeque, palangrero, bacaladero, atunero, salmonero, sardinero, balandro, cúter, barca, bote*, lancha, trainera, ballenera, lugre, barco* pesquero.
4. Métodos o artes de pesca. Artes de arrastre: red, jábega, bou, traína, trolo, boliche; artes de cerco: jareta, tarrafa; artes de deriva: sardinel, albareque, beta; artes fijas: paradera, corral, cazonal, trasmallo; artes de anzuelo: curricán, palangre; otras artes: almadraba, nasa, gánguil, buitrón, rastro, fisga, eléctrica, por succión, con arpón, con caña (v. 6).
5. Material. Red: malla, flotadores, pesos, cuerda superior, cuerda de fondo; red de rastra, de jábega, de deriva, de manga, rastra, rascle, sardinal, traína, sedal, anzuelo, curricán, boya, buitrón, trasmallo, esparavel, gánguil, trampa fija, nasa, garlito, encañizada, cesta, arpón, tridente, cañón del arpón, cable, calabrote, draga, almadraba, atunara, caña de pescar (v. 6), arte, catanga, raña, salabardo, salabre, bichero, garfio, gancho, espinel, chaquetón, botas de goma, capuchón, sombrero, carnada (v. 6).
6. Pesca con caña. Caña: sedal, carrete, flotador, plomo, anzuelo, doble anzuelo, triple anzuelo, carnada, señuelo, cebo, c. vivo, lom-

briz, gusano, camarón, pececillo, mosca, cebo artificial, cucharilla, gusano artificial, mosca a., camarón a., caña para lanzar a una mano, para dos manos, redecilla; nasa.

7. Lugares. Banco, caladero, pesquería, redada, piscicultura, acuicultura, piscifactoría, vivero, marisquería*, cala, pósito, lonja, frigorífico*, pescadería, tienda*, establecimiento, freiduría, restaurante*.

8. Varios. Veda, carnada, cebo, lombriz, huevas, desove, freza, filete, raja, escabeche, conserva*, salazón, salmuera, congelación.

9. Principales pescados. Pescado de mar, p. azul, p. blanco, p. de río, pez*, mariscos*, moluscos*, crustáceos*. *P. de mar:* atún, bonito, caballa, bacalao, sardina, boquerón, arenque, rape, pez espada, rodaballo, corvina, dorada, besugo, lubina, róbalo, mero, gallo, lenguado pescadilla, merluza, salmonete, palometa, pagel, jurel, mújol, congrio, lamprea, esturión. *P. de río:* trucha, salmón, lucio, barbo, carpa, tenca (v. pez*, marisco*).

10. Pescador. Patrón, armador, marinero, hombre de mar, lobo de mar, pescador de altura, p. de bajura, arponero, trainero, camaronero, almadrabero, mariscador, atunero, ballenero, sardinero; pescadero, tendero, comerciante*, asentador, intermediario; pescador deportivo*, p. de caña, cazador submarino, pescador s., submarinista, buceador*, hombre rana.

11. Acción. Pescar, lanzar, largar, echar, tender la red, cobrar, izar, arponear, rastrear, mariscar, calar, curar, ahumar, conservar*, marinar, escabechar, salar, amojamar; picar, morder el anzuelo, caer.
V. PEZ, CONSERVA, MARISCO, BUCEO, BARCO, BOTE, MAR, RÍO.

pescadería. V. PESCA 7.

pescadero. V. PESCA 10.

pescadilla. Merluza pequeña, pez, pescado de mar*. V. PESCADO 9.

pescado. V. PESCA 9.

pescador. V. PESCA 10.

pescante. 1. Tabla, banco, asiento* de cochero. V. CARRUAJE 2.
— **2.** Sostén, aparejo, grúa*. V. SOPORTE 1.

pescar. V. PESCA 11.

pescozón. Palmada, cachete, sopapo. V. GOLPE 5.

pescuezo. Cogote, cerviz, cuello. V. GARGANTA 1.

pesebre. Artesa, comedero, establo. V. GANADO 5.

peseta. Unidad monetaria, pieza, antigua moneda española. V. DINERO 6.

pesetero. Interesado*, avaro*, codicioso*. V. VENTAJA 5.

pesimismo. Desilusión, desmoralización, desesperanza. V. DESÁNIMO 1.

pesimista. Desalentado, desanimado, desmoralizado. V. DESÁNIMO 2.

pésimo. Malísimo, atroz, lo peor. V. PERJUICIO 2.

PESO. 1. Pesantez, pesadez, gravitación, fuerza de atracción, materia, masa, gravedad, lastre, tara, carga*, pesada, densidad, sobrecarga, exceso, ponderosidad, contrapeso, romaneo, sobrepeso, tonelaje, arqueo, desplazamiento de un barco*, peso neto, p. bruto, p. muerto, p. a granel; p. específico, p. atómico; capacidad, volumen.
— **2.** Trascendencia, enjundia, influencia. V. IMPORTANCIA 1.

3. Medidas de peso o masa. *Sistema métrico:* gramo, decagramo, hectogramo, kilogramo; quintal, tonelada; decigramo, centigramo, miligramo. *Medidas anglosajonas:* onza, libra, tonelada, piedra (stone). *Españolas antiguas:* tonelada, quintal, arroba, libra, adarme.

4. Aparatos. Báscula, balanza*, romana, pesacartas, balanza de precisión, fiel, platillo, brazo, pesa (pieza, medida*), contraste, matriz, contrapeso, plomo, centro de gravedad.

5. Pesar. Gravitar, cargar*, recaer, sopesar, sustentarse, apoyarse*, descansar*, soportar*, tantear, apreciar, averiguar, calcular*, determinar el peso, evaluar*, levantar, sostener, colgar*, caer, lastrar, agobiar, abrumar, sobrecargar, contrapesar, tarar, balancear*, equilibrar*, desequilibrar, descargar, ponderar, repesar, ser pesado, s. gordo*.
— **6.** Lamentar, atribularse, arrepentirse*. V. AFLICCIÓN 4.

7. Pesado. Recargado, cargado, que pesa, denso*, gravoso, ponderoso, plúmbeo, macizo, recio, vigoroso*, voluminoso, craso, sólido, compacto, grueso, gordo*, consistente, duro*.
— **8.** Otras acepciones de pesado: molesto, impertinente, insufrible, difícil de soportar, aburrido. V. ABURRIMIENTO 2.
Contr.: Liviano, leve*, ingrávido, ligero; agradable, divertido.
V. MEDIDA, CARGA, SOPORTE, BALANZA, GORDURA, DENSIDAD.

pespunte. Hilván, cosido, puntada. V. COSTURA 2.

pesquería. Caladero, banco, lugar de pesca. V. PESCA 7.

pesquisa. Averiguación, búsqueda, indagación. V. INVESTIGACIÓN 1.

pestaña. 1. Pelo del párpado, cerda, pelillo. V. PELO 1.
— **2.** Reborde, orilla, refuerzo. V. BORDE 1.

pestañear. Parpadear, mover, abrir y cerrar los párpados. V. OJO 9.

peste. 1. Epidemia, plaga, calamidad. V. INFECCIÓN 1.
— **2.** Pestilencia, fetidez, mal olor. V. HEDOR 1.

pestífero. V. PESTILENTE.

pestilencia. V. PESTE 2.

pestilente. Maloliente, fétido, hediondo. V. HEDOR 2.

pestillo. Falleba, pasador, cerrojo. V. CERRADURA 1.

petaca. Pitillera, estuche, cigarrera. V. TABACO 6.

pétalo. Parte de la flor, de la corola, hojilla. V. FLOR 2.

petardista. Sablista, cuentista, pedigüeño*. V. ESTAFA 3.

petardo. 1. Cohete, volador, artificio explosivo*. V. FUEGOS ARTIFICIALES 2.
— **2.** Engaño, timo, fraude. V. ESTAFA 1.

petate. Bulto, bártulo, saco*. V. EQUIPAJE 1.

petición. Ruego, pedido, súplica. V. PEDIR 3.

peticionario. Demandante, aspirante, solicitante. V. PEDIR 4.

petigrís. Piel de ardilla, pelaje. V. PIEL 7.

petimetre. Pisaverde, figurín, atildado. V. ELEGANCIA 2.

petitorio, petitoria. Solicitud, trámite*, instancia. V. PEDIR 3.

peto. Coraza, pechera, protección*. V. ARMADURA 3.

pétreo. Duro*, roqueño, granítico. V. PIEDRA 6.

petrificar. Solidificar, endurecer; aturdir*. V. DURO 6; ASOMBRO 4.

PETRÓLEO. 1. Aceite pesado, hidrocarburo, combustible*, carburante, líquido oleoso, aceite* mineral, a. de piedra, crudo, gasolina, queroseno (v. 2).
2. Derivados. Gasolina (octanos, octanaje), bencina, nafta, queroseno, gasóleo o gasoil, fuel o aceite pesado o combustible diesel, benzol, gas natural, butano, propano, parafina, vaselina, lubricantes, productos volátiles, disolventes, polipropileno, materias plásticas*, polietileno, polivinilo, poliéster, nailon, fibras textiles, tolueno, refrigerantes, caucho* sintético, detergentes, colorantes, insecticidas*, abonos*, fertilizantes, brea, alquitrán, asfalto, coque (v. 1).
3. Refinería. Factoría, instalación, petroquímica, craqueo o «cracking», destilación fraccionada, torre de fraccionamiento, gasómetro, gasógeno, derivados del petróleo (v. 2)
4. Yacimiento. Sondeo, prospección petrolífera, plataforma petrolífera, bolsa de petróleo, oleoducto, gasoducto, «pipe line», torre de perforación o castillete o «derrick», sonda, taladro rotatorio, t. de percusión, barra perforante, trépano, bomba, motor*, plataforma giratoria, balancín, tubo sonda, detección, magnetómetro, sismógrafo.
5. Transporte. Petrolero, superpetrolero, buque tanque, b. aljibe, barco*, camión cisterna, oleoducto, gasoducto (gaseoducto).
6. Varios. Petrodólares, OPEP; compañías: Standard Oil (Esso), Shell, BP, Campsa (disuelta en 1992, se incorpora a Repsol), Repsol YPF.
7. Petrolero, petrolífero. Relativo, perteneciente al petróleo, a los hidrocarburos (v. 1). V. COMBUSTIBLE, CARBÓN.

petrolero. V. PETRÓLEO 5, 7.

petrolífero. V. PETRÓLEO 7.

petroquímica. V. PETRÓLEO 3.

petulancia. Engreimiento, pedantería*, presunción. V. VANIDAD 1.

petulante. Engreído, presumido, pedante*. V. VANIDAD 2.

petunia. Planta, solanácea, vegetal*. V. FLOR 4.

peyorativo. Desdeñoso, ofensivo*, despectivo. V. DESPRECIO 3.

PEZ. 1. Animal acuático, ovíparo, vertebrado, pescado*.
— **2.** *Pez,* alquitrán, brea, asfalto, betún, resina, goma, sustancia resinosa.
3. Partes del pez. Aletas, a. dorsal anterior, a. dorsal posterior, a. caudal o cola, a. anal, a. abdominal, a. pectoral, agallas, opérculo, branquia, orificio nasal, línea lateral, ano, escamas, barbillas, espina o columna vertebral, vejiga natatoria, ventrecha, entrañas.
4. Varios. Desove, freza, huevas, puesta, suelta, período, ovíparos, vivíparos, cardumen, banco, bandada, vivero, piscifactoría, estanque, desovadero, acuario* o pecera, ictiología, piscicultura, acuicultura, cría*, industria, técnica, caviar, mojama, salazón, conserva*, pescado*, p. ahumado, cría*, alevín, migración.
5. Pesca, pescados. V. PESCA.
6. Peces, clasificación. Pez de mar*, de agua dulce (v. 12), de río*, de superficie, de fondo, de aguas cálidas o tropicales, de aguas frías, de acuario* (v. 13), peces emigrantes. Peces teleósteos: anacantinos (v. 7), fisóstomos (v. 8), acantopterigios (v. 9), plectognatos; peces ciclóstomos, ganoideos, lofobranquios, selacios (v. 10). Ballenas, delfines (mamíferos* pisciformes, no peces; v. cetáceos*), pescado blanco, p. azul.
7. Anacantinos. Bacalao, merluza, pescadilla, abadejo, lenguado, solla, platija, rodaballo, barbada.
8. Fisóstomos. Sardina, anchoa, boquerón, arenque, bocarte, salmón, trucha, siluro, morena, lisa, eperlano o eperlán, gimnoto, carpa, ciprínido, anguila, congrio.
9. Acantopterigios. Atún, bonito, albacora, caballa, dorada, gallo, lubina, róbalo, perca, tonina, tenca, araña, besugo, salpa, rodaballo, cherna, mero, chicharro, corvina, dentón, rape, rémora, pez volador, p. espada, p. sierra, escombro, lisa, lucio, escorpena, escorpión, pejerrey, pejesapo, gallo, gobio, jurel, lisa, llobarro, pargo, palometa, pajel, mújol, mojarra.
10. Selacios. *Escualos* (tiburones* *coloq*): pintarroja o cazón, lija, alitán, boca negra, marrajo, jaquetón o tiburón blanco, pez zorro, tiburón ballena, tintorera, pez martillo, tiburón azul. *Rayas:* Pez sierra, tremielga o tembladera, raya blanca, r. común, pastinaca, manta, diablo de mar.
11. Varios. Lamprea, esturión, sollo, erizo de mar, pez ballesta, pez luna, caballito de mar o hipocampo, aguja, rueda. Abisales: melanoceto,

melacostes; extinguido: celacanto. Cría, alevín, jaramugo. Moluscos*, crustáceos*, mariscos*.
12. Peces de agua dulce. Trucha, salmón, carpa, ciprínido, lucio, barbo, torito, vieja, pez gato, siluro, tenca, lisa, lamprea, gobio.
13. P. de acuario. Pez dorado, rojo, carassius auratus; tropicales: guppy, escalar, tetra, neón, xifo, gurami, danio, beta.
V. CETÁCEO, MOLUSCO, CRUSTÁCEO, MARISCO, TIBURÓN, ACUARIO, PESCA.
pezón. Mamelón, botón, tetilla. V. MAMA 2.
pezuña. Casco, pata, vaso. V. PIE 1.
piadoso. Caritativo, misericordioso, bondadoso*. V. COMPASIÓN 2.
piafar. 1. Patear, encabritarse, pisotear el caballo. V. CABALLO 17.
— **2.** *incorr* Relinchar, resollar, resoplar. V. CABALLO 17.
pianista. V. PIANO 5.
PIANO. 1. Instrumento musical*, de teclado, de teclado y cuerdas, pianoforte (v. 2).
2. Clases. Piano vertical o recto, de cola, de media cola, diagonal, de mesa, de concierto; clavicordio, clave, clavecín, clavicémbalo, espineta, celesta, armonio, órgano*, pianola, piano mecánico, p. de manubrio, organillo (v. 1).
3. Partes. Mueble, caja, c. de resonancia, tapa*, armazón metálico, mecanismo, cuerdas, martillos o macillos con fieltro, apagadores, palancas, teclado, tecla, t. blanca, t. negra, clavijero, clavijas, sordina, pedales, p. derecho o fuerte, p. izquierdo o suave, barra del pedal, cuerdas tiples o agudas, c. graves o bordones, barra de presión, puente, llave de afinar o templar, astiles.
4. Varios. Sonoridad, musicalidad, octava, nota, afinación, música*, banqueta, taburete, partitura. Marcas: Pleyel, Steinway, Bechstein, Yamaha.
5. Pianista. Ejecutante, músico*, concertista, solista, intérprete, virtuoso, maestro, profesor, artista; afinador, técnico.
6. Tocar. Interpretar, ejecutar, dar un concierto, un recital, teclear, pulsar, afinar, templar.
V. INSTRUMENTO MUSICAL, MÚSICA, ORQUESTA.
pianola. V. PIANO 2.
piar. Llamar, cantar, trinar. V. AVE 21.
piara. Rebaño, hato, manada de cerdos. V. CERDO 2.
pibe. *Arg* Chiquillo, crío, muchacho. V. NIÑO 1.
pica. Lanza, puya, alabarda. V. ARMA 3.
picacho. Cima, cúspide, cumbre. V. MONTAÑA 1.
picadero. Encierro, potrero, lugar de adiestramiento. V. CABALLO 12.
picadillo. Picado, trinchado, desmenuzamiento. V. CARNE 2.
picado. V. picadura, picadillo.
picador. Jinete, rejoneador, caballista*. V. TOREO 2.

picadura. 1. Pinchazo, punzada, punción. V. PINCHAR 4.
— **2.** Caries, perforación, putrefacción dental. V. DIENTE 4.
picaflor. Colibrí, pájaro, ave diminuta. V. AVE 16.
picamaderos. Pájaro carpintero, insectívoro, ave trepadora. V. AVE 9.
picante. 1. Agrio, ácido*, cáustico. V. PICOR 4.
— **2.** Sazonado, condimentado, fuerte. V. CONDIMENTO 6.
— **3.** Erótico, obsceno; irónico*. V. SEXO 11.
picapedrero. Tallista, cantero, obrero. V. PIEDRA 7.
picapleitos. Leguleyo, abogadillo, tinterillo. V. ABOGADO 1.
picaporte. Pasador, falleba, pestillo. V. CERRADURA 1.
picar. 1. Escocer, hormiguear, arder. V. PICOR 5.
— **2.** Alentar, espolear, aguijonear. V. ÁNIMO 6.
— **3.** Clavar*, punzar, aguijonear. V. PINCHAR 1.
— **4.** Machacar, desmenuzar, cortar*. V. FRAGMENTO 3.
— **5.** Morder el anzuelo, caer, dejarse engañar*. V. PESCA 11.
— **6.** Picarse, estropearse, pudrirse, apolillarse. V. PODRIDO 3.
— **7.** Molestarse, irritarse, enojarse. V. OFENSA 5.
picardía. Bribonada, travesura, pillería. V. PILLO 3.
picaresca. 1. Rufianería, bajos fondos, delincuencia. V. DELITO 5.
— **2.** V. picardía.
pícaro. 1. Travieso, pilluelo, bribón. V. PILLO 1.
— **2.** Canalla, truhán, villano. V. VIL 2.
picatoste. Rebanada, tostada, tajada de pan. V. PAN 2, 6.
picazón. V. PICOR 1.
pichón. Palomo, pollo, cría* de la paloma. V. AVE 1.
pícnic. *ingl* Merienda campestre, excursión, paseo. V. DIVERSIÓN 5.
pico. 1. Púa, extremidad, saliente. V. PUNTA 1.
— **2.** Punta*, boca córnea, boca del ave. V. AVE 2.
— **3.** Cumbre, cima, monte. V. MONTAÑA 1.
— **4.** Piqueta, zapapico, piocha. V. HERRAMIENTA 3.
— **5.** Labia, elocuencia, facundia. V. HABLA 2.
PICOR. 1. Prurito, picazón, sensación, hormigueo, hormiguillo, escozor, comezón, urticaria, sarpullido, desazón, cosquilleo, cosquillas, reconcomio, percepción*, sensibilidad, pinchazo*, molestia, quemazón, resquemor, dolor*, agujetas, punzada, causticidad, irritación (v. 2).
— **2.** *Irritación*, picor, inflamación, hinchazón*, enrojecimiento, roncha, erupción, sarpullido, urticaria, eccema, rubefacción, eritema, rojez, exantema, sarna, picadura, pinchazo*, sensación (v. 1).
— **3.** Sabor, acidez, acritud. V. ÁCIDO 3.

4. Picante. Cáustico, ácido*, agrio, acre, avinagrado, fuerte, intenso*, irritante, congestivo, lacrimógeno, urticante, inflamatorio, fermentado, acidulado, cosquilleante, quemante, molesto*, punzante, doloroso*.

5. Picar. Escocer, reconcomer, hormiguear, cosquillear, punzar, pinchar*, comer, molestar*, sentir, notar, percibir*, doler*, irritar, arder, hincharse*, inflamarse, enrojecerse, congestionarse (v. 6).

6. Rascar. Restregar, rozar, fregar, refregar, frotar*, rasguñar, arañar, escarbar, raer, raspar*, herir, lesionar*, marcar, señalar* (v. 5). *Contr.*: Insensibilidad, anestesia, bienestar. V. PINCHAZO, DOLOR, HINCHAZÓN, LESIÓN, ÁCIDO, FROTAR, RASPAR.

picota. Poste, soporte; correctivo. V. COLUMNA 1; CASTIGO 2.

picotazo. Picadura, punzada, herida. V. PINCHAR 4.

picotear. Punzar, picar, acribillar. V. PINCHAR 1.

pictórico. Artístico, ilustrativo, gráfico. V. ARTE 10.

PIE. 1. Extremidad, parte inferior, p. de la pierna, p. del cuerpo*, extremo, pierna*, pata, mano, pezuña, casco, vaso, zarpa, garra, bajo.

— **2.** Pedestal, zócalo, base. V. SOPORTE 1.

— **3.** Fundamento, razón, motivo. V. CAUSA 1.

— **4.** Medida de longitud, m. anglosajona, m. antigua. V. MEDIDA 6.

5. Partes del pie. Planta, dedos, dedo gordo, talón o calcañar, tobillo, empeine, dorso, garganta, arco plantar o bóveda (v. 6).

6. Anatomía. *Huesos.* Tarso: calcáneo (talón), astrágalo (tobillos, maléolos), escafoides, cuboides, cuneiformes; metatarso: metatarsianos, falanges. *Músculos.* Músculos flexores y extensores (en la pierna*), músculos flexores cortos, lumbricales, cuadrado plantar, tendones, ligamentos, ligamento anular, aponeurosis plantar, tendón de Aquiles.

7. Afecciones. Cojera, pie plano, p. cavo, p. zambo, p. de atleta, p. equino, p. valgo, p. varo, callo, callosidad, juanete, ojo de gallo, dureza, sabañón, gota o podagra.

8. Generalidades. Plantígrado, digitígrado, pedestre, bípedo, cuadrúpedo, octópodo, decápodo, miriápodo, artrópodo, solípedo, palmeado, pinnípedo; seudópodo, ambulacro, pediluvio.

9. Movimientos. Locomoción, marcha*, movimiento*, trote, carrera*, galope, corrida, salto*, danza, baile*, pedaleo.

10. Patada, pisada. Pataleo, pateo, pisotón, puntapié, golpe*, porrazo, traspié, resbalón, coz, coceo, huella, marca, señal*, paso, zancada.

11. Pisar. Pisotear, estampar, cocear, patear, patalear, hollar, señalar, zapatear, apisonar, taconear, calcar, moverse, marchar*, andar, trotar, galopar, ir a la carrera*, saltar*, danzar, bailar*, empinarse, pedalear.

12. Personas. Peatón, infante, peón, caminante; cojo, zambo, zancajoso, zopo, befo, gafo, patudo, juanetudo, defectuoso, inútil, inválido*; podólogo, ortopédico*, pedicuro, callista, podiatra.

V. PIERNA, MARCHA, SALTO, CARRERA, INVÁLIDO, ORTOPEDIA.

piedad. 1. Misericordia, caridad, lástima. V. COMPASIÓN 1.

— **2.** Devoción, fe, fervor. V. RELIGION 9.

PIEDRA. 1. Guijarro, guija, pedrusco, peña, risco, roca (v. 3), granito, mineral*, canto, grava (v. 2), almendra, peladilla, china, trozo, lasca, fragmento*, losa, lápida, estela, talla, mármol (v. 3), placa, plancha, ladrillo, adoquín, sillar, dovela, monolito, bloque, cubo, laja, galga, vena, veta, filón, peñasco, escollo, arrecife*, aerolito, cascote, derribo, ruinas, escombros, restos, ladrillos (v. 2).

— **2.** Grava, piedra, cascajo, balasto, guijo, ripio, empedrado, pedrusco, granza, guijarro, canto, china (v. 1), piedrecilla, arena, residuos, restos, vestigios, pedrisco, cascote, escombro, trozo, fragmento*.

3. Minerales, rocas. Cuarzo o pedernal o sílice, silicato, feldespato, cristal de roca. *Rocas plutónicas:* granito, sienita, diorita, peridotita, pórfido, pegmatita; *r. volcánicas:* basalto, traquita, diabasa, obsidiana, piedra pómez; *r. sedimentarias:* bauxita, cuarcita, arcilla, caolín, pizarra, esquisto, toba, caliza, dolomía, marga, creta; *r. metamórficas:* gneis o neis, migmatita, anfibolita, mármol, cuarcita (v. 1). V. geología*, mineral*.

4. Pedregal. Pedrera, roquedal, peñascal, pedriza, desgalgadero, cantizal, escollo, arrecife*, canchal, cascajar, arenal, erial, desierto*.

5. Pedregoso. Arenoso, rocoso, peñascoso, pétreo, abrupto, escarpado, montañoso*, árido, desértico, desierto*.

6. Pétreo. Duro*, inquebrantable, compacto, sólido, recio, granítico, rocoso, roqueño, irrompible, adamantino.

7. Picapedrero. Cantero, dolador, pedrero, tallista, obrero, trabajador*, operario, peón, asalariado.

V. MINERAL, PIEDRA PRECIOSA, GEOLOGÍA.

PIEDRA PRECIOSA. 1. Gema, piedra fina, alhaja, joya*, pedrería, mineral* (v. 2).

2. Enumeración. Rubí, granate, diamante (v. 3), brillante, esmeralda, berilo, aguamarina, zafiro, topacio, turquesa, amatista, marcasita, lapislázuli, ágata, ópalo, azabache, margarita, jacinto, circón, turmalina, ónice u ónix, olivino, peridoto, crisólito, piropo, cimofana, crisoberilo, corindón, espinela, carbunclo o carbúnculo, calcedonia, cornalina, crisoprasa, iris, serpentina, heliotropo, lazulita, ojo de gato, obsidiana, malaquita, sanguinaria, sardónice, jade. Materias preciosas: coral, perla, ámbar (v. 1).

3. Diamante. Brillante, solitario, gema (v. 1), carbono puro, c. cristalizado, diamante bruto, d. tallado, d. incoloro, d. transparente, d. límpido, d. rosa, d. negro, d. amarillo, d. carbonado, d. sintético, naife, chispa, almendra, punta de diamante.

4. Talla. Faceta, cara, bisel, arista, tabla, corona, pabellón, culata, cintura, envés, fondo, haz; agua, quilate, grano. Talla en brillante, en cabujón, en tabla, en rosa, en marquesa, en esmeralda, en varilla, en losange, en baguette, en pera, oval, sencillo.

5. Acción. Tallar, aserrar, pulir, exfoliar, engastar, montar.

6. Diamantes famosos. Cullinan, Koh-i-Noor, Orloff, Regente, Gran Mogol, Estrella del Sur, Sancy, Gran Duque de Toscana, Emperatriz Eugenia, El Estanque (Austrias).

7. Yacimientos. Kimberley, Transvaal, El Cabo (África del Sur); Golconda (India), Minas Gerais (Brasil). (V. mina*, geología*)
V. JOYA, MINERAL, GEOLOGÍA, MINA.

PIEL. 1. Cutis, tez, tegumento, epitelio, epidermis, dermis (v. 3), mucosa, membrana, escama, pellejo, película, cutícula, recubrimiento*, túnica, forro, corteza, cubierta, costra, cáscara* (v. 2), capa externa, pelaje, piel fina (v. 7), badana, cuero (v. 6).
— **2.** Corteza, pellejo, recubrimiento*. V. CÁSCARA 1.

3. Partes de la piel. Epidermis, dermis, tejido celular subcutáneo; capa córnea, capa basal, papilas; pelo*, músculo* del pelo, glándula* sebácea, g. sudorípara, conducto excretor*, tejido adiposo, vasos sanguíneos, nervios*, células* pigmentarias, pigmento, melanina, queratina, células táctiles, corpúsculos táctiles, uñas*.

4. Aspecto. Piel fina, suave, satinada, lisa, tersa, sonrosada, rubicunda, albina, congestionada, inflamada*, hinchada*, irritada, morena*, oscura, cobriza, cetrina, bronceada, olivácea, pigmentada, manchada*, pecosa, con efélides, tostada, quemada, dura, rugosa, arrugada, coriácea, correosa, quebradiza, apergaminada, ajada, marchita*, acartonada, amojamada, desollada, despellejada, suavizada, carne de gallina; piel teñida, curtida, charolada (v. 5).

5. Enfermedades, defectos. Dermatitis, eczema, acné, barrillo, comedón, erupción, herpes, herpes zóster, eritema, sarpullido, picor*, hormigueo, urticaria, ampolla, congestión, irritación, inflamación, hinchazón*, carbunco, psoriasis, tumor, cáncer*, ántrax, forúnculo, grano*, impétigo, elefantiasis, pian, lupus, pediculosis, piojos, liendres, ladillas, tiña, sarna, acariasis, pelagra, descamación, lepra, ictericia, arruga, úlcera, bolsa, seborrea, caspa, calvicie, alopecia, pelada, quiste sebáceo, espinilla, dureza, callo, ojo de gallo, verruga, erosión, excoriación, herida, lesión*, hematoma, cardenal, albinismo, mancha de vino o angioma, antojo,

nevus, lunar, efélide, peca; viruela, sarampión, escarlatina, sífilis. Dermatología, medicina*, ciencia, disciplina, especialidad de la piel. Dermatólogo, médico*, especialista, facultativo, doctor.

6. Cuero, tafilete. Marroquinería, talabartería, artesanía, guarnicionería, piel (v. 1), piel curtida, badana, pellejo, cutícula, tegumento, epidermis, dermis, grano de la piel, flor del cuero, ante, napa, gamuza, cordobán, tafilete, cabritilla, «box-calf», potro, oveja, cabra, vacuno, vaca, vaqueta, becerro, carnero, cordero, zapa, chagrín, pergamino, vitela, guadamecí, piel de Rusia, vellón, vellocino, charol, suela, piel de cerdo, de caballo, foca, tiburón, cocodrilo, serpiente; visón, etc. (v. 7).

7. Peletería, pieles. Peletería, industria, artesanía, taller, tienda*. Piel fina, pelaje, pelo*, forro, cuero, prenda, visón, chinchilla, astracán o caracul, marta, m. cibelina, zorro, z. azul, raposo, nutria, armiño, almizclero, civeta, jineta, castor, roedor, marmota, ardilla o petigrís, cebra, mouton, cordero, gacela, ocelote, lince, lobo, leopardo, tigre, oso, muflón, vicuña, potro, mamífero*, cuero (v. 6).

8. Industria. Tenería, curtiembre, curtiduría, batán, taller, obrador, marroquinería, peletería, guarnicionería. Proceso: desolladura, lavado, maceración, desecación, curtido; tanino, ácido tánico, alumbre, apresto, cromo, aceite.

9. Acción. Desollar, despellejar, preparar, pelar, esquilar, descuerar, descarnar, raer, lavar, remojar, reblandecer, adobar, aderezar, curar, curtir, secar, estirar, planchar, charolar, suavizar, teñir.

10. Prendas, objetos. Capa, estola, manguito, pelliza, zamarra, zurrón, chaquetón, chaqueta*, pantalón, guante, calzado*, billetero, cartera*, portafolio, correa, correaje, arreos, guarniciones, bota, odre.

11. Cutáneo. Dérmico, epidérmico, epitelial, tegumentario, superficial, externo, membranoso, coriáceo, correoso, fibroso.
V. RECUBRIMIENTO, CÁSCARA, PELO.

piélago. Vastedad, océano, abismo. V. MAR 1.

piel roja. Indio norteamericano, indígena, nativo. V. INDIO 6.

pienso. Heno, pasto, forraje. V. HIERBA 1.

PIERNA. 1. Miembro, m. inferior, extremidad, órgano, apéndice*, pata, zanca, muslo, mano*, remo, brazo*, pernil, jamón; anca, flanco, grupa, cadera, pie*. (v. 2).

2. Partes. Ingle, muslo, rodilla, corva (jarrete, corvejón), pantorrilla, espinilla, canilla, tobillo, pie*. *Huesos, articulaciones*: fémur, rótula (rodilla), tibia (espinilla, canilla), peroné, maléolos (tobillos).
Músculos del muslo: Isquiotibiales (parte posterior del muslo: semitendinoso, semimembranoso, bíceps femoral), psoas, recto anterior, sartorio, vasto interno, vasto externo; *m. de la*

pierna: gemelos, tendón de Aquiles, sóleo, tibial anterior, extensor de los dedos, peroneo largo. *Nervios:* ciático, femoro-cutáneo, crural. *Vasos sanguíneos:* arteria iliaca (ilíaca), vena iliaca, v. femoral, v. safena, v. tibial.

3. Enfermedades. Ciática, varices, cojera, rotura de ligamentos, r. de menisco, luxación, dislocación*, fractura, lesión*, herida.

4. Cojo. Rengo, lisiado, baldado, inválido*, paralítico, parapléjico, mutilado, amputado, patituerto, pernituerto, contrahecho, zambo, patizambo, deforme*.

5. Movimientos, varios. Marcha*, salto*, carrera (v. pie 9-11).

V. PIE, DISLOCACIÓN, INVÁLIDO, DEFORME, ORTOPEDIA, MARCHA, SALTO, CARRERA.

PIEZA. 1. Sección, parte, fragmento*, sector, segmento, accesorio, recambio, repuesto, complemento, suplemento, componente (v. 4), apéndice, miembro, división, añadido*, aparato*, máquina*, herramienta*, parche, remiendo, postizo, adición, aditamento, trozo, pedazo, cacho, vestigio, resto, residuo* (v. 4).

— **2.** Estancia, cuarto, sala. V. HABITACIÓN 1.

3. Disco, moneda, ficha. V. PLACA 2.

4. Piezas varias. Recambio, repuesto, accesorio, componente, suplemento, aparato*, máquina*, mecanismo, herramienta*, unidad, elemento (v. 1), artefacto, eje, pivote, espiga, espárrago, mandril, barra, barrote, vástago, palanca, hierro*, varilla, baqueta, fusta, árbol, cigüeñal, manivela, placa*, disco, círculo*, anillo, aro*, redondel, gorrón, botón, pulsador, interruptor*, borne, tornillo, tuerca, clavo*, perno, macho, hembra, remache, escarpia, alcayata, platina, ballesta, fleje, muelle, resorte, espiral, cuerda, alambre, rosca, cuña, taco, tope, zapata, freno, calce, refuerzo, tira*, cadena, montura, bastidor, transmisión, engranaje*.

V. PLACA, HIERRO, ARO, TIRA, CLAVO, APARATO, MÁQUINA, HERRAMIENTA, INTERRUPTOR.

pífano. Caramillo, flautín, instrumento de viento. V. INSTRUMENTO MUSICAL 4.

pifia. Chasco, plancha, error. V. EQUIVOCACIÓN 1.

pifiar. Errar, fallar, confundirse. V. EQUIVOCACIÓN 2.

pigmento. Colorante, matiz, tinte. V. COLOR 1.

pigmeo. Enano, minúsculo, liliputiense. V. PEQUEÑO 2.

pignorar. Empeñar, hipotecar, ceder. V. ENTREGAR 1.

pijama. Prenda de cama*, p. de dormir, camisón. V. VESTIMENTA 6.

PILA. 1. Pila eléctrica*, batería, acumulador, condensador, dispositivo, d. generador, aparato*. *Clases:* pila seca, de Leclanché, de cadmio, de mercurio, de Volta, de Bunsen, de manganeso, de litio; pilas en serie (v. 4); dinamo* o dínamo.

— **2.** Artesa, pilón, fuente. V. RECEPTÁCULO 4.

— **3.** Montón, acopio, acumulación. V. ACUMULAR 3.

4. Elementos de la pila. Funda, electrodo, placa, polo, p. positivo o ánodo, p. negativo o cátodo, electrólito o electrolito, ácido sulfúrico, carbón, grafito, elemento, despolarizante, cinc, cadmio, mercurio, electricidad*, electrólisis o electrolisis. V. ELECTRICIDAD, DINAMO.

pilar, pilastra. Puntal, soporte*, poste. V. COLUMNA 1.

píldora. Pastilla, gragea, comprimido. V. MEDICAMENTO 4.

pileta. Piscina, alberca, estanque para nadar. V. PISCINA 1.

pillaje. Saqueo, rapiña, despojo. V. ROBO 1.

pillar. 1. V. pillaje.

— **2.** Atrapar, apresar; sorprender. V. COGER 2, 3.

pillería. V. PILLO 3.

pillete. V. PILLO 2.

PILLO. 1. Bribón, tunante, pícaro, granuja, pilluelo, golfillo (v. 2), diablillo, pillastre, redomado, truhán, golfo, perillán, revoltoso, malandrín, juguetón, travieso, enredador, sujeto, tipo, gamberro, vándalo, pandillero, fulano, bufón, listo, astuto*, inteligente*, sagaz, ladino, villano, vil*, perverso, rufián, bellaco, pelafustán, bergante, tramposo, engañoso*, cuentista, buscón, charrán, timador, caco, ladrón*, delincuente*, sinvergüenza, desvergonzado*, ruin, descarado, insolente, malicioso, socarrón, cínico, irónico*, vividor, mujeriego*, faldero, holgazán*, perdido; canalla, vaina, barbián, barrabás, belitre, tronera.

2. Pillete. Pilluelo, pillín, golfillo, golfo, chico, niño*, galopín, travieso, chicuelo, chiquillo, diablillo, arrapiezo, mocoso, rapaz, crío, niño desharrapado.

3. Pillería. Bribonada, picardía, marrullería, triquiñuela, maña, diablura, tunantada, granujada, canallada, travesura, gracia, astucia*, trastada, barrabasada, perrería, vileza*, jugada, jugarreta, porquería, enredo, malicia, sospecha*, desconfianza, perfidia, golfería, bufonada, bellaquería, rufianería, villanía, sinvergonzonería, desvergüenza*, trampa, engaño*, descaro, inteligencia*, socarronería, insolencia, ironía*, cinismo, gamberrismo, ruindad.

Contr.: Honrado*, formal*.

V. ENGAÑOSO, VIL, DESVERGONZADO, MUJERIEGO, ASTUTO, NIÑO.

pilluelo. V. PILLO 2.

pilón. V. pila 2; v. pilar.

piloso. Velloso, velludo, peludo. V. PELO 9.

pilotaje. V. pilotar.

pilotar. Conducir, dirigir, mandar. V. GUIAR, NAVEGAR.

pilote. V. pilar.

piloto. 1. Conductor, chófer, aviador. V. GUÍA 2, AUTOMÓVIL 17, AVIÓN 5.

— **2.** Marino, oficial, navegante*. V. BARCO 20.

piltrafa. Despojos, andrajo*, carnaza. V. RESIDUOS 1, CARNE 1.

pimentón. Especia, polvo de pimiento, aderezo. V. CONDIMENTO 3.

pimienta. Semilla*, especia, adobo. V. CONDIMENTO 3.

pimiento. Morrón, solanácea, guindilla. V. HORTALIZA 2.

pimpollo. 1. Brote, capullo, botón. V. FLOR 1.
— **2.** Muchacho, niño; moza hermosa. V. JOVEN 2, HERMOSA.

pinacoteca. Exposición, galería, sala. V. MUSEO 1.

pináculo. 1. Cumbre, cima, cúspide. V. MONTAÑA 1.
— **2.** Apogeo, máximo, remate. V. CULMINACIÓN 1.

pinar. Bosquecillo, pineda, arboleda. V. ÁRBOL 10.

pinaza. Lancha, barca, embarcación. V. BOTE 1.

pincel. Brocha, cerdas, escobillas. V. ESCOBA 1, PINTURA 9.

pincelada. Trazo, brochazo, rasgo. V. PINTURA 6.

pinchado. 1. V. PINCHAR 8.
— **2.** Desinflado, deshinchado, reventado. V. DISMINUCIÓN 3.

pinchadura. V. PINCHAR 4.

PINCHAR. 1. Punzar, acribillar, atravesar, clavar*, perforar, agujerear*, taladrar*, penetrar, introducir, picar, picotear, espetar, cornear, ensartar, acuchillar, alancear, rejonear, asaetear, flechar, arponear, herir, lesionar*, aguijonear, lacerar, morder*, arañar, escocer, doler*.
— **2.** Acosar, hostigar, irritar. V. MOLESTIA 6.
— **3.** Desinflarse, deshincharse, reventar. V. DISMINUCIÓN 2.
4. Pinchazo. Picadura, perforación, puntazo*, punzada, puntada, punción, aguijonazo, alfilerazo, puyazo, rejonazo, lanzada, dolor*, ramalazo, agujeta, picotazo, incisión, corte*, cuchillada*, navajazo, agujero*, herida, lesión*, escocedura, hormigueo, agujeta, picor, picazón*, laceración, dolor*, cornada, introducción, penetración, arañazo.
— **5.** Reventón, avería, accidente*. V. AUTOMÓVIL 19.
6. Pincho. Púa, punta*, pico, aguijón, punzón, clavo*, espina, asta, lanza, pica, puya, rejón, arpón, dardo, venablo, flecha, apícula, alfiler, aguja, espolón, pitón, garra, uña, diente, estilete, cuchillo*, estilo, lezna, buril, cincel, herramienta*.
7. Puntiagudo. Punzante, aguzado, picudo. V. PUNTA 2.
8. Pinchado. Punzado, acribillado, atravesado (v. 1).
Contr.: Romo, embotado, liso*.
V. PUNTA, CLAVO, CUCHILLO, CORTE, DOLOR, LESIÓN.

pinchazo. 1. V. PINCHAR 4.

— **2.** Reventón, avería, accidente*. V. AUTOMÓVIL 19.

pinche. Aprendiz, marmitón, ayudante*. V. COCINERO, PRINCIPIANTE.

pincho. V. PINCHAR 6.

pineda. Pinar, bosquecillo, arboleda. V. ÁRBOL 10.

pingajo. Guiñapo, jirón, harapo. V. ANDRAJO 1.

pingar. 1. Chorrear, empapar, gotear. V. MOJAR 1.
— **2.** Pender, suspender, oscilar. V. COLGAR 2.

pingo. 1. *desp* Pendón *coloq*, pendejo *coloq*, mujerzuela*, ramera *desp*. V. MUJER 5.
— **2.** V. pingajo.

ping-pong. Juego*, deporte*, diversión*. V. TENIS 4.

pingüe. 1. Abundante*, provechoso, ventajoso*. V. BENEFICIO 3.
— **2.** Graso, mantecoso, aceitoso. V. GRASA 2.

pingüino. Ave palmípeda, pájaro bobo, ave marina. V. AVE 4.

pinjante. Alhaja, colgante, pendiente. V. JOYA 2.

pino. 1. Conífera, abietácea, árbol maderable. V. ÁRBOL 4.
— **2.** Empinado, pendiente, inclinado*. V. CUESTA 4.

pinta. 1. Tacha, mota, lunar. V. MANCHA 1.
— **2.** Bribón, mujeriego*, truhán. V. PILLO 1.
— **3.** Facha, apariencia, catadura. V. ASPECTO.

pintado. 1. Jaspeado, moteado, coloreado*. V. MANCHA 4.
— **2.** V. PINTURA 12.

pintar. V. PINTURA 7.

pintiparado. Apropiado, oportuno, provechoso. V. BENEFICIO 3.

pintor. V. PINTURA 8.

pintoresco. Curioso*, singular, atractivo*. V. INTERÉS 5.

PINTURA. 1. Arte, a. de pintar, expresión pictórica, manifestación pictórica, óleo (v. 3), cuadro (v. 4), tela, lienzo, estampa, obra pintada, iconografía, dibujo*, esbozo, boceto (v. 3).
— **2.** *Tinte*, pintura, color*, barniz, esmalte, lustre, laca, anilina, tintura, pigmento, colorante*.
3. Clases. Pintura al óleo, p. al fresco, acuarela o aguada, temple, témpera, pastel, «gouache», aguada, estuco, esgrafiado, aguatinta; pintura sobre porcelana, cristal, madera, tela, papel; iluminación, miniatura, medallón, laca, camafeo, sepia, calcomanía; dibujo* a lápiz, pluma, sanguina, esfumino, paisaje (v. 4). Pintura de brocha gorda, de paredes, lechada, enjalbegado, blanqueo, encalado, yeso*, cal.
4. Cuadro. Lienzo, tela, pintura, representación pictórica, dibujo*, imagen, marina, naturaleza muerta, bodegón, paisaje, vista, diorama, retrato, desnudo, grupo, perfil, busto, icono, frutas, flores, animales, cacería, iconografía, tema religioso, anunciación, descendimiento, pasión, nacimiento, Virgen, tabla, cartón, estampa*,

mural, escenografía, escenificación, panorama, panorámica, batalla, interior, exterior, autorretrato, tapiz*, díptico, tríptico, tablilla, retablo, grabado, caricatura, estampa*, copia, boceto, apunte, bosquejo, esbozo, croquis, estudio, escorzo, mancha (v. 3).

5. Escuelas, estilos*, historia. Arte* rupestre, primitivo, egipcio, griego, romano (v. arte*), antiguo, clásico, bizantino; escuela del Renacimiento, veneciana, flamenca, española, italiana, francesa, alemana, inglesa, clásica, romántica, moderna, contemporánea; cubismo, impresionismo, realismo, surrealismo, puntillismo, fauvismo, expresionismo, dadaísmo, futurismo, arte abstracto, arte naíf o naif, «pop art», «op art».

6. Técnica. Trazo, dibujo*, perspectiva*, ejecución, estilo*, arte*, pincelada, brochazo, retoque, claroscuro, contraste, realce, mediatinta, luz*, sombra, degradación, color*, colorido, tono, matiz, pátina, adorno, arabesco, composición, proporción, simetría, movimiento*, expresión, relieve, primer plano, fondo, término.

7. Pintar. Dibujar*, perfilar, trazar, ejecutar, delinear, bosquejar, esbozar, copiar*, retocar, realzar, sombrear, oscurecer*, degradar, rebajar, esfumar, difuminar, teñir, policromar, iluminar, colorear*, imprimar, estampar, enmasillar, encolar, modelar, escorzar, definir, destacar, picar, motear, jaspear, vetear, rayar, agramilar, estofar, dorar, pincelar, patinar, bañar, miniar, embadurnar, pintarrajear, estarcir, barnizar, esmaltar, lustrar, laquear, componer, decorar*; blanquear, enjalbegar, encalar, enlucir, estucar, revocar.

8. Pintor. Dibujante*, artista, creador*, maestro, retratista, acuarelista, paisajista, miniaturista, animalista, ilustrador, iluminador, imaginero, escenógrafo, decorador*, pintor primitivo, clásico, impresionista, cubista (v. 5), pintamonas ; pintor de brocha gorda, de paredes, operario, artesano, obrero, trabajador*.

9. Material. Marco, cuadro, moldura, recuadro, cerco, tela, lienzo, bastidor, tabla, cartón, revocadura, caballete, lápiz, carboncillo, esfumino o difumino, pincel, brocha, espátula, paleta, tubos de pinturas, de óleo, temple (v. 3), caja de pinturas, maniquí, pincelero, barniz, esmalte, clarión, fijador, pulverizador, aguarrás, aceite secante, estuco; estudio, taller, estrado, claraboya, ventanal.

10. Colores. Color*, anilina, colorante, pigmento, tinte, goma, tono, matiz, cromatismo; color bermellón, escarlata, carmesí, carmín, minio de plomo, almagre, colcótar, azul, azul de Prusia, de cobalto, de ultramar, tierra verde, tierra de Venecia, tierra de Siena, ocre, sepia, bistre, blanco de plomo, albayalde, amarillo de cromo (v. color*).

11. Pintores famosos. *Holanda:* Rembrandt, Van Gogh, El Bosco, Rubens. *España:* Veláz-

quez, Goya, El Greco, Murillo, Zurbarán, Claudio Coello, Morales, Picasso, Dalí, Miró. *Italia:* Rafael, Botticelli, Correggio, Tiziano, Tiépolo, Miguel Angel, Tintoretto. *Francia:* Fragonard, Watteau, Ingres, Matisse, Cézanne, Utrillo, Gauguin. *Alemania:* Durero, Cranach, Holbein, Mengs. *Inglaterra:* Gainsborough, Constable, Reynolds.

12. Pintado. Dibujado*, perfilado, delineado, jaspeado, policromado, teñido, etc. (V. 7).

V. DIBUJO, COLOR, PERSPECTIVA, ESTILO, DECORACIÓN, MUSEO, ARTE, ESTAMPA.

pinturero. Lucido, bizarro, presumido. V. GARBO 2.

pinza. 1. Instrumento, órgano prensil, pata. V. APÉNDICE 1.

— **2.** *Pinzas,* tenacillas, alicates, instrumento. V. HERRAMIENTA 6.

pinzón. Ave canora, a. europea, pájaro. V. AVE 15.

piña. Fruta, ananá; fruto del pino. V. FRUTO 5, 7.

piñón. 1. Semilla*, fruto, f. del pino. V. FRUTO 7.

— **2.** Diente de rueda, rueda dentada, cremallera. V. ENGRANAJE 2.

pío. Creyente, devoto, piadoso. V. RELIGIÓN 6.

piojo. Bicho, hemíptero, insecto*. V. PARÁSITO 3.

piojoso. Mísero, desastrado, sucio. V. SUCIEDAD 5.

pionero. Fundador, explorador, precursor. V. COLONIZADOR, CREADOR.

piorrea. Infección* dental, estomatitis, gingivitis. V. DIENTE 4.

pipa. 1. Cachimba, utensilio, accesorio de fumador. V. TABACO 5.

— **2.** Tonel, cuba, barrica. V. BARRIL 1.

— **3.** Pepita, simiente, hueso. V. SEMILLA 1.

pipeta. Tubo, t. de cristal, accesorio. V. LABORATORIO 2.

pipiolo. Novicio, novato, inexperto. V. PRINCIPIO 8.

pique. Resquemor, pesadumbre, resentimiento. V. DISGUSTO 1.

piqueta. Pico, piocha, zapapico. V. HERRAMIENTA 3.

piquete. Destacamento, grupo* reducido, huelguistas. V. EJÉRCITO 4, HUELGA 3.

pira. Hoguera, fogata, lumbre. V. FUEGO 2.

piragua. Barca, lancha, canoa. V. BOTE 1.

PIRÁMIDE. 1. Cuerpo sólido, c. geométrico, poliedro. V. GEOMETRÍA 9.

2. Pirámide funeraria. Tumba*, sepulcro, sepultura, monumento*, mausoleo, construcción* gigantesca; mastaba, cripta (v. 3).

3. Generalidades. Pirámide egipcia*: bloques de piedra, galerías, g. de entrada, g. de ventilación, cámara funeraria, cámara real, cámara del tesoro, momia*, sarcófago, pirámides de Guizeh: Keops, Kefrén, Micerino; de Méjico: Chichén Itzá (v. 2).

V. EGIPTOLOGÍA, MOMIA, TUMBA, MONUMENTO, CONSTRUCCIÓN, ARQUITECTURA; GEOMETRÍA.

PIRATA. 1. Bucanero, corsario, filibustero, hermano de la Costa, aventurero, corso, contrabandista, forajido, bandido, ladrón*, delincuente*, sanguinario, cruel*, capitán pirata, negrero*. **2. Piratería.** Corso, hermandad de la Costa, patente de corso, licencia, pillaje, bandidismo, contrabando, robo*, delincuencia*, abordaje, saqueo, ataque*, persecución*, rescate, crueldad*, ferocidad, sangre, muerte*, tortura*, trata de negros, de esclavos*. **3. Generalidades.** Bandera negra, b. de la calavera y las tibias, sable, mosquete, garfio de abordaje, sable de abordaje, espada*, látigo o gato de nueve colas, barco*, galeón, captura, presa, botín, pillaje, saqueo, tesoro, cofre del tesoro. **4. Nombres.** Morgan, Drake, el Olonés, Barbanegra, Capitán Sangre o Capitán Blood. Isla de Tortuga, Jamaica, Hispaniola, Tierra Firme. **5. Acción.** Piratear, armar en corso, saquear, pillar, robar*, abordar, atacar, capturar, apresar, perseguir, contrabandear, pasear la tabla, pasar por la quilla, matar, verter sangre.
V. NEGRERO, CRUEL, LADRÓN, DELINCUENTE, TORTURA, ROBAR, BARCO.

piratear. V. PIRATA 5.
piratería. V. PIRATA 2.
pirita. Sulfuro de hierro, s. de cobre, cristales. V. MINERAL 7.
pirómano. Incendiario, loco, maniático. V. MANÍA 8.
piropear. Requebrar, alabar, echar flores. V. ELOGIO 2.
piropo. Galantería, flor, requiebro. V. ELOGIO 1.
pirotecnia. Arte, cohetería*, técnica de los fuegos artificiales. V. FUEGOS ARTIFICIALES 1.
pirrarse. Despepitarse, desvivirse, perecerse. V. AMOR 6.
pírrico. Estéril, infructuoso, insuficiente. V. INÚTIL 1.
pirueta. Cabriola, brinco, voltereta. V. SALTO 1.
pisada. Paso, huella, señal*. V. PIE 10.
pisar. Andar, hollar, marchar*. V. PIE 11.
pisaverde. Lechuguino, petimetre, gomoso. V. AFECTACIÓN 2.
piscicultura. Industria, técnica, cría* de peces. V. PEZ 4.
PISCINA. 1. Pileta, estanque, alberca, natatorio, instalación, recinto deportivo*, estadio*. **2. Clases.** Piscina cubierta, al aire libre, reglamentaria, para competición, olímpica, para saltos, infantil. **3. Partes.** Lavapiés o canal para los pies, borde, canal de derrame, focos, cuerda con flotadores, calle, plataforma de salida, placa de meta, torre de saltos, trampolín, plataforma o palanca; plancha, tabla; motor, depurador, filtro, calefactor; vestuarios, duchas, solario, botiquín. **4. Personas.** Nadadores*, bañistas, competidores, deportistas*, bañero, buceador*, socorris-

ta*, director de competición, juez de salida, jueces de meta, juez de calle, cronometradores. V. NADAR, DEPORTE, BUCEO.

Piscis. Signo del Zodíaco, s. astrológico, constelación zodiacal. V. ASTROLOGÍA 4.
piscolabis. Tentempié, aperitivo, refrigerio. V. ALIMENTO 13.
piso. 1. Firme, pavimento, tierra. V. SUELO 1, 2. — **2.** Nivel, capa, estrato. V. ALTO 3. — **3.** Vivienda, alojamiento, apartamento. V. CASA 1.
pisotear. 1. Patear, hollar, pisar. V. PIE 11. — **2.** Mancillar, maltratar, ofender*. V. HUMILLACIÓN 5.
pisotón. Pisada, pateo, patada. V. PIE 10.
pista. 1. Rastro, huella, indicio. V. SEÑAL — **2.** Escenario, instalación, circuito. V. ESPECTÁCULO 6, ESTADIO 3. — **3.** Camino, vía, senda. V. CARRETERA 1.
pistacho. Fruto del alfóncigo, almendra. V. FRUTO 7.
pistilo. Órgano de la flor, ó. femenino. V. FLOR 2.
pisto. Fritada, revoltillo, picadillo. V. ALIMENTO 16.
PISTOLA. 1. Arma, a. de fuego, a. corta, automática, revólver. **2. Clases.** Pistola automática, semiautomática, de competición, revólver o de tambor giratorio, de precisión, de bolsillo, de cinto, de arzón, pistolete; matagatos; metralleta, subfusil, pistola ametralladora, ametralladora* (v. 4). **3. Partes, accesorios.** Culata, placas o cachas, cañón, boca, mira, alza, punto de mira, gatillo, guardamonte, percutor, resorte del percutor, detonador, disparador, eyector, resorte de retroceso, seguro, recámara, cámara, cargador, muelle, tambor giratorio (revólver), calibre. Cartucho, bala, proyectil*, casquillo, funda, pistolera, cartuchera, canana, correa, cinto. **4. Marcas.** Browning, Colt Smith & Wesson, Derringer, Luger Parabellum, Mauser, Walther, Astra, Star, Beretta. **5. Acción.** Cargar, montar, armar, amartillar; apuntar, amenazar*, encañonar, encarar, dirigir, volver; percutir, disparar, descargar, tirar, t. a bocajarro, acertar, dar en el blanco, acribillar, encasquillarse. **6. Pistoletazo.** Disparo, balazo, fuego, tiro*, salva, detonación, estampido, explosión*, descarga, fogonazo, andanada. **7. Pistolero.** Atracador, asaltante, delincuente*, gánster, bandido, malhechor, ladrón*, forajido, asesino*.
V. ARMA, PROYECTIL, AMETRALLADORA, DELINCUENCIA, TIRO, EXPLOSIÓN.

pistolera. V. PISTOLA 3.
pistolero. V. PISTOLA 7.
pistoletazo. V. PISTOLA 6.
pistón. 1. Émbolo, pieza, disco. V. MOTOR 3. — **2.** Cápsula, mixto, detonante. V. EXPLOSIÓN 3.

pita. 1. Silba*, rechifla, abucheo. V. PROTESTA 2.
— **2.** Cabuya, agave, amarilidácea. V. VEGE-TAL 7.
pitanza. Yantar, comida, condumio. V. ALIMEN-TO 1.
pitar. 1. Soplar, tocar, chiflar. V. SILBAR 1.
— **2.** Abuchear, protestar*, alborotar. V. SIL-BAR 1.
pitido. V. pito 2.
pitillera. Tabaquera, petaca, cigarrera. V. TABA-CO 6.
pitillo. Cigarrillo, cigarro, colilla. V. TABACO 4.
pito. 1. Silbo, instrumento sonoro, chiflo. V. SIL-BAR 4.
— **2.** Pitido, llamada, silbido. V. SILBAR 2.
— **3.** *Pitos*, rechifla, protesta*, silbatina. V. SILBAR 3.
pitón. 1. Boa, ofidio, reptil*. V. SERPIENTE 2.
— **2.** Protuberancia, asta, saliente. V. PUNTA 1.
pitonisa. Vidente, sacerdotisa, hechicera*. V. ADIVINAR 2.
pitorreo. Mofa, guasa, burla. V. BROMA 2.
pitorro. Pico, apéndice, protuberancia. V. PUNTA 1.
pivote. Barra, eje, soporte. V. PIEZA 4; APOYO.
pizarra. 1. Esquisto, piedra azulada, mineral*. V. PIEDRA 3.
— **2.** Pizarrón, encerado, tablero. V. ESCRIBIR 9.
pizarrón. V. pizarra 2.
pizca. Partícula, triza, insignificancia*. V. FRAG-MENTO 1.
pizpireta. Vivaracha, dicharachera, coqueta. V. MUJER 6.
PLACA. 1. Chapa, lámina, capa, pieza*, plancha, hoja, ficha, disco (v. 2), recubrimiento*, película, costra, membrana, laminilla, lengüeta, plano, tabla, tablero, madero*, madera contrachapada, platina, base, soporte*, fleje, tira*, hoja, hojilla, lata, hojalata, pala, espátula, palastro, hierro*, vidrio, cristal, mica, pan, loncha, raja, lonja, tajada, rodaja (v. 2).
2. Disco. Ficha, pieza*, rodaja, moneda, rueda, anillo, aro, medalla, emblema, símbolo*, distintivo, insignia, redondel, círculo*, botón, chapa, lata, hierro* (v. 1).
V. PIEZA, RECUBRIMIENTO, MADERA, TIRA, HIERRO
pláceme. Congratulación, enhorabuena, parabién. V. FELICITACIÓN 1.
placentero. V. PLACER 4.
PLACER. 1. Gusto, fruición, deleite, disfrute, regodeo, satisfacción*, agrado*, goce, amor*, refinamiento*, profanidad, contento, recreo, ocio, descanso*, holganza*, felicidad*, dicha, solaz, encanto, delectación, complacencia, regusto, sensualidad, hedonismo, voluptuosidad, sexo*, sexualidad (v. 2), sibaritismo, regocijo, alegría*, gozo, éxtasis, edén, cielo, empíreo, paraíso*, gloria, embriaguez, enajenación, dulzura, arrobo, embeleso, paladeo, saboreo, golosina, confite*, gula, glotonería, comodidad*, confort, molicie, bienestar, gran vida, vidorra,

delicia, facilidad, entretenimiento, diversión*, distracción, esparcimiento, interés*, pasatiempo, juego*, borrachera*, orgía (v. 2).
— **2.** *Sexualidad*, placer, concupiscencia, sexo*, desenfreno, bacanal, orgía, lujuria, voluptuosidad, erotismo, hedonismo, éxtasis, cópula, coito*, fornicación, orgasmo, eyaculación.
— **3.** Yacimiento, filón, veta. V. MINA 1.
— **4. Placentero, complacido.** Delicioso, gozoso, deleitoso, gustoso*, sabroso, complaciente, embriagador, encantador, refinado*, sibarita, mundano, profano, voluptuoso, sexual*, sensual, hedonista, mujeriego (v. 5) satisfactorio*, dulce, alegre*, confortable, cómodo*, fácil*, entretenido, divertido*, distraído, feliz*, dichoso, amoroso*, cariñoso, sabroso, gustoso*, rico, agradable*, arrobador, maravilloso*, excitante, interesante* (v. 5).
5. Que busca placer. Sensual, voluptuoso, erótico, hedonista, epicúreo, sibarita, refinado*, profano, mundano, concupiscente, lujurioso, libertino, lascivo, sexual*, fornicador, desenfrenado, orgiástico, juerguista, calavera, mujeriego*, faldero, putero *vulg*, conquistador, donjuán, parrandero, jaranero, vividor, perdido, oportunista, mimado*, regalón, golfo, pendón (v. 4).
6. Sentir, dar placer. Disfrutar, gozar, regodear(se), deleitar, contentar, solazar, encantar, enajenar, fruir, amar, embriagar, emborrachar, refocilar, recrear, complacer, satisfacer*, arrobar, embelesar*, extasiar, disfrutar, paladear, saborear, gustar*, engolosinar, entretener, alegrar*, regalar, regocijar, parrandear, jaranear, vivir, jugar*, maravillar*, acomodar, holgar.
7. Copular. Fornicar, refocilarse, yacer, ayuntarse, cubrir, realizar el coito*, eyacular, tener un orgasmo.
Contr.: Disgusto, desagrado.
V. SATISFACCIÓN, AMOR, FELICIDAD, PARAÍSO, AGRADO, GUSTO, REFINAMIENTO, DIVERSIÓN, FIESTA, ALEGRÍA, COMODIDAD, JUEGO, SEXO, COITO.
plácet. Venia, consentimiento, conformidad. V. APROBAR 3, DIPLOMACIA 5.
placidez. Paz*, quietud, mansedumbre. V. TRAN-QUILIDAD 1, 2.
plácido. Sosegado, apacible, manso. V. TRAN-QUILIDAD 4.
plaga. 1. Flagelo, peste, desgracia*. V. INFEC-CIÓN 1.
— **2.** Caterva, demasía, exceso. V. ABUNDAN-CIA 1.
plagado. Atestado, invadido, colmado. V. ABAN-DANCIA 2.
plagar. 1. Apestar, arruinar, estropear. V. INFEC-CIÓN 7.
— **2.** Colmar, rebosar, atestar. V. LLENAR 1.
plagiar. V. plagio.
plagio. Remedo, robo*, imitación. V. COPIA 2.

PLAN. 1. Designio, proyecto, mira, aspiración, fin*, finalidad, objetivo, objeto, meta, norte, rumbo, intención, idea, ideal, pensamiento*, sueño*, propósito, motivo, ambición, deseo*, programa, arreglo, acuerdo, convenio, creación*, combinación, disposición, tentativa, intento, confabulación (v. 2), invento*, esquema, esbozo, borrador, bosquejo, previsión, imaginación*, concepción, planificación, organización, preparación, preparativos, preliminares, anteproyecto, planteamiento (v. 2).
— **2.** *Confabulación*, plan maniobra, conjura, maquinación, designio, preparación, anticipación, intento, acuerdo, conspiración*, trama, manejo, artimaña, intriga, traición*, complot, enredo, embrollo*, agravante, premeditación (v. 1).
3. Planear. Proyectar, planificar, programar, preparar, prever, idear, establecer, determinar, anticipar, disponer, calcular*, combinar, organizar, trazar, preconcebir, concebir, imaginar*, ingeniarse, intentar, plantear, arreglar, concertar, desarrollar, fraguar, tantear, madurar, forjar, esbozar, bosquejar, hilvanar, discurrir, especular, inventar*, crear* (v. 4).
— **4.** *Confabularse*, planear, proyectar, anticipar, preparar, maniobrar, conjurarse, conspirar*, tramar, intentar, intrigar, manejar, traicionar*, premeditar, embrollar*, urdir, fraguar, maquinar, madurar, complotar, enredar (v. 3).
5. Planeado. Proyectado, programado, deliberado, intencional, premeditado, preconcebido, pensado, anticipado, previo, preestablecido, preparado, adrede, ex profeso, fraguado, previsto, maquinado, calculado* (v. 3).
6. Planificador. Proyectista, creador*, diseñador, inventor*, artista*, calculador*, productor, instaurador, fundador, padre, cerebro, autor (v. 7).
— **7.** *Maniobrero*, planificador, intrigante, conjurado, conspirador*, traidor*, maquinador, enredoso, complotado (v. 6).
Contr.: Desorden, improvisación, espontaneidad. V. DESEO, FIN, CREACIÓN, CÁLCULO, PENSAMIENTO, INVENTO, CONSPIRACIÓN, AMBICIÓN, EMBROLLO, TRAICIÓN.
plana. Carilla, página, folio. V. PAPEL 1.
plancha. 1. Enser, utensilio doméstico, accesorio. V. ELECTRODOMÉSTICOS 2.
— **2.** Tabla, chapa, lámina. V. PLACA 1.
— **3.** Desacierto, pifia, chasco. V. EQUIVOCACIÓN 1.
planchada. Pasarela, tablazón, escala. V. MADERA 3.
planchar. Alisar, allanar, desarrugar. V. LISO 3.
plancton. Seres microscópicos, s. marinos, microorganismos*. V. MAR 6
planeado. V. PLAN 5.
PLANEADOR. 1. Deslizador, velero, avión sin motor, aparato.
2. Partes. Fuselaje, alas (alerones, frenos de descenso), cola (aletas, estabilizador, timón

de deriva, t. de altura), cabina, envergadura. Instrumentos: altímetro, brújula, clinómetro, termómetro, indicador de viraje, velocímetro, variómetro, regulador de oxígeno.
3. Planeo. Vuelo*, evolución, sobrevuelo, pasada, caída, deslizamiento, deporte*, ascenso, descenso, maniobra, acrobacia, vuelo a vela, v. sin motor, v. térmico, v. acrobático, corriente de aire, velocidad de descenso, viento térmico, giro térmico, térmico solar, viento ascendente, térmica vertical, t. vespertina; vuelo de distancia, recorrido triangular, velocidad de crucero.
4. Planear. Volar, sobrevolar, deslizarse, evolucionar, describir, círculos, dar pasadas, descender, resbalar, caer, aterrizar, ascender, subir.
5. Piloto. Deportista*, experto, copiloto, acompañante; traje de vuelo, máscara de oxígeno, paracaídas*, casco; certificados de vuelo a vela; c. de plata, de oro, de diamante; categorías: A, B, C.
V. AVIÓN, VUELO.
planear. 1. Proyectar. V. PLAN 3, 4.
— **2.** Volar. V. PLANEADOR 4.
planeo. V. PLANEADOR 3.
planeta. Astro, cuerpo celeste, mundo. V. ASTRONOMÍA 14.
planicie. Llano, explanada, estepa. V. LLANURA 1.
planificación. Organización, preparación, proyecto. V. PLAN 1.
planificar. Organizar, preparar, proyectar. V. PLAN 3.
planisferio. Mapamundi, plano, carta. V. MAPA 4.
plano. 1. Carta, dibujo, representación. V. MAPA 4.
— **2.** Llano, raso, uniforme. V. LISO 1.
planta. 1. Ser vivo, mata, árbol*. V. VEGETAL 1.
— **2.** Parte inferior del pie. V. PIE 5.
— **3.** Plano, proyecto, dibujo*. V. MAPA 4.
— **4.** Apariencia, aire, presencia. V. ASPECTO 1.
— **5.** Piso, nivel, altura. V. CASA 4.
— **6.** Factoría, industria, taller. V. FÁBRICA 1.
plantación. Sembradío, cultivo, hacienda. V. CAMPO 1.
plantador. Cultivador, granjero, hacendado. V. AGRICULTURA 8.
plantar. 1. Cultivar, sembrar, trabajar*. V. AGRICULTURA 4.
— **2.** Meter, enterrar, hincar. V. INTRODUCIR 1.
— **3.** Establecer, fundar, instalar. V. COLOCAR 1, CREAR 1.
— **4.** Propinar, soltar, pegar. V. GOLPE 11.
— **5.** Desdeñar, desairar, dejar. V. DESPRECIO 2.
— **6.** *Plantarse*, enfrentarse, oponerse, inmovilizarse*. V. REBELDE 1.
— **7.** Aparecer, presentarse, caer. V. LLEGAR 1.
plante. Reivindicación, paro, reclamación. V. HUELGA 1.
planteamiento. V. plantear.
plantear. 1. Proponer, sugerir, tratar. V. INSINUACIÓN 4.
— **2.** Proyectar, programar, desarrollar. V. PLAN 3.

plantel. Conjunto, agrupación, semillero. V. GRU-
PO 1, AGRICULTURA 2.
planteo. V. plantear.
planificar. V. plantar 4, 7.
plantígrado. Mamífero*, cuadrúpedo, vertebrado.
V. ANIMAL 9.
plantilla. Piezas, suela, recubrimiento*; grupo*
de empleados o miembros de una empresa. V.
CALZADO 2; GRUPO 1.
plantío. Sembradío, parcela, cultivo. V. CAMPO 1.
plantón. Retraso, tardanza, desaire. V. ESPERA 1.
plañidero. Sollozante, lastimero, llorón*. V. LLO-
RAR 5.
plañido. Gemido*, lamento, llanto. V. LLORAR 4.
plañir. Sollozar, lamentarse, gemir*. V. LLORAR 1.
plasma. Líquido sanguíneo, l. linfático, linfa. V.
SANGRE 1.
plasmar. Moldear*, crear*, hacer*. V. FORMA 3.
plasta. Mazacote, masa, pegote. V. MEZCLA 2, 3.
plasticidad. V. plástico 1.
plástico. 1. Maleable, blando*, dúctil. V. FLEXI-
BILIDAD 4.
— **2.** Plástico (material). V. PLÁSTICOS 1.
PLÁSTICOS. 1. Materias* plásticas, m. sintéticas,
material plástico, m. sintético, m. artificial, resinas artificiales, fibras sintéticas, sustancias orgá-
nicas, s. artificiales, derivados químicos*.
2. Clasificación y enumeración. Plásticos
termoestables, p. termoplásticos; *acrílicos:*
plexiglás, orlón (vidrios de seguridad, lentes,
textiles); *poliésteres:* tergal, dacrón (tejidos sintéticos, aislantes); *poliamidas:* nailon o nilón,
perlón (textiles, rodamientos, piezas mecánicas);
polietilenos: polietileno, politeno (tuberías, ais-
lamientos, objetos, juguetes); *celulósicos:* celuloide, rayón, acetato de celulosa (juguetes,
piezas moldeadas, textiles); *vinílicos:* cloruro
de polivinilo, saran (revestimientos, aislantes,
bolsas, hojas); *fenólicos:* baquelita (piezas moldeadas); epóxido (cascos de embarcaciones);
del estireno: poliestireno (objetos moldeados);
polipropileno (bolsas, hojas, objetos); *del flúor:*
teflón (recubrimientos, aislantes); *varios:* go-
maespuma, espuma de plástico. Termoplásticos, termoestables.
3. Generalidades. Macromoléculas, cadenas
moleculares, polímeros; molde*: boca, matriz
superior, m. inferior, clavijas extractoras; moldeado: por inyección, compresión, extrusión,
embutido, laminado, soplado, moldeado al vacío, plastificación, revestimiento, calandrado,
fusión, soldadura.
V. QUÍMICA, MATERIA.
plastrón. Corbata, pechera, pieza. V. VESTIMEN-
TA 6.
plata. 1. Metal noble, elemento*, argento. V.
METAL 5.
— **2.** Riqueza, capital, moneda. V. DINERO 1.
plataforma. Tablado, soporte*, estrado. V. MA-
DERA 3.
platanero. V. plátano 2.

plátano. 1. Banana, fruta, f. tropical. V. FRUTO 5.
— **2.** Platanero, bananero; árbol de sombra. V.
ÁRBOL 5, 6.
platea. Butacas, patio, localidad preferente. V.
TEATRO 11.
plateado. Chapado, bañado, brillante*. V. ME-
TALURGIA 8.
platear. Chapar, bañar, recubrir. V. METALURGIA
10.
plateresco. Estilo*, escuela, barroco. V. ARQUI-
TECTURA 6.
platería. Obrador, taller, orfebrería. V. JOYA 10.
platero. Artesano, artífice, orfebre. V. JOYA 8.
plática. Tertulia, coloquio, charla. V. CONVERSA-
CIÓN 1.
platicar. Hablar*, charlar, dialogar. V. CONVER-
SACIÓN 2.
platillo. 1. Cuenco, escudilla, bandejita. V. RECEP-
TÁCULO 2.
— **2.** Instrumento músico, de percusión, címbalo. V. INSTRUMENTO MUSICAL 5.
platina. Plancha, soporte*, base. V. PLACA 1.
platinado. V. plateado.
platinar. V. platear.
platino. Metal noble, inalterable, elemento. V.
METAL 5.
plato. 1. Cuenco, escudilla, fuente. V. MESA (SER-
VICIO DE) 7.
— **2.** Manjar, comida, vianda. V. ALIMENTO 1.
plató. Estudio, estrado, escenario. V. CINEMATO-
GRAFÍA 9.
platónico. Idealista, altruista, sentimental. V. ES-
PÍRITU 4.
plausible. Loable, meritorio, encomiable. V. ELO-
GIO 3.
playa. Litoral, ribera, orilla. V. COSTA 1.
plaza. 1. Rotonda, explanada, glorieta. V. CALLE 1.
— **2.** Centro, población, lugar*. V. CIUDAD 1.
— **3.** Lonja, feria, zoco. V. MERCADO 1.
— **4.** Puesto, ocupación, trabajo*. V. EMPLEO 1.
— **5.** *Plaza de toros,* coso, arena, ruedo. V.
TOREO 6.
plazo. 1. Período, fecha, término. V. TIEMPO 1.
— **2.** Cuota, vencimiento, mensualidad. V.
PAGAR 4.
pleamar. Marea alta, flujo, creciente. V. MAR 3.
plebe. Turba, gentuza, populacho. V. GRUPO 4.
plebeyo. 1. Vasallo, siervo, villano. V. ESCLAVITUD 2.
— **2.** Populachero, grosero, ordinario. V. VUL-
GAR 1.
plebiscito. Votación, comicios, sufragio. V. ELEC-
CIONES 1.
plegable, plegadizo. Desmontable, portátil, desarmable. V. TRANSPORTE 12.
plegadura. V. PLIEGUE 1.
plegamiento. Deformación, desplazamiento del
terreno, orogénesis. V. GEOLOGÍA 6.
plegar. 1. Flexionar, fruncir, doblar. V. PLIEGUE 3.
— **2.** Desarmar, desmontar, desacoplar. V.
SEPARAR 3.

— **3**. *Plegarse,* doblegarse, someterse, acceder. V. AGUANTAR 1.

plegaria. Súplica, oración, preces. V. REZO 1.

pleiteador, pleiteante. V. pleitear.

pleitear. Litigar, querellarse, demandar. V. TRIBUNAL 10.

pleitesía. Servilismo, sumisión, acatamiento. V. OBEDIENCIA 1.

pleito. 1. Juicio, litigio, querella. V. TRIBUNAL 7.
— **2.** Pugna, lucha, discusión*. V. PELEA 1.

plenario. V. pleno 2.

plenilunio. Luna llena, época, fase lunar. V. LUNA 2.

plenipotenciario. Embajador, ministro, enviado. V. DIPLOMACIA 3.

plenitud. Plétora, culminación, totalidad*. V. ABUNDANCIA 1.

pleno. 1. Colmado, ocupado, completo. V. LLENAR 4.
— **2.** Sesión general, junta, reunión. V. ASAMBLEA 1.

pleonasmo. Vicio, redundancia, tautología. V. REPETICIÓN 1.

plesiosauro. Reptil saurio, r. extinguido, fósil. V. DINOSAURIO 2.

plétora. Demasía, plenitud, exceso. V. ABUNDANCIA 1.

pletórico. Colmado, repleto, exuberante. V. ABUNDANCIA 2.

pleura. Hoja pleural, recubrimiento, membrana pulmonar. V. RESPIRACIÓN 5.

pleuresía. Inflamación, pleuritis, infección* pulmonar. V. RESPIRACIÓN 7.

plexiglás. Material plástico, sintético, artificial. V. PLÁSTICOS 2.

plexo. Red, ramificación, filamentos nerviosos. V. NERVIOSO (SISTEMA) 5.

pléyade. Cenáculo, generación, reunión de personajes. V. GRUPO 6.

plica. V. pliego.

pliego. Folio, oficio, hoja. V. PAPEL 1,DOCUMENTO 1.

PLIEGUE. 1. Doblez, arruga, rugosidad, repliegue, surco, plegadura, estría, canal, raya, marca, frunce, plisado, doblez, dobladillo, bastilla, fuelle, costura*, lorza, jareta, alforza, irregularidad, sinuosidad, ondulación, rizo*, remate, torcedura*, deterioro*, acanalado, plegado (v. 2).
2. Plegado. Doblado, arrugado, surcado, rugoso*, estriado, flexionado*, ondulado, rizado*, acanalado, fruncido, plisado, sinuoso, irregular*, enjaretado, tableado, afollado, rematado, repulgado, alforzado, tronzado, escarolado, alechugado, encarrujado, replegado, arrebujado, planchado, prensado*, remangado, encogido, aplastado*, torcido*, estropeado, deteriorado*.
3. Plegar. Fruncir, plisar, doblar, flexionar*, tablear, arrugar, alforzar, tronzar, escarolar, surcar, estriar, rizar*, encarrujar, alechugar, afollar, ondular, ondear, acanalar, replegar, repulgar, arrebujar, remangar, estrechar, encoger, aplastar*, prensar, planchar*, torcer*, estropear, deteriorar*.
Contr.: Liso, plano.
V. RIZADO, RUGOSO, COSTURA, FLEXIÓN, APLASTAR, TORCER. DETERIORAR.

plinto. Pedestal, apoyo, base. V. COLUMNA 5.

plisado. V. PLIEGUE 1.

plisar. V. PLIEGUE 3.

plomada. Cuerda con peso, accesorio, elemento. V. CONSTRUCCIÓN 8.

plomo. Metal pesado, m. gris, elemento*. V. METAL 6.

PLUMA. 1. Pluma de escribir, útil de escritorio, instrumento de escritura, estilográfica*, bolígrafo* (esferógrafo, esferográfica), péndola, estilo, lápiz*, cálamo. Partes: mango, palillero, portaplumas, plumín, plumilla, pluma, punto.
2. Pluma de ave*. Cañón córneo, tubo, astil, barbilla, plumón, plumaje (v. 4).
3. Partes. Cálamo, cañón, raquis, astil, barbas, barbillas, barbicelos, alma.
4. Plumaje del ave. Plumas, plumerío, plumazón, plumón, plumero. Plumas del ala: rémiges o remeras, r. primarias, r. secundarias, coberteras, c. primarias, c. secundarias, pequeñas coberteras, bastardas. Cola: timoneras, supracaudales, subcaudales.
5. Otras plumas. Penacho, copete, plumero, plumaje (v. 4), moño, airón, cimera, adorno*, cuello, collar, golilla.
6. Acción. Nacer, mudar, renovar, desplumar, pelar, caer.
V. AVE, ESTILOGRÁFICA, BOLÍGRAFO, LÁPIZ.

plumaje. V. PLUMA 4.

plumazo. Rasgo, trazo, supresión. V. LÍNEA 1, ESCRIBIR 5, ANULAR 4.

plúmbeo. Soporífero, abrumador, pesado. V. ABURRIMIENTO 2.

plumero. 1. Escobilla, utensilio, adminículo de limpieza. V. LIMPIEZA 5.
— **2.** V. PLUMA 5.

plumón. V. PLUMA 4.

plural. Diverso, múltiple, vario. V. VARIAR 5.

pluralidad. Abundancia*, diversidad, variedad. V. VARIAR 4.

pluralizar. Diversificar, generalizar, totalizar*. V. VARIAR 1.

plus. Compensación, sobresueldo, gratificación. V. PAGAR 5.

plusvalía. Sobreprecio, incremento del valor, valorización. V. CARO 3.

plúteo. Anaquel, repisa, estante. V. ARMARIO 2.

plutocracia. Dominación, gobierno de los adinerados, oligarquía. V. GOBIERNO 3.

plutonio. Metal*, elemento radiactivo. V. ÁTOMO 4.

pluvioso. Lluvioso, tormentoso*, desapacible. V. LLUVIA 3.

población. 1. Urbe, metrópoli o metrópolis, pueblo. V. CIUDAD 1, ALDEA 1.

— **2.** Súbditos, ciudadanos, habitantes. V. HABITACIÓN 4.

— **3.** Censo, demografía, empadronamiento. V. ESTADÍSTICA 1.

poblado. 1. Pueblo, población, villorrio. V. ALDEA 1, CIUDAD 1.

— **2.** Floreciente, populoso, lleno*. V. HABITACIÓN 7.

poblador. V. población 2.

poblar. 1. Asentarse, establecerse, colonizar*. V. HABITACIÓN 5.

— **2.** Incrementar, desarrollar*, aumentar*. V. PROSPERIDAD 5.

POBRE. 1. Menesteroso, necesitado*, desheredado, humilde*, desvalido, indigente, mísero, miserable, mendigo (v. 2), empobrecido, arruinado, desdichado (v. 3), tronado, infecundo, estéril (v. 5), paupérrimo, retrógrado, inculto, desnudo, cesante, parado, falto, escaso* (v. 4), famélico, endeudado, quebrado, insolvente, moroso, hambriento*, raquítico, pequeño*, muerto de hambre, apurado, apretado, limitado*, atrasado (v. 6), improductivo (v. 5), descamisado, ganapán, lázaro, pelado, proletario, inope, misérrimo, pelagatos, don nadie, pobrete, pobretón, sin blanca, sin recursos, desheredado, sin techo (v. 2).

— **2.** *Mendigo*, pobre, pordiosero, limosnero, necesitado*, indigente, pedigüeño, mendicante, sopista, gallofero, asilado, hospiciano, vago, vagabundo*, pícaro, pillo*, sablista, moroso, deudor*, mezquino, ruin, pobre, vergonzante, p. de solemnidad, roñoso, avaro*, económico (v. 1).

— **3.** *Desdichado*, pobre, infortunado, desgraciado*, afligido*, atribulado, víctima, perjudicado, damnificado, depauperado, raquítico, pequeño*, dañado, mártir, cuitado, infeliz, triste, huérfano, solo, solitario, humilde* (v. 1).

— **4.** *Escaso*, pobre, falto, carente, privado, insuficiente, bajo, exiguo, tasado, reducido, minúsculo, limitado*, subdesarrollado (v. 6), raro*, desguarnecido, ayuno, ausente, vacío* (v. 1).

— **5.** *Improductivo*, pobre, estéril, árido, pedregoso, sediento, infecundo, reseco, desértico, desierto*, lejano, solitario, atrasado (v. 6), estepario, helado, infértil, riguroso, yermo, esquilmado, arrasado (v. 1).

— **6.** *Atrasado*, pobre, subdesarrollado, abandonado, arcaico, retrógrado, inculto, rústico, primitivo, mísero, depauperado, estéril (v. 5), deficitario, escaso (v. 4), rezagado, ignorante*, destartalado, sórdido, sucio*, anticuado, rudimentario, tosco, viejo*, decadente (v. 1).

7. Pobreza. Indigencia, necesidad*, menester, escasez*, privación, estrechez, miseria, ruina, empobrecimiento, hambre*, desdicha, desgracia*, penuria, mendicidad, pordiosería, picardía, pillería*, picaresca, vagancia, mangancia, infecundidad, esterilidad, desnudez, paro, lacería,

inopia, falta, carencia, déficit, ausencia, insolvencia, endeudamiento, deuda*, morosidad, insuficiencia, quiebra, quebranto, bancarrota, tasa, reducción, ayuno, agobio, daño, vacío*, endeudamiento, recesión, fracaso, apuro, ahogo, aprieto, limitación*, hambre*, sed, depresión, crisis, baja, penuria, atraso (v. 8), proletariado, pobretería, ruindad, mezquindad, desdicha, infortunio, desgracia*, perjuicio, daño, desventaja, soledad, infelicidad, tristeza, aflicción*.

— **8.** *Atraso*, pobreza, subdesarrollo, miseria, depauperación, retraso, retroceso, arcaísmo, rusticidad, improductividad, esterilidad, aridez, infertilidad, raquitismo, rigor, sed, hambre*, desnudez, humildad*, pequeñez*, soledad, lejanía, incultura, ignorancia*, salvajismo, déficit, escasez*, tosquedad, decadencia, degeneración, ocaso, vejez, antigüedad*, debilitamiento*.

9. Empobrecer. Arruinar, empobrecerse (v. 10), dañar, abatir, depauperar, esquilmar, desangrar, asolar, despoblar, aniquilar, perjudicar, arrasar, destruir*, hundir*, devastar, agotar, malograr, quebrar, fracasar, desnudar, endeudar, ahogar*, apretar, privar, quitar, explotar, expoliar, arrebatar, robar*, despojar, tasar, limitar*, desguarnecer, desgraciar*, damnificar, entristecer, esterilizar, atrasar, desertizar, rezagar, obstaculizar (v. 10).

— **10.** *Empobrecerse*, endeudarse, perder, arruinarse, quebrar, fracasar, necesitar*, precisar, frustrarse, faltar, carecer, malvivir, naufragar, hundirse*, desangrarse, agotarse, regalar*, donar, sacrificarse*, dañarse, despoblarse, mendigar, pordiosear, vagar, adeudar, deber, asilarse, economizar*, venir a menos, quedar sin blanca, morirse de hambre*, no tener un ochavo, andar a la cuarta pregunta (v. 9).

11. Mendigar. Suplicar, solicitar, implorar. V. PEDIR 2.

Contr.: Rico, adinerado, pudiente, potentado, productivo, adelantado.

V. NECESITADO, ESCASO, DESGRACIADO, AFLIGIDO, AVARO, HUMILDE, SACRIFICADO, DESIERTO, DESAMPARADO.

pobreza. V. POBRE 7, 8.

pocho. Putrefacto, achacoso, enfermo*. V. PODRIDO 1.

pocilga. Cochiquera, porqueriza, cuadra. V. GANADO 5.

pócima. Bebedizo, brebaje, medicamento*. V. BEBIDA 5.

poción. V. pócima.

poco. Insuficiente, exiguo, limitado. V. ESCASEZ 2.

poda. V. podar.

podar. Talar, cercenar, desmochar. V. CORTAR 1.

podenco. Perro de caza, can, chucho. V. PERRO 2.

PODER. 1. Autoridad, preponderancia, dominio, dominación*, predominio, poderío, jefatura, dirección, mando, potestad, facultad, habilidad*, permiso*, fuerza, orden*, omnipotencia, supremacía, ascendiente, influjo, influencia, mano, enchufe, privilegio*, proyección, potencia, imperio, importancia*, jerarquía, superioridad*, aristocracia*, riqueza*, señorío, arbitrio, pujanza, empuje, nervio, acción, vigor*, habilidad*, atribución, delegación*, capacidad, jurisdicción, concesión, otorgamiento, facultad, eficacia, virtud, peso, prestigio, valía, valor, influjo, despotismo, dictadura, castigo*, abuso*, riqueza*, opulencia.

— **2.** Licencia, privilegio*, prerrogativa. V. PERMISO 1.

— **3.** *Ser capaz*, poder, lograr, conseguir, disfrutar, obtener*, tomar, hacer*, realizar, efectuar, permitirse, merecer, alcanzar, llevar a cabo, sacar, ganar, triunfar*, agenciarse, concederse, otorgarse, saber, dejar, valer.

4. Poderoso. Potente, enérgico, fuerte, incontenible, invencible, triunfador*, avasallador, arrollador, irresistible, vigoroso*, recio, pujante, eficaz, grande*, potentado (v. 5), superior*, acreditado, destacado, importante*, activo, dinámico*, intenso, ardiente, valioso, inestimable, maravilloso*, heroico, incoercible, dominante*, autoritario, preponderante, predominante, supremo, imperioso, magnífico, prominente, omnipotente, todopoderoso, prestigioso*, influyente, opulento (v. 5).

— **5.** *Potentado*, poderoso, magnate, creso, millonario, personaje*, personalidad, jerarca, dignatario, jefe*, noble, aristócrata*, acaudalado, rico, privilegiado, opulento, influyente, pudiente.

6. Tener poder. Dominar, mandar, ordenar*, obligar*, someter, sojuzgar, conquistar*, vencer, predominar, reprimir, tiranizar, abusar*, disponer, imponer, influir, contribuir, colaborar, exigir*, decretar, reglamentar, conceder, otorgar, ofrecer, dar, convocar, entregar*, autorizar, preponderar, abusar*, forzar, violentar, arbitrar, juzgar, castigar*.

Contr.: Impotencia, incapacidad, inutilidad*, ineficacia, debilidad*.

V. DOMINACIÓN, ORDEN, SUPERIORIDAD, IMPORTANCIA, VIGOR, HABILIDAD, RIQUEZA, ARISTOCRACIA, JEFATURA, CASTIGO.

poderío. V. PODER 1.

poderoso. V. PODER 4.

podio. Estrado, pedestal, base. V. SOPORTE 1.

podredumbre. V. PODRIDO 2.

PODRIDO. 1. Putrefacto, pútrido, descompuesto, corrompido, rancio, pasado, podre, pocho, maduro, estropeado, deteriorado*, gastado, marchito*, alterado, consumido, agusanado, carcomido, disgregado, desmenuzado, contaminado, viciado*, ulcerado, purulento, supurante, llagado, gangrenado, picado, alterado, cariado, infecto, infectado*, inficionado, inmundo, repugnante*, apestado, maloliente, hediondo*, dañado; venal, infiel, deshonesto.

2. Podredumbre. Corrupción, putrefacción, consunción, descomposición, alteración, disgregación, desintegración, corrosión, oxidación, carroña, carnaza, carne podrida, carcoma, ulceración, llaga, gangrena, necrosis, podre, humor, miasma, moho, hongos, pus, purulencia, fermentación, deterioro*, óxido, orín, contaminación, polución, infección*, inmundicia, repugnancia*, basura*, ranciedad, residuo*.

3. Pudrir(se). Corromper(se), estropearse, consumirse, descomponerse, dañarse, alterarse, pasarse, enranciarse, disgregarse, deteriorarse*, averiarse, desmenuzarse, podrirse, gastarse, enmohecer, agriar, agusanarse, apolillarse, marchitarse*, carcomerse, contaminarse, viciarse*, ulcerarse, llagarse, gangrenarse, necrosarse, picarse, cariarse, infectarse*, inficionarse, repugnar*, apestar, oler, o. mal, heder*, atufar.

Contr.: Fresco, incorrupto, natural, sano, lozano*.

V. DETERIORO, INFECCIÓN, REPUGNANCIA, HEDOR, BASURA.

podrirse. V. PODRIDO 3.

poema. V. POESÍA 4.

POESÍA. 1. Arte*, a. de versificar, de componer versos, recitación, declamación, recital, audición, expresión artística, e. poética, poema (v. 4), versificación, rima, arte métrica, lírica, elegía, lira, lirismo, musa, inspiración, numen, plectro, estro, canto, trova, ripio, gaya ciencia (v. 4).

— **2.** Encanto, dulzura, gracia. V. ESPÍRITU 6.

3. Clasificación de la poesía. Poesía épica, lírica, dramática, religiosa, profana, bucólica, erótica; mester de clerecía, m. de juglaría.

4. Poema. Verso, poesía (v. 1), copla, rima, estrofa, estribillo, letra, romance, versificación, consonancia, composición, c. poética, c. lírica, expresión artística*, obra poética, oda, balada, loa, trova, madrigal, soneto, epopeya, saga, leyenda, glosa, epigrama, égloga, bucólica, geórgica, rapsodia, ditirambo, cantar*, c. de gesta, canto, cántico, salmo, versículo, epístola, cantiga, himno, elegía, himeneo, epitalamio, anacreóntica, serrana, serranilla, tonada, serenata, alborada, villancico, trova, cantilena, bordón, diálogo, virolay, aleluya, hosanna, zorcico, copla de ciego, jácara, parodia, sátira (v. 6).

5. Versos. Alejandrino, pentasílabo, heptasílabo, octosílabo, decasílabo, endecasílabo, dodecasílabo, acataléctico, adónico, amebeo, anapéstico, anfibráquico, asclepiadeo, blanco, bordón, cataléctico, coriámbico, dactílico, dactilotrocaico, de arte mayor, de arte menor, de cabo roto, de pie quebrado, de redondilla mayor, de r. menor, ecoico, esdrújulo, espondaico, faléucio, ferecracio, gliconio, heroico, hexámetro, hiante, leonino, libre, llano, pentámetro, quebrado, sáfico, senario, suelto, pareado, trocaico, yámbico (v. 6, 7).

6. Combinaciones, pies. Pareado, dístico, terceto, cuarteto, rendondilla, quintilla, sextilla, seguidilla, chamberga, octava, o. real, décima, espinela, soneto, copla, estrofa, bordón, estancia, sáfica, romance, galerón, sextina, endecha, rondel, acróstico; pie, espondeo, troqueo, yámbico, yambo, coreo, anapesto, coriambo, antibaquio, anfímacro, dispondeo, dícoreo, diyambo, pariambo, jónico, cesura, pirriquio, tribraquio (v. 4, 5).

7. Generalidades. Versificación, métrica, ritmo, metro, cadencia, medida, acento, rima, ripio, consonancia, asonancia, armonía, cesura, hemistiquio, licencia poética, diéresis, sinéresis, sístole, diástole, contracción, compresión, estribillo, estrambote, bordón, epoda; antología, florilegio, colección, romancero, cancionero, ciclo, parnaso, juegos florales.

8. Poeta. Vate, juglar, bardo, rapsoda, trovador, trovero, recitador, poetisa, declamador, coplero, rimador, versificador, cantor*, sonetista, creador*, lírico, madrigalista, glosador, romancero, escritor*, literato*, autor, poetrasto.

9. Poético. Inspirado, espiritual*, artístico*, versificado, elegíaco, bucólico, asonantado, medido, pareado, glosado, rimado, recitado, trovado, cantado*, compuesto, entonado, imaginado*, dramatizado, satírico, elegíaco, alejandrino, anapéstico (v. 5).

10. Hacer poesías. Versificar, componer, hacer versos, rimar, recitar, poetizar, cantar*, declamar, entonar, trovar, escribir*, glosar, pronunciar*, improvisar, crear*, embellecer, inspirarse, imaginar*, dramatizar, espiritualizar*, satirizar, parear, acentuar, asonantar, medir.

Contr.: Prosa.

V. LITERATURA, ARTE, ESCRIBIR, CANTAR, PRONUNCIAR, CREAR, IMAGINAR.

poeta. V. POESÍA 8.

poético. V. POESÍA 9.

poetisa. V. poeta.

poetizar. V. POESÍA 10.

póker. V. póquer.

polaina. Botín, prenda, sobrebota. V. CALZADO 1.

polar. Ártico, antártico, frío*. V. POLO 3.

polarizar. Captar, concentrar, absorber. V. ATRACTIVO 3.

polca. Danza, ritmo, música*. V. BAILE 5.

polea. Trocla, roldana, motón. V. RUEDA 4.

polémica. Disputa, debate, controversia. V. DISCUSIÓN 1.

polémico. Discutible, dudoso*, controvertible. V. DISCUSIÓN 6.

polemista. Discutidor, discrepante, antagonista. V. DISCUSIÓN 5.

polemizar. Discutir, debatir, discrepar. V. DISCUSIÓN 3.

polen. Polvillo fecundante, p. de flores, gránulos. V. FLOR 2.

polichinela. Marioneta, bufón, fantoche. V. TÍTERE 2.

POLICÍA. 1. Fuerza pública, orden público, brazo de la Ley, cuerpo de vigilancia; autoridad, vigilancia, guardia, salvaguardia, seguridad, orden, mando, disciplina, investigación*, pesquisa; vigilante (v. 2).

2. Personal policial. Policía, vigilante*, agente, guardia, guardián, guarda, investigador*, detective, d. privado, miembro, funcionario, oficial, uniformado, alguacil, corchete, delegado*, cancerbero, sabueso, polizonte, guardaespaldas, gorila. *Enumeración:* jefe de policía, comisario, inspector, sargento, cabo, agente o número; médico forense, criminólogo, técnico dactiloscópico, t. de laboratorio*, toxicólogo, perito en balística, fotógrafo*, policía nacional, p. armado, p. de tráfico, p. municipal, p. urbano, p. autonómica: Ertzaintza (País Vasco), Mossos d'esquadra (Catalunya), Policía foral de Navarra; guardia civil, g. de asalto (cuerpo antiguo); aduanero, carabinero, gendarme, carabiniere, sheriff, marshal, constable.

3. Secciones, organismos. Jefatura, comisaría, puesto, retén, cuartel*, cuartelillo, comandancia, distrito policial. España: Cuerpo nacional de policía (unifica, desde 1986, Cuerpos superior de policía y de Policía nacional), Guardia civil (bajo una Dirección general de la policía y de la Guardia civil), Policía judicial, P. armada (cuerpo antiguo), Guardia de asalto (cuerpo antiguo), Brigada de investigación criminal (cuerpo antiguo), Guardia urbana; policía autonómica: Ertzaintza (País Vasco), Mossos d'esquadra (Catalunya), Policía foral de Navarra; Inglaterra: Scotland Yard (Londres), CID («Criminal Investigation Department», Departamento de investigación criminal); Francia: Policía nacional («Police nationale»), Gendarmería nacional («Gendarmerie nationale»), «Sûreté»; Estados Unidos: Policía federal, estatal, de condado, local, FBI («Federal Bureau of Investigation», Oficina federal de investigación); Canadá: Policía montada canadiense; «International Criminal Police Organization» (Interpol), policía secreta.

4. Generalidades. Criminología, medicina legal, dactiloscopia, huellas dactilares* o digitales, fichero dactiloscópico, antecedentes, peritaje, informe, atestado, sumario, identificación, filiación, ficha, fotografía*, laboratorio* policial, manchas de sangre, m. de esperma, examen espectroscópico*, huellas de pasos, reconstrucción del crimen, levantamiento del cadáver, examen pericial, retrato hablado o método de Bertillón, antropometría, falsificación*, robo*, asesinato*, muerte*, delito*, armas* y explosivos*, drogas*, estupefacientes, contrabando, prostitución, proxenetismo, registro, cacheo, seguimiento, pesquisa, investigación*, represión del delito, r. del contrabando, ley de peligrosidad social, reincidencia, denuncia, confidencia, soplo, chivatazo, interrogatorio, tercer grado, careo, coartada.

5. Delincuentes*. Delincuente habitual, reincidente, criminal, criminal nato de Lombroso, ase-

sino*, a. en serie, psicópata, sospechoso, confidente, ladrón*, contrabandista, estafador*, perista, proxeneta, delincuente (v. delito 3).
6. Delito. Robo*, timo, estafa*, crimen, asesinato*, etc. (v. delito 2).
7. Policial. Policíaco, criminológico, criminal, detectivesco, oficial, uniformado, vigilante*, legal*, forense, armado*, autoritario, violento*. *Contr.:* Delincuencia*, hampa, bajos fondos.
V. VIGILANCIA, INVESTIGACIÓN, DELITO, ASESINATO, ROBO, LADRÓN, DACTILARES (HUELLAS), MUERTE.
policíaco, policiaco, policial. V. POLICÍA 7.
policlínica, policlínico. Clínica, sanatorio, dispensario. V. HOSPITAL 1.
policromo, polícromo. Pintado, coloreado, llamativo. V. COLOR 5.
poliedro. Cuerpo geométrico, figura*, sólido. V. GEOMETRÍA 9.
polifacético. Diverso, múltiple, variado. V. VARIAR 5.
polifonía. Voces, sonidos conjuntados, armonía. V. CANTAR 4.
poligamia. Bigamia, infracción, delito*, matrimonio ilegal. V. ADULTERIO 1.
políglota, poliglota. De varias lenguas, plurilingüe, cosmopolita. V. IDIOMA 9.
polígono. Figura*, plano, superficie plana. V. GEOMETRÍA 6.
polígrafo. Erudito, enciclopedista, autor. V. ESCRITOR 1.
polilla. Larva, alevilla, mariposa. V. INSECTO 3.
polinizar. Fertilizar, fecundar, difundir. V. FECUNDACIÓN 5.
polinomio. Expresión algebraica. V. ÁLGEBRA 2.
poliomielitis. Parálisis infantil, dolencia infecciosa, contagiosa (boca). V. INFECCIÓN 2.
pólipo. 1. Coral, madrépora, celentéreo. V. ANIMAL 6.
— **2.** Vegetación carnosa, excrecencia, tumor. V. ABULTAMIENTO 1.
politeísmo. Idolatría, paganismo, creencia. V. RELIGIÓN 3.
POLÍTICA. 1. Arte de gobernar, asuntos públicos, dirección, guía, gobierno*, materia estatal, manejo del Estado, geopolítica, política económica, social.
— **2.** Marrullería, habilidad*, diplomacia*. V. ASTUCIA 1.
3. Partido. Facción, bando, doctrina, ala, grupo*, liga, asociación*, agrupación, creencia, credo, idea, ideología, opinión*, equipo*, congregación, bandería, taifa, camarilla, cuadrilla, pandilla, clan.
4. Partidos, tendencias, ideologías. Liberalismo, progresismo, democracia, izquierdas*, izquierdismo, socialismo, comunismo, marxismo, soviet, maoísmo, bolchevismo, obrerismo, sindicalismo, estajanovismo, trotskismo, laborismo, reformismo, radicalismo, legitimismo, republicanismo, anarquismo, nihilismo, cen-

trismo, democracia cristiana, monarquismo, conservadurismo, centralismo, integrismo, tradicionalismo, derechas*, derechismo, colonialismo*, militarismo, carlismo, clericalismo, imperialismo, reacción, capitalismo, ultras, falangismo, fascismo, nazismo, pangermanismo, nacionalismo, legitimismo, autonomismo, federalismo, separatismo, expansionismo, revolución*, intervencionismo, belicismo, terrorismo, extremismo, caciquismo, feminismo, sionismo, panarabismo, neutralismo, pacifismo, demagogia, despotismo, mixtificación (v. 5).
5. Gobierno*, regímenes. Régimen constitucional, r. parlamentario, r. económico, representativo, popular, unicameral, bicameral, presidencialista, democrático, moderado*, absolutista, militarista, colonialista, sindicalista (v. 4), gobierno central, autónomo, federal, asociado, libre, separado, tecnocracia, burocracia, autocracia, autarquía, monarquía, regencia, república, democracia, absolutismo, imperio, colonialismo*, plutocracia, capitalismo, dictadura, tiranía, despotismo, soviet, demagogia, oligarquía, gerontocracia, matriarcado, aristocracia*, patriciado, feudalismo*, consulado, triunvirato, tetrarquía, junta, directorio, mancomunidad, colaboracionismo.
6. Generalidades. Plebiscito, referéndum, elecciones*, votación, voto, sufragio universal, opinión pública, campaña, propaganda electoral, discurso*, mitin, derechos políticos, garantías constitucionales, libertad de expresión, l. de imprenta, gobierno*, nación*, Estado, instituciones, constitución, razón de Estado, no intervención, civismo, poder ejecutivo, p. legislativo, p. judicial, mayoría, minoría, oposición, crisis, c. ministerial, c. de gobierno, geopolítica, coexistencia pacífica, guerra fría, libro blanco, l. amarillo, pacto*, alianza, golpe de Estado, revolución*, intriga, maniobra.
7. Gobernantes. Jefe de Estado, ministro, diputado, etc. V. GOBIERNO 8, 10.
8. Político, varios. Tribuno, hombre de Estado, h. público, estadista, dirigente, gobernante, rector, mandatario, personaje, personalidad, diputado, asambleísta*, congresista, orador; elector, elegido, partidario, correligionario, militante, oponente, adversario, politicastro, demagogo, oportunista, chaquetero, activista, agitador, revolucionario*, moderado, avanzado, radical, demócrata, socialista, izquierdista*, derechista*, etc. (v. 4, 5).
9. Político, estatal. Gubernativo, gubernamental, social, público, oficial, general, ministerial*, parlamentario, representativo, presidencial, constitucional, legislativo, ejecutivo, autonómico.
V. GOBIERNO, NACIÓN, ASAMBLEA, ELECCIONES, IZQUIERDAS, DERECHAS, ASOCIACIÓN, COLONIALISMO, FEUDALISMO, REVOLUCIÓN, PACTO, DISCURSO, OPINIÓN.

político. V. POLÍTICA 8, 9.

politiqueo. Intriga, enredo, manejo. V. EMBRO-
LLO 1.

póliza. Sello timbre; documento*. V. SELLAR 3.

polizón. Viajero ilegal*, clandestino, oculto. V.
VIAJE 4.

polizonte. Cancerbero, guardia, agente. V. PO-
LICÍA 2.

polla. Gallina joven, pollita, ave doméstica. V.
AVICULTURA 2.

pollada. Avecillas, nidada, crías. V. CRÍA 3.

pollera. Falda, vestido, saya. V. VESTIMENTA 3.

pollino. Asno, jumento, borrico. V. CABALLERÍA
11, 12.

pollo. 1. Cría de ave, gallito, capón. V. AVICUL-
TURA 2, 3.

— **2.** Muchacho, mozalbete, chico. V. JOVEN 1.

POLO. 1. Extremo, remate, borde*. V. PUNTA 1.

2. Polo geográfico. Polo Norte, ártico, boreal,
septentrional, hiperbóreo; Polo Sur, antártico,
austral; polo magnético; casquete polar, nieves
perpetuas, círculo polar ártico, c. p. antártico,
tundra, aurora boreal, noche polar, témpano o
iceberg, hielo, banco de hielo o «pack». Fauna: oso blanco, morsa, foca, pingüino, ballena,
reno. Habitantes: esquimales, lapones, samoye-
dos. Igloo o iglú, trineo, arpón, aceite de ballena. Exploradores polares: James Cook, Robert
Falcon Scott, Robert Peary, Roald Amundsen,
Ernest Shackleton, Fridtjof Nansen, Richard Eve-
lyn Byrd, James Clark Ross, Umberto Nobile.

3. Polar. Ártico, boreal, Norte, hiperbóreo,
antártico, austral, sur, helado, gélido, frío*,
nevado, congelado.

4. Polo, deporte*. Competición, juego ecuestre. Campo; línea de centro, l. de gol, l. lateral;
portería, poste, banderín, jinetes (4), jugadores*, «handicap», casco, barboquejo, bota con
rodilleras, guantes, bola, mazo o «stick» (mango, caña, cabeza, correa); jueces, árbitros, ayudantes, cronometradores; caballo o poni. Juego:
período o «chucker», golpe libre, tanto, saque,
tiro libre, línea de bola, derecho de paso.
V. GEOGRAFÍA; FRÍO; DEPORTE.

poltrón. Haragán, cómodo*, perezoso. V. HOL-
GAZÁN 1.

poltrona. Sillón, butaca, canapé. V. ASIENTO 1.

poltronería. Pereza, haraganería, comodidad*. V.
HOLGAZÁN 2.

polución. 1. Impureza, contaminación, degradación del ambiente. V. SUCIEDAD 1.

— **2.** Eyaculación, flujo, derrame de semen. V.
COITO 3.

polvareda. V. POLVO 2.

polvera. Cajita, estuche, receptáculo*. V. COSMÉ-
TICO 2, CAJA 1.

POLVO. 1. Sustancia pulverizada, polvillo, partículas, nube*, polvareda (v. 2), tierra, residuo*,
pulverización, rociadura, llovizna, humedecimiento, nebulización, mojadura*, atomización,
trituración, restos, suciedad*, ceniza, yeso*, cal,
serrín, harina, trizas, corpúsculos, átomos*,
moléculas, carcoma, limaduras, ralladuras,
molturación, fragmentación, desintegración,
desmenuzamiento.

— **2.** Polvareda, polvo, nube*, nublado, velo,
capa, halo, niebla, tolvanera, torbellino, remolino, cortina, suciedad*, vapor*, celaje, vaharada, vaho.

— **3.** Polvos, afeite, maquillaje, capa. V. COS-
MÉTICO 2.

4. Polvoriento. Destartalado, sucio*, desvencijado, carcomido, cubierto, lleno de polvo,
antiguo*, viejo*, descuidado*, deteriorado*,
abandonado, arrinconado, olvidado*.

5. Pulverizado. Pulverulento, harinoso, molido,
desintegrado, humedecido, mojado*, rociado,
atomizado, nebulizado, fragmentado*, triturado, machacado, aplastado*, molturado, rallado, majado, hecho trizas, residual, atomizado,
desparramado, esparcido, disperso*.

6. Pulverizar. Triturar, moler, fragmentar*,
machacar, aplastar*, desintegrar, reducir a
polvo, hacer trizas, majar, desmenuzar, molturar (v. 7).

7. Espolvorear. Empolvar, cubrir, aplicar,
rociar, echar, atomizar, humedecer, nebuli-
zar, mojar*, sembrar, desparramar, esparcir,
diseminar, dispersar*, extender, recubrir*,
manchar*.

8. Desempolvar. Cepillar, limpiar*, sacudir*,
asear, deshollinar, barrer, escobar*.
V. NUBE, SUCIEDAD, VIEJO, FRAGMENTA-
DO, MOLIDO, APLASTADO, DISPERSO, COS-
MÉTICO.

pólvora. Carga explosiva, detonante, dinamita. V.
EXPLOSIÓN 4.

polvoriento. Descuidado, abandonado, arrinconado. V. POLVO 4.

polvorín. Arsenal, santabárbara, depósito de municiones. V. EXPLOSIÓN 7.

pomada. Ungüento, crema, medicamento. V.
UNTAR 3.

pomelo. Toronja de mesa, fruta, cítrico. V. FRU-
TO 5.

pómez (piedra). Roca volcánica*, porosa, ligera.
V. PIEDRA 3.

pomo. 1. Remate, puño, bola. V. ASA 1.

— **2.** Perfumero, receptáculo*, ampolla. V.
PERFUME 6.

pompa. 1. Boato, fastuosidad, lujo*. V. SOLEM-
NE 4.

— **2.** Burbuja, esferilla, globo. V. ESFERA 1.

pompón. Borla, bolita, adorno*. V. ESFERA 1.

pomposidad. Ostentación, presuntuosidad, afectación*. V. SOLEMNE 4, 6.

pomposo. Presuntuoso, pedante*, ostentoso. V.
PEDANTE, SOLEMNE 1, 3.

pómulo. Mejilla, carrillo, cachete. V. CARA 3.

ponche. Bebida de ron, grog, combinación. V.
BEBIDA 2.

poncho. Manta, capote, prenda. V. VESTIMENTA 5.

ponderación. 1. V. ponderado.
— **2.** V. ponderar.
ponderado. Prudente, sensato, juicioso. V. MO-
DERACIÓN 3.
ponderar. Encomiar, alabar, enaltecer. V. ELO-
GIO 2.
ponedero. Caseta, nido, gallinero. V. AVICULTURA 6.
ponencia. Testimonio, declaración, dictamen. V.
INFORME 1.
ponente. Declarante, defensor*, orador. V. IN-
FORME 4.
poner. 1. Dejar, situar, meter. V. COLOCAR 1.
— **2.** Aportar, contribuir, ayudar*. V. PAGAR 1.
— **3.** Ponerse, endosarse, ataviarse, vestir. V.
VESTIMENTA 16.
— **4.** Dedicarse, afanarse, consagrarse. V. TRA-
BAJO 11.
poniente. Oeste, occidente, ocaso. V. GEOGRAFÍA 4.
pontífice (sumo). Vicario de Cristo, Santo Padre,
Romano Pontífice. V. PAPA 1.
pontón. Lanchón, barcaza, embarcación. V. BAR-
CO 5.
ponzoña. Tóxico, sustancia venenosa, toxina. V.
VENENO 1.
popa. Parte posterior, zaguera, trasera del buque.
V. BARCO 8.
pope. Cura, religioso, sacerdote ortodoxo. V. SA-
CERDOTE 4.
popelín, popelina. Tela fina, delgada, tejido de
seda. V. TELA 6.
populachero. Ordinario, plebeyo, tosco*. V. VUL-
GAR 1.
populacho. Plebe, vulgo, gentuza. V. GRUPO 4.
popular. 1. Renombrado, famoso, admirado. V.
CÉLEBRE 1.
— **2.** Divulgado, público, habitual. V. HÁBITO 6.
— **3.** V. populachero.
popularidad. Renombre, fama, celebridad. V.
CÉLEBRE 2.
popularizar. Difundir, divulgar, prestigiar. V.
PRESTIGIO 3.
populoso. Concurrido, poblado, habitado. V.
HABITACIÓN 7.
popurrí. Revoltillo, miscelánea; composición musical. V. MEZCLA 3, MÚSICA 3.
PÓQUER. 1. Póker, juego* de cartas, de naipes*,
de barajas, de envite, de naipes franceses, (v. 2).
2. Combinaciones, juego*. Pareja, doble pareja, trío, escalera, «full», color, póquer, escalera
real o de color, repóquer (con comodín). Farol
o «bluff» , comodín o «jocker», servido, juego,
mano, puesta, descarte. Naipes franceses; palos:
corazones, tréboles, picas («piques»), rombos
(«carreaux»); cincuenta y dos cartas: As (hasta
diez), valet, dama, rey; comodín o «jocker».
V. NAIPE, JUEGO.
porcelana. Mayólica, loza, esmalte. V. CERÁMI-
CA 2.
porcentaje. Parte*, comisión, tanto por ciento. V.
CANTIDAD 2.
porche. Entrada, soportal, atrio. V. ENTRAR 4.

porcino. Del cerdo, del puerco, del gorrino. V.
CERDO 1.
porción. Pedazo, fracción, cantidad*. V. PARTE 1.
pordiosero. Mendigo, necesitado*, indigente. V.
POBRE 2.
porfía. Insistencia, tozudez, terquedad. V. OBS-
TINACIÓN 1.
porfiado. Terco, tozudo, insistente. V. OBSTINA-
CIÓN 2.
porfiar. Insistir, empecinarse, discutir*. V. OBSTI-
NACIÓN 3.
pórfido. Roca compacta, piedra con feldespato,
con cuarzo. V. PIEDRA 3.
pormenor. Particularidad, referencia, dato. V.
DETALLE 1.
pornografía. Obscenidad, excitación, erotismo.
V. SEXO 5.
pornográfico. Obsceno, excitante, erótico. V.
SEXO 11.
poro. Abertura, orificio, intersticio. V. AGUJERO 1.
poroso. Esponjoso, perforado, agujereado. V.
HINCHAZÓN 3.
poroto. Fríjol, judía, alubia. V. LEGUMBRE 3.
porqué. Móvil, razón, motivo. V. CAUSA 1.
porquería. 1. Mugre, inmundicia, basura*. V.
SUCIEDAD 1.
— **2.** Perrería, trastada, villanía, V. VIL 3.
porqueriza. Cochiquera, pocilga, corral. V. GA-
NADO 5.
porquerizo. Pastor, porquero, mozo. V. GANA-
DO 8.
porra. Maza, garrote, tranca. V. PALO 1.
porrazo. Trancazo, costalada, batacazo. V. GOL-
PE 3, 6.
porrillo (a). En cantidad, copiosamente, cuantiosamente. V. ABUNDANCIA 4.
porro. Torpe, zoquete, lerdo; marihuana. V. TON-
TO 1; DROGA 3.
porrón. Botellín, botijo, recipiente. V. BOTELLA 1.
porta. Abertura, hueco, ventanilla. V. VENTANA 1.
PORTAAVIONES. 1. Portaaeronaves, portaheli-
cópteros, buque de guerra, barco* de guerra*
(v. barco 6), base flotante, transporte* de
aviones*.
2. Partes. Cubierta de vuelo, cubierta oblicua, hangares interiores, catapulta, despegue,
puente, superestructura (v. barco 13). V. BAR-
CO, AVIÓN.
portada. 1. Primera plana, hoja, página. V. LIBRO
11.
— **2.** Exterior, frontispicio, frente. V. FACHA-
DA 1.
portador. Poseedor, tenedor, propietario. V. PRO-
PIEDAD.
portaequipajes. Maletero, compartimento*, baúl
del coche. V. AUTOMÓVIL 5.
portaestandarte. Abanderado, alférez, oficial. V.
BANDERA 4.
portafolios. Vademécum, cartapacio, carpeta. V.
CARTERA 1.
portal. Porche, zaguán, acceso. V. ENTRAR 4.

portalón. Portón, abertura, portal. V. PUERTA 1.

portamonedas. Monedero, carterita, bolsillo. V. CARTERA 2.

portarse. Conducirse, obrar, proceder. V. COMPORTAMIENTO 2.

portátil. Manejable, movible, cómodo*. V. TRANSPORTE 12.

portaviones. *incorr* V. portaaviones.

portavoz. Vocero, representante, agente. V. DELEGACIÓN 4.

portazgo. Tasa, peaje, impuesto. V. FISCO 3.

portazo. Golpazo, estrépito, porrazo. V. GOLPE 1.

porte. 1. Apariencia, actitud, presencia. V. ASPECTO 1.
— **2.** Acarreo, conducción; precio. V. TRANSPORTE 1; PAGO.

porteador. Mozo, acarreador, trajinante. V. TRANSPORTE 9.

portear. Llevar, trasladar*, acarrear. V. TRANSPORTE 11.

portento. Milagro, asombro*, prodigio. V. MARAVILLA 1.

portentoso. Milagroso, prodigioso, asombroso*. V. MARAVILLA 2.

porteo. V. porte 2.

portería. Zaguán, conserjería, entrada. V. ENTRAR 4.

portero. 1. Bedel, cuidador, conserje. V. SERVIDOR 1.
— **2.** Guardameta, jugador*, cancerbero. V. FÚTBOL 3.

portezuela. Puerta de vehículo*, de carruaje*, de coche. V. AUTOMÓVIL 5.

pórtico. Portal, acceso, entrada. V. ENTRAR 4.

portillo. Portezuela, abertura, postigo. V. PUERTA 1, VENTANA 1.

portón. V. portalón.

porvenir. Mañana, destino, hado. V. FUTURO 1.

posada. Hospedaje, fonda, albergue. V. HOTEL 1.

posaderas. Nalgas, asentaderas, trasero. V. CULO 1.

posadero. Hospedero, mesonero, hotelero. V. HOTEL 5.

posar. 1. Depositar, poner, dejar. V. COLOCAR 1.
— **2.** Actuar, servir de modelo, estar. V. POSTURA 4.
— **3.** Sedimentar, asentarse, decantarse. V. ACUMULAR 2.
— **4.** Posarse, reposar, situarse, detenerse. V. DESCANSO 5.

posdata, postdata. Anotación, observación, explicación*. V. NOTA 2.

pose. Actitud, apariencia, gesto afectado*. V. POSTURA 1, AFECTACIÓN 1.

poseedor. Dueño, titular, beneficiario*. V. PROPIEDAD 6.

poseer. 1. Disfrutar, detentar, tener. V. PROPIEDAD 7.
— **2.** Gozar, copular, yacer. V. COITO 6.

poseído. V. poseso.

posesión. 1. Heredad, hacienda, pertenencias. V. PROPIEDAD 2.

— **2.** Dominio, disfrute, utilización*. V. PROPIEDAD 1.
— **3.** Territorio, mandato, dominio. V. COLONIA 4.
— **4.** Cópula, goce, acto sexual. V. COITO 1.

posesionar. 1. Conceder, otorgar, investir. V. ENTREGAR 1.
— **2.** *Posesionarse*, asentarse, establecerse, ocupar. V. COLOCAR 1.
— **3.** Apropiarse, apoderarse, detentar. V. PROPIEDAD 8.

poseso. Embrujado, endemoniado, poseído. V. HECHICERÍA 7.

posibilidad. V. POSIBLE 3.

posibilitar. V. POSIBLE 4.

POSIBLE. 1. Factible, realizable*, hacedero*, probable, admisible, viable, aceptable*, concebible, creedero, creíble, comprensible, presumible, presunto, verosímil, efectivo, accesible, razonable, lógico, imaginable, previsible, alcanzable, agible, operable, asequible, ejecutable, practicable, verdadero*, existente, evidente, cierto, indudable, auténtico, real, seguro, tangible, natural, elemental, fácil*, cómodo*, sencillo, compatible, potencial; dudoso*, aleatorio, azaroso*, incierto, inseguro, hipotético, supuesto.
— **2.** *Posibles*, bienes, medios, fortuna. V. DINERO 1.
3. Posibilidad. Probabilidad, acaso, viabilidad, facilidad, azar*, evento, eventualidad, coyuntura, hecho, suceso*, sencillez, comodidad*, seguridad, verosimilitud, certeza, efectividad, autenticidad, realidad, duda*, incertidumbre, quizá, salida, resquicio, escapatoria, contingencia, oportunidad, coincidencia, ocasión, riesgo, peligro*, peripecia, casualidad, futuro*, provisión, respaldo, ayuda*, perspectiva, suposición, misterio*, incógnita.
4. Hacer, ser posible. Ser, estar, suceder*, ocurrir, producirse, pasar, acontecer, ser factible, ser realizable (v. 1); posibilitar, permitir, realizar, hacer*, efectuar, facilitar, dejar, consentir, proporcionar, proveer, aportar, asegurar, apoyar, ayudar*, respaldar.
5. Posiblemente. Probablemente, tal vez, quién sabe, quizá, sin duda*, acaso, pudiera ser, a lo mejor, naturalmente, claro, seguramente, verosímilmente, evidentemente, ciertamente, dudosamente*, efectivamente, factiblemente (v. 1).
Contr.: Imposible, difícil*, irrealizable.
V. REALIZABLE, HACEDERO, ACEPTABLE, FÁCIL, CÓMODO, DUDOSO.

posiblemente. V. POSIBLE 5.

posibles. V. POSIBLE 2.

posición. 1. Actitud, colocación*, situación. V. POSTURA 1.
— **2.** Emplazamiento, reducto, fortificación*. V. LUGAR 1.
— **3.** Nivel, categoría, importancia*. V. CLASE 2.

positivista. V. POSITIVO 3.
positivo. 1. Real, seguro*, efectivo. V. VERDAD 3.
— **2.** Afirmativo, sí, aprobado. V. APROBAR 5.
— **3.** Materialista, práctico, objetivo. V. MATERIA 8.
pósito. Silo, depósito; cooperativa. V. ALMACÉN 1; ASOCIACIÓN 4.
poso. Sedimento, precipitado, heces. V. RESIDUO 1.
posponer. 1. Prorrogar, retrasar, aplazar. V. DEMORA 3.
— **2.** Desdeñar, relegar, arrinconar. V. OLVIDO 4.
posta. Estafeta, silla de postas, puesto. V. CORREOS 1.
postal. 1. Misiva, tarjeta, felicitación*. V. CARTA 1.
— **2.** Perteneciente, relativo, propio del correo. V. CORREOS.
poste. Mástil, pértiga, madero. V. PALO 1.
postema. Purulencia, supuración, absceso. V. GRANO 1.
postergación. V. posponer.
postergar. V. posponer.
posteridad. 1. Porvenir, destino, hado. V. FUTURO 1.
— **2.** Descendencia, sucesión, hijos*. V. FAMILIA 1-3.
POSTERIOR. 1. Ulterior, zaguero, postrero, trasero, dorso (v. 2), terminal, extremo, final*, último, rezagado, postrimero, póstumo, alejado*, distante*, lejano, sucesivo, siguiente, subsiguiente, próximo, correlativo, inmediato, adyacente, continuado*, seguido, consecutivo, caudal, popel, dorsal, espaldar, lumbar, vertebral*, inverso, contrario, lateral, fronterizo, limítrofe*.
— **2.** Dorso, posterior, cruz, reverso, revés, espalda*, envés, vuelta*, respaldo, zaga, zaguera, fin*, final, cola, rabo, apéndice*, retaguardia, trasero, culo*, trasera, lomo, pie, popa, contrahaz, culata, talón, el otro lado, lado contrario, lado inverso, terminación, posterioridad (v. 4).
— **3.** Posaderas, asentaderas, trasero. V. CULO 1.
4. Posterioridad. Postrimería, fin *, final, término, terminación, ulterioridad, epílogo, conclusión, sucesión, continuación*, extremidad, lejanía, alejamiento*, adyacencia, frontera, límite*, reverso, turno, orden*, tanda, dorso (v. 2).
5. Posteriormente. Seguidamente, a continuación, después*, más adelante, luego, detrás, más tarde, pronto, prontamente, al final, en retaguardia, a la zaga, alejado*, inmediatamente, mañana, en pos, tras, a la cola, ulteriormente (v. 1).
Contr.: Anterior, primero, inicial.
V. FINAL, LIMÍTROFE, DESPUÉS, ALEJADO, CONTINUADO, APÉNDICE, ESPALDA, CULO.
posterioridad. V. POSTERIOR 4.
posteriormente. V. POSTERIOR 5.
postigo. Ventanuco, persiana, ventanillo. V. VENTANA 2.
postilla. Costra, escara, pústula. V. GRANO 1.

postillón. Cochero, conductor, jinete. V. CARRUAJE 5.
postín. Ostentación, derroche*, boato. V. LUJO 1
postinero. Ostentoso, jactancioso, lujoso*. V. DERROCHE 3.
postizo. 1. Fingido, artificial, añadido. V. FALSO 4.
— **2.** Peluca, peluquín, bisoñé. V. PELO 15.
postor. Comprador*, licitador, pujador. V. COMPRA 3.
postración. Abatimiento, flojedad, desánimo*. V. DEBILIDAD 2, 3.
postrar. 1. V. postración.
— **2.** *Postrarse*, arrodillarse, prosternarse, humillarse. V. INCLINAR 2.
postre. Golosina, dulce, fruta*. V. ALIMENTO 22, CONFITERÍA 2.
postrero. Final*, zaguero, último. V. POSTERIOR 1.
postrimería. Conclusión, término, ocaso. V. FIN 1.
postulado. Fundamento, principio, razonamiento. V. CREER 5.
postulante. Demandante, solicitante, pedigüeño. V. PEDIR 4.
postular. Demandar, solicitar, recaudar. V. PEDIR 1.
póstumo. Ulterior, siguiente, posterior a la muerte*. V. POSTERIOR 1.
POSTURA. 1. Actitud, colocación*, porte, apariencia, aspecto*, aire, figura*, continente, situación, disposición, ademán, afectación*, posición, compostura, pose, gesto*, talante, presencia, estampa, facha, estado, forma*, modo, dirección, orientación*, ubicación, emplazamiento.
— **2.** Jugada, envite, apuesta. V. JUEGO 9.
3. Posturas. De pie, en pie, erguido, levantado, empinado, derecho, de puntillas, estirado, firme, de frente, de perfil, de medio perfil, de lado, de costado, sentado, doblado, arrellanado, repantigado, acomodado, de codos, acodado, apoyado, en jarras, inclinado*, encorvado, agachado, cabizbajo, encogido, arrodillado, de hinojos, reclinado, orante, en genuflexión, genuflexo, en cuclillas, a gatas, postrado, echado, acostado, tumbado, tendido, tirado, caído, yerto, boca arriba o decúbito supino, boca abajo o decúbito prono, durmiente, yacente o yaciente, horizontal, de cara a, mirando a, vuelto hacia.
4. Adoptar posturas. Ponerse, colocarse*, situarse, estar, permanecer, disponerse, ubicarse, aparecer, gesticular*, moverse*, estacionarse, orientarse*, emplazarse, acomodarse, instalarse, posar, dejarse retratar, servir de modelo, actuar*.
V. COLOCACIÓN, ORIENTACIÓN, ASPECTO, FIGURA, GESTO.
potable. Bebible, puro, fresco. V. AGUA 4.
potaje. Guiso, plato, legumbres guisadas. V. ALIMENTO 15.
pote. Lata, bote, recipiente. V. RECEPTÁCULO 1.
potencia. 1. Robustez, energía*, fuerza. V. VIGOR 1.
— **2.** Metrópoli, país, Estado. V. NACIÓN 1.

potencial. 1. Fuerza, energía, dinamismo*. V. VIGOR 1.
— **2.** Encubierto, latente, contenido. V. OCULTAR 2.
potenciar. Intensificar, desarrollar*, aumentar*. V. INTENSIDAD 4.
potentado. Creso, magnate, personalidad. V. RIQUEZA 3.
potente. Fuerte, pujante, recio. V. PODER 4.
poterna. Portezuela, portillo, acceso. V. PUERTA 1.
potestad. Dominio, autoridad, mando. V. PODER 1.
potestativo. Opcional, facultativo, voluntario. V. VOLUNTAD 8.
potingue. Pócima, brebaje, bebida*. V. MEZCLA 3.
potranca. Jaca, yegua, potrillo. V. CABALLO 1.
potrero. Descampado, dehesa, solar. V. CAMPO 1.
potro. Jaco, corcel, potrillo. V. CABALLO 1.
poyo. Banco, piedra*, apoyo*. V. ASIENTO 1.
poza. Charco, balsa, fangal. V. FANGO 2.
POZO. 1. Perforación vertical, foso, mina*, túnel, hueco*, galería, excavación*, agujero*, hoyo, conducto, sima, caverna, cueva*, oquedad, sondeo; pozo artesiano, de aljibe, tubular, ordinario, pozo negro.
2. Generalidades. Abastecimiento de aguas*, capa acuífera, brocal, revestimiento interior, mampostería, rueda, roldana, cubo, cuerda*, noria, bomba*, b. de mano, b. de motor, palanca, tubo de aspiración.
V. MINA, AGUJERO, CUEVA, EXCAVACIÓN, AGUA.
práctica. 1. Uso, costumbre, ejercicio. V. HÁBITO 1.
— **2.** Experiencia*, maña, pericia. V. HÁBIL 3.
practicable. 1. Transitable, despejado, libre. V. LIBERTAD 7.
— **2.** Realizable*, factible, hacedero. V. POSIBLE 1.
practicante. 1. Ayudante, auxiliar sanitario, enfermero. V. MÉDICO 4.
— **2.** Que practica. V. practicar.
practicar. Entrenarse, instruirse, prepararse. V. HÁBITO 4.
práctico. 1. Conveniente*, positivo, beneficioso*. V. ÚTIL 1.
— **2.** Experto*, diestro, competente. V. HÁBIL 1.
pradera. V. prado.
prado. Pastizal, campiña, herbazal. V. CAMPO 1.
pragmática. Decreto, mandato, declaración. V. LEY 1.
pragmático. Práctico, útil*, efectivo. V. VERDAD 3.
preámbulo. Introducción, preludio, principio*. V. PRÓLOGO 1.
prebenda. Lucro, sinecura, gaje. V. BENEFICIO 1.
preboste. Regidor, director, capitán. V. JEFE 1.
precario. Deficiente, imperfecto*, inseguro. V. DEFECTO 3.
PRECAUCIÓN. 1. Prevención, prudencia, miramiento, cuidado*, cautela, previsión, moderación*, equilibrio*, mesura, protección*, circunspección, atención, interés*, observación, reserva, discreción, tanteo, tiento, tino, tacto,

diplomacia, resguardo, refugio, guardia, vela, vigilancia*, vigilia, celo, ahorro*, preparación, anticipación, sensatez, seguridad*, sabiduría*, madurez*, serenidad, comedimiento, seso, inteligencia*, medidas, reflexión, astucia*, disimulo*, recelo, desconfianza, sospecha*, preocupación, suspicacia, escama, temor*, timidez*.
2. Precavido. Prudente, previsor, cauto, cauteloso, prevenido, alerta, dispuesto, cuidadoso*, mirado, discreto, recatado, preparado, reservado, observador, vigilante*, sabio*, sereno, maduro*, interesado*, egoísta*, atento, diligente, circunspecto, mesurado, moderado*, equilibrado*, atinado, preparado, seguro*, sensato, anticipado, próvido, recatado, guardián, protector*, reflexivo, sesudo, ahorrador*, comedido, medido, sagaz, astuto*, disimulado*, receloso, desconfiado, suspicaz, sospechoso*, escamado, temeroso, miedoso, tímido*.
3. Precaver(se). Prever, anticipar, evitar, solucionar, prevenir, cuidar*, preparar, aprestar, aprontar, advertir, obviar, vigilar*, observar, proveer, custodiar, reservarse, atender, interesarse*, organizar, disponer, recatarse, arreglar, remediar, reparar*, ahorrar*, asegurarse, comedirse, medir, rehuir, eludir, esquivar*, protegerse*, defenderse, preservar, disponer, refugiarse, resguardarse, guardarse, salvar, preocuparse, sospechar*, recelar, desconfiar, temer.
Contr.: Descuido*, imprudencia, imprevisión.
V. CUIDADO, VIGILANCIA, INTERÉS, SABIDURÍA, MODERACIÓN, MADUREZ, AHORRO, PROTECCIÓN, SOSPECHA, TEMOR, TIMIDEZ.
precaver. V. PRECAUCIÓN 3.
precavido. V. PRECAUCIÓN 2.
precedencia. 1. Anteposición, preexistencia, prioridad. V. ANTERIOR 3.
— **2.** Predominio, primacía, preeminencia. V. SUPERIOR 4.
precedente. 1. Preexistente, previo, precursor. V. ANTERIOR 1.
— **2.** Antecedente, semejanza, referencia. V. EJEMPLO 1.
preceder. Preexistir, anteponer, anticipar. V. ANTERIOR 4.
preceptivo. Normativo, legal*, reglamentario. V. REGLA 6.
precepto. Norma, mandato, ley*. V. REGLA 4.
preceptor. Maestro, profesor, educador. V. EDUCACIÓN 15.
preceptuar. Disponer, ordenar*, reglamentar. V. REGLA 8.
preces. Oraciones, rogativas, plegarias. V. REZO 1.
preciado. Querido, estimado, valioso. V. ÚTIL 1.
preciarse. Vanagloriarse, jactarse, presumir. V. FANFARRONERÍA 4.
precintar. Asegurar, lacrar, sellar. V. SELLAR 1.
precinto. Garantía, marbete, sello. V. SELLAR 3.
precio. Importe, monto, valor. V. COSTAR 3.

preciosidad. Encanto, belleza, beldad. V. HER-
MOSURA 1, 2.
precioso. 1. Bello, atractivo, bonito. V. HERMO-
SURA 3.
— **2.** Inapreciable, raro, valioso. V. COSTAR 4.
preciosura. V. preciosidad.
precipicio. Despeñadero, sima, barranco. V. ABIS-
MO 1.
precipitación. 1. Prisa, apresuramiento, irreflexión.
V. URGENCIA 1, ATURDIMIENTO 1.
— **2.** Aguacero, tromba, chaparrón. V. LLUVIA 1.
— **3.** Poso, sedimento, decantación. V. ACU-
MULAR 4.
precipitadamente. Apresuradamente, rápidamente, aturdidamente*. V. RAPIDEZ 4.
precipitado. V. precipitación, precipitar.
precipitar. 1. Tirar, despedir, arrojar. V. LANZAR 1.
— **2.** Impulsarse, abalanzarse, arrojarse. V.
LANZAR 2.
— **3.** Posar, decantar, sedimentar. V. ACUMU-
LAR 2.
— **4.** *Precipitarse*, apresurarse, atolondrarse*,
atropellarse. V. RAPIDEZ 5, ATURDIRSE.
precisamente. Ciertamente, justamente, casualmente. V. VERDAD 5.
precisar. 1. Establecer, fijar, estipular. V. DETER-
MINAR 1.
— **2.** Carecer, faltar, necesitar. V. NECESIDAD 8.
precisión. 1. Carencia, falta, insuficiencia. V. NE-
CESIDAD 2.
— **2.** Minuciosidad, detalle*, escrupulosidad.
V. EXACTITUD 1.
— **3.** Puntualización, determinación, exigencia*.
V. EXPLICACIÓN 1.
preciso. 1. V. precisión 1.
— **2.** Indispensable, obligatorio*, forzoso. V.
NECESIDAD 5.
precitado. Aludido, referido, antedicho. V. MEN-
CIONAR 3.
preclaro. Esclarecido, ilustre, insigne. V. PRESTI-
GIO 2.
precocidad. V. PRECOZ 2.
preconcebido. Anticipado, premeditado, planeado. V. PLAN 5.
preconizar. Ponderar, aconsejar, recomendar. V.
APOYAR 2.
PRECOZ. 1. Adelantado, anticipado, avanzado*,
precedente, temprano, tempranero, prematuro,
anterior, aventajado, destacado, desarrollado*,
espigado, talentoso, inteligente*, prodigioso,
genial, fenomenal, superior*, astuto*, sobresaliente, promisorio, prometedor, hábil*,
apresurado, pronto, rápido*, madrugador,
inexperto, inmaduro, tierno, verde, nuevo, joven*, novato, principiante*, bisoño, malogrado,
perdido, abortado.
2. Precocidad. Adelanto, anticipación, ventaja, precedencia*, anterioridad, promesa,
primicia, prontitud, premura, apresuramiento,
rapidez*, fenómeno, genio, prodigio, avance,
superioridad*, ventaja*, astucia*, desarrollo*,

crecimiento, juventud, inmadurez, principio*,
inexperiencia, novatada, bisoñez, malogro,
aborto.
3. Ser precoz. Adelantarse, anticiparse, prometer, aventajar, apresurarse, dejar atrás, descollar,
destacar, crecer, desarrollar, espigar, preceder*,
principiar*, sobresalir, superar; malograrse,
perderse, abortar.
Contr.: Retrasado, último, demorado*.
V. PRINCIPIANTE, RÁPIDO, JOVEN, PRE-
CEDENCIA, SUPERIORIDAD, DESARROLLO,
VENTAJA.
precursor. 1. Pionero, fundador, adelantado. V.
CREAR 4.
— **2.** Ascendiente, antecesor, antepasado. V.
FAMILIA 2.
predecesor. V. precursor 2.
predecir. Profetizar, augurar, vaticinar. V. ADIVI-
NAR 1.
predestinación. Hado, sino, destino. V. FUTURO 1.
predestinado. Escogido, iluminado, elegido. V.
PREFERENCIA 4.
prédica. Perorata, alocución, sermón. V. DISCUR-
SO 1.
predicado. Función gramatical, atributo (verbos
copulativos), adjetivo. V. GRAMÁTICA 3, 6.
predicador. Catequista, orador, sermoneador. V.
DISCURSO 4.
predicamento. Fama, influencia, importancia*.
V. PRESTIGIO 1.
predicar. Sermonear, disertar, arengar. V. DIS-
CURSO 3.
predicción. Profecía, vaticinio, augurio. V. ADI-
VINAR 3.
predilección. Favoritismo, parcialidad, amor*. V.
PREFERENCIA 1.
predilecto. Querido, favorito, protegido. V. PRE-
FERENCIA 4.
predio. Hacienda, finca, heredad. V. PROPIEDAD 2.
predisponer(se). Convencer(se), inclinar, inculcar.
V. PERSUADIR 1, PREFERIR.
predisposición. Tendencia, proclividad, propensión. V. PREFERENCIA 1.
predominante. Sobresaliente, aventajado, destacado. V. SUPERIOR 1.
predominar. Destacar, sobresalir, prevalecer. V.
SUPERIOR 4.
predominio. Poder*, dominación, superioridad.
V. SUPERIOR 4.
preeminencia. V. predominio.
preeminente. V. predominante.
preestablecido. Preconcebido, previo, antecedente. V. PLAN 5.
preexistente. Previo, conocido, precedente. V.
ANTERIOR 1.
preexistir. Preceder, anticiparse, aventajar. V.
ANTERIOR 4.
prefacio. Introducción, preámbulo, principio. V.
PRÓLOGO 1.
prefecto. Funcionario, autoridad, magistrado. V.
GOBIERNO 8, 10.

prefectura. Cargo, distrito, territorio. V. ZONA 2.
PREFERENCIA. 1. Predilección, parcialidad, supremacía (v. 2), inclinación, distinción, tendencia,
disposición, orientación, moda*, apego, propensión, predisposición, proclividad, privile-
gio*, ventaja*, prelación, anterioridad*, ayu-
da*, beneficio*, favor, favoritismo, nepotismo,
diferencia*, deferencia, parcialidad, afición,
exención, excepción, protección*, confianza,
recomendación, enchufe, acomodo, amistad,
devoción, cariño, amor*, simpatía*, capricho*,
selección, cualidad, valor, elección, gracia, momio, privanza, sinecura, canonjía, valimiento,
ansia, deseo*.
— **2.** Supremacía, ventaja, delantera. V. SU-
PERIOR 4.
3. Preferir. Proteger*, elegir, distinguir, agraciar, beneficiar*, privilegiar, diferenciar*, señalar, favorecer, amar, encariñarse, predisponerse,
querer, mimar*, inclinarse, tender, propender,
simpatizar*, escoger, seleccionar, anteponer,
consentir, ansiar, desear*.
4. Preferido. Privilegiado*, favorecido, favorito, valido, privado, simpático*, predilecto,
protegido*, distinguido, escogido, iluminado,
predestinado, elegido, seleccionado*, señalado,
diferenciado*, ayudado*, beneficiado*, electo,
exento, amigo, compañero*, devoto, amado,
dilecto, querido, bienquisto, recomendado,
enchufado, agraciado, consentido, mimado*,
preferente (v. 6).
5. Preferible. Beneficioso, aconsejable, ventajoso, superior,*, cómodo*, distinguido, deseable, destacado, recomendable, apto, apropiado,
preferente (v. 6).
6. Preferente. Destacado, superior*, preeminente, distinguido, influyente, predominante,
prevaleciente, privilegiado*, aventajado, elevado, supremo, dominante, urgente*, delicado,
importante*, preferible (v. 5), preferido (v. 4).
7. Preferentemente. Principalmente, preferiblemente, básicamente, primordialmente, esencialmente, sustancialmente, fundamentalmente,
sobre todo (v. base 3).
Contr.: Odio*, antipatía*, desprecio*.
V. SUPERIORIDAD, IMPORTANCIA, AYUDA, BE-
NEFICIO, AMOR, PRIVILEGIO, VENTAJA, PRO-
TECCIÓN, MIMO, DIFERENCIA, URGENCIA.
preferente. V. PREFERENCIA 6.
preferentemente. V. PREFERENCIA 7.
preferible. V. PREFERENCIA 5.
preferiblemente. V. PREFERENCIA 7.
preferido. V. PREFERENCIA 4.
preferir. V. PREFERENCIA 3.
prefijar. Preconcebir, determinar*, anticipar. V.
PLAN 3.
prefijo. Parte de una palabra, afijo, partícula; prefijos: ab-, ad-, auto-, cata-, circun-, cis-, co-,
com-, des-, di-, dia-, dis-, epi-, equi-, ex-, extra-,
hiper-, hipo-, in-, inter-, meta-, ob-, para-, peri-,

pos-, pre-, pro-, re-, retro-, sin-, sota-, soto-,
sub-, super-, trans-, tras-. V. GRAMÁTICA 3.
pregón. Bando, proclama, aviso. V. ANUNCIO
1, 2.
pregonar. Avisar, divulgar, informar*. V. ANUN-
CIO 4.
pregonero. Avisador, empleado municipal, informador. V. ANUNCIO 6.
pregunta. Consulta, interpelación, averiguación.
V. INTERROGAR 2.
preguntar. Interperlar, consultar, averiguar. V.
INTERROGAR 1.
preguntón. Indiscreto, insistente, impertinente. V.
CURIOSIDAD 2.
PREHISTORIA. 1. Principio* de la historia*, comienzo, amanecer, inicio, albores, época anterior, edad* prehistórica.
2. División. Edad de piedra, edad de los metales. *Edad de piedra:* paleolítico o de la piedra tallada (paleolítico inferior: pre-achelense,
achelense, musteriense; paleolítico superior:
perigordiense, auriñacense, solutrense, mag-
daleniense); mesolítico; neolítico o de la piedra
pulimentada. *Edad de los metales:* Edad del
cobre, e. del bronce, e. del hierro*.
3. Hombre prehistórico. Australopiteco, Pithecanthropus, P. erectus, Sinanthropus, Zinjanthropus, Procónsul, Ramapithecus, hombre de
Neandertal, de Heidelberg, de Piltdown (falso),
de Rodesia, de Pekín, de Java, de Steinheim,
de Swanscombe, de Aurignac, de Chancelade,
de Cro-Magnon, de Grimaldi; «homo erectus»,
«h. habilis», «h. antecessor» (hombre de Atapuerca), «h. sapiens»; hombre de las cavernas,
troglodita, cavernario, cavernícola. Primeras
poblaciones o etnias: indoeuropeos (blancos),
caucásicos (blancos), semitas (blancos), mogoles
(amarillos), camitas (morenos, negros).
4. Fauna prehistórica. Mamut, oso de las
cavernas, reno, ciervo, cabra montés, bisonte,
rinoceronte; rebaños, fósiles*. Dinosaurios*
(animales* antediluvianos).
5. Generalidades. Arqueología*, antropología,
fósiles*, yacimientos, glaciaciones, vida prehistórica, nomadismo, caza*, pesca*, ganadería*,
pastoreo, agricultura; tundra, estepa, caverna,
cueva*, ciudad lacustre, palafito, megalito, monolito, trilito, dolmen, menhir, crómlech, pin-
turas* rupestres, relieves, estatuillas, osamenta, hueso*, asta tallada, ceraunia o piedra de
rayo, herramientas*, punta de flecha, de arpón,
raspador, hacha, puñal, collar, sílex, pedernal,
yesca, fuego*.
6. Lugares, yacimientos. Stonehenge (Inglaterra), cueva de Altamira (Santander), cueva de
Lascaux (Francia), lagos suizos, sierra de Atapuerca (Burgos).
7. Prehistórico. Troglodítico, antediluviano,
paleolítico, mesolítico, neolítico, fósil*, arqueo-
lógico*, paleontológico, antiquísimo, remoto,

antiguo*, arcaico, primitivo, protohistórico, rupestre, cavernario.
Contr.: Historia*.
V. ARQUEOLOGÍA, FÓSIL, EDAD, HISTORIA, GEOLOGÍA, CUEVA.

prehistórico. V. PREHISTORIA 7.

prejuicio. Prevención, ofuscación, obstinación. V. INTRANSIGENCIA 1.

prejuzgar. Aventurar, enjuiciar, anticipar*. V. ANTERIOR 4.

prelación. V. PREFERENCIA 1.

prelado. Obispo, mitrado, sacerdote* superior. V. SACERDOTE 1.

preliminar. 1. Primero, inicial, preparatorio. V. ANTERIOR 1.
— **2.** V. preludio.

preludiar. Empezar, comenzar, iniciar. V. PRINCIPIO 9.

preludio. Comienzo, preámbulo, prólogo. V. PRINCIPIO 1.

prematuro. Adelantado, anticipado, temprano. V. PRECOZ 1.

premeditación. Anticipación, preparación, agravante. V. PLAN 2.

premeditado. Preparado, deliberado, proyectado. V. PLAN 5.

premeditar. Preparar, proyectar, anticipar. V. PLAN 4.

premiar. V. PREMIO 2.

premier. *ingl* Jefe de gobierno, primer ministro, presidente del gobierno. V. GOBIERNO 9.

première. *fr* Inauguración, estreno, apertura. V. PRINCIPIO 1.

PREMIO. 1. Recompensa, retribución, distinción, galardón, trofeo, homenaje, gratificación, regalo*, obsequio, compensación, concesión, accésit, satisfacción, estímulo, oferta, ofrecimiento, indemnización, enaltecimiento, ensalzamiento, beneficio*, deferencia, prerrogativa, ventaja, merced, corona, laurel, lauro, honra, honor*, honores, copa, medalla, condecoración*, pago*, propina, sobresueldo, remuneración, plus, donación, don, donativo, ofrenda, entrega*, éxito, triunfo*, satisfacción, favor.
2. Premiar. Gratificar, honrar*, conceder, entregar*, galardonar, ofrecer, homenajear, otorgar, retribuir, compensar, recompensar, agraciar, enaltecer, satisfacer*, conceder, estimular, beneficiar*, coronar, condecorar*, laurear, pagar*, regalar*, obsequiar, donar, ofrendar, ensalzar, favorecer.
3. Premiado. Laureado, galardonado, distinguido, recompensado, honrado*, glorificado, homenajeado, gratificado, estimulado, enaltecido, ensalzado, beneficiado*, favorecido, condecorado*, regalado*, pagado*.
Contr.: Castigo*, condena*, desprecio*.
V. CONDECORACIÓN, BENEFICIO, HONOR, REGALO, PAGO, ENTREGA, TRIUNFO.

premiosidad. Parsimonia, calma, pachorra. V. LENTITUD 1.

premioso. Cachazudo, moroso, calmoso. V. LENTITUD 2.

premisa. Precedente, indicio, deducción. V. DATO 1.

premolar. Pieza dental, p. ósea, muela. V. DIENTE 1.

premonición. Corazonada, barrunto, presentimiento. V. ADIVINAR 3.

premura. Prisa, celeridad, urgencia*. V. RAPIDEZ 1.

prenda. 1. Atuendo, ropa, atavío. V. VESTIMENTA 1.
— **2.** Virtud, atributo, facultad. V. CUALIDAD 1.
— **3.** Aval, fianza, resguardo. V. GARANTÍA 1.

prendarse. Encariñarse, chiflarse, enamorarse. V. AMOR 6.

prendedor. Pasador, imperdible, joya*. V. BROCHE 1.

prender. 1. Apresar, arrestar, detener. V. PRISIÓN 7.
— **2.** Inflamar, alumbrar, encender. V. FUEGO 6.
— **3.** Fijar, sujetar, enganchar. V. UNIR 5.
— **4.** Desarrollarse*, agarrar, arraigar. V. FLOR 9.

prendería. Cambalache, compraventa, casa de préstamos. V. PRESTAR 7.

prendero. Ropavejero, cambalachero, prestamista. V. PRESTAR 5.

prendimiento. Apresamiento, captura, arresto. V. PRISIÓN 2.

prensa. 1. Laminadora, compresora, estampadora. V. APLASTAR 6.
— **2.** Rotativa, aparato, máquina impresora. V. IMPRENTA 3.
— **3.** Información gráfica, diarios, periódicos. V. PERIODISMO 1.

prensar. Estrujar, comprimir, apretar. V. APLASTAR 1.

preñada. Embarazada, mujer* grávida, encinta. V. EMBARAZO 3.

preñado. Atestado, rebosante, atiborrado. V. LLENAR 4.

preñar. Fertilizar, fecundar, copular. V. EMBARAZO 10.

preñez. Gestación, fecundación, gravidez. V. EMBARAZO 1.

preocupación. 1. Angustia, inquietud, ansiedad. V. INTRANQUILIDAD 1.
— **2.** Desvelo, afecto, interés*. V. CUIDADO 1.

preocupado, preocupante, preocupar. V. preocupación.

preparación. V. PREPARAR 5.

preparado. 1. V. PREPARAR 7.
— **2.** Medicina, droga*, específico. V. MEDICAMENTO 1.
— **3.** Competente, capacitado, experto. V. EDUCACIÓN 17.

PREPARAR(SE). 1. Hacer*, elaborar, efectuar, disponer, realizar, aprestar, acondicionar, aprontar, ordenar*, proyectar, planear*, planificar, decidir, organizar, arreglar, aviar, alistar, prevenir, acomodar, proporcionar, distribuir, combinar, pertrechar, manufacturar, fabricar*, confeccionar, aparejar, acondicionar, urdir, tramar, conspirar*, intentar, probar, ensayar, preludiar, empezar, principiar*, iniciar, alertar, avisar, informar*, aprovisionar, avituallar, instruir, educar*, armarse (v. 3), prever (v. 4).

— **2.** *Cocinar**, guisar, adobar, aliñar. V. COCINA 7.

— **3.** *Prepararse*, armarse, pertrecharse, alistarse. V. ARMA 6.

— **4.** *Prever*, prevenir, anticipar, precaver. V. PRECAUCIÓN 3.

5. Preparación. Preparativo, realización, elaboración, disposición, apresto, arreglo, organización, gestación, principio*, proyecto, planificación, plan*, acondicionamiento, acomodo, alistamiento, distribución, combinación, pertrecho, manufactura, fabricación*, confección, prevención, intento, ensayo, prueba, preludio, inicio, comienzo, armamento, alistamiento, alerta, aviso, aprovisionamiento, avituallamiento, anticipación, precaución*, cuidado*, instrucción, educación*, guisado, cocinado*, aliñado.

6. Preparativos. Arreglos, proyectos, planes (v. 5).

7. Preparado. Alerta, alertado, prevenido, pronto, dispuesto, presto, a punto, listo, acondicionado, preparado, hecho, elaborado, efectuado, realizado, ensayado, probado, intentado, tramado, urdido, confeccionado, fabricado*, manufacturado, acondicionado, aparejado, organizado, proyectado, planeado*, planificado, aprovisionado, avituallado, avisado, armado, previsto, urdido, tramado.

— **8.** Educado*, competente, hábil*. V. EDUCACIÓN 17.

Contr.: Improvisar, descuidar*.

V. PLANEAR, ORDENAR, FABRICAR, HACER, PRINCIPIAR, EDUCAR.

preparativos. V. PREPARAR 6.

preparatorio. Preventivo, inicial, instructivo. V. PRINCIPIO 7, EDUCACIÓN 18.

preponderancia. Supremacía, hegemonía, predominio. V. SUPERIOR 4.

preponderante. Preeminente, dominante, destacado. V. SUPERIOR 1.

preponderar. Sobresalir, descollar, prevalecer. V. SUPERIOR 6.

PREPOSICIÓN. 1. Partícula, parte invariable, p. inseparable, prefijo, afijo; relación, complemento (v. 2, 3).

2. Preposiciones simples. A, ante, bajo, cabe, con, contra, de, desde, en, entre, ex, hacia, hasta, incluso, para, por, según, sin, so, sobre, tras.

3. Preposiciones compuestas. Por entre, de entre, para con, etc.

4. Locuciones prepositivas. Acerca de, a pesar de, cerca de, con arreglo a, con objeto de, delante de, encima de, en cuanto a, etc.

5. Preposiciones inseparables. Prefijo, afijo. Ab-, ad-, auto-, cata-, circun-, cis-, co-, com-, des-, di-, dia-, dis-, epi-, equi-, ex-, extra-, hiper-, hipo-, in-, inter-, meta-, ob-,

para-, peri-, pos-, pre-, pro-, re-, retro-, sin-, sota-, soto-, sub-, super-, trans-, tras- (v. 1).

Contr.: Sufijo.

V. GRAMÁTICA.

prepósito. Director, cabeza, principal. V. JEFE 1.

prepotencia. Abuso*, poder*, despotismo. V. DOMINACIÓN 1.

prepotente. Déspota, dictatorial, abusador*. V. DOMINACIÓN 3.

prepucio. Cubierta del glande, piel móvil, parte del pene. V. SEXO 8.

prerrogativa. Ventaja*, derecho, poder*. V. PRIVILEGIO 1.

PRESA. 1. Embalse, dique*, represa, pantano, balsa, acumulación*, depósito de aguas*, muro de contención, espigón, defensa, barrera, tajamar, rompeolas.

— **2.** Despojo, botín, robo*. V. CONQUISTA 1.

— **3.** Toma, llave, zancadilla. V. LUCHA 5.

4. Clases de presas. De terraplén, de bóveda o arco, de arcos múltiples, de contrafuertes.

5. Grandes presas. Presa de Assuán (Egipto), Grand Coulée, Hoover Dam (USA), Bratsk (Rusia), Owen Falls (Uganda), presa de las Tres Gargantas (China).

6. Partes. Dique*, bóveda, arco, muro de contención, coronación, declive o escarpa, compuerta, aliviadero, rebosadero, pozo de drenaje, salto, conducción, turbina, generador, esclusa, galería de inspección, sala de mandos, central hidroeléctrica, mampostería, hormigón, piedra*, tierra, azud.

7. Varios. Energía hidráulica, e. hidroeléctrica, hulla blanca, electricidad*, caudal, pólder, kilovatios, megavatios.

8. Embalsar. Represar, estancar, almacenar*, acumular*, detener, remansar, depositar, contener, recoger, llevar, conducir.

V. DIQUE, LAGO, ELECTRICIDAD, AGUA.

presagiar. Augurar, vaticinar, presentir. V. ADIVINAR 1.

presagio. Presentimiento, augurio, vaticinio. V. ADIVINAR 3.

presbicia. Vista cansada, hipermetropía, defecto visual. V. OJO 6.

présbita. De vista cansada, cegato, hipermétrope. V. OJO 6.

presbiteriano. Protestante, reformado suizo, inglés, escocés o americano. V. PROTESTANTE 2.

presbítero. Eclesiástico, cura, clérigo. V. SACERDOTE 1.

prescindir. Descartar, excluir, eliminar. V. RECHAZAR 1.

prescribir. 1. Disponer, mandar, recetar. V. ORDEN 10.

— **2.** Terminar, caducar, extinguirse. V. FIN 4.

prescripción. 1. Mandato, disposición, precepto. V. ORDEN 3.

— **2.** Conclusión, extinción, vencimiento. V. FIN 1.

— **3.** Receta, orden, fórmula. V. MEDICAMENTO 3.

presea. Alhaja, aderezo, gema. V. JOYA 1.

presencia. 1. Comparecencia, asistencia, aparición. V. CONCURRENCIA 2.

— **2.** Figura*, apariencia*, facha. V. ASPECTO 1.

presenciar. Asistir, hallarse, mirar*. V. CONCURRENCIA 3.

presentable. Correcto, decente, pulcro. V. LIMPIEZA 2.

presentación. V. presentar.

presentar. 1. Enseñar, mostrar, descubrir. V. EXHIBIR 1.

— **2.** Reunir, relacionar, introducir. V. SALUDO 3.

— **3.** Declarar, manifestar, exponer. V. EXPLICACIÓN 2.

— **4.** Presentarse, aparecer*, acudir, asistir. V. CONCURRENCIA 3.

presente. 1. Ahora, hoy, actualmente. V. ACTUAL 2, 6.

— **2.** Contemporáneo, de hoy, moderno. V. ACTUAL 1.

— **3.** Dádiva, obsequio, donativo. V. REGALO 1.

— **4.** Asistente, espectador, concurrente. V. CONCURRENCIA 4.

presentimiento. Premonición, corazonada, presagio. V. ADIVINAR 3.

presentir. Barruntar, sospechar*, presagiar. V. ADIVINAR 1.

preservación. V. preservar.

preservar. Cuidar*, proteger*, custodiar. V. CONSERVAR 1.

preservativo. Profiláctico, condón, goma. V. VENÉREAS (ENFERMEDADES) 3.

presidencia. Jefatura, mando, dirección. V. GOBIERNO 1.

presidente. Director, superior*, jefe*. V. GOBIERNO 8, 9.

presidiario. Preso, recluso, penado. V. PRISIÓN 6.

presidio. Penitenciaría, correccional, penal. V. PRISIÓN 1.

presidir. Mandar, regir, dirigir. V. GOBIERNO 12.

presilla. Trencilla, alamar, cordón. V. TIRA 1.

PRESIÓN. 1. Empuje, apretura, compresión, tensión, opresión, aplastamiento*, estrujamiento, amasamiento, masaje*, fuerza, esfuerzo, potencia, constricción, contracción, estrechamiento, apelmazamiento, estrujón, abrazo*, apretamiento, apretón, ahogo*, asfixia, machacamiento, prensado, achatamiento, hundimiento*, abultamiento*, tracción, tirantez, distensión.

— **2.** Imposición, apremio, coacción. V. OBLIGAR 1.

3. Presionar. Apretar, estrujar, comprimir, encoger, forzar, exprimir, aplastar*, ajustar, agarrotar, asfixiar, ahogar*, estrangular, contraer, apelmazar, estrechar, constreñir, prensar, extraer, oprimir, calcar, masajear*, heñir, abrazar*, rodear, abarcar, ceñir, envolver, fajar, encorsetar, traccionar, hundir*, achatar,

abultar*, machacar, triturar, distender, tirar de, empujar.

— **4.** Forzar, coaccionar, imponer. V. OBLIGAR 1.

5. Presionado. Apretado, estrujado, comprimido (v. 3).

V. APLASTAR, ABULTAR, ABRAZAR, AHOGAR, MASAJEAR, ESTRECHAR.

presionar. 1. V. PRESIÓN 3.

— **2.** Imponer, apremiar, coaccionar. V. OBLIGAR 1.

preso. Presidiario, recluso, detenido. V. PRISIÓN 6.

prestación. Asistencia, servicio, tributo. V. AYUDA 1.

prestado (de). V. PRESTAR 9.

prestamente. Rápidamente, velozmente, urgentemente. V. RAPIDEZ 4.

prestamista. V. PRESTAR 5.

préstamo. V. PRESTAR 4.

prestancia. Distinción, porte, elegancia*. V. GARBO 1.

PRESTAR. 1. Facilitar, proporcionar, dejar, suministrar, entregar*, fiar, anticipar, adelantar, pagar*, pedir (v. 3), ceder, confiar, encargar, endeudar, favorecer, beneficiar*, transferir, entregar a cuenta, ofrecer*, contribuir, ayudar*, asistir, socorrer*, auxiliar, dar, dar al fiado, dar a crédito, distribuir, obligar*, prodigar, aliviar, subvencionar, intercambiar, especular*, comerciar*, invertir, negociar, lucrarse, esquilmar, chupar la sangre, explotar, estafar*, especular*, prometer, privarse, quitarse, sacrificarse*, despojarse, adeudar.

— **2.** Prestarse, contribuir, colaborar, cooperar. V. AYUDA 3.

3. Pedir prestado. Solicitar, pedir*, demandar, suplicar, mendigar, mangar, sablear, gorronear, requerir, insistir, exigir; endeudarse, empeñarse, entramparse; desempeñar, amortizar, pagar intereses, redimir, devolver, pagar*.

4. Préstamo. Anticipo, entrega*, empréstito, adelanto, crédito, deuda*, colaboración, apoyo, prestación, sobresueldo, facilidad, transferencia, ayuda*, fianza, entrega, e. a cuenta, préstamo hipotecario, p. a interés, obligación*, favor, depósito, garantía*, prenda, señal, aval, fianza, hipoteca, oferta, ofrecimiento, caridad, beneficencia, pignoración, pago*, cesión, asistencia, suministro, generosidad*, beneficio*, contribución, protección*, dejación, concesión, gracia, interés, usura, especulación*.

5. El que presta. Prestamista, especulador*, prendero, usurero, avaro*, negociante, comerciante*, financiero, inversor, banquero, agenciero, prendador, mohatrero, cambalachero, prestador, sanguijuela, vampiro, benefactor*, mecenas, generoso* (v. 6).

6. Otras personas. Prestatario, deudor*, beneficiario, beneficiado*, favorecido, esquilmado, explotado, financiado; avalista, garante, garantizador*, responsable, prendador; gorrón, sablista, pedigüeño*, mangante, parásito, saca-cuartos (v. 5).

7. Establecimientos. Prendería, monte de piedad, casa de préstamos, c. de empeños, c. de compraventa, comercio*, negocio, tienda*, cambalache, entidad crediticia, establecimiento de crédito, agencia, banco*, b. de crédito, b. hipotecario.

8. Varios. Papeleta de empeño, préstamo, garantía*, aval, fianza, prenda, hipoteca, letra, documento*, contrato*, prima, amortización, reembolso, cancelación, anualidad, vencimiento, plazo, moratoria, interés, capital, usura.

9. Prestado. Facilitado, proporcionado, dejado (v. 1).

Contr.: Deuda*.

V. OBLIGACIÓN, ENTREGA, PAGO, GARANTÍA, CONTRATO, BENEFICIO, AYUDA, SOCORRO, GENEROSIDAD, ESPECULACIÓN, DEUDA, BANCO, COMERCIO, PEDIR.

prestatario. V. PRESTAR 6.

presteza. Prontitud, velocidad, ligereza. V. RAPIDEZ 1.

prestidigitación. Malabarismo, juego de manos, escamoteo. V. ILUSIONISMO 1.

prestidigitador. Malabarista, escamoteador, artista*. V. ILUSIONISMO 3.

prestigiar. V. PRESTIGIO 3.

PRESTIGIO. 1. Renombre, fama, celebridad*, notoriedad, reputación, importancia*, gloria, honra, honor*, elogio*, popularidad, nombre*, nombradía, ascendiente, respeto*, admiración, veneración, consideración, concepto, opinión*, valía, competencia, merecimiento, realce, título, brillo, distinción, preponderancia, autoridad, fe, prez, orgullo, influjo, influencia, crédito, auge, predominio, superioridad*, predicamento, nobleza, aristocracia*, esplendor, lustre, aura, aureola, laureles, palma, heroísmo*, lucimiento, éxito, triunfo*, opulencia, riqueza*, inmortalidad, homenaje, aprecio.

2. Prestigioso. Renombrado, célebre*, respetado*, destacado, sobresaliente, popular, afamado, famoso, descollante, conspicuo, brillante, egregio, ilustre, preclaro, esclarecido, ínclito, insigne, caracterizado, distinguido; notorio, honroso*, honrado, glorioso, heroico*, grande*, prócer, merecido, considerado, ensalzado, elogiado*, querido, bienquistado, apreciado, venerable, venerado, importante*, superior*, eminente, prominente, influyente, predominante, opulento, adinerado, valioso, competente, acreditado, notable, lucido, aureolado, laureado, exaltado, triunfante*, memorable, inolvidable, inmortal, excelso, homenajeado, señalado, aristócrata*, patricio, noble, prócer.

3. Prestigiar(se). Honrar*(se), afamar, popularizar, difundir, divulgar, extender, acreditar, aureolar, exaltar, ensalzar, elogiar*, renombrar, realzar, celebrar, gloriar, brillar, distinguir, respetar*, merecer, influir, venerar, predominar,

apreciar, amar, querer, ennoblecer, enriquecer, triunfar*, autorizar, avalar, respaldar, distinguir, señalar, inmortalizar, caracterizar, laurear, lucir, considerar.

Contr.: Desprestigio, descrédito, deshonra*.

V. CELEBRIDAD, RESPETO, IMPORTANCIA, SUPERIORIDAD, HEROÍSMO, HONRA, TRIUNFO.

prestigioso. V. PRESTIGIO 2.

presto. 1. Veloz, listo, raudo. V. RAPIDEZ 2.

— **2.** Dispuesto, alerta, preparado. V. PREPARAR 7.

— **3.** Velozmente, al momento, pronto. V. RAPIDEZ 4.

presumible. Verosímil, factible, previsible. V. POSIBLE 1.

presumiblemente. V. presumible.

presumido. Jactancioso, engreído, fatuo. V. VANIDAD 2.

presumir. 1. Vanagloriarse, jactarse, alardear. V. FANFARRONERÍA 4.

— **2.** Coquetear, emperejilarse, seducir. V. FRIVOLIDAD 5.

— **3.** Suponer, sospechar*, imaginar. V. IMAGINACIÓN 4.

presunción. V. presumir 1, 3.

presunto. Probable, presumible, factible. V. POSIBLE 1.

presuntuoso. Jactancioso, engreído, fatuo. V. VANIDAD 2.

presuponer. Deducir, conjeturar, imaginar. V. IMAGINACIÓN 4.

presupuesto. 1. Evaluación, valoración, cálculo. V. EVALUAR 1.

— **2.** Haberes, beneficios*, pagos*. V. GASTO 1.

presuroso. Ligero, veloz, diligente. V. RAPIDEZ 2.

pretencioso. Pedante*, engreído, fatuo. V. VANIDAD 2.

pretender. Ansiar, intentar, ambicionar*. V. DESEO 4.

pretendido. Supuesto, fingido, dudoso*. V. IMAGINACIÓN 7.

pretendiente. 1. Festejante, cortejador, enamorado. V. AMOR 11.

— **2.** Postulante, aspirante, candidato. V. PEDIR 4.

pretensión. 1. Anhelo, esperanza*, aspiración. V. DESEO 1.

— **2.** *Pretensiones*, engreimiento, orgullo, presunción. V. VANIDAD 1.

pretensioso. V. pretencioso.

preterir. Postergar, relegar, rechazar*. V. DEMORA 3.

pretérito. Remoto, pasado, lejano. V. ANTIGUO 1.

pretestar. Aducir, alegar, excusarse. V. DISCULPA 3.

pretexto. Evasiva, excusa, justificación. V. DISCULPA 1.

pretil. Antepecho, balaustrada, brocal. V. PARED 1.

pretina. Banda, ceñidor, cinto. V. TIRA 2.

prevalecer. 1. Aventajar, preponderar, superar. V. SUPERIOR 6.

— **2.** Perdurar, perpetuarse, continuar*. V. PERMANECER 1.

prevaricación. Transgresión, violación, abuso*. V. INJUSTICIA 1.

prevaricador, prevaricar. V. prevaricación.

prevención. 1. Previsión, precaución*, preparación. V. PREPARAR 5.

— **2.** Desconfianza, recelo, aprensión. V. SOSPECHA 1.

prevenido. Alerta, dispuesto, precavido. V. PRECAUCIÓN 2.

prevenir. 1. Avisar, notificar, alertar. V. INFORME 3.

— **2.** Organizar, disponer, proteger. V. PRECAUCIÓN 3.

— **3.** Impedir, evitar, rechazar. V. DIFICULTAD 5.

preventivo. Protector, profiláctico, defensor. V. BENEFICIO 3.

prever. Presagiar, vaticinar, pronosticar. V. ADIVINAR 1.

previamente. V. previo.

previo. Anticipado, precedente, preliminar. V. ANTERIOR 1.

previsible. Presentido, imaginable*, predecible. V. ADIVINAR 1.

previsión. 1. Cautela, beneficencia, cuidado*. V. PRECAUCIÓN 1.

— **2.** Pronóstico, predicción, barrunto. V. ADIVINAR 3.

previsor. Prudente, precavido, cauto. V. PRECAUCIÓN 2.

previsto. V. prever.

prez. Gloria, fama, honor*. V. PRESTIGIO 1.

prieto. Apretado, ajustado, ceñido. V. ABRAZAR 3.

prima. 1. Allegada, pariente, consanguínea. V. FAMILIA 1, 2.

— **2.** Recompensa, premio, gratificación. V. PAGAR 4.

primacía. Preponderancia, supremacía, preeminencia. V. SUPERIOR 4.

primado. Prelado, superior eclesiástico, cardenal principal. V. CARDENAL 1.

prima donna. Diva, soprano, cantante famosa. V. CANTAR 10, 11.

primario. 1. Rudimentario, elemental, primitivo. V. TOSCO 1.

— **2.** Primordial, básico, inicial. V. IMPORTANCIA 3.

primate. Simio, cuadrumano, antropoide. V. MONO 1, HOMBRE 1.

primavera. Estación florida; frescura, esplendor. V. TIEMPO 2; LOZANÍA.

primaveral. Florido*, fresco, joven*. V. LOZANO 1.

primerizo. Novato, inexperto, bisoño. V. PRINCIPIO 8.

primero. Originario*, primitivo, inicial. V. PRINCIPIO 7.

primeros auxilios. Ayuda*, auxilio, socorrismo. V. SOCORRO 1, 3.

primicia. Novedad, estreno, inicio. V. PRINCIPIO 2.

primigenio. V. primitivo.

primitivo. 1. Rudimentario, elemental, atrasado. V. TOSCO 1.

— **2.** Inicial, originario, antiguo*. V. PRINCIPIO 7.

primo. 1. Pariente, consanguíneo, allegado. V. FAMILIA 2, 3.

— **2.** Cándido, tonto*, incauto. V. INOCENCIA 4.

primogénito. Sucesor, mayorazgo, heredero*. V. HIJO 4.

primor. Delicadeza, esmero, hermosura*. V. PERFECTO 2.

primordial. Fundamental, esencial, principal. V. IMPORTANCIA 3.

primoroso. Fino, delicado, hermoso*. V. PERFECTO 1.

princesa. Heredera del trono (España). (V. príncipe).

principado. Soberanía, reino, comarca. V. ZONA 1; REY 6.

principal. 1. Fundamental, superior*, primero. V. IMPORTANCIA 3.

— **2.** Noble esclarecido, ilustre. V. SUPERIOR 1.

principalmente. Fundamentalmente, básicamente, primordialmente. V. BASE 5.

príncipe. Alteza, infante, soberano; sucesor en el trono (España). V. ARISTOCRACIA 2.

principesco. Magnífico, regio, maravilloso*. V. LUJO 2.

principiante. V. PRINCIPIO 8.

principiar. V. PRINCIPIO 9.

PRINCIPIO. 1. Inicio, comienzo, arranque, origen*, introducción, precedencia, anteposición, anticipación, primero (v. 7), inauguración (v. 2), estreno, albores, génesis, partida, delantera* (v. 3), salida, nacimiento*, desencadenamiento*, iniciación, formación, desarrollo*, aprendizaje, noviciado, preliminares, entrada*, umbral, venero, manantial, base, fundamento, cimiento, raíz, causas, motivo, novedad, aparición*, brote*, gestación, embrión*, germen, ensayo, intento, rudimento, encabezamiento, , prólogo*, preámbulo, preludio, empiece, pasado, ayer, antigüedad, implantación, ascendencia, linaje, proyecto, plan*, esbozo, rudimento, borrador, nociones (v. 2).

— **2.** Inauguración, principio, estreno, debut, «première», presentación, acto, apertura, ceremonia, promoción, lanzamiento, comienzo, exhibición*, primicia, reestreno, reposición establecimiento, fundación, inicio, intento, novedad (v. 1).

— **3.** Delantera, principio, frente, fachada*, cara, portada, frontis, cabeza, vanguardia, avanzada, anverso, primera fila, comienzo, inicio (v. 1).

— **4.** Tesis, doctrina, creencia. V. CREER 6.

— **5.** Vianda, segundo plato, primer plato. V. ALIMENTO 4.

6. Al principio. Antes, delante*, adelante, previamente, al frente, al inicio, al comienzo (v. 1); inicial, delantero, preliminar (v. 7).

7. Primero. Inicial, delantero*, inaugural, precedente, antepuesto, anterior, anticipado, antiguo, destacado, puntero, preparatorio, naciente, incipiente, en cierne o en ciernes, al empezar, al comienzo, primitivo, originario*, original, primigenio, preliminar, primario, previo, básico, fundamental, elemental, primordial, principal, importante*, superior*, germinal, estrenado, primitivo, embrionario, rudimentario, tosco*, fundacional, proyectado, planeado*, iniciador, pionero, fundador, cabeza, delantera (v. 3).

8. Principiante. Novato, novicio, aprendiz, neófito, iniciado, aspirante, profeso, hermano, ayudante, adepto, ingresado, inexperto, inútil*, incipiente, bisoño, pipiolo, nuevo*, novel, primerizo, inmaduro, en cierne o en ciernes, infantil, tierno, verde, postulante, demandante, solicitante, pretendiente, candidato, implume, debutante, currinche, pinche, seguidor, sectario*, asociado*, discípulo, advenedizo, oportunista, arribista, intruso, entrometido, recién llegado, extraño, forastero, desconocido, ignorante*, incompetente, inútil*, desmañado, virgen, fresco.

9. Principiar. Comenzar, iniciar, empezar, originar*, emprender, abordar, entablar, abrir, estrenar, establecer, inaugurar (v. 10), fundar, crear*, instalar, implantar, colocar, construir*, generar, gestar, ensayar, intentar, germinar, florecer*, despuntar, brotar*, arrancar, romper, nacer, manifestarse, aparecer, salir, partir, encabezar, dirigir, preceder, anteponer, anticipar, surgir, entrar, introducir, preludiar, prologar*, proyectar, planear*, esbozar, bosquejar, lanzar, incoar, derivar.

10. Inaugurar. Estrenar, debutar, principiar, presentar, abrir, lanzar, promocionar, iniciar, fundar, establecer, intentar, comenzar (v. 9).
Contr.: Fin*, término, conclusión.
V. ORIGEN, NACIMIENTO, DELANTERA, PRÓLOGO, PLAN, CONSTRUCCIÓN, DELANTE, CREAR, FLORECER, BROTAR*.

pringar. Engrasar, tiznar, manchar*; trabajar, morir, perder. V. UNTAR 1; TRABAJO 11.

pringue. Grasa*, tizne, suciedad*. V. UNTAR 3.

pringoso. Grasiento*, untuoso, sucio*. V. UNTAR 5.

prior. Abadía, abad, superior. V. SACERDOTE 1.

priorato. Abadía, monasterio, cenobio. V. CONVENTO 1.

prioridad. Primacía, ventaja, preferencia*. V. SUPERIOR 4.

prisa. Rapidez, premura, apremio. V. URGENCIA 1.

PRISIÓN. 1. Presidio, encierro, cárcel, penal, penitenciaría, correccional, mazmorra, calabozo, ergástula, celda, célula, encierro, encarcelamiento, captura (v. 2), reformatorio, internado, establecimiento penitenciario, e. celular, fortaleza, chirona, gayola, rejas, cadenas, jaula, galera, trápana, trena, caponera, banasto, catacumba, subterráneo, cripta, campo de concentración (v. 2, 8).

2. Aprisionamiento. Condena*, pena, reclusión, encarcelamiento, encierro, detención, castigo*, aprehensión, arresto, captura, cautiverio, cautividad, redada, razia, confinamiento, apresamiento, caza*, esclavitud*, sojuzgamiento, dominación, prendimiento, clausura, aislamiento, reclusión, internamiento, enchiqueramiento, presidio (v. 1); régimen penitenciario, r. carcelario, penal, correccional de internamiento, trabajos forzados, cadena perpetua, etc. (v. castigo 3).

3. Instalaciones, elementos. Muros, garita, reflector, proyector, pabellón celular, celdas, calabozos (v. 1), dirección, enfermería, locutorio, talleres, lavandería, celda de condenados*, corredor de la muerte, sala de ejecuciones, coche celular; cadenas, grilletes, grillos, esposas, hierros, cepo, rejas, red, lazo, trampa, barrotes, cerrojos, cerradura*, candado, llave*.

4. Varios. Hábeas corpus, indulto, amnistía, redención, libertad*, liberación, excarcelación, fianza, evasión, huida*.

5. Personal. Personal penitenciario, p. carcelario, director, alguacil, alcaide, funcionario, oficial de prisiones, guardián, guardia, vigilante*, centinela, cuidador, carcelero, cancerbero, custodio, celador, policía*.

6. Prisionero. Preso, recluso, penado, interno, presidiario, cautivo, condenado*, detenido, forzado, convicto, reo, delincuente*, criminal, asesino*, galeote, rehén, culpable, recluido, encarcelado, castigado*, encerrado, esclavo*, sojuzgado, enrejado, encadenado, arrestado, incomunicado, aislado, confinado, enchiquerado.

7. Acción. Apresar, encarcelar, arrestar, capturar, aprisionar, encerrar, internar, recluir, confinar, detener, arrestar, prender, aislar*, enrejar, poner a la sombra, atrapar, agarrar, castigar*, condenar*, incomunicar, enjaular; enchiquerar, enchironar, meter en chirona; esposar, aherrojar, encadenar, maniatar; evadirse, huir*, escapar, excarcelar, liberar*, amnistiar, indultar, rebajar.

8. Prisiones famosas. La Bastilla (París), Dartmoor (Inglaterra), Alcatraz, Sing-Sing (EE.UU.), Los Plomos (I piombi, Venecia). Campos de concentración: Dachau, Büchenwald, Treblinka, Maidanek, Mauthausen-Gusen, Auschwitz.
Contr.: Libertad*, amnistía, indulto, huida*.
V. CONDENA, CASTIGO, CERRADURA, DELINCUENTE, VIGILANTE, POLICÍA, LEY.

prisionero. V. PRISIÓN 6.

prisma. Sólido, cuerpo geométrico, c. prismático. V. GEOMETRÍA 9.

PRISMÁTICOS. 1. Gemelos, binoculares, largavistas, binóculos, anteojos, lentes*, instrumentos de óptica*.

2. Clases. Gemelos de campaña, de marina, de caza, para carreras, de teatro.

3. Partes. Montura, puente, lentes*, l. acromáticas, objetivo, ocular, prismas, regulador central; aumentos, campo visual, 8 x 30, 10 x 50, etc., distancia focal; estuche, correa. V. ÓPTICA, LENTE, ANTEOJO.

prístino. Inmaculado, límpido, original*. V. PURO 1.

privación. 1. Penuria, carencia, falta. V. NECESIDAD 2.

— **2.** Desposeimiento, despojo, requisa. V. APROPIARSE 2.

privado. 1. Particular, secreto, íntimo. V. PERSONA 6.

— **2.** Favorito, valido, predilecto. V. PREFERENCIA 4.

— **3.** Desposeído, despojado, prohibido*. V. APROPIARSE 1.

privar. Despojar, prohibir*, quitar*. V. APROPIARSE 1.

privativo. Exclusivo, propio, especial. V. CARACTERÍSTICA 3.

privilegiado. 1. V. PRIVILEGIO 3-5.

— **2.** Sobresaliente, destacado, notable. V. SUPERIOR 1, 2.

privilegiar. V. PRIVILEGIO 6.

PRIVILEGIO. 1. Concesión, prerrogativa, preferencia*, beneficio*, poder*, ventaja*, derecho, exclusividad, exclusiva, permiso*, facultad, preeminencia, disculpa*, gracia, excepción, exención, merced, poder*, dispensa, favor, apoyo, ayuda*, mimo*, monopolio, desigualdad, injusticia*, atributo, título, cargo, dignidad, franquicia, perdón, indulto, amnistía, libertad*, predilección, favoritismo, parcialidad, bula, pase, tenencia, otorgamiento, disfrute, regalía, enchufe, recomendación, sinecura, canonjía, casta, clase, aristocracia*, inviolabilidad, hábeas corpus, fuero, respaldo, inmunidad, patrocinio, arbitrio, documento*, licencia, cédula, certificado.

— **2.** Patente, privilegio, licencia, cédula, certificado, documento*, invento*, título.

3. Privilegiado. Favorecido, favorito, valido, agraciado, preeminente, preferido*, predilecto, potentado (v. 4), superior, excelente (v. 5), excluido, libre, exento, exceptuado, inmune, impune, preferente, perdonado*, beneficiado*, escogido, dispensado, mimado*, afortunado, otorgado, inviolable, enchufado, recomendado, desigual, injusto*, exclusivo, selecto, aristocrático*, permitido, licenciado, arbitrario, patrocinado, respaldado (v. 4).

— **4.** Potentado, privilegiado, poderoso, magnate, personaje*, rico, pudiente, creso, acaudalado, millonario, personalidad*, patricio, aristócrata*, noble, mecenas (v. 5).

— **5.** Excelente, privilegiado, superior*, espléndido, excepcional, único, impar, notable, destacado, importante*, soberbio, sobresaliente,

insuperable, refinado, notable, escogido, extraordinario, maravilloso* (v. 3).

6. Privilegiar. Otorgar, conceder, preferir*, favorecer, beneficiar*, ayudar*, respaldar, patrocinar, facultar, eximir, apoderar, agraciar, distinguir, seleccionar, destacar, permitir*, titular, dispensar, recomendar, enchufar, amnistiar, redimir, indultar, excusar, disculpar, exceptuar, entregar*, otorgar, dar, ofrecer, subvencionar, mimar*, anteponer, amar.

Contr.: Postergación, injusticia, olvido*. V. PREFERENCIA, BENEFICIO, VENTAJA, SUPERIORIDAD, MARAVILLA, IMPORTANCIA, AYUDA, MIMO, PODER, ARISTOCRACIA, INJUSTICIA.

proa. Roda, tajamar, delantera del buque. V. BARCO 12.

probabilidad. Contingencia, perspectiva, eventualidad. V. POSIBLE 3.

probable. Factible, hacedero*, viable. V. POSIBLE 1.

probablemente. Tal vez, quizá, dudosamente*. V. POSIBLE 5.

probar. 1. Justificar, evidenciar, acreditar. V. DEMOSTRACIÓN 2.

— **2.** Tantear, ensayar, experimentar. V. INTENTO 3.

— **3.** Saborear, catar, paladear. V. GUSTO 10.

probeta. Vaso, vasija de laboratorio, recipiente de cristal. V. LABORATORIO 2.

probidad. Honestidad, integridad, decencia. V. HONRADEZ 1.

problema. 1. Cuenta, operación, cómputo. V. CÁLCULO 3.

— **2.** Asunto, dilema, conflicto. V. DIFICULTAD 1.

problemático. Inseguro, difícil*, dudoso. V. DUDA 3.

probo. Íntegro, honesto, recto. V. HONRADEZ 2.

procacidad. Insolencia, grosería, atrevimiento. V. DESVERGÜENZA 1.

procaz. Grosero, insolente, atrevido. V. DESVERGÜENZA 2.

procedencia. Génesis, raíz, fuente. V. ORIGEN 1.

procedente. 1. Derivado, proveniente, oriundo. V. ORIGEN 5, 6.

— **2.** Apropiado, oportuno, adecuado. V. CONVENIENCIA 2.

proceder. 1. Conducta, actuación*, uso. V. COMPORTAMIENTO 1.

— **2.** Actuar*, obrar, portarse. V. COMPORTAMIENTO 2.

— **3.** Derivarse, provenir, emanar. V. ORIGEN 4.

procedimiento. 1. Manera, método, forma. V. MODO 1.

— **2.** V. proceder 1.

proceloso. Borrascoso, tenebroso, tempestuoso. V. TORMENTA 4.

prócer. 1. Patricio, noble, aristócrata. V. ARISTOCRACIA 4.

— **2.** Insigne, esclarecido, egregio. V. PRESTIGIO 2.

procesado. Reo, inculpado, condenado*. V. ACU-
SACIÓN 4.

procesamiento. V. proceso 1.

procesar. Enjuiciar, inculpar, acusar*. V. TRIBU-
NAL 10.

procesión. Cortejo, comitiva, desfile. V. GRUPO 7.

proceso. 1. Juicio, pleito, causa. V. TRIBUNAL 7.
— **2.** Evolución, desarrollo, variación. V. VA-
RIAR 2.

proclama. Pregón, edicto, bando. V. ORDEN 4.

proclamar. 1. Divulgar, publicar, anunciar. V. IN-
FORME 3.
— **2.** Designar, elegir, nombrar. V. NOMBRE
11.

proclive. Aficionado, propenso, simpatizante. V.
SIMPATÍA 5.

procreación. V. procrear.

procrear. Engendrar, generar, multiplicar. V. NA-
CIMIENTO 5.

procurador. Apoderado, representante, administrador*. V. DELEGACIÓN 4.

procurar. Probar, tratar, tantear. V. INTENTO 3.

prodigalidad. 1. Despilfarro, gasto*, dilapidación.
V. DERROCHE 1.
— **2.** Exceso, demasía, profusión. V. ABUN-
DANCIA 1.

prodigar. 1. Dilapidar, malgastar, despilfarrar. V.
DERROCHE 2.
— **2.** Prodigarse, afanarse, esforzarse, superar-
se. V. SUPERIOR 6.

prodigio. Asombro*, portento, milagro. V. MA-
RAVILLA 1.

prodigioso. Portentoso, asombroso*, milagroso.
V. MARAVILLA 2.

pródigo. Manirroto, despilfarrador, gastador*. V.
DERROCHE 3.

PRODUCCIÓN. 1. Obtención, creación*, formación, elaboración, confección, fabricación*,
manufactura, industria, hechura, montaje, resultado*, acción, actuación*, construcción*,
ejecución, transformación, realización, acabado,
preparación, industrialización, productividad,
trabajo*, proceso, explotación, rendimiento,
ganancia, utilidad*, beneficio*, provecho, oficio, arte*, distribución, desarrollo*, renovación,
derivado, producto (v. 2).
2. Producto. Artículo, derivado, mercancía,
mercadería, objeto, género, fabricado*, pieza*, cosa, ente*, elemento*, objeto, aparato*, herramienta*, efectos, existencias, carga,
confección, surtido, fruto*, provisión, abastecimiento*, suministro, resultado*, víveres, vituallas, abarrote, hechura, obra, realización,
almacenamiento*, obtención (v. 1).
— **3.** Provecho, ganancia, rendimiento. V. BE-
NEFICIO 1.
4. Producir. Elaborar, manufacturar, confeccionar, fabricar*, hacer*, industrializar, crear*,
formar*, obtener, multiplicar, construir*, constituir, montar, preparar*, realizar, ejecutar,
acabar, forjar, transformar, trabajar*, explotar,

procesar, rendir, aprovechar, beneficiar*, ganar,
fructificar, madurar*, brotar*, desarrollar*, renovar, inventar*, innovar.
— **5.** Rendir, aprovechar, rentar. V. BENEFICIO 6.
— **6.** Ocasionar, originar, provocar. V. CAUSA 3.
7. Productor. Creador*, realizador, constructor*, industrial, fabricante*, manufacturero,
confeccionista, preparador*, ejecutor, transformador, renovador, trabajador*, explotador,
forjador, distribuidor, artista*, procesador.
— **8.** Empleado*, obrero, asalariado. V. TRA-
BAJO 7.
9. Productivo. Fructífero, provechoso, fecundo*. V. BENEFICIO 3.
Contr.: Destrucción*, inactividad.
V. CREACIÓN, FABRICACIÓN, ACTUACIÓN,
RESULTADO, CONSTRUCCIÓN, TRABAJO, BE-
NEFICIO, ABASTECIMIENTO, UTILIDAD, INVEN-
CIÓN, HACER.

producir. V. PRODUCCIÓN 4-6.

productividad. Proveche, rendimiento, obtención.
V. PRODUCCIÓN 1.

productivo. Fructífero, provechoso, fecundo*. V.
BENEFICIO 3.

producto. V. PRODUCCIÓN 2, 3.

productor. V. PRODUCCIÓN 7, 8.

proemio. Introducción, prefacio, preámbulo. V.
PRÓLOGO 1.

proeza. Gesta, hazaña, empresa. V. HÉROE 8.

profanación. Sacrilegio, degradación, violación.
V. DESHONRA 1.

profanar. Corromper, violar, envilecer. V. DES-
HONRA 4.

profano. 1. Impío, irreligioso, sacrílego. V. HE-
REJÍA 3.
— **2.** Terrenal, secular, carnal. V. MUNDANO 2.
— **3.** Lego, inculto, inexperto. V. IGNORANCIA 2.

profecía. Augurio, presagio, predicción. V. ADI-
VINAR 3.

proferir. Pronunciar*, exclamar*, prorrumpir. V.
GRITO 4.

profesar. 1. Desempeñar, practicar, ejercer. V.
HACER 1.
— **2.** Adorar, venerar, seguir. V. CREER 3.

profesión. Ocupación, carrera, actividad. V. TRA-
BAJO 1.

profesional. Experto*, facultativo, diplomado. V.
DIPLOMA 3.

profeso. Religioso, novicio, iniciado. V. SACER-
DOTE 2.

profesor. Catedrático, maestro, pedagogo. V.
EDUCACIÓN 15.

profesorado. Cuerpo docente, claustro, profesores. V. EDUCACIÓN 15.

profeta. Vidente, iluminado, adivino*. V. SANTO 1.

profético. Anticipado, inspirado, intuitivo. V.
ADIVINAR 2.

profetizar. Predecir, pronosticar, augurar. V. ADI-
VINAR 1.

profiláctico. 1. Preventivo, sanitario, protector.
V. HIGIENE 6.

— **2.** Condón, preservativo, goma. V. VENÉREA (ENFERMEDAD) 3.

profilaxis. Prevención, protección, defensa. V. HIGIENE 2.

prófugo. Fugitivo, desertor, evadido. V. HUIDA 3.

profundamente. Extremadamente, fuertemente, hondamente. V. PROFUNDO 6.

profundidad. V. PROFUNDO 3.

profundizar. V. PROFUNDO 5.

PROFUNDO. 1. Insondable, hondo, bajo, hundido*, abismal, abisal, inferior*, subyacente, deprimido, inmenso, vasto, recóndito, grueso, amplio, ancho, alto, extenso*, interior, interno, central*, socavado, cóncavo, cavado, excavado*, calado, escotado, agujereado*, hendido, abierto, taladrado*, atravesado, traspasado, horadado, perforado, penetrado, ahondado, escarbado, minado, navegable, sondeado, barrenado, subterráneo.

— **2.** Íntimo, anímico, subjetivo. V. ESPÍRITU 4.

3. Profundidad. Fondo, sima, hondura, altura (v. 4), cuenca, abismo*, depresión, barranco, hondonada, fosa, pozo, mina*, grieta, oquedad, caverna, cueva*, subterráneo, precipicio, despeñadero, piélago, escarpa, cantil, declive, derrumbe, derrumbadera, tajo, socavón, excavación*, sondeo, barreno, perforación, taladro*, depresión, abertura, agujero*, hueco*, hundimiento* (v. 4).

— **4.** Altura, profundidad, fondo, medida*, ancho, largo, grueso, grosor, espesor, amplitud*, dimensión, extensión*.

5. Profundizar. Penetrar, ahondar, abrir, sondear, progresar, remover, escarbar, hurgar, horadar, barrenar, perforar, cavar, excavar*, socavar, soterrar, enterrar, esconder, ocultar*, taladrar*, hundir*, agujerear*, barrenar, traspasar, atravesar, ahuecar, deprimir, derrumbar, agrietar, minar*.

6. Profundamente. Hondamente, intrínsecamente, intensamente*, internamente, interiormente, íntimamente, extensamente*, ampliamente (v. intensidad 5).

Contr.: Superficial, exterior*.

V. HUNDIDO, EXTENSO, AMPLIO, INTENSO, EXCAVADO, ABISMO, CUEVA, MINA, AGUJERO, HUECO.

profusamente. V. profuso.

profusión. Plétora, riqueza, exceso. V. ABUNDANCIA 1.

profuso. Copioso, cuantioso, exuberante. V. ABUNDANCIA 2.

progenie. Descendencia, generación, posteridad. V. FAMILIA 1.

progenitor. Padre, madre, familiar, antepasado, ascendiente. V. FAMILIA 2, 3.

progenitura. Paternidad, generación, vínculo. V. FAMILIA 1.

programa. 1. Intención, previsión, proyecto. V. PLAN 1.

— **2.** Folleto, repertorio, relación. V. LISTA 1.

programar. Proyectar, establecer, disponer. V. PLAN 3.

progresar. Adelantar, mejorar, desarrollar*. V. DESARROLLO 3.

progresión. Orden*, gradación, sucesión. V. SERIE 1.

progresista. Avanzado, liberal, próspero*. V. DESARROLLO 7.

progresivo. 1. Paulatino, gradual, escalonado. V. CONTINUACIÓN 3.

— **2.** V. progresista.

progreso. Adelanto, prosperidad*, evolución. V. DESARROLLO 1.

PROHIBICIÓN. 1. Privación, negativa*, veto, mandato, rechazo*, censura, impedimento, orden*, condena*, exclusión, dificultad*, interdicción, inhibición, negación*, denegación, eliminación, supresión, anulación*, oposición*, abolición, represión, demora*, tabú, precepto, estorbo, barrera, freno, límite*, limitación, traba, obstáculo, obstrucción*, cortapisa, imposibilidad, veda, ilicitud, ilegalidad*, impugnación, repulsa, proscripción, usurpación, perturbación, molestia*, engorro, rémora.

2. Prohibir. Rechazar*, limitar*, impedir, privar, evitar, vedar, vetar, negar*, denegar, censurar, criticar, reprochar, ordenar*, mandar, eliminar, suprimir, inhibir, reprimir, coartar, restringir, reducir, acortar, expurgar, tachar, condicionar, trabar, oponerse* anular*, excluir, condenar*, proscribir, preceptuar, imposibilitar, incapacitar, descalificar, invalidar, trabar, obstaculizar, obstruir*, demorar*, frenar, perturbar, estorbar, molestar*, proscribir, impugnar, contrariar, detener.

3. Prohibido. Vedado, vetado, rechazado*, clandestino, furtivo, delictivo*, secreto*, inmoral, censurado, ilegal*, ilícito, indebido, atentatorio, malo, limitado*, condenado*, negado*, denegado, impedido, inhibido, eliminado, privado, ordenado*, mandado, preceptuado, quitado, excluido, anulado*, reprimido, frenado, obstaculizado, obstruido*, trabado, imposibilitado, impugnado, proscrito, contrariado, detenido.

Contr.: Permiso, autorización.

V. ANULACIÓN, MOLESTIA, DIFICULTAD, NEGACIÓN, ORDEN, RECHAZO, CONDENA, OPOSICIÓN, DEMORA, LÍMITE, OBSTRUCCIÓN, ILEGALIDAD.

prohibido. V. PROHIBICIÓN 3.

prohibir. V. PROHIBICIÓN 2.

prohibitivo. Exagerado, excesivo, costoso. V. CARO 1.

prohijar. Adoptar, apadrinar, proteger*. V. HIJO 8.

prohombre. Prócer, potentado, personaje. V. PERSONA 3.

prójimo. Individuo, semejante, hombre*. V. PERSONA 1.

prole. Progenie, cría, vástagos. V. HIJO 1, CRÍA 3.

prolegómenos. Comienzos, preámbulo, preliminares. V. PRINCIPIO 1.
proletario. 1. Asalariado, jornalero, obrero. V.
TRABAJO 5.
— **2.** Desheredado, humilde*, necesitado*. V.
POBRE 1.
proliferación. V. proliferar.
proliferar. Desarrollarse*, incrementarse, pulular.
V. ABUNDAR, NACER.
prolífico. Fértil, abundante*, reproductor. V. FE-
CUNDACIÓN 3.
prolijidad. V. prolijo.
prolijo. 1. Minucioso, cuidadoso, escrupuloso. V.
DETALLE 3.
— **2.** Latoso, fastidioso, aburrido*. V. MOLES-
TIA 3, 4.
prologar. V. PRÓLOGO 2.
PRÓLOGO. 1. Preámbulo, introito, prefacio,
introducción, proemio, comienzo, preludio,
encabezamiento, principio*, inicio, exordio,
advertencia, nota*, escrito*, observaciones,
explicación*, entrada, dedicatoria, anuncio,
aclaración, preparación, exposición, apostilla,
comentario, exégesis, prolegómenos, pórtico,
isagoge, nociones, argumento, índice, contenido, relación, lista*, portada; introducción
musical*, obertura.
2. Prologar. Encabezar, exponer, explicar, introducir, apostillar, advertir, observar, aclarar,
anotar, principiar*, iniciar, dedicar, comenzar,
entrar, preparar, interpretar, comentar, argumentar, anunciar, abrir, preludiar un libro*.
Contr.: Epílogo, final*, colofón.
V. PRINCIPIO, EXPLICACIÓN, NOTA, LIBRO,
ESCRITO.
prolongación. 1. Ampliación, continuación, alargamiento. V. AMPLITUD 1.
— **2.** Extremidad, parte, término. V. APÉNDICE,
PUNTA, FINAL, LÍMITE.
prolongado. 1. Alargado, desarrollado, extenso*.
V. AMPLIO, CONTINUADO.
— **2.** Retrasado, prorrogado, aplazado. V. DE-
MORA 4.
— **3.** Premioso, despacioso, lento*. V. DEMO-
RA 5.
prolongar(se). V. prolongado.
promediar. Equilibrar, nivelar, dividir. V. EQUILI-
BRIO 9.
promedio. Mitad, término medio, centro*. V.
EQUILIBRIO 2.
PROMESA. 1. Compromiso, palabra, obligación*,
oferta, ofrecimiento, ruego, pacto*, trato, voto,
juramento, oblación, ofrenda, sacrificio*, rezo*,
obligación*, garantía*, deber, seguridad, ajuste, responsabilidad, proposición, convite, envite,
convenio, testimonio, plan*, pacto, imposición,
promisión, protesta, dedicatoria, cumplido,
vínculo, deuda*, sacrificio*, homenaje, servicio, honra*, premio*, favor, ayuda*, intención,
propósito, deseo*, esperanza, generosidad*,
excusa, disculpa*, evasiva.

2. Prometer. Ofrecer, comprometerse, convenir, responsabilizarse, ofrendar, jurar, tratar,
pactar*, ofertar, confirmar, deber, apalabrar,
ajustar, asegurar, garantizar*, obligarse*, convidar, invitar*, brindar, premiar*, honrar*, distinguir, dedicar, cumplir, proponer, proyectar,
planear*, servir, homenajear, adeudar, sacrificarse*, ayudar*, vincularse, satisfacer, desear*,
esperar, excusarse, disculparse*, eludir.
3. Que promete. Obligado*, deudor*, comprometido, responsabilizado, oferente, garante*, tratante, proponente, cumplidor, deseoso*,
generoso*, preparado, capacitado.
Contr.: Excusa, disculpa*, negativa.
V. OBLIGACIÓN, SACRIFICIO, DEUDA, AYUDA,
PACTO, PLAN, DESEO, DISCULPA, GARANTÍA,
REZO, PREMIO, INVITACIÓN.
prometedor. Promisorio, inteligente*, hábil*. V.
PRECOZ 1.
prometer. V. PROMESA 2.
prometido. Pretendiente, novio, festejante. V.
AMOR 11.
prominencia. 1. Protuberancia, relieve, saliente.
V. ABULTAMIENTO 1.
— **2.** Fama, superioridad*, preponderancia. V.
PRESTIGIO 1.
prominente. 1. Convexo, saliente, abombado. V.
ABULTAMIENTO 2.
— **2.** Afamado, descollante, destacado. V.
PRESTIGIO 2.
promiscuidad. Mezcolanza, unión*, confusión.
V. MEZCLA 1.
promiscuo. Misceláneo, revuelto, confuso. V.
MEZCLA 7.
promisión. V. PROMESA 1.
promisorio. V. prometedor.
promoción. 1. Desarrollo*, impulso, fomento. V.
MEJOR 5.
— **2.** Curso, graduados, diplomados. V. DI-
PLOMA 2.
promocionar. V. promoción 1.
promontorio. Cerro, colina, cabo. V. MONTAÑA 2.
promotor. Impulsor, organizador, agente. V.
CREAR 4.
promover. 1. Originar, fomentar, impulsar. V.
DESARROLLO 3.
— **2.** Promocionar, ascender, mejorar. V. ME-
JOR 2.
promulgar. Proclamar, decretar, divulgar. V.
ANUNCIAR, LEY 6.
prono. Propenso, inclinado, entusiasta*. V. AFI-
CIÓN 5.
PRONOMBRE. 1. Vocablo, palabra*, parte de la
oración, sustituto del nombre*.
2. Pronombres. *Personales:* yo, me, mí, tú, te,
ti, usted, él, ella, ello, le, la, lo, se, sí, noso-
tros, nosotras, nos, vosotros, vosotras, vos, os,
ustedes, ellos, ellas, les, las, los. *Posesivos:* mi,
mío, mía, tu, tuyo, tuya, su, suyo, suya, nuestro,
nuestra, vuestro, vuestra. *Demostrativos:* este,
esta, esto, estos, estas, ese, esa, eso, esos, esas,

aquel, aquella, aquello, aquellos, aquellas. *Relativos:* que, quien, cual, cuyo, cuanto. *Indefinidos:* alguien, algo, nadie, nada, cualquier, cualesquiera, quienquiera, uno, cual, quien, tal. *Interrogativos:* qué, cuál, quién, cuánto. V. GRAMÁTICA.

pronosticar. Augurar, anunciar, predecir. V. ADIVINAR 1.

pronóstico. Presagio, augurio, anuncio. V. ADIVINAR 3.

prontamente. V. pronto 1.

prontitud. Presteza, urgencia*, celeridad. V. RAPIDEZ 1.

pronto. 1. Inmediatamente, prestamente, en seguida o enseguida. V. RAPIDEZ 4.
— **2.** Veloz, ligero, activo. V. RAPIDEZ 2.
— **3.** Alerta, dispuesto, preparado. V. PREPARAR 7.

prontuario. Manual, breviario, compendio. V. LIBRO 2.

PRONUNCIACIÓN. 1. Entonación, enunciación, fonética, habla*, articulación, inflexión, sonido*, dicción, expresión, modulación, acento, tono, elocución, modo de hablar, vocalización, acentuación, emisión, fonema, sílaba, sílabeo, deletreo, énfasis, retintín, sonsonete, dejo, deje, tonillo, retórica, oratoria, énfasis, fonología, prosodia, ortofonía, ortología, ciencia, sonido vocal, fisiología de los sonidos (v. 2); pronunciación defectuosa (v. 5).
2. Sonidos. Vocal, v. anterior, posterior, abierta, cerrada, nasal, larga, breve, átona, tónica, consonante, c. sorda, sonora, bilabial, labiodental, interdental, dental, alveolar, palatal, velar, oclusiva, africada, fricativa, vibrante, lateral, gutural, explosiva, implosiva, sibilante, líquida, aspirada.
3. Aparato fonético. Laringe, cuerdas vocales, glotis, tráquea, pulmones, lengua, dientes*, labios, úvula.
4. Generalidades. Sonido*, fonema, letra*, sílaba, vocales, consonantes, diptongo, triptongo, hiato, sinalefa, acento, a. prosódico, a. tónico, a. ortográfico; silábico, monosílabo, bisílabo, trisílabo, cuatrisílabo, morfema, palabra aguda, grave, esdrújula, eufonía, homofonía, cacofonía, diéresis, sinéresis, diptongación, contracción, sonorización, implosión, explosión, elisión, paronomasia, anacrusis, cadencia, asonancia, triángulo de Hellwag. Trabalenguas, juego* de palabras*, charada.
5. Defectos. Tartamudeo*, tartamudez, balbuceo, ceceo, seseo, gangueo, gangosidad, nasalización, tonillo, dejo, deje, yeísmo, lengua de trapo, media lengua, afonía, ronquera.
6. Que tiene un defecto. Tartamudo*, tartajoso, tartaja, gago, balbuciente, confuso, nasal, gangoso, tato, zopas, zazoso, ceceoso, estropajoso, entrecortado, vacilante, aguardentoso, ronco*, rauco, áspero, destemplado, afónico,

ininteligible, incomprensible*, afectado*, ampuloso, redicho, rimbombante.
7. Pronunciar. Deletrear, articular, entonar, modular, vocalizar, enunciar, hablar*, silabear, expresar, salmodiar, canturrear, cantar*, emitir, acentuar, asonantar, consonantar, declamar, decir; tartamudear, ganguear, mascullar, farfullar, tartajear, balbucear, cecear, sesear, nasalizar, roncar, destemplar, arrastrar las palabras, murmurar*, musitar, susurrar, cuchichear.
Contr.: Mudez, afonía, silencio*, incomprensible*.
V. HABLA, SONIDO, PALABRA, LETRA, IDIOMA, TARTAMUDEZ.

pronunciado. Marcado, acentuado, señalado. V. INTENSIDAD 3.

pronunciamiento. Motín, alzamiento, sublevación. V. REVOLUCIÓN 1.

pronunciar. V. PRONUNCIACIÓN 7.

propagación. V. propagar.

propaganda. Divulgación, publicación, información*. V. PUBLICIDAD 1.

propagandista. Prosélito, portavoz, activista. V. SIMPATÍA 5.

propagar. 1. Dispersar, difundir, desparramar. V. EXTENDER 2.
— **2.** Manifestar, publicar, divulgar. V. ANUNCIO 4.
— **3.** Propagarse, multiplicarse, reproducirse. V. NACIMIENTO 5.

propalar. V. propagar 2.

propano. Combustible* líquido, gas licuado, hidrocarburo. v. GAS 2.

propasarse. Extralimitarse, excederse, desmandarse. v. ABUSO 6.

propender. Inclinarse, tender, simpatizar*. V. PREFERENCIA 1.

propensión. Tendencia, simpatía*, afición. V. PREFERENCIA 1.

propenso. Proclive, adicto, simpatizante. V. SIMPATÍA 5.

propiamente. V. propio 2.

propiciar. Apoyar, patrocinar, preferir*. V. PROTECCIÓN 3.

propicio. Ventajoso*, favorable, adecuado. V. BENEFICIO 3.

PROPIEDAD. 1. Patrimonio, pertenencia, hacienda, posesión, dominio, goce, disfrute, empleo, uso, utilización*, título, condominio, colaboración, coparticipación, copropiedad, asociación*, participación, consorcio, tenencia, finca (v. 2), bienes, provecho, producto*, usufructo, beneficio*, adquisición, capital, riqueza*, fortuna, fondos, base, caudal, heredad, herencia, feudo, acervo, medios, bagaje, enseres, efectos, pertenencias, dinero*, tesoro, ahorro*, economías, ganancias, haberes, rentas, poder*, detentación; bienes muebles, b. inmuebles, b. parafernales, propiedad inmobiliaria, mobiliaria, industrial, comercial, literaria, artística (v. 2, 5).

— **2.** *Finca*, propiedad, inmueble, hacienda, terreno, tierras, solar, parcela, superficie, predio, campo*, granja, casa de campo, huerta, cultivo, prado, labrantío, ejido, sembrado, lote, quinta, estancia, ganadería, rancho, latifundio, plantación, encomienda, feudo, mayorazgo, heredad, dominio, ducado, condado (v. aristocracia*), mansión, casa*, vivienda, edificio, construcción*; ganado*, rebaño, reses; patrimonio (v. 1).
— **3.** Aptitud, adecuación, ventaja*. V. CONVENIENCIA 1.
— **4.** Cualidad, particularidad, atributo. V. CARACTERÍSTICA 1.
5. Generalidades. Título, escritura, documento*, contrato*, asiento, Registro de la Propiedad (Inmobiliaria), Hacienda, fisco*, herencia*, mayorazgo, testamento, transmisión, donación, cesión, uso, usufructo, copropiedad, condominio, nuda propiedad, plusvalía, derechos reales, impuesto, contribución, tributo, carga, arbitrio, catastro, censo, renta, alquiler*, arriendo, enajenación, expropiación, parcelación, compraventa, venta, compra*, administración*, confiscación, denuncia, prescripción, licitación, adjudicación, hipoteca.
6. Propietario. Poseedor, dueño, titular, amo, patrón, patrono, beneficiario*, poseedor, señor, heredero*, sucesor, mayorazgo, comprador*, adquirente, habiente, tenedor, portador, rentista, empresario, comerciante*, casero, arrendador, copropietario, consocio, condueño, copartícipe, asociado*, socio, capitalista, potentado, latifundista, terrateniente, hacendado, estanciero, plantador, labrador, colono, granjero, agricultor*, ganadero*, criador, ranchero, superior, principal, jefe*, usufructuario, participante, medianero, depositario, fideicomisario.
7. Haber propiedad. Poseer, detentar, tener, haber, disponer, disfrutar, lograr, gozar, aprovechar, usufructuar, utilizar, usar, comprar*, obtener, apropiarse, quitar* (v. 8), adquirir, pertenecer, ahorrar*, ganar, instalarse, asentarse, afincarse, gozar de, favorecerse, beneficiarse*, heredar*, tomar; titular; escriturar, registrar, donar, ceder, arrendar, enajenar, alquilar*, expropiar.
8. Apropiarse. Adueñarse, apoderarse, poseer, confiscar, incautarse, beneficiarse*, requisar, posesionarse, desposeer, arrebatar, quitar, robar*, apresar, tomar, retener, detentar, ocupar, coger*, acaparar; adjudicarse, atribuirse, arrogarse.
9. Ser propiedad. Pertenecer, corresponder, ser de, estar bajo, recaer, someterse, concernir, incumbir*, subordinarse, depender, competer, acatar, supeditarse, estar supeditado, ser posesión, ser propiedad; poseer (v. 1).
Contr.: Carencia, ausencia, indigencia, pobreza*.

V. RIQUEZA, BENEFICIO, HERENCIA, DINERO, CAMPO, CASA, CONSTRUCCIÓN, AHORRO, ALQUILER, ADMINISTRACIÓN, CONTRATO.
propietario. V. PROPIEDAD 6.
propileo. Atrio, galería*, columnata. V. COLUMNA 6.
propina. Retribución, compensación, dádiva. V. REGALO 1.
propinar. Sacudir, dar, atizar. V. GOLPE 11.
propincuo. Vecino, próximo, contiguo. V. CERCA 1.
propio. 1. Personal, peculiar, exclusivo. V. CARACTERÍSTICA 1.
— **2.** Oportuno, adecuado, correcto. V. CONVENIENCIA 2.
— **3.** Conveniente, relacionado, perteneciente. V. INCUMBIR 3.
proponer. 1. Sugerir, recomendar, plantear. V. OFRECER 1.
— **2.** *Proponerse*, empeñarse, acometer, proyectar. V. INTENTO 3.
proporción. 1. Armonía, relación, concordancia. V. EQUILIBRIO 2.
— **2.** Dimensión, magnitud, amplitud. V. MEDIDA 1.
proporcionado. Concordante, simétrico, armonioso. V. EQUILIBRIO 6.
proporcional. Equitativo, justo, adecuado. V. EXACTITUD 2.
proporcionar. 1. Ofrecer*, dar, facilitar. V. ENTREGAR 1.
— **2.** V. proporción.
proposición. 1. Propuesta, oferta, invitación*. V. OFRECER 3.
— **2.** Expresión, oración, juicio. V. FRASE 1.
propósito. Determinación, intención, empeño. V. VOLUNTAD 1.
propuesta. V. proposición 1.
propuesto. Elegido, designado, seleccionado*. V. NOMBRE 12.
propugnar. Patrocinar, recomendar, ayudar*. V. APOYAR 1.
propulsar. Impeler, lanzar, avanzar. V. EMPUJAR 1.
propulsión. Impulso, movimiento*, avance. V. EMPUJAR 3.
propulsor. 1. Impelente, motriz, tractor. V. MOTOR 5, 6.
— **2.** Patrocinador, promotor, impulsor. V. PROTECCIÓN 5.
prorrata. Porción, cuota, parte*. V. REPARTIR 3.
prorratear. Distribuir, dividir, contribuir. V. REPARTIR 1.
prórroga. Aplazamiento, suspensión, retraso. V. DEMORA 2.
prorrumpir. Gritar*, proferir, lanzar*. V. EXCLAMACIÓN 2.
prosa. Expresión, enunciado, estilo. V. FRASE 1.
prosaico. Vulgar*, práctico, materialista. V. MATERIA 8.
prosapia. Alcurnia, estirpe, linaje. V. ARISTOCRACIA 1.

proscenio. Escenario, escena, sector delantero. V. TEATRO 9.

proscribir. 1. Deportar, expatriar, desterrar. V. EXPULSAR 1.
— **2.** Impedir, negar, condenar*. V. PROHIBICIÓN 2.

proscrito. Expatriado, desterrado, malhechor. V. EXPULSADO, DELINCUENTE.

proseguir. Prolongar, persistir, durar*. V. CONTINUACIÓN 5.

proselitismo. Partidismo, sectarismo, propaganda. V. APOYAR 4.

prosélito. Seguidor, partidario, adicto. V. ENTUSIASMO 4.

prosista. Literato*, autor, novelista. V. ESCRITOR 1.

prosodia. Fonética, fonología, acentuación. V. PRONUNCIACIÓN 1.

prosopopeya. Pomposidad, ampulosidad, afectación*. V. PEDANTE 2.

prospección. Estudio, exploración, búsqueda. V. INVESTIGACIÓN 1.

prospecto. Folleto, opúsculo, panfleto. V. IMPRENTA 7.

prósperamente. V. PROSPERIDAD 6.

prosperar. V. PROSPERIDAD 5.

PROSPERIDAD. 1. Florecimiento, adelanto, progreso, civilización, cultura, desarrollo, bienestar, opulencia, fortuna, riqueza* (v. 2), expansión, mejora*, auge, ventura, dicha, arraigo, posición, dignidad, solvencia, felicidad*, bonanza, «boom», desahogo, ascenso, aumento*, impulso, crecimiento, incremento, triunfo* éxito, esplendor, sabiduría, modernidad, apogeo, lujo*, comodidad*, confort, tranquilidad*, suerte, seguridad*, grandeza*, pujanza, avance, vanguardia, evolución, superación, renacimiento, logro, empujón, acrecentamiento, intensificación, empuje, expansión.
2. Burguesía. Clase media, c. acomodada, riqueza*, dinero*, triunfo, posición*, aristocracia*, capital, hacienda (v. 1).
3. Próspero. Adelantado, desarrollado*, rico, adinerado (v. 4), opulento, lujoso*, acomodado, floreciente, mejorado*, crecido, impulsado, progresista, bonancible, afortunado, fértil, exuberante, boyante, propicio, triunfante*, venturoso, seguro*, tranquilo*, cómodo*, confortable, desahogado, culto, pujante, grande*, moderno, civilizado, evolucionado, culto, sabio*, aventajado, perfeccionado*, avanzado, innovador, reformador, acrecentado, aumentado*, intensificado, logrado, feliz*, dichoso.
4. Adinerado. Burgués, próspero, acomodado, triunfador, rico, indiano, acaudalado, magnate, pudiente, millonario, potentado, hacendado, nabab, creso (v. 3).
5. Prosperar. Mejorar*, florecer*, crecer, adelantar, progresar, desarrollar*, enriquecerse, acomodarse, encumbrarse, escalar, ascender, medrar, expandir, triunfar*, incrementar, aumentar*, acrecentar, engrandecer, ampliar,

evolucionar, situarse, avanzar, renovar, civilizar, poblar, modernizar, desahogar, asegurar, propiciar, aventajar, superar*.
6. Prósperamente. Venturosamente, afortunadamente, adelantadamente (v. 3).
Contr.: Pobreza*, atraso.
V. DESARROLLO, MEJORA, AUMENTO, RIQUEZA, GRANDEZA, LUJO, COMODIDAD, TRIUNFO.

próspero. V. PROSPERIDAD 3.

próstata. Glándula, órgano genital, ó. masculino. V. SEXO 8.

prosternarse. Arrodillarse, hincarse, postrarse. V. INCLINAR 2.

prostíbulo. V. PROSTITUCIÓN 5.

PROSTITUCIÓN. 1. Lenocinio, ramería, trata, t. de blancas, tráfico, puterío *vulg*, putaísmo, comercio sexual*, meretricio, fornicación, vida airada, golfería, putería *vulg*, alcahuetería, proxenetismo, rufianería, lujuria, licencia, libertinaje, mala vida, mal vivir; acto carnal, coito*; prostituto (v. 4).
— **2.** Envilecimiento, corrupción, degradación. V. DESHONRA 1.
3. Prostituta. Meretriz, mujer pública, hetera, hetaira, mesalina, ninfa, cortesana, mundana, coima, mujer galante, de vida airada, de la vida, de mal vivir, del partido, moza de fortuna, lumia, capulina, gorrona, bagasa, hurgamandera; alcahueta, celestina, proxeneta (v. 7); prójima *coloq*, madama *coloq*, pelifora *coloq*, horizontal *coloq*, cantonera *coloq*, calientacamas *coloq*, tía *coloq*, pupila *coloq*, cellenca *coloq*, pendanga *coloq*; ramera *desp*, puta *desp*, mujerzuela *desp*, pelandusca *desp*, pingo *desp*, fulana *desp*, perdida *desp*, zorra *desp*, pendón *coloq*, zurrona *desp*, golfa *desp*, furcia *desp*, buscona *desp*, pelleja *desp*, suripanta *desp*.
4. Prostituto. Gigoló, puto *desp*, acompañante, mantenido, "taxi boy".
5. Prostíbulo. Burdel, mancebía, lupanar, casa pública, c. de citas, de putas, de lenocinio, de prostitución, de camas, de trato, de tolerancia, ramería, bayú *Cub*, quilombo *Am*, manfla, «meublé» .
6. Acción. Prostituir(se), echarse al mundo, hacer la carrera, hacer la calle *coloq*, descarriarse, enviciar, corromper, degradar, pervertir, putear *vulg*; violar, estuprar, fornicar, darse al sexo*, realizar el coito*; jinetear *Cub*.
7. Varios. Alcahuetería, pornografía, sexo*, coito*, enfermedad venérea*; trata de personas, trato ilícito de inmigrantes.
8. Proxeneta. Rufián, chulo, tratante de blancas, traficante, bellaco, alcahuete, mediador; celestina, alcahueta, madama.
Contr.: Virginidad*.
V. SEXO, VICIO, COITO, VENÉREA (ENFERMEDAD).

prostituir. V. PROSTITUCIÓN 6.

prostituta. V. PROSTITUCIÓN 3.

prostituto. V. PROSTITUCIÓN 4.

protagonista. 1. Figura, notabilidad, personaje. V. PERSONA 3.

— **2.** Artista, intérprete, héroe*. V. ACTOR 1.

— **3.** Actuante, causante, implicado. V. ACTUACIÓN 5.

protagonizar. Desempeñar, representar, participar*. V. ACTUACIÓN 3.

PROTECCIÓN. 1. Amparo, resguardo, defensa, muro (v. 2), sostén, apoyo*, ayuda*, soporte*, patrocinio, respaldo, tutela, auxilio, socorro*, salvación, cuidado*, favor, cariño, amor*, mimo*, auspicio, seguridad*, refugio, socaire, cobijo, asilo, abrigo, alojamiento, hospitalidad, albergue*, mantenimiento, manutención, sustento, alimentación*, égida, escudo, cobertura, cubierta, seno, regazo, ocultación*, guardia, escondite, patrocinio, magnanimidad, filantropía, mecenazgo, generosidad*, adopción, compañía, acompañamiento, escolta, guardaespaldas, vigilancia*, policía*, custodia, salvaguardia, atención, garantía, calor, acomodo, sombra, fomento, favoritismo, enchufe, nepotismo, preservación; conservación*, embalsamamiento, momificación*.

— **2.** Defensa, protección, muro, muralla, fortificación*, baluarte, castillo*, parapeto, trinchera, barricada; coraza, escudo, blindaje, armadura*, casco, revestimiento, recubrimiento*, cubierta, caparazón, concha, forro, placa*, plancha, mampara, pantalla, visera, parasol, tope, parachoques, pieza (v. 1).

3. Proteger(se). Defender(se), amparar, auxiliar, ayudar*, apoyar*, socorrer*, librar*, respaldar, sostener, soportar*, sustentar, escudar, acorazar, parapetar (v. 4), patrocinar, propiciar, refugiar, conservar*, asegurar, guarnecer, resguardar, auspiciar, prevenir, recomendar, favorecer, preferir, cuidar*, tutelar, salvar, salvaguardar, escoltar, vigilar*, guardar, abrigar, disimular, encubrir, esconder, ocultar, agacharse, inclinarse*, asilar, cobijar, enchufar, acompañar, escoltar, acomodar, atender, mimar*, amar*, fomentar, preservar, embalsamar, momificar* (v. 4).

— **4.** Parapetar, proteger, defender, escudar, amurallar, atrincherar, fortificar*, blindar, acorazar, revestir, cubrir, tapar, recubrir*, forrar, fortalecer (v. 3).

5. Protector. Defensor, tutor, bienhechor, guardián guardaespaldas, benefactor, favorecedor, promotor, impulsor, patrocinador, propulsor, mecenas, generoso*, filántropo, magnánimo, patrono, padrino, auxiliador, socorredor*, cuidador*, ayuda*, apoyo, soporte*, abanderado, acogedor, abogado, campeón, adalid, paladín, héroe*, mantenedor, hospitalario, conservador, acompañante, compañero*, escolta*, vigilante*, policía*, fiador, valedor, humanitario, caritativo, auspicioso, amparador, amparo, resguardo, encubridor (v. 1).

— **6.** Favorable, beneficioso, preservador. V. BENEFICIO 3.

7. Protegido. Defendido, recubierto*, amparado, abrigado, asegurado, apoyado*, soportado*, resguardado, seguro*, fuerte, inexpugnable, inconquistable, invulnerable, invicto, invencible, amurallado, reforzado, atrincherado, fortificado*, blindado, acorazado, resistente, a salvo, a buen recaudo.

— **8.** Predilecto, protegido, favorecido, favorito, consentido, preferido*, mimado*, valido, elegido, recomendado, enchufado, privilegiado, agraciado, distinguido, afortunado.

Contr.: Desamparo*, inerme, débil*.

V. SOPORTE, APOYO, SOCORRO, CUIDADO, AYUDA, GENEROSIDAD, AMOR, MIMO, PREFERENCIA, OCULTACIÓN, FORTIFICACIÓN, RECUBRIMIENTO, PLACA, ARMADURA, VIGILANCIA, POLICÍA.

protector. V. PROTECCIÓN 5.

protectorado. Dominio, posesión, mandato. V. COLONIA 1.

proteger. V. PROTECCIÓN 3.

protegido. V. PROTECCIÓN 7.

proteína. Albúmina, aminoácido, principio alimenticio. V. ALIMENTO 7.

protervo. Perverso, maligno, malvado. V. VIL 1.

prótesis. Pieza*, órgano artificial, aparato*. V. ORTOPEDIA 3.

PROTESTA. 1. Reclamación*, acusación*, demanda, exigencia, queja, lamento, lamentación, lloro*, gemido*, clamor, crítica, abucheo (v. 2), censura, condena*, reivindicación, oposición*, enfrentamiento, reproche, cargo, rezongo, refunfuño, queja, murmuración, gruñido, cuchicheo, maldición*, regaño, desaprobación*, disgusto, desagrado, mala gana, regañadientes, anatema, petición, súplica, reprensión*, solicitud, reparo, pretensión, requerimiento, descontento, tacha, burla, guasa, indignación, enojo*, rebeldía*.

— **2.** Abucheo, protesta, bronca, pita, silbatina*, silba, rechifla, siseo, pateleo, pateo, griterío, pitidos, silbidos, pitos, alboroto, escándalo.

3. Protestar. Desaprobar*, lamentarse, reclamar*, clamar, acusar*, quejarse, lamentar, llorar, gemir*, clamorear, criticar*, censurar, demandar, refunfuñar, rezongar, quejarse, mascullar, farfullar, cuchichear, gruñir, musitar, maldecir*, regañar, condenar*, reprochar*, reprender*, oponerse, enfrentarse, reivindicar, reparar, anatematizar, recriminar, cargar, pretender, solicitar, suplicar, rogar, pedir, tachar, requerir, abroncar, abuchear, silbar, rechiflar, pitar, patalear, patear, gritar*, guasearse, burlarse, indignarse, rebelarse*, enojarse*, manifestarse, concentrarse, marchar*.

4. Que protesta. Reclamante*, acusador*, demandante, solicitante, protestón (v. 5), descontento, resentido, disgustado, peticiona-

rio, pretendiente, crítico, criticón*, exigente, desaprobador, rebelde, indignado, enojado*, descontento, censurador, querellante, gritón*, burlón, guasón, participante, manifestante, concentrado (v. 5).
5. Protestón. Quejoso, quejumbroso, lloroso*, lamentador, gimiente, gemidor*, quisquilloso, cascarrabias, gruñón, regañón, rezongón, antipático*, murmurador (v. 4).
Contr.: Conformidad, satisfacción*, contento.
V. RECLAMACIÓN, ACUSACIÓN, DESAPRO-BACIÓN, LLORO, GEMIDO, CRÍTICA, REPRENSIÓN, ENOJO.
PROTESTANTE. 1. Reformista, reformado, disidente, hermano separado, cristiano*, luterano, presbiteriano, etc. (v. 2).
2. Enumeración. Luterano, metodista, anglicano, anabaptista, baptista, evangélico, presbiteriano, adventista, episcopaliano, calvinista o hugonote, puritano, cuáquero, mormón, confesionista, congregacionalista, congregacionalista, pietista, del Ejército de Salvación, discípulo de Cristo, ritualista, universalista, zuinglianista, discípulo de Jehová (v. secta 2).
3. Protestantismo. Iglesia reformada, i. separada, reforma, heterodoxia, disidencia, cristianismo*. Confesiones: luteranismo, metodismo, anglicanismo, iglesia o secta anabaptista, etc. (v. 2).
4. Generalidades. Pastor, ministro, predicador, sacerdote*, prédica, Biblia*, religión*, escuela dominical, noche de San Bartolomé, dieta de Worms, Reforma, Contrarreforma.
Contr.: Católico; ateo.
V. RELIGIÓN, CRISTO, PROTESTA, SACERDOTE.
protestantismo. V. PROTESTANTE 3.
protestar. V. PROTESTA 3.
protesto. Mandamiento, mandato, requerimiento. V. RECLAMACIÓN 1.
protestón. V. PROTESTA 5.
protocolario. Solemne*, ceremonioso, etiquetero. V. ETIQUETA 4.
protocolo. 1. Solemnidad*, ceremonial, ritual. V. ETIQUETA 2.
— **2.** Acta, escritura, escrito. V. DOCUMENTO 1.
protón. Núcleo atómico, corpúsculo, partícula. V. ÁTOMO 2.
protoplasma. Materia celular, orgánica, citoplasma. V. CÉLULA 3.
prototipo. Muestra, modelo, ejemplar. V. EJEMPLO 3, 4.
protozoario, protozoo. Microbio, ser microscópico, animálculo. V. MICROORGANISMO 1.
protuberancia. Bulto, prominencia, resalte. V. ABULTAMIENTO 1.
protuberante. Prominente, abultado, saliente. V. ABULTAMIENTO 2.
provecho. Ventaja*, utilidad*, fruto. V. BENEFICIO 1.

provechoso. Útil*, fructuoso, ventajoso*. V. BENEFICIO 3.
provecto. Caduco, maduro, senil, viejo, decrépito. V. ANCIANO 1.
proveedor. Suministrador, aprovisionador, distribuidor. V. ABASTECIMIENTO 3.
proveer. 1. Avituallar, entregar*, suministrar. V. ABASTECIMIENTO 4.
— **2.** Resolver, disponer, hacer*. V. SOLUCIÓN 3.
proveniente. Derivado, procedente, originario. V. ORIGEN 5.
provenir. Derivar, proceder, emanar. V. ORIGEN 4.
proverbial. Conspicuo, característico, representativo. V. CARACTERÍSTICA 3.
proverbio. Aforismo, sentencia, adagio. V. REFRÁN 1.
providencia. 1. Hado, suerte, destino. V. AZAR 1.
— **2.** Arreglo, disposición, medida. V. SOLUCIÓN 1.
providencial. Afortunado, acertado, beneficioso*. V. OPORTUNO 1.
próvido. Prevenido, diligente, previsor. V. PRECAUCIÓN 2.
provincia. Distrito, región, zona*. V. NACIÓN 3.
provincial. Comarcal, territorial, regional. V. ZONA 3.
provinciano. 1. Pueblerino, paleto, rústico. V. ALDEA 2.
— **2.** V. provincia.
provisión. 1. Proceder, mandato, medida. V. ACTUACIÓN 1.
— **2.** Suministro, avituallamiento, acopio. V. ABASTECIMIENTO 1.
— **3.** *Provisiones*, víveres, equipo, vituallas. V. ABASTECIMIENTO 2.
provisional. Transitorio, interino, temporal. V. CIRCUNSTANCIA 4.
provisiones. V. provisión 3.
provisorio. V. provisional.
provisto. Equipado, dotado, surtido. V. ABASTECIMIENTO 4.
provocación. Hostilidad, enfrentamiento, ofensa*. V. DESAFÍO 1.
provocador. Pendenciero, ofensivo*, camorrista. V. DESAFIO 3.
provocar. 1. Hostigar, azuzar, insultar. V. DESAFÍO 2.
— **2.** Crear, producir, originar*. V. CAUSA 3.
provocativo. 1. V. provocador.
— **2.** Tentador, estimulante, sugerente. V. ESTÍMULO 2.
proxeneta. Rufián, alcahuete, chulo. V. PROSTITUCIÓN 8.
próximamente. Pronto, en seguida, en breve. V. RAPIDEZ 4.
proximidad. V. próximo.
próximo. 1. Contiguo, vecino, adyacente. V. CERCA 1.
— **2.** Análogo, similar, parecido. V. SEMEJANZA 2.

proyección. 1. Propulsión, impulso, lanzamiento*. V. EMPUJAR 4.
— **2.** Ascendiente, influjo, predominio. V. PODER 1.
— **3.** Imagen, figura*, dibujo*. V. PERSPECTIVA 1.
proyectar. 1. Discurrir, idear, bosquejar. V. PLAN 3.
— **2.** Impulsar, empujar*, arrojar. V. LANZAR 1.
PROYECTIL. 1. Munición, carga, bala, cartucho, objeto arrojadizo, tiro*, disparo (v. 2).
2. Clases. Bala, b. de artillería* munición, carga, perdigón, posta, balín, plomo, obús (v. arma*), metralla, esquirlas, granada, bala explosiva*, bomba*, b. nuclear, atómica*, de hidrógeno, de fragmentación, torpedo*, misil o mísil, proyectil cohete, cohete*, c. teledirigido, autopropulsado, balístico, b. intercontinental, tierra aire, mar tierra, etc.; flecha, saeta, dardo, d. de cerbatana, piedra*, p. de honda, de catapulta, bolaño, bumerán (v. arma*).
3. Partes. Cartucho: bala, casquillo, pólvora, cápsula (mixto con fulminante); espoleta, espiga, explosivo*.
4. Disparo. Balazo, descarga, tiro*, detonación, salva, ráfaga, andanada, ametrallamiento, fogonazo, explosión*, deflagración, crepitación, estampido, trueno, estallido, estruendo, tiro a quemarropa, a bocajarro, fuego graneado, f. a discreción.
5. Generalidades. Balística, artillería*, técnica, ciencia de los proyectiles, arte tormentaria, ángulo de tiro, trayectoria, disparo (v. 4), cañón rayado, ánima, recámara (v. pistola*).
6. Disparar. Tirar*, tirotear, descargar, descerrajar, hacer fuego, proyectar, lanzar*, asaetar, apuntar, dirigir, ametrallar, bombardear*, torpedear*, abalear, balear, detonar, deflagrar, explotar, explosionar*, estallar, atronar, crepitar, ensordecer.
V. TIRO, ARTILLERÍA, PISTOLA, BOMBA, EXPLOSIVO, COHETE, ARMA.
proyectista. Creador*, diseñador, planificador. V. PLAN 6.
proyecto. 1. Intención, aspiración, deseo*. V. PLAN 1.
— **2.** Bosquejo, estudio, idea. V. DIBUJO 1.
proyector. Foco, reflector, faro. V. LÁMPARA 1.
prudencia. 1. Cautela, cuidado*, previsión. V. PRECAUCIÓN 1.
— **2.** Mesura, circunspección, equilibrio*. V. MODERACIÓN 1.
prudencial. V. prudente.
prudente. 1. Cauteloso, cuidadoso*, precavido. V. PRECAUCIÓN 2.
— **2.** Mesurado, circunspecto, equilibrado. V. MODERACIÓN 3.
prueba. 1. Comprobación, tentativa, ensayo. V. INTENTO 1.
— **2.** Agobio, peripecia, trago. V. SUFRIMIENTO 1.
— **3.** Evidencia, muestra, testimonio. V. DEMOSTRACIÓN 1.

— **4.** Certamen, concurso, torneo. V. EXAMEN 1, COMPETICIÓN 1.
prurito. 1. Picazón, escozor, comezón. V. PICOR 1.
— **2.** Ansia, avidez, anhelo. V. DESEO 1.
psicoanálisis. Psicoterapia, tratamiento, exploración psicológica*. V. LOCURA 8.
psicoanalista. Psicoterapeuta, especialista, psiquiatra. V. LOCURA 5.
PSICOLOGÍA. 1. Ciencia*, estudio del alma, e. del yo, del espíritu*, de la vida psíquica, de la vida subjetiva, del carácter*, caracterología, tipología, parte de la filosofía*, temperamento (v. 2).
— **2.** Temperamento, psicología, carácter*, característica, caracterología, personalidad*, constitución, fondo, naturaleza, espíritu*, tipo, tipología, rasgo, idiosincrasia, índole, genio, humor, energía*, peculiaridad, modo de sentir; agudeza, perspicacia, intuición, conocimiento, inteligencia*, astucia*, olfato.
3. Clasificación; disciplinas afines. Psicología experimental, comparada, aplicada, freudiana, social, del desarrollo, de la religión, del deporte, de la conducta, individual, clínica. Filosofía*, metafísica, lógica, moral, psicoanálisis, psicoterapia, psiquiatría (v. locura 8), psicotecnia, psicodiagnóstico, medicina* psicosomática.
4. Generalidades. Alma, psique, yo, mente, inteligencia*, pensamiento*, espíritu*, consciente, inconsciente, subconsciente, introspección, behaviorismo, conductismo, test, prueba, identidad, tipología, emotividad, inhibición, pasión, psiquismo, vivencia, abstracción*, asociación, cognición, conocimiento, duda, idea, imaginación*, percepción, noción, volición, voluntad*, representación, represión, tensión o estrés, choque o «shock», libido, sexualidad*, regresión, reflejo, r. condicionado, r. operante, pedagogía, educación*, cociente intelectual, nivel mental, melancolía, manía*, complejo*, obsesión, trauma, frustración, fantasía*.
5. Psicólogo. Psicotécnico, prisoterapeuta, psiquiatra, psicoanalista, alienista, pedagogo, educador*, especialista, experto, perito, técnico, orientador, asistente social, psicopedagogo.
Psicólogos: Wundt, Titchener, Köhler, Watson, Skinner, Piaget. Psicoanalistas: Freud, Jung, Adler, Rank, Lacan.
6. Psicológico. Psíquico, espiritual*, anímico, del yo, moral, interior, característico*, subjetivo, abstracto*, caracterológico, tipológico, mental, filosófico*, metafísico, psicoanalítico, psicotécnico, freudiano; personal*, natural, constitucional, peculiar.
V. ESPÍRITU, CARÁCTER, PERSONALIDAD, FILOSOFÍA, INTELIGENCIA, IMAGINACIÓN, EDUCACIÓN, VOLUNTAD, SEXO, COMPLEJO, MANÍA, LOCURA, MEDICINA.
psicológico. V. PSICOLOGÍA 6.
psicólogo. V. PSICOLOGÍA 5.

psicópata. Desequilibrado, loco, perturbado, demente. V. LOCURA 4.

psicopatía. Psicosis, demencia, desequilibrio mental. V. LOCURA 1, 3.

psicosis. V. psicopatía.

psicoterapia. Psicoanálisis, tratamiento, sugestión. V. LOCURA 8.

psique. Psiquismo, alma, mente, inteligencia*. V. ESPÍRITU 1, INTELIGENCIA 1.

psiquiatría. Ciencia*, estudio de las enfermedades mentales, psicoanálisis. V. LOCURA 8.

psiquiatra. Especialista, alienista, psicoanalista. V. LOCURA 5.

psíquico. Anímico, mental, espiritual*. V. PSICOLOGÍA 6.

psiquis, psiquismo. V. psique.

púa. Punta*, uña, pico. V. PINCHAR 6.

púber. Adolescente, muchacho, mozo. V. JOVEN 1.

pubertad. Mocedad, adolescencia, juventud. V. JOVEN 5.

pubescente. V. púber.

pubis. Parte baja del vientre, empeine, sexo*. V. VIENTRE 2.

publicación. 1. Gaceta, boletín, periódico. V. PERIODISMO 2, LIBRO 1.
— **2.** Divulgación, propagación, difusión. V. INFORME 1.

públicamente. Notoriamente, directamente, abiertamente. V. SINCERIDAD 4.

publicar. 1. Imprimir, editar, sacar a (la) luz. V. LIBRO 16.
— **2.** Propagar. V. PUBLICIDAD 6.

PUBLICIDAD. 1. Propaganda, p. comercial, difusión, comunicación, anuncios, aviso, divulgación, información*, publicación, persuasión, propagación, proselitismo, partidismo, sectarismo, fanatismo, afiliación, revelación, pregón, reclamo, expansión.
2. Clases de publicidad. En radio*, radiodifusión, televisión* (comercial, cuña, anuncio, «spot» televisivo), cine*, correo*, prensa, periódicos*, revistas, exterior o en vía pública, letreros*, l. luminosos, avisos, anuncios*, circulares, impresos*, catálogos, cabalgatas, desfiles, espectáculos*, deportes*, estadios*, discos*, altavoces*, guía telefónica*, premios*, muestras, exhibiciones, exposiciones, regalos*, vales de obsequio, objetos de propaganda, escaparates, anuncios en transportes públicos, aviones, globos, hombre anuncio, demostrador, corredor, viajante, charlatán, sacamuelas; publicidad indirecta, por emplazamiento o «product placement».
3. Aviso. Cartel, informe, letrero*. V. ANUNCIO 1, 2.
4. Generalidades. Cliente, producto, consumo, interés*, campaña publicitaria, agencias de publicidad, productoras, motivación, psicología*, estudios de diseño, sugestión, agresividad, reflejo condicionado, empresa publicitaria, sociedad de consumo, medios de comunicación de masas, economía de mercado, competencia, lema, frase publicitaria o eslogan, lanzamiento, masas, reacción masiva.
5. Personas. Publicitario, técnico publicitario, propagandista, divulgador, anunciante*, anunciador, cliente, patrocinador, promotor.
6. Acción. Anunciar*, difundir, avisar, propagar, dar publicidad, comunicar, divulgar, vocear, informar*, persuadir, demostrar*, sugestionar, publicar, pregonar, radiar, propalar, transmitir, televisar*, editar, imprimir*, exponer, exhibir*, regalar*, patrocinar, respaldar.
7. Publicitario. Anunciado*, difundido, propagado (v. 6).
Contr.: Callar, silenciar.
V. ANUNCIO, INFORMACIÓN, PSICOLOGÍA, INTERÉS, COMERCIO, LETRERO.

publicista. Autor, periodista*, editor. V. ESCRITOR 1.

publicitario. V. PUBLICIDAD 5, 7.

público. 1. Auditorio, presentes, espectadores. V. CONCURRENCIA 1, 4.
— **2.** Estatal, gubernativo, oficial. V. GOBIERNO 13.
— **3.** Difundido, notorio, conocido. V. CONOCER 6.

puchero. 1. Olla, cacerola, cazuela. V. COCINA 5.
— **2.** Cocido, olla, potaje. V. ALIMENTO 15.
— **3.** *Pucheros*, gimoteos, gestos*, sollozos. V. LLORAR 4.

pudendo. Sexual, vergonzoso, torpe. V. SEXO 11.

pudibundo. V. púdico.

púdico. Pudoroso, casto, mojigato. V. VERGÜENZA 4.

pudiente. Adinerado, opulento, acaudalado. V. RIQUEZA 3.

pudín, pudin. Budín, pastel, tarta. V. CONFITERÍA 3.

pudor. Recato, decencia, remilgo*. V. VERGÜENZA 2.

pudoroso. Recatado, decente, remilgado*. V. VERGÜENZA 4.

pudrir. Descomponer, corromper, estropearse. V. PODRIDO 3.

pueblerino. Rústico, paleto, aldeano. V. ALDEA 2.

pueblo. 1. Clan, tribu, habitantes*. V. ETNIAS 1.
— **2.** Patria, país, Estado. V. NACIÓN 1.
— **3.** Población, villorrio, caserío. V. ALDEA 1.

PUENTE. 1. Viaducto, pasarela, construcción*, estructura, planchada, armazón, maderamen*, soporte*, plataforma, escala, pontana, acceso, paso, comunicación, obra arquitectónica*.
2. Clases. Puente fijo, p. móvil, colgante, flotante, levadizo, elevador, giratorio, oscilante, de barcas, pivotante, rodante, viaducto, acueducto, puente ferroviario, p. transbordador, p. canal, de troncos, de madera, de piedra, de hormigón, metálico.
3. Partes. Arco, arcada, ojo, luz, pretil, antepecho, barandilla, parapeto, tablero, andén, larguero, travesaño, viga, estribo, cuchillo,

espolón, pilar, pilastra, pilón, tajamar, arpeo, cabezal, cabeza de puente, nariz, cadena de anclaje, cable, imposta, riostra, tirante, boca, pórtico, portal, torre, torre elevadora, tablero elevable, contrapeso.

4. Puentes famosos. Golden Gate (San Francisco, EE.UU.), Brooklyn, Verrazzano (Nueva York, EE.UU.), Puente Colgante (Santa Fe, Argentina), del Forth (Escocia), de Humber, de Londres (Inglaterra), Angostura (Venezuela), Bósforo (Turquía), de Rialto, de los Suspiros (Venecia), Puente 25 de Abril (Lisboa). V. CONSTRUCCIÓN, ARQUITECTURA.

puerco. 1. Gorrino, lechón, marrano. V. CERDO 1.
— **2.** Mugriento, desaseado, inmundo. V. SUCIEDAD 5.

puericia. Infancia, minoría, inocencia. V. NIÑO 2.

puericultor. Pediatra, facultativo, especialista de niños*. V. MÉDICO 2.

puericultura. Medicina infantil, pediatría, crianza. V. MEDICINA 3.

pueril. Baladí, fútil, infantil. V. FRIVOLIDAD 3.

puerilidad. Necedad, trivialidad, chiquillada. V. FRIVOLIDAD 1.

puerperio. Sobreparto, momento, tiempo posterior al parto. V. EMBARAZO 1.

puerro. Verdura, legumbre, planta. V. HORTALIZA 2.

PUERTA. 1. Portón, poterna, acceso, cierre, entrada, ingreso, boca, salida, vano, pórtico, portal, portalón, portillo, portezuela, cancel, postigo, cancela, mampara, protección*, trampa, trampilla, tapa*, compuerta, esclusa, tranquera, escotillón, abertura, torno, vomitorio, puerta cristalera, corredera, falsa, trasera, secreta, vidriera, cochera, enrejada, de escape, de rastrillo.
2. Partes. Marco, dintel, umbral, jamba, montante, bastidor, batiente, hoja, panel, cuarterón, cuadro, cerco, quicio, quicial, larguero, madero*, entrepaño, frontón, alféizar, derrame, herrajes, peldaño, escalón* (v. 3).
3. Herrajes y accesorios. Cerradura*, pasador, cerrojo, candado, falleba, picaporte, pestillo, tirador, cadena, bisagra, gozne, herraje, llave, mirilla, ventanillo, marquesina, vierteaguas, trinquete, aldaba, aldabón, llamador, timbre, portero automático.
4. Acción. Abrir*, cerrar*, entornar, entrecerrar, entreabrir, arrimar, golpear*, dar un portazo, ajustar, asegurar, atrancar, condenar, tapiar, saltar, descerrajar.
5. Portero. Conserje, bedel, ujier, cancerbero, ordenanza, asistente, guardián, cuidador, vigilante*, subalterno, ama de llaves, mayordomo, servidor*.
V. VENTANA, CASA, CERRADURA, ENTRADA, SALIDA.

PUERTO. 1. Amarradero, fondeadero, embarcadero, desembarcadero, atracadero, muelle, dique*, dársena, malecón, ensenada, rada, abra, bahía*, abrigo, refugio, playa, costa* (v. 2).

2. Clases. Puerto comercial, p. franco, p. militar, de arribada, de matrícula, base naval, puerto artificial, p. natural, p. de transbordo, de escala, interior.
3. Partes. Dique*, embarcadero, desembarcadero, atracadero, escollera, malecón, dársena, muelle, espigón, rompeolas, tajamar, bocana, antepuerto, fondeadero, varadero, dique seco, dique flotante, rada, entrada, canal*, esclusa, almacén*, tinglado, «dock», cobertizo, tanque de almacenamiento, pantalán, silos, astilleros, talleres, edificio de aduanas, zona franca, capitanía de puerto, junta del puerto, estación marítima, zona de cuarentena, lazareto, faro*, lonja de pescado, cámaras frigoríficas (v. 1).
4. Artefactos. Grúa, pasarela, proís, noray, amarradero, baliza, boya, semáforo, vías de tren, cangilón, correa transportadora, casilla de aduaneros, báscula, tolva de carbón, rampa móvil, silo, tubo aspirador, puente grúa, montacargas, contenedor o «container», pescante, aguilón, carretilla elevadora, red de carga, gancho de mano, cabrestante, cabria, amarras, defensas.
5. Embarcaciones portuarias. Draga*, lanchón de la draga, remolcador (de puerto, de alta mar), grúa* flotante, gabarra, pontón, barcaza, lancha del práctico, embarcación de recreo, transbordador o «ferry», barco aljibe (v. barco*).
6. Personas. Director de puerto, capitán de puerto, ingeniero, policía* portuario, aduanero, carabinero, práctico, piloto, consignatario, armador, agente, empleado*, estibador, descargador, cargador*.
7. Acción. Atracar, desatracar, fondear, amarrar, anclar*, arribar, embarcar, cargar*, estibar, almacenar*, hacer escala, tocar, llegar*, zarpar, salir*, desembarcar, descargar, aparejar, pilotear, remolcar, abordar, fletar, armar, consignar, pasar por aduana, revisar.
8. Operaciones. Atraque, desatraque, fondeo (v. 7).
V. COSTA, MAR, CANAL, DIQUE, FARO, BARCO, DRAGA, ALMACÉN.

puesta. 1. Crepúsculo, ocaso, anochecer. V. NOCHE 1.
— **2.** Envite, apuesta, jugada. V. JUEGO 9.

puesto. 1. Cargo, destino, colocación. V. EMPLEO 1.
— **2.** Posición, sitio, punto. V. LUGAR 1.
— **3.** Quiosco, tenderete, barraca. V. TIENDA 1.
— **4.** Situado, colocado, emplazado. V. COLOCAR 1.

¡puf! Interjección. V. EXCLAMACIÓN 4.

púgil. V. pugilista.

pugilato. Riña, disputa, puñetazos. V. PELEA 1, BOXEO 1.

pugilismo. Combate, contienda, deporte*. V. BOXEO 1.

pugilista. Luchador*, contendiente, boxeador. V. BOXEO 2.

pugna. Enfrentamiento, lucha*, antagonismo. V. RIVALIDAD 1.

pugnar. Competir, oponerse, luchar*. V. RIVALIDAD 3.

pugnaz. Pendenciero, obstinado*, belicoso. V. PELEA 4.

puja. 1. Subasta, oferta, venta. V. VENDER 3.
— **2.** V. pugna.

pujador. Licitador, interesado, concursante. V. COMPRA 3.

pujante. Fuerte, potente, vigoroso*. V. PODER 4.

pujanza. Fortaleza, energía*, vigor*. V. PODER 1.

pujar. 1. Competir, esforzarse, luchar*. V. RIVALIDAD 3.
— **2.** Licitar, aumentar, subir el precio. V. COMPRA 4.

pujo. Necesidad, ansia, afán. V. DESEO 1.

pulcritud. Aseo, prolijidad, atildamiento. V. LIMPIEZA 1.

pulcro. Prolijo, aseado, atildado. V. LIMPIEZA 2.

pulga. Díptero, bicho, insecto. V. PARÁSITO 4.

pulgada. Medida inglesa pequeña, m. de longitud, m. antigua. V. MEDIDA 6.

pulgar. Dedo gordo, d. primero, apéndice. V. DEDO 2.

pulgón. Hemíptero, parásito, insecto chupador. V. INSECTO 3.

pulido. 1. V. PULIR 2.
— **2.** Cortés, educado, delicado. V. AMABILIDAD 2.

pulimentado. V. PULIR 2.

pulimentar. V. PULIR 1.

pulimento. V. PULIR 3.

PULIR. 1. Bruñir, afinar, abrillantar, alisar, allanar, pulimentar, lustrar, frotar*, raspar*, desgastar*, acepillar, suavizar*, lijar, limar, rascar, rallar, rozar, raer, restregar, acuchillar, legrar, desbastar, esmerilar, dar lustre, arreglar, retocar, limpiar*, refulgir, reflejar, brillar*, resplandecer, esmaltar*, charolar, barnizar.
2. Pulimentado. Lustroso, liso*, pulido, esmerilado, bruñido, brillante*, llano, suave*, lijado, limado, acepillado, rozado, frotado*, rallado, rascado, desbastado, legrado, raído, restregado, acuchillado, arreglado, retocado, limpio*, uniforme, reluciente, abrillantado, fulgurante, lustroso (v. 3); charol, esmalte, porcelana, pátina, reflejo.
3. Pulimento. Abrasivo, esmeril, papel de esmerilado, lija, lustre, abrillantador, piedra, lima, raspa, cepillo. Fricción, roce, desgaste, frote*, bruñido, afinado (v. 1).
Contr.: Deslustrar, opacar*.
V. RASPAR, DESGASTAR, FROTAR, LIMPIAR, BRILLO, LISO.

pulla. Chanza, mofa, burla. V. BROMA 2.

pulmón. Víscera, órgano del tórax, ó. respiratorio. V. RESPIRACIÓN 5.

pulmonar. Torácico, respiratorio, pleural. V. TÓRAX 4.

pulmonía. Inflamación pulmonar, pleuresía, infección. V. RESPIRACIÓN 7.

pulpa. Masa, pasta, papilla. V. MEZCLA 2.

pulpejo. Lóbulo, porción carnosa, carnosidad. V. CARNE 1.

púlpito. Tribuna, plataforma, estrado. V. MADERAMEN, TEMPLO 4.

pulpo. Cefalópodo, octópodo, calamar. V. MOLUSCO 3.

pulposo. Pastoso, fofo, carnoso*. V. BLANDO 1.

pulquérrimo. V. pulcro.

pulsación. Palpitación, latido, movimiento* cardíaco. V. CORAZÓN 6.

pulsador. Botón, clavija, llave. V. INTERRUPTOR 1.

pulsar. 1. Apretar, oprimir, tocar. V. INTERRUPTOR 2.
— **2.** Rasguear, tañer, tocar. V. GUITARRA 3.
— **3.** Latir, palpitar, contraerse. V. CORAZÓN 6.

pulsear. Probar fuerza, contender, echar un pulso. V. ESFUERZO 2.

pulsera. Brazalete, alhaja, argolla. V. JOYA 2.

pulso. 1. Pulsación, palpitación, latido. V. CORAZÓN 6.
— **2.** Tino, puntería, seguridad*. V. ACERTAR 2.

pulular. Proliferar, rebosar, bullir. V. ABUNDANCIA 3.

pulverización. Rociadura, llovizna, desmenuzamiento. V. POLVO 1.

pulverizador. Frasco rociador, perfumero*, ampolla. V. PERFUME 6.

pulverizar. Rociar, desmenuzar, triturar. V. POLVO 6, 7.

puma. León americano, mamífero*, m. carnicero. V. FIERA 4.

punción. Punzada, incisión, aguijonazo. V. PINCHAR 4.

pundonor. Dignidad, honra, decoro. V. HONOR 1.

pundonoroso. Honrado, digno, decoroso. V. HONRADEZ 2.

punible. Censurable, indigno, reprobable. V. CASTIGO 10.

punición. Pena, condena*, sanción. V. CASTIGO 1.

punir. Penar, sancionar, corregir. V. CASTIGO 8.

punitivo. Disciplinario, correctivo, severo*. V. CASTIGO 11.

PUNTA. 1. Vértice, remate, contera, tope, puntera, púa, pincho*, aguijón, espina, pico, saliente*, diente*, uña*, apéndice*, extremo, extremidad, polo, cresta, borde*, prominencia, pitorro, ápice, puya, rejón, culminación, término, final*, pitón, cuerno*, asta, protuberancia, refuerzo, abultamiento*, espolón, dardo, flecha, arpón, pica, arma*, hierro*, pieza*, lezna, estilo, buril, herramienta*, estilete, cuchillo*, filo, corte*, gancho*, garfio, ganzúa, anzuelo, espiga, clavija, punzón, espuela, escarpia, clavo*, tachuela, estaca, monte, cumbre, cima, pinacho, montaña*, promontorio, cabo, saliente*, arista, ángulo*, proa, tajamar, roda.
2. Puntiagudo. Aguzado, agudo, fino, afilado, afinado, punzante, ganchudo*, buido, acerado, ahusado, cortado*, delgado*, adelgazado, fusi-

forme, estrecho, alargado, lanceolado, erizado, picudo, penetrante, cortante*, bicúspide, tricúspide, acicular, apuntado, festoneado, irregular, serrado, dentado, hirsuto, conoidal, cónico, piramidal, narigudo, espinoso, lacerante, hiriente, picante.

3. Aguzar. Aguardizar, afilar, ahusar, adelgazar, erizar, hacer punta, sacar punta, hacer pincho*, afinar, estrechar, alargar, rebajar, amolar, pulir*, aligerar, repasar, vaciar*, cortar*, rematar, terminar, ahorquillar, erizar, dentar, acerar.

4. Punzar. Picar, aguijonear, ensartar. V. PINCHAR 1.

5. Puntazo. Picadura, punzada, aguijonazo. V. PINCHAR 4.

Contr.: Liso*, romo, desmochado, aplastado*, chato.

V. PINCHO, GANCHO, CUCHILLO, APÉNDICE, CORTE, FINAL, ARMA, PIEZA, CLAVO.

puntada. 1. Agujeta, picadura, pinchazo. V. PINCHAR 4.

— **2.** Cosido, zurcido, hilván. V. COSTURA 2.

puntal. 1. Viga, poste, soporte*. V. COLUMNA 1.

— **2.** Fundamento, base, sostén. V. AYUDA 1.

puntapié. Patada, coz, golpe*. V. PIE 10.

puntear. 1. Rasguear, tañer, pulsar. V. GUITARRA 3.

— **2.** Trazar, grabar, marcar. V. SEÑAL 8.

puntera. Refuerzo, delantera, contrafuerte. V. PUNTA 1, CALZADO 2.

puntería. Tino, pulso, habilidad*. V. ACERTAR 2.

puntero. 1. Bastoncillo, vara, caña. V. BASTÓN 1.

— **2.** Primero, delantero, destacado. V. SUPERIOR 1.

puntiagudo. V. PUNTA 2.

puntilla. 1. Bordado*, blonda, ganchillo. V. ENCAJE 1.

— **2.** Pincho*, daga, puñal. V. CUCHILLO 1.

puntillo. Pundonor, honrilla, vanidad. V. HONOR 1.

puntilloso. Quisquilloso, minucioso, exigente. V. DETALLE 3.

punto. 1. Marca, trazo, signo ortográfico. V. ORTOGRAFÍA 2.

— **2.** Sitio, zona*, parte*. V. LUGAR 1.

— **3.** Hilván, puntada, nudo. V. COSTURA 1, 2.

— **4.** Materia, cuestión, tema. V. ASUNTO 1, 2.

— **5.** *Puntos,* V. puntuación 2, 3.

puntuación. 1. Notación, signos ortográficos, trazos. V. ORTOGRAFÍA 1, 2.

— **2.** Calificación, nota, evaluación. V. EVALUAR 3.

— **3.** Tanteo, marcador, puntos. V. JUEGO 9.

puntual. Estricto, cumplidor, formal*. V. EXACTITUD 2.

puntualidad. Asiduidad, seguridad, formalidad. V. EXACTITUD 1.

puntualizar. Establecer, concretar, explicar*. V. DETALLE 2.

puntuar. Marcar, señalar, obtener. V. JUEGO 11.

punzada. Agujeta, dolor*, pinchazo. V. PINCHAR 4.

punzante. 1. Agudo, intenso*, lacerante. V. DOLOR 4.

— **2.** Mordaz, sutil, satírico. V. IRONÍA 2.

punzar. Aguijonear, clavar*, picar. V. PINCHAR 1.

punzón. Buril, pincho, punta*. V. PINCHAR 6.

puñada. V. puñetazo.

puñal. Daga, navaja, estilete. V. CUCHILLO 1.

puñalada. Herida, navajazo, cuchillada. V. CUCHILLO 5.

puñeta. 1. Masturbación, onanismo, placer solitario. V. SEXO 6.

— **2.** ¡*Puñeta!*, ¡maldición!, ¡coño!, ¡carajo! V. EXCLAMACIÓN 9.

puñetazo. Mamporro, trompada, tortazo. V. GOLPE 5.

puño. 1. Mano cerrada, apretada, prieta. V. MANO 1.

— **2.** Empuñadura, asidero, mango. V. ASA 1.

pupa. Llaga, excoriación, herida*. V. LESIÓN 1.

pupila. Abertura del iris, niña del ojo. V. OJO 4.

pupilaje. 1. Colegio de internos, pensionado, internado. V. EDUCACIÓN 9.

— **2.** Hospedaje, posada, pensión. V. HOTEL 1.

pupilo. Alumno, interno; pensionista*. V. EDUCACIÓN 13.

pupitre. Escritorio, bufete, mueble*. V. MESA 1.

puré. Papilla, pasta, crema. V. MEZCLA 2.

pureza. V. PURO 4, 5.

purga. 1. V. purgante.

— **2.** Matanza, eliminación, liquidación de enemigos. V. MUERTE 5.

purgaciones. Blenorragia, dolencia, afección venérea. V. VENÉREA (ENFERMEDAD) 4.

purgante. Depurativo, laxante, purga. V. MEDICAMENTO 6.

purgar. 1. Laxar, limpiar*, purificar. V. PURO 7.

— **2.** Penar, expiar, pagar*. V. SUFRIMIENTO 5.

— **3.** Liquidar, matar, eliminar. V. MUERTE 14.

purgatorio. Pena, tormento, infierno. V. SUFRIMIENTO 1.

purificación. V. PURO 6.

purificador, purificante. V. PURO 8.

purificar. V. PURO 7.

Purísima. Virgen María, Madre de Dios, Nuestra Señora. V. VIRGEN 4.

purista. Estilista, rebuscado, afectado*. V. LITERATURA 9.

puritano. Austero, reformista, inflexible. V. SEVERO; PROTESTANTE 2.

PURO. 1. Neto, nítido, impoluto, prístino, purificado, depurado, saludable*, sano, higiénico*, limpio*, inmaculado, límpido, claro*, virgen (v. 2), joven*, fresco, natural, perfecto*, sencillo, llano, mondo, auténtico, simple, castizo, legítimo, típico, original*, verdadero*, fino, flamante, intachable, impecable, nuevo, severo, exacto*, íntegro, único, mero, recto, normal, sincero*, espontáneo, incorrupto, honrado*, honesto, incólume, verdadero*, genuino, real, exento, libre*, expurgado, elegante*, clásico, refinado*, filtrado, lavado*, cribado, acrisolado, acendrado, decantado, desinfectado* (v. 2).

— **2.** *Virginal*, virgen*, puro, casto, virtuoso, íntegro, cándido, núbil, soltero, abstinente, continente, intacto, honrado*, honesto, inocente*, ingenuo, candoroso, remilgado*, honorable*, inmaculado, incólume, incorrupto, limpio* (v. 1).

— **3.** Habano, veguero, cigarro. V. TABACO 3.

4. Pureza. Limpidez, perfección, depuración, nitidez, purificación (v. 6), limpieza*, virginidad* (v. 5), autenticidad, sencillez, simplicidad, clasicismo, refinamiento, elegancia*, casticismo, llaneza, naturalidad, rectitud, depuración, exactitud*, integridad, honradez*, honestidad, incorruptibilidad, inocencia*, espontaneidad, perfección*, finura, legitimidad, autenticidad, normalidad, claridad*, verdad*, realidad.

5. Virginidad*. Virtud, pureza, pudor, decencia, doncellez, castidad, decoro, honra*, honor*, ingenuidad, remilgo*, candor, abstinencia, continencia, soltería, candidez, integridad, nubilidad.

6. Purificación. Saneamiento, higiene*, lavado*, limpieza*, mojadura*, clarificación, proceso, expurgación, depuración, purga, refinado, filtrado, colado*, decantación, destilación, catarsis, desinfección*, desinsectación, esterilización, antisepsia, asepsia, pasteurización, hervido*, ebullición.

7. Purificar. Depurar, clarificar, higienizar*, limpiar*, lavar*, sanear, purgar, depurar, laxar, expurgar, desinfectar*, desinsectar, perfeccionar, destilar, filtrar, decantar, colar*, cribar, acendrar, refinar, acrisolar, autentificar, legitimar, afinar, simplificar, librar*, rectificar, normalizar.

8. Purificador. Purificante, depurativo, detersivo, detergente, emoliente, laxante, purgante, catártico, limpiador*, higiénico*, desinfectante*, clarificador, expurgador, depurador, saneador, curativo*, destilador; criba, colador*, manga, filtro.

Contr.: Impureza, suciedad*; indecencia*, desvergüenza*.

V. LIMPIO, HIGIÉNICO, SALUDABLE, CLARO, SINCERO, PERFECTO, FINO, HONRADO, VIRGEN, ELEGANTE.

púrpura. Rojo, escarlata, granate. V. COLOR 6.

purpurado. Prelado, príncipe de la Iglesia, eminencia. V. CARDENAL 1.

purpúreo. V. púrpura.

purulencia. V. pus.

purulento. Llagado, supurante, lleno de pus. V. PODRIDO 1.

pus. Purulencia, supuración, humor. V. EXCRECIÓN 2.

pusilánime. Cobarde*, temeroso, apocado. V. TIMIDEZ 2.

pústula. Escara, costra, postema. V. GRANO 1.

puta. *desp vulg* Meretriz, fulana *desp*, ramera *desp*. V. PROSTITUCIÓN 3.

putativo. Supuesto, reputado, tenido por. V. ATRIBUIR 4.

putero. *vulg* Faldero, perdido, mujeriego*. V. VICIO 4.

putrefacción. Corrupción, carroña, podredumbre. V. PODRIDO 2.

putrefacto, pútrido. Corrompido, hediondo*, descompuesto. V. PODRIDO 1.

puya. Garrocha, punta*, pica. V. PINCHAR 6.

puyazo. Rejonazo, lanzada, herida. V. PINCHAR 4.

puzle. Entretenimiento, pasatiempo, rompecabezas. V. JUEGO 6.

Q

quebracho. Árbol maderable, á. americano, vegetal*. V. ÁRBOL 4.

quebrada. Collado, garganta, barranco. V. DESFILADERO 1.

quebradero. Inconveniente, problema, tropiezo. V. DIFICULTAD 1.

quebradizo. Delicado, débil*, endeble. V. FRÁGIL 1.

quebrado. 1. Fracción, decimal, expresión matemática. V. CÁLCULO 6.

— **2.** Abrupto, escarpado, escabroso. V. MONTAÑA 5.

— **3.** Destrozado, roto, cortado*. V. FRAGMENTO 4.

quebradura. V. quebrar.

quebrantamiento. 1. Transgresión, infracción, falta. V. DELITO 1.

— **2.** V. quebrar.

quebrantar. 1. V. quebrantamiento.

— **2.** V. quebrar.

quebranto. 1. Daño, deterioro*, pérdida. V. PERDER 3.
— **2.** V. quebrar.
quebrar. 1. Fragmentar*, romper, deteriorar*. V. DESTROZAR 1.
— **2.** Tronchar, doblar, cortar*. V. TORCER 1.
— **3.** Arruinarse, empobrecerse, hundirse. V. POBRE 10.
quechua. Indio andino, peruano, boliviano. V. INDIO 8.
queda (toque de). Aviso, toque de recogida, de descanso. V. TROMPETA 3.
quedamente. Furtivamente, sigilosamente, calladamente. V. SILENCIO 5.
quedar. 1. Acordar, decidir, convenir. V. PACTO 4.
— **2.** Mantener, permanecer*, encontrarse. V. CONTINUACIÓN 5.
— **3.** *Quedarse*, establecerse, residir, instalarse. V. HABITACIÓN 5.
— **4.** Suspender, acabar, abandonar. V. FIN 4.
— **5.** Apoderarse, retener, guardar. V. APROPIARSE 1.
quedo. Callado, bajo, quieto. V. SILENCIO 3.
quehacer. Tarea, profesión, ocupación. V. TRABAJO 1.
queja. 1. Quejido, lamento, lloro*. V. GEMIDO 1.
— **2.** Reclamación, demanda, censura. V. PROTESTA 1.
— **3.** Resentimiento, disgusto, descontento. V. DESAGRADABLE 4.
quejarse. 1. Plañir, lamentarse, llorar*. V. GEMIDO 2.
— **2.** Reclamar, demandar, censurar, V. PROTESTA 3.
quejica. V. quejumbroso.
quejido. V. QUEJA 1.
quejoso. 1. Resentido, descontento, disgustado. V. DESAGRADABLE 3.
— **2.** V. quejumbroso 1.
quejumbroso. 1. Plañidero, lastimero, llorón*. V. GEMIDO 3.
— **2.** V. quejoso 1.
quelonio. Galápago, tortuga, vertebrado. V. REPTIL 6.
quema. Combustión, inflamación, incendio. V. FUEGO 1.
quemado. V. quemar.
quemadura. Ampolla, llaga, abrasamiento. V. LESIÓN 1.
quemante. Abrasador, ardiente, incendiario*. V. FUEGO 7.
quemar. 1. Abrasar, incendiar*, arder. V. FUEGO 6.
— **2.** Saldar, liquidar, regalar*. V. DERROCHE 2.
— **3.** *Quemarse*, acabarse, desgastarse, arruinarse. V. DESTRUIR 1.
quemarropa (a). A bocajarro, próximo, de cerca. V. CERCA 1.
quemazón. 1. Incendio*, inflamación, combustión. V. FUEGO 1.
— **2.** Comezón, hormigueo, cosquilleo. V. PICOR 1.

quena. Flauta americana, f. indígena, instrumento de viento. V. INSTRUMENTO MUSICAL 4.
quepis. Ros, gorra, teresiana. V. SOMBRERO 1.
querella. 1. Pendencia, pelea*, discordia. V. DISCUSIÓN 1.
— **2.** Pleito, proceso, juicio. V. TRIBUNAL 7.
querellante. Pleiteante, litigante, reclamante*. V. TRIBUNAL 5.
querellarse. 1. Disputar, reñir, polemizar. V. DISCUSIÓN 3.
— **2.** Litigar, denunciar, pleitear. V. TRIBUNAL 10.
querencia. V. querer 1.
querer. 1. Cariño, inclinación, afecto. V. AMOR 1.
— **2.** Adorar, enamorarse, amar. V. AMOR 6.
— **3.** Anhelar, ambicionar*, pretender. V. DESEO 4.
— **4.** Acceder, consentir, apoyar*. V. APROBAR 1.
querida. 1. Amante, concubina, barragana. V. ADULTERIO 3.
— **2.** Adorada, apreciada, idolatrada. V. AMOR 10.
querido. V. querida 1, 2.
queroseno. Carburante, nafta, hidrocarburo. V. COMBUSTIBLE 2.
querubín. Espíritu celestial, serafín, angelito. V. ÁNGEL 1.
quesería. V. QUESO 7.
quesero. V. QUESO 9.
QUESO. 1. Derivado lácteo, producto lácteo, lacticinio, masa láctea, prensada, alimento*, postre.
2. Tipos. España: Mahón, manchego, gallego, Cabrales, Burgos, Cáceres, Puerto Real, Villalón, León, Roncal, Idiazábal; *Francia:* Roquefort, Gruyère (francés), Camembert, Port-Salut, Brie, Munster, Pont l'Evêque, Saint-Paulin, Cantal, Beaufort; *Italia:* Gorgonzola, parmesano, romano, mozzarella; *Suiza:* Emmenthal, Gruyère (auténtico), Limburger, Petit Suisse, Neufchâtel, fondue; *Holanda:* de bola, de Holanda, Edam, Gouda; *Inglaterra:* Cheddar, Cheshire, Chester, Stilton, Dorset, Gloucester (v. 3).
3. Variedades. Queso blando, tierno, fresco, cremoso, graso, semigraso, magro, curado, semicurado, de pasta azul, con moho, sin moho, fundido, fermentado, sin fermentar, de vaca, de oveja, de cabra, de nata, en porciones, de hierba, requesón; yogur, cuajada, kéfir (v. 2).
4. Elementos. Pasta, corteza, ojos, moho; leche*, proteína, albuminoide, caseína, cuajada, cuajo, fermentos*, lab fermento, grasa*, suero.
5. Elaboración. Coagulación, cuajado, fragmentación, despizque, cocción, moldeado, prensado, salazón, oreo, caseificación, desuero, fermentación*, maduración, fundido.
6. Material. Molde, prensa, lira, lienzo, sonda, esterilla, adobera, cincho.

7. Quesería. Granja, lechería*, factoría, industria, fábrica*, establecimiento; secadero, cueva, cámara; comercio*, tienda*.

8. Quesera. Vasija, recipiente, bandeja. V. RECEPTÁCULO 2.

9. Personas. Quesero, fabricante*, granjero, lechero*, industrial, comerciante*, tendero. V. LECHE, ALIMENTO, FERMENTO.

quetzal. Ave trepadora, a. prensora, a. americana. V. AVE 9.

quevedos. Impertinentes, lentes*, espejuelos. V. GAFAS 1.

¡quia! ¡No!, ¡nones!, ¡imposible! V. NEGACIÓN 3.

quichua. V. quechua.

quicio. 1. Rincón, jamba, quicial. V. PUERTA 2.
— **2.** Quicio (sacar de), trastornar, desesperar, irritar. V. ENOJO 2.

quid. Porqué, razón, fondo. V. CAUSA 1.

quídam. Sujeto, individuo, tipo. V. PERSONA 1.

quiebra. 1. Fracaso, ruina, bancarrota. V. POBRE 7.
— **2.** Grieta, rotura, abertura. V. HENDEDURA 1.

quiebro. Esguince, finta, movimiento*. V. ESQUIVAR 4.

quieto. 1. Parado, inanimado, silencioso*. V. INMÓVIL 1.
— **2.** Reposado, formal*, silencioso*. V. TRANQUILIDAD 5.

quietud. Sosiego, paz*, silencio*. V. TRANQUILIDAD 1.

quijada. Mandíbula, maxilar, hueso del cráneo. V. HUESOS 4.

quijotada. Altruismo, idealismo, tontería. V. GENEROSIDAD 1.

quijote, quijotesco. Altruista, idealista, soñador. V. GENEROSIDAD 2.

quijotismo. V. quijotada.

quilate. Unidad de peso, peso de joyería, medida*. V. PIEDRA PRECIOSA 4.

quilla. Pieza inferior, base del casco, parte del buque. V. BARCO 12.

quilo. 1. Humor, linfa, líquido orgánico. V. DIGESTIVO (APARATO) 4.
— **2.** V. kilogramo.

quilogramo. V. kilogramo.

quilométrico. Larguísimo, interminable, extenso. V. EXTENDER 5.

quilómetro. V. kilómetro.

quimera. 1. Mito, fábula, ilusión. V. FANTASÍA 1.
— **2.** Ser monstruoso, fantástico, engendro mitológico*. V. MONSTRUO 4.

quimérico. Utópico, ilusorio, fabuloso. V. FANTASÍA 2.

QUÍMICA. 1. Ciencia*, estudio, e. de la composición de los cuerpos, disciplina.
2. Clasificación. Química inorgánica, orgánica, bioquímica, química biológica*, química fisiológica*, fisicoquímica, química pura, aplicada, general, experimental, especial, descriptiva, analítica, electroquímica, termoquímica, química agrícola*, farmacéutica*, atómica*, química industrial: q. de la madera*, de plásticos*,

colorantes*, combustibles*, grasas*, abonos*, vidrio, explosivos*, metales*, metaloides, gases*; alquimia*, cristalografía, mineralogía*.

3. Generalidades. Átomo*, molécula, peso atómico, p. molecular, símbolo, isótopo, isómero, ión, anión, catión, valencia, monovalente, polivalente, divalente, trivalente, etc., sistema periódico, fórmula, ley, nomenclatura, número atómico, n. de Avogadro, notación, signo, símbolo, radical.

4. Cuerpos simples o elementos (118). Actinio Ac, Plata Ag, Aluminio Al, Americio Am, Argón Ar, Arsénico As, Astato At, Oro Au, Boro B, Bario Ba, Berilio Be, Bohrio Bh, Bismuto Bi, Berkelio Bk, Bromo Br, Carbono C, Calcio Ca, Cadmio Cd, Cerio Ce, Californio Cf, Cloro Cl, Curio Cm, Cobalto Co, Cromo Cr, Cesio Cs, Cobre Cu, Dubnio Db, Darmstadtio Ds, Disprosio Dy, Erbio Er, Einsteinio Es, Europio Eu, Flúor F, Hierro Fe, Fermio Fm, Francio Fr, Galio Ga, Gadolinio Gd, Germanio Ge, Hidrógeno H, Helio He, Hafnio Hf, Mercurio Hg, Holmio Ho, Hassio Hs, Yodo I, Indio In, Iridio Ir, Potasio K, Kriptón Kr, Lantano La, Litio Li, Lawrencio Lr, Lutecio Lu, Mendelevio Md, Magnesio Mg, Manganeso Mn, Molibdeno Mo, Meitnerio Mt, Nitrógeno N, Sodio Na, Niobio Nb, Neodimio Nd, Neón Ne, Niquel Ni, Nobelio No, Neptunio Np, Oxígeno O, Osmio Os, Fósforo P, Protactinio Pa, Plomo Pb, Paladio Pd, Prometio Pm, Polonio Po, Praseodimio Pr, Platino Pt, Plutonio Pu, Radio Ra, Rubidio Rb, Renio Re, Rutherfordio Rf, Roentgenio Rg, Rodio Rh, Radón Rn, Rutenio Ru, Azufre S, Antimonio Sb, Escandio Sc, Selenio Se, Seaborgio Sg, Silicio Si, Samario Sm, Estaño Sn, Estroncio Sr, Tantalio Ta, Terbio Tb, Tecnecio Tc, Telurio Te, Torio Th, Titanio Ti, Talio Tl, Tulio Tm, Uranio U, Ununbio Uub, Ununhexio Uuh, Ununoctio Uuo, Ununpentio Uup, Ununquadio Uuq, Ununseptio Uus, Ununtrio Uut, Vanadio V, Wolframio W, Xenón Xe, Itrio Y, Iterbio Yb, Zinc Zn, Circonio Zr.

5. Cuerpos compuestos. CUERPOS ORGÁNICOS. *Alcoholes:* alcohol etílico, metílico, aromático, etilénico, butílico, propílico, glicerina, alcohol de quemar. *Aldehídos:* aldehído acético, fórmico, salicílico, benzoico, vainillina, glucosa, galactosa. *Cetonas, aminas, amidas.* CUERPOS INORGÁNICOS O MINERALES. *Sales:* sulfato, fosfato, clorato, fluoruro, acetato, carbonato, oxalato, nitrato, amoniaco o amoníaco, bórax, sal marina. *Ácidos:* sulfúrico o vitriolo, clorhídrico, acético, nítrico o agua fuerte, oxálico. *Bases o álcalis:* amoniaco, potasa, soda, hidróxido, hidrato. *Óxidos:* bióxido, peróxido, protóxido, sesquióxido, hidróxido, anhídrido, óxido metálico, ó. neutro, potasa. VARIOS. Cloroformo, magnesio, sublimado, acetona, albúmina, bencina, carburo, caseína, cloral, cloroformo, creosota, alcanfor, estearina, fenol, glicerina, hidroquinona, metilo, nitrocelulosa, parafina, sacarosa; aminoácidos, proteínas, hidratos de carbono, grasas o lípidos; drogas*, veneno* (v. laboratorio 4).

6. Estado de los cuerpos. Sólido, fluido, líquido, gaseoso*, vapor, metal*, metaloide*, cuerpo simple, compuesto, combinaciones, elementos*, cuerpo puro, amorfo, cristalizado, coloidal, univalente, bivalente, trivalente, ácido*, base, sal, halógeno; materia, sustancia, fermento*, residuo, precipitado, electrólito o electrolito, solución, suspensión, cristal*.

7. Propiedades de los cuerpos. Afinidad, acidez, basicidad, alcalinidad, agregación, cohesión, hidratación, combustibilidad, conductibilidad, sabor, olor, color, compresibilidad, densidad, temperatura, peso atómico, punto de fusión, de ebullición, cuerpo volátil, isómero, polímero, fluorescencia, polimorfismo.

8. Procesos químicos. Destilación, disolución, combinación, análisis, síntesis, rectificación, coagulación, combustión, concentración, cristalización, evaporación, oxidación, reducción, volatilización, sublimación, solidificación, precipitación, ebullición, electrólisis o electrolisis, disociación, diálisis, catálisis, desecación, decantación, filtrado, saturación, nitrificación, fermentación*, neutralización, alcalinización, hidratación, oxigenación, sulfatación.

9. Acción. Preparar, analizar, dosificar, etc. V. LABORATORIO 6.

10. Laboratorio, material, reactivos, procesos. V. LABORATORIO 2, 4.

11. Químico. Especialista, científico*, licenciado, doctor, experto, técnico, profesional, preparador, analista, ayudante*, ingeniero químico, manipulador, auxiliar, mozo de laboratorio (v. 13).

— **12.** *Sintético*, químico, artificial*, elaborado, fabricado*, adulterado, industrializado, industrial, imitado, falso*, producido, compuesto, formado.

13. Químicos. Paracelso, Alberto Magno, Lavoisier, Avogadro, Boyle, Mariotte, Proust, Gay-Lussac, Becquerel, Curie, Mendeleiev, Rutherford, Cavendish, Faraday, Berzelius, Arrhenius, Fermi (v. 11).

V. LABORATORIO, FARMACIA, MEDICAMENTO, DROGA, VENENO.

químico. V. QUÍMICA 11-13.

quimono. Kimono, bata, túnica. V. CAMISA 2.

quina. Corteza medicinal, quinina, febrífugo. V. MEDICAMENTO 5, 6.

quincalla. Chuchería, insignificancia*, baratija. V. BARATO 4.

quincallero. Mercachifle, buhonero, comerciante*. V. VENDER 5.

quincenal. Bimensual; periódico. V. TIEMPO 6.

quiniela. Juego de apuestas, apuestas deportivas*, a. futbolísticas*. V. JUEGO 6.

quinina. Alcaloide, febrífugo, medicina. V. MEDICAMENTO 5, 6.

quinqué. Farol, candil, candelero. V. LÁMPARA 1.

quinquenal. Cada cinco años. V. TIEMPO 6.

quinquenio. Lapso, plazo, período de tiempo. V. TIEMPO 2.

quinta. 1. Finca, granja, casa de campo. V. AGRICULTURA 2.

— **2.** Reemplazo militar, reclutamiento, alistamiento. V. EJÉRCITO 12.

quintacolumnista. Derrotista, insidioso, conspirador. V. TRAICIÓN 2.

quintaesencia. Lo mejor, el súmmum, lo sumo. V. PERFECTO 2.

quintal. Medida de peso, m. antigua. V. PESO 3.

quinteto. Conjunto, grupo musical, orquestina. V. GRUPO 12; ORQUESTA 1.

quintillizos. Cinco mellizos, cinco gemelos, cinco hermanos. V. HERMANO 4.

quinto. Soldado, recluta, conscripto. V. EJÉRCITO 5.

quiosco. 1. Puesto, tenderete, barra. V. TIENDA 1.

— **2.** Caseta, templete, columnata. V. COLUMNA 6.

quirófano. Sala de cirugía, s. de operaciones, pabellón quirúrgico. V. CIRUGÍA 7.

QUIROMANCIA. 1. Adivinación*, buenaventura, augurio, porvenir, predicción por las líneas de la mano, superstición*, cábala, charlatanería.

2. Generalidades. Líneas o rayas (5): línea de la vida, de la fortuna, de la salud, del corazón, de la cabeza; montículos (7): montículo de Venus (pulgar), de Júpiter (índice), de Saturno (medio), de Apolo (anular), de Mercurio (meñique), de Marte, de la Luna; leer el futuro, el pasado, predecir, augurar, adivinar*.

3. Quiromántico. Adivino*, gitana, pitonisa, augur, charlatán, agorero, vaticinador, cabalista.

V. ADIVINACIÓN, SUPERSTICIÓN.

quiromántico. V. QUIROMANCIA 3.

quiróptero. Mamífero volador, murciélago, vampiro. V. MAMÍFERO 15.

quirúrgico. Operatorio, médico*, relativo a la cirugía. V. CIRUGÍA 1.

quisquilla. Crustáceo, gamba, camarón. V. MARISCO 3.

quisquilloso. Minucioso, puntilloso, chinche. V. DETALLE 3.

quiste. Tumor, grano*, bulto. V. HINCHAZÓN 1.

quitamanchas. Producto limpiador, sacamanchas. V. LIMPIEZA 5.

QUITAR. 1. Sacar, extraer*, alzar, levantar, arrancar, separar*, librar, despojar, privar, arrebatar (v. 2), remover, recoger, descorrer, retirar, despejar, apartar, extirpar, cortar*, amputar, erradicar, eliminar, liquidar, suprimir, anular, vaciar, abrir*, desenterrar, desescombrar, remover, desalojar, desobstruir, limpiar*, arrebañar, apurar, apañar, mondar, lavar*, coger*, excluir, exonerar, expulsar (v. 2).

— **2.** *Arrebatar*, quitar, tomar, despojar, apropiarse*, desguarnecer, desposeer, usurpar,

privar, retirar, expropiar, incautarse, confiscar, embargar, expoliar, aprehender, decomisar, requisar, arruinar, desnudar, saquear, robar*, escatimar, privar, cicatear, regatear, incautar, estafar*, abusar*, birlar, hurtar, timar, sustraer, escamotear, desplumar, apoderarse (v. 1).
— **3.** Evitar, impedir, obstruir*. V. DIFICULTAD 5.
— **4.** Abandonar, apartarse, alejarse*. V. MAR-CHAR 2.
— **5.** Eximir, liberar, exceptuar. V. PERDÓN 2.

6. Despojo. Usurpación, privación, apropiación. V. APROPIARSE 2.
Contr.: Poner, meter, entregar*.
V. EXTRAER, CORTAR, COGER, APROPIARSE, ESTAFAR, ROBAR.
quitasol. Parasol, sombrilla, cobijo. v. PARAGUAS 1.
quite. Finta, amago, regate. V. ESQUIVAR 4.
quizá, quizás. Quién sabe, tal vez, acaso. V. DUDA 6.
quórum. Miembros de una junta, asistencia, número mínimo. V. ASAMBLEA 4.

R

rabada. Cuarto trasero, parte de la res. V. VACA 3.
rabadán. Mayoral, pastor, ovejero. V. GANADO 6.
rabadilla. Punta del espinazo, cóccix; huesecillo. V. VERTEBRAL (COLUMNA) 2.
rabanera. Mujer ordinaria, descarada, verdulera. V. DESCORTÉS 1.
rábano. Raíz comestible, vegetal*, verdura. V. HORTALIZA 2.
rabia. 1. Aborrecimiento, antipatía, ojeriza. V. ODIO 1.
— **2.** Ira, irritación, cólera. V. ENOJO 1.
— **3.** Hidrofobia, enfermedad* contagiosa, e. infecciosa. V. INFECCIÓN 2.
rabiar. Enfurecerse, exasperarse, disgustarse. V. ENOJO 2.
rabieta. Berrinche, pataleta, perra. V. ENOJO 1.
rabillo. Pedículo, tallo, prolongación. V. APÉNDICE 1.
rabino. Autoridad religiosa hebrea, maestro, doctor de la Ley, jefe espiritual de una sinagoga. V. JUDÍO 2.
rabión. Rápidos, torrente, corriente, V. RÍO 2.
rabioso. 1. Enfurecido, furioso, irritado. V. ENOJO 3.
— **2.** Hidrófobo, contagiado, infectado. V. INFECCIÓN 6.
rabo. Cola, prolongación, extremidad. V. APÉNDICE 1.
racha. 1. Torbellino, ráfaga, ventolera. V. VIENTO 1.
— **2.** Momento, suerte, oportunidad. V. CIRCUNSTANCIA 1.
racial. Característico*, étnico, peculiar. V. ETNIAS 13.
racimo. Manojo, conjunto, ristra. V. GRUPO 11.
raciocinio. Reflexión, juicio, razonamiento. V. PENSAR 6.

ración. Reparto, lote, porción. V. PARTE 1.
racional. 1. Correcto, coherente, intelectual. V. LÓGICA 3.
— **2.** Ser humano, hombre*, personaje, V. PERSONA 1.
racionamiento. Distribución, suministro, restricción. V. REPARTIR 3.
racionar. Suministrar, distribuir, restringir. V. REPARTIR 1.
racismo. Intolerancia, fanatismo, xenofobia. V. ETNIAS 11.
racista. Intolerante, xenófobo, fanático. V. ETNIAS 12.
rada. Golfo, fondeadero, ensenada. V. BAHÍA 1.
RADAR. 1. (Acrónimo de «radio detection and ranking») Sistema, método de detección, de localización, radiolocalizador, radiodetector, aparato*, artefacto, dispositivo, ingenio.
2. Elementos. Emisor, antena, a. giratoria, a. parabólica, onda radar o radioeléctrica, onda emitida, objeto, choque, onda reflejada, receptor, pantalla de radar, tubo de rayos catódicos, punto, trazo luminoso, oscilógrafo, cuadrícula; luminiscencia, haz de ondas, flujo de electrones, coordenadas, distancia.
3. Aplicaciones. Radiotelescopio, navegación*, reconocimiento, aviación*, meteorología*, astronomía*, física*, electrónica, control de la velocidad en carreteras.
V. ELECTRICIDAD, FÍSICA, APARATO, AVIÓN, BARCO.
radiación. 1. Emisión, onda, propagación. V. RAYO 4.
— **2.** V. radiactividad.
radiactividad. Irradiación, energía, emisión. V. FÍSICA 6, 10.

radiactivo. Activo, contaminado, nocivo. V. FÍSI-
CA 6, 10.

radiador. Elemento, aparato* calefactor, refrigerador. V. CALEFACCIÓN 2, AUTOMÓVIL 7.

radiante. 1. Gozoso, risueño, feliz*. V. ALEGRÍA 6.
— **2.** Reluciente, fulgurante, brillante. V. BRI-
LLO 2.

radiar. 1. V. RADIO 12.
— **2.** V. radiación.

radicación. V. radicarse.

radical. 1. Tajante, concluyente, drástico. V. ENER-
GÍA 2.
— **2.** Extremista, reformista, revolucionario*. V.
REVOLUCIÓN 4, POLÍTICA 8.

radicalismo. Extremismo, reformismo, intransigencia. V. POLÍTICA 4.

radicarse. Establecerse, localizarse, asentarse. V.
HABITACIÓN 5.

RADIO. 1. Radiorreceptor, receptor, aparato*, a.
de galena, de lámparas, de transistores, super-
heterodino, transistor, radio portátil, r. transoceánico. Transmisor, emisor, emisor-receptor,
intercomunicador, «walkie-talkie», difusor, emisora (v. 7); radiotelefonía, telegrafía sin hilos,
radiodifusión, radiofonía (v. 11).
— **2.** Cuerpo simple, elemento*, metal radiactivo. V. METAL 8.
— **3.** Alcance, zona, esfera de influencia. V.
DISTANCIA 1.
— **4.** Recta, segmento, rayo. V. LÍNEA 1.

5. Partes del receptor. Caja, gabinete, mueble*, antena, a. telescópica, a. externa, a. incor-
porada, a. de ferrita, a. vertical, a. horizontal,
aisladores, bornes, toma de tierra, conmutador,
empalme, amplificador, válvula termoiónica,
transistor, altavoz*, cuadrante o dial, canal,
banda, b. de onda corta, media, larga, frecuencia modulada, botón o perilla, sintonizador, s.
de tono, de volumen, interruptor, pulsador,
conmutador, c. de sintonía, transistor, circuito
impreso, diodo, pila*, batería, condensador,
potenciómetro, bobina, lámpara, válvula, ojo
mágico, reóstato, transformador, galena, enchufe, cable, red eléctrica, auriculares, accesorio,
pieza*, recambio; circuito integrado.

6. Elementos. Sintonía, escucha, señal, tono,
onda, longitud de onda, fading, parásitos,
modulación de frecuencia, ondas herzianas,
selectividad, sensibilidad, transmisión, emisión,
retransmisión, inducción electromagnética,
recepción, distorsión, ciclo, kilociclos, metros,
hercios, megahercios, grabación, disco*, estereofonía, estereofónico, cuadrafonía, alta
fidelidad, musicalidad, sonoridad.

7. Emisora, emisor. Difusora, radiodifusora,
estación, radiocadena emisora, radiofrecuen-
cia, bandas de frecuencia; emisor, transmisor,
difusor, aparato*, estudio, locutorio, antena
aérea, torre metálica, micrófono, pescante,
jirafa del micrófono, magnetoscopio, red,
cables, estación, estudio de grabación, aisla-

miento acústico, cabina de control, ventana
de control, mesa o tablero de control, m. de
conmutadores, magnetófonos*, amperímetros,
escenario, sala, micrófono de control, altavoz*,
unidad móvil (camioneta).

8. Programas. Programa, audición, transmisión, retransmisión, difusión, emisión, programación, emisión radiofónica, e. diferida, cara al
público, en directo, musical*, religiosa*, diario
hablado, informativo, boletín meteorológico*,
radionovela, serial, folletín, reportaje, concierto,
bailables, curso de idiomas, petición de discos,
encuestas, entrevistas.

9. Personal. Director, ingeniero, i. de sonido,
animador, presentador, locutor, «speaker»,
anunciador, «disc jockey», actor*, artista, operador, productor, realizador, guionista, controlador, técnico, t. de sonido. Radioaficionado.

10. Radioyente. Radioescucha, oyente, escucha, radioaficionado, público, concurrencia*,
auditorio.

11. Radiofonía. Radiodifusión, emisión, difusión, radiotelefonía, telefonía sin hilos, telegrafía s. h., programa, espacio, audición, radio.

12. Acción. Radiar, emitir, transmitir, perifonear, difundir, retransmitir, programar, presentar, animar, sintonizar, buscar, recibir, escuchar,
captar.

V. ELECTRICIDAD, FÍSICA, ALTAVOZ, TE-
LEVISIÓN, DISCO, MÚSICA.

radioactividad. Radiactividad, irradiación, energía
radiante. V. FÍSICA 6, 10.

radioactivo. Nocivo, contaminado; que emite radiaciones. V. FÍSICA 6, 10.

radiodifusión. V. RADIO 11.

radioescucha. V. RADIO 10.

radiofonía. V. RADIO 11.

radiografía. V. RADIOLOGÍA 1.

radiograma. Telegrama, mensaje, despacho. V.
TELEGRAFÍA 6.

RADIOLOGÍA. 1. Radioscopia, rayos X, rayos
Roentgen, radiografía, placa, especialidad, técnica, terapéutica, radioterapia, exploración ra-
diológica, observación, examen radioscópico.

2. Generalidades. Instalación de rayos X, aparato*, mesa, pantalla, p. fluorescente, tubo de
Crookes, t. de Coolidge, t. de rayos catódicos,
ampolla de rayos X, placa radiográfica, ánodo,
cátodo, radiografía, r. seriada, tomografía, t.
axial computarizada (TAC), escáner, ecografía,
radiación, ultrasonidos, resonancia magnética,
irradiación, electrones, guantes, protección de
plomo, agente de contraste, contraste radioló-
gico, papilla de bismuto, p. de bario.

3. Radioterapia. Radio o radium, bomba de
cobalto, radiaciones, radiactividad, rayos alfa,
beta, gamma, aguja de platino, curación, terapéutica con radio.

4. Radiólogo. Especialista, médico*, facultativo, experto*, técnico en rayos X.

V. MEDICINA, CURACIÓN, FÍSICA, ELEC-
TRICIDAD.
radiólogo. V. RADIOLOGÍA 4.
radiorreceptor. V. RADIO 1.
radioscopia. V. RADIOLOGÍA 1.
radiotelegrafía. Comunicación a distancia, emisión a d., telecomunicación. V. TELEGRAFÍA 1.
radiotelegrafista. Telegrafista, operador, técnico.
V. TELEGRAFÍA 5.
radioterapia. Terapéutica con radio, t. con rayos
X, curación*. V. RADIOLOGÍA 3.
radioyente. V. RADIO 10.
radium. Radio, elemento, cuerpo simple. V. RA-
DIOLOGÍA 3.
radiumterapia. V. radioterapia.
raer. Rallar, limar, gastar. V. RASPAR 1.
ráfaga. 1. Ventolera, racha, torbellino. V. VIEN-
TO 1.
— **2.** Descarga, disparos, salva. V. TIRO 1.
rafia. Palmera; hebra, fibra. V. HILO 1, 2.
raid. *ingl* Invasión, incursión, correría. V. ATAQUE 3.
raído. Rozado, sobado, ajado. V. DESGASTE 2.
raigambre. Prestigio*, prosapia, abolengo. V.
TRADICIÓN 2.
raigón. V. RAÍZ 1.
raíl. Vía, carril, viga. V. FERROCARRIL 14.
RAÍZ. 1. Órgano del vegetal, ó. subterráneo, raigón, radícula, cepa, rizoma, bulbo, tubérculo
(v. 4).
— **2.** Base, principio*, causa*. V. ORIGEN 1.
3. Partes. Raíz principal, secundaria, raicilla, región suberosa, zona pilífera, pelos absorbentes,
cofia, ápice o zona terminal; epidermis, capa
suberosa, parénquima, médula, haz vascular, h.
leñoso, h. liberiano.
4. Clases. Raíz adventicia, secundaria, principal,
pivotante, fasciculada, rastrera, aérea, napifor-
me, tuberosa, tubérculo, bulbo, rizoma (v. 5).
5. Raíces comestibles. Hortaliza*, alimento*,
zanahoria, remolacha, betarraga, chirivía, salsifí,
rábano, nabo, nabiza, patata, batata, boniato,
yuca, ñame, mandioca, cúrcuma, espinacardo,
orozuz, regaliz, rapónchigo, ruibarbo.
6. Acción. Enraizar, arraigar, prender, encepar, desarraigar, arrancar, extirpar, injertar,
plantar.
Contr.: Tallo, ramas.
V. VEGETAL, HORTALIZA, ALIMENTO.
raja. 1. Grieta, rendija, abertura. V. HENDEDURA 1.
— **2.** Tajada, rebanada, rodaja. V. CORTAR 5.
rajá. Personaje* hindú, príncipe h., maharaja. V.
JEFE 7.
rajar. 1. Agrietar, partir, quebrar. V. HENDEDU-
RA 3.
— **2.** Rajarse, acobardarse, arrepentirse, huir*.
V. TEMOR 2, 3.
rajatabla (a). Rigurosamente, estrictamente, in-
flexiblemente. V. SEVERIDAD 4.
ralea. Calaña, estofa, categoría. V. CLASE 1, 2.
ralear. Aclararse, adelgazarse, disminuir*. V. ES-
CASEZ 3.

ralentí. Disminución*, parada, freno. V. LENTI-
TUD 1.
rallar. Limar, lijar, desgastar*. V. RASPAR 1.
rally. *ingl* Prueba, carreras, competición automo-
vilística. V. AUTOMÓVIL 21.
ralo. Tenue, escaso*, gastado. V. DESGASTE 2.
rama. 1. Vara, vástago, tallo. V. VEGETAL 2.
— **2.** División, apartado, sucursal. V. SECCIÓN 1.
— **3.** V. ramal.
ramaje. Follaje, enramada, fronda. V. BOSQUE 1.
ramal. Ramificación, derivación, bifurcación. V.
DESVIAR 2.
ramalazo. 1. Agujeta, punzada, dolor*. V. PIN-
CHAR 4.
— **2.** Ventolera, racha, ráfaga. V. VIENTO 1.
— **3.** Racha, suerte, ocasión. V. AZAR 2.
rambla. Torrentera, lecho, cauce. V. RÍO 2.
ramera. *desp* Meretriz, fulana *desp*, mujerzuela.
V. PROSTITUCIÓN 3.
ramificación. V. ramal.
ramificar(se). Bifurcar(se), dividir, separar. V.
DESVIAR 1.
ramillete. V. ramo.
ramo. 1. Manojo, ramillete, brazada. V. GRUPO 11.
— **2.** Actividad, apartado, departamento. V.
SECCIÓN 1.
ramonear. Apacentar, pastar, pacer. V. HIERBA 9.
rampa. Pendiente, declive, subida*. V. CUESTA 1.
ramplón. Ordinario, chabacano, tosco*. V. VUL-
GAR 1.
rana. Sapo, batracio, vertebrado. V. ANFIBIO 3.
ranchero. Hacendado, granjero, colono. V. AGRI-
CULTOR, GANADERO.
rancho. Plantación, hacienda, propiedad*. V.
AGRICULTURA 2.
rancio. 1. Arcaico, añejo, vetusto. V. ANTIGUO 1.
— **2.** Pasado, descompuesto, corrompido. V.
PODRIDO 1.
rango. Jerarquía, nivel, categoría. V. CLASE 2.
ranura. Grieta, rendija, estría. V. HENDEDURA 1.
rapaces (aves). Aves de presa, de rapiña, carní-
voras. V. AVE 8.
rapacidad. Ambición*, rapiña, avidez V. CODICIA
1, ROBO 1.
rapapolvo. Reprimenda, regaño, bronca. V. RE-
PRENDER 2.
rapar. Afeitar, rasurar, pelar. V. PELO 8.
rapaz. 1. Chiquillo, muchacho, arrapiezo. V. NIÑO 1.
— **2.** Codicioso, avaro, ambicioso*. V. CODI-
CIA 3.
— **3.** *Rapaz (ave)*, ave de presa, de rapiña, carnívora. V. AVE 8.
rape (al). Rapado, pelado, cortado*. V. PELO 14.
rapé. Tabaco en polvo, pulverizado. V. TABACO 2.
rápidamente. V. RAPIDEZ 4.
RAPIDEZ. 1. Ligereza, prisa, velocidad, premura,
celeridad, carrera, apremio, movimiento* urgencia*, prontitud, presteza, agilidad, actividad,
acción, dinamismo*; soltura, vivacidad, apresuramiento, apuro, aceleración, incremento,
aumento de velocidad, acelerada, «reprise»,

precipitación, alacridad, vértigo, brevedad, concisión, instantaneidad, espontaneidad, diligencia, arranque, ímpetu, brusquedad, improvisación, festinación, energía*, listeza, habilidad*, eficacia.

2. Rápido. Ligero, presuroso, veloz, acelerado, pronto, raudo, listo, ágil, activo, apresurado, urgente*, inminente, inmediato, súbito, repentino, vivaz, vivo, presto, dinámico*, desenfrenado, atropellado, trepidante, vertiginoso, meteórico, instantáneo, fulminante (v. 3), improvisado, expedito, alado, alígero, felino, escurridizo, conciso, breve, precipitado, torbellino, improvisado, espontáneo, natural, impulsivo, impetuoso, diligente, célere, momentáneo, efímero, fugaz, breve*, enérgico, movedizo, eficaz, expeditivo, brusco.

— **3.** *Fulminante*, rápido, agudo, repentino, grave, violento*, intenso, inesperado, brutal, imprevisto, impensado, súbito, brusco, radical, drástico, tajante.

4. Rápidamente. Raudamente, prestamente, velozmente, en seguida, en breve, prontamente, inmediatamente, incontinenti, presurosamente, aceleradamente, activamente, ligeramente (v. 2), precipitadamente, apresuradamente, urgentemente, aprisa, de golpe, pronto, a la carrera, al momento, al instante, al segundo, ipso facto, cuanto antes, a la ligera, a escape, al galope, al vuelo, por ensalmo, de estampía (v. 2).

5. Ir rápido. Apresurar(se), acelerar, aumentar, incrementar la velocidad, correr, darse prisa, moverse*, arrancar, partir, aligerar, activar, agilizar, avivar, apurar, urgir*, precipitarse, apremiar, abreviar, cortar, embestir, intensificar, improvisar.

Contr.: Lentitud*, tardanza, apatía.
V. MOVIMIENTO, DINAMISMO, CARRERA, VIOLENCIA, URGENCIA, ENERGÍA, BREVEDAD.

rápido. V. RAPIDEZ 2.

rapiña. 1. Pillaje, saqueo, despojo. V. ROBO 1.
— **2.** *Rapiña (ave de)*, ave rapaz, de presa, carnívora. V. AVE 8.

rapiñar. V. rapiña 1.

raposa, raposo. Zorra, alimaña, animal carnicero. V. FIERA 5.

rapsoda. Trovador, bardo, vate. V. POESÍA 8.

rapsodia. 1. Composición, pieza musical, selección musical. V. MÚSICA 3.
— **2.** Obra literaria, escrito*, poema. V. POESÍA 4.

raptar. Capturar, apresar, retener. V. SECUESTRO 4.

rapto. 1. Apresamiento, captura, violencia. V. SECUESTRO 1.
— **2.** Arrebato, embeleso, éxtasis. V. APASIONAMIENTO 1.

raptor. Secuestrador, malhechor, delincuente. V. SECUESTRO 2.

raqueta. Pala, paleta, accesorio deportivo. V. TENIS 2.

raquis. Espina dorsal, espinazo, vértebras. V. VERTEBRAL (COLUMNA) 1.

raquítico. Canijo, enclenque, escaso*. V. DEBILIDAD 6.

raquitismo. Desnutrición, debilidad*, endeblez ósea. V. DEBILIDAD 2.

raramente. V. RAREZA 4.

RAREZA. 1. Extravagancia, singularidad, irregularidad, falta, carencia, escasez*, limitación*, extrañeza, contrasentido, contradicción, paradoja, anormalidad*, anomalía, monstruosidad*, fenómeno, prodigio, desviación, descarrío, desproporción, aberración, extravío, originalidad, novedad, fantasía*, maravilla*, peculiaridad, particularidad, especialidad, infrecuencia, ridiculez*, capricho*, anacronismo, exceso*, exageración*, excepción, originalidad, excentricidad, incongruencia, genialidad*, curiosidad, característica*, diferencia, exclusividad, diversidad, disparate*, trastorno, manía*, chaladura, guilladura, neurastenia, locura*, demencia.

2. Raro. Singular, peculiar, extraño, original, fantástico*, novedoso, paradójico, sorprendente, escaso*, único, nunca visto, limitado*, carente, falto, desusado, desacostumbrado, infrecuente, insólito, imprevisible, accidental, esporádico, estrafalario, chocante, exótico, curioso*, asombroso*, particular, especial, caprichoso, incongruente, paradójico, genial, excéntrico, inusitado, inaudito, extraordinario, insospechado, inverosímil, peregrino, contradictorio, extravagante, prodigioso, maravilloso*, nunca visto, absurdo*, estrambótico, excepcional, ridículo*, grotesco, cómico*, diverso, exclusivo, increíble, inverosímil, fenomenal, propio, diferente, característico*, peregrino, notable, chalado, chiflado, trastornado, neurasténico, histérico, nervioso*, maniático, guillado, demente, loco (v. locura*), disparatado, anómalo, anormal*, monstruoso*, desigual, irregular, aberrante, desviado.

3. Haber rareza. Diferenciarse*, caracterizarse, singularizarse, faltar, carecer, escasear, extrañar, desviarse, descarriarse, particularizar, diversificar, exceder, disparatar*, trastornarse, chalarse, guillarse, enloquecer, encaprichare, ridiculizar*, fantasear*.

4. Raramente. Escasamente, extrañamente, sorprendentemente, únicamente, exclusivamente, singularmente (v. 2).
Contr.: Normal, vulgar*, frecuente, habitual*.
V. ANORMAL, ESCASO, LIMITADO, ABSURDO, RIDÍCULO, CARACTERÍSTICO, MONSTRUOSO, MARAVILLOSO, FANTÁSTICO, MANIÁTICO, NERVIOSO, LOCURA, DISPARATE, DIFERENCIA.

rarificar. Enrarecer, dilatarse, expandirse. V. SEPARARSE, ESCASEAR.

raro. V. RAREZA 2.

ras. Nivel, nivelación, igualación. V. ALTURA 1, LISO 2.

rasante. Línea*, punto, nivel. V. ALTO 3.

rasar. Nivelar, alisar, promediar. V. LISO 3.

rascacielos. Torre, construcción, edificio gigantes-co. V. CASA 1, 3.

rascar. 1. Arañar, restregar, raspar*. V. PICOR 6.
— **2.** Lijar, limar, pulir*. V. RASPAR 1.

rasero. V. ras.

rasgadura. Desgarrón, jirón, roto. V. CORTAR 4.

rasgar. Rajar, desgarrar, destrozar*. V. CORTAR 1.

rasgo. 1. Trazo, raya, señal. V. LÍNEA 1, ESCRIBIR 5.
— **2.** Acción, gesto, actuación*. V. CARÁCTER 1.
— **3.** Peculiaridad, distintivo, atributo. V. CARACTERÍSTICA 1.
— **4.** *Rasgos*, fisonomía, facciones, líneas. V. CARA 1.

rasgón. V. rasgadura.

rasguear. Tañer, pulsar, tocar. V. GUITARRA 3.

rasgueo. Toque, pulsación, acorde. V. GUITARRA 4.

rasguñar. Arañar, rascar, lesionar*. V. RASPAR 1.

rasguño. Zarpazo, arañazo, lesión*. V. RASPAR 3.

raso. 1. Llano, descubierto, parejo. V. LISO 1.
— **2.** Seda, tela lustrosa, satén. V. TELA 6.

raspadura. V. RASPAR 2.

RASPAR. 1. Rascar, rozar, restregar, frotar*, raer, rallar, desbastar, escarbar, arañar, rasguñar, lesionar*, rasgar, refregar, gastar, desgastar*, quitar, pulir*, pulimentar, suavizar*, alisar, limar, lijar, legrar, desprender, acepillar, esmerilar, friccionar, ludir, amolar, ajar, sobar, fregar, fricar, limpiar*, señalar*, marcar, desmenuzar, usar, deteriorar*, estropear, pulverizar, abrillantar, borrar, tocar*.
2. Raspadura. Roce, rascado, frote*, raedura, rallado, abrasión, raimiento, desgaste*, pulido, alisado, legrado, pulimentado, lijado, limado, acepillado, esmerilado, refregado, escarbado, desbastado, arañazo, herida, lesión*, rasguño, rasponazo (v. 3).
3. Rasponazo. Excoriación, señal*, escocedura, herida, lesión*, magulladura, arañazo, zarpazo, rasguño, rozadura, roce, irritación, raspadura (v. 2).
4. Lo que raspa. Lija, lima, legra, pulimento, esmeril, rallador, raspa, cepillo, rasqueta, rastrillo, punta*, pincho*, cuchilla*, hoja.
Contr.: Suavizar, alisar.
V. FROTAR, PULIR, LISO, LIMPIAR, DETERIORAR, TOCAR, LESIONAR.

rasponazo. V. RASPAR 3.

rastras (a). A la fuerza, arrastrando, de mala gana. V. DESAGRADABLE 3.

rastreador. Batidor, práctico, explorador. V. GUÍA 2.

rastrear. Seguir, acosar, explorar. V. PERSECUCIÓN 2.

rastreo. Batida, seguimiento, caza*. V. PERSECUCIÓN 1.

rastrero. Servil, abyecto, despreciable. V. VIL 2, ADULADOR.

rastrillo. Instrumento agrícola, rastro, horquilla. V. AGRICULTURA 6.

rastro. Marca, vestigio, indicio. V. SEÑAL 1, 2.

rastrojo. Residuo de mieses, pajas, restos. V. HIERBA 1.

rasurar(se). Afeitar(se), pelar, rapar. V. BARBA 7.

RATA. 1. Roedor*, múrido, mamífero*, ratón, rato, mur, animal*, bestezuela.
2. Clases. Rata común o parda o de alcantarilla, r. negra o de los graneros, r. de campo, r. de agua, r. blanca, r. almizclera, lemming o r. de Holanda, r. canguro; ratón, ratón campestre, gris, de monte; hámster, cobayo, cobaya o conejillo de Indias.
3. Generalidades. Madriguera, crías*, incisivos, roer, daños, peste bubónica, tifus, contagio, infección, desratización, fumigación, ratonera, trampa, cepo, cebo, veneno*, raticida.
Contr.: Gato*.
V. ROEDOR, ANIMAL.

ratería. Latrocinio, hurto, sustracción. V. ROBO 1.

ratero. Descuidero, carterista, ladrón*. V. ROBO 3.

ratificar. Confirmar, sancionar, corroborar. V. APROBAR 1.

rato. Instante*, momento, período. V. TIEMPO 1.

ratón. V. RATA 2.

ratonera. Trampa, emboscada*, cepo. V. ENGAÑO 1. RATA 3.

rauco. Áspero*, bronco, bajo. V. RONCO 1.

raudal. Profusión, cantidad*, exceso. V. ABUNDANCIA 1.

raudo. Veloz, acelerado, vertiginoso. V. RAPIDEZ 2.

raya. 1. Rasgo, trazo, marca. V. LÍNEA 1.
— **2.** Franja, veta, banda. V. TIRA 1.
— **3.** Término, confín, borde*. V. LÍMITE 1.
— **4.** Selacio, pez marino, manta. V. PEZ 10.

rayado. V. rayar.

rayano. Contiguo, lindante, limítrofe. V. LÍMITE 3.

rayar. 1. Vetear, grabar, marcar. V. SEÑAL 8.
— **2.** Marcar, tachar, anular. V. SEÑAL 8.

RAYO. 1. Meteoro, chispa, ch. eléctrica, relámpago, chispazo, centella, fenómeno meteorológico*, descarga, exhalación, ráfaga, destello, fucilazo, fulguración; trueno, fragor, estampido, tronido, chasquido, eco, onda, retumbo; ceraunia, falsa piedra de rayo; línea de luz*, fuego* celeste, potencial eléctrico; desastre*, siniestro, incendio*, tormenta*.
— **2.** Radio, pieza de rueda, varilla. V. RUEDA 2.
3. Formas del rayo. Globular (bola o globo de fuego), lineal (ramificada, zigzag, ondulada), difusa (luminosidad).
4. Otros rayos. Rayos X, catódicos, cósmicos, ultravioleta, infrarrojos, láser, alfa, beta, gamma, radiación, emisión, onda, espectro* luminoso, propagación (v. física*, radiología*).
5. Acción. Tronar, retumbar, atronar, relampaguear, descargar, fulminar, centellear, zigzaguear, ramificarse, fucilar, brillar*, fulgurar.
V. LUZ, FUEGO, DESASTRE, INCENDIO, METEOROLOGÍA, TORMENTA.

rayón. Fibra sintética, seda, tejido artificial. V. PLÁSTICOS 2, TELA 10.

rayos X. Radiografía, rayos Roentgen, radioscopia. V. RADIOLOGÍA 1.

raza. (animales) Origen, grupo biológico, pedigrí (v. animal 4, 9)

razas. (impropio, aplicado al hombre) V. ETNIAS.

razia. Correría, incursión, redada. V. ATAQUE 3, PRISIÓN 2.

razón. 1. Entendimiento, raciocinio, juicio. V. INTELIGENCIA 1.
— **2.** Cordura, sensatez, juicio. V. FORMAL 3.
— **3.** Acierto, justicia, clarividencia. V. VERDAD 1.
— **4.** Motivo, fundamento, móvil. V. CAUSA 1.
— **5.** División, cociente, operación. V. CALCULO 6.
— **6.** V. razonamiento.

razonable. Comprensivo, equitativo, justificado. V. LÓGICA 3.

razonado. Comprensible, lógico, claro*. V. INTELIGENCIA 7.

razonamiento. 1. Argumento, pensamiento*, demostración. V. EXPLICACIÓN 1.
— **2.** V. razón 1.

razonar. 1. Reflexionar, discurrir, entender. V. PENSAR 1.
— **2.** Demostrar, alegar, argumentar. V. EXPLICACIÓN 2.

reacción. 1. Modificación, transformación, crisis. V. CAMBIO 3.
— **2.** Resistencia, rechazo*, negación*. V. OPOSICIÓN 1.
— **3.** Contracción, reflejo, movimientos. V. CRISPAMIENTO 1.
— **4.** Conservadurismo, tradicionalismo*, derechismo. V. DERECHAS 1.

reaccionar. V. reacción.

reaccionario. Conservador, retrógrado, derechista. V. DERECHAS 2.

reacio. Opuesto, contrario, remiso. V. REBELDE 1.

reactivación. V. reactivar.

reactivar. Reanimar, reanudar, renovar. V. CONTINUACIÓN 5.

reactivo. Droga, producto, sustancia química. V. LABORATORIO 4, QUÍMICA 4, 5.

reactor. 1. Reactor nuclear, pila atómica, fuente de energía. V. ÁTOMO 4.
— **2.** Aeroplano, aparato, motor de reacción. V. AVIÓN 2.

readmitir. Recibir*, autorizar, reponer. V. ACEPTAR 1.

reafirmar. Ratificar, insistir, corroborar. V. REPETICIÓN 4.

reajuste. Modificación, reforma, actualización. V. CAMBIO 3.

real. 1. Auténtico, cierto, positivo. V. VERDAD 3.
— **2.** Regio, imperial, lujoso*. V. REY 8.

realce. Magnificencia, esplendor, lujo*. V. IMPORTANCIA 1, 2.

realeza. 1. Dinastía, monarquía, testas coronadas. V. REY 6, ARISTOCRACIA 1.
— **2.** Esplendor, pompa, majestad. V. LUJO 1.

realidad. Autenticidad, certeza, legitimidad. V. VERDAD 1.

realismo. 1. Autenticidad, materialismo, sensatez. V. VERDAD 1.
— **2.** Monarquismo, tradicionalismo, conservadurismo. V. REY 6.

realista. 1. Positivo, sensato, materialista. V. FORMAL 1.
— **2.** Conservador, monárquico, tradicionalista. V. REY 9.

realizable. V. REALIZAR 5.

realización. V. REALIZAR 3.

realizador. V. REALIZAR 6.

REALIZAR. 1. Efectuar, hacer*, componer, proceder, celebrar, actuar*, ejecutar, ejercer, crear*, verificar, entablar, producir, elaborar, fabricar*, confeccionar, formar*, forjar, construir*, finalizar*, armar, trabajar*, fundamentar, formalizar, cumplimentar, concretarse, provocar, cometer, consumar, cumplir, perpetrar, llevar a cabo, desempeñar, practicar, plasmar, cristalizar, facilitar, concluir, establecer, pactar*, fundar, proyectar, planear*, materializar, determinarse.
— **2.** Saldar, liquidar, rebajar. V. VENDER 1.
3. Realización. Actuación, celebración, iniciativa, operación, creación*, ejercicio, desempeño, ejecución, curso, práctica, marcha*, formación, composición, elaboración, producción, confección, armado, construcción*, fabricación*, actuación*, perpetración, establecimiento, fundación, labor, resultado, faena, tarea, misión, trabajo*.
— **4.** Saldo, rebaja, liquidación. V. VENDER 3.
5. Realizable. Viable, factible, practicable, posible*, hacedero*, operable, cómodo*, simple, sencillo*, fácil*, elemental, verosímil, probable, aceptable*, admisible, concebible, asequible.
6. Realizador. Que realiza, efectúa, hace* (v. 1), ejecutor, verificador, forjador, creador*, constructor*, proyectista, planificador*, fundador, trabajador*, fabricante*.
Contr.: Abstenerse, interrumpir, omitir.
V. HACER, TRABAJAR, CREAR, PLANEAR, FABRICAR, CONSTRUIR, ACTUAR, FINALIZAR.

realmente. Ciertamente, efectivamente, en realidad. V. VERDAD 5.

realquilar. Subarrendar, ceder, traspasar. V. ALQUILER 2.

realzar. Encumbrar, destacar, enaltecer. V. ELOGIO 2.

reanimar. Estimular*, reconfortar, vigorizar*. V. ÁNIMO 6.

reanudación. Repetición*, renovación, prosecución. V. CONTINUACIÓN 1.

reanudar. Seguir, repetir, prolongar. V. CONTINUACIÓN 5.

reaparecer. Presentarse, retornar, volver. V. REGRESO 2.

reapertura. V. reanudación.

rearmar. V. rearme.

rearme. Militarización, armamento, fabricación* de armas. V. ARMA 8.

reasumir. V. reanudar.

reata. 1. Recua, tropilla, hilera de caballerías*. V. CABALLO 10.

— **2.** Ronzal, tráilla, cabestro. V. CUERDA 1, CABALLO 14.

reavivar. Vivificar, resucitar, estimular. V. VIGOR 4.

rebaba. Saliente, ribete, resalte. V. BORDE 1.

rebaja, rebajado. V. rebajar 2.

rebajar. 1. Bajar, reducir, quitar*. V. DISMINU-CIÓN 2.

— **2.** Abaratar, saldar, desvalorizar. V. BARA-TO 5.

— **3.** Ultrajar, escarnecer, menospreciar. V. HUMILLACIÓN 5.

— **4.** Rebajarse, degradarse, deshonrarse*, someterse. V. HUMILLACIÓN 6.

rebajo. Muesca, escotadura, hueco*. V. HENDE-DURA 1.

rebalsar. Empantanarse, estancarse, almacenar. V. ALMACÉN 4.

rebanada. Raja, tajada, rodaja. V. CORTAR 5.

rebanar. Cercenar, seccionar, segar. V. CORTAR 1.

rebañar. Apurar, aprovechar, terminar. V. LIM-PIEZA 4.

rebaño. Manada, tropel, hato. V. GANADO 1.

rebasar. Desbordar, exceder, pasar. V. SUPERIOR 6.

rebatir. Argumentar, impugnar, rechazar*. V. DISCUSIÓN 3.

rebato. Toque, alarma, llamada*. V. CAMPANA 4.

rebeco. Gamuza, antílope, gacela. V. RUMIANTE 7.

rebelarse. V. REBELDE 6.

REBELDE. 1. Indisciplinado, testarudo, indómito, díscolo, arisco, levantisco, obstinado*, desobediente*, sublevado (v. 2), reluctante, renuente, incontrolable, reacio, recalcitrante, adverso, opuesto, contrario, remiso, refractario, indócil, rival*, oponente, contumaz, reincidente, descontento, respondón, inadaptado, resabiado, viciado*, inconformista, individualista, incompatible, desafiante*, desordenado*, soliviantado, indomable, turbulento, ingobernable, cerril, salvaje, bravío, suelto, desmandado, violentos, independiente, incorregible (v. 2).

— **2.** Sublevado, rebelde, amotinado, perturbador, agitador, revolucionario*, conjurado, sedicioso, faccioso, insurgente, activista, conspirador, turbulento, revoltoso, insubordinado (v. 1).

3. Rebeldía. Obstinación, porfía, indisciplina, rebelión (v. 4), testarudez, desobediencia*, terquedad, indocilidad, reincidencia, contumacia, oposición*, descontento, enfrentamiento, rivalidad*, soliviantamiento, desorden*, porfía, desafío*, resistencia, revolución*, sublevación (v. 4).

4. Rebelión. Revuelta, sublevación, revolución*, perturbación, desorden, anarquía, insurrección, agitación, motín, amotinamiento, conspiración, activismo, conjura, sedición, insubordinación, desobediencia*, turbulencia, tumulto, pro-

nunciamiento, cuartelada, disturbio, asonada, algarada.

5. Rebelar. Azuzar, agitar, hostigar, incitar, fomentar, perturbar, instigar, espolear, enzarzar, acosar, enardecer, rebelarse (v. 6, 7).

— **6.** Rebelar(se), oponer(se), encararse, enfrentarse, plantarse, resistir, negarse, desobedecer*, protestar*, alborotar*, porfiar, obstinarse*, desafiar*, irritarse, enojarse*, soliviantarse, reincidir, indisciplinarse, rivalizar* (v. 5, 6).

— **7.** Amotinar(se), rebelar(se), alzarse, levantarse, sublevarse, revolucionarse*, insurreccionarse, desafiar*, urdir, tramar, conspirar, agitar, conjurarse, azuzar (v. 5, 6).

Contr.: Dócil, obediente*, bondadoso*.

V. OBSTINADO, DESOBEDIENTE, RIVAL, DESAFIANTE, DESORDENADO, REVOLUCIONARIO, OPOSICIÓN.

rebeldía. V. REBELDE 3.

rebelión. V. REBELDE 4.

rebenque. Fusta, vergajo, látigo. V. FLAGELAR 3.

reblandecer. Ablandar, suavizar, debilitar*. V. BLANDO 5.

reborde. Resalte, ribete, saliente. V. BORDE 1.

rebosante. Repleto, atestado, desbordante. V. ABUNDANCIA 2.

rebosar. 1. Verterse, brotar*, derramarse. V. SALIR 5.

— **2.** Amontonarse, pulular, sobrar. V. ABUN-DANCIA 3.

rebotar. Rechazar, brincar, devolver. V. SALTO 5.

rebote. V. rebotar.

rebozar. Envolver, tapar, empanar. V. RECUBRIR, COCINA 7.

rebozo. Embozo, rebujo, ocultación. V. OCUL-TAR 4.

rebrote. Vástago, retoño, capullo. V. BROTAR 2.

rebufo. Soplido, bufido, soplo. V. VIENTO 1.

rebullir. Agitarse, alterarse, menearse. V. MOVI-MIENTO 5.

rebuscado. Fingido, artificioso, falso*. V. AFEC-TACIÓN 2.

rebuscamiento. Artificio, falsedad, amaneramiento. V. AFECTACIÓN 1.

rebuscar. Indagar, averiguar, revolver. V. INVES-TIGACIÓN 4.

rebuznar. V. rebuzno.

rebuzno. Llamada*, voz del asno, roznido. V. VOZ 4.

recabar. 1. Solicitar, reclamar, requerir*. V. PEDIR 1.

— **2.** Lograr, conseguir, recibir. V. OBTENER 1.

recadero. Botones, ordenanza, mandadero. V. SERVIDOR 1.

recado. 1. Misiva, mensaje, aviso. V. INFORME 1.

— **2.** Encargo, mandado, servicio. V. SERVI-DOR 4.

recaer. 1. Agravarse, empeorar, desmejorar. V. ENFERMEDAD 5.

— **2.** Afectar, beneficiar*, redundar. V. IN-CUMBIR 1.

— **3.** Incurrir, reincidir, repetir. V. REPETICIÓN 3.

recalar. Entrar, arribar, fondear. V. BAHÍA 2.

recalcar. Insistir, resaltar, subrayar. V. REPETICIÓN 4.

recalcitrante. Terco, contumaz, insistente. V. OBSTINACIÓN 2.

recalentamiento. V. recalentar.

recalentar. Caldear, templar, asar. V. CALOR 8.

recamado. Realzado, bordado*, constelado. V. ADORNO 4.

recamar. V. recamado.

recámara. 1. Hueco, ánima, interior del arma. V. FUSIL 2.

— **2.** *Méx* Alcoba, estancia, cuarto. V. HABITACIÓN 1.

recambio. Accesorio, repuesto, suplemento. V. PIEZA 1.

recapacitar. Meditar, reflexionar, serenarse. V. PENSAR 4.

recapitulación. V. recapitular.

recapitular. Resumir, rememorar, abreviar*. V. MEMORIA 6.

recargado. Abigarrado, excesivo, profuso. V. ABUNDANCIA 2.

recargar. 1. Atiborrar, saturar, atestar. V. LLENAR 1.

— **2.** Encarecer, incrementar, especular*. V. CARO 5.

recargo. Incremento, aumento*, encarecimiento. V. CARO 3.

recatado. Pudoroso, honesto, decente. V. VERGÜENZA 4.

recato. Honestidad, pudor, decencia. V. VERGÜENZA 2.

recauchutar. Restaurar, reformar, arreglar neumáticos. V. REPARACIÓN 3.

recaudación. Cobranza, ingreso, cobro. V. COBRAR 2.

recaudador. Agente, tesorero, cobrador. V. COBRAR 3.

recaudar. Ingresar, percibir, reunir. V. COBRAR 1.

recaudo (a buen). A salvo, asegurado, protegido. V. PROTECCIÓN 7.

recelar. Barruntar, desconfiar, temer*. V. SOSPECHA 6.

recelo. Temor*, desconfianza, prevención. V. SOSPECHA 1.

receloso. Suspicaz, desconfiado, susceptible. V. SOSPECHA 2.

recensión. Reseña, nota, crítica. V. INFORME 1, ABREVIACIÓN 1.

recental. Animal* joven, ternero, corderillo. V. TORO 1, OVEJA 1.

recepción. 1. Velada, gala, reunión. V. FIESTA 1.

— **2.** Acogida, admisión, ingreso. V. RECIBIR 3.

RECEPTÁCULO. 1. Cuenco, cavidad, olla, recipiente (v. 2), cazoleta, hueco*, lata, bote, pote, casco, tarro, frasco, vasija, vaso, botella* (v. 3), cuba, cubeta, depósito (v. 4), artesa, cajón, arca, urna, caja* (v. 5), cartucho, cucurucho, bandeja, fuente, escudilla, plato, tiesto, maceta, jardinera, cesta*, saco*, cuévano, espuerta, capazo, odre, pellejo, bota, cuero, barril*, tonel, barrica, palangana, jofaina, aguamanil, lavamanos, cubo, embalaje*, envase*, balde, barreño, irrigador, paquete*, bulto (v. 2, 3, 4).

2. Recipiente. Cazo, olla, perol, cazuela, puchero, cacharro, jarro, caldero, caldera, cacerola, marmita, lata, bote, pote, tarro, sartén, paila, portaviandas, fiambrera, tartera, paellera, tetera, cafetera, lechera, frutero, piñata, quesera, sopera, bandeja, plato, escudilla, fuente, cuenco, platillo, cenicero, bandejita, patena, vasera (v. 1).

3. Vasija, botella*. Vaso, copa, cáliz, grial, píxide, ánfora, envase*, jarro, jarra, jarrón, florero, búcaro, cuenco, bol, crátera, copón, «bock», taza, tazón, jícara, pocillo, cubilete, anaglifo, ciborio, botella*, frasco, cantimplora, alcuza, aceitera, vinagrera, salero, azucarera, matraz, ampolla, incensario, cántaro, botijo, porrón, ponchera, sifón, tiesto, maceta, pecera, bombona, damajuana, garrafa, botellón, castaña, redoma, alambique, alquitara, escupidera, orinal, vaso de noche, chata, cuña, salivadera, bacinilla, naveta, braserillo (v. 1, 4).

4. Depósito. Tanque, cisterna, aljibe, cuba, cubeta, pozo, tonel, barril, barrica, bidón, tina, tinaja, artesa, vasija, lata, fuente, tubo*, tambor, entrada, tolva, cuenco, cubo, balde, gamella, duerna, dornajo, batea, pila, pilón, baño*, bañera, bidé, barreño, abrevadero, bebedero, comedero, pesebre, pecera, acuario*, embalse, presa*, laguna, lago*, estanque (v. 1).

5. Caja. Cajón, estuche, joyero, escriño, arca, arcón, cepillo, cofre, sombrerera, tabaquera, pitillera, urna, ataúd, féretro, bombonera, cartón, envase*, embalaje*, jaula, equipaje*, maleta, valija, maletín, baúl, bolso, cartera*, arcón, arquilla, arqueta (v. 1).

6. Envasar, meter. Meter, guardar, cerrar. V. ENVASAR, INTRODUCIR.

V. CAJA, EMBALAJE, ENVASE, CESTA, SACO, EQUIPAJE, PAQUETE, HUECO, ACUARIO, BARRIL, BOTELLA.

receptor. 1. Aparato, radiorreceptor, transistor. V. RADIO 1.

— **2.** Aceptante, destinatario, que recibe. V. RECIBIR 5.

recesión. Retroceso, depresión, reducción. V. DISMINUCIÓN 1.

receso. Cese, suspensión, descanso*. V. INTERRUPCIÓN 1.

receta. Fórmula farmacéutica, prescripción facultativa, orden. V. MEDICAMENTO 3.

recetar. Ordenar, prescribir, formular. V. MEDICAMENTO 8.

recetario. Libreta, formulario, agenda. V. CUADERNO 1.

rechazado. V. RECHAZAR 8.

rechazamiento. V. RECHAZAR 5.

RECHAZAR. 1. Apartar, empujar, echar, alejar, separar*, ahuyentar, desechar, denegar, rehusar, desestimar, desaprobar, oponerse, prescindir, objetar, negar*, recusar, inhabilitar, vetar, descartar, desentenderse, desconocer, excluir, repudiar, expulsar, desdeñar, desairar, despreciar*, relegar, boicotear, aislar, segregar, repeler, desplazar, resistir, contrarrestar, detener, eliminar, vencer*, ganar, degradar, arrinconar, postergar, despedir, olvidar*, rehuir, incapacitar, descalificar, suspender, refutar, desmentir, contradecir, rebatir, cuestionar, argumentar, enfrentarse, polemizar, contrariar, impugnar, prohibir*.

— **2.** *Soltarse*, rechazar, librarse*, forcejear, empujar, repeler, alejar, suspender (v. 3), desasirse, desprenderse, quitarse.

— **3.** *Suspender*, rechazar, desaprobar, catear, dar calabazas, reprobar, no aprobar, colgar, revolcar, eliminar, excluir de los estudios.

— **4.** *Rebotar*, rechazar, retroceder, botar, impulsar, saltar*, brincar, devolver, volver, percutir, resonar, repercutir, producir eco.

5. Rechazo. Refutación, negativa*, negación, exclusión, repudio, repulsa, alejamiento, rechazamiento, separación*, desaire, desdén, desprecio*, calabazas, expulsión, desecho, denegación, apartamiento, resistencia, detención, olvido*, degradación, arrinconamiento, despido, oposición, impugnación, enfrentamiento, contrariedad, contradicción, desestimación, veto, suspensión, desmentido, objeción, forcejeo, empujón, ataque, derrota, triunfo, boicoteo, aislamiento, segregación.

— **6.** *Suspenso*, rechazo, desaprobación, cateo, calabazas, reprobación, eliminación, revolcón, exclusión.

— **7.** *Rebote*, rechazo, retroceso, bote, salto*, brinco, impulso, devolución, vuelta, reflejo, percusión, repercusión, eco.

8. Rechazado. Apartado, desechado, denegado (v. 1, 3).

— **9.** Suspenso, reprobado, eliminado en los exámenes (v. 3).

Contr.: Aceptar*, admitir, afirmar, aprobar.

V. NEGAR, DESPRECIAR, OLVIDAR, SEPARAR, SALTAR.

rechazo. V. RECHAZAR 5.

rechifla. Pita, bronca, abucheo. V. PROTESTA 2.

rechinante. Chirriante, resonante, chillón. V. CRUJIDO 3.

rechinar. Resonar, chirriar, chillar. V. CRUJIDO 2.

rechistar. Responder, enfrentarse, hablar*. V. DISCUSIÓN 3.

rechoncho. Achaparrado, rollizo, regordete. V. GORDO 1.

rechupete (de). Sabroso, exquisito, delicioso. V. GUSTO 7.

reciamente. V. recio.

recibidor. Saleta, antecámara, sala. V. RECIBIR 4.

recibimiento. 1. Acogida. V. RECIBIR 3.

— **2.** Sala. V. RECIBIR 4.

RECIBIR. 1. Admitir, aceptar*, tomar, coger*, recoger, guardar*, saludar* (v. 2), alcanzar, agarrar, haber, apropiarse*, adueñarse, acumular*, amontonar, meter, ocultar*, tolerar*.

— **2.** *Saludar*, recibir, cumplimentar, dar la bienvenida, reconocer, visitar*, presentar, acudir, entrevistarse, congratular, ver, asociar*, entrar, ingresar.

3. Recibimiento. Aceptación, admisión, toma, recogida, recibo, recepción, bienvenida, cumplido, acogida, saludo*, tolerancia*, reconocimiento, visita*, presentación, homenaje, parabién, salutación, atención, agasajo, cortesía, entrevista, congratulación, entrada*, ingreso, acceso, recibo, afiliación, asociación*, introducción, ceremonia.

— **4.** *Antesala*, recibimiento, sala, saleta, sala de estar, vestíbulo, «hall», cuarto, aposento, recinto, antecámara, pieza, recibidor (v. habitación 1).

5. Que recibe. Receptor, recibidor, recipiendario, aceptante*, aceptador, que acepta, destinatario, beneficiado, beneficiario, agraciado, conforme, aprobador*.

Contr.: Rechazar, despedir, salir.

V. ACEPTAR, COGER, GUARDAR, APROPIARSE, ACUMULAR, ENTRAR, OCULTAR, TOLERAR, SALUDAR, VISITAR.

recibo. 1. Justificante, comprobante, documento*. V. COMPROBAR 3.

— **2.** Recibimiento, recepción, acogida. V. RECIBIR 3.

reciedumbre. Poder, corpulencia, fuerza. V. VIGOR 1.

reciente. Nuevo*, fresco, moderno. V. ACTUAL 1.

recinto. Cuarto, estancia, aposento. V. HABITACIÓN 1.

recio. 1. Fuerte, firme, poderoso. V. VIGOROSO, INTENSO.

— **2.** Áspero, tosco, sólido*. V. DURO 1.

récipe. V. receta.

recipiendario. V. RECIBIR 5.

recipiente. V. RECEPTÁCULO 2.

recíprocamente. V. RECÍPROCO 4.

reciprocar. V. RECÍPROCO 3.

reciprocidad. V. RECÍPROCO 2.

RECÍPROCO. 1. Relacionado*, relativo, respectivo, mutuo, sendos, correlativo, correspondiente, subordinado, dependiente, alterno, propio, bilateral, solidario, equitativo, cambiado*, intercambiado, inverso, concordante, conectado, compensado, conexo, sujeto, vinculado, referido, accesorio, dominado*.

2. Reciprocidad. Correlación, relación*, dependencia, interdependencia, correspondencia, subordinación, alternancia, vinculación, conexión, cambio, inversión, intercambio, concordancia, sujeción, sometimiento, dominación, compensación.

3. Reciprocar. Relacionarse*, subordinarse, depender, alternar, corresponder, vincular, cambiar*, intercambiar, concordar, conectar, compensar, sujetar, dominar*, someterse.

4. Recíprocamente. Mutuamente, correlativamente, inversamente (v. 1).
Contr.: Unilateral, independiente, aislado. V. RELACIONADO, CAMBIADO, DOMINADO.

recitación, recitado. Declamación, entonación, salmodia. V. POESÍA 1, CANTAR 1.

recitador. Vate, rapsoda, declamador. V. POESÍA 8.

recital. 1. Concierto, audición, sesión. V. MÚSICA 12.
— **2.** Lectura, recitación, audición. V. POESÍA 1

recitar. 1. Entonar, declamar, pronunciar. V. POESÍA 10.
— **2.** Salmodiar, canturrear, repetir*. V. CANTAR 15, PRONUNCIAR.

RECLAMACIÓN. 1. Requerimiento, demanda, instancia, queja, lamentación, protesta*, petición, súplica, exigencia*, conminación, mandamiento, orden*, protesto, reparo, censura, desaprobación*, reproche, crítica, cargo, reivindicación, mandato, acusación*, descontento, cuestión, pedido*, oposición*, disconformidad, diferencia*, discusión*, encargo, gestión, trámite*, instancia, postulación, querella, exhortación, invitación*, repetición*, insistencia, caso, juicio, demanda, apelación, litigio, proceso (v. tribunal 7).
2. Reclamar. Pedir*, exigir*, demandar, solicitar, suplicar, rogar, pretender, protestar*, quejarse*, lamentarse, instar, interpelar, ordenar*, conminar, requerir, criticar*, reprochar, exigir, desaprobar*, censurar, reparar, mandar, cuestionar, reivindicar, discutir*, diferir*, querellarse, promover juicio, pleitear, apelar, demandar, litigar, acusar*, oponerse, gestionar, tramitar*, postular, exhortar, invitar*, aconsejar, repetir*, insistir.
— **3.** Citar, reunir, convocar. V. LLAMAR 3.
4. Reclamante. Demandante, postulante, suplicante, solicitante, acusador, acreedor, exigente, pretendiente, quejoso, lamentador, crítico, censor, censurador, protestón*, severo*, quisquilloso, intolerante, interpelante, litigante, querellante, peticionario, pedigüeño, desaprobador*, reivindicador, oponente*, opuesto, insistente, riguroso.
5. Reclamado. Pedido, exigido, demandado, irredento, reivindicado, requerido, exigido, solicitado (v. 2).
Contr.: Explicación, contestación, satisfacción. V. PEDIR, EXIGIR, ORDENAR, PROTESTAR, TRAMITAR, REPROCHAR, SEVERIDAD, TRIBUNAL.

reclamante. V. RECLAMACIÓN 4.

reclamar. V. RECLAMACIÓN 2.

reclamo. 1. Señuelo, canto, imitación. V. ENGAÑO 1, CAZA 4.
— **2.** Propaganda, aviso, publicidad*. V. ANUNCIO 1.

reclinar(se). Inclinar(se)*, descansar*, recostarse. V. APOYAR 1.

reclinatorio. Silla, apoyo*, escabel. V. ASIENTO 1.

recluir. 1. Encarcelar, encerrar, internar. V. PRISIÓN 7.
— **2.** Recluirse, incomunicarse, encerrarse, separarse*. V. AISLAMIENTO 4.

reclusión. V. recluir.

recluso. Preso, cautivo, presidiario. V. PRISIÓN 6.

recluta. 1. Quinto, soldado, alistado. V. EJÉRCITO 5.
— **2.** V. reclutamiento.

reclutamiento. Leva, alistamiento, enganche. V. EJÉRCITO 12.

reclutar. Alistar, levar, enganchar. V. GUERRA 8.

recobrar. 1. Rescatar, reintegrar, reconquistar. V. RECUPERAR 1.
— **2.** *Recobrarse*, sanar, aliviarse, mejorar*. V. CURAR 3.

recodo. Meandro, vuelta*, ángulo*. V. ESQUINA 1.

recoger. 1. Juntar, guardar*, reunir. V. ACUMULAR 1.
— **2.** Alzar, levantar, tomar. V. COGER 1.
— **3.** Adoptar, asilar, proteger*. V. HUÉRFANO 8.
— **4.** *Recogerse*, apartarse, retirarse, encerrarse. V. AISLAMIENTO 4.

recogida. Acopio, cosecha, recolección. V. ALMACÉN 3.

recogido. 1. Recoleto, apartado, apacible. V. AISLAMIENTO 6.
— **2.** V. recoger.

recogimiento. 1. Encierro, reclusión, separación*. V. AISLAMIENTO 1.
— **2.** Unción, devoción, religiosidad. V. RELIGIÓN 9.

recolección. Acopio, cosecha, acumulación*. V. ALMACÉN 3.

recolectar. V. recoger 1, 2.

recoleto. V. recogido 1.

recomendable. Encomiable, estimable, meritorio. V. ELOGIO 3.

recomendación. 1. Aviso, consejo*, indicación. V. ADVERTENCIA 1.
— **2.** Acomodo, enchufe, favoritismo. V. PREFERENCIA 1.
— **3.** Enaltecimiento, loa, ponderación. V. ELOGIO 1.

recomendado. Enchufado, beneficiado*, privilegiado. V. PREFERENCIA 4.

recomendar. V. recomendación.

recompensa. Galardón, gratificación, beneficio*. V. PREMIO 1.

recompensar. Galardonar, gratificar, entregar. V. PREMIO 2.

recomponer. Rehacer, restaurar, arreglar. V. REPARACIÓN 3.

reconcentrarse. Ensimismarse, enfrascarse, meditar. V. PENSAR 3.

RECONCILIACIÓN. 1. Apaciguamiento, paz*, aproximación, concordia, acuerdo, pacto*, arreglo, unión*, armonía, reanudación, componenda, olvido*, adhesión, amistad, compañerismo*, continuación*, coincidencia, conciliación, identidad, fraternidad, hermandad*, restablecimiento, renovación, cordialidad, inteligencia, mediación, intercesión, negociación.

2. Reconciliar(se). Apaciguar, pacificar, arreglar, aproximar, unir*, componer, reanudar, armonizar, acordar, pactar*, coincidir, amigar, continuar*, olvidar*, hermanar*, fraternizar, identificarse, conciliar, concordar, continuar*, renovar, restablecer, negociar, interceder, mediar.

3. Reconciliador. Mediador, intercesor, apaciguador, tercero, componedor, intermediario, aproximador, armonizador, conciliador, renovador, continuador*, agente, juez, árbitro, delegado*, negociador, participante.

4. Reconciliado. Amigado, unido*, hermanado*, fraterno, pacificado, identificado, conciliado, coincidente, aproximado, restablecido, renovado, continuado*, cordial, inteligente, amigo, compañero*.

Contr.: Enemistad, rompimiento, desunión.
V. PAZ, PACTO, UNIÓN, OLVIDO, COMPAÑERISMO, HERMANDAD, CONTINUACIÓN.

reconciliado. V. RECONCILIACIÓN 4.

reconciliador. V. RECONCILIACIÓN 3.

reconciliar(se). V. RECONCILIACIÓN 2.

reconcomerse. Atormentarse, consumirse, angustiarse. V. INTRANQUILIDAD 2.

recóndito. Profundo, escondido, misterioso. V. MISTERIO 3.

reconfortar. Consolar, alentar, tranquilizar*. V. ÁNIMO 7.

reconocer. 1. Recordar, evocar, rememorar. V. MEMORIA 6, SALUDO 3.

— **2.** Examinar, contemplar, observar. V. MIRAR 1.

— **3.** Convenir, aceptar, confesar. V. ADMITIR 1.

— **4.** Retribuir, corresponder, manifestar. V. AGRADECIMIENTO 2.

reconocido. Obligado, complacido, satisfecho. V. AGRADECIMIENTO 3.

reconocimiento. 1. Examen, observación, investigación*. V. MIRAR 3.

— **2.** Exploración, búsqueda, expedición. V. VIAJE 1.

— **3.** Gratitud, satisfacción, obligación. V. AGRADECIMIENTO 1.

— **4.** Recuerdo, evocación, remembranza. V. MEMORIA 1.

reconquista. Rescate, liberación, cruzada. V. RECUPERAR 3.

reconquistar. Liberar, rescatar, redimir. V. RECUPERAR 1.

reconsiderar. Recapacitar, meditar, cambiar*. V. VARIAR 1, ARREPENTIRSE.

reconstituir. V. RECONSTRUIR.

reconstituyente. Tónico, estimulante, remedio. V. MEDICAMENTO 1, 6.

reconstrucción. Restauración, arreglo, restablecimiento. V. REPARACIÓN 1.

reconstruir. Restaurar, restablecer, arreglar. V. REPARACIÓN 3.

reconvención. V. reconvenir.

reconvenir. Regañar, sermonear, reñir. V. REPRENDER 1.

recopilación. Antología, colección*, compendio. V. SELECCIÓN 2.

recopilar. Compilar, reunir, coleccionar*. V. SELECCIÓN 4.

récord. Proeza, hazaña deportiva*, mejor marca. V. TRIUNFO 1.

recordar. 1. Evocar, rememorar, revivir. V. MEMORIA 6.

— **2.** Señalar, aludir, citar. V. MENCIONAR 1.

recordatorio. Advertencia, aviso, nota*. V. MEMORIA 9.

recordman. ingl Vencedor, campeón, as deportivo*. V. TRIUNFO 2.

recorrer. Pasar, atravesar, transitar. V. MARCHAR 3.

recorrido. Ruta, desplazamiento, trayecto. V. MARCHAR 4.

recortar. 1. Cercenar, segar, podar. V. CORTAR 1.

— **2.** Disminuir, reducir, limitar*. V. DISMINUCIÓN 2.

recorte. 1. V. recortar.

— **2.** Artículo, suelto, noticia recortada. V. PERIODISMO 5.

— **3.** *Recortes,* virutas, trozos, fragmentos*. V. RESIDUO 1.

recostar(se). Reclinar(se), adosar, arrimar. V. APOYAR 1.

recoveco. Rincón, esquina, recodo. V. ÁNGULO 1.

recrear. 1. Rehacer, reproducir, imitar. V. REPETIR, COPIAR.

— **2.** *Recrearse,* distraerse, entretenerse, divertirse. V. DIVERSIÓN 5.

recreativo, recreo. V. recrear 2.

recriminación. Crítica, culpa*, censura. V. DESAPROBAR 4.

recriminar. Criticar, culpar*, censurar. V. DESAPROBAR 1.

recrudecer. Intensificar, aumentar*, empeorar. V. INTENSIDAD 4.

recta. Raya, segmento, trazo. V. LÍNEA 1.

rectángulo. Cuadrilátero, paralelogramo, polígono. V. GEOMETRÍA 6.

rectificación. Modificación, corrección, cambio*. V. VARIAR 2.

rectificar. Modificar, corregir, cambiar*. V. VARIAR 1.

rectilíneo. V. RECTO 1.

rectitud. 1. Justicia, imparcialidad*, integridad. V. HONRADEZ 1.

— **2.** Rigidez, frialdad, intransigencia. V. SEVERIDAD 1.

recto. 1. Derecho, rectilíneo, lineal. V. LÍNEA 3.

— **2.** Íntegro, imparcial*, severo*. V. HONRADEZ 2.

— **3.** Porción intestinal, fin del intestino, ano. V. CULO 2, INTESTINOS 2.

rector. 1. Dirigente, administrador*, jefe*. V. GOBIERNO 8.
— **2.** Superior de Universidad, decano, regente. V. UNIVERSIDAD 5.
— **3.** Cura, párroco, vicario. V. SACERDOTE 1.
recua. Tropilla, reata, manada. V. CABALLO 10.
recuadro. Casilla, marco, división. V. COMPARTIMIENTO 1.
RECUBRIMIENTO. 1. Revestimiento, cubierta, capa, mano, baño, forro, funda, envoltura*, cáscara*, corteza, caparazón, binza, telilla, hollejo, película, concha, cápsula, vaina, pellejo, rebozo, manto, capa, embozo, envoltorio, embalaje*, chapa, placa*, escama, hoja, escara, costra, tapa*, caja*, estuche, plancha, lámina, lata, armadura, acolchado, guata, tela*, tapizado*, lona, piel*, epidermis, dermis, cutis, tegumento, cutícula, membrana, cuero, blindaje, defensa, protección*, coraza, armazón, túnica, camisa, abrigo*, colcha, velo, rebozo, vestido*, estrato, veta, faja, franja, tira*, aleación, bruñido, tratado, pavonado, cromado, dorado, plateado, niquelado, galvanizado, metalizado* (v. metal*), sedimento, encofrado, tapiz, colcha, guarnición, incrustación, quitina, valva, osificación, calcificación, adherencia, guarnición, incrustación, empapelado, enyesado, enlucido, pintura*.
2. Recubrir. Revestir, tapizar*, forrar, cubrir, almohadillar, acolchar, envolver*, tapar*, guarnecer, enfundar, arropar, embozar, encapsular, blindar, acorazar, proteger*, defender, chapar, chapar, cromar, dorar, platear, bañar, pavonar, alear, niquelar, galvanizar, metalizar*, tratar, bruñir, embolsar, ensacar, vestir, abrigar, fajar, rebozar, empanar, incrustar, osificar, calcificar, adherir, encofrar, guarnecer, empapelar, enfundar, enyesar, enlucir, embalar* (v. 1).
3. Recubierto. Revestido, tapizado, forrado (v. 2).
Contr.: Destapar, quitar.
V. ENVOLTORIO, PROTECCIÓN, CÁSCARA, EMBALAJE, ENVASE, CAJA, TAPA, PIEL, PLACA, TAPIZADO.
recubrir. V. RECUBRIMIENTO 2.
recuento. Cómputo, cuenta, comprobación*. V. CÁLCULO 3.
recuerdo. Evocación, añoranza*, reminiscencia. V. MEMORIA 1.
recular. Retirarse, retornar, volver. V. RETROCESO 2.
recuperable. V. RECUPERAR 4.
recuperación. V. RECUPERAR 3.
RECUPERAR. 1. Recobrar, reconquistar, devolver*, restablecer, recuperarse (v. 2), rescatar, reeducar, rehabilitar, redimir, desempeñar, desembargar, regenerar, fortalecer, vigorizar*, salvar, socorrer*, ayudar*, liberar*, librar, reponer, enmendar, continuar*, proseguir, reforzar, restituir, reintegrar, reparar*, desquitarse, restaurar, rehacer, reanudar, resarcirse, apropiarse, reem-

bolsar, arreglar, renacer, renovar, enmendar, componer, reivindicar, volver.
— **2.** *Recuperarse*, sanar, mejorar*, restablecerse. V. CURAR 1.
3. Recuperación. Mejoría, restablecimiento, curación*, cura, alivio, convalecencia, salud*, restauración, rescate, desquite, reparación*, devolución*, reconquista, apropiación*, redención, reintegro, liberación*, cruzada, refuerzo, enmienda, reposición, reembolso, recobro, arreglo, resarcimiento, reanudación, continuación*, compensación, renacimiento, salvación, enmienda, regeneración, renovación, componenda, vuelta, rehabilitación, reivindicación.
4. Recuperable. Utilizable, útil, aprovechable, valedero, válido, mejorable, reversible, práctico, renovable, reparable*, reintegrable, reembolsable, reconquistable, redimible, reivindicable.
Contr.: Perder, descuidar*, abandonar, dejar.
V. DEVOLUCIÓN, APROPIACIÓN, SOCORRO, AYUDA, CONTINUACIÓN, REPARACIÓN.
recurrente. Reiterado, periódico, habitual. V. REPETICIÓN 5.
recurrir. 1. Reclamar, solicitar, requerir. V. PEDIR 1.
— **2.** Apelar, demandar, litigar. V. TRIBUNAL 10.
— **3.** Volver, reincidir, continuar*. V. REPETICIÓN 3.
recurso. 1. Procedimiento, medio, manera. V. MODO 1.
— **2.** Litigio, juicio, apelación. V. TRIBUNAL 7.
— **3.** *Recursos*, fortuna, bienes, fondos. V. RIQUEZA 1.
recusar. V. RECHAZAR 1.
red. 1. Punto, malla, trama. V. TELA 2.
— **2.** Ardid, trampa, celada. V. ENGAÑO 1.
— **3.** Aparejo, arte de pesca, jábega. V. PESCA 4, 5.
— **4.** Conjunto, organización, sistema. V. ASOCIACIÓN 1.
redacción. 1. Trabajo, apunte, escrito. V. ESCRIBIR 3.
— **2.** Sala, despacho, grupo* de redactores. V. OFICINA 1, PERIODISMO 4, 6.
redactar. Transcribir, apuntar, expresar. V. ESCRIBIR 1.
redactor. Cronista, reportero, articulista. V. PERIODISTA, ESCRITOR 1.
redada. Batida, detención, incursión. V. ATAQUE 3, PRISIÓN 2.
redargüir. Rebatir, objetar, contestar. V. DISCUSIÓN 3.
rededor. Periferia, perímetro, contorno. V. LÍMITE 1.
redención. 1. Salvación, emancipación, rescate. V. REHABILITACIÓN, LIBERTAD, 1, 2.
— **2.** Recurso, remedio, medio. V. SOLUCIÓN 1.
Redentor. Jesucristo, Salvador, Mesías. V. CRISTO 1.
redentor. Salvador, emancipador, libertador. V. LIBERTAD 8.

redil. Majada, encierro, aprisco. V. GANADO 5.

redimir. Rescatar, remediar, salvar. V. LIBERTAD 9.

rédito. Renta, utilidad, interés. V. BENEFICIO 1.

redivivo. Resucitado, renacido, aparecido. V. VIDA 8.

redoblar. 1. Repetir, incrementar, arreciar. V. INTENSIDAD 4.

— **2.** Resonar, tocar, tamborilear. V. SONIDO 7.

redoble. Toque, tamborileo, percusión. V. SONIDO 1.

redoma. Vasija, frasco, botellón. V. RECEPTÁCULO 3.

redomado. Astuto, ladino, pillo*. V. ASTUCIA 3.

redondeado. V. REDONDO.

redondear. 1. Curvar, ondular, arquear. V. CURVA 5.

— **2.** Rematar, terminar, perfeccionar*. V. PERFECTO 3.

redondel. Aro*, circunferencia, anillo. V. CÍRCULO 1.

redondez. 1. Arqueo, curvatura, esfericidad. V. CURVA 2.

— **2.** V. REDONDEL.

redondo. Curvo*, abultado*, abombado. V. CIRCULAR, ESFÉRICO.

reducción. Descenso, baja, abaratamiento. V. DISMINUCIÓN 1.

reducido. V. reducción.

reducir. Descender, bajar, abaratar. V. DISMINUCIÓN 2.

reducto. Fortaleza, defensa, blocao. V. FORTIFICACIÓN 1.

redundancia. Reiteración, demasía, exceso. V. REPETICIÓN 1.

redundar. Influir, repercutir; (líquido) rebosar. V. INCUMBIR 1; SALIR 5.

reedificar. Restaurar, reconstruir, arreglar. V. REPARACIÓN 3.

reeditar. Reimprimir, revisar, rehacer. V. LIBRO 16.

reeducación. V. reeducar.

reeducar. Rehabilitar, regenerar, vigorizar*. V. RECUPERAR 1.

reelegir. Renovar, ratificar, confirmar. V. NOMBRE 11.

reembolsar. Reintegrar, indemnizar, restituir. V. DEVOLVER 1.

reemplazante. Interino, suplente, sustituto. V. SUSTITUCIÓN 3.

reemplazar. Relevar, suplir, sustituir. V. SUSTITUCIÓN 5.

reemplazo. 1. Relevo, suplencia, cambio*. V. SUSTITUCIÓN 1.

— **2.** Recluta, leva, incorporación a filas. V. EJÉRCITO 12.

reencarnación. Reaparición, resurrección, renacimiento. V. VIDA 1.

reencarnar. V. reencarnación.

reencuentro. Coincidencia, reunión, casualidad. V. ENCUENTRO 1.

reenganche. V. reemplazo 2.

reestreno. Reposición, repetición, exhibición. V. PRINCIPIO 2.

reestructurar. Alterar, modificar, perfeccionar*. V. CAMBIO 6.

reexpedir. Reintegrar, restituir, remitir. V. DEVOLVER 1.

refacción, refección. Colación, comida, refrigerio. V. ALIMENTO 1.

refajo. Saya, enaguas, prenda. V. CAMISA 1.

refectorio. Cantina, comedor, bar. V. RESTAURANTE 1.

referee. *ingl* Árbitro, juez deportivo, j. de campo. V. DEPORTE 9, FÚTBOL 3.

referencia. 1. Alusión, cita, observación. V. MENCIONAR 2.

— **2.** Relato, reseña, informe*. V. DATO 1.

— **3.** *Referencias*, informes*, recomendación, certificado. V. DATO 2.

referéndum. Votación, plebiscito, sufragio. V. ELECCIONES 1.

referente. Relacionado*, concerniente, relativo. V. INCUMBIR 3.

referir. 1. Contar, relatar, explicar*. V. NARRACIÓN 4.

— **2.** *Referirse*, citar, aludir, tratar. V. MENCIONAR 1, INCUMBIR 1.

refilón (de). De pasada, superficialmente, de soslayo. V. LEVE 4.

refinación. 1. Depuración, limpieza*, purificación. V. PURO 6.

— **2.** V. REFINAMIENTO 1.

refinado. V. REFINAMIENTO 4.

REFINAMIENTO. 1. Delicadeza, finura, perfección*, pureza*, selección*, superioridad, esmero, sutileza, crueldad* (v. 2), distinción, nobleza, caballerosidad*, elegancia*, brillo, epicureísmo, sibaritismo, hedonismo, mundanería, voluptuosidad, sensualidad, goce, placer*, suavidad*, primor, regalo, exquisitez, hermosura*, delicia, atractivo*, pulcritud, adelanto, prosperidad*, progreso, civilización, clasicismo, aticismo, excelencia, delicia, gracia, cultura, educación*, estilo, sensibilidad, tacto, cortesía*, diplomacia, tono, gentileza, prestancia, gusto, desenvoltura, garbo*.

— **2.** Sevicia, ensañamiento, maldad. V. CRUELDAD 1.

— **3.** Depuración, limpieza*, purificación. V. PURO 6.

4. Refinado. Selecto, fino, primoroso, delicado, perfecto*, culto (v. 5), cruel* (v. 7), flamante, impecable, elegante*, mundano, escogido, sofisticado, distinguido, noble, caballeroso, pulido, pulcro, peripuesto, atildado, avanzado, exquisito, regalado, primoroso, suave*, esmerado, superior*, excelente, hermoso*, clásico, ideal, sibarita, hedonista, gentil, grato.

— **5.** *Desenvuelto*, refinado, cultivado, próspero*, adelantado, atractivo*, delicioso, educado*, culto, delicado, cortés*, cortesano, elegante*, distinguido, sensible, garboso, entonado,

conocedor, experimentado*, vividor, divertido, voluptuoso, mundano, hedonista, alegre*, juerguista, mujeriego*, epicúreo, sibarita, sensual, decadente (v. 4).
— **6.** Depurado, purificado, fino. V. PURO 1.
— **7.** Encarnizado, sutil, perverso. V. CRUELDAD 2.
8. Refinar(se). Purificar, educar*, cultivar, instruir, desarrollar, mejorar*, pulir, ennoblecer, distinguir, perfeccionar*, prosperar*, florecer*, seleccionar*, civilizar, desasnar, cepillar, aleccionar, superar, adelantar, avanzar, vivir, conocer, desenvolverse, entonarse.
— **9.** Limpiar*, depurar, clarificar. V. PURO 7.
Contr.: Incultura, vulgaridad*, fealdad.
V. ELEGANCIA, GARBO, HERMOSURA, SUPERIORIDAD, PERFECCIÓN, PUREZA, SUAVIDAD, ATRACTIVO, CORTESÍA, CABALLEROSIDAD, EDUCACIÓN, PLACER; CRUELDAD.
refinar(se). V. REFINAMIENTO 8, 9.
refinería. Factoría, instalación, complejo fabril. V. PETRÓLEO 3.
refirmar. Corroborar, ratificar, confirmar. V. APROBAR 1.
reflector. Proyector, farol, foco. V. LÁMPARA 1.
reflejar. 1. Reverberar, reproducir, fulgurar. V. BRILLO 3.
— **2.** Manifestar, reproducir, mostrar. V. DEMOSTRACIÓN 2.
reflejo. 1. Destello, reflexión, luz*. V. BRILLO 1.
— **2.** Sombra, imagen, figura*. V. FORMA 1.
— **3.** Contracción muscular, respuesta, reacción. V. CRISPAMIENTO 1.
— **4.** Involuntario, maquinal, inconsciente. V. ESPONTÁNEO 2.
reflexión. 1. Cavilación, meditación, pensamiento. V. PENSAR 6.
— **2.** Insinuación*, sugerencia, advertencia. V. CONSEJO 1.
— **3.** V. reflejo 1, 2.
reflexionar. Discurrir, meditar, cavilar. V. PENSAR 1.
reflexivo. Meditabundo, abstraído; prudente. V. PENSATIVO; FORMAL 1.
reflujo. Bajamar, oleaje, descenso de las aguas. V. MAR 3.
refocilarse. Complacerse, regodearse, deleitarse. V. PLACER 6.
reforma. 1. Transformación, modificación, renovación. V. CAMBIO 3.
— **2.** Protestantismo, religión reformada. V. PROTESTANTE 3.
reformador. Innovador, pionero, renovador. V. CREAR 4.
reformar. 1. Modificar, variar*, transformar. V. CAMBIO 6.
— **2.** Enmendar, rehabilitar, corregir. V. MEJOR 2.
reformatorio. Internado, correccional, establecimiento educativo. V. PRISIÓN 1, EDUCACIÓN 9.
reformista. V. reformador.

REFORZAR. 1. Robustecer, fortificar, fortalecer, vigorizar*, endurecer, asegurar, consolidar, trabar, afianzar, afirmar, sujetar, soportar, apuntalar, sostener, apoyar, entibar, asentar, revestir, recubrir*, remendar, reparar*, rejuvenecer, renovar, remozar, espesar, engrosar, aumentar*, guarnecer, incrementar, multiplicar, mejorar*, defender*, proteger*, amurallar, acorazar, blindar, parapetar, construir*, cargar, arrimar, respaldar, sustentar, acodar, reclinar, amarrar, atar, inmovilizar*, coger*, aferrar, trincar, clavar*, atornillar, acuñar, atirantar, engrosar.
— **2.** Tonificar, reanimar, vivificar. V. VIGOR 4.
3. Reforzamiento. Fortalecimiento, endurecimiento, fortificación, robustecimiento, viga, refuerzo (v. 4), vigorización*, afianzamiento, consolidación, sujeción, apuntalamiento, trabazón, asentamiento, apoyo*, soporte*, engrosamiento, espesamiento, aumento*, sostén, recubrimiento*, revestimiento, construcción*, parapeto, trinchera, protección, defensa, mejora, acodo, sustentación, carga, amarre, inmovilización*, atirantamiento, clavado, trincado, atornillado, acuñamiento, puntal (v. 4).
4. Refuerzo. Puntal, viga, pata, madero*, traba, soporte*, columna, pilastra, pilar, poste, traviesa, tirante, palo*, percha, sostén, arbotante, contrafuerte, apoyo*, cuña, trinca, estribo, zuncho, abrazadera, placa*, chapa, amarra, sustentáculo, listón, codo, defensa, fortificación*, blindaje, coraza, armadura*, escudo*, parapeto, trinchera, armazón, maderamen*, entramado, pretil, brocal, pedestal, base, jácena, fusta, durmiente, muleta, trípode, reforzamiento (v. 3).
— **5.** Colaboración, asistencia, socorro*. V. AYUDA 1.
Contr.: Debilitar*, ablandar.
V. VIGORIZAR, PROTEGER, DEFENDER, FORTIFICAR, RECUBRIR, REPARAR, CONSTRUIR; MADERO, SOPORTE, PALO, COLUMNA, APOYO.
refracción. Variación, modificación, desviación de la luz. V. FÍSICA 9.
refractario. 1. Adverso, reacio, opuesto. V. REBELDE 1.
— **2.** Resistente*, incombustible, ignífugo. V. FUEGO 8.
REFRÁN. 1. Adagio, sentencia, proverbio, aforismo, moraleja, dicho, frase*, máxima, pensamiento*, precepto, ejemplo*, fórmula, concepto, mensaje, lección, enseñanza, consejo*, parábola, metáfora, axioma, principio, aleccionamiento, demostración, afirmación, anécdota, caso, verdad*, narración*, explicación*, historia, cuento, relato, refranero (v. 2).
2. Refranero. Selección, florilegio, recopilación, antología, colección*, repertorio de refranes, tradición*, acervo, sabiduría popular.
V. FRASE, EJEMPLO, PENSAMIENTO, EXPLICACIÓN, CONSEJO, NARRACIÓN, COLECCIÓN.
refranero. V. REFRÁN 2.

refregar. Estrujar, restregar, friccionar. V. FRO-
TAR 1.
refrenar. Reprimir, reducir, moderar. V. DOMINA-
CIÓN 9, 11.
refrendar. Confirmar, autorizar, respaldar. V.
APROBAR 1.
refrendo. V. refrendar.
refrescante. Fresco, estimulante, vigorizante*. V.
FRÍO 2, AGRADABLE 1.
refrescar. Enfriar, refrigerar, atemperar. V. FRÍO 6.
refresco. Sorbete, naranjada, limonada. V. BEBI-
DA 3.
refriega. Riña, escaramuza, reyerta. V. PELEA 1.
refrigeración. 1. Aire acondicionado, climatización, enfriamiento. V. FRÍO 1.
— **2.** V. refrigerar.
refrigerador. Congelador, nevera, cámara frigorífica. V. FRIGORÍFICO 1.
refrigerar. Helar, enfriar, congelar. V. FRÍO 6.
refrigerio. Aperitivo, tentempié, piscolabis. V.
ALIMENTO 1.
refringencia. Refracción, variación, desviación de
la luz*. V. FÍSICA 9.
refrito. Revoltillo, refundición, recopilación. V.
COPIA 2.
refuerzo. 1. Sostén, puntal, protección. V. RE-
FORZAR 4, 5.
— **2.** Asistencia, colaboración, socorro*. V.
AYUDA 1.
refugiado. V. REFUGIO 5.
refugiar(se). V. REFUGIO 4.
REFUGIO. 1. Protección, cobijo, resguardo, retiro,
defensa*, amparo, albergue, abrigo, escondrijo,
escondite, guarida, descanso*, rincón, socorro,
favor, ayuda*, apoyo, soporte, cuidado*, tutela, garantía, acogida, salvaguardia, sanctasanctórum, santuario, hospitalidad, oasis, cubil, cueva* (v. 3), alojamiento, hotel*, posada, casa*,
asilo, hospicio (v. 2); refugio antiaéreo, antiatómico, de montaña, alpino, subterráneo.
— **2.** Hospicio, refugio, orfanato, asilo, inclusa,
lazareto, albergue, casa de expósitos, c. cuna,
establecimiento benéfico, organismo b.
— **3.** Cubil, refugio, madriguera, guarida, cueva*, caverna, agujero*, escondrijo, covacha,
ratonera, gazapera, conejera, nido, huronera,
topera, perrera, zorrera, lobera (v. 1).
4. Refugiar(se). Resguardar(se), proteger*,
amparar, socorrer*, cobijar, retirarse, guarecer,
ocultar*, esconder, invernar, hibernar, albergar,
acoger, abrigar, defender*, cubrir, recoger, aislar, encerrarse, alojar, favorecer, salvaguardar,
garantizar*, tutelar, cuidar*, apoyar, ayudar*.
5. Refugiado. Acogido, amparado, asilado,
perseguido, exiliado, damnificado, desterrado,
deportado, víctima, expatriado, emigrante, inmigrante, desarraigado, confinado, internado,
recluido, recluso, expulsado, prisionero*, huérfano*, incluseño, hospiciano.
Contr.: Desamparo*, soledad.

V. DEFENSA, AYUDA, SOCORRO, CUIDADO,
CASA, HOTEL, CUEVA.
refulgencia. Resplandor, reflejo, fulgor. V. BRI-
LLO 1.
refulgente. Resplandeciente, fulgurante, reluciente. V. BRILLO 2.
refulgir. Relucir, fulgurar, resplandecer. V. BRI-
LLO 3.
refundir. Compendiar, condensar, transformar.
V. ABREVIAR 1.
refunfuñar. Gruñir, rezongar, mascullar. V. MUR-
MULLO 3.
refutar. Rebatir, argumentar, negar*. V. RECHA-
ZAR 1.
regadío. Sembrado, huerta, cultivo. V. AGRICUL-
TURA 2.
regaladamente. V. regalado 2.
regalado. 1. V. REGALO 4.
— **2.** Grato, confortable, agradable*. V. CO-
MODIDAD 2.
regalar. V. REGALO 2.
regalía. 1. Privilegio, excepción, derecho. V. BE-
NEFICIO 1.
— **2.** Gravamen, impuesto, tasa. V. FISCO 3.
regaliz. Orozuz, planta, zumo. V. CONFITERÍA 2.
REGALO. 1. Donación, presente, obsequio, ofrenda, ofrecimiento*, don, donativo, óbolo, dádiva, legado, recuerdo, «souvenir», objeto típico, entrega*, oferta, soborno*, ofrecimiento,
retribución, compensación, pago*, gratificación,
agasajo, dote, contribución, concesión, merced,
gracia, cortesía, favor, caridad, socorro*, ayuda*, limosna, subvención, cantidad, aguinaldo,
propina, cesión, traspaso.
2. Regalar. Entregar*, ofrendar, ofrecer*, dar,
obsequiar, donar, gratificar, presentar, legar,
dejar, dedicar, subvencionar, ofertar, favorecer,
proporcionar, dispensar, agraciar, ceder, conceder, contribuir, dotar, agasajar, sobornar*,
pagar*, traspasar.
3. Que regala. Donante, donador, generoso*,
dadivoso, liberal, espléndido, cesionario, legatario, cortés, caritativo, piadoso, desprendido,
mecenas, filántropo, derrochador*.
4. Regalado. Gratis, gratuito, sin cargo, de balde, de obsequio, libre, graciosamente, ofrendado, obsequiado, entregado* (v. 2).
Contr.: Préstamo*, venta.
V. ENTREGA, PAGO, SOBORNO, AYUDA, OFRE-
CIMIENTO, DERROCHE.
regalón. Mimado, malcriado, consentido. V. MI-
MAR 2.
regañadientes (a). A disgusto, de mala gana, con
desagrado. V. PROTESTA 1.
regañar. 1. Querellarse, reñir, disputar. V. PELEA 2.
— **2.** Indisponerse, enojarse*, enfadarse. V.
ENEMISTAD 4.
— **3.** Reprochar, amonestar, increpar. V. RE-
PRENDER 1.

regañina. 1. Amonestación, reprimenda, riña. V. REPRENDER 2.
— **2.** V. regañar 1, 2.
regaño. V. regañina.
regañón. Gruñón, rezongón, quisquilloso. V. PROTESTA 5.
regar. 1. Rociar, empapar, irrigar. V. MOJAR 1.
— **2.** Desparramar, extender*, esparcir. V. DISPERSAR 1.
REGATA. 1. Competición, c. deportiva*, náutica, navegación* a vela, n. deportiva, prueba, «yachting», carrera* de embarcaciones, c. de barcos*, c. de veleros, c. de embarcaciones de motor*, c. de botes*, c. de embarcaciones de remo.
2. Regatas de veleros deportivos. Salida, meta, recorrido, baliza, señales, virada, puntuación, mangas, orzada, bordada, «handicap», babor, estribor, barlovento, sotavento.
3. Categorías de veleros deportivos. Balandro, snipe, Finn, Flying Dutchman, Star, Dragón, yate de fórmula, crucero, patín de vela, catamarán, trimarán (v. barco 2).
4. Aparejo. *Velas:* mayor, foque, mesana, spinnaker o balón, gavias, cangrejas, juanetes. *Vela:* gratil, caída, baluma, pujamen. *Aparejo:* palo, mástil, botavara, mastelero, estay (v. barco 14-17).
5. Motonáutica. V. BOTE 11.
V. BOTE, BARCO, CARRERA, DEPORTE.
regate. Finta, esquive, amago. V. ESQUIVAR 4.
regatear. 1. Burlar, sortear, eludir. V. ESQUIVAR 1.
— **2.** Privar, cicatear, negar*. V. QUITAR 2.
— **3.** Trapichear, discutir*, establecer el precio. V. COMPRA 4.
regateo. V. regatear.
regazo. Falda, cobijo, seno. V. PROTECCIÓN 1.
regencia. Representación, tutela, interregno. V. REY 6.
regeneración. Rehabilitación, recuperación, renovación. V. MEJOR 5.
regenerar. Recuperar, rehabilitar, renovar. V. MEJOR 2.
regentar. Regir, gobernar, dirigir. V. ADMINISTRACIÓN 4.
regente. Director, jefe*, gobernante. V. ADMINISTRACIÓN 6.
regicida. Magnicida, criminal, asesino. V. ASESINATO 4.
regicidio. Crimen, magnicidio, atentado. V. ASESINATO 1, 2.
regidor. 1. V. regente.
— **2.** Concejal, edil, alcalde. V. ALCALDÍA 4.
régimen. 1. Ayuno, tratamiento, cura* alimenticia. V. DIETA 1.
— **2.** Política, gabinete, mando. V. GOBIERNO 1, 2.
— **3.** Curso, plan*, modo*. V. ACTUACIÓN 1.
regimiento. Tropa, unidad, cuerpo militar. V. EJÉRCITO 4.
regio. 1. Real, principesco, imperial. V. REY 8.

— **2.** Suntuoso, espléndido, magnífico. V. LUJO 2.
región. País, comarca, territorio. V. NACIÓN 3.
regional. Local, comarcal, provincial. V. NACIÓN 6.
regionalismo. 1. Localismo, autonomismo, doctrina regional. V. NACIÓN 8.
— **2.** Modismo, giro, expresión regional. V. GRAMÁTICA 18.
regionalista. Autonomista, localista, federalista. V. NACIÓN 7.
regir. 1. Mandar, dirigir, guiar*. V. GOBIERNO 12.
— **2.** Obrar, funcionar, estar vigente. V. ACTUACIÓN 3.
registrar. 1. Buscar, examinar, cachear. V. INVESTIGACIÓN 4.
— **2.** Anotar, asentar, inscribir. V. ESCRIBIR 1.
registro. 1. Cacheo, búsqueda, examen. V. INVESTIGACIÓN
— **2.** Matriculación, clasificación*, padrón. V. LISTA 1.
— **3.** Archivo, despacho, organismo. V. OFICINA 1.
REGLA. 1. Plantilla, medida*, metro, decímetro, doble decímetro, tablilla, escuadra, cartabón, pauta, escala, graduación, división, patrón, falsilla, escantillón, tirador, planchuela, cuadradillo, rasero, gnomon, transportador, vernier, nonio, regla de cálculo, alidada.
— **2.** Dechado, modelo, muestra. V. EJEMPLO 3.
— **3.** Mes, período, flujo. V. MENSTRUACIÓN 1.
— **4.** *Norma*, regla, reglamento, regulación, mandato, precepto, ordenanza*, código, orden, ley*, canon, pauta, patrón, estándar, estatuto, instrucción, sistema, derecho, directorio, método, criterio, principio, formalidad, directriz, directiva, técnica, rito, ritual, protocolo, formalidad, vía, actuación*, política*, gobierno*, fórmula, medio, divisa, arte, modo*.
5. Reglamentación. Ordenación*, regulación, codificación, instrucción, normalización, sistematización, legislación, norma (v. 4).
6. Reglamentario. Preceptuado, preceptivo, establecido, estatuido, ordenado*, regulado, normalizado, normativo, legal*, legalizado, lícito, justo, regular, sistematizado, codificado, legislado, instruido.
7. Regulador. Ordenador, normalizador, codificador, sistematizador, preceptivo, legislador, normativo, formal (v. 4).
8. Reglar. Disponer, ordenar*, ajustar, rectificar, acondicionar, preceptuar, someter, limitar*, normalizar, metodizar, clasificar*, condicionar, regularizar, regular, reglamentar, organizar, adecuar, gobernar, mandar, establecer, estatuir, codificar, sistematizar, legislar.
Contr.: Desorden*, anarquía.
V. MEDIDA, LEY, ORDEN, LÍMITE, CLASIFICACIÓN.
reglaje. Ajuste, regulación, rectificación. V. REPARACIÓN 1.

reglamentación. V. REGLA 5.
reglamentar. V. REGLA 8.
reglamentario. V. REGLA 6.
reglamento. V. REGLA 4.
reglar. V. REGLA 8.
regocijado. Entusiasmado*, alborozado, contento. V. ALEGRÍA 6.
regocijarse. Alborozarse, entusiasmarse*, animarse. V. ALEGRÍA 3.
regocijo. Alborozo, entusiasmo*, contento. V. ALEGRÍA 1.
regodearse. Deleitarse, gozar, complacerse. V. PLACER 6.
regodeo. Goce, deleite, gusto. V. PLACER 1.
regordete. Rollizo, gordinflón, rechoncho. V. GORDO 1.
regresar. V. REGRESO 2.
regresión. Retraso, retroceso*, deterioro*. V. EMPEORAMIENTO 1.
REGRESO. 1. Retorno, llegada*, vuelta, torna, retroceso*, venida, reintegro, entrada*, arribo, arribada, restitución, reincorporación, reingreso, aparición, reaparición, presentación, renacimiento, resurgimiento, resurrección, florecimiento*, brote*, retrogradación, repetición, comparecencia, saludo*, reanudación, continuación*, presentación, aproximación, advenimiento, caminata*, periplo, viaje*, ida, marcha*, desplazamiento, movimiento*, regresión, involución.
2. Regresar. Volver, presentarse, llegar*, venir, reaparecer, retornar, tornar, retroceder*, ir, entrar, reanudar, continuar*, repatriarse, retrogradar, repetir*, recular, reintegrarse, reincorporarse, reingresar, restituir, reponer, aproximarse, acercarse, saludar*, renacer, resurgir, resucitar, florecer*, brotar*, comparecer, aparecer, arribar, dirigirse, encaminarse, marchar*, caminar*, desplazarse, moverse*, viajar*, involucionar, mandar, traer.
Contr.: Ida, marcha*, salida*, ausencia, despedida*.
V. LLEGADA, VIAJE, MARCHA, RETROCESO, REPETICIÓN, SALUDO, CONTINUACIÓN, MOVIMIENTO.
regüeldo. Eructo, expulsión, gases*. V. EXCRECIÓN 2.
reguero. 1. Riachuelo, arroyo, cauce. V. RÍO 1.
— **2.** Residuo, rastro, vestigio. V. SEÑAL 2.
regulación. V. REGLA 4.
regulador. 1. Válvula, aparato*, mecanismo. V. INTERRUPTOR 1.
— **2.** Ordenador, preceptivo, normalizador. V. REGLA 7.
regular. 1. Mediocre, intermedio, pasadero. V. MEDIANO 1.
— **2.** Común, normal, frecuente*. V. HÁBITO 6.
— **3.** Cadencioso, exacto*, repetido. V. REPETICIÓN 5.
— **4.** Normalizar, ordenar*, organizar. V. REGLA 8.

regularidad. Periodicidad, exactitud*, estabilidad. V. FRECUENCIA 1.
regularizar. V. regular 4.
regularmente. V. regular 2, 3.
régulo. Cacique, reyezuelo, jefe*. V. REY 2.
regurgitar. Vomitar, devolver, arrojar. V. LANZAR 1.
rehabilitación. V. REHABILITAR 3.
REHABILITAR. 1. Redimir, resarcir, restituir, devolver*, restablecer, regenerar (v. 2), perdonar*, exculpar, desagraviar, reintegrar, indemnizar, reivindicar*, salvar, vindicar, satisfacer, rescatar, reparar, recuperar, reponer, corregir, rectificar, renovar, restaurar, enmendar, reconstruir, rehacer, reponer, remediar, cambiar*, transformar, reformar, renacer, emancipar, manumitir, recobrar, reconquistar, liberar*, subsanar (v. 2).
— **2.** *Regenerar*, rehabilitar, curar*, reanimar, mejorar*, vivificar, rehacerse, reeducar, recuperar, fortalecer, vigorizar*, restablecer, convalecer, sanar, recobrar, aliviar, redimir (v. 1).
3. Rehabilitación. Reposición, devolución*, reivindicación, indemnización, restablecimiento, recuperación, regeneración (v. 4), reparación, desagravio, compensación, restitución, redención, resarcimiento, perdón*, vindicación, rescate, satisfacción, reintegro, renovación, enmienda, restauración, salvación, corrección, reposición, exculpación, liberación*, emancipación, manumisión, reconquista, renacimiento, reforma, remedio, reconstrucción (v. 4).
— **4.** *Regeneración*, cura*, reeducación, recuperación, mejora*, fortalecimiento, vigorización*, restablecimiento, convalecencia, alivio, salud*, rehabilitación (v. 3).
5. Rehabilitado. Redimido, resarcido, regenerado (v. 1, 2).
Contr.: Deshonrar*, sojuzgar, humillar*.
V. PERDONAR, DEVOLVER, LIBERAR, MEJORAR, CAMBIAR, VIGORIZAR.
rehacer. 1. Restablecer, arreglar, restaurar. V. REPARACIÓN 3.
— **2.** *Rehacerse*, fortalecerse, recuperarse, reanimarse. V. REHABILITAR 2.
rehala. Tropilla, manada, rebaño (lanar). V. GANADO 1.
rehén. Prisionero*, secuestrado, raptado. V. SECUESTRO 3.
rehogar. Guisar, cocer, estofar. V. COCINA 7.
rehuir. Eludir, evitar, rehusar. V. ESQUIVAR 1.
rehusar. Negar, desechar, desdeñar. V. RECHAZAR 1.
reidor. Jubiloso, alborozado, jocoso. V. ALEGRÍA 6.
reimprimir. Reproducir, reeditar, copiar*. V. IMPRENTA 9.
reina. Soberana, consorte, emperatriz. V. REY 3.
reinado. V. reino.
reinante. Imperante, dominante, gobernante*. V. ACTUAL 1.
reinar. Imperar, mandar, regir. V. GOBIERNO 12.

reincidencia. Contumacia, rebeldía, insistencia. V. OBSTINACIÓN 1.

reincidente. Recalcitrante, contumaz, rebelde. V. OBSTINACIÓN 2.

reincidir. Repetir, incurrir, recaer. V. OBSTINACIÓN 3.

reincorporación. V. reincorporar.

reincorporar(se). Reingresar, restituir, reponer. V. REGRESO 2.

reino. 1. Estado, imperio, principado. V. REY 6.
— **2.** Dominación, lapso, dinastía. V. REY 6.

reinstalar. 1. Restituir, reponer, reanudar. V. DEVOLVER 1.
— **2.** *Reinstalarse,* asentarse, volver, establecerse. V. PERMANECER 1.

reintegrar. V. reinstalar.

reintegro. 1. Restitución, reincorporación, reingreso. V. REGRESO 1.
— **2.** Entrega, pago*, restitución. V. DEVOLVER 3.

reír. 1. Desternillarse, carcajear, regocijarse. V. ALEGRÍA 5.
— **2.** *Reírse de,* burlarse, mofarse, chancearse. V. BROMA 7.

reiteración. Pertinacia, insistencia, obstinación. V. REPETICIÓN 1.

reiterado. Periódico, frecuente, obstinado*. V. REPETICIÓN 5.

reiterar. Confirmar, insistir, asegurar. V. REPETICIÓN 4.

reiterativo. Insistente, pesado, temoso. V. REPETICIÓN 5.

reivindicación. V. reivindicar.

reivindicar. 1. Reclamar, exigir, pretender. V. PEDIR 1.
— **2.** Redimir, desagraviar, devolver*. V. REHABILITAR 1.

reja. Cancela, barrotes, verja. V. VALLA 1.

REJILLA. Enrejado, celosía, persiana, emparrillado, maderamen*, entretejido, encañado, soporte*, bastidor, armazón, telón, cortina, toldo, redecilla, red, malla, entramado, apoyo*, sostén.
V. SOPORTE, MADERAMEN, VENTANA, VALLA.

rejón. Vara, punta*, asta. V. PINCHAR 6.

rejoneador. Caballista, jinete, picador. V. TOREO 2.

rejonear. Picar, herir, lidiar a caballo. V. PINCHAR 1, TOREO 5.

rejoneo. Toreo a caballo, lidia, pica. V. TOREO 1.

rejuvenecer. 1. Vivificar, remozar, restablecer. V. JOVEN 8.
— **2.** Modernizar, restaurar, renovar. V. REPARACIÓN 3.

RELACIÓN. 1. Concordancia, correlación, analogía, concomitancia, consecuencia, parecido, semejanza*, similitud, igualdad, paralelismo, parentesco, proximidad, cercanía*, conexión, correspondencia, coincidencia, afinidad, armonía, comparación*, contacto, dependencia, coherencia, vínculo, trabazón, concatenación, comunicación, unión*, grupo*, acoplamiento*, ajuste, sinergia, congruencia, conformidad, reciprocidad*, proporción, connivencia, orden*, contacto, connotación, conjunción, nexo, lazo, maridaje, ilación, ligazón, enlace, equilibrio*.
— **2.** Reseña, enumeración, narración*. V. EXPLICACIÓN 1.
— **3.** Intimidad, trato, compañerismo*. V. CONVIVENCIA 1.
— **4.** *Relaciones,* parientes, familiares, conocidos. V. COMPAÑERO 1, FAMILIA 1.
— **5.** Noviazgo, festejo, idilio. V. AMOR 2.

6. Relacionar(se). Vincular(se), concordar, enlazar, agruparse, encadenar, coincidir, conectar, unir*, correlacionar, aproximar, emparentar, reciprocar, comparar, armonizar, igualar, semejar*, depender, parecer, contactar, asociar*, vincular, trabar, acoplar*, comunicar, conformar, contactar, ordenar, ligar, casar, equilibrar, hablar*.
— **7.** Describir, narrar, detallar*. V. EXPLICACIÓN 2.
— **8.** *Relacionarse,* visitarse*, alternar, ligar, presentarse. V. CONVIVENCIA 2.
— **9.** Emparentar, vincularse, prometerse. V. CASAMIENTO 1.
— **10.** Atañer, referirse, concernir. V. INCUMBIR 1.

11. Relacionado. Concordante, correlacionado, vinculado, agrupado, tocante, relativo, referente, respecto a, en relación con, con relación a, inherente, consustancial, propio, inseparable, enlazado, encadenado (v. 6).
Contr.: Separación*, independencia, alejamiento*.
V. SEMEJANZA, ASOCIACIÓN, CERCANÍA, UNIÓN, GRUPO, CONVIVENCIA, COMPAÑERISMO, CASAMIENTO, FAMILIA, AMORÍO, EXPLICACIÓN, INCUMBENCIA.

relacionado. V. RELACIÓN 11.

relacionar(se). V. RELACIÓN 6-10.

relajación. V. RELAJAR 3.

relajado. V. RELAJAR 6.

relajamiento. V. RELAJAR 3.

relajante. V. RELAJAR 5.

RELAJAR. 1. Ablandar, aflojar, suavizar*, soltar, descomprimir, ceder, distender, extender, estirar, alargar, desenfrenar (v. 2), molificar, reblandecer, tranquilizar*, aplacar, aliviar, desahogar, serenar, desperezar, estirarse, bostezar, desentumecerse, reanimar, respirar*, destensar, distraer, confortar, moderar*, divertir, amansar, mitigar, apaciguar, rendirse, entregarse*, disminuir*, decaer, perder*, reblandecer, descuajaringar, enervar, soltar, flaquear, debilitar*, echar, descomponer, paliar, dulcificar, desgastar, descarriarse (v. 2).
— **2.** *Relajar(se),* descarriarse, desenfrenarse, viciar*, corromper, pervertir, decaer, estropearse, deteriorarse*, malear, disiparse, depravar, envilecer, torcer, perjudicar*, contaminar, desordenar*, revolucionar*, trastornar, desalentar,

deshacer, languidecer, desfallecer, aletargar, resquebrajarse, estragarse.

3. Relajación. Laxitud, lasitud, distensión, aflojamiento, flaccidez, flojera, relajamiento, corrupción, relajo (v. 4), ablandamiento, reblandecimiento, extensión, alargamiento, estiramiento, desmadejamiento, debilitamiento*, enervamiento, suavización, molificación, distracción, diversión*, amansamiento, desahogo, paliativo, alivio, respiración, tranquilización, tranquilidad*, relax, calma, descanso*, enervamiento, dulcificación, cesión, entrega.

4. Relajo. Corrupción, relajación, descarrío, desenfreno, vicio*, perversión, decadencia, deterioro*, perjuicio*, vileza*, envilecimiento, depravación, disipación, decaimiento, desaliento, desfallecimiento, aletargamiento, resquebrajamiento, debilitamiento*, desgaste, contaminación, descomposición, hundimiento, ruina, extravío, desorden*, anarquía, revolución*, caos, desbarajuste.

5. Relajante. Tranquilizante*, suavizante*, calmante, sedante, paliativo, lenitivo, antiespasmódico, medicamento*, droga*, mitigante, reanimador, distraído, divertido*, apaciguador, ameno, variado*, descansado*, debilitante*, molificante, moderador, apaciguador.

6. Relajado. Fláccido, flojo*, distendido, blando*, aflojado, suelto, extendido*, estirado, molificado, lacio, decaído, laso, laxo, fofo, desmadejado, aliviado, desahogado (v. 1), corrompido, depravado, vicioso* (v. 4).

Contr.: Endurecer, contraer, angustiar, enmendar, enderezar.

V. FLOJO, BLANDO, TRANQUILO, DESCANSADO, EXTENDIDO, DIVERTIDO, DÉBIL, DETERIORADO, VIL, VICIOSO, DESORDENADO.

relajo. V. RELAJAR 4.

relamerse. Saborear, gustar, regodearse. V. GUSTO 10.

relamido. Peripuesto, presumido, afectado. V. AFECTACIÓN 2.

relámpago. Centella, exhalación, chispa. V. RAYO 1.

relampagueante. Fulgurante, resplandeciente, rápido*. V. BRILLO 2.

relampaguear. Centellear, fulgurar, resplandecer. V. BRILLO 3.

relampagueo. V. relampaguear.

relapso. Apóstata, reincidente, contumaz. V. HEREJÍA 3.

relatar. Describir, explicar*, referir. V. NARRACIÓN 4.

relativo. 1. Similar, concomitante, vinculado. V. INCUMBIR 3.
— **2.** Condicional, inseguro, hipotético. V. DUDA 3.

relato. 1. Historia*, descripción, cuento. V. NARRACIÓN 1.
— **2.** Reseña, pormenor, informe. V. EXPLICACIÓN 1.

relator. Locutor, narrador, cronista. V. INFORME 6.

relax. V. RELAJAR 3.

relé. Disyuntor, dispositivo, regulador. V. INTERRUPTOR 1.

releer. Repasar, recapitular, hojear. V. EDUCACIÓN 12.

relegar. Desplazar, postergar, arrinconar. V. RECHAZAR 1.

relente. Rocío, sereno, helada. V. FRÍO 4.

relevante. Destacado, preeminente, sobresaliente. V. IMPORTANCIA 3. .

relevar. 1. Suplir, reemplazar, suceder. V. SUSTITUCIÓN 5.
— **2.** Apartar, despedir, echar. V. EXPULSAR 1.
— **3.** Eximir, descargar, absolver. V. DISCULPA 2.

relevo. Cambio, reemplazo, renuevo. V. SUSTITUCIÓN 1.

relicario. Cajita, joyero, medallón. V. JOYA 2, CAJA 1.

relieve. 1. Resalte, prominencia, realce. V. BORDE 1.
— **2.** Superioridad, magnitud, esplendor. V. IMPORTANCIA 1.

RELIGIÓN. 1. Doctrina, culto, credo, creencia, confesión, fe, fe en Dios*, convicción, dogma, liturgia, verdad*, ley*, devoción, adoración, veneración (v. 3), evangelio, misterio*, ortodoxia, misticismo, religiosidad (v. 9), fervor, piedad, fanatismo, teología, teogonía (v. 3, 10). Iglesia, feligresía, parroquia, templo*, congregación, fieles, devotos (v. 6).

2. Religión católica, cristiana. V. CRISTO 3, 5.

3. Otras creencias y religiones. Politeísmo, panteísmo, fetichismo, paganismo, idolatría, ateísmo, herejía*, animismo, totemismo, zoolatría, gentilidad, mitología*, metempsicosis, reencarnación, transmigración de las almas, ocultismo, magia, hechicería*, superstición*. Monoteísmo, cristianismo* (v. 2), judaísmo, mahometismo, islamismo, protestantismo, brahmanismo, hinduismo, budismo, confucianismo o confucionismo, sintoísmo, taoísmo, vedismo, parsismo, zoroastrismo, mazdeísmo (v. 1). Ateísmo.

4. Liturgia, objetos de culto. V. CRISTO, MISA.

5. Libros. Biblia*, Talmud, Tora, Tárgum, Corán, Avesta, Zend-Avesta, Vedas, Purana, Upanishad, Mahavamsa o Mahawansha, Tao te king, Lunyu, Libro de los muertos.

6. Religioso. Devoto, fiel, creyente, feligrés, místico, teólogo, sacerdote*, convencido, pío, piadoso, fervoroso, ascético, adorador, practicante, congregante, convencido, mártir, santo, apóstol, profeta, neófito, prosélito, convertido, correligionario, seguidor, nazareno, penitente, disciplinante, fanático; beato, santurrón; monoteísta, cristiano*, católico, sacerdotal, clerical, eclesiástico, monacal. *De otras religiones:* ortodoxo griego, protestante*, judío*, israelita, islámico, islamista, mahometano (v. árabe*), hindú, budista*, confuciano, sintoísta, taoísta, védico, parsi, de Zoroastro, de Mazda, pagano, idólatra, hereje*, fetichista, zoólatra, panteísta, politeísta, animista; gentil, ocultista, mago, hechicero*, supersticioso* (v. 7), (v. sacerdote*).

7. Irreligioso. Incrédulo, impío, descreído, hereje*, supersticioso*, fetichista, idólatra, politeísta, irreverente, nihilista, librepensador, escéptico, materialista, anticlerical, pagano, gentil, blasfemo, apóstata, renegado, excomulgado, sacrílego, poseído, endemoniado, infiel, indiferente (v. 8). Ateo.

8. Laico. Lego, seglar, secular, mundano*, terrenal, profano, civil, temporal, material, no religioso (v. 7).

9. Religiosidad. Unción, veneración, fe, devoción, culto, adoración, recogimiento, piedad, fervor, misticismo, contemplación, espiritualidad*, fidelidad, religión (v. 1), recogimiento, observancia, convencimiento, convicción, creencia, culto, plegaria, oración (v. rezo 1).

10. Generalidades. Ceremonias, oficios, ritos, misa*, gracia, predestinación, catequesis, catecismo, prédica, doctrina, credo, ortodoxia, heterodoxia, libertad de pensamiento, de culto, ayuno, bendición, infierno, cielo, ofrenda, sacrificio, voto, promesa, bula, apostolado, proselitismo, apostasía, blasfemia, excomunión, sacrilegio, herejía*.

11. Festividades religiosas. V. FIESTA 6.
Contr.: Ateísmo, herejía*, irreligiosidad (v. 7).
V. DIOS, CRISTO, CRISTIANO, PROTESTANTE, JUDÍO, ÁRABE, BUDISTA, SACERDOTE, HEREJE, SUPERSTICIOSO, HECHICERO, TEMPLO, REZO, MISA, FIESTA.

religiosamente. 1. Detalladamente, puntualmente, minuciosamente. V. DETALLE 5.
— **2.** Devotamente, fielmente, místicamente. V. RELIGIÓN 9.

religiosidad. V. RELIGIÓN 9.

religioso. 1. Creyente, devoto, fiel. V. RELIGIÓN 6.
— **2.** Fraile, cura, hermano, lego. V. SACERDOTE 2.

relinchar. V. relincho.

relincho. Chillido, alboroto, voz del caballo. V. VOZ 4.

reliquia. Traza, vestigio, trozo. V. RESIDUO 1, FRAGMENTO 1.

rellano. Plataforma, descansillo, meseta de escalera. V. ESCALERA 3.

rellenar. 1. Atestar, abarrotar, atiborrar. V. LLENAR 1.
— **2.** Alisar, aplanar, nivelar. V. LISO 3.

relleno. V. rellenar 1, 2.

RELOJ. 1. Cronógrafo, cronómetro, máquina*, indicador* de las horas, instrumento de precisión, reloj digital, analógico, de pulsera, de bolsillo, antichoque, antimagnético, estanco, mecánico, de cuerda, de cuarzo, automático, electrónico, eléctrico*, de pilas, de pie, de mesa, de sobremesa, de péndulo, de pesas, de consola, de campana, de cuco, de pared, de carillón, de torre, de teléfono, magistral, atómico, marino, horario, astronómico*, calendario*, despertador, de cocina, de repetición, avisador, cuentaminutos, musical; muestra, dije, saboneta. *Relojes antiguos:* reloj de sol (solar), clepsidra (de agua), de arena, de aceite, de vela.

2. Partes. *Reloj mecánico:* caja, esfera, cuadrante, cifras, c. luminosas, cristal, aguja, saeta, manecilla, m. horaria, minutero, segundero, calendario, mecanismo, engranajes, diente, corona (para dar cuerda), rueda de la corona, áncora, trinquete, rueda de escape, r. catalina, volante, eje del volante, resorte, espiral, regulador (raqueta), registro, rueda central, rubíes, cubo o barrilete, tornillos. *R. de sol:* cuadrante, gnomon o varilla, radio de los signos, polo gnomónico. *R. de arena:* ampolleta, arena, soporte. *R. de péndulo, r. de pesas:* caja o mueble, pesas, péndulo o péndola, esfera, cifras, horario, minutero, sonería, carillón. *R. despertador:* campanilla, llaves, manecilla del toque. *R. de bolsillo:* cadena, leontina, eslabón, mosquetón, anilla, tapa. *R. de cuarzo:* cristal de cuarzo, pila, divisor de frecuencias, esfera. *R. digital:* cifras digitales, botón, pulsador, circuito, alarma, memoria.

3. Marcas. Omega, Longines, Patek Philippe, Piaget, Tissot, Rolex, Certina, Bulova, Seiko, Viceroy.

4. Acción. Marcar, señalar, marchar, hacer tictac, dar la hora, sonar, tocar, adelantar, atrasar, detenerse, marchar bien, m. mal, dar cuerda, poner en hora, comprobar, reparar, repasar, limpiar, ir como un reloj, contrarreloj (carrera), cronometrar.

5. Relojería. Taller, tienda; mesa de trabajo, lupa de relojero, herramientas*, fornituras, pieza*, pinzas, destornillador, pie de rey, lima, alicates, aceitera, sierra, yunque, buril, punzones, cincel, torno, palillos de limpieza, campana de cristal, balanza de precisión.

6. Relojero. Técnico, artesano, artífice, experto, cronometrista, oficial, ayudante.
V. TIEMPO, HORA, MÁQUINA, INDICADOR.

relojería. V. RELOJ 5.

relojero. V. RELOJ 6.

reluciente. Fulgurante, resplandeciente, relumbrante. V. BRILLO 2.

relucir. Fulgurar, resplandecer, relumbrar. V. BRILLO 3.

reluctante. Reacio, remiso, renuente. V. REBELDE 1.

relumbrante. V. reluciente.

relumbrar. V. relucir.

relumbrón. Apariencia, oropel, ficción. V. FALSO 6.

remachar. 1. Sujetar, fijar, machacar. V. CLAVO 2.
— **2.** Subrayar, recalcar, acentuar. V. REPETICIÓN 4.

remache. Roblón, sujeción, pieza*. V. CLAVO 1.

remanente. Resto, sobrante, exceso. V. RESIDUO 1.

remangar. Levantar, enrollar, alzar la manga. V. SUBIR 2.

remango. Disposición, resolución, descaro. V. DINAMISMO 1, DESCORTESÍA.

remansar. Embalsar, detener, estancar. V. PRESA 8.

remanso. Recodo, meandro, revuelta. V. RÍO 2.

remar. Bogar, impulsar, avanzar remando. V. BOTE 6.

remarcable. *galic* Destacado, sobresaliente, excelente. V. SUPERIOR 1.

remarcar. Advertir, señalar, recalcar. V. REPETICIÓN 4.

rematadamente. Enteramente, completamente, absolutamente. V. TOTAL 6.

rematado. Sin remedio, insalvable, demente. V. TOTAL 2, LOCURA 4.

rematar. 1. Eliminar, suprimir, liquidar. V. MUERTE 14.

— **2.** Concluir, terminar, consumar. V. FIN 4.

— **3.** Subastar, adjudicar, liquidar. V. VENDER 1.

remate. 1. Término, conclusión, extremidad. V. FIN 1.

— **2.** Licitación, liquidación, subasta. V. VENDER 3.

remedar. Parodiar, fingir, burlar. V. SIMULACIÓN 9.

remediar. 1. Enmendar, corregir, arreglar. V. SOLUCIÓN 3.

— **2.** Aliviar, favorecer, socorrer*. V. AYUDA 3.

remedio. 1. Arreglo, enmienda, corrección. V. SOLUCIÓN 1.

— **2.** Específico, fármaco, medicina. V. MEDICAMENTO 1.

— **3.** Favor, auxilio, socorro*. V. AYUDA 1.

remedo. Fingimiento, pantomima, imitación. V. SIMULACIÓN 2.

remembranza. Reminiscencia, recuerdo, evocación. V. MEMORIA 1.

rememorar. Evocar, recordar, revivir. V. MEMORIA 6.

remendar. Recoser, zurcir, componer. V. COSTURA 5, REPARACIÓN 3.

remendón. Zapatero, operario, artesano. V. CALZADO 5.

remero. Barquero, batelero, deportista*. V. BOTE 6.

remesa. Encargo, envío, expedición. V. ENVIAR 3.

remesar. Facturar, expedir, mandar. V. ENVIAR 1.

remiendo. Zurcido, parche, apaño. V. COSTURA 2, REPARACIÓN 1.

remilgado. V. REMILGO 2.

remilgarse. V. REMILGO 3.

REMILGO. 1. Gazmoñería, ñoñez, ñoñería, cursilería, melindre, afectación*, mojigatería, capricho*, tontería*, timidez*, cortedad, pusilanimidad, pamplina, necedad, falsedad, rebuscamiento, mimo*, escrúpulo, ridiculez, extravagancia, fantasía*, presuntuosidad, amaneramiento, artificio, hipocresía*, beatería, santurronería, pedantería*, puritanismo, temor*, cobardía, ranciedad, gesto*, aspaviento, simulación*, disimulo*, ficción, fariseísmo, insustancialidad, dengue, chinchorrería, sosería,

vicio*, delicadeza, comedia, teatralidad, teatro, complicación, apariencia, pretensión, pamplinas, carantoña.

2. Remilgado. Mojigato, gazmoño, amanerado, cursi, púdico, pudoroso, melindroso, ñoño, afectado*, rebuscado, artificioso, hipócrita*, necio, aspaventero, gestero*, mimoso*, quejica, pamplinero, ridículo*, caprichoso*, susceptible, escrupuloso, fingido, falso*, forzado, aquejado, simulado*, fantasioso, pedante*, presuntuoso, beato, santurrón, puritano, necio, cobarde*, corto, pusilánime, tímido*, insustancial, temeroso, rancio, disimulado*, falso*, fariseo, chinchorrero, quisquilloso, detallista*, dengoso, afeminado, complicado, soso.

3. Remilgarse. Amanerarse, afectarse*, encapricharse, fantasear*, ridiculizarse*, disimular*, fingir, gesticular*, rebuscar, tontear*, encapricharse, complicarse, viciarse*, presumir, temer, forzar, simular*, aquejar, aparentar, falsear*, rebuscar, afeminarse, pretender, quejarse*, acobardarse.

Contr.: Naturalidad, espontaneidad, sinceridad*.

V. AFECTACIÓN, DISIMULO, RIDÍCULO, CAPRICHO, TONTERÍA, PEDANTERÍA, FALSEDAD, TIMIDEZ, HIPOCRESÍA, TEMOR, COBARDÍA, SIMULACIÓN, GESTO, MIMO, DETALLE, QUEJA.

reminiscencia. Evocación, recuerdo, remembranza. V. MEMORIA 1.

remirado. Cauteloso, minucioso, reflexivo. V. CUIDADO 4.

remisión. Absolución, amnistía, indulto. V. PERDÓN 1.

remiso. Reacio, opuesto, antagónico. V. OPOSICIÓN 4.

remitente. Expedidor, persona que escribe, que envía. V. CARTA 4.

remitido. Comunicado, escrito*, aviso. V. NOTA 1.

remitir. 1. Expedir, mandar, dirigir. V. ENVIAR 1.

— **2.** Menguar, aminorar, reducir. V. DISMINUCIÓN 2.

remo. 1. Deporte* del remo, competición, regata*. V. BOTE 7, 8.

— **2.** Paleta, pala, espadilla. V. BOTE 4.

— **3.** Extremidad de animal, pata, mano*. V. PIERNA 1.

remoción. Meneo, agitación, destitución. V. MOVIMIENTO 2, EXPULSIÓN.

remojar. Humedecer, regar, empapar. V. MOJAR 1.

remojo. Baño*, humedecimiento, riego. V. MOJAR 4.

remolacha. Raíz carnosa, betarraga, planta. V. HORTALIZA 2.

remolcador. Embarcación, nave portuaria, n. de servicio. V. PUERTO 5.

remolcar. Impulsar, arrastrar, impeler. V. EMPUJAR 1.

remolino. 1. Torbellino, tromba, vorágine. V. CICLÓN 1.

— **2.** Corriente, rápido, poza. V. RÍO 2.

remolón. Remiso, negligente, moroso. V. HOL-GAZÁN 1.

remolonear. Retrasarse, demorarse, gandulear. V. HOLGAZÁN 3.

remolque. Traslado*, arrastre, acarreo. V. EM-PUJAR 3.

remonta. Cría* de mulas, de caballos* del ejército, cuidado*. V. CABALLO 24.

remontar. Ascender, elevar, avanzar. V. SUBIR 1.

remoquete. 1. Apodo, sobrenombre, alias. V. NOMBRE 2.

— **2.** Contestación, agudeza, sarcasmo. V. IRONÍA 1.

rémora. Inconveniente, freno, engorro. V. DIFI-CULTAD 1.

remorder. Preocupar, sentir, doler. V. ARREPEN-TIMIENTO 3.

remordimiento. Disgusto, pesar, sentimiento. V. ARREPENTIMIENTO 1.

remoto. 1. Apartado, arcaico, lejano. V. DISTAN-TE, ANTIGUO.

— **2.** Inverosímil, incierto, improbable. V. DIFÍ-CIL, DUDOSO.

remover. 1. Agitar, menear, sacudir. V. MOVER, EXCAVAR.

— **2.** Relevar, echar, destituir. V. EXPULSAR 1.

remozar. Renovar, modernizar, rejuvenecer. V. JOVEN 8, REPARACIÓN 3.

remuneración. Sueldo, retribución, salario. V. PAGAR 5.

remunerador. V. remunerativo.

remunerar. Gratificar, retribuir, compensar. V. PAGAR 1.

remunerativo. Lucrativo, rentable, ventajoso*. V. BENEFICIO 3.

renacer. Resurgir, resucitar, revivir. V. VIDA 11.

renacimiento. Renovación, reaparición, restaura-ción. V. VIDA 1, PROSPERIDAD 1.

renacuajo. 1. Batracio, cría* de rana, animalillo. V. ANFIBIO 3, 6.

— **2.** Mequetrefe, esmirriado, raquítico; niño pequeño. V. DEBILIDAD 6; NIÑO 1.

rencilla. Reyerta, disputa, altercado. V. PELEA 1.

rencor. Aborrecimiento, inquina, antipatía*. V. ODIO 1.

rencoroso. Malévolo, vengativo, hostil. V. ODIO 4.

RENDICIÓN. 1. Sometimiento, capitulación, sumi-sión, entrega*, derrota*, descalabro, huida*, revés, abandono, acatamiento, humillación*, vasallaje, pacto*, armisticio, paz*, pacificación, tratado, acuerdo, negociación, conversaciones, cese de hostilidades, conclusión, claudicación, subordinación, obediencia*, resignación, plei-tesía, supeditación.

2. Rendirse. Entregarse, capitular, abandonar, ceder, huir*, sufrir un revés, humillarse*, some-terse, parlamentar, acatar, negociar, pactar*, concluir, obedecer*, inclinarse, doblegarse, subordinarse, subyugarse, resignar, perder, ganar (v. 3).

— **3.** *Rendir*, ganar, vencer, someter, triunfar*, tomar, derrotar*, avasallar, arrollar, conquis-tar*, dominar*, aniquilar, dispersar, subordinar, subyugar (v. 2).

4. Rendido. Sometido, sumiso, entregado* (v. 1).

Contr.: Triunfo*, victoria, ataque*, lucha*. V. ENTREGA, PACTO, HUMILLACIÓN, OBE-DIENCIA, DERROTA, HUIDA.

rendido. 1. Cansado, extenuado, desfallecido. V. FATIGA 5.

— **2.** Obsequioso, amable*, enamorado. V. AMOR 11.

— **3.** Vencido, humillado*, derrotado. V. REN-DICIÓN 4.

rendija. Raja, ranura, grieta. V. HENDEDURA 1.

rendimiento. Provecho, producto, ganancia. V. BENEFICIO 1.

rendir. 1. Fructificar, rentar, aprovechar. V. BE-NEFICIO 6.

— **2.** Someter, ganar, derrotar*. V. RENDICIÓN 3.

— **3.** *Rendirse*, entregarse, capitular, pactar*. V. RENDICIÓN 2.

— **4.** Extenuarse, reventarse, cansarse. V. FA-TIGA 4.

renegado. Apóstata, infiel; maldiciente. V. TRAI-CIÓN 2; MALDICIÓN 3.

renegar. 1. Repudiar, abjurar, rechazar*. V. TRAI-CIÓN 3.

— **2.** Injuriar, blasfemar, ofender*. V. MALDI-CIÓN 9.

renegrido. Negruzco, retinto, fosco, hosco. V. NEGRO 1.

renglón. 1. Raya, línea escrita*, letras*. V. LÍNEA 1.

— **2.** Departamento, ámbito, parte*. V. SEC-CIÓN 1.

rengo. Cojo, baldado, lisiado. V. INVÁLIDO 1.

reniego. Juramento, blasfemia, ofensa*. V. MAL-DICIÓN 3.

reno. Alce, cérvido, anta. V. RUMIANTE 5.

renombrado. Popular, famoso, prestigioso. V. CÉLEBRE 1.

renombre. Fama, popularidad, prestigio*. V. CÉ-LEBRE 2.

renovación. Reforma, progreso, innovación. V. MEJOR 5.

renovador. Innovador, reformador, progresista. V. CREAR 4.

renovar. Reformar, transformar, modernizar. V. MEJOR 2.

renquear. Cojear, claudicar, estar lisiado. V. IN-VÁLIDO 3.

renta. 1. Rendimiento, utilidad*, ganancia. V. BENEFICIO 1.

— **2.** Retiro, subsidio, jubilación. V. PENSIÓN 1.

— **3.** Arrendamiento, arriendo, locación. V. ALQUILER 1.

— **4.** *Rentas*, capital, fondos, fortuna. V. RI-QUEZA 1.

rentabilidad. V. renta 1.

rentable. Fructuoso, rendidor, provechoso. V. BENEFICIO 3.

rentar. Rendir, dar, producir. V. BENEFICIO 6.

rentista. Pensionado, retirado, adinerado. V. PROPIETARIO, PENSIONISTA.

renuente. Reacio, remiso, contrario. V. REBELDE 1.

renuevo. Retoño, vástago, tallo. V. BROTAR 2.

RENUNCIA. 1. Desistimiento, retiro, resignación, abandono, cese, cesión, dimisión, apartamiento, alejamiento, transmisión, entrega*, rendición*, dejación, abdicación, traspaso, claudicación, deserción, abstención, no intervención, repudio, relegación, jubilación, pensión*, despedida*, separación*, retractación, arrepentimiento*, conversión, cambio*, inhibición, rechazo, expulsión*.
2. Renunciar. Abandonar, desistir, dimitir, cesar, claudicar, ceder, abjurar, caer, sucumbir, derrumbarse, renegar, desertar, separarse*, despedirse*, rendirse*, entregarse*, sucumbir, retirarse, traspasar, dejar, cambiar*, inhibirse, evitar, esquivar, eludir, soslayar, privarse, despojarse, convertirse, desentenderse, abstenerse, retractarse, prescindir, declinar, arrepentirse*, transmitir, jubilarse, abdicar, repudiar, resignar, rechazar*, relegar, expulsar*.
3. Que renuncia. Renunciante, dimisionario, dimitido, cesante, jubilado, pensionista*, retirado, dimitente, arrepentido*, entregado, rendido*, converso, despedido, abdicado, que abandona, que desiste (v. 2).
Contr.: Permanencia, firmeza.
V. ENTREGA, RENDICIÓN, CAMBIO, ARREPENTIMIENTO, EXPULSIÓN, SEPARACIÓN, DESPEDIDA.

renunciante. V. RENUNCIA 3.

renunciar. V. RENUNCIA 2.

reñido. Enconado, implacable, encarnizado. V. VIOLENCIA 5.

reñir. 1. Increpar, regañar, amonestar. V. REPRENDER 1.
— **2.** Disputar, luchar*, discutir*. V. PELEA 2.
— **3.** Disgustarse, indisponerse, enfadarse. V. ENEMISTAD 4.

reo. Acusado*, culpable, condenado*. V. CONDENA 5.

reojo (de). De lado, de soslayo, disimuladamente. V. MIRAR 4.

reorganización. Renovación, innovación, modificación. V. MEJOR 5.

reorganizar. Renovar, modificar, innovar. V. MEJOR 2.

repantigarse, repantingarse. Acomodarse, descansar*, arrellanarse. V. ASIENTO 5.

reparable. V. REPARACIÓN 5.

REPARACIÓN. 1. Compostura, arreglo, renovación, restauración, mejora*, reconstrucción, remedio, apaño, parche, reforma, obra, construcción*, trabajo*, regulación, ajuste, rectificación, corrección, habilidad*, arte, técnica, modernización, remozamiento, fortalecimiento,

cambio*, modificación, adaptación, reposición, restablecimiento, reorganización, enmienda, refuerzo, aderezo, soldadura, cosido, remendado, clavado, fragmento*, pedazo, costura*, remiendo, pegado, artesanía, mano de obra.
— **2.** Indemnización, compensación, rehabilitación*. V. PAGAR 4.
3. Reparar. Renovar, reconstruir, reedificar, rehacer, restablecer, restaurar, arreglar, componer, recomponer, ordenar, modernizar, mejorar*, rejuvenecer, cambiar*, modificar, regular, ajustar, reglar, rectificar, mejorar*, corregir, reformar, reforzar, fortalecer, soldar, estañar, remediar, enmendar, reorganizar, reponer, reintegrar, devolver, apañar, aderezar, consolidar, subsanar, remozar, clavar*, pegar, coser, remendar, zurcir, soldar, darse maña, ser hábil*.
4. Que repara. Restaurador, renovador, reparador, modernizador, reconstructor, reformador, reorganizador, rectificador, mecánico, ajustador, soldador, obrero, trabajador*, técnico, artesano, mañoso, hábil*, industrioso.
5. Reparable. Restaurable, rectificable, renovable, subsanable, enmendable, reformable, corregible, modificable, fácil*, en buen estado.
Contr.: Estropear, romper, descomponer, deteriorar*.
V. CONSTRUCCIÓN, TRABAJO, CAMBIO, MEJORA, HABILIDAD, REHABILITACIÓN.

reparador. Reconfortante, fortificante, tonificante. V. VIGOR 3.

reparar. V. REPARACIÓN 3.

reparo. Objeción, crítica, reproche. V. DESAPROBAR 4.

repartido. V. REPARTIR 5.

repartidor. 1. Recadero, mensajero, mandadero. V. REPARTIR 6.
— **2.** Que distribuye, adjudica, administra*. V. REPARTIR 6.

REPARTIR. 1. Adjudicar, dar, compartir, dividir, dosificar, distribuir, transportar (v. 2), otorgar, asignar, proporcionar, promediar, entregar*, regalar*, donar, contribuir, escotar, administrar*, medir*, separar, racionar, proporcionar, partir, dispensar, fraccionar, lotear, parcelar, hacer partes, prorratear, prestar*, transmitir, impartir, suministrar, conceder, clasificar, ofrecer*, fragmentar*, cortar*, conferir, favorecer, gratificar, transferir, cooperar, ayudar*, socorrer*, sobrellevar, separar*, esparcir, desparramar.
— **2.** *Transportar**, trasportar, repartir, portear, acarrear, trasladar*, mandar, enviar*, llevar, traer, transbordar, facturar, distribuir, entregar*, pasar.
3. Reparto. Adjudicación, dosificación, fraccionamiento, porción, partición, parte*, entrega*, fragmento*, distribución, división, contribución, concesión, regalo*, participación, proporción, prorrata, escote, racionamiento, asignación, medida*, lote, cuota, ración, cupo, ronda,

mano, vuelta, porcentaje, porción, promedio, donación, suministro, contingente, dividendo, administración*, transmisión, transferencia, ayuda*, socorro*, cooperación, ofrecimiento*.
— **4.** *Transporte,* reparto, envío, acarreo, facturación, traslado*, porte, transporte*, entrega, distribución, transbordo, suministro.
5. Repartido. Disperso, distribuido, desperdigado, diseminado, dividido, dosificado, medido*, separado*, apartado, extendido*, compartido, adjudicado, dado (v. 1).
6. Que reparte. Adjudicador, distribuidor, administrador* (v. 1), generoso, repartidor, mensajero, mandadero, enviado, recadero, mozo, correo, transportista*, que distribuye, que adjudica (v. 3).
Contr.: Concentrar, unir*, juntar, acumular*, guardar*, retener.
V. ENTREGAR, REGALAR, ADMINISTRAR, MEDIR, PRESTAR, CORTAR, FRAGMENTAR, AYUDAR, SOCORRER, TRASLADAR, TRANSPORTAR, PARTE, GENEROSIDAD.
reparto. 1. V. REPARTIR 3.
— **2.** Personal, elenco, actores*. V. TEATRO 5.
repasar. 1. Retocar, revisar, perfeccionar. V. PERFECTO 3.
— **2.** Releer, revisar, estudiar. V. EDUCACIÓN 12.
— **3.** Zurcir, remendar, coser. V. COSTURA 5.
repaso. V. repasar.
repatriar. Volver, mandar, traer. V. REGRESO 2.
repecho. Rampa, pendiente, subida*. V. CUESTA 1.
repelente. Insoportable, odioso*, repugnante*. V. DESAGRADABLE 1.
repeler. Rechazar*, aborrecer, repugnar*. V. DESAGRADABLE 5.
repente (de). V. REPENTINO 2.
repentinamente. V. REPENTINO 2.
REPENTINO. 1. Súbito, inesperado, imprevisto, brusco, inadvertido, inopinado, rápido*, impensado, urgente*, pronto, improvisado, espontáneo*, instantáneo*, momentáneo, precipitado, veloz, vertiginoso, inmediato, insospechado, drástico, tajante, agudo, fulminante, gravísimo, galopante, serio, sorprendente, asombroso*, casual, impulsivo, violento*, rudo, sorpresivo, accidental, intempestivo, inoportuno*, anticipado, imprevisible, impromptu (v. 2).
2. Repentinamente. De repente, de improviso, de sopetón, de pronto, inopinadamente, súbitamente, bruscamente, rápidamente*, inesperadamente, in fraganti o infraganti, con las manos en la masa, a deshora, temprano, prontamente, urgentemente*, impensadamente, momentáneamente, instantáneamente*, a bocajarro, de cerca, a quemarropa, espontáneamente*, inmediatamente, vertiginosamente, velozmente, precipitadamente, violentamente*, impulsivamente, casualmente, accidentalmente, imprevisiblemente, sorpresivamente, anticipada-

mente, intempestivamente, inoportunamente*, imprevistamente (v. 1).
Contr.: Calmoso, lento*, tranquilo*, premeditado.
V. RÁPIDO, VIOLENTO, INOPORTUNO, ESPONTÁNEO, URGENTE.
repercusión. 1. Efecto, consecuencia, secuela. V. RESULTADO 1.
— **2.** Rebote, reflejo, eco. V. RECHAZAR 7.
repercutir. 1. Afectar, causar, influir. V. RESULTADO 3.
— **2.** Rebotar, reflejarse, resonar. V. RECHAZAR 4.
repertorio. Conjunto, ordenación*, lista*. V. SELECCIÓN 1.
REPETICION. 1. Frecuencia, asiduidad, regularidad, insistencia, continuidad*, continuación*, sucesión, periodicidad, reiteración, duplicación, redundancia, estribillo (v. 2), reanudación, pertinacia, obstinación, tozudez, recidiva, recaída, período, ciclo, fase, lapso, ritmo, intervalo, hábito*, costumbre, copia*, imitación, simulación*, reproducción, retorno, continuación*, vuelta, reposición, uniformidad, regularidad, abundancia, multiplicación, intermitencia, menudeo, reincidencia, pleonasmo, redundancia, vicio, demasía, exceso, exageración*, importunación, bis, duplo, par, doble, pareja, dos.
— **2.** *Estribillo,* repetición, muletilla, monserga, retahíla, sucesión, monotonía, pertinacia, redundancia, reiteración, tabarra, lata, cantilena, letanía, salmodia, copla, sarta, disco, tranquillo, pesadez, terquedad, porfía, obstinación*, matraca, insistencia.
3. Repetir. Reiterar, continuar*, insistir (v. 2), reanudar, recaer, copiar*, imitar, simular*, reproducir, acostumbrar, habituarse*, reponer, volver, retornar, recurrir, redundar, reincidir, incurrir, menudear, abundar, multiplicar, regularizar, porfiar, obstinarse*, afirmar, salmodiar, machacar, doblar, recrear, rehacer (v. 4).
— **4.** Destacar, repetir, insistir, subrayar, resaltar, acentuar, recalcar, corroborar, reafirmar, ratificar, reiterar, señalar, remachar, advertir, hacer hincapié, afirmar, agrandar, abultar, especificar, exagerar*, marcar (v. 3).
5. Repetido. Reiterado, insistente, frecuente, diario*, uniforme, invariable, regular, fijo, asiduo, rítmico, isócrono, acompasado, cadencioso, normal, fijo, puntual, exacto*, renovado, monocorde, monótono, redundante, recurrente, semejante, continuo, periódico, eterno, infinito, intermitente, cíclico, duplicado, simulado*, dúo, par, doble, dos, pareja, doblado, emparejado, ídem, habitual*, constante, corriente, acostumbrado, copiado*, imitado, reproducido, vuelto, repuesto, abundante*, multiplicado, estereotipado, viciado, importuno, terco, insistente, temoso, reincidente, porfiado, obstinado*, machacón, latoso, pesado.

6. Repetidamente. Reiteradamente, insistentemente, frecuentemente (v. 5).
Contr.: Único, solo, raro, escaso*.
V. CONTINUO, HABITUAL, SEMEJANTE, OBSTINACIÓN, COPIA, SIMULACIÓN.

repetidamente. V. REPETICIÓN 6.

repetido. V. REPETICIÓN 5.

repetir. V. REPETICIÓN 3.

repicar. Sonar, tañer, doblar. V. CAMPANA 6.

repipi. Resabido, sabihondo o sabiondo, sabelotodo. V. PEDANTE 1.

repique. Tañido, rebato, toque. V. CAMPANA 4.

repiqueteo. Tamborileo, golpeteo, percusión. V. GOLPE 1.

repiquetear. V. repiqueteo.

repisa. Soporte*, anaquel, estante. V. ARMARIO 2.

replantar. Repoblar, trasplantar, cambiar*. V. AGRICULTURA 4.

replegarse. Abandonar, huir*, retirarse. V. RETROCESO 2.

repleto. Colmado, desbordante, atestado. V. LLENAR 4.

réplica. 1. Respuesta, declaración, argumento. V. CONTESTACIÓN 1.
— **2.** Facsímile, reproducción, duplicado. V. COPIA 1.

replicar. Responder, argumentar, rebatir. V. CONTESTACIÓN 3.

repliegue. 1. Plegadura, doblez, arruga. V. PLIEGUE 1.
— **2.** Huida*, retirada, desbandada. V. RETROCESO 1.

repoblación. V. repoblar.

repoblar. Colonizar, desarrollar*, trasplantar. V. HABITAR; AGRICULTURA 4.

repollo. Col, berza, verdura. V. HORTALIZA 2.

reponer. 1. Reintegrar, renovar, restituir. V. DEVOLVER 1.
— **2.** *Reponerse*, restablecerse, convalecer, mejorar*. V. CURAR 3.
— **3.** Calmarse, rehacerse, serenarse. V. TRANQUILIDAD 9.

reportaje. Crónica, artículo, escrito*. V. PERIODISMO 5.

reportarse. Contenerse, refrenarse, apaciguarse. V. MODERACIÓN 6.

reportero. Corresponsal, informador*, cronista. V. PERIODISMO 7.

reposado. Sereno, sosegado, calmoso. V. TRANQUILIDAD 4.

reposar. 1. Echarse, dormir, acostarse. V. DESCANSO 1.
— **2.** Calmarse, aplacarse, serenarse. V. TRANQUILIDAD 9.

reposición. V. reponer 1.

reposo. 1. Sosiego, ocio, pausa. V. DESCANSO 1.
— **2.** Calma, paz*, serenidad. V. TRANQUILIDAD 1.
— **3.** Sopor, descanso*, inmovilidad*. V. SUEÑO 1.

repostar. Reponer, renovar, reemplazar. V. CARGA 5.

repostería. Pastelería, bollería, dulcería. V. CONFITERÍA 1.

repostero. 1. Pastelero, panadero*, tendero. V. CONFITERÍA 9.
— **2.** Colgadura*, tapicería*, paño. V. TAPIZ 1.

REPRENDER. 1. Recriminar, reñir, regañar, amonestar, increpar, criticar, censurar, desaprobar*, reprochar, protestar*, reclamar*, quejarse, reprobar, condenar*, acusar*, vituperar, reconvenir, abroncar, anatematizar, sermonear, predicar, abominar, fustigar, flagelar, vapulear, hostigar, moralizar, escarmentar, castigar*, aconsejar, apercibir, afear, corregir, tachar, desacreditar, tildar, motejar, insultar, ofender*, desautorizar, avisar, culpar*, echar en cara, llamar al orden.
2. Represión. Amonestación, riña, reprimenda, admonición, regaño, regañina, reproche, bronca, recriminación, desaprobación*, crítica, reprobación, censura, vituperio, increpación, rociada, rapapolvo, andanada, catilinaria, filípica, sermón, prédica, condena*, reclamación*, queja, protesta*, abominación, discusión*, disgusto*, insulto, ofensa*, mote, anatema, apercibimiento, advertencia, reconvención, consejo*, hostigamiento, fustigamiento, desaprobación, correctivo, aviso, culpa*, lección, escarmiento, diatriba, afeamiento, acusación*, descrédito, desautorización, castigo*.
3. Reprendido. Amonestado, reñido, regañado (v. 1).
4. Que reprende. Sermoneador, predicador, regañón, gruñón, protestón*, quisquilloso, antipático*, descontento, crítico, quejoso, fustigador, acusador*, censor, catón, consejero*, moralizador, murmurador*.
5. Reprensible. Condenable, criticable, reprobable, reprochable, recriminable, censurable, punible, malo, perverso, repudiable, negativo, inconveniente, incalificable, vituperable, abominable.
Contr.: Alabar, elogiar*, adular*.
V. DESAPROBAR, PROTESTAR, RECLAMAR, CONDENAR, CASTIGAR, CULPAR, OFENDER.

reprendido. V. REPRENDER 3.

reprensible. V. REPRENDER 5.

represión. V. REPRENDER 2.

represa. Embalse, dique*, depósito de aguas. V. PRESA 1.

represalia. Castigo*, revancha, desquite. V. VENGANZA 1.

represar. Estancar, embalsar, almacenar el agua. V. ACUMULAR 1.

representación. 1. Alegoría, idea, imagen. V. SÍMBOLO 1.
— **2.** Sesión, función, exhibición*. V. ESPECTÁCULO 1.
— **3.** Poderes*, mandato, reemplazo. V. DELEGACIÓN 1.

— **4.** Embajada, misión, grupo*. V. DELEGA-CIÓN 1.

representante. 1. Comisionado, embajador, delegado. V. DELEGACIÓN 4.

— **2.** Agente, comisionista, corredor. V. VENDER 5.

representar. 1. Encarnar, personificar*, figurar. V. SÍMBOLO 5.

— **2.** Encargarse, reemplazar, delegar*. V. SUSTITUCIÓN 5.

— **3.** Interpretar, actuar, trabajar. V. ACTOR 5.

representativo. 1. Distintivo, manifiesto, típico. V. CARACTERÍSTICA 3.

— **2.** Prestigioso, honorífico, simbólico. V. HONOR 5.

represión. Dominación, violencia*, fuerza. V. CASTIGO 1.

represivo. Abusivo, violento*, cruel*. V. CASTIGO 11.

reprimenda. Recriminación, sermón, reproche. V. REPRENDER 2.

reprimir. 1. Sujetar, frenar, castigar*. V. DOMINACIÓN 9.

— **2.** Reprimirse, contenerse, dominarse, aplacarse. V. DOMINACIÓN 10.

reprise. *fr* Aceleración, acelerada, incremento de velocidad. V. RAPIDEZ 1.

reprobable. V. reprochable.

reprobación. Reproche, desaprobación*, censura. V. REPRENDER 2.

reprobado. V. reprobar 2.

reprobar. 1. Criticar, censurar, reconvenir. V. REPRENDER 1.

— **2.** Suspender, catear, dar calabazas. V. RECHAZAR 3.

réprobo. Abominado, condenado, protervo. V. MALDICIÓN 5.

reprochable. Criticable, condenable, vituperable. V. REPRENDER 5.

reprochar. Desaprobar*, censurar, criticar. V. REPRENDER 1.

reproche. Censura, desaprobación*, crítica. V. REPRENDER 2.

reproducción. 1. Procreación, multiplicación, proliferación. V. NACIMIENTO, CRÍA, COITO, NACER, SEXO.

— **2.** Expansión, difusión, diseminación. V. EXTENDER 6.

— **3.** Calco, facsímile, repetición*. V. COPIA 1.

reproducir. 1. Imitar, duplicar, repetir*. V. COPIA 3.

— **2.** *Reproducirse*, multiplicarse, proliferar, procrear. V. NACIMIENTO 1.

reproductor. Padrillo, garañón, semental. V. ANIMAL 1.

reptar. V. REPTIL 8.

REPTIL, RÉPTIL. 1. Vertebrado, animal* de sangre fría, bicho, sabandija, saurio, lagarto, ofidio, serpiente*, tortuga (v. 3), anfibio*.

2. Generalidades. Ovíparos, ovovivíparos, escamas, placas óseas, caparazón, sangre fría,

marchas, reptación (algunos); carnívoros, insectívoros, anfibios, lengua protráctil, l. bífida, veneno*, ponzoña, huevos*.

3. Clasificación. Saurios: lacértidos o lagartos (v. 4), cocodrílidos (v. 5); quelonios o tortugas (v. 6), ofidios o serpientes (v. 7), saurios extinguidos (v. dinosaurios*).

4. Lacértidos o lagartos. Lagarto, lagartija, lagarto verde, l. ocelado, iguana, camaleón, basilisco, dragón, salamandra, salamanquesa, gecko, monstruo del Gila, varano, dragón de Komodo, escinco; saurio (v. 1).

5. Cocodrílidos. Cocodrilo, caimán, yacaré, gavial, aligator, saurio, anfibio*. Mandíbulas, dientes, placas óseas (v. 1).

6. Quelonios o tortugas. Tortuga, t. terrestre, marina, de agua dulce, galápago, testudo, carey, tortuga de caja, de jardín, calapé, jabotí. Caparazón óseo, espaldar, peto, placas óseas, pico córneo (v. 1).

7. Ofidios o serpientes. V. SERPIENTE 1.

8. Reptar. Arrastrarse, serpentear, culebrear, deslizarse, zigzaguear, avanzar, moverse*, ondular, trasladarse*, escurrirse, resbalar, desplazarse.

V. SERPIENTE, ANFIBIO, ANIMAL.

república. Estado, democracia, gobierno popular. V. GOBIERNO 3.

republicano. Liberal, popular, democrático. V. GOBIERNO 4.

repudiar. Excluir, despreciar*, apartar. V. RECHAZAR 1.

repudio. Desprecio*, expulsión, desaire. V. RECHAZAR 5.

repuesto. Accesorio, recambio, suplemento. V. PIEZA 1.

REPUGNANCIA. 1. Asco, aborrecimiento, repulsión, repulsa, aversión, antipatía*, desagrado*, disgusto, hastío, desgana, molestia*, empalago, empacho, hartura, escrúpulo, aprensión, recelo, saciedad, grima, fastidio, odio*, manía*, rechazo*, oposición*, ofensa*, resistencia, renuencia, mala voluntad, asquerosidad, inmundicia (v. 2), arcada, náusea, vómito, basca, respingo.

2. Inmundicia. Mugre, porquería, cochambre, suciedad*, cochinería, desperdicios, basura*, asquerosidad, podredumbre*, fetidez, mal olor, hedor*, guarrería, churre, roña, excreción*, excrementos, detritos, heces, mierda, pus, humores, escatología (v. 1).

3. Repugnante. Inmundo, asqueroso, aborrecible, repulsivo, molesto*, desagradable, estomagante, sucio*, vergonzoso*, ignominioso, nefando, empalagoso, fastidioso, horrible, espantoso, mugriento, puerco, cochino, guarro, roñoso, sarnoso, tiñoso, cochambroso, nauseabundo, hediondo*, fétido, pestilente, maloliente, incomible, impuro, infecto, odioso*, vicioso*, malo, merdoso, corrompido, podrido, purulento, excrementicio, escatológico.

4. Repugnar. Asquear, empachar, estragar, rechazar, repeler, hastiar, hartar, saciar, empalagar, molestar*, aborrecer, ofender*, desagradar*, disgustar, incomodar, fastidiar, odiar*, viciar*, infectar*, resistirse, oponerse*, vomitar, respingar, dar arcadas, d. bascas.
Contr.: Atracción*, simpatía*, agrado*, gusto*.
V. ODIO, MANÍA, OPOSICIÓN, OFENSA, DESAGRADO, MOLESTIA, ANTIPATÍA, SUCIEDAD, PODREDUMBRE, HEDOR, EXCRECIÓN, INFECCIÓN.

repugnante. V. REPUGNANCIA 3.

repugnar. V. REPUGNANCIA 4.

repujar. Labrar, grabar, trabajar. V. ESCULTURA 5.

repulido. Emperifollado, acicalado; obsequioso. V. ADORNADO, AFECTADO.

repulsa. Repudio, exclusión, desprecio. V. RECHAZAR 5.

repulsión. V. REPUGNANCIA 1.

repulsivo. V. REPUGNANCIA 3.

repuntar. Iniciarse, reanudar, salir. V. CONTINUAR, PRINCIPIAR.

reputación. Renombre, fama, celebridad*. V. PRESTIGIO 1.

reputado. Renombrado, célebre*, famoso. V. PRESTIGIO 2.

reputar. Conceptuar, considerar, estimar. V. EVALUAR 2.

requebrar. Piropear, alabar, galantear. V. ELOGIO 2.

requemar. Tostar, ennegrecer, calcinar. V. FUEGO 6.

requerimiento. Mandato, aviso, petición. V. ORDEN 3.

requerir. 1. Precisar, faltar, carecer. V. NECESIDAD 8.
— **2.** Notificar, reclamar, pedir*. V. ORDEN 10.

requesón. Queso fresco, leche cuajada, alimento*. V. QUESO 3.

requiebro. Piropo, galanteo, flor. V. ELOGIO 1.

réquiem. Oración, misa* de difuntos, oficio religioso. V. REZO 2.

requisa. V. requisar.

requisar. Incautarse, confiscar, decomisar. V. APROPIARSE 1.

requisito. Estipulación, formalidad, limitación*. V. CONDICIÓN 1.

requisitoria. V. requerimiento.

res. Bestia, vacuno, rumiante*. V. GANADO 3.

resabiado. Enviciado, descarriado, habituado*. V. REBELDE 1.

resabido. Sabiondo o sabihondo, fatuo, sabelotodo. V. PEDANTE 1.

resabio. 1. Regusto, vestigio, rastro. V. SEÑAL 1.
— **2.** Tacha, deficiencia, vicio*. V. DEFECTO 1.

resaca. Flujo, marea, corriente; malestar. V. MAR 3; MOLESTIA 1.

resaltar. 1. Sobresalir, levantarse, proyectarse. V. ABULTAMIENTO 3.

— **2.** Preponderar, descollar, distinguirse. V. SUPERIOR 6.
— **3.** Alabar, ensalzar, destacar. V. ELOGIO 2.

resalte, resalto. Reborde, relieve, protuberancia. V. ABULTAMIENTO 1.

resarcir. 1. Reintegrar, restituir, compensar. V. DEVOLVER 1.
— **2.** Resarcirse, rescatar, desquitarse, reembolsar. V. RECUPERAR 1.

resbaladizo. Escurridizo, viscoso, liso*. V. DESLIZARSE 4.

resbalar. Escurrirse, patinar, correr. V. DESLIZARSE 1.

resbalón. 1. Traspié, patinazo, escurrimiento. V. DESLIZARSE 3.
— **2.** Desliz, error, chasco. V. EQUIVOCACIÓN 1.

resbaloso. V. resbaladizo.

rescatar. 1. Salvar, auxiliar, socorrer*. V. LIBERTAD 9.
— **2.** Reintegrar, restituir, recobrar. V. RECUPERAR 1.

rescate. 1. Auxilio, salvamento, liberación*. V. SOCORRO 1.
— **2.** Suma, entrega*, retribución. V. PAGAR 4.

rescindir. Abolir, revocar, cancelar. V. ANULAR 1.

rescisión. Abolición, cancelación, anulación. V. ANULAR 4.

rescoldo. Ascua, brasa, lumbre. V. FUEGO 2.

resecar. 1. Marchitar, agostar, ajar. V. SECAR 2.
— **2.** Seccionar, extirpar, amputar. V. CORTAR 1.

resección. Extracción, extirpación, amputación. V. CORTAR 4.

reseco. V. resecar 1.

resentido. V. resentimiento.

resentimiento. Mortificación, rencor, disgusto*. V. ODIO 1.

resentirse. 1. Disgustarse*, mortificarse, enconarse. V. ODIO 2.
— **2.** Desmejorar, dolerse, empeorar. V. ENFERMEDAD 5.

reseña. Relato, descripción*, detalle*. V. EXPLICACIÓN 1.

reseñar. Describir, explicar*, relatar*. V. EXPLICACIÓN 2.

reserva. 1. Cautela, prudencia, discreción. V. FORMAL 3.
— **2.** Depósito, provisión, economía*. V. AHORRO 1.
— **3.** *Reservas*, salvedades, limitaciones*, inconvenientes. V. CONDICIÓN 1.

reservado. V. reserva, reservar.

reservar. 1. Separar*, almacenar*, apartar. V. GUARDAR 1.
— **2.** Aplazar, diferir, retrasar. V. DEMORA 3.

reservista. Miembro de la reserva, soldado de la reserva. V. EJÉRCITO 5.

RESFRIADO. 1. Catarro, resfrío, constipado, enfriamiento, romadizo, coriza, gripe, influenza, fluxión, pasmo, destemple, dolencia, enfermedad, indisposición, achaque.

— **2.** Acatarrado, resfriado, constipado, enfriado, griposo, indispuesto, destemplado, achacoso, enfermo*, afiebrado.

3. Generalidades. Vías respiratorias, garganta*, mucosa, nariz*, faringe, laringe, bronquios, pulmones, respiración, fiebre*, tos, estornudo, pulmonía, bronconeumonía, inflamación, infección*, congestión, faringitis, anginas, laringitis, bronquitis, ronquera, afonía, moco, mucosidad, flema, nariz obstruida, frío*, mojadura*, humedad, sudor, calor*, gárgaras, inhalaciones, pañuelo, termómetro*, coñac, leche, miel, aspirina (ácido acetilsalicílico), paracetamol (acetaminofén), antibióticos*, penicilina, vacuna*.

4. Resfriarse. Enfriarse, constiparse, acatarrarse, engriparse, destemplarse, indisponerse, enfermarse*. Estornudar, toser, doler, afiebrarse, sudar, tiritar, congestionarse, inflamarse.

Contr.: Salud*.

V. ENFERMEDAD, INFECCIÓN, ANTIBIÓTICOS, VACUNA, TERMÓMETRO.

resfriarse. V. RESFRIADO 4.

resfrío. V. RESFRIADO 1.

resguardar. Preservar, amparar, defender. V. PROTECCIÓN 3.

resguardo. 1. Recibo, justificante, comprobante. V. COMPROBAR 3.

— **2.** V. resguardar.

residencia. Domicilio, morada, vivienda. V. CASA 1.

residente. Ocupante, morador, habitante. V. HABITACIÓN 3.

residir. Vivir, alojarse, morar. V. HABITACIÓN 5.

residual. V. RESIDUO 2.

RESIDUO(S). 1. Vestigio(s), remanente, parte*, resto, porción, exceso, restante, fracción, desecho, basura*, sobrante, sobras, desperdicios, mezcla*, borra, poso, heces, zupia, sedimento, precipitado, raeduras, recortes, despojos, trazas, rastros, indicios, impureza, reliquia, chatarra, hierro*, escoria, granza(s), exceso, escurriduras, barreduras, rebanaduras, rastrojos, broza, excrementos, excreciones*, señales*, huellas, marcas, partículas, cieno, lodo, fango*, suciedad*, precipitación, depósito, sedimento, sarro, despojos, detritos, esquirlas, limaduras, serrín, raeduras, virutas, trozos, fragmentos*, migajas, piltrafas, retazos, mondaduras, mondas, cáscaras*, peladuras, fárfara, paja, broza, bagazo, orujo, ceniza, escombros, polvo*, cascajo, cascotes, ruinas, piedras*, ripio, derribo, ladrillos, guijo. Incineradora de residuos sólidos orgánicos.

2. Residual. Excedente, remanente, sobrante, desperdiciado, desechado, recortado, excesivo, excretorio*, excrementicio, fangoso, sucio*, precipitado, despojado, limado, fragmentario*, recortado, mondado, pelado (v. 1).

Contr.: Totalidad*, integridad.

V. SUCIEDAD, FRAGMENTO, SEÑAL, MEZCLA, EXCRECIÓN, FANGO, BASURA, CÁSCARA, POLVO.

RESIGNACIÓN. 1. Paciencia, fatalismo, estoicismo, conformidad, aceptación*, aprobación*, pasividad, consentimiento, humillación*, sabiduría*, melancolía, sumisión, amoldamiento, desmoralización, humildad, filosofía*, comprensión, tolerancia*, modestia, bondad*, benevolencia, sufrimiento*, transigencia, predestinación, entereza, aguante*, flema, resistencia, serenidad, tragaderas, adaptación, honradez*, anuencia, frialdad, satisfacción*, renuncia*, entrega*, abandono, dulzura, timidez*, mansedumbre, docilidad, pesimismo, abatimiento, desilusión, claudicación, desánimo*, desaliento, pleitesía, rendición*, tristeza, nostalgia, acatamiento, obediencia*, disimulo, indiferencia*, apatía, apocamiento, inocencia*, blandura, abandono, esclavitud*, cese, doblegamiento, avenencia, condescendencia.

2. Resignarse. Condescender, avenirse, doblegarse, admitir, amoldarse, abandonar, ceder, dejar, encogerse de hombros, conformarse, aceptar*, aprobar*, consentir, comprender, filosofar*, desmoralizarse, sufrir*, tolerar*, transigir, aguantar*, predestinarse, adaptarse, renunciar*, humillarse*, tragar, satisfacerse*, enfriarse, renunciar, entregarse, rendirse, capitular, abatirse, desilusionarse, claudicar, acatar, entristecerse, disimular, obedecer*, esclavizarse*, cesar, callarse, soportar, achantarse, tascar el freno, tener paciencia.

3. *Resignar*, abandonar, dimitir, abdicar. V. RENUNCIA 2.

4. Resignado. Conformista, sumiso, tolerante*, estoico, humilde*, pasivo, consentidor, transigente, filósofo, paciente, servil, rastrero, flojo, blando, apocado, ingenuo, inocente*, predestinado, aguantador*, resistente, entero, comprensivo, contento, sereno, triste, tímido*, nostálgico, desalentado, desanimado*, desilusionado, melancólico, desmoralizado, pesimista, desesperado, manso, dócil, flemático, obediente*, modesto, bueno, bondadoso*, benévolo, bonachón, calzonazos, sereno, sufrido, indiferente, apático, satisfecho, esclavo*, claudicante, frío.

Contr.: Disconformidad, rebeldía*, oposición*.

V. TOLERANCIA, ACEPTACIÓN, APROBACIÓN, SABIDURÍA, HUMILLACIÓN, RENUNCIA, DESÁNIMO, INDIFERENCIA, ESCLAVITUD, TIMIDEZ, HUMILDAD, OBEDIENCIA, BONDAD, INOCENCIA.

resignado. V. RESIGNACIÓN 4.

resignar, resignarse. V. RESIGNACIÓN 2, 3.

resina. Bálsamo, laca, goma. V. JUGO 1.

RESISTENCIA. 1. Fortaleza, solidez, tenacidad, cohesión, dureza*, firmeza, aguante*, consistencia, rigidez*, fuerza*, empuje, esfuerzo*, antagonismo (v. 2), robustez, vitalidad, ánimo*, poder*, reciedumbre, densidad*, espesor, pujanza, potencia, vigor*, fibra, nervio, corpulencia, coraza, protección*, energía, peso, estabilidad, seguridad*, duración*, trabazón, entereza, resignación*, tolerancia*, calibre, cuerpo, bulto, mole, consolidación, arraigo, constancia, perseverancia, tesón, obstinación*, respaldo, apuntalamiento, permanencia*, inalterabilidad.

— **2.** *Antagonismo*, resistencia, discrepancia, oposición*, lucha*, pelea*, rebeldía*, obstinación, contumacia, conjura.

3. Resistir. Soportar, sostener, reformar, contrarrestar, aguantar*, perseverar, persistir, perdurar, eternizarse, sujetar, apoyar, tolerar* (v. 4), arraigar, mantener, obstinarse*, afirmarse, enfrentarse (v. 5), luchar*, pelear*, empujar*, esforzarse, consolidar, permanecer*, apuntalar, sustentar, respaldar, cargar, afirmar, vigorizar*, estabilizar*, asegurar, durar*, trabar, cohesionar, respaldar (v. 4).

— **4.** *Aguantar*, resistir, tolerar*, perseverar, resignarse*, sufrir, avenirse, consentir, contemporizar, conformarse, encajar, recibir, soportar, permitir, humillarse* (v. 3).

— **5.** Enfrentarse, rebelarse*, rechazar*. V. OPOSICIÓN 6.

6. Resistente. Aguantador*, tenaz, fuerte, potente, poderoso, robusto, vigoroso*, duro*, incansable (v. 7), denso*, compacto, concentrado, macizo, recio, firme, sólido, pesado, coriáceo, correoso, cohesivo, protegido*, indestructible, inconmovible, irrompible, impenetrable, inexpugnable, invulnerable, invencible, inquebrantable, consistente, fortalecido, nervudo, rígido*, espeso, grueso, granítico, pétreo, férreo, acerado, diamantino, adamantino, vital, sano, saludable*, inmune, pujante, voluminoso, ancho, trabado, fibroso, enérgico*, estable, seguro*, durable*, permanente*, entero, inalterable, abultado*, apuntalado, consolidado, respaldado, defendido*, forrado, acorazado, blindado (v. 7).

— **7.** *Incansable*, resistente, infatigable, animoso*, activo, vigoroso*, inagotable, incesante, dinámico*, consecuente, aguantador*, laborioso, trabajador* (v. 6).

— **8.** *Antagónico*, resistente, discrepante, opuesto*, rebelde*, terco, obstinado*, contumaz, recalcitrante, insurrecto, amotinado, conjurado, revolucionario*.

Contr.: Debilidad*, flojedad, blandura*.

V. DUREZA, FUERZA, VIGOR, ESFUERZO, DINAMISMO, DURACIÓN, PODER, RIGIDEZ, PROTECCIÓN, ÁNIMO, RESIGNACIÓN, OPOSICIÓN, REBELDÍA, RECHAZO, OBSTINACIÓN, PELEA, LUCHA.

resistente. V. RESISTENCIA 6-8.

resistir. V. RESISTENCIA 3-5.

resma. Conjunto de pliegos, medio millar, veinte manos. V. PAPEL 4.

resol. Solana, bochorno, canícula. V. SOL 2.

resollar. Bufar, resoplar, jadear. V. RESPIRACIÓN 2.

resolución. 1. Dictamen, conclusión, mandato. V. ORDEN 3.

— **2.** Valor, audacia, atrevimiento. V. OSADÍA 1.

resolver. 1. Solventar, remediar, despachar. V. SOLUCIÓN 3.

— **2.** Decidir, arbitrar, fallar. V. SENTENCIA 5.

resonancia. 1. Eco, sonoridad, retumbo. V. SONIDO 1.

— **2.** Repercusión, difusión, influencia. V. IMPORTANCIA 1.

resonante. Estruendoso, retumbante, sonoro. V. SONIDO 4.

resonar. Ensordecer, atronar, retumbar. V. SONIDO 7.

resoplar. Bufar, resollar, jadear. V. RESPIRACIÓN 2.

resorte. Muelle, fleje, ballesta. V. PIEZA 4.

respaldar. Patrocinar, apoyar*, defender. V. PROTECCIÓN 3.

respaldo. 1. Patrocinio, defensa, apoyo*. V. PROTECCIÓN 1.

— **2.** Parte del asiento, espaldar, apoyo*. V. ASIENTO 4.

respectivo. Correspondiente, dependiente, propio. V. RECÍPROCO 1.

respecto a. Tocante a, relativo a, referido a. V. INCUMBIR 3.

respetabilidad. V. RESPETO 2.

respetable, respetado. V. RESPETO 4.

respetar. V. RESPETO 5.

RESPETO. 1. Deferencia, consideración, estima, reverencia, cortesía, amabilidad*, respetuosidad, amor*, idolatría, veneración, devoción, admiración, adoración, complacencia, interés*, dignidad, respetabilidad (v. 2), educación, aprecio, simpatía*, civismo, patriotismo, lealtad, estima, miramiento, homenaje, obediencia*, sometimiento, culto, atención, sumisión, acatamiento, tolerancia*, cuidado*, solicitud, urbanidad, honra* (v. 2).

2. Respetabilidad. Dignidad, gravedad, solemnidad, nobleza, severidad*, categoría, fama, formalidad, seriedad, preeminencia, importancia*, poder*, majestad, superioridad*, decoro, honorabilidad*, honra*, civismo, patriotismo, responsabilidad, admiración, orgullo, sobriedad, mesura, moderación, decoro, cuidado*, integridad, decencia, mérito, recato, deferencia* (v. 1).

3. Respetuoso. Deferente, cortés, considerado, amable*, complaciente, reverente, simpático*, educado, interesado, mirado, devoto, atento, culto, sometido, obediente*, sumiso, tolerante*, cuidadoso*, solícito, cumplido, urbano, respetable (v. 4).

4. Respetable. Respetado, solemne, digno, noble, grave, severo*, serio, formal*, decente, sobrio, poderoso*, importante*, preeminente, superior*, honorable*, augusto, majestuoso, venerable, patriarcal, admirado, famoso, afamado, decoroso, pundonoroso, mesurado, moderado*, íntegro, recatado, meritorio, orgulloso, respetuoso (v. 3).

5. Respetar. Considerar, admirar, reverenciar, venerar, acatar, honrar*, obedecer*, amar*, enaltecer, tolerar*, homenajear, distinguir, postrarse, adorar, tributar, saludar*, estimar, apreciar, querer, interesarse*, rendirse, someterse, cuidar*, atender, complacer, servir, simpatizar*, idolatrar, someterse, humillarse*, alabar, elogiar*.

6. Respetuosamente. Deferentemente, cortésmente, consideradamente (v. 3).

Contr.: Insolencia, desvergüenza, desprecio*, burla.

V. CORTESÍA, INTERÉS, AMOR, SIMPATÍA, OBEDIENCIA, TOLERANCIA, CUIDADO, HONRA, SUPERIORIDAD, HONOR, SEVERIDAD, FORMALIDAD, ELOGIO.

respetuosamente. V. RESPETO 6.
respetuosidad. V. RESPETO 1.
respetuoso. V. RESPETO 3.
respingada (nariz). Nariz recogida, respingona, arremangada. V. NARIZ 3.
respingo. Brinco, sacudida, estremecimiento. V. CRISPAMIENTO 1.
respingona (nariz). V. respingada (nariz).
respirable. V. RESPIRACIÓN 3.
RESPIRACIÓN. 1. Inhalación, aspiración, inspiración, aliento, hálito, jadeo, resuello, acezo, henchimiento, boqueada, estertor, bocanada, ventilación, succión, absorción, espiración, exhalación, expulsión, sollozo, lloro*, suspiro, estornudo, tos, convulsión, espasmo, crispamiento*, bostezo, soplo, soplido, resoplido, bufido, gruñido, rebufo, aire*, viento*, carraspera, expectoración, hipo, resoplido, ronquido, silbido*, pitido, casmodia, sofoco, fatiga, cansancio*, asfixia, ahogo*, opresión, asma (v. 7); respiración abdominal, r. torácica, r. externa o pulmonar, r. interna o celular, r. artificial, r. boca a boca.

2. Respirar. Aspirar, inspirar, inhalar, introducir, absorber, henchir, ventilar, sorber, succionar, inflar, hinchar, espirar, expulsar, exhalar, expeler, emanar, echar aire*, boquear, suspirar, alentar, resollar, jadear, acezar, silbar*, pitar, soplar, resoplar, bufar, bostezar, eructar, regoldar, roncar, sollozar, llorar*, aullar, gritar*, gañir, toser, estornudar, carraspear, expectorar, hipar, fatigarse, sofocarse, ahogarse*, convulsionarse, crisparse*, asfixiarse.

3. Respirable. Oxigenado, saludable*, fresco, sano, puro*, limpio, aireado*, ventilado, no viciado, libre, natural, de montaña, de campo, de mar; respiratorio, pulmonar, torácico, pectoral.

4. Aparato respiratorio. Vías respiratorias, nariz*, boca*, faringe, laringe, garganta*, tráquea, bronquios, pulmones (v. 5), tórax*, cavidad torácica, diafragma, mediastino (v. 5). Branquias, agallas.

5. Pulmones. Pulmón, víscera, órgano, ó. respiratorio, bofe, entraña. Partes: pleuras, cisuras, lóbulos pulmonares, lobulillos, alvéolos, tráquea, bronquios, bronquiolos, ramificaciones, hilio, arterias, a. pulmonares, venas, v. pulmonares, capilares sanguíneos, ganglios linfáticos (v. 4). Branquias, agallas.

6. Generalidades, aparatos. Capacidad vital o c. pulmonar, frecuencia respiratoria, ritmo respiratorio, intercambio gaseoso, aire*, anhídrido carbónico, oxígeno, hemoglobina, sangre* arterial, s. venosa; auscultación, estetoscopio, fonendoscopio, espirómetro, tubo de oxígeno, mascarilla, pulmón artificial.

7. Dolencias. Afección pulmonar, ahogo*, asfixia, angustia, opresión, acezo, asma, jadeo, apnea, disnea, hipo, tos, estornudo, mal aliento, estertor, agonía, catarro o resfriado*, gripe, difteria o crup o garrotillo, tos ferina, bronquitis, bronconeumonía, pulmonía o neumonía, tuberculosis, congestión, absceso pulmonar, pleuresía, pleuritis, inflamación, infección*, tumor o cáncer*, edema, quiste hidatídico, neumotórax espontáneo, gangrena, enfisema, neumoconiosis, silicosis, infarto pulmonar, embolia pulmonar, atelectasia.

8. Tratamiento. Traqueotomía, intubación, toracoplastia, frenicetomía, operación, intervención quirúrgica, tubo de oxígeno, pulmón artificial (v. 6).

9. Enfermo. Asmático, asfixiado, tuberculoso, etc. (v. 7).

Contr.: Apnea, asfixia.

V. AIRE, VIENTO, SILBIDO, TÓRAX, NARIZ, BOCA, GARGANTA, CUERPO*, SANGRE, AHOGO.

respiradero. Conducto, orificio, tragaluz. V. AGUJERO 1.
respirar. V. RESPIRACIÓN 2.
respiratorio (aparato). V. RESPIRACIÓN 4-8.
respiro. Pausa, desahogo, alivio. V. DESCANSO 1.
resplandecer. Fulgurar, relucir, relumbrar. V. BRILLO 1.
resplandeciente. Reluciente, relumbrante, fulgurante. V. BRILLO 2.
resplandor. Destello, fulgor, luz*. V. BRILLO 1.
responder. 1. Replicar, manifestar, contestar. V. CONTESTACIÓN 3.
— **2.** Comprometerse, avalar, certificar. V. GARANTÍA 2.
respondón. Insolente, descarado, deslenguado. V. DESVERGÜENZA 2.
responsabilidad. 1. Deber, compromiso, obligación. V. OBLIGAR 4.
— **2.** Sensatez, seriedad, juicio. V. FORMAL 3.
responsabilizarse. V. RESPONDER 2.
responsable. 1. Autor, culpable*, causante. V. CAUSA 4.
— **2.** Cumplidor, consciente, serio. V. FORMAL 1.
— **3.** Fiador, avalista, garantizador. V. GARANTÍA 4.

— **4.** Agente, encargado, administrador*. V. JEFE 1.

responso. Rogativa, oficio de difuntos, oración. V. REZO 1, 2.

respuesta. Declaración, manifestación, réplica. V. CONTESTACIÓN 1.

resquebrajadura. Raja, fisura, grieta. V. HENDE-DURA 1.

resquebrajar(se). Agrietarse, cuartear, rajar. V. HENDEDURA 3.

resquemor. 1. Desazón, resentimiento, inquietud. V. DISGUSTO 1.

— **2.** Escozor, cosquilleo, picazón. V. PICOR 1.

resquicio. Intersticio, hueco*, rendija. V. HENDE-DURA 1.

resta. Sustracción, diferencia, reducción. V. CÁLCULO 6, DISMINUCIÓN 1.

restablecer. 1. Restaurar, rehacer, devolver*. V. REPARACIÓN 3.

— **2.** *Restablecerse*, sanarse, mejorar, reponerse. V. CURAR 3.

restablecimiento. V. restablecer.

restallar. Crepitar, chasquear, resonar. V. CRUJIDO 2.

restante. Sobrante, parte*, remanente. V. RESIDUO 1.

restañar. Contener, estancar, detener. V. PARAR 1.

restar. Sustraer, deducir, rebajar. V. DISMINUIR, CÁLCULO 3.

restauración, restaurador. V. restaurar.

RESTAURANTE. 1. Establecimiento, comedor, bar, cafetería, casa de comidas, cantina, fonda, refectorio, restorán, «restaurant», tasca, figón, mesón, taberna, bodegón, bodega, parador, posada, hostal, hotel*, merendero, quiosco, puesto, «snack bar», «self-service» o autoservicio, «grill-room», bufet o bufé, pizzería, restaurante típico, r. de lujo, de estación, de aeropuerto, italiano, francés, chino, japonés, argentino, etc., de cinco tenedores, de cuatro, tres, dos, etc.
2. Salón, enseres. Entrada, puerta giratoria, vestíbulo, guardarropa, salón, apartado para fumadores, mesas*, sillas, espejos, percheros, carta (menú, minuta, lista, l. de platos, carta de vinos), cubiertos, cubertería, vajilla (v. mesa, servicio de*), mostrador, estante de botellas, coctelera, bar, barra, taburete, aparador, trinchero, parrilla, bodega.
3. Personal. Propietario, restaurador, gerente, administrador*, «maître» o maestresala, jefe de camareros, «sommelier» o sumiller, camarero, c. ayudante, c. de vinos. *Cocina:* Jefe de cocina o «chef», cocinero, ayudante*, pinche, sollastre, salsero, sazonador, marmitón. Cantinero, fondista, mesonero, figonero, tabernero, posadero, bodeguero, hotelero*.
4. Menú, comida. V. ALIMENTO 1.
5. Cocina, utensilios. V. COCINA 5.
6. Cubertería, vajilla. V. MESA (SERVICIO DE).

V. COCINA, ALIMENTO, MESA (SERVICIO DE), HOTEL.

restaurar. 1. Reponer, restablecer, restituir. V. DEVOLVER 1.

— **2.** Reconstruir, rehacer, renovar. V. REPARACIÓN 3.

restitución. V. restituir.

restituir. 1. Entregar*, reintegrar, reponer. V. DEVOLVER 1.

— **2.** V. restaurar 2.

resto. 1. Fracción, vestigio, fragmento*. V. PARTE 1.

— **2.** *Restos*, despojos, sobrantes, remanentes. V. RESIDUO 1.

— **3.** Cuerpo, cadáver, despojos mortales. V. MUERTE 10.

restregar. Friccionar, rozar, amasar. V. FROTAR 1.

restricción. Impedimento, traba, obstáculo. V. LÍMITE 2.

restrictivo. Restringido, condicional, limitado. V. LÍMITE 5.

restringir. 1. Obstaculizar, impedir, obstruir*. V. PROHIBICIÓN 2.

— **2.** Delimitar, localizar, circunscribir. V. LÍMITE 5, 6.

resucitar. Reencarnar, renacer, revivir. V. VIDA 11.

resuello. Aliento, resoplido, jadeo. V. RESPIRACIÓN 1.

resuelto. Atrevido, decidido, audaz. V. OSADÍA 3.

RESULTADO. 1. Efecto, consecuencia, obtención, consecución, logro, secuela, producto*, fruto, derivación, provecho (v. 2), alcance, acción, actuación*, fin*, final, término, conclusión, resulta, de resultas, actividad, creación*, desenlace, suceso*, hecho, total*, obra, tarea, labor, trabajo*, ejercicio, operación, realización, repercusión, reflejo, importancia*, trascendencia, corolario, deducción, intervención, manifestación, evidencia, rendimiento (v. 2).

— **2.** *Provecho*, resultado, fruto*, utilidad*, beneficio*, rendimiento, obtención, consecución, logro, renta, servicio, rédito, recompensa, producto*, ganancia, ventaja*, gajes, conveniencia (v. 1).

3. Resultar. Derivar, provenir, repercutir, influir, producir*, afectar, causar*, incumbir*, efectuar, realizar, trascender, obrar, alcanzar, totalizar*, concluir, terminar, finalizar*, implicar, consistir, redundar, deducirse, reflejar, inferirse, crear*, fructificar, beneficiar*, rendir, lograr, rentar, convenir, operar, ejercitar, laborar, trabajar*, importar, intervenir, pesar, evidenciarse, mostrarse, manifestarse, surgir, aparecer*, salir*, acontecer, suceder*, originarse*.

Contr.: Causa*, origen*, principio*.

V. ACTUACIÓN, FIN, TOTAL, TRABAJO, CREACIÓN, BENEFICIO, UTILIDAD, VENTAJA, IMPORTANCIA, PRODUCTO.

resultar. V. RESULTADO 3.

resultas (de). A causa, por efecto, como consecuencia. V. RESULTADO 1.

resumen. Compendio, síntesis, simplificación. V. ABREVIAR 4.

resumir. Sintetizar, compendiar, simplificar. V. ABREVIAR 1.

resurgimiento. Reaparición, reanudación, renacimiento. V. REGRESO 1.

resurgir. Renacer, reaparecer, restaurarse. V. REGRESO 2.

resurrección. Renacimiento, reanudación, reencarnación. V. VIDA 1.

retablo. Imágenes, tallas sagradas, cuadro. V. ESCULTURA 2, PINTURA 4.

retaco. Achaparrado, rechoncho, bajo. V. PEQUEÑO 2, GORDO 1.

retador. Provocador, pendenciero, duelista*. V. DESAFÍO 3.

retaguardia. Final*, tropa, destacamento posterior. V. EJÉRCITO 11.

retahíla. Sarta, fila, conjunto. V. SERIE 1.

retal. V. retazo.

retama. Leguminosa, mata, planta. V. VEGETAL 20.

retar. Enfrentarse, amenazar*, provocar. V. DESAFÍO 2.

retardado. Retrasado en su desarrollo* físico o mental, V. DEMORA 4; TRASTORNO 3.

retardar. 1. Postergar, aplazar, prorrogar. V. DEMORA 3.
— **2.** V. retardo 2.

retardo. 1. Postergación, aplazamiento, prórroga. V. DEMORA 2.
— **2.** Tardanza, rezagamiento, espera. V. DEMORA 1.

retazo. Recorte, trozo, corte de tela. V. FRAGMENTO 1, TELA 1.

retemblar. Vibrar, estremecerse, moverse*. V. TEMBLOR 4.

retén. Destacamento, tropa, puesto militar. V. EJÉRCITO 4.

retención. Entorpecimiento, demora*, obstrucción. V. OBSTRUIR 2.

retener. 1. V. retención.
— **2.** Recoger, asegurar, conservar*. V. GUARDAR 1.

retentiva. Recuerdo, evocación, reminiscencia. V. MEMORIA 1.

reticencia. Ambigüedad, indirecta, insinuación*. V. IRONÍA 1.

reticente. V. reticencia.

retícula, retículo. Red, malla, mira. V. HILO 1, ÓPTICA 4.

retina. Capa ocular, membrana o., recubrimiento o. V. OJO 4.

retintín. 1. V. reticencia.
— **2.** Sonsonete, tonillo, tintineo. V. SONIDO 1.

retinto. Cárdeno, renegrido, oscuro*. V. NEGRO 1.

retirada. 1. Repliegue, huida*, derrota. V. RETROCESO 1.
— **2.** V. retirar.

retirado. 1. Jubilado, licenciado, pensionista. V. PENSIÓN 3.
— **2.** Remoto, alejado, solitario. V. DISTANCIA 4.
— **3.** Encerrado, incomunicado, separado. V. AISLAMIENTO 6.

retirar. 1. Alejar, apartar, expulsar*. V. SEPARAR 1.
— **2.** Despojar, desposeer, usurpar. V. QUITAR 2.
— **3.** *Retirarse*, licenciarse, abandonar, jubilarse. V. PENSIÓN 5.
— **4.** Huir*, replegarse, volverse. V. RETROCESO 2.
— **5.** Guarecerse, recogerse, encerrarse en casa. V. REFUGIO 4.

retiro. 1. Licencia, excedencia, jubilación. V. PENSIÓN 1.
— **2.** Alejamiento, encierro, soledad. V. AISLAMIENTO 1.
— **3.** Cobijo, resguardo, amparo. V. REFUGIO 1.

reto. Duelo*, provocación, lance. V. DESAFÍO 1.

retobado. Respondón, taimado, obstinado*. V. REBELDE 1.

retocar. Arreglar, cambiar*, perfeccionar. V. PERFECTO.

retoñar. Renovarse, reproducirse, brotar*. V. FLOR 9.

retoño. 1. Renuevo, vástago, flor*. V. BROTAR 2.
— **2.** Sucesor, vástago, descendiente. V. HIJO 1.

retoque. V. retocar.

retorcer. 1. Encorvar, enroscar, arquear. V. TORCER 1.
— **2.** *Retorcerse*, agitarse, convulsionarse, contorsionarse. V. CRISPAMIENTO 2.

retorcido. 1. V. retorcer.
— **2.** Avieso, maligno, solapado. V. VIL 1.

retorcimiento. V. retorcer.

retórica. Persuasión, elocuencia, oratoria. V. DISCURSO 2.

retórico. Disertador, orador, elocuente. V. DISCURSO 4.

retornar. 1. Venir, volver, retroceder. V. REGRESO 2.
— **2.** Entregar*, restituir, reintegrar. V. DEVOLVER 1.

retorno. V. retornar.

retorta. Alambique, redoma, destilador. V. LABORATORIO 2.

retortero (al). Sin parar, incansablemente, agitadamente. V. DESORDEN 5.

retortijón. Contracción, espasmo, dolor*. V. CRISPAMIENTO 1.

retozar. Corretear, travesear, saltar*. V. JUEGO 10.

retozón. Travieso, revoltoso, juguetón. V. JUEGO 14.

retracción. Contracción, encogimiento, reducción. V. DISMINUCIÓN 1.

retractarse. Enmendar, desdecirse, negar. V. ARREPENTIMIENTO 4.

retraerse. Esquivar*, evitar, apartarse. V. HOSCO 3.

retraído. Huraño, esquivo*, tímido*. V. HOSCO 1.

retraimiento. Timidez*, insociabilidad, reserva. V. HOSCO 2.

retransmisión. Emisión, transmisión, programa. V. RADIO 8.

retransmitir. Radiar, emitir, transmitir. V. RADIO 12.

retrasado. 1. Discapacitado, retardado en su desarrollo* físico o mental. V. DEMORA 4; TRASTORNO 3.
— **2.** V. retrasar.

retrasar. 1. Postergar, prorrogar, diferir. V. DEMORA 3.
— **2.** *Retrasarse,* entretenerse, rezagarse, faltar. V. DEMORA 3.

retraso. 1. Ausencia, dilación, entretenimiento. V. DEMORA 1, 2.
— **2.** Postergación, suspensión, aplazamiento. V. DEMORA 1, 2.
— **3.** Miseria, incultura, necesidad. V. IGNORANCIA 1, POBREZA.
— **4.** V. retrasado.

retratar. 1. Impresionar, captar, reproducir. V. FOTOGRAFIAR, PINTAR.
— **2.** Describir, plasmar, detallar. V. DETALLE 2.

retratista. Artista, dibujante*, maestro. V. PINTURA 8.

retrato. 1. Descripción, reseña, representación. V. DETALLE 1, EXPLICACIÓN 1.
— **2.** Cuadro, dibujo, imagen. V. PINTURA 4.
— **3.** Instantánea, foto, copia. V. FOTOGRAFÍA 1.

retrechero. Sugestivo, encantador, simpático*. V. GARBO 2.

retreparse. Acomodarse, arrellanarse, repantigarse. V. ASIENTO 5.

retreta. Toque, retirada, señal*. V. TROMPETA 3.

retrete. Letrina, excusado, servicios. V. BAÑO 4.

retribución. V. retribuir.

retribuir. 1. Remunerar, gratificar, premiar*. V. PAGAR 1.
— **2.** Reintegrar, compensar, agradecer*. V. DEVOLVER 1.

retroactividad. Prioridad, anterioridad, precedencia. V. ANTERIOR 3.

retroactivo. Que actúa, influye, obra sobre lo pasado, previo. V. ANTERIOR 1.

retroceder. V. RETROCESO 2.

RETROCESO. 1. Contramarcha, retirada, regreso, repliegue, marcha*, huida*, escapada, derrota*, derrumbe, desbandada, estampía, esquive*, retorno, cambio*, vuelta, escapatoria, llegada*, ida, rebote, reflejo, rechazo, retrogradación, reculada, reacción, regolfo, reflujo, repercusión, salto atrás, marcha atrás, abandono, ausencia, renuncia, cobardía*, arrepentimiento*, retractación, empeoramiento*, regresión, decadencia.
2. Retroceder. Retirarse, abandonar, escapar, huir*, replegarse, recular, regresar, volver, retornar, desandar, desbandarse, derrumbarse, derrotar*, marchar*, retrogradar, rechazar, reflejar, rebotar, cambiar*, regolfar, reaccionar, abandonar, eludir, esquivar*, ir, llegar*, repercutir, saltar*, ausentarse, renunciar,

acobardarse, arrepentirse*, retractarse, salir de estampía, dar marcha atrás, empeorar*, decaer, degenerar.
3. Que retrocede. Huido*, retirado, escapado (v. 2).
Contr.: Avance, adelanto, progresión.
V. HUIDA, MARCHA, LLEGADA, SALTO, ESQUIVE, CAMBIO, DERROTA, COBARDÍA, ARREPENTIMIENTO.

retrógrado. Reaccionario, tradicionalista*, atrasado. V. IGNORANTE, POBRE 1.

retrospectivo. Sugerente, alusivo, evocador. V. MEMORIA 8.

retrovisor. Espejo, recambio, accesorio de coche. V. AUTOMÓVIL 5.

retrucar. Replicar, responder, insolentarse. V. CONTESTACIÓN 3.

retruécano. Chascarrillo, chiste, ocurrencia. V. COMICIDAD 2.

retumbante. V. retumbar.

retumbar. Resonar, atronar, ensordecer. V. SONIDO 7.

retumbo. Fragor, resonancia, estruendo. V. SONIDO 1, 2.

reúma, reuma. V. reumatismo.

reumático. Gotoso, dolorido, achacoso. V. ENFERMO, DOLORIDO.

reumatismo. Reúma, lumbago, dolor muscular. V. MÚSCULO 10.

reunión. 1. Convite, tertulia, cita. V. FIESTA 1, ENCUENTRO 1.
— **2.** Consejo, junta, conferencia. V. ASAMBLEA 1.
— **3.** Fusión, agrupamiento, congregación. V. UNIR 16.

reunir. 1. Juntar, congregar, agrupar. V. UNIR 7.
— **2.** Reunirse, encontrarse, coincidir, concurrir*. V. ENCUENTRO 4.

reválida. 1. Título, licenciatura, examen final. V. DIPLOMA 1, 2.
— **2.** V. revalidar.

revalidar. Ratificar, confirmar, sancionar. V. APROBAR 1.

revalorizar, revaluar. Incrementar, desarrollar*, elevar el valor. V. AUMENTAR 1.

revancha. Represalia, desquite, resarcimiento. V. VENGANZA 1.

revelación. 1. Difusión, manifestación, muestra. V. INFORME 1.
— **2.** Novedad, primicia, indicio. V. NOTICIA 1.

revelado. V. revelar.

revelar. 1. Difundir, manifestar, mostrar. V. INFORME 3.
— **2.** Manipular, operar, procesar un negativo. V. FOTOGRAFÍA 11.
— **3.** *Revelarse,* aparecerse, mostrarse, presentarse. V. EXHIBIR 2.

revendedor. Mediador, intermediario, agente. V. VENDER 5.

revender. Traficar, distribuir, mediar. V. VENDER 1.

reventa. V. revender.

reventar. 1. Estallar, volar, detonar. V. EXPLO-SIÓN 9.
— **2.** Deshacerse, desmenuzarse, desintegrarse. V. DESTROZAR 1.
— **3.** *Reventarse*, agotarse, deslomarse, extenuarse. V. FATIGA 4.
reventón. Estallido, rotura, pinchazo. V. EXPLO-SIÓN 1, DESTROZO.
reverberación. V. reverberar.
reverberar. Reflejar, destellar, espejear. V. BRI-LLO 3.
reverbero. V. reverberar.
reverdecer. Renovar, rejuvenecer, vigorizar*. V. JOVEN 8.
reverencia. 1. Veneración, acatamiento, sumisión. V. RESPETO 1.
— **2.** Venia, inclinación, cortesía. V. SALUDO 2.
reverenciar. V. reverencia 1.
reverendo. Monseñor, ilustre, respetado. V. TRATAMIENTO 3, 4.
reverente. Respetuoso, sumiso, devoto. V. RESPETO 3.
reversible. Cambiable*, alterable, transformable. V. VARIAR 7.
reverso. Dorso, revés, trasera. V. POSTERIOR 2.
revertir. Reintegrar, recaer, restituir. V. DEVOLVER 1.
revés. 1. V. reverso.
— **2.** Percance, desgracia*, tropiezo. V. FRACASO 1.
revestido. V. revestir.
revestimiento. Envoltura*, capa, protección*. V. RECUBRIMIENTO 1.
revestir. 1. Cubrir, envolver*, forrar. V. RECUBRIMIENTO 2.
— **2.** Adornar*, engalanar, tapar. V. VESTIMENTA 16.
revisar. Examinar*, verificar, inspeccionar. V. COMPROBAR 1.
revisión. V. revisar.
revisor. Inspector, funcionario, interventor. V. FERROCARRIL 13.
revista. 1. Inspección, examen*, verificación. V. COMPROBAR 2.
— **2.** Publicación, órgano periódico, semanario. V. PERIODISMO 2.
— **3.** Formación, parada, marcha*. V. DESFILE 1.
revistar. V. revisar.
revivir. 1. Renacer, resurgir, resucitar. V. VIDA 11-2.
— **2.** Recordar, rememorar, evocar. V. MEMORIA 6.
revocar. 1. Abolir, derogar, cancelar. V. ANULAR 1.
— **2.** Enlucir, enyesar, estucar. V. YESO 3.
revolcar. 1. Tirar, derrotar*, derribar. V. TUMBAR 1.
— **2.** Revolcarse, echarse, tirarse, retorcerse. V. CRISPAMIENTO 2.
revolcón. 1. Maltrato, derribo, pisoteo. V. DERRUMBAR 3.
— **2.** Relación sexual. V. SEXO 2.

revolotear. Aletear, agitar, batir las alas. V. VUELO 6.
revoloteo. V. revolotear.
revoltijo, revoltillo. 1. Fárrago, embrollo*, confusión*. V. DESORDEN 1.
— **2.** Mezcolanza, amasijo, miscelánea. V. MEZCLA 1.
revoltoso. 1. Retozón, juguetón, travieso. V. JUEGO 14.
— **2.** Revolucionario. V. REVOLUCIÓN 4.
REVOLUCIÓN. 1. Levantamiento, insurrección, rebelión, revuelta, sublevación, sedición, movimiento, amotinamiento, insubordinación, alzamiento, subversión, asonada, motín, cuartelazo, cuartelada, intentona, golpe, g. de Estado, agitación, conjura, traición*, conspiración, complot, maniobra, confabulación, maquinación, anarquía, desgobierno, intriga, rebeldía, desobediencia*, enfrentamiento, oposición, pronunciamiento, convulsión, trastorno, perturbación, cambio (v. 2), tumulto, disturbio, algarada, alcaldada, desorden*, alboroto, contrarrevolución, guerra civil, activismo, anarquismo, nihilismo, extremismo, cambio, desarrollo, progreso, liberación (v. 2).
— **2.** Transformación, modificación, alteración. V. CAMBIO 1, 3.
— **3.** Vuelta, rotación, molinete. V. GIRAR 3.
4. Revolucionario. Rebelde, sedicioso, insurrecto, insurgente*, amotinado, insubordinado, sublevado, conjurado, oponente, agitador, turbulento, revoltoso, activista, provocador, exaltado, fanático, alborotador, maniobrero, propagandista, prosélito, confabulado, perturbador, radical, golpista, subversivo, anarquista, ácrata, nihilista, extremista, faccioso, contumaz, progresista, liberal (v. 5).
— **5.** Adelantado, innovador, pionero. V. CREAR 4.
6. Revolucionar(se). Amotinar(se), rebelar, insurreccionar, sublevar, alzar, levantar, insubordinar, incitar, exaltar, conjurarse, agitar, desobedecer*, intrigar, perturbar, conspirar, pronunciarse, alborotar, desordenar* maquinar, confabularse, soliviantar, conmocionar, hostigar, azuzar.
— **7.** Alterar, modificar, transformar. V. CAMBIO 6.
Contr.: Paz, contrarrevolución, reacción.
V. LIBERTAD, DESARROLLO, DESOBEDIENCIA, DESORDEN, CAMBIO.
revolucionar. V. REVOLUCIÓN 6, 7.
revolucionario. V. REVOLUCIÓN 4, 5.
revolver. 1. Agitar, remover, menear. V. MOVIMIENTO 5.
— **2.** Rebuscar, desarreglar, enredar. V. DESORDEN 4.
revólver. Pistola de cilindro giratorio, arma corta, a. de fuego. V. PISTOLA 2, 3.
revoque. Estuco, yeso*, enlucido. V. CONSTRUCCIÓN 6.

revuelco. Volteo, derribo, maltrato. V. DERRUMBAR 3.
revuelo. Agitación, conmoción, intranquilidad*. V. ALBOROTO 1.
revuelta. 1. Recodo, esquina*, vuelta. V. CURVA 2.
— **2.** V. REVOLUCIÓN 1.
revuelto. 1. Alterado, perturbado, agitado. V. ALBOROTO 5.
— **2.** Enredado, desarreglado, mezclado*. V. DESORDEN 2.
revulsivo. 1. Fármaco, medicina, catártico. V. MEDICAMENTO 6.
— **2.** Que produce reacción, crisis, renovación. V. CAMBIO 3.
REY. 1. Soberano, monarca, emperador, testa coronada, jefe de estado, gobernante*, estadista, príncipe, p. soberano, Majestad, Señor, jefe supremo, zar, káiser, césar, faraón, inca, maharajá, sha, negus, sultán, califa, kan (v. 2).
2. Afines. Virrey, regente, príncipe, p. heredero, Alteza, delfín, infante, kronprinz, zarevich, diadoco, príncipe* de la sangre, pretendiente, p. al trono; reyezuelo, régulo, gobernador, jefe*, cacique, tirano, déspota (v. 1).
3. Reina. Emperatriz, soberana, consorte, esposa del rey, zarina, princesa, maharaní, Señora, Majestad (v. 1), virreina, regente, infanta (v. 2).
4. Títulos de nobleza. Conde, marqués, duque, etc. V. ARISTOCRACIA 2.
5. Corte palaciega. Chambelán, senescal, camarero mayor, etc. V. PALACIO 3.
6. Reino, monarquía. Imperio, principado, realeza, corona, trono, testas coronadas, dinastía, casta, linaje, reinado, tiempo*, lapso, período, época, regencia, corte, feudo, dominio, dominación, capital, sede, centro del reino, ducado, marquesado, condado, señorío, soberanos, monarcas (v. 1); régimen, gobierno*, Estado, país, nación*, comarca, zona*. Monarquía absoluta, hereditaria, parlamentaria, constitucional; realismo, monarquismo, tradicionalismo*, conservadurismo (v. derechas*).
7. Elementos. Corona*, trono, cetro, tiara, manto, armiño, palio, púrpura, p. real, sello* real, dalmática, diadema; etiqueta*, protocolo, corte, reino, coronación, entronización, consagración, ley sálica, matrimonio morganático, minoría de edad, regencia, interregno, abdicación.
8. Real. Principesco, imperial, regio, palatino, palaciego*, soberano, monárquico, coronado*, entronizado, mayestático, cesáreo*, hereditario*, virreinal, suntuoso, opulento, majestuoso, espléndido, lujoso*, maravilloso*.
9. Realista. Monárquico, tradicionalista*, conservador, absolutista, derechista* (v. derechas 2).
10. Acción. Reinar, coronar*, entronizar, proclamar, consagrar, empuñar el cedro, ceñir la corona, subir al trono, regir, gobernar*, impe-

rar, restaurar, pretender, suceder, destronar, abdicar.
Contr.: República (v. izquierdas*).
V. ARISTOCRACIA, DERECHAS, PALACIO, BLASÓN, CORONA, GOBIERNO.
reyerta. Refriega, escaramuza, riña. V. PELEA 1.
rezagado. V. rezagarse.
rezagarse. Demorarse, quedarse atrás, retrasarse. V. DEMORA 3.
rezar. V. REZO 5.
REZO. 1. Oración, plegaria, invocación, voto, ofrenda, preces, rogativa, súplica, imploración, ruego, veneración, culto, impetración, responso, letanía, cántico (v. 3), conjuro, sufragio, gracias, imprecación, deprecación, adoración, petición, pedido* (v. 2).
2. Enumeración. (Culto católico) Padrenuestro, avemaría, salve, credo, acto de fe, a. de contrición, oración (v. 1), confesión, misa*, confíteor, jaculatoria, Señor mío Jesucristo, rosario, ángelus, gloria patri, vía crucis, estaciones, letanía, triduo, novena, salutación angélica, dies írae, antífona, visita de altares, tedéum, salmo, responso, Kirie, Sanctus, Agnusdéi, sermón, homilía, responsorio, horas canónicas, maitines, laudes, prima, tercia, sexta, nona, gozos, vísperas, completas, oficios, o. de difuntos, responso, funeral, exequias, honras fúnebres, cántico (v. 3), réquiem (v. 1).
— **3. Cánticos.** Canto, coro, pange lingua, magníficat, hosanna, stábat, aleluya, tántum ergo, cantar*.
— **4. Generalidades.** Señal de la cruz, santiguamiento, acto de persignarse, amén, imposición de manos, comunión, consagración, confesión, misa*, acto de contrición, reclinatorio, altar, templo*, iglesia, rosario, devocionario, breviario, misal, libro de horas, Biblia*, Antiguo Testamento, Nuevo Testamento, Evangelio. Eucaristía*, religión*.
— **5. Rezar, acción.** Orar, implorar, rogar, suplicar, invocar, pedir*, solicitar, impetrar, hablar con Dios, pedir al cielo, alzar plegarias, arrepentirse, humillarse*, deprecar, adorar, venerar, saludar, agradecer, dar gracias, hacer votos, rezar un padrenuestro, r. un avemaría (v. 2), santiguarse, persignarse, hacerse cruces, hacer la señal de la cruz*, arrodillarse.
Contr.: Blasfemia, ateísmo, herejía*.
V. DIOS, CRISTO, RELIGIÓN, MISA, EUCARISTÍA, CRUZ, SACERDOTE.
rezongar. Gruñir, quejarse, mascullar. V. PROTESTA 3.
rezongo. Refunfuño, queja, murmuración. V. PROTESTA 1.
rezongón. Cascarrabias, gruñón, quisquilloso. V. PROTESTA 3.
rezumar. Escurrirse, filtrarse, calar. V. SALIR 5.
ría. Desembocadura, estuario, fiordo. V. BAHÍA 1.
riachuelo. Arroyo, brazo, corriente. V. RÍO 1.
riada. Torrente, inundación, crecida. V. RÍO 5.

riba, ribazo. V. ribera.

ribera. Orilla, litoral, margen. V. COSTA 1.

ribereño. Litoral, marítimo, costero. V. COSTA 4.

ribete. 1. Orla, franja, festón. V. TIRA 1.

— **2.** Vestigio, visos, indicio*. V. SEÑAL 1, 2.

ribetear. Ornamentar, rodear, festonear. V. ADORNO 3.

ricacho, ricachón. V. RICO 1.

rico. 1. Adinerado, opulento, acaudalado. V. RIQUEZA 3.

— **2.** Floreciente, fértil, exuberante. V. PROSPERIDAD 3.

— **3.** Sabroso, suculento, apetitoso. V. GUSTO 7.

rictus. Contracción, mímica, espasmo facial. V. CRISPAMIENTO 1, GESTO 1.

ridiculez. V. RIDÍCULO 4.

ridiculizar. V. RIDÍCULO 5.

RIDÍCULO. 1. Estrafalario, extravagante, risible, cómico*, grotesco, irrisorio, raro*, extraño*, antiestético, estrambótico, peripatético, fachoso, desagradable*, carnavalesco, caricaturesco, feo, descabellado, absurdo, peculiar, bufo, bufón, necio, cursi, tonto*, bobo, memo, burlesco, chocarrero, chusco, mamarracho, caprichoso*, torpe, tosco*, incongruente, inoportuno, curioso*, paradójico, charro, desgarbado, deforme*, desharrapado, grosero, descortés*, desgraciado*, adefesio (v. 2).

— **2.** *Adefesio*, ridículo, feo*, esperpento, deforme*, mamarracho, estantigua, birria, facha, títere, pasmarote, payaso, espantajo, espantapájaros, caricaturesco, hazmerreír, estrafalario (v. 1), estafermo, esperpento, visión, ridiculez (v. 4).

— **3.** Insuficiente, insignificante, poco. V. ESCASEZ 2.

4. Ridiculez. Rareza, extravagancia, incongruencia, paradoja, fantasía*, singularidad, necedad, tontería*, payasada, bufonada, ridículo, memez, bobada, torpeza, tosquedad, grosería, descortesía*, cursilería, absurdo, humorada, comicidad*, risión, irrisión, astracanada, mamarrachada, vulgaridad*, curiosidad*, peculiaridad, extrañeza, capricho*, genialidad*, visión, deformidad*, fealdad*, facha, adefesio (v. 2).

5. Ridiculizar. Satirizar, caricaturizar, parodiar, chasquear, avergonzar, criticar*, ironizar*, engañar*, burlarse, reírse, bromear*, embromar, mofarse, imitar, remedar, simular*, zaherir, desairar, despreciar*, humillar*, befarse, escarnecer, afear.

Contr.: Gracioso, garboso*, estético, hermoso*, sensato, formal*.

V. CÓMICO, RARO, DESAGRADABLE, EXTRAÑO, CAPRICHOSO, DEFORME, VULGAR, ENGAÑO, HUMILLACIÓN, DESPRECIO, FEALDAD.

riego. Irrigación, regadío, humedecimiento. V. MOJAR 4.

riel. Raíl, carril, vía. V. FERROCARRIL 14.

rielar. Rutilar, centellear, refulgir. V. BRILLO 3.

rienda. 1. Brida, ronzal, correa. V. CABALLO 14.

— **2.** Dirección, guía*, mando. V. GOBIERNO 1.

riente. Alborozado, jovial, regocijado. V. ALEGRÍA 6.

riesgo. Azar*, contingencia, aventura. V. PELIGRO 1.

rifa. Sorteo, tómbola, juego*. V. LOTERÍA 1.

rifar. Jugar*, sortear, tocar. V. LOTERÍA 3.

rifle. Escopeta, carabina, máuser. V. FUSIL 1.

RIGIDEZ. 1. Tirantez, tensión, agarrotamiento tiesura, dureza*, rigor, endurecimiento, densidad*, inflexibilidad, solidez, tenacidad, fuerza*, firmeza, fortaleza, resistencia, consistencia, calambre, espasmo, crispamiento*, crispación, atrofia, contracción, encogimiento, erección, levantamiento, envaramiento, anquilosamiento, inmovilidad*, frialdad*, congelación.

— **2.** Disciplina, rigor, inflexibilidad. V. SEVERIDAD 1.

3. Rígido. Agarrotado, tieso, tenso, tirante, erguido, contraído, duro*, endurecido, tenaz, fuerte, recio, apretado, consistente, resistente, sólido, firme, erecto, enhiesto, derecho, alerta, levantado, tenso, almidonado, planchado, envarado, crispado*, atrofiado, encogido, frío*, helado, congelado, yerto, anquilosado, acalambrado, inmóvil*, inflexible, envarado.

— **4.** Riguroso, estricto, inflexible. V. SEVERIDAD 2.

5. Poner rígido. Tensar, contraer, agarrotar, atirantar, endurecer, anquilosar, inmovilizar*, acalambrarse, presionar, forzar, estirar, extender, crispar*, erguir, levantar, subir*, encoger, atrofiar, enfriar, congelar; cuadrarse, ponerse firmes, enderezarse, erguirse, estar alerta.

Contr.: Relajación*, distensión, movimiento*.

V. DUREZA, FRÍO, INMOVILIDAD, CRISPACIÓN, DENSIDAD.

rígido. V. RIGIDEZ 3.

rigodón. Contradanza, danza antigua, d. por parejas. V. BAILE 5.

rigor. 1. Disciplina, intolerancia, crueldad*. V. SEVERIDAD 1.

— **2.** Tirantez, agarrotamiento, dureza*. V. RIGIDEZ 1.

— **3.** Precisión, exactitud*, propiedad. V. VERDAD.

riguroso. 1. Inflexible, intransigente, cruel*. V. SEVERIDAD 2.

— **2.** Crudo, extremado, inclemente. V. INTENSIDAD 3.

— **3.** Preciso, exacto, verdadero*. V. EXACTITUD 2.

rijoso. Libidinoso, lujurioso, sensual. V. SEXO 12.

rima. Poema, oda, verso. V. POESÍA 4.

rimar. Versificar, componer, cantar*. V. POESÍA 10.

rimbombante. 1. Ampuloso, pomposo, solemne*. V. PEDANTE 1.

— **2.** Retumbante, resonante, sonoro. V. SONIDO 4.

rímel. Afeite, pintura, maquillaje. V. COSMÉTICO 2.

rimero. Montón, depósito, pila. V. ACUMULAR 3.

rincón. 1. Recodo, canto, ángulo*. V. ESQUINA 1.
— 2. Guarida, cobijo, escondite. V. REFUGIO 1.
rinconera. Anaquel, repisa, consola. V. ARMA-
RIO 2.
ring. *ingl* Cuadrilátero, tablado, plataforma. V.
BOXEO 4.
ringlera. Línea, hilera, columna. V. FILA 1.
rinoceronte. Paquidermo, ungulado, vertebrado.
V. MAMÍFERO 5.
riña. 1. Disputa, refriega, escaramuza. V. PELEA 1.
— 2. Regañina, disgusto*, discusión*. V. RE-
PRENDER 2.
RIÑÓN. 1. Órgano, ó. glandular, ó. excretor*
de orina*, víscera, rene, riñones, riñonada,
lomos.
2. Partes afines. Hilio, pelvis renal, cápsula
fibrosa, fascia renal, arterias y venas renales;
uréteres, vejiga, uretra, próstata, sexo*. *Corte:*
sustancia cortical, s. medular, cálices renales,
nefrón, pirámide de Malpighi, corpúsculo de
Malpighi, glomérulo.
3. Funciones. Excreción*, eliminación, purificación de la sangre*, orina*, urea, ácido úrico.
4. Enfermedades. Nefritis, cólico nefrítico, pie-
litis, uremia, hematuria, tumor, cáncer*, litiasis,
cálculos, tuberculosis renal, riñón flotante, ne-
fropatía. *Curación*:* diurético, medicamento,
riñón artificial (v. 5).
5. Riñón artificial. Aparato*, artefacto, depurador de sangre, circulación extracorpórea,
purificación, diálisis, líquido dializador, tanque,
aparato filtrador, tubería de serpentín, tubo
osmótico.
V. ORINA, EXCRECIÓN, SANGRE, ENFERME-
DAD.
RÍO. 1. Corriente, vía fluvial, v. navegable, brazo,
afluente, tributario, colateral, cauce, curso de
agua*, torrente, torrentera, riacho, riachuelo,
arroyo, regato, reguero (v. 2).
2. Partes. Nacimiento, fuentes, manantial, cabecera, curso superior, c. inferior, cuenca, cauce, madre, lecho, fondo, meandro, remanso,
recodo, revuelta, abrevadero, pozo, poza, hoya,
remolino, orilla, márgenes, ribera, costa*, talud,
álveo, vaguada, valle, cañada, cañón, desfiladero, barranco, arenal, isla*, afluente, confluencia, tabla, vado, soto, vega, huerta, caudal,
agua, corriente, rápidos, rabión, torrente, torrentera, rambla, cascada, catarata, salto, caída, pantano, estero, albufera, marisma, marjal,
boca, desembocadura, salida, estuario, entrada,
embocadura, delta, barra, bajo, bajío, ría.
3. Obras. Canal*, desembarcadero, obra hidráulica, embalse, presa*, dique*, puente*,
acueducto, sistema de irrigación, acequia,
compuerta, esclusa.
4. Barcos*. Embarcación fluvial, lanchón, pontón, barca, barcaza, balsa, jangada, almadía,
andarivel, lancha, bote*, góndola.
5. Varios. Crecida, inundación, avenida, aluvión, desbordamiento, torrente, riada, men-

guante, sequía, estiaje, agua*, aguas arriba,
aguas abajo; río caudaloso, vadeable, crecido,
manso, encajonado, navegable, fluvial, acuático, hidrográfico.
6. Acción. Fluir, correr, crecer, desbordarse,
inundar, desembocar, encajonarse, secarse,
menguar, encauzar, canalizar*, navegar*, regar, irrigar, vadear, cruzar.
7. Grandes ríos. Nilo, Amazonas, Yang Tse-
Kiang, Paraná, Orinoco, Misisipí, Volga, Rin,
Danubio, Don, Sena, Po, Tajo, Ebro, Duero.
V. AGUA, CANAL, COSTA, BARCO, BOTE, NA-
VEGACIÓN.
ripio. 1. Palabra inútil, rima superflua. V .POESÍA 1.
— 2. Cascajo, guijo, fragmentos. V. PIEDRA 2.
RIQUEZA. 1. Fortuna, bienes, opulencia, dinero*,
patrimonio, heredad*, capital, hacienda, recursos, medios, bienestar, abundancia*, dineral, millones, pasta, pertenencias, posesiones,
propiedades*, cuartos, talego, rentas, perras,
platal, mosca, caja*, hucha, economías, ahorros*, haberes, numerario, efectivo, metálico,
moneda, billetes, tesoro, fondos, valores, caudales, peculio, posición, aristocracia*, desahogo, holgura, comodidad*, jauja, potosí, filón,
oro*, plata, enriquecimiento, ganancia*, herencia*, lucro, avaricia*, especulación, fausto,
lujo*, derroche*, generosidad*, beneficio*,
prosperidad*.
— 2. Demasía, exuberancia, fecundidad. V.
ABUNDANCIA 1.
3. Rico. Adinerado, acaudalado, boyante,
afortunado, próspero*, opulento, abundante
(v. 4), pudiente, millonario, multimillonario,
potentado, acomodado, capitalista, magnate,
terrateniente, plutócrata, hacendado, latifundista, personaje*, personalidad, fúcar, nabab,
creso, heredero*, mayorazgo, propietario*, pez
gordo, aristócrata, mecenas, financista, financiero, indiano, rentista, avaro*, comerciante*,
burgués, boyante, desahogado, ricacho, ricachón, advenedizo, nuevo rico, poseedor, enriquecido (v. 4).
— 4. *Próspero*, rico, enriquecido, holgado,
sobrado, progresista, progresivo, floreciente,
triunfador, opimo, lauto, abundante, opulento,
fértil, fecundo*, beneficiado*, adelantado, fastuoso, lujoso*, valioso, derrochador*, generoso*, adinerado (v. 3).
5. Enriquecerse, ser rico. Prosperar*, heredar,
progresar, lucrarse, abundar*, poseer, tener,
acumular, ahorrar*, economizar*, acopiar, engordar, crecer, hincharse, ganar, beneficiarse*,
ponerse las botas, medrar, acrecentar, triunfar*,
guardar*, ser avaro*, florecer*, sobrar.
Contr.: Pobreza*, humildad*, miseria.
V. DINERO, PROPIEDAD, ABUNDANCIA, PROS-
PERIDAD, BENEFICIO, LUJO, DERROCHE, CO-
MUNIDAD, GENEROSIDAD, PROGRESO, TRIUN-
FO, AHORRO, AVARICIA.
risa. Carcajada, jolgorio, risotada. V. ALEGRÍA 2.

risco. Roca, promontorio, piedra*. V. MONTAÑA 1.

risible. Grotesco, cómico, irrisorio. V. RIDÍCULO 1.

risión. Ridiculez, tontería*, payasada. V. RIDÍCU-LO 4.

risotada. V. risa.

ristra. Sarta, fila, rosario. V. SERIE 1.

risueño. Jovial, festivo, contento. V. ALEGRÍA 6.

rítmico. V. RITMO 2.

RITMO. 1. Compás, movimiento*, cadencia, acento, armonía, melodía, música*, musicalidad, regularidad, paso, medida*, ciclo, frecuencia, período, periodicidad, repetición, alternancia, síncopa, sucesión, pausa, constancia, intervalo, proporción, consonancia, isocronismo, arritmia, irregularidad, acorde, exactitud*, precisión. **2. Rítmico.** Acompasado, movido*, cadencioso, acentuado, armónico, melódico, musical*, regular, pausado, medido*, cíclico, frecuente, periódico, repetido, alternado, sincopado, sucesivo, proporcionado, consonante, isócrono, arrítmico, irregular, acorde, preciso, exacto*. **3. Acción.** Sincopar, medir, acentuar, acompasar, mover*, armonizar, repetir, alternar, frecuentar, musicalizar*, regularizar, pausar, proporcionar. *Contr.:* Arritmia, irregularidad. V. MÚSICA, MOVIMIENTO, MEDIDA, EXACTITUD.

rito. Ceremonia, liturgia, celebración. V. MISA 1, SOLEMNIDAD.

ritual. V. rito.

rival. V. RIVALIDAD 2.

RIVALIDAD. 1. Emulación, antagonismo, competición, competencia, oposición*, pugna, enfrentamiento, resentimiento, enemistad*, combate, lucha*, justa, desafío, pelea*, concurso, deporte*, juego*, torneo, campeonato, liga, participación, certamen, competición, esfuerzo, prueba, eliminatoria, final*, semifinal, porfía, desafío*, apuesta, discrepancia, discordia, odio*, hostilidad, guerra*, incompatibilidad, disparidad, antipatía*, desavenencia, desunión, diferencia, imitación*, celos*, envidia*, roce, animadversión. **2. Rival.** Adversario, antagonista, oponente*, competidor, émulo, imitador*, contrincante, contendiente, enemigo*, contrario, concursante, participante, finalista, semifinalista, luchador*, peleador*, combatiente, oponente*, jugador*, deportista*, opuesto*, desafiante*, discrepante, hostil, dispar, disidente, envidioso*, celoso*, imitador, antipático*, odioso*, resentido. **3. Rivalizar.** Contender, oponerse*, emular, competir, luchar*, antagonizar, concursar, intervenir, participar, combatir, enfrentarse, encararse, enemistarse*, porfiar, pugnar, pujar, esforzarse, desafiar, apostar, participar, jugar, discrepar, envidiar*, encelarse, rozar, resentirse, antipatizar*, contrariar, hostilizar.

Contr.: Concordia, amistad, compañerismo*, convivencia*. V. LUCHA, OPOSICIÓN, DESAFÍO, ODIO, ENEMISTAD, ANTIPATÍA, CELOS, ENVIDIA, JUEGO, DEPORTE.

rivalizar. V. RIVALIDAD 3.

RIZADO. 1. Encrespado, rizoso, ensortijado, crespo, ondulado, ondeado, peinado, encarrujado, rufo, escarolado, enmarañado, alborotado, rebelde, hirsuto, desgreñado, despeinado, áspero*, torcido, retorcido, curvado*, erizado, acaracolado, engrifado. **— 2.** *Peinado*, rizado, permanente, tocado. V. PELO 7. **3. Rizo.** Onda, bucle, pelo*, copete, sortijilla, sortija, tirabuzón, mechón, caracolillo, ondulación, encrespamiento, maraña, greña, mecha, tufo, vedija, vellón, cerneja, tusa, aladar. **4. Rizar.** Ensortijar, ondular, ondear, encrespar, torcer*, retorcer, encarrujar, arrufar, escarolar, engrifar, desgreñar, alborotar, despeinar, erizar, acaracolar, curvar*. *Contr.:* Lacio, liso. V. PELO, ÁSPERO, CURVAR, TORCER.

rizar. V. RIZADO 4.

rizo. V. RIZADO 3.

rizoma. Raíz, tallo subterráneo, vegetal*. V. TUBÉRCULO 2.

rizoso. V. RIZADO 1.

robador. V. ROBO 3.

robar. V. ROBO 2.

ROBO. 1. Sustracción, hurto, despojo, latrocinio, apropiación*, delito*, atraco, asalto, rapiña, rapacería, rapacidad, depredación, expoliación, pillaje, saqueo, saco, despojo, botín, cleptomanía, desvalijamiento, ratería, sisa, escamoteo, abigeato, piratería*; robo a mano armada, r. con fractura, r. con escalo, contrabando, secuestro*, rapto, ataque*, agresión*, violencia*, timo, dolo, cuento, apaño, chantaje, estafa*, desfalco, malversación, falsificación*, fraude, engaño*, defraudación, usurpación, tráfico ilegal, estraperlo, mercado negro, bandidaje, crimen (v. 3). **2. Robar.** Sustraer, hurtar, escamotear, birlar, quitar*, sacar, llevarse, apoderarse, desvalijar, saquear, desplumar, despojar, tomar, asaltar, saltear, atracar, apropiarse*, soplar, apandar, delinquir*, pillar, saquear, expoliar, depredar, rapiñar, piratear, sisar, ratear, secuestrar*, raptar, latrocinar, timar, chantajear, desfalcar, estafar*, falsificar*, malversar, defraudar, usurpar, traficar, engañar*, expoliar (v. 3). **3. El que roba.** Ladrón*, carterista, caco, descuidero, escalador, delincuente*, malhechor, bandido, bandolero, maleante, ratero, rata, cortabolsas, mechera, rapaz, rufián; ganzúa, garduño, randa, lagarto, sisón; expoliador, saqueador, desvalijador, robador, depredador, atracador, asaltante, gánster, pandillero, pistolero, deshonesto, desaprensivo, infiel, cuatrero, cleptómano, manilargo, escamoteador, pirata*, bucanero, filibustero, secuestrador*, raptor, canalla, criminal, asesino*, chantajista, timador, estafador*, cuentista, desfalcador, malversador, defraudador, falsificador*, usurpador, facineroso, traficante, contrabandista, especulador, agiotista, usurero, perista, santero, negrero, chupasangre, sanguijuela, abusador, avaro*.

4. Grupos de ladrones. Cuadrilla, pandilla, banda, partida, camarilla, bajos fondos, hampa, gavilla, grupo*, clan, facción, turba, horda, tropa, patulea, gentuza, canalla, chusma, golfería, crimen, delincuencia*, picaresca, ladrones, carteristas (v. 3).

5. Generalidades. Nocturnidad, alevosía, agravantes, atenuantes, cárcel, prisión*, condena*, castigo*, herramientas (v. 6).

6. Herramientas, accesorios. Ganzúa, palanqueta, taladro, soplete, tubo de oxígeno, nitroglicerina, linterna sorda, pistola*, antifaz, guantes, pasamontañas; caja de caudales, alarma. *Contr.:* Honradez*.
V. LADRÓN, DELITO, ESTAFA, PIRATERÍA, SECUESTRO, ASESINATO, FALSIFICACIÓN, APROPIACIÓN, CONDENA, CASTIGO, PRISIÓN.

ROBOT. 1. Androide, autómata, «cyborg», mecanismo automático, aparato* a., máquina*, hombre mecánico, muñeco*, maniquí, mecanismo automatizado, cerebro electrónico, computadora, calculadora*, servo-mecanismo, servomáquina, creación cibernética, mecanismo electrónico, ordenador, procesadora; robótica, ciencia ficción. Isaac Asimov.

2. Cibernética. *Elementos:* transistores, resistencias, diodos de cristal, circuitos impresos, memoria, bit, chip, elementos binarios, tambor magnético, cinta magnética, banco de datos, tarjetas perforadas, programa, instrucciones codificadas; ciencia*, estudio, informática*, inteligencia artificial, sistemas de control, retroalimentación.
V. CALCULADORA, MÁQUINA, APARATO, MUÑECO.

robustecer. Tonificar, fortalecer, reforzar. V. VIGOR 4.

robustecimiento. V. robustez.

robustez. Fuerza, corpulencia, poder. V. VIGOR 1.

robusto. Fornido, musculoso, corpulento. V. VIGOR 2.

roca. 1. Risco, peña, escollo. V. PIEDRA 1.
— **2.** Granito, arenisca, pórfido. V. MINERAL 5.

roce. 1. Fricción, rozadura, restregón. V. FROTAR 2.
— **2.** Relación, familiaridad, trato. V. CONVIVENCIA 1.
— **3.** Roces, discusiones*, enojos*, enfados. V. DISGUSTO 2.

rociada, rociado, rociadura. 1. Riego, salpicadura, mojadura. V. MOJAR 4.
— **2.** Difusión, diseminación, expansión. V. EXTENDER 6.

rociador. Pulverizador, perfumero, «spray». V. PERFUME 6.

rociar. 1. Regar, salpicar, bañar*. V. MOJAR 1.
— **2.** Difundir, esparcir, diseminar. V. EXTENDER 2.

rocín. Penco, jamelgo, matalón. V. CABALLO 1.

rocío. Relente, sereno, helada. V. AGUA 3.

rococó. Recargado, barroco, profuso. V. ARTE 6.

rocoso. Pedregoso, escarpado, árido. V. PIEDRA 5.

rodada. Huella, carril, surco. V. CAMINO 1.

rodaja. Tajada, rebanada, raja. V. CORTAR 5.

rodaje. 1. Filmación, acción, toma. V. CINE 7.
— **2.** Uso, prueba, amoldamiento. V. COMPROBAR 2.

rodamiento. Cojinete, juego de bolas, accesorio. V. RUEDA 3.

rodapié. Paramento, zócalo, tabla. V. MADERA 3.

rodar. 1. Dar vueltas, voltear, rotar. V. GIRAR 1.
— **2.** Correr, moverse, resbalar. V. DESLIZARSE 1.
— **3.** Filmar, fotografiar*, impresionar. V. CINEMATOGRAFÍA 12.

RODEAR. 1. Abarcar, envolver, ceñir, abrazar*, sitiar, asediar (v. 2), confinar, limitar*, circunscribir, englobar, encerrar, desviarse (v. 3), trasladarse*, viajar*, desplazarse, oprimir, comprimir, apretar, ajustar, estrechar, estrujar, presionar, enlazar, inmovilizar*, incomunicar, acordonar, acotar, cerrar, tapiar, vallar, circundar, bordear, circunvalar (v. 3).
— **2.** *Cercar*, rodear, sitiar, bloquear, asediar, encerrar, acorralar, arrinconar, aislar (v. 1).
— **3.** *Apartarse*, rodear, desviarse*, eludir, esquivar*, circunvalar, alejarse*, separarse*, circuir, circundar, bordear*, orillar, dar un rodeo, extraviarse, torcer, rehuir, vagar, marchar, huir, navegar*, costear*.
4. Rodeo. Vuelta, alejamiento*, desvío*, descarrío, circuito, giro, traslado, viaje*, periplo, zigzag, bordeo, circunvalación, circunnavegación, navegación*, separación*, virada, pérdida, desorientación, extravío, curva*, atajo, descamino, ladeo (v. 5, 6).
— **5.** Vaguedad, circunloquio, ambigüedad. V. INSINUACIÓN 1.
— **6.** *Encierro*, tienta, doma de ganado. V. GANADO 4.
7. Rodeando. En derredor, alrededor, en torno a, abarcando, envolviendo (v. 3).
Contr.: Atravesar, cruzar.
V. CERCAR, ABRAZAR, DESVIARSE, ESQUIVAR, LIMITAR, SEPARARSE, ATAQUE.

rodeo. V. RODEAR 4-6.

rodete. Moño, trenza, peinado. V. PELO 2.

rodilla. Juego de la pierna, unión, órgano. V. ARTICULACIÓN 5.

rodillera. 1. Bulto, bolsa. V. ABULTAMIENTO 1.
— **2.** Retal, remiendo; protección*. V. TELA 1, ORTOPEDIA 3.

rodillo. Pieza, eje, rollo. V. CILINDRO 1.

ROEDOR. 1. Mamífero*, m. pequeño, unguiculado, vegetariano, plaga, bicho, alimaña, múrido, mustélido, vertebrado, animal* (v. 2).

2. Roedores y pequeños carniceros. Liebre, conejo, gazapo, agutí, ardilla, a. voladora, marmota, rata*, r. almizclera, ratón, cobayo o cobaya o conejillo de Indias, lirón, erizo, puercoespín, hámster, lemming, vizcacha, castor, nutria, hurón, armiño, comadreja, zarigüeya, visón, marta, marta cebellina o cibelina, chinchilla, tejón o mapache, glotón, mangosta (v. 1).

3. Clasificación. Castóridos, lepóridos, múridos, esciúridos, cávidos, mióxidos.

4. Roer. Corroer, desgastar, mordisquear, mascar, ratonar, dentellar, raer, rozar, gastar, apolillar, comer, carcomer, agujerear*, perforar, horadar.

— 5. Reconcomer, inquietar, atormentar. V. DISGUSTO 3.

6. Roído. Corroído, desgastado, mordisqueado (v. 4).

V. RATA, ANIMAL, MAMÍFERO.

roer. V. ROEDOR 4.

rogar. 1. Suplicar, solicitar, implorar. V. PEDIR 1.

— 2. Orar, invocar, impetrar. V. REZO 5.

rogativa. Oración, plegaria, invocación. V. REZO 1.

roído. V. ROEDOR 6.

rojez. Rubor, mancha*, enrojecimiento. V. HINCHAZÓN 2.

rojizo. V. rojo.

rojo. Colorado, encarnado, escarlata. V. COLOR 6.

rol. 1. Registro, nómina, catálogo. V. LISTA 1.

— 2. Papel, actuación, representación. V. ACTOR 4.

roldana. Polea, trocla, garrucha. V. RUEDA 4.

rollizo. Obeso, rechoncho, grueso. V. GORDO 1.

rollo. 1. Rodillo, tambor, pieza*. V. CILINDRO 1.

— 2. Carrete, bobina, accesorio de costura. V. HILO 3.

— 3. Tabarra, monserga, pesadez. V. ABURRIMIENTO 1.

— 4. Flirteo, romance*. V. AMOR 2.

romadizo. Catarro, constipado, enfriamiento. V. RESFRIADO 1.

romana. Báscula, instrumento, aparato* para pesar. V. BALANZA 1.

romance. 1. Poema, composición poética, verso. V. POESÍA 4.

— 2. Idilio, noviazgo, aventura amorosa. V. AMOR 2.

romancero. Selección, recopilación, antología de romances. V. POESÍA 7.

románico. Estilo arquitectónico, e. neolatino, e. medieval. V. ARQUITECTURA 6.

romanticismo. 1. Sentimentalismo, ternura, idealismo. V. ESPÍRITU 6.

— 2. Movimiento literario*, artístico, moderno. V. LITERATURA 8.

romántico. Idealista, sentimental, apasionado*. V. ESPÍRITU 4.

romanza. Tonada, aria, canción. V. CANTAR 1, 2.

rombo. Polígono, cuadrilátero, paralelogramo. V. GEOMETRÍA 6.

romería. 1. Festejo, feria, verbena. V. FIESTA 3, 5.

— 2. Periplo, peregrinación, excursión. V. VIAJE 1.

romero. 1. Labiada, mata, planta. V. VEGETAL 21.

— 2. Peregrino, excursionista, viajero. V. VIAJE 4.

romo. Chato, liso, achatado. V. APLASTAR 4.

rompecabezas. Acertijo, charada, jeroglífico. V. ADIVINAR 5.

rompeolas. Escollera, malecón, espigón. V. DIQUE 1.

romper. 1. Quebrar, despedazar, partir. V. DESTROZAR 1.

— 2. Frenar, detener, impedir. V. INTERRUPCIÓN 2.

— 3. Iniciar, comenzar, empezar. V. PRINCIPIO 9.

rompiente. 1. Escollos, rocas, barrera. V. ARRECIFE 1.

— 2. Marejada, oleaje, espuma. V. MAR 4.

rompimiento. V. romper.

ron. Bebida alcohólica, licor, aguardiente. V. BEBIDA 2.

roncar. Jadear, gañir, resollar en sueños*. V. RESPIRACIÓN 2.

roncha. Sarpullido, rojez, irritación. V. HINCHAZÓN 2.

RONCO. 1. Rauco, enronquecido, bronco, afónico, bajo, rudo, destemplado, cascado, carrasposo, tomado, áspero*, desagradable*, disonante, agrio, desapacible, desentonado, inarmónico, desafinado, profundo, gutural, nasal, afásico, áfono, mudo, ininteligible, farfullante, murmurante*, asmático, fatigado.

2. Ronquera. Afonía, enronquecimiento, afasia, carraspera, desentono, nasalidad, disonancia, mudez, destemple, tartamudez, murmuración*, dificultad*, profundidad, pérdida de voz, aspereza*, rudeza; voz desapacible, bronca, destemplada, cascada, áspera* (v. 1); flema, picor*, tos, asma, fatiga.

3. Acción. Enronquecer, tomarse, cascarse, destemplarse, agriarse, perder la voz*, disonar, desentonar, desafinar, quedarse afónico, desgañitarse, gritar*, vociferar, rugir, aullar, bramar; carraspear, aclararse, despejarse la garganta, toser, estornudar, jadear, respirar*.

Contr.: Claro, inteligible, melodioso, comprensible*.

V. VOZ, GRITO, HABLA, MURMULLO, DESAGRADABLE.

ronda. 1. Corrillo, conjunto, pandilla. V. GRUPO 3.

— 2. Vuelta, turno, convite*. V. SERIE 1.

— 3. Patrulla, piquete, guardia. V. ESCOLTA 1.

— 4. Avenida, carretera, vía. V. CALLE 1.

— 5. V. rondalla.

rondador. V. rondar.

rondalla. Estudiantina, tuna, grupo musical. V. ORQUESTA 2, CANTAR 12.

rondar. 1. Pasear, recorrer, merodear. V. MARCHAR 1, VIGILAR.
— **2.** Cortejar, insistir, molestar. V. AMOR 7.

ronquera. V. RONCO 2.

ronquido. Jadeo, resuello, estertor. V. RESPIRACIÓN 1.

ronroneo. Ronquido, arrullo, rumor. V. MURMULLO 1.

ronzal. Cabestro, brida, freno. V. CABALLO 14.

roña. 1. Cochambre, inmundicia, mugre. V. SUCIEDAD 1.
— **2.** Ruindad, tacañería, mezquindad. V. AVARICIA 1.

roñosería, roñería. V. roña 2.

roñoso. 1. Cochambroso, mugriento, inmundo. V. SUCIEDAD 5.
— **2.** Mísero, ruin, tacaño. V. AVARICIA 2.

ropa, ropaje. Atuendo, indumentaria, prendas. V. VESTIMENTA 1.

ropavejero. Trapero, buhonero, mercachifle. V. COMERCIANTE 6.

ropero. Guardarropa, aparador, cómoda. V. ARMARIO 1.

ropilla. Prenda, camisola, jubón. V. VESTIMENTA 7.

ropón. Capa, toga, sayo. V. VESTIMENTA 5.

roquedal. Cantizal, pedregal, erial. V. DESIERTO 1.

roqueño. Granítico, rocoso, pétreo. V. PIEDRA 6.

rorro. Nene, crío, bebé. V. NIÑO 1.

ros. Gorra, teresiana, chacó. V. SOMBRERO 1.

rosa. 1. Capullo, pimpollo, brote*. V. FLOR 4.
— **2.** V. rosado.

rosado. Sonrosado, rojizo, rosa. V. COLOR 6.

rosaleda. Parque, parterre, vergel. V. JARDÍN 1, 2.

rosario. 1. Ristra, sarta, hilera. V. SERIE 1.
— **2.** Abalorios, cuentas, collar. V. JOYA 1, 2, MISA 4.
— **3.** Oración, letanía, plegaria. V. REZO 1, 2.

rosbif. Chuleta, filete (de vacuno), asado. V. CARNE 4.

rosca. 1. Roscón, bollo, rosquilla. V. CONFITERÍA 3.
— **2.** Rodete, aro grueso, curva*. V. CÍRCULO 1.
— **3.** Tornillo, filete, espiral. V. CURVA 1.

rosetón. Cristalera, tragaluz, vidriera. V. VENTANA 1.

rosicler. Resplandor, aurora, fulgor rosado. V. CLARIDAD, AMANECER 2.

rosquilla. Golosina, buñuelo, dulce. V. CONFITERÍA 3.

rostro. Fisonomía, semblante, faz. V. CARA 1.

Rota. Tribunal eclesiástico, t. romano, alto tribunal. V. PAPA 3.

rotación. Volteo, movimiento*, vuelta. V. GIRAR 3.

rotar. Voltear, rodar, moverse*. V. GIRAR 1.

rotativa. Aparato*, máquina* impresora, m. continua. V. IMPRENTA 3.

rotativo. 1. Gaceta, diario, publicación. V. PERIODISMO 2.
— **2.** V. rotatorio.

rotatorio. Giratorio, movedizo*, que voltea. V. GIRAR 5.

roto. 1. Quebrado, desbaratado, estropeado. V. DESTROZAR 4.
— **2.** Desharrapado, harapiento, astroso. V. ANDRAJO 2.

rotonda. Vuelta, plaza, edificación circular. V. ESQUINA 1.

rotor. Aletas, mecanismo giratorio, aspas. V. GIRAR 6.

rótula. Hueso redondo, h. de la rodilla, h. de la pierna. V. PIERNA 2.

rotulador. Bolígrafo grueso, pluma, instrumento de escritura. V. BOLÍGRAFO 1.

rotular. Marcar, etiquetar, inscribir. V. ESCRIBIR 1.

rótulo. Encabezamiento, inscripción, etiqueta*. V. LETRERO 1, 3.

rotundidad. Seguridad, firmeza, determinación. V. CLARO 10.

rotundo. Concluyente, terminante, firme. V. CLARO 5.

rotura. Quiebra, daño, fractura. V. DESTROZAR 3.

roturar. Arar, labrar, remover. V. AGRICULTURA 4.

roulotte. *fr* Caravana, remolque, casa rodante. V. AUTOMÓVIL 1.

round. *ingl* Asalto, vuelta, ronda. V. BOXEO 5.

roya. Plaga, tizón, parásito de vegetal. V. PARÁSITO 6.

rozadura. 1. Erosión, escocedura, excoriación. V. LESIÓN 1.
— **2.** Roce, restregón, frotamiento. V. FROTE, DESGASTE 1.

rozagante. Fresco, flamante, vistoso. V. LOZANO 1.

rozamiento. V. rozadura 2.

rozar. 1. Restregar, raspar, desgastar*. V. FROTAR 1.
— **2.** *Rozarse*, alternar, relacionarse, tratar. V. CONVIVENCIA 2.

rúa. Calleja, pasaje, vía estrecha. V. CALLE 1.

rubefacción. Enrojecimiento, rubicundez, eritema. V. HINCHAZÓN 2.

rubéola, rubeola. Enfermedad infecciosa, contagiosa, sarampión. V. INFECCIÓN 2.

rubí. Gema, granate, carbúnculo. V. PIEDRA PRECIOSA 2.

rubia. V. rubio.

rubicundo. 1. Rojizo, colorado, rozagante. V. COLOR 6.
— **2.** V. rubio.

rubio. Rubicundo, blondo, dorado. V. PELO 6.

rublo. Unidad monetaria, moneda rusa, metálico. V. DINERO 2.

rubor. Sonrojo, enrojecimiento, turbación*. V. VERGÜENZA 1.

ruborizar(se). V. rubor.

rúbrica. 1. Rasgo, firma, autógrafo. V. NOMBRE 3.
— **2.** Encabezamiento, epígrafe, título. V. LETRERO 3.

rubricar. 1. Signar, firmar, autografiar. V. ESCRIBIR 1.

— **2.** Confirmar, suscribir, refrendar. V. APRO-
BAR 1.

rucio. Asno, jumento, burro. V. CABALLERÍA 12.

rudeza. Grosería, tosquedad*, ordinariez. V. DES-
CORTÉS 2.

rudimentario. 1. Primitivo, anticuado, atrasado.
V. TOSCO 1, ANTIGUO.
— **2.** V. rudo.

rudimento. 1. Esbozo, germen, inicio. V. PRIN-
CIPIO 1.
— **2.** *Rudimentos**, fundamentos, principios*,
nociones. V. ELEMENTO 2.

rudo. 1. Bruto*, áspero, descortés*. V. TOSCO 1.
— **2.** Inculto, torpe, basto. V. IGNORANCIA 2.

rueca. Aparato, instrumento de hilado. V. TELA
14.

RUEDA. 1. Disco, aro*, redondel, círculo, circunferencia, cuerpo circular, corona*, llanta,
engranaje*, tambor, volante, cilindro, torno,
molinete, aspa, arandela, anillo, rodaja, tajada, corte*, corro, corrillo, polea (v. 4), pieza*,
repuesto, chapa, placa*, recambio, rueda motriz, directriz, portante, hidráulica, de turbina,
neumático de automóvil (v. 3), de bicicleta*, de
vagón, de carro, de relojería*, de turbina, de
timón, de rueca, excéntrica, de la fortuna.
2. Partes. Eje, cubo, llanta, radio, rayo, tapacubos, buje, rodamiento, cojinete (bolas), piñón,
banda, paleta, calce, escape, freno, zapata, trinquete, transmisión, embrague, caja de cambios,
engranaje*, neumático (v. 3).
3. Rueda de automóvil. Llanta, llanta metálica, neumático, cámara, goma, cubo, eje o
mangueta, espárragos, tuercas, plato, disco,
rodamiento o cojinete, tambor de freno, tapa
o tapacubo, contrapesos, rueda de recambio;
guardabarros. *Neumático:* cámara, cubierta,
caucho, banda de rodamiento, dibujo, ranuras,
canales de drenaje, flanco, válvula, armazón o
carcasa, refuerzo, fibras de nailon, de acero, forro interior. *Clases:* neumático con cámara, sin
cámara, radial, diagonal, mixto, de competición,
para invierno, con clavos, recauchutado. *Varios:*
presión del aire, adherencia, drenaje, «acuapla-
ning», frenado, derrape, patinazo, equilibrado
de ruedas, carretera (v. automóvil 14). Bridges-
tone, Michelin, Goodyear, Pirelli.
4. Polea. Aparejo, roldana, trocla, motón, garrucha, pasteca, cuadernal, galápago, tambor,
monopasto, polipasto, tripasto, motonería. *Partes:* caja, rueda*, garganta, ostaga, cuerda.
V. CÍRCULO, ARO, CORONA, ENGRANAJE, PIE-
ZA, AUTOMÓVIL, CARRETERA.

ruedo. 1. Coso, redondel, plaza. V. TOREO 6.
— **2.** Cerco, contorno, límite*. V. BORDE 1.

ruego. 1. Petición, súplica, demanda. V. PEDIR 3.
— **2.** Plegaria, invocación, oración. V. REZO 1.

rufián. 1. Bribón, canalla, sinvergüenza. V. VIL 2.
— **2.** Proxeneta, chulo, tratante de blancas. V.
PROSTITUCIÓN 8.

rufo. 1. Pelirrojo, rojo, bermejo. V. PELO 6.

— **2.** Crespo, ensortijado, encarrujado. V. RI-
ZADO 1.

RUGBY. *ingl* **1.** Deporte*, competición, juego*,
fútbol* americano.
2. Campo. Meta (postes, travesaño), área de
meta, líneas, l. de meta, l. de balón muerto, l.
lateral, l. central, l. de los diez metros; tribuna,
estadio*.
3. Personas. Jugadores* (15 por bando), delanteros (8), medios (2), tres cuartos (4), defensa (1). Árbitro, jueces de línea. Espectadores,
público.
4. Juego. «Melée» o «scrum», placaje, fuera
de juego, ensayo, golpe franco, falta, tanto, tocado en tierra, retenido, golpe de castigo, pase
adelantado, rebote, tocado en meta.
V. FÚTBOL, DEPORTE, JUEGO.

rugido. 1. Berrido, mugido, bramido. V. VOZ 4.
— **2.** Estrépito, estruendo, fragor. V. SONIDO 2.

rugiente. Bramador, retumbante, estruendoso. V.
SONIDO 4-6.

rugir. 1. Bramar, aullar, mugir. V. VOZ 9.
— **2.** Atronar, ensordecer, bramar. V. SONIDO
7, 8.

rugosidad. V. RUGOSO 2.

RUGOSO. 1. Áspero*, disparejo, desnivelado,
desigual, surcado, tosco*, imperfecto*, irregular*, granuloso, escamoso, poroso, fibroso,
coriáceo, correoso, calloso, duro*, endurecido,
encallecido, espinoso, nudoso, sarmentoso,
basto, tosco*, grosero, abultado*, anfractuoso,
abrupto, escabroso, escarpado, accidentado,
fragoso, montañoso*, rústico, agrietado, resquebrajado, hendido*, cuarteado, dentado,
rayado, arañado, arrugado, discontinuo, plegado, estriado, anguloso, erizado, inacabado,
chapucero, estropeado, desgastado*, gastado,
raído, mate, deslustrado, opaco*, deteriorado*,
rascado, rozado, arañado, acartonado, reseco,
ajado, marchito*, fruncido, rizado*, encarrujado, arrebujado.
2. Rugosidad. Desigualdad, imperfección*,
irregularidad, aspereza, desnivel, granulosidad,
grano*, arruga, encarrujamiento, granosidad,
doblez, repliegue, muesca, porosidad, melladura, grieta, fisura, hendedura*, resquebrajadura, deterioro*, fragosidad, escabrosidad,
anfractuosidad, montuosidad, plegamiento,
rusticidad, chapucería, desgaste*, gasto, surcos, rayas, dientes, estrías, fibras, vetas, nudos,
durezas*, deslustre, opacidad*, abultamiento*,
acartonamiento, marchitamiento*.
3. Hacer rugoso. Raspar, rozar, frotar, rascar,
arañar, lijar, limar, restregar, desbastar, plegar,
estriar, rizar*, fruncir, encarrujar, arrugar, acartonar, resecar, marchitar*, chapucear, estropear, deteriorar*, desnivelar, desigualar, surcar,
tallar, grabar, abultar*, agrietar, resquebrajar,
cuartear, dentar, rayar, plegar, doblar, endurecer, erizar, desgastar*, gastar, raer, deslustrar,
opacar*, resecar, ajar, marchitar*.

Contr.: Liso*, suave*, nivelado, lustroso.
V. ÁSPERO, TOSCO, DETERIORADO, IM-
PERFECTO, IRREGULAR, ABULTADO, MON-
TAÑOSO, OPACO, DESGASTADO, MARCHITO,
RIZADO, PLIEGUE, GRANO.
ruido. 1. Rumor, eco, sonoridad. V. SONIDO 1.
— **2.** Barahúnda, bulla, alboroto. V. SONIDO 3.
— **3.** Estruendo, estampido, trueno. V. SONI-
DO 2.
ruidoso. Estridente, escandaloso, atronador. V.
SONIDO 4-6.
ruin. 1. Indigno, despreciable, canalla. V. VIL 1, 2.
— **2.** Mezquino, tacaño, miserable. V. AVARI-
CIA 2.
— **3.** Canijo, raquítico, enclenque. V. DEBILI-
DAD 6.
ruina. 1. Quiebra, bancarrota, desastre. V. PERJUI-
CIO 1, DETERIORO 1.
— **2.** *Ruinas*, vestigios, escombros, restos. V.
PIEDRA 1.
ruindad. Villanía, bajeza, infamia. V. VIL 3.
ruinoso. 1. Estropeado, destartalado, arruinado.
V. DETERIORO 3.
— **2.** Dañino, desastroso*, nocivo. V. PERJUI-
CIO 2.
ruiseñor. Ave canora, pájaro, pájaro cantor. V.
AVE 15.
RULETA. 1. Juego*, juego de azar, rueda de fortuna, artefacto giratorio, «boule», ruleta americana, diversión*.
2. Mesa, juego. Mesa, rueda horizontal, casillas o divisiones (36), bola, fichas, apuestas,
cálculo* de probabilidades, martingala; jugar a:
número, pleno, cero, color, rojo, negro, pares,
impares, pasa o «passe», falta o «manque», a
caballo o «cheval», columna, tercios, docenas.
Hagan juego, señores; no va más, «rien ne va
plus».
3. Personas, lugares. Crupier, banquero, jefe
de mesa, jugador, cliente; banca, casino, c. de
Montecarlo, de San Remo, de Las Vegas.
V. JUEGO, DIVERSIÓN, AZAR.
rulo. Rollo, rodillo, pieza*. V. CILINDRO 1.
rumba. Ritmo, danza, baile popular. V. BAILE 6.
rumbo. 1. Derrotero, trayectoria, dirección. V.
ORIENTACIÓN 1.
— **2.** Boato, gala, ostentación. V. LUJO 1.
— **3.** *Derroche**, liberalidad, desprendimiento.
V. GENEROSIDAD 1.
— **4.** Matiz, cariz, apariencia. V. ASPECTO 1.
rumboso. 1. Dadivoso, desprendido, derrocha-
dor*. V. GENEROSIDAD 2.
— **2.** Pomposo, aparatoso, fastuoso. V. LUJO 2.
RUMIANTE. 1. Mamífero*, artiodáctilo, ungulado,
animal*, ganado*, vertebrado, cuadrúpedo.
2. Clasificación. Camélidos (v. 3), jiráfidos (v.
4), cérvidos (v. 5). Bóvidos: antilopinos (v. 6), rupicaprinos (v. 7), bovinos (v. 8), caprinos (v. 9).
3. Camélidos. Camello común, dromedario,
camello bactriano; guanaco, llama, alpaca,
vicuña (v. 1).

4. Jiráfidos. Jirafa, okapi (v. 1).
5. Cérvidos. Ciervo común, venado, reno
común, alce (anta o ante); alce americano, caribú, uapití, gamo, corzo, almizclero, huemul;
cervato. Cornamenta o cuerna: garceta, vara o
estaca, candiles (v. 6).
6. Antilopinos. Antílope, a. negro, gacela, orix,
búfalo, kudú, ñu, springbock (v. 7).
7. Rupicaprinos. Gamuza, rebeco, cabra
blanca, íbice o cabra montés, toro almizclado
(v. 5).
8. Bovinos. Toro* (vaca*), cebú, yak, bisonte
europeo, bisonte americano, búfalo o carabao,
búfalo cafre, bóvido (v. 1).
9. Caprinos. Cabra, c. montés, c. hispánica, c.
doméstica; chivo, macho cabrío, cabrón; ovinos,
carnero (oveja, cordero), morueco, musmón;
ternasco, choto, cabrito (v. 1).
10. Elementos. Pata, caña, molares, estómago,
bolsas o cavidades: panza, redecilla, libro u
omaso, cuajar o abomaso; jugo gástrico, cuajo, hierba*, rumiar, digestión; brama, bramar,
gamitar.
11. Rumiar. Masticar, mascar, triturar, tascar,
mordisquear, comer, alimentarse*, desmenuzar,
fragmentar, rozar, insalivar, pacer (v. 13).
— **12.** Reflexionar, madurar, meditar. V. PEN-
SAR 1.
13. Pacer. Pastar, ramonear, apacentar, herbajar, comer hierba*, arrancar, alimentarse*,
rumiar (v. 11).
V. ANIMAL, MAMÍFERO, TORO, VACA, GA-
NADO.
rumiar. V. RUMIANTE 11-13.
rumor. 1. Susurro, sonido*, ruido. V. MURMU-
LLO 1.
— **2.** Cotilleo, murmuración, lío. V. CHISME 1.
rumorearse. Divulgarse, difundirse, revelarse. V.
INFORME 3.
rumoroso. Resonante, susurrante, sonoro. V.
MURMULLO 5.
runrún. V. rumor.
rupestre. Cavernario, antediluviano, prehistórico.
V. PREHISTORIA 7.
ruptura. 1. Quiebra, fractura, daño. V. DESTRO-
ZAR 3.
— **2.** Disgusto, separación, desavenencia. V.
ENEMISTAD 1.
rural. Rústico, campestre, campesino. V. AGRI-
CULTURA 9.
ruso. Soviético (de la antigua Unión de Repúblicas
Socialistas Soviéticas), eslavo, europeo oriental.
V. EUROPEO 3.
rusticidad. 1. Rudeza, ignorancia*, ordinariez. V.
TOSCO 4.
— **2.** V. rústico.
rústico. 1. Campestre, pastoril, agreste. V. SIL-
VESTRE.
— **2.** Burdo, rudo, primitivo. V. TOSCO 1.
— **3.** Lugareño, pueblerino, paleto. V. ALDEA 2.

ruta. 1. Recorrido, derrotero, itinerario. V. VIAJE 1.
— **2.** Autopista, autovía, camino*. V. CARRE-
TERA 1.
rutilante. Fulgurante, centelleante, resplandeciente. V. BRILLO 2.

rutina. Práctica, costumbre, uso. V. HÁBITO 1.
rutinario. 1. Común, trillado, acostumbrado. V.
HÁBITO 6.
— **2.** Desganado, cachazudo, apático. V. IN-
DIFERENCIA 2.

S

sabana. Pradera, planicie, landa. V. LLANURA 1.
sábana. Cubierta, lienzo, funda de cama. V.
CAMA 3.
sabandija. Bicharraco, gusarapo, insecto*. V.
PARÁSITO 1.
sabañón. Tumefacción de la piel, congelación,
congestión. V. HINCHAZÓN 2.
sabatino. Del fin de semana, del sábado, festivo.
V. FIESTA 13.
sabedor. V. SABIDURÍA 2.
sabelotodo. V. SABIDURÍA 3.
saber. V. SABIDURÍA 4, 5.
sabido. V. SABIDURÍA 6.
SABIDURÍA. 1. Cultura, saber, ilustración, talento, inteligencia*, capacidad, erudición,
instrucción, educación*, estudios, ciencia*,
perfeccionamiento, sapiencia, conocimientos,
adelanto, cognición, letras, nociones, sabihon-
dez, omnisciencia, experiencia*, habilidad*,
pericia, barniz, información*, investigación*,
idea, competencia, capacidad, aptitud, técnica, teoría, formación, entendimiento, dominio,
refinamiento*, desarrollo*.
2. Sabio. Sapiente, versado, erudito, instruido,
genio, conocedor, sabedor, culto, ilustrado,
letrado, leído, adelantado, entendido, docto,
enterado, inteligente, estudioso, científico*,
investigador*, doctor, académico, lumbrera,
eminencia, notabilidad, personaje, oráculo,
humanista, pensador*, filósofo*, técnico, experto*, perito, apto, desarrollado*, refinado*,
formado, capacitado, educado, ducho, hábil,
experimentado, documentado, competente,
capaz, informado, omnisapiente, omnisciente,
sabelotodo (v. 3).
3. Sabelotodo. Sabiondo o sabiohondo,
pedante*, marisabidilla, sabido, rabisalsero,
presumido, resabido, pomposo, vanidoso*,
afectado*.
4. Saber. Comprender, enterarse, penetrar,
entender, notar, percibir, conocer, advertir,
pensar*, interpretar, juzgar, concebir, observar, dominar, opinar*, creer*, intuir, discernir,

adivinar*, vislumbrar, averiguar, investigar*,
presumir, conjeturar, percatarse, caer en cuenta, desayunarse, poseer, estar al corriente, tener
conocimiento.
— **5.** Ilustración, conocimiento, sabiduría (v. 1).
6. Sabido. Divulgado, notorio, conocido, público, corriente, habitual*, difundido, entendido*,
informado*, evidente, trillado, común, familiar,
comprendido, enterado (v. 4).
Contr.: Incultura, ignorancia*.
V. INTELIGENCIA, EDUCACIÓN, CIENCIA,
HABILIDAD, EXPERIENCIA, OPINIÓN, IN-
VESTIGACIÓN, INFORMACIÓN, PENSAMIENTO,
DESARROLLO.
sabiendas (a). Adrede, ex profeso, deliberadamente. V. VOLUNTAD 10.
sabihondo. Sabiondo. V. SABIDURÍA 3.
sabio. V. SABIDURÍA 2.
sablazo. 1. Tajo, mandoble, corte. V. CUCHILLO 5.
— **2.** Gorronería, abuso, petición. V. PEDIR 3.
sable. Mandoble, alfanje, machete. V. ESPADA 1.
sablear. Mangar, gorronear, mendigar. V. PEDIR 2.
sablista. Parásito, mangante, pedigüeño. V. PE-
DIR 5.
sabor. Sensación, regusto, paladar. V. GUSTO 1.
saborear. Paladear, probar, catar. V. GUSTO 10.
saboreo. Prueba, paladeo, deleite. V. GUSTO 1.
sabotaje. Estrago, daño, terrorismo. V. DETERIO-
RO 1.
saboteador. Terrorista, derrotista, enemigo. V.
TRAICIÓN 2.
sabotear. Averiar, dañar, arruinar. V. DETERIO-
RO 2.
sabroso. Suculento, apetitoso, rico. V. GUSTO 7.
sabueso. 1. Dogo, can, mastín. V. PERRO 1, 2.
— **2.** Detective, investigador*, agente. V. PO-
LICÍA 2.
saca. Fardo, costal, talego. V. SACO 1.
sacacorchos. Tirabuzón, descorchador, utensilio
de mesa. V. MESA (SERVICIO DE) 2.
sacacuartos. V. sacadineros.
sacadineros. Sablista, gorrón, pedigüeño. V. PE-
DIR 5.

sacamuelas. Engañabobos, charlatán, trapisondista. V. HABLAR 8.

sacapuntas. Afilalápices, utensilio, útil de escritorio. V. OFICINA 2.

sacar. 1. Retirar, separar, apartar. V. EXTRAER 1, EXPULSAR 1.

— **2.** Arrebatar, despojar, robar. V. QUITAR 2.

— **3.** Ganar, lograr, conseguir. V. OBTENER 1.

— **4.** Enseñar, mostrar, revelar. V. EXHIBIR 1.

sacarina. V. sacarosa.

sacarosa. Sustancia dulce, hidrato de carbono, sacarina. V. AZÚCAR 1.

sacerdocio. V. SACERDOTE 11.

sacerdotal. V. SACERDOTE 10.

SACERDOTE. 1. Cura, eclesiástico, clérigo, padre, religioso, pastor, monje, fraile (v. 2), pastor de almas, hombre de iglesia, abate, ministro, m. del Señor, presbítero, rector, capellán, canónigo, párroco, archidiácono, arcediano, vicario, coadjutor, acólito, arcipreste, preste, magistral, deán, ungido, tonsurado, ordenado, profeso, misacantano, oficiante, celebrante, predicador, confesor, director espiritual, exorcista, doctor de la Iglesia, teólogo, padre conciliar, sufragáneo, patriarca, metropolitano, abad, prior, rector, superior, general de la orden, prelado, obispo, ordinario del lugar, arzobispo, cardenal*, purpurado, mitrado, príncipe de la Iglesia, papa*, pontífice; diácono, subdiácono, novicio, seminarista, sacristán, escolano, monaguillo, acompañante, ayudante*, monja*, abadesa, sacerdotisa (v. 5); carmelita, dominico, benedictino, etc. (v. 3).

2. Fraile, monje. Religioso, fray, hermano, franciscano, benedictino, etc. (v. 3); regular, cenobita, ermitaño, anacoreta, asceta, eremita, santón (v 4), nazareno, penitente, disciplinante, arrepentido*, flagelado*. *Frailes:* abad, patriarca, prepósito, superior, prior, padre guardián, provincial, general; hermano guardián, lego, operario, racionero, mayordomo, maestro, lector, exorcista, custodio, asistente, admonitor, alforjero; novicio, neófito, júnior, iniciado, profeso (v. 1).

3. Órdenes religiosas*. Religioso, fraile, monje; benedictino, carmelita, cartujo o cisterciense o trapense, premonstratense, hospitalario, mendicante, recoleto, descalzo, calzado, trinitario, franciscano, capuchino, dominico, mercedario, servita, agustino, teatino, jesuita, hermano de San Juan de Dios, h. de las Escuelas Cristianas, h. del Sagrado Corazón, escolapio, lazarista, pasionista, redentorista, oblato, marista, misionero del Sagrado Corazón de Jesús, salesiano, sacramentino, padre blanco (v. 2).

4. Otros sacerdotes y santones. Pastor protestante* o ministro, pope o sacerdote ortodoxo, rabino, jefe espiritual de una sinagoga, lama, dalai lama, bonzo, brahmán, santón, penitente, asceta, anacoreta, monje (v. 2), gurú, faquir, derviche, mago, hechicero*, imán, muftí,

almuédano, muecín. *Antiguos:* augur, pontífice, sacrificador, victimario, druida (v. 1).

5. Mujeres. Monja, sacerdotisa, pitonisa, vestal, vidente, oráculo, ménade (v. monja*).

6. Vestimenta*, atributos. *Sacerdotes:* sotana, hábito, vestidura talar, v. eclesiástica, manteo, manto, veste, toga, alzacuello, collarín, loba, esclavina, balandrán, beca, «clergyman»; sombrero, teja, solideo, capelo, birrete, casquete, gorro, bonete, mitra, tiara; ornamentos de misa*: casulla, amito, alba, capa pluvial, cauda, dalmática, sobreveste, sobrepelliz, roquete, ínfulas, estola, manípulo, cíngulo, pontifical, anillo, cruz pectoral, escapulario. *Frailes:* hábito, cogulla, capucha, manto, túnica, sotana, sayuela, cordón, cilicio, traba, escapulario, sandalias.

7. Tratamiento. Padre, reverendo, reverendísimo, monseñor, eminencia, eminentísimo, ilustrísimo, beatísimo padre, santidad; fray, dom, hermano, paternidad; sor hermana, madre, caridad.

8. Generalidades. Clero, órdenes, curia, iglesia, sacerdocio, clerecía, conjunto de curas, de sacerdotes (v. 1), arzobispado, episcopado, obispado, cardenalato, papado, diócesis, parroquia, feligresía (v. 9), clero secular, clero regular, órdenes mayores, ó. menores, ordenación, sacramento, tonsura, votos (pobreza, obediencia, castidad), seminario, vocación tardía, jerarquía, prebenda, catequesis, catecismo, misa*, ministerio, misión, evangelización, cristianismo*, derecho canónico, excomunión; exclaustración, secularización, exclaustrado, secularizado.

9. Templos, organismos. Parroquia, feligresía, curato, congregación, diócesis, archidiócesis, vicaría, obispado, arzobispado, sede eclesiástica (v. 8), cardenalato, papado, episcopado, abadía, monasterio, convento*, priorato, cenobio, cartuja, retiro, templo*, iglesia, curia romana, tribunal de la Rota, cónclave, sínodo, concilio.

10. Sacerdotal. Clerical, religioso*, canónico, eclesiástico, presbiterial, regular, secular, monacal, conventual, paternal, bíblico, episcopal, papal, parroquial.

11. Sacerdocio. Estado eclesiástico, voto, ministerio, juramento, compromiso, curato, promesa, ofrecimiento.

V. DIOS, CRISTO, PAPA, CARDENAL, MONJA, TEMPLO, CONVENTO, MISA, RELIGIÓN.

sacerdotisa. V. SACERDOTE 5.

saciado. V. SACIAR 3.

SACIAR(SE). 1. Satisfacer(se), llenar, rellenar, aplacar, calmar, repletar, colmar, exagerar*, saturar, cebar, hinchar, atiborrar, atracar, hartar, empachar, hastiar, estomagar, estragar, indigestar, empalagar, repugnar*, asquear, rebosar, impregnar, henchir, atestar, tupir, atarugar, cansar, fatigar*, fastidiar, enojar*, aburrir*, molestar*, rechazar*.

2. Saciedad. Hartura, atracón, hartazgo, empacho, panzada, atiborramiento, gula, indigestión, satisfacción*, repleción, saturación, empalago, repugnancia*, asco, cansancio, fatiga*, aburrimiento*, fastidio, enojo*, abuso*, exceso, exageración*, impregnación, plenitud, henchimiento, hinchazón, molestia*.
3. Saciado. Satisfecho, repleto, harto, ahíto, hastiado, desganado, inapetente, atestado, indigestado, atarugado, aplacado, saturado, cebado, henchido, lleno*, relleno, colmado, impregnado, rebosante, tupido, atracado, empalagado, empachado, atiborrado, hinchado*, cebado, aplacado, asqueado, repugnado*, fastidiado, fatigado*, cansado, molesto*, aburrido*.
4. Que sacia. Empalagoso, pesado, indigesto, estomagante, empachoso, dulzón, repugnante*, asqueroso, fastidioso, cargante, irritante, molesto*, aburrido*, cansador, fatigoso, estragador.
Contr.: Anhelar, desear*, necesitar*, hambre*.
V. REPUGNAR, FATIGAR, ABURRIR, ENOJAR, MOLESTAR, RECHAZAR, ABUSAR, LLENAR, SATISFACER.
saciedad. V. SACIAR 2.
SACO. 1. Costal, saca, bolso, bolsa, talego, alforja, talega, fardo, fardel, bulto, zurrón, macuto, mochila, morral, paquete, embalaje*, envoltorio*, escarcela, faltriquera, bolsillo, cabás, maleta, equipaje*, cartera*, saquillo, barjuleta, zaina, cesta*, atadijo, lío, bala, paca, peso, carga, envío, odre, pellejo, bota.
— **2.** Saqueo, despojo, pillaje. V. ROBO 1.
3. Ensacar. Embolsar, enfardelar, enfardar, introducir*, meter, encestar, embanastar, embalar, envolver*, embolsar, atar, liar, empaquetar, guardar*.
V. ENVOLTORIO, EMBALAJE, CESTA, CARTERA, EQUIPAJE, INTRODUCIR.
sacramento. Misterio, rito, acto religioso. V. MISA 7, EUCARISTÍA 1.
sacrificado. V. SACRIFICIO 3.
sacrificar, sacrificarse. V. SACRIFICIO 4, 5.
SACRIFICIO. 1. Ofrenda, matanza, martirio, tortura*, degollina, holocausto, inmolación, suicidio, muerte*, peligro*, riesgo, castigo, humillación*, padecimiento, sufrimiento, abnegación (v. 2).
— **2.** *Abnegación*, sacrificio, dedicación, generosidad*, renuncia, ofrenda, voto, expiación, penitencia, ofrecimiento, arrepentimiento*, contrición, mortificación, fatiga*, esfuerzo, privación, aguante, desinterés, estoicismo, entereza, filantropía, largueza, desprendimiento, bondad, altruismo.
3. Sacrificado. Víctima, penitente, mártir, aureolado, sufrido, atormentado, arrepentido*, dolorido*, abnegado, humillado*, estoico, generoso*, desinteresado, altruista, desprendido,

bondadoso; inmolado, muerto*, degollado, expiado, castigado*.
4. Sacrificar. Inmolar, matar, ofrecer, ofrendar, castigar*, martirizar, degollar, eliminar, liquidar (v. muerte*).
— **5.** *Sacrificarse*, sufrir*, expiar, dedicarse, renunciar, privarse, mortificarse, arriesgarse, afligirse*, padecer, arrepentirse*, renunciar, peligrar*, padecer, conformarse, aguantarse*, quitarse*, despojarse, entregar*, regalar*, tolerar*, humillarse*, desprenderse, matarse, inmolarse, aporrearse, fatigarse*, esforzarse*.
Contr.: Placer, agrado, comodidad*.
V. GENEROSIDAD, ENTREGA, ARREPENTIMIENTO, MUERTE, CASTIGO, TORTURA, PELIGRO, HUMILLACIÓN, FATIGA, REGALO.
sacrilegio. Profanación, blasfemia, perjurio. V. HEREJÍA 1.
sacrílego. Irreverente, renegado, blasfemo. V. RELIGIÓN 7.
sacristán. Auxiliar de iglesia, monaguillo, ayudante. V. SACERDOTE 1.
sacristía. Departamento, dependencia de iglesia, despacho parroquial. V. TEMPLO 4.
sacro. 1. Hueso, h. pélvico, h. ancho. V. VERTEBRAL (COLUMNA) 2.
— **2.** V. sacrosanto.
sacrosanto. Sagrado, santificado, bendito. V. SANTO 1.
SACUDIDA. 1. Meneo, agitación, movimiento*, zarandeo, estremecimiento, zamarreo, conmoción, traqueteo, ajetreo, sacudimiento, zangoloteo, trasteo, alteración, vaivén, oscilación*, balanceo, impulso, bamboleo, bandazo, vibración, temblor*, terremoto*, ruido, revolución*, trastorno, conmoción, salto*, sobresalto, golpe*, choque, percusión, tumbo, barquinazo, mecimiento, fluctuación, bandeo, columpio, espasmo, contracción, crispación*, reflejo, reacción.
2. Sacudir. Zarandear, agitar, menear, conmocionar, mover*, estremecer, traquetear, batir, zamarrear, tremolar, blandir, ondear, agitar, trastear, alterar, zangolotear, oscilar*, bambolear, balancear, mecer, impulsar, vibrar, temblar*, conmocionar, crispar*, contraer, sobresaltar, columpiar, mantear, levantar, subir, revolver, azacanear, fluctuar, tumbar*, chocar, golpear*, percutir, revolucionar*, trastornar.
— **3.** Zurrar, pegar, apalear. V. GOLPE 11.
— **4.** *Sacudirse*, librarse, evitar, alejar*. V. ESQUIVAR 1.
5. Sacudido. Agitado, movido*, estremecido, crispado*, convulso, sobresaltado, conmocionado, zarandeado (v. 2).
Contr.: Inmovilidad*, calma.
V. MOVIMIENTO, OSCILACIÓN, CRISPACIÓN, TEMBLOR, SALTO, TERREMOTO, GOLPE.
sacudir. V. SACUDIDA 2-4.
sádico. Feroz, refinado, encarnizado. V. CRUELDAD 2.

sadismo. Ferocidad, encarnizamiento, refinamiento. V. CRUELDAD 1.

saeta. 1. Venablo, flecha, dardo. V. ARCO 9.

— **2.** Aguja, manecilla, minutero. V. RELOJ 2.

saetera. Tronera, aspillera, resguardo. V. CASTILLO 2.

saetero. Arquero, infante, ballestero. V. EJÉRCITO 6.

saetilla. V. SAETA 2.

safari. Expedición de caza*, caravana, partida. V. VIAJE 1.

saga. Epopeya, leyenda, odisea. V. NARRACIÓN 1.

sagacidad. Astucia*, agudeza, perspicacia. V. INTELIGENCIA 1.

sagaz. Perspicaz, avisado, astuto*. V. INTELIGENCIA 3.

Sagitario. Signo del Zodiaco, s. astrológico, elemento astronómico*. V. ASTROLOGÍA 4.

sagrado. Santificado, divino, bendito. V. SANTO 1.

sagrario. Tabernáculo, altar, retablo. V. EUCARISTÍA 3.

sahumar. Incensar, aromatizar, ahumar. V. PERFUME 7.

sahumerio. Sustancia aromática, incienso, humo. V. PERFUME 1, 4.

saín. Sebo, aceite*, gordo. V. GRASA 1.

sainete. Comedia, pieza cómica, entremés. V. TEATRO 2.

sajadura. Incisión, tajo, herida. V. CORTAR 4.

sajar. Abrir, seccionar, extirpar. V. CORTAR 1.

sajón. Nórdico, anglo, anglosajón. V. EUROPEO 2.

SAL. 1. Cloruro de sodio, salmuera, condimento*, sustancia alimenticia, alimento*, sal gema, s. común, de cocina, marina, salazón (v. 3), nitrato*, nitro, halógeno, salitre.

— **2.** Humor, gracia, simpatía*. V. COMICIDAD 1.

3. Salazón. Conserva*, salmuera, preparación, cecina, chacina, mojama, desecación.

4. Salado. Sazonado, condimentado*, sabroso, gustoso*, sápido, intenso*, sustancioso, fuerte, cargado, curado, acecinado, preparado*, conservado*, amojamado, desecado, seco, ahumado, salino, salobre.

5. Salar. Adobar, condimentar*, sazonar, conservar*, preparar*, curar, ahumar, acecinar, amojamar, secar*, desecar, salobrar, cargar.

Contr.: Soso, insípido, insustancial*, dulce*.

V. CONDIMENTO, CONSERVA, ALIMENTO, GUSTO.

sala. 1. Recinto, aposento, estancia. V. HABITACIÓN 1.

— **2.** Auditorio, cine*, teatro*. V. ESPECTÁCULO 5.

salacidad. V. salaz.

salado. V. SAL 4.

salamandra. 1. Batracio acuático, urodelo, bicho. V. ANFIBIO 2, 5.

— **2.** Calorífero, estufa, calentador. V. CALEFACCIÓN 2.

salar. V. SAL 5.

salario. Retribución, remuneración, sueldo. V. PAGAR 5.

salaz. Lascivo, lúbrico, lujurioso. V. SEXO 12.

salazón. V. SAL 3.

salchicha. Salchichón, longaniza, conserva cárnica. V. EMBUTIDOS 2.

salchichón. V. salchicha.

saldar. 1. Abonar, liquidar, finiquitar. V. PAGAR 1.

— **2.** Liquidar, rematar, rebajar. V. VENDER 1.

saldo. 1. Cantidad, suma, resto. V. TOTAL 1.

— **2.** Liquidación, retazo, resto. V. GANGA 1.

saledizo. Resalte, reborde, protuberancia. V. BORDE 1.

salero. 1. Vaso, frasco, pote. V. MESA (SERVICIO DE) 7.

— **2.** Donaire, gracia, simpatía*. V. GARBO 1.

saleroso. Donoso, gracioso, simpático*, V. GARBO 2.

saleta. Antesala, cuarto, antecámara. V. HABITACIÓN 1.

salida. V. SALIR 6-11.

saliente. V. SALIR 12-13.

SALIR. 1. Pasar, surgir, asomar, desembarcar, aparecer, llegar*, venir, arribar, exhibirse*, alejarse* (v. 2), retirarse, marcharse*, moverse*, desalojar, desocupar, bajarse, apearse, desmontar, descender, entregar*, ceder, evacuar, devolver*, retirarse, huir*, trasladarse*, retroceder, avanzar, desplazarse, estar, hallarse*, dejarse ver, comparecer, revelarse, volver, regresar*, entrar*, acercarse, colocarse, levantarse, germinar, brotar*, retoñar, florecer*, sacar, extraer, callejear, pasear, caminar*, verter, afluir, desaguar.

— **2.** *Alejarse*, salir, partir, arrancar, marcharse*, hacer mutis, irse, huir*, encaminarse, dirigirse, viajar*, trasladarse, emigrar, caminar*, abandonar, expatriarse, despedirse* ausentarse, desaparecer*, retirarse.

— **3.** *Brotar*, salir, resaltar, despuntar, destacar, sobresalir, abultar*, proyectarse, levantarse, rebasar, superar, surgir, florecer*, exceder, pasar.

— **4.** *Salir a*, semejarse, parecerse, recordar, tener un aire, tirar a, igualarse, asimilarse, inclinarse, parangonarse, heredar*.

— **5.** *Salirse*, manar, brotar*, rebosar, calar, escurrirse, dispersarse, rezumar, filtrarse, gotear, exudar, derramarse, arrojar, verterse, desbordarse, fluir, mojar*.

6. Salida. Paso, comunicación, desembocadura, acceso, puerta*, poterna, trampa, vano, gatera, enlace, camino, calleja, travesía, calle*, pasillo, corredor, galería*, abertura, hueco*, agujero*, boquete, boca, hendedura*, resquicio, entrada*, embocadura, conducto*, desagüe, oquedad, tubo*, tubería, cauce, canal*, zanja, excavación*, desbordamiento, evacuación, coladero.

— **7.** *Inicio*, salida, preámbulo, inauguración, base, génesis, umbral, estreno, preludio, principio*, arranque, aceleración, comienzo (v. 8).

— **8.** *Marcha*, salida, alejamiento, partida, arranque, arrancada, éxodo, ida, emigración, evacuación, destierro, retirada, huida*, desaparición, ausencia, viaje*, gira, paseo*, traslado, vuelta, regreso, desplazamiento, acercamiento, desalojo, desocupación, entrega, evacuación, cesión, devolución (v. 7)

— **9.** *Derrame*, salida, rebose, desagüe, pérdida, fuga, escape, efusión, dispersión, exudación, goteo, filtración, desagote, desbordamiento, evacuación.

— **10.** *Excusa*, salida, subterfugio, disculpa*, escapatoria, coartada, justificación, evasiva, defensa, descargo, motivo.

— **11.** Ocurrencia, agudeza, ingeniosidad. V. COMICIDAD 2.

12. Saliente. Resalte, remate, protuberancia. V. ABULTAMIENTO 1.

— **13.** Prominente, protuberante, convexo. V. ABULTAMIENTO 2.

Contr.: Entrar, meterse, ingresar.

V. MARCHA, HUIDA, MOVIMIENTO, VIAJE, ABULTAMIENTO, BROTE, AGUJERO, HUECO, GALERÍA, CONDUCTO, PUERTA.

salitre. Nitro, nitrato, abono*. V. SAL 1.

saliva. Baba, humor, espuma, secreción. V. EXCRECIÓN 2.

salivazo. Esputo, escupitajo, flema. V. EXCRECIÓN 2.

salmo. Cantar*, versículo, alabanza. V. POESÍA 4, BIBLIA 3.

salmodia. Canturreo, cantinela, melopea. V. CANTAR 1.

salmón. Pez fluvial y marino, fisóstomo, pescado. V. PEZ 8.

salmuera. V. SAL 3.

salobre. Salino. V. SAL 4.

salón. 1. Estancia, aposento, recinto. V. HABITACIÓN 1.

— **2.** Muestra, feria, exposición. V. EXHIBIR 4.

salpicadura. V. salpicar.

salpicar. 1. Rociar, humedecer, regar. V. MOJAR 1.

— **2.** Tiznar, embadurnar, pintar*. V. MANCHA 5.

salpicón. Picadillo, plato, adobo. V. ALIMENTO 13.

salpullido. Sarpullido, erupción, inflamación. V. HINCHAZÓN 2.

SALSA. 1. Condimento*, sustancia*, adobo, caldo, aderezo, unto, moje, líquido*, aguadillo, aliño, sopa, chirlo, jugo*, zumo, salpimentación, especias, puré, papilla, extracto, concentrado (v. 2).

2. Enumeración. Salsa vinagreta, mayonesa o mahonesa, pebre, tártara, verde, blanca, besamel o bechamel, romesco, ajiaceite, ajolio o alioli, bearnesa, ácida, española, holandesa, de mostaza, de tomate, de vino, de crema (v. 1).

3. Salsera. Recipiente, receptáculo*, vaso, vinagrera, aceitera, mostacera, tazón.

V. CONDIMENTO, ALIMENTO, SUSTANCIA, JUGO.

salsera. V. SALSA 3.

saltamontes. Ortóptero, langosta, grillo. V. INSECTO 3.

saltar. V. SALTO 5.

saltarín. V. SALTO 9.

salteador. Atracador, asaltante, bandido. V. LADRÓN 1.

saltear. 1. Omitir, eludir, olvidar*. V. ESQUIVAR 1.

— **2.** Sofreír, guisar, asar. V. COCINA 7.

— **3.** Atracar, asaltar, despojar. V. ROBO 2.

saltimbanqui. Funámbulo, titiritero, equilibrista. V. EQUILIBRIO 8.

SALTO. 1. Bote, brinco, cabriola, voltereta, respingo, rebote, rechazo, volatín, pirueta, zapateta, impulso, tumbo, tranco, corcovo, corveta, giro, vuelta, danza, baile*, juego*, retozo, paso, sacudida, movimiento*, crispación*, desplazamiento, traslado*.

— **2.** Transición, omisión, variación*. V. CAMBIO 3.

— **3.** *Cascada*, salto, catarata, caída de agua, despeñadero, torrente, rabión, rápidos, torrentera, embalse, presa*, río*.

4. Saltos deportivos. Salto de trampolín, de palanca (natación), de hípica, de caballo*, de esquí*, de e. náutico, de comba, de volatinero, circense, de gimnasia*, de atletismo*: de altura, con pértiga, de longitud, de vallas, triple salto (v. deporte*).

5. Saltar. Brincar, rebotar, botar, voltear, retozar, jugar, moverse*, devolver, retroceder, rechazar, triscar, corretear, travesear, juguetear, encabritarse, cabriolar, corcovear, corvetear, levantarse, girar, danzar, bailar, agitarse, crisparse, impulsarse, piruetear, dar tumbos, dar trancos, sacudirse, moverse*, desplazarse, trasladarse* (v. 6).

— **6.** *Precipitarse*, saltar, cruzar, pasar, salvar, impulsarse, franquear, desplazarse, trasladarse*, abalanzarse, trasponer, tirarse, arrojarse, lanzarse*, volar, atacar*, arremeter.

— **7.** *Estallar,* reventar, volar. V. EXPLOSIÓN 9.

— **8.** *Saltarse,* omitir, olvidar*, eludir. V. ESQUIVAR 1.

9. Saltarín. Brincador, saltador, saltón, volteador, bailarín*, danzarín, inquieto, movedizo, juguetón*, revoltoso, retozón, volatinero, equilibrista*, atleta*, deportista*.

Contr.: Inmovilidad*.

V. BAILE, MOVIMIENTO, TRASLADO, GIMNASIA, ATLETISMO, EQUILIBRISMO, JUEGO, DEPORTE, CIRCO.

saltón. 1. Protuberante, prominente, saliente. V. ABULTAMIENTO 2.

— **2.** Saltarín. V. SALTO 9.

salubre. V. SALUD 4.

salubridad. V. SALUD 2.

SALUD. 1. Bienestar, vitalidad, lozanías, robustez, energía*, fortaleza, fuerza, resistencia*, vigor*, alivio, mejoría*, curación*, restablecimiento, recuperación, convalecencia, plétora, dinamismo*, frescura, juventud, exuberancia, vida*, poder*, potencia, nervio, firmeza, fibra, corpulencia, pujanza, reciedumbre, eutaxia, inmunidad, salubridad (v. 2), higiene*, aliento, brío, euforia, alegría*, optimismo, ánimo*, felicidad*, suerte, bonanza*, respiro, beneficio*, ventaja*, indemnidad*, invulnerabilidad, protección*.
2. Salubridad. Sanidad, higiene*, saneamiento, purificación*, cuidado* profilaxis, normas higiénicas, desinfección*, esterilización, prevención, curación*, tratamiento, preservación, limpieza, pureza, ecología, salud (v. 1).
3. Saludable. Lozano*, sano, inmune, vital, fuerte, robusto, vigoroso*, higiénico* (v. 4), rozagante, potente, poderoso*, sanguíneo, sanote, resistente, aguantador, enérgico*, ileso, indemne*, incólume, invulnerable, protegido*, brioso, eufórico, animoso*, recio, joven*, exuberante, pujante, dinámico, firme, corpulento, optimista, lucido, lustroso, erguido, repuesto, mejorado, curado*, restablecido, recuperado, convaleciente, aliviado, fresco, pletórico, colorado, rubicundo, frescachón, fortalecido, alegre*, salubre (v. 4).
4. Salubre. Salutífero, sanitario, higiénico*, sano, favorable, beneficioso*, propicio, conveniente, puro, limpio*, saneado, ecológico*, depurado, fértil, fructífero, profiláctico, desinfectado, desinfectante*, preventivo, curativo*, terapéutico, protector, fumigador, fortalecedor, vigorizador*, saludable (v. 3).
5. Sanar(se). Fortalecer(se), robustecer, curar*, aliviar, mejorar*, restablecer, recuperar, resistir, aguantar*, convalecer, reponer, adelantar, resucitar, levantarse, cuidar*, resistir, vigorizar*, inmunizar, reforzar, animar*, tratar, medicar.
6. Sanear. Purificar*, higienizar*, limpiar*, depurar, desinfectar*, desinsectar, fumigar, esterilizar, prevenir, librar, progresar, desarrollar*, reparar, tratar, cuidar*.
Contr.: Enfermedad*, dolencia, debilidad, insalubridad.
V. VIGOR, RESISTENCIA, HIGIENE, DESINFECCIÓN, LIMPIEZA, ECOLOGÍA, CURACIÓN, DINAMISMO, ALEGRÍA, CUIDADO, ÁNIMO, FELICIDAD, VIDA, JOVEN, HOSPITAL, MEDICINA, MEDICAMENTO.
saludable. V. SALUD 3.
saludar. V. SALUD 3.
SALUDO. 1. Salutación, cortesía, cumplido, homenaje, enhorabuena, pláceme, reverencia, venia (v. 2), bienvenida, acogida, recepción, congratulación, recibimiento, felicitación*, agasajo, presentación, expresiones, recuerdos, finura, urbanidad, amabilidad*, modales, atención, gentileza, galantería, halago, elogio*, adulación*, pleitesía, parabién, brindis, visita*, ceremonia, etiqueta*, despedida, fiesta*, pésame, condolencia, sentimientos, duelo, expresión (v. 2).
— **2.** Venia, saludo, reverencia, inclinación, cortesía, galantería, besamanos, genuflexión, sombrerazo, zalema, gesto*, ademán, apretón, abrazo*, beso, caricia*, brindis (v. 1).
3. Saludar(se). Agasajar, congratular, expresar, cumplimentar, presentar, introducir, relacionar, reunir, homenajear, cumplir, recibir, acoger, dar la bienvenida, dar el parabién, felicitar*, atender, reconocer, evocar, elogiar*, halagar, adular*, rendir pleitesía, visitar*, brindar, despedir*, ver, gesticular*, inclinarse*, abrazar*, apretar, besar, acariciar, hacer una reverencia, una venia, una genuflexión, un besamanos, dar un sombrerazo.
4. El que saluda. Cortés, cumplido, galante. V. AMABILIDAD 2.
Contr.: Desprecio*, descortesía, grosería, frialdad.
V. AMABILIDAD, ETIQUETA, ELOGIO, ADULACIÓN, VISITA, ABRAZO, GESTO, DESPEDIDA, FELICITACIÓN.
salutación. V. SALUDO 1.
salutífero. V. SALUD 4.
salva. 1. Andanada, disparos, descarga. V. PROYECTIL 4.
— **2.** Ovación, aplausos, vítores. V. ACLAMACIÓN 1.
salvación. 1. Emancipación, rescate, liberación. V. LIBERTAD 1, 2.
— **2.** Amparo, resguardo, seguridad*. V. PROTECCIÓN 1.
— **3.** Rescate, auxilio, ayuda*. V. SOCORRO 1.
salvado. Hollejo, película, afrecho. V. CÁSCARA 1.
salvador. 1. Bienhechor, redentor, protector*. V. LIBERTAD 8.
— **2.** Socorrista, rescatador, auxiliador. V. SOCORRO 6.
salvaguardar. V. salvaguardia.
salvaguardia. Defensa, vigilancia, cuidado*. V. PROTECCIÓN 1.
salvajada. Atrocidad, bestialidad, crueldad*. V. BRUTO 3.
salvaje. 1. (impropio, aplicado a pueblos o poblaciones) primitivo*. V. PRINCIPIO 7.
— **2.** Feroz, violento, cruel*. V. BRUTO 1.
— **3.** Arisco, montaraz, huraño. V. HOSCO 1.
— **4.** Montaraz, agreste, campestre*. V. SILVESTRE.
salvajismo. Crueldad*, barbarie, violencia*. V. BRUTO 3.
salvamento. V. SALVAR 1, 2.
salvar. 1. Rescatar, recuperar, auxiliar. V. SOCORRO 5.
— **2.** Ayudar*, defender, liberar*. V. PROTECCIÓN 3.
— **3.** Trasponer, atravesar, cruzar. V. CRUCE 3.

— **4.** Salvarse, escapar, correr, librarse*. V. HUIDA 2.

— **5.** Reponerse, recuperarse, sanar. V. CURAR 3.

salvavidas. Flotador, boya; bañero. V. SOCORRO 4, 6.

salve. Plegaria, oración, saludo. V. REZO 2.

salvedad. Advertencia*, justificación, aclaración. V. EXPLICACIÓN 1.

salvo. 1. Ileso, incólume, sano. V. INDEMNE 1.

— **2.** Excepto, solo que, a menos que. V. CONDICIÓN 7.

salvoconducto. Credencial, autorización, pase. V. PERMISO 2.

samba. Cantar*, danza brasileña, d. popular. V. BAILE 6.

sambenito. Difamación, descrédito, culpa. V. DESHONRA 1.

samurai. Caballero, personaje, guerrero* japonés. V. EJÉRCITO 6.

san. V. SANTO 1, 2.

sanalotodo. Panacea, bálsamo, remedio. V. CURAR 9.

sanar. Aliviar, reponerse, restablecerse. V. CURAR 3.

sanatorio. Clínica, policlínico, dispensario. V. HOSPITAL 1.

sanción. 1. Confirmación, permiso*, beneplácito. V. APROBAR 2.

— **2.** Correctivo, pena, condena*. V. CASTIGO 1.

sancionar. V. sanción.

sanctasanctórum. Secreto, arcano, santuario. V. REFUGIO 1, MISTERIO 3.

sandalia. Chinela, alpargata, chancleta. V. CALZADO 1.

sándalo. Árbol de madera olorosa, madera dura. V. ÁRBOL 8, MADERA 5.

sandez. Disparate*, majadería, necedad. V. TONTO 3.

sandía. Planta rastrera, cucurbitácea, vegetal*. V. FRUTO 8.

sandio. Necio, lelo, bobo. V. TONTO 1.

sándwich. Bocadillo, emparedado, canapé. V. ALIMENTO 18.

saneamiento. V. sanear.

sanear. 1. Higienizar*, purificar*, limpiar*. V. SALUD 6.

— **2.** Enmendar, fomentar, desarrollar. V. SOLUCIÓN 2.

sangrante. V. SANGRE 11.

sangrar. V. SANGRE 9.

SANGRE. 1. Líquido* orgánico, humor, fluido, plasma, linfa, flujo, tejido líquido, líquido sanguíneo.

2. Generalidades. Glóbulos rojos o hematíes o eritrocitos, glóbulos blancos o leucocitos o fagocitos (monocitos, linfocitos, granulocitos), sangre arterial, hemoglobina, oxígeno, sangre venosa, anhídrido carbónico o ácido carbónico, plaquetas, plasma, suero, fibrinógeno, albúmina, trombina, protrombina, coagulación, hematopoyesis, bazo, médula ósea, velocidad de sedimentación, antcuerpos, antígeno, fagocitosis, antitoxinas, coágulo, trombo, colesterina o colesterol; fisiología*, histología*.

3. Grupos sanguíneos. Cuatro grupos: A, B, AB, O. Grupo O, donador universal; grupo AB, receptor universal. Aglutininas, aglutinógeno, anticuerpos, factor Rhesus o Rh, Rh positivo, Rh negativo, incompatibilidad, sensibilización, hemólisis, choque anafiláctico, anafilaxia, «shock» o choque, donador de sangre, transfusión de sangre (v. 7).

4. Circulación sanguínea. Aparato circulatorio*, corazón*, ventrículos, aurículas, vasos sanguíneos, arterias, a. aorta, arteriolas, capilares, venas, sangre arterial, oxígeno, hemoglobina, sangre venosa, anhídrido carbónico o ácido carbónico, pulso, pulsaciones, sístole o contracción, diástole o dilatación cardiaca, tensión sanguínea, presión s.; vaso linfático, linfa, ganglio linfático, plexo.

5. Enfermedades, trastornos. Anemia, debilidad*, embolia, coágulo, cuajarón, angina de pecho, trombo, trombosis, aneurisma, hemorroides, várices o varices, hipertensión, ictericia, septicemia, leucemia, hemorragia, hemotisis, flujo, epistaxis, hemofilia, púrpura, linfogranulomatosis, hemoglobinuria, alcalosis, acidosis, congestión, palidez, taquicardia, bradicardia, colesterol o colesterina, fibrilación, soplo cardiaco o cardíaco, uremia, diabetes, paludismo.

6. Terapéutica. Transfusión de sangre(v. 7), sangría, torniquete, hemostasia, adrenalina, coagulantes, hierro, anticoagulantes, heparina, riñón artificial, cauterio, cauterización, sanguijuela, banco de sangre, hospital* de sangre, unidad de cuidados intensivos (UVI).

7. Transfusión de sangre. Tratamiento, administración, operación, intervención, inyección*, transmisión. Grupos sanguíneos: A, B, AB, O; donador universal (0), receptor universal (AB), factor Rh o Rhesus, aglutininas, aglutinógenos, Rh positivo, Rh negativo, anticuerpos, incompatibilidad, anticuerpos, hemólisis, anafilaxia, «shock» o choque, donador de sangre, anemia, hemorragia, aparato de transfusión jeringa, tubo de ensayo, vía endovenosa, plasma, suero, glóbulos rojos, transfusión directa, t. de sangre conservada, banco de sangre (v. 3).

8. Sangría. Hemorragia, h. interna, pérdida, derrame, goteo, flujo, desangramiento, efusión, sangradura, corte*, incisión, sajadura, epistaxis, estasis, hemofilia, hemotisis, salida de sangre, debilitamiento*, ruina.

9. Sangrar. Fluir, perder, derramarse, gotear, verterse, exudar sangre, debilitarse*, sajar, abrir, evacuar, cortar*.

10. Sanguinario. Inhumano, brutal*, cruel*, atroz, feroz, sangriento, salvaje, bestial, mortífero, cruento, sádico, vesánico, violento*, sangrante (v. 11).

11. Sangrante. Ensangrentado, sangriento, empapado, sanguinolento, teñido, cubierto, manchado, enrojecido, salpicado; sanguinario (v. 10).

12. Sanguíneo. Circulatorio, arterial, venoso, pletórico, colorado, rubicundo, encarnado, apoplético o apopléjico, congestionado, hinchado*, inflamado, enrojecido, irritado, tumefacto. V. CIRCULATORIO (APARATO), CORAZÓN, CUERPO, FISIOLOGÍA, HISTOLOGÍA.

sangría. 1. V. SANGRE 8.
— **2.** Bebida refrescante, vino y agua. V. BEBIDA 2, 3.

sangriento. V. SANGRE 10, 11.

sanguijuela. 1. Bicho chupador, anélido, invertebrado. V. GUSANO 1.
— **2.** Usurero, explotador, negrero. V. AVARICIA 2.

sanguinario. V. SANGRE 10.

sanguíneo. Encarnado, pletórico, congestionado. V. SANGRE 12.

sanguinolento. V. SANGRE 11.

sanidad. Salubridad, higiene*, normas higiénicas. V. SALUD 2.

sanitario. 1. Salubre, benéfico*, vigorizador. V. SALUD 4.
— **2.** Auxiliar, enfermero, ayudante*. V. MÉDICO 4.

sano. 1. Vigoroso*, lozano*, saludable. V. SALUD 3.
— **2.** Salubre, benéfico*, vigorizador*. V. SALUD 4.

sansón. Forzudo, fornido, hércules. V. VIGOR 2.

santa. V. SANTO 2.

santabárbara. Polvorín, arsenal, pañol de pólvora. V. EXPLOSIÓN 7.

santiamén. Rápidamente, velozmente, al momento. V. INSTANTE 3.

santidad. V. SANTO 10.

santificar. V. SANTO 9.

santiguarse. Persignarse, hacerse cruces, signarse. V. MISA 11.

SANTO. 1. Divino, bendecido, bendito, beato, santo patrono (v. 2.), sagrado, consagrado, sacro, santificado, canonizado, beatificado, sacrosanto, puro*, virgen*, perfecto*, inmaculado, excelso, místico, beatífico, sublime, glorioso, respetable, venerable, seráfico, bienaventurado, vidente, iluminado, profeta, elegido, inspirado, visionario, ascético, inviolable, incorrupto, predestinado, ejemplar, virtuoso, espiritual*, glorificado, glorioso, celestial, adorado, cándido, augusto, piadoso, feliz.
— **2.** *Patrono*, santo, santo patrón, san, santa, protector, beato, canonizado, titular, abogado, elegido, bienaventurado, intercesor, Virgen*, mártir, apóstol, patriarca, confesor, fundador, cardenal*, profeta, Papa*, pontífice, padre de la Iglesia, doctor de la I.

— **3.** *Festividad*, santo, onomástica, celebración, patronímico, nombre*, apelativo, aniversario, fiesta*, conmemoración, festejo, convite*, evocación, día de todos los Santos, Año Santo.
— **4.** Lámina, grabado, dibujo*. V. ESTAMPA 1.

5. Generalidades. Culto, beatificación, canonización, elevación a los altares, advocación, milagro, olor de santidad, estigma, corona*, trono, aureola, altar, imagen, imaginería, efigie, reliquia, icono, bienaventuranza, cielo, paraíso, purgatorio, éxtasis, hagiografía, hagiógrafo, cuerpo incorrupto, licuación de sangre, aparición, curación milagrosa, levitación, devoción, adoración*, promesa, voto, exvoto, oración, rezo*.

6. Santos. Nombre de los santos. V. NOMBRE 6, 7.

7. Santo y seña. Salvoconducto, pase, orden, consigna, lema, frase*, dicho, autorización, permiso*.

8. Santoral. Calendario, martirologio, almanaque, índice, lista*, repertorio, catálogo, registro, hagiografía, relación, legendario, ordenación*.

9. Santificar. Canonizar, beatificar, consagrar, adorar*, idolatrar, deificar, bendecir, divinizar, elevar a los altares, coronar*, entronizar, consagrar, enaltecer, venerar, alabar, honrar*, purificar*, exaltar, glorificar, aureolar, dedicar, ofrendar, orar, rezar*.

10. Santidad. Misticismo, beatitud, gracia, perfección*, ascetismo, virtud, bienaventuranza, gloria, salvación, honra, pureza*, virginidad*, veneración, éxtasis, divinidad, ejemplaridad, sublimidad, contemplación, integridad, espiritualidad*, canonización, beatificación, beatitud, consagración, beatificación, bendición, purificación*, aureola, corona*, trono, cielo, paraíso*, exaltación (v. 5). Su Santidad (v. Papa 1).

11. Santón. Ermitaño, anacoreta, eremita, penitente, solitario, cenobita, asceta, faquir, ayunador, bonzo, gurú, brahmán, hechicero, cacique, jefe*, monje, fraile (v. sacerdote 2, 4).
Contr.: Pecador, profano.
V. CRISTO, ESPÍRITU, VIRGEN, MISA, NOMBRE, FIESTA, REZO, PUREZA, PARAÍSO, RELIGIÓN, ADORACIÓN.

santo y seña. V. SANTO 7.

santón. V. SANTO 11.

santoral. V. SANTO 8.

santuario. Monasterio, iglesia, convento*. V. TEMPLO 1.

santurrón. Mojigato, beato, hipócrita. V. HIPOCRESÍA 2.

santurronería. V. santurrón.

saña. Inquina, rabia, odio*. V. CRUELDAD 1.

sañudo. Enconado, feroz, rencoroso. V. CRUELDAD 2.

sapiencia. Erudición, conocimientos, saber. V. SABIDURÍA 1.

sapiente. Erudito, conocedor, docto. V. SABIDU-RÍA 2.

sapo. Batracio, rana, anuro. V. ANFIBIO 2, 3.

saponificación. Fabricación, proceso, método industrial. V. JABÓN 4.

saque. Impulso, bote, tiro. V. LANZAR 3.

saqueador. Bandido, depredador, delincuente. V. LADRÓN 1.

saquear. Despojar, atracar, desvalijar. V. ROBO 2.

saqueo. Pillaje, depredación, rapiña. V. ROBO 1.

sarampión. Dolencia, enfermedad infecciosa, contagiosa. V. INFECCIÓN 2.

sarao. Gala, festejo, velada. V. FIESTA 1.

sarcasmo. Mordacidad, sátira, cinismo. V. IRO-NÍA 1.

sarcástico. Cínico, satírico, mordaz. V. IRONÍA 2.

sarcófago. Ataúd, féretro, sepulcro. V. TUMBA 1, 2.

sardana. Danza, ritmo, tonada catalana. V. BAI-LE 8.

sardina. Pescado, arenque, pez de mar. V. PEZ 8.

sardónico. Socarrón, cínico, satírico. V. IRONÍA 2.

sarga. Tela de seda, tejido, t. decorativo. V. TELA 6.

sargazo. Talofita, alga marina, vegetal* acuático. V. ALGA 1, 2.

sargento. Soldado, suboficial, militar. V. EJÉRCI-TO 7.

sarmentoso. Nervudo, fibroso, nudoso. V. ÁS-PERO 1.

sarmiento. Rama, vástago, pámpano. V. BRO-TAR 2.

sarna. Enfermedad contagiosa, tiña, acariasis. V. PIEL 5.

sarnoso. Tiñoso, roñoso, asqueroso. V. REPUG-NANCIA 3.

sarpullido. Irritación, inflamación, erupción. V. HINCHAZÓN 2.

sarraceno. De la Arabia, musulmán, mahometano. V. ÁRABE 1.

sarro. Depósito, sedimento, residuo. V. ACUMU-LAR 4, DIENTE 4.

sarta. Hilera, fila*, ristra. V. SERIE 1.

sartén. Cazo, paila, receptáculo*. V. COCINA 5.

sastra. V. SASTRE 8.

SASTRE. 1. Cortador, diseñador, estilista, modisto, modista, modistillo , buena tijera, confeccionista, patronista, alfayate, artesano, sastre de caballeros, de señoras, chalequero, pantalonero, costurero, planchador, cortador, operario, oficial, aprendiz; sastra, modista (v. 8).
2. Sastrería. Taller, obrador, establecimiento, tienda*, «boutique», comercio, local (v. 3). Confección, industria, elaboración, corte, cosido (v. costura*).
3. Taller, equipo. Sala de pruebas, probador, departamento de costura, d. de corte, de confección, de diseño, maniquí, patrón, revista de figurines, muestrario, cinta métrica, tijeras, jaboncillo, aguja, acerico, dedal, plancha, imperdibles, alfileres, costurero, máquina de coser*, espejo de tres cuerpos, percha.

4. Material, piezas. Tejido, tela*, pieza de tela, forro, entretela, refuerzo, relleno, hombrera, retal, botones, hilo*, aguja, jaboncillo, dedal, cinta métrica, alfileres, alfiletero, manga, pernera (v. 5).
5. Trabajo. Vestimenta*, ropa a la medida, de confección, chaqueta*, americana, pantalón*, vestido, blusa, camisa*, talle, corte, hechura, estilo, pernera, manga, solapas, cuello, delantera, espalda, cartera, presilla, faldón, bajos, dobladillo, sisa, sobaquera, orla, pestaña, vivo, alforza, escote, cosido, costura*.
6. Cosido, detalles. V. COSTURA 1, 5.
7. Confeccionar. Coser, cortar*, guarnecer, forrar*, acortar, ensanchar, entallar, alargar, enguatar, escotar, fruncir, plegar, alforzar, rematar, tablear, medir, probar, planchar, sentar, vestir*.
8. Modista. Costurera*, sastra, sastresa, chalequera, pantalonera, diseñadora, oficiala, operaria, cortadora, planchadora, aprendiza.
V. COSTURA, VESTIMENTA, TELA, MÁQUINA DE COSER.

sastrería. V. SASTRE 2.

Satanás. Lucifer, Mefistófeles, Diablo. V. DEMO-NIO 1.

satánico. Demoníaco, diabólico, infernal. V. DE-MONIO 5.

satélite. 1. Astro, cuerpo celeste, planeta secundario. V. LUNA 1.
— 2. Satélite artificial, vehículo espacial, cápsula e. V. ASTRONÁUTICA 3.
— 3. Esbirro, acompañante, segundón. V. AYUDA 5.

satén. Raso, tejido de seda, de algodón. V. TELA 6.

satinado. Tornasolado, lustroso, terso. V. BRILLO 2.

satinar. V. satinado.

sátira. Mordacidad, causticidad, sarcasmo. V. IRONÍA 1.

satiriasis. Exaltación morbosa sexual (sexo masculino), priapismo. V. SEXO 6.

satírico. Socarrón, sarcástico, cínico. V. IRONÍA 2.

satirizar. Zaherir, burlarse, criticar. V. IRONÍA 3.

sátiro. 1. Deidad pagana, fauno, semidiós mitológico. V. MITOLOGÍA 3.
— 2. Varón lujurioso, lúbrico, libidinoso. V. SEXO 12.

SATISFACCIÓN. 1. Gusto*, deleite, regodeo, placer*, complacencia, delectación, gozo, goce, dicha, felicidad*, contento, alegría*, euforia, orgullo, vanagloria, honra*, delicia, fruición, encanto, entusiasmo*, agrado*, alborozo, ufanía, contentamiento, tranquilidad*, regalo, gloria, bienestar, comodidad*, conformidad, diversión*, optimismo, animación, ánimo*, jovialidad, júbilo, interés*, atracción, hechizo*, sugestión, sensualidad, voluptuosidad, erotismo.
— 2. Indemnización, compensación, disculpa*. V. DEVOLVER 3.

3. Satisfactorio. Placentero, agradable*, provechoso, conveniente, beneficioso*, bueno, fructuoso*, ventajoso*, conforme, aprovechable, propio, eficaz, productivo, confortable, cómodo*, grato, apropiado, útil*, decoroso, halagador, adecuado, oportuno*, propicio, favorable, divertido*, atractivo*, jubiloso, jovial, alegre*, optimista, animado, delicioso, feliz*, dichoso, satisfecho (v. 4).

4. Satisfecho. Complacido, conforme, contento, radiante, dichoso, feliz*, ufano, risueño, alegre*, alborozado, jubiloso, eufórico, orondo, optimista, orgulloso, complacido, conforme, campante, animado*, regocijado, aplacado, calmado, tranquilo*.

— **5.** Harto, saturado, repleto. V. SACIAR 3.

6. Satisfacer. Complacer, contentar, agradar, conformar, saciarse (v. 8), permitir*, consentir, acceder, transigir, aprobar*, conceder, alborozar, calmar, tranquilizar*, aplacar, entusiasmar, alegrar*, enorgullecer, gustar*, seducir, ufanar, servir, valer, ser útil.

— **7.** Sufragar, abonar, compensar. V. PAGAR 1.

— **8.** Satisfacerse, llenarse, saciarse*, hartarse, atiborrarse, hincharse, cebarse, saturarse, regodearse, alegrarse, complacerse (v. 6).

Contr.: Disgusto*, desagrado, disconformidad. V. PLACER, ALEGRÍA, FELICIDAD, TRANQUILIDAD, SACIEDAD, GUSTO, ENTUSIASMO, INTERÉS, COMODIDAD, UTILIDAD, DIVERSIÓN, AGRADO, ATRACTIVO, HECHIZO, BENEFICIO, VENTAJA.

satisfacer. V. SATISFACCIÓN 6.

satisfactorio. V. SATISFACCIÓN 3.

satisfecho. V. SATISFACCIÓN 4.

saturación, saturado. V. saturar.

saturar(se). 1. Atiborrar, hartar, colmar. V. SACIAR 1.

— **2.** Completar, terminar, llenar*. V. FIN 4.

saturnal. Bacanal, orgía, francachela. V. DIVERSIÓN 2.

sauce. Vegetal*, planta, salicácea. V. ÁRBOL 6.

saúco. Arbusto, planta, vegetal*. V. ÁRBOL 9.

sauna. Baño de calor seco, b. de vapor, higiene*. V. BAÑO 1.

saurio. Lagarto, cocodrilo, caimán. V. REPTIL 4, 5.

savia. 1. Goma, resina, jugo nutritivo. V. JUGO 1.

— **2.** Vitalidad, fuerza, energía*. V. VIGOR 1.

savoir-faire. fr Aplomo, soltura, desenvoltura. V. CONFIANZA 2.

saxofón. Instrumento de viento, de boquilla, de metal. V. INSTRUMENTO MUSICAL 4.

saya. Falda, refajo, enaguas. V. CAMISA 1.

sayo. Capote, casaca, prenda. V. VESTIMENTA 5.

sayón. Verdugo, esbirro, secuaz. V. AYUDA 5.

sazón. 1. Granazón, florecimiento*, plenitud. V. MADURAR 7.

— **2.** Sabor, adobo, regusto. V. GUSTO 1, CONDIMENTO 1.

— **3.** Ocasión, coyuntura, situación. V. CIRCUNSTANCIA 1.

sazonado. Suculento, sustancioso, sabroso. V. CONDIMENTO 6.

sazonar. Adobar, aderezar, aliñar. V. CONDIMENTO 5.

sebáceo. Aceitoso*, grasiento, pringoso. V. GRASA 2.

sebo. Manteca, gordo, tocino. V. GRASA 1.

seborrea. Secreción grasa, sebácea, oleosa. V. PIEL 5.

seboso. V. sebáceo.

secano. Terreno sin riego, seco, sequeral. V. CAMPO 1.

SECAR. 1. Escurrir, enjugar, desecar, exprimir, apurar, agostar (v. 2), airear*, orear, frotar*, limpiar*, recoger, extraer, chupar, succionar, ventear, pasar, empapar, agotar, vaciar*, ventilar, desencharcar, desaguar, desagotar, cegar, evaporar, deshidratar, resecar, marchitar* (v. 2).

— **2. Secar(se),** resecarse, amustiar, marchitar*, ajar, apergaminar, deslucir, acartonar, debilitar*, enflaquecer, depauperar, decolorar, palidecer, perderse, arrugar, gastar, consumir, acabar, amarillear, agostar, abochornar, empobrecer.

3. Seco. Aireado* desecado, escurrido, enjugado, exprimido, oreado, ventilado, apurado, frotado, agotado, vaciado, extraído, succionado, chupado, venteado, limpio*, recogido, deshidratado, evaporado, desagotado, desaguado, cegado, desencharcado, reseco, marchito* (v. 4).

— **4. Reseco,** seco, marchito*, árido, desértico, arenoso, agostado, pobre*, mustio, sediento, amarillento, pálido, apergaminado, deslucido, decolorado, débil*, acartonado, consumido, gastado, acabado, enflaquecido, depauperado, flaco, delgado*, magro, sarmentoso.

— **5.** Adusto, ceñudo, antipático*. V. HOSCO 1.

6. Sequedad, secamiento. Desecamiento, oreo, aireo, calor*, deshidratación, evaporación, ventilación, deshumidificación, avenamiento, enjuague, desagüe, desagote, escurrido, apurado, frote*, limpieza*, venteo, succión, chupado*, marchitamiento* (v. 7).

— **7. Marchitamiento*,** resecamiento, apergaminamiento, ajamiento, deslucimiento, decoloración, desecamiento, amarilleo, palidez, enflaquecimiento, debilitamiento*, consunción, arruga, depauperación, acartonamiento, amustiamiento, sequía (v. 9).

— **8.** Adustez, ceño, antipatía*. V. HOSCO 2.

9. Sequía. Agostamiento, marchitamiento*, resecamiento, aridez, calor*, estiaje, desertización, sequedad, avenamiento, consunción, sed, calamidad, plaga, desastre*, ruina, pérdida*, devastación.

Contr.: Mojar*, humedecer, empapar, regar, hidratar)

V. LIMPIAR, VACIAR, MARCHITAR, DEBILITAR, AIRE, CALOR.

SECCIÓN. 1. Dependencia, división, departamento, agrupación, sector, ramo, rama, grupo*, parte*, administración, apartado, despacho, oficina*, organismo, congregación, ministerio*, dirección, comisaría, conglomerado, liga, sociedad, asociación*, negociado, anexo, sucursal, delegación*, agencia, filial, representación, clase, conjunto, esfera, medio, nivel, tramo, ámbito, terreno, fase, renglón, actividad, actuación*, puesto, posición, lote, contorno, límite*, jurisdicción, zona* (v. 2), compartimiento*, separación, partición, comité, consejo, junta, cuerpo; corte, tajo (v. 3).

— **2. Demarcación,** sección, jurisdicción, circunscripción, zona*, término, partido, cantón, territorio, distrito, barrio*, comarca, consejo, región, límite* (v. zona*, barrio*).

— **3.** Tajo, corte, separación*. V. CORTAR 4.
V. GRUPO, PARTE, OFICINA, MINISTERIO, ASOCIACIÓN, DELEGACIÓN, ZONA, COMPARTIMIENTO; CORTAR.

seccionar. Cercenar, dividir, separar*. V. CORTAR 1.

secesión. División, apartamiento, desmembración. V. SEPARAR 13.

seco. V. SECAR 3-5.

secreción. Producto glandular*, hormona, residuo*. V. EXCRECIÓN 1.

secretamente. V. SECRETO 10.

secretaria. Ayudante*, delegada, taquimecanógrafa, empleada*. V. OFICINA 4.

secretaría. Despacho, dependencia, asesoría. V. OFICINA 1.

secretario. Empleado*, ayudante*, delegado*. V. OFICINA 4.

secretear. V. SECRETO 8.

secreteo. V. SECRETO 9.

SECRETO. 1. Sigilo, disimulo, reserva, confidencia, revelación (v. 2), anonimato, misterio*, enigma, incógnita, ocultación*, omisión, impenetrabilidad, silencio*, intimidades, interioridades, entresijos, entretelas, discreción, disfraz, tapujo, tapadera, cobertera, cortina, pantalla, encubrimiento, disimulo*, prudencia, secreteo, fingimiento, ficción, sanctasanctórum, arcano, fraude, engaño*, estratagema, alcahuetería, reticencia, clandestinidad, hermetismo, escondrijo, rincón, laberinto, profundidad, escondite, refugio*, embozo, conspiración, traición*, confabulación, trama, plan* (v. 2).

— **2. Revelación,** secreto, confesión, testimonio, confidencia, intimidad, interioridad, declaración, sorpresa, acusación, denuncia, manifestación, noticia*, información*, explicación*, desahogo, penitencia, alivio (v. 3).

— **3.** Enigma, interrogante, incógnita. V. MISTERIO 1.

— **4. Reservado,** secreto, furtivo, sigiloso, confidencial, cifrado, en clave (v. 6), disimulado, a hurtadillas, calladamente, sigilosamente (v. 1), personal, íntimo, oculto*, recatado, velado,

arcano, misterioso* (v. 5), callado, omitido, guardado*, discreto, silencioso*, impenetrable, anónimo, tapado, disfrazado*, encubierto, fingido, falso*, reticente, engañoso*, fraudulento, hermético, clandestino, profundo, laberíntico, interior, escondido, traicionero* (v. 5).

— **5.** Enigmático, oculto*, escondido. V. MISTERIO 3.

6. Criptografía. Clave, cifra, código, criptograma, enigma, signo, símbolo, jeroglífico, notación, rompecabezas, adivinanza*, charada, acertijo, poligrafía, incógnita, quid, solución, anagrama, misterio*, abreviatura*, seña, alto secreto, materia reservada, documento* secreto.

7. Hacer secreto. Ocultar*, esconder, secretear (v. 8), velar, alterar, disimular*, disfrazar*, engañar*, falsear*, fingir, reservar, silenciar*, callar, omitir, tapar, cubrir, encubrir, desfigurar, trasponer, trastrocar, defraudar, arrinconar, embozar, enmascarar, cuchichear (v. 8).

8. Secretear. Cuchichear, murmurar*, bisbisear, susurrar, confesar, ocultar*, urdir, cotillear, chismorrear*, tramar, conspirar, traicionar*, proyectar, planear*.

9. Secreteo. Cuchicheo, murmuración*, confidencia, confesión, bisbiseo, susurro, ocultación*, chismorreo*, cotilleo, conspiración, traición*, proyecto, plan*.

10. Secretamente. Reservadamente, furtivamente, sigilosamente (v. 4).

Contr.: Revelación, divulgación, explicación*, confesión.

V. MISTERIO, OCULTACIÓN, ENGAÑO, DISIMULO, PLAN, INFORMACIÓN, EXPLICACIÓN, MURMURACIÓN, CHISMORREO, FALSEDAD, TRAICIÓN, DISFRAZ, ESCONDITE, ADIVINANZA.

SECTA. 1. Hermandad, comunidad, sociedad, asociación*, fraternidad, confraternidad, grupo*, secta religiosa (v. 24), clan, orden, camarilla, compañía, junta, unión*, cofradía, congregación, liga, gremio, banda, pandilla, partido, equipo, bando, bandería, horda, tribu, cuadrilla, facción, doctrina, religión*, superstición*, herejía* (v. 3), confesión (v. 2).

2. Confesiones protestantes. Luteranos, metodistas, anglicanos, anabaptistas, bautistas, evangélicos, mormones, cuáqueros, calvinistas, hugonotes, presbiterianos, puritanos, episcopalianos, adventistas (v. protestante 2).

3. Sectas heréticas. Albigenses o cátaros, arrianos, maniqueos, valdenses, husitas, monofisitas, gnósticos, bogomiles, adamitas, pelagianos, valentinianos, iconoclastas, jansenistas, iluministas, herejes (v. herejía 3-4).

4. Mahometanos, judíos. Mahometanos, fatimitas, chiítas, sunnitas, safitas, wahabitas, drusos; judíos: dositeos, herodianos, nazarenos, galileos, terapeutas, saduceos, fariseos.

5. Otros. Masones*, rosacruces, rotarios, del Klu-Klux-Klan, Mafia, Mano Negra, Camorra, carbonarios, thugs.

6. Generalidades. Iniciación, ceremonia, rito, logia, símbolos, capítulo, consejo, adeptos (v. 7).

7. Sectario. Adepto, cofrade, hermano, miembro, iniciado, congregante, compañero*, camarada, colega, agremiado, asociado*, socio, agrupado, comunitario, fiel, devoto, religioso*, hereje*, supersticioso*, pandillero, secuaz, novicio, maestro, gran maestro, heterodoxo; intolerante, impío, fanático, intransigente*.

8. Sectarismo. Apasionamiento, intolerancia, intransigencia*, ceguera, fanatismo, fervor, devoción, religiosidad*, exaltación, , obstinación*, superstición*.
V. PROTESTANTE, MASONERÍA, HEREJÍA, ASOCIACIÓN, GRUPO, RELIGIÓN, SUPERSTICIÓN, INTRANSIGENCIA.

sectario. V. SECTA 7.

sectarismo. V. SECTA 8.

sector. Porción, sección*, división. V. PARTE 1, ZONA 2.

secuaz. Esbirro, partidario, paniaguado. V. AYUDA 5.

secuela. Derivación, efecto, consecuencia. V. RESULTADO 1.

secuencia. Ciclo, proceso, sucesión. V. SERIE 1.

secuestrador. V. SECUESTRO 2.

secuestrar. V. SECUESTRO 4.

SECUESTRO. 1. Rapto, retención, aprehensión, robo*, violencia*, apresamiento, prendimiento, delincuencia, delito*, atentado, asesinato*, agresión, fuerza, reclusión, detención, encierro, captura, prisión*, presa, escondite, ocultación*, engaño*, traslado*, violación, timo, incautación, embargo, decomiso, apropiación*, requisa, confiscación.
2. Secuestrador. Raptor, hampón, asaltante, atracador, delincuente*, captor, chantajista, malandrín, criminal, asesino*, agresor, bandido, malhechor, ladrón*, timador, transgresor, violador, apresador, violento*, engañoso*.
3. Secuestrado. Rehén; prisionero*, raptado (v. 4).
4. Secuestrar. Raptar, violentar*, retener, aprehender, robar*, apresar, prender, atentar, agredir, forzar, recluir, detener, encerrar, capturar, esconder, ocultar*, trasladar*, llevar, engañar*, violar, incautarse, embargar, apropiarse, decomisar, requisar, confiscar.
Contr.: Libertad*, liberación.
V. VIOLENCIA, DELITO, ROBO, APROPIACIÓN, OCULTACIÓN, ENGAÑO, TRASLADO, PRISIÓN.

secular. 1. Temporal, civil, terrenal. V. MUNDANO 2.
— **2.** Vetusto, viejo*, tradicional*. V. ANTIGUO 1.

secundar. Respaldar, colaborar, asistir. V. AYUDA 3.

secundario. 1. Accesorio, complementario, circunstancial. V. CIRCUNSTANCIA 2.
— **2.** Trivial, desdeñable, menudo. V. INSIGNIFICANTE 1.

sed. Ansia, avidez, deseo de agua. V. BEBIDA 13.

seda. Fibra textil, tejido, raso. V. TELA 6.

sedal. Bramante, hilo, cordón. V. CUERDA 1.

sedante. 1. Confortante, relajante, calmante. V. TRANQUILIDAD 7.
— **2.** Analgésico, paliativo, narcótico. V. DROGA 2.

sedar. V. sedante.

sedativo. V. sedante 2.

sede. Base, origen, central. V. CENTRO 3.

sedentario. Inactivo, estacionario, tranquilo*. V. INMÓVIL 1.

sedición. Levantamiento, motín, insurrección. V. REVOLUCIÓN 1.

sedicioso. Rebelde, insurrecto, sublevado. V. REVOLUCIÓN 4.

sediento. 1. Ansioso, anhelante, ávido de agua*. V. DESEO 7.
— **2.** Árido, desecado, reseco. V. SECAR 4.

sedimentación. V. sedimentar, sedimento.

sedimentar. Depositarse, asentarse, precipitar. V. ACUMULAR 2.

sedimento. Remanente, depósito, poso. V. ACUMULAR 4.

sedoso. Liso*, terso, fino. V. SUAVE 1.

seducción. V. seducir.

seducir. 1. Conquistar, fascinar, maravillar*. V. ATRACTIVO 3.
— **2.** Depravar, corromper, engañar*. V. VICIO 6.

seductor. 1. Cautivante, atrayente, agradable*. V. ATRACTIVO 2.
— **2.** Donjuán, conquistador, mujeriego. V. MUJER 8.

sefardí. V. sefardita.

sefardita. Hebreo, hebreo español, semita. V. JUDÍO 1.

segador. Labriego, cultivador, campesino. V. CAMPO 4.

segar. Cercenar, cortar*, recolectar. V. AGRICULTURA 4.

seglar. Terrenal, civil, laico. V. MUNDANO 2.

segmentar(se). Dividir(se), fragmentar, separar. V. FRAGMENTO 3.

segmento. Sector, sección, trozo. V. PARTE 1.

segregación. 1. Racismo, discriminación, separación*. V. ETNIAS 11.
— **2.** V. segregar 1, 2.

segregar. 1. Excretar, producir, elaborar. V. EXCRECIÓN 4.
— **2.** Rezumar, gotear, filtrarse. V. MOJAR 1.
— **3.** Discriminar, separar, rechazar. V. ETNIAS 11.

seguido. 1. Persistente, repetido, incesante. V. CONTINUACIÓN 2.

— **2.** Directo, derecho, sin obstáculos. V. LÍNEA 3.

seguidor. Adicto, incondicional, partidario. V. SIMPATÍA 5.

seguimiento. V. seguir.

seguir. 1. Acompañar, escoltar*, cuidar*. V. COMPAÑERO 6.

— **2.** Buscar, acosar, rastrear. V. PERSECUCIÓN 2.

— **3.** Reanudar, proseguir, prolongar. V. CONTINUACIÓN 5.

— **4.** Secundar, respaldar, imitar*. V. AYUDA 3.

— **5.** Sobrevenir, ocurrir, suceder. V. SUCESO 2.

según. De acuerdo con, a juzgar por, conforme a. V. CONDICIÓN 7.

segundero. Manecilla, saeta, aguja. V. RELOJ 2.

segundo. 1. Lapso, espacio de tiempo*, santiamén. V. INSTANTE 1.

— **2.** Delegado*, suplente, auxiliar. V. AYUDA 4.

— **3.** Complementario, circunstancial, agregado. V. AÑADIR 6.

segur. Hacha, guadaña, hoz. V. HERRAMIENTA 3.

seguramente. Ciertamente, probablemente, tal vez. V. POSIBLE 5.

seguridad. V. SEGURO 7, 8.

SEGURO. 1. Póliza, contrato, documento* (v. 12); Seguridad Social.

— **2.** *Firme*, seguro, sólido, estable, permanente, invariable, constante, fijo, fuerte, vigoroso*, fiable, digno de fe, d. de crédito, cierto (v. 3), duradero*, equilibrado*, garantizado*, consolidado, asentado, tranquilo* (v. 4), invulnerable, protegido*, defendido, resistente*, infalible, inevitable, inexorable, implacable (v. 1-6).

— **3.** *Cierto*, seguro, indiscutible, auténtico, verdadero*, real, genuino, demostrado, probado, evidente, exacto, confirmado, serio, comprobado* (v. 2).

— **4.** *Tranquilo**, seguro, sereno, imperturbable, aplomado, frío, natural, desenvuelto, experimentado*, impertérrito, calmoso, entero, confiado, convencido, reposado (v. 2).

— **5.** *Inevitable*, seguro, infalible, inexorable, obligatorio*, fatal, irremediable, forzoso, necesario*, inapelable, ineludible, implacable (v. 2).

— **6.** Dispositivo, cierre, mecanismo*. V. APARATO 1, PISTOLA 3.

7. Seguridad. Firmeza, resistencia, fortaleza, defensa, protección*, solidez, garantía*, fiabilidad, fe, crédito, permanencia, estabilidad, consolidación, inmunidad, invulnerabilidad, infalibilidad, verdad*, realidad, prueba, evidencia, duración*, equilibrio*, certidumbre.

— **8.** *Tranquilidad**, seguridad, serenidad, confianza*, aplomo, convicción, certidumbre, certeza, fiabilidad, fe, crédito, esperanza*, naturalidad, desenvoltura, mundología, experiencia*.

9. Asegurar. Estabilizar, proteger*, comprometerse, regularizar, defender, afirmar, basar, fundar, apoyar, reforzar*, soportar*, consolidar, cimentar, endurecer, mejorar*, garantizar*, asentar, tranquilizar*, serenar, calmar.

— **10.** *Manifestar*, asegurar, expresar, decir, afirmar, convencer, hablar*, garantizar*, obligarse, pactar*, defender, declarar, exponer.

— **11.** *Hacer un seguro*, asegurar (v. 16).

12. Seguro comercial*. Póliza, contrato*, documento*, título, escritura, registro, protocolo, compromiso, cobertura, protección*, garantía*, prevención, previsión, convenio, obligación*, pacto*.

13. Clases de seguro. Seguro contra daños, contra robo, contra incendio, de vida, de automóvil, de transporte terrestre, de accidentes*, de responsabilidad civil, marítimo, agrícola, social, laboral, reaseguro, contraseguro.

14. Generalidades. Prima, cuota, póliza, reaseguro, contraseguro, daño, siniestro, accidente*, riesgo, cobertura de riesgo, indemnización, cláusula, artículo, apartado, sobreprima, cálculo de probabilidades, estadísticas*, tablas de mortalidad, garantía*, reembolso, compañía aseguradora, empresa, cámara de seguros, Lloyd's.

15. Personas. Agente, corredor, asegurador, asegurado, previsor, protegido*, damnificado, víctima, actuario, perito, experto*, inspector.

16. Hacer un seguro. Asegurar, reasegurar, contratar, garantizar*, proteger, prevenir, amparar, cubrir, comprometerse, escriturar, convenir, obligarse*, pactar*, regularizar, registrar.

Contr.: Descuido, inseguridad, imprevisión.

V. VIGOROSO, RESISTENTE, GARANTIZADO, DURADERO, EQUILIBRADO, TRANQUILO, PROTEGIDO, CONFIADO, NECESARIO, DOCUMENTO, CONTRATO, PACTO.

seísmo. Cataclismo, temblor de tierra*, sacudida telúrica. V. TERREMOTO 1.

selacio. Escualo, tiburón*, raya. V. PEZ 10.

SELECCIÓN. 1. Clasificación*, elección, separación, criba, preferencia*, perfección, superioridad*, diferenciación, diferencia*, comparación*, comprobación*, apartamiento, discriminación, evaluación, calificación, refinamiento*, distinción, elegancia, alternativa, extracción, opción, escogimiento, tría, nombramiento*, designación; prueba, examen*, oposición, antología (v. 2).

— **2.** *Antología*, selección, compendio, colección*, florilegio, recopilación, condensación, resumen, abreviación*, epítome, repertorio, ordenación*, lista, extracto, conjunto.

3. Seleccionar. Clasificar*, escoger, elegir, evaluar*, comparar*, comprobar*, separar*, cribar, espigar, entresacar, preferir*, diferenciar*, distinguir, apartar, aislar, discriminar, calificar, extraer*, quitar*, optar, triar, entregar*, nombrar, designar, coleccionar* (v. 4).

— **4.** *Coleccionar**, seleccionar, compilar, reunir, acumular*, compendiar, recopilar, resumir, condensar, abreviar*, extractar (v. 3).

5. Seleccionado. Clasificado*, escogido, elegido (v. 3), (v. 6).

6. Selecto. Seleccionado, selectivo, distinguido, refinado*, superior*, diferente, escogido, destacado, granado, perfecto*, elegante*, excelente, brillante, fino, noble, notable, sobresaliente, exquisito, hermoso*, preferido, separado, elegido, discriminado, diferenciado (v. 1).
Contr.: Vulgar*, común, corriente.
V. DIFERENCIA, PREFERENCIA, COMPARACIÓN, CLASIFICACIÓN, SEPARACIÓN, EVALUACIÓN, EXAMEN, ABREVIACIÓN, REFINAMIENTO, ELEGANCIA, PERFECCIÓN, SUPERIORIDAD.

seleccionado. V. SELECCIÓN 5.

seleccionar. V. SELECCIÓN 3.

selectivo. V. SELECCIÓN 6.

selecto. V. SELECCIÓN 6.

sellado. V. SELLAR 5.

SELLAR. 1. Timbrar, estampar, estampillar, señalar*, marcar, matasellar, precintar, grabar, obliterar, anular*, inutilizar, imprimir*, impresionar*, troquelar, acuñar, punzonar, moldear*, prensar, trazar, rotular, fechar, lacrar, contrastar, cargar, sobrecargar, franquear, despachar, marchamar, contrasellar, etiquetar, garantizar*, autenticar, asegurar, adherir*, certificar, firmar, signar, rubricar, refrendar.
2. Sello de correos. Estampilla, valor, timbre. V. FILATELIA 2.
3. Sello. Contraste, timbre, marca, cuño, estampilla, sello de correos (v. 2), tasa, pago, valor, póliza, móvil, precinto, tira*, adhesivo*, cierre, lacre, pegatina, troquel, punzón, molde*, matriz, anillo, impresión, signo, bula, plomo, oblea, impronta, huella, señal*, contraseña, clave, matasellos, tampón, marchamo, obliterador, cajetín, hierro, obliteración, inutilización, anulación*, matasellado, fecha, franqueo, etiqueta*, rótulo, marbete, monograma, estampa, pegatina, estampación, calcomanía, carga, sobrecarga, rúbrica, firma, ex libris, garantía*, certificado, refrendo, registro.
— 4. Oblea, gragea, comprimido. V. MEDICAMENTO 4.
5. Sellado. Estampillado, timbrado, troquelado, precintado, secretos, confidencial (v. 6), marcado, inutilizado, señalado*, anulado, matasellado, estampado, contrastado (v. 3).
— 6. *Confidencial*, sellado, secreto*, precintado, inviolable, cifrado, lacrado, garantizado*, cerrado, misterioso*.
V. IMPRIMIR, SEÑALAR, GARANTIZAR, ANULAR.

sello. V. SELLAR 2-4.

selva. Espesura, fronda, jungla. V. BOSQUE 3.

selvático. Frondoso, agreste, impenetrable. V. BOSQUE 4.

semáforo. Disco, luz*, señal*. V. INDICADOR 1.

semana. Período, fecha, ciclo semanal. V. TIEMPO 2.

semanal. Regular, periódico, hebdomadario. V. TIEMPO 6.

semanario. Publicación, revista, hebdomadario. V. PERIODISMO 2.

semántica. Tratado, significado, estudio de las palabras. V. GRAMÁTICA 2.

semblante. Fisonomía, facciones, rostro. V. CARA 1.

semblanza. Descripción, esbozo, biografía*. V. NARRACIÓN 1.

sembrado, sembradío. 1. Cultivo, huerto, plantío. V. CAMPO 1.
— 2. V. sembrar.

sembrador. Cultivador, campesino, labriego. V. CAMPO 4.

sembrar. 1. Cultivar, plantar, cosechar. V. AGRICULTURA 4.
— 2. Diseminar, desparramar, esparcir. V. DISPERSAR 1.

semejante. 1. V. SEMEJANZA 2, 3.
— 2. *Semejantes*, humanidad, género humano, colectividad. V. HOMBRE 2.

SEMEJANZA. 1. Similitud, parecido, analogía, igualdad, relación, identidad, exactitud, equivalencia, homogeneidad, parentesco, parangón, paralelismo, paridad, símil, comparación*, hermanamiento, hermandad*, copia*, calco, afinidad, aire, herencia*, familiaridad*, atavismo, mimetismo, duplicado, simulación*, sabor, vislumbre, sombra, homologación, sinonimia, suplencia, proximidad, uniformidad, aproximación, cercanía*, vecindad, compatibilidad, compenetración, coincidencia, concordancia, armonía, contigüidad, vinculación, consonancia, concomitancia, connotación, correlación, correspondencia, conexión, contacto, ajuste, equiparación, empate, equilibrio*, nivelación, emparejamiento, proporción, imagen, imprecisión, vaguedad.
2. Semejante. Similar, equivalente, comparable, parecido, afín, análogo, relacionado, exacto, idéntico, igual, fiel, correlativo, vecino, calcado, copiado*, imitado, simulado*, homólogo, uno, uniforme, gemelo, hermano*, pariente, familiar*, allegado, homónimo, sinónimo, homogéneo, sosias, doble, reemplazante, suplente, par, parejo, parigual, símil, próximo, literal, textual, igualado, emparejado, ex aequo, empatado, repetido, equilibrado*, aproximado, paralelo, vecino, asimilado, emparentado, rayano, compatible, coincidente, compenetrado, propio, concordante, armónico, consonante, avenido, contiguo, vinculado, concomitante, correspondiente, relativo, indiferente, indistinto, común, proporcionado, comparado*, nivelado, empatado, equiparado, ajustado, parangonado, cercano*, conexo, redivivo, pintiparado, ídem, por el estilo, a imagen, lo mismo, vago, remoto, impreciso.
— 3. Prójimo, individuo, congénere. V. PERSONA 1.
4. Semejar(se). Equivaler, igualar, relacionar, parecerse, corresponder, parangonar, aproximarse, equiparar, asimilar, generalizar, empa-

rentar, emparejar, identificar, comparar, evocar, imitar, inclinar, recordar a, sugerir, duplicar, calcar, copiar*, simular*, hermanar, suplir, homologar, equilibrar*, mezclar, nivelar, heredar*, avecinarse, vincularse, concertar, acercarse, ajustarse, empatar, concordar, avenirse, convivir*, allegarse, salir a, tirar a, tener un aire.
Contr.: Diferenciarse*, distinguirse.
V. COMPARACIÓN, COPIA, SIMULACIÓN, CERCANÍA, HERMANO, FAMILIAR.

semejar(se). V. SEMEJANZA 4.

semen. Esperma, liquido vital, excreción*. V. ESPERMATOZOIDE 3.

semental. Garañón, macho, reproductor. V. ANIMAL 1.

sementera. V. sembrado.

semestral. Que dura un semestre. V. TIEMPO 6.

semestre. Lapso de seis meses. V. TIEMPO 2.

semicírculo. Medio círculo, anfiteatro, hemiciclo. V. CÍRCULO 1.

semidifunto. Incurable, agonizante, grave. V. ENFERMEDAD 4.

semidiós. Deidad, superhombre, héroe. V. DIOS 2.

semidormido. Amodorrado, adormilado, aletargado. V. SUEÑO 5.

semifinal. Eliminatoria, certamen, torneo. V. COMPETICIÓN 1.

semifinalista. Concursante, rival, competidor. V. COMPETICIÓN 2.

SEMILLA. 1. Grano, germen, mies, simiente, embrión, cereal (v. 2), pepita, pipa, hueso, cuesco, corazón, centro, carozo, nuez, núcleo, almendra, árido, gramínea, vegetal*, farinácea, greña, herbal (v. 2).
2. Cereales, semillas. Gramíneas, monocotiledóneas, grano (v. 1), trigo*, avena, centeno, cebada, arroz, maíz, alforfón, sorgo, mijo, alpiste, zahína, rubión, panizo, trigo sarraceno, linaza (v. 1).
3. Partes. Grano, tegumento, binza, envoltura, cáscara*, salvado, albumen, gluten (albúmina), cotiledones (hilo, rafe, celdilla), germen o embrión (yema, plúmula, radícula), espiga, mazorca, panoja, panocha, bráctea, tallo, caña, paja, arista.
4. Varios. Granero, pajar, almiar, henil, silo, depósito, almacén, lonja, molino; barbecho, sembrado, semillero, almáciga, sementera, campo, mies, siega, recolección, cosecha, agricultura*.
5. Plagas. Tizón, tizne, roya, negrillo, hongo*, gorgojo, parásitos.
6. Harina. Fécula, polvo, polvillo, alimento*, almidón, sémola, maicillo, hidrato de carbono, carbohidrato, glúcido, molienda, cernido, gluten, gofio.
7. Harinoso. Molido, cernido, pulverizado, pulverulento, polvoroso, feculento, farináceo, amiloideo, amiláceo, hidrocarbonado, energético.
8. Acción. Sembrar, binar, germinar, brotar*, encañar, granar, espigar, entallar, cortar*, segar, recolectar, emparvar, trillar, aventar, cribar, cerner, descortezar, moler.
V. TRIGO, CÁSCARA, MOLINO, AGRICULTURA, VEGETAL, POLVO.

semillero. V. SEMILLA 4.

seminario. Escuela, instituto, cursillo. V. EDUCACIÓN 6, 9.

seminarista. Estudiante, alumno, cursillista. V. EDUCACIÓN 13.

semita. Hebreo, árabe, etíope (lengua), arameo, descendiente de Sem. V. ÁRABE 1, JUDÍO 1.

sémola. Sopa, fécula, harina. V. ALIMENTO 14, SEMILLA 6.

semovientes (bienes). Reses, bestias, animales*. V. GANADO 1.

sempiterno. Perenne, eterno, perpetuo. V. DURACIÓN 4.

senado. Cámara alta, congreso, parlamento. V. ASAMBLEA 1, 2.

senador. Representante, legislador, parlamentario. V. ASAMBLEA 6.

sencillamente. Llanamente, sinceramente, campechanamente. V. SENCILLO 1.

sencillez. V. SENCILLO 4.

SENCILLO. 1. Llano, sincero*, campechano, simple, natural, puro*, corriente (v. 2), mero, comprensible (v. 3), modesto, espontáneo, humilde*, escueto, abreviado*, elemental, franco, afable, accesible, tratable, moderado*, recatado, decente, tímido*, insignificante*, inocente, cándido, ingenuo, limpio*.
— **2.** *Corriente*, sencillo, común, natural, ordinario, acostumbrado, normal, desnudo, escueto, mero, usual, habitual*, diario, frecuente, casero, hogareño, familiar*, doméstico, conocido, visto, trillado, sobado.
— **3.** *Comprensible*, sencillo, fácil, asequible, inteligible*, evidente, claro*, palmario, manifiesto, obvio, explicable*.
4. Sencillez. Modestia, humildad*, simplicidad, campechanía, naturalidad, llaneza, espontaneidad, franqueza, sinceridad*, confianza*, moderación*, afabilidad, candidez, ingenuidad, inocencia*, insignificancia*, timidez*, intrascendencia, decencia, recato, naturalidad, facilidad, claridad*, evidencia.
Contr.: Complicado, desusado, incomprensible*.
V. SINCERO, TÍMIDO, INOCENTE, MODERADO, HUMILDE, INSIGNIFICANTE, INTELIGIBLE.

senda, sendero. Vereda, atajo, huella. V. CAMINO 1.

sendos. Mutuos, correspondientes, respectivos. V. RECÍPROCO 1.

senectud. V. senilidad.

senil. Viejo*, decrépito, decadente. V. ANCIANO 2.

senilidad. Vejez, senectud, decrepitud. V. ANCIANO 5.

seno. 1. Cavidad, depresión, oquedad. V. HUECO 1.
— **2.** Teta, pecho, busto. V. MAMA 1.

sensación. 1. Efecto, impresión, excitación. V. EMOCIÓN 1.
— **2.** Sensibilidad, sentido, impresión. V. PERCIBIR 4.
sensacional. Maravilloso*, extraordinario, interesante*. V. ASOMBRO 2.
sensatez. V. sensato.
sensato. Prudente, discreto, moderado*. V. FORMAL 1.
sensibilidad. 1. Sentimentalismo, ternura, emotividad. V. EMOCIÓN 2.
— **2.** V. sensación.
sensible. 1. Delicado, impresionable, emotivo. V. EMOCIÓN 7.
— **2.** Perceptible, manifiesto, evidente. V. CLARO 4.
— **3.** Infortunado, lamentable, deplorable. V. DESGRACIA 2.
— **4.** Dolorido, delicado, aquejado. V. DOLOR 9.
sensiblería. V. sensibilidad 1.
sensiblero, sensitivo. V. sensible 1.
sensual. 1. Lascivo, concupiscente, voluptuoso. V. SEXO 11, 12.
— **2.** Hedonista, sibarita, vividor. V. REFINAMIENTO 5.
sensualidad. V. sensual.
sentar. 1. Establecer, convenir, especificar. V. DETERMINAR 1.
— **2.** *Sentar* (bien o mal), parecer, pensar, considerar. V. CREER 1.
— **3.** *Sentar bien (una prenda),* quedar, caer, venir. V. VESTIMENTA 16.
— **4.** *Sentarse,* acomodarse, arrellanarse, repantigarse. V. ASIENTO 5.
SENTENCIA. 1. Fallo, veredicto, resolución, dictamen, condena*, pena, castigo*, arbitraje, laudo, decisión, juicio, auto, sanción, disposición, justicia, ley*, pronunciamiento, arbitrio, parecer, opinión*, encartamiento, informe, provisión, orden*, mandato, acuerdo, decreto, medida, opinión*, providencia, expediente, legajo, trámite, conclusión, resultado, penalidad, correctivo, punición, escarmiento.
— **2.** Proverbio, dicho, refrán*. V. FRASE 1.
3. Generalidades. Tribunal*, t. supremo, justicia, apelación, revisión, casación, recurso, confirmación, nulidad, sobreseimiento, absolución, amnistía, perdón*, arbitraje, pleito, proceso, juicio, causa, caso, litigio, condena*, prisión*.
4. Personas. Juez (v. tribunal 4), magistrado, acusado*, encartado, reo, inculpado, condenado*, culpable*, delincuente*, presunto, sospechoso*.
5. Acción. Sentenciar, dictaminar, fallar, arbitrar, disponer, juzgar, castigar*, condenar*, ajusticiar, matar, enjuiciar, pronunciar, encartar, opinar*, informar*, sancionar, proveer, decidir, zanjar, ventilar, establecer, solucionar*, resolver, acordar, decretar, ordenar*, mandar, penalizar, culpar*, corregir, punir, escarmentar, recurrir, apelar, revisar, casar, confirmar, anular, sobreseer, absolver, amnistiar, perdonar*, pleitear, litigar, encausar, proceder.
Contr.: Abstención, inhibición.
V. CASTIGO, CONDENA, TRIBUNAL, LEY, PRISIÓN, ACUSACIÓN, CULPA, ORDEN, PERDÓN.
sentenciar. V. SENTENCIA 5.
sentencioso. Enfático, ceremonioso, pomposo. V. PEDANTE 1.
sentido. 1. Sensación, sensibilidad, capacidad. V. PERCIBIR 4, 6.
— **2.** Juicio, sensatez, inteligencia*. V. FORMAL 3.
— **3.** Rumbo, dirección, trayectoria. V. ORIENTACIÓN 1.
— **4.** Importancia*, alcance, valor. V. SIGNIFICADO 1.
— **5.** Conmovedor, emotivo, afectivo. V. EMOCIÓN 5.
— **6.** Entristecido, decepcionado*, resentido. V. DISGUSTO 5.
sentidos. Los cinco sentidos. V. PERCIBIR 6.
sentimental. 1. Sensible, delicado, emotivo. V. EMOCIÓN 7.
— **2.** Pasional, afectivo, íntimo. V. AMOR 13.
sentimentalismo. V. sentimiento 1.
sentimiento. 1. Piedad, emotividad, emoción*. V. COMPASIÓN 1.
— **2.** Pena, dolor*, tristeza. V. AFLICCIÓN 1.
— **3.** Noción, creencia, juicio. V. OPINIÓN 1.
sentina. Cloaca, sumidero, suciedad*. V. ALCANTARILLADO 2.
sentir. 1. V. sentimiento.
— **2.** Deplorar, lamentar, arrepentirse*. V. AFLICCIÓN 3.
— **3.** Notar, experimentar, apreciar. V. PERCIBIR 1.
— **4.** Presagiar, barruntar, prever. V. ADIVINAR 1.
— **5.** *Sentirse,* notarse, encontrarse, estar. V. HALLAR 2.
seña. 1. Movimiento, signo, ademán. V. GESTO 1.
— **2.** Adelanto, anticipo, garantía*. V. PAGAR 4.
— **3.** Huella, vestigio, restos. V. SEÑAL 1.
— **4.** *Señas,* domicilio, dirección, residencia. V. HABITACIÓN 2.
SEÑAL. 1. Traza, huella, vestigio, marca, rastro, seña, referencia, indicio (v. 2), impresión, sello*, pista, signo*, reguero, residuo*, resto, restos, reliquia, remanente, despojo, visos, apariencia, recuerdo, memoria*, resabio, regusto, hábito*, impronta, muesca, surco, estela, ribete, grabado, carril, holladura, paso, pisada, patada, registro, número*, punto, pinta, tilde, asterisco, borrón, mácula, mancha*, estigma, defecto*, tacha, lunar, peca, moretón, cardenal, equimosis, cicatriz, costurón, corte*, herida, lesión* (v. 2).
— **2.** Indicio, señal, evidencia, manifestación, muestra, huella, pista, prueba, vestigio, residuo*, traza, rastro, reguero, marca, pisada, paso, atisbo, ejemplo*, síntoma, barrunto,

testimonio, trasunto, asomo, presagio, índice, indicación, vislumbre, aspecto*, catadura, apariencia, cariz, símbolo*, viso, aire, pinta, revelación, demostración, exponente (v. 1).
— **3.** *Señal de tráfico*, indicación, letrero*, señalización. V. CARRETERA 10-14.
— **4.** Semáforo, mojón, poste. V. INDICADOR 1.
— **5.** Fianza, depósito, aval. V. GARANTÍA 1.
— **6.** Referencia, símbolo*, señal*. V. SIGNO 1.
— **7.** *Ademán*, seña, movimiento, gesto, guiño, mueca, visaje, mohín, acción, tic, signo, expresión, mímica.
8. Señalar. Marcar, rayar, estampar, imprimir*, rotular, trazar, escribir*, puntear, signar, sellar*, numerar*, puntuar, grabar, surcar, vetear, estriar, precintar, pintar, rotular, dibujar*, abalizar, amojonar, jalonar, señalizar, hollar, pasar, pisar, manchar*, ensuciar, tachar, suprimir, anular*, borrar, cortar*, tajar, herir, lesionar*, amoratar, golpear* (v. 9).
— **9.** *Indicar**, señalar, mostrar, enseñar, apuntar, designar, exhibir*, decir, nombrar*, determinar, establecer, diferenciar, identificar, guiar*, orientar, individualizar, aclarar, señalizar, informar*, presentar, descubrir, revelar, advertir, subrayar, recalcar, especificar, orientar (v. 10).
— **10.** *Evidenciar*, señalar, advertir, manifestar, revelar, demostrar, indicar*, explicar*, sugerir, aconsejar, mostrar, presagiar, adivinar*, probar, subrayar, exponer, hablar*, decir*, apuntar (v. 9).
V. SIGNO, LÍNEA, RESIDUO, ASPECTO, LETRERO, INDICACIÓN, LESIÓN.
señaladamente. V. señalado 1.
señalado. 1. Destacado, ilustre, prestigioso*. V. IMPORTANCIA 3.
— **2.** Marcado, rayado, estampado. V. SEÑAL 8.
señalar. V. SEÑAL 8-10.
señalización. Señal de tráfico, indicación, letrero. V. CARRETERA 10, 14.
señalizar. Rotular, señalar, advertir. V. SEÑAL 8.
señero. V. SEÑALADO 1.
Señor. Hacedor, Todopoderoso, Creador. V. DIOS 1.
señor. 1. Persona, individuo, varón. V. HOMBRE 1.
— **2.** Dueño, patrono, amo. V. PROPIEDAD 6.
— **3.** Noble, hidalgo, caballero. V. ARISTOCRACIA 2.
señora. 1. Matrona, madre, ama. V. MUJER 1.
— **2.** Esposa, cónyuge, consorte. V. CASAMIENTO 7.
señorear. Imperar, someter, mandar. V. DOMINACIÓN 9.
señoría. Ilustrísimo, excelencia, título. V. TRATAMIENTO 3.
señorial. Distinguido, aristocrático*, elegante*. V. ARISTOCRACIA 4.
señorío. 1. Nobleza, distinción, majestad. V. ELEGANCIA 1.
— **2.** Autoridad, mando, dominación*. V. PODER 1.

— **3.** Territorio, heredad, zona*. V. ARISTOCRACIA 6.
señorita. Soltera, chica, doncella. V. JOVEN 2.
señorito. Pisaverde, caballerete; hijo de papá. V. JOVEN 1.
señorón. Figurón, aristócrata*, personaje. V. PERSONA 3.
señuelo. Trampa, cebo, anzuelo. V. ENGAÑO 1.
seo. Basílica, catedral, iglesia. V. TEMPLO 1.
separación. V. SEPARAR 10.
separado. V. SEPARAR 14.
SEPARAR. 1. Separar(se), distanciar, alejar*, disociar, desviar*, retirar, apartar, desunir, quitar*, caer, descamar, desglosar, desacoplar, desconectar (v. 2), cortar*, desmontar, desarmar (v. 3), desatar, desabrochar (v. 4), soltar, desintegrar, destituir, expulsar (v. 5), descoyuntar, bifurcar, divergir, desarticular, dislocar, descentralizar, emancipar, independizar (v. 8), desunir, aislar, descomponer, dividir, enemistar*, disgregar, dispersar, ramificar, despegar, descoser, retirar, arrancar, extraer*, desbaratar, desprenderse (v. 6), desenredar, desliar, desprender (v. 2-9).
— **2.** *Desconectar*, separar, soltar, desenganchar, desacoplar, desengranar, desembragar, desenchufar, interrumpir, desencajar, desempotrar, desencolar, despegar, arrancar, desensamblar, destrabar, desunir (v. 1).
— **3.** *Desarmar*, separar, desmontar, desguazar, sacar, desbaratar, dividir, descomponer, deshacer, desacoplar, plegar, desmantelar, arrancar, extraer*, desunir, quitar, desajustar, desatornillar, desenroscar (v. 1).
— **4.** *Desatar*, separar, soltar, desabrochar, desabotonar, aflojar, abrir, desligar, apartar, desanudar, desenredar, desliar, desenmarañar, desaferrar, desunir, desprender, desamarrar, destrenzar, deshacer, desliar, desasir, descoser, deshilvanar, rasgar (v. 1).
— **5.** *Destituir*, exonerar, despedir. V. EXPULSAR 1.
— **6.** *Separarse*, terminar, romper, apartarse. V. DIVORCIO 3.
— **7.** *Desprenderse*, separarse, caer, derramar, perder, expeler, segregar, rezumar, excretar*, echar, descamar.
— **8.** *Independizar(se)*, separarse, emancipar, desvincular, libertar, descongestionar, transferir, manumitir, alejar, descentralizar, desunir, desligar, dividir.
— **9.** *Decantarse*, separarse, sedimentar, depositarse, posar, precipitar, acumularse*, aclararse, clarificar, purificar* (v. 1).
10. Separación. Disociación, alejamiento*, apartamiento, excedencia, extracción*, distanciamiento, bifurcación, desprendimiento, desglose, desvinculación, desunión, dispersión, disociación, independencia, separatismo, desintegración, disgregación, fraccionamiento, desmenuzamiento, fragmentación*, división,

serio

mampara, biombo, pared*, desconexión, desenganche, desenchufe, desacoplamiento, desengrane, desarticulación, desmembración, extensión, repulsión, rechazo, expulsión, retirada, relegamiento, abandono (v. 9-13).
— **11.** Destitución, exoneración, cesantía. V. EXPULSAR 3.
— **12.** Desavenencia, ruptura, disolución matrimonial. V. DIVORCIO 1.
— **13.** *Emancipación*, separación, independencia, autonomía, libertad*, manumisión, alejamiento, desunión, rompimiento, descentralización, división, secesión, separatismo, desvinculación, escisión, cisma, desmembración, disidencia, apartamiento (v. 10).
14. Separado. Emancipado, autónomo, autárquico, independiente, libre*, alejado, cismático, separatista, secesionista, manumitido, desmembrado, disperso, dividido, fragmentado*, disociado, suelto, desabrochado, desatado, desarmado, desmontado, desmantelado, distanciado, desconectado, unilateral, solo, aislado, disgregado, divorciado*, exonerado, expulsado*, destituido, cesante, eliminado, retirado, pensionista*, jubilado, excedente, licenciado, disponible, supernumerario, decantado, sedimentado, acumulado* (v. 1-9).
Contr.: Unir*, juntar, acercar.
V. ALEJAR, DESVIAR, QUITAR, CORTAR, EXTRAER, ENEMISTAR, EXPULSAR, DIVORCIAR.
separatismo. Secesión, desmembración, rompimiento. V. SEPARAR 13.
separatista. Secesionista, independentista, activista. V. SEPARAR 14.
sepelio. Enterramiento, inhumación, ceremonia. V. ENTIERRO 1.
septentrional. Boreal, nórdico, ártico. V. GEOGRAFÍA 4.
septicemia. Contaminación, dolencia, enfermedad*. V. INFECCIÓN 2.
séptico. Contaminado, sucio*, corrompido. V. INFECCIÓN 6.
septuagenario. Longevo, setentón, viejo. V. ANCIANO 1.
sepulcral. Tétrico, cavernoso, ronco. V. VOZ 6, LÚGUBRE 1.
sepulcro. Panteón, sepultura, mausoleo. V. TUMBA 1.
sepultar. Enterrar, inhumar, ocultar*. V. ENTIERRO 6.
sepultura. Fosa, nicho, sarcófago. V. TUMBA 1.
sepulturero. Enterrador, cavador, sepultador. V. TUMBA 5.
sequedad. 1. Desecamiento, sequía, aridez. V. SECAR 9.
— **2.** Rudeza, tosquedad, descortesía*. V. TOSCO 4.
sequía. Aridez, estiaje, agostamiento. V. SECAR 9.
séquito. Comitiva, cortejo, compañía*. V. ESCOLTA 1.
ser. 1. Individuo, espécimen, criatura. V. ENTE.

— **2.** Existir, estar, hallarse*. V. VIDA 10.
seráfico. Cándido, bendito, angelical. V. ÁNGEL 4.
serafín. Espíritu celestial, querubín, angelito. V. ÁNGEL 1.
serenar. 1. Apaciguar, calmar, aplacar. V. TRANQUILIDAD 9.
— **2.** Aclarar, escampar, despejar. V. BONANZA 4.
serenata. Rondalla, romanza, canción. V. CANTAR 1, MÚSICA 3.
serenidad. Entereza, sangre fría, calma. V. TRANQUILIDAD 2.
sereno. 1. Flemático, imperturbable, frío. V. TRANQUILIDAD 4, 5.
— **2.** Vigilante nocturno, guardián, cuidador. V. VIGILANCIA 3.
— **3.** Rocío, relente, helada. V. FRÍO 4.
— **4.** Escampado, despejado, claro*. V. BONANZA 3.
serial. Folletín, novela radiofónica, por episodios. V. RADIO 8, NARRACIÓN 1.
SERIE. 1. Conjunto, grupo*, gradación, gama, sucesión, progresión, escala, continuación*, proceso, lista*, catálogo, repertorio, orden*, ciclo, colección*, juego, sistema, batería, curso, encadenamiento, cronología, cadena, eslabón, prolongación, relación, cantidad, línea*, cola, repetición*, fila*, columna, rosario, sarta, ristra, hilera, hilada, tirada, ringlera, ronda, tanda, racha, turno, retahíla, vuelta, rueda, período, secuencia, concatenación, transcurso, párrafo, letanía, proceso, etapa, parte*, serial, censo, plan*, inventario, registro, escala, número*, cantidad*, procesión, caravana, desfile, escolta*, clasificación*, escalonamiento, escalera*, corro, caterva, partida, racimo, repertorio, surtido, suma, repetición, copia*, compaginación, disposición, arreglo, reunión, pluralidad, abundancia*.
2. Seriado. En serie, sucesivo, progresivo, seguido, ordenado*, continuo, prolongado, encadenado, escalonado, relacionado, agrupado, repetido, correlativo, ininterrumpido, alterno, copiado*, conjuntado, periódico, procesado, planeado*, inventariado, registrado, clasificado, gradual, paulatino, sistematizado, dispuesto, arreglado, reunido, plural, abundante*.
3. Seriar. Escalonar, ordenar*, continuar, repetir, numerar*, conjuntar, alinear, relacionar, procesar, clasificar, sistematizar, organizar, alistar, registrar, inventariar, planear*, agrupar, unir*, catalogar, coleccionar, censar, sumar, turnar, disponer, arreglar, reunir, copiar*, escalonar, abundar*.
Contr.: Uno, unidad, aislamiento.
V. GRUPO, LISTA, FILA, REPETICIÓN, ORDEN, PLAN, CONTINUACIÓN, CLASIFICACIÓN, COLECCIÓN, COPIA, NÚMERO, ABUNDANCIA, CANTIDAD.
seriedad. V. serio.
serio. 1. Adusto, seco, ceñudo. V. SEVERIDAD 2.

— **2.** Sensato, digno, grave. V. FORMAL 1.

— **3.** Puntual, cumplidor, correcto. V. EXAC-
TITUD 2.

— **4.** Trascendental, grave, delicado. V. IMPOR-
TANCIA 3.

sermón. 1. Plática, prédica, homilía. V. DISCUR-
SO 1.

— **2.** Regañina, amonestación, filípica. V. RE-
PRENDER 2.

sermonear. Amonestar, regañar, predicar. V. RE-
PRENDER 1.

serpentear. V. SERPIENTE 4.

serpentina. Cinta, lista, tira* de papel*. V. CAR-
NAVAL 4.

SERPIENTE. 1. Ofidio, reptil* o réptil, culebra, víbora, sierpe, colúbrido, vipérido, boído, bicha,
ovíparo, vertebrado, animal* (v. 2).

2. Enumeración. Culebras (no venenosas),
víboras (venenosas). *Serpientes gigantes:* Boa,
pitón, anaconda, tragavenado. *S. venenosas:*
Víbora, cobra o paja, áspid, mamba, m. negra,
m. verde, crótalo o serpiente de cascabel, s.
de coral, s. marina, víbora cornuda o cerasta.
S. no venenosas: Culebra de collar, c. viperi-
na, musurana, cuaima, boa, pitón. Serpientes
terrestres, acuáticas, anfibias, subterráneas,
arborícolas (v. 1).

3. Generalidades. Escamas, fauces, colmillos,
glándulas venenosas, veneno*, mordedura, lengua bífida, cascabel o crótalo, capucha, anillos
constrictores, sangre fría, mandíbula movible,
silbido, fascinación, avance, reptación; herpe-
tología, herpetólogo, encantador de serpientes,
flauta, serpentario, toxicología.

4. Serpentear. Arrastrarse, culebrear, ondular,
deslizarse*, reptar, escurrirse, moverse*, zigzaguear, marchar, desplazarse, trasladarse*, resbalar, escabullirse.
V. REPTIL, ANIMAL, VENENO, DESLIZARSE.

serrado. 1. Dentado, cortado*, irregular*. V.
PUNTA 2.

— **2.** V. serrar.

serrallo. Gineceo, encierro, aislamiento*. V. HA-
RÉN 1.

serranía. Montes, sierras, zona montuosa. V.
MONTAÑA 1.

serranilla. Poema, verso, balada. V. POESÍA 4.

serrano. Montés, agreste, montaraz. V. SILVES-
TRE.

serrar. Fragmentar*, aserrar, partir. V. CORTAR 1.

serrería. Aserradero, taller, carpintería*. V. MA-
DERA 8.

serrín. Polvillo, raeduras, partículas de madera. V.
RESIDUO 1.

serrucho. Sierra, útil, accesorio. V. HERRAMIEN-
TA 4.

servible. Aprovechable, utilizable, beneficioso*.
V. ÚTIL 1.

servicial. Complaciente, considerado, cortés. V.
AMABILIDAD 2.

servicio. V. SERVIDOR 4-8.

SERVIDOR. 1. Sirviente, doméstico, criado, criada
(v. 2), fámulo, empleado*, e. de hogar, trabajador, dependiente, paniaguado, asalariado,
muchacho, chico, mozo, camarero, cuidador*,
auxiliar, ayudante, ayuda, a. de cámara, mayordomo, valet, lacayo, mucamo, paje, mancebo,
acompañante, asistente, ordenanza, bedel,
ujier, conserje, portero, botones, «groom»,
mandadero, recadero, factótum, ascensorista,
cochero, chófer, jardinero, esbirro, mentor,
cocinero*, pinche, marmitón, maestresala,
sumiller o «sommelier», salsero, copero, escanciador, trinchante, caballerizo, palafrenero,
escudero, ayo, preceptor, macero, gentilhombre de cámara, sirviente de palacio (v. palacio*),
peón, gañán, bracero, vasallo, siervo, esclavo*,
servidumbre (v. 3).

2. Servidora. Sirvienta, criada, doméstica,
muchacha, moza, fámula, chica, doncella,
empleada, e. de hogar, ama de llaves, gobernanta, dueña, casera, camarera, ayudanta*,
asistenta, dependienta, lavandera, cocinera*,
planchadora, costurera, asalariada; maritornes
coloq, meneglida, chacha; fregona *desp*, fre-
gatriz; institutriz, «Fräulein», «miss», «mademoiselle», educadora*; acompañanta, señora
de compañía, carabina, niñera, aya, ama, ama
seca, nodriza, tata, nana (v. 1).

3. Servidumbre. Servicio, criados, servidores,
sirvientes, empleados* (v. 1), asistencia, personal, séquito, cortejo, compañía*, escolta*,
dotación, famulicio (v. 4).

4. Servicio. Ayuda*, auxilio, prestación, mandado, recado, orden*, pedido, petición, encargo, diligencia, trámite*, gestión, cortesía*, socorro*, favor, concesión, protección*, utilidad*,
empleo, trabajo*, acomodo, colocación, casa,
faenas domésticas, servicio doméstico, oficio,
función, tareas caseras, servidumbre (v. 3).

— **5.** Organización, red, distribución. V. ADMI-
NISTRACIÓN 1.

— **6.** Oficio religioso, culto, ceremonia. V.
MISA 1.

— **7.** Cubierto, vajilla, servicio de mesa. V.
MESA (SERVICIO DE) 2-7.

— **8.** *Servicios*, excusado, lavabos, letrina. V.
BAÑO 4.

9. Servir. Atender, ayudar*, asistir, colocarse,
entrar, prestar servicios*, secundar, auxiliar,
socorrer*, trabajar*, ejercer, emplearse*, conchabarse, firmar, encargarse, aceptar, acatar,
depender, acompañar, contratarse, colaborar,
cooperar, limpiar*, fregar, lavar*, planchar,
cocinar*, hacer la compra, sisar, despedir, expulsar*.

— **10.** Valer, convenir, aprovechar. V. ÚTIL 9.

— **11.** Presentar, ofrecer, distribuir. V. ENTRE-
GAR 1.

— **12.** *Servirse*, emplear, usar, valerse. V. ÚTIL 7.

— **13.** Avenirse, admitir, dignarse. V. PERMI-
SO 3.

14. Patrón. Patrono, amo, señor, dueño; ama, señora, dueña, empresaria; empleador*, jefe*, empresario, casero, propietario*, titular, superior, principal.

15. Varios. Salario, sueldo, paga*, certificado, recomendación, contrato; uniforme, librea, casaca, delantal, bata, cofia.
Contr.: Amo, patrono (v. 14), mandar, ordenar*.
V. EMPLEADO, TRABAJADOR, AYUDANTE; CORTESÍA, AYUDA, SOCORRO, PROTECCIÓN.

servidora. V. SERVIDOR 2.

servidumbre. V. SERVIDOR 3, 4.

servil. 1. Abyecto, despreciable*, rastrero. V. VIL 1, 2.
— **2.** Zalamero, melifluo, adulador*. V. ADULACIÓN 2.

servilleta. Trapo, paño, pañuelo. V. MESA (SERVICIO DE) 8.

servir. V. SERVIDOR 9-13.

sesear. V. seseo.

sesentón. Sexagenario, veterano, maduro*. V. ANCIANO 1.

seseo. Defecto, deje, tonillo. V. PRONUNCIACIÓN 5.

sesera. Cacumen, mollera, cerebro*. V. CABEZA 1, 2 .

sesgado. Transversal, diagonal, ladeado*. V. INCLINAR 6.

sesgar. Ladear, torcer, atravesar. V. INCLINAR 1.

sesgo. 1. Ladeo*, oblicuidad, desviación. V. INCLINAR 3.
— **2.** Tendencia, rumbo, cariz. V. ASPECTO 1.

sesión. Reunión, conferencia, audición. V. ASAMBLEA 1, ESPECTÁCULO 1.

seso. 1. Cacumen, materia gris, cerebro*. V. INTELIGENCIA 1.
— **2.** Sensatez, cordura, juicio. V. FORMAL 3.

sestear. Adormilarse, dormitar, reposar. V. SUEÑO 6.

sesudo. 1. Juicioso, sensato, prudente. V. FORMAL 1.
— **2.** Profundo, difícil, laborioso. V. DIFICULTAD 3.

set. Escenario, plató, estudio de cine; tanteo (tenis). V. CINEMATOGRAFÍA 9; JUEGO 9.

seta. Champiñón, talofita, níscalo. V. HONGO 3.

setentón. Veterano, septuagenario, viejo. V. ANCIANO 1.

seto. Cercado, arbustos, mata. V. VALLA 1, ÁRBOL 9.

seudónimo. Mote, apodo, sobrenombre. V. NOMBRE 2.

SEVERIDAD. 1. Seriedad, rigidez, adustez, ceño, austeridad, formalidad*, autoridad, obediencia, disciplina, rigor, reserva, gravedad, dignidad, rectitud, intransigencia*, inflexibilidad, intolerancia, madurez*, dureza, escrupulosidad, orden*, exactitud*, cumplimiento, minuciosidad, chinchorrería, detalle*, tiesura, frialdad, sequedad, circunspección, hosquedad, antipatía*, taciturnidad, tosquedad, crueldad*, puritanismo, castigo*.

2. Severo. Austero, recto, serio, estricto, formal*, derecho, adusto, ceñudo, seco, moralista, digno, grave, maduro*, reservado, riguroso, rígido, cumplidor, exacto*, justo, disciplinado, tosco, inquebrantable, inexorable, implacable, despiadado, intransigente*, inflexible, tajante, expeditivo, intolerante, criticón, quisquilloso, puntilloso, escrupuloso, duro, tieso, circunspecto, puritano, detallista*, predicador, chinchorrero, minucioso, tenaz, inexorable, insensible, cruel*, taciturno, hosco*, antipático*, puritano; disciplinario, correctivo, punitivo (v. castigo*).

3. Ser severo. Exigir, mandar, ordenar*, exhortar, insistir, obligar*, coaccionar, reclamar, pedir, interpelar, reñir, regañar, amonestar, reprender*, predicar, moralizar, sermonear, disciplinar, cumplir, insensibilizarse, compeler, conminar, requerir, ejemplarizar, dominar, reiterar, repetir, castigar*.

4. Severamente. Austeramente, rectamente, seriamente (v. 2).
Contr.: Benevolencia, indulgencia, bondad*.
V. FORMALIDAD, MADUREZ, HOSQUEDAD, ANTIPATÍA, CRUELDAD, REPRENSIÓN, CASTIGO, TOSCO, EXACTO, DETALLE.

severo. V. SEVERIDAD 2.

sevicia. Encarnizamiento, salvajismo, ensañamiento. V. CRUELDAD 1.

sexagenario. Veterano, sesentón, maduro*. V. ANCIANO 1.

sex-appeal. ingl Sugestión, atracción, erotismo. V. SEXO 2.

SEXO. 1. Erotismo, voluptuosidad, sexualidad (v. 2); lascivia, lujuria (v. 3), coito, fornicación (v. 4), desviación sexual (v. 6), prostitución*, pornografía (v. 5), órganos genitales (v. 2); (v. 7).

2. Sexualidad. Erotismo, libido, amor*, instinto, i. sexual, apetito sexual, a. genésico, a. carnal, a. venéreo, cachondez, impulso genésico, sensualidad, celo, ardor, hedonismo, excitación, e. sexual, calentura, sensualismo; lascivia, lujuria (v. 3); voluptuosidad, morbidez, pasión, deseo, carne, carnalidad, excitación, fornicación, coito* (v. 4), placer*, goce, deleite, regodeo, sugestión, «sex-appeal», atractivo*, seducción.

3. Lujuria. Lascivia, sensualidad, vicio*, concupiscencia, libídine, libertinaje, deshonestidad, indecencia*, lubricidad, obscenidad, pornografía (v. 5), desvergüenza*, intemperancia, erotismo (v. 2), impudicia, liviandad, verdura, rijosidad, licencia, incontinencia, desenfreno, priapismo, satiriasis, ninfomanía, salacidad, erotomanía, cachondez, calentura, excitación, celo, salacidad, apetito carnal, a. sexual, a. genésico, a. venéreo, fornicación, coito (v. 4), prostitución*, suciedad, deshonestidad, torpeza, degeneración, perversión, parafilia, desviación sexual (v. 6).

4. Coito*. Acto sexual, cópula, fornicación (extramatrimonial), concúbito, apareamiento, ayuntamiento, acceso carnal, relación carnal,

r. sexual, acoplamiento, unión sexual, cohabitación, enlace, goce, posesión, cubrición, eyaculación, polución, orgasmo, clímax.

5. Pornografía. Sicalipsis, obscenidad, verdura, profanidad, escabrosidad, suciedad, indecencia*, impudicia, lujuria, excitación, desvergüenza.

6. Desviaciones sexuales (llamadas «perversiones» o «aberraciones»). Trastornos del comportamiento sexual: Exhibicionismo, fetichismo, pedofilia, masoquismo sexual, sadismo, sadomasoquismo, fetichismo transvestista, voyeurismo, froteurismo, zoofilia, coprofilia, necrofilia.

7. Órgano sexual. Órgano genésico, ó. reproductor, ó. genital, ó. pudendo, genitales, intimidades, diferencia sexual, d. anatómica, partes, p. pudendas, empeine, entrepierna, bajo vientre, pubis, perineo, sexo masculino (v. 8), sexo femenino (v. 9).

8. Sexo masculino. Sexo viril, (llamado) s. fuerte, s. feo. *Pene:* Verga, falo, miembro, sexo, príapo, órgano viril; partes: glande o bálano o cabeza, prepucio, cuerpo cavernoso, c. esponjoso, uretra. *Testículos*: Gónadas, escroto o bolsas, epidídimo, cordón espermático, conducto deferente. Próstata, vesícula seminal, glándula de Cowper; pubis, perineo; esperma, espermatozoide*, eyaculación, polución, orgasmo. Fimosis, prostatitis, varicocele, castración, esterilización, vasectomía, impotencia, eunuco, preservativo, profiláctico, condón (v. 7).

9. Sexo femenino. Bello sexo, (llamado) sexo débil. Vulva*, labios mayores, l. menores, clítoris; himen o virgo; vagina, útero o matriz, trompas de Falopio, ovarios, gónadas, óvulo, monte de Venus, pubis, periné o perineo; menstruación*, ciclo menstrual, ovulación, coito*, desfloración, concepción, embarazo*, parto, nacimiento*, frigidez, esterilidad; anticonceptivo, píldora (v. 7), (v. vulva*).

10. Generalidades. Pubertad, castidad, virginidad, continencia, coito*, cópula, edad crítica, menopausia, climaterio, cambio* sexual, afrodisíaco, enfermedades venéreas*, blenorragia, sífilis.

11. Sexual. Erótico, amoroso*, sensual, genésico, mórbido, amatorio, carnal, venéreo*, pudendo, atávico, instintivo, impulsivo, heterosexual, asexual, bisexual, homosexual*, hedonístico, voluptuoso, atractivo, «sexy», picante, excitante, lujurioso (v. 12), gozador, seductor, apasionado, obsceno, pornográfico (v. 14).

12. Lujurioso. Libertino, lascivo, libidinoso, sensual, vicioso*, lúbrico, concupiscente, licencioso, en celo, fornicador, copulador, potente, sexual, intemperante, erótico (v. 11), deshonesto*, indecente, desvergonzado*, impúdico, incontinente, liviano, verde, rijoso, salaz, erotómano, sátiro, ninfómana, cachondo, faldero, mujeriego*, caliente, excitado, en celo, inmoral,

depravado, degenerado, sucio, deshonesto, torpe, obsceno, pornográfico (v. 14).

13. Comportamiento sexual. Heterosexual, homosexual*, bisexual, sodomita, pervertido, depravado, lúbrico (v. 12), degenerado, pederasta, lésbico, frígido, ninfómano, fetichista, sádico, masoquista, voyeur, mirón, frotador, incestuoso, necrófilo, masturbador, onanista, exhibicionista, travestista, travestido, travesti o travestí, pornográfico (v. 14). Otras expresiones sexuales: eunuco, impotente, transexual, hormonado, hermafrodita, hermafrodita verdadero, seudo-hermafrodita, andrógino, ambiguo (v. 6).

14. Pornográfico. Sicalíptico, obsceno, verde, crudo, escabroso, depravado, indecente*, impúdico, desvergonzado*, lujurioso, excitante, picante (v. 12).

15. Acción. Fornicar, copular, amar, ligar, desear*, poseer, cubrir, gozar, eyacular, desflorar, desvirgar, violar, abusar, forzar, excitarse, enardecerse, apasionar, atraer, seducir, viciar*, enviciar, degenerar, pervertir, prostituir*, castrar, capar, emascular, esterilizar.

Contr.: Frigidez, desgana, abstinencia, impotencia.

V. AMOR, ATRACCIÓN, PLACER, COITO, PROSTITUCIÓN, DESVERGÜENZA, ADULTERIO, TESTÍCULOS, VULVA, VENÉREA (ENFERMEDAD).

SEXTANTE. 1. Instrumento náutico, de observación, de medición, medidor de ángulos.

2. Elementos. Bastidor con arco graduado, nonio, alidada con espejo móvil, espejo fijo, anteojo. Imagen, horizonte, visual, ángulo, altura del astro, hora, latitud geográfica.

V. NAVEGACIÓN, ASTRONOMÍA, GEOGRAFÍA, BARCO.

sexteto. Grupo musical, conjunto, orquesta de cámara. V. ORQUESTA 1.

sexual. V. SEXO 11.

sexuales (órganos). V. SEXO 7.

sexualidad. V. SEXO 2.

sexy. ingl Erótico, voluptuoso, atractivo. V. SEXO 11.

sha. Soberano, rey persa, emperador. V. REY.

shampoo. ingl V. champú.

sheriff. ingl Jefe de policía, autoridad, funcionario. V. OESTE AMERICANO 4, POLICÍA 2.

sherry. ingl Jerez, vino* de Jerez, bebida alcohólica. V. BEBIDA 2.

shock. ingl Sobresalto, conmoción, choque. V. EMOCIÓN 1, DESMAYO 1.

show. ingl Gala, exhibición*, función. V. ESPECTÁCULO 1.

sí. En efecto, claro, afirmativamente. V. APROBAR 3.

siameses (hermanos). Hermanos enlazados, pegados, unidos*. V. HERMANO 4.

sibarita. Delicado, regalado, epicúreo. V. REFINAMIENTO 5.

sibila. Profetisa, pitonisa, vidente. V. ADIVINAR 2.

sibilante. Siseante, agudo, silbante. V. SILBAR 5.

sibilino. Recóndito, impenetrable, enigmático. V. MISTERIO 3.

sic. Literal, así, textual. V. EXACTITUD 2.

sicalíptico. Erótico, escabroso, obsceno. V. SEXO 14.

sicario. Paniaguado, esbirro, secuaz. V. AYUDA 5.

sicoanálisis. V. psicoanálisis.

sicofante, sicofanta. Soplón, delator, calumniador*. V. ACUSACIÓN 6.

sicología, sicológico, sicólogo. V. PSICOLOGÍA, PSICOLÓGICO, PSICÓLOGO.

sicópata, sicopatía, sicosis, sicoterapia. V. PSICÓPATA, PSICOPATÍA, PSICOSIS, PSICOTERAPIA.

sida. Síndrome de inmunodeficiencia adquirida, infección por VIH (virus de inmunodeficiencia humana). V. INFECCIÓN 1, 2.

sidecar. Cochecillo, vehículo* acoplado, V. auxiliar. V. MOTICICLETA 1.

sideral, sidéreo. Celeste, espacial, cósmico. V. UNIVERSO 5.

siderurgia. Factoría, acería, fundición. V. METALURGIA 1.

sidra. Bebida fermentada, jugo, zumo de manzanas. V. BEBIDA 2.

siega. Recogida, recolección, cosecha. V. AGRICULTURA 3.

siembra. 1. Laboreo, sementera, cultivo. V. AGRICULTURA 3.

— **2.** Difusión, propagación, extensión*. V. DISPERSAR 3.

siempre. Perennemente, eternamente, permanentemente*. V. CONTINUACIÓN 6.

sien. Costado de la cabeza, temporal, huesos. V. CABEZA 3.

sierpe. Reptil*, ofidio, vertebrado. V. SERPIENTE 1.

sierra. 1. Serrucho, segueta, tronzador. V. HERRAMIENTA 4.

— **2.** Cadena, cordillera, cerros. V. MONTAÑA 1.

siervo. Vasallo, servidor*, esclavo*. V. INFERIOR 3.

siesta. Descanso*, cabezada, reposo. V. SUEÑO 1.

sietemesino. Prematuro, niño* enclenque, débil*. V. NACIMIENTO 8.

sífilis. Contagio, dolencia venérea, infección sexual. V. VENÉREA (ENFERMEDAD) 2.

sifilítico. Infectado, plagado, enfermo venéreo. V. VENÉREA (ENFERMEDAD) 6.

sifón. 1. Desagüe, canal*, conducto*. V. TUBO 1.

— **2.** Recipiente, envase*, receptáculo*. V. BOTELLA 1.

sigilo. Cautela, secreto*, prudencia*. V. SILENCIO 2, MISTERIO 1.

sigiloso. V. sigilo.

sigla. Signo, abreviatura*, inicial. V. LETRA 1.

siglo. Período, centuria, cien años. V. TIEMPO 2.

signar. Estampar, firmar, rubricar. V. NOMBRE 10.

signatario. Firmante, infrascrito, parte. V. ESCRITOR 2.

signatura. Inscripción, clasificación, registro. V. NÚMERO 3, BIBLIOTECA 4.

significación. V. SIGNIFICADO 1.

SIGNIFICADO. 1. Acepción, alcance, sentido, enunciado, significación, significancia, expresión, explicación, extensión, valor, importancia*, coherencia, representación, figura, encarnación, símbolo*, signo*, personificación, enseñanza, ejemplo*, exposición, carácter*, estipulación, revelación, trascendencia, enjundia, clase*, categoría, magnitud, influencia.

— **2.** Destacado, sobresaliente, distinguido. V. IMPORTANCIA 4.

3. Significativo. Expresivo, revelador, manifiesto, representativo, significante, característico*, propio, elocuente, típico, categórico, simbólico, claro*, evidente, trascendental, valioso, importante*, influyente, fundamental, básico.

4. Significar. Encarnar, representar, entrañar, implicar, indicar, exponer, expresar, sugerir, apuntar, simbolizar, explicar*, parecer, ser, figurar, pesar, trascender, revelar, evidenciar, valer, importar, influir, aparentar, suponer, incorporar, personificar*.

— **5.** Declarar, revelar, expresar. V. EXPLICACIÓN 2.

V. EXPLICACIÓN, EJEMPLO, IMPORTANCIA, SÍMBOLO, CARACTERÍSTICA, CARÁCTER.

significancia. V. SIGNIFICADO 1.

significante. V. SIGNIFICADO 3.

significar. V. SIGNIFICADO 4, 5.

significativo. V. SIGNIFICADO 3.

SIGNO. 1. Notación, símbolo*, señal*, seña, grafía, clave, figura*, cifra, letra*, imagen, representación, referencia, monograma, inicial, línea*, marca, trazo, rasgo, tipo, garabato, raya, tilde, dibujo*, plumazo, adorno*, asterisco, número*, guarismo, dígito, carácter, abreviatura*, siglas, fonema, fonograma, ideograma, alfabeto, escritura*, índice, indicador, indicación, nota*, expresión, fórmula, término, atributo, efigie, sello*, alegoría, mote, lema, firma, rúbrica, contraste, contraseña, jeroglífico.

— **2.** Seña, ademán, mueca. V. GESTO 1.

— **3.** Indicio, síntoma, muestra. V. SEÑAL 2.

— **4. Signo ortográfico.** Acento, asterisco, punto. V. ORTOGRAFÍA 2.

V. SÍMBOLO, SEÑAL, FIGURA, LETRA, DIBUJO, SELLO, ESCRITURA, NOTA, ORTOGRAFÍA, ABREVIATURA, GESTO.

signo ortográfico. Acento, asterisco, punto. V. ORTOGRAFÍA 2.

siguiente. Sucesivo, correlativo, continuado*. V. POSTERIOR 1.

sílaba. Grupo* de letras, fonema, emisión de voz. V. PRONUNCIACIÓN 4.

silabario. Abecedario, manual, catón. V. LIBRO 2.

silabear. Articular, pronunciar, deletrear. V. PRONUNCIACIÓN 7.

silba. V. SILBAR 3.

silbador, silbante. V. SILBAR 5.

SILBAR. 1. Pitar, soplar, emitir, chiflar, tocar, rechiflar, llamar*, ll. la atención, sisear, chistar,

sonar, resonar, modular, tocar, entonar, armonizar, exhalar, echar aire, zumbar*, susurrar,
murmurar, runrunear, bisbisear, protestar*,
abuchear, desaprobar*, abroncar, rechiflar,
patalear, reclamar, rechazar*, escandalizar.
2. Silbido. Silbo, pitido, pito, rechiflo, chíflido,
chiflo, llamada*, soplido, soplo, modulación,
son, sonido*, s. sibilante, ruido, sonoridad,
emisión de aire*, exhalación, toque, melodía,
música*, silbato (v. 4), tema, llamada*, reclamo, chistido, siseo, rechazo*, murmullo*,
zumbido*, susurro, murmuración*, bisbiseo,
desaprobación*, alboroto*, silbatina (v. 3).
3. Silbatina. Pita, rechiflar, silba, siseo, desaprobación, bronca, abucheo, protesta*, pataleo, rechazo*, escándalo, alboroto*, silbidos,
pitidos, pitos (v. 2).
4. Silbato. Pito, chiflo, silbo, chifle, pífano,
flautín, caramillo, instrumento sonoro, alarma,
sirena, zumbador*, dispositivo, llamador*.
5. Silbante. Silbador, sibilante, agudo, siseante-
te, modulante, sonoro*, cortante, ruidoso,
musical*, melodioso, susurrante, zumbador*,
murmurante*, rumoroso, escandaloso, desaprobador*, alborotador*.
V. SONIDO, MURMULLO, ZUMBIDO, LLAMA-
DA, AIRE, MÚSICA, PROTESTA, ALBOROTO,
DESAPROBACIÓN, RECHAZO.
silbatina. V. SILBAR 3.
silbato. V. SILBAR 4.
silbido, silbo. V. SILBAR 2.
silenciar. V. SILENCIO 4.
SILENCIO. 1. Mutismo, insonoridad, mudez, afasia,
afonía, enmudecimiento, ronquera, quietud, sosiego, paz*, tregua, pausa, reposo, descanso*,
calma, tranquilidad*, secreto, discreción (v. 2).
— **2.** Reserva, silencio, discreción, secreto*,
disimulo, prudencia*, cuidado*, sigilo, formalidad*, cautela, laconismo, parquedad,
hosquedad*, seriedad, concisión, brevedad,
circunspección, pocas palabras, misterio, elipsis, reticencia, temor*, ocultación*, laguna,
olvido*, hermetismo, perdón*, sequedad, taciturnidad, introversión, retraimiento, melancolía,
cuita, terquedad, obstinación*.
3. Silencioso. Mudo, callado, sigiloso, afónico,
bajo, quieto, sordomudo, afásico, enmudecido,
ronco, lacónico, parco, seco, escueto, abreviado*, sosegado, reposado, tranquilo, pacífico,
bucólico, campestre*, cauteloso, reservado, disimulado, hosco*, discreto, formal*, secreto*,
prudente, circunspecto, de pocas palabras,
misterioso, sibilino, hermético, oculto*, hosco*,
taciturno, reticente, introvertido, melancólico,
retraído, huraño, terco, obstinado*.
4. Silenciar(se). Callar(se), velar, enmudecer,
cerrar la boca, hacer mutis, amordazar, intimidar, acallar, forzar, disimular, no contestar,
tapar, ocultar*, esconder, reservar, desfigurar,
omitir, olvidar, disfrazar, encubrir, perdonar*,

aguantar*, padecer, sufrir, retraerse, temer*,
turbarse*.
5. Silenciosamente. Calladamente, sigilosamente, afónicamente (v. 3).
Contr.: Ruido, alboroto, estrépito, sonido*.
V. PAZ, TRANQUILIDAD, SECRETO, CUIDADO,
FORMALIDAD, OBSTINACIÓN, HOSQUEDAD.
silencioso, silente. V. SILENCIO 3.
sílex. Sílice, pedernal, mineral*. V. PIEDRA 3.
sílfide. Ninfa, náyade, hespéride. V. MITOLOGÍA 3.
sílice. V. sílex.
silicosis. Dolencia crónica, pulmonar, neumoconiosis. V. RESPIRACIÓN 7.
silla. Butaca, taburete, sillón. V. ASIENTO 1.
sillar. Dovela, bloque, piedra grande. V. PIEDRA 1.
sillería. Muro, muralla, tabique. V. PARED 1.
sillón. Poltrona, butaca, diván. V. ASIENTO 1.
silo. Granero, depósito, nave. V. ALMACÉN 1.
silogismo. Deducción, razonamiento, conclusión.
V. PENSAR 6.
silueta. Contorno, perfil, forma*. V. FIGURA 1.
SILVESTRE. Rústico, montaraz, montés, montañés,
agreste, bravío, fiero, indómito, salvaje, campestre*, campesino, rural, bucólico, pastoril,
natural, apacible, placentero, sencillo*, primitivo, selvático, boscoso, serrano; bagual, cerril,
mostrenco; cimarrón, montaraz, zahareño, arisco, áspero, indomable, rebelde*, inculto, basto,
tosco*, burdo, grosero, pueblerino*, aldeano*,
palurdo, paleto.
Contr.: Cultivado, perfeccionado*.
V. CAMPESTRE, SENCILLO, TOSCO, ALDEANO,
REBELDE.
silvicultura. Cultivo de selvas, de bosques, repoblación forestal. V. BOSQUE 5.
sima. Fosa, hondonada, profundidad*. V. ABIS-
MO 1.
simbiosis. Unión, asociación, reunión de organismos. V. BIOLOGÍA 3.
simbólico. V. SÍMBOLO 6.
simbolizar. V. SÍMBOLO 5.
SÍMBOLO. 1. Efigie, imagen, figura*, insignia (v.
2), divisa, emblema, distintivo, brazalete, atributo, señal*, marca, enseña, blasón*, escudo*,
dibujo*, alegoría, diseño, esquema, referencia,
representación, fórmula, signo*, notación (v. 4),
mote, bandera*, iconografía, cuerpo, reliquia,
forma*, idea, modelo, ejemplo* (v. 3).
— **2.** Insignia, símbolo, divisa, emblema, medalla, distintivo, adorno*, escudo*, botón, lazo,
escarapela, brazalete, charretera, hombrera,
pala, trencilla, condecoración*, cruz*, escapulario, venera, collar, placa, encomienda (v. 1).
— **3.** Personificación*, símbolo, ejemplo*, modelo, espejo, tipo, prototipo, ídolo, representación, encarnación, expresión, incorporación,
idea, paradigma, muestra, epítome, compendio, patrón, regla, mito, quimera, ilusión, utopía, fantasía*, ideal, molde, espécimen, imagen
(v. 1).

— **4.** Notación, cifra, fórmula. V. SIGNO, NÚMERO, LETRA.

5. Simbolizar. Representar, personificara, incorporar, encarnar, atribuir, suponer, figurar, distinguir, significar, compendiar, ejemplificar*, mostrar, idealizar, incorporar, exhibir*, expresar, aludir, parecer, figurar, falsear.

6. Simbólico. Alegórico, representativo, figurado, figurativo, alusivo, distintivo, encarnado, atribuido, ejemplificado, significativo, compendiado, idealizado, parecido, similar*, iconográfico, tipificado, típico, teórico, imaginario*, fantástico*, ideal, mítico, paradigmático, falso*, quimérico, utópico, metafórico.
Contr.: Realidad, materialismo.
V. EJEMPLO, FIGURA, DIBUJO, SIGNO, BLASÓN, ESCUDO, SEÑAL, FANTASÍA, IMAGINACIÓN.

simetría. Armonía, concordancia, proporción. V. EQUILIBRIO 2.

simétrico. V. simetría.

simiente. Grano, pepita, germen. V. SEMILLA 1.

símil. V. similitud.

similar. Análogo, afín, parecido. V. SEMEJANZA 2.

similitud. Parecido, analogía, igualdad. V. SEMEJANZA 1.

simio. Cuadrumano, primate sin cola, antropomorfo. V. MONO 1.

simón. Carricoche, coche de punto, calesa. V. CARRUAJE 1.

simonía. Corrupción, comercio ilícito, desdoro. V. ESTAFA 1.

simpar. *barb* Impar, excelente, magnífico. V. ÚNICO 1, 2.

SIMPATÍA. 1. Encanto, gracia, cordialidad, atractivo*, seducción, gancho, sal, salero, garbo*, ángel, vivacidad, afecto (v. 2), comprensión (v. 3), expresividad, humanidad, abertura, don de gentes, trato, popularidad, campechanía, jovialidad, alegría*, optimismo, ánimo*, animación, humor, comicidad*, euforia, trato, sociabilidad, convivencia*, extraversión, educación*, cortesía, amabilidad*, finura, atención, afabilidad, dulzura, benevolencia, bondad*, sencillez*, zalamería, mimo*, cariño, propensión (v. 2).
— **2.** *Propensión*, simpatía, inclinación, cariño, afecto, amor*, tendencia, apego, predilección, favoritismo, devoción, estima, buena voluntad, preferencia*, protección, nepotismo, parcialidad, partidismo, vocación.
— **3.** *Comprensión*, simpatía, entendimiento, afinidad, compenetración, afecto, amor* (v. 2), armonía, tolerancia, semejanza, convivencia*, acuerdo, paz*, adhesión, concordia, transigencia, inteligencia, identificación, unidad*, compañerismo*, fraternidad.
4. Simpático. Agradable*, atractivo*, amistoso, cariñoso, amable*, afectuoso, encantador, tratable, atento, fino, cordial, sencillo*, campechano, atrayente, cortés, considerado, educado, abierto, sociable, comunicativo, extravertido, expansivo, hablador*, conversador*, jovial,

alegre*, placentero, divertido, chispeante, cómico*, humorístico, bromista*, animado*, chistoso, risueño, acogedor, efusivo, espontáneo, conversador*, expresivo, accesible, humano, popular, querido, amado, entusiasta, eufórico, optimista, bonachón, bondadoso*, benévolo, inclinado, propenso, zalamero, mimoso*, carantoñero, dulce.

5. Simpatizante. Adicto, adepto, prosélito, seguidor, partidario, admirador, propagandista, portavoz, activista, incondicional, amigo, compañero*, discípulo, entusiasta, coincidente, compenetrado, satélite, acólito, fanático, hincha, propenso, proclive, ayudante*, esbirro, secuaz, banderizo, compinche, cómplice, sectario, afín, hermanado*, leal*, adherente, devoto, aficionado, favorecedor, tendencioso, tendente, inclinado, afiliado, protector*.

6. Simpatizar. Comprenderse, congeniar, intimar, hermanarse, fraternizar, confraternizar, convivir*, tratarse, alternar, vincularse, amigarse, hacerse amigos, conciliar, admirar, identificarse, compenetrarse, interesarse*, congeniar, concordar, entenderse, avenirse, hacer migas, coincidir, transigir, tolerar*, compartir, igualarse, unirse, aficionarse, impresionarse*, apasionarse, apoyar, parecerse, amarse, encariñarse, quererse, inclinarse, favorecer, proteger, adherirse, seguir, respaldar, seducir, atraer*, encantar, agradar*.
Contr.: Antipatía*, repulsión, tristeza.
V. AGRADABLE, CÓMICO, ALEGRE, ANIMOSO, BROMISTA, BONDADOSO, AMABLE, COMPAÑERO, PROTECTOR, LEAL, GARBOSO, ATRACTIVO, SENCILLO, AMOR, CONVIVENCIA, UNIDAD.

simpático. V. SIMPATÍA 4.

simpatizante. V. SIMPATÍA 5.

simpatizar. V. SIMPATÍA 6.

simple. 1. Natural, elemental, llano. V. SENCILLO 1.
— **2.** Bobo, majadero, necio. V. TONTO 1.

simpleza. Estupidez, necedad, torpeza. V. TONTO 3.

simplicidad. 1. Facilidad, espontaneidad, naturalidad. V. SENCILLO 4.
— **2.** Necedad, ingenuidad, bobería. V. TONTO 3.

simplificación. V. simplificar.

simplificar. Reducir, aclarar, abreviar*. V. FÁCIL 4.

simplón. Bobo, majadero, necio. V. TONTO 1.

simposio. Reunión, congreso, conferencia. V. ASAMBLEA 1.

SIMULACIÓN. 1. Ficción, artificio, imitación (v. 2), fingimiento, disimulo, copia (v. 2), farsa, comedia, pantomima, mascarada, falsedad*, engaño*, impostura, expediente, subterfugio, recurso, medio, deslealtad, hipocresía, gazmoñería, remilgo*, mixtificación, plagio, truco, picardía, superchería, embuste, dolo, estratagema, mentira, apariencia, embeleco, trampa, mojigatería,

remilgo*, encubrimiento, amaneramiento, insinceridad, afectación*, pedantería* (v. 2).
— **2.** *Imitación*, simulación, simulacro, semejanza, remedo, parodia, fingimiento, caricatura, ridiculización*, mímica, gesto*, pantomima, mascarada, farsa, engaño*, teatro, tramoya, disfraz*, arte*, actuación*, comedia, humor (v. 1).
— **3.** *Copia*, simulación, simulacro, imitación, falsificación*, duplicado, plagio, reproducción, facsímile, calco.
— **4.** *Ejercicio*, simulación, adiestramiento, maniobra militar, instrucción, ensayo, operación.
5. Simulador. Farsante, engañoso*, impostor, falso*, falsario, fingidor, mixtificador, adulterador, embaucador, imitador, disfrazado*, solapado, artificioso, pícaro, falsificador*, timador, plagiario, estafador*, hipócrita, desleal, fariseo, mentiroso, disimulado, tramposo, teatral, comediante, insincero, traidor*, encubridor, cómplice, afectado*, amanerado, pedante*, mojigato, gazmoño, artificial (v. 6).
6. *Parodista*, simulador, imitador, mimo, artista*, actor*, cómico*, humorista, gracioso, ventrílocuo, histrión, bufón, caricato, payaso (v. 7).
7. Simulado. Ilusorio, fingido, aparente, apócrifo, artificial, ficticio, supuesto, oculto*, falsificado*, imitado, copiado*, plagiado, semejante*, desfigurado, postizo, engañoso (v. 5).
8. Simular. Encubrir, disimular, suplantar, imitar, semejar (v. 9), fingir, aparentar, plagiar, falsear*, falsificar*, mixtificar o mistificar, engañar*, cambiar*, trucar, copiar*, remedar, parodiar, caricaturizar (v. 9), ridiculizar*, simular, encubrir, amanerarse, afectar*, figurar, mentir, timar, estafar*, traicionar*, desfigurar, ocultar*, embelecar, representar, pretender, criticar, satirizar, amagar, apañar, disfrazar* (v. 9).
— **9.** *Imitar*, simular, parodiar, fingir, satirizar, remedar, semejar*, caricaturizar, actuar*, gesticular, burlarse, bromear* (v. 8).
Contr.: Sinceridad*, honradez*, verdad*.
V. ENGAÑO, FALSEDAD, SEMEJANZA, COPIA, DISFRAZ, PEDANTERÍA, ESTAFA, TRAICIÓN.
simulacro. V. SIMULACIÓN 2.
simulado. V. SIMULACIÓN 7.
simulador. V. SIMULACIÓN 5.
simular. V. SIMULACIÓN 8.
simultáneamente. V. SIMULTÁNEO 4.
simultanear. V. SIMULTÁNEO 3.
simultaneidad. V. SIMULTÁNEO 2.
SIMULTÁNEO. 1. Contemporáneo, coincidente, coexistente, coetáneo, sincrónico, concurrente, paralelo, isócrono, igual, semejante*, presente, concordante, concorde, acorde, combinado, compartido, concomitante, conexo, afín, oportuno*, compatible, correspondiente, acompañante, compañero*, actual*, conjuntado.
2. Simultaneidad. Coexistencia, coincidencia, compatibilidad, sincronía, sincronismo, isócro-

nismo, concordancia*, presencia, igualdad, semejanza*, contemporaneidad, paralelismo, concurrencia, conexión, concomitancia, combinación, acompañamiento, compañía*, convivencia*, correspondencia, actualidad*, compatibilidad, oportunidad*, concurso.
3. Ser simultáneo, simultanear. Coincidir, coexistir, sincronizar, estar, regularizar, regular, combinar, acomodar, actualizar*, igualar, conjuntar, compaginar, concurrir, compartir, contemporizar, fusionar*, corresponder, concordar, acompañar, conectar.
4. Simultáneamente. Contemporáneamente, al unísono, a la vez, al mismo tiempo, coetáneamente, sincrónicamente (v. 1).
Contr.: Distanciado, sucesivo, separado*, apartado.
V. SEMEJANTE, CONCORDANTE, OPORTUNO, COMPAÑERO, ACTUAL.
simún. Siroco, vendaval abrasador, tormenta*. V. VIENTO 2.
sin. 1. Privado, carente, desprovisto. V. ESCASEZ 2.
— **2.** *Sin embargo*, a pesar de, no obstante, pese a. V. CONDICIÓN 7.
sinagoga. Oratorio judío*, casa de oración. V. TEMPLO 2.
sinalefa. Hiato, enlace, unión de sílabas. V. PRONUNCIACIÓN 4.
sinapismo. Cataplasma, bizma, emplasto. V. VENDA 1.
sinceramente. V. SINCERIDAD 4.
sincerarse. V. SINCERIDAD 3.
SINCERIDAD. 1. Franqueza, honradez*, veracidad, verdad*, lealtad*, fidelidad, confianza, espontaneidad*, buena fe, efusividad, nobleza, limpieza*, honestidad, seriedad, cordialidad, desembarazo, naturalidad, rotundidad, abertura, descargo, desahogo, confesión, secreto*, justificación, claridad*, sencillez*, candidez, inocencia*, ingenuidad, tosquedad, rudeza, familiaridad, libertad*, atrevimiento, descaro, insolencia, desvergüenza*, descortesía*.
2. Sincero. Franco, honesto, leal*, veraz, verdadero, directo, honrado*, claro*, limpio, noble, fiel, verídico, serio, efusivo, de buena fe, espontáneo, confiado, natural, cordial, rotundo, abierto, desahogado, categórico, explícito, contundente, sencillo, cándido, ingenuo, inocente*, rudo, tosco*, familiar*, libre, descarado, atrevido, insolente, desvergonzado*, descortés*.
3. Sincerarse. Reconocer, aclarar, confiarse, franquearse, declarar, explicar*, confesar, admitir*, atreverse, informar*, hablar*, revelar, descubrir, manifestar, desembuchar, desahogarse, descargarse, justificarse, enumerar, cantar, decir, testimoniar, atestiguar, testificar, exteriorizar, descararse, insolentarse.
4. Sinceramente. Francamente, honestamente, lealmente (v. 2).
Contr.: Hipocresía*, falsedad*, deslealtad.

V. HONRADEZ, VERDAD, SECRETO, SENCILLEZ, INOCENCIA, LEALTAD, CLARIDAD, FAMILIARIDAD, EXPLICACIÓN, ESPONTANEIDAD, DESVERGÜENZA, DESCORTESÍA.

sincero. V. SINCERIDAD 2.

síncopa. Metaplasmo, reducción, supresión. V. GRAMÁTICA 16.

sincopado. Movido, cadencioso, isócrono. V. RITMO 2.

síncope. Colapso, ataque, desvanecimiento. V. DESMAYO 1.

sincronía. V. sincrónico.

sincrónico. Concordante, coincidente, isócrono. V. SIMULTÁNEO 1.

sincronizar. Coincidir, regularizar, simultanear. V. SIMULTÁNEO 3.

sindical. Gremial, corporativo, laboral. V. ASOCIACIÓN 15.

sindicalista. Jefe*, militante, miembro de un sindicato. V. ASOCIACIÓN 12.

sindicar. 1. Afiliar, agremiar, federar. V. ASOCIACIÓN 13.
— **2.** Identificar, señalar, inculpar. V. ACUSACIÓN 2.

sindicato. Federación, organismo laboral, gremio. V. ASOCIACIÓN 5.

síndico. Intendente, delegado*, supervisor. V. ADMINISTRACIÓN 6.

síndrome. Señales, síntomas, signos orgánicos. V. ENFERMEDAD 6, 7.

sinecura. Ganga, trabajo ventajoso, prebenda. V. BENEFICIO 1.

sinergia. Correlación, concordancia, conjunción. V. RELACIÓN 1.

sinfín. Infinidad, inmensidad, enormidad. V. ABUNDANCIA 1.

sinfonía. Obra musical, composición, sonata. V. MÚSICA 3.

singladura. Recorrido, derrota, camino. V. NAVEGACIÓN 1.

singular. 1. Desusado, extraño, exótico. V. RAREZA 2.
— **2.** Peculiar, original*, especial. V. CARACTERÍSTICA 3.

singularidad. Peculiaridad, rareza, extravagancia. V. CARACTERÍSTICA 1.

singularizar. Destacar, particularizar, distinguir. V. DIFERENCIA 5.

singularmente. V. singular.

siniestra. Mano izquierda, zurda, extremidad. V. MANO 1.

siniestrado, siniestrar. V. siniestro 1.

siniestro. 1 Avería, catástrofe*, desastre*. V. ACCIDENTE 1.
— **2.** Funesto, fatal, infausto. V. DESGRACIA 2.
— **3.** Espantoso*, patibulario, feo. V. LÚGUBRE 1.

sinnúmero. Infinidad, inmensidad, cantidad*. V. ABUNDANCIA 1.

sino. Ventura, suerte, destino. V. AZAR 1.

sínodo. Concilio, reunión, junta. V. ASAMBLEA 1, 2.

sinónimo. Equivalente, similar, parecido. V. SEMEJANZA 2.

sinopsis. V. síntesis 1.

sinrazón. Arbitrariedad, atropello, abuso*. V. INJUSTICIA 1.

sinsabor. Pesadumbre, amargura, aflicción*. V. DISGUSTO 1.

SINTAXIS. 1. Parte de la gramática*, orden de las palabras*, relación, coordinación, enlace de los vocablos.
2. Clases de oraciones. Simples, compuestas, yuxtapuestas, coordinadas, copulativas, disyuntivas, adversativas, causales, consecutivas, subordinadas.
3. Varios. Concordancia, régimen gramatical, construcción; figuras de construcción: hipérbaton, elipsis, pleonasmo, silepsis, traslación (v. gramática 15).
V. GRAMÁTICA, PALABRA, FRASE.

síntesis. 1. Resumen, compendio, sumario. V. ABREVIAR 4.
— **2.** Formación, creación*, fabricación*. V. UNIR 15.

sintético. 1. Resumido, simplificado, compendiado. V. ABREVIAR 3.
— **2.** Artificial, adulterado, fabricado*. V. QUÍMICA 12.

sintetizar. V. sintético.

síntoma. Signo, manifestación, indicio. V. SEÑAL 2, ENFERMEDAD 6, 7.

sintomático. Demostrativo, revelador, manifiesto. V. CARACTERÍSTICA 3.

sintonía. Escucha, señal, tono. V. RADIO 6.

sintonizar. Escuchar, recibir, captar. V. RADIO 12.

sinuosidad. V. sinuoso.

sinuoso. Serpenteante, zigzagueante, tortuoso. V. CURVA 4.

sinusitis. Infección*, inflamación, congestión nasal. V. NARIZ 5.

sinvergüenza. Granuja, pillo*, bribón. V. DESVERGÜENZA 2.

sionismo. Nacionalismo judío, Estado judío. V. JUDÍO 4.

sionista. V. sionismo.

siquiatra, siquiatría, síquico. V. psiquiatra, psiquiatría, psíquico.

siquiera. Aunque, por lo menos, bien que. V. CONDICIÓN 7.

sirena. 1. Nereida, ondina, deidad. V. AGUA 11.
— **2.** Pito, alarma, silbo. V. SILBAR 4.

siroco. Viento sudeste, vendaval, simún. V. VIENTO 1, 2.

sirte. Médano, bajío, banco arenoso. V. COSTA 2.

sirvienta. V. sirviente.

sirviente. Criado, fámulo, doméstico. V. SERVIDOR 1.

sisa. 1. Corte*, sesgadura, bies. V. COSTURA 2.
— **2.** Escamoteo, hurto, estafa*. V. ROBO 1.

sisar. V. sisa 2.

sisear. Abuchear, chistar, llamar*. V. SILBAR 1.

siseo. V. sisear.

sismo. Temblor de tierra, sacudida telúrica, desastre*. V. TERREMOTO.

sismología. Estudio, conocimiento de los terremotos. V. TERREMOTO 2.

sistema. Método, práctica, procedimiento. V. MODO 1.

sistema métrico. V. MEDIDA 5-10.

sistemático. Constante, ordenado*, persistente. V. CONTINUACIÓN 2, 3.

sistematizar. Metodizar, normalizar, ordenar*. V. CLASIFICACIÓN 4.

sístole. Construcción, movimiento*, crispación*. V. CORAZÓN 6.

sitiado, sitiador. V. sitiar.

sitial. Trono, sillón, solio. V. ASIENTO 1.

sitiar. Acorralar, asediar, rodear*. V. CERCAR 1.

sitio. 1. Zona*, parte*, puesto. V. LUGAR 1.
— **2.** Defensa, asedio, bloqueo. V. CERCAR 3.

situación. 1. Orientación, postura, posición. V. COLOCAR 3.
— **2.** Condición, categoría, empleo*. V. CLASE 2.
— **3.** Etapa, fase, estado. V. CIRCUNSTANCIA 1.

situar. 1. Orientar, instalar, acomodar. V. COLOCAR 1.
— **2.** Situarse, prosperar, triunfar*, enriquecerse. V. PROSPERIDAD 5.

ski. fr V. ESQUÍ 1.

slogan. ingl V. eslogan.

smoking. ingl V. esmoquin.

snob. ingl V. esnob.

soba. 1. Vapuleo, zurra, tunda. V. GOLPE 4.
— **2.** V. sobar.

sobaco. Axila, hueco, cavidad corporal. V. BRAZO 2.

sobado. 1. Trillado, manido, conocido*. V. VULGAR 1.
— **2.** Usado, ajado, desgastado*. V. MARCHITO 1.

sobar. 1. Palpar, manosear, acariciar. V. CARICIA 2.
— **2.** Marchitar, ajar, usar. V. DESGASTE 3.

soberanía. Emancipación, poder*, dominio. V. LIBERTAD 1.

soberano. 1. Príncipe, monarca, gobernante*. V. REY 1.
— **2.** Excelente, insuperable, soberbio. V. MARAVILLA 2.
— **3.** Independiente, emancipado, autónomo. V. LIBERTAD 6.

soberbia. Altivez, orgullo, engreimiento. V. VANIDAD 1.

soberbio. 1. V. soberbia.
— **2.** Magnífico, excelente, estupendo. V. MARAVILLA 2.

sobo. Carantoña, mimo*, manoseo. V. CARICIA 1.

sobón. Acariciador, mimoso*, empalagoso. V. CARICIA 3.

sobornar. V. SOBORNO 2.

SOBORNO. 1. Venalidad, corrupción, unto, cohecho, pago*, regalo*, compra*, deshonestidad, baratería, infidelidad, deshonra*, deshonor, embrollo, apaño, oferta, arreglo, engatusamiento, seducción, descarrío, escándalo, truhanería, entrega*, venta, propina, trampa, delito*, mancha, traición*, ruindad, vileza*, desaprensión.

2. Sobornar. Cohechar, comprar*, pagar*, regalar*, dar, untar, corromper, deshonrar*, baratear, apañar, descarriar, seducir, engatusar, inducir, atraer*, convencer, conquistar, camelar, encandilar, arreglar, ofrecer, delinquir*, trampear, vender, entregar*, escandalizar, envilecer, traicionar*, manchar*, ensuciar.

3. Recibir soborno. Aceptar, tender la mano, venderse*, ensuciarse, mancharse, descarriarse, deshonrarse*, degradarse, arrastrarse, corromperse (v. 2).

4. Sobornado. Vendido*, corrompido, untado, pagado*, comprado* (v. 2), infiel, deshonesto*, descarriado, traidor*, saboteador, apañado, seducido, truhán, vil*, ruin, tramposo, delincuente*, desvergonzado*.

Contr.: Honradez*, integridad.

V. DESHONRA, PAGO, REGALO, ENTREGA, COMPRA, DELITO, TRAICIÓN, VILEZA, DESVERGÜENZA, VENDER.

sobra. 1. Exceso, profusión, demasía. V. ABUNDANCIA 1.
— **2.** V. sobras.

sobrado. 1. Buhardilla, altillo, desván. V. TUGURIO.
— **2.** Excesivo, rebosante, demasiado. V. ABUNDANCIA 2.

sobrante. Resto, exceso, remanente. V. RESIDUO 1.

sobrar. Rebosar, exceder, colmar. V. ABUNDANCIA 3.

sobras. Despojos, restos, basura*. V. RESIDUOS 1.

sobre. 1. Envoltura, pliego, cubierta de carta. V. CARTA 4.
— **2.** En lo alto, arriba, superpuesto. V. ENCIMA 1.
— **3.** Referente a, respecto a, relativo a. V. INCUMBIR 3.

sobrealimentación. Régimen, dieta, engorde. V. DIETA 1.

sobrealimentar. Cebar, fortalecer, atiborrar. V. ALIMENTO 11.

sobrecarga. 1. Exceso, pesadez, carga*. V. PESO 1.
— **2.** Incremento, impuesto, aumento fiscal*. V. AUMENTAR 4, 5.

sobrecargar. 1. Recargar, aumentar*, incrementar la carga. V. CARGA 5.
— **2.** V. sobrecarga 2.

sobrecogedor. Impresionante, estremecedor, pavoroso. V. TEMOR 6.

sobrecoger. Espantar, estremecer, amedrentar. V. TEMOR 3.

sobreentender. V. sobrentender.

sobreentendido. V. sobrentendido.

sobreestimar. V. sobrestimar.

sobreexcitación. V. sobreexcitado.

sobreexcitado. Agitado, alterado, intranquilo*. V. NERVIOSO (SISTEMA) 9.

sobreexcitarse. V. sobreexcitado.

sobrehumano. 1. Divino, sobrenatural, celestial. V. DIOS 5.

— **2.** Abrumador, agotador, difícil*. V. FATIGA 6.

sobrellevar. Soportar, tolerar*, sufrir*. V. AGUANTAR 1.

sobremanera. Demasiado, excesivamente, sobradamente. V. ABUNDANCIA 4.

sobremesa. Postres, tertulia, charla. V. CONVERSACIÓN 1.

sobrenadar. Sobresalir, emerger, flotar. V. NADAR 1.

sobrenatural. Divino, ultraterreno, misterioso*. V. DIOS 5.

sobrenombre. Mote, apelativo, apodo. V. NOMBRE 2.

sobrentender. Deducir, implicar, omitir. V. PENSAR 3

sobrentendido. Tácito, implícito, manifiesto. V. CLARO 4.

sobrepasar. Ganar, aventajar, rebasar. V. SUPERIOR 6.

sobrepelliz. Sobreveste, camisola, vestidura. V. SACERDOTE 6.

sobreponer. 1. Aplicar, implantar, colocar. V. AÑADIR 2.

— **2.** *Sobreponerse*, reprimirse, contenerse, superar. V. DOMINACIÓN 10.

sobreprecio. Recargo, incremento, elevación de precio. V. AUMENTAR 5.

sobresaliente. Descollante, principal, destacado. V. SUPERIOR 1.

sobresalir. Resaltar, destacar, distinguirse. V. SUPERIOR 6.

sobresaltado. V. sobresalto.

sobresaltar(se). Asustarse, impresionarse, estremecerse. V. TEMOR 3.

sobresalto. Impresión, susto, estremecimiento. V. TEMOR 1.

sobreseer. Desistir, demorar*, suspender un juicio. V. TRIBUNAL 10.

sobreseimiento. V. sobreseer.

sobrestante. Encargado, capataz, subalterno. V. JEFE 8.

sobrestimar. Acentuar, agrandar, equivocarse*. V. EXAGERACIÓN 5.

sobresueldo. Prima, gratificación, recompensa. V. PAGAR 5.

sobre todo. Principalmente, fundamentalmente, ante todo. V. BASE 5.

sobretodo. Abrigo, prenda, gabán. V. VESTIMENTA 5.

sobrevenir. Acaecer, producirse, ocurrir. V. SUCESO 2.

sobrevivir. Subsistir, perpetuarse, perdurar. V. VIDA 10.

sobrevolar. Planear, deslizarse, pasar. V. VUELO 6.

sobrexcitación, sobrexcitado, sobrexcitar. V. sobreexcitación.

sobriedad. V. sobrio.

sobrino. Hijo de hermano, familiar, pariente. V. FAMILIA 3.

sobrio. Frugal, temperante, mesurado. V. MODERACIÓN 4.

socaire. Resguardo, abrigo, amparo. V. PROTECCIÓN 1.

socaliña. Treta, trampa, maña. V. ENGAÑO 1.

socarrar. Asar, tostar, dorar. V. COCINA 7.

socarrón. Sarcástico, astuto*, irónico. V. IRONÍA 2.

socarronería. V. socarrón.

socavar. Ahondar, perforar, profundizar. V. EXCAVAR 1.

socavón. Hoyo, bache, zanja. V. EXCAVAR 2.

sociable. Expansivo, tratable, comunicativo. V. SIMPATÍA 4.

social. Benéfico, estatal, mutuo. V. GOBIERNO 13.

socialismo. Doctrina, laborismo, comunismo, socialdemocracia. V. IZQUIERDAS 1.

socializar. Nacionalizar*, transferir, incautarse. V. APROPIARSE 1.

sociedad. 1. Agrupación, centro, círculo. V. ASOCIACIÓN 7.

—**2.** Colectividad, estado, comunidad. V. PERSONA 2.

— **3.** Empresa, corporación, compañía. V. ASOCIACIÓN 4.

— **4.** Gran mundo, patriciado, nobleza. V. ARISTOCRACIA 1.

socio. Miembro, participante, consocio. V. ASOCIACIÓN 12.

socorrer. V. SOCORRO 5.

socorrido. 1. Manido, trillado, habitual. V. VULGAR 1.

— **2.** V. SOCORRO 7.

socorrismo. V. SOCORRO 1.

socorrista. V. SOCORRO 6.

SOCORRO. 1. Auxilio, ayuda*, rescate, asistencia, amparo, limosna, defensa, protección*, apoyo, cooperación, favor, recuperación, socorrismo, salvación, liberación*, búsqueda, rastreo, salvamento, s. de náufragos, transporte*, de heridos, primeros auxilios (v. 3).

2. Urgencias. Desmayo*, indisposición*, conmoción cerebral, insolación, ataque cardíaco, apoplejía, ahogamiento*, asfixia, fractura, luxación, herida, lesión*, electrocución, quemadura, q. por ácidos, envenenamiento, intoxicación por gases*, por humos, picaduras de insectos, mordeduras de serpientes, m. de perros, congelación, calambre, cólico, hemorragia, h. nasal, vómito de sangre, dolor abdominal, shock traumático, incendio*, inmolación, accidente*, desastre*.

3. Primeros auxilios. Asistencia médica, a. urgente, urgencia*, curación*, tratamiento, socorrismo, socorro (v. 1), respiración artificial, r. boca a boca, método de Sylvester, masaje cardíaco, transfusión de sangre*, compresas frías, bolsa de hielo, b. de agua caliente, provocación del vómito, enema, lavado de estómago, pulmón artificial, tienda de oxígeno, bebidas estimulantes, fricciones, masajes*, reposo, compresas, vendajes*, administración de medicamentos*, desinfección de heridas, torniquete, entablillado, ligadura, bastones, muletas, parihuelas, camilla, botiquín.

4. Elementos de salvamento. Helicóptero* de rescate, avión* sanitario, a. hospital, buque hospital, lancha insumergible, bote de goma, bote salvavidas, balsa s., chaleco s., flotador, boya, radio*, transmisor, buque remolcador, b. rompehielos, vehículo quitanieves, tren quitanieves, camión de bomberos, autobomba, escala extensible, lona de salvamento, manga de lona, extintor* de incendios*, careta antigás, tubo de oxígeno, casco protector, cuerdas, mangueras, ambulancia, camión grúa, equipo sanitario, botiquín, hospital* de campaña, refugio, r. de alta montaña.

5. Socorrer. Asistir, auxiliar, ayudar*, amparar, rescatar, defender, proteger*, apoyar, cooperar, recuperar, salvar, buscar, rastrear, transportar*, hospitalizar*, atender, tratar, curar*, cuidar*.

6. Socorrista. Cuidador*, vigilante*, sanitario, asistente, ayudante*, auxiliar, auxiliador, rescatador, bañero, recuperador, salvador, salvavidas, rastreador, camillero, enfermero, masajista*, médico.

7. Socorrido. Superviviente, víctima, auxiliado, ayudado* (v. 5).

Contr.: Desidia, olvido*, desatención.

V. AYUDA, VIGILANCIA, PROTECCIÓN, INCENDIO, DESASTRE, DESMAYO, LESIÓN, ENFERMEDAD, CURACIÓN, VENDAJE, MEDICAMENTO, MÉDICO, HOSPITAL.

soda. Gaseosa, agua de seltz, bebida refrescante. V. BEBIDA 3.

sodio. Metal*, elemento, principio. V. QUÍMICA 4.

sodomita. Que practica el coito anal. V. SEXO 13.

soez. Grosero, villano, ordinario. V. DESCORTÉS 1.

sofá. Sillón, diván, canapé. V. ASIENTO 1.

sofisma. Argumento falso (aparentemente correcto), a. erróneo, estúpido. V. ENGAÑO 1.

sofisticado. 1. Mejorado, perfeccionado*, desarrollado*. V. MEJOR 6.

— **2.** Rebuscado, afectado, artificial. V. AFECTACIÓN 2.

— **3.** Elegante*, mundano, refinado. V. REFINAMIENTO 4.

sofocación. V. sofocar.

sofocante. Caluroso, asfixiante, bochornoso. V. CALOR 5.

sofocar. 1. Oprimir, asfixiar, tapar. V. AHOGAR 1.

— **2.** Extinguir, apagar, contener. V. FIN 4.

— **3.** *Sofocarse*, agitarse, ajetrearse, cansarse. V. FATIGA 4.

— **4.** Disgustarse, enfadarse; avergonzarse. V. ENOJARSE; VERGÜENZA 8.

sofoco, sofocón. V. sofocar.

sofrenar. Detener, sujetar, dominar*. V. PARAR 1.

soga. Cabo, maroma, amarra. V. CUERDA 1.

soirée. *fr* Velada, función, reunión. V. FIESTA 1.

soja. Leguminosa, soya, planta. V. VEGETAL 20.

sojuzgar. Oprimir, someter, subyugar. V. DOMINACIÓN 9.

sol. Luz solar, calor solar. V. SOL 2.

SOL. 1. Astro, astro rey, estrella*, Febo, Apolo, Helios, luminaria, lucero, globo solar, cuerpo celeste, centro del sistema solar.

— **2.** *Luz**, sol, rayos luminosos, rayos solares, resol, calor*, solana, resistero, insolación, canícula, bochorno, sofoco, reverberación, día*.

3. Partes. Núcleo, esfera, fotosfera, cromosfera, corona, halo, perturbaciones, manchas o máculas, fáculas, protuberancias, fulguraciones.

4. Generalidades. Radiaciones, rayos solares, energía, temperatura, calor*, actividad solar, ciclos, ciclo solar, espectro* solar, gases*, ondas hertzianas, aurora boreal, arco iris, tormentas magnéticas, solsticio, s. de verano (vernal), s. de invierno (hiemal), equinoccio, astronomía*, sistema solar, planetas, satélites, eclíptica, eclipse*, cono de sombra, luz cenicienta, disco solar, diámetro aparente, perihelio, afelio, sicigia, paralaje; luz* (v. 2), estaciones, día*, oriente, salida, orto, amanecer, mediodía, poniente, puesta, ocaso, anochecer; helioterapia, solario, espectroscopio*, reloj* de sol, heliograbado, lente ahumada.

5. Acción. Salir, nacer, aparecer, surgir, ponerse, ocultarse, velarse, nublarse, irradiar, bañar, calentar, broncear, tostar, quemar, deslumbrar, reverberar.

6. Soleado. Luminoso, cálido, caluroso, tibio, veraniego, radiante, claro*, despejado, agradable, grato, animado, alegre*.

7. Culto solar. Ra, Amón Ra, Osiris, Horus, Febo, Apolo, Helios, Faetón, carro solar, Mitra, Ormuz.

Contr.: Luna, tinieblas, oscuridad*.

V. ASTRONOMÍA, LUNA, ECLIPSE, ESTRELLA, LUZ, CALOR, ESPECTRO.

solamente. Exclusivamente, tan sólo, únicamente. V. ÚNICO 3.

solana. Bochorno, resol, canícula. V. SOL 2.

solapa. Doblez, prolongación, borde*. V. CHAQUETA 3.

solapado. Taimado, astuto*, traidor*. V. DISIMULO 3.

solar. 1. Parcela, terreno, campo*. V. PROPIEDAD 2.

— **2.** Cuna, estirpe, familia*. V. ARISTOCRACIA 1.

solariego. Noble, ancestral, linajudo. V. ARISTOCRACIA 4.

solario, solárium. Terraza, patio, dependencia. V. COLUMNA 6.

solaz. Entretenimiento, pasatiempo, distracción. V. DIVERSIÓN 1.

solazarse. Distraerse, satisfacerse*, gozar*. V. DIVERSIÓN 5.

soldada. Salario, sueldo, jornal. V. PAGAR 5.

soldadesca. Hueste, tropa, turba. V. EJÉRCITO 1.

soldado. Militar, recluta, oficial. V. EJÉRCITO 5.

soldador. V. SOLDADURA 4.

SOLDADURA. 1. Fijación, amalgama, unión*, ensambladura, acoplamiento*, enlace, proceso mecánico, fusión, adherencia, masa, aleación, vínculo, remache, liga, ligazón, sujeción*, estañado, pieza*.
2. Clases. Soldadura autógena, oxiacetilénica; eléctrica: con electrodo, por arco, por puntos, por contacto, por costura eléctrica, por hidrógeno atómico; soldadura blanda, dura, por inducción, por alta frecuencia; por rayos láser, rayos de electrones, fricción, ultrasonidos; soldadura en frío.
3. Elementos. Soplete, lamparilla, lámpara de soldar, soldador, s. eléctrico, cautín, herramienta*, varilla de soldadura, electrodos, botella de oxígeno, de acetileno, pistola con transformador; aleación, a. de estaño y plomo, calor*, llama, fuego*.
4. Soldador. Operario, obrero, especialista, plomero, hojalatero, mecánico*, fontanero*, trabajador*, soplete, lámpara de soldar (v. 3).
5. Soldar. Fijar, unir*, ensamblar, fundir, amalgamar*, enlazar, acoplar*, pegar, adherir, remachar, emplomar, vincular, ligar, sujetar, estañar.
Contr.: Separar*, desunir, despegar.
V. UNIÓN, ACOPLAMIENTO, ADHERENCIA, SUJECIÓN, FONTANERÍA, CALOR.

soldar. V. SOLDADURA 5.

soleado. Despejado, luminoso, claro*. V. SOL 6.

solecismo. Falta, inexactitud, error de sintaxis. V. GRAMÁTICA 18.

soledad. Incomunicación, alejamiento, retiro. V. AISLAMIENTO 1.

SOLEMNE. 1. Imponente, aparatoso, esplendoroso, espléndido, ceremonioso, formal*, severo* (v. 2), majestuoso, grave, digno, protocolario, importante*, impresionante, aparatoso, fastuoso, espectacular, suntuoso, lujoso*, pomposo, pedante* (v. 3), trascendental, destacada, descollante, brillante, magnífico, maravilloso*, grande, rumboso, sublime, ritual, señorial, regio, espléndido, de gala, de fiesta (v. 2).
— **2.** *Severo*, solemne, formal*, serio, grave, augusto, noble, respetable*, venerable, majestuoso, mayestático, enfático, hierático, aristocrático*, protocolario, etiquetero* (v. 3), formulista, digno, seco, reposado, tranquilo*, austero, tieso, sobrio, adusto, sensato, circunspecto, decoroso, recatado (v. 3).
— **3.** *Afectado*, solemne, ampuloso, pomposo, pedante*, doctoral, engolado, prosopopéyico, altisonante, campanudo, sonoro, enfático, rimbombante, grandilocuente, protocolario, etiquetero*, formulista, ostentoso, presuntuoso, pretencioso, hinchado, vanidoso*, orgulloso (v. 1).

4. Solemnidad. Aparatosidad, majestad, esplendor, fastuosidad, fasto, fausto, pompa, boato, ceremonia (v. 7), afectación (v. 6), suntuosidad, lujo*, importancia*, brillo, magnificencia, maravilla*, grandeza*, rumbo, sublimidad, señorío, esplendidez, encumbramiento, formalidad* (v. 5).
— **5.** *Seriedad*, solemnidad, severidad*, gravedad, nobleza, formalidad*, respetabilidad*, majestad, protocolo, etiqueta, dignidad, aristocracia*, sequedad, reposo, tranquilidad*, austeridad, empaque, pomposidad (v. 6), tiesura, sobriedad, adustez, sensatez, circunspección, decoro, recato (v. 6).
— **6.** *Afectación*, solemnidad, grandilocuencia, pomposidad, formulismo, ceremonia, etiquetería, protocolo, pedantería*, ampulosidad, empaque, engolamiento, prosopopeya, énfasis, ostentación, presuntuosidad, pretensiones, orgullo, hinchazón, vanidad* (v. 7).
— **7.** *Ceremonia*, solemnidad, rito, ritual, función, recepción, celebración, gala, espectáculo*, acto, exhibición*, culto, protocolo, etiqueta, pompa, evento, fiesta*, festividad, sesión, reunión, asamblea*, ocasión, conmemoración, aniversario, centuria, siglo, centenario, cortejo, coronación, apoteosis, acontecimiento, investidura, proclamación, exaltación, jubileo, inauguración, entierro*, exequias, funerales, procesión (v. 4).
8. Solemnizar. Celebrar, conmemorar, enaltecer, festejar, honrar*, glorificar, formalizar, coronar, consagrar, inaugurar, engrandecer, maravillar*, encumbrar, evocar, rememorar, recibir, saludar*, reunirse, ostentar, afectarse*, envanecerse, engolarse, presumir, hincharse, enorgullecerse, destacar, descollar, brillar, lucir, exhibir*.
Contr.: Sencillo, humilde*, pobre*.
V. IMPORTANTE, LUJOSO, MARAVILLOSO, RESPETABLE, FORMAL, SEVERO, AFECTADO, PEDANTE, VANIDOSO, ARISTOCRÁTICO, FIESTA, ESPECTÁCULO, EXHIBICIÓN.

solemnidad. V. SOLEMNE 7.

solemnizar. V. SOLEMNE 8.

soler. Frecuentar, acostumbrar, hacer*. V. HÁBITO 4.

solera. Prosapia, abolengo, antigüedad*. V. TRADICIÓN 2.

solfa. Ridículo*, befa, burla. V. BROMA 2.

solfear. Cantar, pronunciar, marcar el compás. V. MÚSICA 15.

solícitamente. V. SOLICITUD 1, 2.

solicitante. Aspirante, peticionario, interesado. V. PEDIR 4.

solicitar. Pretender, suplicar, requerir. V. PEDIR 1.

solícito. V. solicitud 1, 2.

solicitud. 1. Cortesía, consideración, afecto. V. AMABILIDAD 1.
— **2.** Diligencia, prontitud, esmero. V. CUIDADO 1.

— **3.** Instancia, petición, documento*. V. PEDIR 3.

sólidamente. V. sólido 1.

solidaridad. Concordia, fraternidad, unión*. V. COMPAÑERO 4.

solidario. Fraterno, fiel, asociado. V. COMPAÑERO 2.

solidarizarse. Apoyar, respaldar, unirse*, V. ASOCIACIÓN 13.

solideo. Bonete, casquete, sombrero*. V. SACERDOTE 6.

solidez. Reciedumbre, firmeza, robustez. V. RESISTENCIA 1.

solidificar. Cuajar, endurecer, condensar. V. DURO 6.

sólido. 1. Fuerte, consistente, firme. V. RESISTENCIA 6.

— **2.** Volumen, objeto, ente*. V. CUERPO 1.

soliloquio. Monólogo, comentario, parlamento. V. CONVERSACIÓN 1.

solio. Trono, poltrona, sitial. V. ASIENTO 1.

solípedo. Cuadrúpedo, ungulado, caballo*. V. CABALLERÍA 11.

solista. Ejecutante, intérprete, concertista. V. MÚSICO, CANTANTE.

solitaria. Tenia, anélido, verme. V. GUSANO 1.

solitario. 1. Desierto, despoblado, abandonado. V. AISLAMIENTO 6.

— **2.** Insociable, misántropo, retraído. V. HOSCO 1.

— **3.** Asceta, ermitaño, anacoreta. V. SANTO 11.

soliviantar. Sublevar, incitar, exaltar. V. REVOLUCIÓN 6.

sollozar. V. sollozo.

sollozo. Lamento, quejido, gemido*. V. LLORAR 4.

solo. 1. V. solitario 1, 2.

— **2.** Sin par, característico*, exclusivo. V. ÚNICO 1.

sólo, solo. Únicamente, solamente, tan solo. V. ÚNICO 3.

solomillo. Chuleta, filete, bistec. V. CARNE 2.

solsticio. Elemento astronómico. V. ASTRONOMÍA 4, 5.

soltar. 1. Desamarrar, desatar, desunir. V. SEPARAR 4.

— **2.** Indultar, dejar, redimir. V. LIBERTAD 9.

— **3.** Proferir, lanzar, gritar. V. EXCLAMACIÓN 2.

soltera. Doncella, núbil, casadera. V. JOVEN 2.

soltero. Célibe, mancebo, libre. V. JOVEN 1.

soltura. 1. Desenvoltura, pericia, descaro. V. CONFIANZA 2.

— **2.** Ligereza, prontitud, vivacidad. V. RAPIDEZ 1.

soluble. Licuable, disgregable, desleíble. V. DISOLVER 6.

SOLUCIÓN. 1. Resultado, conclusión, desenlace, fin, final*, arreglo, remedio, actuación, componenda, reparación, procedimiento, recurso, pago, término, medida, medio, alivio, paliativo, satisfacción, enmienda, corrección, salida, resolución, providencia, disposición, clave, nota, quid, contestación, respuesta, explicación, declaración, subterfugio, compromiso, aclaración, demostración, descubrimiento, hallazgo*, creación, ayuda*, obra, remate, decisión, apaño.

— **2.** Infusión, disolución, emulsión. V. DISOLVER 3.

3. Solucionar. Remediar, solventar, allanar, zanjar, hacer*, terminar, concluir, subsanar, disponer, finalizar*, abreviar*, resolver, enmendar, corregir, evitar, reparar*, arreglar, sanear, fomentar, desarrollar, mejorar, componer, precaver, prevenir, proveer, despachar, finiquitar, satisfacer, ingeniarse, apañárselas, desenvolverse, despabilarse, componérselas, agenciárselas, valerse, avisparse, bandearse, decidir, resultar, aliviar, allanar, superar, recurrir, proceder, salir, aclarar, declarar, explicar*, determinar, establecer, responder, contestar, ayudar*, crear*, hallar*, descubrir, demostrar, descifrar, dilucidar, acertar, pagar*, abonar, rematar.

4. Solucionado. Resuelto, decidido, concluido (v. 3).

5. Remediable. Evitable, previsible, eludible (v. 3).

Contr.: Incógnita, dificultad, problema.

V. FINAL, HALLAZGO, AYUDA, REPARACIÓN, PAGO, HACER.

solucionado. V. SOLUCIÓN 4.

solucionar. V. SOLUCIÓN 3.

solvencia. V. solvente.

solventar. Solucionar. V. SOLUCIÓN 3.

solvente. 1. Responsable, capacitado, adinerado. V. DINERO 8.

— **2.** Disolvente, solución, diluente. V. DISOLVER 5.

soma. Organismo, físico, anatomía*. V. CUERPO 1.

somanta. Tunda, zurra, paliza. V. GOLPE 4.

somático. Corporal, orgánico, corpóreo. V. CUERPO 10.

sombra. 1. Negrura, penumbra, tinieblas. V. OSCURIDAD 1.

— **2.** Silueta, contorno, imagen. V. FIGURA 1.

— **3.** Gracia, donaire, chispa. V. COMICIDAD 1.

sombreado. Umbroso, umbrío, fresco. V. OSCURIDAD 4.

sombrear. Ennegrecer, oscurecer, trazar. V. OSCURIDAD 7.

sombrerazo. Cortesía, venia, reverencia. V. SALUDO 2.

sombrerera. V. SOMBRERO 4.

sombrerería, sombrerero. V. SOMBRERO 5.

SOMBRERO. 1. Bonete, gorro, gorra, birrete, chambergo, boina, chapela, chapeo, tocado, cubrecabezas o cubrecabeza, casquete, prenda, vestimenta*, fieltro, toca, pamela (v. 2), sombrero de copa, alto, chistera, clac, galera, bombín, hongo, sombrero flexible, de ala ancha, de fieltro, de paja, «canotier», jipijapa, panamá, tirolés, cordobés, castoreño, calañés, montera, moña, gorra de plato, quepis, ros, teresiana,

chacó, chascás, cachucha, chichonera, salacot, bicornio, tricornio, sombrero de tres picos, casco, yelmo, morrión, bacinete, teja, capelo, solideo, camauro, mitra, tiara, corona*, diadema, gorro frigio, birreta, barretina, caperuza, capucha, capuchón, capirote, cogulla, pasamontañas, turbante, fez (v. 2).
2. Sombrero de mujer. Pamela, cofia, toca, tocado, papalina, escarcela, moña, cachucha, gorro, pañuelo, toquilla, mantilla, velo, manto, papahígo, bonete, gorro (v. 1).
3. Partes. Ala, copa, cinta, lazo, borde del ala, forro, plato, visera, barbiquejo o carrillera, orejeras, cogotera, cubrenuca, galón, penacho, cimera, airón, escarapela, pompón, borla, fiador, ínfulas, moña, velo, fleco.
4. Varios. Sombrerera, caja, horma, plancha; ir descubierto, a pelo, destocado, sinsombrerista, ensombrerado, cubierto, encasquetado, tocado.
5. Sombrerería, sombrerero. Bonetería, tienda*, comercio*, establecimiento, sombrerero, bonetero, comerciante*, tendero.
6. Cubrirse. Ponerse, calarse, endosarse, encasquetarse, tocarse, encajar, calar, enjaretarse, enfundarse, colocarse, meterse, vestir*.
7. Descubrirse. Saludar*, destocarse, destaparse, desnudar la cabeza, quitarse el sombrero, dar un sombrerazo, hacer una venia. V. VESTIMENTA.
sombrilla. Parasol, quitasol, pantalla. V. PARAGUAS 1.
sombrío. 1. Lóbrego, umbroso, umbrío. V. OSCURIDAD 4.
— **2.** Taciturno, huraño; tétrico. V. HOSCO 1; LÚGUBRE 1.
somero. Superficial, breve, ligero. V. LEVE 1.
someter. 1. Subyugar, vencer, sojuzgar. V. DOMINACIÓN 9.
— **2.** Sugerir, proponer, plantear. V. EXPLICACIÓN 2.
— **3.** *Someterse*, claudicar, aguantar*, entregarse. V. HUMILLACIÓN 6.
sometimiento. V. someter 2.
somier. Armazón, bastidor, tela metálica. V. CAMA 3.
somnífero. Narcótico, estupefaciente, anestesia*. V. DROGA 1.
somnolencia. Sopor, modorra, letargo. V. SUEÑO 1.
son. V. SONIDO 1.
sonado. Renombrado, conocido, famoso; chiflado, loco. V. CÉLEBRE 1; LOCURA 4.
sonajero. Campanilla, cascabelero, sonaja. V. NIÑO 6.
sonambulismo. Anomalía, enfermedad*, sueño anormal. V. SUEÑO 1.
sonámbulo. Que anda, habla, actúa en sueños. V. SUEÑO 5.
sonar. 1. V. SONIDO 7.
— **2.** *Sonarse*, quitarse, limpiarse*, expulsar los mocos. V. NARIZ 4.

sonata. Obra, composición musical, tocata. V. MÚSICA 3.
sonda. 1. Plomada, escandallo, sondaleza. V. BARCO 7.
— **2.** Conducto, catéter, vástago. V. TUBO 1.
sondaje. V. sondar.
sondar. 1. Determinar, rastrear, medir la profundidad. V. MEDIDA 14.
— **2.** Introducir una sonda. V. sonda 2.
sondear. Averiguar, indagar, sonsacar. V. INTERROGAR 1.
sondeo. V. sondar, sondear.
soneto. Poema, verso, oda. V. POESÍA 4.
SONIDO. 1. Son, sonoridad, ruido, resonancia, eco, retumbo, movimiento vibratorio, eco, acústica, rumor, estampido, estruendo (v. 2), golpe*, bulla, alboroto (v. 3), soniquete, sonsonete, susurro, murmullo*, zumbido*, silbido*, chillido, grito*, estribillo, runrún, exclamación, gemido*, llamada*, alarido, aullido, bramido, timbre, tono, rugido, mugido, maullido, ladrido, voz*, onomatopeya*, cacofonía, cadencia, toque, tintineo, retintín, tañido, campaneo*, metal, acorde, melodía, armonía, música, canción, cantar*, crepitación, ronquido, estertor, tableteo, castañeteo, tabaleo, tamborileo, redoble, chasquido, crujido*, chirrido, rechinamiento, disonancia, estridencia, discordancia, desafinación, redoble, gorgoteo, chapoteo, habla*, tonillo, pronunciación* (v. 2).
2. Estruendo. Estallido, estrépito, explosión*, estampido, alboroto (v. 3), ruido (v. 1), fragor, retumbo, trueno, detonación, tiro*, explosión*, descarga, zambombazo, cañonazo, tronido, rugido, trompetazo*, clarinazo, aldabonazo, portazo, trompazo, trastazo, taconazo, traquido, martillazo, taponazo, porrazo, golpazo, golpe* (v. 3).
3. Alboroto*. Estrépito, bulla, bullanga, bullicio, barahúnda, estruendo (v. 2), cacofonía, disonancia, bochinche, zalagarda, manicomio, algarabía, escándalo, batahola, alharaca, ruido, clamor, tumulto, confusión, vocerío, griterío*, jarana, jaleo, jácara, pelotera, pandemónium, tole tole, guirigay, zarabanda, cisco, gallinero, follón, abucheo, pataleo, protesta*, taconeo, palmoteo, repiqueteo (v. 1).
4. Sonoro. Resonante, ruidoso, retumbante, estridente, crepitante, ensordecedor, estruendoso, atronador (v. 5), escandaloso, alborotador (v. 6), rugiente, aullador, audible, perceptible, destemplado, discordante, inarmónico, desentonado, disonante, desafinado, estridente, crepitante, chirriante, crujiente, repiqueteante, desagradable*, bajo, débil*, inaudible, imperceptible, susurrante, eufónico, cadencioso, rimbombante, melodioso, murmurante, runruneante, cristalino, armonioso, dulce, musical*, sibilante, vibrante, zumbador*, rumoroso, cacofónico, sordo, grave, bronco, ronco, áspero*, seco, hueco* (v. 5).

5. Estruendoso. Atronador, restallante, estrepitoso, estridente, sonoro, tonante, detonante, retumbante, ruidoso, ensordecedor, enloquecedor, explosivo*, penetrante, alto, fuerte, agudo, potente, martilleante, fragoroso, trompeteante, rimbombante, horrísono, alborotador (v. 6).

6. Alborotador*. Estrepitoso, bullanguero, bullicioso, ruidoso, clamoroso, atronador, tumultuoso, vociferante, vociglero, estentóreo, gritón*, jaranero, palmoteante, rugiente, aullador, bochinchero, escandaloso, abucheador, pataleador, protestón*, palmoteador, estruendoso (v. 5), sonoro (v. 4).

7. Sonar. Resonar, vibrar, oírse, escucharse, retumbar, tronar, atronar, detonar, estallar, explosionar*, descargar, tirar, cañonear, martillear, trompetear, golpear*, traquetear, taconear, taladrar los oídos, ensordecer, aturdir, marear, vibrar, entonar, afinar, armonizar, desafinar, desentonar, disonar, discordar, rumorear, runrunear, susurrar, murmurar*, tintinear, rechinar, crujir*, chirriar, tañer, campanear*, doblar, tocar, cantar*, zumbar*, silbar*, chasquear, redoblar, tabletear, castañetear, repiquetear, golpetear*, tamborilear, tabalear, crepitar, restallar, escandalizar (v. 8).

8. Escandalizar. Alborotar, gritar*, chillar, vocear, gruñir, roncar, mugir, bramar, aullar, maullar, ladrar (v. voz*), atronar, marear, ensordecer, aturdir, jalear, abuchear, protestar*, clamorear, jaranear, patalear, palmotear, taconear (v. 7).

9. Voz humana, fonética. V. PRONUNCIACIÓN, VOZ.

10. Voces de animales. Aullar, mugir, ladrar. V. VOZ 4, ONOMATOPEYA 5.

11. Acústica. Ondas sonoras, vibración, velocidad de propagación; cualidades del sonido: intensidad, tono, altura timbre; reflexión, eco, sonómetro, decibel o decibelio, bel, sonido grave, agudo, ultrasonido, infrasonido, intervalo musical, escalas, vibración de una nota, de una cuerda, tubo sonoro, resonador, cuerda sonora, cuerdas vocales; magnitudes: longitud de onda, frecuencia, período, amplitud, fase, potencia, hertz o hercio; acorde, melodía, armonía, oído humano, sensibilidad, reflexión del sonido, velocidad supersónica.

12. Aplicaciones. Gramófono, tocadiscos, disco*, d. fonográfico, cinta magnetofónica, magnetófono*, banda sonora de película, teléfono*, radiofonía*, micrófono, amplificador, altavoz*, estereofonía, alta fidelidad o «hi-fi», diapasón, audífono, auricular, estetoscopio, fonendoscopio, instrumentos musicales*, hidrófono, sonar. CD-ROM («Compact Disc-Read Only Memory»), Disco compacto de memoria de sólo lectura), CD-RW («rewritable», regrabable), DVD («Digital Versatile Disc», Disco versátil digital), DVD-ROM (sólo lectura), DVD-R (grabable) DVD+RW (regrabable); Blu-Ray Disc (Sony), HD-

DVD (Toshiba), MP3 (MPEG-1 Audio Layer 3), reproductor de música digital, iPod (i-portátil).

13. Sordo, sordera. V. OÍDO 5, 6.

Contr.: Silencio*.

V. GRITO, VOZ, HABLA, EXCLAMACIÓN, GEMIDO, ONOMATOPEYA, PRONUNCIACIÓN, MURMULLO, ZUMBIDO, SILBIDO, EXPLOSIÓN, CRUJIDO, ALBOROTO.

soniquete. Estribillo, runrún, sonsonete. V. SONIDO 1.

sonoridad. Eco, retumbo, estruendo. V. SONIDO 1.

sonoro. Resonante, ruidoso, retumbante. V. SONIDO 4.

sonreír. Reír, esbozar una sonrisa, animarse* el rostro. V. ALEGRÍA 3.

sonrisa. Mueca, risita, expresión. V. ALEGRÍA 2.

sonrojarse. Avergonzarse, enrojecer, ruborizarse. V. VERGÜENZA 8.

sonrojo. Rubor, sofoco, turbación*. V. VERGÜENZA 1.

sonrosado. Colorado, encendido, lozano*. V. COLOR 6.

sonsacar. Indagar, averiguar, investigar*. V. INTERROGAR 1.

sonsonete. V. soniquete.

soñador. Iluso, visionario, fantaseador. V. IMAGINACIÓN 6.

soñar. Dormir, aparecerse, representarse. V. SUEÑO 6.

soñoliento. Aletargado, amodorrado, torpe. V. SUEÑO 5.

sopa. Caldo, puré, consomé. V. ALIMENTO 14.

sopapo. Tortazo, cachete, golpe*. V. BOFETADA 1.

sopera. Vasija, fuente, recipiente. V. MESA (SERVICIO DE) 7.

sopesar. Tantear, sostener, levantar; examinar reflexivamente. V. PESO 5; PENSAR 1.

sopetón (de). De improviso, repentinamente, inesperadamente. V. REPENTINO 2.

soplamocos. Sopapo, torta, golpe*. V. BOFETADA 1.

soplar. 1. Exhalar, espirar, haber viento*. V. RESPIRACIÓN 2.

— **2.** Delatar, denunciar, murmurar*. V. ACUSACIÓN 3.

— **3.** Birlar, hurtar, escamotear. V. ROBO 2.

soplete. Soldador, tubo, herramienta*. V. SOLDADURA 3.

soplido. V. soplo.

soplillo. Pantalla, paipai, aventador. V. ABANICO 1.

soplo. 1. Bufido, espiración, viento*. V. RESPIRACIÓN 1.

— **2.** Denuncia, delación, confidencia. V. ACUSACIÓN 1.

soplón. Confidente, delator, chivato. V. ACUSACIÓN 6.

soponcio. Vahído, indisposición, patatús. V. DESMAYO 1.

sopor. Letargo, adormecimiento, modorra. V. SUEÑO 1.

soporífero. 1. Pesado, tedioso, fastidioso. V. ABU-
RRIMIENTO 2.
— **2.** Estupefaciente, hipnótico, somnífero. V.
DROGA 2.
soportable. Sufrible, tolerable*, aguantable. V.
AGUANTAR 4.
soportal. Zaguán, galería, atrio. V. ENTRAR 4.
soportar. V. SOPORTE 3.
SOPORTE. 1. Base, cimiento, sustentáculo, sostén,
fundamento, apoyo*, bastidor, chasis, respaldo,
estructura, maderamen*, pescante, aparejo,
aguilón, refuerzo, armazón, montura, afianzamiento, descanso*, gravitación, retención,
contención, aguante*, apuntalamiento, sujeción, asiento*, enrejado, varillaje, emparrillado,
entramado, esqueleto, carcasa, pilar, pilastra,
columna*, poste, cipo, rollo, poyo, contrafuerte, arbotante, estribo, entibo, viga, tranca,
hierro*, barra, barrote, eje, madero*, palo*,
larguero, firme, centro, podio, plataforma,
peana, pedestal, estrado, basamento, rodapié,
zócalo, pie, pata, trípode, atril, caballete, percha, gancho, bastón*, báculo, muleta, zanco,
parapeto, antepecho, barandilla.
— **2.** Amparo, auxilio, socorro*. V. PRO-
TECCIÓN 1.
3. Soportar. Sustentar, aguantar, sostener,
sujetar*, resistir, mantener, tener, retener,
contener, llevar, consolidar, respaldar, apoyar*,
afirmar, asegurar, afianzar, basar, cimentar,
reforzar, apuntalar, fortalecer, vigorizar*, robustecer, respaldar, gravitar, entibar, entramar,
recostar, descansar, trabar, fijar, inmovilizar*,
trincar, calzar, cargar, acodar, hincar, plantar,
descargar, adosar, afianzar, poner, montar, posar, colgar*, armar, arrimar, parar, detener.
— **4.** Sufrir*, resignarse*, tolerar*. V. AGUAN-
TAR 1.
V. APOYO, AGUANTE, SOCORRO, DESCANSO,
ASIENTO, MADERAMEN, COLUMNA, PALO.
soprano. Intérprete, artista, cantante. V. CANTAR
10, 11.
sor. Religiosa, hermana, profesa. V. MONJA 1.
sorber. Mamar*, tragar, beber*. V. CHUPAR 1.
sorbete. Granizado, batido, refresco. V. BEBIDA 3.
sorbo. Succión, chupada, trago. V. CHUPAR 2.
sordera. Dureza de oído, privación, disminución
auditiva. V. OÍDO 5.
sordidez. V. sórdido.
sórdido. 1. Mísero, sucio*, pobre*. V. DETERIO-
RO 3.
— **2.** Mezquino, ruin, tacaño. V. AVARICIA 2.
sordina. Insonoridad, mudez, quietud. V. SILEN-
CIO 1.
sordo. 1. Disminuido, imposibilitado, privado de
audición. V. OÍDO 6.
— **2.** Ruido amortiguado, lejano, ahogado. V.
LEVE 1.
sordomudo. V. sordo.
sorna. Sarcasmo, socarronería, cinismo. V. IRO-
NÍA 1.

sorprendente. Pasmoso, admirable, extraordinario. V. ASOMBRO 2.
sorprender. 1. Asombrar, impresionar, pasmar.
V. ASOMBRO 4.
— **2.** Atrapar, descubrir, pillar desprevenido.
V. HALLAR 1.
sorprendido. V. sorprender 1, 2.
sorpresa. Admiración, pasmo, desconcierto. V.
ASOMBRO 1.
sortear. 1. Rifar, distribuir, jugar*. V. LOTERÍA 3.
— **2.** Evitar, rehuir, eludir. V. ESQUIVAR 1.
sorteo. Rifa, tómbola, juego*. V. LOTERÍA 1.
sortija. Anillo, argolla, joya*. V. ARO 1.
sortilegio. Embrujo, magia, encantamiento. V.
HECHICERÍA 1.
sosegado. Reposado, calmoso, formal. V. TRAN-
QUILIDAD 4.
sosegar(se). Calmar(se), pacificar, serenar. V.
TRANQUILIDAD 9.
sosera, sosería. Inexpresividad, simpleza, insulsez.
V. INSUSTANCIAL 3.
sosia, sosias. Doble, parecido, reemplazante. V.
SUSTITUCIÓN 3.
sosiego. Quietud, calma, placidez. V. TRANQUI-
LIDAD 1.
soslayar. Evitar, eludir, rehuir. V. ESQUIVAR 1.
soslayo (de). De costado, de reojo, oblicuamente.
V. MIRAR 4.
soso. 1. Insulso, desabrido, insípido. V. GUSTO 6.
— **2.** Inexpresivo, simple, apático. V. INSUS-
TANCIAL 2.
SOSPECHA. 1. Recelo, suspicacia, desconfianza, suposición, conjetura, duda*, presunción, dilema,
celos*, barrunto, preocupación, pensamiento*,
temor*, inquietud, alarma, pasión, envidia*,
mortificación, obsesión, apasionamiento*, presagio, corazonada, hipótesis, cábala, pálpito,
malicia, susceptibilidad, mosqueo, espina, escama, prejuicio, manía*, cuidado*, incredulidad,
escepticismo, resentimiento, presentimiento,
adivinación*, instinto, intuición, creencia*, astucia, obstinación*, prevención, angustia, figuración, incredulidad, escepticismo*, delicadeza,
ilusión, imaginación, fantasía*, olfato, indicio,
señal*, reconcomio, escrúpulo, previsión, cavilación, resentimiento, aprensión, desengaño,
desasosiego, desazón, remusgo, dificencia,
intolerancia.
2. El que sospecha. Suspicaz, susceptible, desconfiado, malicioso, receloso, sospechoso (v. 3),
temeroso, preocupado, cuidadoso*, inquieto,
celoso*, ladino, pillo*, astuto*, dudoso*, dubitativo, obsesionado*, mortificado, envidioso*, apasionado*, maniático*, intolerante,
aprensivo, angustiado, mal pensado, intuitivo,
instintivo, adivino*, obstinado*, escamado,
mosqueado, mosca, matrero, desengañado,
astuto, prevenido, caviloso, incrédulo, escéptico, fantaseador, imaginativo, iluso, cavilados,
previsor, alarmista, escrupuloso, delicado, quis-

quilloso, reconcomido, difidente, desazonado, desasosegado, resentido.

3. Sospechoso. Misterioso, turbio, dudoso*, suspicaz (v. 2), extraño*, oscuro, raro*, embrollado, deshonesto, ilegal*, equívoco, oculto*, secreto*, inseguro, incierto, increíble (v. 2).

— **4.** *Merodeador*, sospechoso, desconocido, vagabundo*, furtivo, indeseable, pícaro, pillo*, truhán, delincuente, maleante (v. 5).

— **5.** *Acusado*, sospechoso, encausado, encartado, juzgado, enjuiciado, condenado*, reo, delincuente (v. 4).

6. Sospechar. Barruntar, desconfiar, maliciar, suponer, conjeturar, recelar, mosquearse, molestarse, amoscarse, escamarse, dudar*, presagiar, presentir, adivinar*, intuir, presumir, preocuparse, temer*, inquietarse, alarmarse, cuidar*, apasionarse*, envidiar*, mortificarse, obsesionarse*, prejuzgar, creer, molestarse, fantasear*, imaginar*, cavilar, prevenir, entrever, olfatear, olerse, desazonarse, desasosegarse, resentirse, desengañarse, desesperarse, angustiarse, afligirse*, pensar*, prever, figurarse.

Contr.: Certidumbre, seguridad, confianza.

V. DUDA, TEMOR, CREENCIA, CELOS, ENVIDIA, OBSTINACIÓN, MANÍA, CUIDADO, IMAGINACIÓN, FANTASÍA, ADIVINACIÓN, APASIONAMIENTO, MISTERIO, SECRETO.

sospechar. V. SOSPECHA 6.

sospechoso. V. SOSPECHAR 2-5.

sostén. 1. Apoyo*, cimiento, base. V. SOPORTE 1.

— **2.** Amparo, protección*, manutención. V. AYUDA 1, 2.

— **3.** Corpiño, ceñidor, sujetador. V. VESTIMENTA 3.

sostener. 1. Aguantar, contener, sustentar. V. SOPORTE 3.

— **2.** Amparar, proteger, mantener. V. AYUDAR 3.

— **3.** Declarar, testimoniar, manifestar. V. EXPLICACIÓN 2.

— **4.** *Sostenerse*, perdurar, persistir, aguantar*. V. RESISTENCIA 3, 4.

sostenido. Constante, mantenido, perdurable. V. CONTINUACIÓN 2, 3.

sostenimiento. V. sostén 1, 2.

sota. Carta, baraja española, juego*. V. NAIPE 2.

sotabanco. Buhardilla, altillo, desván. V. TUGURIO.

sotana. Vestidura eclesiástica, v. talar. V. SACERDOTE 6.

sótano. Subterráneo, bodega, subsuelo. V. CUEVA 1.

soterrar. Sepultar, enterrar, cavar. V. PROFUNDO 5.

soto. Fronda, boscaje, matorral*. V. BOSQUE 1.

souvenir. *fr* Objeto local, típico, recuerdo. V. REGALO 1.

sóviet. Consejo, gobierno* soviético (de la antigua Unión de Repúblicas Socialistas Soviéticas). V. ASAMBLEA 2.

soviético. Ruso, marxista, bolchevique (de la antigua Unión de Repúblicas Socialistas Soviéticas). V. IZQUIERDAS 3.

soya. V. soja.

speaker. *ingl* Locutor, animador, presentador de radio. V. RADIO 9.

sport. *ingl* Ejercicio, competición, juego*. V. DEPORTE 1.

spray. *ingl* Rociador, pulverizador, vaporizador*. V. PERFUME 6.

sprint. *ingl* Envión, aceleración, esfuerzo. V. CARRERA 5.

stand. *ingl* Quiosco, caseta, puesto. V. COMPARTIMIENTO 2.

standard. *ingl* V. estándar.

statu quo. Situación, estado, condición actual. V. CIRCUNSTANCIA 1.

stock. *ingl* Mercaderías, surtido, almacenamiento. V. ALMACÉN 3.

stop. *ingl* Detención, alto, parada. V. PARAR 4.

SUAVE. 1. Fino, ligero, igual, tenue, leve*, liso*, terso, aterciopelado, sedoso, raso, llano, parejo, afelpado, blando*, mórbido, fláccido, pulposo, mullido, esponjoso, uniforme, homogéneo, regular, plano, exquisito, grácil, gracioso, agradable*, delicado, sutil, imperceptible, impalpable, etéreo, vaporoso, delgado*, frágil, débil*, endeble, dúctil, tierno, pulido*, pulimentado*, bruñido, brillante*, lijado, limado, esmerilado, cepillado, raspado*.

— **2.** Manso, benévolo, apacible. V. OBEDIENTE, BONDADOSO.

3. Suavidad. Tersura, uniformidad, lisura, finura, delicadeza, morbidez, flaccidez, blandura*, tenuidad, ligereza, levedad*, sutileza, gracia, gracilidad, feminidad, regularidad, homogeneidad, igualdad, sedosidad, blandura*, esponjosidad, delgadez, fragilidad, debilidad*, exquisitez, gracia, pulimento*, brillo*, esmerilado, lijado, bruñido, cepillado.

4. Suavizar. Afinar, allanar, alisar, emparejar, igualar, pulir*, bruñir, abrillantar, esmerilar, lijar, pulimentar, cepillar, raspar*, homogeneizar, adelgazar, regularizar, ablandar, afelpar, aterciopelar, mullir.

— **5.** *Esfumar*, suavizar, esfuminar, desvanecer, diluir, desdibujar, atenuar, opacar, disipar, borrar.

— **6.** Atemperar, calmar, amansar. V. TRANQUILIDAD 9.

7. Suavizante. Emoliente, relajante, molificante, que ablanda, que relaja, que alisa (v. 4).

Contr.: Áspero*, desigual, enojadizo.

V. LISO, BLANDO, AGRADABLE, DÉBIL, BRILLANTE, RASPAR, PULIR.

suavidad. V. SUAVE 3.

suavizar. V. SUAVE 4.

subalterno. 1. Dependiente, subordinado, ayudante*. V. INFERIOR 3.

— **2.** Menor, secundario. V. INFERIOR 1.

subasta. Puja, remate, venta pública. V. VENDER 3.

subastar. Pujar, ofrecer, rematar. V. VENDER 1.

subconsciente. 1. Subconsciencia, inconsciente, mente. V. PSICOLOGÍA 4.

— **2.** Maquinal, inconsciente, instintivo. V. ESPONTÁNEO 2.

subdesarrollado. Atrasado, mísero, inculto. V. POBRE 6, IGNORANTE.

subdesarrollo. Incultura, atraso, miseria. V. POBREZA, IGNORANCIA.

súbdito. Poblador, habitante*, ciudadano. V. CIUDAD 7.

subestimar. Desdeñar, menospreciar, desestimar. V. DESPRECIO 2.

subida. V. SUBIR 5-8.

subido. V. SUBIR 9-10.

SUBIR. 1. Ascender, elevarse, remontar, trepar, escalar, moverse*, levantar (v. 2), avanzar, progresar, remontar, adelantar, gatear, reptar, encumbrarse, encaramarse, auparse, alzarse, entrar*, llegar, ingresar, superar, salvar, vencer, empinarse, mejorar (v. 3), encarecer (v. 4), trasladarse, desplazarse, montar, cabalgar, erguirse, incorporarse, enderezarse, volar, planear, acceder, penetrar (v. 2).

— **2.** *Levantar*, subir, alzar, izar, enarbolar, incorporar, aupar, remontar, empinar, elevar, enderezar, erguir, erizarse, recoger, coger*, tomar, empujar, desplazar, trasladar, llevar en volandas, impulsar, ayudar*, blandir, empuñar (v. 3).

— **3.** *Mejorar*, subir, progresar, prosperar*, ascender, crecer, ampliar (v. 1), desarrollar*, elevar, engrandecer, promocionar, incrementar, aumentar*, recompensar, gratificar (v. 4).

— **4.** *Encarecer*, subir, valorizar, elevar, alzar, especular, aumentar*, incrementar, lucrarse, ganar, embolsarse, abusar (v. 1).

5. Subida. Ascensión, ascenso, escalamiento, trepa, gateo, progresión, movimiento*, avance, marcha*, aparición, encumbramiento, elevación, remonte, emersión, salida, traslado*, desplazamiento, impulso, progreso, prosperidad, adelanto, encaramamiento, levantamiento, erección, levitación, vuelo*, planeo, despegue, entrada*, acceso, penetración, ingreso, mejora (v. 6).

— **6.** *Mejora*, subida, progreso, aumento, incremento, prosperidad, promoción, ascenso, crecimiento, ampliación, desarrollo*, elevación, engrandecimiento, recompensa, gratificación (v. 7).

— **7.** *Rampa*, subida, desnivel, pendiente, cuesta*, ladera, falda, declive, talud, escarpa, inclinación, repecho, bajada, vertiente (v. 8).

— **8.** *Encarecimiento*, subida, incremento, carestía, especulación, alza, aumento, elevación, valorización, lucro, ganancia, abuso*, exceso*, sobreprecio (v. 5).

9. Subido. Empinado, elevado, desnivelado, alzado, izado, mejorado, encarecido (v. 1-4).

— **10.** *Acentuado*, subido, intenso*, profundo, fuerte, crecido, penetrante, hondo, agudo, elevado, ascendido (v. 1).

Contr.: Bajar, descender*.

V. MOVIMIENTO, TRASLADO, CUESTA, ENTRADA, PROSPERIDAD, AUMENTO.

súbito. Brusco, imprevisto, rápido*. V. REPENTINO 1.

subjetivo. Anímico, interior, espiritual. V. ESPÍRITU 4.

subjuntivo. Modo del verbo. V. VERBO 4.

sublevación. Rebelión, subversión, alzamiento. V. REVOLUCIÓN 1.

sublevado. V. sublevar(se).

sublevar(se). 1. Amotinar, alzar, conspirar. V. REVOLUCIÓN 6.

— **2.** Azuzar, soliviantar, incitar. V. HOSTIGAR 1.

— **3.** Irritar, indignar, enfadar. V. ENOJO 2.

sublimar. 1. Ensalzar, glorificar, enaltecer. V. HONOR 6.

— **2.** Vaporizar, destilar, evaporar. V. GAS 5.

sublime. Divino, excelso, admirable. V. MARAVILLA 2.

sublimidad. V. sublime.

submarinista. Buceador, hombre rana, nadador*. V. BUCEO 3.

SUBMARINO. 1. Embarcación submarina, sumergible, barco*, nave, navío subacuático (v. 3).

— **2.** *Sumergido*, submarino, profundo, subacuático, insondable, abisal, hondo, oceánico, marítimo, marino*, naval, náutico.

3. Clases de submarinos. De bolsillo, de crucero, de ataque, de batalla, corsario, de vigilancia, costero*, oceánico, atómico*.

4. Partes. Casco, c. simple, c. doble, torreta o torre de mando, escotilla, periscopio, sonar, «snorkel», cañón de superficie, hélices, timón de dirección, timones de profundidad o de inmersión, tanques, t. de lastre, doble fondo, sala de máquinas*, motores* Diesel, m. eléctricos*, baterías de acumuladores, turbinas, sala de torpedos*, tubos lanzatorpedos, t. de proa, t. de popa, compartimiento estanco, puerta estanco, mamparos, puesto de mando, p. de control, camarotes, dependencias, depósitos de aire comprimido, bombas, compresores. *Submarino atómico:* reactor nuclear, refrigerador, uranio, misiles, m. de crucero, m. guiados, lanzamisiles, cohetes*, cohete polaris, cabeza nuclear. Submarinos con reactor nuclear: Nautilus, Seawolf, Skipjack, George Washington, Enterprise, Savannah (mercante), Lenin (rompehielos ruso).

5. Varios. Inmersión, emersión, navegación submarina, n. en superficie, carga de profundidad, minas, red antisubmarina, cazasubmarinos, destructor, fragata, barco* de guerra*, navegación en curso.

V. BARCO, BUCEO, MAR.

suboficial. Militar subordinado, subalterno, sargento. V. EJÉRCITO 7.

subordinación. Sometimiento, dependencia, inferioridad. V. INFERIOR 6.

subordinado. 1. Auxiliar, ayudante*, subalterno. V. INFERIOR 3.

— **2.** Supeditado, sometido, sujeto. V. DOMINACIÓN 7.

subordinar. 1. Supeditar, sujetar, someter. V. DOMINACIÓN 9.

— **2.** Subordinarse, aceptar, acatar, resignarse. V. OBEDIENCIA 3.

subrayar. 1. Marcar, trazar, rayar. V. LÍNEA 5.

— **2.** Resaltar, acentuar, señalar. V. IMPORTANCIA 5.

subrepticio. Solapado, furtivo, ilícito. V. DISIMULO 3.

subsanar. Reparar, remediar, evitar. V. SOLUCIÓN 3.

subscribir, subscripción, subscritor. V. suscribir, etc.

subsidiario. Suplementario, accesorio, secundario. V. AÑADIR 6.

subsidio. Asignación, contribución, subvención. V. AYUDA 2.

subsistencia. 1. Comida, nutrición, manutención. V. ALIMENTO 1.

— **2.** Permanencia, mantenimiento, conservación*. V. PERMANECER 2.

subsistir. V. subsistencia.

substancia, substancial, substancioso, substantivo, substitución, substituir, substituto, substracción, substraer. V. sustancia, etc.

substrato, sustrato. Base, esencia, fundamento. V. ORIGEN 1.

subsuelo. Profundidad, capa profunda, c. subterránea. V. GEOLOGÍA 6, SUELO 1.

subterfugio. Evasiva, disculpa, argucia. V. ENGAÑO 1.

subterráneo. 1. Sótano, pasaje, cripta. V. CUEVA 1.

— **2.** Ferrocarril subterráneo, metropolitano, metro (apócope), urbano. V. FERROCARRIL 16.

— **3.** Hondo, excavado*, bajo. V. PROFUNDO 1.

— **4.** Furtivo, disimulado, ilegal. V. ENGAÑOSO, DISIMULO 3.

suburbano. Limítrofe*, periférico, arrabalero; ferrocarril subterráneo. V. BARRIO 3; FERROCARRIL 16.

suburbio. Extrarradio, arrabal, alrededores. V. BARRIO 2.

subvención. Contribución, pago*, subsidio. V. AYUDA 2.

subvencionar. Socorrer*, contribuir, auxiliar. V. AYUDA 3.

subvenir. V. subvencionar.

subversión. Levantamiento, rebelión, motín. V. REVOLUCIÓN 1.

subversivo. Agitador, sedicioso, perturbador. V. REVOLUCIÓN 4.

subvertir. Invertir, revolver, trastornar. V. CAMBIO 6.

subyacente. Hondo, inferior, bajo; está debajo o en el fondo. V. PROFUNDO 1.

subyugado. V. subyugar.

subyugador, subyugante. V. subyugar.

subyugar. 1. Someter, sojuzgar, esclavizar*. V. DOMINACIÓN 9.

— **2.** Cautivar, fascinar, atraer*. V. MARAVILLA 4.

succión. Mamada*, sorbo, absorción. V. CHUPAR 2.

succionar. Mamar, lamer, sorber. V. CHUPAR 1.

sucedáneo. Reemplazante, producto semejante*, parecido. V. SUSTITUCIÓN 4.

suceder. V. SUCESO 2, 3.

sucedido. V. SUCESO 1, 4.

sucesión. 1. Gradación, proceso, orden. V. SERIE 1.

— **2.** Legado, bienes, patrimonio. V. HERENCIA 1.

— **3.** Sucesores, herederos, beneficiarios. V. HERENCIA 5.

sucesivamente. V. sucesivo.

sucesivo. Repetido, paulatino, gradual. V. CONTINUACIÓN 3.

SUCESO. 1. Episodio, incidencia, incidente, vicisitud, experiencia, hecho, asunto, caso, circunstancia, acontecimiento, acontecer, azar*, acaecimiento, escena, drama, cuadro, realización, sucedido, ocasión, situación, accidente*, correría, peripecia, escándalo, lance, acción, acto, trance, riesgo, peligro*, fenómeno, manifestación, evento, eventualidad, contingencia, vivencia, aventura, andanza, odisea, precedente, hazaña, altibajo, alternativa, avatares, proeza, gesta, heroicidad*, anales, crónicas, efeméride o efemérides, memorias, historia*, biografía*, emergencia, noticia*, actualidad*, anécdota, narración*, observación, advenimiento, verificación, influencia, emergencia, resultado, exteriorización, manifestación, coyuntura, ocurrencia, inicio, principio*, fastos.

2. Suceder. Acontecer, sobrevenir, producirse, verificarse, ocurrir, llegar*, cumplirse, originarse*, pasar, acaecer, transcurrir, realizarse, hacer*, resultar, venir, advenir, devenir, seguirse, comenzar, principiar*, iniciarse, empezar, ocasionar, durar, prolongarse, gestarse, actuar*, incidir, influir, formarse.

— **3.** Relevar, reemplazar, suplantar. V. SUSTITUCIÓN 5.

4. Sucedido. Acontecido, sobrevenido, producido (v. 2)

Contr.: Inacción, inactividad.

V. ACTUALIDAD, HISTORIA, BIOGRAFÍA, NARRACIÓN, PRINCIPIO, NOTICIA, AZAR, PELIGRO, ACCIDENTE.

sucesor. Descendiente, seguidor, beneficiario. V. HERENCIA 5.

SUCIEDAD. 1. Mugre, roña, cochambre, inmundicia, mancha* (v. 2), porquería, basura*, desaseo, asquerosidad, indecencia (v. 3), vileza (v. 4), abandono, desidia, descuido*, negligencia, dejadez, astrosidad, repugnancia*, desaliño, marranada, cerdada, cochinería, cochinada, guarrería, gorrinería, guarrada, porquería, impureza, sordidez, deterioro, juarda, churre, grasa*, tizne, bazofia, caca, mezcolanza*, mejunje, bodrio, mierda, excrementos*, excreción*, mucosidad, orines, sudor, estiércol, desperdicios, detritos, despojos, barreduras, recortes, residuos*, sobras, restos, fetidez, mal olor, hedor*, catinga, plaga, peste, contaminación, infección*, enfermedad*, polución, corrupción, degradación, polvo, barro, cieno, fango*, lodo, andrajos, jirones, harapos, parásitos*, piojos, pulgas, sarna, miseria.

— **2.** Mancha*, suciedad, borrón, lunar, señal*, peca, huella, taca, chafarrinón, lamparón, lámpara, tizne, churrete, pringue, grasa*, pinta, sombra, borrón, mácula (v. 1).

— **3.** Obscenidad, desvergüenza*, impudicia. V. INDECENCIA 1.

— **4.** Ruindad, artería, traición*. V. VIL 3.

5. Sucio. Mugriento, desaseado, roñoso, manchado*, ensuciado (v. 6), sórdido; guarro, gorrino, puerco, cerdo, marrano, cochino; asqueroso, percudido, inmundo, repugnante*, descuidado*, desaliñado, descamisado, abandonado, impuro, viciado*, desidioso, dejado, adán, enrarecido, astroso, desastrado, roto, desvencijado, destartalado, ajado, harapiento, desharrapado o desarrapado, andrajoso, desgreñado, despeinado, impresentable, deteriorado*, cochambroso, infecto, piojoso, malsano, perjudicial, contaminado, polucionado, antihigiénico, insalubre, nocivo, infectado, plagado, apestado, hediondo*, maloliente, nauseabundo, repugnante*, sudoroso, mísero, degradado (v. 6).

— **6. Ensuciado**, sucio, manchado*, pringado, percudido, emporcado, salpicado, embadurnado, emborronado, rozado, sobado, ajado, deslucido, deslustrado, marchito*, grasiento*, tiznado, encenagado, enlodado, embarrado, engrasado, polvoriento, manoseado, ahumado, ennegrecido, pintado*, pintarrajeado, maculado, moteado, entintado, emplastado, enmerdado, entarquinado, veteado, churreteado.

— **7.** Tramposo, traicionero*, engañoso*. V. VIL 1,2.

— **8.** Impúdico, inmoral, obsceno. V. INDECENCIA 2.

9. Ensuciar(se). Manchar(se)*, emporcar, desasear, percudir, tiznar, pringar, embadurnar, desaliñarse, abandonarse, dejarse, desgreñarse, despeinarse, untar*, salpicar, contaminar, apestar, polucionar, infectar*, plagar, heder, repugnar*, emplastar, enmerdar, emborronar, engrasar, churretear, ensangrentar, embarrar, encenagar, enlodar, empolvar, entarquinar, pintar*, entintar, deslucir, marchitar*, ajar, desgastar, deslustrar, deteriorar*, motear, cagarse, mearse, orinarse, sudar, excretar*, empobrecer, degradar.

— **10.** Ultrajar, envilecer, calumniar*. V. CALUMNIA 2.

Contr.: Limpieza, aseo, higiene, lavado*.
V. MANCHA, BASURA, GRASA, RESIDUO, HEDOR, REPUGNANCIA, INFECCIÓN.

sucinto. Conciso, resumido, breve. V. ABREVIAR 3.

sucio. V. SUCIEDAD 5-8.

súcubo. Diablo, espíritu, aparición. V. DEMONIO 1.

suculento. Sustancioso, delicioso, nutritivo. V. GUSTO 7.

sucumbir. 1. Fallecer, perecer, expirar. V. MUERTE 13.

— **2.** Rendirse, claudicar, derrumbarse. V. RENUNCIA 2.

sucursal. Agencia, representación, filial. V. DELEGACIÓN 2.

sud. Sur, mediodía, zona meridional. V. GEOGRAFÍA 4.

sudamericano. V. suramericano.

sudar. 1. Transpirar, empapar, mojar*. V. EXCRECIÓN 4.

— **2.** Agobiarse, agotarse, trabajar*. V. FATIGA 4.

sudario. Mortaja, sábana, lienzo. V. TELA 1.

sudor. 1. Transpiración, secreción, sobaquina. V. EXCRECIÓN 2.

— **2.** Ajetreo, afán, trabajo*. V. FATIGA 4.

sudoroso. Empapado, húmedo, cansado. V. MOJADO, FATIGADO.

suegra. V. suegro.

suegro. Pariente, padre político, emparentado. V. FAMILIA 2.

suela. Tapa, pieza del zapato, cuero. V. CALZADO 2.

sueldo. Remuneración, salario, retribución. V. PAGAR 5.

SUELO. 1. Terreno, piso, estrato, nivel, firme, pavimento (v. 2), campo*, superficie, tierra, arcilla, humus (v. 3), mantillo o tierra vegetal, subsuelo, roca madre, piedra*, polvo*, residuo*, capa (v. 5), campo* (v. 4), edafología; país, nación* (v. 2).

2. Piso. Pavimento, firme, suelo, recubrimiento*, revestimiento, calzada, asfalto, macadam, hormigonado, cementado, alquitranado, adoquinado, empedrado, embaldosado, enlosado, solado, entarimado, enmaderado, parqué, tillado, tarima, tablado, azotea, terraza, terreno, tierra (v. 3).

3. Tierra. Arena, arcilla, marga, greda, gres, cerrón, gleba, humus, mantillo, tierra vegetal, polvo*, cal, caliza, yeso, grava, piedra*, roca, canto, ripio, guijarro, guijo, balasto, rocalla, arenisca, sílice, escoria, sábulo, polvillo, piedrecillas, asperón, barro, recebo, terrón, cieno, légamo, fango* (v. 4).

4. Terreno. Campo*, era, ejido, parcela, solar, lote, hacienda, propiedad, superficie, espacio, campiña, sembrado, prado, dehesa, huerta, vega, jardín*, parque, monte, bosque*, selva, tundra, taiga, desierto*, pólder (v. 5).

5. Capa. Subsuelo, estrato, veta, vena, capa geológica*, tongada, terreno profundo, sustrato, filón, yacimiento, mina*, masa, terraplén (v. 6).

6. Material. Adoquín, piedra, grava, guijarro, tierra (v. 3), balasto, hormigón, macadán, asfalto, pez, brea, losa, baldosa, mosaico, terrazo, cerámica*, ladrillo, teja, madero, viga, linóleo, alfombra, moqueta (v. 1).

7. Acción. Pavimentar, asfaltar, alquitranar, hormigonar, enarenar, afirmar, recubrir*, apisonar, adoquinar, cementar, empedrar, embaldosar, enlosar, solar, enmaderar, entarimar, afirmar, consolidar.

8. Arenoso. Pedregoso, arcilloso, calizo, gredoso, terroso, polvoriento*, yermo, desierto*, desértico, árido, infecundo, reseco, pardo, desolado, escabroso, áspero*, abrupto, accidentado, legamoso, fangoso*.

Contr.: Cielo, aire*, mar*.

V. CAMPO, AGRICULTURA, GEOLOGÍA, FANGO, POLVO, CARRETERA, NACIÓN, GEOGRAFÍA, CERÁMICA, RECUBRIMIENTO.

suelta. Lanzamiento*, liberación, redención. V. LIBERTAD 2.

suelto. 1. Libre, autónomo, rescatado. V. LIBERTAD 6.

— **2.** Aislado, solo, disperso. V. SEPARAR 14.

— **3.** Monedas, cambio, calderilla. V. DINERO 1.

— **4.** Desenvuelto, desembarazado, ágil*. V. CONFIANZA 7.

SUEÑO. 1. Reposo, descanso*, fenómeno fisiológico, f. psíquico, aletargamiento, modorra, somnolencia, sopor, letargo, coma, agonía, estado comatoso, sueño profundo, s. eterno, adormilamiento, adormecimiento, ensueño, imagen onírica (v. 3), trance, transposición, onirismo, insensibilidad, flojera, aturdimiento, inactividad, inercia, desmayo, inconsciencia, torpeza, entorpecimiento, entumecimiento, cansancio, fatiga*, pesadez, aturdimiento, indisposición, síncope, enfermedad*, ataque, catalepsia, narcosis, anestesia*, hipnosis*, sonambulismo, siesta, cabezada, duermevela, inmovilidad*, hibernación, letargo invernal, paz; ronquido, bostezo (v. 3).

— **2.** Anhelo, ambición, esperanza*. V. DESEO 1.

3. Ensueño. Imagen onírica, sueño, representación, fantasía*, pensamiento, visión, pesadilla, escena, irrealidad, aparición, alucinación, ficción, quimera, imaginación*, espejismo.

4. Generalidades. Corteza cerebral, sueño fisiológico, suspensión de la conciencia, relajación muscular, profundidad, intensidad del sueño, restauración de fuerzas, ondas alfa, movimientos oculares, sueño REM, inconsciente, subconsciente, psicoanálisis, cura de sueño, narcoterapia, ronquido, bostezo, Morfeo; apneas del sueño, hipersomnolencia.

5. Durmiente. Dormido, inconsciente, insensible, tumbado*, tendido, echado, descansado*,

dormilón, adormilado, adormecido, semidormido, lirón, soñoliento, marmota, inerte, amodorrado, aletargado, torpe, inmóvil*, entumecido, yacente, en trance, inactivo, holgazán*, indispuesto*, enfermo*, desmayado, comatoso, hipnotizado*, cataléptico, anestesiado*, sonámbulo, cansado, perezoso, fatigado*, hibernante.

6. Dormir. Reposar, conciliar el sueño, ensoñar, aparecerse, imaginar, representarse, descansar*, echarse, yacer, acostar(se), tumbarse*, tenderse, adormecerse, entumecerse, dormitar, aletargarse, adormilarse, amodorrarse, cabecear, dar cabezadas, descabezar, sestear, holgar, pernoctar, hibernar, inmovilizarse*, desmayarse*, anestesiar*, narcotizar, aturdirse, indisponerse, enfermar*, bostezar, roncar.

7. Somnífero. Dormitivo, sedante, narcótico, soporífero, droga*, tranquilizante*, calmante, hipnótico, barbitúrico, estupefaciente, alcaloide, morfina, heroína, opio, anestésico, anestesia*, éter, cloroformo, pentotal, luminal, belladona, beleño, hachís, marihuana (v. droga 3).

8. Insomnio; el despertar. Desvelo, vela, vigilia, agripnia, falta de sueño, conciencia, actividad*, nerviosidad*, preocupación, intranquilidad*, trasnochada. Desperezo, bostezo, estirón, estiramiento, desentumecimiento.

9. Despertar(se). Levantar(se), avisar, llamar, despabilarse, desvelarse, despejarse, animarse, reanimarse, volver en sí, recuperar la conciencia, r. el conocimiento, moverse, recobrarse, no dormir, velar, padecer insomnio, trasnochar, intranquilizarse*, vigilar*, desentumecer, estirarse, activar, sacudir, bostezar, desperezar.

10. Despierto. Despabilado, insomne, sin sueño, desvelado, lúcido, en vela, en vigilia, falto de sueño, animado, atento, alerta, consciente, sobrio, sereno, activo, vigilante*, trasnochador, nervioso*, intranquilo.

11. Adormecedor. Aletargador, adormilador, entorpecedor, tranquilizador*, sedante, calmante, mitigante, anestesiante*, narcótico, sedativo, hipnótico, droga*, somnífero (v. 7).

Contr.: Insomnio (v. 8).

V. DESCANSO, DESMAYO, INDISPOSICIÓN, INMOVILIDAD, FATIGA, DROGA, HIPNOSIS, ANESTESIA, FANTASÍA, IMAGINACIÓN, DESEO.

suero. Fluido, plasma, líquido*. V. SANGRE 2.

suerte. 1. Ventura, fortuna, casualidad. V. AZAR 2.

— **2.** Destino, providencia, sino. V. AZAR 1.

— **3.** Forma, manera, condición. V. MODO 1.

suéter. Jersey, prenda, pulóver. V. CHAQUETA 1.

suficiencia. 1. Engreimiento, soberbia, orgullo. V. VANIDAD 1.

— **2.** Aptitud, idoneidad, competencia. V. HÁBIL 3.

suficiente. 1. Bastante, justo, adecuado. V. OPORTUNO, CONVENIENTE.

— **2.** Capaz, competente; engreído. V. HÁBIL; VANIDOSO.

sufijo. Afijo, partícula, parte. V. GRAMÁTICA 3.

sufragáneo. Subordinado, auxiliar, dependiente. V. INFERIOR 3.

sufragar. Desembolsar, costear, abonar. V. PAGAR 1.

sufragio. 1. Papeleta, votación, voto. V. ELECCIONES 2.

— **2.** Plebiscito, comicios, votación. V. ELECCIONES 1.

sufragista. Feminista, partidaria del sufragio femenino. V. MUJER 4, ELECCIONES 3.

sufrible. V. SUFRIMIENTO 7.

sufrido. V. SUFRIMIENTO 4.

SUFRIMIENTO. 1. Angustia, dolor*, aflicción*, daño, padecimiento, resignación* (v. 2), perjuicio*, mal, pena, penalidad, tortura*, tormento, suplicio, martirio, purgatorio, infierno, sacrificio*, drama, aventura, mortificación, odisea, penitencia, aureola, cruz, agobio, inmolación, peripecia, trago, prueba, incomodidad, privación, malestar, molestia, engorro, fastidio, achaque, dolencia, enfermedad*, indisposición*, morbo, perturbación, desmejoramiento, afección, ataque*, complicación, infección* (v. 2).

— **2.** Resignación*, sufrimiento, paciencia, aguante*, entereza, estoicismo, pena, padecimiento, resistencia, penitencia, mansedumbre, tolerancia*, docilidad, sumisión, pasividad, conformidad, entereza, valor, dureza, flema, impasibilidad, filosofía, calma (v. 1).

3. Que sufre. Doliente, apenado, afligido*, torturado*, atormentado, penitente, angustiado, perjudicado, afectado, atacado, martirizado, sacrificado*, resignado, sufrido (v. 4), dolorido*, dañado, molesto*, fastidiado, indispuesto, enfermo*, morboso, perturbado, desmejorado, infectado, quejoso, protestón (v. 4).

— **4.** Sufrido, resignado, sumiso, paciente, estoico, resistente, penitente, manso, tolerante*, dócil, entero, conforme, valeroso, duro, flemático, calmoso, filosófico, impasible, aguantador*, conformista.

5. Sufrir. Soportar, tolerar, aguantar*, adolecer, admitir, afligirse*, aceptar, experimentar, recibir, padecer, percibir, resistir, penar, expiar, pagar, purgar, reparar*, jeringarse, digerir, tragar, transigir, pasar, amansarse, amolarse, sobrellevar, disimular, someterse, humillarse*, conformarse, apenarse, resignarse*, dolerse, sacrificarse*, martirizarse, atormentarse, torturarse*, angustiarse, inmolarse, aureolarse, molestarse*, fastidiarse, enfermar*, indisponerse*, perturbarse, desmejorar, afectarse, infectarse*, complicarse, aquejar, cojear.

6. Hacer sufrir. Atormentar, torturar*, sacrificar*, matar (v. muerte*), causar dolor, castigar*, condenar, angustiar, afligir*, dañar, perjudicar*, apenar, martirizar, incomodar, inmolar, molestar*, fastidiar, hostigar, perturbar, afectar, atacar, complicar, dominar*, esclavizar*, subyugar, amansar.

7. Sufrible. Tolerable*, admisible, soportable, llevadero, digerible, aceptable, pasadero, mediano*, regular, aguantable*, apto, razonable, suficiente, aprobado.

Contr.: Bienestar, felicidad*, comodidad*.

V. DOLOR, AFLICCIÓN, HUMILLACIÓN, PERJUICIO, TORTURA, MUERTE, SACRIFICIO, TOLERANCIA, AGUANTE, RESIGNACIÓN, MOLESTIA, ENFERMEDAD, INDISPOSICIÓN, CONDENA, CASTIGO, ESCLAVITUD.

sufrir. V. SUFRIMIENTO 5.

sugerencia. Indicación, proposición, insinuación*. V. CONSEJO 1.

sugerente. Insinuante*, tentador, interesante*. V. ATRACTIVO 2.

sugerir. Advertir, insinuar*, proponer. V. CONSEJO 4.

sugestión. 1. Hechizo, fascinación, hipnosis*. V. ATRACTIVO 1.

— **2.** Convencimiento, persuasión, creencia. V. PERSUADIR 2.

sugestionable. Pusilánime, dominable, hipnotizable*. V. TIMIDEZ 2.

sugestionar. V. sugestión.

sugestivo. V. sugerente.

suicida. Que se inmola, se mata, desesperado. V. MUERTE 10, 14.

suicidarse. Matarse, eliminarse, quitarse la vida. V. MUERTE 14.

suicidio. Sacrificio, inmolación, autodestrucción. V. MUERTE 1, 7.

sui géneris. Peculiar, singular, especial. V. CARACTERÍSTICA 3.

suite. fr Apartamento lujoso, aposento doble, habitaciones privadas. V. HOTEL 4.

sujeción. V. SUJETAR 3.

sujetador. V. SUJETAR 5.

SUJETAR. 1. Aferrar, asir, esposar, encadenar, enlazar, aprisionar, esclavizar, aprehender, aherrojar, atrapar, retener, dominar* (v. 2), asegurar, coger*, adherir*, clavar*, afirmar, contener*, trincar, fijar, trabar, inmovilizar*, paralizar, atenazar, apretar, amarrar, anudar, atar, colgar*, suspender, alcanzar, pescar, tomar, blandir, empuñar, someter, unir*, juntar, reunir, abotonar, abrochar, acogotar, constreñir, estancar, entorpecer (v. 2).

— **2.** Dominar*, sujetar, mandar, disciplinar*, esclavizar*, subordinar, supeditar, oprimir, someter, subyugar, reprimir, avasallar, domar, amansar.

3. Sujeción. Inmovilización, contención, dominación (v. 4), gancho*, sujetador (v. 5), retención, fijación, atadura, enganche, paralización, aprisionamiento, encadenamiento, estancamiento, aherrojamiento, aferramiento, asimiento, colgadura, suspensión, entorpecimiento, trabazón, presa, prendimiento, constricción, acogotamiento (v. 4).

— **4.** Dominación*, sujeción, sometimiento, dominio, subyugación, esclavitud*, vasallaje, sumisión, coacción, chantaje, supeditación, subordinación, disciplina, influencia, dependencia, tiranía, mando, abuso*, autoridad, yugo (v. 5).

5. Lo que sujeta. Sujetador, gancho*, traba, agarre, trinca, esposas, grilletes, manillas, cadenas, eslabones, cepo, trampa, yugo, red, lazo, presa, grapa, laña, remache, clavo*, tornillo, imperdible, alfiler, automático, broche*, presilla, botón, lazada, nudo*, ligadura, zuncho, fiador, pinzas.

6. Sujeto. Inmovilizado, contenido, dominado* (v. 3, 4).

Contr.: Soltar, librar, separar*.

V. COGER, ADHERIR, CLAVAR, INMOVILIZAR, COLGAR, UNIR, DOMINAR, DISCIPLINAR, ESCLAVIZAR, NUDO.

sujeto. 1. Tipo, individuo, hombre*. V. PERSONA 1.
— **2.** Tema, motivo, cuestión. V. ASUNTO 2.
— **3.** Inmovilizado, contenido, dominado*. V. SUJETAR 6.

sulfamida. Droga*, producto quimioterápico, desinfectante*. V. ANTIBIÓTICO 2.

sulfatar. Fumigar, rociar, desinfectar*. V. DESINFECTANTE 5.

sulfurarse. Exasperarse, irritarse, indignarse. V. ENOJO 2.

sultán. Príncipe musulmán, monarca, gobernador*. V. ÁRABE 2.

suma. 1. Operación, cuenta, adición. V. CÁLCULO 6.
— **2.** Conjunto, añadido*, conglomerado. V. TOTAL 1.

sumamente. Fuertemente, excesivamente, vivamente. V. INTENSIDAD 5.

sumar. Agregar, reunir, totalizar*. V. AÑADIR 1.

sumario. 1. Expediente, causa, litigio. V. TRIBUNAL 7.
— **2.** Resumen, índice, compendio. V. LISTA 1.
— **3.** Breve, conciso, rápido*. V. ABREVIAR 3.

sumarísimo. Juicio urgente, drástico, consejo de guerra*. V. TRIBUNAL 7.

sumergible. Embarcación submarina, navío submarino, barco* s. V. SUBMARINO 1.

sumergir. 1. Empapar, calar, bañar*. V. MOJAR 1.
— **2.** *Sumergirse*, descender, bajar, profundizar. V. HUNDIR 2.

sumersión. Inmersión, hundimiento, descenso. V. HUNDIR 5.

sumidero. Cloaca, desagüe, alcantarilla. V. ALCANTARILLADO 2.

suministrar. 1. Surtir, aprovisionar, proveer. V. ABASTECIMIENTO 4.
— **2.** Proporcionar, dar, ofrecer*. V. ENTREGAR 1.

suministro. 1. Entrega, remesa, aprovisionamiento. V. ENTREGAR 4.
— **2.** Víveres, vituallas, provisiones. V. ABASTECIMIENTO 2.

sumir. 1. Sumergir, descender, bajar. V. HUNDIR 2.

— **2.** *Sumirse*, abismarse, abstraerse, reflexionar. V. PENSAR 1.

sumisión. 1. Mansedumbre, resignación, docilidad. V. HUMILDAD 1.
— **2.** Pleitesía, vasallaje, acatamiento. V. OBEDIENCIA 1.

sumiso. Manso, dócil, manejable. V. OBEDIENCIA 2.

súmmum. V. sumo.

sumo. Supremo, destacado, grande. V. SUPERIOR 1.

suntuario. V. suntuoso.

suntuosidad. Opulencia, magnificencia, boato. V. LUJO 1.

suntuoso. Fastuoso, espléndido, opulento. V. LUJO 2.

supeditación. V. supeditar.

supeditar. 1. Someter, relegar, sujetar. V. DOMINACIÓN 9.
— **2.** *Supeditarse*, subordinarse, acatar, transigir. V. OBEDIENCIA 3.

superabundancia. Plétora, cantidad*, exceso. V. ABUNDANCIA 1.

superabundante. Excesivo, cuantioso, profuso. V. ABUNDANCIA 2.

superabundar. Sobrar, prodigarse, proliferar. V. ABUNDANCIA 3.

superación. V. SUPERIOR 4.

superar. V. SUPERIOR 6.

superávit. Exceso, provecho, ganancia. V. BENEFICIO 1.

superchería. Embuste, fraude, impostura. V. ENGAÑO 1.

superficial. 1. Saliente, visible, anterior. V. EXTERIOR 1.
— **2.** Insustancial, trivial, pueril. V. FRIVOLIDAD 3.

superficialidad. V. superficial 2.

superficie. Medida*, extensión, área. V. ZONA 1.

superfluo. Sobrante, innecesario, excesivo. V. INÚTIL 1.

superhombre. Titán, semidiós, triunfador*. V. HÉROE 1.

superintendente. Director, jefe*, supervisor. V. ADMINISTRACIÓN 6.

SUPERIOR. 1. Descollante, distinguido, dominante*, eminente, sabio*, puntero, primero, destacado, delantero, superlativo, genial, notable, admirable, caracterizado, eximio, preeminente, principal, sobresaliente, inmejorable, excelente (v. 2), magnífico, predominante, importante*, aventajado, preponderante, excelente, extraordinario, poderoso*, fuerte, grande*, alto*, encumbrado, elevado, gigantesco, señalado, supremo, afamado, famoso, ilustre, reputado, noble, prestigioso, esclarecido, selecto, excelso, perfecto*, glorioso, notorio, renombrado, bueno, sumo, conspicuo, maravilloso*, insigne, superlativo, relevante, brillante, prócer, patricio, adelantado, avanzado, próspero*, esplendoroso, lucido, desarrollado*, rico, civilizado, victorioso, triunfador*, la crema, lo mejor, lo selecto (v. 4).

— **2.** *Excelente,* superior, inmejorable, insuperable, perfecto*, óptimo, extraordinario, soberbio, estupendo, maravilloso*, magnífico, refinado*, superlativo, precioso, óptimo (v. 1).
— **3.** Director, amo, guía. V. JEFE 1.
4. Superioridad. Preeminencia, preponderancia, primacía, prioridad, importancia, superación, preferencia, precedencia, poder*, mando, prestigio*, calidad, brillantez, distinción, genialidad, eminencia, dominio, predominio, supremacía, categoría, ventaja*, culminación, relevancia, imperio, dominación*, potencia, hegemonía, ventaja, mayoría, quórum, perfección*, excelencia, virtud, influjo, apogeo, fuerza, elevación, encumbramiento, señorío, imperio, altura, grandeza, excelsitud, reputación, fama, celebridad*, gloria, notoriedad, renombre, magnificencia, bondad*, brillo, maravilla*, adelanto, esplendor, aristocracia*, proceridad, élite o elite, la crema, selección, lucimiento, delantera, avance, desarrollo*, riqueza*, civilización, progreso, prosperidad*, expansión, impulso, esfuerzo*, brega, perfeccionamiento*, ampliación, superación, incremento, rebasamiento, auge, ganancia, culminación, evolución, fortalecimiento, victoria, exceso, triunfo*.
— **5.** Mando, dirección, gobierno*. V. JEFE 9.
6. Superar(se). Descollar, rebasar, adelantar, sobrepasar, destacar, sobresalir, ganar, dominar*, predominar, preponderar, pasar, desempatar, sobrepujar, encumbrarse, mejorar*, avanzar, desbordar, aventajar, diferenciarse, culminar, traspasar, desbordar, prodigarse, afanarse, esforzarse, resaltar, distinguirse, exceder, mandar, progresar, prosperar, prevalecer, expandir, vencer, triunfar*, eclipsar, impulsar, perfeccionar, imperar, señorear, conquistar, reprimir, esclavizar*, dictar, despuntar, rayar, brillar*, señalarse, lucir, luchar*, bregar, esforzarse.
Contr.: Inferior*, fracasado.
V. DOMINANTE, IMPORTANTE, PERFECTO, MARAVILLOSO, PRÓSPERO, TRIUNFADOR, PRESTIGIOSO, LUCHAR, ESCLAVIZAR, MEJORAR, ESFUERZO.
superioridad. V. SUPERIOR 4, 5.
superlativo. V. SUPERIOR 1.
supermercado. Autoservicio, establecimiento, local. V. TIENDA 1.
supernumerario. Excedente, remanente, fuera de plantilla. V. SEPARAR 14.
superpoblado. Congestionado, populoso, atestado. V. HABITACIÓN 7.
superponer. Sobreponer, cubrir, poner. V. AÑADIR 2.
superposición. Transposición, añadido, intercalación. V. AÑADIR 4.
superpuesto. Intercalado, sobrepuesto, añadido. V. AÑADIR 7.

SUPERSTICIÓN. 1. Oscurantismo, credulidad, ignorancia, creencia, fanatismo, , fetichismo, rito supersticioso, irreligiosidad, ingenuidad, inocencia*, necedad, tontería*, simpleza, fe, fantasía*, quimera, mito, ocultismo, magia, hechicería*, adivinación*, cábala, taumaturgia, ensalmo, alquimia, astrología, agorería, vudú, macumba, brujería, nigromancia, maleficio, mal de ojo, manía*, miedo, temor*.
2. Supersticioso. Crédulo, ignorante*, fanático, irreligioso, fetichista, oscurantista, ingenuo, inocente*, necio, simple, quimérico, mitómano, ocultista, nigromante, mago, brujo, hechicero*, cabalista, adivino*, agorero, ensalmador, taumaturgo, maniático*, miedoso, temeroso*.
3. Talismán, fetiche. Amuleto, efigie, tótem, mascota, ídolo, estatuilla, deidad, figura*, reliquia, filacteria, medallón, grisgrís, abraxas, higa, candorga, sanguinaria, círculo, cuadrado mágico, pentagrama, calavera, lechuza, nudo, ligadura, alfiler, pata de conejo, ombligo de Venus, ombligo marino, collar, anillo, dije, cuenta, joya*, estelión, judaica, bezoar, morión, sello de Salomón, cuerda de ahorcado, diente de hiena, pelo de gato, lengua de camaleón, piedra del rayo (v. 4).
4. Generalidades. Abracadabra, tabú, maleficio, mal de ojo, aojo, virtud sobrenatural, cábala, signo cabalístico, talismán (v. 3).
Contr.: Religión*, ciencia*.
V. HECHICERÍA, IGNORANCIA, MANÍA, TEMOR, ALQUIMIA, ASTROLOGÍA, ADIVINACIÓN.
supersticioso. V. SUPERSTICIÓN 2.
supervisar. Observar, inspeccionar, controlar. V. COMPROBAR 1.
supervisión. Verificación, control, inspección. V. COMPROBAR 2.
supervisor. Inspector, verificador, interventor. V. COMPROBAR 4.
supervivencia. Vitalidad, longevidad, persistencia. V. VIDA 1.
superviviente. 1. Longevo, decano, perenne. V. DURACIÓN 4.
— **2.** Salvado, víctima, rescatado. V. SOCORRO 7.
supino. 1. Boca arriba, tendido, echado. V. ENCIMA 1.
— **2.** Ignorante, garrafal, total*. V. IGNORANCIA 2.
suplantación. Engaño*, sustitución, impostura. V. SIMULACIÓN 1, 2.
suplantar. V. suplantar.
suplantar. 1. Falsear*, cambiar*, engañar*. V. SIMULACIÓN 8.
— **2.** Reemplazar, suplir, relevar. V. SUSTITUCIÓN 5.
suplementario. Adicional, complementario, agregado. V. AÑADIR 6.
suplemento. Apéndice, complemento, aumento. V. AÑADIR 3-5.

suplencia. V. suplente.

suplente. Reemplazante, interino, sustituto. V. SUSTITUCIÓN 3.

súplica. Imploración, ruego, solicitud. V. PEDIR 3.

suplicante. Solicitante, implorante, quejumbroso*. V. PEDIR 4.

suplicar. V. suplicante.

suplicio. Tormento, sufrimiento, martirio. V. TORTURA 1.

suplir. Reemplazar, suplantar, relevar. V. SUSTITUCIÓN 5.

suponer. Sospechar*, deducir, imaginar*. V. CREER 1.

suposición. Conjetura, barrunto, imaginación*, hipótesis. V. CREER 5.

supositorio. Tratamiento, ayuda, medicina*. V. MEDICAMENTO 4.

supremacía. Preponderancia, predominio, hegemonía. V. SUPERIOR 4.

supremo. Alto, sumo, poderoso*. V. SUPERIOR 1.

supresión. 1. Abolición, eliminación, destrucción*. V. ANULAR 4.
— **2.** Cese, interrupción*, alto. V. PARAR 5.

suprimir. V. supresión.

supuesto. 1. Presunto, hipotético, figurado. V. IMAGINACIÓN 7.
— **2.** Suposición, posibilidad, hipótesis. V. CREER 5.
— **3.** *Supuesto (por)*, sin duda, evidentemente, indudablemente. V. VERDAD 5.

supuración. Pus, humor, flujo. V. EXCRECIÓN 1, 2.

supurar. Segregar, llagarse, infectarse*. V. EXCRECIÓN 4.

sur. Sud, mediodía, zona meridional. V. GEOGRAFÍA 4.

suramericano. Hispanoamericano, iberoamericano, latinoamericano. V. AMERICANO 1.

surcar. Navegar, cortar las aguas, hender. V. NAVEGACIÓN 3.

surco. 1. Excavación, zanja, caballón. V. AGRICULTURA 3.
— **2.** Ranura, estría, arruga. V. HENDEDURA 1.
— **3.** Rastro, huella, camino*. V. SEÑAL 1.

sureño. Meridional, austral, del Sur. V. GEOGRAFÍA 4.

surgir. Aparecer, manar, salir. V. BROTAR 1.

surmenaje. *galic* Extenuación, agotamiento, fatiga*. V. DEBILIDAD 2.

surtido. 1. Muestrario, juego, conjunto* V. COLECCIÓN 1.
— **2.** Diverso, variado, múltiple. V. VARIAR 5.

surtidor. Chorro, manantial, agua*. V. FUENTE 1.

surtir. Suministrar, proveer, aprovisionar. V. ABASTECIMIENTO 4.

susceptibilidad. V. susceptible.

susceptible. 1. Delicado, receloso, suspicaz. V. SOSPECHA 2.
— **2.** Capaz de, adecuado para, apto. V. CONVENIENTE, OPORTUNO 1.

suscitar. Determinar, infundir, causar. V. ORIGEN 3.

suscribir. 1. Ratificar, aprobar, respaldar. V. APOYAR 2.
— **2.** *Suscribirse*, abonarse, apuntarse, registrarse. V. ASOCIACIÓN 13.

suscripción. Inscripción, alta, registro. V. LISTA 1.

suscrito. Infrascrito, firmante, signatario. V. MENCIONAR 3.

suscritor. Abonado, registrado, inscrito. V. ASOCIACIÓN 12.

susodicho. Aludido, mencionado, antedicho. V. MENCIONAR 3.

suspender. 1. Parar, detener, limitar*. V. INTERRUPCIÓN 2.
— **2.** Sancionar, anular*, privar. V. CASTIGO 8.
— **3.** Pender, caer, enganchar. V. COLGAR 1, 2.
— **4.** No aprobar, eliminar, excluir. V. RECHAZAR 3.
— **5.** Fascinar, pasmar, maravillar*. V. ASOMBRO 4.

suspendido. V. suspender.

suspense. Intriga, emoción, incertidumbre. V. MISTERIO 1.

suspensión, suspenso. V. suspender.

suspicacia. V. suspicaz.

suspicaz. Receloso, susceptible, desconfiado. V. SOSPECHA 2.

suspirar. 1. Espirar, exhalar, soplar. V. RESPIRACIÓN 2.
— **2.** Anhelar, ansiar, apetecer. V. DESEO 4.

suspiro. Jadeo, espiración, gemido. V. RESPIRACIÓN 1.

SUSTANCIA. 1. Substancia, ingrediente, materia*, material, factor, elemento*, componente, compuesto, principio, constituyente, sustrato, tenor, base, fondo, miga, meollo, médula, centro*, esencia (v. 2).
— **2.** *Esencia*, sustancia, espíritu*, ser, enjundia, alma, trascendencia, importancia*, fundamento, carácter*, valor, quid, propiedad, cualidad, identidad, intimidad, particularidad, meollo, médula, ingrediente (v. 1).
— **3.** *Jugo*, sustancia, caldo, extracto, zumo, concentrado, alimento*, elixir, néctar, bebida*, líquido*, humor, secreción, excreción*, licor, agua*, acuosidad, solución, disolución, infusión.
4. Sustancioso. Substancioso, caldoso, jugoso, suculento, nutritivo, alimenticio*, sabroso, líquido*, espeso, concentrado, reconfortante, acuoso, gustoso*, apetitoso, rico, sazonado, exquisito, sápido, importante, sustancial (v. 5).
5. Sustancial. Substancial, esencial, trascendente, trascendental, importante*, íntimo, particular, personal*, característico*, principal*, básico, valioso, fundamental, cardinal, imprescindible, preponderante, medular, inherente, natural, innato, intrínseco, congénito.
V. MATERIA, ELEMENTO, IMPORTANCIA, ESPÍRITU, CARÁCTER, JUGO, LÍQUIDO, BEBIDA, AGUA, ALIMENTO.

sustancial. V. sustancia 5.

sustancioso. V. sustancia 4.

sustantivo. 1. Nombre, palabra, elemento gramatical. V. GRAMÁTICA 5.

— 2. Intrínseco, individual, propio. V. CARACTERÍSTICA 3.

sustentación. V. sustentáculo.

sustentáculo. Apoyo*, sostén, base. V. SOPORTE 1.

sustentar. 1. Criar, nutrir, mantener. V. ALIMENTO 11.

— 2. Aguantar, sujetar, sostener. V. SOPORTE 3.

— 3. Respaldar, favorecer, defender. V. PROTECCIÓN 3.

sustento. Comida, manutención, subsistencia. V. ALIMENTO 1.

SUSTITUCIÓN. 1. Substitución, reemplazo, variación*, cambio*, relevo, canje, permuta, trueque, muda, mudanza, renuevo, novedad, suplencia, suplantación, representación, sucesión, delegación*, poderes, interinidad, ayuda*, regencia, lugartenencia, autorización, mandato, encargo, procuración, continuación*, renovación, turno*, despido*, expulsión* (v. 2).

— 2. Exoneración, despido, cese. V. EXPULSAR 3.

3. Sustituto. Substituto, suplente, sucesor, reemplazante, sosia, sosias, doble, parecido, semejante*, delegado*, ayudante*, auxiliar, interino, encargado, enviado, lugarteniente, apoderado, pasante, suplantador, suplefaltas, vicario, coadjutor, secretario, subalterno, factótum, ejecutor, síndico, relevo, esquirol, rompehuelgas, subdirector, subgobernador, subjefe, subinspector, etc., similar (v. 4).

4. Sustitutivo. Substitutivo, similar, análogo, semejante*, sucedáneo, pariente, equivalente, próximo, parecido, sustituto (v. 3).

5. Sustituir. Substituir, reemplazar, suplantar, desbancar, echar, expulsar*, eliminar, relevar, relegar, cesar, despedir (v. 6), arrinconar, suceder, delegar*, suplir, renovar, repostar, trocar, ayudar*, auxiliar, regir, procurar, mudar, cambiar*, permutar, canjear, regentar, apoderar, llevar, servir, completar, representar, autorizar, mandar, encargarse, enviar, turnarse* (v. 6).

— 6. Exonerar, despedir, cesar. V. EXPULSAR 1.

Contr.: Estabilidad, titularidad.

V. CAMBIO, VARIACIÓN, DELEGACIÓN, AYUDA, CONTINUACIÓN, EXPULSIÓN, TURNO, SEMEJANZA.

sustituir. V. SUSTITUCIÓN 5, 6.

sustitutivo. V. SUSTITUCIÓN 4.

sustituto. V. SUSTITUCIÓN 3.

susto. Miedo, pavor, alarma. V. TEMOR 1.

sustracción. 1. Resta, operación, diferencia. V. CÁLCULO 6.

• — 2. Hurto, latrocinio, despojo. V. ROBO 1.

sustraer. 1. V. sustracción 1, 2.

— 2. Sustraerse, evitar, eludir, rehuir. V. ESQUIVAR 1.

susurrante. 1. Bisbiseante, balbuciente, cuchicheante. V. MURMULLO 5.

— 2. Apacible, rumoroso, suave*. V. LEVE 1.

susurrar. 1. Musitar, cuchichear, balbucear. V. MURMULLO 3.

— 2. Resonar, runrunear, soplar. V. SILBAR 1.

susurro. 1. Cuchicheo, balbuceo, bisbiseo. V. MURMULLO 1.

— 2. Murmullo, silbido, sonido*. V. SILBAR 2.

sutil. 1. Perspicaz, penetrante, inteligente. V. ASTUCIA 3.

— 2. Delicado, fino, tenue. V. LEVE 1.

sutileza. Agudeza, inteligencia*, sátira. V. IRONÍA 1, ASTUCIA 1.

sutura. Cosido, cicatriz, costurón. V. LESIÓN 2.

suturar. Coser, cerrar*, dar puntos. V. LESIÓN 9.

sweter. ingl V. suéter.

symposium. V. simposio.

T

taba. Huesecillo, astrágalo, hueso corto. V. HUE-
SOS 5, JUEGO 7.

TABACO. 1. Hoja, h. seca, curada, hebra, picadura, planta solanácea, vegetal*, cigarro (v.
3), cigarrillo (v. 4), pipa (v. 5), tabaco negro,
rubio (v. 2).
2. Clases. Tabaco negro, rubio, de hoja, de
pipa, en polvo o rapé, turco, egipcio, peninsular, canario, de Virginia, de Habana (v. 1).
3. Cigarro. Puro, habano, veguero, breva, tagarnina, panatela, trompetilla, corona, señorita.
Partes: vitola, capa o envoltura, tripa o relleno,
corte, boquilla; cortapuros. *Marcas:* Partagás, H.
Upmann, Montecristo, Cohíba, Cuaba.
4. Cigarrillo. Cigarro, pitillo, emboquillado,
colilla, punta, resto, pucho; papel, filtro, boquilla.
5. Pipa. Cachimba (cazoleta, boquilla), utensilio, accesorio de fumador; pipa de espuma
de mar, de brezo, de arcilla, de calabaza, de
panoja de maíz, calumet, narguile.
6. Varios. Tabaquera, petaca, pitillera, cigarrera, purera, cajetilla, envase, estuche, caja, paquete, cartón; cenicero, encendedor, mechero,
accesorio de fumador, cortapuros, guillotina;
plantación, tabacal, vega, fumadero, estanco,
expendeduría, establecimiento, tabacalera, monopolio, tabaquería, puesto, quiosco, tienda*,
cigarrería; nicotina, alcaloide, grifa, kif, opio,
marihuana, cáñamo indio; humo, nube*, fuegos; tabaquismo, t. pasivo, abuso, intoxicación,
enfermedad*, adicción, vicio*.
7. Personas. Fumador, f. activo, f. pasivo, taba-
quista, consumidor, usuario, enviciado, cultivador, plantador, tabaquero, estanquero, concesionario, cigarrero, expendedor, vendedor*.
8. Elaboración. Cosecha, recolección, secado, maduración, añejamiento, curado, c. por
humo, por aire caliente, clasificación, empacado en balas, venta. *Cigarrillos:* humedecimiento,
limpieza de hojas, mezcla de clases, desmenuzado, prensado, enrollado, engomado, corte,
empaquetado.
9. Fumar. Aspirar, chupar*, expeler, expulsar,
espirar, lanzar*, echar bocanadas, echar humo,
volutas, consumir, gastar, humear.
V. FUEGO, NUBE, VICIO.

tabalear. Repiquetear, tamborilear, golpetear. V.
SONIDO 7.

tabaleo. V. tabalear.

tábano. Moscón, díptero, tsetsé. V. MOSCA 2.

tabaquera. V. TABACO 6.

tabaquería. V. TABACO 6.

tabaquero. V. TABACO 7.

tabaquismo. V. TABACO 6.

tabardillo. Insolación, fiebre, tifus. V. ENFERME-
DAD 10, 11.

tabardo. Abrigo, zamarra, gabán. V. ABRIGAR 3.

tabarra. Monserga, fastidio, molestia*. V. ABU-
RRIMIENTO 1.

taberna. Cantina, bodegón, tasca. V. BEBIDA 10.

tabernáculo. Altar, sagrario, retablo. V. TEMPLO 4.

tabernero. Bodeguero, cantinero, vinatero. V.
BEBIDA 12.

tabicar. Tapiar, alzar, cerrar. V. PARED 3.

tabique. Medianera, muro, división. V. PARED 1.

tabla. 1. Listón, larguero, tablón. V. MADERA 2.
— **2.** Cuadro, índice, relación. V. LISTA 1.
— **3.** *Tablas*, igualdad, empate, juego. V. AJE-
DREZ 4, 5.

tablado, tablazón. Estrado, plataforma, tarima.
V. MADERA 3.

tablero. V. tabla 1, 2.

tableta. Gragea, comprimido, pastilla. V. MEDI-
CAMENTO 4.

tabletear. Repiquetear, resonar, castañetear. V.
SONIDO 7.

tableteo. V. tabletear.

tablilla. V. tabla 1.

tablón. V. tabla 1.

tabú. Impedimento, veto, superstición*. V. PRO-
HIBICIÓN 1.

tabuco. Covacha, buhardilla, cuchitril. V. TUGU-
RIO.

taburete. Banquillo, escabel, escaño. V. ASIEN-
TO 1.

taca. Manchón, mácula, borrón. V. MANCHA 1.

tacañería. Roñosería, mezquindad, usura. V.
AVARICIA 1.

tacaño. Miserable, roñoso, sórdido. V. AVARICIA 2.

tacha. Inconveniente, falta, defecto*. V. IMPER-
FECCIÓN 1.

tachadura. Trazo, raspadura, raya. V. LÍNEA 1.

tachar. 1. Suprimir, rayar, corregir. V. ANULAR 1.
— **2.** Reprochar, censurar, criticar. V. DESAPRO-
BAR 1.

tachonado. Recamado, constelado, sembrado.
V. LLENAR 4.

tachuela. Clavillo, chincheta, sujetador. V. CLA-
VO 1.

tácito. Sobrentendido, virtual, implícito. V. INTE-
LIGENCIA 1.

taciturnidad. V. taciturno.

taciturno. Retraído, huraño, reservado. V. HOS-
CO 1.

taco. 1. Tapón, cuña, tarugo. V. MADERA 2.
— **2.** Reniego, ofensa, juramento. V. MALDI-
CIÓN 2.

tacón. Talón, pieza*, suela. V. CALZADO 2.

taconazo. Patada, zapatazo, pisotón. V. GOLPE 1.

taconear. Zapatear, pisar, repiquetear. V. GOLPE 10.

táctica. 1. Estrategia, maniobra, plan militar. V. GUERRA 4.

— **2.** Manera, plan*, sistema. V. MODO 1.

táctico. Estratégico, militar, guerrero. V. GUERRA 6.

tacto. 1. Sentido, sensación, percepción. V. TOCAR 7.

— **2.** Roce, toque, caricia*. V. TOCAR 6.

— **3.** Discreción, delicadeza, diplomacia. V. MODERACIÓN 1.

tafetán. Seda, lienzo, tejido. V. TELA 6.

tafilete. Cordobán, cuero, badana. V. PIEL 6.

tagarnina. Cigarro, puro, veguero. V. TABACO 3.

tahalí. Banda, correa, cinto. V. TIRA 2.

tahona. Panadería, fábrica de pan, horno. V. PAN 7.

tahúr. Fullero, tramposo, ventajista. V. JUEGO 13.

taifa. Facción, camarilla, chusma. V. GRUPO 4.

taiga. Selva, boscaje, espesura. V. BOSQUE 1.

taimado. Ladino, pérfido, hipócrita*. V. ASTUCIA 3.

tajada. Loncha, rodaja, rebanada. V. CORTAR 5.

tajamar. Proa, roda, espolón. V. BARCO 12.

tajante. Cortante, seco, autoritario. V. ÁSPERO 2.

tajar. Rajar, seccionar, partir. V. CORTAR 1.

tajo. 1. Cuchillada, sección, herida. V. CORTAR 4.

— **2.** Filo, hoja, borde. V. CORTAR 6.

tala. Poda, recorte, desmoche. V. CORTE 4.

talabartería. Guarnicionería, taller, marroquinería. V. CABALLO 14, PIEL 6.

taladrador. V. TALADRO 1.

taladrar. V. TALADRO 3, 4.

TALADRO. 1. Trépano, broca, barrena, perforador, perforadora, escariador, berbiquí, sacabocados, punzón, lezna, pincho*, punta*, clavo*, sonda, taladrador, excavadora*, herramienta*, agujero* (v. 2).

— **2.** Perforación, abertura, orificio. V. AGUJERO 1.

3. Taladrar. Perforar, barrenar, horadar, agujerear*, trepanar, avellanar, fresar, escariar, cortar*, punzonar, sondar, excavar*, profundizar, ahondar, zapar, investigar*, abrir, atravesar, calar, penetrar, apolillar, comer.

— **4.** Taladrar (los oídos*), atronar, ensordecer, herir. V. SONIDO 7.

V. AGUJERO, EXCAVACIÓN, PINCHO, PUNTA, HERRAMIENTA.

tálamo. Lecho, catre, diván. V. CAMA 1.

talante. Temperamento, humor, índole. V. CARÁCTER 1.

talar. 1. Podar, cercenar, segar. V. CORTAR 1.

— **2.** Talar (vestidura), vestidura larga, hasta los talones, sotana. V. VESTIMENTA 7.

talco. Silicato de magnesia, polvillo, creta. V. YESO 1.

talega, talego. Alforja, zurrón, bolsa. V. SACO 1.

taleguilla. Pantalón, calzón, prenda del torero. V. TOREO 3.

talento. Ingenio, lucidez, perspicacia. V. INTELIGENCIA 1.

talentoso. Ingenioso, perspicaz, sagaz. V. INTELIGENCIA 3.

talión. Desquite, represalia, castigo*. V. VENGANZA 1.

talismán. Fetiche, reliquia, amuleto. V. SUPERSTICIÓN 3.

talla. 1. Medida*, estatura, alzada. V. ALTO 3.

— **2.** Estatua, figura*, monumento. V. ESCULTURA 2.

tallar. Labrar, trabajar, cincelar. V. ESCULTURA 5.

tallarín. Macarrón, fideo, pasta alimenticia. V. ALIMENTO 14.

talle. 1. Estrechez, cintura, cadera. V. CUERPO 5.

— **2.** Conformación, apariencia, traza. V. ASPECTO 1.

taller. Manufactura, obrador, estudio. V. HABITACIÓN 1, FÁBRICA 1.

tallista. Cincelador, artista*, imaginero. V. ESCULTURA 6.

tallo. Renuevo, ramita, brote*. V. VEGETAL 2.

talludo. Veterano, mayor, maduro. V. ANCIANO 1.

talón. 1. Calcañar, tarso, planta. V. PIE 5, 6.

— **2.** Resguardo, cheque, comprobante. V. COMPROBAR 3.

talonario. Cartilla, libreta, librillo. V. CUADERNO 1.

talonazo. Patada, chasquido, percusión. V. GOLPE 4.

talud. Declive, escarpa, rampa. V. CUESTA 1.

tamaño. Dimensión, magnitud, altura. V. MEDIDA 1.

tambalearse. Vacilar, bambolearse, oscilar. V. OSCILACIÓN 4.

tambaleo. V. tambalearse.

también. Incluso, asimismo, igualmente. V. ADEMÁS.

tambor. 1. Caja, timbal, instrumento de percusión. V. INSTRUMENTO MUSICAL 5.

— **2.** Tubo*, rollo, bidón. V. CILINDRO 1, RECEPTÁCULO 4.

tamborilear. Repiquetear, redoblar, tabalear. V. SONIDO 7.

tamborilero. V. tamborilear.

tamiz. Cernedor, cedazo, criba. V. COLAR 5.

tamizar. Cerner, ahechar, cribar. V. COLAR 1.

tampoco. Nada, no, nones. V. NEGACIÓN 3.

tampón. Almohadilla, accesorio, útil de oficina. V. OFICINA 2.

tanda. 1. Vez, ciclo, período. V. TURNO 1.

— **2.** Conjunto, partida, número. V. GRUPO 1.

tándem. 1. Bicicleta doble, biciclo, velocípedo. V. BICICLETA 1.

— **2.** Conjunto, grupo*, pareja. V. EQUIPO 3.

tangente. Tocante, confinante, segmento. V. LÍMITE 3, LÍNEA 1.

tangible. Palpable, material, concreto. V. MATERIA 6.

tango. Danza, d. popular, d. argentina. V. BAILE 6.

TANQUE. 1. Carro de combate, de asalto, vehículo acorazado, blindado, automóvil de guerra, unidad blindada, división acorazada.
— **2.** Cisterna, receptáculo*, aljibe. V. RECEPTÁCULO 4.
3. Clases. Carro de reconocimiento, ligero, mediano, pesado, anfibio. Panzer, Panther (Alemania), Sherman (EE.UU.), Stalin T-34 (URSS), AMX-30 (España-Francia). Tanques modernos: Leopard 2 A5/A5 (alemán), M1 A2 Abrams (norteamericano), Leclerc (francés), Challenger II (británico).
4. Partes. Torreta o terracilla giratoria, escotilla, cañón, deflector, ventilador, periscopio, telémetro, antena, aparato de radio, ametralladoras*, motor*, orugas, cadenas, ruedas impulsoras, engranaje* de transmisión, depósito de combustible, depósito de municiones.
5. Dotación. Oficial jefe, conductor, artillero, radiotelefonista.
V. EJÉRCITO, VEHÍCULO, ARTILLERÍA, ARMA.

tanteador. Marcador, cartelón, cuadro. V. LETRERO 1, JUEGO 9.
tantear. 1. Examinar, intentar, investigar*. V. COMPROBAR 1.
— **2.** Sobar, palpar, rozar. V. TOCAR 1.
tanteo. 1. Puntuación, puntos, tantos. V. JUEGO 9.
— **2.** Tentativa, sondeo, prueba. V. INTENTO 1.
tanto. 1. Mucho, abundante, numeroso. V. ABUNDANCIA 2.
— **2.** Total*, medida*, número*. V. CANTIDAD 2.
— **3.** *Tantos.* V. TANTEO 1.
tañer. 1. Rasguear, pulsar, puntear. V. TOCAR 2, GUITARRA 3.
— **2.** Voltear, repicar, doblar. V. CAMPANA 6, GUITARRA 3.
tañido. Repique, volteo; rasgueo. V. CAMPANA 4; GUITARRA 4.
TAPA. 1. Tapadera, cobertera, cubierta, cierre, recubrimiento*, taponamiento, tapadura, tapón, corcho, tarugo, taco, espiche, cápsula, válvula, casquete, parte superior, pieza*, funda, forro, envoltura*, embalaje*, plancha, placa*, envase*, capa, corteza, cáscara, cobertura, disimulo, disfraz*, encubrimiento.
— **2. Tapar.** Envolver*, cubrir, resguardar, recubrir*, cerrar, taponar, tapiar, vallar, emparedar, tabicar, atascar, obstaculizar, enterrar, obstruir*, embozar, ocluir, sellar*, atorar, tupir, cegar, impedir, interceptar, disimular, ocultar (v. 3), revestir, embalar, envasar*, rebozar, liar, vestir*, poner, encasquetar, arropar, abrigar*, enrollar, fajar, forrar, encapsular, enfundar (v. 3).
— **3.** *Ocultar*, tapar, disimular, esconder, disfrazar*, cubrir, resguardar, desfigurar, encubrir, fingir, velar, callar, silenciar*, omitir, guardar* (v. 2).
4. Tapado. Envuelto, cubierto, resguardado (v. 2).
Contr.: Destapar, abrir, extraer.

V. RECUBRIMIENTO, ENVASE, EMBALAJE, CÁSCARA, DISFRAZ, ENVOLVER.
tapaboca. Respuesta, sarcasmo, negativa. V. CONSTESTACIÓN 1.
tapadera. V. TAPA 1.
tapado. V. TAPA 4.
tapadura. V. TAPA 1.
tapar. V. TAPA 2.
taparrabo. Faldilla, calzón, bañador. V. PANTALÓN 1, TELA 1.
tapete. Paño, cubierta, trapo. V. MESA (SERVICIO DE) 8.
tapia. Tabique, lienzo, muro. V. PARED 1.
tapiar. Emparedar, obstruir, tabicar. V. PARED 3.
tapicería. V. TAPIZ 1.
tapicero. V. TAPIZ 5.
tapioca. Fécula, harina de mandioca, almidón de yuca. V. ALIMENTO 14.
TAPIZ. 1. Repostero, lienzo, dosel, baldaquino, colgadura*, paño, cortinaje, cortina, paramento, tapete, tejido, tela*, guarnición, recubrimiento*, palio, toldo, alfombra*, tapicería, tapizado, revestimiento, forro, decoración*.
2. Tapices. De Flandes, Bruselas, Arras, Gobelinos, Aubusson, Esmirna, Persia, Turquía.
3. Elementos. Cáñamazo, lana, seda*, cartón, dibujo*, modelo, fondo, trama, orla; telar.
4. Tapizar. Revestir, acolchar, recubrir. V. RECUBRIMIENTO 2.
5. Tapicero. Tejedor, artesano, pasamanista, operario, guarnecedor, alfombrista, decorador*.
V. COLGADURA, ALFOMBRA, TELA, DECORACIÓN.
tapizar. V. TAPIZ 4.
tapón. 1. Corcho, cierre, espiche. V. TAPA 1.
— **2.** V. taponamiento.
taponamiento. 1. Atasco, cierre, embotellamiento. V. OBSTRUIR 2.
— **2.** V. TAPA 1.
taponar. V. TAPA 2.
taponazo. Estampido, ruido, estrépito. V. SONIDO 2.
tapujo. Argucia, apaño, embrollo*. V. ENGAÑO 1.
taquicardia. Velocidad, rapidez, aceleración cardiaca. V. CORAZÓN 7.
taquígrafa. V. TAQUIGRAFÍA 3.
TAQUIGRAFÍA. 1. Estenografía, escritura* rápida, e. abreviada (v. 4), taquigrafía mecánica o estenotipia, abreviación*.
2. Elementos. Papel pautado, pauta o líneas*, trazo, perfil, signos*, inclinación, supresiones, monosílabos, bisílabos, uniconsonantes, biconsonantes, triconsonantes, fonética. *Sistemas:* Taylor, Pitman, Gregg, Martí, Seguí.
3. Taquígrafa. Estenógrafa, taquimecanógrafa, empleada*, oficinista*, secretaria, taquígrafo, auxiliar, ayudante*.
4. Taquigráfico. Rápido*, veloz, abreviado*, conciso, reducido, sucinto, simplificado.

5. Taquigrafiar. Estenografiar, abreviar*, inscribir. V. ESCRIBIR 1.
V. ESCRITURA, SIGNO, ABREVIACIÓN.
taquigrafiar. V. TAQUIGRAFÍA 5.
taquigráfico. V. TAQUIGRAFÍA 4.
taquígrafo. V. TAQUIGRAFÍA 3.
taquilla. Caja, cabina, despacho. V. COMPARTIMIENTO 2.
taquillero. Cajero, encargado, empleado; provechoso para la empresa. V. TIENDA 5; ESPECTÁCULO 4.
taquimecanógrafa. V. TAQUIGRAFÍA 3.
tara. 1. Peso descontado, recipiente, reducción. V. PESO 1.
— **2.** Anomalía, degeneración, estigma. V. ANORMALIDAD 1.
— **3.** Deficiencia, defecto*, tacha. V. IMPERFECCIÓN 1.
taracea. Incrustación, marquetería, artesanía. V. CARPINTERÍA 1, 4.
taracear. Incrustar, filetear, embutir. V. CARPINTERÍA 5.
tarado. *desp* Discapacitado físico o psíquico, deficiente *desp*, bobo *desp*; defectuoso, imperfecto, anormal. V. TONTO 2; RAREZA 2.
tarambana. Alocado, distraído, aturdido. V. ATURDIMIENTO 2.
tarántula. Arácnido, artrópodo*, bicho. V. ARAÑA 1.
tararear. Entonar, canturrear, salmodiar. V. CANTAR 15.
tarareo. V. tararear.
tarascada. 1. Mordisco, dentellada, bocado. V. MORDER 2.
— **2.** Brusquedad, desaire, ofensa*. V. DESCORTÉS 2.
tardanza. Retraso, lentitud, dilación. V. DEMORA 1.
tardar. Rezagarse, retrasarse, eternizarse. V. DEMORA 3.
tarde. 1. Crepúsculo, atardecer, siesta. V. DÍA 4.
— **2.** Tardíamente, lentamente*, a deshora. V. LENTITUD 4.
tardío. 1. Retrasado, moroso, lento*. V. DEMORA 5.
— **2.** Inadecuado, improcedente, extemporáneo. V. INOPORTUNO 1.
tardo. 1. Zopenco; torpe, negado. V. TONTO 1, 2.
— **2.** V. tardío 1.
tarea. Faena, labor, ocupación. V. TRABAJO 1.
tarifa. Índice, tabla, arancel. V. LISTA 1, COSTAR 2.
tarima. Plataforma, estrado, peana. V. MADERA 3.
tarjeta. Cartulina, postal, ficha. V. PAPEL 6.
tarro. Pote, frasco, bote. V. RECEPTÁCULO 1.
tarso. Calcañar, planta, talón. V. PIE 5, 6.
tarta. Torta, pastel, bizcocho. V. CONFITERÍA 1.
tartajear. V. TARTAMUDO 3.
tartajoso. V. TARTAMUDO 1.
tartamudear. V. TARTAMUDO 3.
tartamudeo, tartamudez. V. TARTAMUDO 2.

TARTAMUDO. 1. Balbuciente, tartajoso, trapajoso, tartaja, chapurreante, farfullador, farfalloso, nasal, ceceoso, gangoso, estropajoso, mascullante, murmurante*, entrecortado, gago, zazo, tato, vacilante, apabullado, nervioso*, azorado, ofuscado, aturdido*, trabado, confuso, ininteligible, incomprensible*, siseante, sibilante.
2. Tartamudez. Tartamudeo, tartajeo, chapurreo, farfulla, gangueo, gangoseo, nasalización, murmullo*, cancaneo, balbuceo, defectos, habla* deficiente, pronunciación* defectuosa, articulación incorrecta, vacilación, nerviosidad*, azoramiento, aturdimiento*, ofuscación, ceceo, seseo, mala pronunciación, m. articulada, media lengua, medias palabras, lengua de trapo, lengua de estropajo, murmuración, siseo.
3. Tartamudear. Balbucear, balbucir, farfullar, chapurrear, tartajear, barbotar, tartalear, mascullar, murmurar*, musitar, cancanear, trastrabillar, trabucar, ganguear, zacear, cecear, sesear, sisear, sibilar, farfallear, entrecortarse, vacilar, azorarse, aturullarse, apabullarse, aturdirse*, confundirse, pronunciar* mal, hablar* defectuosamente*, articular defectuosamente.
Contr.: Inteligible, claro, comprensible*.
V. PRONUNCIACIÓN, HABLA, DEFECTO, MURMURAR, INCOMPRENSIBLE.
tartana. Calesa, coche, carricoche. V. CARRUAJE 1.
tartera. Portaviandas, fiambrera, cacerola. V. RECEPTÁCULO 2.
tarugo. 1. Cuña, bloque, pieza*. V. MADERA 2.
— **2.** Torpe, bruto*, zoquete. V. TONTO 1.
tasa. Impuesto, arancel, canon. V. FISCO 3.
tasación. Cálculo*, valoración, estimación. V. EVALUAR 3.
tasajo. Carne seca, salazón, cecina. V. CARNE 2.
tasar. Calcular*, valorar, estimar. V. EVALUAR 1.
tasca. Bodegón, taberna, bodega. V. RESTAURANTE 1.
tascar. Masticar, dentellar, mordisquear. V. MORDER 1.
tatarabuelo. Tercer abuelo, rebisabuelo, ascendiente. V. FAMILIA 2, 3.
tataranieto. Tercer nieto, rebisnieto, descendiente. V. FAMILIA 2, 3.
TATUAJE. 1. Dibujo*, figura*, señal*, mancha*, diseño indeleble, marca en la piel*, m. en la epidermis, tatuaje voluntario, t. accidental.
2. Elementos. Piel*, epidermis, punzón, agujas, sustancias colorantes*, máquina, pedal, varillas, tubos: cinabrio, azul de Prusia, carbón, tinta china, medidas de higiene; marineros, soldados, indígenas, indios, maoríes; Polinesia, Tahití, Islas Carolinas.
3. Tatuar. Marcar, señalar*, dibujar*, grabar, colorear*, introducir, manchar*, diseñar.
V. DIBUJO, INDIO, PIEL.
tatuar. V. TATUAJE 3.
taumaturgia. Prodigio, milagro, hechicería*. V. MARAVILLA 1.

taumaturgo. Milagrero, prodigioso, adivino*. V. HECHICERÍA 5.

taurino. De los toros, de la corrida, taurómaco. V. TOREO 8.

Tauro. Signo del Zodiaco, s. astrológico, s. astronómico*, constelación astronómica. V. ASTROLOGÍA 4.

tauromaquia. Lidia, corrida, fiesta de toros*. V. TOREO 1.

taxativo. Específico, determinado, preciso. V. CLARO 4.

taxi. Taxímetro, vehículo, coche de alquiler. V. AUTOMÓVIL 1.

taxidermia. Conservación*, arte de disecar, a. de preservar animales. V. MOMIA 2, 5.

taxidermista. Disecador, preparador, embalsamador. V. MOMIA 6.

taxímetro. 1. V. taxi.
— **2.** Mecanismo, aparato medidor, contador. V. MEDIDA 13.

taxista. Conductor, chófer, cochero. V. AUTOMÓVIL 17.

taxonomía. Ordenación, división, clasificación* de los seres. V. ANIMAL 4.

taza. Jarro, pocillo, vaso. V. RECEPTÁCULO 3.

té. 1. Tisana, infusión, brebaje. V. BEBIDA 4.
— **2.** Planta, vegetal*, arbusto. V. ÁRBOL 9.

tea. Antorcha, hachón, cirio V. LUZ 3.

teatral. V. TEATRO 13.

TEATRO. 1. Sala, salón, coliseo, escenario, foro, anfiteatro, recinto, local, farándula, farsa, escena, espectáculo*, exhibición*, candilejas, dramaturgia, arte* dramático, arte de Talía (comedia), arte de Melpómene (tragedia), ambiente teatral, compañía teatral, representación, función, pieza teatral (v. 2).
2. Piezas, géneros teatrales. Pieza, obra, representación, función, gala, velada, espectáculo*, sesión, repertorio. Comedia, drama, tragedia, tragicomedia, melodrama, farsa, sátira, misterio, auto, auto sacramental, entremés, sainete, parodia, pantomima, pastoral, comedia musical*, comedia ligera, vodevil, astrancanada, varietés, variedades, revista, atracciones, números, juguete, mojiganga, mímica, mimodrama, monólogo, zarzuela, género chico, opereta, ópera (v. cantar 9), ó. cómica, ó. bufa, drama lírico, trilogía, tetralogía, «ballet», títeres*, marionetas, guiñol, sombras chinescas, cine*.
3. Elementos de la obra teatral. Libreto, guión, argumento, asunto, partitura, trama, sesión, ensayo, papel, personaje, actuación*, labor teatral, repertorio. *Partes de la obra:* acto, jornada, parte, cuadro, entreacto, intermedio, descanso, introito, obertura, prólogo*, loa, parlamento, escena, trama, exposición, acción, enredo, peripecia, aparte, soliloquio, monólogo, diálogo, morcilla, intriga, coro, recitativo, lance, mutis, nudo, episodio.
4. Acción. Ensayar, representar, exhibir*, montar, echar, dar, escenificar, poner en escena, in-

augurar, estrenar, debutar, reponer, declamar, actuar*, encarnar, caracterizar, dialogar, protagonizar, intervenir, hacer mutis, dirigir, apuntar, ovacionar, aplaudir, patear, reventar, silbar.
5. Artistas. Reparto, elenco, compañía, cuadro, personal, «troupe». Intérprete, protagonista, actor*, personaje, figura, astro, estrella, primer actor, actor secundario, a. de reparto, a. de carácter, galán, actriz, dama, d. joven, comediante, comparsa, figurante, corifeo, corista, partiquino, extra, especialista (cine*), caricato, bufo, cómico*, c. de la legua, histrión, faraute, doble, sobresaliente, característico, primer bailarín*, «vedette», trágica. *De ópera:* bajo, barítono, tenor; contralto, mezzosoprano, soprano, tiple, prima donna, diva.
6. Autor teatral. Autor, dramaturgo, comediógrafo, comediante, escritor*, libretista, guionista, argumentista, literato*, coreógrafo.
7. Dirección, personal. Empresario, director, d. artístico, administrador*, «régisseur», escenógrafo, ayudante*, coreógrafo, director de orquesta, d. de coro, músicos*, cantantes*, traspunte, apuntador, tramoyista, operador, obrero escenógrafo, maquinista, operario, alzapuertas, electricista*, decorador*, figurinista, diseñador, maquillador, peluquero, bombero, encargado o encargada de guardarropa, portero, taquillero.
8. Espectadores. Público, auditorio, asistentes, circunstantes, oyentes, presentes, concurrencia*, abonados, claque, mosqueteros, alabarderos.
9. Escenario. Escena, proscenio, retroscena, tablado, tablas, piso, hemiciclo, anfiteatro, graderío, plataforma, estrado, grada, tarima, «attrezzo», escenografía, decoración*, decorado, piezas, bambalinas, bastidores, ciclorama, telón, t. de fondo, t. de foro, t. de boca, t. corto, t. metálico o contra incendios, lienzo, colgadura, cortina, telares, máquina, tramoya, boca, embocadura, escotillón, concha del apuntador, piso, fosos, foso de la orquesta, apliques, trastos, contrapesos, cuerda de bambolinas; iluminación: candilejas, proyectores, proyector de luces de colores, disco de colores, puente de iluminación, reflector de lente; extintor* de incendios*, escotillón, rastrillo, montante, entrepaño, torno, pescante, lateral, ventilación, ascensores*, cuadro de distribución, sala de control, escenario giratorio, e. corredizo, e. descendible.
10. Dependencias. Camarín o camerino, vestuario, almacén*, talleres, «foyer», vestíbulo, salón, guardarropa, bar, galería*, pasillos, escalera*, contaduría, oficinas*, sala de control, sala (v. 11).
11. Sala. Patio, patio de butacas o platea, butacas, palcos, luneta, primer piso, segundo piso, principal, anfiteatro, cazuela, tertulia, gradas, graderío, paraíso, gallinero, galería, palco

escénico, cúneo, palco de platea, antepalco, aposento, localidad, asiento*, butaca, b. de orquesta, delantera, primera fila, foso, orquesta*, vomitorio, araña, lámpara*, cortinajes.

12. Varios. Programa, p. de mano, entrada, billete, contraseña, abono, cartel, cartelera, gemelos, prismáticos.

13. Teatral. Escénico, dramático, espectacular, trágico, tragicómico, melodramático, aparatoso, exagerado*, afectado*, farandulero, mímico, panorámico, revisteril, zarzuelero, operístico, guiñolesco, bufo (v. 2).

V. COMEDIA, ACTOR, CINE, ARTE, ESPECTÁCULO, EXHIBICIÓN.

tebeo. Publicación infantil, revista de historietas, semanario juvenil. V. HISTORIETA 2.

teca. Árbol*, vegetal*, madera dura. V. MADERA 5.

techado. V. TECHO 1.

techar. V. TECHO 4.

TECHO. 1. Techado, techumbre, tejado, cubierta, cielo raso, revestimiento, recubrimiento*, cobertizo, tinglado, terraza, terrado, azotea, toldo, dosel, marquesina, templete, porche, pabellón, bóveda*, cúpula (v. 2), armazón, entramado, umbráculo, cañizo.

2. Clases. Techo de teja, de pizarra, de una agua, de dos aguas, de cuatro aguas, de pabellón, cónico, de diente de sierra, con medios faldones, de mansarda, bóveda*, cúpula, domo, ábside, cimborrio, japonés, de fibrocemento, de uralita, de placa ondulada de cristal, cinc, acanalado, lona, toldo (v. 1).

3. Partes, material. Buhardilla, desván, vertiente, aguas, alero, voladizo, cornisa, borde, claraboya, tragaluz, linterna, veleta, pararrayos, gárgola, cámara de aire, cumbrera, chimenea*, canalón, desagüe, armazón, entramado, maderamen*, viga, tirante, jamba, caballete, gatera, cabrio, riostra, teja, pizarra, placa ondulada, uralita, fibrocemento, cinc, recubrimiento asfáltico, cielo raso, artesonado, enlucido, ornamentación, moldura, florón, rosetón, friso, filete, adorno*.

4. Techar. Cubrir, revestir, recubrir*, cerrar, tapar*, resguardar, forrar, tejar, entoldar, abovedar, entramar, proteger*, defender.

V. CASA, ARQUITECTURA, CONSTRUCCIÓN, BÓVEDA, RECUBRIMIENTO, TAPAR.

techumbre. V. TECHO 1.

tecla. Pieza*, pulsador, clavija. V. INTERRUPTOR 1, PIANO 3.

teclear. Presionar, pulsar, tocar*. V. PIANO 6.

técnica. 1. Método, procedimiento, sistema. V. MODO 1.

— **2.** Especialidad*, arte*, saber. V. CIENCIA 1.

técnico. Especialista, perito, experto. V. EXPERIENCIA 4.

tecnología. V. técnica 2.

tecnológico. Especializado*, científico*, industrializado. V. CIENCIA 7.

tectónica. Estructura terrestre, ciencia*, orogenia. V. GEOLOGÍA 2.

tedéum. Canto, loa, acción de gracias. V. CANTAR 4.

tedio. Monotonía, fastidio, hastío. V. ABURRIMIENTO 1.

tedioso. V. tedio.

tegumento. Corteza, membrana, piel*. V. CÁSCARA 1.

teja. Cubierta, pieza de barro, pizarra. V. TECHO 3.

tejado. V. TECHO 1.

tejar. 1. Taller, tejera, fábrica* de tejas. V. FÁBRICA 1.

— **2.** Techar. V. TECHO 4.

tejedor. Operario, artesano, obrero. V. TELA 16.

tejemaneje. Intriga, enredo, engaño*. V. EMBROLLO 1.

tejer. Tramar, hilar*, urdir. V. TELA 15.

tejera. V. tejar 1.

tejido. 1. Género, lienzo, paño. V. TELA 1, 4.

— **2.** Células*, epitelio, carne*. V. HISTOLOGÍA 2, 3.

tejón. Mapache, mustélido, mamífero. V. ROEDOR 1.

TELA. 1. Tejido, lienzo, paño, género, fieltro, trapo (v. 11), hilo, retal, retazo, recorte, toalla, pañuelo, pañal, sábana, mortaja, sudario (v. 4).

2. Estructura. Hilo*, hebra, fibra, urdimbre, tejido, trama, punto, malla, calado, rejilla, red, elástico, cuerpo, apresto, tinte, haz o derecho, envés o revés, ancho, doble ancho, orla, orillo, marca de fábrica, doblez, aguas, visos, corte, pieza, rollo, pelusa, hilacha, borra, tamo, vellón.

3. Dibujos. Listas, rayas, franjas, espigas, cuadros, pintas, rombos, lunares, estampado, ajedrezado, escocés, ojo de perdiz, pata de gallo, príncipe de Gales, «homespun».

4. Fibras textiles. Lana (v. 5), seda (v. 6), algodón (v. 7), hilo (v. 8), lino, pelo (v. 9), pelo de camello, de cabra, de conejo, de vicuña, cáñamo, abacá, pita, estopa, yute, fibras artificiales o sintéticas (v. 10), fibras diversas (v. 11).

5. Telas de lana*. Estambre, franela, lana*, vellón, astracán, caracul, paño, vicuña, merino, casimir, cachemir, gamuza, castor, cheviot, mezcla, lanilla, estameña, muaré, gabardina, «homespun», «tweed», fieltro, viscosilla (v. 1).

6. T. de seda*. Brocado, brocatel, seda, terciopelo, felpa o peluche, muaré, satén, raso, popelín, o popelina, sarga, damasco, crepé, crespón, tul, velo, gasa, mosquitero, tisú, lamé, tafetán, shantung, surá, muselina, otomán, rayón, glasé, fular o «foulard», «chiffon», cendal; bordado* (v. 1).

7. T. de algodón*. Percal, cretona, algodón, tul, batista, alpaca, terciopelo, satén, felpa, pana, linón, lienzo, dril, organdí, gabardina, raso, rayadillo, cambray, bombasí, piqué, popelín, cañamazo, holanda, otomán, panamá,

crudillo, damasco, nansú, muletón, lona, madapolán, viscosilla (v. 1).
8. T. de hilo*. Lino, batista, hilo, linón, cendal,
bucarán, bocací, brin, retorta, irlanda, indiana,
fernandina, esterlón (v. 1).
9. T. de pelo*. Vicuña, merino, alpaca, casimir,
gamuza, castor, pelo de cabra, de camello, cri-
nolina, gamella, fieltro (v. 1).
10. Tejidos y fibras artificiales. Fibras sintéticas, de plástico*, viscosa, viscosilla, rayón,
nailon, tergal, orlón, perlón, dacrón, rilsan, me-
raklón, polímeros, poliuretanos (v. 1).
11. Trapos, telas y fibras diversos. Trapo,
estraza, hilaza, bayeta, recubrimiento*, estopa, pita, arpillera, guata, borra, relleno, pelusa,
lanilla, pelo, gamuza, paño, fieltro, lienzo, tela
de saco, cañamazo, lona, toldo, cubierta, forro,
tendal, telón, cortinaje, colgadura, gutapercha,
linóleo, hule, plástico*, plexiglás, imperme-
ble*, red, esterilla, estera, alfombra*, tapiz*,
moqueta, jipijapa, zurcido, bordado*, cosido*,
encaje*, ganchillo, jersey*, cáñamo, abacá,
yute (v. 1).
12. El tejido. Tejidos, tisaje, teoría del tejido,
urdimbre, trama, carta o patrón, ligamentos,
ligamento de tafetán, de raso por trama, de
satén por trama, de esterilla, de punto de tripa, de punteado de dos hilos, de triple tela, de
sarga de Batavia; remetido, pasado, tomado, dejado, armadura, picado o dibujo, curso, teletón,
licete, licerón, lizo.
13. Industria textil. Tejidos, mallas, géneros
de punto, telas, trenzados, anudados, tules;
trama, urdimbre. *Operaciones:* hilatura, tisaje,
tinte, apresto, acabado, hilatura: h. a mano,
torno, rueca, huso; hilatura mecánica, abridora,
batán, cardado, estirado, peinadora, manuar,
mechera, mecha, hilado, huso, bobina, hilo; tisaje: telar, plegador de urdimbre, plegador de
tejido, mallas, mahones, lizos, calada, bastidor,
lanzadera, bobina, taco, peine, batán; tinte: teñido, colorantes*, estampado; apresto y acabado: batanado, alisado o calandrado, encolado,
desmotado, planchado.
14. Aparatos. Rueca, torno, huso, telar, plegador, bastidor, devanadera, lanzadera, taco,
bobina, batán, peine.
15. Acción. Tejer, tramar, urdir, hilar*, entrelazar, entrecruzar, trenzar, pasar, tomar, dejar,
remeter, estampar, aprestar, teñir, abatanar,
cardar, curar, engomar, engrasar, aprestar,
varetear, plegar, planchar, mercerizar, sanfori-
zar.
16. Personas, tiendas. Tejedor, artesano, operario, obrero, trabajador*, perito textil, experto, tendero, vendedor*, dependiente, lencero,
mercero, sastre*, costurera*. Lencería, tienda,
«boutique», mercería, sastrería.
V. COSTURA, ENCAJE, BORDADO, SEDA, AL-
GODÓN, LANA, HILO, PELO, PLÁSTICOS.

telar. Artefacto textil, máquina, aparato*. V. TELA
14.
telaraña. Malla pegajosa, de arácnido, red. V.
ARAÑA 3.
telecabina. V. teleférico.
TELECOMUNICACIONES. 1. Comunicaciones a
distancia, transmisiones, servicio público, envío
de avisos, mensajes.
2. Enumeración. Servicio de postas (antiguo),
correos*, telégrafo óptico, heliógrafo, semáforo, telégrafo*, t. Morse, radiotelegrafía o telegrafía sin hilos, teletipo, teléfono, telefonía, t.
móvil, radio*, radiotelefonía, televisión, videófono (televisión* y teléfono*), cable submarino,
c. transatlántico, c. aéreo, c. subterráneo, c.
coaxial, fibra óptica, teletipo, telex, telefotografía, comunicación vía satélite, satélites de comunicación, Intelsat, CTS («Cordless Telephony
System», Sistema de telefonía inalámbrica),
Internet, ancho de banda, ADSL (Línea de abonado digital asimétrica o acceso a Internet de
alta velocidad), telecomunicaciones por cable,
radiodifusión y televisión analógicas, digitales,
terrenales o por satélite.
3. Generalidades. Ondas hertzianas o hercia-
nas, ondas cortas, cable coaxial, fibra óptica,
red interurbana, red local, central, c. telefónica, telegráfica, enlace de radio, repetidores,
repetidor de televisión*, selector automático,
válvula, transistor, micrófono, altavoz*, transmisor, receptor.
V. TELÉFONO, TELÉGRAFO, TELEVISIÓN, RADIO,
CORREOS.
teleférico. Telecabina, telesilla, transbordador. V.
FUNICULAR 3.
telefonazo. V. TELÉFONO 3.
telefonear. V. TELÉFONO 7.
telefonista. V. TELÉFONO 6.
TELÉFONO. 1. Aparato*, instrumento, artilugio,
medio de comunicación. Clases: teléfono manual, t. inalámbrico, t. móvil o celular, automático, de mesa, de pared, fijo, de góndola,
de altavoz, supletorio, extensión, contestador
automático, centralita, central telefónica, instalación, cabina, teléfono de fichas, de monedas.
Sistema global para las comunicaciones móviles,
(«Global System for Mobile communications»)
tecnología UMTS («Universal Mobile Telecom-
munications System»), 3G o tercera generación
de telefonía móvil, 3GMS («Third Generation
Mobile System», Sistema de móvil de tercera
generación).
2. Partes. Aparato telefónico, caja, receptor,
auricular, electroimán, membrana, microte-
léfono, micrófono, horquilla o gancho, disco
(de llamada), tope de parada, orificio, botón,
número, timbre, cordón, condensador, transformador, interruptor, resorte de contactos, selector, bobina de inducción, circuito impreso;
carcasa, teclas, conectores, pantalla, tarjeta SIM
(«Subscriber Identify Module», Módulo de iden-

tificación del abonado), «bluetooh» (ondas de radio de corto alcance), infrarrojos, cobertura, batería, litio, memoria, microtarjeta, operador, operadora, mensajes, correo electrónico, SMS («Short Message System», Sistema de mensajes cortos), «kit» manos libres.

3. Llamada. Telefonazo, comunicación, conferencia telefónica, conversación t., llamada t., golpe de teléfono, intercambio verbal. Tono para discar, línea ocupada, llamada, comunicación, c. automática, conferencia, c. urbana, c. interurbana c. internacional, larga distancia, información, averías, reclamaciones, telefonista (v. 6); ¡hable!, ¡diga!, ¡bueno!, ¡hola!, ¡aló!, ¿sí?; llamada polifónica, sonido polifónico.

4. Centralita. Cuadro conmutador, clavija, cuadro de clavijas, cordón, llaves, cuadro de llaves, señales luminosas, señal* de llamada, interruptor* de contacto o jack, receptor, auricular, micrófono de peto.

5. Central telefónica. Cabina, locutorio, teléfono de fichas, t. de monedas, t. automático, guía telefónica, lista* de abonados, cable coaxial, selector, preselector, líneas, conexión, enlace, contacto, trinquete, repetidor, cables, contador, magneto, aislador; red de telefonía celular, antenas, operador, operadora.

6. Personas. Telefonista, operador, supervisor, empleado*, encargado; técnico, mecánico, agente; abonado, cliente, usuario.

7. Acción. Telefonear, hablar*, llamar*, comunicarse, conversar*, dar un telefonazo, descolgar, marcar, pedir conferencia, reclamar, informarse, colgar, cortar; enviar mensajes, bloquear.

V. TELECOMUNICACIONES, RADIO, TELEGRAFÍA, HABLAR.

TELEGRAFÍA. 1. Telecomunicación*, comunicación a distancia, telégrafos, telegrafía óptica, heliógrafo, semáforo, telegrafía neumática, t. sin hilos (v. 2).

2. Telegrafía clásica. Telégrafo, sistema Morse, alfabeto Morse, aparato, manipulador, tambor de cinta, cinta de papel, señales, electroimanes, armadura; sistema Hughues, s. Baudot.

3. Telegrafía moderna. Teletipo, teleimpresor, télex, géntex, transmisor, receptor, aparato*, teclado, cifrado, descifrado, código, cinta perforada, perforadora de teclado, red de télex, duplex, múltiplex; fax, correo electrónico.

4. Generalidades. Central, estación, antena, torre de antenas, radio*, enlace, enlace radioeléctrico, red, r. de comunicaciones, telecomunicaciones*, satélite de comunicaciones, cable coaxial, c. submarino, c. subterráneo, c. aéreo, fibra óptica, haz hertziano, hilo, poste, aislador.

5. Telegrafista. Radiotelegrafista, operador, funcionario, técnico, perito, experto, especialista.

6. Telegrama. Cable, cablegrama, despacho, mensaje, radiograma, telefonema, conferencia, comunicado, parte, nota*, circular, aviso, misiva, urgente*, clave, cifra, telegrama cifrado, t. urgente; tarifa por palabra.

7. Telegrafiar. Transmitir, enviar, despachar, emitir, mandar, comunicar, recibir, radiotelegrafiar, cablegrafiar, cifrar, descifrar.

V. RADIO, TELECOMUNICACIONES, TELÉFONO.

telegrafiar. V. TELEGRAFÍA 7.

telegráfico. Resumido, veloz, urgente. V. ABREVIAR 3.

telegrafista. V. TELEGRAFÍA 5.

telégrafo. V. TELEGRAFÍA 2.

telegrama. V. TELEGRAFÍA 6.

telepatía. Captación del pensamiento, percepción extrasensorial, transmisión del pensamiento. V. PENSAR 6.

TELESCOPIO. 1. Instrumento óptico, anteojo*, a. astronómico*, ecuatorial, telescopio reflector, t. refractor, t. de Newton, t. de Cassegrain, t. de Schmidt, t. electrónico, t. espacial Hubble. Observatorios: de Monte Palomar, de Lick, de monte Wilson, de Yerkes, de Saint-Michel, de Calar Alto, del Teide, radiotelescopio de Arecibo (Puerto Rico), Observatorio Astronómico Cerro Paranal (Chile). Observador, astrónomo*.

2. Partes. Espejo, e. parabólico o cóncavo, tubo, tubos cilíndricos, objetivo, ocular (lente convergente o divergente), prisma, rayos luminosos, aumentos, foco, imagen focal, distancia focal, montura, m. ecuatorial, contrapeso, eje horario, anteojo de campo; observatorio, cúpula, trípode (aficionados).

V. ANTEOJO, ÓPTICA, LENTE, ASTRONOMÍA.

telesilla. V. telesquí.

telespectador. V. TELEVISIÓN 6.

telesquí. Teleférico, telesilla, telecabina. V. FUNICULAR 3.

teletipo. Aparato*, artefacto telegráfico, télex. V. TELEGRAFÍA 3.

televidente. V. TELEVISIÓN 6.

televisar. V. TELEVISIÓN 8.

TELEVISIÓN. 1. Transmisión de imágenes, telecomunicación*, procedimiento técnico, estudio de televisión (v. 4), aparato de televisión (v. 2), TVE: Televisión Española; Eurovisión; televisión por cable, televisión digital, t. d. terrestre.

2. Aparato. Televisor, t. en color (v. 3), t. en blanco y negro, mueble, gabinete, caja, pantalla, tubo catódico, tubo pantalla, tubo de imágenes, haz de electrones, pantalla de plasma, pantalla LCD (Liquid Crystal Display o pantalla de cristal líquido) botones, controles, control de imágenes, c. de sonido, selector de canales, VHF («Very High Frequency»), UHF («Ultra High Frequency»), mando a distancia, circuito primario, circuito mezclador, filtro de frecuencia, rectificador, circuito impreso, altavoz*, bobina, transformador, oscilador, rejilla de control, blindaje; antena, brillo, contraste, regulador de imagen; video, grabadora de imágenes, videoscopio, magnetoscopio, videocinta o «video-tape», cinta, cinta fonóptica, casete, radiocasete, grabación.

3. Televisión en color. Sistema PAL (alemán), sistema SECAM (francés), capa fosforescente, pantalla fosforescente, tubo tricolor (rojo, azul, verde) o analizador, filtros, imágenes en color (tres), máscara, fósforo, pantalla perforada, punto de color, alta definición.

4. Emisora. Estudio, cámara de televisión, cable, trípode, micrófono, pescante del micrófono o jirafa, reflector, foco, bastidores, escenario, sala de espectadores, sala de control, mesa para mezcla de imágenes, m. para mezcla de sonidos, magnetófonos, receptores de imágenes, mezclador de imágenes, oscilógrafo, modulador, antena emisora de televisión, torre de la antena, circuito cerrado.

5. Personal. Director, realizador, productor, guionista, ingeniero, animador, presentador, locutor, operador, cámara, camarógrafo, ingeniero de sonido, controlador, maquilladora, peluquero, encargado de vestuarios.

6. Telespectador. Televidente, auditorio, público, usuario, espectador de televisión.

7. Emisiones, programas. Carta de ajuste, programa, emisión, e. en directo, en diferido, grabado (v. radio 5), telefilme, teletexto. «Talk show», «reality show», «late show», informativo, entrevista, programa contenedor.

8. Televisar. Emitir, transmitir, retransmitir, programar, cambiar de canal, grabar, realizar, producir, presentar, animar; contraprogramar. V. RADIO, TELECOMUNICACIONES, CINE.

televisor. V. TELEVISIÓN 2.

télex. Servicio de teletipos. V. TELEGRAFÍA 3.

telón. Lienzo, cortina, cortinaje. V. TELA 11, TEATRO 9.

telúrico. Terrestre, tectónico, sísmico. V. GEOLOGÍA 12.

tema. Argumento, materia, trama. V. ASUNTO 2.

tembladal. Pantano, lodazal, ciénaga. V. FANGO 2.

temblar. V. TEMBLOR 4, 5.

temblón. V. TEMBLOR 6.

TEMBLOR. 1. Trepidación, temblequeo, vibración, estremecimiento, sacudida*, crispación*, espasmo, convulsión, trémolo, agitación, movimiento*, salto*, brinco, baile*, tiritona, castañeteo, dentello, repiqueteo, zarandeo, ajetreo, titilación, parpadeo, balanceo, vaivén, oscilación*, meneo, traqueteo, conmoción, repeluzno, escalofrío, frío*, palpitación, susto, terror, temor*, sobresalto, terremoto*, sismo, seísmo.

— **2.** Susto, miedo, escalofrío. V. TEMOR 1.

— **3.** Sismo, seísmo, movimiento telúrico. V. TERREMOTO 1.

4. Temblar. Temblequear, tiritar, trepidar, agitarse, vibrar, sacudirse*, estremecerse, saltar*,

brincar, bailar*, moverse*, retemblar, tremolar, ondear, flamear, titilar, convulsionarse, conmoverse, traquetear, castañear, chasquear, repiquetear, entrechocar, resonar, balancearse, oscilar*, menearse, crisparse*, palpitar, parpadear, sobresaltarse, aterrarse, temer, estar nervioso, azorarse, asustarse, impresionarse (v. 5).

— **5.** Sobrecogerse, asustarse, espantarse. V. TEMOR 2, 3.

6. Tembloroso. Temblequeante, estremecido, sobrecogido, trepidante, temblador, temblón, trémulo, sacudido*, crispado*, vibrante, vibratorio, ondulatorio, ondulante, oscilatorio*, oscilante, tremolante, bamboleante, asustado, temeroso*, espantado, aterrado, sobresaltado, nervioso, azorado, convulso, bailarín*, brincador, castañeteante, titilante, que tirita, palpitante, traqueteante, parpadeante, agitado, conmocionado.

Contr.: Inmovilidad*, calma, estabilidad.

V. MOVIMIENTO, SACUDIDA, CRISPACIÓN, BAILE, SALTO, TERREMOTO.

tembloroso. V. TEMBLAR 6.

temer. V. TEMOR 2.

temerario. Audaz, atrevido, imprudente*. V. OSADÍA 3, 4.

temeridad. Atrevimiento, audacia, imprudencia*. V. OSADÍA 1, 2.

temible, temido. V. TEMOR 6.

TEMOR. 1. Pavor, espanto*, susto, miedo, alarma, aprensión, inquietud, desasosiego, pánico, terror, horror, impresión, escalofrío, julepe, cerote, canguelo, medrana, pavura, emoción*, alteración, alarma, sobrecogimiento, sobresalto, conmoción, miedo cerval, angustia, intranquilidad*, agitación, nerviosidad*, espantada, cobardía*, vergüenza*, pusilanimidad, timidez*, amilanamiento, turbación, cuidado*, asco, desaliento, sospecha, recelo, prejuicio, asombro*, sorpresa, amenaza*, inseguridad, preocupación, desconfianza, desaliento, intimidación, temblor*, estremecimiento, consternación, alucinación, locura*, atrocidad, odio*, aversión, repugnancia*, fobia, manía*.

2. Temer. Espantarse*, asustarse, acobardarse, aterrarse, angustiarse*, alarmarse, preocuparse, sospechar, dudar, recelar, desconfiar, cuidar*, inquietar, atemorizar(se) (v. 3).

3. Atemorizar(se). Espantar(se), asustar, inquietar, intimidar, desafiar, amenazar*, arredrar, desasosegar, temer (v. 2), acobardar, amedrentar, encoger, acoquinar, alterar, emocionar*, impresionar, horrorizar, aterrar, aterrorizar, sobresaltar, estremecer, sobrecoger, alarmar, conmocionar, turbar, amilanar, cohibir, reprimir, avergonzar, angustiar, desalentar, agitar, intranquilizar*, rajarse, huir*, arrepentirse, preocupar, sorprender, asombrar, consternar, alucinar, enloquecer (v. 2).

4. Atemorizado. Amedrentado, inquieto, aterrado, espantado*, horrorizado, temeroso,

asustado, acobardado, arredrado, alterado, miedoso, cobarde* (v. 5), desasosegado, impresionado, sobresaltado, emocionado*, conmocionado, sobrecogido, irresoluto, apocado, blando, despavorido, alarmado, angustiado, preocupado, turbado, amilanado, avergonzado, desalentado, receloso, sospechoso*, suspicaz, aprensivo, cuidadoso*, alarmista, intranquilo*, tembloroso*, estremecido, intimidado, desalentado, desconfiado, alucinado, consternado, timorato, sorprendido, amenazado* (v. 5).
5. Temeroso. Pusilánime, miedoso, cobarde*, timorato, apocado, medroso, tímido*, asustadizo, gallina, menguado, cagueta, cagón, acoquinado, hipocondríaco, raro*, aprensivo, suspicaz, receloso, ruin, mísero, blando, atemorizado (v. 4).
6. Temible. Pavoroso, tremendo, espeluznante, espantoso*, temido, espantable, horrible, horrendo, horroroso, amenazante*, terrible, angustioso, intranquilizador*, peligroso*, alarmante, tremebundo, impresionante, agobiante, truculento, patibulario, tétrico, lóbrego, macabro, lúgubre*, horripilante, alucinante, estremecedor, atroz, feo*, desagradable*, enloquecedor, repugnante*, odioso*, intimidante, inseguro, asombroso*, turbador, sobrecogedor, emocionante*, escalofriante, espectral, fantasmal*, monstruoso*, fúnebre.
Contr.: Valentía, osadía*, coraje.
V. ESPANTO, INTRANQUILIDAD, COBARDÍA, TIMIDEZ, EMOCIÓN, VERGÜENZA, TEMBLOR, ODIO, REPUGNANCIA, FEALDAD, MANÍA, SOSPECHA, CUIDADO, PELIGRO, AMENAZA, LÚGUBRE, FANTASMA, MONSTRUO.
temoso. Insistente, cargante, porfiado. V. OBSTINACIÓN 2.
témpano. Masa de hielo, iceberg, carámbano. V. FRÍO 4.
temperamental. Impulsivo, vehemente, exaltado. V. APASIONAMIENTO 2.
temperamento. Índole, genio, naturaleza. V. CARÁCTER 1.
temperancia. V. templanza.
temperatura. 1. Grados de calor, bochorno, calidez. V. CALOR 1, 2.
— **2.** Fiebre, décimas, calentura. V. ENFERMEDAD 7.
tempestad. Galerna, temporal, borrasca. V. TORMENTA 1.
tempestuoso. Tormentoso, borrascoso, inclemente. V. TORMENTA 4.
templado. 1. Tibio, cálido, suave. V. CALOR 5.
— **2.** Sobrio, frugal, mesurado. V. MODERACIÓN 4.
— **3.** Sereno, fuerte, osado*. V. ÁNIMO 3.
templanza. Frugalidad, mesura, sobriedad. V. MODERACIÓN 2.
templar. 1. Calentar, caldear, temperar. V. CALOR 8.

— **2.** Atenuar, sosegar, suavizar. V. MODERACIÓN 6.
— **3.** Endurecer, fortalecer, dar tenacidad. V. DURO 6.
templario. Caballero, cruzado, paladín. V. CABALLERÍA 9.
temple. 1. Brío, impavidez, energía*. V. ÁNIMO 1.
— **2.** Resistencia*, fortaleza, tenacidad*. V. DURO 3.
templete. Pabellón, cenador, columnata. V. COLUMNA 6.
TEMPLO. 1. Iglesia, santuario, catedral, basílica, seo, oratorio, adoratorio, capilla, ermita, baptisterio o bautisterio, casa* de Dios, c. del Señor, c. de devoción, lugar santo, colegiata, convento*, monasterio, abadía, cenobio, cartuja, priorato, misión, feligresía, parroquia, vicaría, sacristía, despacho parroquial, congregación, curato, reunión de fieles, templete, eremitorio, magistral, tabernáculo, iglesia metropolitana, patriarcal, parroquial, pontifical, edificación, edificio, monumento*; mezquita (v. 2).
2. Otros templos. Sinagoga, mezquita, rábida, aljama, morabito, alminar, templo musulmán, pagoda, teocali, altar de sacrificios, templo de Salomón, de Baalbek, de Karnak, de Lúxor, de Debod, de Júpiter, de Vesta, de Angkor (v. 1).
3. Exterior del templo cristiano. Torre, campanil, campanario, aguja, cimborrio, cúpula, fachada*, ventanal*, rosetón, vidriera, vitral, arbotante, contrafuerte, ojiva, arquería, pináculo, girola, gablete, gárgola, techumbre, campanas*. Estilo* románico, bizantino, gótico u ojival, barroco, neoclásico, moderno. Interior del templo (v. 4).
4. Interior del templo cristiano. Altar, a. mayor, a. secundario, tabernáculo, sagrario, retablo, santuario, ábside, coro, nave principal, naves laterales, crucero, nave del crucero, pilares, columnas*, sillería, capillas, deambulatorio, triforio, presbiterio, trascoro, pila bautismal o baptisterio, púlpito, confesionario, órgano*, asientos*, bancos, reclinatorios, transepto, bóveda*, cúpula, ábside menor, pórtico, vestíbulo, sacristía, despacho parroquial, vicaría, claustro, galería*, patio, cripta, catacumbas, sepulcros, estatuas yacentes, crujía. Exterior del templo (v. 3).
5. Elementos del culto. Objetos litúrgicos, o. de misa. Crucifijo, cruz*, cáliz, copón, grial, hostia, sagrada forma, santos óleos, custodia, patena, vinajeras, incensario, paño, hisopo, naveta, acetre, atril, misal, Evangelios, Biblia*, candelero, cirial, vía crucis, relicario, reliquia, exvoto, estandarte, efigie, imagen, santo, tríptico, retablo, cepillo, palio.
6. Sacerdote, ayudantes. Cura, eclesiástico, vicario, capellán, coadjutor, acólito, canónigo, magistral, diácono, oficiante, celebrante, monje, sacristán, monaguillo, santero, campanero*, ca-

bildo, patronato, organista*, maestro de capilla, chantre, cantor, niño de coro.

7. Feligrés. Devoto, congregante, beato, piadoso, religioso*, parroquiano, fieles, creyentes, parroquia, feligresía, congregación (v. 1).

8. Vestimenta sacerdotal en misa*. V. SACERDOTE 6.

9. Actos de iglesia. Misa*, oficios, rezo*, liturgia, rito, ofrenda, casamiento*, bautizo*, funeral, confesión, tedeum, Santos Sacramentos, rosario, registro, fe de bautismo, santo patrón, advocación, beneficencia, diezmos, primicias, derecho de asilo.
V. DIOS, CRISTO, SACERDOTE, CONVENTO, ARQUITECTURA, MONUMENTO, ESTILO, CASA, RELIGIÓN, MISA, REZO.

temporada. Época, fase, período. V. TIEMPO 1.

temporal. 1. Borrasca, tempestad, galerna. V. TORMENTA 1.
— **2.** Provisional, transitorio, efímero. V. CIRCUNSTANCIA 2.
— **3.** Secular, profano, terrenal. V. MUNDANO 2.

tempranamente. V. TEMPRANO 3.

tempranero. V. TEMPRANO 1.

TEMPRANO. 1. Tempranero, mañanero, madrugador, precoz, rápido, anticipado, adelantado, avanzado, trabajador*, diligente, prematuro, tierno, crudo, verde, inmaduro, inmaturo, precoz*, abortado, malogrado, apresurado, prometedor, fenómeno, prodigio.
— **2.** *Pronto*, temprano, al amanecer, tempranamente, anticipadamente, con tiempo, de madrugada, de mañana, al rayar el día, al alba, muy de mañana, de buena hora, por adelantado, por anticipado, precozmente, rápidamente (v. 1).
3. Tempranamente. Pronto, anticipadamente, con tiempo (v. 2).
4. Madrugar. Adelantarse, anticiparse, ganar tiempo*, levantarse temprano, levantarse pronto (v. 2).
5. Madrugada. Aurora, amanecida, alba. V. AMANECER 2.
Contr.: Tarde, final*.
V. RÁPIDO, PRECOZ, PRECEDENCIA, AMANECER.

tenacidad. Tesón, constancia, obstinación*. V. PERSEVERANCIA 1.

tenacillas. V. tenaza.

tenaz. 1. Fuerte, sólido, resistente*. V. DURO 1.
— **2.** Tesonero, constante, obstinado*. V. PERSEVERANCIA 3.

tenaza, tenazas. Alicates, pinzas, utensilios de carpintería*. V. HERRAMIENTA 4.

tendal. 1. Toldo, lienzo, cubierta. V. TELA 11.
— **2.** V. tendedero.

tendedero. Tendal, secadero, lugar para secar*. V. LAVAR 3.

tendencia. Predilección, propensión, simpatía*. V. PREFERENCIA 1.

tendencioso. 1. Injusto, arbitrario, parcial. V. INJUSTICIA 2.
— **2.** Proclive, propenso*, inclinado. V. SIMPATÍA 5.

tendente. V. tendencioso.

tender. 1. Desdoblar, colgar*, estirar. V. EXTENDER 1.
— **2.** Interesarse, propender, procurar. V. INTERÉS 11.
— **3.** *Tenderse*, acostarse, echarse, extenderse. V. TUMBAR 2.

ténder. Vagón, vagoneta, vehículo auxiliar. V. FERROCARRIL 4.

tenderete. Quiosco, puesto, barraca. V. TIENDA 1.

tendero. Vendedor*, minorista, negociante. V. TIENDA 5.

tendido. Gradería (plaza de toros). V. TOREO 6. V. tender 3.

tendiente. V. tendente.

tendón. Fibras, haz, nervio*. V. MÚSCULO 3.

tenebroso. Lóbrego, misterioso, oscuro*. V. LÚGUBRE 1.

tenedor. 1. Adminículo, utensilio de mesa, cubierto. V. MESA (SERVICIO DE) 4.
— **2.** V. tener 1.

tenencia. Disfrute, usufructo, posesión. V. PROPIEDAD 1.

tener. 1. Disfrutar, detentar, poseer. V. PROPIEDAD 7.
— **2.** Sostener, aferrar, sujetar*. V. COGER 1.

tenería. Curtiduría, obrador, taller. V. PIEL 8.

tenia. Solitaria, lombriz, parásito. V. GUSANO 1.

teniente. Militar, oficial, o. subalterno. V. EJÉRCITO 7.

TENIS. 1. Deporte*, juego*, competición, partido, campeonato.
2. Pista, elementos. Pista de tierra, de hierba, «court»; red (postes, cable); líneas: de fondo, lateral, media, línea de servicio, cuadros de servicio, silla del juez; equipo: pelota, raqueta (mango, marco, cuerdas, red, r. de tripa, de nailon).
3. Juego. Individuales, simples o «singles», dobles, mixtos. Saque, servicio, «drive», directo, revés, derecha, «smash», «lob», volea. Tanteo: tantos o «score»: 15, 30, 40, iguales o «deuce», ventaja, juego o «game», «tie-break», set, partido. Competiciones: Wimbledon, Copa Davis, US Open, Forest Hills (antiguo), Flushing Meadows, Roland Garros; Grand slam (Abierto de Australia, Roland Garros, Wimbledon, US Open).
4. Tenis de mesa. Ping-pong; juego*, deporte*, diversión*, mesa, tablero, líneas, red (soportes, franja), pelota; pala (mango, madera, revestimiento de goma). Juego: servicio, saque, resto, corte, picada, tanto, «drive», revés, volea, juego, set. Individuales, dobles, mixtos.
5. Tenista. Jugador*, deportista*, competidor, campeón, rival*. Kramer, Hoad, Pancho Gonzá-

lez, Borg, Santana, Orantes, Higueras, Sampras, Agassi, Federer.
V. DEPORTE, JUEGO.
tenis de mesa. V. TENIS 4.
tenista. V. TENIS 5.
tenor. 1. Solista, cantante, intérprete. V. CANTAR 10, 11.
— **2.** Contenido, relación, contexto. V. MODO 1.
tenorio. Galanteador, donjuán, conquistador. V. MUJER 8.
tensar. Extender*, alargar, atirantar. V. ESTIRAR 1.
tensión. 1. Angustia, incertidumbre, disgusto. V. INTRANQUILIDAD 1, NERVIOSIDAD.
— **2.** Resistencia, tirantez, tiesura. V. ESTIRAR 3.
tenso. V. tensión.
TENTACIÓN. 1. Atracción, atractivo*, impulso, fascinación, flaqueza (v. 2), sugestión, encanto, incitación, incentivo, deseo*, estímulo, interés*, acicate, embaucamiento, engaño*, hechizo*, magia, perturbación, instigación, captación, anzuelo, trampa, artificio, señuelo, aguijón, excitación, maravilla* (v. 2).
— **2.** Flaqueza, tentación, debilidad*, fragilidad, quebranto, desfallecimiento, claudicación, desaliento, caída, recaída, reincidencia (v. 1).
3. Tentador. Fascinante, sugestivo, sugerente, estimulante, seductor, incitante, interesante*, excitante, atractivo*, atrayente, instigador, embaucador, engañoso*, mágico, hechicero, perturbador, maravilloso*, artificial, artificioso.
4. Tentado. Débil*, frágil, claudicante, desfalleciente, desalentado, reincidente, relapso, fascinado, sugestionado, seducido, incitado, atraído*, excitado, interesado*, embaucado, engañado*, perturbado, hechizado*, maravillado*.
5. Tentar. Atraer*, incitar, fascinar, sugestionar, seducir, hechizar*, encantar, acicatear, interesar*, estimular, perturbar, engañar*, embaucar, captar, instigar, maravillar*, excitar, aguijonear.
— **6.** Palpar, sobar, manosear. V. TOCAR 1.
— **7.** Tentarse, desfallecer, claudicar, debilitarse*, desalentar, reincidir, recaer, caer, desear*.
Contr.: Resistencia, fortaleza, voluntad*.
V. ATRACTIVO, ENGAÑO, MARAVILLA, HECHIZO, DEBILIDAD, INTERÉS, DESEO.
tentáculo. Brazo, extremidad, palpo. V. APÉNDICE 1.
tentadero. Encierro, aprisco, redil. V. GANADO 5.
tentado. V. TENTACIÓN 4.
tentador. V. TENTACIÓN 3.
tentar. V. TENTACIÓN 5-7.
tentativa. Intención, pretensión, prueba. V. INTENTO 1.
tentempié. Refrigerio, merienda, bocado. V. ALIMENTO 13.
tenue. Fino, delicado, sutil. V. LEVE 1.
teñir. Colorear, pintar*, pigmentar. V. COLOR 17.

teodolito. Taquímetro, aparato*, instrumento topográfico. V. TOPOGRAFÍA 3.
teología. Ciencia religiosa, doctrina, dogma. V. RELIGIÓN 1.
teólogo. Padre conciliar, docto, religioso. V. SACERDOTE 1.
teorema. Proposición, enunciado, demostración. V. MATEMÁTICAS 4.
teoría. Creencia*, hipótesis, leyes, suposición. V. ABSTRACTO 2.
teórico. Hipotético, irreal, imaginario*. V. ABSTRACTO 1.
tequila. Aguardiente de maguey, bebida alcohólica, b. espirituosa. V. BEBIDA 2.
terapéutica. Tratamiento, cura, medicina*. V. CURAR 4.
terapéutico. Rehabilitador, médico*, curativo. V. CURAR 6.
tercero. Componedor, intermediario, intercesor. V. MEDIACIÓN 2.
terceto. Trío, terna, conjunto. V. MÚSICA 11, GRUPO 12.
terciado. Torcido, oblicuo, sesgado. V. INCLINAR 6.
terciana, tercianas. Fiebre, paludismo, malaria. V. INFECCIÓN 2.
terciar. 1. Intervenir, arbitrar, interceder. V. MEDIACIÓN 3.
— **2.** V. terciado.
tercio. 1. Fracción, porción, división. V. PARTE 1.
— **2.** Regimiento, división, cuerpo. V. EJÉRCITO 1.
terciopelo. Tejido afelpado, velludo, pana. V. TELA 6.
terco. Porfiado, obcecado, tozudo. V. OBSTINACIÓN 2.
tergiversación. V. tergiversar.
tergiversar. Enredar, falsear, confundir. V. EMBROLLO 2.
termas. Caldas, balneario, baños termales. V. BAÑO 1.
termes. Termita, comején, plaga. V. HORMIGA 2.
térmico. Caldeado, caliente, cálido. V. CALOR 4.
terminación. 1. Desenlace, término, conclusión. V. FIN 1.
— **2.** Extremo, final*, punta*. V. APÉNDICE 1.
terminal. Postrero, último, posterior*. V. FIN 3.
terminante. Indiscutible, concluyente, tajante. V. CLARO 5.
terminar. Concluir, completar, acabar. V. FIN 4.
término. 1. Conclusión, terminación, desenlace. V. FIN 1.
— **2.** Vocablo, expresión, dicho. V. PALABRA 1.
— **3.** Período, intervalo, plazo. V. TIEMPO 1.
— **4.** Comarca, jurisdicción, territorio. V. ZONA 2.
terminología. Léxico, vocabulario, diccionario*. V. PALABRA 3.
termitas. V. termes.
TERMO. 1. Termos, recipientes, receptáculo*, frasco aislante*, bote, vaso, vasija aisladora, botella*.

2. Partes. Cubierta metálica, c. de plástico, recipiente aislador, r. vitrificado, dobles paredes, vacío, amortiguador, muelle, tapón, cierre hermético, c. de rosca, vaso.
V. RECEPTÁCULO, BOTELLA, CONSERVAR.

termodinámica. Ciencia*, estudio, disciplina física. V. FÍSICA 5.

TERMÓMETRO. 1. Instrumento registrador, i. medidor* de temperatura, i. clínico, i. de meteorología*.
2. Clases. Termómetro de mercurio, de alcohol, clínico, de baño, de máxima y mínima, registrador, de resistencia, de espiral, por infrarrojos.
3. Elementos. Tubo capilar, ampolla, graduación, soporte. Escalas termométricas: grados centígrados o Celsius, g. Fahrenheit, g. Réaumur. Calor*, frío*, temperatura, infrarrojos.
V. METEOROLOGÍA, CALOR*, FRÍO.

termos. V. TERMO 1.

terna. Trío, triunvirato, terceto. V. GRUPO 12.

ternera. Vaquilla, becerra, cría* de vaca. V. VACA 1.

ternero. Becerro, choto, recental. V. TORO 1.

terneza. 1. Galantería, piropo, requiebro. V. ELOGIO 1.
— 2. V. ternura.

ternilla. Tabique nasal, tejido cartilaginoso, cartílago. V. NARIZ 2.

terno. 1. Prenda, traje, ropaje. V. VESTIMENTA 1.
— 2. Denuesto, palabrota, juramento. V. MALDICIÓN 3.

ternura. 1. Afecto, devoción, cariño. V. AMOR 1.
— 2. V. terneza.

terquedad. Empecinamiento, tozudez, testarudez. V. OBSTINACIÓN 1.

terracota. Muñeco*, figurilla de barro, adorno*. V. ESCULTURA 2.

terrado. V. terraza.

terraplén. Talud, parapeto, trinchera. V. CUESTA 1.

terráqueo. Terreno, terrenal, terrestre, terrícola. V. GEOGRAFÍA 7.

terrateniente. Colono, hacendado, latifundista. V. PROPIEDAD 6.

terraza. Azotea, terrado, balcón. V. TECHO 1.

TERREMOTO. 1. Seísmo, sismo, temblor* de tierra, sacudida, fenómeno geológico*, p. telúrico, movimiento* sísmico, vibración terrestre, convulsión, catástrofe, cataclismo, desastre*, ruina; maremoto, tsunami, sunami, ola sísmica.
2. Elementos. Epicentro, hipocentro, centro*, foco, ondas sísmicas, o. de propagación, subsuelo, falla, grieta, corrimiento, vibraciones longitudinales, v. transversales, v. superficiales, sacudidas principales, s. secundarias o finales, zonas* sísmicas, escala Richter (o de magnitud local; 8 grados equivalen a un «gran terremoto»), escala Mercalli (subjetiva de intensidad, I a XII; de imperceptible a catástrofe), magnitud, amplitud, intensidad, sismología, geología*, sismógrafo: aguja, tambor giratorio, gráfico.
V. GEOLOGÍA, MOVIMIENTO, DESASTRE.

terrenal. Terrestre, real, verdadero. V. MATERIAL 6,7.

terreno. 1. Solar, hacienda, tierra. V. CAMPO 1.
— 2. Estrato, capa, humus. V. SUELO 1.
— 3. Ámbito, medio, esfera. V. ZONA 1.
— 4. V. terrenal.

terrestre. Terrenal, planetario, geológico*. V. GEOGRAFÍA 7.

terrible. Horrible, pavoroso, asombroso. V. ESPANTO 3.

terrícola. V. terrestre.

territorio. Comarca, jurisdicción, distrito. V. ZONA 2.

terrón. Gleba, pedazo, masa de tierra. V. SUELO 1.

terror. Horror, pánico, temor*. V. ESPANTO 1.

terrorífico. Pavoroso, sobrecogedor, horroroso. V. ESPANTO 3.

terrorismo. Vandalismo, crueldad*, barbarie*. V. VIOLENCIA 1.

terrorista. Fanático, saboteador, bárbaro*. V. VIOLENCIA 5.

terroso. Pardo, reseco, arcilloso. V. SUELO 8.

terruño. Patria, tierra natal, cuna. V. NACIÓN 1.

terso. Llano, fino, pulido*. V. SUAVE 1, LISO 1.

tersura. V. terso.

tertulia. Corrillo, reunión, charla. V. CONVERSACIÓN 5.

tesis. Principio, razonamiento, consideración. V. OPINIÓN 1.

tesitura. 1. Intensidad, altura, fuerza de una voz. V. CANTAR 14.
— 2. Actitud, tendencia, postura. V. OPINIÓN 1.

tesón. Tenacidad, empeño, constancia*. V. PERSEVERANCIA 1.

tesonero. V. tesón.

tesorería. Oficina, administración, caja*. V. PAGAR 8.

tesorero. Cajero, pagador, empleado. V. PAGAR 7.

tesoro. 1. Riquezas, fortuna, valores. V. DINERO 1.
— 2. Hacienda, erario, fondos del Estado. V. FISCO 1.

test. Ejercicio, prueba, investigación*. V. EXAMEN 1.

testa. Mollera, cráneo, sesera. V. CABEZA 1.

testaferro. Hombre de paja, fantoche, títere. V. INSIGNIFICANTE 2.

testamento. Última voluntad, legado, cesión. V. HERENCIA 8.

testar. Otorgar, ceder, legar. V. HERENCIA 10.

testarudez. V. testarudo.

testarudo. Terco, tozudo, porfiado. V. OBSTINACIÓN 2.

testera. Frontispicio, frente, delantera*. V. FACHADA 1.

TESTÍCULO. 1. Teste, glándula*, criadilla, dídimo, compañón, órgano genital, o. sexual*, o. viril, cojón.
2. Partes. Escroto o bolsas, cordón espermático, epidídimo, conducto deferente, testículo, lóbulos, tubos seminíferos, cubierta fibrosa o albugínea; espermatozoides*; vesículas seminales, próstata, uretra.

3. Varios. Espermatozoides o gameto masculino (cabeza, cola), semen o esperma, esper-
matogénesis, eyaculación, polución, orgasmo,
clímax, fecundación, inseminación, i. artificial,
castración, vasectomía.
4. Afecciones. Criptorquidia, varicocele, atrofia, inflamación, orquitis, tumor, monorquidia.
V. SEXO, GLÁNDULA, ESPERMATOZOIDE.
testificar. Manifestar, exponer, testimoniar. V.
INFORME 3.
testigo. Deponente, declarante, manifestante. V.
INFORME 4.
testimoniar. Manifestar, explicar*, expresar. V.
INFORME 3.
testimonio. Explicación*, revelación, manifestación. V. INFORME 1.
testuz. Frente, nuca, testa de animal. V. CABEZA
1, 2.
teta. Pecho, seno, glándula*. V. MAMA 1.
tétanos. Rigidez muscular, enfermedad*, dolencia
infecciosa. V. INFECCIÓN 2.
tetera. Pote, cafetera, jarro. V. RECEPTÁCULO 2.
tetilla. Pezón, aréola, círculo. V. MAMA 2.
tetraedro. Sólido geométrico de cuatro caras,
cuerpo, volumen. V. GEOMETRÍA 9.
tetrarca. Magistrado, representante, gobernador.
V. GOBIERNO 10.
tétrico. Macabro, tenebroso, triste. V. LÚGUBRE 1.
tetuda. Opulenta, abundante, exuberante. V.
MAMA 4.
teutón, teutónico. Tudesco, germano, alemán.
V. EUROPEO 2.
textil. Referente, relativo, perteneciente al tejido.
V. TELA 1, 13.
texto. 1. Compendio, manual, tratado. V. LIBRO 2.
— **2.** Párrafo, pasaje, relación. V. ESCRIBIR 4.
textual. Literal, fiel, exacto. V. SEMEJANZA 2.
textura. Urdimbre, tejido, trama. V. MATERIA 1.
tez. Epidermis, cutis, tegumento. V. PIEL 1.
tía. 1. Parienta, deuda, allegada; mujer, individua,
conocida, amiga. V. FAMILIA 2, 3; PERSONA 1.
— **2.** Mujerzuela, ramera *desp*, fulana *desp*. V.
PROSTITUCIÓN 3.
tiara. Tocado, alhaja, joya*. V. CORONA 1.
tiberio. Batahola, algarabía, desorden*. V. AL-
BOROTO 1.
tibia. Hueso*, h. de la pierna, h. largo. V. PIER-
NA 2.
tibieza. Calidez, suavidad, calorcillo. V. CALOR 1.
tibio. Suave, cálido, templado. V. CALOR 4, 5.
TIBURÓN. 1. Selacio, escualo, pez cartilaginoso,
p. marino (v. 2).
2. Enumeración. Tiburón común, tintorera,
tiburón tigre, t. azul, gran tiburón blanco o devorador de hombres o jaquetón *(carcharodon
carcharias)*, marrajo, pez zorro, pez martillo,
tiburón ballena, t. nodriza, mielga, cazón o
pintarroja, alitán, lija, tollo, pez ángel (v. 1).
3. Generalidades. Esqueleto cartilaginoso,
boca arqueada, mandíbulas poderosas, dentadura cortante, hileras de dientes, pez carnívoro,

voraz, hendiduras branquiales, cuerpo fusiforme, aleta dorsal, aleta escapular, aleta caudal
saliente, hígado* de tiburón, piel* de tiburón,
piel rugosa.
V. PEZ, PESCA.
tic. Espasmo, convulsión, contracción. V. GESTO 1,
CRISPAMIENTO 1.
ticket. *ingl* Tique, billete, talón, entrada. V. COM-
PROBAR 3.
tictac, tic tac. Ritmo, compás, marcha del reloj*.
V. RELOJ 4.
TIEMPO. 1. Lapso, época, momento, período,
temporada, cronología, magnitud, intervalo,
rato, interregno, duración, fecha*, plazo, ciclo,
fase, data, edad*, era, eón, hito, término, espacio, e. de tiempo, etapa, hora*, día*, año*
(v. 2), anualidad, jornada, mensualidad, encadenamiento, continuidad, continuación, orden*,
sucesión, transcurso, añada, extensión, división,
dimensión, medida*, tracto, periodicidad, ínterin, brevedad, instante*, periquete, santiamén,
relámpago, segundo, minuto, soplo, tris, abrir y
cerrar de ojos, pausa, intermedio, serie*, demora, espera*, actualidad*, paso, ritmo, festividad,
fiesta*, proceso, ocasión, oportunidad*, coyuntura, circunstancia, margen, campaña, estación,
parte*, vencimiento, límite, lugar*, infinito, vez,
turno, cómputo, historia*, efemérides o efeméride, biografía*, aniversario (v. 2).
2. Divisiones del tiempo. Instante*, brevedad,
segundo, minuto, cuarto de hora, media hora,
hora* (v. reloj*), día, semana, quincena, mes,
cuarentena, bimestre, trimestre, estación, primavera, verano, otoño, invierno, semestre,
año*, a. bisiesto, bienio, trienio, cuatrienio,
quinquenio o lustro, decenio o década, siglo,
centuria, centenario, milenio, milenario, período, edad*, era, eón, eternidad, historia*,
lapso (v. 1). Epacta, jubileo, olimpíada, nonas,
calendas, idus. Aniversario, bodas de plata, de
oro, de diamante. Prima, tercia, sexta, nona,
vísperas, completas, maitines, oraciones, ángelus, ánimas (v. 1).
3. Tiempo meteorológico. Tiempo, día*,
atmósfera, aire, ambiente, cielo, temperatura,
elementos, estado atmosférico, tiempo a.,
fenómenos a., parte meteorológico*, medio,
bonanza*, calor*, frío*, lluvia*, nieve, granizo.
(V. meteorología 2)
4. Tiempo vital. Edad*, existencia, longevidad,
primaveras, supervivencia, paso; niñez, juventud, madurez, tercera edad, vejez (V. vida 1)
5. Edades históricas y geológicas. Silúrico,
devónico, etc.; paleolítico, neolítico, etc.; edad
antigua, edad media, etc. (v. edad 10, 11).
6. Diario, mensual, eterno. Cronológico,
periódico, cíclico, sucesivo, asiduo, gradual,
regular, fijo, habitual*, acostumbrado, repetido*, horario, diario*, semanal o hebdomadario, bisemanal, quincenal, mensual, bimensual,
bimestral, trimestral, semestral, anual, bienal,

trienal, cuatrienal, bisiesto, quinquenal, decenal, cuadragenario, quincuagenario, sexagenario, septuagenario, octogenario, nonagenario,
centenario, secular, sesquicentenario, milenario.
Pasado, presente, futuro*, fugaz, breve, corto,
eterno, perdurable, duradero*, imperecedero,
infinito, perenne; pretérito, pasado, rancio,
tardío, viejo*, antiguo*, actual*, moderno,
reciente, simultáneo; venidero, en cierne o en
ciernes, pendiente, eventual. Primaveral, veraniego, otoñal, invernal, fresco, de entretiempo,
estacional.

7. Ayer. Antes, el día anterior*, anoche, la
víspera, vigilia, anteayer, antes de ayer, anteanoche, antes de anoche, recientemente, anteriormente, primero, antiguo*, antiguamente, en el pasado, en otros tiempos, en tiempos
pretéritos, otrora, antaño, nunca, proximidad,
cercanía*.

8. Hoy. Actualmente*, ahora, hogaño, ya,
al presente, simultáneamente, contemporáneamente, siempre, en este día*, en este momento, en nuestros días, en tiempos actuales,
aquí, cerca, durante.

9. Mañana. Luego, después*, inmediatamente,
pronto, al día siguiente, al otro día*, más tarde,
en seguida, a continuación, siempre, detrás, in
illo témpore, para in sécula seculorum.

10. Acción. Cronometrar el tiempo, medir*,
calcular*, determinar, mirar el reloj*, establecer, pasar, transcurrir, correr, durar, sucederse,
existir, vivir.

V. EDAD, VIDA, FECHA, ACTUALIDAD, FIESTA,
CALENDARIO, AÑO, DÍA, HORA, RELOJ, HISTO-
RIA, BIOGRAFÍA, GEOLOGÍA.

TIENDA. 1. Comercio*, bazar, negocio, emporio,
establecimiento, e. comercial, empresa, local,
casa, firma, lonja, despacho, trastienda, dependencia, rebotica, habitación*, botica, expendeduría, agencia, economato, cooperativa,
depósito, almacén*, sociedad, sucursal, anexo,
filial, delegación, grandes almacenes, galerías,
autoservicio, mercado*, supermercado, hipermercado, puesto, tenderete, tenducho, baratillo, cambalache, boliche, tugurio*, barraca,
quiosco (v. 3).

— 2. Toldo, refugio, tienda de campaña. V.
ACAMPAR 4.

3. Tiendas. Lechería*, panadería*, pastelería,
confitería*, repostería, carnicería*, casquería,
fiambrería, charcutería, pollería, pescadería*,
verdulería, frutería*, abacería, mercado*,
tienda de comestibles, de ultramarinos, almacén, colmado, abarrotes, supermercado (v. 1),
mantequería, coloniales, botica, farmacia*,
herbolario, droguería, perfumería*, estanco,
librería*, papelería*, zapatería, sombrerería*,
mercería, «boutique», tiendas de modas, bazar, bar, taberna, bodega, restaurante*, hotel*,
florería*, cacharrería, quincallería, cambalache,
prendería, almoneda, cuchillería, ferretería, tien-

da de anticuario, de antigüedades, de regalos,
carbonería, fumistería, fontanería*, carpintería*, mueblería*, platería, joyería*, tienda de
electrodomésticos* (v. 1).

4. Elementos. Trastienda, dependencia, anexo,
oficina*, caja. Escaparate, marquesina, persiana,
toldo, cartel, rótulo, letrero*, mostrador, caja
registradora, caja de caudales, anaquel, vitrina,
trastienda, rebotica, mercancía, mercadería,
existencias, facturación, liquidación, saldos, re-
bajas, ocasiones, venta al contado, v. a plazos.

5. Personas. Tendero, comerciante*, minorista,
mayorista, vendedor*, negociante, mercader,
mercachifle, dueño, amo, propietario*, gerente,
administrador*, jefe* de personal, cajero, encargado, oficinista*, empleado*, dependiente, taquillero, ayudante*, auxiliar, mozo, mancebo,
aprendiz, clientes, clientela, parroquianos, compradores*, viajante, corredor, boticario, lechero,
panadero, carnicero, pescadero, etc. (v. 3).

6. Elementos comerciales. Libros de contabili-
dad, efectos comerciales. V. COMERCIO 4, 5.
V. COMERCIO, ALMACÉN, PROPIEDAD, VEN-
DER.

tienda de campaña. Toldo, lona, carpa; de 4 estaciones, de 3 estaciones, canadiense, iglú. V.
ACAMPAR 4.

tienta. Becerrada, capea, prueba de becerros. V.
TOREO 1.

tiento. Precaución, mesura, cautela. V. CUIDA-
DO 1.

tierno. 1. Flojo, delicado, mórbido. V. BLANDO 1.
— **2.** Sensible, afectuoso, delicado. V. EMO-
CIÓN 7.
— **3.** Verde, lozano*, fresco. V. NUEVO 1.
— **4.** Novato, inexperto, aprendiz. V. PRINCI-
PIO 8.

Tierra. Mundo, planeta, globo terrestre. V. GEO-
GRAFÍA 3.

tierra. 1. Corteza terrestre, capas, estratos. V.
GEOLOGÍA 3.
— **2.** Piso, pavimento, firme. V. SUELO 2.
— **3.** Polvo*, arcilla, arena. V. SUELO 3.
— **4.** Terreno, prado, finca. V. CAMPO 1.
— **5.** Patria, país, territorio. V. NACIÓN 1.

tieso. 1. Tirante, duro*, tenso. V. RIGIDEZ 3.
— **2.** Arrogante, desdeñoso, orgulloso. V. DES-
PRECIO 3.

tiesto. Pote, jardinera, maceta. V. RECEPTÁCULO 1.

tiesura. V. tieso.

tifoidea. Fiebre, dolencia, enfermedad* infecciosa.
V. INFECCIÓN 2.

tifón. Torbellino, tromba, tormenta*. V. CICLÓN 1.

tifus. Tifus exantemático, enfermedad* contagiosa, infecciosa. V. INFECCIÓN 2.

tigre. Mamífero*, carnicero, félido. V. FIERA 4.

TIJERAS. 1. Tijera, instrumento cortante*, herramienta*, accesorio, adminículo, útil, enser,
tenacillas, cizalla.
2. Partes. Hojas, filo, punta, ojos, clavillo o eje,
fiel; acero, a. inoxidable, hierro*.

3. Tijeretazo. Tijeretada, corte*, sección, cercenamiento, incisión, disección, cisura, ablación, herida, lesión*, podadura, trasquilen.
V. HERRAMIENTA, CORTAR*.

tijeretada, tijeretazo. V. TIJERA 3.

tila. Tisana, infusión, flor* del tilo. V. BEBIDA 4.

tildar. 1. Trazar, tachar, señalar*. V. LÍNEA 5.
— **2.** Calificar, tachar, criticar. V. DESAPROBAR 1.

tilde. Trazo, señal*, acento. V. ORTOGRAFÍA 2.

tilo. Vegetal*, planta, tiliácea. V. ÁRBOL 7.

timador. Granuja, embaucador, ladrón*. V. ESTAFA 3.

timar. Engañar*, embaucar, robar*. V. ESTAFA 2.

timba. Garito, casa de juego, casino. V. JUEGO 12.

timbal. Tambor, tímpano, instrumento de percusión. V. INSTRUMENTO MUSICAL 5.

timbrar. Marcar, estampar, señalar*. V. SELLAR 1.

timbrazo. V. TIMBRE 6.

TIMBRE. 1. Timbre eléctrico*, llamador, sonería, campanilla, artefacto, aparato*, a. de llamada.
— **2.** Sonoridad, intensidad, resonancia. V. SONIDO 1, 11.
— **3.** Estampilla, póliza, contraste. V. SELLAR 3.
— **4.** Hazaña, proeza, heroicidad. V. HÉROE 8.
5. Elementos. Electroimán, campanilla*, macillo o martillo, lámina flexible, armadura, resorte, tornillo de ajuste, circuito, botón o pulsador. Vibración, contacto, corriente eléctrica.
6. Timbrazo. Llamada, toque, campanillazo, sonido*, pulsación, son, vibración.
V. APARATO, LLAMAR, SONIDO.

TIMIDEZ. 1. Apocamiento, encogimiento, vergüenza, cortedad, turbación*, humildad*, sonrojo, rubor, modestia, pusilanimidad, obediencia*, embarazo, cuita, duda*, indecisión, vacilación, aturdimiento*, desconcierto, irresolución, confusión, temor*, miedo, cobardía*, retraimiento, hosquedad, acoquinamiento, desdicha, flaqueza, desgracia*, insignificancia*, ñoñez, escrúpulo, melindre, empacho, remilgo*.
2. Tímido. Apocado, encogido, timorato, vergonzoso*, corto, blando*, cobarde*, miedoso, temeroso*, medroso, turbado*, humilde*, débil*, corto, ruboroso, sonrojado, modesto, sugestionable, pusilánime, sumiso, obediente*, dudoso*, cuitado, pacato, embarazado, vacilante, indeciso, desconcertado, aturdido*, irresoluto, retraído, apagado, acoquinado, desdichado, desgraciado*, insignificante*, ñoño, escrupuloso, melindroso, acobardado, remilgado, encogido, huraño, hosco*, insociable, remiso, medroso, calzonazos, bragazas, pobrete, borrego, infeliz.
3. Ser tímido. Retraerse, avergonzarse, sonrojarse, ruborizarse, sofocarse, apocarse, dudar*, cortarse, desconcertarse, turbarse*, aturdirse, temer, acobardarse, ablandarse, acoquinarse, retraerse, vacilar, atarugarse, azorarse, abochornarse, apagarse, encogerse, humillarse*.

Contr.: Decisión, desenvoltura.
V. HUMILDAD, DUDA, ATURDIMIENTO, TURBACIÓN, COBARDÍA, OBEDIENCIA, REMILGO, DESGRACIA, INSIGNIFICANCIA, TEMOR, VERGÜENZA, HOSQUEDAD.

tímido. V. TIMIDEZ 2.

timo. 1. Engaño*, fraude, robo*. V. ESTAFA 1.
— **2.** Órgano glandular, o. interno. V. GLÁNDULA 3.

timón. 1. Gobernalle, pieza móvil, caña. V. BARCO 9, 12.
— **2.** Guía, dirección, mando. V. GOBIERNO 1.

timonear. Dirigir, guiar, conducir. V. GUÍA 5.

timonel. Marinero, piloto, conductor. V. BARCO 21.

timorato. V. TIMIDEZ 2.

tímpano. 1. Membrana auditiva, telilla, elemento auditivo. V. OÍDO 2.
— **2.** Timbal, tambor, instrumento de percusión. V. INSTRUMENTO MUSICAL 5.

tina. 1. Artesa, pila, bañera*. V. RECEPTÁCULO 4.
— **2.** Tinaja, cubo, barreño. V. RECEPTÁCULO 4.

tinaja. V. TINA 2.

tinglado. 1. Barracón, depósito, cobertizo. V. ALMACÉN 1.
— **2.** Enredo, martingala, lío. V. EMBROLLO 1.

tinieblas. Negrura*, sombras, lobreguez. V. OSCURIDAD 1.

tino. 1. Pulso, mano, puntería. V. ACERTAR 2.
— **2.** Mesura, cordura, acierto. V. MODERACIÓN 1.

tinta. Pigmento, colorante, tinte. V. COLOR 16.

tinte. Anilina, tintura, colorante. V. COLOR 16.

tintero. Frasco, vaso, receptáculo*. V. BOTELLA 1.

tintineo. Campanilleo, cascabeleo, retintín. V. CAMPANA 4.

tinto. Negro*, cárdeno, teñido. V. COLOR 12, VINO 2.

tintorería. Lavandería, establecimiento, tinte. V. VESTIMENTA 18.

tintura. Tinte, anilina, colorante. V. COLOR 16.

tiña. Enfermedad parasitaria*, miseria, infección*. V. PIEL 5.

tiñoso. Infectado, repugnante*, roñoso. V. INFECCIÓN 6.

tío. 1. Pariente, deudo, allegado. V. FAMILIAR 2, 3.
— **2.** V. tipo 2.

tiovivo. Carrusel, caballitos, atracción. V. PARQUE DE ATRACCIONES 2.

tipejo. Mamarracho, adefesio, mequetrefe. V. HOMBRE 5.

típico. 1. Peculiar, distintivo, representativo. V. CARACTERÍSTICA 3.
— **2.** Popular, costumbrista, tradicional*. V. FOLCLORE 3.

tipismo. V. típico.

tiple. Cantante, soprano, artista*. V. CANTAR 10, 11.

tipo. 1. Muestra, pauta, modelo. V. EJEMPLO 3.4.
— **2.** Individuo, sujeto, fulano. V. PERSONA 1.

— **3.** Aspecto*, traza, apariencia. V. FIGURA 2.

— **4.** Tipo de imprenta, letra* de i., carácter de i. V. IMPRENTA 6.

tipografía. Impresión, arte de imprimir, composición. V. IMPRENTA 2.

tipógrafo. Cajista, linotipista, impresor. V. IMPRENTA 10.

TIRA. 1. Cinta, banda, lazo, faja, raya, franja, correa, cinto (v. 2), lista, veta, orillo, ribete, filete, filigrana, orla, vitola, borde*, brazalete, símbolo*, distintivo, festón, cenefa, marbete, sello*, cordón, cuerda*, cilicio, cíngulo, fimbria, pasamanería, encaje, bordado*, galón, galoncillo, presilla, entorchado, adorno*, trenza, trencilla, sardineta, fleco, alamar, cairel, hilachas, guirnalda, guarnición, greca, chorrera, corbata, corbatín, prenda, lazada, cuerda*, estola, venda*, vendaje, trapo, tela* (v. 2).

— **2. Cinto,** tira, cinturón, correa, faja, cilicio, cíngulo, arnés, correaje, bandolera, cincha, tahalí, canana, cartuchera, carrillera, barbiquejo, barboquejo, trailla, reata, bozal, dogal, pretina, ceñidor, banda, cuero, traba, trena, fornitura, talabarte, apretadera, fajín, tirantes, gomas*, sostén, sujetador, abrazadera, liga, ventrera (v. 1).

V. CUERDA, BORDE, ENCAJE, BORDADO, TELA, VENDA, ADORNO.

tirabuzón. 1. Bucle, onda, rizo*. V. PELO 2.

— **2.** Sacacorchos, sacatapón, descorchador. V. MESA (SERVICIO DE) 2.

tirada. 1. Impresión*, edición, ejemplares. V. LIBRO 15.

— **2.** Tramo, recorrido, trecho. V. DISTANCIA 2.

— **3.** Sarta, sucesión, encadenamiento. V. SERIE 1.

tirado. 1. Echado, caído, tendido. V. TUMBAR 3.

— **2.** Rebajado, regalado, ganga. V. BARATO 1, 3.

tirador. 1. Asidero, puño, picaporte. V. ASA 1.

— **2.** Deportista*, cazador*, ametrallador. V. TIRO 6.

tiragomas. Horquilla, tirador, arma rudimentaria. V. ARMA 3.

tiraje. V. tirada 1.

tiranía. Opresión, despotismo, dictadura. V. DOMINACIÓN 1.

tiránico. V. tirano.

tiranizar. Sojuzgar, esclavizar*, oprimir. V. DOMINACIÓN 9.

tirano. Dictador, absolutista, déspota. V. DOMINACIÓN 4.

tirante. 1. Tenso, duro*, tieso. V. RIGIDEZ 3.

— **2.** Viga, tablón, palo*. V. MADERA 2.

— **3.** Delicado, embarazoso, comprometido. V. DIFICULTAD 2.

— **4.** Tirantes, gomas, correas, sujetadores. V. TIRA 2.

tirantez. 1. Violencia, tensión, enojo*. V. DISGUSTO 2.

— **2.** Tensión, dureza*, solidez. V. RIGIDEZ 1.

tirar. 1. Abatir, derrumbar, desmoronar. V. TUMBAR 1.

— **2.** Arrojar, impulsar, echar. V. LANZAR 1.

— **3.** Disparar, hacer fuego, descargar. V. TIRO 7.

— **4.** Derrochar, despilfarrar, dilapidar. V. DERROCHE 2.

— **5.** *Tirarse*, echarse, tenderse, yacer. V. TUMBAR 2.

— **6.** *Tirar de*, impulsar, atraer, arrastrar. V. EMPUJAR 1.

tiritar. Estremecerse, castañear, vibrar. V. TEMBLOR 4.

TIRO. 1. Disparo, balazo, descarga, fuego, estallido, detonación, proyectil*, tiroteo, salva, andanada, fogonazo, ráfaga, estruendo, estampido, traquido, chasquido, trueno, explosión, percusión, pistoletazo, cañonazo, cañoneo, ametrallamiento, bombardeo, combate, perdigonada, metralla, obús, escopetazo, bombazo*, arcabucazo, chupinazo, torpedeo, torpedeamiento, ballestazo, flechazo, hondazo; fuego a discreción, f. nutrido, graneado, a bocajarro, descarga cerrada, tiro al blanco (v. 8), al plato, de pichón, deportivo, con arco (v. 9), de ballesta, oblicuo, curvo, antiaéreo, de concentración, de flanco, de instrucción, rasante.

— **2.** Pareja, tronco, yunta de animales. V. CABALLO 10.

— **3.** Aire, ventilación, corriente. V. VIENTO 1.

4. Armas, partes. V. ARMA, PISTOLA, FUSIL, ARTILLERÍA, PROYECTIL.

5. Elementos. Bala, proyectil*, munición, trayectoria, ángulo de tiro, blanco, diana, objetivo, puntería, línea de mira, balística, alcance, distancia, arma* de fuego, pistola*, fusil*, artillería*, bomba*, arma* pesada, ligera.

6. Tirador. Ametrallador, artillero*, cañonero, servidor de pieza, bombardero*, fusilero*, carabinero, mosquetero, soldado, escopetero, deportista*, cazador*, pistolero*, gánster

7. Acción. Tirar, disparar, tirotear, hacer fuego, fusilar, abalear, balear, descargar, ametrallar*, descerrajar, fulminar, cañonear, bombardear*, torpedear*, alcanzar, asaetear, acribillar, flechar, apuntar, asestar, detonar, hacer diana, dar en el blanco, hacer salvas.

8. Tiro al blanco. Deporte, competición, tiro de pichón, al plato, sobre silueta, «sheet». Material: fusil de competición, de aire comprimido, de gas carbónico, escopeta, pistola de competición; ballesta, arco. Polígono de tiro: diana, blanco, b. fijo o móvil, puesto de tiro, plato, torre, lanzadora o catapulta, pichón, cajas de pichones, foso. Tirador, deportista*, soldado, árbitro, juez, ayudante; posición de pie, tendido, de rodillas.

9. Tiro con arco. Competición, deporte*, juego*.V. ARCO 8, 9.

V. ARMA, PISTOLA, FUSIL, ARTILLERÍA, PROYECTIL, EXPLOSIVO, BOMBA.

tiro al blanco. V. TIRO 8.

tiro con arco. Competición, deporte*, juego*. V. ARCO 8, 9.

tiroides. Órgano glandular, de secreción, de excreción*. V. GLÁNDULA 3.

tirón. Sacudida, meneo, impulso. V. EMPUJAR 4.

tirotear. V. TIRO 7.

tiroteo. Combate, disparos, balazos. V. TIRO 1.

tirria. Aborrecimiento, ojeriza, antipatía*. V. ODIO 1.

tisana. Brebaje, cocimiento, infusión. V. BEBIDA 4.

tísico. V. tisis.

tisis. Tuberculosis, enfermedad* infecciosa, consunción. V. INFECCIÓN 2.

tisú. Tejido, brocado, seda*. V. TELA 6.

titán. Coloso, gigante, hércules. V. ALTO 2.

titánico. Gigantesco, ciclópeo, hercúleo. V. ALTO 1.

TÍTERE. 1. Hombrecillo, pelele, infeliz. V. HOMBRE 5.

2. Títeres. Espectáculo*, exhibición*, guiñol (v. 4), teatro* infantil; marioneta, muñeco*, fantoche, pelele, bufón, monicaco, monigote, espantajo, figurilla, marioneta de funda, marioneta de manga, de hilos; muñecos de sombras; Arlequín, Colombina, Pierrot, Pantalón, Guiñol, Polichinela, bufón, payaso; Barrio Sésamo.

3. Marioneta de hilos. Muñeco* articulado, control o mando o madero en cruz, hilos, hilos de suspensión, hilos de manipulación, articulación del muñeco.

4. Guiñol. Retablo, títeres, teatro* de títeres, de marionetas, de muñecos de hilos, de muñecos de manga, de fantoches (v. 2), espectáculo*. Elementos: puente o pasarela, escenario en miniatura, boca de escenario.

5. Titiritero. Funámbulo, saltimbanqui, equilibrista, animador o manipulador de títeres, lector, volatinero, farandulero, mimo, comediante, cómico* de la legua, actor, ilusionista*, charlatán.

V. TEATRO, ARTE, ACTOR, MUÑECO.

titilante. V. titilar.

titilar. Rutilar, centellear, vibrar. V. BRILLAR, TEMBLAR.

titiritero. V. TÍTERE 5.

titubeante. Indeciso, inseguro, vacilante. V. DUDA 4.

titubear. Fluctuar, vacilar, cambiar*. V. DUDA 5.

titubeo. Incertidumbre, dilema, vacilación. V. DUDA 1.

titulado. V. título.

titular. 1. Reconocido, autorizado, fijo, efectivo, auténtico. V. VERDAD 4.

— **2.** V. título.

título. 1. Nombramiento*, licencia, certificado. V. DIPLOMA 1.

— **2.** Dignidad, jerarquía, categoría. V. TRATAMIENTO 2.

— **3.** Linaje, hidalguía, nobleza. V. ARISTOCRACIA 1.

— **4.** Rótulo, encabezamiento, epígrafe. V. LETRERO 3.

tiza. Arcilla blanca, escayola, caliza. V. YESO 1.

tiznar. Pringar, ensuciar, ennegrecer. V. MANCHA 5.

tizne. Hollín, pringue, humo. V. MANCHA 1.

tizón. Palo, leño quemado, brasa. V. FUEGO 2.

tizona. Estoque, hoja, arma blanca. V. ESPADA 1.

toalla. Paño, trapo, lienzo. V. TELA 1, BAÑO 3.

tobera. Conducto, boca, abertura. V. TUBO 1.

tobillo. Saliente óseo, resalte, maléolo. V. PIERNA 2.

tobogán. Deslizador, descenso*, declive. V. TRINEO 1.

toca. Papalina, cofia, gorro. V. SOMBRERO 2.

TOCADISCOS. 1. Gramófono, fonógrafo, aparato*, a. reproductor de sonidos*; giradiscos, plato, «pick-up», gramola, electrófono, tocadiscos portátil, magnetófono*. Equipo de alta fidelidad o «hi-fi», equipo estereofónico, reproductores digitales de música; tocadiscos láser de ELP, MP3, reproductor de música digital, iPod (i-portátil).

2. Partes. Caja o mueble, plato giratorio, disco*, brazo o «pick-up» o fonocaptor, aguja, a. de zafiro o diamante, cabeza reproductora, membrana receptora, eje, mecanismo cambiadiscos, interruptor, selector, mandos, control de velocidades, revoluciones por minuto (r.p.m.): 78, 45, 33, 16; motor*, amplificador, altavoz*, condensador; AR, Dual, Phillips, Garrard. Alta fidelidad o «hi-fi», sonido estereofónico, lector de CD, de DVD.

3. Disco*. Disco microsurco o «long-play», LPs, EPs, vinilo, single, simple, doble, estándar, estereofónico o estéreo (v. disco*); CD-ROM («Compact Disc-Read Only Memory»), Disco compacto de memoria de sólo lectura), CD-RW («rewritable», regrabable), DVD («Digital Versatile Disc», Disco versátil digital), DVD-ROM (sólo lectura), DVD-R (grabable) DVD+RW (regrabable); Blu-Ray Disc (Sony), HD-DVD (Toshiba), disco óptico de tres capas.

V. MÚSICA, DISCO, JAZZ.

tocado. 1. Peinado, arreglo, adorno* del cabello. V. PELO 7.

— **2.** Chalado, perturbado, chiflado. V. LOCURA 4.

tocador. 1. Cómoda, consola, mueble*. V. MESA 1.

— **2.** Antecámara, aposento, baño*. V. HABITACIÓN 1.

tocamiento. Palpamiento, sobo, toque. V. TOCAR 6.

tocante. Respecto a, referente a, relativo a, relacionado con. V. RELACIÓN 11.

TOCAR. 1. Manosear, sobar, palpar, acariciar, manipular, rozar, tentar, tantear, toquetear, apretar, presionar*, pellizcar, pinchar, retorcer, andar, hurgar, titilar, cosquillear, manejar, ajar, marchitar*, deslucir, desgastar*, usar, arrugar, frotar*, fregar, restregar, magrear, rascar.

— **2.** *Tañer*, tocar, pulsar, rasguear, interpretar, ejecutar, herir, rascar, sonar, puntear; teclear, campanear*, doblar, repicar, voltear.

— **3.** *Atañer*, tocar, concernir, corresponder, depender, vincularse, conectarse, referirse, competir, relacionarse, pertenecer.

— **4.** *Tocarse*, unirse*, juntarse, apoyarse, conectar, relacionarse, yuxtaponerse, lindar, confinar, limitar*, pegarse.

— **5.** *Encasquetarse*, tocarse, cubrirse, endosarse, taparse, enjaretarse, meterse, colocarse, ponerse el sombrero*.

6. Toque. Roce, sobo, caricia*, tocamiento, manipulación, manoseo*, palpamiento, tacto (v. 7), presión*, contacto, cosquillas, cosquilleo, titilación, toqueteo, tanteo, frote*, manejo, magreo, pellizco, tirón, torcimiento, ajamiento, marchitamiento*, desgaste*, rascado, restregón (v. 7).

7. Tacto. Sentido, sensación, sensibilidad, s. táctil, impresión, percepción*, pulso, capacidad, excitación, toque (v. 6). *Elementos:* sensación táctil, presión, contacto, piel*, dermis, epidermis, órganos receptores, corpúsculos táctiles o de Meissner, de Krause, de Pacini, papila táctil, terminaciones nerviosas; capa de Malphigi.

— **8.** Diplomacia, discreción, mesura. V. PRECAUCIÓN 1.

V. CARICIA, PRESIÓN, DESGASTE, PERCEPCIÓN, PIEL.

tocata. Composición breve, pieza musical, interpretación; tocadiscos. V. MÚSICA 3.

tocayo. Homónimo, de igual nombre. V. NOMBRE 9.

tocinería. Fiambrería, venta de embutidos, salchichería. V. EMBUTIDOS 5.

tocino. 1. Manteca, lardo, gordo. V. GRASA 1.

— **2.** Animal*, cochino, gorrino. V. CERDO 1.

tocología. Obstetricia, ginecología, especialidad, partos. V. EMBARAZO 1.

tocólogo. Médico partero, especialista en obstetricia, ginecólogo. V. EMBARAZO 8.

tocón. Troza, trozo de tronco, muñón; sobón. V. MADERA 2; TOCAR 1.

TODAVÍA. Hasta, hasta ahora, hasta el momento, actualmente, en este tiempo*, en estos momentos; sin embargo, aún, aunque, pero, aun cuando, a pesar de, con todo, no obstante, por más que, incluso, inclusive, comprendido, si bien, bien que, pese a que.

V. ACTUAL, TIEMPO.

todo. Absoluto, íntegro, completo. V. TOTAL 2.

Todopoderoso. Altísimo, Hacedor, Creador. V. DIOS 1.

todopoderoso. Omnipotente, dominante*, preponderante. V. PODER 4.

toga. Túnica, hábito, manto. V. VESTIMENTA 7.

togado. Juez, magistrado, investido. V. TRIBUNAL 4.

toilette. *fr* **1.** Tocador, consola, lavabo. V. BAÑO 3, 4.

— **2.** Atuendo, peinado*, maquillaje. V. VESTIMENTA 1; COSMÉTICO 1.

toldo. Lona, palio, dosel. v. COLGAR 6.

tolerable. V. TOLERANCIA 3.

tolerablemente. V. TOLERANCIA 5.

TOLERANCIA. 1. Transigencia, complacencia, condescendencia, aprobación*, comprensión, paciencia, aguante*, aquiescencia, disimulo, connivencia, complicidad, acomodo, cesión, bondad*, benignidad, consentimiento, lenidad, blandura, indulgencia, benevolencia, concesión, armonía, colaboración, contemporización, compasión*, lástima, beneplácito, avenencia, respeto, anuencia, permiso*, carta blanca, plácet, reconocimiento, respeto, sufrimiento, resignación*, filosofía, pasividad, tragaderas, conformidad, correa, otorgamiento, flema.

2. Tolerante. Complaciente, transigente, benévolo, indulgente, bondadoso*, condescendiente, permisivo*, caritativo, comprensivo, compasivo, aguantador*, aquiescente, aprobador, contemporizador, respetuoso, anuente, resignado*, sufrido*, pacienzudo, paciente, tímido*, pasivo, filósofo, flemático, servicial, afectuoso, benigno, bonachón, conforme, de buen grado, de acuerdo, gustoso, conformista, flexible, acomodaticio.

3. Tolerable. Soportable, admisible, llevadero, sufrible*, aceptable, pasadero, aguantable, bueno, válido, pasable, mediano*, regular, comprensible, permisible, respetable.

4. Tolerar. Consentir, condescender, complacer, transigir, admitir, aceptar*, contentarse, apañarse, arreglarse, aguantar*, soportar, resignarse, aprobar*, perdonar*, disculpar, dispensar, plegarse, avenirse, doblegarse, acceder, ceder, permitir, dignarse, acomodarse, comprender, pasar, contemporizar, conceder, respetar, disimular, tragar, otorgar, padecer, sufrir, resistir, sobrellevar, conllevar, humillarse*, achantarse, amolarse, amoldarse, sacrificarse, fastidiarse, jorobarse.

5. Tolerablemente. Admisiblemente, aceptablemente*, pasaderamente, comprensiblemente, llevaderamente, respetablemente, medianamente*, válidamente, buenamente.

Contr.: Intolerancia, intransigencia*.

V. APROBACIÓN, AGUANTE, TIMIDEZ, BONDAD, COMPASIÓN, SUFRIMIENTO, PERMISO.

tolerante. V. TOLERANCIA 2.

tolerar. V. TOLERANCIA 4.

tolva. Cuenco, recipiente, entrada. V. RECEPTÁCULO 4.

tolvanera. Polvareda, torbellino, remolino. V. POLVO 2.

toma. 1. V. tomar.

— **2.** Zancadilla, presa, llave. V. LUCHA 5.

— **3.** Entrada, abertura, agujero*. V. ENTRAR 3.

tomado. V. tomar 5.

tomar 1. Adueñarse, arrebatar, robar*. V. APROPIARSE 1.

— **2.** Agarrar, asir, atrapar. V. COGER 1.

— **3.** Invadir, dominar, ocupar. V. CONQUISTA 3.

— **4.** Ingerir, probar, tragar. V. BEBER, ALIMEN-TARSE.

— **5.** *Tomarse*, velarse, empañarse, oscurecerse. V. OPACO 3.

tomate. Solanácea, planta, vegetal. V. HORTA-LIZA 2.

tomavistas. Cámara cinematográfica, aparato*, filmadora, f. digital, vídeo. V. CINE 5.

tómbola. Sorteo, rifa, juego*. V. LOTERÍA 1.

tomillo. Hierba, planta, labiada. V. VEGETAL 21, CONDIMENTO 2.

tomo. Ejemplar, volumen, parte. V. LIBRO 1.

tonada. Canción, melodía, copla. V. CANTAR 1.

tonadillera. Cupletista, artista, cantante. V. CAN-TAR 10.

tonalidad. Gradación, gama, matiz. V. COLOR 1.

tonante. Retumbante, atronador, sonoro. V. SO-NIDO 5.

tonel. Cuba, barrica, tina. V. BARRIL 1.

tonelada. Unidad de masa, u. de peso, mil kilos. V. PESO 3.

tonelaje. Capacidad, volumen, arqueo de un buque. V. PESO 1.

tongada. Capa, veta, estrato; montón, pila. V. SUELO 5; CANTIDAD 3.

tongo. Fraude, trampa, timo. V. ENGAÑO 1.

tónico. Reconfortante, cordial, reconstituyente. MEDICAMENTO 6.

tonificante. V. tónico, tonificar.

tonificar. Robustecer, fortalecer, fortificar. V. VIGOR 4.

tonillo. V. tono 1.

tonina. 1. Bonito, atún, pescado. V. PEZ 9.

— **2.** Marsopa, delfín, mamífero acuático. V. CETÁCEO 1.

tono. 1. Inflexión, acento, habla*. V. VOZ, PRO-NUNCIACIÓN 1.

— **2.** Fuerza, energía*, tensión. V. VIGOR 1.

— **3.** Jactancia, vanagloria, bombo. V. FANFA-RRONERÍA 1.

tonsila. Amígdala, carnosidad*, glándula*. V. GARGANTA 4.

tonsura. Corte de cabello, rapadura, ceremonia. V. PELO 13.

tontada. V. TONTO 3.

tontaina. V. TONTO 1.

tontear. V. TONTO 5.

tontería. V. TONTO 3.

TONTO. 1. Corto de entendimiento; bobo, simple, necio, mentecato, atontado, sandio, botarate, estúpido, idiota, imbécil, majadero, torpe, tardo, bruto*, insensato, menguado, zote, rudo, pasmado, lelo, alelado, simplón, trastornado, orate, loco*, asno, tontaina, vacío, vacuo, mastuerzo, atolondrado, tarambana, aturdido*, badulaque, obtuso, negado, corto, limitado, lerdo, mendrugo, estulto, incompetente, inepto, patoso, soso, incapaz, inútil*, beocio, primo, ingenuo, inocente*, infeliz, pueril, fantoche, payaso, bufón, estólido, gaznápiro, pazguato, remilgado*, porro, inculto, ignorante*, chocho,

ñoño, aturdido*, palurdo, aldeano*, corito, tímido*, pusilánime, retrasado (v. 2); pasmarote, zoquete, zopenco, papanatas, lila, memo, mameluco, burro, pollino, borrico, bestia, animal, mostrenco, palomo, chorlito, pavo, ganso, bolonio, gedeón, bobalicón, babieca, gilí, panoli, pánfilo, sansirolé, mamacallos.

— **2.** *Retrasado*, oligofrénico, retardado, discapacitado psíquico, disminuido psíquico, con síndrome de Down; faltoso, limitado, corto, demente, loco, orate, desequilibrado (v. 4); subnormal *desp*, anormal *desp*, imbécil *desp*, tarado *desp*, idiota *desp*, lerdo *desp*, cretino *desp*, degenerado *desp* (v. 1).

3. Tontería. Sandez, simpleza, bobería, vacuidad, vaciedad, disparate*, retraso (v. 2), necedad, gedeonada, chinchorrería, bobería, bobada, lata, pesadez, aburrimiento*, estupidez, idiotez, imbecilidad, mentecatez, majadería, torpeza, tontada, paparruchada, zarandaja, insensatez, perogrullada, inocencia*, puerilidad, ingenuidad, simpleza, barbaridad, brutalidad*, atrocidad, memez, majadería, nadería, vacuidad, futilidad, vaciedad, insignificancia, payasada, bufonada, bobaliconada, pifia, mentecatez, patochada, desatino, error, equivocación*; burrada, bestialidad, gansada, animalada; gilipollez.

4. Alelamiento. Trastorno mental. Papanatismo, pasmo, asombro*, zoquetería, atontamiento, trastorno, torpeza, retraso, retardo, cretinismo, anormalidad, idiotez, imbecilidad, oligofrenia, limitación, estulticia, síndrome de Down o mongolismo, debilidad mental, deficiencia, limitación, cortedad, degeneración, desequilibrio, demencia, locura*, incapacidad, mentecatez, fanfarronería*, ineptitud, inepcia, inexperiencia, memez, chochez, negación, incompetencia, infelicidad, puerilidad, ingenuidad, inocencia*, estolidez, sosería, pazguatería, ñoñez, incultura, ignorancia*, aturdimiento*, aldeanismo*, cortedad, timidez*, pusilanimidad, sandez (v. 2, 3).

5. Tontear. Disparatar*, bobear, pifiar, errar, equivocarse*, idiotizarse, chochear, desbarrar, fantochear, fanfarronear*, desvariar, enloquecer, trastornarse, fallar, delirar, desatinar, despistarse, hacer necedades, h. estupideces (v. 3), atolondrarse (v. 6).

6. Atontar(se). Aturdir(se)*, alelar, desconcertar, ofuscar, turbar, desorientar, embrutecer, embotar, embobar, entontecer, envejecer, chochear, reblandecerse, claudicar, degenerar, atolondrar, decaer, caducar, debilitar, idiotizar, enloquecer, distraer, cegar, aturullar, conmover, marear, trastornar, apabullar, retrasar, limitar, atarugar, asombrar*, pasmar, enajenar, desquiciar (v. 5).

Contr.: Listo, inteligente*.

V. BRUTO, LOCO, INÚTIL, INOCENTE, TÍMIDO,
ALDEANO, IGNORANTE, RARO, ATURDIDO,
DISPARATADO, EQUIVOCADO.
topacio. Gema, alhaja, mineral*. V. PIEDRA PRE-
CIOSA 2.
topar. Tropezar, encontrarse, chocar. V. GOLPE
10.
tope. 1. Canto, extremo, punta*. V. BORDE 1.
— **2.** Protector, parachoques, pieza*. V. PRO-
TECCIÓN 2.
topetazo. Trompicón, encontronazo, choque. V.
GOLPE 2.
tópico. 1. Lugar común, vulgaridad*, trivialidad.
V. FRIVOLIDAD 1.
— **2.** Aplicación externa, toque, remedio. V.
MEDICAMENTO 4.
topo. Insectívoro, vertebrado, animal*. V. MAMÍ-
FERO 13.
TOPOGRAFÍA. 1. Configuración del terreno,
accidentes geográficos, orografía, características*, aspecto, relieve, altura del terreno,
ciencia*, disciplina, estudio, medición, medidas*, representación del terreno, agrimensura,
geodesia, planimetría, altimetría, triangulación,
técnica catastral, cartografía, fotogrametría,
geografía*, geometría*.
2. Generalidades. Plano, p. topográfico, proyección, cota, curva de nivel, carta, mapa*,
plano del catastro, p. militar, p. de carreteras,
p. de nivel, escala gráfica, e. topográfica, signos
convencionales, jalonamiento, triangulación,
catastro, demarcación, acotación, nivelación,
trigonometría, taquimetría, ángulo cenital, visual, coordenadas, divisoria, estación, accidentes del terreno (v. 1).
3. Material. Teodolito, taquímetro, telémetro,
podómetro, nivel, n. de burbuja, brújula*, jalón,
mojón, cinta métrica, cadena de agrimensor,
taquímetro, eclímetro, estadiómetro, sextante*, goniómetro, alidada, escuadra, planíme-
tro, pantómetra, altímetro, barómetro*, limbo,
mira, mirilla, retícula, nivel, pínula, cuadrante.
4. Personas. Topógrafo, agrimensor, ingeniero*, i. geógrafo, i. civil, i. agrónomo, técnico, t. catastral, perito, p. agrónomo, geodes-
ta, geógrafo*, cartógrafo*, geómetra*.
5. Acción. Parcelar, acotar, jalonar, medir*,
triangular, cartografiar, proyectar*, representar,
nivelar, amojonar, levantar un plano; replanteo,
alineación.
6. Aplicaciones. Carreteras*, ferrocarriles*, catastro, superficie de terrenos, urbanizaciones,
mapas*, planos, canales*, riegos, embalses,
presas*, aeropuertos, autovías, puertos, puentes, obras hidráulicas.
V. MAPA, GEOGRAFÍA, GEOMETRÍA, MON-
TAÑA.
topográfico. Planimétrico, geodésico, orográfico.
V. TOPOGRAFÍA 1.
topógrafo. V. TOPOGRAFÍA 4.

toponimia. Estudio, significado, procedencia de
los nombres. V. NOMBRE 1.
topónimo. Nombre de lugar, de localidad, de
zona*. V. NOMBRE 1.
toque. 1. Roce, caricia, contacto. V. TOCAR 6.
— **2.** Repique, tañido, redoble. V. CAMPANA 4.
— **3.** Aviso, señal*, llamada. V. LLAMAR 7.
— **4.** Rectificación, remate, detalle*. V. PER-
FECTO 4.
toquilla. Pañuelo, toca, velo. V. VESTIMENTA 3.
torácico. V. TÓRAX 1.
TÓRAX. 1. Tronco, pecho, torso, busto, cavidad,
caja torácica, armazón costal, costillar, costillaje.
2. Elementos. Huesos: costillas, falsas costillas,
cartílagos costales, esternón, columna vertebral;
mamas*, glándulas* mamarias. Músculos*:
pectoral mayor, pectoral menor, serrato mayor,
serrato menor, dorsal ancho, subescapular, diafragma, trapecio, subclavio, romboides, infraespinoso, intercostales, subcostales. Órganos:
esófago, pulmones, tráquea, bronquios, pleura,
mediastino, corazón*, pericardio. Vasos: aorta,
cayado aórtico, arteria pulmonar, vena pulmonar, vena cava superior, vena cava inferior, conducto torácico. Nervios*: n. frénico, n. vago, n.
neumogástrico, cadenas ganglionares, plexos.
3. Varios. Respiración*, aparato respiratorio,
perímetro torácico. Dolencias: tórax raquítico, t.
cilíndrico, t. de tonel, enfermedades* respiratorias*, del corazón*, etc. (v. enfermedad 12).
4. Torácico. Pectoral, mamario*, respiratorio*,
pulmonar, costal, pleural, corporal, anatómico*;
abdominal.
V. RESPIRACIÓN, VERTEBRAL (COLUMNA),
MÚSCULOS, NERVIOSO (SISTEMA), CORAZÓN,
CUERPO.
torbellino. 1. Remolino, vorágine, ciclón*. V.
VIENTO 1.
— **2.** Revuelo, desorden*, tumulto. V. ALBO-
ROTO 1.
— **3.** Impulsivo, alocado, vertiginoso. V. RA-
PIDEZ 2.
torcaz. Variedad de paloma, paloma silvestre, co-
lúmbida. V. AVE 10.
torcedura. V. TORCER 5, 6.
TORCER. 1. Flexionar*, doblar, plegar, tronchar,
quebrar, retorcer, girar*, arquear, curvar*,
combar, pandear, alabear, cimbrear, desviar*,
encorvar, doblegar, inclinar*, acodar, abultar*,
abombar, corcovar, jorobar, enroscar, atornillar,
desenroscar, desatornillar, rizar*, ondular, abarquillar, encrespar, arrufar, ensortijar, encarrujar,
crispar*, rectificar, estropear, aplastar*, deteriorar*, deformar*.
— **2.** Girar*, apartarse, alejarse*. V. DESVIAR-
SE 1.
— **3.** Distender, luxar, descoyuntar. V. DISLO-
CAR 1.
— **4.** *Torcerse,* descarriarse, pervertirse, corromperse. V. VICIO 6.

5. Torsión. Flexión, torcedura, arqueamiento, torcimiento, retorcimiento, crispamiento, contorsión*, curvatura, curva*, doblez, encorvadura, inclinación*, distorsión, deformación, alteración, desvío*, acodo, combadura, deformidad*, giro*, vuelta, pandeo, alabeo, cimbreo, abombamiento, abultamiento, abarquillamiento, rizo*, ondulación, corcova, joroba, rosca, borneo, encrespamiento, arrufo, rizado*, encarrujamiento (v. 6).
— **6.** Torcedura, descoyuntamiento, luxación. V. DISLOCAR 2.
7. Torcido. Deformado, flexionado, doblado (v. 1).
Contr.: Enderezar, erguir, alinear.
V. CURVAR, GIRAR, DESVIAR, ALEJAR, INCLINAR, ABULTAR, CRISPAR, DEFORMAR, APLASTAR, DISLOCAR.
torcido. V. TORCER 7.
torcimiento. V. TORCER 5.
tordo. 1. Pájaro, ave europea, estornino. V. AVE 15.
— **2.** Pelaje grisáceo, entrecano, pardo. V. CABALLO 5.
toreador. V. TOREO 2.
torear. V. TOREO 5.
TOREO. 1. Tauromaquia, lidia, fiesta*, f. taurina, f. nacional, de toros, torería, encierro, faena, corrida, c. de toros*, c. de novillos, novillada, becerrada, tienta, capea, charlotada, rejoneo, toreo a caballo*, pica, festejo, espectáculo*, exhibición*, lid, arte* taurina.
2. Personas. Torero, matador, diestro, maestro, toreador, espada, lidiador, novillero, becerrista, banderillero, picador, rejoneador, caballero, puntillero, peón, mozo de estoques, espontáneo, maleta, maletilla, alguacil, alguacilillo, monosabio, asistencias, cuadrilla, torería, banda, autoridad, presidencia, presidente, asesor, médico*, apoderado, ganadero*, mayoral, espectadores, aficionados, público, el respetable. Toreros: Lagartijo, Frascuelo, Cúchares, Mazzantini, Joselito, Belmonte, Manolete, Luis Miguel Dominguín, Arruza, Antonio Bienvenida, El Gallo, Palomo Linares, El Cordobés, Angel Teruel, El Viti, Antonio Ordoñez, Francisco Rivera «Paquirri», Paco Camino, Bernadó, Manzanares (v. 3).
3. Equipo del torero. Traje de luces, chaquetilla o casaquilla, chaleco, taleguilla o calzón, corbata, faja, camisa escarolada, machos, medias, zapatillas, montera, coleta o moña, bordados*, luces, capote, capa, muleta, capote de brega, de paseo, estoque, espada*, puntilla, banderilla, rehilete, pica, puya, rejón, garrocha, vara, peto (del caballo*).
4. La corrida, lances. Sorteo, enchiqueramiento, encierro, paseíllo, petición de llave, tercio de varas, t. de banderillas, t. de muerte.
Suertes: pase, lance, suerte, capotazo, primeros capotazos, verónica, media verónica, revolera,

gaonera, mariposa, farol, quite, cambio de rodillas, chicuelinas, suerte de picar, puyazos, banderillas, al cuarto, al sesgo, al quiebro, a la media vuelta, de poder a poder, muleta, pase natural, pase de pecho, pases ligados, serie, por bajo, por alto, en redondo, ayudado con la derecha, molinete, afarolado, manoletina, arrucina, suerte de matar, estocada, volapié, al recibir, pinchazo, descabello, puntilla, avisos, vuelta al ruedo, saludo desde el tercio, ovación; trofeos: oreja, rabo, pata; arrastre; cornada, puntazo, cogida, herida, lesión*, varetazo.
5. Acción. Lidiar, torear, citar, trastear, recibir, capotear, banderillear, picar, rejonear, herir, burlar, apoderar, matar, estoquear, descabellar, degollar, apuntillar, cambiar, muletear, ligar, ayudar, ovacionar, saludar, dar vuelta al ruedo; embestir, acometer, cornear, empitonar, coger, revolcar, enchiquerar, encerrar.
6. Plaza de toros. Coso, c. taurino, arena, ruedo, redondel, edificio, instalaciones. *Partes:* ruedo, arena, barrera, burladeros, callejón, toril, puerta de salida; localidades: de sombra, de sol, de barrera, contrabarrera, delantera de tendido, tendido, gradas, andanadas, palcos, palco presidencial; capilla, enfermería, corrales, chiqueros, patio de caballos, de cuadrillas, desolladero, cuadras, museo taurino.
7. Toro de lidia. V. TORO.
8. Taurino. Tauromáquico, torero, taurómaco, de los toros*, de la corrida, de la lidia (v. 1).
V. TORO, ESPECTÁCULO, EXHIBICIÓN, FIESTA.
torería. V. TOREO 1, 2.
torero. V. TOREO 2.
toril. Encierro, corral, cuadra. V. TOREO 6.
TORMENTA. 1. Borrasca, tempestad, temporal, inclemencia, precipitación, meteoro, galerna, huracán, turbión, ciclón*, torbellino, tromba, remolino, tornado, baguío, manga, tifón, vendaval, viento*, v. huracanado, ventarrón, ventisca, ráfaga, ventolera, oscuridad*, cerrazón, nube*, niebla, bruma, precipitación, lluvia*, diluvio, aguacero, chaparrón, granizo, granizada, pedrisco, nevada, nieve, cellisca, aguanieve, escarcha, helada, rayo*, exhalación, relámpago, trueno, tronada, mar* gruesa, marejada, oleaje, elementos desatados, naturaleza enfurecida.
2. Generalidades. Depresión barométrica, bajas presiones, frente frío, masa de aire frío, m. de aire polar, parte meteorológico, meteorología*, barómetro*, pluviómetro, pararrayos*, paraguas*, impermeable*, chubasquero.
3. Acción. Encapotarse, aborrascarse, cubrirse, nublarse, oscurecerse* descargar, desencadenarse, estallar, comenzar, desatarse, romper, diluviar, llover, caer, granizar, nevar, helar, relampaguear, tronar, soplar, rugir, mugir, ulular, bramar, encresparse, enfurecerse, amainar, abonanzar, levantar, despejar.
4. Tormentoso. Tempestuoso, proceloso, borrascoso, huracanado, inclemente, riguroso,

violento*, agitado, cerrado, nuboso*, oscuro*, cubierto, gris, nublado, atemporalado, turbulento, cargado, ventoso, lluvioso*, encrespado, enfurecido, desatado.
Contr.: Bonanza*, sol*.
V. METEOROLOGÍA, CICLÓN, VIENTO, NUBE, OSCURIDAD, LLUVIA, RAYO, FRÍO, CALOR, ATMÓSFERA, BARÓMETRO, PARARRAYOS.

tormento. 1. Martirio, padecimiento, suplicio. V. TORTURA 1.
— **2.** Pena, engorro, fastidio. V. MOLESTIA 1.
tormentoso. V. TORMENTA 4.
tornadizo. Inconstante, frívolo*, voluble. V. VARIAR 8.
tornado. Tromba, huracán, tormenta*. V. CICLÓN 1.
tornar. 1. Volver, llegar*, reaparecer. V. REGRESO 2.
— **2.** Reanudar, proseguir, insistir. V. CONTINUACIÓN 5.
— **3.** Rectificar, transformar, cambiar*. V. VARIAR 1.
— **4.** Restituir, reponer, reintegrar. V. DEVOLVER 1.
tornasol. Viso, matiz, irisación. V. COLOR 1.
tornasolado. Irisado, perlado, brillante*. V. COLOR 5.
tornear. Trabajar, formar, labrar. V. FORMA 3.
torneo. 1. Justa, desafío, combate. V. LUCHA 1.
— **2.** Campeonato, concurso, certamen. V. COMPETICIÓN 1.
tornero. Mecánico, operario, obrero. V. MÁQUINA 6.
tornillo. Tuerca, rosca, perno. V. CLAVO 1.
torniquete. Atadura, ligadura, lienzo. V. SOCORRO 3.
torno. 1. Cilindro, aparato*, máquina herramienta. V. MÁQUINA 1, 2.
— **2.** Armario giratorio, casilla, ventanilla. V. COMPARTIMIENTO 1, 2.
— **3.** Chigre, cabrestante, malacate. V. BARCO 11.
TORO. 1. Vacuno, rumiante*, astado, bovino, bóvido, cornúpeta, animal*, res, bicho, morlaco, eral, recental, mamífero*, cuadrúpedo. Toro de lidia: ternero, choto, recental, becerro, añojo, utrero, novillo, toro adulto (v. 4); buey, cabestro, manso. Vaca*, vaquilla, ternera.
— **2.** Resalto, moldura, bocel. V. COLUMNA 5.
— **3.** Toros, tauromaquia, fiesta taurina, corrida de toros. V. TOREO 1.
4. Edades. Menos de un año: ternero; 1 año: becerro, añojo; 1 a 2 años: eral; 2 años: utrero; 3 años: novillo; 4 años: toro adulto.
5. Cornamenta. Asta, cuerno, cerviz, testuz, morrillo; toro cornicorto, cornigacho, corniveleto, bizco, astifino, astillado, afeitado.
6. Pelo, varios. Negro azabache, negro zaino, castaño, jabonero, colorado, cárdeno, retinto, berrendo, lucero, careto, ojo de perdiz, bra-

gado, chorreado, botinero. Trapío, bravura, planta.
7. Torero. Matador, espada, diestro. V. TOREO 2.
8. Personas. Ganadero*, criador, hacendado, ranchero, mayoral, capataz, cortijero, sobrestante, encargado; torero (v. 7).
9. Ganaderías. Miura, Bohórquez, Pablo Romero, Galache, A. Pérez Tabernero, Hijas de Andrés Moreno.
10. Dehesa. Era, pastizal, monte. V. CAMPO 1.
11. Vacunos para leche y carne. V. VACA 1.
12. Acción. Embestir, acometer, cornear. V. TOREO 5.
V. TOREO, VACA, RUMIANTE, GANADO.
toronja. Fruta, naranja grande, cidra. V. FRUTO 5.
torpe. 1. Inútil, tosco*, ignorante*. V. BRUTO 1, 2.
— **2.** Entumecido, envarado, despacioso. V. LENTITUD 2.
— **3.** Licencioso, indecente, impúdico. V. DESVERGÜENZA 2.
torpedear. V. TORPEDO 3.
torpedero. V. TORPEDO 4.
TORPEDO. 1. Proyectil*, p. marino, p. submarino*, arma*, a. autopropulsada, a. submarina, artilugio, artefacto, a. dirigido, bomba* dirigida.
2. Partes. Espoleta, carga explosiva*, depósito de combustible*, motor*, transmisión, eje, hélices, estabilizadores, timón de dirección, t. de profundidad, tubo lanzatorpedos, aire comprimido.
3. Torpedear. Disparar, lanzar* torpedos, atacar, arrojar, hundir*, echar a pique.
4. Torpedero. Destructor, navío, buque de guerra. V. BARCO 6, 13.
V. SUBMARINO, BARCO, PROYECTIL, ARTILLERÍA, EXPLOSIVO, BOMBA, ARMA.
torpeza. 1. Rudeza, tosquedad, inutilidad. V. BRUTO 3.
— **2.** Entumecimiento, morbosidad, envaramiento. V. LENTITUD 1.
— **3.** Indecencia*, deshonestidad, vicio*. V. DESVERGÜENZA 1.
torrar. Tostar, dorar, quemar. V. COCINA 7.
torre. Atalaya, baluarte, campanario*. V. CASA 3.
torrefacción. Torrado, tueste, tostado. V. COCINA 8.
torrencial. 1. Tempestuoso, lluvioso, desencadenado. V. LLUVIA 3.
— **2.** Impetuoso, fuerte, acentuado. V. INTENSIDAD 3.
torrente. Corriente, rápidos, rabión. V. RÍO 2.
torreón, torreta, torrecilla. V. CASA 3.
torrero. Cuidador, vigilante*, encargado de faro. V. FARO 6.
torrezno. Tocino frito, fragmento*, alimento. V. CARNE 2.
tórrido. Sofocante, cálido, bochornoso. V. CALOR 5.

789

tosco

torrija. Tajada, rodaja de pan*, pan frito. V. CON-
FITERÍA 3.
torsión. Flexión, arqueamiento, retorcimiento. V.
TORCER 5.
torso. 1. Busto, tronco, pecho. V. TÓRAX 1.
— 2. Estatua, talla, figura*. V. ESCULTURA 2.
torta. 1. Tarta, pastel, bizcocho. V. CONFITERÍA 3.
— 2. Sopapo, moquete, guantada. V. BOFE-
TADA 1.
tortazo. V. torta 2.
tortícolis. Torcedura, dolor reumático, dolor del
cuello. V. MÚSCULO 10.
tortilla. Fritada de huevos*, plato, manjar. V. ALI-
MENTO 20.
tortillera. desp vulg Lesbiana, tríbada o tribada. V.
HOMOSEXUAL 3.
tórtola. Palomino, torcaz, paloma. V. AVE 10.
tórtolo. Cortejador, enamorado, galanteador. V.
AMOR 11, 12.
tortuga. Quelonio, carey, galápago. V. REPTIL 6.
tortuoso. 1. Serpenteante, sinuoso, zigzagueante.
V. CURVA 4.
— 2. Taimado, astuto, solapado. V. HIPOCRE-
SÍA 2.
TORTURA. 1. Tormento, sufrimiento*, suplicio,
martirio, castigo*, pena, padecimiento, sacrifi-
cio*, mal, daño, dolor*, aflicción* (v. 2), inmolación, muerte*, patíbulo, auto de fe, cuestión,
inquisición*, persecución, hostigamiento, gólgota, calvario, vía crucis.
— 2. Congoja, tortura, angustia, remordimiento,
fatiga, molestia*, agobio, incertidumbre, aflic-
ción*, pena, fastidio, zozobra, disgusto, enojo,
desazón, duda*, celos*, envidia*, resentimiento.
3. Enumeración. Tormento físico, tormento
moral o psíquico; tormento del látigo, azotes,
flagelo*, gato de las siete colas, knut, potro,
torno, rueda, mancuerda, garrucha, caballo de
palo, borceguí, desolladura, tenazas, aceite hirviendo, brasero, mechas, carbones encendidos,
parrilla, hoguera, pira, palmeta, picota, cepo,
apaleamiento, amputación, descoyuntamiento,
tormento de la cuerda, tormento de la toca, t.
del agua, t. de la gota, virgen de Nuremberg,
picana eléctrica, mazmorra, prisión*, pan y
agua, galeras, trabajos forzados, cadenas,
grillos, poste, tenazas, dogal, golpes*, palos*,
patíbulo, cadalso, cruz*, crucifixión, empalamiento, descuartizamiento, lapidación, linchamiento, horca, garrote, g. vil, estrangulación,
decapitación, degollamiento, hacha, guillotina,
electrocución, silla eléctrica, cámara de gas, ga-
seamiento, tiro en la nuca, fusilamiento; lavado
de cerebro, inyección de drogas*, sugestión,
hipnosis* (v. 1).
4. Generalidades. Tribunal*, ordalía, Juicio de
Dios*, condena*, ejecución, capirote, sambenito, penitencia, expiación, arrepentimiento, ley*
del Talión, vindicta pública, justicia, hágase la
ley, venganza*, escarmiento.

5. Organismos, sectas*. Tribunales* antiguos,
Inquisición, Gestapo, checa, GPU (Policía política de la antigua Unión Soviética), NKVD
(Comisariado popular para asuntos internos
de la antigua Unión Soviética), OAS («Organi-
sation de l'Armée Secrète» (Organización del
Ejército Secreto), Ku-Klux-Klan (KKK), «thugs»
(miembros de una «thuggee» o «tuggee» india). Campos de concentración nazis: Dachau,
Büchenwald, Treblinka, Maidanek, Mauthausen-Gusen, Auschwitz.
6. Torturar. Atormentar, dar tormento, sacrificar, hacer sufrir*, castigar*, martirizar, mortificar, herir, lesionar*, golpear*, apalear, azotar,
flagelar*, aspar, atenazar, quemar, pinchar*,
punzar, amputar, descoyuntar, encadenar,
maniatar, colgar, encarcelar, aprisionar, lavar
el cerebro, inyectar drogas*, hipnotizar*, crucificar, clavar*, desollar, empalar, descuartizar,
lapidar, linchar, ahorcar, agarrotar, estrangular,
asfixiar, decapitar, guillotinar, electrocutar, gasear, fusilar*, matar, inmolar, perseguir, acosar,
hostigar, molestar*, fastidiar; confesar, purgar,
pagar, espiar, arrepentirse.
7. Torturador. Verdugo, ejecutor, inquisidor,
juez, atormentador, sayón, esbirro, sádico, diabólico, cruel*, refinado, martirizador, ajusticiador, vengador*, doloroso* (v. 8).
8. Torturante. Doloroso*, lacerante, insoportable. V. DOLOR 4.
9. Torturado. Víctima, condenado*, culpable,
reo, atormentado, sufrido*, doliente, herido, le-
sionado*, supliciado, castigado*, martirizado,
mártir, dolorido*, dañado, muerto*, inmolado,
afligido*, perseguido, hostigado, apaleado, gol-
peado*, azotado; flagelado*, desollado, quemado, amputado, descoyuntado, encadenado,
aprisionado, forzado, drogado*, hipnotizado*,
crucificado, aspado, empalado, descuartizado,
lapidado, linchado, ahogado*, agarrotado, estrangulado, decapitado, guillotinado, electro-
cutado, gaseado, fusilado (v. 3).
Contr.: Placer*, bienestar, comodidad*.
V. CASTIGO, SUFRIMIENTO, DOLOR, MUERTE,
MOLESTIA, AFLICCIÓN, CONDENA, CRUEL-
DAD.
torturado. V. TORTURA 9.
torturador. V. TORTURA 7.
torturante. V. TORTURA 8.
torturar. V. TORTURA 6.
torvo. Fiero, huraño, avieso. V. HOSCO 1.
tos. Convulsión, espasmo, expectoración. V. RES-
PIRACIÓN 1.
TOSCO. 1. Burdo, basto, rudo, bruto*, chabacano,
villano, patán, vulgar*, plebeyo, brusco, ramplón, áspero, desabrido, zafio, rudimentario,
elemental, primario, primitivo, embrionario,
anticuado, atrasado, simple, sencillo, ordinario, bronco, grosero, descortés*, violento*,
incorrecto, incivil, soez, ignorante (v. 2), agreste, rústico, salvaje, montaraz, hosco, paleto,

aldeano*, cerril, bravío, silvestre, mostrenco, grotesco, ridículo*, chocarrero, charro, manido, sobado, bajo, común, inútil, torpe (v. 2).
— **2.** Patán , tosco, ignorante*, inculto, atrasado, bruto*, tonto*, villano, plebeyo, paleto, palurdo, cateto, pueblerino, aldeano*, lugareño, campesino*, charro, salvaje, rústico (v. 1).
— **3.** Áspero*, desigual, irregular*. V. RUGOSO 1.
4. Tosquedad. Rudeza, aspereza*, chabacanería, vulgaridad*, plebeyez, bastedad, brusquedad, brutalidad*, zafiedad, rusticidad, ordinariez, chocarrería, incivilidad, violencia*, descortesía, sequedad, crueldad*, incorrección, cerrilidad, primitivismo, atraso, incultura, ignorancia*, villanía, paletismo, aldeanismo*, patanería, ramplonería, grosería, inelegancia.
Contr.: Refinado*, sabio*, educado*, suave*, liso*.
V. VULGAR, DESCORTÉS, HOSCO, SILVESTRE, BRUTO, VIOLENTO*, ALDEANO, ÁSPERO, RUGOSO.
toser. Expectorar, crisparse*, convulsionarse. V. RESPIRACIÓN 2.
tósigo. Ponzoña, tóxico, toxina; gran angustia. V. VENENO 11; AFLICCIÓN 1.
tosquedad. V. TOSCO 4.
tostada. Picatoste, pan tostado, tajada. V. PAN 6.
tostado. 1. Asado, dorado, horneado. V. COCINA 8.
— **2.** Bronceado, atezado, oscuro*. V. MORENO 1.
tostadora. Aparato*, accesorio, artefacto. V. ELECTRODOMÉSTICOS (APARATOS) 2.
tostar. 1. Dorar, asar, hornear. V. COCINA 7.
— **2.** Broncearse, curtirse, quemarse. V. MORENO 2.
tostón. Monserga, tabarra, lata. V. ABURRIMIENTO 1.
TOTAL. 1. Totalidad, conjunto, todo, suma, añadido*, monto, resto, pluralidad, mayoría, conglomerado, cuenta, resultado, cantidad*, operación, valor, precio, costo*, saldo, gasto*, resumen, remate, conclusión, fin*, integridad, generalidad, universalidad, acervo, agregado, amalgama, aumento*, perfección*, consumación, consecuencia, producto*, serie*, mezcla*, surtido, combinación, reunión (v. 2).
— **2.** Completo, total (v. 3), general, íntegro, perfecto*, entero, profundo, intenso, absoluto, ilimitado, exhaustivo, todo, enciclopédico, consumado, único, universal, final*, pleno, indivisible, inseparable, incondicional, rematado, categórico, cabal, palmario, claro*, terminante, cumplido, acabado, intacto, indemne, colmado, lleno*, integral (v. 3).
— **3.** Común, total, plural, colectivo, público, social, universal*, comunal, enciclopédico, ecuménico, difundido, extendido*, absoluto, amplio, omnipresente, general, global, comunal, social, ciudadano (v. 2).

4. Totalidad. Conjunto, todo, suma (v. 1).
5. Totalizar. Sumar, añadir*, montar, llenar*, reunir, poner, superponer, conjuntar, agregar, enumerar, rematar, concluir, finalizar*, terminar, aumentar*, contar, computar, calcular*, valorar, evaluar*, establecer, operar, determinar, cumplir, acabar, colmar.
6. Totalmente. Completamente, generalmente, exhaustivamente (v. 2).
Contr.: Parte, fracción.
V. RESULTADO, CANTIDAD, PRODUCTO, COSTO, CÁLCULO, FIN, SERIE, MEZCLA, AÑADIDO, LLENO, UNIVERSAL, PERFECCIÓN.
totalidad. V. TOTAL 1.
totalitario. Extremista, dictatorial, absolutista. V. DOMINACIÓN 3, 4.
totalitarismo. V. totalitario.
totalizar. V. TOTAL 5.
totalmente. V. TOTAL 6.
tótem. Ídolo, deidad, efigie. V. SUPERSTICIÓN 3.
tour, tournée. fr Gira, excursión, vuelta. V. VIAJE 1.
tóxico. 1. Ponzoña, tósigo, toxina. V. VENENO 1.
— **2.** Nocivo, ponzoñoso, virulento. V. VENENO 6.
toxicología. Farmacología*, estudio, conocimiento de los venenos. V. VENENO 5.
toxicólogo. Farmacólogo*, químico*, médico*. V. VENENO 12.
toxicomanía. V. toxicómano.
toxicómano. Drogadicto, drogodependiente, enfermo, morfinómano. V. DROGA 5, ENFERMEDAD 2.
toxina. V. tóxico 1.
tozudez. V. tozudo.
tozudo. Testarudo, terco, porfiado. V. OBSTINACIÓN 2.
traba. Obstáculo, impedimento, inconveniente. V. LÍMITE 2.
trabado. V. trabar 1, 2.
trabajado. Desgastado, fatigado*, agobiado. V. DESGASTE 2.
trabajador. V. TRABAJO 5, 6.
trabajar. V. TRABAJO 11.
TRABAJO. 1. Labor, ocupación, tarea, obra, actuación*, actividad, quehacer, faena, papel, profesión (v. 7), empleo*, oficio, plaza, puesto, colocación, acomodo, vacante, función, gestión, cargo, ministerio, destino, carrera, obligación, arte*, ciencia*, artesanía, aplicación, esmero, consagración, dedicación, menester, empresa, deber, cometido, afán, fajina, misión, ejercicio, campaña, proyecto, plan*, cuidado*, trajín, responsabilidad, operación, procedimiento, manipulación, encargo, práctica, diligencia, asunto, negocio, cooperación, colaboración, prestación, acomodo, enchufe, canonjía, breva, momio, manejo, maniobra, , brega, ajetreo, esfuerzo (v. 2).
— **2.** Brega, actividad, fatiga*. V. DINAMISMO 1, MOLESTIA 1.

— **3.** Estudio, análisis, ensayo. V. ESCRIBIR 3.

4. Clases. Trabajo intelectual, burocrático, profesión liberal, función pública, técnico, artesanal, manual, automático, individual, colectivo, trabajo a sueldo, a destajo, a tanto alzado, por horas, a jornal, a domicilio; trabajo remunerador, fácil*, agradable*, penoso, agotador, fatigoso*, ingrato, difícil*, complicado.

5. Trabajador. Asalariado, autónomo, funcionario, productor, operario, obrero, empleado*, profesional, experto, facultativo, diplomado*, artesano, artífice, proletario, jornalero, ganapán, menestral, peón, mozo, bracero, laborante, labriego, capataz, encargado, destajero, contratista, técnico, oficial, maestro, contramaestre, obrero especializado, ayudante, aprendiz. Grupos: Equipo, grupo*, brigada, cuadrilla, operarios, asalariados (v. 5).

— **6.** *Hacendoso*, trabajador, laborioso, afanoso, incansable, resistente, diligente, activo, dinámico*, industrioso, infatigable, aplicado, perseverante, dedicado, tenaz, solícito, voluntarioso, esforzado, competente, hábil*.

7. Oficios, profesiones. Médico*, cirujano, odontólogo, farmacéutico*, biólogo*, veterinario*, químico*, físico, catedrático, profesor, educador*, maestro, abogado*, juez, magistrado, notario, escribano, escritor*, periodista*, poeta*, historiador*, filólogo, filósofo*, licenciado, doctor, técnico, ingeniero*, arquitecto*, matemático*, topógrafo*, tipógrafo, agrónomo, perito, constructor*, delineante, dibujante*, pintor*, escultor*, orfebre, artista*, actor*, cantante*, músico*, director de orquesta*, director de cine, policía*, guardia, militar, marino, aviador, oficinista*, empleado*, agente turístico, fotógrafo*, ebanista, carpintero*, artesano, zapatero, mecánico*, minero*, portero, chófer, taxista, albañil, campesino, labriego, pastor, marinero, pescador*, sastre*, modista, cocinero*, camarero, sirviente, servidor*, mayordomo, valet, ama de casa, informático.

8. Empleados, funcionarios. Ministro*, oficinista*, cajero. V. EMPLEO 6, 7.

9. Generalidades. Nómina, plantilla, horario, jornada, j. laboral, semana inglesa, antigüedad, años de servicio, ascenso, promoción, hoja de servicios, antecedentes, gratificación, paga*, p. extraordinaria, sueldo, jornal, pensión*, jubilación (v. 13), huelga*, fiesta*, vacaciones, sindicato, gremio, seguridad social, concurso, oposiciones, examen*, ingreso.

10. Lugares. Taller, fábrica*, ministerio*, despacho, oficina*, domicilio, tienda*, laboratorio*, almacén*, instituto, escuela, colegio.

11. Trabajar. Producir, laborar, manufacturar, hacer*, realizar, actuar*, crear*, construir*, elaborar, manipular, operar, bregar, confeccionar, afanarse, trajinar, faenar, ocuparse, ejercer, dedicarse, ponerse, consagrarse, aplicarse, sudar, ganar, atarearse, emplearse*, desempeñar,

colocarse, acomodarse, enchufarse, ingresar, ascender, progresar, colaborar, sindicarse, asociarse, prestarse, molestarse, padecer, estudiar, planear*, investigar, cobrar*, percibir.

12. No trabajar. Cesar, desocuparse, jubilarse, hacer huelga*, parar, estar en paro, estar cesante, haraganear, holgazanear*, vaguear, despedir, expulsar*.

13. Ausencia de trabajo. Cesantía, cese, destitución, despido, expulsión*, desempleo, ocio, desocupación, paro, inactividad, pobreza*, suspensión, huelga*, brazos caídos, vagancia, holgazanería*, permiso, excedencia, pensión*, jubilación, clases pasivas, feriado, fiesta*, jornada festiva, vacaciones.

14. Que no trabaja. Cesante, parado, desocupado, huelguista*, jubilado, pensionista*, excedente, inactivo, ocioso, haragán, vago, holgazán*, expulsado, suspendido, despedido, destituido, sin trabajo (v. 1).

Contr.: Ocio, asueto, vacación, holgazanería*. V. EMPLEO, ACTUACIÓN, HUELGA, PAGA, PENSIÓN, EXPULSIÓN.

trabajoso. Penoso, laborioso*, molesto*. V. DIFICULTAD 3.

trabalenguas. Charada, vocablo, frase difícil. V. ADIVINAR 5.

trabar. 1. Impedir, obstaculizar, evitar. V. DIFICULTAD 5.

— **2.** Enlazar, inmovilizar*, juntar. V. SUJETAR 1.

trabazón. 1. Sujeción*, enlace, ligazón. V. UNIR 14.

— **2.** V. trabar.

trabilla. Cinta, banda, franja. V. TIRA 1, 2.

trabucar. Alterar, perturbar, trastornar. V. DESORDEN 4.

trabuco. Arcabuz, escopeta, mosquete. V. FUSIL 1.

traca. Sarta, conjunto, ristra de petardos. V. FUEGOS ARTIFICIALES 1.

tracción. 1. Tirón, fuerza, empuje. V. EMPUJAR 3.

— **2.** Arrastre, remolque, acarreo. V. TRASLADAR 3.

tracoma. Enfermedad* ocular, dolencia, conjuntivitis. V. OJO 10.

tractor. 1. Máquina, oruga, remolque. V. VEHÍCULO 1.

— **2.** Impulsor, propulsor, remolcador. V. EMPUJAR 5.

TRADICIÓN. 1. Usanza, uso, usos, costumbre, práctica, hábito*, abolengo (v. 2), manera, modo*, estilo, conducta, rutina, leyenda, folclore*, mito, creencia*, religión*, historia*, pasado, testimonio, gesta, romance, cantar*, balada, poema*, narración, relato, relación, quimera, ficción, epopeya, fastos, anales.

— **2.** *Raigambre*, tradición, arraigo, solera, prosapia, prestigio*, base, antigüedad*, antecedentes, reputación, linaje, abolengo, aristocracia*, tradicionalismo, derechas*, conservadurismo, realismo, monarquía (v. 1).

3. Tradicional. Usual, habitual*, acostumbrado, rutinario, mítico, épico, ancestral, hereditario*, atávico, familiar*, pasado, pretérito, histórico*, folclórico*, legendario, proverbial, peculiar, enraizado, arraigado, popular, conocido, consagrado, conservador (v. 4).

4. Tradicionalista. Derechista*, conservador, apegado, inmovilista, moderado*, reaccionario, linajudo, aristócrata*; rancio, carca, carcunda.
Contr.: Modernidad*, realismo, práctica, positivismo.
V. HÁBITO, HISTORIA, FOLCLORE, CREENCIA, RELIGIÓN, ARISTOCRACIA, DERECHAS.

tradicional. V. TRADICIÓN 3.

tradicionalismo. V. TRADICIÓN 2.

tradicionalista. V. TRADICIÓN 4.

traducción. Transcripción, versión, interpretación. V. ESCRIBIR 3.

traducir. Interpretar, verter, trasladar. V. ESCRIBIR 1.

traductor. Intérprete, trujamán, redactor. V. ESCRITOR 1.

traer. 1. Acercar, conducir, llevar. V. TRASLADAR 1.
— **2.** Ponerse, lucir, vestir. V. VESTIMENTA 16.

tráfago. 1. Ajetreo, actividad, dinamismo*. V. MOVIMIENTO 1.
— **2.** V. tráfico.

traficante. Negociante, tratante, mercader. V. COMERCIO 6.

traficar. V. traficante.

tráfico. 1. Intercambio, especulación*, negocio. V. COMERCIO 1.
— **2.** Locomoción, circulación, transporte*. V. TRÁNSITO 1.

tragaluz. Claraboya, cristalera, lumbrera. V. VENTANA 1.

tragaperras. Artefacto, aparato de juego*, máquina automática. V. APARATO 1, JUEGO 6.

tragar. 1. Comer, zampar, engullir. V. ALIMENTO 11.
— **2.** Hundirse*, descender, abismarse. V. DESAPARECER 1.
— **3.** Tolerar, soportar, aguantar*. V. SUFRIMIENTO 5.

tragedia. 1. Obra, drama, pieza teatral. V. TEATRO 2.
— **2.** Catástrofe, siniestro, hecatombe. V. DESASTRE 1.
— **3.** Infortunio, drama, desdicha. V. DESGRACIA 1.

trágico. Desdichado, fatídico, catastrófico. V. DESGRACIA 2.

trago. 1. Bocado, ingestión, mordisco. V. ALIMENTO 6.
— **2.** Sorbo, ingestión, deglución. V. BEBIDA 6.
— **3.** Penalidad, desdicha, disgusto. V. DESGRACIA 1.

tragón. Glotón, voraz, comilón. V. HAMBRE 2.

TRAICIÓN. 1. Ingratitud, deslealtad, perfidia, infidelidad, falsedad*, vileza*, alevosía, felonía, infamia, insidia, falacia, iniquidad, mala fe, mentira, engaño*, perjurio, deserción, abandono, huida*, defección, complot, conjura, maquinación, plan*, confabulación, intriga, villanía, maniobra, artimaña, ruindad, delación, soplo, confidencia, abyección, degradación, vergüenza*, deshonor, deshonra*, estrago, daño, sabotaje, terrorismo, colaboracionismo, quinta columna, derrotismo.

2. Traidor. Pérfido, ingrato, desleal, engañoso*, insidioso, infiel, traicionero, infame, vil*, villano, felón, alevoso, impune, falso*, mentiroso, apóstata, renegado, perjuro, inicuo, deshonroso*, vergonzoso*, degradante, abyecto, ruin, artero, cobarde*, maniobrero, intrigante, confabulado, delator, vendido, judas, fementido, falaz, conjurado, complotado, maquinador, maniobrero, conspirador, colaboracionista, derrotista, quintacolumnista, terrorista, desertor, saboteador.

3. Traicionar. Delatar, denunciar, descubrir, acusar, vender, entregar*, engañar*, falsear*, perjurar, desertar, sabotear, dañar, mentir, conjurarse, complotar, maquinar, conspirar, intrigar, confabularse, deshonrar*, avergonzar, degradarse, abandonar, huir*, renegar, abjurar, repudiar, rechazar*, apostatar, retractarse, envilecerse.

4. Traidoramente. A mansalva, engañosamente*, pérfidamente, a quemarropa, a bocajarro, ingratamente, deslealmente (v. 2).
Contr.: Honor*, sinceridad*, limpieza, rectitud.
V. FALSEDAD, VILEZA, ENGAÑO, DESHONRA, HUIDA, VERGÜENZA.

traicionar. V. TRAICIÓN 3.

traicionero. V. TRAICIÓN 2.

traidor. V. TRAICIÓN 2.

trailla. 1. Cinto, correaje, cuerda. V. TIRA 2.
— **2.** Pareja, jauría, par de canes. V. PERRO 3.

trainera. Lancha, barca, barco* pesquero. V. PESCA 3.

traje. Ropa, prenda, atuendo. V. VESTIMENTA 1.

trajeado. V. trajear.

trajear. Vestir, llevar puesto, usar. V. VESTIMENTA 16.

trajín. Ajetreo, movimiento*, trabajo*. V. DINAMISMO 1.

trajinar. Afanarse, fatigarse, trabajar*. V. DINAMISMO 3.

tralla. Fusta, látigo, vergajo. V. FLAGELAR 3.

trallazo. Chasquido, latigazo, azote. V. FLAGELAR 5.

trama. 1. Malla, red, urdimbre. V. TELA 2.
— **2.** Tema, argumento, plan*. V. ASUNTO 2, CONSPIRACIÓN 1.

tramar. Fraguar, urdir, planear*. V. CONSPIRACIÓN 2.

tramitación. V. TRÁMITE 1.

tramitar. V. TRÁMITE 2.

TRÁMITE. 1. Gestión, misión, tramitación, comisión, tarea, trabajo*, expediente, actuación, encargo, servicio, mediación*, diligencia, acción, papeleo, burocracia, documento*, demora*, retraso, inconveniente, cometido, realización, asunto*, negocio, procedimiento, proceso, despacho, solución*, procuración, resolución, asesoramiento, visita*, formalización, representación, oficio, mandado, recado, curso, práctica, conducto, auxilio, ayuda*, colaboración, administración*.

2. Tramitar. Despachar, proceder, solventar, gestionar, diligenciar, solucionar*, asesorar, resolver, procurar, negociar, mediar*, delegar, representar, oficiar, formalizar, visitar*, expedir, administrar*, acelerar, finiquitar, acabar, cursar, practicar, colaborar, conducir, procesar, efectuar, realizar, hacer*, ayudar*, auxiliar, comisionar.

3. Que tramita. Gestor, despachante, asesor, ayudante*, auxiliar, colaborador, fautor, mediador*, administrador*, mandatario, delegado*, encargado, comisionado, representante, apoderado, tutor.

Contr.: Inactividad, abstención.
V. AYUDA, MEDIACIÓN, TRABAJO, ADMINISTRACIÓN, DELEGACIÓN, HACER.

tramo. Trecho, recorrido, sección. V. DISTANCIA 1, 2.

tramontana. Ventisca, vendaval, ventarrón. V. VIENTO 2.

tramoya. 1. Aparato*, artilugio, maquinaria. V. MÁQUINA 1.
— **2.** Embuste, enredo, trampa. V. ENGAÑO 1.

tramoyista. 1. Operario, ayudante*, auxiliar de teatro. V. TEATRO 7.
— **2.** V. tramposo.

trampa. 1. Celada, estratagema, ardid. V. ENGAÑO 1.
— **2.** Red, lazo, cepo. V. SUJETAR 5, CAZAR 4.
— **3.** Portillo, trampilla, portezuela. V. PUERTA 1.

trampear. Timar, adeudar, sablear. V. ENGAÑO 2.

trampero. Alimañero, lacero, cazador*. V. CAZA 6.

trampilla. Portezuela, tapa, trampa. V. PUERTA 1.

trampolín. Plancha, plataforma, tabla. V. PISCINA 3.

tramposo. Embaucador, bribón, estafador*. V. ENGAÑO 3.

tranca. Estaca, leño, garrote. V. PALO 1.

trancazo. Garrotazo, bastonazo*, estacazo; gripe, resfriado. V. PALO 3; ENFERMEDAD 10.

trance. 1. Dilema, apuro, brete. V. DIFICULTAD 1.
— **2.** Estado hipnótico*, inconsciencia, somnolencia. V. SUEÑO 1.

tranco. Paso, pisada, zancada. V. MARCHAR 4.

tranquilamente. V. TRANQUILIDAD 10.

TRANQUILIDAD. 1. Quietud, placidez, paz*, serenidad, imperturbabilidad, flema (v. 2), reposo, silencio*, calma, bonanza*, bienestar, alivio, consuelo, sosiego, descanso*, ocio, relajación, distensión, relajamiento, apacibilidad, normalidad, cachaza (v. 3), letargo, sueño*, sopor, espera, alto, paro, estabilidad, concordia*, armonía, moderación*, entendimiento, tregua, respiro, desahogo, ánimo*, alivio, paciencia (v. 2).

— **2. Imperturbabilidad,** tranquilidad, serenidad, seguridad, fe, flema, cachaza (v. 3), impasibilidad, impavidez, confianza*, equilibrio, entereza, calma, formalidad, aplomo, inmutabilidad, inexpresividad, sangre fría, valentía, osadía*, frialdad, filosofía, resignación, mansedumbre, paciencia, aguante, firmeza, estoicismo (v. 3).

— **3. Cachaza,** tranquilidad, pachorra, calma, lentitud*, apatía, demora*, inactividad, flema, pasividad, parsimonia, indiferencia*, frescura, comodidad*, tardanza, cuajo, indolencia, pereza, holgazanería, premiosidad, morosidad (v. 1).

4. Tranquilo. Plácido, descansado*, pacífico, sereno, reposado, quieto, moderado*, sosegado, formal*, silencioso, imperturbable (v. 5), cachazudo (v. 6), calmoso, bonancible, idílico, calmado, dulce, ocioso, apacible, estable, armónico, animoso*, optimista, manso, desahogo (v. 5).

5. Imperturbable, tranquilo, sereno, valeroso, entero, firme, quieto, paciente, resignado*, filósofo, estoico, frío, inalterable, calmoso, flemático, silencioso*, confiado, seguro*, impertérrito, indiferente*, impasible, reposado, impávido, inexpresivo, inmutable, aplomado, equilibrado*, formal*, serio (v. 4,6).

6. Cachazudo, tranquilo, apático, lento, desganado, parsimonioso, calmoso, sosegado, indiferente*, premioso, indolente, moroso, flemático, fresco, perezoso, holgazán*, cómodo*, pasivo, inactivo (v. 4).

7. Tranquilizador. Consolador, calmante, relajante, tranquilizante, droga (v. 8), sedante, benéfico, moderador, animador, apaciguador, confortante, confortador, reconfortante, reanimador, alentador, paliativo, lenitivo, mitigante, suavizante, adormecedor, plácido, descansado (v. 4).

— **8.** Tranquilizante, sedativo, medicamento*. V. DROGA 2.

9. Tranquilizar(se). Serenarse, pacificar, calmar, apaciguar, sosegar, rehacerse, consolar, moderar*, aplacar, desahogar, atemperar, amansar, abonanzar*, silenciar*, acallar, reanimar, endulzar, enfriar, normalizar, asegurar, equilibrar*, confortar, templar, alentar, mitigar, paliar, aliviar, suavizar*, sedar, reposar, descansar*, adormecer, dormir, rehacerse, reponerse, recuperarse.

10. Tranquilamente. Plácidamente, pacíficamente, serenamente (v. 4).

Contr.: Nerviosidad*, dinamismo*.
V. PAZ, DESCANSO, BONANZA, SUEÑO, MODERACIÓN, FORMALIDAD, RESIGNACIÓN, HOLGAZANERÍA, DROGA.

tranquilizador. V. TRANQUILIDAD 7,8.

tranquilizante. V. TRANQUILIDAD 7,8.

tranquilizar. V. TRANQUILIDAD 9.

tranquilo. V. TRANQUILIDAD 4,5,6.

tranquillo. Uso, rutina, costumbre. V. HÁBITO 1.

transacción. Trato, convenio, negocio. V. PACTO 1, COMERCIO 1.

transatlántico, trasatlántico. 1. Nave, buque, paquebote. V. BARCO 3,8.
— **2.** Transoceánico, de allende el mar, ultramarino. V. MAR 10.

transbordador. Barco de transporte*, «ferry», embarcación. V. BARCO 1, 3.

transbordar, trasbordar. Conducir, transportar*, cambiar*. V. TRASLADAR 1.

transbordo, trasbordo. Cambio*, combinación, paso. V. TRASLADAR 3.

transcribir, trascribir. Duplicar, reproducir, trasladar. V. COPIA 3.

transcripción, trascripción. V. transcribir.

transcurrir, trascurrir. Durar, ocurrir, pasar. V. SUCESO 2.

transcurso, trascurso. Plazo, sucesión, duración*. V. TIEMPO 1.

transeúnte. Peatón, caminante, viandante. V. MARCHAR 8.

transferencia, trasferencia. Transmisión, traspaso, cambio*. V. ENVIAR 3.

transferir, trasferir. V. transferencia.

transfiguración, trasfiguración. V. transformación.

transfigurar, trasfigurar. V. transformar.

transformable. V. transformación.

transformación, trasformación. 1. Metamorfosis, evolución, variación*. V. CAMBIO 3.
— **2.** Reforma, modificación, renovación. V. VARIAR 2.

transformador, trasformador. Alternador, aparato*, artefacto eléctrico. V. DINAMO 1.

transformar, trasformar. V. transformación.

tránsfuga, trásfuga. Prófugo, evadido, fugitivo. V. HUIDA 3.

transfusión, trasfusión. Tratamiento, inyección*, administración de sangre. V. SANGRE 7.

transgredir, trasgredir. Infringir, vulnerar, contravenir. V. INCUMPLIR 1.

transgresión, trasgresión. Infracción, desobediencia*, violación. V. INCUMPLIR 2.

transgresor, trasgresor. V. transgresión.

transición. Alteración, variación, transformación. V. VARIAR 2.

transido. Afligido, aterido, angustiado. V. AFLICCIÓN 5, FRÍO 2.

transigencia. Condescendencia, concesión, consentimiento. V. TOLERANCIA 1.

transigente. Indulgente, bonachón, complaciente. V. TOLERANCIA 2.

transigir. Consentir, condescender, doblegarse. V. TOLERANCIA 4.

transistor. 1. Dispositivo electrónico, pieza* minúscula, accesorio de radio, resistencia de transferencia. V. RADIO 5.

— **2.** Radiorreceptor, receptor, aparato*. V. RADIO 1.

transitable. V. TRÁNSITO 5.

transitado. V. TRÁNSITO 4.

transitar. V. TRÁNSITO 3.

transitivo. Cierto verbo. V. VERBO 3.

TRÁNSITO. 1. Tráfico, circulación, tráfago urbano, t. en carretera*, transporte*, locomoción, paso, movimiento* (v. 2).
— **2. Movimiento*,** tránsito, desplazamiento, paso, viaje*, camino*, transporte*, traslado*, recorrido, tráfico (v. 1), carrera, ida, venida, vuelta, paseo, trayecto, progreso, avance, andanza, peregrinación, dirección, rodeo, entrada*, salida*, cruce*, comunicación, desfile, andadura, escala, parada*, trashumancia, transmigración, emigración, itinerario, ruta (v. carretera*).
3. Transitar. Recorrer, circular, andar, pasar, pasear, deambular, desplazarse, trasladarse*, moverse*, caminar*, viajar*, venir, ir, correr, recorrer, deslizarse*, escalar, surcar, abrirse paso, transportar*, rodear*, dirigirse, peregrinar, avanzar, progresar, desfilar, comunicarse, cruzar*, salir*, entrar*, emigrar, transhumar, parar, franquear, traspasar, vadear, salvar.
4. Transitado. Frecuentado, animado, concurrido, lleno*, cruzado, atestado, utilizado, poblado, habitado*, concurrido*, bullicioso, movido, visitado.
5. Transitable. Despejado, franqueable, abierto, practicable, desembarazado, descongestionado, libre, expedito, vadeable, desahogado, navegable, dragado, profundo.
6. Señales de tráfico. Reglamentos, etc. V. CARRETERA 10-14.
Contr.: Inmovilidad*, detención.
V. CARRETERA, VEHÍCULO, AUTOMÓVIL, VIAJE, TRASLADO, TRANSPORTE.

transitorio. Momentáneo, temporal, pasajero. V. CIRCUNSTANCIA 2.

transladar. V. trasladar.

translación. V. traslación.

translúcido, traslúcido. Diáfano, claro, opalino. V. TRANSPARENCIA 2.

transmigración, trasmigración. Metempsicosis, paso, traslado* de almas, reencarnación. V. VIDA 1.

transmisible, trasmisible. V. transmisión 2.

transmisión, trasmisión. 1. Programa, audición, emisión. V. RADIO 8.
— **2.** Transferencia, traspaso, traslado*. V. ENTREGAR 4.
— **3.** Embrague, mecanismo, dispositivo. V. ENGRANAJE 1.

transmisor. Difusor, emisor, aparato*. V. RADIO 1.

transmitir. 1. Radiar, emitir, difundir. V. RADIO 12.
— **2.** Ceder, trasladar*, traspasar. V. ENTREGAR 1.
— **3.** Contaminar, contagiar, inocular. V. INFECCIÓN 7.

transmutar, trasmutar. Transformar, cambiar*, modificar. V. VARIAR 1.

transoceánico. Ultramarino, transatlántico, de allende el mar. V. MAR 10.

TRANSPARENCIA, TRASPARENCIA. 1. Nitidez, diafanidad, limpidez, translucidez, claridad*, limpieza, luminosidad, tenuidad, tersura, opacidad, opalescencia, pureza*, visibilidad.
2. Transparente, trasparente. Translúcido, nítido, límpido, cristalino*, diáfano, claro*, tenue, puro*, opaco, borroso, terso, opalescente, opalino, hialino, ambarino, pálido, ceroso, vidriado, vitrificado, luminoso, limpio*, esmerilado, neto.
3. Transparentar(se), trasparentar(se). Traslucirse, advertirse, entreverse, observarse, adivinarse*, apreciarse, evidenciarse, descubrirse, dejarse ver, clarearse, ofrecerse, vidriar, vitrificar.
Contr.: Opacidad, oscuridad*.
V. CLARIDAD, LIMPIEZA, PUREZA.

transparentarse. V. TRANSPARENCIA 3.

transparente. V. TRANSPARENCIA 2.

transpiración, traspiración. Sudor, eliminación, secreción. V. EXCRECIÓN 1, 2.

transpirar, traspirar. V. transpiración.

transponer. V. trasponer.

transportador. 1. V. TRANSPORTE 9.
— **2.** Medidor*, semicírculo graduado, limbo graduado. V. MEDIDA 12.

transportar. V. TRANSPORTE 11.

TRANSPORTE, TRASPORTE. 1. Traslado*, envío*, remesa, acarreo, porte, transbordo, facturación, conducción, entrega*, carga*, expedición, viaje*, tránsito*, corretaje, pedido*, exportación, importación, correo*, embarque, pasaje, tránsito, desplazamiento, transferencia, mudanza, flete, fletamento.
— **2.** Acceso, arrebato, delirio. V. APASIONAMIENTO 1.
3. Clases de transporte. Transporte de largo recorrido, urbano, especial, individual, de pasajeros, para personas de «movilidad reducida» (PMR), de mercancías, por vía terrestre (v. 4), por carretera* (v. 4), por ferrocarril* o vía férrea (v. 5), por avión o vía aérea (v. 6), por barco* o vía acuática (v. 7), vía marítima, vía fluvial, varios (v. 8).
4. Vía terrestre. Vehículo*, camión*, remolque, autocar, autobús, microbús, trolebús, camioneta, furgón, furgoneta, coche, automóvil*, taxi, triciclo, motocarro, bicicleta*, motocicleta*, carruaje*, carro, carreta, carruaje, diligencia, palanquín, litera, silla de manos, andas, caravana, convoy, expedición, safari, caballerías*, animales* de carga.
5. Vía férrea. Ferrocarril*, tren de carga*, de mercancías, de pasajeros, expreso, rápido, Talgo (Tren Articulado Ligero Goicoechea-Oriol), Ter (Tren Español Rápido), AVE (Alta Velocidad Española), vagón de viajeros, coche cama, coche

de literas, furgón de equipajes, de mercancías, vagón cisterna, v. frigorífico, tranvía*, trolebús, metro o metropolitano o subterráneo, funicular*, teleférico, telesilla, telecabina.
6. Vía aérea. Aviación comercial*, de transporte*, de viajeros, puente aéreo, avión*, avioneta, aerobús, hidroavión, helicóptero*, dirigible*, globo* aerostático.
7. Vía acuática. Vía marítima, vía fluvial. Embarcación, barco*, carguero, buque mixto, de carga y pasaje, transatlántico, paquebote, buque correo, petrolero o buque tanque o b. cisterna, b. portacontenedores, b. frigorífico, transbordador o «ferry», carbonero, frutero (v. barco 3), barcaza, balsa, chalana (v. bote 1).
8. Transportes varios. Oleoducto, gasoducto, canalización, tubería, conducto, viaducto, acueducto, cinta transportadora, c. elevadora, c. de cangilones, carretilla, c. eléctrica.
9. Personas. Porteador, transportista, transportador, acarreador, conductor, faquín, cargador*, estibador, trajinante, trajinero, mozo, mozo de cuerda, esportillero, peón, costalero, descargador, conductor, guía, recadero, botones, mayoral, acemilero, mulero, yegüerizo, pastor, cabrerizo, vaquero, chófer, camionero*, marinero, barquero, consignatario, despachante de Aduanas.
10. Generalidades. Agencia de transporte, mensajería, gran velocidad, pequeña velocidad, puerta a puerta, urgente, flete, porte, red de comunicaciones, hoja de ruta, conocimiento, declaración, póliza, factura, guía, carta de porte.
11. Transportar, trasportar. Trasladar*, enviar*, mandar, llevar, entregar*, transferir, mudar, deslizar*, mover*, transitar, empujar, correr, portear, acarrear, remesar, expedir, cargar*, conducir, facturar, transbordar, transvasar, embarcar, fletar, importar, exportar, corretear, consignar, comerciar*.
12. Transportable. Portátil, móvil, manejable, movible, manual, desmontable, desarmable, plegable, cómodo, ligero, liviano, leve*.
V. TRASLADO, CARGA, VIAJE, TRÁNSITO, ENTREGA, ENVÍO, CORREO, VEHÍCULO.

transportista. V. TRANSPORTE 9.

transposición, trasposición. Intercalación, alteración, superposición. V. AÑADIR 4.

transustanciación, transubstanciación. Transmigración, metamorfosis, transfiguración, transmutación. V. CAMBIO 3.

transvasar. Pasar, embotellar, trasegar, desviar*, desplazar. V. VACÍO 5.

transvase. Desvío, desviación, cambio*, trasiego, desplazamiento. V. TRASLADAR 3, VACÍO 4.

transversal. Perpendicular, atravesado, normal. V. CRUCE 6.

TRANVÍA. 1. Transporte urbano, suburbano, ferrocarril* metropolitano, carruaje*; imperial, jardinera, remolque, coche tractor, coche motor; trolebús.

2. Partes. Trole o pantógrafo, cable aéreo, resistencia, tope de enganche, estribo, tope o parachoques, campanilla, plataforma, cabina de mando, tablero de mandos, manivela, combinador, regulador de leva, freno de mano, f. eléctrico, f. de aire comprimido. Varios: billete, trayecto, carriles.

3. Personas. Tranviario, conductor, empleado, cobrador, revisor, inspector.
V. FERROCARRIL, VEHÍCULO.

tranviario. V. TRANVÍA 3.

trapa. Císter, cartuja, orden religiosa. V. SACERDOTE 3.

trapacear. V. trapacero.

trapacería. Fraude, embrollo*, falsedad. V. ENGAÑO 1.

trapacero. Embaucador, engañoso, engatusador. V. ENGAÑO 3.

trápala. Bulla, confusión, barullo. V. ALBOROTO 1.

trapatiesta. Gresca, trifulca, riña. V. PELEA 1.

trapecio. 1. Polígono, cuadrilátero, figura* geométrica. V. GEOMETRÍA 6.
— **2.** Barra, balancín, columpio. V. CIRCO 2,4.

trapecista. Equilibrista, acróbata, volatinero. V. CIRCO 3.

trapense. Cartujo, cisterciense, fraile. V. SACERDOTE 3.

trapería. V. trapero.

trapero. Ropavejero, quincallero, chamarilero. V. COMERCIANTE 6.

trapiche. Prensa, molino*, factoría. V. AZÚCAR 5.

trapichear. Cambalachear, tratar, regatear. V. BARATO 6.

trapicheo. V. trapichear.

trapío. Buena planta, arrogancia, garbo. V. TORO 6.

trapisonda. Enredo, lío, embrollo*. V. ENGAÑO 1.

trapo. 1. Tejido, género, paño. V. TELA 11.
— **2.** Pingajo, retal, retazo. V. ANDRAJO 1.

tráquea. Órgano respiratorio, conducto r., laringe. V. RESPIRACIÓN 4.

traqueteo. Agitación, meneo, movimiento*. V. SACUDIDA 1.

traquido. Detonación, estallido, estruendo. V. TIRO 1.

trasatlántico. V. transatlántico.

trasbordo. V. transbordo.

trascendencia, transcendencia. Magnitud, influencia, alcance. V. IMPORTANCIA 1.

trascendental, transcendental. Notable, fundamental, principal. V. IMPORTANCIA 3.

trascender, transcender. Divulgarse, difundirse, propagarse; comprender, ir más allá de algo. V. EXTENDER 3; PENSAR 1,3.

trasegar. 1. Tragar, beber, ingerir. V. BEBIDA 7.
— **2.** Transvasar, cambiar*, echar. V. VACÍO 5.

trasero. 1. Nalgas, asentaderas, posaderas. V. CULO 1.
— **2.** Último, posterior, extremo. V. FIN 3.

trasformar, trasfusión. V. transformar, transfusión.

trasgo. Espectro, duende, aparición. V. FANTASMA 1.

trashumante. Nómada, ambulante, errante. V. VAGABUNDO 1, GANADO 2.

trasiego. 1. Trasvase, cambio, vaciado. V. VACÍO 4.
— **2.** Ingestión, trago, deglución. V. BEBIDA 6.

traslación. V. TRASLADAR 3.

TRASLADAR. 1. Desplazar, deslizar*, mover*, acarrear, llevar en volandas, conducir, transportar*, pasar, correr, traer, acercar, llevar, trasladarse (v. 2), mandar, cambiar*, quitar, mudar, portar, empujar*, impulsar, trasegar, trasvasar, vaciar*, desalojar, transbordar , trasplantar, desviar*, apartar, impeler, propulsar, tirar de, arrastrar, rodar, resbalar, girar*, enviar*, transferir, comisionar, encargar, delegar, conducir, portear, cargar*, facturar, traspasar, trasponer, trastocar, descentrar, desalojar, ceder, transmitir, entregar*, devolver, alterar, arrinconar, alejar*, retirar, ascender, mejorar, subir*, descender*, bajar, trajinar, descentrar, guiar, conducir, encaminar, confinar, expulsar*, separar, desterrar, aislar*, deportar, desalojar (v. 2).
— **2.** Trasladarse, transitar*, alejarse*, marcharse*, regresar, recorrer, deambular, viajar*, dirigirse, encaminarse, ausentarse, emigrar, desplazarse, mudarse, salir, ir, irse, cambiar*, cruzar*, deshabitar, despoblar.
3. Traslación, traslado. Desplazamiento, acarreo, transporte*, carga*, deslizamiento*, envío*, arrastre, remolque, tiro, locomoción, conducción, propulsión, empuje*, impulso, impulsión, corrimiento, movimiento*, paso, marcha*, salida, mudanza, cambio*, tránsito, viaje* (v. 4), traída, transferencia, comisión, encargo, delegación*, porteo, facturación, traspaso, cesión, transmisión, entrega*, transposición, trastrueque, trasplante*, transbordo, rotación, retirada, cambio*, renovación, remoción, arrinconamiento, alteración, revolución, trasiego, trasvase, desvío*, desalojo, conducción, despoblación, ida, vuelta, subida*, descenso*, cambio* (v. 4).
— **4.** Alejamiento, traslado, separación, marcha*, viaje*, emigración, éxodo, destierro, deportación, expulsión*, exilio, retiro, aislamiento, confinamiento, ida, venida, llegada*, regreso, tránsito, recorrido, ausencia.
Contr.: Inmovilidad*, permanencia, paro.
V. TRANSPORTAR, TRANSITAR, DESLIZAR, MOVER, EMPUJAR, CARGAR, VACIAR, ALEJAR, CAMBIAR, ENVIAR, ENTREGAR, SUBIR, DESCENDER, DELEGAR, VIAJAR, MARCHAR.

traslado. V. TRASLADAR 3.

traslapar. Superponer, colocar, recubrir. V. AÑADIR 2.

traslúcido. V. translúcido.

traslucirse, translucirse. Apreciarse, adivinarse*, evidenciarse. V. TRANSPARENCIA 3.

trasluz. Contraluz, contorno, silueta. V. FIGURA 1, LUZ 1.

trasmano (de). Apartado, remoto, lejano. V. DISTANCIA 4.

trasmitir. V. transmitir.

trasnochado. Pasado, manido, conocido. V. CONOCER 6.

trasnochador. Noctámbulo, parrandero, juerguista. V. NOCHE 3.

trasnochar. Parrandear, pernoctar, velar. V. NOCHE 4.

traspapelar(se). Mezclar(se)*, confundir, embrollar*. V. DESORDEN 4.

trasparente. V. transparente.

traspasar. 1. Horadar, ensartar, perforar. V. AGUJERO 2.
— **2.** Trasponer, franquear, recorrer. V. CRUCE 3.
— **3.** Ceder, transmitir, transferir. V. ENTREGAR 1.

traspaso. Cesión, venta, transferencia. V. ENTREGAR 4.

traspié. 1. Tropezón, resbalón, trompicón. V. GOLPE 2.
— **2.** Error, desliz, confusión. V. EQUIVOCACIÓN 1.

trasplantar. 1. V. TRASPLANTE 4.
— **2.** V. TRASLADAR 1.

TRASPLANTE. 1. Traspaso, cambio*, remoción. V. TRASLADAR 3.
2. Trasplante vegetal. V. INJERTO 1.
3. Trasplante quirúrgico. Injerto, i. autoplástico, i. homoplástico, i. heteroplástico, implantación, reimplante, colocación, operación, cirugía*, órgano trasplantado, injertado, extirpado, corazón*, riñón*, hígado, hueso*, cartílago, córnea, piel*, cabellos, colgajo; receptor, donador, rechazo, eliminación, inmunización, cadáver, banco de ojos*, de sangre*, cirugía plástica, estética. Barnard (primer trasplante de corazón, 1967), Cooley, Liotta.
4. Trasplantar. Injertar, implantar, colocar, operar, intervenir, cambiar*, extirpar, remover, donar, recibir, rechazar, eliminar.
V. MEDICINA, CIRUGÍA; INJERTO, AGRICULTURA.

trasponer. Traspasar, franquear, recorrer. V. CRUCE 3.

trasporte. V. transporte.

trasportín, traspuntín. Sillín, silla suplementaria, silla-elevador, asiento*. V. AUTOMÓVIL 5.

trasquilar. Pelar, esquilar, recortar. V. CORTAR 1.

trastabillar. Topar, tambalearse, tropezar. V. GOLPE 10.

trastada. Canallada, jugarreta, villanía. V. VIL 3.

trastazo. Trompazo, porrazo, batacazo. V. GOLPE 2.

trastear. Mover*, revolver, embarullar. V. DESORDEN 4.

trastero. Altillo, desván, cuartucho. V. TUGURIO.

trastienda. Dependencia, anexo, habitación. V. TIENDA 1.

trasto. 1. Cachivache, armatoste, utensilio. V. APARATO 2.
— **2.** Tarambana, torpe, inútil*. V. ATURDIMIENTO 2.

trastocar. V. trastornar 3.

trastornado. V. trastornar.

trastornar. 1. Enloquecer, perturbar, chiflar. V. LOCURA 6.
— **2.** Apenar, acongojar, angustiar. V. AFLICCIÓN 3.
— **3.** Revolver, alterar, cambiar*. V. DESORDEN 4.
— **4.** V. trastorno.

trastorno. 1. Inconveniente, molestia*, dificultad*. V. PERJUICIO 1.
— **2.** Dolencia, afección, padecimiento. V. ENFERMEDAD 1.
— **3.** *Trastorno mental*, desequilibrio, enajenación, demencia, d. de tipo Alzheimer, d. vascular (demencia arteriosclerótica, d. multiinfarto), d. de la enfermedad de Huntington, d. de la enfermedad de Parkinson, síndrome de dependencia (alcoholismo crónico, dipsomanía, adicción a fármacos), paranoia alcohólica, psicosis alcohólica, esquizofrenia, hebefrenia, paranoia, «folie á deux», trastorno bipolar (maníaco-depresivo), psicosis maníaco-depresiva, agorafobia, fobias sociales, zoofobia, claustrofobia, neurosis obsesivo-compulsiva, neurastenia, psicastenia, anorexia nerviosa, bulimia nerviosa, sonambulismo, disfunciones sexuales (ninfomanía, satiriasis), ludopatía, piromanía, cleptomanía, trastornos de la identidad sexual (fetichismo, travestismo, exhibicionismo, escoptofilia o voyeurismo, paidofilia, sadomasoquismo), autismo infantil, debilidad mental, oligofrenia leve, retraso mental (leve, moderado, grave y profundo). V. LOCURA 3.
— **4.** V. trastornar.

trastrocar. V. trastornar 3.

trasuntar. Evidenciar, mostrar, testimoniar. V. DEMOSTRACIÓN 2.

trasunto. 1. Remedo, imitación, reproducción. V. COPIA 2.
— **2.** Evidencia, muestra, testimonio. V. SEÑAL 2.

trasvasar. V. transvasar.

trasvase. V. transvase.

trasversal. V. transversal.

trata. 1. Negocio, tráfico, especulación*. V. COMERCIO 1.
— **2.** Alcahuetería, proxenetismo, delito*. V. PROSTITUCIÓN 1.

tratable. Educado, cortés, atento, de trato fácil. V. AMABILIDAD 2.

tratadista. Especialista, autor, erudito. V. ESCRITOR 1.

tratado. 1. Alianza, convenio, acuerdo. V. PACTO 1.
— **2.** Texto, manual, obra. V. LIBRO 2.

TRATAMIENTO. 1. Terapéutica, terapia, cura, medicina*. V. CURAR 4.

2. Tratamiento de cortesía. Dignidad, trato, título, prerrogativa, distinción, designación, nombre*, epíteto, mención, honor*, denominación, privilegio, jerarquía, categoría (v. 3).

3. Enumeración. *Majestad,* Su Majestad o Vuestra Majestad, S.M. o V.M.: Rey de España y Reina Consorte; *Majestad imperial,* S.M.I. o V.M.I. o Vuestra Majestad imperial: Emperador del Japón; *Alteza Real,* S.A.R., Su Alteza Real: Príncipe de Asturias, cónyuge e hijos del Príncipe de Asturias, Infantes de España; *Excelencia* o *Excelentísimo Señor,* Excelentísima Señora, Excmo. Sr./Excma. Sra.: Jefes de Estado y sus cónyuges e hijos de los Infantes de España, Jefe de la Casa de S.M. el Rey, Presidente del Gobierno, Ex Presidente del Gobierno, Vicepresidente del Gobierno, Ministros y ex Ministros, Secretarios de Estado, Delegados del Gobierno en las Comunidades Autónomas, Presidente del Congreso de los Diputados, Presidente del Senado, Vicepresidente de la Mesas del Congreso y el Senado, Senadores (si son vitalicios), Diputados (propiamente son Señorías), Presidente, Vicepresidente, Vocales y Magistrados del Tribunal Constitucional, Presidente del Tribunal Supremo, Presidente de la Audiencia Nacional, Fiscal General del Estado, Presidente y Fiscales Jefes del Tribunal Superior de Justicia de las Comunidades Autónomas, Presidentes de los Consejos de Gobierno; sus cónyuges: Excmo. Sr./ Excma. Sra., Presidente, Vicepresidentes y miembros de las Mesas de las Asambleas Parlamentarias, Consejeros de las Comunidades Autónomas, Ex Presidentes de las comunidades, Alcaldes de Madrid y Barcelona, Alcaldes de los municipios de gran población (Ley 57/2003 de 16 de diciembre), Capitán General, General Jefe, de división y de Brigada, Arzobispos (también Reverendísimo Señor Arzobispo, o Excelencia Reverendísima, o Excelentísimo y Reverendísimo Señor, Excmo. y Rvdmo. Sr.), Primados, Patriarcas, Decano del Tribunal de la Rota y Nuncios Apostólicos, Grandes de España, Duques y demás títulos con grandeza; *Ilustrísimo Señor/Ilustrísima Señora,* Ilmo. Sr./Ilma. Sra.: Subsecretarios, Secretarios Generales, Directores Generales, Secretarios Generales Técnicos, Subdelegados del Gobierno, Presidentes de Sala, Magistrados y Fiscales de los Tribunales Superiores de Justicia y de las Audiencias Provinciales, Decanos de los Colegio Presidentes de las Diputaciones Provinciales y Cabildos Insulares, Alcalde de capital de provincia o ciudades mayores de 100.000 habitantes, Tenientes de Alcalde de Madrid y Barcelona, Tenientes de Alcalde de los municipios de gran población (Ley 57/2003 de 16 de diciembre), Alcaldes de la Comunidad Autónoma de Cataluña, Consejeros del Gobierno de las Comunidades Autónomas de Asturias y Navarra, Teniente Coronel y Capitán de Fragata, Directores de Instituto de Enseñanza Media, Comisarios Generales de Policía, Delegados de Hacienda, Marqueses, Condes y Vizcondes (v. aristocracia*), Obispos, Abadesa del Monasterio de las Huelgas, Auditores, Defensor del Vínculo y Asesor del Nuncio de Su Santidad (a los eclesiásticos se les añade Reverendísimo); *Señoría* (en cortesía judicial y parlamentaria): Jueces de Primera Instancia e Instrucción y Jueces de Distrito y Fiscales equiparados, Jueces de Paz y Militares, Alcaldes de las ciudades con menos de 100.000 habitantes, Secretarios de Ayuntamiento de Capitales de Provincia, Coroneles y Capitanes de Navío, Canónigos de los Cabildos (en los escritos, Muy Ilustre Señor). El *Papa* en la Iglesia católica: Su Santidad, Beatísimo Padre; los *Cardenales:* Eminencia, Reverendísimo, Eminentísimo y Reverendísimo Dr.; *Arzobispos:* Excelentísimo y Reverendísimo Sr. Arzobispo; *Obispos* y *Abades* mitrados: Ilustrísimo y Reverendísimo Sr.; *Canónigos:* Muy Ilustre Señor.; *Párrocos:* Reverendo Señor; *Patriarca* de la Iglesia Ortodoxa Griega: Su Beatitud; *Arzobispos* de Canterbury y York (en la Iglesia Anglicana): Su Gracia; *Pastor* de la Iglesia Evangélica: Reverendo; *Gran Rabino* de la religión judía: Excelencia; *Rabino:* Reverendo Señor; *Imán* (de la religión islámica); *Doctor:* titulados universitarios superiores; *Licenciado:* abogados, farmacéuticos, titulados universitarios; *Don, Doña:* personas bien portadas; *Usía:* jefes de administración, coroneles, jueces; *Fray:* religiosos de algunas Órdenes; *Frey:* religiosos de Órdenes militares; *Dom:* religiosos benedictinos y cartujos; *Hermana,* Sor, Caridad: monjas; *Hermano:* religiosos legos; *Madre:* religiosas que regentan comunidades; *Monseñor:* prelados extranjeros; *Padre:* sacerdotes y religiosos ordenados (v. 4).

4. Varios. Don, vos, vuestra merced, usted, vuecencia, serenísimo, eminentísimo, beatísimo, reverendo, monseñor, reverencia, micer, maese, señorito, nostramo, misia. *Extranjeros:* sir, mister, lord, milord, lady, milady, miss, monsieur, madame, mademoiselle, Herr, Frau, Fräulein, von, zu, van, d', di, signore, signora, signorina; sahib, effendi, massa, bwana (v. 3).

V. ARISTOCRACIA, REY, NOMBRE; CURAR.

tratante. Negociante, mercader, traficante. V. COMERCIO 6.

tratar. 1. Acordar, convenir, negociar. V. PACTO 4.

— **2.** Debatir, deliberar, conversar. V. DISCUSIÓN 3.

— **3.** Pretender, procurar, probar. V. INTENTO 3.

— **4.** Frecuentar, alternar, relacionarse. V. CONVIVENCIA 2.

trato. 1. Acuerdo, convenio, negocio. V. PACTO 1.

— **2.** Amistad, roce, relación*. V. CONVIVENCIA 1.

— **3.** Designación, dignidad, título. V. TRATA-
MIENTO 2.

trauma. Impresión, huella, choque emocional. V.
EMOCIÓN 1.

traumático. Lesivo, dañino, nocivo. V. LESIÓN
11.

traumatismo. Contusión, golpe*, herida. V. LE-
SIÓN 1.

traumatizar. Impresionar, afectar, herir. V. EMO-
CIÓN 4.

través (a). Pasando, recorriendo, atravesando. V.
CRUCE 3.

través (de). Transversal, torcido, atravesado. V.
CRUCE 6.

travesaño. Larguero, tablón, listón. V. MADERA 2.

travesear. Brincar, retozar, enredar. V. JUEGO
10.

travesía. 1. Pasaje, calleja, camino. V. CALLE 1.
— **2.** Recorrido, trayecto, itinerario. V. VIAJE 1.

travestí, travesti. Travestido, afeminado, transexual. V. HOMOSEXUAL 1.

travestido. V. travestí.

travesura. Diablura, picardía, barrabasada. V.
PILLO 3.

traviesa. Travesaño, viga, tablón. V. MADERA 2.

travieso. Revoltoso, pillo*, juguetón. V. JUEGO
14.

trayecto. Trecho, itinerario, recorrido. V. DISTAN-
CIA 2.

trayectoria. 1. Avance, trazado, dirección. V.
ORIENTACIÓN 1.
— **2.** V. trayecto.

traza. 1. Porte, apariencia, aire. V. ASPECTO 1.
— **2.** *Trazas*, vestigios, rastros, indicios. V. RE-
SIDUO 1.

trazado. 1. Bosquejo, esquema, diseño. V. DIBU-
JO 1.
— **2.** V. trayecto.

trazar. 1. Delinear, diseñar, representar. V. DI-
BUJO 5.
— **2.** Reseñar, exponer, describir. V. EXPLICA-
CIÓN 2.
— **3.** Imaginar*, fraguar, discurrir. V. PLAN 3.

trazo. Raya, rasgo, marca. V. LÍNEA 1.

trebejo. Chirimbolo, utensilio, armatoste. V. APA-
RATO 2.

trébol. Herbácea, leguminosa, planta. V. HIERBA 1.

trecho. 1. Tramo, espacio, intervalo. V. DISTAN-
CIA 1.
— **2.** V. trayecto.

tregua. Espera, pausa, interrupción*. V. DESCAN-
SO 2.

trebebundo. Temible, pavoroso, tremendo. V.
ESPANTO 3.

tremedal. Ciénaga, pantano, marisma. V. FAN-
GO 2.

tremendo. 1. Aterrador, temible, horroroso. V.
ESPANTO 3.
— **2.** Enorme, colosal, formidable. V. GRAN-
DE 1.

tremolar. Flamear, ondear, agitar. V. BANDERA 5.

tremolina. Confusión, tiberio, bulla. V. ALBORO-
TO 1.

trémulo. Estremecido, asustado, espantado. V.
TEMBLOR 6.

tren. 1. Convoy, carruajes, vagones. V. FERRO-
CARRIL 2.
— **2.** Boato, rumbo, pompa. V. LUJO 1.

trencilla. Galoncillo, cinta, cordón. V. TIRA 1.

trenza. Coleta, melena, guedeja. V. PELO 2.

trenzar. Entrelazar, tejer, urdir. V. CRUCE 4.

trepador. V. trepar.

trepadora (planta). Hiedra, bejuco, enredadera.
V. VEGETAL 22.

trepanación. Craneotomía, intervención, operación. V. CIRUGÍA 2, 3.

trepanar. Intervenir, operar, horadar. V. CIRUGÍA
10.

trépano. Barrena, perforador, broca. V. TALA-
DRO 1.

trepar. Reptar, gatear, escalar. V. SUBIR 1.

trepidación. Estremecimiento, vibración, movimiento*. V. TEMBLOR 1.

trepidante. 1. V. trepidación.
— **2.** Vertiginoso, rápido, veloz. V. RAPIDEZ 2.

trepidar. V. trepidación.

tres. Terceto, triunvirato, trío. V. NÚMERO, GRU-
PO 12.

tresillo. 1. Muebles*, butacas, sofá. V. ASIENTO
1, 3.
— **2.** Anillo, sortija, aro. V. JOYA 2.

treta. Artimaña, estratagema, triquiñuela. V. EN-
GAÑO 1.

TRIÁNGULO. 1. Figura* geométrica, polígono, p.
de tres lados, trígono.
2. Clases. Triángulo rectángulo, equilátero,
isósceles, escaleno, acutángulo, obtusángulo,
plano, esférico.
3. Partes. Lado, base, ángulo, vértice, mediana,
bisectriz, altura, cateto, hipotenusa.
4. Varios. Escuadra, cartabón, delta, teorema
de Pitágoras, geometría*, trigonometría*.
V. TRIGONOMETRÍA, GEOMETRÍA, FIGURA.

tríbada. Sáfica, lesbiana, mujer homosexual. V.
HOMOSEXUAL 3.

tribu. Clan, pueblo, horda. V. ETNIAS 1.

tribulación. Sufrimiento, angustia, pena. V. AFLIC-
CIÓN 1.

tribuna. Grada, plataforma, estrado. V. MADE-
RA 3.

TRIBUNAL. 1. Audiencia, juzgado, corte, foro,
sala, magistratura, consejo, areópago, auditoría, palacio de justicia, templo de la justicia,
chancillería, junta, comisión, organismo judicial,
judicatura, jurisprudencia, poder judicial, justicia, ley*, jurado, tribunales especiales (v. 2, 3).
2. Clases de tribunales. (España) Tribunal
Constitucional (24 magistrados), Tribunal Supremo (Sala Primera Civil, Sala Segunda Penal, Sala
Tercera de lo Contencioso-Administrativo, Sala
Cuarta de lo Social, Sala Quinta de lo Militar),
Audiencia Nacional (Sala de lo Civil y de lo Pe-

nal, Sala de lo Criminal, Sala de lo Contencioso-Administrativo, Sala de lo Social), Audiencias Provinciales (Sección Civil y Penal), juzgado de primera instancia e instrucción, j. municipal, j. comarcal, j. de paz, consejo de guerra; Consejo General del Poder Judicial (CGPJ; órgano de gobierno).

3. Otros tribunales. Santa Hermandad, Santo Oficio, Inquisición, curia, rota, Consejo de Indias, Casa de Contratación de las Indias, almirantazgo, sanedrín.

4. Juez. Magistrado, funcionario, togado, asesor, auditor, oidor, consejero. *Jueces:* Presidente del Tribunal, magistrado, del Tribunal Supremo, de la audiencia territorial, de la a. provincial, juez de primera instancia, j. municipal, j. comarcal, j. de paz; j. de lo criminal, juez de lo civil.

5. Otras personas. Jurado, fiscal (acusador, ministerio público, ministerio fiscal), abogado*, a. defensor, a. de la acusación, Colegio de Abogados, procurador, perito, experto, médico* forense, picapleitos, alguacil, actuario, secretario, taquígrafo, ujier. *Partes:* demandante, actor, litigante, pleiteante, querellante; demandado, acusado, procesado, reo, encartado, autor, sospechoso; testigo, t. de la defensa, t. de cargo, declarante, compareciente, encubridor, cómplice, parte, terceros; público, asistentes, concurrentes*, presentes.

6. Elementos de la sala. Salón, banquillo, b. del acusado, barra, estrado, sillón, mesa*, mazo del juez, legajos, documentos*, pruebas.

7. Pleito. Litigio, juicio, proceso, actuación, querella, sumario, caso, causa, instrucción, recurso, apelación, revisión, casación, anulación, audiencia, debate, controversia, vista, vista pública, v. a puerta cerrada, primera instancia, segunda instancia, consejo de guerra, juicio sumarísimo, ordalía, juicio de Dios (v. 8).

8. El proceso. Sumario, instrucción, expediente, legajo, requerimiento, edicto, escrito, mandamiento, interrogatorio, indagatoria, declaración, testimonio, dictamen pericial, acción, acusación, cargos, defensa, alegato, incidente, confrontación, careo, diligencia, enjuiciamiento, arbitraje, mediación*, amonestación, apercibimiento, denuncia, demanda, réplica, contrarréplica, hábeas corpus, privilegio, fuero, inviolabilidad, Código penal, prescripción, autos, competencia, jurisdicción, confesión, obcecación, fuerza mayor, caso fortuito, ignorancia del hecho, legítima defensa, premeditación, alevosía, circunstancias agravantes, atenuantes, eximentes, nocturnidad, abuso de confianza, allanamiento de morada, comparecencia, ausencia, atestado, prueba, costas, expensas, coartada, álibi, fallo, sentencia, veredicto, condena*, absolución, libertad condicional, libertad bajo fianza, indulto, amnistía; recurso, casación, recurso de casación, anulación de sentencia (v. 7).

9. Judicial. Foral, jurídico, penal, criminal, forense, arbitral, procesal, legal*, pericial, contencioso, contencioso-administrativo, sumarial, testimonial, penitenciario, legislativo, de los tribunales, de la Justicia, del Foro.

10. Acción. Juzgar, litigar, pleitear, procesar, entablar juicio, encartar, enjuiciar, inculpar, encausar, acusar, querellarse, denunciar, incoar, demandar, fallar, sentenciar, dictaminar, condenar*, absolver, perdonar*, amnistiar, citar, comparecer, declarar, instruir, requerir, interrogar, indagar, defender, alegar, aducir, carear, enfrentar, apercibir, replicar, confesar, ausentarse, recurrir, apelar, probar, testificar, sobreseer, suspender, revisar, suplicar, arbitrar, asesorar, recusar.

V. DERECHO, LEY, MEDIACIÓN, CONDENA, DELITO, ASESINATO, ABOGADO.

tribuno. Político*, orador, magistrado. V. DISCURSO 4.

tributar. Contribuir, entregar, ofrecer. V. PAGAR 1.

tributario. 1. Afluente, río secundario, colateral. V. RÍO 1.

— **2.** V. tributar.

tributo. 1. Gravamen, contribución, impuesto. V. FISCO 3.

— **2.** Exigencia, deber; ofrenda. V. OBLIGACIÓN, HOMENAJE 1.

tríceps. Músculo largo, m. del brazo*, órgano muscular. V. MÚSCULO 7.

triciclo. Vehículo* de tres ruedas, velocípedo, ciclo. V. BICICLETA 1.

triclinio. Banco, lecho, catre. V. CAMA 1.

tricolor. De tres colores. V. COLOR 5.

tricornio. Gorro, bonete, cubrecabezas. V. SOMBRERO 1.

tricot. *fr* Tejido, malla, punto. V. COSTURA 3.

tridente. Horquilla, arpón, instrumento. V. HERRAMIENTA 3.

triedro. Figura geométrica. V. GEOMETRÍA 9.

trienio. Espacio, lapso, tiempo de tres años. V. TIEMPO 1.

triforio. Arcada, corredor, balaustrada. V. GALERÍA 1.

trifulca. Reyerta, gresca, riña. V. PELEA 1.

trigal. V. TRIGO 5.

TRIGO. 1. Grano, gramínea, cereal, semilla*, árido, simiente, mies, farináceo, vegetal*. Afines: avena, centeno, cebada, alforfón.

2. Clases. Trigo candeal o común, escanda, cuchareta, redondillo, duro, esprilla, moruno, de primavera, de invierno.

3. Partes. Espiga, granos, carrera, raspa, tallo, nudo. Grano: corteza, cáscara, salvado, albumen (almidón, gluten), germen o embrión, gémula, escudete, raicilla, cepillo.

4. Productos, enfermedades. Harina, sémola, germen de trigo, gluten, salvado, paja. *Enfermedades:* roya, tizón, oídio, cornezuelo, mildiu, negrilla.

5. Trigal. Era, sembrado, sementera, cultivo, campo*, terreno, tierra, suelo*, plantación, arada, labrantío, explotación agrícola*. V. SEMILLA, VEGETAL*, AGRICULTURA, CAMPO.

TRIGONOMETRÍA. 1. Ciencia*, estudio, parte de las matemáticas*, cálculo* de triángulos*. Trigonometría plana, esférica.
2. Elementos. Funciones trigonométricas: seno, coseno, tangente, cotangente; secante, cosecante; ángulo, arco, ordenada, abscisa, líneas trigonométricas, radián, grado, cuadrante, tablas naturales, t. logarítmicas.
3. Aplicaciones. Geodesia, topografía*, agrimensura, triangulación, astronomía*, matemáticas*.
V. MATEMÁTICAS, TOPOGRAFÍA, ASTRONOMÍA, TRIÁNGULO.

trigueño. Moreno claro, rubio oscuro, castaño. V. PELO 6.

trillado. Manido, gastado, sabido. V. CONOCER 6.

trillar. Aventar, separar, rastrillar. V. AGRICULTURA 4.

trillizos. Tres hermanos, tres gemelos, trío. V. HERMANO 4.

trilogía. Grupo*, serie*, tres obras. V. TEATRO 2, MÚSICA 3.

trimestral. Cada tres meses. V. TIEMPO 6.

trimestre. Período, lapso, plazo de tres meses. V. TIEMPO 1, 2.

trinar. 1. Gorjear, piar, cantar*. V. VOZ 10.
— 2. Irritarse, bufar, rabiar. V. ENOJO 2.

trinca. V. trío.

trincar. Trabar, inmovilizar*, atar. V. SUJETAR 1.

trinchante. Alacena, aparador, vasar. V. ARMARIO 1.

trinchar. Partir, trocear, dividir. V. CORTAR 1.

trinchera. 1. Terraplén, defensa, parapeto. V. FORTIFICACIÓN 2.
— 2. Chubasquero, impermeable, gabardina. V. VESTIMENTA 5.

trinchero. V. trinchante.

TRINEO. 1. Deslizador, carricoche, carromato, carruaje*, vehículo*, v. sin ruedas, deslizador en nieve o hielo; luge, bobsleigh, tobogán.
2. Partes. Caja o armazón, patines, garra o freno; tres caballos* (troika), perros, motor*. V. VEHÍCULO, DEPORTE.

Trinidad. Padre, Hijo, Espíritu Santo. V. CRISTO 1.

trino. Gorjeo, llamada, modulación. V. AVE 22.

trío. Terna, trinca, terceto. V. GRUPO 12.

tripa. 1. Abdomen, barriga, panza. V. VIENTRE 1.
— 2. Tripas, entrañas, tubo digestivo, vísceras. V. INTESTINOS 1.

triple. V. trío.

triplicar. Reproducir, multiplicar, copiar*. V. AUMENTAR 1.

trípode. Armazón, caballete, apoyo*. V. SOPORTE 1.

tripón. Obeso, barrigudo, panzudo. V. GORDO 1.

tríptico. 1. Grabado, tablilla, dibujo*. V. PINTURA 4.
— 2. Obra, tratado, libro*. V. ESCRIBIR 3.

tripudo. V. tripón.

tripulación. Marinería, tripulantes, dotación. V. BARCO 18.

tripulante. Navegante, piloto, marino. V. BARCO 18.

tripular. Pilotar, manejar, conducir. V. NAVEGACIÓN 3.

triquina. Gusano*, helminto, bicho. V. PARÁSITO 5.

triquinosis. Enfermedad porcina, contagiosa, infecciosa. V. INFECCIÓN 2.

triquiñuela. Ardid, truco, argucia. V. ENGAÑO 1.

tris. Brevedad*, segundo, pequeñez*. V. INSTANTE 1.

triscar. Corretear, travesear, retozar. V. SALTO 5.

triste. 1. Desconsolado, angustiado, apenado. V. AFLICCIÓN 5.
— 2. Funesto, dramático, deplorable. V. DESGRACIA 2.

tristeza. Amargura, pena, desdicha. V. AFLICCIÓN 1.

trituración. V. triturar.

triturar. Moler, machacar, pulverizar. V. APLASTAR 1.

triunfador. V. TRIUNFO 2.

triunfal. V. TRIUNFO 3.

triunfante. V. TRIUNFO 2.

triunfar. V. TRIUNFO 4.

TRIUNFO. 1. Éxito, victoria, dominio, conquista*, gloria, corona, trofeo, laureles, aureola, palma, premio*, ganancia, acierto, ventaja, heroicidad*, dominación*, proeza, marca, mejor marca, plusmarca, récord, hazaña, h. deportiva*, honor, honra, puntuación excepcional, culminación, superioridad*, superación, vítor, aclamación, remate, celebridad*, aniquilación, venganza*, saqueo, botín, invasión, fin*.
2. Triunfador. Triunfante, victorioso, vencedor, héroe*, ganador, triunfal, as, campeón, «recordman», plusmarquista, paladín, adalid, invicto, invencible, insuperable, imbatible, favorecido, superior*, glorioso, heroico, conquistador*, dominador*, incontenible, irresistible, indomable, irrefrenable, arrollador, honrado*, aureolado, brillante, premiado, vengador*, aniquilador, célebre*, invasor, dominante*, aplastante, apabullante, abrumador.
3. Triunfal. Glorioso, brillante, espléndido, insigne, épico, grande, victorioso, triunfador (v. 2).
4. Triunfar. Vencer, superar*, conquistar*, dominar, sobresalir, aventajar, derrotar*, ganar, marcar, batir, puntuar, golear, desbaratar, aniquilar, apabullar, aplastar, culminar, vengar*, invadir, destrozar, rechazar, dispensar, deshacer, romper, someter, hundir*, tumbar*, arrollar, honrar, aureolar, celebrar*, premiar*,

honrarse*, sobrepujar, lucirse, subrayar, campear, llegar, alcanzar, conseguir.
Contr.: Derrota*, inferioridad*.
V. DOMINACIÓN, CONQUISTA, SUPERIORIDAD, VENGANZA, VENTAJA, CELEBRIDAD, PREMIO, HONRA, HÉROE.

triunvirato. Terna, trío, junta. V. GOBIERNO.

trivial. Insustancial, nimio, baladí. V. INSIGNIFICANTE 1.

trivialidad. Nimiedad, puerilidad, insignificancia*. V. INSIGNIFICANTE 3.

trizas. Partículas, trozos, restos. V. FRAGMENTOS 1.

trocar. Permutar, mudar, canjear. V. CAMBIO 5.

trocear. Partir, despedazar, dividir. V. CORTAR 1.

trocha. Atajo, vereda, sendero. V. CAMINO 1.

trofeo. Recompensa, triunfo*, galardón. V. PREMIO 1.

troglodita. 1. Hombre prehistórico, h. de las cavernas, cavernario. V. PREHISTORIA 3.
— **2.** Hombre tosco*, rudo, bárbaro*. V. BRUTO 1.

troj. Silo, granero, depósito. V. ALMACÉN 1.

trola. Mentira, patraña, embuste. V. ENGAÑO 1.

trole. Barra, pértiga, pantógrafo. V. TRANVÍA 2.

trolebús. Autobús, carruaje, vehículo eléctrico. V. VEHÍCULO 1, TRANVÍA 1.

trolero. Mentiroso, embustero, cuentero. V. ENGAÑO 3.

tromba. Torbellino, remolino, ciclón. V. TORMENTA 1.

trombo. V. trombosis.

trombón. Instrumento de viento, de pistones, de varas. V. INSTRUMENTO MUSICAL 4.

trombosis. Coágulos sanguíneos, obstrucción, síncope. V. ENFERMEDAD 13.

trompa. 1. Extremidad, órgano, prolongación. V. APÉNDICE 1.
— **2.** Morro, jeta, hocico. V. CARA 1.
— **3.** V. TROMPETA 1.

trompada. Moquete, sopapo, puñetazo. V. BOFETADA 1.

trompazo. 1. Porrazo, topetazo, batacazo. V. GOLPE 2.
— **2.** V. trompada.

TROMPETA. 1. Corneta, cornetín, c. de órdenes, clarín, instrumento musical*, i. de viento, i. metálico; trompa, cuerno, corno, saxofón, trombón, tuba.
2. Partes. Boquilla, tubo metálico, pabellón, pistones.
3. Trompetazo. Toque, clarinada, trompetada, sonido*, llamada*, alarma, aviso, diana, orden*, mando, señal*, atención, zafarrancho, z. de combate, retreta, retirada, fajina, toque de queda.
4. Trompetista. Músico*, soldado, corneta, intérprete, ejecutante, saxofonista, trombonista, solista.
V. INSTRUMENTO MUSICAL, MÚSICA, ORQUESTA.

trompetazo. V. TROMPETA 3.

trompetista. V. TROMPETA 4.

trompicón. V. tropezón.

trompo. Perinola, peonza, peón. V. JUEGO 15.

tronado. 1. Gastado, viejo, estropeado. V. DETERIORO 3.
— **2.** Pobre, arruinado, menesteroso. V. NECESIDAD 7.

tronar. Resonar, retumbar, atronar. V. SONIDO 7.

tronchar. Quebrar, truncar, cortar*. V. DESTROZAR 1.

troncho. Tallo, maslo, trozo. V. VEGETAL 2.

tronco. 1. Leño, tallo, madero*. V. ÁRBOL 2, MADERA 2.
— **2.** Ascendencia, abolengo, linaje. V. ARISTOCRACIA 1.
— **3.** Torso, tórax*, busto. V. CUERPO 5.
— **4.** Pareja, tiro, par de bestias. V. CABALLO 10.

tronera. 1. Abertura, aspillera, saetera. V. HUECO 1, VENTANA 1.
— **2.** Tarambana, calavera, alocado. V. DIVERSIÓN 7.

tronío. Rumbo, señorío, lujo*. V. IMPORTANCIA 1, 2.

trono. Solio, poltrona, sitial. V. ASIENTO 1.

tronzar. Dividir, partir, trocear. V. CORTAR 1.

tropa. 1. Hueste, patrulla, milicia. V. EJÉRCITO 1, 4.
— **2.** Cuadrilla, banda, pandilla. V. GRUPO 4.

tropel. 1. V. tropa 2.
— **2.** Tumulto, agitación, barullo. V. DESORDEN 1.

tropelía. Desafuero, arbitrariedad, abusos. V. INJUSTICIA 1.

tropezar. Trastabillar, dar traspiés, trompicar. V. GOLPE 10.

tropezón. Trompicón, encontronazo, traspié. V. GOLPE 2.

tropical. Tórrido, cálido, caluroso. V. CALOR 5.

trópico. Región, zona* tropical, zona tórrida. V. GEOGRAFÍA 4.

tropiezo. 1. Obstáculo, atasco, interrupción. V. DIFICULTAD 2.
— **2.** Falta, error, caída. V. EQUIVOCACIÓN 1.

tropilla. Recua, tropel, manada. V. ANIMAL 11.

tropo. Metáfora, figura retórica, expresión figurada. V. GRAMÁTICA 15.

troquel. Matriz, cuño, sello*. V. MOLDE 1.

troquelar. Estampar, acuñar, sellar*. V. MOLDE 4.

trotamundos. Excursionista, turista, vagabundo*. V. VIAJE 4.

trotar. Galopar, correr, avanzar. V. CABALLO 17.

trote. Galope, correteo, paso. V. CABALLO 8.

troupe. *fr* Tropa, conjunto de artistas*, elenco. V. TEATRO 5, CIRCO 3.

trova. Poema, verso, oda. V. POESÍA 4.

trovador. Rapsoda, juglar, bardo. V. POESÍA 8.

troza. Leño, madero, tronco cortado. V. MADERA 2.

trozo. Pedazo, parte, corte*. V. FRAGMENTO 1.

trucha. Pescado, pez de río, fisóstomo. V. PEZ
12.
truco. 1. Artimaña, trampa, treta. V. ENGAÑO 1.
— **2.** Juego de manos, prestidigitación, suerte.
V. ILUSIONISMO 1.
truculencia. Atrocidad, pavor, miedo. V. ESPAN-
TO 1.
truculento. Pavoroso, atroz, siniestro. V. ESPAN-
TO 3.
trueno. Estruendo, retumbo, fragor. V. SONIDO 2.
trueque. Canje, permuta, negocio. V. CAMBIO 1.
trufa. Hongo subterráneo, h. comestible, aderezo.
V. HONGO 1, CONDIMENTO 2.
truhán. Tunante, bribón, tramposo. V. PILLO 1.
truhanería. V. truhán.
truncado. V. truncar.
truncar. 1. Suspender, suprimir, anular*. V. INTE-
RRUPCIÓN 2.
— **2.** Cercenar, amputar, mutilar. V. CORTAR 1.
trust. Consorcio, monopolio, asociación* comercial. V. COMERCIO 2.
tsetsé. Mosca chupadora, m. africana, insecto*.
V. MOSCA 2.
TUBÉRCULO. 1. Protuberancia, excrecencia, nódulo, abultamiento*, rizoma (v. 2), tumor, bulto,
dureza, tuberosidad, grano*, carnosidad, quiste, nudo (v. 2).
2. Tubérculo vegetal*. Bulbo, rizoma, raíz, r.
feculenta, tallo subterráneo, hortaliza*, parte
feculenta, vegetal*, planta (v. 3).
3. Enumeración. Patata, papa, boniato, batata,
camote, ñame, mandioca o yuca, guacamote,
tupinambo, chufa; fécula, harina*, alimento,
hidrato de carbono (v. 2).
V. HORTALIZA, VEGETAL, ALIMENTO.
TUBERCULOSIS. 1. Tisis, enfermedad*, e. infecciosa*, e. contagiosa, infección*, afección,
dolencia.
2. Enumeración. Tuberculosis pulmonar, t.
meníngea o meningitis, t. laríngea, t. intestinal, t. miliar, t. cutánea o lupus, t. aguda, t.
galopante, t. crónica.
3. Generalidades. Bacilo de Koch, caverna,
lesión*, transmisión, infección, tos, esputo,
hemoptisis, ganglios, calcificación.
4. Tratamiento. Diagnóstico precoz, radiografía, radiología*, profilaxis, vacunación, vacuna*, BCG (Bacilo de Calmette y Guerin), prueba, tuberculina; estreptomicina, antibióticos*,
PAS (Ácido P-Aminosalicílico), cura de reposo,
neumotórax, teracoplastia, siembra, cultivo de
bacilos. Sanatorio, hospital*, dispensario antituberculoso.
5. Tuberculoso. Tísico, enfermo*, paciente,
héctico, consumido, infectado*, contagiado,
aquejado, afectado, convaleciente.
V. INFECCIÓN, ENFERMEDAD, VACUNA, ANTI-
BIÓTICOS, HOSPITAL
tuberculoso. V. TUBERCULOSIS 5.
tubería. Conducto, cañería, instalación. V. TUBO
1, FONTANERÍA 2.

tuberosidad. V. TUBÉRCULO 1.
TUBO. 1. Caño, cañería, tubería, manguera, manga, conducto*, canal*, escape, salida*, válvula,
grifo*, pieza*, colector, alcantarilla*, desagüe,
canalón, gárgola, canalillo, cilindro*, conducción, manga, sifón, cañón, tobera, cánula,
catéter, sonda, instalación, boquilla, canuto,
caña, carrete, canilla, bobina, espita, orificio,
abertura, agujero*, ahuecamiento, cavidad,
concavidad, capilar, hueco*, boca.
2. Tubular. Cilíndrico*, cónico, hueco*, acanalado, alargado, capilar, largo*, ahuecado,
vacío*, perforado, horadado, taladrado*, prolongado, cóncavo.
V. CONDUCTO, CANAL, HUECO, PIEZA, FON-
TANERÍA.
tubular. V. TUBO 2.
tudesco. Germano, alemán, teutón. V. EUROPEO 2.
tuerca. Rosca, tornillo, cabeza. V. CLAVO 1.
tuerto. Bizco, bisojo, ciego. V. OJO 12.
tueste. Tostado, torrado, torrefacción. V. COCI-
NA 8.
tuétano. Meollo, médula ósea, sustancia ósea. V.
HUESOS 3, CENTRO 1.
tufo. 1. Efluvio, vaho, emanación. V. OLOR 1.
— **2.** *Tufos*, engreimiento, orgullo, jactancia.
V. VANIDAD 1.
TUGURIO. Cuchitril, chamizo, covacha, antro,
cuartucho, cuarto, habitación*, pieza, tabuco,
cubículo, tenderete, escondrijo, guarida, refugio*, cubil, leonera, chabola, cabaña, choza,
casucha, casa*, bohío, barraca, casilla, rancho,
desván, buhardilla, sobrado, buharda, altillo,
trastero, sotabanco, camaranchón, zahúrda,
pocilga, cochiquera, cuadra, corral, porqueriza, chiribitil, sótano, subterráneo, mazmorra,
huronera, cueva*; vecindario, inquilinato,
conventillo.
Contr.: Palacio*, mansión.
V. HABITACIÓN, REFUGIO, CUEVA, CASA.
tul. Velo, gasa, tejido de seda*. V. TELA 6.
tulipa. Farol, fanal, pantalla. V. LÁMPARA 1, 3.
tulipán. Liliácea, planta, vegetal*. V. FLOR 4.
tullido. Baldado, inútil*, lisiado. V. INVÁLIDO 1.
tullir. V. tullido.
TUMBA. 1. Sepulcro, fosa, hoyo, hoya, huesa, sepultura, nicho, hornacina, mausoleo, panteón,
túmulo, enterramiento, catafalco, monumento*, m. funerario, cripta, bóveda, sarcófago,
ataúd (v. 2), osario, huesera, última morada,
cementerio (v. 3), cárcava, carnero, pudridero,
yacija, columbario, cenotafio, cámara mortuoria, sepultura perpetua, fosa común, catacumba, hipogeo, mastaba, pirámide, dolmen,
menhir (v. 2).
2. Ataúd. Féretro, sarcófago, caja, cajón, catafalco, túmulo, urna, andas, angarillas, cenotafio, yacija, arcón. *Partes:* Caja (caoba, nogal,
pino, madera*), tapa, asas (bronce), crucifijo,
forro interior (cinc, acolchado, seda, raso).

3. Cementerio. Camposanto, necrópolis, sacramental, osario, galilea, panteón, columbario, catacumba, huesera, almacabra, cripta, fosal, huerto del Señor (v. 1, 2).

4. Generalidades. Capilla ardiente, depósito de cadáveres, morgue, cámara mortuoria, recinto de autopsias, crematorio, horno del crematorio, h. de incineración, urna cineraria, catafalco, túmulo, losa, lápida, estela, mármol, epitafio, inscripción, cipo, alegoría, estatua, e. yacente, e. orante, cruz*, candelabro, cirio, mesa y libro de firmas, recordatorio, tarjeta, paño mortuorio, sudario, mortaja, corona de flores*, ramo, calas, crisantemos, dalias, ciprés, cremación, cenizas, duelo, comitiva, procesión, entierro*, inhumación, funerales, exequias, luto, muerte*, dolor, aflicción, pésame, condolencia, autopsia, exhumación.

5. Personas. Cadáver, muerto*, difunto, fallecido, occiso, restos, momia*, sepulturero, enterrador, incinerar, amortajar, velar, fallecer, cavador, empleado, empresario de pompas fúnebres, médico* forense, sacerdote*, acólito, monaguillo, sacristán, viuda, familiares*, dolientes, participantes, presentes, asistentes, concurrentes*.

6. Acción. Enterrar, sepultar, inhumar, exhumar, cremar, incinerar, amortajar, velar, fallecer, morir (v. muerte*), acompañar, asistir, dar el pésame, condolerse, afligirse*, llorar*.
V. ENTIERRO, MUERTE, MOMIA.

TUMBAR. 1. Volcar, abatir, tirar, tumbarse (v. 2), derrumbar*, descender*, derribar, acostar(se) (v. 2), echar, caer*, voltear, tender, desnivelar, inclinar*, torcer, invertir, desplomar, destruir*, trastornar, girar, mover*, volver, trastrocar, rodar, capotar, lanzar*, arrojar, precipitar, derruir, desmoronar, hundir*, demoler, maltratar, revolcar, desbaratar, desarmar, derrotar* (v. 2).
— **2.** *Tumbarse*, acostarse, tenderse, echarse, yacer, extenderse, agacharse, ocultarse, tirarse, caer, dormir (v. sueño*), dormitar, reposar, relajarse, descansar*, estirarse, acomodarse, ponerse cómodo*, encamarse (v. 1).
3. Tumbado. Volcado, abatido, tirado (v. 1), acostado, encamado, estirado, tendido, de bruces, echado, caído, despatarrado, desmadejado, descansado*, relajado, acomodado, cómodo, dormido, en reposo (v. 1).
4. Caída. Vuelco, giro, desplome, tumbo, volteo, rotura, derrumbe, derribo, hundimiento*.
Contr.: Levantar, enderezar.
V. DERRUMBAR, INCLINAR, LANZAR, CAER, DESCENDER, HUNDIR, MOVER, DESTRUIR, DESCANSAR, SUEÑO.

tumbo. Balanceo, bandazo, vaivén. V. OSCILACIÓN 1.

tumbona. Hamaca, sillón, asiento de tijera. V. ASIENTO 1.

tumefacción. Bulto, abultamiento, inflamación. V. HINCHAZÓN 2.

tumefacto. Abultado, congestionado, inflamado. V. HINCHAZÓN 4.

tumor. Bulto, quiste, neoplasia. V. HINCHAZÓN 1, CÁNCER 1.

túmulo. 1. Montón, montículo, amontonamiento. V. ACUMULAR 3.
— **2.** Sepultura, catafalco, tarima. V. TUMBA 1, 2, MADERA 3.

tumulto. Escándalo, tremolina, desorden*. V. ALBOROTO 1.

tuna. 1. Chumbera, cacto, nopal. V. VEGETAL 20.
— **2.** Estudiantina, agrupación musical, comparsa. V. ORQUESTA 2.
— **3.** Haraganería, holganza, picaresca. V. HOLGAZÁN 2.

tunantada. V. tunante.

tunante. Truhán, granuja, bribón. V. PILLO 1.

tunda. Somanta, zurra, paliza. V. GOLPE 4.

tundir. 1. Pelar, rapar, esquilar. V. PELO 8.
— **2.** Zurrar, pegar, vapulear. V. GOLPE 11.

tundra. Estepa, planicie, sabana. V. LLANURA 1.

túnel. Pasadizo, corredor, subterráneo. V. GALERÍA 1, 3.

tungsteno. Wolframio, metal duro, denso. V. METAL 6.

túnica. 1. Manto, hábito, toga. V. VESTIMENTA 7.
— **2.** Recubrimiento*, cápsula, vaina. V. CÁSCARA 1.

tuno. V. tunante.

tuntún (al). Atropelladamente, confusamente, irreflexivamente. V. DESORDEN 5.

tupé. 1. Mechón, copete, flequillo. V. PELO 2.
— **2.** Insolencia, descaro, atrevimiento. V. DESVERGÜENZA 1.

tupido. 1. Apretado, espeso, compacto. V. DENSO 1.
— **2.** Atascado, taponado, embozado. V. OBSTRUIR 3.

tupir(se). V. tupido.

turba. 1. Caterva, horda, chusma. V. GRUPO 4.
— **2.** Vegetal carbonizado, combustible* sólido, c. fósil*. V. CARBÓN 1.

TURBACIÓN. 1. Ofuscación, desconcierto, azoramiento, confusión, aturdimiento*, atolondramiento, desasosiego, desorientación, rubor, vergüenza*, ridículo*, sonrojo, timidez*, sorpresa, emoción*, perplejidad, extrañeza, asombro*, estupefacción, titubeo, vacilación, duda*, embarazo, consternación, aturullamiento, sofocón, precipitación, alocamiento, descuido*, atontamiento, irreflexión, conmoción, molestia*, inconsciencia, indecisión, nerviosidad*, palidez, incertidumbre, perturbación, azoramiento, alteración, apabullamiento, inseguridad.
2. Turbado. Desconcertado, confuso, confundido, emocionado*, asombrado*, estupefacto, desasosegado, aturdido, desorientado, pasmado, ofuscado, vacilante, consternado, perplejo, sorprendido, alterado, cortado, azorado, patidifuso, tímido*, sonrojado, ruborizado,

ridiculizado*, pálido, nervioso*, demudado, vergonzoso*, avergonzado, embarazado, dudoso*, precipitado, sofocado, aturullado, patidifuso, turulato, atolondrado, conmocionado, irreflexivo, atontado, descuidado*, alelado, desorientado, indeciso, inseguro, incierto, titubeante, apabullado.

3. Turbador. Inquietante, chocante, desconcertante, conmovedor, emotivo, sorprendente, interesante*, asombroso, insospechado, emocionante*, alarmante, amenazador*, estremecedor, impresionante, angustioso, imprevisible, repentino, inesperado, maravilloso*, sugestivo, singular, extraño, raro*, inaudito, peregrino.

4. Turbar. Aturdir(se), ofuscar, desconcertar, alterar, turbarse (v. 5), confundir, desasosegar, consternar, embarazar, azorar, avergonzar, asombrar*, sorprender, maravillar*, atolondrar, aturullar, sofocar, precipitar, atontar, conmocionar, desorientar, apabullar, entristecer, enajenar, inquietar, ruborizar(se) (v. 5).

— **5. Turbarse,** balbucear, balbucir, vacilar, desconcertarse, aturdirse, azararse, aturullarse, tartamudear, barbotar, farfullar, titubear, asustarse, atolondrarse, enrojecer, correrse, avergonzarse, cortarse, inquietarse (v. 4).

Contr.: Seguridad, confianza*, aplomo.

V. ATURDIMIENTO, DESCUIDO, VERGÜENZA, TIMIDEZ, AFLICCIÓN, DUDA, ASOMBRO.

turbado. V. TURBACIÓN 2.

turbador. V. TURBACIÓN 3.

turbamulta. V. turba 1.

turbante. Bonete, banda, tocado. V. SOMBRERO 1.

turbar. V. TURBACIÓN 4, 5.

turbiedad. V. TURBIO 3.

TURBINA. 1. Máquina*, aparato*, aparato motriz, rueda* hidráulica, rueda accionada por fluidos, por agua, por gas*, por vapor*, artefacto, generador. *Clases:* Turbina hidráulica, t. de vapor, t. de gas, turborreactor, turbopropulsor.

2. Partes, usos. Eje o árbol, rotor o rueda, paletas, álabes, cojinetes, tobera, reductor de velocidad, regulador, refrigeración, entrada, salida del fluido. *Usos:* Centrales hidroeléctricas, motores de aviación*, de barcos*, de automóviles*.

V. MÁQUINA, APARATO, RUEDA, MOVIMIENTO.

TURBIO. 1. Borroso, opaco*, velado, empañado, sucio*, mortecino, amortiguado, desdibujado, confuso, nebuloso, oscuro*, desvaído, vago, difuso, indistinto, indefinido, impreciso, difuminado, indeterminado, inconcreto, esfumado, deslustrado, mate, desvanecido, diluido, apagado, sombrío, ilegal (v. 2), descolorido, nublado*, polucionado, contaminado, cargado, caliginoso, cerrado, fosco, hosco, gris, lóbrego, estropeado.

— **2.** *Enredado,* turbio, ilegal*, ilegítimo, ilícito, embrollado*, comprometido, sospechoso*, difícil*, peligroso*, delictivo, dudoso*, revuel-

to, desordenado*, azaroso*, incomprensible*, confuso, ininteligible.

3. Turbiedad. Enturbiamiento, sombra, opacidad, niebla, nube*, calma, nebulosidad, suciedad*, oscuridad*, confusión, velo, sedimento, poso, precipitado, residuo, heces, sombra, ennegrecimiento, oscurecimiento*, vaguedad, imprecisión, indeterminación, difuminación, ilegalidad, enredo (v. 4), cerrazón, cargazón, lobreguez, deslustre, tinieblas, turbulencia, polución, contaminación.

— **4.** *Enredo,* turbiedad, embrollo*, lío, ilegalidad*, ilegitimidad, delito*, compromiso, sospecha*, dificultad*, peligro*, duda*, desorden*, azar*, mala inteligencia, confusión.

5. Enturbiar. Desdibujar, velar, opacar, esfumar, oscurecer*, nublar*, confundir, emborronar, difuminar, indeterminar, desvanecerse, disipar, diluir, sedimentar, precipitar, posar, cargar, revolver, decolorar, ensombrecer, sombrear, alterar, turbar, transformar, cerrar, enfoscar, deslustrar.

— **6.** *Enredar,* enturbiar, embrollar*, comprometer, enemistar, desordenar*, confundir, dudar*, dificultar*, liar, delinquir.

Contr.: Limpio*, puro*, claro*, legal*, ordenado*.

V. OPACO, BORROSO, SUCIO, OSCURO, CONFUSO, DIFÍCIL, PELIGROSO, SOSPECHOSO, ILEGAL, DELITO, DESORDEN, DIFICULTAD, DUDA, AZAR.

turbión. V. turbonada.

turbonada. Chaparrón, aguacero, chubasco. V. LLUVIA 1.

turbulencia. 1. Torbellino, remolino, alteración atmosférica*. V. VIENTO 1.

— **2.** V. turbulento.

turbulento. Inquieto, rebelde, tumultuoso. V. ALBOROTO 4.

turgente. Redondo, abultado, carnoso. V. ABULTAMIENTO 2.

turismo. 1. Actividad, industria, ocupación. V. VIAJE 5.

— **2.** Periplo, excursión, recorrido. V. VIAJE 1.

turista. Trotamundos, excursionista, viajero. V. VIAJE 4.

turnar(se). V. TURNO 2.

TURNO. 1. Ronda, vez, tanda, mano, ciclo, rueda, serie*, repetición*, vuelta, período, sucesión, cola, fila, guardia, vela, cuidado*, vigilancia*, patrulla, reemplazo, relevo, sustitución*, mudanza, renovación, cambio*, canje, suplencia, tiempo*, paso, curso, ritmo, plazo, etapa, fase, corro, permuta, cadena, proceso, lance, ocasión, parte*, lista, alternativa, encadenamiento, alternancia, mutación, variación*, orden*, gradación.

2. Turnar(se). Relevar(se), sustituir, reemplazar, cambiar*, alternar, variar*, invertir, rotar, permutar, canjear, repetir, suceder, suplir, tocarle, llegarle, renovar, mudar, encadenarse, pasar, patrullar, rondar, vigilar*, cuidar*, velar, guardar, suceder.

3. Que turna. Cíclico, alternativo, periódico, rítmico, temporal, duradero*, seriado*, ordenado*, gradual, encadenado repetido*, continuo, perpetuo, mudable, alterno, variable*, renovado, rotativo, cambiante*, reemplazante, sustitutivo, relevo, suplente.
V. SERIE, REPETICIÓN, DURACIÓN, CAMBIO, VARIACIÓN, ORDEN, CUIDADO, VIGILANCIA.

turquesa. Gema, alhaja, joya. V. PIEDRA PRECIOSA 2.

turquí. Azul oscuro, índigo, añil. V. COLOR 8.

TURRÓN. 1. Pasta dulce, p. de almendras, masa tostada, golosina, dulce, confite*.
2. Clases. Turrón de Jijona, de Alicante, de Cádiz, de yema, de frutas, de chocolate, de nieve, guirlache, mazapán, m. de Toledo.
3. Ingredientes. Pasta, masa, miel, azúcar*, almendras; avellanas, nueces, piñones. *Varios:*

Barra de turrón, Fiestas*, Navidad, Año Nuevo. V. CONFITE, AZÚCAR.

turulato. Pasmado, alelado, boquiabierto. V. TURBACIÓN 2.

TUTE. 1. Trajín, trabajo*, brega. V. ESFUERZO 1.
2. Juego de baraja. Juego de naipes*, de cartas, de azar*, tute arrastrado, brisca. *Juego:* Reyes, caballos; veinte tantos, rey y caballo de un palo, cuarenta tantos: del triunfo; gana: cuatro reyes o caballos. V. NAIPES, JUEGO.

tutear(se). Congeniar, intimar, tratarse con confianza*. V. CONVIVENCIA 2.

tutela. Supervisión, dirección, ayuda*. V. GUÍA 1.

tuteo. Intimidad, confianza*, compañerismo*. V. CONVIVENCIA 1.

tutor. Preceptor, protector*, guía*. V. CONSEJO 3.

tuyo, tuya. Pronombre posesivo, voz, vocablo. V. PRONOMBRE 2.

U

ubérrimo. Fértil, feraz, copioso. V. ABUNDANCIA 2.

ubicación. V. ubicar.

ubicar. Situar, instalar, poner. V. COLOCAR 1.

ubicuidad. V. ubicuo.

ubicuo. Omnipresente, ventajoso, habitual. V. HÁBITO 6.

ubre. Seno, pecho, teta. V. MAMA 1.

¡uf!, ¡bah!, ¡pche!, ¡vaya! V. EXCLAMACIÓN 4.

ufanía. V. ufanarse.

ufanarse. Jactarse, alardear, alegrarse*. V. FANFARRONERÍA 4.

ufano. 1. Contento, satisfecho*, complacido. V. ALEGRÍA 6.
— 2. Presuntuoso, arrogante, jactancioso. V. VANIDAD 2.

ujier. Bedel, ordenanza, conserje. V. SERVIDOR 1.

úlcera. Pústula, llaga, herida. V. LESIÓN 1.

ulcerar(se). Llagar(se), supurar, lesionar. V. LESIÓN 7.

ulterior. Posterior, siguiente, consecutivo. V. CONTINUACIÓN 3.

últimamente. Ahora, recientemente, hace poco. V. ACTUAL 6.

ultimar. 1. Acabar, concluir, finalizar. V. FIN 4.
— 2. *Am* Matar, liquidar, asesinar. V. ASESINATO 3.

ultimátum. Aviso, intimación, amenaza*. V. ADVERTENCIA 1.

último. 1. Posterior*, terminal, extremo. V. FIN 3.
— 2. Concluyente, terminante, decisivo. V. VERDAD 3.

ultra. Extremista, intolerante, exaltado. V. INTRANSIGENCIA 2.

ultrajante. V. ultrajar.

ultrajar. Agraviar, escarnecer, humillar*. V. OFENSA 4.

ultraje. Baldón, mancilla, escarnio. V. OFENSA 1.

ultramarino. 1. Transoceánico, transatlántico, remoto. V. MAR 10.
— 2. *Ultramarinos*, coloniales, provisiones, tienda* de comestibles. V. ALIMENTO 1, ALMACÉN 2.

ultranza (a). A todo trance, firmemente, animosamente. V. ÁNIMO 3.

ultraterreno. Del más allá, celestial, paradisíaco. V. PARAÍSO 4.

ultratumba. Más allá, la eternidad, lo fantasmagórico. V. MUERTE 1, FANTASMA 2.

ultravioleta. Radiaciones, rayos, espectro luminoso. V. RAYO 4.

ulular. Bramar, aullar, rugir. V. GRITO 4.

umbral. Acceso, entrada, escalón. V. PUERTA 1, 2.

umbrío, umbroso. Sombreado, frondoso, boscoso. V. OSCURIDAD 4.

unánime. De acuerdo, acorde, conforme. V. APROBAR 5.

unanimidad. Conformidad, coincidencia, avenencia. V. APROBAR 3.

unción. Piedad, fe, devoción. V. RELIGIÓN 9.

uncir. Sujetar, aparear, juntar. V. UNIR 5.

ungir. **1**. Frotar*, bañar*, embadurnar. V. UNTAR 1.

— **2**. Proclamar, consagrar, investir. V. NOMBRE 11.

ungüento. Pomada, bálsamo, crema. V. UNTAR 3.

únicamente. V. ÚNICO 3.

ÚNICO. **1**. Uno, solo, impar, sin par, sin igual, inigualado, singular, particular, peculiar, inimitable, inconfundible, notable, excelente (v. 2), individual, característico*, simple, aparte, dispar, exclusivo, distintivo, personal*, especial, representativo, típico, indivisible, inseparable, unitario, unido, desigual, diverso, desemejante, diferente, mero, escaso, desusado, suelto, aislado, desparejo, propio, original, separado, raro*, aislado*, extraño, asombroso*, discrepante, disímil, opuesto, distinto, divergente.

— **2**. *Notable*, único, insuperable, inigualado, extraordinario, excelente, destacado, relevante, ideal, perfecto*, sobresaliente, maravilloso*, magnífico, inmejorable, superior*, el súmmum, el no va más, el colmo.

3. *Únicamente*. Exclusivamente, sólo, tan sólo, meramente, solamente, particularmente, justamente, precisamente, peculiarmente, sin más, especialmente, aisladamente, propiamente (v. 1, 2).

Contr.: Múltiple, común, habitual*, corriente.
V. CARACTERÍSTICO, PERSONAL, RARO, AISLADO, ASOMBROSO, PERFECTO, MARAVILLOSO.

unicornio. Animal legendario, fabuloso, prehistórico. V. MITOLOGÍA 7.

unidad. **1**. Concordia, armonía, unificación. V. UNIR 12.

— **2**. Número uno, cantidad, cifra. V. NÚMERO 4.

— **3**. Patrulla, destacamento, formación militar. V. EJÉRCITO 4.

unido. Unificado, único, junto. V. UNIR 19.

unificar. V. UNIR 7.

uniformar. Unificar, equiparar, nivelar. V. EQUILIBRIO 9.

UNIFORME. **1**. Traje militar, atavío m. vestimenta* m., atuendo distintivo, a. característico*, a. de soldado, armadura* (v. 4).

— **2**. Similar, parecido, análogo. V. SEMEJANZA 2.

— **3**. Plano, raso, regular. V. LISO 1.

4. **Clases de uniformes**. Uniforme de gala, de media gala, de diario, de fajina, de granadero, dragón, húsar, ulano, cazador, fusilero,

caballería, artillería, de oficial, general, coronel, teniente, etc. (v. ejército 5-7).

5. **Descripción**. Guerrera (v. 6), gorra (v. 7), correaje, cinturón, cartuchera, funda o pistolera, pistola*, espada*, espadín, sable, vaina, v. de bayoneta, macuto, mochila, cantimplora; pantalones*, p. de montar, calzones, botas, polainas, calzado*.

6. **Guerrera**. Chaqueta*, chaquetilla, chaquetón*, sahariana, casaca, cazadora, dormán, zamarra, pelliza, capote, gabán, capa, abrigo*. *Partes:* cuello, mangas, hombreras, charreteras, estrellas, condecoraciones*, medallas, distintivo regimental, entorchados, alamares, cordones, galones, sardineta, arreos, correaje, cinturón.

7. **Gorra**. Gorro, quepís, casco (v. 8), ros, birrete, teresiana, chacó, chascás, bicornio, tricornio, gorro de pelo, gorra de plato, gorro cuartelero, boina, morrión, sombrero*. Gorra de plato: visera, barboquejo, carrillera, insignias, escarapela, estrellas.

8. **Casco**. Yelmo, morrión, bacinete, casquete, almete, borgoñota, gálea, capacete, celada.
V. EJÉRCITO, GUERRA, ARMADURA, CHAQUETA, SOMBRERO, VESTIMENTA.

uniformidad. Similitud, identidad, igualdad. V. SEMEJANZA 1.

Unigénito. Jesucristo, Hijo de Dios, Redentor. V. CRISTO 1

unigénito. Hijo único. V. HIJO 4.

unilateral. Independiente, aislado, parcial. V. SEPARAR 14.

unión. V. UNIR 10.

UNIR. **1**. Juntar, agregar, fusionar, reunir, igualar, acoplar*, ensamblar (v. 2), enganchar, aproximar, acercar (v. 3), fijar, pegar, adherir (v. 4), sujetar, amarrar (v. 5), agregar, añadir, mezclar (v. 6), congregar, agrupar (v. 7), desposarse, casarse (v. 8) ayuntarse, copular (v. 9).

— **2**. *Ensamblar*, unir, acoplar*, adosar, fijar, empalmar, ajustar, enchufar, embutir, incrustar, articular, enganchar, embragar, aparear, engranar*, soldar*, remachar, clavar*, atornillar, conectar, empotrar, introducir, engarzar, encajar.

— **3**. *Acercar(se)*, unir(se), aproximar, arrimar, juntar, adosar, tocar, avecinar, hermanar*, allegar, aparear, aplicar, añadir*, apoyar*, apropincuar, yuxtaponer, anexionar.

— **4**. *Fijar*, adherir*, pegar, encolar, engomar, aglutinar, aplicar, ligar, engrudar, soldar*, consolidar, remachar, clavar*, coser, grapar.

— **5**. *Amarrar*, unir, anudar, atar, juntar, abrazar*, enlazar, sujetar, prender, enganchar, aferrar, encadenar, inmovilizar*, esposar, liar, ligar, afirmar, agavillar, uncir, aparear, emparejar, ceñir, trabar, arracimar, abrochar, abotonar.

— **6**. *Mezclar*, unir, combinar, fusionar, añadir*, agregar, sumar, anexionar, confundir, englobar, fundir, concentrar, entreverar, entremezclar, adicionar, incorporar, aglutinar, ligar, trabar.

— **7.** *Agrupar(se)*, unirse, congregar, vincular, reunir, aliar, pactar*, conjurarse, sumar, anexionar, relacionar, casar, emparejar, juntar, combinar, unificar, identificar, solidarizar, mancomunar, aglomerar, coligar, asociar*, afiliar, agremiar, federar, acompañar, entroncar, galvanizar, aunar, conjuntar, consolidar, apiñar, amontonar, integrar, concentrar, centralizar, hermanar, convivir*, fraternizar, armonizar, igualar, anexionar, fusionar, conjugar, incorporar, vincular, conciliar, apelotonar.

— **8.** *Unirse*, casarse*, desposarse, matrimoniar, enmaridarse, tomar mujer, tomar estado, contraer matrimonio, c. nupcias, c. vínculos.

— **9.** Copular, ayuntarse, fornicar. V. COITO 6.

10. Unión. Unificación, unidad, vínculo, enlace, afinidad, agrupación, enchufe, acoplamiento (v. 11), concordia, aproximación, acercamiento (v.12), adhesivo, fijación (v. 13), nudo*, sujeción*, amarra (v. 14), amalgama, fusión, mezcla (v. 15), reunión, junta, nexo, agrupación (v. 16), boda, casamiento (v. 17), fornicación, cópula (v. 18).

— **11.** *Acoplamiento*, unión, empalme, enchufe, ensambladura, trabazón, ajuste, enganche, incrustación, articulación*, introducción, enlace, ligadura, cópula, engarce, junta, embrague, engranaje*, apareamiento, clavo*, remache, conexión, borne, terminal, adosamiento; coito*.

— **12.** *Acercamiento*, unión, aproximación, concordia, armonía, entendimiento, hermanamiento*, avecinamiento, relación, contacto, adosamiento, apareamiento, aplicación, añadido, yuxtaposición, arrimo, apoyo, apropincuamiento, anexión.

— **13.** *Fijación*, unión, adhesión, cohesión, ligazón, pegamento, adhesivo*, cola, goma, engrudo, soldadura, remache, clavo*, clavado, cosido, aglutinación, aplicación, añadido, liga, adherencia, encolado, engomado.

— **14.** *Sujeción*, unión, amarre, amarra, nudo*, atadura, lazo, vínculo, abrazo*, enlace, lío, ligadura, ligazón, inmovilización*, trabazón, encadenamiento, anexión, costura*, broche, abotonadura.

— **15.** *Mezcla*, unión, amalgama, combinación, fusión, concentración, conglomerado, liga, aglutinación, formación, creación, síntesis, añadido, incorporación, integración, suma, englobamiento, entreverado, adición, trabazón.

— **16.** *Agrupación*, unión, reunión, vinculación, asociación, congregación, concentración, alianza, pacto*, junta, mancomunidad, fusión, solidaridad, afinidad, vínculo, compañerismo*, hermandad*, unificación, conjunción, relación, anexión, suma, consolidación, relación, nexo, enlace, coherencia, aglomeración, agremiación, gremio, incorporación, centralización, fraternización, federación, afiliación, galvanización, conjunto, igualamiento, apiñamiento,

amontonamiento, hermanamientos*, identificación.

— **17.** *Casamiento**, unión, matrimonio, enlace, boda, desposorio, maridaje, cambio de estado, nupcias, vínculos, sacramento, alianza, casorio, ceremonia, fiesta*, esponsales, himeneo.

— **18.** Cópula, ayuntamiento, fornicación. V. COITO 1.

19. Unido. Vinculado, unificado, junto, cerca*, unitario, indiviso, emparejado, inseparable, empalmado, ensamblado, acercado, adherido*, amarrado, mezclado*, agrupado, congregado, agregado (v. 1 y siguientes).

Contr.: Separar*, desunir, alejar.

V. ASOCIAR, ACOPLAR, ADHERIR, ABRAZAR, NUDO, CERCA, BISAGRA, ARTICULACIÓN, CASAMIENTO.

unísono (al). A la vez, al mismo tiempo, unánimemente. V. SIMULTÁNEO 4.

unitario. Indiviso, inseparable, unido. V. UNIR 19.

universal. V. UNIVERSO 5, 6.

universalidad. Generalidad, totalidad, todo. V. TOTAL 1.

UNIVERSIDAD. 1. Instituto superior, enseñanza s., facultad, escuela, colegio universitario, alma máter, estudio general, academia, corporación universitaria.

2. Secciones. Salón de actos, paraninfo, anfiteatro, hemiciclo, claustro, cátedra, aula, clase, seminario, facultad (v. 3), escuela, colegio mayor, c. menor, decanato, rectorado, junta, oficinas, campus (v. 3).

3. Facultades, escuelas. Medicina*, farmacia*, ciencias*, biología*, química*, física*, veterinaria*, derecho*, ciencias políticas*, filosofía* y letras, historia*, escuela diplomática*, ciencias exactas, c. económicas*, periodismo*, información, ingeniería, ingenieros de minas*, de montes, agrónomos, civiles, de caminos*, canales* y puertos*, industriales, de telecomunicaciones*, informática, navales.

4. Titulados, alumnos. Universitario, doctor, d. honoris causa, licenciado, bachiller, maestro de artes, titulado, diplomado*, graduado, alumno, estudiante, colegial, goliardo, tuno (v. 3).

5. Profesorado, auxiliares. Rector, vicerrector, decano, presidente, director, catedrático, profesor, catedráticos de universidad, profesores titulares de universidad, catedráticos de escuelas universitarias, profesores titulares de escuelas universitarias; profesor contratado (ayudante, ayudante doctor, colaborador, contratado doctor, asociado, emérito, visitante), p. funcionario, p. no funcionario, funcionario docente, lector, ayudante, investigador, empleado*, conserje, bedel.

6. Generalidades. Tesis, examen*, beca, licenciatura, doctorado, grado, habilitación, magisterio, carrera, profesión, título, diploma*, toga, muceta, hopalanda, manto, birrete, borla, beca (insignia), capelo, estudiantina, ronda, tuna.

7. Universidades. Salamanca, Alcalá de Henares, Complutense (Madrid), Carlos III (Madrid), Barcelona, Autónoma de Barcelona, Nacional de Educación a Distancia (UNED), Bolonia, Sorbona (París), Cambridge, Oxford, Edimburgo, Heidelberg, Praga, Upsala, México, Harvard, Yale, Princeton, Notre Dame (EE. UU.), San Pablo (USP, Brasil), Nacional Autónoma de México (UNAM, México), Buenos Aires (UBA, Argentina).

V. EDUCACIÓN.

universitario. V. UNIVERSIDAD 4.

UNIVERSO. 1. Cosmos, cielo, orbe, firmamento, bóveda celeste, esfera c., creación, principio*, origen*, infinito, inmensidad, todo, macrocosmos, éter, espacio, e. cósmico, e. sideral, caos, vacío, génesis, naturaleza, elementos, alturas, astros*, galaxias, (v. astronomía*).

— **2.** Mundo, planeta, esfera terrestre. V. GEOGRAFÍA 4.

3. Generalidades. Dios*, creador, demiurgo, origen*, creación*, creacionismo, diseño inteligente, evolución, «big bang», materia*, astronomía*, cosmografía, cosmogonía, cosmología, astrofísica, astrología*, Zodiaco, mecánica celeste, gas interestelar, años luz, pársec, radiotelescopio, telescopio*, espectroscopio*, nova, nebulosa, galaxia, constelación, estrella*, astro*, agujero negro, quásar, púlsar, ley de la gravitación universal, curvatura, viento estelar, expansión del universo, explosión inicial.

4. Estudio de los astros; astrónomos. V. ASTRONOMÍA.

5. Universal. Sideral, cósmico, celeste, espacial, estelar, inmenso, infinito, galáctico, astral, planetario, extraterrestre, alienígena, venusiano, marciano, selenita, astronómico*, cosmográfico, sidéreo, cosmológico, cosmogónico, astrológico*, astrofísico, macrocósmico, general (v. 6).

— **6.** *Internacional,* general, universal, mundial, global, intercontinental, transatlántico, cosmopolita, abigarrado, variado, ecuménico, total*, completo, absoluto, interestatal, supranacional, ilimitado, mundanal*.

V. ASTRONOMÍA, GEOGRAFÍA, ASTROLOGÍA.

uno. 1. V. NÚMERO 1.

— **2.** Solo, impar, sin igual. V. ÚNICO 1.

UNTAR. 1. Embadurnar, pringar, tiznar, aplicar, frotar*, ungir, aceitar, lardear, engrasar, bañar*, emplastar, ensuciar, manchar*, emporcar, encerar, suavizar*, lubricar, lubrificar, administrar*, dar, masajear*, cubrir, recubrir*, extender*, pintar*, pintarrajear, embrear, embetunar.

— **2.** Corromper, cohechar, comprar. V. SOBORNO 2.

3. Unto, untura. Ungüento, crema, afeite, cosmético*, pomada, mixtura, grasa*, aceite*,

butiro, sebo, lardo, gordo, lubricante, lubrificante, mucílago, jalea, gelatina, tizne, hollín, pringue, cera, brea, betún, adhesivo*, pintura*, mancha*, suciedad*, potingue, embrocación, bálsamo, linimento, friega, fricción, masaje*, preparado, cocimiento, cataplasma, emplasto, sinapismo, poción, mezcolanza, mejunje, bazofia, medicamento* (v. 4).

4. Untadura, untuosidad. Embadurnamiento, viscosidad, pringue, pegajosidad, adherencia*, densidad*, untuosidad, frote, tizne, ungimiento, crasitud, seborrea, cohesión, administración*, aplicación, lubricación, lubrificación, masaje*, recubrimiento*, encerado, ungüento (v. 3).

5. Untuoso. Viscoso, pegajoso, aceitoso*, oleoso, cremoso, mantecoso, sustancioso, graso*, grasiento, craso, tiznado, denso*, espeso, mucilaginoso, gelatinoso, adhesivo*, ceroso, seboso, seborreico, butiroso, embreado, embetunado, pingüe, lubricante, lubrificante.

Contr.: Limpiar*, secar.

V. FROTAR, GRASA, ACEITE, COSMÉTICO, ADHESIVO, MASAJE, BAÑO.

unto. V. UNTAR 3.

untuosidad. 1. V. UNTAR 4.

— **2.** Sumisión, zalamería, afectación*. V. ADULACIÓN 1.

untuoso. 1. V. UNTAR 5.

— **2.** Zalamero, servil, empalagoso. V. ADULACIÓN 2.

untura. V. UNTAR 3.

UÑA. 1. Placa córnea, laminilla c., extremidad, cubierta, recubrimiento* del dedo, garra, zarpa, púa, garfa, mano*, pie*, pata, apéndice, dedo*, vaso, casco, pezuña; garfio, gancho, espina, punta*, pico, pincho*.

2. Partes. Borde, b. libre, cuerpo de la uña, porción rosada, lúnula o blanco de la uña, cutícula, raíz, matriz ungueal, lecho de la uña, dermis, ranuras, cubierta o manto ungueal, pulpejo del dedo*.

3. Varios. Dedo*, mano*; padrastro, panadizo, uñero, uña encarnada, de cuchara, rota, astillada, laminada, punteada, onicosis, onicofagia; manicura, callista, pedicuro; ungulado.

4. Arañazo. Rasguño, zarpazo, uñada, erosión, marca, raya, señal, excoriación, daño, herida, lesión*.

5. Acción. Arañar, rasguñar, desgarrar, rozar, excoriar, escarbar, marcar, herir, lesionar*, rayar, dañar.

V. DEDO, MANO, PIE, PUNTA, PINCHO, LESIÓN.

uñada. V. UÑA 4.

uralita. Plancha ondulada, techado, tinglado. V. TECHO 2.

uranio. Elemento, e. radiactivo, plutonio. V. ÁTOMO 4, METAL 8.

uranismo. Homosexualidad masculina, amor socrático. V. HOMOSEXUAL 1.

urbanidad. Modales, educación*, cultura. V. AMABILIDAD 1.

urbanismo. Ciencia, estudio de la ciudad*, desarrollo urbano. V. CONSTRUCCIÓN 1.

urbanización. Barrio* nuevo*, distrito, colonia. V. BARRIO 1.

urbanizar. Desarrollar, planear* una ciudad*, poblar. V. CONSTRUCCIÓN 3.

urbano. 1. Comunal, metropolitano, municipal. V. CIUDAD 8.
— **2.** Correcto, educado, cortés. V. AMABILIDAD 2.

urbe. Metrópoli, población, capital. V. CIUDAD 1.

urdimbre. Tejido, punto, trama. V. TELA 2.

urdir. Maquinar, tramar, planear*. V. CONSPIRACIÓN 2.

urea. Sustancia nitrogenada, secreción, excreción* renal. V. ORINA 2.

urente. Punzante, ardiente, urticante. V. DOLOR 4.

uréter. Conducto, tubo, canal de la orina*. V. RIÑÓN 2.

uretra. Conducto urinario, tubo*, canal. V. RIÑÓN 2.

URGENCIA. 1. Prisa, celeridad, emergencia, rapidez*, premura, apremio, prontitud, presteza, apresuramiento, velocidad, diligencia, inminencia, precipitación, aturdimiento*, exigencia, perentoriedad, necesidad*, obligación*, aprieto, dificultad*, problema, incidente, eventualidad, falta, vivacidad; dinamismo, alacridad, brevedad, ligereza.
2. Urgente. Apremiante, imperioso, perentorio, inaplazable, ineludible, acelerado, improrrogable, impostergable, rápido*, pronto, veloz, inminente, cercano*, próximo, apresurado, presto, obligatorio*, necesario*, indispensable, exigente, breve, ligero, precipitado, raudo.
3. Urgir. Acelerar, apurar, apremiar, activar, apresurar, obligar*, aligerar, precipitarse, acuciar, atosigar, hostigar*, exhortar, importunar, inquietar, azuzar, necesitar*, precisar, pedir.
4. Urgentemente. Apresuradamente, aceleradamente, rápidamente (v. 2).
Contr.: Lentitud*, demora*, postergación.
V. RAPIDEZ, OBLIGACIÓN, NECESIDAD, DINAMISMO.

urgente. V. URGENCIA 2.

urgir. V. URGENCIA 3.

urinario. Mingitorio, letrina, servicios. V. BAÑO 4.

urna. Receptáculo*, envase*, arqueta. V. CAJA 1.

urología. Tratado, estudio, enfermedades* urinarias. V. ORINA 4.

urraca. Ave parlera, arrendajo, pájaro europeo. V. AVE 11.

urticante. Irritante, picante, quemante. V. PICOR 4.

urticaria. Sarpullido, prurito, irritación. V. PICOR 1, 2.

usado. Deslucido, manoseado, gastado. V. DESGASTE 2.

usanza. Costumbre, manera, hábito*. V. MODO 1.

usar. 1. Gastar, emplear, utilizar. V. ÚTIL 7.
— **2.** Deslucir, manosear, ajar. V. DESGASTE 3.
— **3.** Frecuentar, acostumbrar, soler. V. HÁBITO 4.

usía. Señoría, vuestra señoría, v. merced. V. TRATAMIENTO 3.

uso. 1. Usanza, modo, costumbre. V. MODA 1.
— **2.** Empleo, disfrute, utilización. V. ÚTIL 6.
— **3.** Deslucimiento, deterioro*, roce. V. DESGASTE 1.

usted. Tratamiento de cortesía. V. TRATAMIENTO 4.

usual. Frecuente*, corriente, común. V. HÁBITO 6.

usuario. Interesado, consumidor, público. V. ÚTIL 10.

usufructo. Producto, provecho, disfrute. V. BENEFICIO 1, PROPIEDAD 1.

usufructuar. Aprovecharse, beneficiarse*, favorecerse. V. PROPIEDAD 7.

usura. Lucro, interés, estafa. V. ESPECULACIÓN 1.

usurero. Especulador, explotador, prestamista. V. ESPECULACIÓN 3.

usurpación. V. usurpador.

usurpador. Expoliador, defraudador, tramposo. V. APROPIARSE 3.

usurpar. Arrebatar, quitar*, apoderarse. V. APROPIARSE 1.

utensilio. Útil, instrumento, aparato. V. HERRAMIENTA 1.

ÚTERO. 1. Matriz, víscera, órgano femenino, ó. genital, ó. sexual*, claustro materno, parte del aparato genital femenino.
2. Partes del útero. Cuerpo del útero, cuello o cérvix uterino, hocico de Tenca (orificio cervical externo), boca del ú., conducto cervical, cavidad, uterina, trompas de Falopio; ovarios: óvulos, folículos de Graaf, capas del ú., c. interna o endometrio o mucosa uterina, c. muscular o miometrio, c. externa o perimetrio, glándula* femenina.
3. Varios. Menstruación*, embarazo*, fecundación. *Afecciones:* fibroma, tumor, cáncer*, quiste, metritis, prolapso, caída de la matriz.
V. SEXO, EMBARAZO, MENSTRUACIÓN.

ÚTIL. 1. Ventajoso*, eficaz, práctico, beneficioso*, provechoso, fácil*, aprovechable, utilitario (v. 3), utilizable, adaptable, servible, manejable, cómodo*, productivo, valioso, rentable, fructuoso, fructífero, meritorio, superior, inapreciable, inestimable, conveniente, remunerativo, sano, sencillo, único, apto, adecuado, ajustado, correcto, favorable, precioso, satisfactorio*, disponible, servible, practicable, viable, pragmático, económico, servicial, interesante*, agradable*, grato, rendidor, logrado, válido, explotable, proficuo, positivo, preciado, conforme, oportuno*, jugoso, fértil, aprovechado; bueno, cuidadoso, atento, servicial, complaciente, amigo, solícito, amistoso, esmerado, dispuesto.
— **2.** Utensilio, aparato*, enser. V. HERRAMIENTA 1.

3. Utilitario. Práctico, barato*, económico, asequible, funcional, cómodo*, rentable, conveniente, provechoso, rendidor, ventajoso (v. 1); materialista*, prosaico.

4. Utilidad. Ventaja*, eficacia, conveniencia, facilidad*, comodidad*, simplicidad, ganancia*, lucro (v. 5), provecho, beneficio*, fruto, validez, cualidad, mérito, rendimiento, satisfacción, logro, economía, interés, servicio, disposición, oportunidad, practicabilidad, viabilidad, superioridad, virtud, valor, adecuación, conformidad, fertilidad, jugo, complacencia, agrado*, cuidado*, esmero, atención, amistad, utilización (v. 6).
— **5.** *Ganancia**, utilidad, rendimiento, renta, lucro, valor, producto, gajes, recompensa, dividendo, beneficio*, explotación, precio, usufructo, jugo, compensación.

6. Utilización. Empleo, uso, manejo, operación, explotación, servicio, aprovechamiento, provecho, disfrute, goce, aplicación, menester, manipulación, maniobra, funcionamiento, actividad, movimiento*, práctica, usanza, administración, trabajo*, tarea, paso, procedimiento, recurso, proceso, función, fabricación.

7. Utilizar. Usar, aprovechar, gastar, emplear, manejar, aplicar, practicar, manipular (v. 8), maniobrar, consumir, beneficiarse, servirse, valerse, operar, disfrutar, gozar, favorecerse, llevar, ponerse, vestir*, lucir, exhibirse*, explotar, producir, lucrarse, aplicar, fructificar, usufructuar, acostumbrarse, habituarse, adoptar, abusar*, destinar, dedicar, lograr, disponer, economizar, cuidarse* (v. 8, 9).

8. Manipular. Utilizar, esgrimir, empuñar, operar, actuar, manejar, tocar*, manosear, coger*, tomar, emplear, maniobrar, usar (v. 7).

9. Ser útil. Beneficiar*, convenir, favorecer, cuidar*, servir*, valer, atender, rentar, interesar*, adecuar, acomodar (v. 7).

10. Usuario. Cliente, comprador*, consumidor, interesado, beneficiado*, beneficiario, parroquiano, clientela, público.
Contr.: Inútil*, inservible.
V. VENTAJOSO, BENEFICIOSO, FÁCIL, CÓMODO, SATISFACTORIO, BARATO, AGRADABLE.

utilidad. V. ÚTIL 4.
utilitario. V. ÚTIL 3.
utilizable. V. ÚTIL 1.
utilización. V. ÚTIL 6.
utilizar. V. ÚTIL 7.
utillaje. Aparatos*, accesorios, artefactos. V. HERRAMIENTA.
utopía. Mito, quimera, ilusión. V. FANTASÍA 1.
utópico. Quimérico, ilusorio, mítico, ideal. V. FANTASÍA 2.
UVA. 1. Grano, baya, fruto*, f. de vid, f. de parra, fruta.
2. Partes, derivados. Grano o baya; piel u hollejo, pulpa, pepitas, semillas; racimo, raspa, pedúnculo, pámpano, sarmiento, jugo*, zumo, mosto, caldo, sustancia colorante, azúcares, bagazo, orujo, heces, poso, zupia, residuo*, esquilmo, bajo, casca, flor (v. 4).
3. Clases. Uva moscatel, de Málaga, de Corinto, de Damasco, garnacha, albilla, tempranilla, abejar, jaén, verdeja, uva pasa.
4. Varios. Vid, parra, viña, viñedo, cepa, sarmiento, vástago (v. 2), vendimia, cosecha, viticultura, vitivinicultura, fermentación, alcohol, vino*, bebida*, lagar, bodega, cava, cueva*, cuévano, pisadera, prensa, barril*, botella*, filoxera.
V. VINO, BEBIDA, FRUTO, JUGO, BARRIL, BOTELLA.
úvula. Campanilla, apéndice carnoso, carnosidad. V. GARGANTA 4.
uxoricida. Homicida, criminal, parricida. V. ASESINATO 4.
uxoricidio. Homicidio, parricidio, crimen. V. ASESINATO 2.

V

VACA. 1. Vacuno, hembra del toro*, res, bóvido, bovino, rumiante*, cuadrúpedo, ganado*, bestia, mamífero*, animal*, vaquilla, ternera, becerra, eral, novilla, recental. Otros vacunos: toro*, buey; cebú, búfalo, bisonte, carabao, yak.
2. Razas. Razas lecheras, r. para carne. *R. lecheras:* Suiza, holandesa o frisona u Holstein, normanda, bretona, flamenca, alpina, de Guernesey, de Jersey, española, asturiana, santanderina, pasiega, vasca, campurriana, pirenaica. *R. para carne:* Hereford, Shorthorn, Aberdeen Angus, Santa Gertrudis.
3. Partes. Ubre, pezón, cavidades estomacales: panza, redecilla, libro u omaso, cuajar o abomaso; pata, caña, pezuña, pie, rabada o cuarto trasero.
4. Carne, clases. Filete, espaldilla, lomo, etc. V. CARNE 2.
5. Varios. Leche*, mantequilla, queso*, cuero, vacunoterapia, vacuna*, pastos, pastoreo, ganado*, hacienda, granja, rancho, ganadería, establo, cuadra, lechería*, vaquería (v. 7); vaquerizo, vaquero, boyero, ganadero, ordeño, mugido, mugir, rumiar, ordeñar, extraer.
6. Enfermedades. Glosopeda o fiebre aftosa, carbunco, tuberculosis.
7. Vacada. Rebaño, ganado*, manada, hato, tropel, tropa, tropilla, cabezas de ganado, animales*, reses.
Contr.: Toro*.
V. TORO, RUMIANTE, GANADO, MAMÍFERO, ANIMAL.
vacación, vacaciones. Asueto, descanso*, festividad. V. FIESTA 3.
vacada. V. VACA 7.
vacante. 1. Plaza, empleo*, puesto. V. TRABAJO 1.
— **2.** Disponible, desocupado, libre. V. LIBERTAD 1.
vacar. V. VACÍO 6.
vaciado. V. VACÍO 3.
vaciar. V. VACÍO 5, 6.
vaciedad. V. VACUIDAD.
vacilación. Inseguridad, indecisión, titubeo. V. DUDA 1.
vacilante. 1. Titubeante, irresoluto, indeciso. V. DUDA 4.
— **2.** Tambaleante, bamboleante, oscilante. V. OSCILACIÓN 3.
vacilar. 1. Hesitar, titubear, dudar. V. DUDA 5.
— **2.** Bambolearse, balancearse, mecerse. V. OSCILACIÓN 4.
VACÍO. 1. Enrarecimiento, espacio sin aire, sin materia, cosmos, universo*.
— **2.** *Carencia*, ausencia, hueco*, falta, vacante, privación, cero, inexistencia*, insuficiencia, es-

casez*, laguna, déficit, defecto, inopia, merma, omisión, derrame, pérdida, fuga, salida.
— **3.** Desocupado, vacío, vaciado, libre, disponible, expedito, vacante, desagotado, evacuado, desaguado, descargado, seco, vacuo, deshinchado, desinflado, enrarecido, mermado, desembarazado, despoblado, deshabitado, desierto*, abandonado, solitario, ausente, hueco*, huero, limpio, despejado, carente, privado, falto.
4. Vaciado. Derrame, drenaje, desagüe, desagote, descarga, salida, dispersión, efusión, expulsión, emisión, evacuación, circulación, corriente, vertido, trasvase, trasiego, cambio, desvío, flujo, pérdida, fuga. Desocupado (v. 3).
5. Vaciar(se). Desagotar, descargar, derramar, desaguar, salir, verter, surgir, manar, brotar*, drenar, desocupar, extraer, quitar, embotellar, transvasar, trasladar, pasar, trasegar, servir, derramar, escanciar, echar, volcar, desviar*, salirse, rebosar, escurrir, rezumar, exudar, filtrarse, gotear, fluir, correr, perder, fugarse, esparcir, afluir, desembocar, librar, excretar*, cagar, aliviar, exonerar, desembarazar, privar, mermar, faltar, enrarecer, evacuar, tirar, desinflar, deshinchar, estallar, pinchar, reventar, chupar*, sorber, aspirar, disminuir, achicar, desembozar, librar, aflojar, reducir.
— **6.** *Desocupar*, vaciar, desalojar, mudarse, marcharse*, desamueblar, deshabitar, desalquilar, despoblar, abandonar, despejar, dejar libre, dejar expedito, dejar vacante, vacar.
Contr.: Lleno*, ocupado, abundante*.
V. ESCASO, HUECO, DESIERTO, LIMPIO, INEXISTENTE, CHUPAR.
vacuidad. Necedad, futilidad, puerilidad. V. FRIVOLIDAD 1.
VACUNA. 1. Preparado biológico, cultivo microbiano, toxina atenuada, suero; costra, pústula, escara, vejiguilla, erupción pustulosa, vacunación (v. 2).
2. Vacunación. Inmunización, inoculación, vacunoterapia, profilaxis, prevención, terapéutica preventiva, antiinfecciosa, protección*, defensa, inyección*, administración (v. 1, 3).
3. Vacunas, sueros. Vacuna viva o atenuada, muerta o inactivada, preventiva, curativa, mixta o polivalente; vacuna antivariólica, antidiftérica, antirrábica, antitetánica, antituberculosa o BCG, antipoliomielítica, antitífica, anticolérica, antigripal, contra la escarlatina, la disentería, peste, paratifus, carbunco, tos ferina, rabia, tétanos, enfermedades infecciosas (v. infección 2).
4. Generalidades. Anticuerpos, antígenos, defensa, microbio, microorganismo*, virus, virulencia, cultivo microbiano, lanceta, punción,

inyección*, calendario de vacunaciones. *Preparación:* órgano infectado, desecación, trituración, emulsión, solución biológica, gérmenes vivos, atenuados, muertos; resultado positivo, negativo, reacción, inflamación, fiebre, inmunidad, anafilaxia, choque anafiláctico; instituto antirrábico, Pasteur, Jenner, Calmette-Guerin, Koch, Salk.

5. Vacunar. Inocular, comunicar, infectar*, inmunizar, inyectar*, administrar, prevenir, curar, remediar, preservar, defender, proteger*, preparar, cultivar.

6. Vacunado. Inoculado, inmunizado, inmune, inyectado (v. 5).
V. CURACIÓN, MEDICINA, MEDICAMENTO, INYECCIÓN, ANTIBIÓTICOS.

vacunación. V. VACUNA 2.

vacunado. V. VACUNA 6.

vacunar. V. VACUNA 5.

vacuno. Rumiante*, res, toro*. V. VACA 1.

vacuo. Trivial, pueril, frívolo*. V. FRIVOLIDAD 3.

vadear. Franquear, traspasar, salvar. V. CRUCE 3.

vademécum. 1. Prontuario, compendio, manual. V. LIBRO 2.
— **2.** Portafolios, cartapacio, bolso. V. CARTERA 1.

vado. Cruce, remanso, paso. V. CRUCE 1.

vagabundear. V. VAGABUNDO 5.

vagabundeo. V. VAGABUNDO 3.

VAGABUNDO. 1. Nómada, errabundo, errante, caminante, andarín, vago (v. 2), trotamundos, trashumante, viajero*, bohemio, gitano*, errático, emigrante, ambulante, peatón, peregrino, apátrida, callejero, movedizo, noctámbulo, incansable, aventurero (v. 2).
— **2.** *Vago,* vagabundo, haragán, holgazán*, gandul, indolente, indisciplinado, inadaptado, desplazado, inestable, inseguro, andrajoso, independiente, aventurero, pícaro, pillo*, golfo, granuja, indeseable, sospechoso*, merodeador, rondador (v. 5).
3. Vagabundeo. Caminata, andanza, paseo, callejeo, viaje*, correteo, pindongueo, ronda, ajetreo, lance, correría, aventura, peripecia, movimiento*, trashumancia, nomadismo, bohemia, emigración, peregrinaje, desplazamiento, ociosidad, vagancia (v. 4).
— **4.** *Vagancia,* vagabundeo, haraganería, holgazanería*, ociosidad, gandulería, indisciplina, inadaptación, inestabilidad, inseguridad, independencia, pillería*, picaresca, golfería, granujería, merodeo.
5. Vagar. Vagabundear, vaguear, caminar, andar, dar vueltas, errar, deambular, marchar*, pasear, callejear, corretear, rondar, merodear, acechar, vigilar*, pindonguear, ir sin rumbo fijo, mariposear, perderse, extraviarse, peregrinar, trashumar, emigrar, desplazarse, moverse*, correr, trotar, alejarse, viajar*, vaguear, haraganear, holgazanear*, zascandilear.

Contr.: Estable, asentado, radicado, fijo. V. VIAJERO, POBRE, HOLGAZÁN.

vagancia. V. VAGABUNDO 4.

vagar. V. VAGABUNDO 5.

vagido. Quejido, lloro, llanto. V. GEMIDO 1.

vagina. Órgano sexual* femenino, genital, útero. V. VULVA 2.

vago. 1. V. VAGABUNDO 2.
— **2.** Indefinido, indeterminado, confuso. V. IMPRECISIÓN 2.

vagón. Furgón, coche, carruaje*. V. FERROCARRIL 7.

vagoneta. Carretilla, carrito, carricoche. V. VEHÍCULO 1.

vaguada. Quebrada, cañada, barranco. V. DESFILADERO 1.

vaguear. V. VAGABUNDO 5.

vaguedad. Ambigüedad, inseguridad, confusión. V. IMPRECISIÓN 1.

vaharada. V. vaho.

vahído. Desmayo, vértigo, desvanecimiento. V. INDISPOSICIÓN 1.

vaho. Emanación, hálito, gas*. V. VAPOR 1.

vaina. Funda, envoltura, revestimiento. V. RECUBRIMIENTO 1, CÁSCARA 1.

vainilla. Planta, especia, aroma. V. CONDIMENTO 3.

vaivén. 1. Bamboleo, balanceo, movimiento*. V. OSCILACIÓN 1.
— **2.** Altibajo, irregularidad, fluctuación. V. VARIAR 2, 3.

vajilla. Loza, servicio, utensilios. V. MESA (SERVICIO DE) 1.

vale. 1. Resguardo, justificante, papeleta. V. COMPROBAR 3.
— **2.** De acuerdo, está bien; adiós. V. APROBAR 5.

valedero. Lícito, legítimo, válido. V. PERMISO 5.

valedor. Bienhechor, defensor, favorecedor. V. PROTECCIÓN 5.

valentía. Valor, audacia, coraje. V. OSADÍA 1.

valentón. Matón, bravucón, pendenciero. V. FANFARRONERÍA 3.

valer. 1. Servir, ser idóneo, s. apto. V. HÁBIL 4.
— **2.** Importar, pagar*, totalizar. V. COSTAR 1.
— **3.** Precio, valía, importe. V. COSTAR 3.
— **4.** *Valerse,* desenvolverse, arreglarse, apañarse. V. SOLUCIÓN 3.

valeroso. Intrépido, audaz, corajudo. V. OSADÍA 3.

valet. *fr* Ayuda de cámara, mayordomo, sirviente; percha valet, galán de noche. V. SERVIDOR 1; MUEBLE 2.

valetudinario. Achacoso, senil, decrépito. V. ANCIANO 2.

valía. V. valor 4.

validez. Efectividad, poder, eficacia. V. LEGAL 3.

valido. Protegido, privado, favorito. V. PREFERENCIA 4.

válido. Efectivo, legítimo, admitido. V. LEGAL 1.

valiente. Intrépido, audaz, corajudo. V. OSADÍA 3.

valija. Maleta, cartera*, maletín. V. EQUIPAJE 2.

valioso. 1. Inapreciable, precioso, inestimable. V. MÉRITO 2.
— **2.** Costoso, dispendioso, encarecido. V. CARO 1.

VALLA. 1. Cerca, verja, reja, cercado, vallado, cerco, valladar, barrera, estacada, empalizada, límite, obstáculo, obstrucción, contorno, alambrado, alambrada, enrejado, seto, arbustos, portezuela, baranda, barandilla, balaustrada, reparo, tapia, muro, pared*, trinchera, barricada, palenque, compartimiento*, tranquera, barrotes, rejilla*, encierro, corral, cancela, separación*, acotación, resguardo (v. 2).
2. Vallado. Encerrado, cercado*, alambrado, emparedado, rodeado, aislado, protegido*, resguardado, limitado*, separado*, acotado, obstaculizado, obstruido*, enrejado, tapiado, verja (v. 1).
3. Vallar. Rodear, cercar*, encerrar, acotar, limitar*, aislar, circundar, ceñir, enrejar, proteger*, separar*, resguardar, obstaculizar, obstruir*, alambrar, amurallar, emparedar, tapiar. *Contr.:* Abertura, abierto, libre*.
V. LÍMITE, PARED, SEPARACIÓN, PROTECCIÓN, COMPARTIMIENTO, REJILLA.

valladar. Barrera, traba, dificultad*. V. OBSTRUIR 2.
vallado. V. VALLA 2.
vallar. V. VALLA 3.
valle. Angostura, paso, cuenca. V. DESFILADERO 1, LLANURA 1.
valor. 1. Intrepidez, coraje, valentía. V. OSADÍA 1.
— **2.** Importe, precio, cuantía. V. COSTAR 3.
— **3.** Provecho, beneficio*, utilidad*. V. MÉRITO 1.
— **4.** Competencia, destreza, maestría. V. HÁBIL 3.
— **5.** *Valores*, bonos, acciones, títulos. V. BOLSA 5.
valoración. V. VALORAR.
valorar. Apreciar, tasar, calcular*. V. EVALUAR 1.
valorización. V. valorizar.
valorizar. 1. Realzar, desarrollar*, favorecer. V. IMPORTANCIA 5, MEJORAR.
— **2.** Encarecer, incrementar, subir el precio. V. AUMENTAR 2.
valquirias. Amazonas, deidades, mujeres* guerreras. V. MITOLOGÍA 5.
vals. Danza, baile de salón, música*. V. BAILE 5, 6.
valva. Venera, concha, caparazón. V. MOLUSCO 4.
válvula. Cierre, llave, grifo*. V. CERRAR 6.
vampiresa. Mujer fatal, peligrosa*, atractiva*. V. MUJER 6.
vampiro. 1. Murciélago, mamífero volador, quiróptero. V. MAMÍFERO 15.
— **2.** «No muerto» («undead»), resucitado, espectro. V. MONSTRUO 4.
— **3.** Explotador, usurero. ESPECULACIÓN 3.
vanagloria. V. VANIDAD 1.
vanagloriarse. V. VANIDAD 3.
vandálico. Destructivo, devastador, salvaje. V. BÁRBARO 1.

vandalismo. Devastación, atrocidad, salvajismo. V. BÁRBARO 4.
vándalo. Sanguinario, cruel*, invasor. V. BÁRBARO 2, 3.
vanguardia. 1. Avanzada, delantera, frente. V. GUERRA 5.
— **2.** Desarrollo, progreso, avance. V. PROSPERIDAD 1.
vanguardista. Moderno, adelantado, pionero. V. ACTUAL 1.
VANIDAD. 1. Orgullo, altivez, arrogancia, soberbia, presunción, engreimiento, fanfarronería*, fatuidad, jactancia, suficiencia, pedantería*, desprecio*, petulancia, egolatría, narcisismo, egoísmo*, envanecimiento, afectación*, altanería, inmodestia, endiosamiento, engolamiento, humos, vuelos, tufos, aires, ínfulas, bombo, alas, postín, rumbo, imperio, envaramiento, vanagloria, fantasía*, alabanza, encastillamiento, hinchazón, vaciedad, chulería, amor propio, puntillo, honrilla, importancia, pretensiones, encopetamiento, desdén, dureza, pomposidad, ampulosidad, grandilocuencia, empaque, galleo, facha, presuntuosidad, ostentación, ufanía, estiramiento, empingorotamiento, impertinencia, insolencia, desplante, puerilidad, trivialidad, frivolidad*, necedad, tontería*.
2. Vanidoso. Presuntuoso, engreído, orgulloso, soberbio, creído, vano, presumido, fanfarrón*, fatuo, farolero, pedante*, arrogante, despreciativo, desdeñoso, altivo, envanecido, jactancioso, endiosado, inmodesto, petulante, pretencioso, altanero, suficiente, fantoche, inflado, solemne, afectado*, ostentoso, ufano, estirado, empingorotado, envarado, postinero, rumboso, imperioso, engolado,ególatra, egocéntrico, egoísta*, pomposo, hinchado, enfático, bombástico, encastillado, grandilocuente, ampuloso, duro, chulo, fachendoso, gallito, encopetado, exhibicionista, ensoberbecido, vanaglorioso, impertinente, insolente, pueril, trivial, frívolo*, necio, tonto*.
3. Envanecerse. Enorgullecerse, ensoberbecerse, engreírse, alardear, pavonearse, vanagloriarse, alabarse, jactarse, fanfarronear*, presumir, despreciar*, desdeñar, endiosarse, afectar*, envararse, engolarse, darse bombo, d. pisto, d. importancia, d. tufo, encastillarse, hincharse, inflarse, esponjarse, estirarse, empingorotarse, creerse, chulearse, gallear, encopetarse, ufanarse, ostentar, hacer ostentación, insolentarse, tontear*.
Contr.: Modestia, humildad*, sencillez.
V. FANFARRONERÍA, PEDANTERÍA, AFECTACIÓN, EGOÍSMO, DESPRECIO, FANTASÍA, FRIVOLIDAD, TONTERÍA.
vanidoso. V. VANIDAD 2.
vano. 1. Vanidoso. V. VANIDAD 2.
— **2.** Pueril, trivial, superficial. V. FRIVOLIDAD 3.
— **3.** Ineficaz, infructuoso, inoperante. V. INÚTIL 1.

— **4.** Arcada, hueco*, ventana*. V. ARCO 1.

— **5.** *Vano (en)*, infructuosamente, ociosamente, inútilmente. V. INÚTIL 9.

VAPOR. 1. Emanación, vaho, niebla, humo, nube*, fluido, gas*, masa gaseosa, exhalación, fumarada, vaharada, humareda, bocanada, efluvio, tufo, celaje, neblina, bruma, humedad, agua*, soplo, aire*, éter, espíritu, vaharina, velo, cortina, aliento, hálito, telón, capa, «spray», aerosol, vaporización (v. 3), llovizna, turbiedad, volatilización, dispersión, salpicadura, riego, mojadura*, rocío, respiración*, viento*, eructo, pedo, flatulencia; barco* (v. 2).

— **2.** Buque, nave, transatlántico. V. BARCO 1, 3.

3. Vaporización. Rociado, pulverización, gasificación, salpicadura, humedecimiento, mojadura*, dispersión, difusión, fumigación (v. 1).

4. Vaporizar. Rociar, pulverizar, evaporar, gasificar, volatilizar, disipar, dispersar, humedecer, ahumar, nublar*, emanar, velar, fumigar, desinfectar*, desinsectar, sublimar, airear*, ventear, soplar, exhalar, atufar, rociar, lloviznar, regar, perfumar*, salpicar, difundir, dispersar, mojar*.

5. Vaporoso. Leve, humeante, gaseoso*, humeante, volátil (v. 4) (v. leve*, gas*).

6. Vaporizador. Fumigador, difusor, perfumero*, pulverizador, aerosol, «spray», recipiente, receptáculo*, frasco, bote, aparato*.

V. GAS, NUBE, AGUA, VIENTO, AIRE, MOJAR.

vaporización. V. VAPOR 3.

vaporizador. V. VAPOR 6.

vaporizar. V. VAPOR 4.

vaporoso. V. VAPOR 5.

vapulear. 1. Fustigar, zurrar, flagelar*. V. GOLPE 11.

— **2.** Criticar, increpar, regañar. V. REPRENDER 1.

vapuleo. V. vapulear.

vaquería. 1. Hacienda, granja, ganadería*. V. VACA 5.

— **2.** Rebaño, hato, vacada. V. GANADO 1.

vaquero. 1. Pastor, vaquerizo, ganadero. V. GANADO 8.

— **2.** Jinete, «cow-boy», caballero. V. OESTE AMERICANO 4.

vaquilla. Ternera, becerra, recental. V. VACA 1.

vara. Bastón*, pértiga, asta. V. PALO 1.

varadero. Dársena, muelle, dique seco. V. PUERTO 3.

varar. Encallar, embarrancar, zozobrar. V. INMÓVIL 3.

varear. Sacudir, aventar, agitar. V. GOLPE 11.

variabilidad. V. VARIAR 2, 3.

variable. V. VARIAR 7, 8.

variación. V. VARIAR 2.

variado. V. VARIAR 5, 6.

variante. V. VARIAR 2.

VARIAR. 1. Alterar, corregir, rectificar, modificar, trasladar*, cambiar*, enmendar, diversificar,

alternar, fluctuar, reformar, convertir, rehacer, retocar, permutar, transformar, graduar, combinar, destacar, matizar, metamorfosear, renovar, pluralizar, generalizar, totalizar*, diferenciar*, mudar, trocar, trastrocar, transmutar, evolucionar, revolucionar*, innovar, inestabilizar, desequilibrar, oscilar, moverse*, voltear, tornar, descabalar, desordenar*, volcar, invertir, subir, bajar, ascender, descender, transfigurar, girar, volver, arrepentirse*, reconsiderar, reconocer, revisar, perfeccionar*, mejorar*, pulir, remediar, reparar, enderezar, perturbar, trastornar, estropear, empeorar, disimular, encubrir, disfrazar*.

2. Variación. Alteración, rectificación, modificación, variante, corrección, arrepentimiento*, cambio*, metamorfosis, mutación, proceso, evolución, vicisitud, altibajo, irregularidad*, oscilación, transformación, permuta, reforma, fluctuación, vaivén, alternativa, diversificación, retoque, conversión, revolución*, progreso, desarrollo*, transición, transmutación, trastrueque, mudanza, diferencia*, movilidad*, diversidad, renovación, inversión, vuelco, volteo, vuelta, giro, movimiento*, transfiguración, innovación, revisión, perfeccionamiento*, enmienda, subida, ascenso, baja, descenso, empeoramiento, , trastorno, perturbación, crisis, reparación, mejora*, disimulo, encubrimiento, disfraz (v. 3).

— **3.** *Inestabilidad*, variación, inseguridad, incertidumbre, duda, altibajo, vicisitud, frivolidad*, capricho*, vacilación, informalidad*, inconstancia, irregularidad, intermitencia, fluctuación, discontinuidad, variabilidad, variedad (v. 2, 4).

4. Variedad. Pluralidad, diferencia*, diversidad, dualidad, desigualdad, complejidad, heterogeneidad, abundancia*, desproporción, variante, diferenciación, multiplicidad, antítesis, enormidad, profusión, riqueza, plétora, infinidad, sinfín, disparidad, caleidoscopio, desemejanza, disconformidad, amenidad, interés*, diversión, novedad (v. 2, 3).

5. Variado. Múltiple, dispar, diverso, diferente, dual, plural, compuesto, combinado, surtido, rico, enorme, abundante, vario, mezclado, distinto, heterogéneo, complejo, polifacético, desigual, infinito, plétorico, profuso, desemejante, variable (v. 6), desproporcionado, disconforme, antitético, interesante*, novedoso, divertido*, sugestivo, ameno, cambiante, nuevo*, cosmopolita, abigarrado, universal*, multiforme (v. 7).

— **6.** Cambiado*, alterado, corregido (v. 1).

7. Variable. Mudable, inestable*, desigual, cambiante*, veleidoso (v. 8), alterable, modificable, inconstante, inseguro, versátil, reversible, transformable, cambiable*, renovable, alternativo, adaptable, reformable, multiforme, distinto, diferente, convertible, remediable, mejorable*, reparable*, perfeccionable*, fluctuante, dudoso*, incierto, irregular, móvil, oscilante*, discontinuo, intermitente, movible*, movedizo, diverso (v. 5).

— **8.** *Veleidoso*, variable, frívolo*, tornadizo, cambiante*, voluble, inconstante, inconsecuente, mudable, indeciso, dudoso*, ligero, informal*, liviano, versátil, irreflexivo, cambiadizo, inseguro, caprichoso*, desigual, inestable, antojadizo (v. 7).

Contr.: Estable, fijo, seguro*.

V. CAMBIAR, TRASLADAR, DIFERENCIAR, REVOLUCIONAR, MEJORAR, DUDAR, INESTABLE, MOVIBLE.

várice, varice. Distensión venosa, ensanchamiento venoso, variz. V. CIRCULATORIO (APARATO) 7.

varicela. Enfermedad contagiosa, infecciosa, infantil. V. INFECCIÓN 2.

variedad. V. VARIAR 4.

variedades. Atracciones, números, espectáculo*. V. TEATRO 2.

varietés. V. variedades.

varilla. V. varita.

varillaje. Montura, entramado, armazón. V. SOPORTE 1.

vario. 1. Distinto, diverso, ameno. V. VARIAR 5.

— **2.** *Varios*, diversos, distintos, algunos. V. DIFERENCIA 4.

varita. Varilla, fusta, baqueta. V. PALO 1.

variz. V. várice.

varón. Macho, señor, individuo masculino. V. HOMBRE 1.

varonil. Viril, masculino, vigoroso*. V. HOMBRE 4.

vasallaje. Sometimiento, sumisión, servidumbre. V. OBEDIENCIA 1.

vasallo. Tributario, siervo, súbdito. V. DOMINACIÓN 7.

vasar. Alacena, estante, repisa. V. ARMARIO 1, 2.

vaselina. Unto, lubrificante, pomada. V. COSMÉTICO 2.

vasija. Cántaro, jarro, envase. V. RECEPTÁCULO 3.

vaso. 1. Copa, vasija, cáliz. V. RECEPTÁCULO 3.

— **2.** Pezuña, casco, apéndice. V. UÑA 1.

— **3.** Vaso sanguíneo, vena, arteria. V. CIRCULATORIO (APARATO) 3, 4.

vástago. 1. Sucesor, descendiente, retoño. V. HIJO 1.

— **2.** Eje, transmisión, barra. V. HIERRO 7.

— **3.** Tallo, retoño, brote. V. BROTAR 2.

vastedad. Amplitud, espacio, inmensidad. V. EXTENDER 7.

vasto. Inmenso, infinito, dilatado. V. EXTENDER 5.

vate. Bardo, poeta, recitador. V. POESÍA 8.

váter. Retrete, servicios, excusado. V. BAÑO 4.

vaticano. Pontificio, papal, católico. V. PAPA 7.

vaticinador. Vidente, profeta, mago. V. ADIVINAR 2.

vaticinar. Augurar, presagiar, predecir. V. ADIVINAR 1.

vaticinio. V. vaticinar.

vecindad. 1. Contigüidad, inmediación, proximidad. V. CERCA 4.

— **2.** V. vecindario.

vecindario. 1. Distrito, barriada, suburbio. V. BARRIO 1, 2.

— **2.** Vecinos, pobladores, residentes. V. HABITACIÓN 3, 4.

vecino. 1. Poblador, residente, compañero*. V. HABITACIÓN 3, 4.

— **2.** Lindante, inmediato, próximo. V. CERCA 1.

— **3.** Análogo, parecido, similar. V. SEMEJANZA 2.

vector. Recta, radio, raya. V. LÍNEA 1.

veda. Limitación*, impedimento, orden. V. PROHIBICIÓN 1.

vedado. 1. Terreno, coto, campo acotado. V. CAMPO 1.

— **2.** V. veda.

vedar. V. veda.

vedette. *fr* Astro del cine*, estrella, actriz famosa. V. ACTOR 3.

veedor. Observador, inspector, funcionario. V. INVESTIGACIÓN 2.

vega. Huerta, regadío, sembrado. V. CAMPO 1.

vegetación. V. VEGETAL 22.

VEGETAL. 1. Planta, ser, ser orgánico, ser vivo, ser inanimado, mata, arbusto, árbol*, legumbre, hortaliza*, verdura, verde.

2. Partes. Célula*, protoplasma, membrana, fibras, vasos, savia, látex, tejidos, parénquima, tegumento, epidermis, estomas o poros, ostiolo, clorofila. Raíz*, tallo, hoja*, yema, flor*, fruto*, semilla*. *Raíz:* cofia, zona pilífera, pilorriza, pelos, rizoma, tubérculo*, bulbo. *Tallo:* tronco, caña, rama, vara, vástago, maslo, tocón, troncho; líber, albura, duramen, leño, médula. *Hoja*:* limbo, ápice, contorno, pecíolo, nervio, zarcillo, lígula, bráctea, estípula. *Yema:* botón, retoño, brote*, rama, espina. *Flor*:* cáliz, corola, androceo, sépalo, pétalo, estambre, gineceo, carpelo, óvulo, pistilo, inflorescencia, espiga, amento, racimo, panoja, mazorca, umbela, capullo. *Fruto*:* pericarpio, endocarpio, aquenio, cariópside, legumbre, silicua, drupa, baya. *Semilla*:* germen, embrión, albumen, cotiledones.

3. Las plantas y su aplicación. Hortalizas*, cereales (v. semilla*), maderables (v. madera*), flores* decorativas (v. 4), forrajeras (v. 5), medicinales* (v. 6), textiles (v. 7), venenosas* (v. 8), de perfumería (v. 9), de condimento (v. especias*), frutales (v. fruto*), oleaginosas (v. 10), silvestres (v. hierbas*).

4. Decorativas. Palmera, acacia, madreselva, junquillo, enredadera, ciprés, boj, arrayán, mirto, cactos, rosa, clavel, etc. (v. flor*).

5. Forrajeras, alimenticias. Alfalfa, mijo, almorta, algarrobo, encina (bellota), alforfón, remolacha, sorgo, cebada, centeno, avena; alimenticias (v. hortalizas*).

6. Medicinales. Manzanilla, cólquico, melisa, mejorana, abrótano, ricino, dedalera o digital, valeriana, boldo, hierba lombriguera, regaliz, amapola (opio), coca, genciana, ipecacuana, poleo, eucalipto, verbena, acónito, tragacanto, laurel, hepática, pulsatila, quino, ajedrea, árnica (v. medicamento*).

7. Textiles. Lino, algodón, yute, cáñamo, pita, cabuya, agave, abacá, esparto, rafia, espadaña, enea, cocotero (coco), bejuco.

8. Venenosas. Cicuta, acónito o matalobos, ranúnculo, rododafne, digital o dedalera, cizaña, ojaranzo, adelfa, estafisagria (v. veneno*).

9. Perfumería*. Nardo, espliego, alhucema, algalia, espinacardo, rosal, jazmín, clavel, pachulí, estoraque, abelmosco (v. perfume*, flor*).

10. Oleaginosas. Olivo, lino, ricino, almendro, cocotero, sésamo, algodón, maíz, colza, cacahuete o maní, girasol.

11. Clasificación científica de las plantas. (válida hasta principios del siglo xx) Bacterias (v. 12); criptógamas: cianofíceas, talófitas, algas* (v. 13), hongos* (v. 14), líquenes (v. 15), helechos (v. 16), briófitas, pteridófitas; fanerógamas: espermofitas, gimnospermas (v. 17), angiospermas, monocotiledóneas (v. 18), dicotiledóneas (v. 19-21). *Clasificación moderna:* Ficófitos (algas), briófitos (musgos y hepáticas), pteridófitos (helechos, licopodios y equisetos) y espermatófitos (plantas con flores). Bacterias, hongos y algunas algas unicelulares pasan a ser, respectivamente, móneras, hongos y protistos.

12. Bacterias. Microbios, microorganismos*. Cocos, diplococos, estreptococos, espirilos, vibriones, v. del cólera, espiroquetas, bacilos, b. de Koch; ántrax (v.microorganismo*).

13. Algas*. Criptógamas. Algas clorofíceas o verdes: lechuga de mar, clorela, volvox, verdín, conferva; feofíceas o pardas: fucos, sargazos, laminarias, macrocystis, diatomeas; rodofíceas o rojas: coralinas; cianofíceas o azules: nostoc, rivularia (v. alga*).

14. Hongos*. Criptógamas. Ascomicetos, trufa, sacaromyces, levadura de cerveza, tizón, mohos, penicillium, morilla; basidiomicetos, setas, champiñones, bejín, agárico, boleto, clavaria, amanita faloide, amanita muscaria; esporas (v. hongo*).

15. Líquenes, musgos. Criptógamas. Líquenes: hongos y algas (simbiosis), liquen comestible, l. de las paredes, l. de Islandia. Musgos: briófitas, musgo capilar, funaria, hipnos, musgo de los renos, hepáticas.

16. Helechos, equisetíneas, licopodíneas. Criptógamas. Helecho común, h. hembra, h. macho, h. arborescente, culantrillo, lengua de ciervo, l. de serpiente. Equisetíneas: cola de caballo, calamites, annularia. Licopodíneas: licopodio o pie de lobo, lepidodendron.

17. Gimnospermas. Coníferas, pino, ciprés, enebro, cedro, alerce, abeto, sequoia; cicadáceas, gnetáceas, uvas de mar.

18. Monocotiledóneas. Gramíneas: trigo*, cebada, centeno, avena, caña*, c. de azúcar, c. de

bambú, maíz, arroz, cizaña, mijo, sorgo, grama, alpiste, esparto, anea. Ciperáceas: juncia, chufa, papiro, junco, luzula. Liliáceas: tulipán, azucena, ajo, puerro, cebolla, jacinto, matacandiles, áloe o aloe, yuca. Amarilidáceas: narciso, junquillo, agave, pulque. Iridáceas: azafrán, iris, gladíolo o gladiolo, trigidia. Otras: orquídea, vainilla, jengibre, banano, abacá, ñame, espárrago, zarzaparrilla, ananá.

19. Dicotiledóneas apétalas. Urticáceas: higuera, moral, morera, ortiga, cáñamo, lúpulo, olmo. Quenopodiáceas: quenopodio, alcanforada, barilla, acelga, remolacha, espinaca, bledo. Otras: sauce, mimbrera, álamo, chopo, plátano, pimentero. Cupulíferas: haya, roble, encina, quejigo, alcornoque, castaño, avellano. Otras: juglandáceas, nogal, begoniáceas, begonia.

20. Dicotiledóneas dialipétalas. Ranunculáceas: acónito, clemátide, pulsatila, peonía, anémona, ranúnculo, botón de oro. Malváceas: malva, malvavisco, algodonero, baobab, tilo. Crucíferas, cruciáceas: mostaza, berza o col, repollo, lombarda, coliflor, nabo, rábano, berro, mastuerzo, alhelí, aliso, colza. Papaveráceas: amapola, adormidera, ababol. Legumináceas: algarrobo, palo de Campeche, tamarindo. Leguminosas, papilionáceas: judía, guisante, haba, soja, garbanzo, cacahuete, algarroba, regaliz, alfalfa, trébol, retama, lenteja; acacia, mimosa. Rosáceas: peral, manzano, membrillero, níspero; fresa, frambuesa, zarzamora, rosa. Amigdáleas: almendro, ciruelo, melocotonero, cerezo, guindo, albaricoquero. Euforbiáceas: lechetrezna, ricino, boj, tornasol. Otras: limonero, cidro; vid, violeta, pensamiento, geranio, ninfácea, nenúfar, loto, castaño de Indias, cacao, lino, ruda, té, camelia, mango, laurel, canelero, alcanforero. Umbeláceas: zanahoria, apio, hinojo, perejil, cicuta, asafétida, anís, oppoponax; umbelíferas. Otras: cactáceas, tuna, chumbera, cacto, nopal; mirto, arrayán, clavo de especia, guayaba, eucalipto, grosella.

21. Dicotiledóneas gamopétalas. Oleáceas: olivo, fresno, maná, lila, jazmín. Solanáceas: tomate, patata, berenjena, pimiento, guindilla; belladona, mandrágora, tabaco*, beleño. Borragináceas: borraja, nomeolvides. Convulváceas: batata, boniato, dondiego. Escrofulariáceas: dedalera, boca de dragón, verónica, escrofularia. Labiáceas: menta, hierbabuena, sándalo, espliego o alhucema, o lavándola, orégano, melisa, albahaca; romero, tomillo; verbena. Cucurbitáceas: calabaza, pepino, melón, sandía; papaya. Compositáceas: cardo, cártamo; achicoria, escarola, lechuga, diente de león; girasol, dalia, siempreviva, margarita, manzanilla, ajenjo, árnica, crisantemo. Otras: café, quina, ipecacuana, saúco, nuez vómica, hierba luisa, madroñero, ébano.

22. Vegetación. Fronda, flora, espesura, selva, bosque*, follaje, boscaje, matorral*, maleza, zarza, espino, floresta, ramaje, frondosidad, hojarasca, verde, broza, bejuco, liana, hiedra, enredadera, planta trepadora, madreselva, musgo, liquen, helecho, plantas, vegetales (v. 1, 23).

23. Botánica. Agronomía, agricultura*, flora, ciencia*, horticultura, silvicultura, explotación, viticultura, agropecuaria, estudio de las plantas, de los vegetales (v. 22).

24. Generalidades. Fotosíntesis, proceso de transformación, parásito*, saprófito, simbiosis; productos vegetales transgénicos.

25. Personas. Botánico, agrónomo, fitólogo, especialista, experto, ecologista*, campesino*, labrador, granjero, agricultor*, hacendado, horticultor, cultivador, jardinero*, vegetariano (v. agricultura 8).
V. AGRICULTURA, BOSQUE, JARDÍN, CAMPO, ÁRBOL, FLOR, FRUTO, SEMILLA, RAÍZ, HOJA, HORTALIZA, HIERBA, HONGO.

vegetar. Atrofiarse, estancarse, languidecer. V. HOLGAZÁN 3.

vegetariano. Vegetalista, naturista, frugívoro. V. ALIMENTO 12.

vegetarismo. Régimen vegetariano, vegetarianismo, macrobiótica. V. ALIMENTO 5.

veguero. Habano, cigarro, puro. V. TABACO 3.

vehemencia. Exaltación, ímpetu, fogosidad. V. APASIONAMIENTO 1.

vehemente. Impetuoso, fogoso, exaltado. V. APASIONAMIENTO 2.

VEHÍCULO. 1. Medio de locomoción, de transporte*, artilugio, artefacto, aparato*, máquina*, carruaje*; coche, automóvil*, auto, taxi, trolebús, autobús, camión*, camioneta, furgón, furgoneta, tractor, oruga, apisonadora, excavadora*, palanquín, litera, andas, angarillas, silla de manos, carro, carreta, carretilla, carricoche, carrito, vagoneta, carroza, carromato, carretón, trineo*, remolque, patín*, monopatín, velocípedo, bicicleta*, triciclo, motocarro, motoneta, «scooter», «squad», velomotor, motocicleta*, moto, ferrocarril*, tren, vagón, volquete, tranvía*, metro, ferrocarril metropolitano, f. subterráneo, teleférico, funicular*, telesilla, andarivel; buque, embarcación, barco*, navío, transbordador, «ferry», velero, lancha, bote*, barcaza; aeroplano, avión*, planeador, hidroavión, dirigible*, globo*, cohete*, vehículo espacial, satélite espacial.
2. Conductor. Guía*, piloto, chófer, automovilista*, taxista*, camionero*, maquinista*, tranviario*, motociclista*, ciclista, auriga, mayoral, automedonte, cochero, timonel, barquero, remero, aviador, aeronauta, astronauta*.
3. Pasajero. Excursionista, turista, viajero. V. VIAJE 4.
V. TRANSPORTE, AUTOMÓVIL, CAMIÓN, TRANVÍA, FERROCARRIL, FUNICULAR, CARRUAJE, BICICLETA, MOTOCICLETA, BARCO, BOTE, AVIÓN, DIRIGIBLE, GLOBO, COHETE, ASTRONAUTA.

vejación. Escarnio, humillación, agravio. V. OFENSA 1.

vejar. Escarnecer, ultrajar, humillar*. V. OFENSA 4.

vejestorio. V. vejete.

vejete. Veterano, carcamal, vejestorio. V. ANCIANO 1.

vejez. Senectud, longevidad, ancianidad. V. ANCIANO 5.

vejiga. Saco* membranoso, bolsa, órgano. V. ORINA 4.

vejigatorio. Emplasto cáustico, vesicante, irritante. V. MEDICAMENTO 6.

vela. 1. Lona, trapo, lienzo del velamen. V. BARCO 15, 16.
— **2.** Bujía, candela, cirio. V. LUZ 3.
— **3.** Desvelo, vigilia, insomnio. V. SUEÑO 8.

velada. Gala, celebración, reunión. V. FIESTA 1.

velado. Nebuloso, turbio, borroso. V. OPACO 1.

velador. Mesilla, ménsula, mesa de noche. V. MESA 1.

velamen. 1. V. vela 1.
— **2.** Jarcia, arboladura, velas. V. BARCO 14.

velar. 1. No dormir, trasnochar, desvelarse. V. SUEÑO 9.
— **2.** Proteger*, asistir, vigilar*. V. CUIDADO 6.
— **3.** Disimular, encubrir, ocultar*. V. DISIMULO 2.
— **4.** Opacar, enturbiar, oscurecer*. V. OPACO 3.

velatorio. Vela, reunión, acompañamiento. V. ENTIERRO 2.

veleidad. Ligereza, trivialidad, volubilidad. V. FRIVOLIDAD 1.

veleidoso. Inconstante, voluble, caprichoso. V. FRIVOLIDAD 3.

velero. Balandro, yate, embarcación de vela. V. BARCO 2.

veleta. Instrumento meteorológico, artefacto m., cataviento. V. METEOROLOGÍA 4.

vello. Pelusa, bozo, pelo suave. V. PELO 1.

vellocino. Cuero, piel* de carnero, lana*. V. PIEL 5.

vellón. Mecha, tusa, guedeja. V. LANA 1, PELO 2.

vellosidad. V. vello.

velloso, velludo. Tupido, peludo, hirsuto. V. PELO 9.

velo. 1. Tul, gasa, toca. V. TELA 6, VESTIMENTA 3.
— **2.** Neblina, opacidad, oscuridad*. V. OPACO 2.
— **3.** Encubrimiento, disimulo*, disfraz*. V. OCULTAR 4.

velocidad. Prisa, presteza, ligereza. V. RAPIDEZ 1.

velocímetro. Dispositivo, aparato, cuentarrevoluciones. V. INDICADOR 2, AUTOMÓVIL 5.

velocípedo. Vehículo*, biciclo, triciclo. V. BICICLETA 1.

velódromo. Pista, circuito, estadio*. V. BICICLETA 5.

velomotor. «Scooter», motoneta, motociclo. V. MOTOCICLETA 1.

velorio. Velatorio, vela, reunión. V. ENTIERRO 2.

veloz. Vertiginoso, ligero, súbito. V. RAPIDEZ 2.

VENA. 1. Capilar, vaso sanguíneo, conducto s. V. CIRCULATORIO (APARATO) 4.

— **2.** Veta, filón, yacimiento mineral. V. MINA 1.

venablo. Jabalina, dardo, flecha. V. ARMA 3, ARCO 9.

venado. Ciervo, corzo, gamo. V. RUMIANTE 5.

venal. Desaprensivo, corrompido, infiel. V. DESHONESTIDAD 3.

vencedor. Victorioso, ganador, triunfador. V. TRIUNFO 2.

vencer. 1. Conquistar*, superar*, dominar*. V. TRIUNFO 4.

— **2.** Vencerse, sobreponerse, reprimirse, contenerse. V. DOMINACIÓN 10.

vencido. 1. Sometido, dominado, aniquilado. V. DERROTA 3.

— **2.** Caduco, decadente, acabado. V. DEBILIDAD 5, 7.

vencimiento. Plazo, término, cumplimiento. V. FIN 1.

VENDA. 1. Gasa, compresa, faja, apósito, tira*, lienzo, trapo, pañuelo, tela*, vendaje, sostén, banda, hilas, esparadrapo, tira adhesiva, mordaza, bozal, sujeción, inmovilización, cabestrillo, escayola, férula, entablillado, atadura, envoltura, recubrimiento*, curación*, ligadura, cura; algodón, desinfectante, cataplasma, fomento, emplasto, sinapismo, bizma.

2. Clases. Vendaje circular, en espiral, en ocho, en espiga, en T, oblicuo, enyesado, triangular, cabestrillo.

3. Vendar. Sujetar, cubrir, recubrir*, proteger, fajar, inmovilizar*, ligar, atar, anudar, comprimir, cuidar*, sanar, curar*, entablillar, escayolar, enyesar, envolver*.

V. TIRA, CURACIÓN, RECUBRIMIENTO, CUIDADO, DESINFECCIÓN.

vendaje. V. VENDA 1.

vendar. V. VENDA 3.

vendaval. Ventarrón, huracán, galerna. V. VIENTO 1.

vendedor. V. VENDER 5.

VENDER. 1. Enajenar, expender, traficar, negociar, traspasar, entregar*, ceder, mercar, despachar, servir, atender, comerciar*, revender, proveer, suministrar, tratar, adjudicar, distribuir, subastar, rematar, licitar, pujar, ofrecer*, ofertar, facturar, especular, operar, transferir, acordar, pactar*, aprovisionar, pregonar, liquidar, saldar, realizar, competir, baratear, abaratar, malbaratar, malvender, rebajar, exportar, importar, contratar, firmar, cambalachear, regatear, trajinar, chalanear, trocar, cambiar*, intercambiar, embolsar, ganar, beneficiarse*, lucrarse, representar, mediar, monopolizar, encarecer, hipotecar, pignorar, empeñar.

— **2.** Delatar, descubrir, entregar*. V. TRAICIÓN 3.

3. Venta. Negocio, traspaso, transacción, enajenación, entrega*, comercio*, tráfico, subasta, concurso, licitación, puja, remate, venta pública, adjudicación, especulación*, alienación, lucro, cesión, operación, trato, reventa, mercado, provisión, pregón, oferta, representación, agencia, delegación, corretaje, comisión, aprovisionamiento, pacto*, transferencia, acuerdo, suministro, factura, facturación, ofrecimiento, saldo, rebaja, liquidación, barato*, realización, cambalache, almoneda, trajín, regateo, chalaneo, contrato*, firma, negociación, despacho, exportación, importación, beneficio*, ganancia, competición, intercambio, encarecimiento, monopolio, «dumping», venta al por mayor, al por menor, al menudeo, al detall, al público

4. Relativo a la venta. V. COMERCIO 2-8.

5. Vendedor. Negociante, tratante, comerciante*, traficante, concesionario, consignatario, proveedor, exportador, importador, mercader, tendero, expendedor, feriante, representante, comisionista, corredor, agente, viajante, revendedor, intermediario, especulador, mediador, acaparador, agiotista, usurero, estraperlista, mayorista, minorista, detallista, contratista, empleado*, dependiente, mercachifle, feriante, baratero, buhonero, quincallero, charlatán, trajinante, chalán.

Contr.: Comprar*, adquirir.

V. COMERCIO, PACTO, CONTRATO, BARATO, CARO, ENTREGAR, CAMBIAR, BENEFICIARSE, OFRECER, ESPECULAR.

vendimia. Cosecha, recogida, recolección de uva. V. UVA 4.

VENENO. 1. Ponzoña, toxina, tóxico, tósigo, droga*, sustancia química, s. venenosa, s. letal, s. activa, s. tóxica, alcaloide, estupefaciente, narcótico, dormitivo, fármaco, preparado, poción, bebedizo, pócima, filtro, potingue, cocimiento, bebida* tóxica, virus, medicamento*, m. letal, polvos, matarratas, píldora, gragea (v. 2).

2. Venenos. Venenos lentos, rápidos, corrosivos, irritantes, paralizantes, sépticos, ácidos* álcalis; tóxico (v. 1). Cianuro, arsénico, estricnina, cicuta, láudano, curare, gas de alumbrado, monóxido de carbono, ácido cianhídrico, á. nítrico o agua fuerte, á. prúsico, á. sulfúrico o vitriolo, sublimado, mercurio, mercuriales, sales de cobre, cardenillo, verdín, óxido de plomo; somníferos: barbitúricos, veronal, amital, butisol, luminal; drogas*: opio, morfina, cocaína, heroína, hachís, LSD (dietilamida de ácido lisérgico), marihuana; coloquíntida, cantárida, digital, nicotina, acónito (v. 4), matarratas, raticidas, insecticidas: DDT (dicloro-difenil-tricloroetano, uso prohibido en España en 1977), hexaclorofeno; virus botulínico, veneno de serpientes*, de cobra (v. 3), de peces, de insectos*, de abeja*, de avispa, de artópodos (v. 3), de plantas (v. 4), de setas (v. hongos*). (V. 3, 4)

3. Animales venenosos. *Víboras:* cobra, serpiente* de cascabel, s. de coral, s. marina, áspid; escorpión*, salamandra, sapo, araña*, tarántula, viuda negra; insectos*: avispa, abeja*, cantárida; *peces:* pastinaca, araña de mar (v. pez*) (v. 1).

4. Vegetales venenosos. Cicuta, ranúnculo, belladona, euforbio, mandrágora, nuez vómica, almendras amargas, digital, acónito, beleño, cólquico, coca, amapola, hongos*, setas: amanita muscaria, amanita faloides (v. 5).

5. Generalidades. Toxicología, farmacología*, química*, laboratorio*, intoxicación, envenenamiento, dosis, d. mortal, virulencia, toxemia, narcosis, coma, parálisis, asfixia, estupor, vómito, muerte*, toxicomanía, drogadicción, morfinomanía, inmunización, inmunidad; laboratorio, serpentario.

6. Venenoso. Tóxico, ponzoñoso, virulento, letal, mortífero, mortal, fatal, deletéreo, mefítico, nocivo, intoxicante, dañino, malsano, insalubre.

7. Desintoxicante. Antídoto, contraveneno, triaca, antiveneno, alexifármaco, revulsivo, antitoxina, antitóxico, suero antitóxico, vacuna*, catártico, lavado de estómago, purgante, laxante, depurativo.

8. Envenenamiento. Intoxicación, emponzoñamiento, inficionamiento, aspiración, ingestión de venenos, contaminación, polución, contagio, infección*, transmisión, inoculación, encono, putrefacción, corrupción, daño, perjuicio, nocividad, toxicidad, virulencia, mortalidad, mortandad, insalubridad, drogadicción, morfinomanía, toxicomanía.

9. Envenenar(se). Intoxicar(se), contaminar, emponzoñar, atosigar, inocular, inficionar, polucionar, viciar, contagiar, transmitir, infectar*, enconar, pudrir, corromper, dañar, perjudicar, matar, drogar*, narcotizar.

10. Desintoxicar. Depurar, hacer lavado de estómago, lavar*, vacunar*, purgar, laxar, dar un antídoto (v. 7).

11. Envenenado. Intoxicado, emponzoñado, inficionado (v. 8), drogado*, drogadicto, toxicómano, morfinómano, heroinómano.

12. Toxicólogo. Farmacólogo, químico*, farmacéutico*, biólogo*, médico* forense, investigador*, especialista, perito, experto. *Contr.:* Antídoto, desintoxicante, antitóxico (v. 7).

V. DROGA, MEDICAMENTO, FARMACIA, LABORATORIO, INFECCIÓN, ENFERMEDAD, MUERTE.

venenoso. V. VENENO 6.

venerable. Digno, patriarcal, majestuoso. V. RESPETO 4.

veneración, venerado. V. venerar.

venerar. Adorar, reverenciar, honrar*. V. RESPETO 5.

VENÉREA (ENFERMEDAD). 1. Enfermedad* sexual*, enfermedades de transmisión sexual, infecciosa*, contagiosa, oculta, crónica, dolencia venérea, contagio, infección sexual*, sífilis (v. 2), blenorragia (v. 4), chancro, ch. blando, linfogranulomatosis, linfogranuloma, linfoma, infección*; sida (síndrome de inmunodeficiencia adquirida), infección por VIH (virus de inmunodeficiencia humana) por intercambio de fluidos corporales: sangre y secreciones genitales.

2. Sífilis. Lúe o lúes, gálico, morbo gálico, contagio, infección*, infección venérea (v. 1), dolencia venérea, d. sexual*, sífilis congénita, s. adquirida, incubación, sifiloma, lesión, chancro duro, nódulo, úlcera, llaga, tumefacción, pústula, goma, g. sifilítico, tabes dorsal, parálisis, demencia. Contacto sexual, coito*, contagio, incubación, treponema, espiroqueta, e. pálida, e. de Schaudin (v. 3).

3. Tratamiento de sífilis. Diagnóstico, reacción de Wassermann, penicilina, antibióticos*, salvarsán, arsénico, bismuto, mercurio; profiláctico, preservativo, condón, goma, pomada antiséptica, lavajes (v. 2, 4).

4. Blenorragia. Gonorrea, chancro blando, gonococia, flujo, purgaciones, uretritis blenorrágica, infección* (v. 1), estrangurria, dolencia venérea, gonococo (v. 5).

5. Tratamiento de blenorragia. Penicilina, antibióticos*, sulfamida, sales de plata, permanganato de potasio; preservativo, condón, goma, pomada antiséptica, lavajes (v. 4).

6. Venéreo. Sifilítico, blenorrágico, infectado, seropositivo, plagado, infeccioso*, sexual*, contagioso, oculto, crónico, enfermo*, gálico, ulceroso; carnal, genésico, sexual (v. sexo*).

V. COITO, SEXO, ENFERMEDAD, INFECCIÓN, MEDICAMENTO, PROSTITUCIÓN.

venéreo. 1. Carnal, genésico, sensual. V. SEXO 11.

— **2.** V. VENÉREA (ENFERMEDAD) 6.

venero. Manantial; origen*, filón. V. FUENTE 1, PRINCIPIO 1.

vengador. V. VENGANZA 3.

VENGANZA. 1. Desquite, revancha, represalia, vindicación, vindicta, compensación, satisfacción, resarcimiento, desagravio, ajuste, a. de cuentas, escarmiento, castigo*, pena, reparación, devolución, merecido, correctivo, talión, ley del talión («ojo por ojo, diente por diente»), amenaza*, represión, torna, pago*, rencor, saña, crueldad*, traición*, resentimiento, encarnizamiento, , reivindicación.

2. Vengativo. Resentido, rencoroso, amenazador*, irreconciliable, sañudo, malévolo, malvado, malo, cruel*, malintencionado, retorcido, sádico, refinado, enconado, envenenado, virulento, solapado, artero, traicionero*, vengador (v. 3).

3. Vengador. Justiciero, defensor, protector, vindicador, vindicativo, desfacedor de entuertos, reparador, salvador, campeón, paladín, vengativo (v. 2).

4. Vengar(se). Desagraviar, desquitarse, reparar, ajustar, escarmentar, vindicar, reivindicar, proteger*, castigar*, compensar, satisfacer*, punir, penar, lavar*, indemnizar, devolver, corregir, amenazar*, traicionar*, reprimir, tornar, encarnizarse, resarcirse, dar su merecido, lavar el honor.

Contr.: Benevolencia, concordia, perdón*.

V. CASTIGO, CRUELDAD, AMENAZA, TRAICIÓN.

vengar(se). V. VENGANZA 4.

vengativo. V. VENGANZA 2.

venia. 1. Consentimiento, permiso, autorización. V. APROBAR 3.

— **2.** Reverencia, cortesía, inclinación. V. SALUDO 2.

venial. Intrascendente, leve, ligero. V. INSIGNIFICANTE 1.

venida. Vuelta, retorno, regreso*. V. LLEGAR 5.

venidero. Próximo, en cierne o en ciernes, pendiente. V. FUTURO 2.

venir. Volver, retornar, regresar*. V. LLEGAR 1.

venta. 1. Traspaso, cesión, transacción. V. VENDER 3.

— **2.** Mesón, fonda, posada. V. HOTEL 1.

VENTAJA. 1. Predominio, supremacía, preeminencia, privilegio*, preferencia*, superioridad*, conveniencia*, importancia*, primacía, delantera, provecho, beneficio (v. 2), cualidad, mérito, atributo, virtud, aptitud, ganancia, poder*, distinción, predilección, apogeo, preponderancia, rendimiento, acomodo, comodidad*, eficacia, favor, ayuda*, capacidad, diferencia, utilidad*, propiedad*, derecho*, regalía, atractivo*, valor, valía, interés*, ocasión, facilidad*, descanso*, habilidad*, pericia, validez, «handicap», compensación, fuerza, seguridad*, energía*, producto* (v. 2).

— **2.** *Provecho,* ventaja, beneficio, lucro, interés, privilegio, prerrogativa, exención, sinecura, breva, momio, ganga, bicoca, ocasión, mina, canonjía, regalía, exclusividad, monopolio, dispensa, rendimiento, gajes, jugo, usura, gratuidad, baratura*, regalo*, logro, renta, franquicia, desvergüenza, estafa, gorronería, abuso*, parasitismo, picardía, pillería*, especulación*, merced (v. 1).

3. Ventajoso. Productivo, conveniente*, beneficioso*, meritorio, útil*, lucrativo, provechoso (v. 4), regalado*, fácil*, cómodo*, descansado*, preferente*, superior*, poderoso*, fuerte, distinguido, predilecto, apto, predominante, importante*, preponderante, supremo, delantero*, aventajado, fructuoso, rendidor, eficaz, favorable, propio, apropiado, oportuno, diferente, capaz, atractivo*, valioso, interesante*, inestimable, especulativo, seguro*, enérgico*, hábil*, válido, precioso, servicial (v. 4).

— **4.** *Provechoso,* ventajoso, barato*, gratuito, exento, regalado*, exclusivo, dispensado, privilegiado, franco, jugoso, rentable, rendidor (v. 3).

5. Que logra ventaja. Ventajista, aventajado, superior, aprovechado, especulador, astuto*, vividor, listo, ventajero, oportunista, utilitario*, chaquetero, positivista, codicioso*, pesetero, egoísta*, interesado*, práctico, pancista, logrero, privilegiado, ganador, favorito, valido, predilecto, preferido*, astuto*, sagaz, abusador*, avaro*, desleal, pedigüeño*, gorrón, sablista, sacacuartos, pícaro, pillo, abusador*, parásito.

6. Sacar ventaja. Aprovecharse, beneficiarse*, aventajar, lucrarse, conseguir, obtener, convenir*, favorecerse, utilizar*, superar, rebasar, ganar, pasar, superar, adelantar, predominar, preponderar, rendir, conseguir frutos, producir, servirse, valerse, disfrutar, enriquecerse, usar, vivir, abusar*.

Contr.: Desventaja, inconveniente, obstáculo, obstrucción*.

V. BENEFICIO, CONVENIENCIA, ABUSO, ASTUCIA, IMPORTANCIA, SUPERIORIDAD, PODER, PRIVILEGIO, PREFERENCIA, DELANTE, PILLERÍA, BARATO.

ventajista, ventajero. V. VENTAJA 5.

ventajoso. V. VENTAJA 3.

VENTANA. 1. Ventanal, hueco, lumbrera, abertura, lucerna, vano, ventanuco, ventanilla, ventanillo, portezuela, claraboya, rosetón, vitral, cristalera*, tragaluz, vidriera, escaparate, vitrina, muestra, exposición, exhibición*, montante, luminaria, ajimez, luz, ojo de buey, porta, portilla, portillo, puerta*, postigo, tronera, saetera, aspillera, rejilla, mirilla; balcón, balconada, balconcillo, mirador, galería*, torno, taquilla; ventana basculante, giratoria, compuesta, de persiana.

2. Partes. Vano, hueco, alféizar, antepecho, pretil, derrame, vuelta, dintel, bastidor, marco, armazón, montante, m. horizontal, m. vertical, batiente, hoja, travesaño, cristales*, falleba, empuñadura de falleba, gancho de fijación, contraventana, postigo, cuarterón, persiana, cinta de persiana, enrejado, rejilla, celosía, barandilla, baranda, balaustrada, balaustre o barrote, pasamanos; visillos, cortinas, cortinaje, marquesina, toldo.

V. PUERTA, HUECO, CASA, GALERÍA.

ventanal, ventanillo. V. VENTANA 1.

ventarrón. Vendaval, huracán, ciclón*. V. VIENTO 1.

ventear. Olfatear, rastrear, husmear. V. OLOR 6.

ventero. Posadero, hospedero, mesonero. V. HOTEL 5.

ventilación. 1. Aireación, oreo, purificación*. V. AIRE 9.

— **2.** Tiro, corriente. V. VIENTO 1.

VENTILADOR. 1. Artefacto, instrumento, aparato*, a. eléctrico*, renovador de aire, electrodoméstico*.
2. Clases. Ventilador de pie, de sobremesa, de techo, de pared, de aspiración, helicoidal, axial, radial, turboventilador; acondicionador de aire*.
3. Partes. Aspas o paletas, eje, cojinete, rejilla protectora, motor* eléctrico*, soporte*, pie.
4. Ventilar. Orear, airear, purificar. V. AIRE 8.
— **5.** Descubrir, aclarar, dilucidar. V. EXPLICACIÓN 2.
V. APARATO, AIRE, MOTOR, ELECTRODOMÉSTICO.

ventilar. V. VENTILADOR 4, 5.

ventisca. Vendaval, ventarrón, ráfaga. V. VIENTO 1.

ventisquero. Helero, glaciar, masa de hielo. V. FRÍO 4; MONTAÑA 3.

ventolera, ventolina. V. ventisca.

ventosa. Copa, vaso, órgano de succión. V. CHUPAR 2.

ventosear. Pedorrear, lanzar gases*, peer. V. EXCRECIÓN 4.

ventosidad. Pedo, flatulencia, gases. V. GAS 1.

ventoso. Borrascoso, huracanado, tempestuoso. V. VIENTO 8.

ventrículo. Cavidad, hueco, cámara cardiaca. V. CORAZÓN 5.

ventrílocuo. Animador, imitador, artista*. V. COMICIDAD 4.

ventura. 1. Dicha, fortuna, suerte. V. FELICIDAD 1.
— **2.** Acaso, casualidad, riesgo. V. AZAR 1, 2.

venturoso. Afortunado, dichoso, feliz. V. FELICIDAD 2.

venus. Beldad, belleza, mujer escultural. V. HERMOSURA 2.

ver. 1. Divisar, percibir, observar. V. MIRAR 1.
— **2.** Considerar, examinar, estudiar. V. COMPROBAR 1.
— **3.** *Verse*, reunirse, encontrarse, juntarse. V. ENTREVISTA 2.

vera. Orilla, proximidad, lado*. V. BORDE 1.

veracidad. Realidad, honradez*, sinceridad*. V. VERDAD 1.

veranda. Mirador, terraza, porche. V. GALERÍA 1.

veraneante. Forastero, turista, excursionista. V. VIAJE 4.

veranear. Reposar, recrearse, divertirse*. V. DESCANSO 5.

veraneo. Vacaciones, ocio, asueto. V. DESCANSO 1.

veraniego. Canicular, estival, caluroso. V. CALOR 5.

verano. Estío, estación calurosa, canícula. V. CALOR 2.

veras (de). Sinceramente, ciertamente, verdaderamente. V. VERDAD 5.

veraz. V. VERDAD 3.

verba. Verborrea, facundia, locuacidad. V. CONVERSACIÓN 1.

verbal. De palabra, hablado, oral. V. HABLAR 11.

verbena. Festejo, feria, festividad. V. FIESTA 1.

verbenero. Animado, alegre, festivo. V. ÁNIMO 5.

verbigracia. Prueba, muestra, demostración. V. EJEMPLO 1.

VERBO. 1. Parte de la oración, acción, estado, pasión, suceso, hecho*, acto.
— **2.** Lenguaje, voz*, expresión. V. PALABRA 1.
3. Clases. Verbo regular (amar, temer, partir), irregular (caber: quepo; caer: caigo), defectivo (abolir), pasivo (soy amado), transitivo o activo (amar a Dios), intransitivo o neutro (reír: reírse); impersonal o unipersonal (llover), auxiliar (haber, ser), reflexivo (arrepentirse), recíproco (cartearse), pronominal (el reflexivo y el recíproco).
4. Conjugaciones, modos, tiempos. Primera conjugación (amar), segunda c. (temer), tercera conjugación (partir). Modo indicativo, m. subjetivo, m. imperativo. *Formas no personales:* infinitivo (amar), gerundio (amando), participio (amado, habiendo amado). *Tiempos:* Presente (amo), pretérito imperfecto (amaba), p. perfecto (he amado), p. pluscuamperfecto (había amado), p. perfecto simple o indefinido (amé), p. anterior (hube amado). Futuro: imperfecto (amaré), f. perfecto (habré amado). Condicional o futuro hipotético: simple (amaría), compuesto (habría amado). Subjuntivo: presente (ame), pretérito imperfecto (amara o amase), pretérito perfecto (haya amado), pretérito pulscuamperfecto (hubiera o hubiese amado) futuro simple (amare), futuro compuesto (hubiere amado). Imperativo: presente (ama).
5. Generalidades. Radical, terminación, desinencia, conjugación, voz activa, voz pasiva, concordancia, paradigma, flexión, reflexión, inflexión, construcción, acción; perífrasis verbales. Conjugar, expresar, concordar, construir.
V. GRAMÁTICA, PALABRA.

verborrea, verbosidad. Labia, locuacidad, facundia. V. CONVERSACIÓN 1.

verboso. Charlatán, locuaz, lenguaraz. V. CONVERSACIÓN 4.

VERDAD. 1. Veracidad, rigor, certeza, realidad, verismo, prueba, verosimilitud, pureza*, autenticidad, exactitud*, certidumbre, claridad, testimonio, comprobación*, confirmación, certificación, afirmación, evidencia, justificación, seguridad, propiedad (v. 2), razón, acierto, clarividencia, conformidad, existencia, positivismo, realismo, detalle*, efectividad, legitimidad, sinceridad*, nobleza, confianza*, franqueza, honestidad, honradez*, fidelidad, inocencia*, candor, limpieza, espontaneidad, lealtad*, crudeza, materialismo, rudeza, tosquedad, naturalidad, seriedad, justicia (v. 2).
— **2.** *Afirmación*, verdad, demostración, axioma, principio, adagio, perogrullada, certeza, prueba, ortodoxia, credo, creencia, doctrina, aseveración, confirmación, declaración (v. 1).
3. Verdadero. Real, concreto, material, existente, actual, verosímil, verídico, auténtico (v.

4), probado, cierto, detallado*, puro*, riguroso, estricto, ortodoxo, dogmático, axiomático, veraz, certificado, confirmado, comprobado*, empírico, fidedigno, documental, vívido, demostrado, palmario, inequívoco, indiscutible, innegable, testimonial, propio, seguro*, justificado, evidente, realista, pragmático, positivo, existente, palpable, tangible, conforme, sincero*, legítimo, noble, de confianza, legal*, justo, serio, leal, espontáneo, honrado*, candoroso, inocente*, fiel, honesto, franco, materialista, tosco, crudo, natural, efectivo, creíble, posible*, probable, indudable, claro, desnudo, brutal*, rudo, descarnado (v. 4).

— **4.** *Genuino*, verdadero, legítimo, cierto, auténtico, puro, seguro*, fidedigno, probado, legal, titular, efectivo (v. 3).

5. Verdaderamente. Realmente, de veras, verosímilmente (v. 3).

6. Expresar, decir verdad. Confesar, revelar, reconocer, desahogarse, admitir, descubrir, desembuchar, desembaular, cantar, hablar*, explicar, confirmar, justificar, concretar, probar, demostrar, detallar*, autentificar, testimoniar, asegurar, evidenciar, sincerarse*, franquearse, referir, relatar*.

Contr.: Mentira, embuste, engaño*.

V. SINCERIDAD, HONRADEZ, EXACTITUD, LEALTAD, COMPROBACIÓN INOCENCIA, DETALLE, POSIBLE.

verdaderamente. V. VERDAD 5.

verdadero. V. VERDAD 3.

verde. 1. Color esmeralda, verdoso, glauco. V. COLOR 9.

— **2.** Pasto, verdor, follaje. V. HIERBA 1, BOSCAJE.

— **3.** Novel, inexperto, principiante. V. PRINCIPIO 8.

— **4.** Licencioso, pícaro, picante. V. INDECENCIA 2.

verdín. Herrumbre, cardenillo, óxido. V. METAL 14.

verdor. 1. Follaje, fronda, pasto. V. BOSCAJE, HIERBA 1.

— **2.** Frescura, juventud, lozanía. V. LOZANO 2.

verdoso. V. verde 1, 4.

verdugo. 1. Ajusticiador, ejecutor, agente. V. CASTIGO 6.

— **2.** Sañudo, bárbaro, sanguinario. V. CRUELDAD 2.

verdugón. Cardenal, magulladura, moretón. V. LESIÓN 1.

verdulera. 1. Tendera, comerciante, vendedora de verduras. V. TIENDA 5.

— **2.** *coloq* Rabanera *coloq*, mujer ordinaria, descarada. V. DESCORTÉS 1.

verdulería. Comercio, frutería*, establecimiento. V. TIENDA 3.

verdulero. V. verdulera.

verdura. 1. Vegetal*, legumbre, verde. V. HORTALIZA 1.

— **2.** Espesura, fronda, follaje. V. BOSQUE 1.

verecundia. V. VERGÜENZA 1.

verecundo. V. VERGÜENZA 4.

vereda. Trocha, huella, sendero. V. CAMINO 1.

veredicto. Dictamen, decisión, juicio. V. SENTENCIA 1.

verga. 1. Miembro viril, órgano, falo. V. SEXO 8.

— **2.** Palo horizontal, p. de arboladura, p. de mástil. V. BARCO 14.

vergajazo. V. vergajo.

vergajo. Látigo, azote, fusta. V. FLAGELAR 3.

vergel. Huerto, parque, campo*. V. JARDÍN 1.

vergonzante. V. VERGÜENZA 4.

vergonzoso. V. VERGÜENZA 4.

VERGÜENZA. 1. Cortedad, apocamiento, timidez*, escrúpulo, turbación, retraimiento, bochorno, sofoco, rubor, sonrojo, enrojecimiento, modestia, humildad, cuita, confusión, vacilación, verecundia, cobardía, temor, ñoñería, remilgo*, melindre, cursilería, pudor (v. 2), mojigatería, gazmoñería, embarazo, aturdimiento*, flaqueza, pusilanimidad, encogimiento, desaliento (v. 2).

— **2.** *Decoro*, vergüenza, pudor, recato, decencia, pudibundez, remilgo, pundonor, orgullo, honra*, honor*, honestidad, decencia, hombría, conciencia, puntilloso, honrilla, dignidad (v. 1).

— **3.** *Infamia*, vergüenza, ignorancia, ruindad, desvergüenza, deshonor, deshonra*, inmoralidad, indecencia*, vileza*, ultraje, degradación, escándalo, humillación*, servilismo, libertinaje, abominación, suciedad*, deshonestidad, descoco, descaro.

4. Vergonzoso. Pusilánime, apocado, corto, tímido*, retraído, vergonzante, vacilante, avergonzado, abochornado, acobardado, verecundo, encogido, humilde*, modesto, confuso, ruboroso, sonrojado, corito, indeciso, dudoso*, cobarde*, temeroso, pudibundo, ñoño, púdico, pudoroso, casto, mojigato, recatado, decente, honesto, melindroso, remilgado, cursi, gazmoño, desalentado, miserable, mísero, embarazado, turbado, aturdido*, cuitado.

— **5.** *Abominable*, vergonzoso, degradante, ignominioso, infame, vil*, ruin, torpe, bajo, deshonroso*, escandaloso, repugnante*, obsceno, indecente*, desvergonzado*, perverso, inadmisible, intolerable.

6. Avergonzado. Corrido, ridiculizado, abochornado, burlado, sonrojado, ruborizado, chasqueado, turbado, confundido, desconcertado, encogido, apocado, embarazado, intimidado, desalentado, mortificado, humillado*, ofendido*, deshonrado, ultrajado.

7. Avergonzar. Mortificar, humillar*, abochornar, ridiculizar*, degradar, herir, ofender*, deshonrar, ultrajar, afrentar, intimidar (v. 8).

8. Avergonzarse. Intimidarse, abochornarse, sonrojarse, enrojecer, ruborizarse, sofocarse, vacilar, acobardarse, turbarse, desalentarse,

confundirse, desconcertarse, retraerse, encogerse, temer, embarazarse (v. 7).
Contr.: Descaro, insolencia.
V. TIMIDEZ, REMILGO, HUMILDAD, COBARDÍA,
TURBACIÓN, DUDA, ATURDI MIENTO, DES-
HONRA, INDECENCIA, VILEZA, DESVERGÜEN-
ZA, HUMILLACIÓN, REPUGNANCIA.
vericueto. Paraje, andurrial, sendero. V. LUGAR
1, CAMINO 1.
verídico. Real, cierto, auténtico. V. VERDAD 3,4.
verificación. V. verificar.
verificar. 1. Inspeccionar, investigar, confirmar. V.
COMPROBAR 1.
— **2.** Efectuar, ejecutar, hacer*. V. REA LIZAR 1.
— **3.** *Verificarse*, sobrevivir, suceder, acaecer.
V. SUCESO 2.
verismo. Autenticidad, sinceridad, realismo. V.
VERDAD 1.
verja. Cerca, reja, alambrada. V. VALLA 1.
verme. Lombriz, invertebrado, ascáride. V. GU-
SANO 1.
vermut. Aperitivo, licor, bebida tónica. V. BEBI-
DA 2.
vernáculo. Regional, nativo, folclórico. V. FOL-
CLORE 3.
verónica. Pase, suerte, lance de toreo. V. TOREO 4.
verosímil. Probable, verdadero*, factible. V. PO-
SIBLE 1.
verosimilitud. V. verosímil.
verruga. Lunar, carnosidad, excrecencia. V. GRA-
NO 1.
versado. Entendido, diestro, experto. V. EXPE-
RIENCIA 4.
versar. Referirse a, tratar de, concernir. V. IN-
CUMBIR 1.
versátil. 1. Veleidoso, caprichoso*, frívolo*. V.
VARIAR 8.
— **2.** Mudable, cómodo, adaptable. V. VARIAR 7.
versículo. Párrafo, división, apartado. V. ESCRI-
BIR 4.
versificar. Hacer versos, escribir, componer. V.
POESÍA 10.
versión. Relato, interpretación, narración*. V.
EXPLICACIÓN 1.
verso. Poema, estrofa, oda. V. POESÍA 4.
vértebra. V. VERTEBRAL (COLUMNA) 2.
vertebrado. Animal superior, organizado, con
columna vertebral. V. ANIMAL 4, 8.
VERTEBRAL (COLUMNA). 1. Raquis, espina dorsal, espinazo, lomo, espalda*, vértebras, huesos*, armazón, columna ósea.
2. Enumeración. Vértebras (33), v. cervicales
(7, atlas, axis), v. dorsales (12), v. lumbares (5),
v. sacras, v. coxígeas (sacro, coxis o rabadilla).
3. Partes. Cuerpo vertebral, arcos, apófisis espinosa, apófisis transversas, apófisis articulares,
agujero vertebral; conducto raquídeo, médula
espinal, meninges; discos intervertebrales, ligamentos vertebrales, curvaturas vertebrales.

4. Afecciones. Joroba, giba, corcova, desviación, cifosis, lordosis, escoliosis, tabes dorsal,
mal de Pott.
5. Varios. Vertebrado, invertebrado, cordado,
procordado; vertebral, raquídeo, espinal, cervical, dorsal, lumbar, sacro, coxígeo.
V. HUESOS, ESPALDA, CUERPO.
vertedero. Albañal, estercolero, muladar. V. BA-
SURA 2.
verter. Derramar, volcar, desaguar. V. VACÍO 5.
vertical. Derecho, normal, perpendicular. V. LÍ-
NEA 3.
vértice. Ápice, extremo, remate. V. PUNTA 1.
vertiente. Divisoria, falda, ladera. V. MONTAÑA 3.
vertiginoso. Veloz, acelerado, raudo. V. RAPIDEZ 2.
vértigo. 1. Vahído, desfallecimiento, mareo. V.
INDISPOSICIÓN 1.
— **2.** Apresuramiento, celeridad, prisa. V. RA-
PIDEZ 1.
vesania. Furia, frenesí, crueldad*. V. LOCURA 1.
vesánico. Furioso, cruel*, loco. V. LOCURA 4.
vesicante. Irritante, urticante, quemante. V. DO-
LOR 4.
vesícula. Vejiguilla, ampolla, bolsita. V. HINCHA-
ZÓN 1.
vespertino. De la tarde, del anochecer, crepuscular. V. NOCHE 2.
vestal. Sacerdotisa, adivina*, pitonisa. V. MON-
JA 2.
vestíbulo. Zaguán, portal, porche. V. ENTRAR 4.
vestido, vestidura. V. VESTIMENTA 1.
vestigio. Traza, residuo*, rastro. V. SEÑAL 2.
VESTIMENTA. 1. Vestido, vestidura, atuendo,
prenda, atavío, ropa, indumento, indumentaria, traje, terno, ropaje, ajuar, equipo, canastilla,
trapos, paños, telas*, ornamentos, adornos*,
galas, paramento, hábito, muda, perifollos,
piezas, tiros largos, vestuario, guardarropa,
equipo*, confección, ropa hecha.
2. Clases. Atuendo de vestir, de ciudad, de
campo, deportivo, de caza, de colegial, de paisano o civil, de militar, uniforme*, de trabajo,
de fajina, de diario, dominguero, de gala, de
boda, de ceremonia, de etiqueta, de baile*,
de disfraz*, de duelo, de luto, de calle, casero,
doméstico, de abrigo, de invierno, de verano,
de entretiempo, playero, de medida, de confección.
3. Prendas de mujer. Vestido, prenda, falda,
pollera, traje sastre, t. de novia, t. de sport, vestido de noche, de cóctel, tres cuartos, corsé,
sostén, sujetador, corpiño, ceñidor, ajustador,
justillo, refajo, sayo, saya, faja, enagua, combinación, bragas, pantalón*, calzón, falda, regazo,
halda, canesú, basquiña, esclavina, velo, toca,
mantilla, mantón, chal, pañuelo, pañoleta, toquilla, echarpe, bata, salto de cama, camisa*,
camisola, camisón, blusa, blusón, mañanita, peinador, quimono, bañador, medias, portaligas,
ligas, abrigo* de pieles*, estola, manguito,
guantes, zapatos, botas, calzado*, bolso, bol-

sillo, cartera*, tocado, sombrero*. *Exótico:* sari, peplo, polisón, miriñaque, guardainfante, faldón.

4. Chaqueta*. Americana, chaquetón, esmoquin, levita, chaqué, frac, levitón, casaca, sayo, librea, dalmática, hopalanda, ropón (v. 7), jubón, campera, cazadora, blazier, zamarra, chamarra, pelliza, gabán corto, chaquetilla, torera, bolero, guayabera, guerrera, gabán (v. 5), sahariana, safari, dormán, anorak, chaleco, jersey, suéter, pullover (v. 1).

5. Gabán. Abrigo, sobretodo, levitón, manto, capote, capa, prenda, ropón, toca, toga, sayo, poncho, bata, chaqueta* (v. 4), macferlán, impermeable*, gabardina, trinchera, chubasquero, parka, sotana, hábito, prenda de abrigo (v. 1).

6. Otras prendas de hombre. Pantalón*, p. bombacho, p. de golf, de montar, «breeches», vaqueros, «blue-jeans», calzón, calzas, calzones, zahones, calzoncillo, gayumbos o gallumbos, bañador, traje de baño, camisa*, pechera, chorrera, corbata, plastrón, pajarita, lazo, pañuelo, fular chalina, bufanda, camiseta, pijama, bata, batín, chandal, guantes, tirantes, sombrero*, zapatos, calzado*, botas, zapatillas, calcetín, media, escarpín.

7. Prendas antiguas, exóticas. Túnica, manto, capa, veste, toga, vestidura talar, sotana, hábito, quitón, manteo, sobreveste, ropón, clámide, peplo, chupa, hopa, hopalanda, muceta, dalmática, librea, valona, gola, gorguera, jubón, camisola, ropilla, calzas, polisón, miriñaque, guardainfante; peluca; albornoz, caftán, chilaba, sari, fez, turbante.

8. Gorros, tocados. V. SOMBRERO.

9. Zapatos. V. CALZADO.

10. Prendas sacerdotales. V. SACERDOTE 6.

11. Prendas militares. V. UNIFORME.

12. Detalles del vestido. Cuello, solapa, hombrera, manga, codín, codera, puño, capucha, forro, entretela, faldón, pernera, bragueta, entrepierna, bolsillo, raya, bajo, vuelta, doblez, pretina, talle, embozo, sobaquera, trabilla, tirilla, lazo, ruedo, tiro, canesú, espalda*, delantera, escote, vuelo, ensanche, arruga, halda, regazo, culera, rodillera, hombrera, refuerzo, remiendo, andrajo, tabla, cartera, cola, orilla, orla, adorno*, guarnición, pasamanería, cairel, alamar, chorrera, encaje*, bordado*, lentejuelas, abalorio, presilla, corchete, imperdible, cierre, automáticos, gemelos, broche, hebilla, cinta*, cremallera, botón, ojal, ojete.

13. Costuras*. Frunce, bies, sisa, ojal, ojete, pliegue, pestaña, bullón, festón, plisado, randa, onda, faralá, entredós, fimbria, volante, fuelle, vivo, jareta, lorza (v. costura 2).

14. Medidas. Cuello, pecho, largo delantero, cintura, cadera, anchura de espalda, a. de brazo, largo de brazo o manga, largo trasero (v. sastrería*).

15. Características. Traje ceñido, ajustado, ancho, holgado, escotado, recargado, corto, largo, de color*, elegante*, cursi, cargado, vistoso, flamante, raído, gastado, a la medida, de confección, de media manga, de manga corta, de m. larga.

16. Acción. Vestir, ponerse, colocarse, traer, llevar, mudar, endosarse, usar, embozarse, tocarse, calarse, trajearse, emperifollarse, endomingarse, exhibir*, lucir, enjaretarse, enlutarse, acicalarse, adornarse*, engalanarse, ataviarse, sentar bien (o mal), caer, quedar, venir, coser, acolchar, tapar, revestir, alargar, ajustar, fruncir, forrar, volver, remendar, planchar, plisar, plegar, rematar, guarnecer, remangar, quitarse, desnudar, desvestir, despojar, descubrir.

17. Personas. Sastre*, cortador, sastra, modista, modisto, alfayate, costurera*, modistilla, pantalonera, chalequera, sombrerera, maniquí, modelo.

18. Lugares. Sastrería*, ropería, mercería, tienda de modas, «boutique», grandes almacenes, galerías, guardarropa, guardarropía, probador, vestuario, tintorería, lavandería.

19. Útiles de coser. V. COSTURA 7.

20. Géneros, tejidos. V. TELA.

21. Ataviado. Vestido, mudado, acicalado, endomingado (v. 16), arreglado, emperifollado, engalanado, adornado*.

Contr.: Desnudez.

V. COSTURA, SASTRE, TELA, CHAQUETA, PANTALÓN, ABRIGO, CAMISA, UNIFORME, SOMBRERO, CALZADO, ENCAJE, BORDADO.

vestir. V. VESTIMENTA 16.

vestuario. V. VESTIMENTA 1, 18.

veta. 1. Lista, franja, raya. V. LÍNEA 1, TIRA 1.
— **2.** Yacimiento, filón, vena. V. MINA 1.

vetar. Negar, desaprobar*, rechazar*. V. PROHIBICIÓN 2.

veteado. Listado, rayado, manchado*. V. LÍNEA 4.

vetear. V. veteado.

veteranía. Antigüedad*, hábito*, costumbre. V. EXPERIENCIA 1.

veterano. 1. Fogueado, diestro, experimentado. V. EXPERIENCIA 4.
— **2.** Arcaico, vetusto, viejo. V. ANTIGUO 1.

VETERINARIA. 1. Cura* de animales, zootecnia*, ciencia*, arte de curar, albeitería.

2. Elementos. Anatomía*, fisiología*, embriología*, biología*, genética, patología, bacteriología, sueroterapia, inmunología, . parasitología*, cirugía, etc. (v. medicina*), castración, inmunización, inseminación artificial, zootecnia*, avicultura, apicultura, piscicultura, cunicultura, ganadería*, zoología, ecología.

3. Enfermedades. Epizootia, fiebre aftosa o glosopeda, carbunco, ántrax, tuberculosis, triquina, mixomatosis, peste porcina, peste aviar, gripe aviar, zoonosis, sarna, roña, garrapata, psitacosis, hidrofobia o rabia, moquillo, comalia, boquera, granillo, modorra, ránula, papera, chancro, meteorismo, clavo, juanete, tofo, muermo, basca, aguaza, matadura, úlcera, herida, lesión*.

4. Personas. Veterinario, experto, especialista, albéitar, zootécnico, parasitólogo, avicultor, apicultor, piscicultor, cunicultor, ganadero*, genético, zoólogo, biólogo*, ecólogo.
V. ZOOTECNIA, ANIMAL, MEDICINA, CIRUGÍA, PARASITOLOGÍA, CURAR, GANADO.

veterinario. V. VETERINARIA 4.

veto. Oposición*, negativa*, rechazo*. V. PROHIBICIÓN 1.

vetustez. V. vetusto.

vetusto. Decrépito, rancio, deteriorado*. V. ANTIGUO 1.

vez. 1. Oportunidad, ocasión, momento. V. CIRCUNSTANCIA 1.
— **2.** Tanda, mano, rueda. V. TURNO 1.

vía. 1. Raíl, carril, vía férrea. V. FERRO CARRIL 14.
— **2.** Avenida, paseo, arteria. V. CALLE 1.
— **3.** Ruta, camino*, autopista. V. CARRETERA 1.

viable. Hacedero*, factible, admisible. V. POSIBLE 1.

viaducto. Puente viario, pasarela, construcción*. V. PUENTE 1.

viajante. Corredor, representante, comisionista. V. COMERCIO 6.

viajar. V. VIAJE 8.

VIAJE. 1. Gira, recorrido, itinerario, derrotero, periplo, excursión, trayecto, paseo, tránsito, ronda, ruta, camino, caminata, jornada, expedición, traslado*, transporte*, turismo, peregrinaje, peregrinación, romería, huida*, emigración, inmigración, marcha*, éxodo, correría, circuito, vuelta, etapa, travesía, crucero, navegación*, circunnavegación, circunvalación, singladura, cabotaje, andanza, «tour», «tournée», visita*, búsqueda, exploración, investigación, descubierta, descubrimiento, reconocimiento, safari, caravana, aventura, odisea, ausencia, circulación, ajetreo, veraneo, vacaciones, mudanza, separación, partida, salida*, llegada*, afluencia, arribada, locomoción, conquista*, invasión, incursión.

2. Clases. Viaje de turismo, de recreo, de vacaciones, de descanso, de negocios, de estudios*, profesional, de perfeccionamiento, de novios, de boda, de ida y vuelta, «forfait», vuelo chárter, en grupos, colectivo.

3. Etapas. Salida*, partida, despedida, recorrido, itinerario, rumbo, trayecto, etapa, jornada, singladura, escala, permanencia, estancia, alto, parada, detención, regreso, vuelta, llegada*, acogida, recepción, saludo*.

4. Viajero. Pasajero, turista, excursionista, trotamundos, conquistador*, invasor, atacante, militar, explorador, descubridor, investigador*, expedicionario, navegante*, aventurero, peregrino, romero, caminante, transeúnte, paseante, viandante, emigrante, expatriado, inmigrante,

veraneante, forastero, visitante*, «boy-scout», guía*, trampero, batidor, trashumante, errabundo, vagabundo*, nómada, gitano, polizón, viajero clandestino, viajeros, pasaje.

5. Generalidades. Turismo, actividad, servicio, ocupación; agencia de viajes, a. de turismo, guía*, cicerone, billete, documentos*, pasaporte, visado, salvoconducto, tarjeta de crédito, carta verde, cheques de viajero, oficina de turismo, Ministerio de Turismo, «Touring club», empresa turística, «tour operator», vuelo chárter, «forfait», todo incluido, dietas, viático, primera clase, segunda c., clase turista, c. cabina, Lista de Correos, «poste restante», hotel*, albergue, parador, residencia, pensión, de lujo, de primera, segunda, tercera, de cinco estrellas, de cinco tenedores.

6. Medios de desplazamiento. Barco*, avión*, ferrocarril*, automóvil*. V. TRANSPORTE 3.

7. Equipo. Maleta, bulto, impedimenta, mochila, macuto (v. equipaje*), cantimplora, cámara fotográfica*, c. cinematográfica*, brújula*, guía*, g. de carreteras, mapa*, plano, billete, pasaje, documento nacional de identidad (DNI), pasaporte, salvoconducto, visado, cheque de viajero, tarjeta de crédito, carta verde, atuendo, vestimenta*, tienda de campaña, saco de dormir (v. acampar*).

8. Viajar. Trasladarse*, marchar*, recorrer, transportar*, desplazarse, transitar, peregrinar, vagar, pasear, caminar*, deambular, errar, emigrar, huir*, correr, navegar*, circunnavegar, partir, salir*, ausentarse, irse, veranear, ir de vacaciones, hacer turismo, trotar, visitar*, colonizar*, explorar, descubrir, avistar, aventurarse, internarse, conquistar*, invadir, incursionar, descubrir, regresar, volver, llegar*, arribar.
Contr.: Quedarse, permanecer*, vegetar.
V. TRASLADO, TRANSPORTE, MARCHA, SALIDA, LLEGADA, HUIDA, NAVEGACIÓN, CONQUISTA, VISITA, HOTEL, EQUIPAJE, VAGABUNDO.

viajero. V. VIAJE 4.

vial. Ampolla, frasco, envase*. V. BOTELLA 1.

vianda. Manjar, plato, comida. V. ALIMENTO 1.

viandante. Peatón, transeúnte, caminante*. V. MARCHAR 8.

viático. Eucaristía, comunión, sacramento. V. MISA 7.

víbora. Ofidio, culebra, reptil*. V. SERPIENTE 1.

vibración. V. vibrar.

vibrante. 1. V. vibrar.
— **2.** Elocuente, sonoro, conmovedor. V. APASIONAMIENTO 2, 3.

vibrar. 1. Estremecerse, sacudirse*, trepidar. V. TEMBLAR 4.
— **2.** Entusiasmarse, emocionarse, excitarse. V. APASIONAMIENTO 4.

vibratorio. Ondulatorio, trepidante, oscilante*. V. TEMBLOR 6.

vicaría. Despacho parroquial, sacristía, parroquia. V. TEMPLO 4.
vicario. 1. Eclesiástico, cura, coadjutor. V. SACERDOTE 1.
— 2. Suplente, auxiliar, reemplazante. V. SUSTITUCIÓN 3.
viceversa. Al revés, inversamente, contrariamente. V. OPOSICIÓN 4.
viciado. V. VICIO 4.
viciar. V. VICIO 6.
VICIO. 1. Corrupción, lacra, inmoralidad, depravación, degradación, disipación, desenfreno, perversión, aberración, indecencia*, licencia, desvergüenza, libertinaje, desviación, envilecimiento, extravío, descarrío, podredumbre*, mancha, suciedad*, escándalo, deshonra*, crimen, delito*, perdición, hampa, mala vida, degeneración, exceso, abuso* (v. 3).
— 2. Imperfección*, tacha, deficiencia. V. DEFECTO 1.
3. Vicios. Droga*, morfina, heroína, cocaína, opio, hachís, marihuana, LSD (dietilamida de ácido lisérgico), bebida*, ebriedad, alcohol, tabaco*, gula, glotonería, juego*, j. de azar, libertinaje, desenfreno sexual. Vicios capitales (según la moral católica): soberbia, avaricia, lujuria, envidia, gula, ira y pereza.
4. Vicioso. Corrompido, viciado, inmoral, disipado, depravado, libertino, licencioso, disoluto, desenfrenado, desviado, pervertido, indecente, desvergonzado*, calavera, crápula, mujeriego*, seductor, donjuán, faldero, libidinoso, lúbrico, lascivo rijoso, putero, podrido, envilecido, extraviado, descarriado, inmoral, escandaloso, sucio, deshonesto, corruptor, perdido, degenerado, bebedor, borracho, jugador*, glotón, gigoló, chulo, alcahuete, proxeneta, rufián, pederasta, pedófilo, exhibicionista.
5. Lugares, actos. Burdel, lupanar, prostíbulo*, casa de citas, timba, garito, antro, hampa, bajos fondos, bacanal, orgía, aquelarre, juerga, parranda, fiesta*.
6. Viciar(se). Enviciar(se), descarriar, malear, corromper, depravar, disipar, seducir, pervertir, contaminar, enfangar, torcer, estragar, dañar, degradar, encenagar, ensuciar, degenerar, envilecer, perjudicar, engañar*, alcoholizar, drogar* (v. 3, 4).
Contr.: Virtud, pureza, honestidad, formalidad*.
V. INDECENCIA, DESVERGÜENZA, DESHONRA, DELITO, DEFECTO, DROGA, BEBIDA, JUEGO, SEXO.
vicioso. V. VICIO 4.
vicisitud. Incidente, altibajo, acaecimiento. V. SUCESO 1.
víctima. 1. Perjudicado, herido, dañado. V. LESIÓN 10.
— 2. Atormentado, mártir, sacrificado. V. SACRIFICIO 3.

victimario. Homicida, criminal, culpable*. V. ASESINATO 4.
victoria. Conquista*, dominio, éxito. V. TRIUNFO 1.
victorioso. Vencedor, ganador, dominador*. V. TRIUNFO 2.
vicuña. Guanaco, alpaca, llama. V. RUMIANTE 3.
vid. Viña, planta trepadora, cepa. V. VINO 10.
VIDA. 1. Fuerza vital, principio vital, existencia, tiempo*, vitalidad, vigor*, actividad, fuerza, hálito, soplo vital, alma, espíritu*, energía*, florecimiento, supervivencia, longevidad, duración*, envejecimiento, persistencia, subsistencia, vivir, organización, biología*, edad*, años*, transcurso, decurso, carrera, días, lapso, paso, realidad, mundo, pícaro mundo, valle de lágrimas, destino, azar*; reencarnación, reaparición, resurrección, metempsicosis, transmigración, regeneración, renacimiento, resurgimiento, renovación, eternidad.
— 2. Proceder, conducta, modo de vivir. V. COMPORTAMIENTO 1.
— 3. Crónica, carrera, historia, biografía* (v. 7).
4. Fases vitales. Reproducción, fecundación (espermatozoide*, óvulo), concepción, desarrollo*, embarazo, parto, nacimiento*, lactancia, crecimiento, infancia, niñez*, puericia, mocedad, pubertad, adolescencia, juventud, nubilidad, madurez*, edad adulta, climaterio, menopausia, declive, ancianidad*, vejez, senectud, edad provecta, tercera edad, decrepitud, muerte*.
5. Generalidades. Biología*, fisiología*, embriología*, materia orgánica, organismo, ser viviente, órgano, tejido, célula*, aparato, sistema, medio ambiente, reproducción, regeneración, función vital, vida vegetativa, supervivencia, longevidad, gerontología, geriatría, mortalidad, inmortalidad, atavismo, mendelismo, darwinismo, evolucionismo, lucha por la existencia, selección natural, genotipo, fenotipo, gametos, genes, cromosomas, parasitismo*, simbiosis, disección, vivisección, vivíparo, ovíparo, principio vital, actividad orgánica.
6. Clases de vida. Vida animal, vegetativa, contemplativa, buena vida, vida buena, «dolce vita», vida ordenada*, apacible, familiar*, doméstica, burguesa, cómoda*, confortable, sedentaria, regular, privada, retirada, solitaria, recoleta, religiosa, monástica, interior, cotidiana, campesina, irregular, agitada, mundana, ciudadana*, pública, social, alegre*, aventurera, bohemia, viajera*, errante, mala vida, ajetreada, de perros, aperreada, sexual, profesional, tren de vida, nivel de vida, estándar de vida.
7. Biografía*, documentos*. Autobiografía, carrera, hechos, crónica, historia*, relato, narración*, hazañas, aventuras, sucesos, acontecimientos, hoja de servicios, currículum vítae, documentos*, partida de nacimiento*, fe de vida, fe de bautismo, documento* nacional de identidad (DNI), pasaporte, certificado

matrimonial, libro de familia, certificado de defunción.

8. El ser humano. Embrión, feto, recién nacido, bebé, nene, niño*, criatura, párvulo, menor de edad, impúber, puber, pubescente, adolescente, mozo, joven*, muchacho, núbil, maduro*, adulto, mayor de edad, otoñal, veterano, talludo, viejo, anciano*, longevo, senil, decrépito. Quinceañero, veinteañero, cuarentón, cincuentón, sesentón, setentón, ochentón; cuadragenario, quincuagenario, sexagenario, septuagenario, octogenario, nonagenario, centenario.

9. Vivo. Existente, viviente, ser, ser vivo, orgánico, organizado, animal*, vegetal*, vital, vivaz, vivíparo, ovíparo, superviviente, sobreviviente, persistente, resistente, palpitante, que late, pulsante, coexistente, longevo, perenne, aguantador, vitalicio, decano, prevaleciente, redivivo, resucitado, reencarnado, reanimado, renacido, aparecido, resurgido, renovado, reavivado, remozado.

10. Acción. Vivir, existir, perdurar, subsistir, perpetuarse, procrear, mantenerse, ser, respirar*, alentar, ir tirando, durar*, prevalecer, sobrevivir, florecer*, revivir (v. 11), medrar, permanecer, vegetar, ser, estar, hallarse*, quedarse, permanecer, habitar*, residir, convivir, coexistir, conservarse, bullir, latir, activar*, fecundar, concebir, desarrollarse*, nacer*, parir, crecer, madurar*, declinar, envejecer, morir (v. 11).

11. Revivir. Resucitar, reencarnar, renacer, reaparecer, rejuvenecer, resurgir, renovarse, reavivarse, vivificar, reanimar, remozar, perpetuarse (v. 10).

Contr.: Muerte*, decadencia.

V. TIEMPO, VIGOR, BIOLOGÍA, FISIOLOGÍA, EMBRIOLOGÍA, CÉLULA, EMBARAZO, NACIMIENTO, DESARROLLO, NIÑO; BIOGRAFÍA.

vidente. Augur, mago, profeta. V. ADIVINAR 2.

video, vídeo. 1. Cinta fonóptica, videocinta, grabación, g. digital. V. TELEVISIÓN 2.

— **2.** Grabadora de imágenes, magnetoscopio, videoscopio, cámara digital. V. TELEVISIÓN 2.

vidorra. Ocio, recreo, holganza*. V. PLACER 1.

vidriera. Ventanal, cristalera*, escaparate. V. VENTANA 1.

vidrio. Material transparente, cristalino, frágil. V. CRISTAL 1.

vidrioso. Comprometido, difícil, delicado. V. DESAGRADABLE 1.

viejo. 1. Abuelo, veterano, longevo. V. ANCIANO 1.

— **2.** Primitivo, vetusto, estropeado. V. DETERIORO 3.

— **3.** Pretérito, pasado, remoto. V. ANTIGUO 1.

VIENTO. 1. Aire, céfiro, brisa, ráfaga, racha, soplo, tiro, ventilación, corriente, fresco, bocanada, hálito, vaharada, rebufo, turbulencia, aura, oreo, efluvio, airecillo, vientecillo, ventolina, ventolera, cierzo, aquilón, torbellino, vórtice, vorágine, ramalazo, remolino, ventarrón, ventisca, vendaval, huracán, ciclón*, galerna, tornado, baguío, tromba, tifón, tormenta*, simún, siroco (v. 2), perturbación atmosférica*, perturbación meteorológica*; soplido, bufido, respiración*, aliento, hálito (v. 2)

2. Vientos. Dominantes, estacionales, locales, ciclónicos y anticiclónicos. Viento alisio, contraalisio, monzón, simún, siroco, foehn, mistral, pampero, khamsín, kharmatán, lebeche, chinook, terral, virazón. *Vientos de España.* Norte: cierzo, aquilón, norte, nortada, tramontana, bóreas; Sur: ostro, austro, castellano, noto, ábrego, áfrico, surada, vendaval; Este: levante, este, solano, oriente, euro; Oeste: céfiro, algarbe, poniente, ponientada; otros: virazón, terral, jaloque, gallego, noroeste, gregal, mistral (v. 1).

3. Generalidades. Baja presión, depresión barométrica*, zona de bajas presiones, z. de altas presiones, frente frío, f. cálido, calma chicha, calmas tropicales, rosa de los vientos (v. 6), navegación a vela (v. 6), meteorología*, turbulencia, escala de Beaufort (v. 5).

4. Aparatos; usos. Anemómetro, anemógrafo, barómetro*, barógrafo, veleta, rosa de los vientos; molinos de viento, cometa, navegación* a vela (v. 6), abanico, ventilador*, instrumentos musicales, i. de viento.

5. Escala de Beaufort. 0: calma, 1: ventolina, 2: brisa muy débil, 3: brisa débil, flojo, 4: brisa moderada, bonancible, 5: brisa fresca, fresquito, 6: brisa fuerte, moderado 7: frescachón, viento fuerte, 8: temporal, 9: temporal fuerte, 10: temporal duro, 11: temporal muy duro, borrasca, 12: temporal huracanado.

6. Navegación* y el viento. Viento en popa, v. de proa, a un largo, a la cuadra o de través, de bolina; barlovento, sotavento. Barloventear, sotaventear, navegar a un largo, ceñir, izar, arriar. Rosa de los vientos: N, S, E, O; NE, SE, NO, SO, NNE, ENE, ESE, SSE, SSO, OSO, ONO, ONE.

7. Acción. Soplar, silbar, aullar, rugir, bramar, ulular, refrescar, cambiar, rolar, nortear, correr, ventear, azotar, desatarse, desencadenarse, levantarse, alargarse, amainar, encalmarse, exhalar, espirar, respirar*, escasear, barloventear, sotaventear, navegar a un largo, ceñir, izar, arriar.

8. Ventoso. Racheado, borrascoso, tempestuoso, tormentoso*, fuerte, huracanado, intenso*, desagradable, ciclónico*, violento, inclemente, riguroso, atemporalado, duro, recio, fresco, turbulento, poderoso.

Contr.: Calma chicha.

V. CICLÓN, TORMENTA, METEOROLOGÍA.

VIENTRE. 1. Abdomen, cavidad abdominal, panza, barriga, tripa, estómago*, intestinos*, digestivo (aparato)*, bandullo, andorga, timba, mondongo, baúl, obesidad, gordura*, grasas*, vísceras, órganos, entrañas.

2. Exterior. Zonas abdominales: epigastrio, hipocondrios, hipocondrio derecho, h. izquierdo, zona media o umbilical, ombligo, flanco o vacío (ijada, ijar), flanco derecho, f. izquierdo, hipogastrio, fosas ilíacas, f. i. derecha, f. i. izquierda, zona pudenda, bajo vientre; órganos genitales, ó. sexuales*, empeine, pubis, monte de Venus (mujer), pelvis, caderas, ingles; músculo recto abdominal, m. oblicuo mayor.

3. Interior. Cavidad abdominal: peritoneo (epiplón), diafragma, hígado*, vesícula biliar, páncreas, bazo, tubo digestivo*: estómago*, intestinos*, asas intestinales, intestino delgado, duodeno, yeyuno, íleon, intestino grueso, colon, apéndice, colon ascendente, transverso, descendente, recto, ano, culo*, riñones*, cápsulas o glándulas* suprarrenales, uréteres, vejiga urinaria; hombre: próstata, pene; mujer: útero o matriz, ovarios, trompas, vagina (vulva*); vena cava inferior, vena porta, venas ilíacas, arteria aorta abdominal, a. ilíacas; columna vertebral*, pelvis, coxales, sacro, coxis.

4. Enfermedades y procesos. Peritonitis, hepatitis, apendicitis, cólico, colitis, enteritis, disentería, hidropesía, diarrea, estreñimiento, meteorismo, gases*, retortijón, flatulencia, hernia. Embarazo*, cesárea, laparotomía, punción, gastrotomía, apendicectomía, histerectomía, rectoscopia, lavativa.

5. Barrigón. Barrigudo, panzudo, panzón, tripón, tripudo, obeso, rollizo, gordo*, rechoncho, abultado, voluminoso, achaparrado.

6. Ventral. Abdominal, intestinal*, estomacal*, gástrico, visceral, interno, digestivo*, esplácnico, orgánico, corporal.
V. DIGESTIVO (APARATO), ESTÓMAGO, INTESTINO, RIÑÓN, SEXO, CUERPO.

viga. Puntal, poste, travesaño. V. MADERA 2, HIERRO 7.

vigencia. Presencia, efectividad, uso. V. ACTUAL 3.

vigente. Reinante, imperante, en uso. V. ACTUAL 1.

vigía. Vigilante, atalayero, torrero. V. VIGILANCIA 3.

VIGILANCIA. 1. Atención, cuidado*, vela, , cautela, custodia, observación, comprobación, examen*, verificación, control, inspección, defensa, amparo, protección*, salvaguardia, conservación*, vigilia, precaución*, inquietud, temor*, resguardo, alerta, disciplina, orden*, acecho, centinela, ronda, imaginaria, patrulla, piquete, guardia (v. 3), escolta*, avanzada, vigía.

2. Vigilante. Cauteloso, alerta, custodio, cuidadoso*, guardián (v. 3), atento, acechante, escondido, agazapado, protector*, observador, preparado, presto, listo, inquieto, pronto, celador, cuidador*, dispuesto, avizor, interesado, concienzudo (v. 3).

— **3.** *Guardián*, vigilante, agente, guardia, policía*, espía*, polizonte, número, centinela, uniformado, soldado, militar, urbano, sereno, inspector, celador, supervisor, custodio, cuidador*, guardaespaldas, gorila, protector*, acompañante, escolta*, piquete, patrullero, guarda, g. jurado, guardabosques, guarda forestal, atalayero, torrero, vigía, serviola, cancerbero, portero (v. 2).

4. Vigilar. Velar, custodiar, observar, atender, cuidar*, proteger*, asistir, defender, investigar*, supervisar, inspeccionar, guardar*, patrullar, rondar, registrar, espiar*, avizorar, examinar*, comprobar*, controlar, conservar*, acechar, ordenar, disciplinar, alertar, amparar, salvaguardar, precaver, escoltar*.
Contr.: Descuidado*, desprevenido.
V. CUIDADO, PROTECCIÓN, COMPROBACIÓN, TEMOR, ESPÍA, POLICÍA, ESCOLTA.

vigilante. V. VIGILANCIA 2, 3.

vigilar. V. VIGILANCIA 4.

vigilia. 1. Insomnio, vela, desvelo. V. SUEÑO 8.
— **2.** Ayuno, régimen, abstinencia. V. DIETA 1.
— **3.** Víspera, ayer, día anterior. V. TIEMPO 7.

VIGOR. 1. Robustez, energía*, brío, fuerza, esfuerzo*, empuje, potencia, poder*, pujanza, resistencia*, dureza, corpulencia, musculatura*, gordura*, impulso, ánimo*, ímpetu, tono, reciedumbre, fortaleza, salud*, fibra, savia, vitalidad, estatura, imponencia, arranque, empaque, aliento, eficacia, nervio, coraje, valor, osadía*, ardor, acometividad, vehemencia, violencia*, énfasis, persuasión, dinamismo*, tenacidad, entereza, firmeza, reanimación, rejuvenecimiento.

2. Vigoroso. Pujante, brioso, robusto, enérgico, fuerte, potente, poderoso, corpulento, forzudo, hercúleo, sansón, titánico, ciclópeo, hércules, fornido, chicarrón, mozallón, grandullón, hombretón, muchachote, mozancón, joven alto, recio, musculoso*, membrudo, nervudo, atlético*, gigantesco, macizo, rebolludo, alimentado*, gordo*, formidable, joven*, lozano, firme, vital, saludable*, sano, eficaz, entero, tenaz, dinámico*, impetuoso, vehemente, ardoroso, animoso*, activo, esforzado, acometedor, macho, machote, rejuvenecido, reanimado, valeroso, osado, corajudo.

3. Vigorizador. Vivificante, vigorizante, estimulante, tonificante, energético, tónico, reconfortante, fortificante, confortador, reconstituyente, higiénico*, beneficioso*, fortalecedor, reanimador, robustecedor, sano, cordial, saludable*, reparador.

4. Vigorizar. Robustecer, fortalecer, estimular, alentar, animar*, reanimar, vivificar, reavivar, resucitar, beneficiar*, tonificar, fortificar, confortar, desentumecer, desentorpecer, reconfortar, reforzar, sanar, activar*, avivar, rehacer, vitalizar, entonar, refrescar, rejuvenecer, alimentar*.
Contr.: Debilidad, desnutrición.
V. ÁNIMO, PODER, RESISTENCIA, DINAMISMO, SALUD, ENERGÍA, ESFUERZO, JOVEN, OSADO.

vigorizador, vigorizante. V. VIGOR 3.

vigorizar. V. VIGOR 4.

vigoroso. V. VIGOR 2.

vihuela. Bandurria, instrumento* musical, instrumento de cuerdas. v. GUITARRA 1.

VIL. 1. *adj* Ignominioso, malo, canallesco, canalla (v. 2), cruel*, malévolo, maligno, malvado, inicuo, abyecto, vituperable, calumnioso*, deshonroso*, oprobioso, perverso, abominable, detestable, despreciable, ofensivo*, vergonzoso*, degradante, mezquino, soez, astuto*, servil, ultrajante, humillante*, falso*, indigno, torpe, bochornoso, grosero, descortés*, bajo, plebeyo, vulgar*, siniestro, innoble, infame, maldecido*, virulento, monstruoso*, indecente*, rastrero, execrable, retorcido, traicionero*, avieso, maléfico, corrompido, prostituido*, manchado*, sucio*, odioso*, satánico, diabólico*, infernal, protervo, torcido, granuja (v. 2).

— **2.** *sust* Canalla, vil, villano, granuja, felón, avieso, truhán, malévolo, rufián, bribón, perverso, crápula, ruin, infame, malo, maligno, malvado, miserable, bastardo, fementido, abyecto, malandrín, pillastre, desvergonzado*, guarro, indeseable, despreciable, tunante, belitre, pícaro, pillo*, bergante, perillán, bellaco, libertino, degradado, sinvergüenza, pérfido, malintencionado, solapado, calumniador*, maldito*, renegado, cruel*, malhechor, delincuente*, criminal, maleante, perdido, degenerado, vago, disoluto, vicioso*, odioso*, deshonroso*, hipócrita*, zorro, oportunista, gorrón, egoísta*, desleal, traidor*, perjuro, falaz, marrullero, falso*, falsario, réprobo, condenado*, excomulgado, monstruo*, rencoroso (v. 1).

3. Vileza. Abyección, iniquidad, maldad, malevolencia, infamia, perversidad, malignidad, ruindad, fechoría, canallada, bribonada, jugarreta, pillería*, perrería, villanía, jugada, trastada, porquería, deshonra*, ignominia, crueldad*, vituperio, oprobio, ultraje, marranada, gorrinería, guarrada, cochinada, suciedad*, cabronada, abominación, ofensa*, granujada, faena, felonía, traición*, rufianería, degradación, desprecio*, vergüenza*, astucia*, mezquindad, servilismo, indignidad, grosería, descortesía*, vulgaridad*, bajeza, indecencia*, degeneración, virulencia, monstruosidad*, execración, calumnia*, bellaquería, perfidia, maleficio, corrupción, mancha*, daño, diablura*, rencor, falsedad*, marrullería, falacia, perjurio, crimen, delito*, vicio*, odio*, oportunismo*, gorronería, egoísmo*, deslealtad, libertinaje, hipocresía*, zorrería.

4. Envilecer(se). Degradar(se), malear, arruinar, embrutecer, encanallar, viciar*, abominar, detestar, corromper, deshonrar*, ofender*, abochornar, aplebeyar, humillar*, pervertir, prostituir*, execrar, traicionar*, maldecir, renegar, delinquir, enfangar, abellacar, manchar*, ensuciar*, rebajar, calumniar*, vituperar, des-

preciar*, odiar*, infamar, torcer, falsear*, condenar*, excomulgar.

5. Vilmente. Ignominiosamente, canallescamente, cruelmente* (v. 1, 2).

Contr.: Bondad*, virtud, sinceridad*.

V. DESHONRA, CRUELDAD, ODIO, OFENSA, EGOÍSMO, DELITO, VICIO, FALSEDAD, HIPOCRESÍA, TRAICIÓN, HUMILLACIÓN, CALUMNIA, DESCORTESÍA.

vileza. V. VIL 3.

vilipendiar. Envilecer, denigrar, mancillar. V. CALUMNIA 2.

vilipendio. Denigración, desprestigio, difamación. V. CALUMNIA 1.

vilipendioso. Difamante, denigrante, afrentoso. V. CALUMNIA 4.

villa. 1. Pueblo, población, poblado. V. CIUDAD 1, ALDEA 1.

— **2.** Chalé, finca, casa de campo. V. CASA 1.

villancico. Canción navideña, tonada, cántico. V. CANTAR 5.

villanía. V. VIL 3.

villano. 1. Canalla, granuja, malvado. V. VIL 2.

— **2.** Vasallo, siervo, plebeyo. V. INFERIOR 3, FEUDALISMO 4.

— **3.** Rústico, grosero, ordinario. V. TOSCO 1.

villorrio. V. villa 1.

vilmente. Abyectamente, inicuamente, malvadamente. V. VIL 5.

vilo (en). Inquieto, pendiente, indeciso. V. INTRANQUILIDAD 3.

vinagre. Aderezo, aliño, adobo. V. CONDIMENTO 2.

vinagrera. Vasija, jarrillo, frasco. V. BOTELLA* 1, MESA (SERVICIO DE) 7.

vinagreta. Adobo, aliño, condimento*. V. SALSA 1, 2.

vinatería. Taberna, bodega, tienda*. V. VINO 6.

vinculación. 1. Lazo, ligadura, parentesco. V. UNIR 14, FAMILIA 4.

— **2.** Parecido, aire, similitud. V. SEMEJANZA 1.

vincular. Enlazar, ligar, emparentar. V. UNIR 7, FAMILIA 7.

vínculo. V. vinculación.

vindicación, vindicador. V. vindicar.

vindicar. 1. Redimir, restablecer, reivindicar. V. REHABILITAR 1.

— **2.** Vengar, escarmentar, corregir. V. VENGANZA 4.

vinicultor. V. VINO 9.

vinicultura. V. VINO 4.

VINO. 1. Licor, bebida*, alcohol, caldo, zumo fermentado, bebida espirituosa, b. alcohólica, jugo de uva*, morapio, zumaque.

2. Tipos de vinos. Tinto, clarete, rosado, blanco, de mesa, generoso, seco, abocado, dulce, de postre, espumoso, aguja, albillo, del país, de solera, de reserva, crianza, añejo, gran vino, aromático, afrutado, gasificado, vermut, aperitivo, cava, champaña o champán (v. 3).

3. Clases, marcas. *Vinos franceses:* Burdeos: Médoc, Château Latour, Château Lafitte, Chateau Mouton Rothschild, Sauternes, Pomerol; Alsacia: Riesling, del Rin; Borgoña: Chablis, Beaujolais, Chambertin, Pomard, Beaune; Champaña: Taittinger, Don Perignon, Veuve Cliquot, Pommery, Montagne de Reims; Loira: Touraine, Saumur, Muscadet, Chinon. *Españoles:* Rioja, Valdepeñas, Priorato, Cariñena, Chacolí, Ribeiro, Penedés, Garnacha, Manzanilla, Montilla, Moriles, Málaga (Lácrima-Christi, Moscatel), Malvasía, Jerez (fino, amontillado, Tío Pepe, Carta Blanca), oloroso. *Italianos:* Chianti, Asti, Lacrima-Christi, Bardolino, Marsala, Falerno, Moscato, Malvasia, Amaro, Amaretto. *Portugueses:* Oporto, Madeira.

4. Generalidades. Vinicultura, viticultura, vitivinicultura, crianza de vinos, elaboración, enología, industria vitinícola, cultivo de la vid, vendimia, cosecha, recogida de uvas, añada, reserva; porrón, odre, cuero, pellejo, bota, cuba, tonel, barril*, tina, pipa; prensa, almijar, gamellón, pisadera, alcoholímetro, botella*, botellón, garrafa, damajuana, tapón, estantería, máquina de taponar, meseta, zaranda, cuévano, bocal, catavino, enoscopio.

5. Uva*, mosto. Vid, caldo, zumo, jugo*, mosto, hollejo, orujo, burujo, bagazo, pellejo, semilla, pulpa, residuo, esquilmo, bajo, casca, flor, heces, madre, sedimento, zupia, poso, viña (v. 10).

6. Bodega. Cava, lagar, cueva*, bóveda, sótano, silo, subterráneo, almacén*, vinatería, establecimiento, industria, tienda*, comercio*, taberna, tasca, bodegón, cantina, bar, pulpería, fonda, figón, tugurio*.

7. Operaciones. Fermentar, deshollejar, escobajar, cocer, escanciar, despichar, enyesar, arropar, envinar, mezclar*, mostear, pisar, encubar, aspillar, embotellar, prensar, recolectar, taponar, catar, encolar, vinificar (v. 8).

8. Defectos. Agriarse, avinarse, atufarse, apuntarse, remostarse, volverse, torcerse, ahilarse, desbravarse (v. 7).

9. Personas. Criador, bodeguero, industrial, marquista, viticultor, vitivinicultor, cultivador, enólogo, catavinos, escanciador, copero, sumiller o «sommelier», vinatero, tabernero, figonero, bodegonero, pulpero, lagarero, pisador, cocedor, espichador, aldrán, montañés, arrumbador, tendero, almacenero*, mayorista, minorista. Consumidor, bebedor, ebrio, temulento, bebido, borracho*.

10. Viña, vid. Viñedo, plantación de vides, terreno, huerto, sembrado; vid, parra, cepa, planta trepadora; pámpano, sarmiento, vástago; filoxera (v. uva*).
V. BEBIDA, UVA, BARRIL, BOTELLA, BORRACHO.

viña, viñedo. V. VINO 10.

viñeta. Ilustración, estampa*, figura*. V. DIBUJO 1, HISTORIETA 4.

viola. Instrumento de cuerda, violoncelo o violonchelo, instrumento* musical. V. VIOLÍN 1.

violáceo. V. violado.

violación. 1. Desfloración, estupro, violencia*. V. ABUSO 2.
— **2.** Vulneración, infracción, transgresión. V. INCUMPLIR 2.

violado. Violáceo, morado, cárdeno. V. COLOR 10.

violador, violar. V. violación.

VIOLENCIA. 1. Brusquedad, brutalidad*, crueldad*, ferocidad, agresividad, provocación, agresión, belicosidad, combatividad, revuelta (v. 2), acometividad, abuso*, fogosidad, impulso, ímpetu, vehemencia, exasperación, rabia, rabieta, ira, furor, furia, arrebato, cólera, enfado, enojo*, odio*, irritabilidad, delirio, frenesí, vesania, sevicia, demencia, locura*, virulencia, viveza, fanatismo, energía, fuerza, grosería, descortesía*, atrocidad, barbaridad*, dureza, rudeza, saña, fiereza, ceguera, pasión, apasionamiento*, excitación, ataque*, golpe*, encarnizamiento, monstruosidad*, exceso, ensañamiento, rigor, sadismo, barbarie*, salvajismo, terrorismo, vandalismo, desenfreno, despotismo, tiranía, venganza*, violación, estupro, violencia sexista, violencia de género; guerra.
— **2.** *Disturbio*, violencia, revuelta, tumulto, desorden*, revolución*, guerra, contienda, terrorismo, sabotaje, represalia, fuerza, salvajismo (v. 1).
— **3.** Tensión, tirantez, nerviosidad*. V. DISGUSTO 2.
— **4.** Poderío*, fuerza, ímpetu. V. INTENSIDAD 1.

5. Violento. Brusco, brutal*, radical, tajante, bruto, cruel*, agresivo, abusador*, impulsivo, fogoso, incontenible, desbordante, fuerte, exasperado, exaltado, vehemente, irritable, enojado*, enfadado, colérico, furioso, iracundo, airado, rabioso, fanático, guerrero, belicoso, combativo, acometedor, provocador, virulento, energúmeno, vesánico, demente, loco, enloquecido, trastornado, frenético, arrebatado, rudo, tosco*, delirante, atroz, enérgico*, grosero, descortés*, excitado, apasionado*, ciego, bestia, fiera, fiero, feroz, animal, sañudo, duro, bárbaro*, excesivo, monstruoso*, encarnizado, reñido, enconado, implacable, desenfrenado, desmandado, impetuoso, desatado, desbocado, salvaje*, sádico, riguroso, vándalo, vengativo, tiránico, despótico, desordenado, tumultuoso, revoltoso, revolucionario*, terrorista, saboteador.
— **6.** Súbito, precipitado, inesperado. V. REPENTINO 1.
— **7.** Poderoso, fuerte, impetuoso. V. INTENSIDAD 3.

8. Ejercer violencia. Violentar, acometer, atacar, agredir, golpear*, empujar, apalear, cas-

tigar*, asaltar, ofender*, amenazar, maltratar, aporrear, zurrar, lesionar*, destrozar, romper, descerrajar, desobedecer, delinquir, forzar, violar, mancillar*, estuprar, desflorar, desvirgar, deshonrar, raptar, secuestrar*, obligar, imponer, comprometer, atropellar, infringir, abusar*, desmandarse, encabritarse, arrebatarse, precipitarse, desbocarse, desmelenarse, vulnerar, profanar, atentar, contravenir, incumplir (v. 7); declarar la guerra.
Contr.: Paz*, tranquilidad*, bondad*.
V. BRUTALIDAD, CRUELDAD, CASTIGO, ABUSO, ENOJO, LOCURA, BARBARIE, VENGANZA, DESCORTESÍA, SALVAJISMO, DESORDEN, REVOLUCIÓN, OFENSA, GOLPE, LESIÓN.

violentar. V. VIOLENCIA 8.

violento. V. VIOLENCIA 5-7.

violeta. 1. Planta violácea, flor silvestre, de jardín*. V. FLOR 4.
— **2.** Color morado, violáceo, cárdeno. V. COLOR 10.

VIOLÍN. 1. Instrumento* musical, i. de cuerdas, i. de arco; viola, violoncelo o violonchelo, contrabajo o violón.
2. Partes. Caja, c. de resonancia (tapas a tablas, aros), mango o mástil, clavijero, clavijas, diapasón o batidor, cuerdas (prima, segunda, tercera, bordón, mi₅, la₄ re₄ y sol₃), puente o caballete, alma, cordal o ceja, eses o aberturas acústicas, mentonera o barbada. *Arco:* baqueta o varilla, mecha de cerdas, nuez. Sordina, colofonia.
3. Personas; varios. Violín solista, primeros violines, segundos violines; violinista, ejecutante, concertista, artista*, músico*: Paganini, Menuhin, Kreisler, Heifetz; violero, fabricante, luthier: Stradivarius, Amati, Guarnerius o Guarnieri; Cremona; arpegio, pizzicato, sordina.
V. INSTRUMENTO MUSICAL, ORQUESTA, MÚSICA.

violinista. V. VIOLÍN 3.

violón, violoncelo, violonchelo. V. VIOLÍN 1.

viperino. Ponzoñoso, venenoso, dañino*. V. PERJUICIO 2.

virada, viraje. Giro, vuelta, desvío. V. DESVIAR 2.

virar. Torcer, desviarse, volver. V. DESVIAR 1.

VIRGEN. 1. Adolescente, doncella, moza. V. JOVEN 2.
— **2.** *Virginal*, virgen, doncel, doncella, intacto, puro*, inmaculado, virtuoso, casto, célibe, soltero, mozo, núbil, honesto, decente, pudoroso, honrado, pubescente, púber, casadero, joven*.
3. Virginidad. Castidad, celibato, doncellez, soltería, pureza, pudor, honestidad, honra*, virgo, nubilidad, virtud, decencia, juventud.
4. La Virgen. Virgen María, Madre, Inmaculada, Madre de Dios, Purísima, Dolorosa, Nuestra Señora, Virgen Santísima, Gloriosa; Rosario, letanías: Espejo de justicia, Trono de la sabiduría, Causa de nuestra alegría, Vaso espiritual, Rosa mística, Torre de David, etc.

5. Elementos, culto (católico). Culto mariano, Anunciación, Inmaculada Concepción, Natividad, Asunción, misterio, tránsito, salve, Ave María, avemaría, rogativa, oración, rezo*, rosario, letanías, voto, ángelus, gozos, flores de Mayo, Stábat máter, horas, manto, corona.
V. CRISTO, RELIGIÓN, MISA; PURO, HONRA.

virginal. V. VIRGEN 2.

virginidad. V. VIRGEN 3.

virgo. Membrana, himen, telilla. V. VULVA 2.

Virgo. Signo del Zodiaco, elemento astronómico*, signo astrológico. V. ASTROLOGÍA 4.

vírgula. Tilde, coma, acento. V. ORTOGRAFÍA 2.

viril. Masculino, recio, varonil. V. HOMBRE 4.

virilidad. Energía*, potencia, masculinidad. V. HOMBRE 9.

virola. Argolla, anillo, círculo*. V. ARO 2.

virrey. Delegado del rey, gobernante, estadista. V. REY 2.

virtual. Sobrentendido, tácito, implícito. V. CLARO 4.

virtud. 1. Virginidad. V. VIRGEN 3.
— **2.** Moralidad, honestidad, probidad. V. HONRADEZ 1.
— **3.** Ventaja*, facultad, aptitud. V. CUALIDAD 1.

virtuosismo. Destreza, competencia, habilidad. V. HÁBIL 3.

virtuoso. 1. Casto, puro, decente. V. VIRGEN 2.
— **2.** Íntegro, recto, probo. V. HONRADEZ 2.
— **3.** Diestro, competente, artista. V. HÁBIL 1.

viruela. Peste, enfermedad* contagiosa, e. infecciosa. V. INFECCIÓN 2.

virulencia. 1. Toxicidad, nocividad, malignidad. V. ENFERMEDAD 1.
— **2.** Causticidad, mordacidad, aspereza*. V. IRONÍA 1.

virulento. V. virulencia.

virus. Agente infeccioso*, germen, microbio. V. MICROORGANISMO 1.

viruta. Astilla, laminilla, trozo de madera*. V. FRAGMENTO 1.

visado, visa. Visto bueno, autorización de pasaporte. V. LEGAL 2.

visaje. Guiño, mueca, mímica. V. GESTO 1.

visar. Rubricar, autorizar, examinar. V. LEGAL 4.

víscera. Entraña, asadura, órgano. V. CUERPO 6.

viscosidad. Pringue, glutinosidad, pegajosidad. V. DENSO 2.

viscoso. Untuoso, glutinoso, pegajoso. V. DENSO 1.

visera. Cubierta, resguardo, ala. V. SOMBRERO 3.

visibilidad. Diafanidad, claridad*, pureza. V. TRANSPARENCIA 1.

visible. Perceptible, observable, evidente. V. CLARO 2.

visigodo. Godo, hispano; noble. V. ESPAÑOL 1, ARISTOCRACIA 4.

visillo. Velo, cortina, colgadura. V. COLGAR 6.

visión. 1. Ensueño, alucinación, quimera. V. FANTASÍA 1.

— **2.** Espectro, aparición, espíritu. V. FANTAS-MA 1.

— **3.** Visual, vista, mirada*. V. OJO 5, 6.

— **4.** Adefesio, mamarracho, esperpento. V. RIDÍCULO 2.

visionario. Soñador, quimérico, idealista. V. FANTASÍA 5.

visir. Personaje, dignatario, ministro* musulmán. V. ÁRABE 2.

VISITA. 1. Entrevista, cita, encuentro, reunión, inspección (v. 2), invitación*, recepción, compromiso, cumplido, ocasión, saludo*, homenaje, velada, corro, grupo*, charla, conversación, plática, coloquio, fiesta*, festejo, tertulia, comadreo, té, merienda, guateque, ágape, agasajo, convite, visiteo, ayuda*, cuidado*, asistencia, acogida, bienvenida, felicitación*, congratulación, cortesía, conferencia, acto, etiqueta*, sesión, presencia, presentación, audiencia, ceremonia, besamanos; despedida, obligación, trato, convivencia*, atención, delicadeza, amabilidad*, visitante (v. 3).

— **2.** *Inspección*, visita, revisión, verificación, examen, reconocimiento, revista, control, vigilancia*, investigación*, observación, comprobación*.

3. Visitante. Convidado, invitado*, conocido, amistad, amigo, visita, forastero, extraño, desconocido, acompañante, compañía, compañero*, relación, camarada, recién llegado, asistente, presente, atento, considerado, delicado, amable*, sociable, conversador*.

4. Visitado. Entrevistado, agasajado, homenajeado, felicitado, congratulado, festejado, acompañado.

5. Visitador. Asistente social, trabajador social, empleado estatal, funcionario, delegado, inspector, interventor, examinador, investigador*, observador.

6. Visitar. Entrevistar, reunirse, saludar*, ver, citarse, cumplimentar, cumplir, agasajar, presentarse, pasar, asistir, acompañar, encontrarse, felicitar*, congratular, conferenciar, conversar*, charlar, comadrear, homenajear, merendar, festejar, convidar, despedirse, tratar, convivir*, velar, cuidar*, ayudar*.

— **7.** *Inspeccionar*, visitar, verificar, vigilar*, controlar, revistar, examinar, reconocer, investigar*, observar, comprobar*.

Contr.: Olvido*, desinterés.

V. INVITACIÓN, SALUDO, FIESTA, AYUDA, CUIDADO, AMABILIDAD, FELICITACIÓN, CONVERSACIÓN, CONVIVENCIA.

visitado. V. VISITA 4.

visitador. V. VISITA 5.

visitante. V. VISITA 3.

visitar. V. VISITA 6.

vislumbrar. 1. Divisar, distinguir, percibir. V. MIRAR 1.

— **2.** Presentir, imaginar*, sospechar*. V. ADIVINAR 1.

vislumbre. Fulgor, resplandor, reflejo. V. BRILLO 1.

viso. 1. V. vislumbre.

— **2.** Apariencia, cariz, traza. V. ASPECTO 1.

visón. 1. Nutria, armiño, mamífero carnívoro. V. MAMÍFERO 11.

— **2.** Cuero, forro, prenda. V. PIEL 7.

visor. Mira, retícula, aparato*. V. ÓPTICA 3.

víspera. Ayer, vigilia, día anterior*. V. TIEMPO 7.

vista. 1. Visión, sentido; mirada. V. OJO 1; MIRAR 3.

— **2.** Perspectiva, paisaje, espectáculo*. V. PANORAMA 1.

— **3.** Clarividencia, sagacidad, perspicacia. V. INTELIGENCIA 1.

— **4.** Proceso, juicio, audiencia. V. TRIBUNAL 7.

vistazo. Ojeada, atisbo, examen. V. MIRAR 3.

visto. 1. Trillado, manido, gastado. V. CONOCER 6.

— **2.** Verificado, terminado, examinado. V. COMPROBAR 5.

— **3.** Ojeado, atisbado, observado. V. MIRAR 1.

vistoso. Atractivo, lozano*, encantador. V. HERMOSURA 3.

visual. V. vista 1.

vital. 1. Activo, fuerte dinámico*. V. VIGOR 2.

— **2.** Imprescindible, fundamental, trascendental. V. IMPORTANCIA 3.

vitalicio. Permanente, perpetuo, indefinido. V. DURACIÓN 3, 4.

vitalidad. Salud*, energía, dinamismo*. V. VIGOR 1.

VITAMINA. 1. Catalizador orgánico, coenzima, sustancia activa, s. orgánica, componente alimenticio*, factor alimenticio, f. accesorio, f. natural, nutramina, vitazima, completina, exhormona, preparado sintético; provitamina.

2. Enumeración. Vitamina A, B_1, B_2, B_6, B_{12}, C, D, E, F, H, K, PP (B_3) (v. 4 -15). Vitaminas liposolubles: A, D, E, K; vitaminas hidrosolubles: B, C, H, PP. Provitaminas: Caroteno (provitamina A), ergosterol (provitamina D).

3. Generalidades. Avitaminosis o carencia, hipervitaminosis o exceso, unidades internacionales (UI), gammas, dosis, dosis masiva, provitaminas (v. 2), reacciones biológicas, metabolismo, síntesis, vigor*, factor vitamínico, trastornos carenciales, enfermedad*, antivitaminas, enzimas o fermentos, glándulas*, hormonas, oligoelementos, minerales.

4. Vitamina A. Vit. antixeroftálmica, del crecimiento. En: zanahorias, espinacas, tomate, aceite* de hígado* de bacalao. Carencia: mala visión nocturna, falta de desarrollo*, alteraciones de la piel*, infecciones*.

5. Vitamina B. Aneurina, tiamina. En: levadura de cerveza, corteza de grano de trigo, verduras. Carencia: alteraciones nerviosas*, beriberi.

6. Vitamina B_2. Riboflavina. En: levadura de cerveza, huevo*, leche*, legumbres. Carencia: falta de crecimiento, afecciones de la piel* y del pelo*.

7. Vitamina B₆. Piridoxina. En: levadura, hígado, yema de huevo. Carencia: afecciones de piel* e intestino*.

8. Vitamina B₁₂. En: hígado*, legumbres verdes. Carencia: anemia perniciosa, trastornos del crecimiento.

9. Vitamina C. Vit. antiescorbútica, ácido ascórbico. En: limón, frutas frescas, verduras. Carencia: escorbuto, hemorragias, infecciones*.

10. Vitamina D. Vit. antirraquítica. En: aceite de hígado* de bacalao, leche*, huevos*. Carencia: raquitismo, reblandecimiento óseo.

11. Vitamina E. Tocoferol, vit. antiesterilidad. En: germen de cereales, aceite de soja. Carencia: embarazo anormal, fecundidad femenina y masculina anormales.

12. Vitamina F. Factor F. En: aceite de germen de trigo, ácidos grasos no saturados. Carencia: eczemas, alergia, asma.

13. Vitamina H. Biotina, vit. antiseborreica (vit. del complejo B). En: levaduras, setas, hígado*. Carencia: seborrea, dermatosis.

14. Vitamina K. Vit. antihemorrágica. En: verduras, hígados*. Carencia: hemorragias, deficiente coagulación de la sangre*.

15. Vitamina PP (B₃). Ácido nicotínico, vit. antipelagrosa (vit. del complejo B). En: levadura, carnes*, hígados*, despojos. Carencia: pelagra, alteraciones cutáneas.

Contr.: Avitaminosis, carencia, falta.

V. ALIMENTO, DIETA, VIGOR, ENFERMEDAD.

viticultor. Cultivador, criador, bodeguero. V. VINO 9.

viticultura. Cultivo, industria, cuidado de la vid. V. VINO 4.

vitola. Faja, sello, banda de cigarro. V. TIRA 1, TABACO 3.

vítor. Ovación, aplauso, exclamación*. V. ACLAMACIÓN 1.

vitorear. Aplaudir, exclamar*, ovacionar. V. ACLAMACIÓN 3.

vitral. Ventanal, vidriera, cristalera. V. VENTANA 1.

vítreo. Límpido, cristalino, transparente*. V. CRISTAL 7.

vitrina. Aparador, estantería, mueble*. V. ARMARIO 1.

vitriolo. Ácido sulfúrico, á. quemante, á. corrosivo. V. ÁCIDO 5.

vituallas. Provisiones, víveres, suministros. V. ABASTECIMIENTO 1.

vituperable. Criticable, condenable, censurable. V. CONDENA 6.

vituperar. Criticar, calumniar, censurar. V. DESAPROBAR 1.

vituperio. Denigración, censura, calumnia*. V. DESAPROBAR 4.

viuda. Enlutada, sola, sin cónyuge. V. CASAMIENTO 9.

viudedad. 1. Subsidio, subvención, pago. V. PENSIÓN 1.

— **2.** V. viudez.

viudez. 1. Situación de viuda, estado, soledad. V. CASAMIENTO 9.

— **2.** V. viudedad.

viudo. V. viuda.

¡viva! ¡Olé! ¡hurra! Interjección. V. ACLAMACIÓN 1, 2.

vivac. Acantonamiento, campamento, fortificación*. V. CUARTEL 1; ACAMPADA.

vivacidad. 1. Animación*, actividad, energía*. V. DINAMISMO 1.

— **2.** Agudeza, perspicacia, astucia*. V. INTELIGENCIA 1.

vivaquear. Acuartelarse, acantonarse, instalarse. V. ACAMPAR 1.

vivaracho. V. vivaz.

vivaz. Despabilado, alegre*, dinámico*. V. INTELIGENCIA 3.

vivencia. Experiencia, acontecer, observación. V. SUCESO 1.

víveres. Vituallas, suministros, provisiones. V. ABASTECIMIENTO 1, 2.

vivero. 1. Criadero, invernadero, semillero*. V. CRÍA 5.

— **2.** Escuela, cuna, germen. V. ORIGEN 1.

viveza. V. vivacidad.

vívido. Auténtico, realista, cierto. V. VERDAD 3.

vividor. 1. Aprovechado, parásito, pedigüeño. V. PEDIR 5.

— **2.** Divertido, desenvuelto, juerguista. V. REFINAMIENTO 5.

vivienda. Residencia, morada, domicilio. V. CASA 1.

viviente. V. vivo.

vivificante. Estimulante, fortificante, tonificante. V. VIGOR 3.

vivificar. Estimular, tonificar, alentar. V. VIGOR 4.

vivir. 1. Ser, existir, mantenerse. V. VIDA 10.

— **2.** Albergarse, morar, residir. V. HABITACIÓN 5.

vivisección. Disección, investigación*, estudio. V. CORTAR 4, ANATOMÍA 1.

vivo. 1. Viviente, existente, organizado. V. VIDA 9.

— **2.** Ligero, activo, rápido*. V. DINAMISMO 2.

— **3.** Despabilado, listo, despierto. V. INTELIGENCIA 3.

vizcacha. Animal roedor, vertebrado, mamífero*. V. ROEDOR 2.

vizconde. Aristócrata, noble, título. V. ARISTOCRACIA 2, 4.

vocablo. Término, expresión, voz*. V. PALABRA 1.

vocabulario. 1. Léxico, glosario, diccionario*. V. PALABRA 3.

— **2.** Vocablos, términos, voces. V. PALABRA 1.

vocación. Afición, aptitud, disposición. V. HÁBIL 3.

vocal. 1. Letra vocal. V. LETRA 1, 6.

— **2.** Oral, bucal, sonoro. V. BOCA 6.

— **3.** Asesor, consejero*, consultor de asamblea*. V. ADMINISTRACIÓN 6.

vocalizar. Entonar, modular, cantar*. V. PRONUNCIACIÓN 7.

vocear. 1. Escandalizar, chillar, llamar. V. GRITO 4.

— **2.** Proclamar, pregonar, divulgar. V. INFORME 3.

vocerío. Algarabía, escándalo, griterío. V. GRITO 2.

vocero. Portavoz, agente, representante. V. DELEGACIÓN 4.

vociferación. V. vocerío.

vociferador, vociferante. V. vocinglero.

vociferar. Escandalizar, chillar, llamar*. V. GRITO 4.

vocinglero. Escandaloso, chillón, vociferante. V. GRITO 5.

vodevil. Comedia ligera, revista, espectáculo. V. TEATRO 2.

vodka. Bebida alcohólica, licor, aguardiente ruso. V. BEBIDA 2.

voladizo. Alero, cornisa, saledizo. V. BORDE 1, TECHO 3.

volador. 1. Volátil, volandero, aéreo. V. VUELO 7.
— **2.** Petardo, buscapiés, triquitraque. V. FUEGOS ARTIFICIALES 2.

voladura. 1. Descarga, reventón, estallido. V. EXPLOSIÓN 1.
— **2.** Derribo, hundimiento*, rotura. V. DESTRUIR 2.

volandas (en). Por el aire, levantado, trasladado. V. TRASLADAR 1.

volandero. 1. Inconstante, voluble, inestable. V. VARIAR 8.
— **2.** V. volador 1.

volante. 1. Octavilla, folleto, impreso. V. IMPRENTA 7.
— **2.** V. volador 1.
— **3.** Móvil, ambulante, errante, callejero. V. MOVIMIENTO 7.
— **4.** Aro, redondel, anillo. V. RUEDA 1.

volar. 1. Planear, cernerse, remontarse. V. VUELO 6.
— **2.** Apresurarse, darse prisa, correr. V. CARRERA 6.
— **3.** Reventar, estallar, destruir*. V. EXPLOSIÓN 9.

volatería. Caza*, volátiles, caza de pluma. V. AVE 4, 6, 12.

volátil. 1. Volador, pájaro, animal* que vuela. V. AVE 1.
— **2.** Vaporoso, fluido, ligero. V. GAS 6.

volatilizarse. Disiparse, esfumarse, evaporarse. V. DESAPARECER 1.

volatín. Cabriola, voltereta, pirueta. V. SALTO 1.

volatinero. Funámbulo, acróbata, equilibrista. V. EQUILIBRIO 8.

VOLCÁN. 1. Cima, montaña*, monte, pico, cono montañoso, c. volcánico, cráter.
2. Clases de volcanes. Volcán activo, apagado, extinguido, subterráneo, submarino; tipo hawaiano, stromboliano, peleano, vulcaniano; vesubiano, islándico; categorías: volcanes en escudo, conos de cenizas y conos compuestos.
3. Partes, elementos. Cono volcánico, cráter, caldera, chimenea, foco volcánico, cráter secundario o adventicio, cono parásito, géiser, fumarola, solfatara, mofeta, fuentes termales, soffioni, lava, magma, cenizas, escorias, lapilli, corriente de lava, toba, bombas volcánicas, vapores*, gases*, g. sulfurosos, columnas de humo, nubes* de cenizas, rocas eruptivas, basalto, columnas basálticas, batolito, lacolito, piedra pómez, puzolana.
4. Generalidades. Vulcanismo, plutonismo, erupción, actividad volcánica, emisión de lava, estallido, corteza terrestre, geología*, ruidos subterráneos, tectónica, zona volcánica, cinturón de fuego del Pacífico, placas continentales, choque de placas, zona sísmica, sismo o seísmo, terremoto*, temblor de tierra, desastre*.
5. Volcanes, lugares. Vesubio, Etna, Stromboli, Teide, Hekla, Popocatepetl, Pichincha, Chimborazo, Kilimanjaro, Fuji-Yama, Krakatoa; Pompeya, Herculano.
6. Volcánico. Eruptivo, sísmico, plutónico, tectónico, terrestre, montañoso*, geológico*, basáltico, escabroso, accidentado, abrupto, desértico, árido, rocoso, subterráneo.
— **7.** Impetuoso, ardiente, fogoso. V. APASIONAMIENTO 2.
V. MONTAÑA, TERREMOTO, GEOLOGÍA, DESASTRE.

volcánico. V. VOLCÁN 6, 7.

volcar. 1. Derribar, tirar, abatir. V. TUMBAR 1.
— **2.** Verter, echar, derramar. V. VACÍO 5.
— **3.** *Volcarse*, dedicarse, consagrarse, afanarse. V. TRABAJO 11.

volea. Lanzamiento, embate, sacudida. V. GOLPE 2.

voleibol. V. BALONVOLEA 1.

voleo (a). Arbitrariamente, al tuntún, descuidadamente*. V. DESORDEN 2.

voleibol. V. BALONVOLEA 1.

volición. V. VOLUNTAD 1.

volquete. Carricoche, carretón, camión*. V. VEHÍCULO 1.

voltaje. Potencial eléctrico. V. ELECTRICIDAD 3.

voltear. 1. V. volcar 1, 2.
— **2.** Rodar, virar, dar vueltas. V. GIRAR 1.
— **3.** Repicar, sonar, doblar. V. CAMPANA 6.

voltereta. Cabriola, pirueta, brinco. V. SALTO 1.

voltímetro. Amperímetro, medidor*, contador. V. ELECTRICIDAD 10.

voltio. Unidad, u. de fuerza, medida* eléctrica. V. ELECTRICIDAD 11.

volubilidad. V. voluble.

voluble. Inconstante, caprichoso*, veleidoso. V. FRIVOLIDAD 3.

VOLUMEN. 1. Mole, masa, magnitud, tamaño, medida*, cantidad*, bulto, espacio, cabida, contenido, capacidad, aforo, caudal, arqueo, tonelaje, porte, desplazamiento, amplitud, vastedad, dimensión, cuerpo, corpulencia, abultamiento*, peso*, desarrollo*, materia*, grandeza*, anchura, holgura, espaciosidad, inmensidad, corpulencia, balumba, montón, gordura*, humanidad, pesadez, robustez, enormidad, grueso, calibre.
— **2.** Tomo, ejemplar, copia. V. LIBRO 1.

3. Magnitudes de volumen. Centímetro cúbico, metro cúbico, etc. V. MEDIDA 8.

4. Voluminoso. Amplio, corpulento, recio, abultado*, crecido, robusto, desarrollado*, vasto, ingente, incómodo, grande*, pesado, gordo*, grueso, orondo, obeso, rechoncho, achaparrado, rollizo, desmesurado, panzudo, barrigudo, ancho, holgado, gigantesco, enorme, espacioso, inmenso, extenso.

5. Tener volumen. Abultar, pesar, agrandar(se), ensanchar, dilatar, extender*, expandir, desarrollar*, engordar, aumentar*, ampliar, acrecentar.

Contr.: Pequeñez*, insignificancia*.

V. ABULTAMIENTO, MATERIA, GORDURA, DESARROLLO, EXTENSIÓN, CANTIDAD, PESO, GRANDE.

voluminoso. V. VOLUMEN 4.

VOLUNTAD. 1. Afán, gana, anhelo, deseo*, ansia, perseverancia* (v. 2), ambición*, propósito, intención, fin*, finalidad, designio, plan*, determinación, decisión, empeño, avidez, apasionamiento*, esperanza*, propensión, antojo, capricho*, albedrío, prurito, tendencia, causa*, motivo, apetencia, mira, gusto, ánimo*, pasión, libertad*, poder*, benevolencia (v. 3), potencia, arbitrio, volición, pretensión (v. 2).

— **2.** *Perseverancia*, voluntad, tesón, empeño, deseo, energía*, firmeza, constancia, paciencia, fuerza, tenacidad, terquedad, obstinación*, inflexibilidad, rigidez, insistencia, tozudez, testarudez, porfía (v. 3).

— **3.** *Benevolencia*, voluntad, aquiescencia, afecto, cariño*, bondad*, propensión, apego, inclinación, tendencia, simpatía*, flaco, preferencia*, amor*.

— **4.** *Mandamiento*, voluntad, precepto, orden*, testamento, herencia*, sucesión, transmisión, mandato, memoria, disposición, decisión, declaración, petición, encargo.

5. Voluntarioso. Afanoso, ansioso, deseoso*, anhelante, animoso*, benévolo (v. 7), perseverante (v. 6), ambicioso*, antojadizo, caprichoso*, esperanzado*, ávido, apetente, gustoso, apasionado*, poderoso*, potente (v. 6).

— **6.** *Perseverante*, voluntarioso, tesonero, trabajador, empeñoso, enérgico*, tenaz, firme, constante, paciente, fuerte, terco, obstinado*, inflexible, rígido, insistente, tozudo, testarudo, porfiado, caprichoso, obcecado, intransigente, intolerante (v. 7).

— **7.** *Benévolo*, voluntarioso, aquiescente, afectuoso, comprensivo, cariñoso, tolerante*, bondadoso*, propenso, amoroso*.

8. Voluntario. Deliberado, espontáneo, intencionado, intencional, facultativo, privativo, potestativo, discrecional, optativo, opcional, libre*, abierto, premeditado, alevoso, planeado*, preparado, pensado, a sabiendas, ex profeso, expreso, preconcebido, adrede, aposta.

— **9.** *Aspirante*, voluntario, novato, novicio, postulante, recluta, soldado; aquiescente, deseoso*, anuente, tolerante, conforme, consentidor, de buen grado.

10. Voluntariamente. Aposta, adrede, ex profeso, deliberadamente, espontáneamente, intencionadamente (v. 8).

11. Tener voluntad. Empeñarse, esforzarse, afanarse, anhelar, desear*, perseverar*, antojarse, esperar, tender, apetecer, animarse*, apasionarse*, pretender, querer, obstinarse*, insistir, porfiar, propender, acceder, aprobar*, aquiescer, decidir, optar, elegir, escoger, preferir*.

Contr.: Indecisión; desgana, abstención, debilidad*, bondad*, tolerancia.

V. DESEO, PERSEVERANCIA, PODER, ENERGÍA, OBSTINACIÓN, ÁNIMO, AMBICIÓN*, APASIONAMIENTO.

voluntariamente. V. VOLUNTAD 10.

voluntario. V. VOLUNTAD 8, 9.

voluntarioso. V. VOLUNTAD 5-7.

voluptuosidad. Deleite, goce, sexo*. V. PLACER 1, 2.

voluptuoso. 1. Sensual, lascivo, erótico. V. SEXO 11.

— **2.** Placentero, delicioso, atractivo*. V. PLACER 4.

voluta. Espiral, bucle, adorno. V. CURVA 1.

volver. 1. Llegar*, retroceder*, retornar. V. REGRESO 2.

— **2.** Transformar, modificar, convertir. V. CAMBIO 6.

— **3.** Mover, torcer, voltear. V. GIRAR 1.

— **4.** Repetir, reanudar, reemprender. V. CONTINUACIÓN 5.

vomitar. Regurgitar, arrojar, devolver. V. LANZAR 1.

vómito. Basca, náusea, arcada. V. INDISPOSICIÓN 1.

voracidad. Avidez, glotonería, gula. V. HAMBRE 1.

vorágine. 1. Torrente, torbellino, ciclón*. V. VIENTO 1.

— **2.** Alboroto*, tumulto, caos. V. DESORDEN 1.

voraz. 1. Comilón, tragón, glotón. V. HAMBRE 2.

— **2.** Ávido, ansioso, anhelante. V. DESEO 7.

vórtice. V. vorágine.

votación. Plebiscito, comicios, sufragio. V. ELECCIONES 1.

votante. Elector, ciudadano, concurrente. V. ELECCIONES 3.

votar. Depositar, emitir voto, elegir. V. ELECCIONES 4.

votivo. Prometido, expiatorio, ofrecido. V. OFRECER 6.

voto. 1. Sufragio, papeleta, voluntad. V. ELECCIONES 2.

— **2.** Decisión, parecer, dictamen. V. OPINIÓN 1.

— **3.** Ofrecimiento, ofrenda, ruego. V. PROMESA 1.

— **4.** Imprecación, blasfemia, denuesto. V. MALDICIÓN 3.

VOZ. 1. Sonido*, s. emitido por la boca, elocución, expresión, tono, emisión, habla*, enunciación, pronunciación*, deletreo, silabeo, vocalización, articulación, inflexión, dicción, modulación, fonación, lenguaje, locución, fonética (v. habla*, pronunciación*).

— **2.** Grito*, voz, exclamación, vozarrón, alarido, chillido, onomatopeya*, llamada*, llamamiento, aullido, bramido, rugido (v. 4), lamento, queja, vocerío, voceo, vociferación, clamor, ovación, aclamación, viva, vítor, protesta*, alboroto, interjección, voz fuerte (v. 7), bufido, resoplido, invocación, reclamo, aviso, alarma, apóstrofe, imprecación, maldición*, juramento, voto, insulto, ofensa*, voz de los animales (v. 4).

— **3.** Vocablo, término, expresión. V. PALABRA 1.

4. Voces y sonidos de los animales*. Llamada, voz, canto*, chillido, modulación, grito* (v. 1). Ladrido, gañido, latido, aullido, ululato, guau (perro), aullido, ululato, auu (lobo), rugido (león, tigre, grandes felinos), mugido, bramido, berrido, bufido, muu (toro), barrito (elefante), gruñido (jabalí, cerdo), rebudio (jabalí), tauteo (zorra), brama, bramido (ciervo), gamitido (gamo), rebuzno (asno), relincho, bufido (caballo), balido, bee (oveja), maullido, miau, bufido, ronroneo (gato), silbido (serpiente), croar (rana); trino, gorjeo, canto, reclamo (aves), arrullo, zureo (paloma), cacareo, cloqueo (gallina), quiquiriquí (gallo), ajeo (perdiz), graznido (cuervo); chirrido (grillo, cigarra) (v. 2) (v. onomatopeya 5).

5. Elementos de la voz. Timbre, volumen, inflexión, acento, cuerda, tesitura, entonación, extensión, tono, afinación, metal, articulación, pronunciación*, falsete, afonía, ronquera; garganta*, laringe, cuerdas vocales.

6. Clases de voces. Bajo, barítono, tenor, contralto, mezzosoprano, soprano, tiple. Voz aguda, penetrante, aflautada, alta, registro alto, afectada*, falsete, argentina, atiplada, atenorada, abaritonada, chillona, vibrante, armoniosa, melodiosa, musical, sonora, entonada, destemplada, desapacible, ronca, bronca, áspera, aguardentosa, cavernosa, cascada, hueca, apagada, sepulcral, grave, registro bajo, profunda, gutural, empañada, tomada, afónica, desabrida, ceceosa, entrecortada, gangosa, nasal, temblorosa, estentórea, fuerte (v. 7); falsete, gallo, ceceo, seseo, afonía, ronquera, carraspera, tartamudeo*.

7. Voz fuerte. Vozarrón, voz poderosa, intensa, potente, resonante, estentórea, retumbante, grave, profunda, sepulcral, sonora, penetrante, alta, grito*, exclamación* (v. 2).

8. Acción. Hablar*, expresar, enunciar, pronunciar*, articular, modular, vocalizar, silabear, deletrear, emitir, vocear, vociferar, alzar la voz, elevar, subir, levantar, chillar, gritar, exclamar, ensordecer, alborotar, bajar, callar, chistar, enmudecer, enronquecer, gruñir, aullar, barritar, voces de animales* (v. 9), piar, trinar, gorjear, voces de aves* (v. 10).

9. Acción, animales*. Llamar, reclamar, chillar, vocear, avisar, clamorear, modular, gritar*, cantar, piar (v. 10), bufar, resoplar, ladrar, gañir, latir, aullar, ulular (perro), aullar, ulular (lobo), rugir (león, tigre, grandes felinos), mugir, bramar, berrear, bufar (toro), barritar (elefante), gruñir (jabalí, cerdo), rebudiar (jabalí), tautear (zorra), bramar (ciervo), gamitar (gamo), himplar (pantera), rebuznar (asno), relinchar, bufar (caballo*), balar (oveja*), maullar, bufar, ronronear (gato*), silbar (serpiente*), croar (rana), chirriar (grillo, cigarra) (v. 10).

10. Acción, aves*. Cantar*, trinar, piar, gorjear, entonar, modular; cloquear, cacarear (gallina), crotorar (cigüeña), parpar (pato), titar (pavo), gruir (grulla), graznar, crocitar, crascitar (cuervo), gragear (grajo), ajear, cuchichiar (perdiz), trisar (golondrina) (v. 8, 9).

11. Aparatos. Teléfono, megáfono, amplificador, altavoz*, micrófono, magnetófono*, cinta magnetofónica, casete, disco*, dictáfono, videófono, radio*, televisor*, audífono, laringoscopio; aparato fonador.

Contr.: Afonía, mudez, silencio*.

V. GRITO, EXCLAMACIÓN, HABLA, PRONUNCIACIÓN, PALABRA, ONOMATOPEYA*, GARGANTA, DISCO, RADIO.

vozarrón. V. VOZ 7.

vudú. Rito supersticioso, macumba, hechicería*. V. SUPERSTICIÓN 1.

vuelco. 1. Tumbo, caída, derrumbe*. V. TUMBAR 4.

— **2.** Alteración, transformación, variación*. V. CAMBIO 3.

VUELO. 1. Revoloteo, aleteo, planeo, deslizamiento, evolución, desplazamiento, acrobacia, maniobra, subida*, ascenso, bajada, descenso*, aterrizaje, alunizaje, viaje*, pirueta, migración, itinerario, rumbo, espacio recorrido, vuelo planeado, vuelo a vela, vuelo a ciegas, aviación*, aerostación (v. 6).

— **2.** Holgura, extensión, anchura. V. AMPLITUD 1.

— **3.** Vuelos, humos, fantasías*, ínfulas. V. VANIDAD 1.

— **4.** Vuelo de aeroplano. V. AVIÓN 7.

— **5.** Vuelo sin motor, V. a vela, planeo, deporte aéreo. V. PLANEADOR 3.

6. Volar. Planear, desplazarse, deslizarse, pasar, evolucionar, sobrevolar, surcar, hender, cernerse, revolotear, aletear, mover, agitar, batir las alas, alzar, levantar el vuelo, remontarse, elevarse, subir*, descender, aterrizar, tomar tierra, amerizar, alunizar, maniobrar, salvar, trasponer.

7. Volador. Aéreo, volátil, volante, volandero, planeador*, acrobático, viajero* (v. 8).

8. Lo que vuela. Aves*, insectos*, mamífero* (murciélago), roedor* (ardilla voladora), pez* (pez volador). Artefactos voladores: más pesados que el aire, más ligeros que el aire, globo*, g. aerostático, dirigible*, paracaídas*, cometa, planeador*, autogiro, helicóptero*, avión*, avión a reacción, dirigible, cohete*, cohete espacial, nave especial; (en el ámbito de la ficción) platillo volante, OVNI (objeto volador no identificado), UFO («Unidentified Flying Object»).
9. Personajes. Ícaro, Leonardo da Vinci, Montgolfier, Santos Dumont, Zeppelin, Montgolfier, Torres Quevedo, Lilienthal, Hermanos Wright, De la Cierva, Sikorsky, Douglas, Gagarin, Armstrong.
V. AVE, AVIÓN, HELICÓPTERO, PLANEADOR, GLOBO, DIRIGIBLE, ALA, PARACAÍDAS.
vuelta. 1. Retorno, llegada*, reiteración. V. REGRESO 1; REPETICIÓN 1.
— **2.** Rotación, giro, movimiento*. V. GIRAR 3.
— **3.** Desvío*, recodo, curva*. V. DESVIAR 2.
— **4.** Restitución, reintegro, devolución. V. DEVOLVER 3.
— **5.** Calderilla, suelto, monedas. V. DINERO 4.
— **6.** Reverso, dorso, espalda*. V. POSTERIOR 2.
vuelto. V. vuelta 5.
vulcanismo. Actividad volcánica, plutonismo, erupción. V. VOLCÁN 4.
VULGAR. 1. Tosco*, chabacano, basto, ordinario, rústico, zafio, grosero, bajo, plebeyo, arrabalero, rabanero, descortés*, abigarrado, barroco, llamativo, sobrecargado, chillón, charro, ramplón, chocarrero, común, incorrecto, corriente, general, manido, trillado, socorrido, habitual*, visto, sabido, conocido*, pedestre, adocenado, manoseado, gastado, tópico, sobado, inculto, ignorante*, extravagante, ridículo*, trivial, frívolo*, inelegante, desagradable*, rudo, populachero, popular, villano, hortera, paleto, pueblerino, aldeano*, patán, agreste, insustancial, insignificante*.
2. Vulgaridad. Ramplonería, ordinariez, tosquedad*, rusticidad, chabacanería, bastedad, chocarrería, plebeyez, payasada, chascarrillo, chiste, broma*, burla, grosería, descortesía*, bajeza, zafiedad, incorrección, adocenamien-

to, villanía, populachería, rudeza, desagrado*, inelegancia, tópico, necedad, tontería*, insustancialidad, insignificancia*, frivolidad*, trivialidad (v. 3).
3. Vulgarización. Divulgación, generalización, difusión, popularización, extensión, familiarización*, universalidad, degradación, adocenamiento, menoscabo, corrupción, vicio*, envilecimiento (v. 2).
4. Vulgarizar. Divulgar, popularizar, generalizar, difundir, familiarizar, universalizar, extender*, adocenar, gastar, degradar, manir, trillar, sobar, corromper, estropear, menoscabar, rebajar, envilecer, enviciar.
Contr.: Selecto, distinguido, elegante, exclusivo.
V. TOSCO, DESAGRADABLE, CONOCIDO, ALDEANO, IGNORANTE, FRÍVOLO, INSIGNIFICANTE.
vulgaridad. V. VULGAR 2.
vulgarismo. Barbarismo, incorrección, barbaridad. V. GRAMÁTICA 18.
vulgarización. V. VULGAR 3.
vulgarizar. V. VULGAR 4.
vulgo. Gente, masa, plebe. V. GRUPO 4.
vulnerable. Frágil, endeble, inseguro. V. DEBILIDAD 4.
vulneración. Quebrantamiento, infracción, transgresión. V. INCUMPLIR 2.
vulnerar. 1. Lesionar*, lastimar, dañar. V. PERJUICIO 4.
— **2.** Infringir, quebrantar, transgredir. V. INCUMPLIR 2.
vulpeja. Zorra, mamífero carnicero. V. FIERA 5.
VULVA 1. Órgano sexual*, ó. genital, ó. genésico, genitales de la mujer*, g. femeninos, g. externos, partes, p. pudendas, abertura; vagina (v. 2).
2. Descripción. Monte de Venus, vello pubiano, labios mayores, labios menores, comisura de los labios, clítoris, prepucio del clítoris, meato, orificio de la uretra, orificio de la vagina, himen o virgo.
3. Afines. Vagina, útero o matriz, cuello uterino u hocico de Tenca, ovarios, trompas de Falopio. V. SEXO, MUJER.

W

walkie-talkie. *ingl* Intercomunicador, emisor-receptor, aparato portátil. V. RADIO 1.

walkirias. *alem* V. valquirias.

water, water closet. *ingl* V. váter.

WATERPOLO. 1. Deporte*, juego*, deporte acuático, campeonato, competición, liga.

2. Elementos. Piscina*, porterías (redes), banderines, línea de fondo; gol, tanto, falta, saque, descalificación, fuera de juego, pase, tiro, calzón, bañador, gorro, balón.

3. Personas. Jugadores (7): portero, medios y defensa (3), delanteros (3). Comisarios, árbitros, jueces de meta, cronometrador. V. DEPORTE, JUEGO.

week-end. *ingl* Descanso*, vacación, fin de semana. V. FIESTA 3.

western. *ingl* Filme, cinta, película del Oeste. V. CINEMATOGRAFÍA 4.

whisky. *ingl* V. güisqui.

winchester. *ingl* Rifle, escopeta, carabina. V. FUSIL 1.

X

xenofobia. Hostilidad, odio* hacia los extranjeros, chovinismo o chauvinismo. V. INTRANSIGENCIA 1.

xenófobo. Chauvinista o chovinista, hostil, intransigente. V. INTRANSIGENCIA 2.

xerocopia. Reproducción, fotocopia. V. COPIA 1.

xerografía. Método, procedimiento, reproducción. V. COPIA 1.

xilófono. Instrumento de percusión, xilofón. V. INSTRUMENTO MUSICAL 5.

xilografía. Impresión, lámina, grabado en madera. V. ESTAMPA 3.

Y

ya. En este momento, hoy, ahora. V. ACTUAL 6.

yacaré. Cocodrilo, caimán, saurio. V. REPTIL 5.

yacente. V. yacer.

yacer. 1. Echarse, acostarse, dormir. V. TUMBAR 2.
— **2.** Copular, cohabitar, fornicar. V. COITO 6.

yacija. Camastro, catre, lecho. V. CAMA 1.

yacimiento. Cantera, explotación, filón. V. MINA 1.

yachting. *ingl* Navegación* a vela, n. deportiva*, náutica. V. REGATA 1.

yak, yac. Bóvido, rumiante tibetano. V. RUMIANTE 8.

yanqui. Estadounidense, norteamericano, gringo. V. AMERICANO 1.

yantar. 1. Sustento, comida, manutención. V. ALIMENTO 1.
— **2.** Nutrirse, comer, alimentarse. V. ALIMENTO 11.

yate. Velero, embarcación de vela, goleta. V. BARCO 2.

yegua. Jaca, potranca, hembra del caballo. V. CABALLO 1.

yeguada. Tropilla, recua, caballada. V. CABALLO 10.

yegüerizo. Arriero, mulero, chalán. V. CABALLO 15.

yelmo. Casco, almete, morrión. V. ARMADURA 3.
yema. 1. Parte central, amarilla, porción del huevo. V. HUEVO 4.
— **2.** Renuevo, botón, capullo. V. BROTAR 2.
yerba. Hierba, yerba mate V. HIERBA 1, 3.
yermo. Árido, infecundo, estéril. V. DESIERTO 2.
yerro. Desacierto, error, fallo. V. EQUIVOCACIÓN 1.
yerto. Quieto, exánime, tieso. V. INMÓVIL 1.
yesca. Materia seca, eslabón, pedernal. V. FUEGO 5.
YESO. 1. Creta, escayola, cal, tiza, caliza, dolomía, talco, silicato de magnesio, carbonato, pucelana, puzolana, revoque, enlucido, estuco, clarión, pasta, espejuelo, aljor, arcilla blanca, polvo*, polvillo calcáreo, mezcla*, amasijo, cemento, portland, argamasa, concreto, hormigón, mineral pulverizado.
2. Yesoso. Calizo, calcáreo, cretáceo, mineral*, polvoriento, polvoroso, pulverulento, arcilloso, harinoso.
3. Enyesar. Estucar, revocar, enlucir, encalar, recubrir*, revestir, blanquear, pintar, escayolar, cementar, hormigonar. V. POLVO, MINERAL.
yo. Ego, el que habla, el que suscribe. V. PRONOMBRE 2, PERSONA 1.
yodo. Antiséptico, tintura, elemento* químico*. V. DESINFECTANTE 2.
YOGA. 1. Práctica hindú, liberación del yo, ejercicio, gimnasia*, control espiritual*, c. corporal, meditación trascendental. Karma Yoga, Hatha yoga, Mantra yoga. Faquirismo.
2. Elementos (angas). Prana o respiración, ashram o escuela, soplo vital, bastrika, pureza, sabiduría, sugestión, contemplación, éxtasis, concentración, meditación trascendental, relajación. Posturas o asanas: padmasana, siddhasana, sarvangasana, posición loto, p. molino. de viento.
3. Personas. Yogui, practicante, asceta indio; gurú o maestro o santón*; faquir, brahmán. V. GIMNASIA, ESPÍRITU, SANTÓN.
yogourt. fr V. yogur.
yogui. V. YOGA 3.
yogur. Leche agria, cuajada, fermentada. V. LECHE 4.
yonqui. Yonki, yonko, drogadicto, toxicómano, adicto a la heroína. V. DROGA 5.
yoyó. Pasatiempo, diversión, juguete. V. JUEGO 7, 15.
yuca. Mandioca, guacamote, raíz. V. TUBÉRCULO 3.
yudo. V. JUDO 1.
yugo. 1. Tiranía, despotismo, opresión. V. ESCLAVITUD 1.
— **2.** Frontalera, cincha, accesorio de arado. V. ARADO 1.
yunque. Bigornia, soporte, bloque metálico. V. FORJA 2.
yunta. Pareja, par de animales, yugada. V. GANADO 1.
yute. Abacá, cáñamo, fibra textil. V. TELA 11.
yuxtaponer. Arrimar, juntar, adosar. V. UNIR 3.
yuxtaposición. Arrimo, aproximación, aplicación. V. UNIR 12.
yuyo. Hierba silvestre, yerbajo, matorral*. V. HIERBA 1.

Z

zafar(se). Soltar(se), desprender, separar. V. LIBERTAD 10, 11.
zafarrancho. 1. Llamada, alarma, orden*. V. TROMPETA 3.
— **2.** Gresca, riña, refriega. V. PELEA 1.
zafiedad. V. zafio.
zafio. Patán, ordinario, rústico. V. TOSCO 1, 2.
zafiro. Gema, piedra fina, joya*. V. PIEDRA PRECIOSA 2.
zafra. Fábrica*, refinería de azúcar, cosecha de caña. V. AZÚCAR 5.
zaga. Extremo, cola, retaguardia. V. FIN 1.
zagal. 1. Mozo, muchacho, chico. V. JOVEN 1.
— **2.** Pastor aprendiz, pastorcillo, mozo ayudante. V. GANADO 8.
zaguán. Portal, vestíbulo, entrada*. V. ENTRAR 4.
zaguero. Trasero, posterior, final. V. FIN 3.
zahareño. Cerril, rebelde*, salvaje. V. SILVESTRE.
zaherir. Afrentar, escarnecer, agraviar. V. OFENSA 4.
zahones. Pantalones, calzones, protección de cuero. V. CABALLO 16.
zahorí. Pronosticador, rabdomante, vidente. V. ADIVINAR 2.
zahúrda. Desván, porqueriza, pocilga. V. TUGURIO 1.
zaino. Pelaje castaño, rojizo, pardo. V. CABALLO 5.

zalagarda. Escaramuza; riña, emboscada*. V. PELEA 1.

zalamería. Halago, lisonja, coba. V. ADULACIÓN 1.

zalamero. Lisonjero, halagador, cobista. V. ADULACIÓN 2.

zalema. 1. Inclinación, cortesía, reverencia. V. SALUDO 2.
— **2.** V. zalamería.

zamarra. Cazadora, chaquetón, pelliza. V. CHAQUETA 1.

zamarrear. Zarandear, sacudir, menear. V. SACUDIDA 2.

zamarreo. V. zamarrear.

zamba. Danza popular, baile americano, zamacueca. V. BAILE 7.

zambo. Patizambo, contrahecho, torcido. V. DEFORMACIÓN 3.

zambomba. Instrumento músico, popular, rudimentario. V. INSTRUMENTO MUSICAL 5.

zambombazo. Detonación, estruendo, golpe*. V. SONIDO 2.

zambra. Jolgorio, bulla, juerga. V. ALBOROTO 1, FIESTA 2.

zambullida. Chapuzón, salto*, inmersión. V. BUCEO 1.

zambullir(se). Sumergirse, bucear, chapuzarse. V. BUCEO 2.

zampar. Engullir, devorar, tragar. V. ALIMENTO 11.

zampoña. Caramillo, instrumento de viento, i. pastoril. V. INSTRUMENTO MUSICAL 4.

zanahoria. Planta, raíz comestible, verdura. V. HORTALIZA 2.

zanca. Muslo, pata, extremidad. V. PIERNA 1.

zancada. Paso, tranco, paso largo. V. MARCHAR 4.

zancadilla. Traba, tropiezo, engaño*. V. DIFICULTAD 2.

zanco. Madero*, palo alto, muleta. V. PALO, SOPORTE .

zancuda. Ave zancuda, cigüeña, grulla. V. AVE 7.

zanganear. Haraganear, gandulear, holgazanear. V. HOLGAZÁN 3. .

zanganería. Haraganería, pereza, holgazanería. V. HOLGAZÁN 2.

zángano. 1. Perezoso, gandul, haragán. V. HOLGAZÁN 1.
— **2.** Macho de la abeja, ápido, insecto*. V. ABEJA 2.

zanguango. Haragán*, torpe, desgarbado. V. INÚTIL 1, 2.

zanja. Cuneta, surco, excavación*. V. EXCAVAR 2.

zanjar. Solventar, arreglar, allanar. V. SOLUCIÓN 3.

zanquilargo. Larguirucho, desgarbado, espigado. V. ALTO 1.

zapa. 1. Zanja, túnel, mina. V. EXCAVAR 2.
— **2.** Pala, utensilio, badila, badil. V. HERRAMIENTA 2.
— **3.** Cuero, pellejo, piel labrada. V. PIEL 6.

ZAPADOR. 1. Gastador, soldado de excavaciones*, de fortificaciones*, de ingenieros*, palero, horadador.

2. Elementos. Herramientas*: zapa, pala, badila, pico, barra de mina, piquete, cizalla, mecha con detonador, explosivos*. Obras: trincheras, fortificaciones*, obstáculos antitanques, minas, galerías, túneles, zanjas, zapas.
3. Zapar. Cavar, minar, horadar. V. EXCAVAR 1. V. FORTIFICACIÓN, CONSTRUCCIÓN, EJÉRCITO, EXPLOSIVOS.

zapallo. Calabaza, cucurbitácea, fruto*. V. HORTALIZA 2.

zapapico. Pico, piocha, utensilio. V. HERRAMIENTA 3.

zapar. Cavar, minar, perforar. V. EXCAVAR 1.

zaparrastroso. Desaliñado, harapiento, desastrado. V. ANDRAJO 2.

zapata. Cuña, calce, freno. V. PIEZA 4.

zapateado. V. zapateo.

zapatear. Taconear, patalear, repiquetear. V. BAILE 10.

zapateo. Taconeo, repiqueteo, golpe*. V. BAILE 4, 8.

zapatería. Establecimiento, comercio, taller. V. TIENDA, CALZADO 5.

zapatero. Artesano, operario, remendón. V. CALZADO 5.

zapateta. Pirueta, cabriola, brinco. V. SALTO 1.

zapatiesta. Bronca, riña, discusión. V. PELEA 1.

zapatilla. Pantufla, chancleta, sandalia. V. CALZADO 1.

zapato. Botín, bota, calzado bajo. V. CALZADO 1.

zar. Soberano, emperador ruso, gobernante*. V. REY 1.

zarabanda. 1. Algazara, bulla, pelea*. V. ALBOROTO 1.
— **2.** Danza antigua, d. española, música alegre. V. BAILE 5, MÚSICA 3.

zaragata. V. zapatiesta.

zaranda. Tamiz, cedazo, criba. V. COLAR 5.

zarandajas. Naderías, insignificancias*, tonterías. V. TONTO 3.

zarandear. Agitar, mover*, menear. V. SACUDIDA 2.

zarcillo. Arete, pendiente, colgante. V. JOYA 2.

zarco. Azul celeste, a. claro, garzo. V. COLOR 8.

zarpa. Mano, garra, uñas afiladas. V. UÑA 1.

zarpar. Levar anclas, marchar, alejarse en barco. V. MARCHAR 2.

zarpazo. Rasguño, arañazo, herida. V. UÑA 4.

zarrapastroso. Harapiento, desastrado, desaliñado. V. ANDRAJO 2.

zarza, zarzal. Espesura, breña, maleza. V. MATORRAL 1, 2.

zarzamora. Mora, arbusto, baya. V. FRUTO 6.

zarzaparrilla. Arbusto, raíz, refresco. V. BEBIDA 3.

ZARZUELA. 1. Opereta, género teatral, composición, pieza escénica, obra lírica, representación musical* y teatral*, comedia musical, zarzuela grande, género chico.
2. Generalidades. Declamación y canto, romanza, dúo, coro. Barbieri, Chapí, Chueca, Bretón, Serrano, Moreno Torroba.

3. Cantantes, canto. V. CANTAR.
V. CANTAR, MÚSICA, TEATRO.
zascandil. Enredador, entremetido, mequetrefe.
V. EMBROLLO 5.
zascandilear. Entrometerse, enredar, liar. V. EMBROLLO 2.
zenit. V. cenit 1.
zigzag. Línea* angulosa, quebrada, serpenteo. V. DESLIZARSE 3.
zigzaguear. Serpentear, culebrear, ondular. V. DESLIZARSE 1.
zinc. Calamina, cinc, blenda. V. METAL 6.
zíngaro. Cíngaro, bohemio, errante, trashumante. V. GITANO 1.
zipizape. Gresca, zapatiesta, alboroto*. V. PELEA 1.
zócalo. Basamento, rodapié, recubrimiento*. V. SOPORTE 1.
zoco. Feria, plaza, lonja en Marruecos. V. MERCADO 1.
Zodiaco, Zodíaco. Faja celeste, signos astronómicos*, representación.
V. ASTROLOGÍA 4, ASTRONOMÍA 4.
ZONA. 1. Banda, franja, faja, límite*, región (v. 2), sector, huso horario, lista, tira, cara, faceta, orla, friso, lugar, lado, ámbito, ambiente, entorno, espacio, medio, esfera; hábitat, campo, estrato, veta, vena, tongada, capa, medida*, área, extensión, terreno, superficie, borde, linde, porción, parte, cuadrante, margen, distrito (v. 2).
— **2.** *Distrito*, zona, territorio, comarca, circunscripción, sector, sección*, contorno, parte*, lugar*, enclave, término, jurisdicción, sede, demarcación, departamento, municipio, prefectura, comandancia, capitanía, intendencia, alcaldía*, ayuntamiento, obispado, arzobispado, diócesis, concejo, «Hinterland», reino, principado, condado, señorío, barrio*, aldea*, ciudad*, población, localidad, partido, provincia, región, país, nación*, estado, continente, hemisferio, división geográfica* (v. 1).
3. Zonal. Comarcal, local, territorial, provincial, regional, departamental, municipal, jurisdiccional, ciudadano*, continental, hemisférico, geográfico*.
V. NACIÓN, CIUDAD, ALDEA, LUGAR, BARRIO, PARTE, GEOGRAFÍA, LÍMITE, BORDE, TIRA.
zoo. V. ZOOLÓGICO 2.
zoología. Ciencia, estudio, descripción de los animales. V. ANIMAL 13.
ZOOLÓGICO. 1. Animal, propio de los irracionales, de las bestias. V. ANIMAL 1.
2. Parque zoológico. Jardín* zoológico, zoo, colección, exhibición*, conservación*, cría* de animales, instalación, recinto, casa de fieras*, parque nacional, reserva, r. natural. Museo*.
3. Instalaciones. Instalaciones abiertas, i. al aire libre, foso, f. con agua, barrera de seguridad, barandilla, rampa, rocas naturales, pajarera, estanque, prado, arbolado; instalaciones cerradas, jaula, barrotes, rejas, comedero, bebedero, trampilla, puerta corredera, tronco, cubo de comida, pasillo, enrejado, instalación de aire acondicionado, cartel indicador, acuario*, rio, sección veterinaria*, quirófano, almacén*, oficinas*, administración*, dirección, taquillas.
4. Personas. Director, administrador*, veterinario*, zoólogo, biólogo*, guardián, vigilante*, cuidador*, empleado*, mozo, taquillero o taquillera, público, visitantes, asistentes.
5. Animales diversos. V. ANIMAL 4, FIERA 4.
V. ANIMAL, VETERINARIO, ZOOTECNIA, FIERA, CRÍA, BIOLOGÍA, MUSEO, JARDÍN.
zoólogo. V. ZOOLÓGICO 4.
ZOOTECNIA. 1. Cría* de animales*, arte de criar, explotación, mejora de especies, de razas domésticas, zootecnia del ganado* vacuno*, porcino, equino, ovino, caprino (v. 2).
2. Disciplinas afines. Ganadería*, zoología (v. animal*), veterinaria*, biología*, genética, economía rural, agricultura*, avicultura, apicultura, cunicultura, canicultura, piscicultura, sericultura, ecología. (V. animal 13)
3. Generalidades. Consumo, nutrición, alimentación*, proteínas, calorías, fuentes de riqueza, selección, reproducción, cruce, hibridación, incubación, fecundidad, resistencia a la enfermedad (v. 2).
4. Productos. Carne*, leche*, queso*, huevos*, pieles*, cuero, lana*, miel, cera, seda, grasa*, trabajo* motor.
5. Algunos animales útiles. Vaca*, ternera, oveja*, cordero, cabra, caballo*, mula, asno, cerdo*, conejo, gallina*, pavo, pato, ganso, perro*, gato*, chinchilla, nutria, zorro, abeja*, gusano de seda, trucha, atún, pez*, mejillón, madreperla, molusco*, langostino, crustáceo*.
6. Lugares. Granja, g. avícola, piscifactoría, criadero*, vivero, fábrica*, rancho, hacienda, ganadería*, corral, redil, establo, caballeriza*, incubadora, ordeñadora mecánica.
7. Personas. Zootécnico, zoólogo, veterinario*, agrónomo, ganadero*, técnico, perito, criador*, ranchero, hacendado, agricultor*, avicultor (v. 2).
V. GANADO, VETERINARIA, CRÍA, ENFERMEDAD, BIOLOGÍA, AGRICULTURA, ANIMAL(ES).
zopenco. Rudo, zoquete, bruto*. V. TONTO 1.
zoquete. V. zopenco.
zorra. 1. Alimaña, raposa, vulpeja. V. FIERA 5.
— **2.** *desp* Ramera *desp*, fulana *desp*, buscona *desp*. V. PROSTITUCIÓN 3.
zorrería. Marrullería, malicia, picardía. V. ASTUCIA* 1.
zorrillo, zorrino. Mofeta, mustélido, mamífero carnicero. V. MAMÍFERO 11.
zorro. 1. V. zorra 1.
— **2.** Taimado, pérfido, astuto. V. ASTUCIA 3.
— **3.** Pellejo, cuero, piel curtida. V. PIEL 7.
zorzal. Tordo, túrdido, pájaro cantor. V. AVE 15.
zote. V. zopenco.

zozobra. Desasosiego, incertidumbre, inquietud. V. INTRANQUILIDAD 1.

zozobrar. Irse a pique, volcar, hundirse*. V. NAUFRAGIO 3.

zueco. Zapato de madera, almadreña, chanclo. V. CALZADO 1.

zumba. Chasco, burla, chanza. V. BROMA 2.

zumbador. V. ZUMBAR 4.

ZUMBAR. 1. Resonar, silbar*, sonar, susurrar, modular, rumorear, cuchichear, murmurar*, bisbisear, runrunear, ulular, aullar, bramar, rugir, retumbar, reverberar, producir eco, repercutir, mosconear, revolotear, aletear, chiflar, pitar, soplar, sisear, zurrir, crepitar, chasquear, fastidiar, molestar*.
— **2.** Atizar, pegar, castigar*. V. GOLPE 11.
3. Zumbido. Susurro, silbido*, chiflido, pitido, pito, murmullo*, mosconeo, runrún, bisbiseo, cuchicheo, modulación, rumor, sonido*, son, eco, resonancia, ululato, aullido, bramido, rugido, retumbo, zurrido, reverberación, aleteo, revoloteo, soplo, siseo.
4. Que zumba. Zumbador, sibilante, silbador*, susurrante, zumbón, murmurante*, resonante; timbre, llamador, avisador, sonería, alarma (v. 3).
V. SONIDO, SILBIDO, MURMULLO, MOLESTIA.

zumbido. V. ZUMBAR 3.

zumbón. Burlón, chacotero, guasón. V. BROMA 3.

zumo. Sustancia, extracto, néctar. V. JUGO 1.

zuncho. Anillo, argolla, abrazadera metálica. V. ARO 2.

zupia. Sedimento, poso, sobras. V. RESIDUO 1, VINO 5.

zurcido. Cosido, remiendo, arreglo. V. COSTURA 2.

zurcir. Coser, repasar, remendar. V. COSTURA 5.

zurdo. Izquierdo, zocato, siniestro. V. MANO 10.

zurra. Paliza, azotaina, tunda. V. GOLPE 4.

zurrar. Pegar, vapulear, propinar. V. GOLPE 11.

zurriago. Azote, látigo, fusta. V. FLAGELAR 3.

zurribanda. Zurra, riña, gresca. V. PELEA 1.

zurrido. 1. V. ZUMBAR 3.
— **2.** Porrazo, vapuleo, estacazo. V. GOLPE 2, 4.

zurrir. V. ZUMBAR 1, 2.

zurrón. Morral, talego, mochila. V. EQUIPAJE 2.

zutano. Mengano, fulano, perengano. V. PERSONA 1.